Geimer-Schütze
Internationale Urteilsanerkennung

Band I
1. Halbband

Internationale Urteilsanerkennung

Band I

1. Halbband:

Das EWG-Übereinkommen über die gerichtliche Zuständigkeit und die Vollstreckung gerichtlicher Entscheidungen in Zivil- und Handelssachen

Systematischer Kommentar

von

Dr. REINHOLD GEIMER
Notar in München

Prof. Dr. ROLF A. SCHÜTZE
Rechtsanwalt in Stuttgart

C. H. BECK'SCHE VERLAGSBUCHHANDLUNG
MÜNCHEN 1983

CIP-Kurztitelaufnahme der Deutschen Bibliothek
Geimer, Reinhold:
Internationale Urteilsanerkennung : systemat. Kommentar / von Reinhold Geimer ; Rolf A. Schütze. – München : Beck
NE: Schütze, Rolf A.:
Bd. 1.
Halbbd. 1. – Geimer, Reinhold: Das EWG-Übereinkommen über die gerichtliche Zuständigkeit und die Vollstreckung gerichtlicher Entscheidungen in Zivil- und Handelssachen

Geimer, Reinhold:
Das EWG-Übereinkommen über die gerichtliche Zuständigkeit und die Vollstreckung gerichtlicher Entscheidungen in Zivil- und Handelssachen : systemat. Kommentar / von Reinhold Geimer ; Rolf A. Schütze. – München : Beck, 1983.
(Internationale Urteilsanerkennung / von Reinhold Geimer ; Rolf A. Schütze ; Bd. 1, Halbbd. 1)
ISBN 3 406 01466 6
NE: Schütze, Rolf A.:

ISBN 3 406 01466 6

Satz und Druck: Georg Appl, Wemding

R. & R.

für

B. & B.

Vorwort

Zehn Jahre nach Inkrafttreten der Brüsseler Konvention über die gerichtliche Zuständigkeit und die Vollstreckung gerichtlicher Entscheidungen in Zivil- und Handelssachen ist die Zeit reif für eine Zwischenbilanz. Hierfür haben wir die Form eines systematischen Kommentars gewählt, weil wir glauben, daß eine Erläuterung anhand der Artikelfolge mitunter den Blick verstellt für die Grundstrukturen und inneren Zusammenhänge des Übereinkommens.

Der Titel „Internationale Urteilsanerkennung" steht als pars pro toto: Das Übereinkommen geht über den Auftrag des Art. 220 des EWG-Vertrages hinaus; es regelt auch die compétence directe. Demgemäß beschränkt sich unsere Darstellung nicht auf die Anerkennung und Vollstreckung gerichtlicher Entscheidungen und sonstiger Titel innerhalb der Europäischen Wirtschaftsgemeinschaft. Wir erläutern vielmehr auch die europäische Zuständigkeitsordnung und deren Auswirkungen auf das nationale Prozeßrecht. Die Konvention hat nicht nur im Anerkennungsstadium bzw. bei der Prognose der Anerkennungsfähigkeit Bedeutung, sondern ist bereits vom Richter im Erkenntnisverfahren zu beachten. Die nationalen Zuständigkeitsnormen sind in weitem Umfang verdrängt. Hinzu kommt als Novum das (grundsätzliche) Verbot der Nachprüfung der internationalen Zuständigkeit des Erststaates durch den Zweitrichter. Die Folge ist eine Erweiterung der Prozeßführungslast des Beklagten im Erststaat. Dies ist für die Rechtsberatung von großer Wichtigkeit.

Wir haben uns bemüht, das Übereinkommen nicht nur aus deutscher Sicht zu erläutern. Gleichwohl sind wir uns unserer Grenzen bewußt.

Wünschenswert wäre noch mehr Prozeßrechtsvergleichung. Hierzu sind in erster Linie die großen Institute (mit den großen Apparaten und Bibliotheken) berufen. Leider liegen nur wenige einschlägige Untersuchungen vor. Umso dankbarer haben wir die rechtsvergleichenden Hinweise in dem profunden *Schlosser*-Bericht aufgegriffen und eingearbeitet.

Die Darstellung berücksichtigt bereits das (derzeit noch nicht geltende) Beitrittsübereinkommen vom 9. Oktober 1978 mit Dänemark, Irland und dem Vereinigten Königreich sowie das Übereinkommen vom 25. Oktober 1982 mit Griechenland. Es ist zu hoffen, daß zumindest das Beitrittsübereinkommen 1978 bald in Kraft gesetzt werden wird. Daraus ergeben sich dogmatisch höchst interessante und für die Praxis sehr wichtige Anpassungsprobleme zwischen den vom römischen Recht stark beeinflußten Denkstrukturen der kontinentalen Rechtssysteme und dem common law.

Die Diskursivität des juristischen Denkens bringt es mit sich, daß ein Problem aus verschiedenen Aspekten dargestellt werden muß. Das führt in einem systematischen Kommentar zwangsläufig zu Überschneidungen. Diese fördern nach unserer Auffassung die Vollständigkeit und Klarheit. So wird z.B. der Themenkreis „Zuständigkeitsvereinbarungen" an verschiedenen Stellen behandelt: § 29 VI definiert den Anwendungsbereich des Konventionsrechts (Art. 17) in Abgrenzung zum nationalen Zuständigkeitsrecht; unter der Perspektive „Erweiterung der Gerichtspflichtigkeit des Beklagten" wird in § 75 die Prorogation und unter dem Blickwinkel „Einschränkung der Gerichtspflichtigkeit des Beklagten" die Derogation behandelt. Im übrigen findet sich die Interpretation des Art. 17 bei den einzelnen Zuständigkeitsanknüpfungen unter § 96.

Die Stellungnahmen der Regierungssachverständigen in den amtlichen Materialien (*Jenard*- und *Schlosser*-Bericht), die tragenden Gründe der EuGH-Entscheidungen und die Beiträge wichtiger Autoren haben wir in den Fußnoten wiedergegeben, um die Arbeit des Praktikers zu erleichtern. Im übrigen verweisen wir auf das vom Gerichtshof der Europäischen Gemeinschaften herausgegebene „Nachschlagewerk der Rechtsprechung zum Gemeinschaftsrecht Serie D".

Der Aufbau des zweiten Hauptteils (Freizügigkeit gerichtlicher Entscheidungen und sonstiger Titel) ist aus der Gliederung ersichtlich und bedarf keiner weiteren Erläuterung.

Zum ersten Hauptteil (europäische Zuständigkeitsordnung) seien ein paar Hinweise für den eiligen Benutzer gestattet: Wer sich für die Auslegung der einzelnen Zuständigkeitsanknüpfungen der Art. 5ff. interessiert, findet den „Einstieg" in §§ 82ff.

Im 2. Teil des ersten Hauptteils ist zunächst die Grundregel des Übereinkommens actor sequitur forum rei dargestellt. Daran schließt sich die Gerichtspflichtigkeit des Beklagten außerhalb seines Wohnsitzstaates an. So finden sich die fora connexitatis in § 74 II, die Zuständigkeitsordnung in Versicherungs- und Verbrauchersachen in § 74 III–V etc.

Der 1. Teil versucht die Grundfragen der europäischen Zuständigkeitsordnung zu klären; insbesondere geht es um die Grenzen des Anwendungsbereichs, die Besonderheiten beim einstweiligen Rechtsschutz, den europäischen Justizgewährungsanspruch und das Verhältnis der europäischen Zuständigkeitsordnung zu dritten Staaten. Aber auch so wichtige Fragen wie die Prüfung der internationalen Zuständigkeit durch den Erstrichter (§ 56) und den Zweitrichter (§ 57) sind bereits im 1. Teil dargestellt.

Den Normen über die internationale Beachtung der Rechtshängigkeit bei identischem oder konnexem Streitgegenstand ist kein eigener Hauptteil gewidmet; sie sind vielmehr im ersten Hauptteil unter § 44 erläutert. Der systematische Standort dieser Vorschriften ist zwar zwischen der Zuständigkeitsordnung für das Erkenntnisverfahren und dem Anerkennungsteil anzusiedeln. Gleichwohl haben diese Normen mehr Berührungspunkte zu den Zuständigkeitsvorschriften. Sie vermeiden im Interesse einer geordneten Rechtspflege positive Kompetenzkonflikte und flankieren so die europäische Zuständigkeitsordnung (§ 4 III).

Es haben bearbeitet
Geimer: §§ 1–156, §§ 160–162, § 174;
Schütze: §§ 157–159, §§ 163–173.

Auf unsere Vorarbeiten haben wir der Klarheit halber hingewiesen. Soweit wir gegensätzlicher Meinung sind, haben wir dies kenntlich gemacht.

Der Halbband 2 des Bandes I bringt die Grundlagen (general principles) der Anerkennung und Vollstreckung ausländischer Zivilurteile und eine Darstellung des autonomen deutschen Rechts mit einem ausführlichen Überblick über die Verbürgung der Gegenseitigkeit.

An den Iden des März 1983

Reinhold Geimer
Rolf A. Schütze

Inhaltsübersicht

Erster Hauptteil: Die europäische Zuständigkeitsordnung

1. Teil
Die Grundlinien des Übereinkommens

2. Teil
Die Zuständigkeitsordnung des Übereinkommens

3. Teil

Zweiter Hauptteil: Die Freizügigkeit gerichtlicher Entscheidungen und sonstiger Titel

Inhaltsverzeichnis

Erster Hauptteil: Die europäische Zuständigkeitsordnung

1. Teil
Die Grundlinien des Übereinkommens

4. Kapitel: Der Anwendungsbereich der europäischen Zuständigkeitsordnung

3. Teil
Die vom Übereinkommen anerkannten Zuständigkeitsanknüpfungen im einzelnen

Zweiter Hauptteil: Die Freizügigkeit gerichtlicher Entscheidungen und sonstiger Titel

1. Teil
Die Anerkennung gerichtlicher Entscheidungen

2. Teil
Die Vollstreckung aus Leistungsurteilen und sonstigen Vollstreckungstiteln in den anderen Vertragsstaaten

Fundstellenhinweise

(Verzeichnis der Kommentarstellen zu den einzelnen Artikeln des Übereinkommens)

Übereinkommen	Kommentar
Art. 1	§§ 19ff., § 29 III, § 108
Art. 2	§ 3, § 29 IV, § 33 IV, §§ 61 ff.
Art. 3	§§ 47ff., § 74ff.
Art. 4	§ 9, § 29 XVII 1, § 50 II 4
Art. 5	§ 34, § 74, § 81
Art. 5 Nr. 1	§ 83
Art. 5 Nr. 2	§ 74 VI, § 92 IV 1, § 94 III 1
Art. 5 Nr. 3	§ 84
Art. 5 Nr. 4	§ 84 XXIII, § 94 III 2
Art. 5 Nr. 5	§ 82
Art. 5 Nr. 6	§ 88
Art. 5 Nr. 7	§ 94 III 3
Art. 6 Nr. 1	§ 29 VIII, § 74 II 1, § 93 I
Art. 6 Nr. 2	§ 74 II 2, § 93 I
Art. 6 Nr. 3	§ 29 IX, § 80
Art. 6a	§ 95
Art. 7	§ 29 X, § 74 III, § 75 V 2, § 76, § 92 IV 2, § 96 VIII, § 97 XX
Art. 8	§ 74 IV 2
Art. 9	§ 74 IV 2
Art. 10	§ 74 IV 2
Art. 11	§ 74 IV 1
Art. 12	§ 75 V 2, § 76, § 96 XIX
Art. 12a	§ 75 V 2
Art. 13	§ 29 X, § 74 III 4, 8, 10 und V, § 75 V 2, § 92 IV 3, § 96 VIII, § 97 XX
Art. 14	§ 74 V
Art. 15	§ 75 V 2, § 76, § 96 XIX
Art. 16	§ 29 V, § 34 II, § 50 I, §§ 53ff., § 56 I, § 57 V, § 139 IV 2, 4
Art. 16 Nr. 1	§§ 85f.
Art. 16 Nr. 2	§ 87
Art. 16 Nr. 3	§ 89
Art. 16 Nr. 4	§ 90
Art. 16 Nr. 5	§ 91
Art. 17	§ 29 VI, §§ 30f., §§ 75f., § 96
Art. 18	§ 97
Art. 19	§ 56 I
Art. 20	§ 56 II, § 97 XXIII, § 140 XII
Art. 21	§ 4 III, § 29 XVII 5, § 44 I
Art. 22	§ 4 III, § 29 XVII 5, § 44 II
Art. 23	§ 44, § 85 II 2
Art. 24	§ 29 XVI, §§ 38ff.
Art. 25	§§ 99ff.
Art. 26	§ 130, §§ 146f.
Art. 27 Nr. 1	§ 139 V 2

Art. 27 Nr. 2	§ 140
Art. 27 Nr. 3	§§ 117f., § 139 II
Art. 27 Nr. 4	§ 116, § 133 II
Art. 27 Nr. 5	§§ 117 VI, § 139 II
Art. 28	§ 57, § 139 IV
Art. 29	§ 139 V 1
Art. 30	§ 146 XV
Art. 31	§§ 149ff.
Art. 32	§ 146 XIII, § 159 IV
Art. 33	§ 146 XI, § 158
Art. 34	§ 146 XIV, § 150 II, XXI, § 159 I
Art. 35	§ 159 V
Art. 36	§ 146 XVI 1, § 159 VI, § 163 II, § 164 II, § 165 II, § 166 I, § 167 II, § 168 II
Art. 37	§ 146 XVI, 159 VI
Art. 38	§ 150 IV, § 163 VI
Art. 39	§ 150 XXXIV 2, § 163 VI
Art. 40	§ 146 XVI 1, § 159 VI 2
Art. 41	§ 146 XVI 2, § 159 VII
Art. 42	§ 150 XXVI, § 159 V 2
Art. 43	§ 152 I
Art. 44	§ 150 XXX 4, § 158 III
Art. 45	§ 150 XXX 3, § 158 II
Art. 46–49	§ 159 III
Art. 50	§ 151 V, § 173
Art. 51	§ 20 VIII, § 151 III, § 173
Art. 52	§ 29 IV 5, § 63
Art. 53	§ 73, § 87 XXV
Art. 54	§ 16, § 57 VI, § 105, § 139 IV 6
Art. 55–56	§ 126
Art. 57	§§ 13f., § 28, § 125
Art. 58	–
Art. 59	§ 49 II, § 50 II, § 57 VII, § 139 IV 7
Art. 60	§ 17, § 106

Protokoll

Art. I	§ 57 I, § 83 XXI, § 96 XXXIV
Art. II	§ 94 III 2 s
Art. III	§ 150 XXX
Art. IV	§ 140 XII
Art. V	§ 74 II 2, § 93 II
Art. Va	§ 29 II
Art. Vb	§ 83 XXII
Art. Vc	§ 90 XXIV
Art. Vd	§ 90 XXIII 2

Abkürzungen

A.A.	anderer Ansicht oder: am Anfang
aaO	am angegebenen Ort
ABGB	Allgemeines Bürgerliches Gesetzbuch (Österreich)
Abk.	Abkommen
Abl.	Amtsblatt der Europäischen Gemeinschaften
abl.	ablehnend
Abs.	Absatz
abw.	abweichend
AC	Law Reports, Appeal Cases
AbzG	Abzahlungsgesetz betr. die Abzahlungsgeschäfte vom 16. Mai 1894, (RGBl. 450), zuletzt geänd. durch Gesetz vom 3. Dez. 1976 (BGBl. I 1749)
AcP	Archiv für die civilistische Praxis
Actes et documents	Actes et documents de la Conférence de La Haye de droit international privé
Advbl	Advocatenblad
a.E.	am Ende
a.F.	alte Fassung
AG	Amtsgericht
AJIL	American Journal of International Law
AktG	Aktiengesetz
AllEr	All England Law Reports
allg.	allgemein
allg. M.	allgemeine Meinung
a.M.	anderer Meinung
AmJournCompLaw	The American Journal of Comparative Law
amtl.	amtlich
Anh.	Anhang
Anm.	Anmerkung
Ann.dir. int.	Annuario di diritto internazionale
Ann. dr.	Annales de Droit
Ann. Fac. Lyon	Annales de la Faculté de droit de Lyon
Ann. français	Annuaire français de droit international
AnwBl	Anwaltsblatt
AnwZ	Anwaltszeitung
AöR	Archiv des öffentlichen Rechts
AP	Nachschlagewerk des Bundesarbeitsgerichts
App.	Corte di appello oder: Cour d'appel
ArbeidsRB	Arbeidsrechtbank
Arch. giur.	Archivio giuridico F. Serafini
Art.	Artikel
art.	article
AS	Amtliche Sammlung
Aufl.	Auflage
Ausf.	Ausführung
AusfG	Ausführungsgesetz

AusfVO .... Ausführungsverordnung
ausl. .... ausländisch
AußStrG. .... (österr.) Gesetz über das gerichtliche Verfahren in Rechtsangelegenheiten außer Streitsachen
AV .... Archiv des Völkerrechts
AWD .... Außenwirtschaftsdienst des Betriebsberaters
Bad. RPr. .... Badische Rechtspraxis
BAG .... Bundesarbeitsgericht
Banque .... Banque
bay .... bayerisch
BayObLG .... Bayerisches Oberstes Landesgericht
BayObLGZ .... Entscheidungen des Bayerischen Obersten Landesgerichts in Zivilsachen, Amtliche Sammlung
BB .... Der Betriebsberater
Bd. .... Band
begr. .... begründet
belg. .... belgisch
BelgJud .... La Belgique Judiciaire – Gazette des tribunaux belges et étrangers
Beschl. .... Beschluß
bestr. .... bestritten
betr. .... betreffend
BG .... (schweizer.) Bundesgericht oder: Bundesgesetz
BGB .... Bürgerliches Gesetzbuch
BGBl. .... Bundesgesetzblatt
BGE .... Entscheidung des schweizerischen Bundesgerichts, amtliche Sammlung
BGH .... Bundesgerichtshof
BGHSt .... Entscheidungen des Bundesgerichtshofs in Strafsachen
BGHZ .... Entscheidungen des Bundesgerichtshofs in Zivilsachen
BNotO .... Bundesnotarordnung
BR .... Bundesrat
BRAGebO .... Bundesrechtsanwaltsgebührenordnung
BRAO .... Bundesrechtsanwaltsordnung
BRD .... Bundesrepublik Deutschland
brit. .... britisch
BT .... Bundestag
Buchst. .... Buchstabe
Bülow-Böckstiegel .. Bülow-Böckstiegel, Internationaler Rechtsverkehr in Zivil- und Handelssachen, 2. Aufl., 1973 ff.
BuffLRev .... Buffalo Law Review
Bull .... Bulletin de l'Institut juridique international Leiden
Bull. Cass. .... Bulletin des arrêts de la Cour de Cassation
Bull. Inst. belged. comp. Bulletin de l'Institut belge de droit comparé
Bull. Jur. eur. ...... Bulletin des juristes européens
Bull. transp. .... Bulletin des transports
BVerfG .... Bundesverfassungsgericht
BVerfGE .... Entscheidungen des Bundesverfassungsgerichts
BVG .... (österr.) Bundesverfassungsgesetz
BYIL .... The British Yearbook of International Law
bzw. .... beziehungsweise

Abkürzungen

c	chapter
CA	Court of Appeal
Cahiers	Cahiers de droit européen
Can. Bar Rev.	Canadian Bar Review
Can. Law Rev.	Canadian Law Review
Cass.	Arrêt de la cour de cassation (Frankreich oder Belgien)
Cc (cc)	Code civil (Frankreich, Belgien oder Luxemburg) oder Codice civile (Italien)
Ch	Law Reports, Chancery division
CIM	Internationales Übereinkommen über den Eisenbahnfrachtverkehr
CIV	Internationales Übereinkommen über den Eisenbahn-Personen- und Gepäckverkehr
CJ	Code judiciaire belge
Clunet	Journal de droit international privé (auch zitiert Journal Clunet)
CMR	Übereinkommen über den Beförderungsvertrag im internationalen Straßenverkehr
ColLRev	Columbia Law Review
Cour sup. just. Lux.	Cour supérieure de justice de Luxembourg
CPC (cpc)	Codice di procedura civile oder: Code de procédure civile
CPO	Civilprozeßordnung
dänZPO	Lov om Rettens Pleje (Dänemark)
Dalloz	Recueil Dalloz-Sirey
DAR	Deutsche Außenwirtschafts-Rundschau
dAusfG	deutsches Ausführungsgesetz
DAVorm	Der Amtsvormund, Rundbrief des Deutschen Instituts für Vormundschaftswesen
DDR	Deutsche Demokratische Republik
ders.	derselbe
DGVZ	Deutsche Gerichtsvollzieher Zeitung
d.h.	das heißt
d.i.	das ist
d.i.p.	droit international privé
Dir. fall.	Il diritto fallimentare e delle società commerciali
Dir. giur.	Diritto e giurisprudenza
Dir. int.	Diritto internazionale
Diss.	Dissertation
DJ	Deutsche Justiz
DJT	Deutscher Juristentag
DNotZ	Deutsche Notar-Zeitschrift
doc.	document
DR	Deutsches Recht
DRiZ	Deutsche Richterzeitung
Droz	Droz, Compétence Judiciaire et Effets des Jugements dans le Marché Commun (Etude de la Convention de Bruxelles du 27 septembre 1968), 1972
Drucks.	Drucksache
D. S.	Recueil Dalloz Sirey

dt.	deutsch
DVO	Durchführungsverordnung
dZPO	deutsche Zivilprozeßordnung
EG	Einführungsgesetz
EGBGB	Einführungsgesetz zum BGB
EGGVG	Einführungsgesetz zum Gerichtsverfassungsgesetz
EGJN	(österr.) Einführungsgesetz zur Jurisdiktionsnorm
EheG	Ehegesetz
Einf.	Einführung
Einl.	Einleitung
EntmO	(österr.) Entmündigungsordnung
Entsch.	Entscheidung
EO	(österr.) Exekutionsordnung
ER	English Reports
Erl.	Erläuterung
EuGH	Gerichtshof der Europäischen Gemeinschaften
EuGHE	Sammlung der Entscheidungen des Gerichtshofs der Europäischen Gemeinschaften
EuR	Europarecht
Eur. Law Dig.	European Law Digest
Eur. Law Rev.	European Law Review
EWG	Europäische Wirtschaftsgemeinschaft
EvBl.	Evidenzblatt der Rechtsmittelentscheidungen (in der Österr. Juristenzeitung)
Ex	Exchequer, Cases
f.	folgend oder: für
FamRÄndG	Familienrechtsänderungsgesetz vom 11. August 1961, BGBl. I 1221
FamRZ	Ehe und Familie im privaten und öffentlichen Recht, Zeitschrift für das gesamte Familienrecht
FernUSG	Fernunterrichtsschutzgesetz vom 24. August 1976, BGBl. I 2525
FG	Festgabe
FGG	Gesetz über die Angelegenheiten der freiwilligen Gerichtsbarkeit
FGO	Finanzgerichtsordnung
Foro	Il foro italiano
Fragistas-Bericht	Rapport explicatif: Convention sur le reconnaissance et l'exécution des jugements étrangers en matiére civile et commerciale in Conférence de la Haye de droit international privé, Actes et documents de la session extraordinaire 13 an 26 avril 1966: Exécution des jugements, 1969, 360ff.
franz.	französisch
Fschr.	Festschrift
G	Gesetz
Gaz. Pal.	Gazette du Palais
GBlÖ	Gesetzblatt für das Land Österreich
g. E.	gegen Ende
gem.	gemäß

Abkürzungen

GeO	(österr.) Geschäftsordnung für die Gerichte I. und II. Instanz
Gerichtsstaat	Staat, vor dessen Gericht(en) der Rechtsstreit (das Verfahren) anhängig ist
GG	Grundgesetz für die Bundesrepublik Deutschland
ggf.	gegebenenfalls
GlUNF	Sammlung von zivilrechtlichen Entscheidungen des K. K. Obersten Gerichtshofes
Giur. comm.	Giurisprudenza commerciale. Società e fallimento
Giur.comp.dir.int.priv.	Giurisprudenza comparata di diritto internazionale privato
Giur. it.	Giurisprudenza italiana
Giust. civ.	Giustizia civile
Grdz.	Grundzüge
griechZPG	griechisches Zivilprozeß-Gesetzbuch
Gruchot	Beiträge zur Erläuterung des Deutschen Rechts, begr. von Gruchot
GRUR	Gewerblicher Rechtsschutz und Urheberrecht
GSZ	Großer Senat in Zivilsachen
GVBl.	Gesetz- und Verordnungsblatt
GVG	Gerichtsverfassungsgesetz
GWB	Gesetz gegen Wettbewerbsbeschränkungen
H.	Heft
Handb. (Hb.)	Handbuch
HGB	Handelsgesetzbuch
h. L.	herrschende Lehre
HL Cas	House of Lords' Cases
h. M.	herrschende Meinung
HRR	Höchstrichterliche Rechtsprechung
HZPÜ	Haager Übereinkommen über den Zivilprozeß v. 1. März 1954
i. d. F.	in der Fassung
i. d. R.	in der Regel
i. e. S.	im engeren Sinne
ILA	International Law Association
insbes.	insbesondere
Int. Comp. L. Q.	The International and Comparative Law Quarterly
intern.	international
IPG	Gutachten zum internationalen und ausländischen Privatrecht
IPR	Internationales Privatrecht
IPRspr.	Die deutsche Rechtsprechung auf dem Gebiete des Internationalen Privatrechts
i. S.	im Sinne
ital.	italienisch
i. V. m.	in Verbindung mit
IWB	Internationale Wirtschaftsbriefe
i. w. S.	im weiteren Sinne
i. Z.	internationale Zuständigkeit

IZPR	internationales Zivilprozeßrecht
IzRspr.	Sammlung der deutschen Entscheidungen zum interzonalen Privatrecht, herausgegeben von Ulrich Drobnig
IZVR	Handbuch des Internationalen Zivilverfahrensrechts, I, 1982
i. Zw.	im Zweifel
JBIR	Jahrbuch für Internationales Privatrecht
JBl	(österr.) Juristische Blätter
JBöR	Jahrbuch des öffentlichen Rechts
J. C. P.	Juris Classeur Periodique
Jenard-Bericht	Bericht zu dem Übereinkommen über die gerichtliche Zuständigkeit und die Vollstreckung gerichtlicher Entscheidungen in Zivil- und Handelssachen, unterzeichnet in Brüssel am 27. September 1968, BT-Drucksache VI/1973 S. 52ff. (danach zitiert) = ABl. C 59/79, 1ff.
JFG	Jahrbuch für Entscheidungen in Angelegenheiten der freiwilligen Gerichtsbarkeit und des Grundbuchrechts
JMBl.	Justizministerialblatt
JN	(österr.) Jurisdiktionsnorm
JÖR	Jahrbuch des öffentlichen Rechts der Gegenwart
Journal Clunet	Journal de droit international privé (auch zitiert Clunet)
Journal not. av.	Journal des notaires et des avocats
Journal trib.	Journal des tribunaux (auch zitiert JT)
JR	Juristische Rundschau
Jur. Lux.	Jurisprudence Luxembourgeoise
Jur. Økonomen	Juristen og Økonomen
JW	Juristische Wochenschrift
JWG	Gesetz für Jugendwohlfahrt
JZ	Juristenzeitung
KB	Law Reports, King's Bench Division
KG	Kammergericht
KGBl.	Blätter für Rechtspflege im Bezirke des KG
Kropholler, Kommentar	Kropholler, Europäisches Zivilprozeßrecht, Kommentar zum EuGVÜ, 1982
KTS	Konkurs-, Treuhand- und Schiedsgerichtswesen
l.	links
Lb.	Lehrbuch
LEC	Ley de Enjuiciamiento Civil (Spanien, Cuba u. a.)
L'efficacia	siehe Literatur Brulliard
LG	Landgericht
lit.	Buchstabe
Lit.	Literatur
LJ	The Law Journal
LM	Nachschlagewerk des Bundesgerichtshofs, herausgegeben von Lindenmaier und Möhring
lux.	luxemburgisch
LZ	Leipziger Zeitschrift für Deutsches Recht

Magnus	Magnus, Tabellen zum internationalen Recht, 1. Heft, Zivilprozeßrecht, 2. Aufl., 1931
m. a. W.	mit anderen Worten
MDR	Monatsschrift für Deutsches Recht
M. E.	meines Erachtens
MGA	(österr.) Manz'sche Große Ausgabe österr. Gesetze
MichLRev	Michigan Law Review
MinnLRev	Minnesota Law Review
MittD PatAnw	Mitteilungen vom Verband deutscher Patentanwälte.
MRK	Europäische Konvention zum Schutze der Menschenrechte und Grundfreiheiten
N	Note oder Fußnote
Nachschlagewerk	Nachschlagewerk der Rechtsprechung zum Gemeinschaftsrecht, Serie D: Übereinkommen vom 27. September 1968, herausgegeben vom Gerichtshof der Europäischen Gemeinschaften, Lieferung I – Februar 1981
Nachw.	Nachweis oder: Nachweise
Nagel IZPR	Nagel, Internationales Zivilprozeßrecht für deutsche Praktiker, 1980
NederlTijdsIntern Recht	Nederlands Tijdschrift voor internationaal Recht
Ned. Jur.	Nederlandse Jurisprudentie
Ned. Juristenblad	Nederlands Juristenblad
n. F.	neue Fassung oder: neue Folge
niederl.	niederländisch
Niemeyers ZIR	Niemeyers Zeitschrift für internationales Recht
NJW	Neue Juristische Wochenschrift
no	numero
Nordisk Tids.	Nordisk Tidsskrift for International Ret og Jus Gentium
NotZ	(österr.) Notariats-Zeitung
Nov.	Novelle oder: November
Nr.	Nummer
OhioStLJ	Ohio State Law Journal
o. p.	ordre public
öffentl.	öffentlich
öGZ	(österr.) Gerichts-Zeitung
ÖHP int. R.	Österreichische Hefte für die Praxis des internationalen und ausländischen Rechts
ÖJZ	Österreichische Juristenzeitung
ÖRZ	Österreichische Richterzeitung
österr.	österreichisch
OGH	(österr.) Oberster Gerichtshof
OLG	Oberlandesgericht
OLGE	Sammlung der Entscheidungen der Oberlandesgerichte
Pas. belge	Pasicrisie belge
Pas. lux.	Pasicrisie luxembourgeoise

PatAnwO . . . . Patentanwaltsordnung
PatG . . . . Patentgesetz
Pocar . . . . Pocar, Codice delle Convenzioni sulla Giurisdizione e l'Esecuzione delle Sentenze Straniere nella C.E.E., 1980
Prot. . . . . Protokoll
PStG . . . . Personenstandsgesetz

QB . . . . Law Reports, Queen's Bench Division

r. . . . . rechts
RabelsZ . . . . Rabels Zeitschrift für ausländisches und internationales Privatrecht
RdC . . . . Académie de droit international, Recueil des Cours
Rdnr. . . . . Randnummer
Rdz. . . . . Randziffer
RdN . . . . Randnummer
Recht . . . . Das Recht, Rundschau für den deutschen Juristenstand
RechtspflG . . . . Rechtspflegergesetz
Rechtsprechungsübersicht . . . . Rechtsprechungsübersicht zum Übereinkommen vom 27. September 1968, herausgegeben vom Dokumentationsdienst des Gerichtshofs der Europäischen Gemeinschaften, Folge 1–3, danach Nachschlagewerk der Rechtsprechung zum Gemeinschaftsrecht Serie D
Rev. crit. dr. i. p. . . . . Revue critique de droit international privé
RG . . . . Reichsgericht
RGBl. . . . . Reichsgesetzblatt
RGZ . . . . Entscheidungen des Reichsgerichts in Zivilsachen
Riezler IZPR . . . . Riezler, Internationales Zivilprozeßrecht und prozessuales Fremdenrecht, 1949
Riv. dir. civ. . . . . Rivista di diritto civile
Riv. dir. comm. . . . . . Rivista del diritto commerciale e del diritto generale delle obbligazioni
Riv. dir. eur. . . . . Rivista di diritto europeo
Riv. dir. int. . . . . Rivista di diritto internazionale
Riv.dir.int.priv.proc. Rivista di diritto internazionale privato e processuale
Riv. dir. matr. . . . . . . Rivista del diritto matrimoniale e dello stato delle persone
Riv. dir. proc. . . . . . . Rivista di diritto processuale (seit 1952; vorher: Rivista di diritto processuale civile)
Riv. giur. lav. . . . . . . Rivista giuridica del lavoro e della previdenza sociale
Riv. it. scienze comm. Rivista italiana di scienze commerciali
Riv.trim.dir.proc.civ. Rivista trimestrale di diritto e procedura civile
RIW/AWD . . . . Recht der Internationalen Wirtschaft/Außenwirtschaftsdienst des Betriebsberaters
R. S. C. . . . . Rules of the Supreme Court
Rspr. . . . . Rechtsprechung
RT . . . . Reichstag
RV . . . . Reichsverfassung

S. . . . . Seite
s. . . . . siehe

Abkürzungen

s. a.	siehe auch
SA	Seufferts Archiv für Entscheidungen der Obersten Gerichte in den deutschen Staaten
Schlosser-Bericht	Bericht zu dem Übereinkommen vom 9. Oktober 1978 über den Beitritt des Königreichs Dänemark, Irlands und des Vereinigten Königreichs Großbritannien und Nordirland zum Übereinkommen über die gerichtliche Zuständigkeit und die Vollstreckung gerichtlicher Entscheidungen in Zivil- und Handelssachen sowie zum Protokoll betreffend die Auslegung dieses Übereinkommens durch den Gerichtshof, unterzeichnet in Luxemburg am 9. Oktober 1978, ABl. Nr. C 59/79, 71 ff. = BT-Drucksache 10/61 = BR-Drucksache 373/82
Schütze I	Schütze, Anerkennung und Vollstreckung deutscher Urteile im Ausland, 1973
Schütze II	Schütze, Die Geltendmachung deutscher Urteile im Ausland, Verbürgung der Gegenseitigkeit, 1977
schweizer.	schweizerisch
schweizJZ	schweizerische Juristenzeitung
SchKG	Bundesgesetz über Schuldbetreibung und Konkurs (Schweiz)
SdN Rec.	Recueil des traités et des engagements enregistrés par le secretariat de la Société des Nations
sect.	section
Sem. judiciaire	La semaine judiciaire
Sem. jur.	La semaine juridique – Juris-Classeur Périodique
Sess.	Session
s. o.	siehe oben
sog.	sogenannt
Sp.	Spalte
StAZ	Zeitschrift für Standesamtswesen (jetzt: Das Standesamt)
str.	streitig
Suppl.	Supplement
SZ	Entscheidungen des Österreichischen Obersten Gerichtshofes in Zivil- und Justizverwaltungssachen
t.	tome
Tijds. priv.	Tijdschrift voor privaatrecht
Trav. comité fr.	Travaux du Comité français de droit international privé
u.	und
u. a.	unter anderem
u. a. m.	und andere mehr
u. ä.	und ähnlich(es)
Überbl.	Überblick
Übers.	Übersicht
unstr.	unstreitig
u. ö.	und öfters
Urt.	Urteil
u. s. w.	und so weiter

u. U.	unter Umständen
UWG	Gesetz gegen den unlauteren Wettbewerb
v.	von
Verf.	Verfahren
Vertr.	Vertrag
vgl.	vergleiche
VO	Verordnung
Vorb.	Vorbemerkung
VR	Völkerrecht
VwGO	Verwaltungsgerichtsordnung
Warneyer	Die Rechtsprechung des Reichsgerichts auf dem Gebiete des Zivilrechts
Weekbl. privaatrecht	Weekblad voor privaatrecht, notarisambt en registratie
WEG	Gesetz über das Wohnungseigentum und das Dauerwohnrecht
Weser	Weser, Convention communautaire sur la compétence judiciaire et l'exécution des decisions, 1975
WLR	Weekly Law Reports
WM	Wertpapier-Mitteilungen
Wp	Wahlperiode
ZAkDR	Zeitschrift der Akademie für Deutsches Recht
ZaöR	Zeitschrift für ausländisches öffentliches Recht und Völkerrecht
z. B.	zum Beispiel
ZBJV	Zeitschrift des Bernischen Juristenvereins
ZBl.	Österreichisches Zentralblatt für die juristische Praxis
ZfRV	(österr.) Zeitschrift für Rechtsvergleichung
ZGB	(schweiz.) Zivilgesetzbuch
Ziff.	Ziffer
ZIR	Niemeyers Zeitschrift für internationales Recht
ZHR	Zeitschrift für das gesamte Handelsrecht und Wirtschaftsrecht
ZÖR	Zeitschrift für öffentliches Recht
ZPO	Zivilprozeßordnung
ZRHO	Rechtshilfeordnung in Zivilsachen
ZS	Zivilsenat
ZSR	Zeitschrift für schweizerisches Recht
z. T.	zum Teil
ZVerswiss	Zeitung für Versicherungswissenschaft
ZVglRWiss	Zeitschrift für Vergleichende Rechtswissenschaft
ZZP	Zeitschrift für Zivilprozeß

Anmerkung: Englische Gesetze (bis 1963) werden nach der Sitzungsperiode des Parlaments, in der sie erlassen worden sind, zitiert. Diese wird nach dem Regierungsjahr des jeweiligen Königs oder der Königin benannt. So bedeutet: Foreign Judgments (Reciprocal Enforcement) Act 1933, 23 Geo. V, c. 13, daß dieses Gesetz das 13. der Sitzungsperiode im 23. Jahr der Regierung König Georgs V. ist.

Literatur

Andrioli, Competenza giurisdizionale e riconoscimento ed esecutorietà delle sentenze straniere nella Comunità economica europea (un progetto di convenzione): Foro italiano 1966, V, 38–45.

Arendt, Vers un exequatur européen?: Rev. arbitrage, 1966, 121–144.

Arnold, Der Entwurf eines Gerichtsstands- und Vollstreckungsabkommens für die Europäische Wirtschaftsgemeinschaft: AWD 1965, 321–325.

Arnold, Das EWG-Gerichtsstands- und Vollstreckungsübereinkommen vom 27. 9. 1968: AWD 1969, 89–93.

Arnold, Das Protokoll über die Auslegung des EWG-Gerichtsstands- und Vollstrekkungsübereinkommens durch den Gerichtshof in Luxemburg: NJW 1972, 977–981.

Arnold, Ist Artikel 34 des EWG-Gerichtsstands- und Vollstreckungsübereinkommens mit Artikel 103 Abs. 1 GG vereinbar?: AWD 1972, 389.

Baiwir, Etude de la Convention concernant la compétence judiciaire et l'exécution des décisions en matière civile et commerciale, in Rev. huissiers, 1969, 446–450.

Bajons, Das EWG-Übereinkommen über die gerichtliche Zuständigkeit und die Vollstreckung gerichtlicher Entscheidungen in Zivil- und Handelssachen, in: *Schwind* (Hrsg.), Probleme des Europäischen Gemeinschaftsrechts, Wien 1976, 79–99.

Baltus, Leleux, Vander Elst, Concessions de vente en Belgique et règles de compétence de la Convention C. E. E. du 27 septembre 1968, Journal trib., 1977, 73–75.

Bartlett, Full Faith and Credit comes to the Common Market: An Analysis of the Provisions of the Convention on Jurisdiction and Enforcement of Judgments in Civil and Commercial Matters: Int. Comp. L. Q. 24 (1975) 44.

Bartolini, L'avanprogetto di convenzione sulla competenza giudiziaria, il riconoscimento e l'esecuzione delle decisioni in materia civile e commerciale e l'esecuzione degli atti autentici in seno alla CEE, Dir. Comm. Scambi int. 1964, 267.

Basedow, Der internationale Schadensprozeß nach Seeschiffskollisionen: VersR 1978, 495.

Basedow, Europäisches Zivilprozeßrecht in Handbuch des Internationalen Zivilverfahrensrechts I, 1982, 99–181.

Bauer, Das EWG-Gerichtsstandsübereinkommen: DB 1973, 2333.

Baugniet, L'exécution des actes authentiques dans les pays de la Communauté économique européenne, in Miscellanea W.J.Ganshof Van der Meersch, 1972, II, 711–716.

Baumgärtel, Wert und Unwert der Prorogationsnovelle, in Festschrift für Friedrich Weber zum 70. Geburtstag, Berlin-New York, 1975, 23–39.

Baumgärtel, Die Vereinbarung der internationalen Zuständigkeit nach dem EWG-Übereinkommen vom 27. September 1968 und nach § 38 Abs. 2 ZPO, in: Internationales Privatrecht und Rechtsvergleichung im Ausgang des 20. Jahrhunderts, Festschrift für *Kegel,* (1977), 285–303.

Beemelmans, Internationalprivatrechtliche Fragen der Haftung für Reaktorschiffe: RabelsZ 41 (1977) 1, 13f.

Beitzke, Gerichtsstandsklauseln in auslandsbezogenen Dienst- und Arbeitsverträgen: RIW/AWD 1976, 7.

Bellet, L'élaboration d'une convention sur la reconnaissance des jugements dans le cadre du Marché Commun: Clunet 92 (1965) 833.

Bellet, Reconaissance et exécution des décisions en vertu de la convention du 27 septembre 1968, Rev. trim. dr. eur. 1975, 32.

Berlingieri, Jurisdiction and Choice of Law in Collision Cases and an Overview of the Concept of Fault and Its Apportionment: Tul. L. Rev. 51 (1977) 866, 869.

Bernard, L'exequatur des jugements étrangers (droit commun, droit communautaire, conventions diverses; foundaire), Gaz. Palais, 1977, 2, doctr., 426–431.

Bertrams, Plaats van betaling in het E. E. G.-Executie verdrag: WPNR 1980, 496–502.

Bertrams, De positie van het kort geding in het EEG-Executieverdrag 1968, Weekblad voor privaatrecht, notariaat en registratie, 112 (1981), 1–5, 21–27, 49–53.

Bischoff-Huet, Chronique de jurisprudence de la Cour de Justice des Communautés européennes, Clunet 1977, 702–739; 1978, 388–408; 1982, 463–485, 942–966.

Bonell, L'art. 17 della Convenzione di Bruxelles sulla competenza giurisdizionale ed il diritto transnazionale, Riv. comm. 75 (1977) 214–230.

Bonell, Die allgemeinen Geschäftsbedingungen nach italienischem Recht, ihre Regelung im innerstaatlichen und internationalen Rechtsverkehr, ZVglRWiss. 78 (1979) 2, 17.

Bonglet, La reconnaissance et l'exécution des jugements dans les six pays de la C.E.E., Annales Lyon 1969, II, 55–78.

Bossuyt, Het internationaal privaatrecht op europese wegen: Het verdrag van Brussel over de rechterlijke bevoegdheid en de tenuitvoerlegging, R. W. 36 (1972–73) 1939.

Boulouis, Cour de Justice des Communautés européennes, in Ann. français, 1976, 153–154.

de Bournonville, L'article 1er du protocole de la Convention communautaire du 27 septembre 1968 sur la compétence judiciaire et l'exécution des décisions en matière civile et commerciale, J. trib. (Bruxelles) 1977, 249–253.

Bricmont/Philips, De la compétence territoriale du juge belge, d'après la Convention communautaire du 27 septembre 1968, en matière de résiliation, avec préavis, d'un contrat de concession de vente à durée indéterminée, J. trib. 1975, 475–476.

Bricmont/Philips, Commentaire des dispositions de droit belge et communautaire applicables aux concessions de vente en Belgique, Bruxelles, 1977, 95–116.

Brulliard, L'efficacia delle sentenze straniere nelle convenzioni multilaterali dell'Aja e della CEE, Padova 1969 (Studi e pubblicazioni della rivista di diritto internazionale privato e processuale Nr.4 – Sammelband von Beiträgen zum Symposium der Universität Mailand vom 26. und 27. 2. 1968).

Bülow, Vereinheitlichtes internationales Zivilprozeßrecht in der Europäischen Wirtschaftsgemeinschaft: RabelsZ 29 (1965) 473.

Bülow, La Convention concernant la compétence judiciaire et l'exécution des décisions judiciaires en matière civile et commerciale, Rev. Marché Commun 1968, 1007.

Bülow, Besprechung: Droz, Étude, RabelsZ 38 (1974), 262.

Bülow, Das Verhältnis des Rechts der europäischen Gemeinschaften zum nationalen Recht, in: Aktuelle Fragen des europäischen Gemeinschaftsrechts. Abhandlungen aus dem gesamten Bürgerlichen Recht, Handelsrecht und Wirtschaftsrecht, Heft 29, Stuttgart 1965, 28–59.

Bülow/Böckstiegel, Internationaler Rechtsverkehr in Zivil- und Handelssachen, 2. Auflage, Loseblattsammlung, Stand: April 1983.

Byrne/Greaves, The Brussels Convention on Jurisdiction and Judgments, New Law Journal, vol. 131 (1981), 395–397, 529–530, 627–629.

Cansacchi, La giurisdizione sui cittadini nell'ambito della Comunità Economica Europea, Rev. esp. der. int. 1972, 111–117.

Cansacchi, La competenza giurisdizionale „internazionale" nell'ambito della Comunità economica europea, Riv. dir. int. priv. proc., 1973, 5–15.

Capotorti, Osservazioni su alcuni aspetti delle convenzioni dell'Aja e di Bruxelles relative al riconoscimento delle sentenze straniere, L'efficacia 87, auch: Riv. dir. int. priv. proc. 1969, 321.

Carbone, Il regime della litispendenza nelle convenzioni dell'Aja e di Bruxelles, L'efficacia 107, auch: Riv. dir. int. priv. proc. 1969, 7.

Carbone, Area dell'economia comunitaria e clausole di deroga alla giurisdizione in polizza di carico, Il diritto marittimo, rivista trimestrale di dottrina giurisprudenza legislazione italiana e straniera, LXXIX, (1977) 169–185.

Carl, The Common Market Judgments Convention. Its Threat and Challenge to Americans: Int. Lawyer 8 (1974) 446–451.

Carnall, Jurisdiction – The EEC-Convention on Jurisdiction of Courts and Enforcement of Judgments – Effects on British Common Law Principles: Vand. J. Trans. L. 6 (1972) 633–641.

Casad, Civil Jugement Recognition and the Integration of multiple State Association. Central America, the United States of America, and the European Economic Community, 1981.

Cathala, L'interprétation uniforme des conventions conclues entre les États membres de la CEE en matière de droit privé, Dalloz 1972 Chron. 31.

Cathala, La Convention communautaire de Bruxelles du 27 septembre 1968 sur „la compétence judiciaire et l'exécution des décisions en matière civile et commerciale", D. S. 1969, Chron. 251, 253–258.

Cohn, Recognition of judgments, in New Law J., 1969, 109–110.

Collette, La concession de vente exclusive et l'article 5, 5° de la Convention de Bruxelles du 27 septembre 1968: Jur. comm. Belg. 1977, IV, 198–204.

Collins, The Jurisdiction and Judgments Convention – Some Practical Aspects of United Kingdom Accession, with Particular Reference to Jurisdiction, in: Harmonization of Private International Law by the E. E. C. (ed. K.Lipstein), London, 1978, 91–102.

Colloque de Bruxelles sur les Conventions Communautaires, in Rev. trim. dr. eur., 1975, 1–43.

Dachenhausen, La Corte communitaria e la convenzione di Bruxelles del 27 settembre 1968 in materia giudiziaria, Foro it. 102 (1977) V, 306.

Dachenhausen, Vassalli di, The convention of 27 september 1968 on jurisdiction and the enforcement of judgments in civil and commercial matters in italian case-law, Rivista di diritto europeo XXII (1982) 313–354.

Dahl, Consumer Protection and the Provisions on Jurisdiction in the 1968 – EEC Judgments Convention, Nord. T. Int. R. 46 (1977) 104.

Dalhuisen, Voorlopige en bewarende maatregelen onder het E. G. Executie Verdrag, Weekblad voor privaatrecht, notariaat en registratie, 113 (1982) 365–368; 385–387.

Denti, Brevi considerazioni in merito all'applicazione della disposizioni sulla competenza diretta nella convenzione C. E. E., Riv. dir. int. priv. proc., 1969, 23–24.

Dittmar, Der Arrestgrund der Auslandsvollstreckung, NJW 1978, 1720–1723.

Droz, La Cour de Justice des Communautés Européennes et les conflits de juridictions à l'intérieur du Marché Commun, Ann. fr. dr. int. 23 (1977) 902.

Droz, Pratique de la Convention de Bruxelles du 27 septembre 1968 (1973) 15–58

Droz, L'interprétation, par la Cour de justice des Communautés, des règles de compétence judiciaire européennes en matière de contrat, D. S. 1977, Chron. 287–294.

Droz, Les règles du traité C. E. E. sur la compétence judiciaire et l'exécution des décisions en matière civile et commerciale: L'influence des Communautés européennes sur le droit international privé des États membres (1981) 49–70.

Droz, Compétence judiciaire et effets des jugements dans le Marché Commun (Étude de la Convention de Bruxelles du 27 septembre 1968), Bibliothèque du droit international privé, vol. XIII, Paris 1972.

Droz, Compétence judiciaire et effets des jugements étrangers, Riv. dir. int. priv. proc. 1968, 745.

Droz, Entrée en vigueur de la Convention de Bruxelles concernant la compétence judiciaire et l'exécution des décisions en matière civile et commerciale, Rev. crit. 1973, 21.

Droz, Première application de la convention de Bruxelles du 27 septembre 1968, D. 1975 J. 342 (Note).

Droz, Détermination du tribunal compétent en matière de responsabilité civile lorsqu'un fait illicite a provoqué des dommages dans plusieurs États du Marché commun, D. 1975 J. 643 (Note).

Droz, Réflexions pour une réforme des articles 14 et 15 du Code civil français, in Rev. critique, 1975, 1–23.

Dubdink, Wet voorentwerb voor een EEG-Verdrag over de rechterlijke bevoegdheid, de erkenning en executie van buitenlandse vonnissen in burgerlijke zaken en de executie van authentieke akten, Sociaal-Ec. Wetgeving, 1965, 601.

Dumon, De rechterlijke uitlegging van de EEG-Verdragen betreffende de onderlinge erkenning van venootschappen en rechtspersonen en betreffende de rechterlijke bevoegdheid en de tenuitvoerlegging van beslissingen, S. E. W. 20 (1972) 203–240.

Dyer, Synthesis of the Recognition and Enforcement of Judgments under the Hague Conventions and the EEC Convention, International Legal Practitioner, vol. 7 (1982) 23–28.

Ebenroth, Das kaufmännische Bestätigungsschreiben im internationalen Handelsverkehr, ZVglRWiss. 77 (1978) 161.

Ehler, Multilaterales Übereinkommen über die Anerkennung und Vollstreckung richterlicher Entscheidungen im Rahmen der EWG, IWB, 2, 195.

Fagnart, L'harmonisation du droit des assurances dans les Communautés européennes, in Cahiers, 1972, 477–480.

Fincke, Zum westeuropäischen Übereinkommen über Entscheidungen in Zivil- und Handelssachen, DDR-Außenwirtschaft 1974 Nr.33, Beilage RiA 8.

Focsaneanu, Compétence judiciaire, reconnaissance et exécution des décisions civiles et commerciales dans la Communauté Economique Européenne, Rev. Marché Commun 1979, 516–527, 569–585; 1980, 91–106, 201–211, 258–268, 326–337, 481–493, 541–553.

Fois, Osservazioni su un progetto preliminare di Convenzione tra gli Stati membri della CEE in materia de riconoscimento ed esecuzione delle sentenze straniere, Ann. Dir. Int. 1965, 229.

Forde, The „ordre public" Exception and Adjudicative Jurisciction Conventions, Int. Comp. L. Q. 29 (1980) 259–273.

Forlati, Deroga alla giurisdizione e parità delle armi nel processo di lavoro, in Atti del Convegno del 10 dicembre 1976, „L'uguaglianza delle armi nel processo civile", Studi Parmensi, XVIII, Milano, 1977, 227–237.

Forlati, Luogo di esecuzione delle obbligazioni contrattuali e convenzione di Bruxelles del 27 settembre 1968, Riv. dir. int. priv. proc. 12 (1976) 50–70.

Foyer, L'avant-projet de convention européenne sur la compétence, la reconnaissance et l'exécution des jugements en matière civile et commerciale, Rev. synd. admin. jud. 1966, 111.

Foyer, Rapport à l'Assemblée nationale, Journal Officiel, Documents parlementaires, Assemblée nationale, 3 octobre 1969, Nr. 810, 65–70.

Fragistas, Deux conventions multilaterales récentes sur la reconnaissance des jugements étrangers, in Riv. dir. int. priv. proc., 1968, 745–779 = L'efficacia, 15–49.

Franchi, La Convenzione di Bruxelles sulla competenza giurisdizionale e l'esecuzione delle sentenze nei rapporti Italo-Tedeschi, Riv. dir. int. priv. proc. 12 (1976), 712–738.

Franchi, Il procedimento del lavoro, in: Riva Sanseverino-Mazzoni, Nuovo trattato di diritto del lavoro, IV, Padova, 1975, 197–200.

Frignani, Verso l'abolizione delle barriere „giudiziarie" nelle Comunità europee, in: Not. giur., 1971, 889–908.

Frowein, Zum Verhältnis zwischen dem EWG-Recht und nationalem Recht aus der Sicht des Gerichtshofes der Europäischen Gemeinschaften, AWD 1964, 233–238.

Fuhlrott, Gerichtsstandsklauseln in Allgemeinen Geschäftsbedingungen – Vollstrekkung eines Urteils im Ausland: VersR 1973, 1105–1107.

Gaja, Diritto internazionale privato e riconoscimento delle sentenze secondo due recenti convenzioni, L'efficacia 1969, 125 = Riv. dir. int. priv. proc. 1969, 25.

Gaja, La deroga alla giurisdizione italiana, Milano, 1971, 149–153.

Gasperetti, Towards a Unified System of Competence over Civil Matters in the EEC: An Analysis of the Systemic Adjustments demanded by Italy's Accession to the EEC Convention on Jurisdiction and Enforcement of Judgments, A. S. I. L. S. Int. L. J., 1979, 109–124.

Gaudemet-Tallon, Réflexions comparatives sur certaines tendances nouvelles en matière de compétence internationale de juges et des arbitres: Mélanges Marty (1978) 531, 541 f.

Geimer, Nichtanerkennung ausländischer Urteile wegen nichtgehöriger Ladung zum Erstprozeß, NJW 1973, 2138–2143.

Geimer, Einige Zweifelsfragen zur Abgrenzung nach dem EWG-Übereinkommen vom 27.9. 1968, RIW/AWD 1975, 81.

Geimer, Anerkennung gerichtlicher Entscheidungen nach dem EWG-Übereinkommen vom 27.9. 1968, RIW/AWD 1976, 139.

Geimer, Das Anerkennungsverfahren gemäß Art. 26 Abs.2 des EWG-Übereinkommens vom 27.September 1968, JZ 1977, 145, 213.

Geimer, Eine neue internationale Zuständigkeitsordnung in Europa, NJW 1976, 441–446.

Geimer, Die inländische Niederlassung als Anknüpfungspunkt für die internationale Zuständigkeit, WM 1976, 146.

Geimer, Das Zuständigkeitssystem des EWG-Übereinkommens vom 27.September 1968, WM 1976, 830–839.

Geimer, Zur Auslegung des Brüsseler Zuständigkeits- und Vollstreckungsübereinkommens in Zivil- und Handelssachen vom 27. September 1968, EuR 12 (1977) 341–365.

Geimer, Fora connexitatis, Der Sachzusammenhang als Grundlage der internationalen Zuständigkeit, Bemerkungen zu Artikel 6 des EWG-Übereinkommens vom 27. September 1968, WM 1979, 350–361.

Geimer, Die Gerichtspflichtigkeit des Beklagten außerhalb seines Wohnsitzstaates aus der Sicht des EWG-Übereinkommens vom 27. September 1968/9. Oktober 1978, WM 1980, 1106–1111.

Geimer, Nachprüfung der internationalen Zuständigkeit des Urteilsstaates in Versicherungs- und Verbrauchersachen, RIW/AWD 1980, 305–309.

Geimer, Grundfragen der Anerkennung und Vollstreckung ausländischer Urteile im Inland: JuS 1965, 475.

Geimer, Die Vollstreckbarerklärung ausländischer Urteile auf Grund der Ausführungsbestimmungen zu den bilateralen Staatsverträgen über die gegenseitige Anerkennung und Vollstreckung von gerichtlichen Entscheidungen: NJW 1965, 1413.

Geimer, Das Anerkennungsverfahren für ausländische Entscheidungen in Ehesachen: NJW 1967, 1398.

Geimer, Die Feststellungswirkung der Antragszurückweisung nach Art. 7 Fam. RÄndG: NJW 1969, 1649.

Geimer, Zur Nichtanerkennung ausländischer Urteile wegen nicht ordnungsgemäßen erststaatlichen Verfahrens, JZ 1969, 12.

Geimer, Anerkennung und Vollstreckbarerklärung französischer Garantieurteile in der Bundesrepublik Deutschland, ZZP 85 (1972), 196.

Geimer, Anerkennung drittstaatlicher Entscheidungen, NJW 1974, 1026.

Geimer, Vollstreckbare Urkunden ausländischer Notare, DNotZ 1975, 461.

Geimer, Konsularisches Notariat, DNotZ 1978, 3.

Geimer, Auslandsbeurkundungen im Gesellschaftsrecht, DNotZ 1981, 406.

Geimer, Zur Prüfung der Gerichtsbarkeit und der internationalen Zuständigkeit bei der Anerkennung ausländischer Urteile, 1966.

Geimer, Kommentar zum EWG-Übereinkommen vom 27. September 1968 in *Zöller-Geimer,* ZPO, 13. Aufl., IZPR, Anm. F.

Giardina, The European Court and the Brussels Convention on Jurisdiction and Judgments: Int. Comp. L.Q. 27 (1978) 263.

Giles, Recent Moves to Strengthen Uniform Law, in: Liber Amicorum Cohn (Heidelberg 1975) 43–60.

Giuliano, La convenzione di Bruxelles del 27 settembre 1968 in materia di competenza giurisdizionale e di esecuzione delle decisioni in materia civile e commerciale, Archivo giuridico 1968, 200.

Giuliano Pocar Treves, Codice delle convenzioni di diritto internazionale privato e processuale, Milano 1977.

Glolggl, L'accordo C. E. E. per il riconoscimento e l'esecuzione delle sentenze nei rapporti giuridici italo-tedeschi, in Dir. com. scambi int., 1973, 385–401.

Goldman, Un traité fédérateur: La Convention entre les Etats membres de la C. E. E. sur la reconnaissance et l'exécution des décisions en matière civile et commerciale: Rev. trim. dr. europ. 7 (1971) 1.

Gornati de Ciuceis, Sull'interpretazione dei criteri giurisdizionali nella convenzione di Bruxelles del 27 settembre 1968, Rivista di diritto internazionale privato e processuale, XVII (1981) 85–118.

Gornati de Ciuceis, The Judgments Convention, Journal of the Law Society of Scotland, 26 (1981) 67–71.

Gothot/Holleaux, La Convention entre les Etats membres de la Communauté Economique Européenne sur la compétence judiciaire et l'exécution des décisions en matière civile et commerciale: Clunet 98 (1971) 747.

Gotzen, La compétence judiciaire en droit européen et en droit Benelux des marques et modèles, in Rev. dr. intellectuel, 1978, 172–176.

Graupner, Gerichtsstandsvereinbarungen in Auslandsverträgen, AWD 1970, 399.

Graveson, The English Conflict of Laws and the European Economic Communities, in: Liber Amicorum Cohn (Heidelberg 1975) 61, 66–72.

Grunsky, Probleme des EWG-Übereinkommens über die gerichtliche Zuständigkeit und die Vollstreckung gerichtlicher Entscheidungen in Zivil- und Handelssachen, JZ 1973, 641–647.

Grunsky, La Convenzione di Bruxelles sulla competenza giurisdizionale e l'esecuzione delle sentenze nei rapporti Italo-Tedeschi: Riv. dir. int. priv. proc. 12 (1976) 685, 695–711.

Grunsky, EWG-Übereinkommen über die gerichtliche Zuständigkeit und die Vollstreckung gerichtlicher Entscheidungen in Zivil- und Handelssachen im deutsch-italienischen Rechtsverkehr, RIW/AWD 1977, 1–9.

Grüter, Gerichtsstandsvereinbarung durch Korrespondenz im EWG-Handel, DB 1978, 381–386.

Haardt, De rechterlijke bevoegdheid en de erkenning en tenuitvoerlegging van buitenlandse vonnissen op het gebied van de industriële eigendom in het licht van de reeds van kracht rijude en uop komende EEG en Benelux-verdragen, Bijbl. ind. eigendom, 1974, 145–149.

Haardt, De rechtspraak van het Hof van Justitie van de E. G. over de uitleg van het EEG-Bevoegdheids- en Executieverdrag in: Non sine causa, Festschrift Scholten, 1979, 103.

Habscheid, Anerkennung und Vollstreckung von Urteilen aus EWG-Staaten in der Bundesrepublik Deutschland, ZfRV 14 (1973) 262.

Habscheid, Rechtsstreit und Vollstreckung (EWG-Übereinkommen über Zuständigkeit und Vollstreckung – EWG-Konkursentwurf – ordre-public-Fragen), in Angleichung des Rechts der Wirtschaft in Europa, KSE (Kölner Schriften zum Europarecht) 11 (1971) 649.

Habscheid, Bemerkungen zur französischen Zivilprozeßreform im Vergleich zum deutschen und österreichischen Zivilprozeßrecht, ZfRV 1976, 1–12.

Hartley, Convention on Jurisdiction and the Enforcement of Judgments in Civil and Commercial Matters: Europ. L. Rev. 2 (1977) 143 et sequentes, 2. B 1978, 160; 1979, 482.

Hartley, The Recognition of Foreign Judgments in England under the Jurisdiction and Judgments Convention, in Harmonization of Private International Law by the E. E. C. (ed. K.Lipstein), London 1978, 103–118.

Hauschild, L'application de la Convention de 1968 dans le cadre du Marché commun et son extension aux autres nouveaux membres adhérents, Rev. huissiers, 1977, I, 204–208.

Hauschild, The Convention of 27 sep. 1968 on Jurisdiction and the Enforcement of Judgments in Civil and Commercial Matters, in Commercial Operations in Europe (eds. R. M. Goode, K. R. Simmonds), Leyden/Boston, 1978, 51–70.

Hauschild, L'importance des conventions communautaires pour la création d'un droit communautaire, Rev. trim. dr. eur. 1975, 1.

Hay, The Common Market Preliminary Draft Convention on the Recognition and Enforcement of Judgments – Some Considerations of Policy and Interpretation. Am. J. Comp. L. 16 (1968) 149.

Hay, Besprechung: Weser, Convention, AJCL 24 (1976) 557.

Hay-Walker, Le projet anglo-américain de convention sur la reconnaissance des décisions et la convention communautaire, Cahiers dr. eur. 1977, 1.

Herzog, The Common Market Convention on Jurisdiction and the Enforcement of Judgments: an interim Update, Virginia Journ. Int. Law, 1977, 417–442.

von Hoffmann, Das EWG-Übereinkommen über die gerichtliche Zuständigkeit und die Vollstreckung gerichtlicher Entscheidungen in Zivil- und Handelssachen: AWD 1973, 57.

Holleaux, La Convention de Bruxelles du 27 septembre 1968 sur la compétence judiciaire et l'exécution des décisions en matière civile et commerciale – cinq années d'application en France, Clunet 105 (1978) 520.

Holleaux-Gothot, La Convention entre les Etats membres de la Communauté économique européenne sur la compétence judiciaire et l'exécution des décisions en matière civile et commerciale, Clunet, 1971, 747–791.

Homburger, Recognition and Enforcement of Foreign Judgments – A New Yorker reflects on Uniform Acts, Am. Journal Comp. Law 1970, 390–394.

Hubeau, La Convention communautaires du 27 septembre 1968 et le Grand-Duché, Journal trib., 1977, 402.

Huet, Chronique de jurisprudence de la Cour de Justice des Communautés européennes, Clunet 1979, 663–691 et sequentes. Vgl. unten LXXXIII.

Huet-Bischoff, Chronique de jurisprudence de la Cour de Justice des Communautés Européennes, Clunet 1977, 702–739; 1978, 388–408, 1982, 463–485, 942–966.

Hunnings, Private International Law and the EEC, J. Bus. L. 1977, 93–98.

Huss, in Le contrat économique international (travaux des VII journées d'études juridiques Jean Dabin), Bruxelles-Paris, 1975, 225.

Iglesias Buigues, Competencia judicial, reconocimiento y ejecucion de decisiones judiciales en la C. E. E. y el derecho español, 1977.

Jakobs, Vorprozessuale Vereinbarungen über die deutsche internationale Zuständigkeit, Diss. Mannheim 1974.

Jayme, Zur Qualifikationsverweisung im internationalen Privatrecht, in ZfRV 1976, 93–108.

Jayme, Zur „internationalen Verbundszuständigkeit" deutscher Gerichte für die Regelung des Sorgerechts nach der Scheidung, FamRZ 1979, 21–23.

Jeantet, Un droit européen des conflits de compétence judiciaire et de l'exécution des décisions en matière civile et commerciale, Cahiers dr. europ. 13 (1972) 375.

Jenard, La Convention concernant la compétence judiciaire et l'exécution des décisions en matière civile et commerciale – lignes directrices, Rev. trim. dr. europ. 11 (1975) 14–23.

Jenard, Principes fondamentaux de la Convention C. E. E. sur la compétence judiciaire et l'exécution des décisions, J. C. P. 1973 I, 2593.

Jenard/Lemontey, Protocole de Luxembourg du 3 juin 1971, in Jur.-Class. dr. int., fasc. 631-1.

Jessurun D'Oliveira, La pollution du Rhin et le droit international privé, in Rhine Pollution. La pollution du Rhin, Zwolle, 1978, 81–127.

Jestaz, Législation française et communautaire en matière de droit privé (21 mars–20 juin 1976), Rev. trim. dr. civ., 1976, 654–656.

Juenger, La Convention de Bruxellés du 27 septémbre 1968 et la courtoisie internationale, Rev. crit. dr. i. p. 1983, 37–51.

Jung, Vereinbarungen über die internationale Zuständigkeit nach dem EWG-Gerichtsstands- und Vollstreckungsübereinkommen und nach § 38 Abs. 2 ZPO, Diss. Bochum 1980.

Katholnigg, Internationale Zuständigkeitsvereinbarungen nach neuem Recht, BB 1974, 395–397.

Kaufmann, La Suisse et la Convention de la C. E. E. concernant la compétence judiciaire et l'exécution des décisions en matière civile et commerciale, in: Neuvième Journée Juridique, Mémoires publiés par la faculté de droit de Genève 29, (1969) 7–51.

Kerr, The EEC Judgments Convention: Some Repercussions Beyond the EEC, EuR 15 (1980) 353.

Klein, Quelques observations sur la portée des règles de rattachement de l'État requis dans les conventions de La Haye et de Bruxelles concernant la compétence judiciaire et l'exécution des jugements en matière civile et commerciale, L'efficacia 149, auch: Riv. dir. int. priv.-proc. 1969, 48.

Köck, Vertragsinterpretation und Vertragsrechtskonvention. Zur Bedeutung der Artikel 31 und 32 der Wiener Vertragsrechtskonvention 1969. Schriften zum Völkerrecht, Band 51, Berlin 1976.

Kohler, Internationale Gerichtsstandsvereinbarungen: Liberalität und Rigorismus en EuGVÜ, IPRax 1983, Heft 5 (im Erscheinen)

Kohler, The Case law of the European Court' on the Jugements Convention, E. L. Rev. 7 (1982), 3ff., 103ff.

Kohler, Zivilrechtliche Schadensersatz- und Unterlassungsklagen – gerichtliche Zuständigkeit und Verfahrensfragen in: Rechtsfragen grenzüberschreitender Umweltbelastungen, 1983.

Krings, De rechtspraak van het Hof van Justitie van de Europese Gemeenschappen in verband met de toepassing van het Executieverdrag van 27 september 1968, S. E. W. 1978, 336.

Krings, Het Executieverdrag van 27 september 1968, wijzigingen en recente toepassingen ervan: T. P. R. 17 (1980) 364.

Krings, Enkele aantekeningen bij de toepassing van de artikelen 5 (1°), 5 (3°), 17 en 18 van het Verdrag van 27 september 1968, in: *Strycken/Krings,* De rechterlijke bevoegdheid volgens het E. E. G. Jurisdictie- en Executieverdrag (1978) 70–101.

Krings, L'application de la Convention de Bruxelles de 1968 par la Cour de Justice des Communautés Européennes, Cahiers dr. europ. 17 (1981) 151.

Krings, Réflexions au sujet de la prorogation de compétence territoriale et du for contractuel Rev. Inst. belge 55 (1978) 78, 78.

Kropholler, Internationales Einheitsrecht. Beiträge zum ausländischen und Internationalen Privatrecht, 1975.

Kropholler, Internationale Zuständigkeit in: Handbuch des Internationalen Zivilverfahrensrechts, I, 1982, 183–533.

Lachat, La juridiction compétente en matière de contrefaçon des brevets d'invention dans la Communauté économique européenne, Sem. jur., ed. commerce et industrie, 1974, II, 421–428.

Laenens, Protocol betreffende de uitlegging door het Hof van Justitie van het Verdrag van 27 september 1968 betreffende de rechterlijke bevoegdheid en de tenuitvoerlegging van beslissingen in burgerlijke en handelzaken en de gemenschappelike verklaring, Rechtskundig Weekbl., 1975–76, 1323–1330.

Laenens, Het Groot-Hertogdom Luxembourg en het bevoegdheids- en executieverdrag van 27 september 1968, Jurisprudence commerciale de Belgique, 13 (1980) 587–591.

Laenens, Bevoegdheidsaanwijzing in cognossementen, in Rechtskundig Weekbl., 1975–76, 2228–2233; 1977–78, 1635–1638.

Lalive/Bucher, Election de domicile et prorogation de for dans les rapports Franco-Suisses, Sem. jud. 1977, 297.

Lamberti Zanardi, Ambito di applicazione delle convenzioni dell'Aja e di Bruxelles sul riconoscimento delle sentenze straniere e questioni pregiudizionali, L'efficacia 153. Riv. dir. int. priv. proz. 1969, 52.

von Landauer, The EEC Judgements Convention: an Anglo-french View, in Guardian Gaz., 76 (1979) 198–202.

Landfermann, AGB-Gesetz und Auslandsgeschäfte, RIW/AWD 1977, 445–453.

Lando, Syr afgrelser om fortolkningen af EF-Konventionen om retternes kompetence og om fuldbyrdelse af domme, Nordisk Tids., 1977, 77–92.

Lanfranchi, Relievi in margine alle disciplina della proroga convenzionale di compentenza nelle convenzioni dell'Aja e di Bruxelles, L'efficacia 161, auch: Riv. dir. int. priv. proc. 1969, 59.

Laterza, Primi orientamenti giurisprudenziali circa l'applicazione in Italia della Convenzione di Bruxelles del 27 settembre 1968, Riv. dir. int. priv. proc. 1977, 790–809.

Ledoux, L'herméneutique des Conventions internationales, Journal trib. 1974, 669–672.

Ledoux, Les concessions de vente en Belgique et les règles de compétence de la C. E. E., J. trib. (Bruxelles) 1975, 217–221.

Ledoux, L'application de l'article 5, 1° et 5° de la Convention de Bruxelles en matière de concession de vente: J. T. 1975, 581–584.

Ledoux, Les concessions de vente en Belgique et les règles de compétence de la C. E. E., J. T. 1975, 217.

Ledoux, La signification des actes judiciaires à l'étranger et la convention de Bruxelles (art. 20 al. 2) ou la fin d'un iniquité, J. T. 1975, 635.

L'efficacia, siehe oben *Brulliard*

Leleux, Jurisprudence relative à l'application de la Convention du 27 septembre 1968 sur la compétence judiciaire et l'exeçution des décisions én matière civile et commerciale, Cahiers dr. europ. 13 (1977) 145.

Leleux/Baltus/Vander Elst, Concessions de vente en Belgique et règles ce compétence de la Convention C. E. E. du 27 septembre 1968, J. trib. 1977, 73–75.

Lemaire, Wat brengen de europese geünificeerde regels betreffende de internationale rechtsbedeling?, WPNR 1972, 373, 397, 413.

Lemontey-Jenard, Convention de Bruxelles du 27 septembre 1968, in Jur-Class. dr. int., fasc. 631.

Levi, L'adesione Danese, Inglese e Irlandese alla Convenzione di Bruxelles sulla procedura civile, Riv. dir. europeo 20 (1980) 265–279.

Libouton-Heenen, Examen de jurisprudence (1966–1978). Le droit maritime, in Rev. critique jur. belge, 1979, 199–203.

Linke, Die Versäumnisentscheidungen im deutschen, österreichischen, belgischen und englischen Recht. Ihre Anerkennung und Vollstreckbarklärung, Bielefeld, 1972.

Linke, Erste Urteile des Europäischen Gerichtshofs zur Auslegung des EWG-Gerichtsstands- und Vollstreckungsübereinkommens, RIW/AWD 1977, 40–47.

Lipstein, Harmonization of Private International Law 1978, 95–97.

Lizier Tessiore, „Forum solutionis", convenzione di Bruxelles del 27 settembre 1968 e giurisprudenza italiana, Riv. trim. dir. proc. civ. 34 (1980) 113–185.

Lizier Tessiore, „Forum solutionis", convenzione di Bruxelles del 27 settembre 1968 e giurisprudenza italiana, Riv. trim. dir. proc. civ., 1980, 113–185.

Lüderitz, Fremdbestimmte internationale Zuständigkeit? Versuch einer Neubestimmung von § 29 ZPO, Art. 5 Nr. 1 GVÜ, Festschrift für *Zweigert,* 1981, 233–250.

Lupoi, Il luogo dell'esecuzione del contratto come criterio di collegamento giurisdizionale, Milano, 1978, 99–169.

Luther, Zur Anerkennung und Vollstreckung von Urteilen und Schiedssprüchen in Handelssachen im deutsch-italienischen Rechtsverkehr, ZHR 1965, 145–176.

Luther, Zur Auslegung von Art. 39 des Europäischen Gerichtsstands- und Vollstreckungsübereinkommens von 1968, Prax 2 (1982) 120–121.

Luther, Zur Vollstreckung von Unterhaltstiteln im deutsch-italienischen Rechtsverkehr, DAVorm, 1979, 644.

Luzzatto, Competenza giurisdizionale o diretta e competenza internazionale o indiretta nelle convenzioni dell'Aja e di Bruxelles, in Riv. dir. int. priv. proc., 1969, 66–71 e in L'efficacia, cit., 169–174.

Luzzatto, Il luogo di esecuzione dell'obligazione contrattuale come criterio di competenza giurisdizionale: Studi in onore di E. T. Liebman II (1979) 817–838.

Maggioni, Le prime pronunce interpretative della Corte Comunitaria sulla Convenzione di Bruxelles del 1968 relativa alla competenza giurisdizionale e all'esecuzione delle sentenze, Riv. dir. civ. 23 (1977) 667.

Majoros, Les conventions internationales en matière de droit privé, Paris, 1976, 370–372.

Majoros, A propos de la procédure simplifiée de l'exequatur. La Convention de Bruxelles peut-elle se combiner avec les traités d'exécution bilatéraux conclus entre la Grande-Bretagne et les autres Etats de la C. E. E.?, Rev. critique, 1978, 45–57.

March Hunnings, Private international law and the EEC, Journal Bus. Law, 1977, 93–98.

Mari, Rapporti di lavoro, principi costituzionali e deroga alla giurisdizione secondo la convenzione di Bruxelles del 1968, Riv. dir. int. priv. proc. 17 (1981) 51–84.

Mari, Ambito di applicazione della Convenzione di Bruxelles del 27 settembre 1968 e problemi di qualificazione della nozione di „materia civile e commerciale", Dir. com. scambi int., 1977, 271–287.

Martiny, Autonome und einheitliche Auslegung im Europäischen Internationalen Zivilprozeßrecht, RabelsZ 45 (1981) 427–447.

Mascagni, Sull accertamento dell'efficacia di cosa guidicata attribuita a sentenze straniere in base alla convenzione di Bruxelles, Riv. dir. int. priv. proc. 1975, 715.

Matscher, Vollstreckung im Auslandsverkehr von vorläufig vollstreckbaren Entscheidungen und von Maßnahmen des provisorischen Rechtsschutzes, ZZP 95 (1982) 170–235.

Matscher, Zuständigkeitsvereinbarungen im österreichischen und im internationalen Zivilprozeßrecht, 1967.

Matscher, Zur Europäischen Integration auf dem Gebiet des Zivilprozeßrechts, Jur. Blätter, 1965, 194–197.

Mauro, Compétence judiciaire et effets des jugements dans le Marché Commun, in Gaz. Palais, 1973, 2, 806–807.

Mauro, Quand les traducteurs vont un peu vite (à propos de traductions divergentes de l'article 18 de la Convention), Gaz. Pal. 1975, 1, Doctr. 370.

Mauro, Compétence territoriale: Lieu de l'acte fautif et lieu de dommage? En marge de l'art. 46 du nouveau Code de procédure civile, Gaz. Pal. 1976, 1, Doctr. 359.

Maus, Zur Einbeziehung Andorras in internationale Verträge, RIW/AWD 27 (1981) 151–155.

Mayer, Droit international privé et droit international public sous l'angle de la notion de compétence, Rev. critique, 1979, 1–29.

McCaffrey, Pollution of shared natural resources, legal and trade implications, American Society of International Law, Proceedings of the 71st annual meeting, San Francisco, April 21–23, 1977, 56–61.

McClellan, The Convention of Brussels of September 27, 1968 on Jurisdiction and the

Recognition and Enforcement of Judgments in Civil and Commercial Matters, C. M. L. Rev., 1978, 228–243.

McClellan, Jurisdiction and the recognition and enforcement of judgments in civil and commercial matters in the European Communities: a resumé of recent developments, C. M. L. Rev., 1979, 268–283.

von Mehren, Recognition and Enforcement of Sister-State Judgments: Reflections on General Theory and Current Practice in the European Economic Community and the United States, Columbia Law Review, 81 (1981) 1044–1060.

Mengozzi, Note sulla clausola di „competenza esclusiva" nelle convenzioni dell'Aja e di Bruxelles in materia di diritto processuale civile internazionale, in Riv. dir. int. priv. proc., 1969, 72–88. L'efficacia, 175–191.

Mercier, Effets internationaux des jugements dans les Etats membres du Marché commun, Genève, 1965, 151–164.

Mercier, Le projet de convention du marché commun sur la procédure civile internationale et les Etats tiers, in Cahiers, 1967, 367–387 e 513–531.

Mercier, La Convention de la C. E. E. sur la compétence et l'exécution des jugements en matière civile et commerciale ou une étape vers la fédération européenne, L'efficacia 193. Riv. dir. int. priv. proc. 1969, 89.

Mercier-Thorens, Le projet de Convention de la C. E. E. étudié du point de vue de la Suisse: Rapports du Centre d'Etudes juvichiques européennes (Genève 1966) Nr. 1, 1, 10–17, 24–26.

Mezger, Drei Jahre EG-Zuständigkeits- und Vollstreckungsübereinkommen in Frankreich: RIW/AWD 1976 345, 346–348.

Mezger, Gerichtsstands- und andere Klauseln im Geschäftsverkehr mit Frankreich: AWD 1974, 377.

Mezger, Les grandes lignes de la convention du 9 octobre 1978 relative à l'adhésion du Danmark, de l'Irlande et du Royaume Uni à la convention de Bruxelles concernant la compétence judiciaire et l'exécution des décisions en matière civile et commerciale du 27 septembre 1968 ainsi qu'au protocole concernant son interprétation par la Cour de Justice, Travaux du comité français de droit international privé, 1980–1981, 15–34.

Mezger, Einheitlicher Gerichtsstand des Erfüllungsortes verschiedenartiger Ansprüche eines Handels-Vertreters (Art. 5 Nr. 1 EuGVÜ): IPrax 1983, 153–156.

Miccio, La competenza giurisdizionale e l'esecuzione delle decisioni in materia civile e commerciale nella convenzione di Bruxelles, L'efficacia 205, Riv. dir. int. priv. proc. 1969, 101.

Migliazza, Riesame dei requisiti e riesame del merito in sede di delibazione, L'efficacia 207, Riv. dir. int. priv. proc. 1969, 103.

Migliazza, La funzione del diritto internatzionale privato nella convenzione di Bruxelles del 27 settembre 1968 in Studi in onore di E. T. Liebman II, 1979, 1005–1037.

Mok, The Interpretation by the European Court of Justice of Special Conventions concluded between the Member States, C. M. L. Rev. 1971, 485–494.

Mondini, Alcune considerazioni in tema di domicilio delle persone fisiche nell'ambito della convenzione C. E. E., L'efficacia 217, Riv. dir. int. priv. proc. 1969, 112.

Münzberg, Prorogation und Schiedsvereinbarungen im internationalen Zivilverfahren in Zeitgenössische Fragen des internationalen Zivilverfahrensrechts, Referate zur III. Münchener Ost-West-Rechtstagung 1972, 177–197.

Nadelmann, Jurisdictionally improper fora in Treaties on Recognition of Judgments: the Common Market Draft, in Col. Law Rev. 1967, 995–1023 = Conflict of Laws:

international and interstate, Selected Essays by K. H. Nadelmann, The Hague, 1972, 238–270.

Nadelmann, The Common Market Judgments Convention and a Hague Conference Recommendation: what steps next?, Harvard Law Rev., 1969, 1282–1292.

Nadelmann, Common Market Assimilation of Laws and the Outer World, AJIL 13 (1964) 724.

Nadelmann, The Outer World and the Common Market Experts' Draft, C. M. L. Rev. 1967/1968, 409.

Nagel, Auf dem Wege zu einem Europäischen Prozeßrecht, Baden-Baden, 1963.

Nagel, Durchsetzung von Vertragsansprüchen im Auslandsgeschäft, 1978.

Nagel, Internationales Zivilprozeßrecht, 1980.

Napoletano, Tosato, Competenza giurisdizionale e riconoscimento ed esecuzione delle sentenze nell'ambito delle Comunità, 1981, L'incidenza del diritto comunitario nell'ordinamento italiano, II, 137–170.

Neuhaus, Die Grundbegriffe des Internationalen Privatrechts. Beiträge zum ausländischen und Internationalen Privatrecht, Band 30, Berlin, Tübingen 1962.

Neuner, Internationale Zuständigkeit. Beiträge zum Zivilprozeß, Heft 6, Mannheim, Berlin, Leipzig 1929.

Newman, Compétence juridictionelle et reconnaissance des jugements dans le Marché Commun, Bull. jur. europ. 1971, 73.

Nußbaum, Deutsches Internationales Privatrecht, 1932.

Oddini, Considerazioni sul concetto di atto giurisdizionale riconiscibile adottato nel regime convenzionale dell'Aja e di Bruxelles, L'efficacia 229 = Riv. dir. int. priv. proc. 1969, 124.

D'Oliveira, „Characteristic Obligation" in the Draft EEC Obligation Convention, Am. J. Comp. L. 25 (1977) 303–331.

D'Oliveira, Wie het zout deert die het zout keert, N. J. B. 1977, 137.

D'Oliveira, La pollution du Rhin et le droit international privé, in: *Hueting/van der Veen/Kiss/d'Oliveira,* Rhine Pollution/La pollution du Rhin (Zwolle 1978) 81, 104–119.

Padis, Observations pratiques sur la Convention Européenne, dite de Bruxelles du 27 septembre 1968, relative à la compétence judiciaire et l'exécution des décisions en matière civile et commerciale, Gaz. Pal. 1974, Doctr., 278.

Pålsson, EG:s domskonvention, Svensk Juristtidning 65 (1980) 497, 506–513.

Parisi, La rilevazione dei „principi communi" nella interpretazione della Convenzione di Bruxelles ad opera della Corte di Giustizia, in Dir. com. scambi int., 1977, 257–269.

Philip, EF-Konvention of 27 september 1968 og de nye medlemslandes tiltraedelse, in Nordisk Tids., 1977, 65–76.

Philip, Maritime Jurisdiction in the E. E. C., in Nordisk Tids., 1977, 113–122.

Philips-Bricmont, De la compétence territoriale du juge belge, d'après la convention communautaire du 27 septembre 1968, en matière de résiliation, avec préavis, d'un contrat de concession de vente à durée indéterminée, in Journal trib., 1975, 475–476.

Pierucci, Sull'espressione „materia civile e commerciale" nella Convenzione di Bruxelles del 27 settembre 1968, in Riv. dir. eur., 1978, 3–24.

Piltz, Nochmals: Gerichtsstandsvereinbarung im internationalen Handelsverkehr, NJW 1978, 1094f.

Piltz, Die Zuständigkeitsordnung nach dem EWG-Gerichtsstands- und Vollstreckungsübereinkommen: NJW 1979, 1071–1075.

Piltz, Der Gerichtsstand des Erfüllungsortes nach dem EuGVÜ, NJW 1981, 1876–1878.

Pirrung, Zum Gesetz zur Ausführung des EWG-Gerichtsstands- und Vollstreckungsübereinkommens vom 27. September 1968, DGVZ 1973, 178.

Pocar, Il Protocollo sull'interpretazione uniforme della Convenzione di Bruxelles sulla competenza giurisdizionale e l'esecuzione delle sentenze, Riv. dir. int. priv. proc., 1978, 281–295.

Pocar, L'unification des règles de conflit en matière de contrats dans la Communauté Economique Européenne, in Comunicazioni e Studi, XV, 1978, 165–193 und unter dem Titel Kodifikation der Kollisionsnormen auf dem Gebiet des Vertragsrechts im Rahmen der Europäischen Gemeinschaften, RIW/AWD, 1979, 384–392.

Pocar, L'applicazione giudiziale in Italia della Convenzione di Bruxelles del 27 settembre 1968 sulla competenza giurisdizionale e l'esecuzione delle sentenze, Riv. dir. proc., 1978, 655–678.

Pocar, Sull'autorizzazione di provvedimenti conservativi ai sensi dell'art. 39 della Convenzione di Bruxelles del 27 settembre 1968, in Riv. dir. int. priv. proc., 1979, 495–499.

Pocar, Alcune osservazioni in merito al procedimento per il riconoscimento e l'esecuzione delle sentenze straniere previsto nelle convenzioni dell'Aja e della CEE, L'efficacia 237, auch: Riv. dir. int. priv. proc. 1969, 132.

Pocar, Jurisdiction and the Enforcement of Judgments Under the EC Convention of 1968: RabelsZ 42 (1978) 405, 410–421, 428–430.

Pocar, Codice delle convenzioni sulla giurisdizione e l'esecuzione delle sentenze straniere nella C. E. E., 1980.

Pocar, Etude comparative des règles de conflit de jurisdiction dans les Etats membres de la C. E. E. in: L'influence des Communautés européennes sur le droit international privé des Etats membres (Brüssel 1981) 77–93.

Pointon, The EEC Convention on the Recognition and Enforcement of Civil and Commercial Judgments and Its Implications for English Law: LIEI 1975/2, 1.

Pontonio, La legge 24 dicembre 1969, N. 990 e la convenzione di Bruxelles 27 dicembre 1968: Resp. civ. 43 (1978) 370–381.

Pontonio, Problemi di competenza e di litispendenza nel diritto processuale internazionale con riferimento alla Convenzione di Bruxelles del 27 settembre 1968, Resp. civ. 43 (1978) 811, 814–826.

Postelnicu, Le recouvrement d'honoraires d'avocat dans le cadre de la Convention C. E. E. du 27 septembre 1968, J. trib. 1977, 633.

Pryles/Trindade, The Common Market (EEC) Convention on Jurisdiction and Enforcement of Judgments in Civil and Commercial Matters – Possible Impact Upon Australian Citizens, Austr. L. J. 1974, 185–195.

Rainaud-Rideau, Jurisprudence de la Cour de Justice des Communautées éuropéennes (1975–1976), in Rev. marché comm., 1977, 423–436.

Ras, Een nieuwe taak voor het Hof van Justitie EG, Ned. Juristenblad, 1975, 1177–1186.

Ras, De betekenis van het EEG-Executieverdrag voor de rechter van het land waar een onder het verdrag vallende zaake wordt aangebracht, T. P. R. 12 (1975) 851.

Rasmussen, Protokollen om fortolkning af Domskonventionen in Nordisk Tids., 1977, 123–145.

Rasmussen, A new Generation of Community Law? Reflections on the Handling by the Court of Justice of the Protocol of 1971 relating to the Interpretation of the

Brussels Convention on Jurisdiction and Enforcement of Judgments, C. M. L. Rev. 1978, 249–282.
Reithmann, Internationales Vertragsrecht, 3. Auflage, Köln 1980.
Rest, Transfrontier Environmental Damages: Judicial Competence and the Forum Deliciti Commissi, Env. Pol. Law 1975–76, 127–131.
Rest, Zuständigkeitsprobleme bei grenzüberschreitenden Umweltbeeinträchtigungen: ZRP 1975, 281–285.
Rest, Der Begehungsort nach Art. 5 des EWG-Vollstreckungsabkommens vom 27. 9. 1968 bei grenzüberschreitenden Umweltschäden, RIW/AWD 1975, 663–670.
Rest, Wahl des zuständigen Gerichtes bei Distanzdelikten nach dem EG-Zuständigkeits- und Vollstreckungsübereinkommen – Ein erster Schritt zum Schutz des Geschädigten im internationalen Umweltrecht: RIW/AWD 1977, 669–674.
Rest, Transfrontier Pollution: Plaintiff Can Choose His Court: Envir. Pol. Law 3 (1977) 41–46.
Rest, Interpretation von Rechtsbegriffen in internationalen Verträgen. Verschiedene Lösungsmöglichkeiten, Diss. Köln 1971.
Richter, Das EWG-Übereinkommen über die gerichtliche Zuständigkeit und die Vollstreckung in Zivil- und Handelssachen aus versicherungsrechtlicher Sicht, VersR 1978, 801–805.
Richter, Internationales Versicherungsvertragsrecht, Eine kollisionsrechtliche Untersuchung unter besonderer Berücksichtigung des Rechts der Europäischen Gemeinschaften, 1980, 173–185.
Rideau-Rainaud, Jurisprudence de la Cour de Justice des Communautés européennes (1975–1976), in Rev. marché comm., 1977, 423–436.
Riezler, Internationales Zivilprozeßrecht und prozessuales Fremdenrecht. Beiträge zum ausländischen und Internationalen Privatrecht, Berlin 1949.
Rodière, Compétence et coopération judiciaire dans l'Europe des six, in Bull. transp., 1973, 274–277.
Rodière, La compétence des tribunaux français en matière d'abordage et la Convention de Bruxelles de 1968, Rev. crit. 68 (1979) 341–347.
Roelvink, Forumkeuze volgens het E. E. G. Excutieverdrag, in Advbl., 1974, 242–245.
van Rooij, Rechterlijke bevoegdheid en interpretatie van het Europees Jurisdictie- en Executieverdrag-beginselen en belangen, N. J. B. 1977, 613–622.
van Rooij, De toetreding van Denemarken, Ierland en het Verenigd koninkrijk tot het Europees Jurisdictie- en Executieverdrag van 1968, N. J. B. 1979, 49–52.
Roland-Huybrechts, Overzicht van Rechtspraak, in Tijd. priv., 1976, 132–133.
Roth, Internationalrechtliche Probleme bei Prorogation und Derogation: ZZP 93 (1980) 156.
Rottola, L'accettazione tacita della giurisdizione nella convenzione di Bruxelles del 27 settembre 1968, Riv. dir. int. priv. proc. 14 (1978) 521–629.
Rottola, Rapporti tra convenzioni internazionali in materia di delibazione, in Riv. dir. int., 1977, 124–127.
Rottola, La „congruità“ del termine a comparire dinanzi al giudice straniero ai sensi dell'art. 27 n. 2 della Convenzione di Bruxelles del 27 settembre 1968, Rivista di diritto internazionale, LXIII (1980) 424–431.
Ryder, The Businessman, the Law and the EEC, LMCLQ 1978, 291–295.

Salerno Principio del contraddittorio e riconoscimento di sentenze straniere, Riv. dir. int., 1979, 97–98.
Salle, de, Compétence territoriale en matière de marques et application conjointe de la Convention de Bruxelles et de la Loi Benelux, in Rev. dr. intellectuel, 1978, 39–42.

Samtleben, Internationale Gerichtsstandsvereinbarungen nach dem EWG-Übereinkommen und nach der Gerichtsstandsnovelle, NJW 1974, 1590–1596.

Sandrock, Die Prorogation der internationalen Zuständigkeit eines Gerichts durch hilfsweise Sacheinlassung des Beklagten, Das Mysterium des Artikel 18 Satz 2 GuGVÜ, ZVglRWiss. 78 (1979) 177–220.

Sandrock, Handbuch der Internationalen Vertragsgestaltung, 1980.

Santa Maria, Problemi in tema di applicazione alle società della convenzione della C. E. E. sulla competenza giurisdizionale e sul riconoscimento e l'esecuzione delle sentenze in materia civile e commerciale, in Riv. dir. int. priv. proc., 1969, 139–147 = L'efficacia, 245–253.

Scerni, Le innovazioni in materia di competenza giurisdizionale contenute nella Convenzione di Bruxelles, Riv. dir. int. priv. proc., 1969, 148–151 = L'efficacia, 255–258.

Schima, La giurisdizione e lo straniero: considerazioni comparative e tendenze evolutive, Riv. dir. int. priv. proc., 1966, 681–691.

Schlafen, Der Anwendungsbereich des EWG-Gerichtsstands- und Vollstreckungsabkommens vom 27. 9. 1968, Diss. Köln 1979.

Schlosser, Konkurs und Konkursähnliche Verfahren im geltenden Europarecht, in Festschrift für Friedrich Weber, 1975, 395–412.

Schlosser, Neue Zuständigkeiten des Gerichtshofs der Europäischen Gemeinschaften, in RIW/AWD, 1975, 534–543.

Schlosser, Neues Primärrecht der Europäischen Gemeinschaften, in NJW, 1975, 2132–2133.

Schlosser, Der EuGH und das Europäische Gerichtsstands- und Vollstreckungsübereinkommen, in NJW, 1977, 457–463.

Schlosser, Europäische Wege aus der Sackgasse des deutschen internationalen Insolvenzrechts, RIW/AWD 1983, 473–485.

Schlosser, Unterhaltsansprüche vor den Gerichten der Alt-EWG-Staaten: FamRZ 1973, 424.

Schlosser, Vertragsautonome Auslegung, nationales Recht, Rechtsvergleichung und das EuGVÜ: Gedächtnisschrift Bruns (1980) 45–64.

Schlosser, Conflits entre jugement judiciaire et arbitrage, Revue de l'arbitrage, 1981, 371–393.

Schlosser, Zum Begriff „Zivil- und Handelssachen" in Art. 1 Abs. 1 EuGVÜ, IPRax 1981, 154.

Schröder, Internationale Zuständigkeit, 1971.

Schütze, Zur internationalen Zuständigkeit aufgrund rügeloser Einlassung: ZZP 90 (1977) 67.

Schütze, Zur Bedeutung der rügelosen Einlassung im internationalen Zivilprozeßrecht: RIW/AWD 1979, 590.

Schütze, Die Nachprüfung der internationalen Zuständigkeit nach dem EWG-Übereinkommen über die gerichtliche Zuständigkeit und die Vollstreckung gerichtlicher Entscheidungen, RIW/AWD 1974, 428.

Schütze, Die Berücksichtigung der Rechtshängigkeit eines ausländischen Verfahrens nach dem EWG-Übereinkommen über die gerichtliche Zuständigkeit und die Vollstreckung gerichtlicher Entscheidungen, RIW/AWD 1975, 78.

Schütze, Die Berücksichtigung der Konnexität nach dem EWG-Übereinkommen über die gerichtliche Zuständigkeit und die Vollstreckung gerichtlicher Entscheidungen, RIW/AWD 1975, 543.

Schütze, Internationale Gerichtsstandsvereinbarungen, DB 1974, 1417–1421.

Schütze, Anerkennungsfähigkeit französischer Urteile über die Haftung von Gesellschaftsorganen im Konkurs, RIW/AWD 1978, 765–767.

Schütze, Die Bedeutung der Anerkennungsfähigkeit der Entscheidung des prorogierten Gerichts für die Wirksamkeit einer internationalen Gerichtsstandvereinbarung: Festschrift für Fragistas V (1969), 167.

Schütze, Zur Bedeutung der Anerkennungsfähigkeit der Entscheidung des prorogierten Gerichts für die Wirksamkeit einer internationalen Gerichtsstandsvereinbarung, RIW/AWD, 1973, 368–372.

Schultsz, Zwischenbilanz des europäischen Gerichtsstands- und Vollstreckungsübereinkommens, IPRax 1983, 97–101.

Schwenk, Rechtsstreitigkeiten über die Erhebung von Flugsicherungsgebühren, ZLW, 1978, 71–75.

Siesby, Praeceptiv lovgivning af Domskonventionens regler om vaernetingsaftaler, Nordisk Tids 1977, 93–103.

Siesby, Om tilpasningen af EF-domskonventionen, Jur. Økonomen 1978, 211–245.

Sins, Verdediging buitenlandse verdachte, Ned. Juristenblad 1979, 137–138.

Spagnoletti Zeuli, La Convenzione di Bruxelles del 27 settembre 1968 concernente la competenza giurisdizionale e la esecuzione delle decisioni in materia civile e commerciale e la nuova disciplina del processo del lavoro: note in margine ad alcune recenti sentenze, Riv. giur. lav. 1979, II, 442–471.

Spellenberg, Der Gerichtsstand des Erfüllungsortes im europäischen Gerichtsstands- und Vollstreckungsübereinkommen, ZZP 91 (1978) 38–63.

Spellenberg, Das Europäische Gerichtsstands- und Vollstreckungsübereinkommen als Kern eines europäischen Zivilprozeßrechts, EuropaR 1980, 329.

Starace, Sull'estinzione di efficacia, nell'ordinamento di origine, della sentenza straniera riconosciuta o resa esecutiva, in Riv. dir. int. priv. proc., 1969, 152–155 = L'efficacia, 259–262.

Stauder, Die Anwendung des EWG-Gerichtsstands- und Vollstreckungsübereinkommens auf Klagen im gewerblichen Rechtsschutz und Urheberrecht, GRUR Int. 1976, 465, 510.

Stauder, Einheitliche Anknüpfung der Verletzungssanktionen im Gemeinschaftspatentübereinkommen GRUR Int. 1983, 586–590.

Steinhauser, De Benelux Merkenwet en Modellenwet contra het EEG-ExecutieVerdrag?, Ned. Juristenblad, 1974, 514–516.

Struycken, Naar eenheid van rechtsbedeling in Europe, Deventer 1971, 1–28.

Struycken, Kan een rechtspersoon naar Nederlands recht ook worden opgericht ten overstaan van een vreemde Notars, in Naaml. vennootschap, 1973, 165–175.

Struycken, The Rules of Jurisdiction in the EEC Convention on Jurisdiction and the Enforcement of Judgments in Civil and Commercial Matters, Neth. Int. L. Rev. 25 (1978) 354.

Struycken, Het Executieverdrag en de woonplaats van de rechtspersoon, N. V. 1978, 45–51.

Struycken, De bevoegdheidsregeling van het Europees Executieverdrag, in: *Struycken/Krings,* De rechterlijke bevoegdheid volgens het E. E. G. Jurisdictie- en Executieverdrag (Deventer 1978) 12–56.

Tarzia, Competenza internazionale e competenza giurisdizionale per connessione nelle convenzioni dell'Aja e di Bruxelles: Riv. dir. int. priv. proc. 5 (1969) 156–167.

Telchini, Matières exclues de l'application de la Convention C. E. E. concernants la compétence judiciaire et l'exécution des décisions en matière civile et commerciale, L'efficacia 275 = Riv. dir. int. priv. proc. 1969, 168.

Telchini, Prime pronunzie interpretative concernenti la Convenzione di Bruxelles 27 settembre 1968, sulla competenza giurisdizionale e l'esecuzione delle decisioni in materia civile e commerciale, Giust. civ., 1977, I, 1635–1641.

Tetzner, Die Verfolgung der Verletzung ausländischer Patente vor deutschen Gerichten unter Berücksichtigung des EWG-Gerichtsstands- und Vollstreckungsabkommens, GRUR 1976, 669.

Thorens, Les rapports franco-suisses, Sem. judiciaire, 1971, 83–96.

Thorens-Mercier, Le projet de Convention de la CEE étudié du point de vue de la Suisse, Genève, 1966.

Trenk-Hinterberger, Internationales Wohnungsmietrecht, Diss. Marburg 1977.

Trenk-Hinterberger, Mietstreitigkeiten im EWG-Gerichtsstands- und Vollstreckungsübereinkommen, ZMR 1978, 165–167.

Ubertazzi, L'esecuzione all'estero di provvedimenti cautelari secondo la convenzione di Bruxelles, Rivista di diritto industriale, XXX (1981) 185–189.

Vander, Concessions de vente en Belgique et règles de compétence de la Convention C. E. E. du 27 septembre 1968, J. trib. 1976, 733–738.

Vander Baltus Leleux, Concessions de vente en Belgique et règles de compétence de la Convention C. E. E. du 27 septembre 1968, Journal trib., 1977, 73–75.

Van Hoogstraten, La Salinité du Rhin et le Tribunal de Rotterdam, in Env. Pol. Law, 1975–76, 73–75.

Van Sasse, van Ysselt, Samenwerking met betrekking tot het executierecht in de E. E. G. Bijdrage in vrijmeld van vestiging en dienstverlening in de EEG, Deventer, 1976, 75–87.

Vassalli di Dachenhausen, The convention of 27 september 1968 on jurisdiction and the enforcement of judgments in civil and commercial matters in italian case-law, Rivista di diritto europeo XXII (1982) 313–354.

Verheul, Aspekten van Nederlands Internationaal Beslagrecht, Deventer, 1968, 17–18; 44–62; 134; 141–158.

Verheul, Het EEG Bevoegdheiden Executieverdrag, 1982.

Verheul, The EEC Convention on Jurisdiction and Judgments of 27 September 1968 in Netherlands Legal Practice, Neth. Int. L. Rev. 22 (1975) 337–347, 23 (1976) 347–368, 25 (1978) 82f., 28 (1981) 68, 71–77.

Verhoeven, Jurisprudence belge relative au droit international, Rev. belge dr. int. 1977, 397–444.

Vlas, Het proces tegen de Franse kalimijnen: WPNR 1979, 241–245.

Volken, Konventionskonflikte im internationalen Privatrecht, Zürich 1977.

Vollkommer, Die Gerichtsstandsbegründung durch den Parteiwillen nach der Zivilprozeßnovelle 1974, Rechtspfleger 1974, 129–143.

Walker-Hay, Le projet anglo-americain de convention sur la reconnaissance des décions et la convention communautaire, in Cahiers, 1977, 3–24 = Virginia Journ. Int. Law, 1978, 753.

Watté, Les articles 17 et 18 de la Convention du 27 septembre 1968 sur la compétence judiciaire et l'exécution des décisions, Jur. comm. Belg. 1979, V, 258–260.

Weser, Bases of Judicial Jurisdiction in the Common Market Countries, Am. J. Comp. L. 10 (1961) 323–344.

Weser, Litigation on the Common Market Level, Am. J. Comp. L. 13 (1964) 44–60.

Weser, La Convention communautaire sur la compétence et l'exécution des décisions réalise-t-elle la libre circulation des jugements dans le Marché Commun? J. trib. (Bruxelles) 1973, 229.

Weser, La compétence judiciaire, la reconnaissance et l'exécution des jugements: Les Novelles – Droit des Communautés Européennes, 1969, 1009–1016.

Weser, Règles de compétence prévues par la Convention communautaire concernant la compétence judiciaire et l'exécution des décisions en matière civile et commerciale: Rev. trim. dr. europ. 11 (1975) 24–29.

Weser, L'article 5, alinéa 1er de la Convention de Bruxelles du 27 septembre 1968 et la concession de vente exclusive: J. trib. 1976, 323–325.

Weser, Etude des problèmes soulevés par application de l'article 5, al. 1 de la Convention de Bruxelles en matière de concession de vente exclusive: Jur. comm. Belg. 1977, 322–328.

Weser, Convention communautaire sur la compétence judiciaire et l'exécution des décisions; complété par l'étude des droits internes et des traités bilatéraux des Etats contractants, Brüssel, Paris 1975.

Weser, Some reflections on the Draft veaty en Execution of Judgements in the E. E. C. FU. L. For 1965, 771.

Weser, La libre circulation des jugements dans le Marché Commun, Communication du 9 mai 1969, Trav. Com. fr. 1966–1969, 353.

Weser, L'article 91 de la loi maritime belge et la Convention de Bruxelles du 27 septembre 1968: Jur. comm. Belg. 1976, IV, 666–672.

Westphalen, Graf von, International-privatrechtliche Probleme und BGB-Gesetz, WM 1978, 1310.

Wieczorek-Schütze, Zivilprozeßordnung und Nebengesetze, Kommentar, 2. Auflage, Internationales Zivilprozeßrecht von *Schütze,* 1980.

Winter, de, Excessive Jurisdiction in Private International Law, in ICLQ, 1968, 706–720.

Wirth, Gerichtsstandsvereinbarungen im internationalen Handelsverkehr, NJW 1978, 460–464.

Wolf, Das Ausführungsgesetz zu dem EWG-Gerichtsstands- und Vollstreckungsübereinkommen, NJW 1973, 397.

Wolf, Neue Möglichkeiten für die Durchsetzung von Unterhaltstiteln im Bereich der Europäischen Wirtschaftsgemeinschaft, DAVorm. 1973, 330, 330–339.

Zaphiriou, The EEC Convention on Jurisdiction and Enforcement of Judgments, Journ. Bus. Law 1969, 74–80.

Zaphiriou, Transnational Recognition and Enforcement of Civil Judgments, Notre Dame Lawyer 1978, 758–766.

Zobras, L'effacement difficile de l'article 91 de la loi maritime belge face à l'article 17 de la Convention C. E. E. du 27 septembre 1968, Journal des tribunaux, 101 (1982) 521–523.

Zöller-Geimer, Zivilprozeßordnung mit Gerichtsverfassungsgesetz und den Einführungsgesetzen, mit Internationalem Zivilprozeßrecht von *Geimer,* 13. Auflage, 1981, 27–142.

Liste der EuGH-Urteile zur Auslegung des Übereinkommens in zeitlicher Reihenfolge*

6. Oktober 1976-12/76 *Tessili ./. Dunlop* (§ 83 Fußn. 228 S. 592)	EuGHE 1976, 1473 = NJW 1977, 491 mit Anm. *Geimer* = RIW/AWD 1977, 40 mit Anm. *Linke* = Rev. crit. 1977, 751 mit Anm. *Gothot/Holleaux* = D. S. 1977, Jur. 616 mit Anm. *Droz* = Riv. dir. int. priv. proc. 1977, 171 = Riv. dir. int. 1977, 608 = N. J. 1977 Nr. 169 mit Anm. *Schultsz* = C. M. L. R. 1977, 1, 26; hierzu auch *Huet* Clunet 1977, 714 und *Geimer* EuR 1977, 356.
6. Oktober 1976-14/76 *de Bloos ./. Bouyer* (§ 83 Fußn. 172 S.584)	EuGHE 1976, 1497 = NJW 1977, 490 mit Anm. *Geimer* = RIW/AWD 1977, 42 mit Anm. *Linke* = Rev. crit. 1977, 751 mit Anm. *Gothot/Holleaux* = D. S. 1977, Jur. 616 mit Anm. *Droz* = Riv. dir. int. priv. proc. 1977, 176 = Riv. dir. int. 1977, 612 = N. J. 1977 Nr. 170 mit Anm. *Schultsz* = C. M. L. R. 1977, 1, 60; hierzu auch *Bischoff* Clunet 1977, 719 und *Geimer* EuR 1977, 357.
14. Oktober 1976-29/76 *LTU ./. Eurocontrol* (§ 19 Fußn. 7, 9 S. 115)	EuGHE 1976, 1541 = NJW 1977, 489 mit Anm. *Geimer* = RIW/AWD 1977, 40 mit Anm. *Linke* = Rev. crit. 1977, 772 mit Anm. *Droz* = Riv. dir. int. priv. proc. 1977, 183 = Riv. dir. int. 1977, 617 = N. J. 1982 Nr. 95 mit Anm. *Schultsz* = C. M. L. R. 1977, 1, 88; hierzu auch *Huet* Clunet 1977, 707 und *Geimer* EuR 1977, 342.
30. November 1976-21/76 *Bier ./. Mines de Potasse d'Alsace* (§ 84 Fußn. 119 S. 626)	EuGHE 1976, 1735 = NJW 1977, 493 = RIW/AWD 1977, 356 mit Anm. *Linke* = Rev. crit. 1977, 563 mit Anm. *Bourel* = D. S. 1977, Jur. 613 mit Anm. *Droz* = Riv. dir. int. priv. proc. 1977, 187 = Riv. dir. int. 1977, 620 = N. J. 1977 Nr. 494 mit Anm. *Schultsz* = C. M. L. R. 1977, 1, 284; hierzu auch *Huet* Clunet 1977, 728 und *Geimer* EuR 1977, 357.
30. November 1976-42/76 *de Wolf ./. Cox* (§ 150 Fußn. 30 S. 1138)	EuGHE 1976, 1759 = NJW 1977, 495 (L), mit Anm. *Geimer* 2023 = Rev. crit. 1978, 774 (L) = Riv. dir. int. priv. proc. 1977, 430 = N. J. 1977 Nr. 484 mit Anm. *Schultsz* = C. M. L. R. 1977, 2, 43; hierzu auch *Huet* Clunet 1977, 253 und *Geimer* EuR 1977, 364.
14. Dezember 1976-24/76 *Colzani ./. RÜWA* (§ 75 Fußn. 15 S. 478)	EuGHE 1976, 1831 = NJW 1977, 494 = RIW/AWD 1977, 104 mit Anm. *Müller* 163 = Rev. crit. 1977, 576 mit Anm. *Mezger* = Riv. dir. int. priv. proc. 1977, 434 = Riv. dir. int. 1977, 627 = N. J. 1977 Nr. 446 mit Anm. *Schultsz* = C. M. L. R. 1977,

* Unter dem Datum und der Bezeichnung des Urteils ist in Klammern die Fundstelle in dem vorliegenden Kommentar angegeben.

	1, 345; hierzu auch *Bischoff* Clunet 1977, 734 und *Geimer* EuR 1977, 361.
14. Dezember 1976-25/76 *Segoura ./. Bonakdarian* (§ 75 Fußn. 28 S. 480 und § 96 Fußn. 20 S. 877)	EuGHE 1976, 1851 = NJW 1977, 495 = RIW/AWD 1977, 105 mit Anm. *Müller* 163 = Rev. crit. 1977, 581 mit Anm. *Mezger* = Riv. dir. int. priv. proc. 1977, 439 = Riv. dir. int. 1977, 623 = N.J. 1977 Nr. 447 mit Anm. *Schultsz* = C.M.L.R. 1977, 1, 361; hierzu auch *Bischoff* Clunet 1977, 734 und *Geimer* EuR 1977, 363.
14. Juli 1977-9 und 10/77 Bavaria Fluggesellschaft und Germanair ./. Eurocontrol (§ 126 Fußn. 1 S. 1009)	EuGHE 1977, 1517 = NJW 1978, 483 mit Anm. *Geimer* = RIW/AWD 1977, 708 = Rev. crit. 1979, 860 (L) = Gaz. Pal. 1978, Jur. 196 mit Anm. *Krsjak* = Riv. dir. int. priv. proc. 1977, 917 = Riv. dir. int. 1978, 322 = N. J. 1977 Nr. 611 = C. M. L. R. 1980, 1, 566; hierzu auch *Huet* Clunet 1978, 393 und *Geimer* EuR 1977, 351.
22. November 1977 *Industrial Diamond Supplies ./. Riva* (§ 150 Fußn. 9 S. 1128)	EuGHE 1977, 2175 = NJW 1978 1107 (L) = RIW/AWD 1978, 186 = Rev. crit. 1979, 426 mit Anm. *Gaudemet-Tallon* = Riv. dir. int. priv. proc. 1978, 183 = Riv. dir. int. 1978, 325 = N. J. 1978 Nr. 338 mit Anm. *Schultsz* = C. M. L. R. 1978, 1, 349; hierzu auch *Huet* Clunet 1978, 398.
14. Dezember 1977-73/77 *Sanders ./. van der Putte* (§ 85 Fußn. 37 S. 657)	EuGHE 1977, 2383 = NJW 1978, 1107 (L) = RIW/AWD 1978, 336 = Rev. crit. 1979, 859 (L) 1978, 388 = Riv. dir. int. priv. proc. 1978, 417 = N. J. 1978 Nr. 654 (L) = C. M. L. R. 1978, 1, 331; hierzu auch *Bischoff* Clunet 1978, 388.
21. Juni 1978-150/77 *Bertrand ./. Ott* (§ 74 Fußn. 108 S. 398)	EuGHE 1978, 1431 = RIW/AWD 1978, 685 = Rev. crit. 1979, 119 mit Anm. *Mezger* = J. C. P. 1979, II, 19051 mit Anm. *Jeantet* = Riv. dir. int. priv. proc. 1978, 889 = Dir. com. scambi int. 1978, 721 mit Anm. *Mari* = N. J. 1979 Nr. 115 mit Anm. *Schultsz* = C. M. L. R. 1978, 3, 499.
9. November 1978-23/78 *Meeth ./. Glacetal* (§ 96 Fußn. 197 S. 922)	EuGHE 1978, 2133 = NJW 1979, 1100 (L) = RIW/AWD 1978, 814 = Rev. crit. 1981, 127 mit Anm. *Gaudemet-Tallon* = Riv. dir. int. priv. proc. 1979, 138 = Riv. dir. int. 1981, 129 = N. J. 1979 Nr. 538 mit Anm. *Schultsz* = C. M. L. R. 1979, 1, 520; hierzu auch *Huet* Clunet 1979, 663.
22. November 1978-33/78 *Somafer ./. Saar-Ferngas* (§ 82 Fußn. 15 S. 544)	EuGHE 1978, 2183 = RIW/AWD 1979, 56 = Riv. dir. int. priv. proc. 1979, 142 = Riv. dir. int. 1981, 132 = N. J. 1979 Nr. 595 = C. M. L. R. 1979, 1, 490; hierzu auch *Huet* Clunet 1979, 672 und *Audit* D. S. 1979 I. R. 458.
22. Februar 1979-133/78 *Gourdain ./. Nadler* (§ 25 Fußn. 11 S. 169)	EuGHE 1979, 733 = NJW 1979, 1772 (L) = RIW/AWD 1979, 273 = KTS 1979, 268 = Rev. crit. 1979, 657 mit Anm. *Lemontey* = Riv. dir. int. priv.

proc. 1979, 572 = Riv. dir. int. 1981, 137 = N. J. 1979 Nr. 564 mit Anm. *Schultsz* = C. M. L. R. 1979, 3, 180.

27. März 1979-143/78
de Cavel ⁄. de Cavel
(§ 23 Fußn. 3 S. 152)

EuGHE 1979, 1055 = NJW 1979, 1100 (L) = Rev. crit. 1980, 614 mit Anm. *Droz* = Riv. dir. int. priv. proc. 1979, 577 = Riv. dir. int. 1981, 141 = N. J. 1979 Nr. 610 = C. M. L. R. 1979, 2, 547; hierzu auch *Huet* Clunet 1979, 681.

13. November 1979-25/79
Sanicentral ⁄. Collin
(§ 96 Fußn. 54 S. 887)

EuGHE 1979, 3423 = NJW 1980, 1218 (L) = RIW/AWD 1980, 285 = D. S. 1980, Jur. 543 mit Anm. *Mestre* = Riv. dir. int. priv. proc. 1980, 90 = Riv. dir. int. 1981, 144 = N. J. 1980 Nr. 510 mit Anm. *Schultsz* = C. M. L. R. 1980, 2, 164; hierzu auch *Huet* Clunet 1980, 429.

17. Januar 1980-56/79
Zelger ⁄. Salinitri
(§ 83 Fußn. 240 S. 595)

EuGHE 1980, 89 = NJW 1980, 1218 (L) = RIW/AWD 1980, 726 = WM 1980, 720 mit Anm. *Schütze* = IPRax 1981, 89, mit Anm. *Spellenberg* 75 = Rev. crit. 1980, 385 mit Anm. *Mezger* = Riv. dir. int. priv. proc. 1980, 290 = Riv. dir. int. 1981, 147 = N. J. 1980 Nr. 511 Anm. *Schultsz* = C. M. L. R. 1980, 2, 635; hierzu auch *Huet* Clunet 1980, 435.

6. März 1980-120/79
de Cavel ⁄. de Cavel (II)
(§ 22 Fußn. 5 S. 147)

EuGHE 1980, 731 = NJW 1980, 1218 (L) = IPRax 1981, 19, mit Anm. *Hausmann* 5 = Rev. crit. 1980, 618 mit Anm. *Droz* = Riv. dir. int. priv. proc. 1980, 475 = N. J. 1981 Nr. 183 mit Anm. *Schultsz* = C. M. L. R. 1980, 3, 1; hierzu auch *Huet* Clunet 1980, 442.

6. Mai 1980-784/79
Porta-Leasing ⁄. Prestige International
(§ 96 Fußn. 269 S. 944)

EuGHE 1980, 1517 = RIW 1981, 58 = Rev. crit. 1981, 339 mit Anm. *Lagarde* = Riv. dir. int. priv. proc. 1981, 183 = N. J. 1980 Nr. 607 (L) mit Anm. *Schultsz* = C. M. L. R. 1981, 1, 135; hierzu auch *Huet* Clunet 1980, 934.

21. Mai 1980-125/79
Denilauler ⁄. Couchet Frères
(§ 140 Fußn. 5 S. 1062 und § 140 Fußn. 30 S. 1073)

EuGHE 1980, 1553 = NJW 1980, 2016 (L) = RIW 1980, 510 = IPRax 1981, 95 mit Anm. *Hausmann* 79 = Rev. crit. 1980, 787 mit Anm. *Mezger* = Riv. dir. int. priv. proc. 1981, 188 = N. J. 1981 Nr. 184 mit Anm. *Schultsz* = C. M. L. R. 1981, 1, 62; hierzu auch *Huet* Clunet 1980, 939 und *Audit* D. S. 1981, I. R. 158.

16. Dezember 1980-814/79
Niederlande ⁄. Rüffer
(§ 19 Fußn. 11 S. 116)

EuGHE 1980, 3807 = RIW/AWD 1981, 711 = IPRax 1981, 169 mit Anm. *Schlosser* 154 = Riv. dir. int. priv. proc. 1981, 1040 = N. J. 1982 Nr. 97 mit Anm. *Schultsz* = C. M. L. R. 1981, 3, 293; hierzu auch *Bischoff* Clunet 1982, 483.

18. März 1981-139/80
Blanckaert & Willems ⁄. Trost
(§ 82 Fußn. 15 S. 546)

EuGHE 1981, 819 = NJW 1982, 507 (L) = RIW/AWD 1981, 341 = IPRax 1982, 64, mit Anm. *Linke* 46 = Riv. dir. int. priv. proc. 1982, 124 = N. J. 1981 Nr. 579 mit Anm. *Schultsz* = C. M. L. R. 1982, 2, 1; hierzu auch *Bischoff* Clunet 1982, 479.

26. Mai 1981-157/80 *Strafverfahren Rinkau* (§ 94 Fußn. 30 S. 839)	EuGHE 1981, 1391 = RIW/AWD 1981, 715 = IPRax 1982, 185 mit Anm. *Habscheid* 173 = Riv. dir. int. priv. proc. 1982, 133; hierzu auch *Huet* Clunet 1981, 888.
16. Juni 1981-166/80 *Klomps ⁄. Michel* (§ 140 Fußn. 5 S. 1062 und § 140 Fußn. 44 S. 1077)	EuGHE 1981, 1593 = RIW/AWD 1981, 781 = IPRax 1982, 14, mit Anm. *Nagel* 5; Rev. crit. 1981, 726 mit Anm. *Mezger,* = Riv. dir. int. priv. proc. 1982, 141; hierzu auch *Huet* Clunet 1981, 893.
24. Juni 1981-150/80 *Elefanten Schuh ⁄. Jacqmain* (§ 96 Fußn. 130 S. 905 und § 97 Fußn. 15 S. 951)	EuGHE 1981, 1671 = NJW 1982, 507 (L) = RIW/AWD 1981, 709 = IPRax 1982, 234 mit Anm. *Leipold* 222 = Rev. crit. 1982, 143 mit Anm. *Gaudemet-Tallon;* = Riv. dir. int. priv. proc. 1982, 153 = N. J. 1981 Nr. 546 mit Anm. *Schultsz;* hierzu auch *Huet* Clunet 1981, 903.
22. Oktober 1981-27/81 *Rohr ⁄. Ossberger*	EuGHE 1981, 2431 = RIW/AWD 1982, 48 = IPRax 1982, 238 mit Anm. *Leipold* 222 = Rev. crit. 1982, 143 mit Anm. *Gaudemet-Tallon* = N. J. 1982 Nr. 144 (L); hierzu auch *Huet* Clunet 1982, 482.
4. März 1982-38/81 *Effer ⁄. Kantner* (§ 83 Fußn. 65 S. 566)	EuGHE 1982, 825 = RIW/AWD 1982, 280 = IPRax 1983, 31 mit Anm. *Gottwald* 13 und *Stoll* 53; hierzu auch *Huet* Clunet 1982, 473.
31. März 1982-25/81 *W. ⁄. H.* (§ 23 Fußn. 34 S. 160)	EuGHE 1982, 1189 = RIW/AWD 1982, 755 = IPRax 1983, 77 mit Anm. *Sauveplanne* 65; hierzu auch *Huet* Clunet 1982, 942.
26. Mai 1982-133/81 *Ivenel ⁄. Schwab* (§ 74 Fußn. 467 S. 460 und § 83 Fußn. 117 S. 574)	EuGHE 1982, 1891 = RIW/AWD 1982, 908 = IPRax 1983, 173 mit Anm. *Mezger* 153; hierzu auch *Bischoff/Huet* Clunet 1982, 948.
15. Juli 1982-228/81 *Pendy/Plastic Products ⁄. Pluspunkt Handelsgesellschaft* (§ 140 Fußn. 54 S. 1079 und § 140 Fußn. 70 S. 1085)	EuGHE 1982, 2723 = RIW/AWD 1982, 908 L; hierzu auch *Huet* Clunet 1982, 960.
22. März 1983-34/82 *Peters ⁄. Zuid Nederlandse Aannemers Verenigung* (§ 83 Fußn. 47 S. 560)	ABl. Nr. C 107/4 vom 21. April 1983.
14. Juli 1983-201/82 *Gerling Konzern Speziale Kreditversicherung ⁄. Tesoro dello Stato* (§ 96 Fußn. 215 a S. 928)	ABl. Nr. C 228/5 vom 25. August 1983.
noch kein Urteil – 71/83 *Partenreederei „Tilly Russ" ⁄. Haven-Vervoerbedrijf NOVA* (§ 96 Fußn. 215 a S. 929)	

Übereinkommen

über die gerichtliche Zuständigkeit und die Vollstreckung gerichtlicher Entscheidungen in Zivil- und Handelssachen

Übereinkommen

über die gerichtliche Zuständigkeit und die Vollstreckung gerichtlicher Entscheidungen in Zivil- und Handelssachen

(in der Fassung vom 9. Oktober 1978, ABl Nr. L 304/77; geändert durch den Beitritt Griechenlands am 25. Oktober 1982, ABl. Nr. L 388/1)

PRÄAMBEL

DIE HOHEN VERTRAGSPARTEIEN DES VERTRAGES ZUR GRÜNDUNG DER EUROPÄISCHEN WIRTSCHAFTSGEMEINSCHAFT –

in dem Wunsch, Artikel 220 des genannten Vertrages auszuführen, in dem sie sich verpflichtet haben, die Vereinfachung der Förmlichkeiten für die gegenseitige Anerkennung und Vollstreckung gerichtlicher Entscheidungen sicherzustellen,

in dem Bestreben, innerhalb der Gemeinschaft den Rechtsschutz der dort ansässigen Personen zu verstärken,

in der Erwägung, daß es zu diesem Zweck geboten ist, die internationale Zuständigkeit ihrer Gerichte festzulegen, die Anerkennung von Entscheidungen zu erleichtern und ein beschleunigtes Verfahren einzuführen, um die Vollstreckung von Entscheidungen sowie von öffentlichen Urkunden und gerichtlichen Vergleichen sicherzustellen –

haben beschlossen, dieses Übereinkommen zu schließen.

TITEL I
ANWENDUNGSBEREICH

Artikel 1

Dieses Übereinkommen ist in Zivil- und Handelssachen anzuwenden, ohne daß es auf die Art der Gerichtsbarkeit ankommt. Es erfaßt insbesondere nicht Steuer- und Zollsachen sowie verwaltungsrechtliche Angelegenheiten.[1]

Es ist nicht anzuwenden auf:

1. den Personenstand, die Rechts- und Handlungsfähigkeit sowie die gesetzliche Vertretung von natürlichen Personen, die ehelichen Güterstände, das Gebiet des Erbrechts einschließlich des Testamentsrechts;
2. Konkurse, Vergleiche und ähnliche Verfahren;
3. die soziale Sicherheit;
4. die Schiedsgerichtsbarkeit.

---

[1] Satz 2 angefügt gemäß Artikel 3 des Beitrittsübereinkommens vom 9. Oktober 1978.

TITEL II
ZUSTÄNDIGKEIT

1. Abschnitt

Allgemeine Vorschriften

Artikel 2

Vorbehaltlich der Vorschriften dieses Übereinkommens sind Personen, die ihren Wohnsitz in dem Hoheitsgebiet eines Vertragsstaats haben, ohne Rücksicht auf ihre Staatsangehörigkeit vor den Gerichten dieses Staates zu verklagen.

Auf Personen, die nicht dem Staat, in dem sie ihren Wohnsitz haben, angehören, sind die für Inländer maßgebenden Zuständigkeitsvorschriften anzuwenden.

Artikel 3

Personen, die ihren Wohnsitz in dem Hoheitsgebiet eines Vertragsstaats haben, können vor den Gerichten eines anderen Vertragsstaats nur gemäß den Vorschriften des 2. bis 6. Abschnitts verklagt werden.

Insbesondere können gegen diese Personen nicht geltend gemacht werden:
- in Belgien: Artikel 15 des Zivilgesetzbuches (Code civil – Burgerlijk Wetboek) sowie Artikel 638 der Zivilprozeßordnung (Code judiciaire – Gerechtelijk Wetboek);
- in Dänemark: Artikel 248 Absatz 2 der Zivilprozeßordnung (Lov om rettens pleje) und Kapitel 3 Artikel 3 der Zivilprozeßordnung für Grönland (Lov for Grønland om rettens pleje);
- in der Bundesrepublik Deutschland: § 23 der Zivilprozeßordnung;
- in Griechenland: Artikel 40 der Zivilprozeßordnung (κώδικας Πολιτικής Δικονομίας);[2]
- in Frankreich: Artikel 14 und 15 des Zivilgesetzbuches (Code civil);
- in Irland: Vorschriften, nach denen die Zuständigkeit durch Zustellung eines das Verfahren einleitenden Schriftstücks an den Beklagten während dessen vorübergehender Anwesenheit in Irland begründet wird;
- in Italien: Artikel 2, Artikel 4 Nummern 1 und 2 der Zivilprozeßordnung (Codice di procedura civile);
- in Luxemburg: Artikel 14 und 15 des Zivilgesetzbuches (Code civil);
- in den Niederlanden: Artikel 126 Absatz 3 und Artikel 127 der Zivilprozeßordnung (Wetboek van Burgerlijke Rechtsvordering);
- im Vereinigten Königreich: Vorschriften, nach denen die Zuständigkeit begründet wird durch
  a) die Zustellung eines das Verfahren einleitenden Schriftstücks an den Beklagten während dessen vorübergehender Anwesenheit im Vereinigten Königreich;
  b) das Vorhandensein von Vermögenswerten des Beklagten im Vereinigten Königreich oder
  c) die Beschlagnahme von Vermögen im Vereinigten Königreich durch den Kläger.[3]

---

[2] Vierter Gedankenstrich eingefügt gemäß Artikel 3 des Beitrittsübereinkommens Griechenlands vom 25. Oktober 1982.

[3] Absatz 2 geändert gemäß Artikel 4 des Beitrittsübereinkommens vom 9. Oktober 1978.

Artikel 4

Hat der Beklagte keinen Wohnsitz in dem Hoheitsgebiet eines Vertragsstaats, so bestimmt sich, vorbehaltlich des Artikels 16, die Zuständigkeit der Gerichte eines jeden Vertragsstaats nach seinen eigenen Gesetzen.

Gegenüber einem Beklagten, der keinen Wohnsitz in dem Hoheitsgebiet eines Vertragsstaats hat, kann sich jede Person, die ihren Wohnsitz in dem Hoheitsgebiet eines Vertragsstaats hat, in diesem Staat auf die dort geltenden Zuständigkeitsvorschriften, insbesondere auf die in Artikel 3 Absatz 2 angeführten Vorschriften, wie ein Inländer berufen, ohne daß es auf ihre Staatsangehörigkeit ankommt.

2. Abschnitt

Besondere Zuständigkeiten

Artikel 5

Eine Person, die ihren Wohnsitz in dem Hoheitsgebiet eines Vertragsstaats hat, kann in einem anderen Vertragsstaat verklagt werden:

1. wenn ein Vertrag oder Ansprüche aus einem Vertrag den Gegenstand des Verfahrens bilden, vor dem Gericht des Ortes, an dem die Verpflichtung erfüllt worden ist oder zu erfüllen wäre;
2. wenn es sich um eine Unterhaltssache handelt, vor dem Gericht des Ortes, an dem der Unterhaltsberechtigte seinen Wohnsitz oder seinen gewöhnlichen Aufenthalt hat, oder im Falle einer Unterhaltssache, über die im Zusammenhang mit einem Verfahren in bezug auf den Personenstand zu entscheiden ist, vor dem nach seinem Recht für dieses Verfahren zuständigen Gericht, es sei denn, diese Zuständigkeit beruht lediglich auf der Staatsangehörigkeit einer der Parteien;[4]
3. wenn eine unerlaubte Handlung oder eine Handlung, die einer unerlaubten Handlung gleichgestellt ist, oder wenn Ansprüche aus einer solchen Handlung den Gegenstand des Verfahrens bilden, vor dem Gericht des Ortes, an dem das schädigende Ereignis eingetreten ist;
4. wenn es sich um eine Klage auf Schadensersatz oder auf Wiederherstellung des früheren Zustandes handelt, die auf eine mit Strafe bedrohte Handlung gestützt wird, vor dem Strafgericht, bei dem die öffentliche Klage erhoben ist, soweit dieses Gericht nach seinem Recht über zivilrechtliche Ansprüche erkennen kann;
5. wenn es sich um Streitigkeiten aus dem Betrieb einer Zweigniederlassung, einer Agentur oder einer sonstigen Niederlassung handelt, vor dem Gericht des Ortes, an dem sich diese befindet;
6. wenn sie in ihrer Eigenschaft als Begründer, *trustee* oder Begünstigter eines *trust* in Anspruch genommen wird, der aufgrund eines Gesetzes oder durch schriftlich vorgenommenes oder schriftlich bestätigtes Rechtsgeschäft errichtet worden ist, vor den Gerichten des Vertragsstaats, auf dessen Hoheitsgebiet der *trust* seinen Sitz hat;[5]
7. wenn es sich um eine Streitigkeit wegen der Zahlung von Berge- und Hilfslohn handelt, der für Bergungs- oder Hilfeleistungsarbeiten gefordert wird, die zugunsten einer Ladung oder einer Frachtforderung erbracht worden sind, vor dem Ge-

---

[4] Nr. 2 geändert gemäß Artikel 5 Absatz 3 des Beitrittsübereinkommens vom 9. Oktober 1978.

[5] Nr. 6 eingefügt gemäß Artikel 5 Absatz 4 des Beitrittsübereinkommens vom 9. Oktober 1978.

richt, in dessen Zuständigkeitsbereich diese Ladung oder die entsprechende Frachtforderung

a) mit Arrest belegt worden ist, um die Zahlung zu gewährleisten, oder
b) mit Arrest hätte belegt werden können, jedoch dafür eine Bürgschaft oder eine andere Sicherheit geleistet worden ist;

diese Vorschrift ist nur anzuwenden, wenn behauptet wird, daß der Beklagte Rechte an der Ladung oder an der Frachtforderung hat oder zur Zeit der Bergungs- oder Hilfeleistungsarbeiten hatte.[6]

Artikel 6

Eine Person, die ihren Wohnsitz in dem Hoheitsgebiet eines Vertragsstaats hat, kann auch verklagt werden:

1. wenn mehrere Personen zusammen verklagt werden, vor dem Gericht, in dessen Bezirk einer der Beklagten seinen Wohnsitz hat;
2. wenn es sich um eine Klage auf Gewährleistung oder um eine Interventionsklage handelt, vor dem Gericht des Hauptprozesses, es sei denn, daß diese Klage nur erhoben worden ist, um diese Person dem für sie zuständigen Gericht zu entziehen;
3. wenn es sich um eine Widerklage handelt, die auf denselben Vertrag oder Sachverhalt wie die Klage selbst gestützt wird, vor dem Gericht, bei dem die Klage selbst anhängig ist.

Artikel 6a[7]

Ist ein Gericht eines Vertragsstaats nach diesem Übereinkommen zur Entscheidung in Verfahren wegen einer Haftpflicht aufgrund der Verwendung oder des Betriebs eines Schiffes zuständig, so entscheidet dieses oder ein anderes, an seiner Stelle durch das Recht dieses Staates bestimmtes Gericht auch über Klagen auf Beschränkung dieser Haftung.

3. Abschnitt

Zuständigkeit für Versicherungssachen

Artikel 7

Für Klagen in Versicherungssachen bestimmt sich die Zuständigkeit vorbehaltlich des Artikels 4 und des Artikels 5 Nummer 5 nach diesem Abschnitt.

Artikel 8[8]

Der Versicherer, der seinen Wohnsitz in dem Hoheitsgebiet eines Vertragsstaats hat, kann verklagt werden:

1. vor den Gerichten des Staates, in dem er seinen Wohnsitz hat,
2. in einem anderen Vertragsstaat vor dem Gericht des Bezirks, in dem der Versicherungsnehmer seinen Wohnsitz hat, oder
3. falls es sich um einen Mitversicherer handelt, vor dem Gericht eines Vertragsstaats, bei dem der federführende Versicherer verklagt wird.

---

[6] Nr. 7 eingefügt gemäß Artikel 5 Absatz 4 des Beitrittsübereinkommens vom 9. Oktober 1978.

[7] Artikel eingefügt gemäß Artikel 6 des Beitrittsübereinkommens vom 9. Oktober 1978.

[8] Wortlaut geändert gemäß Artikel 7 des Beitrittsübereinkommens vom 9. Oktober 1978.

Hat ein Versicherer in dem Hoheitsgebiet eines Vertragsstaats keinen Wohnsitz, besitzt er aber in einem Vertragsstaat eine Zweigniederlassung, Agentur oder sonstige Niederlassung, so wird er für Streitigkeiten aus ihrem Betrieb so behandelt, wie wenn er seinen Wohnsitz in dem Hoheitsgebiet dieses Staates hätte.

Artikel 9

Bei der Haftpflichtversicherung oder bei der Versicherung von unbeweglichen Sachen kann der Versicherer außerdem vor dem Gericht des Ortes, an dem das schädigende Ereignis eingetreten ist, verklagt werden. Das gleiche gilt, wenn sowohl bewegliche als auch unbewegliche Sachen in ein und demselben Versicherungsvertrag versichert und von demselben Schadensfall betroffen sind.

Artikel 10

Bei der Haftpflichtversicherung kann der Versicherer auch vor das Gericht, bei dem die Klage des Geschädigten gegen den Versicherten anhängig ist, geladen werden, sofern dies nach dem Recht des angerufenen Gerichts zulässig ist.

Auf eine Klage, die der Verletzte unmittelbar gegen den Versicherer erhebt, sind die Artikel 7 bis 9 anzuwenden, sofern eine solche unmittelbare Klage zulässig ist.

Sieht das für die unmittelbare Klage maßgebliche Recht die Streitverkündung gegen den Versicherungsnehmer oder den Versicherten vor, so ist dasselbe Gericht auch für diese Personen zuständig.

Artikel 11

Vorbehaltlich der Bestimmungen des Artikels 10 Absatz 3 kann der Versicherer nur vor den Gerichten des Vertragsstaats klagen, in dessen Hoheitsgebiet der Beklagte seinen Wohnsitz hat, ohne Rücksicht darauf, ob dieser Versicherungsnehmer, Versicherter oder Begünstigter ist.

Die Vorschriften dieses Abschnitts lassen das Recht unberührt, eine Widerklage vor dem Gericht zu erheben, bei dem die Klage selbst gemäß den Bestimmungen dieses Abschnitts anhängig ist.

Artikel 12[9]

Von den Vorschriften dieses Abschnitts kann im Wege der Vereinbarung nur abgewichen werden:

1. wenn die Vereinbarung nach der Entstehung der Streitigkeit getroffen wird oder
2. wenn sie dem Versicherungsnehmer, Versicherten oder Begünstigten die Befugnis einräumt, andere als die in diesem Abschnitt angeführten Gerichte anzurufen, oder
3. wenn sie zwischen einem Versicherungsnehmer und einem Versicherer, die zum Zeitpunkt des Vertragsabschlusses ihren Wohnsitz oder gewöhnlichen Aufenthalt in demselben Vertragsstaat haben, getroffen ist, um die Zuständigkeit der Gerichte dieses Staates auch für den Fall zu begründen, daß das schädigende Ereignis im Ausland eingetreten ist, es sei denn, daß eine solche Vereinbarung nach dem Recht dieses Staates nicht zulässig ist, oder
4. wenn sie von einem Versicherungsnehmer abgeschlossen ist, der seinen Wohnsitz nicht in einem Vertragsstaat hat, ausgenommen soweit sie eine Versicherung, zu deren Abschluß eine gesetzliche Verpflichtung besteht, oder die Versicherung von unbeweglichen Sachen in einem Vertragsstaat betrifft, oder
5. wenn sie einen Versicherungsvertrag betrifft, soweit dieser eines oder mehrere der in Artikel 12a aufgeführten Risiken deckt.

---

[9] Wortlaut geändert gemäß Artikel 8 des Beitrittsübereinkommens vom 9. Oktober 1978.

Artikel 12a[10]

Die in Artikel 12 Nummer 5 erwähnten Risiken sind die folgenden:

1. sämtliche Schäden
   a) an Seeschiffen, Anlagen vor der Küste und auf hoher See oder Luftfahrzeugen aus Gefahren, die mit ihrer Verwendung zu gewerblichen Zwecken verbunden sind,
   b) an Transportgütern, ausgenommen Reisegepäck der Passagiere, wenn diese Güter ausschließlich oder zum Teil mit diesen Schiffen oder Luftfahrzeugen befördert werden;
2. Haftpflicht aller Art, mit Ausnahme der Haftung für Personenschäden an Passagieren oder Schäden an deren Reisegepäck,
   a) aus der Verwendung oder dem Betrieb von Seeschiffen, Anlagen oder Luftfahrzeugen gemäß Nummer 1 Buchstabe a), es sei denn, daß nach den Rechtsvorschriften des Vertragsstaats, in dem das Luftfahrzeug eingetragen ist, Gerichtsstandsvereinbarungen für die Versicherung solcher Risiken untersagt sind,
   b) für Schäden, die durch Transportgüter während einer Beförderung im Sinne der Nummer 1 Buchstabe b) verursacht werden;
3. finanzielle Verluste im Zusammenhang mit der Verwendung oder dem Betrieb von Seeschiffen, Anlagen oder Luftfahrzeugen gemäß Nummer 1 Buchstabe a), insbesondere Fracht- oder Charterverlust;
4. irgendein zusätzliches Risiko, das mit einem der unter Nummer 1 bis 3 genannten Risiken in Zusammenhang steht.

4. Abschnitt[11]

Zuständigkeit für Verbrauchersachen

Artikel 13

Für Klagen aus einem Vertrag, den eine Person zu einem Zweck abgeschlossen hat, der nicht der beruflichen oder gewerblichen Tätigkeit dieser Person (Verbraucher) zugerechnet werden kann, bestimmt sich die Zuständigkeit, unbeschadet des Artikels 4 und des Artikels 5 Nummer 5, nach diesem Abschnitt,

1. wenn es sich um den Kauf beweglicher Sachen auf Teilzahlung handelt,
2. wenn es sich um ein in Raten zurückzuzahlendes Darlehen oder um ein anderes Kreditgeschäft handelt, die zur Finanzierung eines Kaufs derartiger Sachen bestimmt sind, oder
3. für andere Verträge, wenn sie die Erbringung einer Dienstleistung oder die Lieferung beweglicher Sachen zum Gegenstand haben, sofern
   a) dem Vertragsabschluß in dem Staat des Wohnsitzes des Verbrauchers ein ausdrückliches Angebot oder eine Werbung vorausgegangen ist und
   b) der Verbraucher in diesem Staat die zum Abschluß des Vertrages erforderlichen Rechtshandlungen vorgenommen hat.

Hat der Vertragspartner des Verbrauchers in dem Hoheitsgebiet eines Vertragsstaats keinen Wohnsitz, besitzt er aber in einem Vertragsstaat eine Zweigniederlassung,

---

[10] Artikel eingefügt gemäß Artikel 9 des Beitrittsübereinkommens vom 9. Oktober 1978.

[11] Wortlaut geändert gemäß Artikel 10 des Beitrittsübereinkommens vom 9. Oktober 1978.

Agentur oder sonstige Niederlassung, so wird er für Streitigkeiten aus ihrem Betrieb so behandelt, wie wenn er seinen Wohnsitz in dem Hoheitsgebiet dieses Staates hätte.

Dieser Abschnitt ist nicht auf Beförderungsverträge anzuwenden.

Artikel 14

Die Klage eines Verbrauchers gegen die andere Vertragspartei kann entweder vor den Gerichten des Vertragsstaats erhoben werden, in dessen Hoheitsgebiet diese Vertragspartei ihren Wohnsitz hat, oder vor den Gerichten des Vertragsstaats, in dessen Hoheitsgebiet der Verbraucher seinen Wohnsitz hat.

Die Klage der anderen Vertragspartei gegen den Verbraucher kann nur vor den Gerichten des Vertragsstaats erhoben werden, in dessen Hoheitsgebiet der Verbraucher seinen Wohnsitz hat.

Diese Vorschriften lassen das Recht unberührt, eine Widerklage vor dem Gericht zu erheben, bei dem die Klage selbst gemäß den Bestimmungen dieses Abschnitts anhängig ist.

Artikel 15

Von den Vorschriften dieses Abschnitts kann im Wege der Vereinbarung nur abgewichen werden:

1. wenn die Vereinbarung nach der Entstehung der Streitigkeit getroffen wird oder
2. wenn sie dem Verbraucher die Befugnis einräumt, andere als die in diesem Abschnitt angeführten Gerichte anzurufen, oder
3. wenn sie zwischen einem Verbraucher und seinem Vertragspartner getroffen ist, die zum Zeitpunkt des Vertragsabschlusses ihren Wohnsitz oder gewöhnlichen Aufenthalt in demselben Vertragsstaat haben, und die Zuständigkeit der Gerichte dieses Staates begründet, es sei denn, daß eine solche Vereinbarung nach dem Recht dieses Staates nicht zulässig ist.

5. Abschnitt

Ausschließliche Zuständigkeiten

Artikel 16

Ohne Rücksicht auf den Wohnsitz sind ausschließlich zuständig:

1. für Klagen, die dingliche Rechte an unbeweglichen Sachen sowie die Miete oder Pacht von unbeweglichen Sachen zum Gegenstand haben, die Gerichte des Vertragsstaats, in dem die unbewegliche Sache belegen ist;
2. für Klagen, welche die Gültigkeit, Nichtigkeit oder die Auflösung einer Gesellschaft oder juristischen Person oder der Beschlüsse ihrer Organe zum Gegenstand haben, die Gerichte des Vertragsstaats, in dessen Hoheitsgebiet die Gesellschaft oder juristische Person ihren Sitz hat;
3. für Klagen, welche die Gültigkeit von Eintragungen in öffentliche Register zum Gegenstand haben, die Gerichte des Vertragsstaats, in dessen Hoheitsgebiet die Register geführt werden;
4. für Klagen, welche die Eintragung oder die Gültigkeit von Patenten, Warenzeichen, Mustern und Modellen sowie ähnlicher Rechte, die einer Hinterlegung oder Registrierung bedürfen, zum Gegenstand haben, die Gerichte des Vertragsstaats, in dessen Hoheitsgebiet die Hinterlegung oder Registrierung beantragt oder vorgenommen worden ist oder aufgrund eines zwischenstaatlichen Übereinkommens als vorgenommen gilt;
5. für Verfahren, welche die Zwangsvollstreckung aus Entscheidungen zum Gegenstand haben, die Gerichte des Vertragsstaats, in dessen Hoheitsgebiet die Zwangsvollstreckung durchgeführt werden soll oder durchgeführt worden ist.

6. Abschnitt

Vereinbarung über die Zuständigkeit

Artikel 17[12]

Haben die Parteien, von denen mindestens eine ihren Wohnsitz in dem Hoheitsgebiet eines Vertragsstaats hat, vereinbart, daß ein Gericht oder die Gerichte eines Vertragsstaats über eine bereits entstandene Rechtsstreitigkeit oder über eine künftige aus einem bestimmten Rechtsverhältnis entspringende Rechtsstreitigkeit entscheiden sollen, so sind dieses Gericht oder die Gerichte dieses Staates ausschließlich zuständig. Eine solche Gerichtsstandsvereinbarung muß schriftlich oder mündlich mit schriftlicher Bestätigung oder im internationalen Handelsverkehr in einer Form geschlossen werden, die den internationalen Handelsbräuchen entspricht, die den Parteien bekannt sind oder die als ihnen bekannt angesehen werden müssen. Wenn eine solche Vereinbarung von Parteien geschlossen wurde, die beide ihren Wohnsitz nicht im Hoheitsgebiet eines Vertragsstaats haben, so können die Gerichte der anderen Vertragsstaaten nicht entscheiden, es sei denn, das vereinbarte Gericht oder die vereinbarten Gerichte haben sich rechtskräftig für unzuständig erklärt.

Ist in schriftlich niedergelegten *trust*-Bedingungen bestimmt, daß über Klagen gegen einen Begründer, *trustee* oder Begünstigten eines *trust* ein Gericht oder die Gerichte eines Vertragsstaats entscheiden sollen, so ist dieses Gericht oder sind diese Gerichte ausschließlich zuständig, wenn es sich um Beziehungen zwischen diesen Personen oder ihre Rechte oder Pflichten im Rahmen des *trust* handelt.

Gerichtsstandsvereinbarungen und entsprechende Bestimmungen in *trust*-Bedingungen haben keine rechtliche Wirkung, wenn sie den Vorschriften der Artikel 12 oder 15 zuwiderlaufen oder wenn die Gerichte, deren Zuständigkeit abbedungen wird, aufgrund des Artikels 16 ausschließlich zuständig sind.

Ist eine Gerichtsstandsvereinbarung nur zugunsten einer der Parteien getroffen worden, so behält diese das Recht, jedes andere Gericht anzurufen, das aufgrund dieses Übereinkommens zuständig ist.

Artikel 18

Sofern das Gericht eines Vertragsstaats nicht bereits nach anderen Vorschriften dieses Übereinkommens zuständig ist, wird es zuständig, wenn sich der Beklagte vor ihm auf das Verfahren einläßt. Dies gilt nicht, wenn der Beklagte sich nur einläßt, um den Mangel der Zuständigkeit geltend zu machen oder wenn ein anderes Gericht aufgrund des Artikels 16 ausschließlich zuständig ist.

7. Abschnitt

Prüfung der Zuständigkeit und der Zulässigkeit des Verfahrens

Artikel 19

Das Gericht eines Vertragsstaats hat sich von Amts wegen für unzuständig zu erklären, wenn es wegen einer Streitigkeit angerufen wird, für die das Gericht eines anderen Vertragsstaats aufgrund des Artikels 16 ausschließlich zuständig ist.

---

[12] Wortlaut geändert gemäß Artikel 11 des Beitrittsübereinkommens vom 9. Oktober 1978.

Artikel 20

Läßt sich der Beklagte, der seinen Wohnsitz in dem Hoheitsgebiet eines Vertragsstaats hat und der vor den Gerichten eines anderen Vertragsstaats verklagt wird, auf das Verfahren nicht ein, so hat sich das Gericht von Amts wegen für unzuständig zu erklären, wenn seine Zuständigkeit nicht aufgrund der Bestimmungen dieses Übereinkommens begründet ist.

Das Gericht hat die Entscheidung so lange auszusetzen, bis festgestellt ist, daß es dem Beklagten möglich war, das den Rechtsstreit einleitende Schriftstück oder ein gleichwertiges Schriftstück so rechtzeitig zu empfangen, daß er sich verteidigen konnte, oder daß alle hierzu erforderlichen Maßnahmen getroffen worden sind.[13]

An die Stelle des vorstehenden Absatzes tritt Artikel 15 des Haager Übereinkommens vom 15. November 1965 über die Zustellung gerichtlicher und außergerichtlicher Schriftstücke im Ausland für Zivil- und Handelssachen, wenn das den Rechtsstreit einleitende Schriftstück gemäß dem erwähnten Übereinkommen zu übermitteln war.

8. Abschnitt

Rechtshängigkeit und im Zusammenhang stehende Verfahren

Artikel 21

Werden bei Gerichten verschiedener Vertragsstaaten Klagen wegen desselben Anspruchs zwischen denselben Parteien anhängig gemacht, so hat sich das später angerufene Gericht von Amts wegen zugunsten des zuerst angerufenen Gerichts für unzuständig zu erklären.

Das Gericht, das sich für unzuständig zu erkären hätte, kann die Entscheidung aussetzen, wenn der Mangel der Zuständigkeit des anderen Gerichts geltend gemacht wird.

Artikel 22

Werden bei Gerichten verschiedener Vertragsstaaten Klagen, die im Zusammenhang stehen, erhoben, so kann das später angerufene Gericht die Entscheidung aussetzen, solange beide Klagen im ersten Rechtszug anhängig sind.

Das später angerufene Gericht kann sich auf Antrag einer Partei auch für unzuständig erklären, wenn die Verbindung im Zusammenhang stehender Verfahren nach seinem Recht zulässig ist und das zuerst angerufene Gericht für beide Klagen zuständig ist.

Klagen stehen im Sinne dieses Artikels im Zusammenhang, wenn zwischen ihnen eine so enge Beziehung gegeben ist, daß eine gemeinsame Verhandlung und Entscheidung geboten erscheint, um zu vermeiden, daß in getrennten Verfahren widersprechende Entscheidungen ergehen könnten.

Artikel 23

Ist für die Klagen die ausschließliche Zuständigkeit mehrerer Gerichte gegeben, so hat sich das zuletzt angerufene Gericht zugunsten des zuerst angerufenen Gerichts für unzuständig zu erklären.

---

[13] Absatz 2 geändert gemäß Artikel 12 des Beitrittsübereinkommens vom 9. Oktober 1978.

9. Abschnitt

Einstweilige Maßnahmen einschließlich solcher, die auf eine Sicherung gerichtet sind

Artikel 24

Die in dem Recht eines Vertragsstaats vorgesehenen einstweiligen Maßnahmen einschließlich solcher, die auf eine Sicherung gerichtet sind, können bei den Gerichten dieses Staates auch dann beantragt werden, wenn für die Entscheidung in der Hauptsache das Gericht eines anderen Vertragsstaats aufgrund dieses Übereinkommens zuständig ist.

TITEL III

ANERKENNUNG UND VOLLSTRECKUNG

Artikel 25

Unter „Entscheidung" im Sinne dieses Übereinkommens ist jede von einem Gericht eines Vertragsstaats erlassene Entscheidung zu verstehen ohne Rücksicht auf ihre Bezeichnung wie Urteil, Beschluß oder Vollstreckungsbefehl, einschließlich des Kostenfestsetzungsbeschlusses eines Urkundsbeamten.

1. Abschnitt

Anerkennung

Artikel 26

Die in einem Vertragsstaat ergangenen Entscheidungen werden in den anderen Vertragsstaaten anerkannt, ohne daß es hierfür eines besonderen Verfahrens bedarf.

Bildet die Frage, ob eine Entscheidung anzuerkennen ist, als solche den Gegenstand eines Streites, so kann jede Partei, welche die Anerkennung geltend macht, in dem Verfahren nach dem 2. und 3. Abschnitt dieses Titels die Feststellung beantragen, daß die Entscheidung anzuerkennen ist.

Wird die Anerkennung in einem Rechtsstreit vor dem Gericht eines Vertragsstaats, dessen Entscheidung von der Anerkennung abhängt, verlangt, so kann dieses Gericht über die Anerkennung entscheiden.

Artikel 27

Eine Entscheidung wird nicht anerkannt:

1. wenn die Anerkennung der öffentlichen Ordnung des Staates, in dem sie geltend gemacht wird, widersprechen würde;
2. wenn dem Beklagten, der sich auf das Verfahren nicht eingelassen hat, das dieses Verfahren einleitende Schriftstück oder ein gleichwertiges Schriftstück nicht ordnungsmäßig und nicht so rechtzeitig zugestellt worden ist, daß er sich verteidigen konnte;[14]
3. wenn die Entscheidung mit einer Entscheidung unvereinbar ist, die zwischen denselben Parteien in dem Staat, in dem die Anerkennung geltend gemacht wird, ergangen ist;

---

[14] Nr. 2 geändert gemäß Artikel 13 Absatz 1 des Beitrittsübereinkommens vom 9. Oktober 1978.

4. wenn das Gericht des Urteilsstaats bei seiner Entscheidung hinsichtlich einer Vorfrage, die den Personenstand, die Rechts- und Handlungsfähigkeit sowie die gesetzliche Vertretung einer natürlichen Person, die ehelichen Güterstände, das Gebiet des Erbrechts einschließlich des Testamentsrechts betrifft, sich in Widerspruch zu einer Vorschrift des internationalen Privatrechts des Staates, in dem die Anerkennung geltend gemacht wird, gesetzt hat, es sei denn, daß die Entscheidung nicht zu einem anderen Ergebnis geführt hätte, wenn die Vorschriften des internationalen Privatrechts dieses Staates angewandt worden wären;
5. wenn die Entscheidung mit einer früheren Entscheidung unvereinbar ist, die in einem Nichtvertragsstaat zwischen denselben Parteien in einem Rechtsstreit wegen desselben Anspruchs ergangen ist, sofern diese Entscheidung die notwendigen Voraussetzungen für ihre Anerkennung in dem Staat erfüllt, in dem die Anerkennung geltend gemacht wird.[15]

Artikel 28

Eine Entscheidung wird ferner nicht anerkannt, wenn die Vorschriften des 3., 4. und 5. Abschnitts des Titels II verletzt worden sind oder wenn ein Fall des Artikels 59 vorliegt.

Das Gericht oder die Behörde des Staates, in dem die Anerkennung geltend gemacht wird, ist bei der Prüfung, ob eine der im vorstehenden Absatz angeführten Zuständigkeiten gegeben ist, an die tatsächlichen Feststellungen gebunden, aufgrund deren das Gericht des Urteilsstaats seine Zuständigkeit angenommen hat.

Die Zuständigkeit der Gerichte des Urteilsstaats darf, unbeschadet der Bestimmungen des ersten Absatzes, nicht nachgeprüft werden; die Vorschriften über die Zuständigkeit gehören nicht zur öffentlichen Ordnung im Sinne des Artikel 27 Nummer 1.

Artikel 29

Die ausländische Entscheidung darf keinesfalls auf ihre Gesetzmäßigkeit nachgeprüft werden.

Artikel 30

Das Gericht eines Vertragsstaats, in dem die Anerkennung einer in einem anderen Vertragsstaat ergangenen Entscheidung geltend gemacht wird, kann das Verfahren aussetzen, wenn gegen die Entscheidung ein ordentlicher Rechtsbehelf eingelegt worden ist.

Das Gericht eines Vertragsstaats, vor dem die Anerkennung einer in Irland oder im Vereinigten Königreich ergangenen Entscheidung geltend gemacht wird, kann das Verfahren aussetzen, wenn die Vollstreckung der Entscheidung im Urteilsstaat wegen der Einlegung eines Rechtsbehelfs einstweilen eingestellt ist.[16]

2. Abschnitt

Vollstreckung

Artikel 31

Die in einem Vertragsstaat ergangenen Entscheidungen, die in diesem Staat vollstreckbar sind, werden in einem anderen Vertragsstaat vollstreckt, wenn sie dort auf Antrag eines Berechtigten mit der Vollstreckungsklausel versehen worden sind.

---

[15] Nr. 5 eingefügt gemäß Artikel 13 Absatz 2 des Beitrittsübereinkommens vom 9. Oktober 1978.

[16] Absatz 2 eingefügt gemäß Artikel 14 des Beitrittsübereinkommens vom 9. Oktober 1978.

Im Vereinigten Königreich wird eine derartige Entscheidung jedoch in England und Wales, in Schottland oder in Nordirland vollstreckt, wenn sie auf Antrag eines Berechtigten zur Vollstreckung in dem betreffenden Teil des Vereinigten Königreichs registriert worden ist.[17]

Artikel 32

Der Antrag ist zu richten:
- in Belgien an das „tribunal de première instance" oder an die „rechtbank van eerste aanleg";
- in Dänemark an das „underret";
- in der Bundesrepublik Deutschland an den Vorsitzenden einer Kammer des Landgerichts;
- in Griechenland an das μονομελές πρωτοδικείο;[18]
- in Frankreich an den Präsidenten des „tribunal de grande instance";
- in Irland an den „High Court";
- in Italien an die „corte d'appello";
- in Luxemburg an den Präsidenten des „tribunal d'arrondissement";
- in den Niederlanden an den Präsidenten der „arrondissementsrechtbank";
- im Vereinigten Königreich:
  1. in England und Wales an den „High Court of Justice" oder im Falle von Entscheidungen in Unterhaltssachen an den „Magistrates' Court" über den „Secretary of State";
  2. in Schottland an den „Court of Session" oder im Falle von Entscheidungen in Unterhaltssachen an den „Sheriff Court" über den „Secretary of State";
  3. in Nordirland an den „High Court of Justice" oder im Falle von Entscheidungen in Unterhaltssachen an den „Magistrates' Court" über den „Secretary of State".[19]

Die örtliche Zuständigkeit wird durch den Wohnsitz des Schuldners bestimmt. Hat dieser keinen Wohnsitz im Hoheitsgebiet des Vollstreckungsstaats, so ist das Gericht zuständig, in dessen Bezirk die Zwangsvollstreckung durchgeführt werden soll.

Artikel 33

Für die Stellung des Antrags ist das Recht des Vollstreckungsstaats maßgebend.

Der Antragsteller hat im Bezirk des angerufenen Gerichts ein Wahldomizil zu begründen. Ist das Wahldomizil im Recht des Vollstreckungsstaats nicht vorgesehen, so hat der Antragsteller einen Zustellungsbevollmächtigten zu benennen.

Dem Antrag sind die in den Artikel 46 und 47 angeführten Urkunden beizufügen.

Artikel 34

Das mit dem Antrag befaßte Gericht erläßt seine Entscheidung unverzüglich, ohne daß der Schuldner in diesem Abschnitt des Verfahrens Gelegenheit erhält, eine Erklärung abzugeben.

Der Antrag kann nur aus einem der in Artikel 27 und 28 angeführten Gründe abgelehnt werden.

Die ausländische Entscheidung darf keinesfalls auf ihre Gesetzmäßigkeit nachgeprüft werden.

---

[17] Absatz 2 eingefügt gemäß Artikel 15 des Beitrittsübereinkommens vom 9. Oktober 1978.

[18] Vierter Gedankenstrich eingefügt gemäß Artikel 4 des Beitrittsübereinkommens Griechenland vom 25. Oktober 1982.

[19] Absatz 1 geändert gemäß Artikel 16 des Beitrittsübereinkommens vom 9. Oktober 1978.

Artikel 35

Die Entscheidung, die über den Antrag ergangen ist, teilt der Urkundsbeamte der Geschäftsstelle dem Antragsteller unverzüglich in der Form mit, die das Recht des Vollstreckungsstaats vorsieht.

Artikel 36

Wird die Zwangsvollstreckung zugelassen, so kann der Schuldner gegen die Entscheidung innerhalb eines Monats nach ihrer Zustellung einen Rechtsbehelf einlegen.

Hat der Schuldner seinen Wohnsitz in einem anderen Vertragsstaat als dem, in dem die Entscheidung über die Zulassung der Zwangsvollstreckung ergangen ist, so beträgt die Frist für den Rechtsbehelf zwei Monate und beginnt von dem Tage an zu laufen, an dem die Entscheidung dem Schuldner entweder in Person oder in seiner Wohnung zugestellt worden ist. Eine Verlängerung dieser Frist wegen weiter Entfernung ist ausgeschlossen.

Artikel 37[20]

Der Rechtsbehelf wird nach den Vorschriften, die für das streitige Verfahren maßgebend sind, eingelegt:
- in Belgien bei dem „tribunal de première instance" oder der „rechtbank van eerste aanleg";
- in Dänemark bei dem „landsret";
- in der Bundesrepublik Deutschland bei dem Oberlandesgericht;
- in Griechenland bei dem εφετείο;[21]
- in Frankreich bei der „cour d'appel";
- in Irland bei dem „High Court";
- in Italien bei der „corte d'appello";
- in Luxemburg bei der „Cour supérieure de Justice" als Berufungsinstanz für Zivilsachen;
- in den Niederlanden bei der „arrondissementsrechtbank";
- im Vereinigten Königreich:
  1. in England und Wales bei dem „High Court of Justice" oder im Falle von Entscheidungen in Unterhaltssachen bei dem „Magistrates' Court";
  2. in Schottland bei dem „Court of Session" oder im Falle von Entscheidungen in Unterhaltssachen bei dem „Sheriff Court";
  3. in Nordirland bei dem „High Court of Justice" oder im Falle von Entscheidungen in Unterhaltssachen bei dem „Magistrates' Court".

Gegen die Entscheidung, die über den Rechtsbehelf ergangen ist, finden nur statt:
- in Belgien, Griechenland, Frankreich, Italien, Luxemburg und den Niederlanden: die Kassationsbeschwerde;
- in Dänemark: ein Verfahren vor dem „højesteret" mit Zustimmung des Justizministers;
- in der Bundesrepublik Deutschland: die Rechtsbeschwerde;
- in Irland: ein auf Rechtsfragen beschränkter Rechtsbehelf bei dem „Supreme Court";
- im Vereinigten Königreich: ein einziger auf Rechtsfragen beschränkter Rechtsbehelf.

Artikel 38

Das mit dem Rechtsbehelf befaßte Gericht kann auf Antrag der Partei, die ihn eingelegt hat, seine Entscheidung aussetzen, wenn gegen die Entscheidung im Urteils-

---

[20] Wortlaut geändert gemäß Artikel 17 des Beitrittsübereinkommens vom 9. Oktober 1978.

[21] Vierter Gedankenstrich eingefügt gemäß Artikel 5 des Beitrittsübereinkommens Griechenland vom 25. Oktober 1982.

staat ein ordentlicher Rechtsbehelf eingelegt oder die Frist für einen solchen Rechtsbehelf noch nicht verstrichen ist; in letzterem Fall kann das Gericht eine Frist bestimmen, innerhalb deren der Rechtsbehelf einzulegen ist.

Ist eine gerichtliche Entscheidung in Irland oder im Vereinigten Königreich erlassen worden, so gilt jeder in dem Urteilsstaat statthafte Rechtsbehelf als ordentlicher Rechtsbehelf im Sinne von Absatz 1.[22]

Das Gericht kann auch die Zwangsvollstreckung von der Leistung einer Sicherheit, die es bestimmt, abhängig machen.

Artikel 39

Solange die in Artikel 36 vorgesehene Frist für den Rechtsbehelf läuft und solange über den Rechtsbehelf nicht entschieden ist, darf die Zwangsvollstreckung in das Vermögen des Schuldners nicht über Maßregeln zur Sicherung hinausgehen.

Die Entscheidung, durch welche die Zwangsvollstreckung zugelassen wird, gibt die Befugnis, solche Maßregeln zu betreiben.

Artikel 40

Wird der Antrag abgelehnt, so kann der Antragsteller einen Rechtsbehelf einlegen:
- in Belgien bei der „cour d'appel" oder dem „hof van beroep";
- in Dänemark bei dem „landsret";
- in der Bundesrepublik Deutschland bei dem Oberlandesgericht;
- in Griechenland bei dem ἐφετεῖο;[23]
- in Frankreich bei der „cour d'appel";
- in Irland bei dem „High Court";
- in Italien bei der „corte d'appello";
- in Luxemburg bei der „Cour supérieure de Justice" als Berufungsinstanz für Zivilsachen;
- in den Niederlanden bei dem „gerechtshof";
- im Vereinigten Königreich:
  1. in England und Wales bei dem „High Court of Justice" oder im Falle von Entscheidungen in Unterhaltssachen bei dem „Magistrates' Court";
  2. in Schottland bei dem „Court of Session" oder im Falle von Entscheidungen in Unterhaltssachen bei dem „Sheriff Court";
  3. in Nordirland bei dem „High Court of Justice" oder im Falle von Entscheidungen in Unterhaltssachen bei dem „Magistrates' Court".[24]

Das mit dem Rechtsbehelf befaßte Gericht hat den Schuldner zu hören. Läßt dieser sich auf das Verfahren nicht ein, so ist Artikel 20 Absätze 2 und 3 auch dann anzuwenden, wenn der Schuldner seinen Wohnsitz nicht in dem Hoheitsgebiet eines Vertragsstaats hat.

Artikel 41[25]

Gegen die Entscheidung, die über den in Artikel 40 vorgesehenen Rechtsbehelf ergangen ist, finden nur statt:

---

[22] Absatz 2 eingefügt gemäß Artikel 18 des Beitrittsübereinkommens vom 9. Oktober 1978.

[23] Vierter Gedankenstrich eingefügt gemäß Artikel 6 des Beitrittsübereinkommens Griechenland vom 25. Oktober 1982.

[24] Absatz 1 geändert gemäß Artikel 19 des Beitrittsübereinkommens vom 9. Oktober 1978.

[25] Wortlaut geändert gemäß Artikel 20 des Beitrittsübereinkommens vom 9. Oktober 1978 und Artikel 7 des Beitrittsübereinkommens Griechenland vom 25. Oktober 1982.

- in Belgien, Griechenland, Frankreich, Italien, Luxemburg und in den Niederlanden: die Kassationsbeschwerde;
- in Dänemark: ein Verfahren vor dem „højesteret" mit Zustimmung des Justizministers;
- in der Bundesrepublik Deutschland: die Rechtsbeschwerde;
- in Irland: ein auf Rechtsfragen beschränkter Rechtsbehelf bei dem „Supreme Court";
- im Vereinigten Königreich: ein einziger auf Rechtsfragen beschränkter Rechtsbehelf.

Artikel 42

Ist durch die ausländische Entscheidung über mehrere mit der Klage geltend gemachte Ansprüche erkannt und kann die Entscheidung nicht im vollen Umfang zur Zwangsvollstreckung zugelassen werden, so läßt das Gericht sie für einen oder mehrere dieser Ansprüche zu.

Der Antragsteller kann beantragen, daß die Zwangsvollstreckung nur für einen Teil des Gegenstands der Verurteilung zugelassen wird.

Artikel 43

Ausländische Entscheidungen, die auf Zahlung eines Zwangsgelds laufen, sind in dem Vollstreckungsstaat nur vollstreckbar, wenn die Höhe des Zwangsgelds durch die Gerichte des Urteilsstaats endgültig festgesetzt ist.

Artikel 44[26]

Ist dem Antragsteller in dem Staat, in dem die Entscheidung ergangen ist, ganz oder teilweise das Armenrecht oder Kosten- und Gebührenbefreiung gewährt worden, so genießt er in dem Verfahren nach den Artikeln 32 bis 35 hinsichtlich des Armenrechts oder der Kosten- und Gebührenbefreiung die günstigste Behandlung, die das Recht des Vollstreckungsstaats vorsieht.

Der Antragsteller, welcher die Vollstreckung einer Entscheidung einer Verwaltungsbehörde begehrt, die in Dänemark in Unterhaltssachen ergangen ist, kann im Vollstreckungsstaat Anspruch auf die in Absatz 1 genannten Vorteile erheben, wenn er eine Erklärung des dänischen Justizministeriums darüber vorlegt, daß er die wirtschaftlichen Voraussetzungen für die vollständige oder teilweise Bewilligung des Armenrechts oder für die Kosten- und Gebührenbefreiung erfüllt.

Artikel 45

Der Partei, die in einem Vertragsstaat eine in einem anderen Vertragsstaat ergangene Entscheidung vollstrecken will, darf wegen ihrer Eigenschaft als Ausländer oder wegen Fehlens eines inländischen Wohnsitzes oder Aufenthalts eine Sicherheitsleistung oder Hinterlegung, unter welcher Bezeichnung es auch sei, nicht auferlegt werden.

3. Abschnitt

Gemeinsame Vorschriften

Artikel 46

Die Partei, welche die Anerkennung einer Entscheidung geltend macht oder die Zwangsvollstreckung betreiben will, hat vorzulegen:

1. eine Ausfertigung der Entscheidung, welche die für ihre Beweiskraft erforderlichen Voraussetzungen erfüllt;

---

[26] Wortlaut geändert gemäß Artikel 21 des Beitrittsübereinkommens vom 9. Oktober 1978.

2. bei einer im Versäumnisverfahren ergangenen Entscheidung die Urschrift oder eine beglaubigte Abschrift der Urkunde, aus der sich ergibt, daß das den Rechtsstreit einleitende Schriftstück oder ein gleichwertiges Schriftstück der säumigen Partei zugestellt worden ist.[27]

Artikel 47

Die Partei, welche die Zwangsvollstreckung betreiben will, hat ferner vorzulegen:
1. die Urkunden, aus denen sich ergibt, daß die Entscheidung nach dem Recht des Urteilsstaats vollstreckbar ist und daß sie zugestellt worden ist;
2. gegebenenfalls eine Urkunde, durch die nachgewiesen wird, daß der Antragsteller das Armenrecht im Urteilsstaat genießt.

Artikel 48

Werden die in Artikel 46 Nummer 2 und in Artikel 47 Nummer 2 angeführten Urkunden nicht vorgelegt, so kann das Gericht eine Frist bestimmen, innerhalb deren die Urkunden vorzulegen sind, oder sich mit gleichwertigen Urkunden begnügen oder von der Vorlage der Urkunden befreien, wenn es eine weitere Klärung nicht für erforderlich hält.

Auf Verlangen des Gerichts ist eine Übersetzung der Urkunden vorzulegen; die Übersetzung ist von einer hierzu in einem der Vertragsstaaten befugten Person zu beglaubigen.

Artikel 49

Die in den Artikeln 46, 47 und in Artikel 48 Absatz 2 angeführten Urkunden sowie die Urkunde über die Prozeßvollmacht, falls eine solche erteilt wird, bedürfen weder der Legalisation noch einer ähnlichen Förmlichkeit.

TITEL IV

ÖFFENTLICHE URKUNDEN UND PROZESSVERGLEICHE

Artikel 50

Öffentliche Urkunden, die in einem Vertragsstaat aufgenommen und vollstreckbar sind, werden in einem anderen Vertragsstaat auf Antrag in den Verfahren nach den Artikeln 31 ff. mit der Vollstreckungsklausel versehen. Der Antrag kann nur abgelehnt werden, wenn die Zwangsvollstreckung aus der Urkunde der öffentlichen Ordnung des Vollstreckungsstaats widersprechen würde.

Die vorgelegte Urkunde muß die Voraussetzungen für ihre Beweiskraft erfüllen, die in dem Staat, in dem sie aufgenommen wurde, erforderlich sind.

Die Vorschriften des 3. Abschnitts des Titels III sind sinngemäß anzuwenden.

Artikel 51

Vergleiche, die vor einem Richter im Laufe eines Verfahrens abgeschlossen und in dem Staat, in dem sie errichtet wurden, vollstreckbar sind, werden in dem Vollstreckungsstaat unter denselben Bedingungen wie öffentliche Urkunden vollstreckt.

[27] Nr. 2 geändert gemäß Artikel 22 des Beitrittsübereinkommens vom 9. Oktober 1978.

TITEL V

ALLGEMEINE VORSCHRIFTEN

Artikel 52

Ist zu entscheiden, ob eine Partei im Hoheitsgebiet des Vertragsstaats, dessen Gerichte angerufen sind, einen Wohnsitz hat, so wendet das Gericht sein Recht an.

Hat eine Partei keinen Wohnsitz in dem Staat, dessen Gerichte angerufen sind, so wendet das Gericht, wenn es zu entscheiden hat, ob die Partei einen Wohnsitz in einem anderen Vertragsstaat hat, das Recht dieses Staates an.

Der Wohnsitz einer Partei ist jedoch nach dem Recht des Staates, dem sie angehört, zu beurteilen, wenn nach diesem Recht ihr Wohnsitz vom Wohnsitz einer anderen Person oder vom Sitz einer Behörde abhängt.

Artikel 53

Der Sitz von Gesellschaften und juristischen Personen steht für die Anwendung dieses Übereinkommens dem Wohnsitz gleich. Jedoch hat das Gericht bei der Entscheidung darüber, wo der Sitz sich befindet, die Vorschriften seines internationalen Privatrechts anzuwenden.

Um zu bestimmen, ob ein *trust* seinen Sitz in dem Vertragsstaat hat, bei dessen Gerichten die Klage anhängig ist, wendet das Gericht sein internationales Privatrecht an.[28]

TITEL VI

ÜBERGANGSVORSCHRIFTEN[29]

Artikel 54

Die Vorschriften dieses Übereinkommens sind nur auf solche Klagen und öffentlichen Urkunden anzuwenden, die nach dem Inkrafttreten des Übereinkommens erhoben oder aufgenommen worden sind.

Nach dem Inkrafttreten dieses Übereinkommens ergangene Entscheidungen werden, auch wenn sie aufgrund einer vor dem Inkrafttreten erhobenen Klage erlassen sind, nach Maßgabe des Titels III anerkannt und zur Zwangsvollstreckung zugelassen, vorausgesetzt, daß das Gericht aufgrund von Vorschriften zuständig war, die mit den Zuständigkeitsvorschriften des Titels II oder eines Abkommens übereinstimmen, das im Zeitpunkt der Klageerhebung zwischen dem Urteilsstaat und dem Staat, in dem die Entscheidung geltend gemacht wird, in Kraft war.

TITEL VII

VERHÄLTNIS ZU ANDEREN ABKOMMEN

Artikel 55

Dieses Übereinkommen ersetzt unbeschadet der Vorschriften des Artikels 54 Absatz 2 und des Artikels 56 die nachstehenden zwischen zwei oder mehreren Vertragsstaaten geschlossenen Abkommen:

---

[28] Absatz 2 eingefügt gemäß Artikel 23 des Beitrittsübereinkommens vom 9. Oktober 1978.

[29] Übergangsbestimmungen für das Beitrittsübereinkommen vom 9. Oktober 1978 sind in dessen Titel V enthalten.

- das am 8. Juli 1899 in Paris unterzeichnete belgisch-französische Abkommen über die gerichtliche Zuständigkeit, die Anerkennung und die Vollstreckung von gerichtlichen Entscheidungen, Schiedssprüchen und öffentlichen Urkunden;
- das am 28. März 1925 in Brüssel unterzeichnete belgisch-niederländische Abkommen über die Zuständigkeit der Gerichte, den Konkurs sowie die Anerkennung und die Vollstreckung von gerichtlichen Entscheidungen, Schiedssprüchen und öffentlichen Urkunden;
- das am 3. Juni 1930 in Rom unterzeichnete französisch-italienische Abkommen über die Vollstreckung gerichtlicher Urteile in Zivil- und Handelssachen;
- das am 18. Januar 1934 in Paris unterzeichnete britisch-französische Abkommen über die gegenseitige Vollstreckung gerichtlicher Entscheidungen in Zivil- und Handelssachen mit Protokoll;[30]
- das am 2. Mai 1934 in Brüssel unterzeichnete britisch-belgische Abkommen über die gegenseitige Vollstreckung gerichtlicher Entscheidungen in Zivil- und Handelssachen mit Protokoll;[30]
- das am 9. März 1936 in Rom unterzeichnete deutsch-italienische Abkommen über die Anerkennung und Vollstreckung gerichtlicher Entscheidungen in Zivil- und Handelssachen;
- das am 30. Juni 1958 in Bonn unterzeichnete deutsch-belgische Abkommen über die gegenseitige Anerkennung und Vollstreckung von gerichtlichen Entscheidungen, Schiedssprüchen und öffentlichen Urkunden in Zivil- und Handelssachen;
- das am 17. April 1959 in Rom unterzeichnete niederländisch-italienische Abkommen über die Anerkennung und Vollstreckung gerichtlicher Entscheidungen in Zivil- und Handelssachen;
- das am 14. Juli 1960 in Bonn unterzeichnete deutsch-britische Abkommen über die gegenseitige Anerkennung und Vollstreckung von gerichtlichen Entscheidungen in Zivil- und Handelssachen;[30]
- den am 4. November 1961 in Athen unterzeichneten Vertrag zwischen der Bundesrepublik Deutschland und dem Königreich Griechenland über die gegenseitige Anerkennung und Vollstreckung von gerichtlichen Entscheidungen, Vergleichen und öffentlichen Urkunden in Zivil- und Handelssachen;[31]
- das am 6. April 1962 in Rom unterzeichnete belgisch-italienische Abkommen über die Anerkennung und Vollstreckung von gerichtlichen Entscheidungen und anderen vollstreckbaren Titeln in Zivil- und Handelssachen;
- den am 30. August 1962 in Den Haag unterzeichneten deutsch-niederländischen Vertrag über die gegenseitige Anerkennung und Vollstreckung gerichtlicher Entscheidungen und anderer Schuldtitel in Zivil- und Handelssachen;
- das am 7. Februar 1964 in Rom unterzeichnete britisch-italienische Abkommen über die gegenseitige Anerkennung und Vollstreckung gerichtlicher Entscheidungen in Zivil- und Handelssachen und das am 14. Juli 1970 in Rom unterzeichnete Zusatzprotokoll;[32]
- das am 17. November 1967 in Den Haag unterzeichnete britisch-niederländische Abkommen über die gegenseitige Anerkennung und Vollstreckung gerichtlicher Entscheidungen in Zivilsachen;[32]

---

[30] Vierter, fünfter und neunter Gedankenstrich eingefügt gemäß Artikel 24 des Beitrittsübereinkommens vom 9. Oktober 1978.

[31] Zehnter Gedankenstrich eingefügt gemäß Artikel 8 des Beitrittsübereinkommens Griechenland vom 25. Oktober 1982.

[32] Dreizehnter und vierzehnter Gedankenstrich eingefügt gemäß Artikel 24 des Beitrittsübereinkommens vom 9. Oktober 1978.

und, sofern er in Kraft getreten ist,

- den am 24. November 1961 in Brüssel unterzeichneten belgisch-niederländisch-luxemburgischen Vertrag über die gerichtliche Zuständigkeit, den Konkurs, die Anerkennung und die Vollstreckung von gerichtlichen Entscheidungen, Schiedssprüchen und öffentlichen Urkunden.

Artikel 56

Die in Artikel 55 angeführten Abkommen und Verträge behalten ihre Wirksamkeit für die Rechtsgebiete, auf die dieses Übereinkommen nicht anzuwenden ist.

Sie bleiben auch weiterhin für die Entscheidungen und die Urkunden wirksam, die vor Inkrafttreten dieses Übereinkommens ergangen oder aufgenommen sind.

Artikel 57[33]

Dieses Übereinkommen läßt Übereinkommen unberührt, denen die Vertragsstaaten angehören oder angehören werden und die für besondere Rechtsgebiete die gerichtliche Zuständigkeit, die Anerkennung oder Vollstreckung von Entscheidungen regeln.[34]

Es berührt nicht die Anwendung der Bestimmungen, die für besondere Rechtsgebiete die gerichtliche Zuständigkeit, die Anerkennung oder Vollstreckung von Entscheidungen regeln und in Rechtsakten der Organe der Europäischen Gemeinschaften oder in dem in Ausführung dieser Akte harmonisierten einzelstaatlichen Recht enthalten sind.

Artikel 58

Dieses Übereinkommen berührt die Rechte nicht, die schweizerischen Staatsangehörigen aufgrund des Abkommens vom 15. Juni 1869 zwischen Frankreich und der Schweizerischen Eidgenossenschaft über die gerichtliche Zuständigkeit und die Vollstreckung von Urteilen in Zivilsachen zustehen.

Artikel 59

Dieses Übereinkommen hindert einen Vertragsstaat nicht, sich gegenüber einem dritten Staat im Rahmen eines Abkommens über die Anerkennung und Vollstreckung von Urteilen zu verpflichten, Entscheidungen der Gerichte eines anderen Vertragsstaats gegen Beklagte, die ihren Wohnsitz oder gewöhnlichen Aufenthalt in dem Hoheitsgebiet des dritten Staates haben, nicht anzuerkennen, wenn die Entscheidungen in den Fällen des Artikels 4 nur in einem der in Artikel 3 Absatz 2 angeführten Gerichtsstände ergehen können.

Kein Vertragsstaat kann sich jedoch gegenüber einem dritten Staat verpflichten, eine Entscheidung nicht anzuerkennen, die in einem anderen Vertragsstaat durch ein Gericht gefällt wurde, dessen Zuständigkeit auf das Vorhandensein von Vermögenswerten des Beklagten in diesem Staat oder die Beschlagnahme von dort vorhandenem Vermögen durch den Kläger gegründet ist,

1. wenn die Klage erhoben wird, um Eigentums- oder Inhaberrechte hinsichtlich dieses Vermögens festzustellen oder anzumelden oder um Verfügungsgewalt darüber zu erhalten, oder wenn die Klage sich aus einer anderen Streitsache im Zusammenhang mit diesem Vermögen ergibt, oder
2. wenn das Vermögen die Sicherheit für einen Anspruch darstellt, der Gegenstand des Verfahrens ist.[35]

---

[33] Wortlaut geändert gemäß Artikel 25 Absatz 1 des Beitrittsübereinkommens vom 9. Oktober 1978.

[34] Anwendungsbestimmungen zu diesem Absatz sind in Artikel 25 Absatz 2 des Beitrittsübereinkommens vom 9. Oktober 1978 festgelegt.

[35] Absatz 2 eingefügt gemäß Artikel 26 des Beitrittsübereinkommens vom 9. Oktober 1978.

TITEL VIII

SCHLUSSVORSCHRIFTEN[36]

Artikel 60[37]

Dieses Übereinkommen gilt für das europäische Hoheitsgebiet der Vertragsstaaten einschließlich Grönland, für die französischen überseeischen Departements und Gebiete sowie für Mayotte.

Das Königreich der Niederlande kann bei der Unterzeichnung oder der Ratifizierung dieses Übereinkommens oder zu jedem späteren Zeitpunkt durch Notifikation an den Generalsekretär des Rates der Europäischen Gemeinschaften erklären, daß dieses Übereinkommen für die Niederländischen Antillen gilt. Wird eine solche Erklärung nicht abgegeben, so gelten Verfahren, die in dem europäischen Hoheitsgebiet des Königreichs aufgrund einer Kassationsbeschwerde gegen Entscheidungen von Gerichten der Niederländischen Antillen anhängig sind, als vor diesen Gerichten anhängig.

Abweichend von Absatz 1 gilt dieses Übereinkommen nicht:

1. für die Färöer, sofern nicht das Königreich Dänemark eine gegenteilige Erklärung abgibt,
2. für die europäischen Gebiete außerhalb des Vereinigten Königreichs, deren internationale Beziehungen dieses wahrnimmt, sofern nicht das Vereinigte Königreich eine gegenteilige Erklärung in bezug auf ein solches Gebiet abgibt.

Diese Erklärungen können jederzeit gegenüber dem Generalsekretär des Rates der Europäischen Gemeinschaften abgegeben werden.

Rechtsmittelverfahren, die im Vereinigten Königreich gegen Entscheidungen von Gerichten in den in Absatz 3 Nummer 2 genannten Gebieten angestrengt werden, gelten als Verfahren vor diesen Gerichten.

Rechtssachen, die im Königreich Dänemark nach der Zivilprozeßordnung für die Färöer (Lov for Færøerne om rettens pleje) ausgetragen werden, gelten als Rechtssachen, die vor den Gerichten der Färöer verhandelt werden.

Artikel 61

Dieses Übereinkommen bedarf der Ratifizierung durch die Unterzeichnerstaaten. Die Ratifikationsurkunden werden beim Generalsekretär des Rates der Europäischen Gemeinschaften hinterlegt.

Artikel 62[38]

Dieses Übereinkommen tritt am ersten Tag des dritten Monats in Kraft, der auf die Hinterlegung der Ratifikationsurkunde durch denjenigen Unterzeichnerstaat folgt, der diese Förmlichkeit als letzter vornimmt.

Artikel 63

Die Vertragsstaaten bekräftigen, daß jeder Staat, der Mitglied der Europäischen Wirtschaftsgemeinschaft wird, verpflichtet ist, sein Einverständnis damit zu erklären, daß dieses Übereinkommen den Verhandlungen zwischen den Vertragsstaaten und diesem Staat zugrunde gelegt wird, die erforderlich werden, um die Ausführung des

---

[36] Schlußbestimmungen für das Beitrittsübereinkommen vom 9. Oktober 1978 sind in dessen Titel VI enthalten.

[37] Wortlaut geändert gemäß Artikel 27 des Beitrittsübereinkommens vom 9. Oktober 1978.

[38] Für das Inkrafttreten des Beitrittsübereinkommens vom 9. Oktober 1978 vgl. dessen Artikel 39.

Artikels 220 letzter Absatz des Vertrages zur Gründung der Europäischen Wirtschaftsgemeinschaft sicherzustellen.

Die erforderlichen Anpassungen können Gegenstand eines besonderen Übereinkommens zwischen den Vertragsstaaten einerseits und diesem Staat andererseits sein.

Artikel 64

Der Generalsekretär des Rates der Europäischen Gemeinschaften notifiziert den Unterzeichnerstaaten:

a) die Hinterlegung jeder Ratifikationsurkunde;
b) den Tag, an dem dieses Übereinkommen in Kraft tritt;
c) die gemäß Artikel 60 eingegangenen Erklärungen;[39]
d) die gemäß Artikel IV des Protokolls eingegangenen Erklärungen;
e) die Mitteilungen gemäß Artikel VI des Protokolls.

Artikel 65

Das diesem Übereinkommen im gegenseitigen Einvernehmen der Vertragsstaaten beigefügte Protokoll ist Bestandteil dieses Übereinkommens.

Artikel 66

Dieses Übereinkommen gilt auf unbegrenzte Zeit.

Artikel 67

Jeder Vertragsstaat kann eine Revision dieses Übereinkommens beantragen. In diesem Fall beruft der Präsident des Rates der Europäischen Gemeinschaften eine Revisionskonferenz ein.

Artikel 68[40]

Dieses Übereinkommen ist in einer Urschrift in deutscher, französischer, italienischer und niederländischer Sprache abgefaßt, wobei jeder Wortlaut gleichermaßen verbindlich ist; es wird im Archiv des Sekretariats des Rates der Europäischen Gemeinschaften hinterlegt; der Generalsekretär übermittelt der Regierung jedes Unterzeichnerstaates eine beglaubigte Abschrift.

Protokoll[1]

Die Hohen Vertragsparteien haben nachstehende Bestimmungen vereinbart, die dem Übereinkommen beigefügt werden:

Artikel I

Jede Person, die ihren Wohnsitz in Luxemburg hat und vor dem Gericht eines anderen Vertragsstaats aufgrund des Artikels 5 Nummer 1 verklagt wird, kann die Unzuständigkeit dieses Gerichts geltend machen. Läßt sich der Beklagte auf das Verfahren nicht ein, so erklärt sich das Gericht von Amts wegen für unzuständig.

Jede Gerichtsstandsvereinbarung im Sinne des Artikels 17 ist für eine Person, die ihren Wohnsitz in Luxemburg hat, nur dann wirksam, wenn diese sie ausdrücklich und besonders angenommen hat.

---

[39] Buchstabe c) geändert gemäß Artikel 28 des Beitrittsübereinkommens vom 9. Oktober 1978.

[40] Vgl. auch Artikel 37 Absatz 2 des Beitrittsübereinkommens vom 9. Oktober 1978, der vorschreibt, daß der dänische, der englische und der irische Wortlaut gleichermaßen verbindlich sind. Ebenso Artikel 13 Absatz 2 des Beitrittsübereinkommens vom 25. Oktober 1982 für die griechische Textvariante.

[1] Text in der Fassung des Beitrittsübereinkommens vom 9. Oktober 1978 und des Beitrittsübereinkommens Griechenland vom 25. Oktober 1982.

Artikel II

Unbeschadet günstigerer innerstaatlicher Vorschriften können Personen, die ihren Wohnsitz in einem Vertragsstaat haben und die vor den Strafgerichten eines anderen Vertragsstaats, dessen Staatsangehörigkeit sie nicht besitzen, wegen einer fahrlässig begangenen Straftat verfolgt werden, sich von hierzu befugten Personen verteidigen lassen, selbst wenn sie persönlich nicht erscheinen.

Das Gericht kann jedoch das persönliche Erscheinen anordnen; wird diese Anordnung nicht befolgt, so braucht die Entscheidung, die über den Anspruch aus einem Rechtsverhältnis des Zivilrechts ergangen ist, ohne daß sich der Angeklagte verteidigen konnte, in den anderen Vertragsstaaten weder anerkannt noch vollstreckt zu werden.

Artikel III

In dem Vollstreckungsstaat dürfen in dem Verfahren auf Erteilung der Vollstreckungsklausel keine nach dem Streitwert abgestuften Stempelabgaben oder Gebühren erhoben werden.

Artikel IV

Gerichtliche und außergerichtliche Schriftstücke, die in einem Vertragsstaat ausgefertigt sind und einer in dem Hoheitsgebiet eines anderen Vertragsstaats befindlichen Person zugestellt werden sollen, werden nach den zwischen den Vertragsstaaten geltenden Übereinkommen oder Vereinbarungen übermittelt.

Sofern der Staat, in dessen Hoheitsgebiet die Zustellung bewirkt werden soll, nicht durch eine Erklärung, die an den Generalsekretär des Rates der Europäischen Gemeinschaften zu richten ist, widersprochen hat, können diese Schriftstücke auch von den gerichtlichen Amtspersonen des Staates, in dem sie angefertigt worden sind, unmittelbar den gerichtlichen Amtspersonen des Staates übersandt werden, in dessen Hoheitsgebiet sich die Person befindet, für welche das Schriftstück bestimmt ist. In diesem Fall übersendet die gerichtliche Amtsperson des Ursprungsstaats eine Abschrift des Schriftstücks der gerichtlichen Amtsperson des Bestimmungslands, die für die Übermittlung an den Empfänger zuständig ist. Diese Übermittlung wird in den Formen vorgenommen, die das Recht des Bestimmungslands vorsieht. Sie wird durch ein Zeugnis festgestellt, das der gerichtlichen Amtsperson des Ursprungsstaats unmittelbar zugesandt wird.

Artikel V

Die in Artikel 6 Nr. 2 und Artikel 10 für eine Gewährleistungs- oder Interventionsklage vorgesehene Zuständigkeit kann in der Bundesrepublik Deutschland nicht geltend gemacht werden. In der Bundesrepublik Deutschland kann jede Person, die ihren Wohnsitz in einem anderen Vertragsstaat hat, nach den §§ 68, 72 bis 74 der Zivilprozeßordnung, die für die Streitverkündung gelten, vor Gericht geladen werden.

Entscheidungen, die in den anderen Vertragsstaaten aufgrund des Artikels 6 Nr. 2 und des Artikels 10 ergangen sind, werden in der Bundesrepublik Deutschland nach Titel III anerkannt und vollstreckt. Die Wirkungen, welche die in der Bundesrepublik Deutschland ergangenen Entscheidungen nach den §§ 68, 72 bis 74 der Zivilprozeßordnung gegenüber Dritten haben, werden auch in den anderen Vertragsstaaten anerkannt.

Artikel V a[2]

In Unterhaltssachen umfaßt der Begriff „Gericht" auch dänische Verwaltungsbehörden.

---

[2] Gemäß Artikel 29 des Beitrittsübereinkommens vom 9. Oktober 1978 eingefügte Artikel.

Artikel V b[2]

Bei Streitigkeiten zwischen dem Kapitän und einem Mitglied der Mannschaft eines in Dänemark, in Griechenland[3] oder in Irland eingetragenen Seeschiffes über die Heuer oder sonstige Bedingungen des Dienstverhältnisses haben die Gerichte eines Vertragsstaats zu überprüfen, ob der für das Schiff zuständige diplomatische oder konsularische Vertreter von der Streitigkeit unterrichtet worden ist. Sie haben die Entscheidung auszusetzen, solange dieser Vertreter nicht unterrichtet worden ist. Sie haben sich von Amts wegen für unzuständig zu erklären, wenn dieser Vertreter, nachdem er ordnungsgemäß unterrichtet worden ist, die Befugnisse ausgeübt hat, die ihm insoweit auf Grund eines Konsularabkommens zustehen, oder, falls ein derartiges Abkommen nicht besteht, innerhalb der festgesetzten Frist Einwände gegen die Zuständigkeit geltend gemacht hat.

Artikel V c[2]

Wenn die Artikel 52 und 53 dieses Übereinkommens im Sinne des Artikels 69 Absatz 5 des am 15. Dezember 1975 in Luxemburg unterzeichneten Übereinkommens über das europäische Patent für den Gemeinsamen Markt auf die Bestimmungen angewandt werden, die sich auf „residence" im englischen Wortlaut des letztgenannten Übereinkommens beziehen, so wird der in diesem Wortlaut verwandte Begriff „residence" in dem gleichen Sinn verstanden wie der in den vorstehend genannten Artikeln 52 und 53 verwandte Begriff „domicile".

Artikel V d[2]

Unbeschadet der Zuständigkeit des Europäischen Patentamtes nach dem am 5. Oktober 1973 in München unterzeichneten Übereinkommen über die Erteilung europäischer Patente sind die Gerichte eines jeden Vertragsstaats ohne Rücksicht auf den Wohnsitz der Parteien für alle Verfahren ausschließlich zuständig, welche die Erteilung oder die Gültigkeit eines europäischen Patents zum Gegenstand haben, das für diesen Staat erteilt wurde und kein Gemeinschaftspatent nach Artikel 86 des am 15. Dezember 1975 in Luxemburg unterzeichneten Übereinkommens über das europäische Patent für den Gemeinsamen Markt ist.

Artikel VI

Die Vertragsstaaten teilen dem Generalsekretär des Rates der Europäischen Gemeinschaften den Wortlaut ihrer gesetzlichen Vorschriften mit, durch welche die in diesem Übereinkommen angeführten Vorschriften ihrer Gesetzgebung oder die in Titel III Abschnitt 2 dieses Übereinkommens angeführten Gerichtsstände geändert werden.

---

[3] Gemäß Artikel 9 des Beitrittsübereinkommens Griechenland vom 25. Oktober 1982 eingefügt.

GEMEINSAME ERKLÄRUNG

Die Regierungen des Königreichs Belgien, der Bundesrepublik Deutschland, der Französischen Republik, der Italienischen Republik, des Großherzogtums Luxemburg und des Königreichs der Niederlande –

Im Augenblick der Unterzeichnung des Übereinkommens über die gerichtliche Zuständigkeit und die Vollstreckung gerichtlicher Entscheidungen in Zivil- und Handelssachen,

In dem Wunsch, eine möglichst wirksame Anwendung dieses Übereinkommens zu gewährleisten,

In dem Bestreben zu verhindern, daß durch unterschiedliche Auslegung die durch dieses Übereinkommen angestrebte Einheitlichkeit beeinträchtigt wird,

In der Erkenntnis, daß positive oder negative Kompetenzkonflikte bei Anwendung dieses Übereinkommens entstehen können –

Erklären sich bereit:

1. diese Fragen zu prüfen und insbesondere die Möglichkeit zu untersuchen, dem Gerichtshof der Europäischen Gemeinschaften bestimmte Zuständigkeiten zu übertragen und gegebenenfalls über den Abschluß eines derartigen Übereinkommens zu verhandeln;
2. ihre Vertreter in regelmäßigen Zeitabständen miteinander in Verbindung treten zu lassen.

PROTOKOLL

betreffend die Auslegung des Übereinkommens vom 27. September 1968 über die gerichtliche Zuständigkeit und die Vollstreckung gerichtlicher Entscheidungen in Zivil- und Handelssachen durch den Gerichtshof*

DIE HOHEN VERTRAGSPARTEIEN DES VERTRAGES ZUR GRÜNDUNG DER EUROPÄISCHEN WIRTSCHAFTSGEMEINSCHAFT –

Unter Bezugnahme auf die Erklärung zu dem am 27. September 1968 in Brüssel unterzeichneten Übereinkommen über die gerichtliche Zuständigkeit und die Vollstreckung gerichtlicher Entscheidungen in Zivil- und Handelssachen –

Haben beschlossen, ein Protokoll zu schließen, durch das dem Gerichtshof der Europäischen Gemeinschaften bestimmte Zuständigkeiten zur Auslegung des genannten Übereinkommens übertragen werden.

---

* Text in der Fassung des Beitrittsübereinkommens vom 9. Oktober 1978 und des Beitrittsübereinkommens Griechenland vom 25. Oktober 1982.

Artikel 1

Der Gerichtshof der Europäischen Gemeinschaften entscheidet über die Auslegung des am 27. September 1968 in Brüssel unterzeichneten Übereinkommens über die gerichtliche Zuständigkeit und die Vollstreckung gerichtlicher Entscheidungen in Zivil- und Handelssachen, des dem Übereinkommen beigefügten, am selben Tag und am selben Ort unterzeichneten Protokolls und über die Auslegung des vorliegenden Protokolls.

Der Gerichtshof der Europäischen Gemeinschaften entscheidet ebenfalls über die Auslegung des Übereinkommens über den Beitritt des Königreichs Dänemark, Irlands und des Vereinigten Königreichs Großbritannien und Nordirland zum Übereinkommen vom 27. September 1968 und zum vorliegenden Protokoll.[1]

Der Gerichtshof der Europäischen Gemeinschaften entscheidet ebenfalls über die Auslegung des Übereinkommens über den Beitritt der Republik Griechenland zum Übereinkommen vom 27. September 1968 und zum vorliegenden Protokoll in der Fassung des Übereinkommens von 1978.[2]

Artikel 2

Folgende Gerichte können dem Gerichtshof eine Auslegungsfrage zur Vorabentscheidung vorlegen:

1. – in Belgien: die „Cour de Cassation" – „Hof van Cassatie" und der „Conseil d'État" – „Raad van State",
   – in Dänemark: „Højesteret",
   – in der Bundesrepublik Deutschland: die obersten Gerichtshöfe des Bundes,
   – in Griechenland: Tά ἀνώτατα δικαστήρια,[3]
   – in Frankreich: die „Cour de Cassation" und der „Conseil d'Etat",
   – in Irland: der „Supreme Court",
   – in Italien: die „Corte Suprema di Cassazione",
   – in Luxemburg: die „Cour supérieure de Justice siégeant comme Cour de Cassation",
   – in den Niederlanden: der „Hoge Raad",
   – im Vereinigten Königreich: das „House of Lords" und die nach Artikel 37 Absatz 2 oder Artikel 41 des Übereinkommens befaßten Gerichte;[4]
2. – die Gerichte der Vertragsstaaten, sofern sie als Rechtsmittelinstanz entscheiden;
3. – in den in Artikel 37 des Übereinkommens vorgesehenen Fällen die in dem genannten Artikel angeführten Gerichte.

Artikel 3

(1) Wird eine Frage zur Auslegung des Übereinkommens oder einer anderen in Artikel 1 genannten Übereinkunft in einem schwebenden Verfahren bei einem der in Artikel 2 Nr. 1 angeführten Gerichte gestellt und hält dieses Gericht eine Entscheidung darüber zum Erlaß seines Urteils für erforderlich, so ist es verpflichtet, diese Frage dem Gerichtshof zur Entscheidung vorzulegen.

---

[1] Absatz 2 eingefügt gemäß Artikel 30 des Beitrittsübereinkommens vom 9. Oktober 1978.

[2] Absatz 3 eingefügt gemäß Artikel 10 des Beitrittsübereinkommens Griechenland vom 25. Oktober 1982.

[3] Vierter Gedankenstrich eingefügt gemäß Artikel 11 des Beitrittsübereinkommens Griechenland vom 25. Oktober 1982.

[4] Nr. 1 geändert gemäß Artikel 31 des Beitrittsübereinkommens vom 9. Oktober 1978.

(2) Wird eine derartige Frage einem der in Artikel 2 Nrn. 2 und 3 angeführten Gerichte gestellt, so kann dieses Gericht unter den in Absatz 1 festgelegten Voraussetzungen diese Frage dem Gerichtshof zur Entscheidung vorlegen.

Artikel 4

(1) Die zuständige Stelle eines Vertragsstaats kann bei dem Gerichtshof beantragen, daß er zu einer Auslegungsfrage, die das Übereinkommen oder eine andere in Artikel 1 genannte Übereinkunft betrifft, Stellung nimmt, wenn Entscheidungen von Gerichten dieses Staates der Auslegung widersprechen, die vom Gerichtshof oder in einer Entscheidung eines der in Artikel 2 Nrn. 1 und 2 angeführten Gerichte eines anderen Vertragsstaats gegeben wurde. Dieser Absatz gilt nur für rechtskräftige Entscheidungen.

(2) Die vom Gerichtshof auf einen derartigen Antrag gegebene Auslegung hat keine Wirkung auf die Entscheidungen, die den Anlaß für den Antrag auf Auslegung bildeten.

(3) Den Gerichtshof können um eine Auslegung nach Absatz 1 die Generalstaatsanwälte bei den Kassationsgerichtshöfen der Vertragsstaaten oder jede andere von einem Vertragsstaat benannte Stelle ersuchen.

(4) Der Kanzler des Gerichtshofs stellt den Antrag den Vertragsstaaten, der Kommission und dem Rat der Europäischen Gemeinschaften zu, die binnen zwei Monaten nach dieser Zustellung beim Gerichtshof Schriftsätze einreichen oder schriftliche Erklärungen abgeben können.

(5) In dem in diesem Artikel vorgesehenen Verfahren werden Kosten weder erhoben noch erstattet.

Artikel 5

(1) Soweit dieses Protokoll nichts anderes bestimmt, gelten die Vorschriften des Vertrages zur Gründung der Europäischen Wirtschaftsgemeinschaft und des dem Vertrag beigefügten Protokolls über die Satzung des Gerichtshofes, die anzuwenden sind, wenn der Gerichtshof im Wege der Vorabentscheidung zu entscheiden hat, auch für das Verfahren zur Auslegung des Übereinkommens und der anderen in Artikel 1 genannten Übereinkünfte.

(2) Die Verfahrensordnung des Gerichtshofes wird, soweit erforderlich, gemäß Artikel 188 des Vertrages zur Gründung der Europäischen Wirtschaftsgemeinschaft angepaßt und ergänzt.

Artikel 6[5]

Dieses Protokoll gilt für das europäische Hoheitsgebiet der Vertragsstaaten einschließlich Grönland, für die französischen überseeischen Departements und Gebiete sowie für Mayotte.

Das Königreich der Niederlande kann bei der Unterzeichnung oder der Ratifizierung dieses Protokolls oder zu jedem späteren Zeitpunkt durch Notifikation an den Generalsekretär des Rates der Europäischen Gemeinschaften erklären, daß dieses Protokoll für die Niederländischen Antillen gilt.

Abweichend von Absatz 1 gilt dieses Protokoll nicht:

1. für die Färöer, sofern nicht das Königreich Dänemark eine gegenteilige Erklärung abgibt,
2. für die europäischen Gebiete außerhalb des Vereinigten Königreichs, deren internationale Beziehungen dieses wahrnimmt, sofern nicht das Vereinigte Königreich eine gegenteilige Erklärung in bezug auf ein solches Gebiet abgibt.

---

[5] Wortlaut geändert gemäß Artikel 32 des Beitrittsübereinkommens vom 9. Oktober 1978.

Diese Erklärungen können jederzeit gegenüber dem Generalsekretär des Rates der Europäischen Gemeinschaften abgegeben werden.

Artikel 7

Dieses Protokoll bedarf der Ratifizierung durch die Unterzeichnerstaaten. Die Ratifikationsurkunden werden beim Generalsekretär des Rates der Europäischen Gemeinschaften hinterlegt.

Artikel 8[6]

Dieses Protokoll tritt am ersten Tage des dritten Monats in Kraft, der auf die Hinterlegung der Ratifikationsurkunde durch denjenigen Unterzeichnerstaat folgt, der diese Förmlichkeit als letzter vornimmt. Es tritt jedoch frühestens gleichzeitig mit dem Übereinkommen vom 27. September 1968 über die gerichtliche Zuständigkeit und die Vollstreckung gerichtlicher Entscheidungen in Zivil- und Handelssachen in Kraft.

Artikel 9

Die Vertragsstaaten bekräftigen, daß jeder Staat, der Mitglied der Europäischen Wirtschaftsgemeinschaft wird und auf den Artikel 63 des Übereinkommens über die gerichtliche Zuständigkeit und die Vollstreckung gerichtlicher Entscheidungen in Zivil- und Handelssachen Anwendung findet, die Bestimmungen dieses Protokolls vorbehaltlich der erforderlichen Anpassungen annehmen muß.

Artikel 10

Der Generalsekretär des Rates der Europäischen Gemeinschaften notifiziert den Unterzeichnerstaaten:

a) die Hinterlegung jeder Ratifikationsurkunde;
b) den Tag, an dem dieses Protokoll in Kraft tritt;
c) die gemäß Artikel 4 Absatz 3 eingegangenen Erklärungen;
d) die gemäß Artikel 6 eingegangenen Erklärungen[7].

Artikel 11

Die Vertragsstaaten teilen dem Generalsekretär des Rates der Europäischen Gemeinschaften den Wortlaut ihrer gesetzlichen Vorschriften mit, die zu einer Änderung der Liste der in Artikel 2 Nr. 1 bezeichneten Gerichte führen.

Artikel 12

Dieses Protokoll gilt auf unbegrenzte Zeit.

Artikel 13

Jeder Vertragsstaat kann eine Revision dieses Protokolls beantragen. In diesem Fall beruft der Präsident des Rates der Europäischen Gemeinschaften eine Revisionskonferenz ein.

Artikel 14[8]

Dieses Protokoll ist in einer Urschrift in deutscher, französischer, italienischer und niederländischer Sprache abgefaßt, wobei jeder Wortlaut gleichermaßen verbindlich ist; es wird im Archiv des Sekretariats des Rates der Europäischen Gemeinschaften hinterlegt. Der Generalsekretär übermittelt der Regierung jedes Unterzeichnerstaats eine beglaubigte Abschrift.

---

[6] Für das Inkrafttreten des Beitrittsübereinkommens vom 9. Oktober 1978 vgl. dessen Artikel 39.

[7] Buchstabe d) geändert gemäß Artikel 33 des Beitrittsübereinkommens vom 9. Oktober 1978.

[8] Vgl. auch Artikel 37 Absatz 2 des Beitrittsübereinkommens vom 9. Oktober 1978, der vorschreibt, daß der dänische, der englische und der irische Wortlaut gleichermaßen verbindlich sind. Ebenso Artikel 13 Absatz 2 des Beitrittsübereinkommens vom 25. Oktober 1982 für den griechischen Text.

GEMEINSAME ERKLÄRUNG

Die Regierungen des Königreichs Belgien, der Bundesrepublik Deutschland, der Französischen Republik, der Italienischen Republik, des Großherzogtums Luxemburg und des Königreichs der Niederlande –

Im Zeitpunkt der Unterzeichnung des Protokolls betreffend die Auslegung des Übereinkommens vom 27. September 1968 über die gerichtliche Zuständigkeit und die Vollstreckung gerichtlicher Entscheidungen in Zivil- und Handelssachen durch den Gerichtshof,

In dem Wunsch, eine möglichst wirksame und einheitliche Anwendung dieses Protokolls zu gewährleisten –

Erklären sich bereit, im Benehmen mit dem Gerichtshof einen Austausch von Informationen über die Entscheidungen einzurichten, die von den in Artikel 2 Nr. 1 des Protokolls angeführten Gerichten in Anwendung des Übereinkommens und des Protokolls vom 27. September 1968 erlassen werden.

Systematischer Kommentar

Erster Hauptteil:

Die europäische Zuständigkeitsordnung

1. Teil: Die Grundlinien des Übereinkommens

1. Kapitel: Generalia

§ 1 Errichtung einer internationalen Zuständigkeitsordnung[1]

I. Rechtslage vor Inkrafttreten des Übereinkommens

1. Die Normen über die internationale Zuständigkeit in den bisher vom Deutschen Reich und der Bundesrepublik Deutschland geschlossenen Anerkennungs- und Vollstreckungsverträgen sind meist nur Beurteilungsregeln.[2] Sie sind für den Erstprozeß ohne jede Bedeutung. Denn sie normieren nicht die internationale Entscheidungszuständigkeit *(compétence directe)*, sondern nur die internationale Anerkennungszuständigkeit *(compétence indirecte)*. Sie geben lediglich dem Zweitrichter, der über die Anerkennung bzw. Vollstreckbarerklärung einer ausländischen Entscheidung zu befinden hat, eine Richtschnur, nach der er die internationale Zuständigkeit des Erststaates zu beurteilen hat. Sie kommen also *erst im Stadium der Anerkennung und Vollstreckbarerklärung* einer ausländischen Entscheidung im Inland bzw. im Stadium der Prognose der Anerken-

---

[1] *Geimer* NJW 1976, 441.

[2] Vor Abschluß des EWG-Übereinkommens war die Bundesrepublik Deutschland nur an ganz wenigen Verträgen beteiligt, die die internationale Zuständigkeit *auch mit Wirkung für den Erstrichter* festlegen, so z. B. Art. 28 I des Warschauer Abkommens vom 12. Okober 1929 zur Vereinheitlichung von Regeln über die Beförderung im internationalen Luftverkehr mit Art. VIII des Zusatzabkommens vom 18. September 1961; Art. 31 I des Übereinkommens vom 19. Mai 1956 über den Beförderungsvertrag im internationalen Straßengüterverkehr (CMR); die internationalen Eisenbahnverkehrsübereinkommen: Art. 44 CIM und Art. 40 CIV vom 7. Februar 1970 und bilaterale Verträge zur Regelung des Straßen- und Eisenbahndurchgangsverkehrs und des Grenzübergangs; Art. 15 des österreichisch-deutschen Abkommens vom 14. September 1955 über den erleichterten Eisenbahndurchgangsverkehr auf den Strecken Mittenwald – Griesen und Ehrwald – Vils; Art. 4 des österreichisch-deutschen Amtshaftungsabkommens vom 14. September 1955. Näher unten § 13.

nungsfähigkeit als Voraussetzung für die Beachtung der ausländischen Rechtshängigkeit zum Zuge.

2. Der Erstrichter hat demnach die Frage, ob er für die Klage überhaupt international zuständig ist, nach seinem autonomen Recht zu entscheiden, also der deutsche Richter nach §§ 12ff. ZPO,[3] der französische nach Art. 14, 15 Code civil, Art. 42ff. Code de procédure civile (früher Art. 59 Code de procédure civile, Art. 420 Code de commerce), der italienische nach Art. 4 des Codice di procedura civile, der belgische nach Art. 624, 635 Code judiciaire, der niederländische nach Art. 123, 124 Wetboek van Burgerlijke Rechtsvordering und der englische nach Order 11 der Rules of the Supreme Court bzw. nach der „transient rule" des common law: Danach kommt es für die Begründung der internationalen Zuständigkeit nur auf die Zustellung der Ladung zum Prozeß (writ) innerhalb des eigenen Jurisdiktionsbereichs an.

3. Die Normen über die internationale Entscheidungszuständigkeit waren mithin vor Inkrafttreten des Übereinkommens nicht vereinheitlicht und stimmten inhaltlich nicht mit den in den Abkommen festgelegten Zuständigkeitskatalogen überein, die (nur) die internationale Anerkennungszuständigkeit regelten. Der Erstrichter hatte nach anderen Normen als der Zweitrichter über die internationale Zuständigkeit des Erststaates zu entscheiden. Die Verschiedenheit der Prüfungsmaßstäbe ergab zwangsläufig die Gefahr widersprechender Entscheidungen. Nur wenn auch der Zweitrichter nach den für ihn maßgeblichen Normen den Erststaat für international zuständig hielt, war die internationale Entscheidungsharmonie gewährleistet. Nur dann konnte er das erststaatliche Urteil anerkennen bzw. zur Vollstreckung zulassen.[4]

Hatte z. B. ein italienisches Gericht die internationale Zuständigkeit Italiens schlicht darauf gestützt, daß der Beklagte Italiener ist,[5] so mußte in vermögensrechtlichen Streitigkeiten der deutsche Zweitrichter im Anerkennungsstadium prüfen, ob ein Kompetenzanknüpfungspunkt i. S. des Art. 2 des deutsch-italienischen Anerkennungs- und Vollstreckungs-

---

[3] Wurde z. B. ein in Rotterdam wohnhafter Fabrikant vor dem LG Hamburg verklagt, so war vor dem Inkrafttreten des Übereinkommens Grundlage für die internationale Zuständigkeit der Bundesrepublik Deutschland nicht der Zuständigkeitskatalog in Art. 4 des deutsch-niederländischen Vertrages vom 30. August 1962 (BGBl. 1965 II 27). Vielmehr hatte das LG zu prüfen, ob ein besonderer Gerichtsstand gemäß §§ 20ff. ZPO im Inland gegeben ist.

[4] Vorausgesetzt, daß kein sonstiger Versagungsgrund der Anerkennung bzw. Vollstreckbarerklärung entgegenstand, z. B. kein ordre public-Verstoß vorlag.

[5] Eine solche (dem Art. 15 Code civil entsprechende) Kompetenznorm kennt zwar das geschriebene Recht Italiens nicht. Man spricht von einer unerklärlichen Lücke. Aus Art. 4 des Codice di procedura civile, der die internationale Zuständigkeit Italiens gegenüber ausländischen Beklagten regelt, glaubt die h. M. schließen zu können, daß Italiener in ihrem Heimatstaat immer gerichtspflichtig sind. *Giuliano,* La giurisdizione civile italiana e lo straniero, 2. Aufl., 1970, 106 Fußn. 82. Vgl. auch unten § 49 I 7 und *Schröder,* Internationale Zuständigkeit, 1971, 178, 360; *Kropholler* IZVR Rz. 98.

abkommens vom 5. März 1936[6] gegeben war. Die Staatsangehörigkeitszuständigkeit des autonomen italienischen Rechts wird nämlich vom Abkommen in vermögensrechtlichen Streitigkeiten[7] nicht anerkannt und ist deshalb aus der Sicht des deutschen Zweitrichters nicht ausreichend. Umgekehrt mußte die italienische Corte d'Appello, die über die Delibation eines deutschen im Gerichtsstand des Vermögens (§ 23 ZPO) erlassenen Urteils nach Art. 797ff. des Codice di procedura civile entscheiden mußte, untersuchen, ob ein Anknüpfungspunkt i. S. des Art. 2 des genannten Abkommens für die internationale Zuständigkeit der Bundesrepublik Deutschland vorgelegen hat, etwa eine Prorogation (Art. 2 Nr. 2) oder eine deutsche Zweigniederlassung (Art. 2 Nr. 3). Die Belegenheit von Vermögensbestandteilen des Beklagten in Deutschland reicht für die internationale Zuständigkeit der Bundesrepublik Deutschland aus der Sicht der italienischen Zweitrichter nicht aus, da das Abkommen den Gerichtsstand des Vermögens als ausreichende Kompetenzanknüpfung nicht anerkennt.

Die gleiche Rechtslage besteht z. B. noch heute bis zum Inkrafttreten des Beitrittsübereinkommens vom 9. Oktober 1978 im Verhältnis zum Vereinigten Königreich: Wenn der High Court of Justice seine Jurisdiktion gegen einen nicht in England oder Wales wohnhaften Beklagten nur auf das forum legis stützt,[8] so ist diese Kompetenzanknüpfung des autonomen englischen Rechts für den deutschen Zweitrichter ohne Bedeutung. Dieser legt seiner Prüfung der internationalen Zuständigkeit Großbritanniens gemäß Art. III (1) a des deutsch-britischen Abkommens vom 14. Juli 1960[9] den Zuständigkeitskatalog des Art. IV des genannten Abkommens zugrunde. Dort ist aber das forum legis der Order 11 r. 1 (1) f als Kompetenzgrund nicht anerkannt. Umgekehrt wäre für den britischen Zweitrichter weder der Gerichtsstand des Vermögens (§ 23 ZPO) noch der des Marktortes (§ 30 ZPO) oder der des Hauptprozesses (§ 34 ZPO) eine Basis für die internationale Anerkennungszuständigkeit der Bundesrepublik Deutschland, weil diese Gerichtsstände in Art. IV des Abkommens nicht genannt sind.

II. Vereinheitlichung der Normen über die internationale Entscheidungszuständigkeit

1. Die Freizügigkeit des internationalen Rechtsverkehrs wird am besten durch eine *Harmonisierung der erst- und zweitstaatlichen Regeln über die internationale Zuständigkeit* erreicht. Ob ein Staat für eine bestimmte

[6] RGBl. 1937 II 145.

[7] Anders in nicht vermögensrechtlichen Streitigkeiten (Art. 3).

[8] Jurisdiction auf Grund Order 11 rule (1) f der *Rules of the Supreme Court,* nur weil englisches Vertragsrecht nach englischem IPR zur Anwendung komme. Vgl. hierzu *Dicey-Morris,* The Conflicts of Laws, 10. Aufl., 1980, 203ff.

[9] BGBl. 1961 II 301; vgl. unten Bd. II C 1.

Klage international zuständig ist, sollte sowohl aus der Sicht des Urteilsstaates als auch aus der des Anerkennungsstaates nach einheitlichen Regeln beurteilt werden. Diese Harmonisierung der Zuständigkeitsnormen verwirklicht das Übereinkommen. Es stellt im Verhältnis der Vertragsstaaten untereinander eine *internationale Zuständigkeitsordnung* auf.[10] Diese ist für den Erstrichter in gleicher Weise verbindlich wie für den Zweitrichter.

2. Die nationalen Vorschriften über die internationale Zuständigkeit werden im EG-Bereich ganz erheblich zurückgedrängt:[11] Liegt der Wohnsitz des Beklagten in der Bundesrepublik Deutschland (Art. 2 I), so haben die §§ 12ff. ZPO nur mehr Bedeutung für die Bestimmung des örtlich zuständigen Gerichts. Liegt der Beklagtenwohnsitz dagegen in einem anderen Vertragsstaat (Art. 3 I), dann wird auch die örtliche Zuständigkeit grundsätzlich durch das Übereinkommen (Art. 5ff.) geregelt. In diesen Fällen sind auch die *nationalen Normen über die örtliche Zuständigkeit* ausgeschaltet. Es gibt jedoch auch Ausnahmen: z. B. Art. 5 Nr. 4; Art. 8 II (jeweils Regelungsvorbehalt für das nationale Recht); von vorneherein ohne Festlegung des örtlich zuständigen Gerichts: Art. 11 I; Art. 14 I, II; Art. 16.[12]

3. Alleinige Grundlage für die internationale Entscheidungszuständigkeit der Vertragsstaaten ist das Übereinkommen. Das nationale Zuständigkeitsrecht – auch wenn es inhaltlich übereinstimmt – kommt nicht zur Anwendung. Alle Gerichte der Vertragsstaaten gründen ihre internationale Entscheidungszuständigkeit auf eine einheitliche europäische Zuständigkeitsordnung. *Dies ist ein Novum und ein bemerkenswerter Markstein in der Rechtsgeschichte der europäischen Staaten.* Die Derogation des nationalen Zuständigkeitsrechts ist – soweit der Anwendungsbereich des Übereinkommens reicht – absolut und unabhängig davon, ob das autonome Recht mit dem Konventionsrecht inhaltlich divergiert oder nicht.

a) So ist Grundlage für die internationale Zuständigkeit des Wohnsitzstaates ausschließlich Art. 2 I. Auch wenn das autonome Zuständigkeitsrecht inhaltlich übereinstimmt (z. B. §§ 12ff. ZPO), ist es außer Kraft gesetzt.

b) Für Klagen gegen einen Franzosen, der in einem Vertragsstaat wohnt, ist Art. 15 Code civil unanwendbar geworden. Für das französische Gericht spielt die Staatsangehörigkeit der Parteien keine Rolle mehr, sobald feststeht, daß das Zuständigkeitssystem des Übereinkommens

---

[10] Hierzu *Geimer,* Eine neue internationale Zuständigkeitsordnung in Europa, NJW 1976, 441ff.

[11] *Stein-Jonas-Schumann,* ZPO, 20. Aufl., Einl. XV G 7 Rz. 788 S. 396.

[12] *Beispiel:* Der Eigentümer eines in der Bundesrepublik Deutschland gelegenen Grundstückes wohnt in Belgien. Gegen ihn wird in der Bundesrepublik Deutschland Klage auf Berichtigung des Grundbuchs erhoben. Die internationale Zuständigkeit der Bundesrepublik Deutschland gründet sich auf Art. 16 Nr. 1. Die örtliche Zuständigkeit regelt § 24 ZPO. – Näher unten § 34 II.

anwendbar ist: Wohnt der Beklagte im Gerichtsstaat, dann begründet Art. 2 I die internationale Zuständigkeit, ausgenommen die Fälle des Art. 16 und der Derogation.[13] Wohnt der Beklagte in einem anderen Vertragsstaat, so ist der Staat des angegangenen Gerichts (= Forumstaat) nur dann international zuständig, wenn eine Zuständigkeitsanknüpfung nach Art. 5 ff. vorliegt.

§ 2 Ablehnung der internationalen Staatsangehörigkeitszuständigkeit

1. Die vom französischen Recht beeinflußten Prozeßordnungen bauen auf dem Staatsangehörigkeitsprinzip auf. Nach Art. 14 Code civil kann ein Franzose jedermann ohne Rücksicht auf dessen Staatsangehörigkeit vor französischen Gerichten verklagen, auch wenn der Beklagte nicht in Frankreich wohnt und auch sonst der Streitgegenstand zu Frankreich keinerlei Beziehung aufweist:

„*L'étranger, même non résidant en France, pourra être cité devant les tribunaux français, pour l'exécution des obligations par lui contractées en France avec un Français; il pourra être traduit devant les tribunaux de France, pour les obligations par lui contractées en pays étranger envers des Français*".

Weiter bestimmt Art. 15 Code civil, daß ein Franzose jederzeit vor einem französischen Gericht verklagt werden kann, auch wenn er außerhalb Frankreichs wohnt und auch sonst der Streitgegenstand zu Frankreich keinerlei Beziehung aufweist:

„*Un Français pourra être traduit devant un tribunal de France, pour des obligations par lui contractées en pays étranger, même avec un étranger.*"

2. Art. 15 Code civil wird von der französischen Rechtsprechung als *Jurisdiktionsprivileg zugunsten französischer Staatsbürger* ausgelegt, mit der Folge, daß sich Frankreich für Klagen gegen Franzosen für ausschließlich international zuständig hält und daher insoweit die Anerkennung ausländischer Urteile ablehnt. Eine Ausnahme gilt jedoch dann, wenn der beklagte Franzose auf sein Jurisdiktionsprivileg verzichtet hat.

3. Demgegenüber kommt es nach dem deutschen Zuständigkeitssystem nicht darauf an, ob die Parteien In- oder Ausländer sind. Die §§ 12 ff. ZPO stellen nicht auf die Staatsangehörigkeit ab. Für die Bundesrepublik Deutschland wäre eine Festschreibung des französischen Systems im Übereinkommen nicht akzeptabel gewesen.

4. Ferner traten bei den Beratungen der Unterhändler die praktischen Schwierigkeiten einer auf die Staatsangehörigkeit der Parteien abstellenden Regelung klar zutage. Es könnte z. B. kein Versäumnisurteil erlassen werden, bevor das Gericht nicht die Staatsangehörigkeit des Beklagten geklärt hat[1].

---

[13] Näher unten § 62 II.

[1] Vgl. auch unten § 29 IV 9.

§ 3 Der Wohnsitz des Beklagten als Anknüpfungspunkt

1. Das Übereinkommen verwendet den Wohnsitz des Beklagten als *Anknüpfungspunkt in doppelter Weise:*

a) Einmal als Kriterium für die *Abgrenzung des Anwendungsbereichs* der europäischen Zuständigkeitsordnung gegenüber dem nationalen Zuständigkeitsrecht: Die Zuständigkeitsnormen des Übereinkommens kommen grundsätzlich[1] nur dann zur Anwendung, wenn der Beklagte seinen Wohnsitz/Sitz in einem Vertragsstaat hat, Art. 2 I, 3 I. In allen anderen Fällen gilt das nationale Zuständigkeitsrecht, Art. 4 I.[2]

b) Zum anderen ist der Wohnsitz des Beklagten *als Regelgerichtsstand der Ausgangspunkt für die europäische Zuständigkeitsordnung.* Art. 2 I rezipiert die alte Regel actor sequitur forum rei.

2. Trotz der zentralen Bedeutung des Wohnsitzes definiert das Übereinkommen diesen Begriff nicht selbst; es verweist vielmehr auf das nationale Recht, Art. 52. Diese Entscheidung ist spätestens seit dem Beitritt der common law-Länder Irland und Großbritannien problematisch geworden.[3]

3. Entgegen einem gängigen Trend im internationalen Privatrecht hat man zu Recht auf den *gewöhnlichen Aufenthalt* als Anknüpfungsmerkmal verzichtet.[4]

a) Dies gilt ohne Einschränkung für die Bestimmung des Anwendungsbereiches: Auch wenn der Beklagte sich im geographischen Anwendungsbereich des Übereinkommens gewöhnlich aufhält, dort aber keinen Wohnsitz hat, kommen Art. 2ff. nicht zur Anwendung, sondern die Zuständigkeitsnormen des nationalen Rechts.

b) Auch die Zuständigkeitsordnung des Übereinkommens ersetzt den Wohnsitz nicht durch den gewöhnlichen Aufenthalt. Selbst die Liste der Spezialfora kommt ohne diese schillernden Anknüpfungsmerkmale aus; nur in Unterhaltssachen machte man eine Ausnahme. Hier war der Druck des IPR-Zeitgeistes übermächtig. Am gewöhnlichen Aufenthalt des Unterhaltsberechtigten wird ein Klägergerichtsstand eröffnet, Art. 5 Nr. 2. Dagegen betrifft Art. 15 Nr. 3 n. F. nicht eine eigene Zuständigkeitsanknüpfung. Diese Vorschrift regelt vielmehr die Voraussetzungen für Zuständigkeitsvereinbarungen in Verbrauchersachen.

---

[1] Ausnahmen unten § 29 V ff.

[2] Allenfalls verschärft gemäß Art. 4 II. Vgl. unten §§ 9, 50 II 4.

[3] *Basedow* IZVR Rz. 34.

[4] Näher unten § 29 IV 8 Sympathien für den gewöhnlichen Aufenthalt als Ersatz für den Wohnsitzgerichtsstand bei *Kropholler* IZVR Rz. 628.

§ 4 Die dem Übereinkommen zugrundeliegende Zuständigkeitspolitik

I. Bewertung der Zuständigkeitsinteressen

Die Verfasser bemühten sich um eine gerechte Bewertung der Zuständigkeitsinteressen:

1. Beklagtenschutz

a) Allerorten erschallt das hohe Lied vom Beklagtenschutz. Diesen Gesichtspunkt machten die Verfasser des Übereinkommens zum Ausgangspunkt ihrer zuständigkeitspolitischen Erwägungen.[1] Außerhalb seines Wohnsitz-/Sitzstaates darf der Beklagte gegen seinen Willen (Art. 18) nur in den vom Übereinkommen geregelten Fällen gerichtspflichtig gemacht werden, Art. 3 I. Der Richter darf erst zur Sache verhandeln, wenn er das Vorliegen der Zuständigkeitsanknüpfung nach Maßgabe der Art. 19, 20 von Amts wegen festgestellt hat.[2]

b) Bei der Auswahl der Kriterien für die Abgrenzung der Gerichtspflichtigkeit des Beklagten außerhalb seines Wohnsitz-/Sitzstaates hatte man aber nicht immer eine glückliche Hand. Dies gilt insbesondere für die *Streitgenossenzuständigkeit*. Allein der Umstand, daß eine mitverklagte Person im Gerichtsstaat wohnt, reicht nach Art. 6 Nr. 1 aus, um den Streitgenossen ohne Rücksicht auf seinen Wohnsitz gerichtspflichtig zu machen.[3]

c) Auch dort, wo sozialpolitische Erwägungen es rechtfertigen, den favor defensoris außer Kraft zu setzen, argumentierte man zu pauschal. In Unterhalts-, Versicherungs- und Verbrauchersachen ist zwar der Unterhaltsberechtigte, Versicherte, Verbraucher etc. typischerweise der Schwächere. Ob man aber deshalb die Zuständigkeitsinteressen der Unterhaltsschuldner, Versicherer und Vertragspartner des Verbrauchers völlig hätte ignorieren sollen, bleibt doch die Frage, vor allem dann, wenn feststeht, daß der Kläger zu einer Gruppe gehört, die nicht schutzwürdig ist. Wird nicht etwa die ratio conventionis fragwürdig, wenn man die für die Interessentypik von privaten Versicherungsnehmern konzipierten Art. 7ff. auch auf Versicherungsnehmer aus dem Bereich der gewerblichen Wirtschaft und der Rückversicherung anwendet?[4]

d) Die viel gepriesenen Segnungen des europäischen Zuständigkeitsrechts kommen nur denen zugute, die ihren Wohnsitz/Sitz innerhalb des

---

[1] *Jenard*-Bericht S. 57, 84. Vgl. unten § 56 II Fußn. 9.
[2] Vgl. unten §§ 57 II, 97 XXII und XXIII.
[3] Näher unten § 74 II 1.
[4] Näher unten § 74 III 5 und IV 2 bei Fußn. 113, 114.

geographischen Anwendungsbereichs des Übereinkommens[5] haben. Die draußen vor der Tür der EG werden nicht geschützt. Man überläßt sie den Pressionen der viel geschmähten exorbitanten Gerichtsstände, Art. 4 I. Deren Wirkungen werden sogar noch verstärkt durch die Anerkennungs- und Vollstreckungspflicht der Art. 25ff. und die Erweiterung des Anwendungsbereiches des Art. 14 Code civil durch Art. 4 II.[6]

2. Klägerinteressen

a) Justizgewährungsanspruch

Ist ein Vertragsstaat nach Art. 2ff. international zuständig, dann hat der Kläger/Antragsteller einen Anspruch auf Justizgewährung. Es steht nicht im Belieben der Vertragsstaaten, ob sie die Klage/den Antrag zur Sachentscheidung annehmen wollen oder nicht.[7]

b) Wahlrecht des Klägers

Unter mehreren international zuständigen Vertragsstaaten darf der Kläger wählen. Es steht in seinem Belieben, wo er Klage erhebt. Ihm kann nicht der Einwand des forum shopping entgegengehalten werden.[8]

c) Begünstigung des Geschädigten

Das forum delicti commissi (Art. 5 Nr. 3) interpretiert der EuGH ganz prononciert klägerfreundlich. Der Kläger (in der Regel der Geschädigte, aber auch sein Rechtsnachfolger) kann wählen, ob er den deliktischen oder quasideliktischen Anspruch am Handlungs- oder am Erfolgsort einklagt.[9]

d) Privilegierung des typisch Schwächeren in Unterhalts-, Versicherungs- und Verbrauchersachen

Noch weiter gingen die Verfasser des Übereinkommens in Unterhalts-, Versicherungs- und Verbrauchersachen. Hier wird die actor sequitur forum rei – Regel zugunsten der typisch schwächeren Partei beiseitegeschoben. Dem Unterhaltsgläubiger, dem Versicherungsnehmer, Versichertem oder sonstwie am Versicherungsverhältnis Beteiligten und dem Verbraucher wird ein *forum actoris* eröffnet:[10] Sie können auch an ihrem Wohnsitz[11] klagen. Diese Erleichterung der Rechtsverfolgung soll auch

---

[5] Hierzu unten § 29 IV, 56 II 3.

[6] Vgl. unten § 50 II 4.

[7] Näher unten § 42.

[8] Unten § 43.

[9] EuGH, Urteil vom 30. November 1976, Rechtssache 21/76 – *Bier ./. Mines de Potasse d'Alsace,* EuGHE 1976, 1759.

[10] Näher unten § 74 III–VI.

[11] Der Unterhaltsgläubiger kann auch an seinem gewöhnlichen Aufenthalt klagen, Art. 5 Nr. 2.

für die Rechtsnachfolger gelten. Dies ist zuständigkeitspolitisch nicht unbedenklich, sofern der Rechtsnachfolger keines besonderen Schutzes bedarf wie z. B. der Sozialversicherungsträger, auf den der Unterhaltsanspruch übergeleitet ist.[12]

3. Staatliche Interessen

Der Katalog der ausschließlichen internationalen Zuständigkeiten in Art. 16 steht nicht zur Disposition der Parteien, Art. 17 II = Art. 17 III n. F., Art. 18 Satz 2, Art. 19, Art. 28 I. Er beansprucht absolute Geltung auch gegenüber dritten Staaten (Nichtvertragsstaaten).[13] Hier stehen nach Meinung der Verfasser des Übereinkommens unmittelbare Staatsinteressen auf dem Spiel,[14] die – entgegen der Grundregel des Art. 28 III (Verbot der Nachprüfung der internationalen Zuständigkeit im Zweitstaat) – auch im Stadium der Anerkennung bzw. Klauselerteilung zu wahren sind, Art. 28 I.[15]

II. Verschärfung der Einlassungslast als Folge des Verbots der Nachprüfung der internationalen Zuständigkeit im Stadium der Anerkennung bzw. Klauselerteilung

Von wenigen Ausnahmen abgesehen ist die Nachprüfung der internationalen Zuständigkeit des Erststaates im Zweitverfahren verboten, Art. 28 III. Dies verschärft die Einlassungslast des Beklagten im Erstprozeß: Er muß bereits in diesem Stadium alles daran setzen, um seine Einwendungen gegen die internationale Zuständigkeit des Gerichtsstaates zur Geltung zu bringen. Sonst ist er präkludiert.[16]

III. Ergänzung der Zuständigkeitsnormen durch Regeln über die Beachtung der Rechtshängigkeit in anderen Vertragsstaaten

Im Interesse einer geordneten Rechtspflege (bonne administration de la justice) sind Regeln über die Beachtung der Rechtshängigkeit in anderen Vertragsstaaten[17] erforderlich. Nur so können positive Kompetenzkonflikte vermieden oder zumindest in Grenzen gehalten werden. Erst

---

[12] Vgl. unten § 74 VI 2 und 6.

[13] Unten § 53.

[14] Der *Jenard*-Bericht S. 75 (vor Art. 7) stellt in diesem Zusammenhang sogar ordre public-Erwägungen an.

[15] Näher unten § 56 V.

[16] Vgl. unten § 57 I.

[17] Den Fragenkomplex, der aus der Rechtshängigkeit in Nichtvertragsstaaten resultiert, regelt das Übereinkommen nicht ausdrücklich. Vgl. unten § 44 I 2 und II 3.

dann sind konkurrierende internationale Zuständigkeiten und das daraus resultierende Wahlrecht des Klägers zuständigkeitspolitisch vertretbar. Die zur Flankierung der europäischen Zuständigkeitsordnung dringend notwendigen Normen über die Beachtung der Rechtshängigkeit bei identischen oder auch nur konnexen Streitgegenständen finden sich in Art. 21 ff.

IV. Kein Verbot, die Gerichte von Nichtvertragsstaaten anzurufen

Das Übereinkommen enthält kein Verbot, die Gerichte von Nichtvertragsstaaten anzurufen, selbst dann nicht, wenn der dritte Staat bei hypothetischer Anwendung der Zuständigkeitsordnung des Übereinkommens international unzuständig wäre.
Beispiel:
Klage gegen einen in München wohnhaften Beklagten vor dem Landesgericht Graz, gestützt auf den Gerichtsstand des Vermögens.[18]

V. Keine Regelung der internationalen Anerkennungszuständigkeit gegenüber Nichtvertragsstaaten

1. Es gibt auch keine Regeln des Übereinkommens über die internationale Anerkennungszuständigkeit von Nichtvertragsstaaten. Solche wären zwar denkbar: Alle Vertragsstaaten könnten gemeinsame Regeln über die internationale Zuständigkeit dritter Staaten als Beurteilungsregeln aufstellen. Die Gerichte im geographischen Anwendungsbereich des Übereinkommens könnten so im Stadium der Anerkennung bzw. Vollstreckbarerklärung die internationale Zuständigkeit des Erststaates (= Nichtvertragsstaats) als Voraussetzung der Anerkennung bzw. Vollstreckbarerklärung (= internationale Anerkennungszuständigkeit) nach einem *einheitlichen Prüfungsmaßstab* beurteilen.

2. Zu einer solchen umfassenden Lösung ist es aber nicht gekommen. Sie wurde nicht einmal diskutiert.

a) Sie wäre nur dann problemlos durchführbar gewesen, soweit keine bi- oder multilateralen Anerkennungs- und Vollstreckungsverträge zwischen einzelnen Vertragsstaaten und dritten Staaten bestünden. Denn ohne Bindung auf Grund eines völkerrechtlichen Vertrages sind die Staaten grundsätzlich frei; eine aus dem allgemeinen Völkergewohnheitsrecht fließende Verpflichtung zur Anerkennung bzw. Vollstreckbarerklärung von ausländischen gerichtlichen Entscheidungen besteht nicht. Die Staaten können – soweit sie nicht durch einen Vertrag oder ein Übereinkommen gebunden sind – festlegen, ob und gegebenenfalls un-

[18] § 99 JN.

ter welchen Voraussetzungen sie die internationale Zuständigkeit des Staates anerkennen, dessen Urteil zur Anerkennung bzw. Vollstreckbarerklärung ansteht.[19]

b) Soweit ein EG-Staat mit einem dritten Staat einen bilateralen Vertrag über die gegenseitige Anerkennung und Vollstreckung von gerichtlichen Entscheidungen geschlossen hat, ist er nach Maßgabe der getroffenen Vereinbarungen zur Anerkennung und Vollstreckung verpflichtet. In den meisten Anerkennungs- und Vollstreckungsverträgen ist die internationale Anerkennungszuständigkeit genau geregelt. In einem Zuständigkeitskatalog ist im einzelnen festgelegt, unter welchen Voraussetzungen – genauer: bei Vorliegen welcher Zuständigkeitsanknüpfungspunkte – der Zweitstaat zur Anerkennung der internationalen Zuständigkeit des Erststaates und damit auch – soweit keine anderen Anerkennungshindernisse vorliegen – zur Anerkennung der erststaatlichen Entscheidung verpflichtet ist.

Beispiel: Ein Schweizer Gericht entscheidet am Gerichtsstand des Wohnsitzes des Beklagten über eine Klage, für die ein Vertragsstaat gemäß Art. 16 ausschließlich international zuständig ist. Vgl. unten § 54.

Hier ergibt sich die internationale Zuständigkeit der Schweiz aus Art. 2 Nr. 1 des deutsch-schweizerischen Abkommens vom 2. November 1929.[20] Sofern nicht sonstige Anerkennungshindernisse bestehen, z. B. Verstoß gegen den deutschen ordre public, ist die Bundesrepublik Deutschland auf Grund dieses Abkommens völkerrechtlich verpflichtet, das Urteil aus der Schweiz anzuerkennen und für vollstreckbar zu erklären.

Hätte nun das Übereinkommen einheitliche Normen für die Beurteilung der internationalen Zuständigkeit dritter Staaten als Voraussetzung für die Anerkennung durch die EG-Staaten geschaffen, so wäre ein Konflikt mit den Regelungen der internationalen Anerkennungszuständigkeit in den einzelnen mit dritten Staaten abgeschlossenen bi- oder multilateralen Verträgen unvermeidlich gewesen.

3. Eine für die EG-Vertragsstaaten einheitliche Regelung der internationalen Anerkennungszuständigkeit dritter Staaten wäre nur durchsetzbar gewesen, wenn man sich zur Kündigung der mit dritten Staaten geschlossenen bi- oder multilateralen Verträge und Übereinkommen bereit gefunden hätte.

4. Für die Beurteilung der internationalen Zuständigkeit dritter Staaten als Voraussetzung der Anerkennung bzw. Vollstreckbarerklärung sind in erster Linie die bestehenden bi- oder multilateralen Verträge und Übereinkommen maßgebend. Soweit solche nicht geschlossen wurden, ist die internationale Anerkennungszuständigkeit dritter Staaten nach dem jeweiligen autonomen Anerkennungsrecht des Zweitstaates (= Anerkennungsstaates) zu beurteilen.

---

[19] *Zöller-Geimer,* ZPO, 13. Aufl. 1981 IZPR Anm. A I.

[20] RGBl. 1930 II 1066.

Beispiel:

Aus deutscher Sicht ist für die Beurteilung der internationalen Anerkennungszuständigkeit der Schweiz der Zuständigkeitskatalog des Art. 2 des deutsch-schweizerischen Abkommens vom 2. November 1929 maßgebend, während z. B. für die Prüfung der internationalen Zuständigkeit Schwedens das autonome deutsche Anerkennungsrecht[21] heranzuziehen ist, da zwischen der Bundesrepublik Deutschland und Schweden kein Anerkennungs- und Vollstreckungsvertrag geschlossen wurde.

5. Die Frage, ob die internationale Anerkennungszuständigkeit eines konkreten Nichtvertragsstaates für einen konkreten Rechtsstreit zu bejahen ist oder nicht, kann sinnvollerweise – angesichts der Verschiedenheit der maßgeblichen Normen – jeweils nur getrennt für jeden EG-Vertragsstaat gestellt und beantwortet werden.

Beispiel:

Geht es um die Anerkennung und Vollstreckung eines schweizer Urteils, so ist die internationale Zuständigkeit der Schweiz als Voraussetzung der Anerkennung bzw. Vollstreckbarerklärung zu prüfen

in der *Bundesrepublik Deutschland* anhand des deutsch-schweizerischen Abkommens vom 2. November 1929,

in *Frankreich* anhand des französisch-schweizerischen Vertrages vom 15. Juni 1869,

in *Italien* anhand des italienisch-schweizerischen Vertrages vom 3. Januar 1933.

6. Das Übereinkommen enthält jedoch eine für alle Vertragsstaaten einheitliche Regel, die bei der Prüfung der internationalen Zuständigkeit aus Anlaß der Anerkennung bzw. Vollstreckbarerklärung drittstaatlicher Entscheidungen zu beachten ist: Das Übereinkommen verbietet den Vertragsstaaten die Anerkennung solcher Entscheidungen dritter Staaten, die Streitgegenstände betreffen, für die einer der Vertragsstaaten gemäß Art. 16 ausschließlich international zuständig ist. Näher unten § 53.

§ 5 Gegenstand der Regelung des Übereinkommens (Art. 2–18)[1]

I. Die internationale Zuständigkeit

Das Übereinkommen spricht nur von „Zuständigkeit". Es vermeidet den Ausdruck internationale Zuständigkeit.[2] Daß aber die Vertragsstaa-

---

[21] § 328 I Nr. 1 ZPO in Verbindung mit §§ 12ff. ZPO.

[1] *Geimer* NJW 1976, 442 und WM 1976, 830; *Stein-Jonas-Schumann,* ZPO, 20. Aufl., Einl. XV G Rz. 788c und 802.

[2] Der Terminus „konkrete internationale Zuständigkeit" (*Arnold* AWD 1965, 322 Fußn. 13; *Samtleben* NJW 1974, 1590 Fußn. 8) ist unscharf. Dieser Ausdruck verwischt

ten die internationale Zuständigkeit festlegen wollten, ergibt sich klar aus der (deutschen) Fassung der Präambel. Danach halten es die Vertragsstaaten für „geboten", die „internationale Zuständigkeit" ihrer Gerichte festzulegen.[3]

II. Die örtliche Zuständigkeit

Das Übereinkommen regelt nicht durchgehend die örtliche Zuständigkeit, insbesondere nicht die innerhalb des Wohnsitzstaates des Beklagten. Vgl. unten §§ 32ff.

Soweit aber Art. 5ff. die örtliche Zuständigkeit normieren, wird das nationale Zuständigkeitsrecht auch bezüglich der örtlichen Zuständigkeit verdrängt. Wohnt der Beklagte nicht im Gerichtsstaat, ist aber in diesem der Erfüllungsort für die eingeklagte Vertragsverbindlichkeit gelegen, so wird das nationale Recht (§ 29 ZPO, Art. 48 nouveau Code de procédure civile etc.) durch Art. 5 Nr. 1 auch hinsichtlich der örtlichen Zuständigkeit derogiert. Fraglich ist, ob die Konvention in solchen Fällen auch *eine gerichtsorganisatorische Vergrößerung der Gerichtssprengel für bestimmte Rechtsstreitigkeiten*[4] verbietet.

III. Sachliche Zuständigkeit

Die Bestimmung des sachlich zuständigen Gerichts überläßt das Übereinkommen grundsätzlich dem autonomen Recht der Vertragsstaaten. Aber auch hier gibt es Ausnahmen, z. B. den Fall der Widerklage. Art. 6 Nr. 3 normiert nicht nur die internationale und die örtliche, sondern auch die sachliche Zuständigkeit.[5]

---

die fundamentalen Unterschiede zwischen den Normen über die internationale Zuständigkeit (Zuweisung von Rechtsprechungsaufgaben an einen Staat) und den Normen über die örtliche Zuständigkeit (Verteilung der dem international zuständigen Staat zugewiesenen Rechtsprechungsaufgaben unter dessen Gerichte nach örtlichen Gesichtspunkten).

[3] Die französische, auf *Bartin* zurückgehende Terminologie unterscheidet auch zwischen compétence générale (= internationale Zuständigkeit) und compétence spéciale (= örtliche Zuständigkeit); näher *Geimer,* Zur Prüfung der Gerichtsbarkeit und der internationalen Zuständigkeit bei der Anerkennung ausländischer Urteile, 1966, 96 Fußn. 3.

[4] Für das deutsche Recht vgl. z. B. § 689 III ZPO, § 14 II AGB-Gesetz, §§ 641l V, 642a V 2 ZPO.

[5] *Stein-Jonas-Schumann,* ZPO, 20. Aufl. § 33 Rz. 42. Nicht ganz präzis *Schlosser*-Bericht Nr. 81: „Das EuGVÜ berührt die sachliche Zuständigkeit der Gerichte eines Staates überhaupt nicht. Die nationalen Rechtsordnungen sind daher frei, Verweisungsmöglichkeiten zwischen Gerichten verschiedener Kategorien vorzusehen".

IV. Zulässigkeit des Rechtsweges

Diese Prozeßvoraussetzung ist nicht Gegenstand des Übereinkommens. Die Vertragsstaaten haben sich insoweit nicht gebunden. Sie können die Organisation ihrer Gerichte und den Zugang zu ihnen frei regeln, jedoch mit einer Einschränkung: Es darf keine Justizverweigerung entstehen.[6] Ein zuständiges Gericht – sei es ein allgemeines Zivilgericht oder ein für eine bestimmte Rechtsmaterie (z. B. Arbeitssachen) installiertes Gericht – muß zur Verfügung stehen. Wäre es anders, so könnten die Vertragsstaaten das Übereinkommen dadurch unterlaufen, daß sie nach und nach immer mehr Kompetenzen ihren Gerichten entziehen und den Verwaltungsbehörden übertragen, für die das Übereinkommen nicht gilt.

V. Vereinbarung der schiedsgerichtlichen Erledigung

1. Das Übereinkommen klammert den Komplex *„Schiedsgerichtsbarkeit“* aus, Art. 1 II Nr. 4. Ob und unter welchen Voraussetzungen eine Schiedsabrede die durch das Übereinkommen festgelegten Zuständigkeiten verdrängt, beurteilt sich im *Erstprozeß* nach den einschlägigen internationalen Übereinkommen über die Schiedsgerichtsbarkeit und – soweit solche nicht anzuwenden sind – nach dem nationalen Recht (in der Bundesrepublik Deutschland: §§ 1025 ff. ZPO).[7]

Die lex fori des angegangenen Gerichts entscheidet darüber, ob der Ausschluß der Kompetenz der staatlichen Gerichte durch die Vereinbarung der schiedsgerichtlichen Erledigung nur auf Einrede des Beklagten (so § 1027a ZPO) oder von Amts wegen zu beachten ist.[8]

2. Im *Anerkennungs- bzw. Klauselerteilungsstadium* (Art. 25 ff.) darf der *Zweitrichter* dem Urteil eines *staatlichen Gerichts,* das nach seiner Meinung einen Schiedsvertrag übersah oder zu Unrecht für unwirksam hielt, die Anerkennung nicht mit der Begründung verweigern, der Schiedsvertrag sei in Wirklichkeit doch gültig gewesen.[9] Eine Berufung auf Art. 1 II Nr. 4 geht fehl.[10]

a) Für die Anerkennung und Klauselerteilung gibt das Übereinkommen eine abschließende Regelung der Versagungsgründe (Art. 27, 28). Der Zweitrichter darf deshalb nicht nochmals die Frage stellen, ob der Erstrichter den Einwand des Schiedsvertrages zu Recht verworfen hat.

---

[6] *Geimer* WM 1976, 837.

[7] Vgl. unten § 49 I.

[8] *Geimer* RIW/AWD 1980, 308.

[9] Der *Schlosser*-Bericht Nr. 62 läßt die Frage offen.

[10] So aber die Interpretation durch die *britischen Unterhändler.* Vgl. *Schlosser*-Bericht Nr. 61.

Die Vertragsstaaten sind zur gegenseitigen Anerkennung (Art. 25ff.) verpflichtet ohne Rücksicht darauf, ob der Erstrichter seine internationale Entscheidungszuständigkeit auf die Kompetenzregeln des Übereinkommens (Art. 2, 3, 5ff.) oder sein nationales Zuständigkeitsrecht (Art. 4 I) gestützt hat. Dabei spielt es grundsätzlich keine Rolle, ob der Richter des erststaatlichen Erkenntnisverfahrens die vom Übereinkommen festgelegten Anwendungsbereiche des Konventionsrechts und des nationalen Zuständigkeitsrechts (Art. 4) richtig gesehen hat oder nicht. Nur in den engen Grenzen des Art. 28 I ist eine *Nachprüfung der (positiven) Zuständigkeitsentscheidung des Erstrichters* möglich. Diese Vorschrift hat Ausnahmecharakter und ist deshalb eng auszulegen. Daher wäre es systemwidrig und würde dem Anliegen des Übereinkommens zuwiderlaufen, wollte man den Einwand der Vereinbarung eines zweit- oder drittstaatlichen Schiedsgerichts als Grund für die Versagung der Anerkennung des erstrichterlichen Urteils zulassen.[11]

b) Eine gegenteilige Ansicht vertrat das *Vereinigte Königreich* im Laufe der Beitrittsverhandlungen. Habe ein staatliches Gericht in der Hauptsache entschieden, weil es einen Schiedsvertrag übersehen oder für unwirksam gehalten hat, so könne in einem anderen Vertragsstaat die Anerkennung und Vollstreckung mit der Begründung verweigert werden, der Schiedsvertrag sei in Wirklichkeit doch gültig gewesen und die Entscheidung falle daher nach Art. 1 I Nr. 4 nicht in den Anwendungsbereich des Übereinkommens. Das Gericht im Anerkennungsstaat sei frei, entgegen der Ansicht des Gerichts im Urteilsstaat einen Streit als einen auf den Status einer Person bezogenen, einen erbrechtlichen (Art. 1 I Nr. 1) oder nicht zivilrechtlichen (Art. 1 I) zu betrachten und die Anwendbarkeit des Übereinkommens zu verneinen;[12] ebenso müsse es im Gegensatz zu dem Gericht, das in der Hauptsache entschieden hat, die Anwendung der Konvention deshalb ablehnen können, weil Schiedsgerichtsbarkeit vorliege.[13]

c) Dabei übersahen aber die britischen Unterhändler, daß es sich aus der Sicht des Zweitrichters unter keiner Hypothese um einen schiedsgerichtlichen Streitgegenstand handelt. Der Zweitrichter hat über die Anerkennung oder Vollstreckbarerklärung einer Entscheidung eines staatlichen Gerichts aus einem anderen Vertragsstaat zu entscheiden. Nach Art. 25ff. ist der Zweitstaat zur Anerkennung und Klauselerteilung verpflichtet, sofern kein Versagungsgrund in concreto gegeben ist. Es geht also nicht um die Anwendbarkeit der Zuständigkeitsordnung des Übereinkommens, sondern um den Umfang der durch Art. 25ff. eingegange-

---

[11] *Ausnahme:* die Übergangsfälle der Art. 54 II, Art. 34 II und III des Beitrittsübereinkommens vom 9. Oktober 1978 und Art. 12 II des Beitrittsübereinkommens vom 25. Oktober 1982; hierzu *Geimer* RIW/AWD 1980, 308.

[12] Bestritten. A. A. *Stein-Jonas-Schumann,* ZPO, 20. Aufl., Einl. XV G 6d Rz. 787 S. 396.

[13] *Schlosser*-Bericht Nr. 62.

nen Verpflichtung zur gegenseitigen Anerkennung und Vollstreckung. Da Art. 28 den Einwand der Schiedsabrede als Versagungsgrund nicht zuläßt, ist der Zweitstaat zur Anerkennung und Klauselerteilung verpflichtet.

d) Zu Recht haben deshalb die Vertreter der kontinentaleuropäischen Staaten darauf hingewiesen, „Schiedsgerichtsbarkeit" i. S. des Art. 1 II Nr. 4 könne schon vom Wortsinn her nicht jeder Streit sein, der von einem Schiedsvertrag erfaßt wird.[14] Schiedsgerichtsbarkeit sei vielmehr *schiedsrichterliches Verfahren. Verfahren vor staatlichen Gerichten* seien dagegen nur dann unter Art. 1 II Nr. 4 zu subsumieren, wenn sie sich in der Hauptsache auf ein Schiedsverfahren bezögen, nicht jedoch, wenn sie anläßlich der Prüfung der Entscheidungskompetenz des Gerichts nur incidenter mit der Frage der Wirksamkeit des Schiedsvertrags zu tun hätten. Im übrigen sei der Zweitrichter an die Rechtsansicht des Erstrichters gebunden.

3. Auch wenn die Schiedsabrede nach Ansicht des Zweitrichters nach dem Recht des Erststaates[15] wirksam war, der Erstrichter also nach Meinung des Zweitrichters zu Unrecht in der Hauptsache entschieden hat, liegt darin kein Grund, die Anerkennung bzw. Klauselerteilung zu versagen. Der Beklagte darf sich den Einwand der schiedsgerichtlichen Erledigung nicht erst bis zum Zweitverfahren aufheben. Dort ist er damit präkludiert. Durch den Schiedsvertrag wird für den Beklagten die Last zur Einlassung vor den staatlichen Gerichten nicht in vollem Umfang beseitigt, sondern nur die Einlassungspflicht zur Hauptsache. Hält sich der Kläger nicht an den Schiedsvertrag – sei es böswillig oder weil er den Schiedsvertrag aus vertretbaren Gründen für unwirksam hält –, so ist es dem Beklagten zuzumuten, am Rechtsstreit teilzunehmen und vorzutragen, die Zuständigkeit des staatlichen Gerichts sei durch die Schiedsklausel ausgeschlossen. Tut er dies nicht und läßt er Versäumnisurteil gegen sich ergehen, dann kann er sich im Zweitstaat nicht auf die internationale Unzuständigkeit des Urteilsstaates[16] berufen.

---

[14] *Schlosser*-Bericht Nr. 62.

[15] Da das Recht der Schiedsgerichtsbarkeit – abgesehen von den staatsvertraglichen Regelungen – von Staat zu Staat unterschiedlich geregelt ist, können sich *Kollisionen zwischen dem Recht des Erststaates und dem des Zweitstaates* ergeben. Für diejenigen, die den Einwand des Schiedsvertrages im Zweitverfahren zulassen wollen, stellt sich die Frage, ob für den Zweitrichter dessen Rechtsordnung (einschließlich des Kollisionsrechts) *maßgeblicher Prüfungsmaßstab* sein soll oder ob das Recht des Erststaates (einschließlich seines Kollisionsrechts) auch von dem Zweitrichter zu beachten ist. Das Übereinkommen wollte Spannungen zwischen dem erst- und zweitstaatlichen Schiedsvertrags- und Gerichtsrecht vermeiden. Deshalb sollte man auf das Recht des Erststaates abstellen. Nach der hier vertretenen Ansicht kommt diese Fragestellung nur in Übergangsfällen (oben Fußn. 11) zum Zuge. Vgl. *Geimer* RIW/AWD 1980, 308 und NJW 1975, 1096.

[16] Ein Fall der *internationalen Unzuständigkeit* des Erststaates liegt schon begrifflich sicher dann nicht vor, wenn der Beklagte einwendet, nicht die staatlichen Gerichte,

4. Verwirft der Erstrichter den Einwand der schiedsgerichtlichen Erledigung, so muß der Beklagte die nach dem Recht des Erststaates statthaften Rechtsmittel einlegen. Unterläßt er dies oder sind seine Rechtsmittel erfolglos, so hat es damit sein Bewenden, und zwar auch dann, wenn nach dem Recht des Erststaates der Einwand des Schiedsvertrages unschlüssig ist.

VI. Gerichtsbarkeit (facultas jurisdictionis)

Die Regeln über die Befreiung von der Gerichtsbarkeit sind nicht Gegenstand des Übereinkommens. Sie sind durch das allgemeine *Völkergewohnheitsrecht* normiert, neuerdings auch durch *multilaterale Konventionen* kodifiziert. Hervorzuheben sind vor allem die *Wiener Konvention über diplomatische Beziehungen* vom 18. April 1961 (BGBl. 1964 II 1957) und die *Wiener Konvention über konsularische Beziehungen* vom 24. April 1963 (BGBl. 1969 II 1585). Das Übereinkommen läßt diese Regeln unberührt.[17]

---

sondern ein *Schiedsgericht im Erststaat* sei zur Entscheidung zuständig gewesen; denn dann geht es um ein Kompetenzabgrenzungsproblem *innerhalb des Erststaates,* das nach dessen autonomem Recht zu beurteilen ist. Hier darf sich der Zweitrichter nicht einmischen. Der staatliche Richter des Erststaates behält die *Kompetenzkompetenz.* Seine Entscheidung, daß die staatlichen Gerichte und nicht das Schiedsgericht zu entscheiden hätten, kann im Anerkennungsstadium nicht in Zweifel gezogen werden. Hier geht es nicht um die Abgrenzung der Jurisdiktionssphären der Vertragsstaaten untereinander.

Anders ist es aber, wenn der Beklagte einwendet, die staatlichen Gerichte des Erststaates hätten deswegen nicht in der Sache entscheiden dürfen, weil die Zuständigkeit eines aus der Sicht des Erststaates ausländischen Schiedsgerichts mit Sitz im Zweitstaat oder in einem dritten Staat vereinbart worden sei. Hier bekommt der *Einwand der schiedsgerichtlichen Erledigung eine internationalrechtliche Dimension.* Aber auch hier handelt es sich nicht um einen Fall der internationalen Unzuständigkeit des Erststaates. Die „an sich" gegebene internationale Zuständigkeit der staatlichen Gerichte des Erststaates bleibt unberührt. Sie umfaßt die *internationalrechtliche Kompetenzkompetenz,* d. h. die Befugnis, auch mit Wirkung für den Zweitrichter verbindlich über die Beachtlichkeit des Einwandes der schiedsgerichtlichen Erledigung zu entscheiden. Vgl. *Geimer* RIW/AWD 1980, 308.

[17] *Geimer* WM 1976, 836.

Die Ausklammerung der Regeln über die Gerichtsbarkeit ist aus deutscher Sicht klar, da in der *deutschen Terminologie* zwischen *Gerichtsbarkeit* und *internationaler Zuständigkeit* unterschieden wird. Anders ist es jedoch in *Frankreich.* Fälle der *immunité de juridiction* werden zur internationalen Unzuständigkeit *(incompétence)* gerechnet. Zur Klarstellung wäre ein entsprechender Hinweis im Text des Übereinkommens hilfreich. Aber auch ohne einen solchen wird wohl z. B. kein französisches Gericht dem deutschen Botschafter in Paris das Recht auf Immunität streitig machen. Würde es dennoch gegen ihn ein Sachurteil fällen, so könnte die Bundesrepublik Deutschland die Anerkennung verweigern. Auch dieses Anerkennungshindernis wurde von den Verfassern des Übereinkommens übersehen. Das Recht und die Pflicht, die Anerken-

§ 6 Rechtsnatur

1. Die Einordnung der in Ausführung von Art. 220 des EWG-Vertrages geschlossenen Übereinkommen bereitet Schwierigkeiten. Deshalb ist auch umstritten, auf welcher Normstufe das hier zu erläuternde Übereinkommen anzusiedeln ist.[1]

2. Die einen behaupten, das Übereinkommen sei aus der Funktion des Gemeinsamen Marktes heraus erwachsen und in die Organstruktur der Europäischen Gemeinschaften eingegliedert.[2] Deshalb sei es als *primäres Gemeinschaftsrecht* zu qualifizieren, das im Rang über dem nationalen Recht steht.[3] *Gemeinschaftsrecht bricht nationales Recht.*[4] In seinem Anwen-

---

nung zu verweigern, ergibt sich aus dem allgemeinen Grundsatz des Völkerrechts, daß kein Staat völkerrechtswidrige Akte anderer Staaten anerkennen darf. Vgl. unten § 139 III.

[1] Ausführlich *Jung,* Vereinbarungen über die Internationale Zuständigkeit nach dem EWG-Gerichtsstands- und Vollstreckungsübereinkommen und nach § 38 Abs. 2 ZPO, Diss. Bochum 1980, 21 ff.; *Schwartz,* Übereinkommen zwischen den EG-Staaten: Völkerrecht oder Gemeinschaftsrecht? in Festschrift für *Wilhelm G. Grewe,* 1981, 551 ff.; *Schlosser,* RIW/AWD 1983, 474.

[2] *Schlosser* NJW 1975, 2133. Besonders signifikant sei die Auslegungskompetenz des EuGH auf Grund des Auslegungsprotokolls vom 3. September 1971 (BGBl. 1972 II 845, in Kraft seit 1. September 1975), die Art. 177 des EWG-Vertrages nachgebildet ist.

[3] *Schlosser* NJW 1975, 2132; *Baumgärtel* in Festschrift für *Kegel,* 1977, 286; *Piltz* NJW 1979, 1073 Fußn. 47; *Stein-Jonas-Schumann,* ZPO, 20. Aufl., Einl. XV G 1 a S. 390.

[4] Vgl. EuGH, Urteil vom 13. November 1979, Rechtssache 25/79 – *Sanicentral ./. Collin,* EuGHE 1979, 3429 Rz. 5: Es „ist festzustellen, daß das Übereinkommen die Festlegung der innergemeinschaftlichen Zuständigkeit der Gerichte der Vertragsstaaten in Zivilsachen zum Ziel hat und daß daher die insoweit auf die zu entscheidenden Rechtsstreitigkeiten an sich anwendbaren innerstaatlichen Verfahrensvorschriften in den durch das Übereinkommen geregelten Bereichen hinter dessen Bestimmungen zurücktreten". Der EuGH folgte dem Generalanwalt *Capotorti,* der wie folgt plädiert hatte: „Wie ist die Rechtslage, wenn bestimmte, nach Inkrafttreten des Übereinkommens erlassene Rechtsvorschriften eines Mitgliedstaats zum Übereinkommen in Widerspruch stehen? Unabhängig vom Problem des Vorrangs internationaler Übereinkommen gegenüber dem Recht eines Mitgliedstaats – der von einigen nationalen Verfassungen bejaht wird, während sich andere dazu nicht äußern – bin ich der Auffassung, daß die Berücksichtigung des Zusammenhangs zwischen Gemeinschaftsrecht und Übereinkommen nach Artikel 220 des Vertrages von Rom sowie der dem Gerichtshof übertragenen Aufgabe der einheitlichen Auslegung genügen, um diese Frage dahin zu beantworten, daß die Vorschriften des Übereinkommens Vorrang gegenüber dem – auch späteren – innerstaatlichen Recht eines Mitgliedstaats haben müssen ... Mit anderen Worten hat die vom Gerichtshof in der Frage der Beziehungen zwischen dem Gemeinschaftsrecht und dem Recht der Mitgliedstaaten wiederholt eingenommene Haltung auch für das in Artikel 220 EWG-Vertrag vorgesehene Übereinkommen zu gelten, dessen einheitliche Auslegung sicherzustellen der Gerichtshof berufen ist." Vgl. die Schlußanträge in EuGHE 1979, 3431 ff., 3434 f. Hierzu *Schwartz* (Fußn. 1), 575.

dungsbereich verdränge somit das Übereinkommen automatisch das nationale Recht.

An dieser Qualifikation würde sich für die Mitgliedsstaaten der Europäischen Gemeinschaften auch dann nichts ändern, wenn dem Übereinkommen dritte Staaten beiträten, z. B. Österreich oder die Schweiz. Ein solcher Beitritt ist derzeit rechtlich nicht möglich (geschlossene Konvention),[5] wird aber de conventione ferenda diskutiert.[6]

3. Nach anderer Ansicht handelt es sich nicht um Gemeinschaftsrecht, sondern um einen gewöhnlichen völkerrechtlichen Vertrag[7] mit der Folge, daß bei Kollisionen zwischen dem Übereinkommen und dem nationalen Recht nicht automatisch das Übereinkommen den Vorrang hat.[8] Jedoch kommen aber auch die Anhänger dieser Qualifikation in den meisten Fällen zu den gleichen Ergebnissen wie die der Gegenmeinung, da sie die Grundsätze der *völkerrechtsfreundlichen Auslegung*[9] heranziehen.

Aus dieser Sicht läßt sich z. B. zwischen Art. 17 des Übereinkommens und dem neugefaßten § 38 der deutschen ZPO ein Konflikt vermeiden: Der deutsche Gesetzgeber habe Art. 17 nicht (partiell) außer Kraft setzen wollen; er habe den Anwendungsbereich des § 38 ZPO von vorneherein auf die Fälle beschränkt, in denen Art. 17 keine Geltung beansprucht.[10]

§ 7 Zwingender Charakter der Zuständigkeitsnormen des Übereinkommens

1. Die Parteien können keine Vereinbarung über den Geltungsbereich der Art. 2ff. (unten § 29) treffen. Sie können nicht vereinbaren, daß die Zuständigkeitsvorschriften des Übereinkommens nicht anzuwenden seien. Sie können aber auch nicht umgekehrt vereinbaren, daß anstelle des an sich anwendbaren nationalen Rechts (Art. 4) die Zuständigkeits-

---

[5] Vgl. Art. 63.

[6] *Schlußbericht der (schweizerischen) Expertenkommission* zum Gesetzesentwurf „Bundesgesetz über das internationale Privatrecht" (= Schweizer Studien zum internationalen Recht, 1979, Bd. 13) S. 25: „Bei den Gerichtsständen des Obligationen- und Handelsrechts nimmt der Entwurf stark Rücksicht auf das *EG-Übereinkommen vom 27. September 1968 über die gerichtliche Zuständigkeit und die Vollstreckung von Entscheidungen in Zivil- und Handelssachen.* Die Kommission war bestrebt, bei der Regelung der Zuständigkeit soweit als möglich Lösungen vorzulegen, die sich mit den Prinzipien dieses Übereinkommens vertragen, um die Frage eines späteren Beitritts der Schweiz nicht zu präjudizieren."

[7] *Arnold* AWD 1969, 89; *Samtleben* NJW 1974, 1590 Fußn. 3.

[8] Hierzu *Schwartz* in Festschrift für *v. Caemmerer,* 1978, 1092, 1099.

[9] Hierzu allgemein *Stein-Jonas-Schumann,* ZPO, 20. Aufl., Einl. XV F 3 S. 379 Rz. 754a.

[10] *Samtleben* NJW 1974, 1596; 1975, 1606; *Schlosser* NJW 1975, 2132; *Baumgärtel* in Festschrift für *Kegel,* 1977, 297.

normen des Übereinkommens zu gelten hätten.[1] Das gleiche gilt für die (einseitige) Unterwerfung des Beklagten.[2]

2. Die Gerichte der Vertragsstaaten müssen von Amts wegen prüfen, welches Zuständigkeitsrecht zur Anwendung kommt, ob die europäischen Zuständigkeitsvorschriften eingreifen oder die nationalen.[3] Sie können diese Frage nur dann offen lassen, wenn feststeht, daß sowohl nach Art. 2ff. als auch nach dem nationalen Recht die internationale und örtliche Zuständigkeit zu bejahen ist. Man spricht von *sogenannter Wahlfeststellung.*[4] Eine Festlegung auf das anwendbare Kompetenzrecht ist in solchen Fällen nicht etwa im Hinblick auf den Zweitrichter erforderlich: Der Zweitrichter ist an die Feststellungen des Erstgerichts sowieso nicht gebunden. Er prüft selbständig, ob eine Zivil- oder Handelssache im Sinne des Art. 1 vorliegt oder ob die Ausnahmevorschrift des Art. 1 II eingreift. Ob der Erstrichter die Zuständigkeitsvorschriften richtig angewandt hat oder nicht, ist grundsätzlich vom Zweitrichter nicht zu prüfen, da eine Nachprüfung der internationalen Zuständigkeit des Erstrichters durch den Zweitrichter ausgeschlossen ist; Ausnahmen: Art. 28 I und Art. 54 II.

§ 8 Begrenzung der Jurisdiktionsbereiche der Vertragsstaaten untereinander

1. Liegt kein Zuständigkeitsanknüpfungspunkt nach Art. 2ff. vor, so hat sich im Anwendungsbereich des Übereinkommens der Vertragsstaat, dessen Gericht angegangen wurde, jeder Rechtsprechungstätigkeit

---

[1] Es ist jedoch im Wege der Auslegung zu ermitteln, ob es sich hierbei um eine Zuständigkeitsvereinbarung handelt (Derogation oder Prorogation eines oder mehrerer Gerichtsstände).

[2] Zu Art. 18 vgl. unten § 97. Diese Vorschrift gilt nur im Rahmen des europäischen Kompetenzsystems, setzt also dessen Anwendbarkeit voraus. Wie hier die Schlußanträge des Generalanwalts *Rozès* zu EuGH, Urteil vom 31. März 1982, Rechtssache 25/81 – *W. ./. H.,* EuGHE 1982, 1189 sub II 2.

[3] Zum Thema „Zwingender Charakter des Übereinkommens“ bemerkt der *Jenard*-Bericht S. 57: „Die Sachverständigen haben den Grundsatz angenommen, daß das Übereinkommen von Amts wegen anzuwenden ist. Seinen formellen Ausdruck findet dieser Grundsatz in den Artikeln 19 und 20 über die Prüfung ihrer eigenen internationalen Zuständigkeit durch die Gerichte der Mitgliedstaaten. Diese müssen die Bestimmungen des Übereinkommens ohne Rücksicht darauf anwenden, ob sich die Parteien auf sie berufen oder nicht. Ist z. B. gegen eine in Belgien wohnhafte Person aufgrund des Artikels 14 des französischen Code civil Klage vor einem französischen Gericht erhoben und bestreitet der Beklagte die Zuständigkeit dieses Gerichts, ohne sich hierbei auf die Bestimmungen des Übereinkommens zu berufen, so muß das Gericht gleichwohl Artikel 3 des Übereinkommens anwenden und sich für unzuständig erklären.“ – Dies ist unpräzis. Auch wenn der Beklagte die Zuständigkeit nicht bestreitet, muß sich das Gericht darüber klar werden, ob Art. 2ff. zur Anwendung kommen, insbesondere ob Art. 18 gilt oder das nationale Recht.

[4] *Stein-Jonas-Schumann,* ZPO, 20. Aufl., Einl XV G Rz 808b.

zu enthalten, vorbehaltlich einstweiliger Maßnahmen, Art. 24. Das Übereinkommen bringt also eine internationale Zuständigkeitsordnung unter den Vertragsstaaten.[1] In den Bereichen, in denen das Übereinkommen nach Art. 1, 57 anwendbar ist, wollten die Vertragsstaaten die Jurisdiktionsbereiche gegeneinander abgrenzen.

2. Gleichwohl stehen keine *zwingenden staatlichen Interessen* auf dem Spiele, ausgenommen die Fälle des Art. 16.[2] Ziel der Regelung des Übereinkommens war der Beklagtenschutz. Dies kommt an mehreren Stellen des Übereinkommens zum Ausdruck.[3] Erläßt ein Gericht eines Vertragsstaates ein Sachurteil, obwohl seine Zuständigkeit fehlt, so ist es Sache des Beklagten, den Mangel der Zuständigkeit im Erststaat geltend zu machen. Er kann sich nicht darauf beschränken, diesen Einwand im Stadium der Anerkennung bzw. Klauselerteilung geltend zu machen. Denn das Übereinkommen verbietet grundsätzlich die Nachprüfung der internationalen Zuständigkeit des Erststaates im Zweitverfahren.

3. Wären die Vertragsstaaten der Auffassung gewesen, daß aus zwingendem öffentlichen Interesse die Zuständigkeitsnormen des Übereinkommens einzuhalten wären, so hätten sie wohl kaum auf die Nachprüfung der internationalen Zuständigkeit verzichtet. Auch wenn die Zuständigkeitsordnung des Übereinkommens verletzt wurde, sei es absichtlich oder unabsichtlich, sind die anderen Vertragsstaaten grundsätzlich zur Anerkennung des erststaatlichen Urteils verpflichtet, ausgenommen die Fälle der Art. 28 I, Art. 54 II, Art. 59, Art. 34 II und III des Beitrittsübereinkommens vom 9. Oktober 1978 und Art. 12 II des Beitrittsübereinkommens vom 25. Oktober 1982.

§ 9 Maßgebliches Zuständigkeitsrecht bei Nichtanwendbarkeit der europäischen Zuständigkeitsvorschriften

1. Es sind zwei Fälle zu unterscheiden: zum einen der Fall, daß ein Spezialübereinkommen über die gerichtliche Zuständigkeit im Sinne des Art. 57 die Art. 2ff. verdrängt.[1] Hier wendet der Richter den jeweils einschlägigen internationalen Vertrag an, z. B. Art. 28 des Warschauer Abkommens samt Art. VIII des Zusatzprotokolls oder Art. 31 CMR usw.[2]

2. Soweit Spezialabkommen über die internationale Entscheidungszuständigkeit bzw. die örtliche Zuständigkeit fehlen, greift das autonome Zuständigkeitsrecht ein. Dies ist die zweite Hypothese. In der Bundesrepublik Deutschland gelten also dann die Zuständigkeitsnormen der ZPO und des FGG sowie der einschlägigen Spezialgesetze.

---

[1] Hierzu oben § 1.
[2] Näher unten § 57 V und §§ 85ff.
[3] Oben § 4 I 1.

[1] Vgl. oben § 13 II.
[2] Zu Art. 57 ausführlich *Schlosser*-Bericht Nr. 245.

3. Selbst wenn grundsätzlich Art. 2ff. nicht anwendbar sind, können jedoch einzelne Bestimmungen des Übereinkommens, die die Zuständigkeit betreffen, gleichwohl zum Zuge kommen. So gilt z. B. für internationale Zuständigkeitsvereinbarungen europäisches Einheitsrecht (Art. 17), wenn wenigstens der Kläger in einem Vertragsstaat wohnt, obwohl nach der Grundregel der Art. 2, 4 im übrigen das nationale Zuständigkeitsrecht zur Anwendung kommt.[3] Wenn keine der Parteien in einem der Vertragsstaaten wohnt, kommt Art. 17 I 3 zum Zuge.[4] Sonderregeln über den Anwendungsbereich gelten auch für Art. 16.[5] Nach Art. 21 bis 23 ist auch dann zu verfahren, wenn der Beklagte in keinem Vertragsstaat wohnt.[6]

4. Wenn das nationale Zuständigkeitsrecht gemäß Art. 4 I anzuwenden ist, wird dieses durch das Übereinkommen modifiziert, falls das nationale Recht an die inländische Staatsangehörigkeit anknüpft. Das Inländerprivileg wird erstreckt auf alle Kläger mit Wohnsitz/Sitz im Gerichtsstaat, Art. 4 II.

5. Soweit das Übereinkommen keine Regeln enthält, wendet der Richter im Erkenntnisverfahren seine lex fori (einschließlich des etwaigen prozessualen Kollisionsrechts) an.

§ 10 Gegenseitige Anerkennung und Vollstreckbarerklärung gerichtlicher Entscheidungen unabhängig von der Zuständigkeitsordnung des Übereinkommens[1]

1. Die Anerkennung und Vollstreckbarerklärung[2] von Entscheidungen der Gerichte eines Vertragsstaates in den anderen Vertragsstaaten setzt nicht voraus, daß in concreto die Zuständigkeitsordnung des Übereinkommens anwendbar war[3]. Auch wenn der Erstrichter seine internationale Zuständigkeit gemäß Art. 4 I auf sein nationales Recht oder gemäß Art. 57 auf ein Spezialübereinkommen[4] gestützt hat, sind die anderen zur Anerkennung und Vollstreckung nach Maßgabe der Art. 26ff. verpflichtet.[5] Art. 25 differenziert nicht danach, welches Zuständigkeitsrecht angewandt wurde.[6]

---

[3] Näher unten § 29 VI.

[4] Näher unten § 31.

[5] Unten § 29 V.

[6] Unten § 44.

[1] Vgl. auch unten §§ 103, 113.

[2] Die Vollstreckbarerklärung erfolgt durch Klauselerteilung. Näher unten § 157.

[3] Vgl. auch unten § 97 I.

[4] Hierzu unten § 13.

[5] Im Fall des Art. 57 hat die Regelung des Spezialabkommens Vorrang. Regelt dieses jedoch nur die internationale Entscheidungszuständigkeit, aber nicht die gegenseitige Anerkennung und Vollstreckung, dann kommen Art. 25ff. zur Anwendung.

[6] Vgl. auch *Jenard*-Bericht S. 48 zu Art. 4: „Diese Bestimmung verhindert ... im Interesse der Freizügigkeit der Urteile, daß einem Urteil die Anerkennung und Voll-

2. Dies führt dazu, daß die Wirkung der exorbitanten Gerichtsstände (Art. 3 II),[7] die gemäß Art. 4 I gegenüber Beklagten mit Wohnsitz außerhalb des geographischen Anwendungsbereiches des Übereinkommens anwendbar sind, noch verstärkt wird. Bisher wurden Urteile, bei denen die internationale Zuständigkeit der Bundesrepublik Deutschland ausschließlich auf Belegenheit des Vermögens des Beklagten im Inland (§ 23 ZPO) gestützt wurde, in den übrigen Vertragsstaaten nicht anerkannt. Das gleiche galt für Urteile französischer oder luxemburgischer Gerichte, die ihre Zuständigkeit nur auf die Staatsangehörigkeit des Klägers (Art. 14 Code civil) gestützt hatten. Diese Titel sind nun in allen Vertragsstaaten anzuerkennen und zu vollstrecken.[8]

---

streckung versagt wird, das nach innerstaatlichen Zuständigkeitsnormen ergangen ist."

[7] Vgl. unten § 49 I.

[8] Weiter ist zu beachten, daß der Anwendungsbereich des Jurisdiktionsprivilegs des Art. 14 Code civil und des Art. 4 Nr. 4 des Codice di procedura civile durch Art. 4 II ausgeweitet wurde. Diese Verschärfung der Wirkungen der exorbitanten Gerichtsstände löste Proteste aus Drittstaaten aus. Diese waren partiell erfolgreich. Sie führten zur Einfügung des Art. 59. Danach können die Vertragsstaaten durch Abkommen mit dritten Staaten die Anerkennung von Urteilen aus EG-Vertragsstaaten ausschließen, soweit die internationale Zuständigkeit des Erststaates ausschließlich auf einen exorbitanten Gerichtsstand i. S. des Art. 3 II gegründet ist. So könnte sich z. B. Frankreich gegenüber Schweden verpflichten, deutsche Entscheidungen nicht anzuerkennen, die im Gerichtsstand des § 23 ZPO gegen Personen mit Wohnsitz in Schweden ergangen sind. Ein solcher Vertrag war geplant zwischen dem Vereinigten Königreich und den USA: Dieses Projekt wurde aber wieder aufgegeben. Hierzu *de Winter* ICLQ 17 (1968), 706; *Nadelmann,* Common Market Law Revue 5 (1968), 409. Ausführlich zu den diplomatischen Verwicklungen im Rahmen der Haager Konferenz *Droz* Nr. 663ff. S. 433ff.; *Arnold* AWD 1965, 90; *v. Hoffmann* AWD 1973, 59 sub II 3; *Basedow* IZVR Rz. 150.

2. Kapitel: Die Auslegung des Übereinkommens

§ 11 Auslegungsmethoden[1]

1. Geht man davon aus, daß das Übereinkommen *ein in sich geschlossenes Normengebilde* ist, so sollte man im Zweifel die im Text des Übereinkommens verwendeten Begriffe „autonom" auslegen, d. h. nach konventionsimmanenten Definitionen suchen.[2] Stellt sich heraus, daß das Übereinkommen eine Lücke enthält, so hat die Lückenausfüllung unter Berücksichtigung des Systems und Geistes des Übereinkommens zu erfolgen. Das nationale Recht der einzelnen Vertragsstaaten bleibt außer Betracht. So hat z. B. das Übereinkommen die Regelung des Exequaturverfahrens nicht dem Recht des Zweitstaates (Vollstreckungsstaates) überlassen, sondern sogar die Detailfrage normiert, welches Gericht für die Entscheidung über den Antrag auf Klauselerteilung örtlich zuständig ist (Art. 32 II). Man übersah jedoch das Problem der subjektiven Antragshäufung. Diese Lücke ist nun nicht durch eine analoge Anwendung des nationalen Rechts[3] zu schließen, sondern durch entsprechende Anwendung des Art. 6 Nr. 1 (Gerichtsstand der Streitgenossenschaft).[4]

2. Neben der Möglichkeit konventionsimmanenter Definitionen und Lückenschließungen sind noch folgende Alternativen denkbar: die Qualifikation der vom Übereinkommen verwendeten Rechtsbegriffe nach dem Recht des Erststaates oder des Zweitstaates, wobei dann noch zu differenzieren ist, ob damit die lex fori des Erst- bzw. Zweitstaates gemeint ist oder die unter Anwendung des IPR des Erst- bzw. Zweitstaates ermittelte lex causae.[5]

a) Sofern das Übereinkommen eine Qualifikation nach dem Recht des Zweitstaates nicht ausdrücklich vorschreibt, sollte man eine solche tunlichst vermeiden, da sie zu (unnötigen) Hindernissen für die Freizügigkeit der Entscheidungen innerhalb der Vertragsstaaten führt.

b) Eine Qualifikation nach dem Recht des Erststaates kommt immer dann in Betracht, wenn das Übereinkommen ausdrücklich auf das Recht

---

[1] *Zöller-Geimer,* ZPO, 13. Aufl., IZPR, Anm. F IV. *Schlosser,* Gedächtnisschrift für *Rudolf Bruns,* 1980, 45ff.

[2] *Basedow* IZVR Rz. 18ff.

[3] Für das Recht der Bundesrepublik Deutschland s. § 36 Nr. 3 ZPO.

[4] *Geimer* NJW 1975, 1087 und RIW/AWD 1976, 141.

[5] Auch eine Kumulation des erst- und zweitstaatlichen Standpunktes ist denkbar. Doch führt die Doppelqualifikation nach erst- und zweitstaatlichem Recht allenfalls im bilateralen Verhältnis zu erträglichen Ergebnissen, bei einer multilateralen Konvention doch in die Sackgasse.

des Erststaates verweist. Beispiele: Art. 52 (Wohnsitz) oder Art. 5 Nr. 4. Dort ist der Gerichtsstand der Adhäsionsklage vorgesehen, jedoch wird ausdrücklich bestimmt, daß eine Adhäsionsklage nur dann erhoben werden kann, wenn das Strafgericht „nach seinem Recht über zivilrechtliche Ansprüche erkennen kann". Jeder Vertragsstaat bestimmt autonom, ob und in welchem Umfang zivilrechtliche Ansprüche im Strafverfahren geltend gemacht werden können. Weitere Beispiele: Art. 8 II a. F., Art. 10 II und III, Art. II Abs. 1 des Protokolls zum Übereinkommen („unbeschadet günstigerer innerstaatlicher Vorschriften").

3. Verweist das Übereinkommen nicht ausdrücklich auf das Recht des Erststaates, so ist jeweils von Fall zu Fall zu untersuchen, ob das Übereinkommen – wenn auch nur zwischen den Zeilen – eine konventionsimmanente Definition wünscht oder ob auf das Recht des Erststaates abzustellen ist. Allgemeine Regeln lassen sich nicht aufstellen.[6] Im Zweifel ist davon auszugehen, daß die konventionsimmanente Auslegung und Qualifikation der Verweisung auf das Recht des Erststaates vorzuziehen ist; denn die Vertragspartner haben durch den Abschluß des Übereinkommens zum Ausdruck gebracht, daß sie die Regeln über die internationale Zuständigkeit und die Anerkennung und Vollstreckbarerklärung ausländischer Titel in möglichst großem Umfang harmonisieren wollten;[7] so hat der EuGH z. B. zu Recht den Begriff der „Zivil- und Handelssachen" autonom ausgelegt. Da Art. 1 I den Anwendungsbereich des Übereinkommens bezeichnen solle und sichergestellt werden müsse, daß sich aus dem Übereinkommen für die Vertragsstaaten und die betroffenen Personen soweit wie möglich gleiche und einheitliche Rechte und Pflichten ergeben, könnten die in dieser Vorschrift verwendeten Ausdrücke nicht als bloße Verweisung auf das innerstaatliche Recht eines der beteiligten Staaten verstanden werden. Der Begriff der „Zivil- und Handelssache" sei vielmehr autonom nach der Zielsetzung und der Systematik des Abkommens sowie nach den allgemeinen Rechtsgrundsätzen zu beurteilen, die sich aus der Gesamtheit der innerstaatlichen Rechtsordnungen ergäben.[8]

---

[6] Nach Auffassung des EuGH gebührt keiner dieser Qualifikationsmethoden der absolute Vorrang vor den anderen; vielmehr könne eine sachgerechte Entscheidung nur für jede einzelne Bestimmung des Übereinkommens gesondert getroffen werden. Vgl. EuGHE 1976, 1473 = NJW 1977, 491 mit Anm. *Geimer.* Freilich neigt er immer mehr der konventionsimmanenten Auslegung zu.

[7] *Geimer* RIW/AWD 1976, 140. Auch *Stein-Jonas-Schumann,* ZPO, 20. Aufl., Einl. XV G 5 Rz. 786 S. 393 plädiert für den Vorrang der einheitlichen europarechtlichen Interpretation. Skeptisch nach wie vor *Schlosser,* zuletzt in Gedächnisschrift für *Rudolf Bruns,* 1980, 64.

[8] EuGH, Rechtssache 29/76, Urteil vom 14. Oktober 1976 *(Eurocontrol I),* EuGHE 1976, 1541 = NJW 1977, 489 mit Anm. *Geimer* und ausführlicher Kritik von *Schlosser* NJW 1977, 457 = RIW/AWD 1977, 40 mit Anm. *Linke* = EuR 1977, 342 mit ausführlicher Besprechung von *Geimer.* Hierzu auch *Schlosser,* Gedächnisschrift für *Rudolf Bruns,* 1980, 46.

4. Um Ungleichgewichte in der europäischen Zuständigkeitsordnung zu vermeiden, insbesondere um eine unangemessene Ausdehnung von Jurisdiktionsmonopolen zu vermeiden, sind die *Anwendungsvoraussetzungen des Art. 16* konventionsimmanent zu definieren.

5. Für die Praxis besonders bedeutsam ist eine einheitliche europäische Begriffsbildung für die *Zuständigkeitsvereinbarungen*. Nur so kann der Prorogations- und Derogationsaspekt in den einzelnen Vertragsstaaten einheitlich beurteilt werden. Diese Lösung führt allerdings zu Spannungen mit dem für den Hauptvertrag maßgeblichen Recht. Diese sind in Kauf zu nehmen. Die lex causae bestimmt das autonome IPR des Gerichtsstaates, solange das EWG-Übereinkommen vom 19. Juni 1980 über das auf vertragliche Schuldverhältnisse anzuwendende Recht nicht in Kraft ist.

6. Weitere Beispiele für eine autonome Qualifikation unten §§ 44 II 2g, 71, 74 II 1bβ, II 2c, III 6, IV 2 bei Fußn. 262 und VI 3, 85 IX 3 und XI, 97 XIV und XXIII, 116 2c, 117 III.

7. Wenn auch der EuGH es bisher strikt vermieden hat, seine Vorliebe für eine bestimmte Qualifikation bekanntzugeben, ja sogar jede generelle Festlegung abgelehnt hat,[9] so überwiegen doch – statistisch gesehen – die Entscheidungen, in denen sich der EuGH für eine konventionsimmanente, mithin europarechtliche Qualifikation entschieden hat.[10]

---

[9] EuGH Rechtssache 12/76, Urteil vom 6. Oktober 1976, EuGHE 1976, 1473, 1485 = NJW 1977, 493 mit Anm. *Geimer* = EuR 1977, 355. „Das Übereinkommen verwendet häufig Ausdrücke und Rechtsbegriffe aus dem Bereich des Zivil-, Handels- und Verfahrensrechts, deren Bedeutung in den einzelnen Mitgliedsstaaten verschieden sein kann. Hieraus ergibt sich die Frage, ob diese Ausdrücke und Begriffe als autonom – und damit allen Mitgliedsstaaten gemeinsam – oder als Verweisung auf die Sachnormen des Rechts verstanden werden müssen, das nach den Kollisionsnormen des mit dem Rechtsstreit zuerst befaßten Gerichts anwendbar ist. Keiner dieser beiden Möglichkeiten gebührt unter Ausschluß der anderen der Vorrang, da eine sachgerechte Entscheidung nur für jede Bestimmung des Übereinkommens gesondert getroffen werden kann ...“.

[10] EuGHE 1976, 1541 = NJW 1977, 489f. mit Anm. *Geimer* = RIW/AWD 1977, 40 mit Anm. *Linke – Eurocontrol I* – zu Art. 1: Begriff der *Zivil- und Handelssachen,* hierzu *Geimer* EuR 1977, 342, *Schlosser* Gedächtnisschrift für *Bruns,* 1980, 46. – Zum gleichen Thema EuGHE 1980, 3807 = RIW/AWD 1981, 711 = IPRax 1981, 169; hierzu *Schlosser* IPRax 1981, 154 und *Basedow* IZVR Rz. 82.

EuGHE 1976, 1497 = NJW 1977, 490f. mit Anm. *Geimer* = RIW/AWD 1977, 42 mit Anm. *Linke – Bloos./.Boyer* – zu Art. 5 Nr. 1 und Nr. 5: Begriff der *„Verpflichtung“* und der *„Niederlassung“,* hierzu Geimer EuR 1977, 353.

EuGHE 1976, 1735 = NJW 1977, 493 = RIW/AWD 1977, 356 mit Anm. *Linke – Mines de Potasse* – zu Art. 5 Nr. 3: Begriff des *Schadensortes,* hierzu *Geimer* EuR 1977, 357f..

EuGHE 1976, 1831 = NJW 1977, 494 = RIW/AWD 1977, 104 – *Colzani./.Rüwa* – zu Art. 17, Begriff der *„schriftlichen Vereinbarung“,*

EuGHE 1976, 1851 = NJW 1977, 495 = RIW/AWD 1977, 105 – *Segoura./.Bonakdarian* – zu Art. 17, Begriff der *„schriftlich bestätigten Vereinbarung“,*

EuGHE 1976, 1759 = NJW 1977, 495 – *Wolf./.Cox* – zu Art. 26 und 31, *Rechtskraft-*

8. Die autonome, vom nationalen Recht losgelöste Qualifikationsmethode ist im Schrifttum überwiegend auf Zustimmung gestoßen.[11]

§ 12 Auslegungszuständigkeit des EuGH

Durch das „Protokoll vom 3. Juni 1971 betreffend die Auslegung des Übereinkommens vom 27. September 1968 über die gerichtliche Zuständigkeit und die Vollstreckung gerichtlicher Entscheidungen in Zivil-

---

wirkung nach europarechtlicher Qualifikation, hierzu *Geimer* NJW 1977, 2023 und EuR 1977, 364,

EuGHE 1978, 1431 = RIW/AWD 1978, 685 – *Bertrand./.Ott* – zu Art. 13, Begriff des *Teilzahlungskaufs,*

EuGHE 1977, 2175 (2188f.) mwN in den Schlußanträgen des Generalanwalts *Reischl* (2197) = NJW 1978, 1107 – *Industrial Diamond Supplies./.Riva* – zu Art. 30 und 38, Begriff des *„ordentlichen Rechtsbehelfs",*

EuGHE 1979, 733 (743) = NJW 1979, 1772 = RIW/AWD 1979, 273 zu Art. 1 II Nr. 2, Begriff der *„Konkurse, Vergleiche* und *ähnliche Verfahren",*

EuGHE 1978, 2183 – *Somafer./.Saarferngas* – zu Art. 5 Nr. 5 (wie oben *Bloos./. Bouyer*),

EuGHE 1977, 2383 = RIW/AWD 1978, 336 – *Sanders./.van der Putte* – zu Art. 16 Nr. 1, Begriff *„Pachtverhältnis",*

EuGHE 1981, 1671 = RIW 1981, 709 – Elefanten *Schuh./.Jacqmain* –,

EuGHE 1981, 2431 = RIW/AWD 1982, 48 – *Rohr./.Ossberger* – sowie EuGHE 1982, 1189 – *W./.H.* – jeweils zu Art. 18.

Noch nicht veröffentlichtes Urteil vom 22. März 1983, Rechtssache 34/82 – *Peters Bauunternehmung GmbH./.Zuid Nederlands Aannemers Vereniging* – zu Art. 5 Nr. 1, Begriff *„Ansprüche aus Vertrag";* vgl. § 83 Fußn. 47.

Vgl. auch Basedow IZVR Rz. 45 sowie die Zusammenstellung von *Kohler,* European Law Review 7 (1982), 3ff., 103ff.

[11] Vgl. die Nachweise bei *Geimer* NJW 1977, 492 und EuR 1977, 342ff., *Linke* RIW/AWD 1977, 45 Fußn. 51; ferner *Bülow/Böckstiegel,* Vorbem. 5 vor Art. 1; *Stein-Jonas-Schumann,* ZPO, 20. Aufl., Einl. XV G Rz. 786 S. 393; kritisch hingegen *Schlosser* NJW 1977, 457ff. und Gedächtnisschrift für *Rudolf Bruns,* 1980, 45ff. Die Stimmen, die für eine grundsätzliche Qualifikation nach der lex fori des Erstrichters bzw. Zweitrichters eintraten, sind seit Bekanntwerden der Rechtsprechung des EuGH verstummt. Nachweise bei *Geimer* EuR 1977, 344.

Überholt sind insbesondere BGHZ 65, 291 = NJW 1976, 478 = RIW/AWD 1977, 110 = IPRsp 1975 Nr. 170, LG Hamburg AWD 1974, 403, IPRspr. 1974 Nr. 189; *Bülow,* Vereinheitlichtes internationales Zivilprozeßrecht in der Europäischen Wirtschaftsgemeinschaft, RabelsZ 29 (1965) 473, 477, *Grunsky,* Probleme des EWG-Übereinkommens über die gerichtliche Zuständigkeit und die Vollstreckung gerichtlicher Entscheidungen in Zivil- und Handelssachen JZ 1973, 642, *v. Hoffmann,* das EWG-Übereinkommen über die gerichtliche Zuständigkeit und die Vollstreckung gerichtlicher Entscheidungen in Zivil- und Handelssachen AWD 1973, 57 (58), *Weser* S. 222; *Droz* S. 27: Qualifikation nach dem Recht des *Urteilsstaates* und des *Anerkennungs-* (= Zweit)-*staates; Grunsky,* EWG-Übereinkommen über die gerichtliche Zuständigkeit und die Vollstreckung gerichtlicher Entscheidungen in Zivil- und Handelssachen im deutsch-italienischen Rechtsverkehr RIW/AWD 1977, 4: Qualifikation nach der *lex causae.* Ebenso *Jung* (Fußn. 1) 45ff.

und Handelssachen durch den Gerichtshof"[1] wurde ein dem Art. 177 des EWG-Vertrages nachgebildetes Vorlegungsverfahren vereinbart.

I. Vorabentscheidungsverfahren

Die obersten Gerichtshöfe der Vertragsstaaten sind nach Art. 2 und 3 des Protokolls verpflichtet, dem EuGH Auslegungsfragen zur Entscheidung vorzulegen, wenn diese in einem schwebenden Verfahren entscheidungserheblich sind. Die sonstigen Rechtsmittelgerichte (Art. 2 Nr. 2), z. B. die Landgerichte als Berufungsinstanz (§ 72 GVG) und die in Art. 37 des Übereinkommens genannten Oberlandesgerichte (Art. 2 Nr. 3) können in den vorgenannten Fällen Vorabentscheidungen des EuGH einholen.[2]

II. Divergenzverfahren

Darüber hinaus sieht Art. 4 des Protokolls vom 3. Juni 1971 in Anlehnung an die dem französischen Rechtskreis bekannte „cassation dans l'intérêt de la loi" die Anrufung des EuGH durch die „zuständige Stelle eines Vertragsstaates" – in der Bundesrepublik Deutschland durch den Generalbundesanwalt beim BGH – mit dem Ziel vor, eine unter Verletzung des Übereinkommens ergangene rechtskräftige Entscheidung für unvereinbar mit dem Übereinkommen zu erklären. Die Entscheidung des EuGH berührt jedoch nicht die Rechtskraft unter den Parteien; sie ist kein Wiederaufnahmegrund. Die Entscheidung des EuGH hat also nur für spätere Verfahren präjudizielle Bedeutung.[3]

---

[1] BGBl. 1977 II 845, in Kraft seit 1. September 1975, BGBl. 1975 II 1138. Hierzu *Arnold* NJW 1972, 977; *Schlosser* RIW/AWD 1975, 534; *Stein-Jonas-Schumann,* ZPO, 20. Aufl., Einl. XV G 11 S. 404 Rz. 809 und *Herrmann* IZVR Rz. 66.

[2] Auch vor Inkrafttreten der Beitrittsübereinkommen vom 9. Oktober 1978 bzw. vom 25. Oktober 1982 (unten § 16) dürfen sich die vier neuen EG-Staaten am Auslegungsverfahren beteiligen. Bereits vor Unterzeichnung dieser Übereinkommen bescheinigte der EuGH den neuen EG-Staaten „ein berechtigtes Interesse, ihre Auffassung zu äußern, wenn der Gerichtshof um die Auslegung eines Übereinkommens ersucht wird, dem beizutreten sie verpflichtet sind." Diese Staaten können im Rahmen eines Verfahrens über die Auslegung des Übereinkommens Erklärungen abgeben. Offen ließ er, ob dies auch für das besondere Verfahren nach Art. 4 IV des Auslegungsprotokolls gilt; vgl. EuGH, Urteil vom 6. Oktober 1976, Rechtssache 12/76 – *Tessili./.Dunlop,* EuGHE 1976, 1473 = NJW 1977, 491 = RIW/AWD 1977, 40. Bisher machte vor allem das Vereinigte Königreich von seinem Beteiligungsrecht regen Gebrauch. Darüber hinaus ist der EuGH auch mit Richtern aus den vier neuen EG-Staaten besetzt.

[3] Näher *Schlosser,* RIW/AWD 1975, 534f.; *Stein-Jonas-Schumann,* ZPO, 20. Aufl., Einl. XV G 12 S. 405 Rz. 811.

Allgemein zur Frage der Zulässigkeit der Restitutionsklage gegen Gemeinschaftsrecht verletzende rechtskräftige Urteile BFH, Beschluß vom 27. September 1977, RIW/AWD 1978, 72.

3. Kapitel: Vorrang der Sonderregelung der internationalen Entscheidungszuständigkeit für Spezialmaterien

§ 13 Völkerrechtliche Verträge über die internationale Entscheidungszuständigkeit

I. Überblick

1. Das Übereinkommen läßt denjenigen Übereinkommen den Vorrang, denen die Vertragsstaaten angehören oder angehören werden und die für bestimmte Rechtsgebiete die gerichtliche Zuständigkeit, die Anerkennung oder Vollstreckung von Entscheidungen regeln, Art. 57 I.[1] Diese werden als Spezialabkommen bezeichnet.

2. Für den Erstrichter sind nur solche Abkommen von Bedeutung, die die gerichtliche Entscheidungszuständigkeit (compétence directe) normieren, nicht dagegen solche, die nur Regeln über die internationale Anerkennungszuständigkeit (compétence indirecte) enthalten.[2] Denn diese letzteren werden nur im Stadium der Anerkennung bzw. Vollstreckbarerklärung aktuell.[3]

3. Der Abkürzung halber ist hier expressis verbis nur von der *internationalen Entscheidungszuständigkeit* die Rede. Art. 57 betrifft aber auch Re-

---

[1] Vorbilder für diese Regelung finden sich z. B. in Art. 14 des deutsch-italienischen Abkommens, Art. 16 des deutsch-belgischen Abkommens, Art. 19 des deutsch-griechischen Vertrages und Art. 19 des deutsch-niederländischen Vertrages.

Zu Art. 57 ausführlich *Schlosser*-Bericht Nr. 238ff.

[2] Für den Erstrichter ohne Bedeutung daher z. B.:

1. das Haager Übereinkommen vom 1. März 1954 über den Zivilprozeß (BGBl 1958 II 576);

2. das Haager Übereinkommen vom 15. April 1958 über die Anerkennung und Vollstreckung von Entscheidungen auf dem Gebiet der Unterhaltspflicht gegenüber Kindern (BGBl 1961 II 1005);

3. das Haager Übereinkommen vom 2. Oktober 1973 über die Anerkennung und Vollstreckung von Unterhaltsentscheidungen (noch nicht in Kraft).

[3] Vgl. oben § 1 I. Für den Zweitrichter sind dagegen alle diejenigen Verträge ohne (unmittelbare) Bedeutung, die zwar Normen über die internationale Entscheidungszuständigkeit enthalten, aber die Anerkennung und Vollstreckung nicht regeln. *Beispiele:* Warschauer Abkommen vom 12. Oktober 1929 zur Vereinheitlichung von Regeln über die Beförderung im internationalen Luftverkehr samt Zusatzprotokoll sowie das Internationale Übereinkommen vom 10. Mai 1952 zur Vereinheitlichung von Regeln über den Arrest in Seeschiffe.

Im Anwendungsbereich des Übereinkommens (Art. 1) gelten in solchen Fällen für die Anerkennung und Klauselerteilung Art. 25ff. Die Einhaltung der Regeln des Spezialabkommens über die internationale Entscheidungszuständigkeit durch den Erstrichter hat der Zweitrichter nicht zu prüfen, Art. 28 III.

gelungen der *örtlichen Zuständigkeit* für besondere Rechtsgebiete. Die nachfolgenden Ausführungen zur internationalen Entscheidungszuständigkeit gelten für diese Normkomplexe entsprechend.

4. Ebenso ist es, wenn in einem Spezialabkommen die *Beachtung ausländischer Rechtshängigkeit* hinsichtlich identischer oder konnexer Streitgegenstände vorgeschrieben ist. Die Art. 21 ff. werden insoweit verdrängt, als der (absolute) Geltungsanspruch des Spezialabkommens reicht.[4]

5. Anders ist es jedoch hinsichtlich der bilateralen Verträge, die in Art. 55 aufgezählt sind. Hier hat das Übereinkommen Vorrang. So wurden z. B. Art. 15 des deutsch-belgischen Abkommens,[5] Art. 11 des deutsch-italienischen Abkommens und Art. 18 des deutsch-niederländischen Vertrages durch das Übereinkommen verdrängt, Art. 55 I. Das gleiche gilt für Art. 18 des deutsch-griechischen Vertrages nach Inkrafttreten des Beitrittsübereinkommens vom 25. Oktober 1982.

Diese bilateralen Verträge kommen jedoch nach wie vor außerhalb des Anwendungsbereichs des Übereinkommens zum Zuge, Art. 56 I.

II. Verhältnis der Spezialabkommen zur Zuständigkeitsordnung des Übereinkommens[6]

1. Maßgebend ist der *Geltungsanspruch* des Spezialabkommens. Es kommt darauf an, ob das Spezialabkommen eine abschließende, weitere Zuständigkeiten nicht zulassende Regelung der internationalen Entscheidungszuständigkeit enthält.[7] Trifft dies zu, so hat das Spezialabkommen den absoluten Vorrang; die Art. 2ff. kommen nicht zum Zuge. Dies ist der Fall bei

a) Art. 1 ff. des Protokolls vom 5. Oktober 1973 über die gerichtliche Zuständigkeit und die Anerkennung von Entscheidungen über den Anspruch auf Erteilung eines europäischen Patents (Anerkennungsprotokoll), BGBl 1976 II 982; hierzu näher unten § 90 XXIII 3.

b) Art. 69ff. des (noch nicht in Kraft getretenen) Luxemburger Übereinkommens vom 15. Dezember 1975 über das europäische Patent für den Gemeinsamen Markt (Gemeinschaftspatentübereinkommen); hierzu näher unten § 90 XXIV 3.

c) Art. 34 II der Revidierten Mannheimer Rheinschiffahrtsakte vom 17. Oktober 1868 samt Revisionsübereinkommen vom 20. November 1963, BGBl 1969 II 597 und mit dem Zusatzprotokoll vom 25. Oktober 1972, BGBl 1974 II 1785[7a];

---

[4] In dem hier erörterten Zusammenhang ist es irrelevant, ob das Spezialabkommen noch zusätzlich Bestimmungen über das anwendbare Recht oder sachlich-rechtliche Vorschriften enthält. Vgl. *Schlosser*-Bericht Nr. 238.

[5] Hierzu unten Bd. II B 1.

[6] *Schlosser*-Bericht Nr. 239ff.

[7] *Schlafen* in *Bülow-Böckstiegel* 606/342, Art. 57, Anm. 2a; *Basedow* IZVR Rz. 137ff.

[7a] Literaturnachweise bei *Kraus-Scheurer,* Rechtsfragen der Rheinschiffahrt, 1956.

d) Art. 35 II des Moselschiffahrtsübereinkommens vom 27. Oktober 1956, BGBl 1956 II 1837;

e) Art. 28 des Warschauer Abkommens vom 12. Oktober 1929 zur Vereinheitlichung von Regeln über die Beförderung im internationalen Luftverkehr, BGBl 1958 II 312[8];

f) Art. VIII des Zusatzprotokolls zum Warschauer Abkommen vom 18. September 1961, BGBl 1963 II 1161[9];

---

[8] Art. 28 des Warschauer Abkommens gilt für Klagen aus einer *internationalen Beförderung* im Sinne von Art. 1 dieses Abkommens: Danach muß der Abgangsort und der Bestimmungsort in den Gebieten von zwei Vertragsstaaten liegen. Weiter erfaßt diese Zuständigkeitsvorschrift nur Klagen, die im 3. Kapitel des Warschauer Abkommens aufgeführt sind, also für Klagen gegen den Luftfrachtführer (Art. 17–19), nicht jedoch Klagen, die aus anderen Rechtsgründen gegen ihn erhoben werden, auch nicht für Klagen des Frachtführers gegen seinen Vertragspartner, z. B. aus Art. 10 oder Art. 16. Auf Schadenersatzklagen gegen „Leute des Luftfrachtführers" ist der Art. 28 des Warschauer Abkommens ebenfalls nicht anzuwenden. Diese Vorschrift gilt aber für Klagen, die zwar nicht auf das Abkommen gestützt sind, für die aber das 3. Kapitel des Übereinkommens gewisse (einschränkende) Regeln aufstellt, z. B. Art. 22 III (Handgepäckbeförderung) oder Art. 25 A (Klagen gegen Hilfspersonen des Frachtführers). Nach Art. 28 des Warschauer Abkommens kann der Kläger wählen zwischen folgenden Gerichtsständen:

a) dem Ort, wo der Luftfrachtführer seinen Wohnsitz hat,

b) dem Ort, wo sich die Hauptbetriebsleitung des Luftfrachtführers befindet,

c) dem Ort, wo sich die Geschäftsstelle befindet, durch die der Vertrag abgeschlossen worden ist,

d) dem Bestimmungsort.

Das Abkommen normiert nicht nur die internationale, sondern auch die örtliche Zuständigkeit. Bestritten ist allerdings, ob die Regelung der örtlichen Zuständigkeit abschließend ist, so daß das nationale Recht verdrängt wird oder ob daneben auch die Zuständigkeitsanknüpfungspunkte des nationalen Rechts (in der Bundesrepublik Deutschland §§ 12ff. ZPO) zur Anwendung kommen.

Zuständigkeitsvereinbarungen sind nur nach dem Eintritt des Schadens zulässig, Art. 32 des Warschauer Abkommens. Dies gilt nicht nur für die Prorogation eines nach Art. 28 an und für sich international nicht zuständigen Staates, sondern auch für die isolierte Derogation der in Art. 28 aufgeführten Gerichtsstände. So ist z. B. eine Zuständigkeitsvereinbarung, durch die das Gericht am Wohnsitz des Luftfrachtführers als ausschließlich zuständig vereinbart wird, vor Eintritt des Schadens unzulässig. Nur diese Auslegung wird dem Zweck des Art. 32 gerecht, der dem Verletzten die Auswahl zwischen mehreren Gerichtsständen garantieren will. Weitere Hinweise bei *Kropholler* IZVR Rz. 396ff. und *Zöller-Geimer,* ZPO, 13. Aufl., 1981, IZPR, Anm. G II 3.

Zur Auslegung des Warschauer Abkommens s. auch die umfangreiche Judikatur des BGH, vor allem BGH, Urteile vom 23. März 1976, Warneyer 1976 Nr. 70 und Nr. 71 = NJW 1976, 1586 = WM 1976, 672, 674 = MDR 1976, 833 = RIW/AWD 1976, 375, 376 = LM WA Nr. 11 und 12 = IPRspr. 1976 Nr. 123b und c; BGH, Urteil vom 16. Juni 1982, NJW 1983, 518.

[9] Das Zusatzabkommen zum Warschauer Abkommen zur Vereinheitlichung von Regeln über die von einem anderen als dem vertraglichen Luftfrachtführer ausgeführte Beförderung im internationalen Luftverkehr vom 18. September 1961 *(Zusatzabkommen*

g) Art. 1 und Art. 2 des Internationalen Übereinkommens vom 10. Mai 1952 zur Vereinheitlichung von Regeln über die zivilgerichtliche Zuständigkeit bei Schiffszusammenstößen, BGBl 1972 II 653, 663;[10]

h) Art. 7 des Internationalen Übereinkommens vom 10. Mai 1952 zur Vereinheitlichung von Regeln über den Arrest in Seeschiffe, BGBl 1972 II 653;[11]

---

von Guadalajara) fügt den in Art. 28 des Warschauer Abkommens aufgeführten vier Gerichtsständen zwei weitere Zuständigkeitsanknüpfungen hinzu: Die Klage kann auch bei dem Gericht des Ortes erhoben werden,

a) wo der ausführende Luftfrachtführer seinen Wohnsitz hat oder

b) wo sich seine Hauptniederlassung befindet.

[10] Das Übereinkommen vom 10. Mai 1952 zur Vereinheitlichung von Regeln über die zivilgerichtliche Zuständigkeit bei Schiffszusammenstößen beansprucht Geltung, wenn alle in den Zusammenstoß verwickelten Schiffe Vertragsstaaten angehören, Art. 8 I. Für Klagen wegen eines Anspruchs aus dem Zusammenstoß zwischen Seeschiffen oder zwischen Seeschiffen und Binnenschiffen sind folgende Fora vorgesehen:

a) das Gericht, „in dessen Bezirk der Beklagte seinen gewöhnlichen Aufenthalt oder eine gewerbliche Niederlassung hat",

b) das Gericht des Ortes, „wo ein Arrest in das beschuldigte Schiff oder in ein anderes dem Beklagten gehörendes Schiff, das rechtmäßig mit Arrest belegt werden kann, vollzogen ist, oder wo ein Arrest hätte vollzogen werden können und der Beklagte eine Bürgschaft oder eine andere Sicherheit gestellt hat",

c) das „Gericht des Ortes des Zusammenstoßes, sofern sich der Zusammenstoß im Gebiet eines Hafens oder in inneren Gewässern ereignet hat".

Zuständigkeitsvereinbarungen sind zulässig, Art. 2.

Widerklagen aus dem gleichen Schiffszusammenstoß, auf den die Klage gestützt ist, können bei dem Gericht erhoben werden, das für die Klage gemäß Art. 1 zuständig ist, Art. 3 I. Ein Kläger kann seine Klage auch bei dem Gericht erheben, welches bereits mit einer Klage eines anderen Klägers gegen dieselbe Partei aufgrund desselben Schiffszusammenstoßes befaßt ist, Art. 3 II. Wegen des Gerichtsstandes der passiven Streitgenossenschaft verweist Art. 3 III auf das autonome Recht des Gerichtsstaates. Von der Möglichkeit, diesen Gerichtsstand einzuführen, hat die Bundesrepublik Deutschland keinen Gebrauch gemacht. Vgl. Bundestags-Drucksache VI Nr. 2224, 44. Näher *Kropholler* IZVR Rz. 388 und unten § 84 XXIV.

§ 738 HGB übernimmt die Zuständigkeitsregelung des Übereinkommens, um die Übersichtlichkeit und Einfachheit der Zuständigkeitsordnung zu erhöhen. § 738 I Nr. 1–3 HGB geben die drei Gerichtsstände aus Art. 1 I des Übereinkommens wider: Gerichtsstand des gewöhnlichen Aufenthaltes bzw. der gewerblichen Niederlassung des Beklagten, Gerichtsstand des Zusammenstoßes in Häfen oder Binnengewässern und Gerichtsstand des Arrestes. § 738 I Nr. 4 HGB (Gerichtsstand des Sachzusammenhangs) wurde aus Art. 3 II des Übereinkommens übernommen. Andere Gerichte sind „örtlich" nicht zuständig, § 738 I 2 HGB. Die internationale Zuständigkeit der Bundesrepublik Deutschland kann im Geltungsbereich der §§ 738ff. HGB nicht auf §§ 12ff. ZPO gestützt werden. §§ 33, 38, 39 ZPO bleiben aber anwendbar. Widerklagen und Gerichtsstandsvereinbarungen sind möglich.

[11] Das Internationale Übereinkommen vom 10. Mai 1952 zur Vereinheitlichung von Regeln über den Arrest in Seeschiffe, beruht auf folgendem Konzept: Die Sicherungsbeschlagnahme von Schiffen, welche die Flagge eines Vertragsstaates führen, ist nur wegen bestimmter „Seeforderungen" zulässig. Art. 7 I regelt die internationale

i) Art. 3 des Internationalen Abkommens vom 10. April 1926 zur einheitlichen Feststellung von Regeln über die Immunitäten der Staatsschiffe, RGBl 1927 II 484;[12]

j) Art. 17 des Londoner Abkommens vom 27. Februar 1953 über deutsche Auslandsschulden, BGBl 1953 II 331;[13]

Zuständigkeit für die *Entscheidung der Hauptsache*. Der Staat, in dem der Arrest in ein Schiff vollzogen wurde, ist zur Entscheidung der Hauptsache international zuständig, „wenn diese Gerichte nach dem innerstaatlichen Recht des Staates, in dem der Arrest vollzogen wurde, zuständig sind". Die Bundesrepublik Deutschland ist also hier schon nach § 23 ZPO international zuständig, nach Art. 14, 15 Code civil meist Frankreich etc. Daneben gilt folgendes Einheitsrecht: Das Arrestgericht ist zur Entscheidung der Hauptsache international zuständig

a) „wenn der Gläubiger seinen gewöhnlichen Aufenthalt oder seine Hauptniederlassung in dem Staat hat, in dem der Arrest vollzogen wurde",

b) „wenn die Seeforderung in dem Vertragsstaat entstanden ist, in dem der Arrest vollzogen wurde",

c) „wenn die Seeforderung im Verlauf der Reise entstanden ist, während derer der Arrest vollzogen wurde",

d) „wenn die Seeforderung auf einem Zusammenstoß oder auf Umständen beruht, die in Art. 13 des Internationalen Übereinkommens zur einheitlichen Feststellung von Regeln über den Zusammenstoß von Schiffen, unterzeichnet in Brüssel am 23. September 1910, bezeichnet sind",

e) „wenn die Seeforderung auf Hilfeleistung oder Bergung beruht" oder

f) „wenn die Seeforderung durch eine Schiffshypothek oder ein sonstiges vertragliches Pfandrecht an dem Schiff gesichert ist, das mit Arrest belegt wurde".

Das Abkommen limitiert die internationale Zuständigkeit für die Entscheidung über die Hauptsache nicht abschließend wegen der Verweisung auf das nationale Zuständigkeitsrecht. Im Verhältnis zum Übereinkommen beansprucht es aber Vorrang im Sinne von Art. 57 I. Näher unten § 84 XXIV.

[12] Zu unterscheiden sind Staatsschiffe, die ausschließlich einem staatlichen Dienst gewidmet sind (z. B. Kriegsschiffe) und andere Staatsschiffe, insbesondere solche, die für Handelszwecke bestimmt sind. Für letztere gelten die gleichen Zuständigkeitsnormen wie für die einer Privatperson gehörigen Handelsschiffe, Art. 2. Schiffe, die ausschließlich für einen staatlichen Dienst bestimmt sind, können „nicht zum Gegenstand einer Beschlagnahme, Arrestierung oder Zurückbehaltung durch irgendeine gerichtliche Maßnahme gemacht werden." Bei den zuständigen Gerichten des Staates, dem das Schiff gehört oder der es verwendet, können – ohne daß der beklagte Staat sich auf seine Immunität berufen könnte – folgende Ansprüche gemäß Art. 3 eingeklagt werden:

a) Ansprüche aus Anlaß von Schiffszusammenstößen oder anderen Schiffahrtsunfällen,

b) Ansprüche aus Anlaß von Hilfeleistung und Bergung in Seenot oder großer Havarie,

c) Ansprüche aus Anlaß von Ausbesserungen, Lieferungen oder anderen das Schiff betreffenden Verträgen.

Gleiches gilt für die Ladungen, die einem Staate gehören und an Bord der genannten Schiffe befördert werden, Art. 3 § 2. Für Ladungen, die an Bord von Privatschiffen für staatliche und nicht für Handelszwecke befördert werden, gilt Art. 3 § 3.

[13] Hierzu *Herrmann* IZVR Nr. 332.

k) Art. 31 des Übereinkommens vom 19. Mai 1956 über den Beförderungsvertrag im internationalen Straßengüterverkehr (CMR) nebst Unterzeichnungsprotokoll, BGBl 1961 II 1119;[14]

l) Art. 40, 48 des Internationalen Übereinkommens vom 7. Februar 1970 über den Eisenbahn-Personen- und -Gepäckverkehr (CIV), BGBl 1974 II 357, 495;[15]

---

[14] Art. 31 CMR regelt die internationale Zuständigkeit, nicht jedoch die örtliche Zuständigkeit. Das Übereinkommen verpflichtet jedoch die Vertragsstaaten, einen örtlichen Gerichtsstand zur Verfügung zu stellen. Dies bedeutet für die Bundesrepublik Deutschland: Fehlt eine Zuständigkeitsanknüpfung gemäß §§ 12ff. ZPO, so besteht eine Ersatzzuständigkeit in Bonn. Vgl. *Zöller-Geimer,* ZPO, 13. Aufl. 1981, IZPR, Anm. E X 7. A. A. *Kropholler* NJW 1981, 1902 und IZVR Rz. 403: Ausdehnung der Regeln des Art. 31 I auf die örtliche Zuständigkeit. Im Ansatz verfehlt BGHZ 79, 332 = NJW 1981, 1902 = VersR 1981, 633.

Die CMR-Zuständigkeitsordnung gilt nicht nur, wenn die Klage auf die Bestimmungen der CMR gestützt wird, sondern auch dann, wenn aus einem Frachtvertrag geklagt wird, für den die CMR anzuwenden ist. Entscheidend ist, ob der Frachtvertrag, aus dem der Anspruch hergeleitet wird, unter die CMR fällt. Keine Rolle spielt, ob der Klageanspruch nach CMR oder nationalem Recht zu beurteilen ist. Dies gilt auch für außervertragliche Ansprüche (Art. 28 CMR). Art. 31 CMR findet jedoch keine Anwendung auf Ansprüche *Dritter* gegen den Frachtführer aus Verkehrsunfällen oder aus Beschädigung ihrer Fahrzeuge oder Güter.

Gerichtsstandsvereinbarungen läßt Art. 31 CMR ausdrücklich zu. Er regelt jedoch nicht die Form. Insofern will *Kropholler,* IZVR Rz. 406, Art. 17 anwenden. Dies erscheint bedenklich.

Art. 31 I CMR verbietet die *Vereinbarung der ausschließlichen internationalen Zuständigkeit* eines Staates. Die in Art. 31 I CMR aufgeführten Zuständigkeiten sollen nicht derogiert werden können. Daher hat die ausschließliche Prorogation in § 65b der *Allgemeinen Deutschen Spediteurbedingungen* nur Bedeutung für die örtliche Zuständigkeit. Diese Bestimmung lautet wie folgt: „Der Gerichtsstand für alle Streitigkeiten, die aus dem Auftragsverhältnis und im Zusammenhang damit entstehen, ist für alle Beteiligten, soweit sie Vollkaufleute sind, der Ort derjenigen Handelsniederlassung des Spediteurs, an die der Auftrag gerichtet ist; für Ansprüche des Spediteurs ist der Gerichtsstand ausschließlich."

Die CMR wurde von der Republik Irland (noch) nicht ratifiziert. Zu den sich daraus ergebenden Konsequenzen *Basedow* IZVR Rz. 139.

Zu Art. 31 vgl. auch *Kropholler* IZVR Rz. 402ff. und *Zöller-Geimer,* ZPO, 13. Aufl., 1981, IZPR, Anm. G II 2.

Rechtsprechungshinweise allgemein zum CMR bei *Groth,* RIW/AWD 1977, 265; *Helm,* IPRax 1981, 46; *Magnus,* RIW/AWD 1978, 416; Speziell zu Art. 31 CMR OLG Düsseldorf, Urteil vom 1. März 1979, RIW/AWD 1980, 665 = VersR 1979, 381 = IPRspr. 1979 Nr. 157; LG Hamburg, Beschluß vom 22. Januar 1979, RIW/AWD 1980, 665 = VersR 1979, 246 = IPRspr. 1979 Nr. 155; BGH, Urteil vom 6. Februar 1981, RIW/AWD 1981, 412 = NJW 1981, 1902 mit Anm. *Kropholler.*

[15] Klagen können gegen die in Anspruch genommene Eisenbahn nur vor den Gerichten desjenigen Staates erhoben werden, dem diese angehört. Diese internationale Entscheidungszuständigkeit des Heimatstaates der Eisenbahn ist eine ausschließliche. Die übrigen Vertragsstaaten müssen sich jeder Rechtsprechungstätigkeit enthalten.

Ausnahme: Die Entscheidung des Heimatstaates der beklagten Eisenbahn kann in

m) Art. 15 des Zusatzübereinkommens vom 26. Februar 1966 zum CIV, BGBl 1974 II 357, 359;[16]

n) Art. 44, 52 des Internationalen Übereinkommens vom 7. Februar 1970 über den Eisenbahnfrachtverkehr (CIM), BGBl 1974 II 381;[17]

o) Art. 20 I des Römischen Abkommens vom 7. Oktober 1952 über Schäden, welche Dritten auf der Erde durch ausländische Luftfahrzeuge zugefügt werden. Es normiert die internationale Entscheidungszuständigkeit für Klagen, die die Regelung der von ausländischen Flugzeugen verursachten Flur- und Gebäudeschäden betreffen: Ausschließliche internationale Zuständigkeit desjenigen Vertragsstaates, in dessen Hoheitsgebiet der Schaden entstanden ist; jedoch sind Zuständigkeitsvereinbarungen zulässig. Dieses Abkommen ersetzt Art. 16 des alten Römer Abkommens vom 29. Mai 1933 zur Vereinheitlichung von Regeln bezüglich der Schäden, die Dritten auf der Erde durch Luftfahrzeuge zugefügt werden, ergänzt durch das Brüsseler Zusatzprotokoll vom 29. September 1938. Danach konnte der Kläger zwischen dem Wohnsitz des Beklagten und dem Ort der Schadensverursachung wählen.[18]

p) Art. 13 des Pariser Übereinkommens vom 29. Juli 1960 über die Haftung gegenüber Dritten auf dem Gebiet der Kernenergie nebst Zusatzprotokoll vom 28. Januar 1964, BGBl 1975 II 959, 1007; Neubekanntmachung BGBl 1976 II 310;

q) Brüsseler Zusatzübereinkommen vom 31. Januar 1963, BGBl 1975 II 992, 1021; Neubekanntmachung BGBl 1976 II 318;

r) Art. X Abs. 4 des Brüsseler Übereinkommens vom 25. Mai 1962 über die Haftung der Inhaber von Reaktorschiffen nebst Zusatzprotokoll, BGBl 1975 II 957, 997: Ausschließliche internationale Zuständigkeit des Genehmigungsstaates und des Staates, in dem der Schaden eingetreten ist;

s) Art. IX Abs. 1 des Internationalen Übereinkommens vom 29. November 1969 über die zivilrechtliche Haftung für Ölverschmutzungsschäden, BGBl 1975 II 305: Ausschließliche internationale Zuständigkeit desjenigen Vertragsstaates, in dem der Schaden verursacht wurde bzw. eingetreten ist;[19]

---

einem anderen Vertragsstaat nicht anerkannt werden, weil ein Versagungsgrund vorliegt, Art. 52 § 1 CIV. Hier kommt die internationale Ersatzzuständigkeit zum Zuge.

[16] Hierzu *Kropholler* IZVR Rz. 410.

[17] Es gilt das gleiche wie oben Fußn. 15.

[18] Hierzu *Kistler,* Das Römer Haftungsabkommen von 1952, Diss. Zürich 1959, 89.

[19] Hierzu *Kropholler* IZVR Rz. 392; *Stutz* RIW/AWD 1982, 90; *v. d. Hagen,* Haftungsfragen zur Ölverschmutzung, Hansa 1967, 1213ff.; *Herber,* Internationaler Fonds zur Entschädigung von Ölverschmutzungsschäden, Hansa 1978, 2047ff., 2050; *Fleischer,* Liability for Oil Pollution Damage resulting from Off Shore Operations, Scandinavian Studies in Law 1976, 107ff.; *Graf-Ehlers,* Haftung für Ölverschmutzungsschäden, Hansa 1975, 1165ff; *Cheun-Yen Hwang,* Die Reederhaftung für Ölverschmutzungsschäden (insbesondere auf See), Diss. Hamburg 1978; *Pl. Manca,* International

Nach der Errichtung des Fonds gemäß Art. V sind für die Entscheidung über alle Verteilungsfragen ausschließlich die Gerichte des Staates zuständig, in dem der Fonds errichtet worden ist, Art. IX Abs. 3;

t) Art. 21 des Abkommens zur Vereinheitlichung von Regeln über Konnossemente von 1978 (noch nicht in Kraft);[20]

u) das Athener Übereinkommen vom 13. Dezember 1974 über den Transport von Passagieren und Gepäck zur See (noch nicht in Kraft);[21]

v) das Europäische Übereinkommen vom 30. September 1957 über den internationalen Transport gefährlicher Güter auf dem Land, BGBl 1969 II 1489[22] (noch nicht in Kraft);

w) das Genfer Übereinkommen vom 1. März 1973 über den Vertrag über den internationalen Landtransport von Reisenden und Gepäck (noch nicht in Kraft).[23]

2. Nur wenn das Spezialabkommen keine abschließende Regelung der internationalen Entscheidungszuständigkeit enthält, also nur eine konkurrierende internationale Zuständigkeit zusätzlich zu Art. 5ff. auftut, ist die Zuständigkeitsordnung des Übereinkommens ergänzend heranzuziehen.[24] Der an dem vom Spezialabkommen eröffneten internationalen

---

Maritime Law 1970 (5. Damages by Pollution). IMCO-Official Records of the International Legal Conference on Marine Pollution Damage 1969, London 1973; *B.A. Dubais,* The Liability of a Salvor Responsible for Oil Pollution Damage, Journal of Maritime Law and Commerce 1977, 375ff.; *Klumb,* Rechtliche Probleme der Ölverschmutzung der See, Diss. Frankfurt/M. 1974; *Ganten,* Internationales Übereinkommen über die Einrichtung eines Internationalen Fonds zur Entschädigung für Ölverschmutzungsschäden, Schriften des Deutschen Vereins für Internationales Seerecht. Reihe B: Dokumente und Materialien Heft 11; *Healy,* The International Convention on Civil Liability for Oil Pollution Damage 1969, Journal of Maritime Law and Commerce 1970; vgl. auch Merchant Shipping (Oil Pollution) Act 1971 (und) 1974, veröffentlicht in British Shipping Laws, Vol. 11; hierzu *Cusine,* The International Oil Pollution Fund as implemented in the United Kingdom, Journal of Maritime Law and Commerce 1978, 495ff.

[20] Während die derzeit geltende alte Fassung von 1924 (Haager Regeln) keine Zuständigkeitsnormen enthält, bringt Art. 21 der für die Bundesrepublik Deutschland noch nicht in Kraft getretenen Neufassung von 1978 (Hamburger Regeln) einen umfassenden Zuständigkeitskatalog. Danach ist die Vereinbarung der ausschließlichen internationalen Zuständigkeit des Staates des Beförderers unzulässig.

[21] Text bei *Schaps-Abraham,* Das Seerecht in der Bundesrepublik Deutschland II, 1978, 1098.

[22] Das Zusatzprotokoll vom 21. August 1975 ist noch nicht in Kraft.

[23] Text in Rev. dr. un. 1974 II 68ff.

[24] *Schlosser*-Bericht Nr. 240:

„Bestimmungen in Spezialübereinkommen sind Sonderregelungen, die jeder Staat durch seinen Beitritt zu ihm mit Vorrang vor dem EuGVÜ anwendbar machen kann. Soweit in den Spezialübereinkommen Regelungen fehlen, ist wieder das EuGVÜ maßgebend. Dies gilt auch, wenn das Spezialübereinkommen Zuständigkeitsregeln enthält, die eigentlich nicht in den inneren Zusammenhang zwischen den verschiedenen Teilen des EuGVÜ, insbesondere also dem zwischen Zuständigkeitsbestimmun-

Gerichtsstand belangte Beklagte kann sich aber nicht auf Art. 3 I berufen; denn in diesem Fall ist der numerus clausus der besonderen Gerichtsstände eben um den durch das Spezialabkommen begründeten Gerichtsstand erweitert. Treffend betont der *Schlosser*-Bericht, daß die von Spezialübereinkommen begründeten Zuständigkeitsbestimmungen – und mag auch nur ein Mitgliedsstaat Partner eines solchen Spezialübereinkommens sein – grundsätzlich wie Zuständigkeitsregelungen des Übereinkommens selbst zu betrachten sind.[25]

III. Nicht alle EG-Vertragsstaaten haben das Spezialabkommen ratifiziert

1. Entscheidend ist, ob der EG-Vertragsstaat, dessen Gericht angerufen wurde (= Erststaat), das Spezialabkommen ratifiziert hat. Ist dies der Fall, so hat das Spezialabkommen im Rahmen seines Geltungsanspruchs (oben II 1) den Vorrang; wenn nicht, dann kommt die Zuständigkeitsordnung des Übereinkommens zum Zuge.

2. Auf den Wohnsitz/Sitz des Beklagten kommt es in diesem Zusammenhang nicht an. Auch wenn der Beklagte in einem Vertragsstaat wohnt, der das Spezialabkommen nicht ratifiziert hat, hat das Zuständigkeitsrecht des Spezialabkommens den Vorrang. Der Beklagte kann sich auf die Schutzvorschrift des Art. 3 I nicht berufen.[26]

3. Dies stellt die *authentische Interpretation des Art. 57* in Art. 25 II des Beitrittsübereinkommens vom 9. Oktober 1978 klar:[27]

(2) Um eine einheitliche Auslegung des Artikels 57 Absatz 1 zu sichern, wird dieser Absatz in folgender Weise angewandt:

a) Das geänderte Übereinkommen von 1968 schließt nicht aus, daß ein Gericht eines Vertragsstaats, der Partei eines Vertrages über ein besonderes Rechtsgebiet ist, seine Zuständigkeit auf diesen Vertrag stützt, und zwar auch dann, wenn der Beklagte seinen Wohnsitz in dem Hoheitsgebiet eines Vertragsstaats hat, der nicht Partei des erwähnten Vertrages ist. In jedem Fall wendet dieses Gericht Artikel 20 des geänderten Übereinkommens von 1968 an.

---

gen und Anerkennungspflicht, passen. Das Interesse an Einfachheit und Überschaubarkeit der Rechtslage erhielt Vorrang."

[25] Die anderen Vertragsstaaten haben die auf Grund der in den Spezialabkommen geschaffenen internationalen Zuständigkeiten erlassenen Entscheidungen anzuerkennen und zu vollstrecken. Hierzu *Schlosser*-Bericht Nr. 240: „Auch Mitgliedstaaten, welche nicht Partner des Spezialübereinkommens sind, müssen daher Entscheidungen anerkennen und vollstrecken, die Gerichte gefällt haben, welche nur nach dem Spezialübereinkommen zuständig waren. Ferner kann sich auch im Verhältnis zweier Staaten, die Mitglied eines Spezialübereinkommens sind, eine Person, die die Anerkennung oder Vollstreckung eines Urteils begehrt, auf die prozessualen Bestimmungen des EuGVÜ über Anerkennung und Vollstreckung berufen."

[26] Vgl. unten § 84 XXIV 3.

[27] Hierzu *Basedow* IZVR Rz. 142.

b) Entscheidungen, die in einem Vertragsstaat von einem Gericht erlassen worden sind, das seine Zuständigkeit auf einen Vertrag über ein besonderes Rechtsgebiet gestützt hat, werden in den anderen Vertragsstaaten gemäß dem geänderten Übereinkommen von 1968 anerkannt und vollstreckt.

Sind der Urteilsstaat und der Staat, in dem die Entscheidung geltend gemacht wird, Parteien eines Vertrages über ein besonderes Rechtsgebiet, der die Voraussetzungen für die Anerkennung und Vollstreckung von Entscheidungen regelt, so sind diese Voraussetzungen anzuwenden. In jedem Fall können die Bestimmungen des geänderten Übereinkommens von 1968 über das Anerkennungs- und Vollstreckungsverfahren der Entscheidungen angewandt werden.

4. Ob die anderen EG-Vertragsstaaten das Spezialabkommen in Kraft gesetzt haben, ist im Rahmen der Prüfung der internationalen Entscheidungszuständigkeit durch die Gerichte des Erststaates ohne Bedeutung. Diese Frage wird erst dann aktuell, wenn es um die Anerkennung und Vollstreckung der erststaatlichen Entscheidung geht, sofern das Spezialabkommen eine Regelung der Anerkennung und Vollstreckung ausländischer Entscheidungen vorsieht.[28]

Beispiel:[29]

Ein in Luxemburg wohnhafter Rheinschiffer verursacht auf dem Rhein einen Schiffszusammenstoß.

Wird er in der Bundesrepublik Deutschland verklagt, so gilt nicht Art. 5 Nr. 3 des Übereinkommens, weil Art. 34 II, 35a der Revidierten Rheinschiffahrtsakte den Vorrang beanspruchen. Der Beklagte kann sich nicht darauf berufen, daß sein Wohnsitzstaat diesem Spezialabkommen nicht angehört.[30]

Wird der Schädiger dagegen in Luxemburg verklagt, so wendet das luxemburgische Gericht die Revidierte Rheinschiffahrtsakte nicht an, da Luxemburg dieses Übereinkommen nicht ratifiziert hat.[31, 32]

---

[28] Die Pflicht zur Anerkennung und Vollstreckung ergibt sich aus Art. 25ff. Ist jedoch der Zweitstaat einem Spezialabkommen beigetreten, das die Anerkennung und Vollstreckung regelt, so hätte dieses nach dem Wortlaut des Art. 57 den Vorrang.

[29] *Schlosser*-Bericht Nr. 241ff.

[30] *Schlosser*-Bericht Nr. 240. *Schlafen* in *Bülow-Böckstiegel,* 606/342, Anm. 2a bei Fußn. 9.

[31] *Schlosser*-Bericht Nr. 245: „Hatte im obigen Rheinschiffahrtsbeispiel der Schiffsführer seinen Wohnsitz in Luxemburg, das der Rheinschiffahrtsakte nicht beigetreten ist, dann gilt folgendes: Die in Frankreich oder Deutschland gepflogene Ausübung von Gerichtsbarkeit auf der Grundlage der Rheinschiffahrtsakte kann Luxemburg jedenfalls fürderhin nicht mehr als einen Verstoß gegen das EuGVÜ betrachten. Das Urteil des deutschen oder französischen Rheinschiffahrtsgerichts muß in Luxemburg unter den Voraussetzungen und nach dem Verfahren des EuGVÜ anerkannt und vollstreckt werden. Wird umgekehrt zulässigerweise am luxemburgischen Wohnsitz des Schiffsführers geklagt, müssen Deutschland und Frankreich dies nach dem EuGVÜ akzeptieren, auch wenn sie der Rheinschiffahrtsakte angehören, welche eine Wohnsitzgerichtsbarkeit nicht anerkennt."

[32] Die anderen Vertragsstaaten sind zur Anerkennung des luxemburgischen Urteils nach Maßgabe des Art. 25 verpflichtet.

IV. Spezialabkommen eines EG-Vertragsstaates mit einem Nichtvertragsstaat

Der Vorrang des Spezialabkommens in dem oben beschriebenen Sinne gilt auch dann, wenn die internationale Entscheidungszuständigkeit in einem (bilateralen) Abkommen mit einem dritten Staat geregelt ist.[33]

Beispiel:
Ein deutsches Gericht wird in einem die Transitstraße nach Lofer betreffenden Fall angerufen. Hier beurteilt sich die internationale Zuständigkeit der Bundesrepublik Deutschland nicht nach Art. 2ff., sondern nach Art. 15 des Abkommens vom 14. September 1955 über den Erleichterten Straßendurchgangsverkehr zwischen Salzburg und Lofer über deutsches Gebiet und zwischen Garmisch-Partenkirchen und Pfronten/Füssen über österreichisches Gebiet, BGBl 1957 II 585. Wohnt der Beklagte in einem anderen EG-Vertragsstaat, so kann er sich nicht auf Art. 3 I in Verbindung mit Art. 5ff. berufen.

V. Textauswahl von Spezialabkommen, die die internationale Entscheidungszuständigkeit normieren

Im folgenden werden der Einfachheit und des Zusammenhangs halber auch die Passagen über die Anerkennung und Vollstreckung mit abgedruckt, die – streng genommen – erst im zweiten Hauptteil (unten § 125) von Bedeutung sind.

Hat dagegen ein Rheinschiffahrtsgericht eines anderen Vertragsstaates der Revidierten Rheinschiffahrtsakte entschieden, z. B. ein französisches, dann kommt es darauf an, ob der Zweitstaat diese Spezialkonvention ratifiziert hat oder nicht. Im ersten Fall kommt die Spezialvorschrift (Art. 40 der Akte) zum Zuge, im zweiten Fall die Brüsseler Konvention, Art. 25ff. Im Anwendungsbereich eines Spezialabkommens über die Anerkennung und Vollstreckung von gerichtlichen Entscheidungen und sonstigen Titeln auf bestimmten Sachgebieten hat die siegreiche Partei ein Wahlrecht im Hinblick auf das Anerkennungs- bzw. Vollstreckbarerklärungsverfahren. Nach Art. 25 II Buchstabe b) Abs. 2 S. 2 sind auch im Anwendungsbereich eines solchen Spezialabkommens Art. 26 II und Art. 31ff. anwendbar. Vgl. oben III 3. Vgl. auch *Schlosser*-Bericht Nr. 243: „Ist das zuerst angegangene Gericht ein französisches, so ist das von ihm erlassene Urteil in Deutschland anerkennungspflichtig. Die Rheinschiffahrtsakte verbietet – noch strikter als das EuGVÜ – jedwede Kontrolle der Entscheidung im Anerkennungs- und Vollstreckungsstaat. Der Urteilsgläubiger hat nach jetzt gegebener authentischer Interpretation von Artikel 57 EuGVÜ ein Wahlrecht zwischen dem nach der Rheinschiffahrtsakte und dem nach dem EuGVÜ vorgesehenen Vollstreckbarerklärungsverfahren. Der nach dem EuGVÜ verfahrende Richter darf aber die Anerkennung nicht aus einem in Artikel 27 oder 28 EuGVÜ genannten Grund verweigern. Anders als das Vollstreckungsverfahren richten sich die Anerkennungs- und Vollstreckungsvoraussetzungen ausschließlich nach dem Spezialübereinkommen, also im Beispielsfall nach der Revidierten Rheinschiffahrtsakte."

[33] *Schlosser*-Bericht Nr. 240.

Nur solche Vertragsstaaten werden aufgeführt, die der EG angehören, nicht dritte Staaten, denn hier wird nur das Verhältnis innerhalb der EG diskutiert. Vgl. im übrigen den Fundstellennachweis B, Beilage zum BGBl Teil II, abgeschlossen am 31. 12. jeden Jahres.

1. Die Revidierte Mannheimer Rheinschiffahrtsakte vom 17. Oktober 1868 nebst dem Revisionsübereinkommen vom 20. November 1963[34] und dem Zusatzprotokoll vom 25. Oktober 1972[35];
Vertragsstaaten: Belgien, Bundesrepublik Deutschland, Frankreich, Niederlande, Vereinigtes Königreich.

a) Übereinkommen

Art. 32

Zuwiderhandlungen gegen die von den Uferregierungen für den Rhein gemeinsam erlassenen schiffahrtspolizeilichen Vorschriften sollen mit Geldbußen von zehn bis 600,– Goldfranken mit einem Gewicht von 10/31 g und mit einem Feingehalt von 0,900 bestraft werden.

Art. 33

(1) Behufs gerichtlicher Verhandlung der im Artikel 34 erwähnten Gegenstände sollen in geeigneten am Rhein oder in dessen Nähe belegenen Orten Rheinschiffahrtsgerichte bestehen.

(2) Die Uferregierungen werden sich von den in ihren Gebieten vorhandenen Rheinschiffahrtsgerichten und von den Veränderungen in Kenntnis setzen, welche rücksichtlich der Zahl, des Ortes oder des Sprengels derselben eintreten.

Art. 34

Die Rheinschiffahrtsgerichte sind kompetent:

I. in Strafsachen zur Untersuchung und Bestrafung aller Zuwiderhandlungen gegen die schiffahrts- und strompolizeilichen Vorschriften;

II. in Zivilsachen zur Entscheidung im summarischen Prozeßverfahren über Klagen:

a) wegen Zahlung der Lotsen-, Kran-, Waage-, Hafen- und Bohlwerksgebühren und ihres Betrages;

b) wegen der von Privatpersonen vorgenommenen Hemmung des Leinpfades;

c) wegen der Beschädigungen, welche Schiffer und Flößer während ihrer Fahrt oder beim Anlanden andern verursacht haben;

d) wegen der den Eigentümern der Zugpferde beim Heraufziehen der Schiffe zur Last gelegten Beschädigungen am Grundeigentum.

*Art. 34bis*

Die Rheinschiffahrtsgerichte sind unbeschadet des Artikels 35ter ebenfalls nach Artikel 34 Ziffer II Buchstabe c zuständig, wenn die Parteien in einem Vertragsverhältnis stehen; ihre Zuständigkeit erstreckt sich jedoch nicht auf die auf einen Vertrag gestützten Klagen gegen ein Schiff wegen Schäden, die an Bord desselben befindliche Personen oder Güter durch sein Verschulden erlitten haben.

---

[34] BGBl 1969 II 597.
[35] BGBl 1974 II 1385.

Art. 35

In Strafsachen (Art. 34 I) ist dasjenige Rheinschiffahrtsgericht kompetent, in dessen Bezirk die strafbare Handlung begangen ist; in Zivilsachen dasjenige, in dessen Bezirk die Zahlung stattfinden mußte (Art. 34 IIa), beziehungsweise der Schaden zugefügt wurde (Art. 34 IIb, c, d).

Art. 35bis

(1) Sind im Falle des Artikels 34 Ziffer II Buchstabe c die schädigenden Ereignisse in den Hoheitsgebieten zweier Uferstaaten eingetreten, oder ist es unmöglich festzustellen, in welchem Hoheitsgebiet sie eingetreten sind, so ist das allein oder das zuerst angerufene Gericht zuständig.

(2) Hat sich ein Gericht eines der Staaten durch eine rechtskräftige Entscheidung für nicht zuständig erklärt, so gilt das Gericht des anderen Staates als zuständig.

Art. 35ter

Die Parteien können eine zivilrechtliche Streitigkeit durch Vereinbarung entweder einem anderen als dem nach den Artikeln 35 und 35bis zuständigen Rheinschiffahrtsgericht oder aber, sofern das innerstaatliche Recht dem nicht entgegensteht, einem anderen Gericht oder einem Schiedsgericht unterbreiten.

Art. 40

(1) Erkenntnisse und Beschlüsse der Rheinschiffahrtsgerichte eines Uferstaates sollen in jedem andern Rheinuferstaat unter Beobachtung der in demselben vorgeschriebenen Formen vollstreckbar sein.

(2) In bezug auf die Zustellung sollen sowohl die gedachten Erkenntnisse und Beschlüsse als Vorladungen und alle sonstigen Verfügungen in den bei den Rheinschiffahrtsgerichten anhängigen Sachen in allen Uferstaaten so angesehen werden, als ob sie von einer Behörde des eigenen Staates erlassen seien.

(3) Vorladungen und Zustellungen an Personen, welche in einem der Rheinuferstaaten einen bekannten Wohnsitz haben, müssen in letzterem bewirkt werden.

b) Zusatzprotokoll vom 25. Oktober 1972

Art. I

(1) Jeder Vertragsstaat sorgt für die Ahndung der in Artikel 32 der Rheinschiffahrtsakte bezeichneten Zuwiderhandlungen

a) nach Maßgabe des in den Artikeln 32 bis 40 der Rheinschiffahrtsakte vorgesehenen Verfahrens oder

b) nach Maßgabe eines besonderen richterlichen Verfahrens oder eines geeigneten Verwaltungsverfahrens.

(2) Der Vertragsstaat, der von den in Absatz 1 Buchstabe b genannten Möglichkeiten Gebrauch macht, hat vorzusehen,

a) daß die örtliche Zuständigkeit bei dem Gericht oder der Behörde liegt, in dessen bzw. deren Bezirk die Zuwiderhandlung begangen worden ist;

b) daß die in den Entscheidungen festgesetzte Geldbuße den in Artikel 32 der Rheinschiffahrtsakte festgelegten Rahmen nicht überschreitet;

c) daß diese Entscheidungen erst nach Ablauf einer mindestens einwöchigen Frist nach Zustellung an den Betroffenen vollstreckbar werden;

d) daß der Betroffene die Möglichkeit hat, durch Einlegung eines Rechtsbehelfs binnen dieser Frist eine Verhandlung und Entscheidung durch das Rheinschifffahrtsgericht, in dessen Bezirk die Zuwiderhandlung begangen worden ist, herbeizuführen.

(3) Die Vorschriften der Artikel 36 Absätze 1 und 3, 39 und 40 Absatz 2 sowie die in Artikel 40 Absatz 3 vorgesehene Garantie der Zustellung am Wohnsitz sind ebenfalls auf die in Absatz 1 Buchstabe b genannten Verfahren anzuwenden.

(4) Die nach Artikel 37 der Rheinschiffahrtsakte beim Obergericht eines Vertragsstaats zulässige Berufung gegen Entscheidungen, die im Rahmen des in Absatz 1 Buchstabe b genannten Verfahrens ergangen sind, kann durch ein geeignetes anderes Rechtsmittel bei einer anderen oberen Gerichtsinstanz dieses Vertragsstaats ersetzt werden, unbeschadet der Möglichkeit der Berufung an die Zentralkommission.

(5) Die vollstreckbaren Entscheidungen, die im Rahmen des in Absatz 1 Buchstabe b genannten Verfahrens ergangen sind, stehen den Urteilen und anderen Entscheidungen der Rheinschiffahrtsgerichte gleich. Sie werden in den anderen Vertragsstaaten durch die Behörden und Stellen vollstreckt, die mit der Vollstreckung der Entscheidungen der Rheinschiffahrtsgerichte beauftragt sind.

2. Das Übereinkommen vom 27. Oktober 1956 zwischen dem Großherzogtum Luxemburg, der Bundesrepublik Deutschland und der Französischen Republik über die Schiffbarmachung der Mosel nebst Änderungsprotokoll vom 28. November 1974[36]

Vertragsstaaten: Bundesrepublik Deutschland, Frankreich, Luxemburg.

Art. 34

(1) In geeigneten Orten an oder in der Nähe der Mosel und, insoweit jede Regierung es für notwendig hält, werden Gerichte eingesetzt, die in den in Artikel 35 genannten Angelegenheiten entscheiden.

(2) Die drei Regierungen der Vertragsstaaten unterrichten sich gegenseitig über die Einrichtung von Moselschiffahrtsgerichten auf ihrem Gebiet und über Änderungen in der Zahl, dem Amtssitz und der Zuständigkeit dieser Gerichte.

(3) Das Verfahren vor diesen Gerichten ist das gleiche wie vor den Rheinschiffahrtsgerichten gemäß Artikel 32 bis 40 der Revidierten Rheinschiffahrtsakte.

(4) Gegen Entscheidungen der Moselschiffahrtsgerichte kann anstelle des Obergerichts des Landes, in dem die Entscheidung ergangen ist, auch der Berufungsausschuß der Moselkommission angerufen werden.

Der Berufungsausschuß besteht aus 3 Mitgliedern. Jede der Regierungen der Vertragsstaaten ernennt jeweils auf die Dauer von 4 Jahren je einen Richter oder einen Professor der Rechtswissenschaften ihres Landes als Mitglied und als dessen Stellvertreter. Diese üben ihr Amt in voller Unabhängigkeit aus und sind an keine Weisungen gebunden. Sie können während ihrer Amtsdauer gegen ihren

[36] BGBl 1956 II 1837.

Willen nicht abberufen werden. Sie dürfen an der Entscheidung einer Angelegenheit nicht mitwirken, mit welcher sie in anderem Zusammenhang bereits befaßt waren oder an der sie unmittelbar interessiert sind.

Der Berufungsausschuß hat seinen Sitz am Sitz der Moselkommission. Er regelt sein gerichtliches Verfahren durch eine Verfahrensordnung, die der Zustimmung der Regierungen der Vertragsstaaten bedarf.

Art. 35

Die Moselschiffahrtsgerichte sind zuständig:

1. in Strafsachen zur Untersuchung und Bestrafung aller Zuwiderhandlungen gegen die schiffahrts- und strompolizeilichen Vorschriften,

2. in Zivilsachen zur Entscheidung im summarischen Prozeßverfahren über Klagen wegen

a) Zahlung und Höhe der Schiffahrtsabgaben, Kran-, Hafen- und Kaigebühren,

b) der Beschädigungen, welche die Schiffer während der Fahrt oder beim Anlanden verursachen.

3. Das Londoner Abkommen vom 27. Februar 1953 über deutsche Auslandsschulden[37]

Vertragsstaaten: alle 10 EG-Staaten.

Art. 17

Durchsetzung der Rechte der Gläubiger

(1) Die Bundesrepublik Deutschland wird dem Gläubiger das Recht gewährleisten, innerhalb der Grenzen dieses Abkommens und seiner Anlagen durch deutsche Gerichte und mit Hilfe deutscher Behörden

(a) seine Rechte in Bezug auf eine Schuld, wie sie in dem Zeitpunkt bestehen, in dem gemäß diesem Artikel Klage erhoben wird, durchzusetzen, falls der Gläubiger und der Schuldner sich über die Regelungsbedingungen nicht einigen und der Gläubiger sein Einverständnis damit erklärt, daß die deutschen Gerichte die Zahlungs- und sonstigen Bedingungen für die Schuld gemäß den Bestimmungen dieses Abkommens und seiner Anlagen festsetzen;

(b) seine Rechte gemäß den Bedingungen der geregelten Schuld durchzusetzen, wenn der Schuldner seine Verpflichtungen gemäß diesen Bedingungen nicht erfüllt; dies gilt auch für die Rechte, die der Gläubiger gemäß den Bestimmungen dieses Abkommens und seiner Anlagen ausüben kann, wenn der Schuldner seine Verpflichtungen nicht erfüllt; der Gläubiger kann jedoch die Zahlung eines durch die Nichterfüllung der Schuld fällig werdenden Kapitalbetrages nach dem Ausland nicht eher verlangen, als es der Fall gewesen wäre, wenn der Schuldner seine Verpflichtungen erfüllt hätte.

(2) Dem Gläubiger steht das in Absatz 1 dieses Artikels vorgesehene Recht nicht zu, wenn die Streitigkeit in dem Zeitpunkt, in dem das in Absatz 1 dieses Artikels vorgesehene Recht geltend gemacht werden soll, nach den Bestimmungen des betreffenden Vertrages oder dieses Abkommens und seiner Anlagen der aus-

---

[37] BGBl 1953 II 331.

schließlichen Zuständigkeit eines Gerichts in einem Gläubigerstaate oder einer Schiedsinstanz unterliegt. Ist eine solche ausschließliche Zuständigkeit in den Bestimmungen des betreffenden Vertrages vorgesehen, so können Schuldner und Gläubiger im gegenseitigen Einvernehmen darauf verzichten; dem Gläubiger steht in diesem Falle das in Absatz 1 dieses Artikels vorgesehene Recht zu.

(3) – (a) Die Bundesrepublik Deutschland wird ohne Rücksicht darauf, ob die Gegenseitigkeit für die Anerkennung und Vollstreckung von Entscheidungen zwischen dem Staat, in dem die Entscheidung ergangen ist, und der Bundesrepublik Deutschland verbürgt ist, dem Gläubiger das Recht gewährleisten, nach Maßgabe der Bestimmungen der Absätze 1 und 4 dieses Artikels durch deutsche Gerichte und mit Hilfe deutscher Behörden rechtskräftige Entscheidungen von Gerichten und Schiedsinstanzen über eine Schuld durchzusetzen, sofern die Entscheidungen ergangen sind

(i) in einem Gläubigerstaate nach dem Inkrafttreten dieses Abkommens;

(ii) in einem Gläubigerstaate vor dem Inkrafttreten dieses Abkommens, wenn der Schuldner die durch die Entscheidung festgesetzte Schuld nicht bestreitet.

(b) Die deutschen Gerichte werden in anderen Verfahren über Schulden, die den Gegenstand einer rechtskräftigen Entscheidung bilden, die von einem Gericht oder einer Schiedsinstanz in einem Gläubigerstaate vor dem Inkrafttreten dieses Abkommens erlassen ist, die Tatsachen, auf denen die Entscheidung beruht, als bewiesen ansehen, es sei denn, daß der Schuldner Beweis für das Gegenteil antritt. In diesem Falle ist der Gläubiger seinerseits berechtigt, Gegenbeweis anzutreten und sich dabei auch auf das Beweisprotokoll des früheren Verfahrens zu beziehen. Der Betrag einer nichtvertraglichen Geldverbindlichkeit, der in einem Verfahren nach diesem Absatz durch eine Entscheidung eines deutschen Gerichts festgesetzt wird, gilt im Sinne des Artikels 4 Absatz 1 Buchstabe a dieses Abkommens als in dem Zeitpunkt festgestellt, in dem die rechtskräftige Entscheidung des Gerichts oder der Schiedsinstanz in einem Gläubigerstaate ergangen ist.

(c) Die Bundesrepublik Deutschland wird dem Gläubiger das Recht gewährleisten, nach Maßgabe der Bestimmungen des Absatzes 1 dieses Artikels durch deutsche Gerichte und mit Hilfe deutscher Behörden rechtskräftige Entscheidungen von Gerichten und Schiedsinstanzen über eine Schuld durchzusetzen, die in Deutschland vor dem 8. Mai 1945 oder innerhalb des Währungsgebietes der Deutschen Mark (West) nach dem 8. Mai 1945 ergangen sind.

(4) Die deutschen Gerichte können es ablehnen, die Entscheidung eines ausländischen Gerichts oder einer Schiedsinstanz – ausgenommen Entscheidungen einer nach den Bestimmungen dieses Abkommens und seiner Anlagen errichteten Schiedsinstanz – gemäß den Bestimmungen des Absatzes 3 dieses Artikels anzuerkennen und zu vollstrecken,

(a) wenn das Gericht, das die Entscheidung erlassen hat, nicht zuständig war oder die Zuständigkeit der Schiedsinstanz, welche die Entscheidung erlassen hat, nicht auf der Vereinbarung der beteiligten Parteien beruhte; oder

(b) wenn dem Schuldner in dem Verfahren, das zu der Entscheidung des Gerichts oder der Schiedsinstanz geführt hat, das rechtliche Gehör nicht gewährt war; oder

(c) wenn die Anerkennung der Entscheidung gegen den ordre public in der Bundesrepublik Deutschland verstoßen würde; jedoch darf der Umstand, daß eine Entscheidung mit den Bestimmungen dieses Abkommens und seiner Anlagen nicht im Einklang steht, nicht dazu führen, daß ihre Anerkennung und Vollstreckung, und zwar innerhalb der Grenzen dieses Abkommens und seiner Anlagen, als Verstoß gegen den ordre public im Sinne dieser Bestimmung angesehen wird.

Nach §§ 2, 11 I des deutschen Ausführungsgesetzes ist das Landgericht ausschließlich zuständig, in dem der Schuldner seinen allgemeinen Gerichtsstand hat.

4. Das Warschauer Übereinkommen vom 12. Okober 1929 zur Vereinheitlichung von Regeln über die Beförderung im internationalen Luftverkehr nebst Änderungsprotokoll vom 28. September 1955[38] und Zusatzabkommen vom 18. September 1961[39] sowie Zusatzprotokolle vom 8. März 1971 und 25. September 1975;[40]

Vertragsstaaten: alle 10 EG-Staaten.

a) Übereinkommen

1. KAPITEL: Gegenstand – Begriffsbestimmungen

Art. 1

(1) Dieses Abkommen gilt für jede internationale Beförderung von Personen, Reisegepäck oder Gütern, die durch Luftfahrzeuge gegen Entgelt erfolgt. Es gilt auch für unentgeltliche Beförderungen durch Luftfahrzeuge, wenn sie von einem Luftfahrtunternehmen ausgeführt werden.

(2) Als „internationale Beförderung" im Sinne dieses Abkommens ist jede Beförderung anzusehen, bei der nach den Vereinbarungen der Parteien der Abgangsort und der Bestimmungsort, gleichviel ob eine Unterbrechung der Beförderung oder ein Fahrzeugwechsel stattfindet oder nicht, in den Gebieten von zwei der Hohen Vertragschließenden Teile liegen oder, wenn diese Orte zwar im Gebiet nur eines Hohen Vertragsschließenden Teils liegen, aber eine Zwischenlandung in dem Gebiet eines anderen Staates vorgesehen ist, selbst wenn dieser Staat kein Hoher Vertragschließender Teil ist. Die Beförderung zwischen zwei Orten innerhalb des Gebietes nur eines Hohen Vertragschließenden Teils ohne eine solche Zwischenlandung gilt nicht als internationale Beförderung im Sinne dieses Abkommens.

(3) Ist eine Beförderung von mehreren aufeinanderfolgenden Luftfrachtführern auszuführen, so gilt sie bei der Anwendung dieses Abkommens als eine einzige Beförderung, sofern sie von den Parteien als einheitliche Leistung vereinbart worden ist. Hierbei macht es keinen Unterschied, ob der Beförderungsvertrag in der Form eines einzigen Vertrags oder einer Reihe von Verträgen geschlossen worden ist. Eine solche Beförderung verliert ihre Eigenschaft als internationale

---

[38] BGBl 1958 II 312.

[39] BGBl 1963 II 1159.

[40] Noch nicht in Kraft.

Beförderung nicht dadurch, daß ein Vertrag oder eine Reihe von Verträgen ausschließlich im Gebiet ein und desselben Staates zu erfüllen ist.

Art. 2

(1) Sind die Voraussetzungen des Artikels 1 gegeben, so gilt das Abkommen auch für die Beförderungen, die der Staat oder eine andere juristische Person des öffentlichen Rechts ausführen.

(2) Dieses Abkommen ist auf die Beförderung von Brief- und Paketpost nicht anzuwenden.

3. KAPITEL: Haftung des Luftfrachtführers

Art. 17

Der Luftfrachtführer hat den Schaden zu ersetzen, der dadurch entsteht, daß ein Reisender getötet, körperlich verletzt oder sonst gesundheitlich geschädigt wird, wenn der Unfall, durch den der Schaden verursacht wurde, sich an Bord des Luftfahrzeugs oder beim Ein- oder Aussteigen ereignet hat.

Art. 18

(1) Der Luftfrachtführer hat den Schaden zu ersetzen, der durch Zerstörung, Verlust oder Beschädigung von aufgegebenem Reisegepäck oder von Gütern entsteht, wenn das Ereignis, durch das der Schaden verursacht wurde, während der Luftbeförderung eingetreten ist.

(2) Der Ausdruck „Luftbeförderung" im Sinne des vorstehenden Absatzes umfaßt den Zeitraum, während dessen das Reisegepäck oder die Güter sich auf einem Flughafen, an Bord eines Luftfahrzeugs oder, bei Landung außerhalb eines Flughafens, an einem beliebigen Orte unter der Obhut des Luftfrachtführers befinden.

(3) Der Zeitraum der Luftbeförderung umfaßt keine Beförderung zu Lande, zur See oder auf Binnengewässern außerhalb eines Flughafens. Erfolgt jedoch eine solche Beförderung bei Ausführung des Luftbeförderungsvertrags zum Zwecke der Verladung, der Ablieferung oder der Umladung, so wird bis zum Beweise des Gegenteils vermutet, daß der Schaden durch ein während der Luftbeförderung eingetretenes Ereignis verursacht worden sei.

Art. 19

Der Luftfrachtführer hat den Schaden zu ersetzen, der durch Verspätung bei der Luftbeförderung von Reisenden, Gepäck oder Gütern entsteht.

Art. 20

Die Ersatzpflicht tritt nicht ein, wenn der Luftfrachtführer beweist, daß er und seine Leute alle erforderlichen Maßnahmen zur Verhütung des Schadens getroffen haben oder daß sie diese Maßnahmen nicht treffen konnten.

Art. 28

(1) Die Klage auf Schadensersatz muß in dem Gebiet eines der Hohen Vertragschließenden Teile erhoben werden, und zwar nach Wahl des Klägers entweder bei dem Gericht des Ortes, wo der Luftfrachtführer seinen Wohnsitz hat oder wo sich seine Hauptbetriebsleitung oder diejenige seiner Geschäftsstellen befindet, durch die der Vertrag abgeschlossen worden ist, oder bei dem Gericht des Bestimmungsortes.

(2) Das Verfahren richtet sich nach den Gesetzen des angerufenen Gerichts.

Art. 29

(1) Die Klage auf Schadensersatz kann nur binnen einer Ausschlußfrist von zwei Jahren erhoben werden. Die Frist beginnt mit dem Tage, an dem das Luftfahrzeug am Bestimmungsort angekommen ist, oder an dem es hätte ankommen sollen, oder an dem die Beförderung abgebrochen worden ist.

(2) Die Berechnung der Frist bestimmt sich nach den Gesetzen des angerufenen Gerichts.

Art. 30

(1) Wird die Beförderung durch mehrere aufeinanderfolgende Luftfrachtführer ausgeführt (Artikel 1 Abs. 3), so ist jeder von ihnen, der Reisende, Reisegepäck oder Güter annimmt, den Vorschriften dieses Abkommens unterworfen; er gilt als eine der Parteien des Beförderungsvertrags, soweit dieser sich auf den Teil der Beförderung bezieht, der unter seiner Leitung ausgeführt wird.

(2) Bei einer solchen Beförderung von Reisenden können der Reisende oder die sonst anspruchsberechtigten Personen nur den Luftfrachtführer in Anspruch nehmen, der die Beförderung ausgeführt hat, in deren Verlauf der Unfall oder die Verspätung eingetreten ist, es sei denn, daß der erste Luftfrachtführer durch ausdrückliche Vereinbarung die Haftung für die ganze Reise übernommen hat.

(3) Handelt es sich um Reisegepäck oder Güter, so kann der Absender den ersten, der Empfänger, der die Auslieferung verlangen kann, den letzten, und jeder von ihnen denjenigen Luftfrachtführer in Anspruch nehmen, welcher die Beförderung ausgeführt hat, in deren Verlauf die Zerstörung, der Verlust oder die Beschädigung erfolgt oder die Verspätung eingetreten ist. Diese Luftfrachtführer haften dem Absender und dem Empfänger als Gesamtschuldner.

4. KAPITEL: Bestimmungen über gemischte Beförderungen

Art. 31

(1) Bei gemischten Beförderungen, die zum Teil durch Luftfahrzeuge, zum Teil durch andere Verkehrsmittel ausgeführt werden, gelten die Bestimmungen dieses Abkommens nur für die Luftbeförderung und nur, wenn diese den Voraussetzungen des Artikels 1 entspricht.

(2) Keine Bestimmung dieses Abkommens hindert die Parteien, für den Fall einer gemischten Beförderung Bedingungen für die Beförderung durch andere Verkehrsmittel in den Luftbeförderungsschein aufzunehmen, sofern hinsichtlich der Luftbeförderung die Vorschriften dieses Abkommens beachtet werden.

5. KAPITEL: Allgemeine Vorschriften und Schlußbestimmungen

Art. 32

Alle Bestimmungen des Beförderungsvertrags und alle vor Eintritt des Schadens getroffenen besonderen Vereinbarungen, worin die Parteien durch Bestimmung des anzuwendenden Rechts oder durch Änderung der Vorschriften über die Zuständigkeit von diesem Abkommen abweichende Regeln festsetzen, sind nichtig. Im Falle der Beförderung von Gütern sind jedoch Schiedsklauseln im Rahmen dieses Abkommens zulässig, wenn das Verfahren im Bezirk eines der in Artikel 28 Abs. 1 bezeichneten Gerichte stattfinden soll.

b) Zusatzabkommen vom 18. September 1961

Art. I

In diesem Abkommen bedeuten:

a) „Warschauer Abkommen" entweder das Abkommen zur Vereinheitlichung von Regeln über die Beförderung im internationalen Luftverkehr, unterzeichnet in Warschau am 12. Oktober 1929, oder das Warschauer Abkommen in der Fassung von Den Haag 1955, je nachdem, ob die Beförderung nach dem in Buchstabe b genannten Vertrag dem einen oder dem anderen Abkommen unterliegt;

b) „vertraglicher Luftfrachtführer" eine Person, die als eine Vertragspartei mit einem Reisenden oder einem Absender oder mit einer für den Reisenden oder den Absender handelnden Person einen dem Warschauer Abkommen unterliegenden Beförderungsvertrag geschlossen hat;

c) „ausführender Luftfrachtführer" eine andere Person als den vertraglichen Luftfrachtführer, die auf Grund einer von dem vertraglichen Luftfrachtführer erteilten Ermächtigung die nach Buchstabe b vorgesehene Beförderung ganz oder zum Teil ausführt, hinsichtlich dieses Teiles jedoch nicht ein nachfolgender Luftfrachtführer im Sinn des Warschauer Abkommens ist. Die Ermächtigung wird bis zum Beweis des Gegenteils vermutet.

Art. II

Führt ein ausführender Luftfrachtführer eine Beförderung, die nach dem in Artikel I Buchstabe b genannten Vertrag dem Warschauer Abkommen unterliegt, ganz oder zum Teil aus, so unterstehen, soweit dieses Abkommen nichts anderes bestimmt, sowohl der vertragliche Luftfrachtführer als auch der ausführende Luftfrachtführer den Regeln des Warschauer Abkommens, der erstgenannte für die gesamte im Vertrag vorgesehene Beförderung, der zweitgenannte nur für die Beförderung, die er ausführt.

...

Art. VII

Bezüglich der von dem ausführenden Luftfrachtführer ausgeführten Beförderung kann eine Klage auf Schadensersatz nach Wahl des Klägers gegen diesen Luftfrachtführer, gegen den vertraglichen Luftfrachtführer oder gegen beide, gemeinsam oder gesondert, erhoben werden. Ist die Klage nur gegen einen dieser Luftfrachtführer erhoben, so hat dieser das Recht, den anderen Luftfrachtführer aufzufordern, sich an dem Rechtsstreit zu beteiligen; die Rechtswirkungen und das Verfahren bestimmen sich nach dem Recht des angerufenen Gerichtes.

Art. VIII

Eine Klage auf Schadensersatz im Sinn des Artikels VII muß nach Wahl des Klägers entweder bei einem der Gerichte erhoben werden, bei denen eine Klage gegen den vertraglichen Luftfrachtführer nach Artikel 28 des Warschauer Abkommens erhoben werden kann, oder bei dem Gericht des Ortes, wo der ausführende Luftfrachtführer seinen Wohnsitz hat oder wo sich seine Hauptbetriebsleitung befindet.

Art. IX

(1) Jede vertragliche Bestimmung, durch welche die sich aus diesem Abkommen ergebende Haftung des vertraglichen Luftfrachtführers oder des ausführenden

Luftfrachtführers ausgeschlossen oder der nach diesem Abkommen maßgebende Haftungshöchstbetrag herabgesetzt werden soll, ist nichtig; ihre Nichtigkeit hat nicht die Nichtigkeit des Vertrages zur Folge; dieser bleibt den Bestimmungen dieses Abkommens unterworfen.

(2) Bezüglich der von dem ausführenden Luftfrachtführer ausgeführten Beförderung ist Absatz 1 auf vertragliche Bestimmungen über Verluste oder Beschädigungen nicht anzuwenden, die aus der Eigenart der beförderten Güter oder einem ihnen anhaftenden Mangel herrühren.

(3) Alle Bestimmungen des Beförderungsvertrages und alle vor Eintritt des Schadens getroffenen besonderen Vereinbarungen, worin die Parteien durch Bestimmung des anzuwendenden Rechtes oder durch Änderung der Bestimmungen über die Zuständigkeit von diesem Abkommen abweichende Regeln festsetzen, sind nichtig. Im Fall der Beförderung von Gütern sind jedoch Schiedsklauseln im Rahmen dieses Abkommens zulässig, wenn das Verfahren im Bezirk eines der in Artikel VIII bezeichneten Gerichte stattfinden soll.

Art. X

Mit Ausnahme des Artikels VII berührt keine Bestimmung dieses Abkommens die Rechte und Pflichten der beiden Luftfrachtführer untereinander.

5. Das Genfer Übereinkommen vom 19. Mai 1956 über den Beförderungsvertrag im internationalen Straßengüterverkehr (CMR);[41]

Vertragsstaaten: Belgien, Dänemark, Bundesrepublik Deutschland, Frankreich, Griechenland, Italien, Luxemburg, Niederlande, Vereinigtes Königreich.

Art. 1

1. Dieses Übereinkommen gilt für jeden Vertrag über die entgeltliche Beförderung von Gütern auf der Straße mittels Fahrzeugen, wenn der Ort der Übernahme des Gutes und der für die Ablieferung vorgesehene Ort, wie sie im Vertrage angegeben sind, in zwei verschiedenen Staaten liegen, von denen mindestens einer ein Vertragstaat ist. Dies gilt ohne Rücksicht auf den Wohnsitz und die Staatsangehörigkeit der Parteien.

2. Im Sinne dieses Übereinkommens bedeuten „Fahrzeuge" Kraftfahrzeuge, Sattelkraftfahrzeuge, Anhänger und Sattelanhänger, wie sie in Artikel 4 des Abkommens über den Straßenverkehr vom 19. September 1949 umschrieben sind.

3. Dieses Übereinkommen gilt auch dann, wenn in seinen Geltungsbereich fallende Beförderungen von Staaten oder von staatlichen Einrichtungen oder Organisationen durchgeführt werden.

4. Dieses Übereinkommen gilt nicht

a) für Beförderungen, die nach den Bestimmungen internationaler Postübereinkommen durchgeführt werden;

b) für die Beförderung von Leichen;

c) für die Beförderung von Umzugsgut.

[41] BGBl 1961 II 1119.

5. Die Vertragsparteien werden untereinander keine zwei- oder mehrseitigen Sondervereinbarungen schließen, die Abweichungen von den Bestimmungen dieses Übereinkommens enthalten; ausgenommen sind Sondervereinbarungen unter Vertragsparteien, nach denen dieses Übereinkommen nicht für ihren kleinen Grenzverkehr gilt, oder durch die für Beförderungen, die ausschließlich auf ihrem Staatsgebiet durchgeführt werden, die Verwendung eines das Gut vertretenden Frachtbriefes zugelassen wird.

Art. 2

1. Wird das mit dem Gut beladene Fahrzeug auf einem Teil der Strecke zur See, mit der Eisenbahn, auf Binnenwasserstraßen oder auf dem Luftwege befördert und wird das Gut – abgesehen von Fällen des Artikels 14 – nicht umgeladen, so gilt dieses Übereinkommen trotzdem für die gesamte Beförderung. Soweit jedoch bewiesen wird, daß während der Beförderung durch das andere Verkehrsmittel eingetretene Verluste, Beschädigungen oder Überschreitungen der Lieferfrist nicht durch eine Handlung oder Unterlassung des Straßenfrachtführers, sondern durch ein Ereignis verursacht worden sind, das nur während und wegen der Beförderung durch das andere Beförderungsmittel eingetreten sein kann, bestimmt sich die Haftung des Straßenfrachtführers nicht nach diesem Übereinkommen, sondern danach, wie der Frachtführer des anderen Verkehrsmittels gehaftet hätte, wenn ein lediglich das Gut betreffender Beförderungsvertrag zwischen dem Absender und dem Frachtführer des anderen Verkehrsmittels nach den zwingenden Vorschriften des für die Beförderung durch das andere Verkehrsmittel geltenden Rechts geschlossen worden wäre. Bestehen jedoch keine solchen Vorschriften, so bestimmt sich die Haftung des Straßenfrachtführers nach diesem Übereinkommen.

2. Ist der Straßenfrachtführer zugleich der Frachtführer des anderen Verkehrsmittels, so haftet er ebenfalls nach Absatz 1, jedoch so, als ob seine Tätigkeit als Straßenfrachtführer und seine Tätigkeit als Frachtführer des anderen Verkehrsmittels von zwei verschiedenen Personen ausgeübt würden.

Art. 31

1. Wegen aller Streitigkeiten aus einer diesem Übereinkommen unterliegenden Beförderung kann der Kläger, außer durch Vereinbarung der Parteien bestimmte Gerichte von Vertragstaaten, die Gerichte eines Staates anrufen, auf dessen Gebiet

a) der Beklagte seinen gewöhnlichen Aufenthalt, seine Hauptniederlassung oder die Zweigniederlassung oder Geschäftsstelle hat, durch deren Vermittlung der Beförderungsvertrag geschlossen worden ist, oder

b) der Ort der Übernahme des Gutes oder der für die Ablieferung vorgesehene Ort liegt.

Andere Gerichte können nicht angerufen werden.

2. Ist ein Verfahren bei einem nach Absatz 1 zuständigen Gericht wegen einer Streitigkeit im Sinne des genannten Absatzes anhängig oder ist durch ein solches Gericht in einer solchen Streitsache ein Urteil erlassen worden, so kann eine neue Klage wegen derselben Sache zwischen denselben Parteien nicht erhoben werden, es sei denn, daß die Entscheidung des Gerichtes, bei dem die erste Klage erhoben worden ist, in dem Staat nicht vollstreckt werden kann, in dem die neue Klage erhoben wird.

3. Ist in einer Streitsache im Sinne des Absatzes 1 ein Urteil eines Gerichtes eines Vertragstaates in diesem Staat vollstreckbar geworden, so wird es auch in allen anderen Vertragstaaten vollstreckbar, sobald die in dem jeweils in Betracht kommenden Staat hierfür vorgeschriebenen Formerfordernisse erfüllt sind. Diese Formerfordernisse dürfen zu keiner sachlichen Nachprüfung führen.

4. Die Bestimmungen des Absatzes 3 gelten für Urteile im kontradiktorischen Verfahren, für Versäumnisurteile und für gerichtliche Vergleiche, jedoch nicht für nur vorläufig vollstreckbare Urteile sowie nicht für Verurteilungen, durch die dem Kläger bei vollständiger oder teilweiser Abweisung der Klage neben den Verfahrenskosten Schadenersatz und Zinsen auferlegt werden.

5. Angehörige der Vertragstaaten, die ihren Wohnsitz oder eine Niederlassung in einem dieser Staaten haben, sind nicht verpflichtet, Sicherheit für die Kosten eines gerichtlichen Verfahrens zu leisten, das wegen einer diesem Übereinkommen unterliegenden Beförderung eingeleitet wird.

6. Internationale Übereinkommen vom 29. November 1969 über die zivilrechtliche Haftung für Ölverschmutzungsschäden und vom 18. Dezember 1971 über die Errichtung eines Internationalen Fonds zur Entschädigung für Ölverschmutzungsschäden;[42]

a) Deutsches Ausführungsgesetz vom 18. März 1975.[43]

Art. 1

Den folgenden Übereinkommen wird zugestimmt:

1. Dem in Brüssel am 29. November 1969 von der Bundesrepublik Deutschland unterzeichneten Internationalen Übereinkommen über die zivilrechtliche Haftung für Ölverschmutzungsschäden;

2. dem in Brüssel am 18. Dezember 1971 von der Bundesrepublik Deutschland unterzeichneten Internationalen Übereinkommen über die Errichtung eines Internationalen Fonds zur Entschädigung für Ölverschmutzungsschäden.

Die Übereinkommen werden nachstehend veröffentlicht.

Art. 2

(1) Die Bestimmungen des Internationalen Übereinkommens vom 29. November 1969 über die zivilrechtliche Haftung für Ölverschmutzungsschäden (Haftungsübereinkommen) sind, soweit in diesem Gesetz nichts anderes bestimmt ist, auch in bezug auf Seeschiffe anzuwenden, die nicht im Schiffsregister eines Vertragsstaats eingetragen sind oder nicht die Flagge eines Vertragsstaats führen.

(2) Das Recht eines Angehörigen eines Staates, der Vertragsstaat des Internationalen Übereinkommens vom 10. Oktober 1957 über die Beschränkung der

---

[42] BGBl 1975 II 301. Vgl. hierzu *Prüßmann-Rabe,* Seehandelsrecht, 1983, § 485 HGB, Anm. L 3b.

[43] BGBl 1975 II 301.

Haftung der Eigentümer von Seeschiffen (Bundesgesetzbl. 1972 II S. 653, 672), nicht aber Vertragsstaat des Haftungsübereinkommens ist, seine Haftung nach den Vorschriften des Übereinkommens vom 10. Oktober 1957 zu beschränken, wird durch dieses Gesetz nicht berührt.

(3) Die Bestimmungen des Haftungsübereinkommens sind in bezug auf Seeschiffe, die in einem Schiffsregister im Geltungsbereich dieses Gesetzes eingetragen sind, auch insoweit anzuwenden, als der Schaden im Geltungsbereich dieses Gesetzes eingetreten ist.

(4) Artikel III Abs. 4 Satz 2 des Haftungsübereinkommens gilt auch für Ansprüche gegen Personen, die nach einem Ereignis Maßnahmen der Bergung oder Hilfeleistung oder Maßnahmen zur Verhütung oder Einschränkung von Verschmutzungsschäden getroffen haben, es sei denn, daß der Person Vorsatz oder grobe Fahrlässigkeit zur Last fällt.

(5) Ein Mitverschulden des Geschädigten an dem Verschmutzungsschaden (Artikel III Abs. 3 des Haftungsübereinkommens) ist nach Maßgabe des § 254 des Bürgerlichen Gesetzbuches zu berücksichtigen.

(6) Die Haftungsbeschränkung nach Artikel V des Haftungsübereinkommens wird durch ein gerichtliches Verfahren (Verteilungsverfahren) bewirkt. Das Gesetz über das Verfahren bei der Einzahlung und Verteilung der Haftungssumme zur Beschränkung der Reederhaftung (Seerechtliche Verteilungsordnung) vom 21. Juni 1972 (Bundesgesetzbl. I S. 953) findet mit folgenden Maßgaben Anwendung:

a) An die Stelle der Haftungsbeschränkung nach den §§ 486 bis 487a des Handelsgesetzbuchs tritt die Haftungsbeschränkung nach Artikel V des Haftungsübereinkommens.

b) § 4 Abs. 4, § 5 Abs. 2, § 7 Abs. 3, § 10 Abs. 3, §§ 16, 30 sind nicht anzuwenden, § 13 Abs. 2, § 19 Abs. 2, §§ 23, 26 Abs. 2 sind insoweit nicht anzuwenden, als zwischen Ansprüchen wegen Personen- und wegen Sachschäden unterschieden wird.

c) Die in der öffentlichen Aufforderung zu bestimmende Frist zur Anmeldung der Ansprüche (§ 10 Abs. 1 Satz 2) soll nicht weniger als sechs Monate betragen, wenn damit zu rechnen ist, daß an dem Verfahren Gläubiger teilnehmen, die ihren gewöhnlichen Aufenthalt in einem anderen Vertragsstaat des Haftungsübereinkommens haben.

Art. 10

Für Streitigkeiten wegen der Ansprüche
1. auf Entschädigung nach Artikel 4 des Fondsübereinkommens,
2. auf Erstattung nach Artikel 5 des Fondsübereinkommens und
3. auf die dem Fonds nach dem Fondsübereinkommen zustehenden Beiträge
ist der Rechtsweg zu den ordentlichen Gerichten gegeben.

Art. 11

Für Streitigkeiten wegen der Ansprüche

1. auf Schadenersatz oder Ersatz von Aufwendungen wegen Verschmutzungsschäden nach Artikel III, IV und VII Abs. 8 des Haftungsübereinkommens oder nach Artikel 2 dieses Gesetzes,

2. auf Entschädigung nach Artikel 4 des Fondsübereinkommens und

3. auf Erstattung nach Artikel 5 des Fondsübereinkommens ist auch das Gericht zuständig, in dessen Bezirk sich das schädigende Ereignis zugetragen hat oder der Verschmutzungsschaden eingetreten ist oder Schutzmaßnahmen im Sinne von Artikel 1 Nr. 7 des Haftungsübereinkommens ergriffen oder angeordnet worden sind.

b) Internationales Übereinkommen vom 29. November 1969 über die zivilrechtliche Haftung für Ölverschmutzungsschäden;[44]

Vertragsstaaten: Belgien, Bundesrepublik Deutschland, Dänemark, Frankreich, Griechenland, Italien, Niederlande, Vereinigtes Königreich.

Art. V

(1) Der Eigentümer eines Schiffes ist berechtigt, seine Haftung auf Grund dieses Übereinkommens für jedes Ereignis auf einen Gesamtbetrag von 2000 Franken je Tonne Raumgehalt des Schiffes zu beschränken. Dieser Gesamtbetrag darf jedoch 210 Millionen Franken nicht überschreiten.

(2) Ist das Ereignis auf ein persönliches Verschulden des Eigentümers zurückzuführen, so ist dieser nicht berechtigt, sich auf die Beschränkung nach Absatz 1 zu berufen.

(3) Um sich auf die in Absatz 1 vorgesehene Beschränkung berufen zu können, hat der Eigentümer für den Gesamtbetrag seiner Haftung einen Fonds bei dem Gericht oder einer sonstigen zuständigen Stelle eines der Vertragsstaaten zu errichten, in dem nach Artikel IX Klage erhoben wird. Der Fonds kann entweder durch Hinterlegung des Betrags oder durch Vorlage einer Bankgarantie oder einer anderen nach den Rechtsvorschriften des Vertragsstaats, in dem der Fonds errichtet wird, zulässigen und von dem Gericht oder einer sonstigen zuständigen Stelle für ausreichend erachteten Garantie errichtet werden.

(4) Der Fonds wird unter die Geschädigten im Verhältnis der Höhe ihrer nachgewiesenen Forderungen verteilt.

...

(11) Der Versicherer oder sonstige finanzielle Sicherheitsgeber ist berechtigt, nach diesem Artikel einen Fonds zu denselben Bedingungen und mit derselben Wirkung zu errichten wie der Eigentümer. Dieser Fonds kann selbst bei persönlichem Verschulden des Eigentümers errichtet werden, beeinträchtigt jedoch dann nicht die Rechte der Geschädigten gegen den Eigentümer.

Art. VI

(1) Hat der Eigentümer nach einem Ereignis einen Fonds gemäß Artikel V errichtet und ist er berechtigt, seine Haftung zu beschränken,

a) so können Ansprüche wegen Verschmutzungsschäden, die sich aus diesem Ereignis ergeben, nicht gegen andere Vermögenswerte des Eigentümers geltend gemacht werden,

b) so ordnet das Gericht oder die sonstige zuständige Stelle eines Vertragsstaats die Freigabe des Schiffes oder sonstiger dem Eigentümer gehörender Vermögens-

---

[44] BGBl 1975 II 305.

werte, die auf Grund eines Anspruchs wegen sich aus dem Ereignis ergebender Verschmutzungsschäden beschlagnahmt worden sind, sowie die Freigabe jeder Kaution oder sonstigen zur Vermeidung dieser Beschlagnahme gestellten Sicherheit an.

(2) Dies gilt jedoch nur, wenn der Kläger Zugang zu dem Gericht hat, das den Fonds verwaltet, und wenn der Fonds tatsächlich zur Befriedigung seines Anspruchs verwendet werden kann.

Art. VII

(1) Der Eigentümer eines in das Schiffsregister eines Vertragsstaats eingetragenen Schiffes, das mehr als 2000 Tonnen Öl als Bulkladung befördert, hat eine Versicherung oder sonstige finanzielle Sicherheit ... zu leisten ...

(8) Ein Schadenersatzanspruch wegen Verschmutzungsschäden kann unmittelbar gegen den Versicherer oder eine andere Person, die für die Haftung des Eigentümers für Verschmutzungsschäden finanzielle Sicherheit leistet, geltend gemacht werden. Hierbei kann sich der Beklagte unabhängig vom persönlichen Verschulden des Eigentümers auf die in Artikel V Absatz 1 vorgesehene Haftungsbeschränkung berufen. Er kann ferner dieselben Einreden (mit Ausnahme des Konkurses oder der Liquidation des Eigentümers) geltend machen, die der Eigentümer selbst hätte erheben können. Außerdem kann der Beklagte die Einrede geltend machen, daß sich die Verschmutzungsschäden aus einem vorsätzlichen Verschulden des Eigentümers selbst ergaben; jedoch kann der Beklagte keine anderen Einreden geltend machen, die er in einem vom Eigentümer gegen ihn eingeleiteten Verfahren hätte erheben können. Der Beklagte hat in jedem Fall das Recht, zu verlangen, daß dem Eigentümer der Streit verkündet wird.

Art. IX

(1) Sind durch ein Ereignis Verschmutzungsschäden im Hoheitsgebiet einschließlich des Küstenmeers eines oder mehrerer Vertragsstaaten entstanden oder sind in diesem Hoheitsgebiet einschließlich des Küstenmeers Schutzmaßnahmen getroffen worden, um Verschmutzungsschäden zu verhüten oder einzuschränken, so können Schadenersatzklagen nur vor den Gerichten des oder der betreffenden Vertragsstaaten anhängig gemacht werden. Der Beklagte ist über derartige Klagen binnen angemessener Frist zu unterrichten.

(2) Jeder Vertragsstaat trägt dafür Sorge, daß seine Gerichte die erforderliche Zuständigkeit haben, um über derartige Schadenersatzklagen zu erkennen.

(3) Nach Errichtung des Fonds gemäß Artikel V sind die Gerichte des Staates, in dem der Fonds errichtet worden ist, für die Entscheidung über alle Fragen der Zuteilung und Verteilung des Fonds ausschließlich zuständig.

Art. X

(1) Ein von einem nach Artikel IX zuständigen Gericht erlassenes Urteil, das in dem Ursprungsstaat, in dem es nicht mehr mit ordentlichen Rechtsmitteln angefochten werden kann, vollstreckbar ist, wird in jedem Vertragsstaat anerkannt, es sei denn,

a) daß das Urteil durch betrügerische Machenschaften erwirkt worden ist oder

b) daß der Beklagte nicht binnen angemessener Frist unterrichtet und daß ihm keine angemessene Gelegenheit zur Vertretung seiner Sache vor Gericht gegeben worden ist.

(2) Ein nach Absatz 1 anerkanntes Urteil ist in jedem Vertragsstaat vollstreckbar, sobald die in dem betreffendem Staat vorgeschriebenen Förmlichkeiten erfüllt sind. Diese Förmlichkeiten dürfen keine erneute Entscheidung in der Sache selbst zulassen.

Art. XI

(1) Dieses Übereinkommen gilt nicht für Kriegsschiffe oder sonstige Schiffe, die einem Staat gehören oder von diesem betrieben werden und die zu der betreffenden Zeit ausschließlich im nichtgewerblichen staatlichen Dienst eingesetzt sind.

(2) Für Schiffe, die einem Vertragsstaat gehören und für gewerbliche Zwecke benutzt werden, kann jeder Staat vor den in Artikel IX bezeichneten Gerichten belangt werden; dabei verzichtet er auf alle Einreden, die sich auf seine Stellung als souveräner Staat gründen.

Art. XII

Dieses Übereinkommen geht allen internationalen Übereinkünften vor, die an dem Tag, an dem das vorliegende Übereinkommen zur Unterzeichnung aufgelegt wird, in Kraft sind oder zur Unterzeichnung, zur Ratifikation oder zum Beitritt aufgelegt sind, soweit solche Übereinkünfte mit dem vorliegenden Übereinkommen in Widerspruch stehen; dieser Artikel läßt jedoch die Verpflichtung von Vertragsstaaten gegenüber Nichtvertragsstaaten auf Grund solcher internationaler Übereinkünfte unberührt.

c) Internationales Übereinkommen vom 18. Dezember 1971 über die Errichtung eines Internationalen Fonds zur Entschädigung für Ölverschmutzungsschäden (zur Ergänzung des Internationalen Übereinkommens von 1969 über die zivilrechtliche Haftung für Ölverschmutzungsschäden);[45]

Vertragsstaaten: Wie oben b, jedoch nicht Belgien und die Niederlande.

Art. 2

(1) Hiermit wird ein „Internationaler Entschädigungsfonds für Ölverschmutzungsschäden" genannter und im folgenden als „Fonds" bezeichneter internationaler Fonds für folgende Zwecke errichtet: ...

(2) Der Fonds wird in jedem Vertragsstaat als juristische Person anerkannt, die nach den Rechtsvorschriften dieses Staates rechtsfähig und bei Rechtsstreitigkeiten vor den Gerichten dieses Staates parteifähig ist. Jeder Vertragsstaat erkennt den Direktor des Fonds (im folgenden als „Direktor" bezeichnet) als gesetzlichen Vertreter des Fonds an.

Art. 3

Dieses Übereinkommen findet Anwendung

1. hinsichtlich der Entschädigung nach Artikel 4 ausschließlich auf Verschmutzungsschäden, die im Hoheitsgebiet eines Vertragsstaats, einschließlich seines

[45] BGBl 1975 II 320.

Küstenmeers, verursacht worden sind, sowie auf Schutzmaßnahmen zur Verhütung oder Einschränkung solcher Schäden;

2. hinsichtlich der Erstattung an Schiffseigentümer und ihre Sicherheitsgeber nach Artikel 5 ausschließlich auf Verschmutzungsschäden, die im Hoheitsgebiet eines Vertragsstaats des Haftungsübereinkommens, einschließlich seines Küstenmeers, durch ein Schiff verursacht worden sind, das in das Schiffsregister eines Vertragsstaats eingetragen ist oder die Flagge eines solchen Staates führt, sowie auf Schutzmaßnahmen zur Verhütung oder Einschränkung solcher Schäden.

Art. 7

(1) Vorbehaltlich der weiteren Bestimmungen dieses Artikels kann eine Klage gegen den Fonds wegen Entschädigung nach Artikel 4 oder wegen Erstattung nach Artikel 5 dieses Übereinkommens nur bei einem Gericht anhängig gemacht werden, das nach Artikel IX des Haftungsübereinkommens für Klagen gegen den Eigentümer zuständig ist, der für Verschmutzungsschäden, die durch das betreffende Ereignis verursacht wurden, haftbar ist oder gewesen wäre, wenn die Vorschriften des Artikels III Absatz 2 des letztgenannten Übereinkommens nicht bestünden.

(2) Jeder Vertragsstaat trägt dafür Sorge, daß seine Gerichte die erforderliche Zuständigkeit haben, um über die in Absatz 1 genannten Klagen gegen den Fonds zu erkennen.

(3) Ist bei einem nach Artikel IX des Haftungsübereinkommens zuständigen Gericht eine Klage auf Entschädigung für Verschmutzungsschäden gegen den Eigentümer eines Schiffes oder seinen Sicherheitsgeber anhängig gemacht worden, so ist dieses Gericht ausschließlich zuständig für alle Klagen gegen den Fonds auf Entschädigung oder Erstattung nach Artikel 4 bzw. 5 des vorliegenden Übereinkommens wegen dieser Schäden. Ist jedoch eine Klage auf Entschädigung für Verschmutzungsschäden nach dem Haftungsübereinkommen bei einem Gericht eines Staates anhängig gemacht worden, der Vertragspartei des Haftungsübereinkommens, nicht jedoch des vorliegenden Übereinkommens ist, so steht es dem Kläger frei, eine Klage gegen den Fonds nach Artikel 4 oder Artikel 5 Absatz 1 des vorliegenden Übereinkommens entweder bei einem Gericht des Staates, in dem der Fonds seinen Sitz hat, oder bei einem nach Artikel IX des Haftungsübereinkommens zuständigen Gericht eines Vertragsstaats des vorliegenden Übereinkommens anhängig zu machen.

(4) Jeder Vertragsstaat trägt dafür Sorge, daß der Fonds das Recht hat, jedem Rechtsstreit, der nach Artikel IX des Haftungsübereinkommens bei einem zuständigen Gericht des betreffenden Staates gegen den Schiffseigentümer oder seinen Sicherheitsgeber anhängig gemacht worden ist, als Nebenintervenient beizutreten.

(5) Soweit Absatz 6 nichts anderes bestimmt, ist der Fonds durch Urteile und Entscheidungen, die in Verfahren ergehen, in denen er nicht Partei war, oder durch Vergleiche, an denen er nicht beteiligt war, nicht gebunden.

(6) Unbeschadet des Absatzes 4 ist in Fällen, in denen vor einem zuständigen Gericht eines Vertragsstaats gegen einen Eigentümer oder seinen Sicherheitsgeber eine Klage nach dem Haftungsübereinkommen auf Entschädigung für Verschmutzungsschäden anhängig gemacht worden ist, jede Prozeßpartei nach dem

Recht des betreffenden Staates berechtigt, dem Fonds in dem Verfahren den Streit zu verkünden. Erfolgt diese Streitverkündung nach den Förmlichkeiten, die das Recht des angerufenen Gerichts vorschreibt, und zu einer Zeit und in einer Weise, die es dem Fonds tatsächlich ermöglicht, dem Verfahren wirksam als Nebenintervenient beizutreten, so wird ein Urteil des Gerichts in diesem Verfahren nach Eintritt der Rechtskraft und Vollstreckbarkeit in dem Staat, in dem es ergangen ist, für den Fonds in dem Sinne verbindlich, daß die Sachverhaltsfeststellung und der Urteilsspruch vom Fonds nicht angegriffen werden können, auch wenn dieser dem Verfahren nicht beigetreten war.

Art. 8

Vorbehaltlich einer Entscheidung über die in Artikel 4 Absatz 5 erwähnte Verteilung wird jedes Urteil gegen den Fonds, das von einem nach Artikel 7 Absätze 1 und 3 zuständigen Gericht erlassen wurde, in jedem Vertragsstaat anerkannt und nach den in Artikel X des Haftungsübereinkommens vorgeschriebenen Bedingungen vollstreckbar, wenn es im Ursprungsstaat vollstreckbar geworden ist und in diesem Staat nicht mehr mit ordentlichen Rechtsmitteln angefochten werden kann.

7. Pariser und Brüsseler Atomhaftungs-Übereinkommen[46]

a) Deutsches Ausführungsgesetz vom 8. Juli 1975[47]

Art. 1

Den folgenden Übereinkommen wird zugestimmt:

1. Dem in Paris am 29. Juli 1960 von der Bundesrepublik Deutschland unterzeichneten Übereinkommen über die Haftung gegenüber Dritten auf dem Gebiet der Kernenergie (Pariser Übereinkommen),

2. dem in Brüssel am 25. Oktober 1974 von der Bundesrepublik Deutschland unterzeichneten Übereinkommen vom 25. Mai 1962 über die Haftung der Inhaber von Reaktorschiffen (Brüsseler Reaktorschiff-Übereinkommen) sowie dem dazugehörigen Zusatzprotokoll vom selben Tage,

3. dem in Brüssel am 31. Januar 1963 von der Bundesrepublik Deutschland unterzeichneten Zusatzübereinkommen zum Pariser Übereinkommen vom 29. Juli 1960 über die Haftung gegenüber Dritten auf dem Gebiet der Kernenergie (Brüsseler Zusatzübereinkommen),

4. dem in Paris am 28. Januar 1964 von der Bundesrepublik Deutschland unterzeichneten Zusatzprotokoll zum Übereinkommen vom 29. Juli 1960 über die Haftung gegenüber Dritten auf dem Gebiet der Kernenergie,

5. dem in Paris am 28. Januar 1964 von der Bundesrepublik Deutschland unterzeichneten Zusatzprotokoll zum Zusatzübereinkommen vom 31. Januar 1963 zum Pariser Übereinkommen vom 29. Juli 1960 über die Haftung gegenüber Dritten auf dem Gebiet der Kernenergie und

---

[46] BGBl 1975 II 957ff.

[47] BGBl 1975 II 957.

6. dem in Brüssel am 17. Dezember 1971 von der Bundesrepublik Deutschland unterzeichneten Übereinkommen über die zivilrechtliche Haftung bei der Beförderung von Kernmaterial auf See (Brüsseler Kernmaterial-Seetransport-Übereinkommen).

. . .

b) Pariser Übereinkommen vom 29. Juli 1960 über die Haftung gegenüber Dritten auf dem Gebiet der Kernenergie nebst Zusatzprotokoll vom 28. Februar 1964;[48]

Vertragsstaaten: Belgien, Bundesrepublik Deutschland, Dänemark, Frankreich, Griechenland, Italien, Niederlande, Vereinigtes Königreich.

Art. 13

(a) Sofern dieser Artikel nichts anderes bestimmt, sind für Klagen gemäß den Artikeln 3, 4, 6 (a) und 6 (e) nur die Gerichte derjenigen Vertragspartei zuständig, in deren Hoheitsgebiet das nukleare Ereignis eingetreten ist.

(b) Tritt ein nukleares Ereignis außerhalb der Hoheitsgebiete der Vertragsparteien ein oder kann der Ort des nuklearen Ereignisses nicht mit Sicherheit festgestellt werden, so sind für solche Klagen die Gerichte derjenigen Vertragspartei zuständig, in deren Hoheitsgebiet die Kernanlage des haftenden Inhabers gelegen ist.

(c) Ergäbe sich aus den Absätzen (a) oder (b) die Zuständigkeit der Gerichte von mehr als einer Vertragspartei, so sind zuständig:

(i) wenn das nukleare Ereignis zum Teil außerhalb der Hoheitsgebiete der Vertragsparteien und zum Teil im Hoheitsgebiet nur einer Vertragspartei eingetreten ist, deren Gerichte;

(ii) in allen sonstigen Fällen die Gerichte derjenigen Vertragspartei, die auf Antrag einer betroffenen Vertragspartei von dem in Artikel 17 genannten Gerichtshof im Hinblick darauf bestimmt wird, daß sie zu dem Falle die engste Beziehung hat.

(d) Hat ein gemäß diesem Artikel zuständiges Gericht nach einer streitigen Verhandlung oder im Säumnisverfahren ein Urteil gefällt und ist dieses nach dem von diesem Gericht angewandten Rechte vollstreckbar geworden, so ist es im Hoheitsgebiet jeder anderen Vertragspartei vollstreckbar, sobald die von dieser anderen Vertragspartei vorgeschriebenen Förmlichkeiten erfüllt worden sind; eine sachliche Nachprüfung ist nicht zulässig. Dies gilt nicht für vorläufig vollstreckbare Urteile.

(e) Wird eine Klage gemäß diesem Übereinkommen gegen eine Vertragspartei erhoben, so kann sich diese vor dem gemäß diesem Artikel zuständigen Gericht nicht auf Immunität von der Gerichtsbarkeit berufen, ausgenommen bei der Zwangsvollstreckung.

Art. 14

(a) Dieses Übereinkommen ist ohne Rücksicht auf die Staatsangehörigkeit, den Wohnsitz oder den Aufenthalt anzuwenden.

---

[48] In der Fassung des Zusatzprotokolls: BGBl 1976 II 310.

(b) Die Ausdrücke „innerstaatliches Recht" und „innerstaatliche Gesetzgebung" bedeuten das innerstaatliche Recht oder die innerstaatliche Gesetzgebung des Gerichts, das gemäß diesem Übereinkommen für die Entscheidung über Ansprüche zuständig ist, die sich aus einem nuklearen Ereignis ergeben. Sie sind auf alle materiell- und verfahrensrechtlichen Fragen anzuwenden, die durch das vorliegende Übereinkommen nicht besonders geregelt sind.

(c) Das innerstaatliche Recht und die innerstaatliche Gesetzgebung sind ohne Rücksicht auf die Staatsangehörigkeit, den Wohnsitz oder den Aufenthalt anzuwenden.

c) Brüsseler Zusatzübereinkommen samt Anhang vom 31. Januar 1963 zum Pariser Übereinkommen vom 29. Juli 1960 über die Haftung gegenüber Dritten auf dem Gebiet der Kernenergie;[49]

Vertragsstaaten: Bundesrepublik Deutschland, Dänemark, Frankreich, Italien, Niederlande, Vereinigtes Königreich.

Art. 8

Alle Personen, auf welche die Bestimmungen dieses Übereinkommens Anwendung finden, haben Anspruch auf vollständigen Ersatz der eingetretenen Schäden nach Maßgabe der innerstaatlichen Rechtsvorschriften. Jedoch kann jede Vertragspartei für den Fall, daß der Schadensbetrag

i) 120 Millionen Rechnungseinheiten oder

ii) den höheren Betrag, der sich daraus ergibt, daß mehrere Haftungshöchstbeträge gemäß Artikel 5 d) des Pariser Übereinkommens zusammengerechnet werden, übersteigt oder zu übersteigen droht, angemessene Merkmale für die Verteilung festsetzen; dabei darf kein Unterschied hinsichtlich der Herkunft der Mittel und, vorbehaltlich der Bestimmungen des Artikels 2, hinsichtlich der Staatsangehörigkeit, des Wohnsitzes oder des Aufenthalts des Geschädigten gemacht werden.

Art. 9

a) Die Bereitstellung der in Artikel 3 Absatz b) ii) und iii) und Absatz f) vorgesehenen Mittel wird von derjenigen Vertragspartei geregelt, deren Gerichte zuständig sind.

b) Jede Vertragspartei trifft die erforderlichen Maßnahmen, damit die Geschädigten ihre Entschädigungsansprüche geltend machen können, ohne verschiedene Verfahren je nach Herkunft der für die Entschädigung bestimmten Mittel einleiten zu müssen.

c) Keine Vertragspartei ist verpflichtet, die in Artikel 3 Absatz b) ii) und iii) genannten öffentlichen Mittel bereitzustellen, solange noch die in Artikel 3 Absatz b) i) genannten Mittel verfügbar sind.

Art. 10

a) Die Vertragspartei, deren Gerichte zuständig sind, hat die anderen Vertragsparteien von dem Eintreten und den Umständen eines nuklearen Ereignisses zu unterrichten, sobald sich herausstellt, daß die dadurch verursachten Schäden den Betrag von 70 Millionen Rechnungseinheiten übersteigen oder zu

---

[49] BGBl 1976 II 318.

übersteigen drohen. Die Vertragsparteien erlassen unverzüglich alle erforderlichen Vorschriften zur Regelung ihrer Rechtsbeziehungen in dieser Hinsicht.

b) Allein die Vertragspartei, deren Gerichte zuständig sind, ist befugt, die anderen Vertragsparteien um die Bereitstellung der öffentlichen Mittel gemäß Artikel 3 Absatz b) iii) und Absatz f) zu ersuchen und diese Mittel zu verteilen.

c) Diese Vertragspartei übt gegebenenfalls für Rechnung der anderen Vertragsparteien, die gemäß Artikel 3 Absatz b) iii) und Absatz f) öffentliche Mittel bereitgestellt haben, die in Artikel 5 vorgesehenen Rückgriffsrechte aus.

d) Vergleiche, die über die Zahlung einer Entschädigung aus den in Artikel 3 Absatz b) ii) und iii) bezeichneten öffentlichen Mittel in Übereinstimmung mit den innerstaatlichen Rechtsvorschriften geschlossen werden, werden von den anderen Vertragsparteien anerkannt; von den zuständigen Gerichten erlassene Urteile über eine solche Entschädigung sind im Hoheitsgebiet der anderen Vertragsparteien gemäß den Bestimmungen des Artikels 13 d) des Pariser Übereinkommens vollstreckbar.

Art. 11

a) Sind die Gerichte einer anderen Vertragspartei als derjenigen zuständig, in deren Hoheitsgebiet die Kernanlage des haftenden Inhabers gelegen ist, so werden die in Artikel 3 Absatz b) ii) und Absatz f) genannten öffentlichen Mittel von der erstgenannten Vertragspartei bereitgestellt. Die Vertragspartei, in deren Hoheitsgebiet die Kernanlage des haftenden Inhabers gelegen ist, erstattet der anderen die verauslagten Beträge. Die beiden Vertragsparteien legen im gegenseitigen Einvernehmen die Einzelheiten der Erstattung fest.

b) Erläßt die Vertragspartei, deren Gerichte zuständig sind, nach dem Eintreten des nuklearen Ereignisses Rechts- oder Verwaltungsvorschriften über Art, Form und Umfang des Schadenersatzes, über die Einzelheiten der Bereitstellung der in Artikel 3 Absatz b) ii) genannten öffentlichen Mittel und gegebenenfalls über die Merkmale für die Verteilung dieser Mittel, so konsultiert sie dabei die Vertragspartei, in deren Hoheitsgebiet die Anlage des haftenden Inhabers gelegen ist. Sie trifft ferner alle erforderlichen Maßnahmen, um dieser die Teilnahme an Gerichtsverfahren und Vergleichsverhandlungen, die die Entschädigung betreffen, zu ermöglichen.

d) Brüsseler Übereinkommen vom 25. Mai 1962 über die Haftung der Inhaber von Reaktorschiffen nebst Zusatzprotokoll[50] (noch nicht in Kraft).

Art. I

Im Sinne dieses Übereinkommens haben die nachstehenden Ausdrücke folgende Bedeutung:

1. „Reaktorschiff" bedeutet ein Schiff, das mit einer Kernenergieanlage ausgerüstet ist.

2. „Genehmigungsstaat" bedeutet den Vertragsstaat, der ein Reaktorschiff unter seiner Flagge betreibt oder den Betrieb eines Reaktorschiffs unter seiner Flagge erlaubt hat.

. . .

---

[50] BGBl 1975 II 977.

12. „Anzuwendendes innerstaatliches Recht" bedeutet das innerstaatliche Recht des Gerichts, das nach diesem Übereinkommen Gerichtsbarkeit ausübt, einschließlich der Kollisionsnormen des innerstaatlichen Rechts.

Art. II

(1) Der Inhaber eines Reaktorschiffs haftet ohne weitere Voraussetzungen für jeden nuklearen Schaden, wenn ...

Art. X

(1) Schadenersatzklagen sind nach Wahl des Klägers entweder bei den Gerichten des Genehmigungsstaats oder bei den Gerichten des oder der Vertragsstaaten zu erheben, in deren Hoheitsgebiet der nukleare Schaden eingetreten ist.

(2) Ist von dem Genehmigungsstaat verlangt worden, daß er die Erfüllung von Schadenersatzansprüchen nach Artikel III Absatz 2 sicherstellt, oder könnte dies von ihm verlangt werden, so kann er jedem Verfahren beitreten, das gegen den Inhaber anhängig ist.

(3) Auf Immunität von der Gerichtsbarkeit nach dem innerstaatlichen Recht oder dem Völkerrecht wird hinsichtlich der sich aus diesem Übereinkommen ergebenden oder der zum Zweck seiner Anwendung übernommenen Verpflichtungen verzichtet. Durch das Übereinkommen werden Kriegsschiffe und andere nicht kommerziellen Zwecken dienende Staatsschiffe weder einem Arrest, einer Pfändung oder einer Beschlagnahme unterworfen, noch wird für Kriegsschiffe die Gerichtsbarkeit auf die Gerichte eines ausländischen Staates übertragen.

Art. XI

(1) Stellt ein Gericht des Genehmigungsstaats auf Antrag des Inhabers, eines Klägers oder des Genehmigungsstaats fest, daß die Höhe der Schadenersatzansprüche auf Grund eines nuklearen Ereignisses wahrscheinlich den in Artikel III festgesetzten Betrag überschreiten wird, so stellen der Inhaber oder der Genehmigungsstaat diesen Betrag dem Gericht zur Erfüllung der Ansprüche zur Verfügung; dieser Betrag gilt als Haftungsbeschränkungsfonds für dieses nukleare Ereignis.

(2) Der Betrag nach Absatz 1 kann dem Gericht entweder durch Zahlung oder durch Leistung einer Bürgschaft oder anderen Sicherheit zur Verfügung gestellt werden, die ausreicht, um das Gericht davon zu überzeugen, daß die Mittel zur Befriedigung von festgestellten Schadenersatzansprüchen sofort bereitstehen werden.

(3) Nach Errichtung des Fonds gemäß Absatz 1 ist das Gericht des Genehmigungsstaats für die Entscheidung über alle Angelegenheiten der Zuteilung und Verteilung des Fonds ausschließlich zuständig.

(4) a) Rechtskräftige gerichtliche Entscheidungen, die von einem nach Artikel X zuständigen Gericht erlassen worden sind, werden im Hoheitsgebiet eines anderen Vertragsstaats anerkannt, es sei denn,

i) daß die gerichtliche Entscheidung durch betrügerische Machenschaften erlangt worden ist oder

ii) daß dem Inhaber keine angemessene Gelegenheit zur Vertretung seiner Sache vor Gericht gegeben worden ist.

b) Wird die Vollstreckung einer anerkannten rechtskräftigen gerichtlichen Entscheidung nach den gesetzlichen Förmlichkeiten des Vertragsstaats beantragt, in dem die Vollstreckung nachgesucht wird, so ist die Entscheidung in gleicher Weise zu vollstrecken, als handelte es sich um die Entscheidung eines Gerichts dieses Vertragsstaats.

c) Die Begründetheit des dem Urteil zugrunde liegenden Anspruchs unterliegt keiner weiteren gerichtlichen Nachprüfung.

(5) a) Hat ein Staatsangehöriger eines Vertragsstaats, der nicht der Inhaber ist, für einen nuklearen Schaden auf Grund einer internationalen Übereinkunft oder des Rechts eines Nichtvertragsstaats Schadenersatz geleistet, so erwirbt er die Ansprüche des Entschädigten nach dem vorliegenden Übereinkommen in Höhe der geleisteten Zahlung. Dieser Rechtsübergang tritt jedoch nicht ein, wenn und soweit der Inhaber ein Rückgriffsrecht oder einen Ausgleichsanspruch nach diesem Übereinkommen gegen den Betreffenden hat.

b) Ist ein Haftungsbeschränkungsfonds errichtet worden und

i) hat der Inhaber vor Errichtung des Fonds Ersatz für einen nuklearen Schaden geleistet oder

ii) hat der Inhaber nach Errichtung des Fonds auf Grund einer internationalen Übereinkunft oder des Rechts eines Nichtvertragsstaats Ersatz für einen nuklearen Schaden geleistet, so kann er bis zur Höhe des von ihm geleisteten Betrags aus dem Fonds den Betrag zurückerhalten, den der Entschädigte bei der Verteilung des Fonds erhalten hätte.

c) Ist kein Haftungsbeschränkungsfonds errichtet worden, so wird der Inhaber, der für einen nuklearen Schaden aus anderen als den in Artikel III Absatz 2 genannten Mitteln Ersatz geleistet hat, durch dieses Übereinkommen nicht gehindert, bis zur Höhe des von ihm geleisteten Betrags von demjenigen, der eine finanzielle Sicherheit nach Artikel III Absatz 2 gewährt, oder von dem Genehmigungsstaat den Betrag zurückzuerhalten, den der Entschädigte nach dem Übereinkommen erhalten hätte.

d) Der Begriff „Staatsangehöriger eines Vertragsstaats" im Sinne dieses Absatzes schließt Vertragsstaaten und ihre Gebietskörperschaften sowie Gesellschaften und Körperschaften des öffentlichen oder privaten Rechts mit oder ohne Rechtspersönlichkeiten ein, sofern sie ihren Sitz in einem Vertragsstaat haben.

6) Ist kein Fonds nach diesem Artikel errichtet worden, so trifft der Genehmigungsstaat die notwendigen Maßnahmen, damit ein ausreichender Betrag, der von ihm selbst oder durch eine Versicherung oder sonstige finanzielle Sicherheit nach Art. III Absatz 2 bereitzustellen ist, für die Befriedigung von Ansprüchen zur Verfügung steht, die durch eine nach Absatz 4 des vorliegenden Artikels anzuerkennende Entscheidung eines Gerichts eines anderen Vertragsstaats für begründet erklärt werden; der Betrag ist nach Wahl des Klägers entweder in dem Genehmigungsstaat oder in dem Vertragsstaat, in dem der Schaden eingetreten ist, oder in dem Vertragsstaat, in dem der Kläger seinen gewöhnlichen Aufenthalt hat, zur Verfügung zu stellen.

(7) Nach Errichtung des Haftungsbeschränkungsfonds gemäß Absatz 1 oder in Fällen, in denen bei Nichterrichtung eines solchen Fonds die von dem Genehmigungsstaat oder auf Grund einer Versicherung oder sonstigen finanziellen Sicherheit aufzubringenden Mittel nach Absatz 6 zur Erfüllung von Schadenersatzansprüchen bereitgestellt sind, kann der Kläger seinen Anspruch wegen eines nu-

klearen Schadens nicht mehr gegen das sonstige Vermögen des Inhabers geltend machen; von dem Inhaber oder für ihn in einem Vertragsstaat geleistete Sicherheiten (mit Ausnahme der Sicherheiten für Kosten) sind freizugeben.

Art. XIV

Dieses Übereinkommen geht allen internationalen Übereinkünften vor, die an dem Tage, an dem das vorliegende Übereinkommen zur Unterzeichnung aufgelegt wird, in Kraft sind oder zur Unterzeichnung, zur Ratifizierung oder zum Beitritt aufgelegt sind, soweit solche Übereinkünfte mit dem vorliegenden Übereinkommen in Widerspruch stehen; diese Bestimmung läßt jedoch die Verpflichtungen von Vertragsstaaten gegenüber Nichtvertragsstaaten auf Grund solcher internationaler Übereinkünfte unberührt.

Art. XVIII

Eine Klage auf Ersatz eines nuklearen Schadens ist gegen den Inhaber zu richten; sie kann auch gegen den Versicherer und, den Genehmigungsstaat ausgenommen, gegen jede andere Person gerichtet werden, die dem Inhaber nach Artikel III Absatz 2 finanzielle Sicherheit gewährt hat, wenn eine solche Klage nach dem anzuwendenden innerstaatlichen Recht zulässig ist.

8. Die Berner Internationalen Übereinkommen vom 7. Februar 1970 über den Eisenbahnfrachtverkehr (CIM) und über den Eisenbahn-Personen- und -Gepäckverkehr (CIV) nebst Zusatzprotokoll und dem Protokoll I vom 9. November 1973;[51]

Vertragsstaaten: Alle 10 EG-Staaten außer Irland für das Protokoll I.

a) CIM[52]

Titel III

Kapitel II

Reklamationen. Klagen. Verfahren und Verjährung

Art. 41 Reklamationen

§ 1. – Reklamationen aus dem Frachtvertrag sind schriftlich bei der in Artikel 43 bezeichneten Eisenbahn einzureichen.

§ 2. – Zur Einreichung einer Reklamation sind die nach Artikel 42 zur gerichtlichen Geltendmachung von Ansprüchen gegen die Eisenbahn berechtigten Personen befugt.

§ 3. – Reicht der Absender eine Reklamation ein, so hat er das Frachtbriefdoppel vorzulegen; vermag er dies nicht, so kann er eine Reklamation bei der Eisenbahn nur mit Zustimmung des Empfängers einreichen oder wenn er nachweist, daß der Empfänger die Annahme der Sendung verweigert hat.

Reicht der Empfänger eine Reklamation ein, so hat er den Frachtbrief vorzulegen, wenn ihm dieser übergeben worden ist.

§ 4. – Der Frachtbrief, das Frachtbriefdoppel und die sonstigen Belege, die der

---

[51] BGBl 1974 II 357. Die Eisenbahnverkehrsübereinkommen wurden zusammengefaßt im Übereinkommen vom 9. Mai 1980 über den Internationalen Eisenbahnverkehr (COTIF), das noch nicht in Kraft ist.

[52] BGBl 1974 II 389.

Berechtigte seiner Reklamation beifügen will, sind im Original oder in Abschrift vorzulegen, Abschriften auf Verlangen der Eisenbahn in gehörig beglaubigter Form.

Bei der abschließenden Regelung der Reklamation kann die Eisenbahn die Vorlage des Frachtbriefes, des Frachtbriefdoppels oder der Bescheinigung über die Nachnahme im Original verlangen, um darauf die abschließende Regelung zu vermerken.

Art. 42. Zur gerichtlichen Geltendmachung von Ansprüchen gegen die Eisenbahn berechtigte Personen

§ 1. – Zur gerichtlichen Geltendmachung von Ansprüchen auf Erstattung von Beträgen, die auf Grund des Frachtvertrages gezahlt worden sind, ist nur befugt, wer die Zahlung geleistet hat.

§ 2. – Zur gerichtlichen Geltendmachung von Ansprüchen wegen Nachnahmen (Artikel 19) ist nur der Absender befugt.

§ 3. – Zur gerichtlichen Geltendmachung sonstiger Ansprüche gegen die Eisenbahn auf Grund des Frachtvertrages sind befugt: . . .

Art. 43. Eisenbahnen, gegen welche Ansprüche gerichtlich geltend gemacht werden können

§ 1. – Ansprüche auf Erstattung von Beträgen, die auf Grund des Frachtvertrages gezahlt worden sind, können entweder gegen die Eisenbahn gerichtlich geltend gemacht werden, die den Betrag erhoben hat, oder gegen diejenige, zu deren Gunsten der zu hohe Betrag erhoben worden ist.

§ 2. – Ansprüche wegen Nachnahmen nach Artikel 19 können nur gegen die Versandbahn gerichtlich geltend gemacht werden.

§ 3. – Sonstige Ansprüche aus dem Frachtvertrag können nur gegen die Versandbahn, die Empfangsbahn oder diejenige Eisenbahn gerichtlich geltend gemacht werden, auf deren Strecke sich die den Anspruch begründende Tatsache ereignet hat.

Die Empfangsbahn kann jedoch auch dann gerichtlich in Anspruch genommen werden, wenn sie weder das Gut noch den Frachtbrief erhalten hat.

§ 4. – Hat der Kläger die Wahl unter mehreren Eisenbahnen, so erlischt sein Wahlrecht, sobald die Klage gegen eine dieser Eisenbahnen eingereicht ist.

§ 5. – Im Wege der Widerklage oder der Einrede können Ansprüche auch gegen eine andere als die in den §§ 1, 2 und 3 genannten Eisenbahnen geltend gemacht werden, wenn sich die Klage auf denselben Frachtvertrag gründet.

Art. 44 Zuständigkeit

Ist in Staatsverträgen oder Konzessionen nichts anderes bestimmt, so können auf dieses Übereinkommen gegründete Ansprüche nur vor den Gerichten des Staates geltend gemacht werden, dem die in Anspruch genommene Eisenbahn angehört.

Betreibt ein Unternehmen mehrere selbständige Eisenbahnnetze in verschiedenen Staaten, so wird jedes dieser Netze als besondere Eisenbahn im Sinne dieses Artikels angesehen.

Art. 52 Zuständigkeit beim Rückgriff

§ 1. – Das Gericht des Sitzes der Eisenbahn, gegen die der Rückgriff genommen wird, ist für solche Klagen ausschließlich zuständig.

§ 2. – Ist die Klage gegen mehrere Eisenbahnen zu erheben, so hat die klagende Eisenbahn die Wahl unter den nach § 1 zuständigen Gerichten.

Art. 53 Vereinbarungen über den Rückgriff

Die Eisenbahnen können Vereinbarungen treffen, die von den Vorschriften des Kapitels III über den gegenseitigen Rückgriff abweichen.

Titel IV Verschiedene Bestimmungen

Art. 54 Anwendung des Landesrechtes

Soweit in diesem Übereinkommen, in den Sonderbestimmungen nach Artikel 60 § 4, in den Zusatzbestimmungen nach Artikel 60 § 5 und in den internationalen Tarifen keine Bestimmungen getroffen sind, finden die Bestimmungen der Landesgesetze und -vorschriften Anwendung, die in den einzelnen Staaten für den Frachtverkehr erlassen sind.

Art. 55 Allgemeine Verfahrensvorschriften

In allen Rechtsstreitigkeiten, zu denen die unter dieses Übereinkommen fallenden Beförderungen Anlaß geben, richtet sich das Verfahren nach dem Recht des zuständigen Gerichtes, soweit nicht durch dieses Übereinkommen andere Bestimmungen getroffen sind.

Art. 56 Vollstreckbarkeit der Urteile. Beschlagnahme und Sicherheitsleistung

§ 1. – Urteile, auch Versäumnisurteile, die auf Grund der Bestimmungen dieses Übereinkommens von dem zuständigen Gericht erlassen und nach den für das urteilende Gericht maßgebenden Gesetzen vollstreckbar geworden sind, sind in jedem anderen Vertragsstaat vollstreckbar, sobald die in dem betreffenden Staate vorgeschriebenen Förmlichkeiten erfüllt sind. Eine sachliche Nachprüfung des Inhaltes ist nicht zulässig.

Auf nur vorläufig vollstreckbare Urteile findet diese Vorschrift keine Anwendung, ebensowenig auf solche Bestimmungen eines Urteils, die dem im Rechtsstreit unterlegenen Kläger außer den Kosten eine Entschädigung auferlegen.

§ 2. – Die aus einer internationalen Beförderung herrührenden Forderungen einer Eisenbahn gegen eine andere Eisenbahn, die nicht dem gleichen Staate angehört, können nur auf Grund einer Entscheidung der Gerichte des Staates mit Arrest belegt oder gepfändet werden, dem die forderungsberechtigte Eisenbahn angehört.

§ 3. – Das rollende Material einer Eisenbahn mit Einschluß aller dazugehörenden und für die Beförderung benötigten bahneigenen Gegenstände, wie Behälter (Container), Ladegeräte, Decken, kann in einem anderen Staate als demjenigen, dem die Eigentumsbahn angehört, nur auf Grund einer Entscheidung der Gerichte dieses Staates mit Arrest belegt oder gepfändet werden.

Privatwagen mit Einschluß aller dazu gehörenden und für die Beförderung benötigten, im Eigentum des Wageneigentümers stehenden Gegenstände können in einem anderen Staat als demjenigen, in welchem der Wageneigentümer seinen Wohnsitz hat, nur auf Grund einer Entscheidung der Gerichte dieses Staates mit Arrest belegt oder gepfändet werden.

§ 4. – Eine Sicherheitsleistung für die Kosten des Rechtsstreites kann bei Klagen aus einem internationalen Frachtvertrag nicht gefordert werden.

b) CIV[53]

Die Art. 37ff. CIV stimmen mit den Art. 41ff. CIM inhaltlich überein.

c) Zusatzübereinkommen zum CIV vom 25. Februar 1961 über die Haftung der Eisenbahn für Tötung und Verletzung von Reisenden[54]

Art. 14 Eisenbahnen, gegen welche Ansprüche gerichtlich geltend gemacht werden können.

Schadenersatzansprüche auf Grund dieses Übereinkommens können nur gegen die haftbare Eisenbahn gerichtlich geltend gemacht werden.

Bei gemeinsamem Betrieb zweier Eisenbahnen hat der Kläger die Wahl zwischen diesen Eisenbahnen. Das Wahlrecht erlischt, sobald die Klage gegen eine dieser Eisenbahnen eingereicht ist.

Art. 15 Zuständigkeit.

Wenn in Staatsverträgen oder Konzessionen nichts anderes bestimmt ist, können auf dieses Übereinkommen gegründete Ansprüche nur vor den Gerichten des Staates geltend gemacht werden, in dessen Gebiet sich der Unfall des Reisenden ereignet hat.

Art. 16 Erlöschen der Ansprüche.

§ 1. – Der Berechtigte verliert seine Ansprüche, wenn er den Unfall des Reisenden nicht spätestens drei Monate, nachdem er vom Schaden Kenntnis erlangt hat, einer der Eisenbahnen anzeigt, bei denen die Reklamation nach Artikel 13 eingereicht werden kann.

Zeigt der Berechtigte den Unfall mündlich der Eisenbahn an, so hat diese ihm über die mündliche Anzeige eine Bestätigung auszustellen.

§ 2. – Die Ansprüche erlöschen jedoch nicht:

a) wenn der Berechtigte innerhalb der in § 1 vorgesehenen Frist seine Ansprüche gegenüber einer der in Artikel 13 § 1 genannten Eisenbahnen geltend gemacht hat;

b) wenn der Berechtigte nachweist, daß der Unfall durch ein Verschulden der Eisenbahn verursacht worden ist;

c) wenn infolge von Umständen, die dem Berechtigten nicht zuzurechnen sind, der Unfall nicht oder nicht rechtzeitig angezeigt worden ist;

d) wenn die haftbare Eisenbahn – oder, falls nach Artikel 2 § 6 zwei Eisenbahnen haftbar sind, eine von ihnen – innerhalb der in § 1 vorgesehenen Frist auf andere Weise vom Unfall des Reisenden Kenntnis erhalten hat.

Art. 17 Verjährung der Ansprüche.

§ 1. – Schadenersatzansprüche auf Grund dieses Übereinkommens verjähren:

a) Ansprüche des Reisenden in drei Jahren, gerechnet vom ersten Tag nach dem Unfall;

---

[53] BGBl 1974 II 495.

[54] BGBl 1974 II 361.

b) Ansprüche der anderen Berechtigten in drei Jahren, gerechnet vom ersten Tage nach dem Tode des Reisenden, spätestens aber in fünf Jahren, gerechnet vom ersten Tage nach dem Unfall.

§ 2. – Wenn der Berechtigte eine Reklamation nach Artikel 13 bei der Eisenbahn einreicht, wird der Lauf der drei in § 1 genannten Verjährungsfristen bis zu dem Tage gehemmt, an dem die Eisenbahn die Reklamation durch schriftlichen Bescheid zurückweist und die der Reklamation beigefügten Belege zurückgibt. Wird der Reklamation teilweise stattgegeben, so beginnt die Verjährung für den noch streitigen Teil der Reklamation weiterzulaufen. Wer sich auf die Einreichung einer Reklamation, auf die Erteilung eines Bescheides oder auf die Rückgabe von Belegen beruft, hat dies zu beweisen.

Weitere Reklamationen, die denselben Anspruch betreffen, hemmen die Verjährung nicht.

§ 3. – Ansprüche, die verjährt sind, können auch nicht im Wege der Widerklage oder der Einrede geltend gemacht werden.

§ 4. – Vorbehaltlich vorstehender Bestimmungen gilt für die Verjährung das Landesrecht.

Art. 18 Landesrecht.

§ 1. – Soweit in diesem Übereinkommen keine Bestimmungen getroffen sind, gilt das Landesrecht.

§ 2. – Für die Anwendung dieses Übereinkommens versteht man unter „Landesrecht" das Recht des Staates, auf dessen Gebiet sich der Unfall des Reisenden ereignet hat, einschließlich der Kollisionsnormen.

Art. 19 Allgemeine Verfahrensvorschriften.

In allen Rechtsstreitigkeiten über Ansprüche aus diesem Übereinkommen richtet sich das Verfahren nach dem Recht des zuständigen Gerichtes, soweit nicht durch dieses Übereinkommen andere Bestimmungen getroffen sind.

Art. 20 Vollstreckbarkeit der Urteile. Sicherheitsleistung.

§ 1. – Urteile, auch Versäumnisurteile, die auf Grund der Bestimmungen dieses Übereinkommens von dem zuständigen Gericht erlassen und nach den für das urteilende Gericht maßgebenden Gesetzen vollstreckbar geworden sind, sind in jedem anderen Vertragsstaat vollstreckbar, sobald die in dem betreffenden Staate vorgeschriebenen Förmlichkeiten erfüllt sind. Eine sachliche Nachprüfung des Inhaltes ist nicht zulässig.

Auf nur vorläufig vollstreckbare Urteile findet diese Vorschrift keine Anwendung, ebensowenig auf solche Bestimmungen eines Urteils, die dem im Rechtsstreit unterlegenen Kläger außer den Kosten eine Entschädigung auferlegen.

Vergleiche, die zwischen den Parteien zur Beilegung eines Rechtsstreites vor dem zuständigen Gericht abgeschlossen und zu gerichtlichem Protokoll genommen worden sind, stehen Urteilen gleich.

§ 2. – Eine Sicherheitsleistung für die Kosten des Rechtsstreites kann bei den auf Grund dieses Übereinkommens erhobenen Klagen nicht gefordert werden.

9. Vertrag vom 8. April 1960 zwischen der Bundesrepublik Deutschland und dem Königreich der Niederlande über die Regelung der Zusammenarbeit in der Emsmündung (Ems-Dollart-Vertrag)[55]

Art. 32 (1) Hängt die Anwendbarkeit eines Rechtssatzes davon ab, in welchem Gebiet sich ein Wasserfahrzeug befindet oder in welchem Gebiet sein Reiseweg verläuft, so gilt hinsichtlich der Emsmündung – soweit in diesem Vertrage oder in anderen zwischenstaatlichen Verträgen, an denen beide Vertragsparteien beteiligt sind, nicht etwas anderes bestimmt ist – folgendes:

Deutsche Wasserfahrzeuge gelten als im Anwendungsbereich des deutschen, niederländische Wasserfahrzeuge als im Anwendungsbereich des niederländischen Rechts befindlich;

Wasserfahrzeuge eines dritten Landes gelten als im Anwendungsbereich des Rechts

a) des ersten Bestimmungshafens befindlich, wenn sie von See kommen,

b) des letzten Ausgangshafens befindlich, wenn sie nach See fahren,

c) des Bestimmungshafens befindlich, wenn sie zwischen einem Hafen an der Emsmündung und einem anderen Hafen an oder oberhalb der Emsmündung verkehren.

(2) Die Regelung in Absatz 1 gilt auch für die an Bord befindlichen Personen und Sachen.

Art. 39 (1) Im Falle eines Zusammenstoßes von Seeschiffen oder von See- und Binnenschiffen in der Emsmündung findet das in Brüssel am 23. September 1910 unterzeichnete Übereinkommen zur einheitlichen Feststellung von Regeln über den Zusammenstoß von Schiffen Anwendung. Sind an einem Zusammenstoß von Schiffen in der Emsmündung ausschließlich Binnenschiffe beteiligt, so gelten, soweit die Ersatzpflicht in Betracht kommt, wegen des den Schiffen oder den an Bord befindlichen Personen oder Sachen zugefügten Schadens die Bestimmungen dieses Übereinkommens mit Ausnahme von Artikel 8 entsprechend.

(2) Führt die Anwendung des Artikels 32 dazu, daß für die gerichtliche Zuständigkeit bei Schiffszusammenstößen sowohl deutsches als auch niederländisches Recht gilt, so hat der Kläger die Wahl zwischen den nach deutschem und den nach niederländischem Recht zuständigen Gerichten. Führt die Anwendung des Artikels 32 dazu, daß für die gerichtliche Zuständigkeit bei Schiffszusammenstößen weder deutsches noch niederländisches Recht gilt, so gilt der Ort des Zusammenstoßes als im Anwendungsbereich sowohl des deutschen als auch des niederländischen Rechts belegen; der Kläger hat die Wahl zwischen den nach deutschem und den nach niederländischem Recht zuständigen Gerichten.

(3) Wenn eine Vertragspartei beabsichtigt, eine künftige zwischenstaatliche Vereinbarung über die Vereinheitlichung von Regeln über die Ersatzpflicht oder die zivilgerichtliche Zuständigkeit bei Zusammenstößen von Binnenschiffen zu

---

[55] BGBl 1963 II 602. Vgl. hierzu auch den Fall des EuGH, Urteil vom 16. Dezember 1980, Rechtssache 814/79, *Staat der Niederlande ./. Rüffer,* EuGHE 1980, 3807. Näher unten § 19 Fußn. 11.

ratifizieren oder ihr beizutreten, die mit den nach Absatz 1 oder 2 anwendbaren Bestimmungen nicht übereinstimmt, werden sich die Vertragsparteien über eine Änderung der Regelung des Absatzes 1 oder 2 verständigen, die es dieser Vertragspartei ermöglicht, die zwischenstaatliche Vereinbarung zu ratifizieren oder ihr beizutreten.

10. Deutsch-österreichische Abkommen über den Grenzverkehr

a) Abkommen vom 14. September 1955 über den erleichterten Straßendurchgangsverkehr zwischen Salzburg und Lofer über deutsches Gebiet und zwischen Garmisch-Partenkirchen und Pfronten/Füssen über österreichisches Gebiet[56]

Art. 15

(1) Klagen über Ansprüche aus Schadensfällen, die sich im Durchgangsverkehr ereignen, können ausschließlich vor den Gerichten des Durchgangsstaates erhoben werden. Ist nach dem Recht des Durchgangsstaates ein Gerichtsstand in diesem Staate nicht gegeben, ist das Gericht örtlich zuständig, in dessen Bezirk sich der Schadensfall ereignet hat. Das Recht der Parteien, die Zuständigkeit der Gerichte des Ausgangsstaates oder eines anderen Staates zu vereinbaren, bleibt unberührt. Hat weder der Ersatzberechtigte noch der Ersatzpflichtige im Durchgangsstaate seinen Wohnsitz, Sitz oder gewöhnlichen Aufenthalt, gilt die in den Sätzen 1 und 2 getroffene Regelung nicht.

(2) Den Angehörigen eines der vertragschließenden Teile, die vor den nach Absatz 1 zuständigen Gerichten des anderen vertragschließenden Teiles als Kläger oder Intervenienten Ansprüche aus Schadensfällen im Durchgangsverkehr geltend machen, darf wegen ihrer Eigenschaft als Ausländer oder mangels eines inländischen Wohnsitzes oder Aufenthaltes eine Sicherheitsleistung oder Hinterlegung für die Prozeßkosten oder eine Vorauszahlung zur Deckung der Gerichtskosten nicht auferlegt werden.

(3) Rechtskräftige Entscheidungen der nach Absatz 1 zuständigen Gerichte des einen vertragschließenden Teiles, die über Ansprüche aus Schadensfällen im Durchgangsverkehr ergehen, werden im Gebiete des anderen vertragschließenden Teiles anerkannt und vollstreckt; das gleiche gilt für gerichtliche Vergleiche und Kostenentscheidungen. Das Verfahren bei der Anerkennung und Vollstreckung richtet sich nach den Artikeln 20 bis 24 und 26 bis 31 des deutsch-österreichischen Vertrages über Rechtsschutz und Rechtshilfe vom 21. Juni 1923, die Inhalt dieses Abkommens werden. Die Bezugnahmen auf Artikel 25 in den Artikeln 24 und 26 sind gegenstandslos.[57]

(4) Ist an dem Schadensfall ein Fahrzeug beteiligt, dessen Halter der Ausgangsstaat oder ein Sondervermögen des Ausgangsstaates ist, und ist nach Absatz

[56] BGBl 1957 II 586.

[57] Unten Bd. II A 1 Vorbem.

1 ein Gericht des Durchgangsstaates zuständig, unterwirft sich der Ausgangsstaat hinsichtlich der Ansprüche aus diesem Schadensfall der Gerichtsbarkeit des Durchgangsstaates.

b) Abkommen vom 14. September 1955 über den erleichterten Eisenbahndurchgangsverkehr auf den Strecken Mittenwald (Grenze) – Griesen (Grenze) und Ehrwald (Grenze) – Vils (Grenze)[58]

Art. 15

(1) Wird beim Durchgangsverkehr ein Reisender getötet oder verletzt oder eine Sache, die ein Reisender an sich trägt oder mit sich führt, beschädigt, so haftet die durchfahrende Verwaltung nach dem Recht des Durchgangsstaates; sie steht dabei für die Eigentumsverwaltung ein. Außer der durchfahrenden Verwaltung haftet auch die Eigentumsverwaltung als Gesamtschuldner.

(2) Werden Reisegepäck, Expreßgut oder Güter im Sinne des Artikels 2 Absatz 1 im Durchgangsverkehr befördert, so haftet für Schäden, die durch gänzlichen oder teilweisen Verlust, Beschädigung oder Lieferfristüberschreitung entstehen, die durchfahrende Verwaltung nach dem Recht ihres Staates; sie steht dabei für die Eigentumsverwaltung ein. Eine Haftung der Eigentumsverwaltung ist ausgeschlossen.

(3) Erleidet ein im Durchgangsverkehr tätiger Bediensteter der durchfahrenden Verwaltung beim Durchgangsverkehr einen Schaden an seiner Person oder an Sachen, die er an sich trägt oder mit sich führt, so haftet die Eigentumsverwaltung nur, soweit sich ihre Haftung aus einer vorsätzlichen unerlaubten Handlung eines ihrer Bediensteten ergibt. Entsprechendes gilt für Bedienstete anderer Verwaltungen des Ausgangsstaates, die im Zusammenhang mit dem Durchgangsverkehr dienstlich im Durchgangsstaat tätig sind.

(4) Bei Schäden an Fahrbetriebs- und Lademitteln sind die dafür bestehenden Übereinkommen anzuwenden.

(5) Im Eisenbahn-Postverkehr haften für Sachschäden, die im Durchgangsverkehr eintreten, die beteiligten Verwaltungen des Ausgangsstaates untereinander nach Maßgabe der zwischen ihnen bestehenden Vereinbarungen.

(6) Soweit nicht in den vorstehenden Absätzen oder in einem anderen Abkommen eine besondere Regelung getroffen ist, ist die Haftung für Schäden, die im Zusammenhang mit dem Betrieb der Eisenbahn im Durchgangsverkehr entstehen, nach dem Recht des Durchgangsstaates zu beurteilen. Soweit danach nur die Eigentumsverwaltung oder nur die durchfahrende Verwaltung haftet, trifft die Haftung außer ihr auch die andere Verwaltung als Gesamtschuldner.

(7) Haften beide Verwaltungen, so kann der Geschädigte die Klage nach Wahl gegen eine von ihnen erheben. Das Wahlrecht erlischt mit der Erhebung der Klage.

(8) Die Klage kann nur vor den Gerichten des Staates der in Anspruch genommenen Verwaltung erhoben werden.

---

[58] BGBl 1957 II 589.

(9) Die Regelung des Rückgriffes und der Ersatzpflicht der Verwaltungen untereinander bleibt deren Vereinbarung überlassen.

(10) Für internationale Beförderungen im Sinne der in Artikel 9 Absatz 1 genannten Übereinkommen[59] *gelten die Bestimmungen der Absätze 1, 2 und 7 bis 9 nur insoweit, als nicht in diesen Übereinkommen eine andere Regelung getroffen ist.*

c) Anhang: Abkommen vom 14. September 1955 zwischen der Bundesrepublik Deutschland und der Republik Österreich zur Regelung der Amtshaftung aus Handlungen von Organen des einen in grenznahen Gebieten des anderen Staates[60]

Art. 1

(1) Dürfen gemäß den in der Präambel angeführten Abkommen[61] *Organe des einen vertragschließenden Staates (Nachbarstaat) Angelegenheiten der Hoheitsverwaltung in dem anderen vertragschließenden Staat (Gebietsstaat) besorgen oder durch diesen in dienstlicher Eigenschaft durchreisen, haftet der Gebietsstaat für Schäden, welche die Organe des Nachbarstaates im Zusammenhang mit der Besorgung solcher Angelegenheiten oder im Zusammenhang mit einer solchen Durchreise im Gebietsstaat verursachen, nach Maßgabe der Vorschriften, nach denen sich seine Haftung für seine Organe bestimmt.*

(2) Organe eines vertragschließenden Staates im Sinne dieses Abkommens sind alle Personen, die im Rahmen der in der Präambel angeführten Abkommen von ihm oder einer seiner Gebietskörperschaften mit der Besorgung von Angelegenheiten der Hoheitsverwaltung betraut sind.

Art. 2

(1) Artikel 1 Absatz 1 gilt nicht, soweit

1. die schädigende Handlung oder Unterlassung den Nachbarstaat oder eines seiner Organe betrifft;

2. die Organe des Nachbarstaates auf Grund des Abkommens über Erleichterungen der Grenzabfertigung im Eisenbahn-, Straßen- und Schiffsverkehr tätig sind und die schädigende Handlung oder Unterlassung einen abzufertigenden Reisenden oder eine Person betrifft, welche die Tätigkeit dieser Organe in Anspruch nimmt oder sich in deren Diensträumen befindet, oder der Schaden durch Beschädigung von der Grenzabfertigung unterliegenden Waren oder Werten oder durch Fehler bei deren Abfertigung entsteht;

3. die schädigende Handlung oder Unterlassung Personen oder Gegenstände betrifft, die im erleichterten Eisenbahndurchgangsverkehr befördert werden;

4. die schädigende Handlung oder Unterlassung einen Häftling betrifft, der durchbefördert wird;

5. die schädigende Handlung oder Unterlassung eine Person betrifft, die ihren Wohnsitz, Sitz oder gewöhnlichen Aufenthalt im Nachbarstaat hat.

(2) In den im Absatz 1 bezeichneten Fällen bestimmt sich die Haftung in

---

59 CIM und CIV, oben 8.

60 BGBl 1957 II 596.

61 Oben a und b.

gleicher Weise, wie wenn die schädigende Handlung oder Unterlassung im Nachbarstaat begangen worden wäre.

Art. 3

Hinsichtlich der Amtshaftungsansprüche auf Grund dieses Abkommens sowie bei ihrer Geltendmachung stehen die Angehörigen der beiden vertragschließenden Staaten einander gleich.

Art. 4

(1) Für Ansprüche aus Artikel 2 ist in der Republik Österreich zur Entscheidung über die Klage des Geschädigten und über die Klage auf Rückersatz gegen das schuldtragende Organ das mit der Ausübung der Gerichtsbarkeit in Amtshaftungssachen betraute Landesgericht zuständig, in dessen Sprengel die dem Organ, aus dessen Verhalten der Anspruch abgeleitet wird, unmittelbar vorgesetzte Behörde oder Dienststelle ihren Sitz hat.

(2) Für Ansprüche aus Artikel 2 ist in der Bundesrepublik Deutschland das Gericht zuständig, in dessen Bezirk die Behörde ihren Sitz hat, die berufen ist, die haftende Körperschaft im Rechtsstreit zu vertreten.

Art. 5

Die Bestimmungen des Artikels 15 des Abkommens über den erleichterten Eisenbahndurchgangsverkehr sowie die Bestimmungen des Abkommens über die Beförderung von Exekutivorganen im Straßen- und Eisenbahndurchgangsverkehr in Verbindung mit Artikel 15 des Abkommens zwischen der Bundesrepublik Deutschland und der Republik Österreich über den erleichterten Straßendurchgangsverkehr zwischen Salzburg und Lofer über deutsches Gebiet und zwischen Garmisch-Partenkirchen und Pfronten/Füssen über österreichisches Gebiet vom 14. September 1955, sind insoweit nicht anzuwenden, als sich aus dem vorliegenden Abkommen etwas anderes ergibt.

Art. 6

(1) Der Gebietsstaat hat, wenn gegen ihn ein Anspruch auf Grund des Artikels 1 geltend gemacht wird, den Nachbarstaat hiervon unverzüglich in Kenntnis zu setzen und diesen im Fall einer gerichtlichen Geltendmachung auch hierüber zu unterrichten.

(2) Der Nachbarstaat ist verpflichtet, dem Gebietsstaat unverzüglich die ihm erreichbaren, für die Bearbeitung des Schadensfalles sachdienlichen Informationen und Beweismittel zur Verfügung zu stellen, soweit dies nach seinen Vorschriften zulässig ist.

(3) Der Gebietsstaat hat den Nachbarstaat von der Erledigung des Anspruches in Kenntnis zu setzen; Abschriften der Entscheidung, des Vergleichs oder der sonst zur Erledigung führenden Verfügung sind beizufügen.

Art. 7

Der Nachbarstaat wird dem Gebietsstaat erstatten, was dieser zur Erfüllung der aus Artikel 1 sich ergebenden Verpflichtungen geleistet hat.

Amtshaftungsansprüche fallen nicht in den Anwendungsbereich des Übereinkommens, Art. 1 I. Eine Anwendung des Art. 57 kommt nur dann in Betracht, wenn in concreto ein Amtshaftungsanspruch i. S. des Abkommens nach europäischem Einheitsrecht (oben § 19 III) ausnahmsweise als zivilrechtlich zu qualifizieren ist.

§ 14 Sekundäres Gemeinschaftsrecht

Vorrang vor der Zuständigkeitsordnung des Übereinkommens haben auch Regelungen der internationalen Entscheidungszuständigkeit für besondere Rechtsgebiete durch Rechtsetzungsakte der EG-Organe oder durch die nationalen Gesetzgeber in Ausführung von EG-Richtlinien, Art. 57 II.

Praktische Beispiele für einschlägige EG-Normen gibt es noch nicht. Zu denken ist etwa an eine Regelung der gerichtlichen Zuständigkeit für Arbeitssachen durch EWG-Verordnung oder EWG-Richtlinie.

4. Kapitel: Der Anwendungsbereich der europäischen Zuständigkeitsordnung

§ 15 Kreis der Vertragsstaaten

1. Es handelt sich um eine *geschlossene Konvention.* Der Beitritt steht de conventione lata nur den Mitgliedstaaten der Europäischen Gemeinschaften offen. Diese wiederum sind zum Beitritt verpflichtet, Art. 63.

2. Erlangt ein (außereuropäisches) Territorium die *Unabhängigkeit vom Mutterland,* dann gehört dieses Gebiet nicht mehr zum EWG-Bereich mit der Folge, daß auch das Übereinkommen nicht mehr anzuwenden ist.[1]

3. De conventione ferenda wird über eine Öffnung gegenüber Nicht-EG-Mitgliedsstaaten nachgedacht. Die Schweiz hat – auch im Namen der übrigen EFTA-Staaten – erst jüngst einen Vorstoß in diese Richtung unternommen. Derzeit stimmen die EG-Mitgliedstaaten einen gemeinsamen Standpunkt ab. Sollte Drittstaaten der Beitritt gestattet werden, dann muß wohl die Auslegungszuständigkeit (§ 12) dem EuGH entzogen und einem internationalen Gerichtshof übertragen werden, in den auch die Nicht-EG-Staaten Richter entsenden und an dessen Vorabentscheidungsverfahren auch diese Staaten beteiligt sind. Organisatorisch wäre dieses Gericht dem EuGH anzugliedern.

§ 16 Zeitlicher Anwendungsbereich

I. Inkrafttreten bezüglich der 6 EWG-Gründerstaaten

1. Das EWG-Übereinkommen ist am 1. Februar 1973 im Verhältnis zu *Belgien, der Bundesrepublik Deutschland, Frankreich, Italien, Luxemburg* und den *Niederlanden* in Kraft getreten.

2. Die Zuständigkeitsordnung des Übereinkommens kommt gemäß Art. 54 I auf alle ab *1. Februar 1973* erhobenen Klagen zur Anwendung. Die Klageerhebung nach diesem Zeitpunkt ist die einzige Voraussetzung für die Anwendung der Zuständigkeitsnormen. Dies gilt auch für *Zuständigkeitsvereinbarungen,* die vor Inkrafttreten des Übereinkommens geschlossen wurden. Deren Wirksamkeit ist nach Art. 17 bzw. Art. 12, 12a bzw. Art. 15 zu beurteilen, wenn die Klage *nach* Inkrafttreten erhoben wurde, und zwar auch dann, wenn die Zuständigkeitsvereinbarung nach den zur Zeit des Vertragsschlusses geltenden innerstaatlichen Rechtsvorschriften als nichtig anzusehen gewesen wäre.[1]

---

[1] Näher unten § 17 I 2.

[1] EuGH, Urteil vom 13. November 1979, *Rechtssache 25/79, Sanicentral./.Collin,* EuGHE 1979, 3423 = RIW/AWD 1980, 285. Die Cour de cassation hatte dem EuGH

II. Inkrafttreten bezüglich Dänemark, Irland und dem Vereinigten Königreich

Hier gilt das Beitrittsübereinkommen vom 9. Oktober 1978, das noch nicht ratifiziert ist. Dieses muß nicht gleichzeitig für alle drei Neu-EG-Staaten in Kraft treten. Erforderlich ist jeweils die Ratifikation durch die sechs EWG-Gründerstaaten und einen neuen Vertragsstaat. Art. 39 des Beitrittsübereinkommens vom 9. Oktober 1978 lautet:

Dieses Übereinkommen tritt für die Beziehungen unter den Staaten, die es ratifiziert haben, am ersten Tag des dritten Monats in Kraft, der auf die Hinterlegung der letzten Ratifikationsurkunde durch die ursprünglichen Mitgliedstaaten der Gemeinschaft und eines neuen Mitgliedstaats folgt.

Für jeden weiteren neuen Mitgliedstaat, der das Übereinkommen später ratifiziert, tritt es am ersten Tag des dritten Monats in Kraft, welcher der Hinterlegung seiner Ratifikationsurkunde folgt.

III. Inkrafttreten bezüglich Griechenland

Das einschlägige Beitrittsübereinkommen wurde am 25. Oktober 1982 unterzeichnet. Dessen Art. 15 bestimmt:

Dieses Übereinkommen tritt für die Beziehungen zwischen den Staaten, die es ratifiziert haben, am ersten Tag des dritten Monats in Kraft, der auf die Hinterlegung der letzten Ratifizierungsurkunde durch die Republik Griechenland und

---

folgende Frage vorgelegt: „Müssen aufgrund Art. 54 in Fällen, in denen die Klage nach dem 1. Februar 1973 erhoben worden ist, Gerichtsstandsvereinbarungen nunmehr als nach Art. 17 wirksam angesehen werden, die als Bestandteil eines vor dem 1. Februar 1973 geschlossenen Arbeitsvertrags nach dem damals geltenden innerstaatlichen Recht als nichtig anzusehen gewesen wären, ohne daß es darauf ankommt, wann die Parteivereinbarungen getroffen worden sind oder die betreffende Arbeitsleistung erbracht worden ist?"

Diese Frage stellte sich in einem Rechtsstreit wegen der im Dezember 1971 erfolgten Auflösung eines Arbeitsvertrags, der eine Gerichtsstandsvereinbarung zugunsten eines deutschen Gerichts enthielt; in diesem Rechtsstreit standen sich ein in Frankreich wohnhafter französischer Arbeiter und ein deutsches Unternehmen gegenüber, das diesen Arbeiter zur Arbeit in Deutschland ohne feste Arbeitsstätte eingestellt hatte. Dieser Arbeitsvertrag war im Oktober 1971 geschlossen worden. Die Klage wurde im November 1973 erhoben. Der EuGH entschied wie folgt: „Die Art. 17 und 54 sind dahin auszulegen, daß Gerichtsstandsvereinbarungen in Arbeitsverträgen, die vor Inkrafttreten des Übereinkommens geschlossen worden sind, im Hinblick auf nach diesem Zeitpunkt erhobene Klagen auch dann als wirksam angesehen werden müssen, wenn sie nach den zur Zeit des Vertragsschlusses geltenden innerstaatlichen Rechtsvorschriften als nichtig anzusehen gewesen wären."

Der EuGH betrachtet eine Zuständigkeitsvereinbarung solange als eine bloße Zuständigkeitsoption, die ohne rechtliche Folge bleibt, wie kein gerichtliches Verfahren eingeleitet ist. Sie entfalte erst dann Wirkungen, wenn eine Klage erhoben wird.

die Staaten, die das Übereinkommen von 1978 gemäß Artikel 39 des genannten Übereinkommens in Kraft gesetzt haben, folgt.

Für jeden Mitgliedstaat, der das Übereinkommen später ratifiziert, tritt es am ersten Tag des dritten Monats in Kraft, welcher der Hinterlegung seiner Ratifikationsurkunde folgt.

§ 17 Geographischer Anwendungsbereich

I. Überblick[1]

1. Der geographische Anwendungsbereich ist in Art. 60 definiert. Danach gilt das Übereinkommen für

a) die europäischen Hoheitsgebiete der Vertragsstaaten

b) für die französischen überseeischen Gebiete und Departements und für Mayotte

c) für die Niederländischen Antillen, sofern die Niederlande das Übereinkommen auf diese erstrecken. Eine solche Erstreckungserklärung ist bisher nicht abgegeben worden.

2. Außereuropäische Gebiete, die vom Mutterland unabhängig werden, scheiden aus dem Anwendungsbereich des Übereinkommens aus.[2] Dies gilt z. B. für Surinam, Dtschibuti und alle Komoren[3] (mit Ausnahme von Mayotte). Das Übereinkommen ist jeweils ab dem Zeitpunkt nicht mehr anzuwenden, ab dem die genannten Gebiete ihre Unabhängigkeit vom Mutterland erlangt haben.

3. Die Zuständigkeitsordnung des Übereinkommens ist nicht anzuwenden in Rechtsmittelverfahren gegen Entscheidungen von Gerichten aus Gebieten, in denen das Übereinkommen nicht gilt, Art. 60 II 2 und V.[4] Ebenso ist die Rechtslage, wenn die für diese Gebiete eingesetzten Gerichte innerhalb des geographischen Anwendungsbereichs des Übereinkommens ihren Sitz haben,[5] oder wenn das Mutterland vorübergehend noch Justizfunktionen für den unabhängig gewordenen Staat wahrnimmt.[6]

---

[1] Vgl. *Basedow* IZVR Rz. 55.

[2] *Schlosser*-Bericht Nr. 254: „Einig war sich die Expertengruppe darin, daß Territorien, welche Unabhängigkeit vom Mutterland erlangen, damit aufhören, Mitglied der Europäischen Gemeinschaft zu sein, und folglich auch dem EuGVÜ nicht mehr angehören können. Dies in einer förmlichen Bestimmung festzuhalten, war entbehrlich und wäre auch über den Auftrag der Gruppe hinaus gegangen."

[3] Vgl. unten bei Fußn. 23.

[4] Vgl. unten Fußn. 16.

[5] So für Färöer-Sachen Art. 60 VI n. F. Näher unten Fußn. 17.

[6] So ist die französische Cour de cassation bis zur Errichtung eines Obersten Gerichtshofes für Dschibuti auch für Kassationsverfahren zuständig, die Entscheidungen der Gerichte von Dschibuti betreffen. Hierzu *Basedow* IZVR Rz. 60 Fußn. 188.

II. Europäische Hoheitsgebiete

1. Berlin (West)

Das Übereinkommen gilt in Berlin (West).[7] Die Bundesrepublik Deutschland hat anläßlich der Ratifizierung des Übereinkommens erklärt, daß das Übereinkommen auf Personen und Organisationen, die im Gesetz Nr. 2 der Alliierten Kommandantur vom 9. Februar 1950[8] genannt sind, nur nach Maßgabe des Gesetzes Nr. 7 der Alliierten Kommandantur vom 17. März 1950[9] angewandt wird.[10]

2. Vatikanstaat

Der Vatikan ist ein souveräner Staat außerhalb des Hoheitsgebietes Italiens. Das Übereinkommen findet deshalb keine Anwendung.

3. San Marino

San Marino läßt seine auswärtigen Angelegenheiten von Italien wahrnehmen. In den Verträgen über die Errichtung der drei Europäischen Gemeinschaften findet sich jeweils eine Erstreckungsklausel. Danach sind die Verträge anwendbar auf „europäische Hoheitsgebiete, deren auswärtige Beziehungen ein Mitgliedstaat wahrnimmt".[11] Eine parallele Bestimmung fehlt jedoch in Art. 60. Daher gilt das Übereinkommen nicht in San Marino.

4. Monaco

Monaco läßt seine auswärtigen Angelegenheiten teilweise von Frankreich wahrnehmen. Es gilt das gleiche wie für San Marino.

5. Andorra

Ebenso ist die Rechtslage im Hinblick auf Andorra.[12] Zwar behandeln die französischen Gerichte Andorra zivilprozeßrechtlich als Inland: Sie wenden Art. 14 Code civil nicht an und lassen andorranische Urteile

---

[7] GVBl für Berlin 1972, 1972.

[8] VOBl für Groß-Berlin 1950, 64.

[9] VOBl für Groß-Berlin 1950, 89.

[10] Zur Rechtslage in Berlin Nachweise bei *Basedow* IZVR Rz. 59.

[11] Art. 227 IV EWGV, Art. 79 I 2 EGKSV und Art. 198 II EuratomV.

[12] *Basedow* IZVR Rz. 59; *Maus* RIW/AWD 1981, 151; a. A. *Schütze* RIW/AWD 1977, 399 und JZ 1982, 637 und unten Band I 2 sub Andorra. Vgl. auch *Bélinguier,* La condition juridique des Vallées d'Andorre, 1970.

ohne Exequatur zur Vollstreckung zu. Gleichwohl gehört Andorra nicht zum französischen Hoheitsgebiet. Lediglich der französische Staatspräsident ist neben seinem Amt als Chef der Französischen Republik in Personalunion Mitregent (co-prince) Andorras zusammen mit dem spanischen Bischof von Urgell.[13] Der französische Staatspräsident allein kann für Andorra keine rechtsverbindlichen Erklärungen abgeben. Die Frage der Geltung der EG-Verträge in Andorra ist deshalb umstritten. Sie wird wohl erst nach dem Beitritt Spaniens zur EG einvernehmlich beantwortet werden.

6. Kanalinseln und Insel Man

Das Vereinigte Königreich nimmt zwar die auswärtigen Beziehungen dieser Inseln wahr. Sie gehören aber nicht zum Hoheitsgebiet des Vereinigten Königreichs. Sie haben einen staatsrechtlichen Sonderstatus. Das Vereinigte Königreich kann nach Art. 60 III Nr. 2 n. F. den Geltungsbereich des Übereinkommens auf die Inseln erstrecken.[14] Vgl. hierzu section 52 II des Civil Jurisdiction and Judgments Act 1982.[15] Bis zur Erstreckung gilt das Übereinkommen auch nicht für Rechtsmittelverfahren vor dem Privy Council in London, die Prozesse aus den genannten Inseln betreffen, Art. 60 V n. F.[16]

---

[13] Nachweise bei *Maus* (Fußn. 12).

[14] *Schlosser*-Bericht Nr. 252.

[15] Vgl. auch section 39 dieses Acts.

[16] Hierzu *Schlosser*-Bericht Nr. 252: „Der vorletzte Absatz der zu Artikel 60 vorgeschlagenen Ergänzung bezieht sich darauf, daß gerichtliche Urteile in den genannten, nicht zum V. K. gehörenden Gebieten letztinstanzlich vor dem ‚Judicial Committee of the Privy Council' angefochten werden können. Es wäre unlogisch, Entscheidungen des Privy Council dem Geltungsbereich des EuGVÜ zu unterwerfen, wenn sie sich auf Rechtsstreitigkeiten aus Territorien beziehen, für die es nicht gilt."

„Der Begriff »Vereinigtes Königreich« umfaßt nicht die Kanalinseln, die Insel Man, Gibraltar und die Hoheitszonen auf Zypern. Eine Verpflichtung des V. K., den Geltungsbereich des EuGVÜ auf diese Gebiete zu erstrecken, deren auswärtige Interessen es im übrigen vertritt, besteht nicht. Es könnte sich jedoch als nützlich erweisen, dies gleichwohl zu tun. Dazu soll das V. K. ermächtigt sein. Die unerläßlichen ‚Anpassungen' hat es hierbei selbst vorzunehmen, ohne daß dies im Text des EuGVÜ-Beitrittsübereinkommens hätte niedergelegt werden müssen. Folgende Anpassungen würden dann nötig werden: Bezeichnung exorbitanter Zuständigkeiten in Artikel 3 Absatz 2, Angaben, ob im Sinne von Artikel 30 und 38 auch in den neu erfaßten Territorien jeder Rechtsbehelf als ein ordentlicher gilt, ob eine Registrierung in einem solchen Territorium nach Artikel 31 Absatz 2 nur für dieses wirkt, Festlegungen, welche Gerichte nach Artikel 32, 37 und 40 zuständig sind, in welcher Form der Antrag gestellt werden muß und ob die in Artikel 37 Absatz 2 und Artikel 41 bezüglich des V. K. getroffenen Regelungen auch in den neu erfaßten Territorien gelten sollen. Dazu treten gegebenenfalls Anpassungen im Bereich von Artikel 55, falls für eines der in Frage kommenden Territorien staatsvertragliche Regelungen bestehen."

7. Gibraltar

Es gilt das gleiche wie oben 6.

8. Britische Hoheitszonen Akrotiri und Dhekelia auf Zypern

Es gilt das gleiche wie oben 6.

9. Grönland

Zum europäischen Hoheitsgebiet Dänemarks wird derzeit noch Grönland gezählt, Art. 60 I.

10. Färöer-Inseln

Für deren Gebiet ist das Übereinkommen erst anwendbar, wenn Dänemark eine entsprechende Erstreckungserklärung abgegeben hat, Art. 60 III Nr. 1 n. F. Vorher fallen Gerichtsverfahren in Färöer-Angelegenheiten nicht in den Anwendungsbereich des Übereinkommens, auch wenn diese vor dem Østre Landsret oder dem Højesteret in Kopenhagen entschieden werden, Art. 60 VI.[17]

III. Überseeische Besitzungen Frankreichs[18]

1. Rechtszustand am 1. Februar 1973

Am 1. Februar 1973 hatte Frankreich vier überseeische Départements *(Départements d'outre mer, D. O. M.)* – Guadeloupe, Guyane, Martinique und Réunion – sowie sieben überseeische Gebiete *(Territoires d'outre mer, T. O. M.):* Comores, Nouvelle Calédonie, Polynésie, St. Pierre et Miquelon, Wassis et Futuna, das Territoire des Afars et Issas sowie die unbewohnten Terres australes et antarctiques. Alle diese Gebiete erfaßt Art. 60 I a. F., nicht dagegen die Neuen Hebriden, ein Kondominium Frankreichs und Großbritanniens.[19]

2. Inzwischen eingetretene Veränderungen

a) *St. Pierre et Miquelon* ist inzwischen Département d'outre mer geworden. Das Übereinkommen gilt weiter.[20]

---

[17] *Schlosser*-Bericht Nr.253: „Die staatsrechtliche Sonderstellung der Färöer-Inseln führte zu einer Lösung, welche genau derjenigen entspricht, die den Gebieten zuteil wurde, deren auswärtige Angelegenheiten das V.K. vertritt. Es war lediglich dem Umstand Rechnung zu tragen, daß nicht nur Rechtsmittelverfahren, sondern auch erstinstanzliche Verfahren, welche die Färöer betreffen und daher nach der eigens für diese Inselgruppe geschaffenen Zivilprozeßordnung ablaufen, in Kopenhagen durchgeführt werden können."

[18] *Basedow* IZVR Rz. 60.

[19] Unabhängig seit dem 30. Juli 1980; neuer Name: *Vanuatu*.

[20] *Basedow* IZVR Rz. 60.

b) Die *Komoren* trennten sich am 6. Juli 1975 einseitig für alle Inseln von Frankreich; dieses entließ die Inseln am 31. Dezember 1975 in die Unabhängigkeit[21] mit Ausnahme von *Mayotte.*

c) Dieses Gebiet hat aber einen neuen Status bekommen. Es ist mit einigen Nebeninseln *Collectivité territoriale,* also weder Département noch Territoire d'outre mer.[22] Der Wortlaut des Art. 60 I a. F. deckt diesen Fall nicht. Gleichwohl gilt das Übereinkommen fort, wie sich aus der Klarstellung in Art. 60 I n. F. ergibt.

d) Das Gebiet der *Afars et Issas* ist am 27. Juni 1977 als Republik Dschibuti unabhängig geworden und aus dem Anwendungsbereich des Übereinkommens ausgeschieden.[23]

IV. Überseeische Besitzungen der Niederlande

1. Für diese gilt das Übereinkommen erst nach einer besonderen Erstreckungserklärung, Art. 60 II 1. Eine solche haben die Niederlande nur für *Surinam* am 30. Januar 1973 abgegeben.

2. *Surinam* wurde am 25. November 1975 unabhängig. Damit ist dieses Gebiet aus dem geographischen Anwendungsbereich ausgeschieden. Dies ist in Art. 60 II 1 n. F. berücksichtigt.

3. Für Kassationsverfahren gegen Entscheidungen der Gerichte auf den *Niederländischen Antillen* ist der Hoge Raad in Den Haag zuständig. Gleichwohl sind diese aus dem Anwendungsbereich des Übereinkommens ausgeklammert, Art. 60 II 2.

V. Außereuropäische Gebiete des Vereinigten Königreichs

1. Das Übereinkommen sieht – anders als bei den niederländischen Besitzungen – die Möglichkeit der Erstreckung auf die außereuropäischen Gebiete Großbritanniens nicht vor.

2. Wenn der Privy Council mit Rechtsmitteln in außereuropäischen Sachen befaßt ist, gilt das Übereinkommen nicht.[24]

§ 18 Persönlicher Anwendungsbereich

Das Übereinkommen differenziert – anders als Art. 220 des EWG-Vertrages – nicht nach der Staatsangehörigkeit der Parteien. Es kommt auch dann zur Anwendung, wenn am Rechtsstreit/Verfahren keine Angehörigen von EG-Staaten beteiligt sind.

---

[21] Französisches Gesetz Nr. 75–1337 vom 31. Dezember 1975, Journal officiel vom 3. Januar 1976, Art. 8.

[22] *Basedow* IZVR Rz. 60 Fußn. 186.

[23] Vgl. oben Fußn. 6.

[24] *Basedow* IZVR Rz. 64.

§ 19 Sachlicher Anwendungsbereich: Zivil- und Handelssachen

I. Keine ausdrückliche Regelung im Text des Übereinkommens

1. Das Übereinkommen ist nach seinem Art. 1 I anzuwenden *„in Zivil- und Handelssachen, ohne daß es auf die Art der Gerichtsbarkeit ankommt"*. Es folgt damit dem Vorbild der meisten Verträge und Abkommen auf dem Gebiet des internationalen Zivilprozeßrechts. Man könnte deshalb vermuten, der Begriff „Zivil- und Handelssachen" sei ausreichend geklärt. Doch ist dem nicht so. In der Literatur wird allenfalls erörtert, ob *Adhäsionsurteile* der Strafgerichte über zivilrechtliche Ansprüche in den Anwendungsbereich der Verträge fallen.[1]

2. Auch der *Jenard*-Bericht macht es sich in diesem Punkt sehr leicht:[2] „Der Ausschuß hat weder ausdrücklich festgelegt, was unter ‚Zivil- und Handelssachen' zu verstehen ist, noch hat er das Problem der Qualifikation durch Bestimmung des zur Auslegung dieses Audruckes anzuwendenden Gesetzes gelöst".

3. Nichts Neues bringt für kontinentale Juristen die Klarstellung in Art. 1 I 2 n. F.: Danach erfaßt das Übereinkommen nicht Steuer- und Zollsachen sowie verwaltungsrechtliche Angelegenheiten.

---

[1] Rechtsvergleichend interessant, für die Auslegung von Art. 1 aber nicht ergiebig (da auf andere Teleologie ausgerichtet) sind die Versuche des *Europäischen Gerichtshofs für Menschenrechte, „Streitigkeiten"* in bezug auf *„zivilrechtliche Ansprüche und Verpflichtungen"* i. S. von Art. 6 I MRK zu definieren. Vgl. EGMR, Urteil vom 23. Juni 1982, NJW 1982, 2714. Wenig aufschlußreich *Jellinek,* Die zweiseitigen Staatsverträge über Anerkennung ausländischer Urteile, 1953, S. 170ff., obwohl er die Zweckmäßigkeit einer genaueren Umschreibung hervorhebt. Auch bei den Beratungen des Haager Übereinkommens vom 26. April 1966 über die Anerkennung und Vollstreckung ausländischer Urteile in Zivil- und Handelssachen (noch nicht in Kraft) wurde der Begriff der Zivil- und Handelssachen nicht definiert. Vgl. den Bericht von *Fragistas,* Conférence de la Haye de droit international privé, Actes et documents de la Session extraordinaire, Exécution des jugements 1969, 26 sub § 4 (3).

Auch Abhandlungen aus neuerer Zeit zu bilateralen Verträgen klammern die Diskussion über den substanziellen Gehalt der „Zivil- und Handelssachen" aus. Vgl. zum *österreichisch-französischen* Vertrag *Matscher,* Jurisclasseur de droit international – dr. intern. judiciaire, fasc. 610 B., zum *österreichisch-italienischen* Vertrag *Matscher,* JBL. 1977, 113 = Rivista di diritto internazionale privato e processuale 1975, 233ff.; zum *französisch-spanischen* Vertrag *Cremades,* Revue critique de droit international privé 1975, 356. *Cremades* gibt sich mit folgender Feststellung zufrieden: „La nature civile ou commerciale des décisions doit être interprétée dans un sens large."

Optimistischer dagegen *Stein-Jonas-Schumann,* ZPO, 20. Aufl., Einl. XV G 6 Rz. 787.

[2] S. 58.

II. Die verschiedenen Möglichkeiten einer Qualifikation

Denkgesetzlich gibt es verschiedene Lösungen für die Qualifikationsfrage,[3] dabei kommt es darauf an, in welchem Stadium diese Frage entscheidungserheblich ist.

Für den *Erstrichter,* d. h. für den Richter im Erststaat (Urteilsstaat), der über die Klage zu entscheiden hat, ergeben sich drei Alternativen:[4] Er kann nach seinem Recht *(lege fori)* entscheiden, ob eine zivilrechtliche oder öffentlichrechtliche Streitigkeit vorliegt. Er kann aber auch eine *autonome Qualifikation* vorziehen, also die Meinung vertreten, das Übereinkommen selbst habe den Begriff der „Zivil- und Handelssachen" festgelegt, mithin sei aus dem Systemzusammenhang des Übereinkommens eine *,,vertragsimmanente Definition"* zu entwickeln. Schließlich könnte er noch auf den – allerdings abwegigen – Gedanken verfallen, für die Qualifikation sei die lex causae maßgeblich.[5] Nach dieser Hypothese wäre für die Abgrenzung der Zivil- und Handelssachen von den öffentlichrechtlichen Streitigkeiten diejenige Rechtsordnung maßgeblich, anhand derer der Erstrichter nach seinem IPR über die Klage, d. h. den Streitgegenstand, zu entscheiden hätte. *Beispiel:* Die Parteien haben einen Vergleich über die Ablösung von Rechten aus unvordenklicher Zeit auf ehemals österreichischem Berchtesgadener Gebiet vereinbart und dabei bestimmt, daß österreichisches Recht gelten solle. Nach der letzten Variante würden dann für die Einordnung zivilrechtlich/öffentlichrechtlich die österreichischen Vorstellungen maßgeblich sein.[6]

---

[3] Zu den verschiedenen Möglichkeiten der Interpretation des Übereinkommens *Geimer* RIW/AWD 1976, 140 sub II und EuR 1977, 343; *Linke* RIW/AWD 1977, 44. Vgl. auch oben § 11.

[4] Aus der Sicht des *Zweitstaates,* also desjenigen Vertragsstaates, dessen Gerichte über die Anerkennung bzw. Vollstreckbarerklärung (durch Klauselerteilung nach Art. 31 ff.) des im Erststaat ergangenen Urteils befinden müssen, ist die Zahl der denkbaren Qualifikationsansätze noch größer: Zu den vorgenannten drei Qualifikationsalternativen treten weitere zwei: die *Qualifikation nach dem Recht des Zweitstaates* und *nach der lex causae,* wobei aber diese nicht nach dem IPR des Zweitstaates zu bestimmen ist. Vergegenwärtigt man sich nun, daß die Frage der Anerkennung und Vollstreckbarerklärung des erststaatlichen Urteils nicht nur in einem Vertragsstaat aktuell werden kann, sondern in mehreren – Beispiel: Der durch ein französisches Gerichtsurteil zu einer monatlichen Rentenzahlung Verurteilte verlegt seinen Wohnsitz von Lyon nach Verona, dann nach Stuttgart und schließlich nach Brüssel –, so wird klar, daß die Zahl der unterschiedlichen Subsumtionsergebnisse ganz beträchtlich sein kann.

[5] So *Grunsky* RIW/AWD 1977, 4 und *Jung,* Vereinbarungen über die Internationale Zuständigkeit nach dem EWG-Gerichtsstands- und Vollstreckungsübereinkommen und nach § 38 Abs. 2 ZPO, Diss. Bochum 1980, 45 ff.

[6] *Geimer* EuR 1977, 343.

III. Vertragsimmanente Definition auf der Grundlage der Zielsetzungen und Systematik des Übereinkommens

1. Der EuGH[7] sprach sich – im Gegensatz zum BGH[8] – für die autonome Qualifikation aus: *„Für die Auslegung des Begriffes ‚Zivil- und Handelssachen' ist nicht das Recht irgendeines der beteiligten Staaten maßgebend, vielmehr müssen hierbei die Zielsetzungen und die Systematik des Übereinkommens sowie die allgemeinen Rechtsgrundsätze, die sich aus der Gesamtheit der innerstaatlichen Rechtsordnungen ergeben, herangezogen werden".*[9]

2. Die Begründung des EuGH ist einleuchtend: Da Art. 1 I den Anwendungsbereich des Übereinkommens abgrenzen soll und sichergestellt werden muß, daß sich aus dem Übereinkommen für die Vertragsstaaten und die betroffenen Personen soweit wie möglich gleiche und einheitliche Rechte und Pflichten ergeben, können die in ihr verwendeten Ausdrücke nicht als bloße Verweisung auf das innerstaatliche Recht des einen oder anderen beteiligten Staats verstanden werden. Nach Art. 1 I ist das Übereinkommen anzuwenden, ohne daß es auf die Art der Gerichtsbarkeit ankommt; daraus folgt, daß der Begriff „Zivil- und Handelssachen" nicht einfach nach Maßgabe der Aufteilung der Zuständigkeiten zwischen den verschiedenen Zweigen der Gerichtsbarkeit, wie sie

---

[7] EuGH, Urteil vom 14. Oktober 1976, Rechtssache 29/76, *LTU ./. Eurocontrol,* EuGHE 1976, 1541 = NJW 1977, 489 mit Anm. *Geimer.*

[8] BGHZ 65, 291 = NJW 1976, 478 = RIW/AWD 1976, 110 = LM Nr. 3 zu Haager Ziv. Proz. Abk. mit Anm. *Merz* = IPRspr. 1975 Nr. 170.

Der BGH folgte der in der Literatur h. M. Nachweise bei *Linke* RIW/AWD 1977, 45 Fußn. 51. Diese Entscheidung ist durch die EuGH-Rechtsprechung überholt.

Der BGH argumentierte wie folgt: Das Übereinkommen sei anzuwenden, da nach dem Recht des Erststaates (Belgien) der Streitgegenstand als zivilrechtlich zu beurteilen sei. Diese Qualifikation sei maßgeblich. Auf den Standpunkt des Zweitstaates komme es nicht an. Der BGH hob den Beschluß der Vorinstanz, des OLG Düsseldorf, auf und verwies die Sache zur erneuten Entscheidung an dieses Gericht zurück. Dieses folgte aber nicht dem BGH, sondern bat gemäß Art. 2 Nr. 3 und Art. 3 Abs. 2 des Auslegungsprotokolls den EuGH um Vorabentscheidung über die Frage, nach welchem Recht der Begriff „Zivil- oder Handelssache" zu qualifizieren sei. Der EuGH entschied gegen den BGH: *„Eine Entscheidung, die in einem Rechtsstreit zwischen einer Behörde und einer Privatperson ergangen ist, den die Behörde im Zusammenhang mit der Ausübung hoheitlicher Befugnisse geführt hat, ist vom Anwendungsbereich des Übereinkommens ausgeschlossen."*

[9] Der Entscheidung lag folgender Sachverhalt zugrunde: Ein Lufttransportunternehmen mit dem Sitz in Düsseldorf war der Europäischen Organisation zur Sicherung der Luftfahrt (Eurocontrol) Streckennavigationsgebühren schuldig geblieben. Eurocontrol erstritt vor dem Tribunal de Commerce in Brüssel einen Zahlungstitel gegen das deutsche Unternehmen. Das Gericht wies den Einwand der Beklagten, es handle sich um einen öffentlichrechtlichen Streitgegenstand, zurück. Eurocontrol betrieb in der Bundesrepublik Deutschland die Vollstreckbarerklärung des belgischen Urteils nach Art. 31 ff.

einige Staaten kennen, ausgelegt werden darf. Er ist daher als autonomer Begriff anzusehen, bei dessen Auslegung die Zielsetzungen und die Systematik des Übereinkommens sowie die allgemeinen Rechtsgrundsätze, die sich aus der Gesamtheit der innerstaatlichen Rechtsordnungen ergeben, berücksichtigt werden müssen.[10]

3. Diese Auslegungsmaxime hat der EuGH in mehreren Entscheidungen bekräftigt.[11]

---

[10] Zustimmend mittlerweile auch *Schlosser,* Gedächtnisschrift für *Rudolf Bruns,* 1980, 49.

[11] EuGH, Urteil vom 22. Februar 1979, Rechtssache 133/78, *Gourdain ./. Nadler,* EuGHE 1978, 2183 = RIW/AWD 1979, 273. Fast wörtlich wiederholt der EuGH die Gründe der 1. Eurocontrolentscheidung: „Weil Art. 1 das Anwendungsgebiet des Übereinkommens angibt, darf er – im Interesse möglichst weitgehender Gleichheit und Einheitlichkeit der sich für die Vertragsstaaten und die betroffenen Personen aus dem Übereinkommen ergebenden Rechte und Pflichten – nicht als schlichte Verweisung auf das innerstaatliche Recht des einen oder anderen Vertragsstaates angesehen werden. Wenn Art. 1 I festlegt, daß das Übereinkommen in Zivil- und Handelssachen anzuwenden ist, ‚ohne daß es auf die Art der Gerichtsbarkeit ankommt', so weist dies darauf hin, daß dieser Begriff nicht lediglich danach ausgelegt werden darf, wie in bestimmten Mitgliedstaaten die Zuständigkeiten auf die verschiedenen Gerichtszweige verteilt sind. Die in Art. 1 verwendeten Begriffe sind also als autonome Begriffe zu verstehen, für deren Auslegung die Ziele und der Aufbau des Übereinkommens zum einen und die sich aus der Gesamtheit der nationalen Rechtssysteme ergebenden allgemeinen Grundsätze zum anderen heranzuziehen sind."

Ebenso EuGH, Urteil vom 16. Dezember 1980, Rechtssache 814/79, *Staat der Nederlanden ./. Rüffer,* EuGHE 1980, 3807 = RIW/AWD 1981, 711 = IPRax 1981, 169. Hierzu *Schlosser,* IPRax 1981, 154 und *Basedow,* IZVR Rz. 82 Fußn. 248.

Nach einer Kollision war in der *Bucht von Watum* ein Schiff gesunken. Dieses ließ der Niederländische Staat heben und abschleppen. Er verlangte durch Klage vor der Rechtbank Den Haag Ersatz der Kosten von dem in der Bundesrepublik Deutschland ansässigen Eigner des Wracks. Der EuGH führte aus:

„7. Wie sich aus der Rechtsprechung des Gerichtshofes ergibt (Urteile vom 14. Oktober 1976 in der Rechtssache 29/76, *LTU,* Slg. 1976, 1541, vom 14. Juli 1977 in den verbundenen Rechtssachen 9 und 10/77, *Bavaria-Germanair,* Slg. 1977, 1517, und vom 22. Februar 1979 in der Rechtssache 133/78, *Gourdain,* Slg. 1979, 733), ist der Begriff ‚Zivil- und Handelssachen' in Art. 1 des Brüsseler Übereinkommens als autonomer Begriff zu verstehen, für dessen Auslegung die Ziele und der Aufbau des Übereinkommens zum einen und die sich aus der Gesamtheit der nationalen Rechtssysteme ergebenden allgemeinen Grundsätze zum anderen heranzuziehen sind.

8. Im Lichte dieser Erwägungen hat der Gerichtshof in den angeführten Urteilen entschieden, daß bestimmte Entscheidungen, die in Verfahren ergehen, in denen sich eine Behörde und eine Privatperson gegenüberstehen, zwar unter das Übereinkommen fallen können, daß es sich jedoch anders verhält, wenn die Behörde einen Rechtsstreit im Zusammenhang mit der Ausübung hoheitlicher Befugnisse führt.

9. Dies trifft unter anderem für einen Rechtsstreit um die Erstattung der Kosten zu, die der für die Verwaltung einer öffentlichen Wasserstraße zuständige Staat in Erfüllung einer völkerrechtlichen Verpflichtung und auf der Grundlage von Bestimmungen des innerstaatlichen Rechts, nach denen er bei der Verwaltung dieser Wasserstraße

IV. Notwendigkeit einer einheitlichen Anwendung des Übereinkommens

Der EuGH betont zu Recht, daß nur eine autonome Qualifikation die *einheitliche Anwendung des Übereinkommens* gewährleistet.[12] Würde man auf das Recht des Erststaates oder des Zweitstaates abstellen, so hätten es

---

gegenüber den Bürgern hoheitlich handelt, für die Beseitigung eines Wracks im Bereich dieser Wasserstraße aufgewandt hat.

10. Unstreitig hat der niederländische Staat im vorliegenden Fall das Wrack der „*O.*" in Erfüllung einer Verpflichtung beseitigt, die ihm nach den Art. 19 I Buchstabe a und 20 II Buchstabe d des Ems-Dollart-Vertrages im Rahmen der ihm durch diesen Vertrag bezüglich jener Wasserstraße übertragenen strompolizeilichen Aufgaben obliegt; daher hat er im vorliegenden Fall als Hoheitsträger gehandelt.

11. Es entspricht im übrigen den allgemeinen Grundsätzen, die sich aus der Gesamtheit der nationalen Rechtssysteme ergeben, dem für die Wahrnehmung der strompolizeilichen Aufgaben zuständigen Verwalter der öffentlichen Wasserstraßen im Hinblick auf die Beseitigung von im Bereich dieser Wasserstraßen gelegenen Wracks die Stellung eines Trägers hoheitlicher Befugnisse zuzuerkennen. Denn wie sich aus den jeweiligen innerstaatlichen Rechtsvorschriften über die Verwaltung der öffentlichen Wasserstraßen ergibt, wird der Verwalter der Wasserstraßen bei der Wrackbeseitigung in Ausübung hoheitlicher Befugnisse tätig.

12. Aufgrund dieser Erwägungen ist die Klage des niederländischen Staates vor dem innerstaatlichen Gericht als nicht in den Anwendungsbereich des Brüsseler Übereinkommens fallend anzusehen. ...

13. Der Umstand, daß es im vorliegenden Fall in dem vor dem innerstaatlichen Gericht anhängigen Rechtsstreit nicht um die Wrackbeseitigungsmaßnahmen selbst, sondern um die Erstattung der hierfür aufgewandten Kosten geht und daß dieser Kostenerstattungsanspruch vom niederländischen Staat im Wege einer Regreßklage und nicht, wie es das Recht anderer Mitgliedstaaten vorsieht, im Verwaltungswege geltend gemacht wird, genügt nicht, um die Sache in den Anwendungsbereich des Brüsseler Übereinkommens fallen zu lassen.

14. Wie der Gerichtshof in den angeführten Urteilen entschieden hat, ist das Brüsseler Übereinkommen so anzuwenden, daß soweit wie möglich sichergestellt wird, daß sich aus dem Übereinkommen für die Vertragsstaaten und die betroffenen Personen gleiche und einheitliche Rechte und Pflichten ergeben. Nach dieser Rechtsprechung schließt es dieses Erfordernis aus, das Übereinkommen lediglich danach auszulegen, wie in bestimmten Mitgliedstaaten die Zuständigkeiten auf die verschiedenen Gerichtszweige verteilt sind; es gebietet vielmehr, den Anwendungsbereich des Übereinkommens in erster Linie nach der Natur der zwischen den Parteien bestehenden Rechtsbeziehungen oder nach dem Gegenstand des Rechtsstreits zu bestimmen.

15. Der Klage des Verwalters der Wasserstraße auf Erstattung der genannten Kosten liegt ein Anspruch zugrunde, der seinen Ursprung in einem hoheitlichen Akt hat; dieser Umstand genügt, um die Geltendmachung dieses Anspruchs unabhängig von der Art des Verfahrens, das das nationale Recht hierfür bereithält, als vom Anwendungsbereich des Brüsseler Übereinkommens ausgenommen anzusehen."

Vgl. auch EuGH, Urteil vom 31. März 1982, Rechtssache 25/81 – *W. ./.H.*, EuGHE 1982, 1189 zu Art. 1 II Nr. 1.

[12] Vgl. auch oben § 11.

die einzelnen Vertragsstaaten in der Hand, nach eigenem Ermessen den Anwendungsbereich des Übereinkommens zu erweitern oder einzuengen, je nachdem, was sie für opportun halten. Sie könnten „umqualifizieren", d. h. im Wege der Änderung ihres nationalen Rechts – sei es durch Gesetz oder durch Richterspruch – den sachlichen Anwendungsbereich verändern und damit den Umfang der von ihnen durch die Konvention übernommenen Pflichten selbst bestimmen.[13] Hätten dies die Vertragsunterhändler tatsächlich gewollt, so hätten sie diese ungewöhnliche Version sicher im Text der Konvention verankert, wie dies in einem anderen Zusammenhang auch geschehen ist.[14]

V. Gemeineuropäische Rechtstraditionen

1. Mit seiner konventionsimmanenten europäischen Interpretation der „Zivil- und Handelssachen" macht der EuGH den Blick frei auf die *gemeineuropäischen Rechtstraditionen:* Zumindest die kontinentaleuropäischen Rechtssysteme gehören – trotz aller unterschiedlichen Rechtsentwicklungen infolge der verschieden verlaufenen Kodifikationsbewegungen (seit dem 18. Jahrhundert) und infolge der unterschiedlichen öffentlichrechtlichen Eingriffsgesetze zur Durchsetzung unterschiedlicher politischer Ziele – zu *einer* Rechtsfamilie, die geprägt ist durch römischgermanische Rechtstraditionen. Es gilt die Grenzen zwischen öffentlichem Recht und Privatrecht in den einzelnen Vertragsstaaten zu untersuchen und dabei die gemeineuropäischen Wurzeln der unterschiedlichen nationalen Qualifikationen offenzulegen.[15]

2. Auf der Grundlage solcher rechtsvergleichender Untersuchungen wird der europäische Begriff „Zivil- und Handelssachen" klare Konturen erhalten und damit für die Praxis justiziabel werden. Bis dahin sind allerdings noch viele Abgrenzungsprobleme zu lösen. Die Mühen sind aber nicht umsonst: Sichern sie doch eine einheitliche Anwendung des Übereinkommens und bewirken sie darüberhinaus eine Besinnung auf die gemeinsamen Rechtstraditionen. Dies ist nicht nur für die Auslegung der Konvention ein Gewinn, sondern wird „integrationsfördernd" auch auf andere Rechtsmaterien ausstrahlen.

3. Dagegen sieht *Schlosser*[16] nur die durch die autonome Qualifikation unvermeidlichen Abgrenzungsschwierigkeiten. Der EuGH habe es sich „sehr leicht gemacht".[17] Es sei „unerträglich, wenn das Gericht eines

---

[13] *Geimer* EuR 1977, 346.

[14] Art. 52, 53, 5 Nr. 4, 5 Nr. 6, 8 II.

[15] *Geimer* EuR 1977, 346.

[16] *Schlosser* NJW 1977, 457ff.

[17] *Schlosser* NJW 1977, 461 Sub III 3. „Dieses Urteil ist eine Entscheidung ins Blaue und gibt kaum Brot, fast nur Steine. Brot gibt es für einen etwaigen engen Vergleichsfall: Eine staatliche oder internationale Stelle macht ein Entgelt für ihre Dienste oder

Vertragsstaates eine Entscheidung aus einem anderen Vertragsstaat anerkennen müßte, weil es sie als Entscheidung über eine ‚Zivil- und Handelssache' ansieht, obwohl das Gericht des Urteilsstaates dies nicht getan hat und daher aufgrund einer Zuständigkeitsnorm entschieden hat, die mit dem Zuständigkeitssystem des Übereinkommens nicht übereinstimmt. Hat etwa ein Gericht eines Vertragsstaates, das nach nationalem Prozeßrecht nur aufgrund des Wohnsitzes des Klägers zuständig war, einen früheren Ehegatten dazu verurteilt, an seinen früheren Partner einen bestimmten Geldbetrag zu bezahlen, und hat es das Übereinkommen nicht angewandt, weil es den Streit ehegüterrechtlich qualifizierte (Art. 1 II Nr. 1), so wäre es schockierend, wenn ein Gericht eines anderen Vertragsstaates das Urteil anerkennen müßte, weil es den Streitgegenstand – am Maßstab seines eigenen Rechts gemessen – als ‚Unterhaltssache' anzusprechen hätte".[18]

4. Dem ist entgegenzuhalten, daß der Anwendungsbereich der vom Übereinkommen aufgestellten internationalen Zuständigkeitsordnung mit dem Anwendungsbereich der Vorschriften über die gegenseitige Anerkennung und Vollstreckung von gerichtlichen Entscheidungen und sonstigen Titeln (Art. 25ff.) nicht übereinstimmt.[19] Art. 26 gilt auch für solche Urteile, die nicht aufgrund der Zuständigkeitsregeln des Übereinkommens, sondern auf Grund des innerstaatlichen Zuständigkeitsrechts ergangen sind (Art. 4 I). Ob der Erstrichter die Anwendbarkeit des Zuständigkeitssystems des Übereinkommens zu Recht abgelehnt hat oder nicht, darf der Zweitrichter grundsätzlich nicht nachprüfen, Art. 28 III. Der Beklagte kann im Verfahren vor dem Zweitrichter nicht einwenden, der Erstrichter habe die Regeln des Übereinkommens mißachtet und sich zu Unrecht für zuständig erklärt.[20] Dabei spielt es keine Rolle, ob der Erstrichter bewußt oder unbewußt, infolge falscher Auslegung des Übereinkommens oder auf Grund eines falschen Sachverhalts die Kompetenznormen des Übereinkommens verletzt hat.[21] Die Verpflichtung des Zweitstaates zur Anerkennung und Klauselerteilung hängt nicht davon ab, daß der Erstrichter die Zuständigkeitsregeln des Übereinkommens richtig angewandt hat. Es ist keineswegs „schockierend", wenn

---

die Bereitstellung ihrer Einrichtungen geltend, die sie monopolmäßig anbietet, sofern das Entgelt und alle Nebenverpflichtungen und Berechtigungen einseitig gegenüber den Benutzern festgesetzt wurden. Für alle übrigen Fälle hat der Gerichtshof keinen wiederauffindbaren Weg gewiesen, wie eine autonome Qualifikation des Begriffs ‚Zivil- und Handelssachen' oder gar die in den vier Nummern von Art. 1 II verwandten Begriffe nach methodischen Grundsätzen erarbeitet werden könnte."

Weniger kritisch nun *Schlosser* in Gedächtnisschrift für *Rudolf Bruns,* 1980, 45ff. und IPRax 1981, 154.

[18] *Schlosser* NJW 1977, 459.

[19] Vgl. oben § 10.

[20] *Geimer* RIW/AWD 1980, 307.

[21] *Geimer* WM 1976, 837 und RIW/AWD 1980, 307. A. A. *Schütze* AWD 1974, 428 für den Fall, daß der Erstrichter das Übereinkommen nicht angewendet hat.

der Zweitstaat auch Urteile anerkennen muß, die auf einer Fehlentscheidung zur Zuständigkeitsfrage basieren. Hierzu bemerkt der *Jenard*-Bericht[22] schlicht: Das „Vertrauen in die sachliche Richtigkeit der Entscheidung muß sich, wie es sich von selbst versteht, auch darauf erstrecken, daß der Richter des Urteilsstaates die Zuständigkeitsregeln des Übereinkommens richtig angewandt hat. Durch die Regelung, daß die Zuständigkeit des Urteilsstaates nicht nachzuprüfen ist, wird vermieden, daß bei der Anerkennung die Frage einer etwaigen Nichtbeachtung dieser Vorschriften aufs neue aufgeworfen wird."

5. Die Qualifikation nach dem Recht des Erststaates würde zu Ergebnissen führen, die für den Zweitstaat nicht akzeptabel wären. Wenn etwa in Frankreich Enteignungen zum öffentlichen Wohl zivilrechtlich qualifiziert werden (Kaufvertrag, der im Wege des Kontrahierungszwanges zustandekommt), so müßten darauf bezügliche französische Gerichtsentscheidungen in allen anderen Vertragsstaaten anerkannt werden. Dieses Ergebnis ist von den Verfassern des Übereinkommens nicht intendiert. Die Erststaatstheorie müßte also modifiziert werden. Die notwendigen Randberichtigungen machen aber die gleichen rechtsvergleichenden Untersuchungen notwendig wie nach der Theorie von der autonomen Qualifikation.[23]

VI. Notwendigkeit der Rechtsvergleichung

Für eine konventionsimmanente Definition der Zivil- und Handelssachen müssen die Lehrmeinungen und Ergebnisse der Rechtsprechung zur Abgrenzung zwischen öffentlichem Recht und Privatrecht in den einzelnen Vertragsstaaten miteinander verglichen werden.[24] In Betracht zu ziehen sind vor allem die Parallelnormen zu § 13 GVG und § 40 VwGO.[25]

1. Frankreich

Die Abgrenzung zwischen zivilrechtlichen und öffentlichrechtlichen Streitigkeiten wirft in Frankreich ebenso viele Zweifelsfragen auf wie in der Bundesrepublik Deutschland. Dort verwendet man die Formel, die Verwaltungsgerichte seien zuständig für Streitigkeiten, die *rapports de droit public* betreffen oder Situationen und Kompetenzen, die sich von denen der Privatpersonen unterscheiden.[26] Diese Definition ist nicht aussagekräftiger als der Begriff der öffentlichrechtlichen Streitigkeit.

[22] S. 90.

[23] *Geimer* EuR 1977, 347.

[24] Zum folgenden *Geimer* EuR 1977, 348ff. und *Schlosser,* Gedächtnisschrift für *Rudolf Bruns* 1980, 45ff.

[25] Die Notwendigkeit der Rechtsvergleichung betont auch *Basedow* IZVR Rz. 75.

[26] Vgl. *Constantinesco-Hübner,* Einführung in das französische Recht, 1974, § 22; zur französischen Verwaltungsgerichtsbarkeit s. die Traités zum droit administratif, vor

Über Kompetenzkonflikte entscheidet in Frankreich das *Tribunal des Conflits,* dessen Erkenntnisse meist nur von Öffentlichrechtlern registriert und diskutiert werden. Die Zivilprozessualisten beteiligen sich nur zögernd an der Diskussion um die Grenzlinie zwischen Zivil- und Verwaltungsgerichtsbarkeit.[27] Der französische Standpunkt kann hier im einzelnen nicht dargestellt werden. Hervorgehoben sei nur, daß der Begriff *contrat administratif* wesentlich weiter ist als der des öffentlichrechtlichen Vertrages im deutschen Recht.[28] So werden beispielsweise öffentlichrechtlich eingeordnet: die Vergabe von Straßenbauarbeiten (travaux publics) an private Bauunternehmer oder Ingenieure, Verträge zur Dekkung des Bürobedarfs der Verwaltung (marché de fournitures), Veräußerung staatlichen Grundbesitzes, Verträge mit Verwaltungsangestellten, die nicht Beamte sind.[29]

---

allem *Bénoit,* Le droit administratif français, 1968 Nr. 604 S. 343ff., *de Laubadère,* Traité de droit administratif, 6. Aufl. 1973, Nr. 640, S. 371 ff. *Letourneur-Bauchet-Meric,* Le Conseil d'Etat et les tribunaux administratifs, 1970; *Fromont,* Rechtsschutz gegenüber der Verwaltung in Deutschland, Frankreich und in europäischen Gemeinschaften, 1967; *ders.,* in „Gerichtsschutz gegen die Exekutive", Beiträge zum ausländischen öffentlichen Recht und Völkerrecht, herausgegeben vom Max-Planck-Institut für ausländisches öffentliches Recht und Völkerrecht, Band 52, I S. 221 ff.; *Schmidt,* Die Anfechtungsklage gegen Verwaltungsakte im französischen Verwaltungsrecht (recours pour excès de pouvoir), Diss. München 1967; *Joly,* Ordentlicher Rechtsweg und Verwaltungsrechtsweg nach französischem Recht, DÖV 1968, 661 ff.; *Maas,* Verwaltungsakt und Rechtssatz, Zur Systematik rechtswidriger Verwaltungsakte im deutschen und französischen Recht, 1970.

Weitere Nachweise bei *Lederer,* AöR 1956, 449ff.; *Fromont,* AöR 1970, 141 ff.; *Blanc-Jouvan-Boulais,* in International Encyclopedia of Comparative Law, Vol. I, 56 sowie bei *Becker,* Der Einfluß des französischen Verwaltungsrechts auf den Rechtsschutz in den Europäischen Gemeinschaften 1963, S. 7ff und *Bopp,* Die Untersuchungsmaxime im deutschen und französischen Verwaltungsprozeß, Diss. Erlangen-Nürnberg, 1969, 14ff.; *Debbasch,* Contentieux administratif, 1975; *Debouy,* Les moyens d'ordre public dans la procédure administrative contentieuse, 1980.

[27] *Solus-Perrot,* Droit judiciaire privé, tome I 1961, Nr. 510 S. 477: „Mais il n'empêche que la coexistence de tribunaux judiciaires et de tribunaux administratifs fait naître des conflits délicats de compétence, et que la détermination du critère qui permet de délimiter la compétence des uns et des autres a donné lieu à une abondante jurisprudence et fait l'objet de graves discussions entre les publicistes".

[28] Vgl. vor allem *de Laubadère,* Traité théoretique et pratique des contrats administratifs, tome I, 1956, Nr. 42, S. 39ff.; *ders.,* Traité de droit administratif, 6. Aufl. 1973 Nr. 564, S. 331 ff.; *Luethje,* Die Theorie des contrat administratif im französischen Verwaltungsrecht, 1964; *Constantinesco-Hübner,* Einführung in das französische Recht, 1974, S. 69ff.; *Ferid,* Französisches Zivilrecht, Bd. I, 1971, S. 251, 1 E 36; *Frank,* RabelsZ 1970 S. 71. Zum deutschen Recht s. z. B. die Rechtsprechungsübersicht von *Ballhaus* in RGRK, 12. Aufl. 1975, Anm. 6ff. vor § 305 BGB.

[29] Hierzu ausführlich der *Schlosser*-Bericht Nr. 26: „Der wichtigste Unterschied in der Struktur der nationalen Verwaltungsrechte auf dem Kontinent besteht in der rechtlichen Regelung der eigenen Versorgung und vor allem der öffentlichen Versorgungsaufgaben der Behörden. Die französische Rechtsordnung hat zu diesem Zweck

2. Italien

In Italien garantiert Art. 113 der italienischen Verfassung die Nachprüfbarkeit von Verwaltungsakten: „*Contro gli atti della pubblica amministrazione è sempre ammessa la tutela giurisdizionale dei diritti e degli interessi legittimi dinanzi agli organi di giurisdizione o amministrativa*". Aber anders als in Deutschland und Frankreich gehört ein wesentlicher Teil des verwaltungsgerichtlichen Rechtsschutzes zum Jurisdiktionsbereich der ordentlichen Gerichte.[30] Denn das Gesetz vom 20. März 1865 n 2248 All. E ist noch in Kraft. Nach Art. 2 dieses Gesetzes „sono devolute alla giurisdizione ordinaria tutte le materie nelle quali si faccia questione d'un diritto civile o politico, communque vi possa essere interessata la pubblica amministrazione, e ancoraché siano emanati provvedimenti del potere esecutivo o dell'autorita amministrativa."[31] Die ordentlichen Ge-

---

das besondere Institut des verwaltungsrechtlichen Vertrages ausgebildet, der unabhängig vom ‚code civil' in einem besonderen Gesetz, dem ‚code des marchés publics' geregelt ist. Der verwaltungsrechtliche Vertrag kommt sowohl zur Anwendung, wenn die öffentlichen Funktionsträger ihren eigenen Bedarf decken wollen, als auch dann, wenn öffentliche Arbeiten, wie Hoch- und Tiefbauten, Geländeerschließungen und dergleichen, vergeben werden. In solchen Situationen handeln in Frankreich Staat und öffentlichrechtliche Körperschaften nicht wie Privatpersonen. Die charakteristische Folge davon ist, daß sie, wenn ihre Vertragspartner die ihnen obliegenden Leistungen nicht erbringen, nicht gehalten sind, Klage vor Gericht zu erheben. Sie haben das Recht, durch Verwaltungsakt (‚décision exécutoire') einseitige Sanktionen zu verhängen, die vollstreckbar sind. Ganz anders ist die Rechtslage in Deutschland. Dort spielt der verwaltungsrechtliche Vertrag eine ganz untergeordnete Rolle. Die Versorgung des Verwaltungsträgers wird wie vor allem auch die Vergabe öffentlicher Arbeiten rein privatrechtlich abgewickelt. Der Staat handelt, auch wenn er Projekte von der Größenordnung einer Talsperre oder einer Flußkanalisation verwirklichen will, bei Abschluß seiner Verträge mit den beteiligten Firmen wie ein Privatmann."

Vgl. auch *Schmitz,* Das Recht der öffentlichen Aufträge im Gemeinsamen Markt, 1972.

[30] Zur italienischen Verwaltungsgerichtsbarkeit s. *Satta,* Diritto processuale civile, 8. Aufl., 1973, Nr. 3, S. 11ff.; *Liebman,* Manuale di diritto processuale civile, 3. Aufl., I, 1974, Nr. 10, S. 17f.; *Montesano,* Processo civile e pubblica amministrazione, 1960; *Lessona,* Verw. Arch. 1959, 237ff.; *Cappelletti,* RabelsZ 1966, S. 260, Fn. 22; *Cappelletti-Roscigno* in International Encyclopedia of Comparative Law, I. Bd. I 96; *Bachelet* in: Gerichtsschutz gegen die Exekutive, Beiträge zum ausländischen öffentlichen Recht und Völkerrecht, herausgegeben vom Max-Planck-Institut für ausländisches öffentliches Recht und Völkerrecht, Band 52, I, 469ff.; *Cappelletti-Perillo,* Civil Procedure in Italy, 1965, Nr. 4.36d S. 112; *Sandulli,* Manuale di diritto amministrativo, 12. Aufl., 1978, Nr. 256ff. S. 799ff.; *Mascia,* Codice del processo amministrativo, annotato con la giurisprudenza, 1978; *Virga,* La tutela giurisdizionale nei confronti della pubblica amministrazione, 3. Aufl., 1982.

[31] Art. 125 der italienischen Verfassung schreibt die Einrichtung von *Verwaltungsgerichten auf Regionalebene* vor. Dieser Verfassungsauftrag wurde sehr spät ausgeführt: Erst durch Gesetz Nr. 1034 vom 6. Dezember 1971 wurden *Tribunali Amministrativi Regionali* organisiert. Deren Urteile können mit der Berufung zum *Consiglio di Stato* angefochten werden. Dieser ist eine Nachahmung des französischen Conseil d'Etat.

richte haben keine Kassationsbefugnis: sie dürfen Verwaltungsakte nicht aufheben.[32] Sie können die Verwaltung nur zu Schadensersatz verurteilen.[33] Es ist dann Aufgabe der Tribunali Amministrativi bzw. des Consiglio di Stato dafür zu sorgen, daß die Exekutive ihren Verwaltungsakt wieder aufhebt, wenn er von den ordentlichen Gerichten für rechtswidrig befunden worden ist.[34] Kompetenzkonflikte zwischen ordentlichen Gerichten und den Verwaltungsgerichten werden durch den Kassationshof entschieden. Es fehlt ein Kompetenzkonfliktsgerichtshof.[35] Insoweit wurde dem französischen Vorbild nicht gefolgt.

3. Belgien, Niederlande und Luxemburg

In Belgien,[36] Luxemburg[37] und in den Niederlanden[38] war das Vorbild des französischen Conseil d'Etat prägend. Für die Niederlande gilt die Besonderheit, daß einerseits die Kontrollbefugnisse des Staatsrats beson-

---

[32] Den ordentlichen Gerichten ist nur der Schutz von subjektiven Rechten, nicht jedoch auch von „berechtigten Interessen" anvertraut. Die Unterscheidung zwischen *tutela giurisdizionale dei diritti* einerseits und von *interessi legittimi* andererseits ist eine italienische Besonderheit, die nur durch die historische Entwicklung zu erklären ist. Vgl. hierzu *Luther,* Einführung in das italienische Recht, 1968, S. 150; *Cappelletti,* RabelsZ 1966, 260, Fußn. 23. – Die Diskussion über die Abgrenzung im einzelnen nimmt einen breiten Raum ein. Einen Überblick über die Rechtsprechung vermitteln *Battaglini-Novelli,* Codice di procedura civile e leggi complementari, 6. Aufl. 1979, § 17, sub *„rapporti tra giurisdizione ordinaria e amministrativa."* S. 1591.

[33] Art. 4 des Gesetzes vom 20. März 1865: L'atto amministrativo non potrá essere revocato o modificato se non sovra ricorso alle competenti autoritá amministrative, le quali si conformeranno al giudicato dei tribunali in quanto riguarda il caso deciso".

[34] *Cappelletti,* RabelsZ 1966, 261.

[35] Art. 111 Abs. 3 der italienischen Verfassung: „Contro le decisioni del Consiglio di Stato. . . . il ricorso in Cassazione è ammesso per i soli motivi inerenti alla giurisdizione". S. auch Art. 362 II Nr. 2 Codice di procedura civile; hierzu *Satta,* Nr. 293, S. 418. Überblick über die Rechtsprechung der Corte di Cassazione bei *Battaglini-Novelli,* S. 610ff. und bei *Cannadabartoli* in Enciclopedia del Diritto, XIV, 295ff.

[36] Zum belgischen Conseil d'Etat *Limpens-Schranc* in International Encyclopedia of Comparative Law I, B-14; *Lievens,* American Journal of Comparative Law 8, 1958, 572ff.; *Cambier,* Droit administratif, 1968; *ders.,* Principes du contentieux administratif, 1964; *Huberlant,* Les compétences respectives des cours et tribunaux et du Conseil d'Etat, Journal des Tribunaux, 1953, 269ff.; *Velu,* in: Gerichtsschutz gegen die Exekutive, Beiträge zum ausländischen öffentlichen Recht und Völkerrecht, herausgegeben vom Max-Planck-Institut für ausländisches öffentliches Recht und Völkerrecht, Band 52, 55ff.

[37] Zum *luxemburgischen Conseil d'Etat* s. Le Conseil d'Etat du Grand Duché de Luxembourg, 1957; *Welter* in Gerichtsschutz gegen die Exekutive, II S. 679ff. *Majerus,* L'Etat luxembourgeois, 1970 S. 163ff.

[38] Zum *niederländischen Raad van Stade* s. *Koopmans* in International Encyclopedia of Comparative Law I N-13; *de Jonge,* Judicial Review and Control of Administrative Action in Rev. Contemp. Law 1957, S. 2ff.; *Langenmeijer* in: Gerichtsschutz gegen die Exekutive, II., S. 793ff.

ders schwach sind, andererseits die ordentlichen Gerichte ihre Kompetenzen gegenüber der Verwaltung im Laufe der Zeit durch gewagte zivilistische Konstruktionen immer weiter ausgedehnt haben, um so dem gewachsenen Bedürfnis nach effektivem Rechtsschutz gegenüber der Verwaltung zu genügen.

4. Dänemark

Dort hat man der Abgrenzung zwischen öffentlichrechtlichen und privatrechtlichen Streitgegenständen keine besondere wissenschaftliche Aufmerksamkeit geschenkt.

5. Vereinigtes Königreich und Irland

Im Vereinigten Königreich und in Irland hat der Terminus *civil law* keine festen Konturen. Man verwendet ihn vor allem für die Bezeichnung des Gegensatzes zum Strafrecht. Außer in diesem begrenzten Sinne differenziert man zwischen „privatem" und „öffentlichem" Recht nicht so, wie es für die Rechtsordnungen der ursprünglichen Vertragsstaaten von grundlegender Bedeutung ist. Verfassungsrecht, Verwaltungsrecht und Steuerrecht etwa gelten als „civil law".[39]

6. Griechenland

Auch hier gibt es keine besonderen Abweichungen zu berichten. Dem § 13 GVG entspricht dort Art. 1 der griechischen ZPO.

VII. Weite Auslegung

1. Die Einordnung als zivilrechtlich im Sinne des Art. 1 I setzt nicht voraus, daß der Streitgegenstand nach den Rechtsordnungen *aller Vertragsstaaten* privatrechtlich zu qualifizieren ist. Andernfalls würde der An-

---

[39] Hierzu *Schlosser*-Bericht Nr. 24: „Zwar ist das Vereinigte Königreich bereits Partei mehrerer Staatsverträge, die ausdrücklich nur ‚Zivil- und Handelssachen' betreffen. Dazu gehören alle von ihm abgeschlossenen bilateralen Abkommen über die Vollstreckung ausländischer Gerichtsentscheidungen. Sie alle enthalten jedoch keine vom ursprünglich angegangenen Gericht unmittelbar anzuwendenden Zuständigkeitsnormen. Sie regeln nur die Anerkennung und Vollstreckung gerichtlicher Entscheidungen und behandeln Zuständigkeitsfragen nur indirekt als Anerkennungsvoraussetzung. Zudem erfassen diese Abkommen in aller Regel nur gerichtliche Entscheidungen, die zur Zahlung einer bestimmten Geldsumme verurteilen. Aus diesem Grund genügte bei ihrer Ausarbeitung der pragmatische Weg, auf eine Bestimmung des Begriffs ‚Zivil- und Handelssachen' ganz zu verzichten. Negativ klarzustellen, daß die Abkommen auf Entscheidungen nicht anwendbar sind, welche die Verurteilung zur Zahlung von Geldstrafen oder Steuern aller Art zum Inhalt haben, reichte aus."

Hinweise auch bei *Adenauer,* Raumplanung und Enteignung in England, Diss. Münster 1981.

wendungsbereich auf den kleinsten gemeinsamen Nenner reduziert.[40] Dies entspräche nicht den Intentionen des Übereinkommens. Der *Jenard*-Bericht hat sich vielmehr für eine extensive Auslegung ausgesprochen: „*Der Ausdruck ‚Zivil- und Handelssachen' ist weit auszulegen*".[41]

2. Der EuGH stellt zu Recht auf die *allgemeinen Rechtsgrundsätze* ab, die sich aus der Gesamtheit der innerstaatlichen Rechtsordnungen ergeben. Prima facie ist immer dann eine Zivil- bzw. Handelssache im Sinne des Art. 1 anzunehmen, wenn der Streitgegenstand wenigstens nach der Rechtsordnung eines Vertragsstaates als zivilrechtlich zu qualifizieren ist. Dabei handelt es sich jedoch nur um eine Arbeitshypothese, die in bestimmten Randbereichen der Korrektur bedarf, etwa bei Enteignungen aus Anlaß des öffentlichen Wohls oder sonstiger Zivilprozeßsachen kraft Zuweisung. Hierzu folgendes *Beispiel:*[42] Ein in Frankreich wohnhafter Bauunternehmer wird mit der Herstellung einer Kreisstraße bei Kehl beauftragt. Wegen mangelhafter Ausführung verlangt der Landkreis Minderung des Werklohns. Nach französischer Ansicht liegt ein contrat administratif vor. Das Übereinkommen ist trotzdem anzuwenden, da nach deutscher Ansicht der Werkvertrag privatrechtlich einzuordnen ist. Dabei spielt es keine Rolle, ob der Werkvertrag nach deutschem oder französischem Recht zu beurteilen ist. Allein entscheidend ist der Umstand, daß ein Vertragsstaat (Bundesrepublik Deutschland) privatrechtlich qualifiziert. *Fazit:* Die Zuständigkeitsordnung des Übereinkommens findet Anwendung. Die Bundesrepublik Deutschland ist für den Rechtsstreit gegen den Bauunternehmer nur dann international zuständig, wenn ein Zuständigkeitsanknüpfungspunkt nach Art. 5ff. – etwa Erfüllungsort (Art. 5 Nr. 1) oder Prorogation (Art. 17) – in Deutschland gegeben ist. Das deutsche Urteil muß in den anderen Vertragsstaaten nach Art. 25ff. anerkannt und vollstreckt werden; denn es handelt sich um eine Zivilsache. So könnte auf Grund des deutschen Titels in Vermögen des Beklagten in Frankreich vollstreckt werden.

Zu dem gleichen Ergebnis kommen zwar auch diejenigen, die nach dem Recht des Erststaates qualifizieren wollen. Anders aber, wenn man die Fallkonstellation ändert: Würde das Urteil in Frankreich gegen einen Unternehmer öffentlicher Arbeiten (travaux publics) gefällt, so können die Anhänger der Erststaattheorie das Übereinkommen nicht anwenden. Anders die hier vertretene Auffassung: Das französische Gericht, wohl der Tribunal administratif, muß die Zuständigkeitsregeln des Übereinkommens beachten, die übrigen Vertragsstaaten müssen dieses Urteil anerkennen; übrigens auch dann, wenn das französische Gericht die Zuständigkeitsordnung des Übereinkommens ignoriert und unter Verletzung von Art. 2ff. das autonome französische Zuständigkeitsrecht angewendet hat.[43]

---

[40] *Geimer* NJW 1977, 492 und EuR 1977, 350 sub 7a. Vgl. auch *Stein-Jonas-Schumann,* ZPO, 20. Aufl., Einl. XV G 6 Rz. 787 und *Basedow* IZVR Rz. 76.

[41] *Jenard*-Bericht S. 58. [42] *Geimer* EuR 1977, 350. [43] Vgl. oben § 10.

VIII. Handelssachen[44]

1. Das Übereinkommen erwähnt scheinbar gleichberechtigt die *Handelssachen* neben den *Zivilsachen*. Die Handelssachen sind aber nur ein Unterfall der Zivilsachen, verstanden als die Summe aller privatrechtlichen Streitigkeiten. Auch in Frankreich, wo die Lehre von der *autonomie du droit commerciale* sehr betont wurde, ist die Einordnung des Handelsrechtes als ein Teilgebiet des Zivilrechts nunmehr anerkannt. Die Erwähnung der Handelssachen dient nur der Klarstellung und kommt der französischen Doktrin entgegen.[45]

2. Die besondere Erwähnung der Handelssachen ist auch deshalb gerechtfertigt, weil in Frankreich, Luxemburg und Belgien die Entscheidung von handelsrechtlichen Streitigkeiten besonderen Gerichten, den *Handelsgerichten*, zugewiesen ist.[46]

3. Die Unterscheidung zwischen bürgerlichem Recht und Handelsrecht hat historische Gründe. Ein besonderes Handelsrecht entwickelte sich zuerst in den *oberitalienischen Städten* des 17. und 18. Jahrhunderts *(statuta mercatorum)*. Dann übernahm *Frankreich* die Führung mit der ersten handelsrechtlichen Kodifikation: dem Code de commerce.[47]

Die Standesvertretungen der Kaufleute haben die *Handelsbräuche* im Laufe der Zeit zu *Rechtsnormen* ausgebildet. Diese Entwicklung wurde entscheidend gefördert durch die Einrichtung besonderer Handelsgerichte, die ursprünglich als reine Standesgerichte *(consules mercatorum)* fungierten. So entwickelte sich aus subjektivem Standesrecht objektives Handelsrecht. Aber nicht nur die gerichtsorganisatorische Verselbständigung der Handelsgerichte hat die Abspaltung des Handelsrechts vom allgemeinen Zivilrecht gefördert. Auch ein zweiter Gesichtspunkt war ganz entscheidend: Das Handelsrecht wurde nicht an den juristischen Fakultäten der Universitäten gepflegt. Die rechtlichen Probleme des Handels wurden „den Niederungen der Alltagspraxis zugerechnet und akademischer Erörterung nicht für würdig befunden; es herrschte anscheinend die Auffassung, daß die Kaufmannschaft die ihr gut scheinenden und genehmen Regeln selbst aufstellen und auftretende Streitigkeiten selbst erledigen sollte."[48]

4. Das Übereinkommen kommt nur für die *privatrechtlichen Teile des*

---

[44] *Geimer* EuR 1977, 351.

[45] Vgl. auch *Vincent-Guinchard,* procédure civile, 20. Aufl., 1981, Nr. 170 S. 210ff.

[46] Diese sind organisatorisch völlig von den ordentlichen Gerichten getrennt. Die Handelsgerichtsbarkeit liegt in den Händen von Laienrichtern. Näher *Gavalda,* AWD 1963, 303. Allerdings entscheiden in 2. und 3. Instanz wieder die ordentlichen Gerichte.

[47] Vgl. hierzu *Schnitzer,* Vergleichende Rechtslehre, 1967, II, 668.

[48] *Bucher,* Festschrift für *Meier-Hayoz,* 1972, 1ff.; *derselbe,* Schweizerisches Obligationenrecht, Allgemeiner Teil ohne Deliktsrecht, 1979, 11.

Handelsrechts zur Anwendung. Soweit das Handelsrecht auch öffentlichrechtliche Verfahrensgegenstände mitregelt, gilt die Zuständigkeitsordnung des Übereinkommens nicht.

Beispiel: Wer seiner Pflicht zur Anmeldung seiner Firma zum Handelsregister nicht nachkommt, kann dazu vom Registergericht durch Ordnungsstrafen angehalten werden, § 14 HGB. Hier geht es um ein öffentlichrechtliches Verfahren, das lediglich aus Gründen des Sachzusammenhangs im HGB geregelt ist. Das Erzwingungsverfahren nach § 14 HGB fällt nicht in den Anwendungsbereich des Übereinkommens. Dieses verdrängt also nicht die deutschen Zuständigkeitsregeln (§§ 132ff. FGG). Auch kann die Entscheidung des deutschen Registergerichts in den anderen Staaten nicht nach Art. 31ff. vollstreckt werden.[49]

IX. Materiellrechtliche Einordnung

Für die Einordnung als Zivil- und Handelssache sind *materiellrechtliche Kriterien* maßgebend. Das Übereinkommen beschränkt sich daher nicht auf die Klagen vor den (ordentlichen) Zivilgerichten. Sie gilt auch für die Verfahren vor sonstigen Gerichten, etwa Arbeits-, Straf- oder Verwaltungsgerichten, sofern Gegenstand der Klage eine Zivil- oder Handelssache ist. Dies wird durch die Wendung in Art. 1 I hervorgehoben, wo die Anwendung des Übereinkommens vorgeschrieben wird, „ohne daß es auf die Art der Gerichtsbarkeit ankommt".[50,51]

X. Verfahren vor Strafgerichten

1. Das Übereinkommen ist auf zivilrechtliche Ansprüche anzuwenden, die vor einem *Strafgericht* geltend gemacht werden *(Adhäsionsverfahren)*.[52] Dies ist vor allem wichtig im Hinblick auf die Abwicklung von Unfällen im Straßen- und Schiffsverkehr.[53]

---

[49] *Geimer* EuR 1977, 351.

[50] *Jenard*-Bericht S. 58: „Aus der Fassung ergibt sich aber, daß die Frage, ob eine Zivil- oder Handelssache vorliegt, von der Sache her und nicht nach der Gerichtsbarkeit zu beurteilen ist, innerhalb der der Rechtsstreit anhängig ist oder die ihn entschieden hat. Dies geht aus Art. 1 hervor, der die Anwendbarkeit des Übereinkommens in Zivil- und Handelssachen vorschreibt, „ohne daß es auf die Art der Gerichtsbarkeit ankommt". Das Übereinkommen gilt auch unabhängig davon, ob es sich um ein Streitverfahren oder ein Verfahren der freiwilligen Gerichtsbarkeit handelt. Desgleichen ist es auf das Gebiet des Arbeitsrechts anzuwenden, soweit es sich um eine Zivil- und Handelssache handelt."

[51] *Geimer,* RIW/AWD 1976, 142; *Stein-Jonas-Schumann,* ZPO, 20. Aufl., Einl. XV G 6b S. 395 Rz. 787.

[52] Rechtsgrundlagen

a) *Belgien:* Artikel 4 des Gesetzes vom 17. April 1878, das den einleitenden Titel der Strafprozeßordnung enthält.

2. Dies gilt – um es nochmals hervorzuheben – nur für die Entscheidung der Strafgerichte über zivilrechtliche Ansprüche. Im übrigen berührt das Übereinkommen die Zuständigkeit der Strafgerichte nicht. *Strafverfahren* und *Verurteilungen zu Strafen* aller Art fallen nicht in den Anwendungsbereich des Übereinkommens. Nicht nur Kriminalstrafverfahren im engeren Sinne, sondern auch sonstige *repressive Sanktionsverfahren* wegen Verletzung von Geboten und Verboten, die im öffentlichen Interesse liegen, gehören nicht zum Zivilrecht.[54]

3. Schwierigkeiten kann die Abgrenzung zu den in manchen Rechtsordnungen in verschiedener Weise vorkommenden *Privatstrafen,* wie Vertragsstrafen, Vereinsstrafen etc. bereiten. Wer das Verfahren eingeleitet hat, ist ohne Bedeutung. Entscheidend ist vielmehr, ob die vom Bestraften erbrachte Leistung (Geldstrafe) dem privaten Kläger oder einem sonstigen Privaten zufließt. *Entscheidungen der dänischen Arbeitsgerichte über Geldstrafen,* die dem Kläger oder dem Geschädigten zugesprochen werden, fallen in den Anwendungsbereich des Übereinkommens,[55] nicht dagegen die Verhängung von Zwangsgeld nach § 888 ZPO bzw. Ordnungsgeld nach § 890 ZPO. Denn die vom Schuldner erhobenen Beträge kommen nicht dem privaten Gläubiger zugute; sie fließen in die Staatskasse. Näher hierzu unten § 152 Fußn. 3.

4. Die Partei, gegen die im Adhäsionsverfahren vor dem Strafgericht ein zivilrechtlicher Anspruch geltend gemacht wird, könnte in ihrer Verteidigung behindert werden, wenn sie Gefahr liefe durch Versäumnisurteil (zum Schadensersatz) verurteilt zu werden, falls sie nicht persönlich vor dem Strafgericht erscheint. Am Fernbleiben vom Strafprozeß kann sie aber ein vitales Interesse haben, wenn sie sich der Vollstreckung des

---

b) *Bundesrepublik Deutschland:* §§ 403ff. StPO.

c) *Frankreich:* Artikel 4 Code de procédure pénale.

d) *Luxemburg:* Nach Artikel 63 Code de procédure pénale kann jeder, der zivilrechtliche Ansprüche aus einem Verbrechen oder Vergehen geltend machen will, als Kläger im Adhäsionsverfahren auftreten.

e) *Niederlande:* Art. 332–337 der Strafprozeßordnung sowie die Artikel 44 und 56 der Gerichtsverfassung über die Zuständigkeit des Friedensrichters bzw. des Gerichts bei einem Streitwert bis zu 200 bzw. 500 Gulden.

f) *Dänemark:* § 991 Lov om rettens pleje.

g) *England:* Hierzu *Pointon* LIEI 1975/2, 28.

h) *Schottland:* Hierzu Report of the Scottish Committee on Jurisdiction and Enforcement, 5.60 S. 52.

i) *Griechenland:* Art. 63 der Strafprozeßordnung.

Vgl. auch *Basedow* IZVR Rz. 70 und unten § 95 III i–p. Rechtsvergleichende Hinweise bei *Schönke,* Beiträge zur Lehre vom Zivilprozeß, 1935; *Beth,* Die Geltendmachung zivilrechtlicher Schadenersatzansprüche im französischen Strafverfahren, Diss. Freiburg/Br. 1972.

[53] Für *Schiffskollisionen* haben allerdings die Regeln der *Revidierten Rheinschiffahrtsakte* Vorrang vor dem Übereinkommen, Art. 57.

[54] *Schlosser*-Bericht Nr. 29.

[55] *Schlosser*-Bericht Nr. 29.

Strafurteils entziehen will. Um der *Gefahr der Verletzung des rechtlichen Gehörs* vorzubeugen, bestimmt Art. II des Protokolls, daß jede Partei sich vor den Strafgerichten auch vertreten lassen kann. Sie ist also nicht gezwungen, persönlich zu erscheinen, um sich gegen den zivilrechtlichen Anspruch zu verteidigen.[56] Dies gilt allerdings nur für fahrlässig begangene Straftaten. Vgl. unten § 94 III 2 s.

XI. Verfahren der freiwilligen Gerichtsbarkeit

Auch für Verfahren der freiwilligen Gerichtsbarkeit gilt die Zuständigkeitsordnung des Übereinkommens, wenn es sich um echte Parteistreitigkeiten handelt.[57] Die übrigen Verfahren der freiwilligen Gerichtsbarkeit fallen nicht in den Anwendungsbereich der Art. 2ff., da es dort am Beklagten fehlt.[58] Die Art. 2ff. setzen ein Zweiparteienverfahren voraus. Im übrigen dürfte der klassische Bereich der freiwilligen Gerichtsbarkeit bereits durch Art. 1 II Nr. 1 ausgegrenzt sein.[59]

XII. Verfahren vor Arbeitsgerichten

Auch für *arbeitsrechtliche Streitigkeiten* gelten Art. 2ff., ganz gleich, ob sie vor Zivilgerichten oder vor Arbeitsgerichten verhandelt werden,[60] ausgenommen öffentlichrechtliche Verfahren.[61] Im Vorentwurf zum Übereinkommen war noch vorgesehen, daß für Verfahren über Arbeitsverträge ausschließlich die Gerichte des Vertragsstaates zuständig sein sollten, in dem das Unternehmen liegt oder in dem die Arbeit auszuführen war oder ausgeführt worden ist. Mit Rücksicht auf die laufenden Arbeiten an einer Vereinheitlichung des Arbeitsrechts, mit denen eine Sonderregelung im Übereinkommen leicht hätte kollidieren können, entschied man sich dann doch dafür, auch für Arbeitsverträge die allgemeinen Regeln des Übereinkommens gelten zu lassen.[62]

Aber auch Anwendungsfälle aus dem kollektiven Arbeitsrecht sind denkbar.[63]

---

[56] Als Vorbild diente der *Benelux-Vertrag.*

[57] *Geimer* NJW 1976, 446; *Stein-Jonas-Schumann,* ZPO, 20. Aufl., Einl XV G 6b Rz. 787 S. 395. S. unten § 107 VII.

[58] Vgl. unten § 87 XVI.

[59] *Geimer* NJW 1976, 445.

[60] *Jenard*-Bericht S. 64; *Grunsky* JZ 1973, 642; *Bülow-Böckstiegel* 606/23, Art. 1, Anm. 5 bei Fußn. 21; *Stein-Jonas-Schumann,* ZPO, 20. Aufl., Einl XV G 6b S. 395 Rz. 787.

[61] *Grunsky* JZ 1973, 642.

[62] Die Zuständigkeit bei Streitigkeiten zwischen Arbeitgebern und Arbeitnehmern richtet sich daher insbesondere nach den Art. 2, 5 Nr. 1, 17 und 18, eventuell auch 5 Nr. 3. Art. 2ff. gelten nicht nur für das Individualarbeitsrecht.

[63] *Grunsky* JZ 1973, 642.

XIII. Verfahren vor Verwaltungsgerichten

Die Verwaltungsgerichte haben die Zuständigkeitsordnung des Übereinkommens dann zu beachten, wenn sie ausnahmsweise über eine zivilrechtliche, nicht unter den Ausnahmekatalog (vgl. unten § 20) fallende Streitigkeit zu entscheiden haben.[64]

XIV. Verfahren vor Verfassungsgerichten

Das gleiche gilt für Verfahren vor Verfassungsgerichten, wenn eine Zivilsache Streitgegenstand ist, vorbehaltlich Art. 1 II und Art. 57.[65]

XV. Verfahren vor kirchlichen Gerichten

Die Zuständigkeitsordnung gilt nur für das Verfahren vor staatlichen Gerichten der einzelnen Vertragsstaaten, also nicht für solche vor autonomen Kirchengerichten. Die Kirchengerichte haben aber dann die Zuständigkeitsordnung des Übereinkommens zu beachten, wenn sie in staatlichem Auftrag (d.h. kraft Delegation) Recht sprechen. Ein praktisches Beispiel ist im Anwendungsbereich des Übereinkommens (Art. 1 II) angesichts der in allen Vertragsstaaten fortgeschrittenen Säkularisation und der daraus resultierenden mehr oder minder scharf durchgeführten Trennung zwischen Kirche und Staat nicht zu finden. Die Situation wird sich jedoch vielleicht ändern, wenn das Übereinkommen in Griechenland und Spanien in Kraft gesetzt ist.[66]

XVI. Verfahren vor Schiedsgerichten

Die Zuständigkeitsordnung gilt nicht für Verfahren vor Schiedsgerichten, Art. 1 II Nr. 4. Näher unten § 27.

XVII. Verfahren vor Vereinsgerichten

Art. 2ff. beanspruchen Geltung nur für Verfahren vor *staatlichen* Gerichten. Sie gelten nicht für *private* Gerichte, wie z. B. Vereinsgerichte. Vgl. unten § 29 I.

---

64 *Jenard*-Bericht S. 60; vgl. auch unten Bd. II, S. 47f.
65 Vgl. unten Bd. II 50.
66 Vgl. unten Bd. II 29.

§ 20 Ausgeschlossene Rechtsgebiete – Der Ausnahmekatalog des Art. 1 II und der Vorbehalt des Art. 57

I. Überblick

Bestimmte Zivilsachen sind aus dem Anwendungsbereich des Übereinkommens ausgeklammert. Diese sind in Art. 1 II aufgezählt; hinzukommen noch die Materien, die in den in Art. 57 genannten Spezialabkommen geregelt sind.

II. Restriktive Auslegung des Ausnahmekatalogs[1]

1. Der Ausnahmekatalog des Art. 1 II ist eng auszulegen,[2] da die Verfasser des Übereinkommens die Vereinheitlichung des Zuständigkeitsrechts auf möglichst allen Gebieten des Zivil- und Handelsrechts wünschten.

2. Dieser Auslegungsmaxime ist der EuGH jedoch nicht immer gefolgt. So hat er den Ausnahmetatbestand des Art. 1 II Nr. 1 „eheliche Güterstände" ohne Not sehr weit gefaßt.[3] Er folgte nicht dem Vorschlag der EG-Kommission. Diese wollte güterrechtliche Streitigkeiten nur dann vom Anwendungsbereich des Übereinkommens ausschließen, wenn die *Begründung, Feststellung* oder *Aufhebung des Güterstandes* Gegenstand des Streites ist. Das Übereinkommen sei aber auf vermögensrecht-

---

[1] *Jenard*-Bericht S. 59: „Ebenso wie die Haager Konferenz für Internationales Privatrecht hat es der Ausschuß vorgezogen, einzelne Rechtsgebiete auszuschließen, anstatt den Geltungsbereich des Übereinkommens positiv zu umschreiben. Daraus ergibt sich, daß in den Anwendungsbereich des Übereinkommens alle Rechtsstreitigkeiten und Urteile fallen, die sich auf vertragliche oder außervertragliche Verbindlichkeiten beziehen, soweit sie nicht Fragen des Personenstandes, des Erbrechts, des Testamentsrechts, der ehelichen Güterstände, des Konkursrechts oder der sozialen Sicherheit betreffen. In diesem Rahmen ist das Übereinkommen weit auszulegen."

Ebenso der *Schlosser*-Bericht Nr. 23: „Der Anwendungsbereich des EuGVÜ ist auf gerichtliche Verfahren und Urteile beschränkt, die Zivil- und Handelssachen zum Gegenstand haben. Alle nicht ausdrücklich ausgeschlossenen Angelegenheiten auf diesem Gebiet unterfallen ihm aber".

[2] Für eine restriktive Auslegung *Bülow-Böckstiegel* Anm. 6 zu Art. 1 GVÜ; *Geimer* RIW/AWD 1976, 144 sub 4; *Zöller-Geimer,* ZPO, 13. Aufl., 1981, IZPR, Anm. F XIII 3; *Piltz* NJW 1979, 1071; *Hausmann* FamRZ 1980, 423.

[3] EuGH, Urteil vom 27. März 1979, Rechtssache 143/78 *(de Cavel I),* EuGHE 1979, 1055 = NJW 1979, 1100 = Clunet 106 (1979), 681 mit Anm. *Huet.* Im Rechtsstreit der Eheleute *de Cavel* wurde der EuGH noch ein zweites Mal um eine Vorabentscheidung angegangen: EuGH, Urteil vom 6. März 1980, Rechtssache 120/79. (*de Cavel II*), EuGHE 1980, 731 = IPRax 1981, 19; hierzu *Hausmann* IPRax 1981, 5.

liche Streitigkeiten zwischen Ehegatten anzuwenden, die lediglich *ihren Rechtsgrund* im Ehegüterrecht haben. Zwar setze auch die Beurteilung solcher Ansprüche regelmäßig eine Entscheidung über die Vorfrage voraus, in welchem Güterstand die Ehegatten überhaupt leben; diesem Problem werde jedoch durch Art. 27 Nr. 4 ausreichend Rechnung getragen. Im Gegensatz hierzu entschied sich der EuGH für eine sehr weite Auslegung des Art. 1 II Nr. 1 und schränkte so die Anwendbarkeit des Übereinkommens unnötig ein: Nach Ansicht des EuGH umfaßt der Begriff *eheliche Güterstände* „nicht nur die in einigen nationalen Rechtsordnungen besonders und ausschließlich für das Rechtsverhältnis der Ehe vorgesehenen Güterstände . . ., sondern ebenso *alle vermögensrechtlichen Beziehungen, die sich unmittelbar aus der Ehe oder ihrer Auflösung ergeben*". Das Übereinkommen sei nur auf Streitigkeiten zwischen Ehegatten anwendbar, die „keinen Zusammenhang mit der Ehe aufweisen".[4] Der EuGH verwarf damit nicht nur den Vorschlag der Kommission, sondern lehnte auch einen Kompromiß zwischen den Extremen ab. Er hätte Art. 1 II Nr. 1 auf das *Güterrecht im engeren Sinne* beschränken können, also eine ähnliche Unterscheidung treffen können wie das deutsche Recht. Dieses unterscheidet zwischen den allgemeinen Ehewirkungen (§§ 1353ff. BGB, Art. 14 EGBGB) und dem ehelichen Güterrecht (§§ 1363ff. BGB, Art. 15 EGBGB). Nach dieser Differenzierung wären alle Streitigkeiten zwischen den Ehegatten bezüglich der güterrechtlichen Ordnung des Vermögens (einschließlich deren Abwicklung nach Auflösung der Ehe) vom Anwendungsbereich des Übereinkommens ausgeschlossen. Das Übereinkommen bliebe nach dieser vom EuGH abgelehnten Mittellösung hingegen anwendbar auf alle vermögensrechtlichen Streitigkeiten zwischen Ehegatten, die außerhalb dieser Sonderordnung entstehen, auch wenn sie – wie z. B. Streitigkeiten über den Ehegattenunterhalt, die Schlüsselgewalt oder die Prozeßkostenvorschußpflicht – ihren Rechtsgrund in der zwischen den Parteien bestehenden Ehe haben.[5]

III. Vertragsimmanente Definition der Ausnahmetatbestände des Art. 1 II

1. Um die einheitliche Anwendung des Übereinkommens zu gewährleisten, sind in Anlehnung an die Rechtsprechung des EuGH zu Art. 1 I auch die Ausnahmetatbestände des Art. 1 II (möglichst) autonom zu qualifizieren.[6] Dies bedeutet, daß der Rekurs auf die Begriffsinhalte der jeweils maßgeblichen lex causae[7] grundsätzlich unzulässig ist. Für die im

---

[4] Nr. 7 der Entscheidungsgründe.

[5] Vgl. *Hausmann* FamRZ 1980, 423.

[6] Zustimmend nun auch *Schlosser,* Gedächtnisschrift für *Rudolf Bruns,* 1980, 49 und 2a sowie *Basedow* IZVR Rz. 89.

[7] Die lex causae könnte auch die *Rechtsordnung eines dritten Staates* sein, der nicht Vertragsstaat ist. Vgl. unten Fußn. 9.

Ausnahmekatalog des Art. 1 II verwendeten Begriffe sind vielmehr konventionsimmanente, d. h. europarechtliche Definitionen zu erarbeiten auf der Grundlage der Zielsetzung und Systematik des Übereinkommens unter Berücksichtigung der allgemeinen Rechtsgrundsätze, die sich aus der Gesamtheit der innerstaatlichen Rechtsordnungen der einzelnen Vertragsstaaten ergeben.

2. Diese Auslegungsmethode hat der EuGH in mehreren zu Art. 1 II ergangenen Entscheidungen bestätigt. So entschied er zu Art. 1 II Nr. 2 (Konkurse, Vergleiche und ähnliche Verfahren):[8] „Weil Art. 1 das Anwendungsgebiet des Übereinkommens angibt, darf er – im Interesse möglichst weitgehender Gleichheit und Einheitlichkeit der sich für die Vertragsstaaten und die betroffenen Personen aus dem Übereinkommen ergebenden Rechte und Pflichten – nicht als schlichte Verweisung auf das innerstaatliche Recht des einen oder anderen Vertragsstaates angesehen werden.[9] Wenn Artikel 1 I festlegt, daß das Übereinkommen in Zivil- und Handelssachen anzuwenden ist, ohne daß es auf die Art der Gerichtsbarkeit ankommt, so weist dies darauf hin, daß dieser Begriff nicht lediglich danach ausgelegt werden darf, wie in bestimmten Mitgliedstaaten die Zuständigkeiten auf die verschiedenen Gerichtszweige verteilt sind. Die in Art. 1 verwendeten Begriffe sind also als autonome Begriffe zu verstehen, für deren Auslegung die Ziele und der Aufbau des Übereinkommens zum einen und die sich aus der Gesamtheit der nationalen Rechtssysteme ergebenden allgemeinen Grundsätze zum anderen heranzuziehen sind".

3. Auch die Begriffe „Personenstand" und „eheliche Güterstände" qualifizierte der EuGH[10] autonom.[11] Allerdings bereitete die vertragsimmanente Definition große Schwierigkeiten, weil diese Begriffe schon in den Texten des Übereinkommens unterschiedlich formuliert sind. Besonders weit ist die englische Fassung des Art. 1 II Nr. 1, wo die „ehelichen Güterstände" mit „rights in property arising out of a matrimonial relationship" übersetzt sind.[12] Die Unterschiede in den Textvarianten des Übereinkommens sind ein Reflex der verschiedenen Einordnungen des ehelichen Vermögensrechts in den einzelnen nationalen Rechtsordnungen. *Im Vereinigten Königreich und in Irland gibt es kein eigenes Güter-*

---

[8] EuGH, Urteil vom 22. Februar 1979, Rechtssache 133/78, *Gourdain ./. Nadler,* EuGHE 1979, 733, 743 = NJW 1979, 1772 = RIW/AWD 1979, 273; dazu *Schulze* RIW/AWD 1978, 765.

[9] Der EuGH übersieht die Hypothese, daß auch die Rechtsordnung eines Nichtvertragsstaates die maßgebliche Rechtsordnung sein könnte. *Beispiel:* Ein Österreicher und ein Schweizer streiten sich um die Frage der Auswirkungen eines spanischen Konkursverfahrens auf Vermögen, das in der Bundesrepublik Deutschland liegt.

[10] EuGH, Urteil vom 27. März 1979, Rechtssache 143/78 *(de Cavel I),* EuGHE 1979, 1055 = NJW 1979, 1100.

[11] Hierzu auch *Hausmann,* FamRZ 1980, 419 sub. II.

[12] Hierzu *Schlosser*-Bericht Nr. 50.

recht im kontinentaleuropäischen Sinne. Hier fehlen spezielle Rechtsinstitute für das eheliche Vermögensrecht. Vermögensrechtliche Vereinbarungen zwischen Ehegatten haben grundsätzlich keine andere Rechtsnatur als Verträge mit dritten Personen. Aber auch auf dem Kontinent sind die Systemunterschiede nicht zu übersehen. So versteht man unter „Güterstand" nur die vermögensrechtliche Globalregelung, die die Ehegatten entweder vertraglich vereinbaren (z. B. Gütergemeinschaft nach §§ 1415 ff. BGB oder Gütertrennung nach § 1414 BGB) oder die mangels einer solchen Vereinbarung kraft Gesetzes eintritt (Zugewinngemeinschaft nach §§ 1363 ff. BGB als sog. „gesetzlicher Güterstand"). Demgegenüber umfaßt der im französischen Text verwendete Begriff „régimes matrimoniaux" nicht nur die im 5. Titel des 3. Buches des Code civil geregelten speziellen Güterstände (wie Errungenschaftsgemeinschaft, Zugewinngemeinschaft, Gütertrennung), sondern auch die in Art. 212–226 Code civil enthaltenen Normen über vermögensrechtliche Beziehungen zwischen Ehegatten, die für jede Ehe gelten (sog. „régime matrimonial primaire").[13]

Die vertragsimmanente Definition der in Art. 1 II verwendeten Tatbestände wird auf erhebliche Schwierigkeiten stoßen:[14] So wird z. B. die Eingrenzung der personenstandsrechtlichen Streitigkeiten nicht einfach sein. Gleichwohl soll hier ein Versuch gemacht werden:[15] Unter Art. 1 II Nr. 1 fallen alle in § 606 I ZPO genannten Ehesachen[16] sowie die in § 640 II Nr. 1–3 ZPO aufgeführten Kindschaftssachen und alle namensrechtlichen Streitigkeiten. Dagegen betreffen die in § 621 ZPO geregelten sonstigen Familiensachen nicht den „Personenstand".[17]

IV. Einheitliche Definition der Ausnahmetatbestände des Art. 1 II für alle Anwendungsbereiche des Übereinkommens

1. Die Ausnahmetatbestände des Art. 1 II haben den gleichen Begriffsinhalt für alle Anwendungsbereiche des Übereinkommens. Sie müssen einheitlich interpretiert werden, ganz gleich, unter welcher Perspektive die Geltung des Übereinkommens diskutiert wird.

2. Dies gilt vor allem im Verhältnis zwischen dem Titel II und dem Titel III. Kommt die europäische Zuständigkeitsordnung nicht zur Anwendung, weil ein Ausnahmetatbestand des Art. 1 II eingreift, dann entfällt auch die Anerkennungs- und Vollstreckungspflicht.[17a]

---

[13] Hierzu *Schlosser*-Bericht Nr. 44 ff. und *Hausmann* FamRZ 1980, 423.

[14] Noch gar nicht diskutiert wurde die Hypothese, daß das Recht eines Nichtvertragsstaates lex causae ist. Beispiel: Österreichische Ehegatten streiten vor einem deutschen Gericht über das Bestehen ihres Ehepaktes.

[15] Vgl. auch *Basedow* IZVR Rz. 103 ff.

[16] OLG Köln, NJW 1976, 1040 = IPRspr. 1976 Nr. 149.

[17] *Hausmann* FamRZ 1980, 422 Fußn. 39.

[17a] Vgl. unten § 109. Eine Ausnahme gilt nur für Prozeßvergleiche; näher unten

3. Erst recht ist Art. 1 II einheitlich zu definieren bei allen Anwendungsperspektiven des Titels II.

a) Art. 1 II gilt nicht nur für *endgültige*, sondern auch für *einstweilige* Maßnahmen. Sind die Art. 2ff. im Hinblick auf Art. 1 II nicht anzuwenden, dann kommt das Übereinkommen auch nicht zum Zuge für einstweilige Maßnahmen i. S. des Art. 24.[17b]

b) In den Fällen des Art. 1 II ist die *Zuständigkeitsprüfung* nicht nach Art. 19 und Art. 20 (hierzu unten § 56) vorzunehmen, sondern vielmehr nach dem autonomen Recht des Gerichtsstaats.

c) Ebenso ist es im Hinblick auf den 8. Abschnitt: Die Frage, ob ein in einem anderen Vertragsstaat anhängiger Rechtsstreit bezüglich des *gleichen* oder eines *konnexen Streitgegenstandes* (vgl. unten § 44) im Gerichtsstaat zu beachten ist, beurteilt sich nicht nach Art. 21ff., sondern nach der lex fori des Gerichtsstaates.

V. Die im Ausnahmekatalog des Art. 1 II und in Art. 57 aufgeführten Rechtsmaterien müssen Streitgegenstand sein. Präjudizialität genügt nicht

Art. 1 II greift nicht ein, wenn die dort aufgeführte Rechtsfrage nur präjudiziell zu entscheiden ist, also nicht Verfahrensgegenstand ist.[18, 19] Das gleiche gilt für die Auslegung des Art. 57.

Wird z. B. auf Auflösung einer offenen Handelsgesellschaft geklagt, weil ein Gesellschafter in Konkurs gefallen ist, § 131 Nr. 3 HGB, so handelt es sich nicht um eine konkursrechtliche Streitigkeit im Sinne des Art. 1 II Nr. 2. Die Zuständigkeitsordnung des Übereinkommens (Art. 16 Nr. 2) kommt vielmehr zum Zuge.[20]

VIII. Im übrigen deckt sich jedoch der Anwendungsbereich des Titels II nicht mit dem des Titels III. Vgl. oben § 10 und unten §§ 113, 115.

[17b] EuGH, Urteil vom 27. März 1979 – Rechtssache 143/78 – *de Cavel ./. de Cavel I*, EuGHE 1979, 1055 (oben Fußn. 3); EuGH, Urteil vom 31. März 1982, Rechtssache 25/81 – *W. ./. H*, EuGHE 1982, 1189. Vgl. unten § 29 XVI 3.

[18] *Jenard*-Bericht S. 59.: „Die genannten Sachgebiete sind aber nur dann von der Anwendung des Übereinkommens ausgeschlossen, wenn sie den Gegenstand des Rechtsstreites selbst bilden. Die Ausnahme gilt jedoch dann nicht, wenn der Richter über eine Frage aus diesen Gebieten nur incidenter zu entscheiden hat."

Ebenso *Schlosser*-Bericht Nr. 51: „Jedoch ist das EuGVÜ nur dann unanwendbar, wenn die den genannten Materien zuzuordnenden Rechtsfolgen den unmittelbaren Gegenstand des Prozesses bilden. Nicht genügt, daß sie von präjudizieller Bedeutung sind, auch dann nicht, wenn solche Rechtsfragen als präjudizielle im Verfahren eine gewichtige Rolle spielen oder gespielt haben."

Geimer NJW 1976, 445; RIW/AWD 1976, 144; *Piltz* NJW 1979, 1071 sub II 1; *Bülow-Böckstiegel* 606/25, Art. 1, Anm. 6; *Stein-Jonas-Schumann*, ZPO, 20. Aufl., Einl. XV G 6d Rz. 787 S. 395 bei Fußn. 19.

[19] Dies folgt auch aus Art. 27 Nr. 4. Hierzu unten § 116.

[20] *Schlosser*-Bericht Nr. 59: „Wird etwa darum gestritten, ob eine Gesellschaft des-

Ebenso ist die Rechtslage, wenn Sozialversicherungsträger Ansprüche gegen Dritte geltend machen, die kraft Gesetzes (vgl. z. B. §§ 92ff. BundessozialhilfeG) oder auf Grund Rechtsgeschäfts auf sie übergegangen sind.[21]

Vorstehendes gilt für alle Ausnahmetatbestände des Art. 1 II. Betreiben etwa Ehegatten eine offene Handelsgesellschaft oder sind sie Gesellschafter bürgerlichen Rechts, so findet für alle daraus resultierenden Streitigkeiten zwischen den Ehegatten oder zwischen diesen und Dritten die Zuständigkeitsordnung des Übereinkommens Anwendung. Dabei spielt keine Rolle, daß präjudiziell irgendwelche familienrechtlichen Sondernormen Anwendung finden, z. B. wegen Haftungserleichterungen etc.[22]

Hängt etwa die Wirksamkeit eines Kaufvertrages oder eines sonstigen schuldrechtlichen Geschäfts davon ab, ob der am Rechtsgeschäft nicht beteiligte Ehegatte seine nach dem maßgeblichen Güterrechtsstatut[23] erforderliche Zustimmung erteilt hat, so greift Art. 1 II Nr. 1 nicht ein.[24]

Auf Rechtsstreitigkeiten zwischen Ehegatten, die ihre Grundlage im allgemeinen Obligationen- oder Sachenrecht haben, sind die Art. 2ff. daher auch dann anzuwenden, wenn das Eherecht auf die wirksame Entstehung oder den Umfang der geltend gemachten Ansprüche einwirkt.[25] Ob z. B. § 1359 BGB im konkreten Fall Geltung beansprucht oder nicht, ist kompetenzrechtlich ohne Bedeutung.

VI. Gründe, die zum Ausnahmekatalog des Art. 1 II führten[26]

1. Unterschiede in den IPR-Systemen der Vertragsstaaten

a) Die Ideallösung wäre gewesen, das Übereinkommen auf *sämtliche Zivil- und Handelssachen* anzuwenden.[27]

b) Man hat aber den Anwendungsbereich des Übereinkommens im wesentlichen auf vermögensrechtliche Angelegenheiten beschränkt, *weil die IPR-Systeme der einzelnen Vertragsstaaten auf statusrechtlichem Gebiet*

---

halb aufzulösen ist, weil eine Person, die ihr angeblich angehört, in Konkurs gefallen ist, so handelt es sich nicht um eine konkursrechtliche Streitigkeit, sondern um eine solche, die dem EuGVÜ unterfällt. Anwendbar ist dieses auch, wenn im Zusammenhang mit einer nicht gerichtlichen Auflösung einer Gesellschaft dritte Personen gerichtlich geltend machen, sie seien Gesellschaftsgläubiger und hätten daher Anspruch auf Befriedigung aus dem Gesellschaftsvermögen."

[21] *Jenard*-Bericht S. 61 und *Schlosser*-Bericht Nr. 60.

[22] Hierzu ausführlich unten.

[23] Dieses wird nach dem IPR des Erstrichters ermittelt.

[24] Hierzu unten § 23 VII 2 und 3.

[25] So richtig *Hausmann* FamRZ 1980, 424.

[26] Hierzu *Jenard*-Bericht S. 59f. *Bülow-Böckstiegel* 606/25, Art. 1, Anm. 6.

[27] Vgl. auch *Basedow* IZVR Rz. 98 und 157.

ebenso wie auch auf dem Gebiet des Erb- und Testamentsrechts stark voneinander abweichen. Da eine Vereinheitlichung nicht in Sicht ist, befürchtete man Spannungen und Verwicklungen, die zu einer Überstrapazierung der ordre public-Klausel führen müßten. Auch hielt man das Verbot der Nachprüfung der internationalen Zuständigkeit des Erststaates durch den Zweitrichter[28] (eine für besonders fortschrittlich erachtete Neuerung des Übereinkommens) ohne den Ausnahmekatalog des Art. 1 II Nr. 1 für politisch nicht durchsetzbar.[29] Das *Haager Übereinkommen über die Anerkennung und Vollstreckung ausländischer Urteile in Zivil- und Handelssachen* war Vorbild: Auch dort hat man vor den Schwierigkeiten kapituliert, die sich daraus ergeben, daß das IPR nicht vereinheitlicht ist.[30]

c) Die bei unbegrenzter Anwendbarkeit des Übereinkommens auf alle Zivil- und Handelssachen befürchteten Schwierigkeiten hätte man überwinden können.[31] Es wäre z. B. nicht allzu schwierig gewesen, Anknüpfungspunkte für die internationale Entscheidungszuständigkeit in Ehe-, Entmündigungs- und Kindschaftssachen zu finden.[32] In der Diskussion sind ja im wesentlichen nur die *Staatsangehörigkeits-* und die *Aufenthaltsanknüpfung.*[33] Auch das (grundsätzliche) Verbot der Nachprüfung der internationalen Zuständigkeit des Urteilsstaates wäre durchsetzbar gewesen. Selbst wenn dies nicht möglich gewesen wäre, wäre es kein umstürzlerischer Eingriff in das System des Übereinkommens gewesen, wenn man die Liste der Ausnahmen von diesem Verbot (unten § 57 II) um die in Art. 1 II Nr. 1 genannten Materien verlängert hätte. Eine solche Lösung hätte die Praxis vor den unzähligen Abgrenzungsproblemen verschont, die die schillernden und nur sehr schwer konkretisierba-

---

[28] Art. 28 III. Hierzu unten §§ 57 I, 139 IV.

[29] *Jenard*-Bericht S. 59: „Die Unterschiedlichkeit der Kollisionsnormen wirkt sich vor allem bei nichtvermögensrechtlichen Ansprüchen aus, da dieses Rechtsgebiet grundsätzlich der Parteiautonomie entzogen ist und den ordre public berührt".

Speziell zu Art. 1 II Nr. 1: „Selbst wenn man annimmt, daß dem Ausschuß eine Vereinheitlichung der auf diesem Gebiet geltenden Zuständigkeitsregeln gelungen wäre, so wäre es doch unabhängig von dem Inhalt dieser Regeln angesichts der zwischen den Rechtssystemen bestehenden Unterschiede, insbesondere auf dem Gebiet des internationalen Privatrechts, schwierig gewesen, auf eine Nachprüfung dieser Normen im Exequatur-Verfahren zu verzichten. Damit aber hätte man das Wesen des Übereinkommens verändert und seine fortschrittliche Tendenz geschwächt. Hätte der Ausschuß sich entschlossen, dem Vollstreckungsrichter jedes Nachprüfungsrechts selbst in nichtvermögensrechtlichen Sachen zu versagen, so hätte dies den Richter möglicherweise veranlaßt, den Begriff des ordre public zu weit auszudehnen, um die ihm vorgelegte, ausländische Entscheidung auszuschalten. Der Ausschuß hat sich für das kleinere Übel entschieden, indem er die Anwendung des Übereinkommens einschränkte, dafür aber seine Geschlossenheit und seine Fortschritte wahrte".

[30] Vgl. Art. 1 II des *Haager Übereinkommens.*

[31] Kritisch auch *Basedow* IZVR Rz. 98.

[32] Rechtsvergleichung bei *Schröder,* Internationale Zuständigkeit, 1971, 616ff.

[33] Hierzu *Zöller-Geimer,* ZPO, 13. Aufl. 1981, § 606, Anm. II und § 640a, Anm. II.

ren Formulierungen des Art. 1 II mit sich bringen. Man denke z. B. an die Fülle der Fragen, die der flott hinformulierte Ausnahmetatbestand „eheliche Güterstände" aufwirft und an die teilweise recht eigenwilligen Antworten, die der EuGH gegeben hat.

d) Doch ist dies nicht der Weisheit letzter Schluß. Es bleibt zu hoffen, daß mit zunehmender Integration und damit einhergehender Rechtsvereinheitlichung – sei es auf dem Gebiet des Kollisionsrechts oder auf dem Gebiet des materiellen Rechts (Schaffung von Einheitsrecht) – auch die in Art. 1 II aufgezählten Rechtsgebiete in den Anwendungsbereich des Übereinkommens einbezogen werden.[34] Damit wäre nicht nur dem rechtstheoretischen Anliegen nach möglichst umfassender Rechtsvereinheitlichung unter den Staaten der Europäischen Gemeinschaften Genüge getan; man hätte auch der Praxis einen großen Gefallen erwiesen, weil die schwierigen und nur sehr unsicher zu beantwortenden Abgrenzungsprobleme des Art. 1 II wegfielen.

2. Ausklammerung von Spezialmaterien[35]

Bei den in Art. 1 II Nr. 2–4 sowie in Art. 57 genannten Gebieten liegt der Grund für den Ausschluß der Zuständigkeitsordnung darin, daß die für diese Bereiche schon geltenden oder in Vorbereitung befindlichen *speziellen Abkommen* die Besonderheiten dieser Bereiche beachten. Es hätte das Inkrafttreten des Übereinkommens zu sehr verzögert, wenn man diese Materien in das Übereinkommen miteinbezogen hätte. So hätte es z. B. zu viel Zeit und Kraft gekostet, für die in Art. 1 II Nr. 2 genannten Insolvenzverfahren adäquate Lösungen zu erarbeiten.

VII. Zusammentreffen mehrerer Anspruchsgrundlagen, von denen die einen unter Art. 1 II bzw. Art. 57 fallen und andere nicht

1. Problematisch sind die Fälle der *Anspruchskonkurrenz:*[36] Das Klagebegehren wird auf mehrere Anspruchsgrundlagen gestützt, wobei eine oder mehrere in den Anwendungsbereich des Übereinkommens fallen, dagegen andere nicht.

Beispiel:

Ein Ehegatte verklagt den anderen auf Zahlung von DM 50000.– und trägt als Begründung vor: Es handle sich um eine Zugewinnausgleichs-

[34] In diesem Sinne auch der *Jenard*-Bericht S. 60: „Der Ausschuß kam zu der Auffassung, daß der gesamte Fragenkomplex nach Inkrafttreten dieses Übereinkommens gegebenenfalls neu erörtert werden sollte ...".

[35] *Jenard*-Bericht S. 60.

[36] Allgemein zur Anspruchskonkurrenz im internationalen Zuständigkeitsrecht *Geimer* NJW 1974, 1045.

forderung (§§ 1372ff. BGB); selbst wenn eine Ausgleichsforderung nicht bestehe, sei die Klage begründet, weil dann zumindest eine Darlehensforderung in gleicher Höhe gegen den Beklagten bestehe.

Hier ist *für jede Anspruchsgrundlage getrennt die Anwendbarkeit der Zuständigkeitsordnung des Übereinkommens zu prüfen.*[37] Sie ist in dem vorgenannten Beispiel für die Zugewinnausgleichsforderung nicht anzuwenden, Art. 1 II Nr. 1, jedoch für den Darlehensanspruch.

2. Die Anwendbarkeit der Art. 2ff. hinsichtlich *einer* Anspruchsgrundlage führt nicht automatisch zur Anwendung des Übereinkommens auf *alle anderen* Anspruchsgrundlagen.[38] Hier ist also das Zuständigkeitsrecht des Übereinkommens mit dem nationalen Zuständigkeitsrecht bzw. dem des einschlägigen Spezialgerichtsstandsvertrages (Art. 57) zu kombinieren. Fehlt für eine Anspruchsgrundlage die internationale oder örtliche Zuständigkeit nach der maßgeblichen Zuständigkeitsordnung, so ist das angegangene Gericht insoweit zur Entscheidung nicht befugt. Die Klage ist insoweit unzulässig wegen fehlender Zuständigkeit. Der Klagegrund, hinsichtlich dessen keine Zuständigkeit besteht, nimmt an der Rechtskraft nicht teil.[39] Dies gilt jedoch nicht, wenn der Richter die Grenzen seiner Kognitionsbefugnis verkannt und über alle Anspruchsgrundlagen entschieden hat. Hier erwächst (nach deut-

---

[37] Vgl. auch *Basedow* IZVR Rz. 92ff.

[38] *A. A. Bülow-Böckstiegel,* 606/25, Art. 1, Anm. 5, die sich „im Zweifel ... für die Anwendbarkeit des Übereinkommens“ entscheiden. „Schwierigkeiten können dann immer noch auftauchen in Fällen, bei denen sowohl eine Norm aus einem ausgeschlossenen Rechtsgebiet als auch eine Norm aus einem in den Anwendungsbereich des Übereinkommens fallenden Rechtsgebiet als Anspruchsgrundlage in Betracht kommt. Hier ist zumindest bis zum Urteil fraglich, ob das Übereinkommen Anwendung finden muß oder nicht. Eine generelle Lösung dieses Problems läßt sich aus dem Übereinkommen wohl nicht ableiten. Man wird nach den Besonderheiten der ausgeschlossenen Materie, der mit deren Ausschluß nach dem Übereinkommen verbundenen Zweckbestimmung und den im konkreten Fall in Frage stehenden anspruchsbegründenden Normen zu entscheiden haben, ob man von vorneherein zu einer Anwendung des Übereinkommens kommen kann oder die Unsicherheit über die Anwendbarkeit bis zur Klärung der materiellen Rechtslage in Kauf nehmen muß. Dabei wird man die Bedürfnisse des Rechtssuchenden, die eventuell schon durch besondere Regelungen außerhalb des Übereinkommens über das ausgeschlossene Rechtsgebiet gedeckt sein mögen, ebenso in Erwägung ziehen müssen wie das Interesse der Mitgliedsstaaten, daß nicht in derartigen Fällen mittelbar doch auf Entscheidungen (etwa in Statussachen) eingewirkt wird, die ihnen durch den Ausschuß vorbehalten werden sollten. Im Zweifel wird man, wenn die genannten Gesichtspunkte keine Auslegungshilfe bieten, angesichts des das Übereinkommen als Leitlinie beherrschenden Integrationsmomentes sich eher für eine Anwendbarkeit des Übereinkommens zu entscheiden haben.“

Wie hier dagegen für das deutsche Zuständigkeitsrecht der ZPO *Stein-Jonas-Schumann,* ZPO 20. Aufl. § 1, Rz. 10.

[39] *Stein-Jonas-Schumann,* ZPO, 20. Aufl., Einl. V E 2f., Rz. 295, § 1 Rz. 10, § 29 Rz. 41, § 32 Rz. 17, 25.

schem Verfahrensrecht) die Entscheidung über alle Anspruchsgrundlagen in materielle Rechtskraft.[40] Denn auch fehlerhafte Entscheidungen sind der Rechtskraft fähig. Die beschwerte Partei hat es aber in der Hand, den Eintritt der Rechtskraft durch Einlegung von Rechtsmitteln zu hindern. Tut sie es nicht oder bestätigen die Rechtsmittelgerichte die Rechtsansicht der ersten Instanz, so tritt Rechtskraft in vollem Umfang ein, also ohne Ausklammerung bestimmter Anspruchsgrundlagen.

3. Dies ist die Rechtslage im Erststaat (= Urteilsstaat). Die übrigen Vertragsstaaten sind jedoch zur Anerkennung nach Art. 25ff. und Klauselerteilung nach Art. 31ff. nur dann verpflichtet, wenn kein Streitgegenstand i. S. des Art. 1 II vorliegt.[41] Hier erhebt sich die Frage, ob der Zweitrichter an die Rechtsansicht des Erstrichters, es liege kein Fall des Art. 1 II vor, gebunden ist. Diese ist zu verneinen,[42] ausgenommen den Fall der nicht beachteten Schiedsabrede.[43]

VIII. Prozeßvergleiche[44]

1. Beschränkungen der internationalen Zuständigkeit zur Aufnahme von Vergleichen *(Prozeßvergleichen)* kennt das Übereinkommen nicht.[45] Selbst wenn der Vertragsstaat, vor dessen Gericht der Vergleich beurkundet werden soll, nach den Art. 2ff. für die streitige Entscheidung des dem Vergleich zugrundeliegenden Komplexes international unzuständig wäre, so hinderte dies nicht die Aufnahme des Vergleichs. Dies gilt wohl auch, wenn der Vergleich seine Vollstreckbarkeit durch Erlaß eines mit dem Inhalt des Vergleichs übereinstimmenden Urteils erhält *(judgment by consent)*.[46]

2. *Das Übereinkommen gebietet aber nicht, daß jeder Vertragsstaat ein Gericht zur Aufnahme von Vergleichen zur Verfügung stellt.* Es bleibt vielmehr dem nationalen Recht der einzelnen Vertragsstaaten überlassen zu regeln, wann ihre Gerichte Vergleiche protokollieren müssen.

3. Das Übereinkommen kommt aber dann zur Anwendung, wenn es um die Vollstreckung der im Vergleich vereinbarten Verpflichtungen in den anderen Vertragsstaaten geht (Art. 50). Art. 1 II Nr. 1 hat für Prozeßvergleiche und sonstige öffentliche Urkunden keine Bedeutung.[47] Auch Prozeßvergleiche, die in einem Verfahren geschlossen wurden, für das die Zuständigkeitsordnung des Übereinkommens gemäß Art. 1 II

[40] Dies übersieht wohl *Schumann* aaO. Einl. Rz. 295.

[41] Hierzu unten §§ 109, 111, 125.

[42] Hierzu unten VIII und § 110.

[43] Hierzu oben § 20 VII.

[44] Hierzu *Grunsky* JZ 1973, 644; *Bülow-Böckstiegel,* 606/26, Art. 1, Anm. 6.

[45] Vgl. auch *Zöller-Geimer,* ZPO, 13. Aufl., 1981, IZPR, Anm. F XIII 7.

[46] Hierzu *Zöller-Geimer* (Fußn. 45) IZPR, Anm. C VI 24.

[47] A. A. *Basedow* IZVR Rz. 89.

Nr. 1 nicht gilt, z. B. ein Prozeßvergleich über die Zahlung eines Zugewinnausgleichs vor dem Familiengericht, sind nach Art. 50 in allen Vertragsstaaten vollstreckungsfähig.[48] Entscheidend für die Ausklammerung der in Art. 1 II Nr. 1 genannten Rechtsgebiete waren die Unterschiede in den Kollisionsrechten der Vertragsstaaten.[49] Dieser Gesichtspunkt hat jedoch dann keine Bedeutung, wenn die Parteien sich über ihre vermögensrechtlichen Rechtsbeziehungen einigen.[50]

4. Vorstehendes gilt jedoch nicht für insolvenzrechtliche Vergleiche, Art. 1 II Nr. 2, weil deren internationale Vollstreckbarkeit einem besonderen Übereinkommen vorbehalten bleiben soll.[51]

IX. Exkurs: Keine Bindung des Zweitrichters an die Rechtsansicht des Erstrichters hinsichtlich der Anwendbarkeit der Zuständigkeitsordnung des Übereinkommens[52]

1. Grundsatz

Der Zweitrichter, der über die Anerkennung bzw. Klauselerteilung nach Art. 25ff. zu entscheiden hat, ist *nicht gebunden an die Rechtsansicht des Erstrichters* bezüglich der Frage, ob die Zuständigkeitsvorschriften der Art. 2ff. anwendbar waren oder nicht.[53]

---

[48] Ähnlich *Bülow-Böckstiegel*, 606/26, Art. 1, Anm. 5:
„Der Ausschluß der in Art. 1 Abs. 2 genannten Rechtsgebiete hindert nicht ohne weiteres, das Übereinkommen auf Prozeßvergleiche über Streitigkeiten aus diesen Gebieten anzuwenden. Man wird vielmehr festzustellen haben, ob der Ausschluß bezweckte, insgesamt das gesamte Rechtsgebiet im weitesten Sinne dem Übereinkommen zu entziehen (etwa wegen der ausschließlichen Regelung in einem anderen Abkommen) oder nur zumindest vorerst noch in Anspruch genommene Dispositionsmonopole der Mitgliedsstaaten zu sichern (etwa in Status- und Erbschaftssachen). So wird man z. B., da in allen Mitgliedsstaaten die Parteien über erbrechtliche Rechtsstellungen verfügen können, – also kein staatliches Dispositionsmonopol in Anspruch genommen wird – das Übereinkommen auf Prozeßvergleiche über erbrechtliche Ansprüche anwenden können."

[49] Vgl. oben V 1.

[50] Allgemein zu unterschiedlichen Anwendungsbereichen der Zuständigkeitsordnung einerseits und der Normen über die Pflicht zur gegenseitigen Anerkennung und Vollstreckung von Entscheidungen und sonstigen Titel aus den anderen Vertragsstaaten andererseits.

[51] Anders Art. 16 I Buchst. d des deutsch-niederländischen Vertrages, der insoweit fortgilt, Art. 56 I.

[52] Hierzu s. auch unten § 110.

[53] A. A. *Stein-Jonas-Schumann* ZPO, 20. Aufl., Einl XV G 6d Rz. 787 bei Fußn. 21 S. 396 unter Berufung auf BGHZ 65, 291 und *v. Hoffmann* AWD 1973, 58; „Wenn das Gericht des Erststaats (das erkennende Gericht) eine Qualifizierung vorgenommen hat, sind die Gerichte des EuGVÜ-Zweitstaates (in dem das ausländische Urteil anerkannt und vollstreckt werden soll) gehalten, die vom erkennenden (Erst-)Gericht

Der Zweitrichter hat über einen anderen Fragenkomplex zu entscheiden als der Erstrichter, wenn auch im Subsumtionsvorgang teilweise *die gleichen Vorfragen* zu beantworten sind.[54] Der Erstrichter muß darüber befinden, ob Grundlage seiner internationalen Entscheidungszuständigkeit und möglicherweise auch seiner örtlichen Zuständigkeit[55] das Übereinkommen, ein Spezialabkommen (Art. 57) oder das nationale Zuständigkeitsrecht ist.[56] Diese Frage interessiert den Zweitrichter grundsätzlich nicht. Er hat zu klären, ob das Übereinkommen den Zweitstaat zur Anerkennung bzw. Vollstreckung verpflichtet. Die Pflicht zur Anerkennung bzw. Vollstreckung beschränken Art. 25ff. nicht etwa auf die Fälle, in denen der Erstrichter seine Entscheidungszuständigkeit auf die europäischen Zuständigkeitsvorschriften der Art. 2ff. gestützt hat. Anerkennungs- und vollstreckungsfähig sind vielmehr alle Entscheidungen (Art. 25) aus den anderen Vertragsstaaten, ohne Rücksicht darauf, welches Zuständigkeitsrecht der Erstrichter seiner Entscheidung zugrunde gelegt hat und ob seine Rechtsanwendung richtig war oder nicht.[57] Auch wenn der Erstrichter zu Unrecht das nationale Zuständigkeitsrecht angewendet hat, obwohl die Art. 2ff. oder ein Spezialabkommen (Art. 57) anzuwenden gewesen wären, besteht grundsätzlich die Pflicht zur Anerkennung und Vollstreckung. Der Anwendungsbereich der Normen des III. und IV. Titels des Übereinkommens (Art. 25 – Art. 51) ist weiter als der des II. Titels (Art. 2 – Art. 24).[58] Jeder Normenkomplex hat rechtslogisch seine eigenen Anwendungsvoraussetzungen; deshalb ist der Zweitrichter bei seiner Prüfung der Anwendungsvoraussetzungen der Art.

---

vorgenommene Qualifikation zu akzeptieren, da sonst Divergenzen auftreten können und möglicherweise dann doch die Zuständigkeit des erkennenden Gerichts überprüft würde)."

Ebenso *Linke* bei *Bülow-Böckstiegel,* 606/192, Art. 25, Anm. III 2:

„An die Qualifikation des erkennenden Richters im Rahmen seiner Zuständigkeitsprüfung ist der Anerkennungsrichter unbedingt gebunden. Mit Recht hat die EG-Kommission in ihrer Stellungnahme zum Eurocontrol-Verfahren [EuGHE 1976, 1548/9] betont, daß bloße Divergenzen über die materielle Qualifikation eines Rechtsstreits um so weniger zur Versagung der Anerkennung führen dürften, wenn selbst die Gesetzwidrigkeit der Entscheidung die Anerkennung nicht hindern könne (Art. 29 und 34 Abs. 2). Es bedarf somit nicht der von der Bundesregierung in ihrer Stellungnahme [EuGHE 1976, 1546/7] vorgeschlagenen Einschränkung, daß die Überprüfung der Qualifikation des Erstrichters dann zulässig sein solle, wenn der Zweitrichter schwerwiegende Zweifel an ihrer Richtigkeit habe und sie für nicht mehr vertretbar halte."

In diesem Sinne wohl auch *Schlosser* NJW 1977, 459; *Grunsky* JZ 1973, 642; *Goldman,* Rev. trim. dr. eur. 1971, 9; *Weser* Nr. 196.

[54] Allgemein hierzu *Geimer,* Zur Prüfung der Gerichtsbarkeit und der internationalen Zuständigkeit bei der Anerkennung ausländischer Urteile, 1966.

[55] Hierzu unten § 32.

[56] Hierzu oben § 9.

[57] *Geimer* RIW/AWD 1980, 380.

[58] Hierzu unten §§ 103, 113.

25ff. nicht gebunden an die Rechtsansicht des Erstrichters, auch wenn hierbei die gleichen Vorfragen zu stellen sind, die der Erstrichter bereits beantwortet hat; dies gilt vor allem für die Frage,
- ob eine Zivil- oder Handelssache im Sinne des Art. 1 I vorliegt,
- ob der Streitgegenstand unter den Ausnahmekatalog des Art. 1 II Nr. 1–3 fällt oder
- ob ein Spezialabkommen im Sinne des Art. 57 eingreift.[59]

Demnach sind *zwei Hypothesen*[60] zu unterscheiden:[61]

a) *Der Erstrichter bejahte die Anwendbarkeit des Übereinkommens: Nach seiner Ansicht liegt eine Zivilsache vor, die weder unter den Ausnahmekatalog des Art. 1 II noch unter Art. 57 fällt.*

Der Zweitrichter hat selbständig die Anwendbarkeit der Art. 25ff. zu prüfen. Er ist an die vom Erstrichter zu Art. 1 bzw. Art. 57 geäußerte Rechtsansicht nicht gebunden. Klassisches Beispiel hierfür ist die *1. Eurocontrol-Entscheidung:*[62] Der belgische Erstrichter hatte den Streitgegenstand als eine Handelssache qualifiziert.[63] Daran glaubte der BGH[64] gebunden zu sein. Er wurde jedoch vom EuGH eines anderen belehrt: Es liege keine Zivil- oder Handelssache im Sinne des konventionsimmanent zu interpretierenden Art. 1 vor; deshalb seien Art. 25ff. nicht anzuwen-

---

[59] Der Art. 57 spielt für den *Erstrichter* eine andere Rolle als für den *Zweitrichter*. Für den Erstrichter hat er nur dann Bedeutung, wenn das Spezialabkommen nach dem System der *compétence directe* konzipiert ist, also eine Regelung der internationalen Entscheidungszuständigkeit bringt. Dies trifft nur in seltenen Fällen zu.

Dagegen hat der Zweitrichter zu prüfen, ob das Spezialabkommen eine Pflicht des Zweitstaates zur Anerkennung und Vollstreckung begründet.

[60] Diese werden von den in Fußn. 53 genannten Anhängern der Bindungstheorie nicht klar genug auseinandergehalten.

[61] Logisch gibt es noch eine *dritte Hypothese:*

Der Erstrichter ließ die Frage der Anwendbarkeit des Übereinkommens offen, weil alle in Betracht kommenden Zuständigkeitssysteme in concreto die Zuständigkeitsfrage im gleichen Sinne entscheiden. Zur sog. *Wahlfeststellung des Erstrichters* s. *Stein-Jonas-Schumann,* ZPO, 20. Aufl., Einl. XV G 10 Rz. 808b S. 403.

Hier kann es schon deswegen keine Bindung geben, weil ein Bezug für eine Bindung fehlt. Diesen Fall klammern deshalb auch die Anhänger der Bindungstheorie (oben Fußn. 53) aus. Vgl. *Linke* bei *Bülow-Böckstiegel,* 606/192, Art. 25, Anm. III 2: „Hat der Erstrichter ersichtlich überhaupt keine Qualifikation am Maßstab des Übereinkommens vorgenommen, weil er z. B. für die Prüfung seiner internationalen Zuständigkeit im Sinne des GVÜ keinen Anlaß hatte, so muß der Anerkennungsrichter selbständig prüfen, ob die Entscheidung dem sachlichen Anwendungsbereich des Übereinkommens unterfällt. Das gilt insbesondere auch für solche Entscheidungen, die aufgrund einer vor dem Inkrafttreten des GVÜ erhobenen Klage erlassen worden sind und die gemäß Art. 54 Abs. 2 nach Maßgabe des 3. Titels anerkannt und vollstreckt werden können."

[62] EuGHE 1976, 1541 = NJW 1977, 489 mit Anm. *Geimer* und in EuR 1977, 342.

[63] Vgl. oben § 19 III Fußn. 9.

[64] BGH, Beschluß vom 26. November 1975, BGHZ 65, 291 = NJW 1976, 478 = RIW/AWD 1976, 110 = IPRspr. 1975 Nr. 170. Hierzu *Geimer* EuR 1977, 344 Fußn. 11.

den, möglicherweise aber das insoweit gemäß Art. 56 aufrecht erhaltene deutsch-belgische Abkommen.[65]

b) *Der Erstrichter verneinte die Anwendbarkeit des Übereinkommens: Nach seiner Ansicht liegt entweder keine Zivil- bzw. Handelssache im Sinne des Art. 1 I oder ein Fall des Art. 1 II vor oder es greift ein vorrangiges Spezialabkommen (Art. 57) ein.*

Auch in einem solchen Fall hat der Zweitrichter selbständig zu prüfen, ob Art. 25ff. eine Pflicht des Zweitstaates zur Anerkennung begründen. Selbst wenn der Erstrichter zu Unrecht die Anwendbarkeit der Art. 2ff. verneint hat, ist der Zweitstaat zur Anerkennung und Klauselerteilung verpflichtet, wenn in Wirklichkeit ein zivil- bzw. handelsrechtlicher Streitgegenstand (in dem oben § 19 erörterten Sinne) vorliegt und kein Ausnahmetatbestand des Art. 1 II bzw. kein Spezialabkommen im Sinne des Art. 57 eingreift.[66]

In Bezug auf Art. 57 braucht zwischen Erst- und Zweitrichter im übrigen keine Meinungsverschiedenheit vorzuliegen. Zu denken ist an die Fälle, in denen das Spezialabkommen zwar eine Regelung der internationalen Entscheidungszuständigkeit enthält und deshalb die europäische Zuständigkeitsordnung des Übereinkommens verdrängt, aber keine Normen über die Anerkennung und Vollstreckung vorsieht, wie z. B. das Warschauer Übereinkommen vom 12. Oktober 1929 zur Vereinheitlichung von Regeln über die Beförderung im internationalen Luftverkehr und die Zusatzprotokolle hierzu[67] sowie das in Seerechtsfällen bedeutsame Brüsseler Internationale Übereinkommen zur Vereinheitlichung von Regeln über den Arrest von Seeschiffen (Art. 7).[68]

Streng zu unterscheiden von der Nichtbindung des Zweitrichters bei der Frage der Anwendbarkeit des Übereinkommens (Art. 1, 57) ist die Bindung des Zweitrichters an die tatsächlichen Feststellungen des Erstrichters gemäß Art. 28 II. Hier geht es – aus der Sicht des Zweitrichters – nicht um die Anwendbarkeit der Art. 25ff. Diese ist vielmehr außer Zweifel. Zu entscheiden ist vielmehr, ob im konkreten Einzelfall der Versagungsgrund des Art. 28 I zu bejahen ist.

2. Ausnahme

Art. 1 II Nr. 4 kann vom Zweitrichter nicht selbständig nachgeprüft werden in dem Sinne, daß er die Anerkennung bzw. Vollstreckbarerklärung eines Urteils eines staatlichen Gerichts eines anderen Vertragsstaa-

---

[65] Rechtssachen 9/77 und 10/77, EuGH, Urteil vom 14. Juli 1977 *(2. Eurocontrol-Entscheidung)* = EuGHE 1977, 1517, hierzu *Geimer* EuR 1977, 351 sub III.

[66] *Jenard*-Bericht S. 90.

[67] BGBl. 1958 II 312; 1964 II 1295.

[68] BGBl. 1972 II 653; 1973 II 172. Für die Bundesrepublik Deutschland in Kraft seit 6. April 1973.

tes mit der Begründung verweigern dürfte, der Erstrichter habe zu Unrecht den Einwand übergangen, es liege ein wirksamer Schiedsvertrag vor.[69]

§21 Personenstand, Rechts- und Handlungsfähigkeit, gesetzliche Vertretung von natürlichen Personen[1]

1. Nach Art. 1 II Nr. 1 finden die Zuständigkeitsregeln des Übereinkommens keine Anwendung in Verfahren, deren Streitgegenstand den Personenstand, die Rechts- und Handlungsfähigkeit sowie die gesetzliche Vertretung von natürlichen Personen betrifft.

2. Damit sind insbesondere alle *Statussachen* (Ehesachen, §§606ff. ZPO, Kindschaftssachen, §§640ff. ZPO, Entmündigungssachen, §§645ff. ZPO) sowie der Kernbereich der klassischen freiwilligen Gerichtsbarkeit (Verschollenheitssachen, Entmündigungs- und Pflegschafts- sowie Nachlaßsachen) ausgeklammert.

Die Zuständigkeitsordnung der Art. 2ff. gilt insbesondere nicht für Verfahren[2] über

- die *Anfechtbarkeit und Gültigkeit von Eheschließungen*
- das *Getrenntleben der Ehegatten;*
- die *Auflösungen von Ehen;*
- den *Tod einer Person;*
- die *Rechts- und Handlungsfähigkeit einer minderjährigen Person*, insbesondere die Entscheidung über das Sorgerecht nach Scheidung oder gerichtlicher Trennung der Eltern;
- die *Rechts- und Handlungsfähigkeit sowie die gesetzliche Vertretung einer geisteskranken Person;*
- die *Staatsangehörigkeit oder den Wohnsitz* („domicile") *einer Person;*
- das *Sorgerecht* oder die Obhut und Aufsicht über Kinder, gleich ob diese in einem Scheidungs-, Vormundschafts- oder sonstigen Verfahren zur Debatte stehen;
- die *Annahme* als Kind.

---

[69] Ausführlich oben §5 V.

[1] Die Wendung „Personenstand usw. von natürlichen Personen" weicht etwas von der in dem *Haager Übereinkommen* gebrauchten ab, nach der dieses Übereinkommen nicht für Entscheidungen gilt, die „den Personenstand, die Rechts- und Handlungsfähigkeit oder das Familienrecht einschließlich persönlicher geldlicher Ansprüche und Verpflichtungen zwischen Eltern und Kindern und zwischen Ehegatten" (Art. 1 II Nr. 1) betreffen. Hierfür gibt es laut *Jenard*-Bericht S. 59 zwei Gründe: Einmal deckt sich in den Staaten der Gemeinschaft der Begriff „Familienrecht" nicht mit dem Begriff „Personenstand, Rechts- und Handlungsfähigkeit und gesetzliche Vertretung"; zum anderen gilt das EWG-Übereinkommen im Gegensatz zum Haager Übereinkommen auch in Unterhaltssachen (Art. 5 Nr. 2), selbst wenn diese auf dem Personenstand beruhen, ganz gleich, ob es sich dabei um Ansprüche und Verpflichtungen zwischen Ehegatten oder zwischen Eltern und Kindern handelt.

[2] Vgl. *Schlosser*-Bericht Nr. 51.

3. Die Anwendung der Zuständigkeitsordnung des Übereinkommens auf die *vorläufige Regelung der elterlichen Sorge über gemeinschaftliche Kinder* (§ 620 I Nr. 1 ZPO) scheidet aus, da eine solche Anordnung die „gesetzliche Vertretung natürlicher Personen" i. S. von Art. 1 II Nr. 1 betrifft. Dies gilt auch für die in § 620 I Nr. 2, 3 und 5 ZPO normierten einstweiligen Anordnungen. Diese Maßnahmen regeln zwar selbst nicht unmittelbar den Personenstand oder die gesetzliche Vertretung; sie sind jedoch mit diesen Materien so eng verknüpft, daß sie unter Art. 1 II Nr. 1 zu subsumieren sind.[3] Die Anordnungen gemäß § 620 I Nr. 7–9 ZPO betreffen zwar weder den Personenstand noch die Rechts- und Handlungsfähigkeit oder die gesetzliche Vertretung von natürlichen Personen. Einstweilige Anordnungen über die Benutzung der Ehewohnung und des Hausrats oder über die Verpflichtung eines Ehegatten zur Leistung eines Prozeßkostenvorschusses fallen aber unter den Ausschlußtatbestand „eheliche Güterstände" in der Auslegung des EuGH.[4] Zum Anwendungsbereich des Übereinkommens gehören aber die Unterhaltsanordnungen des § 620 I Nr. 4 und Nr. 6 ZPO.[5]

Gerichtliche Entscheidungen über einstweilige sichernde Maßnahmen während eines Ehescheidungsverfahrens, wie die Siegelung oder Pfändung von Vermögensgegenständen der Ehegatten, fallen nach der Rechtsprechung des EuGH[6] nicht in den Anwendungsbereich des Übereinkommens. Diese Maßnahmen beträfen entweder Fragen des *Personenstands* der in das Ehescheidungsverfahren verwickelten Personen oder *vermögensrechtliche Beziehungen, die sich unmittelbar aus der Ehe oder deren Auflösung ergeben, oder sie stehen in engem Zusammenhang mit solchen Fragen oder Beziehungen.*

Die These des EuGH, *die (einstweilige oder endgültige) Regelung der vermögensrechtlichen Beziehungen zwischen Ehegatten im Scheidungsverfahren sei von der Frage des Personenstandes nicht zu trennen,* weil sie „in engem Zusammenhang mit den Gründen für die Scheidung" stehe, ist nicht überzeugend; ebensowenig das Argument, die vorläufige Regelung vermögensrechtlicher Beziehungen zwischen Ehegatten im Scheidungsverfahren stehe auch „in engem Zusammenhang ... mit den persönlichen Verhältnissen der Ehegatten und der Kinder, die aus der Ehe hervorgegangen sind".[7]

---

[3] *Hausmann* FamRZ 1980, 422.

[4] EuGH, Urteil vom 27. März 1979, Rechtssache 143/78 *(de Cavel I),* EuGHE 1979, 1055 = NJW 1979, 1100; hierzu kritisch *Hausmann* FamRZ 1980, 421.

[5] Vgl. *Hausmann* FamRZ 1980, 422.

[6] Vgl. oben Fußn. 4 und § 20 IV.

[7] Bei *Hausmann* FamRZ 1980, 422 bei Fußn. 34 findet sich folgender treffende Hinweis: „Schließlich fordern auch diejenigen Gründe, welche die Verfasser der Konvention zur Herausnahme der Personenstandsfragen aus dem sachlichen Anwendungsbereich des GVÜ bewogen haben, nämlich die erheblichen Unterschiede der materiellen und kollisionsrechtlichen Bestimmungen in den Vertragsstaaten auf diesem Rechtsgebiet, den Ausschluß einstweiliger Anordnungen mit vermögensrechtlichem Inhalt aus dem Übereinkommen nicht. Denn die Rechte der Vertragsstaaten sehen wie bereits in

§ 22 Unterhaltssachen[1]

I. Anwendbarkeit des Übereinkommens

Unterhaltsstreitigkeiten fallen nicht unter Art. 1 II Nr. 1. Dies ergibt sich aus Art. 5 Nr. 2[2] und Art. 27 Nr. 4.[3]

Die Zuständigkeitsregeln des Übereinkommens gelten für Unterhaltssachen[4] auch dann, wenn der Unterhaltsprozeß mit dem Statusprozeß (z. B. Scheidungs- oder Vaterschaftsfeststellungsprozeß) in einem einheitlichen Verfahren verhandelt wird.[5] Man spricht von *Entscheidungsver-*

---

dem hier vor allem betroffenen Bereich der einstweiligen Unterhaltsanordnungen weitgehend übereinstimmende Regelungen vor, und die Gerichte treffen diese Anordnungen in aller Regel schlichtweg nach der lex fori". Der EuGH hat nunmehr seinen extremen Standpunkt relativiert. Vgl. EuGH, Urteil vom 6. März 1980, Rechtssache 120/79 *(de Cavel II)*, EuGHE 1980, 731 = IPRax 1981, 19; hierzu *Hausmann* IPRax 1981, 5.

Von der hier diskutierten Perspektive zu unterscheiden ist die Frage, ob für einstweilige Maßnahmen i. S. des Art. 24 die Ausnahmetatbestände des Art. 1 II in gleicher Weise zu interpretieren sind wir für das Hauptsacheverfahren. Das ist zu bejahen. Vgl. oben § 20 IV.

[1] Allgemein hierzu *Schlosser*-Bericht Nr. 41. *Bülow-Böckstiegel* 606/27, Art. 1, Anm. 6a.

[2] Zu weitgehend *EuGH,* Urteil vom 27. März 1979, Rechtssache 143/78 *(de Cavel I)*, EuGHE 1979, 1055 = NJW 1979, 1100, der unter Art. 1 II Nr. 1 „eheliche Güterstände" alle Streitigkeiten zwischen Ehegatten über „vermögensrechtliche Beziehungen, die sich unmittelbar aus der Ehe oder ihrer Auflösung" ergeben, subsumiert. Diese Entscheidung ist teilweise überholt durch das Urteil vom 6. März 1980 (Fußn. 5). Kritik auch bei *Hausmann* FamRZ 1980, 424 bei Fußn. 50.

[3] *Baumgärtel,* Festschrift für *Kegel,* 1977, 291/292.

[4] Das gleiche gilt für die Art. 25ff.

[5] So nun auch ausdrücklich für Unterhaltsansprüche zwischen Ehegatten EuGH, Urteil vom 6. März 1980, Rechtssache 180/79 *(de Cavel II)*, EuGHE 1980, 731 = IPRax 1981, 19; hierzu *Hausmann,* IPRax 1981, 5.

In einem Ehescheidungsverfahren hatte der Richter für Familiensachen am Tribunal de Grande Instance Paris entschieden, daß der Ehemann der Ehefrau während des Scheidungsverfahrens monatlich 3000 FF an Unterhalt zu zahlen hat.

Durch Urteil des Tribunal de Grande Instance Paris v. 27. Juni 1978 ist die Ehe der Parteien inzwischen geschieden worden. Dem Ehemann wurde eine vorläufige Ausgleichsleistung von monatlich 2000 FF gem. Art. 270ff. Code civil auferlegt.

Im Verfahren nach Art. 31ff. hat der BGH dem EuGH folgende Fragen vorgelegt:

„1. Ist das Übereinkommen anzuwenden auf die Vollstreckung einer einstweiligen Anordnung eines französischen Richters in einem Ehescheidungsverfahren, durch die einer der Parteien des Scheidungsstreits ein monatlicher Unterhaltsbeitrag zuerkannt wird, oder handelt es sich in diesem Falle nicht um eine Zivilsache (Art. 1 I)?

2. Ist das Übereinkommen anwendbar auf eine in einem französischen Ehescheidungsurteil einer Partei gem. Art. 270ff. Code civil zuerkannte, monatlich zu zahlende einstweilige Ausgleichsleistung?"

Der EuGH bejahte beide Fragen:

„5. Es steht fest, daß Unterhaltssachen für sich betrachtet zu den ‚Zivilsachen' zählen und deshalb, da sie nicht in den Ausnahmekatalog von Art. 1 II aufgenommen worden sind, in den Anwendungsbereich des Übereinkommens fallen. Dies wird zudem durch Art. 5 Nr. 2 bestätigt. Ferner betreffen die ‚Ausgleichsleistungen', die in Art. 270ff. Code civil geregelt sind und auf die sich die zweite Vorlagefrage bezieht, finanzielle Verpflichtungen zwischen den früheren Ehegatten nach der Scheidung, welche sich nach den beiderseitigen Mitteln und Bedürfnissen bestimmen; sie haben ebenfalls den Charakter von Unterhaltsleistungen. Sie gehören mithin zu den Zivilsachen im Sinne des Art. 1 I und fallen ... in den Anwendungsbereich des Übereinkommens.

6. Es geht somit ausschließlich um die Frage, ob der Umstand, daß eine gerichtliche Unterhaltsentscheidung im Rahmen eines Ehescheidungsverfahrens ergangen ist – das zweifellos zu den Personenstandssachen gehört und damit dem Anwendungsbereich des Übereinkommens entzogen ist –, zur Folge hat, daß der Unterhaltsstreit als akzessorischer Teil des Scheidungsverfahrens gleichfalls aus dem Anwendungsbereich des Übereinkommens herausfällt, mit der Folge, daß ihm unter anderem nicht die in den Art. 26 bis 30 für die Anerkennung und in den Art. 31 bis 45 für die Vollstreckung vorgesehenen vereinfachten Verfahren zugute kämen.

7. Keine Bestimmung des Übereinkommens verbindet – was seinen Anwendungsbereich angeht – das Schicksal der akzessorischen Anträge mit dem Schicksal der Hauptanträge. Verschiedene Vorschriften bestätigen im Gegenteil, daß das Übereinkommen das Schicksal von Anträgen, die als ‚akzessorisch' angesehen werden, nicht an das des Hauptantrags knüpft. Dies ist namentlich der Fall bei Art. 42; ist durch eine ausländische Entscheidung über mehrere mit der Klage geltend gemachte Ansprüche erkannt worden und kann die Entscheidung nicht in vollem Umfang zur Zwangsvollstreckung zugelassen werden, so läßt nach dieser Vorschrift das Gericht die Zwangsvollstreckung für einen oder mehrere dieser Anträge zu. Das gleiche gilt für Art. 24; danach können die in dem Recht eines Vertragsstaats vorgesehenen einstweiligen Maßnahmen einschließlich solcher, die auf eine Sicherung gerichtet sind – also definitionsgemäß akzessorische Maßnahmen – bei den Gerichten dieses Staates auch dann beantragt werden, ‚wenn für die Entscheidung in der Hauptsache das Gericht eines anderen Vertragsstaats aufgrund dieses Übereinkommens zuständig ist'.

8. Diese Bestimmungen lassen eindeutig erkennen, daß das Übereinkommen nach seinem gesamten System das Schicksal eines akzessorischen Antrags nicht unbedingt an das des Hauptantrags bindet. Entsprechend diesem Grundsatz verleiht gerade, was den Anwendungsbereich des Übereinkommens anbelangt, Art. 5 Nr. 4 einem Strafgericht, dessen Entscheidungen in seinem eigentlichen Zuständigkeitsbereich offenkundig vom Anwendungsbereich des Übereinkommens ausgeschlossen sind, die Zuständigkeit, über akzessorische zivilrechtliche Ansprüche zu entscheiden, mit der Folge, daß die insoweit ergangene Entscheidung hinsichtlich ihrer Anerkennung und Vollstreckung vom Übereinkommen erfaßt wird. Diese Vorschrift sieht also ausdrücklich vor, daß ein akzessorischer Antrag in einem strafrechtlichen Verfahren, das vom Anwendungsbereich des Übereinkommens offenkundig ausgeschlossen ist, selbst in diesen Bereich fällt.

9. Ausschlaggebend für die Frage, ob sich der Anwendungsbereich des GVÜ auf akzessorische Anträge erstreckt, ist folglich das Rechtsgebiet, dem sie selbst zuzurechnen sind, und nicht das Gebiet, um das es im Hauptantrag geht. In seinem zwischen denselben Parteien ergangenen Urteil vom 27. März 1979 (Rechtssache 143/78, *De Cavel,* Slg. 1979, 1055) hat der Gerichtshof in Anwendung dieses Grundsatzes entschieden, daß ein im Rahmen eines Ehescheidungsverfahrens gestellter Antrag auf

bund.[6] *Über die Zulässigkeit der Verbindung des Status – mit dem Unterhaltsprozeß entscheidet das innerstaatliche Recht der einzelnen Vertragsstaaten;* dieses ist im Hinblick auf Art. 1 II Nr. 1 auch maßgebend für die *internationale Entscheidungszuständigkeit hinsichtlich des Statusprozesses.*[7] Die Zuständigkeitsordnung des Übereinkommens (z. B. Art. 2 I, Art. 5 Nr. 2, Art. 6 Nr. 1) greift jedoch nur hinsichtlich des *Unterhaltsverfahrens* ein.

II. Kombination von nationalem und europäischem Zuständigkeitsrecht bei Entscheidungsverbund von Status- und Unterhaltsverfahren

1. Der Familienrichter hat eine doppelte Zuständigkeitsprüfung vorzunehmen: Nach nationalem Zuständigkeitsrecht prüft er seine internationale und örtliche Entscheidungszuständigkeit für den Statusprozeß (z. B. für den Scheidungsprozeß nach §§ 606ff. ZPO) und für Folgesachen i. S. des § 621 ZPO mit Ausnahme der Unterhaltssachen. Für diese gelten die Zuständigkeitsregeln des Übereinkommens. § 621 I Nr. 4 und Nr. 5 sowie § 643 ZPO sind durch Art. 2ff. verdrängt, falls der Beklagte (Antragsgegner) in einem Vertragsstaat wohnt (Art. 2 I, Art. 3 I).

2. Allerdings verweist Art. 5 Nr. 2 n. F. in seiner 2. Alternative wieder auf das nationale Recht. Art. 5 Nr. 2 n. F. stellt klar, daß die Verbundszuständigkeit nach der lex fori (vgl. etwa § 621 I Nr. 5 ZPO) zugleich die internationale Unterhaltszuständigkeit nach dem Übereinkommen begründet, sofern das Gericht seine internationale Zuständigkeit für das Statusverfahren nicht ausschließlich auf die Staatsangehörigkeit nur einer Partei gegründet hat.[8]

3. Das Übereinkommen verbietet eine nach nationalem Recht vorge-

---

Siegelung nicht in den Anwendungsbereich des GVÜ fällt, und zwar nicht wegen seiner Akzessorietät, sondern weil er, in Anbetracht seines besonderen Inhalts, im zu entscheidenden Fall dem Recht der ehelichen Güterstände zuzurechnen war.

10. Auf der anderen Seite hat der Gerichtshof bereits in diesem Urteil anerkannt, daß es für die Einbeziehung gerichtlicher Entscheidungen in den Anwendungsbereich des Brüsseler Übereinkommens nicht entscheidend ist, ob sie einstweiliger oder endgültiger Natur sind. Das Argument, die Unterhaltsverpflichtung werde nur einstweilig und für die Dauer des Scheidungsverfahrens festgesetzt, hat infolgedessen keinen Bestand.

11. Aus den vorstehenden Erwägungen folgt, daß sich der Anwendungsbereich des GVÜ aus denselben Gründen auch auf Unterhaltsverpflichtungen erstreckt, die durch Gesetz oder Richterspruch einem Ehegatten für die Zeit nach der Scheidung auferlegt werden."

[6] Für das deutsche Recht s. §§ 623, 629, 643 ZPO. Hierzu auch *Jayme* IPRax 1981, 9 und *Henrich* IPRax 1982, 9; *Zöller-Geimer,* ZPO, 13. Aufl., 1981, § 606b, Anm. X; BGH, Urteil vom 30. Juni 1982, NJW 1982, 2732.

[7] Vgl. oben § 19 VI.

[8] Näher unten § 74 VI 6 und 7.

sehene *einheitliche Entscheidung von Status- und Unterhaltssachen* nur dann, wenn das Gericht seine Zuständigkeit aus der Staatsangehörigkeit einer der beiden Parteien herleitet. Gedacht ist vor allem an die in Art. 3 II genannten, für den reinen Statusprozeß wegen Art. 1 II Nr. 1 fortgeltenden exorbitanten Zuständigkeiten der Art. 14 und 15 Code civil.[9]

4. Art. 5 Nr. 2 n. F. schließt die internationale Entscheidungszuständigkeit für die in familienrechtlichen Sammelverfahren angerufenen Gerichte für die Unterhaltsansprüche lediglich dann aus, wenn sich nach dem autonomen Recht die internationale Zuständigkeit für den Statusprozeß ausschließlich auf die Nationalität einer der beiden Parteien stützt. Wenn die internationale Entscheidungszuständigkeit dieser Gerichte von der Verwirklichung mehrerer tatbestandlicher Voraussetzungen abhängt, von denen nur eine die inländische Nationalität einer der beiden Parteien ist, dann steht Art. 5 Nr. 2 n. F. dem Entscheidungsverbund nicht entgegen.[10]

5. Die Bundesrepublik Deutschland erachtet sich in Ehesachen immer dann für international zuständig, wenn eine der Parteien Deutscher ist, sei er Kläger oder Beklagter. Auf den Wohnsitz oder gewöhnlichen Aufenthalt kommt es nicht an.[11] Art. 5 Nr. 2 n. F. bringt für die deutschen Gerichte Probleme. Sie müssen nun wohl noch nach weiteren aus der Sicht der ZPO nicht relevanten Zuständigkeitsanknüpfungen suchen, um die internationale Entscheidungszuständigkeit für den Unterhaltsprozeß bejahen zu können.[12]

III. Rechtslage vor Inkrafttreten der Neufassung des Art. 5 Nr. 2

Vor Inkrafttreten der Neufassung des Art. 5 Nr. 2 will die h. M. Zuständigkeitsregeln des Übereinkommens nur für *isolierte Unterhaltsverfah-*

---

[9] *Schlosser*-Bericht Nr. 41.

[10] *Schlosser*-Bericht Nr. 41: „Mit Statusverfahren verbundene Unterhaltsklagen bleiben aber zulässig, wenn die Zuständigkeit des Gerichts aus anderen Gründen eine solche ist, die das EuGVÜ normalerweise als exorbitant verpönt. Die Anknüpfung der gerichtlichen Zuständigkeit an die gemeinsame Staatsangehörigkeit beider Parteien hat das EuGVÜ für normale Zivil- und Handelssachen abgelehnt. Derartiges wird aber für den verbundenen Status- und Unterhaltsprozeß akzeptiert. Der Wohnsitz des Klägers ist in Unterhaltssachen ohnehin ein anerkannter Kompetenzanknüpfungspunkt."

[11] §§ 606, 606b ZPO; hierzu *Zöller-Geimer,* ZPO, 13. Aufl., § 606b, Anm. II; BGH, Urteil vom 30. Juni 1982, NJW 1982, 2732.

[12] Wenig aufschlußreich der *Schlosser*-Bericht Nr. 41: „§ 606 III der deutschen ZPO soll in Verbindung mit § 606a [richtig: § 606b] sicherstellen, daß in Ehesachen immer ein deutsches Gericht angerufen werden kann, wenn auch nur ein Ehegatte Deutscher ist. Daß er nur subsidär zu anderen Zuständigkeitsvorschriften anwendbar sein will, ändert nichts daran, daß ausschließlich die Nationalität einer der Parteien zuständigkeitsbegründend sein soll. Nach Inkrafttreten der Neufassung von Art. 5 Nr. 2 EuGVÜ können daher in diesem Gerichtsstand Unterhaltsansprüche nicht mehr verhandelt und entschieden werden."

ren anwenden, nicht jedoch für *Annexunterhaltsverfahren.*[13] Im familienrechtlichen Sammelverfahren habe der Richter nur nach autonomem Zuständigkeitsrecht seine internationale Entscheidungszuständigkeit zu prüfen, er sei an Art. 2ff. nicht gebunden.[14]

So hätte ein deutsches Familiengericht, das seine internationale Zuständigkeit für ein Scheidungsverfahren ausschließlich auf die *deutsche Staatsangehörigkeit* eines Ehegatten gegründet hat,[15] für das Verfahren über den Ehegattenunterhalt Art. 2ff. nicht zu beachten, auch wenn der Beklagte in einem Vertragsstaat wohnt. Seine internationale Zuständigkeit ergäbe sich aus § 621 I Nr. 5 ZPO.[16] Dies ist weder mit dem Wortlaut noch dem Telos des Übereinkommens zu vereinbaren.

IV. Keine Regelung der internationalen Entscheidungszuständigkeit im Haager Übereinkommen vom 15. April 1958

Das als Spezialabkommen gemäß Art. 57 vorrangige *Haager Übereinkommen vom 15. April 1958 über die Anerkennung von Unterhaltsentscheidungen gegenüber Kindern*[17] *ist für den Erstrichter ohne Bedeutung,* weil es nicht die internationale Entscheidungszuständigkeit regelt, sondern nur die *internationale Anerkennungszuständigkeit (compétence indirecte).* Wird mit der Unterhaltsklage gleichzeitig die Feststellung der Vaterschaft begehrt (§ 643 ZPO), so ist Grundlage der internationalen Entscheidungszuständigkeit der Bundesrepublik Deutschland für den *Unterhaltsprozeß* Art. 5 Nr. 2 n. F. und nicht das Haager Übereinkommen; die internationale Entscheidungszuständigkeit für den *Statusprozeß* (= Feststellung der Vaterschaft) ist dem nationalen Recht zu entnehmen. Dieses entscheidet auch über die *Zulässigkeit des Verfahrenverbundes.*[18]

---

13 *Schlosser* FamRZ 1973, 430; *Stein-Jonas-Schlosser,* ZPO 20. Aufl. § 621 Rz. 22 und 643 Rz. 7; *Jenard-Lemontey,* Juris Classeur Droit international Fasc. 631 n. 77; *Linke* FamRZ 1978, 924 und in *Bülow-Böckstiegel* 606/35, Art. 5, Anm. II 2c; *Grunsky* JZ 1973, 643.

14 Inkonsequenterweise will man jedoch Art. 25ff. auch auf Annex-Unterhaltsentscheidungen anwenden, *Grunsky* JZ 1973, 643; *Schlosser* FamRZ 1973, 430; *Linke* in *Bülow-Böckstiegel* 606/191, Art. 25 Anm. III 1 bei Fußn. 34; *Hausmann,* FamRZ 1980, 420. Vgl. auch unten § 74 VI 4 Fußn. 395.

15 § 606b Nr. 1, 606 III ZPO.

16 *Hausmann* FamRZ 1980, 424, Fußn. 52.

17 BGBl. 1962 II 1006.

18 *Stein-Jonas-Schumann,* ZPO, 20. Aufl. § 23a Rz. 3.

§ 23 Eheliche Güterstände[1]

I. Europäische Qualifikation des Begriffs

Um die einheitliche Anwendung des Übereinkommens zu gewährleisten, ist – wie bereits oben[2] dargelegt – nach einer konventionsimmanenten Definition zu suchen. Dies hat der EuGH[3] bereits versucht.

II. Weite Auslegung durch den EuGH

Der EuGH hat den Begriff „eheliche Güterstände" sehr weit ausgedehnt und damit den Anwendungsbereich des Übereinkommens mehr als vielleicht notwendig eingeschränkt. Nach Ansicht des EuGH umfaßt der Begriff „eheliche Güterstände" nicht nur die in einigen Rechtsordnungen besonders und ausschließlich für das Rechtsverhältnis der Ehe vorgesehenen Güterstände . . ., sondern ebenso alle vermögensrechtlichen Beziehungen, die sich unmittelbar aus der Ehe oder ihrer Auflösung ergeben mit Ausnahme der Unterhaltssachen.[4]

---

[1] Hierzu *Schlosser*-Bericht Nr. 43; *Hausmann* FamRZ 1980, 422 und IPRax 1981, 5.

[2] § 17 III.

[3] EuGH, Urteil vom 27. März 1979, Rechtssache 143/78 *(de Cavel I)*, EuGHE 1979, 1055 = NJW 1979, 1100 = FRES 2, 45.

Der Entscheidung des EuGH lag folgender Sachverhalt zugrunde:
In einem beim Tribunal de Grande Instance Paris anhängigen Ehescheidungsverfahren hatte der französische Ehemann zum Zwecke der Sicherung seiner Ansprüche aus der güterrechtlichen Auseinandersetzung die Anordnung von Schutzmaßnahmen („mesures conservatoires") beantragt. Das Gericht entsprach diesem Antrag und ordnete die Siegelung der Möbel, der Kleidungsstücke und der sonstigen Fahrnis in der Wohnung der Parteien in Frankfurt/Main sowie die Siegelung eines Schließfachs und die Pfändung der Bankkonten der Ehefrau bei zwei Frankfurter Bankinstituten an.

[4] EuGH, Urteil vom 6. März 1980, Rechtssache 120/78 *(de Cavel II)*, EuGHE 1980, 731 = IPRax 1981, 19.

Der Ehemann hatte beantragt, die Anordnung des französischen Richters mit der Vollstreckungsklausel zu versehen. Dieses lehnte das OLG Frankfurt (JZ 1977, 803 = IPRspr. 1978 Nr. 170) ab, weil die Sicherungsanordnungen im Rahmen eines Scheidungsverfahrens ergangen seien und damit nicht in den sachlichen Anwendungsbereich des Übereinkommens fielen. Einstweilige Anordnungen in Scheidungssachen würden in sämtlichen EG-Staaten – anders als Arreste oder einstweilige Verfügungen – *nicht in einem selbständigen Verfahren* ergehen, sondern in einem *Anhangsverfahren* zu dem aus dem Anwendungsbereich des Übereinkommens ausdrücklich ausgeschlossenen Scheidungsverfahren. Sie seien daher „in weit stärkerem Maße von der Hauptsache abhängig, durch sie geprägt und ihr zugeordnet" als sonstige Maßnahmen des einstweiligen Rechtsschutzes. Der im Rechtsbeschwerdeverfahren angerufene BGH (IPRspr. 1978 Nr. 170 Fußn. 1) hat dem EuGH gemäß Art. 3 des Auslegungsproto-

Auseinandersetzungen über das Vermögen der Ehegatten während eines Scheidungsverfahrens, können nach der Rechtsprechung des EuGH je nach Lage des Falls folgende Bereiche betreffen oder eng mit ihnen zusammenhängen:

a) *Fragen des Personenstands;*

b) *vermögensrechtliche Beziehungen zwischen den Ehegatten,* die sich *unmittelbar* aus der Ehe oder ihrer Auflösung ergeben;

c) *vermögensrechtliche Beziehungen,* die zwischen den Ehegatten bestehen, jedoch *keinen Zusammenhang mit der Ehe* aufweisen.

Während Rechtsstreitigkeiten der letzten Gruppe in den Anwendungsbereich des Übereinkommens fallen, sind solche im Zusammenhang mit den beiden erstgenannten Gruppen davon auszuschließen.[5]

Die Regelung der vermögensrechtlichen Beziehungen zwischen Ehegatten stehe demnach in so engem Zusammenhang mit den Gründen für die Scheidung sowie mit den persönlichen Verhältnissen der Ehegatten und der Kinder, die aus der Ehe hervorgegangen sind, daß Art. 1 II Nr. 1 zur Anwendung kommt. Sie sei nicht zu trennen von den Fragen des Personenstandes und/oder des ehelichen Güterstands. Dies gilt sowohl für einstweilige Maßnahmen, die das Vermögen der Ehegatten betreffen, als auch für endgültige Entscheidungen. Einstweilige sichernde Maßnahmen, die, wie Siegelungen oder Pfändungen, Vermögensgegenstände betreffen, seien geeignet, die verschiedenartigsten Ansprüche zu sichern. Daher bestimme sich ihre Zugehörigkeit zum Anwendungsbereich des Übereinkommens *nicht nach ihrer eigenen Rechtsnatur, sondern nach derjenigen der durch sie gesicherten Ansprüche.*[6]

III. Notwendigkeit der Rechtsvergleichung

1. Um eine konventionsimmanente Definition des Ausschlußtatbestandes „eheliche Güterstände" entwickeln zu können, betont der EuGH

---

kolls folgende Frage zur Vorabentscheidung vorgelegt: „Ist auf eine im Gleichlauf mit einem vor einem französischen Gericht anhängigen Ehescheidungsverfahren vom französischen Richter für Familiensachen gegen die Scheidungsbeklagte verfügte Siegelung und Pfändung von Vermögensgegenständen das Übereinkommen nicht anwendbar, weil es sich um ein Nebenverfahren zu einem gerichtlichen Verfahren betreffend den Personenstand oder den ehelichen Güterstand handelt (Art. 1 II Nr. 1)"?

[5] Ausführlich hierzu *Hausmann* FamRZ 1980, 423.

[6] Art. 24 bietet keine Grundlage, im Hinblick auf Art. 1 II Nr. 1 zwischen einstweiligen und endgültigen Maßnahmen zu unterscheiden. Treffend der EuGH (Fußn. 3): „Diese Bestimmung betrifft ausdrücklich den Fall des Erlasses einstweiliger Maßnahmen in einem Vertragsstaat, wenn das Gericht eines anderen Vertragsstaats ‚auf Grund dieses Übereinkommens' für die Entscheidung in der Hauptsache zuständig ist. Infolgedessen kann sie nicht als Begründung dafür herangezogen werden, einstweilige oder sichernde Maßnahmen auf Rechtsgebieten, die vom Anwendungsbereich des Übereinkommens ausgeschlossen sind, in diesen einzubeziehen." Vgl. auch oben § 20 IV. Dagegen *Hausmann* FamRZ 1980, 422 bei Fußn. 35.

zu Recht die Notwendigkeit der Rechtsvergleichung.[7] Eine solche bringt erhebliche Unterschiede zwischen den Rechtsordnungen der einzelnen Vertragsstaaten[8] zum Vorschein, vor allem zwischen den kontinentaleuropäischen Systemen einerseits und dem Recht im Vereinigten Königreich und in Irland andererseits.

2. Für die vermögensrechtlichen Beziehungen der Ehegatten gilt in den kontinentaleuropäischen Vertragsstaaten nicht das allgemeine Schuld- und Sachenrecht, sondern das eheliche Güterrecht. Dies ist systematisch dem Familienrecht zuzuordnen und nicht dem „besonderen Schuldrecht". Die kontinentaleuropäischen Rechtsordnungen haben *für das Vermögensrecht der Eheleute eigene Rechtsinstitute* entwickelt, deren Anwendbarkeit auf die Beziehungen unter Ehegatten beschränkt ist und deren wichtigstes Charakteristikum eine *vermögensrechtliche Globalregelung* ist. Die Ehegatten können zwischen mehreren Güterständen wählen, die von der *„allgemeinen Gütergemeinschaft"* bis zur strikten *„Gütertrennung"* reichen können. Auch die Gütertrennung ist ein besonderer „Güterstand", obwohl bei Gütertrennung kaum noch ehebedingte vermögensrechtliche Besonderheiten vorhanden sind. Die Wahl eines Güterstandes erfolgt in Form eines als Rechtsinstitut besonders ausgebildeten „Ehevertrags", der meist der notariellen Beurkundung bedarf.[9] Treffen die Ehegatten keine Wahl, so gilt eine der vorgesehenen Globalregelungen kraft Gesetzes (sog. „gesetzlicher Güterstand").[10]

3. Gesetzlicher Güterstand ist in der *Bundesrepublik Deutschland* die *Zugewinngemeinschaft* (§§ 1371 ff. BGB). Dieser Ausdruck ist mißverständlich; denn es handelt sich nicht um eine echte Rechtsgemeinschaft, sondern um Gütertrennung mit schuldrechtlichem Ausgleich des Zugewinns bei Beendigung des Güterstandes. Das andere Extrem stellt die *allgemeine Gütergemeinschaft* dar.[11] Sie ist gesetzlicher Güterstand in den *Niederlanden* (Art. 93 ff. Burgerlijk Wetboek)[12] und in den meisten anderen kontinentaleuropäischen Vertragsstaaten als vertraglicher Güterstand möglich (vgl. §§ 1415 ff. BGB). Eine Sonderform der Gütergemeinschaft ist die *Fahrnisgemeinschaft:* Hier wird Grundbesitz nicht gemeinsa-

---

[7] In diesem Sinne auch *Schlosser* in Gedächtnisschrift für *Rudolf Bruns,* 1980, 47.

[8] Der EuGH vergleicht nur die materiellen Rechtsordnungen der *Vertragsstaaten.* Er läßt die Hypothese außer acht, daß das IPR der lex fori auf das *Recht eines Nichtvertragsstaates* verweist. Beispiel: Ein österreichisches Ehepaar mit Wohnsitz in München streitet sich vor dem LG München I über die Wirksamkeit des vor einem österreichischen Notar geschlossenen Ehepaktes. Hier kommt als lex causae das österreichische Ehe- bzw. Güterrecht zur Anwendung, Art. 15 EGBGB (allseitig interpretiert).

[9] Vgl. § 1410 BGB.

[10] *Schlosser*-Bericht Nr. 45.

[11] Eingehende rechtsvergleichende Hinweise bei *Reithmann-Hausmann,* Internationales Vertragsrecht, 3. Aufl., 1980, Rdnr. 724 ff.

[12] Vertragliche Güterstände sind die Gemeinschaft von Früchten und Einkünften, die Gewinn- und Verlustgemeinschaft, die Zugewinngemeinschaft und die Gütertrennung.

mes Vermögen der Ehegatten. Die Fahrnisgemeinschaft ist gesetzlicher Güterstand in *Luxemburg* (Art. 1400ff. Code civil).

4. In Belgien (Art. 1398ff. Code civil), *Frankreich* (Art. 1400 Code civil) und *Italien* (Art. 159, Art. 177ff. Codice civile) ist die *Errungenschaftsgemeinschaft* gesetzlicher Güterstand.[13] Hier wird nur das Vermögen gemeinschaftlich, das während der Ehe erworben wurde, während das in die Ehe eingebrachte Vermögen getrennt bleibt. Als vertraglich wählbare Güterstände kommen hier in Betracht die Gütertrennung *(séparation de biens; separazione dei beni)* einerseits oder die Erweiterung der Errungenschaftsgemeinschaft auf das voreheliche Vermögen andererseits durch Vereinbarung der *allgemeinen Gütergemeinschaft* oder der – wenn Grundbesitz von der Regelung ausgeschlossen sein soll – *Errungenschaftsgemeinschaft*.

5. Haben die Ehegatten Gütergemeinschaft vereinbart, so verwalten sie nach dem deutschen BGB das Gesamtgut grundsätzlich gemeinschaftlich (§§ 1421 S. 2, 1450ff. BGB). Der Mann oder die Frau kann jedoch durch Ehevertrag zum alleinigen Gesamtgutsverwalter bestellt werden, der dann grundsätzlich auch alleine berechtigt ist, über das Gesamtgut zu verfügen (§§ 1421, 1422ff. BGB). Für Verpflichtungs- und Verfügungsgeschäfte über das Gesamtgut im ganzen oder ein zum Gesamtgut gehörendes Grundstück ist jedoch ebenso wie für Schenkungen aus dem Gesamtgut die Zustimmung des anderen Ehegatten erforderlich (§§ 1423ff. BGB). Anders ist jedoch die Rechtslage im niederländischen gesetzlichen Güterstand der allgemeinen Gütergemeinschaft. Hier kommt es darauf an, wer den betreffenden Gegenstand in die Gemeinschaft eingebracht hat (Art. 97 I B. W.). Jeder Ehegatte behält auch während der Ehe die Verwaltungs- und Verfügungsbefugnis über diejenigen Gegenstände, die er vor der Heirat besaß; er erlangt ferner die gleiche Befugnis an denjenigen Gegenständen, die er während des Bestehens der Gütergemeinschaft erwirbt. Die Ehegatten können aber eine abweichende Regelung der Verwaltungs- und Verfügungsbefugnis ehevertraglich vereinbaren, z. B. Verwaltung des Gesamtguts durch den Mann oder die Frau allein oder durch beide Ehegatten gemeinsam.[14]

In der „communauté légale" des französischen Rechts (Art. 1421 Code civil) ist grundsätzlich der Ehemann Alleinverwalter des Gesamtguts, während im gesetzlichen Güterstand des belgischen (Art. 1416 I Code civil) und des italienischen Rechts (Art. 180 I Codice civile) jeder der beiden Ehegatten einzeln zur Verwaltung und Verfügung über das Gesamtgut berechtigt ist. Dies gilt aber nur für gewöhnliche Geschäfte der ordentlichen Verwaltung. Für außergewöhnliche Rechtsgeschäfte, wie insbesondere den Erwerb, die Veräußerung und Belastung von Grundvermögen, sowie für Schenkungen aus dem Gesamtgut ist hingegen

---

13 Vgl. Hinweise bei *Bergmann-Ferid,* Internationales Ehe- und Kindschaftsrecht, 1982.

14 *Reithmann-Hausmann,* Internationales Vertragsrecht, 3. Aufl., Rdnr. 722ff.

regelmäßig die Zustimmung beider Ehegatten erforderlich. Ein ohne diese notwendige Zustimmung des anderen Ehegatten vorgenommenes Rechtsgeschäft ist – anders als nach § 1427 BGB – wirksam; der übergangene Ehegatte hat aber das Recht, innerhalb bestimmter Fristen die Nichtigkeit des Geschäfts durch Klage geltend zu machen.[15]

6. *Ehevertragliche Änderungen* des Güterstandes sind bei Anwendbarkeit des deutschen Rechts jederzeit, also auch während der Ehe, möglich.[16] Anders früher der Code civil und die von ihm beeinflußten Rechtsordnungen Italiens und der Beneluxstaaten. Nunmehr ist der Grundsatz der Unwandelbarkeit des Güterstandes während der Ehe gelockert: Eheverträge während der Ehe sind nunmehr zugelassen; allerdings bedürfen sie zu ihrer Wirksamkeit der Genehmigung des Richters. Wir treffen hier also auf die Rechtsfigur des unter richterlichem Genehmigungsvorbehalt stehenden Ehevertrages.[17] Für solche Genehmigungsverfahren gilt die Zuständigkeitsordnung des Übereinkommens nicht, ebenso nicht, wenn die Existenz oder Auslegung eines Ehevertrages Streitgegenstand ist.

IV. Beispiele, in denen der Ausschlußtatbestand „ehelicher Güterstand" zum Tragen kommt

1. *Die Streitigkeiten, welche die ehelichen Güterstände betreffen,* lassen sich hier nicht abschließend umschreiben. Sie können in vielfältiger Form auftreten.

a) Es kann über *Wirksamkeit und Auslegung eines Ehevertrages* gestritten werden.[18]

b) Art. 1 II Nr. 1 greift auch ein, wenn ein Ehegatte eine *richterliche Gestaltung seines Güterstandes* beantragt, vgl. z. B. §§ 1385, 1386, 1447, 1448, 1469, 1495 BGB oder wenn über die *Zuordnung von bestimmten Vermögensgegenständen* zum Gesamtgut, Vorbehaltsgut, Sondergut etc. gestritten wird.[19]

c) Manche „Güterstände" sehen hinsichtlich verschiedener Arten von Vermögen verschiedene Regelungen vor. Dann kann darüber Streit entstehen, zu welcher Art von Vermögen ein bestimmter Gegenstand gehört.

d) Sofern das maßgebliche Recht die Vermögensverwaltung zwischen

---

[15] Für Frankreich s. Art. 1427 Code civil, für Italien Art. 184 Codice civile.

[16] So ausdrücklich § 1408 I BGB.

[17] *Vereinbarungen über den Versorgungsausgleich* bedürfen aber auch nach deutschem Recht der Genehmigung des Familienrichters (§ 1587o II 3 BGB), sofern die Ehegatten nicht durch Ehevertrag (§ 1048 II 1 BGB) den Versorgungsausgleich generell ausgeschlossen hatten, und zwar rechtzeitig, d. h. mindestens ein Jahr, bevor der Antrag auf Scheidung gestellt wurde.

[18] *Schlosser*-Bericht Nr. 45.

[19] Vgl. *Schlosser*-Bericht Nr. 45.

den Ehegatten verteilt, kann Streit darüber entstehen, welcher Ehegatte welche Vermögensgegenstände verwalten darf. So kann z. B. darüber ein Rechtsstreit entbrennen, ob ein sich im ehelichen Hausstand befindliches Gemälde zum Vorbehaltsgut eines Ehegatten gehört, weil es nach Meinung dieses Ehegatten als Surrogat für einen zerstörten Vorbehaltsgutsgegenstand erworben wurde.[20]

e) In der Praxis am häufigsten sind *Vermögensauseinandersetzungen* bzw. *Streitigkeiten über den Zugewinnausgleich nach Scheidung der Ehe.* Diese fallen nicht in den Anwendungsbereich des Übereinkommens.[21]

2. Die Zuständigkeitsordnung des Übereinkommens gilt auch nicht für *diejenigen vermögensrechtlichen Beziehungen unter den Ehegatten, die ohne Rücksicht auf den Güterstand gelten,*[22] *ausgenommen die Unterhaltsansprüche.*[23]

Die französische Doktrin bezeichnet Regeln über vermögensrechtliche Beziehungen, die für alle Ehen gelten, als *„régime matrimonial primaire".*[24] In anderen Staaten fehlt es an einem vergleichbaren Terminus. Gleichwohl kennen auch die anderen kontinentaleuropäischen Rechtsordnungen Normen, die für Eheleute ohne Rücksicht auf ihren Güterstand gelten.

Beispiele: Bei Verfügungen über Ehewohnung und Hausrat schreibt das französische Recht eine gegenseitige Bindung der Ehegatten ohne Rücksicht auf den Güterstand vor.[25] Das Zustimmungserfordernis gilt nicht nur für die Veräußerung von Haushaltsgegenständen, sondern auch für die Veräußerung und Belastung der ehelichen Wohnung, sowie für die Kündigung von Mietverträgen über Familienwohnraum (Art. 215 III Code civil). Ähnliche Regelungen finden sich im belgischen (Art. 215 Code civil) und niederländischen Recht (Art. 88 Burgerlijk Wetboek).

Das französische Scheidungsrecht vom 13. Juli 1975 hat in den neugefaßten Art. 270ff. Code civil Ausgleichszahlungen in der Regelform einer Kapitalabfindung (Art. 274) gebracht, die unabhängig davon sind, in welchem speziellen Güterstand die Gatten leben.[26] Ähnlich unterscheidet das deutsche Recht im 4. Buch des BGB zwischen den vermögensrechtlichen Rechtsfolgen, die aus der Ehe im allgemeinen entspringen (5. Titel,

---

[20] Vgl. § 1418 II Nr. 3 BGB.

[21] Vgl. EuGH, Urteil vom 27. März 1979, EuGHE 1979, 1055 (oben Fußn. 3).

[22] *Schlosser*-Bericht Nr. 46.

[23] Vgl. oben § 22.

[24] Hierzu *Cornu,* Les régimes matrimoniaux, 3. Aufl., 1981; *Marty – Raynaud,* Droit civil: Les régimes matrimoniaux, 1978; Nachweise auch bei *Greubel,* Das régime matrimonial primaire und seine Stellung im deutsch-französischen Verhältnis. Diss. München 1971. Vgl. auch das von der *Union international du Notariat Latin* herausgegebene rechtsvergleichende Sammelwerk Régimes matrimoniaux, successions et liberalités. Droit international privé et droit comparé, 1979.

[25] Anders das *deutsche Recht:* §§ 1365, 1369 BGB gelten nur für den gesetzlichen Güterstand.

[26] Diese hat der EuGH als Unterhaltssachen qualifiziert. Vgl. oben § 22 Fußn. 5. – Zum Reformgesetz vom 13. Juli 1965 ausführlich *Sturm* FamRZ 1966, 161.

§§ 1353ff. BGB) und dem „ehelichen Güterrecht“, das nach den verschiedenen „Güterständen“ verschieden ausgestaltet ist.

3. Die frühere *Schlüsselgewalt der Ehefrau* hat sich seit der Neufassung des § 1357 BGB in eine gegenseitige gesetzliche Vertretungsbefugnis der Ehegatten zur Eingehung von Verbindlichkeiten für den gemeinsamen Haushalt gewandelt. Eine ähnliche Regelung findet sich heute in *Belgien* (Art. 222 Code civil), *Frankreich* (Art. 220 Code civil), *Luxemburg* (Art. 220 Code civil) und den *Niederlanden* (Art. 85 B. W.). Auf Antrag eines Ehegatten kann jedoch der Richter dem anderen Ehegatten die Vertretungsmacht entziehen, § 1357 II BGB, Art. 220 II Code civil. Für solche Verfahren gilt die Zuständigkeitsordnung des Übereinkommens nicht, ebenso nicht für Streitigkeiten zwischen Ehegatten im Zusammenhang mit der *Legalhypothek.*[27] Diese ist in *Belgien* und *Italien* abgeschafft, nicht jedoch in *Frankreich.* Dort kann sie allerdings Dritten gegenüber nur geltend gemacht werden, wenn sie eingetragen ist, Art. 2134 Code civil. Sie kann auch für den Ehemann am Vermögen der Frau bestehen, Art. 2121 Code civil.

V. Schwierigkeiten einer Eingrenzung des Begriffs „ehelicher Güterstand“ bei gänzlichem Fehlen eines ehelichen Güterrechts

1. Im *Vereinigten Königreich und in Irland* gibt es – wie bereits oben § 20 III 3 erwähnt – kein vergleichbares eheliches Güterrecht, obwohl der Ausdruck „matrimonial property“ bekannt ist. Für die vermögensrechtlichen Beziehungen von Ehegatten zueinander gilt vielmehr grundsätzlich das *allgemeine Vermögensrecht.*[28] Generelle Vereinbarungen zwischen den Ehegatten über ihre güterrechtlichen Beziehungen (in der kontinentaleuropäischen Terminologie) haben keine andere Rechtsqualität als Verträge mit dritten Personen. Allerdings gibt es auch Ausnahmen: Mitunter gelten *Sondernormen für Ehegatten.* Nach dem englischen „Matrimonial Homes Act“ von 1967 und dem irischen „Family Home Protection Act“ von 1976 werden jedem Ehegatten Wohnrechte im ehelichen Heim garantiert. Ferner haben die Ehescheidungsgerichte des Vereinigten Königreichs nach dem „Matrimonial Causes Act“ von 1973 weitgehende, wenn auch in den verschiedenen Rechtsgebieten unterschiedlich ausgeprägte Befugnisse zur Anordnung der Zahlung von Kapitalbeträgen durch einen der früheren Ehegatten an den anderen. In England kann das Eigentum zwischen den früheren Ehegatten und ihren Kindern neu verteilt werden.[29]

---

[27] *Reithmann-Hausmann* (Fußn. 11) Rdnr. 768.

[28] Es gab deshalb auch Probleme bei der Fassung des englischen Textes des Übereinkommens. Man wählte schließlich die weite Formulierung „rights in property arising out of a matrimonial relationship“, vgl. *Schlosser*-Bericht Nr. 50.

[29] *Schlosser*-Bericht Nr. 43; *Schmalzl,* Die neueste Entwicklung des englischen Ehegüterrechts. Diss. Regensburg 1973.

2. Der *Schlosser*-Bericht[30] grenzt den Anwendungsbereich wie folgt ab: „Das Übereinkommen gilt dann nicht für die Zuständigkeit der Gerichte im Vereinigten Königreich und in Irland, wenn der Rechtsstreit Fragen zum Gegenstand hat, die während der Ehe oder nach deren Auflösung zwischen den Ehegatten untereinander, ausnahmsweise auch zwischen Ehegatten und Dritten, wegen solcher Rechte an oder auf Vermögen entstanden sind, die sich aus der ehelichen Beziehung ergeben. Die genannten Rechte umfassen auch alle durch Gesetz- oder Ehevertrag festgelegten Verwaltungs- und Verfügungsrechte, bezogen auf Vermögen, das den Ehegatten wechselseitig gehört."

VI. Rechtsstreitigkeiten zwischen Ehegatten auf der Grundlage des allgemeinen Schuld- und Sachenrechts

1. Die vermögensrechtlichen Beziehungen unter Ehegatten, die dem Schuld- und Sachenrecht unterstehen, fallen in den Anwendungsbereich des Übereinkommens. Die Ausnahmevorschrift des Art. 1 II Nr. 1 greift nicht ein. *Beispiel:* Ehegatten betreiben eine offene Handelsgesellschaft oder eine Gesellschaft bürgerlichen Rechts. Der Umstand, daß *das Familienrecht das allgemeine Obligationsrecht durch Sondernormen für Eheleute überlagert,* hindert die Anwendung des Übereinkommens nicht.[31] Dies gilt vor allem für *Haftungserleichterungen* (z. B. § 1359 BGB) und für *Verbote von Schenkungs-, Kauf- und sonstigen Verträgen.*[32] Diese Sondernormen für Verträge zwischen Ehegatten hindern die Anwendung der Zuständigkeitsordnung des Übereinkommens nicht.

Beispiel: Die Ehegatten sind Niederländer. Die Ehefrau verlangt vom

---

[30] *Schlosser*-Bericht Nr. 50.

[31] So auch der *Schlosser*-Bericht Nr. 46: „Im Geltungsbereich aller Rechtsordnungen der Gemeinschaft sind unter Ehegatten vermögensrechtliche Beziehungen denkbar, die sich aus der Anwendung des allgemeinen Obligationenrechts, Deliktrechts oder Eigentumsrechts ergeben. Zwar enthalten manche Gesetze einzelne Bestimmungen speziell für den Fall, daß solche Beziehungen unter Ehegatten bestehen. So schränkt Art. 1595 code civil die Zulässigkeit von Kaufverträgen unter Ehegatten ein. Auch die Rechtsprechung hat in diesem Bereich gelegentlich Sonderregeln entwickelt, die der Tatsache Rechnung tragen sollen, daß solche Beziehungen gerade zwischen Ehegatten bestehen. All dies ändert nichts daran, daß Rechtsbeziehungen aus einem allgemeinen, obligationenrechtlichen oder deliktischen Entstehungsgrund dem EuGVÜ auch dann unterliegen, wenn sie unter Ehegatten bestehen." Ausführlich auch *Hausmann,* FamRZ 1980, 424.

[32] So gilt das *Verbot von Schenkungsverträgen* zwischen Ehegatten im niederländischen Recht (Art. 1715 Burgerlijk Wetboek) und mit Einschränkungen auch im französischen Recht (Art. 1099 Code civil). Um Umgehungen dieses Schenkungsverbots zu vermeiden, sind auch Kaufverträge zwischen Ehegatten untersagt in Belgien und Frankreich (Art. 1595 Code civil) sowie in den Niederlanden (Art. 1503 Burgerlijk Wetboek). Dort sind auch Arbeitsverträge zwischen Ehegatten verboten (Art. 1637 Burgerlijk Wetboek). In Frankreich (Art. 1840 Code civil) sind darüber hinaus Gesellschaftsverträge zwischen Ehegatten untersagt.

Ehemann, der in Rotterdam wohnt, Erfüllung eines Schenkungsversprechens und klagt vor einem deutschen Gericht. Die internationale Entscheidungszuständigkeit der Bundesrepublik Deutschland ist nach Art. 5ff. zu prüfen, nicht nach §§ 20ff. ZPO. Das Schenkungsverbot des Art. 1715 B. W., das hier kollisionsrechtlich (Art. 14 EGBGB) relevant wird, führt nicht zum Ausschluß der Zuständigkeitsordnung des Übereinkommens gemäß Art. 1 II Nr. 1.

2. Die gegenteilige Ansicht würde zu unerträglicher *Rechtsunsicherheit* führen. *Die maßgebliche Zuständigkeitsordnung hinge von der Entscheidung zur Hauptsache ab*. Es käme darauf an, ob der Richter die kollisionsrechtliche und tatbestandliche Anwendbarkeit des Art. 1715 B. W. bejaht oder nicht. Wie wäre zu entscheiden, wenn die Ehefrau ihre Klage auf ein Schenkungsversprechen stützt, das Gericht aber einen Darlehensrückzahlungsanspruch für gegeben ansieht? Der Richter kann mithin in dem vorgenannten Beispiel die deutsche internationale Entscheidungszuständigkeit nicht auf § 23 ZPO stützen.[33] Es kommt vielmehr darauf an, ob eine Zuständigkeitsanknüpfung i. S. der Art. 5ff. gegeben ist, etwa Art. 5 Nr. 1 oder Art. 6 Nr. 1. Dieses Beispiel zeigt deutlich, wie wenig präzis die Abgrenzungsformel des EuGH ist. Dieser verlangt, daß „kein Zusammenhang mit der Ehe" besteht. Denn nicht jeder noch so unbedeutende Einfluß der Ehe auf den Ausgang eines Rechtsstreits zwischen Ehegatten führt zur Nichtanwendung des Übereinkommens; das Recht der „ehelichen Güterstände" i. S. von Art. 1 II Nr. 1 ist vielmehr nur dann berührt, wenn die erhobenen Ansprüche unmittelbar aus der Ehe der Parteien hergeleitet werden.[34]

---

[33] Zustimmend *Hausmann* FamRZ 1980, 424. Anders wohl *Basedow* IZVR Rz. 104 bei Fußn. 305.

[34] EuGH, Urteil vom 31. März 1982, Rechtssache 25/81 – *W. ./. H.* –, EuGHE 1982, 1189. Der Hoge Raad hatte u. a. folgende Fragen gestellt:

„1. Erfaßt der in Art. 1 II Nr. 1 vorgesehene Ausschluß des ‚Gebiets des Erbrechts einschließlich des Testamentsrechts' von der Anwendbarkeit des Übereinkommens Ansprüche, die der Verfasser eines Kodizills, das sich im Besitz eines anderen befindet, gerichtlich geltend macht und die sich auf die Herausgabe dieses Kodizills, die Vernichtung von Ablichtungen, Abschriften und Wiedergaben des Kodizills und den Erlaß eines Verbotes richten, irgendeine Ablichtung, Abschrift oder Wiedergabe dieses Schriftstücks zu besitzen oder zu verwenden (oder besitzen oder verwenden zu lassen), beides um zu verhindern, daß die in dem Kodizill enthaltenen Erklärungen gegen seinen Verfasser in einem Rechtsstreit zu Beweiszwecken verwendet werden, der nicht zum Gebiet des Erbrechts einschließlich des Testamentsrechts gehört?

2. Erfaßt der in Art. 1 II Nr. 1 vorgesehene Ausschluß der ‚ehelichen Güterstände' von der Anwendbarkeit des Übereinkommens Ansprüche der unter 1. genannten Art, wenn diese geltend gemacht werden, um zu verhindern, daß die in dem Kodizill gemachten Erklärungen gegen den Verfasser des Kodizills in einem Rechtsstreit zu Beweiszwecken verwendet werden, der die angeblich unbefugte oder schlechte Verwaltung des Privatvermögens der Ehefrau des Verfassers des Kodizills durch diesen betrifft, und wenn diese Verwaltung in engem Zusammenhang mit den vermögensrechtlichen Beziehungen steht, die sich unmittelbar aus der Ehe ergeben?

3. Auf der Grenze liegen die Fälle der *Verwaltung des Vermögens des einen Ehegatten durch den anderen,* wenn die Befugnisse des Verwalters von der maßgeblichen lex causae nicht besonders „güterrechtlich" ausgestaltet sind, sondern von denen eines beauftragten Dritten nicht unterschieden werden können.

Beispiel:[34] Niederländische Eheleute haben durch Ehevertrag Gewinn- und Verlustgemeinschaft vereinbart. Der einschlägige Art. 91 des Burgerlijk Wetboek lautet: „Überläßt ein Ehegatte die Verwaltung seines Vermögens dem anderen Ehegatten oder wird sie diesem gerichtlich übertragen, so haftet der letztgenannte Ehegatte für seine Verwaltung wie ein Beauftragter; die besonderen Beziehungen zwischen den Ehegatten und die Art des Vermögens sind dabei zu berücksichtigen."

Diese Vorschrift zählt jedoch nicht zum Recht der ehelichen Güterstände, sondern zum Titel „Rechte und Pflichten der Ehegatten", dem 6. Titel des I. Buchs des Burgerlijk Wetboek. In Zusammenhang mit Termingeschäften hatte der Ehemann im März 1978 ein eigenhändig geschriebenes und unterzeichnetes Schriftstück mit der Aufschrift: „Kodizill G. J. H. – Nach meinem Ableben zu öffnen" verfaßt und es in den Tresor der den Eheleuten gehörenden Ferienwohnung in der Schweiz gelegt, aus dem es von der Ehefrau im Juli 1978 während einer Abwesenheit ihres Mannes entwendet worden sein soll.

Das Kodizill hatte folgenden Wortlaut: „Hiermit erkläre ich, daß alle Termingeschäfte in Silber, Dollars und holländischer Währung, die ich in den Jahren 1977 und 1978 abgeschlossen habe, ohne Vorkenntnis meiner Ehefrau durchgeführt wurden. Ich bestimme hiermit, daß alle Verluste, zu denen diese Geschäfte möglicherweise bis zum 5. Januar 1979 führen, zu Lasten meiner Depositen gehen sollen. Ich gebe hiermit meinem Erben auf, dafür Sorge zu tragen, daß meiner Ehefrau aus allen Geschäften, die ich in diesen Jahren für sie und in ihrem Namen abgeschlossen habe, keine finanziellen Nachteile erwachsen."

Der Ehemann beantragte beim Präsidenten der Arrondissementsrechtbank Rotterdam den Erlaß einer einstweiligen Verfügung mit dem Ziel, seiner Frau aufzugeben, das als „Kodizill" bezeichnete Schriftstück an seinen Prozeßbevollmächtigten herauszugeben und jede etwa vorhandene Abschrift oder Wiedergabe dieses Schriftstücks zu vernichten, sowie es ihr zu verbieten, das Schriftstück in einem Verfahren oder anderweitig zu verwenden.

---

3. Erfaßt der Begriff ‚einstweilige Maßnahmen einschließlich solcher, die auf eine Sicherung gerichtet sind' im Sinne des Art. 24 die im achtzehnten Abschnitt des dreizehnten Titels des ersten Buchs des Wetboek van Burgerlijke Rechtsvordering (der niederländischen Zivilprozeßordnung) vorgesehene Möglichkeit, den Erlaß einer einstweiligen Verfügung (‚in kort geding een onverwijlde voorziening bij voorraad', wörtlich: ‚einer unverzüglichen vorläufigen Anordnung im abgekürzten Verfahren') zu beantragen? Ist es dabei von Belang, ob die Verfügung im Zusammenhang mit einem anderen in den Niederlanden anhängigen Verfahren beantragt wird?"

Der Fall gelangte über den Hoge Raad an den EuGH. In dem Auslegungsverfahren vertrat die EG-Kommission die Auffassung, die Ausnahme für „die ehelichen Güterstände" komme nicht in Betracht. Nach dem (einschlägigen) niederländischen Recht könne der Ehemann, was die Verwaltung des Vermögens der Frau angehe, nicht von einem beauftragten Dritten unterschieden werden. Jeder Beauftragte wäre in gleicher Weise verantwortlich, wenn er das Vermögen des Auftraggebers dem Risiko von Termingeschäften ausgesetzt hätte; die besonderen Beziehungen zwischen Ehegatten spielten insoweit keine Rolle.

Dagegen sprach sich der EuGH – wohl zu Recht – für die Anwendung des Art. 1 II Nr. 1 aus. Der Ausnahmetatbestand „eheliche Güterstände" umfasse nicht nur die in einigen nationalen Rechtsordnungen besonders und ausschließlich für das Rechtsverhältnis der Ehe vorgesehenen Güterstände, sondern ebenso alle vermögensrechtlichen Beziehungen, die sich unmittelbar aus der Ehe oder ihrer Auflösung ergeben. Die Verwaltung des Vermögens der Ehefrau stehe in engem Zusammenhang mit den vermögensrechtlichen Beziehungen zwischen den Ehegatten, die sich unmittelbar aus der Ehe ergeben. Deshalb sei ein auf die Herausgabe eines Schriftstücks gerichteter Antrag auf Erlaß einstweiliger Maßnahmen mit dem Ziel zu verhindern, daß die darin enthaltenen Erklärungen zu Beweiszwecken in einem Rechtsstreit verwendet werden, in dem es um die Verwaltung des Vermögens der Ehefrau geht, wegen seiner Akzessorietät ebenfalls den ehelichen Güterständen zuzurechnen.

VII. Rechtsbeziehungen zu Dritten

1. Unter *„eheliche Güterstände"* i. S. des Art. 1 II Nr. 1 fallen in der Regel nur Verfahren, an denen die Ehegatten (oder deren Rechtsnachfolger) kontradiktorisch beteiligt sind. Es sind aber auch Fallkonstellationen denkbar, in denen *Streitigkeiten mit Dritten* oder *zwischen Dritten* unter Art. 1 II Nr. 1 zu subsumieren sind. So kann es z. B. bei der Liquidation eines *„fondo patrimoniale"* zu Auseinandersetzungsstreitigkeiten zwischen Eltern und Kindern kommen (Art. 171 III Codice civile): Dies sind Rechtsstreitigkeiten, die nach dem System des italienischen Rechts Rechtsbeziehungen aus dem ehelichen Güterrecht *(„il regime patrimoniale della famiglia")* zum Gegenstand haben.[35] Eine Parallele findet sich im deutschen Recht beim Güterstand der *„fortgesetzten Gütergemeinschaft"* (§§ 1583ff. BGB). So gilt die Zuständigkeitsordnung des Übereinkommens z. B. nicht für die Klage eines anteilsberechtigten Abkömmlings gegen den überlebenden Ehegatten auf Aufhebung der fortgesetzten Gütergemeinschaft (§ 1495 BGB), aber auch nicht für *Streitigkeiten unter den Abkömmlingen* aus Anlaß der Teilung oder des Ausgleichs von Vorempfängen (§ 1503 BGB) oder des Haftungsausgleichs nach § 1504 BGB.

---

[35] *Schlosser*-Bericht Nr. 47.

Das gleiche gilt für die der Erbunwürdigkeitsklage (§ 2342 in Verbindung mit §§ 2339ff. BGB) nachgebildete Klage gegen einen anteilsberechtigten Abkömmling mit dem Ziel, ihn des Anteils am Gesamtgut der fortgesetzten Gütergemeinschaft für unwürdig zu erklären (Anteilsunwürdigkeitsklage, § 1506 BGB).

2. Als *Grundregel* ist aber festzuhalten: *Die meisten Verfahren mit Dritten fallen nicht unter Art. 1 II Nr. 1.* Insbesondere findet die Zuständigkeitsordnung des Übereinkommens Anwendung, wenn über die Wirksamkeit eines Rechtsgeschäfts gestritten wird und dabei entscheidungserheblich ist, ob die notwendigen Zustimmungen des anderen Ehegatten vorliegen.[36] Hier sind die familienrechtlichen Probleme nur Vorfragen,[37] Streitgegenstand (Hauptfrage) ist die Forderung aus dem geschlossenen Vertrag oder die sachenrechtliche Rechtslage.

3. Fraglich ist, ob Art. 1 II Nr. 1 eingreift, wenn der übergangene Ehegatte die Nichtigkeit des Rechtsgeschäfts gegenüber dem Dritten geltend macht und die Rückgewähr fordert, vgl. Art. 1427 Code civil, Art. 184 Codice civile, Art. 98 II Burgerlijk Wetboek.[38]

VIII. Streitigkeiten im Zusammenhang mit Konkubinaten

Streitigkeiten, die aus eheähnlichen Lebensgemeinschaften resultieren, können eheliche Güterstände nicht betreffen. Ohne Eheleute gibt es auch keinen „ehelichen Güterstand". Die Zuständigkeitsordnung des Übereinkommens kommt deshalb zum Zuge für die vermögensrechtlichen Auseinandersetzungen[39] der (ehemaligen) Lebensgefährten. Eine analoge Anwendung des Art. 1 II Nr. 1 ist abzulehnen.

---

[36] Beschränkungen beim Eingehen von Verbindlichkeiten durch einen Ehegatten sollen die ökonomische Basis der ehelichen Lebensgemeinschaft erhalten und sichern. So bedürfen *Schenkungen* durch einen Ehegatten, auch wenn sie aus dem eigenen Vermögen erfolgen, der Zustimmung des anderen Ehegatten, in *Belgien* (Art. 224 Nr. 3 Code civil) und in den *Niederlanden* (Art. 88 Abs. 1b Burgerlijk Wetboek). Ähnliches gilt für Verträge, durch die sich ein Ehegatte als *Bürge* oder *Garant* zur Absicherung einer fremden Schuld verpflichtet, soweit dies nicht in Ausübung seines Berufes oder im Rahmen seines Geschäftsbetriebes erfolgt, in *Belgien* (Art. 224 Z. 4 Code civil) und in den *Niederlanden* (Art. 88 Abs. 1c Burgerlijk Wetboek). Auch Abzahlungskaufverträge können mitunter nur mit Zustimmung des anderen Ehegatten geschlossen werden, sofern die Ehegatten einen gemeinsamen Haushalt führen und die Verpflichtung eine gewisse Höhe übersteigt, in *Frankreich* (Art. 220 Abs. 3 Code civil). Nach Art. 87 Burgerlijk Wetboek ist in gewissen Fällen Mitwirkung beider Ehegatten beim Vertragsschluß erforderlich oder die Genehmigung des nicht vertretenen Teils. Vgl. *Reithmann-Hausmann,* Internationales Vertragsrecht, 3. Aufl., 1980, Rdnr. 634.

[37] Vgl. oben § 20 V.

[38] Vgl. *Reithmann-Hausmann* aaO Rdnr. 733.

[39] Geht es um statusrechtliche Fragen, so kommt der Ausschlußtatbestand „Personenstand" zum Zuge. Beispiel: Man streitet um die Abstammung (Vaterschaft) eines während des Konkubinates geborenen Kindes.

§ 24 Streitigkeiten auf dem Gebiet des Erbrechts einschließlich des Testamentsrechts

1. Der *Schlosser*-Bericht[1] interpretiert diesen Ausnahmetatbestand[2] wie folgt: „Unter den Begriff *Gebiet des Erbrechts, einschließlich des Testamentsrechts* fallen alle Ansprüche des Erben auf und an den Nachlaß. Dazu zählen auch Streitfälle über Gültigkeit oder Auslegung eines Testaments, welches ein Treuhandverhältnis geschaffen hat, selbst wenn mit Wirkung für einen späteren Zeitpunkt als den des Todes des Erblassers. Das gleiche gilt für Verfahren über die Anwendung und Auslegung gesetzlicher Normen, welche als Folge des Erbfalls Treuhandverhältnisse zugunsten bestimmter Personen oder Einrichtungen begründen. Von der Anwendung des EuGVÜ ausgeschlossen sind also alle Streitigkeiten über die wirksame Errichtung, Auslegung und Verwaltung erbrechtlich begründeter Treuhandverhältnisse. Streitfälle, welche die Handlungen des Treuhänders gegenüber Personen betreffen, in deren Interesse die Treuhand nicht errichtet ist, also die *Außenbeziehung* der Treuhand, fallen hingegen sehr wohl unter das Übereinkommen".

2. Abzuwarten bleibt, ob es dem EuGH gelingen wird, eine einleuchtende europäische Formel zu entwickeln, die es erlaubt, ohne Rückgriff

---

[1] *Schlosser*-Bericht Nr. 52.

[2] Die Ausklammerung aus dem Anwendungsbereich des Übereinkommens erfolgte auf Anraten der *Union internationale du notariat latin* wegen der extremen Unterschiede im Kollisionsrecht und im materiellen Erbrecht. Vgl. hierzu den *Jenard*-Bericht S. 69: „In Erbrechtssachen hat sich der Ausschuß der Stellungnahme der *Union internationale du notariat latin* angeschlossen. Diese hatte eine Anfrage des Ausschusses dahingehend beantwortet, daß sich zwar für die EWG mit der Zeit immer mehr die Notwendigkeit ergeben werde, die Anerkennung und Vollstreckung von Entscheidungen in Erbschaftssachen zu erleichtern, so daß sich der Abschluß eines einschlägigen Übereinkommens zwischen den sechs Mitgliedsstaaten empfehle. Gleichzeitig vertrat diese Vereinigung aber die Ansicht, daß zuvor unbedingt die Kollisionsnormen vereinheitlicht werden sollten. Wie in der Denkschrift des Ständigen Büros der Haager Konferenz für Internationales Privatrecht, auf die jene Stellungnahme zurückgeht, dargelegt wird, bestehen in Erbschaftssachen und auf dem Gebiet des gesetzlichen Güterstandes einschneidende Unterschiede zwischen den einzelnen Staaten:

Das Erbrecht einiger Staaten kennt den Pflichtteil, das Recht anderer Staaten sieht ihn dagegen nicht vor. Der Erbteil des überlebenden Ehegatten – eine Frage, die angesichts der sich hier gegenüberstehenden Interessen am häufigsten zu Prozessen führt – ist in den einzelnen Staaten recht unterschiedlich geregelt; in einigen Ländern erhält der Ehegatte den Erbteil eines Kindes, in Italien sogar als Pflichtteil, in anderen werden ihm lediglich beschränkte Nießbrauchsrechte zugebilligt (z. B. in Belgien).

Das Kollisionsrecht weist ebenso starke Abweichungen auf: Einige Staaten wenden in Nachlaßsachen das Heimatrecht des Erblassers an (Deutschland, Italien, Niederlande). In anderen ist für bewegliche Sachen das Gesetz des Wohnsitzstaates und für unbewegliche Sachen das Recht des Belegenheitsstaates maßgebend (Belgien, Frankreich). In Luxemburg schließlich gilt für unbewegliche Sachen das Recht des Belegenheitsstaates, für bewegliche Sachen hingegen das Heimatrecht des Erblassers."

auf die nationalen Rechtsordnungen den Anwendungsbereich anhand von vertragsimmanenten Kriterien zu bestimmen.[3] Da auch die güterrechtlichen Fragen unter Art. 1 II Nr. 1 fallen, spielen die Abgrenzungsprobleme zwischen Erb- und Güterrecht keine Rolle; anders ist es jedoch hinsichtlich der Abgrenzung zwischen erbrechtlichen Klagen und solchen, die dem Schuld- und Sachenrecht unterfallen. Diese gehören zum Anwendungsbereich des Übereinkommens.

3. *Schenkungen auf den Todesfall* (für das deutsche Recht vgl. § 2301 BGB) sind unter Art. 1 II Nr. 1 zu subsumieren, nicht jedoch sonstige Schenkungen.[4]

4. Unter Art. 1 II Nr. 1 fallen die Streitigkeiten im Sinne des § 27 ZPO und die Verfahren der freiwilligen Gerichtsbarkeit nach §§ 72ff. FGG.[5]

5. Die erbrechtliche Frage muß *Streitgegenstand* sein; *Präjudizialität* führt nicht zur Unanwendbarkeit der Zuständigkeitsordnung des Übereinkommens.[6]

Beispiel: Ein Gläubiger will seine Forderung gegen den Nachlaß seines Schuldners durchsetzen. Hier ist die Frage, wer Erbe ist und wer passiv legitimiert ist (Erbe oder Nachlaßverwalter bzw. Testamentsvollstrecker bzw. trustee) nur als Vorfrage zu klären.[7]

§ 25 Konkurs, Vergleiche und ähnliche Verfahren[1]

I. Konkursübereinkommen

Die in Art. 1 II Nr. 2 genannten Materien werden in einem eigenen Konkursübereinkommen geregelt. Die Anwendungsbereiche des Übereinkommens vom 27. September 1968 und des Konkursübereinkom-

---

[3] In der Rechtssache 25/81 – *W. ./. H.* – hat es der EuGH vermieden, den Begriff „Erbrecht einschließlich Testamentsrecht" zu definieren. Vgl. EuGH, Urteil vom 31. März 1982, EuGHE 1982, 1189; hierzu oben § 23 Fußn. 34.

[4] *Jenard*-Bericht S. 60: „Im Gegensatz zu dem Vorentwurf nimmt das Übereinkommen Schenkungen aus seinem Anwendungsbereich nicht schlechthin aus. Es schließt sich hier dem Haager Übereinkommen an; allerdings werden Schenkungen insoweit nicht erfaßt, als sie erbrechtlichen Regeln unterliegen".

[5] Vgl. LG Dortmund NJW 1977, 2035 = IPRspr. 1976 Nr. 172: lex causae ist belgisches Erbrecht. Ein Miterbe verklagt den anderen auf Erstattung der auf dessen Erbquote entfallenden Erbschaftssteuer.

[6] Vgl. oben § 20 IV. A. A. *Basedow* IZVR Rz. 106.

[7] In der Rechtssache 25/81 (oben Fußn. 3) ging es um den Anspruch auf Herausgabe eines Kodizills im Zusammenhang mit einer Auseinandersetzung über die Ordnungsmäßigkeit einer Vermögensverwaltung (vgl. oben § 23 Fußn. 34). Soweit erbrechtliche Fragen überhaupt relevant gewesen waren, hatten sie Bedeutung nur als Vorfragen.

[1] Literaturüberblick bei *Jahr:* Vereinheitlichtes internationales Konkursrecht in der Europäischen Wirtschaftsgemeinschaft, RabelsZ 36 (1972) 620ff.; *Baumgärtel,* Die Grenzen der deutschen internationalen Konkurszuständigkeit im Falle des § 238 Abs. 1

mens sollen sich, abgesehen von Sonderregelungen über den Konkurs von sehr speziellen Unternehmensarten, lückenlos aneinanderfügen.[2] Der Entwurf für ein Konkursübereinkommen[3] verwendet daher in den Vorschriften über seinen Anwendungsbereich die entscheidenden Begriffe „Konkurs", „Vergleich" und „ähnliche Verfahren"[4] im gleichen Sinn wie Art. 1 II Nr. 2.[5] Um möglichst wenige Lücken zwischen den Anwendungsbereichen beider Übereinkommen entstehen zu lassen, hat man in den Verhandlungen über das geplante Konkursübereinkommen versucht, die in Frage kommenden Haupt- und Nebenverfahren in einer umfassenden Liste zusammenzustellen. Abgrenzungs- und Qualifikationsprobleme will man mit dieser Methode von vorneherein verhindern.

In Art. 1 des Entwurfs nebst Protokoll hierzu findet sich folgende Liste:[6]

a) *Konkursverfahren:*
Belgien:
„faillite" – „faillissement"
Dänemark:
„konkurs"
Bundesrepublik Deutschland:
„Konkurs"
Frankreich:
„liquidation des biens"
Irland:
„bankruptcy",
„winding-up in bankruptcy of partnerships",
„compulsory winding-up of companies",
„creditors voluntary winding-up of companies"
Italien:
„fallimento"
Luxemburg:
„faillite"

KO – zugleich ein Beitrag zur Zuständigkeitsregelung des Art. 4 des EWG-Vorentwurfs eines Übereinkommens über den Konkurs, Vergleiche und ähnliche Verfahren, AWD 1971, 557ff., *Bleutge,* Der neue Vorentwurf eines Konkursabkommens für die EWG-Staaten AWD 1971, 451ff., *Weser,* 405ff.; *Schlosser,* Festschrift für *Friedrich Weber,* 1975, 395; *Thieme,* Der Entwurf eines Konkursübereinkommens der EG-Staaten von 1980, RabelsZ 45 (1981), 459ff. Weitere Nachweise in *Lemontey*-Bericht 10 Fußn. 13.

[2] *Schlosser*-Bericht Nr. 53.

[3] EG-Kommission III/D/72/80 mit *Lemontey*-Bericht III/D/222/80; abgedruckt in ZIP 1980, 582, 811. Hierzu *Großfeld* ZIP 1981, 925.

[4] In Art. 1 I fehlt der Ausdruck „ähnliche", weil die in Frage kommenden Verfahren in einem Protokoll enumerativ aufgeführt sind.

[5] Bericht über das Übereinkommen über den Konkurs, Vergleiche und ähnliche Verfahren von *Noël-Lemontey* (16.775/XIV/70-D) 3. Kapitel I.

[6] Diese Liste ist noch nicht endgültig fertiggestellt. Im Laufe der Verhandlungen können sich noch Änderungen ergeben.

Niederlande:
„faillissement"
Vereinigtes Königreich:
„compulsory winding-up of companies",
„winding-up of companies under the supervision of the court",
„bankruptcy" *(England, Wales, Nordirland),*
„sequestration" *(Schottland),*
„administration in bankruptcy of estate of persons dying insolvent" *(England, Wales, Nordirland),*

b) *Andere Verfahren:*
Belgien:
„concordat judiciaire" – „gerechtelijke akkoord",
„sursis de paiement" – „uitstel van betaling"
Dänemark:
„tvangsakkord",
„likvidation af banker og sparekasser, der harstandset deres betalinger",
„likvidation af pensionskasser",
„likvidation af begravelseskasser",
„betalingsstandsning"
Bundesrepublik Deutschland:
„gerichtliche Vergleichsverfahren",
„nachfolgende Verfahren bei freiwilliger Unterwerfung des Schuldners unter die Überwachung durch einen Sachverwalter",
„Verfahren des Vergleichsgerichts nach Aufhebung des Vergleichsverfahrens über die Feststellung der mutmaßlichen Höhe einer bestrittenen Forderung oder des Ausfalls einer teilweise gedeckten Forderung",
„Maßnahmen der Aufsichtsbehörden für Kreditinstitute und Versicherungsunternehmen zur Vermeidung des Konkurses"
Frankreich:
„règlement judiciaire",
„procédure de suspension provisoire de poursuites et d'apurement collectif du passif de certaines entreprises"
Irland:
„arrangements under the control of the court",
„arrangements, reconstructions and compositions of companies whether or not in the course of liquidation where sanction of the court is required and creditors' rights are involved"
Italien:
„concordato preventivo",
„amministrazione controllata",
„liquidazione coatta amministrativa",[7]
„amministrazione straordinaria delle grandi imprese in crisi"

[7] Jeweils, soweit das Verfahren in der Hand des Gerichts liegt. Die *nicht gerichtlichen Verfahrensabschnitte* betreffen den sachlichen Anwendungsbereich des Übereinkommens nicht. Vgl. unten § 29 II.

Luxemburg:
„concordat preventif de faillite",
‚sursis de paiement",
„régime spécial de liquidation applicable aux notaires",
„gestion contrôlée"
Niederlande:
„surséance van betaling",
„regeling vervat in de wet op de vergadering van houders van schuldbrieven aan toonder",
„de noodregeling, Wet toezicht kredietwezen van 13 april 1978"
Vereinigtes Königreich:
„the creditors' voluntary winding-up",
„the compositions and schemes of arrangement" *(England und Wales),*
„the compositions" *(Nordirland),*
„the arrangements under the control of the court" *(Nordirland),*
„the deeds of arrangement approved by the court" *(Nordirland),*
„the judicial compositions" *(Schottland),*
„arrangements, reconstructions and compositions of companies whether or not in the course of liquidation where sanction of the Court is required and creditors' rights are affected",
„creditors' voluntary winding-up of companies",
„deeds of arrangement" *(Nordirland).*

Die Liste führt nicht alle Konkurs-, Vergleichs- und ähnliche Verfahren im Sinne des Art. 1 II Nr. 2 auf. Das Konkursübereinkommen wird voraussichtlich die Direktversicherer ausklammern, ohne daß deren Konkurse dadurch in den Anwendungsbereich des EWG-Übereinkommens vom 27. September 1968 fallen würden.[8]

II. Autonome Qualifikation

1. Um den Anwendungsbereich des Übereinkommens für alle Vertragsstaaten einheitlich bestimmen zu können, ist für Art. 1 II Nr. 2 eine konventionsimmanente Definition zu entwickeln.[9]

2. Im *Jenard*-Bericht[10] findet sich folgender Ansatz für eine Umschreibung des Ausschlußtatbestandes des Art. 1 II Nr. 2: „Nach Art. 1 II Nr. 2 sind ausgeschlossen Konkurse, Vergleichsverfahren und ähnliche

[8] *Schlosser*-Bericht Nr. 54: „Demgegenüber ist die Aufzählung in Art. 17 des Vorentwurfs für ein Konkursübereinkommen vor dessen Inkrafttreten nicht ohne weiteres auch für die Auslegung von Artikel 1 II Nr. 2 verwertbar. In jener Bestimmung sind die Einzelverfahren genannt, die besonders eng mit dem Konkursverfahren verbunden sind und für welche die Gerichte des Konkurseröffnungsstaats ausschließlich zuständig werden sollen".

[9] Vgl. oben § 19 IV.

[10] S. 60.

Verfahren, also jene Verfahren, die nach dem Recht der Vertragsstaaten auf der Zahlungseinstellung, der Zahlungsunfähigkeit oder der Kreditunwürdigkeit des Schuldners beruhen und ein Eingreifen der Gerichte erforderlich machen, das zur kollektiven zwangsweisen Liquidierung des Vermögens oder lediglich zu einer gerichtlichen Überwachung führt. Dagegen ist das Übereinkommen auf Rechtsstreitigkeiten aus einem freiwilligen Vergleich anwendbar, da ein solcher auf dem Willen der Parteien beruht und somit rein vertraglicher Natur ist. Das Vorgehen bei der Zahlungsunfähigkeit des Nichtkaufmanns, das sich nach französischem Recht nicht in einem besonders geregelten kollektiven Verfahren vollzieht, kann nicht als konkursähnliches Verfahren im Sinne von Art. 1 II Nr. 2 gelten. Die Anwendung des Übereinkommens auf Streitigkeiten im Zusammenhang mit einem Konkurs ist nicht schlechthin ausgeschlossen. Ausgenommen sind nur solche Streitigkeiten, die sich unmittelbar aus dem Konkurs ergeben und die demnach in den Anwendungsbereich des Konkursübereinkommens der Europäischen Gemeinschaft fallen werden."

3. Auch der EuGH hatte bereits Gelegenheit, zu Art. 1 II Nr. 2 Stellung zu nehmen.[11] Unter „Konkurse, Vergleiche und ähnliche Verfahren" subsumiert er diejenigen Verfahren, die nach den verschiedenen Rechtsordnungen in den einzelnen Vertragsstaaten auf der Zahlungsein-

---

[11] EuGH, Urteil vom 22. Februar 1979, Rechtssache 133/78 – *Gourdain ./. Nadler,* EuGH 1979, 733, 743 = RIW/AWD 1979, 273 = NJW 1979, 1772. Dem Urteil lag folgender Fall zugrunde: Gemäß Art. 99 des Gesetzes Nr. 67–563 vom 13. Juli 1967 „sur le règlement judiciaire, la liquidation des biens, la faillité personnelle et les banqueroutes" verurteilte die Cour d'Appel Paris den Geschäftsführer einer französischen GmbH zur Zahlung der Gesellschaftsschulden. Der Konkursverwalter beantragte, die Klausel gemäß Art. 31 ff. zu erteilen. Dem entsprach das LG Limburg; doch hob das OLG Frankfurt (OLGZ 1978, 220 = NJW 1978, 501 = RIW/AWD 1978, 195 = IPRspr. 1978 Nr. 154) diese Entscheidung auf und führte aus, eine auf Art. 99 des französischen Gesetzes vom 13. Juli 1967 gestützte persönliche Verurteilung des Leiters einer in Konkurs gefallenen Gesellschaft des Handelsrechts müsse als zum Konkurs gehörig angesehen werden; eine solche Verurteilung, die dem deutschen Rechtssystem unbekannt sei, habe ihre Grundlage im Konkurs der betreffenden Handelsgesellschaft und bleibe dem Konkursverfahren verhaftet, auch wenn sie in Form eines zivilrechtlichen Streitverfahrens herbeigeführt worden sei. Demgegenüber machte der Antragsteller geltend, es handele sich bei dem nach Art. 99 des französischen Gesetzes vom 13. Juli 1967 möglichen Konkursdurchgriff gegen den rechtlichen oder faktischen Leiter einer juristischen Person nicht um ein Rechtsinstitut des Konkurses, sondern um einen besonderen zivilrechtlichen Haftungstatbestand, der in einem Zivilrechtsstreit vom Konkursverwalter verfolgt werden müsse. Der Fall gelangte an den BGH und von dort durch Vorlagebeschluß vom 22. Mai 1978 (WM 1978, 993 = RIW/AWD 1978, 684 = IPRspr. 1978 Nr. 154) an den EuGH. Dazu s. auch *Schütze* RIW/AWD 1978, 765. – Zu Art. 99 vgl. auch Cour de cassation, chambre commerciale, Urteil vom 31. Januar 1978, Dalloz 1978 J. R. 286 = RIW/AWD 1979, 284 mit Anm. *Sonnenberger.* Hinweise zum französischen Insolvenzgesetz bei *Böhmer,* RIW/AWD 1978, 79 und *Sonnenberger* RIW/AWD 1981, 128.

stellung, der Zahlungsunfähigkeit oder der Erschütterung des Kredits des Schuldners beruhen und ein Eingreifen der Gerichte beinhalten, das in eine zwangsweise kollektive Liquidation der Vermögenswerte des Schuldners oder zumindest in eine Kontrolle durch die Gerichte mündet; Entscheidungen, die sich auf ein Insolvenzverfahren beziehen, fallen nur dann unter den Ausschlußtatbestand des Art. 1 II Nr. 2, „wenn sie unmittelbar aus diesen Verfahren hervorgehen und sich eng innerhalb des Rahmens eines Konkurs- oder Vergleichsverfahrens in dem vorgenannten Sinne halten." Der EuGH verneinte – entgegen der Stellungnahme der EG-Kommission[12] – die Anwendbarkeit des Übereinkommens auf eine Klage nach Art. 99 des französischen Gesetzes Nr. 67–563, die das Ziel verfolgt, im Falle des Konkurses einer Handelsgesellschaft über die juristische Person hinausgreifend auch das Vermögen ihrer Leiter (Geschäftsführer) zu erfassen, weil diese Klage ihren rechtlichen Grund einzig und allein im Konkursrecht habe. Deshalb gelten Art. 2ff. nicht für eine Klage vor einem französischen Zivilgericht aufgrund von Art. 99 des französischen Gesetzes Nr. 67–563 vom 13. Juli 1967 gegen den faktischen Leiter einer juristischen Person auf Zahlung zur Konkursmasse. Für die konkursrechtliche Qualifikation[13] seien folgende vom allgemei-

---

[12] Diese hatte wie folgt argumentiert: Nicht alle gerichtlichen Entscheidungen, die sich auf Konkurse bezögen, seien von der Anwendung des Übereinkommens ausgeschlossen. Ausgeschlossen seien nur jene, die in *unmittelbarem Zusammenhang* mit solchen Verfahren stünden.

Der *Entwurf des Konkursübereinkommens* bestätige diese Auslegung. Er enthalte wegen der erheblichen Unterschiede zwischen dem Konkursrecht der Mitgliedsstaaten keine allgemein gültige Definition des Konkurses. Stattdessen würden die verschiedenen Konkursverfahren jedes einzelnen Mitgliedsstaats aufgezählt. Bezeichnenderweise befinde sich aber das Verfahren gemäß Art. 99 des französischen Gesetzes vom 13. Juli 1967 nicht unter denen, auf die das künftige Übereinkommen über Konkurse Anwendung finden solle. Art. 61 des Entwurfs des Konkursübereinkommens unterstelle eine *Haftungsklage des Konkursverwalters* zur Geltendmachung von Ansprüchen, die zur Aktivmasse gehörten, dem allgemeinen Übereinkommen.

Auch die Zielsetzung von Art. 99 des französischen Gesetzes stütze diese Auslegung. Der Vergleich mit Art. 100 zeige, daß der Konkursverwalter zunächst nach Art. 99 gegen den Leiter Klage zu erheben habe wegen der Schäden, die er der Gesellschaft dadurch verursacht habe, daß er bei der Wahrnehmung der Geschäfte der Gesellschaft nicht die notwendige Sorgfalt aufgewendet habe. Nur für den Fall, daß der Leiter seine Schulden nicht begleiche, sehe Art. 100 ein Konkursverfahren gegen ihn vor. Die Klage gemäß Art. 99 könne demnach als eine Haftungsklage angesehen werden und sei lediglich ein erster Schritt in Richtung auf ein mögliches Konkursverfahren gegen den Leiter, sie sei also eine Klage, die nur anläßlich eines Konkurses erhoben werde. Auch sehe gewöhnlich das Zivil- oder Gesellschaftsrecht und nicht das Konkursrecht eine ähnliche Haftungsklage vor.

[13] Skeptisch *Schlosser,* Gedächtnisschrift für *Rudolf Bruns,* 1980, 50 bei Fußn. 49: „Beim Versuch, einen europäischen Begriff des Konkursrechtes zu bestimmen, ist der EuGH jedenfalls nicht sehr weit gekommen. Denn als er daran ging, seine großangelegte Prämisse in die Arbeit am konkreten Fall umzusetzen, prüfte er nur, ob der von ihm zu beurteilende Schadensersatzanspruch des Konkursverwalters gegen den fakti-

nen Haftungsrecht abweichende Berührungspunkte zum Konkursrecht maßgebend: Für die Klage zur Deckung der Gesellschaftsschulden (en comblement de passif social) ist das Gericht nach Art. 99 ausschließlich zuständig, welches das Konkurs- oder Vergleichsverfahren eröffnet hat. Nur der Konkurs- oder Vergleichsverwalter kann – außer dem Gericht, das von Amts wegen tätig werden kann – diese Klage im Namen und im Interesse der Gesamtheit der Gläubiger erheben, um diesen unter Beachtung ihrer grundsätzlichen Gleichrangigkeit nach Berücksichtigung der ordnungsgemäß erworbenen Vorzugsrechte wenigstens teilweise Befriedigung zu verschaffen. Bei dieser vom allgemeinen Haftungsrecht abweichenden Klage gilt zu Lasten der Leiter einer Gesellschaft eine *Beweislastumkehr*. Sie müssen nachweisen, daß sie die Geschäfte der Gesellschaft mit der erforderlichen Sorgfalt und dem nötigen Einsatz geführt haben. Die dreijährige *Verjährung* läuft von dem Zeitpunkt der endgültigen Feststellung der Forderungen an und ist für die Dauer eines etwaigen Vergleichs unterbrochen. Außerdem kann das Gericht das *Konkurs- oder Vergleichsverfahren über das Vermögen derjenigen Leiter einer Gesellschaft* eröffnen, die verurteilt worden sind, die Verbindlichkeiten einer juristischen Person ganz oder teilweise zu tragen, und diese Schuld nicht begleichen.

4. Bei der Auslegung des Art. 1 II Nr. 2 ist auch auf die bereits weit fortgeschrittenen Arbeiten zum EWG-Konkursübereinkommen zurückzugreifen. So definiert der Entwurf 1980 die *Klagen auf Grund des Konkurses* wie folgt:

Art. 15

Die Gerichte des Konkurseröffnungsstaates sind ausschließlich zuständig für die Entscheidungen über:

1. die Unwirksamkeit von Rechtshandlungen gegenüber den Konkursgläubigern, die der Schuldner vor oder nach der Konkurseröffnung vorgenommen hat, auch wenn sie unbewegliche Sachen betreffen;[14]

---

schen Leiter der in Konkurs geratenen Gesellschaft nach *französischem Recht,* der lex causae, unmittelbar aus dem Konkursverfahren hervorging und sich eng innerhalb eines Konkurs- oder Vergleichsverfahrens hielt. Dies läßt die Möglichkeit offen, einen vom Interessenschutz her im konkreten Vergleichsfall durchaus vergleichbaren Schadensersatzanspruch gegen Organwalter juristischer Personen, etwa des deutschen Rechts, selbst in deren Konkurs handelsrechtlich zu qualifizieren, wenn sie auch unabhängig vom Konkurs bestehen und im Konkurs nur eine gewisse Umgestaltung erfahren (vgl. § 93 Abs. 5 AG). Die Aussage, daß ein mittelbarer Zusammenhang zwischen einem Anspruch und einem Konkursverfahren nicht genügt, um die Anwendbarkeit des EuGVÜ auszuschließen, ist sicherlich europäisch-einheitlich richtig. Sie ist aber in dieser Abstraktheit im Grunde eine bare Selbstverständlichkeit und würde auf der Basis irgendeines nationalen Rechts nicht anders aussehen, wenn dort der Systemfrage Konkursrecht oder nicht je sachlicher Gehalt zuwachsen sollte."

[14] Ausführlich hierzu der *Lemontey*-Bericht S. 52: „Die «vis attractiva» gilt auch dann, wenn die streitigen Rechtshandlungen unbewegliche Sachen betreffen. Hierbei ging der Ausschuß davon aus, daß nicht darüber entschieden werden soll, ob die

2. auf die Unwirksamkeit einer Rechtshandlung nach Nummer 1 gestützte Anträge auf Zahlung oder Rückerstattung gegen den Erwerber, der mit dem Schuldner das Geschäft geschlossen hat;

3. Streitigkeiten wegen der Bestellung oder der Befugnisse des Konkursverwalters; Artikel 33 Absatz 3 bleibt unberührt;

4. Streitigkeiten wegen der Gültigkeit des Verkaufs beweglicher Sachen des Gemeinschuldners durch den Konkursverwalter, die auf eine Verletzung der einschlägigen Bestimmungen über die Befugnisse des Konkursverwalters gestützt werden; Artikel 33 Absatz 3 bleibt unberührt;

Rechtshandlung nach den allgemeinen zivilrechtlichen Vorschriften der lex rei sitae gültig ist oder nicht, sondern darüber, ob sie nach den konkursrechtlichen Vorschriften des Konkurseröffnungsstaates den Konkursgläubigern gegenüber wirksam ist oder nicht.

Die Unwirksamkeit einer Rechtshandlung des Gemeinschuldners gegenüber den Konkursgläubigern unterliegt in den einzelnen Vertragsstaaten unterschiedlichen Systemen. Das *deutsche Recht* gibt einen obligatorischen Anspruch grundsätzlich auf «Rückgewähr» desjenigen, das durch die Rechtshandlung des Gemeinschuldners veräußert, weggegeben oder aufgegeben ist (§ 37 Abs. 1 KO). Der Empfänger hat grundsätzlich den Zustand der Konkursmasse so wiederherzustellen, als ob die Rechtshandlung nicht vorgenommen worden wäre. Unter Umständen kann auch in Betracht kommen, daß die Rückgewähr mit einer Klage des Konkursverwalters gegen den Gegner auf Duldung der Zwangsversteigerung eines der Rückgewähr unterliegenden Grundstücks für die Konkursmasse verfolgt wird. Für die Zwangsversteigerung bedarf es dann nicht der vorherigen Rückübereignung des Grundstücks. Bei der Übereignung eines in der Bundesrepublik Deutschland belegenen Grundstücks sind die Vorschriften des deutschen Rechts zu beachten. Zur rechtsgeschäftlichen Übertragung des Eigentums an einem Grundstück ist die Einigung des Veräußerers und des Erwerbers und die Eintragung der Rechtsänderung im Grundbuch erforderlich (§ 873 Abs. 1, § 925 Abs. 1 BGB). Daneben können je nach Lage des Einzelfalls noch sonstige Erfordernisse, z. B. eine öffentlich-rechtliche Genehmigung (z. B. Stadtplanung), treten. Ebenso sind bei der Rückübertragung von Hypotheken oder Grundschulden an Grundstücken oder bei der Aufhebung oder dem Verzicht auf solche Rechte die Vorschriften des deutschen Sachen- und Grundbuchrechts, die insoweit zum Teil von den für die Übereignung maßgebenden abweichen, einzuhalten. Im Rahmen der konkursrechtlichen Anfechtung wird der Beklagte zur Abgabe der seinerseits erforderlichen Willenserklärungen und Vornahme der seinerseits erforderlichen Handlungen ausdrücklich verurteilt. Sobald eine derartige Entscheidung rechtskräftig ist, gelten die Willenserklärungen nach § 894 Abs. 1 ZPO grundsätzlich als abgegeben. Ist die Entscheidung erst vorläufig vollstreckbar, so gilt die Eintragung einer Vormerkung oder eines Widerspruchs als bewilligt (§ 895 Satz 1 ZPO). Zur Vollendung der Rechtsänderung sind daneben je nach den Umständen des Einzelfalls noch Handlungen des Konkursverwalters oder die Beibringung von Zustimmungen Dritter erforderlich.

Ist der Beklagte z. B. rechtskräftig verurteilt worden, die für die Rückübereignung eines Grundstücks erforderlichen Willenserklärungen abzugeben, so nimmt der Konkursverwalter die (durch das Urteil fingierte) Auflassungserklärung des Beklagten – vor einem deutschen Notar, einem zur Entgegennahme von Auflassungen besonders ermächtigten deutschen Berufskonsul im Ausland – an (§ 925 Abs. 1 Satz 2 BGB). Danach kann der Eigentumsübergang auf Antrag durch Eintragung im Grundbuch beendet werden.“

5. Ansprüche auf Herausgabe beweglicher Sachen aus der Masse;

6. Klagen, die gegen den Ehegatten des Gemeinschuldners erhoben werden und die sich auf eine konkursrechtliche Bestimmung stützen;

7. Streitigkeiten wegen der Zulassung von Forderungen. Jedoch bleiben

a) bei Steuerforderungen und Forderungen, die wie Forderungen auf dem Gebiet des Steuerwesens beigetrieben werden, bei Forderungen auf dem Gebiet der sozialen Sicherheit und bei Forderungen aus Arbeitsverträgen, die sonst zuständigen Gerichte oder Behörden zuständig, um über Bestehen und Höhe der Forderung sowie über den Umfang des für die Forderung etwa bestehenden Vorrechts zu entscheiden;

b) bei Forderungen, für die allgemeine oder besondere Vorrechte oder Sicherheiten an einer eintragungspflichtigen Sache bestehen, die Gerichte des Vertragsstaates zuständig, in dessen Hoheitsgebiet sich die Sache befindet, um zu entscheiden, welche allgemeinen oder besonderen Vorrechte oder Sicherheiten die Sache belasten;

8. Streitigkeiten, welche die Beendigung laufender Verträge auf Grund einer konkursrechtlichen Bestimmung zum Gegenstand haben, unter Ausschluß der Arbeitsverträge sowie der Verträge über unbewegliche Sachen;

9. Klagen wegen der persönlichen Haftung des Konkursverwalters sowie Streitigkeiten wegen der Rechnungslegung.

Art. 16

Die besonderen Zuständigkeiten nach Artikel 15 Nummer 7 Buchstabe a) und b) schließen nicht die Zuständigkeit des Konkursgerichts für die Entscheidungen über die Zulassung von Forderungen aus.

Hierzu erläutert der *Lemontey*-Bericht S. 50:

„Der Art. 15 wird für den internationalen Bereich von der in den innerstaatlichen Rechten unterschiedlich bekannten Theorie der ‚vis attractiva concursus' beeinflußt, derzufolge das Gericht, das den Konkurs eröffnet hat, nicht nur für die Abwicklung des Konkursverfahrens, sondern auch für die sich aus dem Konkurs ergebenden Klagen allein zuständig ist. Neben der Zuständigkeitsfrage liegt die wesentliche Bedeutung dieser Theorie darin, daß für diese Streitfälle das Verfahrensrecht des Staates der Konkurseröffnung gilt, namentlich auch für die Rechtsmittel.

Schon der Benelux-Vertrag (Art. 22 Abs. 4) erklärte den Richter, der den Konkurs eröffnet hat, hinsichtlich «aller sich unmittelbar aus dem Konkurs ergebenden Klagen» für zuständig.[15] Die einfache Übernahme einer allgemeinen Bestimmung dieser Art in das Übereinkommen konnte indessen nicht genügen.

Das deutsche und das niederländische Recht kennen die «vis attractiva concursus» praktisch nicht oder nicht mehr. Die innerstaatlichen Rechte der übrigen Mitgliedstaaten, meist durch eine recht ungewisse Rechtsprechung ergänzt, weichen in Sinn und

---

[15] Vgl. auch die Entschließungen des Institut de Droit International auf seiner Sitzung von 1902 (Art. 7), das französisch-italienische Abkommen von 1930 (Art. 25) und das Internationale Kolloquium Europäischer Juristen von 1960 (RIDC 1960 S. 782). Das allgemeine Übereinkommen schließt nicht notwendig alle mit einem Konkurs zusammenhängenden Streitfälle von seinem Anwendungsbereich aus, sondern nur diejenigen, die unmittelbar aus dem Konkurs entstehen.

Tragweite des Begriffs «aus dem Konkurs entstandene oder sich unmittelbar daraus ergebende Klagen» erheblich voneinander ab.

Wären die Verfahren nicht umrissen worden, die zwar nicht zur Konkursabwicklung im engeren Sinne gehören, aber als aus Anlaß des Konkurses entstanden zu gelten haben, so hätte das bewirkt, daß einige Fälle weder im «Konkurs»-Übereinkommen noch im EuGVÜ geregelt worden wären. Daher entschieden sich die Verfasser des Übereinkommens für den Grundsatz einer *erschöpfenden* gemeinsamen Aufzählung der Klagen und Streitfälle, die der *ausschließlichen* Zuständigkeit des Staates unterliegen, dessen Gericht den Konkurs eröffnet hat. Auch hier ist das System der *allgemeinen* Zuständigkeit allein geeignet, den meisten Schwierigkeiten zu begegnen, die sich aus den innerstaatlichen Vorschriften über die Zuständigkeit der Gerichte innerhalb ein und desselben Staates ergeben, zumal dann, wenn dieser Staat die «vis attractiva concursus» nicht oder kaum kennt. Auf diese Weise übernimmt Art. 15 nur einen der Aspekte der «vis attractiva», nämlich die Konzentration der «örtlichen» Zuständigkeit auf einen Staat, für den internationalen Bereich; der andere Aspekt, die Konzentration der Zuständigkeit ratione materiae, bleibt den innerstaatlichen Vorschriften belassen.

Es ist noch darauf hinzuweisen, daß eine so aufgefaßte «vis attractiva concursus» im Grunde nur eine Vorschrift über Zuständigkeit und Verfahren ist. Somit bleibt es dem Recht des Konkurseröffnungsstaates unter Einschluß seiner Kollisionsnormen überlassen, das für die aufgezählten Klagen und Streitigkeiten maßgebende materielle Recht zu bestimmen (vgl. Art. 37 für die Anfechtungsklagen). Es muß allerdings festgestellt werden, daß in den meisten Fällen die materiell-rechtlichen Bestimmungen des Konkursrechts unmittelbar anzuwenden sein werden, und zwar wegen der dem Konkurs eigenen Attraktion und wegen seines Zwecks; dies gilt beispielsweise für die Geltendmachung der Unwirksamkeit von Rechtshandlungen, die während des Verdachtszeitraums vorgenommen wurden.

Die sich aus dem Konkurs ergebenden Klagen betreffen die Feststellung der für den Konkurs verfügbaren Aktiva oder die Passiva und die Verwaltung der Konkursmasse."

III. Konkursrecht und Auflösung von Gesellschaften

1. Für die Auflösung durch oder ohne gerichtliche Entscheidung sowie für die Konkursfähigkeit von *partnerships* des englischen und irischen Rechts gelten ähnliche Grundsätze wie für die Gesellschaften der kontinentalen Rechte. Ein bedeutsamer Unterschied ist jedoch für *companies* zu konstatieren: Über eine insolvente company wird *kein Konkurs-, sondern ein Zwangsabwicklungsverfahren* eröffnet. Dieses ist im *Companies Act* geregelt. Dieser verweist in sec. 317 nur hinsichtlich der Rechte der (gesicherten und nichtgesicherten) Gläubiger, der Anmeldung von Forderungen und der Berechnung von bedingten und betagten Forderungen einschließlich Renten auf das Konkursgesetz. Nur insoweit gelten die „Bankruptcy Acts".[16] Ansonsten unterstehen companies nur dem *winding-up*-Verfahren des *Companies Act,*[17] auch wenn sie nicht eingetragen sind. Das „winding-up" ist kein konkursrechtliches Rechtsinstitut; es

---

[16] Für das *Vereinigte Königreich* vgl. Bankruptcy Act 1914 sec. 119, 126. Dazu *Trindmann-Hicks-Johnson,* Bankruptcy Law and Practice, 1970, 272.

[17] Für *Großbritannien:* Company Act von 1948. Für *Nordirland:* Company Act von 1960 und Companies (Amendment) Act von 1963. Für *Irland:* Company Act 1963

dient vielmehr verschiedenen Zwecken. Allen „winding-up"-Verfahren ist gemeinsam, daß die Aktiva veräußert und die Veräußerungserlöse unter die Gläubiger verteilt werden mit dem Ziel der Liquidation der Gesellschaft.

2. Man unterscheidet folgende Arten:

a) *„winding-up by the court"*,

b) *„voluntary winding-up"*,

c) *„winding-up subject to the supervision of the court"*.

Das „voluntary winding-up" (sec. 278ff.) erfolgt in der Regel ohne Einschaltung des Gerichts, entweder durch die Gesellschafter allein oder durch diese zusammen mit ihren Gläubigern. Erforderlich ist ein Beschluß mit einer qualifizierten Mehrheit (drei Viertel der Gesellschafter). Kann die company voraussichtlich ihre Schulden bezahlen, geben die *directors* beim *registrator* eine *declaration of solvency* ab. Sodann können die Gesellschafter den Liquidator selbst bestellen (*members' voluntary winding up*, sec. 284ff.). Ohne eine solche Erklärung liegt das Ernennungsrecht bei den Gläubigern (*creditors' voluntary winding up*, sec. 292). Nur subsidär und ausnahmsweise kann das Gericht einen Liquidator ernennen. Das „winding-up subject to the supervision of the court" ist nur eine Modifikation des „voluntary winding up": Das Gericht erhält bestimmte Aufsichtsbefugnisse.

3. Die eigentliche gerichtliche Auflösung einer „company" ergeht auf Antrag entweder der Gesellschaft oder eines Gläubigers. Sie ist unter verschiedenen Voraussetzungen möglich, von denen nur eine die Zahlungsunfähigkeit ist. Andere Auflösungsgründe sind z. B.: Unterschreiten einer Mindestzahl von Gesellschaftern, Nichtaufnahme oder längere Unterbrechung der Geschäfte und – generalklauselartig – „daß das Gericht der Ansicht ist, eine Auflösung der Gesellschaft sei recht und billig".[18]

4. Das *voluntary winding-up* ist kein Gerichtsverfahren im Sinne des Übereinkommens. Seine Zuständigkeitsordnung (Art. 16 Nr. 2) kommt deshalb nicht zum Zuge. Das gleiche gilt für die *nichtgerichtlichen Verfahren nach dänischem Recht*, die auf die Auflösung einer Gesellschaft zielen.[19]

5. Rechtsstreitigkeiten, die sich im Zusammenhang oder im Anschluß an solche Verfahren ergeben, sind dagegen normale Streitigkeiten des Zivil- und Handelsrechts und gehören daher zum Anwendungsbereich des Übereinkommens, auch wenn es sich um ein „winding-up subject to the supervision of the court" handelt.

6. Für ein „winding-up by the court" gilt Art. 1 II Nr. 2 nur teilweise.

---

sec. 213. „if ... the company is unable to pay its debts". Vgl. auch unten § 87 Fußn. 90.

[18] *Schlosser*-Bericht Nr. 55. *Lemontey*-Bericht S. 18. Ausführlich zum winding up *Dicey-Morris*, The Conflicts of Law, 10. Aufl., 1980, 732 rule 140. Hinweise zum englischen Gesellschaftsrecht bei *Moellering-Koepsell* RIW/AWD 1981, 517 und *Triebel*, Englisches Handels- und Wirtschaftsrecht, 1978, 176, 186.

[19] *Schlosser*-Bericht Nr. 57. *Lemontey*-Bericht S. 18f.

Wenn auch die meisten derartigen Verfahren die Liquidation einer zahlungsunfähigen Gesellschaft intendieren, ist dem doch nicht immer so. Man hatte – wie *Schlosser*[20] berichtet – erwogen, nur solche Verfahren vom Anwendungsbereich des Übereinkommens auszuschließen, die auf sec. 222 lit. e des britischen *Companies Act* oder entsprechende Bestimmungen der irischen und nordirischen Gesetze gestützt sind oder waren. Dies wäre aber zu eng. Häufig stützt man die Liquidation einer zahlungsunfähigen Gesellschaft formell nämlich auf einen anderen der in sec. 222 des britischen Companies Act genannten Gründe, insbesondere auf Buchstabe a). Danach genügt ein Beschluß der Gesellschafter, um das Verfahren in Gang zu bringen.

7. Für Art. 1 II Nr. 2 kommt es auf den im Einzelfall maßgeblichen Auflösungsgrund an.[21] Wenn also ein „winding up" im Vereinigten Königreich oder in Irland anders begründet wird als damit, daß die Gesellschaft zahlungsunfähig ist, so kommt die Zuständigkeitsordnung des Übereinkommens zum Zuge.[22] Ausschließlich international zuständig ist gemäß Art. 16 Nr. 2 der Sitzstaat. Der Ausdruck „Auflösung" in Art. 16 Nr. 2 ist nach *Schlosser*[23] weit auszulegen. Er subsumiert auch Verfahren nach „Auflösung" der Gesellschaft, z. B. Streitigkeiten über die Höhe der einem Gesellschafter auszuzahlenden Anteile; solche Verfahren seien nur Schritte auf dem Weg zum endgültigen Ausscheiden der Gesellschaft aus dem Rechtsverkehr.

8. Ist eine Gesellschaft einer kontinentalen Rechtsordnung deshalb aufgelöst, d. h. in das Liquidationsstadium getreten, weil sie in Konkurs gefallen ist, so sind Gerichtsverfahren über die „Auflösung der Gesellschaft" nur in der Weise denkbar, daß über die Zulässigkeit oder die Art und Weise der Durchführung des Konkursverfahrens gestritten wird. Insoweit gilt Art. 1 II Nr. 2. Alle übrigen Verfahren, deren Gegenstand es ist, die Auflösung der Gesellschaft festzustellen oder herbeizuführen, sind keine konkursrechtlichen. Es ist unerheblich, ob es sich um eine zahlungsfähige oder nicht solvente Gesellschaft handelt.

---

[20] *Schlosser*-Bericht Nr. 57. Einzelheiten bei *Triebel* (Fußn. 18) 177.

[21] Das ist in der englischen Fassung von Art. 1 II Nr. 2 zum Ausdruck gebracht. Eine Anpassung der Texte in den anderen Sprachen unterblieb. Man hielt sie nicht für erforderlich. *Schlosser*-Bericht Nr. 57.

[22] Für den *Zweitrichter,* der über die Anerkennung bzw. Klauselerteilung zu befinden hat, stellt sich die Frage der Anwendung der Art. 25ff. Dabei kommt es darauf an, ob der Erstrichter das *winding up*-Verfahren auf die Zahlungsunfähigkeit der Gesellschaft gestützt hat oder nicht. Er darf nicht selbst die Frage der Zahlungsunfähigkeit neu aufrollen. Anders der *Schlosser*-Bericht Nr. 57: „Wenn also ein „winding-up" im V. K. oder in Irland auf einen anderen Grund gestützt war als darauf, daß die Gesellschaft zahlungsunfähig war, so muß der Anerkennungs- und Vollstreckungsrichter in einem anderen Vertragsstaat jeweils prüfen, ob die Gesellschaft in Wirklichkeit nicht zahlungsunfähig war. Nur wenn er meint, sie sei zahlungsfähig gewesen, ist das EuGVÜ anwendbar.

[23] *Schlosser*-Bericht Nr. 57.

IV. Präjudizialität genügt nicht

Die Zuständigkeitsordnung des Übereinkommens beansprucht Geltung, wenn *konkursrechtliche Fragen als Vorfragen* eine Rolle spielen. Ist z. B. die Frage erheblich, ob eine Gesellschaft deshalb aufzulösen ist, weil eine Person, die ihr angeblich angehört, in Konkurs gefallen ist (vgl. §§ 131 Nr. 3, 161, 171 II HGB), so handelt es sich nicht um eine konkursrechtliche Streitigkeit; das Übereinkommen kommt nach Art. 1 I zur Anwendung. Dies gilt auch, wenn im Zusammenhang mit einer außergerichtlichen Auflösung einer Gesellschaft dritte Personen klagen mit der Begründung, sie seien Gesellschaftsgläubiger und hätten daher Anspruch auf Befriedigung aus dem Gesellschaftsvermögen.[24]

§ 26 Soziale Sicherheit

I. Gründe für die Ausklammerung

1. Angelegenheiten der sozialen Sicherheit sind ausdrücklich aus dem Anwendungsbereich des Übereinkommens ausgenommen, Art. 1 II Nr. 3.

Man wollte dadurch den Schwierigkeiten entgehen, die daraus entstanden wären, daß dieses Rechtsgebiet in einigen Mitgliedstaaten, z. B. in der Bundesrepublik Deutschland, öffentlichrechtlich qualifiziert wird, in anderen zum Grenzbereich zwischen öffentlichem und privatem Recht gehört, so vor allem in Belgien. Demgemäß ist auch der Rechtsweg von Staat zu Staat anders geregelt. Für Streitsachen im Bereich der sozialen Sicherheit sind in einigen Staaten die ordentlichen Gerichte, in anderen (besondere) Verwaltungsgerichte zuständig. Zuweilen sind die Zuständigkeiten unter verschiedene Gerichtsbarkeiten aufgeteilt. Die Unterschiede im einzelnen sind in einer EWG-Studie dargestellt.[1]

2. Zweck des Art. 1 II Nr. 3 ist es u. a., Kollisionen mit Abkommen auf dem Gebiet der sozialen Sicherheit zu vermeiden, die bereits früher bilateral oder im Rahmen anderer internationaler Organisationen (Internationale Arbeitsorganisation – International Labour Organisation – ILO) geschlossen worden sind.[2] Auch sollten die auf Grund der Art. 51, 117 und 118 des EWG-Vertrages bereits begonnenen Projekte selbstän-

---

[24] *Schlosser*-Bericht Nr. 59.

[1] Das Wesen der sozialen Sicherheit in den Ländern der EWG in der Gegenwart, Studien EWG, Reihe Sozialpolitik 3, 1962, Veröffentlichungsdienste der Europäischen Gemeinschaften, 8058 IX/1962/5.

[2] Vgl. *Jenard*-Bericht S. 60.

dig weitergeführt werden. Man wollte sich nicht durch das Übereinkommen präjudizieren lassen.[3]

II. Konventionsimmanente Definition

1. Der Begriff der sozialen Sicherheit ist autonom zu qualifizieren, um die einheitliche Anwendung des Übereinkommens sicherzustellen.[4] Im Text des Übereinkommens findet sich keine Definition. Auch der *Jenard*-Bericht[5] beläßt es bei Andeutungen: „Da der Begriff der sozialen Sicherheit sich fortentwickelt, erschien es nicht zweckmäßig, im Übereinkommen ausdrücklich festzulegen oder in einem Anhang zu erläutern, was hierunter fällt, zumal nach Art. 117 des EWG-Vertrages die Harmonisierung der Systeme der sozialen Sicherheit zu den Zielen der Gemeinschaft gehört."

2. Der Kernbereich der sozialen Sicherheit ist im Übereinkommen Nr. 102 der Internationalen Arbeitsorganisation vom 28. Juni 1952 über die Mindestnormen der sozialen Sicherheit[6] zusammengefaßt;[7] hierzu zählen
ärztliche Behandlung,
Krankengeld,
Leistungen der Mutterschaftsversicherung,
der Invalidenversicherung,
der Altersversicherung,
Leistungen an Hinterbliebene,
Leistungen der Versicherung gegen Arbeitsunfälle und Berufskrankheiten,
Familienbeihilfen und
Leistungen für den Fall der Arbeitslosigkeit.

---

[3] Regelungsbedürftig ist die gegenseitige Vollstreckung von Beitragsbescheiden der Sozialversicherungsträger (vgl. *Jenard*-Bericht S. 60) und von Rentenrückforderungsbescheiden für zuviel bezahlte oder erschlichene Renten.

[4] Vgl. oben 19 IV.

[5] *Jenard*-Bericht S. 61.

[6] BGBl. 1957 II 1321.

[7] Vgl. auch die Darstellung der Systeme der Sozialen Sicherheit in den Mitgliedstaaten der Europäischen Gemeinschaften, 3. Auflage, Veröffentlichungsdienste der Europäischen Gemeinschaften. 8122 I VII 1964/5; zu Frankreich *Igl,* RIW/AWD 1977, 348; *Furkel,* Der Widerruf rechtwidriger begünstigender Verwaltungsakte im deutschen und französischen Recht unter besonderer Berücksichtigung des Sozialrechts, Diss. Freiburg/Br. 1967; *Dupeyroux,* Droit de la sécurité sociale, 6. Aufl. 1975. Zu den Niederlanden *Messing,* Die soziale Altersversicherung der Niederlande, Diss. Freiburg/Br. 1957. Zu Italien *Igl,* RIW/AWD 1977, 553; zu Großbritannien *Schulte* RIW/AWD 1978, 100.

III. Regreßklage des Trägers der Sozialversicherung

Nur Streitigkeiten, die sich aus den Beziehungen zwischen dem Träger der sozialen Sicherheit und den Arbeitnehmern einschließlich der Rentner und Hinterbliebenen und Arbeitgebern ergeben, fallen unter Art. 1 II Nr. 3. Die Zuständigkeitsordnung des Übereinkommens ist jedoch anzuwenden, wenn der Sozialversicherungsträger gegen Dritte, z. B. gegen Verursacher schädigender Ereignisse klagt aufgrund von Ansprüchen, die kraft Gesetzes auf ihn übergegangen sind oder die ihm das Gesetz direkt einräumt.[8]

§ 27 Schiedsgerichtsbarkeit[1]

I. Fehlendes Regelungsbedürfnis

Obwohl dieses Rechtsgebiet in Art. 220 des EWG-Vertrages ausdrücklich aufgeführt ist, entschloß man sich zur Herausnahme der Schiedsgerichtsbarkeit aus dem Anwendungsbereich des Übereinkommens, weil man der Auffassung war, daß angesichts der zahlreichen bereits geltenden internationalen Abkommen auf dem Gebiet der Schiedsgerichtsbarkeit *kein Regelungsbedürfnis* bestehe. In Betracht kommen vor allem:

a) das *UN-Übereinkommen vom 10. Juni 1958 über die Anerkennung und Vollstreckung ausländischer Schiedssprüche,*[2] dem alle Vertragsstaaten mit Ausnahme Luxemburgs und Irlands angehören. Irland erwägt den Beitritt.

b) das *Europäische Übereinkommen vom 21. April 1961 über die internationale Handelsschiedsgerichtsbarkeit,*[3] das allerdings nur im Verhältnis zwischen Belgien, der Bundesrepublik Deutschland, Dänemark, Frankreich und Italien in Kraft ist.

c) das *Weltbankübereinkommen vom 18. März 1965 zur Beilegung von Investitionsstreitigkeiten zwischen Staaten und Angehörigen anderer Staaten,*[4] in Kraft für folgende Staaten: Belgien, Bundesrepublik Deutschland, Dänemark, Frankreich, Griechenland, Italien, Luxemburg, Niederlande, Vereinigtes Königreich.

Ferner hat der *Europarat* ein *Europäisches Übereinkommen* ausgearbeitet,

---

[8] *Schlosser*-Bericht Nr. 60. Ebenso schon *Jenard*-Bericht S. 61.

[1] Die Nr. 4 des Art. 1 II war im Vorentwurf noch nicht enthalten und wurde erst auf der letzten Sitzung des Sachverständigenausschusses aus Klarstellungsgründen in den Text des Übereinkommens eingefügt.

[2] BGBl. 1961 II 122.

[3] BGBl. 1964 II 426.

[4] BGBl. 1969 II 371.

das als einheitliches Gesetz („loi uniforme") in Kraft treten und in einem Zusatzprotokoll die Anerkennung und Vollstreckung von Schiedssprüchen gegenüber dem UN-Übereinkommen vom 10. Juni 1958 erleichtern soll.[5]

II. Anwendungsbereich des Art. 1 II Nr. 4[6]

1. Die Zuständigkeitsordnung der Übereinkommen gilt weder für die Schiedsgerichte noch für die staatlichen Gerichte, wenn diese über Streitigkeiten zu entscheiden haben, die sich auf ein schiedsgerichtliches Verfahren oder einen Schiedsspruch beziehen.[7]

2. In Betracht kommen insbesondere
- Verfahren zur Ernennung oder Abberufung von Schiedsrichtern,
- zur Festlegung des Schiedsorts,
- zur Verlängerung der für die Fällung des Spruches bestehenden Frist,
- zur Vorabentscheidung materieller Fragen, wie sie das englische Recht in Gestalt des „statement of special case" (sec. 21 Arbitration Act 1950) kennt,
- Verfahren mit dem Ziele, die Wirksamkeit oder Unwirksamkeit eines Schiedsvertrags festzustellen oder wegen seiner Unwirksamkeit die Parteien anzuhalten, ein Schiedsverfahren nicht weiter zu betreiben,
- Klage der Schiedsrichter gegen die Parteien auf Zahlung des Honorars,
- Entscheidungen über Anträge auf Aufhebung, Änderung, Anerkennung oder Vollstreckung von Schiedssprüchen einschließlich der Gerichtsentscheidungen, die Schiedssprüche in sich inkorporieren (eine im Recht des Vereinigten Königreichs übliche Technik der Anerkennung).

3. Wird ein Schiedsspruch aufgehoben und entscheidet das aufhebende oder ein anderes staatliches Gericht den Rechtsstreit selbst in der Hauptsache, so ist aber für das Verfahren vor dem staatlichen Gericht die Zuständigkeitsordnung des Übereinkommens wieder anzuwenden.[8]

III. Konventionsimmanente Definition von Schiedsgerichtsbarkeit

Um die einheitliche Anwendung des Übereinkommens sicherzustellen, ist der Ausnahmetatbestand des Art. 1 II Nr. 4 autonom zu qualifizieren. Eine Entscheidung des EuGH liegt noch nicht vor.[9]

---

[5] Vgl. *Jenard*-Bericht S. 61.

[6] Vgl. auch *Basedow* IZVR Rz. 116ff.

[7] Vgl. *Jenard*-Bericht S. 61. Der *Schlosser*-Bericht Nr. 64 spricht von „gerichtlichen Verfahren, die einem Schiedsverfahren dienen sollen".

[8] Vgl. oben 19 II.

[9] Die Verhandlungen aus Anlaß des Beitritts der drei neuen EG-Staaten Dänemark,

IV. Einwand des Schiedsvertrages im Erstverfahren[10]

1. Ist ein Vertragsstaat nach den Regeln der Art. 2ff. international zuständig, dann steht es nicht in seinem Belieben, ob er Rechtsschutz gewähren will oder nicht. Er ist vielmehr zur Justizgewährung verpflichtet. Diese Pflicht entfällt jedoch, wenn die Parteien, die schiedsgerichtliche Erledigung des Rechtsstreits vereinbart haben. Das Übereinkommen beschneidet nicht die Freiheit der Parteien, Streitigkeiten einem Schiedsgericht zu unterbreiten. Das gilt auch für solche Verfahren, für welche Art. 16 ausschließliche Zuständigkeiten festgelegt hat.[11]

2. Ob und unter welchen Voraussetzungen eine Schiedsabrede die durch das Übereinkommen festgelegte Pflicht zur Justizgewährung verdrängt, beurteilt sich im Erstprozeß nach den einschlägigen internationalen Übereinkommen über die Schiedsgerichtsbarkeit und – soweit solche nicht anzuwenden sind – nach dem innerstaatlichen Recht (in der Bundesrepublik Deutschland: §§ 1025ff. ZPO).[12]

3. Die lex fori des angegangenen Gerichts entscheidet darüber, ob der Ausschluß der Kompetenz der staatlichen Gerichte durch die Vereinbarung der schiedsgerichtlichen Erledigung nur auf *Einrede des Beklagten* (so § 1027a ZPO) oder *von Amts wegen* zu beachten ist.

Irland und Vereinigtes Königreich ergaben zur Auslegung des in Art. 1 II Nr. 4 *zwei verschiedene Grundstandpunkte,* die nicht überbrückt werden konnten. Nach der einen Position, die vor allem vom Vereinigten Königreich vertreten wurde, meint diese Bestimmung alle Streitigkeiten, zu deren Entscheidung die Zuständigkeit eines Schiedsgerichts in einer noch wirksamen Weise vereinbart wurde – einschließlich aller sich auf das vorgesehene Schiedsverfahren beziehenden Nebenstreitigkeiten. Die andere Ansicht, welche die Gründungsmitglieder der EWG verteidigten, betrachtet als „Schiedsgerichtsbarkeit" Verfahren vor staatlichen Gerichten nur dann, wenn sie sich auf Schiedsverfahren beziehen, auf abgeschlossene, auf laufende wie auf künftige. Diese unterschiedlichen Konzeptionen führen zu verschiedenen Ergebnissen bei der Frage der Zulässigkeit des Einwandes der schiedsgerichtlichen Erledigung im Anerkennungs- bzw. Vollstreckungsstaat. Vgl. hierzu *Schlosser*-Bericht Nr. 61.

[10] Zur Zulässigkeit des Einwandes des Schiedsvertrages im Zweitverfahren, also im Stadium der Anerkennung bzw. Vollstreckbarerklärung der Entscheidung des staatlichen Gerichts, vgl. oben § 5 V.

[11] *Schlosser*-Bericht Nr. 63.

[12] *Schlosser*-Bericht Nr. 63: „Freilich hindert das Übereinkommen auch die nationalen Gesetzgeber nicht daran, ihrerseits Schiedsverträge für unwirksam zu erklären, die sich auf Streitigkeiten beziehen, für welche nach nationalem Recht oder aufgrund des EuGVÜ ausschließliche Zuständigkeiten bestehen."

§ 28 Besondere Rechtsgebiete

Die Zuständigkeitsordnung des Übereinkommens gilt ferner nicht, sofern die internationale Entscheidungszuständigkeit für besondere Rechtsgebiete in einem Spezialübereinkommen (oben § 13) oder durch sekundäres Gemeinschaftsrecht (oben § 14) geregelt ist und diese Normen alleinige Geltung beanspruchen, Art. 57.

5. Kapitel: Der Geltungsbereich des Konventionsrechts im einzelnen

§ 29 Die Voraussetzungen für die Anwendung der Zuständigkeitsnormen des Übereinkommens[1]

I. Verfahren vor staatlichen Gerichten

Das Übereinkommen regelt nur die Zuständigkeit der Gerichte der Vertragsstaaten, nicht jedoch von Verwaltungsbehörden. Dies ergibt sich bereits aus der Überschrift und der Gesamtkonzeption des Übereinkommens. Gerichte in diesem Sinne sind nur die staatlichen Gerichte, nicht die Schiedsgerichte.[2] Dies ist in Art. 1 II Nr. 4 klargestellt.

II. Gerichtlicher Charakter von Verfahren und Entscheidung

1. In den Vertragsstaaten besteht eine erstaunlich einheitliche Rechtstradition: Fast immer sind es gleiche Aufgaben, die auf dem Gebiet des Privatrechts den Gerichten anvertraut sind.[3]

2. Die *dänischen Arbeitsgerichte*[4] sind trotz ihrer ungewöhnlichen Struktur Gerichte im Sinne des Übereinkommens. Für sie gilt die Zuständigkeitsordnung der Art. 2ff.

3. Dem Grunde nach entscheidet auch in *Dänemark* der Richter über das Bestehen oder Nichtbestehen von *Unterhaltsverpflichtungen*. Die Rechtslage ähnelt der deutschen, vgl. § 642 ZPO. Die Höhe des geschuldeten Unterhaltsbetrags sowie das Ausmaß etwa notwendiger Abänderungen setzt jedoch nicht ein Gerichtsorgan (in der Bundesrepublik Deutschland: der Rechtspfleger, vgl. §§ 642ff. ZPO, § 20 Nr. 11 Rechtspflegergesetz), sondern eine Verwaltungsbehörde fest, der sog. *„Amtmand"*.[5] Der Anwendungsbereich des Übereinkommens wäre ungleichgewichtig, wenn die für Dänemark typischen Unterhaltsverfahren nicht in den Anwendungsbereich des Übereinkommens einbezogen worden wären. Diese Verfahren wurden durch Art. V a des Protokolls in das Übereinkommen integriert. Man begnügte sich aus redaktionellen

---

[1] Zum *zeitlichen Anwendungsbereich* vgl. oben § 16.

[2] Zu den *kirchlichen Gerichten* vgl. oben § 19 XV.

[3] Vgl. *Schlosser*-Bericht Nr. 66.

[4] Dänisches Arbeitsgerichtsgesetz vom 21. April 1964. Bekanntmachung Nr. 1124.

[5] Entscheidungen, die in einem solchen Verfahren ergehen, fallen zwar unter das *Haager Übereinkommen über die Anerkennung und Vollstreckung von Entscheidungen auf dem Gebiet des Unterhaltsrechts,* aber nur deshalb, weil dort das Vorliegen einer gerichtlichen Entscheidung nicht verlangt wird. Vgl. *Schlosser*-Bericht Nr. 67.

Gründen mit der Ergänzung des Protokolls, weil dieser Weg einfacher ist als die Einarbeitung des dänischen Amtmand in zahlreiche Einzelbestimmungen des Übereinkommens. Überall, wo das Übereinkommen von „Gericht" oder „Richter" spricht, meint es in Zukunft damit auch die in Unterhaltssachen tätigen dänischen Verwaltungsbehörden (so in Art. 2 I, Art. 3 I, Art. 4 I, Art. 5 Nr. 2, Art. 17 und 18, Art. 20–22, Art. 27 Nr. 4, Art. 28 III, Art. 52). Das gilt insbesondere auch für Art. 4 I, obwohl in seinem französischen, italienischen und niederländischen Text – im Gegensatz zum deutschen – der Begriff „Gericht" nicht vorkommt.[6]

4. Rechtsmittelverfahren gegen Entscheidungen von Verwaltungsbehörden fallen nicht in den Anwendungsbereich des Übereinkommens, auch wenn der Verfahrensgegenstand privatrechtlich zu qualifizieren ist. Art. 2ff. setzen eine *Primärzuständigkeit* der Gerichte voraus.[7]

III. Zivil- und Handelssachen[8]

1. Die Zuständigkeitsordnung des Übereinkommens gilt nur für Zivil- und Handelssachen, Art. 1 I, nicht für öffentlich-rechtliche Streitigkeiten.[9] Das Übereinkommen betrifft also nur solche Verfahren, deren *Streitgegenstand zivilrechtlicher Natur* ist. Für die Einordnung als Zivilsache ist maßgebend, ob Streitgegenstand (Urteilsgegenstand) Rechtsfolgen des Zivilrechts (mit Einschluß des Arbeits- und Handelsrechts) sind.[10] Dies schließt nicht aus, daß Vorfragen (präjudizielle Punkte) nach öffentlichem Recht zu beurteilen sind.[11]

2. Für die in Art. 1 II und Art. 57 aufgeführten Rechtsgebiete gilt jedoch das Übereinkommen nicht; wegen der Einzelheiten wird auf §§ 20–28 verwiesen.

---

[6] Entscheidungen der dänischen Verwaltungsbehörden in Unterhaltssachen sind auch Entscheidungen im Sinne des Art. 25. Sein Inhalt ist durch Art. Va des Protokolls in diesem Sinne erweitert, er ist also jetzt so zu lesen: „Unter Entscheidungen im Sinne des Übereinkommens ist jede von einem Gericht eines Vertragsstaates – in Dänemark auch eine in Unterhaltssachen von einer Verwaltungsbehörde – erlassene Entscheidung zu verstehen, ohne Rücksicht auf ..." Vgl. *Schlosser*-Bericht Nr. 68.

[7] Näher unten § 90 XIV 2.

[8] Vgl. oben §§ 19ff.

[9] Im Rahmen der Beitrittsverhandlungen mit Dänemark, Irland und dem Vereinigten Königreich wurde Art. 1 I 2 in den Text des Übereinkommens eingefügt. Gegenüber Art. 1 I a. F. ergeben sich keine Unterschiede. Art. 1 I 2 dient nur der Klarstellung. Vgl. *Schlosser*-Bericht Nr. 24.

[10] Vgl. auch unten Bd. II 45 sub IV 1b.

[11] Die Frage, ob der Richter öffentlichrechtliche Vorfragen entscheiden darf oder ob ein *Kognitionsverbot* besteht, behandelt das Übereinkommen nicht. Insoweit gilt das nationale Recht (lex fori).

In dem hier erörterten Zusammenhang ist nur wichtig, daß die Entscheidung von Vorfragen nach öffentlichem Recht der Einordnung als Zivilsache (Art. 1 I) nicht entgegensteht.

IV. Wohnsitz des Beklagten in einem der Vertragsstaaten

1. Die Vertragsstaaten konnten sich nicht entschließen, ihr Zuständigkeitsrecht schlechthin zu vereinheitlichen und ihr bisher geltendes nationales Zuständigkeitsrecht vollkommen außer Kraft zu setzen.

a) Das Zuständigkeitssystem des Übereinkommens greift grundsätzlich (Ausnahmen unten V ff.) nur dann ein, *wenn der Beklagte seinen Wohnsitz bzw. Sitz (Art. 53) in einem der Vertragsstaaten hat,* Art. 2 I, Art. 3 I. Ist dies nicht der Fall, so ist die internationale Zuständigkeit des Gerichtsstaates nicht nach dem Übereinkommen, sondern nach dem nationalen Zuständigkeitsrecht zu beurteilen, Art. 4 I.

b) Entscheidend für die Anwendbarkeit der europäischen Zuständigkeitsordnung ist der Wohnsitz/Sitz des *Beklagten.* Bei einer Rechtsbeziehung zwischen einer Person mit Wohnsitz/Sitz innerhalb des geographischen Anwendungsbereichs des Übereinkommens und einer solchen mit Wohnsitz/Sitz in einem dritten Staat oder ohne irgendeinen Wohnsitz/Sitz kommt es auf die *Parteirolle* an, also darauf, wer wen verklagt.

2. Diese Grundregeln gelten auch in Versicherungs- und Verbrauchersachen, Art. 7 bzw. Art. 13 in Verbindung mit Art. 4,[12] jedoch, mit *zwei Modifikationen:*

a) Für *Klagen gegen den Versicherer* mit Wohnsitz/Sitz in einem Nichtvertragsstaat reicht auch eine Zweigniederlassung, Agentur oder sonstige Niederlassung innerhalb des geographischen Anwendungsbereichs des Übereinkommens aus, Art. 8 II n. F. = Art. 8 III a. F. Für Streitigkeiten aus dem Betrieb der Zweigniederlassung, Agentur oder sonstigen Niederlassung gelten dann die Zuständigkeitsregeln der Art. 7ff. einschließlich Art. 5 Nr. 5. Für andere Klagen gegen den Versicherer, die nicht mit dem Betrieb der Zweigniederlassung, Agentur oder sonstigen Niederlassung zusammenhängen, gilt das nationale Zuständigkeitsrecht gemäß Art. 7 in Verbindung mit Art. 4 I.[13]

---

12 *Jenard*-Bericht S. 75: „Die Vorschriften der Abschnitte 3 und 4 gelten nur, wenn der Beklagte seinen Wohnsitz in dem Hoheitsgebiet eines Vertragsstaates hat."

13 Der *Jenard*-Bericht S. 77 weist auf die Wendung „vorbehaltlich des Art. 4" in Art. 7 hin, aus der sich ergibt, „daß die Zuständigkeit, einschließlich der als exorbitant bezeichneten Zuständigkeiten, durch das innerstaatliche Recht des angerufenen Gerichts bestimmt wird, wenn der verklagte Versicherer oder Versicherungsnehmer seinen Wohnsitz außerhalb der Gemeinschaft hat. Indessen wird in Abweichung von den allgemeinen Regeln des Übereinkommens ein außerhalb der Gemeinschaft wohnhafter Versicherer, der in einem Vertragsstaat eine Zweigniederlassung oder eine Agentur unterhält, für Streitigkeiten aus dem Betrieb dieser Zweigniederlassung oder Agentur so behandelt, wie wenn er seinen Wohnsitz in dem Hoheitsgebiet dieses Staates hätte. Diese in dem letzten Absatz von Art. 8 enthaltene Abweichung wird mit Rücksicht darauf eingeführt, daß ausländische Versicherungsgesellschaften Zweigniederlassungen oder Agenturen in anderen Staaten nur gegen Stellung von Garantien errichten können und daß sie im Hinblick auf diese Garantien praktisch als den inländischen Gesellschaften gleichgestellt angesehen werden können. Sie gilt jedoch nur für

Zweigniederlassungen und Agenturen, d. h. wenn die ausländische Gesellschaft durch eine Person vertreten ist, die die Fähigkeit hat, sie Dritten gegenüber zu verpflichten."

Art. 8 II n. F. ist eine Anwendungsnorm (Kollisionsnorm), keine Kompetenznorm. Wird der außerhalb des geographischen Anwendungsbereichs des Übereinkommens domizilierte Versicherer mit Zweigniederlassung oder Agentur in einem Vertragsstaat (= Fall des Art. 8 II n. F.) am Ort seiner Zweigniederlassung oder Agentur verklagt, so ergibt sich die internationale Zuständigkeit des angegangenen Gerichts aus Art. 8 I Nr. 1 n. F., nicht aus Art. 8 II. Diese Bestimmung besagt nur, daß für die Gerichtspflichtigkeit des Versicherers Konventionsrecht zur Anwendung kommt und nicht das nationale Recht. Unzutreffend daher Arrondissementsrechtbank Amsterdam, kamer B, Urteil vom 13. September 1977, Bedrijfsvereniging voor de Textielindustrie ./. General Accident Fire and Life Assurance Corporation Ltd., 75.4518 = Nachschlagewerk I-8-B 1 = Rechtsprechungsübersicht Nr. 104 (Folge 3); dort wurde Art. 8 II (= Art. 8 III a. F.) ohne nähere Begründung zu Unrecht als Kompetenznorm betrachtet.

Der Entscheidung der Arrondissementsrechtbank Amsterdam lag ein Verkehrsunfall in Belgien zugrunde, bei dem ein Mopedfahrer durch einen Zusammenstoß mit einem Kraftwagen verletzt wurde. Der niederländische Sozialversicherer zahlte an den Verletzten wegen Arbeitsunfähigkeit Rente und nahm den Haftpflichtversicherer des Schädigers, eine Versicherungsgesellschaft mit Sitz in Perth (Schottland) und einer Geschäftsstelle in Amsterdam, vor der Arrondissementsrechtbank Amsterdam auf Erstattung dieser Leistungen in Anspruch. Die Amsterdamer Geschäftsstelle der Beklagten hatte, nachdem zwischen den Parteien seit 1970 Verhandlungen wegen der Liquidierung der Ansprüche stattgefunden hatten, die Sache 1973 an sich gezogen und umfangreiche Verhandlungen mit der Klägerin geführt. – Die Beklagte machte die Unzuständigkeit des Amsterdamer Gerichts geltend, weil der Rechtsstreit nicht aus dem Betrieb ihrer Amsterdamer Niederlassung entstanden sei, da der Versicherungsvertrag mit dem an dem Unfall beteiligten Kraftfahrer von ihrer Niederlassung in Antwerpen geschlossen worden sei. Die Arrondissementsrechtbank Amsterdam erklärte sich für zuständig auf Grund der folgenden Erwägungen: Da sich der satzungsmäßige Sitz der Beklagten in Perth (Schottland) befinde, habe diese gemäß Art. 10 Buch 1 des Burgerlijk Wetboek keinen Sitz in den Niederlanden. Grundsätzlich seien damit gemäß Art. 4 I die niederländischen innerstaatlichen Vorschriften für die Zuständigkeit maßgebend. Die Beklagte müsse im vorliegenden Fall jedoch gemäß Artikel 8 III (= Art. 8 II n. F.) so behandelt werden, als habe sie einen Sitz in den Niederlanden, da es sich bei dem gegenwärtigen Rechtsstreit um eine Streitigkeit „aus dem Betrieb" ihrer Amsterdamer Geschäftsstelle handele. Es sei nicht entscheidend, daß der Versicherungsvertrag mit dem an dem Unfall beteiligten Kraftfahrer von ihrer Geschäftsstelle in Antwerpen geschlossen worden sei, da der Rechtsstreit nicht diesen Versicherungsvertrag, sondern die sich daraus ergebenden Leistungspflichten der Beklagten betreffe. Zum „Betrieb" einer Zweigniederlassung oder Agentur eines Versicherers im Sinne von Art. 8 III (= Art. 8 II n. F.) gehöre nicht nur der Abschluß von Versicherungsverträgen, sondern ebenso die Abwicklung von Ansprüchen aufgrund von Versicherungsverträgen. Da im gegebenen Fall diese Abwicklung seit dem Jahre 1973 von der Amsterdamer Geschäftsstelle der Beklagten vorgenommen worden sei, ergebe sich die Zuständigkeit des dortigen Gerichts aus Artikel 8 III a. F.

Richtig wäre gewesen, wenn das Gericht die internationale Zuständigkeit der Niederlande aus Art. 8 I 1. Alternative (= Art. 8 I Nr. 1 n. F.) hergeleitet hätte und seine örtliche Zuständigkeit aus seinem nationalen Zuständigkeitsrecht. Nur falls die Geschäftsstelle in Amsterdam der Niederlassung in Antwerpen unterstellt gewesen wäre, hätte sich die internationale und örtliche Zuständigkeit aus Art. 5 Nr. 5 in Verbindung mit Art. 7 ergeben. Vgl. unten § 74 Fußn. 193.

b) Auch für *Klagen gegen den Vertragspartner des Verbrauchers (Verkäufer, Kreditgeber etc.)*,[14] der in keinem Vertragsstaat seinen Wohnsitz/Sitz hat, aber in einem Vertragsstaat eine Zweigniederlassung, Agentur oder sonstige Niederlassung besitzt, gilt für Streitigkeiten aus ihrem Betrieb die Zuständigkeitsordnung des Übereinkommens (Art. 13ff.). Die in Versicherungssachen geltende Regel des Art. 8 II (= Art. 8 III a. F.) wurde durch das Beitrittsübereinkommen vom 9. Oktober 1978 auf die Verbrauchersachen ausgedehnt, Art. 13 II n. F. Es erschien unangemessen, Geschäfte von Letztverbrauchern mit Firmen, die ihren Sitz außerhalb des geographischen Anwendungsbereiches des Übereinkommens haben, vom Anwendungsbereich des Übereinkommens auszunehmen, wenn solche Firmen eine Zweigniederlassung innerhalb der EG haben. Auch in solchen Fällen soll dem Verbraucher der Klägergerichtsstand des Art. 14 I zweite Alternative n. F. durch europäisches Einheitsrecht gesichert sein.[15]

3. Zuständigkeitsrechtlich betrachtet das Übereinkommen „das Hoheitsgebiet der Vertragsstaaten als ein einheitliches Ganzes,"[16] so daß bei der Abgrenzung des Konventionsrechts vom autonomen Zuständigkeitsrecht danach unterschieden werden kann, ob der Wohnsitz bzw. Sitz des Beklagten innerhalb oder außerhalb des geographischen Anwendungsbereichs des Übereinkommens gelegen ist.[17] Der Wohnsitz des Beklagten ist demnach der *zentrale Anknüpfungsbegriff* des Übereinkommens.[18]

4. Dem Zuständigkeitssystem des Übereinkommens liegt folgende Konzeption[19] zugrunde:

a) Hat eine Person ihren Wohnsitz bzw. Sitz (Art. 53) in dem Hoheitsgebiet eines Vertragsstaates,[20] so ist sie grundsätzlich vor den Gerichten dieses Staates nach den für Inländer geltenden Zuständigkeitsvorschriften dieses Staates zu verklagen, Art. 2.

---

[14] Hierzu unten § 74 V 2.

[15] *Schlosser*-Bericht Nr. 159: „Aus den gleichen Gründen, aus denen Versicherungsunternehmungen mit Zweigniederlassungen innerhalb der EWG zuständigkeitsrechtlich wie solche mit Wohnsitz in der Gemeinschaft behandelt werden (Art. 8 II), müssen auch Vertragspartner von Verbrauchern als Bewohner der EWG behandelt werden, wenn sie dort eine Zweigniederlassung unterhalten. Dann ist es freilich auch nur folgerichtig, daß exorbitante Zuständigkeiten solchen Vertragspartnern gegenüber nicht deshalb in Anspruch genommen werden können, weil sie ihren Hauptsitz außerhalb der EWG haben".

[16] *Jenard*-Bericht S. 61.

[17] Zum geographischen Anwendungsbereich des Übereinkommens s. Art. 60. Hierzu *Schlosser*-Bericht Nr. 251ff. Näher oben § 17.

[18] Vgl. oben § 3.

[19] *Jenard*-Bericht S. 61.

[20] Genauer: Es kommt darauf an, ob der Wohnsitz/Sitz des Beklagten innerhalb oder außerhalb des *geographischen Anwendungsbereichs* des Übereinkommens (oben § 17) zu lokalisieren ist.

b) Hat eine Person ihren Wohnsitz bzw. Sitz in dem Hoheitsgebiet eines Vertragsstaates,[20] so kann sie vor den Gerichten eines anderen Vertragsstaates nur in den Fällen verklagt werden, in denen die Gerichte dieses Staates aufgrund des Übereinkommens zuständig sind, Art. 3 I.

c) Hat eine Person ihren Wohnsitz bzw. Sitz in keinem der Vertragsstaaten,[20] so sind auf sie die in jedem Vertragsstaat geltenden Zuständigkeitsvorschriften einschließlich der als „exorbitant" bezeichneten anwendbar, Art. 4.

Für den hier darzustellenden Anwendungsbereich des Konventionsrechts ist nur die Hypothese c) wichtig. Dagegen kommt es auf die Unterscheidung zwischen Hypothesen a) und b) nicht an; denn in beiden Fällen steht die Anwendbarkeit der europäischen Zuständigkeitsordnung fest.

5. Das Übereinkommen definiert den *Begriff des Wohnsitzes* nicht konventionsimmanent (autonom), sondern verweist vielmehr auf das *nationale Recht,* Art. 52.[21]

6. Maßgebend ist der *Wohnsitz des Beklagten.* Bei Klagen gegen eine *Partei kraft Amtes,* z. B. Testamentsvollstrecker, Nachlaßverwalter usw., kommt es auf deren Wohnsitz an, nicht auf den Wohnsitz des dahinter stehenden materiellrechtlich Berechtigten bzw. Verpflichteten.[22]

7. Ein *Wahldomizil (domicile élu, domicilio eletto)* ist kein Wohnsitz im Sinne von Art. 2, 3.[23]

8. Das Übereinkommen verwendet den Anknüpfungspunkt des gewöhnlichen Aufenthalts des Beklagten nicht bei der Festlegung der Anwendungsvoraussetzungen für die Zuständigkeitsordnung des Übereinkommens.[24] Dafür führt *Jenard* in seinem Bericht[25] folgende Gründe an: Schon der Begriff „gewöhnlich" könne umstritten sein, da nach dem Recht einiger Mitgliedsstaaten die Eintragung in die Einwohnermeldelisten bereits die unwiderlegliche Vermutung des Bestehens eines gewöhnlichen Aufenthalts begründet. Außerdem würde diese Lösung von dem nationalen Zuständigkeitsrecht der Vertragsstaaten abweichen, die die Zuständigkeit überwiegend an den Wohnsitz anknüpfen (Art. 624 Nr. 1 Code judiciaire; § 13 ZPO, Art. 42ff. nouveau Code de procédure civile, früher Art. 59 I Code de procédure civile, Art. 18 Codice di procedura civile; Art. 126 RV). Der *Jenard*-Bericht fährt fort: „Außerdem hätten sich, wenn man allein an den gewöhnlichen Aufenthalt angeknüpft hätte, neue Schwierigkeiten bei solchen Personen (Minderjährigen, Ehe-

[21] Vgl. unten § 63.

[22] So auch für § 13 ZPO *Stein-Jonas-Schumann,* ZPO, 20. Aufl., § 13, Rz. 17.

[23] *Jenard*-Bericht S. 66 (vor B): „Zum Schluß sei noch hervorgehoben, daß der Begriff des Wohnsitzes im Sinne des Übereinkommens nicht das fiktive Wahldomizil einschließt. Vgl. auch *Geimer* WM 1979, 358.

[24] Art. 5 Nr. 2 knüpft an den gewöhnlichen Aufenthalt des Klägers an, setzt aber den Wohnsitz des Beklagten in einem Vertragsstaat voraus.

[25] *Jenard*-Bericht S. 63.

frauen usw.) ergeben, deren Wohnsitz von dem Wohnsitz einer anderen Person oder von dem Sitz einer Behörde abhängt oder abhängen kann. Schließlich ist es bei einem Abkommen mit unmittelbaren Zuständigkeitsregeln besonders wichtig, daß die Zuständigkeit für den Richter auf einer sicheren Rechtsgrundlage beruht. Mag auch die Anknüpfung an den Wohnsitz nicht ganz unbedenklich sein, so setzt der Begriff des Wohnsitzes doch bei dem Beklagten eine festere und dauerhaftere Niederlassung als die durch den gewöhnlichen Aufenthalt begründete voraus." Auch lehnte man eine Gleichstellung des gewöhnlichen Aufenthalts mit dem Wohnsitz ab.[26]

9. Die Zuständigkeitsnormen des Übereinkommens gelten nicht nur für Angehörige der Vertragsstaaten, sondern für alle Personen, gleich welcher Staatsangehörigkeit, die ihren Wohnsitz/Sitz in einem der Vertragsstaaten haben.[27] *Die Staatsangehörigkeit der Parteien spielt keine Rolle.*

a) Die Staatsangehörigkeit ist kein geeigneter Anknüpfungspunkt für eine gerechte Bewertung der Zuständigkeitsinteressen.[28] Schon die Billigkeit gebietet „alle Ausländer, die ihren Wohnsitz in der Gemeinschaft haben, in den Genuß des Übereinkommens kommen zu lassen, da dieser Personenkreis an dem Wirtschaftsleben und an der wirtschaftlichen Entwicklung der Gemeinschaft teilhat."[29]

b) Die Ausdehnung der Zuständigkeitsregeln auf alle Personen mit Wohnsitz bzw. Sitz in einem der Vertragsstaaten ohne Rücksicht auf ihre Staatsangehörigkeit hat darüberhinaus den Vorteil der Einfachheit und Klarheit.[30] Ein Zuständigkeitssystem auf der Grundlage der Staatsangehörigkeit der Parteien hätte die Einführung unterschiedlicher Zuständigkeitsvorschriften zur Folge, je nachdem, ob es sich bei den Prozeßparteien um Angehörige eines Vertragsstaates,[31] um einen Angehörigen eines Vertragsstaates und einen Ausländer (= Angehörigen eines Nichtvertragsstaates) oder um zwei Ausländer handeln würde. Nach diesem System müßte der Richter bereits zu Beginn des Prozesses die Staatsangehörigkeit der Parteien von Amts wegen feststellen. So wäre es z. B. schwierig, die Staatsangehörigkeit eines Beklagten zu klären, der sich auf den Prozeß nicht eingelassen hat. Auch hätte das Übereinkommen die Fälle der doppelten Staatsangehörigkeit regeln müssen.

c) Schließlich wäre bei einem auf die Staatsangehörigkeit abstellenden

---

[26] *Jenard*-Bericht S. 63.

[27] Vgl. oben § 2.

[28] Dies sieht der *Jenard*-Bericht S. 62 sehr klar: „In diesem Sinne legen die in Titel II vorgesehenen Normen die Zuständigkeit des Gerichts fest, das unter Abwägung aller in Betracht kommenden Interessen örtlich am ehesten berufen ist, den Rechtsstreit zu entscheiden. Bei dieser Betrachtungsweise kann die Staatsangehörigkeit der Prozeßparteien keine Rolle mehr spielen."

[29] *Jenard*-Bericht S. 62.

[30] *Jenard*-Bericht S. 62.

[31] Eine Differenzierung zwischen Inländern und sonstigen EG-Bürgern würde gegen das Diskriminierungsverbot des Art. 7 des EWG-Vertrages verstoßen.

Zuständigkeitssystem eine noch größere Ausdehnung der als exorbitant bezeichneten Zuständigkeitsnormen unvermeidlich geworden. So hätte z. B. ein Urteil, das in Frankreich oder in Luxemburg auf Grund des Art. 14 Code civil in einem Rechtsstreit zwischen einem Franzosen oder Luxemburger und einem Angehörigen eines der EG nicht angehörenden Drittstaates ergangen ist, in der Bundesrepublik Deutschland selbst dann anerkannt und vollstreckt werden müssen, wenn der Ausländer seinen Wohnsitz in der Bundesrepublik Deutschland hätte und somit innerhalb der Gemeinschaft ein allgemein anerkannter Gerichtsstand, nämlich der des Wohnsitzes des Beklagten, bestünde.

d) Auch die *Rechtsvergleichung* zeigt, daß das Staatsangehörigkeitsprinzip im internationalen Zuständigkeitsrecht außer Mode gekommen ist. Meist wird der Wohnsitz oder der gewöhnliche Aufenthalt als Zuständigkeitsanknüpfungspunkt gewählt.[32]

e) Die Grundkonzeption des EWG-Übereinkommens unterscheidet sich daher wesentlich von den auf dem Prinzip der direkten Zuständigkeit beruhenden zweiseitigen Abkommen (französisch-belgisches und belgisch-niederländisches Abkommen, Benelux-Vertrag, französisch-schweizerisches Abkommen). Diese gelten nur für Angehörige der Vertragsstaaten. Für Angehörige anderer Staaten gilt das nationale Zuständigkeitsrecht.

f) Das Übereinkommen geht damit über den Auftrag des Art. 220 des EWG-Vertrages hinaus.[33]

10. *Hinsichtlich des maßgeblichen Zeitpunkts gilt folgendes:*

a) Es kommt auf den *Zeitpunkt der Klageerhebung* an. Eine Verlegung oder ein Wegfall des Wohnsitzes bzw. Sitzes (Art. 53 S. 1) nach diesem

---

32 Vgl. z. B. Art. 3 Nr. 1 und Nr. 2 des Haager Übereinkommens vom 15. April 1958 über die Anerkennung und Vollstreckung von Entscheidungen auf dem Gebiet der Unterhaltspflicht gegenüber Kindern (BGBl 1961 II 1005), ferner das Haager Übereinkommen vom 15. April 1958 über den vertraglichen Gerichtsstand beim Verkauf beweglicher Sachen im Ausland, Art. 11 des Benelux-Vertrages und schließlich Art. 10 Nr. 1 des Haager Übereinkommens über die Anerkennung und Vollstreckung von Urteilen in Zivil- und Handelssachen von 1971. Vgl. *Jenard*-Bericht S. 61.

33 Art. 220 EWG-Vertrag verlangt, die Vereinfachung der Förmlichkeiten für die gegenseitige Anerkennung und Vollstreckung richterlicher Entscheidungen und Schiedssprüche nur „zugunsten ihrer Staatsangehörigen" sicherzustellen. Von der Vereinheitlichung des Zuständigkeitsrechts im Sinne der compétence directe ist nicht die Rede, geschweige denn, von einer Gleichstellung der Angehörigen von Nichtvertragsstaaten mit EWG-Bürgern. Eine enge, am Wortlaut des Art. 220 EWG-Vertrag festhaltende Auslegung hätte aber dazu geführt, daß in dem Übereinkommen nur die Anerkennung und Vollstreckung von Gerichtsurteilen verbürgt worden wäre, die zugunsten von Angehörigen der Vertragsstaaten ergangen sind. Durch eine solche Einschränkung wäre die Bedeutung des Übereinkommens erheblich gemindert worden, da sie dann insoweit hinter den bestehenden zweiseitigen Abkommen zurückgeblieben wäre, die nicht auf die Staatsangehörigkeit der Parteien abstellen, wie z. B. die von der Bundesrepublik Deutschland geschlossenen bilateralen Abkommen. Vgl. *Jenard*-Bericht S. 62.

Zeitpunkt ist unschädlich. Obwohl dieser Fragenkomplex weder im Text des Übereinkommens[34] geregelt noch im *Jenard*-Bericht oder im *Schlosser*-Bericht behandelt ist, sollte man diesen Grundsatz der *perpetuatio fori* als vertragsimmanente Regel entwickeln, um die einheitliche Anwendung der Zuständigkeitsordnung des Übereinkommens zu gewährleisten. Ein Rekurs auf die nationalen Normen der Vertragsstaaten ist zu vermeiden, da diese im einzelnen nicht unerheblich voneinander abweichen. Die lex fori des angegangenen Gerichts bestimmt aber den Zeitpunkt und die Modalitäten der Klageerhebung.[35]

b) Eine *Verlegung des Wohnsitzes des Beklagten innerhalb des geographischen Anwendungsbereichs des Übereinkommens,* also von Vertragsstaat zu Vertragsstaat, berührt die Anwendbarkeit der Zuständigkeitsordnung des Übereinkommens nicht.[36]

c) Relevant ist überhaupt nur eine Verlegung des Wohnsitzes bzw. Sitzes in einen Nichtvertragsstaat. *Beispiel:* Der Beklagte hat bei der Klageerhebung seinen Wohnsitz in Paris, wird aber in Utrecht verklagt, weil dort der Erfüllungsort für die durch die Klage geltend gemachte Verbindlichkeit liegt (Art. 5 Nr. 1). Der Beklagte verlegt während des Rechtsstreits seinen Wohnsitz nach Schweden. Das Übereinkommen bleibt nach wie vor anwendbar; dies ist hier besonders wichtig, weil das nationale Zuständigkeitsrecht der Niederlande den Gerichtsstand des Erfüllungsortes nicht kennt.[37]

d) Hatte der Beklagte seinen Wohnsitz bei Klageerhebung in einem dritten Staat, so gelten die Kompetenznormen des Übereinkommens nicht, Art. 4 I.[38] Die Zuständigkeit des Gerichtsstaates bestimmt sich nach dessen nationalem Recht. Verlegt nun der Beklagte seinen Wohnsitz in einen der Vertragsstaaten, so fragt es sich, ob die internationale Zuständigkeit des Gerichtsstaates nunmehr nach dem Übereinkommen oder weiterhin nach dem innerstaatlichen Recht zu beurteilen ist. Ist der Staat des angegangenen Gerichts nach seinem eigenen nationalen Zuständigkeitsrecht international unzuständig, liegt jedoch eine Zuständigkeitsanknüpfung nach dem Übereinkommen vor, so kommt dieses zur Anwendung.

Beispiel: Der Beklagte (Deutscher) mit Wohnsitz in Wien, wird in Amsterdam im Gerichtsstand des Erfüllungsortes verklagt.[39] Die Nie-

---

[34] Art. 19 regelt unser Problem nicht; er bestimmt nur, wann die Zuständigkeitsprüfung *von Amts wegen* und wann nur *auf Rüge des Beklagten* stattzufinden hat. *Geimer* NJW 1976, 445 Fußn. 38.

[35] Für das deutsche Recht vgl. §§ 253ff. ZPO.

[36] Diese hätte nur Bedeutung für die örtliche Zuständigkeit, vgl. unten.

[37] Hierzu *Jenard*-Bericht S. 61 (zu Art. 5 und 6); *Samtleben* NJW 1974, 1491.

[38] Sofern kein Fall des Art. 16 oder ein sonstiger Ausnahmefall vorliegt, in dem die Anwendung der Zuständigkeitsordnung des Übereinkommens vom Wohnsitz bzw. Sitz in einem Vertragsstaat nicht abhängt.

[39] Dabei wird vorausgesetzt, daß außer dem Erfüllungsort keine Kompetenzanknüpfung zu den Niederlanden besteht.

derlande sind international unzuständig, da sie den Gerichtsstand des Erfüllungsortes nicht kennen. Verlegt nun der Beklagte während des Rechtsstreits seinen Wohnsitz nach Bonn, so ergibt sich die internationale Zuständigkeit der Niederlande nunmehr aus Art. 3 I in Verbindung mit Art. 5 Nr. 1.

Dieses Beispiel zeigt deutlich, daß es wenig sinnvoll wäre, auf der Anwendbarkeit des nationalen Zuständigkeitsrechts gemäß Art. 4 I zu beharren. Würde das niederländische Gericht sein nationales Zuständigkeitsrecht anwenden, so müßte es die Klage durch Prozeßurteil a limine abweisen. Der Kläger könnte jedoch sofort seine Klage wiederholen und diese nunmehr auf Art. 5 Nr. 1 stützen. Die Verdoppelung der Prozesse würde nur unnötige Kosten und Zeitversäumnis verursachen.

Im umgekehrten Fall – der Gerichtsstaat war nach seinem nationalen Zuständigkeitsrecht international zuständig, ist es jedoch nicht nach den Zuständigkeitsregeln des Übereinkommens – geht ebenfalls die Zuständigkeitsordnung des Übereinkommens vor.

Beispiel: Der Beklagte wohnt in Zürich, wird aber in München im Vermögensgerichtsstand (§ 23 ZPO) verklagt. Verzieht nun der Beklagte nach Bozen, so entfällt bei Anwendung des Art. 3 I die internationale Zuständigkeit der Bundesrepublik Deutschland, weil Art. 5 ff. den Gerichtsstand des Vermögens nicht aufzählen. § 23 ZPO ist gegen einen Beklagten mit Wohnsitz in einem Vertragsstaat nicht anwendbar, Art. 3 II.[40]

In diesen Fällen ist den Zuständigkeitsregeln des Übereinkommens der Vorrang zu geben aus folgendem Grund: Zweck des Art. 3 I ist der *Beklagtenschutz*. Diesen betont das Übereinkommen so stark, daß er auch dann zum Tragen kommt, wenn der Beklagte erst während des Rechtsstreits seinen Wohnsitz in den geographischen Anwendungsbereich des Übereinkommens verlegt.[41] Das Gericht wird jedoch eingehend zu prüfen haben, ob der Wohnsitzwechsel nicht bloß zum Schein vorgenommen wurde. In jedem Falle muß die nun eingetretene internationale Unzuständigkeit vom Beklagten gerügt werden. Andernfalls liegt eine Einlassung (Art. 18)[42] vor.

V. Anwendung des Art. 16 ohne Rücksicht auf den Beklagtenwohnsitz[43]

1. Art. 16 legt die ausschließlichen internationalen Zuständigkeiten fest. Diese Bestimmung kommt auch dann zum Zuge, wenn der Be-

---

[40] Vgl. *Geimer* NJW 1976, 445.

[41] *Geimer* NJW 1976, 446. A. A. *Schlafen* in *Bülow-Böckstiegel,* 606/35 Anm. 5 vor Titel II.

[42] Zu den Voraussetzungen für die Anwendung des Art. 18 s. unten VII und § 97.

[43] Zum Anwendungsbereich des Art. 16 s. *Geimer* NJW 1976, 446; *Piltz* NJW 1979, 1071 und unten V sowie §§ 85 ff.

klagte in keinem der Vertragsstaaten wohnt bzw. seinen Sitz hat. Entscheidend ist vielmehr, ob die in Art. 16 genannten Zuständigkeitsanknüpfungsmerkmale in einem der Vertragsstaaten gegeben sind.[44]

Beispiel: Ein Spanier mit Wohnsitz in Madrid hat eine Hypothek auf sein an der französischen Riviera gelegenes Ferienhaus eintragen lassen. Für alle damit zusammenhängenden Streitigkeiten ist Frankreich gemäß Art. 16 Nr. 1 ausschließlich international zuständig. Hat etwa der Spanier Vermögen in München, so kann gleichwohl nicht die actio hypothecaria in München erhoben werden.[45]

2. Art. 16 regelt nur *die internationale Entscheidungszuständigkeit von Vertragsstaaten,* nicht jedoch von dritten Staaten.[46] Dies ergibt sich bereits aus dem Wortlaut des Art. 16; er weist Zuständigkeiten nur den Gerichten von Vertragsstaaten zu. Läge das Ferienhaus in dem vorgenannten Beispiel in der Schweiz, so käme Art. 16 nicht zur Anwendung. Das Übereinkommen kann und will nicht die internationale Entscheidungszuständigkeit dritter Staaten regeln. Dies wäre völkerrechtswidrig und darüber hinaus ein untauglicher Versuch, weil die Gerichte dritter Staaten die Regelungen des Übereinkommens ignorierten: Sie wenden ihr eigenes Kompetenzrecht an.[47]

3. Befindet sich die unbewegliche Sache in einem dritten Staat bzw. sind im konkreten Rechtsstreit die sonstigen in Art. 16 Nr. 2 bis 5 verwendeten Tatbestandsmerkmale außerhalb des räumlichen geographischen Anwendungsbereiches des Übereinkommens verwirklicht, so ist Art. 16 schlechthin nicht anzuwenden.[48] Er enthält nicht etwa ein Verbot für die Gerichte der Vertragsstaaten, sich für zuständig zu erklären, weil aus der Sicht des Übereinkommens der Rechtsstreit von den Gerichten des dritten Staates, auf den die Zuständigkeitsanknüpfungen des Art. 16 zutreffen, entschieden werden sollte. Der Vertragsstaat, in dem der Beklagte wohnt bzw. seinen Sitz hat, ist nicht nur berechtigt, sondern auch

---

[44] *Jenard*-Bericht S. 79: „Diese Vorschriften, die von dem Streitgegenstand ausgehen, gelten unabhängig von dem Wohnsitz und der Staatsangehörigkeit der Parteien. Angesichts der Gründe, die zu der Festlegung der ausschließlichen Zuständigkeiten geführt haben, mußte ihnen eine so allgemeine Tragweite gegeben werden, daß sie auch für Beklagte mit dem Wohnsitz außerhalb der Gemeinschaft gelten."

[45] *Geimer* NJW 1976, 446. Ähnlich das Beispiel im *Jenard*-Bericht S. 79. So kann beispielsweise ein belgisches Gericht nicht auf Grund des Art. 637 Code judiciaire, der bei Klagen gegen Ausländer den Gerichtsstand des Klägers vorsieht, in einem Rechtsstreit zwischen einem Belgier und einer Person, die ihren Wohnsitz z. B. in Argentinien hat, entscheiden, wenn den Gegenstand eine in der Bundesrepublik Deutschland belegene, unbewegliche Sache bildet. In diesem Falle sind allein die deutschen Gerichte zuständig.

[46] *Geimer* NJW 1974, 2190 und NJW 1976, 442; *Müller* in *Bülow-Böckstiegel* 606/131, Art. 16, Anm. II.

[47] *Geimer* WM 1980, 380.

[48] Siehe unten § 53.

verpflichtet, Justiz zu gewähren. Das gleiche gilt für die nach Art. 5ff. zuständigen Vertragsstaaten.[49]

4. Für die Anwendung des Art. 16 kommt es nicht darauf an, ob noch eine Beziehung zu einem anderen Vertragsstaat besteht.[50] So ist z. B. für eine Immobiliarklage hinsichtlich eines deutschen Grundstücks Art. 16 Nr. 1 auch dann Grundlage für die internationale Zuständigkeit der Bundesrepublik Deutschland, wenn ein reiner Inlandsfall vorliegt (beide Parteien wohnen in der Bundesrepublik Deutschland)[51] oder wenn der Rechtsstreit Beziehung nur noch zu Nichtvertragsstaaten aufweist.

Beispiel: Der Kläger wohnt in Wien und der Beklagte in Barcelona. Das Grundstück liegt in München. Allerdings wird im Schrifttum eine andere Meinung vertreten. Da das Übereinkommen *nur im Verhältnis der Vertragsstaaten* untereinander gelte, müsse stets ein weiterer Vertragsstaat berührt sein, sei es, daß z. B. der Kläger in einem anderen Vertragsstaat wohnt oder daß der in dem Drittstaat wohnende Beklagte in einem anderen Vertragsstaat z. B. einen Vermögensgerichtsstand hat, der dann durch Art. 16 verdrängt würde. Bestehen hingegen ausschließlich Berührungspunkte zu einem Drittstaat, so bleibe Art. 16 ebenso wie bei einem reinen Inlandssachverhalt unanwendbar, mit der Folge, daß dann die innerstaatlichen Zuständigkeitsregeln der lex fori bzw. die gegenüber dem Drittstaat maßgebenden staatsvertraglichen Regeln gelten.[52]

Für eine solche Auslegung bietet weder der Text des Übereinkommens noch der *Jenard*-Bericht und auch nicht der *Schlosser*-Bericht einen Anhaltspunkt.

5. Anders als bei der Grundregel der Art. 2 und Art. 3 (Anwendung der europäischen Zuständigkeitsordnung nur bei Beklagtenwohnsitz in einem der Vertragsstaaten)[53] dürfte die *Frage des maßgeblichen Zeitpunkts*

---

[49] Anders *Droz* S. 110 und *Müller* in *Bülow-Böckstiegel* 606/131, Art. 16, Anm. II: „Schwieriger wird die Rechtslage, wenn zwar das streitige Grundstück in einem Drittstaat liegt, der Beklagte aber in einem Vertragsstaat – z. B. in der Bundesrepublik – wohnt, also Art. 2 die Gerichte der Bundesrepublik für zuständig erklärt, während nach § 24 ZPO die Gerichte des Drittstaates ausschließlich zuständig wären. In diesem Fall sollte Art. 2 gegenüber dem nach innerstaatlichem Recht bestehenden ausschließlichen Gerichtsstand in dem Drittstaat zurücktreten. Da hier die ausschließliche Zuständigkeit in dem Drittstaat auf einer Anknüpfung beruht, die auch in Art. 16 anerkannt ist, wird man annehmen können, daß das Übereinkommen einen solchen Gerichtsstand jedenfalls nicht mit der Generalklausel des Art. 2 beseitigen will und damit die nach innerstaatlichem Recht bestehende ausschließliche Zuständigkeit unberührt läßt." Ähnlich *Kropholler,* Kommentar 102, Art. 16, Anm. 8.

[50] Näher unten XV. Wie hier Kropholler, Kommentar 101, Art. 16, Rz. 7.

[51] Nachweise unten XIV.

[52] So *Müller* in *Bülow-Böckstiegel* 606/131 Art. 16, Anm. II bei Fußn. 2; *Piltz* NJW 1979, 1071; *Stein-Jonas-Schumann,* ZPO, 20. Aufl., Einl. XV G 9b Rz. 800 S. 402; *Nagel,* IZPR 1980, III Rdnr. 83 S. 90: Eine „extensive Auslegung des Art. 16 würde die nationalen Rechte der Vertragsstaaten zu sehr beeinträchtigen."

[53] Hierzu oben IV. Die Probleme, die sich durch Inkrafttreten des Übereinkommens im Verhältnis zu Dänemark, Großbritannien und Irland ergeben können, sind in

für das Vorliegen der Anwendungsvoraussetzungen des Art. 16 keine praktische Bedeutung haben.

a) Bezüglich der Belegenheit der unbeweglichen Sachen i. S. des Art. 16 Nr. 1 in einem Vertragsstaat können sich während des Prozesses keine Veränderungen ergeben, ausgenommen den Fall einer vertraglichen Gebietsabtretung oder eines Tausches (im Zuge einer Grenzbegradigung bzw. Bereinigung von Exklaven).[54]

b) Auch bezüglich der übrigen in Art. 16 Nr. 2–5 verwendeten Tatbestandsmerkmale dürften sich keine praktischen Schwierigkeiten ergeben.[55]

c) Sofern man im Gerichtsstand des Art. 16 Nr. 1 auch Klagen bezüglich beweglicher Sachen oder Forderungen zulassen will (z. B. hinsichtlich Inventar und/oder Surrogaten) sind allerdings Konstellationen denkbar, in denen es auf den maßgeblichen Zeitpunkt ankommt.[56]

d) Für diejenigen, die Art. 16 bei reinen Inlandsfällen oder sonst bei Fehlen von Bezügen zu den anderen Vertragsstaaten (reine Drittstaatsfälle) nicht anwenden wollen,[57] können sich intertemporäre Fragen stellen.

VI. Für die Anwendung des Art. 17 genügt auch ein Wohnsitz des Klägers in einem Vertragsstaat[58]

1. Untauglichkeit des Beklagtenwohnsitzes als Kriterium für die Anwendung des Übereinkommens bei Zuständigkeitsvereinbarungen

a) Eine weitere Ausnahme von der oben IV beschriebenen Grundregel gilt für Zuständigkeitsvereinbarungen (Art. 17, 12, 15). Es reicht, daß eine der Parteien in einem der Vertragsstaaten wohnt bzw. dort ihren Sitz hat. Welche Partei dies ist, spielt keine Rolle. Die Anwendbarkeit des Konventionsrechts soll nicht von der jeweiligen *Parteirolle* (vgl. oben IV 1b) abhängen. Abweichend von Art. 2 I und Art. 3 I kommt Art. 17 auch dann zur Anwendung, wenn lediglich der *Kläger* in einem Vertragsstaat wohnt bzw. dort seinen Sitz hat.

---

den Übergangsvorschriften des Beitrittsübereinkommens vom 9. Oktober 1978 geregelt. Das gleiche gilt für das Beitrittsübereinkommen mit Griechenland vom 25. Oktober 1982.

[54] In einem solchen Fall findet sich möglicherweise bereits eine Regelung für anhängige Prozesse in dem einschlägigen Vertrag.

[55] Hierzu unten §§ 87, 89ff.

[56] Hierzu unten § 85 IX 1 und § 86 VIII.

[57] Hierzu unten XIV.

[58] Art. 17 gilt nicht in den Fällen des Art. 1 II und des Art. 57. Vgl. oben § 20 IV. Voraussetzung ist allerdings, daß die in Art. 1 II und Art. 57 aufgeführten Materien *Streitgegenstand* sind.

b) Das Abstellen auf den Beklagtenwohnsitz bzw. -sitz als Anwendungsvoraussetzung für die europäische Zuständigkeitsordnung führt bei Zuständigkeitsvereinbarungen zu großen Schwierigkeiten, wenn eine der Parteien außerhalb des geographischen Anwendungsbereiches des Übereinkommens wohnt bzw. ihren Sitz hat. Ob europäisches oder nationales Zuständigkeitsrecht zum Zuge kommt, hinge dann von der *Parteirolle im zukünftigen Prozeß* ab; diese läßt sich aber bei Abschluß der Zuständigkeitsvereinbarung nicht voraussehen.[59] Vereinbart z. B. eine Bank in Zürich mit einer Aktiengesellschaft in Rom die Zuständigkeit des Landgerichts Frankfurt/M., so käme es darauf an, wer wen verklagt. Wäre die italienische Aktiengesellschaft die Beklagte, so kämen die Zuständigkeitsvorschriften des Übereinkommens zum Zuge, nicht dagegen im umgekehrten Fall.

c) Diese Ungereimtheit wurde noch rechtzeitig vor Unterzeichnung der Konvention bemerkt; man erkannte, daß die Anwendungsgrundregel der Art. 2, 3 (Beklagtenwohnsitz in einem Vertragsstaat) für internationale Zuständigkeitsvereinbarungen ungeeignet ist,[60] und erweiterte – ohne in der Eile an die redaktionelle Anpassung des Art. 4 zu denken[61] – den Anwendungsbereich des Art. 17: Auch der Klägerwohnsitz bzw. -sitz führt zur Anwendung des Art. 17, allerdings nur für den Teilaspekt der Zuständigkeitsvereinbarung. Im übrigen gilt gemäß Art. 4 I nationales Zuständigkeitsrecht, wenn der Beklagte außerhalb des geographischen Anwendungsbereiches des Übereinkommens wohnt.

d) In den Fällen des Art. 8 II n. F. (= Art. 8 III a. F.)bzw. des Art. 13 II n. F. (hierzu oben IV 2 und unten X) genügt es auch für die Anwendbarkeit des Art. 17, daß der *klagende* Versicherer bzw. Vertragspartner des Verbrauchers eine Zweigniederlassung, Agentur oder sonstige Niederlassung innerhalb des geographischen Anwendungsbereichs des Übereinkommens hat.

2. Zusammenspiel zwischen nationalem Zuständigkeitsrecht und Art. 17

a) Es kommt hier zu einem höchst bemerkenswerten Zusammenspiel zwischen nationalem und europäischem Zuständigkeitsrecht. Wohnt der Beklagte nicht in einem Vertragsstaat, so gilt – vorbehaltlich Art. 16 – gemäß Art. 4 I das innerstaatliche Zuständigkeitsrecht der einzelnen Vertragsstaaten. Für die Vereinbarung der internationalen Zuständigkeit eines Vertragsstaates und des örtlich zuständigen Gerichts in demselben gilt jedoch nicht das innerstaatliche Recht, sondern Art. 17.

b) Praktisch bedeutsam ist die Begründung der internationalen Zuständigkeit durch die an Art. 17, nicht am nationalen Recht (für die

---

[59] *Jenard*-Bericht S. 83.

[60] *Droz* Nr. 229 S. 143; *Samtleben* NJW 1974, 1590, 1593; *Stauder* GRUR Int. 1976, 472; *Müller* in *Bülow-Böckstiegel* 606/141 Art. 17, Anm. II 1.

[61] Art. 17 ist lex specialis gegenüber Art. 4.

Bundesrepublik Deutschland: §§ 38ff. ZPO) zu messende Prorogation nur, wenn der prorogierte Vertragsstaat nach seinem nationalen Zuständigkeitsrecht (Art. 4 I) nicht schon kraft Gesetzes international zuständig ist.[62]

Beispiel:

Der Beklagte wohnt in Bern, der Kläger in Brüssel. Die Parteien haben die Zuständigkeit des LG Köln vereinbart.

Hier kommt die Zuständigkeitsordnung des Übereinkommens (Art. 2 I, 3 I, Art. 5, 6) nicht zum Zuge. Es gilt das nationale Kompetenzrecht, Art. 4 I. Das LG Köln hat also anhand der §§ 20–34 ZPO die internationale Entscheidungszuständigkeit der Bundesrepublik Deutschland zu prüfen. Diese kann sich z. B. auf den Erfüllungsort (§ 29 ZPO), den Ort der unerlaubten Handlung (§ 32 ZPO) oder die Belegenheit von Vermögen (§ 23 ZPO) stützen. Nur wenn kein Zuständigkeitsanknüpfungspunkt i. S. der §§ 20ff. ZPO vorliegt, stellt sich die Frage, ob die internationale Zuständigkeit der Bundesrepublik Deutschland durch die Zuständigkeitsvereinbarung begründet wurde. Insoweit greift das Kompetenzrecht des Übereinkommens ein. Es gilt Art. 17, nicht § 38 ZPO.

c) Ist schon nach nationalem Zuständigkeitsrecht *kraft Gesetzes* die *internationale Zuständigkeit* des prorogierten Vertragsstaates begründet, z. B. der Bundesrepublik Deutschland gemäß § 23 ZPO oder Frankreichs auf Grund der französischen Staatsangehörigkeit einer der Parteien (Art. 14, 15 Code civil), fehlt es aber an der örtlichen Zuständigkeit des konkret angerufenen Gerichts, so hat die Zuständigkeitsvereinbarung nur Bedeutung für die örtliche Zuständigkeit.[63] Auch insoweit gilt Art. 17, nicht das nationale Recht. In dem obigen Beispiel hatte also das LG Köln – wenn der Beklagte Vermögen in München hat – seine örtliche Zuständigkeit nicht anhand des § 38 ZPO zu prüfen, sondern nach Art. 17.[64] § 38 ZPO käme hinsichtlich der örtlichen Zuständigkeit nur zum Zuge, wenn beide Parteien im Gerichtsstaat wohnen (reiner Inlandsfall)[65] oder wenn sie beide außerhalb des geographischen Anwendungsbereichs des Übereinkommens wohnen oder beide überhaupt keinen Wohnsitz haben.

[62] Hierzu unten § 96 XX 1.

[63] Hierzu unten 5.

[64] Näher unten Fußn. 78.

[65] *Jenard*-Bericht S. 83. Vgl. unten 5 und § 96 VII 5.

3. Beurteilung sowohl des Prorogations- als auch des Derogationsaspekts nach dem gleichen Recht, nämlich nach europäischem Einheitsrecht (Art. 17)[66]

a) Ist der Vertragsstaat, dessen Gerichte angerufen worden sind, nach seinem gemäß Art. 4 I anzuwendenden nationalen Zuständigkeitsrecht an sich international zuständig, z. B. nach § 23 ZPO oder nach Art. 14, 15 Code civil, erhebt aber der Beklagte den Einwand der *Derogation,*[67] so beurteilt sich die Zulässigkeit und Wirksamkeit der Derogation nicht nach nationalem Recht, sondern nach Art. 17.[68] Dies ist vor allem dann praktisch bedeutsam, wenn das nationale Recht die Derogation verbietet, wie z. B. Art. 2 Codice di procedura civile.[69]

b) Für die *Prorogation* gilt auch bei grundsätzlicher Anwendbarkeit des nationalen Zuständigkeitsrechts (Art. 4 I) Art. 17, wenn der Kläger in einem Vertragsstaat wohnt. Das nationale Zuständigkeitsrecht wird insoweit verdrängt. Es liegt also *keine Kumulation* von nationalem und Konventionsrecht – wie etwa in Art. 24[70] – vor. Allein maßgebend ist Art. 17.[71] Ist nach Art. 17 die Prorogation unzulässig oder unwirksam, dann kann das angerufene Gericht seine internationale Zuständigkeit nicht auf sein (liberaleres) Prorogationsrecht stützen.[72]

---

[66] Hierzu unten § 96 XXII.

[67] Bringt er den Einwand der Derogation nicht in limine litis, wird die (derogierte) internationale Zuständigkeit in jedem Falle durch Unterwerfung (§ 39 ZPO) wieder hergestellt.

[68] *Mercier,* Cahiers de droit européen, 1967, 385; *Müller* in *Bülow-Böckstiegel,* 606/142, Art. 17, Anm. II 1 bei Fußn. 10.

[69] Hierzu *Giuliano,* La giuridizione italiana, 2. Aufl. 1970, 98 und *Schröder,* Internationale Zuständigkeit, 1971, 425 sowie die Lehrbücher und Kommentare zu Art. 2 Codice di procedura civile.

[70] Hierzu unten XVI und § 38.

[71] Entscheidungserheblich wird dies jedoch nur dann, wenn der Vertragsstaat, dessen Gericht angerufen wurde, nach seinem nach Art. 4 I zum Zuge kommenden nationalen Zuständigkeitsrecht nicht schon kraft Gesetzes international zuständig ist. Ist etwa die Bundesrepublik Deutschland gemäß § 23 ZPO oder Frankreich gemäß Art. 14 oder 15 Code civil kraft Gesetzes international zuständig, dann kommt es auf die Zuständigkeitsvereinbarung nicht mehr an. Dies gilt jedenfalls für die Frage der internationalen Entscheidungszuständigkeit. Die Zuständigkeitsvereinbarung kann dann allenfalls noch für die örtliche Zuständigkeit eine Rolle spielen. Vgl. oben Fußn. 63.

[72] Diese spezielle Problemstellung lag dem EuGH noch nicht zur Entscheidung vor. In der Rechtssache 25/79 – *Sanicentral./.Collin* – Urteil vom 13. November 1979, EuGHE 1979, 3423 = RIW/AWD 1980, 285 hat der EuGH aber ganz allgemein ausgeführt, „daß das Übereinkommen die Festlegung der innergemeinschaftlichen Zuständigkeit der Gerichte der Vertragsstaaten in Zivilsachen zum Ziel hat und daß daher die insoweit auf die zu entscheidenden Rechtsstreitigkeiten an sich anwendbaren innerstaatlichen Verfahrensvorschriften in den durch das Übereinkommen geregelten Bereichen hinter dessen Bestimmungen zurücktreten." Vgl. auch oben § 6.

4. Derogationsverträge

a) Den Derogationsaspekt behandelt Art. 17 expressis verbis nur als Wirkung der Prorogation der ausschließlichen internationalen und örtlichen Zuständigkeit.

b) Aber auch für *isolierte Derogationsverträge* gilt Art. 17. Obwohl die Überschrift des 6. Abschnitts des Titels II des Übereinkommens „Vereinbarung über die Zuständigkeit" lautet, ist im Text des Art. 17 nur von der *Prorogation* die Rede. Über die unabhängig von einer Prorogation vereinbarte *Derogation* schweigt Art. 17. Daß auch im Anwendungsbereich des Übereinkommens die Parteien die internationale Zuständigkeit des Wohnsitzstaates (Art. 2 I) oder eines sonstigen Vertragsstaates, zu dem ein Anknüpfungspunkt nach Art. 5ff. besteht, ausschließen können, ohne gleichzeitig eine „positive" Zuständigkeitsvereinbarung zu treffen, ergibt sich aus der Zulässigkeit des Rechtsschutzverzichtes. Soweit die Parteien auf ihre Rechte verzichten können, gilt per argumentum a maiore ad minus, daß ein Verzicht auf den Rechtsschutz durch die Gerichte eines Vertragsstaates oder mehrerer oder aller Vertragsstaaten zulässig sein muß. Ausnahmen gelten nur im Rahmen des Art. 16, arg. Art. 17 II (= Art. 17 III n. F.).[73]

5. Vereinbarungen über die örtliche Zuständigkeit

a) In den Anwendungsbereich des Art. 17 fallen nicht nur Vereinbarungen über die internationale Zuständigkeit eines Vertragsstaates, sondern auch solche über die *örtliche Zuständigkeit.* Art. 17 verdrängt also auch das für die örtliche Zuständigkeit geltende nationale Kompetenzrecht.[74]

b) Dieser Satz bedarf jedoch der Einschränkung für *reine Inlandsfälle.* Wohnen beide Parteien im prorogierten Vertragsstaat, gilt Art. 17 nur für die *internationale Zuständigkeit* (Beurteilung des Derogationsaspektes in anderen Vertragsstaaten), nicht aber für die *örtliche Zuständigkeit.*[75] Darauf hat bereits der *Jenard*-Bericht[76] hingewiesen. Danach ist Art. 17 für die örtliche Zuständigkeit „grundsätzlich nicht anwendbar, wenn die Parteien die Zuständigkeit eines Gerichts ihres gemeinsamen Wohnsitzstaates vereinbart haben, da das Übereinkommen nach dem in der

---

[73] Der Derogationsvertrag bedarf der Form des Art. 17. Vgl. *Geimer* NJW 1976, 443 Fußn. 19; zustimmend *Müller* in *Bülow-Böckstiegel* 606/42 Art. 17, Anm. II 2 bei Fußn. 14, *Roth* ZZP 93 (1980), 159 bei Fußn. 13.

[74] Anwendung des Art. 17 auch für die örtliche Zuständigkeit: *Bülow,* RabelsZ 29 (1965), 492, Fußn. 71; *Arnold* AWD 1965, 322 Fußn. 13; *Samtleben* NJW 1974, 1592; *Grunsky* RIW/AWD 1977, 7 bei Fußn. 4a; *Roth* ZZP 93 (1980), 159 Fußn. 16; a. A. *Katholnigg,* BB 1974, 396 Fußn. 11.

[75] *Droz* Nr. 188 S. 119f.; *v. Hoffmann* AWD 1973, 57; *Samtleben* NJW 1974, 1593; *Stauder,* GRUR Int. 1976, 492; *Müller* in *Bülow-Böckstiegel* 606/143, Art. 17, Anm. II 3 bei Fußn. 19; *Stein-Jonas-Leipold,* ZPO, 20. Aufl., § 38, Rz. 22.

[76] *Jenard*-Bericht S. 83; vgl. auch *Schlosser*-Bericht Nr. 174 a. A.

Präambel festgelegten Grundsatz nur die Zuständigkeit bei internationalen Beziehungen bestimmt". Hier ergibt sich – vorbehaltlich Art. 16 – die internationale Zuständigkeit bereits aus Art. 2 I. Die Prorogation ist hier nur für die örtliche Zuständigkeit von Bedeutung. Die Regelung der *örtlichen Zuständigkeit innerhalb des gemeinsamen Wohnsitzstaates* überläßt das Übereinkommen dem innerstaatlichen Zuständigkeitsrecht.[77, 78]

c) In allen übrigen Fällen gilt Art. 17 aber auch für Vereinbarungen über die *örtliche Zuständigkeit*. In Betracht kommen folgende Fälle:

α) Beide Parteien wohnen im gleichen Vertragsstaat. Sie vereinbaren die Zuständigkeit eines Gerichts in einem anderen Vertragsstaat;

β) Die Parteien wohnen in verschiedenen Vertragsstaaten. Sie vereinbaren die Zuständigkeit eines Gerichts in einem der beiden Wohnsitzstaaten oder in einem dritten Vertragsstaat.

Beispiel:

Ein Straßburger und ein Münchner vereinbaren die Zuständigkeit des LG Hamburg oder der Arrondissementsrechtbank Utrecht.

In beiden Fällen verdrängt Art. 17 die nationalen Normen auch hinsichtlich der örtlichen Zuständigkeit.

γ) Eine Partei wohnt in einem Vertragsstaat, die andere in einem Nichtvertragsstaat. Art. 17 kommt unstreitig zum Zuge, wenn ein Gericht in einem *anderen* Vertragsstaat prorogiert wird.

Beispiel:

Ein Münchner und ein Züricher vereinbaren die Zuständigkeit des Tribunal de la Grande Instance Straßburg.

Nach der hier vertretenen Auffassung beansprucht Art. 17 aber auch dann Geltung, wenn ein Gericht in dem Vertragsstaat prorogiert wird, in dem die eine Partei wohnt. Näher unten § 96 VII.

Beispiel:

Ein Münchner und ein Züricher vereinbaren die Zuständigkeit des LG Freiburg/Breisgau.

6. Teleologische Reduktion des Anwendungsbereiches des Art. 17?

a) Nach einer verbreiteten Meinung ist es notwendig, den Anwendungsbereich des Art. 17 teleologisch zu reduzieren. Der Wortlaut des Art. 17 sei zu weit gefaßt. Abgesehen von den *reinen Inlandsfällen*[79] seien

---

[77] Hierzu unten § 33.

[78] Anders argumentiert die h. M.: Voraussetzung für die Anwendbarkeit des Art. 17 sei „ein internationaler Sachverhalt". So *Schlosser*-Bericht Nr. 174 passim; *Samtleben* NJW 1974, 1593; *Müller* in *Bülow-Böckstiegel* 606/143, Art. 17, Anm. II 3; *Stein-Jonas-Leipold* ZPO, 20. Aufl. § 38, Rz. 22. Dies klingt plausibel nur beim ersten Zusehen; denn eine überzeugende Abgrenzung des „internationalen Sachverhalts" vom reinen Inlandsfall, geschweige denn eine für die Praxis einfach zu handhabende Formel wurde nicht gefunden. Näher unten XIV und § 96 VII 3.

[79] Beispiel: Zwei in der Bundesrepublik Deutschland wohnhafte Personen vereinbaren die Zuständigkeit eines deutschen Gerichts.

auch die Fälle auszuscheiden, wo es nur um die *Zuständigkeitsabgrenzung zu einem dritten Staat gehe.*[80]

Beispiel:

Ein Kaufmann in München vereinbart mit seinem Geschäftspartner in Wien die Zuständigkeit des LG München I.

b) Es sei weder Aufgabe des Übereinkommens, die innerstaatlichen Zuständigkeitsvereinbarungen zu normieren, noch sei es das Anliegen des Übereinkommens, die Abgrenzung des Zuständigkeitsbereichs im Verhältnis zwischen einem Vertragsstaat und einem dritten Staat zu regeln. Das Übereinkommen wolle nur die Zuständigkeitsprobleme zwischen zwei oder mehr Vertragsstaaten lösen.

c) Danach hätte der deutsche Richter Art. 17 entgegen seinem Wortlaut in folgenden Fällen nicht anzuwenden:[81]

– *Prorogation eines deutschen Gerichts durch zwei in der Bundesrepublik Deutschland wohnende Parteien.* Hier gilt § 38 ZPO[82] auch nach der hier vertretenen Auffassung für die Bestimmung des örtlich zuständigen Gerichts. Art. 17 kommt jedoch hinsichtlich der internationalen Zuständigkeit zur Anwendung (Derogation der Zuständigkeiten nach Art. 5ff.).
– *Prorogation eines deutschen Gerichts zwischen einer in der Bundesrepublik Deutschland und einer in einem Nichtvertragsstaat wohnenden Partei.* Hier sei § 38 II und III ZPO anzuwenden.

d) Die Anwendbarkeit von Art. 17 hängt nach dieser Theorie von der Feststellung im konkreten Rechtsstreit ab, ob eine Anknüpfung zu *mehreren Vertragsstaaten* gegeben ist. Nach *Droz* liegt der erforderliche *Bezug* für die Anwendung des Art. 17 vor, wenn die Vereinbarung des Gerichtsstands in einem Vertragsstaat einen nach dem Übereinkommen in einem anderen Vertragsstaat gegebenen Gerichtsstand ausschließt.[83] *Samtleben*[84] argumentiert ähnlich: Eine Person könne nur in den im Übereinkommen besonders aufgezählten Fällen (Art. 5, 6, 16) außerhalb ihres Wohnsitzstaates verklagt werden, Art. 3 I. Daher finde Art. 17 immer dann Anwendung, wenn eine in einem Vertragsstaat wohnhafte Person aufgrund der Gerichtsstandsabrede vor die Gerichte eines anderen Vertragsstaates gezogen werden *kann.*

e) Positiv läßt sich der Anwendungsbereich des Art. 17 nach dieser

---

[80] Vgl. *Samtleben* NJW 1974, 1593; *Stein-Jonas-Leipold,* ZPO, 20. Aufl. § 38 Rz. 22; *Stauder* GRUR Int. 1976, 492; *Müller* in *Bülow-Böckstiegel* 606/144, Art. 17, Anm. II a + b.

[81] Vgl. *Samtleben* NJW 1974, 1594; *Stein-Jonas-Leipold,* ZPO 20. Aufl. § 38 Rz. 24.

[82] *Droz* Nr. 189 S. 120: „On doit donc ajouter à l'énumération du Rapport l'accord d'élection de for intervenu entre personnes domiciliées sur le territoire de l'Etat du tribunal élu *s'il déroge à la compétence d'un tribunal situé sur un autre Etat contractant.*"

[83] Noch weiter geht *Weser* Nr. 265, 2ff. S. 314.

[84] NJW 1974, 1594.

Theorie nur sehr kompliziert[85] umschreiben. Aus deutscher Sicht ist Art. 17 unter folgenden Voraussetzungen anzuwenden:[86]

α) *Wohnsitz* mindestens einer Partei in einem Vertragsstaat,

β) *Vereinbarung der Zuständigkeit* der Gerichte oder eines bestimmten Gerichts eines Vertragsstaats,

γ) Begründung eines außerhalb des Wohnsitzstaates liegenden Gerichtsstands für mindestens eine in einem Vertragsstaat wohnende Partei *(Begründung eines sog. Außengerichtsstands)*[87] bzw. Derogation eines an sich nach Art. 2ff. in der Bundesrepublik Deutschland vorhandenen Gerichtsstandes hinsichtlich eines in einem anderen Vertragsstaat wohnenden Beklagten *(Ausschluß eines sog. deutschen „Außengerichtsstands")*.

Beispiel:

Beide Parteien wohnen in Mailand, die Klage wird in Stuttgart im Gerichtsstand des Erfüllungsortes (Art. 5 Nr. 1) erhoben. Der Beklagte wendet ein, ein Gericht in Rom sei prorogiert.[88] Dieser Fall hat die Besonderheit, daß das deutsche Gericht Art. 17 (hinsichtlich des Derogationsaspektes) anwendet; dagegen ist Italien als Wohnsitzstaat bereits nach Art. 2 I international zuständig. Aus italienischer Sicht geht es nur um eine Frage der Verschiebung der örtlichen Zuständigkeit.[89] Diese ist nach nationalem Recht, nicht nach Art. 17 zu beurteilen.

f) Die kritische Auseinandersetzung mit der hier dargestellten Theorie findet sich unten XIV und XV.

7. Anwendbarkeit des Art. 17 in den Fällen der ausschließlichen Vereinbarung der Zuständigkeit der Gerichte eines Nichtvertragsstaates[90]

a) Wenn die Parteien die internationale Zuständigkeit eines Drittstaates (Nichtvertragsstaates) vereinbaren, kann Art. 17 nur hinsichtlich des *Derogationsaspektes* zur Anwendung kommen, nicht jedoch hinsichtlich der Prorogationswirkung; denn für die Gerichte des prorogierten Nichtvertragsstaates ist das Übereinkommen und damit auch Art. 17 unbeachtlich.[91] Diese entscheiden nach ihrem eigenen Zuständigkeitsrecht

---

[85] Zu Recht kritisch *Roth* ZZP 93 (1980), 160.

[86] *Samtleben* NJW 1974, 1594; *Stein-Jonas-Leipold,* ZPO, 20. Aufl., § 38 Rz. 23; *Jung,* Vereinbarungen über die Internationale Zuständigkeit nach dem EWG-Gerichtsstandsübereinkommen und nach § 38 Abs. 2 ZPO, Diss. Bochum 1980, 74; weitere Nachweise bei *Kropholler* IZVR Rz. 814.

[87] Daher kommt im Fall des AG Berlin-Charlottenburg, NJW 1975, 502 und Anm. *Putzo* (Parteien mit Wohnsitz in Deutschland bzw. Frankreich vereinbaren deutsches Gericht) richtig Art. 17 zum Zuge, nicht § 38 ZPO, so auch *Samtleben,* NJW 1975, 1606 und *Stein-Jonas-Leipold,* ZPO, 20. Aufl. § 38, Rz. 23, Fußn. 40.

[88] *Samtleben* NJW 1974, 1594 und *Stein-Jonas-Leipold,* ZPO, 20. Aufl. § 38, Rz. 23, Fußn. 41.

[89] *Samtleben* NJW 1974, 1591 sub I 2d und 1594 sub II 3b; *Stauder* GRUR Int. 1976, 472. Vgl. auch unten Fußn. 174.

[90] Hierzu auch unten XV.

[91] *Geimer* WM 1980, 380.

über die Frage, ob die Prorogation wirksam vereinbart wurde und ob sie anzunehmen ist.[92] Art. 17 kann also – wenn überhaupt – nur hinsichtlich des Derogationseffektes Bedeutung haben, wenn entgegen der Zuständigkeitsvereinbarung die Klage vor ein Gericht eines Vertragsstaates gebracht wird und dort der Einwand der Derogation erhoben wird.[93]

b) Wird nun ein Gericht eines Vertragsstaates entgegen der Zuständigkeitsvereinbarung angerufen, so fragt es sich, nach welchem Recht der Derogationseinwand zu beurteilen ist. Wohnt keine der Parteien in einem Vertragsstaat,[94] so kommt Art. 17 nicht zur Anwendung.[95] Wohnt aber eine der Parteien in einem Vertragsstaat, so stellt sich die Frage, ob die Zulässigkeit und Wirksamkeit der Derogation nach europäischem Einheitsrecht (Art. 17) zu beurteilen ist oder nach der nationalen lex fori.[96] Die h. M. ist gegen die Anwendung des Art. 17.[97] Insbesondere

---

[92] Diese Frage wird für die Gerichte des prorogierten Drittstaates jedoch nur dann aktuell, wenn der Drittstaat nicht schon an sich international *kraft Gesetzes* zuständig ist, z. B. aufgrund des Gerichtsstandes des Wohnsitzes, des Erfüllungsortes, der Klagezustellung oder des Vermögens.

[93] Dieser Einwand ist nur schlüssig, wenn behauptet wird, die *ausschließliche* internationale Zuständigkeit des Drittstaates sei vereinbart worden, es sei also nach dem Willen der Parteien die internationale Zuständigkeit aller anderen Staaten derogiert worden. Sollte das forum prorogatum nur als weiterer konkurrierender Gerichtsstand gewollt sein, entfällt die Frage der Derogation.

[94] *Beispiel:* Ein deutsches Gericht wird im Gerichtsstand des § 23 ZPO angerufen oder ein französisches Gericht auf Grund der Art. 14 oder 15 Code civil.

[95] Vorbehaltlich Art. 17 I 3 n. F.

[96] Diese Frage wird allerdings nur dann aktuell, wenn der Vertragsstaat, dessen Gerichte angerufen wurden, „an sich" international zuständig wäre, z. B. kraft Wohnsitzes des Beklagten oder weil der Erfüllungsort für die eingeklagte Verbindlichkeit im Inland liegt. Das maßgebliche Zuständigkeitsrecht hängt – vorbehaltlich Art. 16 – davon ab, wo der Beklagte wohnt. Wohnt er in einem Vertragsstaat, gelten Art. 2ff. Ist dies nicht der Fall, gilt – vorbehaltlich Art. 16 – das nationale Zuständigkeitsrecht, Art. 4 I.

Ist der Vertragsstaat, dessen Gerichte angerufen wurden, nach dem maßgeblichen Zuständigkeitsrecht schon „an sich" international unzuständig, kommt es auf die Frage der Wirksamkeit der Derogation nicht mehr an.

[97] *Droz* Nr. 216 S. 134: „Il est certain qu'un tel accord n'est pas nécessairement privé d'effet. L'intérêt des parties peut les conduire à élire un for situé hors de la Communauté pour des raisons de neutralité ou de haute technicité de la juridiction. La validité d'un tel accord sera fonction d'une part des certaines règles impératives de la Convention, et d'autre part des règles du droit commun ou conventionnel classique de l'Etat intéressé. (Si les Conventions de La Haye sur le for contractuel en général ou sur la vente entrent en vigueur, elles pourront s'appliquer à ce type d'accord.)"

Müller in *Bülow-Böckstiegel,* 606/143, Art. 17 Anm. II 2 bei Fußn. 15: „Die Vereinbarung eines Gerichtsstands in einem *Drittstaat* unterliegt dagegen nicht Art. 17, sondern dem allgemeinen internationalen Verfahrensrecht der lex fori. Ist nach diesem Recht die Wahl der Zuständigkeit in dem Drittstaat gültig und wirkt sie ausschließlich, so entfällt grundsätzlich ein nach den übrigen Vorschriften des Übereinkommens bestehender Gerichtsstand in einem Vertragsstaat. Nur die ausschließlichen Zuständigkei-

plädiert der *Schlosser*-Bericht[98] für das nationale Zuständigkeitsrecht: „Vereinbaren Parteien, Streitigkeiten vor Gerichten eines Nichtvertragsstaates auszutragen, so kann selbstverständlich nichts im EuGVÜ diese Gerichte hindern, sich für zuständig zu erklären, wenn ihr Recht die Abmachung wirksam sein läßt. Fraglich ist nur, ob und gegebenenfalls in welcher Form solche Vereinbarungen eine Zuständigkeit von Gemeinschaftsgerichten abbedingen können, die nach dem EuGVÜ als ausschließliche oder konkurrierende begründet ist. Nichts im EuGVÜ läßt den Schluß zu, daß derartiges prinzipiell unzulässig sein soll. Das Übereinkommen enthält aber auch keine Regeln über die Wirksamkeit solcher Vereinbarungen. Wird ein Gericht innerhalb der Gemeinschaft einer solchen Vereinbarung zum Trotz angerufen, so muß es die Wirksamkeit der Abrede nach dem Recht beurteilen, das an seinem Sitz gilt. In dem Maße, in welchem das Kollisionsrecht dort ein ausländisches Recht für maßgebend hält, gilt dieses. Ist die Vereinbarung nach diesen Maßstäben unwirksam, so sind wieder die Zuständigkeitsbestimmungen des EuGVÜ anzuwenden."

Zum gleichen Ergebnis kommen alle diejenigen, die als *ungeschriebenes Tatbestandsmerkmal* für die Anwendung der Zuständigkeitsordnung des Übereinkommens im allgemeinen und speziell des Art. 17 postulieren, es müsse ein kompetenzrechtlich relevanter Berührungspunkt zu *mehreren* Vertragsstaaten vorliegen.[99] Das Übereinkommen wolle nur die Zuständigkeitsprobleme lösen, die zwischen zwei oder mehr Vertragsstaaten auftreten, nicht jedoch solche, die nur zwischen einem Vertragsstaat und einem Nichtvertragsstaat bestehen.[100]

c) Bei der Prüfung der Derogation sind Art. 16, 12, 12a und 15 zu beachten, Art. 17 III n. F. (= Art. 17 II a. F.). Eine dagegen verstoßende Derogation ist unwirksam.[101] Ob im übrigen die herrschende lex fori-

---

ten nach Art. 16 und die Zuständigkeiten in Versicherungs- und Abzahlungssachen (Art. 12 und 15) können nicht durch die Wahl eines Gerichtsstandes in einem Drittstaat ausgeschlossen werden. Ebenso wie die Prorogation fällt auch die Derogation einer Zuständigkeit in einem Drittstaat nicht unter Art. 17."

Im gleichen Sinne *v. Hoffmann* AWD 1973, 63 und *Weser* Nr. 265.

[98] *Schlosser*-Bericht Nr. 176.

[99] Hierzu unten XV.

[100] Ausführlich *Samtleben,* NJW 1974, 1593 und *Müller* in *Bülow-Böckstiegel* 606/144, Art. 17, Anm. II 3b; vgl. ferner *Arnold* AWD 1969, 90 Fn. 8; *Droz* (Étude) S. 120f.; *Goldmann,* Rev. trim. dr. eur. 1971, 8; *von Hoffmann,* AWD 1973, 58; *Stauder,* GRUR Int. 1976, 472.

[101] Hierzu *Droz* Nr. 217 S. 135: „Il est certain que si l'élection d'un tribunal situé hors de la Communauté déroge aux règles de compétence exclusive dont bénéficierait un Etat de la Communauté, ou viole les dispositions impératives des articles 12 et 15 en matière d'assurances et de ventes et prêts à tempérament, on ne pourra pas en tenir compte. Mais si l'accord ne déroge qu'à des règles ordinaires de compétence, il pourra être respecté ce qui, dans la pratique, conduira le tribunal exclu à se déclarer incompétent." A. A. *Jung* (Fußn. 86) 69f.

Theorie Sympathie auch beim EuGH finden wird, ist schwer vorauszusagen.[102] Immerhin zeigt die bisherige Rechtsprechung des EuGH eine Tendenz zu möglichst weitgehender Anwendung des europäischen Einheitsrechts. Dies hätte für den hier zu behandelnden Problemkreis den Vorteil, daß die Derogationswirkung der ausschließlichen Prorogation eines Gerichtes eines Drittstaates aus der Sicht aller Vertragsstaaten nach einem einheitlichen Maßstab (Art. 17) zu beurteilen wäre.[103]

8. Maßgeblicher Zeitpunkt

a) Das Übereinkommen regelt nicht ausdrücklich, welcher Zeitpunkt maßgebend ist für das Vorliegen der Anwendungsvoraussetzungen des Art. 17. Muß der Wohnsitz mindestens einer Partei in einem Vertragsstaat bei Abschluß der Zuständigkeitsvereinbarung gegeben sein oder bei Erhebung der Klage? Liegt ein reiner Inlandsfall[104] vor, für den Art. 17 hinsichtlich der örtlichen Zuständigkeit nicht gilt, wenn die Parteien ihren Wohnsitz nach Abschluß der Zuständigkeitsvereinbarung aus verschiedenen Vertragsstaaten in einen gemeinsamen Wohnsitzstaat verlegen und umgekehrt? Nach der im Schrifttum h. M. soll es für die Anwendbarkeit des Art. 17 genügen, daß wenigstens eine Partei lediglich im Zeitpunkt des Abschlusses der Zuständigkeitsvereinbarung in einem Vertragsstaat wohnte.[105] Denn die Parteien hätten darauf vertraut, daß die einmal getroffene Vereinbarung ohne Rücksicht auf spätere Wohnsitzänderungen gültig bleibt. Zweck des Übereinkommens sei es, das Zuständigkeitsrecht zu vereinheitlichen und den Beteiligten eine möglichst sichere Gestaltung ihrer Gerichtsstandsvereinbarung zu ermögli-

---

[102] Vgl. auch *Kropholler* IZVR Nr. 818.

[103] In diesem Sinn wohl auch *Roth* ZZP 93 (1980) 159/160: „Umgekehrt ist auch zweifelhaft, ob Rechtsverhältnisse, die ausschließlich einen Vertragsstaat und einen Drittstaat berühren, dem Abkommen unterfallen. Insoweit läßt sich zwar durchaus plausibel – und unter Bezugnahme auf Art. 3, 4 des Übereinkommens – mit einer ratio des Übereinkommens argumentieren, derzufolge dieses nur Sachverhalte mit Berührungspunkten zu mehreren Vertragsstaaten betreffen soll. Jedoch führen die Bemühungen um eine exakte Definition dessen, was nun einen Berührungspunkt in diesem Sinn darstellt, nicht notwendig in allen Einzelheiten zu demselben Ergebnis, und in der Handhabung sind die angebotenen Abgrenzungskriterien durchwegs wenig praktikabel. Angesichts dessen ist unschwer vorstellbar, daß die Praxis im Streitfalle die Entscheidung mehr vom inhaltlichen, sachrechtlichen Wert des Art. 17 im Vergleich zu den konkurrierenden nationalen Rechten abhängig macht, und im Lichte eines modernen „interessenjuristischen" Kollisionsrechts erweisen sich solche Erwägungen durchaus als zulässig. Darüber hinaus kann man, meine ich, ganz grundsätzlich eine extensive Anwendung supranationalen Rechts, eine Art von tendenzieller Bevorzugung vereinheitlichten Rechts befürworten."

[104] Hierzu unten XIV.

[105] *Droz* Nr. 185 S. 118; *Gothot-Holleaux,* Clunet 1971, 764, 775. *Müller* in *Bülow-Böckstiegel* 606/142 Art. 17, Anm. II 1; *Stein-Jonas-Leipold,* ZPO, 20. Aufl., § 38 Rz. 25.

chen. Sie sollten an Hand des Art. 17 ersehen können, ob ihre Vereinbarung wirksam ist. Deshalb sei auf die Wohnsitz- und Gerichtsstandsverhältnisse zum Zeitpunkt des Abschlusses der Zuständigkeitsvereinbarung abzustellen.[106] Dieser Gesichtspunkt gelte auch im umgekehrten Fall: Besteht ein Wohnsitz in einem Vertragsstaat erst bei Klageerhebung, so sei Art. 17 auf eine vorher getroffene Gerichtsstandsvereinbarung nicht anzuwenden. Daß eine solche Vereinbarung die Gerichtsstände des Übereinkommens berührt, rechtfertige keine andere Auslegung, da auch Art. 17 „in fremde Zuständigkeitsordnungen eingreife", wenn bei Klageerhebung keine der Parteien mehr in einem Vertragsstaat wohnt.[107]

b) Eine ausdrückliche Stellungnahme des EuGH zu diesem Fragenkomplex liegt noch nicht vor. Der EuGH[108] hatte sich jedoch mit der Frage zu beschäftigen, ob Zuständigkeitsvereinbarungen, die vor dem Inkrafttreten des Übereinkommens (1. Februar 1973) geschlossen wurden und nach dem nationalen Zuständigkeitsrecht unwirksam sind, gemäß Art. 54 I an Art. 17 zu messen sind, wenn die Klage nach dem 1. Februar 1973 erhoben wurde. Der EuGH stellte auf den Zeitpunkt der Klageerhebung ab mit folgender Begründung: Eine Gerichtsstandsvereinbarung sei ihrem Wesen nach eine *Zuständigkeitsoption,* die ohne rechtliche Folgen bleibt, solange kein gerichtliches Verfahren eingeleitet ist, und die erst dann Wirkungen entfalte, wenn eine Klage erhoben wird.

---

[106] Weitergehend *Droz* (Nr. 185) S. 118, der Art. 17 auch anwenden will, wenn erst bei Klageerhebung ein Wohnsitz in einem Vertragsstaat bestand:

„Mais qu'en est-il d'un accord qui serait conclu par des parties domiciliées hors de la Communauté alors que l'intégration se trouve réalisée au moment où l'action est intentée? Peut-on estimer que cet accord qui, à l'origine ne tombait pas dans le champ d'application de l'article 17, entre dans ce domaine du fait que la condition de domicile est réalisée au moment du procès?

Nous serions tentés de l'admettre. En effet, l'article 17 comporte des dispositions sur le respect des compétences particulières ou exclusives qui, de toute façon, devront être respectées. Par ailleurs, il comporte des dispositions relatives à la forme, protectrices des intérêts des parties. Dans l'hypothèse où l'une au moins des parties est intégrée à la Communauté au moment de l'action, elle doit pouvoir bénéficier de cette protection. Enfin, la mise en jeu de l'article 17 rendrait le tribunal compétent „au sens de la Convention" et permetrait ainsi au défendeur, domicilié sur le territoire d'un Etat contractant, appelé dans un autre Etat contractant devant un tribunal qui ne serait pas le tribunal élu, de bénéficier de la disposition protectrice de l'article 20 qui oblige le juge à prononcer d'*office* son incompétence en cas de défaut.

Nous ne serions donc pas étonné que la jurisprudence des Etats contractants arrive un jour à poser un double critère d'applicabilité de l'article 17: il faut, mais il suffit, que l'une des parties ait été domicilée sur le territoire d'un Etat contractant au moment de l'accord, ou le soit au moment de l'action."

[107] So *Müller* aaO (Fußn. 105).

[108] Rechtssache 25/79, Urteil vom 13. November 1979, *Sanicentral ./. Collin,* EuGHE 1979, 3423 = NJW 1980, 1218 (L. S.) = RIW/AWD 1980, 285. Hierzu auch *Huet* Clunet 107 (1980), 429 und *Kropholler* IZVR Rz. 808, Fußn. 1708.

Auf diesen Zeitpunkt sei deshalb für die Beurteilung der Tragweite der Gerichtsstandsvereinbarung anhand des zu dieser Zeit geltenden Rechts abzustellen.[109]

VII. Anwendung des Art. 18 (Rügelose Einlassung als ausreichender Kompetenzgrund), auch wenn der Beklagte in keinem Vertragsstaat wohnt?[110]

1. Noch nicht geklärt ist die Frage, ob die Anwendungsgrundregeln der Art. 2–4 für die Begründung der internationalen Zuständigkeit durch rügelose Einlassung (Art. 18)[111] gelten oder ob im Hinblick auf den systematischen Standort (im 6. Abschnitt sind Art. 17 und Art. 18 zusammengefaßt) Art. 18 – ebenso wie Art. 17 – auch dann anzuwenden ist, wenn nur der Kläger in einem Vertragsstaat wohnt. Für die zweite Alternative spreche die Erwägung, daß die Anwendung der Vorschrift nicht von der Kläger- oder Beklagtenrolle abhängen sollte.[112]

---

[109] Auf die Vorlage der französischen Cour de Cassation (Kammer für Arbeits- und Sozialsachen) entschied der EuGH, daß die Art. 17 und 54 dahin auszulegen sind, daß Gerichtsstandsvereinbarungen in Arbeitsverträgen, die vor Inkrafttreten des Übereinkommens geschlossen worden sind, im Hinblick auf nach diesem Zeitpunkt erhobene Klagen auch dann als wirksam angesehen werden müssen, wenn sie nach den zur Zeit des Vertragsschlusses geltenden innerstaatlichen Rechtsvorschriften als nichtig anzusehen gewesen wären.

[110] Art. 18 gilt nicht in den Fälles des Art. 1 II und des Art. 57. Vgl. oben Fußn. 58. S. auch die Schlußanträge des Generalanwalts *Rozès* in der Rechtssache *W. ./. H.* (vgl. oben § 23 Fußn. 34), EuGHE 1982, 1208 sub II 2.

[111] So *Samtleben* NJW 1974, 1594 bei Fußn. 56: „Daß sich der Anwendungsbereich der Art. 17, 18 nach den Grundregeln bestimme, war für den ursprünglichen Entwurf des Übereinkommens allgemein anerkannt. Die spätere Änderung des Art. 17 hat insoweit zwar zu einer gewissen Modifizierung, aber nicht zu einer völligen Loslösung von den Grundregeln geführt. Keine Änderung hat dagegen Art. 18 erfahren, der die rügelose Einlassung betrifft. Hier verbleibt es daher bei der uneingeschränkten Anwendung der Grundregeln: Die Vorschrift gilt nur für den Fall, daß der Beklagte seinen Wohnsitz in einem anderen Vertragsstaat hat."

[112] So *Bülow* RabelsZ 38 (1974) S. 267, ZPO; *Müller* in *Bülow-Böckstiegel,* 606/154, Art. 18, Anm. I bei Fußn. 4; *Kropholler* IZVR Nr. 822. Ausführlich *Droz* Nr. 221 S. 137f.: „A la différence de l'article 17, l'article 18 n'exige pas qu'une des parties au moment de l'accord tacite (qui se confond avec le moment de la comparution) ait son domicile sur le territoire d'un Etat contractant. Quelle conclusion peut-on tirer de ce silence? Le Rapporteur, sans aucune explication, suppose que le défendeur qui comparaît volontairement était domicilié dans un autre Etat contractant. Tous ses développements relatifs à cet article se basent sur une telle hypothèse. Le texte figurant à l'article 18 ne permet pas une interprétation aussi restrictive. A vrai dire, lorsque fut rédigé l'article 18, l'article 17 ne comportait pas encore la condition relative au domicile. Ce n'est qu'au dernier moment que la condition a été introduite pour ce qui concerne l'accord d'élection de for proprement dit et l'on n'examina même pas la question de savoir si l'article 18 se prêtait lui aussi à une telle exigence.

2. Dagegen wurde eingewandt, für eine Anwendung des Art. 18 unabhängig von der Parteirolle bestehe – anders als im Fall der Zuständigkeitsvereinbarung – kein stärkeres Bedürfnis als bei den übrigen Gerichtsständen der Art. 5ff.[113] Bei einer Gerichtsstandsvereinbarung könne die Anwendung des Übereinkommens nicht davon abhängen, wer die Klage erhebt. Dieser Gedanke sei für Art. 18 aber nicht zwingend.[114]

3. Es gibt Autoren, die Art. 18 immer anwenden wollen, ohne Rücksicht darauf, wo die Parteien wohnen. Auch wenn keine Partei in einem Vertragsstaat wohnt, käme danach Art. 18 zum Zuge.[115]

Beispiel: Ein Wiener verklagt einen Berner vor dem LG München I. Der Beklagte verhandelt zur Hauptsache, ohne die Unzuständigkeit zu rügen.

Diese Lösung hätte den Vorteil der *optimalen Praktikabilität:* Der Erstrichter bräuchte sich nicht mit den Abgrenzungsproblemen zwischen der europäischen und seiner nationalen Zuständigkeitsordnung (Art. 4 I)[116] zu beschäftigen. Sie ist jedoch wohl kaum mit der Systematik der Art. 2ff. zu vereinbaren.[117]

Le texte, tel qu'il est aujourd'hui rédigé, se présente comme une règle matérielle uniforme de portée générale. La formulation employée: *outre les cas où sa compétence résulte d'autres dispositions de la présente Convention, le juge d'un Etat contractant devant lequel le défendeur comparaît est compétent,* ne peut guère laisser de doute à cet égard. En transformant la phrase de manière négative, on obtient, en effet, l'idée suivante: «même si sa compétence ne résulte pas d'autres dispositions de la présente Convention, le juge d'un Etat contractant devant lequel de défendeur comparaît est compétent. Les «autres dispositions» de la Convention visées dans l'article 18 sont toutes les règles qui précèdent et qui ont trait à la compétence, y compris l'article 4 relatif au cas d'un défendeur qui n'est pas domicilié sur le territoire d'un Etat contractant.

On peut en tirer comme conséquence que le droit commun des Etats n'a plus à s'appliquer en la matière, à la condition, bien entendu, que l'on se trouve dans les rapports internationaux comme le veut le préambule de la Convention."

[113] *Samtleben* NJW 1974, 1594 bei Fußn. 57. Ebenso *Stein-Jonas-Leipold,* ZPO, 20. Aufl., § 39, Rz. 15. Wohl auch *Bajons* in Schwind, Probleme des europäischen Gemeinschaftsrechts, 1976, 87.

[114] So *Piltz* NJW 1979, 1072 Fußn. 28.

[115] *Gothot-Holleaux,* Clunet 1971, 775; ebenso wohl auch *Stauder* GRUR Int. 1976, 473 bei Fußn. 117: „Die Auslegung am Wortlaut läßt die stillschweigende Gerichtsstandsabrede nach Art. 18 GVÜ unabhängig vom Wohnsitz der Parteien zu, sofern nur ein internationaler Sachverhalt im Sinne des Übereinkommens vorliegt. Diese Interpretation sichert der stillschweigenden Prorogation innerhalb der Vertragsstaaten einen weiten Anwendungsbereich. Sie ist vorzuziehen, da die stillschweigende Gerichtsstandsabrede als Fiktion einer ausdrücklichen Abrede keinen engen Anwendungsfall ihr gegenüber bilden sollte." Allerdings läßt das von *Stauder* aaO gebrachte Beispiel Zweifel aufkommen, ob er tatsächlich eine so weite Anwendung des Art. 18 für die Begründung der *internationalen Zuständigkeit* propagiert oder ob seine Ausführungen nur für die *örtliche Zuständigkeit* gelten sollen.

[116] Hierzu oben § 9.

[117] Die Streitfrage hat aus deutscher Sicht (§ 39 ZPO) keine praktische Bedeutung.

4. Diejenigen, die das Übereinkommen nur dann anwenden wollen, wenn ein Zuständigkeitsbezug zu einem anderen Vertragsstaat gegeben ist, lehnen die Anwendung des Art. 18 auch dann ab, wenn nur eine Kompetenzabgrenzung zu einem dritten Staat in Betracht kommt.[118] Dadurch wird die Anwendung des Art. 18 unnötigerweise verkompliziert.[119]

VIII. Anwendung des Art. 6 Nr. 1 auch gegen Streitgenossen ohne Wohnsitz innerhalb des geographischen Anwendungsbereichs des Übereinkommens[120]

1. Schließlich ist zu fragen, ob Art. 6 Nr. 1 auch gegen Streitgenossen mit Wohnsitz bzw. Sitz in einem Nichtvertragsstaat angewendet werden kann. Diese Frage ist besonders wichtig für die Bundesrepublik Deutschland, da die deutsche ZPO den Gerichtsstand der Streitgenossenschaft nur in Ausnahmefällen (§§ 35a, 603 II, 605a ZPO, § 56 II LuftverkehrsG) zuläßt.[121]

2. Wenn einer von mehreren Streitgenossen in dem Vertragsstaat wohnt und ein anderer nicht, ist dann Art. 6 Nr. 1 auch gegen denjenigen Streitgenossen anzuwenden, der nicht in einem Vertragsstaat wohnt?

Beispiel:

Einer Bank mit Sitz in Barcelona schulden drei Schuldner als Gesamtschuldner ein Darlehen. Der eine wohnt in Frankfurt/M., der andere in

---

[118] Hierzu *Müller* in *Bülow-Böckstiegel,* 606/154, Art. 18, Anm. I: „Art. 18 ist ferner nur auf internationale Sachverhalte anwendbar. Bei reinen Inlandsfällen richtet sich die Zuständigkeit kraft vorbehaltloser Einlassung nach dem innerstaatlichen Verfahrensrecht. Allerdings reicht nicht jede Auslandsberührung für Art. 18 aus. Da das Übereinkommen lediglich den Rechtsverkehr zwischen den Vertragsstaaten regeln will, muß – wie bei der Gerichtsstandsvereinbarung nach Art. 17 – zumindest ein weiterer Vertragsstaat berührt sein. Art. 18 greift daher ein, wenn die Parteien in verschiedenen Vertragsstaaten wohnen und die Klage in einem anderen Vertragsstaat erhoben ist. Das gleiche muß gelten, wenn zwar beide Parteien im Gerichtsstaat wohnen, aber in einem anderen Vertragsstaat eine Zuständigkeit nach den Regeln des GVÜ besteht. Nur so ist gewährleistet, daß nicht von einem ausschließlichen Gerichtsstand des Art. 16 abgewichen wird (Art. 18 Satz 2).

Wohnt eine Partei in einem *Drittstaat,* so ist Art. 18 anwendbar, wenn das angerufene Gericht und der Wohnsitz der anderen Partei in verschiedenen Vertragsstaaten liegen. Ist die Klage dagegen in dem Vertragsstaat erhoben, in dem die andere Partei wohnt, so wird in der Regel nur ein Vertragsstaat berührt, und es gelten die allgemeinen internationalen Verfahrensregeln der lex fori. Ausnahmsweise ist Art. 18 jedoch auch in diesem Fall anzuwenden, wenn nach dem Übereinkommen (z. B. Art. 16) eine Zuständigkeit in einem anderen Vertragsstaat besteht und damit ein zweiter Vertragsstaat berührt wird."

[119] Vgl. unten XV.

[120] Hierzu *Geimer* WM 1979, 357.

[121] Hierzu *Zöller-Geimer,* ZPO, 13. Aufl., 1981, IZPR, Anm. E XVIII 1.

Mailand und der dritte in Genf. Der Gläubiger möchte nun alle drei Schuldner in Frankfurt auf Rückzahlung des Darlehens verklagen.

Die internationale Zuständigkeit der Bundesrepublik Deutschland basiert bezüglich des Frankfurters auf Art. 2 I, die örtliche Zuständigkeit auf §§ 12, 13 ZPO. Für die Klage gegen den Mailänder regelt Art. 6 Nr. 1 nicht nur die internationale, sondern auch die örtliche Zuständigkeit.[122] Welche Kompetenznormen gelten nun für die Klage gegen den Genfer? Art. 6 Nr. 1 wäre nach der Grundregel des Art. 4 I gegen einen Beklagten mit Wohnsitz außerhalb des räumlichen Anwendungsbereichs des Übereinkommens nicht anwendbar; es käme vielmehr das nationale Zuständigkeitsrecht zum Zuge. Wenn nun dieses – wie z. B. das deutsche Recht – den allgemeinen Gerichtsstand der Streitgenossenschaft nicht kennt,[123] wäre der außerhalb des geographischen Anwendungsbereichs des Übereinkommens wohnhafte Streitgenosse bzw. der Streitgenosse ohne jeden Wohnsitz gegenüber demjenigen Streitgenossen, der in einem Vertragsstaat wohnt, privilegiert.

3. Es war nicht die Absicht der Verfasser des Übereinkommens, außerhalb der Gemeinschaft wohnhafte Personen bzw. Personen ohne jeden Wohnsitz zu schonen, d. h. ihre internationale Gerichtspflichtigkeit enger zu begrenzen, als die von Beklagten mit Wohnsitz bzw. Sitz in einem Vertragsstaat. Dies läßt sich deutlich aus einer Gegenüberstellung von Art. 3 I und Art. 4 II ablesen. Nach Art. 3 I sind Personen mit Wohnsitz innerhalb der Gemeinschaft (der Vertragsstaaten) außerhalb ihres Wohnsitzstaates nur dann gerichtspflichtig, wenn das Übereinkommen eine besondere Zuständigkeit (Art. 5ff.) vorsieht. Sie sind insbesondere vor den sog. *exorbitanten Gerichtsständen* geschützt, Art. 3 II. Anders ist dagegen das Kompetenzrecht konzipiert für solche Personen, die in keinem Vertragsstaat wohnen: Hier kommen die exorbitanten Gerichtsstände des nationalen Zuständigkeitsrechts zum Zug. Damit ist es aber noch nicht genug. Art. 4 II weitet die für die eigenen Staatsangehörigen geschaffenen Jurisdiktionsprivilege aus. So wurde insbesondere der Anwendungsbereich des Art. 14 Code civil ausgedehnt und damit die Gerichtspflichtigkeit von Beklagten mit Wohnsitz außerhalb der Gemeinschaft enorm erweitert. So kann z. B. ein Spanier mit Wohnsitz in Marseille seinen Vertragspartner mit Wohnsitz in Bern aufgrund von Art. 14 Code civil in Verbindung mit Art. 4 II in Frankreich verklagen, auch wenn der Erfüllungsort in Bern oder sonstwo, z. B. in Liechtenstein, liegt.

4. Das Übereinkommen geht also nicht besonders zartfühlend um mit den Zuständigkeitsinteressen von Personen, die nicht innerhalb der Gemeinschaft wohnen. Diese Teleologie gebietet eine extensive Interpretation: Die *ratio conventionis* fordert im Falle der Streitgenossenschaft

---

[122] Allgemein zur Regelung der örtlichen Zuständigkeit unten §§ 32ff.

[123] In der Bundesrepublik Deutschland wäre allenfalls § 23 ZPO eine Grundlage für die internationale Entscheidungszuständigkeit.

Art. 6 Nr. 1 auch gegen einen Streitgenossen anzuwenden, der nicht in einem Vertragsstaat wohnt. Eine Ausnahme gilt nur dann, wenn keiner der Streitgenossen seinen Wohnsitz innerhalb des geographischen Anwendungsbereiches des Übereinkommens hat. Wohnt aber einer von ihnen in einem Vertragsstaat, dann ist das Konventionsrecht (Art. 6 Nr. 1) auch gegen Personen ohne Wohnsitz in einem Vertragsstaat anzuwenden.[124] Eine andere Auslegung wäre ungereimt. Wenn einem Bewohner Schottlands zugemutet wird, sich vor einem Gericht in Süditalien oder auf Mayotte einzulassen, bloß weil der Streitgenosse dort seinen Wohnsitz hat, so muß dies auch für einen Einwohner Barcelonas oder Genfs recht und billig sein.

IX. Anwendung des Art. 6 Nr. 3 gegen einen außerhalb des geographischen Anwendungsbereichs des Übereinkommens wohnhaften bzw. wohnsitzlosen Kläger, wenn für die Klage gegen den Beklagten die europäische Zuständigkeitsordnung zur Anwendung kommt

Ist für die Klage das europäische Zuständigkeitsrecht maßgebend, dann sollte man Art. 6 Nr. 3 hinsichtlich der Widerklage des Beklagten gegen den Kläger auch dann anwenden, wenn der Kläger nicht im geographischen Anwendungsbereich des Übereinkommens wohnt. Insoweit sollten Klage und Widerklage zuständigkeitsrechtlich nicht auseinandergerissen werden.[125] Die Möglichkeit, eine konnexe Widerklage zu erheben, dient der prozessualen Waffengleichheit, und sollte nicht dem nationalen Zuständigkeitsrecht (Art. 4 I) überlassen werden, sondern immer dann durch die Konvention einheitlich garantiert werden, wenn sich die Gerichtspflichtigkeit des Beklagten nach Konventionsrecht bemißt.[126]

---

[124] Art. 4 I ist nach der hier vertretenen Auffassung enger auszulegen, als sein Wortlaut vermuten läßt. Dies ist jedoch keine Neuigkeit; denn Art. 4 I ist unpräzis formuliert: Dies zeigt sich z. B. bei der Bestimmung des Anwendungsbereichs des Art. 17. Eine Zuständigkeitsvereinbarung unterliegt auch dann den Regeln des Übereinkommens, wenn der Kläger seinen Wohnsitz innerhalb der Gemeinschaft hat. Auch diese Hypothese ist im Text des Art. 4 I nicht berücksichtigt. – Wie hier nun auch *Kropholler* IZVR Rz. 720 Fußn. 1562.

[125] A. A. BGH, Urteil vom 8. Juli 1981, NJW 1981, 2644 = RIW/AWD 1981, 703 = WM 1981, 938; Die Beklagte hat ihren Sitz in der Bundesrepublik Deutschland, die Klägerin (= Widerbeklagte) in Finnland.

[126] Für die Praxis wird diese Frage allerdings erst dann aktuell, wenn nach dem nationalen Zuständigkeitsrecht eine Zuständigkeitsanknüpfung hinsichtlich der Widerklage nicht gegeben ist.

X. Erweiterter Anwendungsbereich der europäischen Zuständigkeitsordnung in Versicherungs- und Verbrauchersachen in Richtung gegen den Versicherer bzw. den Vertragspartner des Verbrauchers

1. In Versicherungs- und Verbrauchersachen stellt das Übereinkommen jeweils eine eigene, in sich geschlossene Zuständigkeitsordnung auf, Art. 7ff. bzw. Art. 13ff. Diese kommt nicht nur bei Wohnsitz/Sitz des Beklagten in einem Vertragsstaat zum Zuge. Ihr Anwendungsbereich ist vielmehr partiell erweitert: Hat der Versicherer bzw. der Vertragspartner des Verbrauchers zwar keinen Wohnsitz/Sitz in einem Vertragsstaat, „besitzt er aber in einem Vertragsstaat eine Zweigniederlassung, Agentur oder sonstige Niederlassung, so wird er für Streitigkeiten aus ihrem Betrieb so behandelt, wie wenn er seinen Wohnsitz in dem Hoheitsgebiet dieses Staates hätte", Art. 8 II n. F. (= Art. 8 III a. F.), Art. 13 II.[127]

2. Damit gelten für Streitigkeiten aus dem Betrieb dieser Niederlassungen alle nach dem Übereinkommen gegen den Versicherer (Art. 7ff.) bzw. gegen den Vertragspartner des Verbrauchers (Art. 14 I, 15) eröffneten Zuständigkeiten. Andererseits kann sich der Versicherer bzw. Vertragspartner des Verbrauchers auf die Schutzvorschriften des Übereinkommens berufen. Gegen ihn können nicht die (exorbitanten) Zuständigkeiten des autonomen Rechts mit der Begründung in Anspruch genommen werden, der Beklagte habe seinen Hauptsitz außerhalb des geographischen Anwendungsbereiches des Übereinkommens.

3. Diese Erweiterung des Anwendungsbereiches gilt nur für *Klagen gegen den Versicherer bzw. den Vertragspartner des Verbrauchers.* Für Klagen in umgekehrter Richtung bleibt es bei der oben IV. beschriebenen Grundregel. Wohnt der Versicherungsnehmer, Versicherte, Begünstigte oder sonstwie am Versicherungsverhältnis Beteiligte nicht in einem Vertragsstaat, so kommt nicht Art. 11 zur Anwendung, sondern das nationale Zuständigkeitsrecht, Art. 4 I. Das gleiche gilt für Klagen gegen den Verbraucher.

4. In den Fällen des Art. 8 II bzw. Art. 13 II kommt es zu einer Spaltung des maßgeblichen Kompetenzrechts:[128]

Für Klagen, die den Betrieb der Zweigniederlassung, Agentur oder sonstigen Niederlassung betreffen, gilt ausschließlich das Konventionsrecht, für sonstige Klagen dagegen das nationale Zuständigkeitsrecht.

---

[127] Hierzu unten § 74 Fußn. 85, 174, 293, 339.

[128] Vgl. auch VI 1 d.

XI. Streitiges Zivilverfahren[129]

1. Die Zuständigkeitsordnung der Art. 2ff. gilt nur für streitige Verfahren. Das Übereinkommen geht davon aus, daß eine Person *verklagt* wird, Art. 2 I, Art. 3 I, Art. 4 I etc. Es setzt zwar keine Klage im technischen Sinne voraus; es genügt auch ein *sonstiger Antrag,* z. B. auf Erlaß eines Mahnbescheides.

2. Es muß sich aber um eine *Parteistreitigkeit* handeln, wobei es nicht darauf ankommt, ob diese von den Gerichten der streitigen oder der freiwilligen Gerichtsbarkeit zu entscheiden ist. Das Übereinkommen findet nämlich Anwendung „ohne daß es auf die Art der Gerichtsbarkeit ankommt", Art. 1 I 1. So sind z. B. die Zuständigkeitsregeln des Übereinkommens in Deutschland auch auf die *sog. echten Parteistreitigkeiten auf dem Gebiet der freiwilligen Gerichtsbarkeit*[130] anzuwenden (Ausnahmen: Art. 1 II Nr. 1), nicht jedoch auf die zum *klassischen Bereich der freiwilligen Gerichtsbarkeit* gehörenden Vormundschafts- und Nachlaßsachen. Letztere sind schon zum größten Teil durch Art. 1 II Nr. 1 aus dem Anwendungsbereich des Übereinkommens ausgegliedert.

3. Problematisch ist die Anwendbarkeit der Zuständigkeitsordnung auf *einseitige Antragsverfahren* in Zivil- und Handelssachen, die sich nicht „gegen eine Person" richten, wie z. B. Aufgebotsverfahren nach §§ 946ff. ZPO. Dies ist wohl zu verneinen.[131]

Beispiel:

Das Haftungsbeschränkungsverfahren nach dem Internationalen Übereinkommen vom 10. Oktober 1957 über die Beschränkung der Haftung der Eigentümer von Seeschiffen[132] wird in der Bundesrepublik Deutschland nicht durch eine Klage gegen einen Anspruchsprätendenten eröffnet, sondern durch schlichten Antrag gemäß § 487a HGB in Verbindung mit § 4 der Seerechtlichen Verteilungsordnung vom 21. Juni 1972 (BGBl. I 953), der sich „gegen" niemanden richtet.

Für dieses Verfahren gelten die Zuständigkeitsregeln der Art. 2ff.

---

[129] Hierzu *Geimer* NJW 1976, 446.

[130] Zum englischen Recht vgl. *Vollkommer,* Der materielle und formelle Begriff der freiwilligen Gerichtsbarkeit im englischen Recht, Diss. München 1960; zum französischen Recht *Martiny,* Nichtstreitige Verfahren in Frankreich, 1978.

[131] *Schlosser*-Bericht Nr. 23. Eine andere Frage ist, ob Art. 25ff. anwendbar sind. Dies bejaht der *Schlosser*-Bericht zu Recht. „Es kommt insbesondere nicht darauf an, ob sich ein Antrag «gegen» eine Person richtet. Wenn dies nicht der Fall ist, können zwar Art. 2ff. nicht greifen; im übrigen ist das EuGVÜ aber sehr wohl anzuwenden."

[132] BGBl.1972 II 672. Das am 19. November 1976 in London unterzeichnete neue *Übereinkommen über die Beschränkung der Haftung für Seeforderungen* ist noch nicht in Kraft. Einzelheiten bei *Puttfarken,* Beschränkte Reederhaftung – Das anwendbare Recht, 1981, 20ff.

Zu den verschiedenen Systemen der Beschränkung der Reederhaftung *Prüßmann-Rabe,* Seehandelsrecht, 2. Aufl., 1983, Anm. II vor § 484 HGB.

nicht.[133] Wird dem Antrag stattgegeben, müssen alle Anspruchsprätendenten ihre Forderungen bei diesem Gericht anmelden, §§ 13ff. der Seerechtlichen Verteilungsordnung. Kommt es zu Meinungsverschiedenheiten über die Berechtigung der angemeldeten Forderungen, so steht dem *Prätendenten* der Klageweg gegen den bestreitenden Fondsverwalter, Gläubiger oder Schiffseigentümer offen.[134] Für diese Klagen gelten dann aber Art. 2ff.[135]

Wegen der Haftungsbeschränkung ist auch eine *Klage des Schiffseigentümers* gegen einen Anspruchsprätendenten möglich. Sie führt aber nicht zur Errichtung des Haftungsfonds oder zu einer bereits akut werdenden Haftungsbeschränkung, sondern nur zur Feststellung der Beschränkbarkeit der Haftung für den Fall eines künftigen Haftungsbeschränkungsverfahrens.[136] Auch insoweit gilt die Zuständigkeitsordnung des Übereinkommens.[137]

---

133 *Schlosser*-Bericht Nr. 126.

134 § 19 III der Seerechtlichen Verteilungsordnung; LG Bremen, IPRspr. 1978, Nr. 178.

135 *Schlosser*-Bericht Nr. 129: „Für Klagen, welche die grundsätzliche Begründetheit der gegen den Schiffseigentümer gerichteten Forderungen zum Gegenstand haben, gelten nur die Art. 2 bis 6. Immer ist auch Art. 22 anwendbar. Ist ein Verfahren zur Begrenzung der Haftung in einem Staat eingeleitet worden, so kann der im Einzelprozeß in einem anderen Staat wegen der Feststellung der Forderung oder wegen der Beschränkbarkeit der Haftung angegangene Richter das Verfahren aussetzen oder sich sogar für unzuständig erklären."

136 Vgl. den Fall des LG Bremen IPRspr. 1978 Nr. 178.

137 Die Beschränkung oder die Beschränkbarkeit der Haftung eines Schiffseigentümers kann in allen Rechtsordnungen der Gemeinschaft nicht nur verteidigungsweise geltend gemacht werden. Befürchtet ein Schiffseigentümer, daß eine Haftungsklage auf ihn zukommt, kann er auf Feststellung klagen, er hafte für die Forderung nur beschränkt oder beschränkbar. Er kann dann einen der durch Art. 2 bis 6 festgelegten Gerichtsstände wählen. Danach könnte er in seinem Wohnsitzstaat nicht klagen, da Art. 5 und 6 mit Ausnahme des Art. 5 Nr. 2 ein forum actoris ablehnen. Weil aber die Forderung gegen ihn in seinem Wohnsitzstaat eingeklagt werden könnte (Art. 2 I), stellt ihm Art. 6a n. F. diesen Gerichtsstand auch für seine Aktivprozesse zur Verfügung. Dort ist auch, abgesehen vom Brüsseler Übereinkommen von 1952, das einzige Forum, an dem der Schiffseigentümer alle seine *Haftungsbegrenzungsklagen* konzentrieren kann. Bei diesem Gericht kann nach englischem Recht auch der Haftungsfonds errichtet und das Verteilungsverfahren durchgeführt werden. Vgl. *Schlosser*-Bericht Nr. 128 und unten § 95.

Eine individuelle Haftungsbeschränkungsklage des Schiffseigentümers kann auch in jedem anderen Gerichtsstand erhoben werden, in welchem die Forderungen einklagbar sind. Art. 6a ermächtigt die nationalen Gesetzgeber, anstelle eines solchen auf ihr Territorium verweisenden Gerichtsstands eine andere Zuständigkeit in ihrem Staatsgebiet vorzusehen. Art. 6a betrifft also nicht Klagen des Geschädigten gegen den Schiffseigentümer, Fondsverwalter oder konkurrierende Forderungsprätendenten, auch nicht das Sammelverfahren zur Errichtung und Verteilung des Haftungsfonds. Er eröffnet vielmehr ein *forum actoris* für die selbständige Klage, welche der Schiffseigentümer gegen einen Anspruchsprätendenten erhebt. Im übrigen sind die bisherigen

4. Für *Beweissicherungsverfahren* gelten die Zuständigkeitsregeln des Übereinkommens nicht. Im Vordergrund steht hier nicht der Schutz des Beklagten vor unzumutbaren fora, sondern das Anliegen, den Verlust von Beweismitteln im Interesse der Rechtspflege und gerechten Urteilsfindung zu vermeiden. Deshalb ist es sachgerecht, zuständigkeitsrechtlich an den Ort des Beweismittels (Aufenthaltsort des Zeugen bzw. Lageort des Augenscheinobjekts) anzuknüpfen.[138] Diese Zuständigkeiten wollte das Übereinkommen nicht beseitigen.

5. Das gleiche gilt für *Verklarungen*.[139] Auch hier ist Beweissicherung das primäre Anliegen. Es handelt sich nicht um ein Zweiparteien-Verfahren; deshalb findet die Zuständigkeitsordnung des Übereinkommens keine Anwendung. Dieses spezielle Beweissicherungsverfahren ist – entgegen §§ 445ff. ZPO – nicht im Zivilprozeßverfahren, sondern vor den Gerichten der freiwilligen Gerichtsbarkeit durchzuführen.

6. Gerichtliche Verfahren im Zusammenhang mit der *Dispache*[140] fallen nicht in den Anwendungsbereich der europäischen Zuständigkeitsordnung.

Gemäß § 153 FGG kann jeder Beteiligte eine gerichtliche Verhandlung über die von dem Dispacheur aufgemachte Dispache beantragen. Das Gericht entscheidet hier nicht einen Rechtsstreit zwischen den Beteiligten, sondern versucht zwischen den Beteiligten zu vermitteln und auf eine Abgrenzung der Streitpunkte hinzuwirken, § 156 FGG. Schlägt die Vermittlung fehl, dann bleibt den Beteiligten nur die Möglichkeit, vor den Gerichten der streitigen Gerichtsbarkeit Klage zu erheben. Für diese gelten die allgemeinen Vorschriften, Art. 2ff.

Auch bei der gerichtlichen Bestellung von Dispacheuren (§ 729 I HGB) handelt es sich nicht um ein kontradiktorisches Zweiparteien-Verfahren. Deshalb findet das Kompetenzrecht des Übereinkommens keine Anwendung.

Vorschriften der Art. 2ff. auch auf seerechtliche Haftungsbegrenzungsverfahren anzuwenden. Vgl. *Schlosser*-Bericht Nr. 127ff.

[138] Für das deutsche Recht s. § 486 II ZPO.

[139] §§ 522ff. HGB. Hierzu *Hecker*, Handbuch der Konsularischen Praxis, 1982, G 400; *Prüßmann-Rabe*, Seehandelsrecht, 2. Aufl. 1983.

[140] Vgl. § 727 HGB; §§ 150, 151, 153ff. FGG. Hierzu *Prüßmann-Rabe*, Seehandelsrecht, 2. Aufl. 1983. Lehnt der Dispacheur den Antrag eines Beteiligten zur Aufmachung der Dispache ab mit der Begründung, ein Fall der großen Havarie liege nicht vor, so entscheidet über die Verpflichtung des Dispacheurs auf Antrag des Beteiligten das Gericht, § 150 FGG. Es handelt sich hier zwar um ein echtes Streitverfahren. Da aber der Dispacheur die Stellung eines öffentlich-rechtlichen Organs hat, liegt keine zivilrechtliche Streitigkeit vor, Art. 1 I. Vgl. oben § 29. Artikel 2ff. kommen daher nicht zur Anwendung.

Das gleiche gilt für den Streit zwischen einem Beteiligten und dem Dispacheur über die Herausgabe von Schriftstücken, die in seinem Besitz sind, zu deren Mitteilung er gesetzlich verpflichtet ist, § 151 FGG.

7. Ist ein Schiff auf Stückgüter angelegt und die Zeit der Abreise nicht festgesetzt, so hat auf Antrag des Befrachters der Richter nach den Umständen des Falles den *Zeitpunkt der Abreise* zu bestimmen, über welchen der Antritt der Reise nicht verschoben werden darf, § 590 HGB. Auch hier ist es fraglich, ob es sich um ein kontradiktorisches Verfahren handelt mit der Folge, daß Art. 2ff. zum Zuge kommen. Die Problematik war den Verfassern des Übereinkommens sicher nicht bewußt. Ein Regelungsbedürfnis durch das Übereinkommen besteht nicht. Es sprechen die besseren Gründe dafür, dieses Verfahren dem Kompetenzrecht des nationalen Rechts zu überlassen.

8. Auf Antrag des Eigentümers einer mit einem Nießbrauch belasteten Sache bestellt in den Fällen der §§ 1052ff. BGB das Vollstreckungsgericht den Verwalter entsprechend § 150 ZVG. Das Gericht hat auch die vom Nießbraucher zu tragende Vergütung des Verwalters festzusetzen und den Verwalter zu beaufsichtigen, § 153 ZVG. Der Verwalter ist den Nießbrauchern und den Eigentümern gegenüber verantwortlich und hat diesen entsprechend § 154 ZVG jährlich und nach Beendigung der Verwaltung Rechnung zu legen. Fraglich ist, ob hier ein Streitverfahren vorliegt, für das Art. 2ff. gelten. Die Festsetzung der Vergütung des Verwalters durch das Gericht ist aber ein solches. Vgl. unten 11.

9. Um die gleiche Fragestellung geht es bei der *gerichtlichen Bestellung bzw. Abberufung von Organen einer juristischen Person, Gesellschaft oder sonstigen Personenvereinigung*. Vgl. z. B. §§ 85ff., 265 Aktiengesetz oder die Vorschriften über die Bestellung besonderer Vertreter zur Geltendmachung von Schadenersatzansprüchen aus Anlaß der Verschmelzung einer Aktiengesellschaft gegen Mitglieder des Vorstandes oder des Aufsichtsrates, Geschäftsführer oder persönlich haftende Gesellschafter der übertragenden Gesellschaft, §§ 349, 350 I, IV Aktiengesetz. Vgl. auch §§ 353 I, 354 II, 355 V, 356 II, 357 V, 358 II, 360 II Aktiengesetz.

Das Verfahren wird durch Antrag eines Aktionärs oder eines Gläubigers der übertragenden Gesellschaft eingeleitet, § 315 I 3 AktG. Auch hier ist zweifelhaft, ob es sich um ein kontradiktorisches Verfahren im Sinne des Übereinkommens handelt.

10. Ähnliche Probleme ergeben sich hinsichtlich der Einordnung von *Verfahren zur Bestellung von Gründungsprüfern oder sonstigen Prüfern*, z. B. gemäß §§ 166, 258 Aktiengesetz, §§ 36ff. Versicherungsaufsichtsgesetz, § 226b KWG oder nach § 2 III, § 12 III des Gesetzes über die Rechnungslegung von bestimmten Unternehmen und Konzernen vom 15. August 1969 (BGBl. 1969 I 1189, 1970 I 1113). Nach § 12 III des genannten Rechnungslegungsgesetzes hat das Gericht zur Prüfung der Frage, ob ein Unternehmen in der Rechtsform des § 3 III Rechnungslegungsgesetz oder ob eine Konzernleitung oder eine Teilkonzernleitung zur Rechnungslegung nach dem 1. Abschnitt dieses Gesetzes verpflichtet ist, Prüfer zu bestellen, wenn Anlaß für die Annahme besteht, daß das Unternehmen oder die Konzernleitung oder Teilkonzernleitung gemäß §§ 1 ff. dieses Gesetzes Rechnung zu legen hat. Das Verfahren ist kein Streitver-

fahren der freiwilligen Gerichtsbarkeit, sondern ein Amtsverfahren. Deshalb gilt die Zuständigkeitsordnung des Übereinkommens nicht. Aber auch dort, wo der Prüfer nur auf Antrag bestellt wird, ist es nicht sinnvoll, Art. 2ff. anzuwenden.

11. Für die Festsetzung der Vergütung und Auslagen des gerichtlich bestellten Vertreters bzw. Prüfers durch das Gericht gelten aber Art. 2ff. Es handelt sich um ein echtes Streitverfahren.

12. Die Konvention gilt nicht für die *Anordnung der Prüfung der Eröffnungsbilanz oder des Jahresabschlusses* im Rahmen der Abwicklung der Aktiengesellschaft oder Kommanditgesellschaft a. A. oder eines Versicherungsvereins auf Gegenseitigkeit, § 270 III AktG. Aus wichtigem Grund (Verdacht nachlässiger oder unredlicher Aufstellung) kann das Gericht eine Prüfung der Eröffnungsbilanz oder eines Jahresabschlusses anordnen, § 270 III, § 290 I AktG, § 47 III VAG. Hier geht es nicht um ein Zweiparteien-Verfahren.

13. Die gleichen Erwägungen treffen für die Bestimmung über die Aufbewahrung der Bücher und Schriften der Gesellschaft nach Abschluß der Abwicklung einer Aktiengesellschaft, Kommanditgesellschaft auf Aktien oder eines Versicherungsvereins sowie für die Gestattung ihrer Einsichtnahme durch Aktionäre (Mitglieder des Vereins) und Gläubiger zu. Vgl. § 273 II, III Aktiengesetz, § 47 III 1 VAG.

14. Ebenso ist zu entscheiden hinsichtlich der *Entziehung der Rechtsfähigkeit eines Vereins.* Sinkt die Zahl der Vereinsmitglieder unter 3 herab, so hat das Amtsgericht auf Antrag des Vorstandes und, wenn der Antrag nicht binnen 3 Monaten gestellt wird, von Amts wegen nach Anhörung des Vorstandes dem Verein die Rechtsfähigkeit zu entziehen, §§ 73 BGB, 160a FGG. Dies ist kein kontradiktorisches Streitverfahren. Vgl. unten § 87 XII, XVI.

XII. Zwangsvollstreckungsverfahren

1. Die Zuständigkeitsordnung des Übereinkommens kommt zur Anwendung auf Klagen und sonstige kontradiktorisch angelegte Verfahren im Zusammenhang mit Zwangsvollstreckungsverfahren, arg. Art. 16 Nr. 5. Erhebt z. B. ein Gläubiger im Verteilungsverfahren nach §§ 872ff. ZPO Widerspruch, dann ergibt sich die internationale Zuständigkeit für die Widerspruchsklage aus Art. 16 Nr. 5; § 879 ZPO hat nur noch Bedeutung für die Festlegung der örtlichen Zuständigkeit.

2. Art. 2ff. gelten aber nicht für die Anordnung und Durchführung von *Vollstreckungsmaßnahmen* als solchen. Denn in diesen Fällen liegt keine Parteistreitigkeit in dem oben XI. beschriebenen Sinn vor. Deshalb wird z. B. § 828 II ZPO durch das Übereinkommen nicht verdrängt. Diese Vorschrift regelt *die internationale Zuständigkeit der Bundesrepublik Deutschland für die Zwangsvollstreckung in Forderungen und andere Vermögensrechte:* Auch wenn der Vollstreckungsschuldner im Ausland wohnt,

erachtet sich die Bundesrepublik Deutschland zum Erlaß von Pfändungs- und Überweisungsbeschlüssen für international zuständig, wenn der Schuldner Vermögen im Inland hat. Bei Forderungen ist maßgeblicher Anknüpfungspunkt gemäß § 23 Satz 2 ZPO der Wohnsitz des Drittschuldners.

Wenn für die Forderung eine Sache als Sicherheit haftet, eröffnet die Bundesrepublik Deutschland eine internationale Zuständigkeit bereits auf Grund der Belegenheit der Sache im Inland. Auf den Wohnsitz des Drittschuldners kommt es in diesem Fall nicht an. An all diesen Zuständigkeitsanknüpfungen hat das Übereinkommen nichts geändert.[141]

XIII. Rechtsstreitigkeiten nur zwischen Ausländern (= Angehörigen dritter Staaten)[142]

Wie bereits oben[143] ausgeführt, knüpft das Übereinkommen nicht an die Staatsangehörigkeit der Parteien an. Die Staatsbürgerschaft eines der Vertragsstaaten ist nicht Voraussetzung für die Anwendung der Art. 2ff. Die Zuständigkeitsordnung des Übereinkommens gilt auch für Angehörige von Nicht-Vertragsstaaten. So kann ein Österreicher mit Wohnsitz in Zürich einen Schweden mit Wohnsitz in Kiel verklagen. Die internationale Zuständigkeit der Vertragsstaaten gründet sich auch in einem solchen Fall auf Art. 2ff., nicht auf das nationale Zuständigkeitsrecht. Der nach Art. 2ff. international zuständige Staat ist auch in reinen Ausländerprozessen zur Justizgewährung verpflichtet.[144] Er darf die Parteien nicht etwa an ihre Heimatgerichte verweisen. Er muß in der Sache entscheiden, wenn die Prozeßvoraussetzungen gegeben sind, auch wenn lex causae das Recht eines dritten Staates ist. Auf das anzuwendende Recht kommt es kompetenzrechtlich nicht an.[145]

XIV. Rechtsstreitigkeiten ohne Auslandsberührung – Reine Inlandsfälle –[146]

1. Rechtslogischer Ausgangspunkt

A priori stellt sich die Frage der internationalen Zuständigkeit immer. Voraussetzung für die Anwendbarkeit der Zuständigkeitsordnung des Über-

---

[141] *Schlosser*-Bericht Nr. 207; *Schack* Rechtspfleger 1980, 176 Fußn. 11; unten § 150 XXXV. Zur internationalen Zwangsvollstreckung in Forderungen und sonstige Rechte vgl. auch *Marquardt,* Das Recht der internationalen Forderungspfändung, Diss. Köln 1975; *Rosenbaum,* Die Zwangsvollstreckung in Forderungen im internationalen Rechtsverkehr, 1930.

[142] Zum „Ausländer"-Begriff der EG s. oben § 29 Fußn. 31.

[143] Oben IV sowie §§ 2, 4.

[144] S. unten § 42 II.

[145] *Geimer* NJW 1976, 446.

[146] Hierzu unten § 96 VII 3 und 5.

einkommens ist nicht, daß der Rechtsstreit *irgendeinen Auslandsbezug* aufweist. Diese gilt auch für reine Inlandsfälle. Die internationale Zuständigkeit ist rechtslogisch in jedem Prozeß zu prüfen.[147]

2. Faktische Problemlosigkeit der Frage bei reinen Inlandsfällen

a) Die Bejahung der internationalen Zuständigkeit bereitet in der Praxis keine Schwierigkeiten, wenn beide Parteien Inländer sind und im Inland wohnen und der Streitgegenstand keinen Bezug zum Ausland[148] hat. Gleichwohl ist auch in solchen Fällen Grundlage für die internationale Zuständigkeit nicht das nationale Zuständigkeitsrecht, sondern Art. 2 I.

b) In diesem Punkt ist der *Jenard*-Bericht[149] leider etwas unklar: „Bei Rechtsstreitigkeiten, die vor den Gerichten eines Vertragsstaates anhängig sind und die ausschließlich Personen betreffen, die in diesem Staat ihren Wohnsitz haben, spielt das Übereinkommen grundsätzlich keine Rolle; Art. 2 verweist in einem solchen Fall auf die in diesem Staat geltenden Zuständigkeitsnormen".[150] Im Ergebnis ist dies sicher richtig, weil – wegen des Fehlens von Berührungspunkten zum Ausland – alle Zuständigkeitsanknüpfungspunkte auf das Inland verweisen. Dogmatisch unterscheidet jedoch der *Jenard*-Bericht nicht klar genug zwischen *internationaler Zuständigkeit* und *örtlicher Zuständigkeit.*

3. Theorie vom „internationalen Sachverhalt"[151]

Die vorgenannte Formulierung im *Jenard*-Bericht und die nichtdeutschen Textvarianten des Absatzes 5 der Präambel des Übereinkommens[152] veranlaßten eine Reihe von Autoren zu der These, das Übereinkommen betreffe nur *„Angelegenheiten mit internationaler Beziehung".*[153]

---

[147] *Geimer,* Zur Prüfung der Gerichtsbarkeit und der internationalen Zuständigkeit bei der Anerkennung ausländischer Urteile, 1966, 103, Fußn. 37. *Geimer* NJW 1976, 446. Zustimmend *Kropholler* IZVR Rz. 637 Fußn. 1405.

[148] Beispiel: Zwei Kölner streiten sich um ein Kölner Grundstück.

[149] S. 57.

[150] Immerhin geht auch der *Jenard*-Bericht von der Anwendbarkeit des Art. 2 aus.

[151] *Jung* (Fußn. 86) 56ff.

[152] „Juridictions dans l'ordre international", „la competenza ... nell'ordinamento internazionale".

[153] So schreibt *Bülow* RabelsZ 30 (1965), 476: „Das Abkommen hat bestimmungsgemäß einen internationalen Charakter. Es befaßt sich also mit Rechtssachen, die von dem einzelnen Mitgliedsstaat her gesehen Auslandsbeziehung aufweisen". – Ebenso *Droz* Nr. 26ff. S. 23ff.; *Weser* Nr. 188 bis S. 215; *Bülow-Böckstiegel* 606/20, Art. 1, Anm. 4. *Samtleben* NJW 1974, 1590: „Allgemein gesprochen regelt demnach das Übereinkommen die Zuständigkeit der Gerichte „in Fällen mit Auslandsbeziehungen". Ausgeschlossen vom Anwendungsbereich des Übereinkommens sind daher reine Binnensachverhalte." – Ähnlich NJW 1974, 1593 sub II 2b sowie *Piltz* NJW 1979, 1071 und *Stein-Jonas-Schumann,* ZPO, 20. Aufl., Einl. XV G Rz. 800 S. 402 sowie Rz. 781 S. 390.

Dies trifft nicht zu.[154] Maßgebend ist der Text des Übereinkommens. Dort findet sich keinerlei Anhaltspunkt dafür, daß die Zuständigkeitsordnung des Übereinkommens reine Inlandsfälle ausklammert.[155]

4. Keine teleologische Reduktion des Anwendungsbereichs der Art. 2ff.

a) Für eine *teleologische Reduktion* des klaren Konventionstextes besteht keine Veranlassung.[156] Eine solche würde nur zu Verwirrungen führen.

b) Keinem der Befürworter einer solchen Reduktion ist bisher eine *klare Abgrenzungsformel* eingefallen, mit der die Inlandsfälle, für die das Übereinkommen nicht gelten soll, von den Angelegenheiten mit internationaler Beziehung abgegrenzt werden könnten.[157] So bedarf es bereits langer Ausführungen, um den Anwendungsbereich der Grundnorm des Übereinkommens – Art. 2 – zu definieren. Bei *Bülow-Böckstiegel*[158] steht zu lesen:

„Das Übereinkommen gibt keine allgemeine Definition der internationalen Zuständigkeit oder der Sachverhalte mit Auslandsbeziehung. Die Abgrenzung zu den reinen Inlandssachverhalten ist daher aus den Einzelregelungen der Art. 2ff. und auch – wie der Bericht betont – unter Berücksichtigung der besonderen Umstände des Rechtsstreits, mit dem das Gericht befaßt ist, zu bestimmen. Grundsätzlich richtet sich der räumlich-persönliche Anwendungsbereich nach dem Wohnsitz und ist das Überein-

---

[154] Im Ergebnis übereinstimmend *OLG München,* Urteil vom 24. Oktober 1978, FamRZ 1979, 153 = IPRspr. 1978 Nr. 147.

[155] Dies räumt *Piltz* NJW 1979, 1071 ein. Vgl. auch *Samtleben* NJW 1974, 1593 bei Fußn. 54: „Auch das EWG-Übereinkommen will gerade durch seine eigenen Regeln bestimmen, wann ein Fall mit internationalem Einschlag im Sinne der Präambel vorliegt. Das Kriterium des «internationalen Sachverhalts» kann dabei als Auslegungsmaxime, aber nicht selbst als konkretes Anknüpfungsmerkmal dienen."

[156] *Geimer* NJW 1976, 446.

[157] Dies sieht *Droz* Nr. 28 S. 23f.:

„L'absence d'une définition du „caractère international" en matière de compétence se comprend aisément. Il est en effet difficile de définir le caractère international du rapport juridique qui peut dépendre de maintes circonstances propres au litige ou au procès. Il n'est pas sûr, par exemple, qu'une action intentée en France entre Français domiciliés en France ait toujours un caractère interne. Il suffit d'imaginer que la nature du litige, la validité d'un brevet déposé à l'étranger, entraînent la compétence exclusive d'une juridiction d'un autre Etat membre de la Communauté, pour que l'on soit forcé de reconnaître un caractère international au rapport juridique, ce qui entraînera l'application des règles impératives de la Convention. D'un autre côté, il n'est pas dit qu'un litige intenté en France entre un Belge et un Allemand soit nécessairement international. Si ces deux personnes sont domiciliées en France et que le procès ait trait à un contrat conclu et exécuté en France, on ne voit pas pourquoi on qualifierait leurs relations d'internationales. Le droit commun français n'attache, dans un tel cas, aucune importance à la nationalité des plaideurs; quant à la Convention, on verra qu'elle assimile aux nationaux les personnes qui ne possèdent pas la nationalité de l'Etat dans lequel elles sont domiciliées."

[158] 606/20, Art. 1 Anm. 4.

kommen auf Rechtsstreitigkeiten zwischen Parteien, die beide ihre Wohnsitze im Staat des angerufenen Gerichts haben, mangels Auslandsbeziehung nicht anwendbar (vgl. Art. 2 und 4). Aufgrund besonderer Umstände kann aber doch eine Auslandsbeziehung und damit eine Anwendbarkeit des Übereinkommens in Betracht kommen, z. B. wenn eine Partei Ausländer ist (Art. 2 Abs. 2), wenn eines der für die besonderen Zuständigkeiten der Art. 5 und 6 maßgebenden Anknüpfungsmerkmale im Ausland liegt, wenn die Voraussetzungen der Art. 12 Nr. 3 oder 15 Nr. 3 vorliegen, wenn eine ausschließliche Zuständigkeit ohne Rücksicht auf den Wohnsitz in einem anderen Staat gegeben ist (Art. 16), wenn die Sache schon vor dem Gericht eines anderen Staates rechtshängig ist (Art. 21) oder wenn ein Sachzusammenhang mit einem Rechtsstreit vor dem Gericht eines anderen Staates bejaht werden muß (Art. 22). Der Rechtsstreit vor dem deutschen Gericht zwischen Parteien mit Wohnsitz in der Bundesrepublik über das Ferienhaus in Italien, das Schutzrecht in Frankreich oder den Schadensersatz aus dem Verkehrsunfall in Holland fällt also in den Anwendungsbereich des Abkommens. Auch soweit die Parteien in diesen Fällen eine Gerichtsstandsvereinbarung über die Zuständigkeit ihres inländischen Wohnsitzgerichts treffen, ist die Anwendbarkeit des Übereinkommens nicht erledigt, vielmehr die Vereinbarkeit mit den Art. 17 und 18 zu prüfen".[159]

---

[159] Ähnlich *Piltz* NJW 1979, 1071: „Wohnen hingegen beide Parteien in dem gleichen Vertragsstaat, spricht zwar der Wortlaut der Art. 2 I, 4 I ebenfalls für die Kompetenz des Abkommens. In dem Abkommen sollten jedoch nur die internationale Zuständigkeit geordnet und ausschließlich nationale Sachverhalte nicht erfaßt werden, so daß bei Wohnsitz beider Beteiligten im Staat des angerufenen Gerichts die Zuständigkeitsordnung des Abkommens grundsätzlich nicht anzuwenden ist. Dieser Standpunkt muß jedoch aufgegeben werden, wenn unabhängig vom Sitz des Gerichts der Sachverhalt neben dem Wohnsitzstaat einen weiteren Vertragsstaat berührt und dort nach den Regeln der Art. 3ff. eine Zuständigkeit begründet. Sind die in den Art. 5, 6 und 16 benannten Kriterien in einem Vertragsstaat zu lokalisieren oder vereinbaren die Parteien gem. Art. 17 oder 18 die Zuständigkeit seiner Gerichte, ist das Abkommen auch dann in vollem Umfang anwendbar, wenn beide Beteiligten ihren Sitz in zwar dem gleichen, aber einem anderen Vertragsstaat haben. Ebenso wird der Anwendungsbereich des Abkommens eröffnet, wenn zwar die Art. 5ff. nicht eingreifen, jedoch ein Gericht in einem anderen Vertragsstaat als dem des gemeinsamen Wohnsitzes angerufen wird, da Art. 4 bei dieser Gestaltung den Rückgriff auf die eigenen Regelungen der internationalen Zuständigkeit nicht zuläßt."

Piltz stellt folgende Anwendungsvoraussetzungen auf:

(1) Einer der in Art. 16 aufgezählten Anknüpfungspunkte ist im Hoheitsgebiet eines Vertragsstaates belegen.

(2) Die Parteien des Rechtsstreites haben ihren Wohnsitz in dem Gebiet jeweils eines anderen Vertragsstaates.

(3) Der Beklagte oder beide Parteien wohnen in einem Vertragsstaat und

a) der Sachverhalt enthält darüber hinaus Anknüpfungspunkte der in den Art. 5, 6, 17 oder 18 bezeichneten Art in einem weiteren Vertragsstaat oder

b) die Gerichte eines anderen Vertragsstaates sind aufgerufen, über ihre Zuständigkeit zu befinden.

(4) Nur der Kläger wohnt in einem Vertragsstaat und die Zuständigkeit der Gerichte eines weiteren Vertragsstaates ist ausdrücklich vereinbart. Unerheblich ist, ob das angerufene Gericht in einem der nach den Regeln 1, 2, 3a oder 4 bezeichneten Vertragsstaaten liegt."

c) Hätten die Verfasser des Übereinkommens seinen Anwendungsbereich wirklich so kompliziert definieren wollen, so müßte man ihrer Normgebungskunst ein vernichtendes Zeugnis ausstellen. Wäre es wirklich wahr, daß ein Gericht erst einen Dschungel von Regeln und Ausnahmen und Unterausnahmen durchprüfen müßte, bevor es die Frage beantworten könnte, ob nun die europäische Zuständigkeitsordnung der Art. 2ff. zum Zuge kommt oder die nationale des angerufenen Gerichts (Art. 4 I), so hätte die Praxis Steine statt Brot. Genau das Gegenteil hat man aber beabsichtigt. Deshalb ist am Text des Übereinkommens nicht zu rütteln: *Auch in reinen Inlandsfällen* regelt das Übereinkommen die internationale Zuständigkeit (Art. 2 I). Die *örtliche Zuständigkeit* dagegen bestimmt das nationale Zuständigkeitsrecht (vorbehaltlich Art. 2 II).[160] Lakonisch bemerkt der *Jenard*-Bericht:[161] „Diese Lösung ist ferner äußerst praktisch, denn sie enthebt den Richter in den meisten Fällen der Verpflichtung, sich eingehender mit dem Übereinkommen zu befassen", stellt aber – ganz im Sinne der hier vertretenen Meinung – eindeutig klar, daß die internationale Zuständigkeit vom Übereinkommen normiert wird: „Das Übereinkommen bestimmt die internationale Zuständigkeit der Gerichte des Staates, in dessen Hoheitsgebiet das angerufene Gericht liegt, während das innerstaatliche Recht dieses Staates seinerseits ein bestimmtes Gericht für örtlich zuständig erklärt."[162]

d) Auch *Art. 16 beansprucht absolute Geltung;* es kommt also nicht darauf an, ob der Rechtsstreit Kontakte zum Ausland aufweist. Auch wenn beide Parteien im Inland wohnen, ist z. B. für die Immobiliarklage Grundlage für die internationale Zuständigkeit das Übereinkommen (Art. 16 Nr. 1) und nicht das nationale Zuständigkeitsrecht.[163]

e) Eine teleologische Reduktion wird vor allem für den Anwendungsbereich des Art. 17 gefordert.[164] Der Wortlaut des Art. 17 sei zu weit gefaßt. Reine Inlandsfälle habe das Übereinkommen nicht regeln wol-

[160] *Jenard*-Bericht S. 66. Näher unten § 33 I. [161] S. 57.

[162] In diesem Kontext sind auch die folgenden Sätze des *Jenard*-Berichts, S. 66 zu Art. 2 eindeutig: „In dem Augenblick, in dem eine Person vor einem Gericht des Staates verklagt wird, in dessen Hoheitsgebiet sie ihren Wohnsitz hat, kommen demnach die innerstaatlichen Zuständigkeitsregeln dieses Staates voll und ganz zur Anwendung. Hier verweist das Übereinkommen auf das Inlandsrecht des angerufenen Gerichts."

[163] Zustimmend *Piltz* NJW 1979, 1072 bei Fußn. 21: „Ein Gericht, das über die Anerkennung eines Urteils, das unter Berufung auf Art. 4 I nach nationalem Zuständigkeitsrecht ergangen ist, zu befinden hat, muß jedoch wegen Art. 28 III stets und in jedem Fall Art. 16 anwenden und prüfen. Dann ist aber nicht einzusehen, warum auf der vorgelagerten Stufe des Erkenntnisverfahrens das Abkommen nur eingreifen soll, wenn der Streitfall über Art. 16 hinaus zusätzliche Auslandskontakte enthält. Vielmehr liegt es im Interesse einer die Integration fördernden Auslegung und entspricht es dem von den Unterzeichnern des Abkommens in die Rechtspflege der anderen Vertragsstaaten gesetzten Vertrauen, daß Art. 16 in allen Fällen beachtet wird." Ebenso *Kropholler* IZVR Rz. 375. A. A. *Müller* in *Bülow-Böckstiegel,* 606/131, Anm. II bei Fußn. 2.

[164] Hierzu oben VI.

len.[165] Vereinbaren die Parteien die Zuständigkeit eines Gerichtes ihres gemeinsamen Wohnsitzstaates, dann liegt zwar eine internationale Zuständigkeitsvereinbarung vor, nämlich eine Vereinbarung über die *internationale Zuständigkeit* des Wohnsitzstaates. Diese kann jedoch der Richter des Wohnsitzstaates dahingestellt sein lassen, weil sich die internationale Zuständigkeit des Wohnsitzstaates – vorbehaltlich Art. 16 – bereits aus Art. 2 I ergibt. Die Zuständigkeitsvereinbarung hat aus der Sicht des Wohnsitzstaates nur praktische Bedeutung für die *örtliche Zuständigkeit.* Die Regelung der örtlichen Zuständigkeit innerhalb des Wohnsitzstaates beider Parteien überläßt das Übereinkommen aber dem innerstaatlichen Zuständigkeitsrecht.[166] Zwar kommt Art. 17 auch in einem solchen Fall zur Anwendung, aber nur hinsichtlich der *internationalen Zuständigkeit:* die Gerichte der anderen Vertragsstaaten haben den *Derogationseffekt*[167] der Vereinbarung der ausschließlich internationalen Zuständigkeit des Wohnsitzstaates zu beachten.[168] Grundlage hierfür ist Art. 17. Für die Festlegung des *örtlich zuständigen* Gerichts innerhalb des Wohnsitzstaates beider Parteien ist aber das nationale Zuständigkeitsrecht allein maßgebend.[169] Grundsätzlich gilt Art. 17 nicht nur für die Vereinbarung der internationalen Zuständigkeit eines Vertragsstaates, sondern auch für die Prorogation der örtlichen Zuständigkeit innerhalb dieses Vertragsstaates.[170] Letzteres gilt jedoch nicht für die Festlegung des örtlich zuständigen Gerichts in solchen Vertragsstaaten, in denen *beide Parteien* ihren Wohnsitz bzw. Sitz haben.[171] Diese Einschränkung kann man zwar nicht

---

[165] *Droz* S. 119f.; *v. Hoffmann* AWD 1973, 57; *Samtleben* NJW 1974, 1593; *Stauder* GRUR Int. 1976, 471; *Müller* in *Bülow-Böckstiegel* 606/143, Art. 17 Anm. II 3 bei Fußn. 19; *Stein-Jonas-Leipold,* ZPO, 20. Aufl., § 38, Rz. 22; *Jung,* Vereinbarungen über die Internationale Zuständigkeit nach dem EWG-Gerichtsstands- und Vollstreckungsübereinkommen und nach § 38 Abs. 2 ZPO, Diss. Bochum 1980, 53, 66.

[166] *Jenard*-Bericht S. 83.

[167] Hierzu unten § 96 VII 5 und XX 1.

[168] Eine klare Unterscheidung zwischen internationaler und örtlicher Zuständigkeit findet sich nicht bei den oben Fußn. 165 Genannten.

[169] Näher unten § 33 I.

[170] Beide Vereinbarungen müssen aber nicht zwingend miteinander verbunden sein. Art. 17 läßt auch eine Zuständigkeitsvereinbarung zu, die nur den international zuständigen Vertragsstaat festlegt, aber offenläßt, welches Gericht in diesem Staat örtlich zuständig ist. Vgl. den Text des Art. 17 I 1 „. . . bestimmt, daß . . . die Gerichte eines Vertragsstaates . . .“. So können die Parteien etwa formulieren: „Zuständig sollen die belgischen Gerichte sein“ oder „zuständig sollen die Gerichte in Belgien sein“. In einem solchen Fall regelt das innerstaatliche Zuständigkeitsrecht des durch Vereinbarung gemäß Art. 17 international zuständigen Vertragsstaates (hier: Belgien) die örtliche Zuständigkeit. Der prorogierte Vertragsstaat ist in jedem Fall zur Justizgewährung verpflichtet. Stellt das nationale Zuständigkeitsrecht des prorogierten Vertragsstaates kein örtlich zuständiges Gericht zur Verfügung, so greift die ungeschriebene konventionsrechtliche Regel ein, daß *die Gerichte der Hauptstadt* des prorogierten Vertragsstaates örtlich zuständig sind. Hierzu unten § 96 XX 7.

[171] Maßgebend hierfür ist grundsätzlich der Zeitpunkt der Klageerhebung. Näher

aus dem Text des Art. 17 herauslesen, sie ergibt sich jedoch aus der Konzeption des Art. 2 I. Das Übereinkommen verzichtet ganz bewußt darauf, die *örtliche Zuständigkeit innerhalb des Wohnsitzstaates* zu normieren.[172] Dies soll nach wie vor eine Domäne des nationalen Zuständigkeitsrechts bleiben.[173] Dieser Grundsatz hat Vorrang. Deshalb ist Art. 17 restriktiv zu interpretieren, was die Vereinbarung der örtlichen Zuständigkeit anbelangt. Unberührt bleibt jedoch die Anwendung des Art. 17 hinsichtlich der *internationalen Zuständigkeit*.[174]

f) Mit der hier vorgetragenen Begründung gibt sich die h. M. nicht zufrieden. Voraussetzung für die Anwendbarkeit des Art. 17 sei *„ein internationaler Sachverhalt“*.[175] Dies klingt plausibel nur beim ersten Zuse-

---

oben IV. Da sich bei Abschluß der Zuständigkeitsvereinbarung nicht voraussagen läßt, wer der Beklagte sein wird und ob dieser seinen Wohnsitz verlegen wird, ist eine sichere Prognose nicht möglich, ob hinsichtlich der Vereinbarung der örtlichen Zuständigkeit Art. 17 Anwendung finden wird oder das nationale Zuständigkeitsrecht.

172 *Jenard*-Bericht S. 57 und S. 83.

173 Näher unten § 33 V.

174 Schief daher die Sicht *Stauders* GRUR Int 1976, 472: Die Prorogationswirkung sei nach nationalem Zuständigkeitsrecht zu beurteilen, jedoch die Derogationswirkung nach dem Übereinkommen (Art. 17). Hier wird nicht klar genug zwischen *internationaler* und *örtlicher Zuständigkeit* unterschieden. *Stauder* aaO behauptet: „Eine weitere Eigenart ergibt sich aus der Konstruktion des Übereinkommens. Wird eine in Deutschland ansässige Person von der amerikanischen Vertragspartei in Frankreich verklagt und beruft sich der in Deutschland Ansässige auf einen in Deutschland vereinbarten Gerichtsstand, so wendet das Gericht, wenn ein an sich in Frankreich gegebener Gerichtsstand durch diese Gerichtsstandsabrede ausgeschlossen ist, Art. 17 GVÜ an. Verklagt aber das amerikanische Unternehmen den in Deutschland Wohnhaften in seinem Heimatland, so sind nach Art. 2 GVÜ die nationalen Zuständigkeitsvorschriften anzuwenden. Die Anwendung des GVÜ hängt hier also davon ab, in welchem Staat die Klage erhoben wird. Diese Inkongruenz der Lösungen, die von der Kläger- oder Beklagtenrolle abhängen, muß wohl als Ergebnis der Konstruktion des Übereinkommens hingenommen werden.“ Ähnlich schon *Samtleben* NJW 1974, 1590, 1591 sub I 2d und 1594 sub II 3b. Dagegen nun auch *Kropholler* IZVR Rz. 815. Allerdings findet auch er nicht des vermeintlichen Rätsels Lösung: die klare Trennung zwischen internationaler und örtlicher Zuständigkeit.

175 *Schlosser-Bericht* Nr. 174 passim; *Samtleben* NJW 1974, 1593; *Müller* in *Bülow-Böckstiegel* 606/143, Art. 17, Anm. II 3; *Stein-Jonas-Leipold,* ZPO, 20. Aufl. § 38 Rz. 22. Ausgangspunkt der *Theorie vom internationalen Sachverhalt* ist folgende unglückliche Wendung im *Jenard*-Bericht S. 83: Art. 17 sei „grundsätzlich nicht anwendbar, wenn die Parteien die Zuständigkeit eines Gerichts ihres gemeinsamen Wohnsitzstaates vereinbart haben, da das Übereinkommen nach dem in der Präambel festgelegten Grundsatz nur die Zuständigkeit bei internationalen Beziehungen bestimmt“. Darauf beruft sich zu Unrecht *Samtleben* NJW 1974, 1593 sub II 2b: „Die *Abgrenzung von internen Sachverhalten* ist bereits durch die Präambel vorgegeben: Auf reine Binnensachverhalte soll das Übereinkommen keine Anwendung finden. Bei Prorogation auf ein Gericht des gemeinsamen Wohnsitzstaates der Parteien ist daher nach den Materialien Art. 17 grundsätzlich nicht anzuwenden, ‚da das Übereinkommen . . . nur die Zuständigkeit bei internationalen Beziehungen bestimmt‘ (Bericht S. 83). Andererseits erkennt das

hen; eine überzeugende Abgrenzung des „internationalen Sachverhalts" vom reinen Inlandsfall, geschweige denn eine für die Praxis einfach zu handhabende Formel ist aber noch niemandem geglückt.[176] Denn auch dann, wenn beide Parteien im Inland wohnen, können sich kompetenzrechtlich relevante Berührungspunkte zu einem anderen Vertragsstaat ergeben: so vor allem in den Fällen des Art. 16 und immer dann, wenn eine Zuständigkeitsanknüpfung gemäß Art. 5ff. gegeben ist. Dies sieht auch *Müller*.[177] Für die Definition des „internationalen Sachverhalts" fällt ihm aber nur folgende komplizierte Definition ein:

Übereinkommen z. B. in Abzahlungs- und Versicherungssachen ausdrücklich die Vereinbarung der Zuständigkeit der Gerichte des gemeinsamen Wohnsitzstaates an (Art. 12 Nr. 3, 15 Nr. 3). Wird durch eine solche Abrede ein nach dem Übereinkommen gegebener Gerichtsstand in einem anderen Vertragsstaat ausgeschlossen, so muß sinnvollerweise auch die Gültigkeit dieses Ausschlusses nach dem Übereinkommen, also nach Art. 17 beurteilt werden. Offen bleibt dabei, nach welchen Kriterien sich in derartigen Fällen die Abgrenzung von internen und internationalen Sachverhalten bestimmen soll."

[176] Vgl. z. B. *Stein-Jonas-Leipold,* ZPO 20. Aufl. § 38 Rz. 21ff.: „Aus dem Wortlaut des Art. 17 ergibt sich, daß erstens mindestens eine Partei ihren Wohnsitz in einem Vertragsstaat haben muß und zweitens die Zuständigkeit der Gerichte oder eines bestimmten Gerichts eines Vertragsstaates vereinbart sein muß. Diese beiden Voraussetzungen sind aber ersichtlich zu weit gefaßt; denn Art. 17 würde danach z. B. auch dann eingreifen, wenn zwei in Deutschland wohnende Personen die Zuständigkeit eines deutschen Gerichts vereinbaren. Es ist aber nicht der Sinn des Art. 17, die innerstaatlichen Regeln über die Prorogation in allen Fällen zu verdrängen. Vielmehr ist aus dem Zweck des Übereinkommens und seiner Präambel abzuleiten, daß es Zuständigkeitsprobleme regeln wollte, die zwischen den Zuständigkeitsordnungen zweier Vertragsstaaten auftreten, nicht aber rein interne Fragen. Derselbe Gedanke läßt sich aus den Grundregeln der Art. 2–4 EuGVÜ ablesen und präzisieren. Art. 2 stellt den Grundsatz auf, daß Personen, die in einem Vertragsstaat wohnen, vor den Gerichten ihres Wohnsitzstaates zu verklagen sind. Die besonderen Regeln des Abkommens befassen sich nach Art. 3 Abs. 1 mit der Frage, wann eine Person außerhalb ihres Wohnsitzstaates verklagt werden kann, wann also, wie man verkürzt sagen kann, ein „Außengerichtsstand" begründet ist. *Damit erweist sich das Auseinanderfallen von Wohnsitzstaat und Gerichtsstaat als der eigentliche Regelungsgegenstand.* Das gilt auch für Art. 17, nur ist hier nicht auf die Situation im konkreten Prozeß (wird der Beklagte außerhalb seines Wohnsitzstaates verklagt?) abzustellen, sondern auf den gesamten Inhalt der Vereinbarung. Dadurch wird im Interesse der Parteien erreicht, daß die Wirksamkeit einer Prorogation, wenn sie überhaupt unter Art. 17 fällt, im allgemeinen für beide Parteien und für beide möglichen Prozeßkonstellationen einheitlich, eben nach Art. 17 zu beurteilen ist. Art. 17 ist daher immer dann anzuwenden, wenn aufgrund der Vereinbarung eine in einem Vertragsstaat wohnende Partei in einem anderen Vertragsstaat verklagt werden könnte. Darüber hinaus ist aus dem Regelungsgegenstand des Abkommens und aus dem Zusammenhang des Art. 17 mit den vorausgehenden Bestimmungen des Abkommens zu entnehmen, daß Art. 17 auch dann gilt, wenn es im konkreten Prozeß darum geht, ob eine nach dem Abkommen gegebene Zuständigkeit zur Klage in einem Vertragsstaat außerhalb des Wohnsitzstaates des Beklagten durch die Vereinbarung wirksam ausgeschlossen ist."

[177] In *Bülow-Böckstiegel* 606/143, Art. 17, Anm. II 3.

„Das Übereinkommen soll nach seiner Präambel nicht für reine Binnensachverhalte gelten. Ungeschriebene Voraussetzung des Art. 17 ist daher ein internationaler Sachverhalt. Vereinbaren die Parteien einen Gerichtsstand in ihrem gemeinsamen Wohnsitzstaat, so ist Art. 17 grundsätzlich unanwendbar. Auf die Staatsangehörigkeit der Parteien kommt es nicht an. Ob Auslandsberührung besteht, hängt vom Wohnsitz der Parteien und vom Inhalt ihrer Gerichtsstandsvereinbarung ab. Art. 17 ist demnach anzuwenden, wenn die Parteien in verschiedenen Vertragsstaaten wohnen. Das gleiche gilt, wenn Personen mit Wohnsitz im selben Vertragsstaat einen Gerichtsstand in einem anderen Vertragsstaat wählen. Haben die Parteien mit Wohnsitz im selben Vertragsstaat einen inländischen Gerichtsstand bestimmt, so liegt zwar regelmäßig ein reiner Binnensachverhalt vor, für den das innerstaatliche Recht gilt. Aber auch hier besteht ausnahmsweise Auslandsberührung, wenn z. B. durch die Vereinbarung des inländischen Gerichtsstands eine in einem anderen Vertragsstaat bestehende Zuständigkeit – z. B. der Gerichtsstand des Erfüllungsortes (Art. 5 Nr. 1) oder der unerlaubten Handlung (Art. 5 Nr. 3) – ausgeschlossen wird. Art. 17 ist daher auch anzuwenden, wenn durch die Vereinbarung lediglich ein nach dem Übereinkommen bestehender Gerichtsstand in einem anderen Vertragsstaat abbedungen wird («grenzüberschreitende Derogation»). Daß stets eine «grenzüberschreitende Prorogation» notwendig ist, der vereinbarte Gerichtsstand also in einem anderen Vertragsstaat liegen muß, läßt sich aus Sinn und Zweck der Vorschrift nicht herleiten. Für den ausländischen Richter, dessen an sich bestehende Zuständigkeit durch die Wahl eines Gerichts des gemeinsamen Wohnsitzstaats abbedungen wird, ist die internationale Wirkung dieser Gerichtsstandsabrede offensichtlich.

Er wird daher die Zulässigkeit der Abrede nach Art. 17 beurteilen. Der inländische Richter kann nicht anders verfahren. Zwar deuten für ihn der Wohnsitz der Parteien und die Wahl des inländischen Gerichtsstands auf einen reinen Inlandssachverhalt hin und er muß erst prüfen, ob nach den Regeln des Übereinkommens eine Zuständigkeit in einem anderen Vertragsstaat besteht. Dies muß jedoch im Interesse einer einheitlichen Beurteilung der internationalen Zuständigkeit in Kauf genommen werden. Unübersehbare Schwierigkeiten, wie vereinzelt befürchtet, ergeben sich für die Praxis nicht. In dem vorgetragenen Sachverhalt werden zumeist genügend Anhaltspunkte darauf hindeuten, daß durch die Abrede in einem anderen Vertragsstaat z. B. ein Gerichtsstand des Erfüllungs- oder Begehungsorts (Art. 5 Nr. 1 und 3) oder ein ausschließlicher Gerichtsstand (Art. 16) abbedungen wird und damit Art. 17 anzuwenden ist."[178]

g) Ein weiteres Problem ergibt sich hinsichtlich der Abgrenzung der internationalen Sachverhalte von den reinen Inlandsfällen für diejenigen, die als *maßgeblichen Zeitpunkt für die Anwendbarkeit des Art. 17* nicht den Zeitpunkt der Klageerhebung betrachten, sondern denjenigen des *Abschlusses der Zuständigkeitsvereinbarung.*[179] Wird ein reiner Inlandsfall ein solcher mit internationaler Beziehung mit der Folge der Anwendbarkeit des Art. 17, wenn eine der Parteien in einen anderen Vertragsstaat ver-

[178] Dagegen haben sich *Samtleben* NJW 1974, 1590, 1591 sub I 2d und 1594 sub II 3b und *Stauder* GRUR Int. 1976, 472 für eine inkongruente Lösung ausgesprochen. Die Derogationswirkung sei nach Art. 17, die Prorogationswirkung nach nationalem Zuständigkeitsrecht zu beurteilen. Hierzu oben Fußn. 174.

[179] So z. B. *Stein-Jonas-Leipold,* ZPO, 20. Aufl., § 38 Rz. 25 und *Müller* in *Bülow-Böckstiegel* 606/142, Art. 17, Anm. II 1.

zieht oder gilt nach wie vor nur das innerstaatliche Zuständigkeitsrecht? Die gleiche Frage läßt sich auch im umgekehrten Fall stellen. Haben z. B. eine in der Bundesrepublik Deutschland und eine in Belgien wohnhafte Partei die Zuständigkeit eines deutschen Gerichts vereinbart, bleibt dann die Vereinbarung an Art. 17 zu messen, auch wenn die zweite Partei (oder deren Rechtsnachfolger) im Zeitpunkt der Klageerhebung ebenfalls in Deutschland wohnhaft geworden ist?[180, 181]

XV. Rechtsstreitigkeiten mit Berührungspunkten zu Drittstaaten, aber ohne solche zu anderen Vertragsstaaten[182]

1. Wohnt der Beklagte im geographischen Anwendungsbereich des Übereinkommens,[183] dann gilt für Klagen gegen ihn gemäß Art. 2ff. die Zuständigkeitsordnung des Übereinkommens *ohne Rücksicht darauf, ob der Rechtsstreit Berührungspunkte zu einem anderen Vertragsstaat aufweist.* Sie kommt also auch dann zum Zuge, wenn in concreto der Rechtsstreit Bezugspunkte nur zu einem Drittstaat hat.

Beispiel:

Eine Handelsgesellschaft in München vereinbart mit einem Unternehmen in Innsbruck die Lieferung von technischen Geräten. Erfüllungsort ist München. Es bestehen keinerlei Berührungspunkte zu einem anderen Vertragsstaat.[184]

Gleichwohl beansprucht die Zuständigkeitsordnung des Übereinkommens Geltung. Die internationale Zuständigkeit der Bundesrepublik Deutschland bestimmt sich nach Art. 2ff., wenn die Münchner Handelsgesellschaft vor einem deutschen Gericht verklagt werden soll. Dagegen ist gemäß Art. 4 I das nationale Zuständigkeitsrecht (§§ 20ff. ZPO) maßgebend, wenn der Vertragspartner aus Innsbruck in der Bundesrepublik Deutschland belangt werden soll. In Betracht kommt der Gerichtsstand des Erfüllungsortes (§ 29 ZPO) und – je nach den Umständen des Falles – des Vermögens (§ 23 ZPO) oder der Zweigniederlassung (§ 21 ZPO).

2. Angesichts des klaren Wortlauts des Übereinkommens ist die Anwendbarkeit der Art. 2ff. auch in den Fällen zu bejahen, in denen keine kompetenzrechtlich relevanten Anknüpfungspunkte zu anderen Vertragsstaaten feststellbar sind.

---

180 Für Anwendbarkeit des Art. 17 *Stein-Jonas-Leipold,* ZPO, 20. Aufl., § 38 Rz 25.

181 Zur Frage des maßgeblichen Zeitpunkts für die Anwendung des Art. 17 s. oben VI 8.

182 Hierzu auch unten § 96 VII 4.

183 Hierzu oben § 17.

184 Die Situation ändert sich jedoch, wenn z. B. der Erfüllungsort in einem anderen Vertragsstaat liegt oder wenn die Gerichte eines anderen Vertragsstaats prorogiert wurden, oder wenn nach dem nationalen Zuständigkeitsrecht (Art. 4 I) einem oder mehreren Vertragsstaaten eine (internationale) Zuständigkeit eröffnet ist.

3. *Auch die ratio conventionis verlangt eine teleologische Reduktion nicht.*

a) Eine solche wird jedoch mitunter im Schrifttum[185] gefordert. Das Übereinkommen wolle nur die „innergemeinschaftlichen Beziehungen"[186] normieren. Seine Zuständigkeitsordnung beanspruche nur dann Geltung, wenn der Rechtsstreit Berührungspunkte zu verschiedenen Vertragsstaaten aufweise,[187] nicht jedoch, wenn es ausschließlich um die Abgrenzung des Jurisdiktionsbereichs eines Vertragsstaates zu einem Nichtvertragsstaat geht. Das Übereinkommen wolle nur die Zuständigkeitsprobleme lösen, die zwischen zwei oder mehr Vertragsstaaten auftreten, nicht jedoch solche, die nur zwischen einem Vertragsstaat und einem Nichtvertragsstaat bestehen.

b) Dies gelte nicht nur für die Anwendungsgrundregel des Art. 2 I (= Wohnsitz des Beklagten in einem Vertragsstaat als Voraussetzung der Anwendung der europäischen Zuständigkeitsregeln), sondern auch für den unabhängig vom Beklagtenwohnsitz anzuwendenden Art. 16.[188]

---

[185] Vgl. *Piltz* NJW 1979, 1072 sub II 2d: „Richtet sich die Klage gegen die Partei, die in dem Vertragsstaat wohnt und enthält der Sachverhalt darüber hinaus aufgrund Art. 5, 6 oder 18 Berührungspunkte zu einem weiteren Vertragsstaat, ist die internationale Zuständigkeit nach den Vorschriften des Abkommens zu bestimmen, vgl. Art. 2 I, 3 I. Gleiches gilt, wenn das Gericht eines anderen als des Wohnsitzstaates angerufen wird, vgl. Art. 4 I. Fehlen hingegen Bezüge der bezeichneten Art, kann allein der Wohnsitz des Beklagten nicht zur Anwendung des Art. 2 I führen; denn eine zwingende Festlegung der internationalen Zuständigkeit in Fällen, in denen Berührungspunkte wohl zu Drittstaaten, nicht aber zu weiteren Vertragsstaaten bestehen, hat das Abkommen – abgesehen von Art. 16 – nicht treffen wollen, so daß die Art. 2 I und 4 I in ihrer Aussage insoweit einzuschränken sind."

[186] Dieses obiter-dictum des *EuGH* (im Urteil vom 22. November 1978, Rechtssache 33/78 – *Somafer./.Saar-Ferngas,* EuGHE 1978, 2183 = RIW 1979, 57) kann nicht als Beleg für die Notwendigkeit einer teleologischen Reduktion angeführt werden.

[187] *Samtleben* NJW 1974, 1590, *Piltz* NJW 1979, 1072. Speziell zu Art. 17: *Samtleben* NJW 1974, 1593; *Stein-Jonas-Leipold,* ZPO, 20. Aufl., § 38 Rz. 22; *Stauder* GRUR Int. 1976, 492. Zu Art. 16: *Müller* in *Bülow-Böckstiegel* 606/131, Art. 16, Anm. II. Zu Art. 17: *Müller* in *Bülow-Böckstiegel* 606/144, Art. 17, Anm. II 3a und b und auch unten. Zu Art. 18: *Müller* in *Bülow-Böckstiegel* 606/154, Art. 18, Anm. I. Zu Art. 24: *Müller* aaO 606/180, Art. 24, Anm. II.

[188] *Müller* in *Bülow-Böckstiegel* 606/131, Art. 16, Anm. II: „Art. 16 ist daher auch anwendbar, wenn der Beklagte in einem Drittstaat wohnt (Art. 4 Abs. 1). Allerdings muß, da das Übereinkommen nur im Verhältnis der Vertragsstaaten gilt, stets ein weiterer Vertragsstaat berührt sein, sei es, daß z. B. der Kläger in einem anderen Vertragsstaat wohnt oder daß der in dem Drittstaat wohnende Beklagte in einem anderen Vertragsstaat z. B. einen Vermögensgerichtsstand hat, der dann durch Art. 16 verdrängt würde. Bestehen hingegen ausschließlich Berührungspunkte zu einem Drittstaat, so bleibt Art. 16 wie bei einem reinen Inlandssachverhalt unanwendbar, und es gelten die autonomen Verfahrensregeln der lex fori bzw. die gegenüber dem Drittstaat maßgebenden staatsvertraglichen Regeln." Dies geht aber auch *Piltz,* NJW 1979, 1072, der grundsätzlich eine teleologische Reduktion fordert, zu weit. Er postuliert eine absolute Geltung für Art. 16: „Stets dann, wenn eines der Anknüpfungsmomente des Art. 16 in irgendeinem der Vertragsstaaten belegen ist, wird der Anwen-

Streiten sich z. B. ein Salzburger und ein Berner um das Eigentum an einem Grundstück in Rosenheim, so wäre nach dieser Theorie Art. 16 Nr. 1 nicht anzuwenden. Die internationale Zuständigkeit der Bundesrepublik Deutschland würde sich auf das nationale Zuständigkeitsrecht (§ 24 ZPO) und nicht auf das Übereinkommen stützen.

c) Die Anhänger der teleologischen Reduktion geraten bei der Abgrenzung des Anwendungsbereichs des Übereinkommens in die gleichen Schwierigkeiten wie bei den reinen Inlandsfällen.[189] Dem Richter werden umfangreiche Prüfungen vorgeschrieben. Erst wenn er jeden Kontakt des Rechtsstreits zu einem anderen Vertragsstaat verneint hat, kann er darüber befinden, ob nun europäisches oder nationales Zuständigkeitsrecht zur Anwendung kommt. Eine solche umständliche Rechtsanwendungsprozedur ist aber für die Praxis unerträglich und steht im Gegensatz zu dem Anliegen des Übereinkommens, das Zuständigkeitsrecht klar und überschaubar und somit auch praktikabel zu gestalten, abgesehen von der grundsätzlichen Erwägung, daß der Wortlaut der Konvention eindeutig ist und deshalb nicht ohne Grund relativiert werden darf.

d) Deshalb ist auch *eine teleologische Einschränkung des Anwendungsbereichs des Art. 17* abzulehnen, wenn auch zuzugeben ist, daß man auf die Abfassung dieser Vorschrift wenig Sorgfalt verwandt hat. Art. 17 ist die wohl am schlechtesten redigierte Zuständigkeitsregel des Übereinkommens.[190]

Die Befürworter einer teleologischen Reduktion argumentieren – wie bereits oben erwähnt – folgendermaßen: Das Übereinkommen wolle *nur eine Kompetenzregelung zwischen den Vertragsstaaten.* Die Gerichtsstandsabrede müsse daher Berührungspunkte zu mehreren Vertragsstaaten haben.[191] Demnach sei Art. 17 auf eine Zuständigkeitsvereinbarung zwischen einer in einem Vertragsstaat wohnenden Person und einer Person mit Wohnsitz in einem Drittstaat nur anwendbar, wenn eine Zuständig-

---

dungsbereich des Abkommens ohne weitere Voraussetzungen eröffnet. Unerheblich ist insbesondere, daß beide Parteien ihren Sitz außerhalb des Gebiets der Vertragsstaaten oder in dem gleichen, mit der Anknüpfung nach Art. 16 identischen Vertragsstaat haben."

[189] Vgl. oben XIV.

[190] Hauptdiskussionsgegenstand der Anhänger einer teleologischen Reduktion sind die internationalen Zuständigkeitsvereinbarungen. Diese Theorie wurde sogar zunächst zu Art. 17 entwickelt, bevor man daran ging, auch den Anwendungsbereich der anderen Kompetenznormen des Übereinkommens zu relativieren. Grundlegend *Samtleben,* Internationale Gerichtsstandsvereinbarung nach dem EWG-Übereinkommen und nach der Gerichtsstandsnovelle, NJW 1974, 1590. Im gleichen Sinne *Müller* in *Bülow-Böckstiegel* 606/144, Art. 17, Anm. II 3; *Stein-Jonas-Leipold,* 20. Aufl., § 38 Rz. 22; *Arnold,* AWD 1969, 90 Fußn. 8; *Droz* Nr. 189ff. S. 120f.; *Goldmann,* Rev. trim. dr. eur. 1971, 8; *von Hoffmann,* AWD 1973, 58; *Stauder* GRUR Int. 1976, 472; *Piltz* NJW 1979, 1072 Fußn. 30.

[191] Ausführlich *Samtleben,* NJW 1974, 1593.

keit in einem anderen Vertragsstaat vereinbart wird. Das gleiche gelte, wenn zwar ein Gerichtsstand in demselben Vertragsstaat gewählt wird, hierdurch aber eine nach den Regeln des Übereinkommens bestehende Zuständigkeit in einem anderen Vertragsstaat ausgeschlossen wird.[192] Denn auch in diesem Fall bestehen Berührungspunkte zu mehreren Vertragsstaaten.[193] Wenn Berührungspunkte zu einem anderen Vertragsstaat fehlen, so sei Art. 17 nicht anzuwenden,[194] sondern das nationale Zuständigkeitsrecht,[195] d. h. also in der Bundesrepublik Deutschland § 38 ZPO, in Frankreich Art. 48 nouveau Code de procédure civile etc.

---

[192] *Droz* Nr. 191 S. 121: „Lorsque l'accord d'election de for n'exclut aucune juridiction normalement compétente d'un autre Etat contractant, mais qu'il déroge à la compétence des tribunaux d'un Etat situé hors de la Communauté, la question de l'application de l'article 17 perd complètement son intérêt. En effet, les conditions d'une compétence générale de l'Etat contractant dont le for est élu sont remplies par hypothèse puisque les deux parties y sont domiciliées. Il vaut mieux faire abstraction de l'article 17 et laisser aux règles de compétence de droit commun de l'Etat intéressé le soin de se prononcer sur l'effet d'un tel accord. Nous proposerions pour finir la formule suivante: pour les besoins de l'article 17, est considéré comme international tout accord d'élection de for désignant le tribunal ou les tribunaux d'un Etat contractant et qui exclut la compétence normale, au sens de la Convention, d'un tribunal ou des tribunaux d'un autre Etat contractant. Cette formule englobe tous les cas visés par le Rapporteur et ceux que nous avons ajoutés à son énumération."

Samtleben NJW 1974, 1594 will hingegen in diesem Fall Art. 17 nur anwenden, wenn vor dem Gericht geklagt wird, dessen an sich bestehende Zuständigkeit durch die Vereinbarung ausgeschlossen wird, während bei einer Klage an dem vereinbarten Gerichtsstand Art. 17 nicht berücksichtigt werden solle. Die Anwendung des Art. 17 hinge dann davon ab, in welchem Vertragsstaat geklagt wird.

[193] Die Lage sei nicht anders als bei einem Wahlgerichtsstand im gemeinsamen Wohnsitzstaat, durch den ein Gerichtsstand in einem anderen Vertragsstaat ausgeschlossen wird. Vgl. *Müller* aaO Fußn. 29.

[194] Art. 17 ist für die *Gerichte dritter* Staaten unbeachtlich. Die Zuständigkeitsordnung des Übereinkommens beansprucht Geltung nur für die Gerichte der Vertragsstaaten. Sie ist für die Gerichte dritter Staaten nicht relevant. Dies gilt sowohl für den Prorogations- wie für den Derogationsaspekt.

[195] So vor allem *Samtleben* NJW 1974, 1593: „Eine *Anwendung gegenüber Drittstaaten* ist nicht schon aus völkerrechtlichen Gründen ausgeschlossen. Es ist vielmehr eine Frage der Auslegung des Vertrages, inwieweit er auch in Fällen mit Beziehung zu Drittstaaten gelten soll. Das EWG-Übereinkommen will den Rechtsverkehr *zwischen* den EWG-Staaten erleichtern; eine allgemeine Vereinheitlichung des Rechts der internationalen Gerichtsstandsvereinbarung war damit nicht bezweckt. Nun gilt zwar Art. 17 nach den Materialien «auch bei Vereinbarungen zwischen einer in einem Vertragsstaat und einer außerhalb der Gemeinschaft wohnhaften Person, sofern die Zuständigkeit eines Gerichts eines Vertragsstaates vereinbart worden ist.» Dabei ist jedoch an die bei den Beratungen erörterten Fälle zu denken, in denen eine im Vertragsstaat A und eine im Nichtvertragsstaat X wohnhafte Partei die Zuständigkeit der Gerichte des Vertragsstaats B vereinbaren. Vorausgesetzt ist also hier, daß Anknüpfungen zu mehreren Vertragsstaaten gegeben sind. Dagegen kann das Übereinkommen nach seiner ratio keine Anwendung finden, wenn z. B. eine Hamburger Firma mit einem japanischen Exporteur den Gerichtsstand Hamburg vereinbart, obwohl

Beispiel:
Ein Nichtkaufmann in Frankfurt vereinbart mit seinem Partner in Stockholm die Zuständigkeit des LG Hamburg.

Die im Schrifttum h. M. will hier Art. 17 entgegen seinem Wortlaut nicht anwenden, da es hier ausschließlich um die Abgrenzung der Zuständigkeitsbereiche zwischen einem Vertragsstaat und einem dritten Staat geht. Die Prorogation eines deutschen Gerichts durch Zuständigkeitsvereinbarung zwischen einer in der Bundesrepublik Deutschland und einer in einem Nichtvertragsstaat wohnenden Partei sei nach § 38 II und III ZPO zu beurteilen.[196]

e) Dies erscheint bloß auf den ersten Blick einleuchtend. Bei näherem Zusehen zeigt sich jedoch, daß der Ausschluß von Berührungspunkten zu anderen Vertragsstaaten nicht nur der Praxis im Rahmen der Kompetenzprüfung unzumutbare zusätzliche Aufklärungen abverlangt, sondern auch an rechtslogische Barrieren stößt. Wie wäre zu entscheiden, wenn in dem obigen Beispielsfall eine Partei vor einem Gericht in Frankreich klagt, mit der Begründung, dort liege der Erfüllungsort; die Zuständigkeitsvereinbarung sei unwirksam.[197]

Es besteht kein Zweifel, daß aus französischer Sicht ein Berührungspunkt zu einem anderen Vertragsstaat gegeben ist. Das französische Gericht hat die Frage der Derogation der internationalen Zuständigkeit Frankreichs nach europäischem Einheitsrecht zu beurteilen, und zwar ohne Rücksicht darauf, welche Zuständigkeitsordnung zum Zuge kommt (Art. 4 I); denn Art. 17 gilt ohne Rücksicht darauf, wer Kläger ist. Die Wirkungen der Zuständigkeitsvereinbarung sind – auch bei grundsätzlicher Anwendbarkeit des nationalen Zuständigkeitsrechts gemäß Art. 4 I – nach europäischem Einheitsrecht zu beurteilen, wenn nur eine Partei ihren Wohnsitz/Sitz in einem Vertragsstaat hat. Nach der hier abgelehnten Theorie wäre die Einheitlichkeit des Prüfungsmaßstabes nicht gewährleistet. Der französische Richter wendet Art. 17 an, nicht dagegen der deutsche.

f) Nach vielen Autoren[198] kommt es darauf an, ob im konkreten Ein-

---

auch hier Wohnsitz einer Partei und das forum prorogatum innerhalb der Vertragsstaaten liegen."

[196] Vgl. *Samtleben* NJW 1974, 1594; *Stein-Jonas-Leipold,* ZPO 20. Aufl. § 38 Rz. 24; *Jung* (Fußn. 165) 72ff.

[197] Von der *Beklagtenstellung* hängt es ab, welches Zuständigkeitsrecht grundsätzlich gilt (Art. 4 I). Wird die Partei mit Wohnsitz/Sitz in Schweden verklagt, so gilt das nationale französische Zuständigkeitsrecht. Wenn keine Partei Franzose ist, scheiden Art. 14, 15 Code civil als Grundlage der internationalen Zuständigkeit Frankreichs aus. Es gelten dann Art. 42ff. Code de procédure civile. Unabhängig davon gilt jedoch Art. 17, ganz gleich wer klagt oder verklagt wird, da eine Partei in einem Vertragsstaat wohnt.

[198] Ausführlich *Samtleben,* NJW 1974, 1593; und *Müller* in *Bülow-Böckstiegel* 606/144, Art. 17, Anm. II 3b; vgl. ferner *Arnold,* AWD 1969, 90 Fußn. 8; *Droz* Nr. 188ff.

zelfall an sich mehrere Vertragsstaaten international zuständig wären, wobei offen bleibt, ob dies auch für den Fall gelten soll, daß die internationale Zuständigkeit der derogierten Vertragsstaaten sich nicht auf Konventionsrecht (Art. 2ff.) stützt, sondern – in dem Fall, daß nicht der Beklagte, sondern nur der Kläger in einem Vertragsstaat wohnt – auf das nationale Zuständigkeitsrecht. Nicht diskutiert wird die Hypothese, daß ja jeder Vertragsstaat durch rügelose Einlassung (Art. 18) international zuständig werden kann (vorbehaltlich Art. 16).[199] Ist diese für jeden Vertragsstaat „latent" vorhandene, ex ante nicht kalkulierbare internationale Entscheidungszuständigkeit kein ausreichender Berührungspunkt der Vertragsstaaten untereinander?

g) Den Anhängern einer teleologischen Reduktion ist eine klare Abgrenzungsformel für das behauptete ungeschriebene Tatbestandsmerkmal (= Anknüpfung zu mehreren Vertragsstaaten) nicht geglückt.[200] Nach *Droz*[201] ist der erforderliche internationale Bezug für Art. 17 dann zu bejahen, wenn die Vereinbarung des Gerichtsstands in einem Vertragsstaat einen nach dem Übereinkommen in einem anderen Vertragsstaat gegebenen Gerichtsstand ausschließt.[202] *Samtleben* macht zum Kernpunkt seiner Argumentation, daß eine Person nur in den im Übereinkommen besonders aufgezählten Fällen außerhalb seines Wohnsitzstaates verklagt werden kann (Art. 3 I).[203] Daher finde Art. 17 immer dann Anwendung, wenn eine in einem Vertragsstaat wohnhafte Person aufgrund der Gerichtsstandsabrede vor die Gerichte eines anderen Vertragsstaats gezogen werden kann.[204] Doch auch dieses Kriterium ist nicht

---

S. 120f.; *Goldmann,* Rev. trim. dr. eur. 1971, 8; *von Hoffmann,* AWD 1973, 58; *Stauder,* GRUR Int. 1976, 472.

199 Zum Anwendungsbereich des Art. 18 s. oben VII.

200 Wie hier auch *Roth* ZZP 93 (1980) 159/160. Vgl. oben Fußn. 103.

201 *Droz* Nr. 186ff. S. 119ff.

202 Noch weiter geht *Weser* Nr. 265, 2ff. S. 314.

203 Vgl. unten § 74.

204 *Samtleben,* NJW 1974, 1594, will Art. 17 anwenden, „wenn der Beklagte seinen Wohnsitz in einem anderen Vertragsstaat hat, wenn also z. B. eine in Frankreich wohnhafte Partei auf Grund einer Gerichtsstandsvereinbarung in Hamburg verklagt wird (Art. 3). Aus der Änderung des Art.17 ergibt sich nun, daß die Vorschrift auch für den umgekehrten Fall gelten soll, wenn also der Franzose die Klage in Hamburg erhebt; denn die Gültigkeit der Gerichtsstandsvereinbarung sollte nicht von der jeweiligen Kläger- oder Beklagtenrolle abhängen. Die Regelung des Art. 17 muß daher immer dann Anwendung finden, wenn die Möglichkeit besteht, daß eine in einem Vertragsstaat wohnhafte Partei auf Grund einer Gerichtsstandsabrede vor die Gerichte eines anderen Vertragsstaats gezogen wird. Damit werden alle Fälle der «grenzüberschreitenden Prorogation» erfaßt, bei denen der Wohnsitz einer Partei und das vereinbarte Forum in zwei verschiedenen Vertragsstaaten liegen. Die Vorschrift gilt demnach: 1. wenn Personen mit Wohnsitz in verschiedenen Vertragsstaaten einen Gerichtsstand innerhalb der Vertragsstaaten vereinbaren, 2. wenn Personen mit Wohnsitz im gleichen Vertragsstaat einen Gerichtsstand in einem anderen Vertragsstaat vereinbaren, 3. wenn eine in einem Vertragsstaat wohnhafte Person mit einer außerhalb der

eindeutig, wie die oben erwähnte Hypothese der rügelosen Einlassung (Art. 18) zeigt.

h) Bei der Prüfung der Zulässigkeit der Derogation der internationalen Zuständigkeiten der Vertragsstaaten sind die *Verbote des Übereinkommens* (Art. 16, 12, 12a und 15) zu beachten, Art. 17 III (= Art. 17 II a. F.).[205] Eine *dagegen verstoßende Derogation ist unwirksam.*[206]

i) Im übrigen will die h. M. die Derogationswirkung der ausschließlichen Prorogation eines Gerichtes eines Drittstaates nicht anhand Art. 17 prüfen, sondern nach *nationalem Recht.*[207] Die Anwendung des Art. 17 hätte aber den Vorteil, daß die Derogationswirkung in allen Vertragsstaaten nach einheitlichen Kriterien zu prüfen wäre.[208] Dieser Gesichtspunkt ist gewichtiger als die Erwägung, das Übereinkommen wolle die Jurisdiktionssphären der Vertragsstaaten untereinander abgrenzen.[209] Im übrigen lassen sich die Fälle, in denen Zuständigkeitsbezüge auch zu Vertragsstaaten i. S. der Art. 5ff. bestehen, nicht oder nur schwer unterscheiden von solchen, wo es nur um bilaterale Zuständigkeitsfragen im

---

Vertragsstaaten wohnhaften Person einen Gerichtsstand in einem anderen Vertragsstaat vereinbart." Darüber hinaus will *Samtleben* Art. 17 auch dann anwenden, wenn zwar eine „grenzüberschreitende Prorogation" zwischen zwei Vertragsstaaten nicht vorliegt, aber der Beklagte seinen Wohnsitz in einem anderen Vertragsstaat hat, „da jener nach Art. 3 im Inland nur gemäß den Vorschriften des Übereinkommens verklagt werden darf. Wird eine in Frankreich wohnhafte Partei von einer schweizer Firma in Deutschland an einem Gerichtsstand des Übereinkommens verklagt und beruft sich der Franzose auf die vereinbarte Zuständigkeit der französischen Gerichte, so kann das deutsche Gericht die Frage, ob der Gerichtsstand des Übereinkommens wirksam abbedungen ist, nur nach Art. 17 beurteilen. Würde im gleichen Fall die Klage in Frankreich erhoben, so wäre das Übereinkommen gemäß Art. 2 nicht weiter zu berücksichtigen. ... Das gleiche gilt für die Fälle, in denen die Parteien ein Gericht ihres gemeinsamen Wohnsitzstaates für zuständig erklären: Bei einer Klage in diesem Staat handelt es sich um einen rein internen Fall; wird die Klage in einem anderen Vertragsstaat erhoben, so ist Art. 17 anzuwenden. Über die örtliche Zuständigkeit wird also im Wohnsitzstaat nach internem Recht, über den Ausschluß eines zusätzlichen Gerichtsstands im anderen Vertragsstaat nach dem Übereinkommen entschieden. Ein Konflikt zwischen widersprechenden Urteilen ist in diesen Fällen durch die Regeln über die Berücksichtigung einer ausländischen Rechtshängigkeit (Art. 21) und die Anerkennung ausländischer Entscheidungen (Art. 26ff.) ausgeschlossen."

[205] *Samtleben* NJW 1974, 1590 Fußn. 11; *Müller* in *Bülow-Böckstiegel* 606/143, Art. 17, Anm. II 2 bei Fußn. 16. A. A. *Jung* (Fußn. 165) 69f.

[206] Ebenso *Droz* Nr. 217 S. 135: „Il est certain que si l'élection d'un tribunal situé hors de la Communauté déroge aux règles de compétence exclusive dont bénéficierait un Etat de la Communauté, ou viole les dispositions impératives des articles 12 et 15 en matière d'assurances et de ventes et prêts à tempérament, on ne pourra pas en tenir compte."

[207] So insbesondere der *Schlosser*-Bericht Nr. 176. Weitere Nachweise oben Fußn. 98.

[208] Art. 17 kommt allerdings nicht zur Anwendung, wenn keine der Parteien in einem Vertragsstaat wohnt.

[209] Ebenso *Roth* ZZP 93 (1980), 160.

Verhältnis eines Vertragsstaates zu einem dritten Staat geht. Es käme hierbei auf die Details des konkreten Falls an. Hinge hiervon die Anwendbarkeit des Art. 17 ab, so könnte man nur verwundert zweifeln an der Weisheit derer, die die Anwendungsnormen für die europäischen Zuständigkeitsregeln formuliert haben. Die Frage, ob Konventionsrecht oder nationales Recht anzuwenden ist, muß klar und einfach beantwortbar sein. Sie darf nicht von den Zufälligkeiten der konkreten Fallkonstellation abhängen. Dies würde die Handhabung des Art. 17 in der Praxis unverhältnismäßig erschweren. Die Folge wäre eine verschwommene Kasuistik, deren feinsinnige Differenzierungen logisch nicht zwingend wären. Der Aufwand an Zeit und Mühe stünde in keinem vertretbaren Verhältnis zum Ertrag der Erkenntnis. All dies läßt es nicht unwahrscheinlich erscheinen, daß sich der EuGH für die Anwendung des europäischen Einheitsrechts entscheiden wird.[210]

XVI. Einstweilige Maßnahmen[211]

1. Einstweilige Maßnahmen, wie Arreste, einstweilige Verfügungen und einstweilige Anordnungen, können nach Maßgabe des nationalen Rechts auch dann erlassen werden, wenn für die *Entscheidung in der Hauptsache* der Vertragsstaat, dessen Gericht angegangen wurde, nach Art. 2ff. nicht international zuständig ist. Insoweit bleiben die nationalen Regeln unberührt, Art. 24.

2. Art. 2ff. verdrängen also das nationale Zuständigkeitsrecht nicht für Verfahren, die auf den Erlaß einstweiliger Maßnahmen gerichtet sind. Dieses greift vielmehr *subsidiär* ein, wenn nach Art. 2, 5ff. eine Grundlage für die internationale Zuständigkeit fehlt.[212] So stellt sich *rechtslogisch*

---

[210] Ähnlich auch *Roth* ZZP 93 (1980), 160 (oben Fußn. 103). Vgl. auch unten § 96 VII 3 und 4.

[211] Hierzu *Geimer* RIW/AWD 1975, 85; *Schlafen* NJW 1976, 2081; *Puttfarken* RIW/AWD 1977, 360; *Dittmar* NJW 1978, 1720; *Stein-Jonas-Schumann,* ZPO, 20. Aufl., Einl XV G 6c Rz 787.

[212] Vgl. *Jenard*-Bericht S. 86 zu Art. 24: „Nach diesem Artikel können die in dem innerstaatlichen Recht eines Vertragsstaates vorgesehenen einstweiligen Maßnahmen einschließlich solcher, die auf eine Sicherung gerichtet sind, bei den Gerichten dieses Staates unabhängig davon beantragt werden, welches Gericht für die Entscheidung in der Hauptsache zuständig ist ...

In jedem Vertragsstaat können somit bei dem zuständigen Gericht einstweilige oder auf eine Sicherung gerichtete Maßnahmen ebenso wie Entscheidungen über die Gültigkeit oder über die Aufhebung dieser Maßnahmen ohne Rücksicht auf die Zuständigkeitsregeln des Übereinkommens beantragt werden."

Der *Jenard*-Bericht weist darauf hin, daß Art. 24 „den einschlägigen Regelungen in fast allen Vollstreckungsabkommen" entspreche, (Benelux-Vertrag, Art. 8 des belgisch-niederländischen Abkommens, Art. 15 des deutsch-belgischen Abkommens,

das Verhältnis zwischen der europäischen Zuständigkeitsordnung und dem nationalen Zuständigkeitsrecht auf dem Gebiet der einstweiligen Maßnahmen dar. In der Praxis kann jedoch das Gericht die Frage der Anwendbarkeit der Art. 2ff. offen lassen, wenn feststeht, daß nach nationalem Recht eine internationale Zuständigkeit zu bejahen ist.[213]

3. Der Anwendungsbereich des Art. 24 ist nicht größer als der der Zuständigkeitsordnung des Übereinkommens überhaupt. Art. 24 setzt die Anwendbarkeit der Art. 2ff voraus.[214] Wohnt z. B. der Antragsgeg-

---

Art. 18 II des deutsch-niederländischen Vertrages, Art. 9 des belgisch-französischen Abkommens, Art. 14 des belgisch-italienischen Abkommens, Art. 32 des französisch-italienischen Abkommens, Art. 10 des italienisch-niederländischen Abkommens. Dabei berücksichtigt *Jenard* nicht, daß die meisten dieser Verträge nur die internationale Anerkennungszuständigkeit *(compétence indirecte)* regeln, also nicht – wie Art. 24 – die internationale Entscheidungszuständigkeit *(compétence directe)*.

[213] Im Ergebnis übereinstimmend, wenn auch nicht rechtslogisch richtig, daher folgende Formulierung von *Müller* in *Bülow-Böckstiegel,* 606/181, Art. 24 Anm. III 2: „Art. 24 setzt jedoch die Zuständigkeitsregeln des Übereinkommens im Bereich des einstweiligen Rechtsschutzes nicht völlig außer Kraft. Da es Zweck der Vorschrift ist, den einstweiligen Rechtsschutz des Gläubigers zu erleichtern, treten die Zuständigkeitsregeln der nationalen Verfahrensrechte neben die Zuständigkeitsregeln des Übereinkommens. Der Gläubiger hat die Möglichkeit, den ihm günstigeren Gerichtsstand zu wählen". Ähnlich unscharf, aber im Ergebnis wohl nicht zu beanstanden *Grunsky* RIW/AWD 1977, 8: „Zweck des Art. 24 EuGÜbk ist es, dem Gläubiger die Rechtsverfolgung in seinem Heimatstaat zu erleichtern. Zumeist wird die eigene Rechtsordnung nämlich eher als das EuGÜbk geneigt sein, die internationale Zuständigkeit des angegangenen Gerichts zu bejahen. Von diesem Augenblick her darf Art. 24 EuGÜbk nicht etwa dahingehend verstanden werden, daß die internationale Zuständigkeit aus dem Anwendungsbereich des EuGÜbk ausgeklammert sei. Der Gläubiger kann vielmehr wählen, ob er in dem sich aus dem EuGÜbk ergebenden Gerichtsstand oder im Gerichtsstand seines Heimatstaates vorgehen will. Im Einzelfall kann durchaus ein Interesse des Gläubigers daran bestehen, von der ihm nach Art. 24 EuGÜbk gewährten Möglichkeit keinen Gebrauch zu machen. Man denke etwa daran, daß die Rechtsordnung, deren Gerichte für die Hauptsache zuständig sind, hinsichtlich des Inhalts der einstweiligen Maßnahme großzügiger ist als das Heimatrecht des Antragstellers. Hier stellt sich der Gläubiger besser, wenn er die internationale Zuständigkeit nach dem EuGÜbk ausnutzt. Da das Übereinkommen über den Inhalt der einstweiligen Maßnahme nichts besagt, richtet sich dieser grundsätzlich nach der lex fori."

[214] So sehr klar zuletzt EuGH, Urteil vom 31. März 1982, Rechtssache 25/81 – *W. ./. H.,* EuGHE 1982, 1189 (vgl. oben Fußn. 34). Bereits in seinem Urteil vom 27. März 1979, Rechtssache 143/78 – *de Cavel./.de Cavel I,* EuGHE 1979, 1055 = NJW 1979, 1100, hatte der EuGH entschieden, daß das Übereinkommen keinerlei rechtliche Grundlage dafür bietet, daß im Hinblick auf seinen Anwendungsbereich zwischen *einstweiligen* und *endgültigen* Maßnahmen unterschieden werden könnte. Art. 24 schränke diese Feststellung nicht ein, da er ausdrücklich den Fall des Erlasses einstweiliger Maßnahmen in einem Vertragsstaat betrifft, wenn das Gericht eines anderen Vertragsstaats *„aufgrund dieses Übereinkommens"* für die Entscheidung in der Hauptsache zuständig ist. Der Anwendungsbereich der Konvention ist einheitlich zu definieren. Vgl. oben § 20 IV.

ner in einem Nichtvertragsstaat, dann ist allein das nationale Recht anzuwenden, Art. 4 I. Art. 24 kommt nicht zum Zuge. Das gleiche gilt in den Fällen des Art. 1 II und des Art. 57.[215] Art. 24 erfaßt nämlich nur einstweilige Maßnahmen in einem Vertragsstaat, wenn das Gericht eines anderen Vertragsstaats „aufgrund dieses Übereinkommens" für die Entscheidung in der Hauptsache zuständig ist. Infolgedessen kann diese Bestimmung „nicht als Begründung dafür herangezogen werden, einstweilige Maßnahmen einschließlich solcher, die auf eine Sicherung gerichtet sind, auf Rechtsgebieten, die vom Anwendungbereich des Übereinkommens ausgeschlossen sind, in diesen einzubeziehen."[216]

XVII. Anhang: Überlagerung des (an sich maßgeblichen) nationalen Rechts durch das europäische Einheitsrecht[217]

Auch für die Fälle, in denen das nationale Zuständigkeitsrecht gilt, weil die europäischen Kompetenznormen keine Geltung beanspruchen, enthält das Übereinkommen in *Teilaspekten* Regelungen; hier überlagert das europäische Einheitsrecht das autonome Recht des Gerichtsstaates. Hervorzuheben sind folgende Fälle:

1. Art. 4 II

Jurisdiktionsprivilege für Angehörige des Gerichtsstaates werden auf alle Personen ausgedehnt, die in dem betreffenden Vertragsstaat wohnen. Näher unten § 50 II.

2. Art. 2 II

Art. 2 II gebietet eine Angleichung der Vorschriften über die örtliche Zuständigkeit, sofern der Wohnsitzstaat bei der *örtlichen* Zuständigkeit nach der Staatsangehörigkeit differenziert. Näher unten § 33 IV.

3. Örtliche Ersatzzuständigkeit

Soweit das Übereinkommen nur die *internationale* Zuständigkeit regelt, müssen die Vertragsstaaten ein *örtlich* zuständiges Gericht zur Ver-

---

215 Vgl. oben § 20. – In den Fällen des Art. 57 ist das Zuständigkeitsrecht des Spezialabkommens (oben § 13) bzw. des sekundären Gemeinschaftsrechts (oben § 14) maßgeblich.

216 So EuGH, Urteil vom 31. März 1982 (oben Fußn. 214).

217 Hiervon zu unterscheiden sind die Fälle, in denen das nationale Recht vom Übereinkommen nicht verdrängt wird, sondern neben dem europäischen Zuständigkeitsrecht subsidiär gilt. Vgl. in diesem Zusammenhang Art. 24. Hierzu unten § 38.

fügung stellen. Anderenfalls greift die ungeschriebene *Konventionsregel* ein: Örtlich zuständig sind die Gerichte der Hauptstadt. Näher unten § 32 III.

4. Art. 17 I 3 n. F.

Wenn keine der Parteien in einem Vertragsstaat wohnt, ist Art. 17 nicht anzuwenden. Die Zulässigkeit und Wirksamkeit der Zuständigkeitsvereinbarung ist nach dem autonomen Recht zu beurteilen. Gleichwohl legt für solche Fälle Art. 17 I 3 n. F. eine *Kompetenzkompetenz* des forum prorogatum fest. Das Übereinkommen will eine einheitsrechtliche Basis für die Beurteilung des Prorogations- und Derogationsaspektes einer ausschließlichen Zuständigkeitsvereinbarung schaffen. Näher unten § 31.

5. Art. 21 ff.

Die Vorschriften über Beachtung der Rechtshängigkeit in einem anderen Vertragsstaat bei identischem oder konnexem Streitgegenstand kommen ohne Rücksicht auf das maßgebliche Zuständigkeitsrecht zum Zuge, also auch dann, wenn die europäische Zuständigkeitsordnung nicht gilt. Näher unten § 44.

§ 30 Einheitliche Beurteilung des Prorogations- und Derogationsaspektes einer ausschließlichen Zuständigkeitsvereinbarung im Anwendungsbereich des Art. 17

I. Einheitlicher Prüfungsmaßstab für Prorogations- und Derogationsaspekt, wenn wenigstens eine Partei in einem Vertragsstaat wohnt[1]

1. Art. 17 gilt sowohl für die *prorogativen* als auch für die *derogativen* Wirkungen[2] einer Zuständigkeitsvereinbarung, d. h., er ist sowohl für das Gericht desjenigen Vertragsstaates maßgeblich, dessen internationale Zuständigkeit[3] prorogiert wurde, wie auch umgekehrt für die Gerichte

---

[1] Zum Anwendungsbereich des Art. 17 s. oben § 29 VI und unten § 96 VII.

[2] Zu den *isolierten Derogationsverträgen* s. oben § 29 VI 4. Lediglich durch Derogation der an sich nach Art. 2 ff. gegebenen Zuständigkeiten kann sich im konkreten Einzelfall im Ergebnis eine ausschließliche Zuständigkeit nur *eines* Vertragsstaates ergeben, nämlich dann, wenn nur ein zuständiger Vertragsstaat übrigbleibt, z. B. der Wohnsitzstaat des Beklagten (alle übrigen sich aus Art. 5 und Art. 6 ergebenden Zuständigkeiten wurden ausgeschlossen).

[3] Gegenstand der Zuständigkeitsvereinbarung nach Art. 17 kann die internationale Zuständigkeit eines Vertragsstaates sein und die Festlegung des örtlich zuständigen

in den übrigen Vertragsstaaten, deren an sich zu bejahende internationale Zuständigkeit[4] durch die Zuständigkeitsvereinbarung derogiert wird.[5]

2. Da Art. 17 auch dann gilt, wenn wenigstens der Kläger in einem Vertragsstaat wohnt,[6] ist in vielen Fällen ein *einheitlicher supranationaler Prüfungsmaßstab* sichergestellt für die Frage der Zulässigkeit und Wirksamkeit der Zuständigkeitsvereinbarung sowohl durch den Richter im prorogierten Vertragsstaat als auch durch die Richter in den derogierten Vertragsstaaten.[7]

Gerichts in diesem Vertragsstaat. Eine Zuständigkeitsvereinbarung muß aber nicht zwingend beide umfassen. Sie kann sich darauf beschränken, einen Vertragsstaat für international zuständig zu erklären. Der prorogierte Vertragsstaat ist zur Justizgewährung verpflichtet. Das nationale Zuständigkeitsrecht muß dann ein Gericht zur Entscheidung in der Sache zur Verfügung stellen; andernfalls greift wieder die ungeschriebene Regel des Übereinkommens ein, daß die Gerichte der Hauptstadt des prorogierten Vertragsstaates *örtlich* zuständig sind. Hierzu unten § 32 III und § 42 III, IV.

Beispiel:

Beklagter wohnt in Frankreich; die nach Art. 5ff. an sich international unzuständige Bundesrepublik Deutschland ist als international zuständig vereinbart, ohne daß ein örtlich zuständiges Gericht bestimmt wurde. Jetzt kommen §§ 20ff. ZPO zum Zuge, allerdings nur um das örtlich zuständige Gericht zu bestimmen. Hier kann es vorkommen, daß sich nach dem innerstaatlichen Zuständigkeitsrecht kein örtlich zuständiges Gericht ermitteln läßt, weil keiner der Anknüpfungspunkte der §§ 20ff. ZPO gegeben ist. So kann es im Fall einer Vertragsklage vorkommen, daß weder der Abschlußort (Spezialfall des § 30 ZPO) noch der Erfüllungsort (§ 29 ZPO) in der Bundesrepublik Deutschland liegen und daß der Beklagte auch kein Vermögen im Inland sein eigen nennt.

[4] Das *maßgebliche Zuständigkeitsrecht* beurteilt sich danach, wo der Beklagte wohnt. Wohnt er innerhalb des geographischen Anwendungsbereichs des Übereinkommens, dann gelten Art. 2ff. Ist dies nicht der Fall, dann gilt nach Art. 4 I das nationale Zuständigkeitsrecht, jedoch mit der Einschränkung, daß für die Frage der Zulässigkeit und Wirksamkeit einer Zuständigkeitsvereinbarung nicht das nationale Recht, sondern Art. 17 gilt, wenn der Kläger in einem Vertragsstaat wohnt. Hierzu oben § 29 VI.

[5] *Roth* ZZP 93 (1980) 158f.

[6] Nur wenn keine Partei in einem Vertragsstaat wohnt, kommt Art. 17 nicht zum Zuge. Dann beurteilt jeder Richter nach seinem nationalen Zuständigkeitsrecht, ob er die Zuständigkeitsvereinbarung zu beachten hat. Immerhin gibt es auch für diesen Fall eine supranationale Norm. Der derogierte Vertragsstaat muß dem prorogierten Vertragsstaat den Vorrang lassen, Art. 17 I 3 n. F. Hierzu unten II.

[7] Inwieweit die kraft Gesetzes beanspruchte internationale Entscheidungszuständigkeit eines *Nichtvertragsstaates* derogiert wurde, entscheidet das dortige nationale Zuständigkeitsrecht. *Beispiel:* Die eine Partei wohnt in Frankfurt/M, die andere in Brüssel; beide haben Vermögen in Österreich. Sie vereinbaren die Zuständigkeit eines Pariser Gerichtes. Sowohl der prorogierte Richter in Paris als auch die Richter in den derogierten Vertragsstaaten Belgien und Bundesrepublik Deutschland haben einen einheitlichen Prüfungsmaßstab: Art. 17. Anders ist die Situation für den österreichischen Richter, wenn dieser unter Mißachtung der Zuständigkeitsvereinbarung im Gerichtsstand des Vermögens (§ 99 JN) angegangen wird. Er entscheidet nach österreichischem Recht, ob er die Derogation zu beachten hat.

II. Mögliche Meinungsverschiedenheiten über Zulässigkeit und Wirksamkeit einer Zuständigkeitsvereinbarung auch bei einheitlichem Prüfungsmaßstab

Trotz einheitlichen supranationalen Zuständigkeitsrechts können aber im konkreten Rechtsstreit die Richter im prorogierten Vertragsstaat zu anderen Ergebnissen kommen als die Richter im derogierten Vertragsstaat.[8] Sie können z. B. verschiedener Meinung sein hinsichtlich der Frage, ob tatsächlich eine Einigung der Parteien (= Vertragsschluß) stattgefunden hat, ob die von Art. 17 I 1 vorgeschriebene Form der halben Schriftlichkeit gewahrt ist oder ob eine Derogation zulässig ist. Inwieweit ist nun der Richter in dem einen Vertragsstaat an die Meinung des anderen Richters gebunden? Hier sind *verschiedene Konstellationen* zu unterscheiden:

III. Erste Hypothese: Das Gericht im prorogierten Vertragsstaat wurde zuerst angerufen

1. Das prorogierte Gericht hält die Zuständigkeitsvereinbarung für wirksam und erläßt ein Sachurteil

a) Wird das Gericht eines anderen an sich zuständigen Vertragsstaates[9] angerufen – wobei der Kläger die Existenz der Zuständigkeitsvereinbarung verschweigt oder ihre Zulässigkeit und/oder ihre Wirksamkeit bestreitet –, dann kommt es darauf an, ob das Sachurteil im prorogierten Vertragsstaat nach dem dortigen Recht schon in Rechtskraft erwachsen bzw. die Urteilswirkungen bereits eingetreten sind.[10] *Vor* diesem Zeitpunkt ist die Rechtshängigkeit des Prozesses am forum prorogatum zu beachten, Art. 21.[11] *Nach Eintritt der Wirkungen* des im prorogierten Vertragsstaat erlassenen Urteils (Rechtskraft, Gestaltungswirkung) sind diese nach Art. 25ff. auch in den anderen Vertragsstaaten anzuerkennen.[12]

b) Eine erneute (abweichende) Sachentscheidung[13] ist dem zweiten Richter nur dann gestattet, wenn das erststaatliche Urteil in dem Vertragsstaat, dessen Gericht angerufen wurde, nicht anerkannt werden

---

[8] Der Beklagte muß den Einwand der Derogation substanziiert erheben. Sonst liegt eine *Einlassung* (Art. 18, § 39 ZPO) vor.

[9] Ob Art. 2ff. zum Zuge kommen, hängt davon ab, ob der Beklagte in einem Vertragsstaat wohnt. Vgl. oben Fußn. 4.

[10] Den maßgeblichen Zeitpunkt bestimmt das Recht des Urteilsstaates. Vgl. unten § 133 IV.

[11] Vgl. unten § 44 I.

[12] Zu der Frage, ob die Rechtskraft des ausländischen Urteils von Amts wegen oder nur auf Rüge zu beachten ist, s. unten § 133 V.

[13] Zur ne bis in idem-Theorie s. unten § 133 I.

kann, weil ein Versagungsgrund nach Art. 27 vorliegt, etwa ein Verstoß gegen den ordre public (Art. 27 Nr. 1).[14]

c) Die internationale Zuständigkeit des Erststaates (hier: die Wirksamkeit der Prorogation) darf grundsätzlich nicht nachgeprüft werden.[15] Nach Art. 28 I ist nur der Einwand gestattet, die Prorogation des Erststaates sei wegen Art. 16 unzulässig gewesen.[16] In *Versicherungs- und Verbrauchersachen* kann darüber hinaus eingewandt werden, die Prorogation sei wegen Verletzung der Art. 12, 15 bzw. des Art. 17 unwirksam gewesen. Dies wird jedoch nur auf Rüge des unterlegenen Beklagten (des Erstprozesses) geprüft. Rügeberechtigt ist nur der durch Art. 7ff. geschützte *typischerweise schwächere Vertragspartner* (Versicherungsnehmer, Versicherter etc.; Verbraucher), nicht jedoch der andere Vertragspartner. Der sozial schwächere Vertragspartner darf sich aber nur dann auf die Verletzung der Schutznormen berufen, wenn er Beklagter ist. Greift er selber als Kläger an, ist er nicht schutzwürdig.[17]

d) Der Einwand der Unwirksamkeit der Prorogation des Erststaates setzt voraus, daß der Beklagte diesen Einwand auch im Erstverfahren vorgebracht hatte, sonst liegt eine Einlassung[18] vor. Er ist im Zweitverfahren mit dem Einwand der nach Art. 12, 12a bzw. Art. 15 unwirksamen Prorogation präkludiert.

e) Dies gilt jedoch nur, soweit er sich am erststaatlichen Verfahren beteiligt hat. Tat er dies nicht, ließ er also Versäumnisurteil[19] gegen sich ergehen, dann ist er nicht präkludiert mit dem Einwand, der nach dem maßgeblichen Zuständigkeitsrecht[20] an sich unzuständige Erststaat sei nicht prorogiert worden. Insofern ist die Situation anders als wenn der Beklagte einwendet, der nach dem maßgeblichen Zuständigkeitsrecht an sich zuständige Erststaat sei derogiert worden.[21]

f) Erläßt das zweitstaatliche Gericht entgegen Art. 21 bzw. 25ff. ein Sachurteil, so ist dieses im *Erststaat* nicht zu beachten, Art. 27 Nr. 3. Die Motive des Zweitrichters spielen keine Rolle. Es ist gleichgültig, aus welchen Gründen er die Beachtlichkeit des erststaatlichen Verfahrens (Art. 21) bzw. des erststaatlichen Urteils (Art. 25ff.) ignoriert, sei es aus Unkenntnis des wahren Sachverhalts, sei es wegen Fehlinterpretation des Übereinkommens.[22] In den übrigen Vertragsstaaten kommt eine Aner-

---

[14] Vgl. unten § 139 V 2.

[15] Näher unten § 139 IV.

[16] Näher unten § 57 V und § 139 IV.

[17] Näher *Geimer* RIW/AWD 1980, 308.

[18] Vgl. unten § 97.

[19] Das Recht des Erststaates bestimmt, *welche Entscheidung bei Säumnis des Beklagten* (= Nichtteilnahme am erststaatlichen Erkenntnisverfahren) zu ergehen hat, z. B. echtes oder unechtes Versäumnisurteil, Entscheidung nach Lage der Akten, kontradiktorisches Urteil etc.

[20] Vgl. oben Fußn. 4.

[21] Hierzu unten § 56 II 5 und § 57 III 4.

[22] Hierzu unten § 139 II und § 117 III 2.

kennung nur dann in Betracht, wenn der Anerkennungsstaat einen Versagungsgrund nach Art. 27 hinsichtlich des erststaatlichen Urteils feststellen kann, etwa eine Mißachtung des zwingenden, auch international durchzusetzenden Devisenrechts des Anerkennungsstaates (Art. 27 Nr. 1).[23] Praktische Bedeutung hat die Konkurrenz der beiden Urteile um Anerkennung in dritten Vertragsstaaten allerdings nur dann, wenn das Sachurteil des Zweitrichters von dem des Erstrichters inhaltlich divergiert.[24]

2. Das prorogierte Gericht hält die Zuständigkeitsvereinbarung für unwirksam und weist die Klage wegen internationaler Unzuständigkeit durch Prozeßurteil als unzulässig ab[25]

a) Wird nun das Gericht eines anderen Vertragsstaates[26] angerufen, erhebt sich die Frage, ob das zweite Gericht an die Entscheidung des ersten Gerichtes bezüglich der Unwirksamkeit der Zuständigkeitsvereinbarung gebunden ist. Dies ist zu bejahen, weil anders die *Gefahr des negativen internationalen Kompetenzkonflikts* nicht gebannt werden kann. Wenn sich das forum prorogatum rechtskräftig für unzuständig erklärt, kann sich in einem *europäisch geordneten Zuständigkeitssystem* der an sich international zuständige Vertragsstaat (Art. 2ff.) nicht mit der Begründung für unzuständig erklären, entgegen der Meinung des Erstrichters sei die Zuständigkeitsvereinbarung doch wirksam und deshalb sei die Derogation zu beachten, ohne Rücksicht auf die Ablehnung der Prorogation durch den prorogierten Vertragsstaat.[27] Sonst entstünde ein rechtsschutzfreier Raum, den zu vermeiden ein erklärtes Anliegen des Übereinkommens ist.[28]

b) Bei der *Bindung an die Rechtsansicht des prorogierten Gerichts* handelt es sich dogmatisch nicht um die Anerkennung der Rechtskraftwirkung des erststaatlichen Prozeßurteils, sondern um eine *europarechtliche Bindungswirkung sui generis*.[29] Deshalb sind nicht die Versagungsgründe der Art. 27, 28 zu prüfen. Eine Verweigerung der Anerkennung der Prozeßabweisung ist deshalb nicht zu diskutieren. Die Bindungswirkung ist für die Gerichte des (derogierten) Vertragsstaats zu bejahen, selbst wenn der

---

[23] Vgl. unten § 139 V 2b.

[24] Vgl. unten § 117 I.

[25] Dabei wird vorausgesetzt, daß die Zuständigkeitsvereinbarung die einzige Grundlage für die nationale Zuständigkeit des Vertragsstaates ist, dessen Gericht angerufen wurde, daß also der Vertragsstaat nach dem maßgeblichen Zuständigkeitsrecht (oben Fußn. 4) an sich international unzuständig ist.

[26] Wird das (derogierte) Gericht eines *Nichtvertragsstaates* angerufen, so ist das dort geltende Zuständigkeitsrecht maßgebend. Dieses entscheidet über die Frage der Bindung des zweiten Richters an die Entscheidung des Erstrichters.

[27] Vgl. unten § 96 XXII 1b.

[28] Es handelt sich um einen Fall der *internationalen Notzuständigkeit*.

[29] S. unten § 108 IX 2.

prorogierte Erstrichter offensichtlich falsch entschieden hat, d. h. willkürlich oder aus sonst evident abwegigen Gründen die an sich wirksame Zuständigkeitsvereinbarung für unwirksam erklärt hat.[30]

c) Diese Bindung gilt jedoch nur, wenn der Kläger alle nach dem Recht des Erststaates zulässigen ordentlichen Rechtsmittel erfolglos ausgeschöpft hat. Er darf sich also mit der Prozeßabweisung nicht zufrieden geben; er muß vielmehr auch die Rechtsmittelgerichte anrufen, um den durch die Zuständigkeitsvereinbarung prorogierten Vertragsstaat zur Justizgewährung zu veranlassen.[31] Nur wenn die Rechtsmittel des Klägers erfolglos geblieben sind, also auch die Rechtsmittelgerichte die Prorogation als unwirksam erachtet haben, ist es bei Abwägung aller Interessen erforderlich, den derogierten Vertragsstaat zur Justizgewährung zu verpflichten. Legt der Kläger keine Rechtsmittel gegen die Prozeßabweisung erster Instanz im Erststaat ein, dann hat er sich das Risiko des Rechtsschutzverlustes selbst zuzuschreiben, wenn der Zweitrichter entgegen der Meinung des Erstrichters die Zuständigkeitsvereinbarung für wirksam und deshalb seine internationale Zuständigkeit für derogiert hält.[32]

IV. Zweite Hypothese: Das Gericht eines derogierten Vertragsstaates wurde zuerst angerufen

1. Keine Kompetenzkompetenz des prorogierten Gerichts

Ist Art. 17 nicht anzuwenden, weil keine der Parteien in einem Vertragsstaat wohnt,[33] so bestimmt Art. 17 I 3 n. F., daß die anderen (derogierten) Vertragsstaaten ihre Gerichte so lange nicht entscheiden lassen dürfen, bis die Gerichte in dem prorogierten Vertragsstaat sich rechtskräftig für unzuständig erklärt haben.[34] Eine solche Regel wäre auch im Anwendungsbereich des Art. 17 sinnvoll. Weshalb man sie daraus verbannt hat, ist nicht zu ergründen. Wahrscheinlich war man sich des Problems nicht bewußt.[35] Es wäre zu wünschen, daß der EuGH in richterrechtlicher Fortentwicklung der inneren Stimmigkeit der Konvention diese Regelung auch auf die Fälle anwendet, in denen zumindest eine der Parteien in einem Vertragsstaat wohnt.

---

30 Vgl. unten § 59.

31 Vgl. unten § 96 XX 7.

32 Dieser Aspekt wird oft übersehen.

33 Zum Anwendungsbereich des Art. 17 s. oben § 29 VI.

34 Hierzu unten § 31.

35 Hierfür spricht die Begründung für die Einführung des neuen Art. 17 I 3 im *Schlosser*-Bericht Nr. 177. Vgl. unten § 31 Fußn. 9.

2. Grundsatz der zeitlichen Priorität

Solange dies nicht geschieht, haben die Gerichte der prorogierten Staaten nicht die Kompetenzkompetenz hinsichtlich der Zulässigkeit und Wirksamkeit der Zuständigkeitsvereinbarung. Vielmehr dürfen die zeitlich eher angerufenen Gerichte eines derogierten Vertragsstaates die Zulässigkeit und Wirksamkeit der Zuständigkeitsvereinbarung selbständig prüfen und je nach dem Ergebnis dieser Prüfung entscheiden:

a) Ist die Zuständigkeitsvereinbarung nach ihrer Ansicht nicht zu beanstanden, dann ist die Derogationswirkung[36] zu beachten und die Klage mangels internationaler Zuständigkeit durch Prozeßurteil[37] abzuweisen, auch wenn der Vertragsstaat nach dem maßgeblichen Zuständigkeitsrecht[38] an sich international zuständig gewesen wäre.[39]

b) Halten sie dagegen die ausschließliche Prorogation eines anderen Vertragsstaates im konkreten Fall für unzulässig oder unwirksam, dann haben sie die Klage zur Sachentscheidung – vorbehaltlich des Vorliegens der übrigen Prozeßvoraussetzungen – anzunehmen, wenn der Gerichtsstaat nach dem maßgeblichen Zuständigkeitsrecht an sich international zuständig ist, wenn also für den Staat des angerufenen Gerichts eine Zuständigkeitsanknüpfung im Sinne der Art. 2ff. (Fall, daß der Beklagte in einem Vertragsstaat wohnt) bzw. des gemäß Art. 4 I anzuwendenden nationalen Zuständigkeitsrechts (Fall, daß der Beklagte in keinem Vertragsstaat wohnt) vorliegt.[40]

3. Erste Alternative: Das angerufene Gericht im derogierten Vertragsstaat hält die Zuständigkeitsvereinbarung für zulässig und wirksam und weist deshalb die Klage als unzulässig ab, weil die eigene an sich gegebene internationale Zuständigkeit derogiert sei

a) Wird das Gericht im prorogierten Vertragsstaat angerufen, bevor das Gericht im derogierten Vertragsstaat entschieden hat, dann darf es im Hinblick auf Art. 21 keine Sachentscheidung treffen; es kann sich für unzuständig erklären „zugunsten des zuerst angerufenen Gerichts" (Art. 21 I); es kann aber auch die Entscheidung aussetzen, „wenn der Mangel der Zuständigkeit des anderen Gerichts geltend gemacht wird"

---

[36] Nur aktuell, wenn eine ausschließliche Zuständigkeit vereinbart wurde, nicht dagegen, wenn nur ein zusätzliches konkurrierendes Forum in einem anderen Vertragsstaat gewollt war.

[37] Das nationale Recht des Gerichtsstaates befindet darüber, *wie* die Unzuständigkeitserklärung erfolgt.

[38] Vgl. hierzu oben Fußnote 4.

[39] War er schon „kraft Gesetzes", d. h. an sich international unzuständig, dann kommt es auf die Frage der Derogation nicht an.

[40] Vgl. oben Fußn. 4.

(Art. 21 II), d. h. die Derogation der internationalen Zuständigkeit des Erststaates.[41]

b) Ist die Rechtshängigkeit im derogierten Vertragsstaat durch rechtskräftige Prozeßabweisung beendet und kommt nun der Fall vor das forum prorogatum, dann fragt es sich, ob dieses Gericht an die Rechtsmeinung des zuerst angerufenen forum derogatum gebunden ist, also die Zuständigkeitsvereinbarung als zulässig und wirksam betrachten muß. Dies ist aus den gleichen Gründen zu bejahen, aus denen das forum derogatum an die Rechtsmeinung des forum prorogatum gebunden ist.[42]

c) Ist noch ein dritter Vertragsstaat international zuständig,[43] dann gilt auch für die Gerichte dieses Staates die Bindungswirkung.

Beispiel:

Die Parteien wohnen in Brüssel und München. Sie schließen einen Lieferungsvertrag für Maschinen, die in Paris aufgestellt werden sollen. Dort ist der Erfüllungsort. Die Parteien vereinbaren die ausschließliche Zuständigkeit der belgischen Gerichte. Wird nun abredewidrig in München im Wohnsitzgerichtsstand (Art. 2 I) geklagt und stellt das LG München I fest, daß die Prorogation wirksam und deshalb die Klage unzulässig sei, dann sind an diese Entscheidung nicht nur die belgischen Gerichte gebunden, sondern auch die Pariser Gerichte, falls diese im Gerichtsstand des Erfüllungsortes, Art. 5 Nr. 1, angerufen werden.

4. Zweite Alternative: Das angerufene Gericht im derogierten Vertragsstaat hält die Zuständigkeitsvereinbarung für unzulässig oder aus sonstigen Gründen für unwirksam und erläßt ein Sachurteil, weil der (derogierte) Vertragsstaat an sich international zuständig ist

a) Es gelten vice versa die Darlegungen oben III 1. Wird im prorogierten Vertragsstaat während der Rechtshängigkeit im derogierten Vertragsstaat der gleiche Streitgegenstand nochmals anhängig gemacht, greift Art. 21 ein. Nach Abschluß des Rechtsstreits in dem zuerst angerufenen derogierten Vertragsstaat sind die Urteilswirkungen des Sachurteils nach näherer Maßgabe von Art. 25 ff. zu beachten. Das Gericht im prorogierten Vertragsstaat darf nur dann ein Sachurteil erlassen, wenn ein Versagungsgrund vorliegt, der gemäß Art. 27, 28 I zur Verweigerung der Anerkennung des vom Gericht des derogierten Vertragsstaates erlassenen Urteils führt.

b) Die internationale Zuständigkeit des Erststaates darf nur in den Grenzen des Art. 28 I nachgeprüft werden, also nur im Hinblick auf Beachtung des Art. 16. Allein in Versicherungs- und Verbrauchersachen ist der Einwand schlüssig, die internationale Zuständigkeit des Urteils-

---

[41] Zu den verschiedenen Möglichkeiten des Art. 21 s. unten § 44 I.

[42] Oben 3 b.

[43] Wegen des maßgeblichen Zuständigkeitsrechts s. oben Fußn. 4.

staates sei derogiert, Art. 12, 15. Jedoch kann diese Rüge nur der geschützte Personenkreis (Versicherungsnehmer, Versicherter, Verbraucher etc.) erheben, nicht jedoch der Vertragsgegner (Versicherer, Verkäufer, finanzierende Bank etc.); weitere Voraussetzung ist, daß er im Erstprozeß nicht Kläger, sondern Beklagter war.

c) *Voraussetzung für die Beachtlichkeit des Derogationseinwandes (Art. 28 I, 12, 12a, 15) ist, daß der Beklagte (Versicherungsnehmer etc., Verbraucher) im erststaatlichen Erkenntnisverfahren, also in dem angeblich derogierten Vertragsstaat, diesen Einwand (erfolglos) erhoben hatte.* Der Beklagte darf sich die Derogation nicht bis zum Zweitverfahren „aufheben" und sie erst dort zum erstenmal vortragen. Dies ergibt sich aus folgenden Erwägungen: Durch den vertraglichen Ausschluß der an sich gemäß Art. 11 I, 14 gegebenen internationalen Zuständigkeit des Erststaates (= Staat, in dem der Beklagte wohnt) wird die Last zur Einlassung vor den erststaatlichen Gerichten nicht zur Gänze beseitigt, sondern nur die Einlassungspflicht zur Hauptsache. Hält sich der Versicherer bzw. der Vertragspartner des Verbrauchers nicht an die Derogationsvereinbarung und klagt er in dem Staat, in dem der Beklagte wohnt (Art. 11 I, Art. 14 II), so ist es dem Beklagten zuzumuten, daß er am Rechtsstreit teilnimmt und vortragen läßt, die Zuständigkeit des Wohnsitzstaates sei derogiert. Tut er dies nicht und läßt er Versäumnisurteil gegen sich ergehen, dann kann er sich im Anerkennungs- bzw. Klauselerteilungsstadium vor dem Zweitrichter nicht auf die internationale Unzuständigkeit des Wohnsitzstaates berufen.

d) Das gleiche gilt, wenn er die Rüge der internationalen Unzuständigkeit aufgrund Derogation im Falle des Unterliegens nicht mit ordentlichen, nach dem Recht des Erststaates statthaften Rechtsmitteln weiterverfolgt hat. Nur wenn der Beklagte im Erststaat alle ihm möglichen Schritte erfolglos unternommen hat, um den (auch nach dem Recht des Erststaates schlüssigen) Einwand der Derogation durchzusetzen, ist es vertretbar, die Anerkennung zu versagen, weil aus der Sicht des Zweitrichters die Gerichte des Erststaates die Derogation nicht beachtet haben. Nur dann ist das Interesse des Beklagten an der internationalen Durchsetzung der Zuständigkeitsvereinbarung schutzwürdiger als das vor allem durch das Übereinkommen besonders betonte Interesse an der internationalen Entscheidungsharmonie, d. h. Förderung des internationalen Rechtsverkehrs durch weitestmögliche Anerkennung der gerichtlichen Entscheidungen aus den anderen Vertragsstaaten.[44]

[44] Vgl. *Geimer* RIW/AWD 1980, 308 sub. 4.

§ 31 Anwendungsbereich des Art. 17 I 3 Beurteilung des Prorogations- und Derogationsaspektes einer ausschließlichen Zuständigkeitsvereinbarung außerhalb des Anwendungsbereichs des Art. 17 (Fall, daß keine der Parteien in einem Vertragsstaat wohnt)[1]

I. Kein einheitlicher Prüfungsmaßstab

In einem solchen Fall fehlt ein einheitlicher Prüfungsmaßstab. Das Zuständigkeitsrecht des Übereinkommens kommt nicht zur Anwendung, Art. 4 I, auch nicht partiell, Art. 17.[2] Maßgeblich ist das jeweilige nationale Zuständigkeitsrecht.[3] Haben die Parteien die Zuständigkeit eines Gerichts in einem Vertragsstaat vereinbart, so beurteilt jeder Richter die Zulässigkeit und Wirksamkeit der Zuständigkeitsvereinbarung nach seinem nationalen Recht (einschließlich dessen etwaigen auf Zuständigkeitsvereinbarungen anzuwendenden Kollisionsrechts).[4]

Der Richter im prorogierten Vertragsstaat entscheidet also nach seiner lex fori, ob die Zuständigkeitsvereinbarung zulässig und wirksam ist, m. a. W., ob er die Prorogation anzunehmen hat.[5] Ist die Zuständigkeitsvereinbarung nach dem Willen der Parteien ausschließlich, sollen also nur die Gerichte im prorogierten Vertragsstaat entscheiden, so haben die Richter in den anderen Vertragsstaaten – sofern entgegen der Zuständigkeitsvereinbarung *bei ihnen* der Rechtsstreit anhängig gemacht wird – nach ihrem nationalen Zuständigkeitsrecht (Art. 4 I) darüber zu befinden, ob die Derogation zulässig und wirksam vereinbart ist. Angesichts der unterschiedlichen Standpunkte der einzelnen nationalen Rechtsordnungen zur Frage der Zulässigkeit und Wirksamkeit von Zuständigkeitsvereinbarungen[6] sind Meinungsverschiedenheiten zwischen dem forum prorogatum und dem forum derogatum nicht selten.

---

[1] Vgl. auch unten § 96 XXII.

[2] Zum Anwendungsbereich des Art. 17 siehe § 29 VI.

[3] Hinweise zum deutschen Recht bei *Zöller-Geimer,* ZPO, 13. Aufl., IZPR Anm. E XVI.

[4] Vgl. oben § 9.

[5] *Schlosser*-Bericht Nr. 177: „Umgekehrt kann auch ein Gericht innerhalb der Gemeinschaft durch Parteien angerufen werden, welche die Zuständigkeit dieses Gerichts vereinbart haben, obwohl sie beide Wohnsitz außerhalb der Gemeinschaft besaßen. Es besteht kein Anlaß, in das Übereinkommen Regeln darüber aufzunehmen, unter welchen Voraussetzungen das von solchen Parteien vorgesehene Gericht seine Zuständigkeit annehmen muß."

[6] Nachweise bei *Schröder,* Internationale Zuständigkeit, 1971, 420ff.

II. Kompetenzkompetenz des prorogierten Vertragsstaates

Solche Entscheidungsdisharmonien zu vermeiden, ist ein legitimes Anliegen des europäischen Zuständigkeitssystems, und zwar auch dann, wenn die Zuständigkeitsregeln der Art. 2ff. nicht zur Anwendung kommen. Durch das Beitrittsübereinkommen vom 9. Oktober 1978 wurde Art. 17 I 3 eingefügt. Danach „können die Gerichte der anderen Vertragsstaaten nicht entscheiden, es sei denn, das vereinbarte Gericht oder die vereinbarten Gerichte haben sich rechtskräftig für unzuständig erklärt."[7] Dies hat zur Folge, daß die übrigen Vertragsstaaten den Derogationseffekt auf Grund europäischen Gemeinschaftsrechts auch dann zu beachten haben, wenn die Derogation nach ihrem nationalen Zuständigkeitsrecht unbeachtlich oder sonst unwirksam wäre. Trotz grundsätzlicher Geltung des nationalen Rechts greift auch hier das Übereinkommen regelnd ein.

1. Rechtslage im prorogierten Vertragsstaat

a) Ist der prorogierte Vertragsstaat nach seinem nationalen Zuständigkeitsrecht *bereits kraft Gesetzes* international zuständig, dann kommt es auf die Frage der Zulässigkeit und Wirksamkeit der Zuständigkeitsvereinbarung nicht mehr an:

Beispiel:

Ein Wiener und ein Franzose mit Wohnsitz in Genf vereinbaren die Zuständigkeit des LG München I. Der Beklagte hat in der Bundesrepublik Deutschland Vermögen.

Hier ergibt sich die internationale Zuständigkeit bereits aus § 23 ZPO.

Die Zuständigkeitsvereinbarung kann allenfalls Bedeutung für die Bestimmung der örtlichen Zuständigkeit haben, wenn das angerufene Gericht nicht örtlich zuständig ist, weil das Vermögen des Beklagten sich in Stuttgart, nicht aber in München befindet.

Hätten die Parteien in dem obigen Beispiel die Zuständigkeit des Tribunal de Grande Instance in Straßburg vereinbart, so hätte dieses Gericht die internationale Zuständigkeit Frankreichs bereits aufgrund des Art. 14

---

[7] Hierzu *Schlosser*-Bericht 177: „Wohl aber besteht ein Gemeinschaftsinteresse daran, zu gewährleisten, daß unter näher festgelegten Bedingungen der Derogationseffekt einer solchen Vereinbarung im gesamten EWG-Gebiet anerkannt wird. Diesem Anliegen soll der neue Satz 3 von Art. 17 I Rechnung tragen. Er betrifft den Fall, daß trotz des außerhalb der Gemeinschaft gelegenen Wohnsitzes beider Parteien ein Gericht in einem Gemeinschaftsstaat („X") zuständig wäre, wenn man von der Gerichtsstandsvereinbarung absähe, etwa weil der Erfüllungsort in diesem Staat liegt. Vereinbaren die Parteien in einem solchen Fall die ausschließliche Zuständigkeit der Gerichte eines anderen Gemeinschaftsstaates, so müssen die Gerichte im Gemeinschaftsstaat „X" dies respektieren, wenn die Vereinbarung der in Art. 17 verlangten Form entspricht."

bzw. 15 Code civil bejaht, je nachdem ob der Franzose Kläger oder Beklagter gewesen wäre.

b) Für die internationale Zuständigkeit des prorogierten Vertragsstaates kommt es nur dann auf die nach seinem eigenen Zuständigkeitsrecht zu beurteilende Zulässigkeit und Wirksamkeit der Zuständigkeitsvereinbarung an, wenn der Vertragsstaat nach dem nationalen Zuständigkeitsrecht nicht schon kraft Gesetzes internationale Entscheidungszuständigkeit beansprucht hat.

Hat der Beklagte in dem obigen Beispielsfall kein Vermögen in der Bundesrepublik Deutschland und liegt auch sonst keine Zuständigkeitsanknüpfung im Sinne von §§ 20–34 ZPO vor, kommt die Prorogation für die Begründung der internationalen Zuständigkeit der Bundesrepublik Deutschland zum Tragen, § 38 ZPO.

2. Beachtung des Derogationseffektes in anderen Vertragsstaaten

a) Haben die außerhalb des geographischen Anwendungsbereichs des Übereinkommens (oben § 17) wohnhaften Parteien ein Gericht oder die Gerichte eines Vertragsstaates als ausschließlich international zuständig vereinbart, ruft aber eine Partei entgegen dieser Zuständigkeitsvereinbarung das Gericht eines anderen Vertragsstaates an, dann beurteilt sich dessen internationale und örtliche Zuständigkeit nach dessen nationalem Zuständigkeitsrecht, Art. 4 I. Ist danach das angerufene Gericht international unzuständig, dann erfolgt Prozeßabweisung. Ist der angegangene Vertragsstaat jedoch nach seinem Zuständigkeitsrecht international zuständig, z. B. nach § 23 ZPO oder gemäß Art. 14, 15 Code civil, dann erhebt sich die Frage, ob die Derogation in concreto wirksam ist.

b) Solange die Gerichte im prorogierten Vertragsstaat sich nicht rechtskräftig für unzuständig erklärt haben, dürfen die Gerichte des derogierten Vertragsstaates gemäß Art. 17 I 3 n. F. nicht „entscheiden“. Dies bedeutet nicht, daß jede Entscheidung verboten und nun das Verfahren auszusetzen wäre. Verboten ist vielmehr nur die Bejahung der internationalen Zuständigkeit und die Entscheidung zur Hauptsache. Auch einstweiliger Rechtsschutz (Arreste, einstweilige Verfügungen etc.) ist – soweit sich nicht ein gegenteiliger Parteiwille aus der Zuständigkeitsvereinbarung klar ergibt – dem forum derogatum untersagt. Art. 17 I 3 verbietet aber nicht die Prozeßabweisung wegen internationaler Unzuständigkeit. Ob Prozeßabweisung oder Aussetzung zu erfolgen hat, bestimmt die lex fori.

c) Art. 17 I 3 setzt voraus, daß der Beklagte den Einwand der Derogation erhebt. Tut er dies nicht und verhandelt er ohne Zuständigkeitsrüge zur Hauptsache, dann besteht keine Veranlassung, den Beklagten gegen seinen Willen zu schützen. Art. 17 I 3 kommt nicht zum Zuge. Das angegangene Gericht kann nach Maßgabe seiner lex fori seine internationale Zuständigkeit bejahen und zur Sache entscheiden. Der Beklagte kann auch den Derogationseinwand nicht nachholen, wenn das Urteil in den anderen Vertragsstaaten zur Anerkennung (Art. 25ff.) bzw. Klauselerteilung (Art. 31ff.) ansteht. Eine Nachprüfung der internationalen Zuständigkeit des Erststaates ist ausgeschlossen, Art. 28 I. Auch in Versicherungs- und Verbrauchersachen, in denen ausnahmsweise eine Nachprüfung der internationalen Zuständigkeit des Erststaates zugelassen ist, ist der Derogationseinwand nicht zu beachten und führt nicht zur Verweigerung der Anerkennung bzw. Klauselerteilung, wenn der Beklagte den Einwand der Derogation nicht im Erstverfahren rechtzeitig erhoben und mit allen statthaften Rechtsmitteln weiterverfolgt hatte. Nur wenn der Beklagte im Erststaat alle ihm möglichen Schritte erfolglos unternommen hat, um den Einwand der Derogation durchzusetzen, ist es vertretbar, die Anerkennung bzw. Klauselerteilung zu versagen, weil aus der Sicht des Zweitrichters die Gerichte des Erststaates die Derogation nicht beachtet haben. Nur dann ist das Interesse des Beklagten an der internationalen Durchsetzung der Zuständigkeitsvereinbarung schutzwürdiger als das vor allem durch das Übereinkommen besonders betonte Interesse an der internationalen Entscheidungsharmonie, d. h. Förderung des internationalen Rechtsverkehrs durch weitestmögliche Anerkennung der gerichtlichen Entscheidungen aus den anderen Vertragsstaaten.[8]

---

[8] Vgl. *Geimer* RIW/AWD 1980, 286; wohl auch *Roth* ZZP 93 (1980), 159 bei Fußn. 14 passim.

6. Kapitel: Die Festlegung auch der örtlichen Zuständigkeit durch das Übereinkommen[1]

§ 32 Das Regelungsprogramm des Übereinkommens

I. Verdrängung des nationalen Zuständigkeitsrechts

Das Übereinkommen legt nicht nur fest, welcher Vertragsstaat *international zuständig* ist; es normiert mitunter auch die *örtliche Zuständigkeit.*[2] So bestimmt Art. 5 Nr. 1 nicht nur die internationale Zuständigkeit des Staates, in dem der Erfüllungsort liegt, sondern gleichzeitig auch die örtliche Zuständigkeit desjenigen Gerichts, in dessen Bezirk der Ort liegt, an dem die Verpflichtung erfüllt worden ist oder zu erfüllen wäre. Art. 5 Nr. 1 verdrängt das nationale Gerichtsstandsrecht, selbst wenn es mit dem Konventionsrecht inhaltlich übereinstimmt.[3]

Regeln über die örtliche Zuständigkeit stellt das Übereinkommen allerdings nur für die „besonderen Zuständigkeiten" der Art. 5ff. auf.

II. Verteilungsfunktion unter gleichrangigen Gerichten

Die Normen über die örtliche Zuständigkeit verteilen die erstinstanziellen Rechtsprechungsaufgaben innerhalb eines Vertragsstaates unter mehreren gleichrangigen Gerichten nach örtlichen Gesichtspunkten.[4] Sie

---

[1] Vgl. oben § 5 II.

[2] Terminologisch unscharf *Samtleben* NJW 1974, 1590 bei Fußn. 7: „Die *internationale Zuständigkeit* der Gerichte der Vertragsstaaten soll nach der Präambel im Übereinkommen festgelegt werden. Der Ausdruck ‚internationale Zuständigkeit' ist hier in einem weiteren Sinne zu verstehen: Er umfaßt sowohl die Frage, ob allgemein die Gerichte eines Vertragsstaates zuständig sind (internationale Zuständigkeit im eigentlichen Sinne), wie auch die Frage, welches Gericht eines Vertragsstaates in einem Fall mit Auslandsberührung örtlich zuständig sein soll (‚konkrete internationale Zuständigkeit')." Gegen diesen Begriff *Geimer* WM 1976, 831.

[3] Vgl. oben § 1 II.

[4] In *Frankreich* spricht man von *compétence territoriale;* so die Überschrift vor Art. 42 des nouveau Code de procédure civile. S. auch *Solus-Perrot,* Droit judiciaire privé, tome II La Compétence, 1973, Nr. 241ff., S. 288ff. Die gleiche Terminologie verwendet der *belgische Code judiciaire;* vgl. die Überschrift vor Art. 622. Hierzu *Fettweis,* Précis de droit judiciaire, tome II, La Compétence, 4. Aufl. 1976, Nr. 523ff.

Der *italienische Codice di procedura civile* spricht von *competenza per territorio;* so die Überschrift vor Art. 18 Codice di procedura civile. Hierzu *Liebman,* Manuale di diritto processuale civile, 3. Aufl. I 1973, no. 28 S. 50ff. und *Satta,* Diritto processuale civile, 8. Aufl. 1973, no. 16 S. 30ff.

setzen eine Vielzahl von gleichrangigen Gerichten voraus. Dies ist in den *kontinentalen Vertragsstaaten mit Ausnahme Luxemburgs* eine Selbstverständlichkeit. So gibt es in der Bundesrepublik Deutschland etwa 50 *Landgerichte,* ungefähr gleich viele *tribunaux de grande instance* in Frankreich bzw. *tribunali* in Italien. Anders ist die Situation in *Irland* und im *Vereinigten Königreich,* sofern ein „höheres Gericht" (High Court) erstinstanzlich zuständig ist. Hier laufen die Normen des Übereinkommens über die örtliche Zuständigkeit weitgehend leer: Der irische High Court hat als einziges erstinstanzliches Gericht unbeschränkte Zuständigkeit. Daneben gibt es einen „Circuit Court" und einen „District Court". „Das Gericht" gibt es zwar auch in diesen Fällen jeweils nur ein einziges Mal im Lande. Jedem seiner Richter ist aber ein bestimmter „circuit" bzw. ein bestimmter „district" fest zugewiesen. Soweit das Übereinkommen die örtliche Zuständigkeit regelt, ist in Irland jeweils der für einen bestimmten „circuit" oder „district" vorgesehene Richter gemeint.[5] Insofern wird die Aufgabenverteilung zwischen den irischen Richtern nunmehr konventionsrechtlich normiert. Das autonome irische (Richter-) Recht wird insoweit verdrängt.

Das *Vereinigte Königreich* hat drei „höhere" Gerichte, die erstinstanzliche Zuständigkeit besitzen: den *„High Court of Justice"* für England und Wales, das *„Outer House of the Court of Session"* für Schottland und den *„High Court"* für Nordirland. Jedes dieser Gerichte ist aber als einziges jeweils für das gesamte Territorium seines Jurisdiktionsbereiches zuständig. Im Vereinigten Königreich hat mithin die Unterscheidung zwischen internationaler und örtlicher Zuständigkeit nur Bedeutung für die Abgrenzung der drei Gerichtsgebiete. Soweit Art. 5ff. die örtliche Zuständigkeit regeln, haben diese Normen für erstinstanzlich berufene „höhere" Gerichte des Vereinigten Königreichs nur insofern Bedeutung, als die Jurisdiktion zwischen *England und Wales* einerseits und *Schottland* bzw. *Nordirland* anderseits abgegrenzt werden muß.

Dagegen haben für die County Courts, Magistrates' Courts und Sheriff Courts in *Schottland* die Art. 5ff. wiederum Bedeutung für die örtliche Zuständigkeit.[6]

III. Örtliche Ersatzzuständigkeit in der Hauptstadt des international zuständigen Vertragsstaates

Soweit das Übereinkommen nur die internationale Zuständigkeit eines Vertragsstaates normiert und die Festlegung des örtlich zuständigen Gerichts dem autonomen Zuständigkeitsrecht dieses Staates überläßt, muß der vom Übereinkommen für international zuständig erklärte Ver-

---

[5] *Schlosser*-Bericht Nr. 70.

[6] *Schlosser*-Bericht Nr. 70.

tragsstaat ein örtlich zuständiges Gericht zur Verfügung stellen.[7] Sonst könnte er sich seiner Pflicht zur Justizgewährung schlicht dadurch entledigen, daß er kein örtlich zuständiges Gericht benennt. Dies wäre konventionswidrig. In solchen Fällen greift die im Wege der ergänzenden Konventionsauslegung gefundene Regel ein: *Die Gerichte der Hauptstadt der international zuständigen Vertragsstaaten sind örtlich zuständig, sofern das nationale Recht kein örtlich zuständiges Gericht bestimmt.*

Diese ungeschriebene Konventionsregel ist aber die *ultima ratio*. Vorher ist zu prüfen, ob nicht im Wege der Lückenfüllung bzw. Anpassung dem nationalen Recht doch ein Gerichtsstand „abgerungen" werden kann.[8] Fehlt z. B. im Wohnsitzstaat ein örtlich zuständiges Gericht, weil sich dieser für international unzuständig hält im Hinblick auf die ausschließliche internationale Zuständigkeit eines anderen Staates, die vom Übereinkommen nicht akzeptiert wird und deshalb nicht in Art. 16 aufgeführt ist, so ist im Wege der Anpassung die Regel actor sequitur forum rei, die den Prozeßordnungen aller kontinentaleuropäischen Vertragsstaaten bekannt ist, für die Bestimmung des örtlich zuständigen Gerichts heranzuziehen.

Beispiel:

Faßt das autonome Recht des Wohnsitzstaates den Begriff der ausschließlich im forum rei sitae zu behandelnden dinglichen Klagen weiter als Art. 16 Nr. 1 und wird deshalb seine auf den Wohnsitz des Beklagten gestützte internationale Allzuständigkeit in stärkerem Maße eingeschränkt, so bewirkt die Erweiterung der internationalen Allzuständigkeit dieses Staates durch den (enger gefaßten) Art. 16 Nr. 1 auch eine Ausdehnung der Norm des nationalen Zuständigkeitsrechts, wonach das Gericht örtlich zuständig ist, in dessen Bezirk der Beklagte seinen Wohnsitz hat.

IV. Keine Versteinerung des derzeitigen Rechtszustandes

Das Übereinkommen schreibt die zum Zeitpunkt seines Inkrafttretens in den einzelnen Vertragsstaaten bestehenden Regeln über die örtliche Zuständigkeit nicht fest. So könnte z. B. die Bundesrepublik Deutschland die Ausschließlichkeit des § 24 ZPO aufheben. Nur eines verlangt das Übereinkommen: Jeder nach dem Übereinkommen international zuständige Vertragsstaat muß mindestens ein örtlich zuständiges Gericht zur Verfügung stellen. Dies ergibt sich aus dem Verbot der Justizverwei-

---

[7] *Geimer* WM 1976, 835.

[8] Vgl. z. B. Art. 18 Codice di procedura civile: Hat der Beklagte weder Wohnsitz/Sitz (Niederlassung) noch seinen Aufenthalt in Italien, so ist das Gericht am Wohnsitz/Sitz des Klägers örtlich zuständig.

Zur Rechtslage in der Bundesrepublik Deutschland Nachweise bei *Zöller-Geimer,* ZPO, 13. Aufl. 1981, IZPR, Anm. E X 7 und *Kropholler* IZVR Rz. 145ff.

gerung. Fände sich z. B. in dem nach Art. 16 ausschließlich zuständigen Vertragsstaat kein Gericht, das sich der Klage annimmt, so entstünde ein negativer Kompetenzkonflikt, da alle anderen Vertragsstaaten, insbesondere auch der Wohnsitzstaat, international unzuständig sind. Fehlt nach nationalem Zuständigkeitsrecht ein örtlich zuständiges Gericht, so greift subsidiär die bereits oben entwickelte konventionsrechtliche Norm ein, daß bei Schweigen des autonomen Rechts das Gericht der Hauptstadt des nach Art. 16 kompetenten Staates örtlich zuständig ist.

§ 33 Örtliche Zuständigkeit innerhalb des Wohnsitzstaates

I. Grundsatz: Maßgeblichkeit des nationalen Rechts

1. Art. 2 I begründet nur die *internationale Zuständigkeit* des Wohnsitzstaates. Welches Gericht innerhalb dieses Staates *örtlich zuständig* ist, hat das autonome Recht dieses Staates zu bestimmen.[1]

Beispiel:

Ein Brüsseler kann in Antwerpen wegen eines vertraglichen Anspruchs verklagt werden, wenn dort die Klageforderung entstanden ist, Art. 624 Nr. 2 Code judiciaire.[2]

Anders ist die Rechtslage in der Bundesrepublik Deutschland. Hier kommt es nicht auf den Ort der Entstehung der Verbindlichkeit,[3] sondern auf den Ort an, wo die Verbindlichkeit erfüllt werden muß (forum executionis, § 29 ZPO). Dabei gilt die Einschränkung, daß Vereinbarungen über den Erfüllungsort nicht zuständigkeitsbegründend wirken, § 29 II ZPO, es sei denn, diese Vereinbarung haben Vollkaufleute oder juristische Personen des öffentlichen Rechts einschließlich öffentlich-rechtlicher Sondervermögen getroffen.

---

[1] *Geimer* WM 1976, 833.

[2] Art. 624 Code judiciaire: „... la demande ... peut ... être portée: ... 2° devant le juge du lieu dans lequel les obligations en litige ou l'une d'elles sont nées ...".

Den Gerichtsstand am Ort des Entstehens der Verbindlichkeit kennt auch das *italienische Recht.* Art. 20 Codice di procedura civile bestimmt: „Per le cause relative a diritti di obbligazioni é anche competente il giudice del luogo in cui é sorta ... l'obbligazione dedotta in giudizio." Diese Vorschrift regelt die örtliche Zuständigkeit; die internationale Zuständigkeit legt Art. 4 Nr. 2 Codice di procedura civile fest, allerdings nur für Klagen gegen Ausländer. Vgl. unten § 49 I 7. Näher hierzu *Satta,* Diritto processuale civile, 8. Aufl., 1973 Nr. 16 sub a S. 31 und *Schröder,* Internationale Zuständigkeit, 1971, 300 und 313.

An den *Abschlußorten* (lieu où la convention a été contractée) knüpft Art. 59 III des (alten) Code de procédure civile (der noch in Luxemburg gilt) an. Ähnlich für *Handelsgerichtsprozesse* Art. 420 II Code de commerce. Hierzu *Solus-Perrot* Droit judiciaire II, 1973, no. 283, S. 334 und *Schröder,* Internationale Zuständigkeit, 1971, 303. Vgl. auch *Ferid,* Das französische Zivilrecht, I, 1971, 2B 173 S. 473, *Weser* Nr. 235.

[3] Ausnahme: § 30 ZPO für Messe- und Marktstreitigkeiten.

2. Die §§ 12ff. ZPO behalten also für die Bestimmung der örtlichen Zuständigkeit Bedeutung: Hat z. B. ein Münchener Rechtsanwalt für einen Hamburger einen Rechtsstreit vor dem Landgericht München I geführt, so kann er sein Honorar gemäß § 34 ZPO[4] in München einklagen; er muß sich nicht an die Gerichte in Hamburg (§§ 12, 13 ZPO) wenden.

II. Rechtspolitischer Grund für den Verzicht auf eine europäische Regelung der örtlichen Zuständigkeit

Den Verzicht auf die Regelung der örtlichen Zuständigkeit im Wohnsitzstaat durch das Übereinkommen begründet der *Jenard*-Bericht[5] vorwiegend pragmatisch: „Es ist durchaus angebracht, einen Beklagten, der seinen Wohnsitz in einem Vertragsstaat hat, dem Inlandsrecht dieses Staates zu unterwerfen, ohne daß in dem Übereinkommen zu seinen Gunsten besondere Schutzmaßnahmen vorgesehen werden müßten. Die Lösung ist ferner äußerst praktisch; denn sie enthebt den Richter in den meisten Fällen der Verpflichtung, sich eingehender mit dem Übereinkommen zu befassen. In den meisten Fällen wird die Klage ohnehin vor einem Gericht des Landes erhoben, in dem der Beklagte seinen Wohnsitz hat. Dies trifft für alle Streitfälle ohne Auslandsbeziehung zu. Es gilt auch für internationale Streitfälle, in denen der Beklagte in Anwendung des herkömmlichen Grundsatzes «actor sequitur forum rei» vor ein Gericht seines Wohnsitzstaates geladen ist. Das Übereinkommen führt somit zu keiner umwälzenden Änderung des innerstaatlichen Zuständigkeitsrechts und seiner praktischen Handhabung durch die Richter und Anwälte. Diese haben die durch das Übereinkommen eingeführten Änderungen nur dann zu beachten, wenn eine Person verklagt wird, die ihren Wohnsitz nicht in dem Staate des angerufenen Gerichtes hat, oder in den – übrigens nicht häufigen – Fällen, für die das Übereinkommen allgemeinverbindlich eine ausschließliche Zuständigkeit vorsieht".

III. Fehlen einer nationalen Norm über die örtliche Zuständigkeit

Probleme tauchen auf, wenn sich der Wohnsitzstaat nach seinem autonomen Recht nicht für international zuständig hält und daher kein örtlich zuständiges Gericht zur Verfügung stellt.[6] Hier wird man – wie schon oben[7] dargelegt – im Wege der ergänzenden Vertragsauslegung die (un-

[4] Zu diesem Gerichtsstand s. unten § 81 XVI 11.

[5] S. 66.

[6] *Beispiel:* Der Wohnsitzstaat hält in weiterem Umfang, als dies in Art. 16 festgelegt ist, einen anderen Staat für ausschließlich international zuständig.

[7] Oben § 32 III.

geschriebene) Konventionsregel entwickeln müssen, daß die *Gerichte der Hauptstadt des Wohnsitzstaates* örtlich zuständig sind. Denn der Wohnsitzstaat kann sich der ihm obliegenden Pflicht zur Justizgewährung nicht dadurch entziehen, daß er ein örtlich zuständiges Gericht nicht zur Verfügung stellt.

IV. Ausnahmsweise Regelung der örtlichen Zuständigkeit, Art. 2 II

1. Von dem Grundsatz, daß das Übereinkommen das autonome Recht des Wohnsitzstaates über die örtliche Zuständigkeit grundsätzlich unberührt läßt, bringt Art. 2 II eine Ausnahme. Er gebietet eine Angleichung (Assimilierung) der Vorschriften über die örtliche Zuständigkeit, sofern der Wohnsitzstaat nach der Staatsangehörigkeit der Parteien differenziert. Diese Vorschrift setzt voraus, daß im Staat des angerufenen Gerichts für Klagen gegen Ausländer andere Gerichtsstandsnormen gelten als für Klagen gegen Inländer. *Art. 2 II stellt Ausländer und Staatenlose den Inländern* (= den Angehörigen des Wohnsitzstaates) *gleich*[8] für den Fall, daß ein Ausländer oder Staatenloser seinen Wohnsitz in dem Staate des angerufenen Gerichts hat. Die örtliche Zuständigkeit richtet sich dann nach den Regeln, die für Inländer (= Angehörige des Gerichtsstaats) anzuwenden sind. Für den Ausländer bzw. den Staatenlosen gelten dann als Beklagten wie als Kläger die gleichen Zuständigkeitsbestimmungen wie für einen Inländer, der seinen Wohnsitz in diesem Staat hat.[9]

2. Die Assimilierungsvorschrift des Art. 2 II gilt auch zugunsten von Personen, die nicht einem der Vertragsstaaten angehören. Es können sich z. B. auch Schweden, US-Amerikaner, Österreicher, Schweizer, Brasilianer oder Staatenlose auf Art. 2 II berufen.[10]

3. Auch *Gesellschaften und juristische Personen* (Art. 53) haben eine „Staatsangehörigkeit" im Sinne des Art. 2 II. Haben diese ihren Sitz in einem der Vertragsstaaten, so sind sie den inländischen gleichzustellen, Art. 2 II, sofern das nationale Zuständigkeitsrecht zwischen inländischen und ausländischen Gesellschaften und juristischen Personen differenziert. Praktische Beispiele sind nicht bekannt geworden.[11]

4. Für die *Bundesrepublik Deutschland* hat Art. 2 II keine Bedeutung, da die §§ 12ff. ZPO ohne Unterschied für In- und Ausländer gelten.[12] Das gleiche gilt für *Italien* (Art. 18ff. Codice di procedura civile)[13] und die *Niederlande*. Art. 127 Wetboek van Burgerlijke Rechtsvordering (Rv)

---

[8] *Jenard*-Bericht S. 67.
[9] Unklar *Schlafen* in *Bülow-Böckstiegel* 606/39, Art. 2, Anm. 4.
[10] *Geimer* WM 1976, 831.
[11] Vgl. *Weser* S. 371 und *Schlafen* in *Bülow-Böckstiegel*, 606/318, Art. 53, Anm. 1e.
[12] Vgl. den *Jenard*-Bericht S. 67 und *Weser* Nr. 212 S. 239.
[13] Vgl. unten § 49 I 7.

setzt voraus, daß der Ausländer sich nicht in den *Niederlanden* aufhält, betrifft also nicht die Verteilung der örtlichen Zuständigkeit.[14] Ebenso verhält es sich mit Art. 126 § 3 Rv. Diese Norm geht davon aus, daß der Beklagte weder einen Wohnsitz noch einen gewöhnlichen Aufenthalt in den Niederlanden hat.[15] Im übrigen differenziert Art. 126 Rv nicht nach der Staatsangehörigkeit. Auch in *Frankreich* und *Luxemburg* kommt Art. 2 II nicht zum Tragen.[16] Art. 42ff. des nouveau Code de procédure civile und Art. 59 des in Luxemburg noch geltenden alten Code de procédure civile gelten für In- und Ausländer. Art. 14 und 15 Code civil regeln nur die internationale, nicht die örtliche Zuständigkeit und sind deshalb in diesem Zusammenhang ohne Bedeutung.[17] Die *belgische Gerichtsordnung*[18] unterscheidet dagegen zwischen In- und Ausländern. Für Ausländer gelten Art. 635ff. Code judiciaire. Soweit Art. 635ff. nicht nur die internationale, sondern auch die örtliche Zuständigkeit regeln,[19] sind sie durch Art. 2 II ausgeschaltet, wobei zu beachten ist, daß Art. 638 Code judiciaire sowieso nicht in Betracht kommt, wenn der beklagte Ausländer in Belgien wohnt. Die örtliche Zuständigkeit bestimmt sich im Hinblick auf Art. 2 II auch für Ausländer nach Art. 624ff. Code judiciaire.

Das *dänische* und das *griechische Zuständigkeitsrecht* behandelt In- und Ausländer gleich. Daher hat in *Dänemark* und in *Griechenland* Art. 2 II keine praktische Bedeutung. Das gleiche gilt für *England, Schottland, Nordirland und die Republik Irland* (hierzu oben I 2).

V. Zuständigkeitsvereinbarungen[20]

1. Eine weitere Ausnahme von dem Grundsatz, daß im Wohnsitzstaat des Beklagten das nationale Recht die örtliche Zuständigkeit festlegt, gilt im Anwendungsbereich des Art. 17. Nur bei *reinen Inlandsfällen* – beide Parteien wohnen im gleichen Vertragsstaat; sie vereinbaren die

---

14 *Weser* Nr. 212, S. 239 und Nr. 110.

15 Art. 126 Rv ist wie folgt aufgebaut: Abs. 1 ist die Grundnorm: Der Beklagte ist an seinem Wohnsitz zu verklagen. Fehlt ein solcher in den Niederlanden, dann ist der Beklagte vor das Gericht seines tatsächlichen Aufenthalts zu laden (Abs. 2). Fehlt es auch an dieser Zuständigkeitsanknüpfung (Aufenthalt in den Niederlanden), dann ist das Gericht am Wohnsitz des Klägers zuständig (Abs. 3). Nach Art. 127 Rv kann ein Ausländer – auch wenn er sich nicht in den Niederlanden aufhält – vor ein Gericht in den Niederlanden wegen Verbindlichkeiten geladen werden, die von ihm gegenüber einem niederländischen Staatsangehörigen entweder in den Niederlanden oder in einem anderen Land eingegangen worden sind. Hierzu s. auch *Kropholler* IZVR Rz. 100.

16 Vgl. auch *Schlafen* in *Bülow-Böckstiegel* 606/39, Art. 2, Anm. 4.

17 *Weser* Nr. 211 bis 215.

18 *Weser* Nr. 206 und Nr. 239 S. 273 Fußn. 125.

19 Dies ist nicht klar. Nach *Schlafen* (oben Fußn. 16) Fußn. 21 gelten Art. 635ff. Code judiciaire von vorneherein nur für die internationale Zuständigkeit.

20 Hierzu oben § 29 V und unten § 96 VII.

örtliche Zuständigkeit eines Gerichts in ihrem gemeinsamen Wohnsitzstaat – kommt Art. 17 hinsichtlich der *örtlichen Zuständigkeit*[21] nicht zum Zuge. Es gilt das nationale Zuständigkeitsrecht, in der Bundesrepublik Deutschland also §§ 38, 40 ZPO.

Beispiel:

Ein Hamburger und ein Münchner vereinbaren die örtliche Zuständigkeit des Landgerichts Frankfurt/M.

2. In allen übrigen Fällen gilt Konventionsrecht. Wohnen die Parteien in verschiedenen Vertragsstaaten und vereinbaren sie die (ausschließliche) Zuständigkeit eines Gerichts in einem dieser Staaten, dann ist Art. 17 maßgebend ohne Rücksicht auf die Parteirolle. Wird die im anderen Vertragsstaat domizilierte Partei am forum prorogatum, also außerhalb ihres Wohnsitzstaates verklagt, dann ist die Zuständigkeitsvereinbarung gemäß Art. 3 I, Art. 17 von Bedeutung sowohl für die Begründung der internationalen Zuständigkeit des prorogierten Vertragsstaates als auch für die örtliche Zuständigkeit des prorogierten Gerichts. Art. 17 ist aber auch anzuwenden bei umgekehrten Parteirollen. Wird die im prorogierten Vertragsstaat wohnhafte Partei am forum prorogatum verklagt, dann ist die Zuständigkeitsvereinbarung – anders als bei der soeben diskutierten Hypothese – für die Bejahung der internationalen Zuständigkeit des Gerichtsstaates nicht entscheidungserheblich, da sich diese bereits aus Art. 2 I ergibt. Für die örtliche Zuständigkeit behält die Zuständigkeitsvereinbarung aber Bedeutung. Auch bei dieser Konstellation gilt Art. 17, nicht das nationale Recht. Denn die Beurteilung der Zulässigkeit und Wirksamkeit der Zuständigkeitsvereinbarung muß im Interesse der Rechtssicherheit *einer* Zuständigkeitsordnung unterstellt bleiben, ohne Rücksicht darauf, wer wen verklagt.

Beispiel:

Ein Münchner und ein Brüsseler vereinbaren die Zuständigkeit des LG Köln. Beide sind Nichtkaufleute.

Auch wenn der Brüsseler den Münchner verklagt und mithin die Bundesrepublik Deutschland als Wohnsitzstaat des Beklagten bereits gemäß Art. 2 I international zuständig ist, kommt nicht § 38 ZPO zur Anwendung. Die Zulässigkeit und Wirksamkeit der Prorogation des LG Köln ist vielmehr nach Art. 17 zu beurteilen.

3. Wohnt die eine Partei in einem Vertragsstaat, die andere außerhalb des geographischen Anwendungsbereichs des Übereinkommens, dann soll nach h. M. Art. 17 nicht gelten, wenn die Parteien ein Gericht in dem Vertragsstaat prorogieren, in dem die eine Partei wohnt.

Beispiel:

Ein Züricher und ein Hamburger vereinbaren die ausschließliche Zuständigkeit des LG Frankfurt/M.

---

[21] Art. 17 behält aber Bedeutung bezüglich der internationalen Zuständigkeit (Derogationsaspekt).

Nach der hier abgelehnten h. M.[22] wäre die Prorogation nicht nach Art. 17, sondern nach § 38 ZPO zu beurteilen, obwohl unstreitig wiederum Konventionsrecht heranzuziehen wäre, wenn die Parteien das Gericht eines anderen Vertragsstaates (z. B. des Tribunal de la Grande Instance in Paris) prorogiert haben.

§ 34 Örtliche Zuständigkeit in Nicht-Wohnsitzstaaten

I. Grundsatz

1. Ist nach Art. 3 I in Verbindung mit Art. 5ff. ein Nicht-Wohnsitzstaat international zuständig, so bestimmt grundsätzlich das Übereinkommen auch, welches Gericht innerhalb dieses Staates örtlich zuständig ist. *Die Art. 5ff. sind also doppelfunktional:* Sie regeln die internationale und gleichzeitig auch die örtliche Zuständigkeit. Dies ist anknüpfungstechnisch nur möglich, weil das Übereinkommen die Staatsangehörigkeitszuständigkeit nicht kennt und nur Anknüpfungen verwendet, die sowohl international wie auch innerstaatlich unterscheidungskräftig sind.

2. Das Übereinkommen ist self-executing; es bedarf keines Ausführungsgesetzes, um die Zuständigkeitsordnung in den Vertragsstaaten in Kraft zu setzen. Das Übereinkommen begründet nicht etwa nur die Pflicht für die Vertragsstaaten, ihr nationales Recht den Vorschriften des Übereinkommens anzupassen, es ist vielmehr so konzipiert, daß es entgegenstehendes autonomes Recht der Vertragsstaaten selbst verdrängt. Es muß deshalb von den Gerichten der Vertragsstaaten unmittelbar angewandt werden. Z. B. bedurfte die Einführung des *Gerichtsstandes der Streitgenossenschaft* (Art. 6 Nr. 1), der dem *deutschen Recht* bisher nur in den engen Grenzen der §§ 35a, 603 II, 605a ZPO, § 56 II LuftverkehrsG bekannt war, keines besonderen deutschen Ausführungsgesetzes.[1] Die *Niederlande* müssen den Gerichtsstand des Erfüllungsortes oder der unerlaubten Handlung nicht eigens einführen. Art. 5 Nr. 1 bzw. Nr. 3 schaffen die bisher fehlende örtliche Zuständigkeit.

II. Ausnahmen

1. Von dem Grundsatz, neben der internationalen auch die örtliche Zuständigkeit zu regeln, gibt es auch Ausnahmen. Hauptbeispiel hierfür ist Art. 16. Diese Vorschrift legt die ausschließlichen internationalen Zu-

---

[22] S. oben § 29 V und § 96 VII.

[1] Dies übersahen *Bülow* RabelsZ 1965, 485 Fußn. 35 und *Schröder,* Internationale Zuständigkeit, 1971, S. 570, Fußn. 2600.

[2] S. unten §§ 85 VI, 86 V, 87 VI, 89 V, 90 VI, 91 V.

ständigkeiten fest, überläßt aber die Bestimmung des örtlich zuständigen Gerichts dem nationalen Recht der einzelnen Vertragsstaaten. Der international ausschließlich zuständige Vertragsstaat kann frei und ohne Bindung durch das Übereinkommen bestimmen, welche seiner Gerichte örtlich zuständig sein sollen.[2]

Beispiel:

Für Klagen, die dingliche Rechte an unbeweglichen Sachen sowie die Miete oder Pacht von unbeweglichen Sachen zum Gegenstand haben, ist nach Art. 16 Nr. 1 derjenige Vertragsstaat international zuständig, in dem die unbewegliche Sache gelegen ist. Welches seiner Gerichte dieser Vertragsstaat für zuständig erklären will, steht in seinem Belieben. Er kann auch mehrere Gerichte fakultativ für örtlich zuständig erklären. Die Regel des deutschen und italienischen Rechts,[3] wonach das Gericht am forum rei sitae ausschließlich örtlich zuständig ist, galt z. B. bis vor kurzem nicht in Frankreich. Der Gerichtsstand des Art. 59 V des französischen Code de procédure civile war nicht ausschließlich; er ließ den Wohnsitzgerichtsstand unberührt. Eine Änderung der Rechtslage brachte erst der am 1. Januar 1976 in Kraft getretene nouveau Code de procédure civile, dessen Art. 44 bestimmt: „En matière réelle immobilière, la juridiction du lieu où est situé l'immeuble est seule compétente".

2. Weitere Beispiele für das Fehlen von Normen über die örtliche Zuständigkeit finden sich in Art. 5 Nr. 6, Art. 6a (2. Alternative), Art. 8 Nr. 1 n. F., Art. 8 II, Art. 11 I, Art. 14 I und II.[4]

3. Hierher gehört auch der Fall, daß die Parteien nach Art. 17 nur die internationale Zuständigkeit eines Vertragsstaates vereinbart haben, z. B. „die Zuständigkeit der Gerichte in der Bundesrepublik Deutschland", aber die Bestimmung des örtlich zuständigen Gerichts unterlassen haben. Eine solche auf die internationale Zuständigkeit beschränkte Prorogation ist zulässig.[5] Die örtliche Zuständigkeit ist dann dem autonomen Recht des prorogierten Staates zu entnehmen, bei dessen Schweigen sind die Gerichte der Hauptstadt des prorogierten Vertragsstaates örtlich zuständig.[6]

---

[3] Art. 21 Codice di procedura civile. Diese Norm ist nicht doppelfunktional wie § 24 ZPO; sie regelt nicht die internationale Zuständigkeit Italiens. Ist der Beklagte Italiener, so folgt daraus die giurisdizione italiana; vgl. unten § 49 I 7. Für Klagen gegen Ausländer begründet Art. 4 Nr. 2 Codice di procedura civile die internationale Zuständigkeit Italiens. Zum italienischen Recht s. *Schröder,* Internationale Zuständigkeit, 1971, 359. Vgl. auch (allgemein) *Matscher* JBl 1979, 241 sub 5.

[4] Vgl. unten § 74 III–V.

[5] Dies ergibt sich bereits aus dem Wortlaut des Art. 17 I, vgl. auch *Droz* Nr. 182, S. 116 und Nr. 210, S. 131 ff. Für das autonome deutsche Recht ist bestritten, ob die Vereinbarung der deutschen internationalen Zuständigkeit ohne Bestimmung eines örtlich zuständigen Gerichts zulässig ist. Nachweise bei *Geimer,* Zur Prüfung der Gerichtsbarkeit und der internationalen Zuständigkeit bei der Anerkennung ausländischer Urteile, 1966, 117 Fußn. 96.

[6] *Geimer* WM 1976, 832 und unten § 96 VI 2.

§ 35 Derogation der im Übereinkommen festgelegten örtlichen Zuständigkeit

I. Keine Ausschließlichkeit

Die durch das Übereinkommen festgelegten örtlichen Zuständigkeiten sind keine ausschließlichen. Sie können deshalb derogiert werden, und zwar (auch) in der Weise, daß die gemäß Art. 5ff. gegebene internationale Zuständigkeit bestehen bleibt.

II. Aufspaltung der internationalen und der örtlichen Zuständigkeit[1]

1. Zur Verdeutlichung dieser Hypothese folgendes *Beispiel:*

Der Beklagte wohnt in Mailand. Erfüllungsort für seine Kaufpreisverbindlichkeit ist Stuttgart. Die Parteien vereinbaren die ausschließliche örtliche Zuständigkeit des LG Frankfurt/M.

Hier betrifft die Zuständigkeitsvereinbarung nur die örtliche Zuständigkeit. Die internationale Zuständigkeit der Bundesrepublik Deutschland (für die Vertragsklage) ergibt sich nach wie vor aus Art. 5 Nr. 1; denn der Erfüllungsort liegt in der Bundesrepublik Deutschland. Die internationale Zuständigkeit bleibt unverändert. Derogiert wird nur die durch Art. 5 Nr. 1 auch festgelegte örtliche Zuständigkeit des LG Stuttgart. *Durch die Zuständigkeitsvereinbarung wird die Doppelfunktionalität des Art. 5 Nr. 1 aufgehoben.* Diese Norm wird „aufgespalten“: Die internationale Kompetenznorm bleibt bestehen, die Norm über die innerstaatliche Zuständigkeitszuweisung (örtliche Zuständigkeit) wird außer Kraft gesetzt.

2. Auch der Ausschluß einer sich aus Art. 5ff. ergebenden örtlichen Zuständigkeit ohne Prorogation eines anderen Gerichts durch isolierten Derogationsvertrag ist zulässig.

Beispiel:

Ein Brüsseler Kaufmann hat eine Zweigniederlassung in Köln. Im Rahmen des Betriebs dieser Zweigniederlassung schließt er einen Lieferungsvertrag mit Erfüllungsort in München. Die Parteien vereinbaren, daß die örtliche Zuständigkeit des LG München I (Art. 5 Nr. 1) ausgeschlossen sein soll.

Die Zuständigkeitsvereinbarung enthält keine Prorogation *(reiner Derogationsvertrag).* Gegenstand der Vereinbarung ist nur die Abwahl der örtlichen Zuständigkeit des Münchner Gerichts. Die internationale Zu-

---

[1] Hierzu *Geimer* WM 1976, 832.

[2] Zum isolierten Derogationsvertrag s. unten § 96 XXI 3.

ständigkeit der Bundesrepublik Deutschland stützt sich nicht nur auf Art. 5 Nr. 5, sondern auch weiterhin auf Art. 5 Nr. 1, da der Erfüllungsort in Deutschland liegt. Örtlich zuständig ist das LG Köln.

III. Maßgebliches Recht

Die Wirksamkeit einer Vereinbarung, welche die aus Art. 5ff. fließenden örtlichen Zuständigkeiten derogiert, ist nach Art. 17 zu beurteilen, weil die unmittelbar aus dem Übereinkommen hergeleiteten örtlichen Zuständigkeiten nur nach Konventionsrecht verändert werden. Das nationale Recht (in der Bundesrepublik Deutschland: § 38 ZPO) wird von Art. 17 verdrängt.

§ 36 Verlegung des Wohnsitzes in den Gerichtsstaat während des Prozesses[1]

Hat der Beklagte zum Zeitpunkt der Klageerhebung seinen Wohnsitz nicht im Gerichtsstaat, sondern in einem anderen Vertragsstaat,[2] so kommen gemäß Art. 3 I die Zuständigkeitsnormen der Art. 5ff. zur Anwendung; diese regeln grundsätzlich auch die örtliche Zuständigkeit.[3] Verlegt nun der Beklagte während des anhängigen Rechtsstreits seinen Wohnsitz in den Staat des angerufenen Gerichts, so entsteht das Problem, ob für die Zuständigkeit weiterhin Art. 3 I maßgeblich ist, oder ob nunmehr Art. 2 I gilt. Für die internationale Zuständigkeit des Gerichtsstaates ist die Frage ohne praktische Bedeutung, anders aber für die örtliche Zuständigkeit, da Art. 2 I hinsichtlich der örtlichen Zuständigkeit grundsätzlich auf das nationale Recht verweist. Dieses kann aber von den Konventionsregeln über die örtliche Zuständigkeit abweichen. Schwierigkeiten ergeben sich dann, wenn das nationale Zuständigkeitsrecht den vom Übereinkommen in Art. 5ff. fixierten örtlichen Gerichtsstand nicht kennt.

Beispiel:

Der Beklagte wohnt in Köln, wird aber in Rotterdam verklagt. Dort liegt der Erfüllungsort für die Klageverbindlichkeit, Art. 5 Nr. 1. Der Beklagte verlegt nun seinen Wohnsitz nach Amsterdam. Wäre Art. 5 Nr. 1 nicht mehr anzuwenden, so würde das Gericht in Rotterdam örtlich unzuständig, da das autonome Recht den Gerichtsstand des Erfüllungsortes nicht kennt.

---

[1] Hierzu *Geimer* WM 1976, 832.

[2] Bei Wohnsitz in einem Nichtvertragsstaat käme – vorbehaltlich Art. 16 und Art. 17 – die Zuständigkeitsordnung des Übereinkommens nicht zur Anwendung, Art. 2 I, 3 I, 4 I.

[3] Ausnahmen oben § 33.

In solchen Fällen gilt der *Grundsatz der perpetuatio fori:* Das Übereinkommen ist weiterhin maßgeblich. Das Gericht hat seine örtliche Zuständigkeit weiterhin auf das Übereinkommen zu gründen. Ausschlaggebender Gesichtspunkt ist die Prozeßökonomie und der Umstand, daß der Beklagte nicht ungerechtfertigt benachteiligt wird: Seine schutzwürdigen Interessen sind innerhalb seines Wohnsitzstaates ausreichend gewahrt.[4]

§ 37 Verweisung des Rechtsstreits an ein nach dem Übereinkommen örtlich nicht zuständiges Gericht?

1. Soweit das Übereinkommen die örtliche Zuständigkeit festlegt, ist eine Verweisung des Rechtsstreits (nach den Regeln des nationalen Rechts) an ein anderes (nach den Normen des Übereinkommens örtlich unzuständiges Gericht) unzulässig,[1] sofern der Beklagte nicht zustimmt.[2] Eine Ausnahme ist aber dann zuzulassen, wenn die Durchführung des Verfahrens vor dem nach dem Übereinkommen örtlich zuständigen Gericht unmöglich oder unzumutbar ist.

2. Erklärt der Beklagte sein Einverständnis, dann liegt eine zuständigkeitsbegründende Einlassung (Art. 18) vor. Hat der Kläger die Verweisung beantragt und stimmt der Beklagte zu, dann ist eine Prorogation (Art. 17) zustande gekommen.[3] Ob diese das angegangene Gericht noch während des anhängigen Rechtsstreits zu einer Verweisung verpflichtet, ist eine andere Frage, auf die das Übereinkommen keine Antwort gibt. Maßgeblich ist vielmehr das Prozeßrecht des Gerichtsstaates.

3. Die Verweisungsproblematik wird nach *Schlosser*[5] vor allem aktuell in *Irland und im Vereinigten Königreich.*

---

[4] *Geimer* WM 1976, 833; zustimmend *Schlafen* in *Bülow-Böckstiegel* 606/35, Anm. 5 vor Titel II.

[1] Hierzu *Schlosser*-Bericht Nr. 80.

[2] Vgl. auch den *Jenard*-Bericht S. 69, der darauf hinweist, daß andernfalls die Gerichtspflichtigkeit des Beklagten erweitert würde: „Für die Aufnahme «besonderer» Zuständigkeitsregeln sprach als weiterer Grund die Erwägung, daß eine enge Verbindung zwischen einem Rechtsstreit und dem für seine Entscheidung zuständigen Gericht besteht. So kann, um das Beispiel des forum delicti commissi zu nehmen, eine Person, die ihren Wohnsitz in einem anderen Vertragsstaate als den Niederlanden hat, nach dem Übereinkommen vor dem Gericht in Den Haag verklagt werden, wenn sie in Den Haag einen Unfall verursacht hat. Der Unfall führt aber nicht dazu, daß andere niederländische Gerichte für eine Klage gegen den Beklagten zuständig werden. In diesem Punkt besteht also ein erheblicher Unterschied zwischen Art. 2 und den Art. 5 und 6, der sich daraus erklärt, daß im Falle des Art. 2 der Anknüpfungspunkt der Wohnsitz ist."

[3] Vgl. § 36 Nr. 1 ZPO; hierzu *Schlosser*-Bericht Nr. 80.

[4] Ähnlich *Schlosser*-Bericht Nr. 81.

[5] Es handelt sich hierbei um eine innerstaatliche Variante der „doctrine of the forum conveniens". Vgl. *Schlosser*-Bericht Nr. 79.

a) Dort kann jedes Gericht den Rechtsstreit an ein anderes Gericht verweisen, wenn dieses konkurrierend zuständig ist und den Prozeß nach Ansicht des abgebenden Gerichts besser erledigen kann. Wird z. B. beim High Court eine Klage erhoben, deren Streitwert den Betrag, von dem die Zuständigkeit des unteren Gerichts abhängt, nicht überschreitet, kann er das Verfahren an dieses verweisen.

b) Ein irischer Circuit Court, ein englischer County oder Magistrates' Court sowie ein schottischer Sheriff Court[6] können einen Rechtsstreit „im Interesse der Parteien, wegen der Lokalisation von Beweismitteln oder zur Gewährleistung der rechtsstaatlichen Integrität des Verfahrens" an ein anderes Gericht verweisen.

c) Die Verweisungspraxis ist solange konventionskonform, als der Rechtsstreit durch die Verweisung gerade an das Gericht gelangen soll, das nach Art. 5ff. örtlich zuständig ist,[7] aber auch dann, wenn beide Parteien mit der Verweisung einverstanden sind und in concreto gemäß Art. 17 eine Zuständigkeitsvereinbarung zulässig ist. Sonst ist die Verweisung innerhalb des Vereinigten Königreichs bzw. Irlands unzulässig.[8]

---

[6] Nicht aber ein irischer *District Court*. Vgl. *Schlosser*-Bericht Nr. 70, 80.

[7] *Schlosser*-Bericht Nr. 80.

[8] Zu weitgehend *Schlosser*-Bericht Nr. 80: „Es erscheint einleuchtend, daß in besonderen Ausnahmefällen auch dann eine Verweisung an ein anderes Gericht desselben Staates zulässig sein muß, dann nämlich, wenn vor dem an sich zuständigen Gericht ein ordnungsmäßiges Verfahren undurchführbar ist. Die Expertengruppe hielt es jedoch nicht für gerechtfertigt, derartiges ausdrücklich im EuGVÜ zu verankern. Dieses erscheint vielmehr in einem Sinne auslegungsfähig, der in Ausnahmefällen unter dem örtlich zuständigen Gericht auch das Gericht versteht, welches durch eine Entscheidung eines anderen Gerichts als örtlich zuständig bestimmt wird. Gericht des Ortes, «an dem das schädigende Ereignis eingetreten ist», wird dann etwa das durch ein anderes Gericht bestimmte Nachbargericht, wenn das Gericht am Schädigungsort zur Durchführung des Verfahrens außerstande ist. Soweit Gerichte tatbestandlich nicht näher konkretisierte Ermessensbefugnisse zur Bestimmung des zuständigen anderen Gerichts haben, vor allem eine Ermessensbefugnis zur Verweisung an ein anderes Gericht, darf von ihr freilich nur im Geiste des EuGVÜ Gebrauch gemacht werden, wenn dieses nicht nur die internationale, sondern auch die örtliche Zuständigkeit festgelegt hat. Eine Verweisung bloß aus Gründen der Verfahrenskosten oder der technischen Erleichterung der Beweisaufnahme ist dann ohne das Einverständnis des Klägers, dem das Gerichtsstandswahlrecht zusteht, nicht möglich."

7. Kapitel: Sonderregelung für einstweilige Maßnahmen

§ 38 Subsidiäre Fortgeltung des nationalen Zuständigkeitsrechts

1. Die Schutzvorschrift des Art. 3 I, wonach – innerhalb des geographischen Anwendungsbereichs des Übereinkommens – der Beklagte außerhalb seines Wohnsitzstaates nur dann gerichtspflichtig ist, wenn ein Zuständigkeitsanknüpfungspunkt i.S. der Art. 5ff. gegeben ist, gilt für einstweilige Maßnahmen nicht. Soweit das nationale Zuständigkeitsrecht die Grenzen der Gerichtspflichtigkeit des Beklagten (Antragsgegners) weiter zieht als Art. 5ff., nimmt dies das Übereinkommen für den Teilbereich „einstweilige Maßnahmen" hin. Dies bedeutet aus deutscher Sicht, daß der *Vermögensgerichtsstand des § 23 ZPO* zum Zuge kommt.

2. *Andererseits markiert die europäische Zuständigkeitsordnung den Minimumstandard der Gerichtspflichtigkeit des Beklagten (Antragsgegners).* Auch wenn nach dem nationalen Zuständigkeitsrecht eine Zuständigkeit nicht besteht, ist das angegangene Gericht zur Gewährung des einstweiligen Rechtsschutzes verpflichtet und der Beklagte (Antragsgegner) insoweit gerichtspflichtig, als nach Art. 2ff. eine internationale Zuständigkeit zu bejahen ist.

3. Für die Frage der Zulässigkeit und Wirksamkeit von Zuständigkeitsvereinbarungen gilt auch im Anwendungsbereich des Art. 24 nur europäisches Einheitsrecht (Art. 17), vgl. unten § 39 VII.

§ 39 Anwendungsbereich des Art. 24

I. Der Begriff der „einstweiligen Maßnahme"

1. Der Anwendungsbereich des Art. 24 hängt von der Definition des Begriffs „einstweilige Maßnahme" ab. Im Interesse der einheitlichen Anwendung der Konvention ist dieser Begriff *konventionsimmanent, d. h. autonom* zu qualifizieren.

2. Art. 24 hebt hervor, daß auch Maßnahmen, die lediglich auf eine Sicherung gerichtet sind, erfaßt werden sollen. Im übrigen gibt der Text des Übereinkommens keine Definition des Begriffs „einstweilige Maßnahme." Hierher gehören alle Verfahren, die vor oder neben dem Hauptsacheverfahren einen vorläufigen, vom Ausgang des Hauptsacheverfahrens abhängigen Rechtsschutz gewähren sollen.[1]

---

[1] Vgl. *Grunsky,* RIW/AWD 1977, 7. *Müller* in *Bülow-Böckstiegel* 606/180, Art. 24, Anm. III 1. Im Ergebnis wohl weitgehend übereinstimmend *Grunsky* RIW/AWD 1977, 7: „Man wird darunter unabhängig von der jeweiligen innerstaatlichen Bezeich-

3. Die einheitliche europarechtliche Definition hat jedoch nur kompetenzrechtliche Bedeutung: Abgrenzung des Anwendungsbereichs des Art. 24 gegenüber den sonstigen Hauptsacheverfahren, für die nach Art. 2ff. ausschließlich die europäische Zuständigkeitsordnung gilt und das nationale Zuständigkeitsrecht zur Gänze verdrängt wird. Im übrigen gilt die nationale lex fori des angegangenen Gerichts, insbesondere für die Art der zu treffenden Maßnahme, ihre Voraussetzungen, ihren Inhalt und ihre Wirkungen, ebenso ihre Aufhebung.[2]

II. Ausgeschlossene Rechtsgebiete (Art. 1 II und Art. 57)

1. Art. 24 kommt nur dann zur Anwendung, wenn die Zuständigkeitsordnung des Übereinkommens Geltung beansprucht. Er hat mithin in den Fällen des Art. 1 II und Art. 57 keine Bedeutung.

2. Hinsichtlich der *einstweiligen Anordnung in Ehescheidungsverfahren* (§ 620 ZPO) und *in Kindschaftssachen* (§ 641 d ZPO) ergibt sich folgendes Bild: *Die Unterhaltsanordnungen* (§§ 620 1 Nr. 4 und Nr. 6, 641 d ZPO) fallen in den sachlichen Anwendungsbereich des Übereinkommens,[3] nicht jedoch vorläufige Regelungen der elterlichen Sorge für gemeinschaftliche Kinder (§ 620 Nr. 1 ZPO); denn eine solche Anordnung betrifft die „gesetzliche Vertretung natürlicher Personen" i. S. von Art. 1 II Nr. 1. Das gleiche gilt für die auf § 620 Nr. 2, 3 und 5 ZPO gestützten einstweiligen Anordnungen. Diese Maßnahmen berühren zwar nicht unmittelbar den Personenstand oder die gesetzliche Vertretung; sie sind jedoch mit diesen Materien so eng verknüpft, daß Art. 1 II Nr. 1 eingreift.[4]

Die in § 620 Nr. 7–9 ZPO vorgesehenen Anordnungen fallen weder unter den Ausschlußtatbestand „Personenstand" noch unter den Begriff „Rechts- und Handlungsfähigkeit oder gesetzliche Vertretung von natürlichen Personen." Einstweilige Anordnungen über die Benutzung der Ehewohnung und des Hausrats (§ 620 Nr. 7 ZPO) oder über die Verpflichtung eines Ehegatten zur Leistung eines Prozeßkostenvorschusses (§ 620 Nr. 9 ZPO) betreffen jedoch die „ehelichen Güterstände" in der extensiven Auslegung des Art. 1 II Nr. 1 durch den EuGH.[5]

---

nung alle Maßnahmen zu verstehen haben, die sich bewußt mit einer weniger sorgfältigen Prüfung der Sach- und Rechtslage begnügen, als dies sonst der Fall ist, und dies deswegen tun können, weil ein Hauptsacheverfahren folgt, in dem dieselbe Frage unter Beachtung aller erdenklichen Richtigkeitsgarantien entschieden (und die einstweilige Maßnahme erforderlichenfalls korrigiert) wird."

[2] *Jenard*-Bericht S. 63: „Die Art der zu verfügenden Maßnahmen richtet sich nach dem innerstaatlichen Recht des betreffenden Landes."

Vgl. auch *Grunsky* RIW/AWD 1977, 7.

[3] Vgl. oben § 22.

[4] EuGH, Urteil vom 6. März 1980, Rechtssache 120/79 *(de Cavel II)*, EuGHE 1980, 731 = IPRax 1981, 19; hierzu *Hausmann* IPRax 1981, 7 und FamRZ 1980, 422.

[5] Näher oben § 23.

III. Aufhebungs- und Abänderungsverfahren

Auch für diese Verfahren gilt Art. 24. Bei der Regelung der internationalen und örtlichen Zuständigkeit für die Aufhebung bzw. Abänderung einstweiliger Maßnahmen hat der nationale Gesetzgeber freie Hand.

IV. Keine Versteinerung des Rechtszustandes bei Inkrafttreten des Übereinkommens

1. Art. 24 schreibt die von den nationalen Zuständigkeitsordnungen beanspruchten Eilzuständigkeiten nicht fest. Art. 24 intendiert keine Versteinerung des Rechtszustandes zum Zeitpunkt des Inkrafttretens der Konvention. Die Vertragsstaaten können ihre Normen über den einstweiligen Rechtsschutz ändern, sei es, daß sie ihren Jurisdiktionsbereich erweitern, also auch in Fällen einstweiligen Rechtsschutz gewähren, in denen dies bisher nicht möglich war, oder aber auch ihren Kompetenzanspruch reduzieren. In diesem Fall ist jedoch die „unterste Grenze" das Kompetenzsystem des Übereinkommens. Ist ein Vertragsstaat für das Hauptsacheverfahren nach Art. 2ff. international zuständig, dann ist er zur Justizgewährung verpflichtet.[6] Er muß auch einstweiligen Rechtsschutz gewähren, wenn auch nur in den Formen seiner lex fori.[7]

2. Die Regelungsbefugnis der Vertragsstaaten hat jedoch Grenzen: In der „Verkleidung" des dem nationalen Gesetzesgeber überlassenen einstweiligen Rechtsschutzes dürfen die Zuständigkeitsregeln des Übereinkommens für das Hauptsacheverfahren nicht unterlaufen werden. Hier erreicht z. B. die konventionsrechtliche Zulässigkeit der sog. *Leistungsverfügung* ihre Grenzen.

V. Leistungsverfügung

Die „Leistungsverfügung" ist eine einstweilige Verfügung, die nicht nur auf die Sicherung eines gefährdeten Rechts abzielt, sondern die sofortige Befriedigung anordnet. Die deutsche Rechtsprechung[8] läßt solche einstweiligen Verfügungen dann zu, wenn der Gläubiger besonders drin-

---

[6] Ebenso wohl auch OLG Frankfurt/Main, Urteil vom 23. September 1980, RIW/AWD 1980, 799 = ZIP 1980, 922 = IPRspr. 1980 Nr. 178.

[7] Rechtsvergleichende Hinweise bei *Bertrams* WPNR 1981, 21.

[8] Zur Rechtslage in England vgl. *Kanzler,* Der einstweilige Rechtsschutz durch die interlocutory injunction im englischen Zivilprozeß, Diss. Mainz 1979. Zum niederländischen Recht s. *Zonderland,* Einstweilige Verfügungen in den Niederlanden, ZZP 90 (1977), 225ff. Zum italienischen Recht *Matscher* JBl 1977, 117.

gend auf Erfüllung seines Anspruchs angewiesen ist. *Beispiele:* Unterhaltsforderungen (nicht nur in den Fällen des § 1615o BGB), Arbeitsentgeltforderungen, Ansprüche auf Herausgabe von Sachen, wie z. B. Arbeitspapieren (Lohnsteuerkarte, Versicherungsnachweisheft etc.) nach Beendigung des Arbeitsverhältnisses, Ansprüche auf Unterlassung einer Handlung, wie z. B. in Fällen der Patentverletzung, Verstoß gegen Preisbindung oder gegen ein Wettbewerbsverbot, Verletzung des Rabattgesetzes oder der Zugabeverordnung.[9]

Diese Praxis ist solange mit Art. 24 zu vereinbaren, als die Leistungsverfügung strikt auf die Fälle beschränkt wird, in denen ein *besonderes Eilbedürfnis* und ein *besonderes Schutzbedürfnis* des Gläubigers vorliegt. Würde jedoch eine Leistungsverfügung auch in allen anderen Prozessen zugelassen, dann würden die sorgsam ausbalancierten Regeln der Art. 5ff. über die Gerichtspflichtigkeit des Beklagten außerhalb seines Wohnsitzstaates ausgehöhlt. Die Kehrseite der Leistungsverfügung ist nämlich, daß sie oft de facto endgültige Zustände schafft. Was hilft es dem Beklagten bzw. Antragsgegner, wenn er im Hauptsacheverfahren obsiegt, aber vorher bereits durch Leistungsverfügung zur Erfüllung gezwungen wurde? Oft scheitert die Rückforderung des – wie sich im Hauptsacheverfahren herausstellt – zu Unrecht Geleisteten an der Vermögenslosigkeit des Klägers/Antragstellers.[10]

VI. Anknüpfungspunkte des nationalen Rechts

1. Eine Differenzierung nach der *Staatsangehörigkeit der Parteien* liegt zwar nicht in den Intentionen des Übereinkommens,[11] wird aber auf dem Gebiet des einstweiligen Rechtsschutzes hingenommen,[12] so wenn sich *Frankreich* oder *Luxemburg* auf Grund Art. 14 oder Art. 15 Code civil zur Gewährung einstweiligen Rechtsschutzes nur deshalb veranlaßt sehen, weil eine der Parteien Franzose bzw. Luxemburger ist.[13]

2. Das gleiche gilt für die Diskriminierung von Personen, die im Ausland wohnen. So ist der sog. *Fremdenarrest des niederländischen Rechts* durch Art. 24 nicht derogiert: Hat der Schuldner keinen Wohnsitz in den Niederlanden, so kann der Gläubiger ohne weiteres sein Vermögen beschlagnahmen lassen. Allerdings muß er binnen acht Tagen Klage erhe-

---

[9] Näher *Stein-Jonas-Grunsky,* ZPO, 20. Aufl., Vorbem. IV vor § 935 Rz. 31ff.; *Grunsky,* JuS 1976, 277, 283 und *Schilken,* Die Befriedigungsverfügung, 1976.

[10] *Grunsky* RIW/AWD 1977, 6.

[11] Oben § 2; vgl. auch Art. 7 EWG-Vertrag.

[12] Allerdings nur insoweit, als der Zuständigkeitsanspruch des betreffenden Vertragsstaates über Art. 2ff. hinausgeht. Ist ein Vertragsstaat nach Art. 2ff. zuständig, ist er zur Gewährung auch einstweiligen Rechtsschutzes verpflichtet, ohne Rücksicht auf die Staatsangehörigkeit der Parteien.

[13] [3]Art. 14 Code civil wird im Geltungsbereich des EWG-Vertrages durch dessen Art. 7 verdrängt. Nachweise bei *Schlosser* RIW/AWD 1983, 475 Fußn. 35.

ben. Zuständig ist das Gericht am Ort des Arrestes (forum arresti).[14] Das Übereinkommen beseitigt die Hauptsachezuständigkeit des niederländischen Arrestgerichts, läßt aber seine Eilzuständigkeit unberührt.[15, 16]

3. Solche Differenzierungen kennt das deutsche autonome Recht nicht. Inländer und Ausländer werden gleich behandelt. Auch in reinen Ausländerverfahren wird einstweiliger Rechtsschutz gewährt, selbst wenn die Hauptsache nicht vor einem deutschen Gericht zu entscheiden ist. Auch ein Ausländer kann gegen einen Deutschen vorgehen. Liegt ein Arrestgrund vor, so ist der Arrest zu erlassen, gleich welchem Staat der Schuldner angehört. So darf nicht etwa ein Arrest gegen einen Deutschen unterbleiben. Ausländer werden auch nicht beim Erlaß von einstweiligen Verfügungen (§ 935 ZPO) und einstweiligen Anordnungen (§§ 620, 641 d ZPO) diskriminiert.[17]

VII. Maßgebliches Recht für Zuständigkeitsvereinbarungen

Das maßgebliche Recht für die Beurteilung der Zulässigkeit und Wirksamkeit einer Zuständigkeitsvereinbarung muß aus Gründen der Rechtslogik und der Rechtssicherheit feststehen, ohne Rücksicht darauf, ob diese Frage im Hauptsacheverfahren oder in einem auf einstweiligen Rechtsschutz ausgerichteten Verfahren zu entscheiden ist. Ist nach den bereits oben[18] näher erörterten Regeln Konventionsrecht (Art. 17, 12,

---

[14] Art. 764ff., insbes. 767 Wetboek van burgerlijke Rechtsvordering; die Rechtsprechung wendet diese an sich nur für bewegliche Sachen geltende Norm analog auf die Beschlagnahme von Forderungen an, Hoge Raad, 8. März 1974, NJ 1975 Nr. 9.

[15] Rb. Amsterdam, NILR 22 (1975) 206, mit Anmerkung von *Verheul,* aaO 209 und *Puttfarken* RIW/AWD 1976, 361 Fußn. 10. Vgl. auch *Droz* Nr. 334 S.201:

„Si en droit français ou allemand il est généralement admis que le juge puisse prendre des mesures provisoires ou conservatoires, même s'il est incompétent pour juger du fond du litige, il n'en est pas de même aux Pays-Bas. Dans ce pays une saisie doit être obligatoirement suivie dans un certain délai d'une demande en validation devant le tribunal néerlandais qui a ordonné la mesure (art. 726, C. p. c.) sinon la saisie est levée. Le texte de l'article 24, en précisant qu'une mesure provisoire peut être demandée bien qu'une autre juridiction soit compétente pour connaître du fond, permettra au tribunal néerlandais d'ordonner la mesure conservatoire tout en prescrivant au saisissant de s'adresser au tribunal étranger normalement compétent pour l'instance en validation. Un tel renvoi pourra d'ailleurs être assorti d'un certain délai ainsi que cela se pratique en Allemagne et en France."

[16] Die Diskriminierung der Ausländer, die außerhalb der Niederlande ihren Wohnsitz haben, bei Anordnung der Personalhaft zur Sicherung der Forderungen niederländischer Staatsbürger auf Grund Art. 585 Nr. 10, Art. 768, 769 des Wetboek van burgerlijke Rechtsvordering (= persönlicher Arrest) ist aber durch Art. 26 des Haager Übereinkommens über den Zivilprozeß vom 1. März 1954 (BGBl. 1958 II 576) verboten.

[17] *Geimer* RIW/AWD 1975, 85.

[18] Oben § 29 VI.

12a, 15) anzuwenden, dann hat auch das Gericht, das über die einstweilige Maßnahme zu befinden hat, dieses Recht seiner Entscheidung zugrundezulegen, wenn es auf die Zulässigkeit und Wirksamkeit der Zuständigkeitsvereinbarung ankommt.

§ 40 Einstweiliger Rechtsschutz trotz Rechtshängigkeit in einem anderen Vertragsstaat

Art. 21 ff. wollen widersprechende Entscheidungen in der Hauptsache verhindern. Sie gelten aber nicht für Anordnungen im Rahmen des einstweiligen Rechtsschutzes.[1]

§ 41 Die Rechtslage in der Bundesrepublik Deutschland

I. Fortgeltung des § 23 ZPO

1. Für den *deutschen Arrestprozeß* ist nach § 919 ZPO immer eine internationale Zuständigkeit bei dem Amtsgericht gegeben, „*in dessen Bezirk der mit Arrest zu belegende Gegenstand oder die in ihrer persönlichen Freiheit zu beschränkende Person sich befindet*". Diese Vorschrift regelt nicht nur die örtliche, sondern auch die internationale Zuständigkeit.

2. Daneben ist nach § 919 ZPO wahlweise das *Gericht der Hauptsache* zur Anordnung des Arrestes zuständig. Da nach § 23 ZPO das Vorhandensein eines beliebigen Vermögensstücks des Beklagten im Inland ausreichend ist, um die deutsche internationale Zuständigkeit für alle vermögensrechtlichen Streitigkeiten gegen diesen Beklagten zu begründen, ist nach deutschem Recht die internationale Zuständigkeit der Bundesrepublik Deutschland für die Entscheidung über die Hauptsache in der Regel gegeben.[1] Die Anwendung des § 23 ZPO gegen Personen, die ihren Wohnsitz in dem Hoheitsgebiet eines anderen Vertragsstaates haben, wurde zwar ausgeschlossen, Art. 3 II. Dies gilt jedoch nur für das Hauptsacheverfahren. Für den Arrestprozeß bleibt die auf die Belegenheit eines Vermögensstückes im Inland gegründete deutsche internationale Zuständigkeit unberührt.[2] Die auf § 23 ZPO gestützte Arrestzustän-

---

[1] *Droz* Nr. 331; *Kropholler* Kommentar 167, Art. 24, Rz. 7.

[1] Eine Ausnahme gilt jedoch dann, wenn der Gerichtsstand des § 23 ZPO derogiert wurde. Gegen die Abdingbarkeit des § 23 ZPO mit nicht überzeugenden Gründen: *Rammos,* Der Gerichtsstand des Vermögens und das Ausländer-Forum nach vergleichendem Recht, Athen 1930, 66f.; *OLG München,* MDR 1957, 45 = IPRspr. 1956–1957 Nr. 187.

[2] *Geimer* RIW/AWD 1975, 85; *Grunsky* RIW/AWD 1977, 7; *Schlafen* NJW 1976, 2082; *Müller* in *Bülow-Böckstiegel* 606/182, Art. 23 Anm. IV 1; *Dittmar* NJW 1978, 1721; *Stein-Jonas-Schumann,* ZPO, 20. Aufl. § 23, Anm. VIII 3c Rz. 33 bei Fußn. 127; OLG Düsseldorf NJW 1977, 2034 = IPRspr. 1977 Nr. 166 sowie LG Bremen RIW/AWD

digkeit wird zwar neben der des Amtsgerichts, in dessen Bezirk die mit Arrest zu belegende Sache oder Person sich befindet, keine große Bedeutung haben, da der Gläubiger in der Regel ein Interesse daran haben dürfte, daß dasjenige Gericht den Arrest erläßt, in dessen Bezirk sich die zu beschlagnahmende Sache bzw. zu verhaftende Person befindet. Jedoch sind auch Fälle denkbar, in denen es für den Gläubiger günstiger ist, sich auf die Zuständigkeit des § 23 ZPO zu berufen.[3] Eine andere Ansicht vertritt das OLG Koblenz.[4] Art. 24 habe nur die speziell für einstweilige Maßnahmen geschaffenen Zuständigkeiten aufrecht erhalten; deshalb komme im deutschen Arrestprozeß nur mehr die Eilzuständigkeit des Amtsgerichts (§ 919 2. Alternative ZPO) zur Anwendung, nicht jedoch die des *Landgerichts als Hauptsachegericht,*[5] wenn der Beklagte/Antragsgegner in einem anderen Vertragsstaat wohnt und eine Zuständigkeitsanknüpfung gemäß Art. 5ff. nicht gegeben ist. Da eine internationale Zuständigkeit für den Hauptsacheprozeß nicht gegeben sei, entfalle auch die Zuständigkeit für einstweilige Maßnahmen gemäß § 919 1. Alternative ZPO. *Hauptsachegericht könne nur das Gericht sein, das nach Art. 2ff. über die Hauptsache zu entscheiden hat.*

3. Diese These findet in Art. 24 keine Stütze. Erklärtes Ziel dieser Vorschrift ist es, das nationale Zuständigkeitsrecht auf dem Gebiet des einstweiligen Rechtsschutzes nicht zu beschneiden.[6] Die Begrenzung der Gerichtspflichtigkeit des Beklagten durch die europäischen Zuständigkeitsregeln gilt nicht für einstweilige Maßnahmen. Hätte das Übereinkommen bestimmte Zuständigkeiten auf dem Gebiet des einstweiligen Rechtsschutzes – vor allem die des nach nationalem Zuständigkeitsrecht zuständigen Hauptsachegerichts – beseitigen wollen, so hätte dies im Text des Übereinkommens erwähnt werden müssen. Das Konventionsrecht derogiert also nicht die Zuständigkeit aus § 919 1. Altern. ZPO in Verbindung mit § 23 ZPO. Eine andere, auf der Ebene der Auslegung des nationalen deutschen Rechts zu entscheidende Frage ist es, ob § 919 1. Altern. ZPO so zu verstehen ist, daß eine Eilzuständigkeit nur dann

---

1980, 366 = IPRspr. 1978 Nr. 178. Unentschieden OLG Frankfurt/M. RIW/AWD 1980, 799.

[3] *Geimer* RIW/AWD 1975, 86.

[4] OLG Koblenz, NJW 1976, 2081 = RIW/AWD 1977, 359 = IPRspr. 1975 Nr. 187; zustimmend *Puttfarken,* RIW/AWD 1977, 360; *Nagel* IZPR III 58 S. 72.

[5] Das OLG Koblenz hatte folgenden Fall zu entscheiden: Der Arrestkläger mit Wohnsitz in Hamburg erwirkte gegen die in Paris wohnhafte Arrestbeklagte wegen eines angeblichen Provisionsanspruchs Arrestbefehl des Landgerichts Mainz, da die Arrestbeklagte eine Forderung gegen eine Schuldnerin in Mainz habe (§ 23 Satz 2 ZPO). Zuständig für den Provisionsanspruch war nach Art. 2ff. des Übereinkommens nicht die Bundesrepublik Deutschland, sondern Frankreich (Handelsgericht Paris). Der Arrestkläger hat die Zuständigkeit des angerufenen Landgerichts Mainz gemäß § 919 ZPO in Verbindung mit § 23 ZPO aus dem Umstand hergeleitet, daß sich Vermögen der Arrestbeklagten im Bezirk des Landgerichts Mainz befinde.

[6] Vgl. *Jenard*-Bericht S. 86.

gegeben ist, wenn das nach §§ 12ff. ZPO ermittelte „Hauptsachegericht" tatsächlich in der Hauptsache zu entscheiden berechtigt ist.[7] Eine solche Auslegung wäre abwegig; denn das Hauptsachegericht läßt sich ex ante auch nur hypothetisch ermitteln, solange der Hauptsacheprozeß noch nicht anhängig ist.[8] *§ 919 ZPO ist eine eigenständige Zuständigkeitsnorm für einstweilige Maßnahmen. Sie steht selbständig und unabhängig neben der für das Hauptsacheverfahren.* Die Erwähnung der Zuständigkeit des Hauptsachegerichts in § 919 ZPO ist nur eine gesetzestechnische Abkürzung.[9]

4. Die Streitfrage hat für den deutschen Arrestprozeß keine große Bedeutung, da auch § 919 2. Alternative ZPO auf § 23 ZPO verweist. Im Ergebnis geht es nur um die Frage, ob auch das Landgericht oder nur das Amtsgericht Arreste erlassen darf, wenn eine Zuständigkeitsanknüpfung für die Bundesrepublik Deutschland nach Art. 2ff. fehlt.

5. Größere Bedeutung erlangt sie für das *einstweilige Verfügungsverfahren,* weil hier – anders als im Arrestverfahren (§ 919 ZPO) – das Amtsgericht, in dessen Bezirk sich der Streitgegenstand befindet (§ 942 ZPO) nur ausnahmsweise zuständig ist. Für den Erlaß einer einstweiligen Verfügung ist *im Normalfall das Gericht der Hauptsache* zuständig (§ 937 I ZPO). Befindet sich der Wohnsitz des Schuldners im Ausland, so wird der Gerichtsstand des Vermögens relevant.[10] Hier zeigt sich besonders deutlich, daß die Aufrechterhaltung des § 23 ZPO für den Erlaß von einstweiligen Maßnahmen sinnvoll ist, da sonst die internationale Zuständigkeit der Bundesrepublik Deutschland erheblich beschnitten wäre.[11] Nach der Gegenansicht könnte in den Fällen, in denen nach Art. 2ff. eine Zuständigkeitsanknüpfung fehlt, von einem deutschen Gericht nur dann eine einstweilige Verfügung erlassen werden, wenn sich der Gegenstand, hinsichtlich dessen eine einstweilige Regelung begehrt wird, in der Bundesrepublik Deutschland befindet.

6. Nochmals sei aber hervorgehoben, daß die auf § 23 ZPO gestützte deutsche Zuständigkeit nur zum Erlaß von Arresten und einstweiligen Verfügungen und etwaigen sonstigen einstweiligen Maßnahmen berech-

---

[7] Dagegen zu Recht *Stein-Jonas-Grunsky,* 20. Aufl. § 919 Rz. 5.

[8] Beispiel: Der Antragsgegner verlegt seinen Wohnsitz (§§ 12, 13 ZPO) nach Erlaß des Arrestes ins Ausland.

[9] Deshalb verfehlt *Puttfarken* (RIW/AWD 1977, 360) den Punkt, wenn er wie folgt argumentiert: § 919 ZPO bezwecke, daß dasjenige Gericht über den Arrest entscheide, welches der Sache am nächsten ist, also das Gericht, welches ohnehin über die Hauptsache zu entscheiden haben wird, oder das Gericht, das der mit Arrest zu belegenden Sache örtlich am nächsten ist. Art. 24 wolle für Eilmaßnahmen die besondere Zuständigkeit der örtlich nächsten Gerichte erhalten, auch wenn diese in der Hauptsache unzuständig sind. Hauptsachegericht könne nach beiden Vorschriften nur ein Gericht sein, das wirklich über die Hauptsache zu entscheiden hat oder zu entscheiden haben wird.

[10] *Geimer* RIW/AWD 1975, 86.

[11] Zustimmend *Müller* in *Bülow-Böckstiegel* 606/183, Art. 24, Anm. IV 2.

tigt. Für den Hauptsacheprozeß ist der Vermögensgerichtsstand gegenüber Beklagten, die in anderen Vertragsstaaten domiziliert sind, derogiert (Art. 3 II), vorbehaltlich Art. 5 Nr. 7 n. F.

II. Angemessene Fristsetzung

1. Besteht keine internationale Zuständigkeit der Bundesrepublik Deutschland für die Entscheidung der Hauptsache, so hat das Arrestgericht bei der Bestimmung der Frist zur Erhebung der Klage gemäß § 926 ZPO auf die Schwierigkeiten bei der internationalen Rechtsverfolgung Rücksicht zu nehmen. Für den Normalfall soll bei inländischer Rechtsverfolgung eine Frist von maximal einem Monat ausreichen. Dies kann für die Klageerhebung vor einem Gericht eines anderen EG-Staates nicht gelten. Das Abschätzen der Prozeßaussichten nach dem Recht des ausländischen Staates, die Auswahl und Beauftragung eines ausländischen Anwalts und die vorbereitende Korrespondenz mit diesem sind unmöglich in einem Monat zu erledigen. Man wird daher dem Gläubiger eine Frist von 2–4 Monaten zubilligen müssen.[12]

2. Vorstehende Regeln gelten auch im einstweiligen Verfügungsverfahren nach §§935ff. ZPO und den entsprechenden Parallelvorschriften in den Rechtsordnungen der anderen Vertragsstaaten.[13]

III. Notwendigkeit der Auslandsvollstreckung als ausreichender Arrestgrund

1. Für den Erlaß eines Arrestes oder einer einstweiligen Verfügung reicht es gemäß §§ 917 II, 936 ZPO aus, wenn ansonsten das Urteil außerhalb des Urteilsstaates vollstreckt werden müßte. In diesem Fall kommt es auf eine *konkrete Gefährdung* der Vollstreckung nicht an. Man

---

[12] Die Mindestfrist beträgt zwei Monate, arg. Art. 36 II. Danach kann der Schuldner binnen zweier Monate Beschwerde zum Oberlandesgericht einlegen, wenn der Vorsitzende die Zwangsvollstreckung aus dem ausländischen Titel zugelassen hat und der Schuldner seinen Wohnsitz nicht in der Bundesrepublik Deutschland, sondern in einem anderen EWG-Vertragsstaat hat. Der Vorsitzende kann jedoch gemäß § 8 II des deutschen Ausführungsgesetzes eine längere Beschwerdefrist bestimmen. Die vorgenannte Frist betrifft zwar nicht den Fall des § 926 ZPO. Eine Berücksichtigung dieser (Mindest-)Frist im Rahmen des § 926 ZPO ist aber zu befürworten.

[13] Die Fristsetzung gemäß § 926 I ZPO entfällt, wenn die Klage bereits anhängig ist. Die Rechtshängigkeit vor ausländischen Gerichten ist zu beachten, wenn das zu erwartende Urteil (voraussichtlich) anerkennungsfähig ist. Vgl. z. B. OLG Frankfurt/M., Urteil vom 21. Oktober 1980, RIW/AWD 1980, 875, hierzu *Hausmann* IPRax 1982, 52.

betrachtet die mit der Anerkennung und Vollstreckung im Ausland üblicherweise verbundenen Schwierigkeiten als ausreichend.[14]

2. Der Gesetzgeber hat bewußt eine weitgefaßte, jede weitere Prüfung der Vollstreckungsvereitelung oder -erschwerung ausschließende Formulierung gewählt. Das deutsche Gericht hat nicht zu prüfen, ob ohne Arrest eine *konkrete Gefährdung der Vollstreckung* vorliegt.[15] § 917 II ZPO verlangt nicht, daß der Schuldner Vermögen im Inland besitzt. Der Gläubiger muß daher nicht das Vorhandensein inländischer Vermögenswerte des Schuldners glaubhaft machen.[16] Selbst wenn feststeht, daß der Schuldner nie Vermögen in der Bundesrepublik Deutschland hatte und auch voraussichtlich nicht erwerben wird, darf der Arrest bzw. die einstweilige Verfügung nicht verweigert werden.[17]

3. Ob in concreto der Arrest/die einstweilige Verfügung die Inlandsvollstreckung möglich macht oder nicht, ist also ohne Bedeutung. Der Gläubiger darf nicht bevormundet werden. Was er mit dem deutschen Arrest bzw. der einstweiligen Verfügung anfangen will, bleibt ihm überlassen. Wenn sich derzeit keine Vollstreckungsmöglichkeit in der Bundesrepublik Deutschland bietet, ist nicht auszuschließen, daß der Schuldner in der Zukunft Vermögen im Inland erwirbt.[18] Auch ist die

---

[14] Eine ähnliche ratio liegt im englischen Recht der *Mareva injunction* zugrunde. Diese soll sichern, daß das in England belegene Vermögen dem Zugriff des Gläubigers dort erhalten bleibt. Vgl. hierzu *Stewart Chartering Ltd. v. C. & O. Managements S. A. a. o. The Venus Destiny* [1980] 1 All E. R. 718 (Q. B. D.); *Iraqi Ministry of Defence a. o. v. Arcepey Shipping Co. S. A. (Gillespie Brothers & Co. Ltd. intervening) The Angel Bell* [1980] 1 All E.R. 481 (Q.B.D.). Hierzu *Magnus* RIW/AWD 1980, 71, 447; Graf v. *Bernstorff* RIW/AWD 1983, 160; *Carl* IPRax 1983, 141.

[15] OLG Hamburg, JW 1935, 3579; OLG Celle, NJW 1969, 1541 = IPRspr. 1968–69 Nr. 242; OLG Karlsruhe OLGZ 1973, 58 = IPRspr. 1972 Nr. 165 passim; *Baumbach/Lauterbach – Albers – Hartmann*, ZPO, 41. Aufl., 917 Anm. 2, *Thomas-Putzo*, ZPO, 12. Aufl., § 917 Anm. 2; *Stein-Jonas-Grunsky*, ZPO, § 917 Anm. II 1, Fußnote 36; *Wieczorek-Schütze*, ZPO, 2. Aufl. § 917 Anm. B II a; *Förster-Kann*, ZPO 3. Aufl., § 917 Anm. 3b; *Sydov-Busch*, ZPO und GVG, 22. Aufl., § 917 ZPO, Anm. 4; *Geimer* RIW/AWD 1975, 85.

[16] *Wieczorek-Schütze*, ZPO, 2. Aufl., § 917, Anm. B II a; *Geimer* RIW/AWD 1975, 86 Fußn. 44; *Dittmar* NJW 1978, 1722 Fußn. 14; OLG Hamburg, NJW 1935, 3579; OLG Celle, NJW 1969, 1541 = IPRspr. 1968–1969 Nr. 242. Unklar *Nagel*, Auf dem Wege zu einem europäischen Prozeßrecht, 1963, S. 33f. bei Fußn. 54, der meint, ohne im Inland befindliches Vermögen fehle eine ausreichende Beziehung zum Erlaß des Arrestes; ein trotzdem erlassener Arrest verstoße gegen das Völkerrecht. Dagegen ist hervorzuheben, daß jeder Staat auf seinem Territorium für die Entscheidung eines jeden bürgerlich-rechtlichen Rechtsstreits Gerichtsbarkeit im Sinne der facultas jurisdictionis besitzt, ohne Rücksicht darauf, ob zu den Parteien oder zu dem Gegenstand des Prozesses eine Inlandsbeziehung besteht; § 917 II ZPO in der hier vertretenen weiten Auslegung ist also nicht völkerrechtswidrig.

[17] *Stein-Jonas-Grunsky*, ZPO, 20. Aufl., § 917 Rz. 11; OLG Frankfurt/M. RIW/AWD 1980, 799 = MDR 1981, 61.

[18] *Geimer* RIW/AWD 1975, 86 Fußn. 44.

Möglichkeit der Vollstreckung aus dem deutschen Arrest im Ausland in Betracht zu ziehen,[19] insbesondere in anderen Vertragsstaaten.[20]

---

[19] Das OLG Karlsruhe, OLGZ 1973, 58 = AWD 1973, 272 = DJ 1972, 283 = IPRspr. 1972 Nr. 165, lehnte deshalb zu Recht eine Beschränkung des Arrestes auf „das inländische Vermögen" des Schuldners ab: „Das Arrestgericht darf dem Kläger ... die Vollziehung des Arrestes in das ausländische Vermögen des Beklagten nicht von vornherein unmöglich machen". In diesem Sinne auch folgende Erwägungen des OLG Frankfurt/M. RIW/AWD 1980, 800: „Sieht man die ratio legis darin, den Gläubiger vor der Notwendigkeit der Vollstreckung im Ausland zu schützen, müßte die Auslandsvollstreckung als Arrestgrund allerdings immer dann entfallen, wenn die Vollstreckung schon von Anbeginn nur im Ausland möglich war und auch ein zu verhängender Arrest daran nichts änderte.

Mit der Annahme eines solchen auf inländische Auswirkung abstellenden Gesetzeszweckes stimmt allerdings die tatsächliche Wirkungsmöglichkeit des Arrestes nicht überein. Der Arrestbefehl eröffnet nicht nur den Zugriff auf das inländische Vermögen, sondern er kann auch im Ausland vollstreckt werden (OLG Karlsruhe, OLGZ 1973, 58, 60 m. w. N.) und gerade im Gebiet der Europäischen Gemeinschaft aufgrund des EuGÜbk. unter erleichterten Bedingungen. Ein Arrestbeschluß sichert also nicht nur die inländische Vollstreckungsmöglichkeit, sondern in entsprechenden Fällen auch diejenige im Ausland. Läßt man uneingeschränkt die einfache Notwendigkeit der Vollstreckung eines Urteils im Ausland als Arrestgrund genügen, so rechtfertigte schon die Tatsache, daß der Gläubiger mit einem im Ausland ansässigen Vertragspartner ohne inländisches Vermögen einen Vertrag geschlossen hat, allein die Verhängung eines Arrestes, ohne daß sich an dieser bei Vertragsabschluß bereits vorhandenen Risikolage das geringste geändert haben müßte."

[20] *Deutsche Arreste und einstweilige Verfügungen sowie einstweilige Anordnungen* können in anderen Vertragsstaaten vollstreckt werden (Art. 31 ff.); auch einstweilige Maßnahmen sind „Entscheidungen" i. S. des Art. 25. So ausdrücklich *Jenard*-Bericht S. 87: „Die in mehreren Abkommen vorkommende Wendung „bindende Wirkung" (autorité de la chose jugée) wurde absichtlich nicht übernommen, da auch einstweilige Entscheidungen ... anerkannt werden können, denen keine solche Wirkung zukommt." Hierzu auch *Hausmann* FamRZ 1980, 422.

Ebenso Art. 1 II des *deutsch-niederländischen Vertrages*. Danach sind „Entscheidungen im Sinne dieses Vertrages" Arreste und einstweilige Verfügungen.

Auch der *Gemeinsame Bericht der Unterhändler* zu diesem Vertrag betont, daß auch „provisorische Maßnahmen" unter den Vertrag fallen: Vgl. BT-Drucksache IV 2251 S. 17: „Der Anerkennung fähig sind auch vorläufige Entscheidungen. Die Delegationen waren sich darüber einig, daß es zweckmäßig sei, alle gerichtlichen Entscheidungen einzubeziehen, insbesondere die vorläufigen oder nur sichernden Maßnahmen. Dazu rechnen auf deutscher Seite die Arreste (§ 916 ZPO), die einstweiligen Verfügungen (§§ 935 u. 940 ZPO), die einstweiligen Anordnungen (§§ 627 ff. ZPO)". Wie hier auch BGH NJW 1980, 528, knapp und bündig: „Daß auch Arrestbefehle nach dem Europäischen Übereinkommen für vollstreckbar erklärt werden können, ergibt sich aus Art. 24, 25 EuGVÜ und §§ 34, 35 EuGVÜ."

Einstweilige Anordnungen nach § 620 bzw. 641 d ZPO sind nach Art. 31 ff. zu vollstrecken, sofern keiner der Fälle des Art. 1 II Nr. 1 oder Art. 57 vorliegt. Demnach scheiden aus Anordnungen nach § 620 Nr. 1, 2, 3 und 5 ZPO, da den Personenstand bzw. die gesetzliche Vertretung betreffend. Wegen der Anordnungen nach § 620 Nr. 7–9 ZPO hängt die Subsumtion davon ab, wie man die „ehelichen Güterstände"

4. Selbst wenn von vornherein klar war, daß die Zwangsvollstreckung im Ausland würde stattfinden müssen, entfällt also der Arrestgrund des § 917 II ZPO nicht.[21] Der Tatbestand des § 917 II ZPO ist immer dann zu bejahen, wenn die Vollstreckung im Ausland erfolgen muß, weil der Schuldner kein Vermögen im Inland hat; ob der Arrest die Lage des Gläubigers verbessert, hat der deutsche Arrestrichter nicht zu prüfen.[22]

5. Nach einer in der Minderheit gebliebenen Meinung ist § 917 II ZPO enger auszulegen.[23] Danach setzt § 917 II ZPO voraus, daß ohne die Verhängung eines Arrestes die Vollstreckung des Hauptsacheurteils im Ausland stattfinden müßte. Nach dieser Ansicht führt die Tatsache, daß der Arrestbeklagte kein Vermögen im Inland hat, zur Nichtanwendung des § 917 II ZPO. Denn die Vollstreckung müßte dann mit und ohne Arrest in jedem Fall im Ausland durchgeführt werden. Wenn der Schuldner von vorneherein im Inland kein Vermögen hat, könne auch nicht durch ein Verbringen ins Ausland, Verschieben oder Verbergen oder durch sonstige Entwicklungen oder Umstände die Vollstreckung vereitelt oder erschwert werden. Die Notwendigkeit der Vollstreckung

---

definiert. Unter Art. 1 I fallen unbestritten die einstweiligen Unterhaltsanordnungen (§ 620 Nr. 4 und 6 ZPO). Vgl. *Hausmann* FamRZ 1980, 422; näher oben § 21 bei Fußn. 5.

Ein *Arrest* und grundsätzlich auch eine *einstweilige Verfügung* soll nur die Sicherstellung des Gläubigers (§§ 928 ff. ZPO) und nicht dessen Befriedigung bewirken; deshalb kann die Vollstreckung aus solchen einstweiligen Titeln in allen anderen Vertragsstaaten grundsätzlich nicht über Maßregeln zur Sicherung hinausgehen. Die zu Art. 39 I entwickelten Grundsätze sind analog anzuwenden. Etwas anderes gilt für einstweilige Verfügungen, die auf Erfüllung eines Anspruchs gerichtet sind *(Leistungsverfügungen)*.

[21] Anders *Puttfarken* RIW/AWD 1977, 362: „§ 917 Abs. 2 ZPO schützt nur diejenigen Vollstreckungsmöglichkeiten, mit denen der Gläubiger berechtigterweise rechnen durfte; Erschwerungen, die er ohnehin erwarten mußte, kann er nicht verhindern."

[22] *Stein-Jonas-Grunsky,* ZPO, 20. Aufl. § 917 Rz. 11.

[23] So LG Berlin JW 1926, 392 mit zustimmender Anmerkung von *Kallmann*.Ebenso *Puttfarken* RIW/AWD 1977, 363; *Dittmar,* Der Arrestgrund der Auslandsvollstrekkung, NJW 1978, 1720 ff.

Offengelassen von OLG Frankfurt/M. RIW/AWD 1980, 800. Dieses Gericht hat den Arrestgrund des § 917 II ZPO jedenfalls dann bejaht, „wenn weitere Schwierigkeiten bei der Verwirklichung des Anspruchs schon aufgetreten oder abzusehen sind, auch wenn diese weiteren Schwierigkeiten für sich allein noch nicht als Arrestgrund nach § 719 I ZPO zu qualifizieren wären, so wenn der Arrestbeklagte die Erfüllung der Kaufpreisforderung unter Berufung auf vorgeschoben erscheinende Gegenansprüche verweigert, die trotz mehrfacher Gelegenheit weder durch Tatsachen noch durch Zahlen erläutert oder belegt wurden." Beispiel: Drei akzeptierte Wechsel wurden nicht eingelöst, ein Einzelhandelsbetrieb wurde von der Arrestbeklagten aufgegeben. Von der Arrestklägerin an die Arrestbeklagte gelieferte Waren sind von einem anderen Gläubiger bereits gepfändet worden. Weitere Gläubiger betreiben ebenfalls Vollstrekkungen gegen die Arrestbeklagte. In Italien ist die Arrestbeklagte zu Gerichtsterminen, die wegen anderen Forderungen gegen sie anstanden, nicht erschienen und hat so Vertagungen bewirkt. Aufgrund dieser Umstände bejahte das OLG Frankfurt eine Risikoverschlechterung gegenüber dem Zeitpunkt des Vertragsschlußes und bestätigte den auf Grund § 917 II ZPO erlassenen Arrest.

im Ausland sei dann kein Arrestgrund, wenn schon von vorneherein mit der Vollstreckung im Ausland gerechnet werden mußte, der Schuldner z. B. schon bei Vertragsschluß im Ausland gewohnt und im Inland kein Vermögen besessen hat. Dieses Argument führt auf Abwege; denn konsequent zu Ende gedacht, müßte man dann auch die (an sich gegebene) internationale Zuständigkeit für das Hauptsacheverfahren verneinen mit der Begründung, angesichts fehlenden Inlandsvermögens sei für den Erlaß eines Leistungsurteils kein Rechtsschutzbedürfnis gegeben. Dies ist aber nicht zutreffend.

6. Der Arrest ist auch nicht etwa nach § 927 I ZPO aufzuheben, weil durch Erlaß des Urteils in der Hauptsache durch das ausländische Gericht eine Erledigung des Arrestgrundes eingetreten wäre. Zwar hat der Arrestkläger damit einen vorläufig vollstreckbaren Titel erhalten, aus dem er nun die Zwangsvollstreckung gegen den Arrestbeklagten betreiben kann. Ein Hauptsacheurteil führt aber dann nicht zum Wegfall des Sicherungsbedürfnisses, wenn es zugunsten des Gläubigers nicht die gleiche Wirkung entfaltet wie der Arrest. So ist ein nicht oder nur vorläufig vollstreckbares Hauptsacheurteil in der Regel nicht gleichwertig.[24] Eine Aufhebung des Arrestes ist ebenfalls nicht gerechtfertigt, wenn bereits aufgrund des Arrestes gepfändet worden ist und der Gläubiger sich bei einer Pfändung aus dem Hauptsacheurteil wegen der Aufhebung mit einem schlechteren Rang zufrieden geben müßte. Ein vorläufig vollstreckbares Urteil schafft einerseits die Möglichkeit der Vollstreckung durch Pfändung und Verwertung, während der Arrest nur die Pfändung zur Sicherung erlaubt.[25] Andererseits ist aber die Vollstreckung aus dem Arrestbefehl ohne Sicherheitsleistung möglich, während das Hauptsacheurteil in den meisten Fällen eine Sicherheitsleistung fordert. Schon

---

[24] RG JW 1909, 693 Nr. 27; LG Berlin NJW 1956, 67; OLG Hamburg NJW 1958, 1145; OLG Celle, MDR 1964, 333; *Bauer* BB 1964, 605 ff., 614; OLG Frankfurt RIW/AWD 1980, 800.

[25] § 930 ZPO. Bei Gefahr der beträchtlichen Wertminderung oder bei unverhältnismäßigen Kosten für die Aufbewahrung kann das Vollstreckungsgericht (nicht das Arrestgericht) die Versteigerung beweglicher Sachen anordnen, § 930 III ZPO. Der Erlös ist jedoch wieder zu hinterlegen. *Beispiel* LG Hamburg, MDR 1978, 764 = IPRspr. 1978 Nr. 177: Ein im Schiffsregister eines fremden Staates eingetragenes Seeschiff wurde im Inland aufgrund eines Arrestbefehls gepfändet; das Vollstreckungsgericht ordnete wegen Gefahr einer beträchtlichen Wertverringerung seine Versteigerung und die Hinterlegung des Erlöses an. Soweit nicht die Sonderregelung des § 870a ZPO für inländische eingetragene Schiffe gilt, welcher auf das Verfahren der Immobiliarvollstreckung verweist, ist § 930 ZPO auf Seeschiffe als bewegliches Vermögen anwendbar, *Stein-Jonas Münzberg,* ZPO, 19. Aufl., § 870a Anm. IV. Hieran ändert die in § 171 ZVG vorgesehene Möglichkeit nichts, daß ausländische Schiffe, die bei Anwendung deutschen Rechts ins Schiffregister einzutragen wären, in einem besonderen Verfahren zwangsversteigert werden können. Denn der Gesetzgeber hat eine Beschränkung des § 930 ZPO insoweit weder bei der im Jahre 1940 vorgenommenen Einfügung des § 870a ZPO noch bei den verschiedenen Änderungen des § 171 ZVG zum Ausdruck gebracht.

dies ist eine so bedeutsame Erleichterung für den Arrestkläger, daß ihm die günstigeren Voraussetzungen für die Sicherung des Anspruchs durch den Arrest nicht genommen werden dürfen.[26]

7. § 917 II ZPO gibt ein scharfes Schwert in die Hand des Gläubigers. Die Rechtsprechung hat sich bemüht, diese Vorschrift abzumildern, wenn bei vernünftiger Betrachtungsweise ein Arrest nicht veranlaßt ist. So wurde ein Arrest abgelehnt, wenn dem Gläubiger ausreichende Sicherheiten zur Verfügung standen, selbst wenn diese im Ausland lagen;[27] ebenso wurde entschieden, wenn ein sich im Ausland aufhaltender Schuldner hinreichendes Vermögen im Inland besaß und keine Anhaltspunkte dafür vorlagen, daß dies dem Zugriff des Gläubigers entzogen werde.[28]

IV. Wegfall des Arrestgrundes der Auslandsvollstreckung (§ 917 II ZPO) bei Notwendigkeit der Vollstreckung in anderen Vertragsstaaten[29]

1. Die gegenseitige Anerkennung und Vollstreckung von gerichtlichen Entscheidungen und sonstigen Titeln ist zwischen den Vertragsstaaten sichergestellt, Art. 25 ff. Insbesondere durch das Verbot der Nachprüfung der internationalen Zuständigkeit des Erststaates durch den Zweitrichter[30] wurde die Freizügigkeit der Titel innerhalb des geographischen Anwendungsbereiches des Übereinkommens erheblich gesteigert. Damit ist die innere Rechtfertigung für § 917 II ZPO im Verhältnis zu den Vertragsstaaten entfallen.[31] Gegenüber Schuldnern mit Wohnsitz in einem anderen Vertragsstaat muß ein konkreter Arrestgrund (§ 917 I ZPO) glaubhaft gemacht werden.[32]

---

[26] Anders *Wieczorek-Schütze,* ZPO, 2. Aufl., § 927 B III c 3.

[27] BGH NJW 1972, 1044 = MDR 1972, 592 = AWD 1972, 246 = WM 1972, 567 = LM Nr. 10 zu § 676 BGB = IPRspr. 1972 Nr. 167.

[28] Ständige Rechtsprechung: RGZ 67, 25; KG, JW 1917, 862; OLG Hamburg OLGE 29, 268; OLG Bremen MDR 1955, 749; OLG Celle NJW 1969, 1541; OLG Hamburg MDR 1971, 767 = AWD 1973, 101 = IPRspr. 1971 Nr. 53; OLG Bremen OLGZ 1972, 247 = VersR 1972, 250 = IPRspr. 1971 Nr. 155; OLG Karlsruhe OLGZ 1973, 58 = AWD 1973, 272 = Die Justiz 1972, 283 = IPRspr. 1972 Nr. 165; OLG Hamburg MDR 1973, 142 = AWD 1973, 634 = VerR 1973, 561 = IPRspr. 1972 Nr. 166 passim; deutlicher OLG Hamburg RIW/AWD 1972, 670 sub. 3b; *Stein-Jonas-Grunsky,* ZPO, 20. Aufl., § 917 II 5 Rz. 19; *Thomas-Putzo,* ZPO, 12. Aufl., § 917, Anm. 2; *Schaps-Abraham,* Das Deutsche Seerecht, 3. Aufl., 1959, I 564. *Geimer* RIW/AWD 1975, 85. *Dittmar* NJW 1978, 1722 sub III 2a.

[29] Hierzu *Zöller-Geimer,* ZPO, 13. Aufl., IZPR Anm. E XVII 3d und *Schlosser* RIW/AWD 1983, 480 Fußn. 76.

[30] Art. 28 III.

[31] Dies ist aber ausschließlich eine Frage des nationalen deutschen Rechts. Das Übereinkommen läßt § 917 II ZPO unberührt.

[32] *Geimer* RIW/AWD 1975, 86; zustimmend *Puttfarken* RIW/AWD 1977, 361 sub. II und *Dittmar* NJW 1978, 1722 sub. III 1. Ebenso de lege ferenda *Grunsky* RIW/AWD

2. Etwas anderes gilt dann, wenn die Durchsetzung des deutschen Titels nach Art. 25ff. im Wohnsitzstaat des Schuldners wegen des (faktischen) Stillstandes der Rechtspflege in diesem Vertragsstaat nicht möglich ist oder wenn wegen des schleppenden Gangs der Justiz dieses Staates mit unzumutbaren Verzögerungen zu rechnen ist. So ist derzeit im Verhältnis zu Italien wegen Arbeitsüberlastung der dortigen Gerichte die Anwendung des § 917 II ZPO geboten.

V. Sicherung der Vollstreckung auch von Entscheidungen anderer Vertragsstaaten[33]

§ 917 II ZPO soll grundsätzlich nur die Vollstreckung von *deutschen Entscheidungen* sichern.[34] Der deutsche Arrest ist nur dann zulässig, wenn

---

1977, 8. Enger *Müller* in *Bülow-Böckstiegel* 606/182, Art. 24, Anm. IV 1: „Ob die Erleichterungen des Übereinkommens ausreichen, um die Geltung des § 917 Abs. 2 ZPO gegenüber den Vertragsstaaten zu beschränken, muß dem Gesetzgeber überlassen bleiben. Die Weitergeltung des § 917 Abs. 2 ZPO steht jedenfalls nicht im Widerspruch zu der von dem Übereinkommen bezweckten Gleichstellung aller Personen in den Vertragsstaaten, da die Vorschrift weder an die Staatsangehörigkeit noch an den Wohnsitz der Parteien anknüpft". – Für Weitergeltung des § 917 II ZPO *Schlafen,* NJW 1976, 2083; AG Hamburg-Harburg IPRspr. 1975 Nr. 188; OLG Düsseldorf NJW 1977, 2034 = IPRspr. 1977 Nr. 166; LG Bremen RIW/AWD 1980, 366 = IPRspr. 1978 Nr. 178, jeweils mit der formalen Begründung, das Übereinkommen lasse die Staatsgrenzen unberührt. Die Vertragsstaaten seien Ausland. So z. B. LG Bremen aaO: „Für die Anwendung des § 917 II ZPO würde erst dann der Anlaß entfallen, wenn die Urteile eines Vertragsstaates in jedem anderen Vertragsstaat automatisch, d. h. auch ohne Zwischenschaltung irgendeines Vollstreckbarerklärungsverfahrens, wie im Urteilsstaat vollstreckt werden können. Denn so sehr das GVÜ die Vollstreckbarerklärung auch erleichtert hat, so ist doch unverkennbar, daß selbst dieses vereinfachte Verfahren noch eine erhebliche Erschwerung gegenüber der Inlandsvollstreckung darstellt, daß es insbesondere wegen der erforderlichen Übersetzungen, der Einschaltung eines ausländischen Rechtsanwalts, der Antragsbearbeitung durch das ausländische Gericht und der vorgesehenen Rechtsbehelfe einen erheblich größeren, den Vollstreckungserfolg gefährdenden Zeitverlust mit sich bringt."

[33] Hierzu s. auch *Stein-Jonas-Grunsky,* ZPO, 20. Aufl., § 917 Rz. 17.

[34] RGZ 67, 26; Obergericht Danzig JW 1936, 887; OLG Stuttgart NJW 1952, 831 = IPRspr. 952–53 Nr. 295; OLG Frankfurt NJW 1959, 1089 = IPRspr. 1958–59 Nr. 198; OLG München MDR 1960, 146; OLG Hamburg VersR 1972, 1116 = IPRspr. 1973 Nr. 128a; OLG Frankfurt/M. MDR 1976, 321 = IPRspr. 1975 Nr. 189; OLG Koblenz NJW 1976, 2081 = RIW/AWD 1977, 359 = IPRspr. 1975, Nr. 187; *Puttfarken,* RIW/AWD 1977, 362; *Dittmar,* NJW 1978, 1722 bei Fußn. 8. Ausführlich OLG Koblenz aaO: „Die Bedeutung des § 917 Abs. 2 ZPO besteht darin, daß die Vollstreckung eines inländischen Urteils im Inland gesichert werden soll, wobei auch hoheitsrechtliche Erwägungen eine Rolle spielen; der Wert eines deutschen Titels soll in der Zwangsvollstreckung erhalten bleiben. Daß nur ein deutsches Urteil in Betracht kommt, folgt schon aus dem Wortlaut des § 917 Abs. 2 ZPO, denn wenn von der Vollstreckung eines Urteils im Ausland die Rede ist, kann es sich nur um ein inländisches Urteil handeln."

eine zukünftige inländische Vollstreckung aus inländischen Titeln[35] gefährdet ist.[36] Durch das Übereinkommen hat sich jedoch eine Änderung des nationalen Rechts ergeben.[37] Der Anwendungsbereich des § 917 II ZPO ist auch auf die Vollstreckung von Titeln aus den anderen Vertragsstaaten in dritten Staaten auszudehnen.[38]

---

[35] Deutsche *Vollstreckbarerklärungsurteile* (§§ 722, 723 ZPO) und *-beschlüsse* für ausländische Titel gehören nicht hierher, obwohl auch sie formell Vollstreckungstitel deutscher Gerichte sind. *Stein-Jonas-Grunsky,* ZPO, 20. Aufl., § 917 Anm. II 1 Rz. 14; OLG Frankfurt, NJW 1959, 1088, 1089 zu Nr. 2; OLG Koblenz aaO. A. A. *Puttfarken* RIW/AWD 1977, 362.

[36] Motiv für die Einführung des § 917 II ZPO war es, dem Gläubiger nach Möglichkeit die in der Regel erschwerte Zwangsvollstreckung eines inländischen Titels im Ausland zu ersparen. Dieses Motiv deckt nicht den Fall, daß die Vollstreckung durch Staatsvertrag verbürgt ist. Das Gesetz ist jedoch weiter gefaßt. Auch die Erwägung, daß die Vollstreckung im Ausland grundsätzlich schwieriger bleibt, wenn sie durch Staatsvertrag geregelt ist, spricht gegen eine teleologische Reduktion. *Schlafen* NJW 1976, 2083; *Dittmar* NJW 1978, 1722 bei Fußn. 5.

[37] Diese ist jedoch durch das Übereinkommen völkerrechtlich nicht geboten. Es handelt sich ausschließlich um eine Frage der (extensiven) Auslegung des deutschen Rechts.

[38] OLG Düsseldorf NJW 1977, 2034 = IPRspr. 1977, Nr. 166; LG Bremen RIW/AWD 1980, 366 = IPRspr. 1978 Nr. 178; *Schlafen* NJW 1976, 2083; *Puttfarken* RIW/AWD 1977, 363; dagegen *Dittmar* NJW 1978, 1722. Überzeugend die Begründung des LG Bremen aaO im Anschluß an OLG Düsseldorf aaO: „Auslegung und Anwendung dieser Vorschrift haben sich nunmehr unter Zurückdrängung traditioneller nationalstaatlicher Erwägungen am Gedanken der wachsenden europäischen Integration auch auf dem Gebiete des Rechtsschutzes und damit am Sinngehalt des EG-Gerichtsstands- und Vollstreckungsübereinkommens vom 27. 9. 1968 zu orientieren. Dieses Übereinkommen geht von der Gleichwertigkeit der gerichtlichen Entscheidungen der Vertragsstaaten aus und sieht dementsprechend im Rahmen seines Anwendungsbereichs deren Anerkennung und Vollstreckbarkeit in den einzelnen Vertragsstaaten vor (Art. 26ff., 31ff.). Die Sicherung der Vollstreckung dieser Titel im Bereich aller Vertragsstaaten soll dadurch gefördert werden, daß die dafür erforderlichen einstweiligen Maßnahmen, wie z. B. Arreste, bei den Gerichten eines Vertragsstaates nach Maßgabe des dort geltenden Rechts auch dann erwirkt werden können, wenn für die Hauptsache das Gericht eines anderen Vertragsstaates zuständig ist (Art. 24). Unter diesen Umständen geht es nicht an, bei Anwendung von § 917 II ZPO ein französisches Hauptsacheurteil anders zu behandeln als ein deutsches Urteil (welches die Arrestklägerin im vorliegenden Fall wegen der Zuständigkeitsvorschriften der Art. 3 bis 6 im übrigen voraussichtlich gar nicht erlangen könnte)."

Der Entscheidung lag folgender Sachverhalt zugrunde: Eine französische Aktiengesellschaft mit Sitz in Paris verfolgte gegen eine niederländische GmbH mit Sitz in Rotterdam Schadensersatzansprüche wegen erheblicher Ladungsschäden an Wechselstromaggregaten, welche nach Eisenbahn- und Binnenschiffsvorlauf von Belfort bzw. Straßburg ab Rotterdam von der Arrestbeklagten als Verfrachter mit dem MS „Gloria Siderum" nach Irland transportiert wurden. Durch das Urteil des Tribunal de Commerce Paris vom 1. Juni 1977 wurde die Arrestbeklagte zur Zahlung von 5100000 ffr mit gesetzlichen Zinsen ab 1. Juli 1975 verurteilt. Gegen dieses Urteil legte die Arrestbeklagte Berufung ein, über die die Cour d'Appel Paris noch nicht entschieden hatte.

Die ratio legis gebietet jedoch zu unterscheiden zwischen der Notwendigkeit der Vollstreckung des ausländischen Titels in seinem Erlaßstaat (= Ursprungsstaat = Erststaat) und der Notwendigkeit der Vollstrekkung außerhalb des Erststaates.[39]

1. Vollstreckungsmöglichkeit im Erststaat

Hat der Schuldner ausreichendes Vermögen im Erststaat, dann ist § 917 II ZPO nicht anzuwenden, und zwar aus den gleichen Gründen, aus denen bei einem deutschen Titel der Arrestgrund der Auslandsvollstreckung entfällt, wenn der Schuldner ausreichendes Vermögen in der Bundesrepublik Deutschland besitzt. In solchen Fällen besteht nicht die in § 917 II ZPO vorausgesetzte typische Gefahr.[40] Diese Vorschrift will –

Wegen dieser Ansprüche erwirkte die Arrestklägerin Arrestbefehl und Pfändungsbeschluß des AG Bremerhaven zur Arrestierung des in der Hapag-Lloyd-Werft Bremerhaven liegenden, der Arrestbeklagten gehörenden MS „Gloria Virentium". Die Arrestklägerin verwies wegen des Arrestanspruchs auf das Urteil des Tribunal de Commerce Paris. Demgemäß hafte die Arrestbeklagte wegen unerlaubter Decksverladung für den Schaden unbeschränkt persönlich über die für das MS „Gloria Siderum" geltende Haftungssumme hinaus. Ein Arrestgrund sei jedenfalls nach § 917 II ZPO gegeben. Ohne den Arrest versegele MS „Gloria Virentium", das einzige der Arrestbeklagten (die offenbar auch in Holland nicht über sonstiges zur Befriedigung der Klageforderung ausreichendes weiteres Vermögen verfügte) selbst gehörende Schiff, aus dem deutschen Hoheitsbereich, so daß eine Vollstreckung des französischen Hauptsacheurteils in der Bundesrepublik Deutschland ebenso wie in Frankreich unmöglich werde.

[39] *Zöller-Geimer,* ZPO, 13. Aufl. 1981, IZPR Anm. E XVII 5c.

[40] KG OLGZ 21, 93: „Nach den beigebrachten französischen Notariatsurkunden und Urteilen ist der Antragsgegner in Paris Schuldner einer Frau C. in Höhe eines auf seinem dortigen Grundbesitz eingetragenen Darlehns von 40000 Fr. und wurde vom Pariser Tribunal zur Zahlung eines Teilbetrags von 17000 Fr. verurteilt. Wegen der ihm abgetretenen Forderung von 40000 Fr. hat auf Grund des § 917 II der Antragsteller den dinglichen Arrest in das hier befindliche Vermögen des Schuldners, insbesondere in seinen Anspruch auf Auszahlung einer ihm angeblich zustehenden Erbschaft nach dem in Berlin verstorbenen X. gegen die Testamentsvollstrecker beantragt. Allerdings ist es nach § 917 II als ausreichender Arrestgrund anzusehen, wenn das gegen den Schuldner zu erwirkende Urteil im Auslande vollstreckt werden müßte. Dabei ist es gleichgültig, ob der Schuldner seiner Staatsangehörigkeit nach Deutscher oder Ausländer ist, und ob er seinen Wohnsitz im Inlande oder Auslande hat. Es mag auch der Anwendung des § 917 II nicht entgegenstehen, wenn der Gläubiger ein Ausländer ist. Allein abgesehen von dem Fehlen jeder Glaubhaftmachung dafür, daß der dem Schuldner angeblich zustehende Erbteil binnen kurzem ausgezahlt werde und es daher nicht möglich sei, rechtzeitig im Inlande ein Urteil gegen den Schuldner zu erwirken, so übersieht die Beschwerde, daß eventuell auch nur eine Vollstreckung in Frankreich gegen den dort wohnenden Schuldner in Betracht kommen könnte, und daß der Gläubiger auf Grund der zu seinen Gunsten vorliegenden Urteile des französischen Gerichts ohne weiteres in der Lage ist, in Frankreich mit Vollstreckungsmaßregeln vorzugehen. Zugunsten des französischen Gläubigers kann daher hier bei sinngemäßer

allseitig formuliert – vor den Gefahren bzw. Erschwerungen der Vollstreckung eines Urteils außerhalb des Urteilsstaates schützen.[41]

2. Notwendigkeit der Vollstreckung außerhalb des Erststaates

Wenn der Gläubiger geltend macht, ohne den Arrest in das in der Bundesrepublik Deutschland belegene Vermögen müsse das demnächst im Erststaat (z. B. Frankreich) ergehende Urteil in einem dritten Staat vollstreckt werden, ist die Vollstreckung für den Gläubiger mit denselben Nachteilen verbunden, wie wenn er ein deutsches Urteil im Ausland vollstrecken müßte. § 917 II ZPO sollte man deshalb auch auf Titel aus anderen Vertragsstaaten anwenden, wenn diese ohne den deutschen Arrest in einem Drittstaat vollstreckt werden müßten. Es besteht kein dogmatisches Bedenken, § 917 II ZPO auch zur Sicherung der Vollstreckung von Entscheidungen aus anderen Vertragsstaaten heranzuziehen, um dem Gläubiger die Nachteile zu ersparen, die mit der Vollstreckung des Urteils in einem dritten Staat verbunden sind.[42]

Nur die Notwendigkeit der Vollstreckung in einem Nichtvertrags-

---

Auslegung des § 917 II die eventuelle Notwendigkeit einer Vollstreckung in Frankreich nicht als ausreichender Arrestgrund anerkannt werden."

Im gleichen Sinn entschied das KG in OLGZ 23, 227 und in JW 1917, 862 (Vollstreckung eines österreichischen Urteils in Österreich).

[41] Zutreffend *Puttfarken* RIW/AWD 1977, 363 bei Fußn. 32: „In seinem eigenen Ursprungsland kann ein ausländischer Titel unmittelbar mindestens so leicht vollstreckt werden wie in Deutschland mittels Vollstreckbarkeitserklärung; hier entfällt die in § 917 Abs. 2 ZPO gemeinte Gefahr schlechthin." Ebenso *Schlafen* NJW 1976, 2083: „Allerdings entfällt der Zweck der Vorschrift, wenn ihre Anwendung mit der Notwendigkeit der Vollstreckung in dem ausländischen Staat begründet wird, dessen Gerichte das Urteil erlassen. In diesem Fall ist die Vollstreckung im Ausland nicht erschwert." Ebenso LG Bremen RIW/AWD 1980, 366 = IPRspr. 1978 Nr. 178: „Vom Normzweck her setzt § 917 II ZPO voraus, daß Urteilsstaat und der Staat, in welchem die Vollstreckung (ohne den Arrest) erfolgen müßte, nicht identisch sind, weil sonst von Gefahren wegen notwendig erschwerter Vollstreckung im Ausland keine Rede sein kann."

Im gleichen Sinne auch LG Köln, RIW/AWD 1979, 128 = IPRspr. 1978 Nr. 180 (Vollstreckung eines französischen Urteils in Frankreich): „Sinn und Zweck dieser Vorschrift (§ 917 II ZPO) ist es, dem Gläubiger die in der Regel mit Schwierigkeiten verbundene Zwangsvollstreckung in einem ausländischen Staat zu ersparen, in dem der zu vollstreckende Titel nicht erwirkt worden ist (vgl. OLG Hamburg, VersR 1972, 1116; OLG Koblenz, NJW 1976, 2082f. mit Anm. *Schlafen*). Dieser rechtliche Grund ist im vorliegenden Fall nicht gegeben, da der beantragte Arrestbefehl hier nicht zur Sicherung der Auslandsvollstreckung eines inländischen Urteils, sondern umgekehrt zur Sicherung der Inlandsvollstreckung eines französischen Urteils dienen würde."

Anders OLG Düsseldorf NJW 1977, 2034 = IPRspr. 1977 Nr. 166, das § 917 II ZPO auch hinsichtlich eines in Italien zu vollstreckenden und auch in Italien zu erwirkenden Titels anwenden will.

[42] *Schlafen* NJW 1976, 2083; *Puttfarken* RIW/AWD 1977, 363. A. A. *Dittmar* NJW 1978, 1722.

staat führt zur Anwendung des § 917 II ZPO; denn die Vollstreckung in den anderen Vertragsstaaten ist durch Art. 31 ff. vereinheitlicht und erleichtert. Vgl. oben IV. § 917 II ZPO schützt mithin nur die zukünftige Vollstreckung von Titeln aus anderen Vertragsstaaten, wenn ohne Arrest die Zwangsvollstreckung in einem Nichtvertragsstaat notwendig zu werden droht.[43]

Beispiel: Notwendigkeit der Vollstreckung eines französischen Urteils in Schweden oder in Österreich.

VI. Sicherheitsleistung des Gläubigers

Das deutsche Gericht wird die Vollziehung des Arrestes in der Regel von einer Sicherheitsleistung des Gläubigers (Antragstellers/Arrestklägers) auch dann abhängig machen, wenn der Arrestanspruch und der Arrestgrund glaubhaft gemacht sind, §§ 921 II, 108 ZPO. Gerade dann, wenn der Hauptsacheprozeß im Ausland stattfinden wird, ist für das deutsche Arrestgericht der endgültige Ausgang des Rechtsstreits nicht absehbar. Der Schadenersatzanspruch des Schuldners (§ 945 ZPO)[44] wäre oft nicht oder nur unter schwierigen Bedingungen und mit unverhältnismäßigen Kosten durchsetzbar, wenn eine Sicherheitsleistung unterbliebe.[45]

---

[43] So wohl auch LG Köln, Urteil vom 8. November 1978, RIW/AWD 1979, 128. Ebenso *Puttfarken* RIW/AWD 1977, 363. Anders OLG Düsseldorf NJW 1977, 2034 = IPRspr. 1977 Nr. 166 (Vollstreckung in Italien) und LG Bremen RIW/AWD 1980, 366 = IPRspr. 1978 Nr. 178 (Vollstreckung eines französischen Urteils in den Niederlanden). Der Fall des LG Bremen wies die Besonderheit auf, daß die Gefahr der Vollstrekkung in einem Nichtvertragsstaat bestand. Im Ergebnis hat das LG Bremen zu Recht § 917 II ZPO angewandt. LG Bremen aaO: „Demgemäß ist durchaus ungewiß, ob und wann die Arrestklägerin ihren in Frankreich titulierten Hauptsacheanspruch in den Niederlanden realisieren kann, zumal wenn neben der Höhe der Forderung die Tatsache berücksichtigt wird, daß die Arrestbeklagte ihr einziges Schiff unschwer auch außerhalb des niederländischen Jurisdiktionsbereichs halten kann."

[44] Auch wenn der Rechtsstreit nach den Regeln des IPR nach ausländischem Recht zu entscheiden ist, gilt deutsches Recht (§ 945 ZPO) für den Schadensersatzanspruch gegen den endgültig unterlegenen Arrestkläger. Vgl. unten Bd. II, 428 Fußn. 3.

[45] In diesem Sinne auch LG Bremen, RIW/AWD 1980, 366 = IPRspr. 1978 Nr. 178, betreffend die Arrestierung eines einer niederländischen Gesellschaft gehörenden Seeschiffs auf Antrag einer Pariser Aktiengesellschaft: „Die Vollziehung ist allerdings trotz Glaubhaftmachung von Arrestanspruch und Arrestgrund von einer Sicherheitsleistung der Arrestklägerin abhängig zu machen (§§ 921 II, 108 ZPO). Insoweit muß berücksichtigt werden, daß ungewiß ist, in welchem Umfang das Urteil des Tribunal de Commerce Paris im Berufungsverfahren von Bestand sein und die Arrestklägerin einen vollstreckbaren Titel erlangen wird. Durch die Arrestierung des MS ‚Gloria Virentium' droht der Arrestbeklagten ein großer, gegebenenfalls nach § 945 ZPO zu ersetzender Schaden im Hinblick auf die weiterlaufenden Betriebs- und Kapitalkosten sowie die Unmöglichkeit des Einsatzes zur Erfüllung bereits abgeschlossener Frachtverträge und des Abschlusses neuer Verträge."

8. Kapitel: Pflicht der Vertragsstaaten, ein Gericht bereitzustellen

§ 42 Pflicht zur Justizgewährung[1]

I. Verpflichtung gegenüber den anderen Vertragsstaaten

1. Grundsatz

a) Wenn ein Vertragsstaat nach dem Übereinkommen international zuständig ist, steht es nicht in seinem Belieben, ob er von der ihm eingeräumten Jurisdiktionsbefugnis Gebrauch macht oder nicht. Er ist vielmehr gegenüber den anderen Vertragsstaaten verpflichtet, ein kompetentes Gericht zur Verfügung zu stellen.[2] Dies gilt auch dann, wenn der Jurisdiktionsbereich eines Vertragsstaates gegenüber dem Rechtszustand vor Inkrafttreten des Übereinkommens erweitert wurde. So kann z. B. die Bundesrepublik Deutschland eine auf Art. 6 Nr. 1 gestützte Klage gegen einen in einem anderen Vertragsstaat wohnhaften Streitgenossen nicht deshalb wegen internationaler Unzuständigkeit abweisen, weil der Gerichtsstand der Streitgenossenschaft dem autonomen deutschen Recht nur in engen Grenzen[3] bekannt ist. Ebensowenig dürfen die Niederlande sich nicht für unzuständig erklären für Vertragsklagen, wenn nur der Erfüllungsort der eingeklagten Verbindlichkeit in ihrem Hoheitsgebiet liegt (Art. 5 Nr. 1).

b) Dies ergibt sich bereits klar aus dem Text des Übereinkommens; so z. B. Art. 2 I: Danach „sind Personen, die ihren Wohnsitz in dem Hoheitsgebiet eines Vertragsstaates haben, ohne Rücksicht auf ihre Staatsangehörigkeit vor den Gerichten dieses Staates zu verklagen". Oder Art. 3: „Personen, die ihren Wohnsitz in dem Hoheitsgebiet eines Vertragsstaates haben, können vor den Gerichten eines anderen Vertragsstaats ... verklagt werden." Auch wären die in Art. I und V des Protokolls (Art. 65) gemachten Vorbehalte unverständlich, wenn die Vertragspartner frei darüber bestimmen könnten, ob sie die ihnen eingeräumten Jurisdiktionsbefugnisse ausüben wollen oder nicht. Ohne den Vorbehalt in Art. V hätte z. B. die Bundesrepublik Deutschland die internationale

---

[1] *Geimer* WM 1976, 835; *Zöller-Geimer,* ZPO, 13. Aufl., IZPR, Anm. F XVIII; *Schlosser*-Bericht Nr. 78; *Kropholler* IZVR Rz. 605. – Allgemein auch *Matscher* JBl. 1979, 245 bei Fußn. 107.

[2] So auch *Schlosser*-Bericht Nr. 78: „Im übrigen wurde geltend gemacht, das EuGVÜ berechtige die Vertragsstaaten nicht nur, unter den Voraussetzungen seines zweiten Titels Gerichtsbarkeit auszuüben; es verpflichte sie auch dazu."

[3] §§ 35a, 603 II, 605 ZPO, sowie § 56 II Luftverkehrsgesetz.

Zuständigkeit für Gewährleistungs- und Interventionsklagen (Art. 6 Nr. 2, Art. 10) eröffnen müssen.

c) Auch der *Systemgedanke,* der den Art. 2ff. zugrunde liegt, bestätigt die vorstehende Auslegung. Andernfalls könnte es zu einem *negativen internationalen Kompetenzkonflikt* kommen, den das Übereinkommen gerade vermeiden will. Ein solcher würde z. B. entstehen, wenn sich der Wohnsitzstaat für bestimmte Arten von Klagen für unzuständig erklären würde, obwohl kein Fall des Art. 16 vorliegt und keine Anknüpfungen nach Art. 5ff. zu anderen Vertragsstaaten gegeben sind.

2. Ausnahmen

Etwas anderes gilt nur dann, wenn das Übereinkommen es ausdrücklich den Vertragsstaaten überläßt, ob sie sich für international zuständig erklären wollen. Solche Vorbehalte finden sich insbesondere in

a) Art. 5 Nr. 2 n. F.:

Zuständigkeit für „Unterhaltssachen, über die im Zusammenhang mit einem Verfahren in Bezug auf den Personenstand zu entscheiden ist, vor dem nach seinem Recht für dieses Verfahren zuständigen Gericht ..."

b) Art. 5 Nr. 4:

Zuständigkeit am Ort des Strafgerichts, „soweit dieses Gericht nach seinem Recht über zivilrechtliche Ansprüche erkennen kann";

c) Art. 6a n. F.:

Zuständigkeit für Klagen auf Beschränkung der Haftung für dasjenige Gericht eines Vertragsstaates, das nach dem Übereinkommen zur Entscheidung in Verfahren wegen einer Haftpflicht aufgrund der Verwendung oder des Betriebs eines Schiffs zuständig ist; an seine Stelle tritt auch die Zuständigkeit eines anderen, an seiner Stelle durch das Recht dieses Staates bestimmten Gerichts.[4] Hier besteht nur ein geringer Regelungsspielraum für den nationalen Gesetzgeber.

d) Art. 8 II a. F. (in der Neufassung 1978 ersatzlos gestrichen):

Zuständigkeit für Klagen in Versicherungssachen desjenigen Gerichts, in dessen Bezirk die Person, durch deren Vermittlung der Versicherungsvertrag abgeschlossen worden ist, ihren Wohnsitz hat ..., „wenn das Recht des angerufenen Gerichts eine solche Zuständigkeit vorsieht";

e) Art. 10 I:

Zuständigkeit des Gerichts, bei dem die Klage des Geschädigten gegen den Versicherten anhängig ist, auch für Klagen gegen den Haftpflichtversicherer, „sofern dies nach dem Recht des angerufenen Gerichts zulässig ist";

f) Art. 10 II:

Zuständigkeit für eine Klage des Verletzten unmittelbar gegen den Haftpflichtversicherer, „sofern eine solche unmittelbare Klage zulässig ist";

---

[4] Hierzu *Schlosser*-Bericht Nr. 127.

g) Art. 12 Nr. 3:
Möglichkeit der Zuständigkeitsvereinbarung für Streitigkeiten aus schädigenden Ereignissen im Ausland, „es sei denn, daß eine solche Vereinbarung nach dem Recht dieses Staates nicht zulässig ist";

h) Art. 15 Nr. 3:
Gleicher Vorbehalt wie in Art. 12 Nr. 3 für Zuständigkeitsvereinbarungen in Abzahlungs- bzw. Verbrauchersachen (Art. 15 Nr. 3 n. F.).

Hervorgehoben seien die Grenzen, die das Übereinkommen dem nationalen Gesetzgeber setzt. In den vorgenannten Fällen hat es der nationale Gesetzgeber nur in der Hand, die Normen, an die die Zuständigkeitstatbestände des Übereinkommens anknüpfen, inhaltlich zu gestalten. Ist aber der jeweilige Zuständigkeitsanknüpfungspunkt des Übereinkommens gegeben, dann greift die konventionsrechtliche Pflicht zur Justizgewährung ein. Da z. B. der deutsche Gesetzgeber das Adhäsionsverfahren zur Geltendmachung von zivilrechtlichen Ansprüchen im Strafverfahren gegen den Schädiger zugelassen hat, ist die Bundesrepublik Deutschland verpflichtet, über das Begehren des Geschädigten eine Sachentscheidung zu treffen, allerdings nur nach näherer Maßgabe von §§ 403ff. StPO.

3. Derogation und Schiedsabrede

Die Pflicht zur Justizgewährung entfällt, wenn die Parteien die internationale Zuständigkeit des nach den Regeln des Übereinkommens an sich zuständigen Staates derogiert oder die schiedsgerichtliche Erledigung des Rechtsstreits vereinbart haben.[5]

II. Anspruch des Klägers (Antragstellers)

Die Pflicht zur Justizgewährung besteht nicht nur gegenüber den anderen Vertragsstaaten, sondern auch gegenüber dem Kläger bzw. Antragsteller.[6] Die Formulierung des Textes des Übereinkommens sowie das erklärte Ziel der Vertragspartner, rechtsschutzfreie Oasen innerhalb des räumlichen Anwendungsbereichs des Übereinkommens zu verhindern, belegen, daß das Übereinkommen auch dem Kläger bzw. Antragsteller ein Individualrecht auf Justizgewährung geschaffen hat.[7] Dieses

---

[5] Die Wirksamkeit des Schiedsgerichtsvertrages beurteilt sich nicht nach Konventionsrecht (Art. 1 II Nr. 4), sondern nach dem einschlägigen Schiedsgerichtsübereinkommen, z. B. UN-Übereinkommen vom 10. Juni 1958, und – soweit kein Staatsvertrag Anwendung findet – nach dem autonomen Recht des Gerichtsstaates.

[6] *Geimer* WM 1976, 836.

[7] In diesem Sinne wohl auch der *Jenard*-Bericht S. 69: „Die Art. 5 und 6 zählen eine Reihe von Fällen auf, in denen eine Person in dem Hoheitsgebiet eines anderen Vertragsstaates als dem ihres Wohnsitzstaates verklagt werden kann. Die in diesen Artikeln vorgesehenen Zuständigkeiten kommen zu denen des Art. 2 hinzu. In einem

Individualrecht steht gleichfalls Angehörigen von Nicht EG-Staaten (natürlichen und juristischen Personen) zu; auf den Wohnsitz in einem Vertragsstaat kommt es nicht an.[8]

III. Bereitstellung eines Gerichts zur Sachentscheidung

1. Inhaltlich geht der durch das Übereinkommen geschaffene Anspruch der anderen Vertragsstaaten und des Klägers/Antragstellers auf Bereitstellung eines Gerichts zur Sachentscheidung. Die Regelung des Verfahrens vor diesem Gericht, insbesondere die Normierung der einzelnen Prozeßvoraussetzungen, bleibt Sache des nationalen Rechts. Insoweit sind die Vertragspartner keine Bindungen eingegangen.

Rechtsstreit, in dem nach Maßgabe dieser Artikel eine besondere Zuständigkeit begründet ist, kann der Kläger wahlweise vor diesem Gericht oder vor den zuständigen Gerichten des Staates klagen, in dem der Beklagte seinen Wohnsitz hat.

Hier stellte sich u. a. die Frage, ob der Beklagte stets vor einem der in diesem Artikel genannten Gerichte verklagt werden oder ob dies nur möglich sein sollte, wenn die Zuständigkeit dieses Gerichtes auch in dem innerstaatlichen Recht dieses Staates vorgesehen ist.

Anders ausgedrückt: Nach der ersten Alternative würde sich die Zuständigkeit unmittelbar aus dem Übereinkommen ergeben, während nach der zweiten Alternative zwei Voraussetzungen für die Zuständigkeit gegeben sein müßten: die des Übereinkommens und die des innerstaatlichen Rechts. Da z. B. das niederländische Recht den Gerichtsstand des Erfüllungsortes nicht kennt, stellte sich die Frage, ob ein Kläger dennoch seinen Gegner in den Niederlanden vor einem solchen Gericht verklagen kann. Sollten die Niederlande zudem gegebenenfalls verpflichtet sein, ihr innerstaatliches Recht durch Begründung eines solchen Gerichtsstandes anzupassen?

Indem der Ausschuß sich für die „besonderen" Zuständigkeitsregeln entschieden hat, d. h. indem er den jeweiligen Gerichtsstand unmittelbar und ohne Bezug auf die innerstaatlichen Zuständigkeitsregeln des Staates, in dessen Hoheitsgebiet das in Frage kommende Gericht seinen Sitz hat, festlegt, hat er diese Frage mit voller Absicht in dem Sinne beantwortet, daß der Kläger jederzeit den Beklagten vor einem der im Übereinkommen vorgesehenen Gerichte verklagen kann, ohne daß dabei das innerstaatliche Recht des betreffenden Staates in Betracht zu ziehen ist. Durch eine derartige Regelung wollte zudem der Ausschuß die Durchführung des Übereinkommens erleichtern. Wenn die Staaten das Übereinkommen ratifizieren, sind sie nicht genötigt, besondere Maßnahmen zur Angleichung ihres eigenen Rechtes an die Kriterien der Art. 5 und 6 zu treffen. Das Übereinkommen selbst bestimmt unmittelbar das zuständige Gericht."

Zu Recht betont der *Schlosser*-Bericht Nr. 78 die Pflicht zur Justizgewährung. Ein Kläger müsse Sicherheit über das zuständige Gericht haben. ... Da, wo die Gerichte mehrerer Staaten Zuständigkeit besäßen, sei dem Kläger bewußt ein Wahlrecht gegeben worden, welches durch die Anwendung der „doctrine of the forum conveniens" nicht abgeschwächt werden dürfe.

[8] Von der Rechtsnatur des Übereinkommens (Gemeinschaftsrecht oder gewöhnlicher völkerrechtlicher Vertrag) hängt die Qualifikation des Anspruchs ab. Vgl. oben § 6.

2. Verboten sind aber alle Maßnahmen, durch die die Verpflichtung, ein kompetentes Gericht zur Verfügung zu stellen, ausgehöhlt oder umgangen wird. So wäre es unzulässig, wenn sich ein nach den Regeln des Übereinkommens zuständiges Gericht mit der Begründung für unzuständig erklärte, die Klage wäre *nach forum conveniens- bzw. forum non conveniens-Grundsätzen* bei dem Gericht eines anderen Staates besser aufgehoben.

Dies hat praktische Bedeutung vor allem für die Gerichte im *Vereinigten Königreich und in Irland.*[9] Nach dem dortigen autonomen Zuständigkeitsrecht[10] können die Gerichte sich nach pflichtgemäßem Ermessen für unzuständig erklären, wenn sie zu der Überzeugung gelangen, es sei besser, daß ein (zuständiges) Gericht eines anderen Staates in der Sache entscheidet, weil dieses angesichts der Umstände des Einzelfalls dem Streitgegenstand näher stehe.[11] Soweit die Zuständigkeitsordnung des Übereinkommens zur Anwendung kommt,[12] müssen auch die britischen und irischen Gerichte ihre internationale Entscheidungszuständigkeit vorbehaltlos bejahen, wenn ein Zuständigkeitsanknüpfungspunkt im Sinne der Art. 2ff. gegeben ist. Eine Prozeßabweisung nach forum conveniens/forum non conveniens-Grundsätzen ist unzulässig. Diesen Standpunkt vertraten anläßlich der Verhandlungen über den Beitritt Dänemarks, Irlands und des Vereinigten Königreichs mit Nachdruck die

---

[9] Den Rechtsordnungen der kontinentalen Vertragsstaaten ist die Vorstellung fremd, daß der Richter nach Ermessen über die Bejahung der internationalen und örtlichen Zuständigkeit entscheidet. Vgl. *Schlosser*-Bericht Nr. 76.

Zur Diskussion über die Lehre vom forum conveniens vel non conveniens s. *Zöller-Geimer,* ZPO, 13. Aufl., IZPR Anm. E XII und *Kropholler* IZVR Rz. 207ff.

[10] In England hat die Ermessenszuständigkeit (assumed jurisdiction) ihre Grundlage in Order 11 der Rules of the Supreme Court.

[11] Der *Schlosser*-Bericht Nr. 77 zählt für die Ausübung dieser Ermessensbefugnis folgende Gründe auf:
- Die hohen Anforderungen, welche die Rechte des Vereinigten Königreichs und Irlands traditionellerweise an die Änderung eines „domicile" stellen;
- die Regeln über die Begründung gerichtlicher Zuständigkeit durch bloße Zustellung auf dem Territorium;
- die im Prozeßrecht dieser Staaten besonders stark ausgeprägten Grundsätze zur Unmittelbarkeit der Beweisaufnahme und die dadurch bedingten Hindernisse bei Verwertung im Ausland oder auch nur auswärts aufgenommener Beweiserhebungen;
- schließlich die großen Schwierigkeiten bei Anwendung ausländischer Rechte durch britische oder irische Gerichte.

Ausführlich zu den forum non conveniens-Grundsätzen *Dicey-Morris,* The Conflict of Laws, 10. Aufl., 1980, 247 rule 30; *Scheucher,* Studien zur internationalen Zuständigkeit in Vermögensstreitigkeiten, 1974; *Kronke,* RIW/AWD 1977, 813; Rechtsprechungsnachweise bei *Magnus* RIW/AWD 1981, 202. Nachweise zum Recht in Schottland, wo die forum conveniens-Doktrin entwickelt wurde, bei *Blum,* Forum non conveniens, 1979, 39ff.

[12] Vgl. oben § 29.

kontinentalen Vertragsstaaten.[13] Das Übereinkommen berechtige die Vertragsstaaten nicht nur, unter den Voraussetzungen der Art. 2ff. Gerichtsbarkeit auszuüben; es verpflichte sie auch zur Justizgewährung. Der Kläger solle nicht Zeit und Kosten aufwenden müssen, nur um zu erfahren, daß sich das angegangene Gericht für weniger geeignet als ein anderes halte und deshalb für unzuständig erkläre. Wenn nach den Normen des Übereinkommens die Gerichte mehrerer Staaten zuständig sind, sei dem Kläger bewußt ein Wahlrecht gegeben worden;[14] dieses dürfe durch die „doctrine of the forum conveniens“ nicht relativiert werden. Im übrigen beschwöre diese Doktrin die Gefahr negativer Kompetenzkonflikte herauf: Der kontinentale Richter könne sich der Entscheidung des Gerichts des Vereinigten Königreichs zum Trotz ebenfalls für unzuständig halten.

IV. Prorogation

Ist der Vertragsstaat, dessen Gericht angerufen wurde, nach Art. 2ff. an sich international unzuständig, haben die Parteien aber seine internationale Zuständigkeit wirksam nach Art. 17, 12, 12a, 15 prorogiert, dann ist er zur Justizgewährung verpflichtet, und zwar auch dann, wenn in der Sache nach fremdem Recht zu entscheiden ist. Eine Ausnahme gilt nur für die Fälle des Art. 16, Art. 17 II (= Art. 17 III n. F.).

V. Unterwerfung des Beklagten

Gleiches gilt, wenn sich der Beklagte der Jurisdiktion des Erststaates ausdrücklich unterwirft oder wenn er auf die Rüge der internationalen Zuständigkeit in limine litis verzichtet, Art. 18 S. 1, ausgenommen die Fälle des Art. 16, arg. Art. 18 S. 2. Vgl. unten § 97 XIX.

VI. Eine der in Art. 16 aufgeführten Zuständigkeitsanknüpfungen liegt außerhalb des geographischen Anwendungsbereichs des Übereinkommens

In solchen Fällen sind der Wohnsitzstaat des Beklagten und die sonstigen nach Art. 5ff. international zuständigen Vertragsstaaten zur Justizgewährung verpflichtet. Auch insoweit gilt europäisches Einheitsrecht, nicht autonomes Recht.[15] Erhebt z. B. der Kläger eine dingliche Klage

---

[13] *Schlosser*-Bericht Nr. 78: „Derartige Möglichkeiten sind nach Ansicht der Delegationen aus den kontinentalen Mitgliedstaaten der Gemeinschaft den Gerichten eines Mitgliedstaats der Gemeinschaft nicht eröffnet, wenn sie nach dem EuGVÜ zuständig sind und angerufen werden ...“

[14] So schon der *Jenard*-Bericht S. 69 (oben Fußn. 11).

[15] A. A. *Kropholler,* Kommentar 102, Art. 16 Rz. 8.

i. S. des Art. 16 Nr. 1 im Wohnsitzstaat des Beklagten, so darf das Gericht eine Sachentscheidung nicht mit der Begründung ablehnen, dem Kläger stünde ja der Rechtsweg zu den Schweizer Gerichten offen.

§ 43 Wahlrecht des Klägers

Sind nach Art. 2ff. mehrere Vertragsstaaten international zuständig, dann ist jeder von ihnen zur Justizgewährung verpflichtet. Der Kläger/Antragsteller hat ein Wahlrecht. Er kann bestimmen, in welchem Vertragsstaat er seine(n) Klage/Antrag anhängig macht.

§ 44 Rechtshängigkeit und Konnexität[1]

I. Rechtshängigkeit

Unter mehreren international zuständigen Staaten hat der Kläger die Wahl. Er darf aber seine Klage nicht gleichzeitig in mehreren Staaten anhängig machen, um sich dann – je nach Prozeßausgang – die ihm genehmste Sachentscheidung aussuchen zu können. *Nur der zuerst angerufene Staat ist zur Justizgewährung verpflichtet.*[2]

1. Rechtshängigkeit in mehreren Vertragsstaaten

a) Bei *Identität des Streitgegenstandes*[3] hat sich das später[4] angerufene Gericht für unzuständig zu erklären und die Klage als unzulässig abzuweisen, Art. 21 I, zumindest aber die Entscheidung zur Sache auszusetzen, Art. 21 II.

Wo der Beklagte/Kläger wohnt, ist ohne Belang,[5] ebenso die Frage,

---

[1] *Jenard*-Bericht S. 85f.

[2] Etwas anderes gilt möglicherweise für die *negative Feststellungsklage* im Verhältnis zur später erhobenen Leistungsklage.

[3] Vgl. den Fall des *Tribunale Bassano del Grappa*, Urteil vom 13. Februar 1976, *ARMET di Giovanni Ferronato ./. Barth & Pohl KG Elektrowerke*, Rechtsprechungsübersicht Nr. 36 = Nachschlagewerk I-21-B 1. Die in Italien anhängige Klage auf Minderung des Kaufpreises und Schadensersatz wegen versteckter Mängel der von der Beklagten gelieferten Sache und die in der Bundesrepublik Deutschland von der Beklagten erhobene Klage mit dem Antrag auf Zahlung des Restkaufpreises (= Klage auf restliche Erfüllung des Vertrages) betreffen verschiedene Streitgegenstände. Für die Anwendung des Art. 21 reiche es nicht aus, daß die in verschiedenen Vertragsstaaten anhängigen Prozesse die gleichen Rechtsfragen beträfen, vielmehr müßten Parteien, Klagegründe und Sachanträge völlig identisch sein.

[4] Das Übereinkommen kennt keine Regel, wie zu verfahren ist, wenn beide Klagen *gleichzeitig* erhoben werden.

[5] So ausdrücklich der *Jenard*-Bericht S. 68 zu Art. 4: „Dieser Artikel betrifft alle Verfahren, bei denen der Beklagte keinen Wohnsitz in einem Vertragsstaat hat. ...

ob das Zuständigkeitsrecht des Übereinkommens oder eines Spezialabkommens über die gerichtliche Zuständigkeit (Art. 57)[6] oder das nationale Zuständigkeitsrecht zur Anwendung kommt. In allen Fällen gilt Art. 21.[7] So kann es vorkommen, daß für das eine Verfahren Art. 2ff. gelten und für das andere Verfahren das nationale Zuständigkeitsrecht.[8]

Beispiel:

Ein Genfer bestellt bei einer GmbH mit Sitz in München Waren, die nach Mailand zu liefern sind. Die Münchner GmbH erhebt in Mailand Klage am Gerichtsstand des Erfüllungsortes.[9] Art. 2ff. kommen nicht zum Zuge, da der Beklagte nicht in einem Vertragsstaat wohnt. Nun erhebt der Genfer in München Klage auf Feststellung der Nichtigkeit des Vertrages. Hier beurteilt sich die internationale Zuständigkeit nach Art. 2ff.[10]

Diese Bestimmung ist aus zwei Gründen berechtigt: ... Zum anderen kann dieser Artikel im Falle der Rechtshängigkeit Bedeutung erlangen. Ist zum Beispiel ein Rechtsstreit zwischen einem Franzosen und einem Beklagten mit dem Wohnsitz in Amerika gleichzeitig vor einem französischen Gericht und gemäß § 23 ZPO vor einem deutschen Gericht anhängig, so hat sich im Interesse einer geordneten Rechtspflege das eine der beiden Gerichte zugunsten des anderen für unzuständig zu erklären. Die Rechtshängigkeit wird nur dann bedeutsam, wenn beide Gerichte auf Grund des Übereinkommens zuständig sind. Ohne eine Bestimmung wie die des Artikels 4 enthielte aber das Übereinkommen keine Vorschrift, in der in einem solchen Falle ausdrücklich die Zuständigkeit der deutschen wie der französischen Gerichte anerkannt wird."

6 Zweifelnd *Schlosser*-Bericht Nr. 239 und Nr. 240: „So mußte etwa offenbleiben, ob ... die aufgrund eines Spezialübereinkommens begründete Rechtshängigkeit dem Artikel 21 EuGVÜ unterfällt. Die Expertengruppe hat es daher vorgezogen, die Anwendbarkeit von Artikel 20 ausdrücklich sicherzustellen und die Lösung der offengebliebenen Fragen Rechtsprechung und Lehre zu überlassen."

7 *Müller* in *Bülow-Böckstiegel* 606/169, Art. 21, Anm. II bei Fußn. 4.

8 Vgl. oben § 9.

9 Art. 4 Nr. 2 Codice di procedura civile.

10 Vgl. oben § 29 IV.

11 *Droz* Nr. 305 S. 189: „Aucune autre condition n'est exigée. Notamment il n'est pas fait allusion à la possibilité de reconnaissance et d'exécution du jugement à intervenir à la suite de la première instance, ni même à la condition de compétence du juge saisi en premier lieu au regard des règles de la Convention. – Cette absence de condition s'explique par le mécanisme même du Traité. On sait en effet que si devant le tribunal premier saisi le défendeur comparaît, la compétence de ce tribunal est presque automatiquement acquise au regard des règles du Traité. On sait aussi que s'agissant d'un défendeur domicilié dans le Marché commun et qui fasse défaut, le juge est obligé de vérifier d'office sa compétence. On sait enfin que si le défendeur n'est pas domicilié dans la Communauté, il lui sera fait application des règles mêmes exorbitantes du droit commun. Par ailleurs, au stade de la reconnaissance et de l'exécution, on ne contrôle point la compétence des juges des Etats contractants. Enfin les précautions prises par l'article 20, alinéas 2 et 3 assurent, au stade de la compétence directe, une très bonne garantie des droits de la défense. Dans ces conditions, la reconnaissance et l'exécution

c) Art. 21 läßt *keine Anerkennungsprognose* zu.[11] Auch wenn nach Ansicht des zweiten Richters der zuerst angerufene Richter unzuständig ist, darf er nicht zur Sache entscheiden. Er darf allenfalls das Verfahren nach Art. 21 II aussetzen. Dies gilt auch in den Fällen des Art. 16. Aus Art. 23 läßt sich nicht der Schluß ziehen, daß das ausschließlich zuständige Zweitgericht die Rechtshängigkeit des ersten Verfahrens ignorieren und ohne Verzögerung in der Sache entscheiden darf.[12]

---

devenant à peu près automatiques, il n'y avait pas intérêt à assortir l'accueil de l'exception de litispendance de conditions supplémentaires."

Ebenso *v. Hoffmann* AWD 1973, 64 Fußn. 70: „Dem System des Übereinkommens, das auf Befolgungsregeln aufbaut und auch im Anerkennungsverfahren die Internationale Zuständigkeit des Erststaates nicht prüft, entspricht diese Haltung." – Zustimmend auch *Müller* in *Bülow-Böckstiegel* 606/169, Art. 21, Anm. III 2; A. A. *Schütze* RIW/AWD 1975, 79 sub II 3: „Diese Voraussetzung ist in Art. 21 zwar nicht aufgeführt, ergibt sich jedoch daraus, daß kollidierende Urteilswirkungen nur möglich sind, wenn eine Anerkennung erfolgt."

[12] A. A. *Müller* in *Bülow-Böckstiegel* 606/171, Art. 21, Anm. III 2 für den Fall, daß der später angerufene Vertragsstaat nach Art. 16 ausschließlich international zuständig ist: „Bei ausschließlicher Zuständigkeit des Zweitgerichts findet daher eine Nachprüfung der Zuständigkeit des Erstgerichts statt. Nur wenn auch das Erstgericht ausschließlich zuständig ist, muß das Zweitgericht die ausländische Rechtshängigkeit berücksichtigen und sich gemäß Art. 23 für unzuständig erklären. Hieraus folgt, daß in allen anderen Fällen das ausschließlich zuständige Zweitgericht die anderweitige Rechtshängigkeit unbeachtet lassen und ohne Verzögerung in der Sache entscheiden kann."

Müller folgt damit *Droz* Nr. 313 und 314 S. 193: „On remarquera que dans le conflit entre une compétence exclusive et une compétence non exclusive, le comportement des parties ne peut-être pris en considération pour justifier un dessaisissement possible du tribunal second saisi exclusivement compétent. On a vu, en effet, que l'article 18 relatif à la comparution volontaire réserve l'application de l'article 16. Enfin si l'on admettait que le tribunal bénéficiant d'une compétence exclusive et saisi en second lieu doive se dessaisir au profit du tribunal premier saisi au mépris de l'article 16, on aboutirait, sur le plan de la reconnaissance, à une situation inextricable: le jugement rendu par le tribunal premier saisi ne pourrait pas être exécuté dans les autres Etats contractants, et cela en raison de l'article 28 qui, on le verra, fait de la violation des règles de la section 5 un motif de refus de reconnaissance! La condition fondamentale d'une possibilité de reconnaissance du jugement à intervenir est de l'essence de la litispendance, même si elle n'est pas reprise expressément au texte. Une interprétation qui voudrait faire jouer l'exception lorsqu'on est sûr que dans tous les autres Etats contractants le jugement ne sera pas reconnu, conduirait à des résultats absurdes. – C'est pourquoi, il convient de poser que la règle de l'article 21, alinéa premier, n'est pas applicable lorsque le tribunal saisi en second lieu bénéficie *seul* d'une compétence exclusive. Un tel tribunal doit pouvoir statuer immédiatement ou, s'il l'estime utile, surseoir à statuer en s'inspirant de la solution de l'article 21, alinéa 2. Par contre si les deux tribunaux bénéficient *l'un et l'autre* d'une compétence exclusive, on fera application de l'article 23 et un dessaisissement aura lieu au profit du premier saisi."

2. Rechtshängigkeit in einem dritten Staat

a) Wurde zuerst das Gericht eines Nichtvertragsstaats angerufen, so kommt Art. 21 nicht zur Anwendung, da diese Vorschrift voraussetzt, daß Klagen „bei Gerichten verschiedener Vertragsstaaten" anhängig sind.[13] Das später angerufene Gericht eines Vertragsstaates wäre – soweit die Art. 2ff. zur Anwendung kommen – zur Justizgewährung verpflichtet. Dies könnte aber zu völkerrechtlichen Verwicklungen führen, wenn sich der betroffene Vertragsstaat durch einen völkerrechtlichen Vertrag verpflichtet hat, die Rechtshängigkeit des zuerst angerufenen Gerichts zu beachten.[14] Solche Konflikte will das Übereinkommen nicht heraufbeschwören. Das Übereinkommen wollte diese völkerrechtlichen Verpflichtungen eines Vertragsstaates gegenüber dritten Staaten nicht in Frage stellen und auch nicht den Abschluß solcher Verträge in der Zukunft verbieten.[15] So verstieß z. B. die Bundesrepublik Deutschland nicht gegen das Übereinkommen, als sie sich in den Verträgen mit Israel[16] und Norwegen[17] zur Beachtung der Rechtshängigkeit verpflichtete.

b) Außerhalb des Anwendungsbereichs völkerrechtlicher Verträge fragt es sich, ob sich ein nach Art. 2ff. zuständiger Vertragsstaat seiner Verpflichtung zur Justizgewährung mit der Begründung entziehen kann, nach seinem autonomen Recht sei die Rechtshängigkeit in einem dritten Staat zu beachten.[18] In diesem Fall besteht nicht die Gefahr völkerrechtlicher Konflikte; denn kein Staat ist völkerrechtlich verpflichtet, die Rechtshängigkeit in einem dritten Staat zu respektieren. Trotzdem ist nicht anzunehmen, daß das Übereinkommen die Vertragsstaaten verpflichtet, die Rechtshängigkeit in einem dritten Staat zu ignorieren. Die Beachtung der Rechtshängigkeit vor ausländischen Gerichten ist zwar keine Selbstverständlichkeit in den Rechtsordnungen der einzelnen Vertragsstaaten. Vor allem das französische und italienische internationale Zivilprozeßrecht leugnen die Relevanz der Verfahren vor ausländischen Gerichten.[19] Gleichwohl zeigt eine nicht auf die EG-Staaten beschränkte rechtsvergleichende Umschau, daß die Regel weit verbreitet ist: Wenn

---

[13] *Droz* Nr. 329 S. 198; *v. Hoffmann* AWD 1973, 64; *Müller* in *Bülow-Böckstiegel* 606/169, Art. 21, Anm. II.

[14] Vgl. z. B. Art. 17 des deutsch-österreichischen Vertrages, unten Bd. II, S. 176.

[15] *Droz* Nr. 329 S. 199; zustimmend *Müller* in *Bülow-Böckstiegel* 606/169, Art. 21, Anm. II bei Fußn. 5.

[16] Art. 22 des deutsch-israelischen Vertrages.

[17] Art. 21 des deutsch-norwegischen Vertrages.

[18] Beispiel: Klage in Schweden.

[19] Lapidar Art. 3 Codice di procedura civile: „La giurisdizione italiana non è esclusa dalla pendenza davanti a un giudice straniero della medesima causa o di altra con questa conessa."

Nachweise bei *Schütze* RIW/AWD 1975, 78; Vgl. auch *Hausmann* IPRax 1982, 52 Fußn. 10.

mit der Anerkennung des zu erwartenden ausländischen Urteils im Inland zu rechnen ist, ist auch das zeitlich frühere Stadium des ausländischen Prozesses zu beachten, nämlich die Rechtshängigkeit vor dem ausländischen Gericht.[20] Hätte das Übereinkommen mit diesem nicht nur dem deutschen Recht[21] bekannten Grundsatz brechen wollen, so hätte es einer ausdrücklichen Erwähnung bedurft, wenn schon nicht im Text des Übereinkommens so doch wenigstens im *Jenard*-Bericht.[21] Dieser schweigt aber zu unserer Frage. Die Erklärung hierfür ist einfach: Man hat das Problem nicht gesehen.

c) Nach Beendigung der Rechtshängigkeit lebt die Pflicht der nach Art. 2ff. zuständigen Vertragsstaaten zur Justizgewährung wieder auf, wenn das im Drittstaat erlassene Urteil nicht anerkannt werden kann oder soweit das Verfahren im Drittstaat nicht mit einer rechtskraftfähigen Entscheidung endet.

II. Konnexität[22]

1. Aussetzung

Der Anspruch des Klägers auf Justizgewährung bei Vorliegen einer Zuständigkeitsanknüpfung i. S. der Art. 2ff. muß zurückstehen, wenn die Gefahr widersprechender Entscheidungen der Gerichte verschiedener Vertragsstaaten über konnexe Punkte besteht. Werden Klagen in verschiedenen Vertragsstaaten erhoben, die – trotz Verschiedenheit des Streitgegenstandes – untereinander in so enger Beziehung stehen, daß eine gemeinsame Verhandlung und Entscheidung geboten erscheint, so kann[23] das später angerufene Gericht gemäß Art. 22 I die Entscheidung aussetzen, solange beide Klagen im ersten Rechtszug anhängig sind.[24]

---

[20] Vgl. hierzu Schütze RIW/AWD 1975, 78.

[21] Ebenso im Ergebnis *Droz* Nr. 329 S. 199 und *v. Hoffmann* AWD 1973, 64: „Nicht geregelt ist der Fall, daß ein Streit vor dem Gericht eines Vertragsstaates und eines Nichtvertragsstaates rechtshängig ist. Gegen die Berücksichtigung der Rechtshängigkeit in Drittstaaten ergibt sich, wenn gleichzeitig eine Zuständigkeit durch das Übereinkommen gegeben ist, ein konstruktives Bedenken: Wenn das autonome Recht eine durch das Übereinkommen gegebene Zuständigkeit ausschließen will, bedürfte es dafür einer Ermächtigung durch das Übereinkommen. Sachlich ist aber die Berücksichtigung der ausländischen Rechtshängigkeit gerechtfertigt. Der Beklagte muß vor einer doppelten Prozeßführung geschützt werden; ein Klägerinteresse, gleichzeitig in verschiedenen Staaten zu prozessieren und damit die Chance zu vergrößern, wenigstens einmal zu obsiegen, ist nicht schutzwürdig."

[22] Hierzu *Schütze* RIW/AWD 1975, 543 mit Nachweisen.

[23] Unpräzis *Jenard*-Bericht S. 86: „... hat auszusetzen ...". Wie hier *Tribunale Bassano di Grappa* (oben Fußn. 3): Das angerufene Gericht ist nicht verpflichtet, später die Entscheidung auszusetzen oder sich für unzuständig zu erklären.

[24] Bei *gleichzeitiger* Rechtshängigkeit gibt das Übereinkommen keine Regel zur Hand.

Hier hat das gemeinsame Interesse aller Vertragsstaaten an einer geordneten Rechtspflege (bonne administration de la justice) Vorrang vor dem Klägerinteresse.[25] Auf den Wohnsitz der Beklagten kommt es nicht an. Art. 22 greift auch dann ein, wenn der Beklagte nicht in einem Vertragsstaat wohnt und deshalb grundsätzlich nationales Zuständigkeitsrecht gilt.[26] Identität des Streitgegenstandes ist nicht Voraussetzung für die Aussetzung. Es genügt *Identität des Lebenssachverhaltes.*[27] Der Begriff der Konnexität ist in Art. 22 III definiert.[28] Es liegt im Ermessen des Gerichts, ob es aussetzt oder nicht. Das Verfahren der Aussetzung ist im Übereinkommen nicht geregelt. Es gilt das nationale Recht, in der Bundesrepublik Deutschland sind die zu § 148 ZPO entwickelten Grundsätze heranzuziehen. Das Gericht muß die Parteien hören; sodann kann es ohne mündliche Verhandlung entscheiden.[29]

2. Unzuständigerklärung

a) Auf Antrag einer Partei kann sich gemäß Art. 22 II das später angerufene Gericht auch für unzuständig erklären, wenn das zuerst angerufene Gericht für *beide* Klagen zuständig ist.

b) Diese Befugnis steht aber unter dem Vorbehalt, daß das *nationale Recht* des später angerufenen Gerichts eine Verbindung in Zusammenhang stehender Verfahren zuläßt. Das deutsche Recht kennt eine solche Befugnis nicht. Es gestattet nur die Verbindung zweier Verfahren, die vor demselben Gericht anhängig sind, § 147 ZPO. Für die deutschen Gerichte ist Art. 22 II mithin nicht anwendbar. Sie können nur gemäß Art. 22 I das Verfahren aussetzen. Das gleiche gilt für die italienischen Gerichte.[30]

c) Eine solche Verbindungsbefugnis haben aber die französischen, belgischen und luxemburgischen Gerichte auf Grund ihres nationalen Rechts.[31]

d) Ob diese Gerichte Prozeßabweisung wegen Unzuständigkeit nach Art. 22 II oder die Aussetzung nach Art. 22 I wählen, steht in ihrem

---

[25] Der *Jenard*-Bericht S. 86 hebt hervor, daß Art. 22 „die Sicherung einer geordneten Rechtspflege in der Gemeinschaft zum Ziele hat."

[26] *Müller* in *Bülow-Böckstiegel,* 606/174, Art. 22, Anm. II.

[27] *Geimer* WM 1979, 359. Vgl. den Fall des OLG Hamm, Beschluß vom 18. Oktonrt 1982, NJW 1983, 523: Die in der Bundesrepublik Deutschland eingeklagte Forderung ist unstreitig. Der Beklagte rechnet aber mit einer in Belgien rechtshängigen Gegenforderung auf.

[28] *Jenard*-Bericht S. 86: „Da der Ausdruck „Sachzusammenhang" nicht in allen ... Mitgliedstaaten die gleiche Bedeutung hat, enthält Art. 22 III ... eine Begriffsbestimmung. Diese lehnt sich an den Entwurf der neuen belgischen Gerichtsordnung (Artikel 30) an."

[29] *Müller* in *Bülow-Böckstiegel* 606/175, Art. 22, Anm. IV 1.

[30] *Jenard*-Bericht S. 86.

[31] Nachweise bei *Schütze* RIW/AWD 1975, 543.

Ermessen.[32] Auch wenn beide Parteien beantragen, das später angerufene Gericht möge sich für unzuständig erklären, kann es den Weg nach Art. 22 I wählen. Umgekehrt darf es gegen den Willen beider Parteien sich nicht für unzuständig erklären; denn Art. 22 II verlangt den Antrag wenigstens einer Partei.

e) Beide Verfahren müssen noch im *ersten Rechtszug* anhängig sein. Dies gilt für Art. 22 II ebenso wie für Art. 22 I. Fehlt es an dieser Voraussetzung, so muß das später angerufene Gericht zur Sache entscheiden ohne Rücksicht auf das in dem anderen Vertragsstaat schwebende Verfahren, wenn es zuständig ist[33] und die nach nationalem Recht zu beurteilenden sonstigen Prozeßvoraussetzungen gegeben sind.

f) *Art. 22 schafft keinen Gerichtsstand des Sachzusammenhangs.*[34] Das zuerst angerufene Gericht muß nach dem maßgeblichen Zuständigkeitsrecht international und örtlich zuständig sein. Wohnt der Beklagte im geographischen Anwendungsbereich des Übereinkommens, so gelten Art. 2ff., andernfalls kommt das nationale Zuständigkeitsrecht zum Zuge, Art. 4 I, vorbehaltlich des Art. 16, der unabhängig vom Wohnsitz der Parteien gilt, und Art. 17, der auch dann zum Zuge kommt, wenn nur der Kläger in einem Vertragsstaat wohnt. Dies gilt, sofern nicht in concreto ein Spezialabkommen über die gerichtliche Zuständigkeit im Sinne des Art. 57 eingreift.[35] Es kann vorkommen, daß für das *eine Verfahren* das Zuständigkeitsrecht des Übereinkommens und für das *andere Verfahren* das nationale Zuständigkeitsrecht (Art. 4 I)[36] oder ein Spezialabkommen (Art. 57) maßgeblich ist, zumal Identität der Parteien nicht erforderlich ist. Konnexität im Sinne des Art. 22 III kann auch zwischen Verfahren bestehen, an denen verschiedene Parteien beteiligt sind.

g) Bejaht das später angerufene Gericht die Zuständigkeit des zuerst angerufenen Gerichts anhand der maßgeblichen Zuständigkeitsregeln, so kann es sich nach Maßgabe des Art. 22 für unzuständig erklären. Gleichwohl ist das zuerst angerufene Gericht an die Zuständigkeitsentschei-

---

[32] *Schütze* RIW/AWD 1975, 545. Unpräzis *Jenard*-Bericht S. 86: „Besteht ein Sachzusammenhang, so hat der Richter in erster Linie die Entscheidung auszusetzen".

[33] Zum maßgeblichen Zuständigkeitsrecht s. oben §§ 29, 9.

[34] EuGH, Urteil vom 24. Juni 1981, Rechtssache 158/80, *Elefanten Schuh ./. Jacqmain,* EuGHE 1981, 1671, = RIW/AWD 1981, 709. Hierzu *Huet* Clunet 108 (1981), 903; *Gaudemet-Tallon* Rev. Crit. 71 (1982) 143; *Kropholler* IZVR Rz. 718: „Artikel 22 des Übereinkommens regelt die Behandlung im Zusammenhang stehender Klagen, die bei Gerichten verschiedener Vertragsstaaten anhängig gemacht worden sind. Er schafft keine Zuständigkeiten; insbesondere begründet er nicht die Zuständigkeit des Gerichts eines Vertragsstaats für die Entscheidung über eine Klage, die mit einer anderen Klage im Zusammenhang steht, die gemäß dem Übereinkommen bei diesem Gericht anhängig gemacht worden ist." Ebenso schon *Müller* in *Bülow-Böckstiegel,* 606/177, Art. 22, Anm. IV 2.

[35] Vgl. oben §§ 9, 13.

[36] Unklar *Schütze* RIW/AWD 1975, 545.

dung des später angerufenen Gerichts nicht gebunden.[37] Es prüft seine internationale und örtliche Zuständigkeit selbständig. Dabei kann es zu anderen Ergebnissen kommen als das später angerufene Gericht, etwa weil es ein anderes Zuständigkeitsrecht für maßgeblich hält[38] oder weil es die maßgebliche Zuständigkeitsnorm anders auslegt.[39] Negative Kompetenzkonflikte sind also zum Greifen nahe. Sie erscheinen nicht nur als Gefahr in abstrakter Ferne; sie sind vielmehr durch die halbherzige Lösung des Art. 22 II vorprogrammiert: Entweder hätte man einen Schritt weitergehen und eine bindende Verweisung von Vertragsstaat zu Vertragsstaat zulassen müssen oder man hätte auf eine Prozeßabweisungsbefugnis verzichten müssen. De conventione ferenda ist eine Verweisung mit Bindungswirkung zu befürworten. Für das geltende Recht ist hervorzuheben, daß unter allen Umständen eine Justizverweigerung verboten ist. Verweigert das zuerst angerufene Gericht trotz Unzuständigerklärung des zweiten Gerichts gemäß Art. 22 II die Annahme des zweiten Rechtsstreits, weil es sich für unzuständig hält, so kann der Kläger beim zweiten Gericht die Klage wiederholen. Die nach nationalem Recht möglicherweise eingetretene Rechtskraft der Prozeßabweisung steht der neuen Klage nicht entgegen. Eine gegenteilige Ansicht des einschlägigen nationalen Rechts wird durch das konventionsrechtliche Verbot der Justizverweigerung verdrängt und außer Kraft gesetzt.

3. Verhältnis zu drittstaatlichen Verfahren

a) Das später angerufene Gericht kann nur dann das Verfahren aussetzen oder sich auf Antrag einer Partei nach Maßgabe seines nationalen Rechts für unzuständig erklären, wenn das zeitlich frühere Verfahren vor einem Gericht eines anderen Vertragsstaats anhängig ist, Art. 22 I.[40]

b) Wie ist nun aber zu verfahren, wenn das (konnexe) Verfahren vor den Gerichten eines *Nichtvertragsstaates* schwebt?

α) Das Übereinkommen kennt für diesen Fall keine ausdrückliche

---

[37] Vgl. unten § 107 IX. A. A. *Schlosser*-Bericht Nr. 191; *Kropholler,* Kommentar 186, Rz. 11 vor Art. 26.

[38] *Beispiel:* Es bestehen Meinungsverschiedenheiten über die Frage, ob Art. 1 II zum Zuge kommt, mit der Folge, daß das eine Gericht Art. 2ff. für anwendbar hält, das andere das nationale Zuständigkeitsrecht (Art. 4 I). Ähnliche Differenzen können sich bei der Auslegung des Art. 57 ergeben. Vgl. oben § 13.

[39] *Beispiel:* Das später angerufene Gericht bejaht die Zuständigkeit des zuerst angerufenen Gerichts auch für das zweite Verfahren auf Grund Art. 5 Nr. 1 (wobei es für die Ermittlung des Erfüllungsortes nach der maßgeblichen lex causae nach richtiger Ansicht das IPR des zuerst angerufenen Gerichts zugrundezulegen hat, nicht sein eigenes IPR); das zuerst angerufene Gericht ist aber anderer Ansicht.

[40] Wo der Beklagte wohnt, ist ohne Belang. Art. 22 kommt auch zum Zuge, wenn der Beklagte in keinem Vertragsstaat wohnt und deshalb grundsätzlich nationales Zuständigkeitsrecht (Art. 4 I) gilt. Der Anwendungsbereich des Art. 22 stimmt mit dem des Art. 21 überein. *Müller* in *Bülow-Böckstiegel* 606/174, Art. 22, Anm. II.

Regel, so daß an und für sich wieder der Grundsatz eingreift, daß das nach Art. 2ff. zuständige Gericht zur Justizgewährung verpflichtet ist. Indes kämen dann die Vertragsstaaten in völkerrechtliche Konflikte mit dritten Staaten, wenn sie mit diesen die Vorrangigkeit des ersten im Drittstaat anhängigen Verfahrens vereinbart haben. Solche völkerrechtlichen Verwicklungen will das Übereinkommen sicher vermeiden. Die Vertragsstaaten sind jedenfalls dann nicht zur Justizgewährung verpflichtet, wenn sie auf Grund völkerrechtlicher Vereinbarung die zeitliche Priorität konnexer Verfahren in dritten Staaten beachten müssen. Sofern die Unzuständigerklärung in das *Ermessen* des später angerufenen Gerichts gestellt ist, ist es konventionskonform, wenn sich das später angerufene Gericht eines Vertragsstaates für unzuständig erklärt, jedenfalls dann, wenn mit der Anerkennung des drittstaatlichen Urteils in dem Vertragsstaat, dessen Gericht angerufen wurde, nicht zu rechnen ist.

β) Der derzeitige völkerrechtliche Status quo wird durch das Übereinkommen nicht perpetuiert. Die Vertragsstaaten sind auch in Zukunft befugt, Verträge über die Beachtung drittstaatlicher konnexer Verfahren zu schließen.

γ) Das nach Art. 2ff. zuständige Gericht eines Vertragsstaates darf sich im Hinblick auf ein konnexes Verfahren in einem Drittstaat auch nach Maßgabe seines autonomen Rechts für unzuständig erklären und damit die Justizgewährung verweigern. Die durch das Übereinkommen begründete Pflicht zur Justizgewährung zessiert in solchen Fällen. Insoweit verdrängt das Übereinkommen nicht das nationale Recht. Es gelten die gleichen Erwägungen wie zur Rechtshängigkeit oben I.

§ 45 Kein Rechtsweg zum EuGH, um die Justizgewährung zu erzwingen

In Souveränitätsfragen waren und sind die Vertragsstaaten sehr empfindlich. Man vermied es daher ganz bewußt, den Parteien einen Rechtsweg zum EuGH zu eröffnen. Auch wenn sich die Gerichte der Vertragsstaaten unter glatter Mißachtung der Art. 2ff. für unzuständig erklären und damit unter Bruch des Übereinkommens dem Kläger sein Recht auf Justizgewährung verweigern, kann der EuGH nicht eingreifen. Dies sollte man in Zukunft ändern. Negative Kompetenzkonflikte sind nicht nur aus der Sicht des rechtsuchenden Klägers ein Skandal, sie verhindern auch eine den großen gemeineuropäischen Rechtstraditionen adäquate Pflege des Rechts über die engen nationalen Grenzpfähle hinaus.[1]

---

[41] *Droz* Nr. 329 S. 199; *Müller* in *Bülow-Böckstiegel* 606/174, Art. 22, Anm. II.

[1] Allgemein zum déni de justice *Geimer* WM 1976, 835.

§ 46 Der europäische Anspruch auf Justizgewährung im Verhältnis zum nationalen Recht

1. Der aus Art. 2ff. fließende Anspruch auf Justizgewährung steht selbständig und unabhängig neben dem im jeweiligen nationalen Recht begründeten Anspruch auf Justizgewährung. Das nationale Recht bleibt unberührt, auch soweit es in concreto inhaltsgleich ist.[1] Vgl. aber unten 4.

2. Beide Ansprüche haben zwar Berührungspunkte miteinander, dekken sich jedoch nicht vollständig. Das Übereinkommen gebietet nur die Bereitstellung eines zuständigen Gerichts, verbietet also eine Justizverweigerung ratione loci oder aus Gründen der Staatsangehörigkeit der Parteien, läßt aber die Frage der übrigen Prozeßvoraussetzungen offen. Insoweit kommt ausschließlich das nationale Recht zur Anwendung.

3. Kommen die Art. 2ff. nicht zum Zuge, so entfällt auch der konventionsrechtliche Anspruch auf Justizgewährung. Es gilt dann nur das nationale Recht, sofern nicht ein Spezialabkommen über die gerichtliche Zuständigkeit (Art. 57) ein völkerrechtliches Individualrecht auf Justizgewährung (Bereitstellung eines kompetenten Gerichts zur Sachentscheidung) stipuliert, ausgenommen die Fälle des Art. 4 II: Hier wird der nur für eigene Staatsbürger bestehende Justizgewährungsanspruch durch die Konvention erweitert.

---

[1] In der Bundesrepublik Deutschland ist der Anspruch auf Rechtspflege verfassungsrechtlich gewährleistet. Dem Verbot der Selbsthilfe muß in einem Rechtsstaat (Art. 20 GG) ein Anspruch des Bürgers gegen den Staat auf Justizgewährung entsprechen. Nachweise bei *Dütz,* Rechtsstaatlicher Gerichtsschutz im Privatrecht, 1970; *Baur* in *Cappelletti/Tallon,* Fundamental guarantees of the parties in civil litigation, 1973, S. 13ff.; *Mes,* Der Rechtsschutzanspruch, 1970, 16. *Stein-Jonas-Schumann,* ZPO, 20. Aufl. Einl IIIc Rz. 204ff.; *Zöller-Geimer,* ZPO, 13. Aufl. IZPR Anm. C VI 2 und Anm. H.

In *Italien* ist der Anspruch auf Justizgewährung durch Art. 24 I der Constituzione della Repubblica Italiana gewährleistet: „Tutti possono agire in giudizio per la tutela dei propri diritti e interessi legittimi." Hierzu s. *Cappelletti-Perillio,* Civil procedure in Italy, 1965, Nr. 1.41, S. 46; *Cappelletti,* RabelsZ 1966, 256 Fußn. 8.

In *Frankreich* steht die Diskussion über den Anspruch auf Justizgewährung erst am Anfang. Feststeht aber, daß déni de justice verboten ist. Die französische Prozeßrechtswissenschaft ist dem aktionenrechtlichen Denken des römischen Rechts noch stark verhaftet. Vgl. die Darstellung der „L'action en justice" bei *Solus/Perrot,* Droit judiciaire privé, tome I, 1961, Nr. 91ff., S. 94ff., und *Vincent-Guinchard,* Procédure civile, 20. Aufl., 1981, Nr. 17 sowie Art. 30 des Nouveau Code de procédure civile: „(1) L'action est le droit pour l'auteur d'une prétention, d'être entendu sur le fond de celle-ci afin que le juge la dise bien ou mal fondée. (2) Pour l'adversaire, l'action est le droit de discuter le bien fondé de cette prétention." *Motulsky* bejaht ausdrücklich ein subjektives Recht auf Justizgewährung. S. Archives de la Philosophie du Droit, 1964, 215, 225 = „Ecrits", Etudes et notes de proc. civ., tome I, 1973, S. 98; ihm folgend *Oppetit* in *Cappelletti/Tallon* aaO S. 490 Fußn. 12.

4. Im Anwendungsbereich der Art. 2ff. begrenzt das Übereinkommen den möglicherweise nach nationalem Recht an sich bestehenden Anspruch des Klägers auf Justizgewährung: Liegt keine Zuständigkeitsanknüpfung im Sinne der Art. 5ff. vor, so kann der Kläger den Beklagten außerhalb seines Wohnsitzstaates nicht verklagen, auch wenn er dies vor Inkrafttreten des Übereinkommens nach nationalem Zuständigkeitsrecht gekonnt hätte. So begründet etwa der Vermögensgerichtstand des § 23 ZPO nicht mehr die Pflicht der deutschen Gerichte, gegen eine in einem anderen Vertragsstaat wohnhafte Person ein Sachurteil zu fällen. Ein Konflikt zwischen nationalem Recht und dem Übereinkommen besteht nicht, da durch die Ratifikation des Übereinkommens dieses in das nationale Recht transformiert wurde und damit in seinem Anwendungsbereich das bisherige nationale Recht verdrängt hat.

9. Kapitel: Das Verhältnis der europäischen Zuständigkeitsordnung zum nationalen Zuständigkeitsrecht

§ 47 Verdrängung des nationalen Zuständigkeitsrechts

1. Soweit der Anwendungsbereich der Art. 2ff. reicht, wird das nationale Zuständigkeitsrecht der Vertragsstaaten verdrängt.[1] Dies gilt nur dann nicht, wenn das Übereinkommen auf das nationale Recht verweist, wie z. B. in den Fällen der Art. 5 Nr. 4, Art. 6a n. F., Art. 10.

2. Dabei ist es gleichgültig, wie man die Rechtsnatur des Übereinkommens[2] sieht. Betrachtet man das Übereinkommen als primäres Gemeinschaftsrecht, so gilt der Grundsatz: Gemeinschaftsrecht bricht nationales Recht. Hält man dagegen das Übereinkommen für einen gewöhnlichen völkerrechtlichen Vertrag, so gilt der Grundsatz der völkerrechtsfreundlichen Auslegung. Das durch das Ratifikationsgesetz in das innerstaatliche Recht transformierte Übereinkommen verdrängt als lex specialis das etwa entgegenstehende nationale Recht.[3] Auch die lex nationalis posterior beansprucht im Anwendungsbereich der europäischen Zuständigkeitsordnung keine Geltung.

3. *Art. 2ff. verdrängen das nationale Zuständigkeitsrecht auch dann, wenn es inhaltsgleich ist.* Wohnt z. B. der Beklagte in der Bundesrepublik Deutschland, so stützt sich deren internationale Zuständigkeit nicht mehr auf §§ 12, 13 ZPO, sondern ausschließlich auf Art. 2 I. Sind die Gerichte des Vertragsstaates angerufen, in dem der Beklagte seinen

---

[1] Wohnt z. B. der Beklagte in Frankreich, so ist für die internationale Zuständigkeit Frankreichs ausschließlich Art. 2 maßgeblich. Art. 14, 15 Code civil sind im Anwendungsbereich des Übereinkommens außer Kraft gesetzt. Art. 42ff. des nouveau Code de procédure civile gelten nur mehr für die örtliche Zuständigkeit. Für die internationale Zuständigkeit Frankreichs hätten Art. 42ff. nouveau Code de procédure civile nur dann Bedeutung, wenn an dem Rechtsstreit kein Franzose beteiligt ist. Ist ein Franzose Kläger oder Beklagter, so ist im Anwendungsbereich des nationalen Zuständigkeitsrechts (Art. 4 I) Grundlage für die internationale Zuständigkeit Frankreichs Art. 14 bzw. 15 Code civil.

Das gleiche gilt für die übrigen Vertragsstaaten, deren Kompetenzrecht an die *Staatsangehörigkeit der Parteien* anknüpft. So ist z. B. die ungeschriebene Regel des italienischen internationalen Zivilprozeßrechts (vgl. unten § 49 I 7) außer Kraft gesetzt, daß Italiener vor italienischen Gerichten immer gerichtspflichtig sind. Ihre Gerichtspflichtigkeit bestimmt sich nunmehr nach Art. 2ff., sofern sie in einem Vertragsstaat wohnen. Auch das Derogationsverbot des Art. 2 Codice di procedura civile gilt im Anwendungsbereich des Art. 17 nicht.

[2] Näher oben § 6.

[3] Wenn man den Grundsatz *pacta sunt servanda* zu den anerkannten Regeln des Völkerrechts zählt, wäre eine Kollision mit dem nationalen Recht von vorneherein ausgeschaltet, da die völkerrechtlichen Vereinbarungen in diesem Falle vorrangig wären, Art. 25 GG.

Wohnsitz/Sitz hat, so sind die nationalen Regeln nur hinsichtlich der *internationalen Zuständigkeit* ausgeschaltet. Die Normen über die *örtliche Zuständigkeit* bleiben anwendbar, da das Übereinkommen insoweit keine Regelung vorsieht.[4] Schwebt dagegen der Prozeß vor Gerichten eines Vertragsstaates, in dem der Beklagte nicht wohnt, so werden grundsätzlich auch die Normen über die örtliche Zuständigkeit verdrängt, denn das Übereinkommen regelt dann grundsätzlich auch die örtliche Zuständigkeit.[5] Wohnt z. B. der Beklagte in Belgien, wird er aber in Frankreich wegen eines Straßenverkehrsunfalls auf einer französischen Straße wegen Schadenersatz verklagt, so ergibt sich die internationale Zuständigkeit Frankreichs und die örtliche Zuständigkeit des angerufenen Gerichts aus Art. 5 Nr. 3; Art. 46 des nouveau Code de procédure civile ist nicht anzuwenden. Wohnt der Beklagte in Italien, liegt aber der Erfüllungsort für die eingeklagte Forderung in München, so basiert die Zuständigkeit der Münchner Gerichte nicht mehr auf § 29 ZPO, sondern auf Art. 5 Nr. 1. Das Übereinkommen regelt hier also nicht nur die internationale Zuständigkeit der Bundesrepublik Deutschland, sondern auch die örtliche Zuständigkeit.

§ 48 Entbehrlichkeit von nationalen Ausführungsgesetzen

1. Das Übereinkommen ist self-executing. Es bedarf keines Ausführungsgesetzes, um die Zuständigkeitsvorschriften des Übereinkommens in den einzelnen Vertragsstaaten in Kraft zu setzen. Mit Ratifikation des Übereinkommens wurden bzw. werden die Zuständigkeitsregeln des Übereinkommens in das nationale Recht transformiert und verdrängen[1] als leges speciales die Regeln des autonomen Rechts.

2. *Besonderheiten gelten für das Vereinigte Königreich und Irland.* In diesen Vertragsstaaten wird die Auffassung vertreten, internationale Verträge könnten nicht unmittelbar innerstaatlich geltendes Recht werden. Vielmehr müßten nationale Gesetze erlassen werden, die den Regelungsinhalt eines internationalen Vertrages in innerstaatliches Recht umsetzen. Dabei ist das nationale Gesetz in vielen Fällen mit dem zugrundeliegenden Staatsvertrag *nicht textgleich.*[2]

---

[4] Die sogenannte *Doppelfunktion* der deutschen Normen über den Gerichtsstand (Bestimmung der internationalen Zuständigkeit und der örtlichen Zuständigkeit) ist in dem Anwendungsbereich des Übereinkommens aufgehoben. Eine Ausnahme gilt nur in den Fällen des Art. 2 II; hierzu oben § 32 IV.

[5] Wegen der Ausnahmen s. oben § 34 II.

[1] *Jenard*-Bericht S. 69: „Wenn die Staaten das Übereinkommen ratifizieren, sind sie nicht genötigt, besondere Maßnahmen zur Angleichung ihres eigenen Rechtes an die Kriterien der Art. 5 und 6 zu treffen. Das Übereinkommen selbst bestimmt unmittelbar das zuständige Gericht."

[2] Das nationale Gesetz und der ihm zugrundeliegende Staatsvertrag sind klar voneinander zu unterscheiden. Der im Vereinigten Königreich und in Irland übliche

3. Von diesem Usus weicht der Civil Jurisdiction and Judgments Act 1982 ab: „The Conventions shall have the force of law in the United Kingdom, and judicial notice shall be taken of them, sec. 2 (1).“ Dieser Act [sec. 3 (3)] verpflichtet die Gerichte im Vereinigten Königreich ausdrücklich, den *Jenard*- und den *Schlosser*-Bericht zu Rate zu ziehen.

4. Falls man in Irland dem vorbeschriebenen traditionellen Stil folgt, würden die dortigen Richter das Übereinkommen nicht unmittelbar anwenden, sondern nur das nationale Einführungsgesetz.[3] Nur wenn dieses nationale Gesetz unklar ist, wäre es zulässig, daß der irische Richter den zugrundeliegenden Staatsvertrag zu Rate zieht.[4]

§ 49 Ausschaltung der sogenannten exorbitanten Gerichtsstände

I. Der Katalog des Art. 3 II

Die Verdrängung des autonomen Zuständigkeitsrechts der Vertragsstaaten durch die Zuständigkeitsordnung des Übereinkommens bewirkt, daß die im internationalen Rechtsverkehr als besonders störend empfundenen sog. *exorbitanten Gerichtsstände* gegen einen Beklagten, der innerhalb des geographischen Anwendungsbereichs des Übereinkommens wohnt bzw. seinen Sitz (Art. 53) hat, nicht mehr geltend gemacht werden können. Dies ergibt sich bereits aus Art. 3 I, ist aber in Art. 3 II nochmals ausdrücklich hervorgehoben. Klagen gegen Personen, die ihren Wohnsitz/Sitz im Hoheitsgebiet eines Vertragsstaates haben, können nicht mehr auf folgende Zuständigkeitsnormen gestützt werden:

1. Belgien

Auf Art. 15 Code civil sowie Art. 638 Code judiciaire. Diese Kompetenznorm bringt einen Auffangtatbestand:[1] Wenn belgische Gerichte nicht bereits aufgrund anderer Vorschriften zuständig sind, kann ein in Belgien wohnhafter Kläger jede Person vor dem Gericht seines Wohn-

---

Gesetzgebungsstil weicht also von dem Typus des nationalen Ratifikations- und Ausführungsgesetzes, wie er auf dem Kontinent üblich ist, erheblich ab.

[3] *Schlosser*-Bericht Nr. 256.

[4] In Irland wird zwar grundsätzlich die Meinung vertreten, daß internationale Verträge nicht unmittelbar anwendbares innerstaatliches Recht seien. In letzter Zeit hat man aber eine Reihe von Gesetzen zur Einführung internationaler Verträge in das nationale Recht in Form von Ratifikationsgesetzen in deutschem Sinne formuliert. Vgl. *Schlosser*-Bericht Nr. 256.

[1] Die Art. 52 und 52 bis des loi sur la compétence vom 25. März 1876 (= jetzt: Art. 635 und 637 Code judiciaire) wurden in Art. 3 II a.F. zu Unrecht abqualifiziert. Vgl. *Schlosser*-Bericht Nr. 83.

ortes verklagen; dabei ist es gleichgültig, wo der Beklagte wohnt, ob in Belgien oder im Ausland. Auch die Staatsangehörigkeit des Beklagten spielt keine Rolle.

2. Bundesrepublik Deutschland

Auf den Gerichtsstand des Vermögens (§ 23 ZPO).[2]

3. Dänemark

Auf den Gerichtsstand der Klagezustellung und auf den Gerichtsstand des Vermögens (Art. 248 II Lov om rettens pleje bzw. Kap. 3 Art. 3 Lov for gronland om rettens pleje). Ein Ausländer kann vor jedem dänischen Gericht verklagt werden, in dessen Bezirk er sich zur Zeit der Klagezustellung aufhält oder Vermögen hat.

4. Frankreich

Auf Art. 14 und 15 Code civil. Nach Art. 14 Code civil kann ein Franzose jeden Ausländer oder jeden anderen Franzosen vor französischen Gerichten verklagen, selbst wenn zwischen dem Streitgegenstand und Frankreich keinerlei Zusammenhang besteht. Auf den Wohnsitz des Beklagten kommt es nicht an, ebenso nicht auf den des Klägers. Auch ein Auslandsfranzose kann sich auf Art. 14 Code civil berufen.[3]

Nach Art. 15 Code civil kann ein Franzose jederzeit von einem Franzosen oder einem Ausländer vor einem französichen Gericht verklagt werden.

Obwohl in den Art. 14 und 15 Code civil nur von „eingegangenen Verbindlichkeiten" die Rede ist, sind diese Vorschriften von der Rechtsprechung darüber hinaus auf alle vermögensrechtlichen und nichtvermögensrechtlichen Klagen ausgedehnt worden.[4] Die sich daraus erge-

---

[2] Gemeint ist wohl die 2. Alternative des § 23 ZPO, also nicht das *forum rei sitae* (1. Alternative). Gleichwohl wird auch dieses vom Übereinkommen nicht akzeptiert. Vgl. *Schlosser*-Bericht Nr. 88: „Eine solche aus der bloßen Existenz von Vermögen auf dem Territorium des Gerichtsstaates hergeleitete Zuständigkeit kann auch dann nicht in Anspruch genommen werden, wenn das gerichtliche Verfahren Eigentum, Besitz oder Verfügungsmacht speziell bezüglich solcher Vermögensobjekte zum Gegenstand hat, . . . auch dann nicht . . ., wenn Ziel der Klage die Herausgabe einer dort belegenen oder beschlagnahmten beweglichen Sache oder die Feststellung des Eigentums an ihr ist." Vgl. unten § 81 XVI 3.

[3] Art. 14 Code civil ist jedoch im Anwendungsbereich des EWG-Vertrages für Klagen eines Franzosen gegen Angehörige eines anderen EG-Staates durch Art. 7 EWGV (Diskriminierungsverbot) verdrängt. Nachweise bei *Schlosser* RIW/AWD 1983, 475 Fußn. 35 und *Drobnig* RabelsZ 34 (1970), 636 ff. Vgl. unten § 50 Fußn. 19.

[4] Nachweise bei *Schröder*, Internationale Zuständigkeit, 1971, 172; *Batiffol-Lagarde*, Droit international privé, 6. Aufl., 1976, II, Nr. 669–1; *Kropholler* IZVR Rz. 96 ff. Zur Reform dieser Vorschriften vgl. *Droz*, Revue critique de droit international privé 1975, 1 ff.

bende umfassende Geltung der Art. 14 und 15 Code civil ist nur in zwei Fällen eingeschränkt: Einmal sind französische Gerichte nicht für Klagen zuständig, die dingliche Rechte an einer im Ausland belegenen unbeweglichen Sache zum Gegenstand haben; zum anderen erstreckt sich ihre Zuständigkeit nicht auf Streitigkeiten, die im Ausland durchgeführte Vollstreckungsmaßnahmen betreffen.[5]

5. Griechenland

Auf Art. 40 der Zivilprozeßordnung (Κώδικας Πολιτικῆς Δικονομίας).

6. Irland

Auf den Gerichtsstand der Klagezustellung (bei nur vorübergehender Anwesenheit des Beklagten in Irland). Nach „common law" hat ein Gericht grundsätzlich immer dann jurisdiction, wenn der Beklagte ordnungsgemäß geladen wurde. Die internationale Zuständigkeit Irlands ist also sehr weit. Sie findet mittelbar ihre Grenzen nur bei Fehlen der Ladungsmöglichkeit. Man hält eine Ladung ohne besondere Bewilligung nur auf dem eigenen Territorium für zulässig. Es genügt aber jede in Irland vorgenommene Ladung, um jurisdiction zu begründen, selbst eine solche während eines kurzfristigen Aufenthalts des Beklagten in Irland, z. B. anläßlich einer Zwischenlandung. Eine Ladung im Ausland dagegen kann nur unter besonderen Voraussetzungen bewilligt werden.[6]

7. Italien[7]

Auf Art. 2, Art. 4 Nr. 1 und 2 Codice di procedura civile.

Art. 2 Codice di procedura civile untersagt es den Parteien, vertraglich die internationale Zuständigkeit Italiens zugunsten ausländischer Gerichte oder Schiedsgerichte zu derogieren, es sei denn, daß es sich um einen schuldrechtlichen Streitgegenstand zwischen Ausländern oder zwischen einem Ausländer und einem Italiener handelt, der in Italien weder seinen Wohnsitz, noch seinen gewöhnlichen Aufenthalt hat.[7a] Dahinter steht die ungeschriebene Regel des italienischen Rechts, daß die *eigenen*

---

[5] *Batiffol-Lagarde,* Droit international privé, 6. Aufl., II, 1976 Nr. 681.

[6] *Schlosser*-Bericht Nr. 83.

[7] Grundlegend zur internationalen Zuständigkeit Italiens *Morelli,* Diritto processuale civile internazionale, 1954, 103ff.; *Giuliano,* La giurisdizione civile italiano e lo straniero, 1970, sowie die Kommentare zum Codice di procedura civile, jeweils zu Art. 2 und Art. 4. Nachweise auch bei *Schröder,* Internationale Zuständigkeit, 1971, 178.

[7a] In diesen Ausnahmefällen werden auch nur *schriftliche* (Derogations-)Vereinbarungen anerkannt.

Staatsbürger immer der italienischen Jurisdiktion unterworfen sind,[8] ganz gleich, wo sie wohnen oder sich aufhalten. Für die Gerichtspflichtigkeit von *Ausländern* vor italienischen Gerichten gibt es dagegen eine geschriebene Norm: Nach Art. 4 Nr. 1 Codice di procedura civile kann ein Ausländer vor italienischen Gerichten verklagt werden, wenn er in Italien einen Wohnsitz (auch Wahlwohnsitz) hat, desgleichen, wenn er einen Vertreter bestellt hat, der zur Prozeßführung bevollmächtigt ist, oder wenn er sich der italienischen Gerichtsbarkeit unterworfen hat, sofern sich die Klage nicht auf eine im Ausland belegene unbewegliche Sache bezieht. Nach Art. 4 Nr. 2 Codice di procedura civile kann ein Ausländer vor den Gerichten Italiens verklagt werden, wenn die Klage in Italien belegene unbewegliche Sachen oder Erbansprüche eines italienischen Staatsangehörigen oder eine in Italien anfallende Erbschaft[9] oder aber eine in Italien entstandene Verbindlichkeit betrifft oder dort der Erfüllungsort liegt. Daß Art. 3 II die Nummern 1 und 2 des Art. 4 zitiert, ist nicht einleuchtend. Denn es handelt sich um international durchaus übliche Gerichtsstände; abgesehen davon fallen die Fora für erbrechtliche Klagen nicht in den Anwendungsbereich des Übereinkommens, Art. 1 II Nr. 1. Sinnvoller wäre es gewesen, den berüchtigten Gerichtsstand der Gegenseitigkeit (Art. 4 Nr. 4 Codice di procedura civile) auf die „schwarze Liste" des Art. 3 II zu setzen.

8. Luxemburg

Auf Art. 14 und 15 Code civil.

Die Art. 14 und 15 des luxemburgischen Code civil entsprechen den Art. 14 und 15 des französischen Code civil. Sie werden von der luxemburgischen Rechtsprechung in gleicher Weise wie von der französischen Rechtsprechung ausgelegt.[10]

9. Niederlande

Auf Art. 126 III und Art. 127 Wetboek van Burgerlijke Rechtsvordering (Rv).

Art. 126 Abs. III Rv bestimmt, daß in persönlichen und Mobiliarsachen Klagen gegen eine Person ohne bekannten Wohnsitz oder Aufenthalt im Königreich der Niederlande bei dem Gericht des Wohnsitzes des Klägers erhoben werden können, gleichgültig, ob der Kläger Nieder-

---

[8] Nachweise bei *Gaja,* La deroga alla giurisdizione italiana, 1971; *Giuliano,* La giurisdizione civile italiana e lo straniero, 2. Aufl., 1970, 106 Fußn. 82. Vgl. auch die Rechtsprechungsnachweise bei *Richter,* Rassegna di giurisprudenza sul Codice di procedura civile, Anni 1977–1980, 1981, Art. 4 § 7 und bei *Schröder* (Fußn. 4) 178.

[9] Erbrechtsstreitigkeiten fallen sowieso nicht in den Anwendungsbereich des Übereinkommens, Art. 1 II Nr. 1.

[10] *Bernecker,* RabelsZ 27 (1962/63), 263ff.

länder oder Ausländer ist. Nach Art. 127 Rv kann ein Ausländer, auch wenn er sich nicht in den Niederlanden aufhält, vor einem niederländischen Gericht auf Erfüllung von Verbindlichkeiten, die er in den Niederlanden oder im Ausland gegenüber einem Niederländer eingegangen ist, verklagt werden.[11]

10. Vereinigtes Königreich

a) Auf den Gerichtsstand der Klagezustellung (bei nur vorübergehender Anwesenheit im Vereinigten Königreich, genauer: im Jurisdiktionsbereich des angegangenen Gerichts, also in England oder Wales, in Schottland oder in Nordirland),[12]

b) auf den Gerichtsstand des Vermögens und

c) auf den Gerichtsstand der Vermögensbeschlagnahme.

Die Alternativen b) und c) betreffen eine Eigenart des schottischen Rechts. Die Begründung der Zuständigkeit nur durch gerichtliche Ladung während einer bloß vorübergehenden Anwesenheit hat in Schottland nur geringe praktische Bedeutung. Schottische Gerichte stützen ihre Zuständigkeit gegenüber einem Beklagten, der dort nicht ständig wohnt, meist auf andere Merkmale: daß er sich seit mindestens 40 Tagen in Schottland aufhält, daß er in Schottland Grundbesitz hat oder daß er Eigentümer beweglicher Gegenstände ist, die in Schottland beschlagnahmt wurden. In diesen Fällen ist zwar auch eine Ladung des Beklagten erforderlich. Es genügt jedoch ihre Zustellung durch die Post oder – ausnahmsweise – ein bloßer Anschlag an der Gerichtstafel.[13]

II. Art. 3 II hat nur Hinweisfunktion

Die Verfasser des Übereinkommens wollten die Unanwendbarkeit der im internationalen Rechtsverkehr besonders störend empfundenen exorbitanten Gerichtsstände vorsichtshalber nochmals erwähnen. Der gutgemeinte Hinweis in Art. 3II darf jedoch nicht dahin mißverstanden werden, daß nur die dort aufgeführten Gerichtsstände ausgeschlossen sind.[14]

---

[11] Nachweise bei *Kropholler* IZVR Rz. 100.

[12] Hierzu *Dicey-Morris*, Conflict of Laws, 10. Aufl. 1980, 181.

[13] *Schlosser*-Bericht Nr. 86. *Böttger,* Das schottische Zivilprozeß-, Zwangsvollstreckungs- und Konkursrecht, 1982. Allgemein zum schottischen Rechtssystem und seiner Entstehung *Zweigert/Kötz,* Einführung in die Rechtsvergleichung, Bd. I, 1971, 252ff.; *Weber,* Einführung in das schottische Recht, 1978, 6ff.; *T. B. Smith,* Short Commentary on the Law of Scotland, 1963, 3ff.; *ders.,* Strange Gods: The Crisis of Scots Law as a Civilian System, Juridical Review 1959, 119ff.; *ders.,* Scots Law and Roman-Dutch Law, Juridical Review 1961, 32ff. Vgl. auch *Gerd Müller,* Die staatsrechtliche Sonderstellung Schottlands, 1933.

[14] *Geimer* WM 1976, 834.

Das Übereinkommen verbietet die Anwendung des gesamten nationalen Zuständigkeitsrechts.[15] So kann z. B. die internationale Zuständigkeit der Bundesrepublik Deutschland nicht mehr auf den Gerichtsstand der Vermögensverwaltung (§ 31 ZPO) oder der Prozeßführung (§ 34 ZPO) gestützt werden.[16] Das gleiche gilt aus italienischer Sicht für den Gerichtsstand des Prozeßvertreters (Art. 4 Nr. 1 Codice di procedura civile). Vgl. unten § 50 I 2.

§ 50 Der Jurisdiktionsbereich der Vertragsstaaten nach dem Übereinkommen im Vergleich mit dem nationalen Zuständigkeitsrecht

Vergleicht man den Umfang der Jurisdiktionsbereiche der einzelnen Vertragsstaaten nach den Regeln des Übereinkommens (Art. 2ff.) mit dem jeweiligen nationalen Zuständigkeitsrecht, so ergibt sich folgendes Bild: In vielen Bereichen wurde die internationale Zuständigkeit gegenüber dem bisherigen Zustand eingeschränkt, auf manchen Gebieten jedoch auch ausgeweitet.

I. Einschränkung des Jurisdiktionsbereiches der Vertragsstaaten

1. Im Anwendungsbereich des Übereinkommens[1] dürfen die Vertragsstaaten ihre internationale Zuständigkeit nur dann bejahen, wenn eine Zuständigkeitsanknüpfung im Sinne der Art. 2ff. gegeben ist. Fehlt ein Zuständigkeitsanknüpfungspunkt, so ist der Vertragsstaat, bei dessen Gericht die Klage eingereicht wurde, international unzuständig. Außer Kraft gesetzt sind nicht nur die in Art. 3II besonders aufgeführten sogenannten exorbitanten Zuständigkeitsanknüpfungen, sondern auch alle sonstigen Zuständigkeitsregeln des nationalen Rechts.

2. Außer dem in Art. 3II aufgeführten Gerichtsstand des Vermögens (§ 23 ZPO) entfallen im Anwendungsbereich des Übereinkommens z. B. folgende dem deutschen Recht bekannte Zuständigkeitsanknüpfungspunkte:[2]

§ 20 ZPO: Gerichtsstand des Aufenthaltsortes für alle vermögensrechtlichen Klagen.

---

[15] Ebenso *Schlosser*-Bericht Nr. 87. Vgl. auch den *Jenard*-Bericht S. 67 zu Art. 3. Dort wird Art. 3 II als eine „an sich nicht unbedingt notwendige Bestimmung" bezeichnet.

[16] Selbständige Bedeutung hat Art. 3 II nur für die Anwendung des Art. 59.

[1] Vgl. oben § 29.

[2] *Geimer* WM 1976, 834.

§ 22 ZPO: Gerichtsstand der Mitgliedschaft für Klagen von und gegen Gemeinden, Korporationen, Gesellschaften, Genossenschaften und Vereine(n) für Klagen, die gegen ihre Mitglieder oder umgekehrt erhoben werden, soweit nicht Art. 16 Nr. 2 eingreift.

§ 30 ZPO: Gerichtsstand des Meß- und Marktortes für Klagen aus den auf Messen und Märkten mit Ausnahme von Jahr- und Wochenmärkten geschlossenen Handelsgeschäften.

§ 31 ZPO: Gerichtsstand der Vermögensverwaltung für Klagen, die aus einer Vermögensverwaltung von einem Geschäftsherrn gegen den Verwalter oder umgekehrt erhoben werden.

§ 34 ZPO: Gerichtsstand des Hauptprozesses für Klagen der Prozeßbevollmächtigten, Beistände, Zustellungsbevollmächtigten oder Gerichtsvollzieher wegen Gebühren und Auslagen.[3]

§ 24 UWG: Gerichtsstand für Klagen aus unlauterem Wettbewerb.[4]

§ 16 Satz 1 Patentgesetz, § 20 Satz 1 Gebrauchsmustergesetz, § 35 II 1 Warenzeichengesetz: Gerichtsstand des Inlandsvertreters.[5]

Gerichtsstand des Erstprozesses für Abänderungsklagen im Sinne der §§ 323 ZPO. Dieser Gerichtsstand ist in der ZPO zwar nicht geregelt, jedoch ist man sich darüber einig, daß die Klage bei dem Gericht eingereicht werden kann, von dem das abzuändernde Urteil erlassen worden ist. Dieses ist auch international zuständig.[6]

3. Entsprechendes gilt in den anderen Vertragsstaaten. Auch hier sind die Regeln des nationalen Zuständigkeitsrechts verdrängt. So entfällt z. B. der Gerichtsstand des Entstehens der Forderung nach Art. 626 Nr. 2 und Art. 635 Nr. 3 Code judiciaire und Art. 4 Nr. 2 des Codice di procedura civile,[7] sowie der Gerichtsstand der Klagezustellung des Art. 624 Nr. 4 Code judiciaire[8] und des englischen und irischen Rechts.[9] Auch das forum legis[10] ist im Anwendungsbereich des Übereinkommens nicht anerkannt: So können englische Gerichte gegenüber Personen, welche ihren Wohnsitz in einem Vertragsstaat haben, ihre Zustän-

---

[3] Der *Jenard*-Bericht S. 71 zu Art. 5 Nr. 1 hält in solchen Fällen den Gerichtsstand des Erfüllungsortes (Art. 5 Nr. 1) für ausreichend: „Der Gerichtsstand des Erfüllungsortes ist besonders bei Gebührenklagen wichtig: Der Gläubiger hat die Wahl zwischen den Gerichten des Staates, in dem der Schuldner seinen Wohnsitz hat, und dem Gericht eines anderen Staates, in dessen Bezirk die Leistung erfolgt ist, namentlich wenn nach dem anwendbaren Recht die Zahlungsverpflichtung am Orte der Dienstleistung zu erfüllen ist. Dieser Gerichtsstand ist auch dann nützlich, wenn ein Sachverständigengutachten oder eine Untersuchung erforderlich wird.

[4] Hierzu *Kropholler* IZVR Rz. 381 und unten § 84 II 1.

[5] Hierzu näher *Stauder* GRUR Int. 1976, 470.

[6] Hierzu *Geimer* RIW/AWD 1975, 82 und unten § 74 Fußn. 435.

[7] Hierzu *Schröder*, Internationale Zuständigkeit, 1971, 300.

[8] Hierzu *Weser* Nr. 234 S. 270 bei Fußn. 120.

[9] Hierzu ausführlich *Dicey-Morris,* Conflict of Laws, 10. Aufl., 1980, 181 ff.

[10] Order 11 rule 1 (1) (f) Rule of the Supreme Court. Hierzu *Dicey-Morris,* Conflict of Laws, 10. Aufl., 1980, 203.

digkeit nicht mehr darauf stützen, der geltend gemachte Anspruch rühre aus einem Vertrag her, der in England geschlossen worden oder nach englischem Recht zu beurteilen sei.[11] Vgl. auch unten § 96 XXXV.

II. Erweiterung des Jurisdiktionsbereiches der Vertragsstaaten

Die Vereinheitlichung der Zuständigkeitsanknüpfungspunkte durch die europäischen Zuständigkeitsregeln (Art. 5ff.) bewirkt auch, daß die Jurisdiktionsbereiche einzelner Vertragsstaaten gegenüber dem bisherigen Rechtszustand erweitert wurden.[12]

1. Dies gilt vor allem dann, wenn die Zuständigkeitsanknüpfungen des Übereinkommens dem nationalen Recht bisher überhaupt nicht oder nur partiell bekannt waren. So ist der Gerichtsstand des Erfüllungsortes, Art. 5 Nr. 1, dem nationalen Recht der Niederlande völlig unbekannt. In Luxemburg ist er nur in Handelssachen zuständigkeitsbegründend (Art. 420 II Code de commerce), ansonsten nur in den Fällen des Art. 59 III Code de procédure civile.[13] Auch Art. 46 des neuen französischen Code de procédure civile ist enger als Art. 5 Nr. 1. Das forum delicti commissi, Art. 5 Nr. 3, gilt in Luxemburg und den Niederlanden nur für Schiffszusammenstöße und Straßenverkehrsunfälle.[14] Der Gerichtsstand der Streitgenossenschaft, Art. 6 Nr. 1, ist für das deutsche Recht neu.[15] Diese Norm erweitert den Bereich der deutschen internationalen Zuständigkeit beträchtlich. Bisher waren die passiven Streitgenossenschaften nur in den Sonderfällen der §§ 35a, 603 II, 605a ZPO, § 56 II Luftverkehrsgesetz zuständigkeitsbegründend.[16]

2. Für den Wohnsitzstaat bringt das Übereinkommen dann eine Erweiterung seines Jurisdiktionsbereiches, wenn nach dessen Recht andere Staaten bisher in größerem Umfang ausschließlich international zuständig waren als nach Art. 16.

3. Auch wenn Zuständigkeitsanknüpfungen der Art. 5ff. dem autonomen Recht als solche bekannt waren, erweitert das Übereinkommen den Bereich der internationalen Zuständigkeit, wenn die Tatbestandsmerk-

---

[11] *Schlosser*-Bericht Nr. 87. Vgl. aber die Übergangsregelung in Art. 35 des Beitrittsübereinkommens vom 9. Oktober 1978. Näher unten § 81 XVI 2.

[12] *Geimer* WM 1976, 835.

[13] Hierzu *Weser* Nr. 115; *Bauer* Compétence judiciaire, 1965 Nr. 51 Fußn. 3.

[14] vgl. *Jenard*-Bericht S. 72 zu Art. 5 Nr. 3 und 4 sowie Weser Nr. 116.

[15] Vgl. *Geimer* WM 1979, 353; *Kropholler* IZVR Rz. 436.

[16] § 36 Nr. 3 ZPO eröffnet keine internationale Zuständigkeit der Bundesrepublik Deutschland. Diese Vorschrift betrifft nur die örtliche Zuständigkeit. Die Zuständigkeitsbestimmung gemäß § 36 Nr. 3 ZPO setzt voraus, daß die Bundesrepublik Deutschland nach den §§ 12ff. ZPO für die Klagen gegen alle Beklagte international zuständig ist, *Geimer* RIW/AWD 1975, 82. – Soweit ersichtlich, hat als erstes deutsches Gericht das OLG München, RIW/AWD 1980, 725 Art. 6 Nr. 1 als Grundlage für die internationale Zuständigkeit der Bundesrepublik Deutschland herangezogen.

male des Übereinkommens weiter auszulegen sind als die des nationalen Rechts.[17]

4. Stellt das autonome Zuständigkeitsrecht des betreffenden Vertragsstaates auf die Staatsangehörigkeit der Parteien, insbesondere des Klägers, ab, so bringt Art. 4 II eine Erweiterung des Jurisdiktionsbereiches.[18] Die Jurisdiktionsprivilege für eigene Staatsangehörige werden auf alle Personen ausgedehnt, die in dem betreffenden Vertragsstaat ihren Wohnsitz haben. Dabei wird nicht zwischen Angehörigen von EG-Staaten und Angehörigen dritter Staaten unterschieden. So kann sich z. B. auch ein Österreicher, der in Straßburg wohnt, auf das Privileg des Art. 14 Code civil stützen und seinen in Stockholm ansässigen Geschäftspartner vor ein französisches Gericht ziehen, und zwar auch dann, wenn sonstige Zuständigkeitsanknüpfungspunkte fehlen.[19] Entsprechendes gilt für den Gerichtsstand der Gegenseitigkeit nach Art. 4 Nr. 4 des Codice di procedura civile. Nach der Rechtsprechung der italienischen Gerichte konnten sich auf diese Zuständigkeitsnorm nur Italiener berufen. Diese Auslegung wird nun durch Art. 4 II modifiziert.

---

[17] Vgl. auch *Kropholler,* Kommentar 43, Rz. 17 vor Art. 2.

[18] Voraussetzung für die Anwendung des Art. 4 II ist, daß die europäische Zuständigkeitsordnung keine Geltung beansprucht (vgl. oben § 29), daß vielmehr das nationale Zuständigkeitsrecht zur Anwendung kommt, Art. 4 I. Es handelt sich um eine dogmatisch höchst interessante Modifikation des autonomen Rechts durch das Übereinkommen.

[19] Zu beachten ist jedoch, daß Art. 7 des EWG-Vertrages in seinem Geltungsbereich Art. 14 Code civil derogiert hat.

10. Kapitel: Die europäische Zuständigkeitsordnung und dritte Staaten[1]

§ 51 Keine Regelung der internationalen Entscheidungszuständigkeit dritter Staaten durch das Übereinkommen

1. Das Übereinkommen regelt nicht die internationale Entscheidungszuständigkeit dritter Staaten (= Staaten, die nicht Vertragsstaaten sind). Soweit diese nicht ihrerseits durch völkerrechtliche Verträge über die internationale Entscheidungszuständigkeit ihrer Gerichte gebunden sind,[2] bestimmen sie selbst und autonom, für welche Rechtsstreitigkeiten sie eine internationale Entscheidungszuständigkeit eröffnen bzw. beanspruchen. Sie sind durch das Völkergewohnheitsrecht nicht gebunden.[3] Wollte das Übereinkommen hier regelnd eingreifen, so wäre dies eine Verletzung der Souveränität dieser Staaten, also ein Völkerrechtsdelikt. Zugleich wäre es ein untauglicher Versuch, weil sich die Normen des Übereinkommens nicht durchsetzen ließen: Trotz ihres Geltungsanspruchs würden sie von den drittstaatlichen Gerichten schlicht ignoriert werden. Diese entscheiden nach ihrem eigenen Kompetenzrecht, ob eine internationale Entscheidungszuständigkeit zu bejahen ist. So gründet z. B. der österreichische Richter seine Jurisdiktion auf §§ 65ff. JN,[4] der schweizerische Richter auf Art. 59 der schweizerischen Bundesverfassung und die einschlägigen kantonalen Gesetze.[5]

2. Schon aus dem Wortlaut der Art. 2ff. ergibt sich, daß die *internationale Entscheidungszuständigkeit dritter Staaten nicht Gegenstand der Regelung des Übereinkommens* ist. Es ist jeweils von der Zuständigkeit der *Gerichte der Vertragsstaaten* die Rede; so regelt z. B. Art. 3 I, wann „vor den Gerichten eines anderen Vertragsstaates" eine Person, die in einem Vertragsstaat ihren Wohnsitz hat, verklagt werden kann. Ähnlich ist auch

---

[1] *Geimer* WM 1980, 1107ff.

[2] *Verträge über die internationale Entscheidungszuständigkeit* (compétence directe) sind selten. Die meisten regeln nur die internationale Zuständigkeit als Anerkennungsvoraussetzung (= internationale Anerkennungszuständigkeit = compétence indirecte). Beispiele für Regelungen der internationalen Entscheidungszuständigkeit: Art. 28 des Warschauer Abkommens zur Vereinheitlichung von Regeln über die Beförderung im internationalen Luftverkehr vom 12. Oktober 1929 (BGBl. 1958 II 312) samt Art. VIII des Haager Zusatzprotokolls vom 28. September 1955, BGBl. 1958 II 312, Art. 44 CIM, Art. 40 CIV vom 26. Februar 1966 (BGBl. 1974 II 359, 560), Art. 31 CMR. Zu den z. B. mit Österreich abgeschlossenen Verträgen über die internationale Entscheidungszuständigkeit s. unten Bd. II, 80. Weitere Nachweise oben § 13.

[3] Vgl. *Zöller-Geimer,* ZPO, 13. Aufl., 1981, IZPR, Anm. E II.

[4] Vgl. unten Bd II, 81.

[5] Nachweise bei *Schröder,* Internationale Zuständigkeit, 1971, 124.

die Fassung des Art. 5 und des Art. 16. Diese Formulierungen bringen klar zum Ausdruck, daß die *Zuständigkeitsordnung des Übereinkommens nur zwischen den Vertragsstaaten* (inter partes) gelten soll. So fällt beispielsweise die *Prorogation der internationalen Zuständigkeit eines Gerichts eines dritten Staates* nicht in den Anwendungsbereich des Übereinkommens. *Beispiel:* Ein Kaufmann in Köln und eine Aktiengesellschaft in Zürich vereinbaren die ausschließliche Zuständigkeit des Handelsgerichts in Wien. Art. 17 beansprucht nicht Geltung für den österreichischen Richter. Dieser entscheidet nach seinem autonomen Recht, ob er verpflichtet ist, die internationale Prorogation anzunehmen.[6] Eine andere Frage ist es, ob das Kölner Gericht Art. 17 anzuwenden hat, wenn die Wirksamkeit der Derogation zu beurteilen ist.[7]

§ 52 Grundsätzlich auch keine Regelung der internationalen Anerkennungszuständigkeit dritter Staaten

I. Kompetenzverteilung nur unter den Vertragsstaaten

1. Die Vertragsstaaten hätten eine Regelung über die internationale Anerkennungszuständigkeit dritter Staaten treffen können. Sie hätten einheitliche Normen schaffen können, nach denen sie – als Voraussetzung der Anerkennung der in dritten Staaten erlassenen Urteile – die Jurisdiktion des jeweiligen Urteilsstaates prüfen. Die Vertragsstaaten könnten insoweit den Jurisdiktionsbereich ihrer Gerichte nicht nur mit relativer Wirkung untereinander, sondern gewissermaßen mit absoluter Wirkung gegenüber dritten Staaten festlegen mit der Folge, daß jeder Vertragsstaat verpflichtet wäre, die den anderen Vertragsstaaten nach dem Übereinkommen eingeräumten internationalen Zuständigkeiten gegenüber dritten Staaten zu „verteidigen".[1] Sinn einer solchen Regelung könnte entweder der Schutz der Jurisdiktionssphäre der anderen Vertragsstaaten oder der Beklagtenschutz sein. Ersteres käme in Betracht, sofern man der Ansicht ist, daß unmittelbare Staatsinteressen auf dem Spiele stehen.[2] Soweit dies nicht der Fall ist, könnte Anliegen einer solchen absoluten Jurisdiktionsabgrenzung sein, den Beklagten vor ihm (nach den Wertungen des Übereinkommens) unzumutbaren Gerichtsständen zu schützen, also vor solchen, die in Art. 5ff. nicht aufgeführt sind. Als Beispiele seien genannt: Gerichtsstand des Vermögens und der Klagezustellung auch bei nur vorübergehender Anwesenheit im Ge-

---

[6] Zum österreichischen Recht *Matscher,* Zuständigkeitsvereinbarungen im österreichischen und im internationalen Zivilprozeßrecht, 1967.

[7] Vgl. oben § 29 VI 7.

[1] *Geimer* WM 1980, 1107.

[2] *Geimer,* Zur Prüfung der Gerichtsbarkeit und der internationalen Zuständigkeit ausländischer Urteile, 1966, 121.

richtsstaat (transient rule des anglo-amerikanischen Rechts) sowie der Staatsangehörigkeit (Art. 14, 15 Code civil).

2. Wenn auch auf die internationale Entscheidungszuständigkeit dritter Staaten kein Einfluß genommen werden kann, also nicht verhindert werden kann, daß drittstaatliche Gerichte nach ihrem eigenen Zuständigkeitsrecht Urteile in Gerichtsständen fällen, die dem Zuständigkeitskatalog des Übereinkommens nicht entsprechen, so würden doch zumindest solche Urteile im Bereich der Vertragsstaaten nicht anerkannt und vollstreckt werden, wenn der Beklagte dies beantragt.[3]

II. Grundsätzlich keine Drittwirkung der Zuständigkeitsordnung des Übereinkommens

Eine solche „Drittwirkung" der internationalen Zuständigkeitsordnung des Übereinkommens ist grundsätzlich abzulehnen. Die Zuständigkeitsordnung des Übereinkommens wirkt nur inter partes, nicht jedoch auch gegenüber dritten Staaten. Das Übereinkommen verpflichtet die Vertragsstaaten nicht, die Anerkennung solcher drittstaatlicher Urteile zu verweigern, die in Gerichtsständen ergangen sind, die dem Übereinkommen nicht bekannt sind. *Beispiel:* Der Beklagte wohnt in Brüssel, er hat jedoch Vermögen in Österreich. Das österreichische Gericht bejaht die internationale Zuständigkeit Österreichs aufgrund des Vermögensgerichtsstandes (§ 99 der österreichischen Jurisdiktionsnorm). Bezüglich der Anerkennung dieses Urteils in der Bundesrepublik Deutschland sagt das Übereinkommen nichts. Die Bundesrepublik Deutschland ist nicht verpflichtet, die Anerkennung zu verweigern.[4] Sie ist vielmehr auf Grund des deutsch-österreichischen Anerkennungs- und Vollstrekkungsvertrages vom 6. Juni 1959[5] zur Anerkennung verpflichtet, sofern nicht in concreto ein Versagungsgrund vorliegt. Nach diesem Vertrag werden die autonomen Regeln über die internationale Entscheidungszuständigkeit gegenseitig grundsätzlich anerkannt. Ausnahmen gibt es nur für den Vermögens- und Fakturengerichtsstand und ausschließliche internationale Zuständigkeiten (Art. 2 Nr. 3–5).[6] Der Vermögensgerichtsstand wird nur in den Grenzen des Art. 2 Nr. 4 anerkannt. Der deutsche Zweitrichter hat in dem obigen Beispiel auf Rüge des Beklagten[7] zu prüfen, ob die Voraussetzungen des Art. 2 Nr. 4 in concreto gegeben sind. Allgemein gilt: Ob ein Vertragsstaat die internationale Zuständigkeit eines dritten Staates anerkennt oder nicht, ergibt sich nicht aus dem

---

[3] Zum Rügerecht des Beklagten s. unten § 57 III 3 und § 139 IV 5.

[4] *Matscher* JBl. 1979, 246 bei Fußn. 113; JBl 1977, 187 Fußn. 105; *Geimer* WM 1980, 1107 bei Fußn. 16.

[5] BGBl. 1960 II 1245, hierzu ausführlich unten Bd. II, 22ff.

[6] Unten Bd. II, 78ff.

[7] Unten Bd. II, 113 sub V 3d.

Übereinkommen; maßgebend hierfür ist vielmehr der einschlägige völkerrechtliche Vertrag, der mit dem dritten Staat geschlossen worden ist; fehlt ein solcher, so ist das autonome Anerkennungsrecht zu befragen, also in der Bundesrepublik Deutschland § 328 I Nr. 1 ZPO,[8] in Italien Art. 797 Nr. 1 Codice di procedura civile etc.

III. Vermeidung internationaler Verwicklungen

Die Beschränkung der Zuständigkeitsordnung der Art. 2ff. auf die inter partes-Wirkung ist weise und hat ihren guten Sinn. Sie vermeidet internationale Verwicklungen.

1. Wollte man die Zuständigkeitsordnung des Übereinkommens auch gegenüber dritten Staaten durchsetzen, d. h. ein Anerkennungsverbot konstruieren, so wären Kollisionen mit den Anerkennungs- und Vollstreckungsverträgen unvermeidlich, die die Vertragsstaaten mit dritten Staaten geschlossen haben.

2. Soweit keine völkerrechtlichen Verträge mit dritten Staaten vorliegen, wären die Vertragsstaaten zwar zur Anerkennung drittstaatlicher Entscheidungen nicht verpflichtet.[9] Gleichwohl würde auch hier eine absolute Geltung der Zuständigkeitsgrundsätze der Art. 2ff. zu international unerwünschten Ergebnissen führen. Wären die Vertragsstaaten verpflichtet, die Zuständigkeitsgrundsätze des Übereinkommens gegenüber Nichtvertragsstaaten zu „verteidigen", so entstünden Konstellationen, die das Übereinkommen sicher nicht heraufbeschwören wollte. So wäre es z. B. nicht möglich, Urteile, die in international durchaus akzeptablen Gerichtsständen[10] ergangen sind, wie z. B. am Gerichtsstand des Messe- und Marktortes, in den Vertragsstaaten anzuerkennen. Das gleiche würde z. B. auch für dingliche Klagen bezüglich Grundstücken gelten, die in einem Drittstaat liegen; denn Art. 16 Nr. 1 gilt nur für Grundstücke in einem der Vertragsstaaten.[11]

Beispiel: Ein Gericht in Zürich entscheidet über das Eigentum an einem Grundstück in Zürich.[12] Das Urteil ist in der Bundesrepublik

---

[8] Der Vermögensgerichtsstand wird als Grundlage für die internationale Anerkennungszuständigkeit ausländischer Staaten im Anwendungsbereich des § 328 I Nr. 1 ZPO akzeptiert. A. A. *Schröder*, Internationale Zuständigkeit, 1971, 397ff. Nachweise bei *Zöller-Geimer*, ZPO, 13. Aufl., § 328, Anm. N III 1a.

[9] Näher *Zöller-Geimer*. ZPO, 13. Aufl., 1981, § 328, Anm. A I 1.

[10] Beispiele oben § 50 I.

[11] Vgl. oben § 29 V.

[12] § 6 I Zürcher ZPO vom 13. Juni 1976: „Klagen über Eigentum oder andere dingliche Rechte an Grundstücken sind dort zu erheben, wo das Grundstück im Grundbuch aufgenommen ist oder aufzunehmen wäre." Hierzu *Sträuli-Messmer,* Kommentar zur Zürcherischen Zivilprozeßordnung – Gesetz über den Zivilprozeß vom 13. Juni 1976, Zürich 1976, 10.

Deutschland durchaus anerkennungsfähig,[13] ohne Rücksicht auf die Frage, ob die Bundesrepublik Deutschland gegenüber den anderen Vertragsstaaten gemäß Art. 2ff. verpflichtet ist, eine internationale Entscheidungszuständigkeit zu eröffnen und damit im Inland Justiz zu gewähren, falls die Immobiliarklage am Wohnsitz des Beklagten erhoben wird.

§ 53 Absolute Geltung des Art. 16

1. Wie sich aus Art. 4 („. . . vorbehaltlich Art. 16 . . .") und aus Art. 16 selbst ergibt, beansprucht Art. 16 absolute Geltung, ohne Rücksicht darauf, ob der Beklagte seinen Wohnsitz/Sitz in einem Vertragsstaat hat oder nicht.[1]

Beispiel:

Streiten die Parteien z. B. um das Eigentum an einem Brüsseler Grundstück, so spielt es keine Rolle, wo der Wohnsitz der Beklagten ist, ob in einem Vertragsstaat oder in einem dritten Staat. Art. 16 ist immer anzuwenden. Die anderen Vertragsstaaten sind nicht nur verpflichtet, sich jeder Rechtsprechungstätigkeit in dieser Sache zu enthalten, also eine Immobiliarklage bezüglich des Brüsseler Grundstücks wegen internationaler Unzuständigkeit als unzulässig[2] abzuweisen (Art. 19), vielmehr sind sie auch Belgien gegenüber verpflichtet, drittstaatlichen Urteilen die Anerkennung zu verweigern, sofern eine ausschließliche internationale Zuständigkeit gemäß Art. 16 Nr. 1 hiervon betroffen wird.

2. Das Übereinkommen stipuliert also ein Anerkennungsverbot.[3] Dieses folgt zwar nicht aus Art. 25ff., insbesondere nicht aus Art. 28 I, denn Art. 25ff. regeln nur die Anerkennung bzw. Vollstreckbarerklärung[4] von Titeln aus anderen Vertragsstaaten, nicht aber aus dritten Staaten. Das Anerkennungsverbot ist im Text des Übereinkommens nirgends

---

[13] Art. 2 des deutsch-schweizerischen Abkommens führt das forum rei sitae als Anknüpfungspunkt für die internationale Anerkennungszuständigkeit nicht auf. Hierzu *Kallmann,* Anerkennung und Vollstreckung ausländischer Zivilurteile und gerichtlicher Vergleiche, 1946, 140 Fußn. 11. Zur Anerkennung des Schweizer Urteils ist die Bundesrepublik Deutschland – bei Wohnsitz der Beklagten außerhalb der Schweiz – nur verpflichtet, wenn sich der Beklagte vorbehaltlos eingelassen hatte (Art. 2 Nr. 3) oder wenn die Feststellungsklage als Widerklage (Art. 2 Nr. 5) erhoben worden war. Art. 16 zessiert nur insoweit, als die Anerkennungspflicht nach dem deutsch-schweizerischen Abkommen reicht.

[1] Vgl. oben § 29 V.

[2] So ausdrücklich der *Jenard*-Bericht S. 80 zu Art. 16 Nr. 1: „Das Übereinkommen stellt mit anderen Worten für die Gerichte der Vertragsstaaten ein Verbot auf, sich für Streitigkeiten über eine in einem anderen Vertragsstaat belegene unbewegliche Sache für zuständig zu erklären."

[3] *Geimer* WM 1980, 1108.

[4] Die Vollstreckbarerklärung erfolgt nach Art. 31ff. in Form der *Klauselerteilung.*

ausdrücklich erwähnt.[5] Es ist aber die logische Konsequenz aus dem absoluten Geltungsanspruch des Art. 16.[6]

Beispiel:

Der Beklagte wohnt in Österreich; die Parteien streiten um die Wirksamkeit eines Mietvertrages bezüglich einer Wohnung in den Niederlanden. Das österreichische Gericht entscheidet in der Sache und stützt die internationale Zuständigkeit Österreichs auf den Wohnsitzgerichtsstand (§§ 65, 66 JN). Das Urteil darf in der Bundesrepublik Deutschland nicht anerkannt werden, weil die ausschließliche internationale Zuständigkeit der Niederlande entgegensteht. Die Bundesrepublik Deutschland ist verpflichtet, die Anerkennung zu verweigern.[7]

3. *Das Anerkennungsverbot gilt aber nicht für den nach Art. 16 ausschließlich international zuständigen Vertragsstaat.* Diesen verpflichtet das Übereinkommen nicht, die Anerkennung zu verweigern.[8] Im vorstehenden Beispiel steht es den Niederlanden frei, ob sie das österreichische Urteil anerkennen wollen oder nicht.[9]

---

[5] Der *Schlosser*-Bericht Nr. 246 erwähnt die Frage des Anerkennungsverbots nicht im Zusammenhang mit Art. 16, sondern nur im Hinblick auf andere Staatsverträge (Art. 57). Auch der *Jenard*-Bericht äußert sich nicht zu der Frage, ob das Übereinkommen ein Anerkennungsverbot hinsichtlich drittstaatlicher Entscheidungen (= Entscheidungen aus Nicht-Vertragsstaaten) begründet.

[6] Der *Jenard*-Bericht S. 80 (zu Art. 16 Nr. 1) macht ordre public-Erwägungen geltend: „Der Ausschuß hat sich bei der Begründung dieser ausschließlichen Zuständigkeit von mehreren Erwägungen leiten lassen. In der Bundesrepublik Deutschland und in Italien ist das Gericht ausschließlich zuständig, in dessen Bezirk die unbewegliche Sache belegen ist; diese Zuständigkeit gilt als Bestandteil des ordre public. Enthielte das Übereinkommen keine Vorschriften über die ausschließliche Zuständigkeit, so könnte der Fall eintreten, daß Urteile, die in anderen Staaten durch Gerichte erlassen werden, deren Zuständigkeit nach anderen Vorschriften des Übereinkommens begründet ist (Gerichtsstand des Wohnsitzes des Beklagten, vereinbarter Gerichtsstand), in Deutschland oder in Italien weder anerkannt noch vollstreckt werden könnten. – Ein solches Ergebnis stünde im Widerspruch zur „Freizügigkeit der Urteile". – Der Ausschuß war um so eher geneigt, die in der Bundesrepublik Deutschland und in Italien geltenden Zuständigkeitsnormen auf den zwischenstaatlichen Rechtsverkehr auszudehnen, als seiner Ansicht nach eine solche Erweiterung den Erfordernissen einer geordneten Rechtspflege entspricht. Diese Art von Rechtsstreitigkeiten macht häufig Nachprüfungen, Untersuchungen und Sachverständigengutachten an Ort und Stelle erforderlich. Auch ist zur Regelung dieser Fälle nicht selten auf Gebräuche zurückzugreifen, mit denen im allgemeinen nur die Gerichte des Ortes, in dem die unbewegliche Sache belegen ist, und auch noch die Gerichte des betreffenden Vertragsstaates vertraut sind. Schließlich berücksichtigt das System des Übereinkommens die Notwendigkeit, daß die Eintragungen in Grundbücher oder Register vorgenommen werden müssen, die an dem Ort eingerichtet sind, wo das Grundstück belegen ist."

[7] *Geimer* WM 1980, 1108.

[8] Ebenso ist es im *Verhältnis unter den Vertragsstaaten,* also im Anwendungsbereich des Art. 28 I; vgl. *Geimer* WM 1976, 838 und unten § 139 IV 4 und § 123.

[9] Im Verhältnis zwischen den *Niederlanden* und *Österreich* ist der Anerkennungs- und Vollstreckungsvertrag vom 6. Februar 1963, österr. BGBl 1966/37, in Kraft.

4. Für die übrigen Vertragsstaaten entfällt das Anerkennungsverbot, wenn der nach Art. 16 ausschließlich zuständige Staat der Anerkennung ausdrücklich oder konkludent zustimmt.[10] Die erste Hypothese ist (bisher) im internationalen Rechtsverkehr unüblich. Wenn das autonome internationale Zivilprozeßrecht des nach Art. 16 ausschließlich zuständigen Staates keine ausschließliche internationale Zuständigkeit beansprucht, liegt darin noch keine Zustimmung zur Anerkennung. Vgl. unten § 57 V 3b.

§ 54 Durchsetzung der ausschließlichen internationalen Zuständigkeiten der Vertragsstaaten gegenüber dritten Staaten

1. Im Bereich des *autonomen Anerkennungsrechts* besteht keine völkerrechtliche Verpflichtung zur Anerkennung ausländischer Urteile. Die Anerkennung eines drittstaatlichen Urteils oder deren Versagung ist im Hinblick auf Art. 16 deshalb völkerrechtlich problemlos.[1]

2. Auch im Anwendungsbereich eines mit dem Drittstaat geschlossenen *Anerkennungs- und Vollstreckungsvertrages* ist die Durchsetzung der ausschließlichen internationalen Zuständigkeiten der übrigen Vertragsstaaten ohne weiteres möglich, wenn dieser einen *ausdrücklichen Vorbehalt zugunsten der ausschließlichen internationalen Zuständigkeit dritter Staaten* enthält, d. h. einen Vorbehalt zugunsten solcher Staaten, die nicht Vertragspartner des bilateralen Anerkennungs- und Vollstreckungsvertrages sind; denn dann zessiert die durch den Vertrag begründete völkerrechtliche Pflicht zur Anerkennung und Vollstreckung.

a) Solche Vorbehalte finden sich z. B. in den Anerkennungs- und Vollstreckungsverträgen, die die Bundesrepublik Deutschland mit Österreich und Norwegen geschlossen hat. Nach Art. 2 Nr. 3 des deutsch-österreichischen Vertrages vom 6. Juni 1959 darf die Anerkennung versagt werden, wenn „nach dem Recht des Staates, in dem die Entscheidung geltend gemacht wird, die Gerichte dieses oder eines dritten Staates kraft Gesetzes ausschließlich zuständig waren.“[2] Noch präziser ist Art. 8 III des deutsch-norwegischen Vertrages vom 17. Juni 1977 formuliert: „Die Zuständigkeit der Gerichte des Entscheidungsstaates wird jedoch nicht anerkannt, wenn nach dem Recht des Anerkennungsstaates dessen

---

[10] Ebenso ist es im *Verhältnis zwischen den Vertragsstaaten*, also im Anwendungsbereich des Art. 28 I; vgl. *Geimer* WM 1976, 838 und unten § 123 und § 139 IV 4.

[1] *Geimer* WM 1980, 1109 Fußn. 29.

[2] Erklärtes Ziel dieses Vorbehaltes ist die Vermeidung internationaler Verwicklungen. Hierzu die *deutsche Denkschrift* zu diesem Vertrag (Bundestagsdrucksache III Nr. 1419): „Auf den Vorbehalt zugunsten der ausschließlichen internationalen Zuständigkeit dritter Staaten wurde deshalb Wert gelegt, weil ein Vertragsstaat kraft besonderer Abmachung verpflichtet sein kann, seinerseits auch den ausschließlichen Gerichtsstand in einem dritten Staat zu beachten und weil eine Kollision mit solchen vertraglichen Pflichten vermieden werden soll.“ Die deutsche Denkschrift bezieht sich in diesem Zusammenhang auf *Jellinek*, Die zweiseitigen Staatsverträge über Anerkennung ausländischer Urteile, 1953, 230.

Gerichte für die Klage, die zu der Entscheidung geführt hat, ausschließlich zuständig sind. Das gleiche gilt, wenn der Anerkennungsstaat aufgrund seines innerstaatlichen Rechts oder aufgrund einer Übereinkunft die ausschließliche Zuständigkeit der Gerichte eines dritten Staates anerkennen muß."[3]

b) Den gleichen Vorbehalt kannte bereits das durch Art. 56 I in weitem Umfang außer Kraft gesetzte *deutsch-italienische Abkommen* vom 9. März 1936.[4] Nach Art. 1 I ist die Anerkennung zu versagen, wenn „nach dem Recht des Staates, in dem die Entscheidung geltend gemacht wird, dessen eigene Gerichte oder die eines dritten Staates ausschließlich zuständig sind."[5]

c) Ein solcher Vorbehalt findet sich auch in dem durch Art. 56 I weitgehend bedeutungslos gewordenen *deutsch-niederländischen* Vertrag vom 30. August 1962.[6] Nach Art. 4 II dieses Vertrages wird die Zuständigkeit der Gerichte des Staates, in dem die Entscheidung ergangen ist, nicht anerkannt, „wenn für die Klage, die zu der Entscheidung geführt hat, die Gerichte des Staates, in dem die Entscheidung geltend gemacht wird, oder die Gerichte eines dritten Staates ausschließlich zuständig sind; dies gilt insbesondere für Klagen, mit denen ein Recht an einer unbeweglichen Sache oder ein Anspruch aus einem Recht an einer solchen Sache geltend gemacht wird."[7]

3. Schwieriger ist dagegen schon die Durchsetzung des Art. 16 im Verhältnis zum *Vereinigten Königreich,* solange dieses das Übereinkommen nicht in Kraft gesetzt hat. Das deutsch-britische Abkommen kennt keinen allgemeinen Vorbehalt zugunsten der ausschließlichen internationalen Zuständigkeit dritter Staaten. Art. IV Abs. 2 erwähnt nur das *forum rei sitae für Immobiliarklagen:* „Die Zuständigkeit des Gerichts des Urteilsstaates braucht nicht anerkannt zu werden, wenn Gegenstand des Verfahrens unbewegliches Vermögen gewesen ist, das sich außerhalb des Hoheitsgebietes des Urteilsstaates befand." Damit ist nur der Kernbe-

---

[3] Hierzu der *Gemeinsame Bericht der Unterhändler,* Bundesratsdrucksache 64/80, S. 27: „Auch die ausschließliche Zuständigkeit der Gerichte eines dritten Staates, die der Anerkennungsstaat beachten muß, bildet einen Grund für die Versagung der Anerkennung. Auf diese Bestimmung wurde deshalb Wert gelegt, weil ein Vertragsstaat kraft besonderer völkerrechtlicher Abmachungen verpflichtet sein kann, seinerseits auch die ausschließlichen Gerichtsstände in einem dritten Staat zu beachten, weil eine Kollision mit solchen vertraglichen Pflichten vermieden werden soll."

[4] RGBl. 1937 II 145.

[5] Der Vorbehalt der ausschließlichen internationalen Zuständigkeit dritter Staaten taucht erstmalig in der *Vertragspraxis Italiens* auf, vgl. Art. 2 II des ital.-schweizer. Abk. und Art. 2 II des ital.-niederl. Abk., abgedruckt bei *Jellinek* (Fußn. 47). Hierzu *Matscher* JBl. 1979, 247 sub C 4 und JBl. 1977, 186.

[6] BGBl. 1965 II 27.

[7] Im gemeinsamen Bericht der Unterhändler zum deutsch-niederländischen Vertrag, Bundestagsdrucksache IV Nr. 2351, ist hervorgehoben, daß diese Regelung den Art. 2 Nr. 3 des deutsch-österreichischen Vertrages zum Vorbild hat.

reich des Art. 16 Nr. 1 abgedeckt. Für die ausschließlichen internationalen Zuständigkeiten der Nr. 2–Nr. 5 des Art. 16 fehlt aber ein Vorbehalt.

4. Völkerrechtliche Kollisionen sind unvermeidlich, wenn in dem einschlägigen Anerkennungs- und Vollstreckungsvertrag ein Vorbehalt zugunsten der ausschließlichen internationalen Zuständigkeit dritter Staaten fehlt.[8] Ohne einen solchen ausdrücklichen Vorbehalt läßt sich Art. 16 gegenüber Nichtvertragsstaaten nicht durchsetzen, wenn dieser Vertrag vor dem 27. September 1968 (= Tag der Unterzeichnung des Übereinkommens) in Kraft war. Denn sonst stünde es im freien Belieben des Zweitstaates, seine im Anerkennungs- und Vollstreckungsvertrag übernommene Verpflichtung zur Anerkennung und Vollstreckung drittstaatlicher Urteile dadurch einzuschränken, daß er mit EG-Vertragsstaaten Jurisdiktionsverträge schließt, die den Jurisdiktionsbereich des Erststaates (als Voraussetzung der Anerkennung) einengen.[9]

a) Im Verhältnis zur *Schweiz*,[10] zu *Griechenland*[11] und – soweit nicht über Art. IV Abs. 2 des deutsch-britischen Abkommens[12] geholfen werden kann – *zum Vereinigten Königreich* kann daher Art. 16 nicht durchgesetzt werden. Entscheidungen aus diesen Staaten kann die Anerkennung nicht mit der Begründung verweigert werden, ein anderer Vertragsstaat sei für den Streitgegenstand gemäß Art. 16 ausschließlich international zuständig.[13] Die nach dem Zuständigkeitskatalog des einschlägigen bilateralen Vertrages gegebene internationale Zuständigkeit des Urteilsstaates[14] hat gegenüber Art. 16 Vorrang. Eine Versagung der Anerkennung wegen der ausschließlichen internationalen Zuständigkeit eines anderen Vertragsstaates (Art. 16) wäre ein Bruch der im bilateralen Vertrag ge-

---

[8] *Geimer* WM 1980, 1110.

[9] A. A. *Matscher* JBl. 1979, 247. Er meint, daß der Vorbehalt zugunsten der ausschließlichen internationalen Zuständigkeit eines dritten Staates auch dann gilt, wenn er im einschlägigen Anerkennungs- und Vollstreckungsvertrag nicht ausdrücklich festgelegt ist. Allerdings will er den Vorbehalt ausschließlicher drittstaatlicher Zuständigkeit eng fassen. Eine Befugnis, die Anerkennung zu verweigern, will *Matscher* nur dann bejahen, wenn der Zweitstaat „sich aus völkerrechtlichen Gründen für dazu verpflichtet erachtet oder wenn ausnahmsweise der Vollstreckungsvertrag selbst einem bestimmten Tatbestand den Charakter einer internationalen beachtlichen Ausschließlichkeit verleiht". Dies soll auch dann gelten, wenn eine drittstaatliche Entscheidung im Zweitstaat nicht anerkannt und vollstreckt werden könnte. Vgl. *Matscher* JBl. 1979, 248 sub C 5.

[10] Ein Vorbehalt zugunsten der ausschließlichen internationalen Zuständigkeit dritter Staaten fehlt völlig im deutsch-schweizerischen Abkommen vom 2. November 1929 (RGBl. 1930 II 1066). Nach Art. 1 kann die Anerkennung nur versagt werden, wenn nach „dem Rechte des Staates, in dessen Gebiet die Entscheidung geltend gemacht wird, für dessen Gerichte eine ausschließliche Zuständigkeit besteht".

[11] Art. 3 Nr. 3 des deutsch-griechischen Vertrages vom 4. November 1961 (BGBl. 1963 II, 110).

[12] Hierzu oben 3.

[13] *Geimer* WM 1980, 1111.

[14] Z. B. Art. 2 des deutsch-schweizerischen Abkommens.

genüber der Schweiz bzw. Griechenland bzw. Großbritannien[15] eingegangenen völkerrechtlichen Verpflichtung zur Anerkennung bzw. Vollstreckbarerklärung.[16]

Beispiel:

Ein schweizerisches Gericht hat eine Feststellungsklage über ein Mietverhältnis bezüglich einer Wohnung in Frankreich entschieden.

Die internationale Zuständigkeit der Schweiz darf nicht im Hinblick auf Art. 16 Nr. 1 verneint werden. Sie ist vielmehr anzuerkennen, wenn der Beklagte zum Zeitpunkt der Klageerhebung oder des Erlasses der anzuerkennenden Entscheidung in der Schweiz wohnte[17] oder wenn ein sonstiger Zuständigkeitsanknüpfungspunkt im Sinne des Abkommens, wie z. B. Prorogation oder Einlassung, vorlag. Das gleiche gilt ceteris paribus für griechische und britische Entscheidungen.[18]

b) Gegenüber den Vertragsstaaten des Übereinkommens verhält sich die Bundesrepublik Deutschland korrekt: Bei Abschluß des Übereinkommens waren nämlich die Verpflichtungen der Bundesrepublik Deutschland gegenüber der Schweiz, Griechenland und Großbritannien bekannt. Die Vertragsstaaten konnten nicht davon ausgehen, daß die Bundesrepublik Deutschland ihre früher eingegangenen Verpflichtungen brechen werde. Auch ist sie zur Kündigung der vorgenannten bilateralen Verträge nicht verpflichtet.

c) Anders ist die Situation im Verhältnis zu dritten Staaten, mit denen Anerkennungs- und Vollstreckungsverträge geschlossen wurden, die erst *nach* dem oben bezeichneten Stichtag (27. September 1968) in Kraft getreten sind. In die nach diesem Datum in Kraft gesetzten bilateralen Verträge läßt sich der vertragsimmanente Vorbehalt zugunsten der ausschließlichen internationalen Zuständigkeit der EG-Vertragspartner gemäß Art. 16 hineininterpretieren.[19] Aus deutscher Sicht kommen die Verträge mit *Tunesien*[20] und mit *Israel*[21] in Betracht. Denn *Tunesien* wie

[15] Das Problem erledigt sich, sobald Griechenland bzw. das Vereinigte Königreich das jeweilige Beitrittsübereinkommen (oben § 16) in Kraft gesetzt haben.

[16] *Geimer* WM 1980, 1111.

[17] Art. 2 Nr. 1 des deutsch-schweizerischen Abkommens.

[18] Näher *Geimer* WM 1980, 1111.

[19] *Geimer* WM 1980, 1111.

[20] Ein Vorbehalt zugunsten der ausschließlichen internationalen Zuständigkeit dritter Staaten fehlt in Art. 31 II des deutsch-tunesischen Vertrages über Rechtsschutz und Rechtshilfe, die Anerkennung und Vollstreckung gerichtlicher Entscheidungen in Zivil- und Handelssachen, sowie über die Handelsschiedsgerichtsbarkeit vom 19. Juli 1966 (BGBl. 1969 II, 890).

[21] Ein solcher Vorbehalt fehlt auch in Art. 7 II des deutsch-israelischen Vertrages vom 20. Juli 1977 über die gegenseitige Anerkennung und Vollstreckung gerichtlicher Entscheidungen in Zivil- und Handelssachen (BGBl 1980 II 925). Diese Bestimmung lautet: „Die Zuständigkeit der Gerichte im Entscheidungsstaat wird jedoch nicht anerkannt, wenn die Gerichte im Anerkennungsstaat nach seinem Recht für die Klage, die zur Entscheidung geführt hat, ausschließlich zuständig sind."

auch *Israel* war Art. 16 bekannt. Sie konnten bei Ratifikation der Verträge nicht davon ausgehen, daß die Bundesrepublik Deutschland ihre gegenüber den anderen EG-Vertragsstaaten eingegangene Verpflichtung zur „Verteidigung" der ausschließlichen internationalen Zuständigkeiten des Art. 16 brechen werde. Maßgebend ist der Zeitpunkt des Inkrafttretens des einschlägigen Vertrages, nicht seiner Unterzeichnung. Im Falle *Tunesiens* spielt es deshalb keine Rolle, daß bei Abschluß des deutsch-tunesischen Vertrages am 19. Juli 1966 das Brüsseler Übereinkommen noch nicht unterzeichnet war. Tunesien war bei Ratifikation Art. 16 bekannt.[22]

5. Unerklärlich ist die *Vertragspraxis* der Bundesrepublik Deutschland. Weshalb wurde gegenüber Tunesien und Israel kein Vorbehalt zugunsten der ausschließlichen internationalen Zuständigkeit dritter Staaten gemacht? Die Gefahr völkerrechtlicher Kollisionen mit dritten Staaten ist ja schließlich seit *Jellinek*,[23] spätestens seit Abschluß des deutsch-österreichischen Vertrages vom 6. Juni 1959 bekannt. Die Nonchalance der Unterhändler erregt Verwunderung: Besonders merkwürdig ist, daß dieser Punkt in dem deutsch-israelischen Vertrag nicht erörtert wurde, da doch zur gleichen Zeit das gleiche Problem im deutsch-norwegischen Vertrag expressis verbis behandelt wurde, vgl. Art. 8 III dieses Vertrages. Konnte man noch bei den vor dem 27. September 1968 geschlossenen bilateralen Verträgen davon ausgehen, daß das Problem der Kollision nicht aktuell wird, weil die Bundesrepublik Deutschland keinen allgemeinen Gerichtsstandsvertrag geschlossen hatte, so ist dies seitdem anders. Die deutschen Unterhändler hätten die Frage der Durchsetzung des Art. 16 im Verhältnis zu Israel zur Sprache bringen müssen, zumal die österreichischen Unterhändler diesen Punkt seinerzeit aufgegriffen hatten. Ein Blick über die Grenzpfähle wäre hilfreich gewesen.[24]

§ 55 Keine Versagung der Anerkennung von Urteilen von EG-Vertragsstaaten im Hinblick auf die ausschließliche internationale Zuständigkeit eines Nichtvertragsstaates

1. In § 54 wurde untersucht, in welchen Fällen die Vertragsstaaten des Übereinkommens verpflichtet sind, Urteilen dritter Staaten die Anerkennung im Hinblick auf die ausschließliche internationale Zuständigkeit

---

[22] *Geimer* WM 1980, 1111 bei Fußn. 35.

[23] Vgl. oben Fußn. 2.

[24] Art. 10 II des österreichisch-israelischen Anerkennungs- und Vollstreckungsvertrages, österr. BGBl. 1968/349 lautet: „Die Zuständigkeit des Gerichts des Ursprungsstaates kann auch dann als nicht begründet angesehen werden, wenn sich die ersuchte Behörde für verpflichtet hält, die ausschließliche Zuständigkeit der Gerichte eines dritten Staates auf Grund einer Vereinbarung zwischen den Parteien oder eines zwischenstaatlichen Abkommens anzuerkennen."

eines Vertragsstaates (Art. 16) zu verweigern. Nun soll der Frage nachgegangen werden, ob Urteilen von Vertragsstaaten die Anerkennung bzw. Vollstreckbarerklärung verweigert werden kann im Hinblick auf die ausschließliche internationale Zuständigkeit eines dritten Staates.

2. Die Anerkennung und Zulassung zur Zwangsvollstreckung ist für Entscheidungen aus anderen Vertragsstaaten abschließend geregelt in Art. 25ff. Danach darf die internationale Zuständigkeit des Erststaates grundsätzlich nicht nachgeprüft werden. Nur dann ist die Anerkennung zu verweigern, wenn eine ausschließliche internationale Zuständigkeit eines *Vertragsstaates* vom Erstgericht nicht beachtet wurde, Art. 28 I, 16. Art. 16 gilt ausschließlich zu Gunsten von Vertragsstaaten, nicht jedoch zu Gunsten dritter Staaten.[1] So ist z. B. Art. 16 Nr. 1 für Immobiliarklagen nur dann anzuwenden, wenn das Grundstück in einem der Vertragsstaaten, nicht jedoch, wenn das Grundstück in einem dritten Staat liegt.

Beispiel:

Der Beklagte wohnt in Frankreich. Der Rechtsstreit vor einem französischen Gericht geht um die Feststellung des Eigentums an einem Ferienhaus in der Schweiz.

Das französische Urteil muß in den anderen Vertragsstaaten anerkannt werden. Die ausschließliche internationale Zuständigkeit von Nichtvertragsstaaten wird also im Anerkennungsstadium nicht geschützt. Es steht nicht im Belieben des Anerkennungsstaates, ob er die Anerkennung verweigern oder aussprechen will, vielmehr ist er als Vertragsstaat gegenüber dem anderen Vertragsstaat, dessen Gerichte das Urteil erlassen haben, verpflichtet, die erststaatliche Entscheidung anzuerkennen. Er würde das Übereinkommen verletzen, wenn er im Hinblick auf die ausschließliche internationale Zuständigkeit des dritten Staates (hier: der Schweiz) die Anerkennung verweigern wollte. Die Frage, ob die ausschließliche internationale Zuständigkeit der Schweiz zu beachten ist oder nicht, war ausschließlich vom französischen Erstrichter zu entscheiden. Stellt er sich auf den Standpunkt, daß diese unbeachtlich sei, so kann der Zweitrichter diese Entscheidung nicht korrigieren. Durch die Anerkennung des französischen Urteils begeht die Bundesrepublik Deutschland gegenüber der Schweiz keinen Völkerrechtsverstoß, denn das deutsch-schweizerische Abkommen vom 2. November 1929[2] regelt nur die internationale Anerkennungszuständigkeit, also die internationale Zuständigkeit als Voraussetzung der Anerkennung. Durch diesen Vertrag haben Deutschland und die Schweiz jedoch nicht die Jurisdiktionsbereiche unter sich und auch mit Wirkung gegenüber dritten Staaten (hier gegenüber Frankreich) abgegrenzt.

3. Eine ganz andere, im Anerkennungstadium nicht interessierende Frage ist es, ob Frankreich berechtigt gewesen wäre, die auf Art. 2 I gegründete internationale Zuständigkeit (Wohnsitzzuständigkeit) nicht

---

[1] Oben § 29 V.

[2] RGBl. 1930 II 1066.

in Anspruch zu nehmen im Hinblick darauf, daß die Schweiz für die Immobiliarklage eine ausschließliche internationale Zuständigkeit beansprucht. Hier geht es um das Problem, wo die Grenzen für die Verpflichtung zur Justizgewährung verlaufen. Grundsätzlich ist hervorzuheben, daß Art. 2ff. die Vertragsstaaten nicht nur berechtigen, ihre Jurisdiktion auszuüben; vielmehr sind sie auch verpflichtet, Justiz zu gewähren, sobald ein Kompetenzgrund vorliegt.[3]

---

[3] Oben §§ 42ff. und unten § 62 II.

11. Kapitel: Die Zuständigkeitsprüfung

§ 56 Zuständigkeitsprüfung des Erstrichters[1]

I. Zuständigkeitsprüfung zur Wahrung des Art. 16[2]

In jedem Falle muß der angegangene Richter sich vergewissern, daß seiner internationalen Zuständigkeit nicht die ausschließliche internationale Zuständigkeit eines anderen Vertragsstaates gemäß Art. 16 entgegensteht, Art. 19. Er muß dies ohne Rücksicht auf das Verhalten der Parteien in jeder Lage des Verfahrens[2a] tun; denn Art. 16 steht nicht zur Disposition der Parteien, Art. 17 II (= Art. 17 III n. F.), Art. 18 S. 2.[3] Der Wohnsitz der Parteien ist für die Prüfungspflicht gemäß Art. 19 ohne Belang, da Art. 16 absolute Geltung beansprucht. Er ist entgegen der Grundregel der Art. 2 I und Art. 4 I auch dann anzuwenden, wenn der Beklagte seinen Wohnsitz/Sitz nicht im geographischen Anwendungsbereich des Übereinkommens hat.[4]

---

[1] Hiervon zu unterscheiden ist die Prüfung, ob europäisches oder nationales Zuständigkeitsrecht (oben § 9) zur Anwendung kommt. Vgl. oben § 7.

[2] Hierzu *v. Hoffmann* AWD 1973, 63.

[2a] Insofern überlagert das europäische Einheitsrecht die Rechtsmittelvorschriften des autonomen Rechts. Vgl. die beim EuGH noch anhängige Rechtssache 288/82 – *Duijnstee ./. Goderbauer,* vorgelegt vom Hoge Raad: Sowohl die Arrondissementsrechtbank als auch der Gerechtshof hatten Art. 16 außer Betracht gelassen. Erst im Laufe des Kassationsverfahrens wies der Generalanwalt auf diesen Punkt hin. Der Hoge Raad hat m. E. gemäß Art. 19 von Amts wegen zu verfahren, auch wenn er nach seinem autonomen Prozeßrecht nur diejenigen Punkte prüfen darf, hinsichtlich derer eine Kassationsrüge erhoben worden ist.

[3] *Jenard*-Bericht S. 83 zu Art. 19: „Wie bereits erwähnt, muß das Gericht von Amts wegen seine Zuständigkeit prüfen. Gemäß Artikel 19 muß das wegen einer Streitigkeit angerufene Gericht eines Vertragsstaats sich stets von Amts wegen für unzuständig erklären, wenn für diese Streitigkeit nach Artikel 16 das Gericht eines anderen Vertragsstaats ausschließlich zuständig ist. – Diese Regel findet ihre Begründung darin, daß die ausschließlichen Zuständigkeiten zum ordre public gehören und der Parteiautonomie entzogen sind. Sie entspricht übrigens dem Artikel 171 der französischen Zivilprozeßordnung, nach dem die örtliche Zuständigkeit von Amts wegen zu prüfen ist, wenn die Parteien über ihre Rechte keinen Vergleich abschließen können. Das gleiche gilt in der Bundesrepublik Deutschland." – Vgl. auch unten § 97 V.

[4] Vgl. oben § 29 V.

II. Zuständigkeitsprüfung zum Schutz des Beklagten[5]

1. Sieht man von den Fällen des Art. 19 bzw. Art. 16 ab, so kommt es darauf an, ob der Beklagte am Rechtsstreit teilnimmt oder nicht.[6] Im ersten Fall ist es Sache des Beklagten, die (internationale) Unzuständigkeit zu rügen. Tut er dies nicht, so ergibt sich die internationale Zuständigkeit des Gerichtsstaates und des angerufenen Gerichts aus Art. 18.[7] Das Übereinkommen verpflichtet den Erstrichter nicht, den Beklagten darauf hinzuweisen, daß nach Art. 2ff. eine Zuständigkeitsanknüpfung nicht gegeben sei. Andererseits verbietet es dies auch nicht. Z. B. ist § 504 ZPO mit dem Übereinkommen zu vereinbaren. Er gilt auch im Anwendungsbereich des Übereinkommens.[8]

Nimmt der Beklagte am Rechtsstreit nicht teil, so hat der Richter gemäß Art. 20 I von Amts wegen zu prüfen, ob er international zuständig ist. Kommt er zu dem Ergebnis, daß ein Zuständigkeitsanknüpfungspunkt im Sinne der Art. 2ff. nicht gegeben ist, so hat er sich von Amts wegen für unzuständig zu erklären. Der *Jenard*-Bericht[9] bezeichnet

---

[5] Hierzu auch unten § 97 VIII und XXIII.

[6] Ob eine *prozeßerhebliche Teilnahme* vorliegt, entscheidet die lex fori des Gerichtsstaates, so z. B. die Frage der Postulationsfähigkeit.

[7] Vgl. auch *Droz* Nr. 250 S. 158, der unscharf von einer „notion de fait" spricht. „Pour que l'article 20 s'applique, il faut que le défendeur ne comparaisse pas. Il s'agit là d'une notion qui sera appréciée selon les normes en vigueur dans chacun des Etats contractants. Dans l'esprit de la Convention, il semble bien que la notion de non-comparution est une notion de fait. C'est sans doute pour cela qu'on a préferé cette expression plutôt que de se référer au défaut du défendeur qui risquait de provoquer des équivoques, notamment en raison de la notion française de jugement par défaut, réputé contradictoire. Ce que veut la Convention, c'est que le défendeur, qui estime que le tribunal saisi est certainement incompétent au sens de la Convention, puisse, sans perdre ses chances, s'abstenir d'engager tout frais de procédure pour élever un déclinatoire de compétence à l'étranger, et cela quel que soit le mode de citation utilisé par le demandeur et quelles que soient les injonctions qui lui auraient été faites." – Vgl. auch unten § 97 VIII und XXIII.

[8] Zu § 504 ZPO *Geimer* WM 1977, 67; *Kropholler* IZVR Rz. 600. S. auch unten § 97 IV 3 und XV.

[9] *Jenard*-Bericht S. 84: „Dieser Artikel ist eine der wichtigsten Bestimmungen des Übereinkommens. Er behandelt den Fall, daß der Beklagte sich auf das Verfahren nicht einläßt; für einen solchen Fall schreibt er vor, daß das Gericht von Amts wegen zu prüfen hat, ob es im Sinne des Übereinkommens zuständig ist; verneint es seine Zuständigkeit, so hat es sich für unzuständig zu erklären. Es versteht sich von selbst, daß das Gericht hierzu auch dann verpflichtet ist, wenn keine ausschließliche Zuständigkeit begründet ist. Das Nichteinlassen des Beklagten kommt einer stillschweigenden Zuständigkeitsvereinbarung nicht gleich. Es genügt nicht, daß der Richter die Behauptungen des Klägers über die Zuständigkeit als richtig unterstellt; er muß von dem Kläger den Beweis dafür verlangen, daß die internationale Zuständigkeit begründet ist. – Durch diese Bestimmung soll sichergestellt werden, daß die Entscheidung bei

Art. 20 zu Recht als „eine der wichtigsten Bestimmungen des Übereinkommens", denn diese Bestimmung soll den Beklagtenschutz sicherstellen.[10]

2. Art. 20 schützt jedoch nur Personen, die im geographischen Anwendungsbereich[11] des Übereinkommens wohnen bzw. dort ihren Sitz haben. Dies ist ungereimt, da Art. 20 den Anwendungsbereich der Zuständigkeitsnormen des Übereinkommens nicht in allen Fällen abdeckt; so ist z. B. der Anwendungsbereich des Art. 17[12] weiter, ebenso der des Art. 6 Nr. 1.[13] Die europarechtliche Pflicht zur Zuständigkeitsprüfung von Amts wegen sollte man in extensiver Auslegung des Art. 20 immer dann bejahen, wenn Zuständigkeitsvorschriften des Übereinkommens zur Anwendung kommen. Eine Ausnahme gilt für den Fall, daß der Beklagte im Gerichtsstaat wohnt; hier gilt die lex fori. Art. 20 setzt voraus, daß der Beklagte in einem anderen Vertragsstaat verklagt wird.[14]

3. Den *Schutz derer, die außerhalb des geographischen Anwendungsbereichs des Übereinkommens*[15] *wohnen oder überhaupt keinen Wohnsitz haben,* überläßt das Übereinkommen dem nationalen Recht, und zwar auch dann, wenn es sich um EG-Bürger, also Angehörige eines Vertragsstaates han-

---

Säumnis des Beklagten durch einen zuständigen Richter ergeht und der Beklagte ein Höchstmaß an Rechtsschutz in dem Verfahren vor dem erkennenden Gericht genießt. Die Vorschrift lehnt sich an Artikel 37 Abs. 2 der italienischen Zivilprozeßordnung an, nach dem das Gericht bei Säumnis des Beklagten – sofern dieser Ausländer ist – seine Zuständigkeit von Amts wegen zu prüfen hat."

[10] Zum Schutz des Beklagten sieht Art. 20 II weiter vor, daß der Richter prüfen muß, ob der Beklagte das den Rechtsstreit einleitende Schriftstück so rechtzeitig erhalten hat, daß er sich verteidigen konnte, oder daß alle hierzu notwendigen Maßnahmen getroffen worden sind. Hierzu unten § 140 XII.

[11] Hierzu oben § 29 IV.

[12] Darauf hat bereits *Mercier,* „Le projet de convention du Marché Commun sur la procédure civile internationale et les Etats tiers", *Cahiers dr. eur.* 1967, 386 hingewiesen. Hierzu *Droz* Nr. 249 S. 158: „Ainsi que l'a fait justement remarquer M. *Mercier* cette solution risque d'entraîner des différences de traitement en cas d'accord d'élection de for soumis à l'article 17. On sait qu'il suffit qu'une seule des parties soit domiciliée dans la Communauté. Si c'est cette partie qui est défenderesse et que le demandeur saisisse le tribunal de Paris, en violation de la prorogation de for en faveur du tribunal de Bruxelles, le juge français devra se déclarer d'office incompétent en cas de défaut. Si c'est au contraire la partie domiciliée hors de la Communauté qui est citée à Paris et qui ne comparaît pas, l'article 20 ne s'applique pas, le tribunal ne sera pas obligé de vérifier lui-même sa compétence."

[13] Vgl. auch *Schlosser*-Bericht Nr. 22: „Ein Gericht muß daher auch von Amts wegen beachten, ob eine seine Zuständigkeit ausschließende und nach Artikel 17 wirksame Gerichtsstandsvereinbarung vorliegt."

[14] *Droz* Nr. 248 S. 158: „Cette disposition ne vise que le cas d'un défendeur cité sur le territoire d'un Etat contractant où il n'est pas domicilié. Cela s'explique par le fait qu'on n'a pas voulu intervenir dans les règles de procédure internes lorsque le défendeur est cité dans l'Etat de son domicile, puisque dans un tel cas, l'article 2 renvoie aux règles générales de compétences de cet Etat."

[15] Oben § 29 IV.

delt. Dies ist aus systematischen Gründen erklärbar, rechtspolitisch aber verfehlt: Die Verfasser des Übereinkommens haben allerorten das Hohe Lied vom Beklagtenschutz gesungen.[16] Da hätte es nahegelegen,[17] auch diejenigen, die „draußen vor der Tür" sind, in den Schutzbereich des Art. 20 miteinzubeziehen, selbst wenn für diese Personen das beklagtenfreundliche Kompetenzrecht des Übereinkommens nicht gilt, sondern das durch Art. 4 II verschärfte nationale Zuständigkeitsrecht einschließlich der sogenannten exorbitanten Zuständigkeitsanknüpfungen, Art. 4 I.[18]

4. Nach der Konzeption des Art. 20 I braucht der Beklagte nicht am erststaatlichen Verfahren (= Erkenntnisverfahren) teilzunehmen, nur um die Unzuständigkeit des angerufenen Gerichts geltend zu machen.[19] Doch gilt dies nur cum grano salis. Art. 20 I bringt keinen absoluten Schutz für den Beklagten. Es kann sein, daß der Erstrichter seine interna-

---

[16] Vgl. oben § 4 I.

[17] Zwingende *logische Gründe* stehen nicht entgegen. A. A. *Droz* Nr. 248 S. 158: „L'article 4 renvoyant justement au droit commun des Etats, il était logique que la Convention ne se préoccupe pas de sa mise en jeu."

[18] Auch *EG-Bürger, die in keinem Vertragsstaat wohnen bzw. ihren Sitz haben,* überließ man dem exzessiven Zuständigkeitsrecht der jeweiligen lex fori. Der Ausschuß der Regierungssachverständigen erklärte sich außerstande, für ihren Schutz zu sorgen. Vgl. *Jenard*-Bericht S. 68: „Man könnte sich allerdings fragen, warum eigentlich der Ausschuß die Nichtanwendbarkeit der exorbitanten Zuständigkeitsregeln nicht grundsätzlich auf alle Angehörigen der Vertragsstaaten, und zwar ohne Rücksicht auf den Wohnsitz, ausgedehnt hat. – Mit anderen Worten: Warum kann zum Beispiel ein französischer Kläger sich weiterhin auf Artikel 14 des französischen Code civil stützen, um vor einem französischen Gericht einen Ausländer und sogar einen Angehörigen eines anderen EWG-Mitgliedstaates zu verklagen, der seinen Wohnsitz außerhalb der Gemeinschaft hat? – Der Ausschuß war der Ansicht, daß es zu weit ginge, die Anwendung der exorbitanten Zuständigkeitsregeln auch gegenüber solchen Personen – einschließlich von Angehörigen der Vertragsstaaten – auszuschließen, die ihren Wohnsitz außerhalb der EWG haben. So könnte zum Beispiel ein Belgier, der seinen Wohnsitz außerhalb der Gemeinschaft hat, Vermögen in den Niederlanden besitzen. Das niederländische Gericht ist in diesem Falle nicht zuständig, da in dem Übereinkommen das in einem Vertragsstaat belegene Vermögen keine Zuständigkeit begründet. Der Ausschluß von Artikel 14 frz. C. civ. hätte zur Folge, daß der französische Kläger gezwungen wäre, diesen belgischen Beklagten vor einem EWG-fremden Gericht zu verklagen, obwohl das Urteil in den Niederlanden nicht vollstreckt werden könnte, wenn zwischen diesem Land und dem Drittstaat, in dem das Urteil ergangen ist, ein Vollstreckungsabkommen nicht besteht. Diese Lösung findet sich übrigens auch im französisch-belgischen und im belgisch-niederländischen Abkommen sowie im Benelux-Vertrag, obwohl alle drei auf dem Grundsatz der Staatsangehörigkeit beruhen. Das französisch-belgische Abkommen wird dahingehend ausgelegt, daß ein Franzose sich nicht auf Artikel 14 C. civ. berufen kann, um in Frankreich einen Belgier zu verklagen, der seinen Wohnsitz in Belgien hat, wohl aber einen Belgier, dessen Wohnsitz im Ausland liegt." Außer acht läßt *Jenard* Art. 7 des EWG-Vertrages, der eine Diskriminierung verbietet. Vgl. *Schlosser* RIW/AWD 1983, 475 Fußn. 35.

[19] *Müller* in *Bülow-Böckstiegel* 606/160, Art. 20, Anm. I bei Fußn. 2.

tionale Zuständigkeit zu Unrecht bejaht, sei es, daß er von einem falschen Sachverhalt ausgeht oder daß er Art. 2ff. unrichtig auslegt.[20] In diesem Fall obliegt dem Beklagten die prozessuale Last, sich gegen die Entscheidung des Erstrichters durch Rechtsmittel, die das Prozeßrecht des Gerichtsstaates vorsieht, zu wehren. Er kann nicht die Entscheidung im Erststaat rechtskräftig werden lassen und sich darauf beschränken, die internationale Unzuständigkeit des Erststaates erst im Zweitstaat (im Anerkennungsstadium) geltend zu machen.[21] Die Nachprüfung der internationalen Zuständigkeit des Erststaates ist – von wenigen Ausnahmen abgesehen – verboten, Art. 28 III 3. Ein unter Verletzung der Art. 20 und Art. 2ff. erlassenes Urteil ist im Erststaat wirksam und muß auch in den anderen Vertragsstaaten nach Maßgabe der Art. 25ff. anerkannt werden. *Das Verbot der Nachprüfung der internationalen Zuständigkeit des Erststaates bewirkt also im Ergebnis eine Erweiterung der Gerichtspflichtigkeit des Beklagten.*[22,23]

5. Die prozessuale Last, sich einlassen zu müssen, nur um die Unzuständigkeit des angerufenen Gerichts geltend zu machen, besteht jedoch ausnahmsweise (in Abweichung von der vorstehend unter 4 erörterten Regel) im Fall des vertraglichen Ausschlusses der an sich gegebenen Zuständigkeit des Gerichtsstaates durch Derogation (Art. 17) bzw. Schiedsklausel.[24] Der Erstrichter braucht nicht etwa von Amts wegen zu forschen, ob eine Derogation[25] oder eine schiedsgerichtliche Erledigung vereinbart worden ist. Erfährt er jedoch davon, sei es aus dem (unschlüssigen) Vortrag des Klägers oder aus anderen prozeßordnungsgemäßen Quellen, dann hat er sich für unzuständig zu erklären, im Falle der Vereinbarung der schiedsgerichtlichen Erledigung jedoch nur, wenn nach

---

[20] Vgl. unten § 57 I 4.

[21] Vgl. *Geimer* WM 1976, 837.

[22] In einem Anerkennungssystem, das dem Zweitrichter die Prüfung der internationalen Zuständigkeit des Erstrichters gestattet, braucht sich der Beklagte am erststaatlichen Erkenntnisverfahren nicht zu beteiligen, sofern er dort kein Vermögen hat und deshalb dort keinen Vollstreckungszugriff befürchten muß. Er kann den Einwand der internationalen Unzuständigkeit des Erststaates in dem Verfahren vor dem Zweitrichter vorbringen und dadurch die Anerkennung und Vollstreckung des erststaatlichen Urteils verhindern.

[23] Vorstehendes gilt auch in dem Sonderfall von Art. I des Protokolls zum Übereinkommen (Art. 63). Danach kann jede Person, die ihren Wohnsitz in Luxemburg hat und vor dem Gericht eines anderen Vertragsstaates aufgrund Art. 5 Nr. 1 verklagt wird, die Unzuständigkeit dieses Gerichts geltend machen. Hat der Nicht-Wohnsitzstaat entgegen Art. I Abs. 1 des Protokolls ein Sachurteil gegen den Beklagten erlassen, so muß sich der Beklagte durch Einlegung von Rechtsmitteln oder von Rechtsbehelfen im Erststaat gegen dieses Urteil wehren. Unterliegt er auch im Rechtsmittelverfahren, so kann er Art. I Abs. 1 nicht etwa im Zweitverfahren als Versagungsgrund geltend machen. Die anderen Vertragsstaaten, einschließlich Luxemburg, sind nach Art. 25ff. verpflichtet, dieses Urteil anzuerkennen und zur Vollstreckung zuzulassen.

[24] Hierzu unten § 57 III 5 und § 139 IV 5.

[25] A. A. *Schlosser*-Bericht Nr. 22.

seiner lex fori[26] eine Rüge des Beklagten nicht erforderlich ist.[27] So dürfen z. B. deutsche Gerichte die Einrede des Schiedsvertrages nur auf Einrede des Beklagten beachten, § 1027 a ZPO, es sei denn, im Schiedsvertrag wurde vereinbart, daß der Schiedsvertrag auch von Amts wegen zu beachten sei.[28,29]

III. Prüfung von Amts wegen[30]

1. Das nationale Recht bestimmt, in *welcher Weise die Prüfung von Amts wegen erfolgt.* Insofern räumt das Übereinkommen den Vertragsstaaten einen gewissen Spielraum ein. So kann das nationale Recht den Richter verpflichten, zuständigkeitsrelevante Tatsachen selbst zu erforschen nach der *Inquisitionsmaxime.*[31] Es kann jedoch auch anordnen, daß der Richter der an der Zuständigkeit des angerufenen Gerichts interessierten Partei auferlegt, bestimmte Nachweise zu erbringen. Als Grenze des Regelungsvorbehalts zugunsten des nationalen Rechts gilt jedoch folgender Grundsatz: Der Richter darf seine Zuständigkeit nicht auf Grund bloßer Behauptungen des Klägers/Antragstellers bejahen, sondern nur dann, wenn er von der Existenz aller Umstände voll überzeugt ist, die seine Kompetenz begründen. Solange er diese Überzeugung nicht hat, kann bzw. muß er die Parteien auffordern, die notwendigen Beweise zu liefern. Werden diese Beweise nicht erbracht, so ist die Klage als unzulässig abzuweisen.[32] Im deutschen Zivilprozeß bleibt also der sogenannte Amtsprüfungsgrundsatz unberührt.[33] Beweiserhebung von Amts wegen im Sinne der Inquisitionsmaxime findet nicht statt.

2. Vorstehendes gilt auch für die sog. *doppelrelevanten Tatsachen,* also solche, deren Vorliegen oder Nichtvorliegen sowohl für den Kompetenztatbestand als auch für die Begründetheit der Klage relevant ist. Näher unten §§ 74 XVII, 83 X, 84 XVIII. Vgl. auch unten § 74 II 1 e β bei Fußn. 26.

3. Die näheren Einzelheiten der Prüfung von Amts wegen wurden auch im Rahmen der Beitrittsverhandlungen mit Dänemark, Irland und dem Vereinigten Königreich erörtert. Die britische Delegation hatte geltend gemacht, die Gerichte des Vereinigten Königreichs könnten nur aufgrund vorgetragener Tatsachen und Rechtsausführungen über die

---

26 Vgl. Art. 1 II Nr. 4.

27 Vgl. auch oben § 27 IV.

28 Vgl. die Kommentare zu § 1027 a ZPO.

29 Rechtsvergleichung bei *Schlosser* a. a. O.

30 Hierzu auch *Kropholler* IZVR Rz. 650; *Stein-Jonas-Schumann,* ZPO, 20. Aufl. Einl. XV G Rz. 803.

31 *Schlosser*-Bericht Nr. 22.

32 *Schlosser*-Bericht Nr. 22.

33 Hierzu *Zöller-Geimer,* ZPO, 13. Aufl., 1981, IZPR, Anm. E XIX.

Zuständigkeit entscheiden. Dieses Argument wurde nicht anerkannt. Vielmehr wurde betont, daß das Vereinigte Königreich mit seinem Beitritt zum Übereinkommen in Kauf genommen habe, gewisse Änderungen seiner herkömmlichen Rechtsanwendungsnormen durchzuführen. Im übrigen verlangten Art. 19 und 20 nicht, daß der nationale Richter von Amts wegen die Tatsachen ermitteln müßte, die für die entscheidende Zuständigkeitsfrage erheblich seien, daß er also etwa nachforschen müßte, wo der Beklagte seinen Wohnsitz hat. Entscheidend sei nur, daß unwidersprochene Parteibehauptungen den Richter nicht binden.[34] Eine Geständnisfiktion für vom Kläger/Antragsteller behauptete Zuständigkeitstatsachen verbietet Art. 20.[35] § 331 I 2 ZPO ist also nicht konventionskonform, weil diese Norm die Geständnisfiktion nur in den Fällen der Erfüllungsortsvereinbarung und der Zuständigkeitsvereinbarung ausschließt. *Art. 20 verbietet eine Fiktion für alle Zuständigkeitstatsachen.*[36]

IV. Unzuständigerklärung

1. Ergibt die Prüfung gemäß Art. 19, 20, daß die internationale Zuständigkeit des Gerichtsstaates zu verneinen ist, so ist die Klage bzw. der Antrag als unzulässig abzuweisen (Prozeßabweisung). Die näheren Einzelheiten regeln sich nach nationalem Prozeßrecht. Eine Verweisung an ein Gericht eines anderen Vertragsstaates ist ausgeschlossen. Damit bleibt als einzige Möglichkeit der Unzuständigerklärung nur die Prozeßabweisung, d. h. Verweigerung eines Urteils in der Sache wegen Unzuständigkeit.

2. Art. 75 des nouveau Code de procédure civile verlangt die Angabe des zuständigen Gerichts.[37] Dies muß der Beklagte in seiner Zuständigkeitseinrede dartun. Eine solche Regelung ist – sofern sie Geltung auch für die internationale Zuständigkeit beansprucht – mit Art. 19, 20 nicht vereinbar. Diese Normen bezwecken gerade das Gegenteil; das *Gericht* hat zu ermitteln, welche anderen Vertragsstaaten zuständig sind.

3. Im übrigen ist die Benennung der zuständigen Gerichte für die Gerichte der anderen Vertragsstaaten nicht bindend. Diese prüfen jeweils selbständig und ohne Bindung an die Prozeßabweisung, ob die eigene internationale Zuständigkeit besteht oder nicht.[38]

---

[34] *Schlosser*-Bericht Nr. 22.

[35] *Jenard*-Bericht S. 84: „Es genügt nicht, daß der Richter die Behauptungen des Klägers über die Zuständigkeit als richtig unterstellt."

[36] Dieser Grundsatz sollte – trotz § 331 I 2 ZPO – auch für das autonome deutsche Zuständigkeitsrecht akzeptiert werden, *Geimer* NJW 1973, 1151.

[37] Hierzu *Droz* Nr. 255 S. 160 und Revue critique de droit international privé 1976, 117.

[38] Ohne eigene Stellungnahme *Linke* in *Bülow-Böckstiegel,* 606/36 Anm. 6 vor Art. 2. Vgl. unten § 107 IX Fußn. 20 und § 133 III Fußn. 21.

§ 57 Zuständigkeitsprüfung durch den Zweitrichter: Prüfung der internationalen Zuständigkeit des Erststaates aus Anlaß der Anerkennung und Vollstreckbarerklärung des im Erststaat ergangenen Urteils in den anderen Vertragsstaaten[1]

I. Grundsatz: Verbot der Nachprüfung der internationalen Zuständigkeit des Erststaates

1. Die internationale Zuständigkeit des Erststaates ist nicht Voraussetzung für die Anerkennung und Vollstreckbarerklärung im Zweitstaat.[2] Dies ist eine wesentliche Neuerung.[3] Sie weicht vom autonomen deutschen Recht (§ 328 I Nr. 1 ZPO) sowie den Parallelvorschriften in den nationalen Rechtsordnungen der anderen EG-Staaten und den Regelungen der meisten Anerkennungs- und Vollstreckungsverträge ab.[4] Der Zweitrichter, der über die Anerkennung bzw. Zulassung zur Zwangsvollstreckung im Zweitstaat zu befinden hat, darf die internationale Zuständigkeit des Erststaates grundsätzlich nicht nachprüfen. Dies ergibt sich ganz klar aus Art. 28 I und III zweiter Halbsatz.[5]

---

[1] S. auch unten § 139 IV.

[2] Ausführlicher *Geimer* WM 1976, 837; RIW/AWD 1976, 146 und 1980, 305.

[3] Allgemein zum Verzicht auf die Nachprüfung der internationalen Zuständigkeit im Anerkennungsstadium *Jellinek*, Zweiseitige Staatsverträge über Anerkennung ausländischer Urteile, 1953, 6: Nach „heutiger Auffassung wäre es eine sehr fortschrittliche Regelung, die Jurisdiktionsfrage schlechthin durch die Rechtskraft des Ersturteils für beantwortet zu erklären; nur bei nah befreundeten Staaten des gleichen Kulturkreises findet man ein solch weitgehendes Vertrauen zum ausländischen Richter". Präziser *Schröder* Internationale Zuständigkeit, 1971, 772 Fußn. 3473: „Auf die enge Verwandtschaft der in- und ausländischen Zuständigkeitsordnung kommt es an."

[4] Vgl. hierzu unten Bd. I 2 sub Prüfung der internationalen Zuständigkeit des Erststaates.

[5] *Jenard*-Bericht S. 90: „Die in dem II. Titel genau festgelegten Zuständigkeiten und der dem säumigen Beklagten in Artikel 20 jenes Titels gewährte Rechtsschutz ließen es entbehrlich erscheinen, von dem Gericht, vor dem die Anerkennung geltend gemacht oder die Zulassung zur Vollstreckung beantragt wird, eine Nachprüfung der Zuständigkeit des Richters des Urteilsstaates zu verlangen.

Wenn die sachliche Nachprüfung der Entscheidung ausgeschlossen wird, so kommt darin das volle Vertrauen in die Rechtspflege des Urteilsstaates zum Ausdruck; dieses Vertrauen in die sachliche Richtigkeit der Entscheidung muß sich, wie es sich von selbst versteht, auch darauf erstrecken, daß der Richter des Urteilsstaates die Zuständigkeitsregeln des Übereinkommens richtig angewendet hat. Durch die Regelung, daß die Zuständigkeit des Richters des Urteilsstaates nicht nachzuprüfen ist, wird vermieden, daß bei der Anerkennung die Frage einer etwaigen Nichtbeachtung dieser Vorschriften aufs neue aufgeworfen wird. Die einzigen Ausnahmen hierzu betreffen einerseits Sachgebiete (Versicherungssachen, Abzahlungsgeschäfte), für die Titel II besondere oder ausschließliche Zuständigkeiten vorsieht, die, wie wir bereits gesehen haben, in den sechs Staaten entweder zwingender Natur sind oder zum ordre public gehören und andererseits den in Artikel 59 vorgesehenen Fall, auf dessen Erläuterung Bezug genommen wird." Hierzu *Droz* Nr. 475 S. 302ff.

2. Das Verbot der Nachprüfung der internationalen Zuständigkeit des Erststaates bewirkt, daß die übrigen Vertragsstaaten die Anerkennung bzw. Zulassung zur Zwangsvollstreckung auch solchen gerichtlichen Entscheidungen nicht verweigern dürfen, die unter Verletzung der vom Übereinkommen errichteten internationalen Zuständigkeitsordnung ergangen sind.[6]

a) Der Beklagte des erststaatlichen Erkenntnisverfahrens kann z. B. nicht einwenden, der Erstrichter habe zu Unrecht die Zuständigkeitsregeln des Übereinkommens (Art. 2 I, 3, 5ff.) für nicht anwendbar erklärt[7] und deshalb unrichtigerweise die exorbitanten Zuständigkeitsvorschriften des nationalen Rechts gemäß Art. 4 I herangezogen.[8]

b) Aber auch der umgekehrte Einwand, der Erstrichter habe zu Unrecht das europäische Zuständigkeitsrecht (oben § 29) seiner Entscheidung zugrunde gelegt, anstelle des in concreto zum Zuge kommenden nationalen Kompetenzrechts (oben § 9), ist ausgeschlossen: Das autonome Recht kann im Einzelfall für den Beklagten günstiger sein als das Kompetenzsystem des Übereinkommens: nämlich dann, wenn in concreto das nationale Zuständigkeitsrecht die Kompetenzanknüpfungen des Übereinkommens entweder überhaupt nicht oder nicht in dem von Art. 5ff. festgelegten weiten Umfang kennt.[9] So ist der Gerichtsstand des Erfüllungsortes (Art. 5 Nr. 1) dem autonomen Recht der Niederlande unbekannt. Das Forum delicti commissi (Art. 5 Nr. 3) kennen die Niederlande und Luxemburg nur für Schiffszusammenstöße; der Gerichtsstand der Streitgenossenschaft (Art. 6 Nr. 1) eröffnet nach der deutschen ZPO nur in Ausnahmefällen[10] die internationale Entscheidungszuständigkeit für die Bundesrepublik Deutschland.

c) Schließlich kann der Beklagte des erststaatlichen Verfahrens auch nicht mit Aussicht auf Erfolg einwenden, der Erstrichter habe die nach dem Übereinkommen maßgebliche Zuständigkeitsordnung (Art. 2 I, Art. 4 I) zwar richtig ermittelt, aber in concreto falsch angewandt.[11]

Beispiel: Der Erstrichter hält zutreffend die Art. 5ff. (also nicht das nationale Zuständigkeitsrecht gemäß Art. 4) für anwendbar, subsumiert aber den Erfüllungsort im Sinne von Art. 5 Nr. 1 (der nach der vom erststaatlichen IPR berufenen lex causae zu bestimmen ist)[12] oder den Erfolgsort im Sinne von Art. 5 Nr. 3, d. h. den Ort, an dem das schädigende Ereignis eingetreten ist[13], falsch.

d) Es spielt keine Rolle, ob sich der Erstrichter bewußt oder unbe-

---

[6] *Geimer* WM 1976, 837; RIW/AWD 1980, 305.

[7] Etwa, weil er der Ansicht war, es läge ein Fall des Art. 1 II Nr. 1 vor, oder weil er meinte, der Beklagte wohne in keinem der Vertragsstaaten.

[8] Zu den exorbitanten Gerichtsständen s. oben § 49.

[9] Vgl. oben § 50 II.

[10] Vgl. *Zöller-Geimer,* ZPO, 13. Aufl., 1981, IZPR, Anm. E XVIII 1.

[11] *Geimer* RIW/AWD 1980, 306.

[12] Hierzu unten § 83 XIII.

[13] Hierzu unten § 84 XIV.

wußt, durch falsche Auslegung des Übereinkommens oder aufgrund eines unrichtigen Sachverhalts, über die Zuständigkeitsordnung des Übereinkommens hinweggesetzt hat.[14] Auch gegen offensichtliche Willkürentscheidungen zur Zuständigkeitsfrage darf der ordre public nicht eingesetzt werden, Art. 28 III zweiter Halbsatz.[15] Diese international ungewöhnliche Lösung ist nur auf dem Hintergrund des großen Vertrauens erklärbar, das sich die Vertragsstaaten gegenseitig entgegenbringen.[16] Sie gehen davon aus, daß die Rechtsprechung in allen Staaten von gleichem Niveau ist und daß die Gerichte nicht willkürlich die Zuständigkeitsordnung des Übereinkommens mißachten. So konnten sie sich bereitfinden, grundsätzlich auch dann Urteile anzuerkennen, die von einem international unzuständigen Gericht erlassen wurden.

3. Diese neue Konzeption ist zu begrüßen, da sie die Freizügigkeit der Titel innerhalb der Gemeinschaft fördert. Die *schutzwürdigen Interessen des Beklagten* sind durch Art. 20 hinreichend gewahrt. Erklärt sich ein Gericht eines international unzuständigen Vertragsstaates (irrtümlich oder willkürlich) für zuständig, so obliegt es dem Beklagten, die nach dem Recht dieses Staates zulässigen Rechtsmittel und Rechtsbehelfe einzulegen. Der Beklagte kann den Streit über die internationale Zuständigkeit nicht auch noch im Zweitstaat fortsetzen. Diese Lösung dient der Rechtssicherheit und verhindert widersprechende Entscheidungen. Bekanntlich kann man z. B. über die Frage, wo der Erfüllungsort für eine Verbindlichkeit gelegen ist (Art. 5 Nr. 1), endlos streiten. Es ist richtig, den Streit im Erststaat enden zu lassen und nicht neue Orakel in anderen Vertragsstaaten zu eröffnen.[17]

4. Das Verbot der Nachprüfung der internationalen Zuständigkeit des Erststaates bewirkt – wie bereits erwähnt – eine *Erweiterung der Gerichtspflichtigkeit des Beklagten*.[18] In einem Anerkennungssystem, das dem Zweitrichter die Prüfung der internationalen Zuständigkeit des Erststaates gestattet, braucht sich der Beklagte am erststaatlichen Erkenntnisverfahren nicht zu beteiligen (sofern er kein Vermögen im Erststaat hat und daher dort keinen Vollstreckungszugriff befürchten muß).[19] Er kann den Einwand der internationalen Unzuständigkeit ja im Zweitverfahren vorbringen und dadurch die Anerkennung und Vollstreckung des erststaatlichen Titels verhindern.[20] Anders ist es nun grundsätzlich im Anwendungsbereich der Art. 25ff.: Hier hat der Beklagte die prozessuale Last, sich in jedem Fall am Rechtsstreit im Erststaat zu beteiligen, auch wenn der Erststaat weder nach Konventionsrecht (Art. 2 I, Art. 3 I) noch nach

---

[14] *Geimer* WM 1976, 837.
[15] *Droz* Nr. 491 S. 310f.; *Linke* in *Bülow-Böckstiegel* 606/219, Art. 28, Anm. I 3.
[16] Vgl. *Jenard*-Bericht S. 90 zu Art. 28 (oben Fußn. 5).
[17] *Geimer* WM 1976, 837.
[18] *Geimer* WM 1976, 837; *Linke* in *Bülow-Böckstiegel* 606/220, Art. 28, Anm. I 3.
[19] Vgl. oben § 56 II 4.
[20] Vgl. z. B. § 328 I Nr. 1 ZPO.

nationalem Zuständigkeitsrecht (Art. 4 I) international zuständig ist.[21] Der Erstrichter ist zwar nach Art. 20 I verpflichtet, von Amts wegen seine Zuständigkeit zu prüfen und sich gegebenenfalls für unzuständig zu erklären, wenn sich der Beklagte auf das Verfahren nicht eingelassen hat.[22] Aber ein unter Verletzung dieser Vorschrift ergangenes Urteil ist wirksam und muß grundsätzlich in den übrigen Vertragsstaaten anerkannt und zur Vollstreckung zugelassen werden, sofern kein Versagungsgrund nach Art. 27 vorliegt.[23] Bejaht das Erstgericht seine internationale und örtliche Zuständigkeit, obwohl es nach den Regeln des Übereinkommens international unzuständig ist, und erläßt es ein Sachurteil, so bleibt dem Beklagten nur die Möglichkeit, alle nach dem Recht des Erststaates zulässigen Rechtsmittel und Rechtsbehelfe auszuschöpfen, um eine Aufhebung des erstinstanziellen Urteils und eine Prozeßabweisung wegen Unzuständigkeit zu erreichen.[24] Verwerfen die Rechtsmittelgerichte den Einwand der Unzuständigkeit, so hat es damit sein Bewenden.

5. Etwas anderes gilt auch nicht in dem Sonderfall des Art. I des Protokolls zum Übereinkommen (Art. 63). Danach kann jede Person, die ihren Wohnsitz in Luxemburg hat und vor dem Gericht eines anderen Vertragsstaates aufgrund Art. 5 Nr. 1 verklagt wird, die Unzuständigkeit dieses Gerichts geltend machen. Hat der Nichtwohnsitzstaat entgegen Art. I Abs. 1 des Protokolls gegen den Beklagten ein Sachurteil erlassen, so muß dieses in Luxemburg und in den anderen Vertragsstaaten nach Art. 25ff. anerkannt und zur Vollstreckung zugelassen werden. Art. I bringt keine Erweiterung zu Art. 28 I.[25]

II. Ausnahmsweise Nachprüfung der internationalen Zuständigkeit[26]

1. Den Verzicht auf die Nachprüfung der internationalen Zuständigkeit glaubten die Verfasser des Übereinkommens nicht in allen Bereichen

[21] Hierzu oben § 9 und § 29.

[22] Zum beschränkten Anwendungsbereich des Art. 20 I s. oben § 56 II 2.

[23] Vgl. auch *Kropholler* Kommentar 209, Art. 28 Rz. 3.

[24] *Geimer* WM 1976, 837.

[25] Ebenso *Cour superieure de Justice de Luxembourg,* 5. März 1974, Revue critique de droit international privé 1975, 662 mit Anm. *Droz* und *Weser* (Fußn. 3), no. 223 bis (3) S. 254. A. A. *Président du Tribunal d'arrondissement de Luxembourg,* 11. November 1974, Rev. crit. dr. i. p., 1975, 660. Treffend legt die *Cour* aaO S. 664 dar, daß „l'esprit de la Convention veut que toute personne régulièrement assignée se défende et décline dans le pays d'origine la compétence du juge indûment saisi, le cas échéant par l'exercise des voies de recours prévues par ce pays, et que le défendeur défaillant supporte les conséquences de son inaction, sans pouvoir se retrancher derrière la commodité d'un défaut."

[26] Hierzu *Geimer* WM 1976, 837; RIW/AWD 1980, 306.

vertreten zu können.[27] Sie ließen Ausnahmen zu: Art. 28 I, Art. 54 II, Art. 34 III des Beitrittsübereinkommens vom 9. Oktober 1978, Art. 12 II des Beitrittsübereinkommens vom 25. Oktober 1982.

2. Dabei waren *unterschiedliche Motive* maßgebend:[28]

a) Bei der Nachprüfung der internationalen Zuständigkeit in Versicherungs- und Verbrauchersachen (Art. 7ff., Art. 13ff.) steht der *Schutz des typischerweise*[29] *schwächeren Vertragspartners* (Versicherungsnehmers, Verbrauchers, Abzahlungskäufers) im Vordergrund.[30] Die Verfasser des Übereinkommens erwiesen dem Zeitgeist ihre Reverenz: Sie erklärten diese Verbraucherschutznormen für so bedeutsam, daß man ihre Verletzung auch noch im Anerkennungsstadium sollte rügen können.[31]

b) Mit der Prüfung, ob Art. 16 beachtet ist, glaubte man *das Jurisdiktionsinteresse des nach Art. 16 ausschließlich international zuständigen Vertragsstaates* schützen zu müssen.[32] Man glaubte – wohl zu Unrecht[33] –, dieses sei so stark, daß der ordre public involviert sei.[34]

c) Bei der Nachprüfung gemäß Art. 54 II geht es um *Übergangsprobleme.*[35] Es ist verständlich, daß man auf die Prüfung der internationalen Zuständigkeit zum Schutz des Beklagten vor unzumutbaren Gerichtsständen nicht verzichten konnte, solange die Zuständigkeitsordnung des Übereinkommens mit ihren Kautelen für den Beklagten (Art. 3, Art. 20)[36] nicht in Kraft war.[37]

d) Das gleiche gilt für die Nachprüfung auf Grund der oben 1 genannten Beitrittsübereinkommen vom 9. Oktober 1978 (Art. 34 III) und vom 25. Oktober 1982 (Art. 12 II).

e) Art. 59 schließlich ist das Ergebnis des Haager Kompromisses. Auf Grund der Proteste aus dritten Staaten, insbesondere den USA[38], gegen die Erweiterung der exorbitanten Gerichtsstände durch Art. 4 II und die Ausdehnung der Wirkungen der in diesen Gerichtsständen erlassenen gerichtlichen Entscheidungen auf alle Vertragsstaaten durch Art. 25ff.

---

27 Vgl. auch unten § 139 IV.

28 Hierzu *Jenard*-Bericht S. 90 zu Art. 28 (oben Fußn. 5).

29 Ein Großunternehmen, das seine Industrieanlagen versichert, ist so stark, daß es seine Interessen auch ohne Verbraucherschutznormen schützen kann. Gleichwohl genießt es den Schutz des Art. 7ff. Vgl. auch *Schlosser*-Bericht Nr. 140.

30 *Geimer* RIW/AWD 1980, 307.

31 Kritisch *Schütze* AWD 1974, 429.

32 Vgl. unten § 139 IV.

33 *Zöller-Geimer,* ZPO, 13. Aufl., 1981, IZPR, Anm. E VI 2.

34 Vgl. *Jenard*-Bericht S. 90 zu Art. 28 (oben Fußn. 5).

35 Näher *Geimer* NJW 1975, 1087; RIW/AWD 1976, 149.

36 Zum Beklagtenschutz s. auch unten § 139 IV 2 d und e sowie § 140 XII.

37 Vgl. oben § 16.

38 Besonders engagiert *Nadelmann,* The Outer World and the Common Market Experts' Draft, Common Market Law Review, 1967/68, 409, und Jurisdictionally Improper Fora in Treaties on Recognition of Judgments: the Common Market Draft, Columbia Law Review, 1967, 995.

eröffnete man die Möglichkeit[39], daß Vertragsstaaten mit dritten Staaten ein Anerkennungs- und Vollstreckungsverbot für die Fälle vereinbaren, daß das Gericht eines Vertragsstaates (= Erstgericht) seine internationale Zuständigkeit nur auf einen exorbitanten Zuständigkeitsanknüpfungspunkt im Sinne des Art. 3 II stützen konnte. Ob dies der Fall ist, darf der Zweitrichter nachprüfen, wenn ein solcher Vertrag geschlossen und in Kraft ist. *Beispiel:* Art. 23 des deutsch-norwegischen Vertrages; hierzu unten § 139 IV 2 c.

3. Der Beklagte hat nicht die prozessuale Last, alle nach dem Recht des Erststaates zulässigen ordentlichen Rechtsmittel auszuschöpfen, um die internationale Unzuständigkeit des Erststaates nach Art. 11 bzw. Art. 14 geltend zu machen. Legt er jedoch im Erststaat Rechtsmittel ein, dann muß er seine Rüge der internationalen Unzuständigkeit aufrechterhalten. Andernfalls wird die internationale Zuständigkeit des Erststaates durch rügelose Einlassung (Art. 18) begründet.[40] Ausnahmen gelten allerdings für den Einwand der Derogation und den Einwand des Schiedsvertrages. Hierzu unten III 4 und 5.

4. Der Zweitrichter darf gemäß Art. 28 I immer nur nachprüfen, ob die *Vorschriften des Übereinkommens* zu Unrecht nicht oder falsch angewandt worden sind. Unzulässig ist der Einwand, der Erstrichter habe den Anwendungsbereich des Übereinkommens (oben § 29) verkannt und irrig die Kompetenznorm des Übereinkommens (z. B. Art. 11, 12, 14) anstatt des nationalen Rechts (Art. 4 I) angewandt. Die Nichtbeachtung des richtigerweise anzuwendenden nationalen Rechts (Art. 4, 7, 13) ist kein Grund zur Versagung der Anerkennung gemäß Art. 28 I.

5. Der Zweitrichter darf nur die internationale Zuständigkeit des Erststaates nachprüfen, nicht jedoch die *örtliche Zuständigkeit* des Gerichts, das die zur Anerkennung anstehende Entscheidung erlassen hat. Vgl. unten III 7 und IV 5.

Dieses Verbot ist zwar weder im Text des Übereinkommens noch im Bericht der Unterhändler klar ausgesprochen, ergibt sich jedoch aus der Zielsetzung des Übereinkommens, den internationalen Rechtsverkehr zwischen den Vertragsstaaten zu erleichtern und nicht gegenüber dem bisherigen Rechtszustand zu erschweren. Es wäre ungereimt, z. B. die Anerkennung eines italienischen Urteils daran scheitern zu lassen, daß nach Ansicht des Zweitrichters nicht die Gerichte in Mailand, sondern die in Neapel örtlich zuständig waren.

6. Bei der Prüfung der internationalen Zuständigkeit ist der Zweitrichter an die *tatsächlichen Feststellungen des Erstrichters* gebunden (Art. 28 II). Diese Vorschrift betrifft jedoch nur den Einwand der internationalen *Unzuständigkeit. Anerkennungsfreundliche Tatsachen* können jederzeit geltend gemacht werden.

---

[39] Vgl. die Nachweise bei *Basedow* IZVR Rz. 150.

[40] *Geimer* WM 1977, 69; RIW/AWD 1979, 642 sub 8; RIW/AWD 1980, 307 Fußn. 35.

7. An die *rechtlichen Feststellungen (Subsumtionsergebnisse) des Erstrichters* ist der Zweitrichter nicht gebunden. Vgl. unten III 3a.

III. Nachprüfung der internationalen Zuständigkeit des Erststaates in Versicherungssachen[41]

1. Kein Rügerecht des Versicherers

In Versicherungssachen kann sich der Versicherer nicht auf die internationale Unzuständigkeit des Erststaates berufen. Er gehört nicht zu dem durch Art. 7ff. geschützten Personenkreis. *Art. 28 I ist teleologisch zu reduzieren.*[42] Es war nicht Anliegen der Verfasser des Übereinkommens, der zur Leistung verurteilten Versicherung – entgegen der Grundregel des Art. 28 III – im Anerkennungs- bzw. Klauselerteilungsstadium die Möglichkeit zu eröffnen, die internationale Unzuständigkeit des Erststaates darzutun und damit den erststaatlichen Titel im Zweitstaat zu Fall zu bringen.[43] Vielmehr sollten der Versicherungsnehmer, der Versicherte und Begünstigte oder sonstige aus dem Versicherungsverhältnis nach der lex causae[44] berechtigte bzw. begünstigte Personen gegen das wirtschaftliche Übergewicht des Versicherers geschützt werden. Deshalb erklärt Art. 11 für Klagen des Versicherers gegen eine der vorgenannten Personen nur den Wohnsitzstaat des Beklagten für international zuständig. Die Spezialfora der Art. 5 und 6 kommen nicht zum Zuge. Abweichende Zuständigkeitsvereinbarungen sind nur nach Entstehung der Streitigkeit zulässig, Art. 12 Nr. 1.[45]

2. Kein Rügerecht des klagenden Versicherungsnehmers, Versicherten oder sonstwie aus dem Versicherungsverhältnis Berechtigten

a) Die geschützten Personen ihrerseits können sich auf die internationale Unzuständigkeit des Erststaates nicht berufen, soweit sie im Erststaat Kläger bzw. Widerkläger waren.[46] Denn nur als *Beklagte* sind sie schutzbedürftig. Wenn sie selbst angreifen, also den Versicherer in einem nach den Zuständigkeitsregeln der Art. 7 – Art. 10 international unzuständigen Vertragsstaat verklagen,[47] so können sie gegen die Anerken-

[41] Hierzu auch unten § 139 IV 5.

[42] *Geimer* RIW/AWD 1980, 307.

[43] Diesen Aspekt hat der BGH, Urteil vom 2. Mai 1979, BGHZ 74, 248 = RIW/AWD 1979, 494 = NJW 1980, 1223 = IPRspr. 1979 Nr. 198 übersehen. Kritik bei *Geimer* RIW/AWD 1980, 306.

[44] Zur Maßgeblichkeit der lex causae s. auch unten § 74 III 6 bei Fußn. 124.

[45] Näher unten § 75 V 2.

[46] Zur Gerichtspflichtigkeit des Klägers bzw. Widerklägers s. unten §§ 79, 80.

[47] Z. B. entgegen einer Derogationsvereinbarung (Art. 12 Nr. 1 oder Nr. 2). Läßt sich der beklagte Versicherer ein, dann ist der Gerichtsstaat bereits gemäß Art. 18 international zuständig geworden.

nung nicht einwenden, der Urteilsstaat sei nach den Regeln der Art. 7ff. international unzuständig gewesen.

b) Dieses Ergebnis folgt aus der Teleologie des Art. 28 I: Die Prüfung der internationalen Zuständigkeit des Erststaates (als Voraussetzung der Anerkennung im Zweitstaat) dient nämlich dem Schutz des Beklagten, nicht des Klägers. Wollte der Kläger die internationale Unzuständigkeit der von ihm selbst angerufenen Gerichte reklamieren, so wäre dies ein Fall des venire contra factum proprium.[48]

3. Rügerecht des beklagten Versicherungsnehmers[49]

a) Eine Prüfung der internationalen Zuständigkeit des Erststaates gemäß Art. 28 I, 7ff. ist also nur zulässig, wenn der *Versicherer* Kläger bzw. Antragsteller war. Der beklagte Versicherungsnehmer, Versicherte, Begünstigte oder sonstwie aus dem Versicherungsverhältnis Berechtigte[50] kann vor dem Zweitrichter geltend machen, die zu seinem Schutz geschaffenen Vorschriften der Art. 7ff. seien verletzt, das heißt nicht oder nicht richtig angewandt worden.[51] Es kann z. B. der Beklagte rügen, sein Wohnsitz befinde sich nicht im Urteilsstaat, Art. 11 I, auch sei dieser nicht wirksam prorogiert worden, Art. 12. Der Zweitrichter ist zwar an die tatsächlichen Feststellungen des Erstrichters nach Art. 28 II gebunden, soweit diese anerkennungsfreundlich sind, nicht jedoch an die rechtlichen Feststellungen.[52] So kann z. B. der Zweitrichter die Frage, ob der Beklagte zum Zeitpunkt der Klageerhebung seinen Wohnsitz im Erststaat hatte oder zumindest während der Rechtshängigkeit seinen Wohnsitz dorthin verlegte, anders beantworten als das Erstgericht.[53]

b) Eine Versagung der Anerkennung wegen Fehlens des Wohnsitzes des Beklagten im Urteilsstaat wird wohl nur dann aktuell werden, wenn der Beklagte am erststaatlichen Verfahren nicht teilgenommen hatte und deshalb eine Versäumnisentscheidung ergangen ist.[54] Der Erstrichter war zwar zur Prüfung der internationalen Zuständigkeit und damit der Wohnsitzfrage (Art. 11 I, 52) von Amts wegen verpflichtet, Art. 20 I. Wegen des Fehlens des Beklagten war aber eine kontradiktorische Verhandlung nicht möglich, deshalb ist nicht auszuschließen, daß der Erstrichter die Zuständigkeitsfrage doch zu wenig geprüft hat.

c) War jedoch der Beklagte im erststaatlichen Verfahren vertreten und hat er auch durch Einlegung von Rechtsmitteln[55] die internationale Zu-

---

48 Vgl. unten § 139 IV 5.
49 *Geimer* RIW/AWD 1980, 307.
50 Zum berechtigten Personenkreis s. unten § 74 III 6.
51 Zum Anwendungsbereich der Art. 7ff. s. unten § 74 III und IV.
52 Vgl. unten § 139 IV 9.
53 *Geimer* WM 1980, 307.
54 Vgl. unten § 140 VII.
55 Hierzu oben bei Fußn. 21.

ständigkeit des Erststaates bestritten, dann wird der Zweitrichter wohl nur sehr selten abweichend von der Rechtsmeinung des erststaatlichen Richters entscheiden. Man kann wohl davon ausgehen, daß die Gerichte des Erststaates, vor allem dann, wenn Rechtsmittelgerichte entschieden haben, ihr eigenes Wohnsitzrecht (Art. 52 I) zumindest genausogut anwenden wie der Zweitrichter. Wenn etwa die Cour d'appel oder die Cour de cassation entschieden hat, daß der Beklagte in Frankreich wohne (Art. 102ff. Code civil,) so wäre es wohl vermessen, wenn die deutschen Gerichte im Zweitverfahren ohne triftigen Grund das Gegenteil für Recht erkennen würden.[56]

d) Ein Grund zur Versagung der Anerkennung bzw. Klauselerteilung wird häufiger wohl dann gegeben sein, wenn der Zweitrichter die Tatbestandsvoraussetzungen des Art. 12 anders auslegt als der Erstrichter. Hat sich z. B. der Urteilsstaat, in dem der Beklagte unstreitig nicht wohnt, für international zuständig gehalten, weil nach der *Entstehung der Streitigkeit*[57] eine wirksame Prorogation vereinbart worden sei, so ist es durchaus möglich, daß der Zweitrichter anderer Auffassung ist und die Zuständigkeitsvereinbarung für unwirksam hält, weil man zum Zeitpunkt des Abschlusses der Prorogationsvereinbarung noch nicht gestritten habe.[58] Denn er ist ja nicht an die erstrichterliche Rechtsmeinung gebunden, sondern nur an die tatsächlichen Feststellungen, Art. 28 II.[59]

4. Einwand der Derogation des Wohnsitzstaates[60]

a) Es geht hier um folgende Konstellation: Ein Gericht des Wohnsitzstaates verurteilte den Versicherungsnehmer. Dieser macht im Zweitverfahren geltend, der Urteilsstaat sei international unzuständig gewesen, da die ausschließliche internationale Zuständigkeit eines anderen Staates vereinbart worden sei und deshalb die internationale Zuständigkeit des Wohnsitzstaates (Art. 11 I) derogiert sei.[61] Hier ist es denkbar, daß der Zweitrichter – anders als der Erstrichter, der die Zuständigkeitsvereinbarung (Art. 12, 17) für unwirksam hielt – zu dem Ergebnis kommt, daß

---

[56] Vgl. auch *Geimer* JZ 1969, 16 Fußn. 30. – Der Prüfungsmaßstab des Zweitrichters ist der gleiche wie der des Erstrichters. Der Zweitrichter hat Art. 52 und Art. 53 mit der Brille des Erstrichters zu lesen, also aus der gleichen Perspektive anzuwenden wie der Erstrichter, insbesondere das IPR des Erststaates, nicht sein eigenes. Dies ist aber bestritten. Vgl. unten § 73 (6), § 74 IX 2 und § 87 XXV.

[57] Hierzu unten § 75 V 2.

[58] *Geimer* RIW/AWD 1980, 308.

[59] Hierzu unten § 139 IV 9. Soweit es bei Anwendung des Art. 52 III durch den Erstrichter auf das IPR des Erststaates (vgl. unten § 63) ankommt, hat auch der Zweitrichter dieses (also nicht das IPR des Zweitstaates) seiner Prüfung gemäß Art. 28 I zugrundezulegen.

[60] Hierzu auch unten § 139 IV.

[61] Vgl. auch oben § 30.

die internationale Zuständigkeit des Wohnsitzstaates abbedungen wurde.[62]

b) Der Zweitrichter darf den Derogationseinwand überhaupt nur dann beachten, wenn der Beklagte im erststaatlichen Erkenntnisverfahren diesen Einwand erfolglos erhoben hatte.[63] Der Beklagte darf sich die Derogation nicht bis zum Zweitverfahren aufheben und sie erst dort vortragen. Denn durch den vertraglichen Ausschluß der an sich gemäß Art. 11 I gegebenen internationalen Zuständigkeit des Wohnsitzstaates wird die Last zur Einlassung vor erststaatlichen Gerichten des Wohnsitzstaates nicht zur Gänze beseitigt, sondern nur die Einlassungspflicht zur Hauptsache.[64] Hält sich der Versicherer nicht an die Derogationsvereinbarungen und klagt er in dem Staat, in dem der Beklagte wohnt, Art. 11 I, so ist es dem Beklagten durchaus zuzumuten, daß er am Rechtsstreit teilnimmt und durch seinen Anwalt vortragen läßt, die Zuständigkeit des Wohnsitzstaates sei derogiert. Tut er dies nicht, dann kann er sich im Zweitstaat nicht auf die internationale Unzuständigkeit des Wohnsitzstaates berufen.

c) Das gleiche gilt, wenn er die Rüge der internationalen Unzuständigkeit infolge der Derogation nicht mit nach dem Recht des Erststaates statthaften ordentlichen Rechtsmitteln weiterverfolgt. Nur wenn der Beklagte im Erststaat alle möglichen Schritte erfolglos unternommen hat, um den auch nach dem Recht des Erststaates schlüssigen Einwand der Derogation durchzusetzen, ist es vertretbar, die Anerkennung zu versagen, weil aus der Sicht des Zweitrichters die Gerichte des Erststaates die Derogation nicht beachtet haben. Nur dann ist das Interesse des Beklagten an der internationalen Durchsetzung der Zuständigkeitsvereinbarung schutzwürdiger als das durch Art. 25ff. besonders betonte Interesse an der internationalen Entscheidungsharmonie, das heißt an der Förderung des internationalen Rechtsverkehrs durch die weitest mögliche Anerkennung der richterlichen Entscheidung aus anderen Vertragsstaaten.[65]

5. Einwand des Schiedsvertrages[66]

Dieser Einwand ist unzulässig.[67] Art. 28 I führt diesen Versagungsgrund nicht auf. Eine Ausnahme gilt nur für die Übergangsfälle gemäß Art. 54 II[68] und den oben II 1 genannten Beitrittsübereinkommen. An-

---

62 Vgl. auch unten § 196.

63 *Geimer,* Zur Prüfung der Gerichtsbarkeit und der internationalen Zuständigkeit bei der Anerkennung ausländischer Urteile, 1966, 146; *Geimer* ZZP 87 (1974), 344; RIW/AWD 1980, 308 sub 4.

64 Vgl. oben § 56 II 5.

65 Dies ist eine Ausnahme von dem oben II 3 dargestellten Grundsatz.

66 Hierzu allgemein *Geimer*, Zur Prüfung der Gerichtsbarkeit und der internationalen Zuständigkeit bei der Anerkennung ausländischer Urteile, 1966, 146.

67 *Geimer* RIW/AWD 1980, 308 sub 5.

68 Hierzu *Geimer* NJW 1975, 1087.

sonsten ist die Regelung des Art. 28 I abschließend. Es dürfen nicht weitere Versagungsgründe hineininterpretiert werden.[69] Aus Art. 1 II Nr. 4 läßt sich nichts Gegenteiliges herleiten.[70]

6. Prüfung der internationalen Zuständigkeit des Erststaates nur auf Grund Rüge der geschützten Personen, nicht von Amts wegen

Soweit in den oben beschriebenen engen Grenzen eine Nachprüfung der internationalen Zuständigkeit des Erststaates in Versicherungssachen möglich ist, darf der Zweitrichter nicht von Amts wegen die internationale Unzuständigkeit des Erststaates feststellen.[71] Vielmehr ist eine Zuständigkeitsrüge des im Erststaat beklagten Versicherungsnehmers, Versicherten, Begünstigten oder sonstwie aus dem Versicherungsvertragsverhältnis Berechtigten etc.[72] notwendig. Dieser kann darüber befinden, ob er im Zweitverfahren die internationale Unzuständigkeit des Erststaates geltend machen will oder nicht.[73] Wenn die Klage des Versicherers in dem (nach Art. 11 oder Art. 12) international unzuständigen Vertragsstaat als unbegründet abgewiesen worden ist, wird er wohl in den meisten Fällen nichts gegen die Anerkennung des klageabweisenden Urteils einzuwenden haben. Hier würde eine Nichtanerkennung der Rechtskraft der erststaatlichen Klageabweisung dem Versicherer die Möglichkeit geben, noch einmal mit vielleicht größerer Aussicht auf Erfolg in einem anderen Vertragsstaat zu klagen. Dies verträgt sich aber nicht mit dem Zweck der Schutznormen der Art. 11, 12, 28 I.[74]

7. Keine Nachprüfung der örtlichen Zuständigkeit durch den Zweitrichter [75]

In dem oben dargelegten Umfang darf der Zweitrichter nur die *internationale Zuständigkeit* des Erststaates prüfen, nicht jedoch die *örtliche Zuständigkeit* des Erstgerichts.[76] Steht fest, daß der beklagte Versicherungsnehmer, Versicherte etc. zum maßgeblichen Zeitpunkt im Erststaat seinen Wohnsitz hatte und daß die internationale Zuständigkeit des Wohnsitzstaates auch nicht wirksam (Art. 12) derogiert worden ist, so ist die Zuständigkeitsprüfung gemäß Art. 28 I beendet. Welches Gericht innerhalb des Wohnsitzstaates entschieden hat, ist für den Zweitrichter ohne Belang. Dies ergibt sich bereits daraus, daß Art. 11 I nur die inter-

---

69 S. auch unten § 119.
70 Vgl. oben § 5 V.
71 *Geimer* RIW/AWD 1980, 309.
72 Vgl. unten § 97 XX und XXIII.
73 Allgemein zum Rügerecht des Beklagten unten § 139 IV 5.
74 Vgl. auch *Zöller-Geimer,* ZPO, 13. Aufl., 1981, § 328, Anm. N III 3.
75 Vgl. auch *Kropholler* Kommentar 211, Art. 28, Rz. 9.
76 *Geimer* RIW/AWD 1976, 839 sub V 4; RIW/AWD 1980, 309 sub III 7.

nationale Zuständigkeit regelt, aber keine Normen über die örtliche Zuständigkeit enthält.[77] Das Übereinkommen verweist insoweit auf das nationale Zuständigkeitsrecht. Aber auch dann, wenn die örtliche Zuständigkeit vom Übereinkommen festgelegt wird, wie z. B. im Fall der wirksamen Prorogation der internationalen und örtlichen Zuständigkeit eines bestimmten Gerichts außerhalb des Wohnsitzstaates (Art. 12, 17),[78] kann die Anerkennung nicht daran scheitern, daß innerhalb des prorogierten Staates ein anderes Gericht als das konkret vereinbarte entschieden hat. Das Übereinkommen wollte die gegenseitige Anerkennung und Vollstreckung gerichtlicher Entscheidungen und sonstiger Titel gegenüber dem bisherigen Zustand erleichtern, aber nicht durch Einführung neuer Versagungsgründe erschweren. Die Nachprüfung der *örtlichen Zuständigkeit* durch den Zweitrichter gehörte bisher nicht zum Standard internationaler Verträge.[79] Ist z. B. unstreitig, daß belgische Gerichte für den Rechtsstreit prorogiert wurden, dann muß der deutsche Zweitrichter den belgischen Gerichten die Klärung der Frage überlassen, welches Gericht innerhalb Belgiens als örtlich zuständig vereinbart worden war.[80]

IV. Nachprüfung der internationalen Zuständigkeit des Erststaates in Verbrauchersachen[81]

Die oben unter III dargelegten Grundsätze für die Nachprüfung der internationalen Zuständigkeit in Versicherungssachen gelten entsprechend für die Nachprüfung der internationalen Zuständigkeit in Abzahlungssachen (Art. 13–15 a. F.) bzw. in Verbrauchersachen (Art. 13–15 n. F.). Art. 13–15 dienen dem Schutz des privaten Letztverbrauchers.[82] Ihm sollen „angemessene Gerichtsstände" international „garantiert" werden.[83] Deshalb muß Art. 28 I teleologisch reduziert werden:

1. Der Vertragspartner des Verbrauchers (= Verkäufer, Lieferant, finanzierende Bank etc.) kann sich ebensowenig wie der Versicherer auf

---

[77] Vgl. oben § 33.

[78] Hierzu unten § 75 V.

[79] *Geimer* RIW/AWD 1976, 147.

[80] A. A. *Linke* in *Bülow-Böckstiegel* 606/221, Art. 28, Anm. II 1: „Soweit die ausgenommenen Zuständigkeitsregeln sich nicht nur auf die Jurisdiktionszuweisung an einen bestimmten Staat beschränken, sondern auch das örtlich zuständige Gericht bestimmen, kann die Anerkennung auch dann verweigert werden, wenn das Urteilsgericht fälschlicherweise anstelle eines anderen Gerichts desselben Staates entschieden hat. Das GVÜ differenziert insoweit nicht zwischen internationaler und örtlicher Zuständigkeit, sondern es betrachtet diese Bestimmungen als spezielle integrierte, «europäische» Zuständigkeiten."

[81] *Geimer* RIW/AWD 1980, 309 sub IV.

[82] Zum Anwendungsbereich der Art. 13ff. ausführlich *Schlosser*-Bericht Nr. 155ff. und unten § 74 III und V.

[83] *Schlosser*-Bericht Nr. 153.

Art. 28 I berufen, desgleichen nicht der Verbraucher, wenn er als Kläger bzw. Antragsteller auftritt. *Für eine Nachprüfung der internationalen Zuständigkeit des Erststaates bleiben also nur die Fälle, in denen der Verbraucher im Erststaat verklagt wurde.* So kann der beklagte Verbraucher im Zweitverfahren gegen die Anerkennung bzw. Klauselerteilung des ihn zur Zahlung verurteilenden erststaatlichen Urteils geltend machen, er habe zum maßgeblichen Zeitpunkt[84] nicht im Erststaat gewohnt (Art. 14 II), auch liege keine wirksame Zuständigkeitsvereinbarung (Art. 15 Nr. 1) vor.

2. Der Einwand der internationalen Unzuständigkeit des Erststaates wird nur auf *Rüge des (im Erststaat verklagten) Verbrauchers geprüft.*[85]

3. Der Einwand, die internationale Zuständigkeit des Wohnsitzstaates (Art. 14) sei durch eine wirksame Zuständigkeitsvereinbarung (Art. 15) ausgeschlossen, darf vom Zweitrichter nur dann beachtet werden, wenn der Verbraucher den Derogationseinwand im Wohnsitzstaat erfolglos vorgebracht und durch Einlegung von Rechtsmitteln erfolglos weiterverfolgt hatte.

4. Auch in Verbrauchersachen kann der Einwand der schiedsrichterlichen Erledigung nicht zur Versagung einer von den Gerichten des Wohnsitzstaates (Art. 14 II) gefällten Entscheidung führen.

5. Die Nachprüfung der örtlichen Zuständigkeit innerhalb des Wohnsitzstaates (Art. 14 II) ist ausgeschlossen.

V. Nachprüfung der internationalen Zuständigkeit des Erststaates im Hinblick auf Art. 16: Mißachtung der ausschließlichen internationalen Zuständigkeit des Zweitstaates oder eines anderen Vertragsstaates

1. Der Zweitrichter hat zu prüfen, ob der Erstrichter Art. 16 beachtet hat, d. h. er darf die Anerkennung bzw. Klauselerteilung verweigern, wenn der Erstrichter in der Sache entschieden hat, obwohl für den Rechtsstreit der Zweitstaat oder ein dritter Vertragsstaat international zuständig war.[86]

2. a) Ist eine ausschließliche internationale Zuständigkeit des *Zweitstaates* nicht beachtet worden, so ist der Zweitstaat gegenüber den anderen Vertragsstaaten zwar *berechtigt, aber nicht verpflichtet,* die Anerkennung zu verweigern; denn es geht ausschließlich um die Wahrung seiner eigenen Jurisdiktionssphäre. Es steht in seinem Belieben, ob er seine Interessen wahren will oder nicht. Das Übereinkommen begründet hier für den

---

[84] Hierzu oben § 29 IV 10.

[85] *Geimer* RIW/AWD 1980, 309.

[86] Es kommt darauf an, ob der geltend gemachte Anspruch (Streitgegenstand) unter Art. 16 zu subsumieren ist. Die bloße Präjudiziabilität der in Art. 16 erwähnten Streitpunkte begründet keine ausschließliche internationale Zuständigkeit. Vgl. unten § 85 VII, § 86 VI, § 87 VI etc.

Zweitstaat keine Verpflichtung, die Anerkennung zu verweigern.[87] Dem Erststaat ist eine Erstreckung der Wirkungen seines Urteils auf den Zweitstaat sogar willkommen. Aber auch gegenüber den anderen Vertragsstaaten besteht keine Verpflichtung zur Versagung der Anerkennung.

b) Es entscheidet also ausschließlich das *innerstaatliche Recht* des Zweitstaates darüber, ob der Zweitrichter verpflichtet ist, dem unter Verletzung von Art. 16 ergangenen Urteil die Anerkennung zu versagen. Im Zweifel hat der nationale Gesetzgeber durch die Transformation des Übereinkommens in das nationale Recht (im Wege des Zustimmungsgesetzes)[88] seinen Gerichten befohlen , die Anerkennung zu versagen, wenn nach dem Übereinkommen ein Versagungsgrund bzw. ein Anerkennungshindernis gegeben ist. Dies liegt auf der Hand in den Fällen, in denen der Zweitstaat nach seinem autonomen Recht sich für ausschließlich international zuständig hält. Erwogen werden könnten allenfalls die Fälle, in denen der Zweitstaat nach seinem autonomen Recht entweder überhaupt nicht oder nur fakultativ international zuständig ist.[89]

3. a) Die ausschließliche internationale Zuständigkeit *eines anderen Vertragsstaates* muß der Zweitstaat in jedem Falle „verteidigen". Hat z. B. ein belgisches Gericht über die Eigentumsverhältnisse an einem französischen Grundstück entschieden, so ist die Bundesrepublik Deutschland Frankreich gegenüber verpflichtet, die Anerkennung des belgischen Urteils zu verweigern.

b) Von der Pflicht zur Verweigerung der Anerkennung kann jedoch der nach Art. 16 ausschließlich international zuständige Vertragsstaat befreien. Er kann die Verletzung seiner Jurisdiktionssphäre durch den Erststaat pardonieren, und zwar durch Erklärung gegenüber dem Erst- oder dem Zweitstaat. Solche ausdrücklichen Erklärungen sind in der Staatenpraxis (bisher) nicht üblich. Ein konkludenter Verzicht auf Art. 16 könnte in der Anerkennung des erststaatlichen Urteils durch den nach Art. 16 ausschließlich international zuständigen Vertragsstaat liegen. Würden die französischen Gerichte das belgische Urteil anerkennen, dann wäre es wohl wenig sinnvoll, wenn die Bundesrepublik Deutschland und die anderen Vertragsstaaten die Anerkennung verweigern wollten. Eine Pardonierung der Verletzung des Art. 16 liegt jedoch noch nicht darin, daß sich der nach Art. 16 ausschließlich zuständige Staat nach seinem autonomen Recht nicht für ausschließlich international zuständig hält.

Beispiel:

Das nationale Zuständigkeitsrecht des nach Art. 16 Nr. 2 ausschließlich zuständigen Staates kennt den Gerichtsstand am Sitz der Gesellschaft

---

[87] *Geimer* WM 1976, 838.

[88] Hierzu oben § 48 II.

[89] *Geimer* WM 1976, 838; hierzu (ohne Stellungnahme) *Kropholler* Kommentar 212, Art. 28 Rz. 12, Fußn. 11.

für Streitigkeiten über die Gültigkeit, Nichtigkeit oder Auflösung einer Gesellschaft oder juristischen Person nicht oder hält ihn nicht für international ausschließlich.

4. Art. 16 begründet ausschließliche internationale Zuständigkeiten nur für Vertrags-, nicht jedoch für *dritte Staaten*.[90] Deshalb darf einer erststaatlichen gerichtlichen Entscheidung im Zweitstaat die Anerkennung nicht deswegen verweigert werden, weil nach Ansicht des Zweitstaates ein Nichtvertragsstaat ausschließlich international zuständig ist. Hätte z. B. ein italienisches Gericht in einem Rechtsstreit zwischen zwei Münchnern über das Eigentum an einem Züricher Grundstück entschieden, so kann die Anerkennung dieses Urteils nicht wegen internationaler Unzuständigkeit Italiens von den übrigen Vertragsstaaten abgelehnt werden.[91]

5. Ist der Zweitstaat oder ein dritter Staat aufgrund einer *Zuständigkeitsvereinbarung* der Parteien ausschließlich international zuständig, hat aber der Erstrichter sich gleichwohl nicht für unzuständig erklärt, sei es, weil er die Derogation seiner internationalen Zuständigkeit für unwirksam hielt, sei es, daß ihm der Prorogationsvertrag nicht zur Kenntnis gebracht wurde, so darf der Zweitstaat die Anerkennung ratione incompetentiae nicht versagen; denn einer der Fälle des Art. 28 I i. V. m. Art. 16 liegt nicht vor.[92]

VI. Nachprüfung der internationalen Zuständigkeit des Erststaates in den Übergangsfällen

1. Die Zuständigkeitsvorschriften des Übereinkommens sind nicht auf solche Erkenntnisverfahren anzuwenden, die vor dem 1. Februar 1973 eingeleitet wurden, Art. 54 I. Andererseits sind Urteile, die nach diesem Termin ergangen sind, anzuerkennen, ohne Rücksicht darauf, ob für das zugrunde liegende Verfahren bereits die Zuständigkeitsvorschriften des Übereinkommens galten oder nicht, Art. 54 II.[93] Aus diesem Grunde wurde dem Zweitrichter die Möglichkeit vorbehalten, nachzuprüfen, ob für die internationale Zuständigkeit des Erststaates ein ausreichender Anknüpfungspunkt im Sinne des Übereinkommens oder des vor Inkrafttreten des Übereinkommens geltenden bilateralen Anerkennungs- und Vollstreckungsabkommens gegeben war.[94] Ist dies zu verneinen, so steht noch nicht fest, daß die Anerkennung zu versagen ist. Vielmehr ist dann

[90] Vgl. oben § 29 V.

[91] Vgl. oben § 55 V und *Geimer* WM 1976, 838.

[92] Vgl. *Schlosser*-Bericht Nr. 188 und unten § 96 XXXI.

[93] *Geimer* NJW 1975, 1087; WM 1976, 838.

[94] Bei der Bestimmung des Erfüllungsortes i. S. des Art. 5 Nr. 1 bzw. des einschlägigen bilateralen Vertrages kommt es auf die *lex causae des Erststaates,* nicht des Zweitstaates an.

noch nach autonomem Recht zu prüfen, ob der Erststaat aus der Sicht des Zweitstaates international zuständig war.[95]

2. Eine Parallelregelung findet sich in den oben II 1 genannten Beitrittsübereinkommen vom 9. Oktober 1978 (Art. 34 II und III) und vom 25. Oktober 1982 (Art. 12 II). Hierzu unten § 139 IV 2 d und f sowie § 105 II und III.

VII. Nachprüfung in den Fällen des Art. 59

Hat sich ein Vertragsstaat gegenüber einem dritten Staat durch völkerrechtlichen Vertrag in Übereinstimmung mit Art. 59 verpflichtet, Urteile aus Staaten nicht anzuerkennen, deren internationale Zuständigkeit sich nur auf einen sog. exorbitanten Gerichtsstand i. S. des Art. 3 II (hierzu oben § 49 I) gründet, so ist er nach Art. 28 I berechtigt, diese Verpflichtung auch gegenüber Urteilen aus anderen Vertragsstaaten durchzusetzen. Näher unten § 139 IV 2c.

---

[95] *Geimer* WM 1976, 838.

12. Kapitel: Kompetenzkonflikte

§ 58 Positive Kompetenzkonflikte

1. Die Vorschriften über die Pflicht zur Beachtung der Rechtshängigkeit in einem anderen Vertragsstaat bei identischem oder konnexem Streitgegenstand (Art. 21 ff.)[1] haben das Ziel, Doppelprozesse und vor allem einander widersprechende Entscheidungen zu vermeiden.[2]

2. Ergehen trotzdem in der gleichen Sache zwei oder mehr Entscheidungen, so gelten die unter § 117 näher dargestellten Konkurrenzregeln.

§ 59 Negative Kompetenzkonflikte

1. Das Übereinkommen will sicher negative Kompetenzkonflikte vermeiden. Es stellt aber keine Regelungsmechanismen zur Verfügung. Es gibt weder eine bindende Verweisung von Vertragsstaat zu Vertragsstaat[1] noch eine Möglichkeit, den EuGH als Kompetenzkonfliktsgerichtshof anzurufen.[2] Auch sind die Gerichte der anderen Vertragsstaaten an die Rechtsmeinung des Erstrichters nicht gebunden, wenn dieser sich mit der Begründung für unzuständig erklärt hat, ein anderer Vertragsstaat sei international zuständig.[3]

---

[1] Hierzu oben § 44, vor allem S. 296.

[2] Ähnlich Art. 13 des EWG-Konkursübereinkommens (Entwurf 1980):

1. Sind Gerichte verschiedener Vertragsstaaten mit dem Konkurs desselben Schuldners befaßt und ist eines dieser Gerichte nach diesem Übereinkommen vorrangig zuständig, haben sich die anderen Gerichte auch von Amts wegen für unzuständig zu erklären oder ihre Entscheidung auszusetzen. Hierbei verbleibt es, solange die Entscheidung des vorrangig zuständigen Gerichts, mit der das Verfahren eröffnet worden ist, noch Gegenstand einer der in Artikel XII des Protokolls aufgeführten Rechtsbehelfe sein kann.

2. Sind Gerichte verschiedener Vertragsstaaten, die nach diesem Übereinkommen gleichrangig zuständig sind, mit dem Konkurs desselben Schuldners befaßt und hat eines dieser Gerichte den Konkurs eröffnet, hat jedes andere Gericht seine Entscheidung auszusetzen, solange die Entscheidung, mit welcher der Konkurs eröffnet worden ist, noch Gegenstand eines der in Artikel XII des Protokolls aufgeführten Rechtsbehelfe sein kann.

[1] Oben § 56 IV.

[2] Oben § 45.

[3] A. A. *Schlosser*-Bericht Nr. 191. Vgl. unten § 108 IX 2 bei Fußn. 20. Vgl. auch Art. 14 des EWG-Konkursübereinkommens (Entwurf 1980):

1. Hält das befaßte Gericht die Gerichtsbarkeit eines anderen Vertragsstaates für vorrangig zuständig, so hat es, auch von Amts wegen, entweder die Entscheidung auszusetzen und für den Antragsteller eine Frist zur Befassung der Gerichtsbarkeit des anderen Vertragsstaates zu bestimmen oder sich für unzuständig zu erklären.

2. Hat sich das Gericht eines Vertragsstaates durch eine Entscheidung, die nicht mehr Gegen-

2. Wegen der Besonderheiten bei der Beurteilung von Zuständigkeitsvereinbarungen s. oben § 30 und § 31.

3. Zu den denkbaren negativen Kompetenzkonflikten bei der Handhabung des Art. 22 s. oben § 44 II 2 g, bei der Auslegung des Art. 52 s. unten § 68 I.

---

stand eines der in Artikel XII des Protokolls aufgeführten Rechtsbehelfe sein kann, für unzuständig erklärt, können sich die Gerichte der anderen Vertragsstaaten nicht mit der Begründung für unzuständig erklären, daß im Hoheitsgebiet des ersten Staates eine Voraussetzung für die Zuständigkeit bestünde, die das Gericht dieses Staates verneint hat.

13. Kapitel: Möglichkeit, den Rechtsstreit zu wiederholen im Fall der Nichtanerkennung der erststaatlichen Entscheidung

§ 60 Notzuständigkeit

Das Übereinkommen regelt merkwürdigerweise nicht den Fall, daß der Kläger/Antragsteller den Rechtsstreit wiederholen möchte, weil der in einem anderen Vertragsstaat erstrittenen Entscheidung die Anerkennung verweigert wird. Justizverweigerung in dem Vertragsstaat, der die Anerkennung verweigert, darf nicht die ultima ratio sein. Vielmehr muß dieser Vertragsstaat eine Notzuständigkeit eröffnen.[1]

---

[1] *Geimer* RIW/AWD 1975, 82; *Kropholler* Kommentar 45, Rz. 21 vor Art. 2.

2. Teil: Die Zuständigkeitsordnung des Übereinkommens

1. Kapitel: Der Wohnsitz des Beklagten als Ausgangspunkt des europäischen Zuständigkeitssystems

§ 61 Actor sequitur forum rei[1]

1. Ausgangspunkt des Zuständigkeitssystems des Übereinkommens ist der *Wohnsitz des Beklagten* (Art. 2 I). Grundnorm der Zuständigkeitsordnung in der EG ist mithin die alte Regel: *actor sequitur forum rei.*[2] Die Staatsangehörigkeit der Parteien spielt keine Rolle.[3]

2. Damit hat sich das im 19. Jahrhundert entwickelte und seiner Zeit weit voraus eilende Kompetenzsystem der deutschen ZPO im europäischen Rahmen durchgesetzt.[4]

3. Die Regel *actor sequitur forum rei* begünstigt den Beklagten (favor defensoris).[5] Dies rechtfertigt man damit, daß der Beklagte die Last der Verteidigung habe.[6] Diese Interessenbewertung ist logisch nicht zwingend.[7] Allenfalls kann sie für den Normalfall Gültigkeit beanspruchen. Es gibt bestimmte Fallgestaltungen, wo es dem Beklagten durchaus zuzumuten ist, sich außerhalb seines Wohnsitz- bzw. Sitzstaates auf die Klage einzulassen.[8] Für die Festlegung des zuständigen Gerichts[9] ist dann maßgeblich

a) entweder das *Interesse des Klägers,* an seinem Wohnsitz oder Aufenthalt klagen zu können (fora actoris);[10, 11]

---

[1] Hierzu oben § 3 und unten § 74 III 2.

[2] Rechtsvergleichend *Schröder,* Internationale Zuständigkeit, 1971, 229ff.

[3] Auch Ausländer haben Anspruch auf Justizgewährung nach Maßgabe des Übereinkommens. Dabei ist es ohne Bedeutung, ob der Kläger Angehöriger eines EG-Staates oder eines dritten Staates ist. Näher oben §§ 42ff.

[4] Vgl. oben § 2.

[5] Hierzu Nachweise bei *Schröder* (Fußn. 2) 230.

[6] Vgl. die Meinungsübersicht bei *Schröder* (Fußn. 2) 230.

[7] *Schröder* (Fußn. 2) 230 und *Spellenberg* IPRax 1981, 76: „Wer auswärts, namentlich im Ausland prozessieren muß, tut sich schwerer. Das gilt aber für Kläger wie Beklagte gleichermaßen, und es fällt ... gar nicht leicht zu begründen, warum generell der Kläger näher daran sein soll, diese Last zu übernehmen. Wohl auch weil die Regel actor sequitur forum rei so ehrwürdig alt und weltweit verbreitet ist, wird sie praktisch in der Literatur über die pauschale Berufung auf ihre Gerechtigkeit hinaus kaum begründet."

[8] Eine andere Frage ist es, ob der Kläger immer im Wohnsitzstaat klagen darf. Vgl. hierzu unten § 62 II.

[9] *Geimer* NJW 1976, 444.

[10] Rechtsvergleichend *Schröder* (Fußn. 2).

[11] *Spellenberg* IPRax 1981, 76 faßt den Begriff des Klägergerichtsstandes weiter:

Beispiele:

Art. 5 Nr. 2 für Unterhaltsklagen;[12]

Art. 8 I für Klagen des Versicherungsnehmers gegen den Versicherer in Versicherungssachen;[13]

Art. 14 I für Klagen des Verbrauchers (Abzahlungskäufers oder Darlehensnehmers) in Verbraucher- und Abzahlungssachen.

Die ratio conventionis läßt sich hier wie folgt umreißen: Der *favor defensoris* verliert dann seine innere Berechtigung, wenn der *Kläger typischerweise der Schwächere* ist.[14] In solchen Fällen würde die aus der Grundregel actor sequitur forum rei sich ergebende Bevorzugung des Beklagten die Rechtsverfolgung für den (schwächeren) Kläger unzumutbar erschweren. Die Interessen des Beklagten haben deshalb zurückzustehen, da die Interessen des Klägers höher zu bewerten sind. Dabei kommt es nicht darauf an, ob im konkreten Einzelfall der Kläger schutzbedürftig ist; der Kläger kann sich auch dann auf die einschlägigen Kompetenzbestimmungen berufen, wenn er dem Beklagten wirtschaftlich ebenbürtig oder sogar überlegen ist.[15]

b) oder ein *besonders enger Sachbezug des Gerichtsortes zum Gegenstand der Klage;*[16]

Beispiele:

Art. 5 Nr. 1: Erfüllungsort für Vertragsklagen;[17]

Art. 5 Nr. 3: Schadensort für Klagen wegen unerlaubter Handlung;

Art. 16 Nr. 1: Staat, in dem die Immobilien gelegen sind, für Immobiliarklagen einschließlich Miet- und Pachtsachen;

c) ein *Gerichtsinteresse,* zusammenhängende Komplexe von ein und

---

„Die Abwägung möglicher Argumente zeigt nur ein leichtes Übergewicht zugunsten der Interessen des Beklagten, und deshalb auch finden wir für so viele Klagen Sonder- und Wahlgerichtsstände, darunter den des Erfüllungsortes, die häufig einen Klägergerichtsstand ergeben, oder doch einen, der dem Kläger günstiger ist als der allgemeine Gerichtsstand des Beklagten an dessen Wohnort. Damit nehmen die Gesetzgeber da, wo sich dafür bestimmte Gründe finden, die zuständigkeitsmäßige Begünstigung des Beklagten wieder zugunsten des Klägers zurück. Es entspricht vielleicht nicht den Absichten der Väter des EuGVÜ, Klägergerichtsstände zu schaffen, aber es ist die Realität, daß von diesen Zuständigkeiten praktisch nur Gebrauch gemacht wird, wenn ein Klägergerichtsstand oder ein wenigstens dem Kläger günstigerer daraus entsteht. Deshalb sollten diese Regelungen als Entscheidung der zuständigkeitsrechtlichen Parteiinteressen gesehen werden. Die Begründung mit der Erleichterung richtiger Rechtspflege durch Beweisnähe, also aufgrund allgemeiner Interessen der Justiz, überzeugt auch deshalb nicht. Angesichts der schwachen Rechtfertigung des allgemeinen Gerichtsstands beim Beklagten kann man dabei im übrigen relativ großzügig sein."

[12] Hierzu unten §§ 74 VI, 92 IV 1.

[13] Hierzu unten § 74 IV.

[14] *Geimer* RIW/AWD 1980, 306.

[15] *Schlosser*-Bericht Nr. 140. Vgl. unten § 74 III 5.

[16] Allgemein *Schröder* (Fußn. 2).

[17] Vgl. unten § 83. – *Spellenberg* IPRax 1981, 76 bei Fußn. 15 qualifiziert Art. 5 Nr. 1 zu Unrecht als Klägergerichtsstand. Vgl. oben Fußn. 11.

demselben Gericht oder zumindest in ein und demselben Staat entscheiden zu lassen *(fora connexitatis)*. Hier steht der Gedanke im Vordergrund, daß widersprüchliche Entscheidungen möglichst vermieden werden sollten.

Beispiele:

Art. 5 Nr. 2: Zuständigkeit des mit dem Statusprozeß (Scheidung etc.) befaßten Gerichts für Unterhaltssachen;

Art. 5 Nr. 4: Zuständigkeit des mit dem Strafverfahren befaßten Gerichts auch für zivilrechtliche Ansprüche, die im Adhäsionsverfahren geltend gemacht werden;

Art. 6 Nr. 1 und Art. 8 I Nr. 3 n. F.: Gerichtsstand der Streitgenossenschaft;

Art. 6 Nr. 2 und Art. 10 I: Gerichtsstand der Gewährleistungs- und Interventionsklage;

Art. 16 Nr. 3: Zuständigkeit des Staates, in dem das Register geführt wird, für Klagen, welche die Gültigkeit von Eintragungen in öffentlichen Registern zum Gegenstand haben;

Art. 16 Nr. 4: Zuständigkeit des Staates der Registrierung für Klagen, die die Eintragung oder die Gültigkeit von Patenten, Warenzeichen, Mustern und Modellen zum Gegenstand haben;

Art. 16 Nr. 5: Zuständigkeit des Staates, wo die Zwangsvollstreckung betrieben wird, für Verfahren, welche die Zwangsvollstreckung zum Gegenstand haben.

4. Art. 2 I regelt nur die internationale Zuständigkeit des Wohnsitzstaates, nicht die örtliche Zuständigkeit.[18]

5. Maßgebend ist der Wohnsitz des *Beklagten,* nicht des *Inhabers des materiellen Rechts.* Wird eine Partei kraft Amtes oder ein Treuhänder (trustee) verklagt, so ist dessen Wohnsitz Anknüpfungspunkt für die internationale Zuständigkeit.[19]

---

[18] Dies hebt der *Jenard*-Bericht S. 68 klar hervor: „In dem Augenblick, in dem eine Person vor einem Gericht des Staates verklagt wird, in dessen Hoheitsgebiet sie ihren Wohnsitz hat, kommen demnach die innerstaatlichen Zuständigkeitsregeln dieses Staates voll und ganz zur Anwendung. Hier verweist das Übereinkommen auf das Inlandsrecht des angerufenen Gerichts: Das Übereinkommen bestimmt die internationale Zuständigkeit der Gerichte des Staates, in dessen Hoheitsgebiet das angerufene Gericht liegt, während das innerstaatliche Recht dieses Staates seinerseits ein bestimmtes Gericht für örtlich zuständig erklärt." – Näher oben § 33.

[19] Ebenso für § 13 ZPO *Stein-Jonas-Schumann,* ZPO, 20. Aufl., § 13, Rz. 17: „Für die Prozesse einer Partei kraft Amtes (z. B. Konkursverwalter, Zwangsverwalter, Testamentsvollstrecker) ist allein auf den Wohnsitz der Person abzustellen, die die formale Parteistellung innehat (z. B. Konkursverwalter), nicht auf den Wohnsitz des dahinter stehenden Rechtsträgers (z. B. des Gemeinschuldners) und nicht auf den Ort, an dem sich das zu verwaltende Vermögen (z. B. die Konkursmasse) befindet. – Auf die Partei kraft Amtes sind die Verfügungsbefugnis sowie die Prozeßführungsbefugnis über das verwaltete Vermögen übergegangen. Sie ist daher mit allen Rechten und Pflichten einer selbständigen Partei ausgestattet. Die Argumente der Gegenansicht, aus Gründen der Klarheit und Übersichtlichkeit käme als Gerichtsstand allein der Wohn-

6. Die Regel *„actor sequitur forum rei"* vernachlässigt die *legitimen Zuständigkeitsinteressen des Klägers.* Die Begründung und Aufhebung des Wohnsitzes liegt ausschließlich in der Disposition des Beklagten. Ein böswilliger Schuldner kann durch ständigen Wohnsitzwechsel die Durchsetzung der Ansprüche seiner Gläubiger erheblich erschweren, mitunter sogar vereiteln. Dies gilt schon für den innerstaatlichen Bereich, jedoch in viel größerem Umfang für den internationalen Rechtsverkehr.[20] Den Ausgleich schaffen die besonderen Zuständigkeitsanknüpfungen der Art. 5ff., insbesondere der Gerichtsstand des Erfüllungsortes[21] und des Tatortes, Art. 5 Nr. 1 und Nr. 3.

§ 62 Allzuständigkeit des Wohnsitzstaates

I. Grundsatz

1. Der Staat, in dem der Beklagte seinen Wohnsitz (Art. 52) bzw. Sitz (Art. 53) hat, ist *international zuständig für alle Klagen gegen den Beklagten.*[1] Die Klageart spielt keine Rolle. Art. 2ff. gelten für Leistungsklagen ebenso wie für Feststellungs- und Gestaltungsklagen. Die statthafte Rechtsschutzform bestimmt das nationale Recht des Gerichtsstaates. Nach der lex fori ist auch die Frage zu beantworten, ob ein Klage- oder sonstiges Antragsverfahren statthaft ist.

2. Die Allzuständigkeit des Wohnsitzstaates ist aus der Sicht des deutschen Prozeßrechts nichts Neues. Bereits im gemeinen Prozeß war das Institut des allgemeinen Gerichtsstandes entwickelt und ist nunmehr in § 12 ZPO kodifiziert.[2] Anders z. B. noch der alte Code de procédure civile und die von ihm beeinflußten alten Prozeßordnungen Italiens und der Beneluxstaaten. Art. 59 des alten Code unterscheidet einen Gerichtsstand für persönliche Klagen, einen für dingliche Klagen und einen für gemischte. Erst der am 1. Januar 1976 in Kraft getretene Nouveau Code de procédure civile hat das aktionenrechtliche Denken im Zuständigkeitsrecht überwunden. Auch der englische Zivilprozeß kennt keinen allgemeinen Gerichtsstand. Die Unterscheidung zwischen action in personam und action in rem ist auch im Kompetenzrecht von Bedeutung.

---

sitz des Rechtsträgers in Frage, sind mit der uneingeschränkten Prozeßführungsbefugnis der Partei kraft Amtes unvereinbar." A.A. die konkursrechtliche Literatur: *Mentzel-Kuhn,* KO, 9. Aufl., § 6, Rdnr. 30; *Jaeger-Lent,* KO, 8. Aufl., Anm. V 2 vor §§ 6–9.

[20] Zur Interessenlage vgl. *Schröder* Internationale Zuständigkeit, 1971, 299 sub cc.

[21] Die gleichen Erwägungen haben bereits die Verfasser der deutschen ZPO angestellt, vgl. *Hahn-Mugdan,* gesamte Materialien, II/157. Es erschien „geboten", dem inländischen Vertragsgläubiger einen inländischen Gerichtsstand zu eröffnen.

[1] *Geimer* NJW 1976, 443.

[2] Nachweise bei *Schröder,* Internationale Zuständigkeit, 1971, 230.

II. Ausnahmen

Von dem Grundsatz der Allzuständigkeit des Wohnsitz- bzw. Sitzstaates gibt es Ausnahmen für besondere Arten von Klagen:

1. Fälle des Art. 16: Ausschließliche Zuständigkeit eines anderen Vertragsstaates

a) Ist ein anderer Vertragsstaat gemäß Art. 16 ausschließlich international zuständig, so entfällt insoweit die internationale Zuständigkeit des Wohnsitzstaates. Diese wird durch die Spezialnorm des Art. 16 verdrängt.

Beispiel: Zwei Mailänder streiten sich um das Eigentum an einer Ferieneigentumswohnung in Sylt. Hier ist nicht Italien gemäß Art. 2 I international zuständig, sondern vielmehr die Bundesrepublik Deutschland nach Art. 16 Nr. 1.

b) Art. 16 gilt jedoch nur zugunsten anderer Vertragsstaaten.[3] Läge die Ferienwohnung in Kärnten, so ist Art. 16 nicht anwendbar. Hier greift wieder die Allzuständigkeit des Wohnsitzstaates gemäß Art. 2 I ein. Dieser darf nach dem Übereinkommen seine Gerichte in der Sache tätig werden lassen.[4] Er ist hierzu auch verpflichtet und darf den Kläger nicht auf das forum rei sitae (hier die österreichischen Gerichte) verweisen, weil er sich nach seinem nationalen Zuständigkeitsrecht für international unzuständig hält.[5] Dies ist nicht unstreitig.[6] Für alle sollte klar sein, daß

---

[3] *Geimer* NJW 1976, 442 bei Fußn. 16; *Müller* in *Bülow-Böckstiegel,* 606/131, Art. 16, Anm. II bei Fußn. 7; *Piltz* NJW 1979, 1072.

[4] Darin liegt keine Verletzung der Souveränität des Belegenheitsstaates.

[5] So z. B. *Frankreich.* Nach allgemeiner Meinung begründen Art. 14, 15 Code civil dann nicht die internationale Zuständigkeit Frankreichs, wenn Streitgegenstand ausländischer Grundbesitz ist. Vgl. *Batiffol-Francescakis – Le Galcher-Baron* in Encyclopédie de droit international, sub compétence civile et commerciale Nr. 942: Dingliche Immobiliarklagen unterliegen der ausschließlichen Zuständigkeit der Gerichte des Landes, in dem sich die Liegenschaft befindet. Es handle sich hierbei um einen traditionellen Grundsatz, der generell in der negativen Form der Unzuständigkeit der französischen Gerichte praktiziert wird. Man begründet ihn einerseits durch die Tatsache, daß das Rechtsverhältnis lokalisiert wird aufgrund der Lage des Grundstücks und andererseits dadurch, daß die Zwangsvollstreckung der richterlichen Entscheidung notwendigerweise in dem Land des Grundstücks stattfinden wird. Nachweise auch bei *Schröder,* Internationale Zuständigkeit, 1971, 361 sub 5.

[6] Vgl. *Droz,* Nr. 168 S. 109: „Nous pensons donc que si les éléments de rattachement figurant à l'article 16 sont situés hors de la Communauté, les juridictions des Etats contractants, qui seraient compétentes en vertu d'un chef ordinaire de compétence, pourrant néanmoins se déclarer incompétentes si leur droit commun les y autorise". Ähnlich *Samtleben* NJW 1974, 1590: „Nur für die Gerichte der Vertragsstaaten gilt nach der Präambel die Zuständigkeitsordnung des Übereinkommens. Die Zuständigkeit von Drittstaaten ist im Übereinkommen nicht geregelt. Es ist also möglich,

die Gerichte des Wohnsitzstaates sich in jedem Fall der Klage annehmen und eine Sachentscheidung erlassen müssen, wenn ein Urteil des Drittstaates (hier Österreich) im Wohnsitzstaat nicht anerkennungsfähig ist. Sonst würde ein negativer internationaler Kompetenzkonflikt entstehen, der in jedem Fall vermieden werden muß.[7] Aber auch wenn kein negativer internationaler Kompetenzkonflikt droht, ist der Wohnsitzstaat zur Justizgewährung verpflichtet. Das Übereinkommen stellt es nicht etwa den Vertragsstaaten frei, ob sie von den ihnen durch die Konvention eingeräumten Jurisdiktionsbefugnissen Gebrauch machen wollen oder nicht. Sie sind vielmehr zur Justizgewährung verpflichtet, wenn eine Zuständigkeitsanknüpfung nach Art. 2ff. vorliegt.[8]

c) Was der Kläger mit dem Urteil des Wohnsitzstaates in dem Staat der belegenen Sache (hier Österreich) anfangen kann,[9] muß er selbst erwägen. Man sollte ihn nicht bevormunden. Daß der Staat der belegenen Sache (Belegenheitsstaat) das Urteil nicht anerkennen wird, ist jedenfalls kein Grund, daß der Wohnsitzstaat entgegen Art. 2 I die Justizgewährung verweigert.

d) Die übrigen EG-Vertragsstaaten müssen das vom Wohnsitzstaat erlassene Urteil nach Maßgabe von Art. 25ff. anerkennen. Auf Art. 28 I in Verbindung mit Art. 16 kann die Verweigerung der Anerkennung nur dann gestützt werden, wenn das Erstgericht eine ausschließliche internationale Zuständigkeit eines der Vertragsstaaten nicht beachtet hat.[10] Dies ist aber hier nicht der Fall: Art. 16 gilt nur zugunsten von Vertragsstaaten, nicht zugunsten dritter Staaten.[11] Die ausschließlichen internationalen Zuständigkeiten dritter Staaten werden nicht geschützt. Es steht auch nicht im Belieben des Zweitstaates, die Anerkennung auszusprechen oder zu verweigern, vielmehr ist der Zweitstaat verpflichtet, die erststaatliche Entscheidung anzuerkennen. Es wäre eine Verletzung der Art. 25ff., wenn der Zweitstaat im Hinblick auf die ausschließliche internationale Zuständigkeit eines dritten Staates (hier Österreich)[12] die Anerkennung verweigern wollte.

e) Hat ein Gericht eines anderen Vertragsstaates auf Grund Art. 2 I seine internationale Zuständigkeit für eine Immobiliarklage, die Grund-

daß ein durch das Übereinkommen begründeter Gerichtsstand nach den nationalen Kollisionsnormen durch die Zuständigkeit eines Drittstaates ausgeschlossen wird."

[7] *Geimer* NJW 1976, 443.

[8] *Geimer* WM 1976, 836, *Schlosser*-Bericht Nr. 78. Vgl. auch oben § 23. A. A. *Müller* in *Bülow-Böckstiegel* 606/132, Art. 16, Anm. II bei Fußn. 9.

[9] Maßgebend ist hier der italienisch-österreichische Anerkennungs- und Vollstreckungsvertrag.

[10] Vgl. oben § 57 V 4.

[11] Nachweise bei *Geimer* NJW 1974, 2190; 1976, 442; *Müller* in *Bülow-Böckstiegel* 606/131; Art. 16, Anm. III bei Fußn. 7.

[12] Österreich beansprucht die ausschließliche internationale Zuständigkeit für Rechtsstreitigkeiten, die in *Österreich belegene Immobilien* betreffen. Vgl. *Matscher* JBl. 1979, 241 sub 5.

besitz in einem Drittstaat betrifft, bejaht und eine Sachentscheidung erlassen,[13] so darf der deutsche Zweitrichter die Anerkennung nicht verweigern im Hinblick auf die ausschließliche internationale Zuständigkeit des Drittstaates, z. B. Österreichs. Die Bundesrepublik Deutschland handelt in dem obigen Beispiel gegenüber Österreich nicht völkerrechtswidrig, denn der deutsch-österreichische Vertrag vom 6. Juni 1959[14] über die gegenseitige Anerkennung und Vollstreckung von gerichtlichen Entscheidungen, Vergleichen und öffentlichen Urkunden in Zivil- und Handelssachen regelt nur die internationale Anerkennungszuständigkeit, also die internationale Zuständigkeit als Voraussetzung der Anerkennung (in Form von Versagungsgründen).[15] Zwischen der Bundesrepublik Deutschland und Österreich besteht aber kein Gerichtsstandsvertrag in dem Sinne, daß beide Vertragsteile sich verpflichtet hätten, die Jurisdiktionsbereiche unter sich und auch mit Wirkung gegenüber dritten Staaten (hier gegenüber Italien) abzugrenzen.

f) Das gleiche gilt im Verhältnis zu den anderen Staaten, mit denen bilaterale Anerkennungs- und Vollstreckungsverträge bestehen, nämlich der Schweiz, Großbritannien (bis zum Inkrafttreten des Beitrittsübereinkommens vom 9. Oktober 1978), Griechenland (bis zum Inkrafttreten des Beitrittsübereinkommens vom 25. Oktober 1982), Tunesien, Norwegen und Israel. Die Erwähnung des forum rei sitae für Immobiliarklagen in den Zuständigkeitskatalogen der Abkommen und Verträge[16] bedeutet nicht, daß es der Bundesrepublik Deutschland verboten wäre, Urteile in Immobiliarsachen, die Gerichte anderer Staaten gefällt haben, (z. B. im Wohnsitzgerichtsstand des Beklagten) anzuerkennen und zu vollstrecken.[17] Die Bundesrepublik Deutschland ist nicht zur Verteidigung des absoluten Jurisdiktionsanspruchs ihres Vertragspartners hinsichtlich dessen Immobilien auf Grund der vorgenannten bilateralen Anerkennungs- und Vollstreckungsverträge verpflichtet.

g) Auch das allgemeine Völkergewohnheitsrecht kennt kein solches

---

[13] *Beispiel:* Frankreich ist Wohnsitzstaat des Beklagten (Art. 2 I). Ein französisches Gericht entscheidet über eine Immobiliarklage hinsichtlich einer Ferienwohnung in Kärnten.

[14] BGBl. 1960 II 1246. Vgl. unten Bd. II A 1.

[15] Art. 2 Nr. 3–5. Vgl. unten Bd. II S. 102.

[16] Vgl. Art. IV (1) b des deutsch-britischen Abkommens, Art. 31 I Nr. 6 des deutsch-tunesischen Vertrages, Art. 8 I Nr. 10 des deutsch-norwegischen Vertrages, Art. 6 I Nr. 7 des deutsch-israelischen Vertrages.

Der deutsch-griechische Vertrag kennt keinen Zuständigkeitskatalog. Er folgt damit dem Vorbild des deutsch-österreichischen Vertrages, hierzu ausführlich unten Bd. II. Beiden Verträgen liegt das System der Negativliste zugrunde. Alle erststaatlichen Zuständigkeitsanknüpfungen werden anerkannt, ausgenommen die im Vertrag ausdrücklich erwähnten.

Das deutsch-schweizerische Abkommen erwähnt in seinem Zuständigkeitskatalog (Art. 2) das forum rei sitae nicht.

[17] *Zöller-Geimer,* ZPO, 13. Aufl., 1981, IZPR, Anm. E VII.

Gebot. Dieses weist die internationale Zuständigkeit für Immobiliarklagen nicht ausschließlich dem Belegenheitsstaat zu mit der Wirkung, daß allen anderen Staaten eine Rechtsprechungstätigkeit insoweit verboten wäre[18] und diese auch ohne Anerkennung von Immobiliarentscheidungen anderer Staaten völkerrechtswidrig wäre.

2. Derogation der internationalen Entscheidungszuständigkeit des Wohnsitzstaates

a) Die internationale Allzuständigkeit des Wohnsitzstaates entfällt auch insoweit, als die Parteien durch eine Zuständigkeitsvereinbarung die internationale Zuständigkeit des Wohnsitzstaates ausgeschlossen haben. Die Derogation ist in der Regel mit der Prorogation der internationalen Zuständigkeit eines anderen Staates (Vertragsstaates oder Nichtvertragsstaates) verbunden.[19] Jedoch ist auch ein isolierter Derogationsvertrag zulässig.[20] Dann besteht eine internationale Zuständigkeit der anderen Vertragsstaaten nur nach Maßgabe der Art. 5ff. Ist eine besondere Zuständigkeit nach diesen Vorschriften nicht gegeben, dann entfällt der Rechtsschutz durch die Gerichte der Vertragsstaaten vollkommen. Es ist jedoch besonders sorgfältig zu prüfen, ob dieses Ergebnis von den Parteien wirklich gewollt war. Denn die Parteien können auch konkludent vereinbart haben, daß die Derogation der internationalen Entscheidungszuständigkeit des Wohnsitzstaates bedingt sein soll durch die Annahme der Prorogation durch das Gericht des prorogierten Staates.[21] Der Richter des Wohnsitzstaates hat also zu klären, ob nach dem Willen der Parteien ein Zusammenhang bestehen soll zwischen der Derogation des Wohnsitzstaates und der Prorogation oder ob eine unbedingte und vorbehaltslose Derogation vorliegt.

b) Die *Derogation des Wohnsitzstaates* beurteilt sich auch dann nach den

---

[18] Zu Unrecht behaupten *Kallmann,* Anerkennung und Vollstreckung ausländischer Zivilurteile und gerichtlicher Vergleiche, 1946, 29f., Fußn. 21 und *Schnitzer,* Handbuch des IPR II, 4. Aufl. 1958, 801, eine völkerrechtliche Regel, wonach für Immobiliarklagen der Belegenheitsstaat ausschließlich zuständig sei. Zweifelnd *Stein-Jonas-Schumann,* ZPO, 20. Aufl., § 24 Rz. 3 bei Fußn. 4. Eine solche Regel kennt die Staatenpraxis nicht, vgl. *Geimer,* Zur Prüfung der Gerichtsbarkeit und der internationalen Zuständigkeit bei der Anerkennung ausländischer Urteile 1966, 67 Fußn. 13; *Heldrich,* Internationale Zuständigkeit und anwendbares Recht, 1969, 88 Fußn. 87; *Schröder,* Internationale Zuständigkeit, 1971, 770; *Geimer* NJW 74, 2189. Es ist nicht völkerrechtswidrig, Immobiliarklagen bezüglich ausländischer Grundstücke durch Gerichte anderer Staaten entscheiden zu lassen, *Kralik* ZZP 74 (1961) 14; *Schröder* 368 Fußn. 1580; *Geimer* NJW 1974, 2189. *Zöller-Geimer,* ZPO, 13. Aufl., 1981, IZPR vor § 1, Anm. E VII, *Wengler,* RGR-K, IPR, § 7.

[19] Zum maßgeblichen Zuständigkeitsrecht s. oben § 29 VI.

[20] *Geimer* NJW 1976, 443.

[21] *Geimer* NJW 1971, 1525, WM 1975, 910 und JZ 1979, 648. Anders *Schütze* RIW/AWD 1982, 773.

Normen des Übereinkommens (Art. 17, 12, 15) und nicht nach dem nationalen Recht[22], wenn die Derogation in rechtlichem Zusammenhang steht mit der Prorogation der internationalen Entscheidungszuständigkeit eines Nichtvertragsstaates (z. B. Schwedens oder der USA). Der Umstand, daß der Richter des forum prorogatum nicht das Übereinkommen anwendet, sondern sein autonomes Zuständigkeitsrecht, ist kein Argument gegen die Anwendung der Art. 17, 12, 15 im Hinblick auf die Derogation der auf das Übereinkommen (hier Art. 2 I) gegründeten internationalen Entscheidungszuständigkeit des Wohnsitzstaates.[23]

c) Mitunter ist die Derogation der internationalen Entscheidungszuständigkeit des Wohnsitzstaates zwar nicht ausgeschlossen, aber doch erschwert: In Versicherungssachen kann für die Klagen der Versicherung gegen den Versicherungsnehmer, Versicherten, Bezugsberechtigten oder sonstwie am Versicherungsverhältnis Beteiligten die internationale Zuständigkeit des Wohnsitzstaates (Art. 11 I) erst nach Entstehung der Streitigkeit derogiert werden, Art. 12 Nr. 1. Die gleiche Regelung gilt in Verbrauchersachen, Art. 15 Nr. 1. Näher unten § 75 V.

§ 63 Verzicht des Übereinkommens auf einen einheitlichen Wohnsitzbegriff[1]

I. Verweisung auf das nationale Recht

1. Trotz der zentralen Bedeutung, die der Wohnsitz für die Zuständigkeitsordnung des Übereinkommens hat,[2] haben die Verfasser des Übereinkommens darauf verzichtet, den Wohnsitzbegriff einheitlich zu definieren.[3] Das Übereinkommen verweist vielmehr auf das nationale Recht der Vertragsstaaten, Art. 52.[4] Maßgebend sind jeweils die in den Ver-

---

[22] Vgl. § 38 ZPO; Art. 2 Codice di procedura civile; Art. 48 Nouveau Code de procédure civile.

[23] Näher oben § 29 VI und § 30, sowie unten § 96 VII 4a.

[1] Vgl. auch *Kropholler* IZVR Rz. 625ff.

[2] Vgl. z. B. Art. 2–6, 8, 11, 12 Nr. 3, 14, 17, 32.

[3] Hierzu der *Jenard*-Bericht S. 63: „Der Ausschuß hatte zuerst erwogen, den Wohnsitz im Übereinkommen begrifflich festzulegen; er nahm aber schließlich davon Abstand. Eine derartige Begriffsbestimmung würde den Rahmen des Übereinkommens sprengen; sie wäre eher in einem Einheitsgesetz am Platze. Eine Begriffsbestimmung des Wohnsitzes in internationalen Abkommen zu geben, dürfte sogar gefährlich sein, da dies letztlich zu einer Vielzahl von Definitionen und somit zu Verschiedenheiten führen könnte. Auch besteht bei solchen Begriffsbestimmungen die Gefahr, daß sie durch die Entwicklung des innerstaatlichen Rechts überholt werden."

[4] Anders wenige bilaterale Verträge: Eine Begriffsbestimmung des Wohnsitzes findet sich in dem französisch-italienischen (Art. 28), in dem italienisch-niederländischen (Art. 11) und in dem deutsch-italienischen Abkommen (Art. 13). Dagegen ist der Begriff „Wohnsitz" in dem französich-belgischen, in dem belgisch-niederländischen,

tragsstaaten geltenden Normen über die Begründung und Aufhebung des Wohnsitzes.[4a]

2. Die Frage, ob der Beklagte im Staate des angegangenen Gerichts einen Wohnsitz hat, ist nach dessen Recht zu beurteilen, Art. 52 I; geht es aber um die Frage, ob der Beklagte von einer anderen Person oder vom Sitz einer Behörde seinen Wohnsitz ableitet, so kommt es auf das Heimatrecht des Beklagten an, Art. 52 III.[5] Die Frage des vom Wohnsitz des Ehemannes abgeleiteten Wohnsitzes der Ehefrau[6] ist also nach dem Heimatrecht der Ehefrau zu beurteilen. Verwiesen wird nicht auf das IPR des Heimatstaates, sondern auf dessen materielles Wohnsitzrecht.[7] Das gleiche gilt für die Wohnsitzbestimmung des ehelichen und nichtehelichen Kindes.[8]

3. Nach Art. 52 III ist das nationale Recht in zweifacher Hinsicht wichtig.[9] Das Heimatrecht eines Minderjährigen bzw. der Ehefrau bestimmt z. B. zunächst, ob der Wohnsitz ein abhängiger ist. Ist dies zu bejahen, so beurteilt sich die Frage, wo sich dieser Wohnsitz befindet (z. B. am Wohnsitz des Vormundes bzw. des Ehemannes) ebenfalls nach dem Heimatrecht des Minderjährigen bzw. der Ehefrau.[10]

4. Bei *Mehrstaatern* bestimmt das IPR des Gerichtsstaates, welcher Staatsangehörigkeit der Vorzug zu geben ist.[11] Für die Bundesrepublik Deutschland gelten folgende Regeln: Ist der beklagte Mehrstaater unter anderem auch Deutscher, so ist deutsches Recht anzuwenden, selbst wenn die ausländische Staatsangehörigkeit die effektive ist. Ist der Mehrstaater nicht Deutscher, so kommt es auf die *effektive Staatsangehörigkeit* an.[12]

5. Art. 53 III regelt nicht ausdrücklich die Frage, nach welchem Recht zu entscheiden ist, wenn es um den von einer anderen Person oder einer Behörde abgeleiteten *Wohnsitz eines Staatenlosen* geht.[13] Hier greifen die

---

in dem deutsch-belgischen, in dem italienisch-belgischen Abkommen und in dem Benelux-Vertrag nicht definiert.

[4a] Im Anerkennungsstadium hat der Zweitrichter seiner Prüfung nach Art. 28 I i. V. m. Art. 11 I bzw. Art. 14 II die gleichen Normen zugrundezulegen, die der Erstrichter gemäß Art. 52 anzuwenden hatte. Vgl. oben § 57 Fußn. 56.

[5] Vgl. auch *Basedow* IZVR Rz. 31ff.

[6] Diese Regel kommt immer mehr aus der Mode.

[7] *Droz* Nr. 372; *Schlafen* in *Bülow-Böckstiegel* 606/314, Art. 52, Anm. 6 bei Fußn. 40; *Kropholler* IZVR Rz. 629 bei Fußn. 1386.

[8] Wichtig vor allem bei Anwendung des Art. 5 Nr. 2. – Vgl. auch unten § 72 II.

[9] *Jenard*-Bericht S. 65.

[10] Vgl. auch *Stein-Jonas-Schumann*, ZPO, 20. Aufl., § 13, Rz. 20.

[11] *Jenard*-Bericht S. 66: „In Fällen dieser Art ist nach Ansicht des Ausschusses das für die doppelte Staatsangehörigkeit geltende allgemeine Recht anzuwenden.“ Für Relevanz der effektiven Staatsangehörigkeit auch bei Zusammentreffen mit der deutschen *Kropholler* IZVR Rz. 629.

[12] Ebenso *Schlafen* in *Bülow-Böckstiegel* 606/314 Art. 52, Anm. 6 bei Fußn. 44.

[13] Hierzu *Schlafen* in *Bülow-Böckstiegel*, 606/314, Art. 52, Anm. 6 g.E.

Grundregeln des Art. 52 I und II nicht ein. Vielmehr ist Art. 52 III teleologisch wie folgt zu ergänzen:

a) Maßgebend ist die kollisionsrechtliche Ersatzanknüpfung nach dem IPR der lex fori. In der Bundesrepublik Deutschland sind gemäß Art. 29 EGBGB die Gesetze des Staates maßgebend, in dem die staatenlose Person ihren gewöhnlichen Aufenthalt hat. Bei Fehlen eines solchen kommt es auf den schlichten Aufenthalt an.

b) Art. 29 EGBGB ist jedoch seit dem Inkrafttreten des UN-Übereinkommens über die Rechtsstellung von Staatenlosen vom 28. September 1954[14] und vom 24. Januar 1977[15] in seinem Geltungsbereich stark reduziert. Die genannte UN-Konvention verdrängt Art. 29 EGBGB, soweit ihr Anwendungsbereich reicht. Im Ergebnis dürften sich keine großen Unterschiede ergeben. Kompetenzrechtlich ist nicht Art. 12 (Personalstatut des Staatenlosen) relevant, sondern Art. 16 (Zugang zu den Gerichten), der ebenso wie Art. 29 EGBGB auf den gewöhnlichen Aufenthalt abstellt.[16]

c) Hervorzuheben ist jedoch, daß der gewöhnliche Aufenthalt nur im Rahmen des Art. 52 III eine Ersatzanknüpfung für die Staatsangehörigkeit ist.[17] Hat der Staatenlose nach der durch Art. 52 III ermittelten Rechtsordnung seines Aufenthaltsstaates keinen Wohnsitz in einem der Vertragsstaaten, so sind – vorbehaltlich Art. 16 – die Zuständigkeitsregeln des Übereinkommens unanwendbar, Art. 4 I. Es gilt das nationale Zuständigkeitsrecht des angegangenen Gerichts.

II. Die drei bedeutsamen Hypothesen

1. Der Beklagte wohnt im Gerichtsstaat (= Staat des angegangenen Gerichts)

Für die Wohnsitzfrage ist das materielle Wohnsitzrecht der lex fori maßgeblich, Art. 52 I, ausgenommen der Fall des abgeleiteten Wohnsitzes, Art. 52 III.

Der Vorteil dieser Regel liegt in ihrer einfachen Handhabung.[18]

---

[14] BGBl. 1976 II, 474.

[15] BGBl. 1977 II, 235.

[16] Hierzu *Zöller-Geimer,* ZPO, 13. Aufl., IZPR, Anm. H.

[17] Die Verfasser des Übereinkommens lehnten den gewöhnlichen Aufenthalt als Kompetenzanknüpfung ausdrücklich ab. Vgl. *Jenard*-Bericht S. 63.

[18] *Jenard*-Bericht S. 64: „Nach Art. 52 ist für die Feststellung des Inlandwohnsitzes ausschließlich das innerstaatliche Recht des angerufenen Gerichtes maßgebend. Aus dieser Bestimmung ergibt sich, daß bei einer Kollision zwischen der lex fori und dem Recht eines anderen Vertragsstaates für die Feststellung des Wohnsitzes einer Partei die lex fori maßgebend ist.

Hat z. B. eine vor einem französischen Gericht verklagte Partei ihren Wohnsitz gleichzeitig in Frankreich, weil sie dort ihre Hauptniederlassung hat, und in Belgien, weil sie dort polizeilich gemeldet ist, so darf der französische Richter im Streitfalle lediglich das französische Gesetz anwenden. Ergibt sich nach diesem Gesetz, daß die

2. Der Beklagte wohnt in einem anderen Vertragsstaat

a) Wohnt der Beklagte nach dem Wohnsitzrecht der lex fori bzw. nach der gemäß Art. 52 III maßgeblichen Rechtsordnung nicht im Gerichtsstaat, so muß der Erstrichter prüfen, ob der Beklagte in einem *anderen Vertragsstaat* wohnt, weil davon die Anwendung der Zuständigkeitsordnung des Übereinkommens abhängt, Art. 3 I, 4 I. Vgl. oben § 29 IV.

b) Maßgeblich ist – vorbehaltlich der Fälle des Art. 52 III – das Wohnsitzrecht[19] desjenigen Staates, in dessen Gebiet der Beklagte angeblich[20] wohnt: Ob der Beklagte in Frankreich wohnt, beurteilt sich also auch aus der Sicht des deutschen Gerichts nach französischem Recht (Art. 102ff. Code civil),[21] der angebliche Wohnsitz in Italien nach italienischem Wohnsitzrecht (Art. 43ff. Codice civile) usw.

c) Zweck der Verweisungsregel[22] des Art. 52 II ist die *Vermeidung von Kompetenzkonflikten.*[23] Die Prüfung nach Art. 52 II setzt jedoch immer

---

beklagte Partei ihren Wohnsitz tatsächlich in Frankreich hat, so hat der Richter kein anderes Gesetz zu berücksichtigen. Diese Lösung ist aus verschiedenen Gründen gerechtfertigt.

In erster Linie ist zu berücksichtigen, daß sich in dem angeführten Beispiel die beklagte Partei durch die Wahl des Wohnsitzes dem Gesetz des betreffenden Landes unterwirft. Hinzu kommt, daß bei dem Ausbleiben des Beklagten der Richter nur auf Grund der primär geltenden lex fori in der Lage ist, seine eigene Zuständigkeit entsprechend den Vorschriften des Übereinkommens zu prüfen (Art. 20).

Sind die Gerichte verschiedener Vertragsstaaten ordnungsgemäß mit einem Rechtsstreit befaßt – z. B. das belgische Gericht, weil der Beklagte in seinem Bereich polizeilich gemeldet ist, und das französische Gericht, weil der Beklagte dort seine Hauptniederlassung hat – so wird ein Konflikt nach den Regeln über die Rechtshängigkeit oder den Sachzusammenhang gelöst."

[19] Kollisionsrecht bleibt also außer Betracht.

[20] Wenig Sinn gibt die Bemerkung im *Jenard*-Bericht S. 65, maßgeblich sei die Behauptung des Beklagten, für die Fälle, in denen der Beklagte sich nicht eingelassen hat (Versäumnisverfahren). Im Rahmen seiner Amtsprüfung (Art. 20; oben § 56) ist das Gericht an Parteibehauptungen nicht gebunden. Selbstverständlich bleibt es dem Kläger unbenommen darzutun, daß der Beklagte in einem Vertragsstaat wohnt oder nicht (z. B. um § 23 ZPO zur Anwendung zu bringen oder Art. 14 Code civil in Verbindung mit Art. 4 II).

[21] Hierzu *Solus-Perrot,* Droit judiciaire privé, II, 1973, Nr. 249; *Ferid,* Franz. Zivilrecht, I, 1971, Rdnr. 1 D 73ff.

[22] Die gleiche Norm kennt das nationale Zuständigkeitsrecht der Bundesrepublik Deutschland, vgl. *Zöller-Geimer,* ZPO, 13. Aufl., 1981, IZPR, Anm. E XV 1 e.

[23] Hierzu der *Jenard*-Bericht S. 65: „Der Ausschuß hielt es für zweckmäßig und sehr angemessen, statt der lex fori das Recht des Staates anzuwenden, in dem sich nach der Behauptung des Beklagten sein Wohnsitz befindet. Würde nämlich ein Gericht in einem Rechtsstreit, bei dem der Beklagte seinen Wohnsitz in einem anderen Vertragsstaat hat, zur Feststellung des Wohnsitzes dieses Beklagten sein eigenes Recht anwenden, so könnte sich ergeben, daß der Beklagte nach diesem Recht keinen Wohnsitz in einem anderen Staat hat, während sich sein Wohnsitz nach dem Recht dieses anderen Staates tatsächlich dort befindet. Ein solches Ergebnis wäre um so weniger zu vertre-

nur dann ein, wenn das angegangene Gericht im Inland (= Staat des angegangenen Gerichts) keinen Wohnsitz feststellen konnte.

3. Der Beklagte wohnt in einem dritten Staat (= Nichtvertragsstaat)

Die Feststellung, ob der Beklagte in einem dritten Staat wohnt, ist für die Anwendbarkeit des Übereinkommens ohne Bedeutung. Es genügt die Feststellung gemäß Art. 52, daß der Beklagte in keinem Vertragsstaat wohnt. Dann steht fest, daß die Zuständigkeitsordnung des Übereinkommens nicht anwendbar ist, vorbehaltlich der Fälle des Art. 8 II[24] und Art. 13 II.[25] Ob der Beklagte in einem dritten Staat seinen Wohnsitz bzw. Sitz oder überhaupt keinen Wohnsitz/Sitz hat, ist ohne Belang. Es ist deshalb konsequent, wenn das Übereinkommen keine Regel zur Bestimmung des Wohnsitzes/Sitzes in einem dritten Staat aufstellt.[26] Allerdings kann dieser Punkt im Zusammenhang mit der Anwendung des nationalen Zuständigkeitsrechts von Bedeutung sein.

§ 64 Besonderheiten im Hinblick auf die Rechtsordnungen des Vereinigten Königreichs und Irlands[1]

1. Wenn auch das materielle Wohnsitzrecht in den Rechtsordnungen der kontinentalen Vertragsstaaten verschiedene Akzente setzt und deshalb inhaltlich mitunter stark divergiert,[2] so läßt sich doch in einem Punkt Übereinstimmung feststellen: Der Wohnsitz sagt etwas über „die

---

ten, als jemand, der seinen Wohnsitz in einem Vertragsstaat hat, sich nicht vergewissern kann, ob dieser Wohnsitz den Begriffsbestimmungen eines ausländischen Gesetzes entspricht."

[24] Art. 8 II n. F. entspricht Art. 8 III a. F.

[25] Hierzu oben § 29 X.

[26] Vgl. *Jenard*-Bericht S. 64: „Art. 52 läßt den Fall außer Betracht, daß der Wohnsitz einer Person sich außerhalb des Gebietes der Gemeinschaft befindet. In diesem Falle hat das angerufene Gericht die Regeln seines internationalen Privatrechts anzuwenden."

[1] Vgl. auch *Basedow* IZVR Rz. 32.

[2] Dies sieht der *Schlosser*-Bericht Nr. 71 so: „Der Begriff des Wohnsitzes hat ... zentrale Bedeutung für die Bestimmung der gerichtlichen Zuständigkeit (z. B. in Art. 2–6, 8, 11, 12 Nr. 3, 14, 17, 32). Er hat freilich schon im Geltungsbereich der Rechtsordnungen der Gründungsstaaten der EWG unterschiedlichen Bedeutungsgehalt. In der Bundesrepublik Deutschland drückt er eine Verbindung einer Person mit einem bestimmten Ort im Sinne der kommunalen Untergliederungen des Staatsgebiets aus. In Frankreich und Luxemburg bezeichnet er die genaue Adresse einer Person. In Belgien meint dieser Begriff für die gerichtliche Zuständigkeit den Ort, wo eine Person im Einwohnerregister mit ihrem Hauptwohnort eingetragen ist (Artikel 36 code judiciaire). Mit diesen Unterschieden hängt zusammen, daß etwa das deutsche Recht bei Fixierung des Wohnsitzes einer Person größeren Wert auf die Stabilität der Verbindung zu einem bestimmten Ort legt, als es andere Rechte tun."

Verbindung einer Person mit einer kleineren lokalen Einheit des Staatsgebiets."[3] Deshalb konnte man in Art. 52 die nähere Begriffsbestimmung dem Recht des Staates überlassen, in dem nach dem „Wohnsitz" einer Person gesucht werden muß. Dadurch entsteht kein nennenswertes Ungleichgewicht für den Anwendungsbereich des Übereinkommens.[4]

2. Anders ist es jedoch im Hinblick auf das Wohnsitzrecht des Vereinigten Königreichs und Irlands. Der *domicile-Begriff* weicht vom kontinentalen Wohnsitzbegriff erheblich ab. Zum einen dokumentiert das domicile nicht eine Verbindung einer Person zu einem bestimmten Ort oder gar mit einer bestimmten Wohnung innerhalb eines Ortes, sondern – wie *Schlosser*[4] hervorhebt – eine *Verwurzelung in einem bestimmten Rechtsgebiet.*[5] Das „domicile" ordnet eine Person einer bestimmten Jurisdiction zu, bestimmt also, ob diese dem englisch-walisischen, dem schottischen oder dem nordirischen oder eventuell einem ausländischen Rechtsgebiet angehört.[6] Die Verbundenheit einer Person mit einem bestimmten Ort wird nicht mit „domicile", sondern mit „residence" umschrieben.[7,8] Eine Person hat nach common law immer ein „domicile" und kann niemals mehrere haben.[9] Ein eheliches Kind erwirbt mit der Geburt das „domicile" seines Vaters, ein nichteheliches dasjenige seiner Mutter. Es behält das „domicile" seiner Eltern, solange es minderjährig ist. Nach Erreichen der Volljährigkeit kann es ein anderes begründen, wofür aber sehr strenge Anforderungen gelten: Der gewöhnliche Aufenthalt muß in ein anderes Land verlegt worden sein – mit der Absicht, ihn dort ständig oder doch auf unbegrenzte Zeit beizubehalten.

3. Art. 52 gebietet nicht, den Begriff des Wohnsitzes an einen bestimmten Ort oder an eine bestimmte Wohnung zu knüpfen. Man könnte ihn auch auf ein bestimmtes Territorium beziehen. Das Vereinigte Königreich und Irland könnten ihren traditionellen „domicile"-Begriff auch bei Anwendung der Art. 2ff. zugrundelegen. Dadurch entstünde ein Ungleichgewicht bei der Anwendung des Übereinkommens. In manchen Fällen könnten sich dann die Gerichte des Vereinigten Königreichs oder Irlands für zuständig erklären, obwohl nach dem Recht aller übrigen Vertragsstaaten der Beklagte an seinem tatsächlichen Lebensmittelpunkt außerhalb des Vereinigten Königreichs bzw. Irlands sei-

---

[3] *Schlosser*-Bericht Nr. 71a.

[4] *Schlosser*-Bericht Nr. 71a.

[5] Hierzu *Basedow* IZVR Rz. 29 Fußn. 77.

[6] *Schlosser*-Bericht Nr. 72.

[7] Zu domicile und residence *Dicey-Morris,* Conflict of Laws, 10. Aufl., 1980, 100.

[8] In Art. 69 V des Übereinkommens über das Europäische Patent für den Gemeinsamen Markt ist der Begriff „Wohnsitz" mit „residence" wiedergegeben und seinetwegen im übrigen auf Art. 52 und 53 des Übereinkommens verwiesen. Um Verwirrungen nicht aufkommen zu lassen, hat Artikel Vc des Protokolls die Identität der Begriffe „residence" im Sinne des Patentübereinkommens und „domicile" im Sinne des Übereinkommens klargestellt. Vgl. *Schlosser*-Bericht Nr. 73 g.E.

[9] Anders das autonome deutsche Recht.

nen Wohnsitz hat. Anläßlich der Beitrittsverhandlungen wurden das Vereinigte Königreich und Irland gebeten, für die Anwendung des Übereinkommens einen Wohnsitzbegriff zu schaffen, der sich an dem orientiert, was man in den sechs Alt-Vertragsstaaten als „Wohnsitz" betrachtet.[10] Die aus britischer Sicht notwendigen Klarstellungen bringen sec. 41–46 des Civil Jurisdiction and Judgments Act 1982.

4. Im Hinblick auf Art. 52 III ist ein *gespaltener Wohnsitzbegriff* unvermeidlich: Bei Beantwortung der Vorfrage, ob nach dem Recht, dem eine Person angehört, ihr Wohnsitz von demjenigen einer anderen Person abhängt, kann es darauf ankommen, wo die abhängige Person ihr „domicile" hat. Nach dem IPR des Vereinigten Königreichs ist die Abhängigkeit eines Wohnsitzes nicht nach dem Heimatrecht einer Person, sondern nach ihrem „domicile"-Recht zu beurteilen. Daran ändert die Neudefinierung des Begriffs „domicile" in Zusammenhang mit Artikel 52 I nichts.[11]

§ 65 Keine Versteinerung des Rechtszustandes[1]

1. Die Verweisung des Übereinkommens auf das nationale Wohnsitzrecht bewirkt keine Versteinerung des Rechtszustandes bei Inkrafttreten des Übereinkommens.[2] Art. 52 verweist vielmehr auf das jeweils geltende nationale Recht. Wird z. B. in Luxemburg ähnlich wie in der Bundesrepublik Deutschland[3] die Norm abgeschafft, wonach die Ehefrau einen vom Wohnsitz des Ehemannes abgeleiteten Wohnsitz hat (Art. 108 Code civil), so wirkt sich dies auch auf die internationale Zuständigkeit Luxemburgs aus. Durch ihre Normen über den Wohnsitz können also die Vertragsstaaten die Grenzen ihrer aus Art. 2 I fließenden internationalen Entscheidungszuständigkeit verändern.

2. Jedoch ist diese Änderungsbefugnis nicht unbeschränkt.

a) Auf dem Umweg über die Änderung des Wohnsitzrechtes dürfen keine neuen exorbitanten Zuständigkeiten geschaffen werden. Würde

---

[10] *Schlosser*-Bericht Nr. 73.

[11] *Schlosser*-Bericht Nr. 74: „Wird etwa ein minderjähriger Ausländer, der sich in England niedergelassen hat, vor einem englischen Gericht verklagt, so muß dieses den gespaltenen Wohnsitzbegriff beachten. In einer ersten Stufe hat es zu prüfen, wo der Beklagte vor seiner Niederlassung in England „domicile" hatte. Dafür ist der traditionelle Gehalt dieses Begriffs maßgebend. Das danach geltende Recht entscheidet darüber, ob der Minderjährige befugt war, ein englisches „domicile" im Sinne des EuGVÜ zu begründen. In einer zweiten Stufe hat das Gericht dann zu untersuchen, ob die Voraussetzungen für ein „domicile" im Bezirk des angegangenen englischen Gerichts vorliegen."

[1] *Geimer* NJW 1976, 443.

[2] Hierzu oben § 16.

[3] § 9 BGB ist durch Art. 3 II GG mit Wirkung ab 1. April 1953 außer Kraft gesetzt worden.

z. B. ein Vertragsstaat festlegen, daß das Unterschreiben eines Hotelmeldezettels bereits einen Wohnsitz im Aufenthaltsstaat begründet, so wäre diese Norm nicht geeignet, die internationale Zuständigkeit des Aufenthaltsstaates nach Art. 2 I zu begründen. Das gleiche gilt für die übermäßige Ausdehnung des abgeleiteten Wohnsitzes. Erließe ein EG-Staat ein Gesetz, wonach Kinder auch nach dem Erreichen der Volljährigkeit den Wohnsitz ihrer Eltern teilen, so würde auch diese Norm den den einzelnen Vertragsstaaten durch Art. 52 eingeräumten Regelungsvorbehalt sprengen.

b) Auch in umgekehrter Richtung sind Gesetzesnovellen denkbar, die durch die Verweisung des Art. 52 nicht gedeckt sind. Kein Vertragsstaat kann sich seiner Verpflichtung, Rechtsschutz zu gewähren, dadurch entziehen, daß er die Anforderungen an die Begründung des Wohnsitzes gegenüber dem derzeitigen Standard in den Vertragsstaaten extrem hochschraubt. So wäre z. B. eine Norm zu beanstanden, die die Begründung des Wohnsitzes im Aufenthaltsstaat durch Ausländer von einem mehrjährigen Aufenthalt abhängig macht.

§ 66 Prozeßrechtlicher Wohnsitzbegriff

1. Soweit das Prozeßrecht eines Vertragsstaates nicht auf sein Zivilrecht Bezug nimmt, sondern eigene Regeln über den Wohnsitz entwikkelt, verweist Art. 52 auf die *prozeßrechtlichen Normen.*[1]

2. Eine solche Abweichung des Prozeßrechts vom Zivilrecht deutet *Jenard*[2] für Belgien an. Ein Belgier hat nach Art. 102 Code civil seinen Wohnsitz am Ort seiner Hauptniederlassung. Dagegen ist nach Art. 36 Code judiciaire der Ort maßgebend, an dem der Betreffende an erster Stelle polizeilich gemeldet ist.

Hierher gehören auch die Fälle des § 15 ZPO. Danach behalten Deutsche, die das Recht der Exterritorialität genießen, sowie die im Ausland beschäftigten Angehörigen des öffentlichen Dienstes den Gerichtsstand ihres letzten inländischen Wohnsitzes. Wenn sie keinen inländischen Wohnsitz hatten, haben sie ihren allgemeinen Gerichtsstand in Bonn. § 15 ZPO läßt sich als prozeßrechtliche Fiktion des Fortbestehens des Wohnsitzes im Entsendestaat interpretieren.[3] So kann z. B. der deutsche

---

[1] *Geimer* NJW 1976, 444 sub 2e.

[2] *Jenard*-Bericht S. 65 bei Fußn. 2: „Kennt das Recht des Staates, in dem sich nach der Behauptung des Beklagten sein Wohnsitz befindet, eine doppelte Begriffsbestimmung des Wohnsitzes, nämlich die des Bürgerlichen Rechts und die der Zivilprozeßordnung, so ist natürlich die letztere maßgebend, da es um eine Frage der Zuständigkeit geht. – Dies könnte z. B. für Belgien zutreffen, wo Art. 102 des Code civil besagt, daß sich der Wohnsitz eines Belgiers hinsichtlich der Ausübung seiner bürgerlichen Rechte nach dem Ort seiner Hauptniederlassung bestimmt, während es in Art. 36 der Gerichtsordnung heißt, daß im Sinne dieser Ordnung unter Wohnsitz der Ort zu verstehen sei, in welchem der Betreffende an erster Stelle polizeilich gemeldet ist."

[3] *Geimer* NJW 1976, 444.

Botschafter in Belgien nicht an seinem Wohnsitz in Brüssel verklagt werden, weil er von der belgischen Gerichtsbarkeit befreit ist. Hat er keinen Wohnsitz i. S. des § 7 BGB in der Bundesrepublik Deutschland, so könnte er dort gemäß Art. 2 I des Übereinkommens nicht verklagt werden, wenn man nicht § 15 ZPO als wohnsitzrechtliche Vorschrift i. S. des Art. 52 qualifiziert.[4]

3. Zu § 8 des Umwandlungsgesetzes s. unten § 87 Fußn. 272.

§ 67 Wahldomizil

Der gewählte Wohnsitz (domicile élu, domicilio eletto) ist kein Wohnsitz im Sinne der Art. 2ff.[1] Das Wahldomizil erfüllt in den Rechtsordnungen Frankreichs, Italiens und der Beneluxstaaten Funktionen der Zuständigkeitsvereinbarung.[2] Es ist in Deutschland seit Inkrafttreten der ZPO am 1. Januar 1879 abgeschafft, § 14 EGZPO.

---

[4] Im Ergebnis ebenso *Stein-Jonas-Schumann,* ZPO, 20. Aufl., § 15, Rz. 16, *Kropholler* IZVR Rz. 626.

[1] *Jenard*-Bericht S. 66: „Zum Schluß sei noch klargestellt, daß der Begriff des Wohnsitzes im Sinne des Übereinkommens nicht das fiktive Wahldomizil einschließt."

[2] Sein Wesen besteht darin, daß für bestimmte Rechtsverhältnisse, besser für die Abwicklung und Durchführung bestimmter Vertragsverhältnisse ein „besonderer Wohnsitz" gewählt werden kann.

So bestimmt Art. 111 Code civil: „Lorsqu'un acte contiendra, de la part des parties ou de l'une d'elles, élection de domicile pour l'exécution de ce même acte dans un autre lieu que celui du domicile réel, les significations, demandes et poursuites relatives à cet acte, pourront être faites au domicile convenu, et devant le juge de ce domicile." – Ähnlich Art. 47 Codice civile: „Si può eleggere domicilio speciale per determinati atti o affari. – Questo elezione deve farsi espressamente per iscritto." Ergänzt wird Art. 47 Codice civile durch Art. 30 Codice di procedura civile: „Chi ha eletto domicilio o norma dell articola 47 del codice civile può essere convenuto davanti al giudicie del domicilio stesso." Hierauf nimmt wiederum Art. 4 Nr. 1 Codice di procedura civile Bezug.

Die gleiche Gerichtsstandsnorm kennt *Belgien:* Art. 624 Nr. 3 Code judiciaire: „Hormis les cas où la loi détermine expressément le juge compétent pour connaître la demande, celle-ci peut, au choix du demandeur, être portée: ... 3° devant le juge du domicile élu pour l'exécution de l'acte." Die Parallelnorm für Ausländer befindet sich in Art. 635 C.J.: „Les étrangers peuvent être assignés devant les tribunaux du Royaume, soit par un Belge, soit par un étranger, dans les cas suivants: ... 2° s'ils ont en Belgique un domicile ou une résidence, ou s'ils y ont fait élection de domicile."

In den Niederlanden fand Art. 111 Code civil seine Nachahmung in Art. 15 des Burgerlijk Wetboek: „Een person kan een andere woonplaats dan zijn werkelijke slechts kiezen, wanneer de wet hem daartoe verpflicht, of wanneer de keuze bij schriftelijk aangegane overeenkomst voor een of meer bepaalde rechtshandelingen of rechtsbetrekkingen geschiedt en voor de gekozen woonplaat een redelijk belang aanwezig is." Die dazu gehörige Kompetenznorm lautet: Art. 126 Wetboek van burgerlijke rechtsvordering: „1. De verweerder zal in zuiver persoonlijke zaken, of in die welke

§ 68 Wohnsitzverweisung

I. Wohnsitzverweisung innerhalb des geographischen Anwendungsbereichs des Übereinkommens[1]

Liegt der Wohnsitz nach dem Recht des angegangenen Gerichts (Art. 52 I) in einem anderen Vertragsstaat, verweist aber das Recht dieses Staates (Art. 52 II) wieder auf den Staat, bei dessen Gericht die Klage eingereicht ist,[2] so besteht die Gefahr eines negativen internationalen Kompetenzkonfliktes. In diesem Fall ist die Wohnsitzverweisung anzunehmen. Das angerufene Gericht kann und muß sich trotz Art. 52 I für international zuständig erachten und eine Sachentscheidung fällen. Es wäre mit den Intentionen des Übereinkommens unvereinbar, in solchen Fällen auf das nationale Zuständigkeitsrecht gemäß Art. 4 I zurückzugreifen, da doch feststeht, daß der Beklagte innerhalb des räumlichen Anwendungsbereichs des Übereinkommens wohnt.[3]

Systemgerecht wäre in einem solchen Fall eine Zuständigkeitsbestimmung durch den Europäischen Gerichtshof. Eine solche Zuständigkeit wurde ihm bisher aber nicht zugestanden.

II. Wohnsitzrückverweisung eines dritten Staates (Nichtvertragsstaates)

Ob der Beklagte in einem dritten Staat wohnt oder überhaupt keinen Wohnsitz hat, ist aus der Sicht des Übereinkommens ohne Bedeutung.[4]

---

roerend goed betreffen, worden gedaagvaard voor den regter van zijne woonplaats ... 16. Indien er woonplaats is gekozen, voor den regter dier gekozene woonplaats, of voor den regter van der werkelijke woonplaats des verwerde verweerders, ter keuze van den aalegger."

Die Vereinbarung eines Wahldomizils hat vor allem verfahrensrechtliche Bedeutung. Sie bewirkt im Ergebnis eine Zuständigkeitsvereinbarung.

[1] Zum geographischen Anwendungsbereich s. oben § 17.

[2] Fall des Grenzgängers, hierzu *Droz* Nr. 362.

[3] *v. Hoffmann* AWD 1973, 59 Fußn. 27; *Geimer* NJW 1976, 443 Fußn. 24. Dagegen will *Schlafen* in *Bülow-Böckstiegel* 606/316 Art. 52, Anm. 8 bei Fußn. 54 „ausnahmsweise den Rückgriff auf subsidiäre Anknüpfungsbegriffe, wie ‚den gewöhnlichen Aufenthalt' zulassen", ebenso nun auch *Kropholler* IZVR Rz. 628.

[4] Der angegangene Richter hat also nur zu prüfen, ob der Beklagte innerhalb des räumlichen Anwendungsbereiches des Übereinkommens (§ 17) wohnt, und zwar hat er gemäß Art. 52 I, III, 2 I zunächst zu untersuchen, ob der Beklagte im Staat des angegangenen Gerichts wohnt. Wenn diese Frage zu verneinen ist, kommt es gemäß Art. 52 II, III darauf an (Art. 19, 20), ob der Beklagte in einem anderen Vertragsstaat wohnt. Ist dies der Fall, kommen die Art. 5ff. zum Zuge, Art. 3 I. Ergibt die Wohnsitzprüfung ein negatives Ergebnis, so steht fest, daß die Zuständigkeitsordnung des Übereinkommens nicht angewendet werden kann, Art. 4 I. Es gilt das nationale Zuständigkeitsrecht.

Eine Wohnsitzrückverweisung des dritten Staates auf einen Vertragsstaat wird nicht beachtet. Die Anwendbarkeit der Art. 2–24 kann nicht vom Wohnsitzrecht eines dritten Staates abhängen.

§ 69 Mehrere Wohnsitze des Beklagten in mehreren Staaten

Mehrere Vertragsstaaten können gemäß Art. 2 I in Verbindung mit Art. 52 konkurrierend international zuständig sein. Ergibt sich bei Anwendung der in Art. 52 niedergelegten Regeln, daß der Beklagte in mehreren Vertragsstaaten wohnt, dann ist jeder dieser Vertragsstaaten konkurrierend international zuständig.[1] Jeder von ihnen besitzt die oben beschriebene internationale Allzuständigkeit, ausgenommen die Fälle des Art. 16 und der Derogation.[2] In jedem Wohnsitzstaat ist der Beklagte gerichtspflichtig. Der Kläger hat die Wahl, wo er die Klage erhebt. Jeder Vertragsstaat ist zur Justizgewährung verpflichtet.[3]

§ 70 Erweiterung der internationalen Zuständigkeit des Wohnsitzstaates im Falle passiver Streitgenossenschaft

Werden mehrere Personen zusammen verklagt, so reicht es aus, wenn eine von ihnen ihren Wohnsitz im Staate des angerufenen Gerichts hat, Art. 6 Nr. 1. Die passive Streitgenossenschaft begründet die internationale Zuständigkeit auch in Richtung gegen die anderen Beklagten. Art. 6 Nr. 1 begründet eine Zuständigkeit im Bezirk des Gerichts, in dem *ein* Beklagter wohnt. Für die Bestimmung des Wohnsitzes gilt gemäß Art. 52 I grundsätzlich das Recht des angegangenen Gerichts. Bestehen nach der lex fori innerhalb des Gerichtsstaates mehrere Wohnsitze eines Beklagten oder mehrere Wohnsitze mehrerer Beklagter, so eröffnet Art. 6 Nr. 1 an jedem Wohnsitz einen Gerichtsstand der Streitgenossenschaft. Unter mehreren Gerichtsständen kann der Kläger wählen. Näher unten § 74 II 1.

§ 71 Maßgebender Zeitpunkt

1. Entscheidend ist der Zeitpunkt der Klageerhebung; gibt der Beklagte danach seinen Wohnsitz im Staat des angerufenen Gerichts auf, dann ist dies für die internationale Zuständigkeit dieses Staates ohne

---

[1] *Geimer* NJW 1976, 444.

[2] Vgl. oben § 62 II.

[3] Ist der gleiche Streitgegenstand in mehreren Staaten rechtshängig, so kommt das Prioritätsprinzip zum Zuge. Das später angegangene Gericht hat sich zugunsten des Staates, dessen Gericht vorher angerufen wurde, für unzuständig zu erklären, Art. 21. Näher oben § 44.

Bedeutung. Dieser Grundsatz der perpetuatio fori ist zwar im Text des Übereinkommens nicht ausdrücklich erwähnt; man sollte ihn aber als ungeschriebenes europäisches Einheitsrecht akzeptieren.[1]

2. Begründet der Beklagte erst nach Klageerhebung seinen Wohnsitz im Staat des angerufenen Gerichts, so kann nunmehr ein Sachurteil ergehen. Das Fehlen der internationalen Zuständigkeit zum Zeitpunkt der Klageerhebung ist unschädlich;[2] der Mangel ist prozessual überholt.

§ 72 Anhang: Hinweise auf das Wohnsitzrecht der Bundesrepublik Deutschland[1]

I. Der selbständige Wohnsitz

1. Das deutsche Recht (§§ 7, 8 BGB) knüpft an den *Ort der ständigen Niederlassung* an; denn dort ist der Mittelpunkt der Lebensverhältnisse einer Person. Der Wohnsitz einer Person liegt demnach an dem Ort, wo sich die Person ständig niedergelassen hat; eine von vorneherein nur auf eine bestimmte kurze Zeit geplante Niederlassung reicht nicht.[2] Allerdings hindert die Absicht, die Niederlassung bei Gelegenheit oder nach einem bestimmten Zeitraum wieder zu verlassen, die Bejahung eines Wohnsitzes nicht.

2. Daß der Aufenthalt am Ort des Wohnsitzes durch Berufstätigkeit außerhalb des Ortes oder sonstige Abwesenheit unterbrochen wird, spielt keine Rolle. Grundbesitz, gewerbliche Niederlassungen, die ortsgebundene Tätigkeit als Arbeitnehmer, z. B. als Hausangestellte,[3] begründen allein noch keinen Wohnsitz, auch nicht die Unterbringung in einer Justizvollzugsanstalt oder in einer Heilanstalt, sofern nicht hierbei eine Aufgabe des früheren Wohnsitzes beabsichtigt ist.[4]

3. Die *Aufhebung des Wohnsitzes* erfolgt nach §§ 7 III, 8 BGB durch Wegzug mit dem Willen, die Niederlassung aufzugeben; dagegen ist die Neubegründung eines anderen Wohnsitzes nicht erforderlich für die Aufhebung; dies folgt aus § 16 ZPO.[5]

4. Nur *voll Geschäftsfähige* können einen Wohnsitz selbständig begründen oder aufgeben, nicht jedoch Geschäftsunfähige und in der Geschäftsfähigkeit Beschränkte ohne den Willen ihres gesetzlichen Vertreters, § 8 I

---

[1] Näher oben § 29 IV 10; *Kropholler* IZVR Rz. 634.

[2] Anders das autonome Recht Frankreichs: *Bauer,* compétence judiciaire no. 152ff.; *Bauer,* RabelsZ 30 (1966) S. 499 Fußn. 111.

[1] Ausführlich neben den Kommentaren zu §§ 7ff. BGB und §§ 12ff. ZPO *Schröder,* Internationale Zuständigkeit, 1971, 144.

[2] *Stein-Jonas-Schumann,* ZPO, 20. Aufl., § 13, Rz. 2.

[3] Umkehrschluß aus § 20 ZPO.

[4] Nachweise bei *Stein-Jonas-Schumann* (Fußn. 2).

[5] Vgl. die in Fußn. 1 genannten und *Kropholler* IZVR Rz. 67ff.

BGB. Eine Ausnahme gibt es aber für den verheirateten oder den schon verheiratet gewesenen (geschiedenen, verwitweten) Minderjährigen, § 8 II BGB.

5. *Stellvertretung* bei Begründung und Aufhebung des Wohnsitzes ist möglich.

6. Alle *Deutschen* haben das Recht auf freie Wahl des Wohnsitzes, Art. 11 I GG. *Ausländer* unterliegen Beschränkungen, vgl. § 7 Ausländergesetz. Die Angehörigen von EG-Staaten haben einen Sonderstatus nach dem Gesetz über Einreise und Aufenthalt von Staatsangehörigen der Mitgliedsstaaten der Europäischen Wirtschaftsgemeinschaft (AufenthG/EWG) vom 22. Juli 1969 (BGBl. I 927) in der Fassung des Gesetzes vom 17. April 1974 (BGBl. I 948).

II. Abgeleiteter Wohnsitz (= gesetzlicher Wohnsitz)

Einen abgeleiteten Wohnsitz, der ohne Rücksicht auf den Willen und das Verhalten der Partei von dem Wohnsitz einer anderen Person oder aus anderen Umständen abgeleitet wird, kennt das deutsche Recht noch für minderjährige Kinder und Soldaten; entfallen ist der vom Wohnsitz des Ehemanns abgeleitete Wohnsitz der Ehefrau.

1. Abgeleiteter Wohnsitz der Kinder

Ehelichkeit oder Nichtehelichkeit ist kein Kriterium mehr; es kommt auf den Wohnsitz des Personensorgeberechtigten an.

a) Das *eheliche Kind* hat seinen Wohnsitz am Wohnsitz seiner Eltern, § 11 Satz 1 Halbsatz 1 BGB, da diese gemeinsam personensorgeberechtigt sind, § 1626 I, § 1631 I BGB. Ist der Wohnsitz der Eltern nicht am gleichen Ort und fehlt einem Elternteil ausnahmsweise das Personensorgerecht,[6] so hat das Kind nur den Wohnsitz des sorgeberechtigten Elternteils, § 11 Satz 1 Halbsatz 2 BGB. Nicht ausdrücklich regelt das Gesetz den Fall, daß der Wohnsitz der Eltern verschieden ist, das Personensorgerecht aber beiden Eltern zusteht.[6a] Das Kind hat dann einen von den Eltern abgeleiteten *Doppelwohnsitz,* unabhängig davon, wie und wann die getrennten Wohnsitze entstanden. Ein Doppelwohnsitz ist mithin sowohl dann anzunehmen, wenn die Eltern an Stelle des ursprünglich gemeinsamen Wohnsitzes zwei oder mehrere Wohnsitze begründen, als auch in dem Fall, daß nur ein Ehegatte den gemeinsamen Wohnsitz aufgibt und einen neuen begründet. Das gleiche gilt, wenn das Kind erst geboren wurde, nachdem beide Elternteile getrennte Wohnsitze begründet hatten. Der Doppelwohnsitz des Kindes überdauert den Tod eines

[6] §§ 1671 f., 1678–1681 BGB.

[6a] Zur gemeinschaftlichen Personensorge geschiedener Ehegatten vgl. BVerfG NJW 1983, 101.

Elternteils, bis der überlebende Elternteil den Wohnsitz des Kindes gemäß § 11 Satz 3 BGB aufgibt.

b) *Das nichteheliche Kind* teilt den Wohnsitz der Mutter (§ 11 Satz 1 BGB iVm §§ 1705, 1626 II BGB), da dieses grundsätzlich unter der elterlichen Sorge der Mutter steht.

c) *Das für ehelich erklärte Kind* (§§ 1723ff. BGB) wohnt am Wohnsitz der Eltern bzw. des personensorgeberechtigten Elternteils, da es die rechtliche Stellung eines ehelichen Kindes hat, § 1736 BGB.

d) *Ein adoptiertes Kind* wohnt am Ort des Wohnsitzes des (der) Annehmenden, da es die rechtliche Stellung eines ehelichen Kindes des (der) Annehmenden hat, § 1754 BGB.

e) Das *Findelkind* teilt gemäß § 11 Satz 2 BGB den Wohnsitz (Amtssitz) des Vormunds. Dieser kann allerdings einen anderen Wohnsitz für das Mündel begründen, §§ 1800, 7, 8 BGB.

f) Fehlt beiden Elternteilen oder der nichtehelichen Mutter das Personensorgerecht, so kommt es auf den Wohnsitz des Vormunds oder Pflegers an.[7]

g) *Erwerb und Veränderungen des abgeleiteten Wohnsitzes.* Das Kind erwirbt den abgeleiteten Wohnsitz mit der Geburt, Legimitation, Ehelicherklärung oder Annahme als Kind *kraft Gesetzes.* Der Wohnsitz wandert kraft Gesetzes, wenn derjenige, von dessen Wohnsitz der Kindeswohnsitz abgeleitet ist, seinen Wohnsitz verlegt. Dies gilt auch, wenn die Person des (der) Sorgeberechtigten wechselt, z. B. das Personensorgerecht auf einen (anderen) Elternteil mit anderem Wohnsitz übergeht, § 11 Satz 1 Halbsatz 2 BGB. Wenn aber der Sorgeberechtigte seinen Wohnsitz ohne Begründung eines anderen Wohnsitzes aufgibt und nicht einen neuen Wohnsitz des Kindes nach §§ 7, 8 BGB begründet, behält das Kind seinen abgeleiteten Wohnsitz. Nach Erreichen der Volljährigkeit bleibt der abgeleitete Wohnsitz des Kindes bestehen, § 11 Satz 3 BGB, bis dieses ihn ändert. Der abgeleitete Wohnsitz kann vom gesetzlichen Vertreter oder mit dessen Zustimmung aufgehoben und (gegebenenfalls) ein neuer begründet werden. So kann die Bindung an den Wohnsitz des Sorgeberechtigten aufgelöst werden. §§ 182ff. BGB sind anwendbar.

2. Abgeleiteter Wohnsitz der Soldaten

a) Anknüpfungspunkt ist der *Standort,* d. h. der Ort, an dem sich die Einheit ständig befindet; fehlt es an einem inländischen Standort, so gilt der letzte inländische Standort als Wohnsitz, § 9 BGB. Der gesetzliche Wohnsitz des Soldaten ist im Gegensatz zu dem des Kindes (§ 11 BGB) zwingend, jedoch nicht ausschließlich. Der Soldat kann vielmehr daneben einen (weiteren) selbständigen Wohnsitz nach § 7 BGB begründen.

b) Für § 9 BGB ist die Begriffsbestimmung des Soldatengesetzes[8]

---

[7] *Stein-Jonas-Schumann,* ZPO, 20. Aufl, § 13 Rz. 12 bei Fußn. 17.

[8] Neubekanntmachung vom 19. August 1975, BGBl. I 2273.

maßgeblich. Darunter fallen Beamte, Angestellte und Arbeiter der Bundeswehr. Für Soldaten, die nur auf Grund der Wehrpflicht Dienst leisten, sowie Soldaten, die nicht selbständig einen Wohnsitz begründen können, also Geschäftsunfähige und Minderjährige, gibt es keinen abgeleiteten Wohnsitz am Standort, § 9 II BGB. § 9 BGB gilt ferner nicht für Angehörige der Polizei und des Grenzschutzes sowie fremder Streitkräfte, selbst wenn diese in der Bundesrepublik ihren Standort haben.[9]

§ 73 Der Sitz als Zuständigkeitsanknüpfungspunkt für Klagen gegen Gesellschaften, juristische Personen und trusts[1]

1. Bei Gesellschaften, juristischen Personen und trusts tritt an die Stelle des Wohnsitzes der Sitz, Art. 53.[2] Für dessen Ermittlung ist das IPR des Staates maßgebend, dessen Gerichte angegangen wurden, Art. 53 I 2, II.[3] Dies bedeutet: Das Kollisionsrecht des Gerichtsstaates entscheidet darüber, ob der tatsächliche Sitz der Hauptverwaltung maßgeblich ist oder der statuarische.[4]

2. Die Vorfrage, ob eine Gesellschaft oder eine juristische Person anzuerkennen ist, ist nicht nach Art. 53,[5] sondern nach dem allgemeinen innerstaatlichen IPR[6] bzw. nach dem Haager Übereinkommen vom 1. Juni 1956 über die Anerkennung der Rechtspersönlichkeit von Gesellschaften, Personenverbindungen und Stiftungen[7] zu beantworten, solange nicht das EWG-Übereinkommen vom 29. Februar 1968 über die gegenseitige Anerkennung von Gesellschaften und juristischen Personen in Kraft getreten ist.[8]

---

[9] Ausführlich *Stein-Jonas-Schumann,* ZPO, 20. Aufl., § 13 Rz. 16; *Gitter* in Münchner Kommentar zum BGB, § 8 Rz. 3ff.

[1] Vgl. unten § 87 und § 88.

[2] Diese Zuständigkeitsregel stimmt mit dem autonomen deutschen Recht überein, vgl. § 17 ZPO.

[3] *Jenard*-Bericht S. 92: „Die Frage, nach welchem Recht der Sitz zu bestimmen ist, beurteilt sich nach den Regeln des internationalen Privatrechts des angerufenen Gerichts. Der Ausschuß sah keine andere Möglichkeit der Lösung, insbesondere nicht in einer Verweisung auf Artikel 52, da die Rechtsauffassungen in den einzelnen Mitgliedstaaten der Gemeinschaft auf diesem Gebiet auseinandergehen. Der Ausschuß wollte auch bemüht bleiben, sich jedes Eingriffs in die zur Zeit innerhalb der Gemeinschaft auf dem Gebiet des Gesellschaftsrechts in Gang befindlichen Arbeiten zu enthalten."

[4] *Schlafen* in *Bülow-Böckstiegel* 606/320, Art. 53, Anm. 3a.

[5] *v. Hoffmann,* AWD 1973, 59; *Stein-Jonas-Schumann* ZPO, 20. Aufl., Einl. XI G Rdnr. 792 Fußn. 24.

[6] Zum deutschen internationalen Gesellschaftsrecht s. *Staudinger-Großfeld,* EGBGB 12. Aufl. 1981.

[7] Am 20. 4. 1966 durch Belgien, Frankreich und die Niederlande ratifiziert, aber nicht in Kraft, da nach Art. 11 die Ratifizierung durch mindestens fünf Staaten erforderlich ist. Text RabelsZ 17 (1952), 270; *Literaturnachweise* bei *Kegel,* IPR, 4. Aufl., 1977, 269; *Wiedemann,* Gesellschaftsrecht, I, 1980, 781.

[8] BGBl. 1972 II 370; deutsches Zustimmungsgesetz vom 18. Mai 1972, BGBl. 1972

3. Es hätte nicht genügt, in Art. 53 nur die juristischen Personen zu erwähnen, weil dann Gesellschaftsformen ohne eigene Rechtspersönlichkeit (z. B. die offene Handelsgesellschaft des deutschen Rechts) und die trusts unberücksichtigt geblieben wären. Ebensowenig hätte es genügt, nur von Gesellschaften zu sprechen, weil dann bestimmte Vereinigungen – z. B. Vereine und Stiftungen – nicht subsumierbar gewesen wären.

4. Art. 53 ist extensiv auszulegen; er ist anzuwenden auf jede Vereinigung und Vermögensmasse, die selbständig verklagt werden kann.[9]

5. Das Recht des Vereinigten Königreichs hat keine Parallele zu dem den kontinentalen Rechtsordnungen bekannten Begriff „Sitz" einer Gesellschaft.[10] Anstelle des Sitzes stellt man im IPR auf die Rechtsordnung ab, unter welcher der Gründungsakt vorgenommen worden ist;[11] „domicile" einer Gesellschaft ist das Rechtsgebiet, in dem sie gegründet worden ist. Die neuen Mitgliedstaaten sind – wie *Schlosser*[12] hervorhebt – nicht verpflichtet, einen Rechtsbegriff einzuführen, der dem des Sitzes einer Gesellschaft im Sinne der kontinentalen Rechtsordnungen entspricht. Ließen das Vereinigte Königreich und Irland indes ihr Recht unverändert, so würde dies für den Anwendungsbereich des Übereinkommens ein Ungleichgewicht zur Folge haben. Das Vereinigte Königreich hat deshalb für die Zwecke der Anwendung dieses Übereinkommens in seine nationale Gesetzgebung einen Begriff eingeführt, der mit dem auf dem Kontinent existierenden Begriff des Sitzes einer Gesellschaft stärker verwandt ist als der Begriff „law of incorporation".[13] Vgl. sec. 42ff. des Civil Jurisdiction and Judgments Act 1982. Diesem Vorbild wird wohl auch Irland folgen.

6. Angesichts der Divergenzen der kollisionsrechtlichen Ausgangspunkte in den Rechtsordnungen der einzelnen Vertragsstaaten ist es unvermeidlich, daß mehrere Vertragsstaaten auf Grund des Art. 2 I in Verbindung mit Art. 53 I 2 international zuständig sind.[14] Es gilt das gleiche wie oben § 69. Dort können Konkurrenzprobleme gemäß Art. 21 und

---

II 369; hierzu Auslegungsprotokoll vom 3. Juni 1971, BGBl. 1972 II 858, das eine Auslegungszuständigkeit des EuGH begründet. Das Übereinkommen ist noch nicht in Kraft, da die Ratifizierung durch die Niederlande fehlt. Hierzu ausführlich *Staudinger-Großfeld,* 12. Aufl., Internationales Gesellschaftsrecht, 1981, Rdnrn. 98ff.

[9] *Kropholler* IZVR Rz. 631.

[10] *Schlosser*-Bericht Nr. 75.

[11] Man spricht von „law of corporation", vgl. Sec. 406 Companies Act 1948.

[12] *Schlosser*-Bericht Nr. 75.

[13] Es gilt das gleiche wie oben § 64 (3) bei Fußn. 10 für das domicile natürlicher Personen dargelegt.

[14] Vgl. *Schlosser*-Bericht Nr. 75: „Es wird sich allerdings nicht vermeiden lassen, daß eine Gesellschaft im Vereinigten Königreich nach der dortigen Gesetzgebung „domicile" und nach der Rechtsordnung eines kontinentalen Staates dort ihren „Sitz" hat. Auch mehrere Rechtsordnungen der Gründungsstaaten der EWG konnten aber nach Art. 53 Satz 2 für ein und dieselbe Gesellschaft einen Sitz auf jeweils ihrem Territorium annehmen."

Art. 22 gemeistert werden. Bei Gesellschaften und juristischen Personen ergeben sich jedoch Schwierigkeiten, sofern es sich um Streitigkeiten im Sinne des Art. 16 Nr. 2 handelt.[15] Denn jeder Sitzstaat kann eine ausschließliche internationale Zuständigkeit für die in Art. 16 Nr. 2 aufgeführten Streitgegenstände beanspruchen.[16] Bestritten ist, ob er den gerichtlichen Entscheidungen aus anderen Sitzstaaten die Anerkennung verweigern darf.[17]

7. *Exkurs:* Besitzt ein Versicherer innerhalb des geographischen Anwendungsbereiches des Übereinkommens[18] keinen Sitz, so wird er gemäß Art. 8 II n. F. (= Art. 8 III a. F.) für Streitigkeiten aus dem Betrieb einer Zweigniederlassung oder Agentur in einem der Vertragsstaaten so behandelt, wie wenn er seinen Sitz in dem Hoheitsgebiet dieses Vertragsstaates hätte.[19] Die gleiche Regel gilt nun nach Art. 13 II n. F. für Klagen gegen den Vertragspartner des Verbrauchers.[20]

Die vorgenannten Vorschriften erweitern nur den Anwendungsbereich der europäischen Zuständigkeitsordnung; sie sind jedoch keine Kompetenznormen.[21]

---

[15] Dies verkennt der *Schlosser*-Bericht Nr. 75. „Die dadurch möglicherweise auftretenden Schwierigkeiten können mit den Vorschriften des EuGVÜ über Rechtshängigkeit und Konnexität gemeistert werden."

[16] Näher unten § 85.

[17] *Jenard*-Bericht S. 99: „Es ist dem Ausschuß nicht entgangen, daß die Anwendung des Artikels 16 Nr. 2 des Übereinkommens zu Schwierigkeiten Anlaß geben kann. Dies wäre z. B. der Fall, wenn das Gericht eines Staates die Auflösung einer Gesellschaft, die den Sitz der Hauptverwaltung in diesem Staat hat, aussprechen würde, und wenn die Anerkennung einer solchen Entscheidung in einem anderen Staat geltend gemacht würde, dessen Recht auf den satzungsmäßigen Sitz abstellt und in dem die Gesellschaft einen solchen Sitz hat. Nach Ansicht des Ausschusses kann das Gericht des Anerkennungsstaats aufgrund des Art. 28 Absatz 1 die Anerkennung mit der Begründung versagen, daß eine ausschließliche Zuständigkeit der Gerichte seines Staates gegeben sei." Dagegen *Müller* in *Bülow-Böckstiegel* 606/136, Art. 16, Anm. IV 2 und *Schlafen* aaO Art. 53, Anm. 4 mit dem überzeugenden Argument, Art. 28 I greife nicht ein, weil der Erststaat gemäß Art. 16 i. V. m. Art. 53 international zuständig (gewesen) sei. Dem folgt *Kropholler,* Kommentar 213, Art. 28, Rz. 12. Vgl. auch oben § 57 Fußn. 56 und unten § 87 XXV.

[18] Hierzu oben § 17.

[19] Hierzu unten § 74 III–V.

[20] Hierzu unten § 74 V.

[21] Vgl. oben § 29 X und unten § 74 Fußn. 193.

2. Kapitel: Die Gerichtspflichtigkeit des Beklagten außerhalb seines Wohnsitzstaates in anderen Vertragsstaaten

§ 74 Die Gerichtspflichtigkeit des Beklagten nach Art. 5ff.

I. Numerus clausus der Spezialfora

1. Ein zentrales Anliegen der Zuständigkeitsordnung des Übereinkommens ist der *Schutz des Beklagten vor unzumutbaren Fora.*[1] Das Übereinkommen verwirklicht damit das Hauptpostulat prozessualer Gerechtigkeit.[2]

2. Der Beklagte ist grundsätzlich[3] im Staate seines Wohnsitzes bzw. seines Sitzes (Art. 53) zu verklagen, Art. 2 I. In anderen Vertragsstaaten ist der Beklagte nur dann gerichtspflichtig, wenn eine besondere Zuständigkeitsanknüpfung gemäß Art. 5 gegeben ist, Art. 3 I. Als besondere Gerichtsstände läßt das Übereinkommen nur zu

a) den Gerichtsstand der Erfüllungsleistung und des Erfüllungsortes für Vertragsklagen (Art. 5 Nr. 1);

b) den Gerichtsstand des Wohnsitzes bzw. Aufenthaltsortes des Unterhaltsberechtigten für Unterhaltsklagen (Art. 5 Nr. 2), sowie eine Annexzuständigkeit im Zusammenhang mit dem Statusprozeß;

c) den Gerichtsstand des Deliktsortes (Art. 5 Nr. 3)[4] und des Ortes des Strafgerichts (Art. 5 Nr. 4) für Deliktsklagen (einschließlich Quasidelikte);

d) den Gerichtsstand der Zweigniederlassung, Agentur oder sonstigen Niederlassung für Streitigkeiten aus dem Betrieb derselben (Art. 5 Nr. 5);

e) den Gerichtsstand des trust-Sitzes (Art. 5 Nr. 6 n. F.) für trustrechtliche Klagen gegen Begründer, trustee oder Begünstigte eines trust;

---

[1] *Jenard*-Bericht S. 67: „Artikel 3 betrifft den Fall, daß eine Person, die ihren Wohnsitz in einem Vertragsstaat hat, vor dem Gericht eines anderen Vertragsstaats verklagt wird. Der Artikel geht von dem Grundsatz aus, daß der Beklagte der Gerichtsbarkeit des Staates, in dem er seinen Wohnsitz hat, nur in den im Übereinkommen ausdrücklich bestimmten Fällen entzogen werden kann." Vgl. auch *Geimer* NJW 1976, 444 und WM 1980, 1107ff.

[2] Ausnahmen gelten, wenn ein anderer Vertragsstaat gemäß Art. 16 oder durch Prorogation (Art. 17) ausschließlich international zuständig ist.

[3] Zum Begriff der Gerichtspflichtigkeit *Geimer,* Zur Prüfung der Gerichtsbarkeit und der internationalen Zuständigkeit bei der Anerkennung ausländischer Urteile, 1966, 121.

[4] Deliktsort i. S. des Art. 5 Nr. 3 ist sowohl der Handlungsort als auch der Ort, an dem die Schädigung eintritt (Erfolgsort). Es können also verschiedene Vertragsstaaten auf Grund Art. 5 Nr. 3 konkurrierend international zuständig sein. Näher unten § 84 XIV, XV.

f) Gerichtsstand des Arrestes (Art. 5 Nr. 7a n. F.) bzw. des Ortes der Bürgschafts- oder Sicherheitsleistung (Art. 5 Nr. 7b n. F.) für (seerechtliche) Klagen wegen Zahlung von Berge- und Hilfslohn, der für Bergungs- und Hilfeleistungsarbeiten gefordert wird, die zugunsten einer Ladung oder einer Frachtforderung erbracht worden sind.

3. Weitere Zuständigkeitsanknüpfungen erkennt das Übereinkommen nicht an: Es herrscht das Prinzip des numerus clausus der besonderen Zuständigkeiten.[5] Hinzu kommt allerdings der im Übereinkommen nicht erwähnte Notgerichtsstand in dem Vertragsstaat, der die Anerkennung des in einem anderen Vertragsstaat erlassenen Urteils versagt. Hier muß eine internationale Zuständigkeit zur Wiederholung des Prozesses eröffnet werden. Vgl. oben § 60 und unten § 98.

4. Ist der Gerichtsstaat international unzuständig, weil kein Zuständigkeitsanknüpfungspunkt gegeben ist, so ist der Beklagte dort nicht gerichtspflichtig. Sofern er sich nicht der Jurisdiktion des Gerichtsstaates unterwirft (Art. 18), ist die Klage/der Antrag als unzulässig abzuweisen, und zwar selbst dann, wenn die Begründetheit der Klage/des Antrages außer Streit ist. Die Rüge der internationalen Zuständigkeit ist nicht rechtsmißbräuchlich.[6]

II. Erweiterung der Gerichtspflichtigkeit des Beklagten durch die fora connexitatis

Das Übereinkommen mißt dem Sachzusammenhang (Konnexität) kompetenzrechtliche Bedeutung bei.[7] Es hat den Gerichtsstand der Streitgenossenschaft (Art. 6 Nr. 1) und der Gewährleistungs- und Interventionsklage (Art. 6 Nr. 2) in seinen Zuständigkeitskatalog aufgenommen. Hierdurch wird die Gerichtspflichtigkeit des Beklagten – in einem dem deutschen Recht bisher unbekannten Umfang – ausgedehnt.[8] Die Anerkennung des Sachzusammenhangs als Kompetenzgrund in Art. 6 Nr. 1 und Nr. 2 bedeutet für den Beklagten, daß sein durch Art. 2 I garantiertes Recht auf seinen „natürlichen Richter" in einem aus deutscher Sicht ganz ungewöhnlichen Maße in Frage gestellt wird.

---

[5] *Jenard*-Bericht S. 67.

[6] OLG Frankfurt/M., Urteil vom 6. November 1979, RIW/AWD 1980, 60 = IPRspr. 1979, Nr. 171. Zu wenig dezidiert *Kropholler* IZVR Rz. 181.

[7] Hierzu ausführlich *Geimer* WM 1979, 350; 1980, 1106 und *Spellenberg* ZVglRWiss. 79 (1980), 89. Rechtsvergleichende Hinweise auch bei *Schröder,* Internationale Zuständigkeit, 1971, 558.

[8] Als Vorbild diente das französische Recht und die von diesem beeinflußten Rechtsordnungen Italiens, Belgiens, Luxemburgs und der Niederlande.

1. Der Gerichtsstand der Streitgenossenschaft (Art. 6 Nr. 1, 8 I)[9]

a) Überblick

Der Sachzusammenhang führt hier zur *„Parallelschaltung mehrerer Prozesse gegen verschiedene Streitgenossen"*, d. h. auf dem Wohnsitz eines Streitgenossen basiert auch die internationale Zuständigkeit für die Klagen gegen die anderen Streitgenossen.[10]

b) Konnexität

α) Nach dem Wortlaut des Art. 6 Nr. 1 braucht zwischen den Klagen gegen die verschiedenen Beklagten keinerlei Zusammenhang zu bestehen.[11] Dies kann aber wohl kaum den mit dem Übereinkommen ver-

---

[9] Art. 6 Nr. 1 gilt nicht in Versicherungssachen, da Art. 7 bis 12 eine abschließende Regelung bringen. Inhaltlich deckt sich jedoch die dritte Alternative von Art. 8 I (Klage gegen mehrere Versicherer) mit Art. 6 Nr. 1. Leider sind die Textvarianten unterschiedlich, so daß man zweifeln könnte, ob der Art. 8 I dritte Alternative nur die internationale Zuständigkeit regelt und nicht auch wie Art. 6 Nr. 1 die örtliche Zuständigkeit. Es liegt jedoch nur ein Redaktionsversehen vor. Eindeutig ist der deutsche Text, der von „dem Gericht" spricht. Die anderen Textvarianten verwenden den Plural. Im *Jenard*-Bericht S. 77 ist jedoch klargestellt, daß Art. 8 I auch die örtliche Zuständigkeit mitumfaßt: „An dritter Stelle kann die Klage, wenn mehrere Versicherer zusammen verklagt werden, vor dem Gericht des Vertragsstaats erhoben werden, in dem einer der Beklagten seinen Wohnsitz hat. Diese Bestimmung deckt sich mit der des Artikels 6 Nr. 1, der hier infolge des autonomen Charakters des Abschnitts über Versicherungen nicht zur Anwendung kommt." Falls mehrere Versicherer zusammen verklagt werden, ist also jeder am Wohnsitz des anderen Streitgenossen (der anderen beklagten Versicherer) gerichtspflichtig. Anders aber Art. 8 I Nr. 3 n. F. Hierzu unten bei Fußn. 198.

[10] So treffend *Schröder,* Internationale Zuständigkeit, 1971, 557.

[11] Ebenso der Wortlaut der Prozeßordnungen Frankreichs, Luxemburgs, Italiens, Belgiens und der Niederlande:

Art. 42 Nouveau Code de procédure civile:

(1) La juridiction territorialement compétente est, sauf disposition contraire, celle du lieu où demeure le défendeur.

(2) S'il y a plusieurs défendeurs, le demandeur saisit, à son choix, la juridiction du lieu où demeure l'un d'eux.

Art. 43: (1) Le lieu où demeure le défendeur s'entend:

– s'il s'agit d'une personne physique, du lieu où celle-ci a son domicile ou, à défaut, sa résidence;

– s'il s'agit d'une personne morale, du lieu où celle-ci est établi.

Vorbild war Art. 59 IV (in der früheren Zählung Abs. II) des Code de procédure civile von 1806. „S'il y a plusieurs défendeurs", kann geklagt werden „devant le tribunal du domicile de l'un d'eux, au choix du demandeur". Dieser gilt als Art. 59 II noch in *Luxemburg.*

In *Italien* ist in Art. 4 Nr. 3 Codice di procedura civile die internationale Zuständigkeit (giurisdizione rispetto allo straniero) kraft Konnexität niedergelegt: „Lo straniero può essere convenuto davanti ai giudici della Repubblica:

(3) Se la domanda è connessa con altra pendente davanti al guidice italiano . . ." Die Parallelvorschrift für die örtliche Zuständigkeit (competenza per territorio) ist in Art. 33 Codice di procedura civile zu finden.

In *Belgien* bestimmt Art. 624 Nr. 1 Code judiciaire:

„Hormis les cas où la loi détermine expressément le juge compétent pour connaître de la demande, celle-ci peut, au choix du demandeur, être portée:

1. devant le juge du domicile du défendeur ou l'un des défendeurs; ..."

Für Ausländer gilt Art. 635 Code judiciaire: „Les étrangers peuvent être assignés devant les tribunaux du Royaume, soit un Belge, soit par un étranger, dans les cas suivants:

...

2. s'ils ont en Belgique un domicile ou une résidence, ou s'ils y ont fait élection de domicile;

...

10. dans les cas où il y a plusieurs défendeurs, dont l'un a en Belgique son domicile ou sa résidence."

Inhaltlich stimmt Art. 126 § 5 des niederländischen Wetboek van Burgerlijke Rechtsvordering (Rv) überein.

Art. 59 II des Code de procédure civile fand auch Nachahmung in Art. 20 der (durch die Reichscivilprozeßordnung abgelösten) Prozeßordnung für das Königreich Bayern von 1869:

„Wird die Klage in gesetzlich zulässiger Weise gegen mehrere Personen gerichtet, so kann der Kläger sie bei den Gerichten eines jeden Orts erheben, an welchem der Gerichtsstand für einen der Beklagten nach Art. 12–17 begründet ist." Hierzu bemerkt *Wernz* in seinem „Commentar zur Prozeßordnung in bürgerlichen Rechtsstreitigkeiten für das Königreich Bayern", München 1871, S. 56, Anm. 1 zu Art. 20 lapidar: „Hiermit ist zur Regelung der Zuständigkeit bei Belangung von Streitgenossen eine Einrichtung getroffen, welche in Frankreich von jeher bestanden und nie Mißstände ergeben hat." Eine ähnliche Regelung finden wir in der *Badischen Prozeßordnung:* „§ 22: Klagen gegen mehrere Streitgenossen, welche in verschiedenen Gerichtsbezirken ihre Wohnsitze haben, sind bei dem Gerichte anzubringen, in dessen Bezirk eine größere Zahl der Beklagten ihren Wohnsitz hat, als in irgend einem der andern Bezirke. § 23: Ist die Zahl in mehreren Gerichtsbezirken gleich, so hat der Kläger die Wahl, bei welchem dieser Gerichte er klagen will. § 24: Es findet jedoch der in den vorhergehenden §§ 22 und 23 bestimmte Gerichtsstand nur dann Anwendung, wenn für den einzelnen Fall nicht ein besonderer Gerichtsstand begründet ist." Kommentar hierzu von *v. Freydorf,* Prozeßordnung in bürgerlichen Rechtsstreitigkeiten für das Großherzogthum Baden, allgemeiner Teil, Heidelberg 1867, S. 368.

Weitere historische Hinweise bei *Geimer* WM 1979, 353.

Die von der Bundesversammlung des Deutschen Bundes eingesetzte zu Hannover tagende Civilprozeßkommission nahm den Gerichtsstand der Streitgenossenschaft in den „Entwurf einer allgemeinen Civilprozeßordnung für die deutschen Bundesstaaten" (herausgegeben von *Struckmann,* 1866) auf; § 14 des Entwurfs lautet: „Haben mehrere Beklagte, welche als Streitgenossen belangt werden, ihren allgemeinen Gerichtsstand vor verschiedenen Gerichten des Landes, so kann die Klage gegen sämtliche Beklagte vor jedem dieser Gerichte angebracht werden."

Die *Motive zur ZPO* lehnen ausdrücklich den Gerichtsstand der Streitgenossenschaft ab, weil die dadurch geschaffene Wahlmöglichkeit des Klägers zwischen verschiedenen Fora nicht zu vertreten sei: „Gegen die Einräumung des Wahlrechts spricht durchgreifend, daß dasselbe durch die einseitige Begünstigung des Klägers den Beklagten in eine nachteilige Lage bringt ... Auch würde das Wahlrecht des Klägers ... bei Kollusionen des Klägers mit einzelnen Beklagten den übrigen zum Schaden gereichen können." Vgl. *Hahn,* Die gesammten Materialien zu den Reichsjustizgesetzen, II, 1880, 396.

folgten Zielen entsprechen. Man kann nicht einerseits die Gerichtspflichtigkeit des Beklagten begrenzen (Art. 3 I) und deshalb die sog. exorbitanten Gerichtsstände abschaffen mit der Begründung, sie seien für den Beklagten unzumutbar, vgl. Art. 3 II, aber andererseits ohne jeden Vorbehalt den Beklagten am Wohnsitz eines beliebigen anderen Beklagten gerichtspflichtig machen.

β) Daß zwischen den Klagen gegen die verschiedenen Beklagten ein Zusammenhang bestehen muß, ist wohl außer Zweifel.[12] Welcher Art dieser zu sein hat, hätte das Übereinkommen klar definieren sollen. Die Lücke im Konventionstext ist durch die Rechtsprechung zu schließen. Dem EuGH kommt hier eine besondere Aufgabe zu. Der Begriff der Konnexität ist als ungeschriebenes Tatbestandsmerkmal des Art. 6 Nr. 1 für alle Vertragsstaaten einheitlich zu entwickeln. Die Gerichte dürfen nicht auf die Regeln rekurrieren, die sie zu ihrem eigenen Zuständigkeitsrecht entwickelt haben. Als Ansatzpunkt für eine vertragsimmanente, also von den nationalen Rechtsordnungen losgelöste autonome Auslegung bietet sich Art. 22 III an. Danach stehen Klagen „im Zusammenhang, wenn zwischen ihnen eine so enge Beziehung gegeben ist, daß eine gemeinsame Verhandlung und Entscheidung geboten erscheint, um zu vermeiden, daß in getrennten Verfahren widersprechende Entscheidungen ergehen könnten."[13] Wenn nämlich das Gericht gemäß Art. 22 ein

---

[12] Dies ist auch im *Jenard*-Bericht S. 56 angedeutet: „Die Anwendung dieser Vorschrift setzt voraus, daß zwischen den Ansprüchen gegen die einzelnen Beklagten ein Zusammenhang besteht, wie dies z. B. bei Gesamtschuldnern der Fall ist. Daraus ergibt sich, daß die Klage nicht allein zu dem Zweck erhoben sein darf, einen der Beklagten der Gerichtsbarkeit seines Wohnsitzstaates zu entziehen." Man fragt sich, weshalb die Verfasser des Übereinkommens diese Einschränkung nicht in den Text der Konvention aufgenommen haben. Schuld war das ungute Vorbild des Art. 59 IV des französischen Code de procédure civile (= Art. 42 II nouveau Code de procédure civile). Der Text dieser Vorschriften kennt keine Eingrenzung der Gerichtspflichtigkeit des beklagten Streitgenossen (vgl. oben Fußn. 11). Danach könnte der Kläger seinen Gegner vor jedes beliebige Gericht ziehen. Er bräuchte nur einen im Gerichtsbezirk wohnhaften, beliebigen Bürger wahllos herauszugreifen und diesen mitzuverklagen. Eine solche Interpretation ist jedoch absurd. Daß irgendeine Beziehung zwischen den verschiedenen Klagen bestehen muß, hat man sehr bald erkannt. Aber angesichts des Schweigens des Gesetzestextes besteht bis heute Unklarheit, wie beschaffen diese Beziehung sein müsse. Die Lücke, die das Gesetz gelassen hat, konnte die Rechtsprechung und Doktrin nicht ausfüllen. Sie fand keine überzeugende Abgrenzungsformel.

[13] Macht der Kläger von der ihm in Art. 6 Nr. 1 eröffneten Möglichkeit keinen Gebrauch, entscheidet er sich vielmehr für Einzelklagen in mehreren Vertragsstaaten, so kann das später angerufene Gericht die Entscheidung aussetzen, solange beide Klagen im ersten Rechtszug anhängig sind. Unter den Voraussetzungen des Art. 22 II kann das Gericht die Klage sogar als unzulässig abweisen. Näher oben § 44 II. In dem hier zu behandelnden Zusammenhang gilt es zu betonen, eine wie große Bedeutung das Übereinkommen dem (in Anlehnung an Vorbilder aus den romanischen Prozeßrechtssystemen rezipierten) Gedanken der Konnexität beimißt: Via Art. 22 kann das

einheitliches Verfahren erzwingen kann, dann muß es dem Kläger von vornherein möglich sein, durch Klageerhebung gegen mehrere Beklagte diese Einheitlichkeit sicherzustellen.

γ) Der für die Anwendung des Art. 6 Nr. 1 zu fordernde Zusammenhang zwischen den Klagen gegen mehrere Beklagte ist zu bejahen, wenn die Klagen im wesentlichen tatsächlich oder rechtlich gleichartig sind. Die Identität des Tatsachenstoffes ist nicht erforderlich, Gleichartigkeit reicht aus. Hierher gehören die Fälle der Rechtsgemeinschaft, wie Klagen gegen mehrere Miteigentümer oder Gesamthandsberechtigte sowie die Fälle der gemeinsamen Verpflichtung wie Gesamtschuldnerschaft oder Teilschuldnerschaft. Gleiches gilt für die Klage gegen den persönlichen Schuldner und den Eigentümer der dinglich haftenden Sache (Ausnahme: Immobilien, insoweit Art. 16 Nr. 1 den Art. 6 Nr. 1 verdrängt) und für die Klage gegen Hauptschuldner und Bürgen. Die Klage kann am Wohnsitz eines jeden Schuldners eingereicht werden. Es spielt keine Rolle, ob er primär oder nur sekundär haftet. So kann z. B. der persönliche Schuldner am Wohnsitz des Pfandeigentümers oder der Hauptschuldner am Wohnsitz des Bürgen verklagt werden. Im Gegensatz zur Praxis der Gerichte mancher Vertragsstaaten kennt das Übereinkommen nicht die Regel, daß der Sekundärschuldner am Wohnsitz des Primärschuldners verklagt werden kann, nicht aber der Primärschuldner am Wohnsitz des Sekundärschuldners.[14]

δ) Es reicht auch Gleichartigkeit des tatsächlichen oder rechtlichen Grundes:[15] So kann am Wohnsitz des Diebes auch gegen den Hehler und den Verarbeiter des Diebesgutes geklagt werden. Auch können mehrere für einen Verkehrsunfall Verantwortliche am Wohnsitz eines jeden von ihnen belangt werden. Weitere Beispiele: Klage des nichtehelichen Vaters gegen die nichteheliche Mutter und das nichteheliche Kind auf Rückzahlung zu viel gezahlten Unterhalts, Klage gegen mehrere Vertragsbeteiligte auf Feststellung der Wirksamkeit des Vertrages. Jeder Vertragspartner ist am Wohnsitz der anderen gerichtspflichtig.[16]

c) *Verbot der Zuständigkeitserschleichung*[17]

Art. 6 Nr. 2 verbietet ausdrücklich die Zuständigkeitserschleichung. Der Kompetenzgrund des Art. 6 Nr. 2 wirkt nicht gegen einen Beklag-

---

Gericht die einheitliche Verhandlung und Entscheidung zusammengehörender Komplexe zumindest mittelbar (Art. 22 I) erzwingen. Das Zuständigkeitsinteresse des Beklagten, vor seinem „natürlichen Richter“ in seinem Wohnsitzstaat sein Recht zu nehmen, wird ignoriert. *Geimer* WM 1979, 359.

[14] *Geimer* WM 1979, 359.

[15] Enger *Stein-Jonas-Schumann,* ZPO, 20. Aufl., Einl. Rz. 794.

[16] *Geimer* WM 1979, 359; *Kropholler* IZVR Rz. 722. Vgl. auch den Fall der Corte di cassazione, Sezioni unite, Urteil vom 6. November 1975, *BV Handel- en Exploitatie Maatschappij Selene ./. Philips S. p. a und Tacqui Tellian,* Rivista di diritto internazionale privato e processuale 1977, 389 = Nachschlagewerk I-6-B 2; – hierzu *Vasseli di Dachenhausen,* Rivista di diritto europeo 1982, 327.

[17] *Geimer* WM 1979, 359.

ten, wenn die „Klage nur erhoben worden ist, um diese Person dem für sie zuständigen Gericht zu entziehen“. Der Text des Art. 6 Nr. 1 kennt einen solchen Vorbehalt nicht. Trotzdem ist auch im Anwendungsbereich dieser Vorschrift Arglist und Treuwidrigkeit – wie überall[18] – verboten.[19] Deshalb ist auch eine Zuständigkeitserschleichung durch Klage

---

[18] Ebenso die französische Rechtsprechung zu Art. 42 II n. F. bzw. Art. 59 IV Code de procédure civile (a. F. Text oben Fußn. 6): Der Gerichtsstand der Streitgenossenschaft darf nicht als Vorwand für eine Zuständigkeitserschleichung dienen. Wer in Wirklichkeit eine Partei mit Wohnsitz im Ausland verklagen will, darf nicht einen Beklagten mit inländischem Wohnsitz vorschieben. So hat die Cour de Cassation es abgelehnt, Art. 59 IV Code de procédure civile anzuwenden, als der Inhaber von Schuldverschreibungen einer portugiesischen Eisenbahngesellschaft deren französische Emissionsbank nur deshalb verklagte, um so auch die portugiesische Eisenbahngesellschaft vor ein französisches Gericht ziehen zu können, Cass. civ., 12. Juli 1950, Revue critique de droit international 1952, 509. Hierzu *Schröder*, Internationale Zuständigkeit, 1971, 561 Fußn. 2534. Nach *Solus-Perrot*, Droit judiciaire II, 1973, Nr. 273 S. 326 „il est à redouter que la faculté reconnue au demandeur d'assigner tous les défendeurs devant le tribunal du domicile de l'un d'eux, à son choix, ne soit utilisée abusivement par le demandeur pour échapper aux règles normales de la compétence territoriale et soustraire ses adversaires à leurs juges naturels en les transformant, par un artifice de procédure, en simple codéfendeurs.“ Die Formel vom Mißbrauch (abuse) des Gerichtsstandes der Streitgenossenschaft räumt dem Richter wieder einen weiten Ermessensspielraum ein, den durch Präzisierungen einzugrenzen der Wissenschaft wohl nicht gelungen sein dürfte. Immerhin versuchen *Solus* und *Perrot* Nr. 273 S. 327 folgende Fallgruppen zu bilden:

a) Der Beklagte, an dessen Wohnsitz geklagt wird, ist nicht der „défendeur principal, mais il n'a été mis en cause qu'accessoirement, ou il n'est obligé qu' éventuellement en cas de défaillance de l'autre défendeur tenu principalement“.

b) Der Beklagte ist „en quelque sorte simulé et fictif: il ne figure au procès que par pur artifice, stratagème ou complaisance, peut-être même à la suite d'une entente avec le demandeur, lequel dans tous les cas entend ainsi se soustraire à la règle de compétence territoriale applicable en fonction du domicile des parties qui ont réellement la qualité de défendeurs au procés“.

c) Der Beklagte ist kein „défendeur serieux qui soit directement et personellement interessé au litige“. Hierher gehören vor allem die Fälle der Streitverkündung und Beiladung (intervention forcé und déclaration de jugement commun).

Weitere Hinweise bei *Geimer* WM 1979, 356 sub 9 und *Spellenberg,* ZVglRWiss. 79 (1980), 102.

[19] Zum belgischen Code judiciaire schreibt *Fettweis,* Précis de droit judiciaire, tome II: La compétence, 1971, Nr. 344 S. 310: „Le texte doit être applliqué de *bonne foi,* en ce sens que la pluralité de défendeurs doit résulter soit de l'unité d'action, soit de l'indivisibilité ou de la connexité des demandes. On ne saurait tolérer qu' un plaideur se donne deux adversaires dans le but de distraire l'un d'eux de son juge naturel.“

Die italienische Corte di Cassazione hat entschieden: „L'art. 33 Codice di procedura civile non legittima uno spostamento artificioso della competenza territoriale attraverso la proposizione maliziosa di domande verso convenute fittizi.“ Sie hat sogar dem Beklagten die Beweisführung erleichtert. Danach ist die Anwendung des Art. 33 Codice di procedura civile bereits ausgeschlossen, wenn „una delle azioni appaia prima facie artificiosa e preordinata al fine di spostare la competenze territoriale“. Vgl. Cass.

gegen mehrere Streitgenossen unzulässig.[20] Doch dürften solche Fälle in der Praxis wohl kaum aktuell werden, wenn das Korrektiv der Konnexität richtig gehandhabt wird.

d) *Klageerhebung gegen mehrere Personen*[21]

Art. 6 Nr. 1 verlangt, daß „mehrere Personen zusammen verklagt werden". Dies ist jedoch nicht so zu verstehen, daß diese Vorschrift nur für diejenigen Fälle gilt, in denen die Klage von Anfang an gegen mehrere Beklagte gerichtet ist. Streitgenossenschaft begründet internationale und örtliche Zuständigkeit auch dann, wenn die Klage nach Anhängigkeit des Rechtsstreites auf weitere Personen erweitert wird, arg. Art. 22.[22] Eine andere Frage ist, bis zu welchem Zeitpunkt eine solche Klageerweiterung noch zulässig ist; dies bestimmt das jeweilige innerstaatliche Zivilprozeßrecht der Vertragsstaaten. Einheitliche Normen lassen sich wohl angesichts der unterschiedlichen Prozeßrechtssysteme nicht aufstellen.[23]

e) *Unzulässige bzw. unbegründete Klagen*[24]

α) Der Wohnsitz eines Streitgenossen begründet auch dann die inter-

---

23. Juli 1955, Nr. 2384, auch wiedergegeben bei *Battaglini/Novelli* Codice di procedura civile, commento della giurisprudenza delle cassaziona, 6. Aufl., 1979, 97 und Cass. 21. Juli 1967, Nr. 1897, a. a. O. – Zur Rechtsprechung der Corte di Cassazione siehe auch *Giuliano* (La giurisdizione civile italiana e lo straniero, 2. Aufl, 1970, 84) und *Schröder* (Internationale Zuständigkeit, 1971, 563 sub cc (aaa)).

Auch das Reichsgericht legte § 603 II ZPO in diesem Sinne aus. Es verneinte die zuständigkeitsbegründende Wirkung der Klage am Wohnsitz eines Streitgenossen im Verhältnis zu den übrigen Beklagten, weil sich aus den besonderen Umständen des Einzelfalls ergab, daß die Klage gegen den im Gerichtsbezirk wohnhaften Streitgenossen nicht ernstlich gemeint war und nur dazu dienen sollte, eine Zuständigkeit gegen die anderen Beklagten zu begründen. Vgl. RG, 12. April 1902, RGZ 51, 175: ... „Dazu ist die erleichternde Vorschrift des § 603 II ZPO nicht bestimmt, unter der Form der gemeinschaftlichen Klage dem Kläger das Mittel zu geben, einen Wechselverpflichteten vor ein Gericht zu ziehen, bei dem derselbe ohne die Voraussetzung der gemeinschaftlichen Klage keinen Gerichtsstand hat." Zustimmend *Hellwig,* System des Deutschen Zivilprozeßrechts, II, 1919, S. 66 (§ 253 III); *Stein-Jonas-Schlosser,* ZPO, 20. Aufl., § 603 III, Rz. 3 Fußn. 11; *Schröder,* Internationale Zuständigkeit, 1971, 565 bei Fußn. 2572; *Goldschmidt,* Der Prozeß als Rechtslage, 1932, 379, 477; *Baumgärtel,* ZZP 69 (1956), 109. – Dagegen *Wieczorek,* ZPO, 1. Aufl, Großkommentar, § 603, B 1 und *Zeiss,* Die arglistige Prozeßpartei, 1967, S. 87: „Die Annahme einer verdeckten Regelungslücke findet daher keine Stütze in der Systematik des Gesetzes ... Eine Tatbestandserschleichung oder eine arglistige Schaffung einer prozessualen Rechtslage liegt nicht vor."

[20] Der *Jenard*-Bericht S. 56 setzt voraus, daß die Klage nicht allein zu dem Zweck erhoben sein darf, einen der Beklagten der Gerichtsbarkeit seines Wohnsitzstaats zu entziehen."

[21] *Geimer* WM 1979, 358 sub c.

[22] Zum autonomen Recht s. *Zöller-Geimer,* ZPO, 13. Aufl., 1981, IZPR Anm. E XVIII 1.

[23] Vgl. auch *Kropholler,* Kommentar 77, Art. 6, Rz. 7 Fußn. 20.

[24] *Geimer* WM 1979, 358.

nationale und örtliche Zuständigkeit gegen die anderen außerhalb des Forumstaates wohnenden Streitgenossen und erweitert damit deren Gerichtspflichtigkeit, wenn die Klage gegen den im Bezirk des angerufenen Gerichts wohnhaften Beklagten *unbegründet* ist.

Beispiel:

Vor dem Landgericht Bonn sind ein Straßburger als Schuldner und ein Bonner als Bürge verklagt. Stellt sich heraus, daß die Klage gegen den in Bonn wohnhaften Bürgen unbegründet ist, etwa weil ein Bürgschaftsvertrag wirksam nicht zustande gekommen oder wegen arglistiger Täuschung angefochten worden ist, so besteht gleichwohl die internationale Zuständigkeit der Bundesrepublik Deutschland für die Zahlungsklage gegen den in Straßburg wohnhaften Schuldner.[25]

β) Das gleiche gilt auch dann, wenn die Klage gegen den im Bezirk des angerufenen Gerichts wohnhaften Beklagten *unzulässig* ist, etwa weil in dem obigen Beispiel der Bonner wegen Minderjährigkeit prozeßunfähig ist oder weil sonst eine Prozeßvoraussetzung fehlt. Eine Einschränkung ist jedoch für den Fall zu machen, daß die Klage wegen Fehlens der örtlichen oder internationalen Zuständigkeit in Richtung gegen den angeblich im Gerichtsbezirk wohnhaften Beklagten unzulässig ist. Wohnt etwa in unserem obigen Beispiel der vermeintliche Bonner gar nicht in Bonn, sondern in Köln oder in Stuttgart, so kann Art. 6 Nr. 1 nicht als Grundlage für die Zuständigkeit des LG Bonn gegen die übrigen Streitgenossen dienen; denn Art. 6 Nr. 1 setzt voraus, daß einer der Beklagten im Bezirk des angerufenen Gerichts wohnt. Die bloße Behauptung des Klägers, der Beklagte wohne dort, reicht nicht aus.[26]

f) *Klagerücknahme*

Wenn die Klage gegen den im Gerichtsbezirk wohnhaften Beklagten zurückgenommen oder sonstwie erledigt wird, etwa durch Vergleich oder Erledigung der Hauptsache, wirkt die Klageerhebung als Kompetenzgrund gegen die übrigen Streitgenossen fort; eine Ausnahme gilt für die Fälle der Zuständigkeitserschleichung, vgl. oben c.[27]

g) *Verfahrenstrennung*

Der Kompetenzgrund des Art. 6 Nr. 1 bleibt erhalten, wenn das Gericht die Trennung der Klagen gegen die einzelnen Streitgenossen verfügt.[28]

h) *Wahldomizil*[29]

Das Wahldomizil ist kein Wohnsitz i. S. des Art. 2 I und deshalb auch nicht i. S. des Art. 6 Nr. 1, also kein Anknüpfungspunkt für den Ge-

---

[25] A. A. Cour d'Appel de Paris, Urteil vom 19. Januar 1978, RIW/AWD 1978, 271.

[26] *Geimer* WM 1979, 358. Vgl. auch unten den Text bei Fußn. 254.

[27] *Geimer* WM 1979, 358. Im Ergebnis ebenso Corte di Cassazione, Urteil vom 6. November 1975 (oben Fußn. 16); allerdings betrachtet dieses Gericht die Frage der perpetuatio fori als ein Problem der lex fori. Nach der hier vertretenen Auffassung gilt diese Regel als europäisches Einheitsrecht.

[28] Für das deutsche Recht s. § 147 ZPO.

[29] Hierzu oben § 67.

richtsstand der Streitgenossenschaft. Es geht nicht an, daß ein Streitgenosse durch Vertrag mit dem Kläger (Gläubiger) die Zuständigkeit auch mit Wirkung für die übrigen Beklagten beliebig verändern kann.[30] Man kann dem nicht entgegenhalten, ein Streitgenosse könne ja auch durch Verlegung seines Wohnsitzes die Zuständigkeit mit Wirkung für die übrigen verschieben. Denn die Wohnsitzverlegung erfordert wesentlich mehr „Aufwand"; sie kann nicht mit einem schlichten Vertragsschluß gleichgesetzt werden.[31]

i) *Wahlrecht des Klägers*[32]

Der Kläger hat die Wahl[33] zwischen den verschiedenen Wohnsitzen der Streitgenossen. Am Wohnsitz eines jeden Streitgenossen kann er klagen.[34] Auf Grund der Verweisung auf das nicht vereinheitlichte nationale Wohnsitzrecht[35] kann sich eine *Vervielfältigung der Gerichtsstände* und damit eine weitere Ausdehnung der Gerichtspflichtigkeit des Beklagten ergeben.[36]

j) *Derogation des Art. 6 Nr. 1*

Die sich aus Art. 6 Nr. 1 ergebende Streitgenossenzuständigkeit kann derogiert werden, und zwar nicht nur durch Prorogation eines anderen Gerichts (Art. 17), sondern ohne eine solche durch reinen Derogationsvertrag.[37] Das gleiche bewirkt die Vereinbarung eines Schiedsgerichts.[38]

k) *Maßgeblichkeit der lex fori für die Zulässigkeit der Streitgenossenschaft*[39]

α) Art. 6 Nr. 1 regelt die internationale wie die örtliche Zuständigkeit.

---

[30] *Geimer* WM 1979, 358.

[31] Art. 6 Nr. 1 vervielfältigt bewußt nur das forum domicilii, nicht jedoch die in Art. 5 aufgeführten Fora. Werden mehrere Beklagte nicht vor einem Gericht verklagt, in dessen Bezirk wenigstens einer der Beklagten seinen Wohnsitz hat, so ist in Bezug auf jeden Beklagten zu prüfen, ob die Zuständigkeitsanknüpfungspunkte des Art. 5 Nr. 1–Nr. 7 gegeben sind.

In den meisten Fällen scheitert jedoch auch hier eine passive Streitgenossenschaft nicht an der Zuständigkeit: So können mehrere Schuldner am Erfüllungsort (Art. 5 Nr. 1) verklagt werden mit der Begründung, sie hafteten für ein und dieselbe Verbindlichkeit als Gesamtschuldner. Das gleiche gilt für das forum delicti commissi (Art. 5 Nr. 3), wenn die Beklagten als Mittäter oder sonst als Gesamtschuldner belangt werden. Auch für Art. 5 Nr. 2 läßt sich ein Beispiel finden: Ein Student in Tübingen, der glaubt, seine Eltern würden seinen Wechsel zu knapp halten, kann vor dem Amtsgericht Tübingen seine Eltern verklagen, auch wenn diese getrennt leben (Vater in Brüssel; Mutter in Mailand). *Geimer* WM 1979, 357.

[32] Vgl. oben § 43.

[33] *Jenard*-Bericht S. 56: „Aus der Fassung des Übereinkommens ergibt sich, daß bei mehreren Beklagten, die ihren Wohnsitz in verschiedenen Vertragsstaaten haben, der Kläger wahlweise alle Beklagten vor dem Gericht verklagen kann, in dessen Bezirk auch nur einer von ihnen seinen Wohnsitz hat."

[34] Hiergegen die Motive zur deutschen CPO (oben Fußn. 11).

[35] Art. 52; hierzu oben § 63 und § 68.

[36] Vgl. oben § 70.

[37] *Geimer* WM 1979, 359 sub 5.

[38] Hierzu oben § 5 V.

[39] *Geimer* WM 1979, 357.

Insoweit wird das nationale Recht verdrängt. Im übrigen bleibt es unberührt. Dieses bestimmt über die Zulässigkeit des Rechtsweges, die sachliche Zuständigkeit und über die Voraussetzungen der *passiven Streitgenossenschaft.*[40]

β) *Die aktive Streitgenossenschaft* (= Streitgenossenschaft auf der Klägerseite) spricht Art. 6 Nr. 1 überhaupt nicht an.[41] Ob mehrere Personen in einem Rechtsstreit als Kläger auftreten dürfen, bestimmt ausschließlich das nationale Recht der einzelnen Vertragsstaaten.[42,43]

l) *Versicherungssachen*

Art. 6 Nr. 1 gilt nicht in Versicherungssachen. Hier kommt die Sonderregelung des Art. 8 I = Art. 8 I Nr. 3 n. F. zum Zuge, allerdings nur für Klagen gegen den Versicherer. Vgl. unten IV 2b. Verklagt der Versicherer seinen Vertragspartner und/oder die sonstigen am Versicherungsverhältnis beteiligten Personen, dann eröffnet Art. 11 kein gemeinsames Forum. Praeter conventionen muß dieses bei notwendiger Streitgenossenschaft gleichwohl zur Verfügung gestellt werden. Näher unten IV 1b.

m) *Verbrauchersachen*

Art. 6 Nr. 1 wird von der Sonderregelung der Art. 13ff. verdrängt. Diese kennen den Gerichtsstand der Streitgenossenschaft nicht. Gleichwohl muß dieser bei notwendiger Streitgenossenschaft offenstehen. Vgl. unten V 1b und 2c.

2. Der Gerichtsstand der Gewährleistungs- und Interventionsklage, Art. 6 Nr. 2, Art. 10 I[44]

a) *Gewährleistungsklage (Garantieklage)*[45]

Das Wesen der Garantieklage läßt sich wie folgt skizzieren: Glaubt eine Partei (in der Regel der Beklagte des Hauptprozesses), im Falle des Unterliegens gegen einen Dritten einen Anspruch auf Gewährleistung, Schadloshaltung oder Freistellung zu haben, so kann sie den Dritten in den Rechtsstreit hineinziehen.[46]

---

[40] Vgl. oben § 5 V.

[41] *Geimer* WM 1979, 356.

[42] In der Bundesrepublik Deutschland ist die aktive Streitgenossenschaft nur unter den Voraussetzungen der §§ 59, 60 und 147 ZPO zulässig.

[43] Rechtsvergleichende Arbeiten zur Streitgenossenschaft sind selten. Das deutsch-französische Verhältnis behandelt *Müller*, Die Probleme der notwendigen Streitgenossenschaft im deutschen und französischen Recht, Diss. Göttingen 1964.

[44] Vgl. *Kropholler* IZVR Rz. 724.

[45] Hierzu *Geimer* WM 1979, 359 und *Spellenberg* ZVglRWiss. 79 (1980) 89.

[46] *Jenard*-Bericht S. 56: „Dem Gerichtsstand der Gewährleistungsklage kommt nach Ansicht des Ausschusses im internationalen Handel eine erhebliche Bedeutung zu, wie nachstehendes Beispiel zeigt: Ein deutscher Exporteur hat nach Belgien Ware geliefert, die der belgische Importeur weiterverkauft hat. Der Käufer verklagt den Importeur auf Schadenersatz vor dem Gericht seines Wohnsitzes, z. B. in Brüssel. Der

Der Gerichtsstand des Hauptprozesses wirkt mithin zuständigkeitsbegründend auch gegen den Dritten.[47] Über die Rückgriffsansprüche gegen den Dritten wird dann rechtskraftfähig entschieden. Der Garantiebeklagte ist also am Ort des Hauptprozesses gerichtspflichtig, auch wenn das Gericht am Ort des Hauptprozesses für den Rechtsstreit gegen ihn nach den allgemeinen Regeln (Art. 2, 3 und 5) nicht zuständig ist. Das Interesse des Garantiebeklagten, möglichst nur an seinem Wohnsitz bzw. Sitz verklagt zu werden, wird rigoros vernachlässigt. Es wird verdrängt durch das Interesse an der Einheitlichkeit der Entscheidung. Für den Garantiebeklagten ist diese Ausdehnung seiner Gerichtspflichtigkeit hart.[48] Diesem ist es ein schwacher Trost, daß er seinerseits jemanden im

---

belgische Importeur kann einen Regreßanspruch gegen den deutschen Exporteur geltend machen und erhebt gegen ihn vor dem für den Hauptprozeß zuständigen Brüsseler Gericht eine Gewährleistungsklage. Dieser Gerichtsstand ist nach dem Übereinkommen begründet, obwohl der zur Gewährleistung Verpflichtete seinen Wohnsitz in Deutschland hat. Er ist im Interesse einer geordneten Rechtspflege geboten."

[47] Historischer Ausgangspunkt ist *Frankreich,* und zwar die Ordonnance Ludwigs XIV, dessen Regelung vom Revolutionsgesetzgeber übernommen wurde. Der napoleonische Code de procédure civile von 1806 eröffnete in Art. 59 X (in der ursprünglichen Zählung VIII) einen Gerichtsstand „en matière de garantie, devant le juge où la demande originaire sera pendante". Die ergänzenden Normen fanden sich im Neunten Titel mit der Überschrift „Des exceptions" im § 4 „Des exceptions dilatoires" (Art. 181 bis Art. 185). Der am 1. Januar 1976 in Kraft getretene Nouveau Code de procédure civile hat die Regelung des alten Rechts im Grundsatz übernommen. Im Kapitel über die compétence territoriale (Art. 42ff.) fehlt eine Parallelnorm zu Art. 59 X des alten Code. Die Garantieklage wird als ein Sonderfall der „intervention" im Titre IX du Livre I behandelt. Dem Art. 181 des alten Code entspricht Art. 333 des neuen Code.

In *Luxemburg* gilt noch der alte Code de procédure civile von 1806, und zwar Art. 59 VIII.

Das niederländische *Wetboek van Burgerlijke Rechtsvordering* ist keine eigenständige Schöpfung; es lehnt sich stark an den durch Napoleon zur Zeit der Annexion eingeführten Code de procédure civile an. Dem Art. 59 X des alten Code entspricht Art. 126 § 14 Rv: „In zaken van vrijwaring, voor den regter voor wien de oorspronkelijke vordering aanhangig is." Die den Art. 181ff. des alten französischen Code de procédure civile entsprechenden Vorschriften sind in Art. 68ff. Rv niedergelegt.

Nach Art. 106 des *Codice di procedura civile* kann jede Partei einen Dritten in den Prozeß hineinziehen, wenn sie gegen ihn Rückgriffsansprüche geltend macht. „Ciascuna parte puó chiamare nel processo in terzo ... dal quale pretende essere garantita."

Art. 32 regelt die örtliche Zuständigkeit: „La domanda di garanzia può essere proposta al giudice competente per la causa principale affinchè sia decisa nello stesso processo, anche se eccede la sua competenza per valore." Die internationale Zuständigkeit Italiens ergibt sich aus Art. 4 Nr. 3: denn die domanda di garanzia ist „connessa con altra pendente davanti al guidice italiano".

Der belgische *Code judiciaire* spricht nicht mehr von demande en garantie, sondern von demande en intervention. Vgl. unten Fußn. 54.

[48] Den Gerichtsstand der Gewährleistungsklage erkennen an: das deutsch-belgische Abkommen (Art. 3 Nr. 10), das französisch-belgische Abkommen (Art. 4 II), das belgisch-niederländische Abkommen (Art. 6 II), das italienisch-niederländische Abkom-

gleichen Verfahren mit der Garantieklage belangen kann, gegen den er Ansprüche auf Gewährleistung zu haben glaubt.[49]

Obsiegt der Kläger mit seiner Klage gegen den ursprünglichen Beklagten, so wird im gleichen Verfahren auch über die Garantieklage(n) entschieden. Das Garantieurteil entfaltet gegenüber dem Dritten die gewöhnlichen Urteilswirkungen, also Rechtskraft und Vollstreckbarkeit.[50] Diese sind in den übrigen Vertragsstaaten, insbesondere auch in der Bundesrepublik Deutschland, anzuerkennen. Aufgrund der erststaatlichen Vollstreckbarkeit ist im Zweitstaat die Vollstreckungsklausel zu erteilen (Art. 31 ff.).[51] Es geht also nicht um die Anerkennung einer besonderen Streitverkündungswirkung nach dem Modell des deutschen Rechts.[52]

b) *Interventionsklagen*[53]

Dieser Begriff ist dem belgischen Code judiciaire entnommen.[54] Im Rahmen des Art. 6 Nr. 2[55,56] kommt nur die intervention forcé in Be-

---

men (Art. 2 IV), das belgisch-italienische Abkommen (Art. 2 X), das deutsch-niederländische Abkommen (Art. 4 I), Benelux-Vertrag (Art. 6 III).

[49] *Geimer* WM 1979, 361.

[50] *Zöller-Geimer,* ZPO, 13. Aufl., 1981, § 328, Anm. H 2.

[51] *Geimer* WM 1979, 361.

[52] *Geimer* NJW 1970, 387.

[53] *Schütze* RIW/AWD 1975, 79.

[54] Art. 15: *(1) L'intervention est une procédure par laquelle un tiers devient partie à la cause.*

(2) Elle tend, soit à la sauvegarde des intérêts de l'intervenient ou de l'une des parties en cause, soit à faire prononcer une condemnation ou ordonner une garantie.

Art. 16: (1) L'intervention est volantaire lorsque le tiers se présente afin de défendre ses intérêts.

(2) Elle est forcée lorsque le tiers est cité au cours d'une procédure par une ou plusieurs parties.

Eine Kompetenznorm findet sich nur für Ausländer in Art. 635 Nr. 9 Code judiciaire:

Les étrangers peuvent être assignés devant les tribunaux du royaume, soit par un Belge, soit par un étranger, dans les cas suivants:

9° s'il s'agit d'une demande en intervention ou d'une demande reconventionelle quand la demande originaire est pendante devant un tribunal belge."

[55] In *Versicherungssachen* (hierzu unten III) bringt Art. 10 I für Haftpflichtversicherungsklagen den Gerichtsstand der Interventionsklage. Diese Norm übernimmt Art. 6 Nr. 2. Der Hauptprozeß muß vor einem nach dem Übereinkommen zuständigen Gericht erhoben worden sein. Beklagter des Hauptprozesses muß der Versicherte sein.

Der Gerichtsstand steht unter dem Vorbehalt der Zulässigkeit nach der lex fori des Hauptprozesses.

In der Bundesrepublik Deutschland kann deshalb auf Art. 10 I keine Zuständigkeit gegründet werden, vgl. Art. V des Zusatzprotokolls (Art. 65 des Übereinkommens). Der Versicherer kann hier nur im Wege der Streitverkündung in den Prozeß gegen den Versicherten einbezogen werden (§§ 72 ff. ZPO). Art. 10 I ist jedoch für Versicherer in der Bundesrepublik Deutschland insofern von Bedeutung, als diese in anderen Vertragsstaaten gerichtspflichtig sind, sofern das dortige Recht die Interventionsklage zuläßt. Dies gilt auch dann, wenn sowohl der Versicherte wie auch die Versicherer ihren Wohnsitz im gleichen Vertragsstaat, z. B. der Bundesrepublik Deutschland ha-

tracht. Nach Art. 15 II Code judiciaire dient die Intervention dem Schutze der Interessen einer der Parteien. Diese Formulierung deutet darauf hin, daß der Anwendungsbereich der Interventionsklage größer ist als der der Gewährleistungsklage. Doch dürften dies wohl nur theoretische Erwägungen sein;[57] in der Praxis sind Unterschiede noch nicht bekannt geworden. Die Interventionsklage hat in Belgien die gleiche Funktion wie die Gewährleistungsklage in Frankreich, Luxemburg, den Niederlanden und in Italien.[58]

c) *Autonome Qualifikation*[59]

Das Übereinkommen hat einen einheitlichen, vertragsimmanenten Begriff der „Klage auf Gewährleistung" und der „Interventionsklage" geschaffen; er ist nicht lege fori zu qualifizieren.[60] Dagegen ließe sich anführen, daß das Übereinkommen dem belgischen Recht seine Reverenz erwiesen und den Begriff der Interventionsklage ausdrücklich in

---

ben, der Hauptprozeß jedoch in einem anderen Vertragsstaat anhängig ist. Dort, also am Gerichtsstand des Hauptprozesses kann auch über Ansprüche aus dem Versicherungsvertrag gegen den Versicherer Klage erhoben werden, sofern nicht diese Zuständigkeit derogiert wurde, Art. 12 Nr. 3. – So ausdrücklich der *Jenard*-Bericht S. 78:

„Es erhob sich die Frage, ob die Verbindung der beiden Klagen auch dann möglich sein soll, wenn sowohl der Versicherer als auch der Versicherte ihren Wohnsitz in dem gleichen Staat haben, der in dem angenommenen Fall nicht der Staat des angerufenen Gerichts ist. Nehmen wir als Beispiel einen in Frankreich von einem Deutschen mit Wohnsitz in Deutschland verursachten Verkehrsunfall; es wird ferner unterstellt, daß dieser Deutsche bei einer deutschen Gesellschaft versichert ist. Ist in diesem Falle die – im französischen Recht vorgesehene – Interventionsklage zulässig, obwohl der Rechtsstreit sich auf einen Versicherungsvertrag zwischen einem deutschen Versicherungsnehmer und einem deutschen Versicherer bezieht? Soll über diesen Vertrag, der deutschem Recht unterliegt, nicht eher ein deutsches Gericht befinden? Alsdann würden die vertraglichen Beziehungen zwischen dem Versicherer und dem Versicherungsnehmer außerhalb des Haftpflichtprozesses bleiben. – Die Frage ist gewiß bedeutsam; der Ausschuß hielt es aber nicht für angebracht, Zuständigkeitsregeln zu erlassen, die von dem innerstaatlichen Recht der einzelnen Staaten abweichen und die noch dazu geeignet wären, den reibungslosen Ablauf des mit der Einführung der grünen Versicherungskarte verbundenen Systems zu gefährden. – Der Ausschuß hat sich aber für eine Kompromißlösung entschieden, durch welche die Tragweite des Art. 10 I insofern abgeschwächt wird, als durch eine in Art. 12 Nr. 3 eingefügte Bestimmung vorgesehen wird, daß der Versicherungsnehmer und der Versicherer, die bei Vertragsabschluß ihren Wohnsitz in demselben Vertragsstaat haben, die Zuständigkeit der Gerichte dieses Staates vereinbaren können. Eine solche Vereinbarung muß jedoch nach dem Recht dieses Staates zulässig sein."

[56] Art. 6 Nr. 2 gilt ferner nicht in *Verbrauchersachen*.

[57] Ebenso der *Jenard*-Bericht S. 57: „Obwohl der Begriff der Gewährleistung bereits in dem der Intervention enthalten ist, erschien es angebracht, beide Begriffe ausdrücklich vorzusehen. Zur Bestimmung des Interventionsbegriffs wird zweckmäßigerweise auf die Artikel 15 und 16 der belgischen Gerichtsordnung verwiesen."

[58] *Geimer* WM 1979, 361.

[59] Allgemein hierzu oben § 11.

[60] *Geimer* WM 1979, 361.

den Text des Art. 6 Nr. 2 aufgenommen hat. Dieses Argument ist aber nicht zwingend: die Erwähnung der Interventionsklage dient nur der Klarstellung. Für eine konventionsimmanente Definition spricht die allgemeine Erwägung, daß das Übereinkommen ein eigenes Zuständigkeitssystem geschaffen hat, das die nationalen Kompetenznormen verdrängt.[61] Dieses kann aber nur dann zufriedenstellend funktionieren, wenn es einheitlich angewandt wird. Das ist aber nur möglich, wenn die in den Kompetenznormen verwendeten Begriffe einheitlich ausgelegt werden. Hinzukommt, daß in Art. 6 Nr. 2 eine Verweisung auf das nationale Recht wie in Art. 10 I[62] fehlt. Aus dem Umstand, daß die Frage der Gewährleistung nach materiellem Recht zu beurteilen ist, läßt sich gegen die autonome Qualifikation nichts herleiten; denn das anzuwendende materielle Recht ist nicht notwendig die lex fori. Dieses ist nach dem IPR des Gerichtsstaates zu ermitteln. Die lex causae kann die Rechtsordnung eines anderen Vertragsstaates oder eines dritten Staates sein. *Beispiel:* Der Rückgriffsanspruch eines Lieferanten gegen seinen Fabrikanten ist nach dem IPR des Erststaates nach österreichischem oder schwedischem Recht zu beurteilen.[63]

Aber auch wenn sich der EuGH für die Qualifikation lege fori entscheiden sollte, so bedeutet dies nicht, daß Frankreich und die übrigen Vertragsstaaten nach eigenem Gutdünken darüber befinden dürfen, ob sie Gewährleistungs- bzw. Interventionsklagen am Ort des Hauptprozesses überhaupt zulassen wollen. Sie sind – vom Sonderfall des Art. 10 I abgesehen – durch das Übereinkommen gegenüber den anderen Vertragsstaaten und gegenüber dem Kläger verpflichtet, ein kompetentes Gericht zur Verfügung zu stellen. Das Übereinkommen begründet auch insoweit einen Anspruch auf Justizgewährung.[64]

d) *Maßgeblichkeit des nationalen Rechts für das Verfahren des Gewährleistungs- bzw. des Interventionsrechtsstreites*[65]

Das Übereinkommen läßt die nationalen Regeln über die Durchführung des Verfahrens unberührt. Es beschränkt sich darauf, eine Kompetenznorm zu schaffen und damit die Vertragsstaaten – mit Ausnahme der Bundesrepublik Deutschland (vgl. unten f) – zur Justizgewährung zu verpflichten.[66]

e) *Derogation des Art. 6 Nr. 2*

Die Gerichtspflichtigkeit des in den Hauptprozeß hineingezogenen Dritten entfällt, wenn Art. 6 Nr. 2 derogiert worden ist, Art. 17.[67]

---

[61] Vgl. oben § 47.

[62] Hierzu unten § 74 IV 2 i β bei Fußn. 229.

[63] *Geimer* WM 1979, 361.

[64] Vgl. oben § 42.

[65] *Geimer* WM 1979, 361.

[66] Zur Justizgewährungspflicht s. oben § 42.

[67] *Jenard*-Bericht S. 74: „Nach Art. 17 des Übereinkommens ist jedoch das mit der Hauptklage befaßte Gericht für die Gewährleistungsklage nicht zuständig, wenn zwi-

f) *Der Vorbehalt der Bundesrepublik Deutschland*[68]

Art. 6 Nr. 2 gilt jedoch nicht für die Bundesrepublik Deutschland aufgrund des Vorbehalts in Art. V des Protokolls zum Übereinkommen (vgl. Art. 65).[69, 70] Art. V Abs. 1 beseitigt aber nicht die Gerichtspflichtigkeit der in der Bundesrepublik Deutschland wohnhaften Personen vor den Gerichten anderer Vertragsstaaten.[71] Die Bundesrepublik Deutschland ist gemäß Art. 25ff. verpflichtet, die gerichtlichen Entscheidungen aus anderen Vertragsstaaten anzuerkennen und zwar auch dann, wenn der Urteilsstaat seine internationale Zuständigkeit auf Art. 6 Nr. 2 gestützt hat, so ausdrücklich Art. V Abs. 2 des vorgenannten Protokolls.[72]

---

schen dem Berechtigten und dem zur Gewährleistung Verpflichteten ein anderer Gerichtsstand vereinbart ist und diese Vereinbarung sich auf die Gewährleistungsklage erstreckt."

[68] Vgl. auch *Kropholler* Kommentar 78, Art. 6, Rz. 10ff.

[69] Die deutschen Vertragsunterhändler glaubten, die Gewährleistungs- und Interventionsklage sei dem deutschen Prozeßrechtssystem so fremd, daß seine Rezeption unmöglich sei. Sie setzten daher folgenden Vorbehalt in Art. V des Protokolls durch:

„(1) Die in Artikel 6 Nr. 2 und Artikel 10 für eine Gewährleistungs- oder Interventionsklage vorgesehene Zuständigkeit kann in der Bundesrepublik Deutschland nicht geltend gemacht werden. In der Bundesrepublik Deutschland kann jede Person, die ihren Wohnsitz in einem anderen Vertragsstaat hat, nach den §§ 68, 72 bis 74 der Zivilprozeßordnung, die für die Streitverkündung gelten, vor Gericht geladen werden.

(2) Entscheidungen, die in den anderen Vertragsstaaten aufgrund des Artikels 6 Nr. 2 und des Artikels 10 ergangen sind, werden in der Bundesrepublik Deutschland gemäß Titel III anerkannt und vollstreckt. Die Wirkungen, welche die in der Bundesrepublik Deutschland ergangenen Entscheidungen nach den §§ 68, 72 bis 74 der Zivilprozeßordnung gegenüber Dritten haben, werden auch in den anderen Vertragsstaaten anerkannt."

[70] Zweifelhaft erscheint, ob der Vorbehalt durch einseitige Erklärung der Bundesrepublik Deutschland beseitigt werden kann oder aber ob zur Einführung des Gerichtsstandes der Gewährleistungsklage in Deutschland im Anwendungsbereich des Übereinkommens (Art. 2 I, 3 I) eine Vereinbarung aller Vertragsstaaten erforderlich wäre.

[71] *Geimer* WM 1979, 360.

[72] Zur besonderen deutschen Rechtslage ausführlich der *Jenard*-Bericht S. 74: „Nach Art. V des Protokolls kann die in Art. 6 Nr. 2 bei Gewährleistungsklagen vorgesehene besondere Zuständigkeit in der Bundesrepublik Deutschland nicht geltend gemacht werden; doch kann jeder Person, die ihren Wohnsitz in einem anderen Vertragsstaat hat, aufgrund der §§ 72 bis 74 ZPO vor einem deutschen Gericht der Streit verkündet werden.

Urteile, die in einem anderen Vertragsstaat gegen den zur Gewährleistung Verpflichteten ergangen sind, werden in Deutschland anerkannt und vollstreckt.

Umgekehrt haben Urteile, die in Deutschland nach den §§ 72 bis 74 ergangen sind, in den übrigen Vertragsstaaten die gleichen Wirkungen wie in Deutschland selbst.

So kann zum Beispiel einem zur Gewährleistung Verpflichteten, der seinen Wohnsitz in Frankreich hat, vor dem mit der Hauptklage befaßten deutschen Gericht der Streit verkündet werden. Das in Deutschland ergangene Urteil betrifft nach deutschem Recht unmittelbar nur die Prozeßparteien, es wirkt aber dem zur Gewährleistung Verpflichteten gegenüber. Macht der Berechtigte, demgegenüber die Gewährleistungspflicht besteht, seinen Regreßanspruch gegen den zur Gewährleistung Verpflichteten vor dem zuständigen französischen Gericht geltend, so kann er sich dabei

Die Gerichtspflichtigkeit von Personen mit Wohnsitz bzw. Sitz (Art. 53) in der Bundesrepublik Deutschland vor den Gerichten der übrigen Vertragsstaaten wurde durch Art. V nicht beseitigt. Wird z. B. gegen eine GmbH mit Sitz in Stuttgart eine assignation en garantie[73] vor einem französischen Gericht erhoben, so kommt Art. 6 Nr. 2 zur Anwendung. Das französische Urteil ist in der Bundesrepublik Deutschland anzuerkennen. Fazit: Wird ein in der Bundesrepublik Deutschland wohnhafter Beklagter unter Berufung auf Art. 6 Nr. 2 in einem anderen Vertragsstaat verklagt, so muß er sich dort verteidigen, weil er sonst Gefahr läuft, verurteilt zu werden.[74] Das Urteil ist in der Bundesrepublik Deutschland nach Art. 26ff. auch dann anzuerkennen und zur Vollstreckung zuzulassen, wenn der Erstrichter zu Unrecht seine Zuständigkeit auf Art. 6 Nr. 2 gestützt hat, etwa weil er von einem falschen Sachverhalt ausging oder weil er Art. 6 Nr. 2 zu weit auslegte; denn die internationale Zuständigkeit des Erstrichters kann vom Zweitrichter grundsätzlich nicht nachgeprüft werden, Art. 28 III.[75]

Für diejenigen, denen in einem vor einem deutschen Gericht anhängigen Rechtsstreit der Streit verkündet wurde,[76] ist die Lage nicht besser. Der Kläger kann zwar keinen vollstreckbaren Titel erwirken;[77] die Streitverkündungswirkung des deutschen Urteils ist aber in den anderen Vertragsstaaten anzuerkennen.[78] Auf Grund der Bindungswirkung des deutschen Urteils[79] ist es dem für die Klage gegen den Streitgenossen zuständigen Gericht de facto verwehrt, den Rechtsstreit neu aufzurollen.[80] Zusammenfassend kann man feststellen, daß die Gerichtspflichtigkeit desjenigen, dem in der Bundesrepublik Deutschland der Streit verkündet wurde, nicht geringer ist als die desjenigen, der in einem anderen Vertragsstaat im Gerichtsstand des Art. 6 Nr. 2 verklagt wird.[81,82]

---

auf das deutsche Urteil berufen, dessen sachliche Richtigkeit nicht mehr bestritten werden kann.

Es versteht sich nach den Grundsätzen, die für die Anerkennung und Vollstreckung vorgesehen sind, von selbst, daß Urteile, die aufgrund von Gewährleistungsklagen ergangen sind, in dem Anerkennungs- und Vollstreckungsstaat keine andere Wirkung haben als in dem Urteilsstaat.

Diese Lösung, die bereits in dem deutsch-belgischen Abkommen (Art. 3 I Nr. 10) und in dem deutsch-niederländischen Abkommen (Art. 4 I Buchstabe i) enthalten ist, wird somit auf den Rechtsverkehr zwischen der Bundesrepublik und den übrigen EWG-Mitgliedstaaten ausgedehnt und verallgemeinert."

[73] Hierzu *Geimer* ZZP 85 (1972) 196; *Milleker* ZZP 84 (1971) 91.

[74] Vgl. oben § 56 II und § 57 I.

[75] *Geimer* WM 1980, 1106.

[76] § 72 ZPO.

[77] *Geimer* ZZP 85 (1972) 196.

[78] *Jenard*-Bericht (oben Fußn. 72).

[79] Hierzu § 74 III ZPO.

[80] *Geimer* (Fußn. 73).

[81] *Zöller-Geimer,* ZPO, 13. Aufl., 1981, § 328 Anm. H.

g) *Versicherungssachen*[83]

Hier wird Art. 6 Nr. 2 durch die Sonderregelung des Art. 10 I verdrängt. Näher unten IV 2 i γ bei Fußn. 232.

h) *Verbrauchersachen*

Art. 6 Nr. 2 gilt auch nicht in Verbrauchersachen. Dies ist rechtspolitisch verfehlt im Hinblick auf die Gerichtspflichtigkeit des Vertragspartners des Verbrauchers. Denn dieser soll ja nicht geschützt werden. Vgl. unten V 2c.

III. Sonderregelungen in Versicherungs- und Verbrauchersachen[84]

1. Eigene Zuständigkeitsordnung[85,86]

In Versicherungs- und Verbrauchersachen gelten die allgemeinen Zuständigkeitsvorschriften nicht.[87] Die Gerichtspflichtigkeit des Beklagten beurteilt sich nicht nach Art. 2ff., sondern ausschließlich nach Art. 7ff.[88] bzw.

---

[82] Zur Anerkennungsfähigkeit der Wirkungen von Streitverkündungen vor deutschen Gerichten in den anderen Vertragsstaaten s. unten.

[83] Zur Streitverkündung in Versicherungssachen s. Art. 10 III. Vgl. bei Fußn. 186.

[84] Hierzu *Jenard*-Bericht S. 75 und *Schlosser*-Bericht Nr. 136ff.

[85] Für den *Anwendungsbereich der Art. 7ff. bzw. Art. 13ff.* gelten im Grundsatz die gleichen Regeln wie für die allgemeine Zuständigkeitsordnung der Art. 2ff: Der Beklagte muß seinen Wohnsitz bzw. Sitz (Art. 53) im geographischen Anwendungsbereich des Übereinkommens (oben § 17) haben. Maßgebend ist der Zeitpunkt der Klageerhebung (näher oben § 29 IV 10; vgl. ansonsten Fußn. 332). Hat der Beklagte seinen Wohnsitz bzw. Sitz außerhalb des geographischen Anwendungsbereichs des Übereinkommens, so gilt das *nationale Zuständigkeitsrecht* (Art. 4 I in Verbindung mit Art. 7 bzw. Art. 13).

Art. 8 II n. F. (= *Art. 8 III a. F.*; hierzu *Schlosser*-Bericht Nr. 150) *und Art. 13 II n. F.* (hierzu *Schlosser* – Bericht Nr. 159) *dehnen jedoch den Anwendungsbereich des Konventionsrechts aus.* Hierzu oben § 29 IV 2a und X. Vgl. auch unten Fußn. 174 und Fußn. 193. Hat der Versicherer bzw. der Vertragspartner des Verbrauchers ohne Wohnsitz/Sitz in einem Vertragsstaat eine Zweigniederlassung, Agentur oder sonstige Niederlassung im räumlichen Anwendungsbereich des Übereinkommens, dann gilt Konventionsrecht (Art. 7ff. bzw. Art. 19ff.) für Streitigkeiten aus dem Betrieb dieser Zweigniederlassung, Agentur oder sonstigen Niederlassung.

Die *ratio conventionis* ist ambivalent: Einerseits Schutz des Versicherungsnehmers, Versicherten etc. bzw. des Verbrauchers. Diesem sollen die vielen Gerichtsstände bei der Rechtsverfolgung gegen seinen Vertragspartner auch dann zur Verfügung stehen, wenn dieser im geographischen Anwendungsbereich des Übereinkommens nur mit einer Zweigniederlassung, Agentur oder sonstigen Niederlassung präsent ist. Es geht also darum, den Justizgewährungsanspruch des begünstigten Personenkreises nach Konventionsrecht zu bestimmen. Vgl. oben § 42. – Andererseits soll auch der in einem oder in mehreren Vertragsstaaten gewerbetreibende Versicherer bzw. Vertragspartner des Verbrauchers von den Segnungen des Übereinkommens nicht ausgeschlossen sein. Seine Gerichtspflichtigkeit für Geschäfte, die in Zusammenhang stehen mit der innerhalb des räumlichen Anwendungsbereichs des Übereinkommens befindlichen

Zweigniederlassung, Agentur oder sonstigen Niederlassung, soll sich nicht nach den mitunter exorbitant weit gefaßten nationalen Zuständigkeitsvorschriften richten. So sehr klar *Schlosser*-Bericht Nr. 159 zu Art. 13 II n. F.: „Geschäfte von Letztverbrauchern mit Firmen, die ihren Sitz außerhalb des EWG-Gebiets haben, vom Anwendungsbereich des 4. Abschnittes auszunehmen, ist dann unangemessen, wenn solche Firmen eine Zweigniederlassung innerhalb der EWG haben. Denn in Anwendung von Artikel 4 wäre es nach den dann als Zuständigkeitsgrundlagen heranzuziehenden nationalen Gesetzen häufig nicht möglich, daß der Verbraucher in dem Gerichtsstand klagt, der ihm im Verhältnis zu Vertragspartnern garantiert ist, die ihren Wohnsitz innerhalb der EWG haben. Aus den gleichen Gründen, aus denen Versicherungsunternehmungen mit Zweigniederlassungen innerhalb der EWG zuständigkeitsrechtlich wie solche mit Wohnsitz in der Gemeinschaft behandelt werden, Art. 8, müssen auch Vertragspartner von Verbrauchern als Bewohner der EWG behandelt werden, wenn sie dort eine Zweigniederlassung unterhalten. Dann ist es freilich auch nur folgerichtig, daß exorbitante Zuständigkeiten solchen Vertragspartnern gegenüber nicht deshalb in Anspruch genommen werden können, weil sie Hauptsitz außerhalb der EWG haben." – Weniger präzis zu diesem Punkt der *Jenard*-Bericht S. 77 zu Art. 8 III a. F. = Art. 8 II n. F.: „Die Zuständigkeit, einschließlich der als exorbitant bezeichneten Zuständigkeiten, [wird] durch das innerstaatliche Recht des angerufenen Gerichts bestimmt . . ., wenn der verklagte Versicherer oder Versicherungsnehmer seinen Wohnsitz außerhalb der Gemeinschaft hat. Indessen wird in Abweichung von den allgemeinen Regeln des Übereinkommens ein außerhalb der Gemeinschaft wohnhafter Versicherer, der in einem Vertragsstaat eine Zweigniederlassung oder eine Agentur unterhält, für Streitigkeiten aus dem Betrieb dieser Zweigniederlassung oder Agentur so behandelt, wie wenn er seinen Wohnsitz in dem Hoheitsgebiet dieses Staates hätte. Diese in dem letzten Absatz von Artikel 8 enthaltene Abweichung wird mit Rücksicht darauf eingeführt, daß ausländische Versicherungsgesellschaften Zweigniederlassungen oder Agenturen in anderen Staaten nur gegen Stellung von Garantien errichten können und daß sie im Hinblick auf diese Garantien praktisch als den inländischen Gesellschaften gleichgestellt angesehen werden können." Art. 8 II bzw. Art. 13 II stipulieren eine *gegenständlich beschränkte Anwendung der Zuständigkeitsordnung des Übereinkommens;* hierzu auch oben § 29 IV 2a und X. Vgl. auch unten Fußn. 193. – Das europäische Zuständigkeitsrecht kommt nur zum Zuge, soweit die Streitigkeit aus dem Betrieb der Zweigniederlassung oder Agentur oder sonstigen Niederlassung herrührt. Wird die Klage auch auf *andere Anspruchsgrundlagen* gestützt, die mit dem Betrieb der Zweigniederlassung oder Agentur oder sonstigen Niederlassung nicht in Zusammenhang stehen, so ist für diese Anspruchsgrundlagen das nationale Zuständigkeitsrecht (Art. 4 I) maßgeblich. Wenn nach diesem Kompetenzrecht eine Zuständigkeit nicht gegeben ist, hat das angegangene Gericht *keine Kognitionsbefugnis.* Es muß sich einer Sachentscheidung enthalten. Die Rechtskraft der Sachentscheidung umfaßt nicht die wegen Zuständigkeitsmangels nicht geprüften Anspruchsgrundlagen.

Setzt sich jedoch das Gericht – bewußt oder unbewußt, vorsätzlich oder fahrlässig – über die ihm zuständigkeitsrechtlich gesetzten Schranken seiner Kognitionsbefugnis hinweg, so entfällt diese gegenständlich beschränkte Rechtskraft. Das Urteil ist auch in den anderen Vertragsstaaten anzuerkennen (sofern kein Versagungsgrund nach Art. 27 vorliegt). Der Zuständigkeitsmangel kann nicht nach Art. 28 I im Anerkennungs- bzw. Klauselerteilungsstadium gerügt werden, da der beklagte Versicherungsnehmer bzw. der Verbraucher nur die Verletzung der Zuständigkeitsregeln der Art. 7 bzw. Art. 13ff. rügen kann. Der Zweitrichter darf nach Art. 28 I nur nachprüfen, ob die Vorschriften des Übereinkommens zu Unrecht nicht oder falsch angewandt worden sind. Unzulässig ist der Einwand, der Erstrichter habe den Anwendungsbereich des

nach Art. 13ff. Die Zuständigkeitsanknüpfungen des Art. 5 kommen nicht zum Zuge.[89] So kann z. B. der Versicherungsnehmer seine Versicherung nicht am Erfüllungsort (Art. 5 Nr. 1) verklagen, ebenso nicht der Verbraucher seinen Vertragspartner (Verkäufer, Darlehensgeber).[90] Das Übereinkommen bringt vielmehr jeweils *eine eigene in sich geschlossene Zuständigkeitsregelung* für Versicherungssachen (3. Abschnitt: Art. 7 – Art. 12a) und für Verbrauchersachen (4. Abschnitt: Art. 13 – Art. 15). Zur allgemeinen Zuständigkeitsordnung der Art. 2ff. besteht nur ein verweisungstechnischer Konnex. Der Gerichtsstand der Niederlassung bzw. Agentur trägt auch Zuständigkeit in Versicherungs- und Verbrauchersachen, wie sich aus der Verweisung in Art. 7 und Art. 13 ergibt.[91]

2. Kritik[92]

Systematisch ist eine eigene Zuständigkeitsordnung in Versicherungs- und Verbrauchersachen unnötig.[93] Die Verfasser des Übereinkommens

---

Übereinkommens verkannt und rechtsirrig Kompetenznormen des Übereinkommens anstatt des nationalen Zuständigkeitsrechts angewandt. *Geimer* RIW/AWD 1980, 306 und oben § 20 VI. Im übrigen hat der Versicherer bzw. der Vertragspartner des Verbrauchers kein Rügerecht nach Art. 28 I. Dies steht nur dem schutzbedürftigen Personenkreis (Versicherter, Verbraucher) zu; *Geimer* RIW/AWD 1980, 307 und oben § 57 III 2, IV sowie unten § 139 IV 5.

Der Beklagte muß also im Erststaat durch Einlegung von Rechtsmitteln die Begrenzung seiner Gerichtspflichtigkeit durchsetzen.

Vgl. auch unten Fußn. 174, 193, 326, 332, 339.

[86] Zur Nachprüfung im Anerkennungs- bzw. Klauselerteilungsstadium s. Art. 28 I. Hierzu oben § 57 III.

[87] *Jenard*-Bericht S. 76: „Art. 7 stellt klar, daß Abschnitt 3 des Titels II die Zuständigkeit auf dem Gebiet der Versicherungssachen selbständig und erschöpfend regelt." – Ebenso zu Art. 13ff. *Jenard*-Bericht S. 79: „Art. 13 unterstreicht den selbständigen Charakter dieses Abschnitts."

[88] So ausdrücklich der *Jenard*-Bericht S. 78 zu Art. 6 Nr. 1.

[89] Vgl. auch *Linke* in *Bülow-Böckstiegel* 606/89, Art. 7, Anm. I 3.

[90] An der Weisheit dieser Regel mag man zweifeln.

[91] Hierzu *Jenard*-Bericht S. 77 und S. 79 und unten Fußn. 103, 104.

[92] Erstaunlich ist die Zurückhaltung der übrigen Kommentatoren.

[93] Die nationalen Zuständigkeitsordnungen der Vertragsstaaten kennen keine in sich geschlossene Regelung der Zuständigkeit in Versicherungs- und Verbrauchersachen. Man begnügt sich zumeist mit Ergänzungen zu den allgemeinen Zuständigkeitsvorschriften. Für das deutsche Recht s. § 48 VVG und § 109 VAG (hierzu unten Fußn. 194) sowie § 6a AbzG und § 26 FernunterrichtsG.

Der *Jenard*-Bericht S. 76 bringt *rechtsvergleichende Hinweise* auf Zuständigkeitsvorschriften in Versicherungssachen: Besondere Zuständigkeitsregeln finden sich in *Frankreich* (Art. 3 des Gesetzes vom 13. Juli 1930 über den Versicherungsvertrag), in *Belgien* (Art. 628 Nr. 10 Code judiciaire) und in *Italien* (Art. 1903 Nr. 2 Codice civile; Art. 124 des Einheitlichen Wortlauts der Vorschriften über die Ausübung des privaten Versicherungsberufes).

Das *luxemburgische Gesetz* vom 16. Mai 1891 über den Versicherungsvertrag enthält keine Zuständigkeitsvorschriften. Dies ist auch nicht nötig angesichts des überschaubaren Umfangs des Hoheitsgebietes des Großherzogtums Luxemburg, das nur zwei Gerichtsbezirke umfaßt. Immerhin regelt das Gesetz vom 16. Mai 1891 über die Überwachung der Versicherungsgeschäfte die gerichtliche Zuständigkeit in bezug auf ausländische Versicherungsgesellschaften. Nach diesem Gesetz muß ein Versicherer, der seinen Wohnsitz im Ausland hat und das Versicherungsgeschäft im Großherzogtum betreibt, einen Generalbevollmächtigten mit Wohnsitz im Luxemburg bestellen, der ihn dort gerichtlich und außergerichtlich vertritt. Dieser Bevollmächtigte muß in dem Gerichtsbezirk, in dem er keinen echten Wohnsitz hat, ein Wahldomizil begründen. Der echte oder erwählte Wohnsitz des Bevollmächtigten begründet den Gerichtsstand für Klagen im Zusammenhang mit dem Versicherungsvertrag.

In den *Niederlanden* gibt es keine besonderen Vorschriften über die gerichtliche Zuständigkeit in Versicherungssachen. Für ausländische Lebensversicherungsgesellschaften sieht das niederländische Gesetz vom 22. Dezember 1922 ähnliche Bestimmungen wie das luxemburgische Gesetz vom 16. Mai 1891 vor.

Das *französische Versicherungsvertragsgesetz* – Art. R 114–1 Code de assurances, früher Art. 3 der Loi du 13 julliet 1930 relative au contrat d'assurance D. P. 1931.4.1 – bestimmt: „Dans toutes les instances relatives à la fixation et au règlement des indemnités dues, le défendeur (assureur ou assuré) sera assigné devant le tribunal du domicile de l'assuré, de quelque espèce d'assurance qu'il s'agisse, sauf en matière d'immeubles ou de meubles par nature, auquel cas le défendeur sera assigné devant le tribunal de la situation des objets assurés.

Toutefois, qu'il s'agit d'assurances contre les accidents de toute nature, l'assuré pourra assigner l'assureur devant le tribunal du lieu où s'est produit le fait dommageable."

Das französische Versicherungsvertragsgesetz gilt nicht für die Seeversicherung (assurances maritimes) und die Binnenschiffahrtsversicherung (assurances fluviales), auch nicht für die Kredit- und Rückversicherung (assurances crédit; réassurance).

Die Grundregel des Art. 3 lautet: In Versicherungssachen ist das Gericht am Wohnsitz des Beklagten des Versicherungsnehmers zuständig. Eine Ausnahme gilt für Sachversicherungen und Haftpflichtversicherungen.

Die Sonderregelung gilt nur für die Festsetzung und Abwicklung der Entschädigungsleistung, nicht jedoch für die Prämienzahlung. Hier greifen die allgemeinen Vorschriften der Artikel 42ff. des Nouveau Code de procédure civile (früher Art. 59 des alten Code) ein. Auch sind Zuständigkeitsvereinbarungen zulässig. Ausführlich *Solus-Perrot,* Droit judiciaire privé, II, 1973, no. 337ff. S. 390ff.; *Picard-Besson,* Les assurances terrestres en droit français, 3. Aufl., 1970, I, 144ff.; weitere Nachweise bei *Vincent-Guinchard,* procédure civile, 20. Aufl., 1981, Nr. 227 Fußn. 1. Vgl. auch *Ferid,* Das französische Zivilrecht, I, 1971, ZK 61 S. 786ff.

In *Belgien* ist Art. 628 Nr. 10 Code judiciaire maßgebend: „Est seul compétent pour connaître de la demande:

10° le juge du domicile du preneur d'assurance, lorsqu'il s'agit de contestations en matière de contrat d'assurance, quel que soit l'objet du contrat, sans préjudice des dispositions qui règlent les assurances maritimes et de celles qui ont trait à la réparation des dommages résultant des accidents du travail." – Näher hierzu *Fettweis,* précis de droit judiciaire, tome II La compétence, 1976, 4. Aufl., Nr. 579ff.

Das deutsche Recht kennt kein dem Übereinkommen vergleichbares in sich geschlossenes Normensystem für die Zuständigkeiten in Versicherungssachen. Es gelten die allgemeinen Vorschriften der §§ 12ff. ZPO; diese werden jedoch ergänzt durch zwei Sondervorschriften, nämlich § 48 VVG und § 109 Versicherungsaufsichtsgesetz. Zur Zuständigkeit in Versicherungssachen ausführlich *Bruck-Möller,* Kommentar zum

taten des Guten zu viel, als sie die allgemeinen Zuständigkeitsvorschriften der Art. 2ff. zugunsten von Spezialvorschriften außer Kraft setzten: Auch in Versicherungs- und Verbrauchersachen bleibt die Grundregel *actor sequitur forum rei* unberührt.[94] Zu regeln war ausschließlich die Gerichtspflichtigkeit des Beklagten außerhalb seines Wohnsitzstaates. Dies hätte man durch Ausnahmevorschriften zu Art. 5 leicht normieren können, ohne den Anwendungsbereich des Art. 2 einschränken zu müssen. Inhaltlich bringt nämlich weder der 3. noch der 4. Abschnitt etwas Abweichendes: Der Beklagte ist auch in Versicherungs- und Verbrauchersachen in seinem Wohnsitzstaat gerichtspflichtig.[95] Formulierungstechnisch wurde die Basisnorm des Übereinkommens (Art. 2 I) in viele Einzelvorschriften aufgelöst. Für Klagen gegen den Versicherer gilt Art. 7 I, für Klagen gegen den Versicherten, Versicherungsnehmer, den Begünstigten oder sonstwie am Versicherungsverhältnis Beteiligten bringt Art. 11 die Wiederholung der actor sequitur forum-rei-Regel. Die gleiche Zersplitterung findet sich in Verbrauchersachen, Art. 14 I begründet die internationale Zuständigkeit des Wohnsitzstaates für Klagen gegen den Vertragspartner des Verbrauchers. Für Klagen gegen den Verbraucher hingegen gilt Art. 14 II. Wortreicher hätte man nicht formulieren können.[96] Dieser Pleonasmus ist unnötig und schädlich; er verdunkelt die Strukturlinien der Zuständigkeitsordnung des Übereinkommens.

3. Ratio conventionis[97]

a) Ratio conventionis ist der Schutz des typischerweise schwächeren Vertragspartners.[98] Geschützt wird der Versicherungsnehmer, der Versi-

---

VVG, 8. Aufl., I. Bd., 1961, § 48 VVG, Anm. 4ff. und *Prölls-Martin,* VVG, 21. Aufl., 1979, Vorbem. VII 2 S. 29f. Zu § 109 VAG: *Prölls-Reimer-Schmidt-Sasse,* VAG, 8. Aufl., 1978 und *Goldberg-Müller,* VAG, 1980.

[94] Vgl. oben § 61.

[95] *Jenard*-Bericht S. 76.

[96] Weniger dezidiert *Kropholler,* ZVR Rz. 738.

[97] Hierzu *Geimer* RIW/AWD 1980, 306.

[98] *Jenard*-Bericht S. 75: „Für die Abschnitte 3 und 4 (Versicherungssachen und Abzahlungsgeschäfte) z. B. sind sozialpolitische Erwägungen maßgebend; man wollte insbesondere Mißbräuchen vorbeugen, die sich aus den sog. Adhäsionsverträgen ergeben können. " Zum Schutzgedanken der Art. 13–15 auch passim der *Jenard*-Bericht S. 79, zum 4. Abschnitt vor Art. 14: „Auch ihnen liegt die Absicht zugrunde, bestimmte Personenkreise zu schützen." Der *Schlosser*-Bericht Nr. 136 qualifiziert die Art. 7–12 als „zum Schutz des Versicherungsnehmers geschaffene Bestimmungen". An anderer Stelle (Nr. 140) spricht er – weniger präzis – von *„sozialer* Schutzbedürftigkeit." – Vgl. auch *Bülow,* RabelsZ 29 (1965) S. 486; *Goldmann,* Revue trim. droit européen 1971 S. 16; *Linke* in *Bülow-Böckstiegel,* 606/87, Art. 7, Anm. I 1: „Angesichts der Kompliziertheit der Materie und der üblichen Verwendung von Formularverträgen und AGB (AVB) ist der Versicherungsnehmer bereits bei Abschluß des Vertrages als meist wirtschaftlich schwächerer und rechtlich unerfahrener Teil in einer ungünsti-

cherte, der aus der Versicherung Begünstigte sowie der sonst nach der maßgeblichen lex causae[99] am Versicherungsverhältnis beteiligte Personenkreis bzw. der Verbraucher.[100] Diese Personen sind außerhalb ihres Wohnsitzstaates grundsätzlich nicht gerichtspflichtig, Art. 11 I, 14 II n. F. Der Versicherer kann seinen Vertragspartner und die sonstigen nach der lex causae am Versicherungsverhältnis beteiligten Personen nur in ihrem Wohnsitzstaat verklagen.[101] Das gleiche gilt für Klagen gegen den Verbraucher.[102]

b) Ausnahmsweise wird die Gerichtspflichtigkeit erweitert, wenn es sich um Streitigkeiten aus dem Betrieb einer Zweigniederlassung, einer Agentur oder sonstigen Niederlassung des Beklagten handelt. Denn die Verweisung auf Art. 5 Nr. 5 in Art. 7 bzw. in Art. 13 gilt nicht nur für Klagen gegen den Versicherer bzw. den Vertragspartner des Verbrauchers, sondern auch für Klagen gegen den geschützten Personenkreis.[103] Allerdings dürfte diese Zuständigkeitsanknüpfung in Verbrauchersachen ins Leere gehen; denn welcher Verbraucher unterhält eine Zweigniederlassung oder Agentur?[104]

4. Schutz des Endverbrauchers[105]

Art. 13ff. schützen nur den Endverbraucher.[106] Klagen aus Verträgen, die im Rahmen einer beruflichen oder gewerblichen Tätigkeit abgeschlossen werden, fallen in den Anwendungsbereich der allgemeinen

---

gen Position und bedarf daher für die aus dem Versicherungsverhältnis resultierenden Prozesse eines besonderen Schutzes."

[99] Zur Maßgeblichkeit der lex causae s. *Geimer* RIW/AWD 1980, 306, Fußn. 26 und unten Fußn. 120.

[100] Hierzu auch *Kropholler* Kommentar 85, Rz. 7 vor Art. 7.

[101] Näher unten IV 1.

[102] Näher unten V 1.

[103] *Goldmann,* Rev. trim. droit européen 1971, 16; *Linke* in *Bülow-Böckstiegel* 606/108 Art. 11, Anm. II 2 bei Fußn. 6. A.A. *Weser* Nr. 244.10 S. 284 und *Franchi,* Riv. dir. int. priv. proc. 1976, 727. Unklar der *Jenard*-Bericht S. 76.

Da das Beitrittsübereinkommen vom 9. Oktober 1978 keine Korrektur gebracht hat, dürfte die Streitfrage in dem hier vertretenen Sinne entschieden sein.

[104] Vgl. auch oben Fußn. 91 und *Kropholler* Kommentar 92, Art. 11, Rz. 2.

[105] Der sachliche Anwendungsbereich der Art. 13ff. a. F. war auf Abzahlungsgeschäfte beschränkt. Durch das Beitrittsübereinkommen vom 9. Oktober 1978 wurde er auf Verbrauchersachen schlechthin erweitert. Hierzu ausführlich der *Schlosser*-Bericht Nr. 153: „Das EuGVÜ berücksichtigt den Gedanken des Verbraucherschutzes, sieht man von den Versicherungssachen einmal ab, nur in einem kleinen Abschnitt, nämlich dem, der den Abzahlungsgeschäften gewidmet ist. Dies entsprach dem damaligen Stand der Rechtsentwicklung in den ursprünglichen Mitgliedstaaten der Gemeinschaft, als in der Tat das Bewußtsein von der Schutzbedürftigkeit des Letztverbrauchers vor unangemessener Vertragsgestaltung sich zuerst in einer auf Abzahlungsgeschäfte beschränkten Weise verbreitet hatte. In der Zwischenzeit hat die Gesetzgebung in den Mitgliedstaaten der Gemeinschaft sich des Schutzes von Letztverbrau-

Zuständigkeitsvorschriften (Art. 2ff.). Dies ist nunmehr im Text der Konvention ausdrücklich klargestellt. Art. 13 I bringt eine Legaldefinition des Verbrauchers.[107] Im gleichen Sinne hatte bereits der EuGH zu Art. 13ff. a. F. entschieden.[108]

---

chern auf sehr viel breiterer Grundlage angenommen. Insbesondere ist eine allgemeine Tendenz der Verbraucherschutzgesetzgebung darauf gerichtet, Letztverbrauchern angemessene Gerichtsstände zu garantieren. Es müßte auf die Dauer zu unerträglichen Spannungen zwischen den nationalen Rechten und dem EuGVÜ führen, wenn dieses dem Letztverbraucher im Zusammenhang mit grenzüberschreitenden Geschäften einen wesentlichen Teil des Schutzes vorenthielte, den ihm die nationalen Rechte gewähren. Daher hat sich die Gruppe zu dem Vorschlag entschlossen, den bisherigen 4. Abschnitt des 2. Titels zu einem Abschnitt über Zuständigkeiten in Verbrauchersachen zu erweitern. ...

Das grundsätzliche Regelungsprinzip des neuen Abschnitts besteht in dem Gedanken, auf Ideengut aus dem bisherigen oder gleichzeitig entstehenden europäischen Gemeinschaftsrecht zurückzugreifen. Daher ist das meiste, was bisher für Abzahlungsgeschäfte galt, in den neuen Abschnitt übernommen worden, der sich im übrigen an Artikel 5 des Vorentwurfs eines Übereinkommens über das auf vertragliche und außervertragliche Schuldverhältnisse anwendbare Recht anlehnt. ..."

[106] *Schlosser*-Bericht Nr. 153 und Nr. 155.

[107] *Schlosser*-Bericht Nr. 155.

[108] Der EuGH, 21. Juni 1978 – Rechtssache 150/77, EuGHE 1978, 1431 = RIW/AWD 1978, 685 hat zu Recht betont, daß nur eine restriktive Auslegung des Art. 14 II den Zielsetzungen des 4. Abschnitts (Art. 13–15) entspreche. Er hat deshalb einem Kaufmann, der für seine betrieblichen Zwecke eine Maschine gekauft und Zahlung von Teilbeträgen vereinbart hatte, den Schutz des Art. 14 verweigert. Zu Recht will der EuGH „diesen privilegierten Gerichtsstand ausschließlich schutzbedürftigen Käufern vorbehalten, deren wirtschaftliche Stellung durch ihre Schwäche gegenüber den Verkäufern gekennzeichnet ist, da sie private Endverbraucher sind und den Kauf auf Teilzahlung nicht im Zusammenhang mit einer geschäftlichen oder beruflichen Tätigkeit abschließen".

Der Entscheidung lag folgender Sachverhalt zugrunde: Eine deutsche Gesellschaft hatte vor dem Landgericht Stuttgart ein Versäumnisurteil gegen eine Gesellschaft mit Sitz in Frankreich auf Zahlung von Restkaufpreis erwirkt. Gegenstand des Rechtsstreits war ein Vertrag über den Kauf einer Werkzeugmaschine durch das französische Unternehmen. Der vereinbarte Kaufpreis sollte mit zwei gleich hohen, nach 60 bzw. 90 Tagen fällig werdenden Wechseln beglichen werden. Das deutsche Versäumnisurteil wurde in Frankreich zunächst für vollstreckbar erklärt; die in letzter Instanz mit der Sache befaßte Cour de cassation legte jedoch – da bei Anwendbarkeit des 4. Abschnitts, also bei Bejahung eines „Kaufs beweglicher Sachen auf Teilzahlung" die Klage nur vor den Gerichten des Sitzstaates der beklagten Firma hätte erhoben werden können, Art. 14 II, und die Entscheidung des deutschen Gerichts gemäß Art. 28 I nicht zur Zwangsvollstreckung hätte zugelassen werden dürfen – dem EuGH die Frage vor, „ob der Kauf einer Maschine, den eine Firma mit einer anderen Firma zu einem Preis vereinbart, der mit zwei gleich hohen nach 60 bzw. 90 Tagen fällig werdenden Wechseln gezahlt werden soll, einen Kauf beweglicher Sachen auf Teilzahlung im Sinne von Art. 13 darstellt".

Der EuGH argumentierte wie folgt: Der Begriff des Kaufs auf Teilzahlung werde je nach den mit den entsprechenden Gesetzen verfolgten Zielsetzungen in den einzelnen

5. Schutz auch des beruflichen und gewerblichen Versicherungsnehmers, Versicherten, Begünstigten etc.

a) Der subjektive Anwendungsbereich der Art. 7ff. ist – anders als in Verbrauchersachen – nicht auf den privaten Versicherungsnehmer beschränkt.[109] Damit schießt das Übereinkommen über das intendierte Ziel weit hinaus. Ein Großunternehmen, z. B. ein Industriekonzern oder ein multinationales Unternehmen, bedarf keines Schutzes gegenüber den Versicherern. Hier besteht keine Gefahr, daß diese dem Unternehmen ihre Bedingungen diktieren. Allenfalls ist der Kleinversicherer gegenüber dem Großunternehmen schutzbedürftig.[110]

b) Diese Unausgewogenheit der Zuständigkeitsregelung in Versicherungssachen wurde auch anläßlich der Beitrittsverhandlungen mit Dänemark, Irland und dem Vereinigten Königreich nicht beseitigt. Zwar erkannte man, daß wirtschaftlich potente Versicherungsnehmer nicht schutzbedürftig sind.[111] Doch blieb am Ende doch alles beim alten. Der Versuch der britischen Unterhändler,[112] wirtschaftlich starke Versicherungsnehmer aus dem Schutzbereich der Art. 7ff. auszuklammern,[113]

Mitgliedstaaten unterschiedlich verstanden. Da es dadurch zur Herausbildung unterschiedlicher rechtlicher Regelungen gekommen sei, ergebe sich die Notwendigkeit, zur Beseitigung von Behinderungen im Rechtsverkehr und bei der Erledigung von Rechtsstreitigkeiten im Zusammenhang mit den innergemeinschaftlichen Beziehungen auf dem Gebiet des Kaufs von beweglichen Sachen auf Teilzahlung diesen Begriff als einen eigenständigen und damit der Gesamtheit der Mitgliedstaaten gemeinsamen anzusehen (autonome Qualifikation). Auch sei es für das Zusammenwirken der Bestimmungen der Art. 13 bis 15 unabdingbar, diesem Begriff einen einheitlichen materiellen, an die Gemeinschaftsrechtsordnung anknüpfenden Gehalt zu geben.

Nach den bei dieser Begriffsbestimmung heranzuziehenden gemeinsamen Regeln der Rechtsordnungen der Mitgliedstaaten sei unter dem Kauf von beweglichen Sachen auf Teilzahlung ein Kaufgeschäft zu verstehen, bei dem der Kaufpreis in mehreren Teilzahlungen geleistet werde oder das mit einem Finanzierungsvertrag verbunden sei. Eine restriktive Auslegung des Art. 14 II enspreche den im 4. Abschnitt verfolgten Zielsetzungen. Daher sei dieser privilegierte Gerichtsstand ausschließlich schutzbedürftigen Käufern vorzubehalten, deren wirtschaftliche Stellung durch ihre Schwäche gegenüber den Verkäufern gekennzeichnet sei, da sie private Endverbraucher seien und den Kauf einer Sache auf Teilzahlung nicht im Zusammenhang mit einer geschäftlichen oder beruflichen Tätigkeit abschlössen.

[109] *Schlosser*-Bericht Nr. 140.

[110] Vgl. oben § 4.

[111] *Schlosser*-Bericht Nr. 140.

[112] Das englische Versicherungsgewerbe, vor allem Lloyds in London, hat auf dem internationalen Versicherungsmarkt eine beherrschende Stellung. Hierzu *Schlosser*-Bericht Nr. 136.

[113] Hauptargument der Briten war, daß die in Art. 7 bis 12 zum Schutz des Versicherungsnehmers geschaffenen Bestimmungen unnötig seien, soweit Versicherungsnehmer ... wirtschaftlich potenten Zuschnitts in Frage stünden. Das Vereinigte Königreich fürchtete, die Versicherungsunternehmen der Gemeinschaft könnten, wenn man auf eine Änderung verzichtete, gezwungen sein, höhere Versicherungsprä-

scheiterte, weil man sich über Abgrenzungskriterien nicht einigen konnte.[114] Dies ist zu bedauern.[115]

c) Damit ist auch der Weg für eine *restriktive Interpretation* durch den EuGH (in Fortführung seiner Rechtsprechung zu Art. 13)[116] verbaut. Die Folgen der verfehlten Konzeption des Übereinkommens versucht die Praxis durch Zuständigkeitsvereinbarungen zu vermeiden.[117] Art. 12 Nr. 5 in Verbindung mit Art. 12a n. F. erweitert die Möglichkeiten für Zuständigkeitsvereinbarungen, allerdings nur auf dem Gebiet der See- und Luftfahrtversicherungen, nicht jedoch für reine Landtransportversicherungen.[118] Nur diesen bescheidenen Verhandlungserfolg konnte das

---

mien zu verlangen als ihre Konkurrenten aus anderen Staaten. Vgl. *Schlosser*-Bericht Nr. 136.

[114] *Schlosser*-Bericht Nr. 140: „Der Wunsch des Vereinigten Königreichs nach Sonderregelungen für Großversicherungen war wohl das Problem, welches der Sachverständigengruppe am meisten Schwierigkeiten bereitete. Ausgangspunkt des britischen Wunsches war die Erkenntnis, daß der soziale Schutzgedanke, welcher hinter der Eindämmung von Gerichtsstandsklauseln im Versicherungsrecht steht, dann nicht mehr gerechtfertigt ist, wenn auch als Versicherungsnehmer potente Unternehmungen auftreten. Die Schwierigkeit besteht nur darin, ein geeignetes Abgrenzungskriterium zu finden. Sich abstrakt-generell nach Unternehmenskapital oder Umsatz auszurichten, erwies sich schon in den Verhandlungen über die zweite Versicherungsrichtlinie als unmöglich. Es konnte sich also nur darum handeln, gegenständlich-vertypte Versicherungsverträge herauszuarbeiten, an denen im allgemeinen nur Versicherungsnehmer beteiligt sind, die eines sozialen Schutzes nicht bedürfen. Von diesem Ausgangspunkt her konnten folglich gewerbliche Versicherungen nicht allgemein privilegiert werden."

[115] Vgl. auch unten Fußn. 174.

[116] EuGH, Urteil vom 21. Juni 1978, Rechtssache 150/77, *Bertrand ./. Ott* (Ersuchen um Vorabentscheidung vorgelegt von der französischen Cour de cassation) EuGHE 1978, 1431 (oben Fußn. 108). Der EuGH entschied: „Der Begriff des Kaufs beweglicher Sachen auf Teilzahlung im Sinne von Art. 13 erstreckt sich nicht auf den Kauf einer Maschine, den eine Firma mit einer anderen Firma zu einem Preis vereinbart, der durch Wechsel mit abgestuften Verfallzeiten beglichen werden soll."

[117] Vgl. unten § 96.

[118] *Schlosser*-Bericht Nr. 140 zu den verschiedenen Arten von Versicherungen, die mit dem Transportgewerbe zusammenhängen: „In diesem Bereich besteht nämlich eine zusätzliche Rechtfertigung für die Sonderbehandlung von Gerichtsstandsvereinbarungen: Das versicherte Risiko ist in hohem Maße beweglich, Versicherungspolicen pflegen häufig und mehrmals in rascher Folge den Inhaber zu wechseln. Dies macht die durch die Unsicherheit über die anrufbaren Gerichte bedingten Schwierigkeiten in der Risikokalkulation besonders groß. Auf der anderen Seite gibt es auch in diesem Bereich Zonen sozialer Schutzbedürftigkeit. Schließlich erwies sich als besonders erschwerend der Umstand, daß auf dem Gebiet des Transports ein weitgehend integrierter Versicherungsmarkt besteht. Die verschiedenartigen Risiken für verschiedene Arten von Transporten werden in ein und derselben Police versichert. Insbesondere die englische Versicherungswirtschaft hat Rahmenpolicen entwickelt, die nur durch Meldung des Versicherungsnehmers über abgehende Transporte aller Art ausgefüllt zu werden brauchen. – Aus einer Aufarbeitung all dieser Gegebenheiten ist die in der neuen Nr. 5 von Art. 12 und ihrer Ergänzung durch Art. 12a festgehaltene Lösung

Vereinigte Königreich mit seiner Intervention gegen den zu weit gefaßten Schutzbereich der Art. 7ff. erzielen.[119]

6. Autonome Qualifikation[120]

Um die einheitliche Anwendung des Übereinkommens sicherzustellen, ist der für den sachlichen Anwendungsbereich des dritten und vierten Abschnitts entscheidende Begriff „Versicherungssache" bzw. „Verbrauchersache" autonom zu qualifizieren.[121] Es ist eine konventionsimmanente Definition zu entwickeln. Dies hat der EuGH bereits für die Abzahlungssachen (Art. 13ff. a. F.) entschieden.[122] Gleiches gilt für die Versicherungs- und Verbrauchersachen. Die europäische Einheitsdefinition hat aber nur *kompetenzrechtliche Bedeutung*. Fragen der sachlichen Begründetheit der Klage entscheidet jedoch allein die vom IPR des Gerichtsstaates berufene lex causae.[123] Diese bestimmt z. B., welche Personen als Vertragspartner des Versicherungsverhältnisses in Betracht kommen und welche als sonstige Beteiligte (Versicherte, Begünstigte etc.).[124]

7. Versicherungssachen[125]

a) Die Sonderregelung der Art. 7–12a findet Anwendung, wenn der Versicherer am Rechtsstreit beteiligt ist, sei es als Kläger (Art. 11) oder als Beklagter (Art. 7–10). Der Versicherer muß also Partei bzw. Verfahrensbeteiligter sein. Ist dies nicht der Fall, so kommt die allgemeine Zuständigkeitsordnung (Art. 2–6, Art. 16–18) zum Zuge, auch wenn

---

entstanden: Gerichtsstandsvereinbarungen sind grundsätzlich privilegiert, soweit es sich um Seeversicherungen und um Luftfahrtversicherungen handelt. Für reine Landtransportversicherungen war eine irgendwie geartete Sonderregelung nicht zu rechtfertigen. – Um Interpretationsschwierigkeiten und -divergenzen zu vermeiden, war ein Katalog der Versicherungsverträge nötig, für welche die Zulässigkeit von Gerichtsstandsvereinbarungen erweitert werden sollte. Die Idee, dieserhalb an das Versicherungsartenverzeichnis anzuknüpfen, das im Anhang zur 1. Richtlinie des Rates vom 24. Juli 1973 (73/239/EWG) enthalten ist, erwies sich nicht als tragfähig. Die dortige Einteilung ist an den Bedürfnissen der staatlichen Versicherungsverwaltung orientiert und nicht an den Erfordernissen eines privatrechtlichen Interessenausgleichs. Es blieb daher kein anderer Weg, als den Katalog für die Zwecke des Übereinkommens gesondert zu erstellen."

[119] Zu Art. 12 Nr. 5, Art. 12a s. unten § 75 V 2.

[120] Hierzu oben § 11.

[121] Ebenso *Linke* in *Bülow-Böckstiegel,* 606/90, Art. 7 II 1 bei Fußn. 21 und 606/116, Art. 13, Anm. II 1 und 2 sowie *Kropholler* IZVR Rz. 742.

[122] EuGH, Fußn. 108.

[123] *Geimer,* RIW/AWD 1980, 306 Fußn. 26.

[124] *Geimer* aaO.

[125] Vgl. auch unten IV.

Gegenstand der Klage das Versicherungsverhältnis oder Rechte bzw. Pflichten aus dem Versicherungsverhältnis sind.[126]

Beispiel:

Klage des Versicherungsnehmers gegen den früheren Bezugsberechtigten auf Feststellung, daß die Benennung des Bezugsberechtigten wirksam widerrufen ist.

b) Es reicht aber nicht aus, daß ein Versicherer an dem Verfahren beteiligt ist; vielmehr muß hinzukommen, daß der Streitgegenstand ein *Versicherungsverhältnis* betrifft. Dieser Begriff ist weit auszulegen. In den Anwendungsbereich der Art. 7ff. fallen nicht nur Streitigkeiten, die Ansprüche betreffen, die unmittelbar aus einem bestehenden oder früheren Versicherungsverhältnis hergeleitet werden, wie Klagen auf Leistung der Versicherungssumme, auf Entschädigung, Aufwendungsersatz, Zinsen, Klagen auf Bestehen des Versicherungsverhältnisses, sondern auch Klagen auf das Nichtbestehen des Vertrages, auf Ersatz des Verzugsschadens, auf Ersatz des Schadens wegen verspäteter Annahme (§ 3 VVG) oder auf Rückzahlung von Prämien im Falle des § 14 VVG oder bei Nichtigkeit des Vertrages oder wegen unbegründeten Rücktritts oder bei unbegründeter Kündigung. Erfaßt werden also alle Streitgegenstände, bei denen das Bestehen, Nichtbestehen oder Nichtmehrbestehen eines Versicherungsverhältnisses auch nur die Rolle einer klagbegründenden Behauptung spielt. Dies trifft auch zu für den Anspruch des geschädigten Dritten in der Kraftfahrzeug-Pflichtversicherung nach § 3 Nr. 1 PflVersG, ebenso für den Rückgriffsanspruch des Versicherers nach §§ 158f. VVG, § 3 Nr. 9 PflVersG;[127] nimmt dagegen der Versicherer Rückgriff gegen den Schädiger, dann gelten nicht Art. 7ff. sondern die allgemeinen Vorschriften, insbesondere Art. 2 I und Art. 5 Nr. 3.[128]

c) Auch für *Ansprüche aus unerlaubter Handlung,* die im Zusammenhang mit einem Versicherungsverhältnis stehen, z. B. Prämienbetrug des Versicherungsnehmers, gelten die Vorschriften des 3. Abschnitts.

d) Dagegen fallen *Rückversicherungen* nicht in den Anwendungsbereich der Art. 7ff., da die ratio conventionis (Schutz des Versicherungsnehmers) hier nicht zutrifft. Für sie gelten die allgemeinen Vorschriften (Art. 2ff.).[129]

e) Für die *Gerichtspflichtigkeit des Rechtsnachfolgers* (Einzel- oder Gesamtrechtsnachfolgers) des Versicherers gelten die gleichen Vorschriften wie für den Versicherer. Kämen für die Klage gegen den Versicherer Art. 8ff. zum Zuge, so gilt das gleiche für seinen Rechtsnachfolger, und

---

126 *Geimer* RIW/AWD 1980, 306 Fußn. 21.

127 Im gleichen Sinne zu § 48 VVG *Prölss-Martin,* VVG, 13. Aufl., 1979, § 48, Anm. 1.

128 Ebenso *Linke* in *Bülow-Böckstiegel* 606/91, Art. 7, Anm. II 1 bei Fußn 29.

129 *Schlosser*-Bericht Nr. 151: „Ein Rückversicherungsvertrag ist mit einem Versicherungsvertrag nicht gleichzusetzen. Daher sind die Artikel 7 bis 12 auf Rückversicherungsverträge nicht anwendbar."

zwar sowohl für die bürgerlich-rechtlichen wie für die versicherungsrechtlichen Nachfolger. Die maßgebliche Rechtsordnung bestimmt das IPR des Gerichtsstaates.[130] Aus der Sicht des deutschen Rechts kommen vor allem in Betracht der Zessionar, der Pfandgläubiger, der Hypothekengläubiger (§§ 102ff. VVG, §§ 34, 36 Schiffsrechtsgesetz, §§ 34, 36 des Gesetzes über Rechte an Luftfahrzeugen), der Pfändungsgläubiger.

f) Art. 7ff. erwähnen als *Beteiligte am Versicherungsverhältnis* auf der einen Seite den Versicherer und auf der anderen Seite den Versicherungsnehmer, den Versicherten und den Begünstigten sowie den Verletzten. Die Aufzählung des Art. 11 ist jedoch nicht abschließend.[131] In den subjektiven Anwendungsbereich der Art. 7ff. fallen alle Personen, die nach der vom IPR des Gerichtsstaates bestimmten lex causae[132] durch das Versicherungsverhältnis in vertraglichen Beziehungen zum Versicherer stehen, so insbesondere der Versicherungsnehmer als Vertragspartner und Schuldner der Prämien. Hinzukommen der Versicherte bei der Versicherung für fremde Rechnung, der Begünstigte bzw. Bezugsberechtigte (§§ 166ff. VVG), bezugsberechtigte Dritte (§ 182 VVG), Eintrittsberechtigte (§ 177 VVG), die Gefahrperson bei der Lebensversicherung (§ 159 VVG), der Pfandgläubiger (Hypothekengläubiger) bei der Gebäude-Feuerversicherung (§§ 100ff., 107b VVG). Sind diese Personen Kläger oder Beklagte und betrifft die Klage ein Versicherungsverhältnis, so gelten die Art. 7ff.

g) Das gleiche gilt für deren Rechtsnachfolger,[133] insbesondere für den Erwerber im Sinne der §§ 69ff. VVG.

h) *Waren- und Transportversicherungen* werden grundsätzlich für fremde Rechnung abgeschlossen. Die Rechte aus dem Versicherungsverhältnis stehen dem Interessierten als dem Versicherten zu (§ 886 HGB und § 53 der allgemeinen deutschen Seeversicherungsbedingungen ADS). Auch für dessen Gerichtspflichtigkeit gilt Art. 11.[134]

i) Wegen der action directe des Verletzten gegen den Versicherer s. Art. 10 II.[135]

j) Ist das Verhältnis zwischen Versicherung und Versichertem bzw. Versicherungsnehmer öffentlich-rechtlich organisiert, so kommt das Übereinkommen nicht zur Anwendung, Art. 1 I. Überdies ist der gesamte Bereich der *Sozialversicherung* aus dem Anwendungsbereich des Übereinkommens herausgenommen, auch wenn diese nicht öffentlich-rechtlich ausgestaltet sein sollte, Art. 1 II Nr. 3.

[130] Auch der Zweitrichter hat bei der Prüfung gemäß Art. 28 I vom IPR des Erststaates auszugehen, nicht vom IPR des Zweitstaates.

[131] *Linke* in *Bülow-Böckstiegel* 606/92, Art. 7, Anm. II 3b.

[132] Vgl. oben bei Fußn. 123.

[133] *Schlosser*-Bericht Nr. 152.

[134] Hierzu *Linke* in *Bülow-Böckstiegel* 606/93 Art. 7 Anm. II 3 bei Fußn 40.

[135] Vgl. auch unten Fußn. 272.

8. Verbrauchersachen[136]

a) *Subjektiver Anwendungsbereich*

α) Der subjektive Anwendungsbereich[137] der Art. 13ff. ist auf Streitigkeiten aus Verträgen mit dem *Letztverbraucher* beschränkt.[138] Das Übereinkommen selbst enthält eine authentische Definition dieses für die Anwendung des 4. Abschnitts zentralen Begriffs:[139] Es klammert *alle Verträge aus der beruflichen oder gewerblichen Sphäre* aus.[140] Wer sich z. B. für den Betrieb seines Unternehmens eine Maschine kauft und dabei vereinbart, daß der Kaufpreis in Raten zu zahlen ist, kann sich nicht auf Art. 13ff. berufen.[141] Das gleiche gilt für den Arzt oder den Rechtsanwalt, der sich eine Schreibmaschine für seine Praxis bzw. Kanzlei auf Raten kauft.[142] Anders wäre es jedoch, wenn die Schreibmaschine für private Zwecke auf Raten angeschafft worden wäre.[143]

β) Die Abgrenzung zwischen privater Sphäre einerseits und beruflicher bzw. gewerblicher Sphäre andererseits dürfte nicht immer leicht sein,[144] wenn eine natürliche Person einen der in Art. 13 I Nr. 1–3 aufgeführten Verträge als Abnehmer schließt.[145] Dies zeigt deutlich das vorstehende Beispiel. Wie soll das Gericht entscheiden, wenn strittig ist, ob der Arzt die Schreibmaschine zu beruflichen oder privaten Zwecken auf Raten gekauft hat? *Objektive Kriterien* gibt es nicht.[146] Es kommt auf die subjektive Intention des Bestellers der in Art. 13 I Nr. 1–Nr. 3 aufgeführten Sachen und/oder Dienstleistungen an. Ein *non liquet* bei der Aufklärung der Zuständigkeitstatsachen geht zu Lasten des Vertragspartners des Verbrauchers.[147] Dies ergibt sich bereits aus der Formulierung des

---

[136] Vgl. unten V.

[137] Zum Anwendungsbereich des Übereinkommens überhaupt s. Art. 4 I, auf den Art. 13 I verweist. Näher oben § 29 IV.

[138] Im gleichen Sinne bereits der EuGH (oben Fußn. 108) zu Art. 13ff.

[139] Hierzu *Schlosser*-Bericht Nr. 155: „Neu ist ... eine besondere Regelung des subjektiven Anwendungsbereichs des Abschnitts, insbesondere die dort sich findende Legaldefinition von dessen zentralem Begriff, nämlich demjenigen des ‚Verbrauchers'. Die Begriffsbestimmung ist inhaltlich dem Art. 5 des Vorentwurfs eines Übereinkommens über das auf vertragliche und außervertragliche Schuldverhältnisse anwendbare Recht entnommen, welcher der Gruppe in seiner damals neuesten Fassung vorgelegen hat. Die Änderungen stellen nur redaktionelle Verbesserungen dar."

[140] Vgl. oben 4.

[141] So der vom EuGH entschiedene Fall, vgl. oben Fußn. 108.

[142] Vgl. auch *Kropholler* IZVR Rz. 764.

[143] Diese Unterscheidung hat jedoch nur kompetenzrechtliche Bedeutung. Eine andere Frage ist, ob das vom IPR des Erststaates bestimmte materielle Recht die Anwendung der Verbraucherschutznormen davon abhängig macht, daß das fragliche Geschäft Zwecken des privaten Endverbrauchs dient.

[144] Die Rechtsprechung hat sich mit diesem Komplex noch nicht näher befaßt.

[145] Vgl. oben 4.

[146] Anders § 6a AbzG.

[147] Der Vertragspartner des Verbrauchers sollte deshalb darauf hinwirken, daß der

Art. 13 I; unabhängig hiervon gebietet dies die ratio conventionis.[148] Es wäre mit dem Normzweck (Schutz des Verbrauchers) nicht zu vereinbaren, wollte man die objektive Beweislast dem Verbraucher aufbürden.[149, 150]

b) Objektiver Anwendungsbereich[151]

α) Hinsichtlich seiner objektiven Tatbestandsvoraussetzungen unterscheidet Art. 13 n. F. zwischen *Teilzahlungskäufen einschließlich ihrer Finanzierung* einerseits *und sonstigen Verbrauchergeschäften* andererseits.[152]

β) Ein Versicherungsvertrag ist kein Vertrag, der die Erbringung einer „Dienstleistung" zum Gegenstand hätte.[153] Im übrigen ist der 3. Abschnitt (Art. 7–12a) gegenüber dem 4. eine speziellere Regelung und damit vorrangig.

γ) *Teilzahlungskäufe* eines privaten Verbrauchers[154] fallen wie bisher ohne zusätzliche Voraussetzungen in den Anwendungsbereich der Art. 13ff.[155] Dies gilt auch für den *Mietkauf (hire purchase).*[156]

Dieses Rechtsinstitut ist im Vereinigten Königreich und in Irland verbreitet.[157] Dort werden die meisten Abzahlungsgeschäfte als hire purchases abgeschlossen, also in Form einer Miete, verbunden mit einem Optionsrecht des Mieters auf Eigentumserwerb. Die Raten sind formell Mietzins, materiell Kaufpreis. Nach der vorgesehenen „Miet"-zeit und nach Bezahlung aller Raten kann der „Mieter" die Sache zu einem nominellen Entgelt erwerben. Da auch in den kontinental-europäischen Rechtsordnungen der Begriff „Abzahlungskauf" nicht voraussetzt, daß mit der Übergabe der Sache an den Käufer auch das Eigentum an ihn übergeht, entspricht der „hire purchase" von seiner Funktion her einem Abzahlungskauf.[158]

δ) Auch für *Geschäfte zur Finanzierung eines Abzahlungskaufs* eines privaten Verbrauchers kommt ohne zusätzliche Voraussetzungen die Sonderregelung des 4. Abschnitts zum Zuge. Für Klagen aus einem Dar-

---

Bestimmungszweck der Anschaffung oder Bestellung im schriftlichen Auftrag ausdrücklich festgehalten wird.

[148] Hierzu oben 3.

[149] Zur Prüfung der Zuständigkeitstatsachen s. unten XVII.

[150] Die *rechtlichen Feststellungen* des Erstrichters sind für den Zweitrichter nicht bindend, jedoch aber die *tatsächlichen Feststellungen,* Art. 28 II. Hierzu *Geimer* RIW/AWD 1980, 308.

[151] *Jenard*-Bericht S. 79 und *Schlosser*-Bericht Nr. 156ff.

[152] *Schlosser*-Bericht Nr. 156.

[153] *Schlosser*-Bericht Nr. 156.

[154] *Schlosser*-Bericht Nr. 157.

[155] Hierzu EuGH (Fußn. 108).

[156] *Schlosser*-Bericht Nr. 157.

[157] Zum hire purchase Nachweise bei *Kroitzsch,* Das englische Abzahlungsrecht, Diss. Freiburg/Br.; *Jung,* Das englische hire purchase law und das deutsche Abzahlungsrecht, Diss. Marburg 1976.

[158] *Schlosser*-Bericht Nr. 158.

lehnsvertrag zur Finanzierung eines Kaufs beweglicher Sachen gelten auch dann Art. 13ff., wenn das Darlehen selbst kein Abzahlungsdarlehn ist oder die Sache selbst mit dem Darlehn auf einmal bezahlt wird.[159]

ε) Ein *Kreditgeschäft* als solches ist nicht auf die Erbringung einer Dienstleistung gerichtet, so daß außerhalb von Art. 13 I Nr. 2 nicht der 4. Abschnitt anwendbar ist.[160]

ζ) Ist ein Kaufvertrag nicht unter Art. 13 I Nr. 1 zu subsumieren, dann scheidet auch Art. 13 I Nr. 2 aus, wohl aber kann unter den weiteren Voraussetzungen des Art. 13 I Nr. 3 der 4. Abschnitt anwendbar werden.[161]

η) Für andere als die vorstehend genannten Verbrauchergeschäfte gelten Art. 13ff. nur dann, wenn sie einen *hinreichenden Bezug zum Wohnsitz des Verbrauchers* aufweisen.[162] Die beiden in Art. 13 I Nr. 3 genannten Voraussetzungen müssen kumulativ gegeben sein, nämlich Angebot oder Werbung im Wohnsitzstaat des Verbrauchers sowie dortige Vornahme der auf seiten des Verbrauchers zum Vertragsschluß notwendigen Rechtshandlungen.[163] Wegen der näheren Präzisierung der Begriffe „ausdrückliches Angebot oder Werbung im Staat des Wohnsitzes des Verbrauchers“ und „zum Abschluß des Vertrages erforderliche Rechtshandlungen“ verweist der *Schlosser*-Bericht[164] auf den Bericht zum Übereinkommen vom 19. Juni 1980 über das auf vertragliche Schuldverhältnisse anwendbare Recht.[165]

ϑ) *Beförderungsverträge* sind aus dem Anwendungsbereich des 4. Abschnitts ausdrücklich ausgeklammert, Art. 13 III.[166]

c) Anspruchsgrundlagen

Art. 13ff. gelten für alle Anspruchsgrundlagen, die in Zusammenhang mit einem Verbrauchervertragsverhältnis stehen. In Betracht kommen

---

[159] Anders Art. 13 a. F. Hierzu *Schlosser*-Bericht Nr. 157 g. E.

[160] *Schlosser*-Bericht Nr. 157.

[161] *Schlosser*-Bericht Nr. 157.

[162] *Schlosser*-Bericht Nr. 158.

[163] Diese Tatbestandsmerkmale finden sich in Art. 5 des Übereinkommens vom 19. Juni 1980 über das auf vertragliche Schuldverhältnisse anwendbare Recht.

[164] aaO Nr. 158.

[165] Bericht von *Giuliano* und *Lagarde,* ABl. EG Nr. C 282/1 vom 31. Oktober 1980. Hierzu allgemein *Firsching* IPRax 1981, 37 und *Steindorff* EuR 1981, 426.

[166] Hierzu *Schlosser*-Bericht Nr. 160: „Der letzte Absatz von Artikel 13 ist wieder aus Artikel 5 des Vorentwurfs des Übereinkommens über das auf vertragliche und außervertragliche Schuldverhältnisse anwendbare Recht entnommen. Beförderungsverträge aus dem Anwendungsbereich der besonderen Verbraucherschutzbestimmungen im EuVGÜ zu halten, hat seinen Grund darin, daß solche Verträge durch internationale Übereinkommen einem sehr weit verästelten Sonderregime unterworfen sind und es Unübersichtlichkeit in die Rechtslage tragen würde, wenn man ihrer im EuGVÜ wegen des einzigen Punktes der gerichtlichen Zuständigkeit gesondert gedächte. Die gänzliche Ausklammerung der Transportverträge aus dem Anwendungsbereich des 4. Abschnitts bedeutet im übrigen, daß die Anwendbarkeit des 1. und 2. Abschnitts, insbesondere also von Artikel 5 Nr. 1, sichergestellt bleibt.“

Ansprüche aus unerlaubter Handlung (z. B. Eingehungsbetrug), ungerechtfertigter Bereicherung etc. Es gelten die oben 7b zu den „Versicherungssachen" dargelegten Grundsätze sinngemäß.

9. Anwendung der Art. 7ff. bzw. Art. 13ff. von Amts wegen[167]

a) Die Anwendung der Zuständigkeitsvorschriften des 3. und 4. Abschnitts hängt nicht davon ab, daß eine Partei sich auf diese beruft. Das Gericht hat vielmehr von Amts wegen festzustellen, welches Zuständigkeitsrecht[168] zum Zuge kommt. Wird z. B. der Versicherungsnehmer außerhalb seines Wohnsitzstaates (Art. 11 I) im Gerichtsstand des Erfüllungsortes (Art. 5 Nr. 1) verklagt und liegt auch keine wirksame Prorogation auf den Gerichtsstaat (Art. 17, Art. 12) oder Einlassung (Art. 18) vor, so muß der Beklagte nicht eigens die Nichtanwendbarkeit des Art. 5 Nr. 1 darlegen. Jura novit curia:[169] Das Gericht muß von sich aus den Anwendungsbereich der Sondernormen des 3. und 4. Abschnitts von dem der allgemeinen Zuständigkeitsordnung der Art. 2ff. abgrenzen.[170]

b) Dies gilt übrigens nicht nur für den Personenkreis, dessen Schutz Art. 7ff. bzw. Art. 13ff. intendieren.[171] Auch der typischerweise stärkere Vertragspartner (= Versicherer bzw. Vertragspartner des Verbrauchers, wie Abzahlungsverkäufer bzw. -darlehensgläubiger) braucht nicht etwa die Nichtanwendbarkeit des Art. 5 Nr. 1 geltend zu machen, wenn er außerhalb seines Wohnsitzstaates im Gerichtsstand des Erfüllungsortes verklagt wird.[172]

c) Zur objektiven Beweislast s. oben 8a.[173]

10. Anwendbarkeit des 6. Abschnitts

Die Vorschriften des 6. Abschnitts kommen auch in Versicherungs- und Verbrauchersachen zur Anwendung, und zwar Art. 18 ohne jeden Vorbehalt (unten § 97 XX), Art. 17 modifiziert durch Art. 12 bzw. Art. 15 (unten § 75 V 2 und § 96 XIX).

---

[167] Vgl. auch oben § 7.

[168] Gemeint ist hier die Abgrenzung der Spezialnormen der Art. 7ff. im Verhältnis zur allgemeinen Zuständigkeitsordnung der Art. 2ff.

[169] Die hier dargestellte Prüfung ist nicht in Art. 20 geregelt.

[170] Dessen rechtliche Feststellungen sind für den Zweitrichter nicht bindend; etwas anderes gilt aber für die tatsächlichen Feststellungen, soweit sie anerkennungsfreundlich sind, Art. 28 II.

[171] Vgl. oben 3.

[172] Hervorgehoben sei jedoch: Nimmt der Beklagte am Erstprozeß teil, so muß er die Unzuständigkeit des angegangenen Gerichts rügen; sonst liegt eine zuständigkeitsbegründende Einlassung vor, Art. 18.

[173] S. auch unten XVII.

IV. Die Gerichtspflichtigkeit in Versicherungssachen[174]

1. Die Gerichtspflichtigkeit des beklagten Versicherungsnehmers, Versicherten, Begünstigten oder sonstwie nach der maßgeblichen lex causae[175] am Versicherungsverhältnis Beteiligten[176]

a) Dieser Personenkreis ist außerhalb seines Wohnsitzstaates nicht gerichtspflichtig, Art. 11 I,[177] ausgenommen den Fall, daß die Versicherungsstreitigkeit aus dem Betrieb einer Zweigniederlassung, einer Agen-

---

[174] Der *Anwendungsbereich der Art. 7ff.* bestimmt sich grundsätzlich nach der allgemeinen Regel des Art. 4 I, wie sich aus der Verweisung in Art. 7 ergibt. Eine Erweiterung zugunsten der Anwendbarkeit des Konventionsrechts bringt Art. 8 II n. F. (= Art. 8 a. F.); hierzu oben Fußn. 85.

Das Vereinigte Königreich versuchte den Anwendungsbereich der Art. 7ff. einzuschränken. Hierzu *Schlosser*-Bericht Nr. 136ff. Hauptargument der britischen Unterhändler war, daß die in Art. 7 bis 12 zum Schutz des Versicherungsnehmers geschaffenen Bestimmungen unnötig seien, soweit Versicherungsnehmer mit Wohnsitz außerhalb der Gemeinschaft oder wirtschaftlich potenten Zuschnitts in Frage stünden. Die Versicherungsunternehmen der Gemeinschaft könnten, wenn man auf eine Änderung des Übereinkommens verzichtete, gezwungen sein, höhere Versicherungsprämien zu verlangen als ihre Konkurrenten aus anderen Staaten. – Der britische Wunsch wurde als zu weitgehend abgelehnt. Allerdings kam man den britischen Unterhändlern in einem Punkt entgegen: Wenn auch am Anwendungsbereich der Art. 7ff. nichts geändert wurde, so wurden doch die Möglichkeiten für Zuständigkeitsvereinbarungen in Versicherungssachen durch Einfügung des Art. 12 Nr. 4 und Nr. 5 und Art. 12a erweitert. Hierzu *Schlosser*-Bericht Nr. 136ff. und unten § 75 V. Grund für das Eingehen auf die britischen Wünsche war die Furcht vor einem Ausweichen der britischen Versicherungswirtschaft in die Schiedsgerichtsbarkeit. Vgl. *Schlosser*-Bericht Nr. 136: „Der ursprünglich ... geäußerte Wunsch des V. K., die fraglichen Versicherungssachen vom Anwendungsbereich der Art. 7 bis 12 auszunehmen, war freilich – gemessen an der Grundeinstellung des Übereinkommens – zu weitgehend. Im übrigen aber mußte der besonderen Struktur der britischen Versicherungswirtschaft Rechnung getragen werden, nicht zuletzt deshalb, um diese nicht zu verleiten, systematisch in die Schiedsgerichtsbarkeit auszuweichen. Obwohl das EuGVÜ die Möglichkeit schiedsrichterlicher Streitbeilegung nicht beschränkt, sollte sich das staatliche Recht gleichwohl davor hüten, Schiedsgerichtsbarkeit lediglich dadurch zu fördern, daß sich die Organisation der staatlichen Justiz für die Beteiligten als zu umständlich und risikobehaftet ausnimmt. Die Arbeitsgruppe ist daher den Weg gegangen, in Versicherungssachen die Möglichkeit von Zuständigkeitsvereinbarungen zu erweitern."

[175] Zur Maßgeblichkeit der lex causae *Geimer* RIW/AWD 1980, 306 Fußn. 26 und oben bei Fußn. 126.

[176] Wohnt der Beklagte nicht im geographischen Anwendungsbereich des Übereinkommens, so beurteilt sich seine Gerichtspflichtigkeit nach nationalem Zuständigkeitsrecht, Art. 7 in Verbindung mit Art. 4 I. Vgl. oben Fußn. 137.

Nach autonomem deutschen Recht stellt sich die Gerichtspflichtigkeit des beklagten Versicherungsnehmers, Versicherten, Begünstigten oder sonstwie nach der maßgeblichen lex causae am Versicherungsverhältnis Beteiligten wie folgt dar:

tur oder einer sonstigen Niederlassung des Beklagten außerhalb seines Wohnsitz-/Sitzstaates herrührt. Dann kann der Versicherer den Beklag-

---

Der Versicherer kann klagen

1. *im allgemeinen Gerichtsstand* des Beklagten, §§ 12ff. ZPO. – § 10 I VVG hat auf den allgemeinen Gerichtsstand keinen Einfluß; er betrifft nur Willenserklärungen, die gegenüber dem Versicherungsnehmer abzugeben sind. Es gelten für den Gerichtsstand die allgemeinen Vorschriften: Maßgebend ist der Wohnsitz bzw. Sitz zum Zeitpunkt der Klageerhebung; es reicht jedoch, wenn die zuständigkeitsbegründenden Tatsachen zum Zeitpunkt der letzten mündlichen Verhandlung vorliegen.

2. *im Gerichtsstand des Daueraufenthaltes,* § 20 I ZPO.

3. *im Gerichtsstand der Mitgliedschaft,* § 22 ZPO. Dieser Gerichtsstand kommt für Versicherungsvereine auf Gegenseitigkeit in Betracht. Diese können z. B. ihre Mitglieder am Sitz des Vereins auf Zahlung von Prämien in Anspruch nehmen (*Bruck-Möller,* VVG § 48, Anm. 10c.)

4. *im Gerichtsstand des Erfüllungsortes,* § 29 ZPO. Dieser Gerichtsstand dürfte keine praktische Bedeutung für Klagen gegen den Versicherungsnehmer mehr haben, da vertragliche Erfüllungsortsvereinbarungen nur in Sonderfällen zuständigkeitsbegründend wirken, § 29 II ZPO. Für die Entrichtung der Prämie ist nach § 36 VVG Erfüllungsort der Wohnsitz, gegebenenfalls die jeweilige gewerbliche Niederlassung des Versicherungsnehmers.

5. *im Gerichtsstand der unerlaubten Handlung,* § 32 ZPO. Dieser Gerichtsstand kommt für Klagen gegen den Versicherungsnehmer dann zum Zuge, wenn die Klage auf eine unerlaubte Handlung, etwa einen Betrug bei Abschluß des Vertrages oder bei der Schadensermittlung gestützt wird.

6. *im Gerichtsstand der Niederlassung,* § 21 ZPO. Dieser Gerichtsstand ist z. B. gegeben für Prämienklagen aus Sachversicherungen, die sich auf die Fabrikanlage einer Zweigniederlassung beziehen, sofern die Versicherung nicht von der Zentrale abgeschlossen wurde.

7. *im Gerichtsstand des Vermögens,* § 23 ZPO.

8. *im Gerichtsstand der Erbschaft,* § 28 ZPO. Zu denken ist an das Eintreiben von Prämienrückständen.

Nicht in Betracht kommen

1. *der Gerichtsstand der Vermögensverwaltung,* § 31 ZPO.

2. *der dingliche Gerichtsstand,* §§ 24–26 ZPO. Prämienklagen gegen einen Eigentümer wegen einer Immobiliarversicherung können nicht im Gerichtsstand des § 26 ZPO erhoben werden. Die Klage richtet sich nämlich nicht gegen den „Eigentümer als solchen". Hierher gehören nur dingliche Klagen. So treffend *Bruck-Möller,* VVG, § 48, Anm. 13.

3. *der Gerichtsstand des Heimathafens,* § 488 HGB; § 6 I Binnenschiffahrtsgesetz.

Die Klage auf Zahlung der Kaskoversicherungsprämie richtet sich nicht gegen den Reeder als solchen, auch nicht gegen den Schiffseigner. Zweifelnd *Bruck-Möller,* VVG, § 48, Anm. 13 a. E.

Weiterhin kommen eine Zuständigkeitsvereinbarung (§ 38 ZPO) oder die Einlassung (§ 39 ZPO) als Zuständigkeitsgründe in Betracht. Die Voraussetzungen für die Zuständigkeitsvereinbarungen sind jedoch seit der Neufassung des § 38 ZPO wesentlich verschärft worden. Auch wurden schon vor der Gesetzesänderung anstößige oder auch nur unbillige Zuständigkeitsvereinbarungen von der Versicherungsaufsicht beanstandet. Nachweise bei *Bruck-Möller,* VVG, § 48, Anm. 28, vgl. auch Anm. 6.

[177] Vgl. auch *Kropholler* IZVR Rz. 739.

ten auch außerhalb seines Wohnsitz-/Sitzstaates am Ort der Zweigniederlassung, Agentur oder sonstigen Niederlassung verklagen.[178] Dies ergibt sich aus der Verweisung in Art. 7 auf Art. 5 Nr. 5. Diese gilt ganz allgemein in Versicherungssachen, nicht nur für Klagen gegen den Versicherer.[179, 180]

b) Das Übereinkommen läßt vom actor sequitur forum rei-Prinzip auch dann keine Ausnahme zu, wenn das Gerichtsinteresse an einer einheitlichen Entscheidung zusammenhängender Prozesse ins Spiel kommt. Dem Gesichtspunkt der Konnexität[181] wird keine Beachtung geschenkt. Die Zuständigkeitsanknüpfungen des Art. 6 Nr. 1 und Nr. 2 findet man in Art. 11 nicht. *Für Klagen gegen Streitgenossen gibt es kein einheitliches Forum.*[182] Der Versicherer muß also – wenn mehrere Personen einen Versicherungsvertrag schließen, z. B. Ehegatten oder Miteigentümer eines Hausanwesens – jeden Streitgenossen in seinem jeweiligen Wohnsitzstaat verklagen. Die Fälle der echten notwendigen Streitgenossenschaft, z. B. Rechtsgestaltungsklagen bezüglich eines Versicherungsverhältnisses, haben die Verfasser des Übereinkommens übersehen. Hier wirkt der materiellrechtliche Zwang zur einheitlichen Entscheidung[183] zuständigkeitsbegründend. Praeter conventionem kann dann also der Versicherer alle Streitgenossen im Wohnsitzstaat eines der Streitgenossen verklagen.

c) In *Haftpflichtsachen* ist die Gerichtspflichtigkeit des Versicherungsnehmers, des Versicherten und der sonstwie am Versicherungsverhältnis Beteiligten[184] erweitert. Verklagt der Verletzte unmittelbar die Versicherung *(action directe)*,[185] so kann der Versicherer dem Versicherungsnehmer und/oder dem Versicherten den *Streit verkünden*,[186] wenn die für die Direktklage maßgebliche lex causae[187] die Streitverkündung vorsieht.[188]

---

[178] Unpräzis *Jenard*-Bericht S. 76: „Tritt ... der Versicherer als Kläger auf, so kann er nur vor einem Gericht des Staates klagen, in dessen Hoheitsgebiet der Beklagte seinen Wohnsitz hat, gleichgültig, ob er Versicherungsnehmer, Versicherter oder Begünstiger ist."

[179] Bestritten. Nachweise oben Fußn. 103.

[180] Im Zweitverfahren kann der im Erststaat beklagte Versicherungsnehmer, Versicherte, Begünstigte oder sonstwie nach der lex causae Beteiligte die Nichteinhaltung der Art. 11 und Art. 12 als Versagungsgrund geltend machen, Art. 28 I.

[181] Vgl. oben II.

[182] Vgl. oben Fußn. 56.

[183] Die maßgebliche Rechtsordnung (lex causae) bestimmt das IPR des Gerichtsstaates.

[184] Vgl. oben III 7. Art. 10 III erwähnt nur den Versicherungsnehmer und den Versicherten.

[185] Hierzu *Zöller-Geimer,* ZPO, 13. Aufl., 1981, IZPR, Anm. C VI 11.

[186] Eine analoge Regelung ist für die Interventionsklage nicht vorgesehen.

[187] Diese wird vom IPR des Erststaates bestimmt. Auch der Zweitrichter hat bei seiner Prüfung gemäß Art. 28 I das IPR des Erststaates zugrundezulegen, nicht sein eigenes.

[188] Vgl. auch *Kropholler* IZVR Rz. 752.

Auf die lex fori kommt es nicht an. § 71 ZPO kommt also nur dann zum Zuge, wenn für die action directe deutsches Sachrecht gilt.[189]

Ratio conventionis ist das Gerichtsinteresse an einheitlicher Entscheidung zusammenhängender Komplexe. Auch hat der Versicherer ein Interesse daran, daß ein einheitlicher Lebenssachverhalt einheitlich entschieden und nicht in mehrere Prozesse aufgesplittert wird, die vor den Gerichten verschiedener Staaten anhängig sind,[190] wobei die Gefahr besteht, daß diese unterschiedliches Recht anwenden (weil das IPR nicht vereinheitlicht ist) und/oder die Beweise verschieden würdigen.[191] Für den Versicherungsnehmer bzw. Versicherten bringt Art. 10 III nur dann eine Abweichung von den allgemeinen Zuständigkeitsregeln (Art. 11) und damit eine Erweiterung seiner Gerichtspflichtigkeit, wenn der Verletzte die unmittelbare Klage im Wohnsitzstaat des Versicherers erhoben hat.[192]

d) Das Übereinkommen regelt nur die internationale Zuständigkeit; die Normen des nationalen Rechts über die örtliche Zuständigkeit bleiben also unberührt.

2. Die Gerichtspflichtigkeit des beklagten Versicherers[193, 194]

a) Der Versicherer wird kompetenzrechtlich als nicht schutzbedürftig betrachtet.[195] Er ist nicht nur in seinem Wohnsitz bzw. Sitzstaat (Art. 8 I

---

189 Die deutsche Rechtsprechung qualifiziert deliktisch; vgl. BGH, Urteil vom 5. Oktober 1976, NJW 1977, 496 = RIW/AWD 1977, 647 = IPRspr. 1976 Nr. 17.

190 *Jenard*-Bericht S. 78: „Im Interesse einer geordneten Rechtspflege muß sichergestellt sein, daß die Ansprüche vor demselben Gericht erhoben werden können, damit nicht durch verschiedene Gerichte Urteile ergehen, die miteinander nicht vereinbar sind. Auch wird der Versicherer durch dieses Verfahren gegen betrügerische Machenschaften geschützt."

191 Vgl. oben II.

192 *Droz* S. 90 und *Linke* in *Bülow-Böckstiegel,* 606/106, Art. 10, Anm. III 4.

193 Hat der beklagte Versicherer seinen Wohnsitz bzw. Sitz (Art. 53) nicht im geographischen Anwendungsbereich des Übereinkommens, so beurteilt sich seine Gerichtspflichtigkeit nach nationalem Zuständigkeitsrecht, Art. 4 I in Verbindung mit Art. 7, ausgenommen den Fall des Art. 8 II; hierzu oben Fußn. 85 und unten Fußn. 339.

Rechtstechnisch verwendet Art. 8 II n. F. (= Art. 8 III a. F.) eine Fiktion: Der in einem Drittstaat domizilierte Versicherer wird so behandelt, wie wenn er am Sitz seiner Zweigniederlassung, Agentur oder sonstigen Niederlassung seinen Sitz hätte mit der Konsequenz, daß die gesamte Zuständigkeitsordnung der Art. 7 ff. zum Zuge kommt, nicht nur der Gerichtsstand der Zweigniederlassung.

Beispiel: Eine Versicherungsgesellschaft mit Sitz in Zürich betreibt in München eine Generalagentur. Dort wird ein Kraftfahrzeug versichert, das in Mailand in einen Unfall verwickelt ist. Der Geschädigte kann die Versicherung im Wege der unmittelbaren Klage (action directe) am Schadensort in Italien verklagen. Seine Gerichtspflichtigkeit ergibt sich aus Art. 10 II. Ebenso *Droz* Nr. 113 S. 83 und *Linke* in *Bülow-Böckstiegel,* 606/89, Art. 7, Anm. I 3: „Art. 8 Abs. 3 bedeutet nicht nur eine Erweiterung des Anwendungsbereichs von Art. 5 Nr. 5 auf Versicherer mit Wohnsitz in Drittstaaten, vielmehr stellt er die in Drittstaaten domizilierten Versicherungsunternehmen hinsichtlich ihrer Zweigniederlassungen im Bereich der (Alt-)EWG den innerhalb dieser Staaten ansässigen Versicherungsunternehmen gleich. Damit gelten für Streitigkeiten aus dem Betrieb dieser Zweigniederlassungen oder Agenturen alle im Rahmen des 3. Abschnitts gegen den Versicherer eröffneten Zuständigkeiten. Der Bericht sagt das zwar nicht ausdrücklich, er erörtert diese Bestimmung jedoch zutreffend im Rahmen des Art. 7.“ Ähnlich 606/99, Art. 8, Anm. III 1. Verklagt der Geschädigte die Versicherung in der Bundesrepublik Deutschland, so ist Grundlage der deutschen internationalen Zuständigkeit nicht etwa Art. 5 Nr. 5 in Verbindung mit Art. 7, sondern Art. 8 I Nr. 1 n. F. (= Art. 8 I 1. Alternative a. F.); denn gemäß Art. 8 II n. F. (= Art. 8 III a. F.) wird die Versicherung so behandelt, als ob sie in München ihren Sitz hätte. Ebenso *Linke* in *Bülow-Böckstiegel,* 606/99, Art. 8, Anm. III 1: „Für den allgemeinen Passivgerichtsstand des Beklagten nach Art. 8 Abs. 1 1. Alt. treten ... an die Stelle der Gerichte des Wohnsitzstaates des Versicherers die Gerichte des Sitzstaates der Zweigniederlassung oder der Agentur.“ Nach welchem Recht ist die *örtliche Zuständigkeit* zu beurteilen? Art. 8 I Nr. 1 n. F. (= Art. 8 I 1. Alternative a. F.) normiert grundsätzlich nur die internationale Zuständigkeit und überläßt die Regelung der örtlichen Zuständigkeit innerhalb des Wohnsitz- bzw. Sitzstaates dem nationalen Recht. Vgl. oben §§ 32ff. Dies gilt auch in den Fällen des Art. 8 II n. F. In dem obigen Beispiel ist die örtliche Zuständigkeit für die Klage gegen die Züricher Versicherung mit Generalagentur in München nicht nach Art. 5 Nr. 5 in Verbindung mit Art. 7, sondern nach §§ 12ff. ZPO zu beurteilen. Den Gerichtsstand in München begründen §§ 12, 17 ZPO, nicht § 21 ZPO; denn die Fiktion des Art. 8 II n. F. ist auch bei Anwendung des nationalen Zuständigkeitsrechts zu beachten. Als örtlich zuständiges Gericht kommt nicht nur München in Betracht, sondern alle sonstigen Gerichtsstände der §§ 21ff. ZPO (vgl. unten Fußn. 194) mit Ausnahme des § 23 ZPO, weil gemäß 8 II n. F. die Beklagte als in München domiziliert betrachtet wird; ein inländischer Wohnsitz schließt aber die Anwendung des § 23 ZPO aus.

Die Anwendung der nationalen Normen über die örtliche Zuständigkeit innerhalb des Vertragsstaates, in dem die Versicherung ihre Zweigniederlassung oder Agentur betreibt, führt dazu, daß die Verweisung des Art. 7 auf Art. 5 Nr. 5 in den Fällen des Art. 8 II n. F. weitgehend ins Leere geht. Allenfalls könnte man Art. 5 Nr. 5 anwenden, wenn die Zweigniederlassung eine Untergliederung einer ihr vorgeordneten Zweigniederlassung ist. Wenn etwa eine Züricher Versicherung ihre Geschäfte in Luxemburg von der deutschen Generalagentur aus betreibt und in Luxemburg nur eine Geschäftsstelle unterhält, die der Generalagentur in der Bundesrepublik Deutschland unterstellt ist, könnte man – falls Klage in Luxemburg erhoben wird – die Anwendung des Art. 5 Nr. 5 anstatt des Art. 8 I Nr. 1 n. F. erwägen. Allerdings findet sich in Art. 8 II n. F. hierfür kein Anhaltspunkt. Die dort normierte Fiktion gilt ohne Unterschied, ganz gleich, ob die Zweigniederlassung einer anderen unterstellt ist oder nicht. Für die Anwendung des Art. 5 Nr. 5 spricht aber die Erwägung, daß Art. 8 II n. F. nur die Gleichstellung mit Versicherern erstrebt, die im geographischen Anwendungsbereich des Übereinkommens ihren Sitz haben. Vgl. oben § 29 Fußn. 13.

[194] Aus der Sicht des *autonomen deutschen Rechts* stellt sich die Gerichtspflichtigkeit des Versicherers wie folgt dar: Er kann verklagt werden

1. am *allgemeinen Gerichtsstand des Versicherers,* also an dessen Wohnsitz (§§ 13ff. ZPO) bzw. Sitz (§ 17 ZPO).

In der Regel sind Versicherer Aktiengesellschaften oder Versicherungsvereine auf Gegenseitigkeit. Daher kommt § 17 ZPO die größte Bedeutung zu. Neben dem Gerichsstand am Ort des Sitzes der Gesellschaft oder des Versicherungsvereins kann nach § 17 III ZPO ein durch Statut oder in anderer Weise besonders geregelter Gerichtsstand gegeben sein. – Bei großen Versicherungsvereinen gelten bezüglich des Sitzes die §§ 18 I, II 1, 30 I, 32 I, 40 III VAG, bei kleineren Vereinen kommt Vereinsrecht zur Anwendung, §§ 53, 18 I VAG. Nach § 24 BGB gilt als Sitz des Vereins – soweit nichts anderes bestimmt ist – der Ort, an dem die Verwaltung geführt wird.

2. *am Gerichtsstand des Erfüllungsortes,* § 29 I ZPO.

Da die Vereinbarung des Erfüllungsortes nach § 29 II ZPO nicht mehr zuständigkeitsbegründend wirkt, dürfte der Gerichtsstand des Erfüllungsortes für Klagen gegen den Versicherer neben dessen allgemeinem Gerichtsstand keine große Bedeutung haben, da nach § 269 I, II BGB der Erfüllungsort für die Leistungen des Versicherers am Ort der gewerblichen Niederlassung des Versicherers liegt, gleichgültig, ob es sich um Geldleistungen oder sonstige Verpflichtungen handelt vgl. *Bruck-Möller,* § 48 VVG, Anm. 14 S. 1125.

3. am *Gerichtsstand der unerlaubten Handlung,* § 32 ZPO, sofern die Klage auf eine unerlaubte Handlung des Versicherers gestützt wird.

4. *am Gerichtsstand der Niederlassung,* § 21 ZPO.

Zuständigkeitsbegründend ist die Niederlassung nur, wenn von ihr aus „unmittelbar Geschäfte geschlossen werden". Die bloße Vermittlung von Versicherungsverträgen genügt nicht. Die unselbständige Verwaltungsstelle muß Abschlußvollmacht haben. Falls die Versicherungszentrale den Vertrag abgeschlossen hat, reicht es aus, wenn der Niederlassung die selbständige Abwicklung des Versicherungsvertragsverhältnisses übertragen wurde, etwa die selbständige Schadensregulierung. – Ausführlich *Bruck-Möller,* VVG, § 48, Anm. 19 und *Wieczorek,* ZPO, § 21, Anm. B II.

5. *am Gerichtsstand der Agentur,* § 48 VVG.

Diese Bestimmung lautet:

„Hat ein Versicherungsagent den Vertrag vermittelt oder abgeschlossen, so ist für Klagen, die aus dem Versicherungsverhältnisse gegen den Versicherer erhoben werden, das Gericht des Ortes zuständig, wo der Agent zur Zeit der Vermittelung oder Schließung seine gewerbliche Niederlassung oder in Ermangelung einer gewerblichen Niederlassung seinen Wohnsitz hatte.

Die nach Abs. 1 begründete Zuständigkeit kann durch Vereinbarung nicht ausgeschlossen werden."

§ 21 ZPO kommt nur bei echten Zweigniederlassungen oder unselbständigen Verwaltungsstellen mit Abschlußvollmacht zum Tragen. Die berechtigten Interessen des Versicherungsnehmers werden auch durch § 29 I ZPO nicht in ausreichendem Umfang geschützt, da der Erfüllungsort sich in der Regel am Sitz der Versicherung befindet. Zudem sind alle voraufgeführten besonderen Gerichtsstände abdingbar.

Der sich auf Grund der allgemeinen Vorschriften der §§ 12ff. ZPO ergebende Rechtszustand trägt nach der amtlichen Begründung zum VVG (I S. 58f., zitiert nach *Bruck-Möller* aaO) „den Besonderheiten des Geschäftsbetriebes der Versicherungsanstalten und den Interessen des Versicherungsnehmer nicht genügend Rechnung. Wenn die Versicherungen an zahlreichen, von dem Sitze des Unternehmens oft weit entfernten Orten Agenten anstellen und mit ihrer Hilfe Verträge schließen, so entspricht es der Billigkeit, daß in bezug auf die so zustande gekommenen Geschäfte den Versicherungsnehmern die Möglichkeit gegeben wird, bei den Gerichten dieser Orte auch ihre Ansprüche geltend zu machen. ... Dieses Gericht wird auch in der Regel den bei der Entscheidung des Rechtsstreits in Betracht kommenden tatsächlichen Verhältnissen näher stehen und die erforderlichen Beweise leichter und schneller erheben können als die nach dem gegenwärtigen Rechte zuständigen Gerichte." – Ob letztere Erwägung zutrifft, mag zweifelhaft sein. Gleichwohl ist § 48 VVG rechtspolitisch richtig; denn „das Gerichtsstandsrisiko gehört zum Versicherungsgeschäft." So prägnant *Schröder,* Internationale Zuständigkeit, 1971, 349. Ein wohnsitz- bzw. sitzferner Gerichtsstand ist dem Versicherer eher zuzumuten als dem Versicherungsnehmer.

Tatbestandsvoraussetzung des § 48 VVG ist, daß ein Versicherungsagent den Vertrag vermittelt oder abgeschlossen hat. Gleichgültig ist, ob es sich um einen selbständigen oder unselbständigen Agenten handelt, um einen General- oder Unteragenten. Gibt der Unteragent den Versicherungsantrag intern dem Generalagenten weiter, so ist der in § 48 VVG beschriebene Ort des Unteragenten maßgeblich. Ist auch der Generalagent gegenüber dem Versicherungsnehmer tätig geworden, dann ist sowohl der Ort des Unteragenten als auch der des Generalagenten Zuständigkeitsanknüpfungspunkt. Der Versicherungsnehmer kann zwischen den verschiedenen Gerichtsständen wählen. Das gleiche gilt, wenn mehrere Versicherungsagenten gegenüber dem Versicherungsnehmer auftreten (näher *Bruck-Möller,* VVG, § 48, Anm. 20). § 48 VVG gilt jedoch nicht für Versicherungsmakler. Eine Vermittlungstätigkeit im Sinne dieser Vorschrift liegt noch nicht bei bloßem Gelegenheitsnachweis vor.

Beweispflichtig für das Vorliegen einer Vermittlungs- oder Abschlußtätigkeit im Sinne des § 48 VVG ist der Versicherungsnehmer (*Bruck-Möller* aaO).

6. *am Gerichtsstand des Hauptbevollmächtigten,* § 109 Versicherungsaufsichtsgesetz. Diese Kompetenznorm lautet wie folgt:

„Für Klagen, die aus dem inländischen Versicherungsgeschäft gegen die Unternehmung erhoben werden, ist das Gericht zuständig, in dessen Bezirk sie ihre Niederlassung (§ 106 Abs. 2 Nr. 3) hat. Dieser Gerichtsstand darf nicht durch Vertrag ausgeschlossen werden."

Nach § 106 II Nr. 3 VAG müssen im Ausland domizilierte Versicherungsunternehmen im Inland eine Niederlassung unterhalten und dafür einen Hauptbevollmächtigten bestellen. § 109 VAG gilt nur für solche ausländischen Versicherungen, für die das VAG gilt. Dies ist z. B. nicht der Fall bei reinen Transportversicherungen. Wird jedoch ein nach deutschen VAG konzessionspflichtiges Unternehmen ohne Konzession tätig, so ist nach dem Normzweck auch hier § 109 VAG gegen den „illegalen" Hauptbevollmächtigten anzuwenden; so *Bruck-Möller,* § 48 VVG, Anm. 27. A. A. *Fromm-Goldberg,* VAG, 1966, § 109, Anm. 2 S. 906.

7. *am Gerichtsstand des Vermögens,* § 23 ZPO.

Gegen Versicherer, die in der Bundesrepublik Deutschland keinen Sitz haben, kann wegen „vermögensrechtlicher Ansprüche" dasjenige Gericht angerufen werden, in dessen Bezirk sich Vermögen des Versicherers befindet. § 23 ZPO gilt auch für Klagen gegen juristische Personen, obwohl in § 23 ZPO nur von Personen ohne Wohnsitz die Rede ist. Der Gerichtsstand des Vermögens konkurriert mit dem des § 109 VAG. Besonders aktuell wird § 23 ZPO bei Klagen gegen ausländische, im Inland nicht konzessionierte Versicherungen. Zuständigkeitsbegründend können auch Prämienforderungen gegen andere Versicherungsnehmer mit Wohnsitz im Inland sein. Für das Vorhandensein von Vermögensstücken bzw. Forderungen des Versicherers im Inland ist nach allgemeinen Regeln der klagende Versicherungsnehmer beweispflichtig. Gelingt dem Kläger der Nachweis, daß sich die beklagte Versicherung im Inland betätigt hat, so tritt eine Umkehr der Beweislast ein. Die Versicherung ist beweispflichtig dafür, daß sie keinerlei Forderungen aus ihren Versicherungsverträgen in Deutschland mehr hat (ähnlich KG, Urteil vom 8. Mai 1937, JRPV 1937, 310).

8. *am Gerichtsstand des Streitobjektes,* § 23 ZPO.

Für Klagen gegen Versicherer kann auch dieser Gerichtsstand zum Zuge kommen. Nach § 23 ZPO ist auch dasjenige Gericht zuständig, in dessen Bezirk sich der mit der Klage in Anspruch genommene Gegenstand befindet, z. B. Versicherungsscheine, aber auch Forderungen; vgl. *Bruck-Möller,* § 48 VVG, Anm. 12.

Nicht in Betracht kommen

1. *der Gerichtsstand der Vermögensverwaltung,* § 31 ZPO.

Der Versicherer ist nicht Vermögensverwalter des Versicherungsnehmers; vgl. *Bruck-Möller,* § 48 VVG, Anm. 15.

Nr. 1 n. F.) gerichtspflichtig, sondern auch im Wohnsitzstaat des Versicherungsnehmers Art. 8 I Nr. 2 n. F.[196]

b) Falls mehrere Versicherer zusammen verklagt wurden, waren sie nach Art. 8 I a. F. in jedem Vertragsstaat gerichtspflichtig, in dem eine der beklagten Versicherungen ihren Sitz hatte;[197] nach Art. 8 I Nr. 3 n. F. ist der Mitversicherer dort gerichtspflichtig, wo der federführende Versicherer verklagt wird.[198] Die Gerichtspflichtigkeit des federführenden

---

2. *der Gerichtsstand der Mitgliedschaft,* § 22 ZPO.

Dieser käme allenfalls bei Versicherungsvereinen auf Gegenseitigkeit zur Anwendung, deckt sich aber mit dem allgemeinen Gerichtsstand des Versicherers; vgl. *Bruck-Möller,* § 48 VVG, Anm. 10.

3. *der dingliche Gerichtsstand,* §§ 24–26 ZPO.

Erstreckt sich eine Hypothek, Grundschuld oder Rentenschuld auf eine Versicherungsforderung, § 1127 I BGB, oder hat der Gläubiger noch weitergehende Rechte (§ 102 I VVG), so betrifft die Klage des Gläubigers gegen den Versicherer gleichwohl nicht eine dingliche Belastung im Sinne des § 24 ZPO.

Wird ein Gebäude durch Brand zerstört, so kann der Versicherungsnehmer oder Eigentümer die Versicherung nicht im Gerichtsstand des § 26 ZPO auf Zahlung der Gebäudeversicherungsentschädigung in Anspruch nehmen. Denn es handelt sich nicht um eine Klage wegen Beschädigung des Grundstücks; vgl. *Bruck-Möller,* § 48 VVG, Anm. 15.

4. *der Gerichtsstand des Heimathafens,* § 488 HGB, § 6 I Binnenschiffahrtsgesetz.

5. *der Gerichtsstand der Erbschaft.,* §§ 27–28 ZPO.

Zum Nachlaß gehörende Ansprüche gegen Versicherer, z. B. aus Lebensversicherung, fallen nicht unter § 28 ZPO.

[195] Der Versicherer hat im Anerkennungs- bzw. Klauselerteilungsstadium nicht die Möglichkeit, die Verletzung der Art. 8ff. zu rügen. Art. 28 I bezweckt nicht den Schutz des Versicherers, sondern den Schutz des Versicherungsnehmers, Versicherten, Begünstigten und der sonst nach der lex causae am Versicherungsverhältnis beteiligten Personen; vgl. *Geimer* RIW/AWD 1980, 307 sub III 1 und oben § 57 III 1.

[196] Allgemein zu den Klägergerichtsständen, die zum Schutz sozial schwacher Personen geschaffen wurden, *Schröder,* Internationale Zuständigkeit, 1971, 341.

[197] Art. 8 I (3. Alternative) a. F. stimmt inhaltlich mit Art. 6 Nr. 1 überein. Vgl. *Jenard* – Bericht S. 77. Die Textvarianten sind allerdings unterschiedlich, so daß man zweifeln könnte, ob der Art. 8 I (dritte Alternative) a. F. nur die internationale Zuständigkeit regelt und nicht – wie Art. 6 Nr. 1 – auch die örtliche Zuständigkeit. Eindeutig ist der deutsche Text, der von „dem Gericht" spricht. Die anderen Textvarianten verwenden den Plural. Im *Jenard*-Bericht S. 77 ist jedoch klargestellt, daß Art. 8 I auch die örtliche Zuständigkeit mit umfaßt. Falls mehrere Versicherer zusammen verklagt werden, ist also jeder am Wohnsitz des anderen Streitgenossen (der anderen beklagten Versicherer) gerichtspflichtig. Wie hier auch *Linke* in *Bülow-Böckstiegel,* 606/97, Art. 8, Anm. II 3.

[198] Hierzu *Schlosser*-Bericht Nr. 149: „Die sachliche Änderung von Art. 8 I betrifft die Zuständigkeit im Fall der Beteiligung mehrerer Mitversicherer am Versicherungsvertrag. Diese geschieht nämlich in üblicher Weise in der Form, daß ein federführender Versicherer den übrigen Mitversicherern gegenübersteht und jeder von ihnen nur einen u. U. sehr kleinen Teil des Risikos übernimmt. Dann ist es aber nicht gerechtfertigt, sämtliche Versicherer, einschließlich des federführenden, vor den Gerichten jeden Staates verklagbar zu machen, in dem irgendeiner der vielen Mitversicherer seinen

Versicherers wiederum richtet sich nach Art. 8 I Nr. 1 und 2 und Art. 9 – Art. 12a.[199] Trotz des Wortlauts des Art. 8 I Nr. 3 reicht die Gerichtspflichtigkeit des Mitversicherers nicht weiter als die des federführenden Versicherers.[200] Bis zum Inkrafttreten des Beitrittsübereinkommens vom 9. Oktober 1978[201] gilt jedoch die alte Fassung des Art. 8 I; diese unterscheidet nicht zwischen federführendem Versicherer und den übrigen Mitversicherern.[202]

Wohnsitz hat. Nur eine solche internationale Zuständigkeit verdient besonders begründet zu werden, die sich an den Verhältnissen des federführenden Versicherers orientiert. Die Sachverständigengruppe erwog lange, an dessen Wohnsitz anzuknüpfen. Dies hätte jedoch zur Folge gehabt, daß die übrigen Mitversicherer dort hätten verklagt werden können, auch wenn der Federführende anderwärts belangt worden ist. Eine an die Gegebenheiten des federführenden Versicherers anknüpfende zusätzliche Zuständigkeit ist nur im Interesse einer Erleichterung der Konzentration der aus einem Versicherungsfall entstehenden Verfahren gerechtfertigt. Daher bringt die Neufassung von Art. 8 I die Anknüpfung an den Gerichtsstand, an dem der federführende Versicherer verklagt wird. Dort können die Mitversicherer also auch wegen ihrer Versicherungsanteile belangt werden – gleichzeitig mit dem federführenden Versicherer oder danach. Allerdings zwingt die Bestimmung nicht zur Konzentration der Verfahren. Nichts hindert den Versicherungsnehmer, die verschiedenen Mitversicherer bei verschiedenen Gerichten zu belangen. Er muß sie dann an einem der in Art. 8 I Nrn. 1 und 2 n. F. vorgesehenen Gerichtsstände verklagen, wenn der federführende Versicherer freiwillig geleistet hat."

[199] Zu § 12a s. auch unten § 75 V 2 g Fußn. 126.

[200] Vgl. oben II 1.

[201] Vgl. oben § 16.

[202] Die *Gerichtspflichtigkeit des Versicherers nach altem Recht* faßt der *Jenard*-Bericht S. 76 wie folgt zusammen: „In Versicherungssachen kann der Versicherer, der seinen Wohnsitz in dem Hoheitsgebiet eines Vertragsstaates hat, vor folgenden Gerichten verklagt werden:
– entweder vor den Gerichten des Staates, in dem er seinen Wohnsitz hat (Art. 8) oder unter bestimmten Voraussetzungen vor dem Gericht des Ortes, in dem sich eine Zweigniederlassung befindet (Art. 7 und 8),
– oder:

a. vor dem Gericht des Ortes, an dem der Versicherungsnehmer seinen Wohnsitz hat (Art. 8),

b. vor den Gerichten des Staates, in welchem einer der Versicherer seinen Wohnsitz hat, wenn mehrere Versicherer verklagt sind (Art. 8),

c. vor dem Gericht, in dessen Bezirk sich der Wohnsitz des Vermittlers befindet, der am Abschluß des Versicherungsvertrages beteiligt war, sofern das Gesetz des angerufenen Gerichtes eine solche Zuständigkeit vorsieht (Art. 8),

d. 1. bei der Haftpflichtversicherung kann der Versicherer außerdem verklagt werden:

1) vor dem Gericht des Ortes, an dem das schädigende Ereignis eingetreten ist (Art. 9 und 10),

2) bei Interventionen vor dem mit der Klage des Geschädigten gegen den Versicherten befaßten Gericht, wenn dieses Gericht nach innerstaatlichem Recht über einen solchen Antrag entscheiden kann (Art. 10);

d. 2. bei der Versicherung von unbeweglichen Sachen kann der Versicherer auch

c) Zuständigkeitsanknüpfungspunkt i.S. des Art. 8 I Nr. 2 n. F.[203] ist der Wohnsitz des *Versicherungsnehmers.*[204] Die Wohnsitze der übrigen am Versicherungsverhältnis beteiligten Personen, wie Versicherter, Begünstigter usw., sind zuständigkeitsrechtlich ohne Bedeutung. Würde auch der Wohnsitz dieser Personen eine Zuständigkeit gegen den Versicherer begründen, so wäre dies für den Versicherer unzumutbar. Denn der Kreis dieser Personen ist nicht überschaubar. Diskutabel ist nur, daß der Versicherer auch am Wohnsitz seines Vertragspartners (des Versicherungsnehmers) sein Recht nehmen muß.[205]

d) Wer die *Versicherungspolice* in Händen hält, ist zuständigkeitsrechtlich ohne Bedeutung.[206]

---

vor dem Gericht des Ortes verklagt werden, an dem das schädigende Ereignis eingetreten ist. Das gleiche gilt, wenn sowohl bewegliche als auch unbewegliche Sachen in ein und demselben Versicherungsvertrag versichert und von demselben Schadensfall betroffen sind (Art. 9)."

[203] = Art. 8 I (2. Alternative) a. F.

[204] Art. 8 I Nr. 2 regelt auch die örtliche Zuständigkeit.

[205] Hierzu *Jenard*-Bericht S. 77: „Unter Versicherungsnehmer ist der Vertragspartner der Versicherungsgesellschaft zu verstehen. Sind der Versicherte oder der Begünstigte mit dem Versicherungsnehmer nicht identisch, so bleibt ihr Wohnsitz unberücksichtigt. Wie von dem Europäischen Versicherungsausschuß bemerkt wurde, hat der Versicherer als Erbringer der Leistung zum Geschäftspartner die andere Vertragspartei, d. h. den Versicherungsnehmer. Mit ihm steht er in Geschäftsverbindung und es ist nicht mehr als recht und billig, daß er vor dem Gericht des Wohnsitzes dieses Geschäftspartners verklagt werden kann. Dagegen würde es zu weit gehen, wenn man ihn verpflichten wollte, sich in dem Gerichtsstand des Versicherten oder des Begünstigten verklagen zu lassen, deren genauen Wohnsitz er im Zeitpunkt des Entstehens des Rechtsstreites nicht zu kennen braucht."

[206] Hierzu *Schlosser*-Bericht Nr. 152: „Es zeigte sich, daß der in den bisherigen authentischen Sprachen des EuGVÜ verwandte Begriff „Versicherungsnehmer" ins Englische nicht besser als mit der Bezeichnung „policy holder" übersetzt werden konnte. Dieser Umstand darf aber nicht dem Mißverständnis Nahrung geben, daß sich nunmehr im Falle von Rechtsnachfolge die Probleme anders stellen als vor dem Beitritt der neuen Mitgliedstaaten zu diesem Übereinkommen. Keinesfalls ist nämlich immer die Person „Versicherungsnehmer", welche sich berechtigterweise im Besitz des Versicherungsscheins befindet. Zwar ist denkbar, daß die Rechtsstellung des Vertragspartners des Versicherungsunternehmens durch Erbgang oder auf sonstige Weise insgesamt auf eine andere Person übergeht. Dann ist der neue Vertragspartner „Versicherungsnehmer" geworden. Davon ist jedoch scharf der Übergang von einzelnen Ansprüchen aus dem Versicherungsvertrag zu unterscheiden, der vor allem in der Gestalt einer Abtretung der Versicherungssumme an den Begünstigten vorkommt. Eine solche Abtretung ist auch im voraus und bedingt, für den Fall eines Schadenseintritts etwa, möglich. Es ist in einem solchen Fall denkbar, daß dem Begünstigten mit der Abtretung des Anspruchs auf die Versicherungssumme auch der Versicherungsschein ausgehändigt wird, damit er gegebenenfalls seine Rechte gegen das Versicherungsunternehmen geltend machen kann. Mit einem solchen Vorgang wird die begünstigte Person nicht ihrerseits zum „Versicherungsnehmer". Soweit gerichtliche Zuständigkeiten an Eigenschaften des „Versicherungsnehmers" anknüpfen, ändert

e) Maßgebend ist der Wohnsitz des Versicherungsnehmers zum *Zeitpunkt der Klageerhebung,* nicht der Zeitpunkt des Abschlusses des Versicherungsvertrages.[207] Es gelten die oben dargestellten Regeln.[208] Durch Verlegung seines Wohnsitzes von Vertragsstaat zu Vertragsstaat kann also der Versicherungsnehmer die Gerichtspflichtigkeit des Versicherers verändern. Dies bringt für den Versicherer ein schwer zu kalkulierendes Risiko.[209] Es wäre ausgewogener gewesen, auf den Wohnsitz des Versicherungsnehmers zum Zeitpunkt des Vertragsschlusses abzustellen. Denn nur dieser ist dem Versicherer bekannt, nur auf diesen kann er sich einstellen. Aber auch in diesem Punkt haben die Verfasser des Übereinkommens die Zuständigkeitsinteressen des Versicherers glatt übergangen.[210]

f) Der Versicherer ist außerhalb seines Wohnsitz- bzw. Sitzstaates auch gerichtspflichtig am Ort seiner Zweigniederlassung, Agentur oder sonstigen Niederlassung, jedoch beschränkt auf Versicherungsstreitigkeiten aus dem Betrieb derselben.[211]

g) Art. 8 II a. F. machte den Versicherer noch gerichtspflichtig am *Wohnsitz des Versicherungsagenten,* sofern dieser Wohnsitz in dem Versicherungsschein oder in dem Versicherungsantrag angeführt ist.[212] Diese Zuständigkeitsnorm wurde durch das Beitrittsübereinkommen vom 9. Oktober 1978 ersatzlos gestrichen, weil man erkannt hatte, daß neben dem Gerichtsstand des Art. 5 Nr. 5 der Gerichtsstand des Agentenwohnsitzes keine Berechtigung habe.[213]

---

sich also infolge der Vorausabtretung des eventuell entstehenden Anspruchs auf die Versicherungssumme nichts, auch wenn gleichzeitig der Versicherungsschein ausgehändigt wird."

[207] *Jenard*-Bericht S. 77.

[208] Oben § 29 IV 10.

[209] Vgl. auch unten § 81 I.

[210] Vgl. auch unten V 1b.

[211] Von der Frage der Gerichtspflichtigkeit des Versicherers im Anwendungsbereich des Übereinkommens scharf zu unterscheiden ist die Vorfrage, ob das Übereinkommen überhaupt anwendbar ist oder ob das nationale Zuständigkeitsrecht zum Zuge kommt.

Hat der Versicherer seinen Wohnsitz bzw. Sitz außerhalb des geographischen Anwendungsbereichs des Übereinkommens (vgl. oben § 17), besitzt er aber innerhalb des geographischen Anwendungsbereichs eine Zweigniederlassung, Agentur oder sonstige Niederlassung, so kommt – entgegen der Grundregel des Art. 4 I – nicht das nationale Zuständigkeitsrecht des Gerichtsstaates zur Anwendung, sondern Konventionsrecht (Art. 7–Art. 12a), allerdings nur für Versicherungsstreitigkeiten aus dem Betrieb der Zweigniederlassung, Agentur oder sonstigen Niederlassung. Näher oben Fußn. 85 und Fußn. 193.

[212] Zur Parallelvorschrift des deutschen autonomen Rechts (§ 48 VVG) s. oben Fußn. 194 sub. 5.

[213] *Schlosser*-Bericht Nr. 150: „Über den bisherigen Artikel 8 Absatz 2 EuGVÜ wurde deshalb gesprochen, weil seine Formulierung dem Mißverständnis Raum geben konnte, nicht nur die Einschaltung eines Versicherungsagenten des Versicherungsun-

h) Bis zum Inkrafttreten des Beitrittsübereinkommens ist aber Art. 8 II a. F. anzuwenden: Der Versicherer ist auch am Wohnsitz des Vermittlers des Versicherungsvertrages gerichtspflichtig für die vom Vermittler vermittelten Versicherungsverträge. Das Übereinkommen stipuliert aber kein europäisches Einheitsrecht, sondern überläßt die Regelung dieser Frage dem nationalen Recht. Eine solche Zuständigkeit eröffnet z. B. das autonome deutsche Recht, § 48 des Versicherungsvertragsgesetzes,[214] und das italienische Recht, Art. 1903 Codice civile.[215] Art. 8 II a. F. macht den Versicherer am Wohnsitz des Versicherungsagenten unter folgenden vier Voraussetzungen gerichtspflichtig:[216]

α) Der Versicherungsvertrag muß durch Vermittlung der Person, an deren Wohnsitz geklagt wird, abgeschlossen worden sein. Das Übereinkommen vermeidet den Ausdruck Versicherungsagent, weil es den Begriff „Agentur" bereits in Art. 5 Nr. 5 verwendet. Art. 8 II a. F. erfaßt sowohl den Fall, daß der Versicherungsvertrag durch Vermittlung des Versicherungsvermittlers (Agenten) unmittelbar zwischen dem Versicherer und dem Versicherungsnehmer zustandegekommen ist, als auch

---

ternehmers solle zuständigkeitsbegründend wirken, sondern auch diejenige von unabhängigen Versicherungsmaklern, wie sie im V. K. sehr häufig tätig werden. Die Aussprache offenbarte die Überflüssigkeit der Vorschrift neben Artikel 5 Nr. 5."

[214] Hierzu oben Fußn. 194 sub 5.

[215] Diese Vorschrift lautet: *Art. 1903. Agenti di assicurazione. – Gli agenti autorizzati a concludere contratti di assicurazione possono compiere gli atti concernenti le modificazioni e la risoluzione dei contratti medesimi, salvi i limiti contenuti nella procura che sia pubblicata nelle forme richieste dalla legge.*

Possono inoltre promuovere azioni ed essere convenuti in giudizio in nome dell'assicuratore, per le obbligazioni dipendenti dagli atti compiuti nell'esecuzione del loro mandato, davanti l'autorità giudiziaria del luogo in cui ha sede l'agenzia presso la quale è stato concluso il contratto.

[216] Hierzu *Jenard*-Bericht S. 77: „Ferner kann der Versicherer in einem anderen Vertragsstaat als dem seines eigenen Wohnsitzes vor dem Gericht verklagt werden, in dessen Bezirk die Person wohnhaft ist, durch deren Vermittlung der Versicherungsvertrag abgeschlossen worden ist. Hierzu müssen jedoch zwei Voraussetzungen erfüllt sein. Einmal muß der Wohnsitz dieses Vermittlers in dem Versicherungsschein oder in dem Versicherungsantrag angeführt sein, zum anderen muß das Recht des angerufenen Gerichts eine solche Zuständigkeit vorsehen. Dies ist weder in Belgien, noch in Frankreich, wohl aber in Deutschland (§ 48 VVG) und in Italien (Art. 1903 Codice civile) der Fall. Einen Versicherungsantrag aufzunehmen, ist in der deutschen Versicherungspraxis üblich. Da die Versicherungsgesellschaften im allgemeinen nach dem Lochkartensystem arbeiten, ist in dem Versicherungsschein der Sitz der Agentur oft nur durch eine Zahl angegeben, die auf den Versicherungsantrag verweist. Unter Versicherungsantrag im Sinne des Übereinkommens ist der endgültige Antrag zu verstehen, dem ein Vertragsschluß folgt.

Schließlich ist unter der Person, „durch deren Vermittlung der Versicherungsvertrag abgeschlossen worden ist", sowohl der Agent zu verstehen, mit dessen Hilfe der Vertrag unmittelbar zwischen der Gesellschaft und dem Versicherungsnehmer zustande gekommen ist, als auch der Agent, der den Vertrag in eigener Person als Vertreter der Gesellschaft abgeschlossen hat."

den Fall, daß der Agent den Vertrag als selbständiger Vertreter des Versicherers abschließt.[217] Vermittler im Sinne des Art. 8 II ist also sowohl der beim Versicherer angestellte unselbständige Vertreter als auch der selbständige Agent.[218]

Nach seinem Wortlaut umfaßt Art. 8 II a. F. auch *Versicherungsmakler*. Jedoch ist eine teleologische Reduktion notwendig. Makler stehen – im Gegensatz zum Versicherungsagenten – nur in einem vorübergehenden Geschäftsverhältnis zum Versicherer; den Versicherer am Wohnsitz des Versicherungsmaklers gerichtspflichtig zu machen, ist unzumutbar.[219] Das Problem ist ohne praktische Bedeutung, weil die nationalen Kompetenzordnungen den Gerichtsstand am Wohnsitz des Maklers nicht kennen.

β) Agent und Versicherer müssen ihren Wohnsitz bzw. Sitz in verschiedenen Vertragsstaaten haben.[220]

γ) Der Wohnsitz des Versicherungsagenten muß im Versicherungsschein oder im Versicherungsantrag aufgeführt sein.[221] Antrag ist diejenige Erklärung des Versicherungsnehmers, die für den Vertragsabschluß entscheidend ist, die also Grundlage für die Ausfertigung und Übersendung der Versicherungspolice ist. Auf die Police wird nicht abgestellt. Meist werden die Policen durch Computer ausgefertigt, dabei werden die Angaben über den Agentenwohnsitz nur durch Kennziffern ausgewiesen. Das Erfordernis der urkundlichen Fixierung des Agentenwohnsitzes im Versicherungsschein bzw. im Versicherungsantrag deutet darauf hin, daß die Verfasser des Übereinkommens auf den *Wohnsitz des Vermittlers zum Zeitpunkt des Vertragsschlusses* abstellen wollten.[222] Wohnsitzänderungen nach diesem Zeitpunkt sind deshalb zuständigkeitsrechtlich nicht relevant. Sie wären auch für den Versicherer unzumutbar, da dieser den Wohnsitzwechsel nicht beeinflussen kann. Die zuständigkeitsrechtlichen Auswirkungen wären für den Versicherer nicht mehr kalkulierbar.

δ) Das nationale (autonome) Recht des angegangenen Gerichts muß die Zuständigkeit des Agentenwohnsitzes zulassen. Diese Zuständigkeitsanknüpfung ist derzeit nur dem deutschen und italienischen Zuständigkeitsrecht bekannt (§ 48 VVG und Art. 1903 Codice civile).[223]

---

217 *Linke* in *Bülow-Böckstiegel,* 606/96, Art. 8, Anm. II 2.

218 Zu dieser Unterscheidung s. auch die Kommentare zu § 48 VVG.

219 Der zu weit gefaßte Text des Art. 8 II rührt daher, daß man im Hinblick auf Art. 5 Nr. 5 (Agentur) das Wort „Agent" durch den Begriff „Vermittler" ersetzt hat. Vgl. *Schütze,* Angleichung des Vollstreckungsrechts in der EWG, in *Frey* (Herausgeber), Versicherungswirtschaft im Gemeinsamen Markt, 1967, 180, Fußn. 14. Vgl. auch *Linke* in *Bülow-Böckstiegel* 606/97 Art. 8 Anm. I 2 bei Fußn. 19 und *Schlosser*-Bericht Nr. 150 (oben Fußn. 213).

220 Vgl. *Jenard*-Bericht S. 77.

221 *Jenard*-Bericht S. 77; *Linke* (Fußn. 217).

222 Der *Jenard*-Bericht schweigt.

223 Vgl. auch oben Fußn. 193.

i) α) In *Haftpflichtversicherungssachen*[224] ist der Versicherer außerhalb seines Wohnsitz- bzw. Sitzstaates auch gerichtspflichtig an dem Ort, an dem das schädigende Ereignis eingetreten ist, Art. 9 S. 1,[225,226] sowie an dem Ort, wo die Klage des Geschädigten gegen den Versicherten anhängig ist, Art. 10 I.[227] Die erste Zuständigkeitsanknüpfung entspricht dem forum delicti commissi des Art. 5 Nr. 3 (hierzu näher unten § 84), die zweite dem Gerichtsstand der Garantieklage bzw. Interventionsklage des Art. 6 Nr. 2.[228]

β) Art. 10 I schafft nur bedingt europäisches Einheitsrecht; er steht unter dem Vorbehalt der Zulässigkeit nach dem Recht des Gerichtsstaates.[229] Hierin liegt ein entscheidender Unterschied zu Art. 6 Nr. 2. Dieser verdrängt das nationale Zuständigkeitsrecht in vollem Umfang. Deshalb bedurfte es auch des ausdrücklichen Vorbehalts in Art. V Abs. 1 des Protokolls zum Übereinkommen (Art. 65), um die Anwendbarkeit des Art. 6 Nr. 2 für die Bundesrepublik Deutschland auszuschließen.[230] Ein solcher Vorbehalt wäre für die Nichtanwendung des Art. 10 I in der Bundesrepublik Deutschland nicht erforderlich gewesen. Gleichwohl ist Art. 10 I in Art. V Abs. 1 des Protokolls vorsorglich nochmals aufgeführt.[231]

γ) In der *Bundesrepublik Deutschland kann somit auf Art. 10 I keine Zuständigkeit gegründet werden;*[232] gleichwohl ist die Gerichtspflichtigkeit des Versicherers im Endergebnis nicht weniger weit als in den anderen Vertragsstaaten[233]: Der Versicherer kann hier im Wege der *Streitverkündung* in den Prozeß gegen den Versicherten einbezogen werden (§§ 72ff. ZPO).[234] Art. 10 I ist für Versicherer mit Sitz in der Bundesrepublik Deutschland auch insofern von Bedeutung, als diese in anderen Vertragsstaaten gerichtspflichtig sind, vorausgesetzt, daß das dortige Recht die

---

224 Hierzu *Jenard*-Bericht S. 77.

225 Für die Definition des „Ortes, an dem das schädigende Ereignis eingetreten ist," gelten die gleichen Grundsätze wie für Art. 5 Nr. 3. Dieser Begriff ist konventionsimmanent zu definieren (autonome Auslegung). Fallen der Handlungs- und der Erfolgsort auseinander, so hat der Kläger die Wahl. Näher unten § 82 XI.

226 Dieser Gerichtsstand kann bereits vor Entstehen der Streitigkeiten durch Zuständigkeitsvereinbarung derogiert werden.

227 Hierzu *Jenard*-Bericht S. 78.

228 Hierzu oben II bei Fußn. 62.

229 Vgl. auch *Kropholler,* Kommentar 89, Art. 10 Rz. 1.

230 Näher oben II.

231 Unpräzis *Jenard*-Bericht S. 78: „Verklagt ein Geschädigter den Versicherten, so kann dieser gegen den Versicherer auf Grund des Artikels 10 Abs. 1 die Interventionsklage erheben, wenn das angerufene Gericht nach seinem innerstaatlichen Recht über eine solche Klage erkennen kann. Dies ist in der Bundesrepublik Deutschland nicht der Fall. Vgl. Protokoll, Art. V.

232 Vgl. oben II.

233 *Jenard*-Bericht S. 73. Vgl. oben bei Fußn. 83.

234 Zur Streitverkündung s. auch § 3 Nr. 8 PflVG.

Interventionsklage zuläßt.[235] Dies gilt auch dann, wenn sowohl der Versicherte als auch die Versicherer ihren Wohnsitz im gleichen Vertragsstaat, z. B. in der Bundesrepublik Deutschland, haben, der Hauptprozeß jedoch in einem anderen Vertragsstaat anhängig ist. Dort, also am Gerichtsstand des Hauptprozesses, kann auch wegen Ansprüchen aus dem Versicherungsvertrag gegen den Versicherer Klage erhoben werden, es sei denn, daß diese Zuständigkeit gemäß Art. 12 Nr. 3 derogiert wurde.[236] Die in den anderen Vertragsstaaten[237] im Gerichtsstand des Art. 10 I (in Verbindung mit der jeweiligen nationalen Zuständigkeitsnorm, die die Interventionsklage am Ort des Hauptprozesses kompetenzrechtlich zuläßt) erlassenen Urteile sind auch in der Bundesrepublik Deutschland anzuerkennen und zur Vollstreckung zuzulassen (sofern nicht ein Versagungsgrund nach Art. 27 in Betracht kommt), Art. V Abs. 2 Satz 1 des Protokolls (Art. 65).[238] Selbst wenn eine Derogations-

---

[235] Vgl. oben bei Fußn. 229.

[236] Dieser Punkt wurde von den Verfassern des Übereinkommens ausführlich diskutiert. Hierzu *Jenard*-Bericht S. 78: „Es erhob sich die Frage, ob die Verbindung der beiden Klagen auch dann möglich sein soll, wenn sowohl der Versicherer als auch der Versicherte ihren Wohnsitz in dem gleichen Staate haben, der in dem angenommenen Fall nicht der Staat des angerufenen Gerichts ist. Nehmen wir als Beispiel einen in Frankreich von einem Deutschen mit Wohnsitz in Deutschland verursachten Verkehrsunfall; es wird ferner unterstellt, daß dieser Deutsche bei einer deutschen Gesellschaft versichert ist. Ist in diesem Falle die – im französischen Recht vorgesehene – Interventionsklage zulässig, obwohl der Rechtsstreit sich auf einen Versicherungsvertrag zwischen einem deutschen Versicherungsnehmer und einem deutschen Versicherer bezieht? Soll über diesen Vertrag, der deutschem Recht unterliegt, nicht eher ein deutsches Gericht befinden? Alsdann würden die vertraglichen Beziehungen zwischen dem Versicherer und dem Versicherungsnehmer außerhalb des Haftpflichtprozesses bleiben.

Die Frage ist gewiß bedeutsam; der Ausschuß hielt es aber nicht für angebracht, Zuständigkeitsregeln zu erlassen, die von dem innerstaatlichen Recht der einzelnen Staaten abweichen und die noch dazu geeignet wären, den reibungslosen Ablauf des mit der Einführung der grünen Versicherungskarte verbundenen Systems zu gefährden. Die Haftpflichtversicherung für Kraftfahrzeuge ist in allen Staaten der Gemeinschaft außer *Italien* zwingend vorgeschrieben:

Belgien, Gesetz vom 1. Juli 1956. – *Bundesrepublik Deutschland,* Gesetz vom 7. November 1939. – *Frankreich,* Gesetz vom 27. Februar 1958, Verordnung vom 7. Januar 1959. – *Luxemburg,* Gesetz vom 10. Juni 1932, Durchführungsverordnungen vom 28. Oktober 1932 und 24. Dezember 1932. – *Niederlande,* Gesetz vom 30. Mai 1963, Verordnung vom 23. Juni 1964.

Der Ausschuß hat sich aber für eine Kompromißlösung entschieden, durch welche die Tragweite des Artikels 10 Absatz 1 insofern abgeschwächt wird, als durch eine in Artikel 12 Nr. 3 eingefügte Bestimmung vorgesehen wird, daß der Versicherungsnehmer und der Versicherer, die bei Vertragsabschluß ihren Wohnsitz in demselben Vertragsstaat haben, die Zuständigkeit der Gerichte dieses Staates vereinbaren können. Eine solche Vereinbarung muß jedoch nach dem Recht dieses Staates zulässig sein."

[237] Vgl. *Kropholler,* Kommentar 89, Art. 10 Rz. 2.

[238] Vgl. oben II.

vereinbarung nach Art. 12 Nr. 3 in concreto abgeschlossen worden war, muß der Versicherer sich im jeweiligen Gerichtsstaat am Rechtsstreit beteiligen und die Rüge der Unzuständigkeit erheben, notfalls durch Einlegung von Rechtsmitteln, wenn das angegangene Gericht trotz der Derogation seine Zuständigkeit bejaht.[239] Denn im Anerkennungs- bzw. Klauselerteilungsstadium kann der Versicherer die Unzuständigkeit nicht mehr rügen.[240]

δ) Die Gerichtspflichtigkeit des Versicherers ist, falls er im Wege der Gewährleistungs- bzw. Interventionsklage[241] in Haftpflichtsachen belangt wird, an *zwei Voraussetzungen* geknüpft:

(1) Zum einen muß Beklagter (Antragsgegner) des Haftpflichthauptprozesses der *Versicherte* sein.[242] Fallen Versicherungsnehmer und Versicherter auseinander, so kommt es nur auf die Person des Versicherten an.[243] Sind mehrere versicherte Personen wegen des gleichen Schadensfalles vor den Gerichten verschiedener Vertragsstaaten verklagt, so kann jeder von ihnen den Versicherer an seinen Gerichtsort laden lassen. Der Versicherer ist an jedem (zuständigen) Gerichtsort gerichtspflichtig.[244]

(2) *Der Hauptprozeß muß vor einem zuständigen Gericht anhängig sein.*[245]

aa) Dies steht zwar nicht ausdrücklich im Text des Übereinkommens, läßt sich aber unschwer aus dem Sinnzusammenhang erkennen. Andernfalls wäre die Gerichtspflichtigkeit des Versicherers innerhalb des geographischen Anwendungsbereichs des Übereinkommens[246] unbegrenzt.[247] Der Geschädigte bräuchte den Versicherten nur irgendwo ohne Beachtung der Art. 2ff. verklagen. Dann wäre zwar die Klage gegen den Versicherten wegen internationaler Unzuständigkeit unzulässig, nicht aber die Gewährleistungs- bzw. Interventionsklage des Versicherten gegen den Versicherer auf Freistellung.[248]

bb) Dies ist aber nicht die ratio conventionis. Grund für die Gerichtspflichtigkeit des Versicherers am Ort des Hauptprozesses ist das Gerichtsinteresse an einer einheitlichen Verhandlung und Entscheidung tatsächlich und rechtlich zusammenhängender Prozesse.[249] Daran fehlt es aber bei Unzuständigkeit des Gerichts für den Hauptprozeß.[250]

---

239 Vgl. oben § 30 III 1.

240 *Geimer* RIW/AWD 1980, 307.

241 Hierzu *Linke* in *Bülow-Böckstiegel* 606/706 Art. 10, Anm. III 4.

242 Typischer Fall ist der Verkehrsunfall.

243 Anders Art. 8 I Nr. 2 n. F. Vgl. oben Fußn. 204.

244 Allerdings kann das später angegangene Gericht nach Art. 22 verfahren. Hierzu oben § 44 II.

245 Zum Parallelproblem des Art. 6 Nr. 2 s. oben II. Anders aber die Situation im Fall des Art. 6 Nr. 1.

246 Vgl. oben § 17.

247 Vgl. auch oben bei Fußn. 200.

248 Die Modalitäten der Freistellung im einzelnen regelt die vom IPR des Gerichtsstaates bestimmte lex causae.

249 Vgl. *Jenard*-Bericht S. 76.

250 Vgl. oben bei Fußn. 26.

cc) Der Versicherer kann also die Unzuständigkeit des angegangenen Gerichts für den Hauptprozeß rügen. Dringt er damit durch, entfällt auch seine Gerichtspflichtigkeit gemäß Art. 10 I.[251]

dd) Dieses Rügerecht steht dem Versicherer als selbständiges Verteidigungsmittel gegen die Klage des Versicherten zur Verfügung. Es kann durch das Prozeßverhalten des Versicherten nicht vereitelt werden. Der Versicherer kann selbst dann die Unzuständigkeit des Gerichts für den Hauptprozeß geltend machen, wenn der Versicherte dies – aus welchen Gründen auch immer – unterlassen und damit – sofern er am Verfahren teilgenommen hat[252] – seine eigene Gerichtspflichtigkeit durch Einlassung (Art. 18) herbeigeführt hat.[253] Dies muß der Versicherer nicht gegen sich gelten lassen. Die Einlassung des Versicherten bewirkt nicht automatisch die Gerichtspflichtigkeit des Versicherers.[254] Dieser kann sich gegenüber der Gewährleistungs- bzw. Interventionsklage des Versicherten gegen ihn auf die Unzuständigkeit des Gerichts des Hauptprozesses berufen. Wollte man anders entscheiden, so würde man die vom Übereinkommen sowieso stiefmütterlich behandelten Zuständigkeitsinteressen des Versicherers vollends der Willkür des Versicherten ausliefern.[255]

ee) Aber auch diejenigen, die dieser Interessenbewertung nicht zuzustimmen vermögen, kommen zum gleichen Ergebnis auf Grund folgender Erwägung: Nach dem Versicherungsvertrag[256] ist der Versicherte bei seiner Prozeßführung gegen den Geschädigten den Weisungen des Versicherers unterworfen. Zu diesem Zweck hat er den Versicherer umfassend zu informieren.[257] Verstößt er gegen diese Obliegenheiten, dann darf sich dieser Verstoß nicht gegen den Versicherer dahingehend auswirken, daß seine Gerichtspflichtigkeit erweitert wird. Demgegenüber läßt sich zwar das Gerichtsinteresse an einheitlicher Entscheidung zusammenhängender Prozesse[258] anführen. Dieses ist aber hier weniger gewichtig.[259] Etwas anderes gilt allerdings, wenn der Versicherte sich auf Weisung des Versicherers eingelassen hat. Dann verstieße es gegen Treu und Glauben, wollte der Versicherer sich auf die Unzuständigkeit des angegangenen Gerichts für den Hauptprozeß berufen.

---

251 Vgl. unten § 97.

252 Wenn der beklagte Versicherte der Ladung zum Haftpflicht(haupt)prozeß nicht Folge leistet, hat das Gericht von Amts wegen seine Unzuständigkeit festzustellen, Art. 20 I.

253 Vgl. auch oben bei Fußn. 26.

254 Ebenso auch das autonome deutsche Recht.

255 Zur Interessenbewertung s. oben III 3.

256 In der Praxis maßgeblich sind die *allgemeinen Versicherungsbedingungen.*

257 Vgl. *Prölls-Martin,* VVG, 22. Aufl., 1980.

258 Hierzu *Jenard*-Bericht S. 76.

259 Diese Frage wird in den nationalen Zuständigkeitsordnungen der einzelnen die Gewährleistungs- bzw. Interventionsklage zulassenden Vertragsstaaten unterschiedlich beantwortet.

ff) Die oben zur Einlassung dargestellten Grundsätze gelten sinngemäß auch für den Fall, daß der Versicherte – ohne oder entgegen der Weisung des Versicherers – die Zuständigkeit des angegangenen Gerichts durch Vereinbarung[260] mit dem Geschädigten (= Kläger) herbeigeführt hat.[261]

gg) Die vorstehenden Regeln sind europäisches Einheitsrecht. Entgegenstehendes nationales Recht wird insoweit verdrängt.[262]

hh) Hervorzuheben ist noch, daß Art. 10 I auch dann den Versicherer am Ort des Hauptprozesses gerichtspflichtig macht, wenn für den Hauptprozeß nicht das Zuständigkeitsrecht des Übereinkommens gilt,[263] sondern wenn sich die Gerichtspflichtigkeit des Beklagten nach nationalem Zuständigkeitsrecht (Art. 4 I) beurteilt.[264]

Beispiel: Ein spanischer Gastarbeiter ist bei einer deutschen Versicherungsgesellschaft versichert. Er behält diese Versicherung auch nach seiner endgültigen Rückkehr in sein Heimatland bei.[265] Er ist in einen Straßenverkehrsunfall in Frankreich verwickelt und wird dort vom Geschädigten verklagt. Für die Gerichtspflichtigkeit des in Spanien wohnhaften Beklagten des Hauptprozesses ist das autonome Zuständigkeitsrecht Frankreichs maßgebend, weil er nicht im geographischen Anwendungsbereich des Übereinkommens[266] wohnt, Art. 4 I.[267] Dagegen richtet sich die Gerichtspflichtigkeit des Versicherers mit Sitz in der Bundesrepublik Deutschland nach europäischem Zuständigkeitsrecht (Art. 10 I).[268]

j) Läßt die nach dem IPR des Gerichtsstaates maßgebliche lex causae[269] in Haftpflichtsachen eine *action directe* gegen den Versicherer (= Klage, die der Verletzte unmittelbar gegen den Versicherer erhebt) zu,[270] so

---

260 Wegen des auf die Zuständigkeitsvereinbarung anwendbaren Zuständigkeitsrechts s. oben § 29 VI.

261 Diese Frage wird für den Bereich der nationalen Rechtsordnungen unterschiedlich beantwortet.

262 Dies wird von den Gerichten der Vertragsstaaten, die die Gewährleistungs- und Interventionsklage zulassen, nicht immer klar genug gesehen.

263 Zum Anwendungsbereich des europäischen Zuständigkeitsrechts s. oben § 29.

264 Vgl. oben Fußn. 85.

265 Gleichgültig ist, ob dies zulässig war.

266 Oben § 17.

267 Oben § 29 IV.

268 Das gleiche gilt in den Fällen des Art. 8 III = Art. 8 II n. F. Vgl. oben Fußn. 85 und Fußn. 193.

269 Gegen Maßgeblichkeit der lex fori, also für Beachtung der kollisionsrechtlichen Verweisung ausdrücklich *Jenard*-Bericht S. 78. „Der Satzteil ‚sofern eine solche unmittelbare Klage zulässig ist', ist so gefaßt worden, daß die Kollisionsnormen des angerufenen Gerichts einbezogen sind. Nach diesen Regeln wird entschieden, ob das Recht des Ortes, an dem der Schadensfall eingetreten ist, oder das Recht des Versicherungsvertrages oder aber die lex fori anzuwenden ist."

270 Die unmittelbare Klage ist nach belgischem, französischem und luxemburgischem Recht zulässig. Nach deutschem und niederländischem Recht ist sie nur bei der obligatorischen Haftpflichtversicherung von Kraftfahrzeugen möglich.

beurteilt sich gemäß Art. 10 II die Gerichtspflichtigkeit des Versicherers nach Art. 7 – Art. 9.[271]

α) Der Verletzte kann den Versicherer vor jedes Gericht ziehen, für das eine Zuständigkeit nach Art. 7, 8 oder 9 für die Klage des Versicherungsnehmers und der übrigen am Versicherungsverhältnis Beteiligten gegeben ist.[272] Er kann also den Versicherer verklagen außerhalb dessen Wohnsitzstaates am Wohnsitz des Versicherungsnehmers (Art. 8 I Nr. 2 n. F.)[273] oder am Schadensort (Art. 9 S. 1), nicht aber am *Wohnsitz des Versicherten und auch nicht an seinem eigenen Wohnsitz*. Denn Art. 8 I Nr. 2 n. F. knüpft an den Wohnsitz des Versicherungsnehmers an.[274] Weiter ist der Versicherer außerhalb seines Wohnsitzstaates gegenüber dem Verletzten gerichtspflichtig am Wohnsitz des federführenden Versicherers, Art. 8 I Nr. 3 n. F.,[275] sowie am Ort seiner Zweigniederlassung, Agentur oder sonstigen Niederlassung, Art. 10 II, 7, 5 Nr. 5, allerdings nur wenn der Streitgegenstand damit in Zusammenhang steht.[276] Einen solchen Zusammenhang wird der Streitgegenstand des Haftpflichtprozesses wohl nie haben. Art. 10 II ist aber weit auszulegen: Es reicht auch für die Klage des Verletzten gegen den Versicherer kompetenzrechtlich aus, wenn der Versicherte im Gerichtsstand des Art. 5 Nr. 5, Art. 7 auf Freistellung klagen bzw. Rückgriff geltend machen könnte.[277]

β) Ob der Direktanspruch des Geschädigten gegen den Versicherer besteht, ist nicht eine Frage des Prozeßrechts, sondern des materiellen Rechts.[278] Maßgebend ist also nicht die lex fori,[279] sondern die lex causae.[280] Diese bestimmt das IPR des Gerichtsstaates[281]. Die im deutschen

---

Rechtsvergleichende Hinweise bei *Sievers,* VersR 1961, 385 ff.; *Möller,* ZVersWiss 1963, 409 ff.; *Bott,* Der Schutz des Unfallgeschädigten durch die Kraftfahrzeug-Pflichtversicherung, 1964; *Atallah,* Le droit propre de la victime et son action directe contre l'assureur de la responsabilité automobile obligatoire, 1967; *Birk,* Schadensersatz und sonstige Restitutionsformen im internationalen Privatrecht, 1967, S. 50 ff.

[271] Wenig aufschlußreich in diesem Punkt *Kropholler* IZVR Rz. 752.

[272] *Jenard*-Bericht S. 78: „Nach Artikel 10 Absatz 2 kann der Versicherer von dem Verletzten in Haftpflichtsachen auch unmittelbar außerhalb seines Wohnsitzstaates verklagt werden, und zwar vor jedem Gericht, das nach den Artikeln 7 bis 9 für eine Klage des Versicherungsnehmers gegen den Versicherten zuständig ist."

[273] Art. 8 I 2. Alternative n. F.

[274] *Jenard*-Bericht S. 78: „Artikel 8 Absatz 1 regelt nur die Zuständigkeit nach dem Wohnsitz des Versicherungsnehmers. Dagegen gibt es keine Bestimmung, die den Gerichtsstand des Wohnsitzes des Verletzten vorsieht."

[275] Vgl. oben bei Fußn. 197.

[276] Vgl. oben bei Fußn. 178.

[277] Der *Jenard*-Bericht schweigt zu diesem Punkt.

[278] *Zöller-Geimer,* ZPO, 13. Aufl., 1980, IZPR, Anm. C VI 11.

[279] So aber OLG Köln NJW 1973, 426.

[280] Ausführlich *Linke* in *Bülow-Böckstiegel,* 606/104, Art. 10, Anm. III 3 sowie die Kommentare zu Art. 12 EGBGB.

[281] Das IPR des Gerichtsstaates (= Erststaates) hat auch der Zweitrichter in den Übergangsfällen des Art. 54 II zugrundezulegen. Im Rahmen des Art. 28 I taucht diese

IPR herrschende Meinung stellt auf das Deliktsstatut ab. Für die Statthaftigkeit der Direktklage[282] ist demnach das Tatortrecht maßgeblich,[283] also nicht das Versicherungsstatut,[284] und zwar auch dann, wenn Schädiger und Geschädigter die gleiche Staatsangehörigkeit besitzen und sich die Beteiligten nur vorübergehend im Ausland aufgehalten haben.[285] Dieser Gesichtspunkt ist irrelevant für das Verhältnis zwischen Geschädigtem und Versicherung. Selbst wenn alle Beteiligten die deutsche Staatsangehörigkeit besitzen, mithin auch die Versicherung in der Bundesrepublik Deutschland ihren Sitz hat, gilt nicht ohne weiteres deutsches materielles Recht.[286] Vielmehr kommt es auf das Recht am Tatort an.[287]

γ) Das deutsche Recht läßt den Direktanspruch nur in Kraftfahrzeughaftpflichtversicherungssachen zu.[288] Dieses Rechtsinstitut wurde in der Bundesrepublik Deutschland erst eingeführt in Ausführung des Europäischen Übereinkommens über die obligatorische Haftpflichtversicherung für Kraftfahrzeuge vom 20. April 1959[289] und in § 3 PflichtversicherungsG[290] und in § 6 I AuslandspflichtversG[291] normiert.[292, 293] Es

---

Frage nicht auf, da der beklagte Versicherer die internationale Unzuständigkeit nicht rügen darf. Begründung: Art. 28 I dient nicht dem Schutz des Versicherers, vgl. *Geimer* RIW/AWD 1980, 307 sub III 1 und oben § 57 III 1.

[282] Hierzu *Heinemann*. Die action directe und ihre rechtspolitische Bedeutung, Diss. Köln 1965; *Birk*, Schadensersatz und sonstige Restitutionsformen im IPR, 1967, 50ff.

[283] BGH NJW 1974, 495 = AWD 1974, 166 = VersR 1974, 254 = IPRspr 1973 Nr. 17.

[284] Für Versicherungsstatut, zumindest als sekundäre Anknüpfung, *Trenk-Hinterberger*, NJW 1974, 1048. Nachw. auch in IPG 1976 Nr. 14 (Hamburg) und IPG 1974 Nr. 8 (Hamburg).

[285] *Linke* in *Bülow-Böckstiegel* 606/105, Art. 10, Anm. III 3 bei Fußn. 29.

[286] § 1 der Rechtsanwendungsverordnung vom 7. Dezember 1942 kommt nicht zum Zuge, da Tatbestandsvoraussetzung Schädigungshandlungen durch die Organe und sonstigen Vertreter der juristischen Person sind.

[287] Vgl. auch *Kegel*, IPR, 4. Aufl., 1977, 318.

[288] Weiter das französische Recht und die von ihm beeinflußten Rechtsordnungen (oben Fußn. 270).

[289] BGBl 1965 II 282.

[290] BGBl 1965 I 213.

[291] BGBl 1956 I 667.

[292] § 3 PflVersG gilt für Kraftfahrzeuge mit regelmäßigem Standort im Inland (§ 1 PflVersG); diese Vorschrift wurde durch § 6 Abs. 1 AuslPflVersG auch auf Unfälle ausländischer Kraftfahrzeuge im Inland erstreckt.

[293] Das System der *Grünen Karte* sieht folgende Klagemöglichkeiten für den Geschädigten vor: die Klage kann wahlweise gegen den ausländischen Haftpflichtversicherer des Schädigers oder gegen den Verband gerichtet werden, der die Regulierung übernommen hat, für die Bundesrepublik Deutschland ist dies der HUK-Verband. Der regulierungsverpflichtete Verband haftet nur in Höhe der nach seinem Pflichtversicherungsrecht bestehenden Mindestsummen, während der Schädiger u. U. in seinem Heimatland höher versichert ist. Aus diesem Grund muß der Geschädigte abwägen,

gehört nicht zu den Grundstrukturen des deutschen Haftpflichtversicherungsrechts und muß deshalb bei Fehlen eines Direktanspruchs lege causae nicht über die ordre public-Klausel (Art. 30 EGBGB) oder auf Grund einer sondergesetzlichen Anknüpfung international durchgesetzt werden.[294]

δ) Art. 9 des *Haager Übereinkommens über das auf Straßenverkehrsunfälle anwendbare Recht* vom 4. Mai 1971[295] bringt für die unmittelbare Klage eine Leiter stufenweise möglicher Anknüpfungen.[296] Es verweist primär auf die allgemeine Regelung des Deliktsstatuts und damit auf das Recht des Unfallortes, für bestimmte Fälle auf das des Registrierortes und dafür wiederum hilfsweise auf das des Unfallortes; kennen beide Rechte die unmittelbare Klage nicht, gilt das Schuldstatut des Versicherungsvertrages.[297] Dieses Übereinkommen ist für die Bundesrepublik Deutschland noch nicht in Kraft, jedoch für Belgien, Frankreich, Luxemburg und die Niederlande.[298]

k) Für *Immobiliarversicherungsstreitigkeiten*[299] ist der Versicherer – ebenso wie in Haftpflichtversicherungssachen – zudem gerichtspflichtig am Ort des schädigenden Ereignisses, Art. 9: Dies gilt auch für Versicherungen von beweglichen Sachen, die zusammen mit Immobilien in einem einheitlichen Versicherungsvertrag versichert und vom gleichen Schadensfall betroffen sind, Art. 9 S. 2, und zwar selbst dann, wenn über die Fahrnis ein Zusatzvertrag zum Immobiliarversicherungsvertrag geschlossen worden ist.[300] Zu denken ist z. B. an Feuerversicherungen.

l) Art. 8 I Nr. 1 n. F. (= Art. 8 I *erste* Alternative a. F.) normiert nur die *internationale Zuständigkeit,* überläßt – gemäß dem bereits oben § 33 I erörterten Grundsatz – die Festlegung der örtlichen Zuständigkeit dem nationalen Recht.

m) Im übrigen ist aber auch die *örtliche Zuständigkeit* (für Klagen gegen den Versicherer außerhalb seines Wohnsitz-/Sitzstaates) durch das Übereinkommen geregelt. Vgl. Art. 8 I Nr. 2 und Nr. 3, Art. 8 II a. F. (in der Neufassung ersatzlos gestrichen), Art. 9, Art. 10.

---

ob die Deckung durch den zur Regulierung verpflichteten Verband ausreicht, um seinen Schadenersatzanspruch zu befriedigen. Hierzu *Schmitt,* VersR 1970, 497; *Linke* in *Bülow-Böckstiegel* 606/104, Art. 10, Anm. III 2 und *Kreuzer* in Münchener Kommentar Art. 12 EGBGB, Rz. 126.

[294] Für Anwendung des ordre public *Trenk-Hinterberger* NJW 1974, 1048; *Palandt-Heldrich,* EGBGB Art. 12, Anm. 2.

[295] Text RabelsZ 1969, 342.

[296] Hierzu *Beitzke* RabelsZ 1969, 204, 233; *ders.,* Festschr. für *v. Caemmerer,* 1978, 677.

[297] *Linke* in *Bülow-Böckstiegel* 606/105, Art. 10, Anm. III 3 bei Fußn. 26.

[298] Text in *Recueil des Conventions* 1951–1980, herausgegeben von der Conférence de la Haye de droit international privé, 1981, sub XIX. Hierzu *Kegel* (Fußn. 287) 319. Vgl. auch *Kreuzer* in Münchener Kommentar, Art. 12 EGBGB, Rz. 106.

[299] Hierzu *Linke* in *Bülow-Böckstiegel,* 606/101, Art. 9, Anm. 3.

[300] So ausdrücklich der *Jenard*-Bericht S. 78.

V. Gerichtspflichtigkeit in Verbrauchersachen[301]

1. Die Gerichtspflichtigkeit des beklagten Verbrauchers[302]

a) Der Verbraucher ist außerhalb seines Wohnsitzstaates grundsätzlich nicht gerichtspflichtig, Art. 14 II.[303] Allerdings kommt eine Ausnahme zum Zuge, wenn der beklagte Verbraucher außerhalb seines Wohnsitzstaates eine Zweigniederlassung, Agentur oder sonstige Niederlassung unterhält und die Streitigkeit aus dem Betrieb dieser Niederlassung herrührt. Die Verweisung des Art. 13 I auf Art. 5 Nr. 5 gilt auch für Klagen gegen den Verbraucher.[304] Jedoch dürften solche Fallkonstellationen in der Praxis wohl selten vorkommen, da die Sondernormen der Art. 13ff. nur für den privaten Endverbraucher Anwendung finden.[305] Für Streitigkeiten aus Verträgen, die der beruflichen oder gewerblichen Tätigkeit zuzurechnen sind, gelten die allgemeinen Zuständigkeitsnormen der Art. 2ff. Die Gerichtspflichtigkeit des Beklagten richtet sich in diesen Fällen nach Art. 5 und Art. 6.

b) Maßgebend ist der Zeitpunkt der Klageerhebung.[306] Dies wurde bereits oben[307] erläutert.

c) Art. 14 II regelt grundsätzlich nur die *internationale Zuständigkeit.*[308] Die *örtliche Zuständigkeit* normiert das Übereinkommen nur in zwei Ausnahmefällen, nämlich in Art. 5 Nr. 5 in Verbindung mit Art. 13 I (Gerichtsstand der Zweigniederlassung, Agentur oder sonstigen Niederlassung[309]) und in Art. 14 III (Gerichtsstand der Widerklage[310]).[311] Im übrigen überläßt das Übereinkommen die *Festlegung des örtlich zuständigen Gerichts* dem nationalen Recht.[312] In der Bundesrepublik Deutschland kommen § 6a des Abzahlungsgesetzes[313] und § 26 des Fernunterrichtsvertragsgesetzes[314] zum Zuge. Außerhalb ihres Anwendungsbereichs[315] gelten für die örtliche Zuständigkeit §§ 12ff. ZPO.[316]

---

301 Vgl. oben III 8 bei Fußn. 137ff. Zum autonomen deutschen Recht (§ 6a AbzG) *Kropholler* IZVR Rz. 363.

302 Hierzu *Schlosser*-Bericht Nr. 153ff.

303 Zur Nachprüfung im Zweitstaat gemäß Art. 28 s. oben § 57 IV.

304 So wohl auch *Jenard*-Bericht S. 79: „Klagen des Verkäufers oder des Darlehensgebers können *in der Regel* nur vor dem Gericht erhoben werden, in dessen Bezirk der Käufer oder der Darlehensnehmer seinen Wohnsitz zur Zeit der Klageerhebung hat."

305 Oben III 4.

306 So ausdrücklich *Jenard*-Bericht S. 79.

307 Vgl. oben § 29 IV 10.

308 Vgl. oben § 32.

309 Hierzu näher unten § 80.

310 Hierzu näher unten § 78.

311 Hinzu kommt noch der Fall der Zuständigkeitsvereinbarung, Art. 17, Art. 15. Vgl. unten § 75 V 2.

312 Vgl. oben § 22 III 2.

313 Hierzu näher *Zöller-Vollkommer,* ZPO, 13. Aufl., 1981, Anhang nach § 29a.

314 BGBl I 2525.

Stellt ein Vertragsstaat nach seinem autonomen Recht kein örtlich zuständiges Gericht zur Verfügung, so greift die ungeschriebene Konventionsregel ein, wonach das Gericht der Hauptstadt örtlich zuständig ist.[317, 318]

d) Art. 6 Nr. 1 wird von der Sonderregelung der Art. 13ff. verdrängt. Gleichwohl ist praeter conventionem bei *notwendiger* Streitgenossenschaft ein gemeinsames Forum analog Art. 6 Nr. 1 zu eröffnen.

2. Die Gerichtspflichtigkeit des beklagten Vertragspartners des Verbrauchers[319, 320]

Dessen Zuständigkeitsinteressen werden wie die des Versicherers gering geachtet.[321] Den Interessen des Verbrauchers wird absoluter Vorrang eingeräumt.[322]

a) Der Vertragspartner des Verbrauchers, also der Verkäufer, Darlehensgeber usw.[323] ist außerhalb seines Wohnsitz- bzw. Sitzstaates gerichtspflichtig im Wohnsitzstaat des Verbrauchers, Art. 14 I.

α) Maßgebend ist der Wohnsitz des Verbrauchers zum Zeitpunkt der Klageerhebung.[324] Es gelten die oben dargestellten Grundsätze.[325] Für

---

315 Das autonome deutsche Recht ist enger als Art. 13 I Nr. 3.

316 Ausführlich oben § 33.

317 Vgl. oben § 33 III.

318 Im *Stadium der Anerkennung bzw. Klauselerteilung* hat sich der Zweitrichter gemäß Art. 28 I auf Rüge des im Erststaat beklagten Verbrauchers auf die Prüfung der internationalen Zuständigkeit des Erststaates zu beschränken. *Die örtliche Zuständigkeit wird nicht nachgeprüft,* ganz gleich, ob sie in concreto durch das Übereinkommen (vgl. oben Fußn. 309–311) oder durch das nationale Zuständigkeitsrecht fixiert ist. Die örtliche Unzuständigkeit (innerhalb des international zuständigen Erststaates) führt nicht zur Versagung der Anerkennung bzw. Ablehnung der Klauselerteilung. Vgl. oben § 33 IV bei Fußn. 87.

319 Zur Gerichtspflichtigkeit nach autonomem deutschen Recht ausführlich *Zöller-Vollkommer,* ZPO, 13. Aufl., 1981, Anhang nach § 29a.

320 Im Anerkennungs- bzw. Klauselerteilungsstadium hat der im Erststaat beklagte Vertragspartner des Verbrauchers kein Rügerecht gemäß Art. 28 I. Vgl. oben § 57 III 1.

321 Vgl. oben III 3.

322 Allgemein zu den Klägergerichtsständen zu Gunsten des typischerweise schwächeren Verbrauchers *Schröder,* Internationale Zuständigkeit, 1971, 350 sub. 3. Die *Schrödersche* Typisierung „sozial schwache Person" ist weniger treffend, da auch dem Millionär, der einen Staubsauger auf Raten kauft, der Klägergerichtsstand zur Verfügung steht. Auch der Millionär kann seinen möglicherweise wirtschaftlich viel schwächeren Vertragspartner an seinem (Kläger)-Wohnsitz verklagen.

323 Zum Anwendungsbereich des 4. Abschnitts näher oben III 8 bei Fußn. 136ff.

324 *Schlosser*-Bericht Nr. 161: „Inhaltlich bedeutet die von der Expertengruppe getroffene Entscheidung – dem früheren Artikel 14 folgend –, daß der Verbraucher auch vor den Gerichten des Staates seines neuen Wohnsitzes klagen kann, wenn er nach Abschluß des der späteren Klage zugrunde liegenden Geschäfts in einen anderen Staat der Gemeinschaft verzieht."

325 Vgl. auch oben § 29 IV 10.

den Vertragspartner des Verbrauchers ist der Umfang seiner Gerichtspflichtigkeit bei Vertragsabschluß nicht überschaubar, da es der Verbraucher in der Hand hat, seinen Wohnsitz zu verlegen.[326]

β) Der Wohnsitz des Verbrauchers zum Zeitpunkt der Klageerhebung ist gemäß Art. 14 I 2. Alternative n. F. kompetenzbegründend auch in den Fällen des Art. 13 I Nr. 3 n. F.[327] Es ist streng zu unterscheiden zwischen Anwendungsnorm und Kompetenznorm.[328] Art. 13 grenzt den Anwendungsbereich des 4. Abschnitts gegenüber der allgemeinen Zuständigkeitsordnung der Art. 2ff. ab.[329] Für die Anwendbarkeit des Art. 14 kommt es bei der Alternative des Art. 13 I Nr. 3 n. F. auf den Zeitpunkt des Vertragsschlusses an.[330] Sind die Tatbestandsvoraussetzungen des Art. 13 I Nr. 3a und b, nämlich Vertragsangebot bzw. Werbung des Vertragspartners des Verbrauchers einerseits und Annahme bzw. sonstige zum Abschluß des Vertrages erforderliche Rechtshandlungen andererseits gegeben,[331] und zwar im Wohnsitzstaat des Verbrauchers zum Zeitpunkt des Vertragsschlusses, so steht die Anwendbarkeit

---

[326] Der Vertragspartner des Verbrauchers kann jedoch durch eine Zuständigkeitsvereinbarung seine Kompetenzinteressen sichern. Eine solche ist – entgegen der Regel des Art. 15 Nr. 1 – bereits vor Entstehen der Streitigkeit zulässig: Hatten der Verbraucher und sein Vertragspartner zum Zeitpunkt des Vertragsschlusses ihren Wohnsitz bzw. Sitz in ein und demselben Vertragsstaat, so ist eine Vereinbarung zulässig, daß dieser Vertragsstaat international zuständig sein soll. Dies gilt allerdings nicht, sofern das Recht dieses Staates eine solche Vereinbarung untersagt. In der Bundesrepublik Deutschland ist eine solche Vereinbarung zulässig, wie sich aus § 6a Abs. 2 Nr. 1 AbzG ergibt. Art. 15 Nr. 3 ist auch anwendbar, wenn der Vertragspartner des Verbrauchers nur eine Zweigniederlassung, Agentur oder sonstige Niederlassung im Wohnsitzstaat des Verbrauchers hat. Dies ist unzweifelhaft in den Fällen, in denen der Vertragspartner des Verbrauchers nicht im geographischen Anwendungsbereich des Übereinkommens (hierzu oben § 17) wohnt bzw. seinen Sitz hat. Denn aufgrund der Fiktion des Art. 13 II n. F. wird er so behandelt wie wenn er am Ort der Zweigniederlassung, Agentur oder sonstigen Niederlassung wohnte bzw. seinen Sitz hätte. Eine ausdrückliche Norm fehlt aber, wenn der Vertragspartner des Verbrauchers in einem anderen Vertragsstaat seinen Sitz hat und im Wohnsitzstaat des Verbrauchers nur eine Zweigniederlassung betreibt. Nach seinem Wortlaut wäre Art. 15 Nr. 3 nicht anwendbar; zu erwägen wäre allenfalls, einen gewöhnlichen Aufenthalt des Vertragspartners im Wohnsitzstaat des Verbrauchers auf Grund der Zweigniederlassung zu bejahen. Doch verliert man sich dabei bald in begriffsjuristischen Spielereien. Überzeugender für die hier vertretene Anwendbarkeit des Art. 15 Nr. 3 ist folgende Argumentation: Das Übereinkommen wollte Unternehmen ohne Sitz im geographischen Anwendungsbereich des Übereinkommens sicher nicht privilegieren. Sie sollten solchen mit Sitz innerhalb eines Vertragsstaates durch Art. 13 II n. F. nur gleichgestellt werden (vgl. oben Fußn. 85, vor allem den dort zitierten *Schlosser*-Bericht Nr. 159).

[327] Hierzu oben bei Fußn. 163.

[328] Vgl. auch oben Fußn. 85 und 149.

[329] Voraussetzung ist jedoch die Anwendbarkeit des europäischen Kompetenzrechts. Vgl. Art. 4 I.

[330] Unklar *Schlosser*-Bericht Nr. 158.

[331] Zum Anwendungsbereich oben bei Fußn. 151ff.

des 4. Abschnitts fest;[332] daran ändert sich auch nichts, wenn nach Vertragsschluß[333] der Verbraucher seinen Wohnsitz in einen anderen Vertragsstaat verlegt[334] oder wenn sein Vertragspartner seine Werbe- und/oder sonstige Geschäftstätigkeit einstellt.[335]

γ) Art. 14 I regelt nur die internationale Zuständigkeit, nicht die örtliche. Es gelten die bereits oben[336] zu Art. 14 II dargestellten Grundsätze: Das örtlich zuständige Gericht bestimmt das nationale Recht.[337] Nur wenn dieses in concreto ein örtlich zuständiges Gericht nicht zur Verfügung stellt, gilt wieder die ungeschriebene Konventionsnorm: Örtlich zuständig sind die Gerichte der Hauptstadt.[338]

b) Der Vertragspartner des Verbrauchers ist weiter gerichtspflichtig am Ort seiner Zweigniederlassung, Agentur oder sonstigen Niederlassung außerhalb seines Wohnsitzstaates bzw. Sitzstaates, wenn die Streitigkeit aus dem Betrieb der Zweigniederlassung, Agentur oder sonstigen Niederlassung herrührt, Art. 13 I in Verbindung mit Art. 5 Nr. 5.[339, 340]

---

332 *Voraussetzung ist allerdings, daß das Übereinkommen als solches (noch) anwendbar ist.* Hat der Vertragspartner des Verbrauchers seinen Wohnsitz bzw. Sitz (Art. 53) vor Klageerhebung (vgl. oben § 29 IV 10) im geographischen Anwendungsbereich des Übereinkommens (oben § 17) aufgegeben und/oder betreibt er zum Zeitpunkt der Klageerhebung auch keine Zweigniederlassung, Agentur oder sonstige Niederlassung (mehr) im geographischen Anwendungsbereich des Übereinkommens (Art. 13 II n. F.; hierzu oben Fußn. 85 und oben bei Fußn. 304), so gelten die oben § 29 dargestellten allgemeinen Anwendungsnormen. Die Gerichtspflichtigkeit des Vertragspartners des Verbrauchers beurteilt sich nach nationalem Zuständigkeitsrecht, Art. 4 I, verschärft durch Art. 4 II.

333 Beispiel: Der in der Bundesrepublik Deutschland tätige Gastarbeiter verlegt nach Abschluß eines Ratenkaufvertrages seinen Wohnsitz in seine sizilianische Heimat.

334 Dunkel in diesem Punkt der *Schlosser*-Bericht Nr. 161: „Praktisch wird dies freilich nur für die in Artikel 13 Absatz 1 Nrn. 1 und 2 genannten Abzahlungskäufe und Kreditgeschäfte. In bezug auf Klagen aus anderen Verbrauchergeschäften wird der neue Abschnitt 4 so gut wie ausnahmslos unanwendbar, wenn der Verbraucher seinen Wohnsitz nach Vertragsabschluß in einen anderen Staat verlegt. Denn in dem neuen Wohnsitzstaat werden fast nie die zum Abschluß des Vertrages erforderlichen Rechtshandlungen vorgenommen worden sein. Das Erfordernis der grenzüberschreitenden Werbung garantiert auch, daß die Sonderregelung für Geschäfte unter zwei nicht berufs- oder gewerbebezogen handelnden Personen praktisch unanwendbar bleibt."

335 Wäre es anders, so könnte der Vertragspartner des Verbrauchers durch Einstellung seiner Werbung die Anwendbarkeit der Art. 13ff. beeinflussen. Dies ist aber sicher nicht die ratio conventionis.

336 Oben bei Fußn. 312.

337 Zum anwendbaren Recht im Fall der Zuständigkeitsvereinbarung siehe oben § 29 X.

338 Oben § 33 III.

339 Streng zu trennen von der Frage der Gerichtspflichtigkeit des beklagten Vertragspartners des Verbrauchers im Anwendungsbereich des Übereinkommens ist die logisch vorher zu stellende Frage nach der *Anwendbarkeit der Zuständigkeitsordnung des Übereinkommens überhaupt.* S. auch oben Fußn. 332.

Ebenso wie in Versicherungssachen (Art. 8 II; hierzu oben Fußn. 193) gibt es nun

c) *Weitere Gerichtsstände kennt der 4. Abschnitt nicht, insbesondere nicht den Gerichtsstand des Erfüllungsortes*[341] oder der Streitgenossenschaft.[342] Treten gegenüber dem Verbraucher mehrere Vertragspartner auf, z. B. Verkäufer und finanzierende Bank, und haben diese ihren Wohnsitz bzw. Sitz in verschiedenen Vertragsstaaten außerhalb des Wohnsitzstaates des Verbrauchers, so begründet die Klage am Wohnsitz des einen (z. B. des Verkäufers) nicht auch die Zuständigkeit für die Klage gegen den anderen (z. B. des Darlehensgebers für den Ratenkaufvertrag). Eine Parallelnorm zu Art. 6 Nr. 1 findet sich im 4. Abschnitt nicht[343]. Hierfür besteht auch kein Bedürfnis, weil an seinem eigenen Wohnsitz alle seine Vertragspartner gerichtspflichtig sind: In seinem Wohnsitzstaat kann er sie alle zusammen verklagen, Art. 14 I.[344]

VI. Gerichtspflichtigkeit in Unterhaltssachen[345]

1. Ratio conventionis[346]

Unterhaltsschuldnern[347] geht es ebenso wie Versicherern[348] und den Vertragspartnern der Verbraucher.[349] Sie können sich nicht hinter dem Schutz der actor sequitur forum rei-Regel verschanzen.[350] Sie sind au-

---

auch in Verbrauchersachen (Art. 13 II n. F.) eine Ausnahme von der Anwendungsgrundregel der Art. 2 I, 4 I: Hat der beklagte Vertragspartner des Verbrauchers zwar seinen Wohnsitz/Sitz außerhalb des geographischen Anwendungsbereichs des Übereinkommens (hierzu oben § 17), besitzt er zum Zeitpunkt der Klageerhebung (hierzu Fußn. 316) aber in einem Vertragsstaat eine Zweigniederlassung, Agentur oder sonstige Niederlassung, so gelten für Streitigkeiten aus ihrem Betrieb die Zuständigkeitsregeln des Übereinkommens. Die Gerichtspflichtigkeit des beklagten Vertragspartners ist demnach nach Art. 14 I zu beurteilen und nicht nach dem nationalen Zuständigkeitsrecht des Gerichtsstaats (Art. 4 I). Hierzu siehe auch oben Fußn. 85. *Beispiel:* Eine schweizerische Handelsgesellschaft betreibt von ihrer Frankfurter Zweigniederlassung aus Abzahlungsgeschäfte. Hier findet die Zuständigkeitsordnung des Übereinkommens Anwendung auf die von der Frankfurter Filiale geschlossenen Abzahlungsgeschäfte; Grundlage für die internationale Zuständigkeit der Bundesrepublik Deutschland ist Art. 14 I, nicht § 6a AbzG. Die örtliche Zuständigkeit richtet sich jedoch weiterhin nach § 6a AbzG Dies gilt allerdings erst ab Inkrafttreten des Beitrittsübereinkommens vom 9. Oktober 1978. Für den Anwendungsbereich des Art. 14 I a. F. gelten die Grundregeln der Art. 2 I und 4 I ohne Modifikation.

[340] Zu Art. 5 Nr. 5 s. unten § 80.

[341] Hierzu unten § 81.

[342] Hierzu oben II 1 m.

[343] Hierzu s. auch oben bei Fußn. 183 und 83.

[344] Hinsichtlich der örtlichen Zuständigkeit gilt das autonome Recht. Vgl. auch oben § 34.

[345] Hierzu *Jenard*-Bericht S. 71.

[346] Allgemein zu *Klägergerichtsständen in Unterhaltssachen: Schröder,* Internationale Zuständigkeit, 1971, 342.

[347] Kompetenzrechtlich kommt es auf die Behauptung des Klägers an. Stellt sich heraus, daß der Beklagte nicht unterhaltspflichtig ist, so ist die im Gerichtsstand des Art. 5 Nr. 2 erhobene Klage als unbegründet abzuweisen, nicht etwa als unzulässig (wegen fehlender Zuständigkeit).

[348] Vgl. oben IV.

[349] Anders als in Versicherungs- und Verbrauchersachen gilt für den Zweitrichter, der über die Anerkennung bzw. Klauselerteilung zu befinden hat, auch in Unterhaltssachen das Verbot des Art. 28 III: Er darf die internationale Zuständigkeit des Erststaates nicht nachprüfen; die Unterhaltssachen sind in Art. 28 I nicht aufgeführt. Näher hierzu oben § 57. Das Nachprüfungsverbot gilt auch dann, wenn die Unterhaltsentscheidung im Entscheidungsverbund mit einer Statusentscheidung erlassen wurde, für die das Übereinkommen gemäß Art. 1 II Nr. 1 nicht gilt. So ausdrücklich der *Schlosser*-Bericht Nr. 38 zu Art. 5 Nr. 2 n. F.: „Im einzelnen bedeutet die neue Regelung folgendes: ... In der Phase der Anerkennung und Vollstreckung darf die Zuständigkeit des entscheidenden Gerichts nicht mehr überprüft werden. Das folgt auch nach Ergänzung von Artikel 5 aus Artikel 28 Absatz 3. Weil Fehler in der Beurteilung der Zuständigkeitsfrage später nicht mehr korrigierbar sind, muß das ursprünglich entscheidende Gericht daher sehr sorgfältig prüfen, ob seine Zuständigkeit aus dem EuGVÜ hergeleitet werden kann."

Die im Gerichtsstand des Art. 5 Nr. 2 ergangenen Entscheidungen sind in den anderen Vertragsstaaten, insbesondere in dem Wohnsitzstaat des Beklagten, nach Art. 26ff. anzuerkennen und zur Vollstreckung zuzulassen. – Entscheidungen, die in den Anwendungsbereich des Haager Übereinkommens vom 15. April 1958 über die Anerkennung und Vollstreckung von Entscheidungen auf dem Gebiet über die Unterhaltspflicht gegenüber Kindern fallen (BGBl. 1961 II 1006), sind gemäß Art. 57 nach diesem Spezialabkommen zu behandeln. Vgl. oben § 13. Nach Art. 12 des Haager Übereinkommens ist aber der Unterhaltsberechtigte nicht gehindert, sich auf sonstige Bestimmungen über die Anerkennung und Vollstreckung zu berufen. Auf diesem Umweg gelangt man wieder zur Anwendung des EWG-Übereinkommens. Der Gläubiger hat dabei kein Wahlrecht. Das anerkennungsfreundlichere EWG-Übereinkommen ist ex officio anzuwenden. Art. 25 II Buchstabe b des Beitrittsübereinkommens vom 9. Oktober 1978 betrifft nur das *Verfahren* (Art. 31 ff., Art. 26 II). Vgl. oben § 13 III 3. A. A *Droz* Etude Nr. 646, *Schlosser,* FamRZ 1973, 425. Gegen Wahlrecht grundsätzlich *Geimer*, Zur Prüfung der Gerichtsbarkeit und der internationalen Zuständigkeit bei der Anerkennung ausländischer Urteile, 1966, 58ff. und unten Bd. II 75. Für die Anerkennung der Statusentscheidung gelten Art. 26ff. nicht, arg. Art. 1 II Nr. 1, ebenso nicht das Haager Übereinkommen. Soweit im Verhältnis zwischen Erst- und Zweitstaat kein Anerkennungs- und Vollstreckungsvertrag in Kraft ist, gilt das nationale Anerkennungsrecht, in der Bundesrepublik Deutschland also § 328 ZPO. So ist z. B. die Anerkennung des *statusrechtlichen Teils* eines französischen Scheidungsurteils nach § 328 ZPO zu beurteilen, während für die Anerkennung und Vollstreckung des *unterhaltsrechtlichen Teils* Art. 26ff. zum Zuge kommen. Vgl. oben § 22. Ist dem statusrechtlichen Teil des Scheidungsurteils die Anerkennung zu verweigern, so ist auch die Unterhaltsentscheidung im Zweitstaat gegenstandslos und darf nicht vollstreckt werden, weil es Unterhalt für die Zeit nach der Scheidung nur geben kann, wenn aus der Sicht des Zweitstaates die Ehe geschieden ist. *Geimer* NJW 1975, 2141 und JZ 1977, 147; A. A. *Hausmann* IPRax 1981, 6 „... wenn Art. 42 GVÜ ausdrücklich die Möglichkeit einer nur partiellen Anerkennung vorsieht, so hat die Vorschrift auch den Fall im Auge, daß die anzuerkennende Entscheidung nur zu einem Teil vollstreckungsfähige Ansprüche beinhaltet und im übrigen nur rechtsgestaltende oder feststellende Wirkung hat. Der deutsche Exequaturrichter darf daher auch die Vollstreckung einer

ßerhalb ihres Wohnsitzstaates gemäß Art. 5 Nr. 2 auch gerichtspflichtig im Wohnsitzstaat[351] des Unterhaltsberechtigten[352] und – wenn Wohn-

---

Annex-Unterhaltsentscheidung nur aus Gründen verweigern, die in den Art. 27, 28 GVÜ vorgesehen sind. ... Zu einer Prüfung der *verfahrensrechtlichen* Vorfrage, ob das ausländische Statusurteil in Deutschland anerkannt werden kann, berechtigt ihn Art. 27 Nr. 4 GVÜ hingegen nicht. Mag es im Interesse der Rechtssicherheit in Statusfragen noch vertretbar erscheinen, dem Unterhaltsgläubiger die mit einer kurzfristigen Aussetzung des Vollstreckungsverfahrens zum Zwecke der Anerkennung des Scheidungsurteils verbundene Verzögerung bei der Durchsetzung seiner Rechte zuzumuten, so kann – entgegen der von *Geimer* geäußerten Ansicht – die Vollstreckung eines Annex-Unterhaltsurteils nach dem GVÜ keinesfalls allein deshalb abgelehnt werden, weil die Landesjustizverwaltung die Anerkennung des zugrundeliegenden ausländischen Scheidungsurteils – z. B. wegen Verstoßes gegen § 328 I Ziff. 1 oder 2 ZPO – verweigert hat. Auch wenn die Ehe in einem solchen Fall aus deutscher Sicht fortbesteht, verstößt die isolierte Anerkennung der Unterhaltsregelung nicht zwingend gegen den deutschen ordre public (Art. 27 Nr. 1 GVÜ), da der von dem ausländischen Richter festgesetzte Geschiedenenunterhalt den während bestehender Ehe geschuldeten Unterhalt regelmäßig nicht übersteigen wird." Vgl. auch unten § 112.

Die gleiche Problematik ergibt sich im Zusammenhang mit der Anerkennung von Schutzmaßnahmen nach Art. 7 des Haager Minderjährigenschutzabkommens (MSA). Wie hier OLG Frankfurt, OLGZ 1977, 141; *Goerke* StAZ 1976, 273 und *Staudinger-Kropholler*, Vorbem. 624ff. vor Art. 18 EGBGB: Aus Gründen des internen Entscheidungseinklangs und der Rechtssicherheit in Statusfragen muß die Anerkennung von Sorgerechtsentscheidungen nach Art. 7 MSA von der vorherigen Durchführung des Feststellungsverfahrens nach Art. 7 § 1 FamRÄndG abhängig gemacht werden, wenn die Regelung in einem ausländischen Scheidungsurteil getroffen worden ist. Dagegen KG, FamRZ 1974, 146 = IPRspr. 1973 Nr. 70 und *Böhmer-Siehr*, Das gesamte Familienrecht, II, Das internationale Recht, 1979, Art. 7 MSA, Rz. 26.

Für die Entscheidung der Anerkennungsfrage hat gemäß Art. 7 § 1 des Familienrechtsänderungsgesetzes von 1961 (BGBl I 1221) die Landesjustizverwaltung ein Entscheidungsmonopol, es sei denn, beide Ehegatten sind Angehörige des Erststaates.

350 Den Unterhaltssachen ist – im Gegensatz zu den Versicherungs- und Verbrauchersachen – kein eigener Abschnitt gewidmet.

351 Art. 5 Nr. 2 regelt auch die örtliche Zuständigkeit.

352 Maßgebend ist die lex causae, die vom autonomen IPR des Gerichtsstaates bestimmt wird, sofern keine Staatsverträge eingreifen.

Auf dem Gebiet der Unterhaltspflicht gegenüber unverheirateten Kindern (bis zur Vollendung des 21. Lebensjahres) s. das *Haager Übereinkommen vom 24. Oktober 1956 über das auf Unterhaltsverpflichtungen gegenüber Kindern anzuwendende Recht* (BGBl 1961 II 1012). Dieses Übereinkommen soll durch das neue Haager Übereinkommen vom 2. Oktober 1973 über das auf Unterhaltspflichten anzuwendende Recht ersetzt werden, dessen Anwendungsbereich nicht auf das Kindschaftsrecht beschränkt ist, sondern auch die Unterhaltspflicht zwischen Ehegatten miteinbezieht. Das neue Übereinkommen ist für die Bundesrepublik Deutschland noch nicht in Kraft. Text bei *Staudinger-Kropholler*, 11./12. Aufl., 1979, Vorbem. 250 vor Art. 18 und im Bundesblatt der Schweizerischen Eidgenossenschaft 1975 II 1395.

Das Übereinkommen normiert nicht die *internationale Entscheidungszuständigkeit* auf dem Gebiet der Unterhaltspflicht.

Das Übereinkommen gilt für die Unterhaltsansprüche nichtverheirateter Kinder bis

sitz[353] und gewöhnlicher Aufenthalt[354] des Unterhaltsberechtigten auseinanderfallen – auch dort, wo sich der Unterhaltsberechtigte[355] – gewöhnlich aufhält.[356] Maßgebend sind die Verhältnisse zum Zeitpunkt

---

zur Vollendung des 21. Lebensjahres (Art. 1 IV), die ihren *gewöhnlichen Aufenthalt* in einem Vertragsstaat haben, auf die Staatsangehörigkeit der Parteien kommt es nicht an. Aus deutscher Sicht kommt das Übereinkommen immer dann zum Zuge, wenn ein Kind – mag es auch Staatsangehöriger eines Nichtvertragsstaates sein – seinen gewöhnlichen Aufenthalt in der Bundesrepublik Deutschland hat. Das Übereinkommen *verdrängt in seinem Anwendungsbereich das autonome deutsche IPR*, insbes. Art 19 und 21 EGBGB (BGH NJW 1973, 2249 = BGH WarnR 1973 Nr. 205 = StAZ 1973, 299 = IPRspr 1973 Nr. 89; BGH NJW 1976, 1028 = MDR 1976, 562 = BGH WarnR. 1976 Nr. 28 = FamRZ 1976, 204 = IPRspr 1976 Nr. 88). – *Ansprüche zwischen Verwandten in der Seitenlinie, vor allem zwischen Geschwistern,* fallen nicht in den Anwendungsbereich des Übereinkommens, Art. 5 I.

Die Konvention behandelt das Kollisionsrecht nur auf dem Gebiet der Unterhaltspflicht. Der Frage der *sonstigen familienrechtlichen Beziehungen* zwischen Schuldner und Gläubiger und der Frage der Abstammung kann durch Entscheidungen, die auf Grund des Übereinkommens ergehen, nicht vorgegriffen werden, Art. 5 II. Das Aufenthaltsrecht gilt auch für die Frage, wer die Unterhaltsklage erheben kann – wozu auch die Vertretungsmacht zählt – und welche Fristen für die Klageerhebung gelten. Sonstige verfahrensrechtliche Normen enthält das Übereinkommen nicht. Näher *Staudinger-Kropholler,* 11./12. Aufl., Vorbem. 15 zu Art. 18 EGBGB. Die Grundnorm enthält Art. 1 II. Maßgeblich ist das Recht am gewöhnlichen Aufenthalt des Kindes (Aufenthaltsrecht). – *Ausnahmen* enthalten Art. 2 und 3. Die Bundesrepublik Deutschland hat von der Möglichkeit des Art. 2 Gebrauch gemacht und ihr eigenes materielles Recht für den dort geregelten Fall für anwendbar erklärt, daß die einzige wesentliche Auslandsbeziehung in dem gewöhnlichen Aufenthalt des Kindes in einem ausländischen Vertragsstaat besteht. Außerdem gilt nach Art. 3 das autonome deutsche IPR (der Art. 19 bzw. 21 EGBGB), wenn das Recht des Aufenthaltsstaates dem Kind im konkreten Fall jeden Anspruch auf Unterhalt versagt. Schließlich ist das Aufenthaltsrecht bei „offensichtlichem" Verstoß gegen den ordre public des Gerichtsstaates nicht anzuwenden. Hierzu näher *Staudinger-Kropholler* Vorbem. 176ff. zu Art. 18 EGBGB und *Siehr* in Münchener Kommentar, Anhang V nach Art. 19 EGBGB.

[353] Hierzu Art. 52. [354] Hierzu näher *Kropholler* IZVR Rz. 70.

[355] Dessen Wohnsitz bzw. gewöhnlicher Aufenthalt ist auch dann kompetenzbegründend, wenn nicht er (= der ursprüngliche Unterhaltsberechtigte) als Kläger auftritt. Es kann auch dessen Rechtsnachfolger im Gerichtsstand des Art. 5 Nr. 2 klagen, sei es der Gesamtrechtsnachfolger oder der Einzelrechtsnachfolger, insbesondere auch der Sozialversicherungsträger, auf den der Anspruch kraft Gesetzes übergegangen ist (Art. 1 II Nr. 3 kommt nicht zum Zuge. Näher unten bei Fußn. 376).

[356] Die hilfsweise Anknüpfung an den gewöhnlichen Aufenthalt des Unterhaltsberechtigten begründet der *Jenard*-Bericht S. 71 wie folgt: „Um jedoch das Übereinkommen dem Haager Übereinkommen anzupassen, sieht Artikel 5 Nr. 2 außerdem den Gerichtsstand des gewöhnlichen Aufenthaltes des Unterhaltsberechtigten vor. Diese zusätzliche Anknüpfung ist bei Unterhaltssachen innerlich gerechtfertigt; denn sie gewährt z. B. der Ehefrau, die von ihrem Ehemann verlassen ist, die Möglichkeit, ihren Ehemann auf Leistung eines Unterhalts nicht nur vor dem Gericht des gesetzlichen Wohnortes, sondern auch vor dem ihres eigenen gewöhnlichen Aufenthaltsortes zu verklagen."

der Klageerhebung.[357] Der Kläger hat es in der Hand, durch Verlegung des Wohnsitzes bzw. gewöhnlichen Aufenthaltes das ihm am günstigsten erscheinende Forum zu wählen.[358] Die Zuständigkeitsinteressen des beklagten Unterhaltsgläubigers werden schlicht ignoriert, weil man – dem herrschenden Trend folgend[359] – den Unterhaltsberechtigten[360] für

---

[357] Vgl. oben § 29 IV 10.

[358] Das IPR des Forums entscheidet über das anzuwendende Recht und damit mittelbar über den Ausgang des Prozesses. In Unterhaltssachen ist dies in der Praxis wichtig im Hinblick auf die Höhe des Unterhalts, vor allem aber bezüglich der statusrechtlichen Vorfragen. – Vgl. hierzu auch *Jenard*-Bericht S. 71: „Der Ausschuß hat dabei keineswegs außer acht gelassen, daß sich bei der Geltendmachung von Unterhaltsansprüchen das Problem der Vorfragen (z. B. über die Abstammung) stellen kann. Er war aber der Ansicht, daß dieses Problem die Regelung der gerichtlichen Zuständigkeit nicht berühre und daß den sich daraus ergebenden Schwierigkeiten im Kapitel über die Anerkennung und Vollstreckung gerichtlicher Entscheidungen Rechnung zu tragen sei."

[359] Art. 3 Nr. 2 des Haager Übereinkommens vom 15. April 1958 über die Anerkennung und Vollstreckung von Entscheidungen auf dem Gebiet der Unterhaltspflicht gegenüber Kindern (BGBl 1961 II 1006) eröffnet Anerkennungszuständigkeit für den Staat, in dem das klagende Kind gewöhnlichen Aufenthalt hat. Hierzu ausführlich *Schröder*, Internationale Zuständigkeit, 1971, 342 und *Staudinger-Kropholler* (oben Fußn. 352).

Das neue *Haager Übereinkommen vom 2. Oktober 1973*, das das von 1958 ablösen soll, ist noch nicht in Kraft.

Weder das Haager Übereinkommen von 1958 noch das neue von 1973 bringt eine Regelung der *internationalen Entscheidungszuständigkeit*; sie lassen das autonome Zuständigkeitsrecht unberührt. Hierin liegt ein kardinaler Unterschied zu Art. 5 Nr. 2. Das Haager Übereinkommen vom 15. April 1958 war jedoch Anlaß für manchen nationalen Gesetzgeber, für Unterhaltsprozesse einen Gerichtsstand am Wohnsitz bzw. gewöhnlichen Aufenthaltsort des Unterhaltsberechtigten einzuführen. So wurde in der *Bundesrepublik Deutschland* § 23a ZPO eingefügt durch § 12 des deutschen Ausführungsgesetzes zum Haager Übereinkommen vom 18. Juli 1961 (BGBl I 1033); hierzu BT-Drucksache 3/2584: „Für Klagen in Unterhaltssachen gegen eine Person, die im Inland keinen Gerichtsstand hat, ist das Gericht zuständig, bei dem der Kläger im Inland seinen allgemeinen Gerichtsstand hat." – § 641 l III und § 642 a IV ZPO wurden eingefügt durch Gesetz vom 29. Juli 1976, BGBl I 2029, 3314.

In *Belgien* bestimmt Art. 626 Code judiciaire: *„Les demandes relatives aux pensions alimentaires énumérées à l'article 591,7 peuvent être portées devant le juge du domicile du demandeur et les demandes formées en vertu des articles 212 et 218 du Code civil, devant le juge de la dernière résidence conjugale."*

In *Frankreich* wurde in Art. 59 Code de procédure civile bereits durch Gesetz vom 6. April 1932 folgender Absatz II eingefügt: *„En matière de pension alimentaire l'instance peut être portée devant le tribunal du domicile de l'ascendant de demandeur."* – Hierzu *Schröder*, Internationale Zuständigkeit, 1971, 346; *Bauer*, RabelsZ 30 (1966), 490 Fußn. 49.

Der seit 1. Januar 1976 geltende nouveau Code de procédure civile bestimmt in Art. 46 IV:

„Le demandeur peut saisir à son choix, outre la juridiction du lieu où demeure le défendeur . . .

den typischerweise Schwächeren hält.[361] Dies ist die ratio conventionis,[362] nicht etwa die Beweis-[363] oder Rechtsnähe[364] des Wohnsitzes bzw. gewöhnlichen Aufenthalts des Unterhaltsberechtigten.[365] Dem Unter-

---

(4) – en matière d'aliments ou de contribution aux charges du mariage, la juridiction du lieu où demeure le créancier."

Eine Parallelbestimmung finden wir im niederländischen Wetboek vor Rechtsvordering in Art. 828a.

360 Wer Unterhalts*gläubiger* zur Zeit der Klageerhebung ist, spielt keine Rolle. Auch der Erbe des Unterhaltsberechtigten oder sein Einzelrechtsnachfolger (z. B. Sozialversicherungsträger, vgl. oben Fußn. 355) kann am Wohnsitz bzw. gewöhnlichen Aufenthalt des Unterhaltsberechtigten klagen.

361 Vgl. oben III.

362 In diesem Sinne auch *Stein-Jonas-Schumann*, ZPO, 20. Aufl., § 23a Rz. 1: „Ausdruck sozialen Zivilprozeßrechts." Wenig dezidiert der *Jenard*-Bericht S. 71: „Der Ausschuß hat sich aus den gleichen Erwägungen wie die Verfasser des Haager Übereinkommens für den Gerichtsstand des Klägers entschieden. Einmal würde ein Übereinkommen, das nicht von dem Gerichtsstand des Unterhaltsberechtigten ausgeht, von geringer praktischer Bedeutung sein, da der Unterhaltsberechtigte gezwungen wäre, seinen Anspruch vor dem Gericht geltend zu machen, das für den Beklagten zuständig ist.

Würde das Übereinkommen einen anderen Gerichtstand als den des Unterhaltsberechtigten vorschreiben, so käme es schlechthin nur noch dann zur Anwendung, wenn der verurteilte Beklagte nachträglich seinen Aufenthalt wechselt oder wenn er Vermögen in einem anderen Lande als dem besitzt, in dem er verurteilt wurde."

363 So aber *Jenard*-Bericht S. 71: „Andererseits ist das für den Wohnsitz des Unterhaltsberechtigten zuständige Gericht am besten in der Lage, die Unterhaltsbedürftigkeit festzustellen und den Unterhaltsbetrag festzulegen." Wäre dieser Gesichtspunkt ausschlaggebend, so hätte man diesen Klägergerichtsstand für ausschließlich erklären müssen mit der Folge, daß die konkurrierende internationale Zuständigkeit des Wohnsitzstaates (Art. 2 I) entfiele. Dies war aber niemals Gegenstand der Diskussion. Kritisch zur Rechtfertigung des Klägergerichtsstandes mit dem Argument der Beweisnähe auch *Schröder*, Internationale Zuständigkeit, 1971, 344.

364 Es besteht *kein Gleichlauf zwischen Zuständigkeit und anwendbarem Recht.* Art. 5 Nr. 2 eröffnet eine internationale und örtliche Zuständigkeit, ohne Rücksicht darauf, welches Recht auf die Unterhaltsklage anzuwenden ist. Maßgebend ist das nationale IPR des Gerichtsstaates, soweit nicht das Haager Unterhaltsübereinkommen vom 24. Oktober 1956 (BGBl 1961 II 1012) anzuwenden ist. Nachweise hierzu oben Fußn. 352. *Vorfragen* entscheidet das angegangene Gericht – auch soweit diese nicht in den Anwendungsbereich des Übereinkommens fallen – ohne Kognitionsbeschränkung. So hat z. B. das Gericht, das im Gerichtsstand des Art. 5 Nr. 2 über die Unterhaltsklage eines nichtehelichen Kindes gegen seinen Vater zu entscheiden hat, selbständig zu prüfen, ob das im Ausland ergangene Vaterschafts-Feststellungsurteil im Inland anerkannt werden kann. Anders jedoch in der Bundesrepublik Deutschland, wenn es um die Vorfrage geht, ob eine ausländische Ehescheidung im Inland anzuerkennen ist, die nicht im Heimatstaat beider Ehegatten ergangen ist. In solchen Fällen hat das deutsche Gericht das Verfahren auszusetzen, bis eine der Parteien eine Entscheidung der Landesjustizverwaltung gemäß Art. 7 § 1 FamRÄndG herbeigeführt hat.

Kritisch zum Argument der Rechtsnähe auch *Schröder*, Internationale Zuständigkeit, 1971, 343.

365 Anders *Kropholler* IZVR Rz. 678.

haltsberechtigten soll die Rechtsverfolgung erleichtert werden. Anders ist es dagegen bei der *dritten* Zuständigkeitsanknüpfung des Art. 5 Nr. 2, die erst durch das Beitrittsübereinkommen vom 9. Oktober 1978[366] eingeführt wurde und derzeit noch nicht in Kraft ist: Ist über die Unterhaltssache nach der maßgeblichen lex fori[367] im Zusammenhang mit einem Verfahren in Bezug auf den Personenstand zu entscheiden, für das gemäß Art. 1 II Nr. 1 die Zuständigkeitsordnung des Übereinkommens nicht gilt,[368] so ist auch das nach dem maßgeblichen nationalen Zuständigkeitsrecht für den Statusprozeß zuständige Gericht für den Unterhaltsprozeß zuständig, es sei denn, diese Zuständigkeit beruht lediglich auf der Staatsangehörigkeit einer der Parteien.[369] Hier steht das Gerichtsin-

---

366 Hierzu oben § 16.

367 Vgl. oben Fußn. 352.

368 Vgl. oben § 21.

369 Diese Regelung beruht auf einem Kompromiß, dessen Hintergründe im *Schlosser*-Bericht Nr. 32ff. ausführlich geschildert sind. Zum Thema *„Unterhaltsentscheidungen als Nebenentscheidungen im Statusverfahren (Annexunterhaltsentscheidungen)"* ist bei *Schlosser* zu lesen:

„32. Als das EuGVÜ ausgearbeitet wurde, galt auch in den ursprünglichen Mitgliedstaaten noch der Grundsatz, daß vermögensrechtliche Streitigkeiten mit Statussachen nicht verbunden werden konnten, auch nicht Unterhaltsverfahren mit Eheauflösungs- und Vaterschaftsprozessen. Aus diesem Grunde konnte man, ohne Reibungsverluste durch künstliche Trennung zusammengehöriger Verfahren zu riskieren, Statussachen, nicht aber Unterhaltsverfahren, vom Anwendungsbereich des EuGVÜ ausschließen. Sobald diese Regelung auf ein nationales Recht trifft, das Unterhaltsansprüche mit einschließendem statusrechtlichem Sammelprozeß kennt, führt sie zwangsläufig zu großen Schwierigkeiten. Sie sind schon in den ursprünglichen Mitgliedstaaten in dem Augenblick akut geworden, in dem die allerorts unternommene Reform des Familienrechts dort durchgängig zu konzentrierten Sammelverfahren geführt hat. Aus diesem Grund wäre es nur eine bruchstückhafte Lösung gewesen, eine Anpassung des EuGVÜ lediglich im Verhältnis der ursprünglichen zu den neuen Mitgliedstaaten auszuarbeiten. Es war vielmehr ein Gebot von Stunde und Gelegenheit, auch für das Verhältnis der alten Mitgliedstaaten zueinander das EuGVÜ mit der eingetretenen Rechtsentwicklung in Einklang zu bringen.

33. a) Der Lösungsvorschlag der Sachverständigengruppe ist aus einer langen und intensiven Beschäftigung mit den *möglichen Alternativen* erwachsen. Tragend für das EuGVÜ ist der Zusammenhang zwischen der Anwendung seiner Zuständigkeitsregeln in der Entscheidungsphase und dem Verbot der Überprüfung der Zuständigkeit im Anerkennungsstadium. Nach dem ursprünglichen Text des Übereinkommens bieten sich daher für die rechtliche Behandlung von Annexunterhaltsentscheidungen eigentlich nur zwei saubere Lösungsmöglichkeiten an. Entweder darf in der Entscheidungsphase auch der mit einer Statussache befaßte Richter eine Annexunterhaltsentscheidung nur erlassen, wenn er dafür nach dem EuGVÜ zuständig ist; seine Unterhaltsentscheidung ist dann aber auswärts anzuerkennen, ohne daß der dortige Richter die Zuständigkeit des ursprünglich entscheidenden Gerichts noch einmal überprüfen dürfte. Oder aber auch Annexunterhaltsentscheidungen sind als Nebenentscheidungen zu Statusentscheidungen nach Artikel 1 Absatz 1 Nr. 1 vom Anwendungsbereich des EuGVÜ ausgenommen. Beide Lösungsalternativen sind praktisch mißlich. Die letztere würde Annexunterhaltsentscheidungen generell auch von der Anerkennung und

teresse an einer Konzentration des Status- und Unterhaltsprozesses (Entscheidungsverbund) im Vordergrund,[370] nicht das Interesse des Unterhaltsberechtigten an einer möglichst einfachen und raschen Durchsetzung seiner Unterhaltsansprüche.[371]

2. Teleologische Reduktion[372]

a) Die dem Art. 5 Nr. 2 zugrundeliegende Interessenbewertung ist wohl nur im Verhältnis zwischen Eltern und minderjährigen Kindern stim-

---

Vollstreckung nach dem EuGVÜ ausschließen, obwohl in der übergroßen Masse der Fälle Gerichte entscheiden, die auch nach dessen Vorschriften zuständig gewesen wären. In unerträglich vielen Fällen würden dann also Unterhaltstitel nicht mehr freizügig sein. Die erstere Hypothese würde einen Rückschritt gegenüber der modernen und allseits lebhaft begrüßten Errungenschaft einer einheitlichen Verhandlung und Entscheidung über Status und Unterhalt darstellen.

34. Die einfachste Lösung wäre es angesichts dessen gewesen, auch für Statusverfahren selbst Zuständigkeitsregelungen in das EuGVÜ einzubauen. Jedoch hat sich an den Gründen, die dies früher verwehrten, bis heute nichts geändert. Es bleibt daher kein anderer Ausweg, als sich grundsätzlich an einer der beiden herausgearbeiteten Alternativen zu orientieren, ihre Nachteile aber möglichst abzuschwächen. Gerichtlichen Annexunterhaltsentscheidungen zu Statusurteilen die Garantie der Freizügigkeit vorzuenthalten oder sie ihnen auch nur unter wesentlichen Einschränkungen zuzuerkennen, erschien der Expertengruppe das größere Übel.

35. Sie bemühte sich daher zunächst um eine Lösung auf folgender Grundlage: Die nationalen Gerichte dürfen in Statussachen uneingeschränkt über Unterhaltsansprüche mitbefinden, also auch dann, wenn sie ihre Zuständigkeit für den Unterhaltsanspruch auf keine Bestimmung im EuGVÜ stützen können; Annexunterhaltsentscheidungen werden im Prinzip anerkannt und vollstreckt; jedoch darf der Richter im Anerkennungs- und Vollstreckungsverfahren, abweichend von den sonst geltenden Grundsätzen des EuGVÜ, überprüfen, ob das entscheidende Gericht für den Unterhaltsanspruch auch nach den Bestimmungen in dessen zweitem Titel zuständig war. Daß in der Anerkennungs- und Entscheidungsphase die Zuständigkeit des entscheidenden Gerichts nicht mehr geprüft wird, war jedoch einer der ganz entscheidenden Durchbrüche des EuGVÜ. Eine neuerliche Einschränkung dieses Grundsatzes wäre auch nur auf einem Teilgebiet daher nur zu rechtfertigen gewesen, wenn alle anderen in Frage kommenden Alternativen noch bedenklicher wären.

36. Der für Artikel 5 neu vorgeschlagene Zusatz hat jedoch insgesamt relativ die meisten Vorzüge. Er verhindert, daß Unterhaltsentscheidungen als Annexentscheidungen zu Statusentscheidungen aufgrund derjenigen exorbitanten Zuständigkeitsregel ergehen können, die für familienrechtliche Angelegenheiten typisch ist: nämlich der Regel, welche an die Nationalität nur einer der beiden Parteien anknüpft. Dafür läßt sich in Kauf nehmen, daß Unterhaltsprozesse dann nicht mit Statusverfahren verbunden werden können, wenn die Zuständigkeit des angegangenen Gerichts lediglich auf diese Regel zu stützen ist. Für den Statusprozeß bleibt es dann bei der sich nach der Nationalität einer der beiden Parteien richtenden Zuständigkeit. Der Unterhaltsprozeß muß vor einem anderen nach dem EuGVÜ zuständigen Gericht ausgetragen werden."

[370] Vgl. oben § 61, 3c.

[371] Vgl. unten § 92 III 1.

[372] Vgl. oben § 4 I1c.

mig.[373] Sonst ist es eine offene Frage, wer wirtschaftlich stärker ist, der Unterhaltsberechtigte oder der Unterhaltsverpflichtete.[374] Man denke z. B. an einen Arbeitnehmer mit geringem Einkommen, dessen Lebensinhalt darin besteht, den Unterhalt seines im Ausland studierenden Sohnes zu finanzieren. Für die Anwendung des Art. 5 Nr. 2 ist es nicht Tatbestandsvoraussetzung, daß der Unterhaltsberechtigte wirtschaftlich schwächer ist als der Beklagte.

b) Auch in den Fällen, in denen dies eindeutig nicht der Fall ist, kommt Art. 5 Nr. 2 nach seinem Wortlaut zum Zuge. So wenn z. B. der Sozialhilfeträger, auf den der Unterhaltsanspruch übergeleitet ist, klagt oder die Unterhaltsausgleichskasse, auf die der Anspruch kraft Gesetzes übergegangen ist.

---

373 Vgl. *Kropholler* Kommentar 59, Art. 5, Rz. 18.

374 Im Anwendungsbereich des Haager Übereinkommens vom 24. Oktober 1956 über das auf Unterhaltsverpflichtungen gegenüber Kindern anzuwendende Recht (BGBl 1961 II 1012; hierzu oben Fußn. 352) ist zu beachten, daß das Übereinkommen selbst nicht definiert, wer Unterhaltsverpflichteter ist. Hierfür ist das materielle Recht des Aufenthaltsstaates maßgebend.

Wie ist zu entscheiden, wenn das nach Art. 1 des Haager Übereinkommens bestimmte Unterhaltsstatut und das Erbstatut die Versorgung des Kindes nach dem Tode des Unterhaltsverpflichteten auf verschiedene Weise lösen, indem die für den Unterhaltsanspruch maßgebliche Rechtsordnung einen erbrechtlichen Anspruch gewährt, dagegen die für das Erbrecht maßgebliche einen unterhaltsrechtlichen? Dieses Anpassungsproblem stellte sich dem LG Aurich IPRspr 1975 Nr. 95. Ein Grieche hinterließ in der Bundesrepublik Deutschland ein nicht anerkanntes deutsches uneheliches Kind. Das gemäß Art. 1 des Abkommens anwendbare deutsche Unterhaltsrecht läßt den Unterhaltsanspruch gemäß §§ 1615a, 1615 BGB mit dem Tode des Verpflichteten erlöschen. Die Versorgung des Kindes ist im deutschen Recht erbrechtlich gelöst: dem nichtehelichen Kind steht nach § 1934a BGB ein Erbersatzanspruch zu. Dagegen gewährt das für die Erbfolge maßgebende griechische Recht dem nichtanerkannten unehelichen Kind keinen erbrechtlichen Anspruch, läßt aber den Unterhaltsanspruch gem. Art. 1553 ZGB nach dem Tode des Vaters fortbestehen. Hierzu überzeugend *Staudinger–Kropholler,* 11./12. Aufl., 1979, Vorbem. 20 zu Art. 18 EGBGB: „Ohne Anpassung würde sich die paradoxe Situation ergeben, daß das Kind gar nichts erhält, weil sein Unterhaltsanspruch nach deutschem Recht mit dem Tode des Vaters erloschen ist und ein Erbrecht nach griechischem Recht nicht entstanden ist. Dieses Ergebnis würde indes den Zielen beider Rechtsordnungen widersprechen. Die Frage ist, in welcher Form ein Ausgleich am angemessensten zu schaffen ist. M. E. liegt der geringste, sachlich am besten zu rechtfertigende Eingriff darin, die kollisionsrechtliche Verweisung auf das griechische Erbstatut hier ausnahmsweise auf die offene Frage zu erstrecken, ob der Unterhaltsanspruch gegen den Erben fortbesteht. Die bejahende Antwort des griechischen Rechts (Art. 1553 ZGB) läßt sich ohne weiteres in das deutsche Unterhaltsrecht einfügen, zumal das deutsche Recht vor dem 1. 7. 1970 ebenfalls eine entsprechende Norm kannte (§ 1712 BGB a. F.); vgl. *Kropholler* in: Konflikt und Ordnung, Festschrift *Ferid* (1978) 284f.; im Ergebnis wie hier *Neuhaus*, Grundbegriffe 359: Fortbestand des bisherigen Unterhaltsanspruchs. Ähnlich das LG Aurich, das nach dem Tod des Vaters freilich regelwidrig das *gesamte* griechische Unterhaltsrecht heranziehen möchte (auch in der Frage der Unterhaltsbemessung). Es ist aber

c) Dies gilt jedoch nicht für selbständige *Ersatzansprüche der öffentlichen Hand.*[375] Denn diese stehen selbständig neben dem Unterhaltsanspruch. Aber auch, wenn der Sozialhilfeträger bzw. die Fürsorgebehörde den ursprünglichen übergeleiteten Unterhaltsanspruch geltend macht, sollte man einer teleologische Reduktion des Art. 5 Nr. 2 das Wort reden,[376] da solche Fälle von der ratio conventionis nicht gedeckt werden.[377]

---

nicht notwendig, sich vom deutschen Unterhaltsstatut so weit zu entfernen." Vgl. auch *Sonnenberger* in Münchener Kommentar, IPR Einleitung G II Rz. 339ff.

375 Hierzu *Schlosser*-Bericht Nr. 97.

376 In diesem Sinne auch *Schlosser*-Bericht Nr. 97: „Alle Rechtsordnungen müssen sich mit dem Problem auseinandersetzen, wie eine unterhaltsbedürftige Person Mittel erhält, wenn der Unterhaltsschuldner nicht rechtzeitig leistet. Subsidiär Unterhaltsverpflichtete, notfalls die öffentliche Hand, müssen vorübergehend einspringen. Diese wiederum müssen ihre Aufwendungen vom (vorrangigen) Unterhaltsschuldner ersetzt verlangen können. Die Rechtsordnungen haben zur Bewältigung dieses Problems indes verschiedene Techniken entwickelt. Zum Teil ordnen sie an, der Unterhaltsanspruch solle auf den Leistenden übergehen, also einen neuen Gläubiger erhalten, nicht aber sonst seine Identität verlieren. Zum Teil gewähren sie dem Leistenden einen selbständigen Ersatzanspruch. Der letzteren Technik bedient sich insbesondere das Recht des V. K. dann, *wenn die Fürsorgebehörde* („Supplementary Benefits Commission") *Unterhalt geleistet hat.* Wie im *Jenard*-Bericht bereits erwähnt, fallen derartige Ansprüche sehr wohl unter das EuGVÜ, auch wenn Regreßansprüche auf einer Leistung beruhen, welche eine öffentliche Behörde nach Verwaltungsrecht oder kraft Vorschriften aus dem Recht der sozialen Sicherheit geleistet hat. Es ist jedoch nicht Sinn der besonderen Zuständigkeitsbestimmung von Artikel 5 Nr. 2, für Regreßforderungen die Zuständigkeit der Gerichte am Wohnsitz des Unterhaltsberechtigten oder gar am Sitz der Behörde zu begründen – gleich welche der beiden genannten Techniken eine Rechtsordnung gewählt hat."

377 Anders zum autonomen deutschen Recht *Stein-Jonas-Schumann*, ZPO, 20. Aufl., § 23a Rz. 7 ZPO: „Ein *Wechsel in der Person des Verpflichteten oder des Berechtigten nimmt dem Unterhaltsanspruch nicht seine Eigenschaft* als ‚Unterhaltssache'. Daß an *anderen* Stellen der ZPO einem Unterhaltsanspruch durch Rechtsübergang bestimmte *Vorrechte* genommen werden, ist für die Qualifikation bei der Zuständigkeit unmaßgeblich. Denn soweit die Gerichtsstandsvorschriften oder die Regelungen über den Rechtsweg und die sachliche Zuständigkeit die Kompetenz des Gerichts an die Qualifikation eines Anspruchs anknüpfen, ändert der Rechtsübergang nichts an dieser Qualifikation. Der Anwendung des § 23a stehen deshalb nicht entgegen:

a) Abtretungen, Pfändungen, Verpfändungen (ob solche behauptete Rechtsnachfolge oder Einziehungsermächtigung auch wirklich eingetreten ist, ist jeweils eine Frage der *Begründetheit* und nicht im Rahmen der Zuständigkeit zu prüfen).

b) Gesetzliche Forderungsübergänge (cessio legis), z. B. für den *Übergang beim nichtehelichen Kind* nach § 1615b BGB und *nach Ehescheidung* gemäß § 1584 S. 3 BGB, nach *§ 1542 RVO* auf den *Sozialversicherungsträger,* nach *§ 67 VVG auf die Versicherung,* nach *§ 774 Abs. 1 BGB* auf den *Bürgen einer Unterhaltsschuld; nicht* aber für die *Ersatzhaftung* nach § 1607 Abs. 2 S. 2 und § 1608 S. 3 BGB.

c) Erbgang nach dem Verpflichteten (z. B. *Tod des Schädigers,* der nach §§ 843f. BGB haftete, Haftung der *Erben des verstorbenen geschiedenen Ehegatten* nach § 1586b BGB) oder *nach dem Berechtigten* (z. B. *Übergang rückständiger Unterhaltsforderung auf die Erben*).

d) Schwierig ist nur die Grenzziehung. Am klarsten wäre es, jedem Zessionar des Unterhaltsanspruchs den Gerichtsstand des Art. 5 Nr. 2 zu verweigern. Auf Art. 5 Nr. 2 könnten sich dann nur Erben und sonstige Gesamtrechtsnachfolger[378] berufen. Diese Lösung wäre aber zu radikal. Als Kompromiß ist zu befürworten, Rechtsnachfolgern dann die Klagemöglichkeit im Gerichtsstand des Art. 5 Nr. 2 nicht zu geben, wenn sie die Forderungseintreibung gewerblich oder sonst beruflich oder als öffentlicher Leistungsträger betreiben. Auch einer privaten Versicherung,[379] erst recht einem Forderungseinziehungsbüro, wäre dann der Gerichtsstand des Art. 5 Nr. 2 versperrt. Sie müßten den Unterhaltsschuldner in dessen Wohnsitzstaat verklagen, Art. 2 I, sofern nicht im konkreten Einzelfall Art. 5 Nr. 1 oder Art. 5 Nr. 3 eingreift.

e) Maßgebliches Kriterium ist also nicht die cessio legis. Bei Maßgeblichkeit deutschen Rechts[380] kann z. B. in den Fällen des § 1615b BGB oder des § 1584 S. 3 BGB der Legalzessionar im Gerichtsstand des Art. 5 Nr. 2 klagen.

3. Autonome Qualifikation

Der Begriff *Unterhaltssache* ist ebenso wie die Zivil- und Handelssachen im Sinne des Art. 1 I vertragsimmanent zu definieren[381]. Es ist also nicht lege causae zu qualifizieren.

---

d) Überleitungsanzeige nach §§ 90f. BSHG oder *§ 37 BAFöG* (→ § 1 Rdnr. 67 kk, § 850d I B 3 mwN).

e) Schuldübernahmen (kumulative oder privative, auch aus *Vermögensübernahme* nach § 419 BGB)."

Im gleichen Sinne *Linke* in *Bülow-Böckstiegel* 606/65, Art. 5, Anm. II 2b: „Durch gesetzlichen Forderungsübergang verliert ein Anspruch nicht seine Eigenschaft als Unterhaltsanspruch im Sinne von Art. 5 Nr. 2, wenn auch in solchen Fällen die Gründe für die Gewährung eines Klägergerichtsstandes teilweise hinfällig werden. Im Rahmen derartiger Regreßansprüche bleibt das GVÜ auch für den ansonsten durch Art. 1 Nr. 4 ausgeschlossenen sozialrechtlichen Bereich relevant."

378 Dabei kann es aber auch wieder zu Abgrenzungsproblemen kommen, wenn das maßgebliche Erbstatut eine Gesamtrechtsnachfolge nicht kennt.

379 Vgl. § 67 VVG.

380 Die lex causae (Unterhaltsstatut) bestimmt das IPR des Gerichtsstaates, und zwar dessen autonomes Recht, sofern kein Staatsvertrag eingreift.

381 EuGH, Urteil vom 6. März 1980, Rechtssache 120/79 – *de Cavel II*, EUGHE 1980, 731 = IPRax 1981, 19; hierzu *Hausmann* IPRax 1981, 5. Vgl. auch oben § 22. Für autonome Qualifikation auch *Linke* in *Bülow–Böckstiegel*, 606/64, Art. 5 II 2a und 606/51 3d und e vor Art. 5. Ebenso *Stein–Jonas–Schumann*, ZPO, 20. Aufl., § 23a Fußn. 6: „Aufgrund der *autonomen Qualifikation* nach Europarecht muß der nationale Richter nach *europäischem* Recht entscheiden, was eine *‚Unterhaltssache‘* ist. Der Begriff wird sich aber im Kern in allen EuGVÜ-Staaten decken, so daß *insoweit* § 23a dem Art. 5 Nr. 2 EuGVÜ inhaltlich entspricht."

4. Unterhaltssachen

a) Im Rahmen des Anwendungsbereichs des Übereinkommens[382] eröffnet Art. 5 Nr. 2 Zuständigkeit für alle Unterhaltsansprüche,[383] ganz gleich wer unterhaltsberechtigt bzw. unterhaltsverpflichtet ist. Als Unterhaltsberechtigte kommen aus der Sicht des deutschen Rechts[384] vor allem in Betracht:[385]

α) *Verwandte – Kinder, Eltern, Großeltern* usw. (§§ 1601 ff. BGB, auch hinsichtlich des in § 1613 BGB geregelten *Unterhalts für die Vergangenheit,* wie immer man ihn bürgerlich-rechtlich qualifiziert).

β) *Ehegatten* (§§ 1360 ff. BGB, auch zwischen *getrennt lebenden Ehegatten* und einschließlich des Anspruchs auf *Prozeßkostenvorschuß,* da dieser nach § 1360 a BGB als Unterhalt qualifiziert wird).[386]

γ) *Frühere Ehegatten* (§§ 1569 ff. BGB, einschließlich des Anspruchs auf *Sicherheitsleistung* nach § 1585 a BGB und auf *Unterhalt für die Vergangenheit* nach § 1585 b BGB).

δ) *Nichteheliche Kinder* (§§ 1615 a ff. BGB einschließlich der Klage wegen vereinbarter *Abfindung* nach § 1615 e BGB, *nicht* aber wegen *vorzeitigen Erbausgleichs* nach § 1934 d BGB, arg. Art. 1 II Nr. 1).

ε) *Nichteheliche Mütter* (vor allem nach § 1615 l BGB; auch die Ansprüche auf Ersatz der *Entbindungskosten* nach § 1615 k BGB und der *Beerdigungskosten* nach § 1615 m BGB sind als Unterhaltssachen zu betrachten, ebenso die Ansprüche nach § 1615 l und § 1615 k BGB).[387]

ζ) *Vertraglich zu Unterhalt Berechtigte* (sowohl bei *Präzisierungen gesetzlicher Unterhaltspflichten,* als auch bei der vertraglichen Begründung sonst nicht vorhandener Pflichten, z. B. *Stiefkindvereinbarungen, Geschwisterversorgung.* Entscheidend ist dabei, daß nach dem Willen der Vertragsschließenden die Leistungen als Unterhalt gewährt bzw. geschuldet werden, nicht als Schenkung. *Der Unterhaltsbegriff des Art. 5 Nr. 2 darf nicht auf den*

---

[382] Hierzu *Schlosser*-Bericht Nr. 92 und oben §§ 22, 23.

[383] Der Anwendungsbereich des Art. 5 Nr. 2 ist – abgesehen davon, daß er die Entscheidungszuständigkeit und nicht bloß die Anerkennungszuständigkeit regelt, vgl. oben Fußn. 359 – wesentlich weiter als der des *Haager Übereinkommens vom 15. April 1958.* – Hierzu *Jenard*-Bericht S. 71: „Das Übereinkommen ist in gewissem Sinne eine Erweiterung des Haager Übereinkommens vom 15. April 1958 über die Anerkennung und Vollstreckung von Entscheidungen auf dem Gebiet der Unterhaltspflicht gegenüber Kindern, weil es auch die Anerkennung und Vollstreckung von Entscheidungen zugunsten anderer Unterhaltsberechtigter als der Kinder sichert, sowie des New Yorker Übereinkommens vom 20. Juni 1956 über die Geltendmachung von Unterhaltsansprüchen im Ausland."

[384] Das maßgebliche Recht bestimmt das IPR des Gerichtsstaates (= Erststaates). Der Zweitrichter kann die erststaatliche Entscheidung insoweit nur aus dem Blickwinkel des Art. 27 Nr. 4 überprüfen.

[385] Zu § 23 a ZPO ebenso *Stein–Jonas–Schumann,* ZPO, 20. Aufl., § 23 a Rz. 7.

[386] Ebenso *Hausmann* IPRax 1981, 7.

[387] Ebenso *Stein-Jonas-Schumann,* ZPO, 20. Aufl., § 23 a Rz. 7 sub e.

gesetzlichen Unterhaltsanspruch verengt werden. Angesichts der großen Bedeutung der Unterhaltsverträge – vor allem im Scheidungsrecht[388] – wäre es verfehlt, diese aus dem Anwendungsbereich des Art. 5 Nr. 2 auszuklammern).[389]

b) Art. 5 Nr. 2 erfaßt demnach alle Klagen, bei denen Gegenstand des Rechtsstreits ein Unterhaltsanspruch ist.[390] Gleichgültig ist, aus *welchem Rechtsgrund* die maßgebliche Rechtsordnung Unterhalt gewährt,[391] vorbehaltlich Art. 1 II Nr. 1.[392] Es spielt also keine Rolle, ob diese Rechtsordnung den Unterhaltsanspruch als einen gesetzlichen,[393] deliktischen[394] oder vertraglichen qualifiziert. Auf die Person des Berechtigten kommt es nicht an. Auch Unterhaltsansprüche von Hinterbliebenen, die auf Delikte und Quasidelikte gestützt werden, können im Gerichtsstand des Art. 5 Nr. 2 eingeklagt werden.[395]

---

[388] In den meisten Fällen garantiert nur eine vertragliche Regelung eine faire Abwicklung des zumeist emotional aufgeladenen Scheidungsverfahrens.

[389] A. A. *Schlosser*-Bericht Nr. 92: „Verträge, die einen ‚Unterhalts'anspruch begründen, der vorher nicht bestanden hat, sind je nach ihrer Ausgestaltung Schenkungen, Kaufverträge oder sonstige entgeltliche Verträge. Die aus ihnen fließenden Ansprüche sind, auch wenn sie auf die Leistung von Unterhalt zielen, wie sonstige vertragliche Ansprüche zu behandeln. Insbesondere gilt dann Artikel 5 Nr. 1 EuGVÜ und nicht seine Nr. 2, wenn es um die gerichtliche Zuständigkeit geht. Anders als bei Anwendbarkeit von Artikel 5 Nr. 2 ist das Ergebnis im letzteren Falle freilich kaum. ‚Unterhalts'ansprüche aus Verträgen sind meist am Wohnsitz oder gewöhnlichen Aufenthalt des Unterhaltsberechtigten zu erfüllen. Auch dort kann daher geklagt werden. Artikel 5 Nr. 2 ist aber anwendbar, wenn ein Unterhaltsanspruch vertraglich näher konkretisiert wurde, der dem Grunde nach durch einen familienrechtlichen Status schon begründet war.

Gerichtliche Verfahren über ‚Unterhalts'ansprüche gehören aber auch dann, wenn Artikel 5 Nr. 2 wegen ihrer deliktischen oder vertraglichen Natur nicht anwendbar ist, immer zu den Zivil- und Handelssachen."

[390] Ebenso *Linke* in *Bülow–Böckstiegel*, 606/64, Art. 5, Anm. II 2b: „Der Schutzzweck dieses Gerichtsstandes gebietet eine weite Auslegung seines Anwendungsbereichs. Hinsichtlich des Kreises der anspruchsberechtigten Personen besteht keine Beschränkung nach Alter, Personenstand oder Zugehörigkeit zu einem Vertragsstaat ... – Der Rechtsgrund des Unterhaltsanspruchs, d. h. Gesetz oder Vertrag, ist grundsätzlich unerheblich."

[391] Art. 1 des neuen *Haager Übereinkommens vom 2. Oktober 1973 über die Anerkennung und Vollstreckung von Unterhaltsentscheidungen* schließt dagegen Unterhaltsansprüche aus Delikt, Vertrag und Erbrecht vom Anwendungsbereich des Übereinkommens aus.

[392] Hierzu oben § 21.

[393] Vgl. §§ 1606ff. BGB.

[394] Z. B. § 843 BGB, § 11 StVG, § 38 LuftVG, §§ 6, 8 Haftpflichtgesetz, einschließlich etwaiger Ansprüche auf *Abfindung oder Sicherheitsleistung,* sowie nach § 845 BGB *wegen entgangener Dienste.*

[395] A. A. *Schlosser*-Bericht Nr. 92: „«Unterhalts»-Ansprüche als Rechtsfolge eines Delikts sind rechtssystematisch Schadenersatzansprüche, auch wenn das Maß des zu leistenden Ersatzes sich nach den Unterhaltsbedürfnissen des Geschädigten bemißt."

c) Wollte man die deliktischen Unterhaltsansprüche ausklammern, so würde man unentwirrbare Verwicklungen bezüglich der Abgrenzung von Unterhaltsansprüchen einerseits und Schadenersatzansprüchen andererseits heraufbeschwören.[396] Es gibt nämlich Rechtsordnungen,[397] die bei Bemessung des Unterhalts, den ein geschiedener Ehegatte seinem früheren Partner schuldet, den Gesichtspunkt des Schadensersatzes hervorheben, also dem schuldlos Geschiedenen[398] Entschädigung für den Verlust der ihm aus der Ehe erwachsenen Rechtsstellung gewähren. Klassisches Beispiel ist Art. 301 Code civil in seiner ursprünglichen Fassung, der heute noch in Luxemburg gilt. Für die Zeit nach der Scheidung wird klar zwischen dem Anspruch auf Unterhalt und dem Anspruch auf

---

Hausmann IPRax 1981, 7 differenziert zwischen dem Stadium des Erkenntnisverfahrens (= Erstverfahren) und der Phase der Anerkennung (= Zweitverfahren). Eine solche Unterscheidung ist aber nicht möglich, da Art. 1 II Nr. 1 nicht verschieden ausgelegt werden kann, je nachdem ob es um die Frage der Entscheidungszuständigkeit (Art. 2ff.) oder um die Frage der Anerkennung bzw. Klauselerteilung geht. Insoweit unzutreffend die Analyse der EuGH-Entscheidung vom 6. März 1980, Rechtssache 120/79 *(de Cavel II),* oben Fußn. 381, durch *Hausmann* IPRax 1981, 7: „Der Umstand, daß der Gerichtshof die Schadensersatzfunktion der Ausgleichsleistungen gänzlich unerwähnt läßt, spricht ferner dafür, daß er zumindest in der Anerkennungsphase dem *Rechtsgrund* der Unterhaltsforderungen keinen Einfluß auf die Anwendbarkeit des GVÜ zumißt. Ob der Rechtsgrund der Unterhaltsansprüche – in Übereinstimmung mit der im autonomen deutschen Zivilprozeßrecht zu § 23a ZPO h. M. – auch in der Entscheidungsphase unerheblich ist, so daß z. B. auch die Schadensansprüche nach §§ 843, 844 II am Wohnsitz des Unterhaltsberechtigten nach Art. 5 Nr. 2 GVÜ eingeklagt werden können, ist hingegen auch nach dieser EuGH-Entscheidung offen." – Noch deutlicher S. 5 Fußn. 7: „Man wird die Entscheidung des EuGH dahin zu verstehen haben, daß den Gläubigern von Annex-Unterhaltsurteilen lediglich die Vorteile der erleichterten Vollstreckung ihrer Ansprüche nach dem GVÜ zugutekommen sollen. Dem Urteil ist hingegen nicht zu entnehmen, daß die Vorschriften des II. Titels über die internationale Zuständigkeit, insbesondere die Bestimmungen der Art. 2 und 5 Nr. 2 GVÜ über den Unterhaltsgerichtsstand, auch dann zu beachten sind, wenn über Unterhaltsansprüche im Zusammenhang mit einem Statusverfahren entschieden wird. Denn ein solcher Eingriff in die nationalen Regelungen der Vertragsstaaten über den Entscheidungsverbund war von den Verfassern der Konvention mit Sicherheit nicht beabsichtigt. In der künftigen, durch das Beitrittsübk. v. 9. 10. 1978 geänderten Fassung des Art. 5 Nr. 2 GVÜ ist klargestellt, daß die Verbundszuständigkeit nach der lex fori (vgl. etwa § 621 Nr. 5 ZPO) zugleich die internationale Unterhaltszuständigkeit iS des GVÜ begründet, sofern das Gericht seine internationale Zuständigkeit für das Statusverfahren nicht ausschließlich aus der Staatsangehörigkeit nur einer Partei hergeleitet hat." Vgl. auch oben § 22 III Fußn. 14 und unten § 109.

[396] Dies sieht auch der *Schlosser*-Bericht Nr. 94ff.: „Schwierig ist die *Abgrenzung von Unterhaltsansprüchen* einerseits und von *Schadenersatz- und Vermögensauseinandersetzungsansprüchen* andererseits."

[397] Wegen der maßgeblichen Rechtsordnung s. oben Fußn. 364. Es kann auch das materielle Recht eines Nichtvertragsstaates zum Zuge kommen.

[398] Dieser Gesichtspunkt entfällt, wenn das maßgebliche Scheidungsrecht von dem Zerrüttungsprinzip ausgeht. So z. B. § 1565 BGB.

Ersatz des materiellen und immateriellen Schadens unterschieden. Der materielle Schaden besteht i. d. R. im Verlust des Unterhaltsanspruchs, den der Geschiedene als Ehegatte gehabt hätte. Daher lassen sich – wie *Schlosser*[399] hervorhebt – in der Praxis die aus den beiden Absätzen von Art. 301 Code civil erwachsenen Ansprüche nicht klar gegen einander abgrenzen, zumal sie beide die Form einer Rente oder die einer Kapitalzahlung annehmen können. Das neue französische Scheidungsgesetz vom 11. Juli 1975[400] unterscheidet noch deutlicher zwischen „prestations compensatoires" und „devoir de secours". Art. 281 ff. Code civil n. F. kennen nach wie vor einen Geschiedenenunterhalt i. e. S. Die eheliche Unterhaltspflicht wirkt über die Scheidung hinaus. Dies ist allerdings nicht die Regel, sondern die Ausnahme, die nur in den seltenen Fällen eingreift, in denen die Ehe infolge einer länger als sechs Jahre dauernden Trennung der Ehegatten wegen unheilbarer Zerrüttung nach Art. 237 ff. Code civil geschieden worden ist. Grundnorm ist Art. 270 S. 1 Code civil. Die eheliche Beistandspflicht erlischt mit der Ehescheidung. Die Ausgleichsleistungen, die der Scheidungsrichter gemäß Art. 270 S. 2 Code civil einem der Ehegatten zugunsten des anderen auferlegen kann, bemessen sich zwar gleichfalls in erster Linie nach der Bedürftigkeit des berechtigten und der Leistungsfähigkeit des verpflichteten Ehegatten. Dies spricht zwar prima facie für eine unterhaltsähnliche Funktion dieser Leistungen. Bei näherem Zusehen erweist sich diese Qualifikation jedoch als nicht über jeden Zweifel erhaben. So definiert Art. 272 Code civil nicht nur die Begriffe der Bedürftigkeit und der Leistungsfähigkeit, sondern stellt auch auf Umstände ab, die keine typische Unterhaltsfunktion haben, sondern etwa Aufgaben übernehmen, die im deutschen Recht heute der Versorgungsausgleich erfüllt. Hinzukommt, daß der Ausgleich grundsätzlich in Form einer einmaligen Geldzahlung oder durch Überlassung von Vermögensgegenständen zu erbringen ist und nur dann die Form einer Geldrente annimmt, wenn die Vermögensverhältnisse des Verpflichteten eine Kapitalabfindung nicht zulassen. Die prestations compensatoires sind eine *pauschale Abgeltung* („caractère forfaitaire"), Art. 273 Code civil; sie führen zu einer globalen und endgültigen Regelung der Verpflichtungen zwischen den geschiedenen Ehegatten, die auch dann keiner Änderung mehr unterworfen ist, wenn sich die Bemessungsgrundlagen nachträglich zu Lasten einer Partei erheblich ändern. Hier liegt ein entscheidender Unterschied zum Unterhalt (Art. 282 Code civil). Die prestations compensatoires sind nach autonomem französischem Recht nicht Unterhalt oder Unterhaltsersatz. Sie haben vielmehr Entschädigungsfunktion: Sie sollen dem wirtschaftlich schwächer gestellten Ehegatten, z. B. der Ehefrau, denjenigen Schaden

---

[399] *Schlosser*-Bericht Nr. 95.

[400] Zur französischen Scheidungsreform s. näher *Rieg/Ernst,* FamRZ 1975, 461 ff; *Dauses,* JZ 1976, 554 ff.; *Groslière,* La réforme du divorce, 1976; *Massip,* La réforme du divorce, 1976; *Hausmann* IPRax 1981, 7.

ersetzen, der ihm durch die Ehescheidung entsteht.[401] Obwohl die französische Doktrin den prestations compensatoires den Unterhaltscharakter abspricht, hat der EuGH[402] diese gleichwohl als Unterhaltsleistungen qualifiziert, allerdings ohne die Problematik zu erwähnen. Sofern der EuGH seine Rechtsprechung nicht wieder modifiziert, kann man von einem sehr *weiten Unterhaltsbegriff* ausgehen, der alle Ansprüche umfaßt, die sich zumindest zu einem wesentlichen Teil an der Bedürftigkeit des Berechtigten und der Leistungsfähigkeit des Verpflichteten orientieren.

Nach sec. 23 § 1 c und f sowie sec. 27 § 6 c des englischen „Matrimonial Causes Act" von 1973 kann *auch ein englisches Scheidungsgericht* eine Pauschalzahlung anordnen, die ein geschiedener Ehegatte dem anderen oder einem Kinde zu leisten hat. Da die common law-Juristen von systematischen Festlegungen wenig halten, ist nicht erkennbar, ob diese Leistungen Schadenersatz- oder Unterhaltsfunktion haben.

Diese Beispiele zeigen, daß eine logisch halbwegs durchhaltbare Scheidelinie zwischen deliktischen und sonstigen Unterhaltsansprüchen nicht gezogen werden kann. Deshalb sollte man die Kompetenzprüfung nicht mit fruchtlosen Diskussionen über die Natur des Unterhaltsanspruchs[403] belasten, zumal es keine innere Rechtfertigung dafür gibt, daß die Grenzen für die Gerichtspflichtigkeit des deliktischen Unterhaltsschuldners enger gezogen werden als die des sonstigen Unterhaltsschuldners.

d) Der Begriff des Unterhalts umfaßt nicht nur Ansprüche auf *Leistung periodischer Zahlungen,* sondern auch *Ansprüche auf einmalige Abfindungszahlungen* (die zumeist pauschaliert sind).[404] Nach § 1613 II BGB kann z. B. der Unterhaltsberechtigte neben einer Geldrente wegen eines außergewöhnlichen Bedarfs auch Zahlung eines einmaligen Betrags verlangen. In Betracht kommen auch *vertragliche* Ansprüche; so kann z. B. nach § 1615 e BGB der nichteheliche Vater mit seinem Kind eine einmalige

---

[401] *Hausmann,* IPRax 1981, 7.

[402] EuGH, 6. März 1980, Rechtssache 120/79 *de Cavel II,* EuGHE 1980, 731 = IPRax 1981, 19; hierzu *Hausmann,* IPRax 1981, 5.

[403] Nicht überzeugend die folgenden Distinktionen im *Schlosser*-Bericht Nr. 96: „Handelt es sich um Schadensersatzansprüche, bleibt Artikel 5 Nummer 2 außer Betracht. Für dessen Anwendung ist im Fall einer Pauschalsumme allein darauf abzustellen, ob der auf ein familienrechtliches Band gestützten Zahlung Unterhaltsfunktion zukommen soll. – Im Verhältnis zu Kindern wird der Unterhaltszweck einer Zahlung wohl immer überwiegen. Im Verhältnis der Ehegatten können auch Vermögensauseinandersetzung oder Schadenersatz im Vordergrund stehen. Verdienen etwa beide Ehegatten gut, kann die Zahlung einer Pauschalsumme nur den Zweck haben, die vermögensrechtliche Auseinandersetzung oder eine Wiedergutmachung immateriellen Schadens zu gewährleisten. Dann handelt es sich in der Sache nicht um einen Unterhaltsanspruch. Dient die Zahlung der Vermögensauseinandersetzung, ist das EuGVÜ überhaupt nicht anwendbar. Dient sie dem Ausgleich immateriellen Schadens, ist für die Anwendung von Artikel 5 Nr. 2 kein Raum. Ein Scheidungsgericht darf in keinem der beiden Fälle über den Anspruch erkennen, sofern es nicht nach Artikel 2 oder nach Artikel 5 Nr. 1 zuständig ist."

[404] *Schlosser*-Bericht Nr. 93.

Abfindung vereinbaren. Ebenso Art. 5 IV 3 des italienischen Scheidungsgesetzes vom 1. Dezember 1970: Unterhalt für den geschiedenen Ehegatten in Form einer einmaligen Abfindung.

Nach französischem Recht (Art. 285 Code civil in der Fassung des Scheidungsgesetzes vom 11. Juli 1975) kann das Gericht von sich aus – ohne Vereinbarung der Ehegatten – den Unterhalt in einer Summe pauschalieren. Auch im Vereinigten Königreich können die Gerichte für die Zeit nach der Scheidung dem einen Ehepartner zugunsten des anderen nicht nur wiederkehrende Zahlungen auferlegen, sondern zu einem einmaligen Geldbetrag verurteilen.

e) Selbst *dingliche Sicherheiten* und die *Übertragung von Vermögensgegenständen,* z. B. gemäß Art. 8 des italienischen Scheidungsgesetzes bzw. Art. 146 III Codice civile, sind als Unterhalt zu qualifizieren.[405]

f) Unter Unterhalt i. S. des Art. 5 Nr. 2 können *mehrere Rechtsbegriffe aus ein und derselben nationalen Rechtsordnung* fallen.[406] So bezeichnet z. B. das italienische Recht die unter Verwandten und Ehegatten zu erbringenden Leistungen als „alimenti" (Art. 433ff. Codice civile), die Leistungen nach Ehescheidungen aber als „assegni".[407] Das französische Scheidungsrecht spricht nicht von „aliments", sondern von „devoir de secours". Daneben verwendet man die Ausdrücke „devoir d'entretien" und „contributions aux charges du ménage". Auf die *Bezeichnung* der Ansprüche in der jeweiligen nationalen Rechtsordnung kommt es nicht an. Trotz der engen Fassung des Art. 5 Nr. 2, der im italienischen Wortlaut nur von „alimenti" spricht, sind auch Streitigkeiten über den weitergehenden Anspruch auf „mantenimento" nach Art. 146 III, 147 Codice civile Unterhaltssachen.[408]

g) *Die Klageart spielt keine Rolle.* In der Praxis dürften zwar die Leistungsklagen überwiegen. Aber auch Feststellungsklagen und – soweit überhaupt unterhaltsrechtlich relevant – Gestaltungsklagen fallen unter Art. 5 Nr. 2,[409] insbesondere die Abänderungsklagen nach § 323 ZPO.[410]

h) Art. 5 Nr. 2 gilt selbstverständlich nur im Anwendungsbereich des Übereinkommens.[410a] Greift ein Ausnahmetatbestand des Art. 1 II ein, bleibt die europäische Zuständigkeitsordnung außer Betracht,[411] so z. B.

---

405 *Schlosser*-Bericht Nr. 93.

406 *Schlosser*-Bericht Nr. 91.

407 Hierzu *Luther* ZVglRW 1979, 256.

408 Im gleichen Sinne *Hausmann* IPRax 1981, 7 unter Berufung auf EuGH, 6. März 1980, Rechtssache 120/79, *de Cavel II,* IPRax 1981, 19.

409 Ebenso zu § 23a *Stein–Jonas–Schumann,* ZPO, 20. Aufl., § 23a Rz. 4.

410 Für Klagen auf Abänderung von Unterhaltstiteln besteht keine ausschließliche internationale Zuständigkeit des Staates, von dessen Gerichten der abzuändernde Titel erlassen wurde. – *Schlosser,* Unterhaltsansprüche vor den Gerichten der Alt-EWG-Staaten, FamRZ 1973, 424; *Geimer,* Einige Zweifelsfragen zur Abgrenzung der internationalen Zuständigkeit nach dem EWG-Übereinkommen, RIW/AWD 1975, 84 bei Fußn. 29.

410a Vgl. oben §§ 19ff.

411 Näher oben §§ 21ff.

wenn der Unterhaltsanspruch auf eine erbrechtliche Rechtsgrundlage gestützt wird.[412] Für Ansprüche werdender Mütter von Erben oder Nacherben aus §§ 1963, 2141 BGB oder für testamentarisch angeordnete Unterhaltszahlungen kommt Art. 5 Nr. 2 nicht zum Zuge, sondern das nationale Zuständigkeitsrecht, z. B. in der Bundesrepublik Deutschland § 23a ZPO. Das gleiche gilt, wenn der Klagegrund als ehegüterrechtlich im Sinne des Art. 1 II Nr. 1 zu qualifizieren ist.[413] Probleme ergeben sich hier vor allem, wenn – wie bei den prestations compensatoires des französischen Rechts – der Unterhalts- und der Versorgungsausgleichscharakter der von einem Ehegatten dem anderen zu zahlenden Ausgleichsleistung ineinander verfließen.[414] In seiner zweiten de Cavel-Entscheidung[415] hat der EuGH die extensive Interpretation des Begriffs der „ehelichen Güterstände"[416], wie er sie in seinem ersten de Cavel-Urteil vertreten hatte,[417] erheblich eingeschränkt.[418] Zwar bleibt es auch nach der neuen Entscheidung dabei, daß nicht nur güterrechtliche Ansprüche im engeren Sinne gemäß Art. 1 II Nr. 1 aus dem sachlichen Geltungsbereich ausgeschlossen sind, sondern auch sonstige Ansprüche, die sich unmittelbar aus der Ehe oder ihrer Auflösung ergeben. Dies gilt jedoch nicht, wenn die Ansprüche auch Unterhaltsfunktion haben.

5. Konkurrenz mit anderen Spezialgerichtsständen

Der Gerichtsstand des Art. 5 Nr. 2 kann mit dem des Art. 5 Nr. 1 konkurrieren, ebenso mit dem des Art. 5 Nr. 3, wenn die Unterhaltsansprüche auf Delikt beruhen, so z. B. Unterhaltsansprüche Hinterbliebener gemäß § 844 II BGB, oder Ansprüche des Körperverletzten auf Geldrente gemäß § 843 BGB.

6. Die Gerichtspflichtigkeit des beklagten Unterhaltsverpflichteten

Seine Gerichtspflichtigkeit ergibt sich bereits aus den vorstehenden Darlegungen. Ergänzend sei folgendes hervorgehoben:

a) Der Unterhaltsverpflichtete ist außerhalb seines Wohnsitzstaates gerichtspflichtig an allen Orten, an denen eine der Zuständigkeitsanknüpfungen des Art. 5 Nr. 2 vorliegt. Der Unterhaltsverpflichtete ist also gerichtspflichtig nicht nur am Wohnsitz des Unterhaltsberechtigten,[419]

---

[412] *Schlosser*-Bericht Nr. 92.

[413] Hierzu *Schlosser*-Bericht Nr. 96.

[414] Vgl. oben § 22.

[415] EuGH, 6. März 1980, Rechtssache 120/79, oben Fußn. 381.

[416] Hierzu oben § 23.

[417] EuGH, 27. März 1979, Rechtssache 148/78 *(de Cavel I)*, EuGHE 1979, 1055; hierzu *Hausmann*, FamRZ 1980, 418 und *Huet*, Journal du Droit International 1979, 681. Vgl. oben § 23 Fußn. 3.

[418] Ausführlich *Hausmann*, IPRax 1981, 5.

[419] Es kommt kompetenzrechtlich nicht der Wohnsitz oder gewöhnliche Aufenthalt

sondern auch an dessen gewöhnlichem Aufenthaltsort und an dem Ort, wo der Statusprozeß schwebt.[420] Hat der Unterhaltsberechtigte in mehreren Vertragsstaaten Wohnsitze oder gewöhnliche Aufenthalte, so ist der Unterhaltsverpflichtete an all diesen Orten gerichtspflichtig.

b) Der gewöhnliche Aufenthalt steht als Zuständigkeitsanknüpfung *selbständig* neben dem Wohnsitz des Beklagten, also *nicht nur subsidiär als Hilfsanknüpfung*. Die Anknüpfung an den gewöhnlichen Aufenthalt des Klägers hat dann praktische Bedeutung, wenn dieser vom Wohnsitz abweicht; in Betracht kommen die Fälle des abgeleiteten Wohnsitzes der Kinder und der Ehefrau. Maßgebend sind die Verhältnisse zur Zeit des Beginns des Rechtsstreits. Dem Unterhaltsberechtigten sind also viele Möglichkeiten gegeben, die Gerichtspflichtigkeit des Unterhaltsschuldners zu beeinflussen.

c) Der Wohnsitz ist gemäß Art. 52 zu bestimmen. Umstritten ist, ob Art. 52 auch analog für die Ermittlung des gewöhnlichen Aufenthalts zu gelten hat,[421] oder ob dieser Begriff vertragsimmanent zu definieren ist.

d) Art. 5 Nr. 2 gilt auch für Klagen gegen den/die Rechtsnachfolger des Unterhaltsverpflichteten, also dessen Erben oder die Übernehmer seiner Schuld oder den Vermögensübernehmer.[422]

7. Die Gerichtspflichtigkeit des beklagten Unterhaltsberechtigten

a) Art. 5 Nr. 2 gilt für Unterhaltssachen schlechthin, ohne Rücksicht auf die Parteistellung, also auch für Klagen gegen den Unterhaltsberechtigten und dessen Rechtsnachfolger. Für eine Reduktion des Anwendungsbereichs auf Klagen gegen den Unterhaltsschuldner bzw. dessen Rechtsnachfolger spricht zwar die ratio conventionis. Dies hätte aber im Text des Übereinkommens, der ja durch das Beitrittsübereinkommen vom 9. Oktober 1978 neu gefaßt wurde, zum Ausdruck gebracht werden müssen.[423] Allerdings hat Art. 5 Nr. 2 1. Alternative für Klagen gegen den Unterhaltsberechtigten keine Bedeutung.[424] Hier ergibt sich die internationale Zuständigkeit des Wohnsitzstaates aus Art. 2 I.[425] Aber die beiden anderen Alternativen sind für die Gerichtspflichtigkeit des beklagten Unterhaltsberechtigten von Bedeutung. Er kann in Unterhaltssachen – entgegen der Grundregel des Art. 2 I – in dem Staate verklagt werden, in dem er sich gewöhnlich aufhält oder der nach seinem nationa-

---

des *Klägers,* sondern des *Unterhaltsberechtigten in Frage.* Dies ist vor allem wichtig im Falle der Abtretung oder Überleitung des Unterhaltsanspruchs.

420 Näher unten § 92 III 1.

421 S. *Linke* in *Bülow–Böckstiegel,* 606/66, Art. 5, Anm. II 3 bei Fußn. 97.

422 Ebenso *Stein–Jonas–Schumann,* ZPO, 20. Aufl. § 23a Rz. 7 sub c.

423 Wie hier zu § 23a *Stein–Jonas–Schumann,* ZPO, 20. Aufl. § 23a, Rz. 4 bei Fußn. 9.

424 Art. 5 setzt voraus, daß der Beklagte außerhalb seines Wohnsitzstaates verklagt wird.

425 Die örtliche Zuständigkeit regelt dann das nationale Recht. Vgl. oben § 33.

len Zuständigkeitsrecht für den Statusprozeß zuständig ist, wenn der Unterhaltsprozeß mit diesem im Entscheidungsverbund entschieden wird und wenn sich die internationale Zuständigkeit nicht nur auf die Staatsangehörigkeit einer der Parteien stützt.

b) Das gleiche gilt auch für die Rechtsnachfolger des Unterhaltsberechtigten.[426] So kann der Zessionar am Wohnsitz des Unterhaltsberechtigten verklagt werden. In diesem Fall kann auch die erste Alternative des Art. 5 Nr. 2 selbständige Bedeutung erhalten. Der Zessionar ist außerhalb seines Wohnsitzstaates gerichtspflichtig am Wohnsitz des Unterhaltsberechtigten. Maßgebend für die Zuständigkeitsanknüpfungen des Art. 5 Nr. 2 sind – wie immer – die tatsächlichen Verhältnisse zur Zeit der Klageerhebung.[427] Jedoch bedarf es einer Modifikation: Durch den Tod des Unterhaltsberechtigten wird die durch Art. 5 Nr. 2 eröffnete Zuständigkeit nicht beseitigt. Maßgebend ist dann der letzte Wohnsitz bzw. gewöhnliche Aufenthalt. So kann z. B. der Unterhaltsschuldner die Erben des Unterhaltsberechtigten auf Rückzahlung des angeblich zu viel gezahlten Unterhalts am letzten Wohnsitz bzw. gewöhnlichen Aufenthalt des Unterhaltsberechtigten verklagen.

c) Für die oben[428] diskutierten Fälle der beruflichen oder gewerblichen Forderungseintreibung bzw. Überleitung auf einen öffentlichen Leistungsträger sind keine Ausnahmen zu machen, weil die ratio conventionis eine teleologische Reduktion des Art. 5 Nr. 2 für Klagen gegen den Zessionar nicht gebietet. Diese sind wirtschaftlich so potent, daß ihrer Gerichtspflichtigkeit außerhalb ihres Wohnsitzstaates am Wohnsitz bzw. gewöhnlichen Aufenthalt des Unterhaltsberechtigten nichts entgegensteht.

8. Keine Gerichtspflichtigkeit für Abänderungsklagen im Staat des Vorprozesses[429]

a) Weder der Unterhaltsverpflichtete noch der Unterhaltsberechtigte sind in Bezug auf Abänderungsklagen bzw. sonstige Verfahren, die zur Anpassung einer Unterhaltsentscheidung an die in der Zwischenzeit eingetretenen neuen Verhältnisse dienen,[430] gerichtspflichtig in dem Staat, dessen Gerichte die abzuändernde Entscheidung erlassen haben.[431] Eine

---

[426] Ebenso zu §23a ZPO *Stein–Jonas–Schumann,* ZPO, 20. Aufl. § 23a Rz. 7.

[427] Vgl. oben § 29 IV 10.

[428] Oben 2.

[429] Hierzu *Schlosser,* FamRZ 1973, 424; *Geimer* RIW/AWD 1975, 84f.; *Linke* in *Bülow–Böckstiegel,* 606/53, Anm. 5 vor Art. 5.

[430] Für das deutsche Recht s. §§ 323, 641 l III, 642 b I 4 in Verbindung mit 642 a IV ZPO.

[431] Der Erlaßstaat hat keine völkerrechtlich garantierte ausschließliche internationale Zuständigkeit. Die Aufhebung oder Abänderung einer ausländischen Entscheidung stellt keinen Eingriff in die Gerichtshoheit und damit Souveränität des Staates dar, der die abzuändernde Entscheidung erlassen hat; denn die Aufhebung oder Abän-

solche Zuständigkeitsanknüpfung haben die Unterhändler zwar diskutiert, aber wieder fallengelassen.[432] Auch für Abänderungsklagen und sonstige Abänderungsverfahren gelten die allgemeinen Vorschriften, also Art. 2 I und Art. 5 Nr. 2.[433]

b) Das Übereinkommen billigt dem Vertragsstaat, der die abzuändernde Entscheidung erlassen hat, keine internationale Zuständigkeit zur Abänderung zu.[434] Der Umstand, daß dieser Staat durch seine Gerichte

---

derung erfolgt nur mit Wirkung für das Inland, d. h., nur für die Hoheitssphäre des Staates, der die aufhebende oder abändernde Entscheidung erläßt.

Dies ist heute allgemeine Meinung: *Beitzke,* AcP 150 (1950/51), 275; *Geimer* RIW/AWD 1975, 85; *Zöller-Geimer,* ZPO, 13. Aufl., 1981, IZPR, Anm. D II 9; *Staudinger-Beitzke,* Kommentar zum BGB, 11. Aufl., Art. 8 EGBGB Randnr. 26; *Staudinger-Kropholler,* 12. Aufl. Vorbem. 135 vor Art. 18 EGBGB; *Neuhaus,* Die Grundbegriffe des IPR, 2. Aufl., 1977, 247f. unter III; *Soergel–Kegel,* BGB, 10. Aufl., Bem. 406ff. vor Art. 7 EGBGB; *Stein-Jonas-Schumann-Leipold,* ZPO 19. Aufl. § 323 II 2c; *Jarck,* Abänderung und Aufhebung ausländischer Staatshoheitsakte im internationalen Rechtsverkehr, Diss. Göttingen, 1954, 108, 115; *ders.,* FamRZ 1956, 298 und NJW 1956, 1349; *Schröder,* Internationale Zuständigkeit, 1971, 609 bei Fußn. 2798; IPG 1965–1966 Nr. 69 (Freiburg), 828ff.; IPG 1967–1968 Nr. 40 (Heidelberg), S. 460; IPG 1970 Nr. 33 (Heidelberg), S. 343; *Georgiades,* Die Abänderung ausländischer Urteile im Inland, Festschrift für *Zepos,* 1973, S. 189ff.; *Siehr* in *Bosch*-Festschrift, 1976, 927ff., 934; *Hausmann-Jayme,* Zbl. JugR 66 (1979), 290ff., 295; *Henrich,* IPRax 1982, 140; *Schlosser,* IPRax 1981, 120; A. A. RGZ 116 S. 193, 195; *Pagenstecher,* RabelsZ 11 (1937), 407; *Kallmann,* Anerkennung und Vollstreckung ausländischer Zivilurteile und gerichtlicher Vergleiche, 1946, 47f.

Zur Frage des für die Entscheidung über die Abänderungsklage maßgeblichen Rechts OLG Düsseldorf, Urteil vom 3. November 1981, IPRax 1982, 152 Nr. 42; hierzu *Henrich,* IPRax 1982, 141.

432 *Jenard*-Bericht S. 71: „Es wurde die Frage aufgeworfen, ob man zur Vermeidung einander widersprechender Entscheidungen nicht hätte vorsehen sollen, daß das Gericht, das den Betrag einer Unterhaltsleistung festgesetzt hat, auch allein zuständig sein sollte, diesen Betrag zu ändern. Der Ausschuß hat geglaubt, von einer solchen Lösung Abstand nehmen zu sollen. Es wären sonst Parteien, die keinerlei Beziehungen mehr zu dem ursprünglich befaßten Gericht besitzen, gezwungen, den Rechtsstreit vor ein möglicherweise weit entferntes Gericht zu bringen. Außerdem muß sich die Entscheidung des Zweitrichters, durch die eine Entscheidung des Erstrichters geändert werden soll, auf eine neue Tatsache stützen; es kann deshalb nicht angeführt werden, daß man es mit zwei einander widersprechenden Entscheidungen zu tun habe." In dem gleichen Sinne vgl. Haager Konferenz für Internationales Privatrecht, Akten der Neunten Tagung, Bericht zum Entwurf eines Übereinkommens über die Anerkennung und Vollstreckung von Entscheidungen auf dem Gebiet der Unterhaltspflicht gegenüber Kindern, S. 321.

433 *Schlosser*-Bericht Nr. 98: „Die allgemeinen wirtschaftlichen Verhältnisse und die besondere wirtschaftliche Lage von Unterhaltsverpflichteten und -berechtigten ändern sich ständig. Insbesondere entsteht in Zeiten kontinuierlicher Geldentwertung in periodischen Abständen ein Bedürfnis nach Anpassung von Unterhaltsentscheidungen. Die Zuständigkeiten für solche Anpassungsentscheidungen richten sich nach den allgemeinen Vorschriften des EuGVÜ."

434 *Schlosser*-Bericht Nr. 107: „Eine Anpassung von Unterhaltstiteln kann also *nur*

den Erstprozeß hat entscheiden lassen, ist nach dem Zuständigkeitssystem des Übereinkommens kein ausreichender Anknüpfungspunkt.[435] Der Beklagte (Antragsgegner) des Abänderungsverfahrens ist außerhalb seines Wohnsitzstaates nur unter den Voraussetzungen des Art. 5 Nr. 2 gerichtspflichtig.[436]

c) Die Parteistellung ist nicht entscheidend.[437] Art. 5 Nr. 2 kommt

---

bei Gerichten begehrt werden, die nach Artikel 2 oder Artikel 5 Nr. 2 EuGVÜ n. F. zuständig sind.“

[435] Hat der Beklagte der Abänderungsklage seinen Wohnsitz außerhalb der Bundesrepublik Deutschland und liegt auch sonst keiner der Zuständigkeitsanknüpfungspunkte des Art. 5 Nr. 2 hinsichtlich eines deutschen Gerichts vor, so ist keine deutsche internationale Zuständigkeit gegeben. Auch wenn die abzuändernde Entscheidung von einem deutschen Gericht erlassen wurde, darf die Abänderungsklage nicht angenommen werden.

Das Übereinkommen weicht also nicht unerheblich von der Rechtslage nach deutschem autonomen Recht ab. Dieses kennt zwar keinen besonderen Gerichtsstand für die Abänderungsklage nach § 323 ZPO. Eine ausschließliche Zuständigkeit des früheren Prozeßgerichts kommt daher nicht in Betracht. Die Klage kann bei dem nach den allgemeinen Zuständigkeitsregeln (§§ 12ff. ZPO) zuständigen Gericht erhoben werden. Es ist strittig, ob auch bei dem Prozeßgericht 1. Instanz analog § 767 I ZPO eine konkurrierende Zuständigkeit besteht. Nachweise bei *Stein–Jonas–Schumann–Leipold,* ZPO, 19. Aufl. § 323, Anm. V 1. Der Streit über *die örtliche Zuständigkeit* mag hier dahinstehen. Auf jeden Fall ist mit *Pagenstecher* Rabels Z 11 (1937), 407 für den Bereich des autonomen Rechts eine (konkurrierende) internationale Zuständigkeit der Bundesrepublik Deutschland für die Abänderung der von ihren Gerichten erlassenen Entscheidungen zu fordern, ohne Rücksicht darauf, ob nach §§ 12ff. ZPO ein Zuständigkeitsanknüpfungspunkt gegeben ist oder nicht. Zur Begründung mag folgende Erwägung dienen: Wenn sich schon die deutschen Gerichte einer Rechtssache angenommen und diese sachlich entschieden haben, dann hat die Bundesrepublik Deutschland die Pflicht und Schuldigkeit, die einmal erlassene Entscheidung „up to date“ zu halten, d. h. sie muß die Möglichkeit offen lassen, daß die Parteien sich an das Prozeßgericht 1. Instanz wenden, um die Entscheidung der Entwicklung der Verhältnisse anpassen zu lassen. Daneben tritt die formalkonstruktive Begründung in den Hintergrund: Am einleuchtendsten ist die Vorstellung, daß die internationale Zuständigkeit des Erstprozesses *kraft inneren Sachzusammenhangs* auch für die Abänderungsklage nachwirkt. *Geimer* RIW/AWD 1975, 84. Vgl. auch *Schröder,* Internationale Zuständigkeit, 1971, 612f.: „Viel handlicher und biegsam genug dürfte als Regel sein: Wer eine Entscheidung erlassen hat, besitzt rechtsgrundsätzlich konkurrierende internationale Zuständigkeit, sie zu ändern oder wieder aufzuheben; indessen ist sorgsam darauf Bedacht zu nehmen, ob eine zwischenzeitliche Verlagerung der Anknüpfungsbezüge stattgefunden hat, welche die internationale Anhangszuständigkeit ausgehöhlt und zum forum non conveniens entartet erscheinen läßt.“ Enger *Kropholler* IZVR Rz. 440.

[436] Für Streitigkeiten, die keine Unterhaltssachen sind, also alle sonstigen wiederkehrenden Leistungen, z. B. aus Pensionsvereinbarungen oder für Renten aus dem Verkauf von Unternehmen usw., gibt es außerhalb des Wohnsitzstaates des Beklagten nur dann eine weitere (konkurrierende) internationale Zuständigkeit, wenn der Erfüllungsort außerhalb des Wohnsitzstaates gelegen ist (Art. 5 Nr. 1) oder eine Zuständigkeitsvereinbarung (Art. 17) vorliegt.

[437] Unpräzis *Schlosser*-Bericht Nr. 107: „Begehrt der Unterhaltsberechtigte Anpas-

auch zum Zuge, wenn der Unterhaltsberechtigte der Beklagte (Antragsgegner) ist. Der Unterhaltsverpflichtete bzw. dessen Rechtsnachfolger kann den Unterhaltsberechtigten außerhalb dessen Wohnsitzstaates in dem Vertragsstaat auf Abänderung verklagen, in dem dieser sich gewöhnlich aufhält. Dies ist in der Praxis allerdings nur dann bedeutsam, wenn der Unterhaltsberechtigte sich außerhalb seines Wohnsitzstaates[438] in einem anderen Vertragsstaat gewöhnlich aufhält. Für die dritte Zuständigkeitsanknüpfung des Art. 5 Nr. 2 n. F., nämlich den Ort des Statusprozesses, läßt sich wohl kein Anwendungsfall finden.

d) Eine Annexzuständigkeit für das Abänderungsverfahren besteht für den Vertragsstaat, der die abzuändernde Entscheidung erlassen hat, auch dann nicht, wenn nach seinem autonomen Recht die Abänderungsklage bzw. der Abänderungsantrag als Rechtsmittel bzw. sonstiger Rechtsbehelf zum vorausgehenden Verfahren, in dem die abzuändernde Entscheidung erlassen wurde, zu qualifizieren ist.[439] Das Übereinkommen verbietet, aus einer solchen Qualifikation der lex fori kompetenzrechtliche Konsequenzen zu ziehen. Dem *Urteilsstaat fehlt also die internationale Anpassungskompetenz,* wenn die Voraussetzungen nach Art. 2ff. nicht mehr bestehen.[440]

e) Dies ist vor allem wichtig im Verhältnis zum *Vereinigten Königreich* und möglicherweise auch zu *Irland,* weil dort die Gerichte die Abänderung bzw. Anpassung des Unterhaltstitels mitunter[441] auch als Rechtsbehelf zu dem Verfahren qualifizieren, in dem die abzuändernde bzw. anzupassende Entscheidung erlassen wurde. Dort betrachtet man – anders als auf dem Kontinent[442] – beide Verfahren als eine Einheit[443] mit der Folge,

---

sung etwa an inzwischen eingetretene Teuerungen, so kann er zwischen dem internationalen Gerichtsstand des Wohnsitzes des Unterhaltsschuldners und dem örtlichen Gerichtsstand seines eigenen Wohnsitzes oder gewöhnlichen Aufenthalts wählen. Erstrebt hingegen der Unterhaltsschuldner eine Anpassung, etwa weil sich seine wirtschaftlichen Verhältnisse verschlechtert haben, dann steht ihm nur der internationale Gerichtsstand von Artikel 2, nämlich derjenige des Wohnsitzes des Unterhaltsberechtigten, offen. Selbst wenn das ursprüngliche Urteil – gegebenenfalls in Anwendung von Artikel 2 – in seinem eigenen Wohnsitzstaat ergangen war und sich an den Aufenthaltsverhältnissen der Parteien nichts geändert hat, ist das nicht anders."

438 Hat der beklagte Unterhaltsberechtigte im geographischen Anwendungsbereich des Übereinkommens (oben § 17) keinen Wohnsitz, sondern nur einen gewöhnlichen Aufenthalt, so kommt die Zuständigkeitsordnung des Übereinkommens nicht zur Anwendung, Art. 3 I. Es gilt vielmehr das nationale Zuständigkeitsrecht, Art. 4 I, verschärft durch Art. 4 II.

439 *Schlosser*-Bericht Nr. 106.

440 So ausdrücklich *Schlosser*-Bericht Nr. 106.

441 Einer strengen Systematisierung sind die common law-Juristen abhold.

442 Die Rechtsordnungen aller sechs Gründungsstaaten der EWG qualifizieren die Anpassung von Unterhaltsurteilen, jedenfalls was gerichtliche Zuständigkeiten anbelangt, nicht als Rechtsmittel oder Rechtsbehelf. Ausführlich *Schlosser,* FamRZ 1973, 424 und *Schlosser*-Bericht Nr. 99ff.:

„99. *Die Rechtsordnungen des Kontinents* unterscheiden sich danach, ob der Akzent der

daß die Frage nach einer eigenen Annexzuständigkeit gar nicht erst gestellt wird.[444]

α) Die Änderung von Unterhaltstiteln ist im *Vereinigten Königreich* möglich auf Grund des Domestic Proceedings and Magistrates' Courts Act 1978. Danach kann das Gericht Unterhaltsentscheidungen ändern oder aufheben.[445] An gesetzliche Voraussetzungen (Tatbestandsvoraussetzungen) im kontinentalen Sinne ist das Gericht nicht gebunden. Ein Änderungsantrag kann aber nicht auf Tatsachen und Beweismittel gestützt werden, die schon hätten vorgebracht werden können, als die ursprüngliche Entscheidung gefällt wurde.[446] Diese sind präkludiert. Ebenso ist die Rechtslage nach sec. 31 des Matrimonial Causes Act von

---

einschlägigen Rechtsregeln von einer Durchbrechung der Rechtskraftwirkung des Unterhaltsurteils ausgeht oder mehr auf der Vorstellung eines materiellen Anpassungsanspruchs liegt. Wie vielerorts sonst, so läßt sich auch insoweit die Lösung des Rechts des V.K. und Irlands in dieses Schema nicht einordnen.

100. *Den deutschen Rechtsvorschriften* über Unterhaltsansprüche liegt die Vorstellung eines besonderen Rechtsbehelfs zugrunde, der der Wiederaufnahmeklage systematisch zur Seite gestellt wird.

Da keine besonderen Gerichtsstände vorgesehen sind, hält man aber die allgemein für Unterhaltsansprüche existierenden Zuständigkeitsregeln für anwendbar. Danach kann das Gericht, welches das ursprüngliche Unterhaltsurteil erlassen hatte, seine Zuständigkeit zu dessen Anpassung verloren haben. Die mit der Zwangsvollstreckung befaßten Organe können, auch wenn es sich um Gerichte handelt, allgemein oder in Unterhaltssachen ein Urteil an veränderte Verhältnisse nicht anpassen. Die sozialen Vollstreckungsschutzbestimmungen sind in ihrer Anwendung unabhängig davon, ob der im Urteil festgestellte Anspruch noch (in voller Höhe) besteht. Das gilt auch für die subsidiäre Generalklausel in § 765 a ZPO, die besagt, wegen ganz besonderer Umstände könnten Vollstreckungsmaßnahmen aufgehoben oder untersagt werden, wenn sie für den Schuldner eine sittenwidrige Härte darstellten. – Deshalb lassen Rechtslehre und Rechtsprechung heute auch die Anpassung eines ausländischen Unterhaltsurteils zu, wenn für den Unterhaltsanspruch ein deutscher Gerichtsstand existiert.

In den *übrigen Rechtsordnungen der EWG-Gründungsstaaten* ist das Problem schon immer mehr als ein materiellrechtliches und nicht als ein solches angesehen worden, das in Zusammenhang mit Rechtsbehelfen gegen gerichtliche Entscheidungen stünde. Die Zuständigkeit richtet sich daher ohnehin nach den allgemein für Unterhaltssachen geltenden Grundsätzen. Auch mittelbare Anpassungen dadurch, daß die Veränderung der für die Unterhaltsbemessung maßgebenden Verhältnisse als Einwendung gegen Akte der Zwangsvollstreckung geltend gemacht werden könnte, gibt es nicht. – Insgesamt liegt daher dem EuGVÜ die in allen ursprünglichen Mitgliedstaaten einheitliche Rechtslage zugrunde: Für die Klage auf Anpassung eines Unterhaltsurteils muß die Zuständigkeit des angegangenen Gerichts neu bestimmt werden."

[443] Jedenfalls kompetenzrechtlich als einen Komplex.

[444] *Schlosser*-Bericht Nr. 106.

[445] Zuständig für solche Entscheidungen ist aber auch dort das Gericht, in dessen Bezirk sich der Antragsteller inzwischen aufhält.

[446] *Schlosser*-Bericht Nr. 101. Vgl. auch *Dicey-Morris,* The Conflict of Laws, 10. Aufl., 1980, 391 ff.

1973. Das Scheidungsgericht kann eine von ihm wegen des Unterhalts getroffene Anordnung immer ändern oder aufheben, ohne Rücksicht darauf, ob die für seine jurisdiction maßgeblichen Tatsachen noch gegeben sind oder nicht.[447]

Hinzu kommt noch, daß im Vereinigten Königreich das Erkenntnisverfahren vom Vollstreckungsverfahren weniger scharf getrennt ist. Dies ist typisch für die *britische Gerichtsverfassung.*[448] Die Vollstreckungsgewalt ist sehr viel enger als auf dem Kontinent mit der Jurisdiktionsgewalt eines einzelnen Gerichts verbunden, das das Urteil erlassen hat.[449] Um von den Vollstreckungsorganen eines Gerichts vollstreckt werden zu können, muß ein Urteil eines anderen Gerichts bei diesem registriert werden. Ist es aber registriert, dann betrachtet man es wie eine Entscheidung, die dieses Gericht erlassen hat, mit der Folge, daß ein Gericht nach Registrierung eines von ihm nicht erlassenen Urteils auch zu dessen Änderung befugt ist. Dies gilt nicht nur für Urteile anderer Gerichte des Vereinigten Königreichs, sondern nach sec. 9 Maintenance Orders (Reciprocal Enforcement) Act 1972 auch für ausländische Urteile, also für Fälle, in denen Unterhaltsurteile aus dem Ausland über eine Registrierung bei einem britischen Gericht vollstreckt werden sollen. Vgl. unten § 150 XXXV.

β) Nach dem autonomen Recht *Irlands* ist für Unterhaltsansprüche von Ehegatten sowie von ehelichen und nichtehelichen Kindern der „District Court" zuständig. Er kann auch seine Unterhaltsentscheidungen aufheben oder abändern.[450]

f) Eine selbständige Zuständigkeitsanknüpfung in dem oben a) und b) dargestellten Sinne ist nicht erforderlich für *Rechtsmittel- und Rechtsbehelfs-*

---

[447] Nachweise im *Schlosser*-Bericht Nr. 99ff.

[448] *Schlosser*-Bericht Nr. 102.

[449] *Schlosser*-Bericht Nr. 208.

[450] Hierzu *Schlosser*-Bericht Nr. 103: „Örtlich zuständig ist der Richter für den District, in dem eine Partei des Verfahrens ihren gewöhnlichen Aufenthalt hat, einen Beruf ausübt, ein Gewerbe betreibt, oder, im Fall von Ansprüchen eines nichtehelichen Kindes, in dem die Mutter des Kindes wohnt. Sind die zuständigkeitsbegründenden Tatsachen nachträglich entfallen, so hat der Richter, der eine Unterhaltsentscheidung gefällt hat, auch die Zuständigkeit zu ihrer Abänderung verloren. Abgesehen von den Möglichkeiten zur Abänderung von Unterhaltsentscheidungen gibt es auch noch das Recht der Berufung zum „Circuit Court" gegen solche Entscheidungen des „District Court". Der „Circuit Court" ist auch im Rahmen von Vormundschaftssachen („proceedings relating to the guardianship of infants") zuständig zum Erlaß von Unterhaltsentscheidungen. Auch dieses Gericht kann seine Unterhaltsentscheidungen ändern oder aufheben. Örtlich zuständig ist der Richter des Circuit Court, in welchem der Beklagte im Zeitpunkt der Erhebung der Unterhaltsklage oder des Abänderungsbegehrens gewöhnlichen Aufenthalt hat. Eine Berufung zum „High Court" ist möglich. Der „High Court" kann die Zahlung von Unterhalt anordnen, auch für die Zeit des Verfahrens und für die Zeit nach Bewilligung einer Trennung der Ehegatten von Tisch und Bett. Er ist zuständig zur Änderung seiner eigenen Unterhaltsentscheidungen. Gegen seine Entscheidung ist Berufung zum „Supreme Court" möglich."

verfahren im Rahmen des Unterhaltsrechtsstreites.[451] Maßgebend sind die tatsächlichen Verhältnisse bei Klageerhebung bzw. des Beginns des Unterhaltsverfahrens.[452] Es reicht, wenn zu diesem Zeitpunkt die Zuständigkeitsanknüpfungen gegeben sind. Es ist unschädlich, wenn sie danach während des Rechtsstreites wieder entfallen. Verlegt z. B. der in München wohnhafte Kindsvater seinen Wohnsitz nach Italien[453] oder Österreich[454] und wohnt das klagende Kind in Frankreich und hält sich dort auch gewöhnlich auf, so ist keine Anknüpfung i. S. der Art. 2 I und Art. 5 Nr. 2 mehr für die internationale Zuständigkeit der Bundesrepublik Deutschland gegeben. Gleichwohl kann das Verfahren weitergeführt werden (Grundsatz der perpetuatio fori), auch durch Einlegung der Berufung zum Oberlandesgericht gegen die Entscheidung des Amtsgerichts.[455]

g) Schwierig sind auch hier die *Abgrenzungsfragen*. Wann kann noch von einem Rechtsbehelf im Rahmen des ursprünglichen Unterhaltsverfahrens gesprochen werden und wann ist die Grenze zum selbständigen Abänderungsverfahren, das einer eigenen Zuständigkeitsanknüpfung bedarf, überschritten? „Unverdächtig" sind die befristeten Rechtsmittel und die an einen numerus clausus gebundene Wiederaufnahme-/Restitutionsklage.[456] Problematisch wird es jedoch, wenn der *Rechtsbehelf unbefristet* ist;[457] denn es geht nicht an, daß das Erfordernis der selbständigen Zuständigkeitsanknüpfung für (selbständige) Abänderungsverfahren durch einen Etikettenwechsel unterlaufen wird.

h) Aus dieser Sicht steht es wohl den Vertragsstaaten nicht frei, den Abänderungs- bzw. Anpassungseinwand – soweit er auf Minderung ab-

---

451 *Schlosser*-Bericht Nr. 104.

452 Oben § 29 IV 10.

453 Hier bleibt die Anwendung der Zuständigkeitsordnung als solcher außer Zweifel.

454 Hier geht es auch um die Frage, ob das Übereinkommen als solches noch anwendbar bleibt.

455 *Schlosser*-Bericht Nr. 104: „Das EuGVÜ geht, obwohl es dies nirgendwo ausdrücklich sagt, davon aus, daß alle Entscheidungen der Gerichte eines Staates in diesem Staat mit allen Rechtsbehelfen angefochten werden können, die dort vorgesehen sind. Das gilt auch, wenn die tatsächlichen Grundlagen für die Zuständigkeit der Gerichte dieses Staates inzwischen entfallen sind. Ein französisches Urteil kann in Frankreich mit Berufung, Kassationsbeschwerde und Wiederaufnahmeklage angefochten werden, auch wenn der Beklagte inzwischen längst keinen Wohnsitz mehr in Frankreich hat. Aus dem Begriff der Anerkennungspflicht folgt demnach, daß kein Vertragsstaat *Rechtsbehelfszuständigkeit* gegenüber Urteilen aus einem anderen Vertragsstaat in Anspruch nehmen kann. Dazu gehören auch rechtsmittelähnliche Verfahren wie eine „action of reduction" in Schottland oder eine „Wiederaufnahmeklage" in Deutschland. Umgekehrt muß jede Zuständigkeit eines Gerichts, die keine Rechtsbehelfszuständigkeit ist, nach den Vorschriften des EuGVÜ selbständig bestimmt werden."

456 *Schlosser*-Bericht Nr. 104.

457 Solche unbefristeten Rechtsbehelfe kennt vor allem das englische Zivilprozeßrecht.

zielt – im Rahmen der Vollstreckungsgegenklage[458] zuzulassen. Eine Herabsetzungsklage gemäß § 323 ZPO ist nach autonomem deutschen Recht[459] zwar meist mit einer Vollstreckungsgegenklage verbunden, mit der die Aufhebung des ursprünglichen Vollstreckungstitels hinsichtlich des mindernden Betrages erstrebt wird.[460] Für die letztere Klage besteht eine ausschließliche internationale Zuständigkeit, soweit es sich um *Zwangsvollstreckung in dem Gerichtsstaat* handelt (Art. 16 Nr. 5). Dort kann wohl nicht *kraft Sachzusammenhangs* eine internationale Zuständigkeit auch für die Abänderungsklage eröffnet werden.[461] Es muß klar zwischen Abänderung des Vollstreckungstitels und der Vollstreckungsgegenklage unterschieden werden. Ein rechtspolitisch sehr unerfreuliches Ergebnis!

i) *Exkurs:* Die in einem selbständigen Abänderungsverfahren (außerhalb des Urteilsstaates des ursprünglichen Unterhaltstitels) erlassene Entscheidung ist in den anderen Vertragsstaaten – auch dem Vertragsstaat, der die abgeänderte Entscheidung erlassen hat – anzuerkennen und – soweit es sich um eine Erhöhung des Unterhaltes handelt – zur Vollstreckung zuzulassen.[462] In Abweichung von dem Haager Übereinkommen vom 15. April 1958[463] über die Anerkennung und Vollstreckung von Unterhaltsentscheidungen gegenüber Kindern (Art. 8) enthält das Brüsseler Übereinkommen keine besonderen Regeln über die Anerkennung und Vollstreckbarerklärung von Entscheidungen, die ein ausländisches Urteil oder einen sonstigen Titel aufheben oder abändern. Es gelten daher die allgemeinen Vorschriften der Art. 26ff. Solche Entscheidungen sind anzuerkennen, sofern kein Versagungsgrund (Art. 27, 28) vorliegt. Eine Abänderung bzw. Anpassung darf der Zweitrichter im Anerkennungs- bzw. Klauselerteilungsverfahren nicht vornehmen.[464] Bei Versagung der Anerkennung greift die Notzuständigkeit (oben § 60) Platz.[465]

---

458 Hierzu *Schlosser*, FamRZ 1973, 427.

459 Hierzu näher *Stein–Jonas–Schumann–Leipold,* ZPO, 19. Aufl., § 323, Anm. III 2.

460 Dabei ist zu beachten, daß in den anderen kontinentalen Vertragsstaaten die Anpassung an die veränderten Verhältnisse eine rein materiell-rechtliche Frage ist. Eine besondere Klage (wie in § 323 ZPO) ist unbekannt, siehe *Schlosser*, FamRZ 1973 427.

461 Anders noch *Geimer* RIW/AWD 1975, 84 sub 3 Fußn. 31: „Die *Gerichtspflichtigkeit* des Beklagten vor den deutschen Gerichten wird hierdurch nicht unzumutbar praeter conventionem ausgedehnt, da der Beklagte sich sowieso gegen die Klage aus § 767 ZPO verteidigen muß."

462 *Geimer* RIW/AWD 1975, 84.

463 BGBl. 1961 II 1006. Hierzu *Lansky*, Das Haager Übereinkommen vom 15. 4. 1958 etc., Diss. Bonn, 1960, 134f. und oben Fußn. 359. – Die Neufassung des Haager Übereinkommens vom 2. Oktober 1973 ist für die Bundesrepublik Deutschland noch nicht in Kraft. Text im Schweizer BBl 1975 II 1395 und bei *Staudinger-Kropholler*, 11./12. Aufl. 1979, Vorbem. 251 vor Art. 18 EGBGB.

464 *Schlosser*-Bericht Nr. 105: „Auf keinen Fall darf das Gericht im Anerkennungs- und Exequaturstaat ohne Rücksicht auf die Zuständigkeitsvorschriften im EuGVÜ

VII. Gerichtspflichtigkeit in Arbeitssachen

1. Gerichtspflichtigkeit des Arbeitnehmers

Obgleich der Arbeitnehmer der typischerweise Schwächere ist, enthält das Übereinkommen keine Sondervorschriften zum Schutz des Arbeitnehmers.[466] Dessen Gerichtspflichtigkeit beurteilt sich nach den allgemeinen Vorschriften.

2. Gerichtspflichtigkeit des Arbeitgebers

Das gleiche gilt für die Gerichtspflichtigkeit des Arbeitgebers. Allerdings versucht der EuGH die Zuständigkeitsinteressen des Arbeitnehmers bei der Auslegung des Art. 5 Nr. 1 ins Spiel zu bringen: Der Arbeitgeber ist in dem Vertragsstaat, in dem die für den Arbeitsvertrag charakteristische Leistung zu erfüllen ist, auch für solche Klagen gerichtspflichtig, die Ansprüche aus dem Arbeitsverhältnis betreffen, die nicht im Gerichtsstaat zu erfüllen sind.[467] Damit weicht der EuGH von

---

überprüfen, ob der *zuerkannte Betrag noch angebracht* ist. Denn entweder handelt es sich um eine Rechtsbehelfsfrage; dann bleiben die Gerichte des Ursprungsstaats ohnehin zuständig. Oder die neue Klage ist vom alten Verfahren völlig getrennt zu beurteilen; dann müssen die Zuständigkeitsvorschriften des EuGVÜ eingehalten werden."

[465] *Geimer* RIW/AWD 1975, 84.

[466] Allerdings sind solche geplant. Vgl. oben § 19 XII und unten § 83 Fußn. 115.

[467] EuGH, Urteil vom 26. Mai 1982, Rechtssache 133/81 – *Ivenel./.Schwab,* RIW/AWD 1982, 908: „. . . . .

(16) Wie eine Untersuchung der Bestimmungen des Brüsseler Übereinkommens zeigt, anerkennt dieses mit der Schaffung besonderer oder sogar ausschließlicher Zuständigkeiten für Versicherungssachen, Teilzahlungskaufverträge und Miet- oder Pachtverträge über unbewegliche Sachen, daß auch für die Regelung der gerichtlichen Zuständigkeit das Bestreben gilt, jener Partei, die in sozialer Hinsicht als die schwächere anzusehen ist, einen angemessenen Schutz zu gewähren.

(17) Die Vorlagefrage ist unter Berücksichtigung dieser Gesichtspunkte zu beantworten.

(18) In einem Fall wie dem vorliegenden, in dem das Gericht mit Ansprüchen aufgrund von Verpflichtungen aus einem Vertretervertrag befaßt ist, von denen einige die Vergütung betreffen, die dem Arbeitnehmer angeblich von einer in einem Staat ansässigen Firma geschuldet wird, andere wiederum Abfindungen betreffen, die ihre Grundlage in der Art und Weise der Verrichtung der Arbeit in einem anderen Staat haben, sind die Bestimmungen des Brüsseler Übereinkommens so auszulegen, daß das angerufene Gericht keine Veranlassung dazu hat, für die Entscheidung über einige Ansprüche seine Zuständigkeit zu bejahen, sie jedoch in bezug auf andere Ansprüche zu verneinen.

(19) Ein solches Ergebnis würde den Absichten und der allgemeinen Systematik des Brüsseler Übereinkommens um so weniger entsprechen, als es sich um einen Vertrag über eine nicht selbständige Erwerbstätigkeit handelt, für die das anwendbare Recht

seiner Rechtsprechung ab, wonach Art. 5 Nr. 1 nur dann eine Gerichtspflichtigkeit außerhalb des Wohnsitz-/Sitzstaates begründet, wenn der Erfüllungsort für die eingeklagte Verbindlichkeit im Gerichtsstaat liegt.[468]

VIII. Gerichtspflichtigkeit in Trustsachen

Ein trustee ist in Prozessen, die den von ihm verwalteten trust betreffen, auch in dem Vertragsstaat gerichtspflichtig, in dem der trust seinen Sitz hat, Art. 5 Nr. 6 n. F. Diese Zuständigkeitslogik ist einleuchtend: Der trustee soll nicht in der Lage sein, die Rechtsverfolgung gegen sich dadurch zu erschweren, daß er seinen Wohnsitz in einen anderen Vertragsstaat verlegt.[469] Näher unten § 88.

IX. Gerichtspflichtigkeit in Gesellschaftssachen

1. Ratio conventionis

Für einen Teilausschnitt vorstellbarer gesellschaftsrechtlicher Streitigkeiten, nämlich für Klagen, welche die Gültigkeit, Nichtigkeit oder Auflösung einer Gesellschaft oder juristischen Person oder der Beschlüsse ihrer Organe zum Gegenstand haben, begründet Art. 16 Nr. 2 eine ausschließliche internationale Zuständigkeit[470] des Staates, in dem die Ge-

---

im allgemeinen Bestimmungen zum Schutze des Arbeitnehmers enthält; dieses Recht ist normalerweise dasjenige des Ortes, an dem die Arbeitsleistung erbracht wird, die die für den Vertrag charakteristische Leistung darstellt.

(20) Aus dem Vorstehenden ergibt sich, daß bei einer Klage, die auf verschiedene Verpflichtungen aus einem Vertretervertrag gestützt ist, der einen Arbeitnehmer an ein Unternehmen bindet, für die Anwendung von Artikel 5 Nr. 1 des Brüsseler Übereinkommens diejenige Verpflichtung als maßgeblich anzusehen ist, die für diesen Vertrag charakteristisch ist."

Der in Straßburg wohnhafte Arbeitnehmer (= unselbständiger Handelsvertreter) hatte seinen in Oettingen/Bayern ansässigen Arbeitgeber vor dem Conseil de prud' hommes Straßburg verklagt.

Ob der EuGH seine Zuständigkeitserwägungen auch gelten lassen will, wenn sie den Arbeitgeber begünstigen, bleibt offen.

[468] EuGH, Urteil vom 6. Oktober 1976, Rechtssache 14/76 – *de Bloos./.Bouyer,* EuGHE 1978, 1497 = NJW 1977, 490 mit Anm. *Geimer.*

[469] Nimmt er seinen Wohnsitz außerhalb des geographischen Anwendungsbereichs des Übereinkommens, so gilt nationales Zuständigkeitsrecht, Art. 4 I. Vgl. oben § 29 IV.

[470] Das Übereinkommen verzichtet auf eine Regelung der *örtlichen Zuständigkeit.* Es beschränkt sich darauf, den Sitzstaat für international zuständig zu erklären. Die örtliche Zuständigkeit beurteilt sich daher nach nationalem Zuständigkeitsrecht. In der Bundesrepublik Deutschland kommen insbesondere §§ 17, 22 ZPO zum Zuge, ebenso § 246 III Aktiengesetz (Anfechtung eines Hauptversammlungsbeschlusses), § 249 I 1 Aktiengesetz (Feststellung der Nichtigkeit eines Hauptversammlungsbeschlusses),

sellschaft bzw. juristische Person ihren Sitz hat.[471] Die internationale Zuständigkeit des Wohnsitzstaates wird verdrängt. Ratio conventionis ist hier nicht – wie in Versicherungs-, Verbraucher- oder Unterhaltssachen[472] – der Schutz der typischerweise schwächeren Partei, sondern das Gerichtsinteresse an einer Konzentrierung aller den Status der Gesellschaft bzw. juristischen Person betreffenden Streitigkeiten im Sitzstaat im Interesse des inneren Entscheidungseinklangs.[473] Die Einzelheiten sind unten § 87 dargestellt.

2. Mehrere nach Art. 16 Nr. 2 international zuständige Vertragsstaaten

Da Art. 53 Satz 2 auf das jeweilige IPR der lex fori verweist,[474] kann es vorkommen, daß mehrere Vertragsstaaten den Sitz einer Gesellschaft oder juristischen Person für sich selbst beanspruchen mit der Folge, daß mehrere Vertragsstaaten gemäß Art. 16 Nr. 2 international zuständig sind.[475] Zuständigkeitskonflikte sind gemäß Art. 23 zugunsten des zuerst angerufenen Gerichts zu entscheiden.

---

§ 254 I 1 Aktiengesetz (Anfechtung des Beschlusses über die Verwendung des Bilanzgewinns), § 257 II 1 Aktiengesetz (Anfechtung der Feststellung des Jahresabschlusses durch die Hauptversammlung), § 275 III 1 Aktiengesetz (Nichtigerklärung der Aktiengesellschaft), § 51 III 3 Genossenschaftsgesetz (Anfechtung von Beschlüssen der Generalversammlung), § 75 GmbH-Gesetz (Nichtigerklärung der Gesellschaft). Sieht das nationale Zuständigkeitsrecht keine örtliche Zuständigkeit vor, so greift ersatzweise die ungeschriebene Konventionsregel ein, wonach die Gerichte in der Hauptstadt des Vertragsstaates örtlich zuständig sind. Vgl. oben § 33 III.

471 Das angegangene Gericht beurteilt die Frage, wo der Sitz der Gesellschaft oder juristischen Person sich befindet nach den Vorschriften seines eigenen internationalen Privatrechts, Art. 53. Dieses entscheidet auch darüber, inwieweit ein renvoi anzunehmen ist. Einen eigenen zuständigkeitsrechtlichen renvoi sieht das Übereinkommen nicht vor.

472 Hierzu oben IV–VI.

473 *Jenard*-Bericht S. 81: „Artikel 16 Nr. 2 begründet für Gesellschaften und juristische Personen die ausschließliche Zuständigkeit der Gerichte des Staates, in dem eine Gesellschaft oder eine juristische Person ihren Sitz hat, wenn sich die Hauptklage auf die Gültigkeit, die Nichtigkeit oder die Auflösung der Gesellschaft oder juristischen Person oder der Beschlüsse ihrer Organe bezieht. – Zur Wahrung der Rechtssicherheit muß vermieden werden, daß über das Bestehen von Gesellschaften oder die Gültigkeit der Beschlüsse ihrer Organe sich widersprechende Entscheidungen ergehen können. Aus diesem Grunde dürfte sich die Lokalisierung der Verfahren bei den Gerichten desjenigen Staates empfehlen, in dessen Hoheitsgebiet die Gesellschaft ihren Sitz hat. In diesem Staate werden auch die Förmlichkeiten der Publizität für die Gesellschaft erfüllt. Auch führt diese Lösung in den meisten Fällen zur Anwendung der herkömmlichen Regel „actor sequitur forum rei". Derartige Gerichtsstände sind insbesondere im deutschen und bei Vereinen ohne Gewinnzweck im luxemburgischen Recht bekannt."

474 Oben § 73.

475 Noch nicht geklärt ist, ob der Zweitrichter bei der Prüfung nach Art. 28 I dem Standpunkt seines (zweitstaatlichen) IPR Geltung verschaffen darf. – Hierzu *Jenard*-

3. Inhaltlicher Vergleich mit § 22 ZPO[476]

a) Art. 16 Nr. 2 betrifft nur Klagen, die die Existenz der Gesellschaft oder juristischen Person (Klagen auf Gültigkeit, Nichtigkeit oder Auflösung derselben) oder die Wirksamkeit der Beschlüsse ihrer Organe betreffen. § 22 ZPO eröffnet dagegen für die dort genannten juristischen Personen und Verbände einen *Aktivgerichtsstand für Klagen gegen ihre Mitglieder*,[477] ebenso für Klagen der Mitglieder dieser Vereinigung gegeneinander.[478] Voraussetzung ist, daß diese Klagen auf einem Streit aus der Mitgliedschaft beruhen. Ratio legis ist eine Konzentration der Prozesse, um z. B. die einheitliche Auslegung der Vereinssatzung bzw. des Gesellschaftsvertrages zu ermöglichen.[479]

b) Art. 16 Nr. 2 ist somit wesentlich enger. Für Klagen aus der

---

Bericht S. 99: „Es ist dem Ausschuß nicht entgangen, daß die Anwendung des Artikels 16 Nr. 2 des Übereinkommens zu Schwierigkeiten Anlaß geben kann. Dies wäre z. B. der Fall, wenn das Gericht eines Staates die Auflösung einer Gesellschaft, die den Sitz der Hauptverwaltung in diesem Staate hat, aussprechen würde und wenn die Anerkennung einer solchen Entscheidung in einem anderen Staat geltend gemacht würde, dessen Recht auf den satzungsmäßigen Sitz abstellt und in dem die Gesellschaft einen solchen Sitz hat. Nach Ansicht des Ausschusses kann das Gericht des Anerkennungsstaates auf Grund des Artikels 28 Absatz 1 die Anerkennung mit der Begründung versagen, daß eine ausschließliche Zuständigkeit der Gerichte seines Staates gegeben sei." Dagegen *Müller* in *Bülow-Böckstiegel* 606/136, Art. 16, Anm. IV 2 bei Fußn. 29. Näher oben § 73 Fußn. 17 und unten § 87 XXV.

476 *Stein-Jonas-Schumann*, ZPO, 20. Aufl., § 22 Rz. 4.

477 Für restriktive Auslegung des § 22 ZPO *Stein-Jonas-Schumann*, ZPO, 20. Aufl., § 22 Rz. 1: „Die *Problematik* des § 22 liegt in der Möglichkeit, daß am *Sitz der Vereinigung* deren Mitglieder verklagt werden können. Insoweit schafft § 22 einen *Klägergerichtsstand* und durchbricht den Grundsatz, daß der Kläger dem Gerichtsstand des Beklagten zu folgen habe („actor sequitur forum rei"). Vor hundert Jahren war dieser Systembruch nicht weiter bedenklich, weil es überregionale Organisationen nur selten gab, so daß dem Mitglied in aller Regel keine Härten entstanden, wenn es am Vereinssitz verklagt wurde. Inzwischen haben sich in den verschiedensten Bereichen überregionale Organisationen entwickelt, die nur an *einem* Ort im Bundesgebiet ihren Sitz haben und dort sämtliche Prozesse gegen ihre Mitglieder abwickeln. Bei § 22 sind nunmehr ähnliche Mißstände zu beobachten, wie sie vor dem Erlaß der Gerichtsstandsnovelle bei den Zuständigkeitsvereinbarungen bestanden und die dann zum Prorogationsverbot führten. Eine Abschaffung dieses Klägergerichtsstands ist deshalb rechtspolitisch dringend zu wünschen. Bis zu diesem Zeitpunkt ist *§ 22 so restriktiv wie möglich anzuwenden*, wenn er am Sitz der Vereinigung einen Gerichtsstand gegen das verklagte Mitglied begründen soll. Ferner sollte bei der Anwendung von § 22 immer geprüft werden, ob sich der Kläger *prozeßmißbräuchlich* verhält, wenn er nicht im allgemeinen Gerichtsstand des Beklagten, sondern im Vereinsgerichtsstand klagt. Seit der durch die Gerichtsstandsnovelle eingeleiteten Besinnung auf den Gerechtigkeitsgehalt der Gerichtsstandsordnung ist es ferner nicht unvertretbar, im Wege der einschränkenden Rechtsfortbildung den *Gerichtsstand des § 22 dann nicht mehr anzuwenden, wenn ein überregionaler Massenverein gegen seine Mitglieder am Vereinssitz vorgeht*".

478 *Zöller-Geimer*, ZPO, 13. Aufl. IZPR, Anm. E XV 20.

479 *Stein-Jonas-Schumann*, ZPO, 20. Aufl., § 22 Rz. 1.

Mitgliedschaft bei der Gesellschaft bzw. der juristischen Person gegen ihre Mitglieder eröffnet Art. 16 Nr. 2 keinen Klägergerichtsstand. Anders als § 22 ZPO gilt Art. 16 Nr. 2 nicht für *Klagen gegen die Mitglieder auf Beitragszahlung*, ebenso nicht für Klagen gegen den Vorstand, den Geschäftsführer oder sonstige Organe der Gesellschaft wegen Verletzung ihrer Pflichten.[480] Es gelten vielmehr die allgemeinen Vorschriften (Art. 2ff.): Da die Organe in der Regel ihre Pflichten am Sitz der Gesellschaft zu erfüllen haben, wird in den meisten Fällen am Sitz der Gesellschaft eine Zuständigkeit gemäß Art. 5 Nr. 1 eröffnet sein.[480a] Ist dies nicht der Fall, ist der Beklagte an seinem Wohnsitz zu verklagen, Art. 2 I, es sei denn, er wird aus Delikt belangt, Art. 5 Nr. 3. Die Einzelheiten werden unten § 87 III und XXII erörtert. In diesem Zusammenhang ist nur festzustellen, daß sich die Gerichtspflichtigkeit des Beklagten außerhalb seines Wohnsitzstaates in solchen Fällen nicht auf Art. 16 Nr. 2 stützt.

X. Sonstige Fälle des Art. 16

Ebenso wie in Gesellschaftssachen geht es auch bei den übrigen in Art. 16 aufgezählten Fällen der ausschließlichen internationalen Zuständigkeit nicht um eine Korrektur des actor sequitur forum rei – Prinzips zugunsten der typischerweise Schwächeren. Ratio conventionis ist nicht das sorgfältige Ausbalancieren der Zuständigkeitsinteressen zwischen den Parteien.[481] Im Vordergrund steht vielmehr das Gerichtsinteresse[482] an Konzentrierung zusammenhängender Prozesse[483] im Interesse des in-

---

480 Differenzierend zu § 22 ZPO *Stein–Jonas–Schumann*, ZPO, 20. Aufl., § 22, Rz 7.

480a So auch EuGH, Urteil vom 22. März 1983, Rechtssache 34/82 – *Peters Bauunternehmung GmbH ./. Zuid Nederlandse Aanemers Vereniging* betreffend die Beitragspflicht zu einem Verein. Vgl. unten § 83 Fußn. 47.

481 Der *Jenard*-Bericht S. 75 trennt nicht scharf genug zwischen den zum Schutz des Schwächeren geschaffenen Gerichtsständen und den Zuständigkeitsanknüpfungen, bei denen (staatliche) Gerichtsinteressen auf dem Spiele stehen: „In allen sechs Vertragsstaaten sind die örtlichen Zuständigkeitsregeln grundsätzlich nicht Bestandteil des ordre public; es steht daher den Parteien frei, eine abweichende Zuständigkeit zu vereinbaren. – Von diesem Grundsatz gibt es jedoch Ausnahmen: Bestimmte Zuständigkeitsregeln sind zwingend vorgeschrieben oder sind Bestandteil des ordre public, und zwar entweder im Interesse einer geordneten Rechtspflege, die eine Verringerung der Zuständigkeiten und die Zusammenziehung bestimmter Streitsachen bei einem Gericht gebietet, oder aber aus sozialen Erwägungen zum Schutze bestimmter Personenkreise (Versicherte, Käufer bei Abzahlungsgeschäften usw.)."

Unrichtig auch EuGH, Urteil vom 26. Mai 1982, oben Fußn. 467, soweit behauptet wird, Art. 16 Nr. 1 zweite Alternative (Miet- und Pachtklagen) wolle die sozial schwächere Partei schützen.

482 Allgemein hierzu *Schröder,* Internationale Zuständigkeit, 1971, 487ff.

483 *Jenard*-Bericht S. 75: „Abschnitt 5 (Artikel 16) stellt einen Katalog der Fälle auf, in denen die Gerichte eines Vertragsstaates allein zuständig sind, da die Zusammenfassung der Streitfälle vor den Gerichten eines einzigen Staates aus Gründen einer geordneten Rechtspflege geboten ist."

neren Entscheidungseinklangs.[484] Die ausschließlichen Zuständigkeiten des Art. 16 verdrängen in ihrem Anwendungsbereich[485] alle anderen Zuständigkeitsanknüpfungen des Übereinkommens, insbesondere die Allzuständigkeit des Wohnsitzstaates.[486] Der Beklagte ist jeweils nur in dem Vertragsstaat gerichtspflichtig, in dem der nach Art. 16 relevante Zuständigkeitsanknüpfungspunkt gelegen ist. Wohnt der Beklagte zufälligerweise auch in dem gemäß Art. 16 international ausschließlich zuständigen Vertragsstaat, so ist dies kompetenzrechtlich belanglos.[487]

Beispiel:

Ein Münchner und ein Straßburger streiten sich vor dem LG München I um das Eigentum an einer Eigentumswohnung in München. Die internationale Zuständigkeit der Bundesrepublik Deutschland ergibt sich hier aus Art. 16 Nr. 1, nicht aus Art. 2 I oder einer Kumulation von Art. 16 Nr. 1 und Art. 2 I, wenn der Münchner der Beklagte ist.[488]

In der Praxis wird also das angegangene Gericht prüfen, ob ein Fall des Art. 16 vorliegt. Nur wenn dessen Voraussetzungen nicht gegeben sind, kommt die actor sequitur forum rei - Regel zum Zuge und deren Modifikation durch die besonderen Gerichtsstände der Art. 5ff.

XI. Zuständigkeitsanknüpfung nur für bestimmte Streitigkeiten

In seinem Wohnsitzstaat ist der Beklagte grundsätzlich – Ausnahme: Art. 16 – hinsichtlich aller gegen ihn gerichteten Klagen gerichtspflichtig.[489] Dies gilt jedoch nicht für seine Gerichtspflichtigkeit außerhalb seines Wohnsitzstaates. Die in Art. 5ff. aufgeführten Gerichtsstände begründen die Zuständigkeit des Nichtwohnsitzstaates nicht für alle gegen den Beklagten gerichteten Klagen, sondern nur für bestimmte näher beschriebene Streitigkeiten, so Art. 5 Nr. 1 nur für Vertragsklagen, Art. 5 Nr. 2 für Unterhaltssachen, Art. 5 Nr. 3 für Klagen aus unerlaub-

---

[484] Sind gemäß Art. 23 mehrere Vertragsstaaten ausschließlich zuständig, so ist der positive Kompetenzkonflikt zugunsten des zuerst angerufenen Gerichts zu lösen, Art. 23. Vgl. oben § 44 I 1 bei Fußn. 12.

[485] Oben § 29 V.

[486] Oben § 62 II.

[487] Nach anderer Meinung gilt Art. 16 nicht für reine Inlandsfälle und auch nicht, wenn kompetenzrechtliche Bezüge nur zu einem Drittstaat bestehen. Vgl. oben § 29 XIV 3, 4, XV.

[488] Vom Verhältnis zwischen Art. 16 einerseits und den Art. 2ff. andererseits innerhalb des Zuständigkeitssystems des Übereinkommens streng zu trennen ist die Frage nach dem Anwendungsbereich des Art. 16 bzw. der Art. 2ff. im Verhältnis zum nationalen Zuständigkeitsrecht. Der Anwendungsbereich des Art. 16 ist – weil unabhängig vom Wohnsitz des Beklagten – weiter als der der Art. 2ff. Hierzu näher oben § 29 V.

[489] Zur Allzuständigkeit des Wohnsitzstaates s. oben § 62.

ter Handlung, Art. 7ff. für Klagen aus Versicherungsverträgen, Art. 14 für Streitigkeiten mit Endverbrauchern, Art. 16 Nr. 1 für Immobiliarstreitigkeiten usw.

XII. Anspruchskonkurrenz

1. Wird eine Klage auf mehrere Anspruchsgrundlagen gestützt, so ist für jede einzelne von ihnen die Zuständigkeit des angerufenen Gerichts und damit die Gerichtspflichtigkeit des Beklagten zu prüfen.[490]

Beispiel: Die Klage stützt sich auf Vertragsverletzung und unerlaubte Handlung. Der Erfüllungsort (Art. 5 Nr. 1) liegt nicht im Gerichtsstaat. Art. 5 Nr. 3 wirkt zuständigkeitsbegründend nur für Ansprüche aus unerlaubter Handlung, eröffnet aber keine Zuständigkeitsanknüpfung für konkurrierende Anspruchsgrundlagen, wie den Anspruch aus Vertrag oder Herausgabeansprüche, die nicht auf unerlaubter Handlung beruhen, z. B. Herausgabe des Erlangten gemäß § 816 I BGB oder Zahlung einer Vertragsstrafe.[491]

2. Dies führt internationalrechtlich zu einer Einschränkung des Streitgegenstandes, wenn für die anderen Anspruchsgrundlagen keine Zuständigkeitsanknüpfung im Sinne der Art. 5ff. gegeben ist, also z. B. im Gerichtsstaat nicht der Erfüllungsort liegt, Art. 5 Nr. 1. Die Kognitionsbefugnis des Gerichts ist dann – wie im obigen Beispiel – auf Ansprüche aus unerlaubter Handlung beschränkt. Das Gericht darf nicht auch andere Anspruchsgrundlagen prüfen: Wenn z. B. der bei einem Verkehrsunfall verletzte Fahrgast im Forum des Art. 5 Nr. 3 klagt, so darf das Gericht nicht prüfen, ob die Klage wegen Verletzung der Pflichten aus dem Beförderungsvertrag begründet wäre, sofern man nicht annimmt, daß der Erfüllungsort für solche Pflichten sich über die gesamte Fahrtroute erstreckt.[492]

3. Die durch die Spezialfora erzwungene Eingrenzung der Kognitionsbefugnis des Gerichts hat eine Beschränkung des Streit- und Urteilsgegenstandes zur Folge: Die Rechtskraft umfaßt nicht diejenigen Anspruchsgrundlagen, die nicht Gegenstand der Kognitionsbefugnis waren, sofern sich das Gericht daran gehalten hat.[493] Entscheidet das an sich unzuständige Gericht jedoch unter Verletzung des Art. 5 Nr. 3 auch über die vertraglichen Ansprüche und erwächst diese Entscheidung in Rechtskraft,[494] so kann der Kläger im Gerichtsstaat seine vertraglichen Ansprüche nicht mehr geltend machen.[495] Das gleiche gilt in den übrigen Ver-

[490] Die maßgebliche Rechtsordnung (lex causae) bestimmt das IPR des Erststaates. Näher zu Art. 5 Nr. 1 unten § 83 XIII.

[491] *Stein-Jonas-Schumann,* ZPO, 20. Aufl. § 32 Rz. 17 und 24.

[492] A. A. *Kropholler* IZVR Rz. 691.

[493] Vgl. oben § 20 VII 2.

[494] Weil keine Rechtsmittel eingelegt wurden oder weil diese erfolglos waren.

[495] Undifferenziert *Stein-Jonas-Schumann,* ZPO, 20. Aufl. Einleitung Rz. 295.

tragsstaaten, da dort die internationale Zuständigkeit des Erstgerichts grundsätzlich nicht nachgeprüft werden darf.[496]

XIII. Mehrzahl von prozessualen Ansprüchen (Streitgegenständen)

1. Werden mehrere selbständige Streitgegenstände geltend gemacht, z. B. Klage aus Darlehen und Klage aus Kaufvertrag, liegt also eine Klage- oder Anspruchshäufung vor, so muß für jeden Streitgegenstand einzeln untersucht werden, ob eine Zuständigkeitsanknüpfung im Sinne des Art. 5 vorliegt. Die Gerichtspflichtigkeit des Beklagten außerhalb seines Wohnsitz-/Sitzstaates kann für den einen Streitgegenstand (Anspruch) gegeben sein, für den anderen nicht.

2. Ebenso ist es, wenn *Ansprüche gegen mehrere Personen* geltend gemacht werden. Bei einer subjektiven Klage- bzw. Anspruchshäufung ist grundsätzlich für jeden Beklagten selbständig zu prüfen, ob eine Zuständigkeitsanknüpfung i. S. der Art. 5ff. vorliegt. Jedoch mißt das Übereinkommen dem Grundsatz der Konnexität zuständigkeitsbegründende Kraft bei mit der Wirkung, daß der durch Art. 5 beabsichtigte Beklagtenschutz weitgehend verwässert wird. Dies gilt vor allem für den Gerichtsstand der Streitgenossenschaft (Art. 6 Nr. 1), aber auch für den der Gewährleistungsklage, der jedoch in der Bundesrepublik Deutschland keine Entscheidungszuständigkeit eröffnet, Art. V des Protokolls. Nach Art. 6 Nr. 1 reicht es aus, wenn einer der Beklagten seinen Wohnsitz im Gerichtsstaat hat. An diesem Wohnsitz können auch Klagen gegen andere Streitgenossen erhoben werden, ohne Rücksicht darauf, wo sie wohnen.[497] Die Einzelheiten wurden bereits oben II erörtert.

3. Hinzu kommt, daß die Zuständigkeitsanknüpfungen der Art. 5ff. auf den *Streitgegenstand* abstellen, nicht jedoch auf Tatbestandsmerkmale, die mit der *Person des Beklagten* in Zusammenhang stehen.[498] So können z. B. am Erfüllungsort mehrere Gesamtschuldner verklagt werden ohne Rücksicht auf ihren Wohnsitz oder sonstige persönliche Merkmale, das gleiche gilt für das forum delicti (Art. 5 Nr. 3). Hier ist ausschließlich der Ort der unerlaubten Handlung maßgeblich. Dort können alle Täter und Tatbeteiligten verklagt werden.

4. Wird ein Anspruch nur *hilfsweise* eingeklagt, so wird die Zuständigkeitsfrage bezüglich des Hilfsanspruchs erst dann geprüft, wenn die Bedingung eingetreten ist, die der Kläger gesetzt hat, z. B., daß die Klage bezüglich des Hauptanspruchs unzulässig oder unbegründet ist.

---

[496] Hierzu oben § 57 I.

[497] Zu dem Problem, daß einer der Streitgenossen seinen Wohnsitz im Nichtvertragsstaat hat, also außerhalb des geographischen Anwendungsbereichs des Übereinkommens wohnt, vgl. oben § 29 VIII.

[498] *Geimer* WM 1979, 353.

XIV. Konkretisierung der Gerichtspflichtigkeit des Beklagten durch Normierung auch der örtlichen Zuständigkeit

Während das Übereinkommen die Regelung der örtlichen Zuständigkeit innerhalb des Wohnsitzstaates dem nationalen Recht überläßt, regelt es in Art. 5ff. grundsätzlich auch die örtliche Zuständigkeit mit.[499] Es konkretisiert damit die Gerichtspflichtigkeit des Beklagten außerhalb seines Wohnsitzstaates an einen bestimmten Ort innerhalb des Gerichtsstaates. Dies ist jedoch nur der Grundsatz; mitunter überläßt das Übereinkommen die Regelung des örtlich zuständigen Gerichts dem nationalen Zuständigkeitsrecht des Nichtwohnsitzstaates, so in allen Fällen der Art. 16, 14 I n. F. (anders dagegen Art. 8 I Nr. 2 n. F.).

XV. Konkurrierende Zuständigkeiten

Die Art. 5ff. verdrängen nicht die Allzuständigkeit des Wohnsitzstaates;[500] sie konkurrieren vielmehr mit dieser.[501] Soweit im konkreten Rechtsstreit mehrere Zuständigkeitsanknüpfungspunkte gegeben sind, konkurrieren diese auch untereinander.[502] Eine Ausnahme gibt es jedoch: Art. 16 verdrängt alle anderen Zuständigkeitsanknüpfungen, also sowohl die Allzuständigkeit des Wohnsitzstaates als auch die Gerichtsstände der Art. 5ff.

XVI. Wahlrecht des Klägers

Sofern in mehreren Vertragsstaaten Zuständigkeitsanknüpfungen gegeben sind, ist der Beklagte in allen zuständigen Vertragsstaaten gerichtspflichtig, ausgenommen den Fall des Art. 16 und der Derogation. Der Kläger hat die Wahl, wo er die Klage erhebt. Alle Fora sind untereinander gleichwertig und gleichrangig. Der Einwand, das eine Forum sei weniger conveniens als das andere, ist unzulässig.[503]

---

[499] Näher oben § 34.

[500] Hierzu oben § 62.

[501] *Jenard*-Bericht S. 70: „Die Artikel 5 und 6 zählen eine Reihe von Fällen auf, in denen eine Person in dem Hoheitsgebiet eines anderen Vertragsstaats als dem ihres Wohnsitzstaats verklagt werden kann. Die in diesen Artikeln vorgesehenen Zuständigkeiten kommen zu denen des Artikels 2 hinzu. In einem Rechtsstreit, in dem nach Maßgabe dieser Artikel eine besondere Zuständigkeit begründet ist, kann der Kläger wahlweise vor diesem Gericht oder vor den zuständigen Gerichten des Staates klagen, in dem der Beklagte seinen Wohnsitz hat." Vgl. auch *Linke* in *Bülow-Böckstiegel*. 606/49, Anm. 2b vor Art. 5; *Stein-Jonas-Schumann,* ZPO, 20. Aufl. § 35, Rz. 8 bei Fußn. 12 und Einl. Rz. 793.

[502] *Geimer* NJW 1976, 444. *Stein-Jonas-Schumann,* ZPO, 20. Aufl., § 29 Rz. 45.

[503] Vgl. oben § 43.

XVII. Behauptungs- und Beweislast hinsichtlich der die Zuständigkeit begründenden Tatsachen

1. Die Behauptungs- und Beweislast regelt das Übereinkommen expressis verbis nicht. Noch zu klären ist, ob aus dem Systemzusammenhang des Übereinkommens einheitliche europäische Regeln für die Zuständigkeitsprüfung abzuleiten sind oder ob die lex fori des Gerichtsstaates maßgeblich ist. Überließe man diesen Punkt vollständig dem nationalen Recht, so bestünde die Gefahr, daß der vom Übereinkommen beabsichtigte Beklagtenschutz[504], aber auch die sonstigen vom Übereinkommen intendierten Ziele, nicht oder nicht ausreichend Durchsetzung fänden. Dieser Gesichtspunkt spricht für die Bejahung ungeschriebener konventionsrechtlicher Regeln, die das nationale Prozeßrecht überlagern. Doch ist zuzugeben, daß die Unterschiede der einzelnen Prozeßordnungen und Prozeßhandhabungen zwischen den Vertragsstaaten so stark sind, daß die einheitlichen Regeln jeweils dem nationalen Prozeßrecht angepaßt werden müssen. Für die Praxis brauchbar wäre vielleicht folgende Formel: Grundsätzlich gilt die lex fori bezüglich der Behauptungs- und Beweislast, jedoch darf der Beklagtenschutz nicht über Art. 19, 20 hinaus verbessert werden; denn es muß vermieden werden, daß durch eine übertriebene Zuständigkeitsprüfung der Anspruch des Klägers auf Justizgewährung vereitelt wird. Auch verbietet Art. 18, daß das angegangene Gericht sich für unzuständig erklärt und deshalb eine Sachentscheidung verweigert, obwohl sich der Beklagte ausdrücklich oder konkludent der Jurisdiktion des Gerichtsstaates unterworfen hat.[505] Eine Ausnahme gilt nur in den Fällen des Art. 16 (Art. 18 S. 2).

2. Selbst wenn der Kläger schlüssige Zuständigkeitstatsachen vorträgt, muß das Gericht die Richtigkeit der Tatsachenbehauptungen des Klägers prüfen, d. h. Beweis erheben, wenn der Beklagte diese rechtzeitig bestreitet.[506] Das gleiche gilt, wenn ausschließlich Zuständigkeiten gemäß Art. 16 zum Zuge kommen können. Hier kommt es auf die Rüge des Beklagten nicht an.[507] Eine Prüfung von Amts wegen schreibt Art. 20 I im Interesse des Beklagten vor, wenn dieser am Verfahren nicht teilnimmt. Hierzu oben § 56 III und unten § 97 XXII.

3. Nach herrschender Meinung ist nur über diejenigen Zuständigkeitsbehauptungen des Klägers im Rahmen der Zuständigkeitsprüfung Beweis zu erheben, die nicht zugleich auch zur Begründetheit des erhobenen Anspruchs gehören. Eine Beweiserhebung sei jedoch im Rahmen der Zuständigkeitsprüfung bei solchen Tatsachen nicht erforderlich, die gleichzeitig notwendige Tatbestandsmerkmale des erhobenen Anspruchs

---

504 Hierzu oben § 4 I.

505 Unten § 97 XIX.

506 *Geimer* WM 1976, 836; zum autonomen deutschen Recht *Stein-Jonas-Schumann*, ZPO, 20. Aufl., § 1 Rz. 20.

507 Näher oben § 56 I zu Art. 19.

darstellen. Im Rahmen der Zuständigkeitsprüfung würden solche Tatsachen unterstellt, die zugleich die Begründetheit rechtfertigen *(doppelrelevante Tatsachen)*.[508]

a) Diese Regel bedarf jedoch der Modifikation. Läßt man für die Begründung der internationalen Zuständigkeit die bloßen Behauptungen des Klägers ausreichen, so bedeutet dies für den Beklagten im Ergebnis einen Einlassungszwang vor jedem Gericht, das der Kläger auswählt. Der Kläger bräuchte nur schlüssig die tatsächlichen Voraussetzungen eines Anspruchs, für den ein Spezialgerichtsstand besteht, zu behaupten.[509] Ein solcher unbeschränkter Einlassungszwang würde die Gerichtspflichtigkeit des Beklagten unzumutbar ausdehnen und den von der Zuständigkeitsordnung des Übereinkommens intendierten Beklagtenschutz aushöhlen.[510] Der Schutz des Beklagten wird dagegen hinreichend berücksichtigt, wenn der Richter prüft, ob ein Geschehensablauf im Gerichtsstaat feststellbar ist, der möglicherweise einen Anspruch begründet. Wird z. B. wegen eines Verkehrsunfalls auf Schadensersatz wegen Körperverletzung vor dem Landgericht München I geklagt, so hat das Gericht zu prüfen, ob der Beklagte tatsächlich in seinem Bezirk in einen Unfall verwickelt war. Steht dies fest, so ist die internationale Zuständigkeit der Bundesrepublik Deutschland und die örtliche Zuständigkeit des Landgerichts München I gemäß Art. 5 Nr. 3 gegeben und die Zuständigkeitsprüfung beendet. Ob der Beklagte rechtswidrig und schuldhaft gehandelt hat oder ob ein Schaden entstanden ist, ist keine Frage der internationalen Zuständigkeit, sondern der Begründetheit der Klage.[511]

b) Wird die internationale Zuständigkeit auf Art. 5 Nr. 1 gestützt, so wird zwar im Rahmen der Zuständigkeitsprüfung unterstellt, daß das schlüssig behauptete Vertragsverhältnis besteht, aus dem der geltend gemachte vertragliche Anspruch hervorgeht. Es wird jedoch nicht unterstellt, daß der erhobene Anspruch im Gerichtsstaat und im Gerichtsbezirk zu erfüllen ist.[512] Dies muß – falls der Beklagte es bestreitet oder falls er säumig ist[513] – durch Beweiserhebung im Rahmen der Zuständigkeitsprüfung festgestellt werden. Liegt der Erfüllungsort des erhobenen Anspruchs nicht im Gerichtsstaat, so ist die Klage wegen internationaler Unzuständigkeit abzuweisen. Wäre der schlüssig behauptete Anspruch im Gerichtsbezirk zu erfüllen, ist er aber tatsächlich nicht gegeben (z. B. weil die Willenserklärungen nichtig sind und deshalb der Vertrag nicht zustande kam, oder weil wirksam der Rücktritt vom Vertrag erklärt

---

508 *Stein-Jonas-Schumann,* ZPO, 20. Aufl., § 1, Rz. 21; *Kropholler* IZVR Rz. 651.

509 *Geimer,* Zur Prüfung der Gerichtsbarkeit und der internationalen Zuständigkeit bei der Anerkennung ausländischer Urteile, 1966, 164.

510 *Geimer* NJW 1974, 1046.

511 S. unten § 84 XVIII.

512 Anders wohl *Stein-Jonas-Schumann,* ZPO, 20. Aufl. § 29 Rz. 38.

513 Art. 20.

wurde, oder weil das behauptete Vertragsverhältnis überhaupt nicht besteht, z. B. wegen fehlender Willenseinigung oder Anfechtung), so ist die Klage als unbegründet abzuweisen.[514] Es ist also ebenso zu verfahren wie bei einer auf Art. 5 Nr. 3 gestützten Klage wegen einer unerlaubten Handlung, wenn sich z. B. herausstellt, daß kein Schaden entstanden ist oder daß die behauptete Handlung nicht als eine unerlaubte Handlung zu betrachten ist, weil z. B. ein Rechtfertigungsgrund vorliegt oder der Beklagte schuldlos gehandelt hat.

XVIII. Zuständigkeitsprüfung: Prüfung der Gerichtspflichtigkeit des Beklagten

1. Die Zuständigkeit des angegangenen Gerichts ist nach Maßgabe von Art. 19 und 20 zu prüfen. Sieht man von den Fällen der Art. 16 bzw. Art. 19 ab, deren Ziel die Verteidigung der ausschließlichen internationalen Zuständigkeit der Vertragsstaaten ist, so geht es um den Schutz des Beklagten.[515] Der Richter hat – wenn der Beklagte nicht am Rechtsstreit teilnimmt – von Amts wegen die Gerichtspflichtigkeit des Beklagten zu prüfen, Art. 20 I. Beteiligt der Beklagte sich am Verfahren, dann nur auf seine Rüge.[516]

2. Soweit die Zuständigkeit von der rechtlichen Natur des geltend gemachten Anspruchs abhängt, kommt es darauf an, ob nach den tatsächlichen Behauptungen des Klägers ein Anspruch der behaupteten Art vorliegt.[517] Die Behauptungen des Klägers sind in ihrer Gesamtheit zu würdigen. Die Rechtsansicht des Klägers über die Qualifikation des Anspruches und über die Auslegung der Zuständigkeitsnormen der Art. 5 und 6 ist unerheblich. Vielmehr hat das Gericht die notwendigen Prüfungen anhand der Behauptungen des Klägers vorzunehmen. Die *wirkliche* rechtliche Natur ist maßgebend, nicht die *klägerischen Ansichten.*[518]

---

514 Ebenso EuGH, Urteil vom 4. März 1982, Rechtssache 38/81 – *Effer./.Kantner,* EuGHE 1982, 825 = RIW/AWD 1982, 280.

515 *Jenard*-Bericht S. 84 zu Art. 20.

516 Rügt der Beklagte die Unzuständigkeit nicht, so wird das angegangene Gericht und damit auch der betroffene Vertragsstaat international und örtlich zuständig, Art. 18 S. 1. Nimmt der Beklagte am Verfahren teil, dann prüft der Richter von Amts wegen nur, ob eine ausschließliche internationale Zuständigkeit eines anderen Vertragsstaates gemäß Art. 16 der Bejahung der eigenen internationalen Zuständigkeit im Wege steht, Art. 19. Im übrigen ist es Sache des Beklagten, die internationale Unzuständigkeit des Gerichtsstaates *in limine litis* geltend zu machen. Tut er dies nicht, dann wird die internationale Zuständigkeit durch Einlassung nach Maßgabe von Art. 18 begründet. Dies gilt auch im Falle der Begründung der ausschließlichen Zuständigkeit eines Vertragsstaates durch Zuständigkeitsvereinbarung (Art. 17). Die Derogation der internationalen Zuständigkeit des Gerichtsstaates durch die ausschließliche Prorogation eines anderen Vertragsstaates ist nur auf Rüge zu beachten.

517 *Stein-Jonas-Schumann,* ZPO, 20. Aufl. § 1 Rz. 17.

518 Ähnlich *Stein-Jonas-Schumann,* ZPO, 20. Aufl. § 1 Rz. 18.

Beispiel:

Wird im Deliktgerichtsstand (Art. 5 Nr. 3) eine Klage erhoben, trägt der Kläger aber nur Tatsachen vor, die eine Vertragsverletzung rechtfertigen, so kommt Art. 5 Nr. 3 als Zuständigkeitsanknüpfung nicht in Betracht.[519]

Das vorgenannte Beispiel läßt sich auch umkehren. Liegt nach Auffassung des Klägers eine Vertragsverletzung vor, ergibt sich jedoch aus seinen eigenen Tatsachenbehauptungen nicht einmal ein vertragsähnliches Verhältnis, so kann die Zuständigkeit nicht auf Art. 5 Nr. 1 gegründet werden.[520, 521]

3. In welcher Form die Entscheidung über die Zuständigkeit und damit die Gerichtspflichtigkeit des Beklagten zu erlassen ist, entscheidet das nationale Recht. Die lex fori befindet darüber, ob die Entscheidung in den Gründen des Endurteils ergeht oder ob ein Zwischenurteil oder Teilurteil erlassen werden soll und ob dieses mit Rechtsmitteln selbständig anfechtbar ist.[522]

XIX. Unzulässigkeit der Klage auf Unterlassung der Klageerhebung in einem international unzuständigen Vertragsstaat

1. Ist der angegangene Gerichtsstaat nach dem maßgeblichen Kompetenzrecht[523] international unzuständig, dann muß sich der Beklagte schlüssig werden, ob er sich an dem Verfahren beteiligen will oder nicht. Im ersteren Fall muß er in limine litis die internationale Unzuständigkeit des Gerichtsstaates rügen, andernfalls wird der an sich international unzuständige Gerichtsstaat gemäß Art. 18 international zuständig (Ausnahme: Fälle des Art. 16). Nimmt der Beklagte am Rechtsstreit nicht teil, dann hat das angegangene Gericht von Amts wegen die internationale Zuständigkeit zu prüfen, Art. 20 I.

2. Bejaht das angegangene Gericht entgegen der Rechtsmeinung des Beklagten irrtümlich seine internationale Entscheidungszuständigkeit –

---

[519] Für die Unterscheidung zwischen Vertragsverletzung und Delikt ist die nach dem IPR des Gerichtsstaates maßgebliche lex causae maßgebend. Vgl. unten § 83 V. Die Vorschriften über die Ermittlung der maßgeblichen lex causae ergeben sich aus dem jeweiligen nationalen Recht. In der Bundesrepublik Deutschland ist § 293 ZPO maßgebend. Klägerische Parteibehauptungen sind für das Gericht nicht bindend. Das Gericht prüft vielmehr selbständig, welche Rechtsordnung zum Zuge kommt.

[520] *Stein-Jonas-Schumann,* ZPO, 20. Aufl., § 1 Rz. 17.

[521] Vgl. auch unten § 83 X.

[522] Zum deutschen Recht vgl. *Stein-Jonas-Schumann,* ZPO, 20. Aufl. § 1 Rz. 28 und *Zöller-Geimer,* ZPO, 13. Aufl., 1981, IZPR vor § 1, Anm. E XIX.

[523] Oben § 29.

aus welchen Gründen auch immer, sei es wegen eines Rechtsirrtums oder weil ihm der wahre Sachverhalt (z. B. eine Derogationsvereinbarung) nicht vollständig bekannt geworden ist – und erläßt es eine Entscheidung in der Sache, die dem Beklagten nicht gefällt, so bleibt diesem nur übrig, sich durch Einlegung von Rechtsmitteln oder Rechtsbehelfen am Rechtsstreit zu beteiligen, um die internationale Unzuständigkeit zu rügen und evtl. hilfsweise die Unbegründetheit der Klage darzulegen, um so die Aufhebung des Urteils zu erreichen.

3. Dies ist der einzige dem Beklagten zur Verfügung stehende Weg. *Er kann nicht die Zuständigkeitsfrage zum Gegenstand eines Unterlassungsprozesses in einem anderen Vertragsstaat machen.* Hierfür fehlt das Rechtsschutzbedürfnis.

4. Dies gilt auch für eine *vorbeugende Unterlassungsklage.* Eine Partei kann also nicht zu einem Zeitpunkt, in dem der Gegner seine Klage in dem nach Ansicht des präsumtiven Beklagten international unzuständigen Vertragsstaat noch gar nicht anhängig gemacht hat, diesen in einem anderen Vertragsstaat auf Unterlassung der Klageerhebung verklagen. Eine solche Klage wäre unzulässig.

5. Diese Regeln gelten einheitlich für alle Vertragsstaaten. Auf den Standpunkt der nationalen lex fori kommt es nicht an. Das durch das Übereinkommen geschaffene Gemeinschaftsrecht überlagert insoweit die nationalen Prozeßordnungen. Aus Art. 19ff. ergibt sich, daß das Übereinkommen die Prüfung der internationalen Zuständigkeit und damit auch die Behandlung der internationalen Unzuständigkeit einheitlich für alle Vertragsstaaten regeln wollte. Eine Unterlassungsklage ist dort aber nicht vorgesehen.

§ 75 Erweiterung der Gerichtspflichtigkeit des Beklagten durch Zuständigkeitsvereinbarung

I. Überblick[1]

1. Der Umfang der Gerichtspflichtigkeit des Beklagten außerhalb seines Wohnsitzstaates kann über die durch Art. 5ff. abgesteckten Grenzen hinaus durch eine Zuständigkeitsvereinbarung erweitert werden. Auch wenn ein Zuständigkeitsanknüpfungspunkt nach Art. 5 bis 14 im Gerichtsstaat nicht gegeben ist, ist der Beklagte dort gerichtspflichtig, wenn die Parteien die Zuständigkeit des angegangenen Gerichts vereinbart haben, Art. 17 I.[2] Eine Ausnahme gilt nur für die Fälle der Art. 16 und Art. 17 II (= Art. 17 III n. F.).

---

[1] Ausführlich *Jung*, Vereinbarungen über die Internationale Zuständigkeit nach dem EWG-Gerichtsstands- und Vollstreckungsübereinkommen und nach § 38 Abs. 2 ZPO, Diss. Bochum 1980 und unten § 96.

[2] Das prorogierte Gericht ist zur Justizgewährung verpflichtet. Es darf die Sachent-

2. Nicht notwendig ist, daß die Parteien auch die örtliche Zuständigkeit im Gerichtsstaat prorogiert haben.

a) Es genügt die Vereinbarung der internationalen Zuständigkeit des Gerichtsstaates.[3] Dieser ist dann auf Grund seiner Justizgewährungspflicht gehalten, ein kompetentes Gericht zur Verfügung zu stellen. Fehlt es im konkreten Fall daran, so greift die ungeschriebene Konventionsregel ein, daß das Gericht in der Hauptstadt des Gerichtsstaates örtlich zuständig ist.[4]

b) Vorrang hat aber die Vereinbarung der Parteien. Wenn diese ein bestimmtes Gericht eines Vertragsstaates als zuständig vereinbaren, so wird neben der internationalen Zuständigkeit auch die örtliche Zuständigkeit festgelegt.[5]

3. Die Zuständigkeitsvereinbarung wirkt nur inter partes.[6] Dies bedarf der Präzisierung: Diejenige Partei, deren Gerichtspflichtigkeit in concreto erweitert wird, muß bei der Zuständigkeitsvereinbarung mitge-

---

scheidung aus Kompetenzgründen nicht verweigern, insbesondere nicht nach forum (non) conveniens – Grundsätzen. Vgl. oben § 42.

[3] Dies ergibt sich bereits aus dem Wortlaut des Art. 17 I: „ein Gericht". – Vgl. *Piltz*, NJW 1979, 1074; *Wirth*, NJW 1978, 461; *Müller* in *Bülow/Böckstiegel,* 606/150, Art. 17, Anm. III 3; *Grunsky*, RIW/AWD 1977, 7; *Stauder*, GRUR Int. 1976, 472; *Schlosser*, NJW 1975, 2132; *Samtleben*, NJW 1974, 1590, 1596 Fußn. 81. *Jung* (Fußn. 1), 77; A. A. *Katholnigg*, BB 1974, 396 Fußn. 11; *Putzo*, Anm. zu AG Berlin-Charlottenburg, NJW 1975, 502 f. *Katholnigg* und *Putzo* gehen irrtümlich davon aus, daß nach Art. 17 nur die internationale Zuständigkeit vereinbart werden könne. Diese Ansicht widerspricht der Regelung in Art. 17. Zutreffend betont *Samtleben*, NJW 1975, 1606, daß die in Abs. 4 der Präambel zum Übereinkommen verwendete Formulierung „internationale Zuständigkeit", auf die *Putzo* seine Ansicht stützt, nicht präzis ist. Sie wolle das Regelungsprogramm des Übereinkommens nicht abschließend festlegen.

[4] Vgl. oben § 42 und § 32 III. Dagegen *Müller* in *Bülow-Böckstiegel* 606/151, Art. 17, Anm. IV 1 und *Jung* (Fußn. 1) 77 Fußn. 230.

[5] *Droz*, 127 und *Müller* in *Bülow-Böckstiegel*, 606/152 Art. 17 Anm. IV 1, wollen in diesem Fall die *ausschließlichen örtlichen Gerichtsstände* des nationalen Zuständigkeitsrechts des jeweils betroffenen Vertragsstaates beachten, weil Art. 17 keine umfassende Regelung der örtlichen Zuständigkeit enthalte. *Müller* gelangt zu dieser Ansicht offenbar deshalb, weil er im Falle des Bestehens einer ausschließlichen internationalen Zuständigkeit nach Art. 16 die Vorschrift des Art. 17 zu Unrecht auch auf Vereinbarungen anwenden will, die sich lediglich auf die örtliche Zuständigkeit beziehen. In diesem Fall gelten aber die nationalen Gerichtsstandsnormen bezüglich der örtlichen Zuständigkeit. Vgl. oben § 32 III 2. Entgegen der von *Müller* vertretenen Auffassung erlaubt Art. 17 im Rahmen einer Vereinbarung über die internationale Zuständigkeit auch die freie Vereinbarung des örtlich zuständigen Gerichts. Die Parteien sind damit im Anwendungsbereich des Art. 17 (hierzu oben § 29 VI), soweit sie eine örtliche Zuständigkeit prorogieren, an die Prorogationsverbote bzw. Zwangsgerichtsstände des nationalen Zuständigkeitsrechts nicht gebunden. Wie hier *Stauder,* GRUR Int. 1976, 473; *Grunsky* RIW/AWD 1977, 7; *Jung* (Fußn. 1), 77 Fußn. 232. Näher unten § 96 VII 5.

[6] Vgl. unten § 96 XXIII.

wirkt haben. Dagegen ist es nicht unbedingt erforderlich, daß der Kläger Vertragspartner der Zuständigkeitsvereinbarung ist. Es gibt nämlich auch eine Zuständigkeitsvereinbarung zugunsten Dritter.[6a]

II. Die Willenseinigung der Parteien als Kompetenzgrund

1. Der Rechtsgrund für die erweiterte Gerichtspflichtigkeit des Beklagten ist die Zuständigkeits*vereinbarung,* d. h. die Willenseinigung der Parteien bzw. deren Rechtsvorgänger. Jedes Zuständigkeitssystem – wie ausgeklügelt auch immer – kann nur mit einem groben Raster arbeiten. Dabei sind Pauschalierungen und Verallgemeinerungen bei der Bewertung der Zuständigkeitsinteressen unvermeidlich.[7] Daher wäre es irrig zu glauben, eine starre auf generell-abstrakten Anknüpfungen aufgebaute Kompetenzordnung sei in der Lage, auf kompetenzrechtlichem Gebiet in jedem Einzelfall die Postulate der Gerechtigkeit zu verwirklichen. Es bedarf daher einer *Korrekturmöglichkeit.* Aus diesen Gründen läßt das Übereinkommen[8] – wie jede entwickelte Zuständigkeitsordnung[9] – in bestimmten Grenzen Vereinbarungen der Parteien über die internationale und örtliche Zuständigkeit zu.[10] Dies ist zu begrüßen. Der auf *freier*

[6a] EuGH, Urteil vom 14. Juli 1983, Rechtssache 201/82 – *Gerling Konzern Speziale Kreditversicherung./.Amministrazione del Tesoro dello Stato.* Vgl. unten § 96 Fußn. 215a.

[7] *Geimer* WM 1975, 910; vgl. auch Motive zur deutschen ZPO, *Hahn – Mugdan,* Gesamte Materialien Bd. 2, 161: Die Zuständigkeitsvereinbarung ist „ein bedeutendes Mittel ..., um die Nachteile und Schwierigkeiten zu beheben, welche mit der Abgrenzung der Zuständigkeit verknüpft sind. Denn mag auch der Gesetzgeber bei dieser Abgrenzung noch so sehr die Interessen der Parteien in Betracht ziehen, so bleibt doch eine gewisse Willkür unvermeidlich, so daß im einzelnen zahlreiche Fälle vorkommen können, in denen diese Abgrenzung keineswegs dem Interesse der Parteien entspricht."

[8] *Jenard*-Bericht S. 82: „Es erübrigt sich wohl, die Bedeutung dieses Gerichtsstands namentlich im Bereich der internationalen Handelsbeziehungen noch besonders hervorzuheben. Über die grundsätzliche Frage der Aufnahme dieser Zuständigkeit in das Übereinkommen war sich der Ausschuß daher sehr rasch einig".

[9] Rechtsvergleichendes bei *Schröder,* Internationale Zuständigkeit, 1971, 405ff.

[10] Vereinbarungen über den Gerichtsstand werden als Kompetenzgrund in allen von den Mitgliedstaaten der Gemeinschaft bisher abgeschlossenen Abkommen anerkannt, gleichgültig, ob sie direkte oder indirekte Zuständigkeitsregeln enthalten: Art. 3 des französisch-belgischen Abkommens; Art. 5 des belgisch-niederländischen Abkommens; Artikel 5 des Benelux-Vertrages; Art. 12 des französisch-italienischen Abkommens; Art. 2 Nr. 2 des deutsch-italienischen Abkommens; Art. 2 Nr. 2 des italienisch-niederländischen Abkommens; Art. 2 I Nr. 2 des italienisch-belgischen Abkommens; Art. 3 Nr. 2 des deutsch-belgischen Abkommens; Art. 4 I Buchst. b des deutsch-niederländischen Abkommens; vgl. auch das nicht in Kraft gesetzte Haager Übereinkommen vom 15. April 1958 über Gerichtsstandsvereinbarungen beim Verkauf beweglicher Sachen im Ausland und das Haager Übereinkommen vom 25. November 1965 über Gerichtsstandsvereinbarungen.

Willenseinigung der Parteien beruhende Vertrag der Parteien sichert am besten eine für den konkreten Einzelfall „maßgeschneiderte" Zuständigkeitsregelung.[11] Denn nur die Parteien können ihre Zuständigkeitsinter-

---

[11] Nach dem Konzept des *alten Code de procédure civile* galt der Wille der Parteien auf kompetenzrechtlichem Gebiet wenig: Eine Zuständigkeitsvereinbarung als solche begründete nicht die Zuständigkeit. Man erreichte jedoch den gleichen Effekt auf dem Umweg über eine *„Wohnsitzwahl"*. Art. 59 I 1 Code de procédure civile eröffnete einen Gerichtsstand, „enfin en cas d'élection de domicile pour l'exécution d'acte devant le tribunal du domicile élu ... conformement à l'article 111 du code civil." Der Wohnsitzwahl hat die Rechtsprechung mit Zustimmung der Lehre die Wirkung einer Zuständigkeitsvereinbarung zuerkannt. Man argumentierte wie folgt: Da sich der Beklagte auf das Verfahren einlassen könne, ohne die Unzuständigkeit geltend zu machen und damit der Mangel der Zuständigkeit geheilt sei, könne die Zuständigkeit per argumentum a fortiori auch durch die ausdrückliche Vereinbarung der Parteien geschaffen werden. Vgl. *Batiffol-Lagarde,* Droit international privé, 6. Aufl., 1976, Nr. 675, 686; *Batiffol-Francescakis-Le Galcher-Baron* in Repertoir de droit international privé sur compétence civile et commerciale Nr. 32. Zum internen französischen Recht *Solus-Perrot,* Droit judiciaire privé, II, Nr. 604. Vgl. auch *Weser* Nr. 121 S. 126.

Es lag jedoch im Belieben der französischen Gerichte, ob sie die Zuständigkeitswahl annehmen wollten oder nicht. Die Cour de cassation erklärte: Wie kein Gesetz der Prorogation entgegenstehe, so verpflichte auch kein Gesetz, sie anzunehmen. *Schröder,* Internationale Zuständigkeit, 1971, 421, hebt richtig hervor, daß der Parteiwille als solcher kein regulärer Zuständigkeitsgrund war, nicht selbst Anknüpfungsmoment, sondern nur Behelf und gelegentlich Vorwand beim Ausbau der Regeln internationaler Zuständigkeit gegenüber ausländischen Parteien. Das Ablehnungsrecht wurde durch Art. 171 Code de procédure civile in der Fassung von 1958 obsolet. Allerdings bestand aus französischer Sicht keine Veranlassung, das Problem der zuständigkeitsbegründenden Kraft der Willenseinigung der Parteien auf internationalrechtlichem Gebiet dogmatisch zu vertiefen, weil Art. 14 und Art. 15 Code civil die Grenzen der kraft Gesetzes gegebenen internationalen Zuständigkeit Frankreichs sehr weit ziehen. In der diesen Vorschriften von der Rechtsprechung gegebenen Auslegung ist Frankreich für alle Klagen von Franzosen oder gegen Franzosen bereits kraft Gesetzes international zuständig. Näher oben § 49 I 4. Treffend bemerkt *Schröder,* Internationale Zuständigkeit, 1971, 420: „Französische Heimatzuständigkeit greift so exorbitant weit, daß kein Franzose Veranlassung zu nehmen braucht, seinem ausländischem Partner den Abschluß einer Zuständigkeitsvereinbarung anzutragen."

Die Rechtslage nach Inkrafttreten des *nouveau Code de procédure civile am* 1. Januar 1976 stellt sich wie folgt dar: Die neue französische Prozeßordnung hat Art. 14 und 15 Code civil unberührt gelassen. Sie enthält jedoch keine dem Art. 59 des alten Code de procédure civile entsprechende Vorschrift. Wegen der Mißbräuche, die mit Zuständigkeitsvereinbarungen getrieben wurden, hat Art. 48 des neuen Code de procédure civile *Zuständigkeitsvereinbarungen zwischen Nichtkaufleuten* verboten:

„Toute clause qui, directement ou indirectement, déroge aux règles de compétence territoriale est réputée non écrite à moins qu'elle n'ait été convenue entre des personnes ayant toutes contracté en qualité de commerçant et qu'elle n'ait été spécifiée de façon très apparente dans l'engagement de la partie à qui elle est opposée."

Der französische Gesetzgeber ging auf die Probleme der internationalen Zuständigkeitsvereinbarungen – anders als der deutsche Gesetzgeber, vgl. § 38 II und § 38 III Nr. 2 ZPO – nicht ein. *Batiffol-Lagarde* Nr. 675 S. 402 deuten an, daß es keineswegs

essen im konkreten Einzelfall richtig einschätzen und bewerten.[12] Daher ist die Parteiautonomie als Regelungs- und Steuerungsprinzip dem Ermessen des Richters vorzuziehen, der nach Gutdünken – wie das englische, vor allem aber das amerikanische Beispiel zeigt – darüber befindet, ob das forum nun conveniens ist oder nicht.[13]

2. Läßt man den Vertrag als Mechanismus für die Feinsteuerung der Zuständigkeitsinteressen der Parteien zu, dann muß sichergestellt sein, daß eine freie Willenseinigung der Parteien vorliegt.[14] Denn nur eine von beiden Parteien gewollte Zuständigkeitsvereinbarung, nicht ein einseitiges Diktat einer Partei begründet die Gerichtspflichtigkeit, obwohl eine Zuständigkeitsanknüpfung im Sinne der generell-abstrakten Regelung (Art. 2ff.) nicht vorliegt.[15] Es müssen daher Vorkehrungen getroffen

---

sicher sei, daß das Verbot der Zuständigkeitsvereinbarung auch „à l'ordre international" gelte. Sie führen jedoch ihren Gedanken nicht näher aus. Wie sich die Rechtsprechung zu diesem Problem entwickeln wird, ist noch ungewiß. Vgl. unten Fußn. 143.

Für *Klagen gegen Italiener* hält sich Italien immer für international zuständig, ganz gleich, wo der Beklagte wohnt. Staatsangehörigkeit begründet *passive Heimatzuständigkeit.* Italiener können also immer in Italien verklagt werden. Diese Zuständigkeit ist – wie *Schröder,* Internationale Zuständigkeit, 1971, 178 hervorhebt – *allumfassend;* sie erstreckt sich – anders als in Frankreich – auch auf Rechtsstreitigkeiten um ausländischen Grund und Boden. Sie ist im Gesetz nicht ausdrücklich festgelegt. Man leitet sie aus der Universalität der Jurisdiktion über die eigenen Staatsangehörigen ab. Sie gehöre zum Inhalt der Souveränität. Aus zwischenstaatlichen Rücksichten müsse allenfalls gegenüber Ausländern Zurückhaltung gezeigt werden; vgl. Art. 4 Codice di procedura civile. Im Verhältnis zum eigenen Staatsangehörigen bilde jedoch die Staatsangehörigkeit einen hinreichenden Anknüpfungsbezug und ausreichenden Zuständigkeitsgrund. Jeder Staat habe ein legitimes Interesse an Prozessen, die seine Bürger betreffen. Er müsse sicherstellen, daß ihnen Rechtsschutz gewährt werde.

Einschränkend jedoch *Giuliano,* La giurisdizione civile italiana e lo straniero, 2. Aufl., 1970, 108.

Auf dem Hintergrund dieser umfassenden Heimatzuständigkeit besteht – ähnlich wie im autonomen französischen Recht – kein praktisches Bedürfnis, die internationale Zuständigkeit Italiens zu vereinbaren, wenn der Beklagte ein Italiener ist, da die italienischen Gerichte bereits kraft Gesetzes international zuständig sind.

Ist der Beklagte ein Ausländer, so kann die internationale Zuständigkeit Italiens vereinbart werden, indem – ähnlich wie nach altem französischem Recht – in Italien ein Prozeßdomizil gewählt wird. Art. 4 Nr. 1 des Codice di procedura civile bestimmt ausdrücklich: „Lo straniero pu essere convenuto davanti ai giudici della Repubblica ... 1) se quive e domiciliato anche elettivamente." Das italienische Recht kennt also ebensowenig wie das französische Recht die Zuständigkeitsvereinbarungen an sich. Es bedarf des Umwegs der Domizilwahl.

Die Prorogation italienischer Gerichte bedarf grundsätzlich keiner Form, die Wohnsitzwahl zu Prozeßzwecken muß schriftlich erfolgen, Art. 37 II Codice di procedura civile.

[12] *Geimer* WM 1975, 910.

[13] Gegen die Doktrin vom forum non conveniens *Zöller-Geimer,* ZPO, 13. Aufl., 1981, IZPR Anm. E XII.

[14] *Geimer* WM 1975, 910.

[15] Diesen Gesichtspunkt hebt auch der EuGH zu Recht hervor. Vgl. EuGH, Urteil

werden, die sicherstellen, daß der Beklagte in Vertragsstaaten, zu denen kein Zuständigkeitsanknüpfungspunkt im Sinne der Art. 5 – Art. 16 besteht,[16] nur dann gerichtspflichtig gemacht wird, wenn eine echte Vereinbarung über die internationale Zuständigkeit[17] dieses Staates vorliegt. Das mit der Sache befaßte Gericht muß daher prüfen, ob die nach der Behauptung des Klägers[18] die Zuständigkeit begründende Klausel tatsächlich Gegenstand einer Willenseinigung der Parteien war. Dies muß klar und deutlich zum Ausdruck gekommen sein.[19]

---

vom 14. Dezember 1976, Rechtssache 24/76, – *Colzani./.Rüwa,* EuGHE 1976, 1831 = NJW 1977, 494 = RIW/AWD 1977, 104 mit Anm. *Müller* RIW/AWD 1977, 163:

„Bei der Auslegung der Tatbestandsmerkmale dieser Bestimmung [Art. 17] müssen die Wirkungen der Zuständigkeitsvereinbarung berücksichtigt werden. Diese schließt sowohl die nach dem allgemeinen Grundsatz des Art. 2 begründete Zuständigkeit als auch die besonderen Zuständigkeiten aus, die in den Art. 5 und 6 des Übereinkommens vorgesehen sind. Angesichts der möglichen Folgen einer solchen Vereinbarung für die Stellung der Parteien im Prozeß sind die in Art. 17 aufgestellten Voraussetzungen für die Wirksamkeit von Gerichtsstandsklauseln eng auszulegen. Da Art. 17 hierfür eine „Vereinbarung" verlangt, muß das mit der Sache befaßte Gericht in erster Linie prüfen, ob die seine Zuständigkeit begründende Klausel tatsächlich Gegenstand einer Willenseinigung zwischen den Parteien war, die klar und deutlich zum Ausdruck gekommen ist; die Formerfordernisse des Art. 17 sollen gewährleisten, daß die Einigung zwischen den Parteien tatsächlich feststeht."

In diesem Sinne bereits der *Jenard*-Bericht zu Art. 17 S. 82: „Wie schon die Verfasser des deutsch-belgischen Abkommens, dessen Begleitbericht hier zweckmäßigerweise angeführt werden soll, ließ sich auch der Ausschuß in erster Linie von dem Bestreben leiten, «einerseits den Handelsbräuchen Rechnung zu tragen, andererseits aber solchen Gerichtsstandsklauseln die Wirkung zu nehmen, die unbemerkt in das Vertragsverhältnis eingeführt werden könnten. Deshalb werden Gerichtsstandsklauseln nur berücksichtigt, wenn sie vereinbart sind, d. h. zwischen den Parteien muß das Einverständnis hergestellt sein. Deshalb sind Klauseln, die auf Vordrucken für Geschäftskorrespondenz oder auf Fakturen enthalten sind, ohne Bedeutung, wenn sie von der Partei, der sie entgegengehalten werden, nicht angenommen worden sind." – Vgl. auch EuGH, Urteil vom 24. Juni 1981, Rechtssache 150/80 – *Elefanten Schuh./.Jacqmain* sub 24, EuGHE 1981, 1671 = RIW/AWD 1981, 711.

[16] Praktische Bedeutung erlangt die Frage der Wirksamkeit der internationalen Zuständigkeitsvereinbarung erst dann, wenn der Gerichtsstaat nach dem maßgeblichen Zuständigkeitsrecht (Art. 2ff. oder nationalem Recht, Art. 4 I) nicht bereits kraft Gesetzes zuständig ist. Vgl. unten § 96 XX 1.

[17] Zur Vereinbarung der örtlichen Zuständigkeit s. unten § 96 VII 5.

[18] Die *Behauptungs-* und *Beweislast* für das Vorliegen einer Zuständigkeitsvereinbarung trifft immer denjenigen, der sich auf das Vorhandensein einer solchen Gerichtsstandsabrede beruft, idR also den Kläger bzw. Antragsteller. Dies ist eine ungeschriebene Konventionsregel, die zumindest indirekt in Art. 20 angedeutet ist. Das europäische Einheitsrecht verdrängt insoweit das nationale Prozeßrecht.

Ähnlich wohl auch *Müller* in *Bülow-Böckstiegel,* 606/149, Art. 17, Anm. III 2b bei Fußn. 62. Vgl. auch *Schlosser*-Bericht Nr. 179 a. E.

[19] Vgl. EuGH, oben Fußn. 15.

III. Form

1. Überblick

a) Um diese Prüfung zu erleichtern und endlose Zuständigkeitsstreitigkeiten zu vermeiden, die von Tatfragen abhängen, haben sich die Verfasser des Übereinkommens zur Formvorschrift[20] des Art. 17 I (= Art. 17 I 2 n. F.) entschlossen. Formlosen, d. h. nur mündlich vereinbarten Zuständigkeitsvereinbarungen wird die Wirkung versagt.[21] Es muß zumindest *halbe Schriftlichkeit* vorliegen: Es genügt, wenn die mündliche Zuständigkeitsvereinbarung von *einer* Partei schriftlich bestätigt worden ist.[22]

b) Diese Formvorschriften wurden als für den *internationalen Handel* zu streng kritisiert.[23] Anläßlich der Beratungen des Beitrittsübereinkom-

---

[20] Die Frage der rechtlichen Bedeutung der Schriftform läßt der *Jenard*-Bericht offen: „In einigen Ländern wird ein Schriftstück lediglich zu Beweiszwecken gefordert; in anderen hingegen ist es für die Gültigkeit der Vereinbarung unerläßlich." Diese Frage dürfte jedoch durch die EuGH-Rechtsprechung (oben Fußn. 15) geklärt sein. Der EuGH qualifiziert Art. 17 I 1 eindeutig als Form-Vorschrift. Auf das nationale Recht und dessen Qualifikationsmethoden kommt es nicht an, weil Art. 17 europäisches Einheitsrecht schafft.

[21] Anders § 38 I ZPO für Zuständigkeitsvereinbarungen zwischen Kaufleuten.

[22] *Jenard*-Bericht S. 82: „Der Ausschuß war ferner der Ansicht, daß im Interesse der Rechtssicherheit die Form der Gerichtsstandsvereinbarung ausdrücklich vorgeschrieben werden muß, ohne dabei jedoch in einen mit der kaufmännischen Praxis unvereinbaren überspitzten Formalismus zu verfallen – In diesem Sinne ähnelt die vorliegende Fassung der des deutsch-belgischen Abkommens, die sich ihrerseits auf die Regeln des Haager Übereinkommens vom 15. April 1958 insofern stützt, als die Zuständigkeitsvereinbarung nur gilt, wenn sie schriftlich getroffen ist oder wenn wenigstens *eine der Parteien* eine mündliche Abmachung schriftlich bestätigt hat. – Da Gerichtsstandsvereinbarungen eine echte Willensübereinstimmung zwischen den Parteien voraussetzen, kann der Richter aus einem Schriftstück, das von der sich darauf berufenden Partei stammt, allein nicht unbedingt schließen, daß eine mündliche Vereinbarung zustande gekommen ist."

[23] *Schlosser*-Bericht Nr. 179: „Zu den ersten Entscheidungen, welche der EuGH nach Erlangung von Kompetenz zur Interpretation des EuGVÜ gefällt hat, gehörten solche zur Form von Gerichtsstandsklauseln, die in Allgemeinen Geschäftsbedingungen enthalten waren. (Vgl. oben Fußn. 15) Mit der dem Artikel 17 EuGVÜ durch den EuGH gegebenen Interpretation ist zwar der Vertragspartner des Verwenders Allgemeiner Geschäftsbedingungen vor der Gefahr geschützt, unversehens an Standardkonventionen mit Gerichtsstandsklauseln gebunden zu werden, ohne daß er also damit hätte rechnen müssen. Jedoch wird die tendenziell von vielen innerstaatlichen Gerichten geteilte Interpretation des Artikels 17 durch den EuGH den Gepflogenheiten und Bedürfnissen des internationalen Handels nicht gerecht. Insbesondere das Erfordernis, daß der Vertragspartner des Verwenders Allgemeiner Geschäftsbedingungen deren Einbeziehung schriftlich bestätigen müsse, damit eine in dem Bedingungswerk enthaltene Gerichtsstandsklausel wirksam werden könne, ist dem internationalen Handel

mens mit Dänemark, Irland und dem Vereinigten Königreich hat man deshalb die Form für Zuständigkeitsvereinbarungen im internationalen Handel gelockert: Es reicht aus, wenn die Gerichtsstandsvereinbarung „in einer Form geschlossen wurde, die den internationalen Handelsbräuchen entspricht, die den Parteien bekannt sind oder die als ihnen bekannt angesehen werden müssen." Dieser Kompromiß bedeutet eine erhebliche Aufweichung der ursprünglich von den sechs EWG-Gründerstaaten beschlossenen Konzeption. Eine ganze Fülle von Auslegungs- und Abgrenzungsproblemen wird dem EuGH vorgelegt werden, sobald Art. 17 I 2 n. F. in Kraft getreten sein wird. Wo verlaufen die Grenzen für den Begriff „internationaler Handel"? Wann müssen Handelsbräuche „als den Parteien bekannt angesehen werden"? Diese Fragen sind nicht nach der lex causae (des Hauptvertrages)[24] und auch nicht nach der lex fori des angegangenen Gerichts zu beantworten, sondern im Interesse der möglichst einheitlichen Anwendung des europäischen Zuständigkeitsrechts[25] nach autonomen konventionsimmanenten Definitionen.[26]

Nach Art. 17 I 2 dritte Alternative n. F. ist es möglich, daß eine Zuständigkeitsvereinbarung durch Schweigen auf ein kaufmännisches Bestätigungsschreiben zustandekommt.[27] Dies war nach Art. 17 I a. F. grundsätzlich ausgeschlossen.[28] Die zuständigkeitsrechtlichen Wirkun-

---

nicht zumutbar. Der internationale Handel kommt ohne Standardbedingungen mit Gerichtsstandsklauseln nicht aus. Sie sind häufig auch gar nicht von einer Marktseite einseitig vorformuliert, sondern von den Vertretern der verschiedenen Marktseiten ausgehandelt. Der Vertragsschluß muß aus Gründen der Kalkulation auf der Grundlage der momentan gegebenen Marktpreise rasch durch Auftragsbestätigung unter Einbeziehung von Bedingungswerken möglich sein."

[24] Vgl. unten § 96 IV.

[25] Hierzu oben § 11 und unten § 96 XXVI 3.

[26] So wohl auch *Schlosser*-Bericht Nr. 179 passim: „Aus diesen Erwägungen ist die Erleichterung der Formvorschrift entstanden, die der neugefaßte Artikel 17 für den internationalen Handel gebracht hat. Es handelt sich aber, wie ausdrücklich betont sei, nur um eine Erleichterung von Formerfordernissen. Das Zustandekommen der Willenseinigung über die Einbeziehung Allgemeiner Geschäftsbedingungen und einzelner ihrer Klauseln in den Vertrag muß bewiesen werden, ohne daß hier ein Kommentar dazu veranlaßt wäre, ob andere Willenseinigungsprobleme als die Formfrage nach anwendbarem nationalem Recht oder nach einheitlichen EWG-Grundsätzen zu beurteilen sind."

[27] *Jung,* Vereinbarungen über die Internationale Zuständigkeit nach dem EWG-Gerichtsstands- und Vollstreckungsübereinkommen und nach § 38 Abs. 2 ZPO, 1980, 171.

[28] Vgl. EuGH, 14. Dezember 1976 (Rechtssache 25/76 *Segoura./.Bonakdarian*), EuGHE 1976, 1851 = RIW/AWD 1977, 105 = NJW 1977, S. 495: „Wenn unter Kaufleuten ein Verkäufer nach dem mündlichen Abschluß eines Kaufvertrages dem Käufer schriftlich den Vertragsschluß zu seinen AGB bestätigt und seine eine Gerichtsstandsklausel enthaltenden Geschäftsbedingungen beifügt und wenn der Käufer diesem Bestätigungsschreiben nicht widerspricht ... ist es offensichtlich, daß eine Gerichtsstandsklausel ... nicht Gegenstand des von den Parteien mündlich geschlosse-

gen des Schweigens auf ein kaufmännisches Bestätigungsschreiben sind nach europäischem Einheitsrecht zu beurteilen; die für den Hauptvertrag nach dem IPR des Gerichtsstaates maßgebliche lex causae ist in kompetenzrechtlicher Hinsicht nicht zu befragen.[29]

---

nen Vertrages gewesen ist. Die nachfolgende Übermittlung der eine solche Klausel enthaltenden AGB führt daher nicht zu einer Änderung des von den Parteien vereinbarten Vertragsinhalts, es sei denn, diese Bedingungen würden vom Verkäufer ausdrücklich schriftlich angenommen." Die Ausnahme von dieser Regel definiert der EuGH wie folgt: „Anders ist es allerdings, wenn ein Vertrag im Rahmen laufender Geschäftsbeziehungen zwischen den Parteien mündlich geschlossen wird und wenn ferner feststeht, daß diese Beziehungen in ihrer Gesamtheit den eine Gerichtsstandsklausel enthaltenden allgemeinen Geschäftsbedingungen des Urhebers der Bestätigung unterliegen. Wollte der Empfänger der Bestätigung bei dieser Sachlage das Bestehen einer Zuständigkeitsvereinbarung leugnen, so verstieße er gegen Treu und Glauben, selbst wenn es an einer schriftlichen Annahme seinerseits fehlt."

[29] Vgl. unten § 96. Vgl. auch die Schlußanträge des Generalanwaltes *Capotorti* in der Rechtssache 25/76 (oben Fußn. 28). Dort wurde die Frage aufgeworfen, „ob die materiell-rechtlichen Aspekte einer Gerichtsstandsvereinbarung aus Artikel 17 zu entnehmen sind – so bei autonomer Auslegung – oder ob die Regelung dieser Aspekte nicht vielmehr den einzelnen nationalen Rechten überlassen bleibt. ... Soweit jene Voraussetzungen – seien sie materieller oder formeller Art – im Übereinkommen als notwendige Vorbedingungen für die Erreichung der von ihm geregelten prozessualen Wirkungen festgelegt wurden, ist eine autonome Auslegung zu wählen, da nur so Sinn und Zusammenhang des Übereinkommens gewahrt werden. Dies alles greift freilich der nationalen Regelung anderer – formeller und materieller – Aspekte nicht vor, die außerhalb des Bereichs der gemeinschaftsrechtlich auszulegenden Bestimmungen des Übereinkommens liegen."

Anders *Jung* (Fußn. 27) 171 f.: „Ein solches kaufmännisches Bestätigungsschreiben wird sich regelmäßig nicht nur auf eine Gerichtsstandsklausel, sondern auf mehrere Punkte des Vertrages beziehen, z. B. auf die beigefügten Allgemeinen Geschäftsbedingungen, die eine Gerichtsstandsklausel enthalten. Wie schon erwähnt, ist dann die Frage, ob durch Schweigen auf ein kaufmännisches Bestätigungsschreiben die beigefügten Allgemeinen Geschäftsbedingungen (mit Gerichtsstandsklausel) überhaupt Vertragsinhalt werden können, nach dem von den Parteien gegebenenfalls gewählten Recht bzw. nach den Bestimmungen derjenigen Rechtsordnung zu beurteilen, die nach dem Internationalen Privatrecht der jeweiligen lex fori zur Anwendung berufen ist. Aus Gründen des Vertrauensschutzes wird unabhängig davon für das Zustandekommen der Gerichtsstandsvereinbarung nach Art. 17 EGVÜ n. F. vorausgesetzt, daß die den kaufmännischen Gepflogenheiten entsprechende Verwendung des Bestätigungsschreibens *beiden* Parteien bekannt ist oder zumindest als den Parteien bekannt angesehen werden muß. Diese Voraussetzung ist beispielsweise erfüllt, wenn ein deutsches Unternehmen seinem EG-Partner im Anschluß an die mündlichen Vertragsverhandlungen ein kaufmännisches Bestätigungsschreiben, dem Allgemeine Geschäftsbedingungen mit Gerichtsstandsklausel beigefügt worden sind, übersandt hat und wenn der Vertrag entsprechend dem Inhalt des Bestätigungsschreibens nach deutschem Recht als Vertragsstatut zustande gekommen ist. Denn die Wirksamkeit des Vertrages hängt in diesem Fall nach den deutschen kollisionsrechtlichen Grundsätzen davon ab, daß auch das betreffende ausländische Wohnsitzrecht des beteiligten Vertragspartners die nach deutschem Recht an das Schweigen auf ein kaufmännisches Bestätigungs-

2. Vollständige Schriftlichkeit der Zuständigkeitsvereinbarung[30]

a) Für den Richter gestaltet sich die Zuständigkeitsprüfung und damit die Prüfung der Gerichtspflichtigkeit des Beklagten am einfachsten, wenn die Zuständigkeitsvereinbarung in einer von beiden Parteien unterschriebenen Urkunde oder in einem Schriftwechsel dokumentiert ist. Eine von beiden Parteien unterzeichnete Vertragsurkunde ist nicht erforderlich. Art. 17 I erste Alternative (= Art. 17 I 2 n. F.) verlangt nur, daß schriftliche Erklärungen aller Vertragsparteien vorliegen.[31]

α) Die erste Formalternative des Art. 17 I (= Art. 17 I 2 n. F.) kommt mithin zum Zuge, wenn jede Seite ihren Willen *schriftlich* erklärt hat. Ein Briefwechsel genügt, ebenso ein telegrafischer Schriftwechsel. Es reichen also auch getrennte Schriftstücke aus, sofern die Einigung über die Zuständigkeitsfrage hinlänglich deutlich wird.[32] Das Schriftformerfordernis bezweckt nämlich nur, sicherzustellen, daß sich die Parteien tatsächlich mit der Klausel einverstanden erklärt haben und daß dies deutlich zum Ausdruck kommt.[33] Telegramm, Telekopierer oder Fernschreiben erfüllen deshalb die Formerfordernisse des Art. 17 I.[34]

β) Die Zuständigkeitsvereinbarung muß nicht in beiden Schriftstücken ausdrücklich enthalten sein. Es genügt auch eine stillschweigende Vereinbarung.

Beispiel:

Im schriftlichen Vertragsangebot ist die Gerichtsstandsabrede klar formuliert; in dem Annahmedokument wird sie nicht erneut ausdrücklich erwähnt.[35]

γ) Für *Parteien mit Wohnsitz oder Sitz im Großherzogtum Luxemburg* gilt

---

schreiben geknüpfte Rechtsfolge anerkennt (sog. „isolierte Anknüpfung"). Bedeutet dagegen das Schweigen auf ein kaufmännisches Bestätigungsschreiben nach dem ausländischen Wohnsitzrecht des Vertragspartners keine Zustimmung, so kommt auch keine wirksame Gerichtsstandsvereinbarung zustande."

[30] Hierzu auch unten § 96 XXVI 4.

[31] *Jung* (Fußn. 27) 152.

[32] *Müller* in *Bülow-Böckstiegel* 606/147 Art. 17, Anm. III 2a, *ders.*, RIW/AWD 1977, 164; *Grüter,* DB 1978, 382; *Jung* (Fußn. 27) 152; *Samtleben,* NJW 1974, 1592; *Vollkommer,* Rpfleger 1974, 134; *v. Hoffmann,* AWD 1973, 62; so auch EuGH in seinen beiden Urteilen vom 14. Dezember 1976 (Rechtssachen 24/76 und 25/76), EuGHE 1976, 1831, 1851 = RIW/AWD 1977, 104f. = NJW 1977, 494f.

[33] *Müller* in *Bülow/Böckstiegel,* Art. 17, Anm. III 1, 2a, 606/147; *Grüter,* DB 1978, 382; *Jung* (Fußn. 27) 152; EuGH, 14. Dezember 1976 (Rechtssache 24/76), EuGHE 1976, 1831 = RIW/AWD 1977, 104 = NJW 1977, 494.

[34] *Samtleben* NJW 1974, 1592; *v. Hoffmann* AWD 1973, 62; *Jung* (Fußn. 27), 152 Fußn. 442 g. E.

[35] *Jung* (Fußn. 27), 152 Fußn. 444; *Müller* in *Bülow/Böckstiegel* 606/147, Art. 17, Anm. III 2a; *ders.*, RIW/AWD 1977, 164; *Baumgärtel,* Festschrift für *Kegel,* 1977, 301; *Grunsky,* RIW/AWD 1977, 6; *Samtleben* NJW 1974, 1592; *v. Hoffmann,* AWD 1973, 62; A. A. OLG Frankfurt, RIW/AWD 1976, 532; *Stauder,* GRUR Int. 1976, 473: die Annahmeerklärung müsse sich ausdrücklich auf die Gerichtsstandsklausel beziehen.

jedoch eine Ausnahme.[36] Nach Art. I Abs. 2 des Protokolls muß die Gerichtsstandsklausel von diesen Parteien stets „ausdrücklich und besonders" angenommen werden. Man wollte verhindern, daß die Bewohner Luxemburgs[37] durch Gerichtsstandsvereinbarungen in unverhältnismäßig vielen Fällen den luxemburgischen Gerichten entzogen werden.[38] Dieser Schutzzweck gilt nicht für den jeweiligen Vertragspartner, der in einem anderen Vertragsstaat ansässig ist.[39]

b) Zuständigkeitsvereinbarungen können auch dadurch zustandekommen, daß die Gerichtsstandsklausel durch eine *Bezugnahme auf allgemeine Geschäftsbedingungen* zum Inhalt des Hauptvertrages gemacht wird.[40]

α) Nach Art. 17 I ist eine ausdrückliche Bezugnahme auf die in allgemeinen Geschäftsbedingungen enthaltene Gerichtsstandsklausel nicht erforderlich.[41] Dies folgt als Umkehrschluß bereits aus Art. I Abs. 2 des Protokolls.[42] Sonst wäre der Vorbehalt, daß jede Gerichtsstandsvereinbarung von Personen mit Wohnsitz/Sitz in Luxemburg „ausdrücklich und besonders" angenommen werden muß, unverständlich.[43]

β) Art. 17 I verlangt jedoch einen ausdrücklichen und deutlichen Hinweis auf die beigefügten allgemeinen Geschäftsbedingungen im Vertragstext oder im schriftlichen Vertragsangebot, da die Ausweitung der

---

[36] Vgl. unten § 96 XXXIV.

[37] *Jung* (Fußn. 27) 153 spricht ohne Begründung von „wirtschaftlich schwächeren Bewohnern Luxemburgs." Diese Einschränkung ist unzutreffend.

[38] Hierzu *Jenard*-Bericht S. 103: „Die Wirtschaftsbeziehungen des Großherzogtums sind im übrigen durch die Tatsache gekennzeichnet, daß zahlreiche Verträge, die von Personen mit Wohnsitz in Luxemburg abgeschlossen werden, internationale Verträge sind. Angesichts dieser Lage erschien es unerläßlich, an Gerichtsstandsvereinbarungen, die gegenüber Personen mit Wohnsitz in Luxemburg geltend gemacht werden können, strengere Anforderungen zu stellen, als es Artikel 17 tut. Die gewählte Fassung lehnt sich an den belgisch-luxemburgisch-niederländischen Vertrag Artikel 5–3°) an."

[39] *Müller* in *Bülow-Böckstiegel* 606/153, Art. 17, Anm. V: „Art. 1 Abs. 2 des Protokolls gilt jedoch nur, soweit sein Schutzzweck reicht. Der außerhalb Luxemburgs wohnende Vertragsteil wird daher auch durch eine Bestätigung gebunden, die nicht den besonderen Voraussetzungen des Art. 1 Abs. 2 des Protokolls entspricht. Ferner läßt Art. 1 Abs. 2 des Protokolls eine Vereinbarung unberührt, durch die lediglich ein außerhalb Luxemburgs bestehender Gerichtsstand ausgeschlossen wird." Zustimmend *Jung* (Fußn. 27) 153.

[40] *Müller* in *Bülow-Böckstiegel,* 606/147 Art. 17, Anm. III 2a; *Zöller-Vollkommer,* ZPO, 13. Aufl. § 38 Anm. II 2c; *Grüter,* DB 1978, 383 f.; *Baumgärtel,* Festschr. für *Kegel,* 1977, 301; *Grunsky,* RIW/AWD 1977, 6; *Samtleben,* NJW 1974, 1592; *v. Hoffmann,* AWD 1973, 62; *Jung* (Fußn. 27) 153 sub 2; EuGH, 14. Dezember 1976 (Rechtssache 24/76) oben Fußn. 15; BGH RIW/AWD 1977, 649; OLG Hamburg RIW/AWD 1975, 498; LG Siegen, NJW 1978, 2456.

[41] A. A. OLG Frankfurt RIW/AWD 1976, 532 und LG Heidelberg RIW/AWD 1976, 533. Diese Gerichte verlangen einen besonderen Hinweis auf die Gerichtsstandsklausel in den AGB.

[42] *Jung* (Fußn. 27) 155.

[43] Hierzu unten § 96 XXV.

Gerichtspflichtigkeit des Beklagten über den durch Art. 5 bis Art. 14 gespannten Umfang hinaus nur dann zu rechtfertigen ist, wenn eine für alle Vertragspartner klar erkennbare Zuständigkeitsvereinbarung vorliegt.[44] Es kommt darauf an, ob der andere Vertragspartner die Gerichtsstandsklausel bei gewöhnlicher Sorgfalt zur Kenntnis nehmen konnte und damit sichergestellt ist, daß sich sein Einverständnis mit den Geschäftsbedingungen auch auf die Gerichtsstandsklausel bezieht.[45] Eine nur mittelbare Bezugnahme auf allgemeine Geschäftsbedingungen genügt, z. B. ein in der Vertragsurkunde enthaltener Hinweis auf ein früheres Vertragsangebot, in dem bereits ausdrücklich auf die beigefügten Bedingungen (samt Gerichtsstandsklausel) verwiesen worden war.[46] Das gleiche gilt, wenn auf beigefügte allgemeine Geschäftsbedingungen in einer Aufforderung zur Abgabe eines Angebots Bezug genommen worden ist und wenn dann das Angebot unter Hinweis auf diese Aufforderung schriftlich erfolgt und sodann schriftlich angenommen wird.[47]

γ) Allerdings reicht die ausdrückliche Verweisung auf die allgemeinen Geschäftsbedingungen als solche für die Begründung der Gerichtspflichtigkeit noch nicht aus. Für die Wirksamkeit der Prorogation ist erforderlich, daß die allgemeinen Geschäftsbedingungen dem Vertragspartner auch tatsächlich vorgelegen haben, z. B. auf der Rückseite der Vertragsurkunde oder auf einem beigefügten Formular. Dies bedarf der Präzisierung: Der ratio conventionis ist auch dann Genüge getan, wenn sie bereits einem früheren Angebot beigefügt waren oder wenn auf die bei früheren Geschäften zwischen den Parteien verwandten Bedingungen Bezug genommen wird.[48]

c) Der EuGH hat die Frage noch nicht ausdrücklich entschieden, ob die im Zusammenhang mit einem Hauptvertrag, z. B. Kauf-, Lieferungs-, Werk- oder Alleinvertriebsvertrag, geschlossene Zuständigkeitsvereinbarung rechtlich unabhängig vom Bestand des Hauptvertrages ist oder ob die Zuständigkeitsvereinbarung das gleiche rechtliche Schicksal hat wie der Hauptvertrag. Nach der zweiten Alternative wäre die Zuständigkeitsvereinbarung unwirksam und deshalb nicht zu beachten, wenn der Hauptvertrag nichtig oder sonstwie unwirksam ist. Für die erste

---

[44] *Müller* in *Bülow-Böckstiegel* 606/147, Art. 17, Anm. III 2a: „Da Art. 17 den Handelsbräuchen Rechnung tragen will und keine ausdrückliche Vereinbarung fordert, genügt insbesondere eine Verweisung auf allgemeine Geschäftsbedingungen, in denen eine Gerichtsstandsklausel enthalten ist. Erforderlich ist jedoch auch hier, daß aus der Vertragsurkunde das Einverständnis des anderen Teils mit der Gerichtsstandsklausel deutlich hervorgeht. Dies kann ... nur bejaht werden, wenn in der Vertragsurkunde ausdrücklich auf die allgemeinen Geschäftsbedingungen hingewiesen ist. Auf die Gerichtsstandsklausel selbst braucht hingegen nicht ausdrücklich verwiesen zu werden." Vgl. auch *Jung* (Fußn. 27) 156.

[45] *Jung* (Fußn. 27) 156.

[46] EuGH, 14. Dezember 1976, Rechtssache 24/76, oben Fußn. 15.

[47] *Jung* (Fußn. 27) 156 bei Fußn. 463.

[48] *Müller* in *Bülow-Böckstiegel,* 606/148, Art. 17, Anm. III 2 a.

Ansicht spricht die Erwägung, daß Voraussetzungen und Wirkungen der Zuständigkeitsvereinbarung vom Übereinkommen geregelt sind, daß also insoweit europäisches Einheitsrecht gilt, während dagegen über die Wirksamkeit des Hauptvertrages die vom IPR des Gerichtsstaates bestimmte lex causae befindet. Zudem würde sich eine Diskrepanz ergeben zwischen isolierten Zuständigkeitsvereinbarungen, die keinen Bezug auf einen bestimmten Vertrag haben, und solchen, die in Zusammenhang mit einem schuldrechtlichen Vertrag (Hauptvertrag) abgeschlossen wurden. Die herrschende Meinung zieht es vor, diese Frage erst gar nicht aufzuwerfen, sondern setzt als selbstverständlich voraus, daß die Zuständigkeitsvereinbarung das rechtliche Schicksal des Hauptvertrages teilt. Konsequenterweise löst sie die Frage, ob und unter welchen Voraussetzungen die allgemeinen Geschäftsbedingungen überhaupt zum Bestandteil des Hauptvertrages geworden sind, nicht nach europäischem Einheitsrecht (Art. 17), sondern nach den Grundsätzen der nationalen lex causae des Hauptvertrages. Haben die Parteien eine Rechtswahl getroffen, so kommt nach h. M. das vereinbarte Recht zur Anwendung,[49] andernfalls dasjenige Sachrecht, das nach dem IPR der lex fori zur Anwendung berufen ist. Wenn der Vertrag deutschem Recht untersteht, seien auf die Einbeziehung der allgemeinen Geschäftsbedingungen die Vorschriften des AGB-Gesetzes anzuwenden. Danach könnte eine internationale Gerichtsstandsklausel, die in allgemeinen Geschäftsbedingungen enthalten ist, auf ihre inhaltliche Angemessenheit überprüft werden. Nach der Generalklausel des § 9 AGB-Gesetz[50] sei eine Gerichtsstandsvereinbarung unwirksam, wenn das Interesse des Kunden an dem gesetzlichen Gerichtsstand das Interesse des Verwenders der Bedingungen überwiege.[51] Demgegenüber ist zu betonen: Dieses Gesetz wird durch das Übereinkommen verdrängt.[52]

Art. 17 bestimmt abschließend, wann Klauseln unwirksam sind, die unbemerkt Vertragsinhalt werden. Insoweit gilt europäisches Einheitsrecht.[53] Darüber hinausgehende Einschränkungen, wie sie das AGB-Gesetz vorsieht, sind für die Frage der Wirksamkeit der Gerichtsstandsvereinbarung ohne Bedeutung.

---

[49] *Jung* (Fußn. 27) 154.

[50] BGBl. 1976 I 3317.

[51] *Landfermann,* RIW/AWD 1977, 448 bei Fußn. 36.

[52] *Jung* (Fußn. 27) 154. Vgl. unten § 96 XI und XXV.

[53] Vgl. auch EuGH, Urteil vom 24. Juni 1981, Rechtssache 150/80 – *Elefanten Schuh./.Jacqmain,* EuGHE 1981, 1671 = RIW/AWD 1981, 711 = IPRax 1982, 14 mit Anm. *Nagel* 5 sub 25, 26: „Art. 17 soll somit selbst die Formvoraussetzungen für Gerichtsstandsklauseln im Interesse der Rechtssicherheit und zur Gewährleistung des Einverständnisses der Parteien aufstellen. – Daher steht es den Vertragsstaaten nicht frei, zusätzlich zu den Formvorschriften des Übereinkommens Formerfordernisse festzulegen. Dies wird durch die Tatsache bestätigt, daß Art. I Abs. 2 des dem Übereinkommen beigefügten Protokolls ausdrücklich besondere Formerfordernisse für den Fall vorsieht, daß eine Person ihren Wohnsitz in Luxemburg hat." – Es ging um die

3. Halbe Schriftlichkeit: Es genügt eine mündlich vereinbarte Prorogation, die von einer Partei schriftlich bestätigt wurde

a) Ein vernünftiger Kompromiß: Kein überspitzter Formalismus[54]

α) Rechtsunsicherheit ist im Zuständigkeitsrecht immer mißlich, vor allem dann, wenn im konkreten Einzelfall die Bejahung der internationalen Zuständigkeit von dem Ergebnis der zu erhebenden Beweise abhängt. Ob der Beklagte in einem Vertragsstaat auf Grund einer Zuständigkeitsvereinbarung gerichtspflichtig ist oder nicht, sollte möglichst klar und eindeutig sein und nicht von langwierigen Beweiserhebungen abhängen. Aus dieser Sicht der Dinge ist die *vollständige Schriftform die Ideallösung,* weil die Einigung beider Parteien über die Prorogation dokumentiert ist und damit in den meisten Fällen (Ausnahme: Willensmängel; Einwand der Fälschung der Urkunde) Streit über das Zustandekommen einer Zuständigkeitsvereinbarung – zumindest weitgehend – ausgeschlossen ist. Diese war aber nicht durchsetzbar. Man befürchtete „einen mit der kaufmännischen Praxis unvereinbaren überspitzten Formalismus".[55] Man begnügte sich mit der „halben Schriftlichkeit."[56]

β) Es reicht, wenn eine Partei die mündlich getroffene Zuständigkeitsvereinbarung schriftlich bestätigt. Dieser Kompromiß bedeutet für die Praxis eine Vermehrung der Einwendungsmöglichkeiten gegen die Wirksamkeit der Zuständigkeitsvereinbarung und damit der Zuständigkeitsstreitigkeiten.[57] Denn die Einigung der Parteien über die Zuständigkeit ist nicht beurkundet, sondern nur die Erklärung *einer* Partei.[58] Be-

---

Frage, ob das Recht eines Vertragsstaats die Unwirksamkeit einer Zuständigkeitsvereinbarung allein deshalb vorsehen darf, weil eine andere als die nach diesem Recht vorgeschriebene Sprache verwendet worden ist. A. A. *Müller* in *Bülow-Böckstiegel* 606/148, Art. 17, Anm. III 2a: „Zu beachten ist, daß Art. 17, der nur für die Willenseinigung und die Formerfordernisse eine eigene Regelung enthält, sich auch hinsichtlich der Verwendung allgemeiner Geschäftsbedingungen auf diese beiden Fragen beschränkt. Die Frage, ob und wieweit allgemeine Geschäftsbedingungen überhaupt Bestandteil eines Vertrags sein können, richtet sich dagegen nach dem innerstaatlichen Recht der Vertragsstaaten. In der Bundesrepublik gelten hierfür seit dem 1. 4. 1977 die Vorschriften des AGB-Gesetzes vom 9. 12. 1976." – Vgl. auch *Grunsky,* RIW/AWD 1977, 6.

[54] Hierzu *Jenard*-Bericht S. 82.

[55] *Jenard*-Bericht S. 82.

[56] In Anlehnung an das *Haager Übereinkommen vom 15. April 1958 über die gerichtliche Zuständigkeit kraft Parteivereinbarung bei zwischenstaatlichen Kaufverträgen über bewegliche Sachen.*

[57] Ausführlich *Jung* (Fußn. 27) 160ff; *Müller* in *Bülow-Böckstiegel* 606/150, Art. 17, Anm. II 2b a. A.

[58] Das Beitrittsübereinkommen vom 9. Oktober 1978 geht noch einen Schritt weiter. Nach der dritten Alternative des Art. 17 I 2 n. F. genügt es, wenn die internationale Zuständigkeitsvereinbarung in Übereinstimmung mit den internationalen Handelsbräuchen geschlossen wurde, die den Parteien bekannt sind oder die als ihnen bekannt angesehen werden müssen. Vgl. oben 1 b.

streitet der Beklagte das Vorliegen einer mündlichen Vereinbarung über die Prorogation des angegangenen Gerichts und damit seine Gerichtspflichtigkeit im Gerichtsstaat, dann muß über diesen Punkt Beweis erhoben werden. Dabei trägt der Kläger (Antragsteller) die volle Behauptungs- und Beweislast dafür, daß die Parteien sich über eine Zuständigkeitsvereinbarung mündlich geeinigt haben.

b) Mündliche Zuständigkeitsvereinbarung[59]

Die mündliche Einigung muß sich klar und deutlich auf die Zuständigkeitsvereinbarung erstrecken. Ebenso wie beim schriftlichen Vertragsabschluß ist eine *ausdrückliche Gerichtsstandsabrede* nicht erforderlich. Ausnahme: Art. I Abs. 2 des Protokolls.[60] Sie kann vielmehr auch konkludent (stillschweigend) getroffen werden.[61]

α) Wenn sich die Parteien über die Anwendung der eine Gerichtsstandsklausel enthaltenden allgemeinen Geschäftsbedingungen des einen Vertragsteils einigen und dem anderen Vertragsteil (= derjenige, der AGB nicht aufgestellt hat) diese Bedingungen im Zeitpunkt der mündlichen Einigung vorliegen oder übergeben werden, so daß dieser von der darin enthaltenen Gerichtsstandsklausel bei normaler Sorgfalt Kenntnis nehmen kann, so reicht das aus. Wie bei der ersten Formalternative (schriftliche Vereinbarung) wird auch für die mündliche Einigung ein ausdrücklicher Hinweis auf die Klausel selbst nicht vorausgesetzt.[62]

β) Eine (konkludente) mündliche Zuständigkeitsvereinbarung liegt auch vor, wenn die Parteien laufende Geschäftsbeziehungen auf der Grundlage allgemeiner Geschäftsbedingungen mit Gerichtsstandsklausel unterhalten, die nach dem Willen beider Parteien in den Vertrag einbezogen werden sollen, ohne daß dies hier ausdrücklich erwähnt werden müßte. Beim mündlichen Vertragsschluß braucht also nicht mehr erneut

---

[59] Ausführlich *Jung* (Fußn. 27) 157ff.

[60] Vgl. oben.

[61] EuGH, Urteil vom 14. Dezember 1976, Rechtssache 24/76, oben Fußn. 15. *Müller* in *Bülow-Böckstiegel* 606/148, Art. 17, Anm. III 2 b; *Jung* (Fußn. 27) 157.

[62] *v. Hoffmann* AWD 1973, 62. *Grunsky* RIW/AWD 1977, 6. *Jung* (Fußn. 27), 158. Vgl. auch EuGH, Urteil vom 14. Dezember 1976, Rechtssache 25/76, *Segoura./.Bonakdarian,* EuGHE 1976, 1851 = RIW/AWD 1977, 105 = NJW 1977, 495; dazu die Anm. von *Müller*, RIW/AWD 1977, 164f. Der EuGH hat dies expressis verbis allerdings nicht gesagt. Nach diesem Urteil kommt aber eine wirksame Zuständigkeitsvereinbarung nach der 2. Form-Alternative zustande, wenn zwar beim mündlichen Vertragsabschluß im Rahmen einer laufenden Geschäftsbeziehung auf die schon früher verwandten AGB (mit Gerichtsstandsklausel) nicht mehr erneut ausdrücklich hingewiesen wird, wenn aber ein entsprechender Hinweis auf die AGB in dem nachfolgenden Bestätigungsschreiben enthalten ist. Daraus folgt, daß auch nach Ansicht des EuGH eine mündliche Vereinbarung – die dann nur noch der schriftlichen Bestätigung bedarf – zustande kommt, wenn dem anderen Vertragsteil die allgemeinen Geschäftsbedingungen (samt Gerichtsstandsklausel) bekannt sind und wenn dieser weiß, daß zu diesen Bedingungen abgeschlossen werden soll. So *Müller* aaO und *Jung* aaO.

ausdrücklich über die Einbeziehung der allgemeinen Geschäftsbedingungen in das Vertragsverhältnis gesprochen zu werden. Der andere Vertragsteil braucht nur die Bedingungen zu kennen und zu wissen, daß diese in den Hauptvertrag einbezogen werden. In einem solchen Falle haben sich nämlich beide Parteien vorab generell mündlich darauf geeinigt, daß für die auf der Grundlage ihrer gegenseitigen Rechtsbeziehungen abzuschließenden Einzelgeschäfte die allgemeinen Geschäftsbedingungen der einen Seite gelten. Wenn dann im Rahmen dieser Geschäftsbeziehungen jeweils ein Einzelvertrag abgeschlossen wird, gilt diese Einigung auch für das jeweilige Neugeschäft,[63] es sei denn, die Parteien vereinbarten insoweit etwas anderes.[64]

γ) Eine mündliche Zuständigkeitsvereinbarung ist aber nicht zu bejahen, wenn eine Partei beim mündlichen Vertragsschluß bloß darauf hinweist, sie wolle zu ihren allgemeinen Geschäftsbedingungen abschließen, diese Bedingungen aber erst später der anderen Partei aushändigt, z. B. zusammen mit der schriftlichen Bestätigung, und zwar auch dann nicht, wenn sich der andere Vertragsteil beim mündlichen Vertragsschluß blanco mit den Bedingungen einverstanden erklärt.[65] Denn in diesen Fällen kann er die Gerichtsstandsklausel nicht zur Kenntnis nehmen.[66]

δ) Durch Schweigen auf ein (kaufmännisches) Bestätigungsschreiben kommt deshalb eine Zuständigkeitsvereinbarung grundsätzlich nicht zustande;[67] denn Art. 17 verlangt eine Einigung beider Parteien über die

---

[63] Zu Recht hebt der EuGH in seinem Urteil vom 14. Dezember 1976, Rechtssache 25/76 (oben Fußn. 62) hervor, es verstieße gegen Treu und Glauben, wenn in einem solchen Fall der Beklagte (= Empfänger der Bestätigung) das Bestehen einer Zuständigkeitsvereinbarung leugnen wollte. Der EuGH geht auf das Erfordernis der mündlichen Einigung nicht näher ein. Eine solche läßt sich im Rahmen laufender Geschäftsbeziehungen idR beweisen. In diesem Sinne *Müller* RIW/AWD 1977, 165; *Grüter* DB 1978, 382; *Jung* (Fußn. 27) 159.

[64] *Jung* (Fußn. 27) 159.

[65] EuGH, Urteil vom 14. Dezember 1976, Rechtssache 25/76, oben Fußn. 62.

[66] *Müller* in *Bülow-Böckstiegel* 606/148, Art. 17, Anm. III 2b: „Daß der andere Vertragsteil sich pauschal mit den Geschäftsbedingungen einverstanden erklärt hatte, reicht nicht aus, da diese Bedingungen ihm nicht vorlagen und er damit die Gerichtsstandsklausel nicht kennen konnte. Auch im kaufmännischen Verkehr führt das Schweigen auf ein Bestätigungsschreiben, dem erstmals eine Gerichtsstandsklausel beigefügt ist, nicht zur Fiktion einer mündlichen Einigung über die Klausel. Es handelt sich lediglich um ein Angebot zum Abschluß einer Gerichtsstandsabrede, das vom anderen Vertragsteil schriftlich angenommen werden müßte."

[67] *Müller* (Fußn. 66); *Jung* (Fußn. 27) 165ff.; *Grüter,* DB 1978, 382; *Grunsky,* RIW/AWD 1977, 6; *v. Hoffmann,* AWD 1973, 6; *Baumgärtel,* Festschrift für *Kegel* 1977, 302. EuGH, Urteil vom 14. Dezember 1976, Rechtssache 25/76 oben Fußn. 62; OLG Frankfurt, RIW/AWD 1976, 107; OLG Hamburg, RIW/AWD 1975, 499; LG Braunschweig, AWD 1974, 346. A. A. *Samtleben,* NJW 1974, 1592, der sich auf den *Jenard*-Bericht S. 82 beruft, jedoch zu Unrecht, weil danach Gerichtsstandsvereinbarungen nur dann zustande kommen sollen, wenn „eine echte Willensübereinstimmung zwischen den Parteien" vorliegt. So treffend *Jung* (Fußn. 27) 160, Fußn. 474.

gerichtliche Zuständigkeit und damit über die Gerichtspflichtigkeit im Streitfall. Daran fehlt es aber, wenn *eine* Seite *nach* Abschluß der Verhandlungen die Gerichtsstandsklausel nachschiebt.

ε) Haben die Parteien einen Vertrag ohne Zuständigkeitsvereinbarung bereits abgeschlossen und übersendet nachträglich eine Partei der anderen ein Bestätigungsschreiben, das erstmals einen Hinweis auf eine – beispielsweise in beigefügten allgemeinen Geschäftsbedingungen enthaltene – Gerichtsstandsklausel gibt, so kommt eine Prorogation nicht zustande. Es fehlt an der mündlichen Einigung. Der Vertrag ist hier ohne Gerichtsstandsklausel bereits abgeschlossen; in der nachträglichen Übersendung des (kaufmännischen) Bestätigungsschreibens liegt hinsichtlich der Gerichtsstandsklausel vielmehr ein Antrag auf Abschluß einer Zuständigkeitsvereinbarung.[68] Dieser Antrag kann von der anderen Seite angenommen werden. Bei einer derartigen Situation kommt eine wirksame Prorogationsvereinbarung nur dann zustande, „wenn die schriftliche Bestätigung ... schriftlich angenommen worden ist."[69]

ζ) Eine Ausnahme gilt, wenn der mündliche Vertragsschluß im Rahmen laufender Geschäftsbeziehungen erfolgt, die zwischen den Parteien auf der Grundlage der eine Gerichtsstandsklausel enthaltenden allgemeinen Geschäftsbedingungen einer Partei bestehen. Auch wenn beim mündlichen Vertragsschluß auf die bereits früher verwandten (eine Zuständigkeitsklausel enthaltenden) allgemeinen Geschäftsbedingungen nicht mehr von neuem ausdrücklich Bezug genommen wurde, sondern erst das nachfolgende Bestätigungsschreiben einen diesbezüglichen Hinweis enthält, liegt eine mündlich geschlossene, schriftlich bestätigte und somit nach der zweiten Alternative des Art. 17 I (= Art. 17 I 2 n. F.) formgültige Gerichtsstandsvereinbarung vor;[70] allerdings nur, wenn die andere Vertragspartei dem Bestätigungsschreiben nicht widersprochen hat. Dies gilt nach der Rechtsprechung des EuGH[71] sowohl für den kaufmännischen wie auch für den nichtkaufmännischen Verkehr: „Wollte der Empfänger der Bestätigung bei dieser Sachlage das Bestehen einer Zuständigkeitsvereinbarung leugnen, so verstieße er gegen Treu und Glauben, selbst wenn es an einer schriftlichen Annahme seinerseits fehlt".

η) Des Rekurses auf die Generalklausel von Treu und Glauben bedarf es in den meisten Fällen gar nicht, weil sich bei einer dauernden Geschäftsverbindung im Wege der Auslegung eine konkludente Einigung über die Gerichtsstandsklausel feststellen läßt, die dann gemäß der zwei-

---

[68] Anders wenn die Vertragsverhandlungen noch nicht abgeschlossen sind.

[69] EuGH, Urteil vom 14. Dezember 1976, Rechtssache 25/76, oben Fußn. 62.

[70] *Jung,* Vereinbarungen über die Internationale Zuständigkeit nach dem EWG-Gerichtsstands- und Vollstreckungsübereinkommen und nach § 38 Abs. 2 ZPO, 1980, 166.

[71] EuGH, Urteil vom 14. Dezember 1976, Rechtssache 25/76, oben Fußn. 62; OLG Stuttgart, Urteil vom 24. Juli 1979, RIW/AWD 1980, 365 = IPRspr. 1979 Nr. 165; OLG Hamm, Beschluß vom 18. Oktober 1982, NJW 1983, 523 = RIW/AWD 1983, 56.

ten Formalternative des Art. 17 nur noch von einer Seite schriftlich bestätigt zu werden braucht.[72] Gleichwohl behält das Argument des EuGH seine Bedeutung: Aber auch wenn im konkreten Einzelfall eine mündliche Zuständigkeitsvereinbarung nicht vorliegt bzw. nicht nachweisbar ist, wie z. B., wenn die Parteien ihre Geschäfte fernschriftlich abzuwikkeln pflegen,[73] handelt der Beklagte treuwidrig, wenn er sich im Rahmen einer bestehenden Geschäftsverbindung gegen eine in den diesen zugrundegelegten allgemeinen Geschäftsbedingungen enthaltene Gerichtsstandsklausel wendet.[74] Dies gilt nicht nur für den Handelsverkehr, son-

---

[72] *Jung* (Fußn. 70) 167. Ebenso *Müller* RIW/AWD 1977, 165 und *Grüter* DB 1978, 382.

[73] *Grüter* DB 1978, 382.

[74] Dies bestreitet *Jung* (Fußn. 70), 165. Er hält die Berufung auf Treu und Glauben für dogmatisch nicht ausreichend. Er fordert „eine klar formulierte Ausnahme von dem Grundsatz, daß das Schweigen auf ein Bestätigungsschreiben nicht zu einer formgültigen Gerichtsstandsabrede führt. Mit anderen Worten: Liegen die erwähnten Voraussetzungen vor (Handelsverkehr, laufende Geschäftsverbindung auf der Grundlage von AGB mit Gerichtsstandsklausel) und läßt sich im Zusammenhang mit dem Abschluß eines neuen Geschäfts eine klare mündliche Einigung über die Gerichtsstandsklausel nicht ermitteln, so wird die nach Art. 17 EGVÜ geforderte mündliche Einigung ausnahmsweise dadurch ersetzt, daß der Empfänger des Bestätigungsschreibens, welchem die Allgemeinen Geschäftsbedingungen mit Gerichtsstandsklausel beigefügt sind, schweigt. In diesem Ausnahmefall gilt das Schweigen auf das nach Art. 17 EGVÜ erforderliche Bestätigungsschreiben ebenso als Zustimmung wie das Schweigen auf ein kaufmännisches Bestätigungsschreiben nach deutschem Recht. Im Ergebnis entspricht diese Lösung der vom Europäischen Gerichtshof und von *Grüter* vertretenen Auffassung, dies jedoch mit der Einschränkung, daß auf die ‚klare mündliche Willenseinigung' über die Gerichtsstandsklausel nur dann verzichtet werden kann, wenn der Handelsverkehr betroffen ist. Abzustellen ist in der Begründung nicht auf ‚Treu und Glauben', sondern die mündliche Einigung wird ausnahmsweise durch das Schweigen auf das Bestätigungsschreiben fingiert. Wie bereits erwähnt, kann dies allerdings nur dann gelten, wenn die Allgemeinen Geschäftsbedingungen durch Schweigen auf ein kaufmännisches Bestätigungsschreiben nach dem von den Parteien gewählten Vertragsstatut bzw. nach dem kollisionsrechtlich zur Anwendung berufenen Recht überhaupt in den Vertrag einbezogen werden können. – Ist das deutsche Recht Vertragsstatut, so richtet sich zwar das Zustandekommen des Vertrages grundsätzlich nach deutschem Recht, gleichwohl ist für die Beurteilung der Frage, ob dem Schweigen des ausländischen Partners rechtsgeschäftliche Bedeutung zukommt, auf dessen Wohnsitzrecht abzustellen (sog. Prinzip der ‚isolierten Anknüpfung'). Vgl. z. B. BGH, 22. 9. 1971, BGHZ 57, S. 72ff. (77)."

Jung aaO, 169, fährt fort: „Für eine solche Lösung lassen sich mehrere Gründe anführen. Erstens steht sie in Einklang mit Sinn und Zweck der Formvorschriften, wonach „unbemerkte" Gerichtsstandsklauseln wirkungslos bleiben sollen. Denn bei der genannten Fallgruppe besteht nicht die Gefahr, daß der Vertragspartner des Verwenders Allgemeiner Geschäftsbedingungen überraschend, also ohne damit rechnen zu müssen, an eine Gerichtsstandsklausel gebunden wird. Zweitens wird diese Lösung dem Bestreben der Verfasser des Übereinkommens gerecht, «den Handelsbräuchen Rechnung zu tragen». In diesem Zusammenhang sei schließlich erwähnt, daß das Anpassungsübereinkommen zum EGVÜ ausdrücklich eine dahingehende Ergänzung

dern auch für den Verkehr unter Nichtkaufleuten. Eine solche Auslegung des Art. 17 mißachtet nicht die legitimen Zuständigkeitsinteressen des Beklagten. Es ist keine Überdehnung der Gerichtspflichtigkeit des Beklagten, wenn im Zusammenhang mit einer dauernden Geschäftsverbindung dieser einer Gerichtsstandsklausel unterworfen wird, die in den dieser Verbindung zugrundegelegten allgemeinen Geschäftsbedingungen enthalten ist.[75]

c) Schriftliche Bestätigung[76]

α) Für das einseitige Bestätigungsschreiben (= zweite Formalternative) gelten die gleichen Regeln wie bei der beiderseitigen Schriftform (= erste Formalternative).[77] Eine ausdrückliche Bezugnahme auf allgemeine Geschäftsbedingungen, in der die Prorogation enthalten ist, ist notwendig, aber auch genügend; ein besonderer schriftlicher Hinweis auf die Zuständigkeitsklausel selbst ist nicht erforderlich.[78] Telegrafische Bestätigung reicht aus. Welcher Vertragsteil die Vereinbarung bestätigt, bleibt gleich. Es genügt also die schriftliche Bestätigung der Partei, die sich auf die Zuständigkeitsvereinbarung beruft.[79]

---

bzw. Erweiterung der Formvorschrift des Art. 17 EGVÜ vorsieht, wonach in Zukunft eine Gerichtsstandsklausel grundsätzlich auch durch Schweigen auf ein kaufmännisches Bestätigungsschreiben Vertragsinhalt werden kann. Dieser Ergänzungsregelung liegt die Erwägung zugrunde, die bisherige enge Interpretation des Art. 17 EGVÜ durch den Europäischen Gerichtshof sei mit den Gepflogenheiten und Bedürfnissen des internationalen Handels nicht zu vereinbaren. – Aus den genannten Gründen ist es gerechtfertigt, bereits zum gegenwärtigen Zeitpunkt dem Schweigen auf ein kaufmännisches Bestätigungsschreiben – unter der Voraussetzung, daß die Parteien auf der Grundlage von Allgemeinen Geschäftsbedingungen (mit Gerichtsstandsklausel) laufende Geschäftsbeziehungen unterhalten – ausnahmsweise rechtliche Bedeutung beizumessen."

[75] Vgl. unten § 96 XXV 8.

[76] Ausführlich *Jung* (Fußn. 70) 160ff.

[77] *Müller* in *Bülow-Böckstiegel* 606/149, Art. 17, Anm. III 2b.

[78] Vgl. oben.

[79] A. A. *Zöller-Vollkommer,* ZPO, 13. Aufl., 1981, § 38, Anm. II 2 c. Ebenso *Baumgärtel, Kegel*-Festschrift, 1977, S. 302; *Wirth* NJW 1978, 463; Frankfurt RIW/AWD, 1976, 533. *Vollkommer* verweist auf folgende Formulierung im *Jenard*-Bericht S. 82: „Der Richter kann aus einem Schriftstück, das von der sich darauf berufenden Partei stammt, allein nicht unbedingt schließen, daß eine mündliche Vereinbarung zustande gekommen ist". Dagegen zu Recht *Jung* (Fußn. 70) 162: „Für eine Umgehung des mit der Schriftform intendierten Zwecks, im Interesse der Rechtssicherheit unbemerkte Klauseln zu verhindern, bestehen keine Anhaltspunkte. Denn Gerichtsstandsklauseln können bei schriftlicher Bestätigung irgendeiner Partei grundsätzlich nicht unbemerkt Inhalt des Vertrages werden, weil zuvor eine mündliche Einigung erzielt worden sein muß. Das Erfordernis der ‚halben Schriftform' dient hauptsächlich der Praktikabilität des Handelsverkehrs, es war aber nicht Anliegen der Verfasser des Übereinkommens, die Wirkung des Bestätigungsschreibens mit der Parteirolle zu verknüpfen.

Auch aus der von *Vollkommer* aus dem Sachverständigenbericht zitierten Formulierung läßt sich insoweit nichts herleiten. Diese besagt lediglich, daß die mündliche Gerichtsstandsvereinbarung gegebenenfalls zu beweisen ist. Der Ansicht von *Vollkom-*

Lediglich mündliche Zuständigkeitsvereinbarungen mit einer in Luxemburg wohnenden Person müssen gemäß Art. I Abs. 2 des Protokolls stets von dieser bestätigt werden, und zwar in einer ausdrücklichen und besonderen Erklärung.

β) Ein *Widerspruch gegen das Bestätigungsschreiben* hat – was die Form anbelangt – keine Bedeutung.[80] Er bedeutet allerdings das Bestreiten des Zustandekommens einer mündlichen Zuständigkeitsvereinbarung. Es ist in einem solchen Falle – wie auch sonst[81] – vom Kläger (Antragsteller) zu behaupten und zu beweisen, daß gleichwohl eine mündliche Einigung über die Prorogation stattgefunden hat. Gelingt dieser Beweis, so ist der Widerspruch ohne Bedeutung.[82] Es geht hier also nicht um ein Formproblem,[83] sondern um die Frage, ob eine mündliche Einigung über die Zuständigkeit vorgelegen hat. Dies erhellt bereits daraus, daß die mündliche Einigung auch dann zu beweisen ist, wenn der Empfänger des Bestätigungsschreibens keinen Widerspruch erhoben hat, aber im Prozeß bestreitet, daß eine wirksame Zuständigkeitsvereinbarung zustandegekommen sei.

γ) Fazit: Ist eine (bewiesene) mündliche Zuständigkeitsvereinbarung schriftlich bestätigt, so berührt ein nachfolgender Widerspruch gegen diese Bestätigung die Wirksamkeit des zuvor mündlich geschlossenen Vertrages nicht. Der Widerspruch hat daher nur Bedeutung im Rahmen der Beweiswürdigung.[84]

Von der Frage, ob die Formvorschrift des Art. 17 I gewahrt ist, streng zu trennen ist das nach der maßgeblichen lex causae[85] zu beurteilende

---

mer zu folgen würde zudem bedeuten, den Verfassern des Übereinkommens einen Willen aufzuinterpretieren, den diese bei der Ausarbeitung des EGVÜ nicht gehabt haben. Denn die Materialien belegen ausdrücklich, daß die Zuständigkeitsvereinbarung gelten soll, ‚wenn wenigstens *eine der Parteien* eine mündliche Abmachung schriftlich bestätigt hat'. Da sich auch aus dem Zweck der Formvorschrift nichts anderes ergibt, ist es folglich gleichgültig, welcher Vertragsteil die Vereinbarung bestätigt".

[80] Anders Art. 3 I Nr. 2 des deutsch-belgischen Abkommens vom 30. Juni 1958.

[81] Vgl. oben Fußn. 11.

[82] *Müller* in *Bülow-Böckstiegel* 606/149, Art. 17, Anm. III 2 b bei Fußn. 68: „Entscheidend ist, ob die mündliche Vereinbarung tatsächlich zustande gekommen ist. Ein Widerspruch hat daher keine Bedeutung, wenn die Vereinbarung im Prozeß bewiesen werden kann, ebenso wie umgekehrt die mündliche Abrede im Streitfall auch dann bewiesen werden muß, wenn die andere Seite der Bestätigung nicht widersprochen hatte. Widerspruch bzw. Fehlen eines Widerspruchs sind jedoch wichtige Indizien bei der gerichtlichen Beweiswürdigung, ob eine mündliche Vereinbarung geschlossen wurde oder nicht.

[83] Unpräzis daher das deutsch-belgische Abkommen (unten Fußn. 84).

[84] So treffend *Jung* (Fußn. 70) 165 und *Müller* RIW/AWD 1977, 165. Zu oberflächlich *Katholnigg,* BB 1974, 397, der meint, die Formvorschrift des Art. 17 sei in dem gleichen Sinne zu interpretieren wie die Regelung in Art. 3 I Nr. 2 des deutsch-belgischen Abkommens, die eine unwidersprochene schriftliche Bestätigung voraussetze.

[85] Diese legt das Kollisionsrecht des Erststaates fest.

Problem, welche materiellrechtlichen Wirkungen der Widerspruch auf ein Bestätigungsschreiben hat.[86] Diese sind hier nicht darzustellen.

4. Internationale Handelsbräuche

Eine weitere Erleichterung für den internationalen Handelsverkehr bringt Art. 17 I 2 dritte Alternative n. F. Hierzu oben 1b und unten § 96 XXVI 6.

5. Trust-Bedingungen

Eine Gerichtsstandswahlklausel kann auch in schriftlichen trust-Bedingungen wirksam niedergelegt werden, allerdings nur für trust-rechtliche Klagen. Näher unten § 96 XXXV.

IV. Prorogationsfreiheit

1. Zuständigkeitsvereinbarungen sind unzulässig, sofern eine ausschließliche Zuständigkeit eines Vertragsstaates hiervon betroffen wird,

---

[86] Ausführlich *Jung* (Fußn. 70), 160ff: „Zunächst einmal ist festzustellen, daß sich das Bestätigungsschreiben des Art. 17 EGVÜ sowohl von dem sog. konstitutiven als auch von dem sog. deklaratorischen Bestätigungsschreiben des autonomen deutschen Rechts in einigen Punkten grundsätzlich unterscheidet:

Erstens entspricht die von Art. 17 EGVÜ geforderte schriftliche Bestätigung vollinhaltlich der zwischen den Parteien getroffenen mündlichen Einigung über die Gerichtsstandsklausel. Demgegenüber ist für das ‚innerdeutsche' sog. kaufmännische (konstitutive) Bestätigungsschreiben charakteristisch, daß es den Inhalt der Vertragsverhandlungen bzw. der zuvor getroffenen mündlichen Vereinbarung unrichtig widergibt, d. h. den Abschluß eines Vertrages bestätigt, obwohl es zu einem solchen Vertragsschluß (mit dem bestätigten Inhalt) zwischen den Parteien noch nicht gekommen ist. Beim deklaratorischen Bestätigungsschreiben wird der Inhalt des vorausgegangenen Vertragsabschlusses in einer Form bestätigt, die der zwischen den Parteien erzielten Einigung nicht entspricht.

Zweitens dient das Bestätigungsschreiben des Art. 17 EGVÜ einem anderen Zweck als das ‚innerdeutsche' Bestätigungsschreiben. Im Rahmen des Art. 17 EGVÜ handelt es sich um ein (gesetzliches) Formerfordernis, also um den Teil einer Formvorschrift. Im nationalen (deutschen) Recht dagegen ist das konstitutive Bestätigungsschreiben Bestandteil des Vertragsschluß-Mechanismus, das deklaratorische hat reine Beweisfunktion, es berührt weder den eigentlichen Vertragsschluß noch erfüllt es den Zweck, eine vorgeschriebene Form zu wahren.

Dann folgt drittens, daß das Schweigen auf das Bestätigungsschreiben in beiden Fällen eine unterschiedliche Wirkung hat, zumindest was die schriftliche Bestätigung nach Art. 17 EGVÜ und das ‚innerdeutsche' *konstitutive* Bestätigungsschreiben angeht: Während bei dem letzteren, da es vom vorher mündlich Vereinbarten abweicht, das Schweigen auf diese Abweichung – jedenfalls nach deutschem Recht – als Zustimmung gilt, ist das Schweigen auf das Bestätigungsschreiben des Art. 17 EGVÜ, da dieses Schreiben in der Regel nur das vorher mündlich Vereinbarte bestätigt, grundsätzlich bedeutungslos. Deshalb hat insoweit auch ein Widerspruch gegen die schriftliche Bestätigung prinzipiell keine unmittelbare Rechtswirkung."

Art. 17 II = Art. 17 III n. F., Art. 16. Im übrigen besteht Prorogationsfreiheit.[87]

2. Art. 16 regelt nur die internationale Zuständigkeit der Vertragsstaaten.[88] Das Verbot für Zuständigkeitsvereinbarungen gilt deshalb nur für die internationale Zuständigkeit; Art. 17 II schließt Gerichtsstandsvereinbarungen nur insoweit aus.[89] Für die örtliche Zuständigkeit gilt das nationale Zuständigkeitsrecht des jeweiligen Vertragsstaats, der nach Art. 16 international zuständig ist. Damit gelten auch die jeweiligen autonomen Vorschriften für die Wirksamkeit und die Zulässigkeit der Vereinbarung der örtlichen Zuständigkeit. Die einzelnen Vertragsstaaten sind durch das Übereinkommen nicht gebunden. Sie bestimmen, ob die örtliche Zuständigkeit der Parteidisposition in den Fällen des Art. 16 zugänglich ist.[90]

V. Zuständigkeitsvereinbarungen vor Entstehen der Streitigkeit, insbesondere im Zusammenhang mit dem Abschluß des (materiellrechtlichen) Hauptvertrages

1. Grundsatz: Keine Beschränkung in zeitlicher Hinsicht

a) In zeitlicher Hinsicht sind die Parteien nicht beschränkt.[91] Die Zuständigkeitsvereinbarung kann bereits vor dem Entstehen der Streitigkeit getroffen werden, wenn sie nur auf ein bestimmtes Rechtsverhältnis bezogen ist.[92]

---

[87] *Jung* (Fußn. 70) 80.

[88] Vgl. unten § 85 VI.

[89] Ebenso *Jung* (Fußn. 70) 81.

[90] *Müller* in *Bülow/Böckstiegel,* 606/131, Art. 16 Anm. II, ist zwar auch der Meinung, für die örtliche Zuständigkeit sei das innerstaatliche Verfahrensrecht maßgebend. Er will aber die Wirksamkeit der Zuständigkeitsvereinbarung nach Art. 17 beurteilen, weil nach dieser Vorschrift „auch die örtliche Zuständigkeit" vereinbart werden könne. *Müller* schließt unzutreffenderweise vom Regelungsinhalt des Art. 17 (hierzu unten § 96) auf den Anwendungsbereich dieser Vorschrift. Im Ergebnis wie hier *Jung* (Fußn. 70) 82 gegen *Müller* aaO: „Dieser Ansicht kann aus zwei Gründen nicht gefolgt werden: Erstens betrifft Art. 17 EGVÜ grundsätzlich die internationale Zuständigkeit. Ist die internationale Prorogation zulässig, so kann *zugleich* die örtliche Zuständigkeit vereinbart werden (konkrete internationale Zuständigkeit). Vereinbarungen bloß über die örtliche Zuständigkeit fallen dagegen nicht unter Art. 17 EGVÜ. Zweitens besteht kein Anhaltspunkt dafür, daß hinsichtlich der prozessualen Zulässigkeit von Vereinbarungen über die örtliche Zuständigkeit innerstaatliches Recht und hinsichtlich der Formerfordernisse das Übereinkommen anzuwenden sein soll. Wenn für die örtliche Zuständigkeit die innerstaatlichen Vorschriften maßgeblich sind, so muß dies insgesamt auch für die Vereinbarung über die örtliche Zuständigkeit gelten." Vgl. unten § 85 VI.

[91] Vgl. unten § 96 XVI.

[92] Ratio conventionis ist der Schutz der persönlichen Handlungsfreiheit: „ein Festlegen für unübersehbare Fälle wäre eine zu starke Beeinträchtigung" – So treffend *Jung* (Fußn. 70), 76 bei Fußn. 226 unter Berufung auf *Riezler* IZPR 298. Unpräzis *Müller* in

b) Der erforderliche Bezug auf ein bestimmtes Rechtsverhältnis[93] steht außer Frage, wenn die Gerichtsstandsklausel in einem Vertrag enthalten ist und für alle aus dem Vertragsverhältnis etwa entstehenden Streitigkeiten gelten soll.[94] Art. 17 verlangt nicht, daß das Rechtsverhältnis schon besteht. Die Zuständigkeitsvereinbarung kann sich auch auf die Streitigkeiten aus einem zukünftigen Vertrags- oder sonstigen Rechtsverhältnis erstrecken.[95] Es muß nur nach Art und Gegenstand bereits bestimmbar sein. Dies ist z. B. bei wiederkehrenden Geschäften im Rahmen einer laufenden Geschäftsbeziehung der Fall. Die Gerichtspflichtigkeit des Beklagten kann also nach Maßgabe des eben Gesagten auch für zukünftige Rechtsverhältnisse Gegenstand einer wirksamen Zuständigkeitsvereinbarung sein.

2. Zeitliche Schranken für den Abschluß von Zuständigkeitsvereinbarungen bestehen jedoch in Versicherungs- und Verbrauchersachen (Art. 12, 12a und Art. 15)

a) Die Gerichtspflichtigkeit des Versicherungsnehmers, Versicherten oder sonstwie aus dem Versicherungsverhältnis nach der maßgeblichen lex causae[96] begünstigten Personenkreises[97] kann erst *nach* Entstehen der Streitigkeit durch Prorogation erweitert werden, Art. 12 Nr. 1.[98] Erst ab diesem Zeitpunkt kann von der Zuständigkeitsregel des Art. 11 durch Parteivereinbarung abgewichen werden. Das gleiche gilt in Verbrauchersachen.[99] Auch hier kann die Gerichtspflichtigkeit des Beklagten außerhalb seines Wohnsitzstaates (Art. 14 II) erst nach Entstehen der Streitigkeit durch Zuständigkeitsvereinbarung begründet werden, Art. 15 Nr. 1.[100]

Bülow-Böckstiegel, 606/150, Art. 17 Anm. III 3; er meint, diese Einschränkung diene dem Schutz des schwächeren Partners vor umfassenden Gerichtsstandsklauseln des starken Vertragspartners. Es stimmt nicht, daß nur die schwächere Partei geschützt werden soll. Auch eine Prorogation zwischen zwei gleich starken Unternehmen unterliegt dieser Einschränkung.

[93] Zum autonomen deutschen Recht s. § 40 II ZPO.

[94] *Jung* (Fußn. 70) 81.

[95] *Müller* in *Bülow-Böckstiegel* 606/150, Art. 17, Anm. III 3 a.

[96] *Geimer* RIW/AWD 1980, 305.

[97] Hierzu oben § 74 IV.

[98] *Jenard*-Bericht S. 78.

[99] Ausführlich *Geimer* RIW/AWD 1980, 305. Hierzu oben § 74 V.

[100] Art. 17 gilt auch für Versicherungs- und Verbrauchersachen; er wird nur durch Art. 12 und Art. 15 ergänzt. Vgl. oben § 74 III 10; ebenso *Jung* (Fußn. 70) 83 Fußn. 242.

Zum Anwendungsbereich des Art. 17 s. oben § 29 VI. Zu eng *Jung* (Fußn. 70) 83 Fußn. 242: „Hinsichtlich der Anwendungsbereiche dieser Vorschriften gilt das gleiche wie für Art. 17 EGVÜ, d. h. es müssen Berührungspunkte zu mehreren Vertragsstaaten vorliegen, ebenso wie bei Art. 17 EGVÜ können ein bestimmtes Gericht oder die Gerichte der Vertragsstaaten prorogiert werden. Auch muß in den Fällen der Art. 12 Nr. 3 und 15 Nr. 3 EGVÜ (Wohnsitz beider Parteien in demselben Vertragsstaat) eine Auslandsbeziehung vorliegen. In beiden Fällen wird die Derogation einer in einem

b) Der durch Art. 7ff. bzw. Art. 13ff. bezweckte Schutz des schwächeren Vertragspartners wäre nicht zu verwirklichen, wenn die Parteien beliebige Zuständigkeitsvereinbarungen treffen könnten.[101] Dann stünde außer Zweifel, daß in der Praxis der stärkere Vertragspartner seine Bedingungen und die ihm genehmen Gerichtsstände wohl immer durchsetzen würde.[102] Das Übereinkommen will sicherstellen, daß der schwächere Vertragspartner bei der Festlegung des zuständigen Gerichts nicht überrumpelt werden kann. Deshalb lassen Art. 12 Nr. 1 und Art. 15 Nr. 1 eine Zuständigkeitsvereinbarung erst nach Entstehung der Streitigkeit zu. Dadurch wird eine Zuständigkeitswahl durch Formularbedingungen im Ergebnis ausgeschlossen.[103] Eine Koppelung der Zuständigkeitsvereinbarung mit dem Abschluß des Hauptvertrages ist nicht möglich.

c) Nach Entstehen der Streitigkeit hat der Versicherte etc. bzw. der Verbraucher ausreichend Zeit, sich zu überlegen, ob er sich auf eine Gerichtsstandsvereinbarung einlassen will oder nicht. Aus diesem Telos folgt, daß die Zuständigkeitsvereinbarung zeitlich nach dem Vertragsschluß (= Abschluß des Versicherungs- bzw. Verbrauchervertrages) liegen muß. Alle Voraussetzungen für einen Vertragsschluß müssen also bereits eingetreten sein. Eine bedingte Zuständigkeitsvereinbarung bereits bei Vertragsschluß für den Fall des Entstehens einer Streitigkeit ist unwirksam.[104]

d) Eine Streitigkeit ist bereits entstanden, wenn zwischen den Parteien Meinungsverschiedenheiten über die Auslegung, Abwicklung oder Erfüllung des Vertrages entstanden sind.[105] Eine konkret drohende gerichtliche Auseinandersetzung ist nicht erforderlich.[106]

---

anderen Vertragsstaat begründeten Zuständigkeit vorausgesetzt." Ähnlich *Linke* in *Bülow-Böckstiegel* 606/110, 127, Art. 12 Anm. I 2 u. Art. 15 Anm. I 2.

Art. 12 und Art. 15 sind im Kontext zu Art. 17 zu lesen. Sie ergänzen Art. 17 bzw. modifizieren die dort stipulierte unbeschränkte Prorogationsfreiheit.

Der Anwendungsbereich von Art. 12 und Art. 15 ist mit dem von Art. 17 identisch. Wie bereits oben § 29 VI ausgeführt, kommt Art. 17 dann zur Anwendung, wenn eine der Parteien im geographischen Anwendungsbereich des Übereinkommens (§ 17) wohnt, ohne Rücksicht darauf, ob er Kläger oder Beklagter ist. Dies kann zu einer Kombination von nationalem Zuständigkeitsrecht und Art. 17 führen. Ebenso *Linke* in *Bülow-Böckstiegel* 606/110, Art. 12, Anm. I 2.

101 *Jenard*-Bericht S. 82 zu Art. 12: „Dieser Artikel hat den Zweck, den Parteien zu verbieten, daß sie das Wahlrecht, das dem Versicherungsnehmer in diesem Übereinkommen gewährt wird, einschränken, und dem Versicherer zu verbieten, Artikel 11 außer Kraft zu setzen."

102 Vgl. *Müller* in *Bülow-Böckstiegel* 606/150, Art. 17, Anm. III 3.

103 Ausführlich *Jung* (Fußn. 70) 82.

104 *Linke* in *Bülow-Böckstiegel* 606/111, Art. 12, Anm. II 1.

105 Unklar *Jenard*-Bericht S. 78: „Nach Entstehen der Streitigkeit, d. h. sobald die Parteien über einen bestimmten Punkt uneins sind und ein gerichtliches Verfahren unmittelbar oder in Kürze bevorsteht, gewinnen die Parteien ihre volle Handlungsfreiheit zurück."

106 Enger *Linke* in *Bülow-Böckstiegel* 606/112, Art. 12 Anm. II 1: „Der schutzbedürf-

e) Da die besonderen Zuständigkeitsnormen des dritten und vierten Abschnitts nur den schwächeren Vertragspartner schützen wollen,[107] sind Zuständigkeitsvereinbarungen, die sich *zugunsten des geschützten Personenkreises* auswirken, ohne die zeitliche Schranke des Art. 12 Nr. 1 bzw. Art. 15 Nr. 1 zulässig,[108] also solche Zuständigkeitsvereinbarungen, durch welche die Gerichtspflichtigkeit des Versicherers bzw. des Vertragspartners des Verbrauchers erweitert wird, vgl. Art. 12 Nr. 2, und Art. 15 Nr. 2.

f) Anläßlich der Beitrittsverhandlungen mit Dänemark, Irland und dem Vereinigten Königreich[109] wurde das Verbot von Zuständigkeits-

---

tige Vertragspartner kann erst dann die Tragweite einer Gerichtsstandsvereinbarung, die doch in aller Regel eine Derogation ihm günstiger und Prorogation dem anderen Vertragspartner günstigerer Gerichtsstände zum Inhalt haben wird, überblicken, wenn sich die Streitigkeit bereits soweit entwickelt hat, daß sich der Gedanke an eine bevorstehende gerichtliche Auseinandersetzung aufdrängen muß. Das ist jedoch keineswegs gewährleistet in einem Stadium, in dem die Parteien aufgrund divergierender Äußerungen eine bloße Meinungsverschiedenheit festgestellt haben."

[107] Vgl. oben III.

[108] *Jenard*-Bericht S. 78: „Zulässig sind auch bestimmte, vor dem Entstehen der Streitigkeiten geschlossene Gerichtsstandsvereinbarungen zugunsten des Versicherungsnehmers, des Versicherten oder des Begünstigten, durch die ihnen gestattet wird, vor anderen als den in den vorstehenden Artikeln bezeichneten Gerichten zu klagen."

[109] Hierzu *Schlosser*-Bericht Nr. 140: „Der Wunsch des Vereinigten Königreichs nach Sonderregelungen für Großversicherungen war wohl das Problem, welches der Sachverständigengruppe am meisten Schwierigkeiten bereitete. Ausgangspunkt des britischen Wunsches war die Erkenntnis, daß der soziale Schutzgedanke, welcher hinter der Eindämmung von Gerichtsstandsklauseln im Versicherungsrecht steht, dann nicht mehr gerechtfertigt ist, wenn auch als Versicherungsnehmer potente Unternehmungen auftreten. Die Schwierigkeit besteht nur darin, ein geeignetes Abgrenzungskriterium zu finden. Sich abstrakt-generell nach Unternehmenskapital oder Umsatz auszurichten, erwies sich schon in den Verhandlungen über die zweite Versicherungsrichtlinie als unmöglich. Es konnte sich also nur darum handeln, gegenständlichvertypte Versicherungsverträge herauszuarbeiten, an denen im allgemeinen nur Versicherungsnehmer beteiligt sind, die eines sozialen Schutzes nicht bedürfen. Von diesem Ausgangspunkt her konnten folglich gewerbliche Versicherungen nicht allgemein privilegiert werden.

Das Hauptaugenmerk der Gruppe konzentrierte sich daher auf die verschiedenen Arten von Versicherungen, die mit dem Transportgewerbe zusammenhängen. In diesem Bereich besteht nämlich eine zusätzliche Rechtfertigung für die Sonderbehandlung von Gerichtsstandsvereinbarungen: Das versicherte Risiko ist in hohem Maße beweglich, Versicherungspolicen pflegen häufig und mehrmals in rascher Folge den Inhaber zu wechseln. Dies macht die durch die Unsicherheit über die anrufbaren Gerichte bedingten Schwierigkeiten in der Risikokalkulation besonders groß. Auf der anderen Seite gibt es auch in diesem Bereich Zonen sozialer Schutzbedürftigkeit. Schließlich erwies sich als besonders erschwerend der Umstand, daß auf dem Gebiet des Transports ein weitgehend integrierter Versicherungsmarkt besteht. Die verschiedenartigen Risiken für verschiedene Arten von Transporten werden in ein und derselben Police versichert. Insbesondere die englische Versicherungswirtschaft hat Rah-

vereinbarungen vor Entstehen der Streitigkeit in Versicherungssachen weiter gelockert: Art. 12 Nr. 5 n. F. in Verbindung mit dem neu eingefügten Art. 12a läßt Zuständigkeitsvereinbarungen auch vor Entstehen der Streitigkeit im Zusammenhang mit dem *Abschluß von bestimmten Versicherungen auf dem Gebiete des Transportgewerbes* zu. Die zeitliche Schranke des Art. 12 Nr. 1 gilt aber nach wie vor für *reine Landtransportversicherungen*.[110] Privilegiert sind nur Zuständigkeitsvereinbarungen in *See- und Luftfahrtversicherungen*. Diese sind in Art. 12a abschließend aufgeführt.[111]

α) Unter Art. 12a Nr. 1a n. F. fallen Versicherungen für *Schadensrisiken an Seeschiffen, Anlagen vor der Küste und auf hoher See oder Luftfahrzeugen aus Gefahren, die mit ihrer Verwendung zu gewerblichen Zwecken verbunden sind*. Hierher gehören nicht Haftpflicht-, sondern nur Kaskoversicherungen von Seeschiffen und Flugzeugen. „Seeschiffe" sind alle Fahrzeuge, die zum Verkehr auf See bestimmt sind, also nicht nur „Schiffe" im traditionellen Sinne, sondern auch auf See eingesetzte Luftkissen- und Tragflügelboote, Schlepper, Leichter sowie schwimmende Gerätschaften, die sich nicht aus eigener Antriebskraft fortbewegen können, wie z. B. Anlagen im Dienste der Ölsuche und -förderung, die auf Wasser bewegt werden. Auf dem Meeresgrund fest verankerte oder zu verankernde Anlagen sind ausdrücklich erwähnt. Art. 12 Nr. 1a umfaßt auch im Bau befindliche Schiffe, allerdings nur insoweit, als Schäden aufgrund eines Seerisikos entstanden sind, also auf dem Wasser, aber nicht Schäden, die im Trockendock oder in den Werkhallen der Werft aufgetreten sind.

β) Art. 12a Nr. 1b privilegiert Zuständigkeitsvereinbarungen für Wertversicherungen von Transportgütern, nicht aber in Haftpflichtversicherungen für Schäden, die von ihnen ausgehen. Transportgüter werden bis zu ihrer Ankunft am Bestimmungsort häufig nicht nur mit ein und demselben Transportmittel befördert. Land-, See- und Lufttransporte

---

menpolicen entwickelt, die nur durch Meldung des Versicherungsnehmers über abgehende Transporte aller Art ausgefüllt zu werden brauchen.

Aus einer Aufarbeitung all dieser Gegebenheiten ist die in der neuen Nr. 5 von Artikel 12 und ihrer Ergänzung durch Artikel 12a festgehaltene Lösung entstanden: Gerichtsstandsvereinbarungen sind grundsätzlich privilegiert, soweit es sich um Seeversicherungen und um Luftfahrtversicherungen handelt. Für reine Landtransportversicherungen war eine irgendwie geartete Sonderregelung nicht zu rechtfertigen."

[110] *Schlosser*-Bericht Nr. 140: „Um Interpretationsschwierigkeiten und -divergenzen zu vermeiden, war ein Katalog der Versicherungsverträge nötig, für welche die Zulässigkeit von Gerichtsstandsvereinbarungen erweitert werden sollte. Die Idee, dieserhalb an das Versicherungsartenverzeichnis anzuknüpfen, das im Anhang zur 1. Richtlinie des Rates vom 24. Juli 1973 (73/239/EWG) enthalten ist, erwies sich nicht als tragfähig. Die dortige Einteilung ist an den Bedürfnissen der staatlichen Versicherungsverwaltung orientiert und nicht an den Erfordernissen eines privatrechtlichen Interessenausgleichs. Es blieb daher kein anderer Weg, als den Katalog für die Zwecke des Übereinkommens gesondert zu erstellen.

[111] *Schlosser*-Bericht Nr. 141.

folgen aufeinander. Komplikationen in der Vertragsgestaltung der Versicherungswirtschaft und in ihrer Schadensregulierung wären unvermeidlich, wenn immer genau danach unterschieden werden müßte, in welchem Transportabschnitt ein Schaden entstanden ist. Dies ist häufig gar nicht feststellbar, vor allem beim Containertransport. Gerichtsstandsvereinbarungen werden aus diesen Gründen selbst dann zugelassen, wenn Waren nur teilweise zur See oder mit Flugzeugen befördert werden. Daher wurde in den Text des Übereinkommens die Formulierung „ganz oder teilweise" aufgenommen. Auch wenn der Schaden nachweisbar auf dem Landabschnitt eingetreten ist, ist die Gerichtsstandsvereinbarung wirksam. Art. 12 Nr. 5 n. F. gilt auch, wenn der Transport nicht über die Grenzen eines Landes hinaus geht.[112]

γ) Die zeitliche Schranke des Art. 12 Nr. 1 gilt weiter nicht für *Haftpflichtversicherungen* mit Ausnahme der Haftung für Personenschäden an Passagieren oder Schäden an deren Reisegepäck, die die Haftpflicht decken

aa) aus der Verwendung oder dem Betrieb von Seeschiffen, Anlagen oder Luftfahrzeugen, es sei denn, daß nach den Rechtsvorschriften des Vertragsstaats, in dem das Luftfahrzeug eingetragen ist, Gerichtsstandsvereinbarungen für die Versicherung solcher Risiken untersagt sind.

bb) für Schäden, die durch Transportgüter während einer Beförderung verursacht werden.

Ratio conventionis für die in Art. 12a Nr. 2a und b eingefügte Unterausnahme für Personenschäden der Passagiere und Schäden an ihrem Reisegepäck ist die typischerweise bestehende wirtschaftliche Unterlegenheit dieser Personengruppe.[113] Die Passagiere können also erst nach Entstehen der Streitigkeit durch Zuständigkeitsvereinbarung außerhalb ihres Wohnsitzstaates gerichtspflichtig gemacht werden.

δ) Offen ist noch die Frage, ob unter Art. 12a Nr. 2 sämtliche Haftpflichtversicherungsansprüche fallen, die im Zusammenhang mit Bau, Umbau oder Instandsetzung eines Schiffes ausgelöst werden, (= Haftpflichtansprüche, die die Werft gegenüber Dritten trifft und die durch das Schiff selbst verursacht worden sind) oder ob der Begriff „Verwendung oder Betrieb" nur Haftpflichtansprüche umfaßt, die während einer Probefahrt ausgelöst worden sind.[114]

ε) Der Vorbehalt hinsichtlich der Luftfahrzeughaftpflichtversicherung überläßt es den Vertragsstaaten den Schutz von Versicherungsnehmern und Unfallopfern zu normieren.[115]

---

[112] *Schlosser*-Bericht Nr. 142. Dies ist wieder ein Beispiel, anhand dessen sich die Theorie vom internationalen Sachverhalt (oben § 29 XIV 3) ad absurdum führen läßt.

[113] *Schlosser*-Bericht Nr. 143.

[114] *Schlosser*-Bericht Nr. 144.

[115] *Schlosser*-Bericht Nr. 144.

ζ) Bereits vor Entstehen der Streitigkeit können auch Zuständigkeitsvereinbarungen getroffen werden in Bezug auf Versicherungen, die *finanzielle Verluste im Zusammenhang mit der Verwendung oder dem Betrieb von Seeschiffen, Anlagen oder Luftfahrzeugen i. S. von Art. 12a Nr. 1a dekken, insbesondere den Fracht- oder Charterverlust.*[116]

η) Die Privilegierung von Zuständigkeitsvereinbarungen in zeitlicher Hinsicht gilt schließlich auch für Zusatzversicherungen, die mit den vorgenannten Risiken (Art. 12a Nr. 1–3) in Zusammenhang stehen, Art. 12a Nr. 4. Eine Versicherung von Zusatzrisiken ist besonders im Vereinigten Königreich üblich, so z. B. bei „shipowners disbursements".[117] Hier handelt es sich um eine Versicherung für außerplanmäßige Betriebskosten, etwa für die während eines reparaturbedingten Aufenthalts anfallenden Hafengebühren. Ein anderes Beispiel ist die Versicherung für „increased value". Damit ist der Verlust versichert, wenn eine Ladung untergeht oder beschädigt wird, die während des Transports wertvoller geworden ist. Das Zusatzrisiko muß nicht in der gleichen Police versichert sein wie das Hauptrisiko. Art. 12a Nr. 4 verwendet absichtlich eine andere Formulierung als die Richtlinie 73/239 für die Zulassung von Versicherungsunternehmungen.

g) Auch *vor* Entstehen der Streitigkeit sind schließlich Zuständigkeitsvereinbarungen in Versicherungssachen zulässig, *wenn der Versicherungsnehmer seinen Wohnsitz/Sitz außerhalb des geographischen Anwendungsbereichs des Übereinkommens hat,* Art. 12 Nr. 4 n. F. Dabei ist gleichgültig, ob das Gericht eines Vertragsstaates oder eines dritten Staates als ausschließlich zuständig vereinbart wird.[118] Diese Bestimmung wurde auf Wunsch des Vereinigten Königreichs eingefügt. *Versicherungsverträge von Versicherungsnehmern mit Wohnsitz/Sitz außerhalb der Gemeinschaft* spielen für die britische Versicherungswirtschaft eine große Rolle.[119]

α) Wegen der großen Tragweite dieser Frage wurde der Grundsatz der prinzipiellen Zulässigkeit solcher Zuständigkeitsabreden bereits vor Entstehen der Streitigkeit im Übereinkommen ausdrücklich verankert.[120] Wenn z. B. ein Versicherungsnehmer mit Wohnsitz außerhalb des geo-

---

[116] Hierzu *Schlosser*-Bericht Nr. 146: „Der wichtigste Anwendungsfall dieser Bestimmung ist bereits in ihrem Text genannt: Sofern der Transportvertrag nicht etwas anderes vorsieht, verliert wegen eines Luftunfalls der Luftfrachtführer seinen Frachtanspruch, der Eigentümer gegenüber dem Charterer seine Charter. Ein anderes Beispiel ist etwa ein Schaden, der durch die verspätete Ankunft eines Schiffes eingetreten ist. Im übrigen ist der Begriff der gleiche wie der in der Richtlinie 73/239/EWG verwendete."

[117] *Schlosser*-Bericht Nr. 147.

[118] *Schlosser*-Bericht Nr. 137.

[119] Nicht berechtigt die Häme *Basedows* IZVR Rz. 16 Fußn. 50.

[120] *Schlosser*-Bericht Nr. 136: „Zusätzliche Gründe gab es darüber hinaus jeweils für die verschiedenen Anpassungswünsche. Für Verträge mit Versicherungsnehmern mit Wohnsitz außerhalb der Gemeinschaft wollte das V. K. die uneingeschränkte Mög-

graphischen Anwendungsbereichs des Übereinkommens (z. B. in Uppsala) in England ein Risiko versichert, dann können grundsätzlich unter anderem sowohl die englischen als auch die Gerichte am Wohnsitz des Versicherungsnehmers für ausschließlich zuständig erklärt werden.[121]

β) Hierbei handelt es sich nicht um einen speziell für das Vereinigte Königreich vereinbarten Vorbehalt. Art. 12 Nr. 4 n. F. gilt allgemein und unbeschränkt. So kann z. B. eine in München ansässige Versicherungsgesellschaft mit ihrem in Wien wohnhaften Versicherungsnehmer bereits bei Abschluß des Versicherungsvertrages eine Vereinbarung über die internationale und örtliche Zuständigkeit treffen.

γ) Die zeitlich unbeschränkte Prorogationsfreiheit im Verhältnis zu Versicherungsnehmern, die nicht im geographischen Anwendungsbereich des Übereinkommens wohnen, gilt jedoch nicht für *Grundstücksversicherungen* (Versicherung von unbeweglichen Sachen in einem Vertragsstaat), Art. 12 Nr. 4 n. F. (zweite Ausnahme).[122] Diese Vorschrift hielt man für notwendig, um die Anwendbarkeit von Art. 9 auch dann sicherzustellen, wenn der Versicherungsnehmer seinen Wohnsitz außerhalb des geographischen Anwendungsbereichs des Übereinkommens hat. Jedoch verbietet Art. 12 Nr. 4 insoweit jede Zuständigkeitsvereinbarung, auch eine ausschließliche Prorogation der in Art. 9 genannten Gerichte. Gerichtsstandsvereinbarungen sind im übrigen im Bereich dieser Ausnahmeregelung auch dann unwirksam, wenn das nationale Recht des Staates, in welchem das Grundstück liegt, eine Prorogation für zulässig erklärt.[123] Allerdings setzt Art. 12a Nr. 4 voraus, daß Art. 9 überhaupt anwendbar ist.[124]

δ) Wenn zum *Abschluß einer Versicherung eine gesetzliche Verpflichtung* besteht *(Pflichtversicherung)*, kann hinsichtlich der der Versicherungspflicht unterworfenen Risiken von den Bestimmungen der Art. 8–11 vor Entstehen der Streitigkeit auch dann nicht abgewichen werden, wenn der Versicherungsnehmer seinen Wohnsitz/Sitz außerhalb des geographischen Anwendungsbereiches des Übereinkommens hat, Art. 12 Nr. 4 (erste Ausnahme).[125] Ist z. B. eine in Österreich wohnhafte Person Halter eines Pkw mit regelmäßigem Standort in der Bundesrepublik Deutschland, so muß das Fahrzeug nach deutschem Recht haftpflichtversichert werden. Vereinbarungen über den Gerichtsstand im Versicherungsvertrag sind unwirksam.

---

lichkeit für Gerichtsstandsvereinbarungen deshalb gewährleistet sehen, damit zwingenden Vorschriften im Heimatrecht vieler Geschäftspartner der englischen Versicherungswirtschaft Rechnung getragen werden kann."

[121] *Schlosser*-Bericht Nr. 137.

[122] *Schlosser*-Bericht Nr. 138.

[123] *Schlosser*-Bericht Nr. 139.

[124] Hierzu oben § 29 X und § 74 IV.

[125] *Schlosser*-Bericht Nr. 138.

So kann z. B. die Möglichkeit, deutsche Gerichte anzurufen (Art. 8) vertraglich nicht ausgeschlossen werden. Dies gilt, obwohl das einschlägige deutsche Gesetz über die Pflichtversicherung vom 5. April 1965 (BGBl I 213) Gerichtsstandsvereinbarungen zuläßt. Das Zustandekommen von Gerichtsstandsvereinbarungen im Pflichtversicherungsbereich ist aber faktisch dadurch ausgeschlossen, daß Versicherungsbedingungen mit einem solchen Bestandteil vom Bundesaufsichtsamt für das Versicherungswesen nicht genehmigt werden.[126]

---

[126] Obligatorisch zu versichernde Risiken sind z. B. in folgenden Mitgliedstaaten der Gemeinschaft für folgende Gegenstände, Anlagen, Tätigkeiten und Berufe vorgesehen (vgl. *Schlosser*-Bericht Nr. 138):

(1) Bundesrepublik Deutschland

a) Bundesrecht

*Haft*pflichtversicherungen für
Kraftfahrzeughalter
Luftverkehrsunternehmer
Jäger
Inhaber von Atomanlagen und Umgang mit Kernbrennstoffen und sonstigen radioaktiven Stoffen
Güterkraftverkehr
Wirtschaftsprüfer und Steuerberater
Bewachungsgewerbe
Träger von Kranken-, Säuglings-, Kinderpflege- und Hebammenschulen
Kraftfahrzeugsachverständige
Notarkammern für Notariatswesen
Träger der Entwicklungshilfe
Schausteller
pharmazeutische Unternehmer;

*Lebens*versicherung für Schornsteinfegermeister;

*Unfall*versicherung für Luftverkehrsunternehmer und Nießbraucher;

*Feuer*versicherung für Eigentümer von Gebäuden, die mit Abgeltungslasten beschwert sind, Nießbraucher, Lagerhalter, Pfandleiher;

*Sach*versicherung für Pfandleiher;

*Versorgungs*werke für Bühnen, Kulturorchester, Bezirksschornsteinfegermeister, Zusatzversorgung im öffentlichen Dienst.

b) Landesrecht

In den Ländern der Bundesrepublik Deutschland existieren, ohne daß Einheitlichkeit bestünde, als Pflichtversicherungen vor allem *Feuer*versicherungen für Gebäude, *Versorgungs*werke für Landwirte und freie Berufe (Ärzte, Apotheker, Architekten, Notare) und (z. B. Bayern) für Kaminkehrergesellen sowie z. B. eine *Ruhelohn*kasse für Arbeitnehmer der Freien Hansestadt Bremen (Zusatzversorgung).
In Bayern gibt es eine Schlachtviehpflichtversicherung.

(2) Belgien

Haftpflicht von bzw. für: Kraftfahrzeuge, Jäger, Nuklearanlagen, Unfallschäden bei Arbeitsunfällen und Transportunfällen (im Falle entgeltlicher Beförderung durch ein Kraftfahrzeug).

(3) Dänemark

Haftpflicht von bzw. für: Kraftfahrzeuge, Hunde, Nuklearanlagen, Wirtschaftsprüfer.

h) In *Verbrauchersachen* sind vor Entstehung der Streitigkeit (Art. 15 Nr. 1) Zuständigkeitsvereinbarungen zulässig, *wenn sie zwischen einem Verbraucher und seinem Vertragspartner getroffen sind, die zum Zeitpunkt des Vertragsabschlusses ihren Wohnsitz oder gewöhnlichen Aufenthalt in demselben Vertragsstaat haben, und die Zuständigkeit der Gerichte dieses Staates begründet, es sei denn, daß eine solche Vereinbarung nach dem Recht dieses Staates nicht zulässig ist,* Art. 15 Nr. 3 n. F.[127]

Ratio conventionis ist der Schutz des Vertragspartners des Verbrauchers. Wenn der Verbraucher nach Vertragsschluß in einen anderen Vertragsstaat[128] verzieht,[129] wäre er nur dort gerichtspflichtig,[130] Art. 14 II n. F. Sein Vertragspartner müßte ihm für die gerichtliche Auseinandersetzung in den jeweiligen neuen Wohnsitzstaat folgen. Die Begünstigung des Verbrauchers ist insoweit gelockert, daß für die sich aus einem Verbrauchergeschäft ergebenden Rechtsstreitigkeiten die Vereinbarung der internationalen Zuständigkeit des Staates zugelassen wird, mit dem beide Parteien zum Zeitpunkt des Vertragsschlusses in (enger) Beziehung stehen,[131] diese wird nicht nur durch den Wohnsitz, sondern auch durch den gewöhnlichen Aufenthalt hergestellt.[132]

---

(4) Frankreich

Haftpflicht von bzw. für: Betrieb von Schiffen oder von Kernenergie, Kraftfahrzeuge, Betrieb von Seilbahnen und mechanischen Aufstiegshilfen, Jäger, Grundstücksmakler, Vermögensverwalter, Hausverwalter bei Miteigentum, Geschäftsberater, Betrieb von Sporthallen, Buchsachverständiger, Gegenseitigkeitshilfe in der Landwirtschaft, Rechtsberater, Anstalten für Leibeserziehung und Schüler, Betrieb von Tanzsälen, Geschäftsführer von Apotheken in Form einer S. à. r. l. (Gesellschaft mit beschränkter Haftung), Bluttransfusionsanstalten, Architekten, Kraftfahrzeugsachverständige, Landwirte.

(5) Luxemburg

Haftpflicht von bzw. für: Kraftfahrzeuge, Jäger und Jagdveranstalter, Hotelbetriebe, Nuklearanlagen; Feuer- und Diebstahlversicherung der Hotelbetriebe; Versicherung gegen Viehbeschlagnahme in Schlachthäusern.

(6) Niederlande

Haftpflicht für Kraftfahrzeuge, Nuklearanlagen, Tanker.

(7) Vereinigtes Königreich

Haftpflicht gegenüber Dritten für Kraftfahrzeuge, Haftpflicht des Arbeitgebers für Arbeitsunfälle, Versicherung von Nuklearanlagen, Versicherung der in britischen Registern eingetragenen Schiffe für den Fall von Umweltverschmutzung durch Erdöl, Pflichtversicherung z. B. für Anwälte und Versicherungsmakler.

127 Hierzu *Schlosser*-Bericht Nr. 161 a.

128 Wenn er in einen Nichtvertragsstaat verzieht, gilt grundsätzlich nationales Zuständigkeitsrecht, Art. 4 I, vorbehaltlich Art. 17.

129 Grundsätzlich ist der Zeitpunkt der Klageerhebung maßgeblich. Vgl. oben § 29 IV 10.

130 Oben IV.

131 *Jenard*-Bericht S. 79: „Es ist schwierig, die Zuständigkeit für Klagen des Verkäufers oder des Darlehnsgebers in den Fällen zu regeln, in denen der Käufer oder der Darlehensnehmer seinen Wohnsitz nach Vertragsschluß in das Ausland verlegt. Der

Beispiel:[133] Ein in der Bundesrepublik Deutschland wohnender oder sich gewöhnlich aufhaltender italienischer Gastarbeiter kauft in München ein Auto auf Raten. Kommt es zwischen den Parteien, nachdem der Gastarbeiter die Bundesrepublik wieder verlassen hat,[134] wegen der Ratenzahlungen zu Streitigkeiten, so müßte der Abzahlungsverkäufer gemäß Art. 14 II im Wohnsitzstaat des Käufers (z. B. in Messina) klagen.[135] Die Gerichtspflichtigkeit kann aber durch Zuständigkeitsvereinbarung erweitert bzw. verändert werden. Die Parteien können ein deutsches Gericht prorogieren, entweder konkurrierend oder ausschließlich.

Der Schutz des Verbrauchers ist hier zugunsten des Verkäufers relativiert, da jener im Falle der nachträglichen Verlegung seines Wohnsitzes in das Ausland weniger schutzwürdig ist als sein Vertragspartner, dem eine Rechtsverfolgung im Ausland nicht zumutbar ist. Die Gerichtsstandsvereinbarung muß nach dem Recht des Vertragsstaats, dessen Zuständigkeit prorogiert wird, zulässig sein.[136] Die Zulässigkeit richtet sich in der Bundesrepublik Deutschland nach der mit Art. 15 Nr. 3 korrespondierenden Bestimmung des § 6a II AbzG, soweit der Käufer nicht als Kaufmann in das Handelsregister eingetragen ist (§ 8 AbzG), andernfalls gilt § 38 ZPO. § 6a II AbzG gestattet eine Gerichtsstandsvereinbarung für den Fall, daß der Käufer seinen Wohnsitz (gewöhnlichen Aufenthalt) nach Vertragsschluß ins Ausland verlegt oder sein Wohnsitz (gewöhnlicher Aufenthalt) im Zeitpunkt der Klageerhebung unbekannt ist. Auch Art. 15 Nr. 3 betrifft nur die Hypothese, daß die Wohnsitz-

---

Schutz dieser Personen verlangt an sich, daß sie nur vor den Gerichten des Staates verklagt werden dürfen, in dem sie ihren neuen Wohnsitz errichtet haben. Für den Fall, daß Käufer und Verkäufer oder Darlehnsnehmer und Darlehnsgeber bei Vertragsschluß ihren Wohnsitz oder wenigstens ihren gewöhnlichen Aufenthalt in demselben Staat haben, hat der Ausschuß es dennoch aus Billigkeitsgründen zugelassen, daß die Parteien für alle sich aus dem Vertrag ergebenden Rechtsstreitigkeiten die Zuständigkeit der Gerichte dieses Staates vereinbaren können, sofern das Recht dieses Staates eine solche Vereinbarung nicht untersagt."

[132] *Jenard*-Bericht S. 79: „Das Merkmal des gewöhnlichen Aufenthaltes läßt Zuständigkeitsvereinbarungen selbst dann zu, wenn der Käufer oder der Darlehnsnehmer seinen Wohnsitz in einem anderen Vertragsstaat als dem seines Aufenthaltes beibehalten hat. Daraus ergibt sich zum Beispiel, daß der Verkäufer oder der Darlehnsgeber den Käufer oder Darlehnsnehmer nicht im Ausland vor den Gerichten seines Wohnsitzstaates zu verklagen braucht, wenn dieser Beklagte zur Zeit der Klageerhebung seinen Aufenthalt nach wie vor in dem Hoheitsgebiet des Staates hat, in dem der Vertrag geschlossen worden ist."

[133] In Anlehnung an *Jung* (Fußn. 70) 84f.

[134] Nimmt der Gastarbeiter seinen neuen Wohnsitz außerhalb des räumlichen Geltungsbereichs des Übereinkommens (§ 17), so gilt grundsätzlich das nationale Zuständigkeitsrecht, Art. 4 I. Für Art. 17 kommen aber Sonderregeln zum Zuge. Vgl. oben § 29 VI.

[135] Wegen der örtlichen Zuständigkeit s. oben § 74 V 1c.

[136] Zur ratio dieser Verweisung auf das nationale Recht s. *Jung* (Fußn. 70) 85.

oder Aufenthaltsverlegung durch den Verbraucher erfolgt. Dieser kann seinen Vertragspartner in seinem Wohnsitzstaat verklagen Art. 14 I. [137]

i) Art. 15 Nr. 3 bringt die Anhänger der *Theorie vom internationalen Sachverhalt*[138] in Schwierigkeiten.[138a] Denn hier handelt es sich ja um einen Fall, wo beide Parteien im Gerichtsstaat wohnen bzw. sich aufhalten. Nach der (konsequent zu Ende gedachten) Theorie vom internationalen Sachverhalt wäre die Zuständigkeitsordnung des Übereinkommens überhaupt nicht anwendbar.[139]

VI. Der prorogierte Vertragsstaat braucht keinen Bezug zum Rechtsstreit zu haben

Der Streitgegenstand braucht keinen Bezug zum prorogierten Vertragsstaat zu haben: Art. 17 garantiert volle Prorogationsfreiheit. Die Parteien können also auch einen „neutralen" Vertragsstaat wählen, in dem keiner von ihnen wohnt oder seinen Sitz hat und der auch sonst keinen Berührungspunkt zum Rechtsstreit hat, wie z. B. Erfüllungsort, anwendbares Recht etc.[140]

VII. Pflicht zur Annahme der Prorogation

Der Vertragsstaat, dessen internationale Zuständigkeit[141] gemäß Art. 17 I wirksam vereinbart wurde, ist zur Justizgewährung verpflichtet.[142] Seine Gerichte haben keinen Ermessensspielraum. Dies gilt auch dann, wenn weder die Parteien noch der Streitgegenstand einen Bezug zum prorogierten Vertragsstaat haben. Jede Form einer forum conveniens-Prüfung ist verboten,[143] und zwar auch dann, wenn in der Sache

---

[137] Dazu *Linke* in *Bülow-Böckstiegel* 606/129 Art. 15 Anm. II 3 B, und *Jung* (Fußn. 70) 85 (Fußn. 245).

[138] Oben § 29 XIV 4 g.

[138a] Ebenso Art. 12 Nr. 3.

[139] Zur ratio conventionis wenig überzeugend *Jung* (Fußn. 70) 85.
Vgl. *Droz* S. 92 und *Linke* in *Bülow-Böckstiegel,* 606/110, Art. 12, Anm. I 2 bei Fn. 7.

[140] Zweifelnd *Müller* in *Bülow-Böckstiegel*, 606/151, Art. 17, III 3.

[141] Ob daneben auch die örtliche Zuständigkeit innerhalb des prorogierten Vertragsstaates vereinbart wurde, spielt in diesem Zusammenhang keine Rolle.

[142] Vgl. oben § 42.

[143] Das autonome deutsche Recht räumt den deutschen Gerichten keine Abweisungsbefugnis ein. Vgl. *Zöller-Geimer,* ZPO, 13. Aufl., 1981, IZPR, Anm. E XVI 4 und 18. A. A. *Schröder,* Internationale Zuständigkeit, 1971, 475. Er will eine Beachtung der Zuständigkeitsvereinbarung in das Ermessen des Gerichts stellen: „Daß der Richter nicht an Zuständigkeitsabreden gebunden sein kann, beruht ... auf seiner eigentümlichen Funktion, die ihm gebietet, alle Verfahrensinteressen sämtlicher Verfahrensbeteiligter wahrzunehmen, zu koordinieren. Der Richter trägt die Verantwor-

tung dafür, daß der Verfahrenszweck erreicht wird. Dann muß er auch überwachen dürfen, daß keine unvernünftige Zuständigkeitsabrede den Verfahrenszweck durchkreuzt. Die verfehlte Gerichtsstandswahl könnte sonst von vorneherein das Gleichgewicht der Verfahrensinteressen stören, ungerecht verschieben, und eben das muß verhindert werden. Überdies hat das Gericht auch die Belange jener Interessensträger im Auge zu behalten, die am Abschluß der Zuständigkeitsvereinbarung nicht beteiligt sind. Diese Auffassung soll auch de lege lata vertreten werden, weil nur sie eine zweckentsprechende Handhabung der Zuständigkeitsinteressen gestattet. Wo schon die Zuständigkeitsinteressen verfehlt werden, kann auch das Verfahren selbst kein gutes Ende nehmen. Über derart grundlegende Einsichten vermag auch eine gegenteilige Bemerkung in den Motiven zur deutschen ZPO nicht hinwegzuhelfen. Mit Rücksicht auf eine bei *Hahn-Mugdan* (gesamte Materialien Band 2 160) wiedergegebene, die gerichtliche Abweisungsbefugnis offenbar ungünstig einschätzende Bemerkung wird allgemein angenommen, der Richter habe sich nunmehr Zuständigkeitswünschen der Parteien zu beugen (vgl. *Wach*, Handbuch I 500). Diese Pflicht soll auch gegenüber zwischenstaatlichen Zuständigkeitsvereinbarungen bestehen (*Berliner,* Vereinbarung 46) . . . Dem kann nicht zugestimmt werden. Die Abweisungsbefugnis war (zu keiner Zeit in keinem Land) eine gesetzliche Schöpfung, sondern stets ein gewohnheitsrechtliches Institut. Daß mit ihm hätte gebrochen werden sollen, läßt die geschriebene Zuständigkeitsregelung der ZPO an keiner Stelle erkennen. So sollte man weiterhin freie Handhabung freier Zuständigkeitsvereinbarung an den goldenen Regeln der Vernunft messen."

Aus *französischer Sicht* ist das Problem der internationalen Zuständigkeitsvereinbarung unter dem Blickwinkel der allumfassenden Art. 14 und 15 Code civil zu sehen. Nach Art. 14 und 15 Code civil ist die internationale Zuständigkeit Frankreichs kraft Gesetzes gegeben, wenn eine der Parteien Franzose ist. Kein Franzose braucht also seinem ausländischen Partner den Abschluß einer Zuständigkeitsvereinbarung nahezulegen, da er sicher sein kann, daß seine Heimatgerichte sowieso sich des Falles annähmen. Vgl. *Schröder*, Internationale Zuständigkeit, 1971, 420. Die Prorogation französischer Gerichte durch Ausländer war für den französischen Richter nicht verbindlich, da man ja lange die Vorstellung vertreten hat, daß die Inanspruchnahme französischer Gerichte ein Bürgerrecht sei, das nur Franzosen zustand und allenfalls durch völkerrechtliche Verträge auch Ausländern zugestanden werden konnte (Art. 14 Code civil). Die Cour de cassation erklärte: Die Prorogation sei durch kein Gesetz verboten, andererseits verpflichte auch kein Gesetz den französischen Richter, sie zu beachten. Fazit: Es stand im Belieben des Richters, wie er auf Klage und Einlassung ausländischer Parteien reagieren wollte. Gegen seine Ermessensentscheidung konnte keine Partei angehen. Nahm er die Klage zur Entscheidung an, so konnte der Beklagte nicht geltend machen, daß die französischen Gerichte in Wirklichkeit doch unzuständig seien; wenn er jedoch die Auffassung vertrat, der Prozeß solle nicht in Frankreich geführt werden, so konnte er sich auch für international unzuständig erklären. Die Ablehnungsbefugnis ist jedoch im Laufe der Zeit verkümmert. Seit 1958 regelt Art. 171 Code de procédure civile definitiv und abschließend, wann der Richter von Amts wegen die (internationale) Unzuständigkeit aussprechen darf. Das Ablehnungsrecht der französischen Gerichte dürfte damit obsolet geworden sein. Unter dem Blickwinkel des neuen Code de procédure civile ist die Prorogation stark eingeschränkt. Vgl. Art. 48.

In *England* ist der leading case The Fehmarn, (1958) 1 All E. R. 333 (C. A.). Danach hat der englische Richter eine Vereinbarung über die internationale Zuständigkeit zu beachten. Denn keiner Partei sei es erlaubt, unter Bruch bestehender Verträge über die Zuständigkeit zu prozessieren. Allerdings verbleibt dem Gericht ein Ermessensspiel-

selbst nicht nach dem Recht des angegangenen Gerichtsstaates zu entscheiden ist. Ein Gleichlauf zwischen internationaler Zuständigkeit und anwendbarem Sachrecht ist nicht Voraussetzung für die Annahme der Klage durch die Gerichte des prorogierten Vertragsstaates. Aus der Sicht des Beklagten bedeutet dies, daß er außerhalb seines Wohnsitzstaates auf Grund einer Zuständigkeitsvereinbarung auch in solchen Vertragsstaaten gerichtspflichtig werden kann, zu denen keinerlei Bezug besteht.

VIII. Die Gerichtspflichtigkeit des Beklagten außerhalb des prorogierten Vertragsstaates

Die Prorogation der internationalen Zuständigkeit eines Vertragsstaates ist nach der Grundregel des Art. 17 I ausschließlich in dem Sinne, daß mit der Prorogation die Derogation der sich aus Art. 2ff. bzw. dem nationalen Zuständigkeitsrecht (Art. 4 I) ergebenden internationalen Zuständigkeiten der übrigen Vertragsstaaten verbunden ist. Der Wohnsitzstaat des Beklagten und die sonstigen nach Art. 5ff. international zuständigen Vertragsstaaten werden also unzuständig, wenn die Gerichte eines anderen Vertragsstaates prorogiert werden. Dieser Derogationseffekt ist aber nicht zwingend. Maßgebend ist der Wille der Parteien.[144] Art. 17 I stellt nur eine widerlegbare Vermutung zugunsten der Ausschließlichkeit des forum prorogatum und damit der Derogation der „an sich" international zuständigen Vertragsstaaten auf. Die Parteien können aber auch vereinbaren, daß lediglich eine weitere konkurrierende internationale Zuständigkeit neben den bereits bestehenden geschaffen werden solle. Dann bleibt die Gerichtspflichtigkeit des Beklagten in den übrigen Vertragsstaaten, zu denen ein Zuständigkeitsanknüpfungspunkt der europäischen Zuständigkeitsordnung bzw. des in concreto anwendbaren nationalen Zuständigkeitsrechts[145] besteht, unberührt.

Dies ergibt sich unmittelbar aus Art. 17 III (= Art. 17 IV n. F.).

---

raum. Private Vereinbarungen über die Zuständigkeit könnten die englischen Gerichte der an sich gegebenen, internationalen Entscheidungszuständigkeit für Fälle „berauben", die „properly" vor ihnen zu verhandeln und zu entscheiden sind. Der Richter hat nach seinem pflichtgemäßen Ermessen zu entscheiden, ob die Zuständigkeitsvereinbarung beachtet wird oder nicht. In dem genannten Fall war im Konnossement vereinbart, daß russisches Recht anzuwenden sei und daß die russischen Gerichte international ausschließlich zuständig sein sollten. Der englische Richter bejahte gleichwohl die englische internationale Entscheidungszuständigkeit und betrachtete die Derogation nicht als bindend. Ausschlaggebend war, daß der Kläger Engländer war und daß das beklagte Schiff ständig in englischen Häfen verkehrte. Hierzu *Schröder,* Internationale Zuständigkeit, 1971, 432; neuere Rechtsprechungsnachweise bei *Magnus* RIW/AWD 1980, 446 sub V. Zum amerikanischen Recht vgl. *Heidenegger* RIW/AWD 1981, 371.

[144] OLG München, Urteil vom 29. Januar 1980, RIW/AWD 1982, 282 = IPRspr. 1980 Nr. 139. Weitere Nachweise bei *Kropholler,* IZVR Rz. 889 Fußn. 1902.

[145] Vgl. oben § 29 VI und § 30.

§ 76 Einschränkung der Gerichtspflichtigkeit des Beklagten durch Zuständigkeitsvereinbarung (Derogation)

1. Die sich aus Art. 5ff. ergebende Gerichtspflichtigkeit des Beklagten kann durch eine Zuständigkeitsvereinbarung eingeschränkt oder ganz beseitigt werden. So können z. B. die Parteien die Nichtanwendbarkeit des Art. 6 vereinbaren mit der Folge, daß der Beklagte nicht Gefahr zu laufen braucht, in einen Prozeß an einem Ort hineingezogen zu werden, an dem für ihn keine Zuständigkeitsanknüpfung im Sinne des Art. 5 besteht.[1] Die Parteien können aber auch die Gerichtspflichtigkeit des Beklagten außerhalb seines Wohnsitzstaates ganz beseitigen, indem sie vereinbaren, daß jede Vertragspartei oder eine von ihnen nur in ihrem Wohnsitzstaat verklagt werden darf.[2, 3]

---

[1] *Jenard*-Bericht S. 74 zu Art. 6 Nr. 2: „Nach Artikel 17 des Übereinkommens ist jedoch das mit der Hauptklage befaßte Gericht für die Gewährleistungsklage nicht zuständig, wenn zwischen dem Berechtigten und dem zur Gewährleistung Verpflichteten ein anderer Gerichtsstand vereinbart ist und diese Vereinbarung sich auf die Gewährleistungsklage erstreckt."

[2] EuGH, Urteil vom 9. November 1978, EuGHE 1978, 2133 = NJW 1979, 1100 = RIW/AWD 1978, 814.

[3] Dagegen kann nach autonomem italienischen Recht die internationale Zuständigkeit Italiens, die sich auf die italienische Staatsangehörigkeit des Beklagten begründet, nicht frei derogiert werden, Art. 2 Codice di procedura civile. Anders als in Frankreich faßt man die Heimatzuständigkeit nicht als Privileg auf, auf das der jeweilige Staatsangehörige frei verzichten kann. Vielmehr betont man den Gedanken der Souveränität des Staates über seine eigenen Angehörigen; er kann aus der staatlichen Autorität grundsätzlich nicht entlassen werden. *Marmo* hat diesen Gedanken besonders stark hervorgehoben als er erklärte: Ebenso wie der Staatsangehörige sich weder der gesetzgebenden noch der verwaltenden Staatshoheit entziehen dürfe, so könne er der richterlichen Staatsgewalt nicht entgehen. Das staatspolitische Interesse verbiete es, Inländern die Möglichkeit einzuräumen, inländische Zuständigkeit abzubedingen. Vgl. *Schröder,* Internationale Zuständigkeit 1971, 425.

Art. 2 Codice di procedura civile verbietet nicht nur, die internationale Zuständigkeit Italiens für Italiener zu derogieren, Art. 2 wird auch als Prorogationsverbot interpretiert. Zwar vertreten Stimmen in der Literatur die Auffassung, inländische Entscheidungszuständigkeit italienischer Gerichte bleibe zwar stets offen, doch daneben könne eine konkurrierende Anerkennungszuständigkeit ausländischer Gerichte durch Prorogation vereinbart werden. Dagegen hat die Corte di cassazione Art. 2 Codice di procedura civile auch als Prorogationsverbot (also nicht bloß als Derogationsverbot) interpretiert. Das höchste italienische Zivilgericht meint, die Zulassung der Prorogation einer konkurrierenden ausländischen Zuständigkeit bedeute im Ergebnis eine Umgehung des Normzwecks des Art. 2 des Codice di procedura civile.

Maßgebend ist die *Staatsangehörigkeit des Beklagten,* nicht die Staatsangehörigkeit der ursprünglich am Vertragsschluß beteiligten Partei. Eine Zuständigkeitsvereinbarung zwischen Ausländern, die unbedenklich war, kann also nachträglich unwirksam werden, wenn ein Italiener Rechtsnachfolger wird und dieser nun Prozeßpartei ist. Umgekehrt kann eine unwirksame Zuständigkeitsvereinbarung bestandskräftig werden, wenn der Rechtsnachfolger ein Ausländer ist.

Die Derogation der sich aus Art. 5ff. ergebenden Gerichtsstände kann mit der Prorogation eines Gerichts in einem Vertragsstaat oder nur eines Vertragsstaates verbunden sein. Notwendig ist dies jedoch nicht. Es sind auch isolierte Derogationsverträge zulässig, obwohl der Wortlaut des Art. 17 solche nicht einschließt.[4]

Ein reiner Derogationsvertrag ist in der Weise möglich, daß alle Gerichte unzuständig sein sollen. Dies läuft auf einen *Rechtsschutzverzicht* hinaus. Hiervon zu unterscheiden ist der Fall, daß alle Vertragsstaaten unzuständig sein sollen und nur die Gerichte eines dritten Staates als zuständig vereinbart werden, z. B. die schweizerischen Gerichte. Es ist bestritten, ob für einen solchen Vertrag Art. 17 gilt. Nach herrschender Meinung ist Art. 17 für eine Zuständigkeitsvereinbarung auf ein Gericht eines dritten Staates nicht anwendbar, vielmehr soll das autonome Recht gelten. Hierbei wird jedoch übersehen, daß in einer solchen Vereinbarung eine derogierende Wirkung liegt, nämlich eine Derogation der nach dem Übereinkommen gegebenen internationalen Zuständigkeiten des Wohnsitzstaates und evtl. anderer nach Art. 5 und 6 zuständiger Staaten. Deshalb muß noch genau untersucht werden, ob die Wirksamkeit einer solchen Vereinbarung nicht auch an Art. 17 gemessen werden soll. Unzweifelhaft dürfte sein, daß der Richter, vor den der Einwand gebracht wird, die Schweizer Gerichte seien international zuständig, prüfen muß, ob nicht eine ausschließliche internationale Zuständigkeit gem. Art. 16 vorliegt.[5]

2. Das Verbot von Zuständigkeitsvereinbarungen vor Entstehen der Streitigkeit in *Versicherungssachen* wird gemäß Art. 12 Nr. 3 für bestimmte Derogationsvereinbarungen durchbrochen, durch die außerhalb des gemeinsamen Wohnsitz- bzw. Sitzstaates an sich gegebene Zustän-

---

Beispiel nach *Schröder* S. 429: Italienischer Befrachter, schwedischer Verfrachter, englischer Versicherer und brasilianischer Empfänger. Im Konnossement ist vereinbart, daß schwedisches Recht anzuwenden ist und schwedische Gerichte ausschließlich zuständig sein sollen. Ob die Gerichtsstandsklausel aus italienischer Sicht wirksam ist oder nicht, ist für das erste ungewiß. Die Rechtsprechung nimmt jeweils einen selbständigen (neuen) Gerichtsstandsvertrag zwischen jedem Inhaber des Konnossements und dem Verfrachter an; wenn also der nunmehr Berechtigte Italiener ist, so ist die Zuständigkeitsvereinbarung nichtig, wenn er Ausländer ist, so wird sie anerkannt. Art. 2 Codice di procedura civile führt dazu, daß dem ausländischen Vertragspartner versagt bleibt, die internationale Zuständigkeit seiner Heimat- bzw. Wohnsitzgerichte zu vereinbaren. *Beispiel:* Eine deutsche Gesellschaft schließt mit einer italienischen Gesellschaft einen Lieferungsvertrag. Die Parteien vereinbaren die Anwendung deutschen Rechts und die ausschließliche Zuständigkeit deutscher Gerichte. Diese Gerichtsstandsklausel wird – außerhalb des Anwendungsbereichs des Übereinkommens – vgl. Art. 1 II – in Italien nicht anerkannt, die beklagte Gesellschaft kann sich später darauf berufen, man möge sie in Italien verklagen. Auch wenn das Gericht eines dritten Staates (neutralen Staates) vereinbart wird, ist die Gerichtsstandsklausel unwirksam.

[4] *Geimer,* NJW 1976, 443.

[5] Vgl. oben § 29 VI 4.

digkeiten abbedungen werden. Dies ist gestattet, *wenn die Zuständigkeitsvereinbarung zwischen einem Versicherungsnehmer und einem Versicherer, die zum Zeitpunkt des Vertragsabschlusses ihren Wohnsitz* oder *gewöhnlichen Aufenthalt*[6] *in demselben Vertragsstaat haben, abgeschlossen ist, um die Zuständigkeit der Gerichte dieses Staates auch für den Fall zu begründen, daß das schädigende Ereignis im Ausland eingetreten ist, es sei denn, daß eine solche Vereinbarung nach dem Recht dieses Staates nicht zulässig ist.* Art. 12 Nr. 3 beruht auf Bedenken der deutschen Delegation im Hinblick auf die Interventionsklage nach Art. 10 I. Sie betrifft nur die Derogation des Gerichtsstands am Ort des schädigenden Ereignisses,[7] kann nur zwischen Versicherer und Versicherungsnehmer mit Wohnsitz/Sitz in demselben Vertragsstaat[8] abgeschlossen werden und muß die ausschließliche Prorogation der Gerichte des gemeinsamen Wohnsitz- bzw. Aufenthaltsstaates, d. h. die Derogation der übrigen Zuständigkeitsanknüpfungen zum Inhalt haben.[9] Die Vereinbarung muß nach dem Recht des Staates zulässig sein. In der Bundesrepublik Deutschland ist § 38 II ZPO zu beachten. Dies bedeutet, daß die Zuständigkeitsvereinbarung nur unter Vollkaufleuten (§ 38 I ZPO) vor Entstehen der Streitigkeit zulässig ist, sonst nur unter den besonderen Voraussetzungen des § 38 III ZPO.[10] Ein zuständigkeitspolitisch unerfreuliches Ergebnis. Weshalb soll der Normalbürger nicht auch vor Entstehen der Streitigkeit seine Gerichtspflichtigkeit außerhalb seines Wohnsitzstaates ausschließen dürfen?

3. In *Verbrauchersachen*[11] sind auch vor Entstehung der Streitigkeit (Art. 15 Nr. 1) Zuständigkeitsvereinbarungen zulässig, *wenn sie zwischen einem Verbraucher und seinem Vertragspartner getroffen sind, die zum Zeitpunkt des Vertragsabschlusses*[12] *ihren Wohnsitz oder gewöhnlichen Aufenthalt in demselben Vertragsstaat haben, und die Zuständigkeit der Gerichte dieses Staates begründen, es sei denn, daß eine solche Vereinbarung nach dem Recht dieses Staates nicht zulässig ist,* Art. 15 Nr. 3 n. F.[13] Diese Vorschrift dürfte für

---

[6] Eingefügt durch Beitrittsübereinkommen vom 9. Oktober 1978; hierzu wenig aufschlußreich *Schlosser*-Bericht Nr. 152, 161 a.

[7] Vgl. oben § 75 IV.

[8] Einschließlich der Fälle der Art. 8 II n. F.

[9] *Linke* in *Bülow-Böckstiegel* 606/113 Art. 12, Anm. II 3.

[10] Den Grund für die Verweisung auf das interne Recht der Vertragsstaaten sieht *Jung*, Vereinbarungen über die internationale Zuständigkeit nach dem EWG-Gerichtsstands- und Vollstreckungsübereinkommen und nach § 38 Abs. 2 ZPO, Diss. Bochum 1980, wenig überzeugend darin, „daß die Gerichtsstandsvereinbarung nach Art. 12 Nr. 3 EGVÜ nur einen geringen Auslandsbezug aufweist und Berührungspunkte zu einem anderen Vertragsstaat nur insofern bestehen, als das dort belegene Forum des Schadensortes derogiert wird." Vgl. auch *Kropholler* IZVR Rz. 870.

[11] Hierzu oben § 75 V.

[12] Zur Klarstellung eingefügt durch das Beitrittsübereinkommen vom 9. Oktober 1978.

[13] Hierzu *Schlosser*-Bericht Nr. 161 a.

Derogationen keine Bedeutung erlangen, obwohl sie prima facie ähnlich konstruiert ist wie Art. 12 Nr. 3. Vgl. oben § 75 V 2 h.

4. Eine Ausnahme gilt für die ausschließlichen internationalen Zuständigkeiten nach Art. 16: Diese können nicht derogiert werden, Art. 17 III n. F. = Art. 17 II a. F. Vgl. oben § 75 IV.

3. Kapitel: Die Gerichtspflichtigkeit des Beklagten außerhalb seines Wohnsitzstaates in dritten Staaten

§ 77 Maßgeblichkeit des Kompetenzrechts des dritten Staates

1. Die Gerichtspflichtigkeit des in einem Vertragsstaat wohnhaften Beklagten in dritten Staaten wird durch das dort geltende Kompetenzrecht festgelegt.[1] So bestimmen z. B. das Bundesrecht der Vereinigten Staaten und das Recht des betroffenen US-Bundesstaates darüber, ob der Beklagte in den USA gerichtspflichtig ist.[2]

2. Das Übereinkommen kann die internationale Entscheidungszuständigkeit dritter Staaten nicht regeln und deshalb nichts zum Schutz des Beklagten vor unzumutbaren Fora unternehmen. Die Nichtvertragsstaaten legen fest, für welche Rechtsstreitigkeiten sie eine internationale Entscheidungszuständigkeit eröffnen, sofern sie sich nicht ihrerseits durch einen völkerrechtlichen Vertrag gebunden haben. Das jeweilige dort geltende Zuständigkeitsrecht ist für die Gerichtspflichtigkeit des Beklagten in Nichtvertragsstaaten maßgebend.

3. Wollte das Übereinkommen für die Gerichte dritter Staaten Regeln über deren internationale Entscheidungszuständigkeit aufstellen, so wären diese nichtig; denn es gibt den unbestrittenen Satz des allgemeinen Völkergewohnheitsrechts: *Völkerrechtliche Verträge gelten nur inter partes.* Sie können nicht zu Lasten dritter Staaten geschlossen werden. Zuständigkeitsregeln für die Gerichte dritter Staaten wären ein verbotener Eingriff in die aus der Souveränität fließende Gesetzgebungshoheit (Rechtsetzungshoheit) dieser Staaten. Im übrigen wären die Zuständigkeitsnormen des Übereinkommens in Nichtvertragsstaaten nicht durchsetzbar. Trotz ihres Geltungsanspruchs würden die drittstaatlichen Gerichte sie einfach nicht anwenden.[3]

Die Regeln des Übereinkommens zum Schutze des Beklagten, insbesondere Art 3 I (numerus clausus der besonderen Zuständigkeiten) und Art. 19, sind für die Richter in dritten Staaten unbeachtlich. So kann z. B. das Übereinkommen zum Schutz des Beklagten nichts ausrichten gegen die bedenkliche Ausweitung seiner Gerichtspflichtigkeit vor amerikanischen Gerichten auf Grund der long-arm-statutes.[4]

---

[1] Vgl. oben § 51.

[2] *Geimer* WM 1980, 1107.

[3] Dies wurde bereits oben § 51 I 2 dargelegt.

[4] Hierzu *Berger,* Zuständigkeit und forum non conveniens im amerikanischen Zivilprozeß, RabelsZ 41 (1977), 39, 43 passim; *Hay,* Die internationale Zuständigkeit amerikanischer Gerichte in Zivil- und Handelssachen, JZ 1977, 698; *derselbe,* The interrelation of jurisdiction and choice-of-law in U.S. conflicts law, The International and Comparative Law Quarterly, 1979, 161; *Bernstein,* Der lange Arm amerikanischer

§78 Auch keine Regelung der internationalen Zuständigkeit dritter Staaten als Voraussetzung der Anerkennung

1. Das Übereinkommen gilt nur zwischen den Vertragsstaaten. Wenn auch auf die internationale Entscheidungszuständigkeit dritter Staaten kein Einfluß genommen werden kann, also nicht verhindert werden kann, daß drittstaatliche Gerichte nach ihrem eigenen Zuständigkeitsrecht Urteile in Gerichtsständen fällen, die dem Zuständigkeitskatalog des Übereinkommens nicht entsprechen, so könnten die Vertragsstaaten des Übereinkommens vereinbaren, daß solche Urteile in ihrem Hoheitsbereich nicht anerkannt und vollstreckt werden. Dies wäre für den in einem Vertragsstaat wohnhaften Beklagten ein großer Schutz. Die Vertragsstaaten hätten also eine Regelung über die internationale Anerkennungszuständigkeit dritter Staaten treffen können, mithin ihre Regeln vereinheitlichen können, nach denen sie als Voraussetzung der Anerkennung der in dritten Staaten erlassenen Urteile die Jurisdiktion des Urteilsstaates prüfen. Jeder Vertragsstaat wäre dann verpflichtet gewesen, den Beklagten vor ihm (nach den Wertungen des Übereinkommens) unzumutbaren Gerichtsständen zu schützen (Beklagtenschutz), also vor solchen Urteilen, die in Gerichtsständen erlassen worden sind, die Art. 5ff. nicht kennen.

2. Eine „Drittwirkung" der internationalen Zuständigkeitsordnung des Übereinkommens in dem eben erörterten Sinne zum Schutz des Beklagten war nicht Anliegen der Verfasser des Übereinkommens. Die Vertragsstaaten sind nicht verpflichtet, die Anerkennung solcher drittstaatlichen Urteile auf Antrag des Beklagten zu verweigern, die in Gerichtsständen ergangen sind, die dem Übereinkommen nicht bekannt sind. Das Übereinkommen will die Gerichtspflichtigkeit des Beklagten nur im Verhältnis der Vertragsstaaten untereinander begrenzen. Über die Gerichtspflichtigkeit des Beklagten in dritten Staaten sagt das Übereinkommen nichts. Es räumt nicht etwa demjenigen, der seinen Wohnsitz bzw. Sitz in einem der Vertragsstaaten hat, einen Anspruch darauf ein, daß die Vertragsstaaten die Anerkennung aller solcher Urteile aus dritten Staaten verweigern müssen, die aufgrund von Kompetenznormen erlassen worden sind, die dem Übereinkommen nicht bekannt sind.[1]

Beispiel: Der Beklagte wohnt in Frankreich, er hat jedoch Vermögen in der Schweiz. Das schweizerische Gericht bejaht aufgrund seines kanto-

---

Gerichte, Ufita 76 (1979), 195; *de Winter,* Excessive Jurisdiction in Private International Law, I.C.L.Q. 17 (1968), 713; *Riesenfeld, Hastings L. J.* 30 (1979), 1204; *Note,* Measuring the long arm after Shaffer v. Heitner, N.Y.U.L. Rev 53 (1979) 126; *Welp,* Internationale Zuständigkeit über auswärtige Gesellschaften mit Inlandstöchtern im US-amerikanischen Zivilprozeß. Zugleich ein Abriß der Entwicklung von „jurisdiction" über auswärtige Beklagte in den Vereinigten Staaten, 1982 (= Schriften zum Internationalen Recht Bd. 26).

[1] *Geimer* WM 1980, 1107.

nalen Rechts die internationale Zuständigkeit der Schweiz aufgrund des Vermögensgerichtsstandes.

Der Beklagte hat gegenüber der Bundesrepublik Deutschland keinen Anspruch aus dem Übereinkommen auf Nichtanerkennung des schweizerischen Urteils in Deutschland.[2]

Die Begrenzung der Gerichtspflichtigkeit des Beklagten vor den Gerichten dritter Staaten ist nicht Anliegen des Übereinkommens. Dies gilt auch dann, wenn der Schutz des typischerweise schwächeren Vertragspartners (Versicherungsnehmers, Versicherten, Abzahlungskäufers, Verbrauchers) auf kompetenzrechtlichem Gebiet erklärtes Ziel des Übereinkommens ist.

Beispiel: Ein in Frankfurt/M. domizilierter Versicherungsnehmer vereinbart mit seinem New Yorker Versicherer die ausschließliche Zuständigkeit der New Yorker Gerichte bei Vertragsabschluß, also vor Entstehen der Streitigkeit. Dort wird er verurteilt. Er kann sich nun nicht auf den Schutz des Art. 12 Nr. 1 berufen. Art. 28 I kommt nicht zum Zuge. Dieser betrifft nur die Anerkennung von gerichtlichen Entscheidungen anderer Vertragsstaaten. Auch aus Art. 12 kann man kein Anerkennungsverbot herauslesen.

3. Ob aus der Sicht des Anerkennungsstaates der Beklagte in dem dritten Staat gerichtspflichtig war, beurteilt sich in erster Linie nach dem einschlägigen völkerrechtlichen Anerkennungs- und Vollstreckungsvertrag zwischen dem dritten Staat und dem in Betracht kommenden EG-Vertragsstaat, in dessen Hoheitsphäre das drittstaatliche Urteil zur Anerkennung ansteht. Sofern kein Vertrag vorliegt, ist der Anerkennungsstaat frei. Hier greift sein autonomes Anerkennungsrecht ein. In dem obigen Beispiel – Anerkennung eines im Vermögensgerichtsstand erlassenen schweizer Urteils – ist das deutsch-schweizerische Abkommen vom 2. November 1929[3] maßgebend. Der Zuständigkeitskatalog dieses Abkommens (Art. 2) erkennt den Vermögensgerichtsstand als ausreichende Zuständigkeitsanknüpfung nicht an. Fazit: Dem schweizer. Urteil ist die Anerkennung zu versagen,[4] wenn der Beklagte die internationale Unzuständigkeit der Schweiz rügt. Der Beklagte wird sich z. B. nicht auf die internationale Unzuständigkeit berufen, wenn er im Erstprozeß obsiegt hat. Hier kann nicht etwa der Kläger sich auf Art. 2 des deutsch-schweizer. Abkommens berufen und einen neuen Prozeß vor deutschen Gerichten erzwingen. Anders wäre die Rechtslage im deutsch-österreichischen Verhältnis. Hätte ein österreichisches Gericht im Vermögensgerichtsstand (§ 99 JN) ein Sachurteil erlassen, so wäre der deutsch-österreichische Anerkennungs- und Vollstreckungsvertrag vom 6. Juni

---

[2] *Geimer* WM 1980, 1107 bei Fußn. 16.

[3] RGBl. 1930 II 1066.

[4] Zu einem anderen Ergebnis käme man, wenn man annähme, daß subsidiär das anerkennungsfreundlichere autonome Recht (hier § 328 I Nr. 1, § 23 ZPO) eingreift.

1959[5] maßgeblich. Danach werden die autonomen Regeln über die internationale Entscheidungszuständigkeit gegenseitig grundsätzlich anerkannt. Ausnahmen gibt es nur für den Vermögens- und Fakturengerichtsstand und für ausschließliche internationale Zuständigkeiten (Art. 2 Nr. 3–5). Der Vermögensgerichtsstand wird nur in den Grenzen des Art. 2 Nr. 4 anerkannt.[6] Der deutsche Zweitrichter hat in dem oben genannten Beispiel zu prüfen, ob die Voraussetzungen des Art. 2 Nr. 4 in concreto gegeben sind. Sind die Tatbestandmerkmale dieses Versagungsgrundes nicht gegeben, wird die internationale Anerkennungszuständigkeit Österreichs bejaht, d. h. der Beklagte ist aus deutscher Sicht in Österreich gerichtspflichtig.

Ein Beispiel für die andere Hypothese (Maßgeblichkeit des autonomen Anerkennungsrechts) stellt der oben geschilderte Fall der Prorogation der New Yorker Gerichte dar. Hier ist § 328 I Nr. 1 ZPO i. V. m. § 38 ZPO maßgeblich. War der Versicherungsnehmer Kaufmann, so kann er sich nicht darauf berufen, daß die Zuständigkeitsvereinbarung bereits vor Entstehen der Streitigkeit zustande kam.

Weiteres Beispiel: Das New Yorker Gericht bejaht seine internationale Zuständigkeit (jurisdiction) auf Grund der Klagezustellung in New York und verurteilt den in Frankfurt wohnhaften Beklagten. Aus deutscher Sicht ist der Gerichtsstand der Klagezustellung irrelevant. Hat aber der Beklagte Vermögen im Staate New York,[7] dann wäre der Beklagte dort gerichtspflichtig, § 328 I Nr. 1 ZPO i. V. m. § 23 ZPO.

4. Die Zuständigkeitsordnung des Übereinkommens schützt also den Beklagten nur im Verhältnis zu anderen Vertragsstaaten, nicht jedoch auch gegenüber dritten Staaten.[8] Wären die Vertragsstaaten verpflichtet, die Zuständigkeitsgrundsätze des Übereinkommens auch gegenüber Nichtvertragsstaaten durchzusetzen, so wären internationale Verwicklungen unvermeidlich. Dies wurde bereits oben § 51 II 3 dargelegt. So wäre es z. B. unmöglich, Urteile, die in international durchaus akzeptablen Gerichtsständen ergangen sind, wie z. B. am Gerichtsstand des Messe- und Marktortes, anzuerkennen und zur Vollstreckung zuzulassen. Darüberhinaus müßte sogar solchen Urteilen die Anerkennung und Vollstreckung verweigert werden, die in Gerichtsständen ergangen sind, die dem Übereinkommen als Zuständigkeitsanknüpfungspunkte bekannt, aber nicht *„allseitig"* formuliert sind, vielmehr nur dann eingreifen, wenn der Zuständigkeitsanknüpfungspunkt in einem Vertragsstaat vorliegt: Dies würde z. B. auch für dingliche Klagen bezüglich Grundstücken zutreffen, die in einem Drittstaat liegen; denn Art. 16 Nr. 1 gilt nur für Grundstücke in einem der Vertragsstaaten.

Beispiel: Das Landesgericht Graz entscheidet über das Eigentum an

---

[5] BGBl 1960 II 1246. Hierzu unten Bd. II A.

[6] Bd. II 109.

[7] Ausreichend wäre wohl Vermögen in USA, da aus deutscher Sicht die USA als ein Rechtsgebiet anzusehen sind.

[8] *Geimer* WM 1980, 1107.

einer Eigentumswohnung in Graz (§ 71 JN).[9] Das Urteil ist in der Bundesrepublik Deutschland anerkennungsfähig.[10] Es ist dem in einem Vertragsstaat wohnhaften Beklagten durchaus zuzumuten, in einem dritten Staat am forum rei sitae in einer Immobiliarstreitigkeit sein Recht zu nehmen.

Das gleiche trifft auch zu für *Zuständigkeitsanknüpfungen, die dem Übereinkommen nicht bekannt sind,* wie z. B. den Gerichtsstand des Messe- bzw. Marktortes[11] oder – allgemeiner – den des Entstehens der Verbindlichkeit (Abschlußort des Vertrages)[12], den Gerichtsstand des Beschäftigungsortes[13] oder den Gerichtsstand des Hauptprozesses für Gebührenklagen der Prozeßbevollmächtigten.[14] Wer z. B. einen schwedischen Anwalt beauftragt, in Uppsala einen Prozeß zu führen, ist aus der Sicht des deutschen autonomen Anerkennungsrechts wegen der Honorarklage dieses Anwalts auch in Uppsala gerichtspflichtig,[15] ohne Rücksicht darauf, wo der Erfüllungsort ist. Das gleiche gilt für Meß- und Marktstreitigkeiten im Staat der Messe bzw. des Marktes.[16] Italien geht noch weiter. Es eröffnet für Vertragsklagen generell die Anerkennungszuständigkeit in dem Staat, in dem der Abschlußort liegt.[17]

5. Die *Grenzen der Gerichtspflichtigkeit des Beklagten in dritten Staaten* legt also das Übereinkommen nicht fest. Der Schutz des Beklagten vor unzumutbaren Gerichtsständen in dritten Staaten ist nicht Aufgabe des Übereinkommens.[18] Es bleibt vielmehr den einzelnen Vertragsstaaten überlas-

---

[9] Vgl. *Matscher* JBl 1979, 246.

[10] Keine Rolle spielt dabei die Frage, ob die Bundesrepublik Deutschland gegenüber den anderen Vertragsstaaten gem. Art. 2ff. verpflichtet ist, internationale Entscheidungszuständigkeit zu eröffnen und damit im Inland Justiz zu gewähren, falls die Immobiliarklage am Wohnsitz des Beklagten angebracht wird.

[11] Hierzu *Schröder,* Internationale Zuständigkeit, 1971, 298. Vgl. auch § 3 ZPO Basel-Stadt; § 31 ZPO Basel-Land.

[12] Rechtsvergleichende Hinweise bei *Schröder,* Internationale Zuständigkeit, 1971, 300ff. Zur Rechtslage in *Österreich* s. § 67 JN; hierzu *Schröder* aaO., 306 und *Bajons,* ZfRV 1972, 125.

Auch einzelne *schweizerische Kantone* messen dem Abschlußort kompetenzrechtliche Bedeutung zu. Nachweise bei *Guldener,* Internationales und interkantonales Zivilprozeßrecht, 1954, 81 Fußn. 259, 260, 262, Supplement 18, *Guldener,* Schweizerisches Zivilprozeßrecht, 3. Aufl., 1979, 97.

[13] § 86 JN; hierzu *Schröder* (Fußn. 12) 135.

[14] § 94 II JN; hierzu *Schröder* 613. Zu § 34 ZPO s. unten § 81 XVI 11.

[15] §§ 328 I Nr. 1, 34 ZPO.

[16] §§ 328 I Nr. 1, 30 ZPO.

[17] Art. 4 Nr. 2 Codice di procedura civile: „Lo straniero può essere convenuto davanti ai giudici della Repubblica, ... se la domanda riguarda obbligazioni quivi sorte." – Hierzu *Giuliano,* La giurisdizione civile italiana e lo straniero, 1970, 64 und *Schröder* (Fußn. 24) 300. Diese Regel eröffnet nicht nur internationale Entscheidungszuständigkeit für die italienischen Gerichte, sondern über Art. 797 Nr. 1 Codice di procedura civile auch internationale Anerkennungszuständigkeit für dritte Staaten.

[18] Das Übereinkommen schützt nicht einmal die eigenen Staatsangehörigen (=

sen, diesen Fragenkomplex zu regeln, sei es durch Vertrag mit Drittstaaten oder durch ihr autonomes Anerkennungsrecht.[19] Es gibt jedoch eine Ausnahme: Wenn man dem Art. 16 absolute Wirkung zubilligt, also die Vertragsstaaten für verpflichtet hält, drittstaatlichen Urteilen die Anerkennung zu verweigern, sofern eine durch Art. 16 festgelegte ausschließliche internationale Zuständigkeit eines anderen Vertragsstaates involviert ist,[20] ergibt sich eine *Reflexwirkung zugunsten des Beklagten.*[21] Dieser kann sich auf die ausschließliche internationale Zuständigkeit des Vertragsstaates berufen mit der Folge, daß dem drittstaatlichen Urteil die Anerkennung zu versagen ist. Es ist aber zu betonen, daß ratio conventionis nicht der Beklagtenschutz ist. Grund für die in Art. 28 I vorgeschriebene Nachprüfung, ob Art. 16 verletzt sein könnte, ist die Verteidigung des Jurisdiktionsmonopols des betroffenen Vertragsstaates.[22] Der Anspruch des betreffenden Vertragsstaates auf Beachtung seines Jurisdiktionsmonopols wirkt sich hier *mittelbar* auch zugunsten des Beklagten aus.

Beispiel: Der Beklagte hat seinen Wohnsitz/Sitz in Schweden; die Parteien streiten um die Wirksamkeit eines Mietvertrages bezüglich einer Wohnung in Paris. Das schwedische Gericht gründet die internationale Zuständigkeit Schwedens auf den Wohnsitzgerichtsstand und erläßt ein Sachurteil. Dieses darf in der Bundesrepublik Deutschland nicht anerkannt werden, weil die ausschließliche internationale Zuständigkeit Frankreichs entgegensteht. Die Bundesrepublik Deutschland ist gegenüber Frankreich verpflichtet, die Anerkennung zu verweigern, sofern man annimmt, daß Art. 16 aus unmittelbaren, nicht zur Disposition der Parteien stehenden Staatsinteressen ein Jurisdiktionsmonopol des Belegenheitsstaates begründet. Die Sache ist jedoch ambivalent. Hat der Beklagte im Wohnsitzstaat den Rechtsstreit gewonnen, dann ist gleichwohl dem Urteil die Anerkennung zu verweigern.

Angehörigen eines der Vertragsstaaten), die außerhalb des geographischen Anwendungsbereiches des Übereinkommens (§ 17) wohnen, vor der Anwendung des exorbitanten Zuständigkeitsrechts (Art. 3 II) durch die eigenen Gerichte, erweitert sogar den Anwendungsbereich der Art. 14, 15 Code civil noch. Vgl. oben § 50 II 4. Da stünde es den Vertragsstaaten schlecht an, mit dem erhobenen Zeigefinger auf andere zu zeigen.

[19] Vgl. oben § 4 V.

[20] *Geimer* WM 1980, 1108.

[21] Zur Reflexwirkung zugunsten des *Klägers* s. unten § 79 sub 4.

[22] S. unten § 139 IV 4.

4. Kapitel: Die Gerichtspflichtigkeit des Klägers

§ 79 Die Gerichtspflichtigkeit des Klägers in Bezug auf den von ihm anhängig gemachten Streitgegenstand[1]

1. Der Kläger (Antragsteller) ist dort unbeschränkt gerichtspflichtig, wo er Klage erhebt.[2] Er kann sich nicht auf die internationale Unzuständigkeit des Gerichtsstaates berufen, wenn er mit seiner Klage/seinem Antrag unterliegt. Wer angreift und dabei erfolglos bleibt, kann nicht die internationale Unzuständigkeit des Erststaates geltend machen, um so die Beachtung der Rechtskraft des klageabweisenden Urteils in den anderen Vertragsstaaten zu verhindern und um sich so eine Möglichkeit für die Wiederholung des Prozesses in einem anderen Vertragsstaat mit vielleicht für ihn größeren Chancen zu verschaffen.[3] Dies ist für den innerstaatlichen Bereich des Gerichtsstaates selbstverständlich, da dort die Rechtskraft des klageabweisenden Urteils eine Wiederholung des Prozesses verhindert. Dies gilt jedoch auch für die Anerkennung der Rechtskraft in den anderen Vertragsstaaten. Eine Nachprüfung der internationalen Zuständigkeit ist grundsätzlich ausgeschlossen, so daß sich für den Zweitrichter die Frage der internationalen Unzuständigkeit des Erststaates gar nicht stellt, Art. 28 III 2.[4]

2. Auch in Versicherungs- und Verbrauchersachen kann der Kläger sich nicht auf die internationale Unzuständigkeit des Erststaates berufen.[5] Dies ist zwar im Text des Art. 28 I nicht ausdrücklich vorgesehen, folgt jedoch aus dem Telos der Prüfung der internationalen Zuständigkeit des Erststaates als Voraussetzung der Anerkennung: Diese Prüfung dient dem *Schutz des Beklagten, nicht dem Schutz des Klägers*. Das ist ein Fundamentalsatz des Rechts der internationalen Urteilsanerkennung;[6] er

---

[1] Hier geht es also um Verfahren, die von ihm in Gang gesetzt wurden.

[2] *Geimer* NJW 1972, 179.

Diesen Gedanken heben die vom Vereinigten Königreich nach dem Vorbild des *Foreign judgment reciprocal enforcement act* vom 13. April 1933 (abgedruckt bei *Bülow-Böckstiegel* 704/9) abgeschlossenen bilateralen Anerkennungs- und Vollstreckungsverträge ausdrücklich hervor. „... the courts of the country of the original court shall ... be deemed to have had jurisdiction if the judgement debtor was plaintiff in the proceedings in the original court." Vgl. sec. 4(2) (II) des Foreign judgement act und Art. IV Abs. 1 Buchst. a Nr. 1 des deutsch-britischen Abkommens. Hierzu unten Bd. II C 1.

[3] *Geimer,* Zur Prüfung der Gerichtsbarkeit und der internationalen Zuständigkeit bei der Anerkennung ausländischer Urteile, 1966, 125.

[4] Oben § 57 I. Eine Ausnahme gilt in den Fällen des Art. 16. Vgl. unten § 139 IV 7.

[5] *Geimer* RIW/AWD 1980, 307.

[6] *Geimer,* Zur Prüfung der Gerichtsbarkeit und der internationalen Zuständigkeit bei der Anerkennung ausländischer Urteile, 1966, 125.

gilt deshalb auch im Bereich des Übereinkommens, obwohl er dort expressis verbis nicht formuliert ist. Wollte sich der Kläger auf die internationale Unzuständigkeit der von ihm selbst angerufenen Gerichte berufen, so wäre dies ein Fall des venire contra factum proprium. Aber auch der Zweitrichter darf nicht von sich aus die internationale Unzuständigkeit feststellen und deshalb die Anerkennung bzw. Klauselerteilung wegen internationaler Unzuständigkeit des Erststaates *von Amts wegen* versagen. Vielmehr ist eine Rüge des Beklagten erforderlich; und auch hier ist eine Einschränkung aus der ratio conventionis erforderlich: Der durch Art. 7ff., Art. 13ff. zu schützende Personenkreis, also der Versicherungsnehmer, Versicherte etc. bzw. Verbraucher hat nur dann das Recht, im zweitstaatlichen Anerkennungs- bzw. Klauselerteilungsstaat die Verletzung der Art. 7ff. bzw. 13ff. zu rügen, wenn er verklagt wurde, nicht jedoch dann, wenn er selbst Kläger (Antragsteller) ist.[7] Verklagt z. B. der Abzahlungskäufer in seinem Wohnsitzstaat[8] seinen in einem anderen Vertragsstaat domizilierten Verkäufer, so wäre es absurd, wollte man dem Verbraucher eine Chance zur Wiederholung des Prozesses (in dem Wohnsitzstaat seines beklagten Vertragspartners[9]) geben, nur weil er nach verlorenem Prozeß nun geltend macht, der Erststaat sei gar nicht zuständig gewesen, weil er, der Kläger, in Wahrheit nicht dort gewohnt habe, sondern in einem anderen Vertragsstaat. Er habe im Gerichtsstaat nur einen gewöhnlichen Aufenthalt[10] gehabt. Der Zweitrichter darf dieser Frage gar nicht nachgehen, da die Rüge nicht vom Beklagten des Erstprozesses erhoben wurde. Als Kläger/Antragsteller ist er immer dort gerichtspflichtig, wo er den Rechtsstreit anhängig gemacht hat.

3. Nicht jeder Beklagte kann in den durch Art. 28 I eingegrenzten Ausnahmefällen[11] die internationale Unzuständigkeit des Erststaates mit Aussicht auf Erfolg rügen: Rügeberechtigt ist nur der geschützte Personenkreis, also der Versicherungsnehmer, Versicherte, aus der Versicherung Begünstigte oder sonstwie am Versicherungsverhältnis Beteiligte sowie der Verbraucher, nicht jedoch der Versicherer bzw. der Vertragspartner des Verbrauchers.

4. Anders ist die Situation in den Fällen des Art. 16. Hier stehen staatliche Jurisdiktionsinteressen auf dem Spiele. Deshalb hat der Zweitrichter von Amts wegen zu prüfen, ob der Anerkennung bzw. Klauselerteilung die ausschließliche internationale Zuständigkeit des Zweitstaates oder eines anderen Vertragsstaats entgegensteht. Diese Prüfung kommt mittelbar dem unterlegenen Kläger zugute, wenn sie in concreto zur Versa-

---

[7] *Geimer* RIW/AWD 1980, 308.

[8] Art. 14 I n.F. – Zu diesem Klägergerichtsstand s. oben § 74 V 2.

[9] Art. 14 I n.F.

[10] Dem gewöhnlichen Aufenthalt erkennt das Übereinkommen keine kompetenzrechtliche Bedeutung zu, ausgenommen Art. 5 Nr. 2.

[11] Vgl. oben § 57 und § 139 IV.

gung der Anerkennung bzw. der Zulassung zur Zwangsvollstreckung führt. Der Kläger kann sie anregen. Es bleibt jedoch festzuhalten, daß es hier nicht um den Schutz der Zuständigkeitsinteressen des Klägers geht.

§ 80 Die Gerichtspflichtigkeit des Klägers in Bezug auf die gegen ihn erhobenen Widerklagen[1]

I. Überblick[2]

1. Art. 6 Nr. 3[3] eröffnet einen zusätzlichen Gerichtsstand für die Widerklage (forum reconventionis).[4] Der Beklagte kann seine konnexe Widerklage auch vor einem Gericht erheben, das an sich nach den Zuständigkeitsregeln der Art. 5ff. nicht zuständig wäre: Würde er seinen Anspruch als eigenständige Klage geltend machen, so hätte er dort keinen Gerichtsstand.[5] Art. 6 Nr. 3 eröffnet im Interesse der einheitlichen Verhandlung und Entscheidung zusammengehöriger Rechtsstreitigkeiten einen besonderen Gerichtsstand des Sachzusammenhangs. Durch die

---

[1] Rechtsvergleichendes bei *Schröder,* Internationale Zuständigkeit, 1971, 586.

[2] Kurz und knapp der *Jenard*-Bericht S. 74 zu Art. 6 Nr. 3: „Fast alle Vollstreckungsabkommen sehen den Gerichtsstand der Widerklage vor: deutsch-belgisches Abkommen (Art. 3 Abs. 1 Nr. 10) (für Widerklagen), italienisch-belgisches Abkommen (Art. 2 Abs. 1 Nr. 10) (zusätzliche Widerklage), französisch-belgisches Abkommen (Art. 4 Abs. 2) (Widerklage), belgisch-niederländisches Abkommen (Art. 6) (Widerklage, Interventionsklage und Zwischenklage), französisch-italienisches Abkommen (Art. 18) (Aufrechnungsklage, Zwischen- oder Zusatzklage, Widerklage), italienisch-niederländisches Abkommen (Art. 2 Abs. 4) (Zusatzklage, Widerklage), deutsch-italienisches Abkommen (Art. 2 Nr. 5) (Widerklage), Benelux-Vertrag (Art. 6) (Widerklage, Interventionsklage und Zwischenklage), deutsch-niederländisches Abkommen (Art. 4 Abs. 1 Buchstabe i) (Widerklage und Gewährleistungsklage).

Wie ausdrücklich festgelegt wird, ist der Gerichtsstand der Widerklage nur dann gegeben, wenn sie mit der Klage selbst im Sachzusammenhang steht. Da nicht alle Vertragsstaaten den Begriff des Sachzusammenhangs kennen, wird in dem Übereinkommen in Anlehnung an den belgischen Entwurf einer Gerichtsordnung ausdrücklich darauf verwiesen, daß die Widerklage ihren Ursprung in dem zwischen den Parteien geschlossenen Vertrag oder in dem die Klage selbst begründenden Sachverhalt haben muß.“

[3] Zum Anwendungsbereich s. oben § 29 IX. – Art. 6 Nr. 3 gilt auch für nicht vermögensrechtliche Streitigkeiten. Anders § 33 II ZPO.

[4] Art. 6 Nr. 3 bringt eine Regelung
a) der internationalen Zuständigkeit
b) der örtlichen Zuständigkeit
c) der sachlichen Zuständigkeit. Vgl. oben § 5 III.

Die übrigen Modalitäten der Widerklageerhebung überläßt das Übereinkommen der lex fori. Das nationale Recht bestimmt, in welcher Art und welcher Form die Widerklage zu erheben ist.

[5] Vgl. *Stein-Jonas-Schumann,* ZPO, 20. Aufl. § 33 Rz. 6.

Klage wird das Gericht auch für alle Widerklagen des Beklagten gegen den Kläger international sowie örtlich und sachlich zuständig, die auf den gleichen Vertrag oder Sachverhalt wie die Klage gestützt sind.

2. In *Versicherungssachen* gilt nichts Abweichendes. Allerdings erwähnt das Übereinkommen in Art. 11 III unglücklicherweise nur die Widerklage gegen den geschützten Personenkreis (Versicherungsnehmer, Versicherter, Begünstigter etc.), nicht jedoch gegen den Versicherer. Dies ist ein Redaktionsversehen.[6] Der Versicherer sollte nicht privilegiert werden.[7] Man hätte in Art. 7 allgemein auf Art. 6 Nr. 3 verweisen sollen. Bereits der Wortlaut des Art. 11 II (. . . die Vorschriften dieses Abschnitts) deutet darauf hin, daß auch Widerklagen des Versicherers gegen den als Kläger auftretenden Versicherungsnehmer, Versicherten oder Begünstigten zulässig sind.

3. In *Verbrauchersachen* wurde dieser lapsus vermieden. Hier ist zweifelsfrei, daß Art. 14 III n. F. die Widerklage immer zuläßt, ganz gleich, ob der Verbraucher oder dessen Vertragspartner die Widerklage erhebt.[8]

4. Inhaltlich stimmen Art. 11 II und Art. 14 III mit der Regelung des Art. 6 Nr. 3 überein.[9]

---

[6] Ähnlich auch *Linke* in *Bülow-Böckstiegel,* 606/108, Art. 12, Anm. III: „Etwas unsystematisch regelt das Übereinkommen den Gerichtsstand der Widerklage für Streitigkeiten in Versicherungssachen in Art. 11 Abs. 2. Da die Bestimmung sich trotz der knapperen Formulierung vollinhaltlich mit der des Art. 6 Nr. 3 deckt und somit auch den Sachzusammenhang zwischen Klage und Widerklage voraussetzt, hätte auch ein entsprechender Vorbehalt in Art. 7, wie er dort für Art. 5 Nr. 5 besteht, genügt. Soweit eine Widerklage zulässig ist, kann sie vor jedem Gericht erhoben werden, bei dem die Klage entsprechend den Zuständigkeitsbestimmungen des 3. Abschnitts anhängig ist."

[7] Vgl. oben § 74 IV 2.

[8] Vgl. *Jenard*-Bericht S. 78 zu Art. 11: „Absatz 2 entspricht den Bestimmungen des Artikels 6 Nr. 3."

[9] Zu Art. 14 III lapidar der *Jenard*-Bericht: „Absatz 3 über die Widerklagen entspricht dem Artikel 6 Nr. 3."

Unklar *Stein-Jonas-Schumann,* ZPO, 20. Aufl. § 33 Rz. 43: „Art. 6 Nr. 3 EuGVÜ wird seinerseits durch *Spezialregelungen des EuGVÜ* verdrängt. Spezialregelungen für die *versicherungsrechtliche* und die *abzahlungsrechtliche Widerklage* enthalten ferner Art. 11 Abs. 2 EuGVÜ und Art. 14 Abs. 3 EuGVÜ. Für derartige Widerklagen ist weitere Voraussetzung, daß die Hauptklage entsprechend dem jeweiligen Abschnitt des EuGVÜ erhoben wurde; eine Widerklage *versicherungs-* oder *abzahlungsrechtlicher* Art kann also nicht gegen eine Hauptklage erhoben werden, die auf Grund der allgemeinen Bestimmungen des EuGVÜ (z. B. Art. 2 Abs. 1 [im Wohnsitzgericht des Beklagten] oder Art. 5 Nr. 1 [am Gericht des Erfüllungsorts]) erhoben wurde, oder falls für die Hauptklage das EuGVÜ überhaupt nicht eingreift, weil sich sein sachlicher Anwendungsbereich (Art. 1 Abs. 2 EuGVÜ) nicht auf den Streitgegenstand erstreckt. Aus den genannten zwei Spezialregelungen ergibt sich ferner, daß für die *allgemeine Widerklage* des Art. 6 Nr. 3 EuGVÜ *solche Voraussetzungen nicht gelten;* diese Widerklage kann auch erhoben werden, wenn für die Hauptklage das EuGVÜ überhaupt nicht einschlägig war."

II. Konnexe Widerklagen

Art. 6 Nr. 3 erweitert im Interesse der einheitlichen Verhandlung und Entscheidung zusammengehöriger Sachverhalte die Gerichtspflichtigkeit des Klägers, weil er der Angreifer ist. Er ist für konnexe Widerklagen auch dann im Gerichtsstaate gerichtspflichtig, wenn gegen ihn ein Zuständigkeitsanknüpfungspunkt im Sinne der Art. 2ff. nicht gegeben ist, d. h. wenn der Beklagte seinen Anspruch im Wege der selbständigen Klage gegen den Kläger im Gerichtsstaat nicht geltend machen könnte. Allerdings ist seine Gerichtspflichtigkeit nicht unbeschränkt. Ist hinsichtlich der Widerklage eine Zuständigkeitsanknüpfung im Sinne der Art. 2ff. nicht gegeben, so ist der Kläger *nicht unbeschränkt gerichtspflichtig* für alle beliebigen, sondern nur für konnexe Widerklagen. Der Kläger muß sich nicht etwa deswegen, weil er in einem Vertragsstaat klagt, dort auf jede beliebige Widerklage einlassen. *Die Widerklage muß sich auf denselben Vertrag oder Sachverhalt wie die Klage selbst stützen.* Das Übereinkommen verwendet absichtlich nicht den Begriff des Zusammenhangs, wie er in Art. 22 III definiert ist. Die Voraussetzungen für die Widerklage sind gegenüber Art. 22 III enger.[10]

III. Inkonnexe Widerklagen

Der Beklagte kann auch eine inkonnexe Forderung im Wege der Widerklage geltend machen.[11] Läßt der Kläger sich auf die Widerklage ein, so ist das Gericht aufgrund Einlassung (Art. 18) zuständig.[12] Bestreitet er die internationale Zuständigkeit in Bezug auf die inkonnexe Widerklage, so hat das Gericht zu prüfen, ob ein Zuständigkeitsanknüpfungspunkt im Sinne der Art. 2ff. bezüglich des Klägers vorliegt, denn dieser hat insoweit die Rolle eines Beklagten.[13] Ist eine Zuständigkeit nach dem Übereinkommen gegeben, so ist das Gericht zur Justizgewährung gegenüber dem Beklagten verpflichtet. Das Gericht kann nicht etwa unter Hinweis auf engere Vorschriften des nationalen Rechts die Behandlung der Widerklage verweigern.[14]

---

[10] *Stein-Jonas-Schumann,* ZPO, 20. Aufl., § 33 Rz. 42 a. E.; *Kropholler* IZVR Rz. 729.

[11] *Linke* in *Bülow-Böckstiegel* 606/86, Art. 6, Anm. III 2.

[12] Vgl. unten § 97 IX.

[13] *Kropholler* IZVR Rz. 731; ebenso *Stein-Jonas-Schumann,* ZPO, 20. Aufl., § 33 Rz. 47.

[14] Aus der Sicht des *deutschen Verfahrensrechts* gibt es keine Probleme, da dieses insoweit mit der Regelung des Übereinkommens übereinstimmt. Aus § 33 ZPO läßt sich nämlich nichts für eine abschließende Regelung der Zulässigkeit der Widerklage entnehmen. Er regelt nur einen Gerichtsstand. Deswegen kann der Beklagte auch eine Widerklage erheben, die nicht im Zusammenhang mit der Klage steht (und deshalb nicht den Voraussetzungen des § 33 ZPO entspricht). Für eine solche nichtkonnexe

IV. Widerklageverbote im nationalen Prozeßrecht

Noch nicht geklärt ist, ob Art. 6 Nr. 3 die Vorschriften des nationalen Prozeßrechts verdrängt, die für bestimmte Verfahrensarten Widerklagen untersagen. So verbietet § 595 I ZPO eine Widerklage gegenüber einer Klage im Urkunden- und Wechselprozeßrecht.[15]

Fraglich ist auch, ob eine nach Art. 6 Nr. 3 an sich zulässige Widerklage daran scheitern kann, daß nach nationalem Zuständigkeitsrecht eine ausschließliche örtliche Zuständigkeit eines anderen Gerichts besteht. Dies ist wohl zu verneinen. Insoweit verdrängt das Übereinkommen die nationalen Vorschriften. Art. 6 Nr. 3 regelt nicht nur die internationale, sondern auch die örtliche Zuständigkeit.[16]

V. Qualifikationsfragen

Der Begriff der Widerklage[17] ist konventionsimmanent zu definieren, um die Einheitlichkeit der Anwendung des europäischen Kompetenzrechts sicherzustellen.[18] Das gleiche gilt für den Konnexitätsbegriff des Art. 6 Nr. 3, also für das Tatbestandsmerkmal „derselbe Sachverhalt", wohl aber auch für „derselbe Vertrag".[19] Maßgebend sind in diesem

---

Widerklage fehlt es dann zwar an dem durch § 33 ZPO begründeten Gerichtsstand, aber die örtliche Zuständigkeit für sie kann sich auch aus anderen Vorschriften (§§ 12ff. ZPO) ergeben. Die Widerklage ist nicht allein schon deshalb unzulässig, weil sie in keinem Zusammenhang mit der Klage steht. Vgl. *Stein-Jonas-Schumann,* ZPO, 20. Aufl. § 33 Rz. 6.

[15] Nicht jedoch umgekehrt: So kann gegen eine im ordentlichen Prozeß erhobene Hauptklage eine Widerklage im Urkunden- und Wechselprozeß erhoben werden.

[16] A. A. *Stein-Jonas-Schumann,* ZPO, 20. Aufl., § 33 Rz. 44: „Art. 6 Nr. 3 EuGVÜ beschränkt sich auf die Aussage, daß bei konnexen Widerklagen keine Zuständigkeitsbedenken bestehen, wenn der Widerbeklagte (= Kläger) seinen Wohnsitz in einem anderen EuGVÜ-Staat hat. Ob überhaupt eine Widerklage nach der nationalen Prozeßordnung statthaft ist und unter welchen Voraussetzungen sie zulässig erhoben werden kann, *regelt das EuGVÜ* nicht. Wenn deshalb das deutsche Prozeßrecht in bestimmten Fällen die Widerklage verbietet, ändert sich hieran durch Art. 6 Nr. 3 EuGVÜ nichts. Eine nach dem EuGVÜ zugelassene Widerklage ist deshalb unzulässig, wenn für sie eine anderweitige ausschließliche *örtliche* Zuständigkeit besteht oder wenn die *sachliche* Zuständigkeit fehlt (und sich der Kläger nicht rügelos einläßt bzw. es sich um eine ausschließliche Zuständigkeit handelt); auch sonst wickelt sich eine nach dem *EuGVÜ zugelassene Widerklage nach der ZPO* ab."

[17] Rechtsvergleichende Hinweise bei *Schröder,* Internationale Zuständigkeit, 1971, 586, *Droz* Nr. 103; *Weser* Nr. 232.

[18] Ebenso *Stein-Jonas-Schumann,* ZPO, 20. Aufl., § 33 Rz. 46.

[19] A. A. *Stein-Jonas-Schumann,* ZPO, 20. Aufl. § 33 Rz. 46: „Die Problematik der *autonomen* oder *nationalen Qualifikation* tritt bei Art. 6 Nr. 3 EuGVÜ nicht in derselben Schärfe auf wie bei anderen Gerichtsstandsvorschriften, weil hinsichtlich des Begriffs der *„Widerklage"* einigermaßen homogene Regelungen in den Mitgliedsstaaten vorlie-

Zusammenhang die Behauptungen des Beklagten (= Widerklägers). Behauptet dieser, aus dem gleichen Vertragsverhältnis, auf das der Kläger seine Klage stützt, einen Gegenanspruch ableiten zu können, so ist dies kompetenzrechtlich ausreichend. Es spielt keine Rolle, daß nach der maßgeblichen lex causae[20] der Anspruch überhaupt nicht existiert oder als nichtvertraglich zu qualifizieren ist.

VI. Identität der Parteien

Art. 6 Nr. 3 setzt Identität der Parteien voraus. Der Beklagte muß gegen den Kläger klagen. Art. 6 Nr. 3 betrifft nicht den Fall der parteierweiternden Widerklage.[21] Art. 6 Nr. 3 schafft keinen Zuständigkeitsgrund für Klagen gegen eine bisher am Rechtsstreit nicht beteiligte Person.[21] Wer eine in einem anderen Vertragsstaat wohnhafte Person im Wege der parteierweiternden Widerklage verklagen will, darf dies nur, wenn eine Zuständigkeitsanknüpfung im Sinne der Art. 2ff. gegeben ist.[22]

---

gen, so daß insoweit auch eine „europäische" Begriffsbestimmung nicht zu Schwierigkeiten führen dürfte. Wann jedoch „*derselbe Vertrag*" oder „*derselbe* Sachverhalt" vorliegt, sollte nach den inneren rechtlichen Zusammenhängen des *anzuwendenden materiellen Rechts* (das muß bei einem deutschen Gericht keineswegs deutsches Recht sein) beantwortet werden."

[20] Dies wird vom Kollisionsrecht des Erststaates (= Gerichtsstaates) festgelegt.

[21] Hierzu grundsätzlich *Schröder,* Internationale Zuständigkeit, 1971, 593, *Kropholler* IZVR Rz. 435.

[22] Das gleiche gilt für das nationale deutsche Verfahrensrecht. A. A. für die örtliche Zuständigkeit BGH Warneyer 1966 Nr. 57 = NJW 1966, 1028 = LM ZPO § 33 Nr. 8 und wohl auch *Schröder,* Internationale Zuständigkeit, 1971, 593. Treffend *Stein-Jonas-Schumann,* ZPO, 20. Aufl., § 33 Rz. 31:

„Hierbei ist jedoch zu beachten, daß für und gegen einen *Dritten* über § 33 keine *örtliche* Zuständigkeit begründet wird, selbst wenn ein Zusammenhang zwischen der Hauptklage und der parteierweiternden Widerklage besteht. *Die parteierweiternde Widerklage setzt also einen Gerichtsstand voraus. Selbst als konnexe Widerklage gibt sie nicht die Möglichkeit, eine Person in den Prozeß hineinzuziehen, die nicht ohnehin schon vor demselben Gericht verklagt werden kann.* – Der Unterschied zwischen der konnexen einfachen Widerklage gegen den *Kläger,* die auch ohne örtliche Zuständigkeit wegen § 33 erhoben werden darf, und der konnexen *parteierweiternden* Widerklage ist in der Tatsache begründet, daß *der Dritte bisher am Prozeß nicht beteiligt war.* Aus der Prozeßführung *anderer* Personen (selbst über einen mit seiner Rechtsstellung, seinen Ansprüchen oder Rechten zusammenhängenden Anspruch) erwächst *gegen ihn* nicht etwa der Gerichtsstand des § 33, dem sich jedoch der *Kläger* für konnexe Gegenansprüche beugen muß, weil *er* den Prozeß an diesem Ort begann. Die Gegenmeinung des BGH, die auch den Dritten unter das Forum des Widerklagegerichtsstands zwingt, ist unvereinbar mit diesem Sinn des § 33 und stößt deshalb fast überall auf Ablehnung. – Auch bei den übrigen eine Widerklage privilegierenden *Vorschriften* ist stets zu prüfen, ob sie auf den Sonderfall der parteierweiternden Widerklage *nach Sinn und Zweck des § 33 anzuwenden* sind. So kann ein bisher nicht am Rechtsstreit beteiligter nicht-rechtsfähiger Verein

VII. Derogation

Die Derogation der Widerklagezuständigkeit ist möglich. Fraglich ist nur, ob in einer ausschließlichen Zuständigkeitsvereinbarung auch eine Derogation der Widerklagezuständigkeit liegt; dies ist eine Frage der Auslegung des Parteiwillens.[23] Haben die Parteien keine ausdrücklichen Abreden getroffen, so ist der konkludent erklärte Wille aus den näheren Umständen des Einzelfalls zu ermitteln.[24] Im Zweifel ist davon auszugehen, daß die Prorogation der ausschließlichen internationalen Zuständigkeit eines Vertragsstaates die Erhebung einer Widerklage nicht verbietet, wenn eine Partei – entgegen der Zuständigkeitsvereinbarung – in einem anderen Vertragsstaat klagt.[25]

Beispiel:

Eine Handelsgesellschaft in Frankfurt vereinbart mit ihrem Lieferanten in Paris die ausschließliche internationale Zuständigkeit Frankreichs. Örtlich zuständig sollen[26] die Gerichte in Paris sein. Der Lieferant klagt gleichwohl in Frankfurt. Die Beklagte läßt sich auf den Rechtsstreit ein (Art. 18) und erhebt Widerklage. Wollte sich nun der Kläger auf den Derogationseffekt der ausschließlichen Zuständigkeitsvereinbarung berufen, so wäre dies ein Verstoß gegen Treu und Glauben.[27] Auch der

---

keine Widerklage erheben, da hier die Widerklage nicht der Bekämpfung einer gegen ihn selbst gerichteten Klage dient ..."

Ebenso *Zöller-Geimer,* ZPO, 13. Aufl., 1981, IZPR E XV, Anm. 25a und nun auch BGH, Urteil vom 20. Mai 1981, NJW 1981, 2642 = WM 1981, 1000 = RIW/AWD 1981, 706 = LM Nr. 15 zu § 33 ZPO.

[23] *Geimer* NJW 1972, 2172.

[24] A. A. BGH, Urteil vom 8. Juli 1981, NJW 1981, 2644 = WM 1981, 938 = RIW/AWD 1981, 703 = LM Nr. 16 zu § 33 ZPO.

[25] *Geimer* NJW 1972, 2172.

[26] Die Koppelung der Vereinbarung der internationalen Zuständigkeit mit einer Vereinbarung über die örtliche ist nicht unbedingt erforderlich. Vgl. unten § 96 V und VII 5.

[27] A. A. für das autonome deutsche Recht BGH (Fußn. 24). Das OLG München hatte als Berufungsgericht zutreffend die Auffassung vertreten, die Klägerin, die sich selber über den als ausschließlich vereinbarten Gerichtsstand Helsinki hinweggesetzt habe, indem sie ihre Klage vor einem deutschen Gericht erhoben hat, könne gegenüber der Widerklage nicht die Unzuständigkeit des von ihr angerufenen Gerichts geltend machen. Dagegen argumentierte der BGH wie folgt: „Das Berufungsgericht nimmt nicht an, die Klägerin habe mit der Erhebung der Klage vor dem unzuständigen LG München II der Beklagten angeboten, an der Ausschließlichkeit des vereinbarten Gerichtsstands Helsinki nicht mehr festzuhalten. Derartiges wäre mit dem Vortrag der Klägerin, es werde nach wie vor an der Gerichtsstandsklausel festgehalten, in der Tat auch unvereinbar. Eine protestatio facto contraria (vgl. *Enneccerus/Nipperdey,* Allgemeiner Teil des BGB, 15. Aufl., § 153 V), die unbeachtlich wäre, ... ist hierin nicht zu sehen. Denn es kann keine Rede davon sein, daß im Blick auf die Zuständigkeitsabrede die Klage vor einem nach der Abrede unzuständigen Gericht keine andere Deutung als

diejenige zulasse, über die Klageerhebung hinaus von der vereinbarten Zuständigkeit abweichen zu wollen. Auch für die Beklagten war das Verhalten der Klägerin bei der Klageerhebung nicht so zu verstehen, daß sie an der Ausschließlichkeit des vereinbarten Gerichtsstands auch im übrigen nicht festhalten wolle, wenn sich die Beklagten rügelos auf die Klage einließen. Das verbot schon die erkennbare Interessenlage, die sich nicht von derjenigen unterscheidet, wie sie der Senat in seinem Urteil vom 26. März 1969 – VIII ZR 194/68 (BGHZ 52, 30, ebenso BGHZ 60, 85, 90) als ausschlaggebend angesehen hat. Die Vereinbarung eines alleinigen Gerichtsstands soll denjenigen Vertragspartner bevorzugen, der die Klausel durchsetzt. Mit ihr will er insbesondere auch erreichen, daß er nur vor den Gerichten seines Heimatstaates als Schuldner in Anspruch genommen werden kann. Um so weniger konnte der Versuch der Klägerin, sich mit der Klage über die alleinige Zuständigkeit hinwegzusetzen, als ihr Einverständnis mit einer Widerklage gegen sie vor einem nicht in ihrem Heimatstaat tätigen Gericht angesehen werden. Zudem befanden sich die Beklagten in einer starken Position, um Gewißheit darüber zu erlangen, ob die Klägerin auch zu einem weiteren Abrücken von der Zuständigkeitsvereinbarung bereit war. Denn sie konnten ihren Verzicht auf die Rüge der Unzuständigkeit des angerufenen deutschen Gerichts davon abhängig machen, daß die Klägerin sich zu einem entsprechenden Rügeverzicht hinsichtlich der Widerklage bereit erklärte. ... Der Kläger eröffnet mit seiner Klage vor dem unzuständigen Gericht nicht automatisch den Weg für eine Widerklage, für die das angerufene Gericht nach der Gerichtsstandsvereinbarung unzuständig ist. Hieran kann der Umstand nichts ändern, daß – worauf das Berufungsgericht abhebt – die Klägerin ‚zu ihrem Vorteil' an der Ausschließlichkeit der Gerichtsstandsvereinbarung nicht festgehalten hat, die Beklagten hingegen ‚auch zum Vorteil der Klägerin' die Rüge der Unzuständigkeit nicht erhoben haben. Diese Erwägung des Berufungsgerichts beruht auf einem Mißverständnis der in BGHZ 52, 30 abgedruckten Entscheidung des Senats. Der erkennende Senat hatte dort ausgeführt, die an ihrem Wohnsitz verklagte Käuferin werde nicht unangemessen benachteiligt, wenn sie – angesichts der vereinbarten Gerichtsstandsklausel – den Gerichtsstand der Widerklage nicht ausnutzen könne; denn die klagende Verkäuferin habe im Interesse der Käuferin gehandelt, wenn sie – aus welchen Gründen auch immer – die Kaufpreisklage am Domizil der Käuferin erhoben habe. Aus diesem Entgegenkommen der Verkäuferin könne die Käuferin nicht noch den weiteren Vorteil für sich in Anspruch nehmen, daß nunmehr die Verkäuferin sich ihrerseits – im Wege der Widerklage – am Domizil der Käuferin verklagen lassen müsse. Wer dem anderen den kleinen Finger reiche, müsse ihm nicht auch noch die Hand geben ... In der Sache BGHZ 52, 30 konnte nämlich die Käuferin der Klage des Verkäufers nicht die Einrede der Unzuständigkeit des angerufenen Gerichts entgegensetzen. Hier hätte die Beklagte die Klage ohne weiteres durch diese Einrede abwehren können. Das hat sie nicht getan. Der ihr hierdurch erwachsene Vorteil besteht darin, daß es dem natürlichen Interesse jedes Staatsangehörigen entspricht, daß sein Staat, dessen Organisation und Funktionsweise er kennt, dessen Sprache er spricht und dem er auf mannigfache Weise verbunden ist, auch seiner Rechtssache sich annimmt (vgl. BGHZ 60, 85, 90f.). Diesen trotz aller Fortschritte des internationalen Rechtsverkehrs noch nicht eingeebneten Vorteil genießt die Beklagte im Vergleich mit einer vor einem finnischen Gericht gegen sie erhobenen Klage. Er wird nicht in einer für die Anwendung von Treu und Glauben erheblichen Weise dadurch zunichte gemacht, daß die Klägerin vor einem ausländischen Gericht und mit dem Risiko der Rüge der Unzuständigkeit nur deshalb klagt, um auf diesem Wege einen gegen die Beklagten vollstreckbaren Titel zu erlangen."

Grundsatz der Waffengleichheit wäre verletzt.[28] Nur in den seltensten Fällen wird man also aus den Umständen des Einzelfalls einen stillschweigenden Ausschluß der Widerklagemöglichkeit feststellen können.

VIII. Verhältnis zu Art. 16

Art. 6 Nr. 3 wird durch Art. 16 verdrängt. Soweit ein Vertragsstaat für bestimmte Streitigkeiten ausschließlich international zuständig ist, kann diese Zuständigkeit nicht durch Erhebung einer Widerklage vor einem Gericht eines anderen Vertragsstaates unterlaufen werden.[29]

IX. Prozeßaufrechnung[30]

Die Frage der Zulässigkeit der Prozeßaufrechnung ist kein kompetenzrechtliches Problem.[31] Sie ist deshalb nicht im Übereinkommen geregelt. Maßgebend ist die lex fori des Gerichtsstaates, sofern diese nicht auf die lex causae verweist. Die Prozeßaufrechnung ist keine Widerklage gegen die Klage; mit ihr wird lediglich eine Einwendung gegen die Begründetheit der Klage geltend gemacht.[32] Daran ändert sich auch dann nichts, wenn die Entscheidung über die zur Aufrechnung gestellte Forderung in Rechtskraft erwächst.[33] Kompetenzrechtliches kommt allerdings wieder ins Spiel, wenn für die zur Aufrechnung gestellte Forderung die ausschließliche internationale Zuständigkeit eines anderen Vertragsstaates vereinbart worden war. Verbietet dann das Übereinkommen (Art. 17)[34], die Prozeßaufrechnung zu beachten? Die Antwort ist einfach: Maßgebend ist der Wille der Parteien.[35] Wenn diese mit ihrer Zuständigkeitsvereinbarung auch die Geltendmachung der Forderung im Wege der Aufrechnung vor anderen Gerichten als dem forum prorogatum aus-

---

[28] A. A. BGH (Fußn. 24): „Die Beklagten sind auch nicht unter dem vom Berufungsgericht angeschnittenen Gesichtspunkt der sogenannten Waffengleichheit durch die vor einem unzuständigen Gericht erhobene Klage in eine für sie unzumutbare Lage gebracht worden, weil sie sich etwa mit einer Klage haben überziehen lassen müssen, ohne Gegenansprüche geltend machen zu können. Die Beklagten konnten dies, wie bereits dargelegt, ohne weiteres vermeiden, wenn sie sich auf die Gerichtsstandsklausel beriefen. Sie mögen gute Gründe dafür gehabt haben, sich auf die Klage vor dem unzuständigen Gericht einzulassen. Hieraus können sie aber nicht für sich herleiten, daß nunmehr auch sie für die Geltendmachung von Ansprüchen gegen die Klägerin nicht an die Zuständigkeitsabrede gebunden seien."

[29] Ebenso *Stein-Jonas-Schumann,* ZPO, 20. Aufl. § 33 Rz. 43.

[30] Rechtsvergleichende Hinweise bei *Schröder,* Internationale Zuständigkeit, 1971, 595.

[31] *Stein-Jonas-Schumann,* ZPO, 20. Aufl., § 33 Rz. 4.

[32] Ob der Beklagte die Aufrechnung erklärt oder seine Forderung im Wege der Widerklage geltend macht, bleibt seiner Entscheidung überlassen.

[33] Für das deutsche Recht s. § 322 II ZPO.

[34] Zum Anwendungsbereich des Art. 17 s. oben § 29 V.

[35] *Geimer* NJW 1973, 951.

schließen wollten, ist die Prozeßaufrechnung kraft Konventionsrecht in den anderen Vertragsstaaten verboten. Da in den meisten Gerichtsstandsklauseln diese Frage nicht ausdrücklich geregelt ist, ist der konkludente Wille der Parteien unter Berücksichtigung aller Umstände des Einzelfalls zu erforschen.[36] Im Zweifel ist davon auszugehen, daß die aufrechnungsweise Geltendmachung der Forderung durch die Vereinbarung der ausschließlichen Zuständigkeit eines Vertragsstaates nicht ausgeschlossen sein sollte.[37]

---

[36] A. A. für das autonome deutsche Zuständigkeitsrecht der BGH in ständiger Rechtsprechung, zuletzt in BGH, Urt. vom 8. Juli 1981, VIII ZR 256/80, NJW 1981, 2644 = WM 1981, 938 = RIW/AWD 1981, 705: „Das in der Vereinbarung eines alleinigen ausländischen Gerichtsstands liegende Aufrechnungsverbot (vgl. dazu BGHZ 60, 85; Senatsurteile vom 20. Dezember 1972 – VIII ZR 113/71 = LM ZPO § 38 Nr. 18 = WM 1973, 174 und vom 20. Juni 1979 – VIII ZR 228/76 = WM 1979, 978), dessen Wirksamkeit nach der lex fori zu beurteilen ist, wird nicht dadurch beseitigt, daß der ausländische Kläger ein nach der Abrede international unzuständiges deutsches Gericht angerufen und der Beklagte sich hierauf rügelos eingelassen hat. Der Senat hat im Urteil vom 20. Juni 1979 schon allgemein ausgesprochen, daß es nicht sachgerecht erscheine, entsprechend einer insoweit eindeutigen Gerichtsstandsklausel Widerklagen vor dem Gericht der beklagten Partei auszuschließen, eine dieselben Gegenansprüche geltend machende Aufrechnung aber zuzulassen. Er sieht auch bei erneuter Prüfung keinen Anlaß, von dieser Erwägung abzurücken. Es läßt sich nur einheitlich entscheiden, ob die Beklagten vor dem angerufenen Gericht zulässig Widerklage erheben und ob sie aufrechnen können. Denn sowohl der alleinige Gerichtsstand als auch das Aufrechnungsverbot sollen die Klägerin – zu deren Gunsten die Klausel vereinbart wurde – davor schützen, daß ein Gericht außerhalb ihres Heimatstaates über Forderungen entscheidet, die gegen sie geltend gemacht werden.“ Zustimmend *Kropholler* IZVR Rz. 590. Vgl. auch OLG Hamm, Beschluß vom 18. Oktober 1982, NJW 1983, 523. Dagegen *Zöller-Geimer,* ZPO, 13. Aufl., IZPR E XVI, Anm. 22.

[37] Ebenso im Ergebnis EuGH, Urteil vom 9. November 1978, Rechtssache 23/78, *Meeth./.Glacetal,* EuGHE 1978, 2133, 2142ff. Der Entscheidung liegt folgender Sachverhalt zugrunde: Durch schriftlichen Vertrag verpflichtete sich die Firma Glacetal mit Sitz in Frankreich zur Lieferung bestimmter Mengen Isolierglas mit eigenen Lastwagen an die Firma Meeth mit Sitz in der Bundesrepublik Deutschland. Dieser Vertrag enthielt folgende Gerichtsstandsabrede: „Wenn die Firma Meeth die Firma Glacetal verklagt, so muß das vor einer französischen Gerichtsbarkeit geschehen. Falls die Firma Glacetal die Firma Meeth verklagt, muß dies vor einer deutschen Gerichtsbarkeit geschehen.“ Da ein Restkaufpreis nicht bezahlt wurde, erhob Glacetal vor dem LG Trier Klage auf Zahlung. Das Landgericht Trier verurteilte Meeth durch Urteil vom 13. Januar 1975, an Glacetal 123774,90 DM nebst 10% Zinsen seit dem 1. Februar 1975 zu zahlen. Meeth erklärte im Prozeß die Aufrechnung mit Schadensersatzansprüchen wegen Lieferverzögerungen und -verweigerung. Diese erklärte das OLG Koblenz für prozessual unzulässig, weil die von den Parteien getroffene Gerichtsstandsvereinbarung es Meeth verbiete, einen solchen Einwand vor einem anderen als einem französischen Gericht zu erheben. Der BGH legte dem EuGH u. a. folgende Frage vor: „Schließt eine nach Artikel 17 Absatz 1 des Übereinkommens zulässige Vereinbarung mit dem in Frage 1 bezeichneten Inhalt zwingend jede Aufrechnung aus, die eine Vertragspartei wegen eines der Vereinbarung unterliegenden Anspruches gegenüber

der von der anderen Partei erhobenen Klage vor dem für diese Klage zuständigen Gericht geltend machen will?" Leider ist die Begründung des EuGH etwas farblos ausgefallen: „Gemäß Art. 17 I erfolgt die Vereinbarung über die Zuständigkeit im Hinblick auf die Entscheidung über eine bereits entstandene oder eine künftige, ‚aus einem bestimmten Rechtsverhältnis entspringende' Rechtsstreitigkeit. Bei der Beantwortung der Frage, inwieweit ein aufgrund einer wechselseitigen Gerichtsstandsvereinbarung der vorliegenden Art angerufenes Gericht für die Entscheidung über eine Aufrechnung zuständig ist, die eine der Parteien gegenüber der streitigen Verbindlichkeit erklärt, sind sowohl der Gesichtspunkt der Wahrung der Privatautonomie, auf dem, wie oben ausgeführt, Art. 17 beruht, als auch die Erfordernisse der Prozeßökonomie zu berücksichtigen, die dem gesamten Übereinkommen, zu dem dieser Art. gehört, zugrunde liegen. Im Lichte dieser zweifachen Zweckbestimmung kann Art. 17 nicht dahin ausgelegt werden, daß er das Gericht, das aufgrund einer Gerichtsstandsvereinbarung der vorstehend beschriebenen Art angerufen wird, daran hindert, die Aufrechnung mit einer Forderung, die im Zusammenhang mit dem streitigen Rechtsverhältnis steht, zu berücksichtigen, wenn es dies für vereinbar mit Wortlaut und Sinn der Gerichtsstandsvereinbarung hält." – Mehr Substanz zeigte die Stellungnahme der Bundesregierung: Nach allgemein anerkannten Grundsätzen sei eine solche Aufrechnung nicht an sachliche und örtliche Zuständigkeitsgrenzen gebunden, die bei einem selbständigen Geltendmachen der Aufrechnungsforderung im Wege der Klage bestünden. In Art. 11 II und Art. 14 III sei die Erhebung der Widerklage trotz der Sache nach ausschließlicher Zuständigkeit ausdrücklich zugelassen; erst recht müsse dann grundsätzlich eine Aufrechnung ohne Rücksicht auf Zuständigkeitsvoraussetzungen möglich sein. Die Parteien könnten die Geltendmachung einer Aufrechnung vor einem für die Klage unzuständigen Gericht ausdrücklich zulassen oder generell im gerichtlichen Verfahren verbieten, wie sie auch eine Widerklage selbst bei rechtlichem Zusammenhang mit der Hauptklage dürften ausschließen können, weil Art. 17 II den Art. 6 Nr. 3 nicht erwähne. Es gehe nur darum, ob eine nach Art. 17 zulässige Gerichtsstandsvereinbarung, die sich ausdrücklich nur auf die klageweise Geltendmachung beziehe, auch eine Aufrechnung vor einem unzuständigen Gericht verbiete. Ein solches Verbot könne sich als schlüssiger Inhalt der Parteivereinbarung aus der dem Art. 17 zugrunde liegenden typischen Interessenlage ergeben. Eine allgemeine Aussage hierzu erscheine nur dann möglich, wenn sie sich rechtsvergleichend aufdrängen würde oder das Übereinkommen in Art. 17 von einem Aufrechnungsbezug von Abmachungen über Zuständigkeitsfragen ausginge. Daher sollte es den Gerichten überlassen bleiben, die Abmachungen der Parteien zu der Frage auszulegen, ob eine entsprechende Begrenzung der Aufrechnungsmöglichkeiten gewollt ist. Im Geltungsbereich des Übereinkommens dürfe der Schluß auf ein von den Parteien gewolltes Aufrechnungsverbot nicht ohne weiteres aus einer zu vermutenden engen Verbindung jeder Partei mit ihrem eigenen Staat gezogen werden.

3. Teil: Die vom Übereinkommen anerkannten Zuständigkeitsanknüpfungen im einzelnen

§ 81 Die Liste der Spezialfora im Überblick

I. Bewertung der Zuständigkeitsinteressen[1]

Bei der Festlegung der internationalen und örtlichen Zuständigkeit geht es um elementare Fragen prozessualer Gerechtigkeit.[2] *Dabei sind die Zuständigkeitsinteressen der Parteien gegeneinander abzuwägen.* Die Regel actor sequitur forum rei begünstigt einseitig den Beklagten (favor defensoris)[3]. Sie bedarf immer dann der Modifikation, wenn die Zuständigkeitsinteressen des Klägers überwiegen, so z. B. wenn er der typischerweise Schwächere ist *(sog. Klägergerichtsstände)* oder wenn *Gerichtsinteressen* überwiegen, so bei den *fora connexitatis* (Art. 6 oder Art. 5 Nr. 4 oder Art. 5 Nr. 2 dritte Alternative). Das Ergebnis dieser normativen Abwägung der Zuständigkeitsinteressen ist in abstrakt-generellen Zuständig-

---

[1] Vgl. oben § 4.

[2] *Geimer,* Zur Prüfung der Gerichtsbarkeit und der internationalen Zuständigkeit bei der Anerkennung ausländischer Urteile, 1966, 121.

[3] *Neuner* (Internationale Zuständigkeit, 1929, 24) feiert das actor sequitur forum rei – Prinzip zu Unrecht als „zweckmäßigste und gerechteste Lösung". *Milleker* (Der negative internationale Kompetenzkonflikt, 1975, 21) spricht von einem „Universalprinzip". Skeptisch aber zu Recht *Schröder,* Internationale Zuständigkeit, 1971, 239: „Den richtigen Ansatz dürfte allein *Rich. Schmidt* getroffen haben: «An und für sich könnte sich der Gesetzgeber ebensowohl nach dem Interesse des Klägers wie nach dem des Beklagten richten.» Die Parteiinteressen sind von Haus aus gleichgewichtig. Darum ist es rechtspolitisch verfehlt, die Beklagtenzuständigkeit (natürlich ebenso die Klägerzuständigkeit) zur Regel zu erheben. Was man derzeit noch als „Ausnahmen" kennzeichnen zu können glaubt, sind in Wirklichkeit gesetzgeberische Wertentscheidungen, bei denen das von Haus aus vorhandene Gleichgewicht der parteilichen Zuständigkeitsinteressen aufgrund weiterer besonderer Umstände in ein Übergewicht klägerischer Belange verwandelt worden ist. Anders ausgedrückt, es gibt offenbar eine Reihe typischer Kompetenzkonstellationen, unter denen die Zuständigkeitsbelange des Klägers denjenigen des Beklagten vorgehen, schutzwürdiger sind. Hierauf hat sich die legislative Praxis bisher beschränkt. Der Rest aller Streitigkeiten soll demgegenüber zur Prärogative des Beklagten gehören. Das kann man eine ziemlich unqualifizierte Methode des Abwägens nennen. Ebenso wie man dartut, warum Klägerinteressen überwiegen, muß man sich auch einsichtig machen, wieso Beklagteninteressen vorgehen. Das wird dem Gleichgewicht parteilicher Zuständigkeitsinteressen zugute kommen. Zumindest sollte man sich, auch de lege lata, mit der Vorstellung vertraut machen, daß die Beklagtenzuständigkeit funktionell nur den Charakter einer Restzuständigkeit hat, faute de mieux in Anspruch genommen wird, während die Klägerzuständigkeit auf positive Reflexionen zurückzuführen ist, die ihr einen Gehalt an Solidität verheißen, der jener «im Zweifel zugunsten des Beklagten – Ausflucht» überlegen ist." Vgl. auch unten § 83 I.

keitsnormen in Art. 5, 6 und 16 niedergelegt. Diese sind für den Richter verbindlich. Er darf nicht die konkreten Umstände des Einzelfalls heranziehen, um ein forum, dessen Tatbestandsvoraussetzungen gegeben sind, für non conveniens zu erklären. Dies würde den Justizgewährungsanspruch des Klägers verletzen,[4] ebenso sein Recht, zwischen den verschiedenen in concreto gegebenen Zuständigkeiten (in verschiedenen Vertragsstaaten) zu wählen.[5] Aber auch in umgekehrter Richtung sind dem Richter Grenzen gesetzt: Nur in den vom Übereinkommen ausdrücklich erwähnten Fällen ist der Beklagte außerhalb seines Wohnsitzstaates gerichtspflichtig. Insofern hat das Übereinkommen „un charactère limitatif".[6]

II. Der Gerichtsstand der Zweigniederlassung und Agentur als verkleinerter Wohnsitzgerichtsstand[7]

Wenn man die einzelnen vom Übereinkommen zugelassenen Gerichtsstände auf ihre Nähe zum Wohnsitzgerichtsstand hin untersuchen will, steht der Gerichtsstand der Zweigniederlassung, Agentur oder sonstigen Niederlassung (Art. 5 Nr. 5) dem Wohnsitzgerichtsstand am nächsten.[8] Er ist gewissermaßen eine Verkleinerung desselben. Er baut auf der gleichen inneren Logik auf. Genauso wie der Beklagte grundsätzlich für alle gegen ihn gerichteten Prozesse in seinem Wohnsitzstaat gerichtspflichtig ist, mag auch der Streitgegenstand zu anderen Vertragsstaaten viel engere Bezüge aufweisen,[9] so ist derjenige, der außerhalb seines Wohnsitz-/Sitzstaates eine Niederlassung oder Agentur betreibt, dort grundsätzlich gerichtspflichtig für alle Streitigkeiten, die aus dem Betrieb derselben entspringen.

III. Klägergerichtsstände[10]

1. Am weitesten entfernt vom Telos der Regel actor sequitur forum rei sind die Klägergerichtsstände. Hier ist der Gedanke des Beklagtenschutzes vollkommen über Bord geworfen. Den Zuständigkeitsinteressen des Klägers wird offen und ohne Vorbehalt der Vorrang eingeräumt, indem an Tatbestandsmerkmale angeknüpft wird, die in der Sphäre des Klägers

---

4 Oben § 42.

5 Oben § 43.

6 *Weser* Nr. 233 S. 265.

7 In Versicherungssachen kommt der Art. 5 Nr. 5 auf Grund der Verweisung des Art. 7 zum Zuge, in Verbrauchersachen auf Grund der Verweisung in Art. 13. Hierzu oben § 74 IV und V.

8 *Geimer* WM 1976, 147.

9 Ausnahme: Art. 16.

10 Allgemein hierzu *Schröder,* Internationale Zuständigkeit 1971, 240ff.

liegen: Er kann an seinem Wohnsitz bzw. gewöhnlichen Aufenthalt klagen.

2. Das Übereinkommen läßt folgende Klägergerichtsstände zu:

a) Unterhaltssachen (oben § 74 VI)

Art. 5 Nr. 2 eröffnet in Unterhaltssachen einen Gerichtsstand am Wohnsitz des Klägers bzw. an dessen gewöhnlichem Aufenthalt.

b) Versicherungssachen (oben § 74 IV)

In Versicherungssachen ist der Versicherer auch im Wohnsitzstaat des Versicherungsnehmers gerichtspflichtig oder, falls mehrere Versicherer zusammen verklagt werden, vor dem Gericht des Vertragsstaats, in dem einer der Beklagten seinen Wohnsitz hat, Art. 8 I. Vgl. aber Art. 8 I Nr. 3 n. F.

c) Verbrauchersachen (oben § 74 V)

In Verbrauchersachen kann der Verbraucher seinen Vertragspartner in seinem Wohnsitzstaat verklagen, Art. 14 I.

IV. Bezugspunkte des Streitgegenstandes als Anknüpfungen für die Zuständigkeit

Gewissermaßen in der Mitte zwischen beiden Extremen – hier Beklagtenwohnsitz bzw. -niederlassung, dort Klägerwohnsitz bzw. dessen gewöhnlicher Aufenthalt – stehen diejenigen Gerichtsstände, die an Merkmale des Streitgegenstandes anknüpfen. Man könnte sie – so betrachtet – als *neutrale fora* bezeichnen, da sie auf Anknüpfungen abstellen, die weder in der Sphäre des Beklagten noch in der des Klägers liegen. Zu ihnen zählen die beiden in der Praxis besonders wichtigen Gerichtsstände des Erfüllungsortes für Vertragsklagen (Art. 5 Nr. 1) und des Deliktsortes für deliktische Klagen (Art. 5 Nr. 3), hierher gehört aber auch das forum rei sitae (Art. 16 Nr. 1).

V. Das Gerichtsinteresse an einheitlicher Entscheidung zusammenhängender Komplexe als Grund für die Eröffnung einer Zuständigkeit[11]

Schließlich wirkt auch das Gerichtsinteresse an einheitlicher Verhandlung und Entscheidung zusammengehörender Prozesse zuständigkeitseröffnend. Zuständigkeitsrechtlicher Bezugspunkt ist nicht – wie in den oben IV geschilderten Fällen – eine Beziehung zu dem mit der Klage geltend gemachten materiellrechtlichen Anspruch (Erfüllungsort, Deliktsort, Lageort), sondern eine Affinität zum Verfahren und dessen Ökonomie. Hieraus leiten die sog. *Annexzuständigkeiten* ihre innere Legitimation ab, so für die Unterhaltsklage am Ort des Statusprozesses

[11] Hierzu allgemein *Schröder,* Internationale Zuständigkeit, 1971, 486ff.

(Art. 5 Nr. 2 dritte Alternative n. F.), am Ort des Strafverfahrens für die zivilrechtliche Adhäsionsklage (Art. 5 Nr. 4), am Ort des Arrestes für die Klage wegen der Zahlung von Berge- und Hilfslohn (Art. 5 Nr. 7 n. F.).[12] Das gilt auch für die klassischen fora connexitatis[13] des Art. 6 Nr. 1 (Gerichtsstand der Streitgenossenschaft) und des Art. 6 Nr. 2 (Gerichtsstand der Gewährleistungsklage) sowie wohl auch für Art. 6a n. F. (Gerichtsstand für die seerechtliche Haftungsbeschränkung).[14]

VI. Anwendbarkeit der Art. 5ff. nur außerhalb des Wohnsitzstaates des Beklagten

1. Die Spezialfora des Übereinkommens gelten nur für diejenigen Vertragsstaaten, in denen der Beklagte nicht wohnt bzw. in denen er keinen Sitz hat. Dies ergibt sich klar aus Art. 3 I und dem einleitenden Satz von Art. 5. Weniger deutlich ist Art. 6 formuliert. Doch greift auch hier die Grundregel des Art. 3 I ein.

2. Etwas anders liegen die Dinge im Anwendungsbereich des Art. 16.[15] Dieser verdrängt die übrigen Zuständigkeitsanknüpfungen, da er ausschließliche internationale Zuständigkeiten stipuliert.

Beispiel:

Die Parteien streiten um das Eigentum an einem Hausgrundstück in Köln. Hier ist Grundlage für die internationale Zuständigkeit der Bundesrepublik Deutschland Art. 16 Nr. 1, ganz gleich wo die Parteien wohnen, also auch dann, wenn der Beklagte und/oder der Kläger in der Bundesrepublik Deutschland wohnt.[16]

VII. Zuständigkeit nur für bestimmte Streitgegenstände und Materien

Während der Wohnsitzstaat grundsätzlich Allzuständigkeit besitzt,[17] also für alle Klagen gegen den Beklagten zuständig ist, begründet Art. 5 nur für besondere jeweils näher beschriebene Klagen bzw. Streitgegenstände einen Gerichtsstand. So können am Erfüllungsort nur Vertragsklagen erhoben werden und am Deliktsort nur Klagen aus unerlaubter Handlung.

---

[12] Eine Annexzuständigkeit für Abänderungsklagen läßt das Übereinkommen allerdings nicht zu. *Geimer* RIW/AWD 1975, 84.

[13] Oben § 74 II.

[14] Hierzu näher unten § 95 II.

[15] Oben § 29 XIV.

[16] Anders die h. M. Vgl. oben § 29 XIV.

[17] Ausnahme: Art. 16. – Hierzu oben § 62.

VIII. Entbehrlichkeit nationaler Ausführungsgesetze

Das Übereinkommen ist selfexecuting. Es beschränkt sich nicht darauf, die Vertragsstaaten zu verpflichten, ihre Zuständigkeitsordnungen abzuändern; es greift vielmehr unmittelbar in die bestehenden nationalen Kompetenzregelungen ein und verdrängt diese.[18] So kennen z. B. die Niederlande und Luxemburg den Gerichtsstand des Erfüllungsortes nicht. Mit Wirkung ab 1. Februar 1973 wurde im Anwendungsbereich der Konvention (oben § 29) der Gerichtsstand des Erfüllungsortes (Art. 5 Nr. 1) auch für diese Länder unmittelbar geltendes Recht. Das gleiche gilt bezüglich des Gerichtsstands der Streitgenossenschaft (Art. 6 Nr. 1) für die Bundesrepublik Deutschland. Es war nicht notwendig, durch ein besonderes Gesetz diesen Gerichtsstand in die ZPO einzufügen. Art. 6 Nr. 1 ist unmittelbar für die deutschen Gerichte verbindlich. Vgl. oben § 48.

IX. Örtliche Zuständigkeit[19]

Die besonderen Zuständigkeiten im Sinne der Art. 5ff. des Übereinkommens stellen nicht nur Anknüpfungspunkte für die internationale Zuständigkeit der Vertragsstaaten dar, sondern legen auch das örtlich zuständige Gericht fest.[20] Dies ist ein wesentlicher Unterschied zu Art. 2, wo der Wohnsitz ausschließlich als Anknüpfungspunkt für die internationale Zuständigkeit verwandt wird. Welche Gerichte innerhalb des Wohnsitzstaates örtlich zuständig sind, regelt das Übereinkommen nicht. Insoweit bleibt dem nationalen Gesetzgeber freie Hand.

---

[18] *Jenard*-Bericht S. 69 vor Art. 5: „Indem der Ausschuß sich für die ‚besonderen' Zuständigkeitsregeln entschieden hat, d. h., indem er den jeweiligen Gerichtsstand unmittelbar und ohne Bezug auf die innerstaatlichen Zuständigkeitsregeln des Staates, in dessen Hoheitsgebiet das in Frage kommende Gericht seinen Sitz hat, festlegt, hat er diese Frage mit voller Absicht in dem Sinne beantwortet, daß der Kläger jederzeit den Beklagten vor einem der im Übereinkommen vorgesehenen Gerichte verklagen kann, ohne daß dabei das innerstaatliche Recht des betreffenden Staates in Betracht zu ziehen ist. Durch eine derartige Regelung wollte zudem der Ausschuß die Durchführung des Übereinkommens erleichtern. Wenn die Staaten das Übereinkommen ratifizieren, sind sie nicht genötigt, besondere Maßnahmen zur Angleichung ihres eigenen Rechtes an die Kriterien der Art. 5 und 6 zu treffen. Das Übereinkommen selbst bestimmt unmittelbar das zuständige Gericht."

[19] Hierzu oben § 34.

[20] Ausnahmen oben § 34 II. Im Anerkennungsstadium (Art. 28 I) wird die örtliche Zuständigkeit nicht nachgeprüft. Vgl. unten § 139 IV 8.

X. Eigene Zuständigkeitsordnung in Versicherungs- und Verbrauchersachen

In Versicherungs- und Verbrauchersachen gilt die allgemeine Zuständigkeitsordnung der Art. 2ff. nicht; deshalb kommen auch die Art. 5 und Art. 6 nicht zur Anwendung. Für diese Materien stellt das Übereinkommen – überflüssigerweise – eine eigene Zuständigkeitsordnung auf. Die Einzelheiten wurden bereits oben dargestellt.[21] So kann z. B. der Versicherungsnehmer gegen den Versicherer nicht am Erfüllungsort klagen.

XI. Ausschließliche Zuständigkeiten

1. Nur die in Art. 16 aufgeführten internationalen Zuständigkeiten sind ausschließlich. Sie verdrängen die sonstigen nach Art. 2ff. an sich gegebenen internationalen Zuständigkeiten.[22]

2. Im übrigen können die Parteien durch Zuständigkeitsvereinbarungen (Art. 17) bestimmte Gerichtsstände für ausschließlich zuständig erklären mit der Folge, daß die sonstigen nach Art. 2ff. an sich gegebenen Zuständigkeiten derogiert sind.

XII. Konkurrierende Zuständigkeiten

Im übrigen eröffnen die Spezialfora der Art. 5ff. nur eine konkurrierende internationale Zuständigkeit. Es bleibt dem Kläger unbenommen, seine Klage im Wohnsitzstaat des Beklagten zu erheben, mag auch der Prozeß aus dem Gesichtspunkt der Beweis- oder Rechtsnähe viel mehr Bezüge zu einem anderen Vertragsstaat oder einem dritten Staat aufweisen. So braucht der Geschädigte seinen Schädiger nicht am forum delicti commissi (Art. 5 Nr. 3) zu verklagen, er kann ihn auch in dessen Wohnsitzstaat belangen.

XIII. Wahlrecht des Klägers

Unter mehreren gegebenen Zuständigkeiten hat der Kläger die Wahl. Dieses Wahlrecht darf nicht durch forum non conveniens-Erwägungen eingeengt werden. Vgl. oben § 43.

[21] Oben § 74 III.
[22] Vgl. unten §§ 85ff.

XIV. Derogation

Die an sich nach Art. 5ff. gegebenen (internationalen und/oder örtlichen) Zuständigkeiten können durch Vereinbarung der Parteien derogiert werden, sei es durch Prorogation der ausschließlichen internationalen Zuständigkeit eines anderen Vertragsstaates oder eines dritten Staates oder durch isolierten Derogationsvertrag. Dies gilt auch für Versicherungs- und Verbrauchersachen. Allerdings sind die Zeitschranken der Art. 12 bzw. Art. 15 zu beachten. Eine Ausnahme gilt für die ausschließlichen internationalen Zuständigkeiten des Art. 16. Diese können nicht durch Parteivereinbarungen verändert oder derogiert werden, Art. 17 II (= Art. 17 III n. F.).

XV. Abschließende Regelung des Übereinkommens

Die Regelung des Übereinkommens ist abschließend in beiderlei Richtung. Im Anwendungsbereich des Übereinkommens darf eine Klage zur Sachentscheidung außerhalb des Wohnsitzstaates nur dann zur Entscheidung angenommen werden, wenn ein Zuständigkeitsanknüpfungspunkt im Sinne der Art. 5ff. gegeben ist, Art. 3 I. Sonst würde die Gerichtspflichtigkeit des Übereinkommens konventionswidrig ausgedehnt. Eine (ungeschriebene) Ausnahme gilt für den Notgerichtsstand (oben § 60). Umgekehrt darf der nach Art. 5ff. zuständige Richter die Sachentscheidung nicht ablehnen, wenn er nach Art. 5ff. zuständig ist. Er ist zur Justizgewährung verpflichtet. Vgl. oben § 42.

XVI. Beispiele für (keineswegs exorbitante) Gerichtsstände, die das Übereinkommen nicht rezipiert hat

1. Gerichtsstand am Ort des Entstehens der Verbindlichkeit (forum obligationis)[23]

a) Diesen Gerichtsstand kennt sowohl die italienische Prozeßordnung (Art. 4 Nr. 2 Codice di procedura civile)[24] als auch die belgische Ge-

---

[23] Hierzu allgemein *Schröder,* Internationale Zuständigkeit, 1971, 300ff.

[24] In diesem Forum können sowohl Vertrags- wie auch Deliktsklagen geltend gemacht werden, so Klagen aus Rechtsgeschäft am Ort des Vertragsschlusses (*Schröder,* Internationale Zuständigkeit, 1971, 300) und Klagen wegen unerlaubter Handlung am Tatort (*Schröder,* a. a. O., 249). Dieses allgemeine forum obligationis macht ein Spezialforum für Deliktsklagen am Ort der unerlaubten Handlung entbehrlich, nicht jedoch den Gerichtsstand des Erfüllungsortes (rechtsvergleichend *Schröder*, a. a. O., 311ff.), da der Ort des Entstehens der vertraglichen Verbindlichkeit mit dem ihrer Erfüllung nicht übereinstimmen muß. Vgl. oben § 33 Fußn. 2.

richtsordnung (Art. 635 Nr. 2 Code judiciaire) sowie die englische Prozeßordnung (Order 11 rule 1 (f) Rules of the Supreme Court),[25] die deutsche ZPO nur in der rudimentären Form des § 30 ZPO.

b) Den Gerichtsstand des Abschlußortes findet man auch im *internationalen Luftrecht*. So kann nach Art. 28 I des Warschauer Abkommens, auf das § 56 des deutschen LuftverkehrsG verweist, in dem Staat geklagt werden, in dem sich die Geschäftsstelle befindet, durch die der Vertrag abgeschlossen worden ist.[26]

c) Die Verfasser hielten zu Recht die Einführung des Gerichtsstandes am Ort des Entstehens der Verbindlichkeit im Interesse des internationalen Rechtsverkehrs für nicht geboten. Der Kläger habe bei Vertragsverhältnissen bereits die Wahl zwischen den Gerichten des Wohnsitzstaates des Beklagten, bei mehreren Beklagten dem Gericht des Wohnsitzes eines der Beklagten (Art. 6 Nr. 1) und schließlich dem Gericht des Ortes, an dem die Verpflichtung erfüllt worden oder zu erfüllen ist.[27] Auch befürchtete man, daß die Zulassung des Gerichtsstandes des Entstehungsortes dazu führen könnte, auf einem Umwege zu dem Gerichtsstand des Klägers zu gelangen. Zudem impliziert dieser Gerichtsstand schwierige Qualifikationsprobleme, namentlich bei einem Vertragsschluß zwischen Abwesenden.

d) Wenn man so will, kann man das forum delicti commissi als Gerichtsstand am Ort der Entstehung der Verbindlichkeit betrachten.

e) Ähnliche Erwägungen liegen nahe beim Gerichtsstand am Wohnsitz des Versicherungsagenten, durch dessen Vermittlung der Versicherungsvertrag abgeschlossen worden ist.[28] Diese Deutung ist aber nur für die Verträge stimmig, die am Wohnsitz des Agenten abgeschlossen worden sind. Die Einordnung des Art. 8 II a. F. als Gerichtsstand des Abschlußortes erfaßt also nicht das gesamte Anwendungsfeld dieser Vorschrift. Dieser Punkt bedarf aber keiner Vertiefung, weil Art. 8 II a. F. durch das Beitrittsübereinkommen vom 9. Oktober 1978 ersatzlos gestrichen worden ist. Vgl. oben § 74 IV 2.

2. Forum legis[29]

a) Ein englisches Gericht kann eine internationale Zuständigkeit auch in Anspruch nehmen, wenn der Vertrag nach englischen Sachnormen zu beurteilen ist.[30] Englisches Recht kann anwendbar sein auf Grund aus-

---

[25] *Schröder,* Internationale Zuständigkeit 1971, 302.

[26] Hierzu *Kropholler* IZVR Rz. 401.

[27] *Jenard*-Bericht S. 70.

[28] Zum Gerichtsstand am Wohnsitz des Versicherungsagenten, durch dessen Vermittlung der Versicherungsvertrag abgeschlossen worden ist, s. oben § 74 IV.

Art. 8 II wurde durch das Beitrittsübereinkommen vom 9. Oktober 1978 gestrichen.

[29] Allgemein *Schröder,* Internationale Zuständigkeit, 1971, 504ff.

[30] Order 11 rule 1 (1) (f) der Rules of the Supreme Court.

drücklicher Parteivereinbarung.[31] Fehlt eine Parteienvereinbarung, so beurteilt sich das anwendbare Recht nach dem Schwerpunkt des Rechtsverhältnisses, wobei eine Meinung den Schwerpunkt nach objektiven Gesichtspunkten bestimmt,[32] eine subjektive Theorie dagegen den vermutlichen Parteiwillen erforschen will.

b) Eine Übergangsvorschrift bringt Art. 35 des Beitrittsübereinkommens vom 9. Oktober 1978. Hierzu unten § 96 XXXV.

3. Forum rei sitae für bewegliche Sachen

Anders als z. B. das deutsche Recht[33] läßt das Übereinkommen das forum rei sitae nicht für Klagen zu, die bewegliche Sachen betreffen. Art. 16 Nr. 1 gilt nur für Immobilien. Dieses ist ein schwerwiegender Mangel. Weshalb sollte der Eigentümer oder Besitzer seine Herausgabeklage oder eine sonstige die Sache betreffende Klage nicht dort erheben dürfen, wo sich der Gegenstand befindet?

4. Gerichtsstand der Abänderungsklage

Für Klagen auf Abänderung einer gerichtlichen Entscheidung besteht am Ort des Vorprozesses keine Zuständigkeit. Es gelten vielmehr die allgemeinen Regeln der Art. 2ff.[34]

5. Gerichtsstand der Vermögensverwaltung

Eine Parallelnorm zu § 31 ZPO fehlt im Übereinkommen. Lediglich in Trustsachen hat das Beitrittsübereinkommen vom 9. Oktober 1978 diesen Gerichtsstand rezipiert, Art. 5 Nr. 6 n. F. Näher unten § 88.

6. Gerichtsstand des Zahlungsorts für Wechsel- und Scheckklagen

§ 603 ZPO eröffnet für Wechsel- und Scheckklagen (§ 605 ZPO) an dem vom Erfüllungsort zu unterscheidenden Zahlungsort eine internationale Zuständigkeit. Dem ist das Übereinkommen nicht gefolgt.

7. Gerichtsstand der Übernahme des Gutes

Diese Zuständigkeitsanknüpfung für transportrechtliche Klagen findet sich in Art. 31 CMR. Eine Übernahme in das Übereinkommen wurde nicht einmal diskutiert.

---

[31] *Scheucher,* Studien zur internationalen Zuständigkeit 1971, Nr. 49 S. 100.

[32] Siehe z. B. Matthews v. Kuwait Bechtel Co. (1959) 2 Q.B. 57, Rex v. Internationale Trustee (1937) A. C. 500.

[33] § 23 1. Alternative ZPO. Vgl. oben § 49 Fußn. 2.

[34] Oben § 74 VI 8 und unten § 83 Fußn. 154.

8. Gerichtsstand des Ablieferungsortes

Auch dieses Forum des Landtransportrechts (Art. 31 CMR) wurde nicht rezipiert.

9. Gerichtsstand des Heimathafens

Obgleich diese Zuständigkeitsanknüpfung für seerechtliche Klagen durchaus bedeutsam ist, vgl. §§ 488, 508 HGB, wurde ihre Übernahme in das Übereinkommen nicht in Betracht gezogen.

10. Gerichtsstand am Sitz der Gesellschaft für alle gesellschaftsrechtlichen Klagen bzw. Gerichtsstand der Mitgliedschaft

a) Art. 16 Nr. 2 behandelt nur einen kleinen Teilaspekt. Ein allgemeines (nicht ausschließliches) Forum am Sitz der Gesellschaft für alle das Gesellschaftsverhältnis betreffenden Klagen, insbesondere für Klagen gegen die Organe der Gesellschaft und die Gesellschafter sowie für Klagen zwischen den Gesellschaftern fehlt leider. Näher unten § 87 III und XXII.

b) § 22 ZPO wurde nicht rezipiert. Die meisten Felder des Anwendungsbereiches dieser Vorschrift hat der EuGH auf dem Umweg über Art. 5 Nr. 1 zum europäischen Einheitsrecht gemacht. Er qualifiziert – ohne Rekurs auf die lex causae – Zahlungsansprüche des Vereins gegen seine Mitglieder als Ansprüche aus Vertrag.[35]

11. Gerichtsstand am Ort des Hauptprozesses

Eine Parallelnorm zu § 34 ZPO fehlt. Dies ist zu bedauern; denn die Zuständigkeitsinteressen sind im deutschen autonomen Recht richtig gewichtet: Wer einen Anwalt beauftragt, einen Prozeß zu führen, ist am Ort des Prozesses auch gerichtspflichtig, wenn es um das Honorar des Anwalts geht.

12. Gerichtsstand des dauernden Aufenthalts

Dagegen hat man zu Recht auf die Übernahme des § 20 ZPO in das Übereinkommen verzichtet, weil hierfür ein praktisches Bedürfnis nicht besteht. Vgl. unten § 83 VII Fußn. 65.

13. Gerichtsstand des Sachzusammenhangs

Die Verfasser des Übereinkommens haben sich zuständigkeitspolitisch schon bedenklich weit vorgewagt, als sie den Gerichtsstand der Streitge-

---

[35] EuGH, Urteil vom 22. März 1983, Rechtssache 34/82 – *Peters Bauunternehmung GmbH ./. Zuid Nederlandse Aannemers Vereniging,* unten § 83 Fußn. 47.

nossenschaft (Art. 6 Nr. 1) und der Gewährleistungsklage (Art. 6 Nr. 2) stipulierten. Hinzu kommt noch der durch das Beitrittsübereinkommen vom 9. Oktober 1978 eingeführte Art. 6a. Hierzu unten § 95.

Darüberhinaus wirkt der Sachzusammenhang als solcher nicht zuständigkeitsbegründend. Einen allgemeinen Gerichtsstand des Sachzusammenhangs hat man mit Recht abgelehnt.[36]

XVII. Keine Kognitionsverbote

Wenn ein Vertragsstaat nur auf Grund eines Spezialforums i. S. der Art. 5ff. international zuständig ist, so bedeutet dies nicht, daß seine Gerichte in ihrer Kognitionsbefugnis beschränkt wären. Präjudizielle Rechtsverhältnisse dürfen sie auch dann beurteilen und vorfrageweise entscheiden, wenn für die Entscheidung in der Hauptsache eine internationale Zuständigkeit nicht gegeben wäre.[37] Dies gilt z. B. für Prozeßaufrechnungen (vgl. oben § 80 IX), vor allem aber auch für die in Art. 16 aufgezählten Materien.[38]

§ 82 Der Gerichtsstand am Ort der Zweigniederlassung, Agentur oder sonstigen Niederlassung, Art. 5 Nr. 5[1]

I. Verkleinerter Wohnsitzgerichtsstand

Wie bereits oben § 81 II erwähnt, ist der Gerichtsstand der Zweigniederlassung, Agentur oder sonstigen Niederlassung mit dem Wohnsitzgerichtsstand (Art. 2 I) verwandt: Er basiert auf der *gleichen Zuständigkeits-*

---

[36] Vgl. oben § 44 II 2f. bei Fußn. 34. Hiervon zu unterscheiden ist die Frage, ob nicht ein einheitliches Forum für in Anspruchskonkurrenz stehende oder sonst innerlich zusammenhängende Ansprüche geschaffen werden sollte.

[37] Zum Zuständigkeitsbezug der *Vorfrage: Schröder,* Internationale Zuständigkeit 1971, 603ff.

[38] Vgl. unten § 85 VII, § 86 VI, § 87 VIII, § 89 VI, § 90 VIII, § 91 VII.

[1] Art. 5 Nr. 5 setzt voraus, daß die Zuständigkeitsordnung des Übereinkommens überhaupt zur Anwendung kommt (hierzu oben § 29). Weiterhin muß der Beklagte seinen Wohnsitz/Sitz außerhalb des Gerichtsstaates haben. Nach der Systematik des Übereinkommens kommt Art. 5 Nr. 5 dann nicht zum Zuge, wenn der Beklagte seinen Wohnsitz bzw. Sitz im Gerichtsstaat hat. In diesem Fall greift Art. 2 I ein. Dieser regelt nur die internationale Zuständigkeit. Die örtliche Zuständigkeit bestimmt das nationale Zuständigkeitsrecht, vgl. oben § 33. Art. 5 Nr. 5 ist in einem solchen Falle nicht anwendbar. In der Bundesrepublik Deutschland beurteilt sich dann die örtliche Zuständigkeit nach § 21 ZPO.

Hat der Beklagte seinen Wohnsitz bzw. Sitz in einem Nichtvertragsstaat, kommt das Übereinkommen grundsätzlich nicht zur Anwendung, Art. 4 I. Ausnahmen gelten für Streitigkeiten aus Versicherungssachen und Verbrauchersachen, Art. 8 III (= Art.

logik: Die Zweigniederlassung, Agentur oder sonstige Niederlassung ist gewissermaßen der verkleinerte Wohnsitz. Dort besteht eine „Allzuständigkeit" für alle Prozesse, die mit dem Betrieb der Zweigniederlassung, Agentur oder sonstigen Niederlassung in Zusammenhang stehen,[2] auch wenn der Streitgegenstand zu anderen Vertragsstaaten viel engere Verbindungen hat. Hier liegt die Parallele zur Allzuständigkeit des Wohnsitzstaates.

II. Ratio conventionis[3]

1. Nimmt jemand außerhalb seines Wohnsitz- bzw. Sitzstaates am Geschäftsverkehr teil und entsteht aus seiner Betätigung ein Rechtsstreit,

---

8 II n. F.) und Art. 13 II n. F. Hat der Versicherer seinen Sitz nicht im geographischen Anwendungsbereich des Übereinkommens, unterhält er dort aber eine Zweigniederlassung oder Agentur, so wird er für Streitigkeiten aus dem Betrieb dieser Zweigniederlassung oder Agentur so behandelt, wie wenn sein Wohnsitz in dem Hoheitsgebiet dieses Staates wäre. Der Staat, in dem sich die Zweigniederlassung oder Agentur befindet, ist also international zuständig für Streitigkeiten aus dem Betrieb dieser Zweigniederlassung oder Agentur. Die örtliche Zuständigkeit regelt jedoch Art. 8 III (= Art. 8 II n. F.) nicht. Diese bestimmt sich vielmehr nach dem nationalen Zuständigkeitsrecht. In der Bundesrepublik Deutschland greift hier wiederum § 21 ZPO ein. Stellt das nationale Zuständigkeitsrecht keine örtliche Zuständigkeit zur Verfügung, so ist der nach Art. 8 III (= Art. 8 II n. F.) international zuständige Staat gleichwohl zur Justizgewährung verpflichtet; es greift dann die ungeschriebene Konventionsregel ein, wonach die Gerichte der Hauptstadt örtlich zuständig sind. Vgl. oben § 33 III und § 29 Fußn. 13.

Art. 13 II n. F. bringt eine inhaltlich übereinstimmende Regelung für den Verbraucher. Unterhält der Vertragspartner des Verbrauchers im geographischen Anwendungsbereich des Übereinkommens eine Zweigniederlassung oder Agentur oder sonstige Niederlassung, so wird er für Streitigkeiten aus ihrem Betrieb so behandelt, wie wenn er seinen Wohnsitz in dem Hoheitsgebiet dieses Staates hätte. Auch hier regelt das Übereinkommen nur die internationale Zuständigkeit, die örtliche Zuständigkeit bleibt dem nationalen Zuständigkeitsrecht überlassen.

Für beide Fälle gilt, daß das Übereinkommen nur für solche Streitigkeiten anwendbar ist, die aus dem Betrieb der Zweigniederlassung oder Agentur oder einer sonstigen Niederlassung hervorgegangen sind; für sonstige Streitigkeiten gilt das nationale Zuständigkeitsrecht, Art. 4 I, sofern der Beklagte im geographischen Anwendungsbereich des Übereinkommens keinen Wohnsitz bzw. Sitz hat.

Nach welchem Recht beurteilt der angegangene Richter, ob der Beklagte seinen Sitz (Hauptsitz) im Inland, in einem anderen Vertragsstaat oder in einem Drittstaat hat? Maßgeblich ist das IPR des angegangenen Gerichts. Art. 53 I 2 n. F. verweist nicht auf das internationale Prozeßrecht der lex fori, sondern auf das internationale Privatrecht. Das deutsche internationale Privatrecht stellt auf das Recht desjenigen Staates ab, in dem der tatsächliche Hauptsitz gelegen ist. Bejaht das angegangene Gericht nach seinem IPR einen Hauptsitz in einem anderen Vertragsstaat, so ist Art. 5 Nr. 5 anwendbar. Kommt es jedoch zu dem Ergebnis, daß der Hauptsitz in einem dritten Staat gelegen ist, so ist das Übereinkommen unanwendbar, Art. 4 I, vorbehaltlich Art. 8 III (= Art. 8 II n. F.) und Art. 13 II.

[2] Ausnahme: Art. 16.

[3] *Geimer* WM 1976, 147.

so muß auch dort ein Gerichtsstand aufgetan werden. Es wäre unausgewogen, der Partei, die die Vorzüge der Teilnahme am Rechtsverkehr im Staate ihrer Niederlassung nutzt, den Einwand zu gestatten, sie sei dort nicht gerichtspflichtig, sondern könne nur im Staat ihres Wohnsitzes bzw. Sitzes verklagt werden.[4]

2. Aus dieser Sicht wird auch deutlich, daß Art. 5 Nr. 5 nur für Klagen gegen den Inhaber einer Zweigniederlassung, Agentur oder sonstigen Niederlassung eine Zuständigkeit eröffnet, nicht aber auch für Klagen des Inhabers dieser Niederlassung gegen seinen Geschäftspartner. Art. 5 Nr. 5 gilt also nicht für Aktivprozesse des Inhabers dieser Niederlassung.[5] Wäre es anders, so hätte das Übereinkommen einen Klägergerichtsstand geschaffen, der den nationalen Rechtsordnungen bisher unbekannt war. Dies war aber sicher nicht Anliegen der Verfasser des Übereinkommens, die ja den Schutz des Beklagten vor exorbitanten Gerichtsständen zu ihrem Anliegen machten.[6] Im übrigen entstünde eine durch nichts zu rechtfertigende *Ungleichbehandlung* von Klägern ohne Niederlassung im Verhältnis zu denen, die eine solche unterhalten. Die ersteren müßten ihren Gegner an dessen Wohnsitz verklagen, sofern nicht ein Spezialforum nach Art. 5ff. gegeben ist, während die anderen ihre Gegner vor das Gericht ihrer Zweigniederlassung, Agentur oder sonstigen Niederlassung zitieren könnten, sofern sich der Rechtsstreit auf den Betrieb derselben bezieht.[7]

III. Rechtsvergleichende Hinweise[8]

1. Vorbilder finden sich in den nationalen Prozeßordnungen der Bundesrepublik Deutschland[9] und Italiens.[10] In Frankreich hat die Rechtsprechung die Theorie von den „*gares principales*" entwickelt.[11]

Dieser Gerichtsstand wurde auch in mehreren bilateralen Abkommen rezipiert,[12] so im italienisch-belgischen Abkommen (Art. 2 Nr. 3), im deutsch-belgischen Abkommen (Art. 2 I Nr. 4), im französisch-belgischen Abkommen (Art. 3 II), im französisch-italienischen Abkommen (Art. 13), im italienisch-niederländischen Abkommen (Art. 2 Ziffer 3), im belgisch-niederländischen Abkommen (Art. 5 III), im Benelux-Ver-

[4] Undeutlich *Schröder,* Internationale Zuständigkeit, 1971, 330 und *Linke* in *Bülow-Böckstiegel* 606/74, Art. 5, Anm. V 1.
[5] A. A. *Stein-Jonas-Schumann,* ZPO, 20. Aufl., § 21 Rz. 1.
[6] *Jenard*-Bericht S. 67. Vgl. auch oben § 4 I 1 und § 49 I.
[7] Ebenso *Linke* IPRax 1982, 48; *Kropholler* IZVR Rz. 698 bei Fußn. 1535.
[8] *Geimer* WM 1976, 147.
[9] § 21 ZPO.
[10] Art. 19 I 2 Codice di procedura civile.
[11] *Solus-Perrot,* Droit judiciaire, tome II: La compétence, 1973, Nr. 254ff.
[12] *Jenard*-Bericht S. 73.

trag (Art. 5 IV), im deutsch-niederländischen Abkommen (Art. 4 I Buchstabe d), im deutsch-italienischen Abkommen (Art. 2 Nr. 3), im deutsch-britischen Abkommen (Art. IV Abs. 1 Buchst. a Nr. 5) und im französisch-britischen Abkommen (Art. 4 I Buchstabe e).[13] Auch nach dem deutsch-griechischen Vertrag wird dieser Gerichtsstand anerkannt; diesem Vertrag liegt – nach dem Vorbild des deutsch-österreichischen Vertrages – das *System der Negativliste* zugrunde. Hierzu unten Bd. II 78ff.

IV. Autonome Qualifikation

Die Zuständigkeitsanknüpfungen des Art. 5 Nr. 5 – Zweigniederlassung, Agentur, sonstige Niederlassung – sind im Interesse einer möglichst einheitlichen Anwendung des Übereinkommens autonom zu qualifizieren,[14] also durch konventionsimmanente Definitionen auszulegen.[15]

---

[13] Hinweise auch bei *Droz* Nr. 81; *Geimer* WM 1976, 148; Weser Nr. 114.

[14] Zu den Auslegungsmethoden allgemein oben § 11.

[15] EuGH, Urteil vom 6. Oktober 1976, Rechtssache 14/76, *de Bloos ./. Bouyer,* EuGHE 1976, 1497 = NJW 1977, 490 mit Anm. *Geimer* = RIW/AWD 1977, 41 mit Anm. *Linke.* Hierzu unten § 83 Fußn. 172.

Ausführlich EuGH, Urteil vom 22. November 1978, Rechtssache 33/78, *Somafer S.A. ./. Saar-Ferngas AG,* EuGHE 1978, 2183 = RIW/AWD 1978, 56: „Das Bestreben, die Rechtssicherheit und die Gleichheit der Rechte und Pflichten der Parteien im Hinblick auf die Möglichkeit der Abweichung von der allgemeinen Zuständigkeitsvorschrift des Art. 2 zu gewährleisten, gebietet eine autonome und damit allen Vertragsstaaten gemeinsame Auslegung der in Art. 5 Nr. 5 aufgeführten Begriffe." Der Entscheidung liegt folgendes Ausgangsverfahren zugrunde: Die beklagte Firma Etablissements Somafer mit Sitz in Uckange (Frankreich), hat im Auftrag des saarländischen Innenministeriums einen Bunker gesprengt. Da in dessen Nähe Gasleitungen der Saar-Ferngas AG (der Klägerin) vorbeiführten, nahm diese mit oder ohne Zustimmung von Somafer – die Parteien streiten über diesen Punkt – Sicherungsarbeiten vor, für die sie von Somafer Aufwendungsersatz verlangt. Somafer verwendet in der Bundesrepublik Deutschland im Verkehr mit ihren Kunden Briefbögen mit der Aufschrift: „Somafer Vertretung für Deutschland". Am unteren Rand dieser Briefbögen ist vermerkt: „Hauptverwaltung Uckange (Frankreich)". Nach dem Vorbringen von Ferngas hält sich in Beckingen – zumindest gelegentlich – ein Vertreter oder Angestellter von Somafer auf, mit dem sie die zu treffenden Schutzmaßnahmen vereinbart habe. Da ihre Forderung nicht erfüllt wurde, verklagte Ferngas Somafer vor dem LG Saarbrücken auf Zahlung. Somafer bestritt die Zuständigkeit dieses Gerichts, wogegen Ferngas in erster Linie geltend machte, der Rechtsstreit beziehe sich auf eine vertragliche Verpflichtung, die in Deutschland zu erfüllen sei, so daß nach Art. 5 Nr. 1 die deutschen Gerichte für das Verfahren zuständig seien, und hilfsweise, der Rechtsstreit betreffe den Betrieb einer Zweigniederlassung, einer Agentur oder einer sonstigen Niederlassung im Sinn von Artikel 5 Nr. 5, woraus sich ebenfalls die Zuständigkeit der genannten Gerichte ergebe. Das OLG Saarbrücken (IPRspr. 1979 Nr. 151a) hat den EuGH um Vorabentscheidung über folgende Fragen ersucht:

„1. Sind die Zuständigkeitsvoraussetzungen ‚aus dem Betrieb einer Zweigniederlassung, einer Agentur oder einer sonstigen Niederlassung' in Art. 5 Nr. 5 EuGVÜ
a) aufgrund des Rechts des Staates, dessen Gerichte aufgerufen sind, oder
b) aufgrund des Rechts der beteiligten Staaten (Qualifikation nach dem in der Hauptsache anzuwendenden Recht) oder
c) autonom, d. h. aufgrund der Zielsetzung und Systematik des EuGVÜ sowie der allgemeinen Rechtsgrundsätze, die sich aus der Gesamtheit der innerstaatlichen Rechtsordnungen ergeben (EuGH 14. 10. 1976 – *Eurocontrol* – NJW 1977, 489, 490), zu bestimmen?

2. Welche Auslegungskriterien gelten im letzten Fall (1 c) für die Begriffe ‚Zweigniederlassung' und ‚Agentur' in bezug auf Selbständigkeit von Entscheidungen (u. a. Geschäftabschlüsse) sowie Umfang der äußeren Einrichtung?
3. Sind hierbei – wie etwa nach deutschem Recht – Prinzipien der Haftung für einen nach außen, d. h. Dritten gegenüber begründeten Rechtsschein für das Bestehen einer Zweigniederlassung oder Agentur mit der Rechtsfolge anzuwenden, daß derjenige, der einen solchen Anschein erweckt, so zu behandeln ist, als habe er eine Zweigniederlassung oder Agentur betrieben?"

Der EuGH führte u. a. aus: „Da das Übereinkommen häufig Ausdrücke und Rechtsbegriffe aus dem Bereich des Zivil-, Handels- und Verfahrensrechts verwendet, deren Bedeutung in den einzelnen Vertragsstaaten verschieden sein kann, ergibt sich die Frage, ob diese Ausdrücke und Begriffe als autonom – und damit allen Vertragsstaaten gemeinsam – oder als Verweisung auf die Normen desjenigen Rechts verstanden werden müssen, das nach den Kollisionsnormen des mit dem Rechtsstreit zuerst befaßten Gerichts anwendbar ist. Diese Frage ist so zu beantworten, daß die volle Wirksamkeit des Übereinkommens bei der Erreichung der mit ihm angestrebten Ziele sichergestellt wird. – Die Bedeutung der in der Wendung „Streitigkeiten aus dem Betrieb einer Zweigniederlassung, einer Agentur oder einer sonstigen Niederlassung" enthaltenen Begriffe, die die Zuständigkeit nach Art. 5 Nr. 5 bestimmen, ist von einem Vertragsstaat zum anderen nicht nur in der jeweiligen Gesetzgebung, sondern auch in der Anwendung der bilateralen Verträge über die Anerkennung und Vollstreckung ausländischer Entscheidungen verschieden. – Die Funktion dieser Begriffe innerhalb des Übereinkommens ist in bezug auf die allgemeine Zuständigkeitsvorschrift des Art. 2 I zu beurteilen, wonach „vorbehaltlich der Vorschriften dieses Übereinkommens ... Personen, die ihren Wohnsitz in dem Hoheitsgebiet eines Vertragsstaats haben, ohne Rücksicht auf ihre Staatsangehörigkeit vor den Gerichten dieses Staates zu verklagen [sind]". Art. 5 sieht mit Rücksicht darauf, daß in ganz bestimmten Fällen zwischen der Klage und dem zur Entscheidung hierüber berufenen Gericht eine besonders enge Verknüpfung besteht, im Interesse einer sachgerechten Prozeßführung besondere Zuständigkeiten vor, unter denen der Kläger die Wahl hat. In Anbetracht der Tatsache, daß eine Anhäufung von Zuständigkeiten für einen und denselben Rechtsstreit nicht dazu angetan ist, die Rechtssicherheit und die Wirksamkeit des Rechtsschutzes im gesamten Bereich der Hoheitsgebiete zu fördern, aus denen die Gemeinschaft besteht, entspricht es der Zielsetzung des Übereinkommens, wenn eine extensive, viele Möglichkeiten zulassende Auslegung der Ausnahmen von der allgemeinen Zuständigkeitsvorschrift des Art. 2 vermieden wird. Dies gilt um so mehr, als die in den nationalen Rechtsvorschriften oder bilateralen Verträgen enthaltene ähnliche Ausnahme häufig auf der Vorstellung beruht, daß ein Staat den Interessen seiner Angehörigen dient, wenn er ihnen die Möglichkeit bietet, sich der Zuständigkeit eines ausländischen Gerichts zu entziehen; eine solche Überlegung ist indessen im Bereich der Gemeinschaft nicht am Platz, da die Rechtfertigung für die in Art. 5 vorgesehenen Abweichungen von der allgemeinen Zuständigkeitsnorm des Art. 2 ausschließlich im

V. Der betroffene Personenkreis

Art. 5 Nr. 5 gilt nicht nur für die Betätigung von Kaufleuten oder sonstigen Gewerbetreibenden. Eine solche Beschränkung des Anwendungsbereichs hätte im Wortlaut der Vorschrift zum Ausdruck kommen müssen. Im übrigen geht dies auch aus der weiten Fassung („... oder einer sonstigen Niederlassung") hervor. Unter den Anwendungsbereich dieser Vorschrift können z. B. auch Angehörige sog. freier Berufe fallen.[16] Betreibt z. B. ein in München domizilierter Architekt (auch) ein Architekturbüro in Frankreich, so kann er für alle mit diesem Büro zusammenhängenden Streitigkeiten (i. d. R. Aufträge für Planungen in Frankreich) am Sitz seiner französischen Niederlassung verklagt werden. Das gleiche gilt z. B. auch für Ärzte, die Sanatorien oder Kurheime im Ausland betreiben.

VI. Die Anknüpfungspunkte: Zweigniederlassung, Agentur oder sonstige Niederlassung

1. Der übergreifende Begriff für alle drei Anknüpfungspunkte ist der der *Niederlassung*. Zweigniederlassung und Agentur sind lediglich Unterfälle der Niederlassung. Der Begriff der Niederlassung ist, wie aus dem Text des Übereinkommens hervorgeht, weit zu fassen; sonst wäre die Formulierung „sonstige" Niederlassung unverständlich. Sie ist im Wege der autonomen vertragsimmanenten Auslegung einheitlich für alle

---

Bemühen um eine ordnungsgemäße Rechtspflege zu suchen ist. Tragweite und Grenzen der Befugnis, die dem Kläger in Art. 5 Nr. 5 vorbehalten ist, hängen von der Beurteilung der besonderen Faktoren ab, die – sei es in den Beziehungen zwischen dem Stammhaus und seinen Zweigniederlassungen, Agenturen oder sonstigen Niederlassungen, sei es in den Beziehungen zwischen einer dieser letztgenannten Einheiten und Dritten – die spezielle Verknüpfung deutlich machen, welche das dem Kläger eingeräumte Wahlrecht in Abweichung von Art. 2 rechtfertigt. Es handelt sich zwangsläufig um Faktoren, die zwei in verschiedenen Vertragsstaaten bestehende Einheiten betreffen, sich aber dennoch einheitlich beurteilen lassen müssen, ohne Rücksicht darauf, ob sie aus der Sicht des Stammhauses betrachtet werden, aus derjenigen der Außenstelle oder -stellen, die das Stammhaus in anderen Mitgliedsstaaten errichtet hat, oder aber aus der Sicht Dritter, zu denen über diese Außenstellen Rechtsbeziehungen entstanden sind. Das Bestreben, die Rechtssicherheit und die Gleichheit der Rechte und Pflichten der Parteien im Hinblick auf die Möglichkeit der Abweichung von der allgemeinen Zuständigkeitsvorschrift des Art. 2 zu gewährleisten, gebietet sonach eine autonome und damit allen Vertragsstaaten gemeinsame Auslegung der in Art. 5 Nr. 5 des Übereinkommens aufgeführten Begriffe, die Gegenstand des Vorabentscheidungsersuchens sind." Ebenso EuGH, Urteil vom 18. März 1981, Rechtssache 139/80, *Blanckaert & Willems ./. Trost,* EuGHE 1981, 819 = RIW/AWD 1981, 341 = NJW 1982, 507 L = IPRax 1982, 64; hierzu *Linke* a.a.O. 46.

[16] *Geimer* WM 1976, 147.

Vertragsstaaten zu ermitteln.[17] Wesentlich für den Begriff der Niederlassung ist die Dauer der Betätigung an einem bestimmten Ort. Der Aufenthalt für die Dauer einer Messe, einer Ausstellung oder sonstigen nur vorübergehenden Veranstaltung reicht nicht aus. Hinzu kommen muß eine gewisse räumliche Selbständigkeit von dem Wohnsitz bzw. Sitz des Beklagten. Ein wesentliches Charakteristikum ist, daß von dem in Frage stehenden Ort aus der Beklagte sich am Rechtsverkehr im Urteilsstaat beteiligt. Ein Indiz hierfür ist z. B., wenn er die einschlägige Adresse auf seinen Briefbögen angibt oder ein Büro unterhält, das dem Besucherverkehr geöffnet ist.[18] Nicht hierher gehören Lager- und Speicherräume

---

[17] Oben Fußn. 15.

[18] Vgl. EuGH, Urteil vom 22. November 1978, Rechtssache 33/78, oben Fußn. 15. In dem Ausgangsrechtsstreit bejahte aufgrund des EuGH-Urteils dann das OLG Saarbrücken, RIW/AWD 1980, 796 = IPRspr 1979 Nr. 151b die Voraussetzungen des Art. 5 Nr. 5: „Wie die ... Beweisaufnahme ergeben hat, hat die Beklagte in B. [Deutschland] einen Mittelpunkt geschäftlicher Tätigkeit der vom EuGH umschriebenen Art geschaffen. Sie hat durch ihren für das technische Sprengwesen verantwortlichen Direktor S. dort über einen Raum im Hause des Zeugen X. verfügen können, der für sie und ihre Kunden die Funktion eines Geschäftsraumes hatte. Zwar war diese Räumlichkeit nicht als Geschäftsraum der Beklagten – etwa durch ein Firmenschild – ausdrücklich ... ausgewiesen. In dem Büroraum gab es auch keinen eigenen Telefonanschluß und keine Möbel, die der Beklagten gehörten. S. hatte auch keinen eigenen Schlüssel zu dem Büro und war selbst nicht ständig (etwa zweimal in der Woche) dort zu erreichen ... Ausschlaggebend ist jedoch, daß dennoch alle Voraussetzungen gegeben waren, die es der Beklagten ermöglichten, den Raum entsprechend ihrem jeweiligen Geschäftsbedarf zu nutzen, und daß die Beklagte in diesem Mittelpunkt geschäftlicher Tätigkeit für ihre Kunden ständig ansprechbar gewesen ist. Der Büroraum war sachlich so ausgestattet, daß die Beklagte die anfallenden Geschäfte mit Dritten betreiben konnte. In diesem Zusammenhang ist nicht unwesentlich, daß der Geschäftsbereich der Beklagten in der Bundesrepublik sich seiner Natur nach (Abbruch- und Sprengungsarbeiten) auf einen eng begrenzten Kundenkreis beschränkte. Für diesen Kreis von Beteiligten war die Beklagte seit den Vereinbarungen, die S. mit X. getroffen hatte, in B. erreichbar. Der Wohnungs- und Telefonanschlußinhaber X., der in dieser Branche selbst fachkundig war ..., nahm aufgrund dieser Absprache Telefonate für die Beklagte entgegen. ...

Aufgrund besonderer ... Umstände im Hause X. war garantiert, daß dort ständig ... jemand zu erreichen war. Der Zeuge S. konnte daher auch jederzeit in den Büroraum gelangen, wenn er dies wollte, und im übrigen zu X., den er nach seinen eigenen Worten als freien Mitarbeiter für die Beklagte eingeschaltet hatte, den jeweiligen geschäftlichen Erfordernissen gemäß Kontakt halten.

Die Funktion dieses Büros als Mittelpunkt geschäftlicher Tätigkeit der Beklagten erhellt auch aus der Tatsache, daß S., wenn er dort selbst zugegen war, sich am Telefon mit ‚Firma ...‘ meldete und auch im Kopf der Briefbögen der Beklagten als Telefonnummer der Anschluß des Zeugen X. als ihre eigene Nummer angegeben war. Daß das Büro in B. speziell für die Kunden der Beklagten als Außenstelle fungieren sollte, entsprach dem Willen der Beklagten. Sie wollte damit den Kontakt zu ihren Kunden im deutschsprachigen Geschäftsbereich – im wesentlichen handelte es sich hierbei um das Saarland – erleichtern. Zu diesem Zweck hatte sie Briefbögen mit der Anschrift: ‚Vertretung für Deutschland‘ unter der Telefonadresse [in B.] aufgeführt.“

und sonstige Vorrichtungen, die lediglich der internen, also nicht nach außen hin orientierten Organisation des Beklagten dienen.

2. Was die *äußeren Merkmale* angeht, so ist mit dem Begriff der Zweigniederlassung, der Agentur oder der sonstigen Niederlassung ein *Mittelpunkt geschäftlicher* oder beruflicher *Tätigkeit* gemeint, der auf Dauer als Außenstelle eines Stammhauses hervortritt, eine Geschäftsführung hat und sachlich so ausgestattet ist, daß er in der Weise Geschäfte mit Dritten betreiben kann, daß diese, obgleich sie wissen, daß möglicherweise ein Rechtsverhältnis mit dem im Ausland ansässigen Stammhaus begründet wird, sich nicht unmittelbar an dieses zu wenden brauchen, sondern Geschäfte an dem Mittelpunkt geschäftlicher Tätigkeit abschließen können, der dessen Außenstelle ist.[19]

3. Maßgebend ist das Betreiben einer Zweigniederlassung, Agentur oder sonstigen Niederlassung *im eigenen Namen*. Dabei spielt es keine Rolle, ob der Beklagte Eigentümer oder nur Pächter oder Nutznießer der Niederlassung ist und ob er sie selbst oder durch Vertreter betreibt.[20] Entscheidend ist, daß die dort getätigten Geschäfte im Namen des Beklagten vorgenommen werden und nicht etwa durch Kommissionäre in deren eigenen Namen. Wo sich der Beklagte aufhält oder gewöhnlich aufhält, spielt keine Rolle.[21]

4. Art. 5 Nr. 5 setzt nicht voraus, daß es sich um Streitigkeiten aus einem Gewerbebetrieb handelt. Auch Nichtkaufleute können eine Agentur oder sonstige Niederlassung unterhalten. Charakteristisch ist jedoch die Aufsicht und Leitung durch eine von der Niederlassung getrennte Zentrale.[22]

---

[19] So EuGH, Urteil vom 22. November 1978, Rechtssache 33/78, oben Fußn. 15. Der EuGH spricht jedoch nur von geschäftlicher Tätigkeit, läßt die sonstige berufliche Tätigkeit außer Betracht.

[20] Ebenso zu § 21 ZPO *Stein-Jonas-Schumann,* ZPO, 20. Aufl., § 21 Rz. 10.

[21] Dabei wird aber vorausgesetzt, daß die Zuständigkeitsordnung des Übereinkommens zur Anwendung kommt. Vgl. oben Fußn. 1.

[22] Der EuGH spricht von „Aufsicht und Leitung des Stammhauses". Vgl. EuGH, Urteil vom 6. Oktober 1976, Rechtssache 14/76, oben Fußn. 15.

Die Cour d'Appel Mons hatte folgende Frage aufgeworfen: „Steht der Alleinvertriebshändler einer Zweigniederlassung, einer Agentur oder einer sonstigen Niederlassung des Lieferanten im Sinne des Art. 5 Nr. 5 vor, wenn er – zum einen – nicht befugt ist, in dessen Namen aufzutreten oder ihn zu verpflichten, und – zum anderen – weder dessen Aufsicht noch dessen Leitung untersteht?"

Der EuGH verneinte und begründete seine Antwort wie folgt: „Zweigniederlassung und Agentur sind unter anderem wesentlich dadurch charakterisiert, daß sie der Aufsicht und Leitung des Stammhauses unterliegen. Wortlaut und Zweck dieses Artikels ergeben, daß der ebenfalls verwendete Begriff ‚Niederlassung' nach dem Geist des Übereinkommens die gleichen Wesensmerkmale aufweist wie die Begriffe Zweigniederlassung und Agentur. Deshalb lassen sich die Begriffe Zweigniederlassung, Agentur und sonstige Niederlassung nicht auf den Fall eines Alleinvertriebshändlers ausdehnen, der unter den vom nationalen Gericht *beschriebenen Bedingungen* tätig ist." Die Cour d'Appel Mons verneinte daraufhin Art. 5 Nr. 5 mit Urteil vom 3. Mai 1977, Rechtsprechungsübersicht Nr. 97, Folge 3.

Daran fehlt es bei einem Alleinvertriebshändler[23] sowie einem selbständigen Handelsvertreter (Vermittlungsvertreter), der auf Grund seiner rechtlichen Stellung seine Tätigkeit frei gestalten kann und der sich darauf beschränkt, Aufträge an das Stammhaus weiterzuleiten.[24]

5. Art. 5 Nr. 5 setzt nicht voraus, daß die Zweigniederlassung im Handelsregister eingetragen ist; auch dann nicht, wenn dies handelsrechtlich vorgeschrieben ist. Besteht die Zweigniederlassung nicht, ist sie jedoch (noch) im Handelsregister eingetragen, so muß der Inhaber die eingetragene Niederlassung gegen sich gelten lassen. Er wird nicht mit dem Einwand gehört, die im Handelsregister verlautbarte Niederlassung bestehe nicht. Dies gilt auch dann, wenn auf sonstige Weise der Schein einer selbständigen Niederlassung gesetzt wird, so z. B., wenn der Beklagte dem Kläger das Bestehen einer Niederlassung arglistig vorspiegelt.

6. Maßgeblicher Zeitpunkt ist die Klageerhebung bzw. Schluß der mündlichen Verhandlung.[25]

VII. Betriebsbezogenheit der Klage bzw. des Antrags

1. Der Gegenstand des Rechtsstreits bzw. sonstigen Verfahrens muß sich auf den Betrieb der Zweigniederlassung, der Agentur oder der sonstigen Niederlassung beziehen. Unter den Begriff „aus dem Betrieb" fallen nach der etwas schwerfälligen Definition des EuGH[26]

a) zum einen die Rechtsstreitigkeiten, in denen es um vertragliche oder außervertragliche Rechte und Pflichten in Bezug auf die eigentliche Führung der Agentur, der Zweigniederlassung oder der sonstigen Niederlassung selbst geht, wie etwa die Rechte und Pflichten im Zusammenhang mit der Vermietung des Grundstücks, auf dem die Niederlassung errichtet ist, oder mit der am Ort der Niederlassung vorgenommenen Einstellung des dort beschäftigten Personals,

b) zum anderen diejenigen Rechtsstreitigkeiten, die sich auf Verbindlichkeiten beziehen, welche die Niederlassung (= Mittelpunkt geschäftlicher Tätigkeit) im Namen des Stammhauses eingegangen ist und die in dem Vertragsstaat zu erbringen sind,[27] in dem die Niederlassung besteht,

---

[23] Vgl. EuGH, Urteil vom 6. Oktober 1976, Rechtssache 14/76, oben Fußn. 15; hierzu *Geimer* EuR 1977, 360.

[24] EuGH, Urteil vom 18. März 1981, Rechtssache 139/80, oben Fußn. 15.

[25] OLG Saarbrücken RIW/AWD 1980, 796 = IPRspr. 1979 Nr. 151b.

[26] EuGH, Urteil vom 22. November 1978, Rechtssache 33/78, oben Fußn. 15.

[27] So EuGH aaO Fußn. 26. Unpräzis die Formulierung „zu erfüllen", da ein Erfüllungsort im Sinne des Art. 5 Nr. 1 nicht im Gerichtsstaat gelegen sein muß. Treffend OLG Saarbrücken, RIW/AWD 1980, 796 = IPRspr. 1979 Nr. 151b (vgl. oben Fußn. 18):

„Wenn der EuGH in seiner Vorabentscheidung weiter ausführt, die Verbindlichkeit müsse in dem Vertragsstaat ‚zu erfüllen' sein, in dem dieser Mittelpunkt bestehe, so

c) sowie die Rechtsstreitigkeiten über außervertragliche Verpflichtungen, die aus der Tätigkeit entstehen, welche die Zweigniederlassung, die Agentur oder die sonstige Niederlassung für Rechnung des Stammhauses an dem Ort ausgeübt hat, an dem sie errichtet ist.

2. Der EuGH[28] verlangt zu Recht, daß das Gericht in jedem Einzelfall die Anhaltspunkte, anhand derer sich das Bestehen eines tatsächlichen Mittelpunkts geschäftlicher Tätigkeit feststellen läßt, zu bestimmen und das in Frage stehende Rechtsverhältnis in bezug auf den Begriff „aus dem Betrieb", so wie er hier ausgelegt wird, zu qualifizieren hat.

3. *Fazit:* Der Streitgegenstand muß aus dem Betrieb der Zweigniederlassung oder Agentur oder sonstigen Niederlassung herrühren. Diesen Bezug zum Geschäftsbetrieb der Niederlassung haben die dort geschlossenen und dort zu erfüllenden Verträge, ebenso Klagen aus Vertragsverletzungen, wenn sie am Ort der Niederlassung geschehen sind; das gleiche gilt für unerlaubte Handlungen und für den unter dem Namen der Zweigniederlassung vorgenommenen unlauteren Wettbewerb, sowie für die Gefährdungshaftung, z. B. bezüglich der von der Niederlassung gehaltenen Kraftfahrzeuge oder auf dem Werksgelände verursachten Schäden durch Kraftfahrzeuge. Aber ein solcher äußerlicher Bezug ist nicht unerläßliche Voraussetzung für die Eröffnung der Zuständigkeit.[29] Auch eine unmittelbare Zweckbeziehung auf diese Niederlassung reicht aus. Eine solche liegt vor, wenn es sich um Ansprüche auf Begründung oder Aufhebung der Niederlassung oder um deren Einrichtung und Ausstattung handelt, oder um nicht unter Art. 16 Nr. 1 fallende Klagen aus Pacht oder Mietverhältnissen, die die Niederlassung betreffen, z. B.

---

kann hieraus nicht gefolgert werden, es müsse desweiteren der Erfüllungsort im Sinne des Art. 5 Nr. 1 EuGVÜ im Inland belegen sein. Eine solche Rechtsanwendung unter erneutem Zurückgreifen auf den – nach dem oben Gesagten in Frankreich liegenden – Erfüllungsort der Klageverbindlichkeit im Sinne des Art. 5 Nr. 1 EuGVÜ würde in dem in Frage stehenden Bereich vertraglicher Verpflichtungen die in Nr. 5 getroffene Regelung jedes eigenen Sinnes entkleiden. Hätte der EuGH eine solche weitreichende Folgerung ziehen wollen, so hätte er dies mit hinreichender Deutlichkeit zum Ausdruck gebracht. In Ermangelung anderweitiger verbindlicher Auslegungsrichtlinien erachtet es demgegenüber der Senat jedenfalls in Fällen der vorliegenden Art als ausreichend und erforderlich, daß der geltend gemachte Zahlungsanspruch in einem engen, unmittelbaren Zusammenhang mit der das Vertragsverhältnis typisierenden Leistung der Beklagten steht. Nach dem Klagevortrag hat die Klägerin Sicherungsmaßnahmen vorgenommen, die zu treffen an sich Aufgabe der die Sprengarbeiten durchführenden Beklagten gewesen wäre. Demzufolge hat die Klägerin lediglich an Stelle der Beklagten gehandelt und ist hinsichtlich des entstandenen finanziellen Aufwandes, dessen Erstattung sie nunmehr begehrt, für die Beklagte gewissermaßen in Vorlage getreten. Diese enge Verknüpfung zwischen den seitens der Beklagten im Inland – einschließlich der Sicherheitsmaßnahmen – zu erbringenden Leistungen und dem Erstattungsanspruch der Klägerin läßt es gerechtfertigt erscheinen, von einem ‚Erfüllen' dieser Verpflichtung im Inland im Sinne der Entscheidung des EuGH zu sprechen."

[28] EuGH, oben Fußn. 26.

[29] *Stein-Jonas-Schumann* ZPO, 20. Aufl., § 21 Rz. 15.

Klage auf Bezahlung des Pachtzinses für die in der Niederlassung überlassenen Räumlichkeiten. Ein solcher Bezug ist jedoch zu verneinen für Gegenstände, die sich rein zufällig im Bereich der Niederlassung befinden, oder wenn Streitigkeiten anhängig gemacht werden, die nicht aus dem Geschäftsbetrieb herrühren, sondern z. B. aus Vermögensübernahme.

§ 83 Gerichtsstand des Erfüllungsortes[1]

I. Schutz der Klägerinteressen

Die Grundregel des Art. 2 I „*actor sequitor forum rei*" vernachlässigt die legitimen Zuständigkeitsinteressen des Klägers.[2] Die Begründung und Aufhebung des Wohnsitzes liegt ausschließlich in der Disposition des Beklagten. Ein böswilliger Schuldner kann durch ständigen Wohnsitzwechsel die Durchsetzung der Ansprüche seiner Gläubiger erheblich erschweren. Dies gilt schon für den innerstaatlichen Bereich, aber in viel größerem Umfang für den internationalen Rechtsverkehr.[3]

Die Einführung des Gerichtsstandes des Erfüllungsortes war im Interesse des Gläubigerschutzes unausweichlich.[4] Er gibt dem Gläubiger eine überschaubare und kalkulierbare Zuständigkeitsanknüpfung.[5]

---

[1] Hierzu s. auch *Kropholler* IZVR Rz. 658ff.

[2] Vgl. oben § 50 I Fußn. 3.

[3] Zur Interessenlage vgl. *Schröder,* Internationale Zuständigkeit 1971, 299 sub cc. und *Spellenberg* IPRax 1981, 76 sub III. Die gleichen Erwägungen haben bereits die Verfasser der deutschen ZPO angestellt, vgl. *Hahn-Mugdan,* Gesamte Materialien, Bd. 2, 157. Es erschien „geboten", dem inländischen Vertragsgläubiger einen inländischen Gerichtsstand zu eröffnen.

[4] *Droz* Nr. 64: „Dès l'instant que l'on supprimait les compétences spéciales basées sur la nationalité ou le domicile du demandeur et sur la situation des biens du défendeur, l'inclusion d'un chef de compétence de ce type était indispensable. Il fallait en effet éviter que l'un des contractants ne souffre du déplacement abusif ou imprévu du domicile de son adversaire après la conclusion ou l'exécution du contrat litigieux. La compétence du tribunal du lieu d'exécution constitue une constante, assez aisément prévisible, qui permet d'éviter les abus dans les relations contractuelles. Certes, il peut se présenter des cas d'exécutions multiples, mais cela ne change rien au fait que les parties peuvent le prévoir et, éventuellement, en éliminer les inconvénients par une clause d'élection de for. Le choix du *forum executionis contractus* était préférable à celui du lieu de conclusion du contrat qui donne un avantage marqué au plus puissant des contractants. Celui-ci pourrait exiger que l'on passe l'accord à son domicile afin de toujours fonder la compétence de son propre tribunal."

[5] Unzutreffend *Linke* in *Bülow-Böckstiegel* 606/61, Art. 5 Anm. I 4b: „Der gerichtsstandsbegründende Erfüllungsort folgt einer territorialen Verlegung des Anknüpfungskriteriums nach. Ist Erfüllungsort z. B. der Wohnsitz des Schuldners und wird dieser nach Vertragsabschluß in einen anderen Vertragsstaat verlegt, so ist die Zustän-

II. Ratio conventionis[6]

1. Kein Klägergerichtsstand

Wenn auch die Auflockerung des actor sequitur forum rei-Prinzips im *Interesse des Klägers* geboten erscheint, so handelt es sich beim Gerichtsstand des Erfüllungsortes gleichwohl nicht um einen Klägergerichtsstand.[7] Denn als Kompetenzgrund dient nicht ein in der Sphäre des Klägers liegendes Anknüpfungsmerkmal,[8] sondern ein streitgegenständlich bezogenes.[9] Der Beklagte ist nicht etwa am Wohnsitz/Sitz des Klägers gerichtspflichtig, sondern dort, wo er nach materiellem Recht leisten muß.[10]

---

digkeit nach Art. 5 Nr. 1 nunmehr an dem neuen Wohnsitzgericht des Schuldners eröffnet. – Im Gegensatz zum versteinerten gesetzlichen Erfüllungsort in § 269 Abs. 1 BGB ergibt sich aus der gesonderten Erwähnung des tatsächlichen Erfüllungsortes in Art. 5 Nr. 1, daß das GVÜ nicht die Umstände zum Zeitpunkt des Vertragsschlusses für die Gerichtsstandsbegründung festschreiben wollte. Die damit eröffnete Gefahr mißbräuchlicher Gerichtsstandsverlegungen besteht bei Anknüpfung an die vertragstypische Leistungsverpflichtung nur beschränkt, im übrigen ist sie aber nicht zu vermeiden. Die dadurch benachteiligte Partei kann eventuelle Mehrkosten unter Umständen materiellrechtlich zum Ausgleich bringen." § 269 BGB knüpft an den Zeitpunkt des Vertragsschlusses an: Vgl. unten bei Fußn. 272. Dunkel auch *Schröder,* Internationale Zuständigkeit, 1971, 355 vor cc.

[6] Hierzu *Schröder,* Internationale Zuständigkeit, 1971, 322; *Spellenberg,* IPRax 1981, 76.

[7] A. A. *Schröder,* Internationale Zuständigkeit, 1971, 299 und *Spellenberg* IPRax 1981, 76 sub III:

„Wer auswärts, namentlich im Ausland prozessieren muß, tut sich schwerer. Das gilt aber für Kläger wie Beklagte gleichermaßen, und es fällt, wie *Jochen Schröder* 229 ff. deutlich gemacht hat, gar nicht leicht zu begründen, warum generell der Kläger näher daran sein soll, diese Last zu übernehmen. Wohl auch weil die Regel actor sequitur forum rei so ehrwürdig alt und weltweit verbreitet ist, wird sie praktisch in der Literatur über die pauschale Berufung auf ihre Gerechtigkeit hinaus kaum begründet. Die Abwägung möglicher Argumente zeigt nur ein leichtes Übergewicht zugunsten der Interessen des Beklagten, und deshalb auch finden wir für so viele Klagen Sonder- und Wahlgerichtsstände, darunter den des Erfüllungsortes, die häufig einen Klägergerichtsstand ergeben, oder doch einen, der dem Kläger günstiger ist als der allgemeine Gerichtsstand des Beklagten an dessen Wohnort. Damit nehmen die Gesetzgeber da, wo sich dafür bestimmte Gründe finden, die zuständigkeitsmäßige Begünstigung des Beklagten wieder zugunsten des Klägers zurück. *Es entspricht vielleicht nicht den Absichten der Väter des EuGVÜ, Klägergerichtsstände zu schaffen, aber es ist die Realität, daß von diesen Zuständigkeiten praktisch nur Gebrauch gemacht wird, wenn ein Klägergerichtsstand oder ein wenigstens dem Kläger günstigerer daraus entsteht.*" Ebenso *Linke* in *Bülow-Böckstiegel,* 606/55 Art. 5, Anm. I 1 a.

[8] Anders z. B. Art. 59 III Code de procédure civile. Vgl. unten bei Fußn. 35.

[9] Näher *Schröder,* Internationale Zuständigkeit, 1971, 327.

[10] Vgl. unten XI.

2. Inneres Telos[11]

Damit sind wir bereits beim inneren Telos des Gerichtsstandes des Erfüllungsortes: Wo der Schuldner nach materiellem Recht, das das IPR des Erststaates (= Gerichtsstaates) bestimmt,[12] leisten muß, muß er auch vor Gericht Rede und Antwort stehen.[13] Dieser innere Zusammenhang ist evident;[14] umso verwunderlicher ist, daß viele ihn nicht sehen.[15]

3. Beweisnähe[16]

Insbesondere ist die Argumentation des EuGH in diesem Punkt angreifbar.[17] Er meint, Art. 5 Nr. 1 stelle „ein Zuständigkeitskriterium

---

[11] *Schröder,* Internationale Zuständigkeit, 1971, 325; *Geimer* WM 1976, 1290 sub 4; *Geimer* EuR 1977, 356.

[12] Vgl. unten XIII.

[13] *Geimer* EuR 1977, 356; NJW 1977, 493; *Zöller-Geimer,* ZPO, 13. Aufl., 1981, IZPR, Anm. E XV 18a. Zustimmend OLG Saarbrücken, RIW/AWD 1980, 797 = IPRspr. 1979 Nr. 151b.

[14] Ähnlich *Spellenberg* IPRax 1981, 77: „Entweder kraft dispositiven Rechts oder kraft Vereinbarung kann die Vertragspartei verpflichtet sein, sich mit ihrer Leistung zum Gegner zu begeben. Der Erfüllungsort fällt dann nicht mit dem Wohnsitz und damit dem allgemeinen Gerichtsstand des Schuldners zusammen. Sieht sich der Kläger genötigt, die Leistung gerichtlich einzufordern, so soll er nun nicht gezwungen werden zu reisen, wenn er dies bei der – unterstellt – gebotenen freiwilligen Erfüllung nicht hätte tun müssen. Die ‚Reiselast' soll im Prozeßfall nicht verändert werden. ...

Gewiß hat die Argumentation mit der Reiselast unterschiedliches Gewicht: Bei einer komplizierten Sachleistung überzeugt sie mehr als bei einer Geldzahlungspflicht, die kaum sonderliche Leistungshandlungen und Anstrengungen erfordert. Gute Gründe sprächen dafür, nur den Erfüllungsort der charakteristischen (Sach-)Leistung heranzuziehen und für alle Klagen aus diesem Vertrage einheitlich dort die Zuständigkeit zu begründen, aber nachdem der EuGH wohl den Vorstellungen der Verfasser des EuGVÜ entsprechend auf die jeweilige streitbefangene Pflicht der Vertragspartei abgestellt hat, muß man Geld- und Sachleistungsgläubiger bzw. -schuldner gleich behandeln."

Noch nicht so dezidiert *Spellenberg* ZZP 91 (1978), 57.

[15] Nicht überzeugend z. B. *Linke* in *Bülow-Böckstiegel* 606/55, Art. 5, Anm. I 1 a zur „Funktion des Gerichtsstands" des Art. 5 Nr. 1: „Der Gerichtsstand des Erfüllungsortes hat sachliche wie personelle Anknüpfungsbezüge. Im grenzüberschreitenden Rechtsverkehr hat er zudem die rechtspolitische Funktion, die Ausgestaltung des Grundsatzes actor sequitur forum rei zur allseitigen Zuständigkeitsregel auszugleichen, d. h. dem Vertragsgläubiger neben dem allgemeinen Gerichtsstand am ausländischen Wohnsitz des Schuldners auch einen inländischen Klägergerichtsstand zu eröffnen. Im Rahmen des GVÜ wurde seine Einführung zudem wegen des Ausschlusses der exorbitanten Zuständigkeiten, die an die Staatsangehörigkeit oder den Wohnsitz des Klägers bzw. an das Vermögen des Beklagten anknüpfen, für unumgänglich erachtet."

[16] Allgemein hierzu *Schröder*, Internationale Zuständigkeit, 1971, 322.

[17] Kritisch *Geimer* EuR 1977, 356 bei Fußn. 51; *Spellenberg* IPRax 1981, 77 und ZZP 91 (1978), 56.

auf, dessen Anwendung der Kläger nach seiner Wahl bestimmen kann und das durch eine *unmittelbare Verknüpfung zwischen dem Rechtsstreit und dem zu seiner Entscheidung berufenen Gericht* gerechtfertigt ist."[18]

Mit dieser etwas farblosen Formulierung will der EuGH wohl zum Ausdruck bringen, das Gericht am Erfüllungsort habe eine besondere Sachnähe zum Rechtsstreit. Er hat also die *Beweisnähe* im Auge. Diese Betrachtungsweise ist aber nicht stichhaltig.[19] Weder für Abschluß, Bestand noch Inhalt des Vertrages bzw. der eingeklagten Leistungspflicht sind die Beweismittel am Erfüllungsort regelmäßig besonders gut zugänglich.[20] Dies gilt allenfalls für Fragen über Zeit, Art und Weise der Anlieferung, Mängelfeststellung und -rüge. Im Gerichtsstand des Erfüllungsorts werden aber auch und meistens andere Klagen erhoben, nämlich solche auf Leistung (= Erfüllung in der Zukunft) und Schadensersatz wegen Nichterfüllung oder Leistungsstörungen (positive Vertragsverletzung, breach of contract etc.). Hier liefert das Schlagwort „Beweisnähe" keine Erklärung.[21]

4. Rechtsnähe[22]

Sollte der EuGH mit der „unmittelbaren Verknüpfung zwischen dem Rechtsstreit und dem zu seiner Entscheidung berufenen Gericht" auch die Rechtsnähe des Gerichts am Erfüllungsort gemeint haben, so wäre dies noch abwegiger als der Hinweis auf die Beweisnähe.[23] Es ist nämlich opinio communis der kollisionsrechtlichen Systeme aller Vertragsstaaten, daß in erster Linie der Wille der Parteien das Schuldstatut bestimmt.[24] Es wäre also purer Zufall, daß die Parteien das Recht des Gerichtsstaates gewählt haben.[25] Aber auch wenn keine ausdrückliche Rechtswahl erfolgt ist, ist nicht etwa auf das Recht des Erfüllungsortes zu rekurrieren;[26] denn dies würde beim gegenseitigen Vertrag zu einer

---

[18] EuGH, Urteil vom 17. Januar 1980, Rechtssache 56/79, *Zelger ./. Salinitri,* EuGHE 1980, 89 = NJW 1980, 1218 = RIW/AWD 1980, 726 = WM 1980, 720 mit Anm. *Schütze* = Rev. crit. 69 (1980), 385 mit Anm. *Mezger* = IPRax 1981, 89; näher unten Fußn. 237.

[19] Unklar *Kropholler* IZVR Rz. 344.

[20] *Spellenberg* IPRax 1981, 76.

[21] *Spellenberg* a. a. O.; *Schröder,* Internationale Zuständigkeit, 1971, 322.

[22] Allgemein *Schröder,* Internationale Zuständigkeit, 1971, 323.

[23] *Spellenberg* IPRax 1981, 77 Fußn. 19.

[24] Vgl. auch Art. 3 des EWG-Übereinkommens vom 19. Juni 1980 über das auf vertragliche Schuldverhältnisse anzuwendende Recht. Hierzu *Firsching* IPRax 1981, 37; *Pocar* RIW/AWD 1979, 384; *Steindorff* EuR 1981, 426.

[25] *Schröder,* Internationale Zuständigkeit, 1971, 324.

[26] Vgl. z. B. *Staudinger-Firsching*, Kommentar zum BGB, 11./12. Aufl., 1978, Internationales Schuldrecht I, Rz. 351 ff..

Rechtsspaltung führen, wenn der Erfüllungsort für die Hauptpflichten der Parteien (z. B. Verkäufer und Käufer) in verschiedenen Staaten läge.[27]

III. Rechtsvergleichender Überblick[28]

1. Die Verfasser des Übereinkommens folgten bei der Formulierung des Art. 5 Nr. 1 dem deutschen Vorbild (§ 29 ZPO).[29] Eine rechtsvergleichende Umschau zeigt, daß die nationalen Zuständigkeitsordnungen ganz unterschiedliche Lösungen für das Problem des Sondergerichtsstandes für Klagen aus Verträgen geben.[30] Es erweist sich, daß Art. 5 Nr. 1 ebenso wie § 29 ZPO die Mitte hält zwischen zwei Extremen, einerseits dem Verzicht auf jeden Sondergerichtsstand (so in den Niederlanden), andererseits der Ausweitung der Gerichtspflichtigkeit des Vertragsschuldners nicht nur am Erfüllungsort, sondern auch am Ort des Entstehens der Verbindlichkeiten (so das italienische, belgische und englische Prozeßrecht).[31, 32] Anders als in den Niederlanden ist der Gerichtsstand

---

[27] Vgl. Art. 4 des EWG-Übereinkommens vom 19. Juni 1980 (oben Fußn. 24).

[28] *Schröder,* Internationale Zuständigkeit, 1971, 300.

[29] *Droz* Nr. 63: „Le système retenu dans la Convention est celui du droit allemand: la compétence est admise en *toute matière,* mais uniquement en faveur du lieu où l'obligation a été ou doit être exécutée. Du fait qu'elle élargit ou restreint le droit commun de cinq des Etats de la Communauté, la disposition a un caractère matériel particulièrement important et cela d'autant plus que les litiges issus d'obligations contractuelles constitueront, en fait, l'essentiel du contentieux soumis à la Convention." – *Weser* Nr. 221.

[30] *Geimer* EuR 1977, 354.

[31] *Jenard*-Bericht S. 70: „Eine Prüfung des innerstaatlichen Rechts ergibt, daß der Gerichtsstand für Klagen aus Verträgen in den einzelnen Rechten sehr unterschiedlich geregelt ist; in einigen der sechs Staaten ist dieser Gerichtsstand nicht bekannt (Niederlande, Luxemburg); die übrigen kennen ihn jedoch in recht unterschiedlicher Form: in Belgien gilt gleichzeitig der Gerichtsstand des Ortes, an dem die Verpflichtung entstanden, und der Gerichtsstand des Ortes, an dem die Verbindlichkeit erfüllt worden ist, schließlich der des Ortes, an dem sie zu erfüllen ist; in Italien ist die Zuständigkeit auf den Entstehungs- oder Erfüllungsort beschränkt; in Deutschland wird in der Regel nur der Erfüllungsort anerkannt; in Frankreich schließlich wird der Begriff des Erfüllungsortes, soweit er dort bekannt ist, durch zusätzliche Merkmale eingeengt.

In einigen Abkommen zwischen EWG-Staaten ist dieser Gerichtsstand ausdrücklich ausgeschlossen, andere sehen ihn vor – wenn auch in sehr unterschiedlichem Maße. Das *französisch-belgische* Abkommen bestimmt für den Fall, daß der Beklagte in Frankreich oder Belgien weder einen Wohnsitz noch einen Aufenthalt hat, in Artikel 2 Absatz 1, daß der belgische oder französische Kläger den Streitfall vor das Gericht des Ortes bringen kann, an dem die Verpflichtung entstanden, erfüllt worden oder zu erfüllen ist.

Im *belgisch-niederländischen* Abkommen schreibt Art. 4 vor, daß der Kläger die (persönliche) Mobiliarklage in Zivil- und Handelssachen bei dem Gericht des Ortes erheben kann, an dem die Verpflichtung entstanden, erfüllt worden oder zu erfüllen ist.

Nach Art. 3 I Nr. 5 des *deutsch-belgischen* Abkommens wird bei vertraglichen Schuldverhältnissen die Zuständigkeit anerkannt, wenn der Streitfall vor ein Gericht des Staates gebracht worden ist, in welchem die Verpflichtung erfüllt worden ist oder zu erfüllen war.

Das *französisch-italienische* Abkommen sieht in Art. 14 vor, daß bei Klagen aus einem Vertrag, der nach dem Gesetz des Landes, in dem die Klage erhoben ist, als Handelssache gilt, der französische oder italienische Kläger die Gerichte desjenigen der beiden Staaten anrufen kann, in dem der Vertrag geschlossen worden oder in dem er zu erfüllen ist.

Das *belgisch-italienische* Abkommen (Art. 2 Nr. 5) erkennt bei schuldrechtlichen Verhältnissen die Zuständigkeit der Gerichte desjenigen Staates an, in dessen Hoheitsgebiet die Verpflichtung entstanden oder erfüllt worden ist oder zu erfüllen war.

Das *italienisch-niederländische,* das *deutsch-italienische* und das *deutsch-niederländische* Abkommen enthalten keine einschlägige Bestimmung.

Der *Benelux-Vertrag* schließlich übernimmt Art. 4 des belgisch-niederländischen Abkommens; er ist aber ergänzt durch ein Protokoll, dessen Art. 1 die Anwendbarkeit des Art. 4 im Rechtsverkehr mit Luxemburg ausschließt, wenn der Beklagte seinen Wohnsitz oder gewöhnlichen Aufenthalt in seinem Heimatstaat hat.

In Art. 5 Nr. 1 wird ein Mittelweg zwischen den einschlägigen einzelstaatlichen Lösungen beschritten.

Der Gerichtsstand des Erfüllungsortes ist wie im deutschen Recht auf Ansprüche aus Verträgen begrenzt. Man hätte an sich vorsehen können, die Kompetenz auf reine Handelssachen zu beschränken; es war aber zu berücksichtigen, daß den vertraglichen Schuldverhältnissen im Zuge der europäischen Integration eine immer größere Bedeutung zukommt. Bei einer Beschränkung auf Handelssachen hätten sich zudem Qualifikationsprobleme gestellt.

Auch hat man aus den nachstehenden Gründen als Gerichtsstand nur das forum solutionis gewählt, d. h. den Gerichtsstand des Ortes, an welchem die klagebegründende Verpflichtung erfüllt worden oder zu erfüllen ist.

Der Ausschuß wollte es vermeiden, die Zahl der Gerichtsstände zu vermehren und so Anlaß zu weiteren Kompetenzkonflikten zu geben."

[32] Zu Art. 4 Nr. 2 Codice di procedura civile: „Lo straniero può essere convenuto davanti ai giudici della Repubblica, se la domanda, riguarda obbligazioni quivi sorte o da esequirsi." *Giuliano,* La giurisdizione civile italiana e lo straniero, 2. Aufl., 1970, 64; *Schröder,* Internationale Zuständigkeit, 1971, 300 und *Happacher* AWD 1966, 339. Art. 4 Nr. 2 erfaßt aber nicht Klagen aus Schuldverhältnissen, die in Italien entstanden sind, sondern auch solche, die dort erfüllt werden müssen (obbligazioni da esequirsi). In Belgien bestimmt Art. 635 Code judiciaire: „Les étrangers peuvent être assignés devant les tribunaux du Royaume, soit par un Belge, soit par un étranger, dans les cas suivants: . . . 3° si l'obligation qui sert de base à la demande est née . . . en Belgique."

Eine internationale Ermessenszuständigkeit ist nach englischem Recht zu prüfen für Klagen aus Verträgen, die a) in England oder b) von einem englischen Vertreter abgeschlossen wurden. Order II rule 1 (1) (f) R. S. C. eröffnet eine internationale Zuständigkeit nach forum conveniens-Grundsätzen: „Wenn die Klage . . . gegen einen Beklagten, der in Schottland weder sein Domizil noch seinen ordentlichen Aufenthalt hat, eingebracht wurde und ein Vertrag geltend gemacht, rückgängig gemacht, aufgelöst, für nichtig erklärt oder sonstwie betroffen ist, oder ein Schadenersatzanspruch oder ein anderes „relief" wegen oder mit Bezug auf einen Vertragsbruch geltend gemacht wird, wenn der Vertrag (in jedem Fall) entweder

1. in England abgeschlossen wurde, oder
2. von einem oder über Vermittlung eines Vertreters, der in England Handel treibt

des Erfüllungsortes zwar in Frankreich und Luxemburg nicht unbekannt, jedoch nur rudimentär entwickelt.[33] Der alte französische Code de procédure civile von 1806, der noch in *Luxemburg* gilt, behandelt den Gerichtsstand des Erfüllungsortes nicht im allgemeinen Gerichtsstandsrecht (Art. 59 Code de procédure civile), sondern im Titel XV, wo das Verfahren vor den Handelsgerichten (procédure devant les tribunaux de commerce) geregelt ist; Art. 420 Code de procédure civile lautet:

„*Le demandeur pourra assigner, à son choix:*
- *devant le tribunal du domicile du défendeur;*
- *devant celui dans l'arrondissement duquel la promesse a été faite et la marchandise livrée;*
- *devant celui dans l'arrondissement duquel le paiement devait être effectué.*"[34]

Das allgemeine Gerichtsstandsrecht (Art. 59) kannte den Gerichtsstand des Abschluß- und Erfüllungsortes nicht. In Frankreich wurde allerdings durch Gesetz vom 6. April 1932 folgender Absatz 3 eingefügt:[35] „*Les contestations relatives à des fournitures, travaux, locations, louage d' ouvrage ou d'industrie, peuvent être portées devant le juge du lieu où la convention a été contractée ou exécutée lorsqu' un des parties sera domiciliée en ce lieu.*" Nach französischer Auffassung reichte auch nach der Novelle der Abschluß – bzw. Erfüllungsort als Zuständigkeitsanknüpfung nicht aus; eigentlicher Anknüpfungspunkt war der Wohnsitz des Klägers, allerdings qualifiziert durch den Abschluß- oder Erfüllungsort. Art. 59 III Code de procédure civile definierte mithin lediglich ein besonderes forum actoris, nicht jedoch den Gerichtsstand des Abschluß- oder Erfüllungsortes.[36] Anders jedoch nun Art. 46 des nouveau Code de procédure civile (in Kraft seit 1. Januar 1976): „En matiere *contractuelle*" begründet er die Zuständigkeit bei der „juridiction du lieu de la livraison effective de la chose ou du lieu de l'exécution de la prestation de service", also am Ort der Sach- bzw. Dienstleistung. Ähnlich Art. R 517–1 I Code de Travail.[37] Das neue französische Zuständigkeitsrecht bleibt also auch hinter der Regelung des Art. 5 Nr. 1 zurück.[38]

2. Demgegenüber ist die Lösung des Übereinkommens zu begrüßen. Die Einfügung des forum executionis contractus war im Interesse des

---

oder dort seine residence hat, abgeschlossen wurde, wenn auch im Namen eines Geschäftsherrn außerhalb der Jurisdiktion. Hierzu ausführlich *Scheucher,* Studien zur internationalen Zuständigkeit 1971, 91, Nr. 43; *Schröder,* Internationale Zuständigkeit, 1971, 315; *Dicey-Morris,* Conflict of Laws, 10. Aufl., 1980, 203.

[33] *Geimer* EuR 1977, 354.

[34] Hierzu ausführlich *Solus-Perrot,* Droit judiciaire, tome II: La compétence, 1971, 328ff. Nr. 275; *Schröder,* Die internationale Zuständigkeit, 1971, 317.

[35] *Solus-Perrot,* aaO, Nr. 295, S. 346.

[36] *Schröder* aaO, S. 317.

[37] Zum französischen Recht *Mezger* RIW/AWD 1976, 347.

[38] Hierzu vgl. z. B. den Kommentar von *Blanc-Viatte,* Nouveau Code de procédure civile commenté 1980.

Gläubigerschutzes notwendig. Da das Übereinkommen – die exorbitanten Klägergerichtsstände (Art. 3 II) grundsätzlich beseitigt, könnte ein Schuldner durch häufigen Wohnsitzwechsel dem Gläubiger die Rechtsverfolgung unzumutbar erschweren, wenn man von der Regel actor sequitur forum rei (Art. 2 I) keine Ausnahmen zuließe. Vgl. oben I. Andererseits zeigten die Unterhändler bei der Formulierung des Gerichtsstandes für vertragliche Schuldverhältnisse das richtige Augenmaß. Zu Recht verwarfen sie die Anknüpfung an den Abschlußort, weil diesem ein Moment des Zufälligen anhaftet. Zudem wäre die Bestimmung des Abschlußortes bei Distanzgeschäften in der Praxis oft sehr schwierig und würde zu unerwünschten Zuständigkeitsstreitigkeiten führen, die die Prozesse unnötig in die Länge zögen.[39]

IV. Klagen aus Verträgen

Art. 5 Nr. 1 gilt nur für Klagen aus Verträgen,[40] nicht jedoch für Klagen aus sogenannten Quasikontrakten, wie Geschäftsführung ohne Auftrag, Bereicherung und sonstigen gesetzlichen Schuldverhältnissen.[41]

---

[39] Vgl. auch die Kritik von *Schröder,* Die internationale Zuständigkeit, 1971, 322.

[40] Die Beschränkung auf Vertragsklagen folgt nicht aus dem Telos des Gerichtsstandes des Erfüllungsortes, hierzu oben bei Fußn. 13. Denkbar wäre auch, diesen Gerichtsstand auf *nichtvertragliche Ansprüche* auszudehnen, so z. B. das italienische Recht (Art. 4 Nr. 2 Codice di procedura civile). A. A. *Spellenberg* IPRax 1981, 77 Fußn. 17: „Der Gerichtsstand ist jedoch nicht auf außervertragliche Forderungen auszudehnen (so *Albrecht,* Über das Motiv des forum contractus (1845), 35), denn es macht einen entscheidenden Unterschied, daß der Schuldner sich im Vertrag freiwillig zur Leistung (an einem Ort) verpflichtet hat.“ Anders noch ZZP 91 (1978) 57 bei Fußn. 87.

[41] Weitergehend das *englische Recht:* Unter „Contract“ sind auch die Quasikontrakte zu subsumieren. – So schon der Privy Council in Bowling v. Cox [1926] A. C. 751 und vor allem Trustee of Rousou v. Rousou [1955] 3 All E. R. 486 und An Intended Action, Trustee of Rousou v. Rousou [1955] 2 All E. R. 169]. Ein Konkursverwalter wollte die zwei minderjährigen Kinder des Gemeinschuldners auf Rückzahlung von Geldbeträgen verklagen, die diese von ihrem Vater vor Konkurseröffnung erhalten hatten; er stützte seinen Anspruch auf die alternative Behauptung, daß die Transaktion entweder ein „act of bankruptcy“ im Sinne von s. 1 (1) (b) des Bankruptcy Act 1914 oder ein nach s. 42 (1) Bankruptcy Act nichtiges „voluntary settlement“ oder eine gemäß s. 172 Law of Property Act 1925 vernichtbare „fraudulent conveyance“ sei. Es liege daher entweder ein Delikt oder ein Bruch eines Trust vor und das Gericht sei gemäß Ord. 11 r. 1 (ee) [dem entspricht jetzt lit. (h) R. S. C. (Revised) 1962] oder Order 11 r. 1 (d) R. S. C. 1883 [dem entspricht jetzt lit. (e) R. S. C. (Revised) 1962] zuständig. *Danckwerts, J.* lehnte die Zulassung der Zustellung im Ausland ab, weil keine der beiden Vorschriften erfüllt sei. Der Anwalt erhob dagegen einen Rechtsbehelf und machte noch geltend, daß der Zuständigkeitsgrund der Rule 1 (e) R. S. C. 1883 [Zuständigkeit für Verträge; dieser Bestimmung entsprechen jetzt die lit. (f) und (g).] gegeben sei. Der Richter wies zunächst darauf hin, daß das Klagebegehren zwar „zur Gänze seinem Ursprung nach auf Gesetz beruht“

Das Hauptbeispiel für nichtvertragliche Ansprüche sind die deliktischen Ansprüche. Für diese kommen die Zuständigkeitsanknüpfungen in Art. 5 Nr. 3 und 4 zum Zuge.[42] Im Falle der *Anspruchskonkurrenz* ist für jede Anspruchsgrundlage die Zuständigkeit getrennt zu prüfen.[43] Stellt sich heraus, daß ein Vertragsstaat, dessen Gericht angerufen wurde, nur gemäß Art. 5 Nr. 1 international zuständig ist, so hat sich das Gericht auf die Prüfung der *vertraglichen* Anspruchsgrundlagen zu beschränken; es darf aber nicht im Wege der „Annex-Entscheidung" auch die *deliktischen* prüfen.[44]

(gleichgültig auf welchen der drei Klagegründe sich der Kläger stützt [„the claim ... is entirely statutory in its origin"] und daher scheinbar gar keine „obligation" vorliege; doch sei für solche Fälle durch die Entscheidungen *Bowling v. Cox* [1926] A. C. 751 und *Sinclair v. Brougham* [1914] A. C. 398 ein quasi-kontraktrechtlicher Anspruch geschaffen worden [„It is a claim which appears to be recognized by the courts as a right of a quasi-contractual nature".] „It appears from those cases that the court has evolved a right which enables a claimant to sue in an action of contract when a sum of money which really ought to be paid to him is in the hands of another person." Ausführlich *Scheucher,* Studien zur internationalen Zuständigkeit, 1971, 93f. Es läßt sich allerdings bisher nur *ein* englischer Prezedenzfall finden, der für Quasikontrakte – nämlich Forderungen der Konkursgläubiger – eine Zustellung außerhalb der englischen Jurisdiktion zugelassen hat. Der Begriff Quasikontrakte ist nach wie vor fließend: Es gibt „many and multifarious sets of circumstances in which a quasi-contractual obligation is imposed by the law." *Scheucher,* Studien zur internationalen Zuständigkeit, 1971, 96f. Nr. 44g. Er faßt die wichtigsten Fälle wie folgt zusammen: 1. Rückforderung bei irrtümlicher Zahlung einer Nichtschuld (hat einen größeren Anwendungsbereich als auf dem Kontinent infolge verschiedener Eigentümlichkeiten des englischen Schuldrechts). 2. Rückforderung bei pflichtgemäßer Erbringung einer Leistung zugunsten eines Dritten (auch anwendbar für Regreßansprüche des Bürgen, des Korrealschuldners). 3. Quantum meruit: Forderung eines Entgeltes für auf Grund eines nichtigen Vertrages geleistete Dienste. – Zum Begriff der Quasikontrakte im englischen Recht: *Dicey-Morris,* Conflict of Laws, 10. Aufl., 1980, 921.

[42] Zu § 29 ZPO *Stein-Jonas-Schumann,* ZPO, 20. Aufl., § 29 Rz. 2.

[43] Oben § 74 XII.

[44] Differenzierend *Spellenberg* ZZP 91 (1978), 50: „M. E. sollte die lex fori entscheiden. Die Zuständigkeit bei Anspruchskonkurrenz hängt nämlich eng mit der Bestimmung des Streitgegenstandes und damit des Rechtskraftumfangs zusammen. Wer jenen ohne Rücksicht auf seine rechtliche Begründung allein prozessual als das konkrete Klagbegehren versteht und deshalb eine Klagabweisung auf alle möglichen Anspruchsgründe erstreckt, der muß zuvor auch die Zuständigkeit für alle diese Begründungen eröffnen. Wer dagegen den Streitgegenstand (auch) unter Zuhilfenahme der rechtlichen Begründung definiert, kann, muß freilich nicht, die Zuständigkeit auf eine der möglichen Begründungen beschränken. Entsprechend ist dann der objektive Umfang der Rechtskraft. Nun herrscht auch unter dem GVÜ die Regel, daß die Urteile in den anderen Staaten die Wirkungen entfalten, die sie nach dem Recht des Urteilsstaates haben. Über die Definition des Streitgegenstandes und den Rechtskraftumfang enhält das GVÜ nichts. Überläßt es aber dies dem nationalen Prozeßrecht, so müssen sich nach diesem auch die davon abhängigen Regeln zur Zuständigkeit bei Anspruchskonkurrenz richten. Es wäre nicht angängig, wenn das Urteil des einen Staates nach seinen Regeln in allen anderen mit Rechtskraft hinsichtlich aller möglicher Begründungen

Die beschränkte Kognitionsbefugnis des Gerichts führt zu einer auf die vertragliche Anspruchsgrundlage begrenzten Rechtskraft.[45] Die Sachabweisung steht der Geltendmachung in einem anderen Vertragsstaat, gestützt auf die Anspruchsgrundlage, die nicht der Kognition des ersten Gerichts unterlag, nicht entgegen. Anders ist es jedoch, wenn sich das Gericht nicht an die Kognitionsabgrenzung gehalten hat und fälschlicherweise auch über Anspruchsgrundlagen entschieden hat, für die eine internationale Zuständigkeit gemäß Art. 5 nicht gegeben war.

Beispiel: Es liegt nur der Erfüllungsort in der Bundesrepublik Deutschland, nicht jedoch der Tatort (Art. 5 Nr. 3). Das deutsche Gericht weist jedoch die Klage aus allen geltend gemachten Gründen als unbegründet ab und verneint auch das Vorliegen einer unerlaubten Handlung. In diesen Fällen erstreckt sich die Rechtskraft auf alle Anspruchsgrundlagen. Dem Beklagten steht es frei, Rechtsmittel im Gerichtsstaat einzulegen; tut er dies nicht oder bleiben diese erfolglos, so hat es damit sein Bewenden. Die internationale Unzuständigkeit der Bundesrepublik Deutschland im Hinblick auf die deliktischen Anspruchsgrundlagen kann als Versagungsgrund nicht herangezogen werden. Denn die Nachprüfung der internationalen Zuständigkeit des Erststaates ist nur in den oben § 57 erörterten engen Grenzen gestattet, vgl. Art. 28 III, I.

V. Qualifikation nach der lex causae[46]

1. Der EuGH versucht, den Anwendungsbereich des Art. 5 Nr. 1 durch eine konventionsimmanente Definition der Begriffe „Vertrag" bzw. „Ansprüche aus einem Vertrag" für alle Vertragsstaaten einheitlich festzulegen.[47] Diese autonome Qualifikation führt zu *praktikablen,*

---

wirkte, das GVÜ dem Richter aber gleichzeitig die internationale Zuständigkeit für die eine oder gar mehrere der möglichen Anspruchsgrundlagen versagte." Diese Argumentation ist nicht überzeugend. Sie vermischt die Frage, wieweit die Entscheidungsbefugnis (internationale Entscheidungszuständigkeit) des Erstrichters reicht mit Anerkennungsproblemen. Vgl. oben § 20 VII.

[45] Es sei denn, für die deliktische Anspruchsgrundlage steht ein anderer Gerichtsstand (Art. 5 Nr. 3) zur Verfügung. Fallen dann in concreto die örtlichen Zuständigkeiten auseinander, dann sollte man eine Gerichtsstandsbestimmung nach Maßgabe des nationalen Prozeßrechts zulassen.

[46] Hierzu ausführlich *Spellenberg* ZZP 91 (1978), 44.

[47] EuGH, Urteil vom 22. März 1983, Rechtssache 34/82 – *Peters Bauunternehmung GmbH./.Zuid Nederlandse Aannemers Verenigung,* noch nicht veröffentlicht.

Der Hoge Raad hatte dem EuGH folgende Frage gestellt: „Ist Art. 5 Nr. 1 auf Klagen eines privatrechtlichen rechtsfähigen Vereins gegen ein Mitglied aus Ansprüchen auf Zahlung eines Geldbetrags, die ihre Grundlage in dem zwischen den Parteien bestehenden Mitgliedschaftsverhältnis haben, anwendbar, wenn dieses Verhältnis dadurch entstanden ist, daß die beklagte Partei durch entsprechendes Rechtsgeschäft diesem Verein als Mitglied beigetreten ist? Macht es dabei einen Unterschied, ob sich die betreffenden Ansprüche ohne weiteres aus diesem Beitritt oder aber aus diesem

Beitritt in Verbindung mit einem oder mehreren Beschlüssen der Organe des Vereins ergeben?" Der Ausgangsfall läßt sich wie folgt zusammenfassen: Die Zuid Nederlandse Aannemers Vereniging (Verein südniederländischer Unternehmer), kurz „ZNAV", ist ein rechtsfähiger Verein niederländischen Rechts, in dem die in den Provinzen Limburg, Nordbrabant, Seeland und einem Teil der Provinz Gelderland tätigen Bauunternehmen zusammengeschlossen sind. Zweck des Vereins ist, „die wirtschaftlichen, finanziellen, rechtlichen und anderen Interessen seiner Mitglieder ... zu wahren, soweit diese Interessen Preisregelungen im Rahmen des Verdingungswesens und der sich daraus für die Unternehmer ergebenden Folgen betreffen." Nach Art. 16 der Vereinssatzung kann die ZNAV für ihre Mitglieder „verbindliche Beschlüsse" fassen. Einer dieser Beschlüsse ist der „Leitfaden für freihändige Preisangebote für private und Zweckbauten", der einheitliche Vorschriften über die Preisgestaltung enthält; danach muß jedes Vereinsmitglied, bevor es ein Angebot für einen Bau abgibt, hierüber die ZNAV unterrichten. Falls sich mehrere ihrer Mitglieder um ein und dieselbe ausgeschriebene Bauarbeit bewerben wollen, hat der Verein eine Versammlung der betroffenen Mitglieder durchzuführen. In dieser Versammlung können die Mitglieder vereinbaren, in ihr Preisangebot „Vergütungen und Beiträge" aufzunehmen, und zwar „Vergütungen der Kosten und Tätigkeiten der Mitglieder, die mit ihrem Preisangebot verbunden sind". Das Mitglied, das den Bau ausführt, schuldet dem Verein die in der Versammlung beschlossenen Vergütungen, und zwar auch dann, wenn es an der Versammlung nicht teilgenommen hat.

Die Firma Peters mit dem Sitz in Aachen, Mitglied der ZNAV, hatte für eine innerhalb des Tätigkeitsgebiets des Vereins gelegene Baustelle den Zuschlag erhalten. Gemäß den Bestimmungen des „Leitfadens" wurde von der ZNAV eine Versammlung abgehalten, in der die „Vergütungen und Beiträge" festgesetzt wurden. – Die Firma Peters hatte dem Verein weder ihre Absicht mitgeteilt, sich an der Ausschreibung für die Baustelle in Kerkrade zu beteiligen, noch hatte sie an der Versammlung teilgenommen. Die Firma Peters bestritt ausdrücklich eine Zahlungspflicht und weigerte sich, an die ZNAV die aufgrund des „Leitfadens" festgesetzten Geldbeträge zu zahlen.

Die ZNAV verklagte daraufhin die Firma Peters vor der Arrondissementsrechtbank Herzogenbusch, in deren Bezirk sich der Verwaltungssitz der ZNAV befindet. Dieses Gericht bejahte die internationale Zuständigkeit der Niederlande auf Grund Art. 5 Nr. 1, ebenso der Gerechtshof Herzogenbusch als Berufungsinstanz. Im Verfahren vor dem EuGH nahm die EG-Kommission wie folgt Stellung:

Die Zuständigkeitsvorschriften müßten autonom unter Berücksichtigung der Zielsetzungen des Übereinkommens ausgelegt werden, damit durch eine klare und für alle Mitgliedsstaaten der Gemeinschaft einheitliche Auslegung eine größere Rechtssicherheit gewährleistet werde und damit das angerufene Gericht über seine Zuständigkeit entscheiden könne, ohne sich allzu eingehend mit den materiellrechtlichen Gesichtspunkten der Sache befassen zu müssen. Der Gerichtshof habe im Anschluß an das Urteil vom 6. Oktober 1976 (Rechtssache 12/76, *Industrie Tessili Italiana Como,* Slg. 1473) in ständiger Rechtsprechung auf diese Methode zurückgegriffen.

Dieser Auslegungsmethode sei auch deshalb zu folgen, weil es in bezug auf die Rechtsnatur des Vereins und des Mitgliedschaftsverhältnisses zu einem Verein in den nationalen Rechtsordnungen unterschiedliche Lösungen gebe: Nach der „Vertragstheorie" seien die Verpflichtungen der Vereinsmitglieder vertraglichen Ursprungs, obwohl bestimmte Verpflichtungen gegebenenfalls auch ohne freie Willensübereinstimmung eines Mitglieds entstehen könnten (Frankreich, Italien, Belgien, Vereinigtes Königreich und Dänemark); demgegenüber stehe die „institutionelle Theorie", nach der sich diese Verpflichtungen nicht nur aus dem Beitritt, sondern auch aus der

Satzung ergäben; demgemäß sei das Mitgliedschaftsverhältnis als „Verhältnis besonderer Art“ oder auch als „sozialrechtlicher Vertrag“ zu qualifizieren (Bundesrepublik Deutschland und Niederlande). – Allerdings habe der Unterschied zwischen diesen beiden Theorien für den vorliegenden Fall wenig Bedeutung, denn in § 22 ZPO sei für Rechtsstreitigkeiten über die von einem Verein geltend gemachte Geldforderung eine besondere Zuständigkeitsvorschrift vorgesehen, nach der das Gericht des Ortes zuständig sei, an dem sich der Sitz des Vereins befindet.

Deshalb sei dem Umstand, daß in den verschiedenen nationalen Rechtsordnungen unterschiedliche Auffassungen zur Rechtsnatur des Vereins bestünden, nicht allzuviel Gewicht beizumessen; die diesbezüglichen Diskussionen seien nämlich nicht geführt worden, um Zuständigkeitsfragen zu klären, sondern um die Frage zu entscheiden, ob die allgemeinen Regeln des Vertragsrechts auf Rechtsstreitigkeiten anwendbar seien, in denen es um das Mitgliedschaftsverhältnis zu einem Verein gehe. Unter diesen Umständen und wegen der Notwendigkeit, im Interesse der Rechtssicherheit und Klarheit auf die autonome Auslegungsmethode zurückzugreifen, schlug die Kommission vor, den ersten Teil der Vorlagefrage dahin zu beantworten, daß Artikel 5 Nr. 1 des Übereinkommens auf jeden Klageanspruch eines Vereins gegen ein Vereinsmitglied anwendbar sei. – Auch im Interesse der Rechtspflege sei das Gericht des Ortes für zuständig zu erklären, an dem sich der Sitz des Vereins befinde; denn dieses Gericht könne die Satzung des Vereins und die Umstände im Zusammenhang mit dessen Gründung und Tätigkeit besser verstehen. Eine derartige Verfahrensvorschrift sei auch praktikabel, da sie den Verein in die Lage versetze, seine Mitglieder unabhängig von ihren Wohnsitzen vor ein und demselben Gericht zu verklagen.

Die deutsche Bundesregierung war der Auffassung, Art. 5 Nr. 1 sollte weit ausgelegt werden; das ergebe sich aus der Entstehungsgeschichte und dem Wortlaut dieser Vorschrift wie auch aus praktischen Bedürfnissen.

Art. 5 Nr. 1 habe seine Vorbilder zum einen in Zuständigkeitsvorschriften nationaler Rechtsordnungen, die alle eine ziemlich weite Fassung des Begriffs der vertraglichen Ansprüche aufwiesen – darunter könnten auch andere schuldrechtliche Ansprüche fallen –, und zum anderen in internationalen Verträgen zwischen einigen Mitgliedstaaten der Gemeinschaft (Benelux-Vertrag, Vereinbarungen zwischen Belgien und Frankreich, den Niederlanden und Italien); diese Vereinbarungen enthielten hinsichtlich der Zuständigkeit weite Bestimmungen, die nicht auf Ansprüche beschränkt seien, die sich *unmittelbar* aus einem Vertrag ergäben.

Wenn also die Verfasser des Übereinkommens beabsichtigt hätten, den Begriff „Ansprüche aus einem Vertrag“ auf derartige Ansprüche im engeren Sinn zu beschränken, wäre dieser Wille entweder im Wortlaut der Vorschrift selbst oder in den Verhandlungen zum Ausdruck gekommen. Weiter sprächen die „bemerkenswerten Unterschiede“, die ein Vergleich zwischen den verschiedenen sprachlichen Fassungen des Übereinkommens ergebe, für einen weiten Anwendungsbereich des Art. 5 Nr. 1 und zwängen keineswegs zu der engen Auslegung, daß sich der geltend gemachte Anspruch unmittelbar aus einem Vertrag ergeben müsse. Im übrigen wolle Art. 5 einen Katalog schaffen, der alle wichtigen Sachverhalte erfasse, für die sich nach den Erfahrungen im nationalen Bereich das Bedürfnis für eine besondere Zuständigkeitsvorschrift gezeigt habe. Die Verfasser des Übereinkommens hätten auf diese Weise z. B. das Vertragsrecht (Nr. 1) dem Deliktsrecht (Nr. 3) gegenüberstellen wollen, um für jedes dieser Rechtsgebiete eine besondere Zuständigkeitsvorschrift zu schaffen. Es wäre nicht sinnvoll, durch eine enge Auslegung der in Rede stehenden besonderen Zuständigkeitsvorschriften einzelne Bestandteile aus einem der darin geregelten Rechtsgebiete herauszulösen. Schließlich rechtfertige auch ein praktisches Bedürfnis eine weite Auslegung des Begriffs „Ansprüche aus einem Vertrag“. Zwar seien in

wenngleich dogmatisch schwer begründbaren, Ergebnissen, solange man sich darauf beschränkt, die Grenzen der Anwendbarkeit des Art. 5 Nr. 1 für *Klagen aus bestimmten Rechtsbereichen* europarechtlich festzulegen. So gilt z. B. für alle Vertragsstaaten einheitlich, daß auch Klagen aus *einseitigen Rechtsgeschäften* unter Art. 5 Nr. 1 zu subsumieren sind (vgl. unten VIII 3), ebenso Klagen, durch die ein Verein, eine (sonstige) juristische Person oder Gesellschaft gegen ihre Mitglieder (Gesellschafter) *Ansprüche auf Beitragsleistungen (Einzahlungen)* geltend macht,[47] schließlich *Streitigkeiten über die Wirksamkeit des Vertrages* (vgl. unten VII).

2. Damit sind aber bereits die Grenzen für eine einheitliche Auslegung und Vertypung erreicht. Im übrigen sollte man auf die lex causae abstellen, die nach dem internationalen Privatrecht des angegangenen Gerichts zu ermitteln ist.[48] Eine autonome Qualifikation würde zur Zerreißung des Vertragsbegriffes führen, man hätte einen prozessualen, d. h. kompetenzrechtlich relevanten Vertragsbegriff und einen davon zu unterscheidenden materiellrechtlichen. Dies ist im Interesse des *inneren Entscheidungseinklangs* zu vermeiden.[49] Es würde wenig Sinn ergeben, wenn ein Gericht feststellt, europarechtlich läge eine Vertragsklage vor, und deshalb die internationale Zuständigkeit bejaht, in der Sache jedoch entschiede, daß nach der maßgeblichen Rechtsordnung kein Vertragsverhältnis, sondern ein gesetzliches Rechtsverhältnis vorliege.[50]

---

manchen nationalen Rechtsordnungen bestimmte Verpflichtungen des Vereinsmitglieds nicht unmittelbar dem Vertragsrecht zugeordnet; gleichwohl vollziehe sich in allen nationalen Rechtsordnungen und insbesondere im deutschen Recht der Beitritt zu einem Verein in Form eines Vertrages, der für den Beitretenden Rechte und Pflichten entstehen lasse. Durch seinen Beitritt schließe der Beitretende nicht nur sein Einverständnis mit der bestehenden Satzung, sondern auch mit den Beschlüssen in seinen Willen ein, die künftig aufgrund dieser Satzung gefaßt würden; daraus könne er sich nur durch die Kündigung des Beitrittsvertrages lösen.

Deshalb müßten alle Rechtsstreitigkeiten zwischen dem Verein und seinem Mitglied in den Anwendungsbereich von Art. 5 Nr. 1 einbezogen werden; anderenfalls wäre die Anwendung dieser Vorschrift von unvorhersehbaren Zufälligkeiten abhängig, je nachdem, ob sich die einzelne Verpflichtung unmittelbar aus der Satzung oder aus einer zwischen dem Beitretenden und dem Verein getroffenen ausdrücklichen Absprache ergebe. Eine zu enge Auslegung hätte eine Vielzahl von Zuständigkeiten an den verschiedenen Wohnsitzen der Vereinsmitglieder zur Folge; es würden mitunter vom Tätigkeitsgebiet des Vereins weit entfernte ausländische Gerichte über Streitigkeiten nach nationalen Rechtsvorschriften entscheiden, die möglicherweise von einem Staat zum anderen divergieren und auf diese Weise zu Lösungen führen würden, die eine Ungleichbehandlung der verschiedenen Mitglieder ein und desselben Vereins zur Folge hätten.

[48] *Spellenberg* ZZP 91 (1978), 44ff.; *Piltz* NJW 1981, 1876 bei Fußn. 14; *Stein-Jonas-Schumann,* ZPO, 20. Aufl., § 29 Rz. 51.

[49] *Spellenberg* ZZP 91 (1978), 44; *Piltz* NJW 1981, 1876.

[50] Dagegen plädiert *Linke* in *Bülow-Böckstiegel* 606/56, Art. 5, Anm. I 2 a für eine vertragsautonome Qualifikation ohne jeden Vorbehalt: „Art. 5 Nr. 1 setzt in sachlicher Hinsicht voraus, daß ein Vertrag oder Ansprüche aus einem Vertrag den Gegen-

3. Vor allem werden die *Grenzen zwischen Vertrag und Delikt* von Rechtsordnung zu Rechtsordnung verschieden gesehen. So behandelt das deutsche Recht die Haftung aus culpa in contrahendo und aus positiver Vertragsverletzung als Haftung aus dem Vertrag.[51] Im Gegensatz hierzu sieht z. B. das französische Recht hier ein Problem des Deliktsrechts. Ähnliche Abweichungen ergeben sich bei der Frage der *Einbeziehung Dritter in den Vertrag*. Dies hängt damit zusammen, daß das französische Deliktsrecht in vielen Fällen weiter reicht und größeren Schutz gewährt als das deutsche, so daß kein Bedürfnis bestand, das Vertragsrecht auszuweiten.[52]

4. *Rückabwicklungsansprüche aus einem Vertragsverhältnis* nach Rücktritt werden in Deutschland meist als vertragliche qualifiziert.[53] Das ursprüngliche Vertragsverhältnis setze sich mit einem umgekehrten Inhalt fort. Im Gegensatz hierzu steht der französische Standpunkt, wonach es sich um Bereicherung bzw. Eigentumsherausgabeansprüche handelt.[54]

VI. Kompetenzkonflikte

1. Bei Maßgeblichkeit der lex causae sind *Kompetenzkonflikte unvermeidlich*; diese sind hinzunehmen, weil unschädlich. Kündigt z. B. eine Handelsgesellschaft mit Sitz in Paris gegenüber ihrem deutschen Vertragshändler in Köln den Händlervertrag, so wird das deutsche Gericht den Ausgleichsanspruch des Handelsvertreters als vertraglich qualifizieren, wenn es deutsches Recht für anwendbar hält.[55] Aus dieser Perspektive ist also Art. 5 Nr. 1 einschlägig.[56] Es kommt darauf an, ob in der Bundesrepublik Deutschland ein Erfüllungsort gegeben ist. Dies ist jedoch in den meisten Fällen unter Zugrundelegung der §§ 92ff. HGB zu

---

stand des Verfahrens bilden. Die Qualifikation eines Vorbringens als Vertragsklage in diesem Sinne ist nicht nach der lex fori, sondern vertragsautonom vorzunehmen. In Anbetracht der weitgehenden Ähnlichkeit der Materie in den Rechten der bisherigen Vertragsstaaten wird die Qualifikation des Streitgegenstandes meist unproblematisch sein. Differenzen können sich allerdings bei der Abgrenzung vertraglicher von vertragsähnlichen Ansprüchen (matière des quasi-contracts) ergeben, die anders als die deliktischen und quasideliktischen Ansprüche in Art. 5 Nr. 3 nicht grundsätzlich gleichgestellt sind."

[51] Näher hierzu *Spellenberg* ZZP 91 (1978) 42.

[52] *Spellenberg* aaO.

[53] Einzelheiten bei *Spellenberg* ZZP 91 (1978), 43. Vgl. auch OLG Frankfurt/M, Urteil vom 9. Januar 1979, MDR 1979, 503 = DB 1979, 693 = RIW/AWD 1979, 204 = IPRspr. 1979 Nr. 153 und LG Hamburg, Urteil vom 30. November 1977, RIW/AWD 1980, 517 = IPRspr. 1977 Nr. 23.

[54] *Spellenberg* aaO.

[55] Zum deutschen Kollisionsrecht *Reithmann-Martiny,* Internationales Vertragsrecht, 3. Aufl., 1980, Rz. 547; *Staudinger-Firsching,* BGB 12. Aufl., Rz. 547 vor Art. 12 EGBGB.

[56] Beispiel nach *Spellenberg* ZZP 91 (1978), 43.

verneinen.[57] Hingegen könnte der französische Richter den Ausgleichsanspruch als deliktischen qualifizieren, wenn er aus seiner Sicht französisches Recht für maßgeblich hält. Aus seiner Sicht ist Art. 5 Nr. 3 heranzuziehen. Es wären dann jedoch die deutschen Gerichte zuständig, weil der Schaden in der Bundesrepublik Deutschland eingetreten ist.[58] Dieser *negative Kompetenzkonflikt* ist problemlos, weil der allgemeine Gerichtsstand des Beklagten gemäß Art. 2 I zur Verfügung steht.[59]

2. Es wird jedoch auch vorgeschlagen, im Falle eines solchen Kompetenzkonflikts, einen *zuständigkeitsrechtlichen Renvoi* zu bejahen, also immer dann, wenn der angegangene Richter an sich einen Gerichtsstand nach Art. 5 Nr. 1 für gegeben hält, den Erfüllungsort aber in einem anderen Vertragsstaat lokalisiert, während das dortige Recht wiederum den ersteren Richter für zuständig hält.[60] Es gehe nicht darum, den Kläger vor Rechtsverweigerung zu schützen, sondern nur darum, ihm den Spezialgerichtsstand des Art. 5 Nr. 1 zu erhalten.[61]

3. Für die Annahme einer solchen *Zuständigkeitsrückverweisung* besteht keine Veranlassung, da der Kläger ausreichend durch den Wohnsitzgerichtsstand und die sonstigen in Art. 5 und 6 aufgeführten Gerichtsstände[62] geschützt ist.[63] Weder im Text des Übereinkommens noch im *Jenard-* oder im *Schlosser*-Bericht findet sich ein Anhaltspunkt dafür, daß eine Rückverweisung vom angegangenen Gericht zu beachten ist. Eine solche würde auch die Zuständigkeitsprüfung unnötig komplizieren, da der angegangene Richter jeweils auch das Recht des Staates, in dem sich

---

[57] Zum Handelsvertretervertrag rechtsvgl. Hinweise bei *Reithmann-Martiny,* Int. Vertragsrecht, 3. Aufl., 1980, Rz. 547ff.

[58] Vgl. auch *Stein-Jonas-Schumann,* ZPO, 20. Aufl., § 29 Rz. 52.

[59] *Spellenberg* aaO.

[60] So ausdrücklich *Spellenberg,* ZZP 91 (1978), 48: „... die Sondergerichtsstände, die das GVÜ hier auftut, haben u. a. auch den Zweck, jedenfalls die Wirkung, den Kläger zu begünstigen, indem sie ihm einen weiteren Gerichtsstand zur Wahl stellen, von dem er Gebrauch machen wird, wenn er ihm günstiger erscheint als der allgemeine des Beklagten. Zwar ist es nicht die Aufgabe des GVÜ, die nationalen Kollisions- und Sachrechte zu vereinheitlichen, aber es ist durchaus im Rahmen seines Zweckes, den Folgen dieser Differenzen mit prozessualen Mitteln zu begegnen. Es will nicht einleuchten, wenn jene Rechtsunterschiede einmal dem Kläger zwei Sondergerichtsstände eröffnen, das andere Mal aber ihm diesen nehmen, obwohl an sich jede der beiden Rechtsordnungen einen solchen Gerichtsstand für gegeben hält, nur eben je im anderen Land.

Deshalb sollte der Renvoi dann, aber auch nur dann angenommen werden, wenn der angegangene Richter an sich einen Wahlgerichtsstand für gegeben hält, diesen aber in einem anderen Mitgliedsland sieht, und wenn das dortige Recht ebenfalls einen Wahlgerichtsstand annimmt, aber dabei den ersteren Richter für zuständig hält. Es handelt sich also nicht darum, den Kläger vor Rechtsverweigerung zu schützen, sondern nur darum, ihn vor einem allein in der fehlenden Vereinheitlichung des Sach- und Kollisionsrechts begründeten Verlust des Wahlgerichtsstands zu bewahren."

[61] Vgl. auch oben § 59. [62] Oben § 74.

[63] Unentschieden *Piltz* NJW 1981, 1877 Fußn. 18.

nach seiner maßgeblichen lex causae der Erfüllungsort befindet, befragen müßte.

4. Umgekehrt sind auch *positive Kompetenzkonflikte* denkbar. Auch damit muß es sein Bewenden haben.[64]

VII. Streit über die Wirksamkeit (Nichtigkeit) des Vertragsverhältnisses, aus dem der Klageanspruch hergeleitet wird

Dem Kläger steht der Gerichtsstand des Erfüllungsortes nach Art. 5 Nr. 1 auch dann zur Verfügung, wenn das Zustandekommen des Vertrages, aus dem der Klageanspruch hergeleitet wird, zwischen den Parteien streitig ist.[65]

---

[64] Im Ergebnis ebenso *Spellenberg* ZZP 91 (1978), 47: „Der positive Kompetenzkonflikt widerspricht an sich den Zielen des GVÜ, indem er eine Vermehrung der Gerichtsstände bewirkt. Er ist aber auf der Basis, die das GVÜ nun einmal gewählt hat, nicht zu vermeiden."

[65] So wörtlich EuGH, Urteil vom 4. März 1982, Rechtssache 38/81–*Effer ./. Kantner* EuGHE 1982, 825 = RIW/AWD 1982, 280= IPRax 1983, 31 mit Anm. *Gottwald* 13 und *Stoll* 53 mit folgender Begründung:

„(5) Es steht fest, daß der Wortlaut des Art. 5 Nr. 1 des Übereinkommens in diesem Punkt nicht eindeutig ist. Während die deutsche Fassung der Vorschrift die Worte ‚Vertrag oder Ansprüche aus einem Vertrag' enthält, heißt es in der französischen und in der italienischen Fassung: ‚en matière contractuelle' bzw. ‚in materia contrattuale'. Unter diesen Umständen ist die Vorschrift angesichts der Uneinheitlichkeit ihrer verschiedenen sprachlichen Fassungen sowohl unter Berücksichtigung von Gegenstand und Zweck des Übereinkommens als auch ihres Zusammenhangs zu untersuchen, um die vom vorlegenden Gericht erbetene Auslegung vornehmen zu können.

(6) Wie aus den Vorschriften des Übereinkommens und insbesondere aus seiner Präambel hervorgeht, hat das Übereinkommen im wesentlichen zum Ziel, innerhalb der Gemeinschaft den Rechtsschutz der dort ansässigen Personen zu verstärken. Zu diesem Zweck enthält das Übereinkommen eine Reihe von Vorschriften, die unter anderem die Häufung von in zwei oder mehreren Mitgliedstaaten gleichzeitig anhängigen Gerichtsverfahren in Zivil- und Handelssachen verhindern sollen und die im Interesse der Rechtssicherheit sowie im Interesse der Parteien die Bestimmung desjenigen nationalen Gerichts ermöglichen, das in territorialer Hinsicht zur Entscheidung über einen Rechtsstreit am besten geeignet ist.

(7) Aus dem Übereinkommen insgesamt und vor allem aus den Vorschriften des 7. Abschnitts ergibt sich, daß in den Fällen des Art. 5 Nr. 1 die Zuständigkeit des nationalen Gerichts zur Entscheidung über die mit einem Vertrag zusammenhängenden Fragen die Zuständigkeit einschließt, das Vorliegen der den Vertrag selbst begründenden Umstände zu beurteilen, was erforderlich ist, damit das angerufene nationale Gericht seine Zuständigkeit aufgrund des Übereinkommens feststellen kann. Wäre dies anders, so bestünde die Gefahr, daß Art. 5 Nr. 1 rechtlich bedeutungslos würde, da dann davon auszugehen wäre, daß eine der Parteien nur das Nichtbestehen des Vertrages zu behaupten brauchte, um die in dieser Vorschrift enthaltene Regelung auszuschalten. Entsprechend dem Sinn und Zweck des Übereinkommens ist die ge-

VIII. Der Anwendungsbereich im einzelnen[66]

1. Überblick

a) Art. 5 Nr. 1 gilt für *alle Vertragsverhältnisse, die auf eine „Verpflichtung"* gerichtet sind.[67] Es spielt keine Rolle, ob es sich um vermögensrechtliche oder nichtvermögensrechtliche Pflichten handelt. Auch kommt es nicht darauf an, ob die streitgegenständliche Verpflichtung in einem Tun, Dulden oder Unterlassen besteht.[68]

b) *Die Streitigkeit muß aus einem Vertrag herrühren.*[69] Der Begriff des Vertragsverhältnisses ist weit zu fassen.[70] Hierhin gehören auch *Ansprü-*

---

nannte Vorschrift vielmehr dahin auszulegen, daß das Gericht, das über einen Rechtsstreit aus einem Vertrag zu befinden hat, die wesentlichen Voraussetzungen seiner Zuständigkeit – auch von Amts wegen – anhand von schlüssigen und erheblichen Umständen nachprüfen kann, die eine Partei vorträgt und aus denen sich das Bestehen oder Nichtbestehen des Vertrages ergibt. Diese Auslegung entspricht im übrigen dem Urteil vom 14. Dezember 1977 in der Rechtssache 73/77 (Sanders/Van der Putte, EuGHE 1977, 2383) über die Zuständigkeit der Gerichte des Staates, in dem die unbewegliche Sache belegen ist, für Klagen aus Miete oder Pacht von unbeweglichen Sachen (Artikel 16 Nr. 1 des Übereinkommens), in dem der Gerichtshof entschieden hat, daß diese Zuständigkeit auch dann besteht, wenn Gegenstand des Rechtsstreits ‚das Bestehen' eines Miet- oder Pachtvertrages ist."
In dem zugrundeliegenden Rechtsstreit hatte ein Patentanwalt aus Darmstadt sein der Höhe nach unstreitiges Honorar gegen eine Aktiengesellschaft mit Sitz in Bologna in der Bundesrepublik Deutschland eingeklagt. Vorlagebeschluß des BGH vom 29. Januar 1981, WM 1981, 411 = RIW/AWD 1982, 123. – Endentscheidung des BGH nach Erlaß des EuGH: Urteil vom 13. Mai 1982, RIW/AWD 1982, 589 = NJW 1982, 2733 = IPRax 1983, 67 mit Anm. *Stoll* 52.

[66] Vom Anwendungsbereich der Spezialfora der Art. 5ff. streng zu trennen ist die Frage der Anwendbarkeit der Zuständigkeitsordnung des Übereinkommens überhaupt. Hierzu oben § 29.

[67] *Piltz* NJW 1981, 1876.

[68] Zur Parallelnorm des § 29 ZPO vgl. *Stein-Jonas-Schumann,* ZPO, 20. Aufl. § 29 Rz. 1.

[69] Ausführlich *Spellenberg* a. a. O.

[70] Ebenso für das *autonome deutsche Recht* (§ 29 ZPO) *Stein-Jonas-Schumann,* ZPO, 20. Aufl., § 29 Rz. 1. Das gleiche gilt z. B. auch für das nationale *englische Zuständigkeitsrecht:* Unter Order 11 rule 1 (f) und (g) R. S. C. sind alle Rechtsfragen, die im Zusammenhang mit einem Vertrag entstehen können, zu subsumieren. Hierzu *Scheucher,* Studien zur internationalen Zuständigkeit, 1971, 99 Nr. 46: „Die langatmige und etwas umständliche Diktion der Order 11 rule 1 (e) ist charakteristisch für die englische Gesetzestechnik: Das weitgehende Fehlen eines allgemein anerkannten strengen Begriffssystems im englischen Recht macht die Erlassung genereller abstrakter Normen sehr schwer. Dazu kommt die Vorliebe der Gerichte zu restriktiver Auslegung von juristischen Termini und die starke Anwendung des argumentum e contrario. Um diese Schwierigkeiten und Gefahren zu vermindern, versucht der englische Gesetzgeber häufig eine möglichst ausführliche Umschreibung des Tatbestandes und verwen-

che aus Verschulden beim Vertragsschluß (culpa in contrahendo),[71] Ansprüche wegen Nichterfüllung, Vertragsverletzung, Vertragsbruchs (breach of contract)[72] und Rückabwicklungsverhältnisse,[73] sofern diese nach der maßgeblichen lex causae als vertragsrechtlich qualifiziert werden.[74]

c) Den Gegensatz zu den vertraglichen Ansprüchen bilden *die gesetzlichen Schuldverhältnisse,* wobei für die Abgrenzung im einzelnen die vom IPR des Erststaates bestimmte lex causae maßgeblich ist. Dies wurde

---

det dabei gerne sinnverwandte Ausdrücke nebeneinander. Daraus erklärt sich das Nebeneinander von Ausdrücken wie „geltend machen, aufheben, auflösen, für nichtig erklären oder sonstwie berühren" im ersten Halbsatz der lit. (f). Sie sollen klar machen, daß alle Rechtsfragen, die im Zusammenhang mit einem Vertrag auftreten, unter die Bestimmung fallen. Besonders erwähnt wird in der Rule noch, daß sowohl Ansprüche nach „law" als auch solche nach „equity" geltend gemacht werden können. Wie schon erwähnt, steht nach „law" bei Nichterfüllung des Vertrages dem Vertragspartner kein Erfüllungsanspruch, sondern nur ein Anspruch auf Schadenersatz (damages) zu. Nach equity hingegen kann – unter bestimmten Voraussetzungen – Erfüllung (specific performance) gefordert werden."

[71] So z. B. das LG Hamburg, Urteil vom 29. Oktober 1975, IPRspr. 1976 Nr. 125a = Rechtsprechungsübersicht Nr. 56 (Folge 2) = Nachschlagewerk I-5.1.1-B 2: Eine deutsche Kommanditgesellschaft und eine italienische Aktiengesellschaft hatten Verhandlungen über die Übernahme einer „Gebietsvertretung" für die Erzeugnisse der italienischen Gesellschaft durch das deutsche Unternehmen geführt. Zum Abschluß eines Vertrages kam es aber nicht. Das deutsche Unternehmen verklagte daraufhin die italienische Gesellschaft vor dem Landgericht Hamburg auf Zahlung von Schadensersatz „wegen unbegründeten Abbruchs von Vertragsverhandlungen" in Höhe seiner vorvertraglichen Aufwendungen.

Das Gericht wies die Klage als unzulässig ab. Seine Zuständigkeit könne sich nur aus Art. 5 Nr. 1 ergeben. Daher sei zunächst festzustellen, ob der Streitgegenstand vertragliche Ansprüche betreffe und wo für diese gegebenenfalls der Erfüllungsort liege. Die Vorfrage, nach welchem Recht sich die Rechtsnatur der Ansprüche und der Erfüllungsort bestimmen, sei von einem deutschen Gericht nach deutschem IPR zu beantworten. Maßgebend seien insoweit die schuldrechtlichen Kollisionsnormen, da zwischen den Parteien offenbar der Abschluß eines Handelsvertretervertrages geplant gewesen sei und die Klägerin Ansprüche aus Vertragsverletzung bzw. vorvertraglicher Haftung, und damit „Ansprüche vertraglicher Natur im weitesten Sinne" geltend mache. Das hierfür maßgebende Recht sei mangels einer ausdrücklichen oder stillschweigenden Parteivereinbarung danach zu ermitteln, wo der Schwerpunkt der geplanten Vertragsbeziehungen liege. Im Hinblick darauf, daß die Klägerin für die Beklagte in Deutschland tätig werden sollte, sah das Gericht den Schwerpunkt der Rechtsbeziehungen in Deutschland und unterstellte das gesamte Vertragsverhältnis einschließlich der Frage der vorvertraglichen Haftung einheitlich dem deutschen Recht. Gemäß §§ 269ff. BGB sei der Erfüllungsort für die von der Klägerin geltend gemachten Ansprüche der Sitz der Beklagten in Italien. Ein Gerichtsstand am Sitz der Klägerin konnte aus Artikel 5 Nr. 1 somit nicht hergeleitet werden. – Diese Entscheidung hat das OLG Hamburg mit Urteil vom 9. Juli 1976, IPRspr. 1976 Nr. 125b, bestätigt.

[72] Vgl. auch *Kropholler* IZVR Rz. 663.

[73] Unten bei Fußn. 125.

[74] Oben V.

bereits oben[75] näher begründet. Aus der Sicht des deutschen materiellen Rechts sind nichtvertraglich zu qualifizierende Ansprüche[76] die aus unerlaubter Handlung, wegen ungerechtfertigter Bereicherung, wegen Geschäftsführung ohne Auftrag, wegen vormundschaftlicher Verwaltung,[77] auf Erteilung einer Quittung oder auf Rückgabe des Schuldscheines nach §§ 368ff. BGB.[78] Unter Art. 5 Nr. 1 fällt auch nicht die Anfechtungsklage nach dem Anfechtungsgesetz, weil sie keine Klage aus einem Vertrag ist.[79]

Die Klage auf *Aussonderung im Konkurs* kann eine vertragliche Grundlage haben (Herausgabeanspruch aus Vertrag).[80] Jedoch kommt Art. 5 Nr. 1 wegen Art. 1 II Nr. 2 nicht zum Zuge.[81]

d) Art. 5 Nr. 1 gilt nicht für Klagen in *Versicherungssachen* und *Verbrauchersachen* und nicht für vertragliche Ansprüche, für die *ausschließliche Gerichtsstände im Sinne des Art. 16 bestehen,*[82] z. B. Wohnraumstreitigkeiten, Art. 16 Nr. 1.[83] So ist z. B. für die Klage des Vermieters gegen den Mieter auf Räumung der Vertragsstaat ausschließlich zuständig, in dem sich der streitgegenständliche Wohnraum befindet.[84] Art. 16 Nr. 1 erfaßt jedoch nicht Klagen auf Zahlung des Mietzinses bzw. einer Nutzungsentschädigung. Diese können auch am Erfüllungsort erhoben werden.[85]

e) *Klagen aus Versicherungsverträgen*[86] fallen nicht unter Art. 5 Nr. 1. Für diese gilt die Sonderregelung des 3. Abschnitts. Dort ist der Gerichtsstand des Erfüllungsortes nicht aufgeführt, und zwar weder für Klagen gegen den Versicherer noch für Klagen gegen den Versicherungsnehmer.[87]

f) Auch auf *Ansprüche aus Verbraucherverträgen*[88] findet Art. 5 Nr. 1 keine Anwendung. Es gelten vielmehr die Sondervorschriften der Art. 13–15. Dort ist der Gerichtsstand des Erfüllungsortes nicht vorgesehen, und zwar weder für Klagen gegen den Verbraucher noch für Klagen des Verbrauchers gegen dessen Vertragspartner. Letzteres ist rechtspolitisch zu bedauern. Gründe des Verbraucherschutzes stünden einer Gerichtspflichtigkeit des Vertragspartners des Verbrauchers nicht entgegen.

---

75 Oben V.

76 *Stein-Jonas-Schumann,* ZPO, 20. Aufl. § 29 Rz. 2.

77 Hier dürfte die Zuständigkeitsordnung gar nicht eingreifen, Art. 1 II Nr. 1.

78 Zum IPR der gesetzlichen Schuldverhältnisse s. *Staudinger-Firsching* (Fußn. 26).

79 Für Anfechtungsklagen nach der Konkursordnung kommt die Zuständigkeitsordnung des Übereinkommens nicht zur Anwendung, Art. 1 II Nr. 2.

80 *Stein-Jonas-Schumann,* ZPO, 20. Aufl. § 29 Rz. 3 g. E.

81 Vgl. oben § 25.

82 Unten §§ 85ff.

83 Näher unten § 86.

84 Auf den Wohnsitz der Parteien kommt es nicht an, vgl. oben § 29 V.

85 Dies ist jedoch nicht unbestritten. Der *Jenard*-Bericht behauptet, daß auch Zahlungsklagen unter Art. 16 Nr. 1 fielen. Anders jedoch der *Schlosser*-Bericht Nr. 164.

86 Art. 7ff.

87 Vgl. oben § 74 IV.

88 Oben § 74 V.

Ganz im Gegenteil würde der Verbraucherschutz verbessert, wenn der Verbraucher die Möglichkeit hätte, seinen Vertragspartner am Erfüllungsort zu belangen.[89]

g) *Streitigkeiten aus Fernunterrichtsverträgen* unterfallen – sofern keine Verbrauchersache vorliegt[90] – dem Art. 5 Nr. 1.[91]

h) Für Klagen aus Beförderungsverträgen haben die einschlägigen Spezialübereinkommen Vorrang, Art. 57.[92] In Betracht kommen vor allem CIM,[93] CIV,[94] CMR[95] und das Warschauer Übereinkommen zur Vereinheitlichung von Regeln über die Beförderung im internationalen Luftverkehr vom 12. Oktober 1929 mit Haager Zusatzprotokoll.[96] Diese verdrängen die Zuständigkeitsordnung des Übereinkommens und damit auch Art. 5 Nr. 1.[97] So eröffnet Art. 28 I des Warschauer Übereinkommens eine internationale Zuständigkeit nicht im Staat, wo der Erfüllungsort liegt, sondern am Bestimmungsort.[98]

i) Auch für Ansprüche wegen Zahlung der *Lotsen-, Kran-, Waage-, Hafen- und Bohlwerksgebühren* oder *-vergütungen* sieht das Übereinkommen keine besondere Regelung vor. Soweit nicht die Schiffahrtsspezialübereinkommen[99] dem EWG-Übereinkommen vorgehen (Art. 57), kommt deshalb Art. 5 Nr. 1 zur Anwendung.[100]

---

[89] Oben § 74 V 2.

[90] Vgl. oben § 74 V.

[91] Der ausschließliche Gerichtsstand gemäß § 26 FernUSG vom 24. August 1976 (BGBl. I 2525) kommt im Anwendungsbereich des Übereinkommens nicht zum Zuge. Nach § 26 FernUSG ist das Gericht ausschließlich zuständig, in dessen Bezirk der Teilnehmer seinen allgemeinen Gerichtsstand hat. Diese Norm hat nur mehr Bedeutung für die örtliche Zuständigkeit innerhalb des Wohnsitzstaates des Beklagten. Denn innerhalb des Wohnsitzstaates des Beklagten regelt das Übereinkommen die örtliche Zuständigkeit nicht. Vgl. oben § 33.

[92] Hierzu oben § 13.

[93] BGBl. 1974 II 381.

[94] BGBl. 1974 II 493.

[95] BGBl. 1961 II 1119.

[96] BGBl. 1958 II 312.

[97] Oben § 13 II.

[98] Außerhalb des Anwendungsbereichs des Warschauer Übereinkommens samt Zusatzübereinkommen gilt jedoch die Zuständigkeitsordnung des Übereinkommens und damit auch Art. 5 Nr. 1. Das nationale Zuständigkeitsrecht wird verdrängt, so insbesondere auch § 56 LuftverkehrsG (BGBl. 1968 I 1113).

[99] In Betracht kommen vor allem die Rheinschiffahrtsakte und der Moselschiffahrtsvertrag. Vgl. oben § 13 V.

[100] Für solche Ansprüche bestimmt das nationale deutsche Recht den Gerichtsstand des Erfüllungsortes als alleinigen Gerichtsstand. § 3 I Binnenschiffahrtsverfahrensgesetz in Verbindung mit § 2 I Buchstabe f bzw. c Binnenschiffahrtsverfahrensgesetz vom 27. September 1952 BGBl. I 641, BGBl. 1965 I 389, zuletzt geändert BGBl. 1974 I 469. Hierzu *Stein-Jonas-Schumann,* ZPO, 20. Aufl., § 29, Rz. 5. Diese Normen haben im Anwendungsbereich des Übereinkommens nur mehr Bedeutung für die örtliche Zuständigkeit im Wohnsitzstaat. Vgl. oben § 33.

j) Der durch das Beitrittsübereinkommen vom 9. Oktober 1978[101] geschaffene Gerichtsstand am Trust-Sitz für trustrechtliche Klagen (Art. 5 Nr. 6)[102] konkurriert mit dem des Erfüllungsortes, nicht jedoch der Gerichtsstand für Berge- und Hilfslohn (Art. 5 Nr. 7).[103]

2. Ansprüche[104]

a) Gegenstand der Klage muß ein *Anspruch* sein. *Verfügende Verträge,* d. h. die auf Übertragung, Inhaltsänderung, Belastung oder Aufhebung eines Rechtsverhältnisses gerichteten Vereinbarungen, fallen nicht unter Art. 5 Nr. 1, so bei Maßgeblichkeit der deutschen lex causae[105] z. B. die Forderungsabtretung nach § 398 BGB, die Einigung über die Rechtsänderung (873 BGB) oder über den Eigentumsübergang (§ 929 BGB).[106]

b) Ansprüche im Sinne des Art. 5 Nr. 1 brauchen *nicht unbedingt einem schuldrechtlichen Vertrag* zu entspringen[107]. Jedoch sind die familien- und erbrechtlichen Ansprüche durch Art. 1 II Nr. 1 weitgehend aus dem Anwendungsbereich der Zuständigkeitsordnung des Übereinkommens ausgeschaltet. Aus diesem Grund scheiden Streitigkeiten aus dem Versorgungsausgleich, § 1587 BGB, über güterrechtliche Abfindungen aus Eheverträgen oder Vereinbarungen zwischen Miterben aus.[108]

c) Ansprüche aus einem Vertrag sind auch *Ansprüche aus Wechseln und Schecks und aus sonstigen indossablen Urkunden* (§ 363 HGB), denn der Begebungsakt enthält einen Vertrag.[109] Etwas anderes gilt aus der Sicht des deutschen Rechts[110] für Verpflichtungen aus Schuldverschreibung auf den Inhaber, § 794 BGB.

d) Nochmals muß betont werden: Es ist immer die lex causae, die vom IPR des Gerichtsstaates bestimmt wird, zu befragen, ob vertragliche Beziehungen bestehen und gegebenenfalls zwischen wem.[111]

---

[101] Oben § 16 II.

[102] Unten § 88.

[103] Unten XXIII und § 94 III 3 bei Fußn. 46.

[104] Die deutsche Fassung verwendet die Wendung „Vertrag oder Ansprüche aus einem Vertrag", der holländische Text spricht von Schuldverpflichtungen aus Vertrag (verbintenissen uit overeenkomst), die französische und italienische Fassung von matière contractuelle bzw. von materia contrattuale.

[105] Oben V.

[106] *Stein-Jonas-Schumann,* ZPO, 20. Aufl. § 29 Rz. 3.

[107] Die Unterscheidung zwischen obligatorischen und dinglichen Verträgen ist den meisten ausländischen Rechtsordnungen fremd. Vgl. unten § 85 Fußn. 133.

[108] Zu § 29 ZPO siehe *Stein-Jonas-Schumann,* ZPO, 20. Aufl., § 29 Rz. 3.

[109] *Stein-Jonas-Schumann,* ZPO, 20. Aufl. § 29 Rz. 4.

[110] Hierzu unten bei Fußn. 113.

[111] Vgl. den vom LG Göttingen, Urteil vom 9. November 1976, RIW/AWD 1977, 235 = Rechtsprechungsübersicht Nr. 58 (Folge 2) = Nachschlagewerk I-5.1.2-B 4 entschiedenen Fall:

Die Klägerin war Inhaberin eines von einer italienischen Gesellschaft (= Beklagte)

3. Klagen aus einseitigen Rechtsgeschäften[112]

Soweit ein einseitiges Rechtsgeschäft – ausnahmsweise – verpflichtende Kraft hat, wie z. B. nach deutschem Recht eine Auslobung (§ 657 BGB), ein Schuldanerkenntnis gem. § 781 BGB oder eine Schuldverschreibung auf den Inhaber (§ 794 BGB),[113] sollte man Art. 5 Nr. 1 anwenden.[114] Zwar spricht diese Bestimmung nur vom Vertrag, gemeint sind jedoch *Klagen aus Rechtsgeschäften.* Art. 5 Nr. 1 bedarf also einer extensiven Interpretation. Diese Regel gilt für alle Vertragsstaaten einheitlich. Vgl. oben V 1.

4. Arbeitsverträge

Art. 5 Nr. 1 gilt auch für Ansprüche aus Arbeitsverhältnissen, solange hier nicht eine Sonderregelung in Kraft gesetzt wird. Man hatte ursprünglich erwogen, eine ausschließliche internationale Zuständigkeit für Arbeitsverhältnisse am Ort der Beschäftigung festzulegen,[115] hat je-

---

ausgestellten Wechsels, der in Göttingen zahlbar war und dort wegen Nichtzahlung protestiert wurde. Die Beklagte war im Termin nicht vertreten. Das Gericht erklärte sich gemäß Art. 20 I für unzuständig. Es führte aus, der vom autonomen deutschen Recht (§ 603 ZPO) für den Rückgriff des Wechselinhabers gegen den Wechselaussteller vorgesehene Gerichtsstand des Zahlungsortes gelte nicht im Verhältnis zu den Vertragsstaaten. Vielmehr könne sich seine Zuständigkeit nur aus Art. 5 Nr. 1 ergeben. Zwischen den Parteien bestünden jedoch *keine vertraglichen Beziehungen,* da die Beklagte lediglich als Ausstellerin nach Art. 43 Wechselgesetz in Anspruch genommen werde. Vertragliche Beziehungen hätten lediglich zwischen der Beklagten und der Bezogenen und Annehmerin des Wechsels bestanden. Vgl. auch BGH, Urteil vom 29. September 1977, RIW/AWD 1978, 618 = IPRspr. 1977 Nr. 30.

Das Gericht bemerkt noch in einem obiter dictum, daß selbst bei Anwendbarkeit von Art. 5 Nr. 1 keine deutsche Zuständigkeit gegeben wäre. Der Erfüllungsort der streitigen Verpflichtung bestimme sich nach deutschem Recht, da die spezielle Kollisionsnorm in Art. 93 Abs. 1 Wechselgesetz anordne, daß für die Wirkungen der Verpflichtungserklärungen des Ausstellers eines Wechsels das Recht des Zahlungsortes maßgebend sei. Nach der allgemeinen Regel des deutschen Rechts sei aber der Erfüllungsort in diesem Fall der Sitz des Rückgriffsschuldners, der hier in Italien gelegen sei.

[112] *Spellenberg* in Münchener Kommentar; Rz. 51 vor Art. 11 EGBGB.

[113] Oben Fußn. 110.

[114] A. A. *Stein-Jonas-Schumann,* ZPO, 20. Aufl. § 29 Rz. 2 und 4.

[115] *Jenard*-Bericht S. 71 sub *Arbeitsverträge:* „Der Vorentwurf des Übereinkommens enthielt eine Vorschrift, wonach für Verfahren, die sich aus Arbeitsverträgen im weiteren Sinne ergeben, ausschließlich die Gerichte des Vertragsstaates zuständig sind, in dem das betreffende Unternehmen liegt oder in dem die Arbeit auszuführen war oder ausgeführt worden ist. Nach eingehenden Beratungen hat der Ausschuß davon Abstand genommen, die Zuständigkeit auf diesem Gebiet in dem Übereinkommen gesondert zu regeln. Für diese Entschließung waren die folgenden Erwägungen maßgebend:

doch von diesem Vorhaben abgesehen, weil man diesen Punkt zusammen mit sonstigen arbeitsrechtlichen Problemen einheitlich in einer Richtlinie regeln wollte. Art. 5 Nr. 1 gilt uneingeschränkt für alle (zivil-

---

Innerhalb der EWG-Kommission sind bereits Arbeiten zur Vereinheitlichung der arbeitsrechtlichen Vorschriften in den Mitgliedstaaten im Gange. Es ist im höchsten Maße wünschenswert, daß Streitigkeiten im Zusammenhang mit einem Arbeitsvertrag vor den Gerichten des Staates ausgetragen werden, dessen Recht für den Vertrag maßgebend ist. Der Ausschuß hielt es deshalb nicht für zweckmäßig, Zuständigkeitsregeln aufzustellen, die möglicherweise nicht mit den zur Bestimmung des anwendbaren Rechts zu schaffenden Regeln übereinstimmen.

Bei der Ausarbeitung der Zuständigkeitsregeln hätte der Ausschuß im übrigen nicht nur die verschiedenen Erscheinungsformen berücksichtigen müssen, in der eine Arbeit im Ausland ausgeführt werden kann, sondern auch die verschiedenen Gattungen von Arbeitnehmern: im Ausland für dauernde Arbeiten in einem bestimmten Unternehmen angeworbene Arbeitskräfte; Lohnempfänger, die von Unternehmen für eine vorübergehende Auslandsarbeit eingesetzt werden; Handelsvertreter; Führungskräfte der Unternehmen usw. Hätte der Ausschuß solche Unterscheidungen berücksichtigen wollen, so hätte er dadurch möglicherweise wiederum die von der Kommission eingeleiteten Untersuchungen beeinträchtigt.

Hinzu kommt, daß die meisten Mitgliedstaaten der Gemeinschaft der Privatautonomie auf diesem Gebiet noch einen weiten Spielraum lassen. Eine ausschließliche Zuständigkeitsregel, wie sie ursprünglich zu Artikel 16 vorgesehen war, hätte zur Folge gehabt, daß eine Vereinbarung über die Zuständigkeit ausgeschlossen worden wäre.

Für Arbeitsverträge gelten somit auch in Zukunft die allgemeinen Regeln des Übereinkommens. Daraus ergibt sich, daß bei Streitigkeiten zwischen Arbeitgebern und Arbeitnehmern zuständig sind: die Gerichte des Staates, in dem der Beklagte seinen Wohnsitz hat (Art. 2); das Gericht des Ortes, an dem die Verpflichtung erfüllt worden oder zu erfüllen ist, sofern sich dieser Ort in einem anderen Staate als dem Wohnsitzstaat des Beklagten befindet (Art. 5 Nr. 1); schließlich das Gericht, dessen Zuständigkeit ausdrücklich oder stillschweigend vereinbart worden ist (Art. 17 und 18). Für Klagen aus unerlaubten Handlungen, soweit diese mit dem Arbeitsverhältnis im Zusammenhang stehen (§ 2 Nrn. 2 und 3 Arbeitsgerichtsgesetz), könnte ferner Art. 5 Nr. 3 zur Anwendung kommen, der die Zuständigkeit des Gerichts des Ortes vorsieht, an dem das schädigende Ereignis eingetreten ist. Diese Bestimmungen dürften vorerst den in Frage kommenden Interessen besser Rechnung tragen als eine Bestimmung nach Art des Artikels 16 Nr. 2 des Vorentwurfs, der keine Ausnahme zuließ und jede Zuständigkeitsvereinbarung untersagte.

Die Regeln über die Anerkennung und Vollstreckung von Entscheidungen können andererseits dem Schutze der Arbeitnehmer dienen. Würde nämlich für den Arbeitsvertrag das Recht des Anerkennungs- und Vollstreckungsstaates gelten, so könnte der Richter dieses Staates, der mit einem Antrag auf Anerkennung oder Vollstreckung der ausländischen Entscheidung befaßt wird, in Art. 27 Nr. 1, der einen Vorbehalt für den ordre public des Anerkennungs- und Vollstreckungsstaates vorsieht, stets dann einen Versagungsgrund finden, wenn der Richter des Urteilsstaates wesentliche Bestimmungen des Rechts des Anerkennungs- oder Vollstreckungsstaates übersehen oder falsch angewendet hätte.

Wenn die Arbeiten der Kommission abgeschlossen sind, kann das vorliegende Übereinkommen später noch dadurch ergänzt oder geändert werden, daß ein Zusatzprotokoll geschaffen oder daß ein besonderes Übereinkommen vorbereitet wird, in

rechtlichen)[116] Arbeitssachen,[117] auch für Klagen gegen den Arbeitnehmer. Die einschlägigen Schutzvorschriften des nationalen Rechts, wie ausschließliche Gerichtsstände und Prorogationsverbote, kommen im Anwendungsbereich des Übereinkommens nicht zum Zuge.[118]

---

dem der gesamte Fragenkomplex des Arbeitsvertrages geregelt werden könnte und das nach Art. 57 des Übereinkommens diesem vorgehen würde."

[116] S. oben § 19 XII.

[117] EuGH, Urteil vom 26. Mai 1982, Rechtssache 133/81 – *Ivenel./.Schwab,* RIW/AWD 1982 (oben § 74 Fußn. 467). Vgl. auch den Fall der *Cour d'appel de Colmar,* Chambre sociale A, Urteil vom 24. März 1977, *Gutbrod Werke ./. Raymond Streiff* U. P. 61/76, Rechtsprechungsübersicht Nr. 59 (Folge 2) = Nachschlagewerk I-5.1.2-B 10: Der Kläger hatte 1950 einen Arbeitsvertrag mit einer deutschen Gesellschaft in der Bundesrepublik Deutschland abgeschlossen. Darin war ihm die Zahlung einer betrieblichen Altersrente bei Vollendung des 65. Lebensjahres zugesagt worden. Die aufgrund des Arbeitsvertrages geschuldete Arbeitsleistung erbrachte er bis zum Jahre 1952 in der Bundesrepublik Deutschland. Von 1952 ab bis zur Vollendung des 65. Lebensjahres war er – zuletzt in Straßburg – auf Weisung des deutschen Unternehmens für verschiedene französische Gesellschaften tätig, die zur Unternehmensgruppe der deutschen Gesellschaft gehörten. Das Arbeitsentgelt erhielt er in dieser Zeit von den betreffenden französischen Gesellschaften. Nachdem dem Kläger nach Vollendung seines 65. Lebensjahres die vereinbarte Altersrente nicht gezahlt wurde, erhob er vor dem Conseil des Prud'hommes in Straßburg Klage gegen das deutsche Unternehmen. Das Gericht erklärte sich für zuständig. Auf das daraufhin eingelegte Rechtsmittel der Beklagten hob die Cour d'appel Colmar das erstinstanzliche Urteil auf und wies die Klage wegen fehlender Zuständigkeit des Conseil des Prud'hommes ab. Da der Sitz der Beklagten in der Bundesrepublik Deutschland gelegen sei und die Beklagte als solche auch nicht am Sitz der zu ihrer Unternehmensgruppe gehörenden Gesellschaften in Frankreich, bei denen der Kläger gearbeitet hatte, verklagt werden könne, komme die Zuständigkeit des Straßburger Gerichts nur unter dem Gesichtspunkt des Gerichtsstandes des Erfüllungsortes gemäß Art. 5 Nr. 1 in Betracht. Die Verpflichtung zur Zahlung der vertraglich vereinbarten betrieblichen Altersrente unterliegt französischem Recht; da es sich um eine Holschuld handele – was im übrigen nach deutschem Recht nicht anders sei –, liege der Erfüllungsort am Sitz der Beklagten in der Bundesrepublik Deutschland. Der vertragliche Rentenanspruch des Klägers sei von seinem Anspruch auf Arbeitsentgelt zu trennen; jedenfalls könne aus dem angeblichen Grundsatz, wonach das Arbeitsentgelt stets am Ort der Arbeitsleistung zu zahlen sei, wegen der unterschiedlichen Natur und des unterschiedlichen Rechtsgrundes der beiden Ansprüche im vorliegenden Fall nicht hergeleitet werden, daß auch die vertragliche Rente am Ort der Arbeitsleistung zu gewähren sei.

Ebenso *Cour supérieure de justice des Großherzogtums Luxemburg, Urteil vom 8. Oktober 1975, Saarfürst-Brauerei AG, Osiris S. A. R. L. ./. Armand Engels,* 3629 Rechtsprechungsübersicht Nr. 5 Folge 1 = Nachschlagewerk I-1.1-B 2: Der Gerichtshof bestätigt die angegriffene Entscheidung, in der sich das Arbeitsschiedsgericht für sachlich und örtlich zuständig erklärt hatte, über eine Klage auf Schadensersatz wegen mißbräuchlicher Auflösung eines Arbeitsvertrages gegen eine deutsche Gesellschaft zu entscheiden. Der sachliche Anwendungsbereich des Übereinkommens umfasse Streitigkeiten aus einem Arbeitsvertrag, da das Arbeitsrecht in der Aufzählung der in Art. 1 ausgeschlossenen Sachgebiete nicht enthalten sei. Erfüllungsort im Sinne des Art. 5

5. Mitgliedschaftsrechtliche Forderungen von Vereinen, (sonstigen) juristischen Personen und Gesellschaften gegen ihre Mitglieder/Gesellschafter

Auch auf diese Forderungen ist Art. 5 Nr. 1 anzuwenden, ohne Rücksicht darauf, ob die maßgebliche lex causae das Mitgliedschaftsverhältnis vertraglich oder verbandsrechtlich qualifiziert. Vgl. oben V 1.

6. Klageart

Die Klageart bzw. Rechtsschutzform spielt keine Rolle.[119] Es kann sich um eine Leistungsklage, um eine positive oder negative Feststellungsklage (etwa daß ein Vertrag besteht oder nicht besteht) oder um eine Gestaltungsklage, z. B. auf Herabsetzung einer Vertragsstrafe oder auf Auflösung eines Vertrages usw., handeln. Kompetenzrechtlich ohne Bedeutung ist, ob die Leistungsklage auf ein Tun oder Unterlassen[120] gerichtet ist.

Unter Art. 5 Nr. 1 fallen insbesondere folgende Klagearten:[121]

Nr. 1 könne sowohl der Ort der Beschäftigung des Arbeitnehmers als auch der Ort der verlangten oder als mangelhaft oder unvollständig gerügten Erfüllung sein; die Mehrzahl von Erfüllungsorten führe dazu, daß dem Kläger mehrere Gerichtsstände zur Verfügung stünden.

S. auch *Conseil des Prud'hommes Vannes,* Urteil vom 19. Dezember 1975, *Laforge ./. Naturana-Miederfabriken* Recueil Dalloz-Sirey, 1976, Jurisprudence, 203, mit Anmerkung von *Droz* 204 = Rechtsprechungsübersicht Nr. 6 Folge 1 = Nachschlagewerk I-1.1-B 4 betreffend einen Rechtsstreit zwischen einem Handelsvertreter und der deutschen Gesellschaft, für die er tätig ist.

[118] Vgl. z. B. Art. 517 – 1 franz. Code de travail. Hierzu *Mezger* RIW/AWD 1976, 345.

[119] Die statthafte Rechtsschutzform bestimmt die lex fori des Gerichtsstaates. Vgl. *Zöller-Geimer,* ZPO, 13. Aufl. 1981, IZPR Anm. C 2d.

Ist nach deutschem IPR eine ausländische Rechtsordnung maßgeblich, so ist nach dieser die Frage zu beurteilen, ob die Änderung oder Aufhebung eines Rechtsverhältnisses durch Ausübung eines den Beteiligten zustehenden Gestaltungsrechts (z. B. Anfechtung, Kündigung, Rücktritt etc.) vorzunehmen ist oder ob hierfür eine richterliche Gestaltung erforderlich ist. *Über die Notwendigkeit einer Gestaltungsklage entscheidet also die lex causae.*

[120] Ist die Klagbarkeit einer vertraglichen Unterlassungsverpflichtung nach der lex causae oder nach der lex fori zu beurteilen? Wie steht es mit der Qualifikation der vorbeugenden Unterlassungsklage zum Schutz absoluter Rechte (allgemeines Persönlichkeitsrecht, Namensrecht, Eigentum, Immaterialgüterrechte etc.)? Beurteilt sich der Schutz der nach ausländischem Recht zu beurteilenden absoluten Rechte nach der lex causae oder der deutschen lex fori? Ausführlich *Birk,* Schadensersatz und sonstige Restitutionsformen im IPR, 1969, 184ff. Vgl. auch *Schoch,* Klagbarkeit, Prozeßanspruch und Beweis im Licht des internationalen Rechts, 1934, 70ff.

[121] Zu Parallelfragen des § 29 ZPO vgl. *Stein-Jonas-Schumann,* ZPO, 20. Aufl. § 29 Rz. 9ff.

a) Klagen auf Feststellung des Bestehens oder Nichtbestehens des durch den Vertrag begründeten Rechtsverhältnisses im ganzen oder einer bestimmten Vertragspflicht[122]

Das Nichtbestehen eines Vertragsverhältnisses kann daraus resultieren, daß entweder das Vertragsverhältnis nicht entstanden oder zwischenzeitlich erloschen ist.

b) Klagen auf Erfüllung des Vertrages[123]

Dabei spielt es keine Rolle, ob die Erfüllung in einem Tun, Dulden oder Unterlassen besteht, und ob ein Hauptanspruch oder ein Nebenan-

---

[122] OLG Frankfurt/M., Urteil vom 28. November 1979, RIW/AWD 1980, 585 = IPR 1979 Nr. 174.

[123] Das Übereinkommen regelt nicht *die Frage, ob sich die Zulässigkeit der Klage auf Erfüllung einer vertraglichen Verpflichtung nach der lex causae oder der lex fori des Gerichtsstaates (= Erststaates) beurteilt.* Maßgeblich ist dessen autonomes Recht. Im *deutschen Recht* ist lückenlos sichergestellt, daß der Gläubiger die Erfüllung der Verbindlichkeit erzwingen kann. Daß der Gläubiger den Schuldner auf Erfüllung verklagen kann und das Gericht dem Schuldner die Leistung befiehlt, ist für den deutschen Gesetzgeber so selbstverständlich, daß ihm eine entsprechende geschriebene Regel überflüssig erschien. Leistet der Schuldner trotz Verurteilung nicht, so sorgt ein ausgefeiltes Zwangsvollstreckungsrecht dafür, daß der Schuldner zur Leistung gezwungen wird. In diesem Punkt ist das *französische Recht* bereits schwächer. Es fehlt eine dem § 888 ZPO entsprechende Norm, vgl. *Ferid,* Franz ZivilR, 1971, I, 2 C 111 S. 505; *Zweigert-Kötz,* Einführung in die Rechtsvergleichung, II, 1969, 172ff.; *Reinhart* in *Dölle,* Kommentar zum Einheitlichen Kaufgesetz, 1976, Art. 16, Rz. 9 S. 109. Prinzipiell stimmen die romanischen Rechtsordnungen aber mit dem deutschen System überein: Die Klage auf Erfüllung des Vertrages ist ebenso anerkannt wie im deutschen Recht vgl. Art. 1184, 1610 Code civil und Art. 1453 Codice civile; Näher *Zweigert/Kötz* 169ff. – Anders jedoch das *englische Recht.* Der Gläubiger kann grundsätzlich nur auf Schadensersatz in Geld wegen „breach of contract“ klagen, nicht jedoch auf Realerfüllung. Fremd ist dem common law die Vorstellung, daß durch den Vertrag eine gerichtlich erzwingbare, auf Erfüllung gerichtete Verpflichtung entsteht. Näher *Rheinstein,* Die Struktur der vertraglichen Schuldverhältnisse im anglo-amerikanischen Recht, 1932; *Zweigert-Kötz* 177ff.; *Reinhart* in *Dölle,* Kommentar zum Einheitlichen Kaufgesetz, Art. 16, Rdnr. 11; *Schobert,* Die Realerfüllung, insbesondere nach anglo-amerikanischem Recht, 1952, 121ff. Nur in besonderen Ausnahmefällen wird eine Erfüllungsklage (specific performance) anerkannt. Vgl. auch *Bucher,* Schweizerisches Obligationenrecht, Allgemeiner Teil, 1979, 293.

Untersteht der Klageanspruch nach den Regeln des deutschen IPR englischem Recht und läßt dieses im konkreten Fall eine „specific performance“ nicht zu, so kann das deutsche Gericht nach Ansicht des RG gleichwohl zur Erfüllung verurteilen. RGZ 46, 193ff. (199): Für den deutschen Richter bestehe „kein Anlaß, diese Grundsätze des englischen Aktionensystems in einem vor ihm geführten Prozeß deswegen zur Anwendung zu bringen, weil die Verpflichtung an sich dem englischen Recht untersteht. Es ist zu unterscheiden zwischen dem Inhalt der Rechte und ihrer gerichtlichen Geltendmachung. Die Regeln, die in letzterer Beziehung im Auslande bestehen, sind für den deutschen Richter, der nur sein heimisches Prozeßrecht anzuwenden hat, nicht maßgebend.“ Dagegen *Schoch,* Klagbarkeit, Prozeßanspruch und Beweis im Lichte des internationalen Rechts, 1934, 110.

Die lex fori – Argumentation des RG ist nicht zwingend. Man kann ebenso eine

spruch, wie z. B. auf Sicherheitsleistung, Rechnungslegung oder Vertragsstrafe geltend gemacht wird. Erfüllung eines Vertrages ist auch die Haftung des Gesellschafters einer oHG oder KG für die Vertragsschulden der Gesellschaft, ebenso des Vertreters ohne Vollmacht nach § 179 BGB oder des Handelnden im Sinne von § 41 I 2 AktG, § 11 II GmbH-Gesetz, § 54 Satz 2 BGB.[124] Hierher gehören auch die Klagen wegen Bruch des Vertrages, auf Schadenersatz oder auf Aufhebung des Vertrages.[125] Letztere spielen im deutschen Recht keine große Rolle, da der Gläubiger durch rechtsgestaltende Erklärung (Rücktritt) selbst das Vertragsverhältnis ändern kann.[126] Anders das französische und das italienische Recht. Hier ist grundsätzlich eine Klage auf Auflösung des Vertrages erforderlich, vgl. z. B. Art. 1184 Code civil. Die vertragstreue Partei

---

materiellrechtliche Qualifikation vertreten: Nach dem maßgeblichen englischen Recht sei gar kein (materiellrechtlicher) Erfüllungsanspruch gegeben. Daher erübrigt sich die Frage, ob für die Klagbarkeit des englischen Erfüllungsanspruchs deutsches oder englisches Recht gelte. Der materiellrechtlichen Qualifikation ist im Interesse des internationalen Entscheidungseinklangs der Vorzug zu geben. So *Zöller-Geimer,* ZPO, 13. Aufl. IZPR Anm. C 3. Für den *Bereich des einheitlichen Kaufrechts* bestimmt Art. VII des Übereinkommens zur Einführung eines Einheitlichen Gesetzes über den internationalen Kauf beweglicher Sachen vom 1. 7. 1964 (BGBl. 1973 II 886):

(1) Ist nach den Bestimmungen des Einheitlichen Gesetzes eine Partei berechtigt, von der anderen die Erfüllung einer Verpflichtung zu verlangen, so ist kein Gericht gezwungen, ein Urteil auf Erfüllung in Natur zu erlassen oder zu vollstrecken, außer wenn es dies nach seinem eigenen Recht bei gleichartigen, nicht dem Einheitlichen Gesetz unterliegenden Kaufverträgen täte.

(2) Die Bestimmungen des Abs. 1 berühren nicht die Pflichten der Vertragsstaaten aus bereits geschlossenen oder noch zu schließenden Übereinkommen über die Anerkennung und die Vollstreckung von gerichtlichen Entscheidungen, Schiedssprüchen und anderen Vollstreckungstiteln.

Ergänzend s. Art. 16 EKG.

Hierzu *Huber* in *Dölle,* Komm. z. EKG, 1976, Art. 24, Rz. 11 und *Zweigert-Kötz,* Einführung in die Rechtsvergleichung, II, 1969, 183.

Ist die Unklagbarkeit eines Anspruchs lege causae oder lege fori zu beurteilen?

Für Beachtung der Unklagbarkeit *lege causae Schoch,* Klagbarkeit, Prozeßanspruch und Beweis im Licht des internationalen Rechts, 1934, § 9, 59ff., 67; *Riezler* IZPR 126; *Neuhaus,* Grundbegriffe des IPR, 2. Aufl., 1977, 130; weitere Nachw. bei *Neumann,* Der vertragliche Ausschluß der Klagbarkeit eines privatrechtlichen Anspruchs im deutschen und im deutschen internationalen Recht, Diss. München 1967, 64ff. Für Maßgeblichkeit der lex fori *Kralik* ZZP 74 (1961) 12 sub. 4. – Ist der Anspruch *nach dem Schuldstatut klagbar,* jedoch *nicht nach deutschem Recht,* z. B. Ansprüche aus Spiel und Wette, so ist jeweils zu prüfen, ob der deutsche ordre public (Art. 30 EGBGB) eine Verurteilung verbietet. Es handelt sich also um eine Frage des materiellen Rechts. Im Falle der ordre public-Widrigkeit erfolgt die Abweisung der Klage nicht etwa als unzulässig, sondern als unbegründet. Dagegen entscheidet über die Zulässigkeit einer positiven oder negativen Feststellungsklage bezüglich einer Naturalobligation die deutsche lex fori, *Schoch* 67; *Zöller-Geimer,* ZPO, 13. Aufl., IZPR, Anm. C 4.

[124] *Stein-Jonas-Schumann,* ZPO, 20. Aufl. § 29 Rz. 10.

[125] Vgl. oben bei Fußn. 72.

[126] §§ 142, 326 BGB. Vgl. oben Fußn. 119.

hat kein Rücktrittsrecht, sie muß vielmehr wegen Auflösung des Vertrages das Gericht einschalten.[127]

Ebenso verhält es sich bei der Anfechtung wegen Willensmängeln. Gemäß § 142 BGB kann der betroffene Vertragspartner seine mangelhafte Willenserklärung durch schlichte Anfechtungserklärung wirkungslos machen. Nach französischem Recht bedarf es einer Anfechtungsklage, action en nullité, Art. 1304 Code civil, ebenso Art. 1427 des italienischen Codice civile, Art. 1485, 1357 des niederländischen Burgerlijk Wetboek.[128] Alle diese Klagen fallen unter Art. 5 Nr. 1.

Ob eine Klage auf Vertragserfüllung nach der maßgeblichen lex causae begründet ist, ist im Rahmen der Zuständigkeitsprüfung unbeachtlich. Auch soweit z. B. nach englischem Recht eine Klage auf specific performance nicht begründet ist, fehlt es nicht an der internationalen Zuständigkeit gemäß Art. 5 Nr. 1.[129]

c) Klagen aus Rückabwicklungsverhältnissen[130]

Es kommt auf *den Standpunkt der maßgeblichen lex causae* an.[131] Sofern diese die Rückabwicklungsklage als vertragliche qualifiziert, ist Art. 5 Nr. 1 anzuwenden. So bejaht z. B. die deutsche Doktrin im Falle eines *Rücktritts vom Vertrag* einen vertraglichen Anspruch auf Rückgewähr der vertraglichen Leistungen. Das Vertragsverhältnis setzt sich gewissermaßen mit umgekehrtem Inhalt fort.[132] Anders z. B. das französische Recht.[133]

Nach deutschem Recht besteht dagegen kein vertragliches Rückabwicklungsverhältnis bei *Anfechtung des Vertrages*. Hier kommt lediglich ein Bereicherungsanspruch gemäß §§ 812ff. BGB zum Zuge.[134] Für diesen gilt Art. 5 Nr. 1 nicht und ebensowenig, wenn der Vertrag von

---

[127] Eingehend *Zweigert-Kötz,* Einführung in die Rechtsvergleichung II 1969, 197.

[128] Zum französischen Recht *Ferid,* Das französische Zivilrecht, I, 1971, 180 Rz. 1 C 30, 340 Rz. 1 E 271–275. Zum italienischen Recht LG Hamburg, Grundurteil vom 30. November 1977, IPRspr. 1977 Nr. 23 sub III 2. Zum niederländischen Recht OLG Oldenburg, Urteil vom 5. November 1975, IPRspr. 1975 Nr. 15. Literaturnachweise bei *Reithmann-Martiny,* Internationales Vertragsrecht, 3. Aufl., 1980, Rz. 112.

[129] Zu diesem Fragenkomplex vgl. *Zöller-Geimer,* ZPO, 13. Aufl. IZPR C Anm. 8.

[130] Vgl. oben bei Fußn. 72.

[131] Vgl. V. – Im Gegensatz zu der hier vertretenen Auffassung will *Linke* in *Bülow-Böckstiegel* 606/57, Art. 5, Anm. I 2 b wohl auch vertragsautonom qualifizieren: „Zu den Vertragsklagen gehören nicht nur Erfüllungsansprüche, sondern auch Ansprüche auf Schadensersatz wegen Vertragsverletzungen aller Art. Ansprüche aus der Abwicklung eines aufgelösten Vertrages können ebenfalls in diesem Gerichtsstand eingeklagt werden. Dabei ist unerheblich, ob der konkrete Anspruch sich unmittelbar aus der vertraglichen Vereinbarung oder aus zwingenden oder dispositiven gesetzlichen Vorschriften herleitet; maßgeblich ist allein die Rechtsnatur des zugrundeliegenden Schuldverhältnisses."

[132] Zum deutschen Recht *Stein-Jonas-Schumann,* ZPO, 20. Aufl., § 29 Rz 11.

[133] Nachweise bei *Spellenberg* ZZP 91 (1978), 43 Fußn. 33.

[134] *Stein-Jonas-Schumann,* ZPO, 20. Aufl., § 29 Rz. 12.

vorneherein nichtig war. Solche Klagen können deshalb nicht unter Berufung auf Art. 5 Nr. 1 mit Klagen auf Feststellung des Bestehens oder Nichtbestehens des Vertragsverhältnisses verbunden werden. Vielmehr muß für solche Klagen eine eigene Zuständigkeitsnorm gesucht werden.[135]

d) Klagen auf Änderung, Aufhebung oder Ergänzung eines Vertrages[136]

Art. 5 Nr. 1 eröffnet Zuständigkeit auch für Klagen auf Aufhebung eines Vertrages durch Richterspruch, wie z. B. in den Fällen der §§ 133, 140 HGB, die auf ein Gestaltungsurteil abzielen, bzw. für Klagen, die eine Anpassung des Vertrages im Hinblick auf die clausula rebus sic stantibus (Wegfall der objektiven Geschäftsgrundlage) zum Gegenstand haben. Entsprechendes gilt für Klagen auf Bestimmung des Leistungsinhalts (§§ 315, 319 BGB), auf Herabsetzung der Vertragsstrafe (§ 343 BGB) oder des Maklerlohns (§ 655 BGB), des Berge- und Hilfslohns (§ 741 HGB) und des Anwaltshonorars (§ 3 III Bundesrechtsanwaltsgebührenordnung). Dies sind Beispiele aus dem deutschen Recht.[137] Im romanischen Rechtskreis sind die Fälle häufiger, in denen der Richter das Vertragsverhältnis gestalten muß,[138] z. B. die *Klage auf Aufhebung des Vertrages,* wenn der Vertragspartner seine Verpflichtungen nicht erfüllt hat.[139] Anders als im deutschen Recht, das dem vertragstreuen Vertragsteil die Auflösung des Vertragsverhältnisses durch schlichte Willenserklärung gestattet (§ 326 I 2 BGB: Rücktritt vom Vertrag), bedarf es im französischen[140] und italienischen Recht[141] und in den von diesen beeinflußten Rechtsordnungen[142] der Einschaltung des Richters.[143, 144]

---

[135] Vgl. auch *Kropholler* IZVR Rz. 353 (zu § 29 ZPO).

[136] Hierzu *Stein-Jonas-Schumann,* ZPO, 20. Aufl. § 29 Rz. 13.

[137] Vgl. auch die Kommentare zu § 29 ZPO.

[138] Oben Fußn. 119.

[139] Hierzu *Zweigert-Kötz,* Einführung in die Rechtsvergleichung, II, 1969, 197.

[140] Art. 1384 Code civil.

[141] Art.1418ff. Codice civile.

[142] Vgl. auch *Zweigert-Kötz,* Einführung in die Rechtsvergleichung, II, 1969, 197. – Zweifelnd zur Vertragsaufhebungsklage nach EKG OLG München, Urteil vom 26. Februar 1980, RIW/AWD 1980, 728.

[143] Vgl. z. B. den Fall des *Tribunale di Firenze,* Urteil vom 9. Dezember 1976, *Italconf./.Ditta Christoph Andreae,* Rivista di diritto internazionale privato e processuale, 1977, 414 = Rechtsprechungsübersicht Nr. 62 (Folge 2) = Nachschlagewerk I-5.1.2-B 7: Ein deutsches Unternehmen hatte eine Partie Stoff an eine italienische Firma geliefert; es kam zum Streit über die Qualität der Ware. Die Käuferin erhob vor dem Gericht am Ort ihres Sitzes in Italien Klage gegen die deutsche Verkäuferin auf Aufhebung des Vertrages und Schadensersatz. Die Beklagte rügte die Unzuständigkeit des italienischen Gerichts. Das Gericht erklärte sich für unzuständig und führte aus, seine Zuständigkeit könne sich allein aus Art. 5 Nr. 1 ergeben. Es sei auf der Grundlage des italienischen Rechts zu ermitteln, wo der Erfüllungsort der streitigen Verpflichtung gelegen sei. Maßgeblich sei in diesem Zusammenhang die Verpflichtung zur Übergabe der Ware, da hieran der Anspruch auf Aufhebung des Vertrages sowie Schadensersatz kompetenzrechtlich anzuknüpfen sei. Gemäß Art. 1510 Codice civile werde der

e) Klagen wegen Sachmängelhaftung (Wandlung oder Minderung)[145]

Alle nach der maßgeblichen lex causae[146] als vertraglich zu qualifizierenden Ansprüche wegen Sachmängelhaftung[147] fallen unter Art. 5 Nr. 1.[148] Dies ist praktisch wichtig z. B. für das deutsche Kaufrecht[149] und Werkvertragsrecht.[150] Dabei spielt es keine Rolle, ob ein vertragliches Rückabwicklungsverhältnis entsteht (Wandlung) oder nur die Herabsetzung des Kaufpreises bzw. Werklohnes (Minderung) verlangt wird. Nur von theoretischem Interesse ist die bis auf den heutigen Tag umstrittene Frage, ob die Wandlung durch den Richter vollzogen wird, dann läge insoweit eine Gestaltungsklage vor.[151]

f) Klagen auf Schadensersatz

Die nach der maßgeblichen lex causae als vertraglich zu qualifizierenden Ansprüche auf *Schadensersatz wegen Nichterfüllung oder nicht ordnungsmäßiger Erfüllung,* sei es statt der Erfüllung oder neben ihr, sei es während des Bestehens oder nach Aufhebung (Beendigung, Rückabwicklung) des Vertrages können im Gerichtsstand des Art. 5 Nr. 1 geltend gemacht werden, ebenso die sonstigen lege causae als vertraglich einzuordnende Ansprüche. Hierher gehört die Schadensersatzklage wegen Verschuldens beim Vertragsschluß (culpa in contrahendo) sowie die Klage auf das

---

Verkäufer durch Übergabe der Ware an einen Frachtführer oder Spediteur von seiner Verpflichtung frei; Erfüllungsort für die betreffende Verpflichtung des Verkäufers sei damit der Ort dieser Übergabe, im vorliegenden Fall seien die Waren am Sitz der Verkäuferin in der Bundesrepublik Deutschland einem italienischen Spediteur übergeben worden; damit sei ein Gerichtsstand an diesem Ort begründet.

144 Übereinstimmend *Arrondissementsrechtbank Amsterdam,* derde kamer A, Urteil vom 6. Juli 1977, *Manheim & Zoon B. V../.Renzo Tasselli,* 76.2223, Rechtsprechungsübersicht Nr. 100 (Folge 3) = Nachschlagewerk I-5.1.2-B 14: Eine Gesellschaft mit Sitz in den Niederlanden verklagte eine Gesellschaft mit Sitz in Italien wegen verspäteter und mangelhafter Lieferung von Waren auf Aufhebung des Vertrages und Schadensersatz. Die Beklagte machte vorab die Unzuständigkeit des Amsterdamer Gerichts geltend, weil eine der über die Waren ausgestellten Rechnungen den Vermerk „franco frontiera italiana" trage. Das Gericht erklärte sich mit folgender Begründung für zuständig: Es sei zwischen den Parteien unstreitig, daß die über den Amsterdamer Agenten der Beklagten bestellten Waren von einem Spediteur im Auftrag der Beklagten nach Amsterdam befördert und dort – nachdem die Klägerin der Beklagten mitgeteilt habe, daß sie sich an den Vertrag nicht mehr gebunden fühle – nicht an die Klägerin, sondern an eine andere Firma geliefert worden seien. Aus diesen Umständen ergebe sich, daß die Parteien als Erfüllungsort im Sinne von Art. 5 Nr. 1 Amsterdam vereinbart hätten. Der auf den Rechnungen enthaltene Vermerk, wonach die Lieferung der Waren „franco frontiera italiana" erfolge, sei demgegenüber unbeachtlich.

145 Beispiel: OLG München, Urteil vom 26. Februar 1980, RIW/AWD 1980, 728.

146 Oben V.

147 Hinweise bei *Staudinger-Firsching,* EGBGB, 10./11. Aufl., 1978, Rz. 446.

148 Zu § 29 ZPO ebenso *Stein-Jonas-Schumann,* ZPO, 20. Aufl., § 29 Rz. 15.

149 §§ 459ff. BGB.

150 *Stein-Jonas-Schumann,* ZPO, 20. Aufl. § 29 Rz. 15.

151 Zu § 29 ZPO vgl. *Stein-Jonas-Schumann,* ZPO, 20. Aufl., § 29 Rz. 14.

negative Vertragsinteresse bei Nichtzustandekommen des Vertrages, §§ 122, 179 II BGB.[152]

g) Abänderungsklagen[153]

Das Übereinkommen kennt keine besondere Kompetenznorm für Abänderungsklagen. Insbesondere erachtet es den Staat, der die abzuändernde Entscheidung erlassen hat, nicht für ausschließlich international zuständig.[154]

IX. Betroffener Personenkreis

Art. 5 Nr. 1 kommt gegenüber jedem Beklagten zum Zuge, der aus einem Vertrag verklagt wird. Maßgebend ist die Klagebegründung.[155] Im Gerichtsstand des Art. 5 Nr. 1 kann also nicht nur der ursprüngliche Vertragspartner verklagt werden, sondern auch dessen Rechtsnachfolger.[156] In den Anwendungsbereich dieser Vorschrift fallen auch alle, die

---

152 Vgl. auch *Kropholler* IZVR Rz. 663.

153 Oben § 74 XVI 4.

154 Das Übereinkommen hat nicht einmal eine Annexzuständigkeit für Abänderungsklagen geschaffen: Liegen die Zuständigkeitsanknüpfungen des Art. 2 I (Wohnsitz des Beklagten) bzw. des Art. 5 Nr. 2 (Wohnsitz oder gewöhnlicher Aufenthalt des Unterhaltsklägers) zum Zeitpunkt der Erhebung der Abänderungsklage nicht mehr vor, so ist der Vertragsstaat, der die abzuändernde Entscheidung erlassen hat, international unzuständig. Aber auch bei unverändertem Sachverhalt ist eine Konstellation vorstellbar, in der dem Staat, der die abzuändernde Entscheidung erlassen hat, die internationale Zuständigkeit für die Abänderungsklage fehlt. Wurde z. B. der Unterhaltsschuldner an seinem Wohnsitz verklagt und verurteilt, und will dieser nun eine Herabsetzung oder Aufhebung des Titels wegen veränderter Umstände erreichen, so muß der Schuldner den Gläubiger in dessen Wohnsitzstaat (Art. 2 I) oder am Erfüllungsort (Art. 5 Nr. 1) verklagen. Daneben ist auch noch der Vertragsstaat international zuständig, in dem sich der Unterhaltsberechtigte gewöhnlich aufhält. Hierzu oben § 74 VI 8c bei Fußn. 437. A. A. *Schlosser* FamRZ 1973, 428 sub 2 c g. E. Die anderen Vertragsstaaten kennen eine dem § 323 ZPO vergleichbare prozessuale Gestaltungsklage nicht. Sie lösen unser Problem rein materiellrechtlich. Nachweise bei *Schlosser* FamRZ 1973, 427. Deutsche Abänderungsurteile nach § 323 ZPO sind in den anderen Vertragsstaaten nach Art. 25ff. anzuerkennen und zu vollstrecken. *Geimer* RIW/AWD 1975, 84 sub. 4.

155 Näher unten X.

156 Wechseln die am Vertragsverhältnis beteiligten Personen, so hat dies nach deutschem Recht für den Erfüllungsort grundsätzlich keine Bedeutung. Dies gilt nicht nur für die Fälle der Gesamtrechtsnachfolge (Universalsukzession), sondern auch für die Fälle der Einzelrechtsnachfolge (Singularsukzession). Ebenso *Stein-Jonas-Schumann,* ZPO, 20. Aufl. § 29 Rz. 9: „Ein *Wechsel der am Vertragsverhältnis beteiligten Personen* hat für den Erfüllungsort grundsätzlich *keine Bedeutung.* § 29 gilt daher für jeden Kläger, nicht nur für den ursprünglichen Vertragspartner, und gegen jeden Beklagten, nicht nur gegenüber dem ursprünglichen Vertragsgegner, also auch für (*Gesamt-* oder *Sonder-*) *Rechtsnachfolger, Mithaftende,* den durch einen Vertrag *nach § 328 BGB Begünstigten* usw., ferner im Falle des § 256 auch für den lediglich durch das Feststellungsinter-

für die Erfüllung einer bestimmten Vertragspflicht haften, so z. B. die Gesellschafter einer OHG (§ 128 HGB) und der Kommanditist in einer KG (§§ 161, 171 HGB). Das gleiche gilt für die Haftung des falsus procurator (§ 179 BGB).[157]

X. Zuständigkeitstatsachen – Behauptungs- und Beweislast des Klägers[158]

Art. 5 Nr. 1 eröffnet nur eine internationale Zuständigkeit, wenn der Gegenstand der Klage (Streitgegenstand)[159] nach der maßgeblichen lex causae[160] als vertraglicher Anspruch zu qualifizieren ist.[161] Nach h. M.[162] genügen für die Begründung der Zuständigkeit nach Art. 5 Nr. 1 die Behauptungen des Klägers/Antragstellers.[163] Das kann aber nicht Rech-

---

esse bestimmten, am materiellen Rechtsverhältnis nicht beteiligten Gegner (vgl. § 256 II 3)."

[157] *Stein-Jonas-Schumann,* ZPO, 20. Aufl., § 29 Rz. 10.

[158] Hierzu s. auch *Spellenberg* ZZP 91 (1978), 48.

[159] Nicht ausreichend sind nur Präjudizialpunkte.

[160] Oben V.

[161] Unentschieden *Kropholler* IZVR Rz. 662.

[162] *Piltz* NJW 1981, 1876 sub II: „Der Gerichtsstand des Erfüllungsortes kann nur in Streitigkeiten aus Verträgen in Anspruch genommen werden. Dazu genügt es jedoch, wenn der Kläger einen vertraglichen Anspruch lediglich schlüssig behauptet, das tatsächliche Vorliegen eines wirksam zustandegekommenen Vertrages ist insoweit unerheblich. Ergibt sich dann bei der Sachprüfung, daß der behauptete Vertrag nicht besteht, entfällt nicht die einmal eröffnete Zuständigkeit, vielmehr ist die Klage abzuweisen, da sie nicht begründet ist. Auf der anderen Seite ist die Erfüllungsort-Zuständigkeit von vornherein abzulehnen, wenn bereits nach der Darstellung des Klägers der begehrte Anspruch nicht vertraglicher Art ist." Im gleichen Sinne *Spellenberg* IPRax 1981, 77 (oben Fußn. 14).

Ebenso OLG Bamberg, NJW 1977, 505 = IPRspr. 1976 Nr. 44 = Rechtsprechungsübersicht Nr. 57 (Folge 2).

[163] *Kropholler* IZVR Rz. 651 und Kommentar 149, Art. 19, Rz. 5. Ebenso zu § 29 ZPO *Stein-Jonas-Schumann,* ZPO, 20. Aufl., § 29 Rz. 38, 39: „Zur Begründung des Gerichtsstands ist erforderlich, daß der *Kläger Tatsachen vorträgt,* aus denen sich der Erfüllungsort für die streitige Verpflichtung im Bezirk des Gerichts ergibt. Ob die streitige Verpflichtung wirklich zu erfüllen ist, kommt erst bei der Entscheidung der Hauptsache in Betracht; das Bestreiten der Erfüllungspflicht ist also kein schlüssiges Bestreiten der Zuständigkeit. Soweit sich *zuständigkeits-* und *anspruchsbegründende Tatsachen* decken *(doppelrelevante Tatsachen),* wird deren Vorliegen *im Rahmen der Zuständigkeitsprüfung unterstellt;* ist dies nicht der Fall, muß gegebenenfalls über die Tatsachen, aus denen sich der Erfüllungsort ergeben soll, *Beweis erhoben* werden, wenn es sich nicht beim Streit um den Erfüllungsort um eine reine Rechtsfrage handelt.

Angesichts der hier vertretenen prozessualen *Beachtlichkeit einer echten materiell-rechtlichen Vereinbarung des Erfüllungsorts* – im Gegensatz zur bloß abstrakten Vereinbarung zwecks Gerichtsstandsbegründung – wird der Richter bei Begründetheit eines Erfüllungsverlangens zur Leistung innerhalb des Gerichtsbezirks verurteilen können. Wer

tens sein. Vielmehr ist erforderlich, daß der *äußere Tatbestand* eines Vertragsabschlusses gegeben ist. Ob die subjektiven Voraussetzungen vorlagen oder nicht, spielt keine Rolle. Dies ist vielmehr die Frage der Begründetheit der Klage, so z. B. die Frage des Dissenses oder der Irrtumsanfechtung.[164] Nicht ausreichend ist jedoch die Behauptung des Klägers, es habe ein Vertragsabschluß stattgefunden, sonst würde – besonders im Säumnisfall – die Gerichtspflichtigkeit des Beklagten unzumutbar ausgeweitet werden.[165] Im Falle der Säumnis des Beklagten hat im Rahmen der Zuständigkeitsprüfung (Art. 20)[166] das Gericht zu untersuchen, ob Tatsachen vorliegen, die *möglicherweise* auf einen Vertragsabschluß hindeuten.[167] Ob ein Vertrag wirksam zustande gekommen ist, gehört nicht mehr zur Zuständigkeitsprüfung, sondern zur Begründetheit der Klage. M. a. W.: Art. 5 Nr. 1 umfaßt auch solche Fälle, in denen gerade darum gestritten wird, ob ein Vertrag vorliegt.[168, 169]

XI. Zuständigkeitsanknüpfungspunkt ist diejenige Verpflichtung, die den Gegenstand der Klage bildet[170]

1. Bereits aus der Formulierung des Art. 5 Nr. 1 *„Ort, an dem die Verpflichtung erfüllt worden ist oder zu erfüllen wäre,"* wird deutlich, daß es jeweils auf die *streitige Verpflichtung* ankommt.[171] Anknüpfungspunkt für

---

allerdings bei den nicht-prorogationsbefugten Personen allen Arten von Vereinbarungen über den Erfüllungsort und damit auch der materiell-rechtlich ernsthaften Bestimmung des Erfüllungsorts durch die Parteien die prozessuale Beachtlichkeit für die Anwendung des § 29 abspricht, muß wenigstens im Rahmen der Begründetheitsprüfung die materiell-rechtlich wirksame Vereinbarung beachten. Das kann zu folgendem Ergebnis führen: Das Gericht muß (obwohl es Gericht des Erfüllungsorts ist) den Beklagten zu einer Leistung an einem *anderen* Ort außerhalb des Gerichtsbezirks verurteilen, weil für das Erbringen der materiell-rechtlich geschuldeten Leistung jetzt doch die Vereinbarung zu beachten ist, so daß der „prozessuale" Erfüllungsort anders als der „materielle" Erfüllungsort erscheint! Die hier vertretene Meinung vermeidet allerdings solche Ergebnisse."

[164] Vgl. oben § 74 XVII 2b.

[165] Dies übersieht *Kropholler* (Fußn. 163).

[166] Oben § 74 XVIII.

[167] Dieser Punkt war nicht Gegenstand des EuGH-Urteils vom 4. März 1982, Rechtssache 38/81 – *Effer ./. Kantner,* EuGHE 1982, 825 = RIW/AWD 1982, 280 = IPRax 1983, 31 (oben Fußn. 65).

[168] OLG Hamm, RIW/AWD 1980, 662 = Revue de droit uniforme 1980 I 316 und 318 = IPRspr. 1979 Nr. 168 sub II 2 a unter Berufung auf *Linke* in *Bülow-Böckstiegel,* 606/57, Art. 5, Anm. I 2 b bei Fußn. 20.

[169] Zum Parallelproblem bei Art. 5 Nr. 3 s. unten § 84 XVIII.

[170] Vgl. hierzu auch *Kropholler* IZVR Rz. 665.

[171] Ebenso klar die italienische Version. Die weniger präzisen französischen und niederländischen Textfassungen wurden durch das Beitrittsübereinkommen überarbeitet. Hierzu *Schlosser*-Bericht Nr. 133: „Im Laufe der Verhandlungen stellte sich heraus, daß die französische und niederländische Fassung von Artikel 5 Nr. 1 in bezug

die internationale und örtliche Zuständigkeit ist diejenige Verpflichtung, die den Gegenstand der Klage bildet.[172] Es reicht nicht aus, daß irgendeine Verpflichtung aus dem Vertragsverhältnis im Staate des angegange-

auf die Bezeichnung der maßgebenden Verpflichtungen weniger spezifisch als die deutsche und italienische waren. Sie konnten dem Mißverständnis Vorschub leisten, auch andere Leistungspflichten seien gemeint als diejenigen, welche gerade Gegenstand des gerichtlichen Verfahrens sind. Die Neufassung des französischen und des niederländischen Textes soll diesem Mißverständnis vorbeugen."

[172] EuGH, Urteil vom 6. Oktober 1976 – Rechtssache 14/76, *de Bloos ./. Bouyer,* EuGHE 1976, 1497 = NJW 1977, 490 mit Anm. *Geimer* = RIW/AWD 1977, 41 mit Anm. *Linke:* „Das Übereinkommen soll nach seiner Präambel die internationale Zuständigkeit der Gerichte der Vertragsstaaten festlegen, die Anerkennung der jeweiligen gerichtlichen Entscheidungen erleichtern und ein beschleunigtes Verfahren einführen, um die Vollstreckung von Entscheidungen sicherzustellen. Diese Ziele gebieten es, soweit wie möglich zu verhindern, daß aus ein und demselben Vertrag mehrere Zuständigkeitsgründe hergeleitet werden. Deshalb kann Artikel 5 Nr. 1 des Übereinkommens nicht in dem Sinne verstanden werden, daß sich diese Vorschrift auf jede beliebige sich aus dem betreffenden Vertrag ergebende Verpflichtung bezieht. Vielmehr versteht dieser Artikel unter ‚Verpflichtung' diejenige vertragliche Verpflichtung, die den Gegenstand der Klage bildet. Diese Auslegung wird auch von der italienischen und der deutschen Fassung dieser Vorschrift eindeutig bestätigt. Für die Bestimmung des Erfüllungsortes im Sinne des Artikels 5 Nr. 1 ist folglich die Verpflichtung heranzuziehen, die dem vertraglichen Anspruch entspricht, auf den der Kläger seine Klage stützt."

Der Entscheidung lag folgender Sachverhalt zugrunde: Die Firma Etablissements Bouyer S. A. mit Sitz in Frankreich hat in einer Vereinbarung den Etablissements A. De Bloos S.P.R.L. mit Sitz in Belgien den Alleinvertrieb ihrer Erzeugnisse der Marke „Bouyer" für Belgien, das Großherzogtum Luxemburg und die Volksrepublik Zaïre übertragen. De Bloos behauptete, Bouyer habe im September 1972 die Vereinbarung ohne vorherige Kündigung einseitig gebrochen, und hat letztere vor dem Handelsgericht Tournai verklagt mit dem Antrag, die Vereinbarung entsprechend den belgischen Rechtsvorschriften durch gerichtliches Urteil aus Verschulden von Bouyer aufzuheben und Bouyer auf Grund des belgischen Gesetzes vom 27. Juli 1961 in der Fassung des Gesetzes vom 13. April 1971 über die einseitige Kündigung von Alleinvertriebsverträgen mit unbeschränkter Dauer zur Zahlung von Schadensersatz zu verurteilen. Bouyer hat die internationale Zuständigkeit Belgiens bestritten.

Die Cour d'Appel Mons hat untersucht, unter welchen Voraussetzungen möglicherweise Art. 5 Nr. 1 anzuwenden ist, und versucht, die Verpflichtungen, welche die das Alleinvertriebsrecht gewährende Partei bei einseitiger Lösung des Vertrags ihrerseits treffen, nach belgischem Recht, insbesondere auf der Grundlage des genannten Gesetzes vom 27. Juli 1961, zu qualifizieren. Sie hat festgestellt, der streitige Vertrag müsse im Sinne des Art. 3bis II des erwähnten belgischen Gesetzes als auf unbestimmte Dauer geschlossen angesehen werden und sein einseitiger Bruch lasse im vorliegenden Fall auf Grund dieses Gesetzes

einen Anspruch auf „angemessene Entschädigung" wegen Nichtgewährung eines vernünftigen Kündigungszeitraums und

einen Anspruch auf eine billige „zusätzliche Entschädigung" entstehen, da das Alleinvertriebsrecht von der Lieferantin offenbar aus anderen Gründen als Verschulden des Vertriebshändlers aufgekündigt worden sei.

Die Cour d'Appel Mons hat dem EuGH u. a. folgende Fragen vorgelegt: „Umfaßt

nen Gerichts erfüllt werden muß.[173] Art. 5 Nr. 1 eröffnet Zuständigkeit nur dann, wenn die streitgegenständliche Verbindlichkeit im Gerichtsstaat zu erfüllen ist oder erfüllt wurde.[174]

Für jede aus einem Vertragsverhältnis fließende Hauptpflicht[175] ist der Erfüllungsort selbständig zu bestimmen. Dabei kann sich ergeben, daß der Erfüllungsort für die Hauptpflicht der einen Vertragspartei in dem Vertragsstaat A und der Erfüllungsort für die vom anderen Vertragsteil zu erbringende Leistung im Vertragsstaat B liegt. Der Erfüllungsort für

---

bei einem Rechtsstreit zwischen den Parteien einer Alleinvertriebsvereinbarung, in welchem dem Lieferanten Bruch der Alleinvertriebsbeziehung vorgeworfen wird, der Ausdruck *,Verpflichtung'* in Art. 5 Nr. 1 sämtliche nachstehend aufgeführten Verpflichtungen oder nur einige von ihnen:

1. alle Verpflichtungen aus dem Rahmenvertrag über den Alleinvertrieb und sogar aus den einzelnen in Ausführung des Rahmenvertrages abgeschlossenen Kaufgeschäften;
2. die streitige oder den Grund für das gerichtliche Vorgehen bildende Verpflichtung, und zwar bejahendenfalls:
   a) die ursprüngliche Verpflichtung (etwa die Verpflichtung, im Vertragsstaat nicht an andere zu verkaufen oder bei einseitiger Vertragsauflösung eine vernünftige Kündigungszeit zu gewähren);
   b) die Verpflichtung, das Äquivalent der ursprünglichen Verpflichtung zu verschaffen (also die Verpflichtung zur Zahlung von Ausgleichsentschädigungen oder von Schadensersatz);
   c) die Verpflichtung zur Zahlung von Schadensersatz in dem Fall, daß durch die novierende Wirkung der Aufhebung oder Kündigung eines Vertrages die ursprüngliche Verpflichtung untergeht;
   d) oder schließlich die Verpflichtung zur Zahlung einer ,angemessenen' oder sogar einer ,zusätzlichen Entschädigung', welche Artikel 2 und 3 des belgischen Gesetzes vom 27. Juli 1961 über die einseitige Auflösung von Alleinvertriebsvereinbarungen mit unbestimmter Dauer in der Fassung des Gesetzes vom 13. April 1971 vorsehen?"

Kritisch die Anhänger der These, es sei an die vertragstypische Leistung anzuknüpfen. Vgl. *Linke* RIW/AWD 1977, 46 und *Spellenberg* ZZP 91 (1978), 54; *Piltz* NJW 1981, 1877 Fußn. 21; *Pocar* RabelsZ 42 (1978), 416. Vgl. unten Fußn. 180.

[173] Ebenso für das autonome deutsche Recht (§ 29 ZPO) *Stein-Jonas-Schumann,* ZPO, 20. Aufl. § 29 Rz. 16.

[174] Völlig anders die Corte di Cassazione zu Art. 44 Nr. 2 Codice di procedura civile: Nach ständiger Rechtsprechung begründet irgendeine in Italien zu erfüllende Vertragspflicht die internationale Zuständigkeit der italienischen Gerichte für alle aus dem Vertragsverhältnis resultierenden Verbindlichkeiten. Zuletzt Corte di Cassazione, Urt. v. 7. Januar 1974, Rivista di diritto internazionale privato e processuale 1974, § 616; *Forlati,* Rivista aaO 1976, 57 Fußn. 19; weitere Nachweise bei *Giuliano,* La giurisdizione civile italiano e lo straniero, 2. Aufl., 1970, 72ff.; *Schröder,* Internationale Zuständigkeit, 1971, 327 Fußn. 1262; *Spellenberg* ZZP 91 (1981), 52 Fußn. 61.

Die Diskrepanz zwischen dem Konventionsrecht und dem autonomen Verfahrensrecht ist aus italienischer Sicht gewaltig. Es bleibt abzuwarten, ob die italienische Rechtsprechung Art. 5 Nr. 1 zum Anlaß nimmt, die extrem weite Auslegung des Art. 4 Nr. 2 Codice di procedura civile zu korrigieren. Hoffnungsvoll *Grunsky* RIW/AWD 1977, 5.

[175] Näher unten XII.

eine der Vertragspflichten begründet also nicht automatisch eine Zuständigkeit für alle aus dem Vertragsverhältnis resultierenden Verbindlichkeiten. Dies schließt allerdings nicht aus, daß man für Feststellungs- und Gestaltungsklagen, die den Bestand des gesamten Vertrags als einheitliches Rechtsverhältnis betreffen, eine internationale Zuständigkeit an jedem Erfüllungsort für die vertraglichen Hauptverpflichtungen auftut.[176]

2. Es kommt also nicht auf die *vertragscharakteristische Leistung* an. In der Literatur[177] wird allerdings die Meinung vertreten, die Zuständigkeit des Art. 5 Nr. 1 sollte nur dort eröffnet werden, wo die für den Vertrag charakteristische Leistung (z. B. die Sachleistung) zu erbringen ist. Dort sollte ein Gerichtsstand für alle Ansprüche aus dem Vertragsverhältnis bestehen. Die Zahlungspflicht hätte keine Relevanz. Die Anhänger der Theorie von der vertragscharakteristischen Leistung machen geltend, die Auslegung des EuGH führe zu einer Vertragsspaltung. Jedes Gericht wende sein eigenes internationales Privatrecht an, da dieses zwischen den Vertragsstaaten nicht vereinheitlicht sei.[178] Wenn nun die Erfüllungsorte der gegenseitigen Verpflichtungen eines Vertrages in verschiedenen Vertragsstaaten[179] liegen, so sei es denkbar, daß die jeweiligen Gerichte in den verschiedenen Vertragsstaaten jeweils anderes Sachrecht anwenden und dementsprechend die Frage der Wirksamkeit des Vertrages oder den Umfang des geltend gemachten Anspruchs verschieden beurteilen.[180]

---

176 *Grunsky* RIW/AWD 1977, 5; *Geimer* EuR 1977, 355 sub e. – A. A. OLG Frankfurt/M., RIW/AWD 1980, 585 = IPRspr. 1979 Nr. 174. Näher unten Fußn. 207.

177 *Spellenberg* ZZP 91 (1978), 54; *Pocar* RabelsZ 42 (1978), 416; *Piltz* NJW 1981, 1877 bei Fußn. 21. Vor allem aber *Linke* RIW/AWD 1977, 46 und in *Bülow-Böckstiegel,* 606/59f.; Art. 5, Anm. I 3c: „Den mit den Zuständigkeitsregeln des GVÜ verfolgten Zielen – Einheitlichkeit der Zuständigkeitsbegründung, Sachnähe des Gerichts, Vermeidung unerwünschter Klägergerichtsstände sowie des forum shopping durch Wohnsitzwechsel – entspricht es am ehesten, als Erfüllungsort im Sinne des Art. 5 Nr. 1 den Ort zu wählen, an dem die das ganze Vertragsverhältnis prägende, vertragstypische Leistung zu erbringen ist, z. B. wo eine Ware zu liefern oder Dienste zu leisten sind, und dieser Leistungsbegriff ist vertragsautonom-rechtsvergleichend zu bestimmen. Nur bei gleichrangigen Verpflichtungen und bei der Einforderung von Geldleistungen, bei denen nur der Zahlungsmodus in Frage steht und der Vertrag als solcher nicht berührt wird, ist auf die konkrete streitige Verpflichtung abzustellen. . . . Die gleichberechtigte Berücksichtigung der Geldleistung als dem üblichen Korrelat im gegenseitigen Vertrag wird angesichts weitgehender nationaler Differenzen über ihren Erfüllungsort mit Sicherheit zu Kompetenzkonflikten führen, für die Art. 21 GVÜ zwar eine Regelung vorsieht, die aber dennoch tunlichst vermieden werden sollten . . .“

178 Dieses Argument wird nach Inkrafttreten des EWG-Übereinkommens vom 19. Juni 1980 über das auf vertragliche Schuldverhältnisse anzuwendende Recht seine Bedeutung verlieren. Hierzu Nachweise bei *Staudinger-Firsching,* Kommentar zum BGB, Internationales Schuldrecht I, 1978, Rz. 140 vor Art. 12 EGBGB und *Firsching,* IPRax 1981, 37.

179 Liegt der Erfüllungsort in einem dritten Staat, dann kommt Art. 5 Nr. 1 von vorneherein nicht zur Anwendung. Vgl. oben § 51.

180 Unentschieden *Kropholler* IZVR Rz. 667.

Diese Gefahr ist jedoch kein typisches Problem des Art. 5 Nr. 1. Solange das internationale Privatrecht nicht vereinheitlicht[181] ist, könnte man dieser Gefahr nur durch Festlegung von ausschließlichen internationalen Zuständigkeiten begegnen. Alle konkurrierenden Zuständigkeiten beschwören die Gefahr unterschiedlicher Kollisionsrechte und damit verschiedene Beurteilungen der meritorischen Grundlagen der Klage herauf. Diese Probleme können nicht durch die Lehre von der vertragscharakteristischen Leistung bewältigt werden.[182] Denn selbst wenn man nur am Ort der vertragscharakteristischen Leistung einen Gerichtsstand gemäß Art. 5 Nr. 1 eröffnet, bleibt daneben immer noch der Wohnsitzgerichtsstand, so daß auch hier unterschiedliche Ergebnisse bei der Ermittlung der lex causae denkbar sind.[183]

3. Die Diskussion über die Anknüpfung an den Erfüllungsort der vertragscharakteristischen Leistung für alle das Vertragsverhältnis betreffenden Klagen hat durch den EuGH neuen Auftrieb erhalten.[184] Ohne die Abweichung von seiner bisherigen Rechtsprechung[185] näher zu begründen, hat er am Erfüllungsort für die vertragscharakteristische Leistung eine Zuständigkeit auch für solche Ansprüche aus dem Vertragsverhältnis eröffnet, die nicht im Gerichtsstaat zu erfüllen waren.[186] Es ging um eine Klage eines Arbeitnehmers gegen seinen Arbeitgeber.[187] Der EuGH stellt in seiner Begründung darauf ab, daß der Arbeitnehmer in sozialer Hinsicht der schwächere und daher schutzbedürftig sei.[188] Deshalb ist nicht klar, ob sich im umgekehrten Fall auch der Arbeitgeber auf den Gerichtsstand am Erfüllungsort der vertragscharakteristischen

[181] Vgl. oben Fußn. 178.

[182] Vor dieser Überschätzung der Gefahren warnt allerdings auch *Spellenberg* ZZP 91 (1978) 55: „Freilich soll man jene Gefahr in der Praxis auch nicht überschätzen. Es wird schon relativ selten begegnen, daß sich die Vertragsparteien gegenseitig verklagen, und wenn, dann werden sie auch den Weg der Widerklage wählen. Hier wird der Kläger auch nur eine Zug um Zug Verurteilung erreichen. Beides gilt jedoch nicht in jedem Falle. Darüberhinaus verhindert Art. 22 GVÜ in gewissem Umfang, daß Entscheidungen über verschiedene Vertragsklagen in verschiedenen Ländern ohne Rücksicht aufeinander ergehen; selbst der später angegangene Richter kann das Verfahren aussetzen oder die Klage abweisen."

[183] Wie hier auch *Stein-Jonas-Schumann,* ZPO, 20. Aufl. § 29 Rz. 48 bei Fußn. 135 und OLG Saarbrücken RIW/AWD 1980, 797 = IPRspr. 1979 Nr. 151.

[184] EuGH, Urteil vom 26. Mai 1982, Rechtssache 133/81 – *Ivenal./.Schwab,* RIW/AWD 1982, 908.

[185] Oben Fußn. 172.

[186] Der Tenor des Urteils lautet: „Wird eine Klage auf verschiedene Verpflichtungen aus einem Vertretervertrag gestützt, der einen Arbeitnehmer an ein Unternehmen bindet, so ist für die Anwendung von Art. 5 Nr. 1 diejenige Verpflichtung als maßgeblich anzusehen, die für diesen Vertrag charakteristisch ist."

[187] Ein unselbständiger Handelsvertreter mit Wohnsitz in Straßburg hatte vor dem dortigen Arbeitsgericht seinen in Oettingen/Bayern ansässigen Arbeitgeber verklagt. Die Cour de cassation legte den Fall dem EuGH vor.

[188] Oben § 74 VII Fußn. 467.

Leistung berufen kann, wenn er gegen den Arbeitnehmer Ansprüche einklagt, die nicht im Gerichtsstaat zu erfüllen sind. Dies würde auf eine Erweiterung der Gerichtspflichtigkeit des Arbeitnehmers hinauslaufen. Man sieht, welche Brüche in der Argumentation des EuGH sind. Derzeit ist nicht abzusehen, wie sich die Rechtsprechung des EuGH entwickeln wird.

XII. Maßgeblichkeit der primären Hauptverpflichtung[189]

1. Der EuGH[190] stellt zu Recht auf den Erfüllungsort für die primäre Hauptverpflichtung ab. Vertragliche Nebenpflichten und durch Leistungsstörungen, Rücktritt, Wandlung, Klage auf Vertragsauflösung usw.[191] entstandene Sekundärpflichten auf Schadensersatz sowie auf die Herausgabe des stellvertretenden commodum und alle sonstigen auf Erfüllungssurrogate[192] bedingten Verpflichtungen werden nicht selbständig angeknüpft,[193] sondern zuständigkeitsrechtlich derjenigen Hauptverpflichtung zugeordnet, zu der sie gehören bzw. an deren Stelle sie getreten sind bzw. aus der sie hervorgegangen sind.[194] Dies wird von der Rechtsprechung mitunter übersehen.[195]

---

[189] Zum autonomen deutschen Recht (§ 29 ZPO) ebenso RGZ 40, 408. Hierzu *Kropholler* IZVR Rz. 354 Fußn. 787.

[190] EuGH, Urteil vom 6. Oktober 1976, Rechtssache 14/76, *de Bloos ./. Bouyer,* oben Fußn. 172, sub 14: „Für die Bestimmung des Erfüllungsortes im Sinne des Art. 5 Nr. 1 ist folglich die Verpflichtung heranzuziehen, die dem vertraglichen Anspruch entspricht, auf den der Kläger seine Klage stützt. Macht der Kläger Ansprüche auf Schadensersatz geltend oder beantragt er die Auflösung des Vertrags aus Verschulden des Gegners, so ist die Verpflichtung im Sinne des Art. 5 Nr. 1 weiterhin diejenige vertragliche Verpflichtung, deren Nichterfüllung zur Begründung dieser Anträge behauptet wird. In einem Rechtsstreit über die Folgen des Bruchs eines Alleinvertriebsvertrags durch den Lieferanten, der also etwa auf Zahlung von Schadensersatz oder auf Auflösung des Vertrages gerichtet ist, ist die Verpflichtung, auf die es für die Anwendung des Art. 5 Nr. 1 ankommt, diejenige vertragliche Verpflichtung des Lieferanten, deren Nichterfüllung vom Vertriebshändler zur Begründung der auf Schadensersatz oder Auflösung des Vertrages gerichteten Anträge behauptet wird. Werden Ausgleichsansprüche eingeklagt, so hat das innerstaatliche Gericht zu prüfen, ob es sich nach dem auf den Vertrag anwendbaren Recht um eine selbständige vertragliche Verpflichtung oder um eine Verpflichtung handelt, die an die Stelle der nichterfüllten vertraglichen Verpflichtung getreten ist."

[191] Oben Fußn. 121 ff.

[192] Oben Fußn. 136.

[193] Vgl. auch *Kropholler* IZVR Rz. 665.

[194] *Geimer* EuR 1977, 355; *Piltz* NJW 1981, 1877.

[195] *OLG Oldenburg,* NJW 1976, 1043 ff., *OLG Frankfurt,* Rechtsprechungsübersicht, Folge 3, S. 17 f., und *OLG München,* MDR 1980, 1024 knüpfen im Falle der Rückabwicklung an die Rückgabepflicht an. Auch *BGH,* NJW 1981, 1158 stellt auf die Rückzahlungspflicht ab, obwohl anschließend der Rückgewährsanspruch als durch Vertragsaufhebung wegen vertragswidriger Lieferung begründet und somit als Sekundär-

2. Ob es sich um eine selbständige vertragliche Verpflichtung oder um eine Verpflichtung handelt, die anstelle der nichterfüllten vertraglichen Verpflichtung getreten ist, bestimmt die maßgebliche lex causae,[196, 197] ebenso ob es sich um eine Haupt- oder Nebenpflicht handelt.[198]

---

anspruch dargestellt wird. Dies wäre nur dann richtig, wenn dargelegt würde, daß die streitgegenständlichen Ansprüche nach der maßgeblichen lex causae (oben V) nicht als vertragliche zu qualifizieren seien. Dann würde aber der Gerichtsstand des Art. 5 Nr. 1 entfallen, vgl. oben IV und VI. Unrichtig auch LG Hamburg, RIW/AWD 1977, 425 mit krit. Anm. *Magnus.* Richtig *BGH,* RIW 1979, 710ff., unter Aufhebung des die sekundäre Schadensersatzverpflichtung für maßgeblich erachtenden *OLG Celle,* RIW/AWD 1979, 131f. *Cour d'Appel de Paris* RIW/AWD 1978, 271; *Arrondissementsrechtbank Amsterdam,* Rechtsprechungsübersicht Nr. 100, Folge 3, oben Fußn. 144; *Tribunale di Firenze,* Rechtsprechungsübersicht Nr. 62 Folge 2, oben Fußn. 143; *Corte di cassazione,* sezioni unite civile, Urteil vom 13. Januar 1977, *Soc. J. Wagner GmbH ./. Soc. Larius Import di Castagna & C.,* Il Foro italiano, CIII/1978, I, 2240–2245, mit Anm. *Pierucci,* 2241–2242; *Lener,* 2242 = Rechtsprechungsübersicht Nr. 137 Folge 3 = Nachschlagewerk I-57-B 5: Eine italienische Gesellschaft verklagte vor dem Gericht ihres Sitzes in Italien eine Gesellschaft mit Sitz in der Bundesrepublik Deutschland wegen Nichterfüllung zweier Kaufverträge, durch die sich die deutsche Gesellschaft zur Lieferung von Maschinen verpflichtet hatte, auf Aufhebung dieser Verträge sowie Schadensersatz. Die Beklagte machte die Unzuständigkeit des italienischen Gerichts geltend.

Die Corte di cassazione kommt zu dem Ergebnis, daß nicht das angerufene italienische Gericht, sondern das Gericht am Sitz der Beklagten in der Bundesrepublik Deutschland allein zuständig sei. Ein Gerichtsstand in Italien habe sich nämlich nur aus Art. 5 Nr. 1 ergeben können; Erfüllungsort für die streitige Verpflichtung sei aber im gegebenen Fall der Sitz der Beklagten. Die Lieferungsverpflichtung, deren Nichterfüllung durch die Beklagte Grundlage der mit der Klage geltend gemachten Ansprüche sei, habe gemäß Art. 19 II EKG am Sitz der Beklagten erfüllt werden müssen.

Zutreffend auch *Tribunale di Pinerolo,* Urteil vom 31. März 1976, *Beloit Italia S. p. A. ./. Atec Weiss KG,* Rivista di diritto internazionale privato e processuale, 1977, 78 = Rechtsprechungsübersicht Nr. 61 Folge 2 = Nachschlagewerk I-3.1.2-B 5: Die italienische Klägerin hatte bei der beklagten deutschen Firma Teile für eine in der Bundesrepublik Deutschland zu errichtende Industrieanlage bestellt und vereinbarungsgemäß an die deutsche Baustelle geliefert erhalten. Mit der Begründung, die Teile seien unbrauchbar, hat sie vor dem Gericht am Ort ihres Sitzes in Italien auf Aufhebung des Vertrages und Schadensersatz geklagt. Die Beklagte hat die Zuständigkeit des angerufenen Gerichts bestritten. Das Gericht erklärte sich für unzuständig; unter den gegebenen Umständen könne allein Art. 5 Nr. 1 seine Zuständigkeit begründen. Sämtliche Verpflichtungen aus dem Vertragsverhältnis der Parteien seien jedoch in Deutschland zu erfüllen gewesen. Da die »causa petendi« in der Nichterfüllung der Lieferverpflichtung der Beklagten zu sehen sei, stelle das Klagebegehren selbst lediglich das Surrogat dieser Verpflichtung dar. Für den Gerichtsstand maßgebend sei damit der Erfüllungsort für die ursprüngliche Verpflichtung, und nicht der Erfüllungsort für die aus der Nichterfüllung entstehenden Verpflichtungen.

[196] Vgl. oben V.

[197] Zutreffend *Piltz* NJW 1981, 1877: „Für die vorzunehmende Abgrenzung zwischen Primär- und Sekundärleistungspflichten verweist der *EuGH* auf das Recht, das nach den international privatrechtlichen Vorschriften des mit der Sache befaßten Gerichts auf den Fall anzuwenden ist. Diese Auffassung verdient Zustimmung, da an-

3. Für jeden Klageanspruch (Hauptanspruch)[199] muß der Erfüllungsort selbständig geprüft und festgestellt werden.[200] Art. 5 Nr. 1 eröffnet keine Annexzuständigkeit für die übrigen Vertragsansprüche (kein Gerichtsstand des Vertragszusammenhangs).[201] Wurden mehrere Hauptansprüche aus dem Vertragsverhältnis geltend gemacht, liegt aber der Erfüllungsort nur hinsichtlich einer Hauptverpflichtung im Gerichtsstaat (= Erststaat),[202] so darf das Gericht nicht über die anderen Ansprüche entscheiden.[203] Entscheidet es gleichwohl auch über diese Ansprüche und erwächst diese Entscheidung in Rechtskraft, so kann dies nur unter den Voraussetzungen des Art. 28 I als Versagungsgrund gegen die Anerkennung bzw. Klauselerteilung herangezogen werden.[204]

4. Für Nebenansprüche ist auch dann der Erfüllungsort der Hauptverpflichtung (zu der sie gehören bzw. mit der sie in Zusammenhang stehen)[205] maßgeblich, wenn sie selbständig – also ohne den dazu gehörenden Hauptanspruch – eingeklagt werden.[206]

5. Für *Feststellungsklagen,*[207] die das gesamte Vertragsverhältnis betreffen, eröffnet Art. 5 Nr. 1 überall da eine Zuständigkeit, wo ein *Erfüllungsort für eine Hauptverpflichtung* gegeben ist.[208] Es kommt also nicht auf das Feststellungsinteresse des Klägers an.[209] Dies gilt allerdings nur in

---

dernfalls speziell prozeßrechtliche Eigenständigkeiten materiellrechtlicher Institutionen entwickelt würden und die üblicherweise der autonomen Qualifikation zugesprochene internationale Einheitlichkeit der Rechtsanwendung auch mit der von dem *EuGH* favorisierten Lösung erreicht wird, sobald das Übereinkommen über das auf vertragliche Schuldverhältnisse anzuwendende Recht in Kraft gesetzt ist."

198 Dies hat der EuGH noch nicht ausdrücklich entschieden.

199 Anders die neue Rechtsprechung des EuGH (oben Fußn. 186).

200 *Stein-Jonas-Schumann,* ZPO, 20. Aufl. § 29, Rz. 18; *Wieczorek,* ZPO, 2. Aufl. § 29 Anm. B III c 1.

201 *Stein-Jonas-Schumann,* ZPO, 20. Aufl. § 29 Rz. 48.

202 Wie z. B. in der Regel beim Kaufvertrag.

203 Vgl. oben § 74 XII.

204 Vgl. oben § 57 II und unten § 139 IV

205 Vgl. *Piltz* NJW 1981, 1877.

206 Vgl. *Kropholler* IZVR Rz. 667.

207 Vgl. oben Fußn. 176.

208 *Geimer* EuR 1977, 355. A. A. *Stein-Jonas-Schumann,* ZPO 20. Aufl., § 29 Rz. 17: „Für die Klage des *Käufers* auf Erfüllung, Schadensersatz oder Feststellung des Bestehens des Vertrages ist der *Erfüllungsort des Verkäufers,* für die Klage des *Verkäufers* der *Erfüllungsort des Käufers* maßgebend. Für die Klage auf *negative Feststellung ist* der *Erfüllungsort des Klägers* maßgebend. Macht der *Kläger* das *Nichtbestehen des ganzen Vertrages* geltend, bestimmt sich der Gerichtsstand nach *(Klägers) Erfüllungspflicht; Zöller-Vollkommer,* ZPO, 13. Aufl. 1981, § 29 Anm. II 2a; OLG Frankfurt/M. RIW/AWD 1980, 585 = IPRspr. 1979 Nr. 174: Ergeben sich – wie idR – aus dem festzustellenden Vertragsverhältnis mehrere Verpflichtungen, so ist für die Zuständigkeit auf den für den Kläger „hauptsächlichen Anspruch" abzustellen. Unentschieden *Wieczorek,* ZPO, 2. Aufl. § 29 Anm. B III d 1.

209 A. A. die oben Fußn. 208 Genannten.

kompetenzrechtlicher Hinsicht.[210] Eine andere nicht nach dem Übereinkommen, sondern nach dem jeweiligen nationalen Prozeßrecht[211] zu beantwortende Frage ist es, ob ein Feststellungsinteresse für die Erhebung der Feststellungsklage (anstatt der Leistungsklage) besteht.[212] Aus der Sicht des Art. 5 Nr. 1 kann z. B. der Verkäufer auch an dem für seine Hauptleistungsverpflichtung maßgeblichen Erfüllungsort nicht nur eine negative, sondern auch eine positive Feststellungsklage erheben.[213] Für die positive Feststellungsklage fehlt aber i. d. R. das Feststellungsbedürfnis, weil dem Kläger die Leistungsklage zur Verfügung steht.[214]

6. Für *Gestaltungsklagen,* die das ganze Vertragsverhältnis betreffen,[215] gilt das eben für Feststellungsklagen Gesagte entsprechend.[216] Auch hier wirkt jeder Erfüllungsort für eine Hauptverpflichtung zuständigkeitsbegründend.[217, 218]

7. Die Maßgeblichkeit der primären Hauptverpflichtung für die Zuständigkeitsanknüpfung der Neben- und Sekundärpflichten[219] ist eine direkt aus Art. 5 Nr. 1 fließende europäische Kompetenzregel, nicht eine Folge der Verweisung auf die lex causae.[220]

---

[210] Zum sachlichen Anwendungsbereich vgl. oben § 29.

[211] Rechtsvergleichende Hinweise zur Feststellungsklage bei *Geimer* JZ 1977, 146 Fußn. 18.

[212] Zum deutschen Recht vgl. § 256 ZPO.

[213] A. A. die oben Fußn. 208 Genannten.

[214] Vgl. z. B. *Zöller-Vollkommer,* ZPO, 13. Aufl., 1981, § 256, Anm. III.

[215] Z. B. Vertragsauflösungsklagen.

[216] *Geimer* EuR 1977, 355.

[217] Zustimmend *Kropholler* IZVR Rz. 668.

[218] A. A. wohl EuGH, Urteil vom 6. Oktober 1976, Rechtssache 14/76, oben Fußn. 172, für die Vertragsauflösungsklage. Dort ist entschieden, „daß in einem Rechtsstreit eines Alleinvertriebshändlers gegen seinen Lieferanten wegen behaupteten Bruchs der Alleinvertriebsbeziehung der Ausdruck »Verpflichtung« des Art. 5 Nr. 1 ... sich auf die vertragliche Verpflichtung bezieht, die den Gegenstand der Klage bildet, also auf die Verpflichtung des Lieferanten, die dem vertraglichen Anspruch entspricht, auf den der Alleinvertriebshändler seinen Antrag stützt. In einem Rechtsstreit über die Folgen des Bruchs eines Alleinvertriebsvertrags durch den Lieferanten, der also etwa auf Zahlung von Schadensersatz oder auf Auflösung des Vertrages gerichtet ist, ist die Verpflichtung, auf die es für die Anwendung des Art. 5 Nr. 1 ankommt, diejenige vertragliche Verpflichtung des Lieferanten, deren Nichterfüllung vom Vertriebshändler zur Begründung der auf Schadensersatz oder Auflösung des Vertrages gerichteten Anträge behauptet wird."

[219] Vgl. oben Fußn. 190.

[220] A. A. *Schlosser* in Gedächtnisschrift für *Bruns,* 1980, 58 bei Fußn. 34.

XIII. Maßgeblichkeit der lex causae bei der Bestimmung des Erfüllungsortes[221]

1. Der Text des Art. 5 Nr. 1 läßt offen, wie der Erfüllungsort zu ermitteln ist.[222] Mehrere Möglichkeiten sind denkbar und wurden in der Literatur diskutiert.[223] Qualifikation lege fori,[224] also nach dem innerstaatlichen Recht des Erststaates ohne kollisionsrechtliche Anknüpfung[225] oder lege causae.[226] Schließlich wurde auch vertreten, das Übereinkommen habe einen eigenen, von der nationalen Rechtsordnung losgelösten, nur kompetenzrechtlich relevanten Erfüllungsort definiert.[227] Der EuGH[228] entschied sich zu Recht für eine Qualifikation lege cau-

---

[221] Ebenso zum autonomen deutschen Recht (§ 29 ZPO) *Geimer* NJW 1975, 1086 und WM 1976, 1290; Nachweise auch bei *Spellenberg* ZZP 91 (1978), 60. Vgl. auch BayObLG IPRspr. 1979 Nr. 154.

[222] Auch der *Jenard*-Bericht gibt keinen Aufschluß.

[223] Nachweise bei *Geimer* WM 1976, 1290.

[224] *Droz,* Rev. crit. 1976, 124; *Franchi,* Riv. dir. int. priv. proc. 1976, 717f.; LG Braunschweig AWD 1974, 346. Vgl. auch *Beitzke,* JurA 1971, 45 Fn. 50a.

[225] Vgl. auch die Nachweise bei *Schröder,* Internationale Zuständigkeit, 1971, 311 ff.

[226] *V. Hoffmann* AWD 1973, 61; *Geimer* NJW 1975, 1086 und WM 1976, 1290; *Grunsky* RIW/AWD 1977, 5.

[227] *Linke,* RIW/AWD 1977, 46; *Jeantet,* Cahiers dr. eur. 1972, 398f.; anders aber *Droz,* Fußn. 224. Für vertragsautonome Bestimmung auch *Samtleben,* NJW 1974, 1591; *Stauder,* GRUR Int. 1976, 470; OLG Frankfurt im Vorlagebeschluß zu Rs. 12/76 (v. 17. 12. 1975-21 U 158/74); Cour d' Appel Paris v. 14. 6. 1975, Rev. crit. 1976, 117, 119; OLG Oldenburg, NJW 1976, 1043 = WM 1976, 1288 mit Anm. *Geimer* = IPRspr. 1975 Nr. 146 = Rechtsprechungsübersicht Nr. 11 Folge 1:

Der deutsche Kläger hatte mit der französischen Beklagten einen Kaufvertrag über einen Posten Hosen abgeschlossen. Da die Hosen nicht geliefert worden sind, verlangt er mit der Klage die Rückzahlung seiner Anzahlung sowie Erstattung der Auslagen für eine von ihm im Zusammenhang mit dem Kaufvertrag unternommene Reise nach Paris. Das OLG Oldenburg wies die Klage wegen Fehlens der internationalen Zuständigkeit als unzulässig ab. Die deutsche Zuständigkeit könne sich nur aus Art. 5 Nr. 1 ergeben. Der in Artikel 13 vorausgesetzte Tatbestand des Kaufs auf Teilzahlung sei nicht schon dadurch erfüllt, daß der Käufer auf den Kaufpreis eine Anzahlung geleistet habe.

Der Begriff des Erfüllungsortes sei nicht nach den Regeln des deutschen IZPR zu bestimmen, sondern nach den in den Vertragsstaaten herrschenden, übereinstimmenden Vorstellungen über diesen Begriff. Bei Geldschulden komme es demnach auf den tatsächlichen Wohnsitz oder den Sitz der Firma des Schuldners an. Da die Voraussetzungen, unter denen der Schuldner Zahlungen an einem anderen Ort als seinem Wohnsitz oder dem Sitz seiner Firma vorzunehmen habe, in den Mitgliedsstaaten unterschiedlich geregelt seien, sei nur der tatsächliche Wohnsitz des Schuldners oder der Sitz seiner Firma ein den Vorstellungen aller Vertragsstaaten gemeinsames Begriffsmerkmal des Ortes, an dem eine Zahlung zu leisten ist.

[228] EuGH, Urteil vom 6. Oktober 1976 – Rechtssache 12/76 – *Tessili ./. Dunlop,* EuGHE 1976, 1473 = NJW 1977, 490 = RIW/AWD 1977, 40: „Der ‚Ort, an dem die

Verpflichtung erfüllt worden ist oder zu erfüllen wäre' im Sinne von Art. 5 Nr. 1, bestimmt sich nach dem Recht, das nach den Kollisionsnormen des mit dem Rechtsstreit befaßten Gerichts für die streitige Verpflichtung maßgebend ist."

In den Gründen stellt der EuGH zunächst klar, daß es für die Auslegung des Übereinkommens keine Radikallösungen geben kann. Verfehlt sei deshalb die Vorstellung, alle im Übereinkommen verwendeten Ausdrücke und Rechtsbegriffe seien entweder autonom durch Erarbeitung konventionsimmanenter Definitionen und Sinngehalte auszulegen oder alle nicht. Zu Recht verwirft er den Standpunkt des Alles oder Nichts. „Keiner dieser beiden Möglichkeiten gebührt unter Ausschluß der anderen der Vorrang, da eine sachgerechte Entscheidung nur für jede Bestimmung des Übereinkommens gesondert getroffen werden kann; hierbei ist jedoch dessen volle Wirksamkeit unter dem Gesichtspunkt der Ziele des Art. 220 des Vertrages sicherzustellen. Hervorzuheben ist jedenfalls, daß die Auslegung jener Ausdrücke und Begriffe für die Zwecke des Übereinkommens der Frage der auf das streitige Rechtsverhältnis anwendbaren Sachnorm nicht vorgreift."

Dem ist beizupflichten. Ohne Überzeugungskraft bleibt der Vorhalt *Schlossers,* NJW 1977, 459, es sei inkonsequent, die Zivil- und Handelssachen (Art. 1 I) autonom zu qualifizieren, während man bei Art. 5 Nr. 1 auf das in der Hauptsache anwendbare Recht rekurriere. Der EuGH fährt fort: „Art. 5 Nr. 1 muß im Rahmen des Systems der Zuständigkeiten ausgelegt werden, die in Titel II des Übereinkommens geregelt sind. Dieses System geht nach Art. 2 aus vom allgemeinen Gerichtsstand des Wohnsitzes des Beklagten, doch sieht Art. 5 daneben eine Reihe besonderer Zuständigkeiten vor, unter denen der Kläger die Wahl hat. – Diese Wahlmöglichkeit ist unter Berücksichtigung des Umstandes, daß in bestimmten Fällen zwischen der Klage und dem zur Entscheidung hierüber berufenen Gericht eine besonders enge Verknüpfung besteht, im Interesse einer sachgerechten Prozeßführung in das Übereinkommen aufgenommen worden. Bilden ein Vertrag oder Ansprüche aus einem Vertrag den Gegenstand des Verfahrens, so kann der Kläger nach Art. 5 Nr. 1 die Klage vor dem Gericht des Ortes erheben, an dem die Verpflichtung »erfüllt worden ist oder zu erfüllen wäre«. Es obliegt dem mit dem Rechtsstreit befaßten Gericht, nach dem Übereinkommen festzustellen, ob der Ort, an dem die Verpflichtung erfüllt worden ist oder zu erfüllen wäre, im Bereich seiner örtlichen Zuständigkeit liegt. Hierbei hat es das auf das betreffende Rechtsverhältnis anwendbare Recht nach seinen Kollisionsnormen zu ermitteln und alsdann den Erfüllungsort der streitigen vertraglichen Verpflichtung nach diesem Recht zu bestimmen. – Angesichts der Unterschiede, die nach wie vor zwischen den einzelnen nationalen Rechten bei der Regelung von Verträgen bestehen, und in Ermangelung jeder Vereinheitlichung des anwendbaren materiellen Rechts beim gegenwärtigen Stand der Rechtsentwicklung, erweisen sich weitergehende Angaben über die Auslegung des in Art. 5 Nr. 1 enthaltenen Hinweises auf den „Erfüllungsort" vertraglicher Verpflichtungen als unmöglich, um so mehr, als die Bestimmung des Erfüllungsortes vom Inhalt des Vertragsverhältnisses abhängt, aus dem sich die betroffenen Verpflichtungen ergeben. – Soweit das Übereinkommen auf den Erfüllungsort vertraglicher Verpflichtungen abstellt, kann dies daher nur als Verweisung auf das materielle Recht verstanden werden, das nach den Kollisionsnormen des mit dem Rechtsstreit befaßten Gerichts anwendbar ist."

Diese Passage trifft nicht den Kern des Problems. Der EuGH hätte das innere Telos der in Art. 5 Nr. 1 fixierten Zuständigkeitsanknüpfung hervorheben müssen: vgl. oben II und *Geimer* EuR 1977, 357.

Das Ausgangsverfahren hatte sich wie folgt gestaltet:

Die Firma Dunlop AG in Hanau bestellte nach dem erfolgreichen Abschluß von durch einen ihrer Angestellten am Sitz der Firma Industrie Tessili Italiana Como

sae.[229] Der Ort, an dem die Verpflichtung zu erfüllen wäre,[230] ist nach dem Recht zu bestimmen, das nach den Kollisionsnormen des mit dem Rechtsstreit befaßten Gerichts für die streitige Verpflichtung maßgebend ist.[231] Diese Auslegung ist ein Gebot des *inneren Entscheidungseinklangs.*[232]

2. Wie bereits oben II dargelegt, lautet das innere Telos des Art. 5 Nr. 1: Wo der Schuldner nach materiellem Recht (das das IPR des Erststaates bestimmt) leisten muß, ist er auch gerichtspflichtig.[233] Der innere

---

geführten Verhandlungen und nach Eingang verschiedener Musterstücke mit Schreiben vom 29. April 1971 bei Tessili 310 Damen-Skianzüge. Auf dem Schreiben von Dunlop waren deren Einkaufsbedingungen abgedruckt, die unter anderem folgende Klausel enthalten: „Gerichtsstand: Für Streitigkeiten aus diesem Vertragsverhältnis ist Hanau am Main zuständig." Tessili fertigte die bestellten Skianzüge an und versandte sie am 31. Juli 1971 durch eine von Dunlop beauftragte Spedition an die Firma Dunlop, bei der sie am 18. August 1971 eintrafen.

Auf der Rückseite der Rechnung waren die Allgemeinen Verkaufsbedingungen von Tessili abgedruckt, in denen es unter anderem heißt: „Per ogni eventuale controversia sarà competente il Foro di Como, rinunciando il compratore a qualsiasi altra giurisdizione anche per il titolo di continenza o connessione di causa."

Dunlop ist auf Grund von Beanstandungen, die ihm von seiten seiner Kunden zugegangen sind, der Auffassung, die gelieferten Anzüge seien mangelhaft und entsprächen nicht den zwischen den Parteien vereinbarten Bedingungen. Es hat aus diesem Grund vor dem Landgericht Hanau Klage auf Wandlung gegen den italienischen Hersteller erhoben.

Das Landgericht hat durch Zwischenurteil die Einrede der Unzuständigkeit verworfen; hiergegen hat Tessili Berufung zum OLG Frankfurt/Main eingelegt. Nach Auffassung des OLG ist eine wirksame Zuständigkeitsvereinbarung (Art. 17) zwischen den Parteien nicht zustande gekommen, Hanau konnte aber als das Gericht des Ortes zuständig sein, „an dem die Verpflichtung erfüllt worden ist oder zu erfüllen wäre". Um dies entscheiden zu können, ersuchte es den EuGH um die Auslegung dieser Bestimmung.

[229] Zustimmend z. B. OLG Bamberg NJW 1977, 505 = IPRspr. 1976 Nr. 144; OLG Bremen RIW/AWD 1978, 747 = IPRspr. 1978 Nr. 139; OLG Karlsruhe, IPRspr. 1977 Nr. 126; BGHZ 74, 136 = NJW 1979, 1782 = MDR 1979, 839 = WM 1979, 764 = DB 1979, 1645 = RIW/AWD 1979, 639 = IPRspr. 1979 Nr. 152 b; OLG Stuttgart, RIW/AWD 1978, 545 = IPRspr. 1979 Nr. 152a; OLG Saarbrücken RIW/AWD 1980, 796 = IPRspr. 1979 Nr. 151 b; OLG Frankfurt/M., MDR 1979, 503 = DB 1979, 693 = RIW/AWD 1979, 204 = IPRspr. 1979 Nr. 153; OLG Frankfurt/M. RIW/AWD 1979, 640 (Leitsatz) = IPRspr. 1979 Nr. 161; OLG Frankfurt/M., RIW/AWD 1980, 585 = IPRspr. 1979 Nr. 174; OLG Frankfurt/M. RIW/AWD 1977, 432 = MittDPatAnw 1977, 98 = IPRspr. 1977 Nr. 121 (incidenter); OLG Hamm RIW/AWD 1980, 662 = Revue de droit uniforme 1980 I 316, 318 = IPRspr. 1979 Nr. 168; LG Waldshut – Tiengen, RIW/AWD 1979, 784 = IPRspr. 1979 Nr. 163; BGH, Urteil vom 7. Juli 1980, RIW/AWD 1980, 726; OLG Stuttgart, Urteil vom 12. Februar 1981, RIW/AWD 1982, 591.

[230] Nicht jedoch „der Ort, an dem die Verpflichtung erfüllt worden ist." Vgl. unten XVII.

[231] Vgl. *Kropholler* IZVR Rz. 671.

[232] *Geimer* WM 1976, 1290; zustimmend *Schlosser* in Gedächtnisschrift für *Bruns,* 1980, 57. [233] Vgl. oben II 2.

Zusammenhang zwischen Erfüllungsort und Gerichtsstand ist so evident, daß es sich verbietet, ihn dadurch zu zerreißen, daß man einen eigenen prozessualen Erfüllungsortsbegriff postuliert.[234]

3. Für die Bestimmung des Erfüllungsortes kann demnach auch das Recht eines dritten Staates maßgeblich sein. Haben die Parteien z. B. die Anwendung des schweizerischen Rechts vereinbart, so richtet sich die Frage, wo zu erfüllen wäre, nach diesem Recht.[235]

XIV. Vereinbarungen über den Erfüllungsort[236]

Auch Vereinbarungen über den Erfüllungsort begründen die Zuständigkeit aus Art. 5 Nr. 1.[237] Es kommt nur darauf an, ob die maßgebliche lex causae[238] solche Vereinbarungen zuläßt. Die Form des Art. 17 I 1 (= Art. 17 I 2 n. F.)[239] ist nicht zu wahren.[240] Die Erwägung, dadurch könnte Art. 17 umgangen werden, ist nicht stichhaltig.[241]

---

234 *Geimer* WM 1976, 1290.

235 Zum Schweizer Recht s. *Bucher,* Schweizerisches Obligationenrecht, Allgemeiner Teil, 1979, 271.

236 Nachweise auch bei *Kropholler* IZVR Rz. 675.

237 EuGH, Urteil vom 17. Januar 1980, Rechtssache 56/79 *Zelger ./. Salinitri* EuGHE 1980, 89 (oben Fußn. 18); hierzu *Spellenberg* IPRax 1981, 75. Ebenso BGH RIW/AWD 1980, 725 = IPRax 1981, 93 = IPRspr. 1980 Nr. 137b.

238 Diese bestimmt das IPR des Gerichtsstaates. Das Schuldstatut befindet also darüber, ob der Erfüllungsort vertraglich festgelegt werden kann.
Das autonome Zuständigkeitsrecht der lex fori bleibt außer Betracht. So wird z. B. § 29 II ZPO – auch bei Maßgeblichkeit deutschen (materiellen) Rechts – durch Art. 5 Nr. 1 verdrängt. Vgl. oben § 47.

239 Unten § 96 XXVI.

240 EuGH (Fußn. 237, 18): „Ist der Ort, an dem eine vertragliche Verpflichtung zu erfüllen ist, von den Parteien in einer nach dem auf den Vertrag anwendbaren innerstaatlichen Recht wirksamen Vereinbarung bestimmt worden, so ist das Gericht dieses Ortes für die Entscheidung über Streitigkeiten in bezug auf die genannte Verpflichtung nach Art. 5 Nr. 1 unabhängig davon zuständig, ob die Formvorschriften des Art. 17 beachtet sind.“

Das Ausgangsverfahren gestaltete sich wie folgt:

Der Kläger des Ausgangsverfahrens, *Zelger,* ist Kaufmann in München, und der Beklagte, *Salinitri,* ist Kaufmann in Mascali, Sizilien. Nach jahrelangen Geschäftsbeziehungen kam es zum Streit über einen angeblichen Darlehensrest: *Zelger* verklagte *Salinitri* in München auf Rückzahlung des Restbetrags und machte dabei geltend, die Parteien hätten München ausdrücklich mündlich als Erfüllungsort für die Rückzahlung vereinbart. Das OLG München (RIW/AWD 1978, 119 mit Anm. *Mezger* 334 = IPRspr. 1980 Nr. 137a) vertrat die Ansicht, die bloße mündliche Vereinbarung eines Erfüllungsortes genüge nicht, um die internationale Zuständigkeit zu begründen; eine derartige Vereinbarung könne nur dann zuständigkeitsbegründende Wirkung haben, wenn die Form des Art. 17 gewahrt sei. Der BGH hat dem EuGH die folgende Frage zur Vorabentscheidung vorgelegt:

„Genügt eine nach dem nationalen – hier deutschen – Recht wirksame unter Vollkaufleuten formlos geschlossene Vereinbarung über den Ort, an dem die im Rechtsstreit geltend gemachte

Der vereinbarte Erfüllungsort muß aber tatsächlich als Leistungsort gewollt sein.[242] Ist dieses Erfordernis erfüllt, dann begründet die nach der lex causae[243] wirksame Erfüllungsortvereinbarung den Gerichtsstand des Art. 5 Nr. 1. Dieser ist *Rechtsfolge* des Erfüllungsortes.[244] Eine Zuständigkeits*vereinbarung*[245] liegt deshalb nicht vor.[246] Ein auf die Begründung bzw. Verschiebung der Zuständigkeit gerichteter Wille der Parteien ist deshalb nicht erforderlich.[247] Anders ist es allenfalls, wenn die Parteien mit der „Vereinbarung über den Erfüllungsort" gar nicht den gesetzlichen Erfüllungsort ändern wollten, sondern nur eine Zuständigkeitsvereinbarung im Auge hatten,[248] dies aber nicht klar zum Ausdruck brachten. Solche Fälle bilden die Ausnahme.[249] Der *Beklagte* trägt die Beweislast dafür, daß in concreto die „Erfüllungsortsvereinbarung" den gesetzlichen Leistungsort[250] gar nicht berühren sollte, es vielmehr um eine echte Zuständigkeitsvereinbarung i. S. des Art. 17 ging.[251]

Verpflichtung zu erfüllen wäre, um dort einen Gerichtsstand nach Art. 5 Nr. 1 zu begründen, oder hängt die die Zuständigkeit begründende Wirkung einer solchen Vereinbarung davon ab, daß die Form des Art. 17 gewahrt ist?" Im Anschluß hieran erließ der BGH Urteil vom 7. Juli 1980, RIW/AWD 1980, 725 (oben Fußn. 237).

241 Überholt *Samtleben* NJW 1974, 1591 und *Baumgärtel, Kegel*-Festschrift, 1977, 302; *Grüter* DB 1981, 384f.; *Piltz* NJW 1979, 1074; LG Waldshut – Tiengen RIW/AWD 1979, 784 = IPRspr. 1979 Nr. 163 – Wie hier auch die bisher h. M.; ausführliche Nachweise bei *Spellenberg,* IPRax 1981, 76 Fußn. 6, 8.

242 *Stein-Jonas-Schumann,* ZPO, 20. Aufl. § 29, Rz. 50: „Wie im nationalen Recht besteht allerdings auch beim EuGVÜ die Gefahr, daß die in Art. 17 enthaltenen Voraussetzungen für eine Zuständigkeitsvereinbarung durch Vereinbarungen von bloß »abstrakten« Erfüllungsorten umgangen werden. Art. 5 Nr. 1 will aber einen Gerichtsstand dort schaffen, wo tatsächlich erfüllt wird. Deshalb begründen, wie bei § 29, bloß *»abstrakte Erfüllungsortsvereinbarungen« keinen Erfüllungsort.* Vielmehr muß der vereinbarte Erfüllungsort auch *tatsächlich* als Leistungsort gewollt sein. Wenn dieses Erfordernis vorliegt, dann ist es allerdings nicht notwendig, daß die Vereinbarung auch dem Art. 17 entspricht."

243 Oben XII.

244 So sehr klar *Spellenberg* IPRax 1981, 78.

245 Unten § 96.

246 Wenig Überzeugungskraft hat der Hinweis des EuGH (Fußn. 237, 18), daß es sich bei Art. 5 Nr. 1 um einen Wahlgerichtsstand, bei Art. 17 um einen ausschließlichen handle, denn dies ist zwar in der Regel so gewollt, doch ist auch die Vereinbarung einer konkurrierenden Zuständigkeit möglich. Vgl. unten § 96 XXI 4.

247 *Spellenberg* IPRax 1981, 79 sub c.

248 Vgl. oben Fußn. 242.

249 A. A. *Kropholler* IZVR Rz. 676.

250 Unten XIV.

251 Bezüglich der Beweislast anders *Spellenberg* IPRax 1981, 79:

„Umgekehrt begegnet es in der Praxis nicht selten, daß Vereinbarungen über den Erfüllungsort nicht den Leistungsort festlegen wollen, sondern nur die rechtlichen Folgen, namentlich die Zuständigkeitsfolge meinen und den eigentlichen Vollzugsort unverändert lassen. ... Es muß mit Mitteln der Auslegung, die zugegebenermaßen schwierig sein kann, erforscht werden, wo nach dem Willen der Parteien gehandelt

XV. Erfüllungsort ist der Ort, an dem der Schuldner handeln muß, nicht der Erfolgsort[252]

1. Kompetenzrechtlich erheblich ist der Ort, an dem der Schuldner gemäß der vertraglichen Verpflichtung handeln muß, nicht derjenige, wo der Leistungserfolg eintreten soll.[253] Hierbei handelt es sich um eine konventionsimmanente einheitsrechtliche Definition[254] des in Art. 5 Nr. 1 verwendeten Terminus „Ort, an dem die Verpflichtung zu erfüllen wäre."[255] Wo dieser Leistungsort dann in concreto liegt, bestimmt die lex causae, die vom IPR des Gerichtsstaates fixiert wird.[256]

2. Vorstehendes gilt entsprechend für (selbständige) *Unterlassungspflichten.*[257]

XVI. Bestimmung des Erfüllungsortes (Leistungsortes)[258]

1. In erster Linie sind die *Vereinbarungen der Vertragsparteien über den Erfüllungsort (Leistungsort)* zu beachten, sofern nicht die maßgebliche lex

---

werden bzw. ob es insoweit bei der gesetzlichen Regelung bleiben soll. Dabei kann die Beweislast von Bedeutung werden. Daß überhaupt erfüllt werden müsse, und daß ein Vertrag vorliege, braucht der Kläger nur zu behaupten. Der Beweis der Forderung ist eine Frage der Begründetheit der Klage. Daß an einem Ort innerhalb des Gerichtsbezirks zu erfüllen wäre, muß der Kläger dagegen wie alle speziellen Zuständigkeitsvoraussetzungen beweisen, gegebenenfalls also auch, daß es sich um eine echte Vereinbarung des Vollzugsortes handelt".

[252] Mit diesem Fragenkomplex hat sich der EuGH noch nicht beschäftigt.

[253] *Spellenberg* IPRax 1981, 78: „Abzustellen ist nicht auf den Ort, an dem der Leistungserfolg eintreten soll, sondern auf den, an dem der Schuldner handeln soll, den »Vollzugsort«, wie dies auch für § 269 BGB h. M. ist. Beide Orte fallen im (deutschen) Recht namentlich bei Schickschulden auseinander.

Zu ermitteln ist der Ort, an dem der Schuldner seine Leistung dem Gläubiger zu übergeben (Bringschuld) oder für ihn zur Abholung (Holschuld) bereitzustellen hat. Ist die Ware zu transportieren, so ist durch Auslegung der Vereinbarung zu ermitteln, ob und bis wohin der Transport vom Schuldner vorzunehmen und wo der Leistungsgegenstand vom Gläubiger selbst bzw. seinen Leuten oder einem unabhängigen Transporteur zu übernehmen ist. Nimmt der Schuldner beim vereinbarten Versendungskauf den Transport durch eigene Leute vor, so ändert sich (jedenfalls nach deutschem Recht) der Leistungsort nicht." Ähnlich *Piltz* NJW 1981, 1877 bei Fußn. 36.

[254] Oben § 11.

[255] *Spellenberg* EuR 1980, 339; IPRax 1981, 78.

[256] Oben V.

[257] Vgl. zu § 29 ZPO BGH, Urteil vom 6. November 1973, NJW 1974, 410 mit Anm. *Geimer* 1045 = WM 1974, 182 = LM Nr. 3 zu § 269 BGB = IPRspr. 1973 Nr. 173.

[258] Zum autonomen deutschen Recht (§ 29 ZPO) vgl. *Kropholler* IZVR Rz. 355.

causae (oben XIV) solche verbietet.[259] Dies gilt auch für vereinbarte *Unterlassungsverpflichtungen.*[260] Wurde eine ausdrückliche Erfüllungsortvereinbarung nicht getroffen, so ist durch Auslegung (nach den Grundsätzen, die die maßgebliche Rechtsordnung aufstellt,) zu prüfen, ob die Parteien konkludent den Leistungsort vertraglich festgelegt haben.

2. Ist auch dies nicht der Fall, so greift in letzter Linie die *gesetzliche Regelung* ein. Hier zeigen sich jedoch von Land zu Land erhebliche Unterschiede.[261] Dabei ist zu beachten, daß nicht nur die Rechtsordnungen der Vertragsstaaten einschlägig sein können, sondern auch diejenigen dritter Staaten.[262] Belgien, die Bundesrepublik Deutschland, Frankreich und Luxemburg bestimmen als Leistungsort für Zahlungspflichten grundsätzlich den Wohnsitz des Schuldners.[263] Nach englischem, italienischem und niederländischem Recht hingegen ist der Wohnsitz des Gläubigers maßgeblich.[264] Das gleiche gilt im Anwendungsbereich des einheitlichen Kaufgesetzes.[265] Allerdings wird hier nicht auf den Wohnsitz, sondern auf die gewerbliche Niederlassung, hilfsweise den gewöhnlichen Aufenthalt abgestellt.[266]

---

[259] Beispiel: Art. 6 belg. Ges. v. 27. 7. 1961; dazu Cour d'Appel Liège, J. T. 1977, 710 m. Anm. *Keutgen* und *Huys*. – Vgl. oben Fußn. 238.

[260] Vgl. BGH, Urteil vom 6. November 1973 (oben Fußn. 257).

[261] Rechtsvergleichende Hinweise bei *Spellenberg,* ZZP 91 (1978), 59.

[262] Oben bei Fußn. 235.

[263] Zum französischen Recht (Art. 1247 Code civil) OLG Frankfurt/M. MDR 1979, 503 = DB 1979, 693 = RIW/AWD 1979, 204 = IPRspr. 1979 Nr. 153.

[264] Rechtsprechungsübersicht bei *Kropholler* IZVR Rz. 672. Vgl. z. B. Art. 1429 II Burgerlijk Wetboek.

[265] BGBl 1973 I 856. Hierzu ausführliche Nachweise bei *Kropholler* IZVR Rz. 673. Zu Art. 59 EKG OLG Stuttgart RIW/AWD 1978, 545 = IPRspr. 1979 Nr. 152 a und BGHZ 74, 136 = NJW 1979, 1782 mit Anm. *Landfermann* = MDR 1979, 839 = WM 1979, 764 = DB 1979, 1645 = RIW/AWD 1979, 639 = IPRspr. 1979 Nr. 152 b; OLG Hamm, RIW/AWD 1980, 662 = Rev. dr. unif. 1980 I 316, 318 = IPRspr. 1979 Nr. 168.

[266] Diese Anknüpfung gilt auch für die Kaufpreisrückgewähr, BGH, Urteil vom 22. Oktober 1980, BGHZ 78, 257 = NJW 1981, 1158. = RIW/AWD 1981, 123 = IPRax 1981, 129 mit Anm. *Schlechtriem* a.a.O. 129. Vgl. *Schlechtriem* IPRax 1983, 113.

Erfüllungsort für die vom Verkäufer nach Art. 78 II EKG geschuldete Kaufpreisrückgewähr ist der Ort seiner gewerblichen Niederlassung i. S. von Art. 59 EKG. Dies gilt auch dann, wenn die Parteien zur Bereinigung von Mängelrügen eine Vereinbarung über die Kaufpreisrückgewähr (Aufhebungsvereinbarung) getroffen haben.

Bei Lieferung einer vertragswidrigen Sache kann der Käufer unter den Voraussetzungen des Art. 41 EKG u. a. die Aufhebung des Vertrags erklären, die nach Art. 78 II EKG Rückgewähransprüche auslöst. Diese Aufhebung stellt keine einvernehmliche Lösung von den beiderseitigen Rechten und Pflichten dar, sondern die einseitige Entscheidung des dazu berechtigten Vertragspartners über das Fortbestehen der Leistungspflichten aus dem Vertrag. Für den Erfüllungsort eines durch Aufhebungserklärung begründeten Anspruchs auf Kaufpreisrückzahlung enthält das EKG keine Regelung. Der BGH schließt diese Regelungslücke in der Weise, daß der Verkäufer den Kaufpreis dort zurückgewähren muß, wo die Zahlung an ihn zu leisten war – also

Die gleiche Lösung sieht auch der Entwurf des Europarates für eine Konvention über den Zahlungsort bei Geldschulden vom 16. Mai 1972 vor. Besonderheiten gelten bei der Zahlung durch Scheck oder Wechsel.[267]

3. Was den *Erfüllungsort für Sachleistungsverpflichtungen* anbelangt, so unterscheiden bestimmte Rechtsordnungen zwischen *Spezies-* und *Gattungsschuld,*[268] so in Belgien, Frankreich, Italien und in den Niederlanden. Speziesschulden sind dort zu erfüllen, wo sich die Sache befindet, Gattungsschulden am Wohnsitz bzw. der Niederlassung des Schuldners. Das deutsche Recht kennt diese Unterscheidung nicht, sondern stellt immer auf den Schuldnerwohnsitz ab.[269] Allerdings wird man bei Speziesschulden häufig im Wege der Auslegung des Parteiwillens zu dem Ergebnis kommen, daß der Belegenheitsort als Erfüllungsort vereinbart wurde, so z. B. bei Werk- und Dienstverträgen.

4. Unterschiede ergeben sich auch bezüglich des *maßgeblichen Zeitpunktes.* Bei Speziesschulden wird einheitlich auf den Wohnort bzw. die Lage der Sache zum Zeitpunkt des Vertragsschlusses abgestellt. Bei den Gattungsschulden hingegen gibt es die gleichen Differenzierungen wie bei Geldschulden. In Belgien, Frankreich und Italien ist der Wohnsitz des Schuldners zur Zeit der Erfüllung bis zur Fälligkeit entscheidend, in der Bundesrepublik Deutschland und in den Niederlanden dagegen kommt es auf den Zeitpunkt des Vertragsabschlusses an.

XVII. Ort der tatsächlichen Erfüllungsleistung

Art. 5 Nr. 1 eröffnet nicht nur an dem Ort, an dem zu erfüllen wäre (Erfüllungsort = Leistungsort), einen Gerichtsstand, sondern auch an dem Ort, an dem die Verpflichtung erfüllt worden ist, also am Ort der *tatsächlichen Erfüllung.*[270] Ob dies der Erfüllungsort war oder nicht, spielt keine Rolle. Entscheidend ist nur, daß der Gläubiger die Leistung entgegengenommen hat.[271] Der Ort der tatsächlichen Leistung läßt sich anhand sinnlich wahrnehmbarer Fakten bestimmen, ohne daß es besonderer kollisionsrechtlicher Betrachtung bedürfte. Dieser Gerichtsstand steht selbständig neben dem des Erfüllungsortes.[272]

---

regelmäßig am Ort seiner Niederlassung. Eine abweichende Vereinbarung ist möglich. Die Klausel „Frachtparität: Frachtfrei geliefert" legt nur den Bestimmungsort fest, nicht aber den Erfüllungsort, *Dölle-Huber,* Art. 19 EKG Rdnr. 77.

[267] Art. 76 III Wechselgesetz. Hierzu OLG Frankfurt/M. RIW/AWD 1981, 58 = WM 1980, 418 = IPRspr. 1979 Nr. 25.

[268] Ausführlich *Spellenberg* ZZP 91 (1978), 59.

[269] § 269 BGB.

[270] *Geimer* WM 1976, 1290, EuR 1977, 357 Fußn. 53. *Kropholler* IZVR Rz. 674.

[271] *Piltz* NJW 1981, 1877 bei Fußn. 35.

[272] A. A. *Mezger* RIW/AWD 1976, 347 und *Linke in Bülow-Böckstiegel* 606/60 Art. 5 Anm. I 4a: „Mit der Formulierung »des Ortes, an dem die Verpflichtung erfüllt

XVIII. Festlegung auch der örtlichen Zuständigkeit durch Art. 5 Nr. 1

Art. 5 Nr. 1 regelt nicht nur die internationale Zuständigkeit des Staates, in dem der Erfüllungsort bzw. Ort der tatsächlichen Erfüllungsleistung liegt, sondern auch die örtliche Zuständigkeit. Das nationale Zuständigkeitsrecht wird also in vollem Umfang verdrängt.

XIX. Keine ausschließliche Zuständigkeit

1. Art. 5 Nr. 1 begründet keine ausschließliche Zuständigkeit. Neben dem Gerichtsstand des Erfüllungsortes kann deshalb nicht nur der allgemeine Wohnsitzgerichtsstand (Art. 2 I) konkurrierend eingreifen, sondern auch andere Gerichtsstände der Art. 5ff., z. B. der Zahlungsverpflichtung aus Unterhaltsverträgen, Art. 5 Nr. 2, oder der Verträge, die von einer inländischen Niederlassung abgeschlossen wurden, Art. 5 Nr. 5.

2. Andererseits wird jedoch Art. 5 Nr. 1 – wie jeder andere Gerichtsstand – durch die in Art. 16 aufgeführten ausschließlichen internationalen Zuständigkeiten verdrängt. In dem hier zu erörternden Zusammenhang ist hervorzuheben, daß die Mietzinsklage nicht unter Art. 16 Nr. 1 fällt.[272a] Das gleiche gilt für Klagen, mit denen der obligatorische Anspruch auf Übereignung von Grundstücken oder grundstückgleichen Rechten geltend gemacht wird, und zwar auch dann, wenn nach der maßgeblichen Rechtsordnung (lex rei sitae) der dingliche Rechtsübergang (z. B. Eigentumsübergang) durch schlichte Einigung möglich ist (Konsensprinzip).[273]

XX. Abdingbarkeit des Art. 5 Nr. 1

Die sich aus Art. 5 Nr. 1 ergebenden Zuständigkeiten können derogiert werden. Die Vereinbarung bedarf der Form des Art. 17. Zu beachten ist, daß die Derogation sich auf die örtliche Zuständigkeit beschränken, die durch den Erfüllungsort begründete internationale Zuständigkeit jedoch unberührt lassen kann.

---

worden ist oder zu erfüllen wäre« will Art. 5 Nr. 1 dem Kläger nicht die Wahl zweier Gerichtsstände eröffnen; gemeint ist damit lediglich, daß, solange noch nicht erfüllt worden ist, auf den Ort, an dem erfüllt werden soll, abzustellen ist. Wenn allerdings die geschuldete Leistung an einem anderen als dem ... Erfüllungsort erbracht worden ist, wird dieser Ort maßgebend, wenn der Gläubiger die tatsächliche Leistungserbringung an diesem Ort als vertragsgemäß akzeptiert." – Ebenso *Piltz* NJW 1981, 1877 bei Fußn. 34. Wie hier *Spellenberg* ZZP 91 (1978) 63.

[272a] Vgl. unten § 86 XII 2.

[273] *Schlosser*-Bericht Nr. 171; *Schlosser* in Gedächtnisschrift für *Bruns*, 1980, 62. Näher unten § 85 XIII.

XXI. Ausnahmeregelung für Beklagte mit Wohnsitz/Sitz in Luxemburg[274]

1. Personen, die ihren *Wohnsitz in Luxemburg* haben und vor dem Gericht eines anderen Vertragsstaates aufgrund des Art. 5 Nr. 1 verklagt werden, können gemäß Art. I Abs. 1 Satz 1 des Protokolls zum Übereinkommen die Unzuständigkeit dieses Gerichts geltend machen. Läßt sich der Beklagte auf das Verfahren nicht ein, so hat sich das Gericht von Amts wegen für unzuständig zu erklären, Art. I Abs. 1 Satz 2 des Protokolls. Wegen der engen Wirtschaftsbeziehungen Luxemburgs zu seinen Nachbarstaaten ist fast immer eine Zuständigkeit aus Art. 5 Nr. 1 gegeben. Die luxemburgischen Unterhändler befürchteten, daß dadurch die luxemburgische Justiz und Anwälte weitgehend „ausgetrocknet" werden könnten.[275]

2. Die Unzuständigkeit im Sinne des Art. I Abs. 1 des Protokolls muß der Beklagte rügen, wenn er sich am Verfahren beteiligt. Tut er dies nicht, so liegt eine Einlassung im Sinne des Art. 18 vor. Nur wenn er sich am Verfahren nicht beteiligt, hat sich das Gericht von Amts wegen für unzuständig zu erklären, Art. I Abs. 1 Satz 2 des Protokolls. Erläßt das angegangene Gericht gleichwohl eine Entscheidung in der Sache im Gerichtsstand des Art. 5 Nr. 1, sei es, daß es den Sachverhalt nicht richtig erkannt hat, sei es, daß es bewußt oder unbewußt Art. I Abs. 1 des Protokolls ignoriert hat, so muß dieses Urteil in den anderen Vertragsstaaten, auch in Luxemburg, anerkannt werden. Die internationale Zuständigkeit darf nämlich nur in dem durch Art. 28 I festgelegten engen Rahmen überprüft werden. Der Beklagte muß – um seine Rechte zu wahren – die ihm nach dem Recht des Erststaates offenstehenden Rechtsmittel und Rechtsbehelfe ergreifen, um die internationale Unzuständigkeit geltend zu machen.[276] Bleiben diese Rechtsmittel ohne Erfolg, so ist der Zuständigkeitsstreit endgültig entschieden. Der Zweitrichter darf die internationale Unzuständigkeit nicht zum Anlaß der Versagung der An-

---

[274] *Droz* Nr. 65; *Weser* Nr. 223; *Linke* in *Bülow-Böckstiegel* 606/63 Art. 5, Anm. I 6.

[275] *Jenard*-Bericht S. 103: „Art. I des Protokolls berücksichtigt die besonderen Verhältnisse, die in dem Großherzogtum Luxemburg gegeben sind. Er bestimmt, daß jede Person, die ihren Wohnsitz in Luxemburg hat und die vor dem Gericht eines anderen Vertragsstaates auf Grund des Art. 5 Nr. 1, der bei Ansprüchen aus Verträgen den Gerichtsstand des Erfüllungsortes vorsieht, verklagt wird, die Unzuständigkeit dieses Gerichts geltend machen kann. Ein ähnlicher Vorbehalt findet sich in dem Benelux-Vertrag (Protokoll, Art. 1); er ist durch die besonderen Auswirkungen der belgisch-luxemburgischen Wirtschaftsbeziehungen gerechtfertigt, die sich darin zeigen, daß die Verpflichtungen aus Verträgen zwischen Personen, die ihren Aufenthalt in einem dieser beiden Länder haben, meist in Belgien erfüllt werden oder zu erfüllen sind. Art. 5 Nr. 1 würde dazu führen, daß ein Gläubiger, der seinen Wohnsitz in Belgien hat, fast immer vor einem belgischen Gericht klagen könnte."

[276] Oben § 57 I 5 Fußn. 25.

erkennung bzw. des Exequaturs machen.[277] Art. I des Protokolls verdrängt nicht Art. 28 III 2.[278]

Die Ausnahmevorschrift des Art. I Abs. 1 des Zusatzprotolls kann also im Verfahren vor dem Zweitrichter nicht nachgeprüft werden.

3. *Maßgebender Zeitpunkt ist der Zeitpunkt der Klageerhebung bzw. Antragstellung.*[279] Wohnt der Beklagte bei Klageerhebung in einem anderen Vertragsstaat, so wird das gemäß Art. 5 Nr. 1 zuständige Gericht durch eine Wohnsitzverlegung nach Luxemburg nicht unzuständig. Anders im umgekehrten Fall: Wird während des Rechtsstreits der luxemburgische Wohnsitz zugunsten eines Wohnsitzes in einem anderen Vertragsstaat aufgegeben, so entfällt die Modifikation des Art. 5 Nr. 1 durch Art. I des Protokolls. Das bisher unzuständige Gericht wird – sofern die Prozeßabweisung noch nicht rechtskräftig geworden ist – nun zuständig und kann in der Sache entscheiden: denn es wäre prozeßunökonomisch, wenn man das (zu früh angegangene) Gericht zwingen wollte, die Klage als unzulässig abzuweisen, der Kläger aber sofort seine Klage wiederholen könnte.

4. Noch nicht geklärt ist die Frage, ob sich Personengesellschaften und juristische Personen mit Sitz in Luxemburg auf die Ausnahmevorschrift des Art. I Abs. 1 des Protokolls berufen können. Es kommt darauf an, ob die Verweisung des Art. 53 auch für das Protokoll gilt. Sieht man in Art. I eine Schutznorm zugunsten der in Luxemburg wohnhaften Beklagten, dann wäre sie auf natürliche Personen zu beschränken, da für Personengesellschaften und juristische Personen ein solches Schutzbedürfnis nicht besteht. Ihnen ist es zumutbar, sich den allgemeinen Regeln des Übereinkommens zu unterwerfen. Wurde jedoch der Vorbehalt des Art. I dem Großherzogtum Luxemburg konzediert, um zu verhindern, daß der Geschäftsanfall der Gerichte in Luxemburg sich zugunsten der Gerichte der anderen Vertragsstaaten verringert, dann wird man Art. 53 anwenden müssen. Die ratio conventionis liegt wohl darin, zu verhindern, daß die Justiz in Luxemburg „ausgetrocknet" wird. Deshalb gilt Art. I auch für Personengesellschaften und juristische Personen.[280] Zu betonen ist jedoch, daß für die Bestimmung des Sitzes das IPR des Erststaates maßgebend ist, Art. 53 I 2. Nach deutschem IPR ist nicht der in der Satzung genannte Sitz maßgebend, sondern der Sitz der Hauptverwaltung. Eine Gesellschaft luxemburgischen Rechts, die in Luxemburg nur eine Briefkasten-Adresse hat, ihre Geschäfte aber z. B. in den Niederlanden betreibt, kann sich nicht auf Art. I Abs. 1 des Protokolls berufen.[281]

---

[277] *Geimer* WM 1976, 837.

[278] Ebenso Cour supérieure de justice de Luxembourg, 5. März 1974, Rev. crit. dr. i. p. 1975, 662 mit zust. Anm. *Droz* und *Weser,* Nr. 223 bis (3); a. A. Président du Tribunal d'arrondissement de Luxembourg, 11. November 1974, Rev. crit. dr. i. p. 1975, 660. Ebenso *Linke* in *Bülow-Böckstiegel* 606/63 Art. 5, Anm. I 6 bei Fußn. 71.

[279] Wohnt er in einem Drittstaat, so gilt das oben § 29 Gesagte.

[280] Ebenso ohne Begründung *Droz,* Recueil Dalloz Sirey 1975, 398 sub 1 in fine.

[281] Ebenso *Droz,* Recueil Dalloz Sirey 1975, 398 sub 1 in fine. „Si, comme il arrive

XXII. Ausnahmeregelung für Streitigkeiten zwischen Seeleuten und Kapitän auf dänischen, griechischen oder irischen Schiffen[282]

1. Der durch das Beitrittsübereinkommen vom 9. Oktober 1978 eingeführte Artikel V b des Protokolls geht auf einen dänischen Wunsch zurück. Nach dänischer Tradition, die im dänischen Seemannsgesetz Nr. 420 vom 18. Juni 1973 kodifiziert ist, beansprucht Dänemark eine ausschließliche internationale Zuständigkeit für Streitigkeiten zwischen einem Seemann und einem Kapitän auf einem dänischen Schiff. Solche Streitigkeiten dürfen ausländischen Gerichten nicht unterbreitet werden. In Konsularverträgen Dänemarks mit anderen Staaten ist dem gelegentlich Rechnung getragen worden. Auf Wunsch der irischen Delegation ist der Anwendungsbereich des Art. V b auf irische Schiffe ausgedehnt worden. Aufgrund Art. 9 des Beitrittsübereinkommens vom 25. Oktober 1982 gilt (nach dem Beitritt Griechenlands) diese Vorschrift auch für griechische Schiffe.

2. Bei Streitigkeiten zwischen dem Kapitän und einem Mitglied der Mannschaft eines in Dänemark, Griechenland oder in Irland eingetragenen Seeschiffes über die Heuer oder sonstige Bedingungen des Dienstverhältnisses hat das angegangene Gericht zu prüfen, ob der für das Schiff zuständige diplomatische oder konsularische Vertreter von der Streitigkeit unterrichtet worden ist und die Entscheidung gegebenenfalls solange auszusetzen, bis dieser Vertreter unterrichtet worden ist. Es hat sich von Amts wegen für unzuständig zu erklären, wenn dieser Vertreter, nachdem er ordnungsgemäß unterrichtet worden ist, die Befugnisse ausgeübt hat, die ihm soweit aufgrund eines Konsularabkommens zustehen, oder, falls ein derartiges Abkommen nicht besteht, innerhalb der festgesetzten Frist Einwände gegen die Zuständigkeit geltend gemacht hat.

XXIII. Verhältnis zu Art. 5 Nr. 7

Nach dem durch das Beitrittsübereinkommen vom 9. Oktober 1978 eingefügten Art. 5 Nr. 7 ist für Streitigkeiten wegen der Zahlung von Berge- und Hilfslohn, der für Bergungs- und Hilfeleistungsarbeiten gefordert wird, die zugunsten einer Ladung oder einer Frachtforderung erbracht worden sind, auch das Gericht zuständig, in dessen Zuständigkeitsbereich diese Ladung oder die entsprechende Frachtforderung
a) mit Arrest belegt worden ist, um die Zahlung zu gewährleisten, oder

---

parfois, le siège statutaire de la societé n'est constitué au Luxembourg que par une boîte aux lettres et que son siège réel soit fixé aux Pays-Bas ou en Allemagne, l'adversaire pourra prétendre que l'art. I du protocole n'a pas à s'appliquer car, le droit international privé français tenant compte, non pas du siège statutaire mais du siège réel, celui-ci est situé dans un pays pour lequel ne joue paint le protocole."

[282] *Schlosser*-Bericht Nr. 132.

b) mit Arrest hätte belegt werden können, jedoch dafür eine Bürgschaft oder eine andere Sicherheit geleistet worden ist.

Diese Vorschrift ist aber nur anzuwenden, wenn behauptet wird, daß der Beklagte Rechte an der Ladung oder an der Frachtforderung hat oder zur Zeit der Bergungs- oder Hilfeleistungsarbeiten hatte. Diese Kompetenznorm erfaßt also nicht Klagen wegen *vertraglicher Ansprüche*. Sie soll eine Zuständigkeit nur für solche Ansprüche eröffnen, die durch das *Haftungsvorrecht* gesichert sind. Sie kommt also nicht zum Zug, wenn der Reeder eines in Not geratenen Schiffes einen Bergungs- oder Hilfeleistungs*vertrag* abgeschlossen hat, wozu er dem Eigentümer der Ladung gegenüber häufig verpflichtet sein wird.[283]

§ 84 Der Gerichtsstand am Ort der unerlaubten Handlung – forum delicti commissi, Art. 5 Nr. 3[1]

I. Ratio conventionis[2]

„Wo Unrecht getan wurde, darf Abhilfe begehrt werden."[3] Dieses Anliegen wiegt schwerer als das Interesse des Beklagten, in seinem Wohnsitzstaat verklagt zu werden (Art. 2 I).[4] Wer einen anderen rechtswidrig schädigt, muß auch am Tatort Genugtuung leisten. Die Klägerinteressen haben Vorrang:[5] Der favor defensoris (Art. 2 I) muß demgegenüber weichen. Es ist dem Geschädigten nicht zumutbar, daß er dem Schädiger an dessen Wohnsitz folgt.[6] Daneben spielt der Gesichtspunkt der Beweisnähe[7] eine untergeordnete Rolle, denn es handelt sich nur um einen konkurrierenden Gerichtsstand.[8] Dem Kläger bleibt es unbenom-

---

283 *Schlosser*-Bericht Nr. 123 g. E. Vgl. unten § 94 Fußn. 46.

1 Ausführlich zum forum delicti commissi *Schröder,* Internationale Zuständigkeit, 1971, 240ff.; *Koller,* Der Gerichtsstand der unerlaubten Handlung, Diss. Köln 1963.

2 *Geimer* EuR 1977, 360 sub 5b.

3 *Schröder* (Fußn. 1) 269. 4 Oben § 74.

5 Es ist also ebenso wie bei Art. 5 Nr. 1, vgl. oben § 83 II.

6 Es ist das Dilemma aller materiellrechtlich begründeten Gerichtsstände, daß eine Prognose ex ante nicht möglich ist. Das hat zur Folge, daß auch der letzlich „Unschuldige" am Tatort gerichtspflichtig ist. Zur Frage, ob die Tatsachenbehauptungen des Klägers genügen, um den Gerichtsstand des Art. 5 Nr. 3 zu eröffnen, s. unten XVIII. Vgl. auch *Schröder* (Fußn. 1) 265.

7 *Schröder* (Fußn. 1) 268 sub b.

8 Anders wohl der EuGH mit seiner bisher sterotyp zu allen Zuständigkeitsanknüpfungen des Art. 5 wiederholten Formel „von der besonders engen Beziehung zwischen der Streitigkeit und dem zur Entscheidung über sie berufenen Gericht."

So zu Art. 5 Nr. 3 EuGH, Urteil vom 30. November 1976, Rechtssache 21/76 – *Handelskwekerij G. J. Bier B. V. und Stiftung Reinwater ./. S. A. Mines de Potasse d'Alsace,* ergangen auf Grund eines Ersuchens um Vorabentscheidung des Gerichtshof Den Haag EuGHE 1976, 1735 = NJW 1977, 493 = RIW/AWD 1977, 356 mit Anm. *Linke;* hierzu auch *Rest* RIW/AWD 1977, 669; *Geimer* EuR 1977, 357 sub VI; *Piltz* NJW 1979, 1074.

men, den Beklagten an dessen Wohnsitz zu belangen.[9] Auch der Gesichtspunkt der Rechtsnähe[10] ist nicht von tragender Bedeutung;[11] denn Art. 5 Nr. 3 setzt keinen Gleichlauf zwischen Zuständigkeit und anwendbarem Recht voraus.[12] Es kann durchaus vorkommen, daß das Gericht nach seinem IPR ein fremdes Deliktsrecht anzuwenden hat.[13]

Ebenso zu Art. 5 Nr. 1 EuGH, Urteil vom 18. Januar 1980, Rechtssache 56/79 – *Zelger./.Salinitri,* EuGHE 1980, 89 = NJW 1980, 1218 = RIW/AWD 1980, 726 = WM 1980, 720 = IPRax 1981, 89; vgl. hierzu oben § 83 Fußn. 18. Im gleichen Sinne zu Art. 5 Nr. 5 EuGH, Urteil vom 22. November 1978, Rechtssache 33/78, *Somafar S. A. ./. Saar Ferngas AG,* EuGHE 1978, 2183 = RIW/AWD 1978, 56; vgl. hierzu oben § 82 Fußn. 15.

[9] Der gut beratene Kläger wird seine Klage in dem Staat einreichen, wo die größten Erfolgschancen absehbar sind.

[10] Hierzu *Schröder* (Fußn. 1) 268.

[11] A. A. *Linke* in *Bülow-Böckstiegel* 606/66, Art. 5, Anm. III 1 a: „Art. 5 Nr. 3 eröffnet international und örtlich den besonderen Gerichtsstand der unerlaubten Handlung, das forum delicti commissi. Die Argumente für die innere Rechtfertigung dieses Klägergerichtsstandes können schlagwortartig gekennzeichnet werden mit Beweisnähe und Rechtsnähe einerseits sowie mit zuständigkeitsrechtlicher Sympathie zugunsten des in der Regel mit dem Geschädigten identischen Klägers andererseits, die es angemessen erscheinen läßt, den Beklagten, der in der Regel auch der Schädiger ist, die Last der Einlassung vor einem ihm fremden Gericht aufzubürden. Der Bericht betont als Motiv der Verfasser des GVÜ die Berücksichtigung vor allem der Straßenverkehrsunfälle als dem wohl häufigsten Anwendungsfall dieses Gerichtsstandes für auslandsbezogene Sachverhalte."

[12] A. A. *v. Hoffmann* AWD 1973, 61. Er legt Art. 5 Nr. 3 restriktiv aus. Er will die Zuständigkeit des angegangenen Gerichts nur dann bejahen, wenn das nach dem IPR des angegangenen Gerichts ermittelte maßgebliche Recht die lex fori ist. *v. Hoffmann* sieht den besonderen Wert des Gerichtsstandes der unerlaubten Handlung im internationalen Rechtsverkehr darin, daß „Zuständigkeitsregel und Kollisionsnorm an dieselben Umstände anknüpfen: Das angegangene Gericht kann darum die Sachentscheidung nach seinem internen Recht treffen. Dieser Gleichlauf wird bei Art. 5 Nr. 3 nur erzielt, wenn zunächst die internationalprivatrechtliche Frage beantwortet wird. Ist danach die materielle lex fori anwendbar, folgt daraus gleichzeitig die internationale Zuständigkeit des Gerichts. Ist aber in der Hauptsache ausländisches Recht – als die günstigere Norm – anzuwenden, dann sollte auch die internationale Zuständigkeit dem ausländischen Gericht überlassen bleiben, es sei denn, der ausländische Staat würde selbst nicht sein eigenes Recht zur Anwendung bringen." Von diesem Grundsatz will *v. Hoffmann* nur dann eine Ausnahme machen, wenn das maßgebliche IPR überhaupt nicht auf den Deliktsort abstellt, sondern den gemeinsamen Wohnsitz der Parteien für maßgeblich erklärt (Beispiel: Verkehrsunfall zwischen zwei deutschen Urlaubern in Italien).

Für die von *v. Hoffmann* vorgeschlagene Auslegung des Art. 5 Nr. 3 bietet weder der Text des Übereinkommens noch der *Jenard*-Bericht eine Stütze. Hätten die Vertragsunterhändler ein forum legis schaffen wollen, so hätten sie dies in der Formulierung des Art. 5 Nr. 3 sicher zum Ausdruck gebracht, etwa durch die Anfügung des Nachsatzes: „Die Zuständigkeit ist jedoch nicht gegeben, wenn auf den Rechtsstreit ein anderes Recht als das im Staate des angegangenen Gerichts geltende zur Anwendung kommt." – Vgl. unten V. bei Fußn. 162.

[13] Das EWG-Übereinkommen vom 19. Juni 1980 vereinheitlicht nur das auf ver-

II. Rechtsvergleichende Hinweise[14]

1. Bundesrepublik Deutschland

a) Bereits im 19. Jahrhundert[15] findet sich das forum delicti commissi auch als Anknüpfungspunkt für die internationale Zuständigkeit in den meisten *Prozeßordnungen der deutschen Staaten.*[16] Seine Übernahme in die Reichscivilprozeßordnung von 1877 stand außer Frage.[17] Kurz und bündig eröffnet § 32 ZPO für alle deliktischen Ansprüche eine (internationale und örtliche) Zuständigkeit: „*Für Klagen aus unerlaubten Handlungen ist das Gericht zuständig, in dessen Bezirk die Handlung begangen ist.*"[18]

b) Die deutsche ZPO kodifizierte also die allgemeine Tatortzuständigkeit.[19] Aus diesem Grund waren Ergänzungen und Nachbesserungen – anders als in Frankreich, wo im Code de procédure civile von 1806 das forum delicti commissi fehlte[20] – nur in sehr geringem Umfang notwendig.[21] Es gibt nur wenige Spezialgesetze, die § 32 ZPO ergänzen bzw. verdrängen,[22] so z. B. § 49 des *Börsengesetzes* vom 22. Juni 1896 i. d. F. vom 27. Mai 1908[23]. Die dort vorgesehene *Zuständigkeit des Landgerichts,* in dessen Bezirk die Börse liegt, an der durch unerlaubte Handlung Wertpapiere i. S. v. §§ 45ff. BörsG eingeführt wurden, ist *ausschließlich und verdrängt § 32 ZPO,* soweit die Tatbestände des BörsG geprüft werden sollen.[24] Eine Tatortzuständigkeit normiert auch § 17 des Gesetzes über die *Wahrnehmung von Urheberrechten und verwandten Schutzrechten* vom 9. September 1965:[25]

(1) Für Rechtsstreitigkeiten über Ansprüche einer Verwertungsgesellschaft wegen Verletzung eines von ihr wahrgenommenen Nutzungsrechts oder Einwil-

---

tragliche Schuldverhältnisse anzuwendende Kollisionsrecht. Das internationale Deliktsrecht wurde ausgeklammert.

[14] *Droz* Nr. 74; wenig ergiebig *Jenard*-Bericht S. 72.

[15] Weiter zurück in die Prozeßrechtsgeschichte geht *Schröder,* Internationale Zuständigkeit, 1971, 242ff.

[16] Nachweise bei *Schröder* (Fußn. 15) 248 sub 1c (cc).

[17] *Halm-Mugdan,* Gesamte Materialien II 157.

[18] Hierzu *Zöller-Geimer,* ZPO, 13. Aufl., 1981, IZPR, Anm. E XV 20.

[19] Exkurs: Ebenso die österreichische ZPO.

[20] *Schröder* (Fußn. 15) 252.

Für die internationale Zuständigkeit Frankreichs war und ist diese Zuständigkeitsanknüpfung nur für reine Ausländerprozesse von Bedeutung, denn Art. 14, 15 Code civil eröffnen eine internationale Zuständigkeit, sobald ein Franzose Kläger oder Beklagter ist. Vgl. unten 2.

[21] Exkurs: Zur ähnlichen Rechtsentwicklung in der *Schweiz* s. *Schröder* (Fußn. 15) 252.

[22] Hierzu ausführlich *Stein-Jonas-Schumann,* ZPO, 20. Aufl., § 32 Rz. 12.

[23] RGBl. I 215.

[24] *Stein-Jonas-Schumann,* ZPO, 20. Aufl., § 32 Rz. 12.

[25] BGBl. I 1294.

ligungsrechts ist das Gericht ausschließlich zuständig, in dessen Bezirk die Verletzungshandlung vorgenommen worden ist oder der Verletzer seinen allgemeinen Gerichtsstand hat. § 105 des Urheberrechtsgesetzes bleibt unberührt.

(2) Sind nach Abs. 1 Satz 1 für mehrere Rechtsstreitigkeiten gegen denselben Verletzer verschiedene Gerichte zuständig, so kann die Verwertungsgesellschaft alle Ansprüche bei einem dieser Gerichte geltend machen.

Abweichende Zuständigkeitsvereinbarungen sind ohne Wirkung, da unzulässig, § 40 II ZPO.[26]

Das gleiche gilt für die ausdrückliche Unterwerfung des Beklagten oder dessen rügelose Einlassung.[27] Für Klagen gegen die Verwertungsgesellschaft gelten die allgemeinen Zuständigkeitsregeln der §§ 12ff. ZPO, nicht § 17 Wahrnehmungsgesetz.[28]

c) In der Praxis wichtig ist vor allem § 24 des *Gesetzes gegen den unlauteren Wettbewerb* (UWG):[29]

(1) Für Klagen auf Grund dieses Gesetzes ist das Gericht zuständig, in dessen Bezirk der Beklagte seine gewerbliche Niederlassung oder in Ermangelung einer solchen seinen Wohnsitz hat. Für Personen, die im Inland weder eine gewerbliche Niederlassung noch einen Wohnsitz haben, ist das Gericht des Aufenthaltsorts zuständig.

(2) Für Klagen auf Grund dieses Gesetzes ist außerdem nur das Gericht zuständig, in dessen Bezirk die Handlung begangen ist.

§ 24 UWG bringt eine *abschließende Zuständigkeitsregelung für Streitigkeiten auf dem Gebiet des unlauteren Wettbewerbs.*[30] Zwischen den durch Abs. 1 und Abs. 2 des § 24 UWG eröffneten Zuständigkeiten kann der Kläger wählen.[31] Unlauterer Wettbewerb ist ein Unterfall der unerlaubten Handlung. Daher greift § 32 ZPO ein, soweit § 24 UWG nicht anwendbar ist.[32] Ansprüche, welche die im Warenzeichengesetz[33] geregelten Rechtsverhältnisse betreffen und auf die Vorschriften des Gesetzes gegen

---

[26] *Stein-Jonas-Schumann,* ZPO, 20. Aufl. § 32 Rz. 12 Fußn. 11; BGHZ 52, 108 = NJW 1969, 1532, „*Gema*".

[27] Unten § 97.

[28] *Stein-Jonas-Schumann,* ZPO, 20. Aufl., § 32 Rz. 12 Fußn. 11.

[29] I. d. F. des Änderungsgesetzes vom 26. Juni 1969, BGBl I, S. 633; eingehend zur Gesetzesgeschichte OLG Köln NJW 70, 476, 477; vgl. auch *Baumbach-Hefermehl,* Wettbewerbs- und Warenzeichenrecht, 13. Aufl., 1980, § 24 UWG Rdnr. 1ff., *Pastor* in: *Reimer,* Wettbewerbs- und Warenzeichenrecht, 4. Aufl., 3 Kapitel 53 II, *Rosenthal-Leffmann,* UWG, 9. Aufl., § 24 Rdnr. 1.

[30] Dagegen kennt die Zugabeverordnung keine dem § 24 UWG entsprechende Vorschrift.

[31] Vor der oben Fußn. 29 erwähnten Gesetzesänderung ergaben sich wegen des ausschließlichen Gerichtsstands des § 24 UWG (heute § 24 I) Probleme im Verhältnis zu § 32 ZPO. Diese sind nunmehr gegenstandslos, da § 24 II ZPO das forum delicti commissi rezipiert hat. Die bei *Schröder* (Fußn. 15) 492 zitierte Rechtsprechung ist weitgehend überholt.

[32] Einzelheiten bei *Baumbach-Lauterbach-Albers-Hartmann,* ZPO, 41. Aufl., § 32, Anm. 1.

[33] BGBl. 1968 I 29.

den unlauteren Wettbewerb vom 21. Juli 1965 gegründet werden, brauchen nicht im Gerichtsstand des § 24 UWG geltend gemacht zu werden; dies ist in § 33 des Warenzeichengesetzes klargestellt.[34,35]

d) Für Klagen betreffend den *Zusammenstoß zwischen Binnenschiffen auf Binnenwasserstraßen* legt § 3 I Binnenschiffahrtsverfahrensgesetz vom 27. September 1952 i. d. F. vom 2. März 1974[36] einen ausschließlichen Gerichtsstand fest.[37, 38] Zuständigkeitsvereinbarungen sind jedoch zulässig.[39]

e) Für Schadensersatzklagen aus dem *Zusammenstoß von Seeschiffen*[40] untereinander oder zwischen *Seeschiff und Binnenschiff* gelten das internationale *Übereinkommen zur Vereinheitlichung von Regeln über die zivilgerichtliche Zuständigkeit bei Schiffszusammenstößen vom 10. Mai 1952*[41] und (subsidiär) der inhaltsgleiche § 738 I 2 HGB.[42]

f) § 32 ZPO will einen Gerichtsstand für Klagen schaffen, die auf *außervertragliche Rechtsverletzungen*[43] gestützt sind.[44] Daher fallen unter

---

[34] Näher *Kropholler* IZVR Rz. 381.

[35] *Stein-Jonas-Schumann* (Fußn. 28).

[36] BGBl I 469 (Art. 99).

[37] Vgl. das Genfer Abkommen.

[38] Für die Rheinschiffahrt gilt aber Art. 35 der Revidierten Rheinschiffahrtsakte vom 17. Oktober 1868 (Mannheimer Akte i. d. F. vom 11. März 1969, BGBl. 1969 II 597) als spezieller ausschließlicher Gerichtsstand, Art. 35ter. Das gleiche gilt für die Moselschiffahrt. Vgl. Art. 35 Nr. 2 des Vertrages über die Schiffbarmachung der Mosel vom 27. Oktober 1956, BGBl. 1956 II 1838. – Maßgebend bei Art. 35 ist der Erfolgsort, nicht der Handlungsort, vgl. hierzu RheinSchiffG Duisburg-Ruhrort und Zentralkommission für die Rheinschiffahrt IPRspr. 1956–57 Nr. 186. Beide Abkommen verdrängen nicht nur das nationale deutsche Recht, sondern auch die europäische Zuständigkeitsordnung, Art. 57. Vgl. auch *Jaffe,* Die Rechtsordnung der internationalen Binnenschiffahrt auf den europäischen Wasserstraßen, Diss. Heidelberg, 1935.

[39] *Stein-Jonas-Schumann,* ZPO, 20. Aufl., § 32 Rz. 10.

[40] *Riezler* IZPR 170f.; RGZ 138, 243, 245ff.; LG Oldenburg IPRspr. 1966/67 Nr. 45; vgl. auch *Egon Lorenz,* Das anwendbare Deliktsrecht bei Schiffszusammenstößen auf Hoher See, in: Festschr. für *Konrad Duden,* 1977, 227ff. und *Basedow,* VersR 78, 495.

[41] BGBl. 1972 II 663. Dieses Übereinkommen hat Vorrang vor der europäischen Zuständigkeitsordnung, Art. 57.

[42] Hierzu *Schlosser*-Bericht Nr. 121 und unten XXIV.

[43] Gegensatz: Klagen wegen Verletzung eines Vertrages oder einer vertragsähnlichen Beziehung: Hierher gehören Klagen aus culpa in contrahendo (auch wenn es nicht zum Vertragsschluß kam) sowie Klagen wegen Vertragsverletzungen (Leistungsstörungen) wie Klagen auf *Schadensersatz wegen Nichterfüllung* oder auf Vertragsstrafe, die Ansprüche aus dem *Bruch des Verlöbnisses* (§§ 1298f., § 1300 BGB), aus der *Verletzung der vormundschaftlichen Pflichten* (§ 1833 BGB) und der gleichartigen vertragsähnlichen Pflichten des *Pflegers und Testamentsvollstreckers* (§§ 1915, 2219 BGB), die *Anfechtung nach* §§ 29ff. KO, §§ 3ff. AnfechtungsG, weil sie nach ihrem Wesen und ihrer Ausgestaltung den Deliktsansprüchen nicht gleichstehen. Ansprüche aus *ungerechtfertigter Bereicherung* (§§ 812ff. BGB) fallen ebenfalls nicht unter § 32, ebenso die *Verwahrung gegen eine gewerbeschutzrechtliche Verwarnung* (bloße „Berühmung“)

§ 32 ZPO auch Haftungsklagen wegen nicht schuldhafter Verstöße;[45] hierher gehören z. B. die *Haftung des Deliktsunfähigen*[46], die *Haftung für Tiere,*[47] für *Einsturz eines Gebäudes,*[48] die Ansprüche des Besitzers aus *verbotener Eigenmacht,*[49] ebenso der Anspruch auf Schadensersatz wegen der *Vollstreckung eines später aufgehobenen Urteils oder Arrestbefehls oder einer aufgehobenen einstweiligen Verfügung (Anordnung).*[50, 51]

g) Die Fälle der *Gefährdungshaftung*[52] sind im BGB nicht abschließend kodifiziert. Der technische Fortschritt und die mit diesem einhergehende Vergrößerung der Schadensrisiken von Fahrzeugen, Verkehrsmitteln, technischen Geräten, Anlagen und Einrichtungen zwangen den Gesetzgeber zu einer Erweiterung der Haftungstatbestände.[53] Leitgedanke hierbei war und ist, daß für „Unglücksschäden" derjenige aufzukommen hat, dem die Gefahrenquelle zuzuordnen ist und der aus dem Betrieb bzw. Halten dieser Gefahrenquelle den Nutzen zieht.[54] In Betracht kommt vor allem die Haftung für den Betrieb gefährlicher Anlagen, wie

---

und Ansprüche auf *presserechtliche Gegendarstellung.* Ausführlich *Stein-Jonas-Schumann,* ZPO, 20. Aufl., S. 32, Rz. 24 und *Thümmel-Schütze* JZ 1977, 786.

44 Nach h. M. ist der Begriff der unerlaubten Handlung i. S. des § 32 ZPO immer nach deutschem Recht (lex fori) zu qualifizieren, auch wenn die Klage gemäß deutschem IPR nach ausländischem Sachrecht zu entscheiden ist. Dagegen zu Recht *Stein-Jonas-Schumann,* ZPO, 20. Aufl., § 32 Rz. 18. Es gibt nämlich wenig Sinn, das forum delicti commissi zu eröffnen für Klagen, die die maßgebliche lex causae als vertragliche ansieht. Vgl. unten IV 3.

45 *Stein-Jonas-Schumann,* ZPO, 20. Aufl., § 32, Rz. 18, 19: „Da die ZPO älter als das BGB ist und außerdem der Zweck des § 32 die Interpretation des Begriffs der unerlaubten Handlung leitet, können auch solche Ansprüche als „unerlaubte Handlungen" angesehen werden, die nach der Terminologie des BGB anders bezeichnet oder eingeordnet werden.

Das BGB hat (§§ 823ff.) als „unerlaubte Handlungen" zwei Gruppen von Rechtsverletzungen zusammengestellt: die *schuldhaften rechtswidrigen Eingriffe in den Rechtskreis eines anderen und die Handlungen, die die Rechtsfolgen der unerlaubten Handlung ohne Verschulden nach sich ziehen; diese Handlungen sind zu den Verletzungen vertragsmäßiger Pflichten in Gegensatz gestellt.* Mit dieser Weitung der Tatbestände hat das BGB den Begriff der unerlaubten Handlung derart ausgedehnt, daß bei der Interpretation des § 32 als „unerlaubte Handlungen" auch solche *außervertraglichen Zuwiderhandlungen* angesehen werden können, die an anderen Stellen des BGB oder in sonstigen Gesetzen geregelt sind, z. B. in allen Vorschriften über Gefährdungshaftung. Diese Gleichstellung mit dem Delikt steht in der Rechtsprechung seit langem außer Streit."

46 § 829 BGB.

47 § 833 BGB.

48 §§ 836ff. BGB.

49 §§ 858ff. BGB.

50 §§ 302 IV, 600 II, 641 g, 717 II, 945, 1042 c II 2 ZPO. Vgl. auch §§ 89 I 3, 840 II, 842 ZPO.

51 Vgl. auch unten Bd. II 428.

52 Hierzu *Kropholler* IZVR Rz. 373.

53 Vgl. z. B. *Mertens* in *Münchner Kommentar,* § 823 BGB, Rz. 15.

54 Rechtsvergleichung bei den oben Fußn. 1 Genannten.

einer Schienen- oder Schwebebahn (Eisenbahn,[55] Straßenbahn, Bergbahn, Sessellift, nicht aber Schlepplift),[56] eines Bergwerks, Steinbruchs, einer Grube oder Fabrik,[57] einer Stromleitungs- oder Rohranlage oder einer Anlage zur Abgabe von Elektrizität, Gasen, Dämpfen oder Flüssigkeiten,[58] einer Anlage zur Verwendung der Kernenergie.[59] In der Praxis wichtig ist die Halterhaftung für Kraftfahrzeuge[60] und Luftfahrzeuge,[61] ebenso die Haftung nach § 84 Arzneimittelgesetz, § 22 Wasserhaushaltsgesetz sowie der Wildschadensausgleich nach § 29 Bundesjagdgesetz. Soweit diese Gesetze keine eigene Zuständigkeitsregelung enthalten, kommt § 32 ZPO zum Zuge. Eigene Kompetenzregeln kennen § 14 Haftpflichtgesetz,[62] § 20 Straßenverkehrsgesetz[63] und § 56 I Luftverkehrsgesetz.[64]

2. Frankreich

a) Art. 46 II des nouveau Code de procédure civile bestimmt:

Le demandeur peut saisir à son choix, ontre la juridiction du lieu ou demeure le défendeur:

(1) . . .

(2) – en matière delictuelle la juridiction du lieu du fait dommageable ou celle dans le ressort de laquelle le dommage est subi."

b) Der alte Code de procédure civile kannte noch nicht das forum delicti commissi: Zu Beginn des 19. Jahrhunderts war die Mobilität und Fluktuation noch nicht so stark, daß man dieses forum für erforderlich hielt.[65] Erst durch Gesetz vom 26. November 1923 wurde dem Art. 59 des alten Code folgender Absatz XII hinzugefügt: „La demande en réparation du dommage causé par un délit, une contravention ou une quasidélit, pourra être portée devant le tribunal du lieu où le fait dommageable

[55] Vgl. CIV und CIM. Text oben § 13 V 8.

[56] § 1 Haftpflichtgesetz i. d. F. vom 4. Januar 1978, BGBl. I 145.

[57] § 3 HaftpflichtG.

[58] § 2 HaftpflichtG.

[59] §§ 7, 25 AtomG.

[60] § 7 Straßenverkehrsgesetz.

[61] § 33 Luftverkehrsgesetz, BGBl. 1968 II 1113. Im Anwendungsbereich des Warschauer Abkommens samt Zusatzprotokoll wird das nationale Recht verdrängt. Zu Art. 28 WA s. neuerdings BGH, Urteil vom 16. Juni 1982, NJW 1983, 518. Vgl. unten Fußn. 100.

[62] „Für Klagen, die auf Grund dieses Gesetzes erhoben werden, ist auch das Gericht zuständig, in dessen Bezirk das schädigende Ereignis stattgefunden hat." Vgl. hierzu den Kommentar von *Filthaut,* 1982.

[63] „Für Klagen, die auf Grund dieses Gesetzes erhoben werden, ist auch das Gericht zuständig, in dessen Bezirk das schädigende Ereignis stattgefunden hat."

[64] „Für Klagen, die auf Grund dieses Abschnitts erhoben werden, ist auch das Gericht zuständig, in dessen Bezirk der Unfall eingetreten ist."

[65] Vgl. *Schröder,* Internationale Zuständigkeit, 1971, 250; *Bauer,* Compétence judiciare internationale des tribunaux civils français et allemands, 1965, no. 53. *Droz* Recueil Dalloz Sirey 1975, 638, 640 sub I A.

s'est produit." Dann folgte Art. 21 des Décret Nr. 58–1284 vom 22. Dezember 1958: „En matière de délit ou quasi-délit, la démande peut également être portée devant le tribunal du lieu où le fait dommageable s'est produit."

c) Hinsichtlich der *internationalen Zuständigkeit Frankreichs* spielt das forum delicti commissi nur für *reine Ausländerprozesse* eine Rolle; denn sobald ein Franzose am Rechtsstreit beteiligt ist, sei es als Kläger oder als Beklagter, ist die internationale Zuständigkeit bereits auf Grund Art. 14, 15 Code civil zu bejahen.

3. Luxemburg

Hier hat man Art. 59 des alten Code de procédure civile nicht – wie in Frankreich – novelliert. Das forum delicti commissi ist der lex scripta unbekannt, wurde jedoch von der Rechtsprechung (für Ausländerprozesse) entwickelt.

4. Niederlande

In den Niederlanden ist das forum delicti commissi nur rudimentär entwickelt. Art. 543 und 946 des Handelsgesetzbuchs eröffnen für Streitigkeiten aus Schiffszusammenstößen eine Zuständigkeit am Ort des Schiffszusammenstoßes.

Für Unfälle mit Kraftfahrzeugen im Straßenverkehr ist Art. 7 des Gesetzes über die Haftpflichtversicherung von Motorfahrzeugen einschlägig.

5. Italien

a) Dem Codice di procedura civile ist das forum delicti commissi unbekannt. Man knüpft generell für alle Verbindlichkeiten, also auch die vertraglichen[66], an den Ort des Entstehens der Verbindlichkeit an, Art. 4 Nr. 2. Hierzu entschieden die Vereinigten Kammern der Corte di Cassazione[67], der Schadensersatzanspruch sei nicht dort entstanden, wo die unerlaubte Handlung (l'azione illecita) sich verwirkliche, sondern ausschließlich dort, wo der effektive Schaden sich einstelle (dove il danno effettivo si è verificato). Das Delikt sei ganz vollendet, wo seine letzte Voraussetzung (l'ultimo elemento) eingetreten sei. Also entstehe der Schadensersatzanspruch erst dort, wo der Schaden (danno ingiusto) entsteht. Auf den Ort der Handlung kommt es also nicht an, auch nicht auf jenen Ort, in dem möglicherweise zunächst und zuerst das geschützte Interesse verletzt wurde. Der Ort der Schädigung ist somit Ort der

---

[66] Oben § 83 III 1.

[67] Foro italiano 1962 I 1810. Hierzu *Schröder,* Internationale Zuständigkeit, 1971, 275.

Entstehung einer Schadenersatzverbindlichkeit im Sinne des Art. 4 Nr. 2 Codice di procedura civile. Alle Schadensorte eröffnen konkurrierend eine internationale Zuständigkeit. Dies gilt auch für sog. Folgeschäden (conseguenze remote).

b) Art. 4 des Codice di procedura civile regelt nur die *Gerichtspflichtigkeit von Ausländern*. Für *italienische Beklagte* gibt es keine lex scripta. Diese sind nach h. M. kraft ihrer Staatsangehörigkeit – gleich wo sie wohnen oder wo das Delikt begangen wurde – in Italien gerichtspflichtig.[68]

6. Belgien

a) Die belgische Gerichtsordnung stellt kompetenzrechtlich auch für deliktische Klagen auf den Ort des Entstehens der Verbindlichkeit ab, Art. 635 Nr. 3 Code judiciaire. Man findet hier also den gleichen dogmatischen Ansatzpunkt wie im italienischen Recht. Ob allerdings die belgischen Gerichte den Ort des Entstehens der deliktischen Schuld genauso lokalisieren wie die italienischen, ist noch offen.

b) Art. 635 Code judiciaire umschreibt – ebenso wie Art. 4 Codice di procedura civile – nur die Gerichtspflichtigkeit von Ausländern. Belgier sind in Belgien immer gerichtspflichtig, Art. 15 Code civil.

7. England

a) Die internationale Zuständigkeit der englischen Gerichte nach order 11 rule 1 (h) der Rules of the Supreme Court (R. S. C.) ist immer gegeben, wenn die Klage auf ein zivilrechtliches Delikt (tort) gestützt ist, das innerhalb der Jurisdiktion begangen wurde (*... the action is founded on a tort committed in England)*[69]. Tort ist eine unrechtmäßige Handlung, durch die Rechte Dritter auf andere Weise als durch Vertragsbruch verletzt werden. Die Frage, wann ein Delikt als in England begangen anzusehen ist, ist noch nicht klar entschieden. Man hat sich noch nicht festgelegt, welche Theorie für die Bestimmung des locus delicti commissi anzuwenden ist, wenn Handlungs- und Erfolgsort in verschiedenen Staaten liegen.

b) In *George Monro v. American Cyanamid and Chemical Co.*[70] hat der Court of Appeal auf den Handlungsort abgestellt. Ein Letztverbraucher, der bei der englischen Firma ein Gift gekauft hatte, erlitt infolge schädlicher Nebenwirkungen des Giftes, vor denen nicht gewarnt worden war, einen Schaden, zu dessen Ersatz die englische Firma verurteilt wurde. Diese verlangte nunmehr von ihrem Lieferanten, einer in den USA domizilierten Gesellschaft, Ersatz und beantragte daher Zulassung der Zu-

---

[68] *Schröder,* Internationale Zuständigkeit, 1971, 178, 248. Oben § 49 I 7.

[69] Ausführlich *Scheucher,* Studien zur internationalen Zuständigkeit, 1971, 102ff. Nr. 51ff.; *Dicey-Morris,* Conflict of Laws, 10. Aufl., 1980, 213 Rule 24.

[70] [1944] 1 K. B. 432 C. A.

stellung außerhalb der Jurisdiktion. Das Gericht lehnte zunächst die Zustellung im Ausland mit der Begründung ab, zwischen den Firmen sei die Anwendung amerikanischen Rechtes vereinbart worden. Darüber hinaus sei locus delicti commissi jener Ort, an dem die Handlung vorgenommen wurde. Schließlich stellte *Parcq, L. J.* in einer concurring-opinion noch fest, daß der Erfolgsort für die Beurteilung des locus delicti commissi nicht maßgebend sei: „... the question is: Where was the wrongful act, from which the damage flows, in fact done? The question is not where was the damage suffered, even though damage may be of the gist of the action."

c) Vor dem *Monro-Case* hatte der Court of Appeal eine gegenteilige Ansicht vertreten. In *Kroch v. Rossel et Cie*[71] klagte ein Deutscher mit Wohnsitz in Deutschland, der sich nur vorübergehend in England aufhielt. Er war nicht beruflich tätig, und hatte dort „weder Reputation noch Assoziationen". Er trug vor, von einer belgischen (Le Soir) und von einer französischen Zeitung (Le Petit Parisien) verleumdet worden zu sein. Beide Zeitungen wurden in London durch die Librairie Hachette regelmäßig (in französischer Sprache) angeboten. Zu dem fraglichen Zeitpunkt lagen dort 50 Exemplare von Le Soir (15 davon blieben unverkauft) sowie 401 Exemplare von Le Petit Parisien aus. Die Beklagte war eine von den Verlagen unabhängige englische Gesellschaft, die die Exemplare nicht in Kommission hatte, sondern von den Verlagen einkaufte. Der Court of Appeal entschied durch *Slesser, L. J.*: „I think, for the purpose of this case, at any rate, it will be right to assume that there was committed a tort by the two defendants, respectively, within the jurisdiction, in causing to be published these alleged defamatory matters ..."[72]

d) In *Bata v. Bata*[73] hat der Court of Appeal die Zustellung außerhalb der Jurisdiktion zugelassen: Der Beklagte schrieb in Zürich Briefe, die den Kläger in seiner Ehre kränkten. Der Beklagte ließ diese Briefe durch seinen Privatsekretär von der Schweiz nach England senden, wo sie von den Adressaten gelesen wurden. Das Gericht erachtete die Beleidigungen als in England „begangen" und erklärte den *Monro*-Case für unanwendbar. Der fast ganz gleich gelagerte *Kroch*-Case blieb unberücksichtigt. *Scott L. J.* meinte im Hinblick auf die *Monro*-Entscheidung, „that case was irrelevant to the present action." „... publication in the ordinary sense of the word was an essential component in a cause of action for libel ... Publication was obviously of the very essence of actionable

[71] [1937] 1 All E. R. 725.

[72] Das Gericht lehnte aber die Zulassung der Zustellung im Ausland in beiden Fällen ab, da ihm die Beziehung der Rechtssache zu England zu schwach erschien: Die Zeitungen hätten an sich die Masse ihrer Leser in ihren eigenen Ländern und nur ganz wenige Exemplare würden jeweils in England vertrieben; überdies sei der Kläger Ausländer und hätte keine näheren persönlichen Beziehungen zu England.

[73] [1948] W. N. 366.

defamation ... It was the publication of the contents of a defamatory document to a third party which constituted the tort of libel ...“ Er lehnt die Ansicht des Beklagten, daß der Ort maßgebend sei, an dem der Brief geschrieben oder zur Post gegeben wurde, ab.

e) Für Delikte, die durch Versendung von Schriftstücken oder durch Rundfunksendungen begangen werden, ist also nach bindenden Entscheidungen des Court of Appeal die Theorie des Erfolgsortes maßgebend. Für andere Delikte ist die Entscheidung *George Monro v. American Cyanamid and Chemical Co.* nach wie vor noch bindend. Die „Theorie des faktischen Handlungsortes“ ist noch nicht „overruled“.[74]

f) Hält sich der Beklagte – auch nur vorübergehend – in England auf und wird ihm das writ dort zugestellt, dann ist nach der transient rule des common law die jurisdiction der englischen Gerichte bereits begründet.[75] Dann kommt es nicht mehr darauf an, wo der Ort der unerlaubten Handlung liegt.

8. Bilaterale Abkommen

In den folgenden zweiseitigen Abkommen ist das forum delicti commissi als Zuständigkeitsanknüpfung anerkannt: Art. 4 des belgisch-niederländischen Abkommens und Art. 4 des Benelux-Vertrages, die sich auf alle Mobiliarverpflichtungen sowohl ex lege wie ex contractu und ex delicto beziehen, Art. 2 Buchstabe b des belgisch-italienischen Abkommens, Art. 3 I Nr. 6 des deutsch-belgischen Abkommens, Art. 15 des französisch-italienischen Abkommens, Art. 2 Nr. 4 des deutsch-italienischen Abkommens und Artikel 4 I Buchstabe e des deutsch-niederländischen Vertrags.

9. Multilaterale Übereinkommen

Auch eine Reihe von multilateralen (gemäß Art. 57 dem EWG-Übereinkommen vorgehende) Übereinkommen kennen das forum delicti commissi, so z. B.:

Art. 7 I Buchstabe d) des Internationalen Übereinkommens vom 10. Mai 1952 zur Vereinheitlichung von Regeln über den Arrest in Seeschiffe,

Art. 1 I Buchstabe c des Internationalen Übereinkommens vom 10. Mai 1952 zur Vereinheitlichung von Regeln über die zivilgerichtliche Zuständigkeit bei Schiffszusammenstößen,

---

[74] *Scheucher* a. a. O. 108: „Zu der Frage, welche Meinung die Gerichte in einem solchen Fall vertreten werden, läßt sich kaum mehr prophezeien, als daß sie durch eine Interessenabwägung im Einzelfall feststellen werden, ob ein Schwerpunkt der Deliktsbegehung im Inland liegt, wobei sicher die Lage des Erfolgsortes gebührend mitberücksichtigt wird, wenn nicht vielleicht sogar er überhaupt als maßgebendes Kriterium betrachtet werden wird.“

[75] *Schröder,* Internationale Zuständigkeit, 1971, 256.

Art. IX des Internationalen Übereinkommens vom 29. Oktober 1969 über die zivilrechtliche Haftung für Ölverschmutzungsschäden,

Art. X Abs. 4 des Brüsseler Übereinkommens vom 25. Mai 1962 über die Haftung der Inhaber von Reaktorschiffen nebst Zusatzprotokoll,

Art. 20 des Römischen Abkommens vom 7. Oktober 1952 über die Regelung der von ausländischen Flugzeugen verursachten Flur- und Gebäudeschäden,

Art. 10 I Nr. 4 des Haager Übereinkommens vom 26. April 1966 über die Anerkennung und Vollstreckung ausländischer Urteile in Zivil- und Handelssachen samt Zusatzprotokoll vom 1. Februar 1971.

III. Klagen wegen einer unerlaubten Handlung oder einer Handlung, die einer unerlaubten Handlung gleichgestellt ist

1. Art. 5 Nr. 3 will als Pendant zu Art. 5 Nr. 1 einen *Gerichtsstand für außervertragliche Rechtsverletzungen* schaffen.[76] Art. 5 Nr. 3 ist deshalb nicht auf schuldhafte Verstöße (unerlaubte Handlungen im engeren Sinne) beschränkt. Unter Art. 5 Nr. 3 fallen deshalb auch sogenannte *Quasidelikte* unter Einschluß der *Gefährdungs-* und *Halterhaftung*. Nicht erforderlich ist, daß es sich um eine Haftung für rechtswidrige Verstöße handelt, auch nichtvertragliche Ausgleichsansprüche bzw. Erstattungsansprüche für *rechtmäßiges Handeln*[77] gehören hierher; ausgenommen sind jedoch Ansprüche aus ungerechtfertigter Bereicherung.[78]

2. Der Wortlaut des Art. 5 Nr. 3 läßt an dem weiten Anwendungsbereich dieses Gerichtsstandes keinen Zweifel: Neben den unerlaubten Handlungen hebt Art. 5 Nr. 3 ausdrücklich die Handlungen hervor, die einer unerlaubten Handlung gleichgestellt sind. In Betracht kommen also alle (behaupteten) Eingriffe in subjektive Rechte, rechtliche Interessen und Vermögenspositionen, wie z. B. Umweltbeeinträchtigungen, unlauterer Wettbewerb und Schäden auf Grund fehlerhafter Produkte. Auf Verschulden kommt es nicht an. Hierher gehören also auch Haftungen der Deliktsunfähigen, die Haftung für Tiere und den Zustand von Gebäuden, die possessorischen Ansprüche aus verbotener Eigenmacht, Ansprüche aus dem Betrieb gefährlicher Anlagen wie Kraftfahrzeugen, Schiffen, Flugzeugen, Straßen- und Eisenbahnen und Atommeilern, und alle sonstigen Fälle der Gefährdungshaftung. Zu den Quasidelikten sind ferner die Ansprüche auf Ersatz bzw. Rückerstattung wegen Vollstreckung von später aufgehobenen gerichtlichen Urteilen und Beschlüssen zu rechnen.[78]

3. Die Grenze bilden die *vertraglichen Beziehungen*. Klagen, die auf

---

[76] Im gleichen Sinne wohl *Kropholler* IZVR Rz. 688.

[77] Beispiel: Schadenersatz für Vollstreckung aus vorläufig vollstreckbarem Urteil, das vom Rechtsmittelgericht aufgehoben wurde.

[78] Ebenso für § 32 ZPO *Stein-Jonas-Schumann*, ZPO, 20. Aufl., § 32 Rz. 24.

Verletzung von vertraglichen Pflichten gestützt werden, fallen nicht unter Art. 5 Abs. 3. Stellt nach dem Vortrag des Klägers eine bestimmte deliktische Handlung gleichzeitig einen Verstoß gegen vertragliche Pflichten dar, so kann dieser Klagegrund nach dem Wortlaut des Art. 5 Nr. 3 nicht geltend gemacht werden. Die Klage ist insoweit unzulässig.[79]

IV. Qualifikation nach der lex causae

1. Der oben III beschriebene weite Anwendungsbereich des Art. 5 Nr. 3 ist durch europäisches Einheitsrecht fixiert. Insoweit ist in allen Vertragsstaaten die einheitliche Anwendung des Art. 5 Nr. 3 gewährleistet.

2. Ob aber *im konkreten Einzelfall* ein deliktischer bzw. quasideliktischer Anspruch geltend gemacht wird oder doch ein vertraglicher Anspruch oder ein Bereicherungsanspruch, entscheidet die maßgebliche Rechtsordnung (lex causae), die vom internationalen Privatrecht des angegangenen Gerichts festgelegt wird.[80]

3. Dies ist im Interesse des *inneren Entscheidungseinklangs* die bessere Lösung. Die Einzelheiten wurden bereits oben bei Art. 5 Nr. 1 erörtert.[81] Rechtslogisch ist zwar auch eine autonome Qualifikation denkbar.[82] Doch was brächte eine konventionsimmanente Definition des Begriffs Delikt bzw. Quasidelikt? Der Richter müßte in nicht wenigen Fällen bei der Zuständigkeitsprüfung eine unerlaubte Handlung bzw. eine dieser gleichgestellte Handlung bejahen, bei seiner Entscheidung in der Sache aber die Klage als Vertragsklage einordnen.[83] Eine Verwirrung der Geister der Rechtsuchenden über das für juristische Laien übliche und zumutbare Maß hinaus wäre unvermeidlich.

4. Ist z. B. nach dem IPR des Gerichtsstaates (= Vertragsstaat, bei dessen Gericht Klage erhoben wurde) englisches Recht als lex causae maßgeblich, so kommt es für die Frage, ob Art. 5 Nr. 3 in concreto zum Zuge kommt, darauf an, ob der geltend gemachte Anspruch aus der Sicht des englischen Rechts als tort zu qualifizieren ist. Die *Grenzlinien zwischen tort und breach of contract* sind nicht nur für den kontinentaleuropäischen Juristen mitunter schwer zu erkennen.[84] Immerhin räumte

---

[79] Vgl. oben § 74 XII. A. A. *Kropholler* IZVR Rz. 691.

[80] A. A. *Kropholler* IZVR Rz. 687.

[81] Oben § 83 V 1. Andere Erwägungen haben bei der Auslegung des Art. 16 Vorrang. Vgl. unten § 85 IX 3c.

[82] Für autonome Qualifikation wohl *Linke* in *Bülow-Böckstiegel* 606/67, Art. 5, Anm. III 2a.

[83] Vgl. oben § 83 Fußn. 49.

[84] Diese Unterscheidung hat auch für das *nationale englische Zuständigkeitsrecht* (hierzu oben Fußn. 69ff.) Bedeutung, weil Order 11 R. S. C. die Grenzen der englischen Jurisdiktion für Klagen, die auf „tort" gestützt sind, weiter zieht als für solche, die breach of contract geltend machen. Das englische Vertragsrecht betont zwar den „Unrechtscharakter" des Vertragsbruches: Wer einen Vertrag bricht, begeht ein zivil-

Collins, M. R.[85] ein: „I agree that the distinction between tort and contract is not a logical one, and that it is sometimes difficult to say whether a particular thing is a wrong or a breach of contract".

Wenn z. B. jemand einem anderen seinen Angestellten zu Dienstleistungen überläßt und der Leiharbeitgeber fahrlässig den Angestellten schädigt, hat der Angestellte einen Anspruch wegen „tort", dagegen der Hauptarbeitgeber – wenn auch ihm ein Schaden entstanden ist – einen wegen „breach of contract". Falsche Tatsachenbehauptungen einer Vertragspartei, die die andere Partei zum Abschluß des Vertrages bewegen (misrepresentation), sind, wenn sie „innocent" sind, „breach of contract".[86] Hat der Vertragspartner die falschen Angaben jedoch *wissentlich oder grob fahrlässig* gemacht („fraudulent misrepresentation"), dann liegt nicht „breach of contract", sondern „fraud" vor; dies ist ein Unterfall von „tort".[87] Nach *Sachs v. Henderson,*[88] handelt es sich um „breach of contract", wenn der eingeklagte *Anspruch* an sich nur auf Grund einer *besonderen* Vereinbarung der Parteien besteht; wenn aber *nur* zum Nachweis des Bestehens eines bestimmten Rechtsverhältnisses ein Vertrag erforderlich ist, der eingeklagte Anspruch also schon *„ex iure"* besteht, so wird „tort" angenommen. „If the claim of the plaintiff had been set out at large pointing to some particular stipulation in the contract, which stipulation had been broken, the action would be founded on contract; but where it is only necessary to refer to the contract to establish a relationship between the parties, and the claim goes on to over a breach of duty arising out of that relationship, the action is one of tort."[88a] Art. 5 Nr. 3 kommt bei Maßgeblichkeit englischen Rechts also schon dann zur Anwendung, wenn die schadenverursachende Handlung schon *unabhängig* von einem Vertrag einen Schadenersatzanspruch entstehen

rechtliches Unrecht (wrong: nämlich „breach of contract") und kann daher zu Schadenersatz (damages) verurteilt werden (nach common law ist keine Erfüllungsklage möglich). Gleichwohl ist breach of contract kein tort. Für Klagen auf Schadenersatz „ex contractu" gilt daher nicht rule 1 *lit. (h):* Jurisdiction für eine Klage auf „damages" wegen „breach of contract" ist also nur gegeben, wenn einer der Fälle der litterae (f) oder (g) vorliegt. Da die Grenzen der englischen internationalen Zuständigkeit für Schadenersatzansprüche *ex contractu* enger sind als die der internationalen Deliktszuständigkeit, versucht so mancher Kläger, seine Klage auf tort zu stützen. Vgl. hierzu *Scheucher,* Studien zur internationalen Zuständigkeit, 1971, 102 Nr. 51 und *Waterhouse v. Reid* [1938] 1 K. B. 743, C. A. Näher auch *Graveson,* Conflict of Laws, 7. Aufl., 1974, 123ff. und *Dicey-Morris,* Conflict of Laws, 10. Aufl., 1980, 208ff. – Umgekehrt kann eine Klage auf Schadenersatz „ex delicto" nicht auf lit (f) oder (g) gestützt werden. Man findet also die gleiche Situation wie im Verhältnis zwischen Art. 5 Nr. 1 (§ 29 ZPO) und Art. 5 Nr. 3 (§ 32 ZPO).

[85] *Sachs v. Henderson* [1902] 1 K. B. 612, 616.

[86] Vgl. *Scheucher* a. a. O. 102 Nr. 51.

[87] Vgl. *Monro v. American Cyanamid and Chemical Corporation* [1944] K. B. 432, C. A.

[88] [1902] 1 K. B. 612, C. A.

[88a] *Sachs v. Henderson* [1902] 1 K. B. 612.

läßt, mag auch in concreto ein „breach of contract“ vorliegen.[89] Diese zwei Regeln – vor allem die *Sachs*-rule – bewirken, daß ein großer Teil von Vertragsverletzungen zu Schadenersatzansprüchen ex delicto führt. Wird daneben die Klage noch auf breach of contract gestützt, so ist kraft europäischen Einheitsrechts Art. 5 Nr. 1 kompetenzrechtlich einschlägig.[90] Ob der Anspruch begründet ist, darüber befindet wiederum das englische Recht als lex causae.

5. Auf die *unterschiedlichen Grenzziehungen zwischen Delikt und Vertragshaftung* im Verhältnis zwischen dem deutschen und französischen Recht wurde bereits oben § 83 IV 2 hingewiesen.[91]

6. Die maßgebliche Rechtsordnung (die das IPR des Gerichtsstaates bestimmt,) kann auch die Rechtsordnung eines dritten Staates (Nichtvertragsstaates) sein. So kann es vorkommen, daß nach dem Recht der Schweiz, Schwedens oder der USA zu entscheiden ist, ob eine deliktische bzw. quasideliktische Klage vorliegt.

V. Kein Gleichlauf zwischen Zuständigkeit und anzuwendendem Recht

1. Bereits das eben Gesagte erhellt, daß es einen Gleichlauf zwischen internationaler Zuständigkeit und anzuwendendem Sachrecht nicht gibt.[92] Selbst wenn das Sachrecht des Gerichtsstaates nach dessen IPR nicht zur Anwendung kommt, ist der nach Art. 5 Nr. 3 international zuständige Vertragsstaat zur Justizgewährung verpflichtet.

2. Eine Abweisung der Klage aus forum non conveniens – Gesichtspunkten ist verboten.

VI. Kompetenzkonflikte

Da das Kollisionsrecht der Vertragsstaaten auf dem Gebiet der außervertraglichen Haftung nicht vereinheitlicht ist,[93] sind unterschiedliche Qualifikationen unvermeidlich. Daraus resultierende „Kompetenzkon-

---

[89] *Turner v. Stallibrass* [1898] 1 Q. B. 56.

[90] Ebenso *Scheucher* a. a. O. 103 bei Fußn. 12 zu Order 11 R. S. C: „Natürlich kann der Kläger in derselben Rechtssache beide Zuständigkeiten geltend machen, wenn er sowohl Ansprüche ex contractu, wie auch solche ex delicto nebeneinander geltend macht. In einem solchen Fall überprüft das Gericht getrennt für jeden Anspruch, ob eine Zustellung außerhalb der Jurisdiktion zugelassen werden soll.“

[91] Nachweise auch bei *Knetsch,* Das Verhältnis von Vertrags- und Deliktsrecht – Eine Darstellung der französischen Doktrin des „non-comul“ mit einem kritischen Ausblick auf das deutsche Recht, Diss. Marburg 1975.

[92] A. A. *v. Hoffmann* AWD 1973, 61. Vgl. oben Fußn. 12.

[93] Das EWG-Übereinkommen vom 19. Juni 1980 (hierzu oben § 83 Fußn. 24) klammert die nichtvertraglichen Schuldverhältnisse aus und weicht damit vom Vorentwurf ab.

flikte" sind hinzunehmen, weil unschädlich. Dies gilt auch im Falle des *negativen Kompetenzkonflikts:* Der Kläger wird nicht rechtlos. Er kann seinen Gegner in dessen Wohnsitzstaat (Art. 2I) verklagen. Ein Zuständigkeitsrenvoi ist – wie bereits oben § 83 VI dargelegt – nicht anzunehmen.

VII. Der Anwendungsbereich im einzelnen

1. Überblick

Der weite Umfang des Anwendungsfeldes des Art. 5 Nr. 3 wurde bereits oben III hervorgehoben. Im folgenden soll auf einige in der Praxis wichtige Abgrenzungsfragen eingegangen werden.

2. Straßenverkehrsunfälle[94]

a) Die besondere Bedeutung des forum delicti commissi für die Geltendmachung von Schadensersatz aus Anlaß von Straßenverkehrsunfällen hebt der *Jenard*-Bericht[95] hervor.

b) Für den Geschädigten sehr wichtig ist die Frage, ob er die Versicherung auch vor dem Gericht verklagen kann, vor dem die Klage gegen den Schädiger (= Versicherter) anhängig ist. In diesem Punkt hat man sich nicht auf europäisches Einheitsrecht einigen können.[96] Die Zulässigkeit richtet sich nach dem nationalen Recht des angerufenen Gerichts, Art. 10 I.[97]

c) Auch für die Zulässigkeit der Direktklage des Geschädigten gegen den Versicherer am forum delicti commissi (Art. 9 Satz 1) ist das Recht des angegangenen Gerichts maßgeblich, Art. 10 II.

3. Schiffszusammenstöße

Hier ist zu beachten, daß eine Reihe von internationalen Konventionen in Kraft sind, die gemäß Art. 57 die Anwendung der europäischen Zu-

---

[94] Hinweise bei *Psolka,* International-privatrechtliche Bemerkungen zu Kraftfahrzeugunfällen unter Deutschen in Frankreich, VersR 1974, 412; dazu *Holle* VersR 1974, 1152; *Mummenhoff,* Ausnahmen von der lex loci delicti im internationalen Privatrecht, NJW 1975, 476; *Voigt,* Die Geltendmachung von Ansprüchen deutscher Geschädigter aus Kraftfahrzeug-Haftpflicht-Schäden gegen Ausländer, NJW 1976, 451; *Hübner,* Der Direktanspruch gegen den Kraftfahrzeughaftpflichtversicherer im Internationalen Privatrecht, VersR 1977, 1069; *Krüger,* Verkehrsunfälle in der Türkei, VersR 1975, 680; *Lammich,* Verkehrsunfälle in Polen, VersR 1976, 520; *Buján,* Die Haftung des Kfz-Fahrers nach dem portugiesischen Bürgerlichen Gesetzbuch, VersR 1978, 307. *Geigel-Schlegelmilch,* Der Haftpflichtprozeß, 18. Aufl., 1982, 1509 35.Kap. (2).

[95] S. 72.

[96] Oben § 74 bei Fußn. 228.

[97] *Jenard*-Bericht S. 78.

ständigkeitsordnung und damit auch des Art. 5 Nr. 3 ausschließen.[98] Vgl. z. B. unten XXIV.

4. Luftverkehrsunfälle

Auch hier verdrängt in seinem Anwendungsbereich ein Spezialübereinkommen gemäß Art. 57 die europäische Zuständigkeitsordnung und damit Art. 5 Nr. 3: Gemäß Art. 28 I des Warschauer Übereinkommens vom 12. Oktober 1929 zur Vereinheitlichung von Regeln über die Beförderung im internationalen Luftverkehr[99] kann die Klage auf Schadenersatz nach Wahl des Klägers (nur) erhoben werden entweder bei dem Gericht des Ortes, wo der Luftfrachtführer seinen Wohnsitz hat oder wo sich seine Hauptbetriebsleitung oder diejenige seiner Geschäftsstellen befindet, durch die der Vertrag abgeschlossen worden ist, oder bei dem Gericht des Bestimmungsortes. Nach Art. VIII des Zusatzprotokolls sind für Klagen auf Schadenersatz im Sinne des Art. VII folgende Fora neben denjenigen, bei denen eine Klage gegen den vertraglichen Luftfrachtführer nach Art. 28 des Warschauer Abkommens erhoben werden kann, eröffnet: bei dem Gericht des Ortes, wo der ausführende Luftfrachtführer seinen Wohnsitz hat und dort, wo sich seine Hauptbetriebsleitung befindet. Art. VII betrifft Schadenersatzklagen bezüglich der von dem Luftfrachtführer ausgeführten Beförderung. Text oben § 13 V 4.

Art. 28 Warschauer Abkommen ist nur anwendbar auf Klagen, die im dritten Kapitel des Warschauer Abkommens behandelt sind, also Klagen gegen den Frachtführer (Art. 17 – Art. 19), nicht jedoch auf Klagen, die aus anderen Rechtsgründen gegen ihn erhoben werden, auch nicht auf Klagen des Frachtführers gegen seinen Vertragspartner (z. B. aus Art. 10 oder Art. 16). Noch nicht geklärt ist, ob Art. 28 des Warschauer Abkommens anzuwenden ist auf Klagen, die zwar nicht auf das Abkommen gestützt sind, für die aber das 3. Kapitel des Übereinkommens gewisse (einschränkende) Regeln aufstellt, z. B. Art. 22 III (Handgepäckbeförde-

[98] Nachweise bei *Basedow,* Der internationale Schadensprozeß nach Seeschiffskollisionen, VersR 1978, 495, *Beitzke,* Deliktsort und anwendbares Recht beim Schiffszusammenstoß, NJW 1961, 1993, *Binder,* Zur Auflockerung des Deliktsstatuts, RabelsZ 20 (1955), 401, *Healy,* Report on the Draft Convention on Jurisdiction, Choice of Law, and Recognition and Enforcement of Judgments in Collision Cases, in: Comité Maritime International (CMI), Documentation 1977, 138–173; *Kegel,* L'abordage en haute mer en d.i.p.: Rev. crit. 57 (1968), 393; *E. Lorenz,* Das anwendbare Deliktsrecht bei Schiffszusammenstößen auf hoher See, Ein Beitrag zum internationalen Deliktsrecht, in Festschrift *Konrad Duden,* 1977, 229; *Prüßmann-Rabe,* Seehandelsrecht 2. Aufl., 1983; *Rabel,* The Conflict of Laws, 2. Aufl., II (1960); *Richter-Hannes/Richter/Trotz,* Seehandelsrecht 1977; *Rodière,* Traité général de droit maritime IV: Evénements de mer, 1972, *Roth-Plett,* Schiffszusammenstöße im deutschen internationalen Privatrecht, 42 (1978), 662. *Schaps/Abraham,* Das Seerecht, 4. Aufl., 1978; *G. Schulz,* Das maßgebliche Statut der Schiffszusammenstöße nach deutschem IPR, Diss. Frankfurt a. M. 1965.

[99] BGBl. 1958 II 312.

rung) oder Art. 25 (Klagen gegen Hilfspersonen des Frachtführers).[100] Zuständigkeitsvereinbarungen sind nur nach Eintritt des Schadensfalls zulässig, Art. 32.

5. Unlauterer Wettbewerb[101]

Auch Klagen wegen unlauteren Wettbewerbs können auf Art. 5 Nr. 3 gestützt werden.[102]

6. Verletzung von Urheber-, Patent-, Firmen-, Muster- und Warenzeichenrechten

Für solche Klagen ist am forum delicti commissi des Art. 5 Nr. 3 ebenfalls eine Zuständigkeit eröffnet.[103] Näher unten § 90 XVI und XXIV 5.

7. Vorbeugende Unterlassungsklagen[104]

a) Art. 5 Nr. 3 liegt das Vorstellungsbild einer bereits geschehenen unerlaubten Handlung zugrunde.[105] Diese Zuständigkeitsnorm verwendet als Anknüpfung den Ort, an dem das schädigende Ereignis *eingetreten ist.* Manche Rechtsordnungen lassen im Bereich der unerlaubten Handlungen aber auch präventive Klagen zu, z. B. mit dem Ziel, die Veröffentlichung eines beleidigenden Druckwerks oder den Handel mit Waren zu verbieten, die unter Verletzung von Vorschriften des Patentrechts oder des gewerblichen Rechtsschutzes hergestellt worden sind. Insbesondere sind im Recht der Bundesrepublik Deutschland[106] und des Ver-

---

[100] Näher *Romang,* Zuständigkeit und Vollstreckbarkeit im internationalen und schweizerischen Luftprivatrecht, Diss. Zürich 1958; *Risch,* Divergenzen in der Rechtsprechung zum Warschauer Abkommen und die Mittel zur Sicherung der einheitlichen Auslegung des vereinheitlichten Luftprivatrechts, Diss. Saarbrücken 1973; *Güldimann,* Internationales Lufttransportrecht, 1965; *Reithmann-Röper,* Internationales Vertragsrecht, 3. Aufl 1980, Rz. 323; *Staudinger-Firsching,* Internationales Schuldrecht I, 1978, Rz. 569 vor Art. 12. – Rechtsprechung: BGH NJW 1976, 1581 ff. = AWD 1976, 374ff. und BGH NJW 1983, 518.

[101] Hinweise zur italienischen Rechtsprechung zum Wettbewerbsrecht bei *Grunsky,* Italienische Rechtsprechung zum Handels- und Wirtschaftsrecht in RIW/AWD fortlaufend veröffentlicht, z. B. RIW/AWD 1979, 427.

[102] *Linke* in *Bülow-Böckstiegel* 606/68, Art. 5, Anm. III 2b bei Fußn. 113; *Schlosser* NJW 1980, 1224; *Droz* Nr. 75; *Weser* S. 258 g. E.; *Stauder,* GRUR 1976, 473.

[103] Zum autonomen deutschen Recht (§ 32 ZPO) vgl. *Stein-Jonas-Schumann,* ZPO, 20. Aufl., § 32, Rz. 20.

[104] Vgl. den Fall des EuGH, unten Fußn. 119.

[105] *Schlosser*-Bericht Nr. 134.

[106] *Palandt,* BGB, 42. Aufl., 1983, Vorbem. vor § 823 BGB.

einigten Königreichs[107] solche Klagemöglichkeiten entwickelt worden. Auch für diese sollte man Art. 5 Nr. 3 anwenden.[108]

b) Soweit es sich um *einstweiligen Rechtsschutz* handelt, auch wenn dieser de facto die definitive Entscheidung darstellt, greift Art. 24 ein: Neben dem europäischen Zuständigkeitsrecht gilt das nationale Recht fort.[109] Die hier behandelte Streitfrage hat also nur dann praktische Bedeutung, wenn es sich um ein Hauptsacheverfahren handelt.[110]

8. Arbeitsrechtliche Streitigkeiten

Art. 5 Nr. 3 gilt auch für deliktische bzw. quasideliktische Klagen in Zusammenhang mit Arbeitsverhältnissen. Es gelten die gleichen Erwägungen wie oben § 83 VIII 4.

Art. 5 Nr. 3 hat vor allem dann praktische Bedeutung, wenn zwischen

---

[107] Die Ermessenszuständigkeit zum Erlaß von injunctions behandelt ausführlich *Scheucher,* Studien zur internationalen Zuständigkeit, 1971, 108 Nr. 54 sub § 89. Das Gericht kann die Zustellung im Ausland zulassen, „wenn mit der Klage . . . die Erlassung einer injunction begehrt wird, durch die dem Beklagten aufgetragen werden soll, innerhalb der Jurisdiktion etwas zu tun oder zu unterlassen (unabhängig davon, ob gleichzeitig auch Schadenersatz wegen Übertretung dieses Gebotes oder Verbotes begehrt wird oder nicht)", Order 11 rule 1 (i) R. S. C.

Eine injunction ist entweder ein Auftrag an den Beklagten, etwas zu tun („mandatory injunction") oder ein Verbot eines bestimmten Handelns („prohibitory injunction"). Sie kann auch zur Abwendung erst drohenden und noch nicht eingetretenen Schadens verwendet werden („quia timet injunction"), wenn die Störung unmittelbar droht oder der Schaden nicht durch Geld ersetzbar ist.

Die injunction braucht zwar nicht der einzige mit der Klage begehrte Rechtsbehelf zu sein, damit die Zulassung der Zustellung im Ausland erfolgen kann. Doch darf sie auch nicht nur vorgetäuscht sein, um die Zuständigkeit zu begründen *(Badische Anilin und Soda Fabrik v. Johnson* [1896] 1 Ch. 25, C. A.). Sie muß vielmehr einen bedeutenden Teil des wahren Klagegrundes ausmachen (*Rosler v. Hilbery* [1925] Ch. 250, 259, C. A., *Watson v. Daily Record* [1907] 1 K. B. 853).

[108] *Schlosser*-Bericht Nr. 134: „Manches spricht dafür, daß Klagen, die im ordentlichen Hauptsacheverfahren zur Unterbindung eines drohenden Delikts möglich sind, auch im Gerichtsstand des Artikels 5 Nr. 3 erhoben werden können." Anders *Linke* in *Bülow-Böckstiegel* 606/68, Art. 5, Anm. III 2b.

[109] Oben §§ 38 ff.

[110] Diese Problematik hat die Arrondissementsrechtbank Amsterdam leider außer Betracht gelassen. Vgl. Urteil vom 15. Juni 1977, *Geobra Brandstätter GmbH & Co KG ./. Big Spielwarenfabrik Dipl. Ing. Ernst A. Bettag,* 77.0028 = Rechtsprechungsübersicht Nr. 102 (Folge 3) = Nachschlagewerk I-5.1.2-B 5: Zwei Gesellschaften mit Sitz in der Bundesrepublik Deutschland (= Parteien des Rechtsstreits) stellten Spielzeugfiguren aus Kunststoff her, die sie unter anderem auch in den Niederlanden vertreiben. Die Klägerin behauptet, die von der Beklagten hergestellten und unter der Bezeichnung „Playbig" vertriebenen Figuren seien Nachahmungen der von ihr hergestellten Figuren, die unter der Bezeichnung „Playmobil" vertrieben werden. Mit ihrer Klage vor der Arrondissementsrechtbank Amsterdam begehrt sie von der Beklagten im wesentlichen die Unterlassung des Vertriebs von deren Figuren in den Niederlanden sowie Schadensersatz.

den Parteien kein Vertragsverhältnis besteht, z. B. bei einem Verkehrsunfall im Zusammenhang mit einem Arbeitsverhältnis.[111]

VIII. Klagearten[112]

Art. 5 Nr. 3 gilt für alle Klagearten. Die Form des gerichtlichen Rechtsschutzes bestimmt die lex fori. In Betracht kommen vor allem Leistungs- und Feststellungsklagen, insbesondere auch Klagen auf Unterlassung von schon begonnenen unerlaubten Handlungen oder vorbeugende Unterlassungsklagen bei drohender unerlaubter Handlung. Inwieweit vorbeugender Rechtsschutz gewährt wird, bestimmt die lex fori, ebenso, ob eine Klage auf Naturalrestitution oder nur auf Geldersatz in Betracht kommt.

IX. Person des Beklagten[113]

1. Gleichgültig ist, gegen wen sich die Klage richtet, ob gegen den Täter, Mittäter, Anstifter oder Gehilfen (§ 830 BGB), oder deren Rechtsnachfolger, oder gegen solche Personen, die nach Vertrag oder Gesetz für andere haften, wie z. B. den Vermögensübernehmer (§ 419 BGB), den Geschäfts- oder Dienstherrn (§§ 108, 131 BGB), Gastwirte (§ 701 BGB) oder Frachtführer (§ 431 HGB).

2. Auch die Direktklage des Geschädigten gegen den Haftpflichtversicherer (§ 3 Nr. 1 Pflichtversicherungsgesetz) kann am forum delicti commissi geltend gemacht werden. Allerdings gilt nicht Art. 5 Nr. 3, sondern die Spezialvorschrift des Art. 9 und auch die nur nach Maßgabe von Art. 10.

X. Person des Klägers

Es spielt keine Rolle, wer die Klage erhoben hat, ob der Verletzte oder dessen Rechtsnachfolger oder ein (öffentlich-rechtlicher) Leistungsträger, der Rückgriff nimmt, oder Dritte, die aus einer unerlaubten Handlung Ansprüche zu haben glauben, wie z. B. der Sozialversicherungsträger (§ 1542 der Reichsversicherungsordnung), der Arbeitgeber (§ 4 Lohnfortzahlungsgesetz) oder der Versicherer, auf den die Ansprüche aus unerlaubter Handlung kraft Gesetzes oder aufgrund Abtretung übergegangen sind.

---

[111] Ebenso zu § 32 ZPO *Stein-Jonas-Schumann,* ZPO, 20. Aufl., § 32 Rz. 33.
[112] Zu § 32 ebenso *Stein-Jonas-Schumann,* ZPO, 20. Aufl. § 32 Rz. 26.
[113] Vgl. *Stein-Jonas-Schumann,* ZPO, 20. Aufl., § 32 Rz. 28.

XI. Ort, an dem das schädigende Ereignis eingetreten ist

1. Der *Jenard*-Bericht[114] läßt offen, was darunter zu verstehen ist. Entscheidend kommt es auf die ratio conventionis an. Anliegen des Übereinkommens ist es nicht, die Prozesse verschiedener Geschädigter aus ein und derselben Handlung vor einem Gericht oder den Gerichten ein und desselben Staates zu *konzentrieren.*[115] Das hätte im Text des Übereinkommens klar zum Ausdruck gebracht werden müssen.[116]

2. Art. 5 Nr. 3 soll vielmehr dem Geschädigten die Rechtsverfolgung erleichtern.[117] Wer einen anderen rechtswidrig schädigt, der muß auch am *Tatort* Genugtuung leisten. Er ist dort gerichtspflichtig. Der favor defensoris (Art. 2 I) tritt dem gegenüber in den Hintergrund. Es ist dem Geschädigten nicht zumutbar, daß er dem Schädiger an dessen Wohnsitz folgt. Vgl. oben I.

3. Man wird deshalb den Intentionen des Übereinkommens am besten gerecht, wenn man sowohl den Handlungs- als auch den Erfolgsort unter den Begriff „Ort, an dem das schädigende Ereignis eingetreten ist", subsumiert.[118] Liegen diese in verschiedenen Vertragsstaaten, so

---

[114] S. 72. Vgl. unten Fußn. 120.

[115] So aber *Droz* Recueil Dalloz Sirey 1975, 640 sub I B a: „La disposition de l'art. 5, 3°, est à classer non dans les ‚dispositions protectrices', mais dans les dispositions ayant trait à une ‚bonne administration de la justice'". Er beruft sich dabei auf *Gothot* und *Holleaux,* Clunet 1971, 758 et 759. Vgl. auch unten Fußn. 124.

[116] Dabei soll keineswegs geleugnet werden, daß auch staatliche Interessen an einer effektiven Rechtspflege für die Einführung des forum delicti commissi sprechen. Die Beweisnähe kann die Entscheidungsfindung erleichtern, wenn es auf die Kenntnis der örtlichen Gegebenheiten ankommt, z. B. bei Straßenverkehrsunfällen und Wettbewerbsverstößen. Vgl. *Schröder,* Internationale Zuständigkeit, 1971, 268 sub 3 b. Vgl. oben I.

[117] *Schröder* aaO 269 sub 4a.

[118] Vgl. zum autonomen deutschen Recht die Kommentare zu § 32 ZPO, § 24 UWG und Art. 12 EGBGB sowie BGH, 20. Dez. 1963, BGHZ 40, 391:

„... als Begehungsort wird aber im Bereich der allgemeinen unerlaubten Handlungen sowohl der Ort, an dem der Täter gehandelt hat, als auch der Ort angesehen, an dem in das geschützte Rechtsgut eingegriffen wurde (sog. Erfolgsort)." Vgl. auch BGH, NJW 1977, 1590 = MDR 1977, 740 = LM Nr. 3 zu § 32 ZPO = IPRspr. 1977 Nr. 124; Weitere Nachweise *Schröder,* Internationale Zuständigkeit, 1971, 271 ff. und *Zöller-Geimer,* ZPO, 13. Aufl., 1981, IZPR, Anm. E XV 20.

Zu Art. 59 XI des (alten) Code de procédure civile (tribunal de grande instance) und zu Art. 21 des Décret No. 58–1284 vom 22. Dezember 1958 (tribunal d'instance) s. die Nachweise bei *Solus-Perrot,* Droit judiciaire privé, tome 2: La compétence, 1973, no. 305; *Bourel,* Les conflits de lois en matière d'obligations extracontractuelles, 1961, S. 120; *derselbe,* Rev. crit. dr. i. p. 1971, 284; *Droz,* Recueil Dalloz Sirey 1975, 640. *Solus* und *Perrot* kritisieren die unpräzise Fassung des Art. 59 XI Code de procédure civile („n'a pas d'une clarté parfaite"). Die Rechtsprechung tendiert in Richtung Erfolgsort, sie lehnt also – wenn auch nicht mit Entschiedenheit – eine Kombination

begründet Art. 5 Nr. 3 konkurrierende internationale Zuständigkeiten mehrerer Staaten; gleichzeitig wird die örtliche Zuständigkeit der Gerichte dieser Staaten geregelt. Schießt z. B. ein Jäger mit Wohnsitz in Paris auf einer Treibjagd in Belgien nahe der niederländischen Grenze auf einen Hasen, trifft er aber einen deutschen Touristen jenseits der Grenze auf niederländischem Gebiet, so sind sowohl die Gerichte in Belgien als auch in den Niederlanden zuständig. Problematisch ist nur, ob die in Deutschland wohnhafte Witwe des inzwischen seinen Verletzungen erlegenen Opfers für ihre Schadensersatzklage (§ 844 BGB) einen Gerichtsstand in Deutschland hat, weil dort der ihr zugefügte Schaden entstanden ist.[118a]

4. Diese teleologisch begründete Auslegung des Art. 5 Nr. 3 hat auch

---

zwischen Handlungs- und Erfolgsort ab. *Solus* und *Perrot* bemerken, daß „d'une façon générale la jurisprudence s'attache à juste titre, étant donné l'ésprit et motivation de la loi, au lieu où le dommage s'est realisé, c'est a dire où le préjudice a été subi et non pas au lieu où la faute a été commise" (aaO S. 360 Fußn. 1). Auch im französischen IPR favorisiert man die Anknüpfung an den Erfolgsort (lieu où le dommage s'est réalisé) vgl. *Bourel,* Répertoire Dalloz dr. i. p., Responsabilité civile no. 37ff.

Das Tribunal de grande instance hat sich in dem Urteil vom 18. April 1969 (Rec. crit. d. i. p. 1971, 281 mit Anm. *Bourel*) mit dem Fall zu befassen, daß in einer in Deutschland herausgegebenen, aber in Frankreich verbreiteten Illustrierten die Fotografie einer Künstlerin ohne deren Einverständnis veröffentlicht worden war. Es entschied, daß „il importe peu que la faute a été commise sur le territoire étranger, dès lors que le dommage s'est realisé dans le ressort de ce tribunal." Die Entscheidung läßt jedoch offen, ob auch am lieu de l'acte fautif geklagt werden kann.

Das gleiche Gericht hat in seinem Urteil vom 25. Mai 1975 (zitiert bei *Rest* RIW/AWD 1975, 668 Fn. 62) seine Zuständigkeit gegen den Springer-Verlag, Hamburg bejaht, weil die Bild-Zeitung auch in Paris verbreitet worden ist. Deshalb sei der schädigende Erfolg auch in Frankreich eingetreten. Weitere Beispiele aus der französischen Rechtsprechung bei *Rest,* Der Begehungsort nach Art. 5 des EWG-Vollstreckungsabkommens vom 27. 9. 1968 bei grenzüberschreitenden Umweltschäden, RIW/AWD 1975, 667f. sub 3a.

Die *italienische Rechtsprechung* stellt bei Anwendung des Art. 4 Nr. 2 und Art. 20 Codice di procedura civile auf den Erfolgsort ab. Nach Ansicht der Corte di Cassazione, 27. Februar 1962, Foro italiano 1962 I 1810, sei der Entstehungsort der deliktischen Verbindlichkeit nicht dort anzunehmen, wo die unerlaubte Handlung (l'azione illecita) begangen sei, sondern ausschließlich dort, wo der effektive Schaden eintritt (dove il danno effettivo si è verificato.) Der Deliktstatbestand sei erst dann und dort verwirklicht, wo sein letztes Tatbestandsmerkmal (l'ultimo elemento) realisiert werde. Fazit: Der deliktische Anspruch entsteht erst dort, wo der Schaden (danno ingiusto) eintritt. Der Ort der Handlung ist gleichgültig. Hierzu näher *Schröder,* Internationale Zuständigkeit, 1971, 275f.

[118a] Die Abgrenzungsprobleme werden in der Praxis vor allem dann akut, wenn das Deliktsrecht der maßgeblichen lex causae die Haftung nicht an konkrete Rechtsgutverletzungen (vgl. z. B. § 823 I BGB) knüpft, sondern – wie z. B. das französische Recht – von einer Generalklausel ausgeht.

der EuGH[119] gutgeheißen, wenngleich er den Schutz des Geschädigten (Opfers) expressis verbis nicht hervorhebt:

---

[119] EuGH, Urteil vom 30. November 1976, Rechtssache 21/76, *Firma Handelskwekerij G. J. Bier B. V. und Stiftung Reinwater./. Firma Mines de Potasse d'Alsace S. A.*, EuGHE 1976, 1735 = NJW 1977, 493 = RIW/AWD 1977, 356. Vgl. oben Fußn. 8. Das Ausgangsverfahren gestaltete sich wie folgt:

Der *Gärtnereibetrieb G. J. Bier B. V.* mit Sitz in Nieuwerkerk aan der Ijssel (Niederlande) bedient sich für seine Wasserversorgung und für das Begießen und Bewässern seiner Pflanzungen eines den Betrieb umgebenden Gewässers; dieses stammt hauptsächlich aus dem Rhein. Der hohe Salzgehalt dieses Wassers verursacht Schäden an den Pflanzungen, und *Bier* ist gezwungen, kostspielige Vorkehrungen zu treffen, um die Schäden in Grenzen zu halten. – Zweck der *Stiftung Reinwater* mit Sitz in Amsterdam ist es, sich für jede mögliche Verbesserung der Wasserqualität im Stromgebiet des Rheins einzusetzen und insbesondere jede Veränderung der natürlichen Beschaffenheit des Wassers zu bekämpfen. Sie sucht dieses Ziel vor allem dadurch zu erreichen, daß sie Rechtsstreitigkeiten zum Schutze der Rechte all derer führt, deren Umweltbedingungen von der Qualität des Rheinwassers abhängen und die für ihren Lebensunterhalt darauf angewiesen sind.

Bier und Reinwater erhoben bei der *Arrondissementsrechtbank Rotterdam* Klage gegen die Firma *Mines de Potasse d'Alsace S. A.,* mit Sitz in Mühlhausen. Dieses Unternehmen soll durch einen Abwasserkanal in 24 Stunden mehr als 10000 Tonnen Chloride in den Rhein leiten, jedenfalls aber Industrieabwässer in Form von Salzrückständen in so großer Menge, daß der Salzgehalt des Rheins dadurch in erheblicher und schwerwiegender Weise erhöht werde. Bier und Reinwater beantragten u. a., das niederländische Gericht möge feststellen, daß das Einleiten von Salzrückständen in den Rhein durch die Mines de Potasse d'Alsace S. A. rechtswidrig ist, und dieses Unternehmen zum Ersatz des ihnen bereits entstandenen oder möglicherweise noch entstehenden Schadens verurteilen. Die Mines de Potasse d'Alsace S. A. rügte, daß die Niederlande international unzuständig seien.

Die Arrondissementsrechtbank erklärte sich für unzuständig: schadensstiftendes Ereignis könne nur das Ableiten von Salzrückständen in den Rhein in Frankreich sein. Bier und Reinwater legten beim Gerichtshof Den Haag Berufung ein. Dessen Zweite Kammer hat das Verfahren ausgesetzt, bis der EuGH im Wege der Vorabentscheidung über die Auslegung des Art. 5 Nr. 3 entschieden hat; sie hat den EuGH ersucht, darüber zu entscheiden, ob dieser Begriff so zu verstehen ist, daß er den „Ort" meint, „an dem das Schadensereignis eingetreten ist, (den Ort, an dem der Schaden entstanden oder aufgetreten ist)" oder den „Ort, an dem das schadensbegründende Ereignis veranlaßt worden ist (den Ort, an dem die Handlung begangen oder unterlassen worden ist)".

Die *Regierung der Französischen Republik* argumentierte u. a. wie folgt:

Das Übereinkommen habe eine Konzentration aller Rechtsstreitigkeiten über denselben Sachverhalt bei einem Gericht begünstigen wollen, um eine Zersplitterung der internationalen Zuständigkeit zu vermeiden. Ziel dieser Konzentration von Rechtsstreitigkeiten bei demselben Gericht sei es gewesen, möglichst zu verhindern, daß einander widersprechende oder miteinander unvereinbare Urteile in demselben Staat anerkannt würden oder zur Vollstreckung gelangten. Dieses Ziel werde ganz offensichtlich verfehlt, wenn man in Fällen, in denen die durch ein und dieselbe rechtswidrige Handlung verursachten Schäden an verschiedenen Orten und sogar in verschie-

„Die Formulierung «Ort, an dem das schädigende Ereignis eingetreten ist», läßt bei Betrachtung aller sprachlichen Fassungen des Übereinkommens offen,[120] ob für die Bestimmung der gerichtlichen Zuständigkeit in dem beschriebenen Fall an den Ort des ursächlichen Geschehens anzuknüpfen ist oder an den Ort, an dem der Schaden eingetreten ist, oder ob schließlich dem Kläger eine Wahlmöglichkeit zwischen diesen beiden Anknüpfungspunkten eingeräumt werden muß.[121]

---

denen Staaten einträten, die Zuständigkeit dem Gericht des Ortes einräumte, an dem der Schaden eingetreten sei. Eine Vervielfachung der Zuständigkeiten könne leicht zu einer für die Klägerseite und für die Beklagtenseite unbilligen Situation führen: Die Lage eines Klägers könnte sich je nach seinem Wohnsitz ändern und sogar ins Gegenteil umschlagen; ein Beklagter sähe sich wegen ein und desselben Verhaltens mehreren Prozessen ausgesetzt, die zudem die Gefahr widersprechender Ergebnisse in sich bürgen. Im Interesse einer ordnungsgemäßen Rechtspflege, wie sie das Übereinkommen anstrebe, müsse, so wichtig es auch sei, den Schaden nachzuweisen, vorrangig das dem Beklagten vorwerfbare schadensbegründende Verhalten nachgewiesen werden, ohne das dessen Haftung nicht gegeben sein könne; es leuchte ein, daß dieser Beweis notwendigerweise besser bei dem Gericht geführt werden könne, das sich am Ort des schadensbegründenden Verhaltens befinde.

[120] Der *Jenard*-Bericht, S. 73 hatte die rechtstechnische Präzisierung der in Art. 5 Nr. 3 gebrauchten Wendung ausdrücklich offengelassen. Dort ist zu lesen: „Der Ausschuß hielt es nicht für erforderlich, ausdrücklich festzulegen, ob damit der Ort gemeint ist, an dem die schädigende Handlung begangen worden, oder der Ort, an dem der Schaden eingetreten ist. Er hielt es für vorteilhafter, sich an die Fassung zu halten, die sich in mehreren nationalen Rechten (Deutschland, Frankreich) findet."

[121] So auch die Stellungnahme der EG-Kommission:

Für die Auslegung von Art. 5 Nr. 3 sei die Häufung mehrerer Anknüpfungspunkte eine durchaus vertretbare Lösung. Die wesentlichen Argumente für diese Lösung seien folgende:

- im Gegensatz zur Frage der Bestimmung des Anknüpfungspunktes für die Anwendung des materiellen Rechts, wo letztlich nur das materielle Recht eines einzigen bestimmten Landes auf eine bestimmte Rechtsbeziehung angewendet werden könne, brauche man bei der Bestimmung der Anknüpfungspunkte für die Wahl des zuständigen Gerichts nicht notwendig zu dem Ergebnis zu kommen, daß nur ein Gericht zuständig sei;
- der Wortlaut des Art. 5 Nr. 3 beziehe sich anscheinend auf den gesamten Tatbestand der unerlaubten Handlung von der Handlung oder Unterlassung bis zum Eintritt des Schadens; er stehe einer Zuständigkeit mehrerer Gerichte nicht entgegen;
- die durch Art. 5 begründeten Zuständigkeiten träten zu den durch Art. 2 begründeten hinzu; sie seien nicht einschränkend auszulegen;
- das Vorhandensein mehrerer zuständiger Gerichte müsse als ein Vorteil für den Verletzten angesehen werden;
- das Vorhandensein mehrerer zuständiger Gerichte könne auch den Interessen der Gemeinschaft dienen, und zwar namentlich, wenn es um die Beachtung des Gemeinschaftsrechts im Bereich des Umweltschutzes gehe: Bei unmittelbar wirkendem Gemeinschaftsrecht könne der Verletzte die Anwendung dieses Rechts bei mehreren Gerichten erzwingen.

Die Häufung der Anknüpfungspunkte benachteilige in der Regel den Schädiger; es bringe für ihn Rechtsunsicherheit mit sich, daß er vor mehreren Gerichten verklagt werden könne.

Der Wortlaut von Art. 5 Nr. 3 könne demnach so ausgelegt werden, daß man unter

In diesem Zusammenhang ist zu bemerken, daß je nach Sachlage sowohl der Ort des ursächlichen Geschehens als auch der Ort der Verwirklichung des Schadenserfolges für die gerichtliche Zuständigkeit eine kennzeichnende Verknüpfung begründen kann. Tatsächlich kommt eine Haftung aus unerlaubter Handlung nur in Betracht, wenn ein ursächlicher Zusammenhang zwischen dem Schaden und dem diesem zugrunde liegenden Ereignis feststellbar ist. Berücksichtigt man den engen Zusammenhang, der bei jeder Schadensersatzpflicht zwischen den verschiedenen Tatbestandsmerkmalen besteht, dann erscheint es nicht angebracht, sich nur für einen der erwähnten Anknüpfungspunkte zu entscheiden und den anderen auszuschließen. Jeder von beiden kann je nach Lage des Falles für die Beweiserhebung und für die Gestaltung des Prozesses in eine besonders sachgerechte Richtung weisen. Die Wahl des einen unter Ausschluß des anderen erscheint um so weniger wünschenswert, als sich Art. 5 Nr. 3 mit seinem weitgefaßten Wortlaut auf sehr vielfältige Typen der Schadensersatzpflicht erstreckt. Die Bedeutung des Begriffs «Ort, an dem das schädigende Ereignis eingetreten ist» in Art. 5 Nr. 3 ist also so zu bestimmen, daß dem Kläger die Wahlmöglichkeit eingeräumt wird, seine Klage entweder an dem Ort, an dem sich der Schadenserfolg verwirklicht hat, oder am Ort des ursächlichen Geschehens zu erheben.

Dieses Ergebnis wird durch die Erwägung gestützt, daß einerseits die Auswahl allein des Ortes des ursächlichen Geschehens in einer beträchtlichen Anzahl von Fällen dazu führen würde, daß die in Art. 2 und Art. 5 Nr. 3 vorgesehenen Gerichtsstände zusammenfielen. Die letztgenannte Bestimmung verlöre damit insoweit ihre praktische Wirksamkeit. Entschiede man sich andererseits nur für den Ort, an dem sich der Schadenserfolg verwirklicht hat, so hätte dies zur Folge, daß beim Auseinanderfallen des Ortes des ursächlichen Geschehens und des Wohnsitzes des Verantwortlichen eine sachgerechte Verbindung zu einem der Schadensursache besonders nahen Gerichtsstand ausgeschlossen würde. Zudem zeigt ein Vergleich der Lösungen der nationalen Gesetzgebung und Rechtsprechung der Vertragsstaaten zur Verteilung der gerichtlichen Zuständigkeiten – sowohl im Bereich der innerstaatlichen Beziehungen zwischen verschiedenen Gerichtsbezirken, als auch bei der internationalen Zuständigkeit –, daß man, wenn auch in unterschiedlicher rechtlicher Gestalt, beiden in Betracht gezogenen Anknüpfungsmerkmalen, und zwar in verschiedenen Staaten nebeneinander, Raum gibt. Unter diesen Umständen hat die hier dargelegte Auslegung den Vorteil, die im Rahmen der verschiedenen nationalen Rechtsordnungen gefundenen Lösungen nicht umzustoßen. Sie sucht die Vereinheitlichung in Übereinstimmung mit Art. 5 Nr. 3 auf dem Wege einer ordnenden Zusammenfassung von in den meisten beteiligten Staaten bereits im Grundsatz anerkannten Lösungen zu erreichen.

Die Antwort muß also lauten, daß dann, wenn der Ort, an dem das für die Begründung einer Schadensersatzpflicht wegen unerlaubter Handlung in Betracht kommende Ereignis stattgefunden hat, nicht auch der Ort ist, an dem aus diesem Ereignis ein Schaden entstanden ist, der Begriff «Ort, an dem das schädigende Ereignis eingetreten ist,» in Art. 5 Nr. 3 so zu verstehen ist, daß er sowohl den Ort, an dem der Schaden eingetreten ist, als auch den Ort des ursächlichen Geschehens meint. Der Beklagte kann daher nach Wahl des Klägers vor dem Gericht des Ortes, an dem der Schaden

---

dem „Ort, an dem das schädigende Ereignis eingetreten ist," sowohl den Handlungsort verstehen könne, als auch den Erfolgsort oder den Ort, an dem rechtlich der Schwerpunkt der unerlaubten Handlung liege, so daß bei einer unerlaubten Handlung die Wahlmöglichkeit zwischen diesen drei Orten bestehe. Die Argumente für eine Auslegung von Artikel 5 Nr. 3 im Sinne des Ortes, der für den Verletzten am günstigsten sei, erschienen nicht genügend überzeugend.

eingetreten ist, oder vor dem Gericht des Ortes des dem Schaden zugrunde liegenden ursächlichen Geschehens verklagt werden."[122]

5. Die Entscheidung des EuGH ist zu begrüßen, weil es die Interessen der Parteien richtig bewertet.[123]

6. Gegen die Multiplizierung der Gerichtsstände wendet sich *Droz*.[124] Er glaubt, daß Art. 5 Nr. 3 ausschließlich den „lieu où le fait générateur du dommage, imputable au défendeur, s'est produit" erfasse. Dem haben sich *Weser*[125] und eine Reihe von Instanzgerichten angeschlossen.[126] *Droz* argumentiert wie folgt: Das Abstellen auf den Erfolgsort verstoße gegen den Geist der Konvention. Die Grundregel des Übereinkommens sei actor sequitur forum rei (Art. 2 I). Ausnahmen hiervon seien eng auszulegen.[127] Damit bewertet *Droz* den favor defensoris zu hoch und vernachlässigt das von der Rechtsordnung zu schützende Interesse des Geschädigten, schnell und unkompliziert Ersatz zu erhalten. Weiter meint er, die Erfolgsorttheorie führe zu fora actoris, die zu beseitigen ein Grundanliegen des Übereinkommens gewesen sei (Art. 3 II). Dabei übersieht er jedoch, daß nicht an den Wohnsitz oder Aufenthalt des Klägers angeknüpft wird, sondern an einen echten Sachbezug, nämlich den Ort, wo die Schädigung eingetreten ist. Auch glaubt er aus dem Übereinkommen herauslesen zu können, Art. 5 Nr. 3 diene der Konzentration der deliktischen Prozesse am Handlungsort. Für eine solche Konzeption bietet aber weder der Text des Übereinkommens noch der *Jenard*-Bericht[128] einen Anhaltspunkt. Sicher besteht die Gefahr inhaltlich einander widersprechender Entscheidungen. Dies gilt vor allem solange, wie das Kollisionsrecht der EWG-Vertragsstaaten nicht vereinheitlicht ist. Daß dem forum-shopping[129] infolge der Freizügigkeit der Titel Tür

---

[122] Auf Grund der Entscheidung des EuGH kam der Gerichtshof Den Haag zu dem Ergebnis, daß die Arrondissementsrechtbank Rotterdam zur Entscheidung über die bei ihm erhobene Klage zuständig ist, und verwies die Sache an dieses Gericht zurück, vgl. Urteil vom 22. April 1977, Rechtsprechungsübersicht Nr. 101 (Folge 3).

[123] *Geimer* EuR 1977, 360; im Ergebnis übereinstimmend *Linke* in *Bülow-Böckstiegel*, 606/70, Art. 5, Anm. III 3b (aa). Vgl. auch *Rest*, RIW/AWD 1975, 670; *Lagarde*, Rev. crit. 1974, 704; *Franchi*, Riv. dir. int. priv. proc. 1976, 721; *van Rooij* NJB 1977, 617f.; A. A. *Weser*, Nr. 225 bis; *Droz*, S. 65; *ders.* Dalloz 1975 J. 639ff., 641; *Mezger* RIW/AWD 1976, 347, 358.

[124] Recueil Dalloz Sirey 1975, 640, Anm. zu Trib. de Grande Instance, 19. Juni 1974, auch abgedruckt in Rev. crit. dr. i. p. 1974, 696 mit Anm. *Lagarde*.

[125] Convention communautaire Nr. 225 bis bei Fußn. 88.

[126] Arrondissementsrechtsbank Rotterdam, 12. Mai 1975, Rollen Nr. 4320/74, (Ausgangsverfahren für EuGH, Fußn. 216) betreffend einen Rheinverschmutzungsfall. Hierzu eingehend *Rest* RIW/AWD 1975, 663ff.

Tribunal de Grande Instance, 19. Juni 1974 (Fußn. 1) betreffend die Herausgabe eines Katalogs über das Oeuvre du peinture van Goghs.

[127] „L'exception à la compétence de principe fondée sur le domicile du défendeur doit donc être appréciée restrictivement."

[128] S. 72.

[129] Hierzu *Zöller-Geimer*, ZPO, 13. Aufl., 1981, IZPR, Anm. E IV.

und Tor geöffnet ist, mußte den Verfassern des Übereinkommens klar sein. Dagegen hilft nur eine Harmonisierung des Kollisionsrechts. Diese wurde zwar in Angriff genommen, aber noch nicht realisiert.[130]

Derzeit kann man dem Ideal der Entscheidungsharmonie nur ein wenig näher kommen, wenn man die Möglichkeiten des Art. 22 voll ausschöpft. Im Interesse der Verhinderung widersprechender Entscheidungen wird der Begriff der Konnexität weit ausgelegt. Art. 22 III verlangt weder Identität des Streitgegenstandes noch Identität der Parteien. Er setzt lediglich einen einheitlichen Lebenssachverhalt voraus. Im Ergebnis führt die weite Auslegung des Art. 22 zum Prioritätsprinzip.

7. Die *nationalen Gerichte* sind der Meinung des EuGH gefolgt.[131]

---

[130] Vgl. Art. 10 des Vorentwurfs eines Übereinkommens über das auf vertragliche und außervertragliche Schuldverhältnisse anwendbare Recht, abgedruckt in RabelsZ 38 (1974), 211 ff. Hierzu *von Overbeck* und *Volken,* Das internationale Deliktsrecht im Vorentwurf der EWG, RabelsZ 38 (1974), 56 ff. Allerdings läßt auch dieser Entwurf die Frage offen, ob an den Handlungs- oder den Erfolgsort anzuknüpfen ist. Vgl. RabelsZ aaO 63 Fußn. 31.

[131] Vgl. Cour d'appel de Bastia, Urteil vom 28. Februar 1977, *Société Montedison ./. Département de la Haute Corse et autres,* 114/26-77/01, Rechtsprechungsübersicht Nr. 64 (Folge 2) = Nachschlagewerk I-5.3-B 3 = Riv. dir. int. civ. proc. 1978, 189 = Foro italiano 1979, X 406 = *Pocar* 133. Der italienische Montedison-Konzern betreibt in der Nähe von Livorno eine Fabrik, in der Titandioxyd hergestellt wird. Die Abfälle wurden in das Mittelmeer geleitet. Mit der Behauptung, die hierdurch verursachte Verschmutzung der Meeresgewässer habe zu einer Verminderung der Fischfänge geführt, hat die Prud'homie des pêcheurs de Bastia, eine Berufsorganisation von Fischern auf Korsika, die italienische Gesellschaft vor dem Tribunal de grande instance Bastia auf Ersatz des den Fischern entstandenen Schadens verklagt. In diesen Rechtsstreit sind die beiden korsischen Départements mit einer Klage eingetreten, mit der sie Ersatz für die dem Fremdenverkehr und der Volksgesundheit durch die Gewässerverschmutzung angeblich entstandenen Schäden begehren. Montedison rügte, Art. 5 Nr. 3 komme nicht zur Anwendung, da die Abfälle in internationale Gewässer geleitet worden seien; zuständig seien allein die Gerichte am Ort ihrer Niederlassung in Italien (Art. 2). Hilfsweise machte sie geltend, das Gericht müsse sich auch deshalb für unzuständig erklären, weil vor einem Gericht in Livorno ein Strafverfahren gegen leitende Mitarbeiter ihrer Gesellschaft anhängig sei, in dem die Prud'homie des pêcheurs de Bastia als „partie civile" ebenfalls einen Schadensersatzanspruch verfolge; zwischen beiden Verfahren bestehe Konnexität. Das Tribunal de grande instance hat die Rüge der Unzuständigkeit sowie den Einwand der Konnexität vorab durch Urteil verworfen. Die hiergegen eingelegte Berufung (appel) hat die Cour d'appel als unbegründet zurückgewiesen: Gemäß Art. 5 Nr. 3 sei das Tribunal de grande instance Bastia örtlich zuständig. Dies folge aus der Auslegung dieser Bestimmung durch den EuGH im Urteil vom 30. November 1976 (oben Fußn. 119). Der Beklagte könne daher nach Wahl des Klägers vor dem Gericht des Ortes, an dem der Schaden eingetreten sei, oder vor dem Gericht des Ortes des dem Schaden zugrunde liegenden ursächlichen Geschehens verklagt werden. Den Einwand der Konnexität (Art. 22) im Hinblick auf das in Livorno anhängige Verfahren – daß insoweit Rechtshängigkeit gemäß Artikel 21 bestehe, habe die Beklagte selbst nicht vorgebracht – wies das Gericht zurück. In letzter Instanz entschied Cour de Cassation, Urteil vom 3. April 1978, Riv. dir. int. priv. proc., 1978,

XII. Konkurrierende Zuständigkeiten gemäß Art. 5 Nr. 3

1. Liegen der Handlungs- und der Erfolgsort in mehreren Vertragsstaaten, so ist jeder Vertragsstaat gem. Art. 5 Nr. 3 international zuständig. Der Kläger darf wählen.[132]

2. Liegen die Handlungs- bzw. Erfolgsorte in mehreren Gerichtsbezirken des gleichen Vertragsstaates, so multipliziert Art. 5 Nr. 3 die örtlichen Zuständigkeiten. Jedes Gericht, in dessen Bezirk die Handlung begangen wurde bzw. der Schadenserfolg eingetreten ist, ist konkurrierend örtlich zuständig.

3. Vorstehendes gilt auch bei *mehreren Delikten,* die untereinander dergestalt in einem Zusammenhang stehen, daß sie in Ausführung eines einheitlichen Tatplanes erfolgten. Etwas anderes gilt nur dann, wenn die Delikte selbständig ohne inneren Zusammenhang nebeneinander stehen. Hier ist jeder Vertragsstaat bzw. jedes Gericht nur für diejenigen unerlaubten Handlungen zuständig, die in seinem Gebiet begangen wurden.

XIII. Kognitionsbefugnis für den gesamten Schaden. Keine Beschränkung auf den im Hoheitsgebiet des Gerichtsstaates eingetretenen Schaden

1. Die konkurrierende Zuständigkeit am Handlungs- wie am Erfolgsort eröffnet eine Klagemöglichkeit für den gesamten Schaden, wo immer er auch entstanden ist,[133] nicht nur für den im Hoheitsgebiet des Gerichtsstaates entstandenen Schaden.[134] Dabei spielt es keine Rolle, ob der

---

621 = Gaz. Palais, 1978, 2 = Dalloz, 1978, I. R. 367, mit Anm. *B. Audit* = Sem. jur., 1978, IV, 185, Bull. Cass., 1978, 86 = Foro italiano, 1979, IV, 405 = Rev. trim. dr. comm., 1978, 656 mit Anm. *Y. Loussouarn et P. Bourel* = Nachschlagewerk I-5.3-B 3. Weitere Nachweise bei *Pocar* zu Art. 5 Nr. 3. Erstaunlich ist, daß der Kartellsenat des BGH die Anwendbarkeit des Art. 5 Nr. 3 – obwohl schriftsätzlich erörtert – ohne Begründung in einem deutsch-belgischen Fall schlicht ignoriert hat. BGH, WM 1980, 70 = RIW/AWD 1980, 216 mit Anm. *Bölke.*

[132] EuGH, oben Fußn. 119.

[133] *Linke* in *Bülow-Böckstiegel* 606/70, Art. 5, Anm. III 3 bei Fußn. 130. Ebenso zu § 32 ZPO *Stein-Jonas-Schumann,* ZPO, 20. Aufl., § 32, Rz. 32; allgemein gegen eine kompetenzrechtliche Aufsplitterung des Schadens *Schröder,* Internationale Zuständigkeit, 1971, 282.

[134] So aber *Lagarde,* Rev. crit. 1974, 704, Dalloz 1975 J. 642. Abzulehnen auch Tribunal de grande instance, Paris, der sich für unzuständig erklärt, Urteil vom 19. Juni 1974, Rev. crit. 1974, 696 mit Anm. *Lagarde* = Dalloz 1975, 638 mit Anm. *Droz.* Er wies eine auf Art. 5 Nr. 3 gestützte Klage wegen fehlender internationaler Zuständigkeit Frankreichs a limine als unzulässig ab: Der Eigentümer eines Bildes von van Gogh wollte die Schäden einklagen, die ihm durch die Nichtaufnahme seines Bildes in ein in Holland hergestelltes, aber auch in Frankreich vertriebenes Werkver-

Schaden in einem Drittstaat, z. B. in Österreich oder Schweden, oder in einem anderem Vertragsstaat eingetreten ist. Völkerrechtliche Grenzen bestehen nicht, da ja das Urteil (nach der lex fori) nur für den Hoheitsbereich des Gerichtsstaates wirkt und erst nach Maßgabe der Art. 25ff. bzw. des einschlägigen mit dem Drittstaat geschlossenen Anerkennungs- und Vollstreckungsvertrages[135] außerhalb des Gerichtsstaates Wirkungen auf Grund der Anerkennung entfaltet.[136] So ist es völkerrechtlich unbedenklich, zu einer auf dem Territorium eines anderen Staates vorzunehmenden Handlung zu verurteilen.[137] Das gleiche gilt für Unterlassungsurteile.[138]

2. Eine Ausnahme bringt Art. 69 II 2 des Luxemburger Gemeinschaftspatentübereinkommens. Hierzu unten § 90 XXIV 5a.

XIV. Handlungsort[139]

1. Hierunter ist jeder Ort zu verstehen, an dem eine unter Art. 5 Nr. 3 fallende Handlung (Delikt oder Quasidelikt) ganz oder teilweise ausgeführt wurde. In erster Linie ist dies jeder Ort, an dem jemand *selbst* rechtswidrig handelt oder einen gefährlichen Betrieb, wie Atomkraftwerk oder Dampfkesselanlage unterhält. *Beispiele:* Ort, wo jemand einen Schuß abfeuert, eine Körperverletzung begeht oder mit einem Kraftfahrzeug Menschen oder Sachen schädigt, wo er einen verleumderischen Brief absendet oder eine Zeitung, Zeitschrift oder Illustrierte mit beleidigendem Inhalt oder unter Verletzung des Persönlichkeits- oder Urheberrechts herausbringt.[140] Desgleichen der Ort, wo eine durch Patent geschützte Erfindung nachgebaut oder ein fremdes Warenzeichen auf eigenen Waren angebracht wird. Reine Vorbereitungshandlungen genügen nicht. Jedoch begründet bereits die bloße Durchfuhr von Waren zum Zwecke des verbotenen Absatzes im Ausland an jedem Gerichtsbezirk, durch die die Waren transportiert werden, eine Zuständigkeit nach Art. 5

---

zeichnis des Malers entstanden sein sollte; das Gericht hat zwar den Verbreitungsort Paris auch als Tatort im weiteren Sinne akzeptiert, die Klage aber deshalb abgewiesen, weil der Kläger nicht nur den in Frankreich, sondern auch den im Ausland entstandenen Schaden mit seiner Klage geltend machte. Vgl. auch Cour de Cassation, oben Fußn. 131.

[135] Im deutsch-österreichischen Verhältnis gilt der Vertrag vom 21. Juni 1959, vgl. unten Bd II.

[136] Besteht kein Vertrag, so steht es im Belieben des Anerkennungsstaates, ob er (auf Grund seines autonomen Anerkennungsrechtes) anerkennen will oder nicht.

[137] Beispiel: BGH RIW/AWD 1979, 419.

[138] Nachweise bei *Zöller-Geimer,* ZPO, 13. Aufl., IZPR, 1981, Anm. D II 5 und *Schröder,* Internationale Zuständigkeit, 1971, 283 Fußn. 1043.

[139] Vgl. vor allem *Schröder,* Internationale Zuständigkeit, 1971, S. 271 und die Kommentare zu Art. 12 EGBGB sowie zu § 32 ZPO.

[140] Vgl. BGH Warneyer 1977 Nr. 96 = NJW 1977, 1590 = MDR 77, 740 = LM Nr. 3 zu § 32 ZPO = Ufita 1978, 197 = IPRspr. 1977 Nr. 124.

Nr. 3.[141] Zuständigkeitsbegründend ist auch der Ort, an dem *andere* handeln, z. B. Mittäter, Gehilfen, Verrichtungsgehilfen, für deren Handeln der Beklagte deliktisch oder quasideliktisch verantwortlich gemacht wird.[142]

3. Bei durch Brief, Fernschreiben, Telefon, Funk, Rundfunk oder Fernsehen begangenen Delikten, ist der Handlungsort dort, wo der Täter das Schreiben aufgab bzw. die Nachricht funkte oder sendete. Dagegen liegt der Erfolgsort dort, wo die Äußerung den Empfänger erreichte bzw. die Rund- oder Fernsehsendung empfangen werden konnte.

4. Bei *Unterlassungen* ist der Ort maßgebend, wo zu handeln war.[143]

XV. Erfolgsort

Er ist dort zu lokalisieren, wo das geschützte Rechtsgut verletzt wird, also z. B. der Ort der Verletzung oder Tötung bei Schuß oder Explosion über die Grenze, oder der Ort, wo Eigentum oder Besitz durch Immissionen beeinträchtigt werden, z. B. durch Verschmutzung von Gewässern. Maßgebend ist also der Ort, an dem der schädigende Erfolg entstanden ist, solange die Handlung nicht vollendet ist.

XVI. Schadensort

1. Nicht unter Art. 5 Nr. 3 fällt der Ort, wo (nach vollendetem Delikt oder Quasidelikt) sog. Folgeschäden oder mittelbare Schäden eintreten. Wird jemand in Frankreich bei einem Autounfall verletzt, läßt er sich aber in einem Brüsseler Krankenhaus auskurieren, so sind die belgischen Gerichte nach Art. 5 Nr. 3 nicht deswegen zuständig, weil die Krankenhauskosten in Belgien entstanden sind.[144] Die deliktische Handlung einschließlich der Verletzung des Rechtsgutes (körperliche Unversehrtheit) wurde in Frankreich vollendet.

2. Gleiches gilt für Ersatzansprüche mittelbar Geschädigter. Deren Ansprüche sind akzessorisch zu denen der unmittelbar Geschädigten. Dies wirkt sich auch zuständigkeitsrechtlich aus.[145]

XVII. Anspruchskonkurrenz

Wird die Klage sowohl auf deliktische bzw. quasideliktische als auch auf vertragliche Anspruchsgrundlagen gestützt, so eröffnet Art. 5 Nr. 3

---

141 BGH, JZ 1958, 241 mit Anm. *Steindorff* = MDR 1958, 154 mit Anm. *Braga* = GRUR 1958, 189 mit Anm. *Hefermehl* = LM Nr. 18 zu § 12 BGB.

142 Anders wohl *Stein-Jonas-Schumann,* ZPO, 20. Aufl., § 32 Rz. 32.

143 *Stein-Jonas-Schumann,* ZPO, 20. Aufl. § 32 Rz. 31.

144 *Geimer* EuR 1977, 360.

145 *Schröder,* Internationale Zuständigkeit, 1971, 280; *Stauder* GRUR Int. 1976, 474; *Linke* in *Bülow-Böckstiegel* 606/71, Art. 5, Anm. III Bb (bb) bei Fußn. 139.

keine Annexzuständigkeit kraft Sachzusammenhangs für die vertraglichen Ansprüche. Für die letzteren ist ein eigener Kompetenzgrund zu suchen, etwa Art. 5 Nr. 1.[146] Ist ein solcher nicht gegeben, so ist die Kognitionsbefugnis des angegangenen Gerichts auf die deliktischen bzw. quasideliktischen Ansprüche beschränkt.[147] Die Einzelheiten wurden bereits oben § 74 XII und § 83 IV erörtert.[148]

XVIII. Prüfung der Zuständigkeitstatsachen

1. Soweit die Zuständigkeitstatsachen mit den klagebegründenden Tatsachen zusammenfallen, soll nach einer verbreiteten Ansicht[149] für die Prüfung der Zuständigkeit die *Behauptung* der Zuständigkeitstatsachen

---

[146] A. A. *Kropholler* IZVR Rz. 691 und *Linke* in *Bülow-Böckstiegel* 606/69, Art. 5, Anm. III 2d: „Wie gewichtig der deliktische Anspruch im Verhältnis zu den sonstigen Klagegründen sein muß, ist eine Frage des Rechtsschutzbedürfnisses, die das Gericht, das über die Annahme des Rechtsstreits entscheiden muß, nach seinem Recht zu beurteilen hat. Ebenso muß dem jeweiligen Forumsrecht die Entscheidung darüber überlassen bleiben, ob und inwieweit die Zuständigkeit des Gerichts für einen deliktischen Anspruch es erlaubt, über gleichzeitig erhobene, konkurrierende vertragliche Ansprüche mitzuentscheiden, ohne daß zugleich die Voraussetzungen des Art. 5 Nr. 1 gegeben wären. Das ergibt sich auch aus Art. 22 Abs. 2." Diese Ansicht schränkt den Geltungsbereich des europäischen Rechts zu stark ein.

[147] Ignoriert das Gericht diese Grenzen, muß der Beklagte dagegen im Erststaat mit den von der lex fori zur Verfügung gestellten Rechtsmitteln bzw. Rechtsbehelfen vorgehen; der Zweitrichter darf die Überschreitung der Zuständigkeitsgrenzen nur im engen Rahmen des Art. 28 I nachprüfen.

[148] Anders für das deutsche Zuständigkeitsrecht (§§ 29, 32 ZPO) *Geimer* NJW 1974, 1045.

[149] *Linke* in *Bülow-Böckstiegel* 606/68, Art. 5, Anm. III 2c; *Kropholler* IZVR Rz. 692. Auch *Schröder,* Internationale Zuständigkeit 1971, 265, verharmlost bedenklich die Einlassungslast des Beklagten: „Wer rechtspolitische Bedenken gegen diesen Gerichtsstand hegt, pflegt regelmäßig hervorzukehren, daß die Zuständigkeit schon auf Grund des unbewiesenen Klagevorbringens eröffnet werden könne und der Gegner daher mannigfachen Unzuträglichkeiten ausgesetzt sein müsse. Die Vorstellung vom geschädigten Opfer aber, das zuständigkeitsrechtliche Sympathie verdiene, geht gerade aus von einer materiellen Rechtslage, deren Gegebensein einstweilen dahinsteht. Sobald sich zuständigkeitseröffnende und klagebegründende Tatsachen decken, soll es nämlich nur auf das Vorbringen des Klägers ankommen. Nicht weil der Kläger etwa bis auf weiteres glaubwürdiger erscheint als der Beklagte, wird sein Vorbringen zugrunde gelegt, sondern weil diese Handhabung im Interesse eines ausgewogenen Verhältnisses zwischen Zulässigkeit und Begründetheit nützlich erscheint. Fragen kann man demnach nur, ob die Funktion solcher prozessualen Kategorien es rechtfertigen mag, dem Beklagten die Last aufzubürden, sich unter Umständen auf unzutreffende Zuständigkeitsbehauptungen des Klägers einzulassen. Diese Frage indes wird man bejahen dürfen. Verteidigen muß sich der Beklagte ohnehin. Ob es zunächst um die Zulässigkeit oder um die Begründetheit des Klagebegehrens geht, ist hinsichtlich des Beweisthemas nicht von Belang. So mag dem Beklagten mehr an einer sachlichen Entscheidung des Rechtsstreits gelegen sein, die der Kläger von vornherein erstrebt.

durch den Kläger ausreichend sein. Dies kann nicht Rechtens sein, da sonst durch (willkürliche) Behauptungen des Klägers ein forum delicti commissi überall begründet werden könnte.[150] Im Rahmen der Zuständigkeitsprüfung hat das Gericht zu untersuchen, ob der vom Kläger behauptete Geschehensablauf, der u. U. die Klage begründen könnte, stattgefunden hat. Ob dieser Sachverhalt jedoch das Klagebegehren stützen kann, ist nicht eine Frage der Zulässigkeit der Klage, sondern der *Begründetheit.* Wird z. B. die Klage auf einen Verkehrsunfall gestützt, so muß das Gericht im Rahmen der Zuständigkeitsprüfung untersuchen, ob überhaupt ein Zusammenstoß oder sonstiger Schädigungsvorgang etc. stattgefunden hat. Steht dies fest, so ist die Zuständigkeit des angegangenen Gerichts gegeben; es kann gegebenenfalls gegen den Beklagten Versäumnisurteil ergehen. M. a. W.: Art. 5 Nr. 3 eröffnet dann eine Zuständigkeit, wenn der äußere Tatbestand einer unerlaubten Handlung feststellbar ist. Kompetenzrechtlich irrelevant sind dagegen die sonstigen Voraussetzungen einer deliktischen Haftung, wie Verschulden und Möglichkeit der Exkulpation usw.[151]

2. *Klägerbehauptungen* reichen also nicht aus zur Begründung der internationalen und örtlichen Zuständigkeit gemäß Art. 5 Nr. 3. Die Zuständigkeitstatsachen sind vielmehr von Amts wegen zu prüfen, wenn der Beklagte am Rechtsstreit nicht teilnimmt, Art. 20 I, ansonsten auf Rüge des Beklagten in limine litis, arg. Art. 18. Vgl. unten § 97 XXIII.

XIX. Gerichtsstandserschleichung[152]

1. Der Kläger kann sich nicht auf den Gerichtsstand des Art. 5 Nr. 3 berufen, wenn er die Zuständigkeitstatsachen durch Verstoß gegen Treu und Glauben selbst provozierte, also als agent provocateur den Beklagten

---

Dieser überdies muß einen zwischenstaatlichen Gerichtsstand auch für einen unbegründeten Anspruch finden. Daß er sein Heil vor anderen Gerichten erneut versuchen könnte, wenn sich seine Zuständigkeitsbehauptungen als unwahr erweisen, wäre gewiß nicht angemessen. Der Rechtspflege ist unter den gedachten Umständen mit einer Sachentscheidung am besten gedient. Ein Vorbehalt ist allerdings anzubringen: ausländische Versäumnisentscheidungen dürfen hinsichtlich der Zuständigkeitsfrage nicht binden im Inland, wenn es um ihre Anerkennung geht." – Ebenso *Stein-Jonas-Schumann,* ZPO, 20. Aufl., § 32, Rz. 16.

150 *Geimer* NJW 1974, 1046 sub 6.

151 Anders die h. M. zu § 32 ZPO: RGZ 95, 268; OLG Hamburg MDR 1949, 368; *Stein-Jonas-Schumann,* ZPO, 20. Aufl. § 32, Rz. 16: „Behauptet der Kläger eine unerlaubte Handlung, so ist für die Bejahung der Zuständigkeit des § 32 nicht erforderlich, daß tatsächlich eine unerlaubte Handlung vorliegt. Eine solche Forderung würde die Begründetheitsprüfung in die Zulässigkeitsuntersuchung verlagern. Vielmehr wird lediglich geprüft, ob der vorgetragene Sachverhalt als unerlaubte Handlung ... zu qualifizieren ist. Ferner ist erforderlich, daß der angegebene Begehungsort im Gerichtsbezirk liegt."

152 Hierzu *Zöller-Geimer,* ZPO, 13. Aufl., 1981, IZPR, Anm. E XIII.

zur Begehung der unerlaubten Handlung veranlaßte.[153] Das ergibt sich aus dem Verbot des Rechtsmißbrauchs (venire contra factum proprium); dieses ist ein gemeineuropäisches Rechtsprinzip, das auch im Zuständigkeitsrecht zur Anwendung kommt.[154]

2. Behauptungs- und beweispflichtig ist der Beklagte.

3. Rügt der Beklagte die Gerichtsstandserschleichung und stellt das Gericht dann im Rahmen seiner Zuständigkeitsprüfung eine solche fest, so muß es die Klage als unzulässig abweisen. Es hat keinen Ermessensspielraum.[155]

XX. Festlegung auch der örtlichen Zuständigkeit durch Art. 5 Nr. 3

Art. 5 Nr. 3 normiert nicht nur die internationale Zuständigkeit des/der Staates(en), in dem/denen der/die Handlungs- und/oder Erfolgsort(e) liegt/liegen, sondern auch die örtliche Zuständigkeit loco/locis delicti commissi des/der international zuständigen Vertragsstaates(en). Das nationale Zuständigkeitsrecht wird also vollständig verdrängt.

XXI. Keine ausschließliche Zuständigkeit

Art. 5 Nr. 3 stipuliert keine ausschließliche Zuständigkeit.[156] Mit dem forum delicti commissi kann nicht nur die Zuständigkeit des Wohnsitzstaates (Art. 2 I) konkurrieren, sondern auch andere Gerichtsstände der

---

[153] Vgl. *Stein-Jonas-Schumann,* ZPO, 20. Aufl., § 32, Rz. 15 Fußn. 15a.

[154] Vgl. Art. 6 Nr. 2 in fine. Hierzu *Geimer* ZZP 85 (1972), 202 Fußn. 22.

[155] Anders (?) wohl *Stein-Jonas-Schumann,* ZPO, 20. Aufl. § 32, Rz. 14: „kann". Vgl. aber Rz. 15.

[156] Vgl. *Zöller-Geimer,* ZPO, 13. Aufl., 1981, IZPR, Anm. E VI 2g.
Das Pro und Contra einer Ausschließlichkeit des Tatortgerichtsstandes hat *Schröder,* Internationale Zuständigkeit, 1971, 267, erörtert: „Beweisnähe kann für den Beklagten ebenfalls unentbehrlich sein zu einer sachgemäßen Prozeßführung. Diese Einsicht verkümmert, wenn man jener Vorstellung vom Kläger als Opfer anhängt, dem zuständigkeitsrechtliche Sympathie gebühre. Soll man darum zur Ausschließlichkeit des Tatortgerichtsstands übergehen? In der Schweiz ... bestimmt Art. 84 SVG, daß internationale Entscheidungszuständigkeit von den Gerichten des Tatorts wahrzunehmen ist, sofern nicht alle Geschädigten, die noch nicht abgefunden sind, mit Klageerhebung im allgemeinen Gerichtsstand des Gegners einverstanden sind. Diese Regelung begünstigt das Zuständigkeitsinteresse des Beklagten ganz sicher nicht, wenn er nicht einmal mitgeschädigt ist; sie möchte ihm zugute kommen, sobald Kläger wie Beklagter Schaden erlitten haben. Doch OG Zürich [2. 10. 1963, ZR LXIII Nr. 143] entschied: Der Beklagte könne sich niemals auf Tatortzuständigkeit berufen, wenn er an seinem Wohnsitz in Anspruch genommen werde, und an diesem Rechtssatz ändere sich selbst unter der Voraussetzung nichts, daß beide Parteien geschädigt worden seien. An der Richtigkeit dieser Auffassung mag man zweifeln. Die Deutung des OG Zürich begün-

Art. 5ff., z. B. der des Art. 5 Nr. 5. Andererseits wird jedoch Art. 5 Nr. 3 – wie jeder andere Gerichtsstand – durch die in Art. 16 aufgeführten ausschließlichen internationalen Zuständigkeiten verdrängt. Überschneidungen der Anwendungsbereiche beider Kompetenznormen sind vorstellbar. Vgl. unten § 86 XI 5.

XXII. Abdingbarkeit des Art. 5 Nr. 3

1. Die aus Art. 5 Nr. 3 sich ergebenden Zuständigkeiten können derogiert werden. Die Vereinbarung bedarf der Form des Art. 17.

2. Die Derogation kann sich auf die *örtliche Zuständigkeit* beschränken, die durch den Deliktsort begründete *internationale Zuständigkeit* jedoch unberührt lassen. Durch Vereinbarung der Parteien kann mithin die durch Art. 5 Nr. 3 festgelegte *örtliche Zuständigkeit* – unter Aufrechterhaltung der internationalen Zuständigkeit – verändert werden.

Beispiel: Der Beklagte wohnt in Bozen. Der Autounfall ereignete sich in Köln. Als örtlich zuständig wird das LG München I vereinbart. Hier gründet sich die internationale Zuständigkeit der Bundesrepublik Deutschland auf Art. 5 Nr. 3, die örtliche Zuständigkeit des LG München I auf Art. 17.

3. Fraglich ist, ob das durch das Übereinkommen geschaffene europäische Einheitsrecht die Derogation der auf Art. 5 Nr. 3 gestützten internationalen (und örtlichen) Zuständigkeit *vor Eintritt des schädigenden Ereignisses* zuläßt. Jedenfalls für vorsätzliche Delikte bzw. Quasidelikte dürfte eine Derogation zu Lasten des Geschädigten sittenwidrig sein.[156a] Abgesehen davon wird es oft schwierig sein, das Rechtsverhältnis, für das die Zuständigkeitsvereinbarung gelten soll, hinreichend (i. S. des Art. 17 I) zu konkretisieren.

---

stigt anscheinend lediglich eine Klägermehrheit, deren Forderungen konzentriert und uniform (vor den Gerichten des Tatorts) verhandelt und entschieden werden sollen. Dagegen hält sie dem Ausschließlichkeitsbereich des Art. 84 SVG jene gängige Konstellation fern, daß Kläger wie Beklagter geschädigt und beide dem Gegner verantwortlich sind. Wer unter solchen Umständen im allgemeinen Gerichtsstand belangt wird, kann sich Beweisnähe nur dadurch sichern, daß er seinen Ersatzanspruch selbständig im Tatortgerichtsstand einklagt. Das ist eine unerfreuliche Situation. Besser würden Klage und Widerklage, Klage und Aufrechnung, Klage und Einwand des mitwirkenden Verschuldens (usf.) vor einem einzigen Gericht verhandelt und entschieden. Und wenn dieses Gericht in casu am besten das Tatortgericht sein sollte, wäre es zweckmäßig, die Inanspruchnahme anderer Zuständigkeiten zu versagen. Wie? Nicht durch Anordnung der Ausschließlichkeit internationaler Tatortzuständigkeit schlechtweg, sondern nach forum non conveniens-Grundsätzen. Elastische Regeln sind besser als rigorose Rechtssicherheit ..."

[156a] Unbedenklich ist jedoch eine *Erweiterung der Klagemöglichkeiten des Geschädigten* durch Prorogation. Vgl. auch unten § 96 XXIV.

XXIII. Adhäsionsverfahren vor Strafgerichten, Art. 5 Nr. 4

1. Neben dem forum delicti commissi (Art. 5 Nr. 3) eröffnet das Übereinkommen in Art. 5 Nr. 4 für Klagen auf Schadensersatz oder auf Wiederherstellung des früheren Zustandes, die auf eine mit Strafe bedrohte Handlung gestützt werden, eine Annexzuständigkeit des Gerichts, bei dem die öffentliche Klage erhoben ist, soweit dieses Gericht nach seinem Recht über zivilrechtliche Ansprüche erkennen kann. Die Zivilklage (Adhäsionsklage) kann demnach außerhalb des Wohnsitzstaates des Beklagten vor dem für die öffentliche Klage zuständigen Strafgericht erhoben werden, und dies selbst dann, wenn dieses Gericht seinen Sitz an einem Ort (z. B. dem Ort der Festnahme) hat, der sich nicht mit dem Orte deckt, an dem das schädigende Ereignis i. S. des Art. 5 Nr. 3 eingetreten ist.[157]

2. Wie aus der Formulierung des Art. 5 Nr. 4 klar hervorgeht, verzichtet das Übereinkommen auf eine in sich geschlossene Kodifizierung der Adhäsionsverfahren in den Vertragsstaaten; es verweist vielmehr auf die nationalen Rechtsordnungen. Das Übereinkommen gewährleistet nicht einmal das *Institut des Adhäsionsverfahrens*. So könnte jeder Vertragsstaat die Behandlung von Zivilklagen durch Strafgerichte abschaffen. In der Ausgestaltung des Adhäsionsverfahrens ist der nationale Gesetzgeber frei. So ist z. B. die Regelung des deutschen Rechts (§ 405 StPO) mit dem Übereinkommen vereinbar, wonach es in das Ermessen des Strafrichters gestellt ist, ob er über den im Strafprozeß geltend gemachten zivilrechtlichen Anspruch entscheidet; er kann den Geschädigten auch auf den Zivilrechtsweg verweisen.

3. Die Einzelheiten sind unten § 94 III 2 bei den Annexzuständigkeiten dargestellt.

XXIV. Exkurs: Internationale Zuständigkeit für Streitigkeiten aus Anlaß von Seeschiffkollisionen

1. Das Brüsseler Internationale Übereinkommen vom 10. Mai 1952 zur Vereinheitlichung von Regeln über die zivilgerichtliche Zuständigkeit bei Schiffszusammenstößen[158]

a) Dieses Spezialübereinkommen geht in seinem Anwendungsbereich dem EWG-Übereinkommen vor, Art. 57.

b) Es hat (in deutscher Übersetzung) folgenden Wortlaut[159]:

---

[157] *Jenard*-Bericht S. 72.

[158] BGBl. 1972 II 663, für die Bundesrepublik Deutschland in Kraft seit 6. April 1973; vgl. BGBl. 1973 II 169 und BGBl. 1973 I 266.

[159] Das Comité Maritime International hat den Entwurf eines „Internationalen Übereinkommens zur Vereinheitlichung gewisser Regeln über die zivilgerichtliche Zuständigkeit, das anwendbare Recht und die Anerkennung und Vollstreckung von

Die Hohen Vertragsparteien –
in Erkenntnis der Zweckmäßigkeit einer vertraglichen Festlegung einheitlicher Regeln über die zivilgerichtliche Zuständigkeit[160] *bei Schiffszusammenstößen – haben beschlossen, zu diesem Zweck ein Übereinkommen zu treffen, und haben demgemäß folgendes vereinbart:*

Artikel 1

(1) Eine Klage wegen eines Anspruchs aus dem Zusammenstoß zwischen Seeschiffen oder zwischen Seeschiffen und Binnenschiffen kann nur erhoben werden

a) entweder bei dem Gericht, in dessen Bezirk der Beklagte seinen gewöhnlichen Aufenthalt oder eine gewerbliche Niederlassung hat;

b) oder bei dem Gericht des Ortes, wo ein Arrest in das beschuldigte Schiff oder in ein anderes dem Beklagten gehörendes Schiff, das rechtmäßig mit Arrest belegt werden kann, vollzogen ist, oder wo ein Arrest hätte vollzogen werden können und der Beklagte eine Bürgschaft oder eine andere Sicherheit gestellt hat;

Urteilen in Kollisionssachen" veröffentlicht; CMIDoc. 1977, 104. Zu dem Schlußbericht, vorgelegt durch *Healy* und *Watkins,* CMIDoc. 1977, 6. Hierzu *Healy,* Report on the Draft Convention on Jurisdiction, Choice of Law, and Recognition and Enforcement of Judgements in Collision Cases: CMIDoc. 1977, 138 und zum IPR-Aspekt *Roth-Plett,* Schiffszusammenstöße im deutschen IPR – Bestandsaufnahme und Reformüberlegungen, RabelsZ 42 (1978), 662. Hierzu *Basedow* VersR 1978, 495.

[160] Das *materielle Haftungsrecht* wurde bereits durch das *Brüsseler Übereinkommen vom 23. September 1910 zur einheitlichen Feststellung von Regeln über den Zusammenstoß von Schiffen* vereinheitlicht, dessen Regeln der deutsche Gesetzgeber in die §§ 734ff. HGB übernommen hat, um ein Auseinanderfallen des deutschen Seerechts in autonomes Recht einerseits und Konventionsrecht andererseits zu vermeiden. Auch außerhalb des Anwendungsbereichs des Brüsseler Übereinkommens vom 23. September 1910 kommen mithin in der Bundesrepublik Deutschland die vereinheitlichten Normen zur Anwendung, sofern nach deutschem IPR deutsches Recht zur Anwendung kommt. Zum deutschen IPR *Götz Schulz,* Das maßgebliche Statut der Schiffszusammenstöße nach deutschem internationalen Privatrecht, Diss. Frankfurt am Main 1965. Rechtsvergleichende Hinweise auf die verschiedenen kollisionsrechtlichen Systeme bei *Rodière,* Traité général de droit maritime – Evénements de mer 1972, 113–118, und *Sundström,* Foreign Ships and Foreign Waters, 1971. Bei Zusammenstößen zwischen Schiffen verschiedener Flaggen auf hoher See wendet man oft die jeweilige lex fori an; vgl. *Schaps-Abraham,* Das deutsche Seerecht II 4. Aufl., 1978, Anm. 25 f. vor § 734 HGB; *Schulz* a. a. O. 54ff. RGZ 138, 243. Das vom IPR bestimmte Deliktsrecht entscheidet auch über die Verteilung der Beweislast. Zum deutschen Recht *Wassermeyer,* Die Verteilung der Beweislast beim Schiffszusammenstoß: VersR 74, 1052. Vgl. auch *Harley,* Collision Cases, 1974: Lloyd's Maritime and Commercial Law Quarterly 1975, 156 und passim. Für Vereinheitlichung des Kollisionsrechts plädiert *Basedow* VersR 1978, 496: „Wenn Entscheidungsharmonie in den kontinentaleuropäischen Rechten das Ergebnis einheitlicher IPR-Regeln ist, erreicht die Angleichung der bloßen Kompetenzvorschriften nicht das gesteckte Ziel des Einklangs. Das Schielen und Suchen nach dem günstigsten von mehreren möglichen Gerichtsständen, ja auch die künstliche Schaffung von Zuständigkeitsanknüpfungen wird an der Tagesordnung bleiben, obwohl die Urheber des Übereinkommens gerade dem forum shopping zu Leibe rücken wollten. Jedenfalls aus kontinentaleuropäischer Sicht war und bleibt eine

c) oder bei dem Gericht des Ortes des Zusammenstoßes, sofern sich der Zusammenstoß im Gebiet eines Hafens oder in inneren Gewässern ereignet hat.

(2) Es bleibt dem Kläger überlassen zu entscheiden, vor welchem der in Absatz 1 bezeichneten Gerichte er die Klage erheben will.

(3) Der Kläger darf auf Grund derselben Tatsachen keine weitere Klage gegen denselben Beklagten bei einem anderen Gericht erheben, ohne auf seine Rechte aus dem früheren Verfahren zu verzichten.

Artikel 2

Artikel 1 läßt das Recht der Parteien unberührt, eine Klage auf Grund eines Schiffszusammenstoßes bei dem Gericht zu erheben, dessen Zuständigkeit sie vereinbart haben, oder die Rechtsstreitigkeit einem Schiedsverfahren zu unterwerfen.

Artikel 3

(1) Widerklagen aus demselben Schiffszusammenstoß können bei dem Gericht erhoben werden, das für die Klage gemäß Artikel 1 zuständig ist.

(2) Sind mehrere Kläger vorhanden, so kann jeder Kläger seine Klage bei dem Gericht anhängig machen, welches bereits mit einer Klage gegen dieselbe Partei auf Grund desselben Schiffszusammenstoßes befaßt worden ist.

(3) Sind an einem Schiffszusammenstoß mehrere Schiffe beteiligt, so schließt dieses Übereinkommen nicht aus, daß ein auf Grund dieses Übereinkommens mit einer Klage befaßtes Gericht sich nach den Bestimmungen seines innerstaatlichen Rechts für die Entscheidung über weitere Klagen aus demselben Vorfall für zuständig erklärt.

Artikel 4

Dieses Übereinkommen findet auf eine Klage auf Ersatz des Schadens, den ein Schiff durch Ausführung oder Unterlassung eines Manövers oder durch Nichtbeachtung einer Vorschrift einem anderen Schiff oder den an Bord des Schiffes befindlichen Personen oder Sachen zugefügt hat, auch dann Anwendung, wenn ein Zusammenstoß nicht stattgefunden hat.

Artikel 5

Dieses Übereinkommen läßt die in den einzelnen Vertragsstaaten geltenden Vorschriften über Zusammenstöße unberührt, an welchen Kriegsschiffe oder Schiffe beteiligt sind, welche dem Staat gehören oder in seinen Diensten stehen.

Artikel 6

Dieses Übereinkommen berührt nicht Ansprüche, die aus Beförderungsverträgen oder aus anderen Verträgen entstehen.

Artikel 7

Dieses Übereinkommen gilt nicht für Fälle, die durch die Revidierte Rheinschiffahrts-Akte vom 17. Oktober 1868 erfaßt sind.[161]

Vereinheitlichung des IPR der Schiffszusammenstöße wünschenswert. Ohne sie stellt das Zuständigkeitsübereinkommen im wesentlichen nur eine – freilich sehr nützliche – Information über das Zuständigkeitsrecht der Vertragsstaaten dar."

[161] Zum Moselschiffahrtsübereinkommen s. BT-Drucksache VI/2224 S. 44 und § 738b HGB.

Artikel 8

Dieses Übereinkommen gilt für alle beteiligten Personen, wenn alle beteiligten Schiffe Staaten der Hohen Vertragsparteien angehören.

Jedoch besteht Einverständnis darüber,

1. daß jeder Vertragsstaat die Anwendung des Übereinkommens auf beteiligte Personen, die einem Nichtvertragsstaat angehören, von der Voraussetzung der Gegenseitigkeit abhängig machen kann;

2. daß das innerstaatliche Recht und nicht dieses Übereinkommen Anwendung findet, wenn alle beteiligten Personen demselben Staat wie das mit der Sache befaßte Gericht angehören.

Artikel 9

Die Hohen Vertragsparteien verpflichten sich, alle zwischenstaatlichen Streitigkeiten, die sich aus der Auslegung oder Anwendung dieses Übereinkommens ergeben, einem Schiedsverfahren zu unterwerfen; jedoch bleiben die Verpflichtungen derjenigen Hohen Vertragsparteien unberührt, die übereingekommen sind, ihre Streitigkeiten dem Internationalen Gerichtshof zu unterbreiten.

c) Den *Anwendungsbereich des Brüsseler Übereinkommens* legt dessen Art. 8 fest. Es kommt zum Zuge, wenn

α) alle beteiligten Schiffe Vertragsstaaten angehören und

β) wenigstens eine beteiligte Person im Verhältnis zum Gerichtsstaat Ausländer ist. Handelt es sich dabei um den Angehörigen eines Nichtvertragsstaates, so kann jeder Vertragsstaat die Anwendung des Übereinkommens von der Verbürgung der Gegenseitigkeit abhängig machen, Art. 8 II; von diesem Vorbehalt hat die Bundesrepublik Deutschland in § 738 II HGB Gebrauch gemacht. Es kommt auf die Nationalität der Schiffe zur *Zeit des Zusammenstoßes* an.[162] Umflaggungen nach der Kollision sind unschädlich. Dagegen entscheidet die Staatsangehörigkeit der Beteiligten zu *Beginn des Prozesses*.

d) Bei juristischen Personen ist deren Personalstatut maßgebend, das das IPR des Gerichtsstaates (= Staat des angegangenen Gerichts) bestimmt. Die herrschende Meinung in Deutschland stellt auf den Sitz der Hauptverwaltung ab; andere halten das Gründungsrecht für maßgeblich, also diejenige Rechtsordnung, auf die sich ihre Gründer im Gründungsvertrag gestützt haben. Diese Theorie wird auch in den anglo-amerikanischen Staaten vertreten. Der Anwendungsbereich wird also in England im Ergebnis anders eingegrenzt als in der Bundesrepublik Deutschland, wenn juristische Personen beteiligt sind.[162a]

e) Der Anwendungsbereich des Übereinkommens ist nicht auf *Kollisionen von Seeschiffen* beschränkt. Das Übereinkommen gilt auch für sogenannte Fernschädigungen, d. h. von anderen Schiffen ausgehende Schadensfälle, die nicht auf einem Zusammenstoß beruhen (Art. 4, § 738c HGB). Auch wenn *ein Binnenschiff* am Zusammenstoß beteiligt ist, kommt das Übereinkommen zum Zuge, Art. 1 I, § 739 HGB, es

---

[162] Zum *Beteiligtenbegriff* ausführlich *Basedow* VersR 1978, 496f.

[162a] Vgl. oben § 73.

sei denn, daß die Schiffe auf Rhein oder Mosel kollidiert sind (Art. 7 in Verbindung mit § 738b HGB). Kollisionen, an denen Kriegs- oder Staatsschiffe beteiligt sind, klammert das Übereinkommen aus. Hier greift Art. 2 des Abkommens zur einheitlichen Feststellung von Regeln über die Immunität der Staatsschiffe vom 10. April 1926 ein:[163] Danach sind Zuständigkeitsvorschriften für Staatsschiffe, die nicht ausschließlich einem staatlichen Dienst gewidmet sind, wie z. B. Kriegsschiffe, dieselben wie für private Schiffe. Da die Brüsseler Konvention von 1952 die Zuständigkeitsregeln für Privatschiffe verändert, ändert sich auch das Zuständigkeitsrecht für Staatsschiffe.[164]

f) Das Übereinkommen vom 10. Mai 1952 regelt nicht *nur die internationale Zuständigkeit, sondern auch die örtliche.* Die nationale Gerichtsstandsregel (in der Bundesrepublik Deutschland §§ 12ff. ZPO) ist danach derogiert.

2. Das nationale deutsche Recht

a) Gleichwohl war es zulässig, daß der deutsche Gesetzgeber die Zuständigkeitsnormen der Brüsseler Konvention vom 10. Mai 1952 in das nationale Recht übernommen hat. Denn die Modalitäten der Transformation bzw. Inkraftsetzung des Übereinkommens bleiben den einzelnen Vertragsstaaten überlassen.

b) Das *deutsche Seerechtsänderungsgesetz vom 21. Juni 1972*[165] faßte §§ 738ff. HGB wie folgt neu:

§ 738 HGB

(1) Für Klagen auf Schadensersatz, die auf die Vorschriften dieses Titels oder auf entsprechende ausländische Rechtsvorschriften gestützt werden, ist das Gericht zuständig,

1. in dessen Bezirk der Beklagte seinen gewöhnlichen Aufenthalt oder eine gewerbliche Niederlassung hat;

2. in dessen Bezirk sich der Zusammenstoß ereignet hat, wenn er im Gebiet eines Hafens oder in Binnengewässern stattgefunden hat;

3. in dessen Bezirk ein Arrest in ein Schiff des Beklagten vollzogen oder die Vollziehung eines Arrestes durch Sicherheitsleistung gehemmt worden ist;

4. bei dem bereits eine Klage auf Grund desselben Zusammenstoßes gegen denselben Beklagten anhängig ist oder war.

---

[163] RGBl. 1927 II 483. Hierzu oben § 13 Fußn. 12.

[164] *Basedow* VersR 1978, 497 Fußn. 24.

[165] BGBl. 1972 I 966; hierzu BT-Drucksache VI/2225; *Herber,* Hansa 1972, 508, 511; *Abraham,* Die Reform des deutschen Seehandelsrechts durch das Seerechtsänderungsgesetz vom 21. 6. 1972, 1973. Die Kompetenzvorschriften wurden wegen der Sachnähe in das HGB aufgenommen statt in die ZPO. Anders verfuhr man z. B. in Belgien. Vgl. Art. 637 Code judiciaire. Zu Recht empfiehlt *Basedow* VersR 1978, 496 Fußn. 9 dem deutschen Gesetzgeber, er „sollte gründlich überlegen, ob er einen Seerechtskodex oder ein in die Systematik der Gesamtrechtsordnung eingebettetes Seerecht wünscht".

Andere Gerichte sind örtlich nicht zuständig; §§ 33, 38, 39 der Zivilprozeßordnung bleiben unberührt.

(2) Gegen einen Angehörigen eines fremden Staates kann die Klage auch in anderen Gerichtsständen erhoben werden, wenn nach den Gesetzen dieses Staates die Zuständigkeit für die Klage eines Deutschen im gleichen Fall nicht entsprechend Absatz 1 geregelt ist.

(3) Klagen auf Ersatz des Schadens, der den Schiffen oder den an Bord befindlichen Personen oder Sachen durch einen Zusammenstoß zugefügt worden ist, können in den Gerichtsständen des Absatzes 1 Satz 1 auch dann erhoben werden, wenn die Ansprüche weder auf die Vorschriften dieses Titels noch auf entsprechende ausländische Rechtsvorschriften gestützt werden.

§ 738a HGB

(1) Ist eine Klage auf Schadenersatz, die auf die Vorschriften dieses Titels oder auf entsprechende ausländische Rechtsvorschriften gestützt wird, bei einem ausländischen Gericht anhängig, so hat die Klage die in § 261 Abs. 3 Nr. 1 (früher: § 263 Abs. 2 Nr. 1) der Zivilprozeßordnung bestimmte Wirkung der Rechtshängigkeit, wenn die Zuständigkeit des Gerichts auf einer dem § 738 Abs. 1 entsprechenden Regelung beruht und wenn das Gericht des Staates, vor dem die Klage auf Schadensersatz anhängig ist, im Falle einer vor einem deutschen Gericht anhängigen Klage die Wirkungen der Rechtshängigkeit anerkennen würde.

(2) Hat ein Kläger vor einem ausländischen Gericht eine Klage gemäß Absatz 1 durchgeführt, so kann er wegen desselben Anspruchs gegen denselben Beklagten bei einem anderen nach § 738 Abs. 1 zuständigen Gericht nicht erneut Klage erheben. Dies gilt nicht, soweit das Verfahren vor dem ausländischen Gericht zu seinen Gunsten durchgeführt worden ist und er auf seine Rechte aus diesem Verfahren verzichtet. Satz 1 ist nur anzuwenden, wenn die Gegenseitigkeit verbürgt ist.

§ 738b HGB

Die Vorschriften der §§ 738 und 738a gelten nicht, wenn sich der Zusammenstoß auf dem Rhein oder auf der Mosel ereignet hat.

§ 738c HGB

Fügt ein Schiff durch Ausführung oder Unterlassung eines Manövers oder durch Nichtbeobachtung einer Verordnung einem anderen Schiff oder den an Bord der Schiffe befindlichen Personen oder Sachen einen Schaden zu, ohne daß ein Zusammenstoß stattfindet, so finden die Vorschriften dieses Titels entsprechende Anwendung.

c) Der Geltungsbereich der §§ 738ff. HGB ist – wenigstens im Grundsatz – allgemein, also nicht beschränkt auf den Anwendungsbereich des Brüsseler Übereinkommens vom 10. Mai 1952. Jedoch hat man diesen universalistischen Ansatz durch die Gegenseitigkeitsklausel des § 738 II HGB wieder zurückgenommen. Diese bewirkt, daß das deutsche Gericht umfangreiche Nachforschungen über ausländisches Zuständigkeitsrecht anstellen muß, wenn der in Betracht kommende Staat nicht Vertragsstaat des Brüsseler Übereinkommens ist. Eine wenig praktikable Vorschrift! Man sollte in den Fällen des § 738 II HGB die *Behauptungs- und Beweislast* dem Kläger dafür aufbürden, daß der ausländische Staat ein über den Rahmen des § 738 I HGB hinausgehendes Zuständigkeitsrecht hat, wenn er in einem in § 738 I HGB nicht aufgeführten Gerichtsstand des allgemeinen Zuständigkeitsrechts der §§ 12ff. ZPO klagen will, etwa im Gerichtsstand des Vermögens (§ 23 ZPO).[166]

d) Die Zuständigkeitsvorschriften der §§738ff. HGB gelten für *alle Klagen, die auf §§734ff. HGB oder auf entsprechende, d.h. deliktische oder quasi-deliktische ausländische Vorschriften* gestützt sind. Wegen des Sachzusammenhangs bezieht §738III HGB – abweichend vom Übereinkommen – auch Klagen ein, die auf vertragliche Ansprüche aus der Kollision gestützt sind. Für solche Vertragsklagen erweitert §738 HGB aber nur die nach allgemeinem Zuständigkeitsrecht (§§12ff. ZPO) bestehenden Gerichtsstände, läßt diese also unberührt.

3. Verhältnis zur europäischen Zuständigkeitsordnung[167]

a) Die durch das EWG-Übereinkommen geschaffene europäische Zuständigkeitsordnung wird gemäß Art. 57 durch das Brüsseler Übereinkommen vom 10. Mai 1952 nur insoweit verdrängt, als dessen Anwendungsbereich reicht. Vgl. oben § 13 II.

b) Soweit darüber hinaus das nationale Recht die Zuständigkeitsanknüpfungen der Brüsseler Konvention – ohne völkerrechtliche Verpflichtung – eingeführt hat, kommt wiederum das EWG-Übereinkommen zum Zuge und verdrängt das nationale Recht. §738 III HGB gilt

---

166 Dagegen legt *Basedow* VersR 1978, 499 bei Fußn. 45, § 738 II HGB klägerfreundlicher aus: „Im allgemeinen kommt der Gläubiger freilich ohne ihn [= § 23 ZPO] zum Ziel, wenn er ein Schiff des Schuldners in einem deutschen Hafen arretieren läßt (§ 738 I 1 Nr. 3 HGB). Wo das nicht gelingt, kann der Kläger auf § 23 ZPO zurückgreifen, falls der Beklagte einem Staat angehört, in dem die Zuständigkeit für die Klage eines Deutschen im gleichen Fall nicht entsprechend § 738 I HGB geregelt ist (§ 738 II HGB). Hiermit will das Gesetz ausdrücken, daß die Beschränkung der Zuständigkeiten in Abs. I nicht für Klagen gegen Angehörige von Nichtvertragsstaaten gelten soll. Freilich verpflichtet der komplizierte Wortlaut des Abs. II den Richter streng genommen dazu, das Zuständigkeitsrecht im Heimatstaat des Beklagten jeweils zu ermitteln. Denn auch die vielen Nichtvertragsstaaten können durchaus ein ähnliches Zuständigkeitsrecht besitzen, zumal das Übereinkommen von 1952 nach kompetentem Urteil mit den „general principles predominating in this field" übereinstimmt. Da die Arbeit der Gerichte durch Recherchen über ausländisches Prozeßrecht nicht unnötig erschwert werden sollte, ist § 738 II HGB m. E. so auszulegen, daß dem Kläger andere als die in Abs. I genannten Gerichtsstände offenstehen, wenn der Beklagte aus einem Nichtvertragsstaat kommt oder die Konvention aus einem anderen Grund nicht anwendbar ist. Sonst würde man den Wert des Übereinkommens als Informationsquelle über das ausländische Zuständigkeitsrecht leicht in sein Gegenteil verkehren."

167 Ausführlich *Basedow* VersR 1978, 501.

demnach nicht im Anwendungsbereich der europäischen Zuständigkeitsordnung. Das gleiche gilt für die Fälle des Art. 8 II Nr. 2 der Brüsseler Konvention (alle Beteiligten gehören dem Gerichtsstaat an). Problematisch sind aber die Fälle der Art. 8 II Nr. 1 bzw. § 738 II HGB. Da diese Vorschrift von der grundsätzlichen Anwendbarkeit der Brüsseler Konvention ausgeht und lediglich die Einführung der Gegenseitigkeitsklausel durch die nationalen Gesetzgeber zuläßt, dürfte Art. 57 eingreifen.[168]

c) Das EWG-Übereinkommen ist *aus der Sicht des Beklagten günstiger;*[169] es zieht nämlich die Grenzen seiner Gerichtspflichtigkeit enger als die Brüsseler Konvention vom 10. Mai 1952, da es außerhalb des Wohnsitzstaates des Beklagten nur einen Gerichtsstand am Kollisionsort eröffnet. Dagegen gibt das Brüsseler Übereinkommen dem Kläger – zu Lasten der Zuständigkeitsinteressen des Beklagten – mehr Wahl- und damit Klagemöglichkeiten. Besonders wichtig ist das dem EWG-Übereinkommen bisher unbekannte (erst durch das Beitrittsübereinkommen vom 9. Oktober 1978 durch Einfügung des Art. 5 Nr. 7 in engen Grenzen eingeführte) forum arresti, Art. 1 I Buchst. b, § 738 I Nr. 3 HGB.[170]

d) Die Brüsseler Konvention vom 10. Mai 1952 ist *nicht von allen Vertragsstaaten des EWG-Übereinkommens ratifiziert und in Kraft gesetzt* worden. Nicht beigetreten sind Dänemark, Irland, Luxemburg und die Niederlande. In diesen Staaten kommt die für den Beklagten günstigere Zuständigkeitsordnung des EWG-Übereinkommens zum Zuge.[171] Da-

---

[168] Anders als das EWG-Übereinkommen – vgl. oben § 2 – stellt das Brüsseler Übereinkommen auf die Staatsangehörigkeit der Beteiligten ab. Auch daraus ergeben sich erhebliche Unterschiede bei der Gegenüberstellung der Anwendungsbereiche beider Übereinkommen.

[169] *Basedow* VersR 1978, 502.

[170] Kritisch zum seerechtlichen forum arresti *Reiche,* Multilaterale Verträge über die Hochseeschiffahrt, 1967, 108, Fußn. 621 und *Basedow* VersR 1978, 498 Fußn. 34: Daß die Bundesregierung die zuständigkeitsbegründende Wirkung des Arrests auf die Fälle beschränken will, wo der Arrest wegen der Klageforderung erfolgt ist (vgl. BT-Drucks. VI/2224 S. 42), ist bloßes Motiv. Der Gesetzeswortlaut ist weiter. Es ändert wegen des besonderen Arrestgerichtsstandes des belegenen Vermögens (§ 919 ZPO) nichts an der Kritik. Auch das von der Bundesrepublik ratifizierte Brüsseler Arrestübereinkommen von 1952 hat hier kaum Abhilfe gebracht; vgl. *Herber,* Hansa 72, 510. – Besonders gut beleuchtet wird die Möglichkeit des forum-shopping mit Hilfe des Arrestgerichtsstandes durch den von *Manca,* International Maritime Law III (1971) 140 FN 1 geschilderten Fall. Nach der Kollision eines norwegischen mit einem italienischen Schiff in der Straße von Messina zogen die norwegischen Reeder mittels Arrestierung erst vor amerikanische und dann vor deutsche Gerichte, während eine Klage der italienischen Reederei in Italien schon rechtshängig war." – *Basedow* schlägt vor, das forum arresti durch einen *Gerichtsstand am Ort der hinterlegten Sicherheit* zu ersetzen. Keine Bedenken gegen das forum arresti in der Seegerichtsbarkeit hat der *Schlosser*-Bericht Nr. 121.

[171] Vgl. oben § 13. – Das nationale (autonome) Zuständigkeitsrecht wird verdrängt. So ist z. B. im Anwendungsbereich des EWG-Übereinkommens Art. 543 des niederländischen Wetboek van Koophandel derogiert. Für Dänemark und Irland

gegen haben die Gerichte in Belgien, der Bundesrepublik Deutschland, Frankreich, Griechenland, Italien und dem Vereinigten Königreich bei der Prüfung ihrer internationalen und örtlichen Zuständigkeit den Zuständigkeitskatalog der Art. 1 ff. des Brüsseler Übereinkommens vom 10. Mai 1952 zugrundezulegen. Dieser gibt – wie bereits erwähnt – dem Kläger einen größeren kompetenzrechtlichen Spielraum.

e) Diese kompetenzrechtliche Spaltung innerhalb der EG-Gemeinschaft kann nur durch einen Beitritt aller EG-Staaten zum Brüsseler Übereinkommen behoben werden.[172]

Die im forum arresti oder in sonstigen dem EWG-Übereinkommen unbekannten Gerichtsständen der Art. 1 ff. des Brüsseler Übereinkommens erlassenen Entscheidungen sind nach Art. 25 ff. in allen Vertragsstaaten[173] des EWG-Übereinkommens anzuerkennen und zur Vollstrekkung zuzulassen. Denn Art. 25 ff. gelten für alle Entscheidungen, ohne Rücksicht darauf, auf welches Kompetenzrecht der Erstrichter seine internationale Zuständigkeit gestützt hat, und zwar selbst dann, wenn er das maßgebliche Recht verkannt oder nicht richtig angewandt hat, arg. Art. 28 III 2, Art. 28 I.[174]

---

bringt Art. 36 des Beitrittsübereinkommens eine Übergangs- und Anpassungsfrist. Hierzu *Schlosser*-Bericht Nr. 131: „Zwar hoffen alle Delegationen, daß Dänemark und Irland dem Brüsseler Übereinkommen vom 10. Mai 1952 beitreten werden. Jedoch wird dies naturgemäß eine gewisse Zeit in Anspruch nehmen. Fairerweise muß man eine Frist von drei Jahren nach Inkrafttreten des EuGVÜ-Beitrittsübereinkommens gewähren. Es wäre hart, wenn man in dieser Zeit in den zwei genannten Staaten die Zuständigkeit in Seerechtsfällen auf das beschränken wollte, was die Artikel 2 bis 6 a zulassen. In Artikel 36 des EuGVÜ-Beitrittsübereinkommens ist daher zugunsten dieser Staaten eine Übergangsregelung getroffen worden. Ihr Text stimmt, von redaktionellen Umformulierungen abgesehen, mit dem überein, was die Expertengruppe ursprünglich im besonderen Seerechtsabschnitt generell zur Zuständigkeit aufgrund einer Beschlagnahme von Seeschiffen empfehlen wollte. Sie hatte sich hierbei – so gut wie vollkommen – an die im Brüsseler Arrestübereinkommen getroffene Regelung angelehnt."

[172] Vgl. *Schlosser*-Bericht Nr. 121; *Hauschild,* L'importance des conventions communautaires pour la création d'un droit communautaire: Revue trimestrielle de droit européen 11 (1975) 4, 5 f.

[173] Und zwar auch in den Vertragsstaaten des Brüsseler Übereinkommens vom 10. Mai 1952, da dieses die Anerkennung und Vollstreckung nicht regelt.

[174] Die derzeitige Rechtslage bezeichnet *Basedow* VersR 1978, 502 vor Fußn. 90 als „Mißstand", stimmt aber im Ergebnis mit der hier vertretenen Lösung überein. Zu Unrecht stellt er auf vermeintliche *staatliche Zuständigkeitsinteressen* der Nichtvertragsstaaten ab und übersieht, daß es in Wirklichkeit um die *Zuständigkeitsinteressen der Parteien* geht; *Basedow* meint: „. . . daß Italien und die Niederlande, denen im Bereich des EWG-GVÜ das forum arresti nicht zusteht, eben diesen Arrestgerichtsstand in Belgien, Deutschland und Frankreich anerkennen sollen, ist keine dauerhafte Lösung. Sie ist aber fürs erste vorzuziehen, weil die Alternative – Rekurs auf das autonome internationale Zivilprozeßrecht der Gemeinschaftsstaaten – untragbar ist. Diese Alternative würde nämlich, auf die bisher rund 15 Sondermaterien des Art. 57 EWG-GVÜ konsequent angewendet, bedeuten, daß für die besonders wichtigen internationalen

f) Ein Beitritt aller EG-Vertragsstaaten zum Brüsseler Übereinkommen würde das forum arresti perpetuieren. Dieses paßt aber nicht mehr in die europäische Zuständigkeitslandschaft.[175] Es wurde deshalb vorgeschlagen,[176] die Brüsseler Konvention vom 10. Mai 1952 durch Protokoll der EWG-Staaten im Verhältnis zueinander für unanwendbar zu erklären für den Fall, daß alle beteiligten Schiffe EWG-Flaggen tragen und die Parteien Wohnsitz/Sitz im geographischen Anwendungsbereich des EWG-Übereinkommens haben. Eine solche Regelung würde die Rechte anderer Vertragsstaaten der Konvention von 1952 nicht beeinträchtigen, so daß völkerrechtlich deren Zustimmung nicht erforderlich wäre.

Bereiche wie das Transportwesen alles beim alten, sprich: beim nationalen Recht als Komplement der Sonderübereinkommen bliebe. Im größten Teil des Transportrechts hätte das EWG-GVÜ also überhaupt keine Auswirkungen. So betrachtet, wäre es nur eine neue neben den schon für Sondermaterien eingerichteten alten Schubläden. In Wirklichkeit aber muß das europäische Übereinkommen der Schrank sein, in den die Schubläden eingeordnet werden. Was aus ihnen herausfällt, fällt in den Schrank. – Der dargestellte Mißstand sollte statt durch richterliche Auslegung des Art. 57 EWG-GVÜ auf legislativem Wege beseitigt werden." Für Regelung durch Zusatzprotokoll auch *Weser* 389 Fußn. 279 bis.

[175] Anders *Schlosser*-Bericht Nr. 121: „Die Ausübung von Gerichtsbarkeit in seerechtlichen Fällen spielt für das V. K. von alters her eine sehr viel größere Rolle als für die kontinentalen Staaten der Gemeinschaft. Die Abgrenzung der internationalen Zuständigkeit der Gerichte ist, so wie sie sich im V. K. entwickelt hat, prägend für die Weltseegerichtsbarkeit geworden. Das hat sich nicht zuletzt in den Brüsseler Übereinkommen von 1952 und 1957 niedergeschlagen. Die Ausübung von Seegerichtsbarkeit auf die Zuständigkeiten zu beschränken, die in der ursprünglichen Fassung des EuGVÜ niedergelegt sind, ist nicht sachgerecht. Ist ein Schiff in einem Staat wegen eines international als Seeforderung anerkannten Anspruchs beschlagnahmt worden, so ist es dem Gläubiger nicht recht zuzumuten, sein Recht in der Hauptsache vor den Gerichten am Wohnsitz des Reeders zu suchen. Die Expertengruppe hat lange Zeit erwogen, aus diesem Grund in den 2. Titel die Aufnahme eines besonderen Abschnitts über Seegerichtsbarkeit vorzuschlagen. Artikel 36 des Beitrittsübereinkommens zum EuGVÜ geht auf einen dafür ausformulierten Entwurf zurück. In den parallel geführten Verhandlungen zu Artikel 57 EuGVÜ konnte jedoch eine allseits akzeptierte Klarstellung erzielt werden, die den Mitgliedstaaten eines Seerechtsübereinkommens ermöglicht, darin vorgesehene Zuständigkeiten auch gegenüber Bewohnern eines Staates der Gemeinschaft in Anspruch zu nehmen, der dem Übereinkommen nicht angehört. Zudem unterstützen alle Delegationen eine gemeinsame Empfehlung an die Staaten der Gemeinschaft, dem wichtigsten der seerechtlichen Übereinkommen, nämlich dem Brüsseler Übereinkommen vom 10. Mai 1952, beizutreten. In der Zuversicht, daß die gemeinsame Empfehlung beschlossen und verwirklicht werden wird, hat die Expertengruppe ihre Pläne für einen Abschnitt über Seegerichtsbarkeit wieder fallengelassen. Dies geschah nicht zuletzt auch im Interesse der Übersichtlichkeit des EuGVÜ und einer klaren Abgrenzung seines Regelungsbereichs von dem anderer Übereinkommen."

[176] *Basedow* VersR 1978, 502 bei Fußn. 91.

§ 85 Das forum rei sitae für Immobiliarklagen. Die Belegenheit der Immobilie als Anknüpfungspunkt für die internationale Zuständigkeit, Art. 16 Nr. 1 erste Alternative

I. Rechtslage nach allgemeinem Völkergewohnheitsrecht

Mitunter wird behauptet,[1] das Völkergewohnheitsrecht weise die Entscheidung von Immobiliarklagen ausschließlich dem Belegenheitsstaat zu. Dieser sei ausschließlich international zuständig.[2] Eine solche Regel wurde aber international nie anerkannt.[3] Die Staatenpraxis hat es widerspruchslos hingenommen, daß auch andere Staaten (z. B. der Wohnsitzstaat) über Immobiliarklagen entschieden haben.[4] Art. 16 Nr. 1 enthält also nicht eine Kodifizierung bereits geltenden Völkerrechts.[5]

II. Ausschließlichkeit der internationalen Zuständigkeit des Belegenheitsstaates

1. Art. 16 Nr. 1 verdrängt von seinem Anwendungsbereich[6] alle übrigen Zuständigkeitsanknüpfungen für die internationale Zuständigkeit,

---

[1] *Kallmann,* Anerkennung und Vollstreckung ausländischer Zivilurteile und gerichtlicher Vergleiche, 1946, 29f., Fußn. 21 und *Schnitzer,* Handbuch des IPR II 4. Aufl. 1958, 801.

[2] Zweifelnd *Stein-Jonas-Schumann,* ZPO, 20. Aufl., § 24, Rz. 3 Fußn. 4. *Schlosser* ZZP 79 (1966), 172, Fußn. 27.

[3] Nachweise bei *Schröder,* Internationale Zuständigkeit, 1971, 368 Fußn. 1580, 770; *Geimer* NJW 1974, 2189; *Zöller-Geimer,* ZPO, 13. Aufl., IZPR, Anm. D II 3; *Matscher* JBl 1979, 241.

[4] Nachweise bei *Schröder,* Internationale Zuständigkeit, 1971, 356ff. und *Zöller-Geimer,* ZPO, 13. Aufl., 1981, IZPR, Anm. E VIII.

[5] *Geimer* (Fußn. 3) und *Kropholler* IZVR Rz. 422.

[6] Zum Anwendungsbereich siehe oben § 29 V. Auf den *Wohnsitz der Prozeßparteien* kommt es nicht an. Art. 16 beansprucht – entgegen der Grundnorm des Art. 2 I, vgl. oben § 29 IV – Geltung ohne Rücksicht auf den Wohnsitz der Parteien. Art. 16 findet auch dann Anwendung, wenn der Beklagte außerhalb des geographischen Anwendungsbereiches des Übereinkommens wohnt, selbst dann, wenn beide Parteien in Drittstaaten wohnen. Hierzu der *Jenard*-Bericht S. 80: „Diese Vorschriften, die von dem Streitgegenstand ausgehen, gelten unabhängig von dem Wohnsitz und der Staatsangehörigkeit der Parteien. Angesichts der Gründe, die zu der Festlegung der ausschließlichen Zuständigkeiten geführt haben, mußte ihnen eine so allgemeine Tragweite gegeben werden, daß sie auch für Beklagte mit dem Wohnsitz außerhalb der Gemeinschaft gelten. So kann beispielsweise ein belgisches Gericht nicht aufgrund des Artikel 53 des Gesetzes vom 25. März 1876 oder des Artikels 637 des Entwurfs einer Gerichtsordnung, die bei Klagen gegen Ausländer den Gerichtsstand des Klägers vorsehen, in einem Rechtsstreit zwischen einem Belgier und einer Person, die ihren Wohnsitz z. B. in Argentinien hat, entscheiden, wenn den Gegenstand eine in

so den Beklagtenwohnsitz (Art. 2 I) und die sonstigen in Art. 5 und 6 aufgeführten Zuständigkeitsanknüpfungen.[7]

2. *Konkurrierende* internationale Zuständigkeiten können sich nur ergeben, wenn die Immobilie sich auf dem Territorium zweier Staaten befindet; dann sind beide Belegenheitsstaaten konkurrierend international zuständig.[8]

3. Die durch Art. 16 Nr. 1 begründete internationale Zuständigkeit kann nicht derogiert werden, Art. 17 II.[9] Nach Ansicht der Verfasser des Übereinkommens ist das unmittelbare staatliche Interesse des Belegenheitsstaates[10] an der Bejahung seiner Jurisdiktion so stark, daß es von den

---

Deutschland belegene, unbewegliche Sache bildet. In diesem Fall sind allein die deutschen Gerichte zuständig." Zur Frage der Anwendbarkeit des Art. 16, wenn keine Beziehungen zu anderen Vertragsstaaten bestehen, s. oben § 29 XIV und XV. Art. 16 setzt voraus, daß die dort genannten Anknüpfungspunkte innerhalb eines der Vertragsstaaten liegen. Art. 16 gilt also nur zu Gunsten anderer Vertragsstaaten, nicht jedoch zu Gunsten dritter Staaten. Liegt z. B. die streitgegenständliche Immobilie in der Schweiz, so gilt Art. 16 Nr. 1 nicht. Hier greift wieder die Allzuständigkeit des Wohnsitzstaates gemäß Art. 2 I ein, sowie etwaige besondere Zuständigkeitsanknüpfungen des Art. 5 und/oder Art. 6. Der Wohnsitzstaat muß seine Gerichte in der Sache tätig werden lassen, vgl. oben § 62 II 1. In jedem Fall muß ein negativer internationaler Kompetenzkonflikt vermieden werden. Die Gerichte des Wohnsitzstaates müssen sich jedenfalls dann der Klage annehmen, wenn das Urteil des Drittstaates im Wohnsitzstaat nicht anerkennungsfähig ist. Wie ist es nun, wenn das Urteil zwar im Wohnsitzstaat anerkannt werden kann, wenn aber in einem anderen Vertragsstaat das Urteil des Drittstaates – mangels verbürgter Gegenseitigkeit oder mangels eines einschlägigen bilateralen Staatsvertrages über die Anerkennung und Vollstreckung – nicht anerkannt werden kann? Auch dann hat der Wohnsitzstaat die Verpflichtung, eine Sachentscheidung zu erlassen. Dabei kann er jedoch möglicherweise in völkerrechtliche Konflikte mit dem Drittstaat geraten, wenn er sich gegenüber diesem Staat verpflichtet hat, die Jurisdiktion des dritten Staates zu achten. Bleibt nur der Ausweg, daß er dem dritten Staat Vorrang läßt und ein mit dem drittstaatlichen Urteil inhaltsgleiches Urteil fällt, das seinerseits wiederum in den anderen Vertragsstaaten Anerkennung finden kann.

[7] *Jenard*-Bericht S. 79: „Das Übereinkommen stellt mit anderen Worten für die Gerichte der Vertragsstaaten ein Verbot auf, sich für Streitigkeiten über eine in einem anderen Vertragsstaat belegene unbewegliche Sache für zuständig zu erklären."

[8] Diesen Fall hat Art. 23 im Auge. Das zuletzt angerufene Gericht muß sich zugunsten des zuerst angerufenen Gerichts für unzuständig erklären. Vgl. *Jenard*-Bericht S. 86.

[9] Vgl. *Jenard*-Bericht S. 75 vor Art. 7.

[10] Der *Jenard*-Bericht S. 80 führt den Gesichtspunkt des ordre public an: „Der Ausschuß hat sich bei der Begründung dieser ausschließlichen Zuständigkeit von mehreren Erwägungen leiten lassen. In der Bundesrepublik Deutschland und in Italien ist das Gericht ausschließlich zuständig, in dessen Bezirk die unbewegliche Sache belegen ist; diese Zuständigkeit gilt als Bestandteil des ordre public. Enthielte das Übereinkommen keine Vorschriften über die ausschließliche Zuständigkeit, so könnte der Fall eintreten, daß Urteile, die in anderen Staaten durch Gerichte erlassen werden, deren Zuständigkeit nach anderen Vorschriften des Übereinkommens begründet ist (Gerichtsstand des Wohnsitzes des Beklagten, vereinbarter Gerichtsstand), in Deutschland

Parteien nicht derogiert werden kann, Art. 17 II. Das gleiche gilt für eine rügelose Einlassung (Art. 18).[11]

III. Ratio conventionis

1. Beweis- und Rechtsnähe

Grund für die Zuständigkeitsanknüpfung in Art. 16 Nr. 1 ist ein besonders enger Sachbezug des Gerichtsortes zum Gegenstand der Klage, und zwar sowohl die Beweis- als auch die Rechtsnähe[12]. Dies ist offenkundig und bedarf keiner näheren Begründung. Die Frage ist nur, aus welchen Gründen das Übereinkommen diese Zuständigkeitsanknüpfung zur ausschließlichen gemacht hat, mit der Folge, daß es den übrigen Vertragsstaaten verboten ist, sich für die in Art. 16 genannten Streitigkeiten für zuständig zu erklären. Die „Erfordernisse einer geordneten Rechtspflege" fordern nicht zwingend die internationale Ausschließlichkeit des forum rei sitae.

Wäre das richtig, so müßte man auch das forum delicti commissi wegen der besonderen Beweis- und Rechtsnähe für international ausschließlich erklären.[13] Dies wird aber von niemand befürwortet. Die

---

oder in Italien weder anerkannt noch vollstreckt werden könnten. Ein solches Ergebnis stünde im Widerspruch zur Freizügigkeit der Urteile."

[11] *Jenard*-Bericht S. 79 zu Art. 16: „Von den Zuständigkeitsvorschriften des Artikels 16 kann weder durch eine Vereinbarung über den Gerichtsstand noch stillschweigend (Artikel 17 und 18) zugunsten der Gerichte eines anderen Vertragsstaates abgewichen werden. Ist das Gericht eines Vertragsstaates wegen einer Streitigkeit angerufen, für die das Gericht eines anderen Vertragsstaats ausschließlich zuständig ist, so hat es sich von Amts wegen für unzuständig zu erklären (Artikel 19). Bei Nichtbeachtung dieser Vorschriften wird die Anerkennung und Vollstreckung versagt (Artikel 28 und 34)."

[12] *Jenard*-Bericht S. 75: „Abschnitt 5 (Artikel 16) stellt einen Katalog der Fälle auf, in denen die Gerichte eines Vertragsstaats allein zuständig sind, da die Zusammenfassung der Streitfälle vor den Gerichten eines einzigen Staates aus Gründen einer geordneten Rechtspflege geboten ist." Und auf S. 80 ist zu lesen: „Der Ausschuß war um so eher geneigt, die in der Bundesrepublik Deutschland und in Italien geltenden Zuständigkeitsnormen auf den zwischenstaatlichen Rechtsverkehr auszudehnen, als seiner Ansicht nach eine solche Erweiterung den Erfordernissen einer geordneten Rechtspflege entspricht. Diese Art von Rechtsstreitigkeiten macht häufig Nachprüfungen, Untersuchungen und Sachverständigengutachten an Ort und Stelle erforderlich. Auch ist zur Regelung dieser Fälle nicht selten auf Gebräuche zurückzugreifen, mit denen im allgemeinen nur die Gerichte des Ortes, in dem die unbewegliche Sache belegen ist, und auch noch die Gerichte des betreffenden Vertragsstaats vertraut sind. Schließlich berücksichtigt das System des Übereinkommens die Notwendigkeit, daß die Eintragungen in Grundbücher oder Register vorgenommen werden müssen, die an dem Ort eingerichtet sind, wo das Grundstück belegen ist."

[13] *Zöller-Geimer,* ZPO, 13. Aufl., 1981, IZPR Anm. E VI 2g. Oben § 84 Fußn. 156.

internationale Ausschließlichkeit folgt auch nicht zwingend aus dem Umstand, daß das Liegenschafts- und Wohnungsmietrecht stark mit öffentlichem Recht durchwirkt ist und dessen Auffindung und Anwendung für ausländische Gerichte oft schwierig ist. Hiergegen ist festzustellen: Der Grad der Schwierigkeit des Erkennens und Anwendens ausländischen Rechts ist irrelevant.[14] Wollte man darauf abstellen, so wäre dies das Ende des IPR. Noch niemand ist im Bereich des internationalen Schuldrechts oder Familien- oder Erbrechts auf die Idee gekommen, die internationale Zuständigkeit deshalb zu verneinen, weil es mit erheblichen Schwierigkeiten verbunden ist, die Regeln der zur Anwendung berufenen ausländischen Rechtsordnung zu erkunden. Wenn ausländischen Gerichten die Anwendung des Liegenschaftsrechts bzw. Wohnungsmietrechts des Belegenheitsstaates nicht möglich ist, dann wäre es folgerichtig, die internationale Zuständigkeit auch dann in Abrede zu stellen, wenn die in Art. 16 Nr. 1 genannten Streitpunkte nicht Streitgegenstand, sondern Präjudizialpunkte sind; denn die ausländischen Rechtsmaterien werden für den ausländischen Richter nicht deswegen leichter faßbar, weil sie „nur" incidenter zu prüfen sind. Im übrigen ist in Prozessen über Grundbesitz bzw. Wohnraum nicht immer nur „schwieriges" (bürgerliches oder öffentliches) Grundstücks- bzw. Mietrecht des Belegenheitsstaates maßgeblich. Mitunter ist der Prozeß ausschließlich auf der Grundlage des eigenen Rechts des angegangenen Gerichts zu entscheiden. So etwa, wenn nach dem Tode des Eigentümers eines Hauses in Italien zwischen den Verwandten gestritten wird, wer Eigentümer auf Grund eines Testaments geworden ist, für dessen Wirksamkeit bzw. Auslegung das Recht des Gerichtsstaates maßgeblich ist.[15]

2. Souveränitätsinteressen

1. Der *Jenard*-Bericht[16] behauptet ohne nähere Begründung, die Ausschließlichkeit des forum rei sitae sei „Bestandteil des ordre public". Damit soll wohl zum Ausdruck gebracht werden, die Ausschließlichkeit

[14] *Zöller-Geimer,* ZPO, 13. Aufl., 1981, IZPR, Anm. E VIII 2c.

[15] *Schröder,* Internationale Zuständigkeit, 1971, 372: „Beweisnah und rechtsnah verhandeln und entscheiden können, ist zweifellos ein Vorteil für die Gerichte. Daß Grundstücksangelegenheiten nach der lex rei sitae zu beurteilen sind, ist offenbar weltweite communis opinio. Allerdings: nicht immer brauchen grundstücksnahe und grundstücksrechtsnahe Fragen im Streit zu sein, obgleich auch dann internationale Immobiliarkompetenz in Anspruch genommen werden kann. Es mag z. B. «das Eigentum, eine dingliche Belastung oder die Freiheit von einer solchen geltend gemacht» werden mit der Begründung, die eine oder die andere Partei sei geschäftsunfähig oder nicht verfügungsbefugt gewesen. Insoweit kann es auch auf das Personalstatut, das Ehegüterrechtsstatut oder auf das Erbstatut ankommen, die einer ausländischen Rechtsordnung zu entnehmen sein mögen, und die Beweise überdies möchten sehr viel besser am gewöhnlichen Aufenthalt der Parteien zu erheben und zu würdigen sein."

[16] S. 80.

des forum rei sitae folge aus der Souveränität des Belegenheitsstaates. Dies ist nicht zutreffend.[17] Allerdings finden sich solche Argumente in der Rechtsprechung zum autonomen Recht. So hat z. B. das Reichsgericht[18] erklärt: „Schon in der Ausschließlichkeit dieses Gerichtsstandes für unbewegliche Sachen spiegelt sich die Staats- und Gebietshoheit wieder. Der Staat duldet nicht, daß fremde Richter über die in seinem Bereich liegenden Grundstücke urteilen." Das Reichsgericht übersah, daß es eine Reihe von Staaten gibt, die für Klagen, die ihre Grundstücke betreffen, keine ausschließliche internationale Zuständigkeit beanspruchen. Zu Recht betont *Schröder*[19], daß sich aus der Souveränität für die Regelung privatverfahrensrechtlicher Zuständigkeit nichts herleiten lasse. „Staaten, deren Belegenheitszuständigkeit keine internationale Exklusivität voraussetzt (wie Italien), verlieren darum keinen Deut von ihrer Souveränität, auch keinen Deut von ihrer territorial begründeten Souveränität. Ihr Staatsgebiet bleibt ihnen erhalten, ob jenes Grundstück nun dem Müller oder dem Schmitz gehört. Darüber indes können auch ausländische Gerichte befinden. Man muß sich von der Vorstellung freimachen, als ginge es ausländischer Privatrechtspflege nur darum, die inländischen Eigentumsverhältnisse zu unterwandern." Kompetenzrechtlich substanzlos daher auch folgender Satz des Reichsgerichts:[20] „Der Grund und Boden und die mit ihm fest verbundenen Sachen bilden einen untrennbaren Teil des Staatsgebiets, in welchem sie gelegen sind, sie können nur der Herrschaft dieses Staates unterstehen, und nur er ist in der Lage, ein Urteil in ein solches Immobilie zu vollstrecken"; denn die staats- und völkerrechtliche Herrschaft wird in keiner Weise berührt.

2. Fazit: Die Analyse der Zuständigkeitsinteressen[21] zeigt, daß die Berufung auf den inländischen ordre public die Ausschließlichkeit des forum rei sitae nicht begründen kann.

IV. Keine Annexzuständigkeit für persönliche Klagen

Zuständigkeitspolitisch ist es ein schwerer Mangel, daß das Übereinkommen *keine Annexzuständigkeit* vorsieht für *persönliche Klagen*, die im Zusammenhang mit den in Art. 16 Nr. 1 genannten Streitgegenständen erhoben werden. Wird z. B. die actio hypothecaria bezüglich eines Grundstücks in München erhoben, so kann der Gläubiger die Klage aus der persönlichen Schuld nicht am forum rei sitae anhängig machen. Er muß vielmehr im Wohnsitzstaat des Beklagten oder im Staat, wo der Erfüllungsort liegt (Art. 5 Nr. 1), klagen. Dies führt zu einer unerfreuli-

[17] *Zöller-Geimer,* ZPO, 13. Aufl., 1981, IZPR, Anm. E VI 2e.
[18] RGZ 102, 253.
[19] *Schröder,* Internationale Zuständigkeit, 1971, 367.
[20] RGZ 62, 167; zustimmend *Riezler,* Festgabe für *Rosenberg,* 1949, 219.
[21] *Zöller-Geimer,* ZPO, 13. Aufl., 1981, IZPR, Anm. VI 2 und VIII.

chen Aufsplitterung der internationalen Zuständigkeit und damit auch der Rechtskraft. Das Gerichtsinteresse an der einheitlichen Feststellung und Entscheidung ist in solchen Fällen so stark, daß es richtig gewesen wäre, den Beklagten auch bezüglich der persönlichen Klage am forum rei sitae gerichtspflichtig zu machen. Dem Kläger ist eine Rechtsverfolgung in *mehreren* Staaten nicht zuzumuten. Das Versäumnis der Verfasser des Übereinkommens ist umso erstaunlicher, als das deutsche Recht eine solche Annexzuständigkeit in §§ 25 und 26 ZPO vorsieht.

V. Rechtsvergleichende Hinweise[22]

1. Bundesrepublik Deutschland

Die h. M. beansprucht für die in § 24 ZPO aufgeführten (unbewegliche Sachen betreffenden) „Klagen, durch die das Eigentum, eine dingliche Belastung oder die Freiheit von einer solchen geltend gemacht wird", einschließlich „Grenzscheidungs-, Teilungs- und Besitzklagen" eine ausschließliche internationale Zuständigkeit der Bundesrepublik Deutschland.[23]

2. Italien

a) Ist der Beklagte Italiener, so bedarf es nach autonomem italienischen Recht keiner besonderen Belegenheitszuständigkeit. Denn die internationale Zuständigkeit ergibt sich bereits aus der *Staatsangehörigkeit des Beklagten*. Italien beansprucht für alle Klagen gegen seine Staatsangehörigen eine internationale Zuständigkeit.[24] Diese ist allumfassend. Die *giurisdizione* wird deshalb grundsätzlich auch auf Klagen erstreckt, die *ausländischen Grundbesitz* betreffen.[25]

b) Ist der Beklagte Ausländer, so ergibt sich die internationale Zuständigkeit Italiens aus Art. 4 Nr. 2 des Codice di procedura civile: „Lo straniero può essere convenuto davanti ai giudici della repubblica se la domanda riguarda beni esistenti nel repubblica." Diese Vorschrift geht wesentlich weiter als § 24 ZPO. Sie stipuliert eine allgemeine Belegenheitszuständigkeit, also ein forum rei sitae nicht nur für Immobilien, sondern auch für bewegliche Sachen. Art. 4 Nr. 2 Codice di procedura civile eröffnet seine internationale Zuständigkeit nicht nur für Realklagen im engeren Sinne, sondern auch für persönliche Klagen, sofern sie nur

---

22 *Schröder,* Internationale Zuständigkeit, 1971, 355ff.

23 Nachweise bei *Zöller-Geimer,* ZPO, 13. Aufl., 1981, IZPR, Anm. E VIII 1c und XV 7c sowie bei *Kropholler* IZVR Rz. 421.

24 *Schröder,* Internationale Zuständigkeit, 1971, 360.

25 Vgl. die berühmte Entscheidung der Corte di cassazione vom 27. Juli 1931, Riv. dir. int. 1932, 234, betreffend ein Grundstück in Argentinien.

eine Beziehung zur Sache haben, z. B. Klagen auf Übergabe, wegen Vermietung, Beschädigung oder Reparatur.

c) Im Gegensatz zum deutschen Recht wird die internationale Zuständigkeit, die sich auf die Belegenheit der Sache in Italien begründet, nicht als ausschließlich angesehen.[25a]

d) Als Wohnsitzstaat hält sich Italien für international unzuständig, über Klagen gegen Ausländer zu entscheiden, die sich auf ausländisches Grundvermögen beziehen; vgl. Art. 4 Nr. 1 Codice di procedura civile: „... salvo che a la domanda sia relativa a beni immobili situati all'estero." Wohnt ein ausländischer Beklagter in Italien und liegt sein Grundvermögen im Ausland, so ist Italien international unzuständig für Klagen, die sich auf das Grundvermögen beziehen.

3. Frankreich

a) Ist der Kläger oder der Beklagte Franzose, so ergibt sich die internationale Entscheidungszuständigkeit Frankreichs bereits aus Art. 14, 15 Code civil. Streiten Ausländer über Grundbesitz in Frankreich, so ist Art. 44 nouveau Code de procédure civile maßgebend: „En matière réelle immobilière, la juridiction du lieu où est situé l'immeuble est seule compétente."

b) Die internationale Zuständigkeit Frankreichs für Immobiliarklagen, die sich auf französische Grundstücke beziehen, ist ausschließlich. Ausländische Urteile werden nicht anerkannt.

c) Französische Gerichte verneinen ihre internationale Zuständigkeit für Klagen, die im Ausland belegene Grundstücke oder unbewegliche Nachlaßgegenstände betreffen. Insoweit ist auch die aus Art. 14 und 15 Code civil hergeleitete internationale Zuständigkeit begrenzt.[26]

4. England

Man unterscheidet zwischen actions in rem und actions in personam. Für beide Klagearten ist die Belegenheitszuständigkeit eröffnet. Für actions in personam kann darüberhinaus eine assumed jurisdiction bejaht werden, wenn die Klage englischen Grundbesitz betrifft. Vgl. Order 11 rule 1 (1) a Rules of the Supreme Court.[27]

5. Vertragsrecht

Art. 49 des deutsch-französischen Vertrages zur Regelung der Saarfrage[28] bestimmt, daß „für alle Klagen, die den Besitz, das Eigentum

---

[25a] *Schröder,* Internationale Zuständigkeit, 1971, 361.

[26] *Schröder,* Internationale Zuständigkeit, 1971, 361.

[27] *Schröder* (Fußn. 26) 362; *Dicey-Morris,* Conflict of Laws, 10. Aufl., 1980, 99 (Rule 24). Vgl. auch unten Fußn. 57.

[28] Vertrag vom 27. Oktober 1956, BGBl. 1956 II 1587.

oder dingliche Rechte an einer unbeweglichen Sache betreffen, die Gerichte des Landes ausschließlich zuständig sind, in dem sich die Sache befindet".

VI. Keine Regelung der örtlichen Zuständigkeit

1. Art. 16 regelt nur die internationale Zuständigkeit, legt jedoch nicht fest, welches Gericht innerhalb des als international ausschließlich zuständig bestimmten Vertragsstaates örtlich zuständig ist.[29] Die Bestimmung des örtlich zuständigen Gerichts bzw. der örtlich zuständigen Gerichte bleibt dem nationalen Zuständigkeitsrecht des jeweiligen Vertragsstaates vorbehalten. Die Rechtslage ist also die gleiche wie bei der Bestimmung der örtlichen Zuständigkeit innerhalb des Wohnsitzstaates (Art. 2 I).[30] Der nach Art. 16 für ausschließlich international zuständig erklärte Vertragsstaat ist nicht verpflichtet, nur eines seiner Gerichte für örtlich zuständig zu erklären, er kann auch mehrere seiner Gerichte fakultativ örtlich zuständig sein lassen. Die Regel des deutschen,[31] französischen[32] und italienischen[33] Rechts, wonach das Gericht am forum rei sitae ausschließlich örtlich zuständig ist, ist durch das Übereinkommen nicht festgeschrieben.[34] So könnte z. B. die Bundesrepublik Deutschland die Ausschließlichkeit des § 24 ZPO aufheben und wahlweise neben dem forum rei sitae auch den Wohnsitzgerichtsstand zulassen. Eine solche Regelung galt z. B. in Frankreich bis zum 31. Dezember 1975. Art. 59 V des Code de procédure civile war nicht ausschließlich. Er ließ den Wohnsitzgerichtsstand unberührt. Erst der am 1. Januar 1976 in Kraft getretene nouveau Code de procédure civile änderte diesen Rechtszustand.

2. Jeder nach Art. 16 ausschließlich international zuständige Vertragsstaat muß mindestens ein örtlich zuständiges Gericht zur Verfügung stellen. Sonst läge eine Justizverweigerung vor. Dies ist jedoch verboten. Denn es steht nicht im Belieben des nach Art. 16 Nr. 1 ausschließlich international zuständigen Belegenheitsstaates, ob er von der ihm eingeräumten ausschließlichen Jurisdiktionsbefugnis Gebrauch machen will oder nicht. Er darf seine internationale Zuständigkeit z. B. nicht auf den Wohnsitzstaat delegieren. Fände sich in dem nach Art. 16 ausschließlich zu-

---

[29] *Jenard*-Bericht S. 80: „. . . das Übereinkommen [begründet] eine ausschließliche Zuständigkeit lediglich mit Bezug auf internationale Beziehungen; die in den einzelnen Vertragsstaaten geltenden innerstaatlichen Zuständigkeitsvorschriften bleiben daher unberührt."

[30] Oben § 33 II.

[31] § 24 ZPO.

[32] Art. 44 nouveau Code de procédure civile.

[33] Art. 21 Codice di procedura civile.

[34] *Jenard*-Bericht S. 80: „. . . dagegen verbietet [das Übereinkommen] nicht, daß in dem Staat, in dem die unbewegliche Sache belegen ist, ein anderes Gericht als das des Ortes mit der Sache befaßt wird, an dem die unbewegliche Sache belegen ist, sofern die Zuständigkeit dieses Gerichts nach dem Recht dieses Staates gegeben ist."

ständigen Vertragsstaat kein Gericht, das sich der Klage annimmt, so entstände ein negativer Kompetenzkonflikt, da alle anderen Vertragsstaaten, insbesondere auch der Wohnsitzsstaat, international unzuständig sind.

3. Das Fehlen eines nach nationalem Zuständigkeitsrecht örtlich zuständigen Gerichts in dem international ausschließlich zuständigen Staat ist aber kein Grund zur Verzweiflung. Aus dem Verbot der Justizverweigerung ist die subsidiär eingreifende konventionsrechtliche Norm zu entwickeln, daß bei Schweigen des autonomen Rechts das Gericht der Hauptstadt des nach Art. 16 kompetenten Staates örtlich zuständig ist.

VII. Präjudizialität genügt nicht

Art. 16 Nr. 1 ist anzuwenden auf „Klagen, die dingliche Rechte an unbeweglichen Sachen ... zum Gegenstand haben." Diese müssen also Streitgegenstand sein.[35] Bloße Präjudizialität genügt nicht. Kommt es z. B. bei einer Klage wegen Schadensersatz aus unerlaubter Handlung auf die Vorfrage an, ob der Kläger Eigentümer des vom Beklagten beschädigten Hausanwesens war, so greift Art. 16 Nr. 1 nicht ein.[36] Es kommt vielmehr entweder Art. 2 I oder Art. 5 Nr. 3 zum Zuge.

VIII. Verbot der Widerklage in anderen Vertragsstaaten

1. Die ausschließliche internationale Zuständigkeit des Belegenheitsstaates kann nicht durch Erhebung einer Widerklage (Art. 6 Nr. 3) in einem anderen Vertragsstaat unterlaufen werden. Vgl. oben § 80 VIII. Diese wäre unzulässig. Art. 16 Nr. 1 überlagert Art. 6 Nr. 3. Wird die Widerklage in einem dritten Staat erhoben, so gilt das gleiche.

2. Nicht verboten ist jedoch die vorfrageweise Prüfung der in Art. 16 Nr. 1 angesprochenen Rechtsfragen. Ein Kognitionsverbot besteht nicht. Das mit der Vorfrage befaßte Gericht ist nicht verpflichtet, den Rechtsstreit auszusetzen. Es darf und muß selbst entscheiden.

IX. Qualifikation

1. Fragestellung

a) Der EuGH hat bisher noch nicht zu der Frage Stellung genommen, ob die Begriffe „unbewegliche Sache" und „dingliche Rechte" autonom

---

[35] *Jenard*-Bericht S. 79: „Grundsätzlich begründen die in Artikel 16 aufgezählten Streitsachen einen ausschließlichen Gerichtsstand nur dann, wenn das Gericht über sie als Hauptsache zu entscheiden hat." – Unrichtig ist die Verwendung des Wortes „grundsätzlich".

[36] *Stauder,* GRUR Int. 1976, 511; *Linke* in *Bülow-Böckstiegel,* 606/131, Art. 16, Anm. II bei Fußn. 3.

zu qualifizieren sind, ob also nach einer konventionsimmanenten Definition zu suchen ist,[37] oder ob die lex causae, die das IPR des angerufenen Gerichts bestimmt,[38] oder immer die lex rei sitae[39] maßgeblich ist.

---

[37] Bisher liegt nur eine Entscheidung des EuGH zu Art. 16 Nr. 1 vor, und zwar zur 2. Alternative (Mietstreitigkeiten bezüglich unbeweglicher Sachen): Urteil vom 14. Dezember 1977, Rechtssache 73/77 – *T. E. Sanders ./. R. van der Putte,* (Ersuchen um Vorabentscheidung, vorgelegt vom Hoge Raad der Nederlanden), EuGHE 77, 2383 = RIW/AWD 1978, 336 = NJW 1978, 1107 L = Clunet 105 (1978), 388 mit Anm. *Bischoff,* = Rechtsprechungsübersicht Nr. 67 (Folge 2) = Nachschlagewerk I-16.1–A 1. Hier findet sich kein Hinweis, daß der EuGH geneigt wäre, auf das nationale Recht zurückzugreifen. Zwar fehlt der sonst übliche Standardsatz, daß nur durch eine konventionsimmanente Begriffsdefinition die einheitliche Anwendung des Übereinkommens gewährleistet werde, aber der EuGH ging nicht auf die nationalen Rechtsordnungen ein. Vielmehr antwortete er auf die ihm vom Hoge Raad vorgelegten Fragen:

„1. Der Begriff «Miete oder Pacht von unbeweglichen Sachen» in Art. 16 ist nicht in dem Sinne auszulegen, daß er einen Vertrag über die Verpachtung eines Ladengeschäfts umfaßt, welches in einer vom Verpächter von einem Dritten gemieteten unbeweglichen Sache betrieben wird.

2. Differenzen über das Bestehen des den Gegenstand des Rechtsstreits bildenden Vertrages ändern nichts an der zur Anwendbarkeit des Art. 16 gegebenen Antwort."

Das Ausgangsverfahren hatte sich entwickelt wie folgt: Beide Parteien wohnen in den Niederlanden.

Der Kläger hatte in gemieteten Räumen in Wuppertal ein Blumengeschäft betrieben. Dieses verpachtete er an den Beklagten. Er vereinbarte mit dem Beklagten einen monatlichen „Pachtzins"; auch die Miete für die Geschäftsräume sollte der Beklagte tragen. Wegen Nichterfüllung dieser Verpflichtungen hat der Kläger in den Niederlanden Zahlungsklage erhoben. Der Gerichtshof *Arnheim* hat als Berufungsgericht die Frage, ob für die Klage gemäß Art. 16 Nr. 1 die deutschen Gerichte ausschließlich zuständig seien, mit Urteil vom 4. Mai 1976 (Rechtsprechungsübersicht Nr. 68, Folge 2) verneint.

Die Klage betreffe weniger die entgeltliche Überlassung des Gebrauchs einer unbeweglichen Sache, als vielmehr die entgeltliche Überlassung eines ganzen Betriebes, welche als „Pacht" dieses Betriebes bezeichnet werde. Diese Materie werde aber von Art. 16 Nr. 1 nicht erfaßt.

Auf die Kassationsbeschwerde des Beklagten hat der Hoge Raad dem EuGH die Frage vorgelegt, ob unter „Miete oder Pacht von unbeweglichen Sachen" im Sinne des Art. 16 Nr. 1 auch ein Vertrag über die „Verpachtung" eines Ladengeschäfts zu verstehen ist, das in einer vom Verpächter von einem Dritten gemieteten unbeweglichen Sache betrieben wird, und ob es für die Beantwortung dieser Frage einen Unterschied macht, ob der Beklagte (= „Pächter") im Rechtsstreit das Bestehen des Vertrages bestritten hat.

Der EuGH stellt zunächst fest, bei den in Art. 16 Nr. 2 bis 5 vorgesehenen ausschließlichen Zuständigkeiten liege es auf der Hand, daß die betreffenden Gerichte am besten in der Lage seien, über die entsprechenden Streitigkeiten zu entscheiden. Das gleiche gelte auch für die Einräumung einer ausschließlichen Zuständigkeit zugunsten der Gerichte des Vertragsstaates, in dem die unbewegliche Sache belegen sei, für Klagen, die dingliche Rechte an unbeweglichen Sachen sowie die Miete und Pacht von unbeweglichen Sachen zum Gegenstand hätten (Art. 16 Nr. 1); denn Streitigkeiten

b) Beide Begriffe müssen nicht notwendigerweise einheitlich nach der gleichen Methode qualifiziert werden. So wäre es z. B. denkbar, den Begriff „unbewegliche Sache" konventionsimmanent zu definieren,

---

über dingliche Rechte an unbeweglichen Sachen seien nach den Rechtsvorschriften des Staates zu entscheiden, in dem die Sache belegen sei, und sie erforderten häufig Nachprüfungen, Ermittlungen und die Tätigkeit von Sachverständigen, die notwendigerweise am Ort erfolgen müßten, so daß die Einräumung einer ausschließlichen Zuständigkeit im Interesse eines sachgerechten Rechtsschutzes liege. Miete und Pacht von unbeweglichen Sachen seien im allgemeinen durch besondere Rechtsvorschriften geregelt, und die Anwendung dieser Vorschriften solle, namentlich wegen ihrer Kompliziertheit, besser den Gerichten des Landes ausschließlich überlassen bleiben, in dem sie gälten. Diese Erwägungen erklärten, warum für Klagen, die Miete oder Pacht von unbeweglichen Sachen im eigentlichen Sinn zum Gegenstand hätten, bei denen also zwischen den Parteien über das Bestehen oder die Auslegung des Vertrages, den Ersatz für vom Mieter oder Pächter verursachte Schäden oder die Räumung der Sache gestritten werde, den Gerichten des Landes, in dem die Sache belegen sei, eine ausschließliche Zuständigkeit eingeräumt worden sei.

Diese Überlegungen gälten nicht, wenn der Hauptgegenstand des Vertrages anderer Natur sei, insbesondere die Verpachtung eines Ladengeschäfts zum Gegenstand habe.

Der Umstand, daß im Interesse eines sachgerechten Rechtsschutzes den Gerichten eines Vertragsstaates im Rahmen des Art. 16 eine ausschließliche Zuständigkeit gewährt werde, habe außerdem zur Folge, daß den Parteien die ihnen sonst mögliche Wahl des Gerichtsstandes genommen werde und sie in gewissen Fällen vor einem Gericht zu verklagen seien, das für keine von ihnen das Gericht des Wohnsitzes sei. Diese Überlegung veranlasse dazu, die Vorschriften des Artikels 16 nicht weiter auszulegen, als ihr Ziel es erfordere.

[38] *Müller* in *Bülow-Böckstiegel* 606/132, Art. 16, Anm. III: „Art. 16 gibt keine eigene Definition des Begriffs der unbeweglichen Sache, des dinglichen Rechts. Der Rahmen für eine Begriffsbestimmung wird durch den Geltungsbereich des Art. 1 und den Text des Art. 16 gezogen. Soweit jedoch innerhalb dieses Rahmens Zweifelsfälle offen bleiben, z. B. ob ein Recht als dingliches Recht an einem Grundstück zu qualifizieren ist, muß eine vertragsautonome Begriffsbestimmung abgelehnt werden. Denn sie könnte von den Begriffsinhalten abweichen, die in dem Staat maßgebend sind, dessen Gerichte z. B. wegen des Lageorts des Grundstücks ausschließlich zuständig sein sollen. Die Folge wären Kompetenzkonflikte, die aber, da es um ausschließliche Zuständigkeit geht, hier besonders schwer wiegen. Einer Begriffsbestimmung nach der jeweiligen lex fori stehen die gleichen Bedenken entgegen. Unter diesen Umständen ist – unabhängig davon, wie Qualifikationsfragen in anderen Fällen zu beurteilen sind – die Begriffsbestimmung vorzuziehen, die an dem ausschließlichen Gerichtsstand maßgebend ist. Hierdurch wird eine einheitliche Beurteilung in allen Vertragsstaaten ermöglicht, die Kompetenzkonflikte vermeidet. Außerdem folgt eine solche Qualifikation dem Sinn und Zweck des Art. 16; denn die Gründe, die einen ausschließlichen Gerichtsstand in einem bestimmten Vertragsstaat rechtfertigen, sprechen auch dafür, die Qualifikationsfragen nach dem Recht dieses Staates zu entscheiden."

[39] *Schlosser,* Gedächtnisschrift für *Rudolf Bruns,* 1980, 58ff. Ebenso *Schlosser*-Bericht Nr. 168: „Wird in einem Staat eine Klage erhoben, deren Inhalt sich auf ein Grundstück bezieht, und fragt man sich, ob die Klage ein dingliches Recht im Sinne von Artikel 16 Nr. 1 zum Gegenstand hat, wird man die Antwort schwerlich nach einem anderen Recht geben können als dem der Belegenheit des Grundstücks."

während man die Eingrenzung der „dinglichen Rechte" der lex causae oder der lex fori überläßt.

c) Bei den *unbeweglichen Sachen* wird die Qualifikationsfrage in der Praxis nur dann aktuell, wenn es um die Eingrenzung des Begriffs in Randbereichen geht, z. B. bei im internationalen Verkehr eingesetzten Transportmitteln, die im Schiffsregister oder Luftfahrtregister registriert sind. Ist z. B. ein in Hamburg ins Seeschiffsregister eingetragenes und deshalb nach deutschem Recht dem Immobiliarsachenrecht unterstelltes Seeschiff eine unbewegliche Sache im Sinne des Art. 16 Nr. 1? Auf die Qualifikationsmethode kommt es auch an, wenn es darum geht, ob bewegliche Sachen, die als *Bestandteile* bzw. *Zubehör* zu einem Grundstück gehören, als Immobilie im Sinne des Art. 16 Nr. 1 zu werten sind.[40]

2. Rechtsvergleichende Schlaglichter

a) In diesem Punkte unterscheidet sich z. B. das französische vom deutschen Sachenrecht.[41] Die im deutschen Recht (§ 93 BGB) mit dogmatischer Schärfe herausgearbeitete Systematik der Bestandteile eines Grundstücks ist den Juristen in Frankreich nicht geläufig. Das französische Recht leugnet zwar nicht grundsätzlich den Satz: *superficies solo cedit*. Er wird aber nicht mit der gleichen Konsequenz durchgeführt. Dort gilt nicht ausnahmslos, daß wesentliche Bestandteile sonderrechtsunfähig sind. Z. B. können Gebäude, Anpflanzungen und andere Bestandteile, die im deutschen Sinne als „wesentlich" anzusehen wären, gemäß Art. 553 Code civil selbständig ersessen werden.[42] Der Code civil unterscheidet nicht wie § 93 BGB, ob ein Bestandteil oder eine selbständige Sache vorliegt, auch nicht, ob es sich um einen wesentlichen oder unwesentlichen Bestandteil handelt. Er differenziert nur nach *meuble* oder *immeuble*.

b) Die Immobilien wiederum gliedert der Code civil in *immeubles par nature* und *immeubles par destination*. Schließlich kennt das französische Recht noch die *Immobilien kraft ihres Gegenstandes = immeubles par l'objet auquel ils s'appliquent*.[43] Rechte sind dann immeubles, wenn sie sich auf ein immeuble beziehen. Der Sachbegriff wird hier also weiter gefaßt als im deutschen Recht.[44] Zu den immeubles par l'objet zählen nach

---

[40] Die Unterscheidung Immobilie – Mobilie spielt auch im IPR eine Rolle, vor allem im internationalen Sachen- und Erbrecht. Hinweise zum internationalen Sachenrecht bei *Staudinger-Stoll*, BGB, Kommentar zum BGB 10./11. Aufl., nach Art. 12 (I) Rz. 261.

[41] Eingehend zu den Unterschieden *Ferid*, Das Französische Zivilrecht, II. Bd, 1971, 3A 32ff.

[42] Besonders plastisch *Ferid* a. a. O. 3 A 63 bei Fußn. 72 S. 895: „Das Ausmaß des Unterschiedes wird beispielsweise besonders anschaulich dadurch, daß die französische Lehre beim Erlöschen der Hypothek formuliert: «Eine Hypothek, die an einem Gebäude bestellt ist, besteht nach dessen Zerstörung nicht etwa an dem unbebauten Grundstück fort»."

[43] Art. 517, 520 Code civil.

[44] *Ferid* a. a. O. 3 A 51 S. 892.

Art. 526 der *Nießbrauch* an einem Grundstück und die *Grunddienstbarkeiten,* weiter alle *dinglichen Rechte an Grundstücken,* die Eigentumsabspaltungen darstellen, sowie die Hypothek. Art. 526 Code civil erwähnt die Klagen auf Eigentumsherausgabe von Immobilien.

Das sind alle dinglichen und obligatorischen Ansprüche, die *auf die Sache selbst* gerichtet sind; den Gegensatz bilden die Ansprüche, die ein bloßes Tun oder Schadensersatz zum Inhalt haben. Immeubles sind vor allem die Klagen auf rei vindicatio oder auf Störungsunterlassung sowie Beseitigung (actio negatoria = actio confessoria). Im Verhältnis zwischen dem Käufer eines Grundstücks und dem Verkäufer ist das Begehren des Käufers entscheidend. Klagt er nicht auf rei vindicatio, sondern macht er den Lieferungsanspruch gegen den Verkäufer geltend, so ist dieser nicht immeuble, da auf ein Tun gerichtet. Erhebt aber der Käufer die rei vindicatio auf Grund des durch Konsensus bewirkten Eigentumsübergangs,[45] so ist diese Klage als action immobilière zu qualifizieren.

c) Die *„immeubles par nature"* haben eine ähnliche Funktion wie die Bestandteile im deutschen System.[46] Hierunter fallen in erster Linie die Grundstücke als *„immeubles par excellence"*[47] sowie die ungetrennten *Bodenerzeugnisse.*[48] Die *Gebäude* sind „immeubles", ebenso sonstige *mit dem Boden fest verbundene Bauwerke* wie Rohrleitungen,[49] auch elektrische Leitungen, Kanalisation, Mauern oder Dämme. Auf Grund *incorporation* werden immeubles par nature alle zur Herstellung eines Gebäudes (nicht notwendigerweise fest) eingefügten beweglichen Sachen im Gegensatz zu den nicht zur Herstellung des Gebäudes (auch fest) eingefügten beweglichen Sachen,[50] welche immeubles par destination sind. In der Systematik des BGB sind dies Bestandteile des Grundstücks. Anders als das deutsche Recht differenziert das französische nicht danach, ob diese fest eingefügt sind oder nicht. Maßgebend ist das Kriterium, ob sie zur Herstellung des Gebäudes nötig sind. Danach erfolgt die Einordnung in immeubles par nature oder (im Falle von Art. 524 III und Art. 525 Code civil) als immeubles par destination.

d) Aus deutscher Sicht lassen sich die *immeubles par destination* in zwei Gruppen einteilen,[51] nämlich solche, die in deutscher Systematik *Zubehör*[52] wären, das sind die in Art. 522 und 524 I und II Code civil genannten beweglichen Sachen, die *dem wirtschaftlichen Zweck eines Grundstücks* zu dienen bestimmt sind. Die zweite Gruppe bilden die in Art. 524 III und Art. 525 Code civil aufgeführten, mit dem Boden verbundenen Sachen, die aus deutscher Sicht Bestandteile wären. Beiden Gruppen ge-

---

45 Unten XIII.

46 *Ferid* a. a. O. 3 A 45 S. 890.

47 Art. 518 Code civil.

48 Art. 520, 521 Code civil.

49 Art. 523.

50 Art. 524 III, Art. 525 Code civil.

51 *Ferid* a. a. O. 3 A 47 S. 891.

52 Vgl. §§ 97 ff. BGB.

meinsam ist eine „Verliegenschaftung".[53] Voraussetzung ist allerdings weiter, daß das Grundstück und die seinem Zweck dienstbar gemachte bewegliche Sache demselben Eigentümer gehören. Eine Sache, die dem Mieter gehört oder unter Eigentumsvorbehalt steht, kann nicht „immeuble par destination" sein, auch wenn sie dem Zweck des Grundstücks gewidmet wird; ihr Mobiliencharakter bleibt unverändert.

e) Zusammenfassend läßt sich sagen: Anders als im deutschen Recht können wesentliche Bestandteile durchaus sonderrechtsfähig sein. So gibt es Eigentum an Bäumen und Rebstöcken. Dies hat „zur Folge, daß der Begriff des Bestandteils, insbesondere des wesentlichen Bestandteils, funktionslos ist und sich die Konturen verwischen, nicht nur zwischen Bestandteil und selbständiger Sache, sondern auch zwischen Bestandteil und Zubehör."[54]

f) Dieser kurze Vergleich des deutschen mit dem französischen Recht hat nicht unwesentliche Unterschiede zu Tage gebracht, was die Unterscheidung zwischen unbeweglichen und beweglichen Sachen anbelangt. Dabei stehen doch beide Rechtsordnungen auf der verbindenden gemeineuropäischen Tradition des römischen Rechts. Diese fehlt aber dem englischen Recht. Daher ist nicht verwunderlich, daß die Unterschiede zwischen dem kontinentaleuropäischen und englischen Immobilienbegriff viel größer und einschneidender sind.

g) Nach Order 11 rule 1(a) der Rules of the Supreme Court kann eine

---

[53] *Ferid* a. a. O. 3 A 47 S. 891.

[54] *Ferid* a. a. O. 3 A 63 S. 896. Er faßt sub e (= 3 A 64) die Unterschiede zum deutschen Recht wie folgt zusammen: „Mögen auch im allgemeinen die Kategorien der wesentlichen Bestandteile auf der einen und die immeubles par nature auf der anderen Seite übereinstimmen, so ist hier doch auf gewisse Unterschiede hinzuweisen, von denen folgende am wichtigsten erscheinen:

aa) Daß die Verbindung mit dem Grund und Boden nur vorübergehend ist (vgl. die sog. Scheinbestandteile des § 95 BGB), hindert nicht die Eigenschaft als „immeuble par nature".

bb) Ungetrennte Pflanzen und Früchte, die nach deutschem Recht als Bestandteile zu behandeln wären, werden im französischen Recht trotz ihrer immobilen Natur in einigen Beziehungen als Mobilien behandelt.

- Ihr Verkauf ist *Mobiliarverkauf*. Es hat mithin der Käufer nur eine schuldrechtliche Klage gegen den Verkäufer und wird gegenüber einem späteren Grundstückskäufer nicht geschützt, selbst wenn er in den Besitz der ungetrennten Früchte gekommen ist.
- Im Verhältnis zu einem zweiten Käufer ungetrennter Früchte (nicht zu einem Käufer des Grundstückes) gilt Art. 1441.
- Die Pfändung stehender Früchte innerhalb von 6 Wochen vor der gewöhnlichen Reifezeit wird als Mobiliarvollstreckung behandelt (Art. 626 C. pr. c.)
- Bestritten ist, ob stehende Früchte, die einem Nichteigentümer zustehen, Mobilien sind (Pächter, Nießbraucher).

cc) Zwar als Bestandteile im Sinne des deutschen Rechts, jedoch nicht als «immeubles par nature», sondern als «immeubles par leur destination» sind die Einbauten gemäß Art. 524 Abs. 3 und Art. 524 Abs. 1–3, anzusehen."

Zustellung der Klageschrift ins Ausland bewilligt und damit eine internationale Zuständigkeit in Anspruch genommen werden (internationale Ermessenszuständigkeit),[55] „if the whole subject-matter of the action . . . is land situate within the jurisdiction (with or without rents or profits), or the perpetuation of testimony relating to land so situate" und nach rule 1 (b) „if any act, deed, will, contract, obligation, or liability affecting land situated within the jurisdiction is sought to be construed, rectified, set aside, or enforced in the action begun by the writ." Rule 1 (b) enthält eine Reihe von Ausdrücken, deren Bedeutung durch die Rechtsprechung nicht vollständig geklärt ist. *Scheucher*[56] hat wie folgt übersetzt: „Eine Ermessenszuständigkeit ist gegeben, wenn begehrt wird, daß eine (rechtsgeschäftliche) Urkunde, eine Übertragungsurkunde, eine letztwillige Verfügung, ein Vertrag, eine Obligation oder eine Vereinbarung über eine noch nicht fällige Schuld, die unbewegliches Gut betreffen, das innerhalb der Jurisdiktion liegt, ausgelegt, berichtigt, für ungültig erklärt oder mit Klage durchgesetzt werden soll." Man hat bewußt weite (sich überlappende) Formulierungen gewählt, „. . . wide enough to cover any question to English land . . ."[57] Die Praxis brauchte sich deshalb auch mit Abgrenzungsproblemen nur relativ selten zu befassen.[58]

h) Zu den immovables zählt das englische Recht u. a. auch folgende Rechte an Grundstücken (interests in land):[59]

α) Leaseholds. Dies sind Miet- oder Pachtrechte, die sich von denen des deutschen Rechts dadurch unterscheiden, daß sie dem Mieter oder Pächter ein dingliches Recht an dem Miet- oder Pachtgegenstand verleihen. Der Vermieter (landlord) hat beim Tode des Mieters (lessee, tenant) anders als im deutschen Recht kein Kündigungsrecht.[60]

β) Rentcharges on land. Darunter versteht das englische Recht Grundstücksbelastungen, die zu periodischen Leistungen verpflichten.

γ) Mortgages on land. Mortgage bedeutet besitzloses Pfandrecht. Mortgages on land sind Grundpfandrechte.

3. Notwendigkeit einer konventionsautonomen Qualifikation

a) Um die einheitliche Anwendung des Art. 16 in allen Vertragsstaaten zu gewährleisten, ist eine einheitliche europäische Auslegung der Begriffe unbewegliche Sache und dingliches Recht zu erarbeiten. Eine Verweisung auf die lex rei sitae ist abzulehnen, da sie die Gefahr in sich birgt,

---

[55] Hierzu *Scheucher,* Studien zur internationalen Zuständigkeit in Vermögensstreitigkeiten, 1972, 82ff. Nr. 40ff.

[56] *Scheucher* a. a. O. 82/83.

[57] *Graveson,* Conflict of Laws, 7. Aufl., 1974, 120.

[58] Nachweise bei *Scheucher* a. a. O.; *Schröder,* Internationale Zuständigkeit, 1971, 362. Vgl. auch oben Fußn. 27.

[59] Vgl. auch *Henrich* in *Ferid-Firsching,* Internationales Erbrecht, Großbritannien Grdz. C II sub 11.

[60] Vgl. § 569 BGB.

daß einzelne Vertragsstaaten durch Aufblähen des Immobilienbegriffs in ihrer Rechtsordnung[61] ihr durch Art. 16 begründetes Jurisdiktionsmonopol zu Lasten der internationalen Zuständigkeit der anderen Vertragsstaaten ausweiten und damit das innere Gleichgewicht der europäischen Zuständigkeitsordnung stören.

b) Neben dieser theoretisch-abstrakten Erwägung gibt es für die hier vertretene Lösung auch ein handfestes praktisches Argument: Schon aus Gründen der leichten Anwendbarkeit und Transparenz der europäischen Zuständigkeitsordnung sollte man sich für die autonome Qualifikationsmethode entscheiden. In jedem Rechtsstreit muß das Gericht gemäß Art. 19 prüfen, ob seiner internationalen Zuständigkeit, die auf Art. 2 oder 5ff. oder das nationale Zuständigkeitsrecht (Art. 4 I) gegründet wird, die ausschließliche internationale Zuständigkeit eines anderen Vertragsstaates entgegensteht. Wären nun die Tatbestandsmerkmale des Art. 16 Nr. 1 nicht einheitsrechtlich fixiert, müßte der Richter jedesmal in die Feinheiten der lex rei sitae einsteigen, um festzustellen, ob nun eine unbewegliche Sache und/oder ein dingliches Recht daran Gegenstand der Klage ist. Dies wäre ein zu großer Aufwand, der die Anwendungsprobleme des Übereinkommens unnötig vergrößerte.

c) Hier liegt der entscheidende Unterschied zu Art. 5 Nr. 1 und Nr. 3. Dort kann man – im Interesse des inneren Entscheidungseinklangs zwischen Kompetenz- und Sachrecht – die Abgrenzung zwischen Vertrags- und Deliktsklage der lex causae überlassen,[62] weil das Gericht sich sowieso – wenn es seine Zuständigkeit bejaht – mit der rechtlichen Einordnung des Klageanspruchs befassen muß. Die Mühe, sich mit dem IPR und gegebenenfalls mit dem ausländischen Sachrecht beschäftigen zu müssen, ist hier unvermeidlich.

d) Zudem sind die durch unterschiedliche Qualifikationen zwangsläufig auftretenden Kompetenzkonflikte ungefährlich, weil es nur um *konkurrierende* Zuständigkeiten geht. In jedem Fall steht der Wohnsitzstaat für Justizgewährung zur Verfügung. Grundlegend anders ist die Situation aber in den Fällen des Art. 16. Hier ist nach dem System des Übereinkommens immer nur *ein* Vertragsstaat international zuständig.[63] Auch die Allzuständigkeit des Wohnsitzstaates wird verdrängt.[64]

e) Die durch das Rekurrieren auf das nationale Recht zwangsläufig entstehenden Kompetenzkonflikte wären – anders als in den Fällen des Art. 5 Nr. 1 und Nr. 3 – nicht nur unschön, sondern schädlich. Sie würden das Ziel des Übereinkommens in Frage stellen, für bestimmte Streitgegenstände nur einen Vertragsstaat wegen seiner Verbindung zum Streitgegenstand für ausschließlich international zuständig zu erklären.

α) Dies läge ganz klar auf der Hand bei einem *positiven Konflikt:* Wenn

---

[61] Wobei dann noch zu differenzieren wäre, ob es auf das materielle Recht oder das Kompetenzrecht ankäme.

[62] Vgl. oben § 82 IV und § 83 V.

[63] Vgl. aber Art. 23. [64] Oben § 62 II.

sich mehrere Vertragsstaaten auf Grund ihrer nationalen Rechtsordnung als Immobilienbelegenheitsstaat für ausschließlich zuständig erachten, geht der Streit im Anerkennungsstadium weiter. Sind die Abgrenzungsfragen vom Zweitrichter nach dessen lex fori oder zumindest nach der von seinem IPR zur Anwendung berufenen lex causae zu beurteilen, mit der Folge, daß bei der Prüfung gemäß Art. 28 I im Extremfall 8 (später 9) verschiedene Ansichten vertreten werden können oder ist der Zweitrichter an den Beurteilungsmaßstab des Erstrichters gebunden?[65]

β) Im Falle eines durch die Unterschiede der nationalen Rechtsordnungen bewirkten *negativen Kompetenzkonflikts* (jeder hält den anderen Vertragsstaat für ausschließlich international zuständig) wird es – um eine vom Übereinkommen bestimmt nicht intendierte oder auch nur in Kauf genommene Justizverweigerung auf EG-Ebene zu vermeiden – unausweichlich, einen *Zuständigkeitsrenvoi* anzunehmen, von dem im Übereinkommen nichts geschrieben steht. All diesen delikaten Fragen kann man aus dem Weg gehen, wenn man sich für eine europäische Definition entscheidet.

f) Der Weg dorthin wird mitunter recht steinig, und manches Vorlageverfahren an den EuGH zur Auslegung des Art. 16 Nr. 1 wird erforderlich sein. Doch die Mühe ist nicht umsonst.[66] Die Umrisse der europarechtlichen Definitionen werden sich bereits nach den ersten Entscheidungen des EuGH abzeichnen. Zudem ist es – aus der Sicht des einzelnen Prozesses – prozeßökonomischer und die Rechtssicherheit der Parteien untereinander fördernder, wenn möglichst schon der Erstrichter die Auslegungsfrage dem EuGH vorlegt.[67] So wird vermieden, daß im Anerkennungs- bzw. Vollstreckungsstadium wieder darüber gestritten wird, ob der Erstrichter den Art. 16 verkannt hat.

---

[65] Hierzu *Schlosser,* Gedächtnisschrift für *Rudolf Bruns,* 1980, 59.

[66] Zu pessimistisch *Schlosser* in Gedächtnisschrift für *Rudolf Bruns,* 1980, 59.

[67] A. A. *Schlosser,* in Gedächtnisschrift für *Rudolf Bruns,* 1980, 60: „Der Preis für diesen minimalen Vorteil einer vertragsautonomen Qualifikation wäre aber viel zu hoch. Es sind nicht nur die Schwierigkeiten, eine solche aus dem Boden zu stampfen und die bis zum Erlaß einschlägiger Urteile des EuGH bestehende Rechtsunsicherheit. Für die Ermittlung der materiellen Rechtslage müßte doch wieder auf nationales Recht und seine Abgrenzung von beweglichen und unbeweglichen Sachen zurückgegriffen werden. Allein für die Komplexität, die eine solche Arbeit mit doppelten Begriffsinhalten mit sich brächte, wäre das geschilderte Minimum an mehr europäischer Zuständigkeitseinheitlichkeit kein vertretbares Äquivalent.

Vor allem aber würde damit die Rechtfertigung für die Zuständigkeitskonzentration entfallen, welche das Übereinkommen, ausgehend von der grundsätzlichen Einstellung aller Mitgliedsstaaten, zu diesem Problem geschaffen hat. Denn nur das, was materiellrechtlich eine Einheit mit dem Grundstück bildet, soll auch Grundlage für eine Zuständigkeitseinheit am Belegenheitsort abgeben. Wo das materielle Recht selbst diese Einheit nicht bringt, entfällt auch die Rechtfertigung für die Zuständigkeitskonzentration. Wiederum ist es also der Gedanke des inneren Entscheidungseinklangs, welcher in diesem Falle die Anknüpfung des zuständigkeitsrelevanteren Begriffes an das materielle Recht der lex causae erzwingen muß."

g) Die hier vertretene autonome Qualifikationsmethode hat zur Folge, daß das Kompetenzrecht und das zur Anwendung kommende, vom IPR des Gerichtsstaates berufene Sachrecht möglicherweise divergieren hinsichtlich der Frage, ob der Streit um eine Immobilie bzw. ein dingliches Recht daran geht. Wer will, mag dies – aus theoretisch-dogmatischer Sicht – als Schönheitsfehler betrachten. Das ist jedoch für die praktische Handhabung kein Nachteil. Auch sonst mußten sich die Gerichte in den Vertragsstaaten daran gewöhnen, daß das Übereinkommen den Umfang ihrer Jurisdiktion anders abgrenzt als ihr nationales Zuständigkeitsrecht, und zwar einschränkend oder aber auch erweiternd.[68] Da ist es nichts grundlegend Neues, wenn das Übereinkommen in dem einen oder anderen Fall keine ausschließliche internationale Zuständigkeit zubilligt, obwohl das nationale Zuständigkeitsrecht ein Jurisdiktionsmonopol festlegt. Aber auch der umgekehrte Fall ist harmlos und führt nicht zu Komplikationen: Der nach europäischem Einheitsrecht ausschließlich zuständige Staat hält sich nach seinem nationalen Recht für nicht oder nur für konkurrierend international zuständig.[69] Dieses Phänomen ist in anderem Zusammenhang aufgetaucht: So ist der allgemeine Gerichtsstand der Streitgenossenschaft (Art. 6 Nr. 1) dem nationalen Zuständigkeitsrecht der Bundesrepublik Deutschland unbekannt. Stützt sich der Kläger auf Art. 6 Nr. 1, so sind die deutschen Gerichte zur Justizgewährung verpflichtet.[70] Daran zweifelt niemand. Nichts anderes gilt, wenn Art. 16 Nr. 1 die internationale Zuständigkeit eines Vertragsstaates gegenüber dem nationalen Zuständigkeitsrecht erweitert. Stellt das nationale Recht kein örtlich zuständiges Gericht zur Verfügung, dann greift wieder die bereits oben[71] entwickelte ungeschriebene Konventionsregel ein: örtlich zuständig sind die Gerichte der Hauptstadt des nach dem Übereinkommen international zuständigen Vertragsstaates.[72]

---

[68] Vgl. oben § 50.

[69] *Geimer* WM 1976, 835.

[70] Oben § 74 II 1.

[71] Oben § 33 III.

[72] Die Anhänger der lex rei sitae-Theorie müssen sich entscheiden, ob sie auf die materiellrechtliche Klassifizierung des maßgeblichen nationalen Sachenrechts abstellen wollen oder auf das davon möglicherweise abweichende Prozeßrecht. In Betracht kommt vor allem das Kompetenzrecht, soweit es ein forum rei sitae für Immobiliarklagen kennt, aber auch das Zwangsvollstreckungsrecht. Für das deutsche Recht vgl. § 865 II ZPO. Für Art. 16 Nr. 1 sucht man eine Antwort auf diese Frage vergebens. Für § 24 ZPO vertreten *Stein-Jonas-Schumann,* ZPO, 20. Aufl., § 24 Rz. 5, die Ansicht, nur die bürgerlichrechtlichen Bestimmungen seien heranzuziehen, nicht prozessuale Normen, die den Begriff des unbeweglichen Vermögen abweichend vom bürgerlichen Recht für das Prozeßrecht definieren. Unanwendbar seien daher die §§ 864ff. ZPO. Zu Recht betonen *Staudinger-Stoll,* Kommentar zum BGB, 11. Aufl., Internationales Sachenrecht nach Art. 12 EGBGB (I), Rz. 120, die Zweckabhängigkeit dieser Unterscheidung. Es komme auf den Zusammenhang an, in dem die Unterscheidung zu treffen sei. Dem ist zuzustimmen. Es gibt im juristischen Denken keine a-priori-Begriffe, sondern nur Zweckbegriffe, d. h. der Begriffsinhalt ist aus dem jeweiligen

X. Belegenheit der unbeweglichen Sache als maßgeblicher Anknüpfungspunkt

Einziger Zuständigkeitsanknüpfungspunkt ist der Ort, in dem die unbewegliche Sache belegen ist. Auf den Wohnsitz der Parteien kommt es nicht an. Der Anwendungsbereich des Art. 16 ist gegenüber den sonstigen Zuständigkeitsvorschriften (Art. 2ff.) erweitert: Art. 16 kommt entgegen der Grundregel des Art. 2 I auch dann zur Anwendung, wenn der Beklagte außerhalb des geographischen Anwendungsbereichs des Übereinkommens wohnt.[73] Art. 16 Nr. 1 regelt – wie bereits oben V dargelegt – nur die *internationale Zuständigkeit* des Belegenheitsstaates, läßt jedoch die Frage der *örtlichen Zuständigkeit* offen. Die Vertragsstaaten sind nicht verpflichtet, die örtliche Zuständigkeit gerade am Ort der belegenen Sache zu eröffnen. Sie können z. B. auch am Wohnsitz des Beklagten eine örtliche Zuständigkeit auftun.[74] In der Bundesrepublik Deutschland kommt § 24 ZPO zur Anwendung. Dieser schreibt eine ausschließliche örtliche Zuständigkeit am Ort der belegenen Sache vor, verdrängt also die übrigen Zuständigkeitsanknüpfungen, wie z. B. Wohnsitz des Beklagten (§§ 12ff. ZPO).[75]

XI. Unbewegliche Sachen

1. Autonome Qualifikation

Dieser Begriff ist – wie oben IX. näher begründet – im Interesse einer einheitlichen Anwendung der europäischen Zuständigkeitsordnung konventionsimmanent zu definieren.

2. Grundstücke

Unbewegliche Sachen sind vor allem die Grundstücke, das sind Teile der Erdoberfläche, sowie die darauf errichteten Gebäude, baulichen und sonstigen mit dem Grund und Boden verbundenen Anlagen und Vorrichtungen. Dabei kommt es nicht darauf an, ob diese nach der vom IPR

Normzweck zu entwickeln (treffend auch *Staudinger-Stoll* Rz. 261). Was für die Zwangsvollstreckung eine richtige Einordnung, weil die richtige Verfahrensart der Exekution bestimmend, sein mag (vgl. RG JW 1899, 325), muß noch nicht für die Kompetenzabgrenzung in Erkenntnisverfahren taugen.

[73] Oben § 29 IX.

[74] *Geimer* WM 1976, 835. Vgl. unten § 96 VII 5b und XVIII 3.

[75] Sofern ein nach Art. 16 Nr. 1 international zuständiger Vertragsstaat keine örtliche Zuständigkeit eröffnen sollte, greift die ungeschriebene Konventionsregel ein, wonach die Gerichte in der Hauptstadt des betreffenden Vertragsstaates örtlich zuständig sind. Vgl. oben § 33 III.

des Gerichtsstaates in concreto bestimmten maßgeblichen Rechtsordnung sonderrechtsfähig sind oder nicht.

3. Subjektiv-dingliche Rechte

Zur „unbeweglichen Sache" gehören auch Rechte, die mit dem Eigentum an dem Grundstück verbunden sind, also dem jeweiligen Eigentümer zustehen *(subjektiv-dingliche Rechte)*, z. B. Grunddienstbarkeiten, sowie subjektiv-dingliche Vorkaufsrechte und Reallasten.[76] In den meisten Fällen dürfte es nicht entscheidungserheblich sein, ob man diese Rechte den Grundstücken gleichsetzt; denn es handelt sich in jedem Fall um dingliche Rechte an unbeweglichen Sachen. Nur wenn es um Rechte an solchen subjektiv-dinglichen Rechten geht, erlangt die hier vertretene Gleichstellung mit den Grundstücken praktische Bedeutung für die Abgrenzung des Anwendungsbereiches des Art. 16 Nr. 1.[77]

4. Sonstige grundstücksgleiche Rechte

Das eben unter 3. Gesagte gilt auch für die sog. *grundstücksgleichen Rechte* wie Wohnungs- und Teileigentum, Erbbaurecht, Bergwerkseigentum, Schürfrechte.[77a] Bilden dingliche Rechte an solchen grundstücksgleichen Rechten den Gegenstand des Rechtsstreits, so kommt Art. 16 Nr. 1 zur Anwendung. *Beispiel:* Der Gläubiger einer Hypothek an einem Erbbaurecht, das an einem Grundstück in München lastet, erhebt die actio hypothecaria. Die Bundesrepublik Deutschland ist gemäß Art. 16 Nr. 1 ausschließlich international zuständig, ganz gleich, wo der Beklagte wohnt.

5. Registrierte Schiffe und Luftfahrzeuge[78]

Als unbewegliche Sachen i. S. des Art. 16 Nr. 1 sollte man auch die registrierten (immatrikulierten) Schiffe und Luftfahrtzeuge einordnen, selbst wenn der Wortsinn dieser Zuständigkeitsnorm schlicht das Gegen-

---

[76] Für das deutsche Recht s. § 96 BGB.

[77] Andere Rechte an Grundstücken als Nießbrauch, Hypothek, Grundschuld, Rentenschuld, subjektiv-persönliches Vorkaufsrecht und subjektiv-persönliche Reallast sind als solche im Hinblick auf Art. 16 Nr. 1 den subjektiv-dinglichen Rechten nicht gleichzustellen. Sie sind keine Sachen, erst recht keine unbeweglichen Sachen. Daher fallen Klagen aus Rechten an solchen dinglichen Rechten nicht unter Art. 16 Nr. 1, so z. B., wenn über das Bestehen eines Pfandrechts an einer Grundschuld gestritten wird. Vgl. unten Fußn. 167.

[77a] Ebenso *Müller* in *Bülow-Böckstiegel,* 606/133, Art. 16, Anm. IV 1a.

[78] Zur kollisionsrechtlichen Anknüpfung (= IPR-Perspektive) eingehend *Staudinger-Stoll,* Kommentar zum BGB, 11. Aufl., Internationales Sachenrecht nach Art. 12 EGBGB (I), Rz. 483ff.

teil zu indizieren scheint. Sind doch diese Transportmittel alles andere als „unbeweglich". An diesem Beispiel lassen sich die Vorzüge der teleologischen Interpretationsmethode klar demonstrieren: Anliegen des Art. 16 Nr. 1 ist es, die Entscheidung über dingliche Rechte an Immobilien in einem Vertragsstaat zu konzentrieren. Die ratio conventionis trifft ebenso zu bei Schiffen und Luftfahrzeugen, sobald sie in ein öffentliches Register (Matrikel) eingetragen sind. Diese Registrierung bietet einen gleichstarken Zuständigkeitsbezug wie die Belegenheit eines Grundstücks.[79]

XII. Klagen, die dingliche Rechte zum Gegenstand haben

1. Autonome Qualifikation

Trotz der unterschiedlichen Rechtstraditionen in den einzelnen Vertragsstaaten, vor allem aber auch ungeachtet der Spannungen zwischen den kontinentalen sachenrechtlichen Systemen und dem englisch-irischen Rechtskreis ist eine konventionsimmanente Definition für den Begriff „dingliche Rechte" zu entwickeln. Nur eine konventionsimmanente Definition kann die einheitliche und in sich ausgewogene Anwendung der Zuständigkeitsordnung des Übereinkommens sicherstellen. Nur so können Verzerrungen im Gefüge des Übereinkommens vermieden werden: Der Gefahr, daß einzelne Vertragsstaaten durch Ausweitung des Begriffs „dingliche Klagen" ihre Jurisdiktionsmonopole immer mehr auf Kosten der anderen Vertragsstaaten ausweiten, kann anders wirksam nicht begegnet werden.

2. Spannungen zwischen dem einheitsrechtlich definierten Begriff „dingliches Recht" und der maßgeblichen lex causae

Die hier im Interesse der Vermeidung von (unangemessenen) Jurisdiktionsmonopolen durch Ausweitung der eigenen ausschließlichen internationalen Zuständigkeit befürwortete Erarbeitung einer konventionsimmanenten Definition des Begriffs „dingliches Recht" führt unvermeidlich zu Spannungen mit der für die Sachentscheidung maßgeblichen lex causae; denn der europäische Einheitsbegriff findet nur Anwendung bei der Kompetenzprüfung, nicht jedoch für die meritorische Prüfung der Klage. So kann europarechtlich ein „dingliches Recht" vorliegen, während nach der maßgeblichen lex causae ein schuldrechtlicher Anspruch Gegenstand der Klage ist. Auch die umgekehrte Situation ist vorstellbar.

[79] Das Genfer Abkommen vom 19. Juni 1948 über die internationale Anerkennung von Rechten an Luftfahrzeugen, BGBl 1959 II 129 (in Kraft für die Bundesrepublik Deutschland seit 5. Oktober 1959, BGBl 1960 II 1506) enthält keine Zuständigkeitsnormen. Eine Konkurrenz (Art. 57) zu Art. 16 Nr. 1 scheidet daher aus.

Zuständigkeitsrechtlich liegt kein dingliches Recht vor – somit ist Art. 16 Nr. 1 nicht anwendbar –, in der Sache selbst behandelt jedoch die maßgebliche lex causae den Gegenstand der Klage als dingliches Recht. Solche begrifflichen Überschneidungen sind nicht gerade schön, dem internationalrechtlich arbeitenden Juristen jedoch auch aus anderem Zusammenhang bekannt. Sie sind unvermeidlich, solange Gegenstand der gemeinschaftsrechtlich vereinbarten Rechtsvereinheitlichung nur einzelne Teilgebiete sind. Sie sind hinzunehmen, weil sie gegenüber der oben dargestellten Gefahr der einseitigen Beanspruchung von Jurisdiktionsmonopolen das geringere Übel sind.[80]

3. Klagen, die das Eigentum betreffen

Art. 16 Nr. 1 erwähnt nicht ausdrücklich Klagen, durch die das Eigentum geltend gemacht wird. Insofern weicht der Wortlaut des Übereinkommens von § 24 ZPO ab. Gleichwohl ist unstreitig, daß Eigentumsklagen, durch die das Eigentum geltend gemacht wird, unter Art. 16 Nr. 1 fallen, denn auch das Eigentum ist ein dingliches Recht im Sinne des Art. 16 Nr. 1.[81]

4. Sonstige dingliche Rechte an unbeweglichen Sachen

a) Hierunter fallen alle Klagen aus dinglichen Rechten an unbeweglichen Sachen, also an Grundstücken und grundstücksgleichen Rechten[82] (z. B. Erbbaurecht)[83], ohne Rücksicht darauf, wer der Beklagte ist, sei es der Eigentümer der unbeweglichen Sache oder der Erbbauberechtigte. Beklagter kann auch ein Dritter sein, z. B. ein Prätendent, d. h. jemand, der sich der Inhaberschaft des dinglichen Rechts rühmt, oder ein Störer.

---

[80] A. A. *Schlosser* in Gedächtnisschrift für *Rudolf Bruns,* 1980, 63: „Aber auch hier ist wiederum der Gedanke des inneren Entscheidungseinklangs berührt. Ist die besondere Zuständigkeit für Immobiliaransprüche auf dingliche im Gegensatz zu obligatorischen Ansprüchen beschränkt, so hat sich das Prozeßrecht wieder in eine vom materiellen Recht abhängige Wertung begeben. Wenn das europäische Recht für die Primärwertung nicht nur kein Entscheidungskriterium zur Hand gibt, sondern überhaupt keine Regelungskompetenz beansprucht, so würde es innerlich Zusammengehöriges auseinanderreißen, wollte es allein für die Bestimmung der Zuständigkeit aus bestimmten Lebenssachverhalten dinglich qualifizierte Immobiliaransprüche erwachsen lassen, aber gleichwohl gestatten, daß in der Sache selbst aufgrund der anwendbaren lex causae doch wieder Obligationenrecht zur Anwendung kommt und umgekehrt. Die schier unüberwindlichen Schwierigkeiten, aus dem Sinn und Zweck des Übereinkommens eine Abgrenzung von dinglichen und obligatorischen Immobiliaransprüchen zu entwickeln, ist nur noch ein zusätzliches Rechtfertigungselement für dieses Ergebnis."

[81] *Müller* in *Bülow-Böckstiegel* 606/133, Art. 16, Anm. IV 1a.

[82] Vgl. oben XI 4.

[83] Zum Erbbaurecht nach italienischem Recht (superficie, Art. 952ff. Codice civile) LG Hamburg, Urteil vom 30. November 1977, RIW/AWD 1980, 517 = IPRspr. 1977 Nr. 23.

Zuständigkeitsrechtlich ohne Bedeutung ist, ob das dingliche Recht subjektiv-persönlich oder subjektiv-dinglich ausgestaltet ist. So steht nach deutschem Sachenrecht ein Erbbaurecht, ein Nießbrauch, eine beschränkte persönliche Dienstbarkeit, ein Grundpfandrecht (Hypothek, Grundschuld oder Rentenschuld) einer Person zu (subjektiv-persönliches Recht), während Grunddienstbarkeiten in der Weise mit dem Eigentum einer Sache verbunden sind, daß sie dem jeweiligen Eigentümer zustehen (subjektiv-dingliches Recht). Vorkaufsrechte und Reallasten können sowohl subjektiv-persönlich als auch subjektiv-dinglich ausgestaltet sein.

b) Die dinglichen Rechte wirken gegen jedermann, also auch gegen jeden Dritten, insbesondere gegen jeden Erwerber der Sache. Aus Gründen der Rechtssicherheit ist ihr Kreis beschränkt.[84] Man spricht vom *numerus clausus* der dinglichen Rechte. Aus deutscher Sicht kommen in Betracht: das Erbbaurecht gemäß der Verordnung vom 15. Januar 1919,[85] der Nießbrauch (§ 1030 BGB), Grunddienstbarkeiten (§ 1018 BGB), beschränkte persönliche Dienstbarkeiten (§ 1090 BGB), Vorkaufsrechte (§§ 1094ff. BGB), sofern sie an einzelnen Sachen bestehen, nicht dagegen das am Erbanteil zugunsten der anderen Miterben bestehende Vorkaufsrecht (§ 2034 BGB), Reallasten (§ 1105 BGB), Hypotheken, Grund- und Rentenschulden (§§ 1113ff. BGB). Hinzu kommen noch die beim Inkrafttreten des Bürgerlichen Gesetzbuches bestehenden Altrechte, Art. 184 EGBGB, sowie die sondergesetzlich geregelten dinglichen Rechte wie das Bergrecht, das neuerdings bundeseinheitlich geregelt ist,[86] sowie die dem Landesgesetzgeber überlassenen Bereiche des Wasser-, Deich- und Sielrechts.[87]

c) Rechtsvergleichend läßt sich für alle *kontinentaleuropäischen Vertragsstaaten* feststellen: Deren Kodifikationen des Zivilrechts liegt das Prinzip des *numerus clausus der dinglichen Rechte* zugrunde.[88]

---

[84] Der *Schlosser*-Bericht Nr. 166 konstatiert zum Thema *„Dingliche" Rechte an Grundstücken in den Mitgliedstaaten der Gemeinschaft:*
„Der Begriff des dinglichen Rechts – gemeint im Gegensatz zum nur persönlichen Anspruch – ist eine Rechtsfigur, die den Rechtsordnungen der *Gründungsstaaten der EWG* gemeinsam ist, wenngleich die Unterscheidung auch nicht überall mit gleicher Schärfe auftritt. – Ein persönliches Recht kann nur gegen den Schuldner geltend gemacht werden; nur der Käufer ist zur Zahlung des Kaufpreises, nur der Vermieter ist zur Gebrauchsüberlassung verpflichtet. – Das dingliche Recht an einer Sache wirkt demgegenüber zu Lasten von jedermann. Die für den Charakter eines dinglichen Rechts wichtigste Rechtsfolge ist die Befugnis seines Inhabers, die Sache, an der es besteht, von jedermann, der kein vorrangigeres dingliches Recht besitzt, herausverlangen zu können."

[85] RGBl. 1919, 72.

[86] Bundesberggesetz vom 13. August 1980, BGBl. I 1310.

[87] Vgl. hierzu *Stein-Jonas-Schumann,* ZPO, 20. Aufl., § 24 Rz. 14 bei Fußn. 2.

[88] Vgl. *Schlosser*-Bericht Nr. 166: „Die Rechtsordnungen der Gründungsstaaten der EWG kennen ausnahmslos nur einen eng umgrenzten numerus clausus dinglicher Rechte, auch wenn sie das Prinzip nicht starr durchführen. Manche dingliche Rechte sind bloße Rahmenrechte, die durch Parteivereinbarungen näher ausgefüllt werden

d) Auch im Recht des *Vereinigten Königreichs* und *Irlands* gibt es – wie *Schlosser*[89] berichtet – einen abschließend festgelegten Kreis von gesetzlichen Rechten, die den dinglichen Rechten auf dem Kontinent entsprechen. Allerdings ist der Unterschied zwischen *law* und *equity* zu beachten: Neben *legal rights* gibt es – auch an Grundstücken – andere auf *equity* gestützte Berechtigungen, sog. *equitable interests*. Die *legal rights* sind „lehnsrechtlich" konzipiert. Sie basieren auf der Vorstellung, alles Land gehöre der Krone und der Bürger könne nur beschränkte Rechte an Grundstücken haben. Der Ausdruck *ownership* taucht daher im Liegenschaftsrecht nicht auf. Jedoch ist das *estate in fee simple absolute in possession* gleichbedeutend mit dem Volleigentum der kontinentalen Rechtsordnungen. Der *Law of Property Act von 1925* läßt auch ein auf eine bestimmte Zeit beschränktes Volleigentum zu. Die beschränkten Rechte an Grundstücken *(interests or charges in or over land)* begrenzt dieser Act auf fünf. Ansonsten sind dingliche Rechte nur als *equitable interests* vorstellbar, deren Zahl und Gestalt gesetzlich nicht fixiert ist. *Equitable interests* sind nicht bloße persönliche Rechte. Sie können unter Umständen registriert werden und wirken dann wie *legal rights* auch gegenüber gutgläubigen Erwerbern. Auch wenn sie nicht registriert sind, wirken sie nicht nur relativ inter partes, sondern grundsätzlich gegenüber jedermann; nur gutgläubige Erwerber sind geschützt.[90] Ein numerus clausus besteht also nicht. Die *equitable interests* sind gerade das rechtstechnische Mittel, um zu beliebigen dinglichen Eigentumsabspaltungen zu gelangen.

5. Gegenstand der Klage

a) Das dingliche Recht muß Gegenstand der Klage sein. Dieses muß *Streitgegenstand* sein.[91] *Beispiele:* Klage auf Feststellung des Eigentums oder auf Berichtigung des Grundbuchs durch Löschung der auf eine

---

können. Die klassischen dinglichen Rechte sind an leicht erkennbarer Systemstelle des in allen sechs Ländern kodifizierten bürgerlichen Rechts aufgeführt. Daneben gibt es verschiedentlich noch eine Reihe dinglicher Rechte, die in Sondergesetzen geschaffen wurden und von denen die wichtigsten diejenigen über das Wohnungseigentum sind. Neben dem Eigentum als dem umfassenden dinglichen Recht kann man Nutzungsrechte und Haftungsvorzugsrechte unterscheiden. Alle Rechtsordnungen kennen den Nießbrauch, welcher einer Person ein umfassendes Nutzungsrecht an einem Grundstück gewährt. Beschränkte Nutzungsrechte lassen die Rechtsordnungen in unterschiedlicher Weise zu."

[89] *Schlosser*-Bericht Nr. 167. Nachweise z. B. bei *Triebel,* Englisches Handels- und Wirtschaftsrecht, 1977, 72.

[90] *Schlosser*-Bericht Nr. 167: „Wenn der Inhaber eines „estate in fee simple absolute in possession" einer Person auf Lebenszeit das Recht einräumt, über sein Grundstück zu fahren, kann dies kein „legal right" sein. Es ist notwendigerweise ein „equitable interest", kann aber gleichwohl eingetragen werden. „Equitable interests" können also durchaus funktionsgleich mit den dinglichen Rechten der kontinentalen Rechtsordnungen sein und sind dann nach Artikel 16 Nr. 1 wie solche zu behandeln."

[91] Oben VII.

andere Person lautenden Eintragung oder durch Eintragung des Klägers als des wahren Eigentümers, § 894 BGB; Klagen auf Feststellung des Bestehens oder Nichtbestehens einer Grunddienstbarkeit, einer Reallast, eines Grundpfandrechts usw. Hier wird rechtskräftig über das dingliche Recht entschieden.

b) Unter Art. 16 Nr. 1 fallen aber auch Klagen, bei denen das dingliche Recht den wesentlichen Klagegrund bildet, ohne daß das Bestehen oder Nichtbestehen des dinglichen Rechts von der Rechtskraft umfaßt wird. Hierher gehört der dingliche Herausgabeanspruch,[92] die negatorische Klage wegen Störung des Eigentums[93] und Klagen aus dem Nachbarrecht,[94] insbesondere wegen Überbaus, oder die Klage wegen Mißbrauchs durch den Nießbraucher.[95] All diese Klagen haben ihren unmittelbaren Grund im dinglichen Recht (sei es Eigentum oder sonstiges dingliches Recht) und deshalb ein dingliches Recht im Sinne des Art. 16 Nr. 1 zum Gegenstand.

c) Anders jedoch die *Erbschaftsklage,* d. h. Klage auf Herausgabe der Erbschaft.[96] Sie hat nicht das Eigentum an der unbeweglichen Sache als solches zum Gegenstand, sondern den Nachlaß oder einen Teil desselben. Sie fällt nicht unter Art. 16 Nr. 1. Im übrigen ist die gesamte Zuständigkeitsordnung des Übereinkommens für erbrechtliche Klagen nicht anwendbar, Art. 1 II Nr. 1.[97] Das gleiche gilt auch für die Klage eines Nacherben gegen den Erwerber eines Grundstücks, mit der er die Feststellung begehrt, daß die Verfügung des Vorerben ihm gegenüber unwirksam sei und daher der Erwerber das Grundstück bei Eintritt der Nacherbfolge herauszugeben habe.[98] Hier geht es nicht um das Eigentum am Grundstück, sondern um das erbrechtliche Anwartschaftsrecht des Nacherben, und zwar auch dann, wenn ein Nacherbenvermerk im Grundbuch eingetragen ist.[99] Der Nacherbenvermerk ist kein Recht am Grundstück, deshalb wird durch die Klage des Nacherben kein dingliches Recht geltend gemacht.[100]

d) Anders ist die Rechtslage, wenn nach Eintritt des Nacherbfalls der Nacherbe sein Eigentum gegen den Erwerber geltend macht, weil ihm gegenüber die Verfügung des Vorerben unwirksam sei.[101] Hier handelt es sich um eine Eigentumsherausgabeklage. Die erbrechtlichen Fragen sind lediglich präjudiziell. Art. 1 II Nr. 1 greift nicht ein.[102]

---

[92] Vgl. § 985 BGB.

[93] §§ 905, 1004 BGB.

[94] §§ 906 ff., 1004 BGB, Art. 224 EGBGB.

[95] § 1053 BGB.

[96] Vgl. §§ 2078 ff. BGB.

[97] Oben § 24.

[98] § 2113 BGB.

[99] § 51 GBO.

[100] Ebenso für § 24 ZPO *Stein-Jonas-Schumann,* ZPO, 20. Aufl. § 24 Rz. 12 bei Fußn. 25.

[101] § 2113 BGB.

[102] Ebenso *Stein-Jonas-Schumann* (Fußn. 100).

e) *Gesellschaftsrechtliche Streitigkeiten* fallen nicht unter Art. 16 Nr. 1, nur weil die Gesellschaft Grundbesitz hat; dies gilt auch dann, wenn – bei wirtschaftlicher Betrachtungsweise – der Streit um das Grundeigentum der Gesellschaft oder dingliche Rechte daran geht.[103] Zu beachten ist aber Art. 16 Nr. 2. Hierzu unten § 87.

f) Der *Rückverschaffungsanspruch nach §§ 7 und 9 des Anfechtungsgesetzes* ist kein dingliches Recht im Sinne des Art. 16 Nr. 1, auch wenn er auf Duldung der Zwangsvollstreckung in das Grundstück gerichtet ist. Denn mit ihm wird weder das Eigentum noch ein sonstiges dingliches Recht geltend gemacht. Er ist vielmehr darauf gerichtet, daß der Anfechtungsgegner die erhaltene Zuwendung für die Vollstreckung durch den Gläubiger zur Verfügung stellt und zwar so, wie wenn die anfechtbare Zuwendung nicht erfolgt wäre.[104]

g) Unter Art. 16 Nr. 1 fällt nicht die Klage, durch die der *schuldrechtliche Anspruch auf Übertragung eines dinglichen Rechts* durch die Abgabe der Eintragungsbewilligung geltend gemacht wird.[105] Vgl. z. B. die Fälle des § 648 BGB.

6. Persönliche Ansprüche, die mit dem dinglichen Anspruch in Zusammenhang stehen

a) Bereits oben IV wurde dargelegt, daß den Verfassern des Übereinkommens zuständigkeitspolitisch ein schwerer Fehler unterlief: Sie haben keinen Gerichtsstand des Sachzusammenhangs (Annexzuständigkeit) für persönliche Ansprüche geschaffen, die mit den dinglichen in Zusammenhang stehen.[106]

b) Praktische Bedeutung hat dies vor allem bei Geltendmachung von Forderungen, die durch Grundpfandrechte (Hypothek, Grundschuld, Rentenschuld) dinglich gesichert sind.[107] Hier kann nur das dingliche Verwertungsrecht im Belegenheitsstaat geltend gemacht werden. Das forum rei sitae ist also nur für die actio hypothecaria[108] zuständig, während für die durch das Grundpfandrecht gesicherte Forderung die allgemeinen Zuständigkeitsregeln der Art. 2ff. gelten. Das bedeutet: Es ist nicht sichergestellt, daß die persönliche Forderung zusammen mit dem dinglichen Verwertungsrecht[109] im Belegenheitsstaat eingeklagt werden

---

[103] In diesem Sinne kann wohl auch die oben Fußn. 37 zitierte Entscheidung des EuGH interpretiert werden.

[104] Ebenso *Stein-Jonas-Schumann,* ZPO, 20. Aufl., § 24 Rz. 10.

[105] *Stein-Jonas-Schumann,* ZPO, 20. Aufl., § 24 Rz. 19 bei Fußn. 41.

[106] Vgl. *Stein-Jonas-Schumann,* ZPO, 20. Aufl., § 24 Rz. 4 sub b.

[107] Zum autonomen deutschen Recht *Wagner,* Die Hypothek im internationalen Privatrecht unter Berücksichtigung der inländischen Gerichtsbarkeit für hypothekarische Klagen bezüglich ausländischer Grundstücke, Diss. Erlangen 1953.

[108] Zur Rechtslage in Frankreich s. *Ferid,* Das Französische Zivilrecht, 1971, II, 3 D 240 S. 1082ff.

[109] Im Bereich des deutschen Rechts ist umstritten, ob auf Zahlung oder nur auf

kann, wenn der Schuldner in einem anderen Staat (Vertrags- oder Nichtvertragsstaat) wohnt; denn es muß der Erfüllungsort (Art. 5 Nr. 1) für die persönliche Schuld nicht immer im Belegenheitsstaat liegen.[110] Um die Probleme für die Praxis zu mildern, sollte man durch Zuständigkeitsvereinbarung (Art. 17) auch am locus rei sitae eine konkurrierende Zuständigkeit eröffnen.

c) Bei der *Reallast* kommt es zur selben unglücklichen *Zuständigkeitsspaltung*. Die Klage auf Leistung fällt unter Art. 16 Nr. 1, sofern die dingliche Verpflichtung geltend gemacht wird, dagegen gelten Art. 2ff., soweit die persönliche Verpflichtung des Eigentümers oder früheren Eigentümers[111] verfolgt wird. Hier kann der Berechtigte in eine mißliche Situation geraten. Er muß den persönlichen Anspruch unter Umständen in einem anderen Vertragsstaat geltend machen als den dinglichen. Auch hier zeigt sich, wie verfehlt es ist, daß das Übereinkommen nicht dem Vorbild des deutschen Rechts gefolgt ist, das am forum rei sitae eine Annexzuständigkeit für persönliche Klagen eröffnet.

7. Klageart

Die Klageart spielt keine Rolle, Art. 16 Nr. 1 gilt sowohl für Leistungs- wie für Feststellungsklagen (Klagen auf positive und negative Feststellung)[112] sowie für Gestaltungsklagen, sofern diese als dingliche zu qualifizieren sind.[113]

a) Leistungsklagen aus dinglichem Recht

Unter Art. 16 Nr. 1 fallen – wie oben 5b dargelegt – die Leistungsklagen aus dem dinglichen Recht, also die Geltendmachung von Ansprüchen, die aus dem Eigentum fließen, aber auch von sonstigen dinglichen Ansprüchen. Aus der Sicht des deutschen Rechts kommen z. B. in Betracht: die Klage zum Schutze der Grunddienstbarkeit[114] oder des Nießbrauchs[115] oder einer beschränkten persönlichen Dienstbarkeit.[116] Art. 16

Duldung der Zwangsvollstreckung geklagt werden kann. Die herrschende Meinung verlangt einen Duldungstitel, in dem der Eigentümer verurteilt wird, die Zwangsvollstreckung in das Grundstück wegen Kapital und Zinsen zu dulden. Vgl. *Stein-Jonas-Schumann,* ZPO, 20. Aufl., § 24 Rz. 17 Fußn. 33.

110 Zum Verhältnis zwischen Belegenheitsstatut und dem Forderungsstatut im IPR s. *Staudinger-Stoll,* Kommentar zum BGB, 10./11. Aufl., Bem. 242ff. nach Art. 12 (I) EGBGB (Lieferung 5, S. 81).

111 § 1108 BGB.

112 Vgl. *Stein-Jonas-Schumann,* ZPO, 20. Aufl., § 24, Rz 9.

113 Die deutsche ZPO hat – gerade um die schillernde Bezeichnung „dinglich" zu vermeiden – das *Objekt der Klage und deren Ziel, nicht den Klagegrund* zum Anknüpfungspunkt gemacht. Von der Schlüssigkeit der Klagebegründung hängt die Zuständigkeit nicht ab. Vgl. *Stein-Jonas-Schumann,* ZPO, 20. Aufl., § 24 Rz 9 bei Fußn. 14.

114 §§ 1027, 1004 BGB.

115 §§ 1065, 965, 1004 BGB.

116 §§ 1090 II, 1027, 1004 BGB.

Nr. 1 erfaßt zudem die Klage auf Berichtigung des Grundbuchs durch Eintragung des bestehenden Rechts[117] oder durch Beseitigung des Widerspruchs gegenüber einem bestehenden eingetragenen Recht,[118] die Klage des Eigentümers auf Umschreibung der kraft Gesetzes zur Eigentümergrundschuld gewordenen Hypothek in den Fällen der §§ 1163, 1168, 1170ff., 1173 BGB oder die Klage auf Umschreibung der Hypothek auf einen anderen Gläubiger, wenn dieser bereits außerhalb des Grundbuchs Inhaber des Rechts geworden ist.

b) Feststellungsklagen

In Betracht kommen z. B. Klagen auf Feststellung des Eigentums und/oder eines dinglichen Rechts an einer unbeweglichen Sache. Art. 16 Nr. 1 gilt auch für den *Streit zwischen angeblich Berechtigten (Prätendenten)* um die subjektive Berechtigung an einer unstreitig bestehenden dinglichen Belastung;[119] denn das dingliche Recht an einer unbeweglichen Sache ist Gegenstand der Klage.[120]

c) Gestaltungsklagen

Entscheidend ist, daß sich die richterliche Entscheidung rechtsgestaltend auf das Eigentum oder sonstige dingliche Rechte auswirkt. Dann ist Art. 16 Nr. 1 anzuwenden.

8. Einstweilige Verfügungen

Für einstweilige Verfügungen[121] auf Eintragung eines Widerspruchs zugunsten der bestehenden, aber nicht eingetragenen Rechte[122] eröffnet Art. 16 Nr. 1 am forum rei sitae eine internationale Zuständigkeit.[123] Diese ist aber nicht ausschließlich: nach Art. 24 bleibt es den übrigen Vertragsstaaten unbenommen, auch ihrerseits eine internationale Zuständigkeit zu eröffnen, z. B. am Wohnsitz des Beklagten.

XIII. Klagen, die auf Verschaffung (Einräumung) eines dinglichen Rechts gerichtet sind[124]

1. Ist Gegenstand des Streites der Anspruch auf Verschaffung bzw. Einräumung eines dinglichen Rechts an einer unbeweglichen Sache, so

117 § 894 BGB.

118 Analog § 894 BGB; hierzu *Stein-Jonas-Schumann,* ZPO, 20. Aufl., § 24 Rz. 18.

119 Beispiel: Die Parteien streiten, wer Gläubiger einer Hypothek oder Grundschuld ist.

120 Anders *Stein-Jonas-Schumann,* ZPO, 20. Aufl., § 24, Rz. 19.

121 §§ 937, 935 ZPO.

122 § 899 BGB.

123 *Stein-Jonas-Schumann,* ZPO, 20. Aufl., § 24, Rz. 18.

124 Hierzu *Schlosser*-Bericht Nr. 169 und *Schlosser* in Gedächtnisschrift für *Rudolf Bruns,* 1980, 61ff, *v. Hoffmann,* Das Recht des Grundstückskaufs, eine rechtsvergleichende Untersuchung, 1982.

kommt Art. 16 Nr. 1 nicht zur Anwendung.[125] Nicht unter Art. 16 Nr. 1 fällt z. B. eine Klage auf Auflassung eines in der Bundesrepublik Deutschland gelegenen Grundstücks. Dies gilt auch dann, wenn der Auflassungsanspruch durch eine Vormerkung[126] im Grundbuch dinglich gesichert ist. Denn eine Vormerkung verwandelt einen schuldrechtlichen Anspruch nicht in ein dingliches Recht.[127] Sie ist nur ein Mittel zur Sicherung des persönlichen Anspruchs.

2. Das sogenannte *Abstraktionsprinzip* ist im deutschen Recht radikal verwirklicht. Die Unterscheidung zwischen schuldrechtlichem Anspruch auf Verschaffung eines dinglichen Rechts und der dinglichen Erfüllung ist hier am klarsten durchgehalten. Hinzu kommt, daß der bloße dingliche Vertrag nach deutscher Auffassung für sich allein noch nicht rechtsändernd bzw. rechtsbegründend wirkt. So ist z. B. für die Übereignung eines Grundstücks oder die Bestellung von dinglichen Rechten die Einigung der Parteien nicht ausreichend. Hinzutreten muß die Eintragung ins Grundbuch.[128] Das reine Konsensprinzip ist also dem deutschen Recht fremd. Auch im Verhältnis zwischen den am Rechtsgeschäft beteiligten Personen bewirkt die Einigung noch nicht den Eigentumsübergang bzw. das Entstehen des Rechts oder die sonstige vereinbarte Rechtsänderung. Klagt ein Käufer eines deutschen Grundstücks aus einem Grundstückskaufvertrag, so hat die Klage niemals ein dingliches Recht am Grundstück zum Gegenstand, sondern nur die persönliche Verpflichtung des Beklagten, alle Handlungen vorzunehmen, die zur Übereignung und Übergabe des Grundstücks notwendig sind.[129] Erfüllt eine der Parteien ihre Verpflichtungen aus dem Grundstückskaufvertrag nicht, so hat das Gericht den Beklagten auf Antrag des Klägers zur Abgabe der Auflassungserklärung und der entsprechenden Eintragungsbewilligung zu verurteilen.[130]

3. Anders als das deutsche Recht hat der Code civil keine Sondernormen für die Übereignung von Immobilien geschaffen.[131] Es gilt das *reine*

---

[125] *Schlosser*-Bericht Nr. 171: „Das EuGVÜ behandelt das Problem nicht. Sehr viel spricht dafür, daß der persönliche Charakter solcher Klagen überwiegt und Artikel 16 Nr. 1 unanwendbar ist." – Ebenso a. a. O. Nr. 172 im Zusammenhang mit dem Liegenschaftsrecht im Vereinigten Königreich: „Klagen aus Verträgen auf Einräumung von Eigentum oder anderen dinglichen Rechten an Grundstücken haben daher keine dinglichen Rechte zum Gegenstand. Sie können zulässigerweise daher auch vor Gerichten außerhalb des V. K. erhoben werden. Freilich muß auch dann genau Bedacht darauf genommen werden, daß der Kläger die Handlungen klar bezeichnet, die der Beklagte schuldet, damit der (sich nach dem Recht des V. K. richtende) Eigentumsübergang auch eintritt."

[126] §§ 883ff. BGB.

[127] *Schlosser*-Bericht Nr. 170.

[128] §§ 873, 925 BGB.

[129] *Schlosser*-Bericht Nr. 170.

[130] Vollstreckung nach § 894 ZPO.

[131] Hierzu *Ferid*, Das Französische Zivilrecht, 1971, II, 3 C 199; *Küppers*, DNotZ 1973, 646.

Konsensprinzip.[132] Die Transkription im Grundstücksregister hat keine konstitutive Bedeutung.

a) Eine vom schuldrechtlichen Vertrag zu unterscheidende dingliche Einigung (= Auflassung) kennt die französische Doktrin nicht. Der Eigentumsübergang ist nach französischem Recht eine Wirkung des schuldrechtlichen Vertrags („par l'effet d'obligation").[133]

Die Verbindlichkeit macht den Gläubiger zum Eigentümer, sagt Art. 1138 II Code civil. Der Verkauf einer fremden Sache ist nichtig;[134] der Verkäufer muß Eigentümer der Sache sein, um einen Vertrag mit der Wirkung des Eigentumsübergangs schließen zu können. Der Kaufvertrag hat keine Einigung über den Eigentumsübergang zum notwendigen Inhalt. Die Willenseinigung bezieht sich in der Regel nur auf die Sache und den Kaufpreis.[135] Die Parteien können aber auch an den Eigentumsübergang eine Frist oder eine aufschiebende Bedingung knüpfen.

b) Der Konsens bewirkt – als gesetzliche Folge – den Eigentumsübergang, und zwar nicht nur relativ inter partes, sondern absolut mit einer Ausnahme: Da die Eintragung im Grundstücksregister zum Eigentumserwerb materiellrechtlich nicht erforderlich ist, mußte man ein (mittelbares) Druckmittel finden, um die Erwerber von Grundeigentum in ihrem eigenen wohlverstandenen Interesse zur Registrierung zu veranlassen.[136] Der Eigentumserwerb kann Dritten nur dann entgegengehalten werden, wenn der Erwerber im Register eingetragen ist.[137] Ein Dritter kann also – wenn das Eigentum des Ersterwerbers nicht publiziert ist – vom ursprünglichen Eigentümer (als Berechtigtem) erwerben und sein Eigentum dem Ersterwerber entgegenhalten, wenn er selber eingetragen ist. Es geht hier nicht um gutgläubigen Erwerb vom Nichtberechtigten, da der erste Erwerb mangels Publizierung gegen den Dritten nicht wirkt. Der Zweiterwerber kann sein Recht dem Ersterwerber aber nur entgegenhalten, wenn er sein Recht hat registrieren lassen.

c) Der nicht publizierte Erwerber ist also nicht nur relativer Eigentümer, sondern Inhaber eines absoluten Rechts.[138] Er kann die *rei vindicatio* und die sonstigen aus dem Eigentum fließenden Klagen erheben. Diese fallen in den Anwendungsbereich des Art. 16 Nr. 1. Anders ist es jedoch,

---

132 Art. 1583, 711, 1138 Code civil.

133 Art. 711 Code civil.

134 Art. 1599 Code civil.

135 *Küppers* DNotZ 1973, 647.

136 Zum französischen Grundstücksregister s. *Ferid* (Fußn. 131) 3 C 59 und *Küppers* DNotZ 1973, 647.

137 Art. 30 des Dekretes vom 4. Januar 1955.

138 Besonderheiten gelten in *Elsaß-Lothringen:* Zwar geht auch hier das Eigentum an Grundstücken durch formlosen Vertrag über, jedoch muß dieser Vertrag innerhalb von sechs Monaten nach Vertragsschluß notariell beurkundet werden, da er anderenfalls rückwirkend nichtig wird.

Diese Regelung hängt mit der Beibehaltung des deutschen Grundbuchsystems zusammen.

wenn sonstige Pflichten des Kaufvertrages Gegenstand der Klage sind,[139] etwa wenn Klage auf Bestehen oder Nichtbestehen des Vertragsverhältnisses erhoben wird, oder wenn auf Auflösung des Vertrages geklagt wird.

Beispiel: Ein Züricher verkauft seine Eigentumswohnung in Paris vor einem Notar in München an einen Münchner. Die Parteien vereinbaren als Gerichtsstand München.[140] Hier ist die Bundesrepublik Deutschland international zuständig für alle das Vertragsverhältnis betreffenden Klagen mit Ausnahme der Klage auf Feststellung des Eigentums und der aus dem Eigentum fließenden dinglichen Ansprüche, wie rei vindicatio[141] oder actio negatoria. Dabei spielt es keine Rolle, welches Recht als Vertragsstatut (Schuldstatut) die schuldrechtlichen Beziehungen der Parteien beherrscht.[142, 143]

4. Vom *französischen Vorbild* ist auch das Liegenschaftsrecht *Italiens, Luxemburgs, Belgiens* und der *Niederlande* geprägt.[144] Auch dort bewirkt der bloße Vertragsschluß bereits den Eigentumsübergang.[145]

---

[139] *Schlosser*-Bericht Nr. 171: „Nach *französischem, belgischem und luxemburgischem Recht,* denen das italienische Recht weitgehend folgt, geht das Eigentum wie bei beweglichen Sachen – jedenfalls inter partes – bereits mit Abschluß des Kaufvertrags auf den Käufer über, solange die Parteien diesen Zeitpunkt nicht hinausgeschoben haben (z. B. Artikel 711, 1583 französischer Code civil, Artikel 1376 italienischer Codice civile). Der Käufer muß den Übergang des Eigentums nur im Liegenschaftsregister eintragen lassen („transcription"), um auch eine gegenüber Dritten wirksame Rechtsstellung zu erlangen. Eine Klage auf Erfüllung des Kaufvertrags seitens des Käufers ist also regelmäßig gleichbedeutend mit dem Verlangen, das Grundstück an ihn herauszugeben. Dieser Anspruch ist freilich nicht nur wegen der Verpflichtung begründet, die der Verkäufer im Kaufvertrag übernommen hat, sondern auch aufgrund des bereits dem Käufer zustehenden Eigentums. Das bedeutet, daß die Herausgabeklage zur Grundlage sowohl einen persönlichen Anspruch als auch ein dingliches Recht hat. Ganz entsprechend ist der Sanktionsmechanismus konstruiert, der eingesetzt wird, falls eine Vertragspartei ihrer Verpflichtung nicht nachkommt. Im französischen Recht hat man daraus die Konsequenz gezogen, derartige Klagen als „matière mixte" zu bezeichnen und dem Kläger ein Wahlrecht zwischen dem dinglichen Gerichtsstand und dem für persönliche Ansprüche geltenden Gerichtsstand des Beklagten oder des Erfüllungsortes zu lassen." Ergänzungen bei *Schlosser* in Gedächtnisschrift für *Rudolf Bruns,* 1980, 62.

[140] Zum maßgeblichen Zuständigkeitsrecht (Art. 17 oder § 38 ZPO?) oben § 29 VI.

[141] Hierzu ausführlich *Ferid,* Das Französische Zivilrecht, 1971, II, 3 C 270 S. 1023.

[142] Die *lex rei sitae* befindet nur über die dinglichen Wirkungen des Vertrages, auch wenn diese – anders als das deutsche Recht – das Verfügungsgeschäft (dingliche Einigung) vom schuldrechtlichen Verpflichtungsgeschäft nicht unterscheidet, vgl. *Staudinger-Stoll,* Kommentar zum BGB, 10./11. Aufl., Bem. 232 nach Art. 12 (I) EGBGB (= Lieferung 5. S. 77).

[143] Zur maßgeblichen *lex causae,* wenn eine ausdrückliche Rechtswahl fehlt, s. Art. 4 des EWG-Übereinkommens vom 19. Juni 1980. Vgl. auch *Reithmann-Martiny,* Internationales Vertragsrecht, 3. Aufl., 1980, Rz. 16ff.

[144] Einzelheiten bei *Küppers* DNotZ 1973, 651ff.

[145] Vgl. auch *Schlosser* in Gedächtnisschrift für *Rudolf Bruns,* 1980, 62.

5. Ebenso kann in *Dänemark* Grundeigentum auf Grund eines bloßen Vertrages übertragen werden. Die Grundbucheintragung wirkt auch hier nicht rechtsbegründend.[146]

6. Im *Vereinigten Königreich* bewirkt der Abschluß eines Kaufvertrags über unbewegliche Sachen noch nicht automatisch den Übergang des Eigentums. Die Eigentumsübertragung bedarf eines gesonderten Akts („conveyance").[147] Der Käufer muß gegebenenfalls auf Vornahme der dazu notwendigen Handlungen klagen. Man qualifiziert aber die Rechtsstellung des Käufers vor der Eigentumsübertragung nicht als rein persönliche Berechtigung gegenüber dem Verkäufer.[148] Vielmehr hat der Käufer ein *equitable interest*[149] an dem Grundstück, das nach Registrierung im *land register* auch gegenüber Dritten wirkt. Sein *equitable interest* ist mit der deutschen Auflassungsvormerkung vergleichbar.[149] Auch hier greift Art. 16 Nr. 1 nicht Platz.[150]

XIV. Zahlungsklagen

Aus den vorstehend dargelegten Gründen ist evident, daß Zahlungsklagen nicht unter Art. 16 Nr. 1 fallen. Klagt z. B. der Grundstücksverkäufer seinen Kaufpreisanspruch ein, so gelten die allgemeinen Regeln der Art. 2ff.[151]

---

146 *Küppers* DNotZ 1973, 654.

147 *Schlosser*-Bericht Nr. 172.

148 Anders in Schottland.

149 Ebenso *Schlosser*-Bericht Nr. 172: „Sein ‚equitable interest' verleiht dem Käufer aber nur in einer Beziehung nicht eine gleich starke Stellung, wie sie der französische Grundstückseigentümer vor der ‚transcription' hat. Seine Rechtsstellung voll wirksam zu machen, setzt die Mitwirkung des Verkäufers voraus. – Immerhin rechtfertigt diese Rechtslage noch weniger als die entsprechende französische die Anwendbarkeit des ausschließlichen Gerichtsstands von Artikel 16 Nr. 1. Das ‚common law' hat die Figur des ‚equitable interest' entwickelt, um den Berechtigten aus einer ursprünglich rein persönlichen Abmachung einen gewissen Schutz gegenüber bösgläubigen Dritten zu gewähren. Im Verhältnis zum Vertragspartner bleibt der Anspruch ebenso ein rein persönlicher wie im deutschen Recht der durch Vormerkung gesicherte Eigentumsübertragungsanspruch. In Schottland kann bei Verträgen zugunsten eines Dritten dieser aus dem Vertrag vollstrecken lassen (jus quaesitum tertii). – Klagen aus Verträgen auf Einräumung von Eigentum oder anderen dinglichen Rechten an Grundstücken haben daher keine dinglichen Rechte zum Gegenstand. Sie können zulässigerweise daher auch vor Gerichten außerhalb des V. K. erhoben werden. Freilich muß auch dann genau Bedacht darauf genommen werden, daß der Kläger die Handlungen klar bezeichnet, die der Beklagte schuldet, damit der (sich nach dem Recht des V. K. richtende) Eigentumsübergang auch eintritt."

150 Auch Art. 5 Nr. 6 n. F. kommt nicht zum Zuge. Ein Kaufvertrag ist kein *trust*. Vgl. *Schlosser*-Bericht Nr. 172.

151 So expressis verbis der *Jenard*-Bericht S. 80 zur zweiten Alternative des Art. 16 Nr. 1: „Nach Ansicht des Ausschusses gilt die Regel jedoch nicht für reine Miet- oder Pachtzahlungsklagen, da diese Klagen von der vermieteten oder verpachteten unbe-

XV. Schadensersatzklagen

Für *Schadenersatzklagen,* die auf eine Verletzung dinglicher Rechte oder auf die Beschädigung von Grundstücken gestützt sind, an denen dingliche Rechte bestehen, gilt das gleiche. Auch sie fallen nicht unter Art. 16 Nr. 1.[152] Existenz und Inhalt des dinglichen Rechts, meist des Eigentums, hat in einem solchen Zusammenhang nur präjudizielle Bedeutung.[153]

XVI. Bereicherungsklagen

Auch Klagen aus ungerechtfertigter Bereicherung fallen nicht unter Art. 16 Nr. 1.[154]

XVII. Klagen in Zusammenhang mit Vormerkungen

1. Vormerkungen sind – bereits oben[155] dargelegt – keine dinglichen Rechte. So verwandelt sich der schuldrechtliche Anspruch des Käufers gegen den Verkäufer auf Auflassung des Grundstücks durch Eintragung einer Auflassungsvormerkung nicht in ein dingliches Recht, er bleibt nach wie vor ein persönlicher Anspruch, für den Art. 16 Nr. 1 nicht gilt.[156] Die gegen den schuldrechtlich Verpflichteten gerichtete Klage auf Erfüllung fällt deshalb nicht unter Art. 16 Nr. 1, auch wenn der Anspruch durch Vormerkung gesichert ist.[157]

---

weglichen Sache als losgelöst gelten können." Unentschieden *Schlosser*-Bericht Nr. 164: „Ob wirklich reine *Miet- und Pachtzinsklagen,* also bloße Inkassofälle, vom Anwendungsbereich des Artikels 16 Nr. 1 ausgenommen sind, wie es im Jenard-Bericht als Meinung des Ausschusses festgehalten worden ist, mußte zwar offen bleiben. Jedoch verlangt die ratio legis der Bestimmung ihre Anwendbarkeit auf kurzfristige Gebrauchsüberlassungsverträge, insbesondere zu Zwecken eines Ferienaufenthalts, sicherlich nicht."

[152] *Schlosser*-Bericht Nr. 163.

[153] Vgl. oben X.

[154] Vgl. den Fall des LG Hamburg, Urteil vom 30. November 1977, RIW/AWD 1980, 517 = IPRspr. 1977 Nr. 23 betreffend ein Erbbaurecht (superficie) in Italien.

[155] Oben bei Fußn. 126.

[156] So auch *Schlosser*-Bericht Nr. 170: „Allerdings können, wenn der Verkäufer einverstanden ist, Übereignungsansprüche aus einem Kaufvertrag im Grundbuch mit Vormerkung gesichert werden. Sie entfalten dann gegenüber Dritten Wirkungen, wie sie normalerweise nur einem dinglichen Recht eignen. Daraus zieht man heute für das interne deutsche Recht die Konsequenz, Rechte aus einer Vormerkung gegenüber Dritten im dinglichen Gerichtsstand geltend machen zu lassen. Die gerichtliche Durchsetzung des Übereignungsanspruchs gegen den Verkäufer selbst bleibt aber auch dann eine Klage aus einem persönlichen Anspruch."

[157] *Müller* in *Bülow-Böckstiegel* 606/133, Art. 16, Anm. IV 1 a schweigt sich zu dieser (in der Praxis häufig vorkommenden) Hypothese aus.

2. Etwas anderes gilt jedoch für die *Klagen gegen Dritte*. Hier hat die Vormerkung *dingliche Wirkung*.[158] Die Eintragung der Vormerkung wirkt gegen jeden Dritten. Insoweit kann man von einer Belastung des Grundstücks mit einer Vormerkung sprechen. Der Erwerber eines mit der Vormerkung belasteten Grundstücks muß seine Zustimmung zur Erfüllung der Schuld des vorgemerkten schuldrechtlichen Anspruchs erteilen.[159] Klagen, mit denen die dingliche Wirkung der Vormerkung gegen Dritte geltend gemacht wird, fallen unter Art. 16 Nr. 1, so die Klage gegen den Dritten auf Zustimmung oder Löschung [160] oder Klagen, durch die ein Veräußerungsverbot gegen Dritte geltend gemacht wird.[161]

XVIII. Negatorische Klagen

1. Art. 16 Nr. 1 erwähnt nicht die negatorischen Klagen;[162] dies sind Klagen, durch die die Freiheit eines Grundstücks von dinglichen Rechten geltend gemacht wird. Solche Klagen richten sich gegen die Belastung des Grundstücks[163] mit einem dinglichen Recht. *Beispiel:* die auf das Nichtbestehen eines dinglichen Rechts gegründete Klage auf Berichtigung des Grundbuchs durch Löschung der dinglichen Belastung,[164] weil etwa eine Grunddienstbarkeit wegen Verjährung des Anspruchs untergegangen sei[165] oder weil der Berechtigte des Nießbrauchs gestorben sei.[166] Solche Klagen fallen in den Anwendungsbereich des Art. 16 Nr. 1; denn sie haben dingliche Rechte zum Gegenstand, wenn auch im negatorischen Sinne.[167]

2. Hierher gehören jedoch nicht Klagen, durch die eine persönliche Verpflichtung (schuldrechtlicher Anspruch) zur Beseitigung einer Belastung geltend gemacht wird, z. B. die Klage gegen den Veräußerer oder einen Dritten, der sich verpflichtet hat, ein dingliches Recht zur Lö-

---

[158] §§ 888, 883 II und III BGB.
[159] § 888 I BGB.
[160] § 888 II BGB.
[161] Ebenso *Stein-Jonas-Schumann*, ZPO, 20. Aufl., § 24 Rz. 16.
[162] Anders § 24 ZPO: Hierzu *Stein-Jonas-Schumann*, ZPO, 20. Aufl., § 24 Rz. 20.
[163] Oder grundstücksgleichen Rechts, vgl. oben X.
[164] § 894 BGB.
[165] § 1028 BGB.
[166] § 1061 BGB.
[167] Auch Klagen, mit denen die Freiheit eines dinglichen Rechts von einer dinglichen Belastung geltend gemacht wird, fallen unter Art. 16 Nr. 1, sofern es sich bei dem Belastungsgegenstand um eine „unbewegliche Sache" handelt. In solchen Fällen kommt es darauf an, ob man grundstücksgleiche Rechte als unbewegliche Sachen im Sinne des Art. 16 Nr. 1 ansieht. Hierzu oben XI. Unter Art. 16 Nr. 1 fällt z. B. der Streit um das Bestehen einer Hypothek an einem Erbbaurecht, nicht jedoch der Streit um das Bestehen eines Pfändungspfandrechts an einer Hypothek, da die Hypothek unbestrittenermaßen keine unbewegliche Sache ist (weder eine Sache noch unbeweglich). Vgl. oben Fußn. 77.

schung zu bringen. Hier ist der Bestand des dinglichen Rechts außer Streit. Gegenstand des Prozesses ist vielmehr die Frage, ob die eine Partei der anderen gegenüber verpflichtet ist, die Aufhebung (Löschung) oder Änderung eines dinglichen Rechtes zu bewirken. Es gelten die oben XII dargelegten Erwägungen auch hier. Verkauft z. B. ein Straßburger ein in Freiburg im Breisgau gelegenes Grundstück und verpflichtet er sich, die auf dem Grundstück ruhende Grundschuld löschen zu lassen, so handelt es sich um einen schuldrechtlichen Anspruch auf Löschung. Art. 16 Nr. 1 greift nicht ein.[168] Der Verkäufer kann in seinem Wohnsitzstaat (Frankreich, Art. 2 I) verklagt werden oder in Freiburg im Breisgau am Erfüllungsort (Art. 5 Nr. 1).

3. Nicht unter Art. 16 Nr. 1 fallen Klagen, die nicht auf Löschung des dinglichen Rechts gerichtet sind, sondern nur auf die *Vorbereitung zur Löschung,* wie z. B. Klagen auf Herausgabe von Urkunden.[169]

XIX. Possessorische Klagen

1. Art. 16 Nr. 1 gilt auch für Klagen, die ihre Grundlage im Besitz haben, sei er gegenwärtig oder früher, nämlich die Klage wegen Entziehung des Besitzes (§ 861 BGB) oder wegen Störung des Besitzes (§ 862 BGB), mögen sie nun vom unmittelbaren oder mittelbaren Besitzer erhoben werden (§ 869 BGB). Die Besitzklagen sind in Art. 16 Nr. 1 nicht aufgeführt. Es wäre jedoch ein Unding, wollte man Klagen wegen Entziehung oder Störung des Besitzes nicht am forum rei sitae zulassen. Die ratio conventionis fordert daher, den Besitz als „dingliches Recht“ i. S. des Art. 16 Nr. 1 zu qualifizieren.[170]

---

[168] Anders für § 24 ZPO *Stein-Jonas-Schumann,* ZPO, 20. Aufl., § 24 Rz. 22. „Es gehören hierher auch die Klagen, die die Befreiung des Grundstücks (bzw. des grundstücksgleichen Rechts, der dinglichen Belastung) von einer Belastung erstreben, auch wenn der Anspruch auf Befreiung lediglich ein schuldrechtlicher ist, wie z. B. in den Fällen der Anfechtung der Hypothek nach KO bzw. dem AnfG, s. auch § 1169 BGB. . . . Sowohl die Entstehungsgeschichte als auch dringende praktische Gründe sprechen dafür. Wesentlich ist nur, daß der Klageantrag auf Bewilligung der Löschung gerichtet und der Beklagte Inhaber der dinglichen Belastung ist, – sei es als unmittelbar Berechtigter, sei es als Pfandgläubiger des Berechtigten – mag die Klage im übrigen von dem Eigentümer oder einem Dritten, z. B. einem nachstehenden Hypothekengläubiger, angestrengt sein.“

[169] Ebenso für § 24 ZPO *Stein-Jonas-Schumann,* ZPO, 20. Aufl., § 24 Rz. 23.

[170] Ebenso *Müller* in *Bülow-Böckstiegel* 606/133, Art. 16, Anm. IV 1 a: „Zweifelhaft ist, ob Besitzklagen nach deutschem Sachenrecht unter Art. 16 Nr. 1 fallen; denn der Besitz i. S. d. § 854 BGB ist kein dingliches Recht und wird somit vom Wortlaut des Art. 16 Nr. 1 nicht erfaßt. Da jedoch eine Entziehung oder Störung des Besitzes ebenso wie die Entziehung oder Störung eines dinglichen Rechts an einer unbeweglichen Sache besser von den Gerichten des Lageortes beurteilt wird, müssen nach Sinn und Zweck der Vorschrift Besitzklagen ebenfalls erfaßt werden.“

2. Dies gilt jedoch nicht für vertragliche Ansprüche auf Einräumung des Besitzes, wie z. B. aus Miete oder Pacht.

XX. Grenzscheidungsklagen

Auch diese Klagen sind in Art. 16 Nr. 1 ausdrücklich nicht erwähnt. Bei schlichter Wortauslegung des Übereinkommens würden die allgemeinen Vorschriften der Art. 2ff. gelten. Dies ist rechtspolitisch unerwünscht, sinnvoller ist es, in solchen Fällen am Belegenheitsstaat eine internationale Zuständigkeit zumindest konkurrierend zu eröffnen. Dies sollte bei einer Revision des Übereinkommens bedacht werden. Fraglich ist, ob der EuGH entgegen dem Wortlaut de conventione lata zur Anwendung des Art. 16 Nr. 1 kommen wird.

Eine solche erweiternde Auslegung fordert klar die ratio conventionis. Man kann ohne allzu große Rabulistik auch die Grenzscheidungsklage unter den Begriff *dingliches Recht* an einem unbeweglichen Grundstück subsumieren. Denn der Anspruch gegen den Nachbarn auf Errichtung fester Grenzzeichen[171] oder Mitwirkung bei Wiederherstellung verrückter oder unkenntlich gemachter Grenzzeichen und auf Grenzscheidung fließt aus dem Eigentum.

XXI. Abmarkungsklagen

Auch hier fordert die ratio conventionis die Anwendung des Art. 16 Nr. 1.

XXII. Teilungsklagen

1. Anders als § 24 I ZPO erwähnt Art. 16 Nr. 1 nicht Klagen, die auf *Teilung einer Immobilie* gerichtet sind. Gleichwohl fordert die ratio conventionis eine Anwendung des Art. 16 Nr. 1. Wäre es anders, so müßte z. B. ein Miteigentümer eines Berliner Grundstücks seinen aus dem Eigentum fließenden Anspruch auf Aufhebung der Gemeinschaft[172] im Wohnsitzstaat der anderen Miteigentümer geltend machen. Dies war wohl von den Verfassern des Übereinkommens nicht beabsichtigt.

2. Art. 16 Nr. 1 gilt jedoch nur für Teilungsansprüche bzw. -klagen, die unmittelbar aus dem Eigentum bzw. dinglichen Recht fließen, nicht jedoch für *vertragliche Teilungsansprüche*, z. B. aus Auseinandersetzungsverträgen.

---

[171] § 920 BGB.

[172] §§ 749ff. BGB.

XXIII. Prätendentenstreit

Der Streit, wer Inhaber eines bestehenden dinglichen Rechts an einer unbeweglichen Sache ist, fällt unter Art. 16 Nr. 1.

Beispiel:

Das Bestehen einer Grundschuld ist unstreitig; der Streit geht darum, wer Gläubiger der Grundschuld ist.[173]

XXIV. Klagen auf Duldung der Zwangsvollstreckung

1. Gehört das Grundstück zum Gesamtgut einer Gütergemeinschaft und ist nur ein Ehegatte verwaltungsberechtigt, so ist nach Beendigung des Güterstandes auch gegen den nunmehr ebenfalls verwaltungsberechtigt gewordenen Ehegatten bzw. dessen Erben nach § 743 ZPO eine Duldungsklage notwendig. Fraglich ist, ob eine solche Klage auf Duldung der Zwangsvollstreckung wegen der Hypothek oder Grundschuld eine güterrechtliche ist im Sinne des Art. 1 II Nr. 1 oder eine allgemein vermögensrechtliche, für die die Zuständigkeitsordnung des Übereinkommens und damit Art. 16 Nr. 1 gilt. Zwar wurde bereits oben § 23 VII ausgeführt, daß auch Klagen zwischen einem Ehegatten und einem Dritten unter den Ausschlußtatbestand des Art. 1 II Nr. 1 fallen können, doch gilt dies nur, wenn der Streitgegenstand sich *unmittelbar auf das Güterrecht* gründet. Dies ist aber bei der Duldungsklage des Gläubigers gegen den (anderen) Ehegatten nicht der Fall. Hier steht im Vordergrund das allgemeine vermögensrechtliche Interesse des Gläubigers an der Durchsetzung seines dinglichen Rechts. Die Zuständigkeitsordnung des Übereinkommens kommt deshalb zum Zuge. Zu entscheiden ist nun, ob diese Duldungsklage unter Art. 16 Nr. 1 fällt oder ob die allgemeinen Zuständigkeitsvorschriften (Art. 2ff.) zur Anwendung kommen. Letzteres hätte zur Folge, daß die Duldungsklage in einem anderen Vertragsstaat erhoben werden müßte als die actio hypothecaria. Dies wäre ungereimt. Auch die Duldungsklage nach § 743 ZPO fällt daher unter Art. 16 Nr. 1.[174]

2. Das gleiche gilt für die Klage auf Duldung der Zwangsvollstreckung in den Fällen der §§ 737, 745 und 748 II ZPO.

XXV. Streitigkeiten in Wohnungseigentumssachen

1. Nach § 43 des deutschen Wohnungseigentumsgesetzes (WEG) entscheidet das Amtsgericht, in dessen Bezirk das Grundstück liegt, im Verfahren der freiwilligen Gerichtsbarkeit

[173] Vgl. oben bei Fußn. 119.

[174] Ebenso für § 24 *Stein-Jonas-Schumann*, ZPO, 20. Aufl., § 24 Rz. 17.

(1) auf Antrag eines Wohnungseigentümers über die sich aus der Gemeinschaft der Wohnungseigentümer und aus der Verwaltung des gemeinschaftlichen Eigentums ergebenden Rechte und Pflichten der Wohnungseigentümer untereinander mit Ausnahme der Ansprüche im Falle der Aufhebung der Gemeinschaft (§ 17 WEG) und auf Entziehung des Wohnungseigentums (§§ 18, 19 WEG);

(2) auf Antrag eines Wohnungseigentümers oder des Verwalters über die Rechte und Pflichten des Verwalters bei der Verwaltung des gemeinschaftlichen Eigentums;

(3) auf Antrag eines Wohnungseigentümers oder Dritten über die Bestellung eines Verwalters im Falle des § 26 Abs. 3 WEG; danach hat das Amtsgericht in dringenden Fällen bis zur Behebung des Mangels auf Antrag eines Wohnungseigentümers oder eines Dritten, der ein berechtigtes Interesse hat, einen Verwalter zu bestellen, wenn ein solcher fehlt;

(4) auf Antrag eines Wohnungseigentümers oder des Verwalters über die Gültigkeit von Beschlüssen der Wohnungseigentümer.

Das Amtsgericht, in dessen Bezirk das Grundstück liegt, ist nach § 51 WEG ohne Rücksicht auf den Wert des Streitgegenstandes für Rechtsstreitigkeiten zwischen Wohnungseigentümern wegen Entziehung des Wohnungseigentums (§ 18 WEG) zuständig, desweiteren nach § 52 WEG für Streitigkeiten zwischen dem Eigentümer und dem Dauerwohnberechtigten über den in § 33 bezeichneten Inhalt und den Heimfall (§ 36 Abs. 1 bis 3) des Dauerwohnrechts.

2. Das Anwendungsfeld dieser Vorschriften ist wesentlich weiter als Art. 16 Nr. 1.

Die Konsequenz wäre eine Verdrängung der auf §§ 43, 51, 52 WEG gestützten internationalen Zuständigkeit der Bundesrepublik Deutschland durch Art. 2ff.

Dieses Ergebnis stünde in eklatantem Widerspruch zu den Bedürfnissen der Praxis und der oben III näher dargelegten ratio conventionis. Diese erfordert eine erweiternde Auslegung des Art. 16 Nr. 1.

XXVI. Gerichtliche Verwaltung unbeweglicher Sachen

1. Ist der Nießbraucher zur Sicherheitsleistung rechtskräftig verurteilt, so kann der Eigentümer gemäß § 1052 BGB statt der Sicherheitsleistung verlangen, daß die Ausübung des Nießbrauchs für Rechnung des Nießbrauchers einem von dem Gericht zu bestellenden Verwalter übertragen wird. Der Verwalter steht unter der Aufsicht des Gerichts wie ein für die Zwangsverwaltung eines Grundstücks bestellter Verwalter. Die Verwaltung ist aufzuheben, wenn die Sicherheit nachträglich geleistet wird. Das gleiche gilt gemäß § 1054 BGB, wenn der Nießbraucher die Rechte des Eigentümers in erheblichem Maße verletzt und er das verletzende Verhalten ungeachtet einer Abmahnung des Eigentümers fortsetzt. Es handelt sich hier um ein echtes kontradiktorisches Streitverfahren, das in den

Anwendungsbereich der europäischen Zuständigkeitsordnung fällt.[175] Es geht hier um die Durchsetzung eines aus dem Eigentum unmittelbar fließenden Anspruchs, für den Art. 16 Nr. 1 gilt.

2. In den Fällen der §§ 1052ff. BGB bestellt das Vollstreckungsgericht den Verwalter entsprechend § 150 ZVG. Das Gericht hat auch die vom Nießbraucher zu tragende Vergütung des Verwalters festzusetzen und den Verwalter zu beaufsichtigen, § 153 ZVG. Der Verwalter ist den Nießbrauchern und den Eigentümern gegenüber verantwortlich und hat diesen entsprechend § 154 ZVG jährlich und nach Beendigung der Verwaltung Rechnung zu legen.[176] Fraglich ist, ob es sich bei der Auswahl und Bestellung eines Verwalters gemäß §§ 1052, 1054 BGB um ein Streitverfahren handelt, für das Art. 2ff. gelten. In jedem Falle dürfte die Festsetzung der Vergütung des Verwalters durch das Gericht ein solches sein. Auch hier wäre es zweckmäßig gewesen, ausdrücklich am Ort der belegenen Sache einen konkurrierenden Gerichtsstand zu eröffnen.

XXVII. Verbot der Derogation

Die internationale Zuständigkeit des Belegenheitsstaates kann – wie alle in Art. 16 festgelegten ausschließlichen internationalen Zuständigkeiten – durch Vereinbarung der Parteien nicht abbedungen werden, Art. 17 II (= Art. 17 III n. F.).

Auch die ausdrückliche oder stillschweigende Unterwerfung des Beklagten unter die Jurisdiktion des Gerichtsstaates ist kompetenzrechtlich ohne Bedeutung, Art. 18 S. 2.

XXVIII. Prüfung der Zuständigkeitstatsachen durch den Erstrichter

Hängt die Beurteilung der Zuständigkeitsfrage davon ab, ob es sich um eine bewegliche oder unbewegliche Sache handelt, z. B. von der Frage, ob diese fest verbunden ist,[177] so reicht die bloße Behauptung des Klägers nicht aus. Das Gericht hat vielmehr von Amts wegen zu prüfen, ob dieser Zuständigkeitsbezug vorhanden ist, und zwar auch dann, wenn der Beklagte dies nicht bestreitet, Art. 19.

XXIX. Nachprüfung durch den Zweitrichter

1. Im Stadium der Anerkennung (Art. 25ff.) bzw. Zulassung zur Zwangsvollstreckung durch Klauselerteilung (Art. 31ff.) darf der

---

175 Oben § 29 II.

176 Einzelheiten bei *Petzoldt* in Münchner Kommentar, § 1052 Rz. 3.

177 § 94 BGB.

Zweitrichter die Einhaltung des Art. 16 nachprüfen, Art. 28 I. Dies ist eine Ausnahme von dem Verbot der Nachprüfung der internationalen Zuständigkeit des Erststaates, Art. 28 III.[178]

2. Kann das vom Erststaat erlassene Urteil nicht anerkannt werden, z. B. weil sich der Zweitstaat selbst für international ausschließlich zuständig hält oder weil ein Verstoß gegen den ordre public des Zweitstaates vorliegt, so steht Art. 16 der Wiederholung des Rechtsstreites nicht entgegen. Die Notzuständigkeit hat Vorrang, da ansonsten Justizverweigerung im Zweitstaat die Folge wäre.[179]

§ 86 Das forum rei sitae für Klagen, die Miete oder Pacht von unbeweglichen Sachen zum Gegenstand haben, Art. 16 Nr. 1 zweite Alternative

Die Belegenheit der Immobilie als Anknüpfungspunkt für die internationale Zuständigkeit

I. Überblick

1. Für Klagen, die die Miete oder Pacht von unbeweglichen Sachen zum Gegenstand haben, ist ausschließlich international zuständig der Vertragsstaat, in dem die gemietete oder gepachtete unbewegliche Sache gelegen ist. Umfaßt das Miet- oder Pachtverhältnis unbewegliche Sachen in mehreren Vertragsstaaten, so ist davon auszugehen, daß jeder dieser Vertragsstaaten berechtigt ist, über das gesamte Miet- und Pachtverhältnis zu entscheiden. Insofern gibt es doch konkurrierende Zuständigkeiten.[1]

2. Art. 16 Nr. 1 gilt für alle Miet- und Pachtverhältnisse von Immobilien im geographischen Anwendungsbereich des Übereinkommens,[2] ohne Rücksicht darauf, wo die Parteien wohnen. Selbst wenn beide Parteien in dritten Staaten wohnen, kommt Art. 16 Nr. 1 zum Zuge, wenn Gegenstand des Miet- oder Pachtverhältnisses eine im geographischen Anwendungsbereich des Übereinkommens belegene Immobilie ist.[3] Umfaßt das Miet- oder Pachtverhältnis jedoch auch noch daneben Immobilien in dritten Staaten, so ist insofern das nationale Zuständigkeitsrecht maßgeblich.[4]

---

[178] Vgl. oben § 57 V.

[179] Oben § 60.

[1] Vgl. Art. 23.

[2] Oben § 17.

[3] Oben § 29 V.

[4] Unzutreffend *Stein-Jonas-Schumann,* ZPO, 20. Aufl., § 29a Rz. 26: „Bei einem Beklagten mit Wohnsitz außerhalb der Vertragsstaaten des EuGVÜ ist dieses Abkommen nicht einschlägig und die internationale Zuständigkeit wird nach allgemeinen Grundsätzen, d. h. über § 29a, hergestellt."

3. Die *örtliche Zuständigkeit* bestimmt das nationale Recht. In der Bundesrepublik Deutschland ist § 29a ZPO zu beachten, sofern die Klage Wohnraum betrifft. Ausschließlich sachlich und örtlich zuständig ist das Amtsgericht, in dessen Bezirk der Wohnraum belegen ist. Sofern es sich nicht um Wohnraum handelt, also insbesondere um Geschäftsräume (gewerblich genutzte Räume), gelten die allgemeinen Gerichtsstandsvorschriften. Die örtliche Zuständigkeit beurteilt sich dann nach §§ 12ff. ZPO.

II. Keine Bindung durch das allgemeine Völkergewohnheitsrecht

Die Staatenpraxis kennt keine Regel, wonach die Entscheidung von Miet- und Pachtstreitigkeiten ausschließlich dem Belegenheitsstaat zugewiesen wäre, mit der Folge, daß sich alle anderen Staaten dieser Erde der Entscheidung enthalten müssen.

III. Internationale Ausschließlichkeit

Es gelten die gleichen Erwägungen wie oben § 85 II.

IV. Ratio conventionis

1. Beweis- und Rechtsnähe

Gegenüber dem forum rei sitae für Immobiliarklagen[5] ergeben sich keine Abweichungen. Der *Jenard*-Bericht[6] hebt besonders auf die Rechtsnähe ab.

2. Souveränitätsinteressen

Souveränitätsinteressen des Belegenheitsstaates stehen hier noch weniger auf dem Spiele als bei Immobiliarklagen im Sinne der ersten Alternative von Art. 16 Nr. 1.

---

[5] Oben § 85 III.

[6] *Jenard*-Bericht S. 80: „Diese Lösung ist darauf zurückzuführen, daß Miet- und Pachtverhältnisse meist gesetzlichen Sonderregelungen unterliegen, so daß es sich empfiehlt, mit der Anwendung dieser meist sehr komplizierten Bestimmungen ausschließlich die Gerichte des Landes zu betrauen, in dem sie gelten. Zudem sind in mehreren Staaten für diese Art von Prozessen ausschließliche Zuständigkeiten, zumeist zugunsten besonderer Gerichtsbarkeiten, begründet.“

V. Keine Regelung der örtlichen Zuständigkeit durch das Übereinkommen

Auch im Anwendungsbereich des Übereinkommens wird die örtliche Zuständigkeit durch das nationale Zuständigkeitsrecht festgelegt. Näher oben § 85 VI.

VI. Präjudizialität genügt nicht

Näher oben § 85 VII.

VII. Widerklageverbot in anderen Vertragsstaaten

Die internationale Ausschließlichkeit des forum rei sitae kann durch Erhebung einer Widerklage (Art. 6 Nr. 3) in einem anderen Vertragsstaat oder in einem dritten Staat nicht unterlaufen werden.

VIII. Annexzuständigkeit für Klagen aus Miete und Pacht von beweglichen Sachen?

1. Für Miete und Pacht von beweglichen Sachen gilt Art. 16 Nr. 1 nicht. Es kommen vielmehr die allgemeinen Vorschriften der Art. 2ff. zum Zuge.

2. Dies kann zu mißlichen Ergebnissen führen, wenn Sachgesamtheiten vermietet oder verpachtet sind. Man wird eine Zuständigkeit auch für bewegliche Sachen auf Art. 16 Nr. 1 stützen können, wenn Hauptgegenstand des Miet- bzw. Pachtverhältnisses Immobilien sind.

Beispiel: Verpachtet ist ein Hotelgebäude mit Inventar. Der Streit geht um die Wiederbeschaffung des durch unsachgemäße Behandlung verdorbenen Tafelsilbers.[6a]

IX. Rechtsvergleichende Hinweise[7]

1. In die deutsche Zivilprozeßordnung wurde folgender § 29a eingefügt:[8]

(1) Für Klagen auf Feststellung des Bestehens oder Nichtbestehens eines Mietvertrages oder Untermietvertrages über Wohnraum, auf Erfüllung, auf Ent-

---

[6a] Vgl. aber auch unten Fußn. 14.

[7] Ausführlich *Trenk-Hinterberger,* Internationales Wohnungsmietrecht, 1977, 76.

[8] Durch das dritte Mietrechtsänderungsgesetz vom 21. Dezember 1967 (BGBl. I 1248).

schädigung wegen Nichterfüllung oder nicht gehöriger Erfüllung eines solchen Vertrages ist das Amtsgericht ausschließlich zuständig, in dessen Bezirk sich der Wohnraum befindet. Das gleiche gilt für Klagen auf Räumung des Wohnraums oder auf Fortsetzung des Mietverhältnisses auf Grund der §§ 556a, 556b des Bürgerlichen Gesetzbuchs.

(2) Absatz 1 ist nicht anzuwenden, wenn es sich um Wohnraum der in § 556a Abs. 8 des Bürgerlichen Gesetzbuchs genannten Art handelt.

Der Anwendungsbereich des § 29a ZPO ist also enger als der des Art. 16 Nr. 1. § 29a ZPO gilt nur für *Wohnraum,* ausgenommen Wohnungen, die nur zum vorübergehenden Gebrauch vermietet wurden (§ 29a II ZPO). Dagegen kommt Art. 16 Nr. 1 für *alle Miet- und Pachtverhältnisse,* die unbewegliche Sachen betreffen, zur Anwendung.[9]

2. In *Frankreich* spielt das forum rei sitae für die internationale Zuständigkeit nur dann eine Rolle, wenn beide Parteien Ausländer sind. Wenn auch nur eine Partei Franzose ist, ergibt sich die internationale Zuständigkeit Frankreichs aus Art. 14, 15 Code civil. Reine Ausländerprozesse wurden – dem Vernehmen nach – zu unserer Frage noch nicht entschieden.[10]

3. In *Italien* gilt das gleiche, wenn der Beklagte Italiener ist. Wird ein Ausländer verklagt, gilt Art. 4 Nr. 2 Codice di procedura civile.

4. In *England* ist nach common law die internationale Zuständigkeit (jurisdiction) zu bejahen, wenn der writ of summons dem Beklagten innerhalb Englands oder Wales zugestellt werden konnte. Eine assumed jurisdiction (Ermessenszuständigkeit) kann auf Grund Order 11 rule 1 (b) der Rules of the Supreme Court aufgetan werden. Unklar ist allerdings, ob dies auch für die Klage auf Zahlung des Miet- oder Pachtzinses gilt.[11]

X. Qualifikationsfragen

1. Noch nicht entschieden ist die Frage, ob die Begriffe *Miet- und Pachtverhältnis* konventionsimmanent zu definieren sind oder ob die lex causae maßgeblich ist.[12] Für die lex causae spricht der Gesichtspunkt des

---

[9] *Jenard*-Bericht S. 80: „Die von dem Ausschuß vorgeschlagene Fassung gilt nicht nur für alle Verfahren, die dingliche Rechte an unbeweglichen Sachen zum Gegenstand haben, sondern auch für Streitigkeiten aus Miete und Pacht von unbeweglichen Sachen. Hierunter fallen sowohl die Miete von Wohnräumen und Räumen zu beruflichen Zwecken als auch gewerbliche und landwirtschaftliche Miet- und Pachtverträge."

[10] Rechtsprechungsübersicht bei *Trenk-Hinterberger,* (Fußn. 7), 76.

[11] Verneinend *Agnew v. Usher,* (1884), 14 Q. B. D. 78; hierzu *Trenk-Hinterberger* (Fußn. 7) 79 und *Scheucher,* Studien zur internationalen Zuständigkeit in Vermögensstreitigkeiten, 1972, 85.

[12] Für lex rei sitae *Müller* in *Bülow-Böckstiegel,* 606/134, Art. 16, Anm. IV 1 b: „Bestehen innerhalb des von Art. 16 Nr. 1 gesetzten Rahmens Zweifel, ob ein Rechtsver-

inneren Entscheidungseinklangs, bei dieser Qualifikationsmethode besteht aber die Gefahr, daß der eine oder andere Vertragsstaat sein durch Art. 16 Nr. 1 begründetes Jurisdiktionsmonopol dadurch ausweitet, daß er – gemeinschaftswidrig – den Begriff des Miet- und Pachtverhältnisses unmäßig aufbläht. Dem kann nur durch eine konventionsimmanente Definition begegnet werden.
2. Das gleiche gilt für den Begriff „unbewegliche Sache". Vgl. oben § 85 XI.

XI. Klagen, die Miete oder Pacht von unbeweglichen Sachen zum Gegenstand haben

1. Keine Beschränkung auf Wohnraum

Art. 16 Nr. 1 gilt für *alle* Miet- und Pachtverhältnisse.[13]

2. Abgrenzung zu den sonstigen Nutzungsverhältnissen

Die Klage muß ein *Miet- oder Pachtverhältnis* zum Gegenstand haben. Sonstige Nutzungsverhältnisse fallen nicht unter Art. 16 Nr. 1. Eine Ausnahme gilt allenfalls für *mietähnliche oder pachtähnliche Verhältnisse* oder kombinierte oder gemischte Verträge, in denen das mietrechtliche oder pachtrechtliche Element die Überhand hat.[13a]

3. Unbewegliche Sache muß Hauptgegenstand des Miet- oder Pachtverhältnisses sein

a) Art. 16 Nr. 1 2. Alternative setzt voraus, daß die unbewegliche Sache *Hauptgegenstand* des Miet- bzw. Pachtverhältnisses ist. Ein Vertrag über eine Verpachtung eines Gewerbebetriebes (Ladengeschäftes) fällt deshalb auch dann nicht unter Art. 16 Nr. 1, wenn dieser in einer vom Verpächter gemieteten unbeweglichen Sache betrieben wird.[14]
b) Bei *Mischmietverträgen* entscheidet der überwiegende Charakter.[15]

4. Parteien des Rechtsstreits

a) Art. 16 Nr. 1 ist nicht nur anwendbar, wenn die Vertragsparteien des Miet- oder Pachtvertrages streiten; er kommt vielmehr auch dann

---

hältnis als Miete oder Pacht zu qualifizieren ist, so gilt die Begriffsbestimmung nach dem Recht des Lageortes der unbeweglichen Sache."

[13] *Jenard*-Bericht S. 80 (oben Fußn. 9).

[13a] Bedenklich LG Frankfurt/M., Urteil vom 10. Mai 1982, NJW 1982, 1949, das den vom Reiseveranstalter vermittelten Ferienwohnungsvertrag als Werkvertrag qualifiziert.

[14] EuGH, Urteil vom 14. Dezember 1977, Rechtssache 73/77 – *Sonders./.van der Putte*, EUGHE 1977, 2383 = RIW/AWD 1978, 336. Vgl. oben § 85 Fußn. 37.

[15] *Zöller-Vollkommer*, ZPO, 13. Aufl., § 29a, Anm. II 1a.

zum Zuge, wenn Dritte am Rechtsstreit beteiligt sind, die Rechte aus einem Miet- oder Pachtverhältnis geltend machen, so z. B. wenn ein Dritter durch einen echten Vertrag zugunsten Dritter (§ 328 BGB) begünstigt ist.

b) Art. 16 Nr. 1 gilt für die Rechtsnachfolger im weitesten Sinne, selbst für den Pfändungspfandgläubiger und den Rechtsnachfolger des Eigentümers in den Fällen des § 571 BGB.

5. Rechtsgrund

Gegenstand der Klage muß nicht unbedingt ein *vertraglicher* Anspruch sein. Art. 16 Nr. 1 gilt auch für Klagen aus *Delikt* oder *ungerechtfertigter Bereicherung*. Voraussetzung ist nur, daß der Streitgegenstand aus einem Miet- oder Pachtverhältnis herrührt, der eine Immobilie betrifft.[16]

XII. Sachlicher Anwendungsbereich

1. Art. 16 Nr. 1 umfaßt alle Streitigkeiten zwischen Mietern und Vermietern sowie von Pächtern und Verpächtern, die das Bestehen oder die Auslegung von Miet- und Pachtverträgen, die Behebung von Mietschäden, Räumungsklagen usw. zum Gegenstand haben.[17] Diese Vorschrift kommt auch dann zum Zuge, wenn streitig ist, ob überhaupt ein Miet- oder Pachtverhältnis besteht.[18] So muß die Klage auf Feststellung des Bestehens oder Nichtbestehens eines Miet- oder Pachtverhältnisses am forum rei sitae erhoben und entschieden werden. Art. 16 Nr. 1 ist also anwendbar für alle Klagen in Miet- und Pachtsachen.

2. Etwas anderes gilt aber für *Miet- und Pachtzinszahlungsklagen*[19] mit Einschluß der Klagen auf Zahlung von Zinsen und Verzugsschaden wegen Nichterfüllung. Diese fallen nicht unter Art. 16 Nr. 1.[20] Eine inter-

---

[16] Bestritten für § 29a ZPO bezüglich Räumungsklagen: *Stein-Jonas-Schumann,* ZPO, 20. Aufl., § 29a, Rz. 12 bei Fußn. 30; *Zöller-Vollkommer,* ZPO, 13. Aufl., § 29a, Anm. II 1d.

[17] So ausdrücklich *Jenard*-Bericht S. 80.

[18] So ausdrücklich für Art. 5 Nr. 1 EuGH, Urteil vom 4. März 1982, Rechtssache 38/81, *Effer S. p. A../. Kartner,* EuGHE 1982, 825 = RIW/AWD 1982, 280.

[19] So *Jenard*-Bericht S. 80: „Nach Ansicht des Ausschusses gilt die Regel jedoch nicht für reine Miet- oder Pachtzahlungsklagen, da diese Klagen von der vermieteten oder verpachteten unbeweglichen Sache als losgelöst gelten können." Offengelassen im *Schlosser*-Bericht Nr. 164: „Ob wirklich reine *Miet- und Pachtzinsklagen,* also bloße Inkassofälle, vom Anwendungsbereich des Artikels 16 Nr. 1 ausgenommen sind, wie es im *Jenard*-Bericht als Meinung des Ausschusses festgehalten worden ist, mußte zwar offen bleiben. Jedoch verlangt die ratio legis der Bestimmung ihre Anwendbarkeit auf kurzfristige Gebrauchsüberlassungsverträge, insbesondere zu Zwecken eines Ferienaufenthalts, sicherlich nicht."

[20] *Geimer,* NJW 1974, 2189, *Zöller-Vollkommer,* ZPO, 13. Aufl., § 29a, Anm. I 4; *Leue* NJW 1983, 1242; LG Offenbach NJW 1983, 1273. a. A. LG Aachen NJW 1976,

nationale Ausschließlichkeit des forum rei sitae wäre zu umständlich, da der Vollstreckungszugriff am Wohnsitz des Schuldners viel wahrscheinlicher ist als am Ort des Mietobjekts.[21] Der Belegenheitsstaat ist aber meist neben dem Wohnsitzstaat (Art. 2 I) konkurrierend zuständig, da dort i. d. R. zu erfüllen ist, Art. 5 Nr. 1.[22]

Auch die Klage auf Rückzahlung der Mieterkaution fällt nicht in den Anwendungsbereich des Art. 16 Nr. 1. Fraglich ist dies allerdings für Klagen wegen Schadensersatz vertraglicher oder deliktischer Art. Auch hier scheinen wieder die Grenzen der Weisheit einer Zuständigkeitsnorm auf, die internationale Jurisdiktionsmonopole für Alltagsgeschäfte schaffen will. Unerquickliche Abgrenzungsprobleme sind die unvermeidliche Folge. Diese wurden durch nennenswerte Vorteile nicht aufgewogen.

XIII. Klagearten

Art. 16 Nr. 1 gilt für alle Klagearten.

1. Leistungsklagen

In Betracht kommen z. B. Klagen auf Räumung oder Erfüllung der Haupt- und Nebenpflichten bezüglich Gebrauchsüberlassung, Verwendungsersatz und Klagen aus der Abwicklung des Mietverhältnisses,[23] mit Ausnahme der Zahlungsklagen.

2. Feststellungsklagen

Zu denken wäre an die Feststellung des Bestehens oder Nichtbestehens des gesamten Mietverhältnisses durch Feststellungsklagen.[24]

3. Gestaltungsklagen

Der Richter ist z. B. zur Vertragsgestaltung gemäß § 556a III BGB befugt.

XIV. Verbot der Derogation

Die internationale Zuständigkeit des Belegenheitsstaates kann – wie alle in Art. 16 festgelegten ausschließlichen internationalen Zuständig-

487 = IPRspr. 1975 Nr. 143; AG Offenbach NJW 1982, 2735; *Müller* in *Bülow-Böckstiegel,* 606/134, Art. 16, Anm. IV 1b.

[21] Zur Interessenlage ausführlich *Geimer,* NJW 1974, 2189.

[22] Sowohl auch EuGH, Urteil vom 22. März 1983, Rechtssache 34/82 – *Peters Bauunternehmung GmbH./. Zuid Nederlandse Aannemers Vereniging;* hierzu oben § 83 Fußn. 47.

[23] *Jenard*-Bericht S. 80.

[24] *Jenard*-Bericht S. 80.

keiten – durch Vereinbarung der Parteien nicht abbedungen werden, Art. 17 II (= Art. 17 III n. F.).

Auch im Falle der ausdrücklichen oder stillschweigenden Unterwerfung des Beklagten unter die Jurisdiktion des Gerichtsstaates darf Art. 16 Nr. 1 nicht übergangen werden, Art. 18 S. 2.

XV. Prüfung der Zuständigkeitstatsachen durch den Erstrichter

Der Richter hat die Voraussetzungen des Art. 16 von Amts wegen zu prüfen, Art. 19. Hängt die Beurteilung der Zuständigkeitsfrage davon ab, ob es sich um eine bewegliche oder unbewegliche Sache handelt oder ob ein Miet- oder Pachtverhältnis Streitgegenstand ist, so reicht die bloße Behauptung des Klägers nicht aus, und zwar auch dann nicht, wenn der Beklagte diese nicht bestreitet.

XVI. Nachprüfung durch den Zweitrichter

Im Stadium der Anerkennung (Art. 25 ff.) bzw. Zulassung zur Zwangsvollstreckung durch Klauselerteilung (Art. 31 ff.) darf der Zweitrichter die Einhaltung des Art. 16 Nr. 1 nachprüfen, Art. 28 I. Dies ist eine Ausnahme von dem Verbot der Nachprüfung der internationalen Zuständigkeit des Erststaates, Art. 28 III.

XVII. Notzuständigkeit

Kann das vom Erststaat erlassene Urteil nicht anerkannt werden, z. B. weil sich der Zweitstaat selbst für ausschließlich international zuständig hält oder weil ein Verstoß gegen den ordre public des Zweitstaates vorliegt, so greift die Notzuständigkeit für die Wiederholung des Rechtsstreits ein, sofern nicht bereits aus der Sicht des Zweitstaates die Voraussetzungen des Art. 16 Nr. 1 für ihn gegeben sind.

Beispiel: Das Mietverhältnis betrifft eine Wohnung in Paris. Das französische Urteil kann in Italien nicht anerkannt werden, weil der italienische ordre public wegen Nichtbeachtung der italienischen Devisenvorschriften verletzt ist. Hier kann die Klage in Italien wieder angebracht werden. Art. 16 Nr. 1 wird insoweit durch die Notzuständigkeit verdrängt, da eine Justizverweigerung im geographischen Anwendungsbereich des Übereinkommens in jedem Falle vermieden werden muß. Vgl. oben § 60. Italien ist sogar aufgrund des Übereinkommens zur Justizgewährung verpflichtet. Für die örtliche Zuständigkeit gelten die oben § 34 II angestellten Erwägungen.

§ 87 Der Sitz einer juristischen Person oder Gesellschaft als Zuständigkeitsanknüpfung für Klagen über ihren Bestand und die Wirksamkeit der Beschlüsse ihrer Organe, Art. 16 Nr. 2

I. Regelungsbereich

1. Art. 16 Nr. 2 erklärt den Vertragsstaat, in dem die juristische Person bzw. Gesellschaft ihren Sitz hat, für international ausschließlich zuständig für Klagen, die folgende Streitgegenstände betreffen:

a) Gültigkeit oder Nichtigkeit einer Gesellschaft oder juristischen Person, also Wirksamkeit oder Unwirksamkeit der Gründung;

b) Auflösung einer Gesellschaft oder juristischen Person;

c) Gültigkeit oder Nichtigkeit der Beschlüsse der Organe einer Gesellschaft oder juristischen Person.

2. Art. 16 Nr. 2 gilt *nur zugunsten anderer Vertragsstaaten, nicht aber zugunsten dritter Staaten.*[1] So ist z. B. Art. 16 Nr. 2 nicht einschlägig für Klagen auf Feststellung der Nichtigkeit eines Gesellschafterbeschlusses einer in Zürich registrierten Aktiengesellschaft.

II. Ratio conventionis

Im Vordergrund steht hier das *Gerichtsinteresse an einer Konzentrierung* aller den Status der Gesellschaft bzw. juristischen Person betreffenden Streitigkeiten im Sitzstaat im Interesse des inneren Entscheidungseinklangs.[2]

III. Kritik[3]

1. Art. 16 Nr. 2 wurde zu eng formuliert. Das Konzentrationsinteresse hätte verlangt, alle Organstreitigkeiten in den Anwendungsbereich die-

---

[1] Oben § 29 V.

[2] *Jenard*-Bericht S. 81: „Artikel 16 Nr. 2 begründet für Gesellschaften und juristische Personen die ausschließliche Zuständigkeit der Gerichte des Staates, in dem eine Gesellschaft oder eine juristische Person ihren Sitz hat, wenn sich die Hauptklage auf die Gültigkeit, die Nichtigkeit oder die Auflösung der Gesellschaft oder juristischen Person oder der Beschlüsse ihrer Organe bezieht. – Zur Wahrung der Rechtssicherheit muß vermieden werden, daß über das Bestehen von Gesellschaften oder die Gültigkeit der Beschlüsse ihrer Organe sich widersprechende Entscheidungen ergehen können. Aus diesem Grunde dürfte sich die Lokalisierung der Verfahren bei den Gerichten desjenigen Staates empfehlen, in dessen Hoheitsgebiet die Gesellschaft ihren Sitz hat. In diesem Staate werden auch die Förmlichkeiten der Publizität für die Gesellschaft erfüllt. Auch führt diese Lösung in den meisten Fällen zur Anwendung der herkömmlichen Regel «actor sequitur forum rei»".

[3] Die Kritik wird hier aus der Perspektive des deutschen Gesellschaftsrechts formuliert. Die Problematik ist jedoch aus der Sicht der anderen Vertragsstaaten ähnlich.

ser Vorschrift einzubeziehen, ebenso alle das Gesellschaftsverhältnis betreffenden Klagen gegen die Gesellschafter und Haftungsklagen gegen die Organe der Gesellschaft. Allerdings wäre es nicht notwendig gewesen, eine ausschließliche internationale Zuständigkeit vorzusehen; eine konkurrierende hätte – zumindest in den meisten Fällen – genügt.

2. Für andere als die in Art. 16 Nr. 2 ausdrücklich aufgeführten Klagen der Gesellschafter (Mitglieder) gegen die Gesellschaft (juristische Person) gilt Art. 16 Nr. 2 nicht.[4] Es kommen vielmehr die allgemeinen Vorschriften der Art. 2ff. zur Anwendung.

3. Dies gilt z. B. für Ansprüche der *Gesellschafter gegen die Gesellschaft*. Die Klage auf Auszahlung des Gewinns fällt nicht unter Art. 16 Nr. 2. Ebenso nicht Streitigkeiten wegen des gesetzlichen Bezugsrechts bei der Kapitalerhöhung.[5] Ist das Bezugsrecht nicht durch ausdrücklichen Beschluß ausgeschlossen, so können die Gesellschafter auch bei der GmbH ihrer Beteiligung entsprechende Übernahmeerklärungen abgeben und deren Annahme von der Gesellschaft verlangen. Nimmt die Gesellschaft die Übernahmeerklärung nicht an, können die Gesellschafter ihren Bezugsanspruch einklagen.[6] Für diese Klage gilt nicht Art. 16 Nr. 2, sondern es kommen vielmehr die allgemeinen Vorschriften der Art. 2ff. zur Anwendung. Auch hier zeigt sich, daß die Regelung des Übereinkommens wenig glücklich ist. Wenn man schon wegen der Sach- und Rechtsnähe eine ausschließliche internationale Zuständigkeit festlegen will, so hätte man diese Klagen in den Anwendungsbereich des Art. 16 Nr. 2 einbeziehen müssen. Anders ist es, wenn ein Gesellschafter gegen den Gesellschafterbeschluß die Anfechtungsklage erhebt, z. B. wenn sein Bezugsrecht im Gesellschafterbeschluß ausgeschlossen wurde. Für diese Anfechtungsklage gilt wiederum Art. 16 Nr. 2.

4. *Ansprüche der Gesellschaft gegen die Gesellschafter* können nicht auf Art. 16 Nr. 2 gestützt werden. So gelten die allgemeinen Vorschriften (Art. 2ff.) für die Klage auf Einzahlung der übernommenen Stammeinlagen und für die Klagen wegen der Haftung der Gesellschafter bei Gründung,[7] Kapitalerhöhung[8] oder Kapitalherabsetzung. Allenfalls kann die

---

[4] Man denke z. B. an die Durchsetzung der Durchgriffshaftung.
Hinweise zum italienischen Recht bei *Laule*, RIW/AWD 1979, 29, 31 Fußn. 30.

[5] Zur Rechtslage in der Bundesrepublik Deutschland vgl. *Scholz-Karsten Schmidt,* Kommentar zum GmbH-Gesetz, 6. Auflage, § 45 Rz. 76 sowie *Scholz-Priester,* Kommentar zum GmbH-Gesetz, 6. Aufl., §§ 55 Rz. 67ff.

[6] Einzelheiten zum deutschen GmbH-Recht bei *Scholz-Priester,* Kommentar zum GmbH-Gesetz, 6. Auflage, § 55, Rz. 85, 88.

[7] Vgl. den von der Corte di Cassazione mit Urteil vom 17. November 1975, Nr. 4143, Giurisprudenza italiana 1977 I, 1, 967 entschiedenen und von *Grunsky* RIW/AWD 1977, 726 referierten Fall: Anläßlich der Gründung einer Aktiengesellschaft hatte ein Gründer den anderen Gründern den Verkauf eines größeren Geländes an die Gesellschaft versprochen. Auf dem Gelände sollte ein Programm für den Tourismus realisiert werden. Als sich herausstellte, daß dies nicht durchführbar war, verweigerte der Gründer die Erfüllung. Daraufhin klagte die Aktiengesellschaft und obsiegte. Die

Zuständigkeit des Sitzstaates über Art. 5 Nr. 1 begründet werden.[7a] Doch ist dies keine ausreichende kompetenzmäßige Sicherung der Gesellschaft. Besser wäre es gewesen, wenn das Übereinkommen – entsprechend § 22 ZPO – eine konkurrierende Zuständigkeit am Sitz der Gesellschaft eröffnet hätte.

5. Dies gilt um so mehr für *Klagen der Gesellschaft gegen ihre Organe.* So gilt Art. 16 Nr. 2 nicht für die Geltendmachung von Schadensersatzansprüchen gegen Vorstandsmitglieder bzw. Geschäftsführer der Gesellschaft. Hier wäre es sinnvoller gewesen, im Sitzstaat eine ausschließliche internationale Zuständigkeit zu begründen. Klagt die Gesellschaft z. B. gegen den Vorstand bzw. Geschäftsführer auf Schadensersatz wegen Verletzung eines Wettbewerbsverbots,[9] so sind die allgemeinen Vorschriften (Art. 2ff.) maßgeblich. Im Staate des Sitzes der Gesellschaft dürfte gemäß Art. 5 Nr. 1 ein Gerichtsstand eröffnet sein, weil der Vorstand bzw. Geschäftsführer seine Verpflichtung am Sitz der Gesellschaft zu erbringen hat. Das gleiche gilt für Klagen auf Rückzahlung eines nicht rechtmäßig gewährten Kredits an Vorstandsmitglieder[10] bzw. Klagen wegen Schadensersatzes.[11] Für Schadensersatzklagen kommt neben dem Gerichtsstand des Erfüllungsortes (Art. 5 Nr. 1) auch der Gerichtsstand der unerlaubten Handlung (Art. 5 Nr. 3) zur Anwendung.[12]

6. Nichts anderes gilt für die Geltendmachung von Schadensersatzansprüchen gegen die *Mitglieder des Aufsichtsrates.* Auch für diese Klagen ist Art. 16 Nr. 2 nicht einschlägig. Verletzt ein Aufsichtsratsmitglied z. B.

Gesellschaft hat nach Ansicht der Corte di cassazione einen eigenen Anspruch gegen den Beklagten. Die Gesellschafter könnten gesellschaftsrechtliche Befugnisse untereinander vertraglich regeln, und zwar auch durch einen Vertrag zugunsten der Gesellschaft. Das Gericht bejahte einen Anspruch der Klägerin aus dem Vorvertrag auf Abschluß eines Kaufvertrags. Der Wirksamkeit eines solchen Vertrags stehe nicht entgegen, daß die Gesellschaft im Zeitpunkt des Abschlusses des Vertrags noch nicht existierte: Ein Vertrag zugunsten Dritter setze nicht voraus, daß der Dritte bei Vertragsschluß schon als rechtsfähiges Subjekt vorhanden ist. Das Gericht verurteilte zum Abschluß des Kaufvertrages. Nach Art. 2932 I Codice civile hat das stattgebende Urteil die Wirkung, daß der Kaufvertrag als abgeschlossen gilt.

[7a] So EuGH, Urteil vom 22. März 1983, Rechtssache 34/82 – *Peters Bauunternehmung GmbH./. Zuid Nederlandse Aannemers.* Hierzu oben § 83 Fußn. 47.

[8] Zur Haftung bei falscher Bewertung einer Sacheinlage aus Anlaß der Kapitalerhöhung Corte di cassazione, Urteil vom 27. Februar 1976, Nr. 639, Giur. ital. 1977, I, 1, 637 = RIW/AWD 1977, 499. Zum niederländischen Recht s. IPG 1975 Nr. 14, zum belgischen Recht OLG Düsseldorf, Urteil vom 8. Dezember 1975, RIW/AWD 1976, 452 = IPRspr. 1975 Nr. 8.

[9] § 88 AktG.

[10] § 93 III Nr. 8, § 116 AktG.

[11] § 89 V AktG.

[12] Vgl. auch für das autonome deutsche Recht *Geßler-Hefermehl-Eckardt-Kropff,* AktG, 1973 II § 93 Anm. XI. *Hachenburg-Mertens,* GmbHG, 7. Aufl., § 35 Rz. 207 und *Scholz-Schneider,* Kommentar zum GmbHG, 6. Aufl., § 35 Rz. 206.

seine Sorgfalts- oder Verschwiegenheitspflicht, so kann die Gesellschaft Schadensersatz verlangen.[13] Es gelten die allgemeinen Zuständigkeitsvorschriften. Wohnt das Aufsichtsratsmitglied in einem anderen Vertragsstaat, so kommt Art. 5 Nr. 3 in Betracht, wenn die Gesellschaft im Staate ihres Sitzes klagen will.

7. Für *Streitigkeiten unter den Gesellschaftern,* die das Gesellschaftsverhältnis betreffen, kommt Art. 16 Nr. 2 nur dann zur Anwendung, wenn es sich um das Bestehen der Gesellschaft bzw. die Nichtigkeit oder Anfechtbarkeit von Gesellschafterbeschlüssen handelt. Diese Regelung ist zu bedauern. Es wäre sinnvoller gewesen, am Sitz der Gesellschaft einen konkurrierenden Gerichtsstand für alle Streitigkeiten zu eröffnen, die das Gesellschaftsverhältnis betreffen. So kann z. B. zwischen den Gesellschaftern ein Streit über den Stimmbindungsvertrag aktuell werden.[14] Die Gesellschafter können sich durch Vertrag untereinander zur Vornahme von Satzungsänderungen verpflichten. Sie können auch vereinbaren, unter bestimmten näher festzulegenden Voraussetzungen eine Kapitalerhöhung zu beschließen. Streitigkeiten aus solchen Verträgen unter den Gesellschaftern fallen nicht unter Art. 16 Nr. 2. Es gelten vielmehr Art. 2ff. Die Zuständigkeit am Sitz der Gesellschaft kann allenfalls über Art. 5 Nr. 1 begründet werden, wenn man der Auffassung ist, daß diese Verträge am Sitz der Gesellschaft zu erfüllen sind.

a) Jedoch wäre es besser gewesen, wenn das Übereinkommen – entsprechend § 22 ZPO – einen (konkurrierenden) Gerichtsstand am Sitz der Gesellschaft ausdrücklich stipuliert hätte.

Beispiel: Die Gesellschafter einer GmbH mit dem Sitz in Frankfurt/Main sind eine Aktiengesellschaft in Zürich und eine Società per Azioni mit dem Sitz in Rom. Sie vereinbaren, eine Kapitalerhöhung zu beschließen. Kommt es zwischen den Gesellschaftern zum Streit, so ist die Bundesrepublik Deutschland nicht gemäß Art. 16 Nr. 2 international zuständig, sondern allenfalls gemäß Art. 5 Nr. 1.

Klagt die italienische Gesellschaft gegen die Schweizer Gesellschaft, so kommt die Zuständigkeitsordnung des Übereinkommens nicht zur Anwendung. Es gilt vielmehr das nationale Zuständigkeitsrecht, Art. 4 I.[15] Klagt die Schweizer Gesellschaft gegen die römische Gesellschaft, so ist Italien zuständig gemäß Art. 2 I.

Vorstehendes gilt entsprechend für Verträge, in denen sich ein Gesellschafter oder ein Dritter verpflichtet, bei einer späteren Kapitalerhöhung eine Stammeinlage zu übernehmen. Ein solcher Vertrag verpflichtet den Betreffenden, eine formgültige Übernahmeerklärung abzugeben.[16]

Auch wenn die Übernahmeerklärung (Beitritt) abgegeben worden ist,

---

[13] § 93 II AktG.

[14] Zur Stimmbindungsklage ausführlich *Scholz-Karsten Schmidt,* § 47 Rz. 52ff.

[15] Oben § 29 IV.

[16] Einzelheiten bei *Scholz-Priester,* Kommentar zum GmbH-Gesetz, 6. Auflage, § 55, Rz. 106.

kann Streit entstehen über deren Wirksamkeit.[17] Art. 16 Nr. 2 kommt nicht zum Zuge. Es gelten vielmehr die allgemeinen Vorschriften. Wohnt der Übernehmer der neuen Stammeinlage nicht in dem Staat, in dem die Gesellschaft ihren Sitz hat, so kann man die internationale Zuständigkeit des Sitzstaates allenfalls über Art. 5 Nr. 1 begründen.[18]

b) Nicht nur im Gründungsstadium und bei Kapitalerhöhungen sind Prozesse zwischen den Gesellschaftern denkbar. Die verschiedenen Hypothesen lassen sich nicht systematisieren, geschweige denn umfassend darstellen. Nur so viel in diesem Zusammenhang: *Auch bei juristischen Personen bestehen unmittelbare Rechtsbeziehungen zwischen den Gesellschaftern,* so besteht zwischen den Gründungsaktionären einer Aktiengesellschaft bzw. den Gründungsgesellschaftern einer Gesellschaft mit beschränkter Haftung eine Haftungsgemeinschaft bezüglich der Aufbringung des Grund- bzw. Stammkapitals.[19]

c) Hinzu tritt die *gesellschaftsrechtliche Treuepflicht.* Diese wird nicht nur der Gesellschaft geschuldet, sondern auch unter den Aktionären bzw. Gesellschaftern.[20] Die Treuepflicht kann unter Umständen auch ein positives Handeln verlangen; so sind z. B. die Aktionäre bzw. die Gesellschafter untereinander zur Mitwirkung bei der Feststellung des Jahresabschlusses verpflichtet.[21] Die Mitwirkungspflicht kann durch Klage durchgesetzt werden. Für diese Streitigkeiten gelten die allgemeinen Vorschriften der Art. 2ff., nicht Art. 16 Nr. 2.

d) Ob ein Gesellschafter (Aktionär) gegen einen anderen Gesellschafter (Aktionär) oder einen Dritten eine der Gesellschaft geschuldete Leistung oder Unterlassung im eigenen Namen einklagen kann *(actio pro socio),* entscheidet das *Gesellschaftsstatut.*[22] Klagt ein Gesellschafter das Recht (Anspruch) der Gesellschaft gegen einen anderen Gesellschafter oder einen Dritten ein, so kommt Art. 16 Nr. 2 nicht zur Anwendung.

---

[17] Zur fehlerhaften Übernahmeerklärung im deutschen GmbH-Recht siehe *Scholz-Priester,* Kommentar zum GmbH-Gesetz, 6. Auflage, § 57 Rz. 45.

[18] Die Frage, ob eine bestimmte Person Gesellschafter bzw. Aktionär ist oder nicht, kann nicht nur in einem Prozeß mit der Gesellschaft selbst festgestellt werden, sie kann auch durch einen Prozeß unter den Gesellschaftern geklärt werden. Art. 16 Nr. 2 kommt in keinem Fall zur Anwendung, es gelten vielmehr die allgemeinen Vorschriften. Einzelheiten zum deutschen GmbH-Recht siehe *Hachenburg-Schilling,* GmbH-Gesetz, Groß-Kommentar, 7. Aufl., § 13 Rz. 10 und *Scholz-Winter,* Kommentar zum GmbH-Gesetz, 6. Aufl., § 13 Rz. 67.

[19] Vgl. §§ 24, 31 III GmbHG; § 46 AktienG.

[20] Einzelheiten bei *Hachenburg-Schilling,* GmbHG, Großkommentar, 7. Auflage, § 13 Rz. 7. sowie *Scholz-Winter,* Kommentar zum GmbHG, 6. Auflage, § 13 Rz. 62ff.

[21] Die Gesellschafter haften einander sowohl aus dem Gesellschaftsvertrag als auch aus Delikt, z. B. aus § 823 II BGB in Verbindung mit §§ 263, 266 StGB. – Hierzu *Scholz-Winter,* Kommentar zum GmbHGesetz, 6. Aufl., §§ 9a, 9b, Rz. 38.

[22] Zum Recht der Personengesellschaften siehe *Hueck,* Das Recht der offenen Handelsgesellschaft § 18 II 3 S. 261; *Fischer* Groß-Kommtar zum HGB, § 124, Anm. 11; zum GmbH-Recht, vgl. *Hachenburg-Schilling,* GmbH-Gesetz, Großkommentar, 7. Aufl., § 13 Rz. 8 und *Scholz-Winter,* Kommentar zum GmbH-Gesetz, 6. Aufl., Rz. 65.

e) Auch über das *Ausscheiden eines Gesellschafters aus der Gesellschaft* kann unter den Gesellschaftern Streit entstehen. Vorstellbar ist z. B. bei der GmbH ein Streit über die Wirksamkeit einer Geschäftsanteilsabtretung.[23] Hier kann eine Partei gegen die andere auf Feststellung über die Wirksamkeit oder Unwirksamkeit der Geschäftsanteilsabtretung klagen. Es gelten die allgemeinen Zuständigkeitsvorschriften der Art. 2ff., nicht Art. 16 Nr. 2.[24]

8. Besonders mißlich ist das Fehlen des Gerichtsstandes der Mitgliedschaft[25] bei der *Ausschließungsklage*.

a) Bei der *GmbH* steht das Klagerecht nicht den übrigen Gesellschaftern, sondern der GmbH zu[26]. Für die Klage der GmbH gegen den

---

[23] § 15 GmbHG.

[24] Der *kaduzierte Gesellschafter* (§ 21 GmbHG) kann eine Feststellungsklage auf Fortbestehen der Mitgliedschaft sowohl gegen die Gesellschaft wie gegen die neuen Gesellschafter erheben, auch kann er Leistungsklage gegen die Gesellschaft auf Zahlung des Gewinns erheben. In diesem Fall ist die Wirksamkeit der Kaduzierung Vorfrage. Vgl. Nachweise bei *Hachenburg-Goerdeler,* GmbH-Gesetz, Großkommentar, 7. Aufl., § 21. Erfolgt die Kaduzierung aufgrund eines Gesellschafterbeschlusses, so kann der Gesellschafterbeschluß mit der Anfechtungsklage angefochten werden. Für diese Anfechtung gilt Art. 16 Nr. 2. Dieses Beispiel zeigt, wie unausgewogen die Regelung des Übereinkommens ist. Es wäre sinnvoll gewesen, aus Gründen des Sachzusammenhangs auch die anderen Klagen am Sitz der Gesellschaft zuzulassen.

[25] Zum autonomen deutschen Zuständigkeitsrecht s. *Scholz-Winter* Kommentar zum GmbH-Gesetz, 6. Aufl., § 15 Rz. 113.

[26] Zum Ausschließungsverfahren siehe *Scholz-Winter,* Kommentar zum GmbH-Gesetz, 6. Aufl., § 15 Rz. 106. Die Ausschließung eines Gesellschafters läßt das GmbH-Gesetz nur wegen Säumigkeit mit der Zahlung der Stammeinlage (§ 21) oder von Nachschüssen (§ 28 I) zu. Liegt sonst ein wichtiger Grund in der Person des Gesellschafters vor, so gibt das GmbH-Gesetz nur die Auflösungsklage (§ 61), sofern nicht die Einziehung gemäß § 34 II im Gesellschaftsvertrag (Satzung) vorgesehen ist. Die Auflösungsklage schädigt jedoch meist die Interessen der übrigen Gesellschafter; sie führt nämlich zur Liquidation der Gesellschaft. Deshalb haben Lehre und Rechtsprechung die Ausschließung eines Gesellschafters auch ohne Rechtsgrundlage im Gesellschaftsvertrag (Satzung) zugelassen, wenn in seiner Person ein wichtiger Grund vorliegt, der sein Verbleiben in der Gesellschaft als nicht tragbar erscheinen läßt. BGH GmbH-Rdsch. 1972, 177, NJW 1977, 2316; *Scholz-Winter,* Kommentar zum GmbH-Gesetz, 6. Aufl., § 15 Rz. 97, *Scholz-Karsten Schmidt* a. a. O., § 46 Rz. 19 und § 47 Rz. 126.

Die Ausschließung erfolgt nicht durch den Gesellschafterbeschluß, sondern nur aufgrund eines Gesellschafterbeschlusses. Der Gesellschafterbeschluß ist Grundlage für die Erhebung der Ausschließungsklage. Diese ist eine Gestaltungsklage. Vgl. *Stein-Jonas-Schumann* ZPO, 19. Aufl., Anm. II, III vor § 253 und *Scholz-Winter* § 15 Rz. 106.

Der Ausschließungsbeschluß unterliegt wie jeder Beschluß der Gesellschaftsversammlung der Nichtigkeits- und Anfechtungsklage. Nichtigkeits- und Anfechtungsklage können auch im Wege der Widerklage gegen die Ausschließungsklage geltend gemacht werden, die ausschließliche internationale Zuständigkeit gemäß Art. 16 Nr. 2 hat jedoch Vorrang. Wird z. B. die Ausschließungsklage im Wohnsitzstaat erhoben, so kann der beklagte Gesellschafter nicht die Anfechtungsklage gegen den Ausschließungsbeschluß im Wohnsitzstaat anhängig machen, wenn die Gesellschaft ihren Sitz in einem anderen Vertragsstaat hat.

auszuschließenden Gesellschafter gelten Art. 2ff. Wohnt der Beklagte außerhalb des Sitzstaates der Gesellschaft, so ist kein Anknüpfungspunkt im Sitzstaat gegeben. Man sieht, wie wenig sinnvoll die Regelung des Übereinkommens ist.

b) Nicht anders ist die *Klage auf Ausschließung eines Gesellschafters einer offenen Handelsgesellschaft oder einer Kommanditgesellschaft* zu beurteilen. Tritt in der Person eines Gesellschafters ein Umstand ein, der die übrigen Gesellschafter berechtigen würde, auf Auflösung der Gesellschaft zu klagen (§ 133 HGB), so können diese anstatt auf Auflösung auch auf Ausschluß dieses Gesellschafters klagen.[27] Auch diese Klage fällt nicht in den Anwendungsbereich des Art. 16 Nr. 2. Die Weisheit der Verfasser des Übereinkommens ist zu bezweifeln. Sinnvoller wäre es gewesen, hier einen Gerichtsstand zu eröffnen, wie dies z. B. das nationale deutsche Zuständigkeitsrecht (§ 22 ZPO) tut.[28] Vgl. unten 11d.

9. Die gleiche Rechtslage besteht für die *Klage auf Entziehung der Geschäftsführungsbefugnis gemäß § 117 HGB.*Die Befugnis zur Geschäftsführung kann einem Gesellschafter einer offenen Handelsgesellschaft auf Antrag der übrigen Gesellschafter durch gerichtliche Entscheidung entzogen werden, wenn ein wichtiger Grund vorliegt; ein solcher Grund ist insbesondere die grobe Pflichtverletzung oder Unfähigkeit zur ordnungsgemäßen Geschäftsführung. Auch hier erweist es sich als sehr mißlich, daß das Übereinkommen den Gerichtsstand am Sitz der Gesellschaft nicht eröffnet.

10. Für die *Klage auf Entziehung der Vertretungsmacht eines Gesellschafters einer oHG gemäß § 127 HGB* kommt ebenfalls Art. 16 Nr. 2 nicht zur Anwendung. Die Vertretungsmacht kann einem Gesellschafter auf Antrag der übrigen Gesellschafter durch gerichtliche Entscheidung entzogen werden, wenn ein wichtiger Grund vorliegt. Ein solcher Grund ist insbesondere die grobe Pflichtverletzung oder Unfähigkeit zur ordnungsgemäßen Vertretung der Gesellschaft.[29] Für die Klage gelten Art. 2ff. In Betracht kommt wohl nur der Wohnsitzgerichtsstand, Art. 2

---

[27] Erforderlich ist im Grundsatz die Klage aller Gesellschafter. Die Rechtsprechung läßt ausnahmsweise aber zu, daß sich ein Gesellschafter an der Klage nicht beteiligt, der dem Klageziel zugestimmt hat. Parteien der Ausschließungsklage sind die Gesellschafter, nicht die Gesellschaft, die zwar Gegenstand des Streites, aber nicht Partei des Rechtsstreites ist. *Ulmer* in RGR-Kommentar, 3. Aufl., § 140, Anm. 31; a. A. für die körperschaftlich strukturierte oHG und KG *Nitschke,* Die körperschaftlich strukturierte Personengesellschaft, 1970, 314.

[28] Zum italienischen Recht (Art. 2287 Codice civile) s. Corte di Cassazione, Urteil vom 9. Mai 1977 Nr. 1781, Giur. ital. 1978, I, 1, 524 = RIW/AWD 1978, 623.

[29] Da es sich nicht um einen Anspruch der Gesellschaft, auch nicht um eine Handlung der Geschäftsführung und der Vertretung, sondern um eine Änderung des Gesellschaftsvertrages handelt, bestimmt das Gesetz, daß der Antrag wie bei der Entziehung der Geschäftsführungsbefugnis (§ 117 HGB) von allen übrigen Mitgesellschaftern zu stellen ist. Diese sind Kläger, während Beklagter der von der Vertretung auszuschließende Gesellschafter ist.

I. Hier zeigt sich, daß die Lösung des Übereinkommens rechtspolitisch verfehlt ist. Eine analoge Anwendung des Art. 16 Nr. 2 ist zu empfehlen, da sowohl die Sach- wie auch die Rechtsnähe hierfür sprechen. Man sollte – um Problemen von vorneherein aus dem Weg zu gehen – im Gesellschaftsvertrag die Zuständigkeit am Sitz der Gesellschaft vereinbaren.

Soll die Vertretungsbefugnis durch einstweilige Verfügung entzogen werden, so gilt § 22 ZPO fort, Art. 24[30].

11. Grundsätzlich ist – jedenfalls bei Maßgeblichkeit deutschen Rechts – für *Personengesellschaften ohne eigene Rechtspersönlichkeit zu beachten:*

a) Streitigkeiten über ihren personellen Bestand können mit Rechtskraftwirkung nur zwischen den Gesellschaftern entschieden werden. Denn solche Streitigkeiten betreffen die Grundlage des Gesellschaftsverhältnisses, den Gesellschaftsvertrag. Hierüber hat die Gesellschaft keine Dispositionsbefugnis.[31] Der Sitz der Gesellschaft (Art. 2 I, 53) scheidet daher – soweit es nicht um Streitgegenstände geht, die in Art. 16 Nr. 2 ausdrücklich erwähnt sind – als Kompetenzanknüpfung aus.

b) Die Frage nach dem Bestehen eines Gesellschaftsverhältnisses kann in einem mit der Gesellschaft geführten Prozeß nur als Vorfrage entschieden werden. Für eine *Inzidentfeststellungsklage* fehlt ihr die Sachlegitimation und den vertretungsberechtigten Gesellschaftern die Vertretungsbefugnis.[32] Denn beide können nicht über die personelle Zusammensetzung der Gesellschaft verfügen. Die Gesellschaft kann nicht nach einem anderen Recht leben und bestehen, als die Gesellschafter Rechtens wollen oder zwischen ihnen rechtskräftig entschieden ist. Wo die Gesellschafter den Streit der Gesellschaft anhängig machen werden, ist offen und nicht voraussehbar. Es kommt darauf an, welcher Gesellschafter verklagt wird (Art. 2 I). Werden mehrere, in verschiedenen Vertragsstaaten wohnhafte Gesellschafter verklagt, so können gemäß Art. 6 Nr. 1 alle Klagen am Wohnsitz eines Gesellschafters angebracht werden, nicht jedoch am Sitz der Gesellschaft. Ein wenig sinnvolles Ergebnis, das weit von der im *Jenard*-Bericht flott formulierten ratio conventionis entfernt ist.[33] In der Praxis kann nur mit einer Zuständigkeitsvereinbarung (Art. 17) im Gesellschaftsvertrag geholfen werden.

c) Eine Ausnahme gilt nur für *die in Art. 16 Nr. 2 ausdrücklich erwähnten Streitgegenstände.* Für diese ist der Sitzstaat auch bei Personengesellschaften ohne eigene Rechtspersönlichkeit international ausschließlich zuständig.

Beispiel: Klage auf Feststellung der Nichtigkeit einer offenen Handelsgesellschaft. Das deutsche Recht sieht hier anders als im Recht der Kapitalgesellschaften keine Gestaltungsklage vor, vielmehr muß gemäß § 256

---

[30] Oben § 29 XVI und § 38.

[31] BGHZ 30, 195; WM 1965, 14; BGHZ 48, 176.

[32] *Fischer* LM § 125 HGB Nr. 1.

[33] *Jenard*-Bericht S. 81.

ZPO auf Feststellung der Nichtigkeit des Gesellschaftsvertrages geklagt werden.

Die Klage ist – wie eben dargelegt – nicht gegen die Gesellschaft zu richten, es handelt sich vielmehr um einen Streit der Gesellschafter untereinander. Auch für diesen gilt Art. 16 Nr. 2 mit der Folge, daß insbesondere der Wohnsitzgerichtsstand ausgeschaltet ist. Sind z. B. ein Kaufmann in Brüssel und ein Kaufmann in Amsterdam an einer offenen Handelsgesellschaft mit dem Sitz in Hamburg beteiligt, so können sie ihren die Nichtigkeit des Gesellschaftsverhältnisses betreffenden Streit nur durch Klage vor einem deutschen Gericht ausfechten. Die übrigen Vertragsstaaten sind international unzuständig. Sie haben die ausschließliche internationale Zuständigkeit der Bundesrepublik Deutschland zu beachten.

Das gleiche gilt für die *Klage auf Auflösung einer offenen Handelsgesellschaft oder Kommanditgesellschaft.* Nach § 133 HGB kann ein Gesellschafter auf Auflösung der Gesellschaft klagen, wenn ein wichtiger Grund vorliegt.[34]

Beispiel: Die Auflösungsklage betrifft eine offene Handelsgesellschaft mit dem Sitz in Frankfurt/Main. Die Gesellschafter wohnen in Brüssel, Paris und Mailand. Hier ist die Bundesrepublik Deutschland international ausschließlich zuständig.

Die örtliche Zuständigkeit wird jedoch wieder durch das nationale Zuständigkeitsrecht geregelt.[35] Da das deutsche Zuständigkeitsrecht keine dem § 61 III GmbH-Gesetz entsprechende Regel kennt, gelten die allgemeinen Vorschriften der §§ 12ff. ZPO, insbesondere § 22 ZPO.[36]

d) Anstatt auf Auflösung der Gesellschaft zu klagen, können die Gesellschafter auf Ausschließung des Gesellschafters klagen, in dessen Person ein wichtiger Grund vorliegt.[37] Diese Ausschließungsklage fällt nicht in den Anwendungsbereich des Art. 16 Nr. 2.[38] In dem oben gebildeten Beispiel (oHG in Frankfurt) wäre international die Bundesrepublik

---

[34] Richtige(r) Beklagte(r) ist nach herrschender Meinung nicht die Gesellschaft, sondern es sind dies alle, nicht auf der Aktivseite des Prozesses beteiligten Gesellschafter. Nur diejenigen Gesellschafter, die sich gegenüber dem Kläger bindend mit der Auflösung einverstanden erklärt haben, brauchen nicht mitverklagt zu werden.

Die nicht als Kläger auftretenden Gesellschafter bilden wegen ihrer Beteiligung an dem Streitgegenstand (dem Gesellschaftsvertrag) eine notwendige Streitgenossenschaft aus materiellrechtlichen Gründen, § 62 I 2. Fall ZPO. Die Beteiligung aller Gesellschafter ist nicht wegen der Rechtskraft des Auflösungsurteils erforderlich. Die Gestaltungswirkung tritt unabhängig davon ein, ob sich die Rechtskraft auf alle Gesellschafter erstreckt. Die Gestaltungswirkung hat mit der Frage der Rechtskrafterstreckung nichts zu tun. Die Streitgenossenschaft rechtfertigt sich aber aus dem Grundsatz des rechtlichen Gehörs.

[35] Oben § 34 II.

[36] Vgl. *Stein-Jonas-Schumann,* ZPO, 20. Aufl., § 22, Rz. 3ff.

[37] §§ 140, 133 HGB.

[38] Vgl. oben Fußn. 27.

Deutschland unzuständig. Ein zuständigkeitspolitisch sicher unerfreuliches Ergebnis.[39] Vgl. unten XIX 7b.

Der Beklagte ist der auszuschließende Gesellschafter. Wohnt dieser nicht in dem Staat, in dem die oHG ihren Sitz hat, so ist der Sitzstaat international unzuständig. Wird die Ausschließungsklage gegen mehrere Gesellschafter erhoben, so sind diese (notwendige) Streitgenossen.[40] Die Klage kann im Wohnsitzstaat eines jeden Streitgenossen erhoben werden, die übrigen sind gemäß Art. 6 Nr. 1 dort gerichtspflichtig.

e) Nichts anderes gilt zuständigkeitsrechtlich für die Übernahmeklage gemäß § 142 HGB. Das Übereinkommen sieht keinen Gerichtsstand am Sitz der Gesellschaft vor. Es gelten vielmehr Art. 2ff.

12. *Streitigkeiten aus Anlaß der Umwandlung,*[41] insbesondere durch Mehrheitsbeschluß auf den Mehrheitsgesellschafter unter Ausschluß der Minderheit,[42] fallen ebenfalls unter Art. 16 Nr. 2 insoweit, als es sich um die Anfechtung des Umwandlungsbeschlusses handelt.

---

[39] Es empfiehlt sich daher, im Gesellschaftsvertrag den Sitz der Gesellschaft zumindest als konkurrierend zuständigen Gerichtsstand zu vereinbaren.

[40] Oben Fußn. 27.

[41] In der Bundesrepublik Deutschland ist das Umwandlungsrecht nicht in einem einheitlichen Gesetz geregelt. Das Aktiengesetz (§§ 362ff.) regelt

a) die Umwandlung der AG in eine KGaA und umgekehrt

b) die Umwandlung einer AG oder KGaA in eine GmbH

c) umgekehrt die Umwandlung einer GmbH in eine AG oder KGaA

d) die Umwandlung der bergrechtlichen Gewerkschaft, der Körperschaft oder Anstalt des öffentlichen Rechts, des Versicherungsvereins auf Gegenseitigkeit und der Genossenschaft in eine AG

e) die Umwandlung der bergrechtlichen Gewerkschaft in eine KGaA.

In der Regel genügt eine Satzungsänderung. Bei der formwechselnden Umwandlung bleibt das Rechtssubjekt als Träger der Rechte und Pflichten erhalten; nur seine Organisation wird geändert. Wenn von der GmbH oder sonstigen Körperschaft in die strengere Form der Aktiengesellschaft oder in die Kommanditgesellschaft auf Aktien umgewandelt wird, ordnet das Gesetz darüber hinaus die Anwendung der Gründungsvorschriften an, um eine Umgehung derselben zu vermeiden, §§ 362 IV, 378, 385a IV, 385b, 385g, 385m V, 389 IV, 393 II AktG.

Die übrigen Umwandlungsfälle sind geregelt im *Umwandlungsgesetz* in der Fassung der Bekanntmachung vom 6. November 1969, BGBl. I 2081, zuletzt geändert durch Art. 5 des Gesetzes zur Änderung des Gesetzes betreffend die Gesellschaft mit beschränkter Haftung und anderen handelsrechtlichen Vorschriften vom 4. Juli 1980, BGBl. I 836 und durch Art. 4 des Verschmelzungsrichtlinie-Gesetzes vom 25. Oktober 1982, BGBl. I 1425. Hierzu ausführlich *Hachenburg-Schilling* GmbH-Gesetz, Großkommentar, 7. Aufl. § 77 Anh. sowie *Scholz-Skippe,* Kommentar zum GmbH-Gesetz, 6. Auflage, Anh. III, Umwandlung und Verschmelzung, ergänzt durch die 10. Lieferung.

[42] Nach deutschem Recht reichte ursprünglich aus, wenn der Hauptgesellschafter eine Beteiligung von mehr als 75% besaß. Diese die Mehrheit begünstigende Regelung wurde im *Feldmühle-Fall* vom Bundesverfassungsgericht für verfassungsgemäß erklärt, BVerfGE 14, 263, hierzu *Hachenburg-Schilling,* GmbH-Gesetz, Großkommentar, 7. Aufl., § 77 Anhang, § 9 UmwG Rz. 1 mit weiteren Nachweisen. Durch Art. 39

a) Die Klage gegen den Beschluß, durch den das Vermögen auf eine bestehende oHG[43] bzw. auf den Hauptgesellschafter übertragen wird,[44] kann jedoch nicht auf § 243 II Aktiengesetz gestützt werden oder darauf, daß die angebotene Abfindung nicht angemessen ist.[45] Die Minderheitsgesellschafter können jedoch den Umwandlungsbeschluß wegen Verstoßes gegen die Gesellschaftstreue gemäß § 243 I AktG anfechten, wenn überhaupt kein sachlicher Grund für die Umwandlung gegeben ist. Es kommt auf die Umstände des Einzelfalles an.[46] Die Gesellschaftstreue, zu der die Mehrheit gegenüber der Minderheit verpflichtet ist, kann gebieten, daß der Mehrheitsaktionär statt der verschmelzenden die errichtende Umwandlung beschließt, um der Minderheit die Teilnahme an der neuen Gesellschaft zu ermöglichen.[47]

Ist der übernehmende Hauptgesellschafter ein abhängiges Unternehmen und das ihn beherrschende Unternehmen eine Aktiengesellschaft oder Kommanditgesellschaft auf Aktien mit dem Sitz im Inland, so ist außer der Barabfindung die Gewährung von Aktien dieser Gesellschaft anzubieten.[48]

Die ausscheidenden Minderheitsgesellschafter können mit der unter Art. 16 Nr. 2 fallenden Anfechtungsklage gegen den Umwandlungsbeschluß die Verletzung des Umwandlungsverfahrens geltend machen. Der Umwandlungsbeschluß kann nur gefaßt werden, wenn spätestens im Zeitpunkt der Bekanntmachung der Umwandlung als Gegenstand der Tagesordnung die Bilanz, die der Umwandlung zugrundegelegt werden soll, und ein Abfindungsangebot allen Aktionären schriftlich mitgeteilt und in den Gesellschaftsblättern bekannt gemacht worden ist.[49]

b) Hält der ausscheidende Minderheitsgesellschafter das Abfindungsangebot nicht für angemessen, so kann er die Höhe der Abfindung durch rechtsgestaltende Entscheidung durch das Gericht festsetzen lassen.[50] Dieses Verfahren ist als Streitverfahren der freiwilligen Gerichtsbarkeit ausgestaltet.[51] Antragsberechtigt ist jeder ausscheidende Aktionär, Ge-

---

I Nr. 2 EGAktG 1965 wurde jedoch der Minderheitsschutz verbessert. Das Mehrheitserfordernis wurde auf 9/10 heraufgesetzt.

[43] § 3 Umwandlungsgesetz.

[44] § 9 Umwandlungsgesetz.

[45] §§ 13, 15 Umwandlungsgesetz.

[46] *Schilling,* AktG § 243 Anm. 17ff. und *Hachenburg-Schilling,* GmbH-Gesetz, Großkommentar, 7. Aufl., § 77 Anh., § 9 UmwG, Rz. 1.

[47] Ebenso *Baumbach-Hueck,* GmbHG, 13. Aufl., 1970 Anh. § 81, § 9 UmwG, Anm. 3 und *Veith-Börnstein,* Umwandlungsgesetz und Umwandlungssteuergesetz, 1958, § 9 UmwG, Anm. 2.

[48] § 15 I 2 Umwandlungsgesetz n. F.

[49] §§ 11, 13 Umwandlungsgesetz.

[50] §§ 13, 15, 30 Umwandlungsgesetz.

[51] Vgl. *Hachenburg-Schilling* GmbH-Gesetz, Großkommentar 7. Aufl., § 77 Anh. § 31 UmwG Rz. 1.

sellschafter, Gewerke. Der Antrag kann nur binnen 2 Monaten nach dem Tage gestellt werden, an dem die Eintragung der Umwandlung in das Handelsregister nach § 10 HGB bekannt gemacht ist.[52] Auch für dieses Verfahren gilt Art. 16 Nr. 2 nicht, vielmehr Art. 2ff. Wohnt z. B. der übernehmende Hauptgesellschafter[53] in Paris, so kann bei der Umwandlung einer deutschen Gesellschaft die Klage auf Feststellung der angemessenen Höhe[54] vor ein französisches Gericht gebracht werden. Im Interesse der Konzentration wäre es sinnvoller gewesen, den Art. 16 Nr. 2 auf dieses Verfahren auszudehnen.[55] Auch hier zeigen sich die Grenzen der Formulierungskünste der Verfasser des Übereinkommens.[56]

c) Neben der verschmelzenden Umwandlung[57] kennt das deutsche

---

[52] Dieses Verfahren wird durch § 39 I Nr. 9 u. 10 EGAktG 1965 eingeführt. Es entspricht dem in §§ 306 I, 132 I AktG normierten Verfahren. Für die Auslegung der §§ 30ff. UmwG können daher auch die Kommentare zum Aktiengesetz herangezogen werden. Das Spruchverfahren gem. §§ 30ff. UmwG findet in den Fällen der §§ 9, 15, 19 und 22 UmwG statt.

[53] Eine deutsche Gesellschaft kann auch auf einen *ausländischen Übernehmer* umgewandelt werden. Jedoch gilt die Einschränkung des § 1 II UmwG: Danach muß die übernehmende Aktiengesellschaft oder Kommanditgesellschaft auf Aktien – bei abhängigen Gesellschaften ist die beherrschende Aktiengesellschaft oder Kommanditgesellschaft auf Aktien maßgebend – einen inländischen Sitz haben. Im übrigen schweigt das Gesetz. Daraus wird geschlossen, daß eine ausländische GmbH oder eine im Ausland domizilierte natürliche Person durchaus Übernehmerin sein kann. Voraussetzung für die Zulässigkeit der Umwandlung auf eine ausländische Gesellschaft sei jedoch, daß sie eine Rechtsform hat, die einer für die Übernehmer im Umwandlungsgesetz zugelassenen deutschen Rechtsform entspricht, weiterhin, daß das für sie maßgebliche ausländische Recht die Anwendung der Vorschriften zum Schutz der Gläubiger (§ 5 Gesamtrechtsnachfolge, §§ 7, 8 UmwG), und gegebenenfalls der Minderheitsgesellschafter (§§ 12, 13, 15 Satz 2–3, 30ff. UmwG) gewährleistet. *Koppensteiner,* Internationale Unternehmen im deutschen Gesellschaftsrecht, 1971, 220ff.; *derselbe* in Festschrift für *Hefermehl,* 1976, 305, *Hachenburg-Schilling,* GmbH-Gesetz, Großkommentar, 7. Aufl., § 1, § 77 Anh. § 1 UmwG, Rz. 4.

[54] § 15 Umwandlungsgesetz i. d. F. des Verschmelzungsrichtlinie-Gesetzes vom 25. Oktober 1982, BGBl. I 1425.

[55] Vgl. auch die Erwägungen der EG-Kommission oben § 83 Fußn. 47.

[56] Der Minderheitsaktionär muß sogar seinen Abfindungsanspruch im Wohnsitzstaat des Mehrheitsaktionärs geltend machen, sofern er nicht davon ausgeht, daß der Erfüllungsort für die Zahlung der Abfindung am Sitz der umgewandelten Gesellschaft ist.

[57] Das *Verschmelzungsrecht der EG-Mitgliedsstaaten* wird durch die *Dritte Richtlinie des EG-Rates vom 9. Oktober 1978* (Amtsblatt der Europäischen Gemeinschaft vom 20. Oktober 1978 Nr. L 295/36) koordiniert. Die Art. 24–29 der Dritten Richtlinie betreffen auch die verschmelzende Umwandlung einer AG (KG auf Aktien) auf eine andere AG, KGaA. Hierzu *Priester* NJW 1983, 1459.

Der deutsche Gesetzgeber hatte die Wahl, entweder die zusätzlichen Erfordernisse in das Umwandlungsgesetz aufzunehmen oder die verschmelzende Umwandlung von Aktiengesellschaften (Kommanditgesellschaft auf Aktien) auf eine andere Aktiengesellschaft (Kommanditgesellschaft auf Aktien) und folgerichtig auch von der GmbH

Umwandlungsgesetz eine Umwandlung unter gleichzeitiger Errichtung einer offenen Handelsgesellschaft (§§ 16ff. UmwG) bzw. einer Gesellschaft bürgerlichen Rechts (§§ 21ff. UmwG) oder einer Kommanditgesellschaft (§ 20 UmwG). Auch hier ist die *Mehrheitsumwandlung* zugelassen. So kann die Hauptversammlung einer Aktiengesellschaft die Errichtung einer offenen Handelsgesellschaft, an der nur die zustimmenden Aktionäre als Gesellschafter beteiligt sind, und zugleich die Übertragung des Vermögens der Aktiengesellschaft auf die offene Handelsgesellschaft beschließen. Dies bedarf jedoch einer Mehrheit, die mindestens $^3/_4$ des bei der Beschlußfassung vertretenen Grundkapitals umfaßt. Hält die Mehrheit nicht zugleich neun Zehntel des gesamten Grundkapitals, so bedarf der Beschluß zu seiner Wirksamkeit der Zustimmung nicht erschienener Aktionäre bis zur Erreichung dieser Mehrheit.[58] Nicht alle zustimmenden Aktionäre müssen Gesellschafter der offenen Handelsgesellschaft werden. Aus dieser Eigenart der Mehrheitsumwandlung ergibt sich, daß neben der Zustimmungserklärung auch noch eine *besondere Beitrittserklärung* zur oHG notwendig ist. Erklärungsempfänger ist in der Hauptversammlung deren Leiter, außerhalb derselben die Gesellschaft, vertreten durch den Vorstand. Einen Zwangsausschluß wie in den Fällen der §§ 9 und 15 Umwandlungsgesetz sieht das Gesetz nicht vor. Aus der Gesellschaft scheiden nur die Aktionäre aus, die nicht beitreten, ohne Rücksicht darauf, ob sie der Umwandlung zustimmen oder nicht. Die Unterlassung des Beitritts wird als Austritt aus dem Gesellschaftsver-

---

sowie bergrechtlicher Gewerkschaft auf eine Aktiengesellschaft (Kommanditgesellschaft auf Aktien), ferner von GmbH, Aktiengesellschaft (Kommanditgesellschaft auf Aktien), bergrechtlicher Gewerkschaft auf eine GmbH aus dem Anwendungsbereich des Umwandlungsgesetzes zu streichen. Durch Art. 4 des Verschmelzungsrichtlinie-Gesetzes vom 25. Oktober 1982 (BGBl. I 1425) ist deshalb § 1 II UmwG neu gefaßt worden:

„*Die Umwandlung in eine Personengesellschaft ist nicht zulässig, wenn an der Gesellschaft, in die die Kapitalgesellschaft oder die bergrechtliche Gewerkschaft umgewandelt wird, eine Kapitalgesellschaft als Gesellschafter beteiligt ist. Die Umwandlung auf einen Aktionär (Gesellschafter, Gewerken), der eine juristische Person ist, ist nur zulässig, wenn dieser*

1. *nicht die Rechtsreform einer Aktiengesellschaft, einer Kommanditgesellschaft auf Aktien oder einer Gesellschaft mit beschränkter Haftung mit Sitz im Inland hat und*
2. *entweder dieselbe Rechtsform wie das umzuwandelnde Unternehmen hat oder von einer Aktiengesellschaft oder Kommanditgesellschaft auf Aktien mit Sitz im Inland beherrscht wird.*

Die Umwandlung einer bergrechtlichen Gewerkschaft ohne eigene Rechtspersönlichkeit auf einen Gewerken, der eine juristische Person ist, ist ferner zulässig, wenn dieser die Rechtsform einer Aktiengesellschaft oder einer Kommanditgesellschaft auf Aktien mit Sitz im Inland hat.“

Der Anwendungsbereich des § 15 Umwandlungsgesetz wird dadurch stark beschränkt; hierzu *Hachenburg-Schilling*, GmbH-Gesetz, Großkommentar, 7. Aufl., § 77 Anh. § 1 UmwG, Rz. 11.

[58] § 19 II Umwandlungsgesetz.

band gedeutet.[59] Die ausscheidenden Gesellschafter erhalten eine Barabfindung gemäß § 12 UmwG.[60] Über die Wirksamkeit des Beitritts kann ein Streit entstehen. Für diesen gilt nicht Art. 16 Nr. 2, sondern Art. 2ff. Auch hier hätte es eines besonderen Gerichtsstandes am Sitz der umgewandelten Gesellschaft bedurft.[61]

13. Art. 16 Nr. 2 gilt auch nicht für *Klagen auf Feststellung der Nichtigkeit des Verschmelzungsvertrages.*[62]

a) Die Verschmelzung setzt immer einen Vertrag zwischen den beiden zu verschmelzenden Gesellschaften voraus.[63] Er kann bedingt oder be-

---

[59] So *Hachenburg-Schilling,* GmbH-Gesetz, Großkommentar, 7. Aufl., § 77 Anh. § 19 UmwG, Rz. 2.

[60] Vgl. oben Fußn. 52.

[61] Vorstehendes gilt entsprechend bei Umwandlung einer Aktiengesellschaft in eine Gesellschaft des bürgerlichen Rechts, § 22 UmwG. Dies ist zulässig, wenn der Gegenstand des Unternehmens einer Aktiengesellschaft nicht den gesetzlichen Vorschriften für die Errichtung einer offenen Handelsgesellschaft (§ 105 und § 4 HGB) entspricht, § 21 I Umwandlungsgesetz.

Für die Umwandlung einer Kommanditgesellschaft auf Aktien gelten die Vorschriften für die Umwandlung einer Aktiengesellschaft entsprechend, § 23 UmwG.

Der Beschluß der Hauptversammlung bedarf der Zustimmung des persönlich haftenden Gesellschafters, § 23 UmwG. Über die Wirksamkeit dieser Zustimmung kann ein Streit entstehen. Auch hier gilt Art. 16 Nr. 2 nicht, sondern Art. 2ff.

[62] Die Verschmelzung kann auf zwei verschiedene Weisen erfolgen: Einmal durch Übertragung des Vermögens einer Gesellschaft oder mehrerer als ganzes auf eine andere Gesellschaft gegen Gewährung von Aktien bzw. Mitgliedschaftsrechten an dieser Gesellschaft (= *Verschmelzung durch Aufnahme*) oder durch Bildung einer neuen Kapitalgesellschaft, auf die das Vermögen jeder der sich vereinigenden Gesellschaften als ganzes gegen die Gewährung von Aktien (Mitgliedschaftsrechten) an der neuen Gesellschaft übergeht (= *Verschmelzung durch Neubildung*). Für die Verschmelzung zweier oder mehr Aktiengesellschaften gelten §§ 339ff. Aktiengesetz, für die Verschmelzung mit einer Kommanditgesellschaft auf Aktien § 354 Aktiengesetz, für die Verschmelzung einer GmbH mit einer Aktiengesellschaft oder Kommanditgesellschaft auf Aktien §§ 355ff. Aktiengesetz, für die Verschmelzung von Gesellschaften verschiedener Rechtsformen § 358a Aktiengesetz, jeweils in der Fassung des Verschmelzungsrichtlinie-Gesetzes vom 25. Oktober 1982 (BGBl. I 1425). Die Verschmelzung von zwei Gesellschaften mit beschränkter Haftung ist nunmehr durch die GmbH-Novelle vom 4. Juni 1980, BGBl. I 836, eingeführt und zwar an etwas verschwiegener Stelle. Sie findet sich weder im Aktiengesetz noch im GmbH-Gesetz, sondern im Gesetz über die Kapitalerhöhung aus Gesellschaftsmitteln. Der Titel dieses Gesetzes wurde nunmehr erweitert wie folgt: Gesetz über die Kapitalerhöhung aus gesellschaftlichen Mitteln und über die Verschmelzung von Gesellschaften mit beschränkter Haftung. Hierzu *Scholz-Skibbe* Kommentar zum GmbH-Gesetz, 6. Aufl. Anh. III Rz 36a ff.

Die Verschmelzung durch Aufnahme ist dadurch gekennzeichnet, daß eine Vermögensvereinigung – Vereinigung aller Aktiven und Passiven – der Gesellschaften ohne Abwicklung im Wege der Gesamtrechtsnachfolge erfolgt, § 346 III 1 AktG. Die Mitgliedschaft besteht an der übernehmenden Gesellschaft fort, § 346 IV Satz 3 AktG.

[63] Vgl. § 341 AktG, § 20 des Gesetzes über die Kapitalerhöhung aus Gesellschafts-

tagt geschlossen werden. Wenn seine Wirkung erst nach mehr als 10 Jahren eintreten soll oder die Bedingung binnen 10 Jahren nicht eingetreten ist, können die Vertragsteile den Vertrag nach 10 Jahren mit halbjähriger Frist kündigen.[64] Der Verschmelzungsvertrag begründet die Verpflichtung der übertragenden Gesellschaft, ihr Vermögen als ganzes auf die aufnehmende Gesellschaft zu übertragen. § 310 BGB findet keine Anwendung.[65]

b) Vielfältig sind die Möglichkeiten für *Mängel anläßlich der Verschmelzung:*[66] Der Verschmelzungsvertrag, die Verschmelzungsbeschlüsse der betroffenen Gesellschaften sowie gegebenenfalls der Kapitalerhöhungsbeschluß bei der aufnehmenden Gesellschaft sind die tragenden Säulen der Verschmelzung. Stürzt eine von ihnen ein, so wird das Verschmelzungsgebäude zumindest baufällig, wenn es nicht sogar sein Fundament verliert. Dieses plastische Bild zeigt, wo die Mängel des Verschmelzungsvorgangs im einzelnen liegen können. Unter Art. 16 Nr. 2 fallen nur die gegen den jeweiligen Verschmelzungsbeschluß gerichteten Nichtigkeits- bzw. Anfechtungsklagen. Das gleiche gilt für den Kapitalerhöhungsbeschluß. Die aus dem Verschmelzungsvertrag herrührenden Streitigkeiten gehören nicht zum Anwendungsbereich dieser Vorschrift,

---

mitteln und über die Verschmelzung von Gesellschaften mit beschränkter Haftung, in der Fassung der GmbH-Novelle vom 4. Juli 1980, BGBl. I 836.

Ratio legis ist: Durch die Verschmelzung werden die Aktionäre (Gesellschafter) von zwei Gesellschaften mit verschiedenen Interessen zusammengeschlossen. Da bedarf es einer vertraglichen Regelung, in der insbesondere das Umtauschverhältnis festgesetzt wird. Hierzu *Schilling,* AktG, § 341 Anm. 4f., *Hachenburg-Schilling,* GmbH-Gesetz, Großkommentar, 7. Aufl. § 77 Anh., § 3 UmwG Rz. 10.

Bei der Verschmelzung zweier Gesellschaften mit beschränkter Haftung hat der Verschmelzungsvertrag für jeden Gesellschafter der übertragenden Gesellschaft den Nennbetrag des Geschäftsanteils zu bestimmen, den die übernehmende Gesellschaft ihm zu gewähren hat, § 21 I KaperhG. Sollen die zu gewährenden Geschäftsanteile im Wege der Kapitalerhöhung geschaffen werden und mit anderen Rechten und Pflichten als sonstige Geschäftsanteile der übernehmenden Gesellschaft versehen werden, so sind auch die abweichenden Bestimmungen im Verschmelzungsvertrag festzulegen. Anders bei der Verschmelzung nach Aktienrecht. Hier ist eine Einzelberechnung der auf jeden Gesellschaftsanteil entfallenden Aktien im Vertrag nicht nötig. Dies kann dem Treuhänder überlassen bleiben (§ 346 AktG.) Wegen der Einzelheiten des Verschmelzungsvertrages siehe §§ 340ff. AktG n. F. Hierzu *Priester* NJW 1983, 1461. Vgl. auch *Scholz-Skibbe,* Kommentar zum GmbH-Gesetz, 6. Aufl., Anh. III Rz. 36d.

Bei der *Umwandlung* bedarf es nur eines *Gesellschafterbeschlusses,* nicht eines Umwandlungsvertrages, § 3 letzter Halbsatz Umwandlungsgesetz. Grund: Bei der einstimmigen Umwandlung sind die Interessen der Überträgerin und der Übernehmerin und ihrer Gesellschafter identisch. Bei der Mehrheitsumwandlung (§§ 9, 15, 19, 31a UmwG) scheidet die Minderheit aus. Ihre Interessen werden durch §§ 12, 30ff. UmwG ausreichend geschützt.

[64] § 341 II AktG, § 21 V KaperhG.

[65] § 341 I 1 AktG, § 21 IV 2 KaperhG.

[66] Hierzu *Scholz-Skibbe,* Kommentar zum GmbH-G, 6. Aufl., Anhang III Rz. 30, 36g.

für sie gelten die allgemeinen Vorschriften des Art. 2 und Art. 5 Nr. 1, sowie Art. 17. Das gilt z. B. für Klagen auf Feststellung der Nichtigkeit des Verschmelzungsvertrages wegen Verstoßes gegen § 138 BGB oder gegen § 344 II Aktiengesetz, § 23 III KaperhG.[67]

c) Werden *Ersatzansprüche wegen Verschmelzungsschäden* geltend gemacht,[68] so kommt nicht Art. 16 Nr. 2 zur Anwendung. Es gelten vielmehr die allgemeinen Vorschriften (Art. 2ff.).

d) Die *internationale Verschmelzung* ist grundsätzlich nicht undenkbar.[69] Sie setzt voraus, daß die beteiligten Rechtsordnungen sie zulassen. Allerdings ist die grenzüberschreitende Verschmelzung praktisch nur dann möglich und durchführbar, wenn die in Betracht kommenden Rechtsordnungen inhaltlich zusammenpassen, sonst entstehen durch Regelungslücken oder Normenhäufung so starke Spannungen, daß die Verschmelzung rechtstechnisch nicht mehr vollziehbar ist. Die Dritte Richtlinie des EG-Rates vom 9. Oktober 1978 zur Koordinierung des Verschmelzungsrechts der Mitgliedsstaaten[70] versucht im Bereich der Europäischen Gemeinschaften die mit der grenzüberschreitenden Verschmelzung verbundenen Probleme zu lösen, allerdings beschränkt auf Aktiengesellschaften.

14. Nach Art. 371 II des Gesetzes Nr. 66-537 vom 24. Juli 1966 über die Handelsgesellschaften[71] kann in Frankreich eine Gesellschaft im Wege der *Spaltung* und anschließenden Verschmelzung ihr Vermögen in bestehende Gesellschaften einbringen oder zusammen mit ihnen an der Gründung neuer Gesellschaften teilnehmen. Streitigkeiten aus Anlaß der Spaltung fallen ebenfalls unter Art. 16 Nr. 2 nur insoweit, als es sich um die Nichtigkeits- oder Anfechtungsklage gegen Gesellschafterbeschlüsse handelt. Die übrigen Streitigkeiten gehören nicht in den Anwendungsbereich dieser Vorschrift. Es gelten Art. 2ff.

15. Für *Streitigkeiten aus (internationalen) Unternehmensverträgen*[72] sieht

[67] Nach Eintragung der Verschmelzung in das Handelsregister des Sitzes der übertragenden Gesellschaft ist eine Klage auf Feststellung oder Nichtigkeit des Verschmelzungsbeschlusses dieser Gesellschaft gegen die übernehmende Gesellschaft zu richten, § 352 AktG, § 51 KaperhG.

[68] §§ 351, 355 V, 349 II, 353 AktG, § 28 des Gesetzes über die Kapitalerhöhung aus Gesellschaftsmitteln und über die Verschmelzung von Gesellschaften mit beschränkter Haftung in der Fassung der GmbH-Novelle vom 4. Juli 1980 BGBl. I 836. Zur Haftung wegen Verschmelzungsschäden *Scholz-Skibbe,* Kommentar zum GmbHG, 6. Aufl., Anhang III Rz. 34 und 36 l.

[69] Hinweise zur internationalen Verschmelzung bei *Hachenburg-Behrens,* GmbH-Gesetz, Großkommentar 7. Aufl. Einl. Rz. 102ff. und *Staudinger-Großfeld,* BGB, 12. Aufl., Internationales Gesellschaftsrecht Rz. 412ff.

[70] Amtsblatt der Europäischen Gemeinschaften vom 20. Oktober 1978 Nr. L 295/36. Hierzu das deutsche Verschmelzungsrichtlinie-Gesetz vom 25. Oktober 1982, BGBl. I 1425.

[71] Abgedruckt bei *Hachenburg-Behrens,* GmbH-Gesetz, Großkommentar, 7. Aufl., Einl. S. 95ff.

[72] Zum internationalen Konzernrecht s. die Nachweise bei *Staudinger-Großfeld,*

das Übereinkommen keinen besonderen Gerichtsstand vor. Es gelten vielmehr Art. 2ff.[73]

a) Ein Gewinnabführungsvertrag[74] muß einen angemessenen Ausgleich für die außenstehenden Aktionäre durch eine auf die Aktiennennbeträge bezogene wiederkehrende Leistung (Ausgleichszahlung) vorsehen.[75] Ist der im Vertrag bestimmte Ausgleich nicht angemessen, so hat das Gericht auf Antrag den Ausgleich zu bestimmen.[76] Dieses Verfahren macht eine Klage auf einen angemessenen Ausgleich unzulässig, da das Gesetz hier ein besonderes Verfahren vorsieht.[77]

Dieses ist ein Streitverfahren der freiwilligen Gerichtsbarkeit.[78] Für dieses Verfahren gilt die europäische Zuständigkeitsordnung,[79] nicht jedoch Art. 16 Nr. 2. Die internationale Zuständigkeit des Sitzstaates der Gesellschaft ergibt sich aus Art. 2 I. Jedoch ist diese internationale Zuständigkeit keine ausschließliche. Auch hier zeigt sich, wie wenig sorgfältig formuliert wurde.

b) Außer der Verpflichtung zum Ausgleich nach § 304 Aktiengesetz muß ein Beherrschungs- oder Gewinnabführungsvertrag die Verpflichtung des anderen Vertragsteils enthalten, auf Verlangen eines außenstehenden Aktionärs dessen Aktien gegen eine im Vertrag bestimmte ange-

---

BGB, 12. Aufl., Internationales Gesellschaftsrecht Rz. 389ff.; *Scholz-Winter,* Kommentar zum GmbH-Gesetz, 6. Aufl., Einleitung Rz. 146.

[73] Zweckmäßig erscheint es, einen Gerichtsstand zu vereinbaren.

[74] §§ 291ff. Aktiengesetz regeln Unternehmensverträge nur für den Fall, daß eine Gesellschaft in der Rechtsform der *Aktiengesellschaft* oder *Kommanditgesellschaft auf Aktien* beherrscht wird. Gesetzlich nicht geregelt ist der Beherrschungsvertrag mit einer *GmbH* als Untergesellschaft. Ein solcher Vertrag ist jedoch nach allgemeiner Meinung zulässig. Einzelheiten bei *Scholz-Emmerich,* Kommentar zum GmbH-Gesetz, 6. Aufl., Anhang II Rz. 9ff.

§§ 291ff. Aktiengesetz werden von der herrschenden Meinung nicht schuldvertraglich qualifiziert, sondern gesellschaftsrechtlich. Sie werden daher kollisionsrechtlich dem *Gesellschaftsstatut* zugeordnet. Das gleiche gilt auch für gesetzlich nicht geregelte internationale Beherrschungs- und Gewinnabführungsverträge unter Beteiligung einer inländischen GmbH, vgl. *Scholz-Winter* a. a. O. Einl. Rz. 146 und *Scholz-Emmerich* a. a. O. Anh. II Rz. 211. Auf einen Unternehmensvertrag, durch den eine inländische GmbH die Leitung ihrer Gesellschaft einem ausländischen Unternehmen unterstellt oder sich diesem gegenüber zur Abführung ihres Gewinns verpflichtet, sind die für die nach deutschem GmbH-Recht für Beherrschungs- und Gewinnabführungsverträge geltenden Normen anzuwenden, *Scholz-Winter* a. a. O. Rz. 147.

[75] § 304 Aktiengesetz.

[76] § 304 III 3 Aktiengesetz. Die Anfechtung des Beschlusses, durch den die Hauptversammlung der Gesellschaft dem Vertrag oder einer unter § 295 II Aktiengesetz fallenden Änderung des Vertrages zugestimmt hat, kann nicht darauf gestützt werden, daß der Vertrag eine angemessene Abfindung nicht vorsieht, § 304 III 2 Aktiengesetz.

[77] *Geßler-Hefermehl-Eckardt-Kropff,* AktG, 1976, § 304, Rz. 146.

[78] §§ 306 II, 99 I Aktiengesetz. Vgl. die Parallelvorschriften in § 352c Aktiengesetz, § 31a Kapitalerhöhungsgesetz und §§ 30ff. Umwandlungsgesetz; hierzu unten Fußn. 262.

[79] Unten IV.

messene Abfindung zu erwerben.[80] Entsteht über die Höhe oder die Art der Abfindung Streit, so entscheidet wiederum im Verfahren der freiwilligen Gerichtsbarkeit das Landgericht durch rechtsgestaltende Entscheidung.[81]

c) Besteht ein Beherrschungsvertrag, so haben die gesetzlichen Vertreter[82] des herrschenden Unternehmens gegenüber der beherrschten Gesellschaft bei der Erteilung von Weisungen an diese die Sorgfalt eines ordentlichen und gewissenhaften Geschäftsleiters anzuwenden.[83] Verletzen diese ihre Pflichten, so sind sie der Gesellschaft zum Ersatz des daraus entstehenden Schadens als Gesamtschuldner verpflichtet. Der Ersatzanspruch der beherrschten Gesellschaft kann auch von jedem Aktionär geltend gemacht werden. Die Mitglieder des Vorstandes und des Aufsichtsrates der beherrschten Gesellschaft haften neben den gesetzlichen Vertretern der herrschenden Gesellschaft als Gesamtschuldner, wenn sie unter Verletzung ihrer Pflichten gehandelt haben. Dadurch, daß der Aufsichtsrat die Handlung gebilligt hat, wird die Ersatzpflicht nicht ausgeschlossen.[84] Auch diese Klagen fallen nicht unter Art. 16 Nr. 2, ebenso nicht eine vorbeugende Unterlassungsklage.

IV. Völkergewohnheitsrecht

Art. 16 Nr. 2 ist keine Kodifikation des geltenden Völkergewohnheitsrechts. Die Staatenpraxis kennt nicht etwa die Regel, daß nur der Sitzstaat über die in Art. 16 Nr. 2 aufgeführten Streitgegenstände befinden dürfte.

V. Internationale Ausschließlichkeit

Es gelten die oben § 85 II angestellten Erwägungen auch hier.

VI. Keine Regelung der örtlichen Zuständigkeit

Das Übereinkommen legt nur die internationale Zuständigkeit des Sitzstaates fest; es überläßt die Festlegung der örtlichen Zuständigkeit dem nationalen Zuständigkeitsrecht. Art. 16 Nr. 2 schreibt nicht etwa eine *ausschließliche örtliche Zuständigkeit* am Sitz der Gesellschaft vor. Es steht im Belieben der Vertragsstaaten, wie sie die ört-

---

80 § 305 Aktiengesetz.

81 § 305 V 2 Aktiengesetz.

82 Beim Einzelkaufmann der Inhaber.

83 § 309 I Aktiengesetz. – Zur Anwendung auf Gesellschaften mit beschränkter Haftung *Scholz-Emmerich,* Kommentar zum GmbH-Gesetz, 6. Aufl., Anhang II Rz. 208ff.

84 § 310 Aktiengesetz.

lichen Zuständigkeitsregeln normieren wollen. In der Bundesrepublik Deutschland gelten z. B. die allgemeinen Gerichtsstandsnormen der §§ 12ff. ZPO, vor allem auch § 22 ZPO, soweit nicht ausschließliche Gerichtsstände sondergesetzlich vorgeschrieben sind.[85]

Das Übereinkommen verpflichtet die Vertragsstaaten, mindestens *ein* kompetentes Gericht zur Verfügung zu stellen, um Justizverweigerung zu vermeiden.[86] Fehlt ein örtlich zuständiges Gericht, so ist kraft Konventionsrechts das Gericht der Hauptstadt örtlich zuständig.[87]

VII. Rechtsvergleichender Hinweis

Vorbild für Art. 16 Nr. 2 war das deutsche Recht.[88]

VIII. Präjudizialität genügt nicht

Näher oben § 85 VII.

IX. Widerklageverbot in anderen Vertragsstaaten

Die ausschließliche internationale Zuständigkeit des Sitzstaates kann nicht durch eine Widerklage (Art. 6 Nr. 3) in einem anderen Vertragsstaat oder in einem dritten Staat unterlaufen werden.[89]

X. Juristische Person

1. Ob die Klage eine juristische Person betrifft, entscheidet der angegangene Richter (= Erstrichter) nach seinem Recht unter Einschluß seines Kollisionsrechts. Vgl. oben § 73 (2).

2. Im Hinblick auf Art. 1 I kommen für die Anwendung des Art. 16 Nr. 2 nur *juristische Personen des Zivilrechts* in Betracht. Denn die in den Anwendungsbereich des Art. 16 Nr. 2 fallenden Streitgegenstände betreffen die Verfassung der juristischen Person. Diese ist aber bei juristi-

---

85 §§ 246 III, 249 Aktiengesetz, § 61 III GmbH-Gesetz, § 51 III 3 Genossenschafts-Gesetz.

86 Oben § 33 II.

87 A. A. *Müller* in *Bülow-Böckstiegel* 606/131, Art. 16, Anm. II bei Fußn. 6: „Sollte jedoch eine örtliche Zuständigkeit einmal fehlen, so muß zur Vermeidung einer Rechtsverweigerung Art. 16 auch auf die örtliche Zuständigkeit ausgedehnt werden."

88 Oben Fußn. 85.

89 Zur Erhebung der Anfechtungsklage als Widerklage und zur Zulässigkeit einer Widerklage gegen eine Anfechtungsklage siehe *Hachenburg-Schilling-Zutt,* GmbH-Gesetz, Großkommentar, 7. Auflage, § 47 Rz. 155.

schen Personen des öffentlichen Rechts immer öffentlichrechtlich geregelt.

3. Aus deutscher Sicht kommen als juristische Personen in Betracht: rechtsfähige Vereine und Stiftungen, Aktiengesellschaften, Kommanditgesellschaften auf Aktien, Gesellschaften mit beschränkter Haftung, eingetragene Genossenschaften, Versicherungsvereine auf Gegenseitigkeit, bergrechtliche Gewerkschaften.[90]

---

[90] Hinweise zum englischen Gesellschaftsrecht bei *Triebel,* Englisches Handels- und Wirtschaftsrecht, 1978, Rz. 56ff. und *Hachenburg-Behrens,* GmbH-Gesetz, Großkommentar, 7. Aufl. Einl. Rz. 592ff; *Bauschke,* RIW/AWD 1977, 98.

Es gelten derzeit sechs Gesetze über Gesellschaftsrecht, nämlich die Companies Acts 1948, 1967, 1976, 1980 und 1981 sowie section 9 des Eintrittsgesetzes in die EG (European Communities Act) 1972. Zum Companies Act 1980 *Meinhardt,* RIW/AWD 1982, 618.

Zur englischen Gesetzgebungstechnik *Meinhardt,* RIW/AWD 1982, 621 kritisch: „... der Companies Act 1980 [umfaßt] 151 Druckseiten. Der 1981 Act umfaßt 185 Druckseiten. Diese beiden Acts enthalten nur Ergänzungen und Änderungen des grundlegenden Companies Act 1948. Die ... heute geltenden Companies Acts enthalten etwa 780 sections und 34 Anlagen (Schedules) von erheblicher Länge. Das deutsche Aktiengesetz und GmbH-Gesetz behandeln die Materie in 490 Paragraphen; eine englische section ist fast immer länger als ein deutscher Paragraph. Dies zeigt, wie weitschweifig der englische Gesetzgeber ist, und wie er jeden Punkt bis aufs einzelne regelt. Dabei ist der englische Wortlaut oft außerordentlich kompliziert und selbst für den Fachjuristen manchmal nur mit Mühe verständlich. Ein Grund hierfür ist, daß englische Gerichte Gesetze (statutes) sehr wortgetreu interpretieren und selten gewillt sind nach dem Sinn des Gesetzes auszulegen. Man muß allerdings berücksichtigen, daß das englische Gesellschaftsrecht einige Punkte regelt, welche in Deutschland ungeregelt sind, wie z. B. «Insider Dealing» im Companies Act 1980. Wenn in Deutschland eine bestehende Rechtsmaterie geändert wird, arbeitet der Gesetzgeber die neuen Bestimmungen in das bestehende Gesetz ein, sei es durch Änderung des Wortlautes bestehender Paragraphen, sei es durch Einfügung neuer Paragraphen an der richtigen Stelle. Der englische Gesetzgeber wendet diese Technik teilweise an. Zu einem großen Teil erscheinen jedoch die neuen Bestimmungen im englischen Recht in neuen separaten Gesetzen ohne systematisch eingeordnet zu werden. Das englische Gesellschaftsrecht ist hierfür ein krasses Beispiel. Heute muß sich der englische Richter oder Anwalt die geltenden Bestimmungen in den sechs eingangs aufgezählten Gesetzen zusammensuchen.

Diese Art der Gesetzgebung stößt auch in England auf Kritik und die Regierung hat jetzt versprochen, das Gesellschaftsrecht zu konsolidieren, d. h. systematisch in einem oder mehreren Gesetzen zusammenzufassen. Der Companies Act 1981 s. 116 gibt hierbei die Möglichkeit, das bestehende Recht auf Vorschlag der Rechtskommission (Law Commission) durch Verordnung abzuändern, soweit dies für die Konsolidierung erforderlich ist. Die Law Commission ist eine ständige mit prominenten Juristen besetzte Kommission für die systematische Entwicklung, Vereinfachung und Modernisierung des Rechtes. Sie wurde durch den Law Commission Act 1965 geschaffen und hat bereits auf mehreren Rechtsgebieten hervorragende Arbeit geleistet."

XI. Gesellschaften

Ob eine Gesellschaft vorliegt, bestimmt die maßgebliche lex causae: Diese wird vom IPR des angegangenen Gerichtsstaates bestimmt. Es gibt also keine einheitliche konventionsimmanente Definition.

Nicht erforderlich ist, daß die Gesellschaft Rechtsfähigkeit besitzt. Unter Gesellschaften fallen auch nicht rechtsfähige Gebilde wie z. B. offene Handelsgesellschaften und Kommanditgesellschaften.

XII. Vereine

Unter den Begriff Gesellschaften nicht subsumierbar sind Vereine. Die rechtsfähigen Vereine fallen unter den Begriff „juristische Personen".[91]

XIII. Trusts

Trusts sind nicht rechtsfähige Gebilde. Sie sind keine Gesellschaften im Sinne des Art. 16 Nr. 2.[92]

XIV. Gesellschaften bürgerlichen Rechts[93]

Unklar ist, ob Art. 16 Nr. 2 auch für Gesellschaften bürgerlichen Rechts gilt. Der Wortlaut spricht für einen weiten Anwendungsbereich, auch wenn einzuräumen ist, daß die Gesellschaften in einem Atemzug mit den juristischen Personen genannt sind. Daraus könnte man folgern, daß nur solche Gesellschaften unter Art. 16 Nr. 2 fallen, die eine verfestigte Organstruktur haben; dies trifft in der Regel bei Gesellschaften des bürgerlichen Rechts nicht zu. Diese haben – zumindest in der Regel – keinen Sitz.[94]

XV. Öffentlichrechtliche Verfahren

Öffentlichrechtliche Verfahren fallen nicht in den Anwendungsbereich des Übereinkommens, Art. 1 I. Deshalb gilt Art. 16 Nr. 2 nicht für Ver-

---

[91] A. A. für passiv parteifähige Vereine *Müller* in *Bülow-Böckstiegel* 606/135, Art. 16, Anm. IV 2 bei Fußn. 26.

[92] Vgl. unten § 88.

[93] Zur kollisionsrechtlichen Behandlung Nachweise bei *Staudinger-Großfeld,* BGB, 12. Aufl., Internationales Gesellschaftsrecht, Rz. 531 ff.

[94] Ähnlich *Müller* in *Bülow-Böckstiegel* 606/135, Art. 16, Anm. IV 2 bei Fußn. 25.

fahren, in denen von einer Verwaltungsbehörde oder auf deren Antrag vom Gericht die Auflösung der juristischen Person wegen Gefährdung des Gemeinwohls betrieben wird.[95]

XVI. Zwei-Parteien-Verfahren

1. Art. 2ff. setzen eine „Klage" voraus.[96] Die Zuständigkeitsordnung des Übereinkommens gilt daher nur für Zwei-Parteien-Verfahren, nicht für einseitige Verfahren. Das Amtslöschungsverfahren nach §§ 141 ff. FGG[97, 98] fällt daher nicht in den Anwendungsbereich des Art. 16 Nr. 2.

---

[95] Gemäß § 396 Aktiengesetz kann die oberste Landesbehörde beim Landgericht am Sitz der Gesellschaft einen Auflösungsantrag stellen. Die Auflösung erfolgt durch Urteil. Nach § 62 GmbH-Gesetz kann eine Gesellschaft aufgelöst werden, wenn sie das Gemeinwohl dadurch gefährdet, daß die Gesellschafter gesetzwidrige Beschlüsse fassen oder gesetzwidrige Handlungen der Geschäftsführer wissentlich geschehen lassen. Bestritten ist, ob die Verwaltungsbehörde die Auflösung verfügen darf oder ob sie – wie in § 396 Aktiengesetz – nur ein Antragsrecht hat. Nachweise bei *Scholz-Karsten Schmidt,* Kommentar zum GmbH-Gesetz, 6. Aufl., § 62, Rz. 8. Die h. M. hält das Gericht für zuständig. Vgl. auch § 81 Genossenschaftsgesetz, § 43 BGB, § 17 Vereinsgesetz, § 38 Gesetz über das Kreditwesen (KWG) und unten Fußn. 128.

[96] Oben § 29 II.

[97] Hierzu die Kommentare zum FGG; *Scholz-Priester,* Kommentar zum GmbH-Gesetz, 6. Auflage, § 60 Rz 27.

[98] Diese Vorschriften lauten wie folgt:

§ 141

(1) [1] Soll nach § 31 Abs. 2 des Handelsgesetzbuchs das Erlöschen einer Firma von Amts wegen in das Handelsregister eingetragen werden, so hat das Registergericht den eingetragenen Inhaber der Firma oder dessen Rechtsnachfolger von der beabsichtigten Löschung zu benachrichtigen und ihm zugleich eine angemessene Frist zur Geltendmachung eines Widerspruchs zu bestimmen.[2] Die Frist darf nicht weniger als drei Monate betragen.

(2) [1] Sind die bezeichneten Personen oder deren Aufenthalt nicht bekannt, so erfolgt die Benachrichtigung und die Bestimmung der Frist durch Einrückung in diejenigen Blätter, welche für die Bekanntmachungen der Eintragungen in das Handelsregister bestimmt sind.[2] Es kann angeordnet werden, daß die Bekanntmachung noch in andere Blätter eingerückt wird.

(3) [1] Wird Widerspruch erhoben, so entscheidet über ihn das Gericht.[2] Gegen die den Widerspruch zurückweisende Verfügung findet die sofortige Beschwerde statt.

(4) Die Löschung darf nur erfolgen, wenn Widerspruch nicht erhoben oder wenn die den Widerspruch zurückweisende Verfügung rechtskräftig geworden ist.

§ 142

(1) [1] Ist eine Eintragung in das Handelsregister bewirkt, obgleich sie wegen Mangels einer wesentlichen Voraussetzung unzulässig war, so kann das Registergericht sie von Amts wegen löschen.[2] Die Löschung geschieht durch Eintragung eines Vermerkes.

(2) Das Gericht hat den Beteiligten von der beabsichtigten Löschung zu benachrichtigen und ihm zugleich eine angemessene Frist zur Geltendmachung eines Widerspruchs zu bestimmen.

(3) Auf das weitere Verfahren finden die Vorschriften des § 141 Abs. 3, 4 Anwendung.

§ 143

(1) [1] Die Löschung einer Eintragung kann gemäß den Vorschriften des § 142 auch von dem Landgericht verfügt werden, welches dem Registergericht im Instanzenweg vorgeordnet ist.[2] Die Vorschrift des § 30 Abs. 1 Satz 2 findet Anwendung.

(2) [1] Gegen die einen Widerspruch zurückweisende Verfügung des Landgerichts findet die sofortige Beschwerde an das Oberlandesgericht mit der Maßgabe statt, daß die Vorschriften des § 28 Abs. 2, 3 zur entsprechenden Anwendung kommen. [2] Die weitere Beschwerde ist ausgeschlossen.

§ 144

(1) [1] Eine in das Handelsregister eingetragene Aktiengesellschaft oder Kommanditgesellschaft auf Aktien kann nach den §§ 142, 143 als nichtig gelöscht werden, wenn die Voraussetzungen vorliegen, unter denen nach den §§ 275, 276 des Aktiengesetzes die Klage auf Nichtigerklärung erhoben werden kann. [2] Das gleiche gilt für eine in das Handelsregister eingetragene Gesellschaft mit beschränkter Haftung, wenn die Voraussetzungen vorliegen, unter denen nach den §§ 75, 76 des Gesetzes betreffend die Gesellschaften mit beschränkter Haftung, die Nichtigkeitsklage erhoben werden kann.

(2) Ein in das Handelsregister eingetragener Beschluß der Generalversammlung oder Versammlung der Gesellschafter einer der im Absatz 1 bezeichneten Gesellschaften kann gemäß den Vorschriften der §§ 142, 143 als nichtig gelöscht werden, wenn er durch seinen Inhalt zwingende Vorschriften des Gesetzes verletzt und seine Beseitigung im öffentlichen Interesse erforderlich erscheint.

(3) In den Fällen der Absätze 1, 2 soll die nach § 142 Abs. 2 zu bestimmende Frist mindestens drei Monate betragen.

§ 144a

(1) [1] Enthält die Satzung einer in das Handelsregister eingetragenen Aktiengesellschaft oder einer Kommanditgesellschaft auf Aktien eine der nach § 23 Abs. 3 Nr. 1, 4, 5 oder 6 des Aktiengesetzes wesentlichen Bestimmungen nicht oder ist eine dieser Bestimmungen oder die Bestimmung nach § 23 Abs. 3 Nr. 3 des Aktiengesetzes nichtig, so hat das Registergericht die Gesellschaft aufzufordern, innerhalb einer bestimmten Frist eine Satzungsänderung, die den Mangel der Satzung behebt, zur Eintragung in das Handelsregister anzumelden oder die Unterlassung durch Widerspruch gegen die Verfügung zu rechtfertigen. [2] Das Gericht hat in der Verfügung darauf hinzuweisen, daß ein nicht behobener Mangel nach Absatz 2 festzustellen ist und daß die Gesellschaft dadurch nach § 262 Abs. 1 Nr. 5, § 289 Abs. 2 Nr. 2 des Aktiengesetzes aufgelöst wird.

(2) [1] Wird innerhalb der nach Absatz 1 bestimmten Frist weder der Aufforderung genügt noch Widerspruch erhoben oder ist ein Widerspruch zurückgewiesen worden, so hat das Gericht den Mangel der Satzung festzustellen. [2] Die Feststellung kann mit der Zurückweisung des Widerspruchs verbunden werden.

(3) Gegen Verfügungen, durch welche eine Feststellung nach Absatz 2 getroffen oder ein Widerspruch zurückgewiesen wird, findet die sofortige Beschwerde statt.

(4) Diese Vorschriften gelten sinngemäß, wenn der Gesellschaftsvertrag einer in das Handelsregister eingetragenen Gesellschaft mit beschränkter Haftung eine der nach § 3 Abs. 1 Nr. 1 oder 4 des Gesetzes betreffend die Gesellschaften mit beschränkter Haftung wesentlichen Bestimmungen nicht enthält oder eine dieser Bestimmungen oder die Bestimmung nach § 3 Abs. 1 Nr. 3 des Gesetzes betreffend die Gesellschaften mit beschränkter Haftung nichtig sind.

§ 144b

[1] Kommt der Gesellschafter einer Gesellschaft mit beschränkter Haftung einer der Verpflichtungen nach § 19 Abs. 4 Satz 1 des Gesetzes betreffend die Gesellschaften mit beschränkter

2. Die gleiche Rechtslage[99] besteht hinsichtlich des Löschungsverfahrens gemäß dem Gesetz über die Auflösung und Löschung von Gesellschaften oder Genossenschaften vom 9. Oktober 1934,[100] welches nicht unter Art. 16 Nr. 2 fällt. Auch Art. 2ff. kommen nicht zur Anwendung, da dieses Verfahren kein kontradiktorisches ist, sondern ein Amtsverfahren.[101]

3. *Das Verhältnis zwischen der unter Art. 16 Nr. 2 fallenden Nichtigkeitsklage und dem Löschungsverfahren nach §§ 142ff. FGG*[102] *gestaltet sich wie folgt:*

Haftung nicht fristgemäß nach, so hat das Registergericht den Gesellschafter aufzufordern, dies innerhalb einer bestimmten Frist nachzuholen oder die Unterlassung durch Widerspruch gegen die Verfügung zu rechtfertigen. 2 Das Gericht hat in der Verfügung darauf hinzuweisen, daß die Nichteinhaltung der genannten Verpflichtungen festzustellen ist und daß die Gesellschaft dadurch nach § 60 Abs. 1 Nr. 5 des Gesetzes betreffend die Gesellschaften mit beschränkter Haftung aufgelöst wird. 3 Im übrigen gilt § 144a Abs. 2 und 3 sinngemäß.

§ 147

(1) Die Vorschriften der §§ 127 bis 131, 142, 143 finden auf die Eintragungen in das Genossenschaftsregister entsprechende Anwendung.

(2) Eine in das Genossenschaftsregister eingetragene Genossenschaft kann gemäß den Vorschriften der §§ 142, 143 als nichtig gelöscht werden, wenn die Voraussetzungen vorliegen, unter denen nach den §§ 94, 95 des Gesetzes betreffend die Erwerbs- und Wirtschaftsgenossenschaften die Nichtigkeitsklage erhoben werden kann.

(3) Ein in das Genossenschaftsregister eingetragener Beschluß der Generalversammlung einer Genossenschaft kann gemäß den Vorschriften der §§ 142, 143 als nichtig gelöscht werden, wenn er durch seinen Inhalt zwingende Vorschriften des Gesetzes verletzt und seine Beseitigung im öffentlichen Interesse erforderlich erscheint.

(4) In den Fällen der Absätze 2, 3 soll die nach § 142 Abs. 2 zu bestimmende Frist mindestens drei Monate betragen.

[99] Keine Stellungnahme zu diesem Punkt bei *Kropholler* IZVR Rz. 787.

[100] RGBl. I 914.

[101] Nach dem genannten Gesetz kann eine Aktiengesellschaft oder Kommanditgesellschaft auf Aktien mit Rechtskraft des Beschlusses aufgelöst werden, durch den ein Antrag auf Eröffnung des Konkursverfahrens mangels einer dem Kostenverfahren entsprechenden Konkursmasse abgewiesen wird. Darüber hinaus kann gemäß § 2 des genannten Löschungsgesetzes eine Aktiengesellschaft, Kommanditgesellschaft auf Aktien oder eine Gesellschaft mit beschränkter Haftung auf Antrag der amtlichen Berufsvertretung oder der Steuerbehörde oder von Amts wegen gelöscht werden, wenn sie vermögenslos ist. Einzelheiten bei *Scholz-Priester,* Kommentar zum GmbH-Gesetz, 6. Auflage, § 60 Anhang.

Führt ein Unternehmen unzulässigerweise – also entgegen §§ 39, 40 des Gesetzes über das Kreditwesen vom 10. Juli 1961 (BGBl. I 881) – die Bezeichnung „Bank", „Bankier" oder „Sparkasse", oder Bezeichnungen, in denen diese Worte enthalten sind, hat das Registergericht die Firma oder den Zusatz zur Firma von Amts wegen zu löschen gemäß § 43 II des Gesetzes über das Kreditwesen vom 10. Juli 1961. Auch dieses Verfahren ist ein einseitiges Amtslöschungsverfahren, kein kontradiktorisches Parteiverfahren. Deswegen fällt dieses Verfahren nicht in den Anwendungsbereich des Übereinkommens und damit auch nicht des Art. 16 Nr. 2.

[102] Bestritten ist, ob Gesellschafterbeschlüsse auch gemäß § 142 I FGG gelöscht

a) Der Nichtigkeitsprozeß[103] und das Löschungsverfahren vor dem Registergericht können miteinander konkurrieren. Wenn ein Löschungsverfahren gemäß § 144 FGG eingeleitet ist, fehlt nicht das Rechtsschutzbedürfnis für die Nichtigkeitsklage. Das Prozeßgericht kann den Rechtsstreit nach § 148 ZPO aussetzen, desgleichen kann das Registergericht sein Verfahren nach § 127 FGG, § 148 ZPO aussetzen. Wird gemäß § 144 FGG durch rechtskräftige Entscheidung die Löschung angeordnet, so kann der Kläger die Nichtigkeitsklage in der Hauptsache für erledigt erklären. Würde er dies nicht tun, so wäre die Nichtigkeitsklage wegen inzwischen entfallenen Rechtschutzbedürfnisses abzuweisen.

b) Das gleiche gilt im umgekehrten Fall. Wird zuerst das Nichtigkeitsurteil rechtskräftig, so erledigt sich das Verfahren gemäß § 144 FGG. Es ist einzustellen.

c) Lehnt dagegen das Registergericht im Verfahren nach § 144 FGG die Löschung ab, so ist daran das Prozeßgericht nicht gebunden. Vielmehr ist der Nichtigkeitsprozeß fortzuführen. Das gleiche gilt auch umgekehrt. Das Löschungsverfahren (Amtsverfahren gemäß § 144 FGG) erledigt sich nicht mit der Abweisung der Nichtigkeitsklage.[104]

d) Die Nichtigkeitsklage und das Verfahren nach § 144 FGG unterscheiden sich auch bezüglich der Rechtsmittel. Erklärt das Registergericht die Gesellschaft für nichtig, so ist hiergegen der Widerspruch der Gesellschaft zulässig.[105] Gegen die Zurückweisung des Widerspruchs findet die sofortige Beschwerde zum LG statt und gegen die Beschwerdeentscheidung die sofortige weitere Beschwerde zum OLG (bzw. BayObLG) statt.[106] Für den Nichtigkeitsprozeß gelten dagegen die allgemeinen Rechtsmittelvorschriften (Berufung, Revision, Einspruch).

XVII. Qualifikationsfragen

1. Für den *subjektiven Anwendungsbereich* des Art. 16 Nr. 2 (juristische Person, Gesellschaft, Sitz) bringt das Übereinkommen keine europäischen Definitionen. Diese Fragen beurteilt das angegangene Gericht nach seinem Recht unter Einschluß des Kollisionsrechts. Für die Frage des Sitzes ist dies in Art. 53 I 2 ausdrücklich hervorgehoben.

2. Dagegen ist der *objektive Anwendungsbereich,* also die Abgrenzung der in Art. 16 Nr. 2 aufgeführten Streitgegenstände, durch vertragsimmanente Definitionen zu bestimmen, um die einheitliche Anwendung des Übereinkommens in allen Vertragsstaaten sicherzustellen, vor allem aber auch um zu verhindern, daß einzelne Vertragsstaaten sich Zustän-

---

werden können. Zum Sach- und Streitstand außer den Kommentaren zum FGG ausführlich *Scholz-Priester,* Kommentar zum GmbH-Gesetz, 6. Auflage, § 54 Rz. 68ff.

103 §§ 275ff. Aktiengesetz, § 75 GmbH-Gesetz.

104 *Scholz-Karsten Schmidt,* Kommentar zum GmbH-Gesetz, 6. Aufl., § 75 Rz. 29.

105 § 144 I, § 142 III, § 141 III FGG.

106 §§ 141, 22 FGG.

digkeitsmonopole schaffen, indem sie durch ihr nationales Recht die in Art. 16 Nr. 2 aufgeführten Klagen extensiv interpretieren.

XVIII. Klagen, die die Gültigkeit oder Nichtigkeit einer Gesellschaft oder juristischen Person zum Gegenstand haben

1. Überblick

Unter Art. 16 Nr. 2 1. Alternative fallen alle Klagen, die die Gültigkeit oder Nichtigkeit einer Gesellschaft oder juristischen Person (nicht nur als Vorfrage) zum Gegenstand haben.[107] Es geht also um die Frage der Wirksamkeit oder Unwirksamkeit der Gründung der Gesellschaft oder juristischen Person. Voraussetzung ist jedoch eine Klage, also ein kontradiktorisch angelegtes Verfahren. Nicht unter Art. 16 Nr. 2 fallen daher einseitige Verfahren, wie das gemäß § 144 FGG.[107a]

2. Klage auf Nichtigerklärung einer Gesellschaft mit beschränkter Haftung gemäß §§ 75, 76 GmbH-Gesetz[108]

a) Enthält der Gesellschaftsvertrag (Satzung) der Gesellschaft mit beschränkter Haftung keine Bestimmung über die Höhe des Stammkapitals oder über den Gegenstand des Unternehmens oder sind die Bestimmungen des Gesellschaftsvertrages über den Gegenstand des Unternehmens nichtig, so kann jeder Gesellschafter, jeder Geschäftsführer und, wenn ein Aufsichtsrat bestellt ist, jedes Mitglied des Aufsichtsrats im Wege der Klage beantragen, daß die Gesellschaft für nichtig erklärt werde.[109] Die Klage zielt auf die Nichtigerklärung der Gesellschaft. Sie ist eine *Gestaltungsklage,* keine Feststellungsklage. Das Klageziel ist die Herbeiführung der Auflösung.[110]

---

[107] Oben VIII.

[107a] Hierzu oben Fußn. 98.

[108] Rechtsvergleichende Hinweise bei *Hachenburg-Behrens,* GmbH-Gesetz, Großkommentar, 7. Aufl., Einl.

[109] § 75 I GmbHG.

[110] Deshalb ist es möglich, eine auf Nichtigerklärung gerichtete Klage mit einer hilfsweise erhobenen Auflösungsklage gemäß § 61 GmbH-Gesetz zu verbinden. Vgl. *Scholz-Karsten Schmidt,* Kommentar zum GmbH-Gesetz, 6. Aufl. § 75, Rz. 15.

Die Nichtigkeitsgründe zählt § 75 GmbHG abschließend auf. In Betracht kommen nur

a) daß der Gesellschaftsvertrag keine Bestimmung über die Höhe des Stammkapitals enthält;

b) keine Bestimmung über den Gegenstand des Unternehmens enthält

c) oder die Bestimmungen über den Gegenstand des Unternehmens nichtig sind.

Das Fehlen oder die Nichtigkeit anderer Bestimmungen des Gesellschaftsvertrages (der Satzung) ist kein Nichtigkeitsgrund. Allerdings kann das Fehlen oder die Nichtigkeit solcher Bestimmungen ein Verfahren nach § 144a FGG auslösen. Dieses fällt nicht in den Anwendungsbereich des Übereinkommens. Vgl. oben XVI.

b) Klagebefugt sind nur die Gesellschafter, Geschäftsführer und die Aufsichtsratsmitglieder, nicht jedoch Dritte, z. B. Gläubiger der Gesellschaft.

c) Art. 16 Nr. 2 regelt lediglich die internationale Zuständigkeit. Unberührt bleibt § 246 III 1 Aktiengesetz in Verbindung mit § 75 II GmbH-Gesetz bezüglich der örtlichen Zuständigkeit. Danach ist ausschließlich örtlich zuständig das Landgericht, in dessen Bezirk die Gesellschaft ihren Sitz hat.[111]

d) Das im Nichtigkeitsverfahren ergehende Urteil entfaltet seine Gestaltungswirkung erst mit Eintritt der formellen Rechtskraft. Es macht die Gesellschaft nicht nichtig, sondern bewirkt, daß sie in das Liquidationsstadium tritt. Nach herrschender Meinung tritt die Gestaltungswirkung im Hinblick auf § 77 GmbH-Gesetz sogar erst mit Eintragung in das Handelsregister ein.

e) Das Urteil wirkt contra omnes.[111a] Das Nichtigkeitsurteil hat keine ex-tunc-Wirkung. Es ist deshalb in der Wirkung mit einem Auflösungsurteil gemäß § 61 GmbH-Gesetz zu vergleichen.

f) Die Eintragung der Nichtigkeit erfolgt gemäß § 65 GmbHG aufgrund Anmeldung, nicht von Amts wegen. Die Anmeldung kann erzwungen werden.[112]

g) *Einstweilige Verfügungen* mit dem Ziel der Nichtigerklärung sind unzulässig.[113]

h) Richtiger Beklagter ist die Gesellschaft.[114]

3. Klage auf Nichtigerklärung einer Aktiengesellschaft

a) Enthält die Satzung keine Bestimmungen über die Höhe des Grundkapitals oder über den Gegenstand des Unternehmens oder sind die Bestimmungen der Satzung über den Gegenstand des Unternehmens nichtig, so kann gemäß § 275 Aktiengesetz jeder Aktionär und jedes Mitglied des Vorstandes und des Aufsichtsrates darauf klagen, daß die Gesellschaft für nichtig erklärt werde. Auf andere Gründe kann die Klage nicht gestützt werden.

b) Die Klage muß gemäß § 275 III Aktiengesetz binnen 3 Jahren nach

---

[111] Nur bezüglich der internationalen Zuständigkeit verdrängt das Übereinkommen das nationale Recht. Alle übrigen Vorschriften bleiben unberührt. Dies gilt z. B. für die Frage der Klagefrist. Das deutsche Recht kennt keine Frist für die Erhebung der Nichtigkeitsklage. Es kann jedoch Verwirkung eingreifen, wenn die Nichtigkeitsklage lange Zeit nicht erhoben wurde. Vgl. *Scholz-Karsten Schmidt,* Kommentar zum GmbH-Gesetz, 6. Aufl., § 75 Rz. 19.

[111a] *Scholz-Karsten Schmidt,* Kommentar zum GmbH-Gesetz, 6. Aufl., § 75 Rz. 20 und § 77, Rz. 6.

[112] § 14 HGB.

[113] *Scholz-Karsten Schmidt,* Kommentar zum GmbHG, 6. Aufl., § 75, Rz. 22.

[114] Vgl. § 246 II 1 Aktiengesetz in Verbindung mit § 75 I GmbH-Gesetz. *Scholz-Karsten Schmidt,* Kommentar zum GmbHG, 6. Aufl., § 75 Rz. 17.

Eintragung der Gesellschaft erhoben werden. Aber auch nach Ablauf dieser Frist ist die Amtslöschung nach § 144 I FGG[115] möglich.

c) Die Nichtigkeitsklage ist ebenso wie die gemäß § 75 GmbH-Gesetz eine Gestaltungsklage. Sie bewirkt nicht die Feststellung der Nichtigkeit ex tunc, sondern die Überführung der Gesellschaft in das Abwicklungsstadium, § 277 Aktiengesetz.

d) Das Übereinkommen regelt lediglich die internationale Zuständigkeit, nicht jedoch die örtliche Zuständigkeit. Für diese gilt § 275 IV in Verbindung mit § 246 III Aktiengesetz. Zuständig für die Nichtigerklärung der Aktiengesellschaft ist ausschließlich das Landgericht, in dessen Bezirk die Gesellschaft ihren Sitz hat. Das Urteil wirkt gemäß § 275 IV in Verbindung mit § 248 I 1 Aktiengesetz für und gegen alle Aktionäre sowie die Mitglieder des Vorstandes und des Aufsichtsrates, auch wenn sie nicht Partei sind, nach richtiger Ansicht sogar erga omnes.

4. Klage auf Nichtigerklärung einer Kommanditgesellschaft auf Aktien

Es gelten die gleichen Vorschriften wie bei der Aktiengesellschaft.[116]

5. Klage auf Nichtigerklärung einer Genossenschaft

a) Enthält das Statut der Genossenschaft nicht die für dasselbe wesentlichen Bestimmungen oder ist eine dieser Bestimmungen nichtig, so kann jeder Genosse und jedes Mitglied des Vorstandes und des Aufsichtsrates im Wege der Klage beantragen, daß die Genossenschaft für nichtig erklärt werde.[117]

---

[115] Hierzu oben XVI.

[116] § 278 III Aktiengesetz.

[117] § 94 Genossenschaftsgesetz. Als wesentlich gelten die in den §§ 6, 7 und 119 Genossenschaftsgesetz bezeichneten Bestimmungen des Statuts, mit Ausnahme derjenigen über die Beurkundung der Beschlüsse, der Generalversammlungen, sowie über den Vorsitz in dieser sowie über die Grundsätze für Aufstellung der Bilanz. Nach § 6 Genossenschaftsgesetz muß das Statut zwingend enthalten:

1. Die Firma und den Sitz der Genossenschaft;
2. den Gegenstand des Unternehmens;
3. Bestimmung darüber, ob die Genossen für den Fall, daß die Gläubiger im Konkurs der Genossenschaft nicht befriedigt werden, Nachschüsse zur Konkursmasse unbeschränkt, beschränkt auf eine bestimmte Summe (Haftsumme) oder überhaupt nichts zu leisten haben;
4. Bestimmungen über die Form für die Einberufung der Generalversammlung der Genossen sowie für die Beurkundung ihrer Beschlüsse und über den Vorsitz in der Versammlung. Die Einberufung der Generalversammlung muß durch unmittelbare Benachrichtigung der Genossen oder in der Bekanntmachung in einem öffentlichen Blatt erfolgen. Das Gericht kann hiervon Ausnahmen zulassen, die Bekanntmachung im Bundesanzeiger genügt nicht.
5. Bestimmung über die Form, in welcher die von der Genossenschaft ausgehenden Bekanntmachungen erfolgen, sowie über die öffentlichen Blätter, in welche diese aufzunehmen sind.

b) Auch hier regelt Art. 16 Nr. 2 nur die internationale Zuständigkeit. Die örtliche Zuständigkeit ergibt sich aus dem nationalen Recht, in der Bundesrepublik Deutschland aus § 96 in Verbindung mit § 51 III 3 des Genossenschaftsgesetzes, welches bestimmt: „Zuständig für die Klage ist ausschließlich das Landgericht, in dessen Bezirke die Genossenschaft ihren Sitz hat."

c) Soweit durch rechtskräftiges Urteil die Genossenschaft für nichtig erklärt wurde, wirkt dieses Urteil auch gegenüber den Genossen, welche nicht Parteien sind, nach richtiger Ansicht sogar erga omnes, §§ 96, 51 V 1 Genossenschaftsgesetz.

6. Klagen auf Nichtigerklärung eines Vereins

a) Solange die Gründungsorganisation noch nicht nach außen aufgetreten ist, können gegen das Gründungsstatut Nichtigkeits- und Anfechtungsgründe ohne Einschränkung geltend gemacht werden. So ist z. B. ein Feststellungsprozeß zwischen den Gründern vorstellbar; für diese kommt Art. 16 Nr. 2 zur Anwendung. Für die örtliche Zuständigkeit gelten §§ 12ff. ZPO, insbesondere § 22 ZPO.

b) Nach Beginn von Außenwirkungen sind die Regeln über die faktische Gesellschaft anzuwenden, nach Eintragung im Vereinsregister ist die Geltendmachung von Mängeln noch mehr eingeschränkt.[118] Gleichwohl sind Streitigkeiten über den Bestand des Vereins denkbar. Für diese gilt Art. 16 Nr. 2, nicht jedoch für Prozesse, in denen der Bestand des Vereins unbestritten ist und es nur um die Mitgliedschaft einer einzelnen Person oder mehrerer Personen geht.

7. Nichtigerklärung einer offenen Handelsgesellschaft

a) Zwar können auch hier Nichtigkeits- und Anfechtungsgründe nicht ex tunc geltend gemacht werden, aber anders als bei den Körperschaften

---

Weiterhin muß das Statut gemäß § 7 GenG bestimmen:

6. den Betrag, bis zu welchem sich die einzelnen Genossen mit Einlagen beteiligen können (Geschäftsanteil) sowie die Einzahlungen auf den Geschäftsanteil, zu welchen jeder Genosse verpflichtet ist; dieselben müssen bis zu einem Gesamtbetrag von mindestens einem Zehntel der Geschäftsanteile nach Tag und Zeit bestimmt sein;

7. die Grundsätze für die Prüfung der Bilanz;

8. die Bildung eines Reservefonds, welcher zur Deckung eines aus der Bilanz sich ergebenden Verlustes zu dienen hat sowie die Art dieser Bildung, insbesondere den Teil des jährlichen Reingewinns, welcher in den Reservefonds einzustellen ist, und den Mindestbetrag des letzteren bis zu dessen Erreichung die Einstellung zu erfolgen hat.

Bestimmt das Statut, daß die Genossen beschränkt auf eine Haftsumme Nachschüsse zur Konkursmasse zu leisten haben, so darf gemäß § 199 Genossenschaftsgesetz die Haftsumme im Statut nicht niedriger als der Geschäftsanteil festgesetzt werden.

Zu den Nichtigkeitsgründen s. auch die Kommentare zu § 147 FGG.

[118] Ausführlich *Reuter* im Münchener Kommentar, §§ 21, 22 BGB, Rz. 24ff..

ist im deutschen Recht die Geltendmachung der Unwirksamkeit für die Zukunft nicht eingeschränkt.[119] Für solche Prozesse eröffnet Art. 16 Nr. 2 eine ausschließliche internationale Zuständigkeit im Sitzstaat der Gesellschaft, ohne Rücksicht auf den Wohnsitz der Parteien.

b) Für die örtliche Zuständigkeit gilt das nationale Recht, in der Bundesrepublik Deutschland also §§ 12ff ZPO.

c) Anders ist es jedoch, wenn Streitgegenstand nicht der Bestand der Gesellschaft als solcher ist, sondern nur die Frage, ob eine bestimmte Person Gesellschafter ist oder nicht, z. B. wenn darum gestritten wird, ob der Aufnahme-, bzw. Beitrittsvertrag wirksam ist.

8. Nichtigerklärung einer Kommanditgesellschaft

Es gelten die gleichen Erwägungen wie oben 7.

9. Nichtigerklärung einer Gesellschaft bürgerlichen Rechts

Sofern man überhaupt Art. 16 Nr. 2 auf Gesellschaften bürgerlichen Rechts anwenden will, gelten die gleichen Erwägungen wie oben 7.[120]

XIX. Klagen, die die Auflösung einer Gesellschaft oder juristischen Person zum Gegenstand haben

1. Überblick

Unter Art. 16 Nr. 2 zweite Alternative fallen alle Klagen, die die Auflösung einer Gesellschaft oder juristischen Person zum Gegenstand haben, ganz gleich, wie sie nach dem jeweiligen nationalen Recht ausgestaltet sind; wichtig ist nur, daß es sich um ein kontradiktorisches Verfahren (Zweiparteienverfahren) handelt. Für einseitige Amtsverfahren, die auf Auflösung der Gesellschaft oder juristischen Person gerichtet sind, ist Art. 16 Nr. 2 nicht einschlägig, da für solche einseitigen Verfahren die europäische Zuständigkeitsordnung nicht zur Anwendung kommt. Vgl. oben XVI.

Aus deutscher Sicht kommen insbesondere folgende Auflösungsklagen in Betracht:

2. Klage auf Auflösung einer Gesellschaft mit beschränkter Haftung

a) Gemäß § 61 des GmbH-Gesetzes kann eine Gesellschaft mit beschränkter Haftung durch gerichtliches Urteil aufgelöst werden, wenn

---

[119] *Fischer,* Großkommentar zum HGB, § 105 Anm. 68ff; *Wiedemann,* Gesellschaftsrecht, 1980, 150f.

[120] Vgl. oben Fußn. 94. Zu den Folgen von Vertragsmängeln *Ulmer* im Münchener Kommentar, § 705 BGB, Rz. 219.

die Erreichung des Gesellschaftszweckes unmöglich wird oder wenn andere, in den Verhältnissen der Gesellschaft liegende, wichtige Gründe für die Auflösung vorhanden sind.

b) Art. 16 Nr. 2 regelt lediglich die internationale Zuständigkeit. Für die örtliche Zuständigkeit gilt weiterhin § 61 III des GmbH-Gesetzes. Danach ist das Landgericht ausschließlich zuständig, in dessen Bezirk die Gesellschaft ihren Sitz hat.

c) Die Auflösungsklage ist eine *Gestaltungsklage.*

d) Klagebefugt sind nur die Gesellschafter, sofern sie mindestens $^1/_{10}$ des Stammkapitals halten. Diese müssen sich gemäß § 16 GmbH-Gesetz gegenüber der Gesellschaft legitimiert haben. Kein Klagerecht hat der Treugeber, der Pfandgläubiger oder der Nießbraucher an Geschäftsanteilen.[121]

e) Das *Rechtsschutzbedürfnis* für diese Klage kann auch dann noch vorhanden sein, wenn die Gesellschaft bereits aufgelöst ist, jedoch hierüber keine Einigkeit besteht. Wird z. B. ein nach § 60 I Nr. 2 GmbH-Gesetz gefaßter Auflösungsbeschluß angefochten, so können diejenigen, die an einer Auflösung festhalten, die Auflösungsklage erheben und sich hierbei auf wichtige Gründe stützen. Wird die Anfechtungsklage rechtskräftig abgewiesen, so ist die Auflösungsklage in der Hauptsache erledigt.

f) Wird die Auflösungsklage durch Sachurteil abgewiesen, so hindert die Rechtskraft dieses Urteils nur den Kläger daran, den Prozeß zu wiederholen. Da die Rechtskraft nur inter partes wirkt, können andere Gesellschafter die gleiche Klage nochmals erheben.[122]

g) *Einstweilige Verfügungen* können nicht auf Auflösung der Gesellschaft gemäß § 61 GmbHG gerichtet sein. Allerdings sind einstweilige Verfügungen zur Sicherung und Durchführung des Klagerechts nach §§ 938, 940 ZPO zulässig.[123] Auf diesem Wege kann auch ein Geschäftsführer abgesetzt oder ein anderer eingesetzt oder der erstere durch einen Sequester vorläufig ersetzt werden. Die einstweilige Verfügung muß sich nicht gegen die beklagte Gesellschaft richten, sie kann auch gegen den Geschäftsführer gerichtet sein, z. B. auf Entziehung der Geschäftsführung und Vertretung. Ist der Antrag gegen den Geschäftsführer gerichtet, so findet Art. 16 Nr. 2 keine Anwendung. Für die einstweiligen Verfahren gelten neben den Zuständigkeitsregeln des Übereinkommens auch die Zuständigkeitsregeln des nationalen Rechts, Art. 24. S. o. § 38.

h) Sieht der Gesellschaftsvertrag ein *Kündigungsrecht eines Gesellschafters* vor, so kann dieser die Gesellschaft kündigen. Wird über die Wirksamkeit der Kündigung gestritten, so kann eine Feststellungsklage gemäß § 256 ZPO erhoben werden. Diese ist von der Gestaltungsklage gemäß

---

[121] Vgl. *Scholz-Karsten Schmidt,* Kommentar zum GmbH-Gesetz, 6. Aufl., § 61 Rz. 7.

[122] Vgl. *Scholz-Karsten Schmidt,* Kommentar zum GmbH-Gesetz, 6. Aufl., § 61 Rz. 12. Das Urteil ist in den anderen Vertragsstaaten nach Art. 25ff anzuerkennen.

[123] *Scholz-Karsten Schmidt,* Kommentar zum GmbHG, 6. Aufl., § 61, Rz. 14.

§ 61 GmbH-Gesetz streng zu trennen. Während die Gestaltungsklage nur gegen die Gesellschaft gerichtet werden kann,[124] kann die Feststellungsklage in dem vorgenannten Fall gegen jeden erhoben werden, der die Wirksamkeit der Kündigung bestreitet.[125] Streit- und Urteilsgegenstand der Feststellungsklage ist gemäß § 256 ZPO die Wirksamkeit der Kündigung. Das Urteil wirkt nur inter partes. Fraglich ist, ob diese Feststellungsklage in den Anwendungsbereich des Art. 16 Nr. 2 fällt, da sie dort nicht ausdrücklich erwähnt ist. *Beispiel:* Ein Kaufmann in Paris und ein Kaufmann in Mailand sind Gesellschafter einer Gesellschaft mit beschränkter Haftung mit dem Sitz in München. Der Gesellschaftsvertrag sieht für jeden Gesellschafter das Recht vor, die Gesellschaft unter Einhaltung einer bestimmten Frist zu kündigen. Der Gesellschafter in Paris kündigt. Die Geschäftsführung der GmbH bestreitet die Wirksamkeit der Kündigung nicht, jedoch der andere Gesellschafter in Mailand. Dieser kann – wenn man die Anwendbarkeit des Art. 16 Nr. 2 verneint – den Feststellungsprozeß nur dann vor ein deutsches Gericht bringen, wenn er die *GmbH* auf Feststellung der Wirksamkeit der Kündigung verklagt. Den anderen Gesellschafter kann er nur nach Art. 6 Nr. 1 in den Prozeß miteinbeziehen. Die internationale Zuständigkeit der Bundesrepublik Deutschland basierte dann nicht auf Art. 16 Nr. 2, sondern auf Art. 2 I. Der italienische Gesellschafter kann jedoch auch den anderen Gesellschafter in Paris auf Feststellung verklagen, daß die Kündigung unwirksam sei und die GmbH in das Verfahren gemäß Art. 6 Nr. 1 einbeziehen.

Diese Lösung ist unbefriedigend.

3. Auflösung einer Aktiengesellschaft

a) Das deutsche Aktiengesetz kennt keine dem § 61 GmbHG vergleichbare Klage auf Auflösung einer Aktiengesellschaft, sondern nur die im Verfahren der freiwilligen Gerichtsbarkeit ergehende Auflösungsverfügung des Registergerichts nach § 144 a FGG.[126] Dieses Verfahren fällt

---

[124] § 61 II 1 GmbH-Gesetz.

[125] Hierzu *Scholz-Karsten Schmidt,* Kommentar zum GmbHG, 6. Aufl., § 61, Rz. 4.

[126] Vgl. *§ 262 Aktiengesetz: Auflösungsgründe*

(1) Die Aktiengesellschaft wird aufgelöst

1. durch Ablauf der in der Satzung bestimmten Zeit;

2. durch Beschluß der Hauptversammlung; dieser bedarf einer Mehrheit, die mindestens drei Viertel des bei der Beschlußfassung vertretenen Grundkapitals umfaßt; die Satzung kann eine größere Kapitalmehrheit und weitere Erfordernisse bestimmen;

3. durch die Eröffnung des Konkursverfahrens über das Vermögen der Gesellschaft;

4. mit der Rechtskraft des Beschlusses, durch den die Eröffnung des Konkursverfahrens mangels einer den Kosten des Verfahrens entsprechenden Konkursmasse abgelehnt wird;

5. mit der Rechtskraft einer Verfügung des Registergerichts, durch welche nach § 144 a des Gesetzes über die Angelegenheiten der freiwilligen Gerichtsbarkeit ein Mangel der Satzung festgestellt worden ist.

aber nicht in den Anwendungsbereich der europäischen Zuständigkeitsordnung, da es ein Amtsverfahren ist, kein Zweiparteienrechtsstreit.[127]

b) Auch für die *Auflösungsklage nach §§ 396ff. Aktiengesetz* gilt die europäische Zuständigkeitsordnung nicht.[128] Denn es handelt sich um

---

(2) Dieser Abschnitt gilt auch, wenn die Aktiengesellschaft aus anderen Gründen aufgelöst wird.

127 Oben bei Fußn. 97.

128 *§ 396 Aktiengesetz lautet wie folgt: „Voraussetzungen der gerichtlichen Auflösung*

(1) Gefährdet eine Aktiengesellschaft oder Kommanditgesellschaft auf Aktien durch gesetzwidriges Verhalten ihrer Verwaltungsträger das Gemeinwohl und sorgen der Aufsichtsrat und die Hauptversammlung nicht für eine Abberufung der Verwaltungsträger, so kann die Gesellschaft auf Antrag der zuständigen obersten Landesbehörde des Landes, in dem die Gesellschaft ihren Sitz hat, durch Urteil aufgelöst werden. Ausschließlich zuständig für die Klage ist das Landgericht, in dessen Bezirk die Gesellschaft ihren Sitz hat.

(2) Nach der Auflösung findet die Abwicklung nach den §§ 264 bis 273 statt. Den Antrag auf Abberufung oder Bestellung der Abwickler aus einem wichtigen Grund kann auch die in Absatz 1 Satz 1 bestimmte Behörde stellen."

Das Auflösungsverfahren kann nur durch die zuständige oberste Landesbehörde – in der Regel das Wirtschaftsministerium – des Landes, in dem die Gesellschaft ihren Sitz hat, eingeleitet werden durch Erhebung einer Klage bei dem Landgericht (Kammer für Handelssachen), in dessen Bezirk sich der Sitz der Gesellschaft befindet. Beklagte ist die Gesellschaft. Im Klageantrag wird die Auflösung der Gesellschaft begehrt. Das die Auflösung aussprechende Urteil ist ein Gestaltungsurteil. Das Urteil ist dem Registergericht, auch wenn es noch nicht rechtskräftig ist, mitzuteilen (§ 398 AktG). Gegen das Urteil des Landgerichts ist die Berufung zum Oberlandesgericht (§§ 511 ff. ZPO) statthaft. Gegen die Entscheidung des Oberlandesgerichts ist die Revision zum Bundesgerichtshof nach den allgemeinen Vorschriften zulässig. Vgl. oben Fußn. 95.

Mit der Rechtskraft des Urteils ist die Aktiengesellschaft aufgelöst. Die Eintragung der rechtskräftigen Entscheidung hat nur deklaratorische Bedeutung. Die Abwicklung erfolgt nach den §§ 264–273 Aktiengesetz. Als Abwickler kommen diejenigen Personen nicht in Betracht, deren Verhalten zur Gefährdung des Gemeinwohls und damit zur Auflösung der Gesellschaft geführt hat. Sind die Betreffenden noch nicht abberufen, sind nach § 265 III Aktiengesetz durch das Gericht andere Abwickler zu bestellen. Diese Anträge kann auch die oberste Landesbehörde, die auf Auflösung geklagt hat, stellen (§ 396 II Aktiengesetz), vgl. *Klug* in Aktiengesetz, Großkommentar 1975, Anm. 11, 12. Nach § 288 II Aktiengesetz 1937 konnte das über die Auflösungsklage entscheidende Gericht eine von der gesetzlichen Regelform abweichende Abwicklung anordnen. Diese Möglichkeit besteht nach dem geltenden Recht nicht mehr. Die §§ 264ff. Aktiengesetz greifen in jedem Falle ein.

Von der Auflösung der Gesellschaft zu unterscheiden ist die *Untersagung des Geschäfts- oder Gewerbebetriebes*, z. B. bei Kreditinstituten nach § 37 des Gesetzes über das Kreditwesen v. 10. Juli 1961, bei Versicherungsgesellschaften nach § 87 VAG vom 22. Dezember 1954, bei Gaststätten nach § 12 des Gaststättengesetzes usw. Der rechtliche Bestand der Aktiengesellschaft bleibt unberührt. Allerdings kann bei Kreditinstituten das Einschreiten gegen die Gesellschaft in einer Weise erfolgen, die im Ergebnis zur Auflösung der betreffenden Gesellschaft führt. Nimmt das Bundesaufsichtsamt für das Kreditwesen die Erlaubnis zum Betreiben von Bankgeschäften zurück, so kann es gemäß § 38 des Gesetzes über das Kreditwesen bei juristischen Personen bestimmen, daß das Kreditinstitut abzuwickeln ist. Die Entscheidung des Bundesaufsichtsamtes wirkt „wie ein Auflösungsbeschluß".

ein *öffentlich-rechtliches Verfahren;* Verfahrensgegenstand ist die Auflösung einer das Gemeinwohl gefährdenden Aktiengesellschaft durch staatlichen Eingriff.[129] Eine Zwangsauflösung durch staatlichen Eingriff ist nach den meisten ausländischen Rechtsordnungen möglich.

c) Das gleiche gilt für die Auflösung der Gesellschaft nach § 17 Nr. 1, 3 Vereinsgesetz,[130] weil es sich hier um ein Verwaltungs-, nicht um ein Gerichtsverfahren handelt.[131]

d) Von der gerichtlichen Auflösung der Aktiengesellschaft zu unterscheiden ist der Streit über die Ordnungsmäßigkeit eines gemäß § 262 I Nr. 2 Aktiengesetz gefaßten Auflösungsbeschlusses.[132] Wird dagegen eine Nichtigkeits- oder Anfechtungsklage erhoben, dann fällt dieser Rechtsstreit unter Art. 16 Nr. 2, aber es geht nicht um die 2. Alternative

---

[129] Ein solches Eingriffsrecht des Staates hat eine lange Tradition. Nach Art. 4 des Preußischen Ausführungsgesetzes zum HGB konnte eine Aktiengesellschaft (sowie eine Kommanditgesellschaft auf Aktien) aufgelöst werden, „wenn sie sich rechtswidriger Handlungen oder Unterlassungen schuldig macht, durch welche das Gemeinwohl gefährdet wird".

Ähnlich § 43 BGB; danach kann einem Verein die Rechtsfähigkeit entzogen werden, „wenn er durch einen gesetzwidrigen Beschluß der Mitgliederversammlung oder durch gesetzwidriges Verhalten des Vorstandes das Gemeinwohl gefährdet."

Vor dem Erlaß des AktG 1937 konnten auch Aktiengesellschaften nach §§ 43, 44 BGB aufgelöst werden. Die §§ 396–398 Aktiengesetz verdrängen nunmehr als lex specialis die §§ 43, 44 BGB. Vgl. *Klug* in Aktiengesetz, Großkommentar, 1975, § 396, Anm. 1.

Die Grundrechte gelten nach Maßgabe von Art. 19 III GG auch für juristische Personen. Daraus folgt, daß sich der Staat Zurückhaltung auferlegen muß, wenn er in den Bestand von juristischen Personen des Privatrechts eingreifen will. Die Generalklausel „Gefährdung des Gemeinwohls" ist daher restriktiv auszulegen. Vgl. *Klug* in Aktiengesetz, Großkommentar, 1975, § 396, Anm. 2. Eine allgemeine *Aufsicht über juristische Personen* gibt es nicht. Auch das Registergericht hat keine allgemeine Aufsichts- oder Überwachungsfunktion. Wo der Gesetzgeber eine ständige Aufsicht für erforderlich hält, ist dies, wie bei den Banken, den sonstigen Kreditinstituten, den Versicherungsunternehmungen, den Bausparkassen, usw.in besonderen gesetzlichen Bestimmungen festgelegt. Vgl. §§ 5–9 KWG, wo ein Bundesaufsichtsamt für das Kreditwesen vorgesehen ist, das u. a. Mißständen im Kreditwesen entgegenwirken soll, § 6 Abs. 2 KWG, § 1 VAG.

[130] Eine Aktiengesellschaft, deren Zwecksetzung oder Verhalten gegen die verfassungsmäßige Ordnung oder gegen den Gedanken der Völkerverständigung verstößt, oder die Staatsschutzbestimmungen des Strafrechts verletzt, kann von der obersten Landesbehörde oder dem Bundesinnenminister nach § 17 Nr. 1 in Verbindung mit § 3 des Vereinsgesetzes verboten werden. Insoweit ist das Vereinsgesetz lex specialis zu § 396 AktG. Bei Verletzung von Strafnormen, die nicht zu den genannten gehören, kommt § 396 AktG wieder zum Zuge. Die Auflösung nach dem Vereinsgesetz kommt ferner in Betracht, wenn eine AG von einem Verbot als Teil- oder als Ersatzorganisation einer anderen bereits verbotenen Organisation erfaßt wird, § 17 Nr. 2 u. 3 Vereinsgesetz. Hierzu *Klug* a. a. O Vorbem. 5 vor § 396 AktG.

[131] Oben § 29 II.

[132] Text oben Fußn. 126.

dieser Vorschrift, sondern um deren dritte. (Gültigkeit von Beschlüssen der Organe der Gesellschaft).[133]

4. Auflösung einer Kommanditgesellschaft auf Aktien

Für die Auflösung von Kommanditgesellschaften auf Aktien gelten die gleichen Grundsätze wie für die Auflösung von Aktiengesellschaften.[134]

5. Auflösung einer Genossenschaft

a) Auch hier sieht das deutsche Recht eine dem § 61 GmbH-Gesetz vergleichbare Auflösungsklage nicht vor. Das Verfahren nach § 80 Genossenschaftsgesetz[135] ist kein Zweiparteienverfahren, sondern nur ein Amtsverfahren, für das die europäische Zuständigkeitsordnung nicht gilt.[136]

b) Die Auflösung gemäß § 81 Genossenschaftsgesetz[137] erfolgt in einem Verwaltungsverfahren, nicht durch das Gericht. Schon aus diesem Grunde findet das Übereinkommen keine Anwendung.

6. Entziehung der Rechtsfähigkeit eines Vereins[138]

a) Sinkt die Zahl der Vereinsmitglieder unter drei herab, so hat das Amtsgericht auf Antrag des Vorstandes und, wenn der Antrag nicht binnen 3 Monaten gestellt wird, von Amts wegen nach Anhörung des

---

133 Unten XX.

134 § 396 Aktiengesetz.

135 *§ 80 Genossenschaftsgesetz:*

(1) Beträgt die Zahl der Genossen weniger als sieben, so hat das Gericht (§ 10) auf Antrag des Vorstandes und, wenn der Antrag nicht binnen sechs Monaten erfolgt, von Amts wegen nach Anhörung des Vorstandes die Auflösung der Genossenschaft auszusprechen.

(2) 1 Der Beschluß ist der Genossenschaft zuzustellen. 2 Gegen denselben steht ihr die sofortige Beschwerde nach Maßgabe der Zivilprozeßordnung zu. 3 Die Auflösung tritt mit der Rechtskraft des Beschlusses in Wirksamkeit.

136 Oben bei Fußn. 96.

137 *§ 81 Genossenschaftsgesetz:*

(1) Wenn eine Genossenschaft sich gesetzwidriger Handlungen oder Unterlassungen schuldig macht, durch welche das Gemeinwohl gefährdet wird, oder wenn sie andere als die in diesem Gesetz (§ 1) bezeichneten geschäftlichen Zwecke verfolgt, so kann sie aufgelöst werden, ohne daß deshalb ein Anspruch auf Entschädigung stattfindet.

(2) Das Verfahren und die Zuständigkeit der Behörden richtet sich nach den für streitige Verwaltungssachen ... geltenden Vorschriften.

(3) Von der Auflösung hat die in erster Instanz entscheidende Behörde dem Gericht (§ 10) Mitteilung zu machen.

138 § 73 BGB, § 160a FGG. Zur Entziehung der Rechtsfähigkeit siehe die Kommentare zum BGB sowie *Sauter-Schweyer,* Der eingetragene Verein, 9. Auflage, 1974, VIII., 194ff.

Vorstandes dem Verein die Rechtsfähigkeit zu entziehen. Es handelt sich hier um kein kontradiktorisches Streitverfahren, so daß die Zuständigkeitsordnung des Übereinkommens nicht zur Anwendung kommt.[139]

b) Dem Verein kann weiter die Rechtsfähigkeit entzogen werden, wenn er durch einen gesetzwidrigen Beschluß der Mitgliederversammlung oder durch gesetzwidriges Verhalten des Vorstandes *das Gemeinwohl gefährdet*.[140] Das gleiche gilt, wenn ein Ideal-Verein entgegen seiner Satzung einen wirtschaftlichen Zweck verfolgt.[141] Einem Verein, dessen Rechtsfähigkeit auf Verleihung beruht, kann die Rechtsfähigkeit auch entzogen werden, wenn er einen anderen als den in der Satzung bestimmten Zweck verfolgt.[142]

Zuständig ist die Verwaltungsbehörde.[143] Die genannten Verfahren fallen deshalb von vornherein nicht in den Anwendungsbereich des Übereinkommens, da dieser nur die Zuständigkeit von Gerichten regelt.

c) Das gleiche gilt für die *Auflösung nach dem Vereinsgesetz*.[144]

7. Klage auf Auflösung einer offenen Handelsgesellschaft

a) Die Klage auf Auflösung einer offenen Handelsgesellschaft gemäß § 133 HGB bzw. den einschlägigen Parallelvorschriften ausländischer Rechtsordnungen fällt in den Anwendungsbereich des Art. 16 Nr. 2. Beklagte ist – anders als bei den juristischen Personen – nicht die Gesellschaft. Der Rechtsstreit ist vielmehr unter den Gesellschaftern zu führen, da er das Gesellschaftsverhältnis als solches betrifft. Hat z. B. die offene Handelsgesellschaft ihren Sitz in München, so ist die Bundesrepublik Deutschland für die Auflösungsklage ausschließlich international zuständig, auch wenn alle Gesellschafter im Ausland wohnen, sei es in anderen Vertragsstaaten oder in dritten Staaten.[145]

b) Nach seinem Wortlaut ist Art. 16 Nr. 2 nicht anwendbar auf die *Ausschließungsklage*.[146] Klagen die Gesellschafter – statt auf Auflösung der Gesellschaft (§ 133 HGB) – auf Ausschluß des Gesellschafters, in dessen Person ein wichtiger Grund gegeben ist,[147] so ist der Vertragsstaat, in dem die Gesellschaft ihren Sitz hat, für diese Klage international unzu-

---

139 Anders *Kropholler* IZVR Rz. 787.

140 § 43 I BGB.

141 § 43 II BGB.

142 § 43 IV BGB.

143 § 44 BGB. Vgl. oben Fußn. 95.

144 Oben Fußn. 130.

145 Nach anderer Meinung kommt Art. 16 Nr. 2 nicht zur Anwendung, wenn kein Bezugspunkt zu einem anderen Vertragsstaat besteht. Wohnen die Gesellschafter z. B. in Zürich, Madrid und Wien, so wäre nach dieser Theorie das nationale Zuständigkeitsrecht anzuwenden. Vgl. oben § 29 XV und unten Fußn. 161.

146 Oben Fußn. 27.

147 § 140 HGB.

ständig, wenn der Beklagte in einem anderen Vertragsstaat[148] wohnt.[149] Ein zuständigkeitspolitisch unerfreuliches Ergebnis! Ob dieses der EuGH durch eine extensive Interpretation oder analoge Anwendung des Art. 16 Nr. 2 korrigieren wird, bleibt abzuwarten.

Das gleiche gilt für die Übernahmeklage gemäß § 142 HGB.

c) Streiten die Parteien um die *Wirksamkeit der Kündigung des Gesellschaftsvertrages,*[150] so gilt Art. 16 Nr. 2 nicht, wenn diese Frage Streitgegenstand ist.[151] Allerdings ist die internationale Zuständigkeit des Sitzstaates dann gegeben, wenn auf Feststellung des Bestehens oder Nichtbestehens der offenen Handelsgesellschaft geklagt wird. Diese Klage fällt – wie oben[152] ausgeführt – in den Anwendungsbereich des Art. 16 Nr. 2.[153]

8. Klage auf Auflösung einer Kommanditgesellschaft

Die Ausführungen zur offenen Handelsgesellschaft gelten entsprechend für die Kommanditgesellschaft.[153] In der Literatur wird die Auffassung vertreten, bei einer GmbH & Co. KG sollten die für die GmbH geltenden Vorschriften entsprechende Anwendung finden.[154] Danach wäre die Klage gegen die Gesellschaft zulässig.

9. Auflösung einer Gesellschaft bürgerlichen Rechts[155]

a) Das deutsche Recht sieht eine dem § 133 HGB vergleichbare Auflösung durch gerichtliche Entscheidung nicht vor. Die Gesellschafter kön-

---

[148] Bei Wohnsitz in einem dritten Staat (= Nichtvertragsstaat) kommt das nationale Zuständigkeitsrecht zur Anwendung, Art. 4 I. Aus der Sicht des *deutschen Rechts* eröffnet § 23 ZPO eine internationale Zuständigkeit, weil der beklagte Gesellschafter am Sitz der Gesellschaft Vermögen (Beteiligung an der Gesellschaft) hat. Des Rekurses auf § 23 ZPO bedarf es aber in den meisten Fällen nicht, da die Ausschließungsklage unter § 22 ZPO fällt. Vgl. *Baumbach-Duden-Hopt,* HGB, 25. Aufl., 1983, § 140, Anm. 3 B; ebenso wohl auch *Stein-Jonas-Schumann,* ZPO, 20. Aufl., § 22 Rz. 7 bei Fußn. 14.

In *Frankreich* kommt es auf die Staatsangehörigkeit an: Ist nur eine Partei Franzose, dann ist auch hier die internationale Zuständigkeit Frankreichs unproblematisch, Art. 14, 15 Code civil.

[149] Art. 2 I. Bei mehreren Beklagten s. Art. 6 Nr. 1. Die internationale Zuständigkeit des Sitzstaates in solchen Fällen auf Art. 5 Nr. 1 zu stützen mit der Begründung, der Gesellschafter schulde seine Treue am Sitz der Gesellschaft, hilft nicht immer, ebenso nicht Art. 5 Nr. 3.

[150] Vgl. z. B. §§ 131 Nr. 6, 132 HGB.

[151] Beispiel: Es wird Klage auf Feststellung der Wirksamkeit oder Unwirksamkeit der Kündigung erhoben.

[152] Oben bei Fußn. 119.

[153] § 161 II HGB.

[154] *Scholz-Karsten Schmidt,* Kommentar zum GmbHG, 6. Aufl., § 61, Rz. 27.

[155] Zum IPR s. *Staudinger-Großfeld,* BGB, 12. Aufl., Internationales Gesellschaftsrecht Rz. 531 ff.

nen vielmehr durch Kündigung das Gesellschaftsverhältnis beenden.[156] Ist die Wirksamkeit der Kündigung Streitgegenstand, gilt Art. 16 Nr. 2 nicht. Darauf wurde bereits oben hingewiesen.[157] Anders ist es, wenn die Wirksamkeit des Gesellschaftsverhältnisses als solches Streitgegenstand ist, allerdings nur, wenn man die Auffassung vertritt, daß Art. 16 Nr. 2 auf Gesellschaften bürgerlichen Rechts überhaupt Anwendung findet. Bedenken bestehen – wie oben XIV dargelegt – im Hinblick darauf, daß die Struktur der Gesellschaft in den meisten Fällen nicht so verfestigt ist, daß man einen Sitz der Gesellschaft feststellen könnte.[158] Bejaht man die Anwendbarkeit des Art. 16 Nr. 2, so fallen Auflösungsklagen hierunter, soweit die maßgeblichen ausländischen Rechtsordnungen solche vorschreiben. Für den Bereich des deutschen Rechts ist fraglich, ob die Gesellschafter die Anwendbarkeit des § 133 HGB im Gesellschaftsvertrag vereinbaren können.

XX. Klagen, die die Gültigkeit oder Nichtigkeit der Beschlüsse der Organe einer Gesellschaft oder juristischen Person betreffen

1. Überblick[159]

Im Vordergrund der praktischen Anwendung stehen sicherlich die Klagen, die Beschlüsse der Gesellschafterversammlung betreffen. Doch geht der Anwendungsbereich viel weiter. Art. 16 Nr. 2 erfaßt die Beschlüsse *aller Organe* der Gesellschaft bzw. juristischen Person. In Betracht kommen z. B. die Beschlüsse des Aufsichtsrates oder Vorstandes einer deutschen Aktiengesellschaft und der entsprechenden Organe ausländischer Gesellschaften.

2. Klageart

Die Klageart spielt keine Rolle. Es kommt also z. B. nicht darauf an, ob der Beschluß einer Gesellschafterversammlung durch eine Gestaltungsklage angefochten werden muß (Anfechtungsklage) oder ob die bereits ex lege gegebene Unwirksamkeit (Nichtigkeit) durch eine Feststellungsklage zu klären ist.

3. Einmanngesellschaften

Der Beschluß muß nicht unbedingt von einer Mehrzahl von Personen (Gesellschafter) gefaßt worden sein. Werden z. B. die Aktien einer Ak-

---

156 Ausführlich *Ulmer* in Münchener Kommentar zum BGB, Rz. 12ff. vor § 723.

157 Fußn. 151.

158 Oben Fußn. 94.

159 Zum italienischen Recht s. Corte di Cassazione, Urteil vom 2. August 1977 Nr. 3422 Giur. ital. 1978, I, 1, 282 = RIW/AWD 1978, 624 Nr. 4.

tiengesellschaft bzw. die Geschäftsanteile einer Gesellschaft mit beschränkter Haftung von nur einem Aktionär bzw. Gesellschafter gehalten, so ist Art. 16 Nr. 2 gleichwohl anzuwenden. Es würde eine unerträgliche Rechtsunsicherheit in den Anwendungsbereich des Art. 16 Nr. 2 gebracht, wollte man darauf abstellen, ob der Beschluß nur von einem oder von mehreren Gesellschaftern gefaßt wurde. Zudem spricht die ratio conventionis[160] auch gegen eine Differenzierung.

Beispiel:

Alle Geschäftsanteile einer Gesellschaft mit beschränkter Haftung mit Sitz in Hamburg werden von einer Aktiengesellschaft mit dem Sitz in Stockholm gehalten. Wird über die Gültigkeit der von der Alleingesellschafterin gefaßten Beschlüsse gestritten, so ist die Bundesrepublik Deutschland gemäß Art. 16 Nr. 2 ausschließlich international zuständig.[161]

4. Verbindung der Anfechtungsklage mit dem Antrag auf Feststellung des richtigen Beschlusses[162]

Art. 16 Nr. 2 gilt auch, wenn mit der Anfechtungsklage eine Klage auf Feststellung des richtigen Beschlusses verbunden wird, also des Beschlusses, der bei Beachtung des Gesetzes oder der Satzung zustande gekommen und festgestellt worden wäre. Ohne einen solchen Feststellungsantrag ist das Gericht nicht befugt, über die Nichtigkeitserklärung des angefochtenen Beschlusses hinaus den richtigen Beschluß festzustellen. Das Anfechtungsurteil hat nur kassatorische Wirkung.

a) Nach herrschender Meinung[163] ist eine solche Kombination von Anfechtungsklage und Klage auf Feststellung des richtigen Beschlusses dann zulässig, wenn das Feststellungsurteil lediglich die unrichtige Feststellung des Beschlußergebnisses durch den Versammlungsleiter ersetzen soll.[164] Dies gilt nicht nur im Aktienrecht, sondern auch für Gesellschaftsbeschlüsse der GmbH.[165]

---

160 Oben II.

161 Nach anderer Ansicht käme das nationale Zuständigkeitsrecht zur Anwendung, weil kein Zuständigkeitsbezug zu einem anderen Vertragsstaat besteht. Vgl. oben Fußn. 145 und oben § 29 XV.

162 Nachweise bei *Zöllner,* Die Schranken mitgliedschaftlicher Stimmrechtsmacht bei den privatrechtlichen Personenverbänden, 1963, 405ff. *Reuter* in Münchener Kommentar zum BGB, § 32 Rz. 20.

163 Vgl. hierzu die Kommentare zu § 248 Aktiengesetz, z. B. *Schilling,* Aktiengesetz, Großkommentar, 3. Aufl., und *Hachenburg-Schilling-Zutt,* GmbHG, Großkommentar, 7. Aufl. § 47 Anhang Rz. 152.

164 Hat in der Hauptversammlung der Vorsitzende zu Unrecht verkündet, ein Antrag sei wegen Fehlens der erforderlichen Stimmenmehrheit abgelehnt, so kann die hiergegen gerichtete Anfechtungsklage mit dem Antrag auf Feststellung eines zustimmenden Beschlusses verbunden werden, BGH, NJW 1980, 1465 Nr. 12; A. A. noch RGZ 142, 128.

b) Sind die einzelnen Posten einer Bilanz oder einer Gewinn- und Verlustrechnung unrichtig, so kann die Anfechtungsklage, die sich gegen die Bilanzfeststellung bzw. den Gewinnverwendungsbeschluß richtet, verbunden werden mit der Klage auf Feststellung der ordnungsgemäßen Bilanz, der ordnungsgemäßen Gewinn- und Verlustrechnung. Das Gericht kann dann den richtigen Beschluß feststellen.[166] Schließlich kann

---

Auf den ersten Blick erscheint es paradox, daß einerseits der protokollierte Beschluß auf die Anfechtungsklage hin durch ein rechtsgestaltendes Urteil für nichtig erklärt, andererseits ein anderer gültiger Beschluß positiv festgestellt werden soll, obwohl tatsächlich nur ein einziger Beschluß vorliegt (*R. Fischer,* LM Anm. zu § 53 GmbHG). Dieser Widerspruch löst sich aber zwanglos auf, wenn man bedenkt, daß es hier nicht darum geht, einen mangelhaften und deshalb wirksam angefochtenen Beschluß durch einen überhaupt nicht gefaßten anderen Beschluß zu ersetzen; vielmehr richtet sich die Anfechtungsklage lediglich gegen die unrichtige Feststellung eines in Wirklichkeit gar nicht so zustande gekommenen Beschlusses, wogegen die damit verbundene Feststellungsklage verbindlich klären soll, was in Wahrheit beschlossen worden ist. Mit der Beseitigung des „Scheinbeschlusses", der nur bis zu einem rechtskräftigen Urteil nach § 248 AktG als gefaßt gilt, wird der Weg für die Feststellung des richtigen Beschlußergebnisses frei. So BGH a. a. O. unter Berufung auf *Zöllner,* Die Schranken mitgliedschaftlicher Stimmrechtsmacht bei den privatrechtlichen Personenverbänden, 1963, S. 409f.. Die Zulassung einer Feststellungsklage neben der Anfechtung eines unrichtig verkündeten Beschlusses schafft erst den notwendigen Ausgleich zu der einem Versammlungsleiter aus Gründen der Rechtssicherheit eingeräumten Macht, das Beschlußergebnis mit vorläufiger Bestandskraft festzustellen. Ohne sie wäre ein Aktionär, dessen Antrag der Vorsitzende zu Unrecht als abgelehnt bezeichnet hat, weitgehend schutzlos, da ihm mit der Beseitigung der falschen Ergebnisfeststellung allein nicht geholfen wäre. Zwar könnte er, wenn er die nach § 122 AktG hierfür notwendige Stimmenzahl aufbringt, nach erfolgreicher Anfechtung der unrichtigen Beschlußfeststellung seinen Antrag in einer neuen Hauptversammlung wiederholen. Damit hätte er aber noch immer nicht die Gewähr einer verbindlich festgestellten zustimmenden Entscheidung, sei es, daß sich die Mehrheitsverhältnisse inzwischen verschoben haben, sei es, daß der Vorsitzende wiederum ein unrichtiges Ergebnis verkündet. Diese Gewähr kann ihm nur ein positives Feststellungsurteil geben. Die Zulässigkeit einer solchen Klage ergibt sich aus § 256 ZPO. Der BGH will die Rechtskraft des Feststellungsurteils über die Prozeßparteien hinaus so ausdehnen, wie es § 248 AktG für das einer Anfechtungsklage stattgebende Urteil vorsieht. In entsprechender Anwendung dieser Vorschrift ist die erweiterte Rechtskraftwirkung eines Urteils, das ein unrichtig verkündetes (negatives) Beschlußergebnis für nichtig erklärt, auch auf eine damit verbundene (positive) Feststellung des richtigen Ergebnisses zu erstrecken. Voraussetzung ist nur, daß die Feststellungsklage in derselben Frist erhoben und in demselben Prozeß behandelt wird, wie die Anfechtungsklage, *Zöllner,* in: Köln. Komm. z. AktG, § 246 Anm. 26, 29, *Schilling,* in: Großkomm. z. AktG, 3. Aufl., § 248 Anm. 3. Damit ist der Besorgnis des *RG,* eine zeitlich unbeschränkte Zulassung der Feststellungsklage könnte zu größter Rechtsunsicherheit führen (*RGZ* 142, 128), Rechnung getragen.

[165] Nachweise bei *Hachenburg-Schilling-Zutt,* a. a. O. Anh. § 47 Rz. 152.

[166] Wird ein Bilanzfeststellungsbeschluß angefochten, so ist – auch bei der GmbH – Gegenstand der Anfechtungsklage nur der Feststellungsbeschluß, doch zielt die Klage auch gegen die rechtswidrige Bilanz. Ist die Anfechtung des Beschlusses erfolgreich,

die gegen den Gewinnverwendungsbeschluß gerichtete Anfechtungsklage mit einer Klage auf Auszahlung des gesetzlichen oder satzungsgemäßen Gewinnanteils verbunden werden. Auch insoweit sollte man eine Annexzuständigkeit nach Art. 16 Nr. 2 bejahen.

5. Die Anfechtungs- und Nichtigkeitsklage nach §§ 246ff. Aktiengesetz

a) Art 16 Nr. 2 kommt zur Anwendung wenn eine Anfechtungsklage oder Nichtigkeitsklage nach §§ 246ff des deutschen Aktiengesetzes[167]

---

so hat das Urteil an sich nur kassatorische Funktion. Das Reichsgericht (RGZ 64, 261; 80, 337), gestattet jedoch, daß das Gericht auf Antrag neben der Aufhebung des angefochteten Beschlusses die richtige Bilanz feststellt und auf Klage des Gesellschafters die GmbH zur Zahlung der sich ergebenden Dividende verurteilt, unter der Voraussetzung, daß sich ohne Zweifel feststellen läßt, wie sich eine nach richtigen Grundsätzen aufgestellte Bilanz und Gewinnverteilung gestaltet. Hierzu *Scholz-Karsten Schmidt*, Kommentar zum GmbH-Gesetz, 6. Aufl., § 46 Rz. 40, A. E. Zur Rechtslage in Italien vgl. Corte di Cassazione, Urteil vom 13. Februar 1978 Nr. 660 = Giur. ital. 1978, I, 1, 1947 = RIW/AWD 1978, 213.

[167] Der 7. Teil des deutschen Aktiengesetzes behandelt u. a. die Nichtigkeit von Hauptversammlungsbeschlüssen und des festgestellten Jahresabschlusses:

§ 241. Nichtigkeitsgründe

Ein Beschluß der Hauptversammlung ist außer in den Fällen des § 192 Abs. 4, §§ 212, 217 Abs. 2, § 228 Abs. 2, § 234 Abs. 3 und § 235 Abs. 2 nur dann nichtig, wenn er

1. *In einer Hauptversammlung gefaßt worden ist, die nicht nach § 121 Abs. 2 und 3 einberufen war, es sei denn, daß alle Aktionäre erschienen oder vertreten waren,*
2. *nicht nach § 130 Abs. 1, 2 und 4 beurkundet ist,*
3. *mit dem Wesen der Aktiengesellschaft nicht zu vereinbaren ist oder durch seinen Inhalt Vorschriften verletzt, die ausschließlich oder überwiegend zum Schutze der Gläubiger der Gesellschaft oder sonst im öffentlichen Interesse gegeben sind,*
4. *durch seinen Inhalt gegen die guten Sitten verstößt,*
5. *auf Anfechtungsklage durch Urteil rechtskräftig für nichtig erklärt worden ist,*
6. *nach § 144 Abs. 2 des Reichsgesetzes über die Angelegenheiten der freiwilligen Gerichtsbarkeit auf Grund rechtskräftiger Entscheidung als nichtig gelöscht worden ist.*

§ 242. Heilung der Nichtigkeit.

(1) Die Nichtigkeit eines Hauptversammlungsbeschlusses, der entgegen § 130 Abs. 1, 2 und 4 nicht oder nicht gehörig beurkundet worden ist, kann nicht mehr geltend gemacht werden, wenn der Beschluß in das Handelsregister eingetragen worden ist.

(2) [1]Ist ein Hauptversammlungsbeschluß nach § 241 Nr. 1, 3 oder 4 nichtig, so kann die Nichtigkeit nicht mehr geltend gemacht werden, wenn der Beschluß in das Handelsregister eingetragen worden ist und seitdem drei Jahre verstrichen sind. [2]Ist bei Ablauf der Frist eine Klage auf Feststellung der Nichtigkeit des Hauptversammlungsbeschlusses rechtshängig, so verlängert sich die Frist, bis über die Klage rechtskräftig entschieden ist oder sie sich auf andere Weise endgültig erledigt hat. [3]Eine Löschung des Beschlusses von Amts wegen nach § 144 Abs. 2 des Reichsgesetzes über die Angelegenheiten der freiwilligen Gerichtsbarkeit wird durch den Zeitablauf nicht ausgeschlossen.

(3) Absatz 2 gilt entsprechend, wenn in den Fällen des § 217 Abs. 2, § 228 Abs. 2, § 234 Abs. 3 und § 235 Abs. 2 die erforderlichen Eintragungen nicht fristgemäß vorgenommen worden sind.

§ 243. Anfechtungsgründe.

(1) Ein Beschluß der Hauptversammlung kann wegen Verletzung des Gesetzes oder der Satzung durch Klage angefochten werden.

(2) [1]Die Anfechtung kann auch darauf gestützt werden, daß ein Aktionär mit der Ausübung des Stimmrechts für sich oder einen Dritten Sondervorteile zum Schaden der Gesellschaft oder der anderen Aktionäre zu erlangen suchte und der Beschluß geeignet ist, diesem Zweck zu dienen. [2]Dies gilt nicht, wenn der Beschluß den anderen Aktionären einen angemessenen Ausgleich für ihren Schaden gewährt.

(3) Auf eine Verletzung des § 128 kann die Anfechtung nicht gestützt werden.

(4) Für eine Anfechtung, die auf die Verweigerung einer Auskunft gestützt wird, ist es unerheblich, daß die Hauptversammlung oder Aktionäre erklärt haben oder erklären, die Verweigerung der Auskunft habe ihre Beschlußfassung nicht beeinflußt.

§ 244. Bestätigung anfechtbarer Hauptversammlungsbeschlüsse.

Die Anfechtung kann nicht mehr geltend gemacht werden, wenn die Hauptversammlung den anfechtbaren Beschluß durch einen neuen Beschluß bestätigt hat und dieser Beschluß innerhalb der Anfechtungsfrist nicht angefochten oder die Anfechtung rechtskräftig zurückgewiesen worden ist. [2]Hat der Kläger ein rechtliches Interesse, daß der anfechtbare Beschluß für die Zeit bis zum Bestätigungsbeschluß für nichtig erklärt wird, so kann er die Anfechtung weiterhin mit dem Ziel geltend machen, den anfechtbaren Beschluß für diese Zeit für nichtig zu erklären.

§ 245. Anfechtungsbefugnis.

Zur Anfechtung ist befugt:

1. *jeder in der Hauptversammlung erschienene Aktionär, wenn er gegen den Beschluß Widerspruch zur Niederschrift erklärt hat;*
2. *jeder in der Hauptversammlung nicht erschienene Aktionär, wenn er zu der Hauptversammlung zu Unrecht nicht zugelassen worden ist oder die Versammlung nicht ordnungsgemäß einberufen oder der Gegenstand der Beschlußfassung nicht ordnungsgemäß bekanntgemacht worden ist;*
3. *im Fall des § 243 Abs. 2 jeder Aktionär;*
4. *der Vorstand;*
5. *jedes Mitglied des Vorstands und des Aufsichtsrats, wenn durch die Ausführung des Beschlusses Mitglieder des Vorstands oder des Aufsichtsrats eine strafbare Handlung oder eine Ordnungswidrigkeit begehen oder wenn sie ersatzpflichtig werden würden.*

§ 246. Anfechtungsklage.

(1) Die Klage muß innerhalb eines Monats nach der Beschlußfassung erhoben werden.

(2) [1]Die Klage ist gegen die Gesellschaft zu richten. [2]Die Gesellschaft wird durch Vorstand und Aufsichtsrat vertreten. [3]Klagt der Vorstand oder ein Vorstandsmitglied, wird die Gesellschaft durch den Aufsichtsrat, klagt ein Aufsichtsratsmitglied, wird sie durch den Vorstand vertreten.

(3) [1]Zuständig für die Klage ist ausschließlich das Landgericht, in dessen Bezirk die Gesellschaft ihren Sitz hat. [2]Die mündliche Verhandlung findet nicht vor Ablauf der Monatsfrist des Absatzes 1 statt. [3]Mehrere Anfechtungsprozesse sind zur gleichzeitigen Verhandlung und Entscheidung zu verbinden.

(4) Der Vorstand hat die Erhebung der Klage und den Termin zur mündlichen Verhandlung unverzüglich in den Gesellschaftsblättern bekanntzumachen.

§ 247. Streitwert (nicht abgedruckt).

§ 248. Urteilswirkung.

(1) [1]Soweit der Beschluß durch rechtskräftiges Urteil für nichtig erklärt ist, wirkt das Urteil für und gegen alle Aktionäre sowie die Mitglieder des Vorstands und des Aufsichtsrats, auch

bzw. der entsprechenden ausländischen Parallelvorschriften erhoben wird. Wenn auch die Anwendungsvoraussetzungen des Art. 16 Nr. 2 konventionsimmanent zu definieren sind, so überläßt doch das Übereinkommen die nähere Ausgestaltung dieser Klagen dem nationalen Recht. Weder das deutsche Aktiengesetz noch das deutsche GmbH-Gesetz definieren die Grenzlinie zwischen Nichtigkeit und Anfechtbarkeit. Für die Nichtigkeit gilt das gleiche wie im bürgerlichen Recht. Der nichtige Beschluß ist von Anfang an und dauernd wirkungslos. Bei der Nichtigkeit treten die Folgen des Mangels von selbst ein, während sie bei der Anfechtbarkeit erst auf Antrag eines Anfechtungsberechtigten (nach Rechtskraft des seiner Anfechtungsklage stattgebenden Urteils) eintreten. Ob ein Mangel diese oder jene Folgen hat, ob also Nichtigkeit oder Anfechtbarkeit vorliegt, regeln §§ 241 ff. Aktiengesetz.[168] Diese stellen auf die Bedeutung des Mangels für die Gesellschaft, die Aktionäre, die Gläubiger und die Allgemeinheit ab. Aus Gründen der Rechtssicherheit sind die Nichtigkeitsgründe eingeschränkt. Es gibt einen *numerus clausus der Nichtigkeitsgründe.* Im Zweifel führen Mängel des Beschlusses nicht zur Nichtigkeit, sondern nur zur Anfechtbarkeit.

b) Gleiches gilt für *Gesellschaften mit beschränkter Haftung.* Mängel eines Beschlusses der Gesellschafterversammlung machen diesen im Zweifel nicht nichtig, sondern nur anfechtbar. Auch hier herrscht der Grundsatz des numerus clausus der Nichtigkeitsgründe. Dies ist zwar im Gesetz

---

wenn sie nicht Partei sind. [2]Der Vorstand hat das Urteil unverzüglich zum Handelsregister einzureichen. [3]War der Beschluß in das Handelsregister eingetragen, so ist auch das Urteil einzutragen. [4]Die Eintragung des Urteils ist in gleicher Weise wie die des Beschlusses bekanntzumachen.

(2) Hatte der Beschluß eine Satzungsänderung zum Inhalt, so ist mit dem Urteil der vollständige Wortlaut der Satzung, wie er sich unter Berücksichtigung des Urteils und aller bisherigen Satzungsänderungen ergibt, mit der Bescheinigung eines Notars über diese Tatsache zum Handelsregister einzureichen.

§ 249. Nichtigkeitsklage.

(1) [1]Erhebt ein Aktionär, der Vorstand oder ein Mitglied des Vorstands oder des Aufsichtsrats Klage auf Feststellung der Nichtigkeit eines Hauptversammlungsbeschlusses gegen die Gesellschaft, so gelten § 246 Abs. 2, Abs. 3 Satz 1, Abs. 4, §§ 247 und 248 sinngemäß. [2]Es ist nicht ausgeschlossen, die Nichtigkeit auf andere Weise als durch Erhebung der Klage geltend zu machen.

(2) [1]Mehrere Nichtigkeitsprozesse sind zur gleichzeitigen Verhandlung und Entscheidung zu verbinden. [2]Nichtigkeits- und Anfechtungsprozesse können verbunden werden.

§§ 250ff. Aktiengesetz bringen Sondervorschriften für die Nichtigkeit der Wahl von Aufsichtsratsmitgliedern und §§ 256ff. Aktiengesetz für die Nichtigkeit des festgestellten Jahresabschlusses.

[168] Einzelheiten bei *Schilling,* Aktiengesetz, Großkommentar, 3. Aufl., § 241 Anm. 2, *Hachenburg-Schilling-Zutt,* GmbH-Gesetz, Großkommentar, 7. Aufl., § 47 Anhang Rz. 20ff., 82ff.; *Scholz-Karsten Schmidt,* Kommentar zum GmbH-Gesetz, 6. Aufl., § 45 Rz. 44ff.

nicht ausdrücklich erwähnt, wurde aber von der Rechtsprechung in Anlehnung an das Aktiengesetz entwickelt. Nichtig ist ein Beschluß dann, wenn er mit dem Wesen der Gesellschaft mit beschränkter Haftung nicht zu vereinbaren ist oder durch seinen Inhalt Vorschriften verletzt, die ausschließlich oder überwiegend zum Schutze der Gläubiger der Gesellschafter oder sonst im öffentlichen Interesse erlassen sind. Ein Verstoß gegen zwingende Vorschriften zum Schutze der Gläubiger der Gesellschaft liegt vor allem dann vor, wenn der Beschluß mit den Grundsätzen der Kapitalaufbringung oder Kapitalerhaltung sowie der Gesellschafterhaftung nicht vereinbar ist.[169]

c) Anfechtbarkeit und Nichtigkeit unterscheiden sich auch hinsichtlich der Art der Heilung des Mangels. Die Anfechtungsmängel werden geheilt, wenn eine Anfechtungsklage nicht erhoben oder abgewiesen und die Anfechtungsfrist abgelaufen ist. Nichtigkeitsmängel werden, soweit überhaupt möglich, nach § 242 Aktiengesetz erst durch Eintragung der Beschlüsse im Handelsregister allein oder in Verbindung mit Zeitablauf salviert. Ist die Anfechtungsklage erfolgreich, so ist die Wirkung von Anfechtbarkeit und Nichtigkeit insofern gleich, als auch der mangelhafte Beschluß nicht (mehr) zu beachten ist. Vgl. § 241 Nr. 5 Aktiengesetz.

---

[169] Ausführlich *Scholz-Karsten Schmidt,* Kommentar zum GmbHG, 6. Aufl., § 45 Rz. 41 ff. und *Scholz-Priester* ebenda § 54, Rz. 34 ff. Rechtsvergleichende Hinweise zu den Wirkungen fehlerhafter Beschlüsse bei *Hachenburg-Behrens,* GmbH-Gesetz, Großkommentar, 7. Aufl., Einleitung Rz. 285 ff.

Das *französische Recht* unterscheidet zwischen nullité absolue und nullité relative. Vgl. Art. 360 ff. des Gesetzes Nr. 66–537 vom 24. Juli 1966 sur les sociétés commerciales, abgedruckt bei *Hachenburg-Behrens,* GmbH-Gesetz, Groß-Kommentar, 7. Auflage, S. 140 ff.

In *Belgien* bedarf es einer ausdrücklichen gerichtlichen Nichtigkeitserklärung. Vgl. Art. 13 quater § 3 Code de commerce. Hierzu *Hachenburg-Behrens,* Einleitung Rz. 340.

Ähnlich ist die Situation in *Luxemburg.* Vgl. Art. 12 quater § 3 der loi concernant les sociétés commerciales vom 10. August 1915 in der Fassung vom 23. November 1972. Hierzu *Hachenburg-Behrens,* Einleitung Rz. 394.

In *Italien* regeln die Anfechtbarkeit fehlerhafter Gesellschafterbeschlüsse die Art. 2486 in Verbindung mit Art. 2377, 2378 Codice civile, während die Nichtigkeitserklärung nichtiger Beschlüsse in Art. 2486 in Verbindung mit Art. 2379 und Art. 1421 ff. Codice civile geregelt ist. Hierzu *Hachenburg-Behrens,* Einleitung Rz. 450. Rechtsprechungsnachweis bei *Grunsky* RIW/AWD 1977, 298.

Zum *niederländischen* Recht vgl. Art. 58b in Verbindung mit Art. 46a des Wetboek van Koophandel. Hierzu *Hachenburg-Behrens,* Einleitung Rz. 510.

Zur Rechtslage in *Dänemark* siehe §§ 61 und 62 des Lov. Nr. 371 om anpartsselskaber vom 13. Juni 1973. Hierzu *Hachenburg-Behrens,* Einleitung Rz. 564.

Zur Rechtslage in *Großbritannien* siehe *Hachenburg-Behrens,* Einleitung Rz. 622. Im Vordergrund steht hier die sog. *majority rule* (Foss v. Harbottle [1843], 2 Hare 461,67 E. R. 189): Ein Beschluß kann vom Gericht auf Antrag eines einzelnen Anteilseigners oder einer Minderheit dann nicht aufgehoben werden, wenn der Mangel durch Mehrheitsbeschluß der Generalversammlung geheilt werden könnte. Dies gilt jedoch nicht, wo geschriebenes oder ungeschriebenes Recht einen ausdrücklichen Schutz der Minderheit gegen die Mehrheit vorsieht.

d) Die Nichtigkeitsklage ist eine *Feststellungsklage* (gerichtet auf die Feststellung der Nichtigkeit des Beschlusses,) im Gegensatz zur Anfechtungsklage, die eine *Gestaltungsklage* ist. Demgemäß müssen Klageantrag und Urteilstenor verschieden lauten. Die Nichtigkeitsklage ist auf Feststellung der Nichtigkeit ex tunc gerichtet, während die Anfechtungsklage auf die Vernichtung des Beschlusses ex nunc zielt.[170] Beide Klagen können gleichzeitig erhoben werden, und zwar primär die Nichtigkeitsklage und hilfsweise die Anfechtungsklage. In einem solchen Fall liegt der gleiche Streitgegenstand vor.[171]

e)Beklagte ist die Gesellschaft.[172] Die Klage richtet sich nur gegen die Gesellschaft, nicht gegen andere Gesellschafter, auch nicht etwa gegen diejenigen, mit deren Stimmen der angefochtene Beschluß zustande gekommen ist.[173]

f) Ausschließlich örtlich zuständig ist nach deutschem Recht das Landgericht am Sitz der Gesellschaft.[174] Art. 16 Nr. 2 verdrängt die nationalen Normen über die örtliche Zuständigkeit nicht. Der deutsche Gesetzgeber wäre also frei, eine andere Zuständigkeitsanknüpfung für die örtliche Zuständigkeit zu wählen.[175]

6. Die „gewöhnliche" Feststellungsklage nach § 256 ZPO[176]

a) Anders als das im Verfahren nach §§ 246, 249 Aktiengesetz mit Wirkung erga omnes ergehende Urteil wirkt ein im normalen Zivilprozeßverfahren ergehendes Feststellungsurteil gemäß § 256 ZPO nur inter partes.[177]

---

170 Außer den Kommentaren zu § 246 und § 249 Aktiengesetz s. *Karsten Schmidt* JZ 1977, 769.

171 Einzelheiten bei *Karsten Schmidt,* Die AG 1977, 207 und in *Scholz,* Kommentar zum GmbH-Gesetz, 6. Aufl., § 45 Rz. 91 sowie *Hachenburg-Schilling-Zutt,* GmbH-Gesetz, Großkommentar 7. Aufl., Anhang § 47, Anm. V 1 Rz. 190.

172 §§ 246 II 1, 249 I 1 Aktiengesetz. Die §§ 246ff. Aktiengesetz sind für die GmbH analog anzuwenden, allerdings modifiziert im Hinblick auf die Besonderheiten der GmbH. Nachweise bei *Reuter* in Münchener Kommentar zum BGB, § 32 Rz. 22 und *Zöllner* (Fußn. 162) 382 sowie die Kommentare zum GmbH-Gesetz.

173 *Scholz-Karsten Schmidt,* Kommentar zum GmbHG, 6. Aufl., § 45 Rz. 101, *Hachenburg-Schilling-Zutt,* GmbH-Gesetz, Großkommentar, 7. Aufl., § 47 Anhang Rz. 130, 197.

174 §§ 246 III 1, 249 I Aktiengesetz; ebenso für GmbH BGHZ 22, 105 und *Hachenburg-Schilling-Zutt,* GmbH-Gesetz, Großkommentar, 7. Aufl., § 47 Anhang Rz. 145.

175 Oben VI.

176 Hierzu *Schilling,* Aktiengesetz, Großkommentar, 3. Aufl., § 249 Anm. 2; *Hachenburg-Schilling-Zutt,* GmbH-Gesetz, Großkommentar, 7. Aufl., § 47 Anhang Rz. 191; *Scholz-Karsten Schmidt,* Kommentar zum GmbH-Gesetz, 6. Aufl., § 45 Rz. 90, 96.

177 § 322 I ZPO.

b) Die §§ 249, 246ff. Aktiengesetz kommen nur dann zum Zuge, wenn die Nichtigkeitsklage[178] von den in § 249 I 1 Aktiengesetz aufgeführten aktivlegitimierten Personen gegen die Gesellschaft erhoben wird. Andere auf Feststellung der Nichtigkeit eines Beschlusses gerichtete Klagen[179] fallen nicht unter diese Vorschriften.

c) Eine „gewöhnliche" Klage auf Feststellung der Nichtigkeit eines Gesellschafterbeschlusses liegt z. B. vor, wenn ein außenstehender Dritter gegen die Gesellschaft oder gegen einen Gesellschafter klagt,[180] oder wenn der eine Gesellschafter gegen den anderen Gesellschafter eine derartige Feststellung begehrt.[181]

d) Ist bei einer GmbH die gesetzlich vorgeschriebene Mehrheit für einen nicht satzungsändernden und daher nicht durch den Notar[182] zu beurkundenden Gesellschafterbeschluß nicht erreicht, so fehlt es nach h. M., auch wenn der Versammlungsleiter das Zustandekommen des Beschlusses zu Protokoll festgestellt hat, an einem Beschluß. Es findet dann keine Anfechtungsklage statt, sondern die Nichtigkeit des Beschlusses ist durch Feststellungsklage gemäß § 256 ZPO geltend zu machen.[183]

---

[178] Die Anfechtungsgründe können nur von den in § 245 Aktiengesetz aufgeführten Anfechtungsberechtigten geltend gemacht werden, nicht von Dritten. Zum GmbH-Recht vgl. die Nachweise bei *Hachenburg-Schilling-Zutt,* GmbH-Gesetz, Großkommentar, 7. Aufl., § 47 Anhang Rz. 82, 127 und *Scholz-Karsten Schmidt,* Kommentar zum GmbH-Gesetz, 6. Aufl., § 45 Rz. 90 und 96ff.

Da Dritten ein Anfechtungsrecht nicht eingeräumt ist, kommt eine Konkurrenz zwischen der Klage nach § 246 Aktiengesetz (Anfechtungsklage) und einer allgemeinen Feststellungsklage de facto nicht in Betracht. Erhebt ein Dritter eine Anfechtungsklage, so ist diese mangels Anfechtungsbefugnis unbegründet. Nach h. M. ist die Anfechtungsbefugnis nicht Sachurteilsvoraussetzung. Vgl. die Kommentare zu § 245 Aktiengesetz und *Scholz-Karsten Schmidt* a. a. O. § 45 Rz. 96.

[179] Die Nichtigkeit eines Gesellschafterbeschlusses kann von jedem geltend gemacht werden. Vgl. § 249 I 2 Aktiengesetz.

[180] *Hachenburg-Schilling-Zutt,* GmbHG, Großkommentar, 7. Aufl., § 47 Anhang Rz. 191.

[181] Ein Feststellungsbedürfnis für eine solche gewöhnliche Feststellungsklage gemäß § 256 ZPO ist immer dann zu verneinen, wenn der Kläger die Möglichkeit hat, die Nichtigkeit nach § 249 Aktiengesetz geltend zu machen. Vgl. *Hachenburg-Schilling-Zutt* a. a. O. § 47 Anhang Rz. 191. Die Geschäftsführer, der Aufsichtsrat und die sonstigen Gesellschaftsorgane und deren Mitglieder einer GmbH können nicht die Nichtigkeitsklage analog § 249 Aktiengesetz erheben, wenn sie nicht gleichzeitig Gesellschafter sind, *Hachenburg-Schilling-Zutt* a. a. O. Rz. 195. Allerdings ist diese Ansicht nicht unbestritten; eine andere Auffassung gibt ihnen das Recht zur Erhebung der Klage, wenn sie im Fall der Ausführung des Beschlusses eine strafbare Handlung, eine Ordnungswidrigkeit oder ein zum Schadenersatz verpflichtendes Delikt begehen würden. Noch weitergehender *Scholz-Karsten Schmidt* a. a. O. § 45 Rz. 98.

[182] § 56 GmbH-Gesetz.

[183] Nach Ansicht des BGH (BGHZ 51, 210) liegt gar kein Gesellschafterbeschluß vor. Eine Anfechtungsklage setzt jedoch der Form nach einen, wenn auch mangelhaf-

e) Die „gewöhnliche“ Feststellungsklage nach § 256 ZPO greift vor allem dann Platz, wenn um die Wirksamkeit der Beschlüsse anderer Gesellschaftsorgane, insbesondere des Aufsichtsrates oder des Vorstandes, gestritten wird.[184] Eine Anfechtungsklage kommt nach h. M. nicht in Betracht, weil die Beschlüsse entweder wirksam oder nichtig sind.[185]

f) Auch die vorgenannten „gewöhnlichen“ Feststellungsklagen fallen unter Art. 16 Nr. 2, ganz gleich, wer Beklagter ist.[186] Der Sitzstaat ist somit auch dann international ausschließlich zuständig, wenn zwei Nichtgesellschafter um die Wirksamkeit eines Aufsichtsratsbeschlusses streiten.

g) Die örtliche Zuständigkeit ist nach nationalem Zuständigkeitsrecht zu bestimmen.[187] § 246 III Aktiengesetz kommt nicht zur Anwen-

---

ten Gesellschafterbeschluß voraus. Der BGH beruft sich in diesem Zusammenhang auf § 47 I GmbHG. Danach fassen die Gesellschafter ihre Beschlüsse nach der Mehrheit der abgegebenen Stimmen. Ohne diese Stimmenmehrheit komme ein Beschluß im Sinne des gestellten Antrags nicht zustande, weil die Mehrheit Voraussetzung für die Willensbildung sei. Deshalb fehle es überhaupt an einem Gesellschafterbeschluß, wenn ein Gesellschafter nicht ordnungsgemäß vertreten war, die für ihn abgegebene Stimme infolgedessen für ihn ungültig ist und durch ihren Fortfall die scheinbare Mehrheit zur Minderheit wird.

Allerdings wird im Aktienrecht die Auffassung vertreten, ein Gesellschafterbeschluß sei ohne Rücksicht auf das wirkliche Mehrheitsverhältnis als vorhanden zu betrachten, wenn in einer ordnungsgemäß einberufenen Hauptversammlung eine Abstimmung stattgefunden hat und aus deren Ergebnis ein bestimmter Beschluß vom Vorsitzenden verkündet und vom Protokollführer niedergelegt worden ist. Diesen Grundsatz will der BGH nur für den Fall anerkennen, daß die Gesellschaftsversammlung über eine Satzungsänderung abgestimmt und der Vorsitzende ein positives Ergebnis festgestellt hat. Wer die Unrichtigkeit einer solchen Feststellung geltend machen will, muß den Beschluß anfechten, BGHZ 14, 25, 36. Diese Ansicht des BGH läßt den Gesichtspunkt der Rechtssicherheit unberücksichtigt: Ein von dem Beschlußwillen der Gesellschaft getragener Gesellschafterbeschluß muß Bestandsschutz genießen. Er kann, soweit nicht ein Nichtigkeitsfall vorliegt, nur auf Grund einer befristeten, mit den besonderen Kautelen der §§ 243 ff. AktG ausgestatteten Anfechtungsklage durch richterliches Gestaltungsurteil für nichtig erklärt und beseitigt werden. So insbesondere *Hachenburg-Schilling*, GmbH-Gesetz, Großkommentar, 7. Aufl. § 48 Rz. 16; *Scholz-Karsten Schmidt*, Kommentar zum GmbH-Gesetz, 6. Aufl. § 45 Rz. 46 und § 48 Rz. 53. – Zum Problem der *Scheinbeschlüsse* im Aktienrecht *Schilling*, Aktiengesetz, Großkommentar, § 241, Anm. 4.

[184] Vgl. die Kommentare zu § 108 Aktiengesetz sowie *Hachenburg-Schilling-Zutt*, GmbH-Gesetz, Großkommentar, 7. Aufl. § 47 Anhang Rz. 224 und § 52 Rz. 105.

[185] §§ 241 ff. Aktiengesetz sollen jedoch anwendbar sein, wenn Aufgaben und Befugnisse der Gesellschaftsversammlung durch den Gesellschaftsvertrag auf ein anderes Gesellschaftsorgan übertragen worden sind. Vgl. *Hachenburg-Schilling-Zutt* a. a. O. § 47 Anhang Rz. 228 und *Scholz-Karsten Schmidt* a. a. O. § 45 Rz. 15.

[186] Vgl. auch oben Fußnote 145.

[187] Oben VI.

dung.[188] Es gelten vielmehr die allgemeinen Zuständigkeitsvorschriften der §§ 12ff. ZPO.

7. Nichtigkeit und Anfechtbarkeit der Beschlüsse der Generalversammlung einer Genossenschaft

Die Nichtigkeit ist im deutschen Genossenschaftsgesetz nicht erwähnt. Eine dem § 241 Aktiengesetz vergleichbare Norm fehlt. Gleichwohl führen – ähnlich wie im Aktienrecht – besonders schwere Verstöße gegen zwingendes Recht zur (absoluten) Nichtigkeit,[189] da andernfalls sich die Genossen über alle zwingenden Vorschriften hinwegsetzen könnten.[190] Die Anfechtungsklage ist in § 51 Genossenschaftsgesetz geregelt. Die internationale Zuständigkeit normiert Art. 16 Nr. 2, die örtliche Zuständigkeit § 51 III 3 Genossenschaftsgesetz.[191]

8. Feststellung der Nichtigkeit der Beschlüsse der Mitgliederversammlung eines Vereins[192]

Das deutsche Vereinsrecht enthält – abgesehen von den Vorschriften des § 32 BGB – keine besonderen Bestimmungen über die Behandlung fehlerhafter Vereinsbeschlüsse. Von einer den heutigen §§ 241 ff. Aktiengesetz entsprechenden Regelung, namentlich von der Einführung einer besonderen Anfechtungsklage, wie sie auch das Genossenschaftsrecht[193] kennt, hat der Gesetzgeber seinerzeit bewußt abgesehen, weil er meinte, für eine so komplizierte Regelung bestehe angesichts der geringen vermögensrechtlichen Bedeutung der Vereine kein dringendes praktisches Bedürfnis.[194] Insoweit haben sich die Verhältnisse seither zweifellos verändert. Trotzdem lehnt die Rechtsprechung eine entsprechende Anwendung der Vorschriften über die Anfechtungsklage ab, und zwar auch dann, wenn es sich um Vereine von besonderer wirtschaftlicher oder sonstiger Bedeutung handelt.[195] Die These, Verstöße gegen das Gesetz, die guten Sitten oder zwingende Satzungsvorschriften führten nach den allgemeinen Regeln (§§ 134, 138 BGB) oder mit Rücksicht darauf, daß ein Mitglied nur im Rahmen der Satzung an die Mehrheitsentscheidun-

---

188 *Schilling,* Aktiengesetz, Großkommentar 3. Aufl., § 249, Anm. 2. Oben bei Fußnote 85.

189 *Meyer-Meulenberg,* GenG, 11. Aufl., 1970, § 51, Anm. 1a; *Reuter* in Münchener Kommentar zum BGB, § 32 Rz. 21.

190 *Hueck,* Gesellschaftsrecht, 17. Aufl., § 37 V 3 S. 265.

191 Vgl. oben VI.

192 Hierzu *Reuter* in Münchener Kommentar zum BGB, § 32 Rz. 23. Zum Kollisionsrecht s. die Nachweise bei *Staudinger-Großfeld,* BGB, 12. Aufl., Internationales Gesellschaftsrecht, Rz. 527.

193 § 51 Genossenschaftsgesetz.

194 Protokolle zum BGB I 537.

195 BGHZ 59, 372.

gen gebunden ist, grundsätzlich zur Nichtigkeit eines Beschlusses der Mitgliederversammlung, ist mit den Erfordernissen der Rechtssicherheit nicht zu vereinbaren. Es würde die Willensbildung und -betätigung innerhalb des Vereins, aber auch dessen Rechtsbeziehungen nach außen mit unerträglichen Risiken belasten, wenn jedes Vereinsmitglied, ja sogar jeder Fremde wegen irgendeines Gesetzes- oder Satzungsverstoßes, ohne Rücksicht auf dessen Schwere, die Nichtigkeit des Beschlusses zeitlich unbegrenzt geltend machen könnte. Deswegen wurde im Schrifttum erörtert, bei Verletzung bloßer Schutzvorschriften zugunsten von Mitgliedern den Beschlußmangel als geheilt zu betrachten, wenn das betroffene Mitglied dem Beschluß nicht alsbald nach Kenntnis widersprochen hat.[196] Jedes Mitglied, zu dessen Gunsten bzw. Schutz die verletzte Satzungsvorschrift erlassen wurde,[197] kann die Unwirksamkeit des Beschlusses durch Erhebung einer Feststellungsklage (§ 256 ZPO) feststellen lassen. Die Feststellungsklage ist gegen den Verein zu richten.[198] Es ist aber auch ein Feststellungsprozeß zwischen Mitgliedern oder Dritten vorstellbar. In jedem Falle gilt Art. 16 Nr. 2, ohne Rücksicht darauf, wo der Beklagte wohnt bzw. seinen Sitz hat. Für die örtliche Zuständigkeit gelten in der Bundesrepublik Deutschland §§ 12ff. ZPO, vor allem § 22 ZPO.

9. Feststellung der Nichtigkeit der Beschlüsse der Gesellschafter einer offenen Handelsgesellschaft

a) Anders als bei den Aktiengesellschaften ist für die offene Handelsgesellschaft im Gesetz eine besondere Anfechtungsklage nicht vorgeschrieben. Die Nichtigkeit des Gesellschafterbeschlusses oder die Anfechtbarkeit der Stimmabgabe kann auf jede Weise geltend gemacht werden, entweder durch Feststellungsklage oder durch Einrede.[199]

b) Fehlerhafte Beschlüsse der Gesellschafter der offenen Handelsgesellschaften sind entweder voll wirksam oder als genehmigungsbedürftiger

---

[196] *Sauter-Schweyer,* Der eingetragene Verein, 9. Aufl. 1974, 120.

[197] Zu den Schutzvorschriften gehören die Satzungsvorschriften über Ort und Zeit der Mitgliederversammlung, über die Einberufung und zu wahrende Frist.

[198] Aber auch ohne Feststellungsklage kann die Nichtigkeit jederzeit geltend gemacht werden. Vgl. Nachweise bei *Palandt-Heinrichs,* BGB, 42. Aufl. 1983, § 32 Anm. 3 und *Steffen* in RGRK, 12. Aufl. § 32, Rz. 16.

Bestritten ist, ob die Rechtskraftwirkung des die Nichtigkeit des Beschlusses feststellenden Urteils nur inter partes wirkt (so *Palandt-Heinrichs* a. a. O.) oder erga omnes (so *Steffen* a. a. O.).

[199] Der Gesellschaftsvertrag kann jedoch vorsehen, daß die Nichtigkeit eines Gesellschafterbeschlusses nur durch fristgerechte Klage unter den Gesellschaftern oder gegen die Gesellschaft geltend gemacht werden kann. Jedoch einschränkend BGH, BB 1977, 769. Zum Stand der Diskussion *Fischer* in HGB, Großkommentar § 119 Anm. 18; *Baumbach-Duden-Hopt,* HGB, 25. Aufl.1983, § 119 Anm. 3 E und § 124 Anm. 6 H, sowie *Fischer* LM § 125 HGB Nr. 1.

Beschluß schwebend unwirksam. Fehlerhafte Beschlüsse sind jedoch nach herrschender Meinung[200] nicht anfechtbar im Sinne der §§ 243ff. Aktiengesetz. Die meisten Anfechtungsgründe des Aktienrechts stellen bei den Personenhandelsgesellschaften Nichtigkeitsgründe dar. Eine Anfechtungsklage wird nicht zugelassen, es gibt also keine Gestaltungsklage, gerichtet auf Anfechtung mangelhafter Beschlüsse.

c) Die Nichtigkeit eines Gesellschafterbeschlusses ist durch normale Feststellungsklage nach § 256 ZPO geltend zu machen. Ein Feststellungsinteresse besteht für Feststellungsklagen gegen jeden einzelnen Mitgesellschafter, der die geltend gemachte Nichtigkeit bestreitet, in jedem Falle aber auch für die Klage gegen alle die Nichtigkeit bestreitenden Nichtgesellschafter.[201]

d) Die Klage ist nicht gegen die offene Handelsgesellschaft, sondern gegen die übrigen Gesellschafter zu richten.[202] Gleichwohl kommt Art. 16 Nr. 2 zur Anwendung.

e) Art. 16 Nr. 2 regelt nur die internationale Zuständigkeit, die örtliche Zuständigkeit ergibt sich aus §§ 12ff. ZPO, insbesondere § 22 ZPO.[203]

10. Feststellung der Nichtigkeit der Beschlüsse der Gesellschafter einer Kommanditgesellschaft

Es gelten die gleichen Erwägungen wie oben bei der offenen Handelsgesellschaft.[204] Allerdings wird in der Literatur die Meinung vertreten, § 249 Aktiengesetz sei auf die GmbH & Co. KG anzuwenden.[205]

11. Feststellung der Nichtigkeit der Beschlüsse der Gesellschafter einer Gesellschaft des bürgerlichen Rechts[206]

Auch bei Beschlüssen der Gesellschafterversammlung einer Gesellschaft bürgerlichen Rechts erkennt die herrschende Meinung keine Zwischenlösung zwischen nichtigen und wirksamen Beschlüssen an. Ein zwar fehlerhafter, aber nur anfechtbarer Beschluß wird nicht akzeptiert. Eine dem Aktienrecht nachgebildete Anfechtungsklage gibt es nicht.

---

[200] Nachweise über den Stand der Diskussion bei *Scholz-Karsten Schmidt,* Kommentar zum GmbH-Gesetz, 6. Aufl. § 45 Anhang Rz. 42.

[201] OLG Hamburg BB 1967, 1267.

[202] Die Rechtskraft des Feststellungsurteils gemäß § 256 ZPO wirkt nur zwischen den Parteien, § 322 I ZPO, nicht wie bei den auf Grund Nichtigkeit bzw. Anfechtungsklage (§§ 248, 249 I Aktiengesetz) ergehenden Urteilen erga omnes. Einzelheiten bei *Scholz-Karsten Schmidt,* § 45 Anhang Rz. 42ff.

[203] Oben VI.

[204] § 161 II HGB.

[205] Näher *Scholz-Karsten Schmidt,* Kommentar zum GmbH-Gesetz, 6. Aufl., § 45 Anhang Rz. 44.

[206] Zum Kollisionsrecht s. die Nachweise bei *Staudinger-Großfeld,* BGB, 12. Aufl., Internationales Gesellschaftsrecht Rz. 531ff.

Wer sich auf die Nichtigkeit des Beschlusses oder die Unrichtigkeit des festgestellten Beschlußergebnisses beruft, kann Feststellungsklage erheben.[207] Ob Art. 16 Nr. 2 auf solche Klagen anzuwenden ist, hängt von der oben XIV erörterten Grundsatzfrage ab, ob Gesellschaften bürgerlichen Rechts – trotz fehlender körperschaftlicher Struktur – einen Sitz im Sinne des Art. 16 Nr. 2 haben.

12. Einstweiliger Rechtsschutz

Soweit in Verfahren, in denen es um die Gültigkeit oder Nichtigkeit der Beschlüsse der Organe einer Gesellschaft oder juristischen Person geht, einstweiliger Rechtsschutz begehrt wird,[208] gelten neben Art. 16 Nr. 2 die Zuständigkeitsregeln des nationalen Rechts auch für die internationale Zuständigkeit, Art. 24. Dies bedeutet, daß die Exklusivität der internationalen Zuständigkeit des Sitzstaates nicht gewährleistet ist.[209]

XXI. Maßgebende Zuständigkeitsanknüpfung: Sitz der Gesellschaft bzw. juristischen Person

1. Art. 16 Nr. 2 stellt auf den Sitz der Gesellschaft bzw. juristischen Person ab. Die Frage, wo sich der Sitz befindet, entscheiden die Gerichte, solange in der EG kein Einheitsrecht gilt, gemäß Art. 53 I 2 nach ihrem nationalen Kollisionsrecht. Zuständigkeitskonflikte sind damit vorprogrammiert, da einzelne Rechtsordnungen auf den satzungsmäßigen Sitz und andere auf den tatsächlichen Sitz abstellen.[210] Hat eine Gesellschaft ihren satzungsmäßigen Sitz in einem Vertragsstaat, dessen Recht den satzungsmäßigen Sitz für relevant hält, und ihren tatsächlichen Sitz in einem Vertragsstaat, in dem der tatsächliche Sitz maßgebend ist, so besteht in beiden Staaten eine Zuständigkeit.[211] Der positive Kompetenzkonflikt ist gemäß Art. 23 zu lösen.[212]

2. Auch im Anerkennungs- bzw. Klauselerteilungsstadium hat der Zweitrichter seiner Zuständigkeitsprüfung gemäß Art. 28 I, 16 Nr. 2 die vom Erstrichter gemäß Art. 53 I 2 zu beachtenden Kollisionsregeln des

---

[207] Nachweise bei *Robert Fischer,* HGB Großkommentar, § 119 Anm. 18, *Hueck,* OHG, § 11 V 2d, *Westermann,* Rz. I 279, *Ulmer* in Münchener Kommentar zum BGB, § 709 Rz. 77; *Wiedemann,* Gesellschaftsrecht, Bd. I, 1980, 148ff.

[208] Z. B. Erlaß einer einstweiligen Verfügung, die dem Vorstand bzw. der Geschäftsführung verbietet, einen angefochtenen Beschluß durchzuführen. Nachweise bei *Hachenburg-Schilling-Zutt,* GmbH-Gesetz, 7. Aufl., § 47 Anhang Rz. 187.

[209] Näher oben §§ 38ff.

[210] Nachweise bei *Hachenburg-Behrens,* GmbH-Gesetz, Großkommentar, 7. Aufl., Einl. 75ff. und *Staudinger-Großfeld,* BGB, 12. Aufl. Internationales Gesellschaftsrecht Rz. 18ff. und Rz. 118ff.

[211] Ebenso *Müller* in *Bülow-Böckstiegel* 606/136, Art. 16, Anm. IV 2.

[212] Vgl. auch *Kropholler* IZVR Rz. 789.

Erststaates zugrundezulegen.[213] Nur so können unnötige Entscheidungsdisharmonien vermieden werden.[214] Wäre es anders, könnte auch ein dritter Vertragsstaat, in dem weder der Satzungs- noch der Verwaltungssitz ist, wiederum seine eigenen Kollisionsregeln ins Spiel bringen. Dies wäre zuviel des Guten.

XXII. Die nicht unter Art. 16 Nr. 2 fallenden Klagen

1. Überblick

Der Anwendungsbereich des Art. 16 Nr. 2 ist relativ eng. Er umfaßt nur einen Teil der Klagen, in denen gesellschaftsrechtliche Fragen den Schwerpunkt des Rechtsstreites bilden. Liegt kein Streitgegenstand im Sinne des Art. 16 Nr. 2 vor, so gelten die allgemeinen Zuständigkeitsvorschriften der Art. 2ff.

2. Die Gesellschaft bzw. juristische Person ist Beklagte oder Antragsgegnerin

Der Sitzstaat ist gemäß Art. 2 I (konkurrierend) international zuständig, wenn die Gesellschaft bzw. juristische Person verklagt ist.

---

[213] A. A. *Jenard*-Bericht S. 99 zu Art. 53: „Es ist dem Ausschuß nicht entgangen, daß die Anwendung des Art. 16 Nr. 2 des Übereinkommens zu Schwierigkeiten Anlaß geben kann. Dies wäre z. B. der Fall, wenn das Gericht eines Staates die Auflösung einer Gesellschaft, die den Sitz der Hauptverwaltung in diesem Staate hat, aussprechen würde und wenn die Anerkennung einer solchen Entscheidung in einem anderen Staat geltend gemacht würde, dessen Recht auf den satzungsmäßigen Sitz abstellt und in dem die Gesellschaft einen solchen Sitz hat. Nach Ansicht des Ausschusses kann das Gericht des Anerkennungsstaates auf Grund des Art. 28 Abs. 1 die Anerkennung mit der Begründung versagen, daß eine ausschließliche Zuständigkeit der Gerichte seines Staates gegeben sei.“ Zustimmend *Droz* Nr. 155 und 397.

[214] Wie hier *Müller* (Fußn. 211): „Zweifelhaft ist, ob in solchen Fällen das in dem einen Staat ergangene Urteil in dem anderen anerkannt werden kann. Nach Ansicht des Sachverständigenausschusses soll der Anerkennungsstaat gemäß Art. 28 Abs. 1 die Anerkennung der Entscheidung verweigern können, da die ausschließliche Zuständigkeit der Gerichte des Anerkennungsstaates verletzt sei. Diese Begründung ist jedoch nicht zwingend. Ebenso läßt sich aus den maßgebenden Vorschriften eine Pflicht zur Anerkennung herleiten, weil jedenfalls das Gericht, von dem die Entscheidung stammt, seine internationale Zuständigkeit nach Art. 16 Nr. 2 in Verbindung mit Art. 53 zu Recht bejaht hat. Diese Auslegung ist vorzuziehen. Da in beiden Vertragsstaaten nach dem Übereinkommen eine gleichwertige – wenn auch ausschließliche – Zuständigkeit besteht, sollte nicht anders entschieden werden als in sonstigen Fällen konkurrierender Zuständigkeit in mehreren Vertragsstaaten. Der Staat, in dem zuerst ein Urteil ergeht, setzt sich mit seiner ausschließlichen Zuständigkeit durch; der andere Vertragsstaat muß trotz eigener ausschließlicher Zuständigkeit die Entscheidung anerkennen.“ Vgl. auch *Kropholler,* Kommentar 212, Art. 28, Rz. 12 und oben § 57 Fußn. 56, § 73 Fußn. 17 sowie § 74 Fußn. 475.

Beispiel A:

Klage des Gesellschafters/Aktionärs auf Auszahlung des Gewinns.[215] Für diese Klagen gelten Art. 2ff., während für die Anfechtungsklage gegen den Gewinnverteilungsbeschluß Art. 16 Nr. 2 gilt.

Beispiel B:

Gerichtliche Durchsetzung des Auskunftsanspruchs des Gesellschafters gegen die Gesellschaft.

Ist der Aktionär der Auffassung, daß der Vorstand ihm entgegen § 131 Aktiengesetz nicht ausreichend Auskunft über die Angelegenheiten der Aktiengesellschaft gegeben hat, so kann er Antrag auf gerichtliche Entscheidung nach § 132 des Aktiengesetzes stellen. Für dieses Verfahren gilt – da es sich um ein Zweiparteienverfahren[216] handelt – die europäische Zuständigkeitsordnung, aber nicht Art. 16 Nr. 2. Anzuwenden sind vielmehr die allgemeinen Vorschriften. Der Sitzstaat ist gemäß Art. 2 I international zuständig. In der Bundesrepublik Deutschland ist örtlich ausschließlich das Landgericht zuständig, in dessen Bezirk die Gesellschaft ihren Sitz hat.[217] Die aktienrechtliche Regelung wurde in § 51b des GmbH-Gesetzes auch für die Gesellschaft mit beschränkter Haftung übernommen. Antragsberechtigt ist jeder Gesellschafter, dem die verlangte Auskunft nicht gegeben oder die verlangte Einsicht nicht gestattet worden ist.[218]

---

[215] Nähere Einzelheiten des deutschen GmbH-Rechts bei *Hachenburg-Goerdeler-Müller* GmbH-Gesetz, Großkommentar, 7. Aufl. § 29 Rz. 71.

[216] Oben XVI.

[217] § 132 I 1 Aktiengesetz. Antragsberechtigt ist jeder Aktionär, dem der Vorstand in der Hauptversammlung die Auskunft verweigert hat. Darüber hinaus ist jeder andere Aktionär nach § 132 II Aktiengesetz antragsberechtigt unter drei Voraussetzungen:

– er muß in der Hauptversammlung erschienen oder vertreten gewesen sein,

– es muß in der Hauptversammlung zu dem Gegenstand der Tagesordnung, auf den sich die Auskunft bezog, ein Beschluß gefaßt worden sein,

– der Aktionär muß gegen den Beschluß Widerspruch zur Niederschrift erklärt haben. Das Verfahren richtet sich nach den Vorschriften des Gesetzes über die Angelegenheit der freiwilligen Gerichtsbarkeit, §§ 132 III, 99 I Aktiengesetz. Das Verhältnis zur Anfechtungsklage, die unter Art. 16 Nr. 2 fällt, ist wie folgt geregelt: Meint ein Aktionär, eine Auskunft sei zu Unrecht verweigert worden, kann er auch gegen den Beschluß der Hauptversammlung, der zu dem Gegenstand der Tagesordnung gefaßt worden ist, auf den sich die Auskunft bezog, Anfechtungsklage erheben. Zur Entscheidung darüber, ob der Vorstand ausreichende Auskunft gegeben hat, ist aber das Gericht der freiwilligen Gerichtsbarkeit ausschließlich berufen. Das mit dem Anfechtungsprozeß befaßte Gericht hat den Rechtsstreit auszusetzen, bis das nach § 132 Aktiengesetz zuständige Gericht die Frage entschieden hat. Im Anfechtungsprozeß kann also nicht inzidenter über die Frage entschieden werden, ob die Auskunft zu Recht verweigert worden ist. Vgl. *Geßler-Hefermehl-Eckart-Kropff,* Aktiengesetz II, 1973, § 132 Rz. 8.

[218] Hierzu *Scholz-Karsten Schmidt,* Kommentar zum GmbH-Gesetz, 6. Aufl., § 51b Rz. 6 und Anhang nach § 51 Rz. 55ff.

Beispiel C:
Klage auf Entlastung.

Der Geschäftsführer und die Mitglieder des Aufsichtsrates einer GmbH haben einen einklagbaren Anspruch auf Entlastung.[219] Art. 16 Nr. 2 kommt nicht zur Anwendung, sondern die allgemeine Vorschrift der Art. 2ff.

Beispiel D:
Gerichtliche Entscheidung über den Ersatz angemessener barer Auslagen und die Vergütung der gerichtlich bestellten Vorstandsmitglieder, Aufsichtsratsmitglieder, Gründungs-, Sonder- und Abschlußprüfer sowie besonderer Vertreter.

a) Fehlt ein erforderliches Vorstandsmitglied, so hat in dringenden Fällen das Registergericht auf Antrag eines Beteiligten das Mitglied zu bestellen.[220] Es handelt sich hier um ein einseitiges Verfahren, das nicht in den Anwendungsbereich des Übereinkommens fällt.[221] Anders ist es jedoch bei der Festsetzung der Vergütung für das gerichtlich bestellte Vorstandsmitglied. Einigt sich das gerichtlich bestellte Vorstandsmitglied nicht mit der Gesellschaft über den Ersatz angemessener barer Auslagen und auf die Vergütung für seine Tätigkeit, so setzt das Gericht die Auslagen und die Vergütung fest.[222] Dies erfolgt in einem echten Streitverfahren der freiwilligen Gerichtsbarkeit, für das das Übereinkommen Geltung beansprucht. Die internationale Zuständigkeit ergibt sich nicht aus Art. 16 Nr. 2, sondern aus Art. 2 I.

b) Vorstehendes gilt entsprechend im Falle der Bestellung von Aufsichtsratsmitgliedern durch das Gericht. Gehört dem Aufsichtsrat die zur Beschlußfähigkeit nötige Zahl von Mitgliedern nicht an, so hat ihn das Gericht auf Antrag des Vorstandes, eines Aufsichtsratsmitgliedes oder eines Aktionärs auf diese Zahl zu ergänzen.[223] Dieses Verfahren ist wiederum ein einseitiges Verfahren, für das das europäische Zuständigkeitsrecht nicht gilt.[224] Dieses kommt aber zur Anwendung, wenn das Ge-

---

[219] Nach herrschender Meinung handelt es sich um eine Leistungsklage, die nach § 894 ZPO vollstreckt wird, nach *Karsten Schmidt* um eine negative Feststellungsklage. Zur Entlastungsklage *Scholz-Karsten Schmidt,* Kommentar zum GmbH-Gesetz, 6. Aufl., § 46 Rz. 81, und eingehend *Karsten Schmidt* ZGR 1978, 439. Vgl. auch *Hachenburg-Schilling,* GmbH-Gesetz, Großkommentar, 7. Aufl., § 46 Rz. 26. Von der Entlastungsklage zu unterscheiden ist die Anfechtungsklage gegen den die Entlastung verweigernden Beschluß. Diese Anfechtungsklage fällt wiederum unter Art. 16 Nr. 2.

[220] § 85 I Aktiengesetz, §§ 14, 145 FGG, § 34 I VAG. Am Verfahren beteiligt ist das Vorstandsmitglied und die Gesellschaft, vertreten durch den Aufsichtsrat (§ 112 AktG).

Die rechtskräftige Festsetzung der Vergütung und der Auslagen bildet einen Vollstreckungstitel nach § 85 III 5 Aktiengesetz, § 34 I VAG.

[221] Vgl. oben XVI.

[222] § 85 III 2 Aktiengesetz.

[223] § 104 I Aktiengesetz.

[224] Oben XVI.

richt die baren Auslagen und die Vergütung für das gerichtlich bestellte Aufsichtsratsmitglied festsetzt.[225]

c) Gleiches gilt im Falle der Bestellung von Gründungsprüfern einer Aktiengesellschaft oder Kommanditgesellschaft auf Aktien.[226] Diese erfolgt nicht in einem echten Streitverfahren; daher kommt die Zuständigkeitsordnung des Übereinkommens nicht zum Zuge. Etwas anderes gilt jedoch für die gerichtliche Festsetzung der baren Auslagen und Vergütung der gerichtlich bestellten Gründungsprüfer.[227] Hier handelt es sich um ein Zweiparteienverfahren, für das Artikel 2ff. gelten, nicht jedoch Artikel 16 Nr. 2.

d) Nicht anders ist es bei gerichtlicher Bestellung von Sonderprüfern auf Antrag einer Minderheit[228] wegen unzulässiger Unterbewertung von Posten im festgestellten Jahresabschluß oder wegen unvollständigen Geschäftsberichts einer Aktiengesellschaft, einer Kommanditgesellschaft auf Aktien oder eines Versicherungsvereins auf Gegenseitigkeit,[229] sowie für die Bestellung von Sonderprüfern für Kreditinstitute.[230]

e) Gleiches gilt bei gerichtlicher Bestellung von Abwicklern einer Aktiengesellschaft, Kommanditgesellschaft auf Aktien oder eines Versicherungsvereins auf Gegenseitigkeit auf Antrag des Aufsichtsrates oder einer Aktionärsminderheit[231] sowie bei Bestellung besonderer Vertreter einer Aktiengesellschaft, Kommanditgesellschaft auf Aktien oder eines Versicherungsvereins auf Gegenseitigkeit[232] zur Geltendmachung von Ersatzansprüchen der Gesellschaft gegen Gründer, Gründergenossen, Emittenten, gegen Vorstands- und Aufsichtsratsmitglieder aus Anlaß der Gründung oder Nachgründung, gegen Mitglieder des Aufsichtsrates oder Vorstands aus der Geschäftsführung[233] sowie gegen die in § 117 Aktiengesetz genannten Personen,[234] ebenso für die Bestellung besonderer Vertreter[235] zur Geltendmachung von Schadensersatzansprüchen aus Anlaß der Verschmelzung einer Aktiengesellschaft gegen Mitglieder des Vorstandes oder des Aufsichtsrates, Geschäftsführer oder persönlich haftende Gesellschafter der übertragenden Gesellschaft und auch für die Bestellung von Prüfern zur Prüfung der Rechnungslegung gemäß § 2 III, § 12 III des Gesetzes über die Rechnungslegung von bestimmten Unternehmen und Konzernen vom 15. August 1969,[236] ebenso für die Bestel-

[225] § 104 VI 2 Aktiengesetz.
[226] § 33 III Aktiengesetz.
[227] § 35 III Aktiengesetz.
[228] § 142 II bis VI Aktiengesetz, § 36 VAG.
[229] § 258 I Aktiengesetz, § 36b VAG.
[230] § 26b II des Gesetzes über das Kreditwesen (KWG).
[231] § 265 IV Aktiengesetz, § 47 III 1 VAG.
[232] § 147 III Aktiengesetz, § 36 VAG.
[233] §§ 93, 94, 116 Aktiengesetz, §§ 34, 35 VAG.
[234] Vgl. auch § 35a VAG.
[235] §§ 349, 350 I, IV, 353 I, 354 II, 355 V, 356 II, 357 V, 358 II, 360 II Aktiengesetz.
[236] BGBl. I 1189; 1970, 1113. Nach §§ 2 III, 12 III des Rechnungslegungsgesetzes

lung von Abschlußprüfern und Konzernabschlußprüfern nach § 163 Aktiengesetz, bzw. nach § 6 IV bis VII, § 14 I 5 des vorgenannten Rechnungslegungsgesetzes. Auch hier gelten die gleichen Erwägungen. Die Bestellung als solche fällt nicht in den Anwendungsbereich der Artikel 2ff., anders jedoch die Festsetzung der Auslagen und der Vergütung.[237]

Beispiel E:
Streitigkeiten im Falle der Herabsetzung der Bezüge der Mitglieder des Vorstandes einer Aktiengesellschaft, einer Kommanditgesellschaft auf Aktien oder eines Versicherungsvereins auf Gegenseitigkeit.[238]

Setzt der Aufsichtsrat die Bezüge der Mitglieder des Vorstandes herab und kommt es hierüber zum Streit, so gelten die allgemeinen Vorschriften der Art. 2ff., aber nicht Art. 16 Nr. 2.

Die Herabsetzung durch den Aufsichtsrat ist ein einseitiges Gestaltungsrecht, das durch Erklärung gegenüber dem betroffenen Vorstandsmitglied ausgeübt wird.[239]

Hält das Vorstandsmitglied die Herabsetzung seiner Bezüge (§ 87 II 1 AktG) für nicht berechtigt oder für nicht angemessen, so kann es auf Leistung seiner bisherigen Bezüge gegen die Gesellschaft, vertreten durch den Aufsichtsrat (§§ 112ff. AktG), klagen oder Feststellungsklage erheben. Eine richterliche Gestaltung analog § 315 III BGB wird jedoch nicht zugelassen.[240] Für Verfahren, in denen die Gesellschaft Beklagte bzw. Antragsgegnerin ist, ist der Sitzstaat gemäß Art. 2 I international zuständig.[241]

---

hat das Gericht zur Prüfung der Frage, ob ein Unternehmen in der Rechtsform des § 3 III Rechnungslegungsgesetz oder ob eine Konzernleitung oder eine Teilkonzernleitung zur Rechnungslegung nach dem 1. Abschnitt dieses Gesetzes verpflichtet ist, Prüfer zu bestellen, wenn Anlaß für die Annahme besteht, daß das Unternehmen oder die Konzernleitung oder Teilkonzernleitung gemäß §§ 1 ff. dieses Gesetzes Rechnung zu legen hat. Hierzu *Keidel-Kuntze-Winkler,* FGG, 11. Auflage, § 145 Rz. 37a sowie *Jansen,* FGG, 2. Auflage, II, 1970, § 145 Rz. 65.

[237] §§ 2 III, 12 III Rechnungslegungsgesetz; § 163 IV Aktiengesetz bzw. §§ 6 VI, 14 I 5 Rechnungslegungsgesetz in Verbindung mit § 163 IV Aktiengesetz.

[238] § 87 Aktiengesetz, § 36 VAG.

[239] § 315 II BGB. Hierzu *Geßler-Hefermehl-Eckhardt-Kropff,* Aktiengesetz, Band II 1973, § 87 Rz. 20.

Für gerichtlich bestellte Vorstandsmitglieder (§ 85 III Aktiengesetz) ist für die Herabsetzung der Bezüge gemäß 87 II Aktiengesetz von vornherein das Gericht zuständig, das anstelle des sonst zuständigen Aufsichtsrats zu entscheiden hat, ob die Weitergewährung der Bezüge eine schwere Unbilligkeit für die Gesellschaft bedeuten würde.

[240] Vgl. *Geßler-Hefermehl-Eckhardt-Kropff* (Fußn. 239) § 87 Rz. 21. In den Fällen des § 85 III (gerichtliche Bestellung eines Vorstandsmitglieds) erfolgt die Herabsetzung durch einen Beschluß des Gerichts. Dagegen ist die sofortige Beschwerde zulässig, § 85 III 3 Aktiengesetz.

[241] Anders ist jedoch die Situation, wenn die Gesellschaft auf Rückzahlung zu viel gezahlter Bezüge klagt und das Vorstandsmitglied außerhalb des Sitzstaates der Gesell-

Beispiel F:
Streitigkeit zwischen der Gesellschaft und dem Vorstand bzw. Geschäftsführer über die Wirksamkeit der Entlassung.

Vorstehendes gilt entsprechend, wenn über die Wirksamkeit der Entlassung eines Mitgliedes des Vorstandes bzw. der Geschäftsführung gestritten wird.[242]

Beispiel G:
Durchsetzung des Anspruchs der Gläubiger der Gesellschaft auf Sicherheitsleistung.

Im Falle der Kapitalherabsetzung,[243] Eingliederung,[244] Verschmel-

---

schaft wohnt. Vgl. unten bei Fußn. 277. In diesen Fällen kann man sich allenfalls über Artikel 5 Nr. 1 behelfen. Dies ist jedoch keine elegante Lösung. Es wäre besser gewesen, wenn auch für solche Klagen am Sitz der Gesellschaft eine konkurrierende Zuständigkeit eröffnet worden wäre.

[242] Vgl. z. B. Cour de Cassation, Chambre commerciale, Urteil vom 2. Oktober 1978, D. 1979, I. R. 107 mit Anm. *Bousquet* = Rev. soc. 1979, 328 mit Anm. *Sibon* = RIW/AWD 1981, 66 mit Anm. *Sonnenberger*.

[243] § 225 I Aktiengesetz, § 58 I Nr. 2 GmbH-Gesetz.

Der Gläubigerschutz bei Kapitalherabsetzungen ist in den Rechtsordnungen der anderen EG-Staaten verschieden geregelt. In *Belgien* darf die Kapitalherabsetzung die Rechte Dritter nicht beeinträchtigen. Bei Freisetzung von Vermögen der Gesellschaft ist die Zustimmung aller Gläubiger erforderlich. Rückzahlungen sind erst nach Ablauf von 6 Monaten seit der Bekanntmachung des Herabsetzungsbeschlusses zulässig, Art. 136 in Verbindung mit Art. 72 der Lois coordonnées des sociétés vom 30. November 1935, abgedruckt bei *Hachenburg-Behrens,* GmbH-Gesetz, Großkommentar, 7. Aufl., Einleitung S. 161 ff. Das *luxemburgische Recht* enthält keine ausdrücklichen Vorschriften für die Herabsetzung. Hinsichtlich der Gläubigerzustimmung gelten aber die gleichen Regeln wie im belgischen Recht.

In *Italien* kann nach Art. 2496 in Verbindung mit Art. 2445, 2446 Codice civile das Gericht trotz Widerspruch der Gläubiger die Durchführung der Kapitalherabsetzung anordnen, wenn die Gesellschaft Sicherheit leistet. Es handelt sich wohl um ein kontradiktorisches Verfahren, so daß das Übereinkommen zur Anwendung kommt. Art. 16 Nr. 2 gilt nicht, vielmehr Art. 2ff.

Zur Durchführung einer Kapitalherabsetzung ist *nach niederländischem Recht* entweder der Nachweis erforderlich, daß keine Vermögensfreisetzung stattfindet oder daß innerhalb einer Frist von zwei Monaten nach Bekanntmachung des Herabsetzungsbeschlusses kein Einspruch erfolgt bzw. ein solcher vom Gericht durch rechtskräftige Entscheidung zurückgewiesen worden ist; vgl. Art. 235 IV BW.

Nach *dänischem Recht* ist ein Gläubigeraufruf mit einer Frist für die Gläubiger von 3 Monaten erforderlich, allerdings nicht bei einer Kapitalherabsetzung, die zur Deckung von Verlusten erfolgt. Die Kapitalherabsetzung darf erst nach Befriedigung oder Sicherstellung angemeldeter Forderungen durchgeführt werden. Vgl. § 28 ApSL. Einzelheiten bei *Hachenburg-Behrens,* GmbH-Gesetz, Großkommentar, 7. Auflage, Einleitung, Rz. 405 ff. und *Scholz-Priester,* Kommentar zum GmbH-Gesetz, 6. Auflage, § 58 Rz. 92.

Nach *dänischem und italienischem Recht* ist unter bestimmten Voraussetzungen eine Kapitalherabsetzung zwingend vorgeschrieben. Der dänische Oberregisterführer kann eine Kapitalherabsetzung veranlassen, wenn bei einer Kapitalerhöhung die Einlagen

zung[245] und der formwechselnden Umwandlung[246] haben die Gläubiger der Gesellschaft Anspruch auf Sicherheitsleistung, sofern sie nicht Befriedigung verlangen können. Klagt ein Gläubiger auf Sicherheitsleistung, so kommt Art. 16 Nr. 2 nicht zur Anwendung, sondern vielmehr Art. 2 I, wenn die Klage im Sitzstaat erhoben wird.

Beispiel H:
Gerichtliche Festsetzung der angemessenen Abfindung[247] *der widersprechenden Aktionäre/Gesellschafter bei Abschluß von Beherrschungs- oder Gewinnabführungsverträgen,*[248] *bei Eingliederung*[249] *und bei Umwandlungen.*[250]

a) Beherrschungs- und Gewinnabführungsverträge können auch mit ausländischen Unternehmen abgeschlossen werden; die Zulässigkeit grenzüberschreitender Unternehmensverträge sowohl nach § 291 als auch nach § 292 Aktiengesetz ist außer Streit.[251] Da die Anwendung des deutschen Konzernrechts im Ausland nicht gewährleistet ist, wurde u. a. vorgeschlagen, einen grenzüberschreitenden Unternehmensvertrag nur dann als wirksam zu betrachten, wenn in dem Vertrag die Anwendung des deutschen Rechts und – zur Durchsetzung desselben – die internationale Zuständigkeit der Bundesrepublik Deutschland für alle Streitigkeiten aus dem Vertragsverhältnis vereinbart ist.[252] Diese Rechtswahlklau-

---

nicht fristgerecht aufgebracht worden sind (§ 12 ApSL). Der Codice civile verlangt eine Kapitalherabsetzung, wenn mehr als ein Drittel des Kapitals aufgezehrt ist und sich der Verlust nicht im folgenden Geschäftsjahr vermindert hat (Art. 2496 in Verbindung mit Art. 2446 Codice civile). Hierzu *Scholz-Priester* ebenda Rz. 93.

[244] Den Gläubigern der eingegliederten Gesellschaft, deren Forderungen vor der Bekanntmachung der Eintragung der Eingliederung in das Handelsregister entstanden sind, ist – wenn sie sich binnen 6 Monaten nach der Bekanntmachung melden – Sicherheit zu leisten, soweit sie nicht Befriedigung verlangen können, § 321 Aktiengesetz. Darüberhinaus haftet die Hauptgesellschaft von der Eingliederung an gemäß § 322 Aktiengesetz für die vor diesem Zeitpunkt begründeten Verbindlichkeiten der eingegliederten Gesellschaft als Gesamtschuldner. Die gleiche Haftung trifft sie für alle Verbindlichkeiten der eingegliederten Gesellschaft, die nach der Eingliederung begründet werden. Eine entgegenstehende Vereinbarung ist Dritten gegenüber unwirksam. Für die Geltendmachung der Ansprüche der Gläubiger gemäß §§ 321, 322 Aktiengesetz gelten die allgemeinen Vorschriften der Art. 2ff.

[245] § 347 Aktiengesetz, § 26 des Gesetzes über die Kapitalerhöhung aus Gesellschaftsmitteln und über die Verschmelzung von Gesellschaften mit beschränkter Haftung in der Fassung der GmbH-Novelle vom 4. Juli 1980 (BGBl. I 836).

[246] § 374 Aktiengesetz, § 7 Umwandlungsgesetz. Hierzu *Hachenburg-Schilling,* GmbH-Gesetz, Großkommentar, 7. Aufl. § 77 Anhang.

[247] § 306 Aktiengesetz, §§ 30ff. Umwandlungsgesetz.

[248] § 305 Aktiengesetz.

[249] § 320 Aktiengesetz.

[250] § 375 Aktiengesetz; §§ 13, 15, 19, 22 II Umwandlungsgesetz.

[251] Nachweise bei *Wiedemann* in *Kegel*-Festschrift, 1977, 206 sub 2a.

[252] Einzelheiten bei *Staudinger-Großfeld,* BGB, 12. Aufl., Internationales Gesellschaftsrecht Rz. 389ff. sub. XXV; *Wiedemann* (Fußn. 207) 879ff.; *Ebenroth* in Münchener Kommentar Rz. 356ff. nach Art. 10 EGBGB.

sel ist aus der Sicht des deutschen Konzernrechts überflüssig, da dieses sowieso zwingende Anwendung beansprucht. Jedoch behält diese Vereinbarung Bedeutung, wenn die Klage von einem ausländischen Gericht zu entscheiden ist. Ist das deutsche Unternehmen die abhängige Gesellschaft, dann sind auf den Beherrschungs- und Gewinnabführungsvertrag mit dem ausländischen Unternehmen sämtliche Regeln des deutschen Rechts anzuwenden. Das gilt auch und besonders für den Schutz der abhängigen Gesellschaft, ihrer Gesellschafter und Gläubiger.[253] Es muß also die Haupt- bzw. Gesellschafterversammlung der abhängigen deutschen Gesellschaft mit der in § 293 I Aktiengesetz genannten Mehrheit zustimmen. Der Vertrag bedarf der Form nach § 293 III Aktiengesetz und ist beim deutschen Handelsregister gemäß § 294 Aktiengesetz anzumelden.[254]

Ein Beherrschungs- und ein Gewinnabführungsvertrag muß – neben der Verpflichtung zum Ausgleich nach § 304 Aktiengesetz – die Verpflichtung des herrschenden Unternehmens enthalten, auf Verlangen eines außenstehenden Aktionärs dessen Aktien gegen eine im Vertrag bestimmte angemessene Abfindung zu erwerben.[255] Die Anfechtung des

---

[253] Eine Ausnahme gilt nur für das Erfordernis der Zustimmung durch die Gesellschaftsversammlung der ausländischen Gesellschaft. Denn es ist nicht Anliegen des deutschen Gesellschaftsrechts, den Schutz der Gesellschaft der ausländischen Unternehmen sicherzustellen. *Scholz-Emmerich,* Kommentar zum GmbH-Gesetz, 6. Aufl., Anhang II (Konzernrecht) Rz. 213. Das Heimatstatut des ausländischen herrschenden Unternehmens bestimmt, welche Voraussetzungen eingehalten werden müssen, um einen Unternehmensvertrag wirksam zu machen. Die Rechtsfolgen ergeben sich aus §§ 300ff. Aktiengesetz. Verpflichtungen gemäß § 304 Aktiengesetz treffen in jedem Falle auch die beherrschende Gesellschaft. *Wiedemann,* Kegel-Festschrift a. a. O., Fußn. 83.

[254] Die meisten multinationalen Unternehmen sind nicht durch Konzernverträge verbunden, sondern sind ein *faktischer Unternehmensverbund.* Es gilt folgende Kollisionsregel: Die Rechtsbeziehung zwischen der abhängigen Gesellschaft und den an ihnen im weitesten Sinn beteiligten Personen auf der einen Seite und dem herrschenden Unternehmen andererseits richten sich nach dem Recht der abhängigen Gesellschaft. Beherrscht z. B. ein Unternehmen mit Sitz in Frankfurt eine Gesellschaft in Paris, so kann die *action en comblement* gegen die deutsche Muttergesellschaft erhoben und diese zum Schadensersatz verurteilt werden. Eine ausländische Muttergesellschaft trifft die zusätzliche Pflicht, Weisungen zu unterlassen, die nach §§ 311ff. AktG nicht ausgeglichen werden können. Hierzu *Wiedemann* in Festschrift für *Kegel,* 1977, 210ff.: „Eine Kontrolle ist dogmatisch nur zu begründen, wenn man § 311 AktG nicht als abschließende Norm ansieht, sondern daneben das übliche Aktienrecht und eine dort allgemein vorhandene Treuepflicht des Mehrheitsaktionärs bejaht. Die Einschränkung der Weisungsbefugnis ausländischer herrschender Unternehmen setzt also gewisse Vorentscheidungen innerhalb des deutschen Aktienrechts voraus, die bisher noch nicht als geklärt angesehen werden können." Nachweise zum Recht der internationalen Unternehmensverbindungen auch bei *Scholz-Winter,* Kommentar zum GmbH-Gesetz, Einl., Rz. 132ff. *Staudinger-Großfeld,* BGB, 12. Aufl., Internationales Gesellschaftsrecht Rz. 399.

[255] § 305 Aktiengesetz.

Beschlusses, durch den die Hauptversammlung der beherrschten Gesellschaft dem Vertrag oder einer unter § 295 II Aktiengesetz fallenden Änderung des Vertrags zugestimmt hat, kann nicht darauf gestützt werden, daß der Vertrag keine angemessene Abfindung vorsieht. Sieht der Vertrag überhaupt keine oder keine angemessene Abfindung vor, so hat das Landgericht auf Antrag die vertraglich zu gewährende Abfindung zu bestimmen.[256]

b) Die gleiche Rechtslage ergibt sich bei Eingliederung einer Aktiengesellschaft durch Mehrheitsbeschluß. Gemäß § 320 Aktiengesetz kann die Hauptversammlung einer Aktiengesellschaft die Eingliederung in eine andere Aktiengesellschaft beschließen, wenn sich Aktien der Gesellschaft im Gesamtnennbetrag von 95 v. H. des Grundkapitals in der Hand des zukünftigen Hauptgesellschafters befinden. Mit der Eintragung der Eingliederung in das Handelsregister gehen alle Aktien, die sich nicht in der Hand der Hauptgesellschaft befinden, auf diese über. Die Anfechtung des Eingliederungsbeschlusses kann nicht darauf gestützt werden, daß die angebotene Abfindung nicht angemessen ist. Jedoch haben die ausgeschiedenen Aktionäre die Möglichkeit, die Abfindung vom Gericht festsetzen zu lassen. Antragsberechtigt ist jeder ausgeschiedene Aktionär. Der Antrag kann nur binnen 2 Monaten nach dem Tage gestellt werden, an dem die Eintragung der Eingliederung in das Handelsregister als bekannt gemacht gilt.[257]

c) Auch im Falle der *Mehrheitsumwandlung*[258] kann der Umwandlungs-

---

256 § 306 Aktiengesetz.

257 §§ 320 VI 2, 306 Aktiengesetz.

258 Die Umwandlung durch Mehrheitsbeschluß ist in § 369 III Aktiengesetz bzw. in §§ 9, 15, 19 II, 22 des Umwandlungsgesetzes geregelt. Daß der Minderheitsgesellschafter im Fall des § 9 Umwandlungsgesetz ausscheidet, ergibt sich aus § 12 I 1 Umwandlungsgesetz. Auch bei einer bergrechtlichen Gewerkschaft mit eigener Rechtspersönlichkeit ist eine Mehrheitsumwandlung in eine Gesellschaft mit beschränkter Haftung (§§ 63ff. UmwG) zulässig. Der Beschluß bedarf einer Mehrheit von mindestens 3/4 aller Kuxe, § 63 II UmwG. Gewerken, die gegen die Umwandlung Widerspruch zur Niederschrift der Gewerkenversammlung erklärt haben, können wählen, ob sie in der Gesellschaft, auf die gegen ihren Willen umgewandelt wurde, verbleiben oder ob sie gegen Barabfindung ausscheiden wollen. Für die Barabfindung gilt § 375 Aktiengesetz entsprechend, § 65 III UmwG. Der Gewerke, der gegen die Umwandlung den Widerspruch erklärt hat, kann binnen einer Frist von 2 Monaten verlangen, daß die Gesellschaft mit beschränkter Haftung seinen Geschäftsanteil gegen eine angemessene Barabfindung erwirbt.

Eine *Umwandlung einer Personenhandelsgesellschaft* durch Übertragung des Vermögens auf eine Aktiengesellschaft oder Kommanditgesellschaft auf Aktien (§§ 40ff UmwG) oder eine Gesellschaft mit beschränkter Haftung (§§ 46ff UmwG) auf Grund eines Mehrheitsbeschlusses sieht das Gesetz nicht vor. Der Umwandlungsbeschluß bedarf der Zustimmung aller Gesellschafter, § 42 I, § 48 I. Eine gesetzlich vorgeschriebene Mehrheitsumwandlung gegen den Willen einer Minderheit der Gesellschafter würde dem Wesen der Personengesellschaft widersprechen, bei der die Entscheidung

beschluß nicht mit der Begründung angefochten werden, die Abfindung sei nicht angemessen.[259]

Die ausscheidenden Aktionäre/Gesellschafter/Gewerken haben kraft Gesetzes einen Anspruch auf eine angemessene Barabfindung als Ausgleich für das Erlöschen ihrer Beteiligung.[260] Im Streitfall setzt das Landgericht die Höhe der Abfindung fest.[261]

über die Grundlage des Gesellschaftsverhältnisses grundsätzlich in der Hand aller Gesellschafter liegt. So Regierungsbegründung Bundestagsdrucksache V 3165 S. 10.

Der Gesellschaftsvertrag kann jedoch die Umwandlung in eine Kapitalgesellschaft in Anwendung der §§ 14ff. UmwG aufgrund eines Mehrheitsbeschlusses zulassen.

Der Gesellschaftsvertrag muß in diesem Fall die Rechte und Pflichten der Gesellschafter festlegen, die der Umwandlung nicht zustimmen. Er kann vorsehen, daß sie ebenso Aktionäre bzw. Gesellschafter der GmbH werden wie die zustimmenden Gesellschafter und deshalb verpflichtet sind, bei der Anmeldung mitzuwirken. In diesem Fall bedarf der Gesellschaftsvertrag als Vorvertrag zur Umwandlung der notariellen Beurkundung. Auch die nicht zustimmenden Minderheitsgesellschafter haften. Die zustimmenden Gesellschafter haben jedoch die nicht zustimmenden Gesellschafter freizustellen. Der Gesellschaftsvertrag kann jedoch auch das Ausscheiden der nicht zustimmenden Gesellschafter vorsehen. Verweigerung der Zustimmung zur Umwandlung bedeutet dann Austritt aus dem Gesellschaftsverband. Die ausscheidenden Gesellschafter sind nach § 738 BGB abzufinden, sofern der Gesellschaftsvertrag keine nähere Regelung vorsieht. Der Gesellschaftsvertrag kann auch den nicht zustimmenden Gesellschaftern überlassen, ob sie der neuen Kapitalgesellschaft angehören wollen oder ausscheiden. Näher hierzu *Hachenburg-Schilling,* GmbH-Gesetz, Großkommentar, 7. Aufl., § 77, Anhang, § 42 UmwG, Rz. 5,7; *Scholz-Skibbe,* Kommentar zum GmbH-Gesetz, 6. Aufl., Anhang III (Umwandlung) Rz. 86; *Knur* DNotZ 1971, 17; a. A. *Meyer-Landrut,* Aktiengesetz, 3. Aufl. § 393 Anhang § 42 UmwG, Anm. 3. Für die Abfindung gem. dem Gesellschaftsvertrag bzw. § 738 BGB kommt das Spruchverfahren gemäß §§ 30ff. UmwG nicht zur Anwendung. Fraglich ist, ob ein solches Verfahren im Gesellschaftsvertrag vereinbart werden kann. Entstehen Streitigkeiten zwischen den nicht zustimmenden Gesellschaftern und der Mehrheit bzw. der neu entstandenen Kapitalgesellschaft, so gilt Art. 16 Nr. 2 nicht, sondern die allgemeinen Zuständigkeitsvorschriften.

259 § 375 II Aktiengesetz, §§ 13, 19, 65 III Umwandlungsgesetz.

Der Umwandlungsbeschluß kann jedoch nach § 243 I Aktiengesetz (vgl. oben Fußn. 167) angefochten werden z. B. wegen Fehlens eines Abfindungsangebotes in der Tagesordnung (§ 369 IV Aktiengesetz, § 11 UmwG). Einzelheiten bei *Meyer-Landrut* Aktiengesetz, Großkommentar, 3. Aufl. § 393 Anhang § 9 UmwG Rz. 3. Für die Anfechtungsklage kommt Art. 16 Nr. 2 zur Anwendung.

260 Hierzu die Kommentare zu § 375 Aktiengesetz sowie zu § 12 Umwandlungsgesetz, vgl. z. B. *Scholz-Skibbe,* Kommentar zum GmbH-Gesetz, 6. Aufl., Anhang III Rz. 56, sowie *Hachenburg-Schilling,* GmbH-Gesetz, Großkommentar, 7. Aufl., § 77 Anhang UmwG § 12 Rz. 1 sowie *Meyer-Landrut,* Aktiengesetz, Großkommentar, 3. Aufl., § 393 Anhang § 12 UmwG Anm. 1. Der Abfindungsanspruch entsteht mit der Eintragung des Umwandlungsbeschlusses, denn mit Eintragung erlöschen die Beteiligungen an der Altgesellschaft. Der Abfindungsanspruch ist sofort fällig. *Scholz-Skibbe* a. a. O. Rz. 56.

261 Zu den Bewertungsgrundsätzen s. BGH NJW 1967, 1464 = WM 1967, 479 = DB 1967, 854. Der ausscheidende Aktionär kann jedoch auch vor Festsetzung der

d) Für dieses Spruchverfahren ist nach § 306 I Aktiengesetz bzw. § 30 Umwandlungsgesetz das Landgericht ausschließlich zuständig, in dessen Bezirk die Gesellschaft (bergrechtliche Gewerkschaft) ihren Sitz hat. Im Anwendungsbereich der europäischen Zuständigkeitsordnung haben diese Zuständigkeitsvorschriften nur mehr Bedeutung für die örtliche Zuständigkeit. Für die internationale Zuständigkeit gilt Art. 2 I.

Das Verfahren zielt nicht auf eine dem Leistungsurteil vergleichbare Verurteilung, sondern auf eine Gestaltung.[262] Durch sie wird die Abfindung mit Wirkung vom Ausscheiden des Aktionärs/Gesellschafters/Gewerken[263] neu gestaltet. Sie wirkt für und gegen alle.[264]

Das Abfindungsangebot gemäß § 369 IV Aktiengesetz bzw. § 11 Umwandlungsgesetz macht die umzuwandelnde Gesellschaft. Es ist jedoch kraft Gesamtrechtsnachfolge[265] für den Übernehmer verbindlich. Dieser ist Schuldner des Abfindungsanspruchs.[266] Der Übernehmer ist daher als Betroffener am Verfahren beteiligt.[267] Er ist zu hören.[268] An das Abfin-

---

angemessenen Abfindung durch das Gericht die angebotene Abfindung als fällige Teilleistung einklagen.

262 Hierzu *Hachenburg-Schilling,* GmbH-Gesetz, Großkommentar, 7. Aufl., § 77 Anh. § 35 UmwG, Rz. 2 sowie die Kommentare zu § 306 Aktiengesetz.

263 Vgl. § 5 Umwandlungsgesetz.

264 §§ 306 II, 99 V Aktiengesetz, § 35 Satz 2 Umwandlungsgesetz. Streitig ist allerdings, wie weit die Entscheidung auch den Abfindungsanspruch solcher Aktionäre rückwirkend gestaltet, die die angebotene Abfindung vorbehaltlos angenommen haben. Man sieht in der vorbehaltlosen Annahme keinen Verzicht auf eine höhere Abfindung. Zum Streitstand *Hachenburg-Schilling,* GmbH-Gesetz, Großkommentar, 7. Aufl., § 77 Anh. § 35 UmwG Rz. 2 sowie die Kommentare zu § 305 Aktiengesetz. Vgl. auch § 352c Aktiengesetz und § 31a Kapitalerhöhungsgesetz.

265 § 5 Umwandlungsgesetz.

266 Und zwar von vorneherein. Es handelt sich also nicht um eine übergegangene Altschuld. Die Abfindungsberechtigten sind daher nicht bevorrechtigte Gläubiger im Sinne von §§ 7, 8 Umwandlungsgesetz. Näher *Scholz-Skibbe,* Kommentar zum GmbH-Gesetz, 6. Aufl., Anh. III Rz. 56.

267 Gemäß § 306 IV 2 Aktiengesetz bzw. § 33 UmwG hat das Landgericht für diejenigen ausscheidenden Aktionäre (Gesellschafter, Gewerken), die keinen Antrag gestellt haben, zur Wahrung ihrer Rechte einen gemeinsamen Vertreter zu bestellen, der die Stellung eines gesetzlichen Vertreters hat. Es handelt sich hier um ein einseitiges Verfahren, für das die Zuständigkeitsordnung des Übereinkommens nicht gilt, vgl. oben § 29 XI. Der Geltungsbereich des § 33 UmwandlungsG wird also durch das EWG-Übereinkommen nicht berührt. Anders ist es jedoch für die Festsetzung der Auslagen und der Vergütung des gerichtlich bestellten Vertreters. Dieser kann nach § 33 II von der übernehmenden Gesellschaft bzw. dem allein übernehmenden Gesellschafter den Ersatz angemessener barer Auslagen und eine Vergütung für seine Tätigkeit verlangen. Die Auslagen und Vergütungen setzt das Landgericht im Streitfall fest. Es kann auch der übernehmenden Personengesellschaft, Hauptgesellschaft, Hauptgewerkschaft die Zahlung von Vorschüssen aufgeben. Dieses Verfahren ist wiederum § 306 IV 6 Aktiengesetz nachgebildet. Es handelt sich um ein Streitverfahren der freiwilligen Gerichtsbarkeit, das in den Anwendungsbereich des Übereinkommens

dungsangebot ist er gebunden. Er kann eine Herabsetzung nicht beantragen, aber gegen die Erhöhung sofortige Beschwerde einlegen.[269]
Im Spruchverfahren ergeht – wie bereits erwähnt – gegen den Übernehmer keine vollstreckbare Entscheidung.[270] Zahlt der Übernehmer die vom Gericht festgesetzte Entschädigung nicht, so müssen ihn die ausscheidenden Minderheitsgesellschafter verklagen. Dies bedeutet im Anwendungsbereich des Übereinkommens, daß der Übernehmer in seinem Wohnsitz bzw. Sitzstaat zu verklagen ist, es sei denn, man geht davon aus, daß der Erfüllungsort für die Abfindungsverpflichtung am Sitz der Gesellschaft ist. In diesem Fall ergibt sich die internationale und örtliche Zuständigkeit des Art. 5 Nr. 1. Fraglich ist, ob die Gerichtsstandsfiktion des § 8 Umwandlungsgesetz[271] im Anwendungsbereich des Übereinkommens zu beachten ist. Danach gilt der bisherige (allgemeine) Gerichtsstand der umgewandelten Gesellschaft als fortbestehend.[272]

3. Die Gesellschaft bzw. juristische Person ist Kläger oder am Rechtsstreit überhaupt nicht beteiligt

Wird eine andere Person, z. B. ein Gesellschafter oder ein Geschäftsführer einer Gesellschaft mit beschränkter Haftung verklagt, so kommt eine Zuständigkeit des Sitzstaates nur dann in Betracht, wenn der Beklagte – bei mehreren einer von ihnen, vgl. Art. 6 Nr. 1 – seinen Wohnsitz/Sitz in dem Vertragsstaat hat, in dem die Gesellschaft bzw. juristische Person ihren Sitz hat. Andernfalls ist der Sitzstaat nur dann zuständig, wenn einer der Anknüpfungspunkte der Art. 5, 6 vorliegt, aber auch dann nicht umfassend, sondern nur bezüglich des jeweiligen Streitgegenstandes. Liegt z. B. der Erfüllungsort für die Einzahlungsverpflichtung des im Ausland wohnhaften Gründungsgesellschafters im Sitzstaat, so folgt daraus noch nicht die Zuständigkeit für deliktische Klagen.[273] Fehlt

---

fällt. Art. 16 Nr. 2 gilt nicht, sondern die allgemeine Zuständigkeitsordnung des Übereinkommens.

[268] § 2 III Umwandlungsgesetz.

[269] § 34 Umwandlungsgesetz.

[270] Vgl. *Hachenburg-Schilling,* GmbH-Gesetz, 7. Aufl., § 77 Anhang § 35 UmwG Rz. 3.

[271] Das Aktiengesetz kennt eine Parallelvorschrift nicht. Anders früher § 306 HGB.

[272] § 8 Umwandlungsgesetz hat nur kompetenzrechtliche Bedeutung. Beklagte ist die Gesellschaft, auf die umgewandelt wurde, als Gesamtrechtsnachfolgerin. Sie kann jedoch auch am Sitz der übertragenden Gesellschaft verklagt werden. Vgl. *Hachenburg-Schilling* GmbH-Gesetz, Großkommentar, 7. Aufl., § 77 Anh. UmwG § 8, Rz. 4.

Die Gläubiger der umgewandelten Gesellschaft können jedoch auch am Sitz der übernehmenden Gesellschaft bzw. neu errichteten Gesellschaft klagen. Vgl. *Scholz-Skibbe,* Kommentar zum GmbH-Gesetz, 6. Aufl., Anh. III Rz. 50.

[273] Regreßansprüche der Gesellschaft gegen die Gesellschafter können auch ihre Grundlage im allgemeinen Deliktsrecht haben, z. B. § 826 BGB oder § 823 II BGB in Verbindung mit §§ 263, 266 StGB. Einzelheiten bei *Hachenburg-Ulmer,* GmbH-Gesetz, Großkommentar, 7. Aufl., § 9, Rz. 42ff.

eine Zuständigkeitsanknüpfung, so ist der Sitzstaat international unzuständig. Der die Gesellschaft bzw. juristische Person betreffende Rechtsstreit ist in dem/den nach Art. 2ff. zuständigen Vertragsstaat(en) zu führen, ganz gleich, ob die Gesellschaft bzw. juristische Person Kläger oder nur Betroffener[274] ist. Einen Gerichtsstand der Mitgliedschaft – etwa nach dem Vorbild des § 22 ZPO – hat das Übereinkommen nicht rezipiert. Dies ist zuständigkeitspolitisch verfehlt und wurde bereits oben III kritisiert.

Beispiel I:
Durchsetzung der Einzahlungsverpflichtung bzw. Gründerhaftung.

a) Klagt eine Gesellschaft mit beschränkter Haftung gegen den Gesellschafter auf Einzahlung der übernommenen Stammeinlage, so kommt Art. 16 Nr. 2 nicht zur Anwendung. Es gelten vielmehr die allgemeinen Vorschriften.[275] Dies ist ein nicht erfreuliches Ergebnis. Es wäre sinnvoller gewesen, am Sitz der Gesellschaft eine konkurrierende Zuständigkeit zu eröffnen.

b) Erreicht der Wert einer Sacheinlage im Zeitpunkt der Anmeldung der Gesellschaft zur Eintragung in das Handelsregister nicht den Betrag der dafür übernommenen Stammeinlage, so hat der Gesellschafter die Höhe des Fehlbetrages in Geld zu leisten.[276] Auch für die Einforderung

---

274 Vorstellbar sind z. B. Klagen gegen Gesellschafter aus Anlaß der Durchgriffshaftung. Auch für solche Klagen gelten Art. 2ff. Zweckmäßig wäre hier gewesen, am Sitz der Gesellschaft einen Gerichtsstand aufzutun. Zum Kollisionsrecht der Durchgriffshaftung (für Gesellschaftsstatut) *Staudinger-Großfeld,* BGB, 12. Aufl., Internationales Gesellschaftsrecht, Rz. 257ff. und 396. Rechtsvergleichende Hinweise bei *Wiedemann* (Fußn. 207) 223; *Ebenroth* in Münchener Kommentar Rz. 293ff. nach Art. 10 EGBGB.

275 Der Gesellschafter kann jedoch einen Beschluß, die Stammeinlagen einzufordern (§ 46 Nr. 2 GmbH-Gesetz), mit der Nichtigkeits- oder Anfechtungsklage anfechten. In diesem Fall kommt wieder Art. 16 Nr. 2 zur Anwendung. Zu dieser Klage vgl. *Scholz-Karsten Schmidt,* Kommentar zum GmbH-Gesetz, 6. Aufl., § 46 Rz. 49.

276 § 9 n. F. GmbH-Gesetz.

Werden zum Zweck der Errichtung einer Gesellschaft mit beschränkter Haftung falsche Angaben gemacht, so haften nach § 9a GmbH-Gesetz die Gesellschafter und die Geschäftsführer der Gesellschaft gegenüber als Gesamtschuldner. Wird die Gesellschaft von Gesellschaftern durch Einlagen oder Gründungsaufwand vorsätzlich oder aus grober Fahrlässigkeit geschädigt, so sind ihr alle Gesellschafter als Gesamtschuldner zum Ersatz verpflichtet. Ein Gesellschafter oder Geschäftsführer ist nur dann von dieser Verpflichtung befreit, wenn er die die Ersatzpflicht begründenden Tatsachen weder kannte noch bei Anwendung der Sorgfalt eines ordentlichen Geschäftsmannes kennen mußte. Neben den Gesellschaftern sind in gleicher Weise auch Personen verantwortlich, für deren Rechnung die Gesellschafter Stammeinlagen übernommen haben. Sie können sich auf ihre eigene Unkenntnis nicht wegen solcher Umstände berufen, die ein für ihre Rechnung handelnder Gesellschafter kannte oder bei Anwendung der Sorgfalt eines ordentlichen Geschäftsmannes kennen mußte. Durch diese Neuregelung wird die Gründungshaftung bei der GmbH wesentlich verschärft. Sie lehnt sich an § 46 Aktiengesetz an. Auch im Falle der Kapitalerhöhung gelten §§ 9a,

dieses Anspruchs gelten die allgemeinen Vorschriften, nicht Art. 16 Nr. 2. Wohnt der Gesellschafter in einem anderen Vertragsstaat, so kann die Gesellschaft im Staate ihres Sitzes nur dann mit Aussicht auf Erfolg klagen, wenn der Erfüllungsort für die Einzahlungsverpflichtung am Sitz der Gesellschaft ist, Art. 5 Nr. 1.

Beispiel J:
Geltendmachung von Ersatzansprüchen gegen die Organe der Gesellschaft.[277]
Auch hier findet Art. 16 Nr. 2 keine Anwendung. Es gelten die allgemeinen Vorschriften. International zuständig ist der Wohnsitzstaat, in dem der verklagte Geschäftsführer, das verklagte Vorstandsmitglied bzw. das verklagte Aufsichtsratsmitglied wohnt. Der Vertragsstaat, in dem die Gesellschaft ihren Sitz hat, ist aber in der Regel gemäß Art. 5 Nr. 1 auch konkurrierend international zuständig, da die Organe der Gesellschaft ihre Pflichten gegenüber der Gesellschaft grundsätzlich an deren Sitz zu erfüllen haben.

9b GmbH-Gesetz. Für Einzelheiten zur Haftung siehe die Kommentare zu § 57 GmbH-Gesetz, insbesondere *Scholz-Priester,* Kommentar zum GmbH-Gesetz, 6. Auflage, § 57 Rz. 35ff. Zur IPR-Anknüpfung *Ebenroth* in Münchener Kommentar Rz. 228 und 285ff. nach Art. 10 EGBGB.

[277] Vgl. die Kommentare zu § 43 und § 46 Nr. 8 GmbH-Gesetz. Rechtsvergleichende Hinweise bei *Hachenburg-Behrens,* GmbH-Gesetz, Großkommentar, 7. Aufl., Einleitung Rz. 279ff.

Gemäß Art. 52 des Gesetzes Nr. 66–537 vom 24. Juli 1966 über die Handelsgesellschaften haften die Geschäftsführer einer *französischen Societé à Responsabilité Limitée* (S. A. R. L.) der Gesellschaft und/oder Dritten für Verstöße gegen Gesetz und Satzung sowie für Fehler in der Geschäftsführung.

Art. 50 III läßt ausdrücklich die actio pro socio zu. Die Gesellschafter können auch den Schaden der Gesellschaft geltend machen. Hierzu *Hachenburg-Behrens,* GmbH-Gesetz, Groß-Kommentar 7. Auflage, Einleitung Rz. 279. Das gleiche gilt für die Haftung der Rechnungsprüfer (Art. 66 in Verbindung mit Art. 234).

Zur Haftung der Geschäftsführer in Belgien siehe Artikel 132 des Code de commerce, der auf die aktienrechtliche Haftung verweist (Art. 62 Code de commerce in Verbindung mit Art. 1931, 1922 Code civil. Hierzu *Hachenburg-Behrens,* Einleitung Rz. 334.

Zur Haftung der Rechnungsprüfer siehe Art. 134 Code de commerce.

Zur parallelen Rechtslage in *Luxemburg* siehe Art. 192 des Loi vom 10. August 1915, concernant les Societées commerciales, Art. 59 in Verbindung mit Art. 1991, 1992, Code civil. Hierzu *Hachenburg-Behrens,* Einleitung Rz. 388.

Zur Haftung der Geschäftsführung nach *italienischem Recht* siehe Art. 2487 in Verbindung mit Art. 2392 und Art. 1710 Codice civile. Hierzu *Hachenburg-Behrens,* Einleitung Rz. 442.

Zur Situation in den *Niederlanden* siehe Art. 58c in Verbindung mit Art. 47c des Wetboek van Koophandel vom 31. Oktober 1938. Hierzu *Hachenburg-Behrens,* Einleitung, Rz. 500.

Zur Situation in *Dänemark* siehe §§ 110, 113 des Lov Nr. 371 vom 13. Juni 1973, om anpartsselskaber. Hierzu *Hachenburg-Behrens,* Einleitung, Rz. 558.

Zur Haftung der directors der englischen private company limited by shares (Ltd.) siehe die Hinweise bei *Hachenburg-Behrens,* Einleitung Rz. 613.

Für Klagen aus unerlaubten Handlungen kommt auch der Gerichtsstand des Tatorts gem. Art. 5 Nr. 3 in Betracht.[278]

Beispiel K:

Klage auf Anmeldung einer Gesellschaft mit beschränkter Haftung bzw. Aktiengesellschaft.[279]

Eine öffentlich-rechtliche Pflicht, die gegründete Gesellschaft mit beschränkter Haftung bzw. Aktiengesellschaft zur Eintragung ins Handelsregister anzumelden, besteht nicht, jedoch haben die Gründer i. d. R. einen Anspruch auf Anmeldung. Dieser muß durch Klage gegen den Geschäftsführer bzw. Vorstand durchgesetzt werden. Auch für diese Klage gilt nicht Art. 16 Nr. 2. Es kommen vielmehr die allgemeinen Vorschriften zum Zuge. Wohnt z. B. der Geschäftsführer einer in Gründung befindlichen Gesellschaft mit beschränkter Haftung mit dem Sitz in München in Mailand, so ist die Klage dort zu erheben, sofern man nicht annimmt, daß der Erfüllungsort für die Anmeldeverpflichtung in München liegt.

Beispiel L:

Gerichtliche Anordnung der Mitteilung der Bilanz (Zwischenbilanz und Jahresbilanz) und sonstiger Aufklärung sowie der Vorlegung der Bücher und Papiere.

Auf Antrag eines Kommanditisten kann das Amtsgericht[280] die Mitteilung einer Bilanz oder sonstiger Aufklärung sowie Vorlegung der Bücher und Papiere anordnen, wenn ein wichtiger Grund vorliegt.[281] Das gleiche Recht steht dem stillen Gesellschafter zu.[282] Die Anordnung kann nach § 33 FGG erzwungen werden. Hier handelt es sich um ein echtes Streitverfahren der freiwilligen Gerichtsbarkeit,[283] für das die Zuständigkeiten der Vorschriften des Übereinkommens gelten. Der Antrag richtet sich nicht gegen die Gesellschaft, sondern gegen den persönlich

---

[278] Ob die ordentlichen Gerichte oder die Arbeitsgerichte zuständig sind, entscheidet das nationale Recht. In der Bundesrepublik Deutschland sind für Streitigkeiten zwischen der Gesellschaft und einem Geschäftsführer im Regelfall die ordentlichen Gerichte zuständig (§ 5 I Arbeitsgerichtsgesetz). Nur bei Vorliegen besonderer Umstände sind die Arbeitsgerichte zuständig, und zwar wenn die Organtätigkeit einen unselbständigen Teil des Arbeitsvertrages darstellt (BAG, DB 1972, 2358), oder wenn der Anstellungsvertrag in der Zeit vor der Bestellung geschlossen und nach der Bestellung nicht geändert wurde, BAGE 24, 383, BAG BB 1961, 98. Zum Gerichtsstand für Streitigkeiten zwischen der Gesellschaft und einem Geschäftsführer nach autonomem deutschen Recht siehe auch *Scholz-Schneider,* Kommentar zum GmbH-Gesetz, 6. Auflage, § 35 Rz. 206.

[279] Hierzu *Hachenburg-Ulmer,* GmbH-Gesetz, Großkommentar, 7. Aufl. § 7 Rz. 7 und 8.

[280] §§ 145f. FGG.

[281] § 166 III HGB.

[282] § 338 III HGB.

[283] Daß es sich um ein echtes Streitverfahren der freiwilligen Gerichtsbarkeit handelt, betonen auch *Baumbach-Duden-Hopt,* HGB, 25. Auflage, § 166, Anm. C.

haftenden Gesellschafter. Wohnt dieser außerhalb des Sitzstaates der Kommanditgesellschaft, so ergeben sich Probleme, die man ohne eine erweiternde Auslegung des Art. 16 Nr. 2 wohl kaum lösen kann. Es sei denn, man nimmt an, der Erfüllungsort liegt am Sitz der Gesellschaft.

Beispiel M:
Gerichtliche Entscheidung über die Verwahrung von Büchern und Papieren einer offenen Handelsgesellschaft oder Kommanditgesellschaft nach Beendigung der Liquidation.

Die Bücher und Papiere der aufgelösten Gesellschaft sind von einer Person (Gesellschafter oder Dritten) zu verwahren. Kommt eine Verständigung der Beteiligten nicht zustande, so bestimmt das Gericht, wer die Papiere zu verwahren hat.[284] Es handelt sich um eine echte Streitentscheidung im Rahmen der freiwilligen Gerichtsbarkeit, für die die Art. 2ff. zur Anwendung kommen. Es zeigt sich wieder, wie wenig glücklich es war, am Sitz der Gesellschaft keinen konkurrierenden Gerichtsstand zu eröffnen.

Beispiel N:
Streitigkeiten über die Wirksamkeit einer Beitrittserklärung.

Entsteht Streit über die Wirksamkeit einer Beitrittserklärung zu einer Gesellschaft,[285] insbesondere über die Wirksamkeit einer Übernahmeerklärung,[286] so gelten ebenfalls die allgemeinen Vorschriften (Art. 2ff.), nicht Art. 16 Nr. 2. Auch hier wäre es sinnvoll gewesen, einen konkurrierenden Gerichtsstand mit dem Sitz der Gesellschaft zu eröffnen. De conventione lata kann man sich nur dadurch behelfen, daß man Art. 5 Nr. 1 heranzieht mit der Begründung, der Erfüllungsort für die Beitrittsverpflichtung sei der Sitz der Gesellschaft.

Beispiel O:
Streitigkeiten aus Anlaß einer Verschmelzung.

Auch für Streitigkeiten über das Bestehen, die Wirksamkeit und die Erfüllung eines Verschmelzungsvertrages[287] sieht das Übereinkommen keinen besonderen Gerichtsstand vor. Es gelten die allgemeinen Vorschriften.

---

284 § 157 II HGB, §§ 145f. FGG.

285 Hierzu z. B. *Hachenburg-Ulmer,* GmbH-Gesetz, Großkommentar, 7. Aufl., § 2 Rz. 95ff.

286 Hierzu z. B. *Scholz-Priester,* Kommentar zum GmbH-Gesetz, 6. Aufl., § 57 Rz. 45ff.

287 Einzelheiten in den Kommentaren zu § 341 Aktiengesetz und §§ 19ff. des Gesetzes über die Kapitalerhöhung aus Gesellschaftsmitteln und über die Verschmelzung von Gesellschaften mit beschränkter Haftung i. d. F. der GmbH-Novelle vom 4. Juli 1980, BGBl I 836. – Der Verschmelzungsvertrag erzeugt rechtliche Bindungen zwischen den zu vereinigenden Gesellschaften. Er bildet die Grundlage der Verschmelzung. Vgl. oben Fußn. 63 und *Scholz-Skibbe,* Kommentar zum GmbH-Gesetz, 6. Aufl., Anhang III Rz. 36d. Zu den verschiedenen Klagemöglichkeiten *Schilling,* Aktiengesetz, Großkommentar, 3. Aufl., § 341 Anm. 18. – Vgl. oben Fußn. 62ff.

Beispiel P:
Ausgleich bei Fehlen eines Beherrschungsvertrages.

Besteht kein Beherrschungsvertrag, so darf ein herrschendes Unternehmen seinen Einfluß nicht dazu benutzen, eine abhängige Aktiengesellschaft oder Kommanditgesellschaft auf Aktien zu veranlassen, ein für sie nachteiliges Rechtsgeschäft vorzunehmen oder Maßnahmen zu ihrem Nachteil zu treffen oder zu unterlassen, es sei denn, daß Nachteile ausgeglichen werden. Der Ausgleich muß spätestens am Ende des Geschäftsjahres, in dem der abhängigen Gesellschaft der Nachteil zugefügt worden ist, ausgeglichen werden. Auf die zum Ausgleich bestimmten Vorteile ist der abhängigen Gesellschaft ein Rechtsanspruch zu gewähren.[288] Die Verpflichtung zum Ausgleich ist gerichtlich nicht durchsetzbar. Ein Rechtsstreit wäre in aller Regel bis zum Ende des Geschäftsjahres nicht abgeschlossen. Mit dem Ende des Geschäftsjahres entfällt aber die Ausgleichsmöglichkeit, an ihre Stelle tritt der Anspruch auf Schadensersatz.[289] Für die Klage auf Ersatz dieses Schadens gilt ebenfalls nicht Art. 16 Nr. 2, sondern die allgemeinen Regeln der Art. 2ff.

XXIII. Unabdingbarkeit des Art. 16 Nr. 2

Die aus Art. 16 Nr. 2 fließende ausschließliche internationale Zuständigkeit des Sitzstaates kann durch eine Vereinbarung der Parteien nicht abbedungen werden, Art. 17 II. Auch die Unterwerfung des Beklagten unter die Jurisdiktion des Gerichtsstaates ist kompetenzrechtlich bedeutungslos, Art. 18 S. 2.

XXIV. Prüfung der Zuständigkeitstatsachen durch den Erstrichter

Bei der Prüfung der Frage, ob die Klage einen Streitgegenstand im Sinne des Art. 16 Nr. 2 betrifft, sind die Behauptungen des Klägers nicht ausreichend. Das Gericht hat von Amts wegen zu prüfen, ob dieser Zuständigkeitsbezug vorhanden ist, und zwar auch dann, wenn der Beklagte dies nicht bestreitet, Art. 19.

XXV. Nachprüfung durch den Zweitrichter

1. Im Stadium der Anerkennung bzw. Zulassung zur Zwangsvollstreckung durch Klauselerteilung (Art. 31 ff.) darf der Zweitrichter die Einhaltung des Art. 16 Nr. 2 nachprüfen, Art. 28 I. Dies ist eine Aus-

---

[288] § 311 Aktiengesetz.
[289] § 317 I Aktiengesetz. Vgl. *Geßler-Hefermehl-Eckardt-Kropff,* AktG, § 311 Rz. 156.

nahme von dem Verbot der Nachprüfung der internationalen Zuständigkeit des Erststaates, Art. 28 III.

2. Solange das Kollisionsrecht innerhalb der EWG nicht vereinheitlicht ist, ist es möglich, daß der Zweitrichter die Frage des Sitzes der Gesellschaft anders beurteilt als der Erstrichter.[290] Auch nach einer Vereinheitlichung sind solche Problemstellungen nicht ausgeschlossen, weil der Zweitrichter an die Subsumtion des Erstrichters nicht gebunden ist.

3. Kann das vom Erststaat erlassene Urteil nicht anerkannt werden, z. B. weil sich der Zweitstaat selbst für international ausschließlich zuständig hält oder weil ein Verstoß gegen den ordre public des Zweitstaates vorliegt, so steht Art. 16 der Wiederholung des Rechtsstreites nicht entgegen. Die Notzuständigkeit ist vorrangig, da ansonsten Justizverweigerung im Zweitstaat die Folge wäre.

§ 88 Internationale Zuständigkeit des Sitzstaates für trustrechtliche Klagen, Art. 5 Nr. 6[1]

I. Begriff des trust[2]

1. Wesentliches Kennzeichen eines trust ist die verdeckte Treuhand: Eine oder mehrere Personen (Treuhänder) sind Inhaber von Rechten irgendwelcher Art mit der Maßgabe, daß diese nur zugunsten einer oder mehrerer Personen (Begünstigte) oder eines vom Gesetz erlaubten Zwecks mit dem Ziel ausgeübt werden dürfen, die wirtschaftlichen Vorteile aus den Rechten nicht den Treuhändern, sondern den Begünstigten (zu denen auch die Treuhänder gehören können) oder einem anderen Zweck des trust zugute kommen zu lassen.[3]

2. Mit dieser Rechtsfigur löst man – wie *Schlosser*[4] darlegt – im Vereinigten Königreich und in Irland viele Probleme, die in den Rechtsordnungen des Kontinents systematisch ganz anders erfaßt werden. Über trusts können z. B. Personen oder Personenvereinigungen, die nach common law Eigentum an einer Sache nicht haben können oder wollen, eine eigentümerähnliche Position erlangen. Der Begünstigte hat aber kein Verfügungsrecht über das trust-Vermögen. Verfügungsberechtigt ist allein der trustee. Trusts dienen z. B. auch der Verwaltung

---

[290] Nach der hier vertretenen Auffassung hat der Zweitrichter das IPR des Erststaates anzuwenden. Doch ist diese Frage noch nicht vom EuGH entschieden. Vgl. oben XXI und § 57 Fußn. 56.

[1] Vgl. auch *Kropholler* IZVR Rz. 707.

[2] *Kötz,* Trust und Treuhand, 1963. *Scheucher,* Studien zur internationalen Zuständigkeit in Vermögensstreitigkeiten, 1972, 89 Nr. 42 Fußn. 5 mit weiteren Nachweisen. Vgl. auch *Gubler,* Besteht in der Schweiz ein Bedürfnis nach Einführung des Instituts der angelsächsischen Treuhand (trust)? in Verhandlungen des Schweizerischen Juristenvereins, Heft 3, 1954.

[3] Ausführlich *Dicey-Morris,* Conflict of Laws, 10. Aufl., 1980, 674.

[4] *Schlosser*-Bericht Nr. 109.

von Miteigentum, von Vereinsvermögen oder Gesellschaftsvermögen, aber auch für Zwecke, die auf dem Kontinent durch Stiftungen erreicht werden, sowie für Zwecke der Nachlaßbindung.[5] Insoweit haben sie fideikommissarischen Charakter.

3. Der Treugeber (settlor) überträgt Vermögen an einen Treuhänder (trustee) und bestimmt, daß das Vermögen in bestimmter Weise zugunsten bestimmter oder unbestimmter Personen (beneficiary oder cestui que trust) zu verwenden ist. Der Treuhänder wird Eigentümer nach common law, ist aber kraft equity verpflichtet, das Vermögen in der vom settlor verfügten Weise zu verwenden.

4. Ein trust kann durch *Rechtsgeschäft unter Lebenden* (grundsätzlich formlos), *letztwillige Verfügung* oder *kraft Gesetzes* (by operation of law: implied trusts) entstehen.[6]

5. Der trustee muß das Treugut in der bei Entstehung des trust bestehenden Weise verwenden. Im Falle des Verstoßes ist er wegen breach of trust schadenersatzpflichtig. Er haftet gemäß sec. 30 Trustees Act, 1925 (15 Geo. 5, c. 19), „for his own acts, receipts, neglects, or defaults", nicht aber für Handlungen Dritter, deren er sich bei Verwaltung des trust bedient, mit Ausnahme der culpa in eligendo.

6. Die beneficiaries haben kraft equity eine eigentümerähnliche Stellung. Sie haben ein dingliches Recht am trust-Vermögen: Sie können eine rechtswidrige Verfügung über das Treugut durch den Treuhänder anfechten, soweit der Erwerber nicht entgeltlich und gutgläubig erworben hatte.[7]

II. Ratio conventionis[8]

Der trust hat keine eigene Rechtspersönlichkeit. Der Sitz des trust kommt daher als Zuständigkeitsbezug im Sinne des Art. 2 I nicht zum Tragen. Zu verklagen ist der trustee. In trust-Sachen ist die Anknüpfung der Zuständigkeit an den Wohnsitz des beklagten trustee nicht immer die gerechte Lösung.[9] Soll ein trustee in seiner besonderen Eigenschaft als Treuhänder verklagt werden, so könnte er die Zuständigkeit durch Wohnsitzverlegung manipulieren. Nähme er seinen Wohnsitz auf dem

[5] *Graue,* Der Trust im internationalen Privat- und Steuerrecht, *Ferid*-Festschrift 1978, 151ff.

[6] Vgl. hierzu *Staudinger-Großfeld,* Internationales Gesellschaftsrecht, 1980, Rz. 151, 547.

[7] *Sinclair v. Brougham* [1914] A. C. 398.

[8] *Schlosser*-Bericht Nr. 113.

[9] *Schlosser*-Bericht Nr. 113: „Die Rechtsbeziehungen unter „trustees" und zwischen ihnen und den Begünstigten sind zudem nicht vertraglicher Art; den „trustees" fehlt meist sogar die Befugnis zum Abschluß von Gerichtsstandsvereinbarungen. Die Zuständigkeit für Klagen aus dem Innenverhältnis eines „trust" läßt sich also weder aus Artikel 5 Nr. 1 herleiten noch – meist – durch Gerichtsstandsvereinbarungen nach Artikel 17 begründen."

Kontinent, so bestünde im Vereinigten Königreich bzw. in Irland keine Zuständigkeit.[10] Dies wäre unausgewogen. Wer im Vereinigten Königreich als trustee einen trust verwaltet, muß sich auch dort verklagen lassen, wenn es sich um eine trustrechtliche Streitigkeit handelt.

III. Der Ausnahmekatalog des Art. 1 II

Art. 5 Nr. 6 kommt nur im Anwendungsbereich der europäischen Zuständigkeitsordnung zum Zuge, also nicht, wenn Streitgegenstand eine der in Art. 1 II aufgeführten Materien ist.[11] Dies gilt vor allem für trusts, die durch Testament errichtet wurden, sei es, weil Minderjährige bedacht werden oder daß zugunsten des Ehegatten oder einer anderen Person ein „life interest" begründet wird, oder sei es aus anderen Gründen. Ist ein trust durch letztwillige Verfügung begründet worden, gilt für die Streitigkeiten, welche sich aus seinem Innenverhältnis ergeben, die europäische Zuständigkeitsordnung nicht.[12]

Das gleiche gilt, wenn nach Konkurseröffnung ein trustee ernannt wird, der die Aufgaben des Konkursverwalters der kontinentalen Rechtsordnungen übernimmt.[13]

IV. Passivzuständigkeit

Art. 5 Nr. 6 gibt nicht etwa dem trustee einen Aktivgerichtsstand; vielmehr wird nur seine Gerichtspflichtigkeit erweitert. Er ist nicht nur in seinem Wohnsitzstaat gerichtspflichtig, sondern muß auch am Sitz des trust Rechenschaft geben. Dies ist sachgerecht. Wer das Amt eines trustee übernimmt, muß damit rechnen, daß er am Sitz des trusts auch Rechenschaft geben muß für das, was er getan oder unterlassen hat.[14]

---

[10] Vgl. *Schlosser*-Bericht Nr. 113: „Verzieht eine Person aus dem V. K. nach Korsika, so ist es richtig, daß sie, liegen besondere Gerichtsstände nicht vor, wegen persönlich gegen sie gerichteter Ansprüche nur vor den korsischen Gerichten verklagt werden kann. Ist sie jedoch Verwalter oder Mitverwalter eines «trust» über Vermögen, das im V. K. gelegen ist und das bisher dort verwaltet wurde, so ist den Beteiligten und den anderen «trustees» nicht zuzumuten, ihr Recht vor den korsischen Gerichten zu suchen."

[11] Oben § 20.

[12] *Schlosser*-Bericht Nr. 112: „Rechtsbeziehungen aus dem Innenverhältnis eines „trust" müssen nicht dem EuGVÜ unterfallen. Sie sind von seinem Anwendungsbereich ausgeschlossen, wenn der «trust» einem Rechtsgebiet angehört, das unter Artikel 1 Absatz 2 fällt."

[13] *Schlosser*-Bericht Nr. 112.

[14] *Schlosser*-Bericht Nr. 112.

V. Keine internationale Ausschließlichkeit

Anders als Art. 16 Nr. 2 begründet Art. 5 Nr. 6 keine ausschließliche internationale Zuständigkeit des Vertragsstaates, in dem der trust seinen Sitz hat. Es bleibt dem Kläger unbenommen, den trustee auch in seinem Wohnsitzstaat zu verklagen.[15]

VI. Keine Regelung der örtlichen Zuständigkeit

Art. 5 Nr. 6 normiert nur die internationale Zuständigkeit des Vertragsstaates, in dessen Hoheitsgebiet der trust seinen Sitz hat, überläßt aber die Festlegung der örtlichen Zuständigkeit dem nationalen Recht.

VII. Keine Sonderregelung für das Vereinigte Königreich und Irland

Art. 5 Nr. 6 ist zwar auf die besonderen Verhältnisse im Vereinigten Königreich bzw. in Irland zugeschnitten. Art. 5 Nr. 6 ist aber kein Sondervorbehalt nur zugunsten dieser Staaten. Den anderen Vertragsstaaten bleibt es unbenommen, ihre Rechtsordnungen im Sinne des common law umzugestalten. Dies ist jedoch nur eine theoretische Option.

VIII. Keine Ermessenszuständigkeit

Der gemäß Art. 5 Nr. 6 international zuständige Vertragsstaat ist zur Justizgewährung verpflichtet. Es steht nicht in seinem Belieben, ob er von seiner ihm durch das Übereinkommen eingeräumten Jurisdiktion Gebrauch macht oder nicht.[16] In diesem Punkt unterscheidet sich das Konventionsrecht kaum grundlegend von dem autonomen Recht im Vereinigten Königreich[17] und in Irland. Nach Order 11 rule 1 e der Rules of the Supreme Court *kann* sich das Gericht für zuständig erklären, „wenn mit der Klage ... die Vollziehung (execution) von Bestimmungen von schriftlich errichteten trusts in in England belegenes Vermögen[18] erwirkt werden soll, die trusts nach englischem Recht zu vollziehen

---

[15] *Schlosser*-Bericht Nr. 118: „Die neue Bestimmung ist *nicht ausschließlich* gemeint. Sie begründet vielmehr nur einen zusätzlichen Gerichtsstand. Der nach Korsika verzogene «trustee» kann auch dort verklagt werden. Jedoch ist es dem Gründer eines «trust» unbenommen, einen ausschließlichen Gerichtsstand festzulegen."

[16] Oben § 42.

[17] Hierzu *Scheucher,* Studien zur internationalen Zuständigkeit in Vermögensstreitigkeiten, 1972, 89 Nr. 42.

[18] In *Winter v. Winter* ([1894] 1 Ch. 421) entschied der High Court, daß wenigstens

sind und die Zustellung des writ an den Treuhänder erfolgen soll oder wenn mit der Klage ein relief oder ein remedy begehrt wird, die im Rahmen des vorgenannten Verfahrens erwirkt werden können."

IX. Innenverhältnis des trust

1. Art. 5 Nr. 6 gilt nicht für Klagen, die Dritte gegen den trustee erheben, sondern nur für solche, die das *Innenverhältnis eines trust* betreffen.[19] Hierher gehören vor allem die Rechtsbeziehungen zwischen dem trustee und den aus einem trust begünstigten Personen. So können die Begünstigten mit dem trustee darüber prozessieren, welche Ansprüche ihnen aus oder an dem Vermögen des trust zustehen. Auch sind Rechtsstreitigkeiten zwischen dem Gründer eines trust und anderen trust-Beteiligten vorstellbar, schließlich auch Prozesse zwischen mehreren trustees, in denen es um die Abgrenzung ihrer Befugnisse geht. Diese alle fallen in den Anwendungsbereich des Art. 5 Nr. 6, ebenso Prätendentenstreitigkeiten, also Klagen, durch die geklärt werden soll, wer trustee ist.[20]

2. Streng hiervon zu trennen sind alle Klagen, die das *Außenverhältnis* betreffen, d. h. den Rechtsverkehr mit Personen, die nicht Begünstigte des trust sind. Hier gelten die allgemeinen Zuständigkeitsregeln, nicht jedoch Art. 5 Nr. 6.[21] Der trustee tritt nämlich wie jeder andere Rechtsinhaber auf. Er kann Rechte veräußern und erwerben, zu Lasten des trust Verpflichtungen eingehen und zu seinen Gunsten Rechte begründen. Art. 2ff. sind wie im Rechtsverkehr unter Personen anwendbar, die nicht als Treuhänder auftreten. Klagt ein Mieter eines zu einem englischen trust gehörenden Grundstücks in München auf Besitzeinräumung, so ist Art. 16 Nr. 1 anwendbar ohne Rücksicht darauf, daß das Grundstück zum Vermögen eines trust gehört.[22]

X. Qualifikationsfragen

Um eine einheitliche Anwendung des Art. 5 Nr. 6 zu sichern, erscheint es aus dogmatischer Sicht die beste Lösung, eine konventionsimmanente Definition der in Art. 5 Nr. 6 verwendeten Zuständigkeitsan-

---

ein Teil des Treugutes schon zur Zeit der Erteilung des leave oder zur Zeit des service of the writ im Inland sein muß. Daß das Treugut im Rahmen der Vollziehung des Trust nach England zu bringen wäre, genügt nicht. Kommt nach Erlaß des leave noch weiteres Vermögen nach England, ist die internationale Zuständigkeit (jurisdiction) auch für trusts, die sich auf dieses Vermögen beziehen, ohne neuerlichen leave gegeben.

[19] *Schlosser*-Bericht Nr. 111.

[20] *Schlosser*-Bericht Nr. 111.

[21] *Schlosser*-Bericht Nr. 110.

[22] *Schlosser*-Bericht Nr. 110.

knüpfungen zu fordern.[23] Eine europarechtliche Definition läuft aber im Ergebnis auf eine Rezeption der im Vereinigten Königreich und in Irland derzeit verwendeten Begriffe hinaus, weil das Rechtsinstitut trust nur dort bekannt ist. Daran könnte sich in der Zukunft etwas ändern, wenn auch andere Vertragsstaaten diese Rechtsfigur einführten.

XI. Constructive (implied) trusts

Für constructive oder implied trusts gilt Art. 5 Nr. 6 nicht.[24] Dies ergibt sich aus der Wendung *„aufgrund eines Gesetzes oder durch schriftlich vorgenommenes oder schriftlich bestätigtes Rechtsgeschäft“*. Art. 5 Nr. 6 erfaßt nur die Fälle, in denen nach den Rechten Irlands und des Vereinigten Königreichs ein „trust“ ausdrücklich begründet werden kann oder für die er vom geschriebenen Gesetz ausdrücklich vorgesehen ist.[25]

XII. Maßgebliche Zuständigkeitsanknüpfung: Sitz (domicile) des trust

1. Der Sitz des trust eröffnet eine konkurrierende internationale Zuständigkeit.

2. Maßgebend ist das internationale Privatrecht des Gerichtsstaates, wenn es darum geht „zu bestimmen, ob ein *trust* seinen Sitz in dem Vertragsstaat hat, bei dessen Gerichten die Klage anhängig ist“, Art. 53 II n. F.[26]

---

[23] Unklar *Schlosser*-Bericht Nr. 116: „Die Begriffe „trust“, „trustee“ und „domicile“ sind in die *anderen Sprachen* der Gemeinschaft nicht übersetzt worden, weil sie sich nur auf eine für die Rechte des Vereinigten Königreichs und Irlands prägende Figur beziehen. Die Mitgliedsstaaten können aber in ihrer Einführungsgesetzgebung zur Inkraftsetzung des Beitrittsübereinkommens eine in der Landessprache gehaltene Umschreibung dessen geben, was ein „trust“ ist.“

[24] *Schlosser*-Bericht Nr. 117: „Dies festzuhalten ist deshalb wichtig, weil diese Rechte viele Probleme, welche die kontinentalen Rechtsordnungen in systemkonformer Weise ganz anders bewältigen müssen, durch Annahme von sogenannten „constructive“ oder „implied“ „trusts“ lösen. Wo letztere eine Rolle spielen, ist Artikel 5 Nr. 6 n. F. unanwendbar, etwa soweit man den Verkäufer vor Eigentumsübertragung, aber nach Abschluß des Kaufvertrags, als „trustee“ im Interesse des Käufers betrachtet. Gesetzlich angeordnete „trusts“ sind im übrigen selten, soweit der Anwendungsbereich des EuGVÜ in Frage steht. Da z. B. im Vereinigten Königreich Kinder nicht Eigentümer von Grundstücken sein können, entsteht etwa kraft Gesetzes zu ihren Gunsten ein *«trust»*, wenn die Voraussetzungen eines Tatbestands vorliegen, der bei Beteiligung von Erwachsenen Immobiliareigentum entstehen läßt.“

[25] *Schlosser*-Bericht Nr. 117.

[26] *Schlosser*-Bericht Nr. 119: „Wird in einem Vertragsstaat eine Klage erhoben, die sich auf einen *«trust»* bezieht, der einer fremden Rechtsordnung untersteht, so taucht

3. Erstaunlich ist, daß die Rechtsprechung und Lehre im Vereinigten Königreich und in Irland sich mit dem *domicile eines trust* nur sporadisch beschäftigt haben, so daß dieser Begriff noch keine festen Konturen hat.[27] Vgl. jetzt aber sec. 45 der Civil Jurisdiction and Enforcement Act 1982.

---

die Frage auf, *nach welchem Recht zu beurteilen ist, wo sein «domicile»* liegt. In der Neufassung von Artikel 53 ist der gleiche Maßstab vorgeschlagen, den das EuGVÜ für die Ermittlung des Sitzes einer Gesellschaft vorgesehen hat. Im Verhältnis der Rechtsordnungen von England und Wales, Schottlands, Nordirlands und Irlands ist die Anwendung dieser Bestimmung nicht schwierig. In den kontinentalen Mitgliedstaaten der Gemeinschaft bestehen derzeit international-privatrechtliche Regeln dazu, wo ein *«trust»* sein *«domicile»* hat, nicht. Solche Regeln muß die Rechtsprechung dort entwickeln, um das EuGVÜ in seiner auf *«trusts»* bezogenen Regelung anwenden zu können. Hierbei stehen zwei Möglichkeiten offen. Man kann einmal sagen, wo ein *«trust»* sein *«domicile»* habe, richte sich nach der Rechtsordnung, welcher er unterstehe. Man kann sich aber auch auf den Standpunkt stellen, hierfür sei die eigene lex fori des angerufenen Gerichts maßgebend; in deren Rahmen gelte es dann, eigene Kriterien zu entwickeln."

[27] *Schlosser*-Bericht Nr. 114: „Die ... vorgeschlagene Lösung beruht auf dem Gedanken, daß es für *«trusts»* einen örtlichen Schwerpunkt gibt, auch wenn sie nicht rechtsfähig sind. Dieser kann ähnliche Funktionen übernehmen wie der *«Sitz»* nicht rechtsfähiger Gesellschaften. Allerdings haben die Rechte des Vereinigten Königreichs und Irlands den örtlichen Schwerpunkt eines *«trusts»* bisher nur zögernd begrifflich erfaßt. Unbekannt ist der Begriff *«domicile»* eines *«trust»* in Rechtsprechung und Lehre indes schon bisher nicht, *A. E. Anton,* Private internationale Law (1967) S. 470; *Graveson,* The Conflict of Laws (1969), S. 565; *Lord President Clyde* in *Clarks* Trustee Petitioners 1966 S. L. T. 249, S. 251. In seinem Lehrbuch des Internationalen Privatrechts sagt der schottische Rechtsgelehrte *Anton* zur Begriffsbestimmung folgendes: „Man betrachtet das *«domicile»* eines *«trust»* als eine Angelegenheit, für die im Grunde die Wünsche seines Begründers maßgebend sind. Vorstellungen, die er zum Ausdruck gebracht hat, sind daher im allgemeinen entscheidend. Fehlt es daran, so müssen seine Absichten aus Umständen wie Verwaltungsmittelpunkt des *«trust»*, Wohnsitz der ‚trustees', Belegenheit der zum *«trust» gehörenden Vermögensobjekte, Natur der mit dem ‚trust' verfolgten Ziele und Erfüllungsort der aus dem «trust»* entspringenden Verpflichtungen geschlossen werden."

Diese Vorstellungen vom *«domicile»* eines *«trust»* sind gewiß vornehmlich zu dem Zweck entwickelt worden, das auf ihn anwendbare materielle Recht zu finden, in aller Regel, um zu unterscheiden, wann englisches und wann schottisches Recht gilt. Das Hauptmerkmal des so bestimmten *«domicile»* und einige der zu seiner Beurteilung genannten Indizien rechtfertigen aber auch die Anknüpfung gerichtlicher Zuständigkeiten. Die neue Vorschrift begründet im übrigen zwar im eigentlichen Sinne keinen besonderen Gerichtsstand. Da sie aber nur einen sehr engen Kreis von Fällen betrifft, ist ihre Einordnung in Artikel 5 anstatt in Artikel 2 angemessen."

XIII. Verhältnis zu Art. 16[28]

1. Ist ein Vertragsstaat nach Art. 16 ausschließlich international zuständig, so hat diese Zuständigkeitsanknüpfung Vorrang. Art. 16 verdrängt Art. 5 Nr. 6, ebenso wie alle sonstigen Zuständigkeitsanknüpfungen der Art. 2, 5ff.[29]

Beispiel:

Zwei Personen streiten darüber, wer trustee eines Münchner Grundstücks ist. Klagt der eine Prätendent gegen den anderen mit dem Ziel, der Beklagte solle der Löschung seiner im Grundbuch stehenden Eintragung als Eigentümer eines Grundstücks und der Eintragung des Klägers als wirklichem Eigentümer zustimmen,[30] dann ist die Bundesrepublik Deutschland nach Art. 16 Nr. 1 oder 3 ausschließlich international zuständig. Auf den Wohnsitz des Beklagten (Art. 2 I) oder den Sitz des trust kommt es nicht an.[31]

2. Art. 16 kommt jedoch nur zur Anwendung, wenn die dort aufgeführten Materien Streitgegenstand sind, der Richter also über diese in der Hauptsache entscheiden muß, nicht nur als Vorfrage.[32] Meist sind aber bei Rechtsstreitigkeiten aus dem Innenverhältnis eines trust die in Art. 16 erwähnten Rechtsbeziehungen, wenn überhaupt, nur incidenter entscheidungserheblich.

Beispiel:

Zu manchen Verwaltungsmaßnahmen braucht der trustee eine gerichtliche Genehmigung. Auch wenn es sich um die Verwaltung von Grundstücken handelt, ist Verfahrensgegenstand nicht das dingliche Recht des trustee, sondern seine treuhänderische Gebundenheit. Art. 16 Nr. 1 kommt nicht zur Anwendung.[33]

Das gleiche gilt, wenn auf Feststellung geklagt wird, daß eine bestimmte Person trustee eines bestimmten trust ist. Art. 16 Nr. 1 ist nicht etwa deshalb anwendbar, weil zum trust-Vermögen auch Grundbesitz gehört.[34]

XIV. Abdingbarkeit des Art. 5 Nr. 6

Die aus Art. 5 Nr. 6 fließende internationale Zuständigkeit kann derogiert werden. Die Vereinbarung bedarf der Form des Art. 17 I.

---

[28] *Schlosser*-Bericht Nr. 120.
[29] *Kropholler* IZVR Rz. 42.
[30] § 894 BGB.
[31] *Schlosser*-Bericht Nr. 120.
[32] Oben § 86 VI und § 87 VIII.
[33] *Schlosser*-Bericht Nr. 120.
[34] *Schlosser*-Bericht Nr. 120.

§ 89 Die ausschließliche internationale Zuständigkeit des Registerstaates für Klagen, die die Gültigkeit von Eintragungen in öffentlichen Registern zum Gegenstand haben, Art. 16 Nr. 3. Der Ort der Registerführung als Anknüpfungspunkt für die internationale Zuständigkeit

I. Überblick[1]

1. Derjenige Vertragsstaat, in dem das öffentliche Register geführt wird, ist für solche Klagen, welche die Gültigkeit der Eintragung in diesem Register betreffen, gemäß Art. 16 Nr. 3 ausschließlich international zuständig. In Betracht kommen Eintragungen in Grund- und Hypothekenbüchern, im Handelsregister und in anderen öffentlichen Registern.[2] Standesregister (standesamtliche Register) scheiden im Hinblick auf den Ausschlußtatbestand des Art. 1 II Nr. 1 aus.

2. Das Übereinkommen regelt, wie oben § 51 dargelegt, nur die internationale Entscheidungszuständigkeit der Vertragsstaaten, nicht dritter Staaten. Art. 16 Nr. 3 gilt nur zugunsten der Vertragsstaaten. Betrifft die Klage z. B. eine Registereintragung in Österreich oder in der Schweiz, so kommt Art. 16 Nr. 3 nicht zur Anwendung.

II. Ratio conventionis

Grund für die Konzentrierung der die Eintragung in öffentliche Register betreffenden Klagen ist die Sachnähe der Gerichte des Staates, in dem das Register geführt wird, vor allem aber auch deren Rechtsnähe. Registerrecht ist notwendigerweise in hohem Maße förmliches Recht, das am besten von Gerichten des Registerstaates gehandhabt werden kann.

III. Völkergewohnheitsrecht

Eine dem Art. 16 Nr. 3 entsprechende Regel kennt das allgemeine Völkergewohnheitsrecht nicht.

IV. Sachlicher Anwendungsbereich

Streitgegenstand muß die Gültigkeit der Eintragung sein. Es geht also um die Überprüfung eines Hoheitsaktes mit besonderen förmlichen

---

[1] Hierzu s. auch *Kropholler* IZVR Rz. 790.

[2] *Jenard*-Bericht S. 65. Diese Vorschrift „betrifft vorwiegend die Eintragung in Grund- oder Hypothekenbücher, in Handelsregister usw."

Voraussetzungen.[3] Die *materiell-rechtlichen Wirkungen der Eintragung* können grundsätzlich auch von anderen Gerichten beurteilt werden.[4] Insoweit besteht keine ausschließliche internationale Zuständigkeit.

V. Keine Regelung der örtlichen Zuständigkeit

Art. 16 Nr. 3 legt nur die internationale Zuständigkeit des Registerstaates fest, regelt aber nicht die örtliche Zuständigkeit. Die Bestimmung des örtlich zuständigen Gerichts bzw. der örtlich zuständigen Gerichte bleibt dem nationalen Zuständigkeitsrecht des jeweiligen Vertragsstaates vorbehalten. Die Rechtslage ist also die gleiche wie bei der Bestimmung der örtlichen Zuständigkeit innerhalb des Wohnsitzstaates. Der nach Art. 16 Nr. 3 ausschließlich international zuständige Vertragsstaat ist nicht verpflichtet, nur eines seiner Gerichte für örtlich zuständig zu erklären; er kann auch mehrere seiner Gerichte örtlich zuständig sein lassen. Jeder nach Art. 16 Nr. 3 ausschließlich international zuständige Vertragsstaat muß aber mindestens ein örtlich zuständiges Gericht zur Verfügung stellen. Fände sich im nach Art. 16 Nr. 3 ausschließlich zuständigen Vertragsstaat kein Gericht, das sich der Klage annimmt, so entstünde ein negativer Kompetenzkonflikt. Um diesen zu vermeiden, greift die subsidiäre konventionsrechtliche Norm ein, daß bei Schweigen des autonomen Rechts das Gericht der Hauptstadt des nach Art. 16 Nr. 3 kompetenten Staates örtlich zuständig ist.[5]

VI. Präjudizialität genügt nicht

Die in Artikel 16 Nr. 3 aufgeführten Streitfragen müssen Streitgegenstand sein. Über sie muß das Gericht in der Hauptsache zu entscheiden haben. Bloße Präjudizialität genügt nicht, um Art. 16 Nr. 3 anwenden zu können. Über die Gültigkeit der Eintragung können vorfrageweise auch andere Gerichte anderer Vertragsteile entscheiden.

---

[3] Ebenso *Müller* in *Bülow-Böckstiegel* 606, 136, Art. 16 Anm. IV 3. A. A. *Jenard*-Bericht S. 65.

[4] *Müller* a. a. O.

[5] Oben § 33 III.

§ 90 Die internationale Zuständigkeit des Erteilungsstaates (Schutzstaates) für Klagen, welche die Eintragung oder Gültigkeit von Patenten, Warenzeichen, Mustern und Modellen sowie ähnlicher Rechte, die einer Hinterlegung oder Registrierung bedürfen, zum Gegenstand haben, Art. 16 Nr.4

I. Überblick

1. Für Klagen, welche die Eintragung oder die Gültigkeit von Patenten, Warenzeichen, Mustern oder Modellen sowie ähnlicher Rechte, die einer Hinterlegung oder Registrierung bedürfen, zum Gegenstand haben, ist ohne Rücksicht auf den Wohnsitz des Beklagten ausschließlich zuständig der Vertragsstaat, in dessen Hoheitsgebiet die Hinterlegung oder Registrierung beantragt oder vorgenommen worden ist oder aufgrund eines zwischenstaatlichen Übereinkommens als vorgenommen gilt.

2. Art. 16 stellt auf den *Streitgegenstand* ab. Er gilt unabhängig von dem Wohnsitz und der Staatsangehörigkeit der Parteien.[1]

3. Art. 16 Nr. 4 gilt auch für Arbeitnehmererfindungen.[2]

4. Das Übereinkommen regelt nur die internationale Entscheidungszuständigkeit der Vertragsstaaten, nicht dritter Staaten. Art. 16 Nr. 4 gilt nur zugunsten der Vertragsstaaten. Betrifft die Klage z. B. ein in Österreich oder in der Schweiz erteiltes Patent, so kommt Artikel 16 Nr. 4 nicht zur Anwendung.[3]

5. Für Klagen im Zusammenhang mit europäischen Patenten sind die Sondervorschriften der einschlägigen Konvention zu beachten.[4] Näher unten XXII und XXIII.

II. Regelungsbereich

1. Die auf dem Gebiet des gewerblichen Rechtsschutzes möglichen Rechtsstreitigkeiten lassen sich in drei Gruppen einteilen:

---

[1] Oben § 29 V.

[2] Zur generellen Anwendbarkeit des Übereinkommens auf arbeitsrechtliche Streitigkeiten EuGH, Urteil vom 26. Mai 1982, Rechtssache 133/81 – *Ivenel ./. Schwab*, RIW/AWD 1982, 908.

[3] Oben § 29 V. Dagegen sieht *Stauder* GRUR Int. 1976, 511 in Art. 16 Nr. 4 „eine allgemein anerkennbare Regel des internationalen Zivilprozeßrechts".

[4] *Jenard*-Bericht S. 65: „Innerhalb der EWG ist der Entwurf eines Übereinkommens über ein Europäisches Patentrecht ausgearbeitet worden. Dieser Entwurf enthält Bestimmungen über die gerichtliche Zuständigkeit im Zusammenhang mit dem Europäischen Patent, er bezieht sich aber nicht auf nationale Patente, die somit in den Anwendungsbereich des vorliegenden Übereinkommens fallen." Vgl. auch *Stauder* GRUR Int. 1976, 517 bei Fußn. 227.

a) *Erteilungs- und Bestandsverfahren.*
Hier ist Verfahrensgegenstand (Streitgegenstand) der Bestand des Schutzrechts im weitesten Sinne, also dessen Erteilung (Eintragung) und dessen Nichtigkeit bzw. Vernichtung (Löschung). Art. 16 Nr. 4 spricht von „Klagen, welche die Eintragung oder Gültigkeit von Patenten, Warenzeichen, Mustern etc. zum Gegenstand haben."

b) *Verletzungsprozesse.*
Hier geht es um Ansprüche aus der Verletzung von gewerblichen Schutzrechten (Schadensersatzansprüche einschließlich der Nebenansprüche auf Auskunft und Rechnungslegung) oder zu deren Verteidigung (Unterlassungsansprüche).

c) *Vertragsprozesse.*
Hier ist Anspruchsgrundlage ein Vertrag oder eine sonstige privatrechtliche Willenserklärung in Bezug auf das Schutzrecht, z. B. Lizenzverträge, Patent- oder Warenzeichenübertragungen, Nichtanmeldungsverpflichtungen.

2. Nur die oben unter a) aufgeführten Verfahren fallen in den Anwendungsbereich des Art. 16 Nr. 4.[5] Für Verletzungsklagen aus gewerblichen Schutzrechten gilt Art. 16 Nr. 4 nicht; vielmehr kommen die allgemeinen Vorschriften der Art. 2ff. zur Anwendung. So kann z. B. eine Mailänder Firma ein Pariser Unternehmen wegen Verletzung eines deutschen Patents in Frankreich verklagen. Das gleiche gilt für Klagen aus Verträgen, die gewerbliche Schutzrechte betreffen.

3. Das angegangene Gericht kann in die Lage kommen, die Unwirksamkeit des Patents oder sonstigen gewerblichen Schutzrechts incidenter prüfen zu müssen. Das Übereinkommen schreibt die Aussetzung des Verfahrens nicht zwingend vor, sondern stellt diese in das Ermessen des Gerichts. Es besteht nicht etwa ein Kognitionsverbot für die Gerichte der anderen Vertragsstaaten mit der Folge, daß diese sich jeder Entscheidung enthalten müßten. Näher unten VIII und IX.

4. Art. 16 Nr. 4 gilt für *alle gewerblichen Schutzrechte,* nämlich Patente, Gebrauchsmuster, Warenzeichen, Geschmacksmuster und ähnliche Rechte. Ähnliche Rechte sind solche, die dem gewerblichen Rechtsschutz dienen. Hinzukommen muß noch eine Eintragung in ein Register oder Hinterlegung. Ein ähnliches Recht ist z. B. das Sortenschutzrecht, nicht aber das Recht an der eingetragenen Firma.[6] Näher unten XII 3.

5. Das Übereinkommen regelt die internationale Zuständigkeit nur für *gerichtliche Verfahren.*[7] Soweit die Erteilung bzw. Löschung von Patenten

---

[5] *Jenard*-Bericht S. 65: „Für alle übrigen Klagen, einschließlich der Patentverletzungsklagen, gelten die allgemeinen Bestimmungen des Übereinkommens."

[6] So aber *Müller* in *Bülow-Böckstiegel* 606/137, Art. 16, Anm. IV 4.

[7] Oben § 29 II.

und sonstigen gewerblichen Schutzrechten Verwaltungsbehörden übertragen ist, gilt das Übereinkommen nicht.[8] Das Verfahren vor dem Patentamt fällt daher nicht in den Anwendungsbereich des Art. 16 Nr. 4. Das gleiche gilt für Rechtsbehelfs- oder Rechtsmittelverfahren, die dem patentamtlichen Eintragungsverfahren nachfolgen; denn diese sind Annexverfahren zum Verwaltungsverfahren. Art. 16 Nr. 4 gilt nur für gerichtliche *Primärverfahren,* also solche Verfahren, in denen das Gericht nicht nur als Kontrollinstanz gegenüber der Verwaltungsbehörde tätig wird, sondern für die Entscheidung der das gewerbliche Schutzrecht betreffenden Streitigkeit eine Primärzuständigkeit besitzt.

6. Art. 16 Nr. 4 gilt – wie die gesamte Zuständigkeitsordnung des Übereinkommens – nur für Verfahren, deren Streitgegenstand zivilrechtlich zu qualifizieren ist, Art. 1, nicht jedoch für öffentlichrechtliche Verfahren. So kommt z. B. auf *Zwangslizenzverfahren* die Zuständigkeitsordnung des Übereinkommens nicht zur Anwendung, da es hier um einen öffentlichrechtlichen Eingriff in das Ausschließlichkeitsrecht des Patentinhabers geht.[9]

---

[8] Dies übersieht *Stauder* GRUR Int. 1976, 511 ff. bei Fußn. 167: „Die Ansprüche und Rechte im Erteilungs- und Eintragungsverfahren werden vor dem Patentamt geltend gemacht. Die Klagen, die aus dem patentamtlichen Eintragungsverfahren hervorgehen, mit den Rechtsmitteln zu den Gerichten unterliegen der ausschließlichen Zuständigkeit des Schutzstaates. In Deutschland gehört also zur ausschließlichen Zuständigkeit das gesamte Patenterteilungsverfahren vor dem Patentamt mit Einspruch, Beschwerde und Rechtsbeschwerde, im Warenzeicheneintragungsverfahren das Verfahren vor dem Patentamt mit Widerspruch, Erinnerung, Beschwerde und Rechtsbeschwerde. Zur ausschließlichen Zuständigkeit im Patenterteilungsverfahren gehört auch die im Wege des Einspruchs geltend gemachte widerrechtliche Entnahme mit dem Ziel, dem Anmelder den öffentlich-rechtlichen Anspruch auf Erteilung des Patents zu nehmen (§ 4 III PatG)." Wie *Stauder* auch *Müller* in *Bülow-Böckstiegel* 606/137, Art. 16, Anm. IV 4a bei Fußn. 33.

[9] Unklar *Stauder* GRUR Int. 1976, 513, der sich für öffentlich-rechtliche Qualifikation ausspricht, gleichwohl aber Art. 16 Nr. 4 anwenden will: „Die Klage auf Erteilung einer Zwangslizenz läßt den Rechtsbestand des Patents wie auch das Register zwar unberührt. Dieses Rechtsinstitut trägt jedoch wirtschafts- und wettbewerbspolitischen Charakter. Daher liegt es nahe, daß Zwangslizenzverfahren nur vor den Gerichten des Staates geführt werden, für dessen Gebiet um Zwangslizenz nachgesucht wird. Die Zwangslizenz schützt die Interessen der Allgemeinheit gegenüber dem Ausschließlichkeitsrecht des Patentinhabers. Aus diesen Gründen ist der Streit über die Zwangslizenzerteilung im Charakter öffentlich-rechtlicher Natur, wie die Geschichte und auch die Anknüpfung am öffentlichen Interesse heute noch verraten. Man könnte den Zwangslizenzstreit zwar materiell auch privatrechtlich qualifizieren mit der These, daß öffentliche Interessen privatrechtlich geschützt werden. Die Rücksichtnahme der Entscheidung auf nationale Interessen gebietet aber die Anerkennung der ausschließlichen Kompetenz der eigenen Gerichte."Wenig erhellend auch *Müller* in *Bülow-Böckstiegel,* 606/137 Art. 16, Anm. IV 4a bei Fußn. 35: „Die Klage auf Erteilung einer Zwangslizenz nach §§ 15, 41 PatG hat zwar nicht die Gültigkeit des Schutzrechts zum Gegenstand; die Zwangslizenz fließt jedoch aus der Souveränität des Schutzlandes und

III. Rechtslage nach allgemeinem Völkergewohnheitsrecht

Ein verbotener Eingriff in die Souveränität eines fremden Staates läge nur dann vor, wenn ein Gericht den Gerichten bzw. Behörden (Patentamt) eines anderen Staates Anweisungen geben wollte (z. B. ein Patent zu löschen). Erlaubt wäre jedoch eine Entscheidung über den Bestand eines ausländischen Schutzrechts lediglich mit Wirkung für den Hoheitsbereich des Urteilsstaates, also ohne Anspruch auf *extraterritoriale Wirkung*.

IV. Ausschließlichkeit der internationalen Zuständigkeit des Schutzstaates

Art. 16 Nr. 4 verdrängt in seinem Anwendungsbereich alle übrigen Zuständigkeitsanknüpfungen.

V. Ratio conventionis

1. Souveränitätsinteressen

Diese stellt der *Jenard*-Bericht in den Vordergrund. Er knüpft damit an die im internationalen Zivilprozeßrecht diskutierte These an, über die Erteilung und den Bestand von gewerblichen Schutzrechten könne nur der Erteilungsstaat entscheiden.[10] Diese These findet aber keine Stütze im Völkergewohnheitsrecht.[11] Wollte man sie konsequent durchführen, so müßte man auch die Kognitionsbefugnis anderer Staaten verneinen, wenn sich deren Behörden oder Gerichte mit dem Bestand von ausländi-

---

hat eine so enge Berührung mit dem Bestand des Schutzrechts, daß Art. 16 Nr. 4 angewendet werden sollte." Unentschieden *Kropholler* IZVR Rz. 793.

[10] *Jenard*-Bericht S. 65: „Da die Erteilung von Patenten Ausfluß der nationalen Souveränität ist, sieht das vorliegende Übereinkommen in Artikel 16 Nr. 4 für Streitigkeiten über die Eintragung oder die Gültigkeit von Patenten eine ausschließliche Zuständigkeit vor." Hierzu auch *Stauder* GRUR Int. 1976, 511 bei Fußn. 163: „Eintragung und Erteilung sowie Löschung und Nichtigerklärung sind korrespondierende Akte. Ihre Vornahme muß als Ausfluß nationaler Souveränität angesehen werden, ..." Ebenso *Stauder* aaO. 512 zur Vindikationsklage (vgl. unten XIV 7 [bei Fußn. 42]). „Im Streit zwischen Anmelder und Erfinder geht es also um die Beteiligung am Erteilungsverfahren und im Streit zwischen Patentinhaber und Erfinder um die Rechtsinhaberschaft am Patent. Diese enge Verbindung der Vindikationsklage mit der Erteilung des Patents rechtfertigt die ausschließliche Zuständigkeit der Gerichte des Schutzstaates. Die Frage, wer als Erfinder das Patent erhalten soll, kann zu den Souveränitätsentscheidungen des Erteilungsstaats gerechnet werden."

[11] Vgl. *Zöller-Geimer*, ZPO, 13. Aufl., 1981, IZPR Anm. D und E VI.

schen gewerblichen Schutzrechten vorfrageweise befassen. Dies fordert aber niemand.

2. Rechtsnähe

Plausibler als das Souveränitätsargument erscheint die Begründung, Art. 16 Nr. 4 schaffe wegen der Rechtsnähe des Erteilungsstaates eine ausschließliche internationale Zuständigkeit, nicht zuletzt auch wegen der engen Verzahnung des Verfahrensrechts mit dem Sachrecht.[12]

VI. Keine Regelung der örtlichen Zuständigkeit

Art. 16 Nr. 4 legt nur die internationale Zuständigkeit des Erteilungsstaates (Schutzstaates) fest, nicht aber die örtliche Zuständigkeit. Die Bestimmung des örtlich zuständigen Gerichts bzw. der örtlich zuständigen Gerichte überläßt das Übereinkommen dem nationalen Zuständigkeitsrecht des jeweiligen Vertragsstaates.[13] Die Rechtslage ist also die gleiche wie bei der Bestimmung der örtlichen Zuständigkeit innerhalb des Wohnsitzstaates. Der nach Art. 16 Nr. 4 ausschließlich international zuständige Vertragsstaat ist nicht verpflichtet, nur eines seiner Gerichte für örtlich zuständig zu erklären, er kann auch mehrere seiner Gerichte örtlich zuständig sein lassen. Jeder nach Art. 16 Nr. 4 ausschließlich international zuständige Vertragsstaat muß mindestens ein örtlich zuständiges Gericht zur Verfügung stellen. Sonst läge eine verbotene Justizverweigerung vor. Denn es steht nicht im Belieben des nach Art. 16 Nr. 4 ausschließlich international zuständigen Schutzstaates, ob er von seiner Jurisdiktionsbefugnis Gebrauch machen will oder nicht.

VII. Verbot der Widerklage in anderen Vertragsstaaten

1. Die ausschließliche internationale Zuständigkeit des Erteilungsstaates kann nicht durch Erhebung einer Widerklage (Art. 6 Nr. 3) in einem anderen Vertragsstaat unterlaufen werden. Diese wäre unzulässig. Art. 16 Nr. 4 überlagert Art. 6 Nr. 3. Wird die Widerklage in einem dritten Staat (= Nichtvertragsstaat) erhoben, so gilt das gleiche.[14]

---

[12] Im Ergebnis ähnlich *Stauder* GRUR Int. 1976, 511 bei Fußn. 164: Er betont, daß „die Staaten für die Eintragung und zum Teil auch für die Vernichtung der Schutzrechte besondere Verfahrensarten vorschreiben. .... In diesem Bereich kann die ausschließliche Zuständigkeit auch mit der ausschließlichen Befugnis der Registerführung und mit der Rücksichtnahme auf die Besonderheiten der Eintragungsverfahren begründet werden." Vgl. auch *Kropholler* IZVR Rz. 791.

[13] In der Bundesrepublik Deutschland kommen neben den allgemeinen Gerichtsständen der §§ 12ff. ZPO auch die Gerichtsstände des Inlandsvertreters (§ 16 Satz 3 PatG, § 20 Satz 3 Gebrauchsmustergesetz, § 35 II 3 Warenzeichengesetz) in Betracht. Hierzu *Stauder* GRUR Int. 1976, 511 bei Fußn. 165, 470.

[14] Allerdings wird die Konvention von den Gerichten dritter Staaten nicht beachtet.

2. Nicht verboten ist jedoch die vorfrageweise Prüfung der in Art. 16 Nr. 4 angesprochenen Rechtsfragen. Ein Kognitionsverbot besteht nicht. Das mit der Vorfrage befaßte Gericht ist nicht verpflichtet, den Rechtsstreit auszusetzen. Es darf selbst entscheiden. Dies ist im folgenden näher auszuführen.

VIII. Präjudizialität genügt nicht

1. Die in Art. 16 Nr. 4 aufgeführten Streitfragen müssen Streitgegenstand sein. Über sie muß das Gericht in der Hauptsache zu entscheiden haben. Bloße Präjudizialität genügt nicht.

2. Art. 16 Nr. 4 verbietet nicht, daß sich die Gerichte anderer Vertragsstaaten mit der Frage des Bestandes des Schutzrechts – ohne mit Rechtskraftwirkung zu entscheiden – nur incidenter befassen, also vorfrageweise im Rahmen der richterlichen Subsumtion. Das Übereinkommen kennt kein Kognitionsverbot in dem Sinne, daß sich die Gerichte anderer Vertragsstaaten einer Entscheidung der Vorfrage enthalten und diese den Gerichten des Schutzstaates überlassen müßten. Auch sieht das Übereinkommen ein Vorlage- oder Verweisungsverfahren zur Vorabentscheidung über den Bestand des Patents oder sonstigen gewerblichen Schutzrechts nicht vor. Die Gerichte anderer Vertragsstaaten, die vorfrageweise über den Bestand zu entscheiden haben, können nach Art. 22 I ihr Verfahren aussetzen und die Entscheidung des Erteilungsstaates über die „Gültigkeit" des gewerblichen Schutzrechtes abwarten. Sie sind hierzu jedoch nicht verpflichtet.[15]

3. Anders ist es jedoch, wenn außerhalb des Erteilungsstaates – z. B. im Rahmen des Verletzungsprozesses – eine Feststellungsklage erhoben wird mit dem Antrag, zu erkennen, daß das in Frage stehende Schutzrecht besteht oder nicht besteht. Dann ist die Frage der Gültigkeit des Schutzrechts nicht Vorfrage, sondern Hauptsache (Streitgegenstand) der Zwischenfeststellungsklage mit der Folge, daß über den Bestand des Schutzrechts mit *Rechtskraftwirkung* entschieden wird. Eine solche Entscheidung verbietet aber gerade Art. 16 Nr. 4 den anderen Vertragsstaa-

---

Art. 16 Nr. 4 kann also erst im Anerkennungsstadium durchgesetzt werden. Vgl. oben § 53.

[15] Allerdings ist der Wortlaut des Art. 22 nicht eindeutig. Eine Aussetzungsbefugnis besteht nach Art. 22 I für Klagen, die im Zusammenhang stehen. Dies ist nach Art. 22 III dann zu bejahen, wenn zwischen den Klagen eine so enge Beziehung gegeben ist, daß eine gemeinsame Verhandlung und Entscheidung geboten erscheint, um zu vermeiden, daß in getrennten Verfahren widersprechende Entscheidungen ergehen könnten. Nach deutschem Recht kann die Nichtigkeitsklage aber wegen der besonderen Zuständigkeit des Bundespatentgerichts mit der Verletzungsklage nicht verbunden werden. Dies ist aber kein Hindernis für die Anwendung des Art. 22 I. Zweck des Art. 22 I ist es, Entscheidungsdisharmonien – soweit wie möglich – zu vermeiden. Deshalb ist eine weite Auslegung zu befürworten. A. A. *Stauder* GRUR Int. 1976, 514 nach Fußn. 192. – Zu Art. 22 s. oben § 44 II.

ten. Ausschließlich international zuständig hierfür ist nur der Erteilungsstaat. Dies gilt auch dann, wenn die Rechtskraft der außerhalb des Erteilungsstaates in einem anderen Vertragsstaat erlassenen Entscheidung nicht erga omnes, sondern nur *inter partes* wirkt.[16]

IX. Verbot der Inzidententscheidung durch das Recht des Erteilungsstaates[17]

1. Das deutsche und das niederländische Patentrecht verbieten die einredeweise Geltendmachung der Nichtigkeit des Patents. Die Nichtigkeit kann nur von besonderen Gerichten[18] mit Wirkung erga omnes festgestellt werden. Solange dies nicht geschehen ist, muß das mit der Verletzungsklage befaßte Gericht vom Bestand des Patents ausgehen.[19] Es darf nicht – auch nicht incidenter – bei seiner Entscheidung von der Nichtigkeit des Patents ausgehen.[20]

2. Das Übereinkommen regelt nicht die Frage, ob die Gerichte der anderen Vertragsstaaten das Verbot des Schutzstaates, die Nichtigkeit des Patents incidenter ohne Rechtskraftwirkung festzustellen, zu beachten haben.[21] Dies ist eine Frage des Kollisionsrechts des mit der Verlet-

---

[16] A. A. *Stauder* GRUR Int. 1976, 514 sub aa) zu der Hypothese, daß die Nichtigkeitsklage in der Gestalt der Feststellungsklage Urteilswirkung nur inter partes entfaltet. Er warnt „aus prozessualen, insbesonders prozeßökonomischen Gründen" in diesen Fällen Art. 16 Nr. 4 anzuwenden. „Die Feststellungsklagen mit Wirkung inter partes gehören nach ihrem materiellen Gehalt nicht zu den Bestandsverfahren nach Art. 16 Nr. 4 GVÜ. Daher begründen Feststellungsklagen mit Wirkung zwischen den Parteien keine ausschließliche Zuständigkeit."

[17] Rechtsvergleichende Hinweise bei *Ströbele* GRUR Int. 1975, 1; *Stauder* GRUR Int. 1976, 514.

[18] In der Bundesrepublik Deutschland vom Bundespatentgericht im Verfahren nach §§ 37ff. Patentgesetz.

[19] So nun auch Art. 68 des Luxemburger Patentübereinkommens (unten XXIV 3 [nach Fußn. 112]). Das mit der Verletzungsklage befaßte Gericht darf nicht selbst die Unwirksamkeit feststellen. Das Gemeinschaftspatent kann nur vom Europäischen Patentamt für nichtig erklärt werden, Art. 56ff. LPÜ. Hängt die Entscheidung des Gerichts von der Patentierbarkeit der Erfindung oder Rechtsgültigkeit des Patents ab, so setzt es nach Art. 77 LPÜ sein Verfahren aus. Beschließt das Europäische Patentamt die Aufrechterhaltung des Gemeinschaftspatents, so hat es eine nicht bindende Stellungnahme zum Schutzbereich dieses Patents abzugeben, Art. 78 LPÜ. Eine solche Stellungnahme zum Schutzbereich kann das Verletzungsgericht auch nach Art. 78 II LPÜ anfordern, ohne daß ein Bestandsverfahren anhängig wäre. Hierzu *Stauder* GRUR Int. 1976, 517.

[20] *Stauder* GRUR Int. 1976, 514 sub bb).

[21] A. A. *Stauder* GRUR 1976, 514 sub bb), der die Meinung vertritt, Art. 16 Nr. 4 gebiete insoweit die Beachtung des Patentrechts des Schutzstaates:
Die ausschließlichen besonderen Gerichtsstände der Patentnichtigkeitsklage des deutschen und niederländischen Rechts seien in Art. 16 Nr. 4 als eine gegenüber der allge-

zungsklage befaßten Vertragsstaates. Vernünftigerweise wird dieses das Recht des Schutzstaates respektieren und daher den eigenen Gerichten gebieten, das Kognitionsverbot der Rechtsordnung des ausländischen Schutzstaates zu beachten. Aber auch wenn es dies nicht täte, läge darin kein Verstoß gegen das Übereinkommen, sofern nur incidenter[22] ohne Rechtskraftwirkung über den Bestand des Schutzrechts entschieden würde.[23]

3. Deshalb wäre es auch dem Schutzstaat verboten, dem in einem anderen Vertragsstaat im Verletzungsprozeß ergangenen Urteil die Anerkennung und Klauselerteilung zu verweigern, mit der Begründung, der Vertragsstaat, dessen Gerichte über die Verletzungsklage entschieden haben, habe seine ausschließliche internationale Zuständigkeit verletzt. Ein Fall des Art. 16 Nr. 4 liegt ja gerade nicht vor, weil über den Bestand des Schutzrechts nicht in der Hauptsache und ohne Rechtskraftwirkung entschieden wurde. Dies wäre aber gerade Voraussetzung für die Anwendung des Art. 16 Nr. 4. War diese Vorschrift vom Erstgericht nicht zu beachten, so ist es dem Zweitrichter verwehrt, die Anerkennung (Art. 25ff.) bzw. Zulassung zur Zwangsvollstreckung (Art. 31ff.) mit der Begründung zu verweigern, Art. 16 Nr. 4 sei verletzt. Der Versa-

---

meinen Anwendung der Gerichtsstandsregeln zulässige Ausnahme anerkannt. Ausschlaggebend sei die materiellrechtliche Bindung der Verletzungsgerichte an das erteilte Patent. Die Verletzungsgerichte dürften die Ungültigkeit zwischen den Parteien nicht feststellen. Der materiellrechtliche Bestand des Schutzrechts bindet auch die ausländischen Gerichte.

Ebenso die h. M. zum autonomen deutschen Recht; vgl. *Weigel*, Gerichtsbarkeit, internationale Zuständigkeit und Territorialtitätsprinzip im deutschen gewerblichen Rechtsschutz, 1973,160:

„Wo – wie im deutschen Recht bei Patenten und Gebrauchsmustern (vgl. § 11 S. 2 GebrMG) – schon der eigene Verletzungsrichter nicht über den Nichtigkeitseinwand entscheiden kann, sondern für diesen Bereich eine ausschließliche Spezialzuweisung besteht, kann auch dem ausländischen Richter keine Kompetenz hierfür eingeräumt werden. Es liegt auch insoweit eine zu respektierende Inanspruchnahme ausschließlicher internationaler Zuständigkeit vor. In diesen Fällen hätte also eine Aussetzung des Verletzungsstreits bis zur Entscheidung durch die zuständige Instanz des Schutzstaates zu erfolgen. Insoweit wäre also ein Gleichlauf mit der Regelung bei den Bestandsverfahren selbst gewährt. Fehlt es dagegen an einer solchen Spezialzuweisung und wird der Nichtigkeitseinwand nach dem maßgebenden Recht im Verletzungsprozeß von den allgemeinen Gerichten zugelassen, unterliegt also dieser Komplex vollständig der Disposition privater Parteien im Rahmen eines normalen Zivilprozesses, so sind keine überzeugenden Bedenken gegen eine entsprechende Entscheidung des ausländischen Verletzungsrichters erkennbar. Jegliche Wirkung dieses Urteils entfaltet sich nur zwischen den Parteien des konkreten Rechtsstreits, und selbst hier nimmt die Beurteilung der Nichtigkeitsfrage als bloßes Urteilselement nicht einmal an der Rechtskraft teil. Es bedarf auch keiner Mitwirkung einer Behörde des Schutzlandes, sei es auch nur durch bloßen Rollenvermerk, wie meist bei den Nichtigkeitsurteilen selbst."

[22] Oben VIII 3.

[23] Auch das allgemeine Völkergewohnheitsrecht verbietet eine Inzidententscheidung nicht.

gungsgrund des Art. 28 I ist nicht einschlägig.[24] Auch der Umweg über die ordre public – Klausel ist dem Schutzstaat verlegt, um seinen etwa nach seinem nationalen Recht bestehenden Anspruch auf ein Jurisdiktionsmonopol in bestandsrechtlichen Fragen durchzusetzen, Art. 28 III 2. Der Schutzstaat darf mithin den Entscheidungen der Gerichte anderer Vertragsstaaten seinen ordre public nicht mit der Begründung entgegenhalten, nur sein Patentgericht dürfe bestandsrechtliche Fragen entscheiden. Eine Nichtbeachtung dieser Regel schließt die Anerkennung bzw. Klauselerteilung nicht aus. Unbenommen bleibt es jedoch dem Schutzstaat, seinen ordre public zu bemühen, wenn das Erstgericht *in der Sache falsch entschieden hat,* also das materielle Patentrecht des Schutzstaates nicht oder nicht richtig angewandt hat. Hat z. B. das deutsche Bundespatentgericht die Nichtigkeitsklage als unbegründet abgewiesen, war aber das Gericht eines anderen Vertragsstaates im Verletzungsverfahren von der Nichtigkeit des Patents ausgegangen und hatte es daher die Verletzungsklage abgewiesen, so kann der deutsche Zweitrichter nach Art. 27 Nr. 1 prüfen, ob der Anerkennung der negativen Feststellungswirkung des klageabweisenden Urteils der deutsche ordre public entgegensteht. Verboten ist nämlich nur die Anwendung des ordre public im Hinblick auf Zuständigkeitsmonopolansprüche des Zweitstaates.

4. Wie hat nun ein Gericht eines anderen Vertragsstaates zu entscheiden, wenn es nach seinem Kollisionsrecht – was die Regel sein dürfte – das Kognitionsverbot des deutschen bzw. niederländischen Patentrechts zu beachten hat?

Beispiel:

Ein italienisches Gericht hat über eine Verletzungsklage aus einem deutschen Patent zu entscheiden; es ist der Ansicht, das deutsche Patent könnte nichtig sein.

Hier hat das Gericht nur die Wahl, entweder von dem Bestehen des deutschen Patents auszugehen und darauf seine Entscheidung aufzubauen oder gemäß Art. 22 I seine Entscheidung auszusetzen, um dem Beklagten Gelegenheit zu geben, die Nichtigkeitsklage vor dem Bundespatentgericht in München zu erheben. Zumindest in erweiternder oder analoger Anwendung ist Art. 22 I hier einschlägig, auch wenn der Verletzungsprozeß nicht mit dem Bestandsverfahren nach §§ 37ff. Patentgesetz verbunden werden kann. Diese Lösung ist dem Vorschlag vorzuziehen, das ausländische Gericht solle § 148 der deutschen ZPO anwenden, ganz gleich, ob man diese Vorschrift mit der h. M. prozeßrechtlich oder wegen der engen Verzahnung zwischen Sachrecht und Verfahren im Patentrecht als materiellrechtlich qualifiziert.[25]

---

[24] Der Zweitrichter darf – wegen des generellen Verbots, die internationale Zuständigkeit des Erststaates nachzuprüfen, vgl. oben § 57 I – auch dann nicht die Anerkennung verweigern, wenn der Erstrichter zu Unrecht nach Art. 2ff. seine internationale Zuständigkeit bejaht hat.

[25] Anders *Stauder* GRUR Int. 1976, 514f.: Die Anwendung der deutschen Ausset-

X. Qualifikationsfragen

Um eine einheitliche Anwendung des Art. 16 Nr. 4 zu gewährleisten, insbesondere um unangemessen weit gefaßte Jurisdiktionsmonopole einzelner Vertragsstaaten zu verhindern, sind die in Art. 16 Nr. 4 für die Zuständigkeitsanknüpfung verwendeten Begriffe *konventionsimmanent* zu definieren.[26] Wäre es anders, so könnte jeder Vertragsstaat das innere Gleichgewicht der europäischen Zuständigkeitsordnung dadurch stören, daß er den Begriff der „ähnlichen Rechte“ überstrapaziert und so einseitig ausschließliche internationale Zuständigkeiten zu Lasten der anderen Vertragsstaaten schafft.

XI. Gewerbliche Schutzrechte: Patente, Warenzeichen, Muster und Modelle

Art. 16 Nr. 4 verwendet bewußt nicht die generelle Bezeichnung „gewerbliche Schutzrechte“, sondern zählt diese kasuistisch auf: Patente, Warenzeichen, Muster und Modelle. Dies hat den Vorteil, daß in der Praxis Abgrenzungsprobleme nicht auftauchen. Denn in den autonom zu definierenden Anwendungsbereich des Art. 16 Nr. 4 fallen nach dem Willen der Verfasser des Übereinkommens alle derzeit in den Vertragsstaaten nach der jeweiligen nationalen Rechtsordnung bekannten Patente, Warenzeichen, Muster und Modelle.[27] Probleme können erst dann entstehen, wenn die Vertragsstaaten ihre nationalen Rechtsordnungen ändern und neue gewerbliche Schutzrechte schaffen, und zwar nicht durch Einführung neuer eigenständiger Schutzrechte, sondern in der Weise, daß sie den Begriff der bestehenden und in Art. 16 Nr. 4 namentlich erwähnten gewerblichen Schutzrechte erweitern, z. B. den Begriff des Warenzeichens. Dann wird die Frage aktuell, wo die Grenzen des europarechtlich, also einheitlich zu bestimmenden Anwendungsbereichs des Art. 16 Nr. 4 verlaufen.

---

zungsregel durch den ausländischen Richter sei wegen der materiell-rechtlichen Wirkung des Patents im Verletzungsverfahren nötig. § 148 ZPO ist das verfahrensrechtliche Korrektiv gegenüber der Bindung der Verletzungsgerichte an das erteilte Patent. Zweck der Aussetzung ist die Überprüfung des Schutzrechts. Die Aussetzungsvorschrift ist dadurch Bindeglied zwischen Rechtsbestand und Rechtsansprüchen. Wegen der engen Verflechtung zwischen materiellem Recht und Verfahrensrecht im Patentrecht bildet § 148 ZPO einen wesentlichen Bestandteil der materiell-rechtlichen Regelungen des Patentrechts. Man kann daher sagen, daß die Aussetzungsregeln im Patentrecht auch materiell-rechtlichen Gehalt haben und aus diesem Grund vom ausländischen Gericht anwendbar sind.“

[26] A. A. *Müller* in *Bülow-Böckstiegel* 606/137, Art. 16, Anm. IV 4 vor a: Maßgebend sei das „Recht des Staates, in dem die Eintragung oder Hinterlegung beantragt oder vorgenommen ist oder als vorgenommen gilt.“

[27] Im Ergebnis übereinstimmend *Müller* (Fußn. 26).

XII. Ähnliche Rechte, die einer Hinterlegung oder Registrierung bedürfen

1. Auch dieser Begriff ist konventionsimmanent zu definieren, um eine einheitliche Anwendung des Übereinkommens zu gewährleisten. Faßt man diesen Begriff weit, so bedeutet dies eine übermäßige Zurückdrängung der allgemeinen Zuständigkeitsregeln der Art. 2ff.. Dies ist aber nicht Anliegen des Übereinkommens.[28]

2. Das „ähnliche Recht" muß dem *gewerblichen Rechtsschutz* dienen. In Betracht kommen z. B. Sortenschutzrechte.[29]

3. Eine Überdehnung des Art. 16 Nr. 4 wäre es jedoch, wollte man diese Vorschrift auch auf Klagen anwenden, die die *eingetragene Firma* eines Kaufmannes oder einer Handelsgesellschaft betreffen.[30] Hätten die Verfasser des Übereinkommens für firmenrechtliche Klagen eine ausschließliche internationale Zuständigkeit des Eintragungsstaates schaffen wollen, so hätten sie diesen für die internationalen Handelskreise ganz wesentlichen Punkt sicher expressis verbis klargestellt. Auch ein weiteres Argument spricht für die hier vertretene Ansicht: Art. 16 Nr. 4 setzt eine Eintragung (Registrierung) voraus. Alle Klagen, die nicht im Handelsregister eingetragene Firmen betreffen, fallen von vorneherein nicht in den Anwendungsbereich des Art. 16 Nr. 4. Die Folge wäre eine nicht gerechtfertigte Zuständigkeitsspaltung. Für eingetragene Firmen bestünde eine ausschließliche internationale Zuständigkeit des Eintragungsstaates, für nicht eingetragene Firmen oder Etablissementbezeichnungen würden die allgemeinen Vorschriften der Art. 2ff. gelten. Dies wäre unausgewogen.

4. Voraussetzung für die Anwendung des Art. 16 Nr. 4 auf „ähnliche Rechte" ist, daß diese der Hinterlegung oder Registrierung bedürfen. Es genügt auch die *Fiktion* der Registrierung.

Die Formulierung „aufgrund eines zwischenstaatlichen Übereinkommens als vorgenommen gilt" ist auf das Madrider Markenabkommen abgestimmt.[31]

---

[28] EuGH, Urteil vom 14. Dezember 1977, Rechtssache 73/77 – *Sanders ./. van der Putte,* EUGHE 1977, 2383 = RIW/AWD 1978, 336 (zu Art. 16 Nr. 1). Vgl. oben § 85 Fußn. 37.

[29] *Müller* in *Bülow-Böckstiegel* 606/137, Art. 16, Anm. IV 4 vor a.

[30] A. A. *Müller* aaO (Fußn. 29).

[31] *Jenard*-Bericht S. 65: „Der Satzteil «aufgrund eines zwischenstaatlichen Übereinkommens als vorgenommen gilt» bezieht sich auf das Madrider Abkommen vom 14. April 1891 betreffend die internationale Registrierung von Fabrik- oder Handelsmarken, revidiert in Brüssel am 14. Dezember 1900, in Washington am 2. Juni 1911, in Den Haag am 6. November 1925 und in London am 2. Juni 1934. Desgleichen wird auf die Haager Abmachung vom 6. November 1925 in der Londoner Fassung vom 2. Juni 1934 über die internationale Hinterlegung gewerblicher Muster oder Modelle Bezug genommen. Nach dem System dieser Verträge hat die durch Vermittlung des Ursprungsstaats bei dem Internationalen Büro in Bern vorgenommene Hinterlegung

Beispiel:
Nach einer über das Deutsche Patentamt bei dem Internationalen Büro durchgeführten internationalen Registrierung wird darüber gestritten, ob die IR-Marke in Italien Schutz genießt. Ist über diese Frage nicht nur vorfrageweise, sondern in der Hauptsache zu entscheiden, so ist Italien ausschließlich international zuständig.[32]

XIII. Klagearten

Art. 16 Nr. 4 gilt für alle Klagearten. Welche Klage im konkreten Fall zu erheben ist, bestimmt die maßgebliche lex causae, nicht das Übereinkommen; so z. B. wenn es darum geht, ob die Nichtigkeit des Patents durch Feststellungs- oder Gestaltungsklage geltend gemacht werden muß. Ein Beispiel für eine patentrechtliche Leistungsklage ist etwa die Vindikationsklage.[33]

XIV. Eintragungsklagen, welche die Eintragung von gewerblichen Schutzrechten oder ähnlichen Rechten zum Gegenstand haben

1. Verfahren vor dem Patentamt

Das Patentamt erteilt die Patente und trägt sie ein. Das gleiche gilt für die sonstigen gewerblichen Schutzrechte. Das Verfahren vor dem Patentamt fällt nicht in den Anwendungsbereich der Zuständigkeitsordnung des Übereinkommens; denn dieses gilt nur für gerichtliche Verfahren, nicht für Verwaltungsverfahren.

2. Rechtsmittel- und Rechtsbehelfsverfahren, die aus dem patentamtlichen Eintragungsverfahren hervorgehen

Auch für reine Rechtsmittel- und Rechtsbehelfsverfahren gegen die Entscheidungen des Patentamtes bzw. der sonstigen Erteilungsbehörden gilt die Zuständigkeitsordnung des Übereinkommens nicht. Denn diese sind Annexverfahren zum Verwaltungsverfahren. Die Zuständigkeitsordnung des Übereinkommens gilt nur für *gerichtliche Primärverfahren,*

---

in den übrigen Vertragsstaaten die gleiche Wirkung, wie wenn die betreffenden Marken, Muster und Modelle dort unmittelbar hinterlegt worden wären. Demnach sind im Falle einer auf Antrag deutscher Behörden bei dem Internationalen Büro vorgenommenen Hinterlegung allein die französischen Gerichte für Streitigkeiten zuständig, die sich zum Beispiel auf die Frage beziehen, ob die Marke als in Frankreich hinterlegt zu gelten hat."

[32] *Stauder* GRUR Int. 1976, 511 bei Fußn. 156.

[33] Unten XIV 7.

also solche Verfahren, in denen das Gericht nicht nur als Kontrollinstanz gegenüber der Verwaltungsbehörde tätig wird, sondern für die Entscheidung der das gewerbliche Schutzrecht betreffenden Streitigkeit eine Primärzuständigkeit besitzt.[34]

3. Öffentlichrechtliche Verfahrensgegenstände

Aber selbst wenn man diese Differenzierung nicht akzeptiert, sind die sich an das Verwaltungsverfahren vor dem Patentamt anschließenden Rechtsmittel- bzw. Rechtsbehelfsverfahren aus dem Anwendungsbereich des Übereinkommens ausgeklammert, da es sich nicht um Zivilsachen i. S. des Art. 1 I handelt, sondern um öffentlichrechtliche Verfahren.[35]

4. Zivilrechtliche Streitigkeiten zwischen Parteien

Art. 16 Nr. 4 gilt demnach nur für zivilrechtliche Streitigkeiten zwischen Parteien[36] über die Eintragung von Patenten, Warenzeichen, Mustern und Modellen sowie ähnlichen Rechten, für die eine Primärzuständigkeit eines Gerichts besteht, mit Ausnahme der sog. Vertragsklagen.

5. Vertragsklagen

Art. 16 Nr. 4 gilt nicht für *Klagen, die sich auf vertragliche Ansprüche stützen.*[37] Insoweit kommen die allgemeinen Kompetenznormen der Art. 2ff. zur Anwendung. Dies gilt nicht nur für Klagen auf Schadenersatz wegen Nicht- oder Schlechterfüllung, sondern auch für Klagen auf Erfüllung primärer Vertragspflichten, wie z. B. die Klage auf Übertragung einer Anmeldung.[38] Vgl. auch unten XVII.

6. Klagen während des Eintragungsverfahrens

Art. 16 Nr. 4 kommt auch schon während des Eintragungsverfahrens zum Zuge, also für gerichtliche Verfahren in der Zeit zwischen Anmeldung (Antrag auf Eintragung) und Eintragung.[39] Die Wendung „die

---

[34] Vgl. oben Fußn. 8.

[35] Vgl. *Stauder* GRUR Int. 1976, 466, 511 Fußn. 167.

[36] Oben § 29 II.

[37] Zum Problem der Anspruchskonkurrenz s. oben § 74 XII.

[38] *Stauder* GRUR Int. 1976, 512 bei Fußn. 179 hebt die Fälle hervor, in denen ein Schutzrechtsinhaber mehrere Schutzrechte en bloc vertraglich auf den Erwerber überträgt: „Die heute vorherrschende Meinung hat sich in der Frage des anwendbaren Rechts vom Territorialitätsprinzip gelöst und verweist auf das nicht notwendigerweise nach dem Recht des Schutzlandes zu beurteilende Vertragsstatut. Im Bereich des Vertragsrechts besteht damit neben der Vereinbarkeit des Vertragsstatuts auch die Möglichkeit der Gerichtsstandsabrede."

[39] *Müller* in *Bülow-Böckstiegel* 606/138, Art. 16, Anm. IV 4b bei Fußn. 39.

Hinterlegung oder Registrierung beantragt oder vorgenommen worden ist" wurde im Hinblick auf die Rechtssysteme gewählt, die die Erteilung eines Patents von dem Ergebnis einer Prüfung abhängig machen.[40]

Beispiel:

Während der Prüfung eines beim Deutschen Patentamt eingegangenen Antrags auf Patenterteilung wird über das Recht auf Erteilung des Patents gestritten.[41]

7. Vindikationsklage

Die Vindikationsklage[42] fällt unter Art. 16 Nr. 4, soweit sie nicht öffentlich-rechtliche Ansprüche zum Gegenstand hat. Die Vindikationsklage stellt ein Gegengewicht dar zu dem formellen Prinzip, daß nur der Anmelder den Anspruch auf Erteilung des Patents vor dem Deutschen Patentamt geltend machen kann. Sie soll sicherstellen, daß der wahre Erfinder das Patent erhalten soll. Die Klage zielt auf Abtretung des öffentlich-rechtlichen Anspruchs auf Erteilung des Patents oder, wenn das Patent bereits erteilt worden ist, auf Übertragung des Patents. Es geht also bei einem Streit zwischen dem Anmelder und dem Erfinder um die Beteiligung am Erteilungsverfahren bzw. beim Streit zwischen Patentinhaber und Erfinder um die Frage, wer Rechtsinhaber des Patents ist.[43]

8. Diensterfindungen (Arbeitnehmererfindungen)[44]

Art. 16 Nr. 4 kommt auch zum Zuge, wenn sich Arbeitgeber und Arbeitnehmer um das Vorliegen bzw. Nichtvorliegen einer Arbeitnehmererfindung streiten und dieser Streit nicht nur präjudizielle Bedeutung hat.

Beispiel:

Der Arbeitnehmer behauptet, es liege keine betriebliche, sondern eine freie Erfindung vor. Der Arbeitgeber macht die Verletzung seines Anmelderechtes geltend. Das Beispiel läßt sich auch mit umgekehrten Rollen darstellen. Der Arbeitnehmer verklagt den Arbeitgeber wegen der unberechtigten Anmeldung der angeblich freien Erfindung.[45]

---

[40] So das deutsche und das niederländische Recht.

[41] *Jenard*-Bericht S. 65: „Die Wendung „... die Hinterlegung oder Registrierung beantragt oder vorgenommen worden ist" trägt jenen innerstaatlichen Rechten Rechnung, die wie das deutsche Recht die Eintragung eines Patents von dem Ergebnis einer Prüfung abhängig machen. Daraus ergibt sich zum Beispiel die ausschließliche Zuständigkeit deutscher Gerichte für den Fall, daß während der Prüfung eines bei den zuständigen Behörden eingegangenen Antrags auf Patenterteilung eine Streitigkeit über das Recht auf Erteilung des Patents entsteht."

[42] § 5 Patentgesetz; Art. 61 MPÜ (unten XXIII 3a).

[43] *Stauder* GRUR Int. 1976, 512.

[44] Zur generellen Anwendbarkeit des Übereinkommens auf arbeitsrechtliche Streitigkeiten oben § 19 XII.

[45] *Stauder* GRUR Int. 1976, 512 bei Fußn. 173.

Art. 16 Nr. 4 greift jedoch nur insoweit ein, als es sich um Fragen handelt, die im Zusammenhang mit der Anmeldeberechtigung der Erfindung stehen, nicht jedoch bei sonstigen arbeitsrechtlichen Fragen.[46] Dann gelten Art. 2ff.

9. Eintragungsbewilligungsklage nach § 6 II des Warenzeichengesetzes

Im deutschen Warenzeichenrecht ist die Eintragungsbewilligungsklage vor den ordentlichen Gerichten zu erheben.[47] Diese Klage fällt unter Art. 16 Nr. 4. Der Zeichenanmelder streitet hier um ein Recht auf Eintragung gegen den Widersprechenden. Diese Klage zielt darauf ab, daß der Widersprechende entweder den Widerspruch zurücknimmt oder in die Eintragung einwilligt. Die Eintragungsbewilligungsklage ist ein besonderes Streitverfahren zwischen den am Widerspruchsverfahren[48]

---

[46] *Stauder* GRUR Int. 1976, 512.

[47] § 6 Warenzeichengesetz: „*(1) Wird die Übereinstimmung der Zeichen verneint, so wird das neu angemeldete Zeichen eingetragen.*

(2) Wird die Übereinstimmung der Zeichen festgestellt, so wird die Eintragung versagt. Sofern der Anmelder geltend machen will, daß ihm trotz der Feststellung ein Anspruch auf die Eintragung zustehe, hat er den Anspruch im Wege der Klage gegen den Widersprechenden zur Anerkennung zu bringen. Die Klage ist innerhalb eines Jahres nach Rechtskraft des Beschlusses, durch den die Übereinstimmung der Zeichen festgestellt wird, zu erheben. Die Eintragung auf Grund einer Entscheidung, die zugunsten des Anmelders ergeht, wird unter dem Zeitpunkt der ursprünglichen Anmeldung bewirkt.

(3) Hat das Patentamt die Übereinstimmung des angemeldeten Zeichens mit einem oder mehreren Zeichen, auf Grund deren Widerspruch erhoben worden ist, festgestellt, so kann es das Verfahren über weitere Widersprüche bis zur rechtskräftigen Entscheidung über die Eintragung des angemeldeten Zeichens aussetzen.

(4) Wird nach der Bekanntmachung (§ 5 Abs. 2) die Anmeldung zurückgenommen oder wird die Eintragung versagt, so ist dies bekanntzumachen.

[48] Vgl. § 5 Warenzeichengesetz: ...

(6) Wird Widerspruch erhoben, so entscheidet das Patentamt durch Beschluß, ob die Zeichen übereinstimmen. § 33 Abs. 2 des Patentgesetzes ist entsprechend anzuwenden mit der Maßgabe, daß das Patentamt auch bestimmen kann, daß die den Beteiligten erwachsenen sonstigen Kosten des Widerspruchsverfahrens, soweit sie nach billigem Ermessen zur zweckentsprechenden Wahrung der Ansprüche und Rechte notwendig waren, von einem Beteiligten ganz oder teilweise zu erstatten sind.

(7) Ist das Zeichen, auf Grund dessen Widerspruch erhoben wird, im Zeitpunkt der Bekanntmachung des angemeldeten Zeichens mindestens fünf Jahre in der Warenzeichenrolle eingetragen, so hat der Widersprechende, wenn der Anmelder die Benutzung des Zeichens bestreitet, glaubhaft zu machen, daß er das Zeichen innerhalb der letzten fünf Jahre vor der Bekanntmachung des angemeldeten Zeichens benutzt hat. Einer Benutzung des Zeichens durch den Widersprechenden steht es gleich, wenn das Zeichen mit seiner Zustimmung durch einen Dritten benutzt worden ist. Bei der Entscheidung, ob die Zeichen übereinstimmen, berücksichtigt das Patentamt nur die Waren, für die der Widersprechende die Benutzung glaubhaft gemacht hat. Ist das Zeichen, auf Grund dessen Widerspruch erhoben wird, nach § 6a eingetragen worden und

beteiligten Personen. Die Klage basiert auf Gründen, die nicht im Widerspruchsverfahren geltend gemacht werden können.[49]

XV. Bestandsklagen = Klagen, welche die Gültigkeit von Patenten, Warenzeichen, Mustern und Modellen sowie ähnlicher Rechte, die einer Hinterlegung oder Registrierung bedürfen, zum Gegenstand haben

1. Überblick

Als Klagen, die „die Gültigkeit" von gewerblichen Schutzrechten „zum Gegenstand haben", sind solche *gerichtlichen* Verfahren zu qualifizieren,[50] die auf Vernichtung erteilter Schutzrechte gerichtet sind, im deutschen Recht also die Löschungs- und Nichtigkeitsklagen vor den Zivilgerichten.[51]

2. Löschungsverfahren vor dem Patentamt

a) Aus den oben XIV dargelegten Gründen gilt Art. 16 Nr. 4 nicht für Verfahren vor dem Patentamt und sonstigen nicht gerichtlichen Behörden, ebensowenig für die aus diesen Verfahren resultierenden Rechtsmittel- bzw. Rechtsbehelfsverfahren.

b) Im *deutschen Gebrauchsmusterrecht* wird der Löschungsantrag beim Deutschen Patentamt gestellt.[52] Für dieses *Verwaltungsverfahren* ist das

---

ist gegen die Eintragung dieses Zeichens Widerspruch erhoben worden, so ist Satz 1 bis 3 nur anzuwenden, wenn seit Abschluß des Widerspruchsverfahrens fünf Jahre verstrichen sind.

(8) Wird kein Widerspruch erhoben, so wird das Zeichen eingetragen.

(9) Der Bundesminister der Justiz wird ermächtigt, durch Rechtsverordnung Bestimmungen über die Form des Widerspruchs zu erlassen, namentlich die Verwendung eines Formblatts vorzuschreiben. Er kann diese Ermächtigung durch Rechtsverordnung auf den Präsidenten des Patentamts übertragen.

[49] Näher zu dieser Klage BGHZ 45, 178.

[50] *Stauder* GRUR Int. 1976, 511.

[51] Ob anstelle der Gestaltungsklage (Klage auf Vernichtung) eine Feststellungsklage (Klage auf Feststellung der Nichtigkeit des Patents, Warenzeichens oder sonstigen gewerblichen Schutzrechts) zu erheben ist, bestimmt nicht das Übereinkommen, sondern die lex causae.

[52] Vgl. das Gebrauchsmustergesetz:

§ 7 (1) Liegen die Erfordernisse des § 1 nicht vor oder ist ein Schutz zufolge § 5 Abs. 2 nicht begründet worden, so hat jedermann gegen den als Inhaber Eingetragenen Anspruch auf Löschung des Gebrauchsmusters.

(2) Im Falle des § 5 Abs. 3 steht dem Verletzten ein Anspruch auf Löschung zu.

§ 8. Die Löschung des Gebrauchsmusters nach § 7 ist beim Patentamt schriftlich zu beantragen. Der Antrag muß die Tatsachen angeben, auf die er gestützt wird. Mit dem Antrag ist eine Gebühr nach dem Tarif zu zahlen; wird sie nicht gezahlt, so gilt der Antrag als nicht gestellt. Die Vorschriften des § 37 Abs. 6 und des § 44a des Patentgesetzes gelten entsprechend.

Übereinkommen nicht einschlägig, auch nicht für das *gerichtliche* Beschwerde- und Rechtsbeschwerdeverfahren.[53]

c) Das gleiche gilt für das Amtslöschungsverfahren im *deutschen Warenzeichenrecht*. Zuständig ist das Deutsche Patentamt.[54] Art. 16 Nr. 4 ist auch nicht anwendbar für das daran anschließende Beschwerde- und Rechtsbeschwerdeverfahren,[55] da es sich hier nur um gerichtliche Annex-, nicht um Primärzuständigkeiten handelt.[56] Zudem kann der Verfahrensgegenstand dieser Rechtsmittelverfahren nicht als Zivilsache eingeordnet werden.[57]

d) Art. 16 Nr. 4 kommt auch nicht zum Zuge, wenn das Löschungsverfahren beim Deutschen Patentamt von einem Dritten beantragt wird. Anders ist es jedoch, wenn der Dritte seinen Löschungsantrag nicht beim Patentamt stellt, sondern beim ordentlichen Gericht gemäß § 11 IV Warenzeichengesetz[58] Klage auf Löschung gegen den als Inhaber des Warenzeichens Eingetragenen oder dessen Rechtsnachfolger erhebt.[59]

---

§ 9. (1) Das Patentamt teilt dem Inhaber des Gebrauchsmusters den Antrag mit und fordert ihn auf, sich dazu innerhalb eines Monats zu erklären. Widerspricht er nicht rechtzeitig, so erfolgt die Löschung.

(2) Andernfalls teilt das Patentamt den Widerspruch dem Antragsteller mit und trifft die zur Aufklärung der Sache erforderlichen Verfügungen. Es kann die Vernehmung von Zeugen und Sachverständigen anordnen. Für sie gelten die Vorschriften der Zivilprozeßordnung entsprechend. Die Beweisverhandlungen sind unter Zuziehung eines beeidigten Protokollführers aufzunehmen.

(3) Über den Antrag wird auf Grund mündlicher Verhandlung beschlossen. Das Patentamt hat nach billigem Ermessen zu bestimmen, zu welchem Anteil die Kosten des Verfahrens den Beteiligten zur Last fallen. § 33 Abs. 2 Satz 2 bis 7 des Patentgesetzes gilt entsprechend.

§ 10. (1) Gegen die Beschlüsse der Gebrauchsmusterstelle und der Gebrauchsmusterabteilungen findet die Beschwerde an das Patentgericht statt.

[53] Anders *Stauder* GRUR Int. 1976, 513; *Müller* in *Bülow-Böckstiegel* 606/137, Art. 16 Anm. IV 4a bei Fußn. 34.

[54] § 10 Warenzeichengesetz:

„*(1) Auf Antrag des Inhabers wird das Zeichen jederzeit in der Rolle gelöscht.*

(2) Von Amts wegen erfolgt die Löschung,

1. wenn nach Ablauf der Schutzdauer die Verlängerung des Schutzes (§ 9) unterblieben ist,

2. wenn die Eintragung des Zeichens hätte versagt werden müssen. ...

(3) Soll das Zeichen nach Absatz 2 Nr. 2 gelöscht werden, so gibt das Patentamt dem Inhaber zuvor Nachricht. Widerspricht er innerhalb eines Monats nach der Zustellung nicht, so erfolgt die Löschung. Widerspricht er, so faßt das Patentamt Beschluß. ...“

[55] § 13 Warenzeichengesetz.

[56] Dies übersehen *Stauder* GRUR Int. 1976, 513 und *Müller* in *Bülow-Böckstiegel* 606/137, Art. 16, Anm. IV 4a bei Fußn. 34.

[57] Unten 3.

[58] § 11 Warenzeichengesetz:

(1) Ein Dritter kann die Löschung eines Warenzeichens beantragen,

1. wenn das Zeichen für ihn auf Grund einer früheren Anmeldung für gleiche oder gleichartige Waren in der Zeichenrolle eingetragen steht,

1a. wenn er in einem anderen Staat auf Grund einer früheren Anmeldung oder Benutzung für gleiche oder gleichartige Waren Rechte an dem Zeichen erworben hat und nachweist, daß der

3. Öffentlichrechtliche Streitgegenstände

Die europäische Zuständigkeitsordnung gilt nur für Zivilsachen, Art. 1 I. Art. 16 Nr. 4 kommt deshalb für die gerichtliche Zuständigkeit in öffentlichrechtlich zu qualifizierenden Verfahren nicht zur Anwendung. Ein Beispiel hierfür ist das Zwangslizenzverfahren.[60]

---

als Inhaber des Zeichens Eingetragene auf Grund eines Arbeits- oder sonstigen Vertragsverhältnisses seine Interessen im geschäftlichen Verkehr wahrzunehmen hat und das Zeichen ohne seine Zustimmung während des Bestehens des Vertragsverhältnisses angemeldet hat,

2. wenn der Geschäftsbetrieb, zu dem das Warenzeichen gehört, von dem Inhaber des Zeichens nicht mehr fortgesetzt wird,

3. wenn Umstände vorliegen, aus denen sich ergibt, daß der Inhalt des Warenzeichens den tatsächlichen Verhältnissen nicht entspricht und die Gefahr einer Täuschung begründet,

4. wenn das Warenzeichen mindestens fünf Jahre in der Warenzeichenrolle eingetragen ist und der Zeicheninhaber das Zeichen innerhalb der letzten fünf Jahre vor dem Antrag auf Löschung nicht benutzt hat, es sei denn, daß Umstände vorlagen, unter denen die Benutzung in diesem Zeitraum nicht zumutbar war. § 5 Abs. 7 Satz 2 bis 4 ist entsprechend anzuwenden.

(2) Der Antrag auf Löschung ist durch Klage geltend zu machen und gegen den als Inhaber des Zeichens Eingetragenen oder seinen Rechtsnachfolger zu richten.

(3) Ist vor oder nach Erhebung der Klage das Warenzeichen auf einen anderen übergegangen, so ist die Entscheidung in der Sache selbst auch gegen den Rechtsnachfolger wirksam und vollstreckbar. Für die Befugnis des Rechtsnachfolgers, in den Rechtsstreit einzutreten, gelten die Bestimmungen der §§ 66 bis 69 und 76 der Zivilprozeßordnung entsprechend.

(4) In den Fällen des Absatzes 1 Nr. 2 und 4 kann der Antrag auf Löschung zunächst beim Patentamt angebracht werden. Es gibt dem als Inhaber des Warenzeichens Eingetragenen davon Nachricht. Widerspricht er innerhalb eines Monats nach der Zustellung nicht, so erfolgt die Löschung. Widerspricht er, so wird dem Antragsteller anheimgegeben, den Anspruch auf Löschung durch Klage zu verfolgen.

(5) Ist das Warenzeichen nach seiner Eintragung oder in den Fällen des § 6a nach Abschluß des Widerspruchsverfahrens innerhalb von fünf Jahren nicht benutzt worden, so kann sich der Zeicheninhaber gegenüber einem Antrag auf Löschung nach Absatz 1 Nr. 4 auf eine Benutzung des Zeichens nicht berufen, wenn . . .

1. die Benutzung erst nach Androhung des Löschungsantrags aufgenommen worden ist oder

2. die Benutzung erst nach Bekanntmachung eines für gleiche oder gleichartige Waren später angemeldeten übereinstimmenden Zeichens (§ 5 Abs. 2, § 6a Abs. 3) aufgenommen worden ist und der Anmelder dieses Zeichens oder sein Rechtsnachfolger den Löschungsantrag innerhalb einer Frist von sechs Monaten nach der Bekanntmachung gestellt hat.

(6) Absatz 1 Nr. 1 ist nicht anzuwenden, wenn im Zeitpunkt der Bekanntmachung des Warenzeichens des Antragsgegners (§ 5 Abs. 2, § 6a Abs. 3) die Voraussetzungen für die Löschung des Warenzeichens des Antragstellers nach Absatz 1 Nr. 4 vorlagen.

[59] Der Kläger kann seine Klage auch auf andere als die in § 11 Warenzeichengesetz aufgeführten Gründe stützen, etwa auf einen ihm zustehenden Unterlassungs- oder Beseitigungsanspruch. Auch diese sog. außerzeichenrechtliche Löschungsklage fällt in den Anwendungsbereich des Art. 16 Nr. 4, ausgenommen die Fälle, in denen der Löschungsanspruch aus einem schuldrechtlichen Vertrag abgeleitet wird. Diese Einschränkung findet sich bei *Stauder* GRUR Int. 1976, 513 nicht.

[60] § 15 I des deutschen Patentgesetzes lautet:

„Weigert sich der Patentsucher oder der Patentinhaber, die Benutzung der Erfindung einem anderen zu gestatten, der sich erbietet, eine angemessene Vergütung zu zahlen und Sicherheit

Für das Verfahren wegen Erteilung einer Zwangslizenz ist nicht das Patentamt zuständig, sondern das Patentgericht, § 37 Patentgesetz. Es handelt sich also um eine gerichtliche Primärzuständigkeit. Die Zuständigkeitsordnung des Übereinkommens kommt nicht zum Zuge, da es hier um einen öffentlichrechtlichen Eingriff in das Ausschließlichkeitsrecht des Patentinhabers geht.[61]

4. Nichtigkeitsklagen[62]

a) In den Anwendungsbereich der europäischen Zuständigkeitsordnung und damit auch des Art. 16 Nr. 4 fallen nur solche Nichtigkeits- bzw. Löschungsverfahren, die als Zivilsachen zu qualifizieren sind und für die eine Primärzuständigkeit der Gerichte besteht.

b) In der Bundesrepublik Deutschland wird das Verfahren wegen Erklärung der Nichtigkeit oder Zurücknahme des Patents[63] durch Klage vor dem Bundespatentgericht gegen den in der Rolle als Patentinhaber Eingetragenen eingeleitet.[64] Im Falle des § 13 I Nr. 3 Patentgesetz[65] ist nur der Verletzte zur Erhebung der Klage berechtigt. Es handelt sich um eine gerichtliche Primärzuständigkeit. Auch die zweite Voraussetzung für die Anwendung in Art. 16 Nr. 4 ist gegeben: Verfahrensgegenstand ist eine Zivilsache, da es hier nicht um Rechtsbeziehungen des Patentinhabers zum Staat, sondern um die Beurteilung von Streitigkeiten zwischen einzelnen Rechtssubjekten auf der Basis der Gleichordnung geht, also außerhalb des hoheitlichen Bereichs.

c) Aus den gleichen Gründen fällt aus der Perspektive des *deutschen Warenzeichenrechts* sowohl die auf § 11 des Warenzeichengesetzes gestützte als auch die auf andere, nicht zeichenrechtliche Anspruchsgrund-

---

dafür zu leisten, so ist diesem die Befugnis zur Benutzung zuzusprechen (Zwangslizenz), wenn die Erlaubnis im öffentlichen Interesse geboten ist. Die Erteilung der Zwangslizenz ist erst nach der Bekanntmachung der Anmeldung (§ 30) oder nach der Erteilung des Patents zulässig. Die Zwangslizenz kann eingeschränkt erteilt und von Bedingungen abhängig gemacht werden."

[61] Unklar *Stauder* GRUR Int. 1976, 513, der sich für öffentlichrechtliche Qualifikation ausspricht, gleichwohl aber Art. 16 Nr. 4 anwenden will; Vgl. oben Fußn. 9.

[62] *Stauder* GRUR Int. 1976, 513.

[63] Die Klage auf Zurücknahme des Patents (§ 15 Patentgesetz) ist in der Praxis sehr selten.

[64] §§ 37ff. Patentgesetz.

[65] § 13 Patentgesetz lautet:

(1) Das Patent wird auf Antrag (§ 37) für nichtig erklärt, wenn sich ergibt, daß

1. der Gegenstand nach den §§ 1 und 2 nicht patentfähig war,

2. die Erfindung Gegenstand des Patents eines früheren Anmelders ist oder

3. der wesentliche Inhalt der Anmeldung den Beschreibungen, Zeichnungen, Modellen, Gerätschaften oder Einrichtungen eines anderen oder einem von diesem angewendeten Verfahren ohne seine Einwilligung entnommen war.

(2) Trifft eine dieser Voraussetzungen nur teilweise zu, so wird die Nichtigkeit durch entsprechende Beschränkung des Patents erklärt.

lagen gegründete Löschungsklage[66] in den Anwendungsbereich des Art. 16 Nr. 4, ausgenommen die Fälle, in denen der Löschungsanspruch aus einem schuldrechtlichen Vertrag abgeleitet wird.[67]

d) Diejenigen, die das *Zwangslizenzverfahren* nicht öffentlichrechtlich qualifizieren, haben Schwierigkeiten, die Anwendbarkeit des Art. 16 Nr. 4 zu begründen, denn die Gültigkeit des Patents bleibt unberührt;[68] sein Bestand wird nicht tangiert.[69]

XVI. Verletzungsklagen

1. Streitgegenstand sind hier entweder Ansprüche aus der Verletzung von Schutzrechten oder Ansprüche zur Verteidigung von Schutzrechten, also Schadensersatzklagen mit den dazu gehörigen Ansprüchen auf Auskunft und Rechnungslegung bzw. Unterlassungsklagen.[70]

2. Für diese Verfahren gelten die allgemeinen Vorschriften der Art. 2ff., nicht Art. 16 Nr. 4;[71] denn Streitgegenstand ist nicht der Bestand des Schutzrechts.[72]

3. Das mit der Verletzungsklage befaßte Gericht kann mit der Frage konfrontiert werden, ob das Patent oder sonstige Schutzrecht, aus dessen angeblicher Verletzung der Kläger seine Klageansprüche herleitet, (noch) besteht, z. B. wenn der Beklagte im Rahmen seiner Verteidigung einwendet, das Patent sei nichtig.[73]

a) Erhebt der Beklagte Widerklage mit dem Ziel der Feststellung der Nichtigkeit bzw. Vernichtung des Schutzrechts, so ist diese unzulässig;[74] denn Art. 16 Nr. 4 verdrängt Art. 6 Nr. 3. Würde das mit der Verletzungsklage befaßte Gericht eines anderen Vertragsstaates[75] über den Be-

---

[66] Zu der eigenartigen Aufgabenverteilung zwischen Patentamt und den ordentlichen Gerichten (§ 11 IV Warenzeichengesetz) s. *Weigel,* Gerichtsbarkeit, internationale Zuständigkeit und Territorialitäts-Prinzip im deutschen gewerblichen Rechtsschutz, 1973, 139.

[67] Diese Einschränkung findet sich bei *Stauder* GRUR Int. 1976, 513 nicht.

[68] A. A. *Stauder* GRUR Int. 1976, 513. Vgl. oben Fußnote 9.

[69] Die Zuständigkeitsordnung des Übereinkommens kommt nach der hier vertretenen Meinung nicht zur Anwendung, da es hier um einen öffentlichrechtlichen Eingriff in das Ausschließlichkeitsrecht des Patentinhabers geht, also um einen öffentlichrechtlichen Verfahrensgegenstand.

[70] Vgl. hierzu *Weigel,* Gerichtsbarkeit, internationale Zuständigkeit und Territorialitäts-Prinzip im deutschen gewerblichen Rechtsschutz, 1973, 126, 147ff.

[71] *Jenard*-Bericht S. 65, oben Fußn. 41.

[72] *Stauder* GRUR Int. 1976, 514; *Müller* in *Bülow-Böckstiegel* 606/137, Art. 16, Anm. IV 4a. Das gleiche gilt für das nationale deutsche Recht, Nachweise bei *Weigel* (Fußn. 70) 147ff.

[73] *Stauder* GRUR 1976, 514; ausführlich zu den Inzidententscheidungen (außerhalb des Anwendungsbereiches des Übereinkommens) *Weigel* (Fußn. 70) 158ff.

[74] Oben VII. Dabei wird vorausgesetzt, daß der Gerichtsstaat nicht der Erteilungsstaat i. S. des Art. 16 Nr. 4 ist.

[75] Wird die Verletzungsklage in dem Schutzstaat erhoben, dann ergeben sich aus der

stand des Schutzrechts mit Rechtskraftwirkung – wenn auch nur inter partes[75a] – entscheiden, so würde dadurch die ausschließliche internationale Zuständigkeit des Schutzstaates verletzt. Vgl. oben VII.

b) Art. 16 Nr. 4 verbietet jedoch nicht, daß sich die Gerichte anderer Vertragsstaaten mit der Frage des Bestandes des Schutzrechts – ohne mit Rechtskraftwirkung zu entscheiden – nur incidenter befassen, also vorfrageweise.[76] Die Gerichte anderer Vertragsstaaten sind nach dem Übereinkommen nicht verpflichtet, sich einer Entscheidung der Vorfrage zu enthalten. Es besteht *kein Kognitionsverbot.* Die Gerichte der anderen Vertragsstaaten brauchen nicht die Entscheidung des Schutzstaates über den Bestand des Schutzrechts abzuwarten. Eine Vorlagepflicht zur Vorabentscheidung durch die Gerichte des Schutzstaates sieht das Übereinkommen nicht vor; auch besteht keine Pflicht, das Verfahren auszusetzen.[77] Das mit der Verletzungsklage befaßte Gericht *darf* jedoch das Verfahren aussetzen. Art. 22 ist anwendbar.[78]

4. Das Übereinkommen behandelt nicht die Frage, ob die Gerichte der anderen Vertragsstaaten das Verbot des Schutzstaates, die Nichtigkeit des Patents[79] oder sonstigen gewerblichen Schutzrechts[80] incidenter – ohne Rechtskraftwirkung – festzustellen, zu beachten haben. Dies ist eine Frage des Kollisionsrechts des mit der Verletzungsklage befaßten Vertragsstaates. Näher hierzu oben IX.

5. Die vorstehenden Grundsätze gelten auch für das *europäische Patent.*

a) Das Münchener Übereinkommen vom 5. Oktober 1973 über die

Sicht des Übereinkommens keine Probleme. Das Gericht hat jedoch sein nationales Recht zu beachten. Im deutschen Verletzungsprozeß hat das Zivilgericht seine Entscheidung auszusetzen. Es darf auch nicht incidenter die Nichtigkeit des Patents feststellen, auch nicht inter partes. Zuständig ist nur das Bundespatentgericht im Verfahren nach §§ 37 ff. Patentgesetz. Ähnlich ist die Rechtslage in den *Niederlanden.*

[75a] A. A. *Stauder* GRUR Int. 1976, 514 sub aa) für Verfahren mit Feststellungswirkung inter partes.

[76] Oben VIII 2.

[77] Anders Art. 68 LPÜ, oben Fußnote 19.

[78] Näher oben Fußnote 15 und 25. Wie hier im Ergebnis auch *Müller* in *Bülow-Böckstiegel* 606/137, Art. 16, Anm. IV 4a bei Fußn. 36.

[79] Das deutsche und das niederländische Patentrecht verbieten die einredeweise Geltendmachung der Nichtigkeit des Patents. Die Nichtigkeit kann nur von besonderen Gerichten mit Wirkung erga omnes festgestellt werden. Solange dies nicht geschehen ist, muß das mit der Verletzungsklage befaßte Gericht vom Bestand des Patents ausgehen. Es darf – auch nicht incidenter – bei seiner Entscheidung von der Nichtigkeit des Patents ausgehen. Vgl. oben Fußn. 18.

[80] Vgl. z. B. § 11 S. 2 des deutschen Gebrauchsmustergesetzes. Danach hat das mit der Verletzungsklage befaßte Gericht „die Aussetzung anzuordnen, wenn es die Gebrauchsmustereintragung für unwirksam hält". Entscheidend ist in diesem Zusammenhang, ob das vom Kollisionsrecht des Gerichtsstaates berufene Recht des Schutzstaates die Beachtung des einredeweise vorgebrachten Einwandes der Nichtigkeit verbietet.

Erteilung europäischer Patente (Europäisches Patentübereinkommen)[81] hat kein europäisches Gemeinschaftspatent geschaffen. Dies geschah vielmehr erst durch das noch nicht in Kraft getretene Luxemburger Patentübereinkommen vom 15. Dezember 1975. Ziel des Münchener Patentübereinkommens ist lediglich ein einheitliches Patenterteilungs*verfahren*. Vgl. unten XXIII.

b) Das europäische Patent[82] hat die gleiche Wirkung wie ein im nationalen Verfahren erteiltes Patent. Es unterliegt auch den Vorschriften des nationalen Rechts.[83]

Die europäischen Patente können für einen, mehrere oder alle Vertragsstaaten erteilt werden. Es handelt sich hierbei um selbständige, voneinander unabhängige Rechte, die lediglich inhaltlich übereinstimmen.[84]

c) Die dem Patentinhaber eingeräumten Rechte und Befugnisse divergieren von Land zu Land, da das Münchener Patentübereinkommen insoweit auf das jeweilige nationale Recht verweist,[85] insbesondere für

---

[81] BGBl. 1976 II 826 = GRUR Int., 1974, 79 mit Bericht der deutschen Delegation.

[82] *Schlosser*-Bericht Nr. 173: „Seit der Verabschiedung des EuGVÜ sind zwei für das internationale Patentwesen äußerst wichtige Übereinkommen zustande gekommen. Am 5. Oktober 1973 wurde das Münchner Übereinkommen über die Erteilung europäischer Patente unterzeichnet. Am 15. Dezember 1975 kam das Luxemburger Übereinkommen über das europäische Patent für den Gemeinsamen Markt zustande. Das erstgenannte Übereinkommen hat zum Ziel, das Patenterteilungsverfahren einheitlich für die Vertragsstaaten zu gestalten – aber mit der Folge, daß das erteilte Patent nationalen Zuschnitts ist. Es wirkt für einzelne oder mehrere Staaten jeweils grundsätzlich mit dem Inhalt, den ein entsprechendes national erteiltes Patent haben würde. Das Luxemburger Übereinkommen verfolgt darüber hinaus das Ziel, ein Patent zu schaffen, das von vornherein für alle Staaten der Gemeinschaft einheitlich und mit einheitlichem Inhalt auf der Grundlage des Gemeinschaftsrechts erteilt wird und auch nur einheitlich für die gesamte EWG fortbestehen oder erlöschen kann."

[83] Die einschlägigen Stellen des Münchener Patentübereinkommens lauten:

Art. 1. Europäisches Recht für die Erteilung von Patenten

Durch dieses Übereinkommen wird ein den Vertragsstaaten gemeinsames Recht für die Erteilung von Erfindungspatenten geschaffen.

Art. 2. Europäisches Patent

(1) Die nach diesem Übereinkommen erteilten Patente werden als europäische Patente bezeichnet.

(2) Das europäische Patent hat in jedem Vertragsstaat, für den es erteilt worden ist, dieselbe Wirkung und unterliegt denselben Vorschriften wie ein in diesem Staat erteiltes nationales Patent, soweit sich aus diesem Übereinkommen nichts anderes ergibt.

Art. 3. Territoriale Wirkung

Die Erteilung des europäischen Patents kann für einen, mehrere oder alle Vertragsstaaten beantragt werden.

[84] *Stauder* GRUR Int. 1976, 516. – Das Münchener Patentübereinkommen vereinheitlicht lediglich die Voraussetzungen der Patentierbarkeit (Art. 52ff.), den Kreis der berechtigten Personen, die Anspruch auf Erteilung eines europäischen Patents haben (Art. 58ff.) sowie einige Wirkungen des europäischen Patents (Art. 68: Festlegung des Schutzbereiches) und die Nichtigkeitsgründe (Art. 138).

[85] Art. 64 I MPÜ.

die Ansprüche im Falle der Verletzung des europäischen Patents.[86] Deshalb bringt das Münchener Patentübereinkommen – anders als das Luxemburger Gemeinschaftspatentübereinkommen[87] – keine eigenen Regeln weder über die vorfrageweise Prüfung des Bestandes des europäischen Patents noch über die internationale Zuständigkeit für den Verletzungsprozeß.[88] Es gelten die allgemeinen Vorschriften der Art. 2ff.: Außer in seinem Wohnsitzstaat ist der Verletzer gerichtspflichtig am Ort der unerlaubten Handlung, Art. 5 Nr. 3.

Beispiel:

Der Kläger ist Inhaber zweier europäischer Parallelpatente in der Bundesrepublik Deutschland und in Frankreich. Der Verletzer hat seinen Wohnsitz in Belgien. Der Beklagte ist gerichtspflichtig in seinem Wohnsitzstaat (Art. 2 I), also in Belgien, aber auch am Orte der unerlaubten Handlung, Art. 5 Nr. 3, also in der Bundesrepublik Deutschland, soweit es um die Verletzung des deutschen Patents geht, und in Frankreich ceteris paribus bezüglich des französischen Patents. In der Klage ist anzugeben, auf die Verletzung welchen Patents die Klage gestützt wird, auf die Verletzung des deutschen oder des französischen Patents. Wurde z. B. aus dem deutschen Patent geklagt und die Klage abgewiesen, so steht die Rechtskraft dieses Urteils einer Klage wegen Verletzung des französischen Patents nicht entgegen und umgekehrt.[89]

Die Vorfrage, ob das angeblich verletzte Schutzrecht (noch) besteht, prüft das mit der Verletzungsklage befaßte Gericht nach den oben 3 dargelegten Grundsätzen.

6. Anders ist die Rechtslage bezüglich der (nach dem Luxemburger Übereinkommen vom 15. Dezember 1975 über das europäische Patent

---

[86] Art. 64 III MPÜ: „*Eine Verletzung eines europäischen Patents wird nach nationalem Recht behandelt.*"

[87] Unten XXIV.

[88] Nur für Klagen gegen den Anmelder, mit denen der Anspruch auf Erteilung eines europäischen Patents für einen oder mehrere in der europäischen Patentanmeldung benannten Vertragsstaaten geltend gemacht wird (Vindikationsklage), gelten besondere Zuständigkeitsvorschriften auf Grund des Protokolls über die gerichtliche Zuständigkeit und die Anerkennung von Entscheidungen über den Anspruch auf Erteilung eines europäischen Patents (Anerkennungsprotokoll), BGBl. 1976 II 982. Hierzu unten und *Stauder* GRUR Int. 1976, 515.

[89] Zu Unrecht bemüht *Stauder* GRUR Int. 1976, 516 den Gesichtspunkt des Sachzusammenhangs: „Die europäischen Patente sind zwar rechtlich selbständige und voneinander unabhängige Rechte, sie sind aber inhaltlich identisch. Daher ist hier die Frage in erhöhtem Umfang berechtigt, ob für Klagen über die Gültigkeit europäischer Parallelpatente der Gerichtsstand der Konnexität gegeben ist. ... Wegen der gleichen rechtlichen Ausgestaltung der europäischen Patente liegt es nahe, daß der Zweitrichter von seinem in Art. 22 GVÜ eingeräumten Ermessen Gebrauch macht. Die Rechtsvereinheitlichung im MPÜ fordert das Bestreben der Gerichte heraus, über die Gültigkeit der europäischen Parallelpatente keine widersprüchlichen Entscheidungen zu erlassen."

für den Gemeinsamen Markt erteilten) Gemeinschaftspatente.[90] Dieses überläßt die Frage der Behandlung des Nichtigkeitseinwandes nicht dem nationalen Recht. Es stellt vielmehr eigene Regeln auf:

Art. 76. Bindung des nationalen Gerichts

Das nationale Gericht, vor dem eine Klage betreffend ein Gemeinschaftspatent anhängig ist, hat von der Rechtsgültigkeit des Gemeinschaftspatents auszugehen.

Art. 77. Aussetzung des Verfahrens

(1) Hängt die Entscheidung eines nationalen Gerichts über eine Klage, die eine europäische Patentanmeldung betrifft, in der die Vertragsstaaten benannt sind, von der Patentierbarkeit der Erfindung ab, so kann diese Entscheidung erst ergehen, wenn das Europäische Patentamt das europäische Patent erteilt oder die Anmeldung zurückgewiesen hat. Nach der Erteilung des europäischen Patents ist Absatz 2 anzuwenden.

(2) Das nationale Gericht kann auf Antrag einer Partei und nach Anhörung der anderen Partei ein das Gemeinschaftspatent betreffendes Verfahren aussetzen, wenn Einspruch eingelegt oder Antrag auf Beschränkung oder Erklärung der Nichtigkeit des Gemeinschaftspatents gestellt worden ist, sofern die Entscheidung des Gerichts von der Rechtsgültigkeit des Patents abhängt. Auf Antrag einer Partei hat das nationale Gericht die Akten des Einspruchs-, Beschränkungs- oder Nichtigkeitsverfahrens für die Entscheidung über den Aussetzungsantrag beizuziehen.

Art. 78. Stellungnahme zum Schutzbereich

(1) Wird nach Artikel 77 Absatz 2 ein Verletzungsverfahren durch ein nationales Gericht ausgesetzt, das über die Frage des Schutzbereichs des Gemeinschaftspatents im Zusammenhang mit der angeblichen Verletzung zu entscheiden hat, so hat das Europäische Patentamt, wenn es die Aufrechterhaltung des Gemeinschaftspatents beschlossen hat, zum Schutzbereich dieses Patents Stellung zu nehmen.

(2) In anderen als den in Artikel 77 Absatz 2 vorgesehenen Fällen kann das nationale Gericht, bei dem ein Verfahren wegen Verletzung eines Gemeinschaftspatents anhängig ist, von Amts wegen oder auf Antrag eines Beteiligten nach Anhörung der anderen Beteiligten vor Erlaß einer Entscheidung eine Stellungnahme des Europäischen Patentamts zum Schutzbereich des Patents einholen.

(3) Die Stellungnahme wird gegen eine angemessene Gebühr von einer Nichtigkeitskammer abgegeben und berücksichtigt das Erzeugnis oder das Verfahren, das nach den Feststellungen des nationalen Gerichts eine Verletzung darstellen kann. Die Stellungnahme bindet das Gericht nicht. Artikel 116 Absatz 1 des Europäischen Patentübereinkommens ist anzuwenden.

(4) Zur Einholung der Stellungnahme übermittelt das nationale Gericht dem Europäischen Patentamt in einer der drei Amtssprachen dieses Amts den vom

[90] Noch nicht in Kraft. Text im Amtsblatt der EG 1976 L 17/1 = GRUR Int. 1976, 231 mit Bericht der deutschen Delegation. Hierzu ausführlich *Stauder* GRUR 1979, 174.

Gericht ermittelten Sachverhalt, die Fragen des Gerichts sowie gegebenenfalls alle vom Gericht als sachdienlich erachteten Unterlagen.

Art. 90. Vorbehalt bei Verletzungsverfahren

(1) Abweichend von Artikel 76 kann jeder Vertragsstaat, dessen nationales Recht die Möglichkeit vorsieht, im Verletzungsverfahren auch über die Gültigkeit des nationalen Patents zu entscheiden, bei der Unterzeichnung oder bei der Hinterlegung seiner Ratifikationsurkunde erklären, daß er sich vorbehält, zu bestimmen, daß seine Gerichte, die mit einer Verletzungsklage betreffend ein Gemeinschaftspatent befaßt sind, mit Zustimmung der Parteien über die Wirkung des Gemeinschaftspatents im Hoheitsgebiet des Staats, in dem das Gericht seinen Sitz hat, entscheiden können. In diesem Fall gilt jedoch folgendes:

a) Das Gericht ist durch eine frühere Entscheidung des Europäischen Patentamts hinsichtlich der Gültigkeit des Gemeinschaftspatents insoweit gebunden, als es sich um denselben Sachverhalt handelt;

b) das Gericht kann über die in Artikel 57 festgelegten Nichtigkeitsgründe nicht hinausgehen und hat die sonstigen Vorschriften dieses Übereinkommens zu beachten.

(2) Das Gemeinschaftspatent hat im Hoheitsgebiet eines Vertragsstaats, der einen Vorbehalt nach Absatz 1 gemacht hat, insoweit keine Wirkung, als ein Gericht in diesem Staat entschieden hat, daß das Patent unwirksam ist.

(3) Über die Wirkung des Gemeinschaftspatents in einem Vertragsstaat, der einen Vorbehalt nach Absatz 1 gemacht hat, wird in dem Verfahren entschieden, das anzuwenden wäre, wenn das Gemeinschaftspatent ein nationales Patent wäre.

(4) Ein von einem Vertragsstaat nach Absatz 1 gemachter Vorbehalt ist für einen Zeitraum von höchstens zehn Jahren vom Inkrafttreten dieses Übereinkommens an wirksam. Der Rat der Europäischen Gemeinschaften kann jedoch mit qualifizierter Mehrheit auf Vorschlag eines Vertragsstaats diesen Zeitraum für einen Vertragsstaat, der einen solchen Vorbehalt gemacht hat, um höchstens fünf Jahre verlängern. Die qualifizierte Mehrheit bestimmt sich nach Artikel 86 Absatz 5 Buchstabe b.

(5) Der nach Absatz 1 gemachte Vorbehalt wird unwirksam, sobald besondere Vereinbarungen für Streitfälle betreffend Gemeinschaftspatente anwendbar sind.

(6) Ein Vertragsstaat, der einen Vorbehalt nach Absatz 1 gemacht hat, kann ihn jederzeit zurücknehmen. Die Zurücknahme erfolgt durch eine Notifikation an den Generalsekretär des Rats der Europäischen Gemeinschaften und wird einen Monat nach dem Tag des Eingangs der Notifikation wirksam.

(7) Im Fall der Anwendung dieses Artikels ist das Gericht nur für die Entscheidung über Verletzungshandlungen zuständig, die in dem Hoheitsgebiet des Vertragsstaats begangen wurden, in dem das Gericht seinen Sitz hat. Die Artikel 21 bis 23 des Vollstreckungsübereinkommens sind nicht anzuwenden.

Die Gerichte sind zur Aussetzung nicht verpflichtet. Damit besteht die Gefahr von Entscheidungsdisharmonien.[91] Auf der anderen Seite wird

---

[91] Das Verletzungsgericht muß gemäß Art. 76 LPÜ den Bestand des Gemeinschaftspatents seiner Entscheidung zugrundelegen. Verurteilt es den Verletzer, erklärt

der Anspruch des Verletzten auf Justizgewährung innerhalb angemessener Zeit erheblich tangiert.[92] Zur Zeit laufen Verhandlungen, um eine alle Interessen berücksichtigende Lösung zu finden.[93]

Wegen der Regelung der internationalen Zuständigkeit, wenn es um die Verletzung eines Gemeinschaftspatents geht, s. Art. 69ff. LPÜ. Hierzu unten XXIV.

7. Wegen einstweiliger Maßnahmen im Verletzungsprozeß s. Art. 24. Hierzu unten XIX.

XVII. Vertragsklagen

Hier sind Streitgegenstand die durch Vertrag oder sonstiges privatrechtliches Rechtsgeschäft (z. B. Auslobung) begründeten Rechte und Pflichten, die Schutzrechte betreffen, wie z. B. Lizenzverträge, Übertragungen von Patenten und sonstigen Schutzrechten,[94] Nichtanmeldungsverpflichtungen oder vertragliche Ansprüche, das Erlöschen des Rechts herbeizuführen. Auch für diese Klagen gelten die allgemeinen Vorschriften der Art. 2ff., nicht Art. 16 Nr. 4.[95] Auch in solchen Prozessen kann es entscheidungserheblich sein, ob das gewerbliche Schutzrecht besteht. Das Übereinkommen verbietet die Prüfung und Entscheidung dieser Vorfrage, allerdings nur incidenter ohne Rechtskraftwirkung, nicht. Es gelten die gleichen Grundsätze wie oben XVI 3 und 4.

XVIII. Maßgebliche Zuständigkeitsanknüpfung: Hinterlegung oder Eintragung des Patents, Warenzeichens, Musters, Modells usw.

1. Ausschließlich zuständig ist der Vertragsstaat, in dem die Hinterlegung oder Eintragung des Patents, Warenzeichens, Musters, Modells oder ähnlichen Schutzrechts beantragt oder vorgenommen worden ist oder nach zwischenstaatlichen Übereinkommen als vorgenommen gilt.

2. Es genügt ein Antrag auf Eintragung oder Hinterlegung. Art. 16 Nr. 4 gilt daher auch für Streitigkeiten, die in der Zeit zwischen Anmeldung und Eintragung eines Schutzrechts anhängig gemacht werden.[96]

---

aber (später) das Europäische Patentamt das Gemeinschaftspatent für nichtig, so ist es eine offene Frage, ob der Beklagte die Wiederaufnahme des Verfahrens mit dem Ziel der Klageabweisung erreichen kann. Maßgebend ist das nationale Recht. Nach der deutschen ZPO ist eine Wiederaufnahmemöglichkeit (§§ 578ff. ZPO) nicht gegeben.

[92] Plastisch der von *Stauder* GRUR Int. 1979, 174f. erdachte europäische Verletzungsprozeß.

[93] Ausführlich *Stauder* GRUR Int. 1979, 175.

[94] Zum maßgeblichen *Vertragsstatut Stauder* GRUR Int. 1976, 512 Fußn. 180.

[95] *Jenard*-Bericht S. 65.

[96] *Jenard*-Bericht S. 65.

Hiermit soll dem deutschen und niederländischen Patentrecht Rechnung getragen werden, die der Eintragung des Patents ein Prüfungsverfahren vorgeschaltet haben.[97]

3. Nach dem Madrider Abkommen vom 14. April 1891 über die internationale Registrierung von Marken (Fabrik- und Handelsmarken)[98] und nach dem Haager Abkommen vom 6. November 1925 über die internationale Hinterlegung gewerblicher Muster oder Modelle[98a] gilt die von dem Ursprungsstaat veranlaßte Eintragung bzw. Hinterlegung einer Marke, eines Musters oder Modells bei dem Internationalen Büro in Genf zugleich als Eintragung bzw. Hinterlegung in allen übrigen Vertragsstaaten des betreffenden Abkommens. Art. 16 Nr. 4 eröffnet daher auch eine internationale Zuständigkeit für einen Vertragsstaat, in dessen Hoheitsgebiet die Eintragung bzw. Hinterlegung als vorgenommen gilt.

XIX. Vorläufiger Rechtsschutz[99]

Das Übereinkommen läßt für einstweilige Verfügungen[100] und sonstige Maßnahmen des vorläufigen Rechtsschutzes das nationale Zustän-

---

[97] *Schlosser*-Bericht Nr. 173 a. E.: „Klarzustellen bleibt nur noch, daß sich Artikel 16 Nr. 4 EuGVÜ und der neue Artikel V d) des ihm beigefügten Protokolls auch auf Klagen beziehen, welche die nationalen Rechte schon im Stadium der Patentanmeldung gewähren, um die Gefahr zu vermindern, daß es zu einer Patentgewährung kommt, deren Korrektheit hinterher angezweifelt wird."

[98] RGBl. 1922 II 669, mehrfach revidiert, zuletzt in Stockholm am 14. Juli 1967 (BGBl. 1970 II 293, 418).

[98a] RGBl. 1928 II 175, 196.

[99] Oben §§ 38ff.

[100] Vgl. z. B. § 41 des deutschen Patentgesetzes:

(1) In dem Verfahren wegen Erteilung der Zwangslizenz kann dem Kläger auf seinen Antrag die Benutzung der Erfindung durch einstweilige Verfügung gestattet werden, wenn er glaubhaft macht, daß die Voraussetzungen des § 15 Abs. 1 vorliegen und daß die alsbaldige Erteilung der Erlaubnis im öffentlichen Interesse dringend geboten ist.

(2) Mit dem Antrag ist eine Gebühr nach dem Tarif zu zahlen; wird sie nicht gezahlt, so gilt der Antrag als nicht gestellt. Der Erlaß der einstweiligen Verfügung kann davon abhängig gemacht werden, daß der Antragsteller wegen der dem Antragsgegner drohenden Nachteile Sicherheit leistet.

(3) Das Patentgericht entscheidet auf Grund mündlicher Verhandlung. Die Bestimmungen des § 39 Abs. 2 Satz 2 und des § 40 gelten entsprechend.

(4) Mit der Zurücknahme oder der Zurückweisung der Klage auf Erteilung der Zwangslizenz (§ 37) endet die Wirkung der einstweiligen Verfügung; ihre Kostenentscheidung kann geändert werden, wenn eine Partei innerhalb eines Monats nach der Zurücknahme oder nach Eintritt der Rechtskraft der Zurückweisung die Änderung beantragt.

(5) Erweist sich die Anordnung der einstweiligen Verfügung als von Anfang an ungerechtfertigt, so ist der Antragsteller verpflichtet, dem Antragsgegner den Schaden zu ersetzen, der ihm aus der Durchführung der einstweiligen Verfügung entstanden ist.

(6) Das Urteil, durch das die Zwangslizenz zugesprochen wird, kann auf Antrag gegen oder ohne Sicherheitsleistung für vorläufig vollstreckbar erklärt werden, wenn dies im öffentlichen

digkeitsrecht unberührt, Art. 24. Neben die Zuständigkeitsanknüpfungen des Übereinkommens können also auch die (umfassenderen) Kompetenzgründe des nationalen Rechts des Gerichtsstaates treten. Dies ist vor allem wichtig für Verletzungsprozesse und für Streitigkeiten aus Verträgen, die gewerbliche Schutzrechte betreffen. Aber auch für die in den Anwendungsbereich der Art. 16 Nr. 4 fallenden Eintragungs- und Bestandsklagen gilt der Vorbehalt des Art. 24. Dies bedeutet, daß sich auch andere Vertragsstaaten für einstweilige Maßnahmen eine internationale Zuständigkeit eröffnen dürfen. Art. 24 modifiziert also die Ausschließlichkeit der internationalen Zuständigkeit des Erteilungsstaates.

XX. Verbot der Derogation

Die internationale Zuständigkeit des Erteilungsstaates kann – wie alle in Art. 16 festgelegten ausschließlichen internationalen Zuständigkeiten – durch Vereinbarung der Parteien nicht abbedungen werden, Art. 17 II (= Art. 17 III n. F.). Auch eine Unterwerfung des Beklagten unter die Jurisdiktion des Gerichtsstaates ist zuständigkeitsrechtlich ohne Belang, Art. 18 S. 2.

XXI. Prüfung der Zuständigkeitstatsachen durch den Erstrichter

Hängt die Beurteilung der Zuständigkeitsfrage davon ab, ob die Klage bzw. der Antrag in den Anwendungsbereich des Art. 16 Nr. 4 fällt, reicht die bloße Behauptung des Klägers nicht aus. Das Gericht hat vielmehr von Amts wegen zu prüfen, ob dieser Zuständigkeitsbezug vorhanden ist, und zwar selbst dann, wenn der Beklagte dies nicht bestreitet, Art. 19.

XXII. Nachprüfung durch den Zweitrichter

1. Im Stadium der Anerkennung (Art. 25 ff.) bzw. Zulassung zur Zwangsvollstreckung durch Klauselerteilung (Art. 31 ff.) darf der Zweitrichter die Einhaltung des Art. 16 Nr. 4 nachprüfen, Art. 28 I. Dies ist eine Ausnahme von dem Verbot der Nachprüfung der internationalen Zuständigkeit des Erststaates, Art. 28 III.

2. Kann das vom Erststaat erlassene Urteil nicht anerkannt werden,

---

Interesse liegt. Wird das Urteil aufgehoben oder geändert, so ist der Antragsteller zum Ersatz des Schadens verpflichtet, der dem Antragsgegner durch die Vollstreckung entstanden ist.

Nach der hier vertretenen Ansicht kommt allerdings das Übereinkommen nicht zur Anwendung. Vgl. oben Fußn. 60.

z. B. weil sich der Zweitstaat selbst für international ausschließlich zuständig hält oder weil ein Verstoß gegen den ordre public des Zweitstaates vorliegt, so steht Art. 16 Nr. 4 der Wiederholung des Rechtsstreites nicht entgegen. Die Notzuständigkeit hat Vorrang, da ansonsten Justizverweigerung im Zweitstaat die Folge wäre.

XXIII. Das Münchener Übereinkommen vom 5. Oktober 1973 über die Erteilung europäischer Patente (Europäisches Patentübereinkommen)[101]

1. Überblick

a) Ziel dieses Übereinkommens ist nur ein einheitliches Patenterteilungs*verfahren*. Die Wirkungen der europäischen Patente beurteilen sich jedoch nach nationalem Recht. Das Übereinkommen schafft also kein europäisches Gemeinschaftspatent. Dies geschah vielmehr erst durch das noch nicht in Kraft getretene Luxemburger Patentübereinkommen vom 15. Dezember 1975.[102] Ein europäisches Patent kann für einen, mehrere oder alle Vertragsstaaten beantragt werden.[103] Das europäische Patent hat in jedem Vertragsstaat, für den es erteilt ist, dieselben Wirkungen wie ein in diesem Staat erteiltes nationales Patent.

b) Wird ein europäisches Patent für mehrere Vertragsstaaten erteilt, so handelt es sich um selbständige und rechtlich voneinander unabhängige Schutzrechte. Diese stimmen nur inhaltlich überein. Das rechtliche Schicksal eines für mehrere Vertragsstaaten erteilten europäischen Patents kann also unterschiedlich verlaufen: Es kann in dem einen Vertragsstaat für nichtig erklärt werden, während es in einem anderen Vertragsstaat fortbesteht. Es kann auch unterschiedlich übertragen werden.

2. Anwendbarkeit der europäischen Zuständigkeitsordnung

Die europäische Zuständigkeitsordnung ist grundsätzlich auch auf Streitigkeiten anwendbar, die europäische Patente i. S. des Münchener Patentübereinkommens betreffen.[104] Ist ein europäisches Patent für meh-

---

[101] BGBl. 1976 II 826 = GRUR Int. 1974, 79; hierzu *Stauder* GRUR 1976, 515 u. *Pfister-Höhsch-Nölle,* RIW/AWD 1978, 774. Weitere Nachweise bei *Fikentscher,* Wirtschaftsrecht, I, 1983, 685.

[102] Unten XXIV.

[103] Art. 3 MPÜ.

[104] *Stauder* GRUR Int. 1976, 515 weist treffend auf zwei Besonderheiten hin: „Einmal hat das Europäische Patentamt auf Ersuchen des mit einer Verletzungs- oder Nichtigkeitsklage befaßten nationalen Gerichts ein technisches Gutachten über das europäische Patent zu erstatten (Art. 25 MPÜ). Weiterhin kann jeder, gegen den eine Verletzungsklage aus einem europäischen Patent erhoben worden ist oder der nach

rere Vertragsstaaten erteilt, so ist jeder Vertragsstaat gemäß Art. 16 Nr. 4 für die dort genannten Klagen insoweit ausschließlich zuständig, als es sich um die Erteilung oder die Gültigkeit des europäischen Patents mit Wirkung für den jeweiligen Vertragsstaat handelt. Dies ergibt sich bereits aus der rechtlichen Selbständigkeit der einzelnen nationalen Patente, ist aber ausdrücklich nochmal in Art. Vd des Protokolls klargestellt.[105] Dieser lautet:

„*Unbeschadet der Zuständigkeit des europäischen Patentamtes nach dem am 5. Oktober 1973 in München unterzeichneten Übereinkommen über die Erteilung europäischer Patente sind die Gerichte eines jeden Vertragsstaates ohne Rücksicht auf den Wohnsitz der Parteien für alle Verfahren ausschließlich zuständig, welche die Erteilung oder die Gültigkeit eines europäischen Patents zum Gegenstand haben, das für diesen Staat erteilt wurde und kein Gemeinschaftspatent nach Art. 86 des am 15. Dezember 1975 in Luxemburg unterzeichneten Übereinkommens über das europäische Patent für den gemeinsamen Markt ist.*“[106]

---

einer Verwarnung Feststellungsklage erhoben hat, dem Einspruchsverfahren auch nach Ablauf der Einspruchsfrist beitreten (Art. 105 MPÜ). Das nachgeschaltete Einspruchsverfahren im europäischen Patentrecht hat mit dieser Möglichkeit des Beitritts nach Fristablauf die Funktion eines echten, vorgezogenen, zentralen Nichtigkeitsverfahrens.“

[105] *Schlosser*-Bericht Nr. 173: „Für die nicht besonders geregelten Bereiche bleibt Artikel 16 Nr. 4 EuGVÜ von Bedeutung. Hinsichtlich des europäischen Patents nach dem Münchner Übereinkommen ist indes eine Auslegung dieser Norm denkbar, der zufolge Klagen im Staat der Patentanmeldung und nicht in dem Staat erhoben werden müssen, für welche die Patentanmeldung gilt und für den sie bekämpft werden soll. Der neue Artikel Vd) des dem EuGVÜ beigefügten Protokolls soll dem vorbeugen und sicherstellen, daß nur die Gerichte des Staates zuständig sind, für den das Patent jeweils gilt, sofern das Münchner Übereinkommen nicht selbst Sonderregelungen trifft.“

[106] *Schlosser*-Bericht Nr. 173: „Daß eine solche Regelung nicht auch auf ein Gemeinschaftspatent nach dem Luxemburger Übereinkommen bezogen werden kann, welches grundsätzlich nicht für einen bestimmten Staat, sondern für die gesamte Staatengemeinschaft der EWG erteilt wird, versteht sich. Daher rührt der Vorbehalt am Ende der neuen Vorschrift. Auch im Anwendungsbereich des Luxemburger Übereinkommens kann es aber zu Patenten kommen, die nur für einen oder einzelne Gemeinschaftsstaaten gelten. Dies ist nach Artikel 86 dieses Übereinkommens während einer Übergangszeit der Fall, deren Ende noch nicht festgesetzt ist. Hat der Patentanmelder von der ihm nach dieser Norm gewährten Option Gebrauch gemacht und nur ein Patent für einen oder einzelne Staaten der EWG angemeldet, so liegt, obwohl das Patent einigen Bestimmungen des Luxemburger Übereinkommens untersteht, kein Gemeinschaftspatent vor, vielmehr lediglich ein Patent, das für einen oder einzelne Staaten erteilt ist. Nach Artikel Vd) des dem EuGVÜ beigefügten Protokolls haben infolgedessen die Gerichte in diesem Staat ausschließliche Zuständigkeit. Das gleiche gilt in jedem Falle, in welchem aufgrund einer internationalen Anmeldung ein nationales Patent erteilt wird, wie z. B. nach dem Washingtoner Übereinkommen über die internationale Zusammenarbeit auf dem Gebiet des Patentwesens vom 19. Juni 1970.“

Art. 86 LPÜ lautet:

Beispiel: Ein europäisches Patent wurde für die Bundesrepublik Deutschland und für Italien erteilt. Es liegt hier ein Patentbündel vor, nämlich ein nationales deutsches Patent und ein nationales italienisches Patent. Für die Nichtigkeitsklage bezüglich des deutschen Patents ist die Bundesrepublik Deutschland ausschließlich international zuständig, für die Nichtigkeitsklage bezüglich des italienischen Patents Italien.

Außerhalb des sachlichen Anwendungsbereichs von Art. 16 Nr. 4 kommen die allgemeinen Vorschriften der Art. 2ff. zur Anwendung, insbesondere für Verletzungsprozesse und Vertragsklagen. Auch hier ist zu beachten, daß die für mehrere Vertragsstaaten erteilten europäischen Patente selbständige und voneinander unabhängige Rechte sind, die lediglich inhaltlich übereinstimmen.

Beispiel: Der Kläger ist Inhaber eines europäischen Patents, das für die Bundesrepublik Deutschland und Frankreich erteilt wurde. Der Verletzer hat seinen Wohnsitz in den Niederlanden. Der Kläger hat die Wahl, ob er den Verletzer in seinem Wohnsitzstaat verklagt, also in den Niederlanden, oder aber am Ort der unerlaubten Handlung, Art. 5 Nr. 3.

Art. 86. Wahlmöglichkeit zwischen Gemeinschaftspatent und europäischem Patent.

(1) Auf eine während einer Übergangszeit eingereichte europäische Patentanmeldung oder auf ein darauf erteiltes europäisches Patent ist dieses Übereinkommen vorbehaltlich Absatz 3 nicht anzuwenden, wenn der Erteilungsantrag die Erklärung enthält, daß der Anmelder kein Gemeinschaftspatent zu erhalten wünscht. Die Erklärung kann nicht zurückgenommen werden.

(2) Artikel 54 Absätze 3 und 4 des Europäischen Patentübereinkommens ist anzuwenden, wenn eine europäische Patentanmeldung, in der die Vertragsstaaten benannt sind, oder ein Gemeinschaftspatent einen späteren Anmeldetag oder, wenn eine Priorität in Anspruch genommen worden ist, einen späteren Prioritätstag hat als eine europäische Patentanmeldung, in der ein oder mehrere Vertragsstaaten benannt sind. Wird aus diesem Grund ein Gemeinschaftspatent beschränkt oder für nichtig erklärt, so wird die Beschränkung oder die Erklärung der Nichtigkeit nur für die Vertragsstaaten beschlossen, die in der veröffentlichten früheren europäischen Patentanmeldung benannt worden sind.

(3) Die Artikel 80 bis 82 und Artikel 84 sind auf europäische Patente im Sinn von Absatz 1 mit der Maßgabe anzuwenden, daß in den Artikeln 80 und 84 an die Stelle des Gemeinschaftspatents und in den Artikeln 81 und 82 an die Stelle des nationalen Patents jeweils das europäische Patent tritt.

(4) Die in Absatz 1 vorgesehene Übergangszeit kann durch Beschluß des Rats der Europäischen Gemeinschaften, der auf Vorschlag der Kommission der Europäischen Gemeinschaften oder eines Vertragsstaats ergeht, beendet werden.

(5) Der in Absatz 4 genannte Beschluß des Rats der Europäischen Gemeinschaften bedarf

a) während der ersten 10 Jahre, gerechnet vom Tag des Inkrafttretens dieses Übereinkommens an, der Einstimmigkeit,

b) nach diesem Zeitraum der qualifizierten Mehrheit. Die Mehrheit bestimmt sich nach Artikel 148 Absatz 2 Unterabsatz 2 zweiter Gedankenstrich des Vertrags zur Gründung der Europäischen Wirtschaftsgemeinschaft.

3. Das Protokoll über die gerichtliche Zuständigkeit und die Anerkennung von Entscheidungen über den Anspruch auf Erteilung eines europäischen Patents (Anerkennungsprotokoll zum Europäischen Patentübereinkommen)[107]

a) Das Münchener Patentübereinkommen definiert den Kreis der zur Einreichung und Erlangung des europäischen Patents berechtigten Personen wie folgt:

Art. 58. Recht zur Anmeldung europäischer Patente
Jede natürliche oder juristische Person und jede einer juristischen Person nach dem für sie maßgebenden Recht gleichgestellte Gesellschaft kann die Erteilung eines europäischen Patents beantragen.

Art. 59. Mehrere Anmelder
Die europäische Patentanmeldung kann auch von gemeinsamen Anmeldern oder von mehreren Anmeldern, die verschiedene Vertragsstaaten benennen, eingereicht werden.

Art. 60. Recht auf das europäische Patent
(1) Das Recht auf das europäische Patent steht dem Erfinder oder seinem Rechtsnachfolger zu. Ist der Erfinder ein Arbeitnehmer, so bestimmt sich das Recht auf das europäische Patent nach dem Recht des Staats, in dem der Arbeitnehmer überwiegend beschäftigt ist; ist nicht festzustellen, in welchem Staat der Arbeitnehmer überwiegend beschäftigt ist, so ist das Recht des Staats anzuwenden, in dem der Arbeitgeber den Betrieb unterhält, dem der Arbeitnehmer angehört.
(2) Haben mehrere eine Erfindung unabhängig voneinander gemacht, so steht das Recht auf das europäische Patent demjenigen zu, dessen europäische Patentanmeldung den früheren Anmeldetag hat; dies gilt jedoch nur, wenn diese frühere Anmeldung nach Artikel 93 veröffentlicht worden ist, und nur mit Wirkung für die in der veröffentlichten früheren Anmeldung benannten Vertragsstaaten.
(3) Im Verfahren vor dem Europäischen Patentamt gilt der Anmelder als berechtigt, das Recht auf das europäische Patent geltend zu machen.

Art. 61. Anmeldung europäischer Patente durch Nichtberechtigte
(1) Wird durch rechtskräftige Entscheidung der Anspruch auf Erteilung eines europäischen Patents einer in Artikel 60 Absatz 1 genannten Person, die nicht der Anmelder ist, zugesprochen, so kann diese Person, sofern das europäische Patent noch nicht erteilt worden ist, innerhalb von drei Monaten nach Eintritt der Rechtskraft der Entscheidung in bezug auf die in der europäischen Patentanmeldung benannten Vertragsstaaten, in denen die Entscheidung ergangen oder anerkannt worden ist oder aufgrund des diesem Übereinkommen beigefügten Anerkennungsprotokolls anzuerkennen ist,
a) die europäische Patentanmeldung an Stelle des Anmelders als eigene Anmeldung weiterverfolgen,

---

[107] BGBl. 1976 II 982; hierzu *Stauder* GRUR 1976, 516.

b) eine neue europäische Patentanmeldung für dieselbe Erfindung einreichen oder

c) beantragen, daß die europäische Patentanmeldung zurückgewiesen wird.

(2) Auf eine nach Absatz 1 eingereichte neue europäische Patentanmeldung ist Artikel 76 Absatz 1 entsprechend anzuwenden.

(3) ...

Art. 62. Anspruch auf Erfindernennung

Der Erfinder hat gegenüber dem Anmelder oder Inhaber eines europäischen Patents das Recht, vor dem Europäischen Patentamt als Erfinder genannt zu werden.

b) Für Klagen gegen den Anmelder, mit denen der *Anspruch auf Erteilung eines europäischen Patents* für einen oder mehrere in der europäischen Patentanmeldung benannten Vertragsstaaten geltend gemacht wird, wurden in dem vorgenannten Protokoll *besondere Zuständigkeitsvorschriften* geschaffen. Diese verdrängen als Spezialvorschriften die europäische Zuständigkeitsordnung.[108] Sie lauten:

Abschnitt I
Zuständigkeit

Art. 1

(1) Für Klagen gegen den Anmelder, mit denen der Anspruch auf Erteilung eines europäischen Patents für einen oder mehrere der in der europäischen Patentanmeldung benannten Vertragsstaaten geltend gemacht wird, bestimmt sich die Zuständigkeit der Gerichte der Vertragsstaaten nach den Artikeln 2 bis 6.

(2) Den Gerichten im Sinn dieses Protokolls sind Behörden gleichgestellt, die nach dem nationalen Recht eines Vertragsstaats für die Entscheidung über die in Absatz 1 genannten Klagen zuständig sind. Die Vertragsstaaten teilen dem Europäischen Patentamt die Behörden mit, denen eine solche Zuständigkeit zugewiesen ist; das Europäische Patentamt unterrichtet die übrigen Vertragsstaaten hiervon.

(3) Als Vertragsstaaten im Sinn dieses Protokolls sind nur die Vertragsstaaten zu verstehen, die die Anwendung dieses Protokolls nach Artikel 167 des Übereinkommens nicht ausgeschlossen haben.

Art. 2

Der Anmelder, der seinen Wohnsitz oder Sitz in einem Vertragsstaat hat, ist vorbehaltlich der Artikel 4 und 5 vor den Gerichten dieses Vertragsstaats zu verklagen.

Art. 3

Wenn der Anmelder seinen Wohnsitz oder Sitz außerhalb der Vertragsstaaten hat und die Person, die den Anspruch auf Erteilung des europäischen Patents geltend macht, ihren Wohnsitz oder Sitz in einem Vertragsstaat hat, sind vorbe-

---

[108] Art. 11 des Protokolls und Art. 57 des EWG-Übereinkommens; hierzu *Schlosser*-Bericht Nr. 173 und oben § 13.

haltlich der Artikel 4 und 5 die Gerichte des letztgenannten Staats ausschließlich zuständig.

Art. 4

Ist der Gegenstand der europäischen Patentanmeldung eine Erfindung eines Arbeitnehmers, so sind vorbehaltlich Artikel 5 für einen Rechtsstreit zwischen dem Arbeitnehmer und dem Arbeitgeber ausschließlich die Gerichte des Vertragsstaats zuständig, nach dessen Recht sich das Recht auf das europäische Patent gemäß Artikel 60 Absatz 1 Satz 2 des Übereinkommens bestimmt.

Art. 5

(1) Haben die an einem Rechtsstreit über den Anspruch auf Erteilung eines europäischen Patents beteiligten Parteien durch eine schriftliche oder durch eine mündliche, schriftlich bestätigte Vereinbarung bestimmt, daß ein Gericht oder die Gerichte eines bestimmten Vertragsstaats über diesen Rechtsstreit entscheiden sollen, so sind dieses Gericht oder die Gerichte dieses Staats ausschließlich zuständig.

(2) Handelt es sich bei den Parteien um einen Arbeitnehmer und seinen Arbeitgeber, so ist Absatz 1 jedoch nur anzuwenden, soweit das für den Arbeitsvertrag maßgebliche nationale Recht eine solche Vereinbarung zuläßt.

Art. 6

In den nicht in den Artikeln 2 bis 4 und in Artikel 5 Absatz 1 geregelten Fällen sind die Gerichte der Bundesrepublik Deutschland ausschließlich zuständig.

Art. 7

Die Gerichte der Vertragsstaaten, die mit Klagen nach Artikel 1 befaßt werden, prüfen ihre Zuständigkeit nach den Artikeln 2 bis 6 von Amts wegen.

Art. 8

(1) Werden bei Gerichten verschiedener Vertragsstaaten Klagen wegen desselben Anspruchs zwischen denselben Parteien anhängig gemacht, so hat sich das später angerufene Gericht von Amts wegen zugunsten des zuvor angerufenen Gerichts für unzuständig zu erklären.

(2) Das Gericht, das sich nach Absatz 1 für unzuständig zu erklären hätte, hat die Entscheidung bis zur rechtskräftigen Entscheidung des zuvor angerufenen Gerichts auszusetzen, wenn der Mangel der Zuständigkeit des anderen Gerichts geltend gemacht wird.

Abschnitt II
Anerkennung

Art. 11

(1) Im Verhältnis der Vertragsstaaten zueinander haben die Vorschriften dieses Protokolls Vorrang vor widersprechenden Vorschriften anderer Abkommen, die die gerichtliche Zuständigkeit oder die Anerkennung von Entscheidungen regeln.

(2) Dieses Protokoll steht der Anwendung von Abkommen zwischen Vertragsstaaten und einem nicht durch das Protokoll gebundenen Staat nicht entgegen.

c) Der beklagte Anmelder ist in dem Staat gerichtspflichtig, in dem er seinen Wohnsitz bzw. Sitz hat, Art. 3 des Anerkennungsprotokolls. Hat er keinen Wohnsitz oder Sitz in einem Vertragsstaat, so gilt abweichend von Art. 4 des Übereinkommens vom 27. September 1968 nicht das nationale Zuständigkeitsrecht; vielmehr schafft Art. 3 des Anerkennungsprotokolls einen *Klägergerichtsstand* am Wohnsitz bzw. Sitz des Klägers. International zuständig ist also derjenige Vertragsstaat, in dem der Kläger wohnt bzw. seinen Sitz hat. Hat auch der Kläger seinen Wohnsitz in einem Nichtvertragsstaat, so ist gemäß Art. 6 die Bundesrepublik Deutschland ausschließlich international zuständig.

d) Es handelt sich also um eine *Totalregelung der internationalen Zuständigkeit,* die keinen Platz mehr läßt für die Anwendung des nationalen Zuständigkeitsrechts. Insofern weicht das Anerkennungsprotokoll ganz erheblich von der Konzeption der europäischen Zuständigkeitsordnung ab.

e) Sonderregeln gelten für Streitigkeiten zwischen Arbeitnehmer und Arbeitgeber, wenn Gegenstand der europäischen Patentanmeldung eine Erfindung eines Arbeitsnehmers ist. In solchen Fällen ist der Vertragsstaat zuständig, nach dessen Recht sich das Recht auf das europäische Patent gemäß Art. 60 I 2 des Münchener Patentübereinkommens bestimmt. Art. 4 des Anerkennungsprotokolls bezeichnet diesen Vertragsstaat als ausschließlich zuständig. Dies ist jedoch nicht korrekt, da nach Art. 5 II des Anerkennungsprotokolls auch in Arbeitnehmererfindungssachen Zuständigkeitsvereinbarungen zugelassen sind, allerdings nur insoweit, als das für den Arbeitsvertrag maßgebliche nationale Recht eine solche Vereinbarung zuläßt.

f) Abgesehen von Streitigkeiten, die Arbeitnehmererfindungen betreffen, sind *Zuständigkeitsvereinbarungen* gemäß Art. 5 I des Anerkennungsprotokolls uneingeschränkt zulässig. Diese Vorschrift wiederholt Art. 17. Allerdings wurde die Neufassung der Formvorschrift (Art. 17 I 2 n. F.) nicht auf Art. 5 ausgedehnt. Ob dies absichtlich unterlassen wurde oder ob ein Redaktionsversehen vorliegt, ist nicht klar.

g) Für Klagen, welche die europäische Patentanmeldung mit dem Ziel des Erwerbs eines Gemeinschaftspatents betreffen, gilt die Zuständigkeitsregelung des Art. 69 des Luxemburger Patentübereinkommens, nicht das Anerkennungsprotokoll. Das Anerkennungsprotokoll gilt also nur für Ansprüche auf Erteilung europäischer Patente nationalen Zuschnitts.

XXIV. Das Luxemburger Übereinkommen vom 15. Dezember 1975 über das europäische Patent für den gemeinsamen Markt (Gemeinschaftspatentübereinkommen)[109]

1. Überblick

a) Nach Inkrafttreten des Luxemburger Gemeinschaftspatentübereinkommens wird es für die Staaten der Europäischen Gemeinschaften ein *Gemeinschaftspatent* geben. Anders als beim europäischen Patent handelt es sich nicht um ein Bündel von einzelnen nationalen Schutzrechten, sondern um ein einheitliches supranationales (europäisches) Schutzrecht. Dieses wird einheitlich für das Hoheitsgebiet aller Vertragsstaaten erteilt. Der Bestand dieses Rechts kann nur einheitlich für das Gesamtgebiet der Europäischen Gemeinschaften beurteilt werden: Das Gemeinschaftspatent kann nur mit Wirkung für den gesamten EWG-Bereich übertragen, oder für nichtig erklärt werden oder erlöschen.

b) Die Wirkung des Patents ist im Luxemburger Gemeinschaftspatentübereinkommen abschließend geregelt. Jedoch verweist dieses Übereinkommen auf das nationale Recht bezüglich der Verletzung eines Gemeinschaftspatents.[110] Maßgeblich ist das vom nationalen Kollisionsrecht berufene Recht, in der Regel wird es sich um die lex delicti commissi handeln.[111]

2. Anwendbarkeit der europäischen Zuständigkeitsordnung

Für zwei Bereiche stellt das Luxemburger Gemeinschaftspatentübereinkommen vom 15. Dezember 1975 eigene Zuständigkeitsregeln auf, die gemäß Art. 57 der europäischen Zuständigkeitsordnung vorgehen:
- für Verletzungsverfahren und
- für Klagen hinsichtlich Patentanmeldungen, die auf Erwerb des Gemeinschaftspatents gerichtet sind.

Im übrigen gelten die Regeln der europäischen Zuständigkeitsord-

---

[109] Amtsblatt der Europäischen Gemeinschaften 1976 L 17/1 = GRUR Int. 1976, 231 mit Bericht der deutschen Delegation. Hierzu *Stauder* GRUR Int. 1976, 516.

[110] *Art. 36 LPÜ: Ergänzende Anwendung des nationalen Rechts bei Verletzung*

(1) Die Wirkung des Gemeinschaftspatents bestimmt sich ausschließlich nach diesem Übereinkommen. Im übrigen unterliegen Verletzungen eines Gemeinschaftspatents dem nationalen Recht, das auf die Verletzung eines nationalen Patents in dem Vertragsstaat anzuwenden ist, in dem sich das mit der Sache befaßte Gericht befindet, soweit nicht nach dem internationalen Privatrecht dieses Staats das nationale Recht eines anderen Vertragsstaats anzuwenden ist.

(2) Das anzuwendende Verfahrensrecht bestimmt sich nach Artikel 74.

(3) Die Absätze 1 und 2 sind auf eine europäische Patentanmeldung, in der die Vertragsstaaten benannt sind, entsprechend anzuwenden.

[111] *Stauder* GRUR Int. 1976, 517.

nung, vgl. Art. 68 LPÜ. So kommen zum Beispiel Art. 2ff. zur Anwendung auf Streitigkeiten aus einem Lizenzvertrag.[112]

3. Die Zuständigkeitsvorschriften des Luxemburger Patentübereinkommens

In seinem sechsten Teil bringt das Luxemburger Gemeinschaftspatentübereinkommen Vorschriften über *Zuständigkeit und Verfahren für Klagen, die Gemeinschaftspatente betreffen:*

Kap. I Art. 68. Allgemeine Vorschriften

Soweit in diesem Übereinkommen nichts anderes bestimmt ist, gilt das am 27. September 1968 in Brüssel unterzeichnete Übereinkommen über die gerichtliche Zuständigkeit und die Vollstreckung gerichtlicher Entscheidungen in Zivil- und Handelssachen, im folgenden Vollstreckungsübereinkommen genannt, für Klagen, die Gemeinschaftspatente betreffen, sowie für Entscheidungen, die aufgrund dieser Klagen ergehen.

Art. 69. Zuständigkeit nationaler Gerichte für Klagen, die Gemeinschaftspatente betreffen

(1) Klagen wegen Verletzung der Gemeinschaftspatente werden vor den Gerichten des Vertragsstaats erhoben, in dem der Beklagte seinen Wohnsitz oder in Ermangelung eines solchen eine Niederlassung hat. Hat der Beklagte weder seinen Wohnsitz noch eine Niederlassung in einem Vertragsstaat, so werden diese Klagen abweichend von Artikel 4 des Vollstreckungsübereinkommens vor den Gerichten des Vertragsstaats erhoben, in dem der Kläger seinen Wohnsitz oder in Ermangelung eines solchen eine Niederlassung hat. Haben weder der Beklagte noch der Kläger ihren Wohnsitz oder eine Niederlassung in einem Vertragsstaat, so sind die Gerichte der Bundesrepublik Deutschland zuständig. Das angerufene Gericht ist für die Entscheidung über die in einem jeden der Vertragsstaaten begangenen Verletzungshandlungen zuständig.

(2) Klagen wegen Verletzung der Gemeinschaftspatente können auch vor den Gerichten des Vertragsstaats erhoben werden, in dem eine Verletzungshandlung begangen worden ist. Das angerufene Gericht ist nur für die Entscheidung über Verletzungshandlungen zuständig, die in dem Hoheitsgebiet dieses Vertragsstaats begangen worden sind.

(3) Artikel 5 Nummern 3 und 4 des Vollstreckungsübereinkommens ist für Klagen wegen Verletzung der Gemeinschaftspatente nicht anzuwenden.

(4) Ohne Rücksicht auf den Wohnsitz sind ausschließlich zuständig:

a) für Klagen, die Zwangslizenzen an Gemeinschaftspatenten zum Gegenstand haben, die Gerichte des Vertragsstaats, dessen nationales Recht auf eine solche Lizenz anwendbar ist;

b) für Klagen über das Recht auf das Patent, bei denen sich Arbeitgeber und Arbeitnehmer gegenüberstehen, die Gerichte des Vertragsstaats, nach dessen Recht sich das Recht auf das europäische Patent nach Artikel 60 Absatz 1 Satz 2 des Europäischen Patentübereinkommens bestimmt. Eine Gerichtsstandsverein-

[112] *Stauder,* GRUR Int. 1976, 517 vor 2.

barung ist nur insoweit gültig, als das für den Arbeitsvertrag maßgebliche nationale Recht eine solche Vereinbarung zuläßt.

(5) Für die Anwendung dieses Artikels wird der Wohnsitz einer Partei nach den Artikeln 52 und 53 des Vollstreckungsübereinkommens bestimmt.

Art. 70. Ergänzende Vorschriften über die Zuständigkeit

(1) Innerhalb des Vertragsstaats, dessen Gerichte nach den Artikeln 68 und 69 zuständig sind, sind Klagen vor den Gerichten zu erheben, die örtlich und sachlich zuständig wären, wenn es sich um Klagen handeln würde, die ein in diesem Staat erteiltes nationales Patent betreffen.

(2) Die Artikel 68 und 69 sind auf Klagen anzuwenden, die europäische Patentanmeldungen betreffen, in denen die Vertragsstaaten benannt sind, soweit nicht das Recht auf ein europäisches Patent geltend gemacht wird.

(3) Ist nach den Artikeln 68 und 69 sowie nach den Absätzen 1 und 2 kein Gericht für die Entscheidung über eine Klage, die ein Gemeinschaftspatent betrifft, zuständig, so kann die Klage vor den Gerichten der Bundesrepublik Deutschland erhoben werden.

Art. 72. Nationale Behörden

Für Klagen, die das Recht auf das Gemeinschaftspatent oder Zwangslizenzen am Gemeinschaftspatent betreffen, sind unter der Bezeichnung Gerichte in diesem Übereinkommen und im Vollstreckungsübereinkommen auch Behörden zu verstehen, die nach dem Recht eines Vertragsstaats für Entscheidungen über solche Klagen in bezug auf ein in diesem Staat erteiltes nationales Patent zuständig sind. Die Vertragsstaaten teilen dem Europäischen Patentamt die Behörden mit, denen eine solche Zuständigkeit zugewiesen ist; das Europäische Patentamt unterrichtet die übrigen Vertragsstaaten hiervon.

4. Nichtigkeitsverfahren

a) Das Nichtigkeitsverfahren ist beim Europäischen Patentamt konzentriert.[113] Deshalb bedarf es keiner Parallelregelung zu Art. 16 Nr. 4.[114]

b) Art. 16 Nr. 4 behält jedoch Bedeutung für die Übergangsregelung des Art. 90 LPÜ. Für eine Übergangszeit von 10 Jahren, die um 5 Jahre verlängert werden kann, können Gerichte eines Vertragsstaats, der einen Vorbehalt nach Art. 90 LPÜ gemacht hat, im Verletzungsverfahren über den Bestand eines Gemeinschaftspatents mit Zustimmung der Parteien entscheiden. Im Ergebnis ist das im Verletzungsverfahren ergangene Urteil eine territorial beschränkte Nichtigerklärung.

5. Verletzungsprozesse

a) Für Klagen wegen Verletzung der Gemeinschaftspatente bringt Art. 69 LPÜ eine Sonderregelung.[114a] Diese soll dem forum shopping

[113] Art. 9, 10, 52–63, 76–77 LPÜ.

[114] *Bossung,* GRUR Int. 1976, 224; *Stauder* GRUR. Int. 1976, 517 Fußn. 227.

[114a] Ausführlich hierzu *Stauder* GRUR Int. 1976, 517.

des Verletzten Grenzen setzen.[115] Bei grenzüberschreitender Verletzung eines Gemeinschaftspatents würde Art. 5 Nr. 3 überall dort eine internationale Zuständigkeit eröffnen, wo entweder die Verletzungshandlung begangen oder der Verletzungserfolg eingetreten ist, und zwar für den gesamten Schaden. Dem setzt Art. 69 II 2 LPÜ eine territoriale Begrenzung der Entscheidungsbefugnis der Verletzungsgerichte entgegen. Begrenzt wird aber nur die internationale Zuständigkeit, nicht die Gerichtsbarkeit (facultas iuris dictionis). Ein unter Verstoß gegen Art. 69 II LPÜ erlassenes Urteil ist im Gerichtsstaat nicht nichtig. Es kann auch in den anderen Vertragsstaaten anerkannt werden.

b) Ein Vergleich mit der europäischen Zuständigkeitsordnung ergibt folgendes Bild:[116]

α) Art. 69 LPÜ bringt eine *Totalregelung der internationalen Zuständigkeit* ebenso wie das Anerkennungsprotokoll.[117] Wohnt der Beklagte nicht in einem Vertragsstaat, so wird am Wohnsitzstaat des Klägers ein forum actoris eröffnet. Ein Rekurs auf das nationale Zuständigkeitsrecht findet im Gegensatz zu Art. 4 I nicht statt. Wohnt auch der Kläger nicht im EG-Bereich, so ist die Bundesrepublik Deutschland zuständig.

β) Die Niederlassung wird anstelle des Wohnsitzes/Sitzes als Subsidiäranknüpfung zugelassen.[118]

---

[115] *Bossung* GRUR Int. 1976, 222 sub I 2: „Da Verletzungshandlungen sehr oft im gesamten Gebiet des Gemeinsamen Marktes begangen werden, hätte der Patentinhaber die Klage bei einem Gericht seiner Wahl anhängig machen können. Da es zwischen den Gerichten der verschiedenen Staaten noch erhebliche Unterschiede in den Verfahren, der Organisation, der Rechtsprechung und der praktischen Erfahrung in Patentsachen gibt, wurde befürchtet, daß es zu einem sogenannten «forum shopping» kommt. Der Kläger hätte also viele Wahlmöglichkeiten zwischen Gerichtsbarkeiten mehrerer Staaten gehabt. Der Beklagte hätte sich möglicherweise in einem ihm fremden Staat, in dem er den Tatbestand der Patentverletzung nur in sehr nebensächlicher Weise erfüllt hat, auf die Klage einlassen müssen. Die anfänglich unvermeidbaren Disparitäten in den Möglichkeiten der gerichtlichen Durchsetzung der Rechte aus dem Gemeinschaftspatent wären nicht beseitigt, sondern nur verstärkt worden. Aus diesen Gründen hat sich die Konferenz entschlossen, in Artikel 69 Abs. 1 und 2 eine Regelung des Gerichtsstands und der internationalen Zuständigkeit zu treffen, die dem Kläger nur noch beschränkte Wahlmöglichkeiten zwischen den Gerichten der verschiedenen Staaten gibt und somit eine gleichmäßigere Beanspruchung und daher auch Entwicklung der Gerichtsbarkeiten aller Staaten erwarten läßt und auch berechtigte Interessen des Beklagten in stärkerem Maße berücksichtigt."

[116] *Stauder* GRUR Int. 1976, 517.

[117] Der Sitz steht dem Wohnsitz gleich.

[118] *Bossung* GRUR Int. 1976, 223: „Wenn der Beklagte weder Wohnsitz noch Sitz im Gebiet der Vertragsstaaten hat, kommt subsidiär der Gerichtsstand in Frage, an dem er eine „Niederlassung" besitzt. Die Auslegung dieses Begriffs ist absichtlich der Rechtsprechung überlassen, da der Gesetzeszweck hier nur auf die Begründung eines Gerichtsstands gerichtet ist und daher unter Umständen andere Kriterien maßgebend sein können als beispielsweise bei den entsprechenden Begriffen in Artikel 39 Abs. 1 Buchst. d dieses Übereinkommens oder Artikel 3 der Pariser Verbandsübereinkunft."

γ) Das LPÜ regelt – anders als Art. 5 Nr. 3 – nur die internationale, nicht die örtliche Zuständigkeit (soweit es um die Zuständigkeitsanknüpfung des locus delicti commissi geht; vgl. Art. 70 I LPÜ).[119]

δ) Die Entscheidungsbefugnis des forum delicti commissi ist limitiert.[120]

c) Zuständigkeitsvereinbarungen sind zulässig. Art. 69 LPÜ bringt keine abschließende, der Parteidisposition entzogene Regelung.

d) Auch verbietet das LPÜ den Parteien nicht, die Gerichte dritter Staaten anzurufen.[121]

e) Ausschließliche internationale Zuständigkeiten sind in Art. 69 IV LPÜ normiert.[122]

6. Verfahren, deren Gegenstand die Patentanmeldung bzw. das Recht auf das Gemeinschaftspatent ist

Für Klagen, die die europäische Patentanmeldung mit dem Ziel des Erwerbs eines Gemeinschaftspatents betreffen, gilt Art. 69 LPÜ entsprechend, Art. 70 II LPÜ. Auch für diese Klagen gelten die gleichen Gerichtsstände wie für Verletzungsverfahren. Soll mit der europäischen Patentanmeldung ein Gemeinschaftspatent erworben werden, kommt das Anerkennungsprotokoll nicht zum Zuge.

§ 91 Der Ort der Zwangsvollstreckung als Anknüpfungspunkt für Verfahren, welche die Zwangsvollstreckung aus Entscheidungen betreffen, Art. 16 Nr. 5. Die ausschließliche internationale Zuständigkeit des Vertragsstaates, in dem aus einer Entscheidung vollstreckt werden soll oder vollstreckt worden ist, für Verfahren, welche die Zwangsvollstreckung betreffen

I. Regelungsbereich

1. Ohne Rücksicht auf den Wohnsitz der Parteien ist für Verfahren, welche die Zwangsvollstreckung aus Entscheidungen zum Gegenstand haben, derjenige Vertragsstaat ausschließlich international zuständig, in

---

[119] *Stauder* GRUR Int. 1976, 518.

[120] Hierzu *Bossung* GRUR Int. 1976, 222.

[121] Ob die Gerichte in Nichtvertragsstaaten die Klage wegen Verletzung des Gemeinschaftspatents annehmen, entscheidet deren nationales Zuständigkeitsrecht. *Beispiel:* Der Verletzer wohnt in Wien.

[122] Art. 69 LPÜ verbietet auch nicht die Anerkennung solcher drittstaatlicher Urteile. Maßgebend ist der jeweils bilaterale oder multilaterale mit dem Drittstaat bestehende Anerkennungsvertrag und in Ermangelung eines solchen das nationale Anerkennungsrecht des Anerkennungsstaates.

dessen Hoheitsgebiet die Zwangsvollstreckung durchgeführt werden soll oder durchgeführt worden ist.

2. Art. 16 Nr. 5 gilt *nicht zugunsten dritter Staaten*. Handelt es sich z. B. um Vollstreckungsmaßnahmen in New York, so greift diese Vorschrift nicht ein.

II. Rechtslage nach allgemeinem Völkergewohnheitsrecht

Kein Staat darf in die Souveränität eines anderen Staates eingreifen. Wollte ein Staat mit Wirkung für die Hoheitssphäre eines anderen Staates dessen Hoheitsakte aufheben oder abändern, so wäre dies ein Völkerrechtsverstoß.[1] Wollte z. B. ein deutsches Gericht eine Vollstreckungsmaßnahme eines österreichischen Gerichts aufheben und das dortige Vollstreckungsorgan zu bestimmten Maßnahmen anweisen, so wäre dies völkerrechtswidrig. Unbenommen bleibt es jedoch den Staaten, mit Wirkung für ihren eigenen Hoheitsbereich über die Wirkungen ausländischer Vollstreckungsmaßnahmen zu befinden.

III. Ausschließlichkeit der internationalen Zuständigkeit des Vollstreckungsstaates

Art. 16 Nr. 5 verdrängt in seinem Anwendungsbereich alle übrigen Zuständigkeitsanknüpfungen für die internationale Zuständigkeit.

IV. Ratio conventionis

1. Souveränitätsinteressen

Vollstreckungsmaßnahmen sind Hoheitsakte. Ihre Überprüfung und eventuelle Aufhebung oder Abänderung mit Wirkung für den Vollstreckungsstaat kann bereits nach allgemeinem Völkergewohnheitsrecht nur von den Gerichten dieses Staates vorgenommen werden.[2]

2. Rechtsnähe

Vollstreckungsrecht ist für viele Juristen ein Buch mit sieben Siegeln. Es handelt sich weitgehend um formelles Recht, das von ausländischen Richtern nur schwer ermittelt und angewandt werden kann. Auch aus diesen Gründen ist es zweckmäßig, die Gerichte des Staates, in dem die Zwangsvollstreckung vorgenommen werden soll oder vorgenommen worden ist, für ausschließlich zuständig zu erklären.

---

[1] *Zöller-Geimer,* ZPO, 13. Aufl., 1981, IZPR, Anm. D II 9.
[2] *Müller* in *Bülow-Böckstiegel* 606/139, Art. 16, Anm. IV 5.

V. Keine Regelung der örtlichen Zuständigkeit

Art. 16 normiert nur die internationale Zuständigkeit, legt jedoch nicht fest, welches Gericht innerhalb des als international ausschließlich zuständig bestimmten Vertragsstaates örtlich zuständig sein soll. Dies bestimmt das nationale Recht. Ist eine örtliche Zuständigkeit nicht vorhanden, so greift wieder die ungeschriebene Konventionsregel ein, wonach die Gerichte der Hauptstadt örtlich zuständig sein sollen.[3]

VI. Qualifikationsfragen

1. Um eine einheitliche Anwendung des Art. 16 Nr. 5 zu gewährleisten und eine unmäßige Ausweitung des Jurisdiktionsmonopols des Vollstreckungsstaates zu vermeiden, sind die Anwendungsvoraussetzungen des Art. 16 Nr. 5 durch vertragsimmanente Definitionen einzugrenzen.[4] Grenzlinien zwischen Erkenntnisverfahren und Zwangsvollstreckungsverfahren verlaufen international nicht einheitlich. Maßnahmen, die z. B. nach deutschem Rechtsverständnis zum Zwangsvollstreckungsverfahren gehören, werden nach französischer Doktrin noch dem Erkenntnisverfahren zugeordnet und umgekehrt. So wird z.B. in Frankreich bereits im Erkenntnisverfahren dem Gläubiger die Befugnis zur Ersatzvornahme zugesprochen.[5] Anders ist es nach deutschem Recht.[6]

---

[3] Oben § 33 III.

[4] A. A. *Müller* in *Bülow-Böckstiegel* 606/140, Art. 16, Anm. IV 5: Maßgeblich sei „das Recht des Vollstreckungsstaates".

[5] Art. 1143 Code civil.

[6] Vgl. den vom OLG Nürnberg IPRspr. 1974 Nr. 188 = Rechtsprechungsübersicht I 16.5 B 1 entschiedenen Fall: Das LG Nürnberg-Fürth hatte die Beklagte mit Sitz in Rom verurteilt, dem Kläger mit Sitz in Fürth einen Buchauszug über alle Geschäfte mit Kunden in der Bundesrepublik Deutschland für die Zeit bis zum 29. 4. 1971 zu erteilen und die Provision für diese Geschäfte abzurechnen sowie für den Rest des Jahres 1971 ein Verzeichnis der Geschäfte mit diesem Kundenkreis vorzulegen. Als sich die Schuldnerin weigerte, dem Urteil nachzukommen, setzte das LG gemäß § 888 ZPO Geld- und Haftstrafen fest, um die Erfüllung des Urteils hinsichtlich der Erteilung des Verzeichnisses für die abgeschlossenen Geschäfte und die darauf bezügliche Provisionsabrechnung zu erzwingen. Wegen der Anfertigung des Kundenverzeichnisses für den Rest des Jahres 1971 ermächtigte das LG die Klägerin (Gläubigerin) gemäß § 887 ZPO, auf Kosten der Schuldnerin einen Wirtschaftsprüfer zu beauftragen, daß dieser in Rom aus den Büchern der Schuldnerin einen Auszug über die fraglichen Geschäfte anfertige.

Das OLG Nürnberg erachtete in seinem Beschluß vom 5. April 1974 Art. 16 Nr. 5 nicht für anwendbar, soweit es um die Anordnung einer Geldstrafe oder einer Haftstrafe nach § 888 ZPO ging. Es schade nicht, daß die Schuldnerin ihren Wohn- und Geschäftssitz in Rom habe; ein Eingriff in die italienische Gerichtsbarkeit liege nicht vor, da sich der Zwang nur in den Grenzen der Bundesrepublik Deutschland gegen die

2. Unter Art. 16 Nr. 5 fallen nicht nur Klagen, die sich gegen einzelne Vollstreckungsakte richten, sondern auch Klagen, die die Vollstreckbarkeit des Titels insgesamt in Frage stellen wie z. B. die Drittwiderspruchsklage oder die Vollstreckungsgegenklage.[7] Doch ist dieser Punkt noch nicht ausreichend rechtsvergleichend untersucht.[8]

3. Nicht erforderlich ist, daß es sich um eine Klage im technischen Sinne handelt. Art. 16 Nr. 5 erfaßt auch sonstige Verfahren, die die Zwangsvollstreckung betreffen, wie z. B. Erinnerungsverfahren gegen die Art und Weise der Zwangsvollstreckung, Anträge, die zur Einstellung und Beschränkung der Vollstreckung führen sollen u. ä.[9]

4. Voraussetzung ist immer, *daß das Verfahren unmittelbar die Zwangsvollstreckung zum Gegenstand hat.*[10] Klagen, die nur mittelbar damit zu tun haben, fallen nicht unter Art. 16 Nr. 5, so z. B. Klagen auf Ersatz wegen

---

Schuldnerin richte. Es gab aber der Beschwerde insoweit statt, als sie sich gegen die Anordnung richtete, daß ein Wirtschaftsprüfer in Rom aus den Büchern der Schuldnerin einen Auszug über die in Rede stehenden Geschäfte anfertigen soll. Für Maßnahmen dieser Art seien nach Art. 16 ausschließlich die Gerichte des Vertragsstaates zuständig, in dessen Hoheitsgebiet die Zwangsvollstreckung durchgeführt werden solle. Diese Differenzierung ist nicht einleuchtend; denn auch die Ermächtigung zur Ersatzvornahme (durch Beauftragung eines Wirtschaftsprüfers) wirkt nur in der Bundesrepublik Deutschland. Nachdem die Schuldnerin gewisse, von der Gläubigerin aber als unzureichend erachtete Auskünfte erteilt hatte, hat diese ein weiteres Urteil des LG erwirkt, in dem die Schuldnerin zur Gewährung von Einsicht in ihre Geschäftsbücher und sonstige Urkunden und zur Abgabe einer Versicherung an Eides Statt über die Richtigkeit der von ihr vorgelegten Unterlagen verurteilt worden ist. Mit der Berufung macht sie einen Verstoß gegen Art. 16 Nr. 5 geltend, da für Zwangsvollstreckungsverfahren ausschließlich die Gerichte des Vollstreckungsstaates zuständig seien. Das Urteil habe primär vollstreckungsrechtlichen Charakter, und seine Verwertung könne nicht nach den Maßstäben erfolgen, die sein Tenor vorsehe, da die Zwangsvollstreckung nach italienischem Recht vorgenommen werden müsse. Das OLG Nürnberg wies mit Urteil vom 25. Februar 1976 (Nachschlagewerk I-16.5 B2) die Berufung zurück: Es sei streng zwischen der gerichtlichen Entscheidung und ihrer Vollstreckung zu unterscheiden: die Entscheidung sei nicht deshalb unzulässig, weil ihre Vollstreckung italienischem Recht unterliege. Das Urteil sei zwar für die deutsche Klägerin nicht unmittelbar verwertbar, doch werde sie durch dieses erst in die Lage versetzt, eine Vollstreckung nach italienischem Recht in die Wege zu leiten.

[7] *Müller* in *Bülow-Böckstiegel* 606/139, Art. 16, Anm. IV 5: „Art. 16 Nr. 5 gilt für Klagen, die sich gegen einzelne Vollstreckungsakte richten, wie die Drittwiderspruchsklage, aber auch für die Vollstreckungsgegenklage, mit der die Vollstreckbarkeit des Titels beseitigt und damit jede Vollstreckungsmaßnahme unzulässig wird." Ebenso *Nagel* IZPR III Rz. 88 (S. 92).

[8] Vgl. oben § 29 XII.

[9] *Jenard*-Bericht S. 65: „Darunter fallen Verfahren, die sich aus der ,,Inanspruchnahme von Zwangsmitteln, insbesondere bei der Herausgabe oder Pfändung von beweglichen oder unbeweglichen Sachen im Hinblick auf die Vollstreckung von Entscheidungen oder Urkunden ergeben." Vgl. auch Müller in *Bülow-Böckstiegel* aaO (Fußn. 7).

[10] *Müller* in *Bülow-Böckstiegel* aaO (Fußn. 7).

ungerechtfertigter Vollstreckung[11] oder wegen ungerechtfertigter Bereicherung.

5. Nicht erforderlich ist, daß die Zwangsvollstreckung bereits begonnen hat. Art. 16 Nr. 5 greift bereits ein, wenn die Zwangsvollstreckung durchgeführt werden soll.[12]

6. Rechtsvergleichend ist hervorzuheben, daß die Mittel der Zwangsvollstreckung von Land zu Land divergieren.[13] So ist das Vollstrekkungsrecht vieler ausländischer Staaten weniger ausgefeilt als das deutsche.[14] Vom kontinental-europäischen Verständnis weichen die *englischen contempt of court-Regeln* stark ab. Hier wird das Leistungsurteil durch mittelbaren Druck des Gerichts durchgesetzt.[15] Im französischen Recht fehlt eine dem § 888 ZPO vergleichbare Vorschrift. Die Rechtsprechung entwickelte das Rechtsinstitut der *astreinte*. Nach französischem Verständnis gehört diese systematisch zum Erkenntnisverfahren. Dort wird der Schuldner verurteilt, für jeden Tag, den er säumig bleibt, eine bestimmte Geldsumme an den Kläger zu zahlen.[16]

VII. Präjudizialität genügt nicht

Art. 16 Nr. 5 ist anzuwenden auf Verfahren, die die Zwangsvollstrekkung aus Entscheidungen zum Gegenstand haben. Die Zwangsvollstrekkung muß also Streitgegenstand sein, bloße Präjudizialität genügt nicht. Kommt es z. B. bei einer Schadensersatzklage[17] auf die Vorfrage an, ob die Vollstreckung rechtmäßig war, so kommt Art. 16 Nr. 5 nicht zum Zuge. Es gelten vielmehr die allgemeinen Vorschriften, Art. 2ff.

VIII. Widerklageverbot in anderen Vertragsstaaten

Die ausschließliche internationale Zuständigkeit des Staates, in dem die Zwangsvollstreckung vorgenommen worden ist oder werden soll, kann auch nicht durch eine Widerklage in einem anderen Vertragsstaat oder in einem dritten Staat unterlaufen werden. Art. 16 Nr. 5 verdrängt Art. 6 Nr. 3. Vgl. oben § 80 VIII.

---

[11] Vgl. §§ 717, 945 ZPO.

[12] *Müller* in *Bülow-Böckstiegel* aaO (Fußn. 7).

[13] Hinweise bei *Zweigert-Kötz,* Einführung in die Rechtsvergleichung, II, 1969, 164.

[14] *Zöller-Geimer,* ZPO, 13. Aufl., 1981, IZPR C, Anm. VI 30d.

[15] Vgl. die Hinweise in IPG 1976 Nr. 46 (Hamburg).

[16] Fraglich ist, ob der Gläubiger eines französischen Titels neben der Beitreibung des Zwangsgeldes nach Art. 43 auch die Anträge aus § 888 I ZPO stellen kann und gegebenenfalls welches Gericht zuständig ist.

[17] Oben Fußn. 11.

IX. Wahlfreiheit des Vollstreckungsgläubigers: Er bestimmt, wo vollstreckt werden soll

1. Art. 16 Nr. 5 greift erst ein, wenn eine Zwangsvollstreckung vorgenommen worden ist oder werden soll, und auch dann nur bezüglich der die Zwangsvollstreckung in dem Vollstreckungsstaat betreffenden gerichtlichen Verfahren.

2. Art. 16 Nr. 5 sagt nichts darüber, in welchem Staat zu vollstrecken ist. Es steht im Belieben des Gläubigers, wo er seinen Schuldner durch Einschaltung der staatlichen Vollstreckungsorgane zur Erfüllung zwingen will. Es gibt keine *executio non conveniens.*[18] Ob sein Vollstreckungsversuch erfolgreich sein wird, mag der Gläubiger selbst beurteilen.

3. Dies ist für die Vollstreckung von Titeln, die auf Zahlung von *Geld oder Leistung von vertretbaren Sachen* lauten, selbstverständlich. Die Zwangsvollstreckung in einem Vertragsstaat[19] kann nicht etwa mit dem Hinweis abgelehnt werden, der Schuldner besitze in einem anderen Staat – sei es in einem anderen Vertragsstaat oder in einem Nichtvertragsstaat – viel mehr Vermögen, aus dem sich der Gläubiger einfacher, ergiebiger oder schneller befriedigen könne.[20] Die Aussichten der Zwangsvollstrekkung darf das angegangene Gericht nicht ins Kalkül ziehen. Diese zu beurteilen, ist allein dem Gläubiger vorbehalten.

4. Nichts anderes gilt aber auch für die *Vollstreckung aus sonstigen Leistungstiteln, selbst wenn diese zu nicht vertretbaren Handlungen verurteilen.*

Beispiel:

Der Schuldner wohnt in Rom. Er ist verurteilt, aus seinen Geschäftsbüchern zum Zwecke der Provisionsabrechnung ein Verzeichnis bestimmter Kunden anzufertigen.

Hier kann das deutsche Gericht gemäß § 888 ZPO Zwangsgeld oder Zwangshaft anordnen. Diese Maßnahmen wirken nur in der Bundesrepublik Deutschland.[21] Ob dies den Schuldner in Rom bewegen wird, seiner Verpflichtung nachzukommen, steht auf einem anderen Blatt.

5. Das gleiche gilt umsomehr für die *Anordnung der Ersatzvornahme.* Art. 16 Nr. 5 steht nicht entgegen, wenn in dem obigen Beispiel das deutsche Gericht auf Grund § 887 ZPO den Gläubiger ermächtigt, auf Kosten des Schuldners einen Wirtschaftsprüfer zu beauftragen, der in Rom aus den Büchern des Schuldners einen Auszug über die fraglichen Geschäfte anfertigen soll. Wenn der Schuldner nun – von der Hartnäkkigkeit des Gläubigers beeindruckt – dem Wirtschaftsprüfer in Rom Ein-

---

[18] *Geimer* NJW 1980, 1234. Vgl. unten § 150 XIII.

[19] Dabei spielt es keine Rolle, ob der Titel, aus dem vollstreckt werden soll, im Vollstreckungsstaat erlassen wurde oder ob es sich um einen mit der Klausel nach Art. 31 ff. versehenen Titel aus einem anderen Vertragsstaat handelt.

[20] *Geimer* NJW 1980, 1234.

[21] OLG Nürnberg, IPRspr. 1974 Nr. 188 (oben Fußn. 6).

sicht in seine Bücher gewährt, hat alles sein gutes Ende gefunden. Wenn er jedoch auch weiterhin die Erfüllung verweigert, bleibt es dem Gläubiger überlassen, was er mit der Ermächtigung zur Ersatzvornahme durch ein deutsches Gericht anfangen will.

Will er in Italien gegen den Schuldner mit Zwangsmitteln vorgehen, so ist es unausweichlich, daß er die italienischen Gerichte einschaltet. Fraglich ist, ob die Anerkennungs- und Vollstreckungspflicht auf Grund des Übereinkommens auch die vom deutschen Gericht angeordnete Ersatzvornahme mit umfaßt oder ob das Übereinkommen Italien nur zur Anerkennung und Vollstreckung des im deutschen Erkenntnisverfahren ergangenen Titels verpflichtet mit der Folge, daß über die Frage der Ersatzvornahme in Italien nur die italienischen Gerichte nach italienischem Vollstreckungsrecht zu entscheiden haben.

X. Verbot der Derogation

Die internationale Zuständigkeit des Vollstreckungsstaates kann – wie alle in Art. 16 festgelegten ausschließlichen internationalen Zuständigkeiten – durch Vereinbarung der Beteiligten nicht abbedungen werden, Art. 17 II (= Art. 17 III n. F.). Grund ist das öffentliche Interesse an der Bereitstellung eines Forums zur Beurteilung der Zwangsvollstreckungsmaßnahmen.

Nichts anderes gilt im Falle der Unterwerfung des Beklagten, Art. 18 S. 2.

XI. Prüfung der Zuständigkeitstatsachen durch den Erstrichter

Hängt die Beurteilung der Zuständigkeitsfrage davon ab, ob die Klage bzw. der Antrag in den Anwendungsbereich des Art. 16 Nr. 5 fällt, so reicht die bloße Behauptung des Klägers (Antragsstellers) nicht aus. Das Gericht hat vielmehr von Amts wegen zu prüfen, ob Art. 16 Nr. 5 zum Zuge kommt und zwar auch dann, wenn der Beklagte den Ausführungen des Klägers nicht entgegentritt, Art. 19.

XII. Nachprüfung durch den Zweitrichter

1. Der Zweitrichter darf die Einhaltung des Art. 16 Nr. 5 nachprüfen, Art. 28 I. Insoweit läßt das Übereinkommen eine Ausnahme von dem Verbot der Nachprüfung der internationalen Zuständigkeit des Erststaates zu.

2. Kann das vom Erststaat erlassene Urteil in einem anderen Vertragsstaat nicht anerkannt werden, so steht dort Art. 16 Nr. 5 der Wiederholung des Rechtsstreites grundsätzlich nicht entgegen. Vgl. § 60. Das Verbot des allgemeinen Völkergewohnheitsrechts, nicht in die Souveränität eines anderen Staates einzugreifen, ist jedoch zu beachten.

§ 92 Klägergerichtsstände: Der Wohnsitz bzw. gewöhnliche Aufenthalt des Klägers als Anknüpfungspunkt für die internationale Zuständigkeit[1]

I. Ratio conventionis

Der Schutz des Beklagten auf kompetenzrechtlichem Gebiet ist zwar das Grundanliegen des Übereinkommens.[2] Gleichwohl führt auf bestimmten Gebieten die generell-abstrakte Bewertung der Zuständigkeitsinteressen der Parteien zu dem Ergebnis, daß der Kläger schutzwürdiger ist als der Beklagte. Deshalb hält man es für gerechtfertigt, an den Wohnsitz bzw. gewöhnlichen Aufenthalt des Klägers zuständigkeitsrechtlich anzuknüpfen. Dem Kläger soll die Rechtsverfolgung erleichtert werden. Dies ist die ratio conventionis, nicht etwa die Beweis- oder Rechtsnähe des Wohnsitz- bzw. Aufenthaltsstaates des Klägers.[3]

II. Forum shopping

1.Maßgebend sind *die Verhältnisse zum Zeitpunkt der Klageerhebung.* Der Kläger hat es daher in der Hand, durch Verlegung seines Wohnsitzes bzw. gewöhnlichen Aufenthaltes *forum shopping* zu betreiben, das heißt, das ihm am günstigsten erscheinende Forum zu wählen.

Beispiel: Der Unterhaltsgläubiger verzieht in einen Vertragsstaat, wo die üblicherweise zugesprochenen Unterhaltsbeträge höher sind.

2. Der Verbraucher kann auch an seinem Wohnsitz klagen, wenn er nach Abschluß des der (späteren) Klage zugrundeliegenden Vertrages in einen anderen Vertragsstaat verzieht. Allerdings wird diese Hypothese nur in den klassischen Fällen des Abzahlungskaufs und des darauf abzielenden Darlehens (Art. 13 I Nr. 1 u. Nr. 2 n. F.) aktuell; denn in Bezug auf sonstige Verbraucherklagen (Art. 13 I Nr. 3 n. F.) wird der vierte Abschnitt so gut wie ausnahmslos unanwendbar sein, wenn der Verbraucher seinen Wohnsitz nach Vertragsabschluß in einen anderen Staat verlegt. Denn in seinem neuen Wohnsitzstaat werden fast nie die zum Abschluß des Vertrages erforderlichen Rechtshandlungen vorgenommen worden sein.

---

[1] Hiervon zu unterscheiden ist der Wohnsitz als Anknüpfungspunkt für die Anwendung der europäischen Zuständigkeitsordnung. Vgl. oben § 29 IV.

[2] Oben § 4.

[3] § 74 III.

III. Teleologische Reduktion?

1. Die Wertungen der Normen des Übereinkommens beruhen auf generell-abstrakten Hypothesen. Auch wenn im Einzelfall der Kläger wirtschaftlich stärker ist als der Beklagte, kann er sich auf die (ihm günstigen) Klägergerichtsstände berufen. Der Einwand, im konkreten Einzelfall seien die Klägerinteressen nicht schutzwürdig, ist nicht zulässig. So kann sich z. B. auch der globetrottende Millionär, der einen Staubsauger auf Raten kauft, auf Art. 14 I berufen. Sonst wäre die Rechtssicherheit in ihren Grundlagen erschüttert.

2. Etwas anderes ist es jedoch, wenn man den Anwendungsbereich der Klägergerichtsstände nach *generell-abstrakten Typisierungen* eingrenzt. Eine solche teleologische Reduktion gefährdet die Voraussehbarkeit und damit die Berechenbarkeit der Zuständigkeitsentscheidung des angegangenen Gerichts nicht. So ist es durchaus vertretbar, dem Sozialversicherungsträger, der eine auf ihn übergeleitete Unterhaltsforderung geltend machen will, die Berufung auf Art. 5 Nr. 2 zu verweigern.[4] Gleich gute Gründe könnte man dafür vorbringen, in Versicherungssachen das forum actoris auf den privaten Endverbraucher zu beschränken. Doch wurde dies anläßlich der Beitrittsverhandlungen ausdrücklich abgelehnt.[5] Im Gegensatz hierzu steht die Regelung der Art. 13ff. Hier wurde anläßlich der Neufassung dieser Vorschriften durch das Beitrittsübereinkommen vom 9. Oktober 1978 im Anschluß an die EuGH – Rechtsprechung ausdrücklich im Text des Art. 13 I n. F. klargestellt, daß sich auf den Klägergerichtsstand des Art. 14 I nur private Endverbraucher berufen können, nicht aber Personen, die Teilzahlungsverträge im Rahmen ihrer beruflichen oder gewerblichen Tätigkeit schließen.[6]

IV. Die vom Übereinkommen zugelassenen Klägergerichtsstände

1. Unterhaltssachen

a) In Unterhaltssachen kann der Unterhaltsverpflichtete vor dem Gericht des Ortes verklagt werden, an dem der Unterhaltsberechtigte seinen Wohnsitz oder seinen gewöhnlichen Aufenthalt hat. Die Einzelheiten wurden bereits oben § 74 VI dargelegt.

---

[4] Oben § 74 VI 2d. Zu den internationalrechtlichen Aspekten des Forderungsübergangs auf den Sozialversicherungsträger IPG 1979 Nr. 14 (Köln). Vgl. auch Art. 93 I der EG-Verordnung zur Anwendung der Systeme der sozialen Sicherheit auf Arbeitnehmer und deren Familien, die innerhalb der Gemeinschaft zu- und abwandern, ABl. 1971 Nr. 149/2.

[5] Oben § 74 III 5.

[6] Oben § 74 III 8a.

b) Art. 5 Nr. 2 regelt nicht nur die internationale Zuständigkeit im Wohnsitzstaat des Klägers, sondern auch die örtliche Zuständigkeit. Die Parteien können jedoch auch innerhalb des Wohnsitzstaates des Klägers die örtliche Zuständigkeit durch Vereinbarung ändern. Diese Vereinbarung unterliegt Art. 17, nicht dem autonomen nationalen Recht.

2. Versicherungssachen

In Versicherungssachen kann der Versicherer auch am Wohnsitz des Versicherungsnehmers verklagt werden (Art. 8 I Nr. 2 n. F.). Vgl. oben § 74 IV 2. Das Übereinkommen regelt also nicht nur die internationale Zuständigkeit des Wohnsitzstaates des Klägers, sondern bestimmt auch das örtlich zuständige Gericht. Die Beteiligten können jedoch nach Maßgabe von Art. 17,12 Vereinbarungen über die örtliche Zuständigkeit innerhalb des Wohnsitzstaates des Klägers treffen.

3. Verbrauchersachen

a) In Verbrauchersachen kann der Verbraucher seinen Vertragspartner in seinem Wohnsitzstaat verklagen, Art. 14 I n. F. Durch das Beitrittsübereinkommen vom 9. Oktober 1978 wurde der Verbraucherschutz auf kompetenzrechtlichem Gebiet erweitert.[7] Ursprünglich sahen Art. 13–15 a. F. besondere Zuständigkeitsregeln nur für Abzahlungsgeschäfte vor, das heißt für Klagen, die den Kauf beweglicher Sachen auf Teilzahlung oder ein in Raten zurückzuzahlendes unmittelbar zur Finanzierung eines Kaufes derartiger Sachen bestimmtes Darlehen zum Gegenstand haben. Anläßlich der Beitrittsverhandlungen mit Dänemark, Irland und dem Vereinigten Königreich hat man sich jedoch entschlossen, die zuständigkeitsrechtlichen Schutzvorschriften auf alle Verträge auszudehnen, die die Erbringung einer Dienstleistung und die Lieferung beweglicher Sachen zum Gegenstand haben, sofern

α) dem Vertragsabschluß in dem Staat des Wohnsitzes des Verbrauchers ein ausdrückliches Angebot oder eine Werbung vorausgegangen ist und

β) der Verbraucher in diesem Staat die zum Abschluß des Vertrages erforderlichen Rechtshandlungen vorgenommen hat, Art. 13 Nr. 3 n. F.

b) *Der subjektive Anwendungsbereich* ist klar eingegrenzt: Streitgegenstand müssen Rechte und Pflichten aus einem Vertrag sein, den ein Verbraucher abgeschlossen hat. Verbraucher sind nur Letztverbraucher. Der Vertragsschluß darf nicht zu einem Zweck abgeschlossen worden sein, der der beruflichen oder gewerblichen Tätigkeit zuzurechnen ist.

c) Hinsichtlich des *objektiven Anwendungsbereichs* ist zu unterscheiden:

α) *Teilzahlungskäufe* unterfallen wie bisher der Sonderregelung ohne zusätzliche Voraussetzungen, Art. 13 I Nr. 1 n. F.[8]

---

[7] Ausführlich *Schlosser*-Bericht Nr. 154ff.

[8] *Schlosser*-Bericht Nr. 157.

β) Auch für Klagen aus Geschäften zur *Finanzierung eines Abzahlungskaufes* eines privaten Verbrauchers gelten wie bisher die Sonderregeln des vierten Abschnitts. Art. 13 I Nr. 2 n. F. gilt auch für Klagen aus Darlehensverträgen zur Finanzierung eines Kaufs beweglicher Sachen, wenn das Darlehen selbst kein Abzahlungsdarlehen ist, oder die Sache selbst typischerweise mit Mitteln aus dem Darlehen (auf einmal) bezahlt wird.[9]

γ) Bei *sonstigen Verbrauchergeschäften* müssen kumulativ die beiden in Art. 13 Nr. 3 n. F. genannten Voraussetzungen vorliegen, nämlich Angebot oder Werbung im Wohnsitzstaat des Verbrauchers und Vornahme der auf Seiten des Verbrauchers zum Vertragsschluß notwendigen Rechtshandlungen.

d) Kreditverträge sind nicht auf die Erbringung einer Dienstleistung gerichtet. Für sie gelten Art. 13ff. nur dann, wenn der Sonderfall des Art. 13 I Nr. 2 vorliegt (Darlehenszusammenhang zur Finanzierung eines Abzahlungskaufes).

e) Für *Beförderungsverträge* gelten Art. 13ff. nicht.[10]

f) Art. 13 I spricht nur von *Klagen aus einem Vertrag*. Fraglich ist, ob er sogenannte Rückabwicklungsstreitigkeiten mit umfaßt, insbesondere Klagen aufgrund von Bereicherung nach erfolgter Anfechtung des Verbrauchervertrages oder aufgrund seiner (ursprünglichen) Nichtigkeit. Im Hinblick auf die starke Betonung des Verbraucherschutzes sollte man solche Klagen auch in Art. 13ff. einbeziehen.

g) Unter Art. 13 fallen auch *deliktische Klagen*. So kann der Vertragspartner den Verbraucher nicht außerhalb dessen Wohnsitzstaats am Ort der schädigenden Handlung (Art. 5 Nr. 3) verklagen, wenn dieser vorsätzlich oder fahrlässig die unter Eigentumsvorbehalt gelieferte Sache beschädigt hat. Da sich jedoch dieser Ort in der Regel im unmittelbaren Lebensbereich des Käufers befindet, wird meistens der Ort der unerlaubten Handlung mit dem Wohnsitz des Verbrauchers zusammenfallen.

h) Ob die Klage den Verbrauchervertrag betrifft oder einen deliktischen Anspruch, beurteilt die maßgebliche lex causae. Ist deutsches Recht maßgeblich, so ist die Klage auf Rückgewähr von Leistungen als Vertragsklage zu qualifizieren, sofern ein vertragsmäßiges Rücktrittsrecht bestand oder der Vertrag unter einer auflösenden Bedingung geschlossen und die Leistung als Vorschuß oder als Sicherheitsleistung erbracht war.[11] Das gleiche gilt, wenn das Rückabwicklungsverhältnis auf der Ausübung eines gesetzlichen Rücktrittsrechts beruht. Denn auch dieser Rücktritt beseitigt nicht das Vertragsverhältnis, sondern gestaltet es

---

[9] *Schlosser*-Bericht Nr. 157 g. E.

[10] Für Transportverträge gelten die allgemeinen Zuständigkeitsvorschriften nach Art. 2ff., insbesondere Art. 5 Nr. 1, sofern das Übereinkommen überhaupt anwendbar ist. Gerade auf dem Gebiet der Beförderung gibt es eine Reihe Spezialabkommen, die dem Übereinkommen gemäß Art. 57 vorgehen, so insbesondere CIM und CIV, sowie CMR. Vgl. auch *Schlosser*-Bericht Nr. 160.

[11] § 346 BGB.

zu einem Rückabwicklungsverhältnis. Deshalb fallen unter Art. 13ff. auch Klagen im Hinblick auf die Rechtsfolgen der §§ 325, 326 BGB insbesondere auch hinsichtlich eines Rücktritts wegen positiver Vertragsverletzung.

i) Auch die Rechtsnachfolger, und zwar die Universal- wie die Singularrechtsnachfolger, können sich auf den Klägergerichtsstand des Verbrauchers berufen. Etwas anderes gilt dann, wenn der Kläger zu dem Personenkreis gehört, gegen den typischerweise der Verbraucher geschützt werden soll.

Beispiel:

Der Verbraucher tritt im Wege eines Vergleiches seinen Anspruch gegen den Abzahlungsverkäufer an die finanzierende Bank ab. Die finanzierende Bank klagt nunmehr gegen den Abzahlungsverkäufer. Hier erscheint es fraglich, ob die Bank im Wohnsitzstaat des Verbrauchers klagen kann.

j) Art. 14 regelt nicht die örtliche Zuständigkeit innerhalb des Wohnsitzstaates des Verbrauchers. Insoweit greifen die nationalen Gerichtsstandsvorschriften ein. Fehlen solche, so gilt die ungeschriebene Konventionsregel, daß die Gerichte in der Hauptstadt des Gerichtsstaates örtlich zuständig sind. In der Bundesrepublik Deutschland ist § 6a des Abzahlungsgesetzes zu beachten. Für Klagen aus Abzahlungsgeschäften ist das Gericht ausschließlich örtlich zuständig, in dessen Bezirk der Käufer zur Zeit der Klageerhebung seinen Wohnsitz oder in Ermangelung eines solchen seinen gewöhnlichen Aufenthaltsort hat. Unbeachtlich ist die Parteistellung. Auch der Käufer als Kläger ist an die Ausschließlichkeit gebunden.[12] Für Streitigkeiten aus Fernunterrichtsverträgen normiert § 26 des Fernunterrichtsgesetzes vom 24. August 1976[13] einen Gerichtsstand am Wohnort des Teilnehmers.

k) Abweichende Zuständigkeitsvereinbarungen sind nach Entstehung der Streitigkeit zulässig, Art. 15 Nr. 1. Da die Sondernormen der Art. 13ff. den Verbraucher schützen sollen, wäre es sinnwidrig, wenn man solche Zuständigkeitsvereinbarungen verbieten wollte, die den Verbraucher begünstigen. Deshalb läßt Art. 15 Nr. 2 auch vor Entstehung der Streitigkeit, also bereits bei Vertragsabschluß, solche Zuständigkeitsvereinbarungen zu, die dem Verbraucher die Befugnis einräumen, seinen Vertragspartner auch in den anderen Vertragsstaaten zu verklagen, also in solchen Staaten, wo weder der Wohnsitz des Verbrauchers noch der seines Vertragspartners ist.

l) Wie in Versicherungssachen sind auch *Derogationsvereinbarungen* zu-

---

[12] Der Käufer kann nicht etwa entgegen § 6a I Abzahlungsgesetz den Beklagten an dessen Wohnort (§§ 12,13 ZPO) oder am Erfüllungsort (§ 29 ZPO) verklagen. Hier wurde Verbraucherschutz über den Kopf des Verbrauchers hinweg ohne Maß und Ziel betrieben. Wenn der Verbraucher selbst der Angreifer ist, sollte man ihm die Wahl des Gerichtsortes überlassen.

[13] BGBl. I 2525.

lässig, die darauf hinauslaufen, den gemeinsamen Wohnsitzstaat beider Vertragspartner für ausschließlich zuständig zu erklären. Art. 15 Nr. 3 läßt Zuständigkeitsvereinbarungen schon vor Entstehung der Streitigkeit, also bereits bei Abschluß des Verbrauchervertrages zu, wenn zum Zeitpunkt des Vertragsabschlusses beide Parteien ihren Wohnsitz oder gewöhnlichen Aufenthalt in demselben Vertragsstaat haben und die Zuständigkeit der Gerichte dieses Staates begründet wird, es sei denn, daß eine solche Vereinbarung nach dem Recht dieses Staates unzulässig ist.

§ 93 Fora connexitatis: Der Sachzusammenhang als Grundlage für die internationale Zuständigkeit

I. Der Gerichtsstand der Streitgenossenschaft, Art. 6 Nr. 1

1. Dem Sachzusammenhang (Konnexität) mißt das Übereinkommen große kompetenzrechtliche Bedeutung zu. Besonders weit ist der Gerichtsstand der Streitgenossenschaft (Art. 6 Nr. 1) gefaßt.[1] Wohnen die zu verklagenden Personen in verschiedenen Vertragsstaaten, so kann der Kläger wählen, wo er seine Klage erheben will.[2] Der Wohnsitz des einen

---

[1] Vgl. LG Stuttgart, Urteil vom 14. Oktober 1975, 3 0 112/75, Rechtsprechungsübersicht (Folge 1) Nr. 18 = Nachschlagewerk I-6-B 1.

Zwei Beklagte haben ihren Wohnsitz in Frankreich; sie sind persönlich haftende Gesellschafter einer offenen Handelsgesellschaft mit Sitz in der Bundesrepublik Deutschland, die zur Verwertung der gewerblichen Schutzrechte gegründet worden ist. Der Kläger ist Patentanwalt und macht mit der Klage Gebühren und Ersatz von Aufwendungen, die im Zusammenhang mit den Schutzrechten entstanden sind, geltend. Das LG bejahte die internationale Zuständigkeit der Bundesrepublik Deutschland. Der Sachzusammenhang rechtfertige es gemäß Art. 6 Nr. 1, die drei Beklagten gemeinsam zu verklagen.

[2] Vgl. Corte di cassazione, Vereinigte Zivilkammern, Urteil vom 6. November 1975, *Firma B. V. Handel- en Exploitatie Maatschappij ‚Selene' ./. Philips S. p. A.* und *Tacqui Tellian, verwitwete Colombo,* 3718 = Rechtsprechungsübersicht (Folge 1) Nr. 19 = Nachschlagewerk I-6-B2.

Im Verfahren nach Art. 41 des Codice di procedura civile bejahte die Corte di cassazione die internationale Zuständigkeit Italiens gegenüber der niederländischen Partei. Vor dem Gericht erster Instanz hatten die Erben Colombo wegen des Todes ihres Angehörigen bei einem Hotelbrand in den Niederlanden die Verurteilung der italienischen Gesellschaft Philips, der ursprünglichen Beklagten und Arbeitgeberin, sowie der niederländischen Gesellschaft Selene, die das Hotel verwaltet hatte, und auf die die Kläger die Klage erstreckt hatten, nachdem sie nach Streitverkündung in den Rechtsstreit eingetreten war, auf Zahlung von Schadensersatz als Gesamtschuldner verklagt. Die Corte di cassazione führte aus, Art. 6 Nr. 1 erfasse nicht nur den Fall, in dem ein einziger Klageanspruch gegenüber mehreren Personen auf der Grundlage eines einheitlichen Rechtsverhältnisses verfolgt werde – die notwendige Streitgenossenschaft –, sondern auch den Fall der einfachen Streitgenossenschaft, in dem verschie-

Streitgenossen begründet auch die internationale Zuständigkeit für die Klage gegen die anderen.

2. Während die örtliche Zuständigkeit für denjenigen Beklagten, der im Gerichtsstaat wohnt, nicht im Übereinkommen geregelt ist, begründet Art. 6 Nr. 1 für die außerhalb des Gerichtsstaates wohnenden Beklagten auch eine örtliche Zuständigkeit. Örtlich zuständig ist das Gericht, in dessen Bezirk einer der Beklagten seinen Wohnsitz hat. Die Einzelheiten wurden bereits oben § 74 II 1 dargestellt.

II. Der Gerichtsstand der Gewährleistungsklage (Interventionsklage), Art. 6 Nr. 2

Die Einzelheiten wurden bereits oben § 74 II 2 dargestellt. Wichtig ist, hervorzuheben, daß dieser Gerichtsstand für die Bundesrepublik Deutschland keine internationale Entscheidungszuständigkeit eröffnet, da dieser Gerichtsstand in Art. V des Protokolls ausdrücklich ausgeschlossen wurde.

§ 94 Annexzuständigkeiten

I. Überblick

Kompetenzrechtlicher Bezugspunkt ist hier nicht eine Beziehung des Streitgegenstandes zum forum, sondern zu einem im Zusammenhang stehenden Verfahren. Das Gerichtsinteresse an einer einheitlichen Entscheidung fordert hier, daß für beide Verfahren eine internationale Zuständigkeit in ein und demselben Vertragsstaat eröffnet wird.

II. Anknüpfung an ein Haupt- bzw. Vorverfahren, für welches die europäische Zuständigkeitsordnung nicht gilt

Den hier darzustellenden Annexzuständigkeiten ist gemeinsam, daß das Übereinkommen die internationale Zuständigkeit an ein Haupt- bzw. Vorverfahren anknüpft, für das die Zuständigkeitsordnung des Übereinkommens nicht gilt.

---

dene zusammenhängende Klageansprüche gegen mehrere Beklagte verfolgt würden. Auch der Umstand, daß im späteren Verlauf des Verfahrens keine Mehrheit von Beklagten mehr bestanden habe – der Rechtsstreit zwischen den Erben Colombo und der Firma Philips wurde durch Vergleich erledigt –, habe im Hinblick auf den Grundsatz der „perpetuatio jurisdictionis" keine Auswirkungen auf die internationale Zuständigkeit der italienischen Gerichte.

III. Die einzelnen vom Übereinkommen zugelassenen Annexzuständigkeiten

1. Unterhaltssachen[1]

Im Familienrecht zeichnet sich der Trend zum Verbundverfahren ab.[2] Der Unterhaltsprozeß soll mit dem Statusprozeß gekoppelt werden. Hauptanwendungsfall hierfür ist der Scheidungsprozeß. Gleichzeitig mit der Scheidung soll auch über die Unterhaltsfrage entschieden werden. Die internationale Zuständigkeit für den Statusprozeß ist im Übereinkommen nicht geregelt, Art. 1 II Nr. 1. Man stand daher vor der Frage, ob man die Zuständigkeit für den Unterhaltsprozeß an eine nicht im Übereinkommen, sondern im nationalen Recht festgelegte Zuständigkeit anknüpfen soll. Diese Frage wurde aus Anlaß der Beitrittsverhandlungen mit Dänemark, Irland und dem Vereinigten Königreich ausführlich erörtert. Man entschloß sich, eine Annexzuständigkeit zuzulassen, also die Unterhaltssache an die nach nationalem Zuständigkeitsrecht gegebene internationale Zuständigkeit für den Statusprozeß anzuknüpfen, allerdings mit der Einschränkung, daß dies nicht gilt, wenn das nationale Recht lediglich an die Staatsangehörigkeit einer der Parteien anknüpft.[3]

Beispiel:

Ein österreichisch-deutsches Ehepaar wohnt in Paris. Die internationale Zuständigkeit der Bundesrepublik Deutschland für das Scheidungsverfahren ergibt sich aus der Staatsangehörigkeit des einen Ehepartners.[4] Dabei spielt es keine Rolle, ob dieser Antragssteller oder Antragsgegner ist. Bereits aufgrund des Umstandes, daß einer der Ehegatten die deutsche Staatsangehörigkeit besitzt, hält sich die Bundesrepublik Deutschland für international zuständig. Gemäß Art. 5 Nr. 2 n. F. ist sie jedoch für den Unterhaltsprozeß nicht international zuständig, da die deutsche internationale Zuständigkeit sich auf die Staatsangehörigkeit einer der Parteien stützt.

Diese Regelung ist nicht überzeugend. Es wäre sinnvoller gewesen, den Vorbehalt auf den Fall zu beschränken, daß die internationale Zuständigkeit auf die Staatsangehörigkeit des Klägers gestützt wird.[5]

---

[1] Ausführlich *Schlosser*-Bericht Nr. 32ff.; hierzu oben § 74 VI.

[2] Oben § 22 II.

[3] Ausführlich *Schlosser*-Bericht Nr. 34.

[4] §§ 606, 606b ZPO. Hierzu *Zöller-Geimer,* ZPO, 13. Aufl., 1981, § 606b, Anm. III.

[5] Vgl. oben § 74 VI bei Fußn. 369.

2. Adhäsionsklagen: Geltendmachung zivilrechtlicher Ansprüche in Strafverfahren[6]

a) Überblick

Werden zivilrechtliche Ansprüche auf Schadenersatz oder auf Wiederherstellung des früheren Zustandes auf eine mit Strafe bedrohte Handlung gestützt, so können diese auch im Strafprozeß geltend gemacht werden. Das Übereinkommen regelt in diesen Fällen die internationale und u. U. auch die örtliche Zuständigkeit für die Zivilklage, die im Adhäsionsverfahren anhängig gemacht wird; denn dieses gilt gemäß Art. 1 I ohne Rücksicht auf die Gerichtsbarkeit.[7] Art. 5 Nr. 4 eröffnet eine Annexzuständigkeit vor dem Strafgericht, bei dem die öffentliche Klage erhoben ist, allerdings nur dann, wenn dieses Gericht nach seinem Recht über zivilrechtliche Ansprüche erkennen kann.[8] Anknüpfungspunkt ist der Ort des Strafverfahrens. Dessen Zuständigkeit regelt nicht das Übereinkommen, sondern das nationale Recht.

b) Verhältnis zu Art. 2 und Art. 5 Nr. 3[9]

Art. 5 Nr. 4 hat nur dann eine selbständige kompetenzrechtliche Bedeutung, wenn der Strafprozeß als solcher die einzige Anknüpfung für

---

[6] Rechtsvergleichende Hinweise bei *Jolowicz,* International Encyclopedia of Comparative Law, XIII, 13–5 S. 4ff.; *Schönke,* Beiträge zur Lehre vom Adhäsionsprozeß, 1935; *Beth,* Die Geltendmachung zivilrechtlicher Schadenersatzansprüche im französischen Strafverfahren, Diss. Freiburg/Br. 1972.

[7] *Jenard*-Bericht S. 58 zu Art. 1 I: „Aus der Fassung ergibt sich ..., daß die Frage, ob eine Zivil- oder Handelssache vorliegt, von der Sache her und nicht nach der Gerichtsbarkeit zu beurteilen ist, innerhalb der der Rechtsstreit anhängig ist oder die ihn entschieden hat. Dies geht aus Artikel 1 hervor, der die Anwendbarkeit des Übereinkommens in Zivil- und Handelssachen vorschreibt, „ohne daß es auf die Art der Gerichtsbarkeit ankommt" ...

Das Übereinkommen ist auch auf zivilrechtliche Ansprüche anzuwenden, die vor einem Strafgericht geltend gemacht werden. Dies gilt sowohl für die Bestimmung der Zuständigkeit als auch für die Anerkennung und Vollstreckung von Urteilen, die von einem Strafgericht im Adhäsionsverfahren über solche Ansprüche erlassen werden. Diese Lösung entspricht einmal dem innerstaatlichen Recht, das in den meisten Vertragsstaaten gilt; sie beugt zum anderen unterschiedlichen Auslegungen vor, wie sie bei der Anwendung des belgisch-niederländischen Abkommens aufgetreten sind, sie ist schließlich im Hinblick auf die ständig ansteigende Zahl der Unfälle im Straßenverkehr geboten."

[8] *Jenard*-Bericht S. 72 zu Art. 5 Nr. 3 und Nr. 4: „Artikel 5 Nr. 4 sieht für die Zivilklage die Zuständigkeit des Gerichts vor, bei dem die öffentliche Klage erhoben ist, soweit dieses Gericht nach seinem Recht über zivilrechtliche Ansprüche erkennen kann. Die Zivilklage kann demnach stets unabhängig von dem Wohnsitz des Beklagten vor dem für die öffentliche Klage zuständigen Strafgericht erhoben werden, und dies selbst dann, wenn dieses Gericht seinen Sitz an einem Ort (z. B. dem Ort der Festnahme) hat, der sich nicht mit dem Ort deckt, an dem das schädigende Ereignis eingetreten ist."

[9] *Linke* in *Bülow-Böckstiegel* 606/72, Art. 5, Anm. IV 1.

die internationale Zuständigkeit ist, z. B. am Ort der Ergreifung des Angeklagten.[10] Läuft das Strafverfahren gegen den Beschuldigten in dessen Wohnsitzstaat, so ist der Art. 5 Nr. 4 nicht einschlägig, sondern Art. 2 I.[11] Neben der internationalen Zuständigkeit des Wohnsitzstaates kommt auch Art. 5 Nr. 3 in Betracht.[12] Wurde die Verletzungshandlung in dem Staate, in dem der Strafprozeß schwebt, begangen oder ist dort der Verletzungserfolg eingetreten, so ergibt sich die internationale Zuständigkeit dieses Staates bereits aus Art. 5 Nr. 3.[13] Insofern hat Art. 5 Nr. 4 keine eigenständige Bedeutung für die internationale Zuständigkeit, allenfalls für die örtliche.

In welchem Verfahren die deliktischen Ansprüche geltend gemacht werden können, bestimmt der gemäß Art. 2 I bzw. Art. 5 Nr. 3 zuständige Vertragsstaat nach seinem eigenen nationalen Recht. In allen Fällen kommt Art. II des Protokolls zur Anwendung, um ein Minimum an Schutz für den Beschuldigten zu gewährleisten (hierzu unten 5).

c) Keine Zuständigkeit für vertragliche und sonstige mit den deliktischen konkurrierende Ansprüche

Art. 5 Nr. 3 eröffnet nur eine Zuständigkeit für deliktische Ansprüche; dies gilt auch für die Zuständigkeit gemäß Art. 5 Nr. 4. Eine Annexzuständigkeit für vertragliche oder sonstige Ansprüche, die mit den deliktischen konkurrieren, darf das nationale Recht nicht zulassen. Entgegenstehende nationale Vorschriften werden durch Art. 5 Nr. 4 verdrängt. Sie sind durch den Vorbehalt in Art. 5 Nr. 4 nicht gedeckt.

d) Klagen auf Schadensersatz oder auf Wiederherstellung des früheren Zustandes

Für die Eröffnung einer Adhäsionszuständigkeit am Ort des Strafprozesses zieht – soweit nicht Art. 2 I oder Art. 5 Nr. 3 eingreifen – das Übereinkommen Grenzen. Diese darf nur für Klagen auf Schadensersatz

---

[10] Vgl. § 9 StPO.

[11] Oben § 62 und § 81 VI.

[12] Oben § 84.

[13] *Droz* Nr. 78 S. 66: „Il semblerait de prime abord que la disposition est inutile puisqu'on a vu plus haut que la Convention s'applique aux juridictions pénales statuant au civil. Que le tribunal soit civil ou pénal, il est compétent dès qu'il s'agit d'un tribunal de l'Etat du domicile du défendeur au sens de l'article 2 ou du tribunal du lieu du délit au sens de l'article 5, n° 3.

Mais il se peut que le tribunal saisi de l'action publique et devant lequel le demandeur désirerait porter l'action civile ne soit pas, dans le cadre de l'article 5, le tribunal *spécialement désigné* du for du délit: le tribunal saisi de l'action publique pourra être par exemple celui du lieu de l'arrestation ou encore, en cas de délits multiples, celui où a été commis un délit étranger à l'action civile. Si le fait dommageable s'est produit à Bordeaux mais que l'inculpé soit jugé à Marseille, au sens du n° 3, seul le tribunal de Bordeaux est compétent! Le n° 4 rend alors compétent le tribunal de Marseille saisi de l'action publique pour ce qui concerne l'action civile."

oder auf Wiederherstellung des früheren Zustandes eingeführt werden und zwar nur dann, wenn diese Ansprüche auf eine mit Strafe bedrohte Handlung gestützt werden. Diese Begriffe sind einheitlich für alle Vertragsstaaten auszulegen, um die einheitliche Anwendung des Übereinkommens zu gewährleisten.[14]

e) Beklagter muß Angeklagter des Strafverfahrens sein

Nach dem Wortlaut des Art. 5 Nr. 4 muß der Beklagte nicht notwendigerweise derjenige sein, gegen den sich das Strafverfahren richtet. Dies würde es ermöglichen, am Ort des Strafprozesses eine Annexzuständigkeit für Klagen gegen die zivilrechtlich Verantwortlichen zu eröffnen.[15] Eine solche Auslegung würde jedoch die Gerichtspflichtigkeit des Beklagten außerhalb seines Wohnsitzstaates unmäßig ausdehnen. Der Text bedarf daher einer teleologischen Reduktion. Im Gerichtsstand des Art. 5 Nr. 4 darf nur derjenige belangt werden, gegen den die öffentliche Klage erhoben worden ist.

f) Strafgericht, bei dem die öffentliche Klage erhoben ist

Zuständigkeitsanknüpfung ist der Ort des Strafgerichts, bei dem die öffentliche Klage erhoben worden ist. Um eine einheitliche Anwendung der Zuständigkeitsordnung des Übereinkommens sicherzustellen, sind diese Begriffe konventionsimmanent auszulegen.[16]

g) Regelung auch der örtlichen Zuständigkeit

Art. 5 Nr. 4 begründet nicht nur die internationale Zuständigkeit des Vertragsstaates, in dem das Strafverfahren schwebt. Diese Vorschrift regelt auch die örtliche Zuständigkeit.

h) Keine Pflicht zur Justizgewährung für die Vertragsstaaten

α) Die Vertragsstaaten sind nicht verpflichtet, am Ort des Strafgerichts für zivilrechtliche Ansprüche Justiz zu gewähren. Sie sind vielmehr nur berechtigt, die Adhäsionsklage (action civile, azione penale, vordering van de beleedigde partij) einzuführen.

β) Dies gilt jedoch nur, soweit keine sonstige Zuständigkeitsanknüpfung des Übereinkommens gegeben ist. Der Wohnsitzstaat des Beklag-

---

[14] Ebenso wohl EuGH, Urteil vom 26. Mai 1981, Rechtssache 157/80, *Strafverfahren Rinkau,* EuGHE 1981, 1391 = IPRax 1982, 185 mit Anm. *Habscheid* 173 = RIW/AWD 1981, 715, unten Fußn. 30. Für *Qualifikation lege fori Linke* in *Bülow-Böckstiegel* 606/73, Art. 5, Anm. IV 2.

[15] In diesem Sinne *Droz* Nr. 79 S. 66: „Ce chef complémentaire permettra de poursuivre devant le tribunal saisi de l'action publique le tiers civilement responsable du dommage. En effet, l'article 6, n° 1 qui prévoit, lorsqu'il y a plusieurs défendeurs, la compétence du tribunal du domicile de l'un d'eux, ne peut jouer en l'hypothèse puisque l'auteur du dommage n'est pas domicilié dans l'Etat où il est poursuivi."

[16] So wohl auch die Tendenz des EuGH, oben Fußn. 14.

ten (Art. 2 I) und der Vertragsstaat, in dem die unerlaubte Handlung begangen wurde, wobei sowohl der Handlungs- als auch der Erfolgsort eine internationale Zuständigkeit eröffnen, sind zur Justizgewährung verpflichtet.

i) Das Adhäsionsverfahren vor deutschen Strafgerichten

Das Adhäsionsverfahren hat in der Bundesrepublik Deutschland – anders als in Frankreich – keine große praktische Bedeutung.

Die einschlägigen Vorschriften der *deutschen Strafprozeßordnung*[17] lauten:

Fünftes Buch
Beteiligung des Verletzten am Verfahren
Dritter Abschnitt
Entschädigung des Verletzten

§ 403

(1) Der Verletzte oder sein Erbe kann gegen den Beschuldigten einen aus der Straftat erwachsenen vermögensrechtlichen Anspruch, der zur Zuständigkeit der ordentlichen Gerichte gehört und noch nicht anderweit gerichtlich anhängig gemacht ist, im Strafverfahren geltend machen, im Verfahren vor dem Amtsgericht jedoch nur insoweit, als der Anspruch zu dessen Zuständigkeit gehört.

(2) Der Verletzte oder sein Erbe soll von dem Strafverfahren möglichst frühzeitig Kenntnis erhalten; dabei soll er auf die Möglichkeit, seinen Anspruch auch im Strafverfahren geltend zu machen, hingewiesen werden.

§ 404

(1) Der Antrag, durch den der Anspruch geltend gemacht wird, kann schriftlich oder mündlich zur Niederschrift des Urkundsbeamten, in der Hauptverhandlung auch mündlich bis zum Beginn der Schlußvorträge gestellt werden. Er muß den Gegenstand und Grund des Anspruchs bestimmt bezeichnen und soll die Beweismittel enthalten. Ist der Antrag außerhalb der Hauptverhandlung gestellt, so wird er dem Beschuldigten zugestellt.

(2) Die Antragstellung hat dieselben Wirkungen wie die Erhebung der Klage im bürgerlichen Rechtsstreit.

(3) Ist der Antrag vor Beginn der Hauptverhandlung gestellt, so wird der Antragsteller von Ort und Zeit der Hauptverhandlung benachrichtigt. Der Antragsteller, sein gesetzlicher Vertreter und der Ehegatte des Antragsberechtigten können an der Hauptverhandlung teilnehmen.

(4) Der Antrag kann bis zur Verkündung des Urteils zurückgenommen werden.

§ 405

Das Gericht sieht von einer Entscheidung über den Antrag im Urteil ab, wenn der Angeklagte einer Straftat nicht schuldig gesprochen und auch nicht eine

---

[17] BGBl. 1975 I 129.

Maßregel der Besserung und Sicherung gegen ihn angeordnet wird oder soweit der Antrag unbegründet erscheint. Es sieht von der Entscheidung auch dann ab, wenn sich der Antrag zur Erledigung im Strafverfahren nicht eignet, insbesondere wenn seine Prüfung das Verfahren verzögern würde oder wenn der Antrag unzulässig ist; dies kann in jeder Lage des Verfahrens auch durch Beschluß geschehen.

§ 406

(1) Soweit der Antrag nach dem Ergebnis der Hauptverhandlung begründet ist, gibt ihm das Gericht im Urteil statt. Die Entscheidung darf sich nicht auf den Grund des geltend gemachten Anspruchs beschränken.

(2) Das Gericht kann die Entscheidung für vorläufig vollstreckbar erklären. Es kann die vorläufige Vollstreckung von einer Sicherheitsleistung abhängig machen; es kann auch dem Angeklagten gestatten, sie durch Sicherheitsleistung abzuwenden. Diese Anordnungen können durch unanfechtbaren Beschluß auch nachträglich getroffen, geändert oder aufgehoben werden.

(3) Die Entscheidung über den Antrag steht einem im bürgerlichen Rechtsstreit ergangenen Endurteil gleich. Soweit der Anspruch nicht zuerkannt ist, kann er anderweit geltend gemacht werden.

(4) Der Antragsteller erhält eine Abschrift des Urteils mit Gründen oder einen Auszug daraus.

§ 406a

(1) Dem Antragsteller steht, auch soweit das Gericht von einer Entscheidung absieht, ein Rechtsmittel nicht zu.

(2) Soweit das Gericht dem Antrag stattgibt, kann der Angeklagte die Entscheidung auch ohne den strafrechtlichen Teil des Urteils mit dem sonst zulässigen Rechtsmittel anfechten. In diesem Falle kann über das Rechtsmittel durch Beschluß in nichtöffentlicher Sitzung entschieden werden.

(3) Wird auf ein Rechtsmittel unter Aufhebung der Verurteilung der Angeklagte einer Straftat nicht schuldig gesprochen und auch nicht eine Maßregel der Besserung und Sicherung gegen ihn angeordnet, so ist zugleich die dem Antrag stattgebende Entscheidung aufzuheben, auch wenn das Urteil insoweit nicht angefochten ist.

§ 406b

Die Vollstreckung richtet sich nach den Vorschriften, die für die Vollstreckung von Urteilen in bürgerlichen Rechtsstreitigkeiten gelten. Für das Verfahren nach den §§ 731, 767, 768, 887 bis 890 der Zivilprozeßordnung ist das Gericht der bürgerlichen Rechtspflege zuständig, in dessen Bezirk das Strafgericht des ersten Rechtszuges seinen Sitz hat. Einwendungen, die den Anspruch selbst betreffen, sind nur insoweit zulässig, als die Gründe, auf denen sie beruhen, nach Schluß der Hauptverhandlung des ersten Rechtszuges und, wenn das Berufungsgericht entschieden hat, nach Schluß der Hauptverhandlung im Berufungsrechtszug entstanden sind.

§ 406c

(1) Den Antrag auf Wiederaufnahme des Verfahrens kann der Angeklagte darauf beschränken, eine wesentlich andere Entscheidung über den Anspruch

herbeizuführen. Das Gericht entscheidet dann ohne Erneuerung der Hauptverhandlung durch Beschluß.

(2) Richtet sich der Antrag auf Wiederaufnahme des Verfahrens nur gegen den strafrechtlichen Teil des Urteils, so gilt § 406a Abs. 3 entsprechend.

j) Die action civile vor französischen Strafgerichten[18]

Sedes materiae sind Art. 3ff. des Code de procédure pénale. Diese lauten:

Art. 3. L'action civile peut être exercée en même temps que l'action publique et devant la même juridiction.

Elle sera recevable pour tous chefs de dommages, aussi bien matériels que corporels ou moraux, qui découleront des faits objets de la poursuite.

Art. 4. L'action civile peut être aussi exercée séparément de l'action publique.

Toutefois, il est sursis au jugement de cette action exercée devant la juridiction civile tant qu'il n'a pas été prononcé définitivement sur l'action publique lorsque celle-ci a été mise en mouvement.

Art. 5. La partie qui a exercé son action devant la juridiction civile compétente ne peut la porter devant la juridiction répressive. Il n'en est autrement que si celle-ci a été saisie par le ministère public avant qu'un jugement sur le fond ait été rendu par la juridiction civile.

Art. 6. L'action publique pour l'application de la peine s'éteint par la mort du prévenu, la prescription, l'amnistie, l'abrogation de la loi pénale et la chose jugée.

Toutefois, si des poursuites ayant entrainé condamnation ont révélé la fausseté du jugement ou de l'arrêt qui a déclaré l'action publique éteinte, l'action publique pourra être reprise; la prescription doit alors être considérée comme suspendue depuis le jour où le jugement ou arrêt était devenu définitif jusqu'à celui de la condamnation du coupable de faux ou usage de faux.

Elle peut, en outre, s'éteindre par transaction lorsque la loi en dispose expressément; il en est de même, en cas de retrait de plainte, lorsque celle-ci est une condition nécessaire de la poursuite.

Art. 7. En matière de crime, l'action publique se prescrit par dix années révolues à compter du jour où le crime a été commis si, dans cet intervalle, il n'a été fait aucun acte d'instruction ou de poursuite.

S'il en a été effectué dans cet intervalle, elle ne se prescrit qu'après dix années révolues à compter du dernier acte. Il en est ainsi même à l'égard des personnes qui ne seraient pas impliquées dans cet acte d'instruction ou de poursuite.

Art. 8. En matière de délit, la prescription de l'action publique est de trois années révolues; elle s'accomplit selon les distinctions spécifiées à l'article précédent.

Art. 9. En matière de contravention, la prescription de l'actions publique est d'une année révolue; elle s'accomplit selon les distinctions spécifiées à l'article 7.

Art. 10. L'action civile ne peut être engagée après l'expiration du délai de prescription de l'action publique.

---

[18] *Ferid,* Französisches Zivilrecht, I, 2 M 33 S. 827; *Solus-Perrot,* Droit judiciaire, tome II: La compétence, 1961, Nr. 467 S. 519; *Droz* Nr. 36 S. 28; *Weser* 200; *Mezger* RabelsZ 25 (1960), 48.

Lorsqu'il a été définitivement statué sur l'action publique et si une condamnation pénale a été prononcée, l'action civile mise en mouvement dans les délais prévus par les précédents articles se prescrit par trente ans.

L'action civile est soumise à tous autres égards aux règles du Code civil.

k) Die azione civile vor italienischen Strafgerichten[19]

Einschlägig sind Art. 3, Art. 22ff., Art. 91–106 des Codice di procedura penale, Art. 295 Codice di procedura civile.

In Italien entscheiden die Strafgerichte allenfalls über den Grund des Anspruchs, verweisen jedoch wegen der Höhe des Schadens an die Zivilgerichte.

Capo II.
dell'Azione Civile.

Art. 22. (Legittimazione attiva e passiva all'esercizio dell'azione civile.) L'azione civile per le restituzioni e per il risarcimento del danno (Art. 185 c. p.; Art. 2043 ss. c. c.) può essere esercitata dalla persona alla quale il reato ha recato danno ovvero da chi la rappresenta per legge o limiti della quota ereditaria (Art. 2 att.; Art. 240 L. fall.).

Essa può essere proposta contro chi ha commesso il reato e quando ne sia il caso anche contro il responsabile civile.

Art. 23. (Esercizio dell'azione civile nel procedimento penale). Le persone indicate nella prima parte dell'articolo precente possono esercitare l'azione civile nel procedimento penale, costituendosi parte civile (Art. 91 ss.). Tuttavia il giudice penale non può decidere sull'azione civile, quando il procedimento si chiude con sentenza che dichiara non doversi procedere (Art. 378, 379) o che pronuncia assoluzione (Art. 478, 479) per qualsiasi causa.

Art. 24. (Azione civile proposta in sede civile). L'azione civile indicata nell' articolo 22, proposta davanti al giudice civile anteriormente al procedimento penale per reato non punibile a querela dell'offeso o nel corso del procedimento medesimo, pùo essere trasferita nel processo penale, fino a che in sede civile non sia stata pronunciata sentenza anche non definitiva (Art. 279 n. Art. 4 c.p.c.). L'esercizio di tale facoltà produce di diritto la rinuncia dell'attore al giudizio civile. Il giudice penale provvede anche sulle spese del procedimento civile.

Se l'azione civile non è esercitata in sede penale, il giudizio civile è sospeso fino a che sulla azione penale sia pronunciata la sentenza indicata nel primo capoverso dell'articolo 3, salve le eccezioni stabilite dalla legge.

Art. 25. (Relazione tra il giudicato penale e l'azione civile). L'azione civile non può essere proposta, proseguita o riproposta davanti al giudice civile o amministrativo, quando in seguito a giudizio è stato dichiarato che il fatto non sussiste o che l'imputato non lo ha commesso, o che il fatto fu compiuto nell'adempimento di un dovere o nell'esercizio di una facoltà legittima ovvero che non è sufficiente la prova che il fatto sussista o che l'imputato lo abbia commesso.

---

[19] Hierzu *Satta* Nr. 4 S. 13; *Luther,* Einführung in das italienische Recht, 1968, 134. *Pontonio* Resp. civ. 38 (1973), 377.

Art. 26. (Divieto di riproporre l'azione civile). Nel caso di condanna dell'imputato l'azione civile già esercitata nel procedimento penale non può essere più proposta in sede civile o amministrativa, neanche limitatamente alla liquidazione dei danni. Può essere tuttavia riproposta per la liquidazione dei danni verificatisi successivamente alla sentenza di condanna e negli altri casi preveduti dalla legge.

Art. 27. (Autorità del giudicato penale nel giudizio di danno). Nel giudizio civile o amministrativo per le restituzioni e per il risarcimento del danno (Art. 185 c.p.; Art. 2043 ss. c.c.), iniziato o proseguito contro il colpevole o contro il responsabile civile dopo la sentenza o dopo il decreto indicato nell'articolo seguente, la sentenza o il decreto ha autorità di cosa giudicata quanto alla sussistenza del fatto, alla sua illiceità e alla responsabilità del condannato. La stessa autorità di cosa giudicata spetta nel giudizio civile o amministrativo alla sentenza penale irrevocabile pronunciata in giudizio, con la quale viene conceduto il perdono giudiziale. Il giudice civile o amministrativo può conoscere anche dei danni verificatisi successivamente alla sentenza o al decreto.

Quando il responsabile civile non ha partecipato al giudizio penale, rimane impregiudicata la questione se egli debba rispondere del danno cagionato dal reato.

Art. 28. (Autorità del giudicato penale in altri giudizi civili o amministrativi). Fuori dei casi preveduti dall'articolo precente, la sentenza penale irrevocabile di condanna o di proscioglimento pronunciata in seguito a giudizio e il decreto di condanna divenuto esecutivo hanno autorità di cosa giudicata nel giudizio civile o amministrativo, quando in questo si controverte intorno a un diritto il cui riconoscimento dipende dall'accertamento dei fatti materiali che furono oggetto del giudizio penale, salvo che la legge civile ponga limitazioni alla prova del diritto controverso.

l) Die action civile vor belgischen Strafgerichten[20]

Die Rechtslage stimmt weitgehend mit der in Frankreich überein.

m) Die action civile vor luxemburgischen Strafgerichten

Einschlägig sind Art. 61 ff. des Code de procédure pénale:

Distinction II. – De l'instruction.
§ 1er. – Dispositions générales.

...

§ II. – Des plaintes.

Art. 63. Toute personne qui se prétendra lésée par un crime ou délit pourra en rendre plainte et se constituer partie civile devant le juge d'instruction, soit du lieu du crime ou délit, soit du lieu de la résidence du prévenu, soit du lieu où il pourra être trouvé.

Art. 64. Les plaintes qui auraient été adressées au procureur impérial seront par lui transmises au juge d'instruction avec son réquisitoire; celles qui auraient été présentées aux officiers auxiliaires de police, seront par eux envoyées au procureur impérial, et transmises par lui au juge d'instruction, aussi avec son réquisitoire.

---

[20] *Weser* 200; *Hambüchen*, AnwBl 1978, 82.

Dans les matières du ressort de la police correctionnelle, la partie lésée pourra s'adresser directement au tribunal correctionnel, dans la forme qui sera ci-après réglée.

Art. 65. Les dispositions de l'art. 31 concernant les dénonciations, seront communes aux plaintes.

Art. 66. Les plaignants ne seront réputés partie civile s'ils ne le déclarent formellement soit par la plainte, soit par acte subséquent; ou, s'ils ne prennent, par l'un ou par l'autre, des conclusions en dommages-intérêts, ils pourront se départir dans les vingt-quatre heures: dans le cas du désistement, ils ne sont pas tenus des frais depuis qu'il aura été signifié, sans préjudice néanmoins des dommages-intérêts des prévenus, s'il y a lieu.

Art. 67. Les plaignants pourront se porter partie civile en tout état de cause jusqu'à la clôture des débats; mais en aucun cas leur désistement après le jugement ne peut être valable, quoiqu'il ait été donné dans les vingt-quatre heures de leur déclaration qu'ils se portent partie civile.

Art. 68. Toute partie civile qui ne demeurera pas dans l'arrondissement communal où se fait l'instruction, sera tenue d'y élire domicile par acte passé au greffe du tribunal.

A défaut d'élection de domicile par la partie civile, elle ne pourra opposer le défaut de signification contre les actes qui auraient dû lui être signifiés aux termes de la loi.

Art. 69. Dans le cas où le juge d'instruction ne serait ni celui du lieu du crime ou délit, ni celui de la résidence du prévenu, ni celui du lieu où il pourra être trouvé, il renverra la plainte devant le juge d'instruction qui pourrait en connaître.

Art. 70. Le juge d'instruction compétent pour connaître de la plainte en ordonnera la communication au procureur impérial, pour être par lui requis ce qu'il appartiendra.

n) Die vordering van de beleedigde partij vor niederländischen Gerichten

Vgl. die Art. 332 bis 337 der Strafprozeßordnung sowie die Art. 44 und 56 der Gerichtsverfassung über die Zuständigkeit des Friedensrichters bzw. des Gerichts bei einem Streitwert bis zu 600 bzw. 1500 Gulden.

o) Påtale af borgerlige Krav under straffesager in Dänemark

Vgl. hierzu §§ 991 Lov om rettens pleje[21].

Kapitel 89

Påtale af borgerlige krav under straffesager

§ 991. I politisager samt i sager, der pådømmes ved undersøgelsesretten (§ 925), kan erstatning hos tiltalte tilkendes den forurettede for den ved forbrydelsen forvoldte skade, når han herom har fremsat begæring for retten, hvortil der, for så vidt sagens beskaffenhed dertil giver anledning, bør gives ham lejlighed.

Stk. 2. Under andre offentlige straffesager har vedkommende påtalemyndig-

---

[21] *Gomard,* Adhäsionsproces, 1969.

hed, når dette kan ske uden væsentlig ulempe, efter begæring af den forurettede at forfølge de for denne ved forbrydelsen begrundede borgerlige krav på tiltalte.

Stk. 3. For så vidt særlige beviser måtte blive at føre under domsforhandlingen i en nævningesag til støtte for et borgerligt krav, bør påtalemyndigheden angive disse i sin bevisfortegnelse eller i et tillæg til denne (jfr. §§ 834 og 836).

Stk. 4. Retten kan på ethvert trin nægte et borgerligt kravs forfølgning under straffesagen, når den finder, at dets behandling under denne ikke kan ske uden væsentlig ulempe.

Stk. 5. Den forurettede kan på ethvert trin indtil sagens optagelse til dom tage sin begæring efter nærværende paragrafs første og andet sykke tilbage med forbehold af adgang til at påtale kravet i den borgerlige retsplejes former.

§ 992. Finder retten, at de oplysninger, der foreligger til støtte for en påstand, som er fremsat i henhold til de foregående paragraffer, er ufuldstændige, eller at den demfældelse eller frifindelse, som finder sted for straffespørgsmålets vedkommende, ikke vil medføre en afgørelse i samme retning af den heromhandlede påstand, bliver denne ikke at tage under påkendelse.

Stk. 2. I ethvert filfælde, hvor retten ikke har påkendt et under sagen påtalt borgerligt krav, står det den forurettede frit for at påtale dette i den borgerlige retsplejes former.

§ 993. Størrelsen af den erstatning, som tilkendes den forurettede, fastsættes af retten. I nævningesager kan dog retten, når hertil er særlig grund, forelægge nævningerne spørgsmål, såvel om skade er bevirket ved for brydelsen, som om erstatningens størrelse. Ved stemmegivningen om erstatningens størrelse bliver den sum gældende, som har over halvdelen af stemmerne for sig, når dertil medregnes de stemmer, som er afgivne for et højere beløb.

§ 994. I sager, som forfølges af den forurettede, gøres borgerlige krav gældende på samme måde som påstanden om straf.

§ 995. Påankes dommen for straffepåstandens vedkommende, bliver også dens afgørelse vedrørende de under straffesagen påtalte borgerlige krav at prøve af den overordnede ret, for så vidt den afgørelse, der træffes for straffepåstandens vedkommende, må bestemme afgørelsen med hensyn til bemeldte krav. Ellers omfatter den overordnede rets prøvelse ikke de borgerlige krav, medmindre disse udtrykkelig er inddragne under anken, jfr. dog næstsidste stykke.

Stk. 2. Også i henseende til anke har påtalemyndigheden at varetage den forurettedes tarv, når fornøden begæring fra denne foreligger. Reglerne i § 991, stk. 4, og § 992 finder også her tilsvarende anvendelse.

Stk. 3. Ved påanke, der omfatter også bevisbedømmelsen, bliver de for den underordnede ret rejste borgerlige krav at undergive den overordnede rets prøvelse, når ikke både tiltalte og den forurettede udtrykkelig har frafaldet dette; sådanne krav kan derhos i dette tilfælde fra nyt af inddrages under sagen i samme udstrækning, som om sagen var indbragt for vedkommende overordnede ret som første instans.

Stk. 4 Kære finder ikke sted over for rettens beslutninger verdrørende borgerlige krav.

§ 995a. Retten kan beskikke en advokat for den forurettede, når det skønnes nødvendigt, at han har advokatbistand ved opgørelsen af erstatningskravet, og

han opfylder den i § 330, stk. 1, nr. 2, nævnte betingelse. Om salær og godtgørelse for udlæg til den beskikkede advokat gælder samme regler som i tilfælde, hvor der er meddelt fri proces, jfr. kap. 31.

§ 996. Over for rettens afgørelse angående et ved dommen påkendt borgerligt krav står særskilt anke i den borgerlige retsplejes former såvel tiltalte som den forurettede åben, når afgørelsen ville kunne påankes efter reglerne om den borgerlige retspleje.

§ 996a. Under straffesager vedrørende forhold, der giver grundlag for omstødelse af ægteskab efter § 23 i lov om ægteskabs indgåelse og opløsning, skal påtalemyndigheden efter anmodning fra justitsministeren eller den, han har bemyndiget til at anlægge sag om omstødelse, nedlægge påstand om ægteskabets omstødelse. Bestemmelserne i §§ 991–996 finder tilsvarende anvendelse.

p) Rechtslage im Vereinigten Königreich.

Dort ist der Adhäsionsprozeß unbekannt.[22]

q) Rechtslage in Irland. Es gilt das gleiche wie p).

r) Rechtslage in Griechenland.

Vgl. hierzu Art. 63 der griechischen Strafprozeßordnung.

s) Europarechtlicher Mindeststandard für das Recht des Beschuldigten auf Verteidigung im Adhäsionsverfahren

α) Art. II des Protokolls

Art. II des Protokolls stipuliert ein Minimum für das Recht des Beschuldigten auf Verteidigung im Adhäsionsverfahren, allerdings beschränkt auf die Fälle der Verfolgung wegen einer *fahrlässig* begangenen Straftat:

„Unbeschadet günstigerer innerstaatlicher Vorschriften können Personen, die ihren Wohnsitz in einem Vertragsstaat haben und die vor den Strafgerichten eines anderen Vertragsstaates, dessen Staatsangehörigkeit sie nicht besitzen, wegen einer fahrlässig begangenen Straftat verfolgt werden, sich von hierzu befugten Personen verteidigen lassen, selbst wenn sie persönlich nicht erscheinen.

Das Gericht kann jedoch das persönliche Erscheinen anordnen; wird diese Anordnung nicht befolgt, so braucht die Entscheidung, die über den Anspruch aus einem Rechtsverhältnis des Zivilrechts ergangen ist, ohne daß sich der Angeklagte verteidigen konnte, in den anderen Vertragsstaaten weder anerkannt noch vollstreckt zu werden."

β) Das Vorbild: Art. II des Protokolls zum Benelux-Vertrag

Art. II Abs. 1 des Protokolls ist dem Art. II des Protokolls zum belgisch-niederländisch-luxemburgischen Vertrag über die gerichtliche Zuständigkeit, den Konkurs, die Anerkennung und die Vollstreckung von gerichtlichen Entscheidungen, Schiedssprüchen und öffentlichen Urkunden nachgebildet. Diese Vorschrift bestimmt:

---

[22] Nachweise bei *Basedow* IZVR Rz. 70 Fußn. 212 und *Kropholler* IZVR Rz. 696 Fußn. 1531.

„Unbeschadet günstigerer innerstaatlicher Vorschriften können sich die Angehörigen eines der drei Staaten, die ihren Wohnsitz in ihrem Staat haben, vor den Gerichten der beiden anderen Staaten durch einen besonderen Bevollmächtigten vertreten lassen, wenn sie wegen einer nicht vorsätzlich begangenen Straftat verfolgt werden.“ [23]

γ) Ratio conventionis

Bei einer Entscheidung über zivilrechtliche Ansprüche im Rahmen eines Strafverfahrens besteht generell die Gefahr, daß der Beschuldigte in der Hoffnung auf eine milde Strafe sich zu Zugeständnissen in zivilrechtlicher Hinsicht bereitfindet, die er in einem normalen Zivilprozeß nicht akzeptiert hätte. Auch könnte durch die Zulassung eines Adhäsionsverfahrens für zivilrechtliche Ansprüche der Beschuldigte zum persönlichen Erscheinen vor dem Strafgericht mittelbar gezwungen werden, um seine zivilrechtlichen Ansprüche zu verteidigen. Damit wäre aber die Gefahr verbunden, daß er sich der strafrechtlichen Vollstreckung aussetzt, obwohl er von seinem Heimatstaat für dieses Strafverfahren nicht ausgeliefert würde.[24]

δ) Kein Schutz für eigene Staatsangehörige

Auf Art. II Abs. 1 des Protokolls können sich nur Ausländer und Staatenlose[25] berufen. Für eigene Staatsangehörige des Gerichtsstaates gilt diese Vorschrift nicht. Man wollte verhindern, daß Angehörige des glei-

---

[23] *Jenard*-Bericht S. 103ff. zu Art. II des Protokolls: „Artikel II des Protokolls geht ebenfalls auf den Benelux-Vertrag zurück. Dieser ist auch auf Entscheidungen über Zivilansprüche anwendbar, die von einem Strafgericht gefällt werden; er klärt damit eine Streitfrage, zu welcher der belgisch-niederländische Vertrag von 1925 zwischen Belgien und den Niederlanden Anlaß gegeben hatte. Wie aus dem Bericht zu dem Benelux-Vertrag hervorgeht, stützen sich die Bedenken der niederländischen Regierung gegen Entscheidungen ausländischer Strafgerichte über zivilrechtliche Ansprüche auf den Umstand, daß ein Niederländer, der einer im Ausland begangenen Straftat beschuldigt wird, gezwungen sein könnte, persönlich vor dem ausländischen Strafgericht zu erscheinen, um sich dort auch gegen die Zivilklage verteidigen zu können, obwohl andererseits die Niederlande ihre Staatsangehörigen nicht ausliefern. Dieser Einwand ist nicht so schwerwiegend, wie es auf den ersten Blick erscheint, weil nach einigen nationalen Rechten, so insbesondere in Frankreich, Belgien und Luxemburg, das Strafurteil selbst für eine nachfolgende Zivilklage bindende Wirkung hat.

Unter diesen Umständen bringt eine Zivilklage, die gegen einen Niederländer, der in einem Strafverfahren zu einer Strafe verurteilt ist, später erhoben wird, diesen in eine ungünstige Lage. Es ist für ihn demnach sehr wichtig, daß er sich bereits in dem Strafverfahren verteidigen kann.

Aus diesem Grunde enthält das Übereinkommen ebenso wie der Benelux-Vertrag die in das Protokoll aufgenommene Bestimmung, daß eine Person, die ihren Wohnsitz in einem Vertragsstaat hat, das Recht hat, sich vor den Strafgerichten eines anderen Vertragsstaates verteidigen zu lassen.“

[24] *Jenard*-Bericht S. 103.

[25] Allerdings wird man Staatenlose mit Wohnsitz im Gerichtsstaat den Inländern gleichzustellen haben.

chen Staates vor ihrem eigenen Gericht verschieden behandelt werden, je nachdem wo sie ihren Wohnsitz haben.[26]

ε) Fremdenrechtlicher Mindeststandard

Art. II des Protokolls läßt für den Beschuldigten günstigere Regelungen des nationalen Rechts unberührt.[27] Diese Vorschrift umschreibt nur den Mindeststandard, der Ausländern und diesen gleichgestellten Staatenlosen[28] europarechtlich garantiert ist.

ζ) Beschränkung auf Verfahren wegen fahrlässig begangener Straftaten

Diese Beschränkung ist innerlich nicht gerechtfertigt. Sie sollte gestrichen werden, denn die oben *γ)* dargelegte ratio conventionis trifft auch für Personen zu, die wegen (angeblich) vorsätzlich begangener Straftaten im Adhäsionsverfahren wegen zivilrechtlicher Ansprüche auf Schadensersatz bzw. Wiederherstellung des früheren Zustandes belangt werden.[29]

Der Begriff „Verfolgung wegen einer fahrlässig begangenen Straftat" ist autonom zu qualifizieren, also konventionsimmantent zu definieren; denn nur so kann die einheitliche Anwendung des Art. II Abs. 1 des Protokolls in allen Vertragsstaaten sichergestellt werden.[30]

---

26 *Droz* Nr. 37.

27 *Linke* in *Bülow-Böckstiegel* 606/73, Art. 5, Anm. IV 2 bei Fußn. 156.

28 Oben Fußn. 25.

29 Wenig aufschlußreich der *Jenard*-Bericht S. 104: „Nach Artikel II des Protokolls steht das erwähnte Recht jedoch nur solchen Personen zu, die wegen einer fahrlässig begangenen Straftat verfolgt werden; damit sind die Straßenverkehrsunfälle gedeckt." Nicht überzeugend auch *Linke* in *Bülow-Böckstiegel* 606/73, Art. 5, Anm. IV 2: „Die Beschränkung auf fahrlässig begangene Straftaten entspricht den nationalen Bestimmungen, die die Verhandlung in Abwesenheit nur bei einem zu erwartenden Strafmaß zulassen, das im allgemeinen nur bei Fahrlässigkeit verhängt wird."

30 EuGH, Urteil vom 26. Mai 1981 – Rechtssache 157/80 – *Strafverfahren Rinkau,* EuGHE 1981, 1391 = IPRax 1982, 185 mit Anm. *Habscheid* 173 = RIW/AWD 1981, 715: „(11) Auch wenn der Begriff der ‚fahrlässig begangenen Straftat' im Übereinkommen nicht definiert ist, so muß er doch im Interesse der größtmöglichen Gleichheit und Einheitlichkeit der sich aus dem Übereinkommen für die Vertragsstaaten und die betroffenen Personen ergebenden Rechte und Pflichten als autonomer Begriff betrachtet werden, der unter Heranziehung der Ziele und des Systems des Übereinkommens sowie der allgemeinen Grundsätze zu präzisieren ist, die den nationalen Rechtsordnungen gemeinsam sind. Dies ist um so mehr erforderlich, wenn, wie im vorliegenden Fall, terminologische Unterschiede zwischen den verschiedenen sprachlichen Fassungen des Übereinkommens bestehen.

(12) Was die Ziele des Übereinkommens betrifft, so ist bereits darauf hingewiesen worden, daß mit dem Begriff der ‚fahrlässig begangenen Straftat' diejenigen Straftaten mit erfaßt werden sollten, die im Zusammenhang mit Straßenverkehrsunfällen stehen. Ein weiterer, allgemeiner Gesichtspunkt ist der, daß das Übereinkommen dadurch, daß es das Recht, sich verteidigen zu lassen, ohne persönlich erscheinen zu müssen, nur bestimmten Straftätern zuerkennt, dieses Recht offensichtlich den Personen versagen will, die wegen Straftaten verfolgt werden, deren Schwere eine solche Versagung rechtfertigt.

(13) Es ist somit zu prüfen, ob es ein den nationalen Rechtsordnungen aller Vertragsstaaten gemeinsames Kriterium gibt, wonach Straftaten nach ihrer Schwere unterschieden werden können und anhand dessen wenn nicht alle, so doch die meisten Straftaten, die mit Straßenverkehrsunfällen im Zusammenhang stehen, der Gruppe der minder schweren Delikte zugeordnet werden können.

(14) Das innerstaatliche Recht der meisten Vertragsstaaten unterscheidet – in verschiedener Form – zwischen vorsätzlichen und nicht vorsätzlichen Straftaten. Auch wenn diese Unterscheidung zur Einteilung von Straftaten in Kategorien führt, deren Inhalt sich von Rechtsordnung zu Rechtsordnung erheblich unterscheiden kann, so lassen sich mit ihr doch die genannten Ziele erreichen.

(15) Während nämlich die Strafbarkeit der vorsätzlichen Straftaten einen auf die Begehung der untersagten Handlung gerichteten Vorsatz des Täters voraussetzt, können die nicht vorsätzlichen Straftaten auf Unvorsichtigkeit, Nachlässigkeit oder sogar auf dem bloßen objektiven Verstoß gegen eine Rechtsnorm beruhen. Die nicht vorsätzlich begangenen Straftaten werden somit zum einen ihrer Natur nach im allgemeinen von minderer Schwere sein und zum anderen den größten Teil der Straftaten im Zusammenhang mit Straßenverkehrsunfällen umfassen, die meist auf Unvorsichtigkeit, Nachlässigkeit oder einen rein tatsächlichen Verstoß gegen eine Rechtsnorm zurückzuführen sind."

Dem Ausgangsverfahren lag folgender Sachverhalt zugrunde: Der in der Bundesrepublik Deutschland wohnhafte Angeklagte des Ausgangsverfahrens wurde vor den Politierechter der Arrondissementsrechtbank Zutphen (Niederlande) geladen, weil er in den Niederlanden ein mit einem radioelektrischen Sendegerät ausgerüstetes Fahrzeug geführt hatte, ohne die dazu erforderliche Erlaubnis zu besitzen: er erschien jedoch nicht zur Verhandlung. Sein Anwalt beantragte, zu seiner Verteidigung zugelassen zu werden. Trotz der gegenteiligen Stellungnahme der Staatsanwaltschaft entschied der Politierechter, daß dem Angeklagten erlaubt werden müsse, von der in Art. II Abs. 1 des Protokolls vorgesehenen Möglichkeit Gebrauch zu machen, und ließ den Anwalt zu seiner Verteidigung zu. Der Angeklagte wurde in Abwesenheit zu einer Geldbuße, hilfsweise, für den Fall der Nichtzahlung, zu einer Haftstrafe von einem Tag verurteilt; das radioelektrische Sendegerät wurde eingezogen. Gegen das Urteil legte die Staatsanwaltschaft Berufung zum Gerichtshof Arnhem ein. Dieser vertrat mit Zwischenurteil vom 28. August 1979 die Auffassung, daß Art. II für alle Strafverfahren gelte, in denen es um eine fahrlässig begangene Straftat gehe, daß aber die dem Angeklagten vorgeworfene strafbare Handlung nicht fahrlässig begangen worden sei. Deshalb könne der Anwalt nicht zur Verteidigung des abwesenden Angeklagten zugelassen werden. In der Sache bestätigte es mit Urteil vom 11. September 1979 das Urteil erster Instanz.

Der Angeklagte legte gegen die beiden Urteile des Gerechtshof Kassationsbeschwerde ein und begründete diese mit der Verletzung von Art. II. Der Hoge Raad legte mit Urteil vom 17. Juni 1980 dem EuGH die beiden folgenden Auslegungsfragen zur Entscheidung vor:

1. Ist unter dem in Art. II Abs. 1 des Protokolls enthaltenen Begriff ‚een onopzettelijk gepleegd strafbaar feit [eine fahrlässig begangene Straftat]' jede Straftat zu verstehen, deren Begehung nach der gesetzlichen Definition keinen bestimmten, auf irgendein Tatbestandsmerkmal gerichteten Vorsatz voraussetzt, oder ist dieser Begriff enger dahingehend zu verstehen, daß er sich nur auf Straftaten bezieht, bei deren Definition in irgendeiner Weise von Fahrlässigkeit (culpa) des Täters die Rede ist?

2. Wenn die Voraussetzungen des Art. II des genannten Protokolls erfüllt sind, gilt dann die durch diese Bestimmung dem ‚Angeklagten' eingeräumte Befugnis unbeschränkt, oder ist sie dem Angeklagten nur insoweit eingeräumt, als er sich gegen

η) Anwendung des Art. II Abs. 1 des Protokolls nicht nur in Adhäsionsverfahren, sondern in allen Strafverfahren, soweit eine zivilrechtliche Haftung des Angeklagten – auch später – in Betracht kommt.

Der EuGH hat sich zu Recht für eine solche extensive Anwendung des Art. II Abs. 1 des Protokolls ausgesprochen.[31]

---

einen zivilrechtlichen Anspruch zu verteidigen hat, der in dem betreffenden Strafverfahren erhoben wird, oder wenigstens nur dem Angeklagten, dessen zivilrechtliche Interessen durch die Entscheidung in dem Strafverfahren berührt werden?

Der EuGH entschied wie folgt:

1. Unter ‚fahrlässig begangener Straftat' im Sinne von Artikel II des Protokolls zum Übereinkommen vom 27. September 1968 über die gerichtliche Zuständigkeit und die Vollstreckung gerichtlicher Entscheidungen in Zivil- und Handelssachen ist jede Straftat zu verstehen, deren gesetzliche Definition weder ausdrücklich noch nach der Natur des umschriebenen Delikts beim Angeklagten hinsichtlich der strafbaren Handlung oder Unterlassung Vorsatz voraussetzt.

2. Das dem Angeklagten in Artikel II des Protokolls zum Übereinkommen vom 27. September 1968 über die gerichtliche Zuständigkeit und die Vollstreckung gerichtlicher Entscheidungen in Zivil- und Handelssachen zuerkannte Recht, sich verteidigen zu lassen, ohne persönlich erscheinen zu müssen, erstreckt sich auf jedes Strafverfahren wegen einer fahrlässig begangenen Straftat, in dem es auch um die zivilrechtliche Haftung des Angeklagten für Tatumstände geht, die den der Anklage zugrunde liegenden Straftatbestand begründen, oder bei dem eine solche zivilrechtliche Haftung später in Betracht kommt.

[31] EuGH, Urteil vom 26. Mai 1981, Rechtssache 157/80, – *Strafverfahren Rinkau* –, oben Fußn. 30:

„(17) Die zweite Frage des Hoge Raad geht dahin, ob das dem Angeklagten in Artikel II des Protokolls zuerkannte Recht für alle Strafverfahren gilt, in denen die zivilrechtlichen Interessen des Angeklagten berührt sind, oder nur für diejenigen, in denen das Strafgericht auch über einen zivilrechtlichen Anspruch zu entscheiden hat.

(18) Die niederländische Regierung weist in ihren Erklärungen darauf hin, daß der Anwendungsbereich des Übereinkommens auf Zivil- und Handelssachen beschränkt sei. Bei der Auslegung von Artikel II des Protokolls sei dieser Beschränkung Rechnung zu tragen, was auch aus Absatz 2 dieses Artikels hervorgehe. Das dem Angeklagten in Absatz 1 zuerkannte Recht bestehe nur dann, wenn das Strafgericht auch über einen zivilrechtlichen Anspruch zu entscheiden habe.

(19) Die Kommission bestreitet nicht, daß das Ziel von Artikel II des Protokolls darin bestehe, eine strafverfahrensrechtliche Vorschrift für den Fall aufzustellen, daß sich ein Strafverfahren auf die zivilrechtlichen Interessen des Angeklagten auswirken könne. Da aber eine für den Angeklagten günstige strafverfahrensrechtliche Vorschrift weit ausgelegt werden müsse und nur schwer zu beurteilen sei, ob ein Strafverfahren die zivilrechtlichen Interessen des Angeklagten betreffen könne, vertritt die Kommission die Auffassung, daß das dem Angeklagten in Artikel II des Protokolls zuerkannte Recht für jedes Strafverfahren gelte.

(20) Zwar bestimmt Artikel II Absatz 1 des Protokolls nicht ausdrücklich, daß das dem Angeklagten zuerkannte Recht nur in denjenigen Strafverfahren besteht, in denen es auch um seine zivilrechtliche Haftung für Tatumstände geht, die den der Anklage zugrunde liegenden Straftatbestand begründen, oder bei denen eine solche zivilrechtliche Haftung später in Betracht kommt; doch darf nicht außer acht gelassen werden, daß gerade dieses Ziel zur Aufnahme dieser Vorschrift in das Protokoll geführt hat. Dieses Ziel steht der Erstreckung des Rechts, sich verteidigen zu lassen, ohne persönlich erscheinen zu müssen, auf solche Strafverfahren entgegen, in denen der Ange-

ϑ) Auch sonst deckt sich der sachliche Anwendungsbereich des Art. II Abs. 1 nicht mit dem des Art. 5 Nr. 4

Die Schutzvorschrift des Art. II Abs. 1 des Protokolls gilt auch für Strafverfahren im Wohnsitzstaat (Art. 2 I) des Angeklagten oder im Staat der unerlaubten Handlung (Art. 5 Nr. 3).[32]

ι) Anordnung des persönlichen Erscheinens

Das Protokoll verbietet es dem Strafgericht nicht, das persönliche Erscheinen des Angeklagten anzuordnen. Soweit wollte man nicht in die Souveränität der Vertragsstaaten eingreifen. Ordnet es das persönliche Erscheinen an, erscheint aber der Angeklagte nicht, so braucht die in Abwesenheit des Angeklagten ergangene Entscheidung über die zivilrechtlichen Ansprüche in den anderen Vertragsstaaten weder anerkannt noch zur Vollstreckung zugelassen zu werden, wenn der Angeklagte sich nicht verteidigen konnte, Art. II Abs. 2 des Protokolls.[33] Der Zweitrichter hat nicht etwa einen Ermessensspielraum.[34] Die einzelnen Vertrags-

---

klagte nicht unter den genannten Umständen einem zivilrechtlichen Anspruch ausgesetzt ist.

(21) Auf die zweite Frage des Hoge Raad ist somit zu antworten, daß sich das dem Angeklagten in Artikel II des Protokolls zum Übereinkommen vom 27. September 1968 über die gerichtliche Zuständigkeit und die Vollstreckung gerichtlicher Entscheidungen in Zivil- und Handelssachen zuerkannte Recht, sich verteidigen zu lassen, ohne persönlich erscheinen zu müssen, auf jedes Strafverfahren wegen einer fahrlässig begangenen Straftat erstreckt, in dem es auch um die zivilrechtliche Haftung des Angeklagten für Tatumstände geht, die den der Anklage zugrunde liegenden Straftatbestand begründen, oder bei dem eine solche zivilrechtliche Haftung später in Betracht kommt."

[32] Vgl. oben b).

[33] *Jenard*-Bericht S. 104: „Nach Art. II des Protokolls steht dieser Person dieses Recht auch dann zu, wenn sie persönlich nicht erscheint und selbst wenn die Strafprozeßordnung des betreffenden Staates ihr das Recht, sich vertreten zu lassen, nicht zuerkennt. Ordnet jedoch das Strafgericht das persönliche Erscheinen ausdrücklich an, so braucht die Entscheidung, die ergangen ist, ohne daß sich der Betroffene verteidigen lassen konnte, weil er vor dem Strafgericht nicht erschienen ist, in den anderen Vertragsstaaten weder anerkannt noch vollstreckt zu werden."

[34] *Droz* Nr. 540, 541 S. 344: „La seule difficulté que provoque ce texte est l'interprétation de la faculté qu'il contient: *la décision . . . pourra ne pas être reconnue . . .* La faculté de ne pas reconnaître la décision étrangère s'adresse-t-elle aux Etats contractants ou directement aux juges de chacun des Etats contractants?

La différence est sensible. Si la faculté s'adresse aux Etats contractants, les Pays-Bas ou un autre Etat contractant, pourront déclarer de manière générale qu'ils ne reconnaîtront pas les décisions rendues dans de telles conditions. Cette déclaration s'imposera à leurs juridictions qui seront privées de tout pouvoir d'appréciation. Le refus sera inéluctable.

Si la faculté s'adresse au contraire directement aux juges des Etats contractants, ceux-ci auront à apprécier, dans chaque cas, s'il convient ou non de refuser la reconnaissance.

Les termes employés par l'article II, alinéa 2 du Protocole ne donnent guère d'indication ni dans un sens ni dans l'autre.

staaten haben vielmehr die Möglichkeit, durch ihre Gesetzgebung die Anerkennung und Klauselerteilung in den Fällen des Art. II Abs. 2 generell – abstrakt zu untersagen; insoweit besteht die Anerkennungs- und Vollstreckungspflicht (Art. 25ff.; Art. 31ff.) nicht.[35] Der durch das Protokoll geschützte Personenkreis hat jedoch keinen Anspruch auf Verweigerung der Anerkennung und Zulassung zur Vollstreckung.

3. Forum arresti für seerechtliche Ansprüche auf Zahlung von Berge- oder Hilfslohn, Art. 5 Nr. 7

a) Überblick

α) Anknüpfungspunkt ist hier der Ort der Beschlagnahme von Ladung oder Fracht nach Bergung oder Hilfeleistung. Gemäß Art. 5 Nr. 7 ist für Streitigkeiten wegen der Zahlung von Berge- und Hilfslohn, der für Bergungs- und Hilfeleistungsarbeiten gefordert wird, die zugunsten einer Ladung oder einer Frachtforderung erbracht worden sind, auch das Gericht zuständig, in dessen Zuständigkeitsbereich diese Ladung oder die entsprechende Frachtforderung

(1) mit Arrest belegt worden ist, um die Zahlung zu gewährleisten, oder

(2) mit Arrest hätte belegt werden können, jedoch dafür eine Bürgschaft oder eine andere Sicherheit geleistet worden ist.

β) Das Übereinkommen regelt nicht abschließend die internationale Zuständigkeit für Arreste und sonstige einstweilige Maßnahmen.

Die Möglichkeit, einstweiligen Rechtsschutz zu gewähren, ist durch das Übereinkommen nicht beschränkt. Art. 3 I kommt nicht zur Anwendung: das nationale Recht bleibt unberührt.[36] Das Übereinkommen

---

Nous estimons cependant que cette faculté s'adresse directement aux Etats contractants et qu'il leur appartiendra, par une réglementation appropriée, de prendre la position négative interdisant la reconnaissance ou l'exécution dans le cas évoqué.

En effet, tous les autres articles du Protocole s'adressent directement aux Etats contractants eux-mêmes. Par ailleurs, l'esprit de la Convention semble s'opposer à ce que ce soit les juges requis eux-mêmes qui décident de la question. On sait que tout contrôle et toute révision sont interdits, que le juge requis doit s'en remettre entièrement à l'honnêteté et à l'intégrité du juge d'origine. Permettre d'accorder ou de refuser, selon les circonstances, la reconnaissance à un jugement rendu au pénal en matière civile, surtout pour les raisons qui inspirent le Protocole (le respect des droits de la défense) mettrait le juge requis dans la pénible situation d'avoir à marquer sa confiance ou sa défiance dans la juridiction pénale étrangère.

Nous sommes persuadé que les juges des Etats contractants préféreront s'en remettre à la décision gouvernementale plutôt que de se voir attribuer un tel pouvoir d'appréciation. La disposition du Protocole étant une exception au principe général de la reconnaissance de plein droit et de la circulation des jugements, tant qu'une réglementation spéciale n'aura pas été prise dans un Etat contractant ce motif de refus ne devrait pas pouvoir être utilisé."

[35] *Linke* in *Bülow-Böckstiegel* 606/190, Art. 25, Anm. II 2c, verlangt eine ausdrückliche Vorbehaltserklärung gegenüber den anderen Vertragsstaaten.

[36] *Schlosser*-Bericht Nr. 123.

verbietet aber, an den angeordneten oder vollzogenen Arrest Zuständigkeiten in der Hauptsache zu knüpfen. Hiervon macht Art. 5 Nr. 7 eine Ausnahme für Bergungs- oder Hilfeleistungsansprüche.[37]

γ) Vorbild für diese Annexzuständigkeit war Art. 7 I Nr. 2 des Brüsseler Internationalen Übereinkommens vom 10. Mai 1952 zur Vereinheitlichung von Regeln über den Arrest in Seeschiffe.[38] Darauf geht Art. 5 Nr. 7a zurück.[39] Die 2. Alternative (= Art. 5 Nr. 7b) ist dagegen eine die Bedürfnisse der Praxis berücksichtigende Neuschöpfung des Beitrittsübereinkommens vom 9. Oktober 1978, die auf folgender Überlegung beruht: Nach Bergung oder Hilfeleistung wird der Arrest mitunter angeordnet, die Arrestpfändung aber unterlassen, weil Sicherheit geleistet wurde. Dies muß für die Eröffnung der Zuständigkeit in der Hauptsache ausreichen. Zur Begründung der internationalen (und örtlichen) Zuständigkeit ist also der Vollzug des Arrestes nicht erforderlich.[40]

δ) Art. 5 Nr. 7 wurde auf Wunsch der britischen Delegation eingefügt. Man befürchtete eine unangemessene Einengung des seegerichtlichen Jurisdiktionsbereiches des Vereinigten Königreichs.[41]

ε) Die Anwendung des Art. 5 Nr. 7 setzt – wie alle in Art. 5 aufgeführten Gerichtsstände – voraus, daß der Beklagte seinen Wohnsitz bzw. Sitz nicht im Gerichtsstaat hat.

b) Ratio conventionis

α) Das an und für sich international verpönte forum arresti erscheint auf dem Hintergrund der besonderen Verhältnisse bei der Bergung eines Schiffes bzw. bei Hilfeleistung auf See sinnvoll und ausgewogen: Ohne die Tätigkeit des Bergungsunternehmers wäre das Schiff und dessen Ladung möglicherweise nicht mehr vorhanden.[42] Dem „Retter" gebührt deshalb nicht nur ein Haftungsvorrecht am Schiff, dessen Ladung und

---

[37] *Schlosser*-Bericht Nr. 123.

[38] BGBl. 1972 II 655, hierzu *Prüßmann-Rabe,* Seehandelsrecht, 2. Aufl., 1983, vor § 740 HGB und § 753 HGB Anhang I.

[39] *Schlosser*-Bericht Nr. 123.

[40] *Schlosser*-Bericht Nr. 123.

[41] *Schlosser*-Bericht Nr. 122: „Das Recht im V. K. sieht aus diesem Grund vor, daß ein Bergungsunternehmer die geborgene Ladung oder den durch seinen Eingriff erhalten gebliebenen Frachtanspruch mit Arrest belegen lassen und vor dem dafür zuständigen Gericht auch das Verfahren zur abschließenden Klärung seiner Bergungslohnansprüche anstrengen kann. Eine solche Zuständigkeitsregel ist in gleicher Weise der Materie angepaßt wie die Vorschriften in Artikel 7 des Brüsseler Übereinkommens von 1952. Da es ein über Artikel 57 weiterhin anwendbares internationales Übereinkommen über die Beschlagnahme von Ladung und Fracht nicht gibt, würde sich auf diesem Gebiet mit dem Inkrafttreten des EuGVÜ für das V. K. eine nicht zu vertretende Verschiebung gerichtlicher Zuständigkeiten ergeben, wollte man auf eine Sonderbestimmung verzichten."

[42] *Schlosser*-Bericht Nr. 123.

u. U. an den Frachtansprüchen.[43] Diese *materiellrechtliche* Absicherung[44] genügt nicht. Auch die *prozessuale* Durchsetzung der Berge- und Hilfslohnansprüche muß erleichtert werden. Es wäre nicht angemessen, den Bergungsunternehmer auf die goldene Regel zu verweisen: Actor sequitur forum rei. Wer schnell hilft, kann auch verlangen, daß er schnell und ohne Weitschweifigkeiten im Verfahrensbereich seinen Lohn durchsetzen kann.[45] Die typischen Kompetenzinteressen des Klägers (= Gläubigers) sind also höher zu bewerten als die des Beklagten (= Schuldners).

β) Hinzu kommt noch, daß nach materiellem Seerecht (Art. 8 des Brüsseler Internationalen Übereinkommens vom 27. Mai 1967 zur Vereinheitlichung von Regeln über Schiffsgläubigerrechte und Schiffshypotheken; § 759 HGB)[45a] das Pfandrecht des Schiffsgläubigers nach Ablauf eines Jahres seit der Entstehung der Forderung erlischt, wenn nicht der Gläubiger innerhalb der Frist die Beschlagnahme des Schiffes wegen des Pfandrechts erwirkt hat. Der Gläubiger steht also unter Zeitdruck. Auch dieser Gesichtspunkt läßt Art. 5 Nr. 7 zuständigkeitspolitisch ausgewogen erscheinen.

c) Durchsetzung des Haftungsvorrechts (Pfandrechts) des Gläubigers

Art. 5 Nr. 7 gilt nur für solche Ansprüche, die durch das Haftungsvorrecht gesichert sind, nicht jedoch für sonstige Ansprüche.[46]

---

[43] § 752 HGB (Text unten S. 851).

[44] Hierzu *Schlosser*-Bericht Nr. 122: „Das Brüsseler Übereinkommen von 1952 erlaubt unter anderem die Inanspruchnahme einer gerichtlichen Zuständigkeit in dem Staat, in dem ein Schiff zugunsten einer Seeforderung aus Bergung oder Hilfeleistung (Artikel 7 Absatz 1 Ziffer 2) mit Arrest belegt worden ist. Im Hintergrund dieser Vorschrift steht eine materielle Regelung. Der Bergungsunternehmer genießt wegen des Bergungslohns ein Haftungsvorrecht am Schiff. Ein gleiches Vorrecht kann einem Bergungsunternehmer an der Ladung eines Schiffes zustehen. Diese ist dann wirtschaftlich interessant, wenn nicht das Schiff, wohl aber die Ladung gerettet werden konnte oder wenn das gerettete Schiff so stark beschädigt ist, daß sein Wert die Höhe des Bergungslohns nicht mehr erreicht. Immerhin kann der Wert der Ladung eines modernen Supertankers beträchtlich sein. Schließlich können Haftungsvorrechte auch an Frachtansprüchen bestehen. Wird Fracht nur für den Fall einer unversehrten Ankunft der Ladung am Bestimmungsort geschuldet, dann ist es angezeigt, den Bergungsunternehmer sich vorrangig aus dem fraglichen Anspruch befriedigen zu lassen, der durch seinen Eingriff erhalten blieb."

[45] *Schlosser*-Bericht Nr. 121: „Ist ein Schiff in einem Staat wegen eines international als Seeforderung anerkannten Anspruchs beschlagnahmt worden, so ist es dem Gläubiger nicht recht zuzumuten, sein Recht in der Hauptsache vor den Gerichten am Wohnsitz des Reeders zu suchen."

[45a] Hierzu *Prüßmann-Rabe,* Seehandelsrecht, 2. Aufl., 1983, Anm. I B und III B 1 vor § 754 HGB. Die Bundesrepublik Deutschland hat das Übereinkommen vom 27. Mai 1967 bisher nicht ratifiziert, aber ihr nationales Recht – ohne völkerrechtliche Bindung – den Regeln des Übereinkommens angepaßt. Vgl. Bundestags-Drucksache VI Nr. 2225 S. 34.

[46] *Schlosser*-Bericht Nr. 123 a.E.

Diese Vorschrift ist aber nur anzuwenden, wenn behauptet wird, daß der Kläger Rechte an der Ladung oder an der Frachtforderung hat oder zur Zeit der Bergungs- oder Hilfeleistungsarbeiten hatte.

d) Parteirolle

Art. 5 Nr. 7 wurde geschaffen, um dem Gläubiger die Durchsetzung seines Bergungs- bzw. Hilfeleistungslohnanspruchs zu erleichtern. Der Text des Art. 5 Nr. 7 ist jedoch so weit gefaßt, daß man auch Klagen gegen den Gläubiger darunter subsumieren könnte.[47] Es ist offen, ob der EuGH eine Annexzuständigkeit auch für Klagen gegen den Gläubiger eröffnen wird.

e) Rechtsnachfolger

Art. 5 Nr. 7 gilt für und gegen die Rechtsnachfolger von Gläubiger und Schuldner.

f) Regelung auch der örtlichen Zuständigkeit

Art. 5 Nr. 7 regelt nicht nur die internationale, sondern auch die örtliche Zuständigkeit.

g) Übergangsregelung für Dänemark und Irland

Während einer Übergangszeit von 3 Jahren kann die internationale Entscheidungszuständigkeit Dänemarks und Irlands – neben den Gerichtsständen der Art. 2ff. – auch auf die in Art. 36 des Beitrittsübereinkommens vom 9. Oktober 1978 aufgeführten Zuständigkeitsanknüpfungen gestützt werden.[48] Diese Vorschrift lautet:

,,*Während einer Zeit von drei Jahren nach Inkrafttreten des Übereinkommens von 1968 bestimmt sich für das Königreich Dänemark und Irland die Zuständigkeit in Seerechtssachen in jedem dieser Staaten neben den Vorschriften des ge-*

---

[47] Man denke z. B. an eine negative Feststellungsklage oder eine Klage auf Rückzahlung oder Minderung des Bergungs- oder Hilfsleistungslohnes.

[48] *Schlosser*-Bericht Nr. 131: „Zwar hoffen alle Delegationen, daß Dänemark und Irland dem Brüsseler Übereinkommen vom 10. Mai 1952 beitreten werden. Jedoch wird dies naturgemäß eine gewisse Zeit in Anspruch nehmen. Fairerweise muß man eine Frist von drei Jahren nach Inkrafttreten des EuGVÜ-Beitrittsübereinkommens gewähren. Es wäre hart, wenn man in dieser Zeit in den zwei genannten Staaten die Zuständigkeit in Seerechtsfällen auf das beschränken wollte, was die Artikel 2 bis 6a zulassen. In Artikel 36 des EuGVÜ-Beitrittsübereinkommens ist daher zugunsten dieser Staaten eine Übergangsregelung getroffen worden. Ihr Text stimmt, von redaktionellen Umformulierungen abgesehen, mit dem überein, was die Expertengruppe ursprünglich im besonderen Seerechtsabschnitt generell zur Zuständigkeit aufgrund einer Beschlagnahme von Seeschiffen empfehlen wollte. Sie hatte sich hierbei – so gut wie vollkommen – an die im Brüsseler Arrestübereinkommen getroffene Regelung angelehnt.

Der beschränkte zeitliche Geltungsbereich der Übergangsbestimmung rechtfertigt einen ausführlichen Kommentar zu den einzelnen Textabweichungen vom genannten Übereinkommen nicht.“

nannten Übereinkommens auch nach den in den folgenden Nummern 1 bis 6 aufgeführten Vorschriften. Diese Vorschriften werden von dem Zeitpunkt an in einem dieser Staaten nicht mehr angewandt, zu dem für diesen Staat das in Brüssel am 10. Mai 1952 unterzeichnete Internationale Übereinkommen zur Vereinheitlichung von Regeln über den Arrest in Seeschiffe in Kraft tritt.

1. *Eine Person, die ihren Wohnsitz im Hoheitsgebiet eines Vertragsstaats hat, kann vor den Gerichten eines der oben genannten Staaten wegen einer Seeforderung verklagt werden, wenn das Schiff, auf welches sich die Seeforderung bezieht, oder ein anderes Schiff im Eigentum dieser Person in einem gerichtsförmlichen Verfahren innerhalb des Hoheitsgebiets des letzteren Staates zur Sicherung der Forderung mit Arrest belegt worden ist oder dort mit Arrest hätte belegt werden können, jedoch dafür eine Bürgschaft oder eine andere Sicherheit geleistet worden ist:*
   a) *wenn der Gläubiger seinen Wohnsitz in dem Hoheitsgebiet dieses Staates hat;*
   b) *wenn die Seeforderung in diesem Staat entstanden ist;*
   c) *wenn die Seeforderung im Verlauf der Reise entstanden ist, während derer der Arrest vollzogen worden ist oder hätte vollzogen werden können;*
   d) *wenn die Seeforderung auf einem Zusammenstoß oder auf einem Schaden beruht, den ein Schiff einem anderen Schiff oder Gütern oder Personen an Bord eines der Schiffe entweder durch die Ausführung oder Nichtausführung eines Manövers oder durch die Nichtbeachtung von Vorschriften zugefügt hat;*
   e) *wenn die Seeforderung auf Hilfeleistung oder Bergung beruht;*
   f) *wenn die Seeforderung durch eine Schiffshypothek oder ein sonstiges vertragliches Pfandrecht an dem Schiff gesichert ist, das mit Arrest belegt wurde.*
2. *Ein Gläubiger kann sowohl das Schiff, auf das sich die Seeforderung bezieht, als auch jedes andere Schiff, das demjenigen gehört, der im Zeitpunkt des Entstehens der Seeforderung Eigentümer jenes Schiffes war, mit Arrest belegen lassen. Jedoch kann nur das Schiff, auf das sich die Seeforderung bezieht, wegen einer der in Nummer 5 Buchstaben o, p oder q aufgeführten Ansprüche und Rechte mit Arrest belegt werden.*
3. *Schiffe gelten als demselben Eigentümer gehörend, wenn alle Eigentumsanteile derselben Person oder denselben Personen zustehen.*
4. *Ist bei der Überlassung des Gebrauchs eines Schiffes die Schiffsführung dem Ausrüster unterstellt und schuldet dieser allein eine dieses Schiff betreffende Seeforderung, so kann der Gläubiger dieses Schiff oder jedes andere dem Ausrüster gehörende Schiff mit Arrest belegen lassen; jedoch kann kein anderes Schiff des Schiffseigners aufgrund derselben Seeforderung mit Arrest belegt werden. Entsprechendes gilt in allen Fällen, in denen eine andere Person als der Schiffseigner Schuldner einer Seeforderung ist.*
5. *„Seeforderung" bezeichnet ein Recht oder einen Anspruch, die aus einem oder mehreren der folgenden Entstehungsgründe geltend gemacht werden:*
   a) *Schäden, die durch ein Schiff durch Zusammenstoß oder in anderer Weise verursacht sind;*

b) Tod oder Gesundheitsschäden, die durch ein Schiff verursacht sind oder die auf den Betrieb eines Schiffes zurückgehen;
c) Bergung und Hilfeleistung;
d) nach Maßgabe einer Charterpartie oder auf andere Weise abgeschlossener Nutzungs- oder Mietverträge über ein Schiff;
e) nach Maßgabe einer Charterpartie oder eines Konnossements oder auf andere Weise abgeschlossener Verträge über die Beförderung von Gütern mit einem Schiff;
f) Verlust oder Beschädigung von zu Schiff beförderten Gütern einschließlich des Gepäcks;
g) große Haverei;
h) Bodmerei;
i) Schleppdienste;
j) Lotsendienste;
k) Lieferung von Gütern oder Ausrüstungsgegenständen an ein Schiff, gleichviel an welchem Ort, im Hinblick auf seinen Einsatz oder seine Instandhaltung;
l) Bau, Reparatur oder Ausrüstung eines Schiffes sowie Hafenabgaben;
m) Gehalt oder Heuer der Kapitäne, Schiffsoffiziere und Besatzungsmitglieder;
n) Auslagen des Kapitäns und der Ablader, Befrachter und Beauftragten für Rechnung des Schiffes oder seines Eigentümers;
o) Streitigkeiten über das Eigentum an einem Schiff;
p) Streitigkeiten zwischen Miteigentümern eines Schiffes über das Eigentum, den Besitz, den Einsatz oder die Erträgnisse dieses Schiffes;
q) Schiffshypotheken und sonstige vertragliche Pfandrechte an einem Schiff.

6. In Dänemark ist als „Arrest" für die in Nummer 5 Buchstaben o und p genannten Seeforderungen der „forbud" anzusehen, soweit hinsichtlich einer solchen Seeforderung nur ein „forbud" nach §§ 646 bis 653 der Zivilprozeßordnung (Lov om rettens pleje) zulässig ist."

h) Anhang I: Die einschlägigen Vorschriften des deutschen Handelsgesetzbuches

Achter Abschnitt. Bergung und Hilfsleistung in Seenot[49]

§ 740. [Berge- und Hilfslohn] [1] *Wenn in Seenot ein Schiff oder die an Bord befindlichen Sachen von dritten Personen in Besitz genommen und in Sicherheit gebracht werden, nachdem die Schiffsbesatzung die Verfügung darüber verloren hatte (Bergung), oder wenn außer dem bezeichneten Falle ein Schiff oder die an Bord befindlichen Sachen aus einer Seenot durch die Hilfe dritter Personen gerettet werden (Hilfsleistung), so ist ein Anspruch auf Berge- oder Hilfslohn nach Maßgabe der Vorschriften dieses Titels begründet.* [2] *Ein solcher Anspruch ist*

[49] §§ 740ff. sind novelliert durch Gesetz vom 7. Januar 1913 (RGBl. S. 90) und geändert durch Seerechtsänderungsgesetz vom 21. Juni 1972 (BGBl. I S. 966).

auch dann begründet, wenn von einem den Vorschriften des Handelsgesetzbuchs unterliegenden Schiffe ein der Binnenschiffahrt dienendes Schiff geborgen oder einem solchen Schiffe Hilfe geleistet wird.

§ 741. [Kein Lohn für erfolglose Hilfeleistungsversuche] (1) Sind die geleisteten Dienste ohne Erfolg geblieben, so kann kein Berge- oder Hilfslohn beansprucht werden.

(2) Der zu zahlende Betrag darf in keinem Falle den Wert der geborgenen oder geretteten Gegenstände übersteigen.

§ 742. [Ausschluß des Lohnanspruchs] (1) Wer einem Schiffe gegen das ausdrückliche Verbot des Kapitäns Beistand geleistet hat, kann Berge- oder Hilfslohn nicht beanspruchen, es sei denn, daß das Verbot unverständig war.

(2) Auch der Schiffsbesatzung des in Gefahr befindlichen Schiffes steht ein solcher Anspruch nicht zu.

(3) Der Schlepper kann für die Bergung oder Rettung des von ihm geschleppten Schiffes oder dessen Ladung Berge- oder Hilfslohn nur beanspruchen, wenn er außergewöhnliche Dienste geleistet hat, die nicht als zur Erfüllung des Schleppvertrags gehörig angesehen werden können.

§ 743. [Lohn für andere Schiffe desselben Eigentümers] Berge- oder Hilfslohn kann auch beansprucht werden, wenn die Bergung oder Hilfsleistung zwischen mehreren Schiffen desselben Eigentümers stattgefunden hat.

§ 744. [Lohnbestimmung] (1) In Ermangelung einer Vereinbarung der Parteien ist der Betrag des Berge- oder Hilfslohns unter Berücksichtigung der Umstände des Falles nach billigem Ermessen zu bestimmen.

(2) Das gleiche gilt, unbeschadet der Vorschrift des § 749, von dem Verhältnis, in dem der Berge- oder Hilfslohn unter mehrere an der Bergung oder Hilfsleistung Beteiligte zu verteilen ist.

(3) [1] Der Berge- oder Hilfslohn ist in Geld festzusetzen. [2] Er darf ohne den übereinstimmenden Antrag der Beteiligten nicht auf einen Bruchteil des Wertes der geborgenen oder geretteten Gegenstände festgesetzt werden.

§ 745. [Wichtige Gesichtspunkte für Lohnbestimmung] (1) Bei der Bestimmung des Betrags des Berge- oder Hilfslohns kommen insbesondere in Anschlag:

der erzielte Erfolg, die Anstrengungen und Verdienste der tätig gewesenen Personen, die Gefahr, die dem geborgenen oder geretteten Schiffe und den darauf befindlichen Personen oder Sachen gedroht hat, die Gefahr, welcher die an der Bergung oder Rettung Beteiligten sich und ihre Fahrzeuge ausgesetzt haben, die verwendete Zeit, die entstandenen Kosten und Schäden, die Gefahr einer Haftung oder anderer Nachteile, der sich die an der Bergung oder Rettung Beteiligten unterzogen haben, der Wert des von ihnen in Gefahr gebrachten Materials, gegebenenfalls auch die besondere Zweckbestimmung des bergenden oder rettenden Schiffes.

(2) Der Wert der geborgenen oder geretteten Gegenstände, mit Einschluß des erhalten gebliebenen Anspruchs auf Fracht- und Überfahrtsgelder, ist nur an zweiter Stelle zu berücksichtigen.

(3) Auf die in § 744 Abs. 2 vorgesehene Verteilung finden diese Vorschriften entsprechende Anwendung.

§ 746. [Nebenkosten] In dem Berge- oder Hilfslohn sind nicht enthalten die Kosten und Gebühren der Behörden, die von den geborgenen oder geretteten Gegenständen zu entrichtenden Zölle und sonstigen Abgaben sowie die Kosten zum Zwecke der Aufbewahrung, Erhaltung, Abschätzung und Veräußerung dieser Gegenstände.

§ 747. [Änderung und Aufhebung eines Hilfeleistungsvertrages] [1] Ein über die Bergung oder Hilfsleistung geschlossener Vertrag kann von dem Gericht auf Antrag geändert oder für nichtig erklärt werden, wenn der Vertrag zur Zeit und unter dem Einfluß der Gefahr geschlossen ist und die vereinbarten Bedingungen unbillig sind. [2] Das gleiche gilt, wenn einer der Vertragschließenden zu dem Vertragschluß durch arglistige Täuschung bestimmt worden ist oder der Berge- oder Hilfslohn in einem außerordentlichen Maße nach der einen oder anderen Richtung außer Verhältnis zu den geleisteten Diensten steht.

§ 748. [Schuld oder Unredlichkeit der Berger oder Retter] Der Berge- oder Hilfslohn kann herabgesetzt oder gänzlich versagt werden, wenn die Berger oder Retter die Notwendigkeit der Bergung oder Hilfsleistung durch ihre Schuld herbeigeführt oder sich des Diebstahls, der Verheimlichung oder anderer unredlicher Handlungen schuldig gemacht haben.

§ 749. [Verteilung des Lohnes][50] *(1) Wird ein Schiff oder dessen Ladung ganz oder teilweise von einem anderen Schiff geborgen oder gerettet, so wird der Berge- oder Hilfslohn zwischen dem Reeder, dem Kapitän und der übrigen Besatzung des anderen Schiffes in der Weise verteilt, daß zunächst dem Reeder die Schäden am Schiff und Betriebsmehrkosten ersetzt werden, welche durch die Bergung oder Rettung entstanden sind, und daß von dem Rest der Reeder zwei Drittel, der Kapitän und die übrige Besatzung je ein Sechstel erhalten.*

(2) [1] Der auf die Schiffsbesatzung mit Ausnahme des Kapitäns entfallende Betrag wird unter alle Mitglieder derselben mit besonderer Berücksichtigung der sachlichen und persönlichen Leistungen eines jeden verteilt. [2] Die Verteilung erfolgt durch den Kapitän mittels eines vor Beendigung der Reise der Besatzung bekanntzugebenden Verteilungsplans, der den jedem Beteiligten zukommenden Bruchteil festsetzt.

(3) [1] Gegen den Verteilungsplan ist Einspruch bei demjenigen Seemannsamte zulässig, welches nach Bekanntgabe des Planes zuerst angegangen werden kann. [2] Das Seemannsamt entscheidet nach Anhörung der Beteiligten über den Einspruch und eine etwaige andere Verteilung. [3] Beglaubigte Abschrift der Entscheidung ist dem Reeder vom Seemannsamte mit tunlichster Beschleunigung mitzuteilen.

---

[50] § 749 neu gefaßt durch Gesetz vom 2. Juni 1902 (RGBl. S. 218), Abs. 1 neu gefaßt sowie Abs. 2 und 3 Satz 2 geändert durch Seerechtsänderungsgesetz vom 21. Juni 1972 (BGBl. I S. 966).

(4) Vereinbarungen, welche den Vorschriften der Absätze 1 und 2 zuwiderlaufen, sind nichtig.

(5) Diese Vorschriften finden für den Fall der Bergung oder Rettung durch Bergungs- oder Schleppdampfer keine Anwendung.

§ 750. [Gesamtschuldnerische Haftung für Bergungs- und Hilfskosten][51]

(1) [1]Zur Zahlung der Bergungs- und Hilfskosten, insbesondere auch des Berge- und Hilfslohns, sind die Eigentümer der geborgenen oder geretteten Gegenstände als Gesamtschuldner verpflichtet. [2] Jeder von ihnen haftet jedoch nur bis zur Höhe des Wertes der für ihn geborgenen oder geretteten Gegenstände.

(2) Die Ausgleichung im Verhältnis mehrerer Verpflichteter untereinander findet nach dem Verhältnis des Wertes der geborgenen oder geretteten Gegenstände statt, soweit nicht ein Fall der großen Haverei vorliegt.

§ 751. [Rettung von Menschenleben] (1) Wer sich bei Gelegenheit des Unfalls, der den Anlaß zur Bergung oder Hilfsleistung gibt, der Rettung von Menschenleben unterzieht, kann von den Personen, welche das Schiff oder die an Bord befindlichen Sachen geborgen oder gerettet haben, einen billigen Anteil an der diesen Personen zustehenden Vergütung verlangen.

(2) [1] Steht den Personen, welche das Schiff oder die an Bord befindlichen Sachen geborgen oder gerettet haben, aus den in § 748 genannten Gründen keine oder nur eine verminderte Vergütung zu, so haben die Personen, die sich der Rettung von Menschenleben unterzogen haben, insoweit, als ihnen infolgedessen der Anteil nach Absatz 1 entgeht, einen unmittelbaren Anspruch gegen den Eigentümer der geborgenen oder geretteten Gegenstände. [2] § 750 gilt entsprechend.

(3) Die geretteten Personen haben Berge- oder Hilfslohn nicht zu entrichten.

§ 752. [Pfand- und Zurückbehaltungsrecht wegen Rettungskosten]

(1) Wegen der Bergungs- und Hilfskosten, insbesondere auch wegen des Berge- und Hilfslohns, hat der Gläubiger an dem geborgenen oder geretteten Schiff die Rechte eines Schiffsgläubigers.

(2) Auch an den übrigen geborgenen oder geretteten Sachen steht dem Gläubiger ein Pfandrecht zu.

(3) An den geborgenen Sachen hat der Gläubiger bis zur Sicherheitsleistung auch ein Zurückbehaltungsrecht.

§ 752a. [Rangordnung der Pfandrechte][52] *(1) [1] Pfandrechte an den geborgenen oder geretteten Sachen nach § 752 Abs. 2 haben den Vorrang vor allen anderen an den Sachen begründeten Pfandrechten, auch wenn diese früher entstanden sind. [2] Sie gehen jedoch Pfandrechten nach § 25 der Strandungsordnung nach.*

(2) [1] Bestehen an einer Sache mehrere Pfandrechte nach § 752 Abs. 2, so geht das wegen der später entstandenen Forderung dem wegen der früher entstandenen

---

[51] §§ 750 bis 752 neu gefaßt durch Seerechtsänderungsgesetz vom 21. Juni 1972 (BGBl. I S. 966).

[52] § 752a eingefügt und § 753 neu gefaßt durch Seerechtsänderungsgesetz vom 21. Juni 1972 (BGBl. I S. 966).

Forderung vor; Pfandrechte wegen gleichzeitig entstandener Forderungen sind gleichberechtigt; § 762 Abs. 3 gilt entsprechend. [2] Das gleiche gilt im Verhältnis von Pfandrechten nach § 752 Abs. 2 zu Pfandrechten nach § 726 Abs. 2.

(3) Pfandrechte an den geborgenen oder geretteten Sachen nach § 752 Abs. 2 erlöschen nach einem Jahr seit der Entstehung des Anspruchs; § 759 Abs. 2 gilt entsprechend.

(4) [1] Die Befriedigung des Gläubigers aus den geborgenen oder geretteten Sachen wegen des Pfandrechts nach § 752 Abs. 2 erfolgt nach den für die Zwangsvollstreckung geltenden Vorschriften. [2] Die Klage ist bei Gütern, die noch nicht ausgeliefert sind, gegen den Kapitän zu richten; das gegen den Kapitän ergangene Urteil ist auch gegenüber dem Eigentümer wirksam.

§ 753. [Zurückbehaltungspflicht des Kapitäns] (1) [1] Der Kapitän darf die Güter vor der Befriedigung oder Sicherstellung des Gläubigers weder ganz noch teilweise ausliefern. [2] Verstößt er schuldhaft gegen dieses Verbot, so haftet er dem Gläubiger für einen diesem dadurch entstehenden Schaden.

(2) Hat der Reeder die Handlungsweise des Kapitäns angeordnet, so sind die Vorschriften des § 512 Abs. 2 und 3 anzuwenden.

Neunter Abschnitt. Schiffsgläubiger[53]

§ 754. [Begründung der Schiffsgläubigerrechte] (1) Folgende Forderungen gewähren die Rechte eines Schiffsgläubigers:

1. Heuerforderungen des Kapitäns und der übrigen Personen der Schiffsbesatzung;

2. öffentliche Schiffs-, Schiffahrts- und Hafenabgaben sowie Lotsgelder;

3. Schadensersatzforderungen wegen der Tötung oder Verletzung von Menschen sowie wegen des Verlustes oder der Beschädigung von Sachen, sofern diese Forderungen aus der Verwendung des Schiffes entstanden sind; ausgenommen sind jedoch Forderungen wegen des Verlustes oder der Beschädigung von Sachen, die aus einem Vertrag hergeleitet werden oder auch aus einem Vertrag hergeleitet werden können;

4. Bergungs- und Hilfskosten, auch im Falle des § 743; Beiträge des Schiffes und der Fracht zur großen Haverei; Forderungen wegen der Beseitigung des Wracks;

5. Forderungen der Träger der Sozialversicherung einschließlich der Arbeitslosenversicherung gegen den Reeder.

(2) Absatz 1 Nr. 3 findet keine Anwendung auf Ansprüche, die auf die radioaktiven Eigenschaften oder eine Verbindung der radioaktiven Eigenschaften mit giftigen, explosiven oder sonstigen gefährlichen Eigenschaften von Kernbrennstoffen oder radioaktiven Erzeugnissen oder Abfällen zurückzuführen sind.

§ 755. (1) [1]Die Schiffsgläubiger haben für ihre Forderungen ein gesetzliches Pfandrecht an dem Schiff. [2]Das Pfandrecht kann gegen jeden Besitzer des Schiffes verfolgt werden.

---

[53] Neunter Abschnitt (§§ 754 bis 764) neu gefaßt durch Seerechtsänderungsgesetz vom 21. Juni 1972 (BGBl. I S. 966).

(2) Das Schiff haftet auch für die gesetzlichen Zinsen der Forderungen sowie für die Kosten der die Befriedigung aus dem Schiff bezweckenden Rechtsverfolgung.

§ 756. (1) Das Pfandrecht der Schiffsgläubiger erstreckt sich auf das Zubehör des Schiffes mit Ausnahme der Zubehörstücke, die nicht in das Eigentum des Schiffseigentümers gelangt sind.

(2) [1]Das Pfandrecht erstreckt sich auch auf einen Ersatzanspruch, der dem Reeder wegen des Verlustes oder der Beschädigung des Schiffes gegen einen Dritten zusteht. [2]Das gleiche gilt hinsichtlich der Vergütung für Schäden am Schiff in Fällen der großen Haverei.

(3) Das Pfandrecht erstreckt sich nicht auf eine Forderung aus einer Versicherung, die der Reeder für das Schiff genommen hat.

§ 757. Gehört das Schiff einer Reederei, so haftet es den Schiffsgläubigern in gleicher Weise, als wenn es nur einem Reeder gehörte.

§ 758. Erlischt die durch das Pfandrecht eines Schiffsgläubigers gesicherte Forderung, so erlischt auch das Pfandrecht.

§ 759. (1) Das Pfandrecht eines Schiffsgläubigers erlischt nach Ablauf eines Jahres seit der Entstehung der Forderung.

(2) [1]Das Pfandrecht erlischt nicht, wenn der Gläubiger innerhalb der Frist des Absatzes 1 die Beschlagnahme des Schiffes wegen des Pfandrechts erwirkt, sofern das Schiff später im Wege der Zwangsvollstreckung veräußert wird, ohne daß das Schiff in der Zwischenzeit von einer Beschlagnahme zugunsten dieses Gläubigers frei geworden ist. [2]Das gleiche gilt für das Pfandrecht eines Gläubigers, der wegen seines Pfandrechts dem Zwangsvollstreckungsverfahren innerhalb dieser Frist beitritt.

(3) [1]Ein Zeitraum, während dessen ein Gläubiger rechtlich daran gehindert ist, sich aus dem Schiff zu befriedigen, wird in die Frist nicht eingerechnet. [2]Eine Hemmung oder Unterbrechung der Frist aus anderen Gründen findet nicht statt.

§ 760. (1) Die Befriedigung des Schiffsgläubigers aus dem Schiff erfolgt nach den Vorschriften über die Zwangsvollstreckung.

(2) [1]Die Klage auf Duldung der Zwangsvollstreckung kann außer gegen den Eigentümer des Schiffes auch gegen den Ausrüster oder gegen den Kapitän gerichtet werden. [2]Das gegen den Ausrüster oder gegen den Kapitän gerichtete Urteil ist auch gegenüber dem Eigentümer wirksam.

(3) [1]Bei der Verfolgung des Pfandrechts des Schiffsgläubigers gilt zugunsten des Gläubigers als Eigentümer, wer im Schiffsregister als Eigentümer eingetragen ist. [2]Das Recht des nicht eingetragenen Eigentümers, die ihm gegen das Pfandrecht zustehenden Einwendungen geltend zu machen, bleibt unberührt.

§ 761. Die Pfandrechte der Schiffsgläubiger haben den Vorrang vor allen anderen Pfandrechten am Schiff.

§ 762. (1) Die Rangordnung der Pfandrechte der Schiffsgläubiger bestimmt sich nach der Reihenfolge der Nummern, unter denen die Forderungen in § 754 aufgeführt sind.

(2) Die Pfandrechte für die in § 754 Abs. 1 Nr. 4 aufgeführten Forderungen haben jedoch den Vorrang vor den Pfandrechten aller anderen Schiffsgläubiger, deren Forderungen früher entstanden sind.

(3) Beitragsforderungen zur großen Haverei gelten als im Zeitpunkt des Havereifalles, Forderungen auf Bergungs- und Hilfskosten als im Zeitpunkt der Beendigung des Bergungs- oder Hilfsleistungswerks und Forderungen wegen der Beseitigung des Wracks als im Zeitpunkt der Beendigung der Wrackbeseitigung entstanden.

§ 763. (1) Von den Pfandrechten für die in § 754 Abs. 1 Nr. 1 bis 3, 5 aufgeführten Forderungen haben die Pfandrechte für die unter derselben Nummer genannten Forderungen ohne Rücksicht auf den Zeitpunkt ihrer Entstehung den gleichen Rang.

(2) Pfandrechte für die in § 754 Abs. 1 Nr. 3 aufgeführten Forderungen wegen Personenschäden gehen jedoch Pfandrechten für die unter derselben Nummer aufgeführten Forderungen wegen Sachschäden vor.

§ 764. [1] Von den Pfandrechten für die in § 754 Abs. 1 Nr. 4 aufgeführten Forderungen geht das für die später entstandene Forderung dem für die früher entstandene Forderung vor. [2] Pfandrechte wegen gleichzeitig entstandener Forderungen sind gleichberechtigt.“

i) Anhang II: Deutsche Übersetzung des Internationalen Übereinkommens vom 10. Mai 1952 zur Vereinheitlichung von Regeln über den Arrest in Seeschiffe (Convention Internationale pour l'unification de certaines règles sur la saisie conservatoire des navires de mer; International Convention relating to the arrest of seagoing ships)[54]

---

[54] BGBl. 1972 II 655; hierzu deutsches Zustimmungsgesetz vom 21. Juni 1972, BGBl. 1972 II 653:

Art. 1. Den folgenden auf der IX. und X. Diplomatischen Seerechtskonferenz in Brüssel 1952 und 1957 von der Bundesrepublik Deutschland unterzeichneten Übereinkommen wird zugestimmt:

1. Dem Internationalen Übereinkommen vom 10. Mai 1952 zur Vereinheitlichung von Regeln über den Arrest in Seeschiffe – mit der sich aus Artikel 10 Buchstaben a und b des Übereinkommens ergebenden Einschränkung –;

2. dem Internationalen Übereinkommen vom 10. Mai 1952 zur Vereinheitlichung von Regeln über die zivilgerichtliche Zuständigkeit bei Schiffszusammenstößen;

3. dem Internationalen Übereinkommen vom 10. Mai 1952 zur Vereinheitlichung von Regeln über die strafgerichtliche Zuständigkeit bei Schiffszusammenstößen und anderen mit der Führung eines Seeschiffes zusammenhängenden Ereignissen – mit der sich aus Artikel 4 Abs. 2 des Übereinkommens ergebenden Einschränkung –;

4. dem Internationalen Übereinkommen vom 10. Oktober 1957 über die Beschränkung der Haftung der Eigentümer von Seeschiffen sowie dem Unterzeichnungsprotokoll hierzu – mit der Maßgabe, daß die Bestimmungen dieses Übereinkommens durch besondere gesetzliche Regelung in einer dem deutschen Recht angepaßten Form übernommen werden, und mit der sich aus Absatz 2 Buchstaben a und b des Unterzeichnungsprotokolls ergebenden Einschränkung –.

Die Übereinkommen werden nachstehend veröffentlicht.

Die Hohen Vertragsparteien – in Erkenntnis der Zweckmäßigkeit einer vertraglichen Festlegung einheitlicher Regeln über den Arrest in Seeschiffe – haben beschlossen, zu diesem Zweck ein Übereinkommen zu treffen, und haben demgemäß folgendes vereinbart:

Art. 1. In diesem Übereinkommen werden die folgenden Ausdrücke in der nachstehend aufgeführten Bedeutung gebraucht:

(1) „Seeforderung" bezeichnet ein Recht oder einen Anspruch aus einem der nachfolgenden Entstehungsgründe:

a) Schäden, die ein Schiff durch Zusammenstoß oder in anderer Weise verursacht;

b) Schäden an Leben oder Gesundheit, die durch ein Schiff verursacht sind oder die auf den Betrieb eines Schiffes zurückgehen;

c) Bergung und Hilfeleistung;

d) nach Maßgabe einer Chartepartie oder auf andere Weise abgeschlossene Nutzungs- oder Mietverträge über ein Schiff;

e) nach Maßgabe einer Chartepartie oder eines Konnossements oder auf andere Weise abgeschlossene Verträge über die Beförderung von Gütern mit einem Schiff;

f) Verlust oder Beschädigung von zu Schiff beförderten Gütern einschließlich des Gepäcks;

g) große Haverei;

h) Bodmerei;

i) Schleppdienste;

j) Lotsendienste;

k) Lieferung von Gütern oder Ausrüstungsgegenständen an ein Schiff, gleichviel an welchem Ort, im Hinblick auf seinen Einsatz oder seine Instandhaltung;

l) Bau, Reparatur oder Ausrüstung eines Schiffes sowie Hafenabgaben;

m) Gehalt oder Heuer der Kapitäne, Schiffsoffiziere und Besatzungsmitglieder;

n) Auslagen des Kapitäns und der Ablader, Befrachter und Beauftragten für Rechnung des Schiffes oder seines Eigentümers;

o) Streitigkeiten über das Eigentum an einem Schiff;

p) Streitigkeiten zwischen Miteigentümern eines Schiffes über das Eigentum, den Besitz, den Einsatz oder die Erträgnisse dieses Schiffes;

q) Schiffshypotheken und sonstige vertragliche Pfandrechte an einem Schiff.

(2) „Arrest" bezeichnet das Festhalten eines Schiffes auf Grund einer Anordnung des zuständigen Gerichts zur Sicherung einer Seeforderung; hierunter fällt jedoch nicht die Zwangsvollstreckung in ein Schiff auf Grund und zur Befriedigung eines vollstreckbaren Titels.

(3) „Person" ist jede natürliche oder juristische Person, jede Personen- oder Kapitalgesellschaft; Personen sind auch die Staaten, Behörden und öffentlichen Körperschaften.

Art. 2. Dieses Gesetz gilt auch im Land Berlin, sofern das Land Berlin die Anwendung dieses Gesetzes feststellt.

(4) „Gläubiger" ist eine Person, die sich zu ihren Gunsten auf das Bestehen einer Seeforderung beruft.

Art. 2. Ein Schiff, das die Flagge eines Vertragsstaates führt, kann im Bereich eines Vertragsstaates nur wegen einer Seeforderung mit Arrest belegt werden; doch werden durch dieses Übereinkommen nach innerstaatlichem Recht bestehende Befugnisse der Staaten, Behörden oder Hafendienststellen, Schiffe in ihrem Bereich zu beschlagnahmen, zurückzuhalten oder in anderer Weise am Auslaufen zu hindern, nicht erweitert oder beschränkt.

Art. 3. (1) Unbeschadet des Absatzes 4 dieses Artikels und des Artikels 10 kann jeder Gläubiger sowohl das Schiff, auf das sich die Seeforderung bezieht, als auch jedes andere Schiff, das demjenigen gehört, der im Zeitpunkt des Entstehens der Seeforderung Eigentümer jenes Schiffes war, mit Arrest belegen lassen, und zwar auch dann, wenn das mit Arrest zu belegende Schiff segelfertig ist; doch kann wegen einer der in Artikel 1 Abs. 1 Buchstabe o, p oder q aufgeführten Ansprüche und Rechte nur das Schiff mit Arrest belegt werden, auf das sich die Seeforderung bezieht.

(2) Schiffe gelten als demselben Eigentümer gehörend, wenn alle Eigentumsanteile derselben Person oder denselben Personen zustehen.

(3) Wegen derselben Seeforderung desselben Gläubigers darf ein Schiff im Hoheitsbereich eines oder mehrerer Vertragsstaaten nur einmal mit Arrest belegt werden und braucht Bürgschaft oder andere Sicherheit nur einmal geleistet zu werden; ist ein Schiff im Hoheitsbereich eines Vertragsstaates mit Arrest belegt oder ist zur Aufhebung oder Abwendung des Arrestes Bürgschaft oder andere Sicherheit geleistet worden, so ist jeder spätere Arrest in dieses Schiff oder in ein anderes Schiff desselben Eigentümers durch denselben Gläubiger wegen derselben Seeforderung aufzuheben und das Schiff von dem Gericht oder der sonst zuständigen Gerichtsbehörde des betreffenden Staates freizugeben, sofern nicht der Gläubiger dem Gericht oder der zuständigen Gerichtsbehörde nachweist, daß die Bürgschaft oder andere Sicherheit vor dem nachfolgenden Arrest endgültig freigegeben worden ist oder daß ein anderer triftiger Grund für die Aufrechterhaltung des Arrestes besteht.

(4) Ist bei der Überlassung des Gebrauchs eines Schiffes die Schiffsführung dem Ausrüster unterstellt und schuldet dieser und nicht der Schiffseigner eine dieses Schiff betreffende Seeforderung, so kann der Gläubiger dieses Schiff oder jedes andere dem Ausrüster gehörende Schiff unter Beachtung der Bestimmungen dieses Übereinkommens mit Arrest belegen lassen, nicht jedoch auf Grund derselben Seeforderung ein anderes Schiff des Schiffseigners.

Diese Bestimmung ist entsprechend anzuwenden in allen Fällen, in denen eine andere Person als der Schiffseigner Schuldner einer Seeforderung ist.

Art. 4. Ein Schiff kann nur auf Anordnung eines Gerichts oder einer sonst zuständigen Gerichtsbehörde des Vertragsstaates mit Arrest belegt werden, in dem der Arrest vollzogen wird.

Art. 5. Das Gericht oder eine sonst zuständige Gerichtsbehörde, in deren Zuständigkeitsbereich das Schiff mit Arrest belegt worden ist, hebt den Arrest auf, sobald eine ausreichende Bürgschaft oder andere Sicherheit geleistet worden ist. Ausgenommen von dieser Regelung sind die Fälle, in denen ein Schiff auf

Grund der in Artikel 1 Abs. 1 Buchstaben o und p aufgeführten Seeforderungen mit Arrest belegt worden ist; in diesen Fällen kann der Richter den weiteren Einsatz des Schiffes durch den Besitzer gestatten, wenn dieser ausreichend Sicherheit geleistet hat, oder den Einsatz des Schiffes für die Dauer des Arrestes anderweitig regeln.

Einigen sich die Parteien nicht über die Angemessenheit der Bürgschaft oder anderen Sicherheit, so setzt das Gericht oder die sonst zuständige Gerichtsbehörde deren Art und Höhe fest.

Der Antrag, einen Arrest gegen Sicherheitsleistung aufzuheben, ist weder als Anerkenntnis der Schuld oder Haftung noch als Verzicht auf das Recht auszulegen, eine gesetzliche Haftungsbeschränkung des Schiffseigners geltend zu machen.

Art. 6. Die Haftung des Gläubigers für alle Schäden, die durch den Arrest in das Schiff oder durch die Leistung von Bürgschaft oder anderer Sicherheit für die Aufhebung oder zur Abwendung des Arrestes entstanden sind, bestimmt sich nach dem Recht des Vertragsstaates, in dessen Hoheitsbereich der Arrest vollzogen oder beantragt worden ist.

Das Verfahren beim Arrest in ein Schiff, bei Erwirkung der in Artikel 4 erwähnten Anordnung und bei allen anderen Verfahren, zu denen ein Arrest Anlaß geben kann, bestimmt sich nach dem Recht des Vertragsstaates, in dem der Arrest vollzogen oder beantragt worden ist.

Art. 7. (1) Die Gerichte des Staates, in dem der Arrest vollzogen wurde, sind zur Entscheidung der Hauptsache zuständig, wenn diese Gerichte nach dem innerstaatlichen Recht des Staates, in dem der Arrest vollzogen wurde, zuständig sind, sowie in den nachstehend genannten Fällen:

a) wenn der Gläubiger seinen gewöhnlichen Aufenthalt oder seine Hauptniederlassung in dem Staat hat, in dem der Arrest vollzogen wurde;

b) wenn die Seeforderung in dem Vertragsstaat entstanden ist, in dem der Arrest vollzogen wurde;

c) wenn die Seeforderung im Verlauf der Reise entstanden ist, während derer der Arrest vollzogen wurde;

d) wenn die Seeforderung auf einem Zusammenstoß oder auf Umständen beruht, die in Artikel 13 des Internationalen Übereinkommens zur einheitlichen Feststellung von Regeln über den Zusammenstoß von Schiffen, unterzeichnet in Brüssel am 23. September 1910, bezeichnet sind;

e) wenn die Seeforderung auf Hilfeleistung oder Bergung beruht;

f) wenn die Seeforderung durch eine Schiffshypothek oder ein sonstiges vertragliches Pfandrecht an dem Schiff gesichert ist, das mit Arrest belegt wurde.

(2) Ist das Gericht, in dessen Zuständigkeitsbereich der Arrest in das Schiff vollzogen wurde, nicht für die Entscheidung der Hauptsache zuständig, so muß die nach Artikel 5 für die Aufhebung des Arrestes zu leistende Bürgschaft oder andere Sicherheit dazu bestimmt sein, die Vollstreckung jeder Entscheidung zu sichern, die später durch das für die Entscheidung der Hauptsache zuständige Gericht ergehen könnte; das Gericht oder die sonst zuständige Gerichtsbehörde des Bezirkes, in dem der Arrest vollzogen wurde, bestimmt die Frist, innerhalb derer der Gläubiger bei dem zuständigen Gericht Klage zu erheben hat.

(3) Haben die Parteien die Zuständigkeit eines anderen Gerichts vereinbart oder einen Schiedsvertrag geschlossen, so kann das Gericht des Bezirks, in dem der Arrest vollzogen wurde, dem Gläubiger eine Frist für die Erhebung der Klage zur Hauptsache oder die Anrufung des Schiedsgerichts setzen.

(4) Wird in den Fällen der Absätze 2 und 3 nicht fristgemäß Klage erhoben oder das Schiedsgericht angerufen, so kann der Schuldner die Aufhebung des Arrestes oder die Freigabe der Bürgschaft oder anderen Sicherheit verlangen.

(5) Dieser Artikel gilt nicht für Fälle, die durch die Revidierte Rheinschiffahrts-Akte vom 17. Oktober 1868 erfaßt sind.

Art. 8. (1) Dieses Übereinkommen gilt in jedem Vertragsstaat für jedes Schiff, das die Flagge eines Vertragsstaates führt.

(2) Ein Schiff, das die Flagge eines Nichtvertragsstaates führt, kann in einem Vertragsstaat wegen der in Artikel 1 aufgeführten Seeforderungen und wegen jedes anderen Anspruchs, der nach dem Recht dieses Staates den Arrest rechtfertigt, mit Arrest belegt werden.

(3) Jeder Vertragsstaat kann jedoch jedem Nichtvertragsstaat und jeder Person, die im Zeitpunkt des Arrestes ihren gewöhnlichen Aufenthalt oder ihre Hauptniederlassung nicht in einem Vertragsstaat hat, die Berufung auf die Vergünstigungen dieses Übereinkommens ganz oder teilweise verweigern.

(4) Dieses Übereinkommen ändert oder berührt nicht das innerstaatliche Recht der Vertragsstaaten in bezug auf den Arrest in ein Schiff im Bereich des Staates, dessen Flagge es führt, auf Veranlassung einer Person, die in diesem Staat ihren gewöhnlichen Aufenthalt oder ihre Hauptniederlassung hat.

(5) Ist eine Seeforderung von dem ursprünglichen Gläubiger durch Rechtsnachfolge, Abtretung oder in anderer Weise auf einen Dritten übergegangen, so gilt für die Anwendung dieses Übereinkommens der gewöhnliche Aufenthalt oder die Hauptniederlassung des ursprünglichen Gläubigers auch als gewöhnlicher Aufenthalt oder Hauptniederlassung des Dritten.

Art. 9. Aus diesem Übereinkommen kann kein klagbarer Anspruch zur Hauptsache hergeleitet werden, der nicht auch ohne dieses Übereinkommen nach dem Recht, das das mit dem Streitfall befaßte Gericht anzuwenden hat, begründet und einklagbar wäre. Dieses Übereinkommen gewährt dem Gläubiger kein Schiffsgläubigerrecht oder Folgerecht, das nicht nach dem Recht, welches das mit dem Streitfall befaßte Gericht anzuwenden hat, oder, soweit das Internationale Übereinkommen über Schiffsgläubigerrechte und Schiffshypotheken anwendbar ist, nach diesem besteht.

Art. 10. Die Hohen Vertragsparteien können sich bei der Unterzeichnung dieses Übereinkommens, bei der Hinterlegung der Ratifikationsurkunden oder bei dem Beitritt zu diesem Übereinkommen das Recht vorbehalten,

a) bei Arrest in ein Schiff wegen einer in Artikel 1 Abs. 1 Buchstaben o und p bezeichneten Seeforderung nicht dieses Übereinkommen, sondern das innerstaatliche Recht anzuwenden;

b) bei Arrest in ein Schiff innerhalb ihres Zuständigkeitsbereiches wegen einer in Artikel 1 Abs. 1 Buchstabe q aufgeführten Seeforderung Artikel 3 Abs. 1 nicht anzuwenden.

Art. 11. Die Hohen Vertragsparteien verpflichten sich, alle zwischenstaatlichen Streitigkeiten, die sich aus der Auslegung oder Anwendung dieses Übereinkommens ergeben, einem Schiedsverfahren zu unterwerfen; jedoch bleiben die Verpflichtungen derjenigen Hohen Vertragsparteien unberührt, die übereingekommen sind, ihre Streitigkeiten dem Internationalen Gerichtshof zu unterbreiten.

Art. 12. Dieses Übereinkommen liegt für die auf der Neunten Diplomatischen Seerechtskonferenz vertretenen Staaten zur Unterzeichnung auf. Für die Aufsetzung des Unterzeichnungsprotokolls trägt das belgische Ministerium für Auswärtige Angelegenheiten Sorge.

Art. 13. Dieses Übereinkommen bedarf der Ratifikation. Die Ratifikationsurkunden werden beim belgischen Ministerium für Auswärtige Angelegenheiten hinterlegt; dieses notifiziert jede Hinterlegung allen Staaten, die das Übereinkommen unterzeichnet haben oder ihm beigetreten sind.

Art. 14. a) Dieses Übereinkommen tritt zwischen den beiden zuerst ratifizierenden Staaten sechs Monate nach Hinterlegung der zweiten Ratifikationsurkunde in Kraft.

b) Das Übereinkommen tritt für jeden Unterzeichnerstaat, der es nach Hinterlegung der zweiten Ratifikationsurkunde ratifiziert, sechs Monate nach Hinterlegung seiner eigenen Ratifikationsurkunde in Kraft.

Art. 15. Jeder auf der Neunten Diplomatischen Seerechtskonferenz nicht vertretene Staat kann diesem Übereinkommen beitreten.

Der Beitritt wird dem belgischen Ministerium für Auswärtige Angelegenheiten notifiziert; dieses setzt alle Staaten, die das Übereinkommen unterzeichnet haben oder ihm beigetreten sind, auf diplomatischem Wege davon in Kenntnis.

Das Übereinkommen tritt für den beitretenden Staat sechs Monate nach Eingang seiner Notifikation in Kraft, jedoch nicht vor dem Inkrafttreten des Übereinkommens nach Artikel 14 Buchstabe a.

Art. 16. Jede Hohe Vertragspartei kann jederzeit nach Ablauf von drei Jahren, nachdem dieses Übereinkommen für sie in Kraft getreten ist, die Einberufung einer Konferenz zur Behandlung von Änderungsvorschlägen zu diesem Übereinkommen verlangen.

Jede Hohe Vertragspartei, die von dieser Möglichkeit Gebrauch zu machen wünscht, notifiziert dies der belgischen Regierung; diese beruft die Konferenz binnen sechs Monaten ein.

Art. 17. Jede Hohe Vertragspartei ist berechtigt, dieses Übereinkommen, nachdem es für sie in Kraft getreten ist, jederzeit zu kündigen. Die Kündigung wird ein Jahr nach Eingang der entsprechenden Notifikation bei der belgischen Regierung wirksam; diese setzt alle anderen Hohen Vertragsparteien auf diplomatischem Wege von der Notifikation in Kenntnis.

Art. 18. a) Jede Hohe Vertragspartei kann bei der Ratifikation, dem Beitritt oder jederzeit danach dem belgischen Ministerium für Auswärtige Angelegenheiten schriftlich notifizieren, daß dieses Übereinkommen auch für alle oder einzelne Hoheitsgebiete gilt, deren internationale Beziehungen sie wahrnimmt. Das Übereinkommen findet sechs Monate nach Eingang der Notifikation beim belgischen Ministerium für Auswärtige Angelegenheiten auf die darin genannten

Hoheitsgebiete Anwendung, jedoch nicht vor seinem Inkrafttreten für die betreffende Hohe Vertragspartei.

b) Jede Hohe Vertragspartei, die eine Erklärung nach Buchstabe a abgegeben hat, welche dieses Übereinkommen auf ein Hoheitsgebiet erstreckt, dessen internationale Beziehungen die Hohe Vertragspartei wahrnimmt, kann jederzeit dem belgischen Ministerium für Auswärtige Angelegenheiten notifizieren, daß das Übereinkommen für das betreffende Hoheitsgebiet nicht mehr gilt. Diese Kündigung wird ein Jahr nach Eingang der Notifikation beim belgischen Ministerium für Auswärtige Angelegenheiten wirksam.

c) Das belgische Ministerium für Auswärtige Angelegenheiten setzt alle Staaten, die das Übereinkommen unterzeichnet haben oder ihm beigetreten sind, auf diplomatischem Wege von jeder auf Grund dieses Artikels bei ihm eingegangenen Notifikation in Kenntnis.

IV. Annexzuständigkeiten, die das Übereinkommen nicht rezipiert hat

1. Gerichtsstand des Hauptprozesses für die Gebührenklage[55]

a) Die Zuständigkeitsanknüpfung des § 34 ZPO hat das Übereinkommen nicht übernommen. Dies ist rechtspolitisch verfehlt. Wer die Dienste eines Rechtsanwaltes in Anspruch nimmt, um einen Prozeß zu führen, der sollte auch am Ort der Prozeßführung gerichtspflichtig sein, wenn um das Anwaltshonorar gestritten wird.

b) In der Praxis lassen sich die meisten Fälle über Art. 5 Nr. 1 lösen. Der Erfüllungsort für das Honorar des Anwalts, Patentanwalts etc. ist nicht der Schuldnerwohnsitz, sondern am Ort der Kanzlei des beauftragten Anwalts, Patentanwalts etc.[56]

2. Gerichtsstand des Vorprozesses für Abänderungsklagen[57]

Geht es um die Abänderung eines Urteils, das zu einer wiederkehrenden Leistung verurteilt,[58] so wäre es im Interesse der Entscheidungsharmonie wünschenswert, im Staate des Vorprozesses eine internationale Zuständigkeit aufzutun. Diesen Weg ist das Übereinkommen – obwohl es grundsätzlich den Sachzusammenhang als legitime und tragfähige Zuständigkeitsanknüpfung anerkennt[59] – nicht gegangen.[60] Für die Abänderungsklage ist die Zuständigkeit nach Art. 2ff. neu zu bestimmen.[61]

---

[55] Hierzu *Schröder,* Internationale Zuständigkeit, 1971, 613.
[56] LG Hamburg MDR 1976, 318. Vgl. auch oben § 81 XVI 11.
[57] *Schröder,* Internationale Zuständigkeit, 1971, 607.
[58] Vgl. für das deutsche Recht § 323 ZPO.
[59] Vgl. oben § 74 II.
[60] *Geimer* RIW/AWD 1975, 82.
[61] *Schlosser*-Bericht Nr. 98ff.

Dies bedeutet: Bei anderen Parteirollen oder bei Wohnsitzwechsel des Beklagten kann der Vertragsstaat, in dem der Vorprozeß anhängig war, für die Abänderungsklage international unzuständig sein.[62]

V. Konkurrierende Zuständigkeiten

Die oben III vorgestellten Annexzuständigkeiten eröffnen lediglich konkurrierende Zuständigkeiten. Sie stehen zur Wahl des Klägers. Der enge Bezug des Annexverfahrens zum Haupt- bzw. Vorprozeß wird zuständigkeitspolitisch nicht so hoch bewertet, daß man diese Zuständigkeitsanknüpfungen für ausschließlich erklärt hätte. Fazit: Die internationale Zuständigkeit des Wohnsitzstaates (Art. 2 I) und die anderer Vertragsstaaten (Art. 5ff.) wird nicht verdrängt.

VI. Derogierbarkeit

Die oben III dargestellten Annexzuständigkeiten können durch Vereinbarung der Parteien (Art. 17) derogiert werden. Das öffentliche Interesse an der Entscheidung zusammengehöriger Sachverhalte durch die Gerichte ein und desselben Vertragsstaates ist nicht so stark, daß eine Derogation ausgeschlossen ist.

§ 95 Internationale Zuständigkeit des Wohnsitzstaates des Klägers für Klagen auf Beschränkung der Haftung in bezug auf die Verwendung oder den Betrieb eines Schiffes, Art. 6a

I. Überblick[1]

1. Art. 6a eröffnet eine Zuständigkeit für Klagen auf Haftungsbegrenzung in jedem Vertragsstaat, in dem die Haftungsklage gegen den Eigentümer eines Schiffs erhoben werden kann. Dem liegt folgende Erwägung zugrunde:[2] Droht dem Eigentümer eines Schiffes eine Haftungsklage,

---

[62] Vgl. oben § 74 VI 8.

[1] Zu Art. 6a vgl. auch *Kropholler* IZVR Rz. 732.

[2] Bei der seerechtlichen Haftungsbeschränkung sind drei Komplexe auseinanderzuhalten:

a) die Errichtung eines Haftungsfonds und seine Verteilung

b) die gerichtliche Feststellung der Begründetheit der Schadenersatzansprüche, die gegen den Schiffseigentümer geltend gemacht werden

c) die Geltendmachung der Haftungsbeschränkung für eine bestimmte Forderung.

Hierzu *Schlosser*-Bericht Nr. 124:

„Im Zusammenhang mit der seerechtlichen Haftungsbeschränkung müssen *drei verschiedene Aspekte* unterschieden werden. Einmal existiert ein Verfahren zur Errichtung

kann er ein Interesse daran haben, von sich aus auf Feststellung zu klagen, er hafte für die Forderung nur beschränkt oder beschränkbar.[3] Er kann einen der durch Art. 2 bis 6 begründeten Gerichtsstände wählen. Diese kennen kein *forum actoris:* Am Gericht seines Wohnsitzes kann er aufgrund dieser Vorschriften nicht klagen. Da aber die Forderung vor diesem Gericht gegen ihn eingeklagt werden könnte, hielt man es für gerechtfertigt, ihm auch diesen Gerichtsstand zur Verfügung zu stellen.

2. Art. 6a ermöglicht es dem Schiffseigentümer, alle ihn betreffenden Haftungsbegrenzungsklagen in *einem* Vertragsstaat zu konzentrieren.[4] Dort kann auch der *Haftungsfonds* nach dem im Vereinigten Königreich geltenden System der Haftungsbeschränkung errichtet und das Verteilungsverfahren durchgeführt werden. Eine individuelle Haftungsbeschränkungsklage kann der Schiffseigentümer auch in jedem anderen Vertragsstaat erheben, in welchem die Forderung einklagbar ist.[6]

3. Art. 6a gilt nur für die (selbständige) Klage, die der Schiffseigentümer gegen einen Anspruchsprätendenten erhebt, nicht aber für eine Klage des Geschädigten gegen den Schiffseigentümer, Fondsverwalter

---

des Haftungsfonds und seiner Verteilung. Zum anderen muß die Berechtigung der gegen den Schiffseigentümer gerichteten Schadensersatzforderung gerichtlich festgestellt werden. Schließlich ist von beidem die Geltendmachung der Haftungsbeschränkung für eine bestimmte Forderung zu unterscheiden.

Die *rechtstechnische Verzahnung der drei möglichen Verfahrensziele* ist in den Rechtsordnungen der Gemeinschaft verschieden."

[3] Die Beschränkung oder die Beschränkbarkeit der Haftung eines Schiffseigentümers kann in allen Rechtsordnungen der Gemeinschaft nicht nur verteidigungsweise geltend gemacht werden. Vgl. *Schlosser*-Bericht Nr. 128.

[4] *Schlosser*-Bericht Nr. 128.

[5] *Schlosser*-Bericht Nr. 128. Im Vereinigten Königreich kann die Haftungsbeschränkung nur durch Klage geltend gemacht werden, die gegen einen der Anspruchsprätendenten gerichtet ist oder, wenn Klage gegen den Schiffseigentümer schon erhoben ist, durch Widerklage. Beim Gericht, das mit einer Haftungsbeschränkung befaßt ist, wird der Haftungsfonds errichtet. Bei diesem Gericht müssen auch die übrigen Anspruchsprätendenten ihre Forderung anmelden.

Nach deutschem Recht wird das Haftungsbeschränkungsverfahren nicht durch eine Klage gegen einen Anspruchsprätendenten eingeleitet, sondern durch schlichten Antrag, der sich „gegen" niemanden richtet und zur Errichtung des Fonds führt. Wird dem Antrag stattgegeben, müssen alle Anspruchsprätendenten ihre Forderungen bei diesem Gericht anmelden. Meinungsverschiedenheiten über die Berechtigung der angemeldeten Forderungen müssen durch Klage des Prätendenten gegen den bestreitenden Fondsverwalter, Gläubiger oder Schiffseigentümer geklärt werden. Eine selbständige Klage des Schiffseigentümers gegen einen Anspruchsprätendenten wegen der Haftungsbeschränkung ist auch hier denkbar. Sie hat aber nicht die Errichtung des Haftungsfonds zur Folge, auch keine Haftungsbeschränkung, sondern nur die Feststellung der Beschränkbarkeit der Haftung für den Fall eines künftigen Haftungsbeschränkungsverfahrens. Hierzu *Schlosser*-Bericht Nr. 126.

[6] Eine Ausschließlichkeit der Zuständigkeitsanknüpfung des Art. 6a wäre rechtspolitisch verfehlt.

oder konkurrierende Forderungsprätendenten; auch nicht für Sammelverfahren zur Errichtung und Verteilung des Haftungsfonds.[7]

4. Für Klagen gegen den Schiffseigentümer oder gegen den Verwalter des Haftungsfonds gelten die allgemeinen Vorschriften der Art. 2ff.[8]

II. Systematische Einordnung

Die systematische Einordnung des neuen Art. 6a ist schwierig. Oberflächlich betrachtet handelt es sich um einen Klägergerichtsstand: Der Schiffseigentümer kann in seinem eigenen Wohnsitzstaat klagen. Doch die Erleichterung der Rechtsverfolgung für den Kläger ist nicht das primäre Anliegen der Verfasser des Beitrittsübereinkommens vom 9. Oktober 1978. Der Kläger ist nicht typischerweise der Schwächere. Auch läßt sich Art. 6a nicht als forum connexitatis[9] oder als Annexzuständigkeit[10] qualifizieren; denn es fehlt ein Parallel- oder ein Vorverfahren, mit dem die Klage des Schiffseigentümers aus Gründen des Sachzusammenhanges gekoppelt werden soll. Ratio conventionis ist wohl, zumindest die Möglichkeit zu einer Konzentrierung aller mit der seerechtlichen Haftungsbegrenzung zusammenhängenden Verfahren in einem Vertragsstaat zu schaffen.

III. Keine abschließende Regelung der örtlichen Zuständigkeit

Art. 6a regelt zwar auch die örtliche Zuständigkeit; das Übereinkommen verdrängt aber nicht das nationale Kompetenzrecht. Dieses kann die örtliche Zuständigkeit abweichend von Art. 6a regeln. In diesem Fall geht das nationale Recht vor.

---

[7] *Schlosser*-Bericht Nr. 127.

[8] *Schlosser*-Bericht Nr. 127: „Im übrigen sind die bisherigen Vorschriften des EuGVÜ auch auf Verfahren anwendbar, die es mit einer seerechtlichen Haftungsbegrenzung zu tun haben ...“ und aaO Nr. 129:

„Für Klagen, welche die grundsätzliche Begründetheit der gegen den Schiffseigentümer gerichteten Forderung zum Gegenstand haben, gelten nur die Artikel 2 bis 6.

Immer ist auch Artikel 22 anwendbar. Ist ein Verfahren zur Begrenzung der Haftung in einem Staat eingeleitet worden, so kann der im Einzelprozeß in einem anderen Staat wegen der Feststellung der Forderung oder wegen der Beschränkbarkeit der Haftung angegangene Richter das Verfahren aussetzen oder sich sogar für unzuständig erklären.“

[9] Oben § 74 II und § 92.

[10] Oben § 94.

IV. Kein Gleichlauf zwischen internationaler Zuständigkeit und materiellem Haftungsbeschränkungsrecht

Art. 6a bewirkt keinen Gleichlauf zwischen internationaler Zuständigkeit und anwendbarem Sachrecht.[11]

V. Konkurrierende Zuständigkeit

Art. 6a eröffnet eine konkurrierende Zuständigkeit. Diese verdrängt nicht die übrigen Gerichtsstände der Art. 2ff.

VI. Derogierbarkeit

Durch Zuständigkeitsvereinbarung (Art. 17) kann die aus Art. 6a fließende internationale Zuständigkeit abbedungen werden.

VII. Anhang I: Die Haftungsbeschränkung nach dem deutschen Handelsgesetzbuch[12]

Viertes Buch: Seehandel

Zweiter Abschnitt. Reeder und Reederei

§ 484. [Reeder] Reeder ist der Eigentümer eines ihm zum Erwerbe durch die Seefahrt dienenden Schiffes.

§ 485. [Haftung für Verschulden der Schiffsbesatzung][13] *1 Der Reeder ist für den Schaden verantwortlich, den eine Person der Schiffsbesatzung oder ein an Bord tätiger Seelotse einem Dritten in Ausführung von Dienstverrichtungen schuldhaft zufügt. 2 Er haftet den Ladungsbeteiligten jedoch nur soweit, wie der Verfrachter ein Verschulden der Schiffsbesatzung zu vertreten hat.*

---

[11] *Schlosser*-Bericht Nr. 130: „Von der Frage der Zuständigkeit scharf zu trennen ist die Frage, welches materielle Haftungsbeschränkungsrecht anzuwenden ist. Es braucht dies nicht das Recht des Staates zu sein, dessen Gerichte für die Geltendmachung der Haftungsbeschränkung zuständig sind. Das auf die Haftungsbeschränkung anwendbare Recht sagt auch Genaueres darüber, für welche Ansprüche überhaupt eine Haftungsbeschränkung geltend gemacht werden kann."

[12] Hierzu *Prüßmann-Rabe,* Seehandelsrecht, 2. Aufl., 1982; *Puttfarken,* Beschränkte Reederhaftung – Das anwendbare Recht, 1981.

[13] § 485 Satz 1 neu gefaßt durch Gesetz vom 13. Oktober 1954 (BGBl. II S. 1035), Satz 2 eingefügt durch Gesetz vom 10. August 1937 (RGBl. I S. 891).

§ 486. [Beschränkte Haftung des Reeders][14] *(1) Der Reeder kann seine Haftung für vertragliche und außervertragliche Ansprüche Dritter auf Ersatz des Schadens aus der Tötung oder Verletzung eines Menschen (Personenschaden) oder auf Ersatz des Schadens aus dem Verlust oder der Beschädigung einer Sache oder des sonstigen Vermögensschadens (Sachschaden) beschränken, sofern diese Ansprüche aus der Verwendung des Schiffes entstanden sind.*

(2) Absatz 1 ist nicht anzuwenden auf Ansprüche wegen Schäden, die von einer Person verursacht worden sind, die sich nicht an Bord des Schiffes befunden hat, es sei denn, daß

1. es sich um Ansprüche wegen der Tötung oder Verletzung von zum Zwecke der Beförderung an Bord des Schiffes befindlichen Menschen oder wegen des Verlustes oder der Beschädigung von an Bord des Schiffes befindlichen Sachen handelt oder

2. das den Schaden verursachende Verhalten im Zusammenhang mit der Führung oder der sonstigen Bedienung des Schiffes, dem Einladen, Befördern oder Ausladen von Gütern oder dem Einschiffen, Befördern oder Ausschiffen von Reisenden steht.

(3) Absatz 1 ist ferner nicht anzuwenden

1. auf Ansprüche der zur Schiffsbesatzung gehörenden Personen sowie auf Ansprüche Dritter wegen der Tötung oder Verletzung von zur Schiffsbesatzung gehörenden Personen, es sei denn, daß das Heuerverhältnis ausländischem Recht unterliegt und nach diesem Recht die Haftung beschränkt werden kann;

2. auf Ansprüche aus Bergung oder Hilfsleistung sowie auf Ansprüche auf Beitragsleistung zur großen Haverei;

3. auf Ansprüche wegen nuklearer Schäden.

(4) [1] Der Reeder kann seine Haftung nicht beschränken, wenn er die Erfüllung des Anspruchs besonders gewährleistet hat. [2] Das gleiche gilt, wenn den Reeder selbst oder seinen gesetzlichen Vertreter oder, falls der Reeder eine juristische Person oder eine Personenhandelsgesellschaft ist, ein Mitglied des zur Vertretung berechtigten Organs oder einen zur Vertretung berechtigten Gesellschafter

---

[14] Vgl. Art. 7 Einführungsgesetz zum Handelsgesetzbuch vom 10. Mai 1897 (RGBl. S. 437) mit Änderung durch Seerechtsänderungsgesetz vom 21. Juni 1972 (BGBl. I S. 966):

„Art. 7. (1) Die Vorschrift des § 485 des Handelsgesetzbuchs über die Haftung des Reeders für das Verschulden einer Person der Schiffsbesatzung und eines an Bord des Schiffes tätigen Seelotsen, die Vorschriften der §§ 486 bis 487d des Handelsgesetzbuchs über die Beschränkung der Haftung sowie die Vorschriften der §§ 734 bis 739 des Handelsgesetzbuchs über die Haftung und die gerichtliche Zuständigkeit im Falle des Zusammenstoßes von Schiffen finden auch Anwendung, wenn die Verwendung eines Schiffes zur Seefahrt nicht des Erwerbes wegen erfolgt. Die Vorschriften der §§ 738 und 738a des Handelsgesetzbuchs finden jedoch keine Anwendung auf Kriegsschiffe und auf sonstige Schiffe, die einem Staat gehören oder in seinen Diensten stehen und die anderen als Handelszwecken dienen.

(2) Die Vorschriften der §§ 486 bis 487d des Handelsgesetzbuchs sind auch auf Ansprüche anzuwenden, die nicht auf den Vorschriften des Handelsgesetzbuchs beruhen."

§§ 486ff. neu gefaßt durch Seerechtsänderungsgesetz vom 21. Juni 1972 (BGBl. I S. 966).

an der Entstehung des Schadens ein Verschulden trifft. [3] Mitreeder können ihre Haftung auch dann nicht beschränken, wenn den Korrespondentreeder an der Entstehung des Schadens ein Verschulden trifft.

(5) Ist der Reeder eine Personenhandelsgesellschaft, so kann auch jeder Gesellschafter seine persönliche Haftung für Ansprüche beschränken, für welche die Gesellschaft nach den Absätzen 1 bis 4 ihre Haftung beschränken kann.

§ 487. [Beschränkte Haftung des Charterers, der Schiffsbesatzung und der Seelotsen] (1) [1] Außer dem Reeder können auch die folgenden Personen ihre Haftung für vertragliche und außervertragliche Ansprüche Dritter auf Ersatz von Personen- und Sachschäden beschränken, die im Zusammenhang mit der Verwendung des Schiffes entstanden sind:

1. der Charterer;

2. die Personen der Schiffsbesatzung und die sonstigen Bediensteten des Schiffseigentümers, Reeders oder Charterers.

[2] Satz 1 gilt in den Fällen der Nummer 2 nur für Ansprüche wegen Schäden, die der Schuldner in Ausübung seines Dienstes verursacht hat.

(2) [1] § 486 Abs. 2 bis 5 gilt entsprechend. [2] Die Beschränkung der Haftung einer der in Absatz 1 Nr. 2 genannten Personen wird jedoch durch ihr Verschulden nicht ausgeschlossen, es sei denn, daß sie zugleich Reeder oder Charterer ist und den Schaden in dieser Eigenschaft verursacht hat, oder daß sie den Schaden vorsätzlich herbeigeführt hat.

(3) [1] Ferner kann ein an Bord tätiger Seelotse seine Haftung für die in Absatz 1 Satz 1 bezeichneten Ansprüche beschränken, soweit für diese Ansprüche auch der Reeder oder eine der in Absatz 1 Satz 1 genannten Personen als Gesamtschuldner haftet und die Haftung nach § 486 oder nach Absatz 1 und 2 beschränken kann. [2] § 486 Abs. 2 und 3, Abs. 4 Satz 1 gilt entsprechend; die Beschränkung der Haftung wird durch ein Verschulden des Seelotsen nicht ausgeschlossen, es sei denn, daß er den Schaden vorsätzlich herbeigeführt hat.

§ 487a. [Verteilungsverfahren; Haftungssumme; Haftungsfonds]

(1) [1] Die Haftungsbeschränkung wird durch ein gerichtliches Verfahren (Verteilungsverfahren) nach den Vorschriften der Seerechtlichen Verteilungsordnung vom 21. Juni 1972 (Bundesgesetzbl. I S. 953) bewirkt. [2] Durch die Eröffnung des Verteilungsverfahrens beschränkt sich die Haftung des Reeders und der in § 486 Abs. 5, § 487 Abs. 1 und 3 genannten Personen für alle aus einem bestimmten Ereignis entstandenen Ansprüche, für die sie nach §§ 486, 487 ihre Haftung beschränken können, auf den in dem Verfahren eingezahlten Geldbetrag (Haftungssumme), aus dem die Gläubiger nach Maßgabe der Vorschriften über das Verteilungsverfahren befriedigt werden.

(2) [1] Der Betrag der Haftungssumme bestimmt sich nach dem Raumgehalt des Schiffes. [2] Als Raumgehalt des Schiffes ist der Nettoraumgehalt anzusehen, bei Schiffen mit mechanischem Antrieb vermehrt um den Raumgehalt, der zur Ermittlung des Nettoraumgehalts vom Bruttoraumgehalt als Maschinenraum abgesetzt worden ist. [3] Ergibt sich ein Raumgehalt von weniger als dreihundert Tonnen, so ist ein Raumgehalt von dreihundert Tonnen anzusetzen.

(3) [1] Für jede Raumtonne ist das Dreitausendeinhundertfache des Wertes von

fünfundsechzig und einem halben Milligramm Gold von neunhundert Tausendstel Feingehalt anzusetzen. [2] *Sind aus dem Ereignis nur Ansprüche wegen Sachschäden entstanden oder können außerdem entstandene Ansprüche wegen Personenschäden nicht mehr geltend gemacht werden, so ist für jede Raumtonne nur das Tausendfache des in Satz 1 genannten Wertes anzusetzen.* [3] *Bei der Berechnung der Haftungssumme ist von dem Wert auszugehen, der im Zeitpunkt der Eröffnung des Verteilungsverfahrens der Parität der Deutschen Mark zum Gold zugrunde liegt.*

(4) Der Eröffnung des Verteilungsverfahrens nach der Seerechtlichen Verteilungsordnung steht die Errichtung eines Haftungsfonds in einem Vertragsstaat des Internationalen Übereinkommens vom 10. Oktober 1957 über die Beschränkung der Haftung der Eigentümer von Seeschiffen (Bundesgesetzbl. 1972 II S. 653) gleich, sofern der Fonds entsprechend den Vorschriften dieses Übereinkommens errichtet ist und dem Gläubiger tatsächlich zur Verfügung steht.

§ 487b. [Beschränkte Haftung bei Gegenanspruch] Ist aus dem Ereignis, aus dem ein Anspruch gegen den Reeder oder eine der in § 486 Abs. 5, § 487 Abs. 1 und 3 genannten Personen entstanden ist, zugleich ein Gegenanspruch des Schuldners gegen den Gläubiger entstanden, so sind die Vorschriften der §§ 486 bis 487a über die Beschränkung der Haftung nur auf den Betrag des gegen den Reeder oder eine der in § 486 Abs. 5, § 487 Abs. 1 und 3 genannten Personen gerichteten Anspruchs anzuwenden, der nach Abzug des Gegenanspruchs verbleibt.

§ 487c. [Keine Beschränkung der Haftung] Für Ansprüche auf Ersatz der Kosten der Rechtsverfolgung kann die Haftung nicht beschränkt werden.

§ 487d. [Ausgleichung zwischen den Verteilungsverfahrensbeteiligten] Wird die Haftung eines Schuldners für einen Anspruch durch die Eröffnung eines Verteilungsverfahrens beschränkt, in dem ein anderer die Haftungssumme eingezahlt hat, so ist bei einer Ausgleichung zwischen dem anderen und dem Schuldner nur der Betrag zugrunde zu legen, den der Gläubiger des Anspruchs im Verteilungsverfahren erhält.

VIII. Anhang II: Das Brüsseler Internationale Übereinkommen vom 10. Oktober 1957 über die Beschränkung der Haftung der Eigentümer von Seeschiffen[15]

(Convention Internationale sur la limitation de la responsabilité des propriétaires de navires de mer; International Convention relating to the limitation of the liability of owners of sea-going ships)

Die Hohen Vertragsparteien,

in Erkenntnis der Zweckmäßigkeit einer vertraglichen Festlegung einheitlicher Regeln über die Beschränkung der Haftung der Eigentümer von Seeschiffen,

[15] BGBl. 1972 II 653.

haben beschlossen, zu diesem Zweck ein Übereinkommen zu treffen, und haben demgemäß folgendes vereinbart:

Artikel 1 (1) Der Eigentümer eines Seeschiffes kann seine Haftung für Ansprüche, die aus einem der folgenden Umstände entstanden sind, auf den nach Artikel 3 bestimmten Betrag beschränken, es sei denn, daß das den Anspruch begründende Ereignis auf seinem persönlichen Verschulden beruht:

a) Tod oder Körperverletzung von Personen, die sich zum Zweck der Beförderung an Bord des Schiffes befanden, oder Verlust oder Beschädigung von Sachen an Bord des Schiffes;

b) Tod oder Körperverletzung anderer Personen an Land oder auf dem Wasser, Verlust oder Beschädigung anderer Sachen oder Beeinträchtigung von Rechten, verursacht durch Handeln, Unterlassen oder Verschulden einer Person, die sich an Bord des Schiffes befand und für die der Eigentümer haftet, oder einer Person, die sich nicht an Bord des Schiffes befand und für die der Eigentümer haftet; im letzteren Fall kann der Eigentümer die Haftung jedoch nur beschränken, wenn sich das Handeln, Unterlassen oder Verschulden auf die Führung oder die sonstige Bedienung des Schiffes, das Laden, Befördern oder Löschen von Gütern oder auf das Einschiffen, Befördern oder Ausschiffen von Reisenden bezog;

c) jede durch ein Gesetz über die Beseitigung von Wracks auferlegte Verpflichtung oder Haftung, die sich auf die Hebung, Beseitigung oder Vernichtung eines gesunkenen, gestrandeten oder verlassenen Schiffes (einschließlich alles dessen, was sich an Bord befindet) bezieht, sowie jede Verpflichtung oder Haftung als Folge von Schäden, die ein Seeschiff an Hafenanlagen, Hafenbecken oder Wasserstraßen verursacht hat.

(2) In diesem Übereinkommen bedeutet der Ausdruck „Ansprüche wegen Personenschäden" die Ansprüche wegen Tötung oder Körperverletzung; der Ausdruck „Ansprüche wegen Sachschäden" bedeutet alle anderen im Absatz 1 bezeichneten Ansprüche.

(3) Das Recht des Schiffseigentümers, in den im Absatz 1 bezeichneten Fällen seine Haftung zu beschränken, besteht auch, wenn die Haftung, ohne daß ein Verschulden des Eigentümers oder der Personen, für die er haftet, nachgewiesen zu werden braucht, auf dem Eigentum an dem Schiff, dessen Besitz, Obhut oder Kontrolle beruht.

(4) Dieser Artikel ist nicht anzuwenden auf

a) Ansprüche aus Hilfeleistung oder Bergung sowie Ansprüche auf Beitragsleistung zur großen Haverei;

b) Ansprüche des Kapitäns und der Besatzungsmitglieder oder Ansprüche aller anderen Bediensteten des Schiffseigentümers, die sich an Bord befinden oder deren Aufgaben mit dem Schiff zusammenhängen, sowie Ansprüche ihrer Erben und sonstiger Ersatzberechtigter, wenn der Eigentümer nach dem Recht, das für den Dienstvertrag gilt, seine Haftung für diese Ansprüche nicht beschränken oder nur auf einen Betrag beschränken kann, der den im Artikel 3 vorgesehenen übersteigt.

(5) Hat der Schiffseigentümer gegen den Gläubiger einen Anspruch, der aus dem gleichen Ereignis entstanden ist, so sind die beiderseitigen Ansprüche gegen-

einander aufzurechnen und die Bestimmungen dieses Übereinkommens nur auf den etwa verbleibenden Anspruch anzuwenden.

(6) Das am Ort des Gerichts maßgebende Recht bestimmt, wem der Beweis obliegt, ob das Ereignis, aus dem der Anspruch entstanden ist, auf persönlichem Verschulden des Schiffseigentümers beruht.

(7) Die Geltendmachung der beschränkten Haftung bedeutet keine Anerkennung der Haftung.

Artikel 2 (1) Die im Artikel 3 vorgesehene Haftungsbeschränkung bezieht sich auf die Gesamtheit aller Ansprüche wegen Personenschäden und Sachschäden, die aus demselben Ereignis entstanden sind, und zwar ohne Rücksicht auf aus einem anderen Ereignis entstandene oder später entstehende Ansprüche.

(2) Übersteigt der Gesamtbetrag aller aus demselben Ereignis entstandenen Ansprüche den sich aus Artikel 3 ergebenden Höchstbetrag, so kann in Höhe dieses Betrages ein gesonderter Haftungsfonds errichtet werden.

(3) Dieser Haftungsfonds steht zur Befriedigung nur der Ansprüche zur Verfügung, für die eine Beschränkung der Haftung geltend gemacht werden kann.

(4) Nach Errichtung des Haftungsfonds kann kein Gläubiger einen Anspruch, der aus dem Fonds zu befriedigen ist, gegen das sonstige Vermögen des Schiffseigentümers geltend machen, vorausgesetzt, daß der Fonds tatsächlich zugunsten des Gläubigers zur Verfügung steht.

Artikel 3 (1) Die Beträge, auf die der Schiffseigentümer seine Haftung in den Fällen des Artikels 1 beschränken kann, sind:

a) insgesamt 1 000 Franken je Raumtonne des Schiffes, wenn das Ereignis nur zu Ansprüchen wegen Sachschäden geführt hat;

b) insgesamt 3 100 Franken je Raumtonne des Schiffes, wenn das Ereignis nur zu Ansprüchen wegen Personenschäden geführt hat;

c) insgesamt 3 100 Franken je Raumtonne des Schiffes, wenn das Ereignis zu Ansprüchen wegen Personenschäden und wegen Sachschäden geführt hat; davon ist ein erster Teilbetrag von 2 100 Franken je Raumtonne des Schiffes ausschließlich für die Befriedigung der Ansprüche wegen Personenschäden und ein zweiter Teilbetrag von 1 000 Franken je Raumtonne des Schiffes für die Befriedigung der Ansprüche wegen Sachschäden bestimmt; reicht der erste Teilbetrag zur vollen Befriedigung der Ansprüche wegen Personenschäden nicht aus, so nimmt der nicht befriedigte Rest dieser Ansprüche bei der Befriedigung der Ansprüche wegen Sachschäden aus dem zweiten Teilbetrag im gleichen Rang teil.

(2) Die Verteilung jedes der beiden Teilbeträge des Haftungsfonds unter die Gläubiger erfolgt im Verhältnis der Höhe ihrer festgestellten Ansprüche.

(3) Hat der Schiffseigentümer vor der Verteilung des Fonds ganz oder teilweise Ansprüche befriedigt, die unter Artikel 1 Abs. 1 fallen, so nimmt er in Höhe dieser Leistung bei der Verteilung des Fonds die Stellung des Gläubigers ein, dessen Anspruch er befriedigt hat, dies jedoch nur insoweit, als nach dem Recht des Staates, in dem der Fonds errichtet worden ist, der Gläubiger seinen Anspruch gegen den Eigentümer hätte gerichtlich durchsetzen können.

(4) Weist der Schiffseigentümer nach, daß er zu einem späteren Zeitpunkt gezwungen werden könnte, einen unter Artikel 1 Abs. 1 fallenden Anspruch ganz oder teilweise zu befriedigen, so kann das Gericht oder die sonst zuständige

Behörde des Staates, in dem der Fonds errichtet wurde, anordnen, daß ein ausreichender Betrag vorläufig zurückbehalten wird, damit der Eigentümer später seinen Anspruch gegen den Fonds nach Maßgabe des Absatzes 3 geltend machen kann.

(5) Zum Zweck der Ermittlung des Höchstbetrages der beschränkten Haftung des Schiffseigentümers nach den Bestimmungen dieses Artikels gilt der Raumgehalt eines Schiffes von weniger als 300 Tonnen als Raumgehalt von 300 Tonnen.

(6) Als Franken im Sinne dieses Artikels gilt eine Werteinheit von fünfundsechzig und einem halben Milligramm Gold von neunhundert Tausendstel Feingehalt. Die im Absatz 1 genannten Beträge sind in die Währung des Staates umzurechnen, in dem die Beschränkung der Haftung geltend gemacht wird; die Umrechnung erfolgt nach dem Verhältnis des Wertes der betreffenden Währung zu der im Satz 1 bezeichneten Werteinheit in dem Zeitpunkt, in der der Schiffseigentümer den Fonds errichtet oder die Zahlung oder eine nach dem Recht dieses Staates gleichwertige Sicherheit geleistet hat.

(7) Für die Zwecke dieses Übereinkommens wird der Schiffsraum wie folgt errechnet:

Bei Dampfschiffen oder anderen Schiffen mit mechanischem Antrieb wird der Nettoraumgehalt um den Raumgehalt erhöht, der zum Zweck der Berechnung des Nettoraumgehaltes vom Bruttogehalt als Maschinenraum abgezogen worden war; bei allen anderen Schiffen wird der Nettoraumgehalt zugrunde gelegt.

Artikel 4 Unbeschadet des Artikels 3 Abs. 2 regeln sich die Errichtung und die Verteilung eines Haftungsfonds sowie das gesamte Verfahren nach dem Recht des Staates, in dem der Fonds errichtet wird.

Artikel 5 (1) Sind in einem Falle, in dem der Schiffseigentümer seine Haftung nach diesem Übereinkommen beschränken kann, das Schiff oder ein anderes Schiff oder sonstige Vermögensgegenstände, die dem Schiffseigentümer gehören, im Hoheitsbereich eines Vertragsstaates mit Arrest belegt worden oder ist Sicherheit zur Abwendung des Arrestes geleistet worden, so kann das Gericht oder die sonst zuständige Behörde des Vertragsstaates die Freigabe des Schiffes, der sonstigen Vermögensgegenstände oder der Sicherheit anordnen, wenn nachgewiesen wird, daß der Eigentümer bereits eine dem Höchstbetrag seiner Haftung nach diesem Übereinkommen entsprechende, ausreichende Sicherheit geleistet hat, die zugunsten des Gläubigers, nach Maßgabe seiner Rechte, tatsächlich zur Verfügung steht.

(2) Ist in den Fällen des Absatzes 1 die Sicherheit schon in einem der folgenden Häfen geleistet worden:

a) in dem Hafen, in dem sich der den Anspruch begründende Unfall ereignet hat,

b) in dem ersten nach dem Unfall angelaufenen Hafen, wenn sich der Unfall nicht in einem Hafen ereignet hat,

c) in dem Ausschiffungs- oder Löschhafen, wenn es sich um Ansprüche wegen Personenschäden oder wegen an der Ladung entstandener Sachschäden handelt,

so hat das Gericht oder die sonst zuständige Behörde die Freigabe des Schiffes oder der Sicherheit anzuordnen, wenn die Voraussetzungen des Absatzes 1 vorliegen.

(3) Die Absätze 1 und 2 sind ebenfalls anzuwenden, wenn die bereits geleistete Sicherheit zwar niedriger ist als der Höchstbetrag der Haftung nach diesem Übereinkommen, für den fehlenden Unterschiedsbetrag aber eine ausreichende Sicherheit geleistet wird.

(4) Hat der Schiffseigentümer eine dem Höchstbetrag seiner Haftung nach diesem Übereinkommen entsprechende Sicherheit geleistet, so steht diese für die Befriedigung aller aus demselben Ereignis entstandenen Ansprüche zur Verfügung, für die der Eigentümer seine Haftung beschränken kann.

(5) Das Verfahren bei Rechtsstreitigkeiten auf Grund dieses Übereinkommens sowie die Fristen für die Einleitung solcher Rechtsstreitigkeiten bestimmen sich nach dem Recht des Vertragsstaates, in dem der Rechtsstreit geführt wird.

Artikel 6 (1) Die Haftung des Schiffseigentümers im Sinne dieses Übereinkommens schließt die Haftung des Schiffes selbst ein.

(2) Vorbehaltlich des Absatzes 3 gilt dieses Übereinkommen in gleicher Weise wie für den Schiffseigentümer auch für den Reeder, sofern er nicht Schiffseigentümer ist, den Charterer und den Ausrüster eines Schiffes und, soweit sie in Ausübung ihres Dienstes handeln, für den Kapitän, die Mitglieder der Besatzung und alle anderen Bediensteten des Eigentümers, Reeders, Charterers oder Ausrüsters; der Gesamtbetrag der beschränkten Haftung des Eigentümers und aller hier bezeichneten Personen für alle aus demselben Ereignis entstandenen Ansprüche wegen Personen- und Sachschäden darf jedoch die nach Artikel 3 bestimmten Beträge nicht übersteigen.

(3) Werden Ansprüche gegen den Kapitän oder gegen Mitglieder der Besatzung geltend gemacht, so können diese Personen ihre Haftung auch dann beschränken, wenn das den Anspruch begründende Ereignis auf ihrem persönlichen Verschulden beruht. Ist der Kapitän oder das Besatzungsmitglied jedoch gleichzeitig Eigentümer, Miteigentümer, Reeder, Charterer oder Ausrüster des Schiffes, so findet Satz 1 nur Anwendung, wenn es sich um ein schuldhaftes Handeln oder Unterlassen in der Eigenschaft als Kapitän oder als Besatzungsmitglied handelt.

Artikel 7 Dieses Übereinkommen findet in jedem Falle Anwendung, in dem der Schiffseigentümer oder eine andere Person, die nach Artikel 6 die gleichen Rechte wie dieser hat, vor dem Gericht eines Vertragsstaates die Haftung beschränkt oder zu beschränken beansprucht oder im Hoheitsbereich eines Vertragsstaates die Freigabe eines mit Arrest belegten Schiffes oder sonstigen Vermögensgegenstandes oder einer Sicherheit betreibt.

Jeder Vertragsstaat hat das Recht, von den Vergünstigungen dieses Übereinkommens ganz oder teilweise auszuschließen: Staaten, die nicht Vertragsparteien dieses Übereinkommens sind; Personen, die in dem Zeitpunkt, zu dem sie ihre Haftung zu beschränken beanspruchen oder gemäß Artikel 5 die Freigabe eines mit Arrest belegten Schiffes oder sonstigen Vermögensgegenstandes oder einer Sicherheit betreiben, ihren gewöhnlichen Aufenthalt oder ihre Hauptniederlassung nicht in einem Vertragsstaat haben; Schiffe, die in dem Zeitpunkt, zu dem eine Haftungsbeschränkung für sie beansprucht oder ihre Freigabe betrieben wird, nicht die Flagge eines Vertragsstaates führen.

Artikel 8 Jeder Vertragsstaat behält sich das Recht vor, zu bestimmen, welche anderen Arten von Schiffen für die Zwecke dieses Übereinkommens den Seeschiffen gleichgestellt werden.

Artikel 9 Dieses Übereinkommen liegt für die auf der zehnten Tagung der Diplomatischen Seerechtskonferenz vertretenen Staaten zur Unterzeichnung auf.

Artikel 10 Dieses Übereinkommen bedarf der Ratifikation. Die Ratifikationsurkunden werden bei der belgischen Regierung hinterlegt; diese notifiziert jede Hinterlegung auf diplomatischem Wege allen Staaten, die das Übereinkommen unterzeichnet haben oder ihm beigetreten sind.

Artikel 11 (1) Dieses Übereinkommen tritt sechs Monate nach Hinterlegung von wenigstens zehn Ratifikationsurkunden in Kraft, von denen mindestens fünf von Staaten stammen müssen, die je eine Million oder mehr Bruttoregistertonnen Schiffsraum haben.

(2) Für jeden Unterzeichnerstaat, der das Übereinkommen nach Hinterlegung derjenigen Ratifikationsurkunde ratifiziert, die nach Absatz 1 das Inkrafttreten des Übereinkommens bewirkt, tritt es sechs Monate nach Hinterlegung seiner eigenen Ratifikationsurkunde in Kraft.

Artikel 12 Jeder auf der zehnten Tagung der Diplomatischen Seerechtskonferenz nicht vertretene Staat kann diesem Übereinkommen beitreten.

Die Beitrittsurkunden werden bei der belgischen Regierung hinterlegt; diese setzt alle Staaten, die das Übereinkommen unterzeichnet haben oder ihm beigetreten sind, auf diplomatischem Wege von jeder Hinterlegung in Kenntnis.

Das Übereinkommen tritt für den beitretenden Staat sechs Monate nach Hinterlegung seiner Beitrittsurkunde in Kraft, jedoch nicht vor dem Inkrafttreten des Übereinkommens nach Artikel 11 Abs. 1.

Artikel 13 Jede Hohe Vertragspartei ist berechtigt, dieses Übereinkommen, nachdem es für sie in Kraft getreten ist, jederzeit zu kündigen. Die Kündigung wird jedoch erst ein Jahr nach Eingang der entsprechenden Notifikation bei der belgischen Regierung wirksam; diese setzt alle Staaten, die das Übereinkommen unterzeichnet haben oder ihm beigetreten sind, auf diplomatischem Wege von der Notifikation in Kenntnis.

Artikel 14 (1) Jede Hohe Vertragspartei kann bei der Ratifikation oder dem Beitritt oder jederzeit danach der belgischen Regierung schriftlich notifizieren, daß dieses Übereinkommen auch für alle oder einzelne Hoheitsgebiete gilt, deren internationale Beziehungen sie wahrnimmt. Das Übereinkommen findet sechs Monate nach Eingang der Notifikation bei der belgischen Regierung auf die darin genannten Hoheitsgebiete Anwendung, jedoch nicht vor seinem Inkrafttreten für die betreffende Hohe Vertragspartei.

(2) Jede Hohe Vertragspartei, die eine Erklärung nach Absatz 1 abgegeben hat, welche dieses Übereinkommen auf ein Hoheitsgebiet erstreckt, dessen internationale Beziehungen sie wahrnimmt, kann jederzeit der belgischen Regierung notifizieren, daß das Übereinkommen für das betreffende Hoheitsgebiet nicht mehr gilt. Diese Kündigung wird ein Jahr nach Eingang der Notifikation bei der belgischen Regierung wirksam.

(3) Die belgische Regierung setzt alle Staaten, die das Übereinkommen unter-

zeichnet haben oder ihm beigetreten sind, auf diplomatischem Wege von jeder auf Grund dieses Artikels bei ihr eingegangenen Notifikation in Kenntnis.

Artikel 15 Jede Hohe Vertragspartei kann jederzeit nach Ablauf von drei Jahren, nachdem dieses Übereinkommen für sie in Kraft getreten ist, die Einberufung einer Konferenz zur Behandlung von Änderungsvorschlägen zu diesem Übereinkommen verlangen.

Jede Hohe Vertragspartei, die von dieser Möglichkeit Gebrauch zu machen wünscht, notifiziert dies der belgischen Regierung; diese beruft die Konferenz binnen sechs Monaten ein.

Artikel 16 Für die Beziehungen zwischen Staaten, die dieses Übereinkommen ratifizieren oder ihm beitreten, ersetzt es das am 25. August 1924 in Brüssel unterzeichnete Internationale Übereinkommen zur Vereinheitlichung einzelner Regeln über die Beschränkung der Haftung der Eigentümer von Seeschiffen, das insoweit außer Kraft tritt.

Unterzeichnungsprotokoll

(1) Jeder Staat kann in dem Zeitpunkt, zu dem er dieses Übereinkommen unterzeichnet, ratifiziert oder ihm beitritt, die im Absatz 2 genannten Vorbehalte machen. Andere Vorbehalte zu diesem Übereinkommen sind unzulässig.

(2) Nur die nachstehenden Vorbehalte sind zulässig:

a) Der Vorbehalt des Rechtes, die Anwendung des Artikels 1 Abs. 1 Buchstabe c auszuschließen;

b) der Vorbehalt des Rechtes, die Haftungsbeschränkung für Schiffe mit weniger als dreihundert Tonnen Schiffsraum durch innerstaatliche Rechtsvorschriften abweichend zu regeln;

c) der Vorbehalt des Rechtes, dieses Übereinkommen entweder dadurch in Kraft zu setzen, daß ihm Gesetzeskraft verliehen wird, oder dadurch, daß seine Bestimmungen in einer dem innerstaatlichen Recht angepaßten Form in dieses Recht übernommen werden.

Dieses Übereinkommen enthält keine Regelung der internationalen Entscheidungszuständigkeit.[16]

[16] *Schlosser*-Bericht Nr. 124: „Sehr schwierig ist es, darüber Aussagen zu machen, wie sich die Anwendung von Artikel 57 EuGVÜ mit derjenigen des internationalen Übereinkommens vom 10. Oktober 1957 über die Beschränkung der Haftung der Eigentümer von Seeschiffen und mit den entsprechenden nationalen Rechtsregeln zusammenfügt. Das genannte Übereinkommen enthält nämlich keine ausdrücklich die Regelung der internationalen Zuständigkeit oder der Vollstreckung von gerichtlichen Entscheidungen unmittelbar betreffende Vorschriften. Die Expertengruppe betrachtete es nicht als ihre Aufgabe, die durch dieses Übereinkommen aufgeworfenen Fragen systematisch darzustellen und Vorschläge zu ihrer Lösung zu erarbeiten. In einigen Punkten würde es sich jedoch besonders mißlich auswirken, wenn die im Übereinkommen von 1957 bezüglich der gerichtlichen Zuständigkeiten gebliebenen Lücken auch in den Anwendungsbereich des EuGVÜ übertragen und dort nach dessen allgemeinen Zuständigkeitsvorschriften geschlossen würden."

§ 96 Zuständigkeitsvereinbarungen. Die Vereinbarung der Parteien als Anknüpfungspunkt für die internationale Zuständigkeit[1]

I. Überblick

1. Feinsteuerung der Zuständigkeitsinteressen für den Einzelfall

a) Ein starres, auf generell-abstrakten Normen basierendes Zuständigkeitssystem muß notgedrungen mit Pauschalierungen und Generalisierungen arbeiten. Es ist nicht in der Lage, für jeden Einzelfall die konkreten Zuständigkeitsinteressen der Parteien gegeneinander abzuwägen. Es bedarf daher einer *Korrekturmöglichkeit für den Einzelfall.* Hierfür stehen grundsätzlich zwei Wege offen: Die *Ermessensentscheidung des Richters* und/oder die Anerkennung des *Vertragsprinzips* als Mechanismus für die Feinsteuerung der Zuständigkeitsinteressen.

b) Die Entscheidung durch den Richter hat den Nachteil, daß sie die Forderungen der *Rechtssicherheit* vernachlässigt. Denn es läßt sich schwer voraussehen, ob der Richter nun in concreto das forum für conveniens oder non conveniens erklären wird.[2] Die Parteien dürfen aber nicht über lange Zeit im Ungewissen gehalten werden, welche Staaten für die Entscheidung ihres Rechtstreites international zuständig sind, da ja von der internationalen Zuständigkeit das anzuwendende Verfahrensrecht (insbesondere Beweisrecht) und Sachrecht und damit auch der Ausgang des Rechtsstreits bestimmt wird. Deshalb mißt das Übereinkommen zu Recht – innerhalb gewisser Grenzen – Vereinbarungen der Parteien über die internationale und örtliche Zuständigkeit kompetenzrechtliche Relevanz zu.

c) Abgesehen von den Fällen des Art. 16, verwendet das Übereinkommen als Ausgangspunkt seines Zuständigkeitssystems den Wohnsitz bzw. Sitz des Beklagten. Entscheidend ist mithin die *Parteirolle.*[3] Einem bestimmten Rechtsstreit läßt sich also ex ante kein bestimmter Staat als international zuständig für die Entscheidung zuordnen. Man muß vielmehr mit Hypothesen (angenommen: A klagt gegen B oder B klagt gegen A) die Zuständigkeitsfrage beantworten.

d) Hinzu kommt noch ein weiterer, bei der Zuständigkeitsprognose zu beachtender Unsicherheitsfaktor: Maßgebend sind die tatsächlichen Verhältnisse bei Klageerhebung bzw. sonstigem Anhängigmachen des Verfahrens.[4] Wo aber der präsumptive Beklagte zum maßgeblichen Zeitpunkt seinen Wohnsitz bzw. Sitz haben wird, darüber kann man nur spekulieren.

---

[1] Vgl. oben §§ 75, 76.

[2] *Zöller-Geimer,* ZPO, 13. Aufl., 1981, IZPR E XII 4. *Schütze* ZZP 88 (1975), 478.

[3] Oben § 3 und § 29 IV.

[4] Oben §§ 71, 83 I.

e) Schließlich läßt sich auch deshalb keine eindeutige Antwort auf die Zuständigkeitsfrage *ex ante* geben, weil mit der internationalen Zuständigkeit des Wohnsitz- bzw. Sitzstaates eine Reihe von Spezialgerichtsständen (Art. 5ff.) konkurrieren. Unter mehreren konkurrierend international zuständigen Vertragsstaaten hat der Kläger die Wahl.[5] Wo er klagen wird, läßt sich nicht klar voraussehen. Seine Entscheidung hängt – sofern er gut beraten ist, was ja bekanntlich nicht immer der Fall ist – von mehreren Faktoren ab: Primär wird er dort klagen, wo er die größten Chancen hat, den Prozeß zu gewinnen. Hierbei sind viele Gesichtspunkte gegeneinander abzuwägen, so insbesondere das Verfahrensrecht und das in der Sache anwendbare materielle Recht. Aber den Kläger interessieren auch die übliche Prozeßdauer, die Kosten, deren Erstattbarkeit und die Vollstreckungsmöglichkeiten. Diese Gesichtspunkte können das für das anwendbare Sachrecht optimale Forum in die zweite Reihe drängen.

f) Alle diese *Unsicherheiten bei der Zuständigkeitsprognose* können durch die Vereinbarung der ausschließlichen internationalen Zuständigkeit eines Staates ausgeschaltet werden. Liegt eine solche ausschließliche Prorogation vor, dann wissen beide Seiten,[6] woran sie sind, und zwar nicht nur, was ihre Gerichtspflichtigkeit und ihre Klagemöglichkeit anbelangt, sondern auch mittelbar in bezug auf das anwendbare IPR und damit auch das anzuwendende materielle Recht.

g) Aus dieser Perspektive kann man mit gutem Grund behaupten: Klare und eindeutige Zuständigkeitsvereinbarungen dienen dem *Rechtsfrieden,* weil so der Ausgang vieler Prozesse weniger im Nebel liegt und deshalb der eine oder andere gar nicht erst klagt.

2. Sicherstellung der Willensfreiheit auch der schwächeren Partei

a) Die Schattenseiten des Vertragsprinzips als zuständigkeitsrechtlichem Steuerungsmittel sollen hier nicht verschwiegen werden. Es besteht die Gefahr, daß der Stärkere dem Schwächeren seinen Willen aufzwingt. Das einseitige Diktat einer Partei ist aber eine zuständigkeitspolitisch nicht akzeptable Anknüpfung. Notwendig ist vielmehr die *freie Willenseinigung der Parteien.*[7]

b) *In Versicherungs- und Verbrauchersachen* geht das Übereinkommen davon aus, daß der Versicherungsnehmer, Versicherte und sonstwie an dem Vertragsverhältnis mit dem Versicherer Beteiligte bzw. der Verbraucher die typischerweise Schwächeren sind. Zuständigkeitsvereinbarungen mit diesem Personenkreis sind daher grundsätzlich nur nach Entstehung der Streitigkeit zulässig,[8] es sei denn sie gereichen dem

[5] Oben § 43.
[6] Und ihre Rechtsnachfolger. Vgl. unten § 96 XXIII.
[7] Oben § 75 II.
[8] Art. 12 Nr. 1, Art. 15 Nr. 1, Art. 17 II (= Art. 17 III n. F.).

schwächeren Vertragspartner zum Vorteil, weil entweder seine Klagemöglichkeiten erweitert[9] oder seine Gerichtspflichtigkeit eingeschränkt wird.[10]

c) Abgesehen von den Versicherungs- und Verbrauchersachen erkennt das Übereinkommen vor Entstehen der Streitigkeit zustandegekommene Zuständigkeitsvereinbarungen an, insbesondere auch solche, die im Zusammenhang mit dem materiellrechtlichen Hauptvertrag geschlossen wurden.[11] Das Gericht, für dessen Zuständigkeit es auf den Abschluß einer wirksamen Zuständigkeitsvereinbarung – sei es Prorogation, sei es Derogation – ankommt, hat aber in jedem Einzelfall – sofern der Beklagte die Unzuständigkeit rügt[12] – zu prüfen, ob tatsächlich eine Willenseinigung der Parteien über die Zuständigkeit vorgelegen hat.[13]

d) *Zuständigkeitsvereinbarungen im Klauselwerk allgemeiner Geschäftsbedingungen (AGB)* sind zwar grundsätzlich möglich.[14] Es ist jedoch besondere Vorsicht am Platze. So genügt es nicht, wenn eine Gerichtsstandsklausel im Rahmen der AGB einer Partei auf der Rückseite eines auf dem Geschäftspapier dieser Partei niedergelegten schriftlichen Vertrags abgedruckt ist. Denn es ist nicht sicher, daß die andere Partei tatsächlich einer Klausel zugestimmt hat, die von den allgemeinen Regeln der Art. 2ff. abweicht. Ein bloßes Aushändigen von AGB reicht ebenfalls nicht aus. Daraus läßt sich nicht folgern, der Empfänger sei mit der Einbeziehung der AGB in den Vertrag einverstanden.[15] Anders ist es, wenn der von beiden Parteien unterzeichnete Vertragstext selbst ausdrücklich auf die die Gerichtsstandsklausel enthaltenden AGB verweist. Der von beiden Parteien unterzeichnete Vertragstext muß also ausdrücklich auf diese allgemeinen Geschäftsbedingungen Bezug nehmen.[16] Ein spezieller Hinweis gerade auf die *Gerichtsstandsklausel* ist aber nicht notwendig.[17]

---

[9] Art. 12 Nr. 2, Art. 15 Nr. 2, Art. 17 II (= Art. 17 III n. F.). Vgl. oben § 75 V 2.

[10] Art. 12 Nr. 3, Art. 15 Nr. 3, Art. 17 II (= Art. 17 III n. F.). Vgl. oben § 75 V 2.

[11] Anders § 38 II und III Nr. 1 ZPO.

[12] Vgl. Art. 20 I und unten § 97 XXIII.

[13] EuGH, Urteil vom 14. Dezember 1976, Rechtssache 24/76 – *Colzani ./. Rüwa,* EuGHE 1976, 1831 = NJW 1977, 494 = RIW/AWD 1977, 104. „Angesichts der möglichen Folgen einer solchen Vereinbarung für die Stellung der Parteien im Prozeß sind die in Art. 17 aufgestellten Voraussetzungen für die Wirksamkeit von Gerichtsstandsklauseln eng auszulegen. Da Art. 17 hierfür eine „Vereinbarung" verlangt, muß das mit der Sache befaßte Gericht in erster Linie prüfen, ob die seine Zuständigkeit begründende Klausel tatsächlich Gegenstand einer Willenseinigung zwischen den Parteien war, die klar und deutlich zum Ausdruck gekommen ist; die Formerfordernisse des Art. 17 sollen gewährleisten, daß die Einigung zwischen den Parteien tatsächlich feststeht."

[14] Oben § 75 III 3.

[15] OLG Hamm, Urteil vom 20. Januar 1977, Rechtsprechungsübersicht, Folge 3, Nr. 111 = Nachschlagewerk I-5.1.2-B 8 = IPRspr. 1977 Nr. 118.

[16] EuGH, Urteil vom 14. Dezember 1976, Rechtssache 24/76, oben Fußn. 13. Der EuGH diskutiert diese Problematik anläßlich der Auslegung der Formvorschrift des Art. 17 I (= Art. 17 I 2 n. F.).

e) Die Parteien können auch im Text ihres Vertrages auf ein vorangegangenes Angebotsschreiben ausdrücklich Bezug nehmen, das seinerseits auf die eine Gerichtsstandsklausel enthaltenden AGB hingewiesen hatte.[18] Dies gilt aber nur für den Fall eines deutlichen Hinweises, dem eine Partei bei Anwendung der normalen Sorgfalt nachgehen kann, und nur, wenn feststeht, daß mit dem Angebot, auf das Bezug genommen worden ist, die die Gerichtsstandsklausel enthaltenden AGB der anderen Partei tatsächlich zugegangen sind.[19] Mittelbare oder stillschweigende Verweisungen auf vorangegangene Schriftwechsel sind nicht ausreichend, da in diesem Fall keine Gewißheit darüber besteht, daß sich die Einigung über den Vertragsinhalt tatsächlich auf die Gerichtsstandsklausel erstreckt hat.

f) Eine Zuständigkeitsvereinbarung ist aber zustandegekommen, wenn beide Parteien über die Anwendung der eine Gerichtsstandsklausel enthaltenden AGB des einen Vertragsteils einig sind und dem anderen Vertragsteil diese Bedingungen zum *Zeitpunkt der mündlichen Einigung vorliegen oder übergeben werden,* so daß dieser die Möglichkeit hat, von der darin enthaltenen Gerichtsstandsklausel bei normaler Sorgfalt Kenntnis zu nehmen.[20]

---

[17] A. A. LG Heidelberg, Urteil vom 29. April 1976, RIW/AWD 1976, 533 = IPRspr. 1976 Nr. 138. Zwar war durch einen deutlichen Hinweis auf der Vorderseite des Formulars für Auftragsbestätigungen auf die auf der Rückseite des Formulars abgedruckten Allgemeinen Verkaufs- und Zahlungsbedingungen hingewiesen worden. Auf die darin enthaltene Gerichtsstandsklausel wurde aber nicht gesondert hingewiesen. Eine pauschale Verweisung auf Allgemeine Geschäftsbedingungen hielt aber das LG Heidelberg für nicht ausreichend. Dieses Urteil ist durch die EuGH-Rechtsprechung überholt.

[18] EuGH, Urteil vom 14. Dezember 1976, Rechtssache 24/76, oben Fußn. 13.

[19] EuGH aaO (Fußn. 18). Ausgangsverfahren: BGH, Urteil vom 4. Mai 1977, WM 1977, 795 = RIW/AWD 1977, 649. Vorlagebeschluß vom 18. Februar 1976, WM 1976, 401 = RIW/AWD 1976, 295 = IPRspr. 1976 Nr. 132. Da der Vertragstext auf frühere Angebote der deutschen Firma Bezug nahm, die ihrerseits einen ausdrücklichen Hinweis auf dieselben allgemeinen Geschäftsbedingungen enthalten hatten, kam der BGH zu dem Ergebnis, daß die italienische Firma „ohne weiteres dazu in der Lage [war], sich über die allgemeinen Geschäftsbedingungen der Klägerin . . ., und damit über die Gerichtsstandsklausel zu informieren".

[20] EuGH, Urteil vom 14. Dezember 1976, Rechtssache 25/76 *Segoura ./. Bonakdarian* EuGHE 1976, 1851 = RIW/AWD 1977, 105 = NJW 1977, 495, mit Anm. *Müller* RIW/AWD 1977, 164, passim. Der EuGH hat dies zwar nicht so klar formuliert. Nach seiner Auffassung kommt eine wirksame Gerichtsstandsvereinbarung nach der 2. Alternative des Art. 17 I 1 zustande, wenn zwar bei mündlichem Vertragsschluß im Rahmen einer laufenden Geschäftsbeziehung auf die schon früher verwandten allgemeinen Geschäftsbedingungen mit Gerichtsstandsklauseln nicht mehr ausdrücklich hingewiesen wird, wenn aber ein entsprechender Hinweis auf die AGB in den nachfolgenden Bestätigungsschreiben enthalten ist. Der EuGH ist also der Auffassung, daß eine mündliche Vereinbarung – die dann noch schriftlich bestätigt wird – dann zustande kommt, wenn dem anderen Vertragsteil die allgemeinen Geschäftsbedingungen bekannt sind und wenn dieser weiß, daß zu diesen Bedingungen abgeschlossen

g) Nicht ausreichend ist, wenn eine Partei bei mündlichem Vertragsschluß darauf hinweist, sie wolle ihre allgemeinen Geschäftsbedingungen in das Vertragsverhältnis einbeziehen, diese Bedingung aber erst später (z. B. im Zusammenhang mit der schriftlichen Auftragsbestätigung) der anderen Partei ausgehändigt werden.[21] Auch wenn sich der andere Vertragsteil mündlich mit den allgemeinen Geschäftsbedingungen in toto einverstanden erklärt hatte, hatte er keine Gelegenheit, von der Gerichtsstandsklausel Kenntnis zu nehmen. Etwas anderes gilt, wenn der Verwender der allgemeinen Geschäftsbedingungen seine Vertragspartner ausdrücklich darauf aufmerksam gemacht hat, daß sich in den allgemeinen Geschäftsbedingungen eine Zuständigkeitsklausel befindet. In einem solchen Fall liegt eine ausdrückliche mündliche Zuständigkeitsvereinbarung vor; das Problem der Einbeziehung der allgemeinen Geschäftsbedingungen in den Vertragswillen der Parteien spielt dann keine Rolle mehr.

h) Erst recht liegt keine Willenseinigung der Parteien über die Zuständigkeit vor, wenn ein Vertrag, z. B. ein Kaufvertrag, *ohne jede Bezug-*

---

werden soll. Vgl. *Müller* RIW/AWD 1977, 164; *Stein-Jonas-Leipold*, ZPO 20. Aufl. 1978, § 38 Rz. 28 g. E.; *Jung* (Fußn. 43) 158 Fußn. 466.

[21] EuGH, Urteil vom 14. Dezember 1976 – Rechtssache 25/76 *Segoura ./. Bonakdarian* EuGHE 1976, 1851. Der BGH hatte dem EuGH folgende Frage gestellt:

Genügt es dem Erfordernis des Art. 17, wenn ein Verkäufer beim mündlich vereinbarten Abschluß eines Kaufvertrags darauf hingewiesen hat, er wolle zu seinen allgemeinen Geschäftsbedingungen abschließen, und wenn er sodann den abgeschlossenen Vertrag dem Käufer schriftlich bestätigt und dieser Bestätigung seine allgemeinen Geschäftsbedingungen beifügt, die eine Gerichtsstandsklausel enthalten?

Der EuGH antwortete:

„Den Formerfordernissen des Art. 17 I . . . ist im Falle eines mündlich geschlossenen Vertrages nur dann genügt, wenn die schriftliche Bestätigung durch den Verkäufer, der dessen allgemeinen Geschäftsbedingungen beigefügt sind, vom Käufer schriftlich angenommen worden ist.

Der Umstand, daß der Käufer einer einseitigen Bestätigung durch die andere Vertragspartei nicht widerspricht, ist hinsichtlich der Gerichtsstandsklausel nicht als Annahme anzusehen, es sei denn, der mündlich geschlossene Vertrag füge sich in laufende Geschäftsbeziehungen ein, die zwischen den Parteien auf der Grundlage der eine Gerichtsstandsklausel enthaltenden allgemeinen Geschäftsbedingungen einer Partei bestehen. . . .

Wenn ein Verkäufer beim mündlich vereinbarten Abschluß eines Kaufvertrages darauf hingewiesen hat, er wolle zu seinen AGB abschließen, und wenn er sodann den abgeschlossenen Vertrag dem Käufer schriftlich bestätigt und dieser Bestätigung seine AGB beifügt, die eine Gerichtsstandsklausel enthalten, so kann nicht unterstellt werden, daß der Käufer, auch wenn er sich in einem mündlich geschlossenen Vertrag damit einverstanden erklärt hat, zu den AGB des Verkäufers abzuschließen, sich einer möglicherweise in diesen AGB enthaltenen Gerichtsstandsklausel unterworfen habe. Hieraus folgt, daß eine schriftliche Bestätigung des Vertrages durch den Verkäufer, der der Wortlaut seiner AGB beigefügt ist, bezüglich einer etwaigen Gerichtsstandsklausel wirkungslos bleibt, wenn keine schriftliche Annahme erfolgt ist."

nahme auf bestehende AGB abgeschlossen wird.[22] In einem solchen Fall ist es offensichtlich, daß eine Gerichtsstandsklausel, die möglicherweise wesentlicher Bestandteil dieser AGB ist, nicht Gegenstand des von den Parteien mündlich geschlossenen Vertrages geworden ist. Die nachfolgende Übermittlung der eine solche Klausel enthaltenden AGB durch den Verkäufer führt daher nicht zu einer Änderung des von den Parteien vereinbarten Vertragsinhalts, es sei denn, diese Bedingungen würden vom Käufer ausdrücklich schriftlich angenommen. Sein Schweigen auf das Bestätigungsschreiben ist einer Annahme nicht gleichzusetzen.[23] Anders ist es allerdings, wenn ein Vertrag im Rahmen laufender Geschäfts-

---

[22] Vgl. den Fall des Hof van beroep Antwerpen, 4. Kammer, Urteil vom 30. November 1977, *Fa. Gottfried Kellermann GmbH ./. P. B. A. „Dura"*, 1616-A. R. 1244/75 = Rechtsprechungsübersicht, Folge 3 Nr. 108 = Nachschlagewerk I-17.1.2-B 12. Die Klägerin mit Sitz in Belgien hatte die Beklagte mit Sitz in der Bundesrepublik Deutschland vor der Rechtbank van koophandel Turnhout auf der Grundlage von Kaufverträgen auf Zahlung von Kaufpreis verklagt. Auf der Rückseite der entsprechenden Rechnungen, die sich auf Beträge in deutscher Währung beliefen, war als Gerichtsstand Turnhout angegeben. Die Beklagte hatte diese Rechnungen ohne Widerspruch entgegengenommen. Das Berufungsgericht argumentierte wie folgt: Der Vermerk über den Gerichtsstand Turnhout auf der Rückseite der Rechnungen reiche nicht aus, um eine wirksame Zuständigkeitsvereinbarung zu begründen; daß die Rechnungen widerspruchslos entgegengenommen worden seien, ändere hieran nichts.

[23] EuGH, Urteil vom 14. Dezember 1976, Rechtssache 25/76, oben Fußn. 20. Dieses Urteil ignorierte allerdings die 1. Kammer der Cour d'appel de Mons, in ihrem Urteil vom 17. Oktober 1977, *S. A. Soc. nouvelle des paveurs réunis (S. N. P. R.) ./. S. p. r. l. Joseph Maillien et Fils,* 542-R. G. 2.527 = Nachschlagewerk I-17.1.2-B 11: Eine Gesellschaft mit Sitz in Belgien, hatte die in Frankreich ansässige Beklagte vor dem Tribunal de commerce Charleroi auf der Grundlage eines mündlich geschlossenen Vertrages über die Lieferung von Hochofenschlacke auf Zahlung und Schadensersatz verklagt. Zur Begründung der Zuständigkeit des belgischen Gerichts berief sich die Klägerin unter anderem auf eine Gerichtsstandsklausel, die unstreitig zusammen mit anderen Allgemeinen Verkaufsbedingungen auf der Rückseite sämtlicher der Beklagten übersandten und von dieser widerspruchslos entgegengenommenen Rechnungen abgedruckt war. Die Beklagte behauptete, sie habe bei Vertragsschluß keine Kenntnis von der Gerichtsstandsklausel gehabt; diese sei auch nicht dadurch wirksam geworden, daß sie, die Beklagte, bei Erhalt der Rechnungen nicht widersprochen habe.

Das Tribunal de commerce Charleroi erklärte sich für zuständig. Die Berufung der Beklagten blieb erfolglos. Nach Ansicht der Cour d'appel lag eine wirksame Zuständigkeitsvereinbarung vor. Es sei zwar richtig, daß der Inhalt einer Verpflichtung bekannt sein müsse, damit sich der Bindungswille der betreffenden Vertragspartei hierauf erstrecken könne. Dies hindere jedoch nicht, in der widerspruchslosen Entgegennahme der Rechnung einen Beweis dafür zu sehen, daß sich das Einverständnis der Parteien auf sämtliche in der Rechnung zum Ausdruck kommenden Modalitäten des Vertrages erstreckt habe. Hierbei komme es nicht darauf an, ob der andere Teil von diesen Modalitäten lange Zeit oder erst kurz vor der Übersendung der Rechnung Kenntnis erhalten habe. Im übrigen habe die Beklagte als erfahrene Handelsgesellschaft mit derartigen Klauseln auf der Rückseite von Rechnungen rechnen und ihre Tragweite richtig einschätzen müssen.

beziehungen zwischen den Parteien mündlich geschlossen wird und wenn diese in ihrer Gesamtheit allgemeinen Geschäftsbedingungen unterliegen, die eine Gerichtsstandsklausel enthalten. Wollte der Empfänger der Bestätigung bei dieser Sachlage das Bestehen einer Zuständigkeitsvereinbarung leugnen, so verstieße er gegen Treu und Glauben, selbst wenn es an einer schriftlichen Annahme seinerseits fehlt.[24]

II. Qualifikationsfragen

Um eine möglichst einheitliche Anwendung des Art. 17 zu gewährleisten, ist Art. 17 konventionsimmanent zu definieren. Verweisungen auf

---

[24] Im Anschluß an diese Rechtsprechung des EuGH (oben Fußn. 20) bejahte die Arrondissementsrechtbank Amsterdam die internationale Zuständigkeit der Niederlande. Vgl. Urteil vom 16. November 1977, *Allpac Holding B. V. ./. Erich Bauer KG,* Nederlandse jurisprudentie, Uitspraken in burgerlijke en strafzaken 1978, Uitspraak Nr. 473, 1610 = Rechtsprechungsübersicht, Folge 3, Nr. 116 = Nachschlagewerk I-17.1.2-B 13: Ein niederländisches Unternehmen hatte eine Gesellschaft mit Sitz in der Bundesrepublik Deutschland vor der Arrondissementsrechtbank Amsterdam unter Berufung auf eine Gerichtsstandsvereinbarung nach Art. 17 I verklagt. Dem Rechtsstreit lag ein im Januar 1976 zustande gekommener Vertrag über die Lieferung bestimmter Waren durch die Klägerin an die Beklagte zugrunde. Das Auftragsschreiben der Beklagten hatte einen Hinweis auf die AGB enthalten, in denen unter anderem die Zuständigkeit der Gerichte in Hamburg vorgesehen war. Die daraufhin übersandten Auftragsbestätigungen der Klägerin enthielten auf der Rückseite deren AGB in niederländischer und deutscher Sprache; diese sahen die Zuständigkeit der Gerichte in Amsterdam vor. Die Beklagte nahm die Auftragsbestätigungen widerspruchslos entgegen. Zwischen den Parteien hatten bereits im Mai 1975 Verhandlungen wegen anderer Geschäfte stattgefunden, in deren Verlauf die Klägerin der Beklagten eine deutsche Übersetzung ihrer AGB übersandt hatte. In der Folgezeit war es zum Abschluß mehrerer Geschäfte gekommen, über die die Klägerin Rechnungen ausgestellt hatte, auf deren Rückseite die betreffenden AGB ebenfalls abgedruckt waren. Ferner befand sich auch auf einer von der Klägerin im August 1975 an die Beklagte übersandten Preisliste ein Verweis auf diese Bedingungen.

Das Gericht argumentierte wie folgt: Zwar könne in der Übersendung der Auftragsbestätigung vom Januar 1976, die nicht einmal einen ausdrücklichen Hinweis auf die AGB auf der Rückseite enthalten hätten, und dem Schweigen der Beklagten keine wirksame Gerichtsstandsvereinbarung gesehen werden. Im Rahmen der laufenden Geschäftsbeziehungen zwischen den Parteien habe die Beklagte jedoch hinreichend Gelegenheit gehabt, anhand der zahlreichen übersandten Unterlagen von den Geschäftsbedingungen der Klägerin Kenntnis zu nehmen. Sie könne sich nicht mehr darauf berufen, daß diese Geschäftsbedingungen nicht Gegenstand einer ausdrücklichen Vereinbarung gewesen seien. Sie müsse sich daher so behandeln lassen, als habe sie – wovon bei Anwendung normaler Sorgfalt auszugehen sei – die in den AGB enthaltene Zuständigkeitsregelung gekannt und gebilligt. Sie könne sich im übrigen auch nicht auf die Gerichtsstandsklausel zugunsten der hamburgischen Gerichte berufen, die in den in ihrem Bestellschreiben herangezogenen AGB enthalten sei. Über diese Klausel sei weder eine schriftliche noch eine von der Klägerin auch nur schriftlich bestätigte Vereinbarung zustande gekommen.

das Kollisionsrecht der einzelnen Vertragsstaaten sind nach Möglichkeit zu vermeiden. Allerdings muß man sich darüber im klaren sein, daß sich diese Linie nicht ganz konsequent wird durchhalten lassen können. Der EuGH hat sich bisher stets für eine konventionsimmanente Auslegung entschieden.[25] Allerdings stehen noch Entscheidungen zu diffizilen Grenzbereichen, wie z. B. zur Frage der Abschlußfähigkeit, Stellvertretung, Beachtlichkeit von Willensmängeln etc., aus. Näher unten XXV 9.

III. Rechtsnatur der Zuständigkeitsvereinbarung[26]

Die Zuständigkeitsvereinbarung intendiert prozessuale Wirkungen. Sie entfaltet diese Wirkungen erst im Prozeß. Sie ist daher als Prozeßvertrag zu qualifizieren.[27]

IV. Verhältnis der Zuständigkeitsvereinbarung zum materiell-rechtlichen Hauptvertrag

Beide sind streng auseinanderzuhalten, selbst wenn die Gerichtsstandsklausel in der gleichen Urkunde enthalten ist wie der Hauptvertrag.[28]

V. Möglicher Inhalt einer Zuständigkeitsvereinbarung: Prorogation und/oder Derogation

1. Die Parteien können vereinbaren

a) eine *Prorogation,* d. h. ein an und für sich international unzuständiger Vertragsstaat soll auf Grund der Zuständigkeitsvereinbarung international zuständig sein und/oder

b) eine *Derogation,* d. h. ein an und für sich international zuständiger Vertragsstaat soll auf Grund der Zuständigkeitsvereinbarung international unzuständig sein.

---

[25] EuGH, Urteile vom 14. Dezember 1976, Rechtssachen 24/76 und 25/76, oben Fußn. 13 und 20; EuGH, Urteil vom 13. November 1979, Rechtssache 25/79 – *Sanicentral ./. Collin,* EuGHE 1979, 3423 = RIW/AWD, 1980, 285; EuGH, Urteil vom 24. Juni 1981, Rechtssache 150/80 – *Elefanten Schuh ./. Jacqmain,* EuGHE 1981, 1671 = RIW/AWD 1981, 709, unten Fußn. 130.

[26] Nachweise zum Streit im deutschen IZPR (Prozeßvertrag oder materiellrechtlicher Vertrag über prozeßrechtliche Beziehungen) bei *Zöller-Geimer,* ZPO, 13. Aufl., 1981, IZPR E XVI, Anm. 10b und *Schütze* DB 1974, 1417ff.

[27] Sehr klar EuGH, Urteil vom 13. November 1979, Rechtssache 25/79, oben Fußn. 25: „Eine in einem Arbeitsvertrag enthaltene schriftliche Gerichtsstandsvereinbarung ist ihrem Wesen nach eine Zuständigkeitsoption, die ohne rechtliche Folgen bleibt, solange kein gerichtliches Verfahren eingeleitet ist, und die erst dann Wirkungen entfaltet, wenn eine Klage erhoben wird.“

[28] Vgl. EuGH, Urteil vom 24. Juni 1981, Rechtssache 150/80, oben Fußn. 25.

2. Beide Aspekte sind streng von einander zu trennen, auch dann, wenn sie Gegenstand ein und derselben Zuständigkeitsvereinbarung sind: Bei der Prorogation der ausschließlichen internationalen Zuständigkeit eines an und für sich international unzuständigen Vertragsstaates begründet die Zuständigkeitsvereinbarung die internationale Zuständigkeit des (prorogierten) Vertragsstaates und derogiert gleichzeitig die internationale Zuständigkeit aller übrigen nach Art. 2ff. international zuständigen Vertragsstaaten.[29]

3. Notwendig ist die *Koppelung von Prorogation und Derogation* in ein und derselben Zuständigkeitsvereinbarung nicht. Denkbar sind auch reine Prorogations- und reine Derogationsvereinbarungen.

a) Im ersten Fall wird die an und für sich nicht vorhandene Zuständigkeit eines Vertragsstaates begründet, ohne die internationale Zuständigkeit anderer Vertragsstaaten oder dritter Staaten[30] auszuschließen.

b) Im zweiten Fall wird durch die Vereinbarung der Parteien lediglich die nach Art. 2ff. oder nach nationalem Zuständigkeitsrecht gegebene internationale Zuständigkeit eines oder mehrerer Vertragsstaaten ausgeschlossen, ohne die internationale Zuständigkeit eines anderen Vertragsstaates oder eines dritten Staates[31] zu begründen.

4. Art. 17 I spricht die *Derogationswirkung einer Zuständigkeitsvereinbarung* nur mittelbar an.[32] „Haben die Parteien durch eine . . . Vereinbarung bestimmt, daß ein Gericht oder die Gerichte eines Vertragsstaates über eine . . . Rechtsstreitigkeit entscheiden sollen, so sind dieses Gericht oder die Gerichte dieses Staates ausschließlich zuständig.“ Die Derogation der internationalen Zuständigkeit der anderen Vertragsstaaten – ganz gleich, ob sich diese auf Konventionsrecht oder nationales Zuständigkeitsrecht (Art. 4 I) stützt[33] – ergibt sich expressis verbis nur aus der Anordnung der Ausschließlichkeit des forum prorogatum. Diese Ausschließlichkeit ist jedoch nicht zwingend.[34] Art. 17 I enthält lediglich eine widerlegbare Vermutung, daß die Parteien mit der Prorogation eines Vertragsstaates

[29] Meist soll auch die internationale Zuständigkeit aller übrigen in Betracht kommenden (Nichtvertrags-)Staaten ausgeschlossen sein. Den Derogationsaspekt einer solchen Zuständigkeitsvereinbarung regelt das Übereinkommen nicht. Art. 17 gilt nur für die übrigen Vertragsstaaten. Ob die Gerichte dritter Staaten die (gewollte) Derogation ihrer internationalen Zuständigkeit zu beachten haben oder nicht, bestimmt deren lex fori, also das für das angegangene Gericht maßgebliche Zuständigkeitsrecht.

[30] Oben Fußn. 29.

[31] Ob der dritte Staat die Prorogation annimmt, beurteilt sich nicht nach dem Übereinkommen, sondern nach dem Zuständigkeitsrecht des prorogierten Staates. Im Anwendungsbereich des Übereinkommens handelt es sich immer um einen Fall der reinen Derogation, ganz gleich, ob nun die Gerichte eines dritten Staates prorogiert wurden oder nicht.

[32] *Geimer* NJW 1976, 443 Fußn. 19.

[33] Oben § 29 VI.

[34] *Kropholler* IZVR Nr. 889.

die internationale Zuständigkeit der anderen Vertragsstaaten ausschließen wollten. Der Gegenbeweis ist zulässig.[35]

5. Der Fall der *reinen Derogationsvereinbarung* – ohne gleichzeitige Prorogation – wird durch den Wortlaut des Art. 17 I nicht gedeckt. Gleichwohl ist es allgemeine Meinung, die Regeln des Art. 17, insbesondere dessen Formvorschriften, auch auf solche isolierten Derogationsvereinbarungen anzuwenden.[36]

6. Wird die *Zuständigkeit sämtlicher Gerichte dieser Erde derogiert,* so liegt im Ergebnis ein *Rechtsschutzverzicht* vor. Ob dies tatsächlich von den Parteien gewollt war, ist im Wege der Auslegung zu prüfen.

7. Wird die ausschließliche internationale Zuständigkeit eines dritten Staates vereinbart, so ist im Zweifel davon auszugehen, daß die Annahme der Prorogation durch die Gerichte des dritten Staates Bedingung für die Derogation der nach Art. 2ff. gegebenen internationalen Zuständigkeiten der Vertragsstaaten ist.

VI. Gegenstand der Zuständigkeitsvereinbarung

1. Gegenstand der Zuständigkeitsvereinbarung nach Art. 17 kann sein
a) *die internationale Zuständigkeit*
b) *die örtliche Zuständigkeit,*
nicht jedoch die sachliche Zuständigkeit und die Zulässigkeit des Rechtsweges.[37] Diese sind nicht Gegenstand der Regelung des Übereinkommens.[38] Sie bleiben vielmehr dem nationalen Recht vorbehalten.

2. Art. 17 schreibt *keine Koppelung* von Vereinbarungen über die internationale Zuständigkeit und die örtliche Zuständigkeit vor.[39] Es kann ein

---

[35] OLG München, Urteil vom 29. Januar 1980, RIW/AWD 1982, 281 = IPRspr. 1980 Nr. 139. Anders wohl OLG Bamberg, Urteil vom 9. Februar 1978, OLGZ 1978, 341 = RIW/AWD 1979, 566 = IPRspr. 1978 Nr. 137.

[36] *Geimer* NJW 1976, 443 Fußn. 19; *Müller* in *Bülow-Böckstiegel* 606/142, Art. 17, Anm. II 2 bei Fußn. 14.

[37] *Jenard*-Bericht S. 83. Ob solche Vereinbarungen zulässig und gegebenenfalls unter welchen Voraussetzungen sie wirksam sind, entscheidet das nationale Recht des angegangenen Gerichts. Art. 17 schafft supranationales Recht nur für Vereinbarungen über die internationale und für die örtliche Zuständigkeit.

[38] Oben § 5.

[39] Meist wird in einer Zuständigkeitsvereinbarung sowohl die internationale Zuständigkeit eines Vertragsstaates als auch die örtliche Zuständigkeit eines konkreten Gerichts vereinbart.

Beispiel: Eine Gesellschaft mit Sitz in Mailand liefert an einen Kaufmann mit Wohnsitz in Paris. Erfüllungsort ist Paris. Die Parteien vereinbaren einen „neutralen" Gerichtsstand: Sie bestimmen, daß über alle Rechtsstreitigkeiten aus ihrem Vertragsverhältnis die Gerichte in München entscheiden sollen. Durch diese Zuständigkeitsvereinbarung wird die nach dem Zuständigkeitssystem des Übereinkommens an sich nicht international zuständige Bundesrepublik Deutschland international zuständig, zum zweiten werden innerhalb der Bundesrepublik Deutschland die Gerichte in München als örtlich zuständig erklärt.

Vertragsstaat als international zuständig vereinbart werden, ohne daß das örtlich zuständige Gericht festgelegt wird.[40] In einem solchen Fall greifen die nationalen Zuständigkeitsregeln ein. Stellen diese kein örtlich zuständiges Gericht zur Verfügung, so geht die Zuständigkeitsvereinbarung nicht etwa ins Leere.[41] Vielmehr ist der prorogierte Vertragsstaat zur Justizgewährung verpflichtet.[42] Im Falle einer Regelungslücke des nationalen Zuständigkeitsrechts[43] kommt die ungeschriebene Konventionsregel zum Zuge, wonach die Gerichte der Hauptstadt des prorogierten Vertragsstaates örtlich zuständig sind.[44]

3. Es gibt auch *Vereinbarungen nur über die örtliche Zuständigkeit,* für die Art. 17 maßgeblich ist.[45]

Ist z. B. ein Vertragsstaat gemäß Art. 5 Nr. 1 international zuständig, wollen jedoch die Parteien die örtliche Zuständigkeit am Erfüllungsort zugunsten eines anderen Gerichtes in dem Vertragsstaat, in dem der Erfüllungsort liegt, derogieren, so beurteilt sich die Verschiebung der örtlichen Zuständigkeit innerhalb des gemäß Art. 5 Nr. 1 international zuständigen Vertragsstaates nach Art. 17.

Beispiel A:

Eine Gesellschaft in Düsseldorf bestellt bei einer Gesellschaft in Mailand Ware; Erfüllungsort soll München sein. Die Parteien vereinbaren Frankfurt a. M. als örtlich zuständiges Gericht für alle Streitigkeiten aus dem Vertragsverhältnis.

Hier ist die Bundesrepublik Deutschland international zuständig für Klagen in Richtung gegen die Düsseldorfer Firma als Wohnsitzstaat, Art. 2 I, in Richtung gegen die italienische Firma für Vertragsklagen[46] als Staat, innerhalb dessen der Erfüllungsort liegt, Art. 5 Nr. 1. Durch die Vereinbarung wird also die internationale Zuständigkeit der Bundesrepublik Deutschland nicht begründet, da sie bereits nach den Vorschriften des Übereinkommens vorhanden ist.[46a] Verschoben wird lediglich die örtliche Zuständigkeit.[47]

---

[40] Die Parteien können – wie sich aus dem Wortlaut des Art. 17 I eindeutig ergibt – die internationale Zuständigkeit der Bundesrepublik Deutschland festlegen, ohne ein örtlich zuständiges Gericht zu bestimmen. Sie tun dies etwa mit der Klausel: Zuständig sollen die Gerichte der Bundesrepublik Deutschland sein. Hier wird durch die Parteivereinbarung nur die internationale Zuständigkeit Deutschlands begründet.

[41] A. A. *Müller* in *Bülow-Böckstiegel* 606/152, Art. 17, Anm. IV 1 Fußn. 86.

[42] Vgl. oben § 42. Ebenso im Ergebnis *Droz* Nr. 210ff. S. 131ff.

[43] Zum deutschen Recht s. die Nachweise bei *Zöller-Geimer,* ZPO, 13. Aufl., 1981, IZPR E XVI, Anm. 5a und bei *Jung,* Vereinbarungen über die Internationale Zuständigkeit nach dem EWG-Gerichtsstands- und Vollstreckungsübereinkommen und nach § 38 Abs. 2 ZPO, Diss. Bochum 1980, 115.

[44] Oben § 32 III. Zustimmend im Ergebnis *Kropholler* IZVR Rz. 862.

[45] Unklar *Kropholler* IZVR Rz. 810 bei Fußn. 1713.

[46] Oben § 83 IV.

[46a] Die Zuständigkeitsvereinbarung ist jedoch relevant für alle Streitgegenstände,

4. Ist die Vereinbarung der internationalen Zuständigkeit mit einer örtlichen Zuständigkeitsvereinbarung gekoppelt und stellt sich heraus, daß eine der beiden Vereinbarungen aus irgendeinem Grunde unwirksam ist, so ergibt sich folgendes Bild:

a) Ist die Vereinbarung über die internationale Zuständigkeit unwirksam, so entfällt die internationale Zuständigkeit des vereinbarten Vertragsstaates. Damit geht die Vereinbarung des örtlich zuständigen Gerichts innerhalb des prorogierten Vertragsstaates ins Leere, sie ist gegenstandslos.

b) Im umgekehrten Falle führt jedoch die Unwirksamkeit der örtlichen Zuständigkeitsvereinbarung nicht zur Unwirksamkeit der Vereinbarung über die internationale Zuständigkeit. Denn die Parteien haben ja gewollt, daß die Gerichte dieses Vertragsstaates entscheiden. Aus der Unwirksamkeit der konkreten örtlichen Zuständigkeit ist nicht die Unwirksamkeit der internationalen Zuständigkeitsvereinbarung zu folgern. Die örtliche Zuständigkeit ist in diesem Falle nach den Regeln des autonomen Rechts des Vertragsstaates zu entwickeln. Ersatzweise sind die Gerichte der Hauptstadt örtlich zuständig.

VII. Anwendungsvoraussetzungen

Diese wurden bereits oben § 29 VI erörtert. Darauf wird verwiesen. Wegen der praktischen Bedeutung dieses Fragenkomplexes seien hier nochmals die wichtigsten Leitlinien zusammengefaßt.[48]

1. Wohnsitz wenigstens einer Partei in einem Vertragsstaat

a) Untauglichkeit der Grundregel der Art. 2 I, 4 I.

Die Grundregel für die Abgrenzung des Anwendungsbereiches der Zuständigkeitsordnung enthalten Art. 2 I und 4 I. Voraussetzung ist, daß der Beklagte in einem Vertragsstaat seinen Wohnsitz bzw. Sitz hat. Ist er in einem Nichtvertragsstaat domiziliert oder hat er überhaupt keinen Wohnsitz, dann gilt das nationale Zuständigkeitsrecht. Diese Abgren-

---

die nicht in den Anwendungsbereich des Art. 5 Nr. 1 fallen, vor allem für deliktische und quasideliktische Ansprüche.

[47] Wenn Frankfurt a. M. ausschließlich zuständig sein soll, hat die Vereinbarung auch Bedeutung für die internationale Zuständigkeit, zwar nicht im Sinne einer *Prorogation,* sondern im Sinne einer *Derogation,* weil nämlich die internationale Zuständigkeit Italiens abbedungen wird.

[48] Zum sachlichen Anwendungsbereich s. oben §§ 19ff.: Streitgegenstand muß eine Zivilsache sein, die nicht in dem Ausnahmekatalog des Art. 1 II aufgezählt ist.

Die Zuständigkeitsordnung des Übereinkommens und damit auch Art. 17 kommt im Anwendungsbereich eines Spezialabkommens im Sinne des Art. 57 dann nicht zum Zuge, wenn dieses Abkommen eine abschließende Regelung enthält. Vgl. oben § 13 II.

zungsformel ist für Zuständigkeitsvereinbarungen nicht geeignet; denn sie führte dazu, daß es von der Parteirolle abhinge, ob Art. 17 oder das nationale Zuständigkeitsrecht zur Anwendung kommt.[49]

Beispiel B:
Eine Gesellschaft mit dem Sitz in Zürich und ein Unternehmen mit dem Sitz in Paris vereinbaren die ausschließliche Zuständigkeit des Landgerichts Freiburg/Br. Klagt das Pariser Unternehmen gegen die Züricher Gesellschaft, so wäre bei Geltung der oben beschriebenen Grundregel nicht Art. 17 einschlägig, sondern das nationale Zuständigkeitsrecht, also § 38 ZPO. Anders wäre es bei umgekehrten Rollen.

b) Erweiterung des Anwendungsbereiches: Art. 17 gilt auch dann, wenn der Kläger in einem Vertragsstaat wohnt.
Diese erst spät entdeckte Ungereimtheit[50] führte dazu, daß man den Anwendungsbereich gegenüber dem der allgemeinen Zuständigkeitsanknüpfungen der Art. 2ff. erweiterte: Auf die Parteirolle kommt es nicht an. Es reicht, wenn eine der Parteien im geographischen Anwendungsbereich des Übereinkommens domiziliert ist.[51] Das nationale Kompetenzrecht ist in Bezug auf Zuständigkeitsvereinbarungen demnach nur dann anzuwenden, wenn keine der Parteien im geographischen Anwendungsbereich des Übereinkommens ihren Wohnsitz bzw. Sitz hat.

c) Maßgeblicher Zeitpunkt.
Die Anwendungsregel des Art. 17 I ist in den meisten Fällen klar und einfach zu handhaben. Probleme ergeben sich jedoch bei einem Wohnsitz- bzw. Sitzwechsel nach Abschluß der Zuständigkeitsvereinbarung.

Beispiel C:
Ein Züricher und ein Hamburger vereinbaren die ausschließliche Zuständigkeit des Landgerichts Hamburg. Der Hamburger setzt sich zur Ruhe und verzieht nach Göteborg.

Beispiel D:
Ein Wiener und ein Berner vereinbaren die ausschließliche Zuständigkeit des Landgerichts München I für einen in Frankreich zu erfüllenden Liefervertrag. Der Berner verlegt seinen Wohnsitz nach Nizza.

Das Übereinkommen schweigt zur Frage des maßgeblichen Zeitpunktes. Die h. M.[52] stellt auf den Zeitpunkt des Abschlusses der Zuständig-

---

[49] *Jenard*-Bericht S. 83.
[50] Anders noch der Vorentwurf. Vgl. oben § 29 VI 1b und unten Fußn. 103.
[51] Dies hat zur Folge, daß bei grundsätzlicher Maßgeblichkeit des nationalen Zuständigkeitsrechts für Zuständigkeitsvereinbarungen Konventionsrecht gelten kann.
[52] *Müller* in *Bülow-Böckstiegel* 606/142, Art. 17, Anm. II 1 bei Fußn. 12: „Nach Sinn

keitsvereinbarung ab.[53] Ob sich der EuGH dieser Ansicht anschließen wird, bleibt abzuwarten. Dieser argumentierte in einem anderen Zusammenhang wie folgt: Eine Gerichtsstandsvereinbarung sei ihrem Wesen nach eine *Zuständigkeitsoption,* die ohne rechtliche Folgen bleibe, solange kein gerichtliches Verfahren eingeleitet sei. Sie entfalte erst dann ihre Wirkung, wenn die Klage erhoben sei. Auf diesen Zeitpunkt sei deshalb für die Beurteilung der Tragweite der Gerichtsstandsvereinbarung anhand des zu dieser Zeit geltenden Rechts abzustellen.[54]

---

und Zweck der Vorschrift muß genügen, daß ein solcher Wohnsitz lediglich im Zeitpunkt der Gerichtsstandsabrede bestand. Denn die Parteien vertrauen darauf, daß die einmal getroffene Vereinbarung ohne Rücksicht auf spätere Wohnsitzänderungen gültig bleibt. Dieser Gesichtspunkt gilt auch im umgekehrten Fall: Besteht ein Wohnsitz in einem Vertragsstaat erst bei Klageerhebung, so ist Art. 17 auf eine vorher getroffene Gerichtsstandsvereinbarung unanwendbar. Daß eine solche Vereinbarung die Gerichtsstände des Übereinkommens berührt, rechtfertigt keine andere Auslegung, da auch Art. 17 in fremde Zuständigkeitsordnungen eingreift, wenn bei Klageerhebung keine der Parteien mehr in einem Vertragsstaat wohnt."

[53] Dagegen will *Droz* Nr. 184–185 S. 118 Art. 17 auch dann anwenden, wenn erst bei Klageerhebung eine Partei ihren Wohnsitz in den geographischen Anwendungsbereich des Übereinkommens verlegt:

„184. Il résulte de la lettre de l'article 17 que la condition exigée, le domicile de l'une des parties dans la Communauté, doit être appréciée *au moment de l'accord.*

Il est clair que si la condition est réalisée au moment de l'accord mais non plus au moment de l'action, l'article 17 développera néanmoins tous ses effets. Le résultat est conforme à l'équité et à l'esprit du Traité. C'est au moment de la conclusion de l'accord que les parties doivent pouvoir prévoir, avec certitude, ses conséquences. Il serait contraire à la bonne foi qui doit régner dans les contrats que, par le déplacement de son domicile, l'une des parties soustraie l'accord à l'application de la Convention.

185. Mais qu'en est-il d'un accord qui serait conclu par des parties domiciliées hors de la Communauté alors que l'intégration se trouve réalisée au moment où l'action est intentée? Peut-on estimer que cet accord qui, à l'origine ne tombait pas dans le champ d'application de l'article 17, entre dans ce domaine du fait que la condition de domicile est réalisée au moment du procès?

Nous serions tentés de l'admettre. En effet, l'article 17 comporte des dispositions sur le respect des compétences particulières ou exclusives qui, de toute façon, devront être respectées. Par ailleurs, il comporte des dispositions relatives à la forme, protectrices des intérêts des parties. Dans l'hypothèse où l'une au moins des parties est intégrée à la Communauté au moment de l'action, elle doit pouvoir bénéficier de cette protection. Enfin, la mise en jeu de l'article 17 rendrait le tribunal compétent „au sens de la Convention" et permettrait ainsi au défendeur, domicilié sur le territoire d'un Etat contractant, appelé dans un autre Etat contractant devant un tribunal qui ne serait pas le tribunal élu, de bénéficier de la disposition protectrice de l'article 20 qui oblige le juge à prononcer d'*office* son incompétence en cas de défaut.

Nous ne serions donc pas étonné que la jurisprudence des Etats contractants arrive un jour à poser un double critère d'applicabilité de l'article 17: il faut, mais il suffit, que l'une des parties ait été domiciliée sur le territoire d'un Etat contractant au moment de l'accord, ou le soit au moment de l'action."

[54] EuGH, Urteil vom 13. November 1979, Rechtssache 25/79 – *Sanicentral ./. Collin,* EuGHE 1979, 3423 = NJW 1980, 1218 L = RIW/AWD 1980, 285: Aufgrund einer

2. Berührung zu mehreren Vertragsstaaten[55]

a) Nach herrschender Meinung setzt die Anwendung des Art. 17 voraus, daß eine Berührung zu mehreren Vertragsstaaten vorliegt. Diese Formulierung ist ungenau und ungeeignet für dogmatische Eingrenzungen.

b) Man unterscheidet drei Fallgruppen:[56]

α) Gerichtsstandsvereinbarungen zwischen Vertragsparteien mit Wohnsitz in verschiedenen Vertragsstaaten.

β) Gerichtsstandsvereinbarungen zwischen Vertragsparteien mit Wohnsitz in demselben Vertragsstaat.

γ) Gerichtsstandsvereinbarungen zwischen einer in einem Vertragsstaat und einer in einem Drittstaat ansässigen Vertragspartei.

Die beiden letzten Fallgruppen bedürfen nach dieser Theorie einer teleologischen Reduktion im Hinblick darauf, daß das Übereinkommen nur den Rechtsverkehr zwischen den Vertragsstaaten regelt.

Vorlage der französischen Cour de cassation, Kammer für Arbeits- und Sozialsachen, entschied der EuGH, daß Art. 17 auch auf solche Gerichtsstandsvereinbarungen in Arbeitsverträgen zur Anwendung komme, die vor Inkrafttreten des Übereinkommens (Art. 54 I) geschlossen worden sind, und zwar auch dann, wenn die Zuständigkeitsvereinbarung zum Zeitpunkt ihres Abschlusses nach dem damals geltenden nationalen Zuständigkeitsrecht unwirksam war.

In dem Ausgangsrechtsstreit in Frankreich ging es um die Wirksamkeit der am 8. Dezember 1971 erfolgten Auflösung eines Arbeitsvertrags vom 27. Oktober 1971. Dieser enthielt eine Gerichtsstandsvereinbarung zugunsten eines deutschen Gerichts. Ein in Frankreich wohnhafter französischer Arbeiter klagte gegen ein deutsches Unternehmen, das diesen Arbeiter zur Arbeit in der Bundesrepublik Deutschland ohne feste Arbeitsstätte eingestellt hatte.

Da der Arbeitsvertrag am 8. Dezember 1971 aufgelöst und die Klage erst am 27. November 1973, also nach Inkrafttreten des Übereinkommens, erhoben worden ist, legte die Cour de Cassation dem EuGH die Frage vor, ob die im Arbeitsvertrag enthaltene Gerichtsstandsvereinbarung, die nach den französischen Rechtsvorschriften vor dem 1. Februar 1973 als nichtig angesehen werden konnte, ihre Gültigkeit mit dem Inkrafttreten des Übereinkommens wiedererlangt habe. Der EuGH entschied, „das Übereinkommen [läßt] die Vorschriften des materiellen Rechts unberührt ... zum anderen ist festzustellen, daß das Übereinkommen die Festlegung der innergemeinschaftlichen Zuständigkeit der Gerichte der Vertragsstaaten in Zivilsachen zum Ziel hat und daß daher die insoweit auf die zu entscheidenden Rechtsstreitigkeiten an sich anwendbaren innerstaatlichen Verfahrensvorschriften in den durch das Übereinkommen geregelten Bereichen hinter dessen Bestimmungen zurücktreten.

Eine in einem Arbeitsvertrag enthaltene schriftliche Gerichtsstandsvereinbarung ist ihrem Wesen nach eine Zuständigkeitsoption, die ohne rechtliche Folgen bleibt, solange kein gerichtliches Verfahren eingeleitet ist, und die erst dann Wirkungen entfaltet, wenn eine Klage erhoben wird.

Auf diesen Zeitpunkt ist somit für die Beurteilung der Tragweite der Gerichtsstandsvereinbarung anhand des zu dieser Zeit geltenden Rechts abzustellen."

[55] Nachweise oben § 29 XV und bei *Jung* (Fußn. 43) 51ff.

[56] Vgl. *Jung* (Fußn. 43) 51.

Auszuscheiden seien die sogenannten Inlandsfälle sowie die Fälle, in denen nur Berührungspunkte zu Drittstaaten vorliegen.

3. Theorie vom internationalen Sachverhalt

a) Nach h. M. setzt die Anwendung des Art. 17 einen *internationalen Sachverhalt* voraus. Reine Inlandsfälle seien auszuklammern.[57]

Beispiel E:
Vereinbarung der Zuständigkeit eines Gerichtes des gemeinsamen Wohnsitzstaates.
Hier kommt eine Prorogation deshalb nicht in Betracht, weil der Wohnsitzstaat bereits gemäß Art. 2 I international zuständig ist. Art. 17 hat jedoch selbständige Bedeutung bezüglich der Derogation der allenfalls gemäß Art. 5ff. in den übrigen Vertragsstaaten bestehenden internationalen Zuständigkeiten.

Beispiel F:
Eine Gesellschaft mit beschränkter Haftung mit dem Sitz in Stuttgart vereinbart mit einer in Frankfurt/Main domizilierten Gesellschaft die Lieferung mit Erfüllungsort in Paris. Die Parteien vereinbaren, daß das Landgericht Frankfurt/Main ausschließlich zuständig sein soll. Die ausschließliche Prorogation des Landgerichts Frankfurt/Main bewirkt die Derogation der auf Art. 5 Nr. 1 beruhenden internationalen Zuständigkeit Frankreichs.[58]

---

[57] *Samtleben* NJW 1974, 1593; *Müller* in *Bülow-Böckstiegel,* 606/143, Art. 17, Anm. II 3; *Baumgärtel* in Festschrift für *Kegel,* 1977, 292; *Piltz* NJW 1979, 1071; *Jung* (Fußn. 43) 60.

[58] Nicht überzeugend *Samtleben* NJW 1974, 154, der für eine *relative Anwendung des Art. 17* eintritt: Wenn die Klage im gemeinsamen Wohnsitzstaat erhoben werde, handele es sich um einen rein internen Fall, für den Art. 17 nicht gelte. Diese Vorschrift sei aber dann anzuwenden, wenn in einem anderen Vertragsstaat geklagt werde. Nur in solchen Fällen könne Art. 17 auf die „grenzüberschreitende Derogation" Anwendung finden. Hierzu *Müller* a. a. O. (Fußn. 57), und *Jung* (Fußn. 43) 62, die sich *Droz* Nr. 189, 190 S. 120f. anschließen. Dieser will Art. 17 immer dann anwenden, wenn forum prorogatum und forum derogatum in zwei verschiedenen Vertragsstaaten liegen:

„On doit donc ajouter à l'énumération du Rapport l'accord d'élection de for intervenu entre personnes domiciliées sur le territoire de l'Etat du tribunal élu *s'il déroge à la compétence d'un tribunal situé sur un autre Etat contractant.*

Il est possible que ce caractère international qui dérive de la dérogation à la compétence du tribunal d'un autre Etat contractant, n'apparaisse qu'après la conclusion de l'accord d'élection de for. Cela ne doit pas influer sur le raisonnement: l'important est qu'au moment de l'action un accord d'élection de for régulier au regard de l'article 17, puisse bénéficier de tous ses effets.

Prenons un exemple: un agriculteur belge commande des engrais à une société belge et contrairement à la règle interne belge le contrat contient une élection de for en faveur

b) Die Anwendbarkeit des Art. 17 auf den Derogationseffekt der Prorogation ergibt sich auch aus Art. 12 Nr. 3. Diese Vorschrift betrifft den Fall, daß zwischen einem Versicherungsnehmer und einem Versicherer ein Gerichtsstand im gemeinsamen Wohnsitzstaat prorogiert wird und zugleich eine in einem anderen Vertragsstaat begründete Zuständigkeit derogiert wird. Die gleichen Erwägungen gelten für Art. 15 Nr. 3.

c) Anders aber ist der Ansatz der *Theorie von der grenzüberschreitenden Prorogation*. Danach setzt die Anwendbarkeit des Art. 17 voraus, daß ein internationaler Sachverhalt vorliegt, sei es auch nur insofern, als die an sich gegebene internationale Zuständigkeit anderer Vertragsstaaten derogiert werde. Dagegen sei bei reinen Inlandssachverhalten Art. 17 nicht anwendbar.[59] Diese Ansicht übersieht, daß eine zuverlässige Prognose nicht möglich ist, ob ein reiner Inlandsfall oder ein Fall mit internationalem Bezug vorliegt. Ob eine Zuständigkeitsvereinbarung eine internationale Komponente bekommt, läßt sich ex ante nicht vorhersagen. Zuständigkeitsvereinbarungen, die (anscheinend) reine Inlandsfälle betreffen, können sich zu internationalrechtlich relevanten Vorgängen entwikkeln und umgekehrt, je nach dem wie sich die Konstellationen verändern.

Beispiel G:

Ein Münchner und ein Hamburger Kaufmann vereinbaren die ausschließliche Zuständigkeit der Gerichte in Stuttgart. Der Münchner, ein Gastronom italienischer Nationalität, gibt seinen Wohnsitz und Geschäftsbetrieb in München auf und verzieht nach Neapel. Der Hamburger klagt gegen den nunmehr in Neapel ansässigen Vertragspartner vor dem Landgericht Stuttgart. Kommt hier § 38 ZPO zum Zuge oder Art. 17 des Übereinkommens?

Das Beispiel läßt sich auch umkehren: Ein ursprünglich „internationaler Sachverhalt" reduziert sich auf einen reinen Inlandsfall: Alle Parteien verlegen ihren Wohnsitz in den Gerichtsstaat. Auch sonst besteht kein Bezugspunkt zu einem anderen Vertragsstaat.

---

du tribunal du siège de la société, par exemple Bruxelles. Pour des raisons tenant aux circonstances, la marchandise est livrée au port de Terneuzen, situé aux Pays-Bas, mais tout près de la frontière belge et de l'exploitation agricole en question. Si l'on estime que l'article 17 s'applique, l'accord est valable et le tribunal de Bruxelles sera exclusivement compétent malgré la règle belge qui donne impérativement compétence au tribunal du domicile de l'acheteur (C. jud., art. 628, n° 12). Cette solution est de loin préférable et beaucoup plus conforme à l'intérêt des parties que celle qui consisterait à considérer l'accord comme non soumis à l'article 17. Dans un tel cas en effet, l'accord serait nul, mais le tribunal du domicile de l'acheteur ne serait pour autant pas nécessairement compétent. La société demanderesse pourrait fort bien citer l'acheteur aux Pays-Bas devant le tribunal de Terneuzen et cela en vertu de l'article 5, n° 1. En effet la compétence exclusive du tribunal de l'acheteur d'engrais ne figure pas dans la liste exhaustive des compétences exclusives de l'article 16!"

[59] *Jung* (Fußn. 43) 66.

d) Gegen die Theorie vom internationalen Sachverhalt spricht auch ein *praktisches Argument.*[60] Um die Frage beantworten zu können, ob Art. 17 oder das nationale Zuständigkeitsrecht anzuwenden ist,[61] muß der angegangene Richter umständlich prüfen, ob irgendein Auslandsbezug gegeben ist.[62]

e) *Fazit:* Art. 17 ist – ebenso wie Art. 2 I – auf die Regelung der *internationalen* Zuständigkeit auch in sog. *reinen Inlandsfällen* anzuwenden, nicht jedoch auf die *örtliche* Zuständigkeit.[63]

f) Mitunter wird auch die Theorie vom internationalen Sachverhalt bemüht, wenn es um die Frage geht, ob Parteien mit Wohnsitz/Sitz in ein und demselben Vertragsstaat die internationale Zuständigkeit eines anderen Vertragsstaates vereinbaren können, obwohl der Rechtsstreit keinerlei Bezug zu diesem Vertragsstaat hat.[64] Dies ist schon systematisch verfehlt.[65] Art. 17 ist ohne Zweifel anwendbar. Allenfalls kann man die Frage stellen, ob als ungeschriebenes Tatbestandsmerkmal das Erfordernis eines Auslandsbezugs hineinzuinterpretieren ist.[66] Eine solche *besondere Beziehung des Streitgegenstandes und/oder der Parteien zum prorogierten Vertragsstaat* ist nicht Voraussetzung für die Wirksamkeit der Prorogation. Die Notwendigkeit eines solchen Sachzusammenhangs ist nicht überzeugend zu begründen.[67, 68] Der Wunsch nach einem „neutralen Gericht" ist ebenso legitim wie der Wunsch nach einem neutralen Recht.[69]

4. Anwendung des Art. 17, wenn ein Bezug zu dritten Staaten vorliegt

a) Prorogation der Gerichte eines dritten Staates

α) Das Übereinkommen kann und will die internationale Entscheidungszuständigkeit dritter Staaten nicht regeln.[70] Die Frage, ob die Ge-

---

60 Oben § 29 XIV.

61 Er kann diese Frage nur offen lassen, wenn das Konventionsrecht (Art. 17) und das nationale Recht (in der Bundesrepublik Deutschland: § 38 ZPO) in concreto zum gleichen Ergebnis führen.

62 Dies bestreitet *Müller* in *Bülow-Böckstiegel* 606/144, Art. 17, Anm. II 3 bei Fußn. 25.

63 Vgl. oben § 29 VI und XIV.

64 Nachweise zu dieser Frage *Samtleben* NJW 1974, 1596; *Baumgärtel,* Festschrift für *Kegel,* 1977, 298; *Jung* (Fußn. 43) 54ff.

65 Dies verkennt *Jung* (Fußn. 43) 57.

66 Systematisch richtig *Müller* a. a. O. (Fußn. 62).

67 Ebenso plädiert *Droz* Nr. 205, 206 S. 128f.

68 Ebenso im Ergebnis *Müller* in *Bülow-Böckstiegel* 606/151, Art. 17, Anm. III 3 und wohl auch *Schütze,* DB 1974, 1421. – Weder der Wortlaut des Übereinkommens noch der *Jenard*-Bericht oder der *Schlosser*-Bericht enthält einen Ansatzpunkt für diese einschränkende Auslegung.

69 *Zöller-Geimer,* ZPO, 13. Aufl., IZPR E XVI, Anm. 18b.

70 Oben § 51.

richte des dritten Staates die internationale Prorogation anzunehmen haben oder nicht, beurteilt sich nach der dortigen lex fori.[71]

β) Aus der Perspektive des Übereinkommens geht es nur um die Frage, ob der Derogationseffekt der ausschließlichen Prorogation auf die Gerichte eines dritten Staates nach Art. 17 zu beurteilen ist oder ob insoweit das nationale Recht gilt.[72] Nach herrschender Meinung kommt Art. 17 nicht zur Anwendung.[73]

γ) Dies würde bedeuten, daß durch eine Prorogation der ausschließlichen internationalen Zuständigkeit eines Nichtvertragsstaates die in Art. 17 II (= Art. 17 III n. F.) aufgeführten der Disposition der Parteien entzogenen Zuständigkeitsnormen umgangen werden könnten. Nach der Konzeption des Übereinkommens sind jedoch die ausschließlichen internationalen Zuständigkeiten des Art. 16 auch gegenüber dritten Staaten zu verteidigen.[74] Das gleiche gilt wohl auch für die Schutzvorschriften der Art. 12 und Art. 15. Aus diesem Grunde ist im Falle der Prorogation der internationalen Zuständigkeit eines Nichtvertragsstaates Art. 17 II (= Art. 17 III n. F.) anwendbar. Ist diese Vorschrift nicht beachtet, so ist

---

[71] Diese Frage wird für die *Gerichte des prorogierten Drittstaates* jedoch nur dann aktuell, wenn der Drittstaat nicht schon *an sich* international zuständig ist, z. B. auf Grund des Gerichtsstandes des Wohnsitzes, des Erfüllungsortes, der Klagezustellung oder des Vermögens.

[72] Art. 17 kann also – wenn überhaupt – nur hinsichtlich des Derogationseffektes Bedeutung haben, wenn entgegen der Zuständigkeitsvereinbarung die Klage vor ein Gericht eines Vertragsstaates gebracht wird und dort der Einwand der Derogation erhoben wird. Dieser Einwand ist nur schlüssig, wenn behauptet wird, die ausschließliche internationale Zuständigkeit des Gerichts des Drittstaates sei vereinbart worden, nach dem Willen der Parteien sei also die internationale Zuständigkeit aller anderen Staaten derogiert worden. Sollte das forum prorogatum nur als weiterer konkurrierender Gerichtsstand gewollt sein, entfällt der Einwand der Derogation.

[73] *Schlosser* – Bericht Nr. 176: „Vereinbaren Parteien, Streitigkeiten vor Gerichten eines Nichtvertragsstaats auszutragen, so kann selbstverständlich nichts im EuGVÜ diese Gerichte hindern, sich für zuständig zu erklären, wenn ihr Recht die Abmachung wirksam sein läßt. Fraglich ist nur, ob und gegebenenfalls in welcher Form solche Vereinbarungen eine Zuständigkeit von Gemeinschaftsgerichten abbedingen können, die nach dem EuGVÜ als ausschließliche oder konkurrierende begründet ist. Nichts im EuGVÜ läßt den Schluß zu, daß derartiges prinzipiell unzulässig sein soll. Das Übereinkommen enthält aber auch keine Regeln über die Wirksamkeit solcher Vereinbarungen. Wird ein Gericht innerhalb der Gemeinschaft einer solchen Vereinbarung zum Trotz angerufen, so muß es die Wirksamkeit der Abrede nach dem Recht beurteilen, das an seinem Sitz gilt. In dem Maße, in welchem das Kollisionsrecht dort ein ausländisches Recht für maßgebend hält, gilt dieses. Ist die Vereinbarung nach diesen Maßstäben unwirksam, so sind wieder die Zuständigkeitsbestimmungen des EuGVÜ anzuwenden."

[74] Ohne Rücksicht darauf, wo die Parteien wohnen bzw. ihren Sitz haben. Vgl. oben § 29 V und § 53. Auch wenn Art. 17 I auf eine Prorogation eines Vertragsstaates nicht anzuwenden wäre, weil keine Partei im geographischen Anwendungsbereich des Übereinkommens wohnt, ist Art. 16 zu verteidigen.

die Derogation unwirksam.[75] Dieses Ergebnis läßt sich nicht mit dem Hinweis wegdiskutieren, das Übereinkommen wolle nur den Rechtsverkehr zwischen den Vertragsstaaten und nicht den Rechtsverkehr zwischen einem Vertrags- und einem Nichtvertragsstaat regeln. Eine solche Argumentation übersieht, daß die ausschließlichen internationalen Zuständigkeiten des Art. 16 und wohl auch die Schutzvorschriften der Art. 12 und Art. 15 auch gegenüber dritten Staaten durchzusetzen sind.[76]

δ) Fraglich ist, ob das Gericht eines Vertragsstaates die *Form*vorschriften des Art. 17 I anzuwenden hat, wenn es mit der Frage befaßt ist, ob seine nach Art. 2ff.[77] an sich gegebene internationale Zuständigkeit

---

[75] A. A. *Jung* (Fußn. 43) 68: „Haben die Parteien eine Zuständigkeit in einem Drittstaat vereinbart, so finden die jeweiligen nationalen Gerichtsstandsvorschriften Anwendung, d. h. die Vereinbarung unterliegt dem internationalen Prozeßrecht desjenigen Staates, dem das angerufene Gericht angehört. Eine Anwendung des Art. 17 Abs. 2 EGVÜ käme allenfalls dann in Betracht, wenn sich feststellen ließe, daß nach dieser Vorschrift Gerichtsstandsvereinbarungen überhaupt der Parteiautonomie entzogen sein sollen. Für eine solche Auslegung gibt es jedoch keine Anhaltspunkte. Entgegen einer im Schrifttum [Vgl. *Müller* in *Bülow/Böckstiegel,* Art. 17 Anm. II 3, Nr. 606 S. 143; *v. Hoffmann,* AWD 1973 S. 63; *Droz,* S. 135.] vertretenen Ansicht ist deshalb genauso wie die Vorschrift des Art. 17 Abs. 1 EGVÜ auch die Vorschrift des Art. 17 Abs. 2 EGVÜ nicht anzuwenden, wenn eine Zuständigkeit in einem Drittstaat vereinbart wird; statt dessen ist die Zulässigkeit der Vereinbarung stets allein nach dem internationalen Verfahrensrecht zu beurteilen, das am Sitz des angerufenen Gerichts gilt. Wenn also z. B. Parteien aus der Bundesrepublik Deutschland und Frankreich die ausschließliche Zuständigkeit eines Schweizer Gerichts vereinbaren und die französische Partei vereinbarungswidrig das an sich nach Art. 16 EGVÜ zuständige deutsche Gericht anruft, so ist das angerufene deutsche Gericht nicht gehindert, die Derogation der durch das Übereinkommen begründeten internationalen Zuständigkeit zu akzeptieren; es hat nach dem autonomen deutschen Recht zu entscheiden, ob die derogierende Gerichtsstandsvereinbarung zulässig ist. Wenn eine der Parteien vereinbarungsgemäß das Schweizer Gericht anruft, so prüft dieses die Zulässigkeit der Vereinbarung allein nach seiner lex fori – die Frage, ob und inwieweit die Prorogation der schweizerischen Zuständigkeit zugleich eine Derogation ausländischer Zuständigkeiten darstellt, interessiert den Schweizer Richter nicht." Diese Argumentation läßt außer acht, daß Art. 16 absolute Geltung beansprucht. Vgl. oben § 53.

[76] Ebenso *Droz* Nr. 217 S. 135: „Il est certain que si l'élection d'un tribunal situé hors de la Communauté déroge aux règles de compétence exclusive dont bénéficierait un Etat de la Communauté, ou viole les dispositions impératives des articles 12 et 15 en matière d'assurances et de ventes et prêts à tempérament, on ne pourra pas en tenir compte.

Mais si l'accord ne déroge qu'à des règles ordinaires de compétence, il pourra être respecté ce qui, dans la pratique, conduira le tribunal exclu à se déclarer incompétent." Ebenso *v. Hoffmann* AWD 1973, 63; *Müller* in *Bülow-Böckstiegel,* 606/143, Art. 17, Anm. II 2 bei Fußn. 16.

Im *Anerkennungsstadium* werden gegenüber *dritten Staaten* nur die ausschließlichen internationalen Zuständigkeiten gemäß Art. 16 durchgesetzt, vgl. oben §§ 53f., nicht jedoch die Vorschriften der Art. 7ff. bzw. Art. 13ff., vgl. oben § 78 (2).

[77] Zum maßgeblichen Zuständigkeitsrecht oben § 29 VI. Die Anwendung des Art. 17 I setzt aber voraus, daß eine der Parteien in einem Vertragsstaat wohnt.

durch die Zuständigkeitsvereinbarung derogiert wurde. Dies ist zu bejahen. Zu Recht hat der EuGH in seiner bisherigen Rechtsprechung zu Art. 17[78] den Gedanken betont, durch die ausschließliche Prorogation werde auf die an sich nach dem Übereinkommen gegebenen Gerichtsstände verzichtet. Dem läßt sich hinzufügen: Die Voraussetzungen für diesen Verzicht regelt Art. 17 auch dann, wenn nicht vorbehaltlos und unbedingt auf jeden Rechtsschutz durch Gerichte innerhalb des geographischen Anwendungsbereiches des Übereinkommens verzichtet wird, sondern im Zusammenhang mit der ausschließlichen Prorogation auf ein Gericht eines Nichtvertragsstaates.

b) Derogation der internationalen Zuständigkeit dritter Staaten.[79]

α) Das Übereinkommen kann und will die Gerichte dritter Staaten nicht zwingen, die Derogation zu beachten. Ob die Derogation für deren internationale Zuständigkeit relevant ist, entscheidet das dortige nationale Zuständigkeitsrecht. Für die Gerichte der Vertragsstaaten ist die Frage der Derogation unbeachtlich.[80] Wird ein Gericht eines Vertragsstaates angegangen, so hat dieses zu prüfen, ob eine Zuständigkeitsanknüpfung nach Art. 2ff. gegeben ist. Ist dies nicht der Fall, so bejaht das Gericht seine internationale Zuständigkeit nur, wenn eine Zuständigkeitsvereinbarung (eine Prorogation)[81] oder eine Einlassung[82] vorliegt.

Beispiel H:

Die Parteien wohnen in Wien und in Zürich. Die Klage wird vor dem Landgericht München I erhoben. Liegt der Erfüllungsort für eingegangene Verbindlichkeiten in München, so ergibt sich die internationale Zuständigkeit der Bundesrepublik Deutschland und die örtliche Zuständigkeit des angegangenen Gerichts aus § 29 ZPO[83]. Ist dies nicht der Fall, so bejaht das Landgericht die Zuständigkeit, wenn eine Prorogation oder Einlassung vorliegt.

---

[78] EuGH, Urteile vom 14. Dezember 1976, Rechtssachen 24/76 und 25/76, oben Fußn. 13 und 20.

[79] Hierzu *Droz* Nr. 191 S. 121; *Müller* in *Bülow-Böckstiegel* 606/143, Art. 17, Anm. II 2 bei Fußn. 17; *Jung* (Fußn. 43) 71.

[80] *Droz* Nr. 191 S. 121: „Lorsque l'accord d'élection de for n'exclut aucune juridiction normalement compétente d'un autre Etat contractant, mais qu'il déroge à la compétence des tribunaux d'un Etat situé hors de la Communauté, la question de l'application de l'article 17 perd complètement son intérêt."

[81] *Jung* (Fußn. 43) 71: „Ebenso wie die Vereinbarung einer Zuständigkeit in einem Drittstaat richtet sich auch der Ausschluß einer Zuständigkeit in einem Drittstaat grundsätzlich nicht nach Art. 17 EGVÜ. Anders ist es nur, wenn eine Zuständigkeit in einem Drittstaat abbedungen wird und zugleich durch die Zuständigkeitsvereinbarung verschiedene Vertragsstaaten berührt sind. Eine solche Zuständigkeitsvereinbarung fällt unter Art. 17 EGVÜ."

[82] Oben § 29 VII und unten § 97.

[83] Zum maßgeblichen Zuständigkeitsrecht s. oben § 29 V.

β) Für die Prorogation kommt Art. 17 nicht zur Anwendung, wenn – wie in vorstehendem Beispiel – keine der Parteien im Anwendungsbereich des Übereinkommens wohnt.[84] Wohnt eine der Parteien im geographischen Anwendungsbereich des Übereinkommens und die andere Partei in einem Nichtvertragsstaat, so beansprucht nach der hier vertretenen Auffassung Art. 17 immer Geltung, auch wenn kein Berührungspunkt zu einem anderen Vertragsstaat vorliegt. Aber auch nach h. M. ist Art. 17 immer dann anzuwenden, wenn zwischen einer in einem Vertragsstaat domizilierten Partei und einer Partei mit Wohnsitz in einem Drittstaat die Zuständigkeit der Gerichte eines anderen Vertragsstaats prorogiert wird. In diesem Falle sind mehrere Vertragsstaaten tangiert; außerdem sei das Merkmal des „internationalen Sachverhalts" erfüllt, da die Parteien in verschiedenen Staaten wohnen.[85]

Beispiel I:
Die eine Partei wohnt in Zürich, die andere Partei in Paris. Die Parteien vereinbaren die ausschließliche internationale Zuständigkeit der Bundesrepublik Deutschland und die örtliche Zuständigkeit des Landgerichts München I. Das Landgericht München I stützt seine Zuständigkeit auf Art. 17. Die Derogationswirkung der Zuständigkeitsvereinbarung beurteilt der französische Richter nach Art. 17, während der Schweizer Richter sein eigenes nationales Recht zugrundelegt.[86]

Weiter wendet die h. M.[87] Art. 17 auch dann an, wenn eine Zuständigkeitsvereinbarung eine Derogation einer in einem anderen Vertragsstaat begründeten Zuständigkeit bewirkt („grenzüberschreitende Derogation" innerhalb der Vertragsstaaten). Denn dann bestehen Berührungs-

---

[84] Das gleiche gilt nach h. M. für Art. 18. Vgl. oben § 29 VII.

[84] Oben § 29 XV.

[85] *Jung,* Vereinbarungen über die Internationale Zuständigkeit nach dem EWG-Gerichtsstands- und Vollstreckungsübereinkommen und nach § 38 Abs. 2 ZPO, Diss. Bochum, 1980, 71. Anders aber die h. M., wenn zwischen einer Partei mit Wohnsitz bzw. Sitz in einem Drittstaat und einer in einem Vertragsstaat ansässigen Partei die Zuständigkeit eines Gerichts dieses Vertragsstaats prorogiert wird. Hierzu *Jung,* 72. In dieser Fallgruppe sei zwar ein internationaler Sachverhalt gegeben, da die Parteien in verschiedenen Staaten ansässig sind, es fehlten jedoch Berührungspunkte zu mehreren Vertragsstaaten. Beispiel: Eine deutsche GmbH vereinbart mit einem Kaufmann in Stockholm einen Gerichtsstand in Hamburg. Vgl. oben § 29 XV.

[86] Hierzu *Jung* (Fußn. 85) 72.

[87] Vgl. *Müller in Bülow-Böckstiegel,* 606/144 Art. 17 Anm. II 3. *Stein-Jonas-Leipold,* 20. Aufl. 1978, § 38 Rz. 22. *Jung* (Fußn. 85) 73. *Samtleben,* NJW 1974, 1594, will Art. 17 nur dann anwenden, wenn die Klage nicht im Wohnsitzstaat des Beklagten, sondern vor dem Gericht desjenigen Vertragsstaats erhoben wird, dessen an sich gegebene Zuständigkeit durch die Vereinbarung ausgeschlossen sein soll. So auch *Stauder,* GRUR Int. 1976, 472. Dagegen zu Recht *Jung* 73 Fußn. 224: Die Anwendung des Art. 17 EGVÜ dürfe nicht davon abhängen, in welchem Vertragsstaat geklagt wird, weil das Zuständigkeitssystem für alle Vertragsstaaten einheitlich gilt.

punkte zu einem weiteren Vertragsstaat. Danach ist Art. 17 anzuwenden, wenn eine Aktiengesellschaft in München, die eine Zweigniederlassung in Belgien unterhält, mit ihrem brasilianischen Geschäftspartner im Rahmen eines Geschäfts der Zweigniederlassung einen ausschließlichen Gerichtsstand München vereinbart. Mit dieser Prorogation wird der in Belgien gelegene besondere Gerichtsstand der Zweigniederlassung (Art. 5 Nr. 5) ausgeschlossen.

5. Vereinbarungen über die örtliche Zuständigkeit

a) Art. 17 I betrifft nicht nur Vereinbarungen über die internationale Zuständigkeit, sondern auch über die örtliche Zuständigkeit.[88] Jedoch ergeben sich Schranken der Anwendbarkeit des Art. 17 für Vereinbarungen über die örtliche Zuständigkeit aus dem Umstand, daß das Übereinkommen in bestimmten, oben[89] erörterten Fällen, die Bestimmung des örtlich zuständigen Gerichts dem nationalen Zuständigkeitsrecht überläßt. Die Abgrenzung ist wie folgt vorzunehmen:

α) Die Regelung der örtlichen Zuständigkeit innerhalb des Wohnsitzstaates überläßt das Übereinkommen grundsätzlich dem nationalen Recht.[90] Dies gilt auch für die Verschiebung der örtlichen Zuständigkeit durch Zuständigkeitsvereinbarung,[91] allerdings nur in reinen Inlandsfällen, genauer: wenn beide Parteien ihren Wohnsitz bzw. Sitz in dem gleichen Vertragsstaat haben. Vereinbaren diese die örtliche Zuständigkeit eines kraft Gesetzes an sich nicht zuständigen Gerichts innerhalb ihres gemeinsamen Wohnsitz- bzw. Sitzstaates, so gilt Art. 17 nicht. Maßgeblich ist vielmehr das nationale Recht, in der Bundesrepublik Deutschland also § 38 ZPO.[92] Vereinbaren z. B. ein Münchner und ein Hamburger die örtliche Zuständigkeit[92a] des Landgerichts in Würzburg, so ist die Frage, ob, wann und unter welchen Voraussetzungen diese Zuständigkeitsvereinbarung über die örtliche Zuständigkeit wirksam ist, nach § 38 ZPO zu beantworten. Sind die Parteien keine Kaufleute, so ist eine solche Vereinbarung nur wirksam, wenn sie nach Entstehung der Streitigkeit getroffen wurde.[93] Die internationale Zuständigkeit ergibt sich auch in einem solchen Fall aus Art. 2 I. Dabei spielt es keine Rolle, wer wen verklagt, da jeder der potentiellen Beklagten seinen Wohnsitz in der Bundesrepublik Deutschland hat.

---

[88] Art. 17 I sieht ausdrücklich vor, daß die Parteien bestimmen, daß *ein* Gericht eines Vertragsstaates entscheiden soll.

[89] Oben § 33 und § 34 I.

[90] Oben § 33 I.

[91] Dies ist der richtige Kern der unpräzisen Passage des *Jenard*-Berichts S. 83.

[92] Wohnen beide Parteien in Frankreich, so ist für die Vereinbarung über die örtliche Zuständigkeit Art. 48 des nouveau Code de procédure civile zu beachten. Für die *sachliche* Zuständigkeit kommt das nationale Recht zur Anwendung. Vgl. oben Fußn. 37 und § 5 III.

[93] § 38 III Nr. 1 ZPO.

β) Anders ist es jedoch, wenn eine der Parteien ihren Wohnsitz bzw. Sitz in einem anderen Vertragsstaat oder in einem dritten Staat hat. Wird diejenige Partei verklagt, die in dem prorogierten Vertragsstaat ihren Wohnsitz bzw. Sitz hat, so gilt nicht etwa das nationale Zuständigkeitsrecht, sondern Art. 17 I.[94] Vereinbart ein Münchener Nichtkaufmann mit seinem Vertragspartner in Straßburg die Zuständigkeit des Landgerichts Freiburg/Br., so ist diese Vereinbarung ausschließlich nach Art. 17 zu beurteilen. Der die Auswahl der möglichen Gerichtsstände beschränkende § 38 II 3 ZPO ist nicht anwendbar.

b) In den Fällen des Art. 16 überläßt das Übereinkommen die Regelung der örtlichen Zuständigkeit dem ausschließlich international zuständigen Vertragsstaat.[95] Dies gilt auch für die Frage, ob und gegebenenfalls unter welchen Voraussetzungen eine Vereinbarung über die örtliche Zuständigkeit möglich ist.[96] Z. B. verbietet § 40 II ZPO in Verbindung mit § 24 ZPO eine Verschiebung der örtlichen Zuständigkeit der rei sitae. Das gleiche gilt z. B. für die örtliche Zuständigkeit der ordentlichen Gerichte in gewissen Wettbewerbssachen[97] oder in bestimmten Gesellschaftssachen.[98]

c) Soweit das Übereinkommen auch *die örtliche Zuständigkeit außerhalb des Wohnsitzstaates des Beklagten*[99] regelt, ist auf Vereinbarungen über die Verschiebung der örtlichen Zuständigkeit Art. 17 und nicht das nationale Zuständigkeitsrecht anzuwenden.

Beispiel J:

Besteller und Lieferant wohnen in Belgien. Erfüllungsort ist Aachen. Die Parteien vereinbaren die ausschließliche Zuständigkeit des LG Frankfurt. Die internationale Zuständigkeit der Bundesrepublik Deutschland ergibt sich für die auf vertragliche Anspruchsgrundlagen gestützte Klage gegen den Lieferanten aus Art. 5 Nr. 1. Nach dem Übereinkommen wäre Aachen örtlich zuständig. Die Verschiebung der örtlichen Zuständigkeit von Aachen nach Frankfurt ist nicht nach § 38 ZPO, sondern ausschließlich nach Art. 17 zu beurteilen. Dies bedeutet: Die Prorogationsfreiheit ist auch für Nichtkaufleute nicht begrenzt. § 38 II 3 ZPO ist nicht zu beachten.

---

94 *Jung* (Fußn. 85) 139.

95 Oben §§ 34 II, 85 VI, 86 V, § 87 VI, 89 V, 90 VI, 91 und unten XVIII 3.

96 Art. 17 II (= Art. 17 III n. F.) ist nicht einschlägig. Dort ist lediglich das Verbot der Derogation der internationalen Zuständigkeit des ausschließlich zuständigen Vertragsstaates niedergelegt. Zu der hier interessierenden Frage der Vereinbarung der örtlichen Zuständigkeit innerhalb des gemäß Art. 16 ausschließlich zuständigen Vertragsstaates sagt Art. 17 II (= Art. 17 III n. F.) nichts aus.

97 § 24 UWG.

98 §§ 246 III, 249 I 1, 250 III 1, 257 I 1 Aktiengesetz, § 61 III GmbH, § 51 III 3 GenG.

99 Art. 5ff. Vgl. oben § 34 I.

VIII. Arbeits-, Versicherungs- und Verbrauchersachen

1. Art. 17 gilt für den gesamten sachlichen Anwendungsbereich der Zuständigkeitsordnung des Übereinkommens, also auch für *arbeitsrechtliche Streitigkeiten*.[100]

2. In Versicherungs- und Verbrauchersachen wird Art. 17 durch Art. 12 und Art. 12a bzw. durch Art. 15 ergänzt. Hierzu oben § 75 V 2 und unten XIX.

IX. Vereinbarung des Erfüllungsortes

Vereinbarungen über den Erfüllungsort sind keine Zuständigkeitsvereinbarungen, auch wenn sie mittelbar über Art. 5 Nr. 1 kompetenzrechtliche Bedeutung haben. Sie unterliegen daher nicht den Regeln des Art. 17.[101]

X. Verhältnis des Art. 17 zur Zuständigkeitsordnung des Übereinkommens[102]

1. Art. 17 geht als Sondernorm dem Art. 2 I und 4 I vor.[103] Für Zuständigkeitsvereinbarungen gilt im sachlichen Anwendungsbereich des

---

[100] EuGH, Urteil vom 13. November 1979, Rechtssache 25/79 – *Sanicentral ./. Collin,* EuGH 1979, 3423 = RIW/AWD 1980, 285, oben Fußn. 54. Er stellte fest, „daß das Arbeitsrecht zum sachlichen Anwendungsbereich des Übereinkommens gehört und daß Rechtsstreitigkeiten, die sich aus einem vor dem 1. Februar 1973 geschlossenen Arbeitsvertrag ergeben, unter dieses Übereinkommen, insbesondere unter seinen Art. 17 betreffend Gerichtsstandsvereinbarungen fallen." Vgl. auch EuGH, Urteil vom 24. Juni 1981, Rechtssache 150/80 – *Elefanten Schuh ./. Jacqmain,* EuGHE 1981, 1671 = RIW/AWD 1981, 709 betreffend die Klage eines Handelsvertreters gegen eine GmbH mit Sitz in der Bundesrepublik Deutschland und deren belgische Tochtergesellschaft vor dem Arbeidshof Antwerpen. Vgl. auch oben § 74 VII und die Nachweise bei *Samtleben* RabelsZ 46 (1982), 724.

[101] EuGH, Urteil vom 17. Januar 1980, Rechtssache 56/79 – *Zelger ./. Salinitri,* EuGHE 1980, 89 = RIW/AWD 1980, 726 = WM 1980, 720 mit Anm. *Schütze* = IPRax 1981, 89 mit Anm. *Spellenberg* 75. Hierzu das abschließende Urteil des BGH vom 7. Juli 1980, RIW/AWD 1980, 725 = IPRax 1981, 93. Vgl. auch oben § 83 XIV.

[102] Vgl. oben § 29 VI und OLG München, Beschluß vom 11. Februar 1981, RIW/AWD 1981, 848 sub 1c mit Nachweisen.

[103] Der Anwendungsbereich des Art. 17 ist in den Fällen, in denen nur der Kläger in einem Vertragsstaat wohnt, mit Art. 4 I redaktionell nicht abgestimmt. In Art. 4 I findet sich zwar ein Vorbehalt zugunsten des Art. 16, aber nicht zugunsten des Art. 17. Es handelt sich dabei jedoch nur um einen Schönheitsfehler, weil Auslegungsschwierigkeiten nicht möglich sind. Sinnvoll ist nur eine Auslegung: Die Art. 12, 12a, 15, 17 gehen als leges speciales dem Art. 4 I vor. Vgl. *Arnold* AWD 1969, 90 Fußn. 8; *Gothot-Holleaux* Clunet 1971, 775; *Bülow* RabelsZ 38 (1974), 267; *Goldman* Rev. trim. dr. eur. 1971, 19; *Samtleben,* NJW 1974, 1593 m. w. N.; *Droz* Nr. 228f., S. 142ff.; *Schlafen* in *Bülow-Böckstiegel* 606/44, Art. 4, Anm. 2b; *Müller* in *Bülow-Böckstiegel* 606/142, Art. 17, Anm. II 1 bei Fußn. 8; *Jung* (Fußn. 85).

Übereinkommens (Art. 1)[104] ein einheitliches europäisches Recht, ohne Rücksicht darauf, ob das Zuständigkeitsrecht des Übereinkommens im übrigen zur Anwendung kommt oder nicht. Im einzelnen ergibt sich folgendes Bild:

a) Der Beklagte wohnt in einem Vertragsstaat. Es gelten die Art. 2ff.

b) Der Beklagte wohnt nicht in einem Vertragsstaat, aber der Kläger wohnt in einem Vertragsstaat. Für die Zulässigkeit und Wirksamkeit von Zuständigkeitsvereinbarungen gilt Art. 17 und zwar sowohl für den Prorogations- als auch für den Derogationsaspekt. Im übrigen kommt das Kompetenzrecht des Übereinkommens – vorbehaltlich Art. 16 – nicht zur Anwendung. Es gilt vielmehr das innerstaatliche Zuständigkeitsrecht der einzelnen Vertragsstaaten (mit Ausnahme des Rechtes der Zuständigkeitsvereinbarungen). Näher oben § 29 VI.

Dadurch wird die Einheitlichkeit des Prüfungsmaßstabes für die Beurteilung des Prorogations- und Derogationsaspektes gewährleistet.[105] Hinsichtlich der Frage der Zulässigkeit und Wirksamkeit von Zuständigkeitsvereinbarungen wird das nationale Zuständigkeitsrecht verdrängt.[106]

2. Aus der Sicht des prorogierten Vertragsstaates ist – bei Maßgeblichkeit des nationalen Zuständigkeitsrechts gemäß Art. 4 I (oben Hypothese b) – die Zuständigkeitsvereinbarung jedoch nur dann maßgebend, wenn der prorogierte Vertragsstaat nach seinem autonomen Zuständigkeitsrecht nicht schon an sich, d. h. kraft Gesetzes international zuständig ist. Bei der hier diskutierten Hypothese (Beklagter wohnt in keinem Vertragsstaat) gelten im prorogierten Vertragsstaat alle vom Übereinkommen nicht rezipierten Gerichtsstände der lex fori, insbesondere auch die in Art. 3 II aufgeführten sog. exorbitanten Gerichtsstände.

Beispiel K:

Der Beklagte wohnt in Bern, der Kläger (Franzose) in Brüssel. Die Parteien haben die Zuständigkeit des LG Köln vereinbart. Hier kommt – vorbehaltlich Art. 16 – die Zuständigkeitsordnung des Übereinkommens (Art. 2 I, 3 I, Art. 5, 6) nicht zum Zuge. Es gilt das nationale Kompetenzrecht, Art. 4 I. Das LG Köln hat also anhand der §§ 20–34ff ZPO die internationale Entscheidungszuständigkeit der Bundesrepublik Deutschland zu prüfen. Diese kann sich z. B. auf den Erfüllungsort (§ 29 ZPO), den Ort der unerlaubten Handlung (§ 32 ZPO) oder die Belegenheit von Vermögen (§ 23 ZPO) stützen.

Nur wenn kein Zuständigkeitsanknüpfungspunkt i. S. der §§ 20–34 ZPO vorliegt, stellt sich für das LG Köln die Frage, ob die internationale Zuständigkeit der Bundesrepublik Deutschland durch die Zuständig-

---

104 Oben §§ 20ff.

105 Oben § 30.

106 Innerstaatliche Prorogationsverbote, wie z. B. Art. 2 Codice di procedura civile, oder Erschwerungen, wie z. B. § 38 II, III ZPO, werden durch Art. 17 ausgeschaltet. Vgl. unten X.

keitsvereinbarung begründet wurde. Insoweit greift das Kompetenzrecht des Übereinkommens ein. Es gilt Art. 17 und nicht § 38 ZPO.

3. Ist schon nach nationalem Zuständigkeitsrecht kraft Gesetzes die internationale Zuständigkeit des prorogierten Vertragsstaates begründet, z. B. der Bundesrepublik Deutschland gemäß § 23 ZPO oder Frankreichs auf Grund der französischen Staatsangehörigkeit einer der Parteien (Art. 14, 15 Code civil), fehlt es aber an der örtlichen Zuständigkeit des konkret angerufenen Gerichts, so hat die Zuständigkeitsvereinbarung nur Bedeutung für die örtliche Zuständigkeit. Auch insoweit gilt Art. 17, nicht das nationale Recht.

4. In dem obigen Beispiel hätte also das LG Köln seine örtliche Zuständigkeit nicht anhand des § 38 ZPO zu prüfen, sondern nach Art. 17. § 38 ZPO käme nur zum Zuge, wenn beide Parteien im Gerichtsstaat wohnen (reiner Inlandsfall) oder wenn sie beide außerhalb des geographischen Anwendungsbereichs des Übereinkommens wohnen oder beide überhaupt keinen Wohnsitz haben.

Hätten die Parteien nicht Köln, sondern Paris als ausschließlichen Gerichtsstand vereinbart, dann ergäbe sich die internationale Zuständigkeit Frankreichs aus dem Blickwinkel des autonomen französischen Zuständigkeitsrechts bereits aus dem Umstand, daß der Kläger Franzose ist, Art. 14 Code civil. Wäre der Beklagte Franzose, so würde Art. 15 Code civil die internationale Zuständigkeit Frankreichs eröffnen.

5. Aus der Sicht des derogierten Vertragsstaates kommt es auf die Zuständigkeitsvereinbarung nur dann an, wenn der derogierte Vertragsstaat, dessen Gerichte angerufen wurden, nach seinem eigenen Zuständigkeitsrecht an sich international zuständig wäre.

XI. Verhältnis des Art. 17 zum nationalen Zuständigkeitsrecht[107]

1. In seinem Anwendungsbereich verdrängt Art. 17 das nationale Recht.[108] Art. 17 stellt eine in sich abgeschlossene Regelung des Rechtes der Zuständigkeitsvereinbarungen dar, die einer Ergänzung durch das nationale Zuständigkeitsrecht nicht zugänglich ist.[109]

2. *Prorogations- oder Derogationsverbote* des nationalen Rechts sind daher

---

[107] *Samtleben* NJW 1975, 1606 und IPRax 1981, 44 bei Fußn. 10.

[108] Sehr klar z. B. EuGH, Urteil vom 13. November 1979, Rechtssache 25/79 *Sanicentral ./. Collin,* EuGHE 1979, 3423 = RIW/AWD 1980, 285: Dort ist hervorgehoben, „daß das Übereinkommen die Festlegung der innergemeinschaftlichen Zuständigkeit der Gerichte der Vertragsstaaten in Zivilsachen zum Ziel hat und daß daher die insoweit auf die zu entscheidenden Rechtsstreitigkeiten an sich anwendbaren innerstaatlichen Verfahrensvorschriften in den durch das Übereinkommen geregelten Bereichen hinter dessen Bestimmungen zurücktreten."

[109] Ausnahme Art. 12 Nr. 3 und Art. 15 Nr. 3, wo ausdrücklich auf das nationale Recht verwiesen ist. Hierzu *Jung* (Fußn. 85) 83ff. und oben § 74 V 2.

nicht zu beachten,[110] wie z. B. Art. 2 des Codice di procedura civile[111] oder das Verbot von Zuständigkeitsvereinbarungen in Arbeitssachen[112] oder das belgische Gesetz vom 27. Juli 1961/13. April 1971 über die einseitige Kündigung von Alleinverkaufsverträgen[113] oder Art. 91 des belgischen Seegesetzes.[114]

---

[110] Ebenso *Kropholler* IZVR Rz. 827ff.

[111] Zu Art. 2 Codice di procedura civile ausführlich *Schröder,* Internationale Zuständigkeit, 1971, 426 und *Happacher* AWD 1966, 339.

Unrichtig Pretura Brescia, Urteil vom 25. Oktober 1975, *Moretti ./. Schrottverwertung GmbH* Rivista di diritto internazionale privato e processuale, 1976, 547 = Foro italiano, 1976, 250 = Rechtsprechungsübersicht, Folge 1, Nr. 34 = Nachschlagewerk I-17.1.1-B 1.

Der Kläger, ein früherer Vertreter der Schrottverwertung GmbH, klagte auf Zahlung rückständiger Provisionen und Kündigungsentschädigung. Die in dem Rechtsstreit vertretene deutsche Gesellschaft erhob die Einrede der Unzuständigkeit und berief sich auf eine Klausel des (im August 1969 geschlossenen) Vertrages, nach der für eventuelle Streitigkeiten ein deutsches Gericht zuständig sein sollte.

Der Pretore führt aus, diese Klausel sei wegen Verstoßes gegen zwingendes Recht Italiens unwirksam, da gemäß dem Art. 2 Codice di procedura civile die Zuständigkeit Italiens nicht vertraglich abbedungen werden könne. Im übrigen seien nach Art. 413 Codice di procedura civile (in der Neufassung durch das Gesetz vom 11. August 1973 Nr. 533) unter anderem bei Vertreterverträgen (für die nach Art. 409 Nr. 3 der Pretore als Richter in Arbeitssachen zuständig ist) Klauseln, durch die die inländische Zuständigkeit abbedungen würde, unwirksam. Diese Vorschrift gehe dem das Übereinkommen ratifizierenden Gesetz vom 21. Juni 1971 Nr. 804 insoweit vor, als nach dem Übereinkommen die Zuständigkeit auch in den in Art. 409 Codice di procedura civile genannten Angelegenheiten durch Vertrag abbedungen werden könne.

[112] EuGH, oben Fußn. 54 und EuGH, Urteil vom 24. Juni 1981, Rechtssache 150/80 – *Elefanten Schuh ./. Jacqmain,* EuGHE 1981, 1671 = RIW/AWD 1981, 709. In dem Ausgangsrechtsstreit vertrat die Arbeitsrechtsbank Antwerpen (Arbeitsgericht erster Instanz) die irrige Ansicht, durch eine Gerichtsstandsvereinbarung in einem Arbeitsvertrag könne nicht von Art. 627 des Gerechtelijk Wetboek (belgische Zivilprozeßordnung) abgewichen werden, wonach für Streitigkeiten dieser Art die Gerichte des Ortes zuständig seien, an dem der Beruf ausgeübt werde.

[113] Vgl. hierzu (wenig dezidiert) BGH, Urteil vom 3. März 1976, RIW/AWD 1976, 447 = IPRspr. 1976 Nr. 134 = Rechtsprechungsübersicht, Folge 1, Nr. 33 = Nachschlagewerk I-17.1.1-B 3. Treffend dagegen Tribunal de commerce Verviers, Erste Kammer, Urteil vom 31. Mai 1976, *S.P.R.L. „André Ransy" ./. Firma Volvo Car B.V.,* R. G. 67/76, Rechtsprechungsübersicht, Folge 1, Nr. 12 = Nachschlagewerk I-5.1.1-B 3. Das Übereinkommen gehe den belgischen Vorschriften über die Zuständigkeit und damit auch dem Gesetz vom 27. Juli 1961 vor, obwohl dieses zwingende Regelungen enthalte. Ebenso klar Tribunal de commerce Brüssel, 13. Kammer, Urteil vom 15. Januar 1976, *S. A. Agecobel ./. S. A. Flaminaire,* Journal des tribunaux, 1976, 210 = Nachschlagewerk I-17.1.1-B 2: Das mit einer Klage auf Schadensersatz wegen einseitiger Auflösung eines Alleinvertriebsvertrags angerufene Tribunal de commerce Brüssel hat sich für unzuständig erklärt. Gemeinschaftsrecht gehe jedwedem innerstaatlichen Recht vor. Das Übereinkommen errichte ein einheitliches und geschlossenes System im Rahmen des Gemeinschaftsrechts, das weder erweitert noch beschränkt werden könne.

[114] Treffend Rechtbank van koophandel Antwerpen, 12. Kammer, Urteil vom

3. Die *Prorogationserschwerungen* des § 38 II ZPO sind im Anwendungsbereich des Art. 17 nicht anwendbar.[115]

a) *Vereinbarungen zwischen Vertragsparteien mit Wohnsitz in der Bundesre-*

---

19. November 1975, *Hamburger Senator Shipping Cy u. a. ./. La Générale de Berne u. a.* Rechtskundig Weekblad, 1976, 2225 = Rechtsprechungsübersicht Folge 1, Nr. 31 = Nachschlagewerk I-17.1.1-B 5: Die Rechtsprechung, wonach eine in einem Konnossement enthaltene Zuständigkeitsvereinbarung zugunsten eines ausländischen Gerichts nur dann wirksam ist, wenn sichergestellt ist, daß das ausländische Gericht die zwingenden Vorschriften des Art. 91 des Seegesetzes vom 21. August 1879 in der von der belgischen Rechtsprechung und Lehre gegebenen Auslegung anwenden wird, kann ab dem Inkrafttreten des Übereinkommens gegenüber einer Zuständigkeitsvereinbarung zugunsten eines Gerichts in einem Vertragsstaat nicht mehr aufrechterhalten werden, wenn mindestens eine Partei ihren Wohnsitz in einem Vertragsstaat hat.

Unrichtig Hof van beroep Antwerpen, 4. Kammer, Urteil vom 15. Juni 1977, Rechtskundig weekblad 1978, 1630–1635, mit Anmerkung von *Laenens* = Rechtsprechungsübersicht Folge 3, Nr. 107 = Nachschlagewerk I-17.1.1-B 5: Eine mit der M/S „Transontario" von Chicago nach Antwerpen beförderte Partie Orgelteile, über die ein Konnossement ausgestellt worden war, traf beschädigt im Bestimmungshafen ein. Der belgische Inhaber des Konnossements und seine Versicherer verklagten daraufhin vor der Rechtbank van koophandel Antwerpen den Verfrachter und Aussteller des Konnossements, eine in der Bundesrepublik Deutschland ansässige Gesellschaft, auf Schadensersatz. Diese machte die internationale Unzuständigkeit Belgiens geltend und berief sich hierfür unter anderem auf eine Klausel in den Konnossementsbedingungen, wonach „all disputes are to be decided according to German law and are exclusively to be put before the Hamburg Courts". Der Hof van beroep hielt die Derogation für nicht beachtlich im Hinblick auf Art. 91 des belgischen Seegesetzes. Eine in einem Konnossement enthaltene Zuständigkeitsvereinbarung zugunsten eines ausländischen Gerichts sei nur dann wirksam, wenn hinreichende Sicherheit bestehe, daß das ausländische Gericht die zwingenden Vorschriften des Art. 91 des belgischen Seegesetzes – der selbst keinen Gerichtsstand vorsieht – in der von der belgischen Rechtsprechung und Lehre gegebenen Auslegung anwenden wird. Da im gegebenen Fall die in dem Konnossement enthaltenen Rechtsanwendungsklauseln nicht auf Art. 91 Seegesetz verwiesen und noch dazu mehrdeutig seien, müsse die Gerichtsstandsklausel als unwirksam angesehen werden ....

Das Übereinkommen regele nicht die Frage, welches Recht für die Beurteilung der materiellrechtlichen Wirksamkeit der Vereinbarung oder einzelner ihrer Klauseln maßgebend sei. Art. 17 enthalte lediglich eine verfahrensrechtliche Regelung und könne nicht solchen Vereinbarungen Wirksamkeit verleihen, die aufgrund materiellrechtlicher Vorschriften nichtig seien. Diese materiellrechtliche Prüfung habe der Richter vorzunehmen, vor dem auf die Zuständigkeitsvereinbarung Bezug genommen werde. Art. 17 habe nicht Vorrang vor Art. 91 des Seegesetzes; es könne nicht vermutet werden, daß das Übereinkommen insoweit nach dem Willen der Vertragsstaaten auch solche innerstaatlichen Vorschriften verdränge, die zum internen oder zum internationalen ordre public gehörten.

Zum Verhältnis von Art. 17 zu Art. 91 des belgischen Seegesetzes vgl. auch Rechtsprechungsübersicht Folge 1 Nr. 31 sowie das Urteil der Rechtbank van koophandel Antwerpen vom 15. April 1975, Rechtspraak der haven van Antwerpen 1975–1976, 84 = European Transport Law 1976, I, 92; siehe auch die Anmerkung von *Weser* in Jurisprudence commerciale de Belgique 1976, IV, 666–672.

[115] *Kropholler* IZVR Rz. 823.

publik Deutschland über die Zuständigkeit des Gerichts eines anderen Vertragsstaates.

α) Nach Art. 17 können Parteien mit Wohnsitz/Sitz in ein und demselben Vertragsstaat bereits vor Entstehen der Streitigkeit[116] die internationale Zuständigkeit eines anderen Vertragsstaates vereinbaren.[117] Grundsätzlich anders ist jedoch die Situation gemäß § 38 ZPO; sieht man von den Fällen des § 38 III Nr. 2 ZPO ab, so ist eine Zuständigkeitsvereinbarung zwischen Nichtkaufleuten, die beide ihren Wohnsitz in der Bundesrepublik Deutschland haben, vor Entstehen der Streitigkeit (§ 38 III Nr. 1 ZPO) unzulässig.[118] § 38 II 1 ZPO setzt voraus, daß eine der Vertragsparteien ihren allgemeinen Gerichtsstand, d. h. ihren Wohnsitz bzw. Sitz, im Ausland haben muß. Eine Ausnahme gilt nur für die im Inland domizilierten Vollkaufleute, juristische Personen des öffentlichen Rechts und öffentlichrechtliche Sondervermögen, § 38 I ZPO.

β) Das Prorogationsverbot des § 38 II 1 ZPO ist im Geltungsbereich des Art. 17 nicht anwendbar. Die gegenteilige Auffassung von *Baumgärtel*[119] ist nicht haltbar.[120] Er verkennt, daß der nationale Gesetzgeber im Anwendungsfeld des Übereinkommens keine eigene Zuständigkeitspolitik mehr treiben darf. Im Anwendungsbereich des Art. 17 wird das nationale Zuständigkeitsrecht total verdrängt, es sei denn, daß das Übereinkommen ausdrücklich auf das nationale Recht verweist, wie in Art. 12 Nr. 3 und Art. 15 Nr. 3.

γ) Wäre die These richtig, der nationale Gesetzgeber könne auch im Anwendungsbereich des Übereinkommens nach seinem Gutdünken durch Prorogations- bzw. Derogationsverbote bzw. -erschwerungen eingreifen, so wäre der ausdrückliche Vorbehalt in Art. 12 Nr. 3 bzw. Art. 15 Nr. 3 ohne Sinn. Im übrigen wäre es das *Ende des europäischen Einheitsrechts,* wenn jedem Vertragsstaat die Möglichkeit offen bliebe, abweichend von den international vereinbarten Zuständigkeitsregeln Zuständigkeitspolitik auf eigene Faust zu betreiben.[121]

δ) Der einzige zulässige Weg, die prorogationsfreundliche Konzeption des Art. 17 einzuschränken, ist die Revision des Übereinkommens nach Art. 67.

---

116 Ausnahme: Art. 12 Nr. 1 und Art. 15 Nr. 1.

117 Nach *Jung* (Fußn. 85) 53 muß jedoch ein internationaler Bezug vorhanden sein. Zu diesem Punkt vgl. oben § 29 XV.

118 Jung (Fußn. 85) 134.

119 *Baumgärtel,* Festschrift für *Kegel* 1977, 298, will für Nichtvollkaufleute mit Wohnsitz/Sitz in der Bundesrepublik Deutschland (§ 38 II 1 ZPO) Zuständigkeitsvereinbarungen nur nach Entstehen der Streitigkeit (§ 38 III Nr. 1 ZPO) oder für den Fall der Wohnsitzverlegung ins Ausland etc. (§ 38 III Nr. 2 ZPO) zulassen. Er befürchtet, der Schutzzweck der Prorogationsnovelle würde in sein Gegenteil verkehrt, wenn das grundsätzliche Prorogationsverbot durch die Vereinbarung eines ausländischen Gerichtsstandes unterlaufen werden könnte.

120 *Jung* (Fußn. 85) 134.

121 Gegen *Baumgärtel* auch *Jung* (Fußn. 85) S. 135ff.

b) *Vereinbarung zwischen einer in der Bundesrepublik Deutschland wohnhaften Partei und einer in einem anderen Vertragsstaat wohnhaften Partei über die Zuständigkeit eines deutschen Gerichts, in dessen Bezirk nicht der allgemeine Gerichtsstand der inländischen Partei liegt.*

α) Eine solche Vereinbarung fällt unbestritten in den Anwendungsbereich des Art. 17. Nach § 38 II 3 ZPO könnte nur das Gericht am Wohnsitz/Sitz der in der Bundesrepublik Deutschland wohnhaften Partei als örtlich zuständig vereinbart werden. Diese Beschränkung gilt nicht im Anwendungsbereich des Art. 17.[122] Die Parteien können jedes deutsche Gericht als örtlich zuständig vereinbaren.[123] Treffen sie keine Vereinbarung über die örtliche Zuständigkeit, so greift das nationale deutsche Zuständigkeitsrecht ein; dieses verweist auf den Wohnsitz der in der Bundesrepublik Deutschland wohnhaften Partei, § 38 II 3 ZPO.

β) Im Anwendungsbereich des Art. 17 kommt § 38 II 3 ZPO nur dann zur Anwendung, wenn das Übereinkommen ausdrücklich auf das nationale Zuständigkeitsrecht verweist. Dies ist in den Fällen des Art. 12 Nr. 3 und Art. 15 Nr. 3 gegeben. Ansonsten gilt ausschließlich das Übereinkommen. Vgl. auch oben VII 5 und unten XIX 4.

Den Umfang des Schutzes des schwächeren Vertragspartners hat das Übereinkommen selbst definiert. In seinem Anwendungsbereich darf der nationale Gesetzgeber keine Zuständigkeitspolitik betreiben. Er darf die Schutzvorschriften weder abschwächen noch verschärfen.[124]

4. Auch die Verbote des deutschen Rechts für Zuständigkeitsverein-

---

[122] Wie hier die herrschende Meinung, die Art. 17 als „lex specialis" betrachtet. *Grunsky* RIW/AWD 1977, 6; *Stauder,* GRUR Int. 1976, 471; *Samtleben* NJW 1974, 1590, 1593. *Jung* (Fußn. 85) 139; a. A. *Katholnigg* BB 1974, 396 Fußn. 11. *Katholnigg* geht von der falschen Annahme aus, Art. 17 betreffe nur die internationale Zuständigkeit, lasse jedoch die Regeln über die örtliche Zuständigkeit unberührt.

[123] Bereits aus dem Text des Art. 17 I 1 geht hervor, daß es den Parteien unbenommen ist, „ein Gericht" eines Vertragsstaates als ausschließlich zuständig zu vereinbaren. Die Auswahl des Gerichts in dem prorogierten Vertragsstaat ist nicht eingeschränkt.

[124] *Jung* (Fußn. 85) 141 f. Anders *Baumgärtel,* Festschrift für *Kegel,* 1977, 297 f.: Zur „Vermeidung von Wertungswidersprüchen zwischen innerstaatlicher Rechtsordnung und EWG Übereinkommen" sei § 38 II 3 ZPO „in den Rechtsmaterien anzuwenden, in denen sozialpolitische Erwägungen innerhalb des EWG-Übereinkommens ihren Niederschlag gefunden" hätten. § 38 II 3 ZPO gelte daher generell in Versicherungs- u. Abzahlungssachen (nunmehr Verbrauchersachen). *Baumgärtel* 298 will § 38 II 3 ZPO auch in den Fällen des Art. 12 Nr. 1 u. 2 bzw. Art. 15 Nr. 1 u. 2 anwenden. Damit unterliegt *Baumgärtel* dem gleichen Irrtum wie *Katholnigg* (oben Fußn. 122). Nach Entstehen der Streitigkeit ist eine Prorogation auf jedes Gericht innerhalb eines der Vertragsstaaten zulässig, Art. 12 Nr. 1 und Art. 15 Nr. 1. Im übrigen ist keine Diskrepanz zum nationalen deutschen Recht festzustellen. Die nicht in das Handelsregister eingetragenen Minderkaufleute, die nicht unter den Schutz der §§ 6a, 8 Abzahlungsgesetz fallen, können gemäß § 38 III Nr. 1 ZPO nach Entstehen der Streitigkeit jeden beliebigen Gerichtsstand prorogieren. Inhaltlich stimmt also § 38 III Nr. 1 mit Art. 12 Nr. 1 und Art. 15 Nr. 1 überein.

barungen im Zusammenhang mit Abzahlungs-[125] und Fernunterrichtsverträgen[126] werden durch Art. 17 verdrängt.[127]

5. Das gleiche gilt für § 53 III des Gesetzes über das Kreditwesen (KWG) und § 109 I des Versicherungsaufsichtsgesetzes (VAG). Danach darf der Gerichtsstand am Ort der inländischen Niederlassung der/des im Ausland ansässigen Bank bzw. Versicherungsunternehmens nicht derogiert werden. Dies gilt aber nicht im Anwendungsbereich des Art. 17.[128]

6. Auch das Derogationsverbot des § 98 II GWB ist im Anwendungsbereich des Art. 17 nicht zu beachten.

7. Das gleiche gilt für die Bestimmungen des AGB-Gesetzes.[129]

8. Die vereinzelt von den nationalen Gesetzgebern aufgestellten Vorschriften über die Verwendung bestimmter Sprachen können sich als Erschwerung für Zuständigkeitsvorschriften auswirken. Sie sind deshalb im Anwendungsbereich des Art. 17 nicht zu beachten.[130]

---

125 §§ 6a, 8 AbzG.

126 § 26 FernUSG.

127 *Samtleben* IPRax 1981, 44.

128 *Kropholler* IZVR Rz. 828, *Samtleben* RabelsZ 46 (1982), 722 sub 2.

129 *Staudinger-Schlosser,* § 12 AGB-Gesetz, Rz. 6.

130 EuGH, Urteil vom 24. Juni 1981, Rechtssache 150/80 – *Elefanten Schuh ./. Jacqmain,* EuGHE 1981, 1671 = RIW/AWD 1981, 709.

In einem Arbeitsrechtsstreit zwischen einem in Belgien wohnhaften Handelsvertreter und einer in Kleve ansässigen GmbH (vgl. oben Fußn. 100) vertrat der Arbeidshof Antwerpen als Berufungsgericht die Ansicht, nach Art. 17 könnten die Parteien des Arbeitsvertrags zwar grundsätzlich durch eine schriftliche Vertragsklausel die internationale Zuständigkeit Belgiens abbedingen und Kleve als Gerichtsstand vereinbaren. Die deutsche Gesellschaft könne sich aber deshalb nicht auf die Zuständigkeitsklausel berufen, weil der Arbeitsvertrag nach Art. 10 des Dekrets des Kulturrates für die niederländische Kulturgemeinschaft vom 19. Juli 1973 zur Regelung der Verwendung der Sprachen in den Sozialbeziehungen zwischen Arbeitgebern und Arbeitnehmern (Belgisch Staadsblad, S. 10089) in niederländischer Sprache hätte abgefaßt werden müssen. Daher sei der in deutscher Sprache abgefaßte Arbeitsvertrag nichtig und die darin enthaltene Zuständigkeitsklausel ungültig.

Der Hof van Cassatie hat dem EuGH folgende Frage vorgelegt: „Widerspricht es Artikel 17 des Übereinkommens zu entscheiden, daß eine Zuständigkeitsvereinbarung nichtig ist, wenn die Urkunde, in der sie enthalten ist, nicht in der Sprache abgefaßt ist, die das Recht eines Vertragsstaats unter Androhung der Nichtigkeit vorschreibt, und wenn das Gericht dieses Staates, vor dem auf die Vereinbarung Bezug genommen wird, nach diesem Recht gehalten ist, die Nichtigkeit der Urkunde von Amts wegen festzustellen?"

Der EuGH argumentierte wie folgt:

„(23) Nach Art. 17 muß die Zuständigkeitsklausel die Form einer schriftlichen oder einer mündlichen, schriftlich bestätigten Vereinbarung aufweisen.

(24) Nach dem Bericht zu dem Übereinkommen, der den Regierungen der Vertragsstaaten zugleich mit dem Entwurf des Übereinkommens zugeleitet wurde, liegt diesen Formerfordernissen das Bestreben zugrunde, einerseits den Handelsbräuchen Rechnung zu tragen, andererseits aber solchen Gerichtsstandsklauseln die Wirkung zu

XII. Insbesondere: Vorrang des Art. 17 vor nationalem Zuständigkeitsrecht, das nach Inkrafttreten des Übereinkommens geschaffen wird: Lex posterior non derogat conventionem

1. Problem

a) Nach Inkrafttreten des Übereinkommens erschien dem deutschen und dem französischen Gesetzgeber die allgemeine Prorogationsfreiheit zu liberal. Man traute nicht mehr dem freien Spiel der Kräfte, weil man befürchtete, daß der Stärkere oft mißbräuchlich seine Zuständigkeitsinteressen zu Lasten des Schwächeren durchsetzen werde.[131] Man entschloß sich zu Radikallösungen, die Zuständigkeitsvereinbarungen unter Nichtkaufleuten stark einschränkten.[132]

b) Damit ergab sich das Problem, ob solche nach dem Inkrafttreten des Übereinkommens erlassene Gesetze Art. 17 tangieren. Im Ergebnis ist

---

nehmen, die unbemerkt in das Vertragsverhältnis eingeführt werden könnten, wie etwa solche Klauseln, die sich auf Vordrucken für Geschäftskorrespondenz oder auf Rechnungen befinden, wenn sie von der Partei, der sie entgegengehalten werden, nicht angenommen worden sind; deshalb könnten Gerichtsstandsklauseln nur berücksichtigt werden, wenn sie vereinbart seien, d. h. wenn zwischen den Parteien das Einverständnis hergestellt sei. Ferner waren die Verfasser des Artikels 17 der Ansicht, daß im Interesse der Rechtssicherheit die Form der Gerichtsstandsvereinbarung ausdrücklich vorgeschrieben werden müsse.

(25) Artikel 17 soll somit selbst die Formvoraussetzungen für Gerichtsstandsklauseln im Interesse der Rechtssicherheit und zur Gewährleistung des Einverständnisses der Parteien aufstellen.

(26) Daher steht es den Vertragsstaaten nicht frei, zusätzlich zu den Formvorschriften des Übereinkommens Formerfordernisse festzulegen. Dies wird durch die Tatsache bestätigt, daß Artikel I Absatz 2 des dem Übereinkommen beigefügten Protokolls ausdrücklich besondere Formerfordernisse für den Fall vorsieht, daß eine Person ihren Wohnsitz in Luxemburg hat.

(27) Bezogen auf die Frage, in welcher Sprache die Zuständigkeitsvereinbarung abzufassen ist, bedeutet die Regelung des Artikels 17, daß das Recht eines Vertragsstaats die Unwirksamkeit einer Vereinbarung nicht allein deshalb vorsehen darf, weil eine andere als die nach diesem Recht vorgeschriebene Sprache verwendet worden ist.

(28) Eine abweichende Auslegung würde außerdem die Zielsetzung des Artikels 17 des Übereinkommens gefährden, der es gerade ermöglichen soll, durch Vereinbarung die Zuständigkeit des Gerichts eines Vertragsstaats zu begründen, das ohne diese Vereinbarung normalerweise nicht zuständig wäre. Daher haben die Gerichte aller Vertragsstaaten diese Vereinbarung zu beachten.

(29) Auf die dritte Frage ist somit zu antworten, daß Artikel 17 des Übereinkommens dahin auszulegen ist, daß das Recht eines Vertragsstaats die Unwirksamkeit einer Zuständigkeitsvereinbarung nicht allein deshalb vorsehen darf, weil eine andere als die nach diesem Recht vorgeschriebene Sprache verwendet worden ist."

[131] So schon *Schröder,* Internationale Zuständigkeit, 1971, 412.

[132] § 38 ZPO; Art. 48 nouveau Code de procédure civile.

man sich darüber einig, daß der Geltungsbereich des Art. 17 unberührt bleibt. Allerdings gehen bei der Begründung die Meinungen auseinander. Es kommt darauf an, wie man das normlogische Verhältnis zwischen Übereinkommen und nationalem Zuständigkeitsrecht definiert.[133]

2. Theorie vom primären Gemeinschaftsrecht

Für die Anhänger der These, das Übereinkommen sei primäres Gemeinschaftsrecht, ist das Verhältnis zwischen den beiden Vorschriften sehr einfach zu bestimmen. Art. 17 ist höherrangiges Recht, das das nationale Recht verdrängt.[134]

3. Theorie vom gewöhnlichen völkerrechtlichen Vertrag

Aber auch für diejenigen, die das Übereinkommen für einen gewöhnlichen völkerrechtlichen Vertrag halten, der in Konflikt zum nationalen Recht geraten könnte, ist klar, daß Art. 17 Vorrang hat. Der deutsche Gesetzgeber wollte sich mit der Verabschiedung der Prorogationsnovelle vom 21. März 1974[135] nicht in Widerspruch setzen zu den völkerrechtlichen Verpflichtungen der Bundesrepublik Deutschland. Die Vorschriften des § 38 ZPO sollen nur außerhalb des Geltungsbereichs des Art. 17 zur Anwendung kommen. Hinsichtlich der dogmatischen Begründung bestehen jedoch Unsicherheiten. Zu Recht legt *Jung*[136] dar, daß das Schlagwort von der lex specialis nicht präzise ist, sondern daß „der Gesichtspunkt der völkerrechtsfreundlichen Interpretation" dazu zwinge, die Prorogationsregelung des Übereinkommens als vorrangig zu betrachten. Art. 17 stelle im Rahmen seines Anwendungsbereichs eine „Sonderregelung" dar, welche grundsätzlich die Anwendung der nationalen Prorogationsvorschriften, insbesondere die Anwendung des § 38 II ZPO ausschließt.

XIII. Rechtsvergleichendes

Aus der Sicht des deutschen Zuständigkeitsrechts spielen Zuständigkeitsvereinbarungen eine große Rolle, mit denen entweder die nach §§ 12ff. ZPO an sich nicht gegebene internationale Zuständigkeit der Bundesrepublik Deutschland begründet wird (Prorogation) oder die an sich vorhandene internationale Zuständigkeit derogiert wird. Dies hängt damit zusammen, daß das deutsche Recht – ebenso wie die Zuständigkeitsordnung des Übereinkommens – auf dem *Wohnsitzprinzip*[137] aufbaut. Anders dagegen das *Staatsangehörigkeitsprinzip* der Art. 14 und Art.

---

[133] Ausführlich *Jung* (Fußn. 85) 127ff.
[134] *Schlosser* NJW 1975, 2132.
[135] BGBl. 1974 I 753.
[136] Ausführlich *Jung* (Fußn. 85) 127ff.
[137] Allerdings stark modifiziert durch den Vermögensgerichtsstand (§ 23 ZPO).

15 Code civil: Ist eine der Parteien Franzose, so ist die internationale Zuständigkeit Frankreichs bereits gegeben, ganz gleich, ob der Kläger oder der Beklagte die französische Staatsangehörigkeit besitzt. Damit taucht das Problem der Begründung der internationalen Zuständigkeit Frankreichs durch Prorogation nur bei reinen Ausländerprozessen auf. Ebenso ist die Rechtslage in Luxemburg. In Italien begründet zwar die italienische Staatsangehörigkeit des Klägers nicht – wie in Frankreich – die internationale Zuständigkeit Italiens, aber diejenige des Beklagten. Dies ist zwar im geschriebenen Recht nirgends niedergelegt. Man schließt dies jedoch e contrario aus Art. 4 des Codice di procedura civile.[137a]

XIV. Kein Sonderrecht für Kaufleute

1. Art. 17 differenziert nicht – wie § 38 ZPO – danach, ob die Zuständigkeitsvereinbarung von Kaufleuten oder Nichtkaufleuten geschlossen wurde. *Für Kaufleute gilt kein Sonderrecht.*

2. Eine Modifikation dieses Grundsatzes bringt allerdings das Beitrittsübereinkommen vom 9. Oktober 1978 bezüglich der Form: Art. 17 I 2 3. Alternative n. F. läßt mündliche Zuständigkeitsvereinbarungen zu, soweit diese internationalen Handelsbräuchen entsprechen.

XV. Nichtvermögensrechtliche Streitigkeiten

Das Übereinkommen beschränkt die Prorogationsfreiheit der Parteien nicht auf vermögensrechtliche Streitigkeiten.[138] Zwar sind die klassischen nichtvermögensrechtlichen Streitigkeiten, vor allem die Statusverfahren, aus dem Anwendungsbereich des Übereinkommens ausgeklammert.[139] Für diese gilt das – meist prorogationsfeindliche – nationale Zuständigkeitsrecht. Soweit jedoch der Anwendungsbereich des Art. 17 reicht, sind Zuständigkeitsvereinbarungen auch in nichtvermögensrechtlichen Streitigkeiten zulässig.[140]

XVI. Grundsatz der Prorogationsfreiheit

Art. 17 verankert den *Grundsatz der Prorogationsfreiheit.* Schranken ergeben sich nur aus

1. dem Verbot von pauschalen, nicht auf konkrete Rechtsverhältnisse bezogenen Zuständigkeitsvereinbarungen (unten XVII),

---

[137a] Vgl. oben § 49 I 7.

[138] So die h. M. in Deutschland im Hinblick auf § 40 II ZPO. Nachweise bei *Zöller-Geimer,* ZPO, 13. Aufl., 1981, IZPR E XVI, Anm. 16 und 17 und *Jung* (Fußn. 85) 113.

[139] Art. 1 II Nr. 1. Hierzu oben §§ 20ff.

[140] Die Unterscheidung zwischen vermögensrechtlichen und nichtvermögensrechtlichen Streitigkeiten ist den Prozeßordnungen Frankreichs und Italiens fremd.

2. dem Verbot, die in Art. 16 niedergelegten ausschließlichen internationalen Zuständigkeiten zu derogieren (unten XVIII) und
3. den zeitlichen Schranken in Versicherungs- und Verbrauchersachen, Art. 12 Nr. 1 und Art. 15 Nr. 1 (unten XIX).

XVII. Konkretisierung des Streitgegenstandes[141]

1. Die vom Übereinkommen aufgestellte Zuständigkeitsordnung kann nicht pauschal und ohne Bezug zu einem konkreten Rechtsstreit von den Parteien verändert werden. Notwendig ist vielmehr eine Konkretisierung der Vereinbarung auf einen bestimmten bereits entstandenen Rechtsstreit oder einen künftigen Rechtsstreit, der aus einem bestimmten Rechtsverhältnis entspringt:[142] Die Streitigkeiten, für die die Zuständigkeitsvereinbarung gelten soll, müssen genau bezeichnet werden. Art. 17 I verlangt, daß sich die Zuständigkeitsvereinbarung auf ein bestimmtes zu benennendes Rechtsverhältnis bezieht. Eine pauschale Unterwerfung für beliebige, nicht näher bezeichnete Rechtsstreitigkeiten unter ein bestimmtes Forum ist unzulässig. Die Folgen einer solchen Vereinbarung wären für die Parteien nicht absehbar. Es würde ihre Zuständigkeitsinteressen zu stark beeinträchtigen.[143]

2. Art. 17 I (= Art. 17 I 1 n. F.) unterscheidet „bereits entstandene Rechtsstreitigkeiten" und „künftige, aus einem bestimmten Rechtsverhältnis entspringende Rechtsstreitigkeiten". Ist die Streitigkeit bereits entstanden, so dürfte die notwendige Konkretisierung des Gegenstandes der Zuständigkeitsvereinbarung im Normalfall nicht schwierig sein.[144]

3. Aktuell wird das Problem der Konkretisierung bei *Zuständigkeitsvereinbarungen vor Entstehen der Streitigkeit*. Haben die Parteien bei *Abschluß des Hauptvertrages* vereinbart, daß alle aus der vertraglichen Beziehung eventuell sich ergebenden Rechtsstreitigkeiten vor einem bestimmten Gericht entschieden werden sollen, so ist das Rechtsverhältnis ausreichend gekennzeichnet. Auch sind Zuständigkeitsvereinbarungen denkbar, die sich auf *künftige Rechtsverhältnisse* beziehen, sofern diese nach Art

---

141 *Jung* (Fußn. 85) 75 sub IV 1.

142 Ebenso § 40 I ZPO. Hierzu *Jung* (Fußn. 85) 112.

143 Vgl. *Riezler* IZPR 298; *Jung* (Fußn. 85) 76; unpräzis *Müller* in *Bülow-Böckstiegel* 606/150 Art. 17 Anm. III 3, der meint, diese Einschränkung diene dem Schutz des schwächeren Partners vor umfassenden Gerichtsstandsklauseln des Stärkeren. Auch wenn zwei gleichstarke Parteien eine Zuständigkeitsvereinbarung schließen, gilt das Erfordernis der Präzisierung auf ein bestimmtes Rechtsverhältnis.

144 Ist die Streitigkeit bereits entstanden, so kann auch die typischerweise schwächere Partei die Auswirkungen einer Zuständigkeitvereinbarung klar überschauen. Deshalb bestand auch in Versicherungs- und Verbrauchersachen, wo der Schutz der schwächeren Partei das besondere Anliegen des Übereinkommens ist, keine Veranlassung, die Freiheit der Parteien, eine Zuständigkeitsvereinbarungen abzuschließen, zu beschränken.

und Gegenstand bestimmbar sind, z. B. auf Geschäfte, die im Rahmen einer bestehenden Geschäftsverbindung ständig getätigt werden.[145]

4. Die Zuständigkeitsvereinbarung muß sich nicht unbedingt auf nur *ein* Rechtsverhältnis beziehen. Es können Zuständigkeitsvereinbarungen bezüglich mehrerer Rechtsverhältnisse, die konkret bezeichnet sind, in einer Urkunde getroffen werden.

XVIII. Verbot von Zuständigkeitsvereinbarungen in den Fällen des Art. 16

1. Die in Art. 16 aufgeführten ausschließlichen internationalen Zuständigkeiten stehen nicht zur Disposition der Parteien. Bei der Festlegung der ausschließlichen internationalen Zuständigkeit in Art. 16 stehen unmittelbare staatliche Jurisdiktionsinteressen im Vordergrund. Diese sind so stark, daß abweichende Zuständigkeitsvereinbarungen ausgeschlossen sind, Art. 17 II = Art. 17 III n. F.: Ist ein Vertragsstaat gemäß Art. 16 international zuständig, so können die Parteien diese internationale Zuständigkeit nicht etwa durch eine Zuständigkeitsvereinbarung derogieren. An der Aufrechterhaltung dieser ausschließlichen internationalen Zuständigkeiten besteht ein öffentliches Interesse. Auch können sie nicht zusätzlich zu dem gemäß Art. 16 international zuständigen Vertragsstaat andere Vertragsstaaten als international konkurrierend zuständig vereinbaren.[146]

2. Art. 16 ist also die große Ausnahme für die Parteiautonomie im internationalen Zuständigkeitsrecht. *Art. 16 ist eine absolute und unüberwindliche Schranke für Zuständigkeitsvereinbarungen.*

3. Art. 16 regelt nur die internationale Zuständigkeit, nicht jedoch die örtliche Zuständigkeit innerhalb des ausschließlich international zuständigen Vertragsstaates. Hier gilt das nationale Zuständigkeitsrecht. Dieses bestimmt auch darüber, ob Zuständigkeitsvereinbarungen über die örtliche Zuständigkeit möglich sind, wenn der Gegenstand der Klage eine der in Nr. 1–5 des Art. 16 aufgeführten Streitigkeiten betrifft. Das Übereinkommen verbietet Zuständigkeitsvereinbarungen über die örtliche Zuständigkeit nicht. So könnte z. B. ein Vertragsstaat auch für Immobiliarklagen im Sinne des Art. 16 Nr. 1 die Möglichkeit vorsehen, daß die Parteien sich über das örtlich zuständige Gericht innerhalb des Belegenheitsstaates verständigen können.[147]

4. Art. 16 gilt nicht zugunsten von *Nichtvertragsstaaten.*

---

[145] Enger wohl *Jung* (Fußn. 85) 76: „An der Bestimmtheit oder Bestimmbarkeit fehlt es dagegen, wenn sich die Vereinbarung pauschal auf mehrere Kategorien von Klagen bezieht, etwa aus Anlaß einer Geschäftsbeziehung eventuell bestehende Streitigkeiten". Wie hier wohl *Müller* in *Bülow-Böckstiegel* 606/150, Art. 17 Anm. II 3.

[146] Die Prorogation ist in Art. 17 II nur mittelbar erwähnt.

[147] Wie hier im Ergebnis *Jung* (Fußn. 85) 81/82; anders wohl *Müller* in *Bülow-Böckstiegel* 606/131, Art. 16 Anm. II bei Fußn. 4. Vgl. oben Fußn. 95.

XIX. Schranken für Zuständigkeitsvereinbarungen in Versicherungs- und Verbrauchersachen

1. Bei den Sondervorschriften der Art. 7ff. und Art. 13ff. steht kein staatliches Jurisdiktionsinteresse im Vordergrund. Telos dieser Sondernormen ist vielmehr der Schutz der schwächeren Partei.[148] Die Freiheit, Zuständigkeitsvereinbarungen abzuschließen, braucht nur insoweit eingeschränkt zu werden, als die Gefahr besteht, daß die schwächere Partei übervorteilt wird.

2. Diese Gefahr besteht nicht, wenn die schwächere Partei Gelegenheit bekommt, ihren (stärkeren) Vertragspartner auch an Orten zu verklagen, zu denen keine Anknüpfung i. S. der Art. 7ff. besteht. Es geht also um Vereinbarungen, durch die die Gerichtspflichtigkeit des Vertragspartners der schwächeren Partei (Versicherer, Abzahlungsverkäufer, finanzierende Bank des Abzahlungskäufers und sonstiger Vertragspartner des Letztverbrauchers) erweitert wird.[149]

3. Ein Bedürfnis, die schwächere Partei zu schützen, besteht auch dann nicht, wenn die Rechtsstreitigkeit bereits entstanden ist.[150] Schließt in diesem Stadium der Versicherungsnehmer bzw. Verbraucher eine Zuständigkeitsvereinbarung ab, so ist er in der Lage, die Tragweite seiner Vereinbarungen klar zu überschauen.

4. Schließlich werden keine Zuständigkeitsinteressen der schwächeren Partei in Frage gestellt, *wenn die Parteien übereinkommen, daß nur die Gerichte in ihrem gemeinsamen Wohnsitzstaat international zuständig sein sollen,* daß also andere nach dem Übereinkommen an sich gegebene Zuständigkeiten derogiert sein sollen.[151]

a) Durch eine solche Vereinbarung kann im Wohnsitzstaat beider Vertragspartner zum Zeitpunkt des Vertragsabschlusses ein Gerichtsstand festgeschrieben werden. Ein späterer Wohnsitzwechsel berührt die internationale Zuständigkeit nicht. Das gleiche gilt für die örtliche Zuständigkeit.[152]

---

148 Oben § 74 III–V.

149 Art. 12 Nr. 2, Art. 15 Nr. 2. Hierzu oben § 75 V 2.

150 Art. 12 Nr. 1, Art. 15 Nr. 1.

151 Art. 12 Nr. 3 und Art. 15 Nr. 3.

152 Art. 12 Nr. 3 und Art. 15 Nr. 3 lassen ausdrücklich Vereinbarungen über die internationale Zuständigkeit des gemeinsamen Wohnsitz- bzw. Aufenthaltsstaates zu, ohne daß gleichzeitig eine Vereinbarung über die örtliche Zuständigkeit getroffen worden ist. Vgl. oben VI. Eine solche Vereinbarung wird in der Regel den Wohnsitz bzw. gewöhnlichen Aufenthalt des Käufers zum Zeitpunkt des Vertragsabschlusses als ausschließlich zuständig festlegen. Aber auch ohne eine solche Vereinbarung sind die Gerichte des gemeinsamen Wohnsitz- bzw. Aufenthaltsstaates zur Justizgewährung verpflichtet. Das örtlich zuständige Gericht bestimmt das nationale Zuständigkeitsrecht. Enthält dies eine Regelungslücke, so greift die ungeschriebene Konventionsregel ein, wonach die Gerichte der Hauptstadt des international zuständigen Vertragsstaates örtlich zuständig sind.

b) Zu Recht läßt das Übereinkommen in solchen Fällen Zuständigkeitsvereinbarungen zu; denn hier ist nicht der Verbraucher bzw. Versicherungsnehmer schutzbedürftig, sondern vielmehr dessen Vertragspartner.[153] Diesem ist eine Rechtsverfolgung im Ausland nicht zumutbar. Ein Wohnsitzwechsel des Versicherungsnehmers bzw. Verbrauchers ist für ihn nicht kalkulierbar. Er muß damit rechnen können, daß er den Versicherungsnehmer bzw. Verbraucher in dem Staat, in dem der Vertrag abgeschlossen wurde, auch belangen kann.[154]

c) *Maßgebender Zeitpunkt* ist der Abschluß der Zuständigkeitsvereinbarung. Wohnen die Vertragspartner zu diesem Zeitpunkt im gleichen Vertragsstaat bzw. haben sie dort ihren Sitz, so ist eine Zuständigkeitsvereinbarung auf die Gerichte dieses Staates zulässig.[155]

d) Dem Wohnsitz ist in diesem Zusammenhang der gewöhnliche Aufenthalt gleichzustellen. Es reicht aus, wenn beide Vertragspartner sich in dem Staat, dessen Gerichte sie prorogieren, gewöhnlich aufhalten. Der Begriff des gewöhnlichen Aufenthalts bestimmt sich nach der lex fori prorogati, analog Art. 52.[156]

e) Es müssen aber nicht beide Vertragspartner ihren Wohnsitz oder ihren gewöhnlichen Aufenthalt im gleichen Vertragsstaat haben. Es reicht aus, wenn einer dort wohnt und der andere sich dort gewöhnlich aufhält. Dem Telos der Art. 12 Nr. 3 und Art. 15 Nr. 3 entspricht es, wenn man auch eine Niederlassung ausreichen läßt. Kauft z. B. in Köln ein italienischer Gastarbeiter bei einer französischen Aktiengesellschaft mit Sitz in Paris und einer Zweigniederlassung in Köln, so sollte man auch hier eine Zuständigkeitsvereinbarung auf die deutschen Gerichte zulassen.

f) Art. 12 Nr. 3 und Art. 15 Nr. 3 verdrängen jedoch nicht das nationale Zuständigkeitsrecht. Beide Vorschriften stehen unter dem Vorbehalt, daß eine „solche Vereinbarung nach dem Recht dieses Staates zulässig" ist. Das Recht des forum prorogatum muß also solche Vereinbarungen zulassen. Wurden die Gerichte der Bundesrepublik Deutschland vereinbart, so sind §§ 6a und 6b des Abzahlungsgesetzes bzw. § 26 des Fernunterrichtsschutzgesetzes zu beachten.

g) Für Klagen aus Abzahlungsgeschäften (§ 1 AbzG) und Klagen aus diesen gleichgestellten Geschäften (§ 6b i. V. m. § 1c AbzG) sind Zuständigkeitsvereinbarungen nur zulässig für den Fall, daß der Käufer nach Vertragsschluß seinen Wohnsitz oder gewöhnlichen Aufenthaltsort aus dem Gebiet der Bundesrepublik Deutschland einschließlich Berlin (West) wegverlegt, oder sein Wohnsitz oder gewöhnlicher Aufenthaltsort zum Zeitpunkt der Klageerhebung nicht bekannt ist. Hat er jedoch seinen Wohnsitz oder gewöhnlichen Aufenthalt in der Bundesrepublik

---

153 Vgl. das Beispiel oben § 75 V 2.

154 *Jung* (Fußn. 85) 84.

155 *Linke* in *Bülow-Böckstiegel* 606/128, Art. 15 Anm. II 3b und *Jung* (Fußn. 85) 84.

156 *Linke* in *Bülow-Böckstiegel* 606/129, Art. 15 Anm. II 3b (aa) bei Fußn. 13.

Deutschland, so ist für Klagen aus Abzahlungsgeschäften das Gericht ausschließlich örtlich zuständig, in dessen Bezirk der Käufer zur Zeit der Klageerhebung seinen Wohnsitz hat. In Ermangelung eines solchen ist der gewöhnliche Aufenthaltsort des Käufers maßgeblich, § 6a AbzG.[157]

§ 6a AbzG umfaßt sämtliche Ansprüche, die aus einem Abzahlungsgeschäft im Sinne eines *einheitlichen Lebensvorganges* herrühren. Dazu gehören nicht nur Erfüllungs-, Gewährleistungs- und Schadensersatzansprüche aus Vertrag und die Rückabwicklungsansprüche bei Rücktritt, sondern auch Bereicherungsansprüche bei anfänglicher Nichtigkeit oder Anfechtung, sowie die Ansprüche aus Delikt, soweit dies mit dem Abzahlungsgeschäft im Zusammenhang steht (z. B. wegen arglistiger Täuschung des Abzahlungskäufers, § 123 BGB). Nicht unter § 6a AbzG fallen aber *Ansprüche gegen am Abzahlungsgeschäft nicht Beteiligte,* also (mithaftende) Dritte, wie z. B. Bürgen, Mitdarlehensnehmer oder die mithaftenden Ehegatten. Beim drittfinanzierten Abzahlungskauf fallen unter § 6a AbzG aber auch Ansprüche des Finanzierungsinstituts (sog. B-Geschäft = finanzierter Kauf) und auch Ansprüche aus Wechseln und Schecks beim sogenannten C-Geschäft (für die einzelnen Darlehens- bzw. Kaufpreisraten), sofern diese sich in der Hand des Finanzierungsinstituts oder einer Refinanzierungsbank oder des Verkäufers oder eines bösgläubigen Dritten befinden.

Schließlich kommt § 6a AbzG auch zur Anwendung auf typische Umgehungsgeschäfte im Sinne des § 6 AbzG, z. B. Leasing- und Mietkaufverträge.[158]

Der Schutzbereich des Abzahlungsgesetzes wird durch § 1c AbzG auch auf Vertragsformen ausgedehnt, die wirtschaftlich einem Abzahlungsgeschäft gleichkommen, nämlich Sukzessivlieferungsverträge und Verträge über wiederkehrende Leistungen; diese sind im einzelnen in § 1c Nr. 1–3 AbzG definiert.[159]

h) § 26 II des Fernunterrichtsschutzgesetzes ist prorogationsfreundlicher als § 6a AbzG. § 26 II Nr. 2 FernUSG stimmt mit § 6a II AbzG überein. Dagegen läßt § 26 II Nr. 1 FernUSG – in Übereinstimmung mit § 38 III Nr. 1 ZPO – Zuständigkeitsvereinbarungen *nach Entstehen der Streitigkeit* zu. Diese Möglichkeit sieht § 6a II AbzG nicht vor. Im übrigen sind beide Normen identisch. Vor dem Entstehen der Streitigkeit sind Zuständigkeitsvereinbarungen unzulässig, sofern der Vertragspartner (Teilnehmer) seinen Wohnsitz bzw. gewöhnlichen Aufenthalt in der

---

157 Die örtliche Zuständigkeit bestimmt auch im Anwendungsbereich des Übereinkommens das nationale Zuständigkeitsrecht, da Art. 14 nur eine Regelung der internationalen Zuständigkeit vorsieht, die örtliche Zuständigkeit aber dem nationalen Recht überläßt.

158 Zu all dem ausführlich *Zöller-Vollkommer,* ZPO, 13. Aufl., 1981, § 29a, Anhang § 6a AbzG, Anm. II 2.

159 *Beispiel:* Vertrag über den Bezug einer Buchreihe, bei dem der Kaufpreis für den einzelnen an sich selbständigen Band jeweils bei Auslieferung fällig ist; BGH NJW 1976, 1354.

Bundesrepublik Deutschland behält. Für Streitigkeiten aus einem Fernunterrichtsvertrag oder über das Bestehen eines solchen Vertrages ist dann das Gericht ausschließlich zuständig, in dessen Bezirk der Teilnehmer seinen allgemeinen Gerichtsstand hat, § 26 I FernUSG.

XX. Internationale Prorogation: Begründung der internationalen Zuständigkeit eines Vertragsstaates durch Vereinbarung der Parteien[160]

1. Fehlen eines Zuständigkeitsanknüpfungspunktes nach Art. 2ff. bzw. nach dem nach Art. 4 I maßgeblichen nationalen Kompetenzrecht[161]

Normlogisch kann eine Zuständigkeitsvereinbarung nur dann zuständigkeitsbegründende Kraft haben, wenn der als international zuständig prorogierte Vertragsstaat „an sich" international unzuständig ist, wenn also eine Zuständigkeitsanknüpfung im Sinne der Art. 2ff. bzw. des nach Art. 4 I maßgeblichen nationalen Zuständigkeitsrechts fehlt. Wurde z. B. die internationale Zuständigkeit des Wohnsitz- bzw. Sitzstaates des Beklagten vereinbart, so ergibt sich die internationale Zuständigkeit bereits aus Art. 2 I. Eines Rückgriffs auf Art. 17 bedarf es nicht.[162]

2. Unmöglichkeit einer Prognose

Ob die Prorogationswirkung einer Zuständigkeitsvereinbarung ins Leere läuft, weil der prorogierte Vertragsstaat bereits „kraft Gesetzes" international zuständig ist, läßt sich aus zwei Gründen nicht generell und absolut prognostizieren:

a) Einmal hängt die Beantwortung der Zuständigkeitsfrage nach Art. 2ff. von der Parteistellung ab.

b) Zum anderen ergibt sich eine weitere Relativierung daraus, daß es für die Anwendung der Art. 2ff. auf den Zeitpunkt der Klageerhebung bzw. des Anhängigmachens des Verfahrens ankommt, während die Zuständigkeitsvereinbarung zu einem früheren Zeitpunkt erfolgt.

Beispiel L:
Ein Kaufmann in Paris vereinbart mit seinem Geschäftspartner in Köln die ausschließliche Zuständigkeit des Landgerichts Köln.

Verklagt der Pariser den Kölner, dann ergibt sich die internationale Zuständigkeit der Bundesrepublik Deutschland bereits aus Art. 2 I. An-

---

160 Vgl. oben V.

161 Oben XI.

162 Dies schließt nicht aus, daß der Richter bei der Prüfung der internationalen Entscheidungszuständigkeit anders verfährt. Steht fest, daß eine wirksame Prorogationsabrede zwischen den Parteien getroffen worden ist, dann kann er offen lassen, ob der Gerichtsstaat nach dem maßgeblichen Zuständigkeitsrecht (oben XI) bereits an sich international zuständig ist. Vgl. auch unten Fußn. 179.

ders ist es jedoch bei vertauschten Parteirollen: Erhebt der Kölner Klage vor dem LG Köln gegen den Pariser, dann stützt sich die internationale Zuständigkeit der Bundesrepublik Deutschland auf Art. 17, sofern nicht ein Zuständigkeitsanknüpfungspunkt im Sinne der Art. 5ff. die internationale Zuständigkeit der Bundesrepublik Deutschland eröffnet. Liegt z. B. der Erfüllungsort in Köln, so ergibt sich die deutsche internationale Zuständigkeit bereits aus Art. 5 Nr. 1, allerdings streitgegenständlich beschränkt auf Vertragsklagen. Das würde übrigens auch dann gelten, wenn der Erfüllungsort für die eingeklagte vertragliche Verbindlichkeit irgendwo in der Bundesrepublik Deutschland läge. Die Zuständigkeitsvereinbarung hätte dann keine zuständigkeitseröffnende Wirkung mehr für die internationale Zuständigkeit der Bundesrepublik Deutschland. Diese ergibt sich bereits aus Art. 5 Nr. 1. Sie hätte nur mehr Bedeutung für die örtliche Zuständigkeit, nämlich für deren Verschiebung vom Gericht, in dessen Bezirk der Erfüllungsort liegt, zum LG Köln als dem forum prorogatum.[163]

Nun zum zweiten Aspekt der Relativität von Zuständigkeitsvereinbarungen: Verlegt der Kölner Kaufmann sein Unternehmen nach Brüssel, so erlangt die für ihn als Beklagten bisher ins Leere gehende Prorogationsvereinbarung kompetenzrechtliche Bedeutung. Liegt keine Zuständigkeitsanknüpfung nach Art. 5ff. vor, so gründet sich – ebenso wie für die Klage gegen den Pariser – sowohl die internationale Zuständigkeit der Bundesrepublik Deutschland als auch die örtliche Zuständigkeit des LG Köln auf Art. 17 I.[164]

3. Ausschließlichkeit des forum prorogatum

Es hängt vom Willen der Parteien ab, ob der als international zuständig vereinbarte Vertragsstaat ausschließlich zuständig sein soll mit der Wirkung, daß die übrigen Vertragsstaaten international unzuständig sind.[165] Für den Richter am forum prorogatum ist diese Frage belanglos. Für ihn kommt es nur darauf an, daß die internationale Zuständigkeit seines Staates durch die Zuständigkeitsvereinbarung wirksam begründet wurde. Ob daneben noch andere Vertragsstaaten und/oder dritte Staaten[165a] konkurrierend international zuständig sind, ist für die Bejahung seiner Gerichte außerhalb des als international zusändig prorogierten Vertragsstaates, also für die Gerichte anderer Vertragsstaaten und dritter Staaten, ist der Derogationsaspekt wichtig. Liegt eine ausschließliche Zuständigkeitsvereinbarung vor, so sind die nach Art. 2ff. bzw. dem einschlägigen nationalen Zuständigkeitsrecht gegebenen internationalen

---

[163] Oben Fußn. 46. Vgl. aber auch oben Fußn. 46a.

[164] Das gleiche gilt übrigens auch, wenn der Kölner nach Paris gezogen wäre.

[165] *Kropholler* IZVR Rz. 889; OLG München, Urteil vom 29. Januar 1980, IPRspr. 1980 Nr. 139; OLG Hamburg, Urteil vom 4. Februar 1982, RIW/AWD 1983, 124. Vgl. unten XXI 4.

[165a] Vgl. oben § 51.

Zuständigkeiten anderer Vertragsstaaten bzw. dritter Staaten derogiert. Klagt z. B. in dem obigen Beispiel der Kölner – entgegen der Zuständigkeitsvereinbarung, die eine ausschließliche Zuständigkeit des Landgerichts Köln vorsieht – aus irgendwelchen ihm opportun erscheinenden Gründen gegen den Pariser in Paris und wendet der Beklagte die Derogation der internationalen Zuständigkeit Frankreichs ein, so hat das Pariser Gericht die Klage als unzulässig wegen Unzuständigkeit abzuweisen, Art. 20 I.

4. Kein Gleichlauf zwischen Zuständigkeit und anwendbarem Recht

a) Die Prorogation der internationalen Zuständigkeit eines Vertragsstaates setzt nicht voraus, daß in der Sache das Recht des prorogierten Gerichts zur Anwendung kommt. Das prorogierte Gericht darf eine Sachentscheidung nicht etwa mit der Begründung ablehnen, das forum prorogatum sei deshalb nicht conveniens, weil der Rechtsstreit nach ausländischem Recht zu entscheiden sei. Rechtsgang und Rechtsanwendung sind streng voneinander zu trennen. Die Frage des in der Sache anzuwendenden Rechts hat nichts mit der Frage zu tun, welche Staaten zur Sachentscheidung international zuständig sind.[166]

Beispiel M:
Eine Mailänder Aktiengesellschaft und eine Gesellschaft mit beschränkter Haftung mit dem Sitz in Hamburg vereinbaren die internationale Zuständigkeit der Bundesrepublik Deutschland. Für das Vertragsverhältnis soll italienisches Recht gelten.

Hier kann nicht die internationale Zuständigkeit der Bundesrepublik Deutschland mit der Begründung verneint werden, die italienischen Gerichte könnten den Rechtsstreit viel besser entscheiden.[167]

Nichts anderes würde gelten, wenn die Parteien ein „neutrales" Recht als lex causae vereinbart hätten, etwa das Recht der Schweiz oder Österreichs.[168]

---

[166] Zu Unrecht zieht *Jung* (Fußn. 85) 89ff. Parallelen zur kollisionsrechtlichen Vereinbarung über das anzuwendende Sachrecht.

[167] Zum Parallelproblem im deutschen autonomen Zuständigkeitsrecht *Zöller-Geimer,* IZPR, E XVI, Anm. 18; *Schütze* AWD 1973, 368; derselbe in Festschrift für *Fragistas,* 1969, V 167.

[168] Eine andere kompetenzrechtlich nicht relevante Frage ist es, ob bei Fehlen einer ausdrücklichen Vereinbarung über das anzuwendende Recht aus der Zuständigkeitsvereinbarung im Wege der Auslegung des Parteiwillens auf eine stillschweigende (konkludente) Vereinbarung der lex fori prorogati geschlossen werden kann. Diese Frage ist nach dem jeweiligen nationalen IPR des angegangenen Gerichtsstaates zu beurteilen, soweit nicht das EWG-Übereinkommen vom 19. Juni 1980 über das auf vertragliche Schuldverhältnisse anzuwendende Recht (ABl. Nr. L 266/1–19 vom 9. Oktober 1980 = RabelsZ 46 [1982], 196) eingreift.

b) Vorstehendes gilt auch umgekehrt. In eine Rechtswahlklausel läßt sich nicht eine Zuständigkeitsvereinbarung hineininterpretieren. Vgl. unten XXV 1.

5. Vorhandensein einer Vollstreckungsmöglichkeit im prorogierten Vertragsstaat nicht erforderlich

Ob das vom forum prorogatum erlassene Urteil im prorogierten Vertragsstaat auch *vollstreckt* werden kann, ist zuständigkeitsrechtlich ohne Bedeutung. Erkenntnisverfahren und Vollstreckungsverfahren sind zwei voneinander unabhängige und auch internationalrechtlich voneinander abgrenzbare Bereiche. Vollstreckungsmöglichkeiten in einem Vertragsstaat sind weder in positiver noch in negativer Hinsicht zuständigkeitsrechtlich relevant für die Eröffnung einer internationalen Erkenntniszuständigkeit:[169] Weder wird durch Vorhandensein von Vollstreckungsobjekten die internationale Zuständigkeit eines Vertragsstaates eröffnet noch schließt das Fehlen solcher Gegenstände die internationale Zuständigkeit des prorogierten Vertragsstaates aus.[170]

6. Der Rechtsstreit braucht keinen Bezug zu dem als international zuständig vereinbarten Vertragsstaat zu haben

a) Der Streitgegenstand braucht keinerlei Bezug zu dem forum prorogatum zu haben. Darauf wurde bereits oben VII 3f hingewiesen.

b) Ein sog. internationaler Sachverhalt, geschweige denn ein Berührungspunkt zu dem als international zuständig vereinbarten Vertragsstaat[171] kann als ungeschriebenes Tatbestandsmerkmal des Art. 17 nicht anerkannt werden.[172] Auch Vertragsparteien mit Wohnsitz im selben

---

[169] Zum Parallelproblem im autonomen deutschen Zuständigkeitsrecht *Zöller-Geimer,* ZPO, 13. Aufl., 1981, IZPR, E XVI, Anm. 19.

[170] *Geimer* NJW 1972, 1622.

[171] So aber *Samtleben* NJW 1974, 1596, *Baumgärtel,* Festschrift für *Kegel,* 1977, 298 und *Jung,* Vereinbarungen über die Internationale Zuständigkeit nach dem EWG-Gerichtsstands- und Vollstreckungsübereinkommen und nach § 38 Abs. 2 ZPO, Diss. Bochum, 1980, 55ff.

[172] Weder im Wortlaut noch in den Materialien gibt es hierfür einen entsprechenden Anhaltspunkt. Im übrigen ist hier der Begriff *internationaler Sachverhalt* schwammig und als Abgrenzungskriterium ungeeignet. Seine Verwendung würde nur unnötige Rechtsunsicherheit herbeiführen. Wie hier auch *Müller* in *Bülow-Böckstiegel,* 606/151, Art. 17, Anm. III 3c; *Piltz* NJW 1979, 1074 und vor allem auch *Droz* Nr. 207 S. 129: „L'accord peut viser des litiges purement internes. – Aucun lien n'étant donc exigé entre le litige et le juge élu, il est possible d'arriver à une conclusion supplémentaire: l'article 17 n'interdit pas non plus aux parties de choisir un juge étranger pour trancher un litige purement interne. En effet si pour l'application de la Convention la clause d'élection de for doit présenter un caractère international, ce caractère provient, dans l'hypothèse étudiée, du seul choix d'un tribunal étranger. Cette conclusion qui se déduit du texte de l'article 17 est acceptée par le Rapporteur. Il faut rappeler à ce propos l'évolution qui s'est manifestée dans les Conventions de La Haye à cet égard."

Vertragsstaat können deshalb ohne weiteres die internationale Zuständigkeit eines anderen Vertragsstaates vereinbaren.[173]

Beispiel O:
Ein Münchner und ein Frankfurter vereinbaren die internationale Zuständigkeit Frankreichs sowie die örtliche Zuständigkeit des Tribunal de grande instance in Marseille. Diese Vereinbarung fällt unbestritten in den Anwendungsbereich des Art. 17. Diese Vorschrift verdrängt das nationale Zuständigkeitsrecht total, also nicht nur bezüglich der internationalen Zuständigkeit, sondern auch bezüglich der örtlichen Zuständigkeit.

Ein Berührungspunkt zu Frankreich ist nicht erforderlich. Die klare Regelung des Übereinkommens würde verwässert und die Rechtssicherheit in nicht erträglichem Maße gefährdet, wenn man das ungeschriebene Tatbestandsmerkmal „tatsächliche Auslandsbeziehung" oder „sachliches Interesse an der Prorogation" in Art. 17 hineininterpretieren wollte.

7. Pflicht zur Justizgewährung

Der gemäß Art. 17 I wirksam prorogierte Vertragsstaat ist zur Justizgewährung verpflichtet. Seine Gerichte haben keinen Ermessensspielraum.[174] Eine forum conveniens-Prüfung ist verboten.[175]

---

[173] Zum autonomen Recht Frankreichs s. Cour de Cassation, Chambre commerciale, Urteil vom 19. Dezember 1978, D. 1979 I. R. 341, Anm. *Audit* = Rev. crit. dr. int. pr. 1979, 617 mit Anm. *Huet* = Clunet 1979, 366, Anm. *Gaudemet-Tallon;* vgl. auch *Bourel-Loussouarn,* Rev. trim. dr. com. 1979, 824 und *Sonnenberger* RIW/AWD 1981, 130: Eine Gesellschaft mit Sitz in Hamburg hatte mit einer Gesellschaft mit Sitz in Paris einen Vertrag geschlossen, der eine Klausel enthielt, wonach für alle Streitigkeiten aus der Erfüllung des Vertrags das Handelsgericht Zürich zuständig sein sollte. Die deutsche Gesellschaft hatte dennoch die französische Gesellschaft vor dem Tribunal de commerce Paris verklagt. Die Cour d'Appel Paris hielt sowohl nach französischem Recht, das auf den Vertrag anwendbar war, wie auch nach Schweizer Recht als der lex fori des prorogierten Gerichts das angerufene französische Gericht für unzuständig. Die Kassationsbeschwerde machte vor allem geltend, daß nach französischem wie nach Schweizer Recht das Fehlen jeglicher objektiven Beziehung zwischen dem Vertrag und dem Schweizer Gericht zur Unwirksamkeit der Klausel führe. Die Cour de Cassation besstätigte die Entscheidung der Cour d'Appel Paris. Die beiden Vertragspartner hätten gemeinsam das Handelsgericht Zürich als „neutrales" Gericht prorogiert.

[174] Oben § 42 und § 75 VIII. Sehr klar *Droz* Nr. 206 S. 128.

[175] Anders noch das *Haager Übereinkommen über die Gerichtsstandsvereinbarungen,* Art. 15.

XXI. Internationale Derogation: Aufhebung der an sich gegebenen internationalen Zuständigkeit eines Vertragsstaates durch Vereinbarung der Parteien[176]

1. Vorhandensein eines Zuständigkeitsanknüpfungspunktes nach Art. 2ff. bzw. nach dem gemäß Art. 4 I maßgeblichen nationalen Kompetenzrecht[177]

Die oben XX 1 angestellten Erwägungen gelten vice versa: Normlogisch kann eine Zuständigkeitsvereinbarung nur dann derogierende Wirkung haben, wenn ein Vertragsstaat an sich „kraft Gesetzes" international zuständig ist.[178] Erst dann braucht sich der Richter mit dem Derogationsaspekt einer Zuständigkeitsvereinbarung zu befassen.[179] Liegen keinerlei Zuständigkeitsanknüpfungspunkte nach dem maßgeblichen Zuständigkeitsrecht[180] für den in Rede stehenden Vertragsstaat vor, dann geht eine Vereinbarung der Parteien, die internationale Zuständigkeit dieses Staates abzubedingen, ins Leere.

2. Unmöglichkeit einer Prognose

Ob eine Zuständigkeitsvereinbarung eine Bedeutung für die Derogation der internationalen Zuständigkeit erlangen wird, läßt sich zum Zeitpunkt des Abschlusses dieser Vereinbarung nicht voraussagen. Auch insoweit gelten die obigen Ausführungen (XX 2) entsprechend.

3. Isolierte Derogationsvereinbarung

Die Parteien brauchen die Derogation nicht mit einer Prorogation zu koppeln. Sie können sich darauf beschränken, die internationale Zuständigkeit eines, mehrerer oder aller Vertragsstaaten auszuschließen, ohne gleichzeitig eine Vereinbarung darüber zu treffen, wessen Staates Gerichte ihre Streitigkeiten entscheiden sollen.[181]

---

176 Oben V.

177 Oben XI.

178 Oben § 30.

179 Dies schließt nicht aus, daß der Richter in der Praxis anders verfährt: Steht fest, daß eine wirksame Derogationsvereinbarung vorliegt, dann kann er offen lassen, ob überhaupt ein Zuständigkeitsanknüpfungspunkt gegeben ist. Denn auch wenn die internationale Zuständigkeit des Gerichtsstaates „an sich" zu bejahen wäre, entfällt sie in concreto im Hinblick auf die Vereinbarung der Parteien. Vgl. oben Fußn. 162.

180 Oben XI.

181 Art. 17 gilt auch für isolierte Derogationsverträge. *Geimer* NJW 1976, 443 Fußn. 19; *Geimer* WM 1976, 832; *Müller* in *Bülow-Böckstiegel* 606/142 Art. 17, Anm. II 2; *Jung* (Fußn. 171) 79, sub. 4. Vgl. oben § 29 VI 4 und § 76.

In diesem Sinne auch EuGH, Urteil vom 9. November 1978, Rechtssache 23/78 – *Meeth ./. Glacetal,* EuGHE 1978, 2133 = Nachschlagewerk I 17. 1. 1. – A 1 = RIW/

4. Derogationsaspekt einer ausschließlichen Prorogation

a) In den meisten Fällen ist die Derogation die Folge einer ausschließlichen Prorogation.[182] Vereinbaren die Parteien, daß für ihre Streitigkeiten ausschließlich die Gerichte eines bestimmten Vertragsstaates international zuständig sein sollen, dann derogieren sie damit die internationale Zuständigkeit aller übrigen Staaten.[183] Denkbar ist auch die Variante, daß die Parteien zwei oder mehrere Staaten[184] (Vertragsstaaten und/oder Nichtvertragsstaaten) als konkurrierend international zuständig vereinbaren, aber die internationale Zuständigkeit aller anderen Vertragsstaaten ausschließen.

b) Trotz des etwas verunglückten Wortlauts des Art. 17 III (= Art. 17 IV n. F.)[185] ist die Derogation nicht die notwendige Folge einer Prorogation. Es steht den Parteien frei, durch Vereinbarung die internationale Zuständigkeit eines, mehrerer oder aller (an sich international unzuständigen) Vertragsstaaten zu begründen, ohne die nach dem maßgeblichen Zuständigkeitsrecht gegebenen internationalen Zuständigkeiten zu tangieren.[186] *Maßgebend* ist der Wille der Parteien. Dieser ist im Wege der Auslegung zu ermitteln. Bleibt ein non liquet, so wird gemäß Art. 17 I vermutet, daß die Parteien eine ausschließliche, mithin derogierende Prorogation gewollt haben.[187] *Fazit:* Die Beweislast für das Fehlen eines Derogationswillens trägt die Partei, die sich auf die internationale Zuständigkeit des Gerichtsstaates beruft. Diese Regel gilt für alle Vertragsstaaten einheitlich. Sie verdrängt das nationale Prozeßrecht.[188]

c) Stellt sich heraus, daß den Parteien der Derogationswille fehlte, so ist für den nach dem maßgeblichen Zuständigkeitsrecht international

---

AWD 1978, 814 = NJW 1979, 1100, ergangen aufgrund Vorlagebeschlusses BGH vom 1. Februar 1978, RIW/AWD 1978, 475 = NJW 1978, 1128 = WM 1978, 622 = IPRspr. 1978 Nr. 135. Der EuGH hat eine Vereinbarung für zulässig erklärt, derzufolge jede der in verschiedenen Vertragsstaaten ansässigen Parteien nur vor den Gerichten ihres Wohnsitzstaates verklagt werden kann. Der Urteilstenor lautet: Art. 17 I ... kann nicht dahin ausgelegt werden, daß er eine Vereinbarung ausschließt, nach der jede der beiden in verschiedenen Staaten wohnenden Parteien eines Kaufvertrages nur vor den Gerichten ihres Heimatstaates verklagt werden kann. Näher unten Fußn. 197.

[182] Dies ist der Ausgangspunkt des Art. 17.

[183] Zur Derogation der internationalen Zuständigkeit von Nichtvertragsstaaten s. oben § 51 und oben bei Fußn. 79.

[184] So ausdrücklich EuGH, Urteil vom 9. November 1978, Rechtssache 23/78 *Meeth ./. Glacetal,* EuGHE 1978, 2133, unten Fußn. 197.

[185] Danach kann zugunsten einer der beiden Parteien ein konkurrierender Gerichtsstand vereinbart werden mit der Wirkung, daß die Ausschließlichkeit nur für die Gegenpartei gilt.

[186] *von Hoffmann* AWD 1973, 63; *Müller* in *Bülow-Böckstiegel* 606/152, Art. 17 IV Anm. IV 2, *Stein-Jonas-Leipold,* 20. Aufl. 1978, § 38 Rz 29; *Jung* (Fußn. 171) 78 bei Fußn. 232.

[187] *Müller* aaO und *Jung* aaO, beide Fußn. 186.

[188] Ebenso ausdrücklich Art. 45 griech. ZPO. Zum deutschen autonomen Recht s. oben Fußn. 165.

zuständigen Richter die Frage unerheblich, ob die Zuständigkeitsvereinbarung wirksam und damit der prorogierte Vertragsstaat konkurrierend international zuständig ist.

5. Fehlende Anerkennungsfähigkeit der vom prorogierten Staat zu erwartenden Entscheidung[189]

a) Die Derogation einer nach dem maßgeblichen Zuständigkeitsrecht gegebenen internationalen Zuständigkeit eines Vertragsstaates scheitert nicht daran, daß das vom forum prorogatum zu erwartende Urteil keine Chance auf Anerkennung und Vollstreckung in dem Vertragsstaat hat, dessen internationale Zuständigkeit derogiert wurde.[190]

b) Angesichts der grundsätzlichen Anerkennungs- und Vollstrekkungspflicht der Art. 25ff. bzw. Art. 31ff. wird im Verhältnis der Vertragsstaaten untereinander eine solche negative Prognose hinreichend konkret nur in ganz seltenen Ausnahmekonstellationen möglich sein. Die Fragestellung hat wohl deshalb im Verhältnis der Vertragsstaaten zueinander nur theoretische Bedeutung. Aktueller kann sie werden, wenn die ausschließliche internationale Zuständigkeit eines Nichtvertragsstaates vereinbart wurde, allerdings nur dann, wenn und soweit man in solchen Fällen Art. 17 auf die Derogationswirkung für anwendbar hält. Die negative Anerkennungsprognose, die für jeden Vertragsstaat getrennt nach dem jeweils dort geltenden Anerkennungsrecht zu stellen wäre, steht einer Beachtung des Derogationseffektes nicht entgegen.

c) Eine andere Frage ist, ob nach Beendigung des Erkenntnisverfahrens im prorogierten Staat der Rechtsstreit in dem nach Art. 2ff. bzw. Art. 4 I an sich international zuständigen Vertragsstaat wiederholt werden kann, weil sonst die siegreiche Partei ohne Rechtsschutz wäre. Es kommt auf den Parteiwillen an. Haben die Parteien den Fall der Nichtanerkennung nicht bedacht, so ist im Zweifel davon auszugehen, daß die Derogation auflösend bedingt geschlossen worden war für den Fall der Nichtanerkennung:[191] Die Parteien können also den Prozeß wieder aufrollen. Anders ist es jedoch, wenn die Parteien die Nichtanerkennung in Kauf genommen haben, also die rechtsschutzlose Lage gewollt haben. Dann liegt ein Rechtsschutzverzicht vor.[192]

---

[189] Nachweise zum autonomen deutschen Recht bei *Zöller-Geimer,* ZPO 13. Aufl., 1981, IZPR, E XVI, Anm. 3b. Vgl. auch allgemein *Schütze* AWD 1973, 368 und *Fragistas* – Festschrift, 1969 I 174.

[190] Unrichtig Hof van beroep Antwerpen, 4. Kammer, Urteil vom 15. Juni 1977, oben Fußn. 114. Das Gericht verweigerte einer Derogation der internationalen Zuständigkeit Belgiens die Anerkennung mit der Begründung, es bestehe keine hinreichende Sicherheit, daß das prorogierte Gericht in Hamburg Art. 91 des belgischen Seegesetzes beachte. Ordre public – Erwägungen sind in diesem Zusammenhang unzulässig. Vgl. *Zöller-Geimer,* ZPO, 13. Aufl., 1981, IZPR, E XVI, Anm. 10.

[191] *Geimer* WM 1975, 911 und JZ 1979, 648. Anders *Schütze* RIW/AWD 1982, 773.

[192] Ein solcher Verzicht ist in der Praxis wohl selten.

6. Stillstand der Rechtspflege im prorogierten Vertragsstaat[193]

Es gelten die gleichen Erwägungen wie oben 5c: Im Zweifel ist davon auszugehen, daß die Derogation für diesen Fall nicht gewollt war.[194]

7. Verweigerung einer Sachentscheidung durch den prorogierten Vertragsstaat aus sonstigen Gründen

Auch in solchen Fällen lebt die internationale Entscheidungszuständigkeit des forum derogatum wieder auf, z. B. wenn der Richter im prorogierten Vertragsstaat zu dem Ergebnis gelangt, eine wirksame Zuständigkeitsvereinbarung sei nicht zustandegekommen, und daher die Klage wegen fehlender internationaler Zuständigkeit abweist. Vgl. unten XXII 1b.

8. Einstweiliger Rechtsschutz

Haben die Parteien die internationale Zuständigkeit eines Vertragsstaates abbedungen – sei es durch Prorogation der ausschließlichen internationalen Zuständigkeit eines anderen Vertragsstaates oder eines dritten Staates –, so ist diese Vereinbarung im Regelfall dahin auszulegen, daß auch die internationale Zuständigkeit des derogierten Vertragsstaates für Maßnahmen des einstweiligen Rechtsschutzes ausgeschlossen sein soll.[195] Diese Regel gilt einheitlich für alle Vertragsstaaten. Sie schränkt insoweit den Vorbehalt des Art. 24 ein.

9. Aufrechnung mit einer Forderung, für deren Geltendmachung die ausschließliche internationale Zuständigkeit eines anderen Vertragsstaates oder eines Nichtvertragsstaates vereinbart ist

Hier kommt es ebenfalls auf den Willen der Parteien an.[196] Es ist im Wege der Auslegung unter Berücksichtigung aller Umstände des Einzelfalls zu ermitteln, ob die Parteien mit der Derogation beabsichtigten, auch die Geltendmachung der Forderung im Wege der Aufrechnung auszuschließen.[197]

---

[193] *Zöller-Geimer,* ZPO, 13. Aufl., 1981, IZPR, E XVI, Anm. 3c.

[194] *Geimer* JZ 1979, 647. Ebenso zum autonomen englischen Recht Carvalho v. Hull Blyth (Angola) Ltd. [1979] 3 All E. R. 280 (C. A.); hierzu *Magnus* RIW/AWD 1980, 446.

[195] *Geimer* WM 1975, 912 sub 5.

[196] Oben § 80 IX; *Geimer* NJW 1973, 951 sub 6. Zu undifferenziert OLG Hamm, Beschluß vom 18. Oktober 1982, NJW 1983, 523.

[197] EuGH, Urteil vom 9. November 1978, Rechtssache 23/78, *Nikolaus Meeth ./. Soc. Glacetal,* EuGHE 1978, 2133 = Nachschlagewerk I 17.1.1-A 1 = RIW/AWD 1978, 814 = NJW 1979, 1100, vgl. oben Fußn. 181: Dem Art. 17 lägen sowohl der Gesichtspunkt der Wahrung der Privatautonomie als auch die Erfordernisse der Prozeßökonomie zugrunde. Im Lichte dieser zweifachen Zweckbestimmung könne

10. Widerklage, gestützt auf eine Forderung, für deren Geltendmachung die ausschließliche internationale Zuständigkeit eines anderen Vertragsstaates oder eines Nichtvertragsstaates vereinbart ist

Es gelten die gleichen Regeln wie oben 9. Maßgebend ist der Parteiwille.[198] Ergibt die Auslegung, daß die Parteien die Geltendmachung der Forderung am forum derogatum auch für den Fall ausschließen wollten, daß der Widerkläger am forum derogatum belangt wird, dann ist auch Art. 6 Nr. 3 bzw. die einschlägige Parallelvorschrift des nationalen Zuständigkeitsrechts derogiert. Doch ist dies nicht der typische Wille der Parteien; eine solche Auslegung kann man einer „normalen" ausschließlichen Prorogation nicht geben. Fehlt ein ausdrücklicher Ausschluß, so ist davon auszugehen, daß die Widerklagemöglichkeit am forum derogatum nicht abbedungen worden ist.

Art. 17 nicht dahin ausgelegt werden, daß er das Gericht daran hindere, die Aufrechnung mit einer Forderung, die im Zusammenhang mit dem streitigen Rechtsverhältnis steht, zu berücksichtigen, wenn es dies für vereinbar mit Wortlaut und Sinn der Gerichtsstandsvereinbarung halte.

Der Entscheidung lag folgender Fall zugrunde: Die Firma Meeth mit Sitz in der Bundesrepublik Deutschland hatte bei der in Frankreich ansässigen Firma Glacetal die Lieferung von Glas bestellt. Die Parteien hatten folgendes vereinbart: „Wenn die Firma Meeth die Firma Glacetal verklagt, so muß das vor einer französischen Gerichtsbarkeit geschehen. Falls die Firma Glacetal die Firma Meeth verklagt, muß dies vor einer deutschen Gerichtsbarkeit geschehen." Da die Firma Meeth einige Lieferungen nicht bezahlt hatte, erhob das französische Unternehmen Klage vor dem LG Trier, das die Beklagte zur Zahlung verurteilte. Die Firma Meeth hatte mit einer Forderung auf Ersatz des Schadens aufgerechnet, der ihr dadurch entstanden sei, daß die Klägerin ihre vertraglichen Verpflichtungen verspätet oder mangelhaft erfüllt habe. Den Einwand der Aufrechnung wies das Oberlandesgericht mit der Begründung zurück, die in dem Vertrag enthaltene Gerichtsstandsvereinbarung verbiete, diesen Einwand vor einem deutschen Gericht zu erheben. Der BGH legte dem EuGH folgende Fragen zur Vorabentscheidung vor:

„1. Läßt Art. 17 I eine Vereinbarung zu, derzufolge jede der beiden in verschiedenen Staaten wohnenden Parteien eines Kaufvertrages nur vor den Gerichten ihres Heimatstaates verklagt werden kann?

2. Schließt eine nach Art. 17 I zulässige Vereinbarung mit dem in Frage 1 bezeichneten Inhalt zwingend jede Aufrechnung aus, die eine Vertragspartei wegen eines der Vereinbarung unterliegenden Anspruchs gegenüber der von der anderen Partei erhobenen Klage vor dem für diese Klage zuständigen Gericht geltend machen will?"

Zur ersten Frage führte der EuGH aus, zwar betreffe Art. 17 seinem Wortlaut nach nur den Fall der Bestimmung eines einzelnen Gerichts oder der Gerichte eines einzelnen Mitgliedstaates durch die Parteien, doch könne diese Formulierung nicht dahin ausgelegt werden, daß sie die Möglichkeit für die Parteien ausschließe, zwei oder mehrere Gerichte zur Entscheidung über mögliche Rechtsstreitigkeiten zu bestimmen. Dies gelte insbesondere, wenn die Parteien durch eine solche Vereinbarung wechselseitig die in der allgemeinen Vorschrift des Art. 2 des Übereinkommens bezeichneten

[198] Oben § 80 VII. Vgl. auch BGH, Urteil vom 20. Januar 1983, NJW 1983, 1266 = RIW/AWD 1983, 375 (zu CMR).

XXII. Bindung der Gerichte der derogierten Vertragsstaaten an die Entscheidung der Gerichte des prorogierten Vertragsstaates über die Wirksamkeit der Zuständigkeitsvereinbarung und umgekehrt

Selbst bei Gewährleistung einheitlichen europäischen Zuständigkeitsrechts können die Richter im prorogierten Vertragsstaat in concreto zu anderen Ergebnissen kommen als die Richter in dem (den) derogierten Vertragsstaat(en). Sie können z. B. nicht übereinstimmen bei der Frage, ob die von Art. 17 I vorgeschriebene Form der halben Schriftlichkeit gewahrt ist. Oder sie können unterschiedlicher Meinung sein hinsichtlich des Vorliegens oder der Beachtlichkeit von Willensmängeln. Inwieweit ist nun der Richter in dem einen Vertragsstaat an die Meinung des anderen Richters gebunden?

Hier sind verschiedene Konstellationen zu unterscheiden:[199]

1. Das Gericht im prorogierten Vertragsstaat wurde zuerst angerufen

a) Das prorogierte Gericht hält die Zuständigkeitsvereinbarung für wirksam und erläßt ein Sachurteil.

Wird das Gericht eines anderen an sich zuständigen Vertragsstaates[200] angerufen, wobei der Kläger die Existenz der Zuständigkeitsvereinbarung verschweigt oder ihre Wirksamkeit bestreitet, dann kommt es darauf an, ob das Sachurteil im prorogierten Vertragsstaat nach dem dortigen Recht schon in Rechtskraft erwachsen bzw. die sonstigen Urteilswirkungen, wie z. B. Gestaltungswirkung, bereits nach dem Recht des Urteilsstaates eingetreten sind. Vor diesem Zeitpunkt ist die Rechtshängigkeit des Prozesses am forum prorogatum zu beachten.[201] Nach Eintritt der Wirkungen des im prorogierten Vertragsstaat erlassenen Urteils (Rechtskraft, Gestaltungswirkung) sind diese nach Art. 25ff. anzuerkennen.[202] Eine Sachentscheidung durch den zweiten Richter ist nur dann zulässig, wenn das erststaatliche Urteil nicht anerkannt werden kann, weil ein Versagungsgrund nach Art. 27 vorliegt, etwa ein Verstoß gegen den ordre public (Art. 27 Nr. 1).[203]

b) Das prorogierte Gericht hält die Zuständigkeitsvereinbarung für unwirksam und weist die Klage mangels internationaler Zuständigkeit durch Prozeßurteil ab.[204]

---

[199] Näher oben § 30.

[200] Ob Art. 2ff. zum Zuge kommen, hängt davon ab, ob der Beklagte in einem Vertragsstaat wohnt. Vgl. oben § 29 IV.

[201] Art. 21.

[202] Zu der Frage, ob die Rechtskraft des ausländischen Urteils von Amts wegen oder nur auf Rüge zu beachten ist, s. unten § 133 V.

[203] Näher oben § 30 III 1e und f.

[204] Es handelt sich um den Fall, daß die Zuständigkeitsvereinbarung die einzige

Wird nun vor dem Gericht eines anderen Vertragsstaates[205] geklagt, so ist das zweite Gericht an die Entscheidung des ersten Gerichtes bezüglich der Unwirksamkeit der Zuständigkeitsvereinbarung gebunden. Sonst entstünde ein *negativer internationaler Kompetenzkonflikt,* den zu vermeiden ein erklärtes Anliegen des Übereinkommens ist.[206] Bei der Bindung an die Rechtsansicht des prorogierten Gerichts handelt es sich dogmatisch nicht um die Anerkennung der Rechtskraftwirkung des erststaatlichen Prozeßurteils, sondern um eine zwischenstaatliche *Bindungswirkung sui generis.* Die Versagungsgründe der Art. 27, 28 sind nicht zu prüfen. Die Gerichte des (derogierten) Vertragsstaats sind auch dann gebunden, wenn der prorogierte Erstrichter offensichtlich falsch entschieden hat, d. h. willkürlich oder aus sonst evident abwegigen Gründen die an sich wirksame Zuständigkeitsvereinbarung für unwirksam erklärt hat.

2. Das Gericht eines derogierten Vertragsstaates wurde zuerst angerufen

Außerhalb des Anwendungsbereichs der Konvention[207] dürfen nach Art. 17 I 3 n. F.[208] die Gerichte in den anderen (derogierten) Vertragsstaaten so lange nicht entscheiden, bis die Gerichte in dem prorogierten Vertragsstaat sich rechtskräftig für unzuständig erklärt haben. Eine solche Regel wäre auch im Anwendungsbereich des Art. 17 sinnvoll. De conventione lata haben die Gerichte der prorogierten Vertragsstaaten *keine Kompetenzkompetenz* hinsichtlich der Zulässigkeit und Wirksamkeit der Zuständigkeitsvereinbarung. Vielmehr dürfen die zeitlich eher angerufenen Gerichte eines derogierten Vertragsstaates die Zulässigkeit und Wirksamkeit der Zuständigkeitsvereinbarung selbständig prüfen und je nach dem Ergebnis dieser Prüfung entscheiden:

a) Das angerufene Gericht im derogierten Vertragsstaat hält die Zuständigkeitsvereinbarung für zulässig und wirksam und weist deshalb die Klage wegen eigener internationaler Unzuständigkeit als unzulässig ab, weil die eigene an sich gegebene internationale Zuständigkeit derogiert sei.

Wird das Gericht im prorogierten Vertragsstaat während der Rechtshängigkeit im zuerst angerufenen Vertragsstaat angerufen, dann darf es im Hinblick auf Art. 21 keine Sachentscheidung treffen, sondern nur eine Prozeßabweisung als zur Zeit unzulässig, Art. 21 I, oder eine Aussetzung nach Art. 21 II anordnen.

Grundlage für die internationale Zuständigkeit des Vertragsstaates ist, dessen Gericht angerufen wurde, daß also der Vertragsstaat nach dem maßgeblichen Zuständigkeitsrecht (oben VII), Art. 4 I, an sich international unzuständig ist.

205 Wird das (derogierte) Gericht eines Nichtvertragsstaates angerufen, so ist das dort geltende Zuständigkeitsrecht maßgebend.

206 *Geimer* RIW/AWD 1975, 84.

207 Es handelt sich um den Fall, daß keine der Parteien in einem anderen Vertragsstaat wohnt.

208 Hierzu *Schlosser* – Bericht Nr. 177. Ausführlich oben § 31.

Nach Abschluß des Rechtsstreits im derogierten Vertragsstaat ist der Richter am forum prorogatum an die Rechtsmeinung des zuerst angerufenen forum derogatum gebunden. Er muß die Zuständigkeitsvereinbarung als zulässig und wirksam betrachten. Anders läßt sich der negative Kompetenzkonflikt nicht vermeiden. Für diese Bindung sui generis gelten die gleichen Erwägungen wie oben 1b.

b) Das angerufene Gericht im derogierten Vertragsstaat hält die Zuständigkeitsvereinbarung für unzulässig oder aus sonstigen Gründen für unwirksam und erläßt ein Sachurteil, weil der (derogierte) Vertragsstaat an sich international zuständig ist.

Es gelten die gleichen Erwägungen wie oben 1a. Während der Rechtshängigkeit im derogierten Vertragsstaat gilt Art. 21, nach Abschluß des Rechtsstreits in dem zuerst angerufenen derogierten Vertragsstaat sind die Urteilswirkungen des Sachurteils[209] nach Maßgabe von Art. 25ff. anzuerkennen.

XXIII. Die subjektiven Grenzen der Wirkungen einer Zuständigkeitsvereinbarung: Wirkung nur inter partes[210]

1. Vereinbarung zwischen den Parteien des Rechtsstreits

Art. 17 I verlangt – ebenso wie § 38 ZPO – eine Vereinbarung zwischen den Parteien des Rechtsstreits. Es genügt nicht, wenn der Kläger oder der Beklagte mit einem Dritten eine den Streitgegenstand betreffende Zuständigkeitsvereinbarung getroffen hat.[211]

---

[209] Vgl. unten § 133 III 4.

[210] Zu § 38 ZPO vgl. z. B. OLG Hamburg, Urteil vom 12. Februar 1981, RIW/AWD 1982, 669 sowie Urteil vom 25. Mai 1978, RIW/AWD 1979, 495 betreffend Konnossemente (§ 656 I HGB).

[211] Zu der Frage, gegen wen Gerichtsstandsklauseln in Konnossementen wirken, *Zöller-Geimer,* ZPO, 13. Aufl., 1981, IZPR E XVI, Anm. 20c und Hof van beroep Antwerpen, 4. Kammer, Urteil vom 15. Juni 1977, Rechtsprechungsübersicht Folge 3 Nr. 107 = Nachschlagewerk I-17.1.1-B 5 = Rechtskundig Weekblad 1978, 1630, oben Fußn. 114: Wenn Art. 17 von einer Vereinbarung zwischen den „Parteien" spreche, so seien darunter in einem Übereinkommen über verfahrensrechtliche Fragen die „Parteien des Rechtsstreits" zu verstehen; ein Dritter, der als Inhaber des Konnossements aus diesem im Prozeß Rechte herleite, sei dagegen an dem Zustandekommen des Dokuments nicht beteiligt gewesen.

Allerdings argumentiert das Berufungsgericht dogmatisch unpräzise, wenn es hier ein Formproblem sieht: Die Formvoraussetzungen von Art. 17 sollten sicherstellen, daß zwischen den Parteien des Rechtsstreits tatsächlich Übereinstimmung über die Gerichtsstandsvereinbarung erzielt worden sei. Bei dem Drittinhaber des Konnossements sei dies gerade nicht der Fall. Im übrigen stelle ein Konnossement selbst im Verhältnis zwischen Ablader und Verfrachter keine schriftliche Vereinbarung im Sinne des Übereinkommens dar. Dies ergebe sich aus dem besonderen Charakter des

2. Streitgenossen

Bei passiven Streitgenossen ist – wie immer – die Zuständigkeit des Gerichtsstaates für jeden Streitgenossen selbständig zu prüfen. Die internationale Zuständigkeit in Richtung gegen den einen Streitgenossen begründet – abgesehen von der Wohnsitzanknüpfung des Art. 6 Nr. 1 – nicht automatisch die internationale Zuständigkeit auch in Richtung gegen die anderen Streitgenossen. Dies bedeutet für den Bereich der Zuständigkeitsvereinbarungen, daß die Zuständigkeitsvereinbarung zwischen dem Kläger und jedem einzelnen Beklagten dargetan und notfalls bewiesen werden muß.

3. Rechtsnachfolger[212]

a) Die Zuständigkeitsvereinbarung wirkt für und gegen die Einzel- und Gesamtrechtsnachfolger. So bindet eine Gerichtsstandsabrede auch die Erben oder – im Falle der Umwandlung – die Gesellschaften oder sonstigen Personen, auf die umgewandelt wurde. Bei Abtretung einer Forderung wirkt die Zuständigkeitsvereinbarung für und gegen den neuen Gläubiger (Zessionar), bei der Pfändung gegenüber dem Vollstreckungsgläubiger. Auch ist die Zuständigkeitsvereinbarung des späteren Gemeinschuldners für den Konkursverwalter verbindlich, ohne Rücksicht darauf, wie man die Rechtsstellung desselben dogmatisch einordnet (Zwangsvertreter oder Partei kraft Amtes).[213]

b) Der Bürge ist kein Rechtsnachfolger des Hauptschuldners,[214] auch nicht der Schuldmitübernehmer ein solcher des Erstschuldners.[215]

Konnossements, das in erster Linie als Empfangsbescheinigung über die zu verschiffenden Güter anzusehen sei, die in der Praxis zumeist nur von dem Kapitän oder dem Agenten der Reederei unterzeichnet werde und die von der Reederei vorab festgelegten Allgemeinen Bedingungen enthalte. Die im Übereinkommen erwähnte schriftliche Vereinbarung, die ausdrücklich und unzweideutig sein müsse, könne nicht aus einseitig festgelegten Bedingungen abgeleitet werden.

Ebenso Rechtbank van koophandel Antwerpen, Urteil vom 14. Juni 1977, Nr. 4394/76. Anders wohl Tribunale di Genova, Urteil vom 20. Dezember 1976/22. Januar 1977, unten Fußn. 214. – Erwartet wird eine Klärung durch den EuGH in der Rechtssache 71/83 *Partenreederei ms. „Tilly Russ" u. a. ./. N. V. Haven- & Verbroerbedrijf NOVA*.

212 Zu § 38 ZPO vgl. BGH, Urteil vom 20. März 1980, BGHZ 77, 32 = RIW/AWD 1980, 432 = IPRax 1981, 53 Nr. 9 = WM 1980, 624 sub I 1 und II 1; hierzu *Samtleben* IPRax 1981, 43.

213 Näher zum autonomen deutschen Recht *Stein-Jonas-Leipold,* ZPO, 20. Aufl., § 38 Rz. 48.

214 Zu weitgehend wohl Tribunale di Genova, sezione I, Urteil vom 20. Dezember 1976/22. Januar 1977, *Basso Legnami S. p. A. ./. The Licenses Insurance Company Ltd. e Comoran Africa Line e Charles Le Borgne S. A.,* Rivista di diritto internazionale privato e processuale, XIII (1977) 613 = Nachschlagewerk I-17.1.2-B 7 zu einer Gerichtsstandsklausel in einem Konnossement.

c) Die Parteien können die Wirkung für die Rechtsnachfolger ausschließen. Dann gilt die Zuständigkeitsvereinbarung nur in dem vereinbarten Umfang.

d) Für die Rechtsnachfolge gilt das vom IPR des Gerichtsstaates bestimmte Sachrecht. Das Übereinkommen enthält insoweit kein Einheitsrecht. Da das IPR von Vertragsstaat zu Vertragsstaat divergieren kann, sind Entscheidungsdisharmonien nicht auszuschließen. Deren störende Auswirkungen werden jedoch durch die oben XXII dargestellte Bindungswirkung weitgehend neutralisiert.

4. Zuständigkeitsvereinbarungen zugunsten Dritter

Eine Zuständigkeitsvereinbarung zugunsten eines Dritten als *Erweiterung von dessen Klagemöglichkeiten* ist möglich.[215a] Wichtig ist aber hervorzuheben, daß der *Beklagte* an der Zuständigkeitsvereinbarung beteiligt

---

Eine von Abidjan nach Port St. Louis du Rhône beförderte Partie Holz traf beschädigt im Bestimmungshafen ein. Die italienische Empfängerin des Holzes und Inhaberin des Konnossements verklagte daraufhin vor dem Tribunale Genua die französischen Korrespondentreeder des Verfrachters und Reeders sowie den Versicherer der Ladung auf Schadensersatz. Auf den Rechtsstreit ließ sich allein einer der Korrespondentreeder des Verfrachters und Reeders ein; er machte vorab die Unzuständigkeit des italienischen Gerichts geltend und berief sich hierfür auf eine Gerichtsstandsklausel in den Konnossementsbedingungen. Danach sollten alle Klagen vor dem Tribunal de commerce Marseille erhoben werden, dessen ausschließliche Zuständigkeit „der Ablader, der Anspruchsteller und jeder sonstwie Interessierte anerkennen ...".

Das Gericht erklärte sich für unzuständig. Es bejahte die Wirksamkeit der in dem Konnossement enthaltenen Gerichtsstandsklausel. Der Umstand, daß die Parteien des Rechtsstreits mit den ursprünglichen Parteien des Beförderungsvertrages nicht identisch seien, sei unerheblich, da die Rechte und Pflichten aus dem Vertrag anerkanntermaßen auf die „Drittbegünstigten" übergehen könnten. Vgl. auch OLG Düsseldorf, Urteil vom 20. November 1975, RIW/AWD 1976, 297 = IPRspr. 1975 Nr. 147 = Nachschlagewerk I-17.1.2.-B 3 = Rechtsprechungsübersicht, Folge 1, Nr. 30.

[215] So entschied das OLG Frankfurt/M., Urteil vom 6. November 1979, MDR 1980, 318 = RIW/AWD 1980, 60 = IPRspr. 1979 Nr. 171: „Übernimmt ein Kaufmann im Hinblick auf die Verbindlichkeit eines Schuldners gegenüber dem Gläubiger schriftlich eine eigene Schuld, so gilt dafür nicht ohne weiteres der in den AGB des Gläubigers vorgesehene Erfüllungsort, auch wenn dem Kaufmann die AGB des Gläubigers bekannt sind. Der Gläubiger kann auch bei einem Dritten, der für den Schuldner Zahlungspflichten übernimmt, nicht davon ausgehen, daß dieser über die ausdrücklich ausgehandelten Verpflichtungen hinaus weitere Nachteile auf Grund von allgemeinen Geschäftsbedingungen des Gläubigers übernehmen will. Anders als bei einem Geschäft mit Leistungsaustausch und gegenseitigen Interessen kann bei einer solchen Verpflichtung nicht angenommen werden, der Dritte wolle zu seinen Ungunsten ihm aus dem Geschäft zwischen Gläubiger und Schuldner bekannte AGB auch gegen sich gelten lassen ..."

[215a] EuGH, Urteil vom 14. Juli 1983, Rechtssache 201/82 – *Gerling Konzern Speziale Kreditversicherung AG ./. Amministrazione del Tesoro dello Stato* (ABl. Nr. C 228/5 vom 25. August 1983). Zu Recht weist der EuGH auch auf Art. 12 Nr. 2 hin: Der dort genannte Begünstigte ist nicht Vertragspartei.

gewesen sein muß, weil seine Gerichtspflichtigkeit nicht gegen seinen Willen erweitert werden kann.[215b] Eine Zuständigkeitsvereinbarung zu Lasten Dritter kommt nicht in Betracht.

Deshalb können auch die *Klagemöglichkeiten des Klägers* (vgl. oben §§ 42ff.) nicht ohne dessen Mitwirkung an der *Derogationsvereinbarung* eingeschränkt werden.

XXIV. Die objektiven Grenzen der Wirkungen einer Zuständigkeitsvereinbarung

Wie bereits oben mehrfach dargelegt, ist der Wille der Parteien maßgebend. Dies gilt auch für den Fall der *Anspruchskonkurrenz*. Im Zweifel umfaßt eine in einen schuldrechtlichen Vertrag aufgenommene Gerichtsstandsklausel deliktische Anspruchsgrundlagen, die mit den vertraglichen konkurrieren.[216] Es bedarf besonderer Anhaltspunkte für die

---

[215b] Vgl. oben § 75 Fußn. 6a. Mit der Zuständigkeitsvereinbarung zu Lasten eines Dritten wird sich der EuGH in der Rechtssache 71/83 – *Partenreederei ms. „Tilly Russ" u. a. ./. N. V. Haven- & Vervoerbedrijf NOVA* – zu befassen haben.

[216] So zu § 38 ZPO auch OLG Hamburg, Urteil vom 12. Februar 1981, RIW/AWD 1982, 669: „Der in Klausel 30 der Konnossemente vereinbarte Gerichtsstand ergreift auch Ansprüche aus unerlaubter Handlung, soweit der vorgetragene Sachverhalt sowohl eine Vertragsverletzung als auch eine unerlaubte Handlung beinhaltet (vgl. BGH in NJW 1965 S. 300 für eine Schiedsabrede). Der Verfrachter will, für den Befrachter erkennbar, mit der Vereinbarung erreichen, daß alle aus dem Frachtvertrag herrührenden Klagen vor seinen Heimatgerichten verhandelt werden, auch soweit sie Sachverhalte betreffen, die sich auch als unerlaubte Handlung rechtlich einordnen lassen". Ebenso zu Art. 17 OLG Hamburg, Urteil vom 25. Mai 1978, RIW/AWD 1978, 495 = VersR 1978, 1115 = IPRspr. 1978 Nr. 141. Die Grenzen für Prorogationsvereinbarungen hinsichtlich deliktischer Ansprüche zeigt das OLG Hamburg auf: „Die Gerichtsstandsvereinbarung in Klausel 30 der Konnossemente soll hingegen nicht auch Ansprüche wegen einer vorsätzlichen Falschausstellung des Konnossementes erfassen. Denn redliche Frachtvertragsparteien fassen einen derartigen Fall, der einen Betrug zum Nachteil des Konnossementsempfängers beinhaltet, von vornherein gar nicht ins Auge. Die Gerichtsstandsklausel in Nr. 30 der Konnossemente ist als eine allgemeine Geschäftsbedingung einschränkend und gegen die Antragsgegnerin als die Verwenderin der Konnossemente auszulegen. Wohl mögen die Frachtvertragsparteien beim Vertragsabschluß an den Fall gedacht haben, daß bei der Durchführung des Vertrages unerlaubte Handlungen, z. B. in Form von Ladungsbeschädigungen, begangen werden, und zwar möglicherweise auch vorsätzlich. Den Fall aber, daß der Verfrachter schon bei der Konnossementsausstellung einen Betrug zum Nachteil des Ladungsempfängers begeht, haben sie gewiß nicht regeln wollen, das erschiene ganz ungewöhnlich und verstieße geradezu gegen das Anstandsgefühl aller billig und gerecht Denkenden (§§ 133, 157, 138 Abs. 1 BGB). Jedenfalls scheitert die Berufung der Antragsgegnerin darauf, daß auch für die vorsätzliche Falschausstellung der Konnossemente ein Gerichtsstand in Äthiopien ausschließlich vereinbart worden sei, am Einwand der unzulässigen Rechtsausübung (§ 242 BGB): Zweck staatlicher Gerichte kann es nicht sein, ‚der ungerechten oder gewissenlos geführten Sache zum Siege zu verhelfen' (*Baumbach-Lauterbach-Hartmann,* 38. Aufl., in Einleitung III 6 A)." Hierzu *v. Falkenhausen* RIW/AWD 1983, 420 und oben § 84 XXII 3.

Annahme einer Zuständigkeitsspaltung nach der Rechtsnatur der Ansprüche.

XXV. Vereinbarung der Parteien

1. Das Übereinkommen knüpft an die „Vereinbarung der Parteien" zuständigkeitsrechtliche Wirkungen. Erforderlich ist also eine *Willenseinigung* der Parteien.[217] Diese muß sich auf die *internationale und/oder örtliche Zuständigkeit* beziehen. Keine Vereinbarung i. S. des Art. 17 ist eine Rechtswahlklausel (= vertragliche Festlegung des anzuwendenden materiellen Rechts). Vgl. oben XX 4b.

2. Um eine einheitliche Anwendung des Übereinkommens zu gewährleisten, insbesondere um Entscheidungsdivergenzen zwischen forum prorogatum und forum derogatum zu vermeiden, ist der Zuständigkeitstatbestand „Vereinbarung der Parteien" europarechtlich zu qualifizieren, also konventionsimmanent zu definieren.[218]

3. Auch wenn die Gerichtsstandsvereinbarung im Zusammenhang mit einem materiellrechtlichen Vertrag (Hauptvertrag, z. B. Kauf-, Werklieferungs- oder Darlehensvertrag) geschlossen wurde, ist sie von diesem rechtslogisch streng zu trennen. Das Zustandekommen einer Zuständigkeitsvereinbarung, d. h. übereinstimmender Willenserklärungen der Beteiligten, ist nach europarechtlichen Grundsätzen einheitlich zu beantworten, unabhängig von der kollisionsrechtlichen Frage, welches Recht auf den Hauptvertrag anwendbar ist.

4. Dies gilt auch für die Frage der Einbeziehung von Gerichtsstandsvereinbarungen in allgemeinen Geschäftsbedingungen in die Einigung der Parteien. *Zuständigkeitsvereinbarungen* in *allgemeinen Geschäftsbedingungen* können durch Bezugnahme zum Inhalt des Hauptvertrages gemacht werden. Das Übereinkommen enthält eigene (ungeschriebene) Regeln darüber, unter welchen Voraussetzungen allgemeine Geschäftsbedingungen Vertragsinhalt werden.[219] Dagegen stellt die herrschende Meinung auf die lex causae des Hauptvertrages ab. Haben die Parteien für den Hauptvertrag eine Rechtswahl getroffen, so komme das vereinbarte Recht zur Anwendung, gegebenenfalls auch das eines Nichtvertragsstaates.[220] Andernfalls gelte dasjenige Sachrecht, welches nach dem IPR der

---

[217] Zu der Frage, ob eine Zuständigkeitsvereinbarung zugunsten Dritter – entgegen dem Wortlaut des Art. 17 I – zulässig ist, vgl. oben XXIII 4.

[218] Ebenso *von Hoffmann* AWD 1973, 62; *Samtleben* NJW 1974, 1592; *Grunsky* RIW/AWD 1977, 6; *Müller* in *Bülow-Böckstiegel* 606/145 Art. 17, Anm. III 1 Fußn. 33; *Jung,* Vereinbarungen über die Internationale Zuständigkeit nach dem EWG-Gerichtsstands- und Vollstreckungsübereinkommen und nach § 38 Abs. 2 ZPO, Diss. Bochum 1980, 145ff.

[219] Vgl. EuGH, Urteile vom 14. Dezember 1976, Rechtssachen 24/76 und 25/76, oben Fußn. 13 und 20. Vgl. auch OLG Hamm, Urteil vom 3. Oktober 1979, RIW/AWD 1980, 662 = Rev. dr. unif. 1980 I 316, 318 = IPRspr. 1979 Nr. 168.

[220] Nachweise bei *Jung* (Fußn. 218) und *Müller* RIW/AWD 1977, 164 bei Fußn. 8.

jeweiligen lex fori zur Anwendung berufen ist.[221] Nach der hier vertretenen These ist die lex causae des Hauptvertrages nicht relevant. *Rechtsgang* (Fragen der Zuständigkeit) und *anzuwendendes Sachrecht* (Schuldstatut des Hauptvertrages) sind streng voneinander zu trennen. Das Übereinkommen kennt vielmehr ein *eigenes Prorogationsstatut.*[222]

5. Ein ausdrücklicher Hinweis auf die in den allgemeinen Geschäftsbedingungen enthaltenen Gerichtsstandsklauseln ist nicht erforderlich. Dies folgt bereits aus Art. I Abs. 2 des Protokolls (Luxemburg-Vorbehalt). Der EuGH[223] hat diese Auslegung des Art. 17 ausdrücklich bestätigt: Es reicht, wenn die Parteien im Text ihres Vertrages auf ein Angebot Bezug genommen haben, das seinerzeit ausdrücklich auf die eine Gerichtsstandsklausel enthaltenden, dem Vertragspartner zugegangenen allgemeinen Geschäftsbedingungen hingewiesen hatte.[224] Notwendig ist aber ein deutlicher Hinweis, dem eine Partei bei Anwendung normaler Sorgfalt nachgehen kann. Eine mittelbare oder stillschweigende Verweisung auf vorangegangenen Schriftwechsel genügt nicht, da in diesem Fall keine Gewißheit darüber besteht, daß sich die Einigung auch auf die Gerichtsstandsklausel erstreckt hat. Die Gerichtsstandsklausel wird aber anerkannt, wenn die Bezugnahme auf beigefügte allgemeine Geschäftsbedingungen in der schriftlichen Aufforderung zur Abgabe eines Angebots enthalten ist und wenn das Angebot schriftlich angenommen wird.[225]

6. Auch für die Wirkung des *Schweigens auf ein Bestätigungsschreiben* gelten eigene europarechtliche Grundsätze, was das Zustandekommen einer Zuständigkeitsvereinbarung anbelangt.[226] Die einheitliche Anwendung des Art. 17 hat Vorrang vor dem Interesse an der Vermeidung von Spannungen zwischen dem europarechtlichen Prorogations- bzw. Dero-

---

221 Für den Anwendungsbereich des deutschen AGB-Gesetzes hat *Landfermann,* RIW/AWD 1977, 448 bei Fußn. 36 die These vertreten, eine in den allgemeinen Geschäftsbedingungen enthaltene internationale Gerichtsstandsvereinbarung müsse auf ihre inhaltliche Angemessenheit gem. § 9 AGB-Gesetz überprüft werden. Sie sei unwirksam, wenn das Interesse des Verwenders der Bedingungen überwiege.

Ob die These *Landfermanns* mit § 9 AGB-Gesetz vereinbar ist, braucht hier nicht untersucht zu werden. Jedenfalls ist klar, daß die Erwägungen *Landfermanns* im Anwendungsbereich des Art. 17 nicht zur Anwendung kommen können. Im Ergebnis liefe die Anwendung des § 9 AGB-Gesetz auf eine forum non conveniens-Prüfung hinaus, die das Übereinkommen ausdrücklich abgelehnt hat. Im Ergebnis wie hier *Jung* 154 (Fußn. 218).

222 *Geimer* NJW 1972, 1622.

223 EuGH, Urteil vom 14. Dezember 1976, Rechtssache 24/76, *Colzani ./. RÜWA* GmbH, EuGHE 1976, 1831 = Nachschlagewerk I-17.1.2-A 1, vgl. oben Fußn. 13.

224 EuGH, Urteil vom 14. Dezember 1976, Rechtssache 24/76.

225 Ausführlich *Jung* (Fußn. 218) 156 bei Fußn. 463. Vgl. auch OLG Frankfurt/M, Urteil vom 23. April 1980, 666 betreffend die Einbeziehung der Allgemeinen Deutschen Spediteurbedingungen.

226 EuGH aaO.

gationsstatut und der lex causae des Hauptvertrages.[227] Das Schweigen auf ein Bestätigungsschreiben, das erstmals eine Gerichtsstandsklausel enthält bzw. das erstmals auf allgemeine Geschäftsbedingungen verweist, in denen eine solche enthalten ist, stellt keine Annahme des Angebots auf Abschluß einer Zuständigkeitsvereinbarung dar.[228] Ausnahmen gelten nach Art. 17 I 2 dritte Alternative n. F. für den internationalen Handelsverkehr, wenn die Handelsbräuche das Schweigen auf ein Bestätigungsschreiben als Annahme werten.[229]

7. Eine *ausdrückliche* Zuständigkeitsvereinbarung ist nicht erforderlich.[230] Auch insoweit gilt europäisches Einheitsrecht. Maßgebend ist die Auslegung des Parteiwillens. Ergibt diese eindeutig, daß die Parteien eine Zuständigkeitsvereinbarung konkret gewollt haben, so genügt das. Dies ergibt sich bereits e contrario aus Art. I Abs. 2 des Protokolls. Für Parteien mit Wohnsitz in Luxemburg ist eine Zuständigkeitsvereinbarung nur bindend, wenn sie ausdrücklich und besonders angenommen wurde.[231]

8. Eine konkludente Zuständigkeitsvereinbarung liegt auch dann vor, wenn die Parteien laufende Geschäftsbeziehungen unterhalten, denen allgemeine Geschäftsbedingungen mit Gerichtsstandsklauseln zugrundeliegen, sofern nach dem Willen beider Parteien diese allgemeinen Geschäftsbedingungen in den Vertrag einbezogen sein sollen. Dies braucht nicht nochmals besonders erwähnt zu werden. Bei der mündlichen Zuständigkeitsvereinbarung muß also nicht mehr ausdrücklich über die Einbeziehung der allgemeinen Geschäftsbedingungen gesprochen worden sein; es reicht aus, wenn der andere Vertragsteil, also derjenige, der die allgemeinen Geschäftsbedingungen nicht aufgestellt hat, diese Bedingungen kennt und wenn er weiß, daß diese in den Hauptvertrag einbezogen werden sollen.[232] In solchen Fällen haben sich nämlich die Parteien ein für allemal mündlich darüber geeinigt, daß für die auf der Grundlage ihrer gegenseitigen Rechtsbeziehung abzuschließenden *Einzelgeschäfte* die allgemeinen Geschäftsbedingungen des einen Vertragsteils gelten sol-

[227] Diese Frage ist ausdrücklich offengelassen im *Schlosser*-Bericht Nr. 179. „... ohne daß hier ein Kommentar dazu veranlaßt wäre, ob andere Willenseinigungsprobleme als die Formfrage nach anwendbarem nationalen Recht oder nach einheitlichen EWG-Grundsätzen zu beurteilen sind ...“

Zu diesem Fragenkomplex *Jung* Fußn. 218, 172. Die h. M. will auf die lex causae abstellen. Vgl. *Grunsky* RIW/AWD 1977, 6; *Stein-Jonas-Leipold,* ZPO, 20. Aufl., § 38 Rz. 28 Fußn. 49.

[228] EuGH, Urteil vom 14. Dezember 1976, Rechtssache 24/76, oben Fußn. 13 und 223.

[229] Hierzu *Schlosser*-Bericht Nr. 179 und oben § 75 III.

[230] *Müller* in *Bülow-Böckstiegel,* 606/147, Art. 17, Anm. III 2 a bei Fußn. 49; *Jung* (Fußn. 218) 152; Tribunale di Genova (oben Fußn. 214).

[231] Hierzu unten XXXIV.

[232] Vgl. den Fall des OLG Stuttgart, Urteil vom 24. Juli 1979, RIW/AWD 1980, 365 = IPRspr. 1979 Nr. 165.

len.[233] Es muß also nicht bei Abschluß eines jeden Einzelgeschäfts die Einbeziehung der allgemeinen Geschäftsbedingungen ausdrücklich wiederholt werden.[234]

9. Unklar ist, wo die Grenzen für eine einheitsrechtliche Beurteilung verlaufen. Ist die Frage der Abschlußfähigkeit nach Konventionsrecht zu entscheiden oder bedarf es insoweit eines Rekurses auf das Kollisionsrecht des jeweils angegangenen Gerichtsstaates bezüglich der Prozeß- und u. U. der Geschäftsfähigkeit? Welche Grenzen bestehen für eine Stellvertretung? Wie sind Willensmängel zu beurteilen? Diese Fragen werden in der Praxis selten virulent, weil das Vertragsrecht der einzelnen Vertragsstaaten nur in Randbereichen divergiert und die praktischen Auswirkungen einer kollisionsrechtlichen Lösung nur selten zutage treten. Aus dogmatischer Sicht ist das Dilemma jedoch unausweichlich.[235]

---

[233] *Jung* (Fußn. 218) 159.

[234] EuGH, Urteil vom 14. Dezember 1976, Rechtssache 25/76, oben Fußn. 20.

[235] Für kollisionsrechtliche Lösung *Müller* RIW/AWD 1977, 163 bei Fußn. 7 und in *Bülow-Böckstiegel* 606/146, Art. 17, Anm. III1 bei Fußn. 41: „Die einheitliche Sachnorm des Art. 17 gilt nur für die Willenseinigung und für die Formerfordernisse. Alle übrigen, in Art. 17 nicht erwähnten Anforderungen an die Wirksamkeit der Vereinbarung wie z. B. Geschäftsfähigkeit, Fehlen von Willensmängeln, wirksame Stellvertretung usw. richten sich nach dem innerstaatlichen Recht, das von den Kollisionsnormen des betroffenen Vertragsstaats für anwendbar erklärt wird. Soweit es für das anzuwendende Recht darauf ankommt, ob die Gerichtsstandsvereinbarung materiellrechtlich oder prozeßrechtlich einzuordnen ist, entscheidet ebenfalls die Qualifikation des nationalen Rechts." Ähnlich *Kropholler* IZVR Rz. 832.

Ausführlich *Droz* Nr. 213ff. S. 133f. zum Thema *„Portée du Règlement uniforme contenu dans l'article 17."*

„213. Dans la mesure où il établit de strictes conditions de validité de l'accord et définit ses effets, l'article 17 peut être considéré comme un règlement matériel de la prorogation de compétence dans les relations communautaires. Tous les tribunaux des Etats contractants saisis d'un litige portant sur l'accord d'élection de for, qu'il s'agisse du tribunal élu ou d'un tribunal exclu, devront appliquer cette règle uniforme ...

214. On sait en effet que des divergences peuvent s'élever sur l'interprétation d'une règle uniforme ou que celle-ci peut comporter des lacunes ... Et cela d'autant plus que l'article 17 ne prétend pas régler le problème de la formation même de l'accord, qu'il soit écrit ou oral. Les conditions de capacité des parties, et celles qui ont trait à l'existence ou aux vices du consentement, sont laissées au droit commun des Etats.

215. On peut se demander si l'on ne doit pas regretter finalement que la Convention de Bruxelles, comme d'ailleurs celle de La Haye sur les accords d'élection de for, n'ait pas eu l'audace d'éliminer toute difficulté par une disposition relative à la loi applicable. A un moment de son histoire, le projet de convention sur les accords d'élection de for élaboré à La Haye portait une disposition, supprimée par la suite, selon laquelle *l'accord d'élection de for est régi par la loi interne de l'Etat du tribunal élu.*

Si on a hésité, à La Haye, à désigner la loi applicable c'est que le domaine géographique de la Conférence est très vaste et met en présence des systèmes juridiques profondément différents. Il n'en était pas de même à Bruxelles. On relèvera d'ailleurs, pour la petite histoire, que lors des discussions de La Haye cinq des six Etats de la Communauté s'étaient montrés favorables à la désignation de la loi du for élu."

Eine einheitsrechtliche Lösung auch in den angedeuteten Bereichen der Abschlußfähigkeit, der Stellvertretung und der Beurteilung von Willensmängeln führt angesichts fehlender geschriebener Regeln zu einer schwer überschaubaren Kasuistik mit unausbleiblichen inneren Brüchen und Widersprüchlichkeiten. Dies täte der Rechtssicherheit nicht gut. Auf der anderen Seite würde die Preisgabe der Zuständigkeitsvereinbarung an das verwirrende Spiel der Hin- und Herverweisungen des weitgehend nicht vereinheitlichen und daher von Vertragsstaat zu Vertragsstaat divergierenden IPR ein Schritt in die falsche Richtung sein. Ein Plus an Rechtssicherheit könnte diese Lösung wohl kaum bringen. Unterschiedliche Beurteilungen der Zuständigkeitsvereinbarung aus der Sicht des forum prorogatum und der des forum derogatum müßten offen in Kauf genommen werden. Vermieden wäre allerdings eine Entscheidungsdisharmonie zwischen dem Zustandekommen des schuldrechtlichen Hauptvertrages und der Vereinbarung über die Zuständigkeit. Man darf gespannt sein, wie der EuGH Stellung nehmen wird.

XXVI. Form

1. Überblick

a) Mündliche Zuständigkeitsvereinbarungen sind nach der alten Fassung des Art. 17 I nicht zugelassen. Notwendig ist vielmehr zumindest halbe Schriftlichkeit. Die mündliche Vereinbarung muß durch eine Partei schriftlich bestätigt worden sein. Die Einzelheiten wurden bereits oben § 75 III dargestellt.

b) *Mündliche Zuständigkeitsvereinbarungen* sind auch dann unbeachtlich, wenn sie *unter Kaufleuten* getroffen wurden.[236] Das Beitrittsübereinkommen vom 9. Oktober 1978 brachte in diesem Punkt jedoch eine Aufweichung der strengen, aber klaren Formvorschrift. Im internationalen Handelsverkehr werden nun mündliche Zuständigkeitsabsprachen anerkannt, wenn sie in einer Form geschlossen wurden, die den internationalen Handelsbräuchen entspricht. Voraussetzung ist allerdings, daß diese Bräuche den Parteien bekannt sind oder als ihnen bekannt angesehen werden müssen.[237]

c) Art. 17 sieht *keinen Anwaltszwang* für den Abschluß der Vereinbarung vor. Einen solchen kann – im Anwendungsbereich dieser Vorschrift – auch nicht das nationale Recht einführen.

2. Ratio conventionis

Art. 17 verlangt eine *Vereinbarung über die Zuständigkeit* (Prorogation und/oder Derogation). Diese muß tatsächlich Gegenstand einer *Willenseinigung* zwischen den Parteien gewesen sein. Sie muß klar und deutlich

---

[236] Anders § 38 I ZPO.

[237] Vgl. oben § 75 III 4.

zum Ausdruck kommen; die Formerfordernisse des Art. 17 I sollen gewährleisten, daß die Einigung zwischen den Parteien tatsächlich feststeht.[238] Ließe man mündliche Zuständigkeitsvereinbarungen zu, so wäre zu befürchten, daß trotz der Prüfung der Zuständigkeit durch den Richter die Gerichtspflichtigkeit des Beklagten – gestützt auf Art. 17 – in Fällen bejaht würde, in denen in Wirklichkeit keine Einigung über die Zuständigkeit zustandegekommen.[239] Die Formvorschrift will Fehlentscheidungen zu Art. 17 vorbeugen. Sie kann sie zwar nicht gänzlich verhindern, aber auf ein tolerables Maß reduzieren. Auch hat die formvorschrift eine *prozeßökonomische Perspektive.* Sie erleichtert dem Richter die Arbeit, weil viele bei der Zulassung mündlicher Zuständigkeitsvereinbarungen unvermeidliche Beweiserhebungen überflüssig werden. Damit werden endlose Zuständigkeitsstreite vermieden, die nur von Tatfragen abhängen.[240]

3. Autonome Auslegung

Die Formvorschrift des Art. 17 I ist autonom auszulegen, d. h. es ist nach einer konventionsimmanenten Definition zu suchen. Ein Rekurs auf das nationale Zuständigkeitsrecht ist unzulässig.[241] Deshalb können die Erkenntnisse zu § 38 II 2 ZPO nicht unbesehen für die Auslegung des Art. 17 I 1 herangezogen werden, so sehr es wünschenswert wäre, daß sich die deutschen Gerichte an die Auslegung des Art. 17 durch den EuGH halten.

4. Zuständigkeitsvereinbarung durch Schriftwechsel (Erste Alternative des Art. 17 I)

Art. 17 I spricht von „schriftlicher Vereinbarung". Die Erklärungen beider an der Zuständigkeitsvereinbarung beteiligter Parteien müssen schriftlich vorliegen. Eine von beiden Parteien unterzeichnete *Vertragsurkunde,* wie dies z. B. § 126 BGB voraussetzt, ist nicht notwendig. Auch

---

[238] EuGH, Urteil vom 14. Dezember 1976, Rechtssache 24/76, EuGHE 1976, 1831, oben Fußn. 13. Der *Jenard*-Bericht S. 82 benutzt die Wendung „echte Willensübereinstimmung".

[239] Die Rechtsprechung verwendet im Anschluß an den *Jenard*-Bericht S. 82 die Formel, die Formvorschrift wolle *das unbemerkte Einführen von Gerichtsstandsklauseln in das Vertragsverhältnis* verhindern. So z. B. OLG Frankfurt/M., Urteil vom 27. April 1976, NJW 1977, 506 = MDR 1976, 1028 = RIW/AWD 1976, 532 = IPRspr. 1976 Nr. 137 = Nachschlagewerk I-17.1.2-B 4 = Rechtsprechungsübersicht, Folge 1, Nr. 29; OLG Hamm, Urteil vom 20. Januar 1977 = IPRspr. 1977 Nr. 118 = Nachschlagewerk I-5.1.2-B 8 = Rechtsprechungsübersicht, Folge 3, Nr. 111. Ebenso *Samtleben* NJW 1974, 1592 bei Fußn. 35; *Müller* RIW/AWD 1977, 163 bei Fußn. 3.

[240] Vgl. oben § 75 III.

[241] *von Hoffmann* AWD 1973, 62; *Grunsky,* RIW/AWD 1977, 6; weitere Nachweise bei *Jung* (Fußn. 218) 147 Fußn. 431 und *Kropholler* IZVR Rz. 832.

von einander getrennte Schriftstücke sind ausreichend, sofern aus diesen hinreichend klar hervorgeht, daß sie den gleichen Rechtsstreit bzw. das gleiche Rechtsverhältnis zum Gegenstand haben.

5. Halbe Schriftlichkeit: Schriftliche Bestätigung der mündlichen Zuständigkeitsvereinbarung durch eine Partei

a) *Bestätigungsschreiben*

Um unnötigen Formalismus zu vermeiden, vor allem um den Gepflogenheiten des internationalen Handels Rechnung zu tragen, läßt Art. 17 I *halbe Schriftlichkeit* genügen: Es reicht die schriftliche Bestätigung der mündlichen Zuständigkeitsvereinbarung durch eine Partei: *Nicht die gesamte Willenseinigung muß schriftlich niedergelegt sein.* Schriftlich fixiert ist nur die Erklärung eines Vertragspartners.

Gleichgültig ist, welche Partei den mündlichen Vertragsabschluß bestätigt. Es reicht aus, daß diejenige Partei die Zuständigkeitsvereinbarung bestätigt hat, die sich auf die Zuständigkeitsvereinbarung beruft.[242] Nach anderer Ansicht muß diejenige Partei, der die Gerichtsstandsvereinbarung entgegengehalten werden soll, die schriftliche Bestätigung vorgenommen haben; das ist in der Regel der Beklagte. Sonst würde der mit der Schriftform beabsichtigte Zweck umgangen werden. Wäre diese Ansicht richtig, so würde die mit der „halben Schriftlichkeit" beabsichtigte Praktikabilität und Flexibilität des internationalen Handelsverkehrs relativiert werden, weil sich nicht sicher voraussehen läßt, wer sich auf den Prorogations- bzw. Derogationseffekt berufen wird. Die Materialien bestätigen, daß für die Zuständigkeitsvereinbarung die schriftliche Niederlegung der Erklärung „wenigstens einer der Parteien" ausreichend ist.[243]

b) *Widerspruch gegen das Bestätigungsschreiben*

Auch wenn der Empfänger des Bestätigungsschreibens diesem widerspricht, ist die Form des Art. 17 gewahrt.[244] Eine andere Frage ist jedoch, ob die Zuständigkeitsvereinbarung nachweisbar ist. Das Zustandekommen einer Einigung der Parteien über die Zuständigkeit ist – unabhängig davon, welche Formalternative in concreto vorliegt – eine selbständig zu prüfende Frage, die nicht mit der Prüfung verquickt werden darf, ob die Form gewahrt ist.[245]

---

[242] *Grüter* RIW/AWD 1975, 615; *Müller* RIW/AWD 1977, 165 bei Fußn. 18: „Nach Wortlaut und Zweck des Art. 17 GVÜ ist nicht erforderlich, daß die Gerichtsstandsklausel stets von dem Vertragsteil bestätigt wird, der durch sie belastet wird. Sein mündliches Einverständnis mit der Klausel reicht aus". Ausführlich *Jung* (Fußn. 218) 161. A. A. OLG München, Urteil vom 11. Februar 1981, RIW/AWD 1981, 848.

[243] *Jenard*-Bericht S. 82 und *Jung* (Fußn. 218) 163.

[244] *Müller* in *Bülow-Böckstiegel* 606/149 Art. 17 III 2b bei Fußn. 67, *Jung* (Fußn. 218) 164.

[245] In der Tat hält aber der EuGH in seinen Urteilen vom 14. Dezember 1976, Rechtssachen 24/76 und 25/76, oben Fußn. 13 und 20, beide Komplexe nicht klar

c) *Schweigen auf ein Bestätigungsschreiben*

α) Haben die Vertragsparteien einen Vertrag ohne Gerichtsstandsvereinbarung geschlossen, übersendet aber nachträglich eine Partei der anderen ein Bestätigungsschreiben, das erstmals einen Hinweis auf eine Gerichtsstandsklausel enthält, so kommt dadurch eine Zuständigkeitsvereinbarung nicht zustande; denn es fehlt an einer Einigung, es sei denn, der Empfänger des Bestätigungsschreibens nimmt das Bestätigungsschreiben schriftlich an, dann ist die erste Formalternative (beiderseitige Schriftlichkeit) erfüllt.[246]

β) Das Schweigen auf ein Bestätigungsschreiben ist also kompetenzrechtlich belanglos. *Die Form ist zwar gewahrt.* Es fehlt aber an einer Einigung der Parteien.[247]

γ) Eine Ausnahme gilt aber für den Fall, daß zwischen den Parteien laufende Geschäftsbeziehungen auf der Grundlage von allgemeinen Geschäftsbedingungen bestehen: Auch wenn bei mündlichem Vertragsschluß keine Einigung über die in den allgemeinen Geschäftsbedingungen enthaltene Gerichtsstandsklausel stattgefunden hat, weil auf die bereits früher verwandten Geschäftsbedingungen nicht mehr von neuem ausdrücklich Bezug genommen wurde, kommt eine formgültige Zuständigkeitsvereinbarung zustande, wenn dem Bestätigungsschreiben durch die andere Vertragspartei nicht widersprochen wurde.[248]

---

genug auseinander. Die Frage, ob ein Konsens zustandegekommen ist, wird ausschließlich als Formproblem gesehen.

[246] So ausdrücklich EuGH, 14. Dezember 1976, Rechtssache 25/76, EuGHE 1976, 1851 = RIW/AWD 1977, 105 = NJW 1977, 495.

[247] Oben Fußn. 245 und oben § 75 bei Fußn. 80.

[248] EuGH 14. Dezember 1976, Rechtssache 25/76, EuGHE 1976, 1851 = RIW/AWD 1977, 105 = NJW 1977, 495. Der EuGH beruft sich auf Treu und Glauben: Wollte der Empfänger der Bestätigung bei dieser Sachlage das Bestehen einer Zuständigkeitsvereinbarung leugnen, so verstieße er gegen Treu und Glauben, selbst wenn es an einer schriftlichen Annahme seinerseits fehlt. Dem EuGH ist im Ergebnis zuzustimmen. Eines Rekurses auf die Generalklausel von Treu und Glauben hätte es jedoch nicht bedurft. Bei einer laufenden Geschäftsverbindung liegt eine klare und deutliche mündliche Einigung über die Gerichtsstandsvereinbarung vor, die nur von einer Partei schriftlich bestätigt zu werden braucht. *Müller* RIW/AWD 1977, 165, *Grüter* DB 1978, 392, *Jung* (Fußn. 218) 166. *Grüter* DB 1978, 382 will darüber hinaus eine wirksame Zuständigkeitsvereinbarung bejahen, wenn zwischen den Parteien auf der Grundlage von allgemeinen Geschäftsbedingungen mit Gerichtsstandsklausel eine laufende Geschäftsverbindung besteht und sich eine klare und deutliche Willenseinigung im Sinne des Art. 17 über die die allgemeinen Geschäftsbedingungen enthaltenden Gerichtsstandsklauseln deshalb nicht ermitteln lasse, weil die Parteien ihre laufenden Geschäfte immer nur per Telex abwickeln. Dagegen *Jung* (Fußn. 218) 167. Vgl. auch OLG Stuttgart, Urteil vom 24. Juli 1979, RIW/AWD 1980, 365 = IPRspr. 1979 Nr. 165, oben Fußn. 232, sowie OLG Düsseldorf, Urteil vom 8. Februar 1979, Europ. TransportR. 16 (1981), 26 = IPRspr. 1979 Nr. 156 A, OLG Bremen, Urteil vom 6. April 1978, RIW/AWD 1978, 747 = IPRspr. 1978 Nr. 139 sowie BGH, Urteil vom 5. Juni 1981, RIW/AWD 1982, 55, betreffend die Einbeziehung der Allgemeinen Deutschen

6. Maßgeblichkeit der Handelsbräuche im internationalen Handelsverkehr

a) Eine schriftliche Bestätigung ist nach Art. 17 I 2 n. F. nicht erforderlich, wenn die Zuständigkeitsvereinbarung im internationalen Handelsverkehr in einer Form erfolgte, die den internationalen Handelsbräuchen entspricht, sofern diese Bräuche den Parteien bekannt sind oder als ihnen bekannt angesehen werden müssen. Die Unterhändler des Beitrittsübereinkommens vom 9. Oktober 1978 kritisierten die bisherige Formvorschrift des Art. 17 I a. F. als zu eng.[249] Das Erfordernis, daß der Vertragspartner die Gerichtsstandsklausel in allgemeinen Geschäftsbedingungen schriftlich bestätigen müsse, sei dem internationalen Handel nicht zumutbar. Dieser komme ohne Standardbedingungen mit Gerichtsstandsklauseln nicht aus. Die seien häufig auch gar nicht einseitig im Interesse einer Marktseite diktiert, sondern von den Vertretern verschiedener Interessengruppen ausgehandelt. Der Vertragsschluß müsse aus Gründen der Kalkulation auf der Grundlage der momentan gegebenen Marktpreise rasch durch Auftragsbestätigung unter Einbeziehung von allgemeinen Geschäftsbedingungen möglich sein.

b) Zum Schutz vor Überrumpelung setzt Art. 17 I 2 n. F. voraus, daß die Handelsbräuche den Parteien bekannt sind bzw. als bekannt angesehen werden müssen.[250] Nach Inkrafttreten des Art. 17 n. F. ist außer Zweifel, daß im kaufmännischen Bereich durch Schweigen auf ein kaufmännisches Bestätigungsschreiben eine Zuständigkeitsvereinbarung zustandekommen kann. Hier liegt vor allem der praktische Schwerpunkt der neuen Formvorschrift. Damit ist die Rechtsprechung des EuGH modifiziert, der das Zustandekommen einer Zuständigkeitsvereinbarung durch Schweigen auf ein kaufmännisches Bestätigungsschreiben grundsätzlich verneint hat.[251]

XXVII. Die bei dem Abschluß der Zuständigkeitsvereinbarung zu verwendende Sprache[252]

1. Art. 17 stellt es den Parteien frei, welche Sprache sie bei dem Abschluß der Zuständigkeitsvereinbarung verwenden. Diese muß nicht mit

Spediteurbedingungen. S. auch OLG Hamm, Urteil vom 3. Oktober 1979, RIW/AWD 1980, 662 = IPRspr. 1979 Nr. 168 und Beschluß vom 18. Oktober 1982, NJW 1983, 523. – Vgl. auch oben § 75 bei Fußn. 70.

249 *Schlosser*-Bericht Nr. 179.

250 Hierzu *Jung* (Fußn. 218) 177 und *Kropholler* IZVR Rz. 849.

251 EuGH 14. Dezember 1976, Rechtssache 25/76, EuGHE 1976, 1851 = RIW/AWD 1977, 105 = NJW 1977, 495. Vgl. oben 5c bei Fußn. 246.

252 Nachweise zum Generalthema „Bedeutung der Vertragssprache im Internationalen Wirtschaftsverkehr" bei *Böckmann,* RIW/AWD 1981, 79 und *Schütze* DB 1978, 2301.

der des Hauptvertrages übereinstimmen.[253] Es ist auch nicht erforderlich, daß beide Parteien die gleiche Sprache verwenden. Es muß nur sicher sein, daß eine Einigung, also eine Übereinstimmung der Erklärungen beider Seiten, über die Prorogation bzw. Derogation stattgefunden hat. Dies ist eine Tatfrage, die vom angegangenen Richter im Rahmen der Zuständigkeitsprüfung unter Berücksichtigung aller Umstände des Einzelfalles zu entscheiden ist.

2. Maßgebend ist allein das europäische Einheitsrecht. Dieses steht nicht zur Disposition des nationalen Gesetzgebers. Daher kann er für die in den Anwendungsbereich des Art. 17 fallenden Zuständigkeitsvereinbarungen nicht die Verwendung einer bestimmten Sprache vorschreiben.[254]

XXVIII. Aufhebung oder Änderung der Zuständigkeitsvereinbarung

1. Die Parteien können die Zuständigkeitsvereinbarung jederzeit aufheben oder ändern. Dies gilt auch dann, wenn sie die *ausschließliche internationale Zuständigkeit* eines Vertragsstaates vereinbart haben. Dieser hat kein „Mitspracherecht", wenn es darum geht, seine durch Zuständigkeitsvereinbarung geschaffene ausschließliche internationale Zuständigkeit wieder aufzuheben. Denn unmittelbare staatliche Interessen stehen nicht auf dem Spiel.

2. Die Parteien heben eine entgegenstehende Zuständigkeitsvereinbarung durch konkludentes Verhalten auf, wenn eine von ihnen außerhalb des forum prorogatum klagt und die andere (Beklagter) sich einläßt, ohne die internationale Unzuständigkeit des Gerichtsstaates zu rügen.[255]

---

[253] EuGH, Urteil vom 24. Juni 1981, Rechtsache 150/80 – *Elefanten Schuh ./. Jacqmain,* EuGHE 1981, 1671 = RIW/AWD 1981, 709.

[254] EuGH, oben Fußn. 253.

[255] Ebenso EuGH, Urteil vom 24. Juni 1981, Rechtssache 150/80 *Elefanten Schuh ./. Jacqmain,* EuGHE 1981, 1671 = RIW/AWD 1981, 709.

Auf Vorlage des belgischen Hof van Cassatie entschied der EuGH: „(9) In Artikel 18 Satz 1 des Übereinkommens wird der Grundsatz aufgestellt, daß das Gericht eines Vertragsstaats zuständig wird, wenn sich der Beklagte vor ihm auf das Verfahren einläßt; nach Artikel 18 Satz 2 gilt dieser Grundsatz nicht, wenn der Beklagte sich nur einläßt, um den Mangel der Zuständigkeit geltend zu machen, oder wenn ein anderes Gericht aufgrund des Artikels 16 ausschließlich zuständig ist.

(10) Der in Artikel 17 geregelte Fall gehört demnach nicht zu den Fällen, für die Artikel 18 eine Ausnahme von dem Grundsatz, den er aufstellt, vorsieht. Außerdem gibt es keinen aus dem allgemeinen Aufbau oder den Zielen des Übereinkommens abzuleitenden Grund für die Ansicht, daß es an einer Zuständigkeitsvereinbarung im Sinne von Artikel 17 beteiligten Personen verwehrt wäre, ihre Streitigkeit freiwillig einem anderen als dem vereinbarten Gericht zu unterbreiten.

(11) Daher ist Artikel 18 des Übereinkommens auch dann anwendbar, wenn die Parteien eine Zuständigkeitsvereinbarung im Sinne von Artikel 17 getroffen haben."

Vgl. unten § 97 VI.

XXIX. Trust – Bedingungen

Für trustrechtliche Klagen gegen den Begründer, trustee oder den Begünstigten eines trust kann die internationale und örtliche Zuständigkeit auch in schriftlichen trust-Bedingungen festgelegt werden, Art. 17 II n. F.. Gedacht ist an trusts, die durch einseitiges Rechtsgeschäft begründet wurden.[256]

XXX. Satzungen

1. Eine Parallelvorschrift zu Art. 17 II n. F. für Gerichtsstandsklauseln in Satzungen von Vereinen, Körperschaften und sonstigen juristischen Personen fehlt.[257]

2. Es kommt deshalb darauf an, ob mit dem Beitritt zum Verein etc. eine *Vereinbarung* i. S. des Art. 17 I zustandekommt.[257a] Dies ist wohl in der Regel zu bejahen. Auch die *Formvorschrift* des Art. 17 I ist gewahrt, wenn der Beitritt schriftlich erfolgt oder die Aufnahme vom Verein schriftlich unter Hinweis auf die (eine Zuständigkeitsklausel enthaltende) Satzung bestätigt wird.

XXXI. Nachprüfung der internationalen Zuständigkeit des Erststaates durch den Zweitrichter

1. Im Stadium der Anerkennung (Art. 25ff.) bzw. Klauselerteilung (Art. 31ff.) kann der Zweitrichter nur in *Versicherungs- oder Verbrauchersachen* nachprüfen, ob der Erstrichter die Zuständigkeitsvereinbarung beachtet und richtig ausgelegt hat, und zwar beschränkt auf den Fall, daß der zu schützende Personenkreis (Versicherungsnehmer, Versicherter, etc; Verbraucher) im erststaatlichen Erkenntnisverfahren auf der Beklagtenseite war. Im übrigen gilt das Verbot der Nachprüfung der internationalen Zuständigkeit selbst dann, wenn das Erstgericht die durch Zuständigkeitsvereinbarung geschaffene ausschließliche internationale Zuständigkeit eines anderen Vertragsstaates ignoriert hat. Art. 28 I ist einer erweiternden Auslegung nicht zugänglich.[258]

---

[256] Schlosser-Bericht Nr. 178; *Kropholler* IZVR Rz. 833.

[257] Im autonomen deutschen Recht wendet man § 1048 ZPO analog an. Vgl. *Wieczorek*, ZPO, Großkommentar, 2. Aufl., 1976, § 38, Anm. C III.

[257a] Vgl. EuGH, Urteil vom 22. März 1983, Rechtssache 34/82 – *Martin Peters Bauunternehmung GmbH ./. Zuid Nederlandse Aanemers Vereniging,* oben § 83 Fußn. 47.

[258] *Geimer* RIW/AWD 1980, 307. Vgl. auch *Schlosser*-Bericht Nr. 188: „Daß in Art. 28 der 6. Abschnitt des 2. Titels über Gerichtsstandsvereinbarungen nicht erwähnt ist, beruht, wie nicht unerwähnt bleiben soll, auf Absicht. Bei deren Bewertung ist aber zu berücksichtigen, daß das Vorliegen einer der Zuständigkeit des angegange-

2. Der Einwand, der Erstrichter habe nicht beachtet, daß die an sich nach dem maßgeblichen Zuständigkeitsrecht[259] gegebene internationale Zuständigkeit des Erststaates durch eine Zuständigkeitsvereinbarung derogiert gewesen sei, kann im Zweitverfahren nur geltend gemacht werden, wenn der Einwand der Derogation schon im Erstverfahren vorgebracht worden war.[260] Der Beklagte des erststaatlichen Erkenntnisverfahrens kann sich diesen Einwand nicht für das Zweitverfahren „aufsparen".

XXXII. Klage auf Feststellung der Wirksamkeit bzw. der Wirkungen einer Zuständigkeitsvereinbarung

1. Ist zwischen den Parteien streitig, ob eine Zuständigkeitsvereinbarung wirksam ist,[261] so besteht ein rechtliches Interesse, diese Frage durch einen Feststellungsprozeß zu klären. Das gleiche gilt, wenn zwar die Wirksamkeit der Zuständigkeitsvereinbarung als solche unbestritten ist, aber Meinungsunterschiede über deren Umfang und Wirkungen bestehen.[262]

2. Das Feststellungsurteil entfaltet Rechtskraftwirkung, während bei einer nur vorfragenweisen Prüfung der Wirksamkeit der Zuständigkeitsvereinbarung durch das forum prorogatum oder das forum derogatum im Rahmen eines den materiellrechtlichen Hauptvertrag betreffenden Rechtsstreits nicht sicher ist, daß die Zuständigkeitsentscheidung an der Rechtskraft teilnimmt. Maßgebend ist das Prozeßrecht des jeweiligen Gerichtsstaates. So erwächst nach deutschem Recht nur die Entscheidung über den *Urteilsgegenstand* (hier: über Ansprüche oder sonstige mit der Klage geltend gemachte Rechte aus dem materiellrechtlichen Hauptvertrag) in Rechtskraft, nicht jedoch die Entscheidung über die im Rah-

nen Gerichts im Entscheidungsstaat entgegenstehenden Vereinbarung von Amts wegen beachtet werden mußte".

[259] Oben XI.

[260] *Geimer* RIW/AWD 1980, 308; ebenso schon *Geimer,* Zur Prüfung der Gerichtsbarkeit und der internationalen Zuständigkeit bei der Anerkennung ausländischer Urteile, 1966, 144. S. oben § 57 III 4 und unten Band II, 109.

[261] *Beispiel A:* Eine Partei ficht die Zuständigkeitsvereinbarung wegen arglistiger Täuschung an oder bestreitet, daß die in allgemeinen Geschäftsbedingungen enthaltene Gerichtsstandsklausel Gegenstand der Willenseinigung gewesen sei.

Beispiel B: Die eine Partei behauptet, die andere sei an eine von Dritten abgeschlossene Gerichtsstandsvereinbarung als Rechtsnachfolger gebunden. Die andere Partei bestreitet dies.

[262] *Beispiel C:* Die Parteien streiten darüber, ob die Zuständigkeitsvereinbarung einen Derogationseffekt (oben V) hat, ob also z. B. die ausschließliche internationale Zuständigkeit eines Staates vereinbart ist mit der Folge, daß die an sich gegebenen internationalen Zuständigkeiten anderer Vertragsstaaten beseitigt sind.

Beispiel D: Die Parteien streiten darüber, welche Streitigkeiten von der Zuständigkeitsvereinbarung erfaßt sein sollten.

men des richterlichen Syllogismus zu prüfenden Präjudizialpunkte.[263] Auch wenn ein Zwischenstreit über die Zuständigkeitsfrage durch Zwischenurteil entschieden wird, steht damit noch nicht rechtskräftig fest, daß die Zuständigkeitsvereinbarung wirksam ist oder nicht. Denn Gegenstand des Zwischenstreits ist nur die Frage, ob für den konkreten Prozeß die internationale Zuständigkeit des Gerichtsstaates zu bejahen ist oder nicht; dabei ist die Wirksamkeit der Zuständigkeitsvereinbarung wiederum nur Vorfrage. Sie nimmt deshalb nicht an der Rechtskraft des Zwischenurteils teil, selbst wenn man – entgegen der h. M. – Zwischenurteilen, die zwischen den Parteien ergehen, Rechtskraftwirkung zusprechen will.[264]

3. Deshalb scheitert die Zulässigkeit einer Feststellungsklage, mit der die Wirksamkeit oder Unwirksamkeit einer Zuständigkeitsvereinbarung bzw. deren Wirkungen festgestellt werden soll, nicht an fehlendem *Rechtsschutzbedürfnis*.

a) Dies ist evident bei Zuständigkeitsvereinbarungen, die *Dauerrechtsverhältnisse* betreffen, wie z. B. Sukzessivlieferungsverträge, Vertriebsvereinbarungen und sonstige auf längere Zeit angelegte Rahmenverträge oder Geschäftsbeziehungen. Hier liegt es auf der Hand, daß es den Parteien nicht zugemutet werden kann, bei jedem aus dem materiellrechtlichen Vertragsverhältnis sich ergebenden Einzelrechtsstreit mit der Möglichkeit konfrontiert zu sein, daß die Frage der Wirksamkeit bzw. der Wirkungen der Zuständigkeitsvereinbarung erneut aufgeworfen und damit die internationale Zuständigkeit in Frage gestellt wird, obwohl dieser Punkt bereits in einem Vorprozeß vorfragenweise entschieden worden ist. Hier besteht ein dringendes Bedürfnis, die Wirksamkeit der Zuständigkeitsvereinbarung mit Rechtskraftwirkung zu klären.

b) Aber auch für Zuständigkeitsvereinbarungen, die „nur“ *Einzelrechtsverhältnisse* betreffen, sollte man das Rechtsschutzbedürfnis im Regelfall bejahen. Von der Frage der Wirksamkeit der Zuständigkeitsvereinbarung bzw. deren Wirkungen hängt in den meisten Fällen ab, welcher Staat ausschließlich international zuständig ist.[265] Die internationale Zuständigkeit bestimmt mittelbar das in concreto anwendbare Verfahrensrecht, insbesondere das Beweisrecht, sowie das Kollisionsrecht (IPR), also für den Prozeßausgang ganz wesentliche Umstände. Ist die Zuständigkeitsfrage entschieden, dann wird der Ausgang vieler das materielle Rechtsverhältnis betreffender Prozesse voraussehbar. Daher wird die Bereitschaft der Parteien, sich außergerichtlich zu einigen, wachsen. Viele Prozesse können vermieden werden, wenn man eine Feststellungsklage über die Wirksamkeit bzw. Wirkungen einer Zuständigkeitsvereinbarung nicht nur bei Dauerrechtsverhältnissen zuläßt. Dies fördert die Prozeßökonomie, weil der Justizapparat von vermeidbaren Prozessen

---

[263] § 322 ZPO.
[264] Zur Rechtskraftfähigkeit von Zwischenurteilen vgl. unten § 133 III.
[265] Oben V.

entlastet wird, liegt aber auch im Interesse der Parteien. Diese können sich viele teure Gutachten und Recherchen sparen, die nur höchst vorsorglich für den Fall eingeholt werden, daß der Prozeß nicht – wie erwartet – im Staat A, sondern im Staat B anhängig gemacht werden wird.

4. *International zuständig für den Streit über die Wirksamkeit bzw. die Wirkungen der Zuständigkeitsvereinbarung* ist im Falle der ausschließlichen Prorogation im Regelfall nur das forum prorogatum, es sei denn, daß die Würdigung aller Umstände des konkreten Einzelfalls einen anderen Willen der Parteien ergibt.

5. Die Rechtskraft des Feststellungsurteils ist in den anderen Vertragsstaaten nach Art. 25ff. anzuerkennen.

6. Von der Anerkennung der die Wirksamkeit oder Unwirksamkeit der Zuständigkeitsvereinbarung feststellenden Entscheidung zu unterscheiden ist die *Bindungswirkung sui generis*.[266] Diese soll negative Kompetenzkonflikte vermeiden und greift Platz, wenn in einem konkreten Rechtsstreit entweder das forum prorogatum oder das forum derogatum sich für international unzuständig erklärt hat. Diese Bindungswirkung betrifft nur einen konkreten Rechtsstreit. Dagegen ist die Rechtskraftwirkung des Feststellungsurteils in allen zukünftigen Prozessen zu beachten, in denen es auf die Wirksamkeit bzw. die Wirkungen der Zuständigkeitsvereinbarung ankommt.

XXXIII. Gerichtliche Durchsetzung der Zuständigkeitsvereinbarung: Klage auf Unterlassung der Klageerhebung am forum derogatum bzw. am forum prorogatum?

1. Die wirksame Zuständigkeitsvereinbarung erschöpft sich nicht in prozessualen Befugnissen bzw. Lasten. Sie begründet – auch als Prozeßvertrag – echte Pflichten. Im Falle der ausschließlichen Prorogation sind die Parteien verpflichtet, nicht in den derogierten Staaten zu klagen. Sie dürfen vielmehr ihren Streit nur vor die Gerichte des als ausschließlich international zuständig prorogierten Vertragsstaates bringen.

2. Verstößt eine Partei gegen diese Verpflichtungen, so steht der anderen ein Anspruch auf Schadensersatz wegen der Kosten und sonstigen Aufwendungen zu.[267]

3. Darüber hinaus haben die Parteien nicht die Möglichkeit, die Einhaltung der wirksamen Zuständigkeitsvereinbarung durch *Klage auf Unterlassung der Klageerhebung am forum derogatum (den fora derogata)* bzw. die Beachtung der Unwirksamkeit der Zuständigkeitsvereinbarung durch *Klage auf Unterlassung der Klageerhebung am forum prorogatum* gerichtlich zu erzwingen. Ein Rechtsschutzbedürfnis für solche Unterlassungsklagen besteht nicht.

---

266 Näher oben XXII und § 30.

267 Vgl. *Zöller-Geimer*, ZPO, 13. Aufl., 1981, IZPR E XIV, Anm. 4.

a) Ist ein Rechtsstreit bereits anhängig, so hat der Beklagte ja die Möglichkeit, die internationale Unzuständigkeit des Gerichtsstaates darzutun, entweder im Hinblick auf eine nach seiner Ansicht unwirksame Prorogation oder unter Hinweis auf eine seines Erachtens wirksame Derogation. Einer besonderen Unterlassungsklage in einem anderen Vertragsstaat bedarf es nicht. Sie ist unzulässig.

b) Aber auch für eine *vorbeugende Unterlassungsklage* fehlt das Rechtsschutzbedürfnis. Will eine Partei die Wirksamkeit der Zuständigkeitsvereinbarung „vorab" mit Rechtskraftwirkung klären lassen, dann steht es ihr frei, positive oder negative Feststellungsklage zu erheben.[268]

XXXIV. Sonderregelung für Personen, die im Großherzogtum Luxemburg wohnen [269]

Art. 1 Abs. 2 des Protokolls zum Übereinkommen (Art. 65) bestimmt:

„*Jede Gerichtsstandsvereinbarung im Sinne des Artikels 17 ist für eine Person, die ihren Wohnsitz in Luxemburg hat, nur dann wirksam, wenn diese sie ausdrücklich und besonders angenommen hat.*" Näher hierzu oben § 75 Fußn. 38. Vgl. auch § 83 XXI.

---

[268] Hierzu oben XXXII.

[269] Hierzu *Jenard*-Bericht S. 103: „Die Wirtschaftsbeziehungen des Großherzogtums sind im übrigen durch die Tatsache gekennzeichnet, daß zahlreiche Verträge, die von Personen mit Wohnsitz in Luxemburg abgeschlossen werden, internationale Verträge sind. Angesichts dieser Lage erschien es unerläßlich, an Gerichtsstandsvereinbarungen, die gegenüber Personen mit Wohnsitz in Luxemburg geltend gemacht werden können, strengere Anforderungen zu stellen, als es Art. 17 tut. Die gewählte Fassung lehnt sich an den belgisch-luxemburgisch-niederländischen Vertrag (Art. 5 Nr. 3) an."

Das OLG Koblenz hatte mit Beschluß vom 12. Oktober 1979 (IPRspr. 1979 Nr. 169) dem EuGH folgende Frage gestellt: „Genügt die in einem mit einer in Luxemburg ansässigen Person abgeschlossenen und auch von ihr unterzeichneten Formularvertrag enthaltene, nicht besonders hervorgehobene Gerichtsstandsvereinbarung den Wirksamkeitserfordernissen des Art. 2 I Absatz 2?"

Der EuGH, Urteil vom 6. Mai 1980, Rechtssache 784/79 – *Porta Leasing ./. Prestige International,* EuGHE 1980, 1553 = RIW/AWD 1980, 510 = IPRax 1981, 95 mit Anm. *Hausmann* 79 gab folgende Antwort:

„(5) Für die Antwort auf diese Frage ist die Vorschrift, nach deren Auslegung gefragt wird, von Art. 17 abzugrenzen. Nach diesem letztgenannten Artikel muß eine Vereinbarung über die Zuständigkeit von den Parteien schriftlich oder mündlich mit schriftlicher Bestätigung geschlossen werden. Wie in den Urteilen des Gerichtshofes vom 14. Dezember 1976 (Rechtssache 24/76, *Estasis Salotti,* Slg. 1831, und Rechtssache 25/76, *Segoura,* Slg. 1851) ausgeführt ist, soll das Schriftformerfordernis des Art. 17 gewährleisten, daß die Einigung zwischen den Parteien, die durch eine Gerichtsstandsvereinbarung von den allgemeinen Zuständigkeitsvorschriften der Art. 2, 5 und 6 abweichen, klar und deutlich zum Ausdruck kommt und tatsächlich feststeht. Art. I Abs. 2 des Protokolls geht weiter. Mit der ausdrücklichen Bestimmung, daß eine Gerichtsstandsvereinbarung für eine Person, die ihren Wohnsitz in Luxemburg hat, nur dann wirksam ist, wenn diese sie ‚ausdrücklich und besonders angenommen' hat,

XXXV. Sonderregelung für das Vereinigte Königreich (mit Ausnahme Schottlands) und Irland: Bereits vor Inkrafttreten des Beitrittsübereinkommens vom 9. Oktober 1978 schriftlich vereinbarte Rechtswahlklauseln eröffnen ein forum legis nach Maßgabe des insoweit fortgeltenden nationalen Zuständigkeitsrechts

Vereinbaren die Parteien die Anwendung englischen Rechts, so reicht dies nach dem in England[270] und Irland[271] (derzeit) geltenden autonomen Recht aus, um eine internationale Ermessenszuständigkeit zu eröffnen.

---

stellt diese Vorschrift zusätzlich besondere und strengere Bedingungen auf, die zu den in Art. 17 enthaltenen Bedingungen hinzutreten.

(6) Diese Auslegung steht in Einklang mit den Zielen des Art. I Abs. 2 des Protokolls. Im Hinblick darauf, daß zahlreiche Verträge, die von Personen mit Wohnsitz im Großherzogtum Luxemburg abgeschlossen werden, internationale Verträge sind, erschien es den Verfassern des Übereinkommens nämlich unerläßlich, an Gerichtsstandsvereinbarungen, die gegenüber Personen mit Wohnsitz in Luxemburg geltend gemacht werden können, strengere Anforderungen zu stellen, als es Art. 17 tut. Dieses Ziel kann nur dann vollständig erreicht werden, wenn die Person, die ihren Wohnsitz in Luxemburg hat, die fragliche Vereinbarung ausdrücklich und besonders angenommen hat.

(7) Daraus folgen für Personen mit Wohnsitz in Luxemburg neben den in Art. 17 enthaltenen Bedingungen zwei zusätzliche Voraussetzungen, die beide erfüllt sein müssen, nämlich zum einen eine ausdrückliche und zum anderen eine besondere Annahme. Aus einem Vergleich des Wortlauts von Art. 17 mit dem von Art. I des Protokolls ergibt sich, daß die erste Voraussetzung nur dann gegeben ist, wenn die Gerichtsstandsvereinbarung Gegenstand einer Vertragsbestimmung ist, die ihr speziell und ausschließlich gewidmet ist.

(8) Um das Erfordernis einer besonderen Annahme zu erfüllen, ist es darüber hinaus erforderlich, daß die luxemburgische Partei ihr Einverständnis durch besondere Unterzeichnung der Gerichtsstandsvereinbarung erklärt, da die bloße Unterzeichnung des Vertrages durch diese Partei nicht ausreicht, um den Schutzzweck von Art. I Absatz 2 des Protokolls zu erreichen. Es ist jedoch nicht erforderlich, daß diese Vereinbarung in einem von der Vertragsurkunde getrennten Schriftstück niedergelegt ist.

(9) Aufgrund der vorstehenden Erwägungen muß die Antwort daher lauten, daß Artikel I Abs. 2 dahin auszulegen ist, daß eine Gerichtsstandsvereinbarung im Sinne dieser Vorschrift von einer Person mit Wohnsitz in Luxemburg nur dann ausdrücklich und besonders angenommen worden ist, wenn diese Vereinbarung, zusätzlich zu dem Schriftformerfordernis des Artikels 17 des Übereinkommens, Gegenstand einer Vertragsbestimmung ist, die ihr speziell und ausschließlich gewidmet ist und die von der Partei mit Wohnsitz in Luxemburg besonders unterzeichnet worden ist; die Unterzeichnung des gesamten Vertrages genügt hierfür nicht. Es ist jedoch nicht erforderlich, daß diese Vereinbarung in einem von der Vertragsurkunde getrennten Schriftstück niedergelegt ist."

[270] Order 11 rule 1 (1) f R. S. C. betrifft „a contract which is by its terms or by implication governed by English law." Nachweise bei *Dicey-Morris,* The Conflict of Laws, 10. Aufl., 1980, I, 206.

[271] *Schlosser*-Bericht Nr. 174.

Aus Gründen des Vertrauensschutzes soll diese Zuständigkeitsanknüpfung auch nach Inkrafttreten des Beitrittsübereinkommens vom 9. Oktober 1978[272] anwendbar sein, wenn die Rechtsanwendungsklausel vor Inkrafttreten des Beitrittsübereinkommens schriftlich vereinbart worden ist.[273] Insoweit gilt also auch im Anwendungsbereich des Übereinkommens partiell das nationale Zuständigkeitsrecht für die genannten (auslaufenden) Fälle fort. Art. 35 des Beitrittsübereinkommens vom 9. Oktober 1978 lautet:

Ist zwischen den Parteien eines Rechtsstreits über einen Vertrag bereits vor Inkrafttreten dieses Übereinkommens eine schriftliche Vereinbarung getroffen worden, auf diesen Vertrag die Rechtsvorschriften Irlands oder eines Teils des Vereinigten Königreichs anzuwenden, so sind die Gerichte in Irland oder in diesem Teil des Vereinigten Königreichs weiterhin befugt, über diesen Streitfall zu entscheiden.

XXXVI. Vereinbarung der schiedsgerichtlichen Erledigung

Art. 17 gilt nicht, Art. 1 II Nr. 4. Es kommen vielmehr die einschlägigen Übereinkommen über die Schiedsgerichtsbarkeit zur Anwendung. Außerhalb des Anwendungsbereichs der Übereinkommen über die Schiedsgerichtsbarkeit gilt das nationale Recht, z. B. in der Bundesrepublik Deutschland §§ 1025ff. ZPO.[274]

---

272 Oben § 6.

273 *Schlosser*-Bericht Nr. 175: „Ein Zusammenhang zwischen dem in der Sache anwendbaren Recht und der internationalen Zuständigkeit der Gerichte ist im EuGVÜ nirgendwo anerkannt. Jedoch können Personen, die im Vertrauen auf die Praxis der Gerichte des V. K. oder Irlands vor Inkrafttreten des Beitrittsübereinkommens Rechtswahlklauseln vereinbart haben, Schutz erwarten. Daraus rührt die Übergangsvorschrift in Artikel 35 des vorgeschlagenen Beitrittsübereinkommens. Unter ‚Inkrafttreten' im Sinne dieser Bestimmung ist der Zeitpunkt zu verstehen, zu dem der Beitrittsvertrag in dem betroffenen Staat Geltung erlangen wird."

274 Vgl. auch BGH, Beschluß vom 28. März 1979, BGH Warneyer 1979 Nr. 83 = MDR 1979, 931 = RIW/AWD 1979, 710 = WM 1979, 704 = KTS 40 (1979), 295 = IPRspr. 1979 Nr. 196.

§ 97 Ausdrückliche oder konkludente (stillschweigende) Unterwerfung des Beklagten. Das einseitige Verhalten des Beklagten als Kompetenztatbestand: Der ausdrückliche oder konkludente Verzicht des Beklagten auf die Rüge der internationalen Unzuständigkeit begründet die internationale Zuständigkeit des an sich international unzuständigen Vertragsstaates[1]

I. Ausdrückliche Unterwerfung[2]

1. Unterwirft sich der Beklagte *ausdrücklich* der Jurisdiktion des Gerichtsstaates, so wird der gemäß Art. 2ff. bzw. nach dem nationalen Kompetenzrecht[3] international unzuständige Vertragsstaat international zuständig, es sei denn, ein anderer Vertragsstaat ist gemäß Art. 16 ausschließlich international zuständig.

2. Die ausdrückliche Unterwerfung ist im Übereinkommen nicht expressis verbis erwähnt. Sie wird jedoch von Art. 18 mitumfaßt; denn im Falle der Unterwerfung macht der Beklagte den Mangel der Zuständigkeit nicht geltend.

II. Einlassung, ohne die internationale Unzuständigkeit zu rügen

1. Läßt sich der Beklagte auf das Verfahren ein, ohne den Mangel der internationalen Zuständigkeit geltend zu machen, so liegt darin eine stillschweigende Unterwerfung unter die internationale Zuständigkeit des Gerichtsstaates, es sei denn, es liegt ein Fall des Art. 16 vor.

2. Eine *Einlassung zur Hauptsache* muß nicht vorliegen. Entscheidend ist nur, daß der Beklagte die *internationale Unzuständigkeit* nicht rügt; ob er sich auf die Hauptsache einläßt oder die Unzulässigkeit der Klage aus sonstigen Gründen darlegt, spielt keine Rolle.

---

[1] Hierzu *Sandrock* ZVglRWiss 78 (1979), 177; *Schütze* ZZP 90 (1977), 75; RIW/AWD 1977, 590ff. *Geimer* WM 1977, 66.

[2] Hierzu *Geimer* WM 1977, 66.

[3] Vgl. Art. 4 I. Allerdings setzt diese Hypothese voraus, daß man Art. 18 den gleichen weiten Anwendungsbereich zubilligt wie Art. 17; hierzu näher oben § 29. Hält man jedoch Art. 18 nur für anwendbar, wenn der Beklagte im geographischen Anwendungsbereich des Übereinkommens wohnt, dann heilt Art. 18 nur einen nach Art. 2ff. gegebenen Zuständigkeitsmangel. Bei grundsätzlicher Maßgeblichkeit nationalen Zuständigkeitsrechts (Art. 4 I) wäre nach dieser Ansicht dann auch das nationale Zuständigkeitsrecht zu befragen, welche Auswirkungen der Verzicht auf die Rüge der internationalen Unzuständigkeit hat.

Hinsichtlich des sachlichen Anwendungsbereichs (oben §§ 19ff.) gilt das oben § 96 Fußn. 48 Gesagte entsprechend.

3. *Die Rüge des Beklagten muß sich auf die internationale Zuständigkeit beziehen.* Rügt er nur die örtliche oder sachliche Unzuständigkeit, so wird gemäß Art. 18 die internationale Zuständigkeit des Gerichtsstaates begründet.[4]

4. Die Art und Weise, wie die Unzuständigkeitsrüge anzubringen ist, bestimmt die lex fori. Diese legt z. B. fest, ob die Rüge durch einen Anwalt vorgebracht werden muß.

5. Liegen mehrere Streitgegenstände vor,[5] so ist für jeden Anspruch gesondert festzustellen, ob eine rügelose Einlassung vorliegt.

6. Dies gilt gleichermaßen, wenn auf der Beklagtenseite mehrere *Streitgenossen* vorhanden sind. Die Einlassung des einen kann nicht auch die internationale Zuständigkeit in Richtung gegen den/die anderen begründen.

III. Stellungnahme des Klägers

Auf das Verhalten des Klägers kommt es nicht an. Auch wenn dieser der Unterwerfung widerspricht, wird der Gerichtsstaat international zuständig. Maßgebend ist allein die ausdrückliche oder konkludente Unterwerfung des Beklagten. Es ist daher nicht richtig, die Fälle des Art. 18 systematisch als „stillschweigende Prorogation" einzuordnen.[6]

IV. Ratio conventionis

1. Der innere Grund dafür, daß das Verhalten des Beklagten (konkret: sein Verzicht auf die Rüge der Unzuständigkeit) die internationale Zuständigkeit des Gerichts begründet, ist die *Unterwerfung des Beklagten unter die Jurisdiktion des Forum-Staates.* Die konkludente Unterwerfung des Beklagten sieht das Übereinkommen darin, daß der Beklagte die Rüge der internationalen Unzuständigkeit nicht erhebt.[7]

2. Mit der hier vertretenen *Subjektionstheorie* läßt es sich durchaus vereinbaren, daß das Übereinkommen nicht auf den *inneren Unterwerfungswillen* des Beklagten abstellt, sondern auf den nach außen hin manifestierten *objektiven Erklärungstatbestand.* Aus dem Umstand, daß der Be-

---

[4] *Kropholler* IZVR Rz. 893.

[5] Vgl. § 260 ZPO.

[6] Unrichtig *Jenard*-Bericht S. 83; dieser qualifiziert die rügelose Einlassung als „stillschweigende Zuständigkeitsvereinbarung". Die Vorstellung von der stillschweigenden Prorogation ist aber schief; sie darf den Blick nicht trüben für die grundlegenden Unterschiede bei der Zuständigkeitsanknüpfung: Während Art. 17 als Zuständigkeitstatbestand einen *Vertrag* voraussetzt, knüpft Art. 18 an eine *einseitige Handlung* des Beklagten an: Seine Unterwerfung unter die Jurisdiktion des Urteilsstaates. Ob der Kläger diese Unterwerfung ausdrücklich oder stillschweigend annimmt oder ihr sogar ausdrücklich widerspricht, ist irrelevant.

[7] *Geimer* WM 1977, 66f.

klagte die internationale Unzuständigkeit nicht geltend macht, zieht Art. 18 den unwiderleglichen Schluß, der Beklagte habe sich der Jurisdiktion des Forum-Staates unterwerfen wollen. Daß dieser objektive Unterwerfungstatbestand in manchen Fällen nicht mit dem inneren Unterwerfungswillen übereinstimmt, ist einzuräumen. Gleichwohl ist es richtig und mit dem Postulat nach internationaler Verfahrensgerechtigkeit vereinbar, wenn man den Beklagten an diesem objektiven Erklärungstatbestand festhält. Anfechtung und Widerruf sind ihm nicht gestattet. Die Frage der internationalen Zuständigkeit kann nicht in der Schwebe gehalten werden. Dies wäre für den Kläger und das Gericht unzumutbar.[8]

3. Die Zuständigkeitsinteressen des Beklagten sind ausreichend geschützt. In Verfahren mit Anwaltszwang kann der Beklagte sich von seinem Anwalt beraten lassen. In Verfahren ohne Anwaltszwang könnte man die Frage aufwerfen, ob die weittragende Wirkung des Art. 18 (Begründung der internationalen Zuständigkeit) eintritt, obwohl der Richter nicht auf die internationale Unzuständigkeit hingewiesen hat. Einen solchen Hinweis schreibt das Übereinkommen nicht vor. Dies erscheint gleichwohl nicht unbillig, da es der sorgfältige Beklagte in der Hand hat, das Gericht zu fragen, worauf es seine internationale Zuständigkeit stützt. Tut er es nicht, so hat er es sich selbst zuzuschreiben, wenn die internationale Zuständigkeit durch rügelose Einlassung begründet wird.[9]

V. Schranken für die zuständigkeitsbegründende Kraft der ausdrücklichen oder konkludenten Unterwerfung des Beklagten: Art. 16 hat Vorrang

1. Die in Art. 16 aufgeführten ausschließlichen internationalen Zuständigkeiten stehen nicht zur Disposition der Parteien. Zuständigkeitsvereinbarungen über die in Art. 16 geregelten Streitgegenstände sind wirkungslos, Art. 17 II (= Art. 17 III n. F.). Das gleiche gilt konsequenterweise auch für den Zuständigkeitstatbestand des Art. 18. Die zuständigkeitsbegründende Kraft der ausdrücklichen oder konkludenten Unterwerfung des Beklagten macht Halt vor den in Art. 16 geregelten ausschließlichen internationalen Zuständigkeiten der Vertragsstaaten, Art. 18 S. 2.[10]

2. Die ausschließlichen internationalen Zuständigkeiten des Art. 16 müssen vom Richter in jedem Falle beachtet werden. Sie dürfen durch vorbehaltlose Einlassung nicht relativiert werden. Eine Einlassung ist also wirkungslos, wenn ein anderer Vertragsstaat gemäß Art. 16 für den

---

[8] *Geimer* WM 1977, 68.

[9] Ein Verstoß gegen § 504 ZPO hindert also den Eintritt der Wirkung des Art. 18 nicht. Anders für § 39 S. 2 ZPO *Geimer* WM 1977, 67.

[10] Oben §§ 85 XXVI, 86 XIV, 87 XXIII, 90 XX, 91 X.

Rechtsstreit ausschließlich international zuständig ist. Ist dies der Fall, so hat sich das Gericht von Amts wegen für unzuständig zu erklären, Art. 19.

3. Art. 16 regelt nur die internationale Zuständigkeit der Vertragsstaaten, nicht aber die dritter Staaten.[11]

VI. Zuständigkeitsbegründende Wirkung der rügelosen Einlassung trotz entgegenstehender Vereinbarung der ausschließlichen internationalen Zuständigkeit eines anderen Vertragsstaates oder eines dritten Staates

Die Vereinbarung der ausschließlichen internationalen Zuständigkeit eines anderen Vertragsstaates oder eines dritten Staates (= Nichtvertragsstaates) steht der Begründung der internationalen Zuständigkeit des Gerichtsstaates auf Grund ausdrücklicher oder konkludenter Unterwerfung des Beklagten nicht entgegen. Die *Parteiinteressen* werden nicht verletzt: Beide Seiten geben zu erkennen, daß sie auf die Einhaltung der Zuständigkeitsvereinbarung keinen Wert mehr legen, die eine (Beklagter) dadurch, daß sie sich der internationalen Zuständigkeit des Gerichtsstaates unterwirft, die andere (Kläger) dadurch, daß sie nicht am forum prorogatum klagt. *Unmittelbare staatliche Jurisdiktionsinteressen,* die auch gegen den Willen der Parteien durchzusetzen wären, stehen nicht auf dem Spiel. Der als international ausschließlich prorogierte Staat hat kein eigenes Interesse daran, daß nunmehr der Rechtsstreit nur durch seine Gerichte entschieden wird. Dies folgt bereits daraus, daß es den Parteien unbenommen bleibt, die Zuständigkeitsvereinbarung jederzeit wieder aufzuheben oder abzuändern.[12] Die Dinge liegen also anders als in den Fällen des Art. 16. Deshalb ist es kein Redaktionsversehen, sondern durchaus sinnvoll, daß Art. 18 S. 2 den Fall der ausschließlichen Prorogation nicht erwähnt.[13]

VII. Hilfsweise Einlassung zur Hauptsache

Der Beklagte kann die internationale Zuständigkeit des Gerichtsstaates rügen und damit die Zuständigkeitsbegründung gemäß Art. 18 verhindern, sich aber gleichzeitig auch hilfsweise zur Hauptsache einlassen für den Fall, daß das Gericht – entgegen der Ansicht des Beklagten – den Gerichtsstaat nach dem maßgeblichen Zuständigkeitsrecht[14] für interna-

---

[11] Oben § 29 V.

[12] Oben § 96 XXVIII.

[13] Im Ergebnis ebenso EuGH, Urteil vom 24. Juni 1981, Rechtssache 150/80, *Elefanten Schuh ./. Jacqmain* = EuGHE 1981, 1671 = RIW/AWD 1981, 709 (oben § 96 Fußn. 255).

[14] Oben § 29.

tional zuständig hält.[15] Wollte man Art. 18 anders auslegen, so wäre die Verteidigung des Beklagten zu stark behindert. Die Waffengleichheit[16] der Parteien wäre nicht mehr gewährleistet, wenn man den Beklagten

[15] Ebenso EuGH, Urteil vom 24. Juni 1981, Rechtssache 150/80, oben Fußn. 13. Auf Vorlage des belgischen Hof van Cassatie (Cour de cassation) entschied der EuGH sub 14: „Zwar weichen die verschiedenen sprachlichen Fassungen des Artikels 18 des Übereinkommens in bezug auf die Frage voneinander ab, ob sich ein Beklagter, der die Zuständigkeit des angerufenen Gerichts ausschließen will, allein auf die Geltendmachung des Mangels der Zuständigkeit beschränken muß oder ob er vielmehr dasselbe Ziel erreichen kann, indem er sowohl die Zuständigkeit des angerufenen Gerichts als auch die Begründetheit der Klage bestreitet. Die zweite Lösung entspricht jedoch am ehesten den Zielen und dem Geist des Übereinkommens. Nach dem Zivilprozeßrecht einiger Vertragsstaaten könnte nämlich ein Beklagter, der lediglich die Frage der Zuständigkeit aufwerfen würde, mit seinem Vorbringen zur Sache ausgeschlossen sein, wenn das Gericht die Rüge der Unzuständigkeit zurückweisen sollte. Eine Auslegung des Artikels 18, die ein solches Ergebnis ermöglichen würde, wäre mit der Wahrung des rechtlichen Gehörs im Erkenntnisverfahren, einem der Ziele des Übereinkommens, nicht vereinbar." Übereinstimmend EuGH, Urteil vom 22. Oktober 1981, Rechtssache 27/81 – *Rohr ./. Ossberger,* EuGHE 1981, 2431 = RIW/AWD 1982, 48. Rohr hatte vor dem LG Ansbach nur dessen örtliche Zuständigkeit gerügt, ohne sich zur Sache einzulassen; das Landgericht hatte sich gemäß Art. 17 unter Berufung auf eine Gerichtsstandsklausel in den Allgemeinen Verkaufsbedingungen von Ossberger für zuständig erklärt und R. zur Bezahlung der genannten Rechnungen sowie zur Kostentragung verurteilt. R. legte Berufung zum OLG Nürnberg ein und erhob erneut die Einrede der Unzuständigkeit, ohne Verteidigungsmittel zur Sache vorzubringen; die Berufung wies das OLG Nürnberg mit der Begründung zurück, das Landgericht sei nach den Bestimmungen des Übereinkommens zuständig und R. habe sich auch in dem Berufungsverfahren nicht zur Sache eingelassen. Die von R. zum BGH eingelegte Revision wurde verworfen, weil sie nicht fristgerecht begründet worden war.

Vor der Cour d'appel Versailles machte R. geltend, die öffentliche Ordnung im Sinne von Art. 27 Nr. 1 stehe der Anerkennung und Vollstreckung der Entscheidungen des LG Ansbach entgegen: Nach Art. 18 sei es ihr versagt gewesen, sich vor den deutschen Gerichten zur Sache einzulassen, weil anderenfalls ihre Einrede der Unzuständigkeit hinfällig geworden wäre; der Umstand, daß die deutschen Gerichte sich nicht auf eine Entscheidung über die Zuständigkeit beschränkt, sondern auch in der Sache entschieden hätten, sei eine offenkundige Verletzung des Anspruchs auf rechtliches Gehör und somit der öffentlichen Ordnung in Frankreich. O. trug vor, Art. 18 habe ebensowenig wie das deutsche Zivilprozeßrecht R. daran gehindert, sich zur Sache einzulassen; R. habe vielmehr aus freien Stücken davon Abstand genommen.

Die Cour d'appell Versailles hat dem EuGH die Frage vorgelegt, ob es dem Beklagten, der den Mangel der Zuständigkeit des angerufenen Gerichts geltend macht, nach Art. 18 gestattet ist, sich gleichzeitig, allerdings hilfsweise, zur Sache einzulassen, ohne deshalb die Einrede der Unzuständigkeit zu verlieren. Dies bejahte der EuGH unter Hinweis auf das oben erwähnte Urteil vom 24. Juni 1981.

Vgl. auch EuGH, Urteil vom 31. März 1982, Rechtssache 25/81 – *W. ./. H.,* EuGHE 1982, 1189, 1204 sub 3, sowie Urteil vom 14. Juli 1983, Rechtssache 201/82 – *Gerling Konzern Speziale Kreditverischerung AG ./. Amministrazione del Tesoro dello Stato* ABl. Nr. C 228/5 vom 25. August 1983 sub 21.

[16] Der EuGH (Fußn. 15) spricht von *der Verletzung des rechtlichen Gehörs.*

vor die Wahl stellen wollte, entweder nur die internationale Unzuständigkeit des Gerichtsstaates rügen zu können und sich ansonsten nur passiv verhalten zu müssen, oder aber durch eine hilfsweise Einlassung zur Hauptsache die internationale Zuständigkeit des Gerichtsstaates zu begründen und damit automatisch die Rüge der internationalen Unzuständigkeit ad absurdum zu führen.

VIII. Der Beklagte muß die internationale Unzuständigkeit in limine litis rügen

1. Der Beklagte kann sich die Zuständigkeitsrüge nicht bis zuletzt „aufheben". Die Zuständigkeitsfrage darf nicht in der Schwebe bleiben.[17] Dies gebietet der Grundsatz der Prozeßökonomie. Der Beklagte muß sich daher in limine litis klar werden, ob er die internationale Unzuständigkeit des Gerichtsstaates rügen will oder nicht.[18]

2. Der einheitsrechtlichen Auslegung des Art. 18 sind bei der *Festlegung des maßgeblichen Zeitpunkts* Grenzen gesetzt im Hinblick auf die Unterschiede zwischen den einzelnen Prozeßordnungen. Die Rechtsvorschriften der Vertragsstaaten über die Eröffnung des Prozesses, also die Anrufung des Gerichts, die Einlassung der Beklagten auf das Verfahren und die Art und Weise, in der der Parteivortrag zu erfolgen hat, weichen erheblich voneinander ab. Gleichwohl gilt für alle Vertragsstaaten folgende *einheitliche Regel:* Sofern die Rüge der fehlenden internationalen Zuständigkeit nicht schon vor jedem Vortrag zur Hauptsache gebracht wird, kann sie keinesfalls mehr nach Abgabe derjenigen Stellungnahme erhoben werden, die nach dem Prozeßrecht des Gerichtsstaates als das *erste Verteidigungsvorbringen* vor dem angerufenen Gericht anzusehen ist.[19]

IX. Widerklage des Beklagten[20]

1. Hat der Beklagte rechtzeitig (oben VIII) in limine litis die internationale Unzuständigkeit gerügt, wird der Gerichtsstaat auch dann nicht

---

[17] *Geimer* WM 1977, 67.

[18] EuGH (Fußn. 15) sub 15: Die Rüge der fehlenden Zuständigkeit kann jedoch nur dann die in Artikel 18 vorgesehene Folge haben, wenn der Kläger und das angerufene Gericht schon bei der ersten Einlassung des Beklagten erkennen können, daß sie sich gegen die Zuständigkeit des Gerichts richtet.

[19] EuGH, Urteil vom 24. Juni 1981, Rechtssache 150/80 *Elefantenschuh ./. Jacqmain* EuGHE 1981, 1671 = RIW/AWD 1981, 710 sub 16. Auf die Klage eines in Belgien wohnhaften Arbeitnehmers vor der Arbeidsrechtbank Antwerpen ließen sich die Beklagten auf das Verfahren ein und bestritten in ihren ersten Schriftsätzen die Begründetheit der gegen sie gerichteten Klagen. In ihrem zweiten, neun Monate später eingereichten Schriftsatz machte die deutsche Gesellschaft geltend, die Arbeidsrechtbank sei unzuständig, weil der Arbeitsvertrag eine Klausel enthalte, wonach ausschließlicher Gerichtsstand für alle Streitigkeiten aus diesem Vertrag Kleve sei.

[20] Vgl. oben § 80.

gemäß Art. 18 international zuständig, wenn der Beklagte hilfsweise *Widerklage* erhebt für den Fall, daß das Gericht – entgegen der Rüge – die internationale Zuständigkeit des Gerichtsstaates bejaht.[21] Dies gilt selbst dann, wenn die Widerklage nicht konnex im Sinne des Art. 6 Nr. 3 ist. Daraus läßt sich keine konkludente Unterwerfung des Beklagten hinsichtlich der Klage folgern.

2. *Auch bezüglich der Widerklage ist Art. 18 anwendbar.* Ist der Vertragsstaat für die Widerklage international unzuständig, weil keine Zuständigkeitsanknüpfung i. S. des Art. 2 I oder Art. 5 oder 6 Nr. 1 vorliegt und auch nicht die Voraussetzungen des Art. 6 Nr. 3 (Konnexität) gegeben sind, so kommt es auf das Verhalten des Widerbeklagten (= Klägers) an. Rügt er die internationale Unzuständigkeit nicht rechtzeitig in limine litis, d. h. nach Erhebung der Widerklage, so wird der Gerichtsstaat für die inkonnexe Widerklage international zuständig.

X. Der Beklagte muß die Rüge der internationalen Zuständigkeit während des gesamten Rechtsstreites aufrechterhalten

1. Der Beklagte muß während des ganzen Prozesses an seiner Rüge der internationalen Unzuständigkeit festhalten. Hat er zwar rechtzeitig in limine litis die internationale Unzuständigkeit geltend gemacht, aber danach zu erkennen gegeben, daß er diese Rüge nicht mehr weiter verfolge, dann tritt die zuständigkeitsbegründende Wirkung des Art. 18 ein.[22]

2. Dringt der Beklagte mit seiner Rüge der internationalen Unzustän-

---

[21] Corte di cassazione, sezioni unite civile, Urteil vom 23. Juni/10. November 1977, *Nik Arsidi ./. Magrini,* 4836, Giustizia civile, XXVIII (1978) 44 = Rechtsprechungsübersicht, Folge 3, Nr. 113 = Nachschlagewerk I-17.1.1-B 6: Ein Unternehmen mit Sitz in Italien erhob gegen eine Gesellschaft mit Sitz in Frankreich vor dem Tribunale Udine Zahlungsklage aufgrund eines zwischen den Parteien geschlossenen Vertrages über die Lieferung bestimmter Waren durch das italienische Unternehmen; die Waren sollten in Frankreich übergeben und der Kaufpreis dort durch Wechsel geleistet werden. Die Beklagte rügte die internationale Unzuständigkeit Italiens. Zuständig sei das Tribunal de la Seine (Frankreich), und zwar entweder deshalb, weil der zugrundeliegende Vertrag in Frankreich geschlossen worden und dort zu erfüllen sei, oder aber aufgrund einer in dem Vertrag enthaltenen Gerichtsstandsklausel, welche die Zuständigkeit des genannten französischen Gerichts für eventuelle Streitigkeiten vorsehe. Hilfsweise beantragte die Beklagte die Abweisung der Klage als unbegründet wegen Aufhebung des Vertrages und erhob Widerklage auf Zahlung von Schadensersatz.

Die in dem Zwischenstreit über die Zuständigkeit angerufene Corte di cassazione verneinte die internationale Zuständigkeit Italiens. In der Erhebung der Widerklage liege keine Unterwerfung unter die italienische Gerichtsbarkeit, da diese Klage nur hilfsweise für den Fall erhoben worden sei, daß das angerufene Gericht seine Zuständigkeit nicht verneine.

[22] Zweifel gehen nicht zu Lasten des Beklagten. Es muß vielmehr klar und deutlich zum Ausdruck kommen, daß der Beklagte von seiner Rüge der internationalen Unzuständigkeit Abstand nehmen will.

digkeit nicht durch, bejaht also das angegangene Gericht die internationale Zuständigkeit des Gerichtsstaates und erläßt es gegen ihn eine Entscheidung,[23] dann muß der Beklagte sich schlüssig werden, ob er Rechtsmittel bzw. Rechtsbehelfe nach Maßgabe der lex fori einlegen will.[24] Tut er dies, muß er auch in der Rechtsmittelinstanz die Rüge der internationalen Unzuständigkeit weiterverfolgen.[25] Andernfalls liegt in dem Verzicht auf die Aufrechterhaltung des Einwandes der internationalen Unzuständigkeit eine vorbehaltlose Einlassung im Sinne des Art. 18. Dies setzt allerdings voraus, daß der Beklagte nach dem Rechtsmittelrecht des Gerichtsstaates die Möglichkeit hat, die Zuständigkeitsentscheidung durch das Rechtsmittelgericht überprüfen zu lassen. Ist z. B. der Zuständigkeitsstreit durch ein rechtskräftiges Zwischenurteil erledigt,[26] dann kann und braucht der Beklagte seine Zuständigkeitsrüge nicht weiterzuverfolgen, denn das Rechtsmittelgericht kann die Zuständigkeitsentscheidung nicht mehr ändern. Der Zuständigkeitsstreit ist beendet.[27]

---

[23] Ist der Beklagte in der Hauptsache siegreich (das Gericht bejaht die internationale Zuständigkeit, weist aber die Klage als unbegründet ab), dann wird es der Beklagte in den meisten Fällen dabei belassen; die Rechtskraftwirkung der klageabweisenden Entscheidung ist in den anderen Vertragsstaaten nach Art. 25ff. zu beachten. Der Beklagte kann jedoch besondere Gründe (z. B. Musterprozeß) haben, um die Frage der internationalen Zuständigkeit von den Rechtsmittelgerichten klären zu lassen.

[24] Läßt der Beklagte das Urteil rechtskräftig werden, dann wird der (nach seiner Meinung vorhandene) Mangel der internationalen Zuständigkeit geheilt: Das Urteil ist nicht nur verbindlich und unumstößlich im Urteilsstaat und gestattet dem siegreichen Kläger – bei Leistungsurteilen – den Vollstreckungszugriff auf das im Erststaat gelegene Vermögen des Beklagten; es ist auch in den anderen Vertragsstaaten nach Art. 25ff. anzuerkennen und nach Art. 31ff. zur Vollstreckung zuzulassen. Die internationale Unzuständigkeit ist kein Versagungsgrund, Art. 28 III. Nur in Versicherungs- und Verbrauchersachen kann der Beklagte vor dem Zweitrichter die internationale Unzuständigkeit rügen. Näher oben § 57 II.

[25] *Geimer* WM 1977, 70.

[26] Vgl. *Kropholler* IZVR Rz. 899; unpräzis OLG Frankfurt/M., Urteil vom 9. Dezember 1975, RIW/AWD 1976, 107 = IPRspr. 1975 Nr. 173 = Nachschlagewerk I-5.1.2-B 4.

[27] Grundsätzlich auch für die anderen Vertragsstaaten, da die fehlende internationale Zuständigkeit kein Versagungsgrund ist. Eine Ausnahme gilt nur für Versicherungs- und Verbrauchersachen gemäß Art. 28 I. Hat der beklagte Versicherungsnehmer, Versicherte oder sonstwie am Versicherungsverhältnis Beteiligte (näher oben § 74 III) bzw. der Verbraucher die Zuständigkeitsrüge auch in der Rechtsmittel- bzw. Rechtsbehelfsinstanz mit den ihm nach dem Prozeßrecht des Gerichtsstaates zur Verfügung stehenden Möglichkeiten weiterverfolgt, dann bleibt ihm die Möglichkeit erhalten, den Einwand der internationalen Unzuständigkeit im Stadium der Anerkennung (Art. 25ff.) bzw. Klauselerteilung (Art. 31ff.) zu wiederholen.

Verwirft das Erstgericht – in Verkennung seines eigenen Rechts oder infolge falscher Sachverhaltsaufklärung oder aus welchen Gründen auch immer – den vom Beklagten erhobenen Einwand der internationalen Unzuständigkeit und entscheidet es zur Hauptsache, so *ist der Beklagte nicht verpflichtet, Rechtsmittel einzulegen,* um die Rüge der internationalen Unzuständigkeit für das Zweitverfahren zu erhalten. Verzichtet er

Wenn der Beklagte im weiteren Verlauf des Verfahrens weiter auf der Rüge der internationalen Unzuständigkeit beharrte, so wäre sein Vorbringen unschlüssig und daher unbeachtlich.

XI. Fehlen einer Zuständigkeitsanknüpfung nach dem maßgeblichen Kompetenzrecht

Normlogisch setzt die Anwendung des Art. 18 voraus, daß der Gerichtsstaat nach dem maßgeblichen Kompetenzrecht an sich international unzuständig ist. Diese Vorschrift kommt nach ihrem eigenen Wortlaut zum Zuge, „sofern das Gericht eines Vertragsstaates nicht bereits nach anderen Vorschriften dieses Übereinkommens zuständig ist ...“ Das angegangene Gericht kann jedoch die Frage offen lassen, ob nach dem maßgeblichen Kompetenzrecht[28] ein Zuständigkeitsanknüpfungspunkt in concreto gegeben ist oder nicht, wenn der Beklagte auf die Rüge der internationalen Unzuständigkeit verzichtet hat. Denn diese Frage ist nicht entscheidungserheblich: Entweder ist der Gerichtsstaat bereits auf Grund der allgemeinen Vorschriften der Art. 2ff. international zuständig oder aber auf Grund der ausdrücklichen oder stillschweigenden Unterwerfung des Beklagten. Eine Ausnahme gilt nur, wenn ein anderer Vertragsstaat gemäß Art. 16 ausschließlich international zuständig ist, Art. 18 S. 2. Vgl. oben V.

XII. Einlassung auf das Verfahren

Art. 18 kann überhaupt nur dann zum Zuge kommen, „wenn sich der Beklagte vor dem Gericht eines Vertragsstaats auf das Verfahren einläßt“, nicht jedoch dann, wenn er passiv bleibt. In der bloßen Untätigkeit des Beklagten kann niemals eine Unterwerfung des Beklagten unter die Jurisdiktion des Gerichtsstaates gesehen werden.

---

auf Rechtsmittel, so bleibt ihm im Zweitstaat der Einwand erhalten, dem Erststaat habe die internationale Zuständigkeit gefehlt; das Urteil sei deshalb nicht anzuerkennen. Ebenso zu § 328 ZPO BGH, WM 1969, 1325 = NJW 1970, 387 mit Anm. *Geimer* = AWD 1969, 452 = IPRspr. 1968/69 Nr. 229 sub 2; *Geimer* WM 1977, 69/70. Legt der in erster Instanz verurteilte Beklagte jedoch Rechtsmittel ein, so muß er die Rüge der internationalen Unzuständigkeit weiterverfolgen. Unterläßt er dies, greift er also das Urteil nur aus sonstigen Gründen an, z. B. wegen materiell-rechtlicher Unrichtigkeit der Verurteilung, dann liegt im Verzicht auf die Zuständigkeitsrüge eine Einlassung i. S. d. Art. 18. Der Einwand der internationalen Unzuständigkeit, Art. 28 I, steht dann dem durch Art. 7ff. bzw. Art. 13ff. geschützten Personenkreis nicht mehr zu. Vgl. unten 139 IV 2b.

[28] Oben § 29.

XIII. Form der Einlassung

1. Die Voraussetzungen für die Anwendbarkeit des Art. 18 sind sicher dann gegeben, wenn sich der Beklagte ordnungsgemäß nach den Vorschriften der nationalen Prozeßordnung am Rechtsstreit beteiligt.
Beispiel A:
Ein Pariser wird in München verklagt. Er beauftragt einen Anwalt in München mit der Wahrnehmung seiner Interessen. Dieser bestellt sich ordnungsgemäß beim Gericht durch eine Klageerwiderung. Rügt der Anwalt nicht rechtzeitig die internationale Unzuständigkeit der Bundesrepublik Deutschland, dann greift die zuständigkeitsbegründende Wirkung des Art. 18 ein.

2. Beachtet aber der Beklagte nicht die Vorschriften der lex fori über die Klageerwiderung bzw. Antragsbeantwortung etc., dann taucht die Frage auf, ob Art. 18 angewandt werden kann. Ist die Stellungnahme des (postulationsunfähigen) Beklagten für den angegangenen Richter nach der lex fori unbeachtlich, dann ist es wohl konsequent, wenn man diese auch aus der Perspektive des Art. 18 als nicht vorhanden ansieht, mit der Folge, daß der Mangel der internationalen Zuständigkeit nicht geheilt wird.[29] Eine Ausnahme kann man allenfalls für den Fall der ausdrücklichen Unterwerfung des Beklagten (oben I) diskutieren. Erklärt der Beklagte expressis verbis, er wünsche die Durchführung des Verfahrens vor dem angerufenen Gericht, wolle aber aus bestimmten Gründen am Verfahren nicht teilnehmen, dann kann mit guten Gründen die Frage gestellt werden, ob sich der Richter gegen den Willen des Beklagten für unzuständig erklären muß[30] oder ob hier nicht doch der Unterwerfungswille des Beklagten Vorrang hat.

XIV. Qualifikationsfragen

Um eine möglichst einheitliche Anwendung der Zuständigkeitsordnung in allen Vertragsstaaten zu gewährleisten, ist auch bei Auslegung des Art. 18 nach konventionsimmanenten Definitionen zu suchen.[31] Al-

---

[29] Ebenso im Ergebnis *Jenard*-Bericht S. 83: „Die Frage, ... wie der Begriff der Einlassung auszulegen ist, bestimmt sich nach dem innerstaatlichen Verfahrensrecht des Staates, dessen Gericht mit dem Rechtsstreit befaßt ist." Vgl. auch *Müller* in *Bülow-Böckstiegel* 606/155, Art. 18, Anm. II 1 bei Fußn. 12: „Die übrigen Anforderungen an eine wirksame Einlassung – z. B. Form oder Postulationsfähigkeit – richten sich nach dem innerstaatlichen Recht des Staates, in dem die Klage erhoben ist." Im gleichen Sinne *Samtleben* NJW 1974, 1592 Fußn. 31.

[30] Vgl. Art. 20 I.

[31] In diesem Sinne EuGH, Urteil vom 24. Juni 1981, Rechtssache 150/80 – *Elefanten Schuh ./. Jacqmain,* EuGHE 1981, 1671 = RIW/AWD 1981, 709. Anders wohl *Jenard*-Bericht S. 83 und die oben Fußn. 29 Genannten.

lerdings stößt die autonome Qualifikationsmethode gerade bei dieser Vorschrift immer wieder auf Grenzen, die sich aus der Natur der Sache ergeben. Art. 18 setzt eine Einlassung auf das Verfahren voraus. Für dieses gilt aber kein europäisches Einheitsrecht. Bei der Auslegung des Art. 18 sind deshalb immer die unterschiedlichen Regelungen der einzelnen Prozeßordnungen ins Auge zu fassen, so insbesondere bezüglich der Art und Weise, wie sich der Beklagte nach der maßgeblichen lex fori zu verteidigen hat und der damit eng zusammenhängenden Frage, bis zu welchem Zeitpunkt die Rüge der internationalen Unzuständigkeit noch rechtzeitig, d. h. in limine litis, erhoben werden kann.

Das Übereinkommen überläßt aber die Details nicht ganz der jeweiligen lex fori.[32] Vielmehr stellt es *europäische Mindeststandards* auf, die dann der jeweiligen Ausfüllung durch die nationale Prozeßordnung bedürfen.[33]

XV. Keine Hinweispflicht des Gerichts

1. Die zuständigkeitseröffnende Wirkung macht Art. 18 nicht davon abhängig, daß das Gericht den Beklagten auf die Möglichkeit, die internationale Unzuständigkeit zu rügen, hingewiesen hat. Dies gilt auch für Verfahren ohne Anwaltszwang.[34]

2. Das Übereinkommen verbietet dem Richter einen solchen Hinweis nicht. Unterläßt er aber einen Hinweis, so hindert dies auch dann nicht die Heilung des Zuständigkeitsmangels nach Maßgabe von Art. 18, wenn das nationale Prozeßrecht einen solchen zwingend verlangt, wie z. B. § 504 ZPO.[35]

XVI. Örtliche Zuständigkeit

1. Ist der angegangene Vertragsstaat nach dem maßgeblichen Kompetenzrecht international unzuständig, so begründet der Verzicht auf die Rüge der Unzuständigkeit nicht nur die internationale Zuständigkeit des Gerichtsstaates, sondern auch die örtliche Zuständigkeit des angerufenen Gerichts.[36]

Beispiel B:

Ein Kaufmann aus Rom verklagt seinen Geschäftspartner aus Paris vor dem Landgericht Nürnberg. Zur Bundesrepublik Deutschland bestehen keinerlei Zuständigkeitsanknüpfungspunkte. Rügt der Beklagte die in-

---

[32] Unpräzis daher *Jenard*-Bericht S. 83 (oben Fußn. 29).

[33] EuGH, Fußn. 31.

[34] Anders das autonome deutsche Recht. Vgl. § 39 S. 2 ZPO. Hierzu *Geimer* WM 1977, 67.

[35] *Geimer* WM 1977, 67.

[36] Oben § 29.

ternationale Unzuständigkeit nicht rechtzeitig, so wird nach Art. 18 nicht nur die Bundesrepublik Deutschland international zuständig, sondern auch das LG Nürnberg örtlich zuständig.

2. Dem Beklagten bleibt es vorbehalten, nur die örtliche Zuständigkeit zu rügen, während er sich der internationalen Zuständigkeit des Urteilsstaates unterwirft. Dann wird der Gerichtsstaat als solcher international zuständig.

3. Ist der angegangene *Nichtwohnsitzstaat* (= Vertragsstaat, in dem der Beklagte nicht wohnt)[37] nach Art. 5ff. zwar international zuständig, wurde aber nicht das vom Übereinkommen als örtlich zuständig vorgesehene Gericht angerufen, so begründet Art. 18 die örtliche Zuständigkeit innerhalb des nach dem Übereinkommen international zuständigen Vertragsstaates. *Diese Vorschrift ist also auch nur auf die örtliche Zuständigkeit anwendbar;* denn das angegangene Gericht ist „nicht bereits nach anderen Vorschriften dieses Übereinkommens zuständig".

Beispiel C:
Der Erfüllungsort für die eingeklagte Verbindlichkeit liegt in Frankfurt/M. Die Bundesrepublik Deutschland ist gemäß Art. 5 Nr. 1 international zuständig. Wird nun in Nürnberg geklagt, dann begründet der Verzicht auf die Rüge der Zuständigkeit (Nichtbeachtung des Art. 5 Nr. 1) die örtliche Zuständigkeit des LG Nürnberg.

4. Eine isolierte Anwendung des Art. 18 auf die örtliche Zuständigkeit kommt jedoch dort nicht in Betracht, wo das Übereinkommen bewußt die Regelung der örtlichen Zuständigkeit dem nationalen Zuständigkeitsrecht überlassen hat. Dies gilt insbesondere für die örtliche Zuständigkeit innerhalb des Wohnsitzstaates der Beklagten und innerhalb der gemäß Art. 16 für ausschließlich international zuständig erklärten Vertragsstaaten.[38]

XVII. Sachliche Zuständigkeit

Diese ist nicht Gegenstand des Übereinkommens.[39] Art. 18 kommt nicht zum Zuge. Es gilt das nationale Recht.

Beispiel D:
Wie oben Beispiel B. Sachlich zuständig ist das Landgericht, die Klage wird aber vor dem Amtsgericht erhoben. Maßgebend ist § 39 ZPO, nicht Art. 18.

---

[37] Oben § 34 I.
[38] Oben § 33 und § 34 II.
[39] Oben § 5 III.

XVIII. Zulässigkeit des Rechtsweges

Art. 18 kommt auch insoweit nicht zur Anwendung, als es um die Zulässigkeit des Rechtsweges geht. Dieser Fragenkomplex fällt nicht in den sachlichen Anwendungsbereich des Übereinkommens.[40]

XIX. Pflicht zur Justizgewährung

Der gemäß Art. 18 durch ausdrückliche Unterwerfung oder rügelose Einlassung (= konkludente Unterwerfung) international zuständig gewordene Vertragsstaat ist zur Justizgewährung verpflichtet. Seine Gerichte haben keine Ermessensbefugnis.[41]

Stellt das nationale Recht kein örtlich zuständiges Gericht zur Verfügung, so greift wieder die ungeschriebene Konventionsregel ein, wonach die Gerichte der Hauptstadt des Gerichtsstaates örtlich zuständig sind.[42]

XX. Versicherungs- und Verbrauchersachen[43]

1. Art. 18 gilt auch in Versicherungs- und Verbrauchersachen. Läßt sich der Versicherungsnehmer, der Versicherte, Begünstigte oder sonstwie nach der maßgeblichen lex causae an dem Versicherungsverhältnis Beteiligte bzw. der Verbraucher[44] auf das Verfahren ein, ohne die internationale Unzuständigkeit des Gerichtsstaates zu rügen, so wird der Mangel der nach Art. 11 bzw. Art. 14 an sich nicht gegebenen internationalen Zuständigkeit geheilt.[45]

2. Das gleiche gilt erst recht, wenn der geschützte Personenkreis gegen den Versicherer bzw. den Vertragspartner des Verbrauchers klagt.

XXI. Arbeitssachen

Art. 18 ist ohne Einschränkung auch in Arbeitssachen anzuwenden.[46]

---

[40] Oben § 5 IV.
[41] Oben § 42.
[42] Oben § 32 III.
[43] Oben § 74 III–V.
[44] Oben § 74 III 10.
[45] Unscharf ist daher insoweit die Wendung, der dritte und vierte Abschnitt enthielten eine abschließende Regelung.
[46] Vgl. oben § 74 VII.

XXII. Der Beklagte muß nicht am Verfahren teilnehmen, nur um die internationale Unzuständigkeit zu rügen

1. Den Beklagten trifft nicht die prozessuale Last, am Verfahren teilnehmen zu müssen, nur um die internationale Unzuständigkeit des Gerichtsstaates rügen zu können. Von dieser Last will das Übereinkommen den Beklagten gerade befreien.[47] Nimmt der Beklagte an dem Rechtsstreit oder sonstigen in den Anwendungsbereich des Übereinkommens fallenden Verfahren[48] nicht teil, so dürfen nicht etwa die vom Kläger/Antragsteller vorgetragenen Zuständigkeitstatsachen als wahr unterstellt werden. Das Gericht hat vielmehr von Amts wegen seine Zuständigkeit zu prüfen und sich für unzuständig zu erklären, wenn es anhand des von ihm in concreto für maßgeblich gehaltenen Kompetenzrechts[49] zu dem Ergebnis kommt, daß die internationale Entscheidungszuständigkeit zu verneinen ist, Art. 20 I.

2. Bejaht aber – entgegen der Rechtsmeinung des Beklagten – das angegangene Gericht – aus welchen Gründen auch immer – seine internationale Zuständigkeit und erläßt es gegen den Beklagten eine Entscheidung in der Sache, *so trifft den Beklagten im Ergebnis doch eine Einlassungslast.*[50] In seinem wohlverstandenen Interesse bleibt dem Beklagten nichts anderes übrig, als sich mit Rechtsmitteln oder Rechtsbehelfen gegen die Entscheidung zur Wehr zu setzen.

a) Tut er dies nicht oder bleibt er mit dem Einwand der internationalen Unzuständigkeit auch in den Rechtsmittelinstanzen erfolglos, dann wird die Entscheidung im Erlaßstaat (= Erststaat) rechtskräftig und damit unangreifbar. Bei Leistungsurteilen ist das dort belegene Vermögen des Beklagten dem Vollstreckungszugriff ausgesetzt.

b) Nicht viel günstiger ist die Situation des Beklagten in den anderen Vertragsstaaten.[51] Diese sind grundsätzlich zur Anerkennung der Rechtskraft und/oder Gestaltungswirkung des erststaatlichen Urteils verpflichtet (Art. 25ff.). Leistungsurteile sind nach Maßgabe von Art. 31ff. zu vollstrecken. Die fehlende internationale Zuständigkeit des Erststaates ist kein Versagungsgrund, Art. 28 III. Eine Ausnahme gilt nur in Versicherungs- und Verbrauchersachen, Art. 28 I. In allen anderen Fällen kann der Beklagte des erststaatlichen Verfahrens – sieht man von den Fällen

---

[47] *Droz* Nr. 250 S. 158: „Ce que veut la Convention, c'est que le défendeur, qui estime que le tribunal saisi est certainement incompétent au sens de la Convention, puisse, sans perdre ses chances, s'abstenir d'engager tout frais de procédure pour élever un déclinatoire de compétence à l'étranger, et cela quel que soit le mode de citation utilisé par le demandeur et quelles que soient les injonctions qui lui auraient été faites."

[48] Z. B. Mahnverfahren.

[49] Näher oben § 29 und § 9.

[50] Oben § 57 II und unten § 139 IV 1e.

[51] Dabei wird vorausgesetzt, daß der Beklagte keine für ihn günstige Entscheidung in der Sache erreichen konnte.

des Art. 16 ab – vor dem Zweitrichter, der über die Anerkennung bzw. Klauselerteilung zu entscheiden hat, die internationale Unzuständigkeit des Erststaates nicht mehr einwenden.[52] Er kann auch nicht mit Aussicht auf Erfolg rügen, der Erstrichter habe zu Unrecht eine vorbehaltlose Einlassung angenommen; in Wirklichkeit habe er im Erstprozeß rechtzeitig die internationale Unzuständigkeit gerügt. Vgl. unten XXVI.

3. Zum *Einwand der Derogation* s. oben § 57 III 4 und 5, § 56 XXI 2.

XXIII. Keine Prüfung der internationalen Zuständigkeit von Amts wegen bei Teilnahme des Beklagten am Rechtsstreit

1. Soweit die internationale Zuständigkeit des Gerichtsstaates durch vorbehaltlose Einlassung des Beklagten begründet werden kann, ist die internationale Zuständigkeit vom angegangenen Gericht nicht von Amts wegen, sondern nur auf Rüge des Beklagten zu prüfen, wenn der Beklagte am erststaatlichen Verfahren teilnimmt, d. h. sich „einläßt", vgl. Art. 18 und Art. 20 I. In einem solchen Fall prüft der Richter nur, ob der internationalen Zuständigkeit des Gerichtsstaates die ausschließliche internationale Zuständigkeit eines anderen Vertragsstaates entgegensteht, Art. 19. Im übrigen kommt es auf das Verhalten des Beklagten an. Nur wenn dieser die internationale Unzuständigkeit rügt, tritt der Richter in die Zuständigkeitsprüfung ein. Ansonsten liegt ein Fall des Art. 18 vor.

2. Dies gilt auch für die *Prüfung der internationalen Zuständigkeit in Rechtsmittelinstanzen*. Soweit die internationale Zuständigkeit des Urteilsstaates durch vorbehaltlose Einlassung des Beklagten begründet werden kann, ist die internationale Zuständigkeit in den Rechtsmittelinstanzen (Berufungs- und Revisionsinstanz) stets nur auf Rüge zu prüfen.[53] Eine Prüfung von Amts wegen findet auch dann nicht statt, wenn der Beklagte die internationale Unzuständigkeit in der unteren Instanz gerügt hat; denn der Beklagte hat darüber zu befinden, ob er den Einwand der internationalen Unzuständigkeit weiter verfolgen will.[54] Er wird dies z. B. nicht tun, wenn er in der Sache obsiegt hat.

3. Die vorstehenden Grundsätze sind europäisches Einheitsrecht. Sie überlagern und verdrängen das nationale Prozeßrecht.

XXIV. Verhältnis zum nationalen Zuständigkeitsrecht

In seinem Anwendungsbereich[55] verdrängt Art. 18 das nationale Zuständigkeitsrecht. Dies gilt auch für *leges posteriores*. So kommt z. B. § 39

[52] Oben § 57 und unten § 139 IV.
[53] *Zöller-Geimer*, ZPO, 13. Aufl., 1981, IZPR E XIX, Anm. 2b.
[54] Oben Fußn. 25.
[55] Oben Fußn. 1.

ZPO i. d. F. der Prorogationsnovelle vom 21. März 1974[56] im Anwendungsbereich des Art. 18 nicht zum Zuge. Näher oben § 97 XII.

XXV. Einstweilige Maßnahmen

Art. 18 gilt auch in Verfahren, die auf vorläufigen Rechtsschutz gerichtet sind. Allerdings gilt daneben (erweiternd) das nationale Zuständigkeitsrecht, Art. 24. Vgl. oben § 38. Die subsidiäre Anwendbarkeit des nationalen Zuständigkeitsrechts dürfte aber keine praktische Bedeutung haben.

XXVI. Nachprüfung der auf Art. 18 gestützten internationalen Zuständigkeit des Erststaates durch den Zweitrichter

1. Eine solche ist grundsätzlich verboten, Art. 28 III. Eine Ausnahme gilt für *Versicherungs- und Verbrauchersachen,* Art. 28 I. Aber auch hier kommt eine Nachprüfung nur dann in Betracht, wenn der durch Art. 7ff. bzw. Art. 13ff. zu schützende Personenkreis auf der Beklagtenseite war.[57] Klagt der Verbraucher gegen seinen Vertragspartner, so kann sich der Beklagte im Anerkennungs- bzw. Klauselerteilungsstadium nicht auf das Fehlen der Voraussetzungen des Art. 18 berufen.

2. Die fehlende internationale Zuständigkeit des Erststaates kann immer nur der Beklagte/Antragsgegner des erststaatlichen Verfahrens rügen. Klagt z. B. der Verbraucher, verliert er aber den Prozeß, dann kann er sich nicht auf die Verletzung des Art. 18 berufen. Vgl. oben § 57 III und IV.

XXVII. Rechtsvergleichendes

1. Bundesrepublik Deutschland

1. § 39 ZPO gilt nicht nur für die örtliche Zuständigkeit, sondern auch für die internationale Zuständigkeit. Durch rügelose Einlassung des Beklagten kann die Bundesrepublik Deutschland international zuständig werden, obwohl sie unter Anwendung der allgemeinen Zuständigkeitsvorschriften (§§ 12ff. ZPO) international unzuständig wäre.[58]

2. Im Verfahren ohne Anwaltszwang hat der Amtsrichter dem Beklagten vor der Verhandlung zur Hauptsache auf die Unzuständigkeit

---

[56] BGBl. I 753.

[57] OLG Düsseldorf, Urteil vom 13. Februar 1978, WM 1978, 359 = IPRspr. 1978 Nr. 138.

[58] *Geimer* WM 1977, 67; NJW 1979, 1784; *Zöller-Geimer,* ZPO, 13. Aufl., 1981, IZPR E XV, Anm. 4c.

des Gerichts und auf die Folgen einer rügelosen Einlassung hinzuweisen, § 504 ZPO. Unterbleibt der richterliche Hinweis, so begründet das rügelose Verhandeln zur Hauptsache nicht die internationale Zuständigkeit der Bundesrepublik Deutschland. Im Anwaltsprozeß bedarf es einer besonderen richterlichen Fürsorge nicht. Durch den Anwaltszwang ist sichergestellt, daß der Beklagte sich über die Folgen der rügelosen Einlassung informieren und beraten lassen kann. Es wäre unangebracht, hier noch eine besondere richterliche Belehrung zu verlangen. Berät der Anwalt falsch oder hält er sich nicht an die ihm vom Beklagten gegebenen Weisungen, so betrifft dies nur das Innenverhältnis zwischen dem Anwalt und seinem Mandanten. Der Anwalt macht sich möglicherweise schadensersatzpflichtig. Trotz des pflichtwidrigen Verhaltens des Anwalts ist ein Widerruf der Einlassung nicht möglich. Hat sich also der Anwalt eingelassen, so ist die internationale Zuständigkeit der Bundesrepublik Deutschland gemäß § 39 ZPO unwiderruflich begründet. Wollte man dem Gegenteil das Wort reden, so wäre dies unzumutbar für den Kläger und das Gericht. Die Frage der internationalen Zuständigkeit darf nicht in der Schwebe gelassen werden.[59]

2. Italien

Das italienische Recht kennt ebenso wie das deutsche die vorbehaltlose Einlassung als eigenen Kompetenztatbestand. Die internationale Zuständigkeit kann durch Einlassung begründet werden.

Art. 4 Nr. 1 des Codice di procedura civile bestimmt: Lo straniero può essere convenuto davanti ai giudice della repubblica 1) . . . se ha accettato la giurisdizione italiana, salvo che la domanda sia relativa beni immobili situati all estero. Die örtliche Zuständigkeit ergibt sich aus Art. 37 Codice di procedura civile.

3. Frankreich

Im französischen Zivilverfahrensrecht ist die rügelose Einlassung – anders als im deutschen und italienischen Recht – nicht als selbständiger Kompetenztatbestand ausgeformt. Weder der alte Code de procédure civile (Art. 59) noch der am 1. Januar 1976 in Kraft getretene nouveau Code de procédure civile kennen eine ähnliche Vorschrift wie § 39 ZPO oder Art. 4 Nr. 1 Codice di procedura civile. Das französische Zivilprozeßrecht kommt jedoch zu den gleichen Ergebnissen wie das deutsche. Der Beklagte muß nämlich den Einwand der Unzuständigkeit in limine litis erheben, vgl. Art. 73ff. nouveau Code de procédure civile. Die Unzuständigkeit kann das Gericht grundsätzlich nicht von Amts wegen feststellen. Es bedarf vielmehr einer exception de procédure durch den Beklagten. Der Unterschied zum deutschen Recht liegt darin, daß nach

59 *Geimer* WM 1977, 67; *Kropholler* IZVR Rz. 600.

der französischen Prozeßordnung infolge Präklusion die Zuständigkeitsfrage gar nicht mehr aufgeworfen wird, während das deutsche Recht die vorbehaltlose Einlassung als eigenen Kompetenzgrund ansieht. Das deutsche Recht betrachtet die internationale Zuständigkeit nach vorbehaltloser Einlassung des Beklagten als gegeben, dagegen bleibt nach französischem Recht die internationale Unzuständigkeit als solche bestehen, sie kann nur nicht mehr gerügt werden.[60]

4. Luxemburg

Dort gilt noch der alte Code de procédure civile. Die Rechtslage ist die gleiche wie in Frankreich.

5. Belgien

Die Rechtslage ist die gleiche wie in Frankreich, vgl. Art. 854 Code judiciaire.[61]

6. Niederlande

Die Rechtslage ist die gleiche wie in Frankreich, vgl. Art. 154 II Wetboek van burgerlijke rechtsvordering (RV).[62]

7. Vereinigtes Königreich

Auch im *englischen Recht* ist der Gedanke der einseitigen Unterwerfung des Beklagten (submission) durch Streiteinlassung klar herausgearbeitet.[63] Läßt sich der Beklagte auf das Meritum ein, so unterwirft er sich damit der Jurisdiktion des High Court of Justice. Nach *Lord Justice Denning* liegt die innere Rechtfertigung dafür in dem Umstand, daß der Beklagte durch vorbehaltlose Einlassung das Gericht einlädt, zu seinen Gunsten zu entscheiden; es könne aber dem Beklagten nicht gestattet werden, zu sagen, er unterwerfe sich nur einer ihm günstigen, nicht aber einer ihm ungünstigen Entscheidung;[64] ebenso *Evershed,* M. R.: „... a man ... cannot fight the issue on the merits, and at the same time preserve the right to say, if the worst comes to the worst, that the court has no jurisdiction to decide against him."[65]

---

[60] *Vincent-Guinchard,* Procédure civile, 20. Aufl., 1981, Nr. 267ff. Vgl. auch die Nachweise bei *Geimer* WM 1977, 68 sub 6.

[61] Hierzu *Fettweis,* Droit judiciaire, tome II: La compétence 4. Aufl., 1976, Nr. 532.

[62] Hierzu *Stein,* Compendium van het burgerlijk procesrecht, 3. Aufl., 1973, S. 76, und Gemeinsamer Bericht der Unterhändler zum deutsch-niederländischen Vertrag, BT-Drucksache IV Nr. 2351, 26.

[63] Nachweise bei *Scheucher,* Studien zur internationalen Zuständigkeit in Vermögensstreitigkeiten, 1972 Nr. 22 S. 57f. und *Dicey-Morris,* The Conflict of Laws, 10. Aufl. 1980, 191, Rule 22.

[64] *Re Dulles' Settlement (No. 2)* [1951] Ch. 842 (C. A.).

[65] So die concurring opinion in der eben (Fußn. 64) genannten Entscheidung.

8. Irland

Ebenso ist die Rechtslage in Irland.

9. Dänemark

Auch nach dänischem Zivilprozeßrecht kann der Mangel der internationalen Zuständigkeit durch vorbehaltlose Einlassung geheilt werden.

10. Griechenland

Art. 43 II der griechischen ZPO stimmt mit § 39 der deutschen ZPO a. F. überein.

§ 98 Notzuständigkeit

I. Versagung der Anerkennung

Wird in einem Vertragsstaat einem Urteil aus einem anderen Vertragsstaat die Anerkennung verweigert, so muß dieser Vertragsstaat eine internationale Notzuständigkeit zur Wiederholung des Rechtsstreits eröffnen, wenn sonst ein Rechtschutzvakuum entstünde. Im Urteilsstaat steht der Wiederholung des Rechtsstreits die Rechtskraft des ersten (nicht anerkennungsfähigen) Urteils entgegen; in anderen nach Art. 2ff. konkurrierend international zuständigen Vertragsstaaten kann nicht noch einmal geklagt werden, weil das erststaatliche Urteil dort anerkannt wird.[1]

II. Sonstige Fälle des negativen internationalen Kompetenzkonflikts

1. Erklärt sich der an sich international zuständige Wohnsitzstaat des Beklagten für unzuständig, weil er zu Unrecht[2] den Wohnsitz des Beklagten in einem anderen Vertragsstaat als gegeben erachtet, so ist diese Entscheidung als solche für den anderen Vertragsstaat nicht bindend.[3]

2. Hält sich das forum prorogatum zu Unrecht für unzuständig, so ist dies vom forum derogatum als bindend hinzunehmen. Das forum derogatum hat nunmehr Rechtsschutz zu gewähren. Näher oben § 30.

---

[1] *Geimer* RIW/AWD 1975, 82; *Zöller-Geimer,* ZPO, 13. Aufl. 1981, IZPR E X, Anm. 1b. Vgl. unten § 143.
[2] Vgl. oben § 68 I.
[3] Unten § 107 IX 2.

Zweiter Hauptteil: Die Freizügigkeit gerichtlicher Entscheidungen und sonstiger Titel

Erster Teil: Die Anerkennung gerichtlicher Entscheidungen

§ 99 Ratio conventionis[1]

1. „Durch das Übereinkommen [soll] soweit wie möglich die Freizügigkeit der Urteile hergestellt werden. In diesem Sinne ist das Übereinkommen auszulegen."[2] Die Rechtspflege befindet sich in allen Vertragsstaaten auf einem gleich hohen Niveau. Die Vertragspartner bringen einander volles Vertrauen entgegen. Deshalb wäre es verfehlt, Art. 25ff. restriktiv zu interpretieren. Vielmehr ist im Zweifel davon auszugehen, daß die Vertragsstaaten die Anerkennung bzw. Vollstreckung von gerichtlichen Entscheidungen und sonstigen Titeln in weitest möglichem Umfang wollten.[3]

2. Man ginge sicher zu weit, wollte man behaupten, daß durch das Übereinkommen die Rechtspflege in den einzelnen Vertragsstaaten zu einem einheitlichen europäischen Rechtspflegegebiet zusammengeschmolzen wäre. Jedoch hat das Übereinkommen einen großen Schritt in diese Richtung getan: Ein Haupthindernis für die internationale Urteilsanerkennung ist beseitigt.[4] Erfahrungsgemäß wird vor dem Zweitrichter am meisten darüber gestritten, ob der Erststaat aus der Sicht des Zweitstaates international zuständig war. Man kann z. B. endlos über die Frage streiten, wo der Erfüllungsort der streitgegenständlichen Verbindlichkeit gelegen ist, vor allem nach welchem IPR dieser Ort zu bestimmen ist. Hier bringt nun das Übereinkommen eine Neuerung:[5] Die internationale Zuständigkeit des Erststaates kann vor dem Zweitrichter nicht mehr zur Diskussion gestellt werden. Dieser darf die internationale Zuständigkeit des Erststaates nicht nachprüfen, auch nicht über den Umweg der ordre public-Klausel, Art. 28 III 2.[6] Dies ist der Grundsatz. Ausnahmen sind nur in den engen Grenzen der Art. 28 I, Art. 54 II[7]

---

[1] Hierzu auch *Kropholler,* Kommentar 172, Art. 25 Rz. 1.

[2] *Jenard*-Bericht S. 86 vor Art. 26.

[3] *Geimer* RIW/AWD 1976, 141.

[4] Oben § 57.

[5] *Jenard*-Bericht S. 90.

[6] *Geimer* RIW/AWD 1980, 307.

[7] Zu den Übergangsvorschriften der Beitrittsübereinkommen s. oben § 57 VI und unten § 139 IV 2 und 6.

zugelassen. Und auch diese Vorschrift ist noch zu weit gefaßt. Sie bedarf einer teleologischen Reduktion. In Versicherungs- und Verbrauchersachen kann nur der durch Art. 7–15 geschützte Personenkreis die Verletzung der Zuständigkeitsregeln des Übereinkommens rügen. Der Versicherer bzw. der Vertragspartner des Verbrauchers kann sich aber nicht auf die zum Schutze seines Vertragspartners geschaffenen Spezialkompetenznormen der Art. 7ff. bzw. Art. 13ff. berufen, um die Anerkennung bzw. Vollstreckbarerklärung des erststaatlichen Urteils zu verhindern. Ebenso können der Versicherungsnehmer, Versicherte etc. bzw. der Verbraucher nicht die Verletzung der Art. 7ff. bzw. Art. 14ff. rügen, wenn sie die Angreifer waren. Wer als Kläger auftritt, kann sich nicht darauf berufen, der Urteilsstaat sei international unzuständig gewesen; deshalb sei dem erststaatlichen Urteil die Anerkennung zu verweigern.[8]

3. Auch darf gegenüber den Entscheidungen aus den anderen EG-Staaten von dem Versagungsgrund des ordre public (Art. 27 Nr. 1) nur zurückhaltend Gebrauch gemacht werden. Zwar verwendet das Übereinkommen nicht die Haager Formel: Danach kann die Anerkennung nur verweigert werden, wenn die zur Anerkennung anstehende Entscheidung *offensichtlich* gegen die zweitstaatliche öffentliche Ordnung verstößt.[9] Aber man ist sich darüber einig, daß der ordre public-Vorbehalt gegenüber den anderen Vertragsstaaten restriktiv zu handhaben ist.[10] Überzogen ist es jedoch, Art. 27 Nr. 1 als Anachronismus zu werten.

Vor allem *Droz*[11] übertreibt, wenn er behauptet, der ordre public-

[8] Hat sich der Beklagte auf das Erstverfahren eingelassen, ohne die internationale Unzuständigkeit zu rügen, so wurde die internationale Zuständigkeit des Erststaates bereits durch Art. 18 begründet. Vgl. oben § 97 und § 57 III 2 und IV sowie § 74 III 10.

[9] Hierzu *Kropholler* Kommentar 194, Art. 27, Rz. 5.

[10] *Linke* in *Bülow-Böckstiegel* 606/205, Art. 27, Anm. II 1: „Die Aufnahme dieses traditionellen Versagungsgrundes in das Übereinkommen wird überwiegend als Anachronismus gewertet, dessen Berechtigung hauptsächlich darauf beruhe, daß es als Zugeständnis an das Souveränitätsdenken der Vertragsstaaten die Ratifizierung erleichtert habe. Jedenfalls besteht Einigkeit darin, daß der ordre public-Vorbehalt nur in äußerst seltenen Fällen zur Anwendung kommen kann. Der Rückgriff auf den ordre public ist zumindest für alle die Fallgestaltungen ausgeschlossen, für die das Übereinkommen Spezialtatbestände normiert hat, d. h. also soweit eine Prüfung auf der Grundlage der Art. 27 Nr. 2–4 und Art. 28 Abs. 1 in Frage kommt, selbst wenn der Spezialtatbestand letztlich nicht eingreift; für das Anerkennungshindernis fehlender Zuständigkeit wird dies in Art. 28 Abs. 3 ausdrücklich bestätigt.

Aus dem Gebot restriktiver Anwendung der Vorbehaltsklausel ergibt sich, daß für das ordre public-Verständnis der Zeitpunkt maßgebend ist, in dem die Prüfung der Anerkennungsfähigkeit relevant wird und nicht der des Erlasses der ausländischen Entscheidung, obwohl die Anerkennung gemäß Art. 26 Abs. 1 bereits zu diesem Zeitpunkt gegeben ist."

[11] *Droz* Nr. 487 S. 309: „La clause d'ordre public est une clause de sauvegarde dont on peut regretter la présence dans la Traité du fait que celui-ci intéressera essentiellement le domaine économique et que les questions relatives à l'état et à la capacité des

Vorbehalt des Art. 27 Nr. 1 sei nur aus „psychologischen Gründen" eingefügt worden, um den Parlamenten der einzelnen Vertragsstaaten die Ratifikation des Übereinkommens zu erleichtern. Solange die Rechtsvereinheitlichung in den Europäischen Gemeinschaften nicht weiter fortgeschritten ist, insbesondere auch die wirtschaftspolitischen Gesetze öffentlich-rechtlichen Einschlags nicht harmonisiert sind, kann auf den ordre public-Vorbehalt nicht verzichtet werden. Denn über die ordre public-Klausel werden unter anderem die grundlegenden staatspolitischen Vorstellungen des Zweitstaates, die für diesen unverzichtbar sind, durchgesetzt.

§ 100 Qualifikationsfragen

1. Die verschiedenen *Auslegungsmethoden* wurden bereits oben § 11 erörtert. Hierauf wird verwiesen.

2. Eine einheitliche Anwendung des Übereinkommens in allen Vertragsstaaten ist auch auf dem Gebiet der Anerkennung und Vollstreckung erforderlich, nicht zuletzt im Hinblick darauf, daß Unausgewogenheiten und Ungleichgewichte bei der Abgrenzung der gegenseitigen Pflicht zur Anerkennung und Vollstreckung zu Spannungen unter den Vertragsstaaten führen würden. Auf die Dauer ist kein Staat bereit, gerichtliche Entscheidungen aus einem anderen Vertragsstaat in größerem Umfang anzuerkennen und zur Vollstreckung zuzulassen als dies in den anderen Vertragsstaaten der Fall ist. Deshalb ist die Pflicht zur Anerkennung und Vollstreckung für alle Vertragsstaaten einheitlich zu definieren. Dies gilt z. B. für den sachlichen Anwendungsbereich der Art. 25ff. Der Begriff „Zivil- und Handelssachen" ist vertragsautonom zu qualifizieren,[1] ebenso die Ausnahmetatbestände des Art. 1 II[2]. So wird vermieden, daß sich Vertragsstaaten ihrer Pflicht zur Anerkennung dadurch

---

personnes ainsi que la faillite sont écartées du champ d'application de la Convention. Dans le cadre particulier de la Convention de Bruxelles dont le but est de favoriser au maximum la circulation des jugements, il faut considérer la clause d'ordre public d'abord comme un élément tendant à faciliter la ratification du Traité, en «rassurant» les Etats contractants: une trop grande liberté de circulation des jugements risquant de donner le vertige aux Administrations et aux Parlaments des Etats membres, les négociateurs viennent immédiatement préciser que dans des cas particulièrement graves, extraordinaires, imprévus, le jugement pourra être arrêté aux frontières. On peut aussi considérer la clause comme un „baume" destiné à apaiser le sentiment de souveraineté internationale qui, quoique bien érodé par la mécanisme du Traité, est une réalité dont il faut tenir compte tant chez les Gouvernements que chez les juges. . . ."

[1] Vgl. z. B. EuGH, Urteil vom 14. Oktober 1976, Rechtssache 29/76 – *LTU ./. Eurocontrol,* EuGHE 1976, 1541 = NJW 1977, 481 mit Anm. *Geimer* RIW/AWD 1970, 40 mit Anm. *Linke.*

[2] EuGH, Urteil vom 22. Februar 1979, Rechtssache 133/178 – *Gourdain ./. Nadler,* EuGHE 1979, 733 = NJW 1979, 1772 L = RIW/AWD 1979, 273 = KTS 1979, 268. Vgl. oben § 20 IV.

entziehen, daß sie den Streitgegenstand öffentlichrechtlich qualifizieren. Die gleichen Erwägungen sind auch für die Abgrenzung der Versagungsgründe der Art. 27, 28, insbesondere für den ordre public-Vorbehalt des Art. 27 Nr. 1 maßgebend.[3] Wäre es anders, so könnte jeder Vertragsstaat seine Anerkennungspflicht dadurch relativieren, daß er irgendeine, von dem Erstgericht nicht beachtete Norm des Zweitstaates für international zwingend erklärt, und deshalb die Anerkennung verweigert. Selbst der ordre public-Vorbehalt findet seine Grenzen im Übereinkommen.[4]

3. Die hier befürwortete europarechtliche Qualifikationsmethode ist dort nicht anwendbar, wo die enge Verzahnung der Übereinkommen mit dem nationalen Prozeßrecht ein Zurückgreifen auf das Recht des Erststaates zwingend geboten erscheinen läßt. Aus dem im Übereinkommen festgelegten Begriff der Anerkennung als Wirkungserstreckung ergibt sich folgerichtig, daß die Wirkungen des anerkannten Urteils nach dem Recht des Erststaates zu beurteilen sind.[5]

§ 101 Auslegungszuständigkeit des EuGH

Die bereits oben § 12 erörterte Auslegungskompetenz des EuGH gilt auch für die Anwendung der Art. 25ff. Die Vorlagepflichten gelten in gleicher Weise für den Erst- und den Zweitrichter. Hat z. B. der Bundesgerichtshof Zweifel über den Umfang der Pflicht der Bundesrepublik Deutschland zur Anerkennung eines bestimmten Urteils, so ist er zur Vorlage verpflichtet. Dies gilt auch im Falle des Art. 27 Nr. 1. Der ordre public-Vorbehalt soll ohne Zweifel u. a. die eigenen staatlichen Interessen des Anerkennungsstaates wahren. Ist die zur Anerkennung anstehende Entscheidung mit den grundlegenden für unverzichtbar gehaltenen Rechtsprinzipien des Anerkennungsstaates unvereinbar, dann entfällt die grundsätzliche Anerkennungspflicht. Der Vertragsstaat kann unter Hinweis auf seinen ordre public die Anerkennung verweigern. Die Entscheidung darüber, ob in concreto ein solcher Verstoß gegen grundlegende Rechtspositionen vorliegt, ist nicht völlig der Beurteilung des Anerkennungsstaates überlassen. Vielmehr zieht das Übereinkommen für alle Vertragsstaaten einheitliche Grenzen für die Berufung auf den ordre public.[1]

---

[3] *Geimer* RIW/AWD 1976, 141.

[4] Dies übersieht der BGH, Beschluß vom 26. September 1979, BGHZ 75, 167 = NJW 1980, 527 = MDR 1980, 226 = WM 1979, 1392 = RIW/AWD 1980, 861 = IPRspr. 1979 Nr. 204.

[5] Unten § 128.

[1] *Geimer* RIW/AWD 1976, 141. Zu den europarechtlichen Grenzen des ordre public in anderem Zusammenhang EuGH, Urteil vom 18. Mai 1982 – Rechtssachen 115 und 116/81, NJW 1983, 1250 und EuGH, Urteil vom 27. Oktober 1977, EuGHE 1977, 1999.

§ 102 Anerkennung und Vollstreckbarerklärung

I. Trennung zwischen Anerkennung und Vollstreckbarerklärung (Exequatur)

1. Das Übereinkommen differenziert deutlich – wie die meisten Anerkennungs- und Vollstreckungsverträge – zwischen Anerkennung (Art. 26) und Vollstreckbarerklärung. Diese erfolgt durch Erteilung der *Vollstreckungsklausel* nach Maßgabe von Art. 31 ff.[1]

2. Der entscheidende Unterschied zwischen Anerkennung und Vollstreckbarerklärung läßt sich schlagwortartig wie folgt beschreiben:
Anerkennung = Wirkungserstreckung
Vollstreckbarerklärung (Klauselerteilung) = Wirkungsverleihung[2]

3. Dies ist näher auszuführen:

a) Durch die Anerkennung werden die nach dem Recht des Erststaates eingetretenen prozessualen Wirkungen einer gerichtlichen Entscheidung auf den Zweitstaat (= Anerkennungsstaat) erstreckt.[3] Die Wirkungen einer anzuerkennenden Entscheidung sind also auch im Zweitstaat nach dem Recht des Erststaates zu beurteilen. Ist z. B. ein französisches Urteil in der Bundesrepublik Deutschland anzuerkennen, so hat der deutsche Zweitrichter nicht §§ 322 ff. ZPO, sondern das französische Recht anzuwenden, wenn es um die *Bestimmung der objektiven und subjektiven Grenzen der autorité de la chose jugée* geht.[4]

---

[1] *Geimer* NJW 1975, 1086 und *Schlosser*-Bericht Nr. 188.

[2] *Geimer,* Zur Prüfung der Gerichtsbarkeit und der internationalen Zuständigkeit bei der Anerkennung ausländischer Urteile, 1966, 27.

[3] Unten § 128.

[4] Zur autorité de la chose jugée französischer Urteile (Art. 1351 Code civil) s. *Vincent, Guinchard,* Procédure civile, 20. Aufl., 1981, Nr. 85 ff.; *Motulsky,* Pour une délimitation plus précise de l'autorité de la chose jugée en matière civile, *Dalloz-Sirey,* 1958, Chron. 1 = „Écrits", Études et notes de procédure civile, I, 1973, 201 ff.; *Schweickert,* Die subjektiven Grenzen der materiellen Rechtskraft französischer Zivilurteile unter vergleichender Heranziehung des deutschen Rechts, Diss. München 1967; vgl. auch *Martiny,* Nichtstreitige Verfahren in Frankreich, 1976, 189 und unten § 107 V.

Die Rechtskraft ist im französischen Recht materiellrechtlich konzipiert. Art. 1351 Code civil führt sie unter den „présomptions établies par la loi" auf: „L'autorité de la chose jugée n'a lieu qu'à l'égard de ce qui a fait l'objet du jugement. Il faut que la chose demandée soit la même; que la demande soit fondée sur la même cause; que la demande soit entre les mêmes parties, et formée par elles et contre elles en la même qualité." Rechtsprechungsnachweise bei *Dalloz,* Répertoire de procédure civile et commerciale, 1955, sub „chose jugée", 101 ff. und *Dalloz,* Nouveau Repertoire de proc. civ. et comm., 1974, eodem 74 ff.

Dem Art. 1351 Code civil entsprach Art. 1351 des alten italienischen Codice civile von 1865. Er wurde ersetzt durch den im Titel „Della tutela giurisdizionale dei diritti" eingeordneten Art. 2909 des neuen Codice civile von 1940: „L'accertamento contenuto nella sentenza passata in giudicato (art. 324 c. p. c.), fa stato a ogni effetto tra le parti, i

b) Anders ist es dagegen bei der Vollstreckbarerklärung. Hier wird nicht die nach dem Recht des Erststaates bestehende Vollstreckbarkeit auf den Zweitstaat erstreckt mit der Folge, daß die Vollstreckungsorgane des Zweitstaates die Voraussetzungen und den Umfang der Vollstreckbarkeit nach dem Recht des Erststaates beurteilen müßten. Dies wäre nicht nur unpraktikabel, weil von dem zweitstaatlichen Vollstreckungsorganen die Kenntnis ausländischen Vollstreckungsrechts nicht vorausgesetzt werden kann und weil durch die Einholung von Gutachten das Zwangsvollstreckungsverfahren im Zweitstaat unangemessen verzögert würde. Es wären auch normative Spannungen unausweichlich, weil das Vollstreckungsrecht von Staat zu Staat stark divergiert. Wollte der deutsche Gerichtsvollzieher nach französischem Recht vollstrecken, so käme er nicht weit. Er stünde bald vor einer Wand von Normwidersprüchen bzw. -lücken und Qualifikationskonflikten. Nicht anders ginge es ihm, wollte er nach englischen contempt of court-Regeln verfahren. Auch geht es bei der Vollstreckung ausländischer Urteile um handfeste Souveränitätsinteressen. In diesem Punkt sind die Staaten sehr empfindlich. Die Modalitäten der Anwendung staatlicher Gewalt – nichts anderes ist die Zwangsvollstreckung – will man sich nicht vom Erststaat vorschreiben lassen. Deshalb wird die Vollstreckbarkeit dem erststaatlichen Urteil originär verliehen. Die Wirkungen der Klauselerteilung (Art. 31 ff.) beurteilen sich daher nicht nach dem Recht des Erststaates, sondern nach dem Recht des Zweitstaates.

II. Vollstreckbarkeit nach dem Recht des Erststaates als Voraussetzung der Klauselerteilung im Zweitstaat

Nur solche Titel können im Zweitstaat für vollstreckbar erklärt werden, die im Erststaat vollstreckbar sind.

Beispiel:

Durch Feststellungsurteil eines deutschen Gerichts wird das Bestehen eines Anspruchs festgestellt. Dieses Urteil ist nur im Kostenpunkt (§§ 91 ff. ZPO) vollstreckbar. Es kann deshalb in den anderen Vertragsstaaten nur bezüglich der Verurteilung zur Zahlung der Kosten (in Verbindung mit dem Kostenfestsetzungsbeschluß) nach Art. 31 ff. für vollstreckbar erklärt werden.

Will der Gläubiger (= Kläger des erststaatlichen Verfahrens) gegen den Schuldner (= Beklagter im erststaatlichen Verfahren) wegen des

loro eredi o aventi causa.“ Zur cosa giudicata italienischer Entscheidungen vgl. die Zusammenstellung der einschlägigen Entscheidungen der Corte di cassazione bei *Battaglini-Novelli,* C. p. c. et leggi complementari, 6. Aufl. 1979 und unten § 133 Fußn. 35.

Eine fortschrittlichere Konzeption hat das belgische Recht. Es regelt die autorité de la chose jugée nicht im Bürgerlichen Gesetzbuch, sondern im Code judiciaire (Art. 23–28). Art. 1351 Code civil wurde außer Kraft gesetzt und durch den wörtlich übereinstimmenden Art. 23 Code judiciaire ersetzt.

festgestellten Anspruchs vollstrecken, so muß er sich einen Vollstreckungstitel beschaffen, sei es durch Klage oder Mahnbescheid im Erststaat (hier: Bundesrepublik Deutschland) oder in einem anderen Vertragsstaat, am einfachsten in demjenigen, in dem er vollstrecken will.

§ 103 Vergleich des Anwendungsbereichs der Vorschriften über die Anerkennung (Art. 25ff.) mit dem der Vorschriften über die Klauselerteilung (Art. 31ff.)

1. Der Kreis der Titel, denen die Vollstreckungsklausel erteilt werden kann, unterscheidet sich von dem Kreis der Entscheidungen, deren Wirkungen im Zweitstaat gemäß Art. 26 anzuerkennen sind. Er ist kleiner und größer zugleich.

a) Ausschließlich solche gerichtlichen Entscheidungen können für vollstreckbar erklärt werden, die im Erststaat vollstreckbar sind, mithin nur Leistungsurteile. Feststellungs- und Gestaltungsurteile können lediglich hinsichtlich der Kosten für vollstreckbar erklärt werden.

b) Gegenüber den anerkennungsfähigen Entscheidungen ist der Kreis der nach Art. 31ff. für vollstreckbar zu erklärenden Titel insofern weiter, als nicht nur gerichtliche Entscheidungen, sondern auch sonstige Vollstreckungstitel, wie Vergleiche und vollstreckbare Urkunden, nach Maßgabe von Art. 50 mit der Vollstreckungsklausel versehen werden können.

2. Vorbehaltsurteile, Arreste und einstweilige Verfügungen kommen für die *Anerkennung* nur dann in Betracht, wenn sie nach dem Recht des Erststaates anerkennungsfähige Wirkungen entfalten. So erwächst nach deutschem Recht[1] ein Vorbehaltsurteil nicht in materielle Rechtskraft, ebenso ist es grundsätzlich auch bei Arresten[2] und einstweiligen Verfügungen. Solche Titel können in den anderen Vertragsstaaten zwar mit der Klausel versehen werden; für die Anerkennung nach Art. 25ff. fehlt es aber an anerkennungsfähigen Wirkungen.

3. Auch die umgekehrte Situation ist denkbar: Die Rechtskraft eines Leistungsurteils ist anzuerkennen (= Feststellung, daß der Beklagte zur Leistung verpflichtet ist bzw. war), während die Klausel nicht erteilt werden kann, weil der Beklagte bereits bezahlt hat oder weil der Beklagte von der Gerichtsbarkeit des Zweitstaates befreit ist.[3]

§ 104 Die Anerkennungspflicht

1. Die Vertragsstaaten sind nach Maßgabe von Art. 25ff. zur Anerkennung aller in den anderen Vertragsstaaten von den Gerichten erlassenen Entscheidungen verpflichtet. Die Anerkennung steht nicht in ihrem Belieben.

---

[1] Vgl. z. B. *Rosenberg-Schwab,* Zivilprozeßrecht, 13. Aufl., 1981, § 154 III.
[2] Z. B. Art. 488 nouveau Code de procédure civile.
[3] Vgl. unten § 150 XXIII.

2. Die Anerkennungspflicht beruht auf primärem Gemeinschaftsrecht, wenn man die Rechtsnatur des Übereinkommens so qualifiziert. Nach anderer Ansicht handelt es sich um einen normalen völkerrechtlichen Vertrag.[1]

3. Die Grenzen der Anerkennungspflicht aufgrund des Übereinkommens[2] ergeben sich

a) in *zeitlicher Hinsicht* aus den Bestimmungen über das Inkrafttreten (unten § 105),

b) in *räumlicher Hinsicht* aus der Begrenzung des geographischen Anwendungsbereichs des Übereinkommens (unten § 106),

c) in *sachlicher Hinsicht* aus der Beschränkung auf

α) gerichtliche Entscheidungen (unten §107),

β) in Zivil- und Handelssachen (unten § 108) mit Ausnahme des

γ) Kataloges des Art. 1 II (unten § 109) und der

δ) in Spezialabkommen behandelten Entscheidungen (unten § 125).

4. Dies sind die generellen Grenzlinien für den Umfang der Pflicht zur Anerkennung. Im konkreten Einzelfall entfällt die Anerkennungspflicht, wenn

a) eine Anerkennungsvoraussetzung fehlt bzw. ein Versagungsgrund vorliegt, Art. 27, 28 I.

b) über den gleichen Streitgegenstand eine Entscheidung im Anerkennungsstaat ergangen ist oder eine zeitlich früher wirksame und anerkennungsfähige Entscheidung aus einem anderen Vertragsstaat oder dritten Staat vorliegt (unten § 117).

§ 105 Zeitlicher Anwendungsbereich der Art. 25ff.

I. Im Verhältnis der sechs EWG-Gründerstaaten nach der ursprünglichen Fassung des Übereinkommens

1. Die Grenzen der Anerkennungspflicht in zeitlicher Hinsicht ergeben sich aus Art. 54 II. Die Vorschriften des Übereinkommens über die Anerkennung (und Zulassung zur Zwangsvollstreckung) gelten nur für solche Entscheidungen, die nach dem Inkrafttreten des Übereinkommens ergangen sind. *Auf den Zeitpunkt der Klageerhebung kommt es nicht an.* Die Klage kann also auch schon vor dem 1. Februar 1973 erhoben worden sein. Maßgebend ist die letzte, durch Rechtsmittelgerichte eventuell korrigierte Fassung des zur Anerkennung anstehenden Urteils. Wurde z. B. vor dem Tribunal de Grande Instance in Marseille die 1970 erhobene Klage mit Urteil vom 10. November 1972 abgewiesen, hat jedoch die Cour d'Appel im April 1974 das erstinstanzliche Urteil aufgehoben und den Beklagten zur Zahlung verurteilt, so sind Art. 25ff. anzuwenden; denn die Entscheidung, um deren Anerkennung es geht, ist erst nach dem 1. Februar 1973 ergangen. Gleiches muß gelten, wenn das Beru-

---

[1] Oben § 6.

[2] Zur Anerkennungspflicht gemäß Art. 220 des EWG-Vertrages s. unten § 109 (6).

fungsgericht die erstinstanzielle Entscheidung nach dem 1. Februar 1973 bestätigt hat. Auch in diesem Fall ist das (endgültige) Urteil nach dem Inkrafttreten des Übereinkommens ergangen.[1]

2. Nichts anderes gilt, wenn die Entscheidung zwar vor dem 1. Februar 1973 erlassen wurde, aber erst nach dem 1. Februar 1973 formell rechtskräftig wurde. So ist z. B. ein Urteil des Landgerichts Stuttgart vom 29. Januar 1973 in den anderen Vertragsstaaten anzuerkennen, wenn gegen dieses Urteil keine Berufung eingelegt worden ist. Der Wortlaut des Übereinkommens ist zwar – anders als z. B. Art. 10 II 2 des deutsch-schweizerischen Abkommens oder Art. 18 II 2 des deutsch-italienischen Abkommens – nicht eindeutig. Das gleiche gilt wohl auch für die fremdsprachigen Alternate.[2] Im Hinblick auf die generelle „Anerkennungsfreundlichkeit" des Übereinkommens sind aber dessen Übergangsvorschriften weit auszulegen. Daher kommt es auf den Eintritt der formellen Rechtskraft (= der Unanfechtbarkeit mit ordentlichen Rechtsmitteln) an.

3. Wurde die Klage vor dem 1. Februar 1973 erhoben, dann galt für den Erstrichter noch nicht die europäische Zuständigkeitsordnung.[3] Der Erstrichter hatte vielmehr sein nationales Zuständigkeitsrecht einschließlich der sog. exorbitanten Gerichtsstände[4] anzuwenden. Die Anerkennung von Entscheidungen, die die internationale Zuständigkeit gegen Beklagte mit Wohnsitz/Sitz im geographischen Anwendungsbereich des Übereinkommens ausschließlich auf solche verpönten Zuständigkeitsanknüpfungen stützen, erschien nicht akzeptabel. Deshalb erlaubt Art. 54 II – als Ausnahme zu Art. 28 III – für diese Übergangsfälle die Nachprüfung der internationalen Zuständigkeit des Erststaates und gegebenenfalls die Versagung der Anerkennung, wenn eine ausreichende Zuständigkeitsanknüpfung fehlt. Vgl. oben § 57 VI und unten § 139 IV.

II. Nach Inkrafttreten des Beitrittsübereinkommens vom 9. Oktober 1978

1. Die Regelung des Art. 34 II und III des Beitrittsübereinkommens

Art. 34 lautet:

(1) Die Vorschriften des Übereinkommens von 1968 und des Protokolls von 1971 in der Fassung dieses Übereinkommens sind nur auf solche Klagen und

---

[1] *Geimer* RIW/AWD 1976, 149; ebenso auch *Matscher* ZZP 86 (1973), 440 Fußn. 101 zum deutsch-österreichischen Vertrag. Vgl. auch unten Bd. II 180 und OLG Celle, Urteil vom 8. Dezember 1977, RIW/AWD 1979, 131 = IPRspr. 1977 Nr. 155.

[2] Les décisions rendues après la date d'entrée en vigueur de la présente Convention; le decisioni rese dopo l'entrata in vigore della presente Conventione; beslissingen, gegeven na de dag van inwerkingtreding van dit vertrag; judgments given after the date of entry into force of this Convention.

[3] Art. 54 I. Vgl. oben § 16.

[4] Art. 3 II.

öffentlichen Urkunden anzuwenden, die erhoben oder aufgenommen worden sind, nachdem dieses Übereinkommen im Ursprungsstaat und, wenn die Anerkennung oder Vollstreckung einer Entscheidung oder Urkunde geltend gemacht wird, im ersuchten Staat in Kraft getreten ist.

(2) Nach dem Inkrafttreten dieses Übereinkommens ergangene Entscheidungen werden in den Beziehungen zwischen den sechs Vertragsstaaten des Übereinkommens von 1968, auch wenn sie aufgrund einer vor dem Inkrafttreten erhobenen Klage erlassen sind, nach Maßgabe des Titels III des geänderten Übereinkommens von 1968 anerkannt und zur Zwangsvollstreckung zugelassen.

(3) Im übrigen werden in den Beziehungen der sechs Vertragsstaaten des Übereinkommens von 1968 zu den drei in Artikel 1 des vorliegenden Übereinkommens genannten Vertragsstaaten sowie in den Beziehungen der zuletzt genannten Vertragsstaaten zueinander Entscheidungen, die nach Inkrafttreten dieses Übereinkommens zwischen dem Urteilsstaat und dem ersuchten Staat aufgrund einer vor diesem Inkrafttreten erhobenen Klage ergangen sind, nach Maßgabe des Titels III des geänderten Übereinkommens von 1968 anerkannt und zur Zwangsvollstreckung zugelassen, wenn das Gericht aufgrund von Vorschriften zuständig war, die mit seinem geänderten Titel II oder mit den Vorschriften eines Abkommens übereinstimmen, das im Zeitpunkt der Klageerhebung zwischen dem Urteilsstaat und dem ersuchten Staat in Kraft war.

Die Lösung des Art. 54 II wird von Art. 34 III übernommen. Sie gilt aber nicht generell, sondern nur für die Beziehungen der sechs Alt-Vertragsstaaten zu den drei Neu-Vertragsstaaten und für die der drei Neu-Vertragsstaaten untereinander. Im Verhältnis der sechs Alt-Vertragsstaaten zueinander findet dagegen eine Zuständigkeitsprüfung durch den Zweitrichter nicht statt, Art. 34 II, denn zwischen diesen Staaten gilt seit 1. Februar 1973 die Anerkennungs- und Vollstreckungspflicht nach Maßgabe von Art. 25ff. Eine Prüfung der internationalen Zuständigkeit des Erststaates ist verboten, mit Ausnahme der in Art. 28 I aufgezählten Fälle.[5]

2. Ende der Übergangszeit

a) Für die Anerkennung und Vollstreckbarerklärung gelten ohne jede Modifikation die Vorschriften der Art. 25ff., wenn im Zeitpunkt der Klageerhebung die Übergangszeit bereits beendet ist. Das ist der Fall, wenn in diesem Zeitpunkt das Beitrittsübereinkommen sowohl für den Erst- wie den Zweitstaat in Kraft getreten ist.[6] Es genügt also nicht, daß das Beitrittsübereinkommen nur in dem Erststaat gilt. Ratio conventionis: Gegenüber Beklagten mit Wohnsitz/Sitz im Zweitstaat oder sonst außerhalb des geographischen Anwendungsbereichs des Übereinkommens können – wenn im Zeitpunkt der Klageerhebung das Beitrittsübereinkommen noch nicht in Kraft ist – noch exorbitante Zuständigkeiten in

[5] Vgl. oben § 57.

[6] Art. 39 des Beitrittsübereinkommens.

Anspruch genommen werden, Art. 4. Eine Anerkennung und Vollstreckung solcher Urteile wäre für den Zweitstaat nicht zumutbar.[7]

Beispiel A:

Unterstellt, das Beitrittsübereinkommen trete am 1. Januar 1985 zwischen den ursprünglichen Vertragsstaaten und Irland in Kraft; am 3. Februar 1985 werde in Hamburg eine Klage gegen einen Beklagten mit Wohnsitz/Sitz in Dublin erhoben. Dann ist das am 1. Juli 1985 der Klage stattgebende Urteil in Irland ohne Rücksicht auf Übergangsregelungen anzuerkennen und zu vollstrecken.[8] Etwas anderes gilt, wenn die Klage noch 1984 erhoben worden wäre; dann ist in Irland die internationale Zuständigkeit der Bundesrepublik Deutschland zu überprüfen, Art. 34 III des Beitrittsübereinkommens, hierzu unten 3. Konnte z. B. das Hamburger Gericht die internationale Zuständigkeit der Bundesrepublik Deutschland nur auf § 23 ZPO stützen, dann hat das deutsche Urteil keine Aussicht auf Anerkennung und Vollstreckbarerklärung, wenn der Beklagte diesen Punkt rügt.[8a]

b) Neu-Vertragsstaaten, die das Übereinkommen noch nicht ratifiziert haben, sind zur Anerkennung und Vollstreckbarerklärung nicht verpflichtet. Die Voraussetzungen des Art. 34 sind für jeden Neu-Vertragsstaat getrennt zu prüfen, weil das Beitrittsübereinkommen nicht für Dänemark, Irland und das Vereinigte Königreich gleichzeitig in Kraft treten muß. So handelt es sich im Beispiel A für das Vereinigte Königreich um einen Übergangsfall, wenn dieses erst am 1. Dezember 1986 ratifizieren sollte.

3. Übergangszeit

Hier geht es um Entscheidungen, die zwar nach Inkrafttreten des Beitrittsübereinkommens im Zweitstaat gefällt wurden, aber aufgrund von Klagen, die zu einem Zeitpunkt erhoben wurden, als das Beitrittsübereinkommen entweder im Erststaat oder im Zweitstaat noch nicht in Kraft war. Art. 34 II und III des Beitrittsübereinkommens differenzieren zwischen dem Verhältnis der sechs Alt-Vertragsstaaten (= Gründerstaaten der Gemeinschaft) zueinander und dem Verhältnis der sechs Gründerstaaten zu den neuen Vertragsstaaten und der neuen Vertragsstaaten zueinander.

a) *Das Verhältnis der ursprünglichen Mitgliedsstaaten der Gemeinschaft zueinander nach Inkrafttreten des Beitrittsübereinkommens*[9]

Im Verhältnis der sechs Gründerstaaten zueinander gilt ohne Einschränkung die neue Fassung der Art. 25ff. für Entscheidungen, die nach

---

[7] Dies gilt nicht nur für die Anerkennung und Vollstreckung von Entscheidungen aus den EWG-Gründerstaaten in einem der Neu-Vertragsstaaten, sondern auch umgekehrt.

[8] *Schlosser*-Bericht Nr. 231.

[8a] Vgl. unten § 139 IV 2e.

[9] *Schlosser*-Bericht Nr. 232.

Inkrafttreten des Beitrittsübereinkommens für diese Staaten[10] formell rechtskräftig wurden, auch wenn dies aufgrund von Klagen geschah, die vorher rechtshängig geworden waren. Im Verhältnis der sechs Gründerstaaten zueinander ist im Zweitverfahren (= Anerkennungsverfahren) die internationale Zuständigkeit des Erststaates nicht zu prüfen. Ist die Klage nach dem 1. Februar 1973 erhoben worden, so ist die Zuständigkeit des Gerichts, das die anzuerkennende Entscheidung gefällt hat, überhaupt nicht mehr zu überprüfen, Art. 54 II. Die Pflicht zur Anerkennung und Vollstreckbarerklärung besteht also auch dann, wenn der Erststaat gegen Beklagte mit Wohnsitz/Sitz in den neuen Mitgliedsstaaten oder sonst außerhalb des geographischen Anwendungsbereiches des Übereinkommens seine internationale Zuständigkeit aufgrund sog. exorbitanter Zuständigkeitsregeln bejaht hat.[11]

Beispiel B:
Im Jahr 1983 klagt ein Franzose in Paris unter Berufung auf Art. 14 Code civil[12] in Verbindung mit Art. 4 I gegen einen Beklagten mit Wohnsitz in Dublin. Ein dem Kläger günstiges Urteil ergeht in letzter Instanz im Jahr 1985. Angenommen, am 1. Januar 1985 sei das Beitrittsübereinkommen zwischen den sechs EWG-Gründerstaaten und Irland in Kraft getreten, dann muß das Urteil in der Bundesrepublik Deutschland anerkannt und vollstreckt werden, nicht aber in Irland.[13]

b) *Verhältnis zu Dänemark, Irland und dem Vereinigten Königreich*

Im Verhältnis der alten zu den neuen Vertragsstaaten bzw. der neuen Vertragsstaaten zueinander gilt etwas anderes als für die Beziehungen zwischen den sechs alten Vertragsstaaten. Es geht um die Fälle, in denen in einem neuen Vertragsstaat ein Urteil aus einem alten Vertragsstaat anerkannt und vollstreckt werden soll. Dies ist während der Übergangszeit nach Art. 34 III des Beitrittsübereinkommens unter drei Voraussetzungen möglich:[14]

α) Die Entscheidung muß ergangen sein, nachdem das Beitrittsübereinkommen für Erst- und Zweitstaat in Kraft getreten ist.

β) Weiter muß die Klage zu einem Zeitpunkt erhoben worden sein, der vor dem Inkrafttreten des Beitrittsübereinkommens „zwischen dem Urteilsstaat und dem ersuchten Staat" liegt. Im Zeitpunkt der Klageerhebung ist also das Beitrittsübereinkommen entweder im Erststaat oder im Zweitstaat in Kraft, nicht aber in beiden Staaten.[15]

γ) Der Zweitstaat prüft – analog Art. 54 II – die internationale Zustän-

---

[10] Hierzu *Schlosser*-Bericht Nr. 230 g. E.

[11] *Schlosser*-Bericht Nr. 232.

[12] Im Anwendungsbereich des EWG-Vertrages steht dessen *Diskrimierungsverbot* (Art. 7) dem Art. 14 Code civil entgegen. Doch haben die französischen Gerichte bisher noch nicht die erforderlichen Konsequenzen gezogen.

[13] *Schlosser*-Bericht Nr. 232 g. E.

[14] *Schlosser*-Bericht Nr. 234ff.

[15] *Schlosser*-Bericht Nr. 235.

digkeit des Erststaates nach. Der Zweitstaat muß die internationale Zuständigkeit des Erststaates anerkennen,

(1) wenn der Erststaat nach der europäischen Zuständigkeitsordnung international zuständig gewesen wäre, sofern im Zeitpunkt der Klageerhebung das Beitrittsübereinkommen im Verhältnis der beiden Staaten zueinander schon gegolten hätte; in Betracht kommen also die Zuständigkeitsanknüpfungen der Art. 2ff., aber auch die der Art. 35 und Art. 36 des Beitrittsübereinkommens und Art. 4 in Verbindung mit dem nationalen Zuständigkeitsrecht.

(2) oder wenn die internationale Zuständigkeit des Erststaates im Zeitpunkt der Klageerhebung nach einem völkerrechtlichen Vertrag zu bejahen war, der bei Klageerhebung zwischen beiden Staaten in Kraft war.

Beispiel C:

Ein Franzose klagt in Paris gegen einen Beklagten mit Wohnsitz/Sitz in Kopenhagen aufgrund Art. 14 Code civil. Das französische Urteil ist zwar nach Inkrafttreten des Beitrittsübereinkommens für Dänemark und Frankreich ergangen. Die Klage war aber zu einem Zeitpunkt erhoben worden, als das Beitrittsübereinkommen im Verhältnis zwischen den sechs Alt-Vertragsstaaten und Dänemark noch nicht gegolten hat. Andernfalls hätte Frankreich seine internationale Zuständigkeit nicht mehr auf Art. 14 Code civil stützen dürfen. Im Verhältnis von Frankreich zu Dänemark gilt auch kein bilateraler Vertrag, der die direkte oder indirekte internationale Zuständigkeit der Gerichte regelt. Das Urteil muß also in Dänemark nicht anerkannt werden.[16]

Im Verhältnis von Frankreich zum Vereinigten Königreich wäre der zwischen diesen beiden Staaten geltende Anerkennungs- und Vollstreckungsvertrag vom 28. Januar 1934 zu beachten gewesen. Auch dort ist aber die Zuständigkeitsanknüpfung des Art. 14 Code civil nicht anerkannt. Das Vereinigte Königreich wäre also nicht verpflichtet, das Urteil anzuerkennen.

Beispiel D:[17]

Beklagter wohnt in London. Klage vor dem Landgericht Hamburg. Die Parteien haben vor Beginn des Rechtsstreits durch mündliche Abrede die Zuständigkeit der deutschen Gerichte vereinbart. Das deutsche Urteil muß im Vereinigten Königreich anerkannt und vollstreckt werden. Denn nach Art. IV (I) (a) des deutsch-britischen Vertrages vom 14. Juli 1960[18] ist eine mündliche Vereinbarung ausreichend, um die internationale Anerkennungszuständigkeit zu begründen.[19]

---

[16] Vgl. *Schlosser*-Bericht Nr. 236.

[17] *Schlosser*-Bericht Nr. 236 g. E.

[18] Unten Bd. II 387ff.

[19] Urteile von Amtsgerichten fallen nicht in den Anwendungsbereich des deutsch-britischen Abkommens, Art. I Abs. 2, vgl. unten Bd. II 361. Wäre die Gerichtsstandsvereinbarung schriftlich getroffen worden, dann wäre auch das Urteil des Amtsge-

δ) Darüberhinaus sollte der Zweitstaat die internationale Zuständigkeit des Erststaates anerkennen, wenn nach seinem nationalen Recht (in der Bundesrepublik Deutschland: nach § 328 I Nr. 1 i. V.m. § 12ff. ZPO) ein Zuständigkeitsanknüpfungspunkt gegeben ist. Vgl. unten § 139 IV 2d.

III. Nach Inkrafttreten des Beitrittsübereinkommens vom 25. Oktober 1982

Art. 12 dieses Beitrittsübereinkommens bestimmt:

(1) Das Übereinkommen von 1968 und das Protokoll von 1971 in der Fassung des Übereinkommens von 1978 und des vorliegenden Übereinkommens sind nur auf solche Klagen und öffentlichen Urkunden anzuwenden, die erhoben oder aufgenommen worden sind, nachdem das vorliegende Übereinkommen im Ursprungsstaat und, wenn die Anerkennung oder Vollstreckung einer Entscheidung oder Urkunde geltend gemacht wird, im ersuchten Staat in Kraft getreten ist.

(2) Jedoch werden in den Beziehungen zwischen dem Ursprungsstaat und dem ersuchten Staat Entscheidungen, die nach Inkrafttreten des vorliegenden Übereinkommens aufgrund einer vor diesem Inkrafttreten erhobenen Klage ergangen sind, nach Maßgabe des Titels III des Übereinkommens von 1968 in der Fassung des Übereinkommens von 1978 und des vorliegenden Übereinkommens anerkannt und zur Zwangsvollstreckung zugelassen, wenn das Gericht aufgrund von Vorschriften zuständig war, die mit Titel II des Übereinkommens von 1968 in seiner geänderten Fassung oder mit einem Abkommen, das zu dem Zeitpunkt, zu dem die Klage erhoben wurde, zwischen dem Ursprungsstaat und dem ersuchten Staat in Kraft war, übereinstimmen.

Das Beitrittsübereinkommen vom 25. Oktober 1982 bringt keine neue eigenständige Lösung, sondern verweist auf Art. 54 II bzw. Art. 34 II und III des Beitrittsübereinkommens vom 9. Oktober 1978.

Beispiel E:

Während der Übergangszeit (zum Zeitpunkt der Klageerhebung war das Übereinkommen im Verhältnis zu Griechenland noch nicht in Kraft) erläßt ein deutsches Gericht ein Sachurteil gegen einen in Saloniki wohnhaften Beklagten. Einziger Anknüpfungspunkt für die internationale Zuständigkeit der Bundesrepublik Deutschland ist der Umstand, daß der Beklagte in der Bundesrepublik Deutschland Vermögen (z. B. ein Bankkonto) hat.

In Griechenland ist das auf § 23 ZPO gestützte deutsche Urteil anzuerkennen, wenn die Voraussetzungen des Art. 3 Nr. 4 des deutsch-griechischen Vertrages vom 4. November 1961 gegeben sind.[20]

---

richts nach Art. 34 III des Beitrittsübereinkommens anerkennungspflichtig; denn bei Geltung des Beitrittsübereinkommens im Verhältnis der Bundesrepublik Deutschland zum Vereinigten Königreich wäre die internationale Zuständigkeit der Bundesrepublik Deutschland zu bejahen. Vgl. *Schlosser*-Bericht Nr. 236 g. E.

[20] BGBl. 1963 II 109. Dieser Vertrag lehnt sich weitgehend an das Vorbild des

Beispiel F:
Das deutsche Gericht stützt die internationale Zuständigkeit der Bundesrepublik Deutschland auf einen der dem Übereinkommen nicht bekannten Gerichtsstände, z. B. des Beschäftigungsortes (§ 20 ZPO), der Mitgliedschaft (§ 22 ZPO), des Sachzusammenhangs (§§ 25, 26 ZPO), des Meß- und Marktortes (§ 30 ZPO), des Ortes der Vermögensverwaltung (§ 31 ZPO) oder des Ortes des Hauptprozesses (§ 34 ZPO).[21] In diesen Fällen ist Griechenland zur Anerkennung und Vollstreckbarerklärung verpflichtet, weil der deutsch-griechische Vertrag – ebenso wie der deutsch-österreichische Vertrag – auf dem System der Negativliste aufbaut:[22] Alle Gerichtsstände des autonomen Rechts des Erststaates werden anerkannt, ausgenommen die Sonderfälle des Art. 3 Nr. 3 (ausschließliche internationale Zuständigkeit des Zweitstaates) und des Art. 3 Nr. 4 (Gerichtsstand des Vermögens).

Anders ist aber die Rechtslage im Verhältnis zu den Vertragsstaaten, die keinen Anerkennungs- und Vollstreckungsvertrag mit Griechenland abgeschlossen hatten, wie etwa das Vereinigte Königreich oder Dänemark. So ist z. B. die Anerkennung eines im Vermögensgerichtsstand erlassenen Urteils eines schottischen oder dänischen Gerichts auf Antrag des Beklagten[23] in Griechenland zu verweigern.

§ 106 Geographischer Anwendungsbereich

Die Grenzen der Anerkennungspflicht in geographischer Hinsicht ergeben sich aus Art. 60. Der Anwendungsbereich der Art. 25ff. deckt sich insoweit mit dem der europäischen Zuständigkeitsordnung. Näher oben § 17.

§ 107 Gerichtliche Entscheidungen

I. Entscheidungen staatlicher Gerichte

1. Nach dem Übereinkommen kann anerkannt werden „jede von einem Gericht eines Vertragsstaates erlassene Entscheidung“.[1] Es muß sich um einen *Akt staatlicher Gerichtsbarkeit* handeln. Die anzuerkennende Ent-

---

deutsch-österreichischen Vertrages an. Zur Parallelbestimmung des Art. 2 Nr. 4 des deutsch-österreichischen Vertrages s. unten Bd. II 109.

[21] Vgl. oben § 81 XVI 11 und § 94 IV 1.

[22] Hierzu unten Bd. II 78ff.

[23] Näher unten § 139 III 6.

[1] *Jenard*-Bericht S. 87; *Schlosser*-Bericht Nr. 184: „Artikel 25 betont mit kaum zu überbietender Deutlichkeit, daß jede Art von gerichtlichen Entscheidungen aus einem Vertragsstaat im übrigen Bereich der Gemeinschaft anzuerkennen und zu vollstrecken ist. Es muß sich nicht um eine Entscheidung handeln, welche eine Instanz beendet. Selbst einstweilige Anordnungen der Gerichte sind gemeint.“

scheidung muß sich also aus der Gerichtshoheit eines der Vertragsstaaten herleiten. Ausschließlich das Recht des Erststaates bestimmt, ob es sich um ein staatliches Gericht handelt.

2. Nach dem Übereinkommen sind also nicht anerkennungsfähig *Akte der Verwaltungsbehörden und der Legislative,* auch soweit diese eine Streitigkeit auf privatrechtlichem Gebiet regeln. Eine Ausnahme gilt nur für die *dänischen Verwaltungsentscheidungen in Unterhaltssachen,* vgl. Art. Va des Protokolls.[2]

3. Das gleiche gilt für *schiedsgerichtliche Entscheidungen;* letzteres ist in Art. 1 II Nr. 4 ausdrücklich klargestellt.[3]

4. *Kirchliche Gerichte* sind nur dann als staatliche Gerichte im vorstehenden Sinne zu qualifizieren, wenn sie auf Grund staatlicher Delegation Recht sprechen.[4] Praktische Beispiele hierfür lassen sich derzeit in keinem der Vertragsstaaten im Rahmen des Anwendungsbereichs des Übereinkommens (Art. 1) finden.

5. *Entscheidungen internationaler Gerichtshöfe,* wie etwa der Zentralkommission in Straßburg, des Berufungsausschusses der Moselkommission oder des Obersten Rückerstattungsgerichts in Herford, fallen nicht in den Anwendungsbereich des Übereinkommens. Die Wirksamkeit dieser Entscheidungen ist ausschließlich nach den internationalen Verträgen zu beurteilen, durch die die vorgenannten Gerichte eingerichtet wurden, also nach der Revidierten Rheinschiffahrtsakte (sog. Mannheimer Abkommen) vom 17. Oktober 1868 i. d. F. vom 20. November 1963,[5] dem Vertrag über die Schiffbarmachung der Mosel vom 27. Oktober 1956[6] bzw. dem Vertrag zur Regelung aus Krieg und Besatzung entstehender Fragen vom 26. Mai 1952 und 23. Oktober 1954.[7]

6. In den Anwendungsbereich der Art. 25ff. fallen auch nicht die Entscheidungen des EuGH. Deren Beachtlichkeit in allen EG-Staaten ergibt sich unmittelbar aus dem jeweils einschlägigen Übereinkommen, z. B. EWG-Vertrag oder Auslegungsprotokoll.

II. Gerichtsorgan

Welches Gerichtsorgan die anzuerkennende Entscheidung erlassen hat, spielt keine Rolle. Auch die *Entscheidungen der (deutschen) Rechtspfleger*

---

[2] Oben § 29 II. Zur Vollstreckbarerklärung einer dänischen Beitragsresolution nach dem Haager Übereinkommen vom 15. April 1958 über die Anerkennung und Vollstreckung von Entscheidungen auf dem Gebiet der Unterhaltspflicht gegenüber Kindern (BGBl. 1961 II 1006) s. LG Frankfurt/M., Urteil vom 22. Juni 1978, DAVorm. 1979, 534 = IPRspr. 1978 Nr. 161.

[3] Vgl. oben § 27 und LG Hamburg, Beschluß vom 24. April 1979, RIW/AWD 1979, 493 = IPRspr. 1979 Nr. 223 sub I.

[4] Vgl. unten Bd. II 56.

[5] BGBl. 1969 II 547.

[6] BGBl. 1956 II 1838.

[7] BGBl. 1955 II 405, 424.

sind anerkennungsfähig. Ihnen ist vor allem die Durchführung des Mahnverfahrens übertragen, desweiteren erlassen sie die Kostenfestsetzungsbeschlüsse nach § 104 ZPO. Diese sind in Art. 25 ausdrücklich hervorgehoben.

III. Form und Bezeichnung

Form und Bezeichnung der gerichtlichen Entscheidungen sind ohne Bedeutung. Es ist gleich, ob diese im normalen Erkenntnisverfahren oder in einem summarischen Verfahren[8] erlassen wurden, ob dem Urteil eine kontradiktorische Verhandlung vorausging oder ob es sich um ein Versäumnisurteil handelt. Art. 25 hebt hervor, daß es auf die Bezeichnung (Urteil, Beschluß oder Vollstreckungsbescheid) nicht ankommt.

IV. Anerkennung ohne Rücksicht auf die Art der Gerichtsbarkeit[8a]

Nicht erforderlich ist, daß die anzuerkennende Entscheidung von einem ordentlichen Zivilgericht erlassen wurde. Ist Streitgegenstand eine Zivil- oder Handelssache im Sinne des Art. 1, wird ohne Rücksicht auf die Gerichtsbarkeit „jede von einem Gericht ... erlassene Entscheidung" (Art. 25) anerkannt, also Adhäsionsentscheidungen von Strafgerichten sowie Urteile und Beschlüsse von Arbeitsgerichten. Ja selbst Entscheidungen von Verwaltungsgerichten oder Staatsgerichtshöfen sind anerkennungsfähig, sofern sie einen zivilrechtlichen Streit betreffen. Mit dieser Maßgabe sind z. B. Urteile des französischen Conseil d'Etat anzuerkennen.[9]

---

[8] In Italien ist das Mahnverfahren (procedimento d'inguinzione, auch procedimento monitorio genannt) in Art. 633–656 Codice di procedura civile geregelt. Das deutsche und das italienische Mahnverfahren haben ihren gemeinsamen Ursprung im mittelalterlichen italienischen Prozeß. Der wesentliche Unterschied liegt jedoch darin, daß das deutsche Mahnverfahren nicht die Glaubhaftmachung des Klageanspruchs durch Urkunden verlangt; rechtsvergleichender Überblick bei *Horsmans,* La procédure d'injonction ou le recouvrement simplifié de certains créances dans les pays du marché commun, 1964, *Cappelletti,* RabelsZ 30 (1966), 62. Das italienische Mahnverfahren weist also starke Momente des deutschen Urkundenprozesses (§§ 592ff. ZPO) auf. Ein eigener Urkundenprozeß ist dem italienischen Zivilprozeß nicht bekannt. Dies hängt damit zusammen, daß bestimmte Urkunden, z. B. Wechsel, per se vollstreckbar sind.

Der französische Code de procédure civile von 1806 kannte kein Mahnverfahren. In Frankreich wurde das Mahnverfahren erst im Jahre 1937 eingeführt. Es war beeinflußt vom deutschen Recht, das in Elsaß-Lothringen auch nach 1918 in Kraft geblieben war. Nunmehr ist *la procédure d'injonction de payer* in Art. 752ff. nouveau Code de procédure civile geregelt.1957 erfolgte eine Reform, loi 57/756, 4. Juli 1957, JO 7. Juli 1957 S. 6690.

[8a] Unter „Gerichtsbarkeit" ist hier die *innerstaatliche Verteilung der Rechtsprechungsaufgaben* auf verschiedene Arten von Gerichten bzw. von Verfahren (Rechtswegen) zu verstehen. Hiervon zu unterscheiden ist die Gerichtsbarkeit i. S. von *Gerichtshoheit (facultas iurisdictionis).* Hierzu oben § 5 VI und unten § 139 III.

[9] *Habscheid* ZfRV 1973, 262 Fußn. 2. Vgl. oben § 19 XIIff.

V. Unanfechtbarkeit ist nicht erforderlich

Unanfechtbarkeit mit ordentlichen Rechtsmitteln (formelle Rechtskraft) ist nicht Voraussetzung für die Anerkennung. Im *Jenard*-Bericht[10] ist zu lesen: „Die in mehreren Abkommen vorkommende Wendung ‚bindende Wirkung' (autorité de la chose jugée) wurde absichtlich nicht übernommen, da auch einstweilige Entscheidungen sowie Entscheidungen der freiwilligen Gerichtsbarkeit anerkannt werden können, denen keine solche Wirkung zukommt". Gegenüber der Vollstreckung von vorläufig vollstreckbaren Titeln dürfte die „vorläufige Anerkennung" die kleinere Rolle spielen. Anerkennung setzt anerkennungsfähige Urteilswirkungen voraus. Sofern sich solche nach dem Recht des Erststaates erst mit Unanfechtbarkeit, also dem Eintritt der formellen Rechtskraft, entfalten, scheidet per definitionem die Anerkennung noch nicht rechtskräftiger Entscheidungen aus. So ist die Rechtslage im deutschen Recht. Anders dagegen das französische Recht. Hier hat das Urteil erster Instanz bereits im Zeitpunkt des Erlasses autorité de la chose jugée.[11] Diese ist in den anderen Vertragsstaaten zu beachten, solange die erststaatliche Entscheidung nicht von einem Rechtsmittelgericht aufgehoben worden ist bzw. die Feststellungswirkung durch Rechtsmittel nach dem Recht des Erststaates suspendiert wurde. Mit der Unanfechtbarkeit der Entscheidung erlangt sie dann volle materielle Rechtskraft (force de la chose jugée).[12]

VI. Einstweilige Maßnahmen[13]

1. Für die Praxis des internationalen Rechtsverkehrs besonders wichtig ist die internationale Freizügigkeit von einstweiligen Maßnahmen (Arresten, einstweiligen Verfügungen und Anordnungen). Dies stellt gegenüber dem bisherigen Rechtszustand einen wesentlichen Fortschritt dar.

2. Voraussetzung für die Anerkennung – im Gegensatz zur Vollstreckung – einstweiliger Maßnahmen ist, daß diese anerkennungsfähige Wirkungen nach dem Recht des Erststaates entfalten.

---

[10] *Jenard*-Bericht S. 87.

[11] *Habscheid* in *Fragistas*-Festschrift, 1969, 13.

[12] Dieser Unterschied gegenüber dem deutschen Recht hat insbesondere Auswirkungen auf die Beachtung der Rechtshängigkeit. Die Rechtshängigkeitseinrede gilt nach französischem Recht nur solange, wie kein Urteil vorliegt, also während der ersten Instanz. Ist bereits ein erstinstanzielles Urteil ergangen, so kann die autorité de la chose jugée dieses Urteils in einem neuen Prozeß über den gleichen Streitgegenstand geltend gemacht werden.

[13] *Schlosser*-Bericht Nr. 184. Vgl. auch BGH, Beschluß vom 16. Mai 1979, BGHZ 74, 278 = NJW 1980, 528 = WM 1979, 873 = RIW/AWD 1979, 570 = IPRspr. 1979 Nr. 200 und EuGH, Urteil vom 21. Mai 1980, Rechtssache 125/79 – *Denilauler ./. Couchet Frères,* EuGHE 1980, 1553 = RIW/AWD 1980, 510 = IPRax 1981, 95 mit Anm. *Hausmann* 79. Vgl. auch oben § 107 VI.

VII. Streitentscheidungen der freiwilligen Gerichtsbarkeit

Auf dem Gebiet der freiwilligen Gerichtsbarkeit sind vor allem Entscheidungen, die in sog. echten Parteistreitigkeiten ergehen,[14] anerkennungsfähig.[15] Doch ist der Anwendungsbereich des Übereinkommens nicht auf diese beschränkt. Auch sonstige Entscheidungen der freiwilligen Gerichtsbarkeit sind nach Art. 25ff. anzuerkennen, sofern sie nicht unter Art. 1 II Nr. 1 fallen.[16]

VIII. Anerkennungs- bzw. Exequaturteile

1. Hinsichtlich drittstaatlicher Urteile[17]

Nicht anerkennungsfähig sind Entscheidungen von Gerichten anderer Vertragsstaaten, durch die festgestellt wird, daß die Voraussetzungen für die Anerkennung oder Vollstreckbarerklärung einer drittstaatlichen gerichtlichen Entscheidung im Erststaat gegeben sind.[18] Wird z. B. in Paris dem Urteil eines polnischen Gerichts das Exequatur erteilt, so entfaltet die polnische Entscheidung nur in Frankreich Wirkungen. Die französische Entscheidung kann jedoch nicht in den übrigen Vertragsstaaten anerkannt werden; denn für die Frage, ob im Zweitstaat eine Entscheidung, die von den polnischen Gerichten erlassen wurde, anerkannt wird, ist nicht das EWG-Übereinkommen maßgeblich, sondern der Vertrag, den der Zweitstaat mit Polen über die Anerkennung und Vollstreckbarerklärung von gerichtlichen Entscheidungen geschlossen hat; bei Fehlen eines solchen kommt das autonome Recht des Zweitstaates zur Anwendung.[18]

2. Hinsichtlich der Urteile aus anderen Vertragsstaaten

Das gleiche gilt, wenn gemäß Art. 26 II über die Anerkennung eines Urteils entschieden wurde, das aus einem anderen Vertragsstaat stammt. Wurde z. B. von einem niederländischen Gericht festgestellt, daß ein bestimmtes französisches Urteil nach den Bestimmungen des Übereinkommens in den Niederlanden anzuerkennen ist, so kann die niederlän-

---

[14] Vgl. unten Bd. II 63ff.

[15] *Jenard*-Bericht S. 87.

[16] Hierzu oben §§ 20ff.

[17] *Geimer* RIW/AWD 1976, 145; JZ 1977, 149. A. A. *Schütze* ZZP 1964, 287ff. Vgl. auch unten Bd. II 61 Fußn. 5.

[18] Vorstehendes gilt auch für Urteile aus der *Deutschen Demokratischen Republik*. Deren Wirkungen werden nicht via Bundesrepublik Deutschland auf die übrigen EG-Vertragsstaaten nach Art. 25ff. erstreckt. In diesem Zusammenhang ist es ohne Bedeutung, daß die Bundesrepublik die DDR nicht als Ausland betrachtet.

dische Entscheidung als solche in der Bundesrepublik Deutschland nicht anerkannt werden. Die niederländische Entscheidung entfaltet in der Bundesrepublik Deutschland keine Feststellungswirkung. Der deutsche Richter hat vielmehr selbständig zu prüfen, ob die französische Entscheidung in der Bundesrepublik Deutschland anerkennungsfähig ist. Seine Entscheidung kann von der des niederländischen Gerichts abweichen, z. B. im Hinblick auf die ordre public-Klausel des Art. 27 Nr. 1. Hat z. B. das französische Gericht zwingendes deutsches Devisenrecht, das auch im Verhältnis zum Ausland aus staatspolitischen Gründen durchzusetzen ist, nicht beachtet, so steht dies der Anerkennung der Entscheidung in den Niederlanden nicht entgegen. Anders ist jedoch die Lage für den deutschen Richter. Dieser wird die Anerkennung der französischen Entscheidung unter Hinweis auf Art. 27 Nr. 1 verweigern.[19]

IX. Prozeßurteile

1. Anerkennungsfähig sind nur *Sachentscheidungen,* nicht jedoch Prozeßabweisungen und sonstige Entscheidungen über prozessuale Fragen, auch wenn diese nach dem Recht des Erststaates in materielle Rechtskraft erwachsen. Für den Zweitrichter sind sie ohne Bedeutung. Die Feststellung z. B. eines französischen Gerichts, daß eine Prozeßvoraussetzung nach dem französischen Recht nicht gegeben sei, spielt für die Entscheidung des deutschen Richters keine Rolle.

2. Dies gilt auch für *Prozeßabweisungen wegen internationaler Unzuständigkeit.*[20] Die Bindung an die Unzuständigkeitserklärung des Erstrichters in besonderen Fällen ist eine Bindungswirkung sui generis.[21]

---

[19] Hiervon ist logisch die Frage zu trennen, ob im Zweitstaat die Feststellung begehrt werden kann, daß das erststaatliche Urteil in einem dritten Vertragsstaat anzuerkennen ist. Der Wortlaut des Art. 26 II schließt dies zwar nicht aus. Dort wird als Streitgegenstand des Anerkennungsverfahrens angesehen „die Frage, ob eine Entscheidung anzuerkennen ist". Es fehlt die Einschränkung „im Staat des angerufenen Gerichts". Doch wird man eine solche in Art. 26 II hineininterpretieren müssen. Die zweitstaatliche Feststellung, daß das erststaatliche Urteil in einem dritten Vertragsstaat nach dem Übereinkommen anzuerkennen ist oder nicht, ist dort unbeachtlich. Für die rechtskraftfähige Feststellung, ob die erststaatliche Entscheidung in einem dritten Vertragsstaat nach dem Übereinkommen anzuerkennen ist, sind die Gerichte dieses Staates wohl ausschließlich international zuständig. *Geimer* JZ 1977, 149 sub 4. Unbenommen bleibt es jedoch den Gerichten der anderen Vertragsstaaten die Frage der Anerkennungsfähigkeit als *Vorfrage* – ohne Rechtskraftwirkung – zu entscheiden.

[20] A. A. *Schlosser*-Bericht Nr. 191: „Entscheidungen, welche eine Klage als unzulässig abweisen, sind anerkennungspflichtig. Erklärt sich ein deutscher Richter für unzuständig, so kann ein englisches Gericht seine eigene Zuständigkeit nicht mit der Begründung leugnen, der deutsche Kollege sei in Wirklichkeit doch zuständig gewesen. Deutsche Prozeßurteile entfalten aber selbstverständlich in England keine Bindung zur Sache. Der englische Richter kann, wenn er nach Erlaß des deutschen Prozeßurteils angerufen wird, der Klage jederzeit stattgeben (oder sie aus sachlichen Gründen abweisen)." Ebenso *Kropholler* Kommentar 186, Rz. 11 vor Art. 26 und 176 Art. 25 Rz. 11.

3. Anerkennungsfähig ist jedoch die Rechtskraft eines Urteils, das die Wirksamkeit bzw. Unwirksamkeit einer Zuständigkeitsvereinbarung feststellt. Hierzu oben § 96 XXXII 5.

X. Beweisurteile

Beweisbeschlüsse oder Beweisurteile[22] fallen nicht unter Art. 25ff.[23] Die internationale Rechtshilfe ist nicht Gegenstand des Übereinkommens. Maßgebend sind vielmehr die Haager Übereinkommen.[24]

XI. Klageabweisende Urteile

Soweit die Klage/der Antrag aus prozessualen Gründen abgewiesen wurde, gelten die oben IX angestellten Erwägungen. Anders ist es, wenn das Gericht zu der Sache entschieden hat. Hier handelt es sich um eine anerkennungsfähige Sachentscheidung.

---

[21] Oben § 30 und § 96 XXII.

[22] In Frankreich wird etwa auch eine Gerichtsentscheidung, die eine Beweisaufnahme anordnet, „jugement (d'avant dire droit)" genannt.

[23] *Schlosser*-Bericht Nr. 187: „Wollte man auch gerichtliche Zwischenentscheidungen über den Verfahrensfortgang, insbesondere über vorzunehmende Beweisaufnahmen, unter Art. 25 EuGVÜ fallen lassen, so würden auch Entscheidungen betroffen, denen die Parteien ohne Mitwirkung des Gerichts gar nicht nachkommen könnten und deren Ausführung Dritte, namentlich Zeugen, beträfe. Eine „Vollstreckung" solcher Entscheidungen nach dem EuGVÜ wäre daher nicht durchführbar. Man muß daraus den Schluß ziehen, daß gerichtliche Zwischenentscheidungen, welche nicht auf die Regelung von Rechtsverhältnissen unter den Parteien abzielen, sondern den weiteren Verfahrensfortgang gestalten, vom Anwendungsbereich des 3. Titels des EuGVÜ ausgeschlossen sein sollen."

[24] Die sechs EWG-Gründerstaaten sowie Dänemark sind Vertragspartner des Haager Übereinkommens von 1954 über den Zivilprozeß und des Haager Übereinkommens vom 15. November 1965 über die Zustellung gerichtlicher und außergerichtlicher Schriftstücke sowie des Haager Übereinkommens vom 18. März 1970 über die Beweisaufnahme im Ausland. Irland hat mit den anderen Staaten der Europäischen Gemeinschaft überhaupt kein Rechtshilfeabkommen geschlossen. Zwischen dem Vereinigten Königreich und folgenden Staaten bestehen zwar Rechtshilfeabkommen: Bundesrepublik Deutschland (Abkommen vom 20. März 1928), Niederlande (Abkommen vom 17. November 1967). Außerdem ist das Vereinigte Königreich Partei der Haager Übereinkommen von 1965 und 1970. Sonst steht es aber nicht in staatsvertraglichen Bindungen zu Staaten der Gemeinschaft. *Schlosser*-Bericht Nr. 186.

§ 108 Zivil- und Handelssachen

I. Zivilrechtlicher Streitgegenstand

Die Vertragsstaaten sind nur zur Anerkennung solcher gerichtlicher Entscheidungen verpflichtet, die in Zivil- und Handelssachen ergangen sind. Der Urteilsgegenstand muß also zivilrechtlich zu qualifizieren sein.

II. Konventionsimmanente Definition

Der Begriff der Zivil- und Handelssachen ist für alle Vertragsstaaten einheitlich zu definieren. Näher oben § 19.

III. Art der Gerichtsbarkeit spielt keine Rolle

Die Art der Gerichtsbarkeit spielt keine Rolle. Hierzu oben § 19 IX und oben § 107 IV.

§ 109 Ausgeschlossene Rechtsgebiete

1. Die Einschränkung des sachlichen Anwendungsbereichs des Übereinkommens durch Art. 1 II gilt auch für Art. 25 ff.[1] Maßgebend ist der Urteilsgegenstand; Präjudizialität genügt nicht, um die Anwendung der Art. 25 ff. auszuschließen.[2]

2. Nicht in den Anwendungsbereich des Übereinkommens fallen Entscheidungen, deren Streitgegenstand betrifft:
- den Personenstand,
- die Rechts- und Handlungsfähigkeit sowie die gesetzliche Vertretung von natürlichen Personen,
- die ehelichen Güterstände,
- das Gebiet des Erbrechts einschließlich des Testamentsrechts (Art. 1 II Nr. 1),
- Konkurse, Vergleiche oder ähnliche Verfahren (Art. 1 II Nr. 2),[3]
- einen Rechtsstreit auf dem Gebiet der sozialen Sicherheit (Art. 1 II Nr. 3).

3. Der Ausnahmekatalog des Art. 1 II ist eng auszulegen. Die Anerkennung einer Entscheidung eines Vertragsstaates ist gemäß Art. 1 II nur dann ausgeschlossen, wenn der Streitgegenstand der Entscheidung eine Frage betrifft, die in Art. 1 II ausdrücklich erwähnt ist. Wird eine im

---

[1] Nicht jedoch für Art. 31 ff. im Hinblick auf die Zulassung von Prozeßvergleichen (Art. 50) und sonstigen vollstreckbaren Urkunden, z. B. Unterwerfungen unter die sofortige Zwangsvollstreckung vor einem deutschen Notar (§ 794 II Nr. 5 ZPO). Auch wenn diese Vollstreckungstitel eine in Art. 1 II Nr. 1 ausgeschlossene Materie betreffen, sind sie nach Art. 31 ff. zur Vollstreckung zuzulassen. Vgl. oben § 20 VIII.

[2] Vgl. oben §§ 20 ff.

[3] Hierzu oben § 25 und *Schlosser* RIW/AWD 1983, 473 ff.

Ausnahmekatalog erwähnte Rechtsfrage nur präjudiziell entschieden, so greift Art. 1 II nicht ein. Hierzu einige Beispiele: Die Anerkennung von Scheidungsurteilen scheitert an Art. 1 I Nr. 1, da diese den Personenstand von natürlichen Personen betrifft. Verurteilt jedoch ein Gericht eines Vertragsstaates einen Ehepartner, nach der Scheidung an den anderen Unterhalt zu zahlen, so ist dieses Urteil anerkennungsfähig.[3a] Die Frage des Bestehens oder Nichtbestehens der Ehe ist lediglich präjudiziell für den Erstrichter gewesen. Dieses Ergebnis wird bestätigt durch Art. 5 Nr. 2. Diese Vorschrift wäre sinnlos, wenn Unterhaltsklagen nicht in den Anwendungsbereich des Übereinkommens fielen. Desweiteren gelten Art. 25ff nicht für einen Erbschein oder ein Urteil, durch das die Erbfolge nach einer bestimmten natürlichen Person festgestellt wird, Art. 1 II Nr. 1. Verurteilt jedoch ein ausländischer Richter einen Dritten zur Herausgabe eines Nachlaßgegenstandes an den Erben, so fällt dieses Urteil in den Anwendungsbereich des Art. 25; denn hier ist die Erbfolge lediglich Vorfrage für den Herausgabeprozeß. Entmündigungen können nach Art. 1 II Nr. 1 nicht anerkannt werden. Verurteilt jedoch ein Gericht eines Vertragsstaates einen Dritten zur Herausgabe eines vom Entmündigten gelieferten Gegenstandes, weil der Lieferungsvertrag im Hinblick auf die Geschäftsunfähigkeit unwirksam sei, so ist dieses Urteil im Zweitstaat nach Maßgabe von Art. 25ff. anzuerkennen.

4. An sich hätte die Formulierung in „Zivilsachen" genügt, da nach dem Recht aller Vertragspartner die Handelssachen zu den Zivilsachen gehören. Die Ausdrucksweise des Vertrages dient lediglich der Klarstellung.

5. Die Ausschlußtatbestände des Art. 1 II sind einheitlich für alle Bereiche des Übereinkommens auszulegen. Insoweit deckt sich der Anwendungsbereich der europäischen Zuständigkeitsordnung mit dem der Vorschriften über die Pflicht zur Anerkennung bzw. Vollstreckbarerklärung (= Klauselerteilung).[4]

6. Soweit die durch Art. 1 II ausgeschlossenen Rechtsgebiete in den Anwendungsbereich des EWG-Vertrages fallen, greift die Anerkennungspflicht nach Art. 220 dieses Vertrages ein.[5]

§ 110 Unerheblichkeit der Qualifikation durch den Erstrichter

1. Auch wenn der Erstrichter zu Unrecht davon ausgegangen war, daß ein öffentlichrechtlicher Anspruch vorliege, besteht die Pflicht zur Anerkennung, wenn eine Zivil- oder Handelssache gegeben ist.

[3a] Vgl. oben § 22. Beispiele: OLG Frankfurt, Beschluß vom 10. Dezember 1979, IPRax 1981, 136 mit Anm. *Schlosser* 120 = IPRspr. 1980 Nr. 162; BGH, Beschluß vom 30. April 1980, BGH Warneyer 1980 Nr. 114 = NJW 1980, 2022 = FamRZ 1980, 672 = MDR 1980, 1017 = FRES 6,329 = LM Nr. 112 zu EGÜbk. = IPRspr. 1980 Nr. 166.

[4] Vgl. oben § 20 IV.

[5] Der Regelungsvorbehalt des Art. 220 EWGV betrifft nur die Förmlichkeiten, nicht jedoch die grundsätzliche Anerkennungspflicht. So treffend *Schlosser* RIW/AWD 1983, 473.

2. Das gleiche gilt auch umgekehrt. Hat der Erstrichter zu Unrecht das Vorliegen einer Zivil- oder Handelssache bejaht, dann besteht gleichwohl keine Anerkennungspflicht, wenn in Wirklichkeit keine Zivil- oder Handelssache im Sinne des Art. 1 gegeben ist.

3. Fazit: Der Zweitrichter ist an die Entscheidung des Erstrichters nicht gebunden.[1] Vgl. oben § 20 IX.

§ 111 Der Urteilsgegenstand fällt nur teilweise in den Anwendungsbereich der Art. 25ff.

Hierzu oben § 20 VII.

§ 112 Nichtanerkennung der Folgeentscheidung bei logischer Priorität einer Entscheidung, die nicht in den Anwendungsbereich der Art. 25ff. fällt, wenn diese nach dem maßgeblichen Anerkennungsrecht[1] nicht anerkennungsfähig ist

1. Wurde die Ehescheidung und die Verurteilung zu Unterhaltszahlungen im sogenannten Entscheidungsverbund in einem Urteil zusammengefaßt, so findet das Übereinkommen nur auf die Verurteilung zu Unterhaltszahlungen Anwendung.[2] Die Anerkennung des Scheidungsausspruchs erfolgt nach autonomem Recht.[3] Die Problematik dieser „gemischten Sachen" haben die Verfasser des Übereinkommens nicht erkannt.

a) Wie ist zu entscheiden, wenn der Ausspruch der Ehescheidung nach dem autonomen Recht nicht anerkannt wird, obwohl die Voraussetzungen für die Anerkennung der Verurteilung zur Unterhaltszahlung nach dem Überkommen gegeben wären?[4] Eine Anerkennung der Verurteilung zur Unterhaltszahlung nach dem Übereinkommen setzt wohl in jedem Falle voraus, daß die Auflösung der Ehe durch das Scheidungsurteil im Zweitstaat anerkannt wird.

b) In der Bundesrepublik Deutschland ist daher zunächst nach § 328 ZPO zu prüfen, ob die Ehescheidung als solche anerkennungsfähig ist. Sind nicht beide Parteien Angehörige des Erststaates, so ist ein Anerkennungsverfahren vor der zuständigen Landesjustizverwaltung durchzuführen.[5] Erst wenn festgestellt ist, daß die Anerkennungsvoraussetzungen vorliegen, kann eine Anerkennung der Verurteilung zur Unterhalts-

---

[1] A. A. *Kropholler* Kommentar 173, Art. 25, Rz. 3.

[1] Z. B. § 328 ZPO.

[2] Oben § 22 und § 20 VI.

[3] Vgl. oben § 21.

[4] Hierzu *Droz* Nr. 428 S. 266.

[5] Art. 7 § 1 Familienrechtsänderungsgesetz; hierzu *Zöller-Geimer,* ZPO, 13. Aufl., 1981, § 328, Anm. Q.

zahlung gemäß Art. 25ff. des Übereinkommens erfolgen. Ist der Scheidung die Anerkennung zu verweigern, dann entfällt auch die Anerkennungspflicht nach Art. 25ff. für die Folgeentscheidungen (hier: die Verurteilung zur Unterhaltszahlung).[6]

2. Etwas anderes gilt im Verhältnis zwischen der im Statusverfahren getroffenen, nicht in den Anwendungsbereich der Art. 25ff. fallenden Feststellung der Vaterschaft und der darauf gestützten Verurteilung zur Zahlung des Unterhalts. Selbst wenn feststeht, daß die *Vaterschaftsfeststellung* nach dem maßgeblichen Anerkennungsrecht nicht anerkannt werden kann, ist damit noch nicht die Anerkennung des Unterhaltsurteils ausgeschlossen. Die generelle Schutzbedürftigkeit des Kindes hat Vorrang. Deshalb ist eine bloße Zahlvaterschaft in Kauf zu nehmen, auch wenn diese nach der maßgeblichen lex causae nicht (mehr) anerkannt wird.[7]

§ 113 Anerkennungspflicht ohne Rücksicht auf das vom Erstrichter angewandte Kompetenzrecht

1. Art. 25ff. verpflichten die Vertragsstaaten zur Anerkennung aller gerichtlichen Entscheidungen aus den anderen Vertragsstaaten, ohne Rücksicht darauf, welches Kompetenzrecht der Erstrichter angewandt hat. Die Anerkennungspflicht beschränkt sich also nicht auf die Fälle, in denen die europäische Zuständigkeitsordnung anzuwenden war. Sie besteht auch dann, wenn gemäß Art. 4 I das nationale Zuständigkeitsrecht einschlägig war. Hat z. B. ein deutsches Gericht auf Grund des § 23 ZPO in einem Prozeß gegen einen in Wien wohnhaften Beklagten die interna-

---

[6] *Geimer* NJW 1975, 2141; a. A. *Hausmann* IPrax 1981, 6; OLG Karlsruhe, Beschluß vom 3. Oktober 1980, DAVorm 1981, 166 = IPRspr. 1980 Nr. 174. Näher oben § 74 Fußn. 349.

[7] Vgl. den Fall der Cour d'appel de Lyon, Urteil vom 18. April 1978, *Theillol ./. Stadtjugendamt Freiburg,* Journal du droit international (Clunet) 106 (1979) 383 = Nachschlagewerk I 27.1–B3.

Das AG Freiburg/Breisgau hatte die Vaterschaft des Beklagten zu dem nichtehelich geborenen Kind C. Z. festgestellt und ihn zur Leistung von Unterhalt an dieses Kind verurteilt. Der Beklagte wohnte in Frankreich, er hatte sich auf das Verfahren vor dem deutschen Gericht nicht eingelassen; die Feststellung der Vaterschaft beruhte auf den unter Eid gemachten Angaben der Mutter des Kindes. Ferner war eine vergleichende Blutgruppenuntersuchung angeordnet worden, der sich der Beklagte jedoch nicht unterzogen hatte. Der Beklagte machte geltend, die Entscheidung über die Feststellung der nichtehelichen Abstammung verstoße gegen den französischen ordre public. Die Beschwerde blieb ohne Erfolg.

Die Cour d'appel entschied: Der Beschwerdeführer mache zu Unrecht geltend, das AG Freiburg habe seine nichteheliche Vaterschaft in einer dem französischen ordre public widersprechenden Weise allein auf die Angaben der Mutter gestützt. Das AG habe vielmehr darüber hinaus eine vergleichende Blutgruppenuntersuchung der Mutter, des Kindes und des Beschwerdeführers angeordnet, die allein infolge seiner Nichtbeteiligung am Verfahren nicht habe durchgeführt werden können. Dieses Verhalten des Beschwerdeführers sowie die beeideten Angaben der Mutter habe das AG frei würdigen können.

tionale Zuständigkeit der Bundesrepublik Deutschland bejaht und ein Sachurteil erlassen, so ist dieses in den anderen Vertragsstaaten anzuerkennen.

2. Dies gilt selbst dann, wenn das Erstgericht – aus welchen Gründen auch immer – seiner Entscheidung das falsche Kompetenzrecht zu Grunde gelegt hat.

Beispiel:

Ein Franzose verklagt einen Münchner in Paris. Das Gericht ignoriert die Anwendbarkeit der Art. 2ff. und bejaht die internationale Zuständigkeit Frankreichs auf Grund Art. 14 Code civil. Dieses Urteil ist – sofern nicht ein Versagungsgrund der Art. 27, 28 I vorliegt – anzuerkennen. Der Beklagte hätte sich im Erststaat gegen die falsche Zuständigkeitsentscheidung wehren müssen. Vgl. oben § 57 I.

§ 114 Anerkennung ohne Rücksicht auf die Staatsangehörigkeit der Parteien

Die Staatsangehörigkeit der Parteien spielt keine Rolle. Die Anerkennungspflicht nach Art. 25ff. gilt für alle Entscheidungen staatlicher Gerichte der anderen Vertragsstaaten in Zivil- und Handelssachen. Entscheidender Anknüpfungspunkt ist das Vorliegen einer gerichtlichen Entscheidung. Dabei ist es gleichgültig, wer Partei im erststaatlichen Erkenntnisverfahren gewesen war. Auch wenn beide Parteien Angehörige eines Nichtvertragsstaates sind, sind Art. 25ff. anzuwenden.

Beispiel:

Ein Österreicher mit Wohnsitz in Wien hat gegen einen Schweizer mit Wohnsitz in Bern vor dem Landgericht Frankfurt/Main ein Zahlungsurteil erstritten. Dieses müssen die anderen Vertragsstaaten anerkennen und vollstrecken.

§ 115 Anerkennung ohne Rücksicht auf den Wohnsitz der Parteien

1. Der Wohnsitz der Parteien ist für die Anwendung der Art. 25ff. ohne Bedeutung. Auch wenn beide Parteien außerhalb des geographischen Anwendungsbereiches des Übereinkommens wohnen, ist eine in einer Zivil- oder Handelssache von dem staatlichen Gericht eines Vertragsstaates erlassene Sachentscheidung in den anderen Vertragsstaaten anzuerkennen.

2. Hierin liegt ein wesentlicher Unterschied zum Anwendungsbereich der europäischen Zuständigkeitsordnung der Art. 2 – Art. 24. Deren Geltungsbereich ist grundsätzlich – Ausnahmen: Art. 16 und Art. 17 – beschränkt auf die Fälle, in denen der Beklagte zum Zeitpunkt der Klageerhebung oder doch wenigstens zum Zeitpunkt der letzten mündlichen Verhandlung seinen Wohnsitz im geographischen Anwendungsbereich

des Übereinkommens hat. Wohnt er in einem Nichtvertragsstaat oder hat er überhaupt keinen Wohnsitz, so kommt gemäß Art. 4 I das nationale Zuständigkeitsrecht zur Anwendung. Näher oben § 29.

§ 116 Anerkennung und IPR des Zweitstaates

1. Die Beachtung der kollisionsrechtlichen Regeln des Zweitstaates ist nicht Voraussetzung für die Anerkennung.[1] Die Anerkennungspflicht besteht grundsätzlich auch dann, wenn das Erstgericht seiner Entscheidung eine andere als die vom IPR des Zweitstaates berufene lex causae zugrundegelegt hat, sei es, weil das IPR des Erststaates vom IPR des Zweitstaates abweicht oder weil eine internationale Einheitsnorm verschieden ausgelegt wird oder weil das Erstgericht von einem unrichtigen Sachverhalt ausgegangen ist oder sein eigenes (mit dem IPR des Zweitstaates im Ergebnis übereinstimmendes) Recht falsch angewandt hat.

2. Eine Ausnahme gilt nur im Rahmen des Art. 27 Nr. 4.[2]

a) Dieser Versagungsgrund korrespondiert mit Art. 1 II Nr. 1.[3] Sind die dort aufgeführten Materien Streitgegenstand (Entscheidungsgegenstand), dann kommt das Übereinkommen nicht zur Anwendung. Es besteht keine Anerkennungspflicht nach Art. 25 ff.[4] Anders ist es jedoch, wenn über die dort genannten Materien nur vorfrageweise entschieden wurde. Dann gelten Art. 25 ff. Das einschlägige Kollisionsrecht hielt man aber für so bedeutungsvoll[5], daß der Zweitrichter berechtigt sein

---

[1] *Kropholler* Kommentar 206, Art. 27, Rz. 38.

[2] Vgl. *Jenard*-Bericht S. 87 zum Thema *Vorfragen:*

„Die Anerkennung darf nicht lediglich deswegen versagt werden, weil das Gericht des Urteilsstaates ein anderes Recht angewendet hat als das, das nach den Vorschriften des internationalen Privatrechts des Anerkennungsstaates anwendbar gewesen wäre. Das Übereinkommen sieht jedoch eine Ausnahme von dieser Regel vor, wenn es sich um Vorfragen handelt, die den Personenstand, die Rechts- und Handlungsfähigkeit oder die gesetzliche Vertretung, die ehelichen Güterstände, Testaments- oder Erbschaftssachen betreffen, es sei denn, daß die Entscheidung zu dem gleichen Ergebnis geführt hätte, wenn die Regeln des internationalen Privatrechts des Anerkennungsstaates angewendet worden wären.

Das deutsch-belgische Abkommen enthält eine ähnliche Bestimmung, die aber auf den Fall beschränkt ist, daß die Entscheidung einen Angehörigen des Staates betrifft, in dem die Entscheidung geltend gemacht wird. In dem Bericht der Unterhändler dieses Abkommens ist ausgeführt, diese Ausnahme rechtfertige sich nach dem Grundsatz, daß die Staaten sich die Entscheidung über Statusfragen ihrer Angehörigen vorbehalten.

Die Fassung dieser Bestimmung entspricht der des Artikels 7 des Haager Übereinkommens über die Anerkennung und Vollstreckung ausländischer Urteile in Zivil- und Handelssachen."

[3] Hierzu oben § 21.

[4] Oben § 109.

[5] *Jenard*-Bericht S. 89.

sollte, wegen dessen Nichtbeachtung durch den Erstrichter die Anerkennung scheitern zu lassen. Er darf prüfen, ob sich der Erstrichter bei seiner Entscheidung hinsichtlich einer Vorfrage, die den Personenstand, die Rechts- und Handlungsfähigkeit oder die gesetzliche Vertretung einer natürlichen Person, die ehelichen Güterstände oder das Gebiet des Erbrechts einschließlich des Testamentsrechts betrifft, in Widerspruch zu einer Vorschrift des IPR des Zweitstaates gesetzt hat. Ist dies der Fall, dann darf die Anerkennung versagt werden, es sei denn, daß die Entscheidung nicht zu einem anderen Ergebnis geführt hätte, wenn das IPR des Zweitstaates angewandt worden wäre.

b) Aus der Sicht eines jeden Vertragsstaates ergibt sich eine andere Perspektive. So setzt via Art. 27 Nr. 4 der deutsche Zweitrichter das deutsche IPR hinsichtlich der in Art. 27 Nr. 4 (Art. 1 II Nr. 1) genannten Materien durch, der französische Zweitrichter das französische Kollisionsrecht etc.

c) Der Begriff der Vorfrage und des Widerspruchs ist autonom zu qualifizieren. Es ist also jeweils eine für alle Vertragsstaaten einheitliche europäische Definition zu erarbeiten.

d) Art. 27 Nr. 4 verpflichtet die Vertragsstaaten nicht, die Anerkennung zu verweigern.[6] Sind in concreto die Voraussetzungen gegeben, darf der Zweitstaat gleichwohl anerkennen. So wäre es z. B. zulässig, wenn die deutschen Gerichte nur unter den engeren Voraussetzungen des § 328 I Nr. 3 ZPO die Anerkennung versagten.[7]

e) Die Nichtbeachtung des Kollisionsrechts des Zweitstaates durch den Erstrichter darf nur in den in Art. 27 Nr. 4 aufgeführten engen Grenzen zum Anlaß für die Verweigerung der Anerkennung genommen werden. In allen anderen Fällen wäre es konventionswidrig, wollte man die Anerkennung nur deshalb ablehnen, weil der Erstrichter seiner Entscheidung eine andere Rechtsordnung zugrundegelegt hat als es der Zweitrichter getan hätte, wenn er anstelle des Erstrichters den Rechtsstreit hätte entscheiden müssen. Art. 27 Nr. 4 enthält eine abschließende Regelung. Diese darf nicht auf dem Umweg über die allgemeine ordre public-Klausel des Art. 27 Nr. 1 aufgeweicht werden.[8] Der ordre public kommt erst dann ins Spiel, wenn der *Inhalt* der vom IPR des Erststaates berufenen Rechtsordnung mit den im Zweitstaat für unverzichtbar gehaltenen grundlegenden Gerechtigkeitsvorstellungen und staatspolitischen Zielsetzungen unvereinbar ist.[9]

f) Bei seiner Prüfung ist der Zweitrichter an die tatsächlichen Feststellungen des Erstrichters nicht gebunden. Auch ist er auf den Tatsachen-

---

[6] Unten § 123 und unten Bd. II 119.

[7] Zu § 328 ZPO vgl. z. B. BGH, Urteil vom 7. März 1979, BGHZ 73, 378 = NJW 1979, 1105 = MDR 1979, 653 = FamRZ 1979, 495 mit Anm. *Basedow* 793 = IPRspr. 1979 Nr. 209.

[8] Anders *Kropholler*, Kommentar 196, Art. 27 Rz. 12.

[9] Unten § 139 V 2.

stoff des Erstverfahrens nicht beschränkt. Neue Tatsachen sind nicht präkludiert.[10]

g) Soweit die vom Erstrichter ignorierte Kollisionsnorm nicht im unmittelbaren staatlichen Interesse (des Zweitstaates) aufgestellt ist, sondern dem Schutz des Beklagten dient, darf der Zweitrichter die Anerkennung nur auf Rüge des Beklagten versagen.

h) Die Nichtbeachtung der einschlägigen kollisionsrechtlichen Vorschriften eines anderen Vertragsstaates oder eines dritten Staates ist irrelevant. Über Art. 27 Nr. 4 darf der Zweitrichter nur das IPR des Zweitstaates auf den in Art. 1 II Nr. 1 genannten Gebieten durchsetzen.

§ 117 Konkurrenz mehrerer Entscheidungen aus verschiedenen Staaten über den gleichen Streitgegenstand

I. Problem

1. Wie ist zu entscheiden, wenn in der gleichen Sache von zwei oder mehr staatlichen Gerichten aus verschiedenen Staaten[1] Entscheidungen ergangen sind? Diese Frage bekommt dann praktische Bedeutung, wenn die Entscheidungen von einander abweichen.[2] Vom dogmatischen

[10] *Zöller-Geimer,* ZPO, 13. Aufl., 1981, § 328, Anm. N V 2. A. A. *Kropholler,* Kommentar 207, Art. 27, Rz. 42. – Vgl. auch unten § 139 bei Fußn. 90.

[1] Zur innerstaatlichen Konkurrenz aus deutscher Sicht *Stein-Jonas-Schumann-Leipold,* ZPO, 19. Aufl., § 322, Anm. IX 6 und *Wieczorek,* ZPO, Großkommentar, 2. Aufl., § 322, Anm. B IV c.

[2] Vgl. den Fall der Cour de cassation, 1. Zivilkammer, Urteil vom 3. November 1977, *Société française de couvoirs Sofraco ./. Soc. Pluimvee Export Coolen BV,* Nachschlagewerk I 27.3-B1. Eine niederländische Gesellschaft hatte vor der Arrondissementsrechtbank Roermond am 2. Mai 1974 ein Versäumnisurteil gegen eine Gesellschaft mit Sitz in Frankreich auf Zahlung des Kaufpreises für gelieferte 2000 Stück Geflügel erwirkt. Die Klageschrift und Ladung auf den 4. April 1974 war der französischen Beklagten am 25. März 1974 zugestellt worden. Am 7. Oktober 1974 wurde die französische Gesellschaft in einem vor dem Tribunal de grande instance Laval (Frankreich) anhängigen Rechtsstreit zur Zahlung von Schadensersatz an den Enderwerber des Geflügels verurteilt, weil dieses mangelhaft gewesen sei; in derselben Entscheidung wurde die niederländische Gesellschaft verurteilt, der französischen Gesellschaft hierfür Gewähr zu leisten. Die Zwangsvollstreckung aus dem niederländischen Versäumnisurteil wurde zugelassen. Den hiergegen eingelegten Rechtsbehelf wies die Cour d'appel Angers am 10. März 1976 zurück. Gegen diese Entscheidung wandte sich die französische Gesellschaft mit der Kassationsbeschwerde, wobei sie insbesondere die Verletzung des Art. 27 Nr. 3 rügte. Die Beschwerde blieb ohne Erfolg. Die Cour de cassation konnte keinen Widerspruch zwischen beiden Entscheidungen sehen. Die niederländische Entscheidung enthalte eine Verurteilung zur Zahlung von Kaufpreis für gelieferte Waren, die französische Entscheidung dagegen eine Verurteilung zur Gewährleistung für Mängel der Kaufsache; beide Entscheidungen widersprächen einander nicht und könnten vollstreckt werden, wobei mit den gegenseitigen Forderungen bis zur Höhe der geringeren aufgerechnet werden könne.

Standpunkt stellt sich die Frage des Verhältnisses beider Entscheidungen zueinander aber auch dann, wenn beide Entscheidungen inhaltlich übereinstimmen.

2. Die Konkurrenz mehrerer Entscheidungen läßt sich nicht generell *für alle Vertragsstaaten einheitlich* lösen, sondern vielmehr jeweils nur aus dem Blickwinkel *eines* Vertragsstaates. Es ergeben sich nämlich verschiedene Perspektiven, wenn eine in Betracht kommende Entscheidung in einem Vertragsstaat anzuerkennen ist, im anderen nicht.

Beispiel:

In Italien und in den Niederlanden sind Entscheidungen über den gleichen Streitgegenstand ergangen. Die italienischen Gerichte haben die Klage abgewiesen, weil ein Verstoß gegen die italienischen Devisengesetze vorliege, die niederländischen Gerichte haben den Beklagten verurteilt; die italienischen Devisengesetze seien unbeachtlich.

Frankreich ist der Auffassung, das niederländische Urteil verstoße gegen seinen ordre public (Art. 27 Nr. 1) und verweigert ihm daher die Anerkennung. Damit taucht aus französischer Sicht das Problem der Konkurrenz beider Entscheidungen gar nicht auf, weil von den zwei in Betracht kommenden Urteilen eines nicht anerkannt werden kann.

Anders ist z. B. die Situation aus der Sicht der Bundesrepublik Deutschland, weil der Verstoß gegen die italienischen Devisengesetze den deutschen ordre public nicht tangiert.

3. Das Problem der Konkurrenz von Entscheidungen aus mehreren Vertragsstaaten stellt sich für alle Vertragsstaaten (mit Ausnahme des Gerichtsstaates) nur dann gleich, wenn die Voraussetzungen für die Anerkennung aller in Betracht kommenden, den gleichen Streitgegenstand betreffenden Urteile in allen Vertragsstaaten gegeben sind.

II. Europäisches Einheitsrecht

Das Übereinkommen überläßt die Regelung des Konkurrenzproblems nicht dem jeweiligen nationalen Anerkennungsrecht.[3] Es normiert diesen Komplex abschließend. Nur so kann eine für alle Vertragsstaaten einheitliche Abgrenzung der Anerkennungspflicht erreicht werden.[4]

---

[3] A. A. *Linke* in *Bülow-Böckstiegel* 606/215, Art. 27, Anm. IV 4 für die in Art. 27 Nr. 3 nicht geregelten Fälle der Kollision mehrere ausländischer Urteile.

[4] Auch der Begriff des Widerspruchs mit einer zweitstaatlichen Entscheidung i. S. von Art. 27 Nr. 3 ist europäisch zu interpretieren, also einheitlich für alle Vertragsstaaten. Zumindest unklar BGH, Beschluß vom 26. September 1979, BGHZ 75, 167 = NJW 1980, 527 = MDR 1980, 226 = WM 1979, 1392 = RIW/AWD 1980, 861 = JZ 1979, 815 = IPRspr. 1979 Nr. 204.

III. Prioritätsgrundsatz

1. Maßgebend ist die zeitliche Priorität. Es kommt darauf an, welche Entscheidung als erste Wirkungen entfaltet. Diese Frage ist jeweils nach dem Recht des Urteilsstaates zu beantworten.

2. Der Prioritätsgrundsatz folgt aus dem Prinzip der automatischen Urteilsanerkennung. Es bedarf keines Anerkennungsaktes in den anderen Vertragsstaaten. In dem gleichen Moment, in dem die Wirkungen im Urteilsstaat nach dessen Recht eintreten, werden sie eo ipso auch auf die anderen Vertragsstaaten erstreckt, vorausgesetzt, daß keine Versagungsgründe vorliegen.

IV. Konkurrenz von Entscheidungen aus mehreren Vertragsstaaten

Diejenige Entscheidung, die als erste Wirkungen entfaltet, hat Vorrang vor derjenigen, die erst später wirksam geworden ist. Die Anerkennungspflicht besteht gegenüber der zeitlich früher wirksamen Entscheidung.[5] Maßgebend ist nicht der Zeitpunkt des Erlasses, sondern der des Eintritts der Wirkungen, selbst dann, wenn die zeitlich eher wirksame Entscheidung unter Verletzung der Art. 21, 22 ergangen ist.

V. Ausnahme für Entscheidungen des Zweitstaates

Das Prioritätsprinzip gilt rechtslogisch auch dann, wenn eigene Entscheidungen des Anerkennungsstaates mit solchen aus anderen Vertragsstaaten konkurrieren. Zu einer solchen Selbstverleugnung konnten sich die Vertragsstaaten nicht bereitfinden. Art. 27 Nr. 3 statuiert eine Ausnahme. Eigene Entscheidungen sind privilegiert.[6] Hat die ausländische

---

[5] *Kropholler,* Kommentar 205, Art. 27, Rz. 36.

[6] *Jenard*-Bericht S. 87 zur *Unvereinbarkeit mit einer bereits in dem Zweitstaat ergangenen Entscheidung:* „Wie sich nicht bestreiten läßt, würde das Rechtsleben in einem Staate gestört werden, wenn man sich auf zwei sich widersprechende Urteile berufen könnte. (*Niboyet,* Traité de droit international privé français, Paris 1949, Band VI., Nr. 2028). Der Fall, daß ein ausländisches Urteil mit der Entscheidung eines inländischen Gerichts unvereinbar ist, wird in den bestehenden Abkommen entweder mit der ordre public-Klausel (dies ist der Fall im französisch-belgischen und im belgisch-deutschen Abkommen sowie im Benelux-Vertrag [*Batiffol,* Traité élémentaire de droit international privé, Paris 1959, Nr. 761 „. . . ein mit einem bereits ergangenen französischen Urteil unvereinbares Urteil widerspricht dem ordre public. Dies gilt selbst für den Fall, daß dieses Urteil nicht endgültig ist" ,Civ., 23. März 1936, Sirey 1936, 1, 175, R. 1937-198], *Riezler,* IZPR 521 und 547) oder durch eine besondere Bestimmung gelöst.

Nach Ansicht des Ausschusses ist die Berufung auf den ordre public mit der Gefahr verbunden, daß dieser Begriff zu weit ausgelegt wird. Hinzu kommt, daß die italienischen Gerichte in ständiger Rechtsprechung die Auffassung vertreten haben, daß ausländische Entscheidungen, deren Anerkennung in Italien geltend gemacht wird und die zu einer italienischen Entscheidung im Widerspruch stehen, nicht unter den ordre public fallen. Aus diesem Grunde enthalten die von Italien geschlossenen Vollstrekkungsabkommen stets zwei Klauseln: einmal einen ordre public-Vorbehalt als Schutz für Ausnahmefälle, zum anderen eine Bestimmung, daß die Entscheidung nicht zu einer bereits ergangenen italienischen Entscheidung oder zu einem vor einem italienischen Gericht anhängigen Verfahren im Widerspruch stehen darf (deutsch-italienisches Abkommen, Art. 4; französisch-italienisches Abkommen, Art. 1 V; belgisch-italienisches Abkommen, Art. I IV; niederländisch-italienisches Abkommen, Art. 1 III.).

Auch zahlreiche andere Abkommen sehen die Versagung der Anerkennung vor, wenn die geltend gemachte Entscheidung im Widerspruch zu einer von den Gerichten des Anerkennungsstaates ergangenen Entscheidung steht.

Nach einigen dieser Abkommen muß die in dem Anerkennungsstaat ergangene Entscheidung rechtskräftig geworden sein (Haager Übereinkommen über den vertraglich vereinbarten Gerichtsstand beim Kauf, Art. 5 Nr. 3.), nach anderen genügte es, daß ein Urteil mit bindender Wirkung vorliegt (französisch-englisches Abkommen, Art. 3 I Buchstabe a); englisch-belgisches Abkommen, Art. 3 I Buchstabe a); deutsch-französisches Abkommen zur Regelung der Saarfrage, Art. 30 I Buchstabe d); österreichisch-belgisches allgemeines Abkommen, Art. 2 II Buchstabe b); österreichisch-belgisches Unterhaltsabkommen, Art. 2 II Buchstabe b)), einige Abkommen schließlich regeln diesen Punkt nicht näher. (Haager Übereinkommen vom 15. April 1958 über die Anerkennung und Vollstreckung von Entscheidungen auf dem Gebiet der Unterhaltspflicht gegenüber Kindern, Art. 2 Nr. 4, sowie die von Italien geschlossenen Abkommen. – Haager Übereinkommen über die Anerkennung und Vollstrekkung ausländischer Urteile in Zivil- und Handelssachen (Art. 5).)

Der Ausschuß hat eine Fassung gewählt, welche die Frage, ob die Entscheidung Rechtskraft erlangt haben muß oder ob eine die Instanz abschließende Entscheidung genügt, nicht regelt, sondern sie der Beurteilung des Gerichts des Anerkennungsstaates überläßt.

Der Ausschuß war ferner der Ansicht, daß es zur Versagung der Anerkennung genügt, wenn die geltend gemachte Entscheidung mit einer in dem Anerkennungsstaat zwischen denselben Parteien ergangenen Entscheidung unvereinbar ist. Es braucht sich demnach nicht um denselben Streitgegenstand zu handeln. So kann z. B. ein französisches Gericht, vor welchem die Anerkennung eines belgischen Urteils geltend gemacht wird, das einen Schadenersatz wegen Nichterfüllung eines Vertrages gewährt, diese Anerkennung versagen, wenn ein französisches Gericht bereits durch ein zwischen denselben Parteien ergangenes Urteil diesen Vertrag für nichtig erklärt hat.

Die Fassung deckt auch den in Art. 5 III Buchstabe b) des Haager Übereinkommens über die Anerkennung und Vollstreckung ausländischer Urteile vorgesehenen Fall, daß die Anerkennung versagt werden kann, wenn über den Streitgegenstand, auf den sich die vorgelegte Entscheidung bezieht, bereits in einem Drittstaat eine Entscheidung ergangen ist, die alle Voraussetzungen für die Anerkennung und Vollstreckung in dem Anerkennungsstaat erfüllt.

Es dürfte im übrigen zu erwarten sein, daß die Anwendung der Bestimmungen des Titels II über die Rechtshängigkeit und den Sachzusammenhang die Fälle gegensätzlicher Gerichtsurteile weitgehend einschränken wird."

Entscheidung zeitlich vor der inländischen Wirkungen entfaltet, so wirkt diese nur bis Wirksamwerden der inländischen Entscheidung. Ab diesem Zeitpunkt (ex nunc) sind nur die Wirkungen der inländischen Entscheidungen maßgeblich.[7]

VI. Konkurrenz mit Entscheidungen aus Nichtvertragsstaaten

1. Konkurrenz zwischen einer drittstaatlichen und einer inländischen Entscheidung (= des Zweitstaates)

Hier ist das EWG-Übereinkommen nicht involviert. Eine Anerkennungspflicht nach Art. 25ff. besteht nicht, daher existieren auch keine Abgrenzungsprobleme. Die Konkurrenzfrage ist nach dem einschlägigen Vertragsrecht zu lösen. Sofern ein bi- oder multilateraler Anerkennungs- und Vollstreckungsvertrag nicht besteht, ist das jeweilige autonome Anerkennungsrecht des Zweitstaates maßgebend.
Beispiel:

Die Konkurrenz zwischen einem deutschen und einem norwegischen Urteil ist nach Art. 6 I Nr. 3 des deutsch-norwegischen Vertrages vom 17. Juni 1977[8] zu lösen. Danach darf die Anerkennung versagt werden, „wenn die Entscheidung in Widerspruch zur Rechtskraft einer im Anerkennungsstaat ergangenen Entscheidung steht."

Diese Formulierung ist zu eng. Sie regelt expressis verbis nur die Konkurrenz mit der Rechtskraftwirkung, nicht mit sonstigen Urteilswirkungen, wie z. B. Gestaltungs- und Interventionswirkung.

In dieser Richtung ist Art. 5 I Nr. 6 des deutsch-israelischen Vertrages vom 20. Juli 1977[9] sorgfältiger abgefaßt. Danach darf die Anerkennung versagt werden, wenn in dem Anerkennungsstaat bereits eine mit einem ordentlichen Rechtsmittel nicht anfechtbare Entscheidung vorliegt, die unter denselben Parteien und wegen desselben Gegenstandes ergangen ist.

2. Konkurrenz zwischen einer Entscheidung aus einem Drittstaat und einer aus einem anderen Vertragsstaat

Für diese Hypothese gilt das Prioritätsprinzip. Die Anerkennungspflicht für die Entscheidung aus dem Vertragsstaat entfällt, wenn die drittstaatliche Entscheidung früher ihre Wirkungen entfaltet hat und nach dem maßgeblichen Anerkennungsrecht im Zweitstaat (= Anerkennungsstaat) anzuerkennen ist. Dies stellt Art. 27 Nr. 5 n. F. ausdrücklich klar.[10]

---

[7] *Droz* Nr. 517; *Linke* in *Bülow-Böckstiegel* 606/213, Art. 27, Anm. IV 2 bei Fußn. 83.

[8] BGBl. 1981 II 341.

[9] BGBl. 1980 II 926.

[10] *Schlosser*-Bericht Nr. 205 zur *Kollision mit anerkennungspflichtigen Entscheidungen*

§ 118 Konkurrenz einer an sich anerkennungsfähigen Entscheidung eines staatlichen Gerichts mit einem Schiedsspruch

1. Auch hier gilt das Prioritätsprinzip, jedoch durchbrochen durch das Privileg zugunsten inländischer Entscheidungen.[1]

---

aus Drittstaaten: „In einem Punkt war freilich auch im Bereich der die Anerkennungspflicht regelnden Vorschriften des Übereinkommens eine förmliche Anpassung notwendig. Manche seiner Unklarheiten kann man mit Rücksicht auf die Interpretationszuständigkeit des Europäischen Gerichtshofes in Kauf nehmen. Unklarheiten, die Anlaß zu diplomatischen Verwicklungen mit Drittstaaten geben könnten, sind einem Mitgliedstaat aber nicht zumutbar. Solche Verwicklungen soll die neue Nr. 5 von Artikel 27 ausschließen.

Zu ihrer Erläuterung diene folgendes Beispiel: Im Drittstaat A ergeht zugunsten einer Person mit Wohnsitz in der Gemeinschaft ein die Klage abweisendes Urteil. Aufgrund eines bilateralen Vertrages ist ein Gemeinschaftsstaat B zur Anerkennung der Entscheidung verpflichtet. Der Kläger klagt in einem solchen Staat der Gemeinschaft C neu, der zur Anerkennung des Urteils aus dem Drittstaat nicht verpflichtet ist. Obsiegt er dann, so war nach dem bisherigen Text des Übereinkommens zweifelhaft, ob das Urteil nicht im Staat B anerkennungspflichtig ist. Dies ist fürderhin mit Sicherheit nicht mehr der Fall.

Der Text der neuen Vorschrift lehnt sich, um unnötige Rechtszersplitterung zu vermeiden, an Art. 5 des Haager Übereinkommens über die Anerkennung und Vollstreckung ausländischer Entscheidungen in Zivil- und Handelssachen vom 1. Februar 1971 an. Die Vorschrift erhielt daher eine Fassung, die etwas weiter ist, als zur Vermeidung diplomatischer Verwicklungen nötig. Auch wenn die Entscheidung aus dem Drittstaat nicht durch internationalen Vertrag, sondern lediglich kraft nationalen Rechts anerkennungspflichtig ist, geht sie vor."

[1] *Schlosser,* Revue de l'Arbitrage 1981, 391 definiert seinen Standpunkt wie folgt:

„1. En cas d'un jugement interne et d'une sentence arbitrale interne inconciliables l'un avec l'autre, c'est la décision postérieure qui l'emporte provisoirement. Mais la préférence qu'il faut accorder à la décision antérieure se traduit par une voie de recours extraordinaire, ouverte contre la deuxième décision.

2. En cas d'un élément étranger parmi les décisions en conflit, il faut distinguer:

a) le jugement étranger postérieur n'est pas susceptible de reconnaissance.

b) le jugement étranger antérieur l'emporte non seulement dans le régime de l'autorité immédiate d'un jugement étranger, mais aussi dans le régime qui assujettit tous les effets d'un jugement étranger à l'octroi préalable de l'exequatur.

3. La méconnaissance, par un jugement étranger, d'une convention d'arbitrage indiscutablement valable d'après la loi à celle applicable dans l'Etat requis, viole l'ordre public de celui-ci.

4. Lorsque le jugement étranger en question est en principe protégé par la Convention de Bruxelles, en cas d'un conflit avec une autre décision, sa reconnaissance est pourtant exclue:

a) lorsqu'existe une sentence arbitrale antérieure et susceptible d'être reconnue.

b) a fortiori lorsqu'existe un jugement interne ayant octroyé l'exequatur à la sentence – dans cette hypothèse sans égard au moment du prononcé de celle-ci,

c) lorsque le jugement a méconnu une convention d'arbitrage indiscutablement valable d'après la loi à elle applicable dans l'Etat requis."

2. *Wann* die Wirkungen des Schiedsspruchs sich im Anerkennungsstaat entfalten, bestimmt das maßgebliche Anerkennungsrecht des Zweitstaates (Vertragsrecht oder autonomes Recht). Dieses befindet darüber, ob die Anerkennung der Rechtskraft des ausländischen Schiedsspruchs automatisch erfolgt oder ob ein Anerkennungsakt (Exequatur) mit ex nunc- oder ex tunc-Wirkung erforderlich ist.

§ 119 Anspruch auf Anerkennung

1. Die Vertragsstaaten sind gegenseitig zur Anerkennung verpflichtet, soweit die Voraussetzungen hierfür nach Art. 25ff. gegeben sind. Der Anspruch auf Anerkennung steht nicht nur dem Urteilsstaat zu; der Zweitstaat ist vielmehr auch den anderen Vertragsstaaten gegenüber zur Anerkennung verpflichtet.
2. Art. 25ff. räumen aber auch der siegreichen Partei einen Anspruch auf Anerkennung ein.

§ 120 Verletzung der Anerkennungspflicht

I. Der Verletzungstatbestand

1. Verweigert ein Vertragsstaat einer gerichtlichen Entscheidung aus einem anderen Vertragsstaat, die in den Anwendungsbereich des Übereinkommens (Art. 1) fällt, die Anerkennung, obwohl ein Versagungsgrund nicht gegeben ist, so verletzt er die Anerkennungspflicht. Er verstößt gegen Gemeinschaftsrecht bzw. gegen die durch völkerrechtlichen Vertrag übernommene Verpflichtung, je nachdem, wie man die Rechtsnatur des Übereinkommens einordnet. Vgl. oben § 6.
2. Er kann sich nicht auf die sachliche Unabhängigkeit seiner Gerichte berufen. Entscheidend ist vielmehr die objektive Rechtslage. Auch für Fehlentscheidungen seiner Gerichte ist jeder Vertragsstaat nicht nur nach allgemeinem Völkerrecht, sondern auch nach EWG-Gemeinschaftsrecht verantwortlich.

II. Keine supranationalen Rechtsbehelfe der Parteien

1. Derjenigen Partei, die sich auf die Anerkennung beruft, stehen keine supranationalen Rechtsbehelfe zur Verfügung. Sie kann nicht etwa nach Ausschöpfung des nationalen Instanzenzuges den EuGH anrufen und rügen, die nationalen Gerichte hätten in Verkennung der Art. 25ff. die Anerkennung verweigert.
2. Ihr steht nur der nationale Rechtsweg offen, und zwar auch dann, wenn die nationalen Gerichte in Verletzung des Auslegungsprotokolls

entweder nicht vorgelegt haben, obwohl sie zur Vorlage an den EuGH verpflichtet gewesen wären, oder eine im Vorlageverfahren erlassene, die nationalen Gerichte bindende Entscheidung des EuGH schlicht ignoriert haben.

§ 121 Anerkennungsverbot bei Überschreitung der vom Völkerrecht gezogenen Grenzen für die Gerichtsbarkeit (Gerichtshoheit) des Erststaates

1. Das Völkerrecht verbietet die Anerkennung, wenn der Erststaat die ihm vom Völkerrecht für die Ausübung seiner Gerichtsbarkeit (facultas jurisdictionis) gesetzten Grenzen überschritten hat.[1] Da die Rechtspflege in allen EG-Staaten sich auf einem zivilisierten Niveau bewegt, wird es wohl kaum vorkommen, daß Gerichte eines EG-Staates auf dem Staatsgebiet eines anderen EG-Staates oder eines dritten Staates[2] ohne deren Zustimmung Rechtsprechungshandlungen vornehmen. Praxisnäher sind die Fälle, in denen die Gerichte des Erststaates die völkerrechtlichen Normen über die Immunitäten (Exterritorialitäten) nicht eingehalten haben; in Betracht kommen vor allem die Regeln des Völkergewohnheitsrechts über die Immunitäten fremder Staaten (soweit sie hoheitlich tätig werden)[3] und ihrer Oberhäupter sowie die Befreiung der Diplomaten nach Maßgabe des Wiener Übereinkommens über diplomatische Beziehungen vom 18. April 1961[4] sowie der Konsuln nach Maßgabe des Wiener Übereinkommens über konsularische Beziehungen vom 24. April 1963.[5]

2. Der Zweitstaat muß also prüfen, ob der Erststaat seine Gerichtsbarkeit überschritten hat. Diese Prüfung ist im Übereinkommen nicht vorgesehen. Trotzdem ist diese Prüfung zulässig, ja sogar notwendig, da sie die Einhaltung völkerrechtlicher Normen bezweckt. Bei Fehlen der Gerichtsbarkeit des Erststaates liegt ein völkerrechtswidriges Urteil vor, ohne Rücksicht darauf, ob sich der Erstrichter bewußt oder unbewußt über das Völkerrecht hinweggesetzt hat.[6] Die Vertragsstaaten können das völkerrechtliche Verbot, völkerrechtswidrige Urteile anzuerkennen, durch ihre Konvention nicht überspielen.

3. Eine Ausnahme gilt, wenn der Amtsträger, dessen Immunität durch das zur Anerkennung anstehende Urteil verletzt wurde, dem Zweitstaat angehört. Es ist nicht völkerrechtswidrig, ein solches Urteil im Zweitstaat anzuerkennen; denn dieser kann den Völkerrechtsverstoß pardonieren. Dies läuft im Ergebnis auf *eine nachträgliche Unterwerfung* des

---

[1] *Geimer* RIW/AWD 1976, 146; *Linke* in *Bülow-Böckstiegel* Art. 27, Anm. II 2; *Kropholler* Kommentar Rz. 5 vor Art. 26. Vgl. auch unten § 139 III.

[2] Z. B. der Schweiz.

[3] Nachweise bei *Zöller-Geimer,* ZPO, 13. Aufl., 1981, IZPR D, Anm. IV.

[4] BGBl. 1964 II 957.

[5] BGBl. 1971 II 1285.

[6] *Geimer* RIW/AWD 1976, 146 sub V 3b.

Amtsträgers unter die Gerichtsbarkeit des Erststaates hinaus.[7] Eine solche Pardonierung liegt jedoch im Belieben des Zweit*staates*.[8] Wird z. B. ein deutscher Diplomat in den Niederlanden unter Mißachtung der Wiener Konvention verurteilt, so kann der deutsche Zweitrichter nur dann davon absehen, die Anerkennung wegen fehlender Gerichtsbarkeit der Niederlande zu versagen, wenn das Auswärtige Amt in Bonn die Zustimmung zur Anerkennung erteilt hat. Zu einer solchen Erklärung wird das Auswärtige Amt wohl nur in Ausnahmefällen bereit sein, etwa dann, wenn das Urteil für den deutschen Diplomaten günstig ist.

4. Wurde ein (immuner) Amtsträger eines anderen (dritten) Staates verurteilt, so ist eine Anerkennung möglich, wenn der betroffene Staat den Völkerrechtsverstoß pardoniert.

§ 122 Das Anerkennungsverbot des Art. 16

1. Ist das zur Anerkennung anstehende Urteil unter Mißachtung der in Art. 16 normierten, ausschließlichen internationalen Zuständigkeit eines anderen Vertragsstaates ergangen, dann ist der Zweitstaat zur Versagung der Anerkennung nicht nur berechtigt (Art. 28 I), er ist zudem gegenüber dem Vertragsstaat, dessen ausschließliche internationale Zuständigkeit – aus welchen Gründen auch immer (wissentlich oder nicht) – übergangen wurde, verpflichtet, die Anerkennung zu verweigern. Insofern verbietet das Übereinkommen die Anerkennung.[1] Dies gilt allerdings nicht, wenn der nach Art. 16 ausschließlich international zuständige Vertragsstaat zum Ausdruck bringt, er bestehe nicht auf der Einhaltung seiner ausschließlichen Jurisdiktion.

2. Art. 16 etabliert Jurisdiktionsmonopole nur für Vertragsstaaten, nicht für dritte Staaten. Das Übereinkommen enthält daher kein Anerkennungsverbot zugunsten von Nichtvertragsstaaten.[2]

3. Das Übereinkommen verbietet auch nicht, daß der Zweitstaat solche Entscheidungen anerkennt, die unter Verletzung seiner eigenen ausschließlichen internationalen Zuständigkeit ergangen sind.

Beispiel:

Ein französisches Gericht entscheidet zwischen in Frankreich wohnenden Parteien einen Mietrechtsstreit, der eine Wohnung in München betrifft. Hier verletzt Frankreich die ausschließliche internationale Zuständigkeit der Bundesrepublik Deutschland, Art. 16 Nr. 1. Dieser steht es aber frei, gleichwohl das Urteil anzuerkennen.

---

[7] *Geimer* RIW/AWD 1975, 84 bei Fußn. 33.

[8] Unmaßgeblich ist die Erklärung bzw. das Verhalten des Amtsträgers. Vgl. *Zöller-Geimer,* ZPO, 13. Aufl., 1981, IZPR, Anm. D VII 2.

[1] Vgl. oben § 57 V.

[2] Oben § 29 V.

§ 123 Grundsätzlich kein Anerkennungsverbot bei Fehlen einer Anerkennungsvoraussetzung bzw. Vorliegen eines Versagungsgrundes

1. Abgesehen von den oben § 122 behandelten Fällen des Art. 16 sind die Vertragsstaaten nicht verpflichtet, die Anerkennung zu versagen, wenn ein Versagungsgrund vorliegt. Aus dem einleitenden Satz des Art. 27 („eine Entscheidung wird nicht anerkannt: wenn ...") kann nichts Gegenteiliges gefolgert werden. Durch das Übereinkommen soll die gegenseitige Anerkennung und Vollstreckung von Urteilen und sonstigen gerichtlichen Entscheidungen vereinfacht und erleichtert werden. Es ist nicht das Anliegen des Übereinkommens, eine Verpflichtung zur Versagung der Anerkennung zu begründen.

2. Der Erststaat hat kein Interesse daran, daß seine Urteile im Zweitstaat nicht anerkannt werden, wenn ein Versagungsgrund nach Art. 27 oder Art. 28 vorliegt. Ist ein Versagungsgrund gegeben, so steht es deshalb im Verhältnis Zweitstaat – Erststaat im Belieben des Zweitstaates, ob er trotzdem die Anerkennung aussprechen bzw. den Titel zur Vollstreckung zulassen will.

3. Auch gegenüber *dritten Vertragsstaaten* ist der Zweitstaat nicht verpflichtet, die Anerkennung bzw. Klauselerteilung zu verweigern. Dies ergibt eine Analyse der einzelnen Versagungsgründe.

a) Eine Verpflichtung zur Einhaltung des Art. 27 Nr. 1 besteht gegenüber dritten Vertragsstaaten nicht; denn nach dem eindeutigen Wortlaut dieser Vorschrift ist nur der Verstoß gegen den *ordre public des Zweitstaates* ein Versagungsgrund, nicht die Verletzung des *ordre public eines dritten Staates.* Es ist nicht Aufgabe des Zweitstaates, den ordre public dritter Vertragsstaaten zu wahren.

b) Art. 27 Nr. 2 betrifft ausschließlich die Interessen des Beklagten, an deren Durchsetzung dritten Vertragsstaaten kein unmittelbares Interesse zuzubilligen ist.[1]

c) Art. 27 Nr. 3 regelt die Kollision mit Urteilen des Zweitstaates, nicht aus Drittstaaten. Ein Anspruch dritter Staaten auf Einhaltung des Art. 27 Nr. 3 besteht deshalb nicht.

d) Gleiches gilt für Art. 27 Nr. 4. Dieser Versagungsgrund kommt zum Zuge bei einem Widerspruch zu einer Vorschrift des internationalen Privatrechts des Zweitstaates. Welchen Standpunkt das internationale Privatrecht eines dritten Vertragsstaates einnimmt, ist unbeachtlich. Eine Anerkennung trotz Vorliegens eines solchen Versagungsgrundes ist keine Verletzung des Übereinkommens gegenüber dritten Vertragsstaaten.

e) Nichts anderes gilt bei Verletzung der Zuständigkeitsregeln in Versicherungssachen (Art. 7–12) und in Verbrauchersachen (Art. 13–15).[2]

---

[1] Näher unten § 140.
[2] Vgl. oben § 74 III–V.

Hier stehen nicht *Staatsinteressen* im Vordergrund, sondern die *Interessen der schwächeren Partei* (Versicherungsnehmer, Versicherter, Verbraucher). Dritte Vertragsstaaten wären überhaupt nur dann tangiert, wenn der Versicherungsnehmer oder der Verbraucher gerade in diesem Staat seinen Wohnsitz hätte. Aber auch in diesen Fällen hat der Drittstaat kein eigenes unmittelbares Interesse, die Zuständigkeitsnormen der Art. 7ff., Art. 13ff. durchzusetzen.

f) In den Fällen des Art. 59 (in Verbindung mit Art. 28 I) hat allenfalls nur der Nicht-EG-Staat einen Anspruch auf Versagung der Anerkennung, nicht jedoch die anderen EG-Vertragsstaaten.[3]

Beispiel:

In Paris ergeht ein Urteil gegen einen Beklagten mit Wohnsitz in Oslo. Die internationale Zuständigkeit Frankreichs wird nur auf die französische Staatsangehörigkeit des Klägers (Art. 14 Code civil) gestützt. Hier ist die Bundesrepublik Deutschland gemäß Art. 23 I Nr. 2 des deutsch-norwegischen Vertrages vom 17. Juni 1977[4] gegenüber Norwegen zur Versagung der Anerkennung verpflichtet, nicht jedoch gegenüber den EG-Vertragsstaaten auf Grund des Übereinkommens.[5]

§ 124 Verhältnis der Art. 25ff. zum autonomen Anerkennungsrecht

1. Art. 25ff. verdrängen in ihrem Anwendungsbereich das nationale Anerkennungsrecht, soweit dieses in concreto anerkennungsfeindlicher ist als das Konventionsrecht.[1]

2. Den Vertragsstaaten steht es aber frei, ihr autonomes Anerkennungsrecht anzuwenden, wenn dieses im Einzelfall anerkennungsfreundlicher ist als Art. 25ff. Die Anerkennung ist nämlich nur in den oben § 121 und § 122 erörteten Fällen verboten. Von diesen Ausnahmen abgesehen, steht es im Belieben des Zweitstaates, ob er trotz Vorliegens eines Versagungsgrundes die Anerkennung aussprechen will oder nicht.[2] Soweit das autonome Recht des Zweitstaates anerkennungsfreudiger ist als das Übereinkommen, ist jeweils von Fall zu Fall zu prüfen, ob hier das autonome Recht Vorrang vor dem Vertragsrecht hat.

---

[3] Vgl. unten § 139 IV 7.

[4] BGBl. 1981 II 341.

[5] Allerdings nur dann, wenn der Beklagte des Erstprozesses die Verweigerung der Anerkennung wünscht. Vgl. unten § 139 IV 7.

[1] *Geimer,* Zur Prüfung der Gerichtsbarkeit und der internationalen Zuständigkeit bei der Anerkennung ausländischer Urteile, 1966, 5ff und unten Bd. II 75.

[2] So ausdrücklich z. B. Art. II Abs. 3 des deutsch-britischen Abkommens, vgl. unten Bd. II 371, Art. 22 des deutsch-griechischen Vertrages und Art. 11 des Haager Übereinkommens über die Anerkennung und Vollstreckung von Entscheidungen auf dem Gebiet der Unterhaltspflicht gegenüber Kindern vom 15. April 1958 (BGBl. 1961 II 2005).

3. Soweit der Zweitstaat nach dem Übereinkommen frei ist, eine Anerkennung auszusprechen oder nicht, kommt also für die Festlegung des Verhältnisses des Übereinkommens zum autonomen Recht nur das innerstaatliche Recht in Betracht. Dieses hat darüber zu befinden, in welchem Verhältnis die Regelung im Übereinkommen zu dem anerkennungsfreundlicheren autonomen Recht stehen soll. Zwei Möglichkeiten sind denkbar: Der Gesetzgeber kann im Geltungsbereich einer Konvention die Anwendung des autonomen Rechts in toto ausschließen. Dann ist das Übereinkommen immer lex specialis zum autonomen Recht. Der nationale Gesetzgeber kann jedoch auch anordnen, daß sein autonomes Recht der „Mindeststandard" sein soll mit der Folge, daß im Anwendungsbereich einer Konvention die Anerkennung immer dann ausgesprochen werden soll, wenn sie auch nach autonomem Recht möglich wäre, selbst wenn nach den Bestimmungen des Übereinkommens ein Versagungsgrund vorliegt.

4. Die Konkurrenz zwischen Übereinkommen und nationalem Anerkennungsrecht hat keiner der nationalen Gesetzgeber expressis verbis festgelegt. Der Wille des Gesetzgebers muß deshalb im Wege der Auslegung ermittelt werden. Eine pauschale Antwort ist nicht möglich. Es ist vielmehr für jede Fallgruppe zu prüfen, ob der Gesetzgeber der anerkennungsfeindlichen Vorschrift des Übereinkommens den Vorrang vor dem autonomen Recht einräumen wollte. Dabei ist zu berücksichtigen, daß das Übereinkommen die Anerkennung ausländischer Urteile nicht erschweren, sondern erleichtern wollte. Andererseits ist zuzugeben, daß die Vertragsschließenden auch eine Vereinheitlichung des Rechtes der Anerkennung und Vollstreckung ausländischer Titel innerhalb der EG erreichen wollten.

§ 125 Verhältnis der Art. 25 ff. zu Übereinkommen für besondere Rechtsgebiete, Art. 57

I. Vorrang von Spezialübereinkommen

Soweit *Übereinkommen für besondere Rechtsgebiete* die Anerkennung und Vollstreckung regeln, bleiben diese in Kraft. Sie haben Vorrang vor Art. 25 ff. Dies gilt jedoch nur, soweit sie anerkennungsfreundlicher sind als Art. 25 ff.[1]

II. Subsidiäre Anwendung der Art. 25 ff.

1. Im umgekehrten Fall (das EWG-Übereinkommen ist anerkennungsfreundlicher) sind Art. 25 ff. sicher dann anzuwenden, wenn das

[1] Vgl. oben § 124.

Spezialübereinkommen ausdrücklich die Anerkennung nach einem anerkennungsfreundlicheren Übereinkommen zuläßt.[2]

2. Aber auch ohne einen solchen ausdrücklichen Hinweis bleibt es den Vertragsstaaten unbenommen, nach Art. 25ff. anzuerkennen. Denn die Anerkennungs- und Vollstreckungsabkommen enthalten keine Anerkennungsverbote: Selbst wenn eine Anerkennungsvoraussetzung fehlt bzw. ein Versagungsgrund gegeben ist, sind die Vertragsstaaten des Spezialabkommens im Zweifel nicht verpflichtet die Anerkennung zu verweigern.[3]

III. Keine Kongruenz mit Übereinkommen über die internationale Entscheidungszuständigkeit

Es gibt Spezialübereinkommen, die nur die internationale Entscheidungszuständigkeit regeln, aber keine Vorschriften über die Anerkennung von gerichtlichen Entscheidungen enthalten, wie z. B. das Warschauer Übereinkommen.[4] In solchen Fällen verdrängt Art. 57 zwar die europäische Zuständigkeitsordnung (Art. 2–Art. 24), nicht jedoch die Art. 25ff. Es ist auch der umgekehrte Fall denkbar: Das Spezialübereinkommen behandelt nur die Anerkennung und Vollstreckung, nicht jedoch die internationale Entscheidungszuständigkeit.[5]

IV. Liste der wichtigsten einschlägigen Übereinkommen[6]

1. Art. 18ff. des **Haager Übereinkommens über den Zivilprozeß** vom 1. März 1954[7] mit AusfG vom 18. Dezember 1958[8] betreffend die Anerkennung von Kostenentscheidungen.

2. Art. 40 der **Revidierten Rheinschiffahrtsakte** vom 17. Oktober 1868 (= Mannheimer Akte) idF vom 20. November 1963.[9] Bekanntmachung der Neufassung des deutschen Wortlauts vom 11. März 1969.[10] Deutsches AusfG vom 27. September 1952,[11] betreffend die gegenseitige Anerkennung und Vollstreckbarerklärung der Entscheidungen der Rheinschiffahrtsgerichte; Zusatzprotokoll vom 25. Oktober 1972.[12]

---

[2] Vgl. oben § 124 Fußn. 2.

[3] *Geimer,* Zur Prüfung der Gerichtsbarkeit und der internationalen Zuständigkeit bei der Anerkennung ausländischer Urteile, 1966, 59.

[4] Oben § 13 I.

[5] Die meisten von der Bundesrepublik Deutschland geschlossenen Verträge regeln nicht die *compétence directe.* Vgl. oben § 1 I.

[6] Aus deutscher Sicht.

[7] BGBl. 1958 II 576.

[8] BGBl. I 939.

[9] BGBl. 1966 II 560.

[10] BGBl. 1969 II 597.

[11] BGBl. I 641.

[12] BGBl. 1974 II 1385.

3. **Vertrag über die Schiffbarmachung der Mosel** vom 27. Oktober 1956,[13] betreffend die gegenseitige Anerkennung und Vollstreckbarerklärung der Entscheidungen der Moselschiffahrtsgerichte. (In diesem Vertrag sind die Art. 32–40 der Revidierten Rheinschiffahrtsakte für entsprechend anwendbar erklärt.)

4. **Haager Übereinkommen über die Anerkennung und Vollstreckung von Entscheidungen auf dem Gebiet der Unterhaltspflicht gegenüber Kindern** vom 15. April 1958[14]; hierzu AusfG vom 18. Juli 1961,[15] betreffend die gegenseitige Anerkennung und Vollstreckbarerklärung von Unterhaltstiteln.

5. Art. 17 des **Londoner Abkommens über deutsche Auslandsschulden** vom 27. Februar 1953,[16] betreffend Entscheidungen, die in einem Gläubigerstaat über eine Auslandsschuld ergangen sind.

6. Art. 56 des **Internationalen Übereinkommens über den Eisenbahnfrachtverkehr (CIM)** vom 7. Februar 1970,[17] betreffend die Anerkennung und Vollstreckung von Entscheidungen, die im Rahmen der vom Übereinkommen geschaffenen Zuständigkeit von den Gerichten der Mitgliedstaaten erlassen worden sind.

7. Art. 52 des **Internationalen Übereinkommens über den Eisenbahn-Personen- und Gepäck-Verkehr (CIV)** vom 7. Februar 1970[18] mit Art. 20 des Zusatzübereinkommens vom 7. Februar 1970, betreffend die Anerkennung und Vollstreckung von Entscheidungen, die im Rahmen der vom Übereinkommen geschaffenen Zuständigkeit von den Gerichten der Mitgliedstaaten erlassen worden sind.

8. Art. 31 Nr. 3 des **Übereinkommens über den Beförderungsvertrag im internationalen Straßengüterverkehr (CMR)** vom 19. Mai 1956,[19] betreffend die Anerkennung und Vollstreckung von Entscheidungen, die im Rahmen der vom Übereinkommen geschaffenen Zuständigkeit von den Gerichten der Mitgliedstaaten erlassen worden sind.

9. Art. X Abs. 4 des **Brüsseler Übereinkommens über die Haftung der Inhaber von Reaktorschiffen** vom 25. Mai 1962,[20] noch nicht in Kraft, betreffend die Anerkennung und Vollstreckung von Entscheidungen, die im Rahmen der vom Übereinkommen geschaffenen Zuständigkeiten (internationale Zuständigkeit des Genehmigungsstaates und des Staates, in dem der Ort des Schadenseintritts liegt) erlassen worden sind.

10. Art. 7 des **Haager Übereinkommens über die Zuständigkeit der Behörden und das anzuwendende Recht auf dem Gebiet des**

[13] BGBl. 1956 II 1838.
[14] BGBl. 1961 II 1006.
[15] BGBl. 1961 I 1033.
[16] BGBl. 1953 II 331.
[17] BGBl. 1974 II 381.
[18] BGBl. 1974 II 492, 493.
[19] BGBl. 1961 II 1119.
[20] BGBl. 1975 II 977; BGBl. 1975 I 3162.

Schutzes von Minderjährigen vom 5. Oktober 1961,[21] betreffend die Anerkennung und Vollstreckung von Maßnahmen, welche die nach dem Übereinkommen zuständigen Behörden getroffen haben. Gegenstand der Anerkennungspflicht sind die Schutzmaßnahmen nach Art. 1 und Art. 4. Diese gehören weitgehend zum Bereich der freiwilligen Gerichtsbarkeit.[22]

11. **Haager Übereinkommen über die Anerkennung und Vollstreckung von Unterhaltsentscheidungen** vom 2. Oktober 1973 (noch nicht in Kraft).

12. Art. 9ff. des **Protokolls über die gerichtliche Zuständigkeit und die Anerkennung von Entscheidungen über den Anspruch auf Erteilung eines europäischen Patents** vom 5. Oktober 1973.[23]

V. Wahlrecht hinsichtlich des Exequaturverfahrens

Auch wenn das Spezialabkommen das Vollstreckbarerklärungsverfahren regelt und daher nach der Grundregel des Art. 57 I die Art. 31 ff. verdrängt, kann der Gläubiger gleichwohl die Klauselerteilung nach Art. 31 ff. verlangen. Er kann wählen zwischen diesem Verfahren und dem in dem Spezialabkommen vorgesehenen Verfahren. Dies stellt Art. 25 II Buchstabe b S. 3 des Beitrittsübereinkommens vom 9. Oktober 1978 ausdrücklich klar. Vgl. oben § 13 III.

§ 126 Verhältnis der Art. 25 ff. zu den Anerkennungs- und Vollstreckungsverträgen, die bereits zwischen einzelnen Vertragsstaaten in Kraft sind, Art. 56[1]

1. Die zwischen den Vertragsstaaten bisher in Kraft befindlich gewesenen (meist bilateralen) Anerkennungs- und Vollstreckungsverträge sind durch das Übereinkommen grundsätzlich aufgehoben worden. Art. 25 ff. verdrängen also diese Verträge und Abkommen, die zur gegenseitigen Anerkennung und Vollstreckung verpflichten, Art. 56.

2. Aus deutscher Sicht kommen in Betracht
das Abkommen mit *Italien* vom 9. März 1936,[2]
das Abkommen mit *Belgien* vom 30. Juni 1958,[3]

---

[21] BGBl. 1971 II 219.

[22] Näher oben § 21.

[23] BGBl. 1976 II 982. Vgl. Text oben § 90 XXIII 3.

[1] Hierzu EuGH, Urteil vom 14. Juli 1977, Rechtssachen 9/77 und 10/77 *Bavaria Fluggesellschaft* und *Germanair ./. Eurocontrol,* EuGHE 1977, 1517 = NJW 1978, 483 mit Anm. *Geimer* = RIW/AWD 1977, 708. Vgl. auch *Geimer* EuR 1977, 351.

[2] RGBl. 1937 II 145; BGBl. 1952 II 986.

[3] BGBl. 1959 II 765; unten Bd. II, B.

das Abkommen mit dem *Vereinigten Königreich* vom 14. Juli 1960,[4]
der Vertrag mit den *Niederlanden* vom 30. August 1962,[5]
und nach Inkrafttreten des Beitrittsübereinkommens mit Griechenland vom 25. Oktober 1982 auch
der Vertrag mit *Griechenland* vom 4. November 1961.[6]

3. Diese Abkommen und Verträge gelten nur für solche Rechtsgebiete weiter, für die Art. 25ff. nicht anzuwenden sind. In Betracht kommen vor allem die Materien des Art. 1 II Nr. 1.[7]

4. Auch bleiben sie weiterhin für diejenigen Entscheidungen und sonstigen Titel in Kraft, die vor dem Inkrafttreten des Übereinkommens ergangen sind.

§ 127 Der Anwendungsbereich der Vorschriften über die Anerkennung (Art. 25ff.) im Vergleich mit dem Anwendungsbereich der europäischen Zuständigkeitsordnung (Art. 2–Art. 24)

1. Zentrale Anknüpfung ist das Vorliegen einer Entscheidung aus einem Vertragsstaat: Die Anerkennungspflicht (Art. 25ff.) gilt für alle Entscheidungen, die von den Gerichten der Vertragsstaaten erlassen wurden, ohne Rücksicht darauf, welches Zuständigkeitsrecht angewandt wurde. Auch Entscheidungen, denen das falsche Zuständigkeitsrecht zugrundeliegt (nationales Zuständigkeitsrecht statt europäischem und umgekehrt) sind anerkennungsfähig.

2. Dagegen ist der Anwendungsbereich der europäischen Zuständigkeitsordnung enger. Art. 2ff. knüpfen an den Wohnsitz des Beklagten in einem der Vertragsstaaten an. Ansonsten gilt grundsätzlich nationales Zuständigkeitsrecht, Art. 4. Ausnahmen: Art. 16, Art. 17.[1]

3. Gemeinsame Anwendungskriterien sind
a) Zivil- und Handelssachen und
b) der Ausnahmekatalog des Art. 1 II.

4. Dagegen müssen Spezialübereinkommen über die gerichtliche Zuständigkeit (Art. 57) nicht auch Regeln über die Anerkennung enthalten, so daß Art. 25ff. anzuwenden sind, obwohl die Zuständigkeitsfrage im Erstprozeß nach dem Spezialübereinkommen zu entscheiden war.[2] Die umgekehrte Konstellation ist ebenfalls denkbar.

---

[4] BGBl. 1961 II 301; unten Bd. II, C.

[5] BGBl. 1965 II 26.

[6] BGBl. 1963 II 109.

[7] Beispiel: Anerkennung eines vom englischen Nachlaßgericht erlassenen *probate* oder *letters of administration* nach dem deutsch-britischen Abkommen vom 14. Juli 1960, (unten Bd. II C 1). Näher hierzu *Henrich* in *Ferid-Firsching,* Internationales Erbrecht, 3. Aufl., 1981, Großbritannien, Grdz. C VI Rz. 88.

[1] Näher oben § 29 Vff.

[2] Vgl. oben § 125 III.

§ 128 Begriff der Anerkennung[1]

1. Art. 26 I stellt lapidar fest: „Die in einem Vertragsstaat ergangenen Entscheidungen werden in den anderen Vertragsstaaten anerkannt, ohne daß es hierfür eines besonderen Verfahrens bedarf." Was unter *Anerkennung* zu verstehen ist, wird nicht gesagt. Dies ist um so erstaunlicher, als sowohl das deutsch-belgische Abkommen[2] als auch der deutsch-niederländische Vertrag[3] eine Definition der Anerkennung enthalten. Art. 1 I 2 des Abkommens mit Belgien bestimmt: „Die Anerkennung hat zur Folge, daß den Entscheidungen die Wirkung beigelegt wird, die ihnen in dem Staate, in dessen Hoheitsgebiet sie ergangen sind, zukommt." Die gleiche Formulierung hat wörtlich Art. 1 I 2 des Vertrages mit den Niederlanden übernommen.

2. Im Anwendungsbereich der Art. 25ff. gilt das gleiche. Aus der Natur der Sache folgt, daß Anerkennung Wirkungserstreckung bedeutet.[4] Kraft der Anerkennung werden die Wirkungen der gerichtlichen Entscheidung, die diese nach dem Recht des Erststaates entfaltet, auf den Zweitstaat erstreckt.[5]

3. Die Wirkungen anzuerkennender gerichtlicher Entscheidungen des Erststaates sind also auch im Zweitstaat nach dem Recht des Erststaates zu bestimmen. So ist z. B. der Umfang der Rechtskraftwirkung eines französischen Urteils vom deutschen Zweitrichter nicht nach § 322 ZPO, sondern nach französischem Prozeßrecht zu beurteilen.[6]

4. Nach autonomem deutschen Anerkennungsrecht markiert das Recht des Zweitstaates die oberste Grenze einer Wirkungserstreckung: Die Wirkungen eines ausländischen Urteils werden nur insoweit auf das Inland erstreckt, als die Urteilswirkung als solche im Recht des Zweitstaates bekannt ist.[7] Dies gilt jedoch nicht im Anwendungsbereich der Art. 25ff.[8] Es ist nämlich erklärtes Ziel des Übereinkommens, die Freizügigkeit der gerichtlichen Entscheidungen und sonstigen Titel innerhalb der Vertragsstaaten in möglichst großem Umfang herzustellen.[9]

Hätten die Vertragspartner eine Beschränkung des Umfangs der Anerkennung gewünscht, so hätte man dies sicher im Text des Übereinkom-

---

1 *Geimer* RIW/AWD 1976, 192.

2 Unten Bd. II, B 1.

3 BGBl. 1965 II 26.

4 Vgl. unten Bd. II 22.

5 So auch *Jenard*-Bericht S. 87: „Durch die Anerkennung sollen den Entscheidungen die Wirkungen beigelegt werden, die ihnen in dem Staate zukommen, in dessen Hoheitsgebiet sie ergangen sind."

6 Vgl. oben § 102 Fußn. 4 und unten § 133.

7 *Geimer,* Zur Prüfung der Gerichtsbarkeit und der internationalen Zuständigkeit bei der Anerkennung ausländischer Urteile, 1966, 27.

8 *Geimer* RIW/AWD 1976, 192 bei Fußn. 22.

9 Vgl. Absatz IV der Präambel.

mens zum Ausdruck gebracht. So ist z. B. die Rechtskraft, die sich auch auf die in den Urteilsgründen enthaltene Entscheidung über die bedingenden Rechtsverhältnisse erstreckt, anzuerkennen.[10]

Beispiel:

Nach deutschem Recht erfaßt die Rechtskraft nur den Urteilstenor (§ 322 I ZPO), nach französischem Recht jedoch auch die tragenden Urteilselemente.[11] Der deutsche Zweitrichter ist an die Rechtskraftwirkung des französischen Urteils in vollem Umfang gebunden, also nicht nur insoweit, als in einem gleichgelagerten Fall ein deutsches Urteil Feststellungswirkung entfalten würde.

5. Das französische Recht geht wie alle kontinentalen Rechtsordnungen von dem Grundsatz aus, daß nur die *Entscheidung über den Klageanspruch* in Rechtskraft erwächst, nicht jedoch die Feststellungen des Gerichts zu den rechtlichen Vorfragen. Unterschiedlich wird jedoch die Frage beantwortet, was unter „Klageanspruch" im einzelnen zu verstehen ist. Während man in Italien genauso wie in Deutschland die Rechtskraftwirkung lediglich auf den Urteilstenor (Urteilsdispositiv) beschränkt, also die im Rahmen des richterlichen Syllogismus zur Entscheidung führenden Urteilsgründe von der Rechtskraft ausnimmt, vertritt man in Frankreich einen weitergehenden Standpunkt. Zwar wird auch dort gelehrt, daß sich die Rechtskraft nur auf das *dispositif du jugement* beziehe, nicht auf die *motifs du jugement.* Man faßt aber den Begriff des Urteils-dispositifs sehr weit. Mit dem Entscheidungstenor in einem unzerreißbaren Zusammenhang stehende Urteilselemente nehmen an der Rechtskraft teil. Man spricht von *chose jugée implicitement.* Gegenstand der Rechtskraft sind deshalb auch die zwischen den Parteien streitigen bedingenden Rechtsverhältnisse, über die „implicitement" in den Gründen mitentschieden wurde. Nach französischer Ansicht wäre es unlogisch, die Entscheidung über die bedingenden Rechtsverhältnisse an der Rechtskraft nicht teilnehmen zu lassen. Dies führe zur Entwertung der der Rechtskraft immanenten Autorität der Gerichte. Die präjudiziellen Rechtsverhältnisse müssen aber zwischen den Parteien strittig gewesen sein; nur dann entfaltet die in den Gründen getroffene Entscheidung für einen Folgeprozeß Rechtskraftwirkung. Die Abweichung des französischen Rechts von den übrigen kontinentalen Rechtsordnungen läßt sich an folgendem Beispiel zeigen: Wurde der Darlehensschuldner zur Zahlung rückständiger Zinsen rechtskräftig verurteilt, und wird in den Gründen des Urteils das Bestehen des Darlehensvertrages festgestellt, so

---

[10] *Geimer* RIW/AWD 1976, 192.

[11] Zur materiellen Rechtskraft nach französischem Recht siehe vor allem den rechtsvergleichenden Überblick von *Habscheid* in *Fragistas*-Festschrift 1969, 19. *Schweickert,* Die subjektiven Grenzen der materiellen Rechtskraft französischer Zivilurteile unter vergleichender Heranziehung des deutschen Rechts, Diss. München 1967; *Ritter,* Die Bestimmung der objektiven Rechtskraftgrenzen in rechtsvergleichender Sicht, ZZP 87 (1974) 138, 151.

kann der Schuldner in einem zweiten Prozeß, in dem es um die Darlehensrückzahlung geht, die Rechtswirksamkeit des Darlehensverhältnisses nicht mehr bestreiten. Denn das rechtskräftige Urteil über den Zinsanspruch stellt auch die Darlehensforderung verbindlich fest. Nach französischer Ansicht bezieht sich die Vorentscheidung notwendigerweise auf die Existenz des Rückzahlungsanspruchs. Entsprechendes gilt beim umgekehrten Ausgang des Erstprozesses. Wurde die Klage bezüglich der rückständigen Zinsen rechtskräftig abgewiesen, weil ein Darlehensverhältnis nicht bestehe, so ist eine zweite Klage auf Rückzahlung des Darlehens von vorneherein aussichtslos, weil der Richter des zweiten Prozesses an die in den Gründen des ersten Urteils geäußerte Rechtsansicht, es bestehe kein Darlehen, gebunden ist.[12]

§ 129 Gegenstand der Anerkennung

Gegenstand der Anerkennung sind die Wirkungen des erststaatlichen Urteils. Es ist deshalb nicht ganz präzise, wenn Art. 26 I von der Anerkennung der „in einem anderen Vertragsstaat ergangenen Entscheidung" spricht.

§ 130 Prinzip der automatischen Anerkennung

1. Die Wirkungen einer gerichtlichen Entscheidung werden auf den/die Zweitstaat(en) erstreckt, wenn die Anerkennungsvoraussetzungen gegeben sind bzw. keine Versagungsgründe vorliegen.[1] Diese Wirkungserstreckung kann sich logisch in verschiedenen Formen vollziehen.[2] Die Anerkennung kann unmittelbar kraft zweitstaatlichen Gesetzes erfolgen. In diesem Fall werden die Wirkungen der Entscheidung – sofern die Anerkennungsvoraussetzungen vorliegen – ipso jure auf den Zweitstaat erstreckt, ohne daß es eines besonderen Anerkennungsaktes bedürfte. Man spricht deshalb auch von automatischer Anerkennung. Es ist aber auch rechtstechnisch möglich, die Wirkungserstreckung von der Durchführung eines besonderen Anerkennungsverfahrens abhängig zu machen. Nach dieser Variante kann der ausländische Richterspruch im Inland erst beachtet werden, wenn seine Anerkennungsfähigkeit ausdrücklich festgestellt ist.

2. Auf dem Prinzip der automatischen Urteilsanerkennung baut das autonome deutsche Recht auf.[3] Anders dagegen das italienische Recht;[4]

---

[12] *Ritter* ZZP 87 (1974), 153. Vgl. auch unten § 133 VII.

[1] Soweit diese dem Schutz des Beklagten dienen, kann dieser die Anerkennung verlangen. Näher § 139 IV 5–7, V 2 bei Fußn. 76 und 93 und § 140 VI.

[2] *Schütze,* Die Anerkennung und Vollstreckung ausländischer Zivilurteile in der Bundesrepublik Deutschland als verfahrensrechtliches Problem, Diss. Bonn 1960, 4ff.

[3] *Zöller-Geimer,* ZPO, 13. Aufl., 1981, § 328, Anm. P I.

in Italien wird in einem besonderen Delibationsverfahren geprüft, ob die Voraussetzungen für die Anerkennung eines bestimmten ausländischen Urteils gegeben sind (Art. 796ff. Codice di procedura civile). Ähnlich ist die Rechtslage in Frankreich,[5] Luxemburg[6] und Belgien.[7] Auch hier können die Wirkungen des ausländischen Urteils grundsätzlich erst nach Erteilung des Exequaturs geltend gemacht werden.[8]

3. Das Übereinkommen hat sich dem deutschen System der automatischen Urteilsanerkennung angeschlossen. Nach Art. 26 I sind die in einem Vertragsstaat ergangenen Entscheidungen in den anderen Vertragsstaaten anzuerkennen, „ohne daß es hierfür eines besonderen Verfahrens bedarf."[9]

---

[4] Hierzu *Riezler* IZPR, 1949, 516ff. Weitere Nachweise bei *Luther,* Das deutsch-italienische Vollstreckungsabkommen und seine zukünftige Gestaltung, Heft 1 der Hefte der Vereinigung für den Gedankenaustausch zwischen deutschen und italienischen Juristen, 1966, 12 Fußn. 11; *Morelli,* Il diritto processuale civile internazionale, 1954, Nr. 132; *Migliazza,* Le sentenze straniere nel diritto italiano, 1968; *Satta,* Diritto processuale civile, 8. Aufl., 1973, Nr. 528 S. 691ff.; *Droz* Nr. 409 S. 250. Vgl. auch in der Enciclopedia del diritto den Artikel „delibazione". Deutsche Übersetzung der Art. 796ff. Codice di procedura civile in RabelsZ 1949, 127ff.

[5] *Batiffol-Lagarde,* Droit international privé, 6. Aufl. 1974/76, Nr. 736; *Francescakis-Lucas,* in „*Dalloz,* Répertoire de droit international, I, 1968, sub jugement étranger (matières civile et commerciale)", Nr. 82ff. S. 213ff.; *Danièle Alexandre,* les pouvoirs du juge de l'exequatur, 1970, Nr. 114ff. S. 96ff. *Droz* Nr. 410 S. 251f.; vgl. auch *Riezler* IZPR, 1949, 518 und *Matscher* JBl. 1956, 460. Eine „reconnaissance de plein droit" kommt nur für Entscheidungen in Statussachen (jugements relatifs à l'état ou à la capacité des personnes) in Betracht. Vgl. *Francescakis-Lucas* aaO Nr. 43 S. 211; *Mezger,* Lewald-Festschrift, 1953, 317ff.

[6] *Bernecker,* RabelsZ 1962, 324f.; *Droz* Nr. 410 Fußn. 4 S. 252 mit weiteren Nachw.

[7] Art. 570 Code judiciaire. Vgl. *Baugniet-Weser,* L'exequatur des jugements, des sentences et des actes authentiques, in Rapports belges au VIIIe Congrès international de droit comparé, Brüssel 1970, 198; *Rigaux,* droit international privé, 1968, Nr. 54; *Fettweis,* Droit judiciaire, tome II: la compétence, 4. Aufl. 1976, Nr. 416; *Droz* Nr. 410 S. 251; *Weser* Nr. 127 S. 133ff.

[8] Zum niederländischen Recht s. *Kokkini-Iatridou-Verheul,* Les effets des jugements et sentences étrangers aux Pays-Bas in: Netherlands Reports to the VIIIth International Congress of comparative Law (Pescara 1970) 1970, 129ff.; *Droz* Nr. 417 S. 255ff.

Das niederländische autonome Recht kennt wohl keine Anerkennung im Sinne der Wirkungserstreckung, d. h. der Wirkungen, die dem erststaatlichen Urteil nach dem Recht des Erststaates zukommen. Es ähnelt mehr dem System der actio iudicati.

[9] Hierzu *Droz* Nr. 453 S. 285ff.; *Weser* Nr. 270 S. 323ff.; *Pocar,* Alcune osservazioni in merito al procedimento per il riconoscimento e l'esecuzione delle sentenze straniere previsto nelle convenzioni dell'Aja e della CEE, Rivista di diritto internazionale privato e processuale V, 1969, 132ff.; *Mascagni,* Sull'accertamento dell'efficacia di cosa giudicata attribuita a sentenze straniere in base alla convenzione di Bruxelles, Rivista di diritto intern. priv. e proc. XI, 1975, 715ff.

§ 131 Zeitpunkt der Anerkennung

Aus dem Prinzip der automatischen Urteilsanerkennung (oben § 130) folgt, daß die Wirkungen der in Betracht kommenden Entscheidung in dem gleichen Zeitpunkt auf die übrigen Vertragsstaaten erstreckt werden, in dem sie sich im Erststaat entfalten.[1] Einer besonderen Beziehung zum Zweitstaat bedarf es nicht.[2]

§ 132 Anerkennungsfähige Urteilswirkungen

1. Anerkennungsfähig sind grundsätzlich alle *prozessualen Urteilswirkungen,* die die gerichtliche Entscheidung im Erststaat hervorbringt. Ausgenommen ist die *Vollstreckungswirkung* (Vollstreckbarkeit nach dem Recht des Erststaates). Diese bildet jedoch die Grundlage für die Verleihung der Vollstreckbarkeit im Zweitstaat gemäß Art. 31 ff.[1]

2. Nicht anerkennungsfähig sind weiter per definitionem *innerprozessuale Bindungswirkungen.* Diese sind nur innerhalb des schwebenden Verfahrens im Erststaat relevant.[2]

3. Auszuscheiden sind auch die *materiell-rechtlichen Urteilswirkungen* (= Tatbestandswirkungen); ob z. B. ein Urteil die Verjährung unterbricht, entscheiden nicht Art. 25 ff., sondern die maßgebliche lex causae.[3]

4. Die Qualifikation, ob eine nach Art. 25 ff. anerkennungsfähige Urteilswirkung vorliegt, überläßt das Übereinkommen nicht dem nationalen Recht des Erststaates oder Zweitstaates. Um eine einheitliche Anwendung der Anerkennungsvorschriften in allen Vertragsstaaten zu gewährleisten, sind auch insoweit die Grenzen der Anerkennungspflicht konventionsimmanent zu definieren. Das Übereinkommen legt also für alle Vertragsstaaten einheitlich fest, welche Arten von Urteilswirkungen in den Anwendungsbereich der Art. 25 ff. fallen. Davon zu unterscheiden ist die Frage, welche Wirkungen in concreto eine bestimmte zur

---

[1] Voraussetzung ist allerdings, daß die Anerkennungsvoraussetzungen vorliegen bzw. keine Versagungsgründe gegeben sind, Art. 27, 28. Ob dies der Fall ist, kann in concreto streitig sein. Klarheit schafft erst das Anerkennungsverfahren nach Art. 26 II. Daß vor Rechtskraft der im Feststellungsverfahren nach Art. 26 II ergehenden Entscheidung die Rechtslage unklar sein kann, insbesondere im Hinblick auf die Möglichkeit, daß der Beklagte darauf verzichten kann, die seinem Schutz dienenden Anerkennungsvoraussetzungen bzw. Versagungsgründe geltend zu machen (vgl. oben § 57 III 6 und unten § 139 IV 5–7), spricht nicht gegen die hier vertretene Auffassung. Es handelt sich um ein durchgehend in allen Rechtsbereichen anzutreffendes Phänomen.

[2] A.A. zu § 328 ZPO *Schütze* NJW 1966, 1598: Es müsse eine Beziehung zum Zweitstaat bestehen.

[1] Vgl. oben § 102 II.

[2] *Geimer* RIW/AWD 1976, 142.

[3] Unten § 137.

Anerkennung anstehende Entscheidung entfaltet. Die Antwort hierauf kann nur das Recht des Erststaates geben.

5. Es ist daher unerheblich, *wie das nationale Recht z. B. die Rechtskraftwirkung dogmatisch einordnet.* So gehört etwa für den englischen Juristen die Doktrin von der res iudicata nicht in das Prozeßrecht, sondern in das davon zu unterscheidende *Beweisrecht.* In den Lehrbüchern des Beweisrechts befindet sich die Lehre von den Wirkungen der rechtskräftigen Urteile und bildet einen Teil der *Doktrin vom estoppel.* Nach englischer Auffassung ist dies die Lehre von denjenigen tatsächlichen Behauptungen, die in einem Prozeß nicht bewiesen werden dürfen. Man spricht von estoppel by record oder auch estoppel by res iudicata.[3]

6. In den meisten kontinentaleuropäischen Ländern streitet man, *ob die res iudicata dem Prozeßrecht oder aber dem materiellen Recht zuzuordnen ist.* Nach der sogenannten materiellen Rechtskrafttheorie bestätigt (noviert) das richtige Urteil die bisherige Rechtslage, während das unrichtige Urteil die materielle Rechtslage verändert. Das unrichtigerweise zuerkannte materielle Recht entsteht, während das unrichtigerweise aberkannte, bisher bestehende materielle Recht durch das Urteil zum Erlöschen kommt.[4] Dagegen verneint die *prozeßrechtliche Theorie* jede Einwirkung des rechtskräftigen Urteils auf das materielle Recht. Danach besteht das Wesen der Rechtskraft darin, daß die Parteien und das Gericht im Falle eines späteren Prozesses an die rechtskräftige Entscheidung gebunden sind. Über die Art der Bindung des Richters im zweiten Prozeß besteht jedoch unter den Anhängern der prozeßrechtlichen Theorie Streit. Die einen verstehen die Bindung des Zweitrichters nur als Verbot, eine abweichende Entscheidung zu erlassen *(Widerspruchsverbot),* während die anderen grundsätzlich eine neue Klage überhaupt nicht mehr zulassen wollen. Bei Identität des Streitgegenstandes ist eine neue Verhandlung und Entscheidung über den gleichen Streitgegenstand deshalb nach dieser Mei-

[3] Daß die Einordnung der res iudicata-Lehre in das Beweisrecht auch für den englischen Juristen systematisch bedenklich sei, deutet *Cohn* in *Nipperdey*-Festschrift, 1965, 880 an. Er meint jedoch: „Lehrbücher tragen im englischen Recht einen tralatizisen Charakter. So wird es gewiß auch weiterhin bei der Einordnung der estoppel in das Beweisrecht verbleiben. Sie findet letzten Endes auch ihre Berechtigung in einem mehr grundsätzlichen Argument. Die englische Lehre vom Prozeßrecht ist ihrem Wesen nach keine analytisch-dogmatische Darstellung eines Systems von Rechtssätzen. Sie ist gleichzeitig mehr und weniger, nämlich eine Kunstlehre. Sie sucht die für den englischen Zivilprozeß als den konsequent durchgestalteten Parteiprozeß, wesentlichste Frage zu beantworten: wie hat eine Partei ihre Sache vor Gericht zu führen? Aus dieser Kunstlehre sind aus gewissen, hier nicht erörterten Gründen, alle vorwiegend mit dem Beweis zusammenhängenden Fragen ausgegliedert worden und dem für Straf- und Zivilprozeß in gleicher Weise geltenden Beweisrecht zugewiesen worden. Daß die Lehre von dem estoppel im allgemeinen und von der Rechtskraft im besonderen hier ihre rechte Stätte findet, ist durch eine ganze Reihe von Zweckmäßigkeitserwägungen gerechtfertigt. Daß diese letzten Endes den Ausschlag geben, liegt im Wesen einer Kunstlehre."

[4] Näher unten § 133 I 2a.

nung grundsätzlich unzulässig und eine neue Klage durch Prozeßurteil abzuweisen. Von dieser Regel wird jedoch dann eine Ausnahme zugelassen, wenn im Einzelfall aus besonderen Gründen ein Bedürfnis nach einer nochmaligen mit dem ersten Urteil inhaltsgleichen Entscheidung besteht. Die Anhänger der prozessualen Theorie betonen, daß die Rechtskraft eines unrichtigen Urteils das materielle Recht nicht verändere, sondern lediglich ein Hindernis dafür bilde, in einem zweiten Prozeß ein dem materiellen Recht gemäßes Urteil zu erlassen. In Deutschland haben wohl die Anhänger der prozessualen Theorie den Sieg davongetragen, doch geschah dies – wie *Grunsky*[4] vermutet – „nicht so sehr wegen der besseren Argumente, sondern einfach deshalb, weil die Vertreter dieser Auffassung zahlreicher und lautstarker waren als ihre Gegner."[5]

§ 133 Die Anerkennung der materiellen Rechtskraft (res iudicata)

I. Die dogmatische Einordnung[1]

1. Das Wesen der materiellen Rechtskraft ist gekennzeichnet durch die *Verbindlichkeit des Richterspruchs* bezüglich des Streitgegenstandes zwischen den Parteien.[2] Unabhängig von der Ausgestaltung des positiven Rechts in den einzelnen Ländern zielt jeder Rechtsstreit auf Rechtsgewißheit, damit auf Rechtsfrieden. Dies kann nur dadurch erreicht werden, daß der Einwand, das Urteil sei falsch (= entspreche nicht der Rechtslage) ausgeschlossen wird.[3] Die Möglichkeit des Fehlurteils wird also

---

[4] *Grunsky*, Grundlagen des Verfahrensrechts, 2. Aufl., 1979, 493.

[5] Eine abgewandelte Form der materiellrechtlichen Theorie ist jedoch neuerdings wieder im Vordringen. Nach *Pohle* noviert zwar das rechtskräftige Urteil nicht das materielle Recht, schafft aber eine unwiderlegliche Vermutung für die entsprechende materielle Rechtslage (res iudicata pro veritate habetur). Auch *Bruns* ZPR, 2. Aufl., 397 meldet Bedenken gegen den Standpunkt der herrschenden Meinung an, da diese jede Wirkung des Sachurteils auf das materielle Recht leugne.

[1] Hierzu ausführlich *Habscheid*, in *Fragistas*-Festschrift, 1967; vgl. auch *Habscheid*, Droit judiciaire privé suisse, 2. Aufl., 1981, 317f. Vgl. auch *Schlosser*, RabelsZ 47 (1983) 210.

[2] Vgl. auch *Zöller-Geimer*, ZPO, 13. Aufl. 1981, § 328, Anm. E III.

[3] Dies ist zwar keine rechtslogische Notwendigkeit, wie sich schon daraus ergibt, daß es gerichtliche Entscheidungen gibt, die der Rechtskraft nicht fähig sind. Jedoch wird die Rechtskraft in den meisten Fällen von der praktischen Vernunft gefordert. Welchen Sinn soll ein Verfahren, das sich möglicherweise durch mehrere Instanzen zieht, haben, wenn die am Schluß dieses Verfahrens gefällte Entscheidung nicht verbindlich sein sollte? So betrachtet ist die materielle Rechtskraft eine *präpositive Einrichtung*, auf die kein Rechtsschutzsystem verzichten kann. Ganz gleich, wie dieses von Land zu Land ausgestattet sein mag, verlangt der Zweck des Prozesses, daß die richter-

einkalkuliert. Der potentielle Konflikt zwischen Gerechtigkeits- und Ordnungsidee wird zugunsten der Friedensfunktion des Prozesses entschieden.[4] Mit diesem Grundproblem des gerichtlichen Verfahrens muß sich jede nationale Rechtsordnung beschäftigen. Insofern ist die materielle Rechtskraft „ein universelles Rechtsinstitut".[5]

2. Aber auch nur soweit reicht die internationale Gemeinsamkeit. Im übrigen ist das Wesen der materiellen Rechtskraft stark umstritten. Es werden die verschiedensten Theorien vertreten. Demgemäß ist auch die Ausgestaltung im positiven Recht von Land zu Land verschieden. Wie bereits oben § 132(6) dargelegt, streitet man um die *dogmatische Einordnung der res iudicata.*[6] Insbesondere geht es um die Frage, ob das Institut der materiellen Rechtskraft dem Prozeßrecht oder dem materiellen Recht zuzuordnen ist.

a) Nach der extremsten Ausprägung der materiellrechtlichen Theorie schafft der Richterspruch neues Recht.[7] Der Richter des zweiten Prozesses hat also die durch den ersten Richterspruch geschaffene neue Rechtslage zu beachten. In dieser Version ist die materiell-rechtliche Theorie in keinem der Vertragsstaaten mehr herrschend. Nach einer anderen Variante schafft das Urteil *eine unwiderlegliche Vermutung* für die im Richterspruch festgestellte materielle Rechtslage: *res iudicata pro veritate habetur.* Dies ist in Frankreich, Belgien und Luxemburg die wohl herrschende Doktrin. Dies hängt damit zusammen, daß die autorité de la chose jugée in Art. 1351 Code civil zu den *presomptions* gerechnet wird.[8] Dort ist die

---

liche Entscheidung mit Rechtskraft ausgestattet ist. Die siegreiche Partei muß sicher sein, daß es bei der im Urteil ausgesprochenen Rechtsfolge bleibt; sie muß vor der Wiederaufrollung des Prozesses geschützt werden. Neben dem Schutzbedürfnis des Prozeßsiegers verlangt darüberhinaus auch das öffentliche Interesse, daß die im Prozeß manifest gewordene Rechtsunsicherheit endgültig beseitigt wird.

[4] Die Friedensfunktion des Prozesses ist so stark, daß auch Fehlurteile in Kauf genommen werden müssen. Nach Eintritt der Unanfechtbarkeit des Urteils mit ordentlichen Rechtsmitteln kann grundsätzlich die Frage nicht mehr aufgeworfen werden, ob der Prozeß richtig entschieden worden ist oder nicht. Der Ordnungszweck des Prozesses dominiert also über die Gerechtigkeitsidee. Diese allgemeinen Rechtsgedanken gelten wohl für jede Prozeßrechtsordnung. Wenn es aber um deren Konkretisierung geht, stellt man erhebliche Unterschiede in den einzelnen nationalen Rechtssystemen fest. Eine umfassende rechtsvergleichende Darstellung fehlt.

[5] *Habscheid* (Fußn. 1) 4.

[6] Nachweise bei *Zöller-Vollkommer,* ZPO, 13. Aufl. 1981, Anm. III vor § 322. Zum französischen Recht vgl. *Tomasin,* Essai sur l'autorité de la chose jugée en materière civile (Diss. Toulouse 1973), 1975 und die Nachweise bei *Vincent-Guinchard,* procédure civile, 20. Aufl., 1981, Nr. 85ff.

[7] Res iudicata facit ius inter partes.

[8] Die systematische Einordnung der res iudicata als gesetzliche Vermutung mag den heutigen Betrachter verwundern; doch muß man bedenken, daß auch die Verfasser der deutschen ZPO noch davon ausgingen, daß die materielle Rechtskraft dem bürgerlichen Recht angehöre. Damit hängt es zusammen, daß die ZPO in § 322 (früher § 293 CPO) nur eine Bestimmung über die objektiven Grenzen der Rechtskraft enthält.

Windscheid'sche Trennung zwischen actio und ius nie so radikal wie im deutschen Recht vollzogen worden.[9] Deshalb kann man sich mit der prozessualen Theorie nicht anfreunden.

b) Anders ist es jedoch in der Bundesrepublik Deutschland und Italien. Hier ist die *prozessuale Theorie* vorherrschend.[10] Nach dieser Doktrin ändert der Urteilsspruch die materielle Rechtslage nicht. Der Richter des zweiten Prozesses ist jedoch durch die Rechtskraft an die Beachtung des ersten Richterspruches gebunden. Diese Rechtskrafttheorie bestreitet also, daß die res iudicata – vom Gestaltungsurteil abgesehen – auf das materielle Recht einwirkt; man sieht das Wesen der Rechtskraft vielmehr darin, daß diese in einem späteren Verfahren die Gerichte bindet. Was dies im einzelnen bedeutet, ist jedoch wiederum unklar. Nach der einen Meinung besteht die Wirkung der Rechtskraft lediglich in der Bindung des Richters des zweiten Prozesses an die erste Entscheidung. Die Rechtskraft ist danach kein Prozeßhindernis, sondern steht nur einer widersprechenden Entscheidung des zweiten Richters entgegen. Nach der anderen, wohl vorherrschenden Ansicht schließt die Rechtskraft jede neue Verhandlung und Entscheidung über die rechtskräftig festgestellte Rechtsfolge aus *(ne bis in idem-Lehre).* Ist die im Vorprozeß entschiedene Rechtsfrage nur Vorfrage für die Entscheidung des nachfolgenden Rechtsstreits, so erschöpft sich auch nach dieser Ansicht die Wirkung der Rechtskraft in der Bindung des später entscheidenden Gerichts.[11] Für die ne bis in idem-Lehre haben sich der deutsche Bundes-

---

Auch der Code civil bringt keine Begriffsbestimmung der materiellen Rechtskraft. Nur wenige französische Autoren versuchen eine Definition. So ist bei *Garsonnet et Cézar/Bru,* Traité théorique et pratique de procédure civile et commerciale, III, 4. Aufl., Paris 1913, Nr. 703, zu lesen: „On appelle autorité de la chose jugée une présomption absolue de vérité, en vertu de laquelle les faits constatés et les droits reconnus ne peuvent être contestés à nouveau, ni devant le tribunal qui a rendu le jugement ni devant une autre juridiction."

Die autorité de la chose jugée hat einen positiven und einen negativen Effekt (conséquences positives et négatives). Die positive Wirkung besteht darin, daß durch das Urteil bindende Verhaltensnormen zwischen den Parteien geschaffen worden sind. Wie dies im einzelnen dogmatisch zu erklären ist, ist heftig umstritten. Die einen sehen in der Rechtskraft eine unwiderlegliche Vermutung, die den Vermutungsbegünstigten von der Erbringung jeden Beweises befreit. Die Vertragstheorie sieht den Geltungsgrund der Rechtskraft in einem Vertrag, während vom Blickwinkel der öffentlichrechtlichen Theorie aus mit der dem Richter verliehenen besonderen Entscheidungsgewalt argumentiert wird.

Der negative Effekt der rechtskräftigen Entscheidung ist darin zu erblicken, daß der durch das Urteil entschiedene Streit nicht erneut wieder vor dem Richter aufgerollt werden kann. Er besteht in dem Ausschluß der Bestreitbarkeit.

Nachweise bei *Droz* Nr. 443ff. und den oben Fußn. 6 Genannten.

[9] *Habscheid* (Fußn. 1).

[10] Ausführlich *Zöller-Vollkommer,* ZPO, 13. Aufl., 1981, Anm. III vor § 322.

[11] *Habscheid* (Fußn. 1).

gerichtshof[12] sowie die meisten deutschen und italienischen Autoren[13] entschieden.

3. Wenn auch die Urteilswirkungen nach dem Recht des Erststaates zu bestimmen sind,[14] so fragt sich jedoch, wie der Zweitrichter die erststaatliche Rechtskraftwirkung zu beachten hat. Steht das Recht des Erststaates auf dem Standpunkt der materiellrechtlichen Rechtskrafttheorie (z. B. Frankreich), taucht das Problem auf, ob der deutsche Zweitrichter sich die materiellrechtliche Qualifikation zu eigen zu machen hat, oder ob er im Wege der Anpassung nach der ne bis in idem-Lehre zu verfahren hat. Die zweite Alternative ist die richtige Lösung. Wie sich der deutsche Richter im Zweitprozeß bei Identität des Streitgegenstandes zu verhalten hat, regelt nicht das Recht des Erststaates, sondern ausschließlich das deutsche Recht. Das Übereinkommen schreibt dem Zweitrichter nicht vor, wie er die Rechtskraft des französischen Urteils zu beachten hat. Es bestimmt vielmehr nur, daß er sie zu beachten hat. Die prozessuale Technik ist ausschließlich Sache des Rechts des Zweitstaates.

II. Rechtskraft und Kollisionsrecht

1. Für die Anerkennung bzw. Nichtanerkennung der materiellen Rechtskraft des erststaatlichen Urteils ist es ohne Einfluß, ob nach dem IPR des Zweitstaates die Rechtsordnung des Erststaates für die Beurteilung des Streitgegenstandes maßgeblich ist oder nicht. Ist dem Urteil gemäß Art. 27, 28 I die Anerkennung zu versagen, so kann das erststaatliche Urteil nicht auf dem Umweg über die kollisionsrechtliche Verweisung des zweitstaatlichen IPR auf das Recht des Erststaates anerkannt werden, und zwar selbst dann nicht, wenn nach dem Recht des Erststaates die materiellrechtliche Rechtskrafttheorie gilt, wenn also nach dem Recht des Erststaates das zur Anerkennung anstehende Urteil eine neue Rechtslage schafft.[15]

2. Ist nach dem IPR des Zweitstaates das Recht eines dritten Staates anzuwenden, ist also nach diesem IPR das Recht des Erststaates nicht zur Beurteilung des Streitfalls berufen, so hat dies für die Anerkennung der Rechtskraft des erststaatlichen Urteils keine Bedeutung. Auf den *Standpunkt des dritten Staates zur Frage der Anerkennung* kommt es nicht an. Dies folgt aus dem Grundsatz, daß die Wahrung des zweitstaatlichen IPR grundsätzlich nicht Voraussetzung für die Anerkennung ist.[16]

3. Es gibt also keine kollisionsrechtliche Relativität der Rechtskraft.[17]

---

[12] BGHZ 34, 337; 36, 365.

[13] *Habscheid* (Fußn. 1) 8.

[14] Vgl. oben § 128.

[15] *Zöller-Geimer,* ZPO, 13. Aufl., 1981, § 328, Anm. E IV 1.

[16] Ebenso *Linke* in *Bülow-Böckstiegel* 606/199, Art. 26, Anm. II 5.

[17] *Zöller-Geimer,* ZPO, 13. Aufl., 1981, § 328, Anm. E IV und oben § 116.

III. Die rechtskraftfähigen Entscheidungen

1. Ob und in welchem Umfang eine Entscheidung der materiellen Rechtskraft fähig ist, entscheidet ausschließlich das Recht des Erststaates. Dieses hat desweiteren darüber zu befinden, ob nicht nur Urteile im formellen Sinn, sondern auch andere Entscheidungen, wie Beschlüsse, Verfügungen usw. res iudicata-Wirkung hervorbringen.

2. Wohl nach allen Prozeßrechtsordnungen erwachsen *endgültige Entscheidungen über den Streitgegenstand* in Rechtskraft. Vorläufige Zwischenentscheidungen haben keine Rechtskraftwirkung, sondern allenfalls innerprozessuale Bedeutung.

3. Von Land zu Land verschieden wird jedoch die Frage beantwortet, ob auch *Prozeßurteile* der Rechtskraft fähig sind oder nur sogenannte *Sachurteile.* In der Bundesrepublik Deutschland und in den meisten kontinentaleuropäischen Ländern ist unbestritten, daß Prozeßurteile in materielle Rechtskraft erwachsen. Das Bedürfnis nach einer endgültigen Klärung der Rechtslage und nach einem Schutz der obsiegenden Partei verlangt auch bei einer Klageabweisung als unzulässig, daß die Sach- und Rechtslage in einem zweiten Verfahren beurteilt wird wie im ersten. Diese Überlegungen werden in Italien nicht akzeptiert.[18] Die Prozeßurteile haben dort keine Rechtskraftwirkung. Ähnliches wird für den Bereich des englischen Rechts berichtet. Hier differenziert *Cohn*[19] wie folgt: Wenn es sich um eine aus rein formalen Gründen erfolgte Klageabweisung handelt, etwa weil der Kläger es unterlassen hat, den Prozeß ordnungsmäßig weiterzuführen, so tritt kein estoppel by res iudicata ein. Er bezweifelt aber, ob dies auch dann gelte, „wenn die prozessuale Zwischenentscheidung das Ergebnis einer mehrwöchigen Verhandlung und einer eingehenden Beweisaufnahme gewesen ist“; einem solchen Urteile die volle Wirkung abzusprechen, würde dem Satz „sit finis litium“ widersprechen.

4. Die Unterschiede im Hinblick auf die Rechtskraftfähigkeit von Prozeßurteilen spielen bei der Anwendung der Art. 25ff. keine Rolle. Anerkennungsfähig sind nämlich nur *rechtskraftfähige Sachentscheidungen,* vor allem also Erkenntnisse, die der Klage stattgeben oder diese als unbegründet abweisen.[20] Nicht anerkennungsfähig sind Prozeßabweisungen und überhaupt alle sonstigen Entscheidungen über prozessuale Fragen, unabhängig davon, ob diese nach dem Recht des Erststaates in materielle Rechtskraft erwachsen. Für den Zweitrichter sind sie ohne Bedeutung. Die Feststellung des ausländischen Gerichts, daß eine Prozeßvoraussetzung nach dem Recht des Erststaates gegeben sei oder nicht, spielt für die Entscheidung des Zweitrichters keine Rolle. Dies ist sicher unbestreitbar

---

[18] *Habscheid* (Fußn. 1).

[19] *Nipperdey*-Festschrift, 1965, 884.

[20] Oben § 107 IX.

in den Fällen, wo die Vorschriften Normen des Zweitstaates von denen des Erststaates abweichen. Aber selbst wenn zufällig die Normen des Zweitstaates mit den Normen des Erststaates übereinstimmen, gilt nichts anderes. Wurde z. B. die Klage vom niederländischen Gericht wegen Prozeßunfähigkeit einer Partei abgewiesen und wird nun die gleiche Klage vor ein deutsches Gericht gebracht, dann hat der deutsche Richter die Frage der Prozeßfähigkeit erneut zu prüfen, und zwar ausschließlich nach deutschem Recht ohne jede Bindung an die erste Entscheidung. Das gleiche gilt auch bei Prozeßabweisung wegen internationaler Unzuständigkeit.[21]

IV. Zeitpunkt des Eintritts der materiellen Rechtskraft

Auch den Zeitpunkt, wann die erststaatliche Entscheidung materielle Rechtskraftwirkung entfaltet, bestimmt ausschließlich der Erststaat. Die meisten Prozeßordnungen kennen eine dem § 705 der deutschen ZPO vergleichbare Regel, wonach die Entscheidung erst nach Eintritt der formellen Rechtskraft, d. h. nach Eintritt der Unanfechtbarkeit mit ordentlichen Rechtsmitteln, der materiellen Rechtskraft fähig ist. Abweichende Standpunkte werden jedoch in Frankreich und im angloamerikanischen Rechtsbereich vertreten. In Frankreich entfaltet das Urteil sofort mit Erlaß autorité de la chose jugée. Diese Wirkung wird allerdings mit Einlegung eines ordentlichen Rechtsmittels suspendiert. Erst mit Unanfechtbarkeit der Entscheidung erlangt sie dann volle materielle Rechtskraft (force de la chose jugée). Dieser Unterschied hat insbesondere Auswirkungen auf die Beachtung der Rechtshängigkeit.

Der Rechtshängigkeitseinwand gilt nach französischem Recht nur solange, wie kein Urteil vorliegt, also während der ersten Instanz. Ist bereits ein erstinstanzielles Urteil ergangen, kann die autorité de la chose jugée dieses Urteiles in einem neuen Prozeß über den gleichen Streitgegenstand geltend gemacht werden.[22]

V. Beachtung der materiellen Rechtskraft von Amts wegen

1. Die gegen Ende des letzten Jahrhunderts bei der Verabschiedung der Reichscivilprozeßordnung noch lebhaft diskutierte Frage, ob die Rechtskraft nur auf Parteirüge oder von Amts wegen zu berücksichtigen sei, ist für den deutschen Zivilprozeß zu Gunsten der Amtsprüfung wohl endgültig entschieden.[23] Die materielle Rechtskraft schützt nicht nur die siegreiche Partei; sie ist auch im öffentlichen Interesse zur Wahrung des

---

[21] A. A. *Schlosser*-Bericht Nr. 191; *Kropholler,* Kommentar 186, Rz. 11 vor Art. 26. Vgl. auch oben § 107 Fußn. 20.

[22] *Vincent-Guinchard,* procédure civile, 20. Aufl., 1981, Nr. 340.

[23] In den meisten Fällen erfährt der Richter von dem bereits ergangenen Urteil erst durch den *Vortrag der Parteien.* Für diesen gelten §§ 296 III, 528 II ZPO: Danach kann verspätetes Vorbringen zurückgewiesen werden.

Rechtsfriedens unerläßlich. Interest rei publicae ut sit finis litium. Für die Beachtung der Rechtskraft von Amts wegen sprechen alle Argumente der Rechtslogik. Um so verwunderlicher ist, daß vielerorts die Rechtskraft nur auf Einrede der begünstigten Partei beachtet wird, so in Frankreich, Belgien, Italien, Griechenland, England. Dort betont man, daß die Rechtskraft im Privatinteresse geschaffen sei und deshalb ausschließlich ein Mittel der siegreichen Partei sei, ihre wohlerworbenen Rechte zu verteidigen: nemo bis vexari potest pro una et eadem causa.[24]

2. Steht nun die Rechtskraftwirkung eines Urteils aus einem Vertragsstaat zur Anerkennung an, in dem die Amtsprüfungstheorie nicht gilt, so fragt es sich, wie sich der deutsche Zweitrichter zu verhalten hat. Hat er die Regel des deutschen Rechts anzuwenden, wonach eine Parteidisposition über die Rechtskraft nicht möglich ist oder hat er den Rechtsstandpunkt des Erststaates zu beachten, wonach die Rechtskraft nur auf Rüge einer Partei zu beachten ist? Hier kommt die Regel zum Zuge, daß ein Urteil im Zweitstaat keine stärkere Wirkung haben darf als im Erststaat. Der deutsche Zweitrichter darf also die ausländische Rechtskraftwirkung nur auf Rüge einer Partei anwenden.

VI. Die Wirkung der Rechtskraft

1. Bei Identität des Streitgegenstandes

a) Ist der Streitgegenstand derselbe wie im ersten Prozeß, sei es daß der Sieger des ersten Prozesses die gleiche Feststellung noch einmal oder der Unterlegene die Feststellung des Gegenteils fordert, so ist eine neue Klage unzulässig. Sie ist durch Prozeßurteil abzuweisen. Denn ihr steht die Rechtskraft entgegen. Die Rechtskraft ist also eine negative Prozeßvoraussetzung. Diesen negativen Effekt (conséquence negative de la chose jugée) sieht man z. B. auch in Frankreich. Daneben stellt man jedoch auch einen positiven Effekt (conséquence positive). Die positive Wirkung bestehe darin, daß das Urteil bindende Verhaltensnormen zwischen Parteien schaffe.[25]

b) Ist die materielle Rechtskraft eines ausländischen Urteils anzuerkennen, weil die Anerkennungsvoraussetzungen vorliegen, so ist der Standpunkt des Erststaates, wie der zweite Richter auf Grund der res iudicata zu verfahren hat, für den deutschen Zweitrichter ohne Bedeutung. Dies wurde bereits oben[26] dargelegt, sei jedoch hier nochmals der Deutlichkeit halber wiederholt. Es erfolgt also Prozeßabweisung, wie wenn ein deutsches Urteil vorläge, auch wenn das Recht des Erststaates von der materiellrechtlichen Rechtskrafttheorie ausgeht oder von der prozessualen Theorie in der Form des Widerspruchsverbotes. Anderer Auffassung ist

---

[24] *Habscheid* (Fußn. 1).

[25] *Vincent-Guinchard,* procédure civile, 20. Aufl., 1981, Nr. 87.

[26] Oben I 39. E.

allerdings der deutsche Bundesgerichtshof.[27] Er hat in einem Fall, in dem die Rechtskraft eines österreichischen Urteils zu beachten war, die Klage nicht als unzulässig abgewiesen, sondern ein neues, inhaltsgleiches Sachurteil gefällt. Diese Entscheidung stieß allgemein auf Kritik.[28]

2. Bei Präjudizialität

Ist die im Erstprozeß rechtskräftig festgestellte Rechtsfolge eine präjudizielle Voraussetzung des Anspruchs (Streitgegenstandes) im zweiten Prozeß, so muß der Richter die rechtskräftige Entscheidung seinem Urteil zugrundelegen. Ist z. B. im ersten Prozeß rechtskräftig das Eigentum an einer Sache festgestellt worden, und wird im Zweitstaat auf Herausgabe der dem Kläger gehörenden Sache geklagt, so ist der Zweitrichter an die rechtskräftige Feststellung des Erstrichters gebunden.[29] In den Grenzen der Rechtskraft ist jede Behauptung der Partei, jede Beweisaufnahme und jede Entscheidung über das Eigentum unzulässig.[30]

VII. Die objektiven Grenzen der Rechtskraft

1. Jede Prozeßrechtsordnung muß die Frage beantworten: Wie weit geht der sachliche Umfang der materiellen Rechtskraft? Beschränkt sich die Verbindlichkeit des Urteilsspruchs nur auf die Entscheidung über den Klageanspruch oder werden zudem die bedingenden (präjudiziellen) Rechtsverhältnisse verbindlich festgestellt oder sogar auch der der Entscheidung zu Grunde liegende Sachverhalt?

2. In Deutschland wurde diese Frage in der gemeinrechtlichen Literatur intensiv diskutiert. *Savigny* vertrat die Auffassung, die in den Gründen enthaltenen Elemente des Urteils (Urteilselemente) erwüchsen in Rechtskraft, also auch die den Anspruch bedingenden Rechte, die Präjudizialpunkte. *Windscheid* dehnte sogar die Rechtskraft auf die Tatsachen aus. Dagegen meinte *Unger,* das Urteil enthalte nur einen Ausspruch über den konkreten Klageanspruch und nicht über die Präjudizialpunkte und Klagetatsachen. Diese Ansicht setzte sich durch.[31] Nach § 322 I ZPO sind „Urteile der Rechtskraft nur insoweit fähig, als über den durch die Klage oder durch die Widerklage erhobenen Anspruch entschieden

---

[27] BGH NJW 1964, 1626 = MDR 1964, 587 = LM Nr. 13 zu § 328 = IPRspr. 1964–65 Nr. 245.

[28] Unten Bd II 24 Fußn. 4.

[29] Zum deutschen Recht s. z. B. *Zöller-Vollkommer,* ZPO, 13. Aufl., 1981, IV 2 vor § 322.

[30] Dies gilt auch dann, wenn das IPR für das zu beurteilende Rechtsverhältnis auf eine andere Rechtsordnung verweist als das IPR des Erststaates. Vgl. oben II.

[31] Vgl. *v. Savigny,* System des heutigen Römischen Rechts, VI, 1847, 350ff.; *Windscheid,* Lehrbuch des Pandektenrechts I, 5. Aufl., 1879, 394f.; *Unger,* System des allgemeinen österreichischen Privatrechts II, 1859, 615ff. Dogmengeschichtliche Hinweise bei *Bruns,* ZPR, 2. Aufl., 1979, 357 Rz. 227.

ist". Eine Erweiterung gilt gemäß § 322 II ZPO nur für die Aufrechnung: „Hat der Beklagte die Aufrechnung einer Gegenforderung geltend gemacht, so ist die Entscheidung, daß die Gegenforderung nicht besteht, bis zur Höhe des Betrages, mit dem die Aufrechnung geltend gemacht worden ist, der Rechtskraft fähig".

3. Wesentlich weiter geht die Rechtskraftwirkung im *englischen Recht.*[32]

a) Der *estoppel by res iudicata* bezieht sich auf alle Streitpunkte, nicht nur auf solche, die tatsächlich den Gegenstand der früheren Verhandlung gebildet haben, sondern auch auf diejenigen, welche bei ordnungsmäßiger Prozeßführung seitens der Parteien den Gegenstand des Streites bilden mußten und welche die Parteien dem Gericht hätten vortragen können, als das frühere Verfahren schwebte. Es handelt sich also in der deutschen Terminologie um eine Präklusionswirkung.[33]

b) Sogar *Feststellungen tatsächlicher Natur* erwachsen in Rechtskraft. Dies mag damit zusammenhängen, daß die materielle Rechtskraft als ein Institut des Beweisrechts empfunden wird *(rule of evidence).*[34]

4. Die kontinentaleuropäischen Rechtsordnungen divergieren hinsichtlich der Frage, wieweit die Urteilsgründe an der Rechtskraft teilnehmen.[35] Am weitesten geht wohl das französische Recht. Es wird zwar

---

[32] *Cohn* in *Nipperdey*-Festschrift, 1965, 887.

[33] Hierzu unten § 134.

[34] Die amerikanische Doktrin unterscheidet zwischen *bar* und *merger.* Der Begriff des *merger* beschreibt die Wirkung eines zu Gunsten des Klägers ergangenen Urteils. Durch ein solches Urteil erlischt the entire claim or cause of action. Das Urteil konsumiert den Anspruch bzw. das Klagerecht *(merger the entire claim or cause of action in the judgment). Bar* umschreibt dagegen die Wirkung eines zu Gunsten des Beklagten ergangenen Urteils. Ein solches Urteil läßt the entire cause of action or claim und alles, was dazugehörig erachtet wird, erlöschen, unabhängig davon, ob der Kläger alle zum Streitgegenstand gehörigen Ansprüche und Gründe tatsächlich geltend gemacht hat. Hierzu *Engelmann-Pilger,* Die Grenzen der Rechtskraft des Zivilurteils im Recht der Vereinigten Staaten, 1973, 43.

[35] Die italienische Doktrin betont, das Urteil sei nicht nur das Ergebnis eines einfachen logischen Denkprozesses, sondern das Ergebnis der auf dem staatlichen „Imperium" beruhenden Ausübung der Gerichtsbarkeit. Daraus folge, daß alle präjudiziellen Vorentscheidungen, die der Richter fällen muß, um überhaupt zur Entscheidung über den Streitgegenstand und über die Einwendungen des Beklagten gelangen zu können, nicht an der Rechtskraftwirkung teilnehmen können. Allerdings meint auch *Micheli,* daß Entscheidungen über präjudizielle Rechtsverhältnisse, die in einem unzerreißbar engen Zusammenhang mit dem prozessualen Begehren (petitum) stehen, rechtskraftfähig sind, weil sie nämlich als ein Teil des in Rechtskraft erwachsenden Urteilsdispositivs zu betrachten seien. Diese Bemerkung ist nicht als eine Hinwendung zu der französischen Lehre von der chose jugée implicitement zu verstehen. *Micheli* will vielmehr nur die Urteilsgründe zur Ermittlung und Auslegung des Umfangs der Rechtskraftwirkung heranziehen. Vgl. *Micheli,* Corso di diritto processuale civile I, 1959, 295; *Liebman,* Manuale di diritto processuale civile III, 1976, Nr. 397; *Ritter* ZZP 87 (1974) 150.

auch in Frankreich betont, daß sich die Rechtskraft nur auf das Urteilsdispositiv (dispositif du jugement) beziehe und nicht auf die Urteilsgründe (motives du jugement). Zum dispositif du jugement gehört aber nach französischer Ansicht die Feststellung über das Bestehen oder Nichtbestehen aller streitigen präjudiziellen Rechtsverhältnisse. Diese werden selbst dann von der Rechtskraftwirkung umfaßt, wenn sie implicitement in den Gründen mitentschieden werden. Die chose jugée implicitement greift dann ein, wenn die Urteilsgründe mit dem Entscheidungstenor in einem unzerreißbaren Sinnzusammenhang stehen. Man versteht darunter solche Urteilselemente, die die essentielle Basis des Urteilsspruchs sind. Sie bilden sozusagen animam et quasi nervos sententiae. Allerdings verlangt man, daß die präjudiziellen Rechtsverhältnisse zwischen den Parteien des Erstprozesses *streitig* gewesen sein müssen.

Praktische Auswirkungen hat die französische Doktrin bei *akzessorischen Ansprüchen*. Wurde z. B. ein Zinsanspruch aus Darlehen rechtskräftig festgestellt, so kann im zweiten Prozeß die Existenz des Darlehens nicht mehr in Frage gestellt werden. Ähnliches gilt im Verhältnis von *Teilklagen* zueinander. Das eine Teilklage abweisende Urteil entfaltet Rechtskraftwirkung auch gegen eine den Restbetrag geltendmachende Klage. Die Vorentscheidung über den ersten Teil treffe implizit auch eine Entscheidung über die Existenz der ganzen Forderung.[36]

VIII. Die subjektiven Grenzen der Rechtskraft

1. Das Recht des Erststaates bestimmt auch die subjektiven Grenzen der Rechtskraft. Alle kontinentaleuropäischen Prozeßordnungen gehen davon aus, daß die Rechtskraft des Urteils grundsätzlich nur zwischen den Parteien des Rechtsstreits und deren Rechtsnachfolgern wirkt. Sie unterscheiden sich jedoch insoweit, als es darum geht, ob und inwieweit Ausnahmen von diesem Grundsatz zuzulassen sind. Dies hängt vor allem mit den Wechselwirkungen zwischen Prozeßrecht und materiellem Recht zusammen.

2. Sedes materiae sind im deutschen Recht §§ 325ff. ZPO. Die grundsätzliche Beschränkung der Rechtskraft auf die Parteien hindert aber nicht, daß die unter den Parteien wirkende Entscheidung in dieser Beschränkung von Dritten beachtet werden muß. Man spricht von „Drittwirkung der Rechtskraft". Sie ist von der Rechtskrafterstreckung zu unterscheiden. Einzelheiten können hier nicht dargestellt werden. Der Grundsatz des rechtlichen Gehörs (Art. 103 GG) verbietet eine allzu weite Ausdehnung der Rechtskraft auf Dritte. Dieses Problem hat man auch in anderen Rechtsordnungen gesehen, wo man dann dem Dritten

[36] Ausführlich *Habscheid* (Fußn. 1) und *Ritter* (Fußn. 35) und die oben Fußn. 6 Genannten. Vgl. auch oben § 128 (5).

ein Interventionsrecht (tierce opposition) gibt.[37] Eine analoge Regelung gibt es im deutschen Recht nicht. Jedoch ergeben sich aus Art. 103 GG Mitwirkungs- und Beteiligungsrechte Dritter am Prozeß.

3. Auch im *romanischen Rechtskreis* wirkt die Rechtskraft grundsätzlich nur zwischen den Parteien, nicht gegen Dritte. Art. 1351 Code civil postuliert die *identité des parties*. Die Rechtskraft wirkt grundsätzlich nicht gegen Dritte, es sei denn, sie sind durch Intervention Parteien geworden. Man spricht von principe de l'autorité relative de la chose jugée;[38] ebenso Art. 23 des belgischen Code judiciaire und Art. 2909 des italienischen Codice civile. Danach wirkt die Rechtskraft nur *tra le parti, i loro erde e aventi causa*.

4. Bei der *Rechtskrafterstreckung auf Dritte* geht das französische Recht andere Wege als das deutsche.[39] Den Ausgleich für die relativ weite Rechtskrafterstreckung bietet das Rechtsinstitut der tierce opposition.[40] Die tierce opposition steht solchen Personen zu, deren Rechte durch ein Urteil verletzt wurden oder denen ein Nachteil durch eine Entscheidung droht, obwohl sie im Verfahren weder Partei noch vertreten waren. Zu unterscheiden ist zwischen tierce opposition principale und tierce opposition incidente. Die erstere wird dann erhoben, wenn zwischen dem die tierce opposition Erhebenden und demjenigen, der das Urteil erlangt hat, zuvor kein Rechtsstreit anhängig war. Von der tierce opposition incidente spricht man jedoch dann, wenn sie während eines bereits anhängigen Verfahrens gegen ein Urteil erhoben wird, das eine Partei der anderen entgegenhält.[41]

5. Im *angelsächsischen Bereich* muß man unterscheiden zwischen *actions in personam* und *actions in rem*. Für erstere gilt im Grundsatz die Regel, daß die Rechtskraft nur zwischen den Parteien wirkt, wie im kontinentaleuropäischen Bereich. Urteile in rem binden grundsätzlich alle – wirken also für und gegen alle. Die Unterscheidung zwischen Urteilen in perso-

---

[37] Z. B. Art. 582ff. nouveau Code de procédure civile; hierzu *Vincent-Guinchard*, procédure civile, 20. Aufl., 1981, Nr. 1007ff.; vgl. auch *Brunner*, Die tierce opposition des französischen Rechts und verwandte Institute im schweizerischen Recht, Diss. Zürich 1958, sowie *Briner*, Das Rechtsmittel Dritter in den schweizerischen Zivilprozeßgesetzen, Diss. Zürich 1979. – Vgl. auch Art. 1122 Code judiciaire.

[38] Ebenso wie im deutschen Recht ist die materielle Rechtskraft grundsätzlich auf die Parteien des Rechtsstreites beschränkt. Ausnahmen von diesem Grundsatz läßt das deutsche Recht unter dem Gesichtspunkt der „Rechtskrafterstreckung auf Dritte" zu. Dagegen sieht das französische Recht die Problematik unter dem Aspekt, wie der Begriff „Partei" und „Vertretene" zu definieren ist. Der Parteibegriff des Art. 1351 Code civil ist – im Vergleich zum deutschen Recht – wesentlich weiter gefaßt. Näher *Schweickert*, Die subjektiven Grenzen der materiellen Rechtskraft französischer Zivilurteile unter vergleichender Heranziehung des deutschen Rechts, Diss. München 1967, 38.

[39] Ausführlich *Schweickert* (Fußn. 38).

[40] Art. 582ff. nouveau Code de procédure civile.

[41] Einzelheiten bei *Martiny*, Nichtstreitige Verfahren in Frankreich, 1976, 212.

nam und in rem läßt sich nicht aus einer klaren systematischen Formel, sondern nur aufgrund einer kasuistischen Kette von Einzelkriterien herausarbeiten.[42] Die Unterscheidung zwischen actions in personam und actions in rem hat ihre Wurzel in der wörtlichen Bedeutung dieser Termini. Die action in personam ist eine Klage gegen eine Person auf Leistung oder Unterlassung, während die action in rem eine Klage gegen eine Sache ist. Konsequenz: Das Urteil in rem gibt dem obsiegenden Kläger nur eine Zugriffsmöglichkeit auf diese Sache, nicht aber auf das übrige Vermögen des Beklagten. Auf der anderen Seite ist die Klage nicht nur gegen den Beklagten, sondern gegen jedermann gerichtet, der Rechte an der Sache hat. Darum ist es verständlich, daß das ergehende Urteil auch gegen jedermann wirkt.[43]

6. Nach Art. 25ff. ist die Rechtskraftwirkung von Urteilen aus anderen Vertragsstaaten auch insoweit anzuerkennen, als diese nach dem Recht des Erststaates auf Dritte erstreckt wird. So wirkt nach französischem Recht z. B. die Rechtskraft eines Urteils gegen den Hauptschuldner auch gegen den Bürgen.[44] Dies ist vom (deutschen) Zweitrichter zu beachten. Der Dritte kann aber gegebenenfalls geltendmachen, daß sein Anspruch auf rechtliches Gehör verletzt worden sei. Dem hat der Zweitrichter im Rahmen der ordre public-Prüfung (Art. 27 Nr. 1) nachzugehen.[45]

---

[42] *Cohn* in *Nipperdey*-Festschrift, 1965, 881.

[43] Näher *Scheucher,* Studien zur internationalen Zuständigkeit in Vermögensstreitigkeiten, 1972, 32ff. Nr. 11ff.

[44] Vgl. *Schlosser*-Bericht Nr. 191.

[45] Vgl. den Fall des Landgerichts Hamburg, Beschluß vom 27. Dezember 1977, Rivista di diritto internazionale privato e processuale 1978, 422 = Nachschlagewerk I-27.1-B 2. Eine italienische Versicherungsgesellschaft erwirkte ein Urteil des Tribunale Genua, durch das eine andere italienische Gesellschaft, die Compagnia Italiana Marittima s.a.s. (CIMA), als Agentin einer deutschen Reederei sowie eines Schiffes zur Zahlung einer bestimmten Geldsumme nebst Zinsen und Kosten verurteilt wurde. Sie beantragte beim LG Hamburg, dieses Urteil gegenüber der deutschen Reederei für das Gebiet der Bundesrepublik Deutschland für vollstreckbar zu erklären.

Das Landgericht Hamburg wies den Antrag zurück. Durch das Urteil sei nicht die Reederei (= Antragsgegnerin), sondern die CIMA in ihrer Eigenschaft als Agentin der Antragsgegnerin verurteilt worden. Nach Art. 288 des Codice della navigazione in Verbindung mit Art. 2204 Absatz 2 Codice civile vertrete der Agent den Reeder des Verfrachters auch im Prozeß, so daß Klagen gegen letzteren gegen den Agenten geführt werden könnten.

Obwohl nach italienischem Recht die Antragsgegnerin durch die CIMA auch prozeßrechtlich vertreten wurde, lehnte das LG Hamburg unter Berufung auf Art. 27 Nr. 1 und Nr. 2 die Klauselerteilung ab. Selbst wenn nach italienischem Recht der Reeder im Prozeß gesetzlich durch den Agenten vertreten werde und dem Reeder in einem solchen Fall keine Einwendungen gegen das Urteil zustünden, widerspreche es der deutschen öffentlichen Ordnung, hinsichtlich der Auswirkungen des Urteils in Deutschland einen deutschen Schuldner einer derartigen Regelung zu unterwerfen: Die Antragsgegnerin habe von der Klage keine Kenntnis gehabt, ihr sei auch das Urteil nicht zugestellt worden. Sie habe sich damit insbesondere nicht gegen das passive

IX. Die zeitlichen Grenzen der Rechtskraft

Diese sind nach dem Recht des Erststaates zu beurteilen. Eine rechtsvergleichende Umschau bringt auch hier Unterschiede in den Details zwischen den einzelnen Rechtsordnungen zu Tage.

§ 134 Die Anerkennung der Präklusionswirkung

Die richterliche Entscheidung dient der endgültigen Klärung des streitigen Rechtsverhältnisses. Deshalb sind die Parteien in einem weiteren Verfahren bei Identität des Streitgegenstandes oder Präjudizialität des Erstprozesses mit allen Tatsachen ausgeschlossen, die den Streitgegenstand bei klageabweisenden Urteilen zu begründen bzw. bei klagestattgebenden Urteilen zu erschüttern geeignet sind. Das gilt auch für solche Tatsachen, die im Erstverfahren nicht geltend gemacht worden sind. Hierüber herrscht Einigkeit. Strittig ist jedoch, ob die Präklusion nicht vorgebrachten Tatsachenstoffs eine echte Rechtskraftwirkung, oder ob diese eine neben der Rechtskraft stehende weitere Urteilswirkung ist[1]. Soweit nach dem Recht des Erststaates eine von der materiellen Rechtskraft zu unterscheidende Präklusionswirkung besteht, ist diese ebenso anerkennungsfähig wie die materielle Rechtskraft.[2]

§ 135 Die Anerkennung der Gestaltungswirkung

Auch Gestaltungswirkungen[1] sind nach Art. 25ff. anerkennungsfähig. Die Gestaltungswirkung (jugement constitutif de droit) ist den Rechtsordnungen aller Vertragsstaaten bekannt.[2]

Verhalten der CIMA wehren können, die sich auf den Rechtsstreit nicht eingelassen habe. Von einem Reeder, der sich im Auslandsverkehr betätige, könne nicht erwartet werden, daß er über alle speziellen Befugnisse, die die einzelnen Staaten möglicherweise dem Reedereiagenten gewährten, informiert sei und somit eine vom dortigen Gesetzgeber gewährte Prozeßvertretung durch seinen Willen gedeckt sei. Die von Art. 288 des Codice della navigazione bezweckte Erleichterung des internationalen Rechtsverkehrs finde ihre Grenzen dort, wo sie möglicherweise nicht mehr im Einklang mit dem Willen eines der ausländischen Beteiligten stehe.

[1] Rechtsvergleichende Hinweise bei *Habscheid* in *Fragistas*-Festschrift, 1969, 21.

[2] *Geimer* RIW/AWD 1976, 143.

[1] Während Verurteilungs- und Feststellungsklagen eine bereits außerhalb des Prozesses eingetretene Rechtsfolge geltend machen, wollen Gestaltungsklagen und -urteile eine Rechtsfolge schaffen, die bisher nicht vorhanden war und ohne das Urteil nicht vorhanden sein würde: Ein Rechtsverhältnis wird durch den Richterspruch begründet oder geändert oder aufgehoben. Das Gestaltungsurteil wirkt konstitutiv oder rechtsändernd.

Beispiel: Klage auf Aufhebung eines Kaufvertrages, wenn der Käufer noch nicht geleistet hat (§ 465 BGB), auf Auflösung einer offenen Handelsgesellschaft (§§ 133, 131 Nr. 6 HGB), der Kommanditgesellschaft (§ 161 II HGB), einer GmbH (§§ 61, 60

Liegen keine Versagungsgründe nach Art. 27, Art. 28 I vor, so ist die Gestaltungswirkung anzuerkennen, ohne Rücksicht darauf, ob das anzuerkennende Urteil von der nach dem IPR des Zweitstaates bestimmten lex causae anerkannt wird oder nicht. Wird z. B. durch ein französisches Urteil eine gesellschaftsrechtliche Streitigkeit zwischen den Gesellschaftern einer GmbH mit dem Sitz in Innsbruck entschieden und ist nach deutschem IPR österreichisches Recht anzuwenden, so spielt es keine Rolle, ob Österreich das Gestaltungsurteil anerkennt oder nicht.

§ 136 Die Anerkennung der Streitverkündungs- und Interventionswirkung

1. Diese Wirkungen sind ebenfalls anerkennungsfähig. Dies hebt Art. V des Protokolls für die Streitverkündungswirkung des deutschen Rechts ausdrücklich hervor.[1]

2. Auch das französische Recht kennt eine der deutschen Streitverkündung entsprechende Institution: die intervention forcée kann sich in verschiedenen Formen abspielen, z. B. als mise en cause. Sie richtet sich gegen einen Dritten.[2]

3. Die assignation en garantie[3] ist mit der deutschen Streitverkündung im Ergebnis vergleichbar, jedoch dogmatisch etwas anderes. Sie ist dem belgischen,[4] französischen,[5] italienischen,[6] luxemburgischen[7] und nieder-

---

Nr. 3 GmbHG), auf Ausschließung eines Gesellschafters oder Entziehung der Geschäftsführungsbefugnis (§§ 140, 117 HGB); Klage auf Festsetzung der geschuldeten Leistung (§§ 315 II, 316 I 2 BGB) oder auf Herabsetzung einer Leistung (§§ 343, 655 S. 1 BGB).

[2] Nachweise für Frankreich und Italien bei *Schlosser,* Gestaltungsklagen und Gestaltungsurteile, 1966, 17 Fußn. 3–5. Zum französischen Recht siehe auch *Helmreich,* Selbsthilfeverbot des französischen Rechts und sein Einfluß auf Gestaltungs- und Gestaltungsklagerechte, 1967.

Die Einteilung der Klagen in Leistungs-, Feststellungs- und Gestaltungsklagen ist im romanischen Rechtsbereich wohl nicht mit der gleichen Rigorosität durchgeführt wie in der deutschen Prozeßrechtslehre. So schreibt der international renommierte Prozessualist *Cappelletti* noch im Jahre 1966: „Die Hauptwirkungen eines Urteils sind die Rechtskraft und die Vollstreckbarkeit" (RabelsZ 30 [1966] S. 290 bei Fußn. 154). Auch für Frankreich berichtet *Ferid* zum Thema „persönliche Reichweite der Rechtskraft in Statussachen" von der „absoluten Rechtskraftwirkung der gestaltenden (konstitutiven) Statusurteile" (Das Französische Zivilrecht, 1971, II. Bd., 4 A 46). Auch die Abgrenzung zu den Tatbestandswirkungen dürfte fließender sein, vgl. *Schlosser* 22 bei Fußn. 14. Vgl. auch *Droz* Nr. 442 ff., der außer der autorité de la chose jugée keine weiteren Urteilswirkungen aufführt.

[1] Vgl. oben § 74 II 2f.

[2] Art. 555 nouveau Code de procédure civile; hierzu *Vincent-Guinchard,* procédure civile, 20. Aufl., 1981, Nr. 897 ff.

[3] *Geimer,* Anerkennung und Vollstreckbarerklärung französischer Garantieurteile in der Bundesrepublik Deutschland, ZZP 85 (1972) 196 ff.

[4] Art. 59 und Art. 635 Nr. 9 Code judiciaire (demande en intervention).

ländischen Recht[8] bekannt. Der Beklagte (des Hauptprozesses) kann gegen einen Dritten, gegen den er für den Fall des Obsiegens des Klägers einen Regreß- bzw. Freistellungsanspruch zu haben behauptet, Gewährleistungsklage erheben. Gibt das Gericht der Klage statt und hält es gleichzeitig den Gewährleistungsanspruch des Beklagten gegen den Dritten für begründet, wird im Gerichtsstand des Beklagten (Art. 6 Nr. 2) der Dritte auf Grund der Gewährleistungsklage verurteilt. Dieses „Garantie-Urteil" entfaltet gegenüber dem Dritten die gewöhnlichen Urteilswirkungen, nämlich Rechtskraftwirkung und Vollstreckbarkeit. Es ist in den anderen Vertragsstaaten wie jede andere Entscheidung anzuerkennen und zu vollstrecken. Es geht hier also nicht um die Anerkennung einer besonderen Streitverkündigungswirkung nach dem Modell des deutschen Rechts.

§ 137 Beurteilung der Tatbestandswirkungen nach der lex causae

Inwieweit ein ausländisches Urteil Tatbestandswirkungen im Zweitstaat entfaltet, beurteilt sich nicht nach Art. 25ff. Maßgebend ist vielmehr die vom IPR des Zweitstaates berufene Rechtsordnung (lex causae). Ist z. B. nach dem IPR des Zweitstaates auf ein vertragliches Schuldverhältnis (etwa Kauf) österreichisches Recht anwendbar, so entscheidet dieses darüber, ob das Urteil eines französischen Gerichts geeignet ist, die Verjährung zu unterbrechen.

§ 138 Keine Vermutung zugunsten der Anerkennung

Art. 27 formuliert die Anerkennungsvoraussetzungen negativ als Versagungsgründe. Dies entspricht der bisherigen Vertragspraxis. Aus der Fassung des Übereinkommens kann aber nicht geschlossen werden, daß eine Vermutung zugunsten der Anerkennung besteht.[1]

---

[5] Art. 59 X und Art. 181 Code de procédure civile.

[6] Art. 4 Nr. 3 und Art. 32ff. Codice di procedura civile.

[7] Art. 59 VIII und Art. 181 Code de procédure civile.

[8] Art. 126 § 14 Wetboek van Burgerlijke Rechtsvordering.

[1] Hat z. B. das zur Anerkennung anstehende Urteil zwingendes deutsches Devisenrecht, das internationale Geltung beansprucht, nicht beachtet, so ist die Anerkennnung ex officio zu versagen. Auf eine Rüge des Beklagten kommt es nicht an. Vgl. *Geimer* RIW/AWD 1976, 145 bei Fußn. 145; zustimmend *Linke* in *Bülow-Böckstiegel* 606/200, Art. 26, Anm. III 1 bei Fußn. 39 und Anm. III 2 bei Fußn. 47 sowie 606/205, Art. 27, Anm. I bei Fußn. 1.

Anders *Jenard*-Bericht zu Art. 26: „Nach Art. 26 besteht eine Rechtsvermutung zugunsten der Anerkennung, die nur zu widerlegen ist, wenn einer der in Art. 27 erwähnten Versagungsgründe vorliegt." Dem folgen kritiklos *Droz* Nr. 461, *Weser* Nr. 273 und *Kropholler* Kommentar 184, Rz. 7 vor Art. 26.

§ 139 Die Anerkennungsvoraussetzungen in systematischer Reihenfolge

Sucht man die Anerkennungsvoraussetzungen systematisch zu ordnen, so ergibt sich folgendes Bild:[1]

I. Prüfung der Wirksamkeit der anzuerkennenden Entscheidung nach dem Recht des Erststaates

1. Anerkennung bedeutet Wirkungserstreckung. Durch die Anerkennung werden die nach dem Recht des Erststaates entstandenen Wirkungen des Urteils auf den Zweitstaat erstreckt. Kann ein bestimmtes Urteil nach dem Recht des Erststaates keine Wirkungen entfalten, weil es nichtig oder wirkungslos ist, kommt eine Anerkennung per definitionem nicht in Betracht, da es keine anerkennungsfähigen Urteilswirkungen gibt. Dies ist im Übereinkommen nicht ausdrücklich festgelegt, ergibt sich jedoch aus dem Wesen der Anerkennung: Wenn eine gerichtliche Entscheidung keine Wirkungen hervorbringt, können auch keine Wirkungen erstreckt werden.

2. Der Zweitrichter hat daher zu prüfen, ob nach dem Recht des Erststaates die zur Anerkennung anstehende Entscheidung überhaupt Wirkungen entfaltet.[2]

3. Fälle wirkungsloser gerichtlicher Entscheidungen dürften selten sein. Im Zweifel führt nach dem Prozeßrecht aller Vertragsstaaten ein Verfahrensfehler oder ein sonstiger Rechtsverstoß – ebenso wie im deutschen Recht – nur zur Anfechtbarkeit der Entscheidung, nicht jedoch zu deren Nichtigkeit. Die meisten Verfahrensfehler und Rechtsverstöße werden durch den Eintritt der formellen Rechtskraft (Unanfechtbarkeit mit ordentlichen Rechtsmitteln) für den Bereich des Erststaates geheilt.

II. Prüfung im Hinblick auf eine mögliche Kollision des zur Anerkennung anstehenden Urteils mit einem zweitstaatlichen oder mit einem aus einem anderen Vertragsstaat oder einem dritten Staat stammenden Urteil über den gleichen Urteilsgegenstand

Dieser Fragenkomplex wurde bereits im § 117 behandelt.

---

[1] Vgl. unten Bd. II 76.

[2] *Zöller-Geimer,* ZPO, 13. Aufl., 1981, § 328, Anm. N I 1.

III. Prüfung der Gerichtsbarkeit des Erststaates

Die Prüfung der Gerichtsbarkeit des Erststaates ist im Übereinkommen ebenfalls nicht vorgesehen. Trotzdem ist sie zulässig, ja sogar notwendig: Sie bezweckt die Einhaltung völkerrechtlicher Normen. Bei Fehlen der Gerichtsbarkeit (facultas iurisdictionis) des Erststaates liegt ein völkerrechtswidriges Urteil vor, ohne Rücksicht darauf, ob sich der Erstrichter bewußt oder unbewußt über das Völkerrecht hinweggesetzt hat. Das Völkerrecht verbietet, völkerrechtswidrige Urteile anzuerkennen. Über dieses Verbot können und wollen sich die Vertragsstaaten nicht hinwegsetzen.[3]

Beispiel:

Ein Gericht in der Bundesrepublik Deutschland verurteilt einen auswärtigen Staat zur Zahlung einer bestimmten Summe mit der Begründung, er schulde sie dem Kläger aus einem Kaufvertrag. Obwohl sich der Beklagte der deutschen Gerichtsbarkeit nicht unterworfen hat, sei die deutsche Gerichtsbarkeit gegeben, weil der Beklagte nicht hoheitlich gehandelt habe, vielmehr nur am Privatrechtsverkehr teilgenommen habe. Ob diese Subsumtion in concreto richtig ist, hat der Zweitrichter zu überprüfen.

IV. Prüfung der internationalen Zuständigkeit des Erststaates nur in Ausnahmefällen

1. Grundsatz: Keine Prüfung

a) Abweichend von den nationalen Rechtsordnungen der Vertragsstaaten[4] und von den meisten Anerkennungs- und Vollstreckungsverträgen[5] verzichtet das Übereinkommen grundsätzlich auf die Prüfung der internationalen Zuständigkeit des Erststaates aus Anlaß der Anerkennung. Diese Neuerung ist zu begrüßen, weil sie die Verfahren über die Anerkennung ausländischer Urteile wesentlich abkürzt. Erfahrungsgemäß war die Frage der internationalen Zuständigkeit des Erststaates bisher Hauptstreitpunkt, wenn es darum ging, ob eine ausländische Entscheidung im Inland anzuerkennen ist.

b) Die Regelung des Übereinkommens war möglich, weil die Zuständigkeitsnormen des Übereinkommens auch für den Richter im Erststaat verbindlich sind.[6]

---

[3] Vgl. oben § 121. *Geimer* RIW/AWD 1976, 146.

[4] Vgl. § 328 I Nr. 1 ZPO; rechtsvergleichende Hinweise bei *Weser* Nr. 127.

[5] Z. B. Art. 2 des deutsch-schweizerischen Abkommens.

[6] *Jenard*-Bericht S. 90: „Durch die Regelung, daß die Zuständigkeit des Richters des Urteilsstaates nicht nachzuprüfen ist, wird vermieden, daß bei der Anerkennung die

c) Fehlentscheidungen des Erstrichters wurden bewußt in Kauf genommen. Der Beklagte des erststaatlichen Erkenntnisverfahrens kann im Verfahren vor dem Zweitrichter nicht geltend machen, der Erstrichter habe die Regeln des Übereinkommens mißachtet und sich zu Unrecht für zuständig erklärt.[7] Dabei spielt es keine Rolle, ob sich der Erstrichter bewußt oder unbewußt, durch falsche Auslegung des Übereinkommens oder auf Grund eines unrichtigen Sachverhalts über die Normen des maßgeblichen Kompetenzrechts[8] hinweggesetzt hat, gleichgültig, ob der Erstrichter seine internationale Zuständigkeit auf das Übereinkommen (Art. 2 I, Art. 3 I) oder auf das nationale Recht (Art. 4 I) gestützt hatte. Dies gilt auch dann, wenn er versehentlich die Zuständigkeitsregeln des Übereinkommens nicht angewandt hat, obwohl der Beklagte seinen Wohnsitz (Art. 52) bzw. Sitz (Art. 53) innerhalb des geographischen Anwendungsbereichs des Übereinkommens hatte.

d) Der Zweitrichter darf auch nicht auf dem Umweg über die ordre public-Klausel des Art. 27 Nr. 1 die internationale Unzuständigkeit des Erstrichters zum Anlaß der Versagung der Anerkennung machen. Die Vorschriften „über die Zuständigkeit gehören nicht zum ordre public", Art. 28 III 2.[9]

e) Das Verbot der Nachprüfung der internationalen Zuständigkeit des Erststaates bewirkt aus der Sicht des Beklagten eine *Verstärkung der Einlassungslast vor ausländischen Gerichten.*[10] Dies ist eine wesentliche Veränderung gegenüber der Rechtslage vor Inkrafttreten des Übereinkommens bzw. außerhalb dessen Anwendungsbereichs.[11] War aus der Sicht des Zweitstaates der Erststaat international unzuständig, so brauchte sich der Beklagte auf das erststaatliche Verfahren überhaupt nicht einzulassen, weil er den Einwand der Unzuständigkeit im Zweitverfahren geltend machen konnte. Eine praktische Notwendigkeit, sich am erststaatlichen Verfahren zu beteiligen, bestand nur in den Fällen, wo der Beklagte eine Zwangsvollstreckung in sein im Erststaat belegenes Vermögen befürchten mußte. Anders ist nun grundsätzlich die Situation nach dem Übereinkommen: Dem Beklagten obliegt nunmehr die prozessuale Last, sich – vorsorglich – am erststaatlichen Erkenntnisverfahren zu beteiligen, auch wenn der Erststaat nach den Regeln des Übereinkommens, sei es nach Konventionsrecht (Art. 2 I, Art. 3 I) oder nach nationalem Recht (Art. 4 I), unzuständig ist. Verwirft das Erstgericht den Einwand der Unzuständigkeit, so bleibt dem Beklagten nur die Möglichkeit, alle nach dem Recht des Erststaates zulässigen Rechtsmittel und Rechtsbehelfe

---

Frage einer etwaigen Nichtbeachtung dieser Vorschriften aufs neue aufgeworfen wird."

[7] Oben § 57 I.

[8] Oben § 29.

[9] Unbegründet die Bedenken von *Kropholler,* Kommentar 211, Art. 28 Rz. 3.

[10] Oben § 57 I.

[11] Vgl. oben § 56 II und § 97 XXII 2.

auszuschöpfen, um eine Prozeßabweisung wegen internationaler Unzuständigkeit zu erreichen. Kann der Beklagte sich bei den Rechtsmittelgerichten nicht durchsetzen, so hat es damit sein Bewenden. Er kann die Frage der Zuständigkeit vor den Gerichten des Zweitstaates nicht wieder aufrollen.

f) Das Verbot der Nachprüfung der internationalen Zuständigkeit des Erststaates führt also zu einer *Erweiterung der Gerichtspflichtigkeit des Beklagten.* Zwar ist jedes Gericht der Vertragsstaaten gemäß Art. 20 I verpflichtet, sich von Amts wegen für unzuständig zu erklären, wenn nach Art. 2ff. eine internationale Zuständigkeitsanknüpfung nicht besteht; aber ein unter Verletzung dieser Vorschrift ergangenes Urteil ist wirksam und muß grundsätzlich in den übrigen Vertragsstaaten anerkannt und vollstreckt werden.

Um die Durchsetzung der Zuständigkeitsregeln des Übereinkommens zu erreichen, muß der Beklagte notfalls die Rechtsmittelgerichte des Erststaates anrufen. Aus dieser Sicht der Dinge kann man davon sprechen, daß *das Übereinkommen dem Beklagten die prozessuale Last aufbürdet, sich vor den Gerichten aller Vertragsstaaten zur Zuständigkeitsfrage einlassen zu müssen.*

g) Die vorstehenden Ausführungen gelten auch für den Einwand, das staatliche Gericht im Erststaat habe zu Unrecht in der Sache entschieden, weil die Erledigung durch ein *Schiedsgericht* vereinbart gewesen sei.[12]

2. Ausnahmen

a) *Wahrung des Art. 16*

Nach Art. 28 I ist die Anerkennung zu verweigern, wenn der Erstrichter die Vorschriften des Übereinkommens über die ausschließlichen internationalen Zuständigkeiten (Art. 16) verletzt hat. Näher oben § 57 V.

b) *Schutz der schwächeren Partei in Versicherungs- und Verbrauchersachen*[13]

α) Nach Art. 28 I hat der Zweitrichter zu prüfen, ob die Vorschriften der Art. 7ff. bzw. Art. 13ff. verletzt worden sind. Diese Vorschriften bezwecken in *Versicherungs- und Verbrauchersachen den Schutz der schwächeren Partei,* also des Versicherungsnehmers, des Versicherten, des Begünstigten oder sonstwie am Versicherungsverhältnis Beteiligten bzw. des Verbrauchers.[14]

β) Man hielt diese Verbraucherschutznormen für so bedeutsam, daß man ihre Verletzung auch noch im Anerkennungsstadium sollte rügen können.[15] Dieser Satz muß noch präzisiert werden: Art. 28 I bedarf einer *teleologischen Reduktion.*

---

[12] *Geimer* RIW/AWD 1976, 146; 1980, 308; OLG Celle, Beschluß vom 8. Dezember 1977, RIW/AWD 1979, 131 = IPRspr. 1979 Nr. 155.

[13] *Geimer* RIW/AWD 1980, 305ff.

[14] Oben § 74 III–IV.

[15] Diese (systemwidrige) Ausnahmeregelung hat *Schütze* (AWD 1974, 429) kritisiert. Wenn der Ausschluß der Prüfung der internationalen Zuständigkeit des Erststaa-

γ) Nur die durch Art. 11ff. bzw. Art. 14ff. geschützte schwächere Partei kann die Verletzung der Normen des Übereinkommens rügen, nicht ihr Vertragspartner.[16] Der Versicherer bzw. der Vertragspartner des Verbrauchers kann die internationale Unzuständigkeit nicht rügen.[17]

δ) Aber auch die geschützten Personen können sich auf die internationale Unzuständigkeit des Erststaates nicht berufen, wenn sie im Erststaat Kläger bzw. Widerkläger waren. Nur wenn sie Beklagte/Antragsgegner waren, sind sie schutzbedürftig, nur dann steht ihnen ein Rügerecht zu.[18]

Beispiel:

Der Versicherungsnehmer verklagt seine Versicherung in einem Vertragsstaat, in dem eine Zuständigkeitsanknüpfung i. S. der Art. 7ff.[19] nicht besteht. Die Versicherung bestreitet die internationale Zuständigkeit, dringt jedoch nicht durch, weil das Gericht die Rüge der internationalen Unzuständigkeit im Hinblick auf Art. 18 – zu Unrecht – für verspätet hält. Das Gericht bejaht seine internationale Zuständigkeit, weist aber die Klage als unbegründet ab.

Der Versicherungsnehmer kann die fehlende internationale Unzuständigkeit im Zweitstaat nicht rügen.

c) *Fälle des Art. 59*

α) Die Anerkennung kann nach Art. 28 I dann versagt werden, „wenn ein Fall des Art. 59 vorliegt". Diese Bestimmung wurde erst in der Schlußphase der Verhandlungen in das Übereinkommen eingefügt.[20] Es hat damit folgende Bewandtnis: Nach Art. 3 II können zwar sog. exorbitante Zuständigkeitsnormen gegen Beklagte, die ihren Wohnsitz innerhalb des geographischen Anwendungsbereichs des Übereinkommens haben, nicht mehr geltend gemacht werden. In Betracht kommen vor allem § 23 ZPO, Art. 14, 15 Code civil. Diese Vorschriften bleiben jedoch nach Art. 4 I in Kraft, wenn der Beklagte seinen Wohnsitz nicht in

---

tes der Ausdruck „vollen Vertrauens in die Rechtspflege des Urteilsstaates" ist, sei es erstaunlich, wenn dieses Vertrauen beim Abzahlungskäufer ende. In der Tat ist es ungereimt, daß die internationale Zuständigkeit beim „existenzbedrohenden Millionenprozeß" nicht nachgeprüft wird, während beim Kauf eines Staubsaugers endlos über die internationale Zuständigkeit gestritten werden kann.

[16] Dies hat der BGH, Urteil vom 2. Mai 1979, BGHZ 74, 248 = NJW 1980, 1223 = RIW/AWD 1979, 494 = IPRspr. 1979 Nr. 198 nicht erkannt; er kommt deshalb im Ergebnis zu einer Umkehrung dessen, was die Verfasser der Konvention intendierten. Er schützt den Versicherer gegen den Versicherungsnehmer, Versicherten, Bezugsberechtigten und die sonst durch Art. 7ff. geschützten Personen. Es war nicht Anliegen der Verfasser des Übereinkommens, der zur Leistung verurteilten Versicherung – entgegen der Grundregel des Art. 28 – im Zweitstaat die Möglichkeit zu eröffnen, die internationale Unzuständigkeit des Erststaates darzutun und damit den erststaatlichen Titel zu Fall zu bringen.

[17] Zustimmend *Kropholler* Kommentar 211, Art. 28, Rz. 8.

[18] *Geimer* RIW/AWD 1980, 307 sub III 2.

[19] Oben § 74 IV.

[20] *Arnold* AWD 1969, 90; *Droz* Nr. 663ff.; *v. Hoffmann* AWD 1973, 59.

einem Vertragsstaat hat. Sie werden durch Art. 4 II sogar noch erweitert. Erläßt nun ein Gericht eines Vertragsstaates ein Urteil, obwohl die internationale Zuständigkeit nur auf einen sog. exorbitanten Gerichtsstand gegründet werden kann,[21] so muß dieses Urteil nach Art. 26ff. in den übrigen Vertragsstaaten anerkannt werden.

β) Die Wirkung dieser exorbitanten Gerichtsstände wird also durch das Übereinkommen noch verstärkt. Nach Protesten aus dritten Staaten[22] fand man folgenden Kompromiß: Die Vertragsstaaten dürfen sich gemäß Art. 59 durch Verträge mit dritten Staaten verpflichten, die Anerkennung und Vollstreckung solcher Entscheidungen aus anderen EG-Staaten zu verweigern, deren internationale Zuständigkeit nur auf exorbitanten Gerichtsständen beruht. In diesem beschränkten Umfang mußte deshalb eine Nachprüfungsbefugnis des Zweitrichters bezüglich der internationalen Zuständigkeit des Erststaates zugelassen werden, da sonst Art. 59 wirkungslos bliebe.[23]

---

[21] Beispiel: Ein deutsches Gericht verurteilt einen in Stockholm wohnhaften Beklagten im Gerichtsstand des § 23 ZPO.

[22] Z. B. *Nadelmann,* Jurisdictionally improper fora in treaties on recognition of judgments: The common Market Draft, Columbia Law Review 1967, 995ff.; *ders.,* The Common Market judgments convention and The Hague Conference recommendation: What steps next?, Harvard Law Review 1969, 1282ff.

[23] *Jenard*-Bericht 102: „Artikel 59 bezweckt lediglich, innerhalb der Gemeinschaft die Wirkung von Urteilen abzuschwächen, die auf der Grundlage exorbitanter Zuständigkeitsregeln ergangen sind. Aufgrund dieses Artikels in Verbindung mit Artikel 28 kann die Anerkennung oder Vollstreckung eines in einem Vertragsstaat des Übereinkommens ergangenen Urteils durch jeden anderen Vertragsstaat versagt werden:

1. wenn die Zuständigkeit des Gerichts des Urteilsstaats nur auf eine der in Artikel 3 Absatz 2 erwähnten exorbitanten Zuständigkeitsregeln hat gestützt werden können. Ein Versagungsgrund liegt somit nicht vor, wenn das Gericht des Urteilsstaats sich zwar aufgrund einer dieser Regeln für zuständig erklärt hat, wenn es jedoch außerdem aufgrund anderer innerstaatlicher Bestimmungen zuständig war. So kann zum Beispiel ein in Frankreich auf Grund des Artikels 14 C. c. ergangenes Urteil anerkannt und vollstreckt werden, wenn der Rechtsstreit sich auf einen in Frankreich zu erfüllenden Vertrag bezog;

2. wenn zwischen dem Anerkennungs- oder Vollstreckungsstaat und einem Drittstaat ein Abkommen über die Anerkennung und die Vollstreckung von Urteilen besteht, nach dessen Bestimmungen die in jedem anderen Staat aufgrund einer exorbitanten Zuständigkeitsvorschrift ergangenen Urteile weder anerkannt noch vollstreckt werden, wenn der Beklagte seinen Wohnsitz oder seinen gewöhnlichen Aufenthalt in dem dritten Staat hatte. So wäre Belgien weder zur Anerkennung noch zur Vollstrekkung eines Urteils verpflichtet, das in Frankreich gegen eine Person ergangen ist, die ihren Wohnsitz oder ihren gewöhnlichen Aufenthalt in Norwegen hat, sofern sich für diese Person die Zuständigkeit der französischen Gerichte nur aus Artikel 14 C. c. ergeben und wenn zwischen Belgien und Norwegen ein Abkommen bestehen würde, in dem sich diese beiden Staaten zur Nichtanerkennung und Nichtvollstreckung solcher Urteile verpflichtet hätten. Es wird nicht nur auf den Wohnsitz, sondern auch auf den gewöhnlichen Aufenthalt des Beklagten abgestellt, weil in zahlreichen Drittstaaten dieser Begriff praktisch dem des Wohnsitzes entspricht, so wie er in den Mitgliedstaa-

γ) Dogmatisch handelt es sich um eine bemerkenswerte Konstellation. Der Erststaat ist auf Grund des Art. 4 international zuständig – auch im Verhältnis zu den anderen Vertragsstaaten.[24] Gleichwohl darf einem Urteil aus einem Vertragsstaat, dessen internationale Zuständigkeit sich nur auf einen der in Art. 3 II aufgezählten sog. exorbitanten Zuständigkeitsanknüpfungen stützt, in einem Vertragsstaat die Anerkennung versagt werden, allerdings nur, wenn dieser sich in einem völkerrechtlichen Vertrag mit einem dritten Staat verpflichtet hat, solche Urteile nicht anzuerkennen.

---

ten der Gemeinschaft ausgelegt wird (vgl. auch Artikel 10 Nr. 1 des Haager Abkommens über die Anerkennung und Vollstreckung ausländischer Urteile in Zivil- und Handelssachen). Auf dem Gebiet der Anerkennung und Vollstreckung von Urteilen ermöglicht somit Artikel 59 eine Regelung der Beziehungen zwischen den Mitgliedstaaten der EWG und anderen Staaten, insbesondere den an Zahl zunehmenden Staaten, die Mitgliedstaaten der Haager Konferenz sind. Diese Möglichkeit wiegt wohl eine geringfügige Abkehr von dem Grundsatz der Freizügigkeit der Urteile auf."

[24] Eine andere Frage ist, ob sich der Erststaat im Verhältnis zum Drittstaat durch völkerrechtlichen Vertrag verpflichtet hat, die exorbitanten Gerichtsstände nicht anzuwenden; so z. B. Art. 20 des deutsch-norwegischen Vertrages vom 17. Juni 1977 (BGBl. 1981 II 341). Einem solchen Vertrag steht das Übereinkommen nicht entgegen. Art. 4 I versteinert nämlich nicht das nationale Kompetenzrecht. Jeder Vertragsstaat könnte seine exorbitanten Zuständigkeitsanknüpfungen aufheben. Er kann sich daher auch durch völkerrechtlichen Vertrag verpflichten, sein exorbitantes Zuständigkeitsrecht unter bestimmten Voraussetzungen nicht anzuwenden. Ähnlich *Jenard*-Bericht S. 102 zu Art. 59: „Wie bereits dargelegt, können nach Artikel 3 des Übereinkommens sogenannte «exorbitante» Zuständigkeitsregeln nicht mehr geltend gemacht werden, wenn der Beklagte seinen Wohnsitz innerhalb der Gemeinschaft hat; sie bleiben jedoch nach Artikel 4 in Kraft, wenn der Beklagte seinen Wohnsitz außerhalb der Gemeinschaft hat, und in einem solchen Fall werden die von einem nach diesen Regeln zuständigen Gericht ergangenen Entscheidungen in den übrigen Vertragsstaaten anerkannt und vollstreckt.

Zunächst sei darauf hingewiesen, daß Artikel 59 die Bedeutung des Artikels 4 des Übereinkommens nicht abschwächt; Artikel 4 hindert einen Staat nicht daran, in einem Abkommen mit einem Drittstaat auf seine exorbitanten Zuständigkeitsregeln ganz oder auch nur in bestimmten Fällen zu verzichten, zum Beispiel für den Fall, daß der Beklagte Angehöriger dieses Drittstaats ist oder seinen Wohnsitz in jenem Staat hat. Jedem Vertragsstaat des vorliegenden Übereinkommens steht es nach wie vor völlig frei, Verträge dieses Inhalts mit Drittstaaten zu schließen, ebenso wie es ihm überlassen bleibt, seine innerstaatlichen Vorschriften, welche die exorbitanten Zuständigkeiten begründen, zu ändern, weil Artikel 4 des Übereinkommens kein einheitliches Recht schafft, sondern nur auf das jeweilige innerstaatliche Recht verweist."

Der deutsch-norwegische Vertrag vom 17. Juni 1977 (BGBl. 1981 II 341) verbietet dem deutschen Richter die Anwendung des § 23 ZPO gegen Beklagte mit Wohnsitz/Aufenthalt in Norwegen:

Art. 20

(1) Eine Person, die ihren Wohnsitz oder gewöhnlichen Aufenthalt oder, falls es sich um eine juristische Person oder eine Gesellschaft handelt, ihren Sitz oder ihre Hauptniederlassung in dem einen Staat hat, kann vor den Gerichten des anderen Staates nicht allein deshalb verklagt

werden, weil sie Vermögen im Hoheitsgebiet des anderen Staates hat (§ 23 der deutschen Zivilprozeßordnung, § 32 der norwegischen Zivilprozeßordnung).

(2) Dies gilt jedoch nicht, wenn

1. mit der Klage ein Recht an einem Vermögensstück oder ein Anspruch aus einem solchen Recht, der Besitz eines Vermögensstücks oder ein Anspruch, der sich gegen den Eigentümer oder Besitzer eines Vermögensstücks als solchen richtet, geltend gemacht wird und wenn in jedem dieser Fälle das Vermögensstück im Gerichtsstaat belegen ist;

2. mit der Klage eine Forderung geltend gemacht wird, zu deren Sicherung ein im Gerichtsstaat belegenes Vermögensstück auf Grund eines Rechtsgeschäfts oder kraft Gesetzes dient oder zu deren Sicherung ein Schiff oder die von diesem Schiff verdiente Fracht während des Aufenthalts des Schiffs im Gerichtsstaat durch eine gerichtliche Verfügung beschlagnahmt worden ist;

3. der Wert des geltend gemachten Anspruchs den Wert des im Gerichtsstaat belegenen Vermögens nicht übersteigt;

4. mit der Klage eine Entscheidung beantragt wird, die nicht in den Anwendungsbereich dieses Vertrages fällt.

Vgl. hierzu den *Gemeinsamen Bericht der Unterhändler,* Bundestags-Drucksache 9/66, 30f.: „Nach dem Recht beider Staaten können Personen, die im Inland keinen Wohnsitz haben, bei dem Gericht verklagt werden, in dessen Bezirk sich ihnen gehörendes Vermögen befindet (§ 23 ZPO; § 32 Rl.). Dieser Gerichtsstand des Vermögens, der keine Beziehung zwischen dem Gegenstand der Klage und dem Vermögensstück voraussetzt, soll es den Klägern in möglichst weitem Umfang ermöglichen, ihre Ansprüche gegen Personen im Ausland vor den inländischen Gerichten geltend zu machen. Diese Ausweitung der inländischen Gerichtsbarkeit gegenüber Ausländern, die fast alle Rechtsordnungen in der einen oder anderen Form vorsehen, erklärt sich aus den Schwierigkeiten, die der Rechtsverfolgung im Ausland regelmäßig entgegenstehen. Dennoch ist die einseitige Begünstigung des inländischen Klägers auf Kosten des ausländischen Beklagten in den internationalen Beziehungen nicht erwünscht.

Um Störungen, die sich für die Rechtsbeziehungen zwischen beiden Ländern aus dem international unerwünschten (sogenannten exorbitanten) Gerichtsstand des Vermögens leicht ergeben können, zu vermeiden, erschien es den Delegationen zweckmäßig, die Anwendung der in beiden Zivilprozeßordnungen enthaltenen Vorschriften über den Gerichtsstand des Vermögens abzubedingen. Ein solcher Verzicht, der in Absatz 1 niedergelegt ist, wird deshalb für vertretbar gehalten, weil in dem Vertrag die Anerkennung und Vollstreckung von gerichtlichen Entscheidungen weitgehend sichergestellt ist.

Im einzelnen ist folgendes hervorzuheben:

Der Gerichtsstand des Vermögens wird in den deutsch-norwegischen Beziehungen als unmittelbare Kompetenz für Klagen abbedungen. Hierin besteht ein grundlegender Unterschied zu Artikel 8, der die Zuständigkeit nur als Voraussetzung der Anerkennung regelt. Die Gerichte jedes der beiden Staaten müssen sich somit für unzuständig erklären, wenn vor ihnen im Gerichtsstand des Vermögens Personen mit Wohnsitz oder gewöhnlichem Aufenthalt – bei juristischen Personen oder Gesellschaften mit Sitz oder Hauptniederlassung – im anderen Staat verklagt werden. Ist jedoch die internationale Zuständigkeit des Gerichtsstaates auf Grund anderer Zuständigkeitsnormen seines Rechts gegeben (z. B. der eingeklagte Anspruch ist im Gerichtsstaat zu erfüllen), so braucht das Gericht sich nicht für unzuständig zu erklären, auch wenn die Klage auf § 23 der deutschen oder § 32 der norwegischen Zivilprozeßordnung gestützt wird, weil sich Vermögen des Beklagten im Bezirk des angerufenen Gerichts befindet. Diese Einschränkung wird durch die Worte ‚... nicht allein deshalb verklagt werden, ...' zum Ausdruck gebracht.

Der Grundsatz des Absatzes 1 wird für besondere Fälle durchbrochen, die in Absatz 2

δ) Im Rahmen der Beitrittsverhandlungen mit Dänemark, Irland und dem Vereinigten Königreich hat man sich entschlossen, den Vorbehalt des Art. 59 wieder etwas einzuschränken.[25] Nach Art. 59 II n. F. kann

---

im einzelnen umschrieben sind. Unter den in den Nummern 1 bis 4 des Absatzes 2 angeführten Voraussetzungen wäre es nicht gerechtfertigt, dem Kläger zu verwehren, sein Recht in dem Staat zu suchen, in dem die Vermögensstücke des Beklagten belegen sind.

Anzumerken ist noch, daß sich Artikel 20 auch auswirken wird, wenn Artikel 4 des Übereinkommens vom 27. September 1968 über die gerichtliche Zuständigkeit und die Vollstreckung gerichtlicher Entscheidungen in Zivil- und Handelssachen, das im Rahmen der Europäischen Wirtschaftsgemeinschaft abgeschlossen worden ist, in der Bundesrepublik Deutschland gegenüber Personen mit Wohnsitz oder Sitz in Norwegen anzuwenden ist. Da nach Artikel 20 Abs. 1 der deutsche Gerichtsstand des Vermögens (§ 23 ZPO) gegenüber Personen in Norwegen grundsätzlich nicht mehr angewandt werden darf, steht er auch gemäß Artikel 4 des Übereinkommens vom 27. September 1968 Staatsangehörigen der EWG-Staaten nicht zur Verfügung, die ihren Wohnsitz oder Sitz in der Bundesrepublik Deutschland haben und die eine Person in Norwegen vor einem deutschen Gericht verklagen wollen; denn Artikel 4 des Übereinkommens vom 27. September 1968 verpflichtet die Mitgliedstaaten nicht, die sogenannten exorbitanten Gerichtsstände in ihrem Recht beizubehalten."

Zu Art. 20 nimmt auch die *deutsche Denkschrift* zum deutsch-norwegischen Vertrag, Bundestags-Drucksache 9/66, 18 Stellung:

„Die Regelung der internationalen Zuständigkeit (Artikel 5 Nr. 2, Artikel 8) folgt wie bei den früheren Vollstreckungsverträgen der Bundesrepublik dem System der sogenannten „indirekten Zuständigkeit". Der Richter des Staates, in dem die Klage erhoben oder sonstwie eine Entscheidung beantragt wird, hat danach die Frage, ob er für die Entscheidung des Rechtsstreits zuständig ist, grundsätzlich nach seinem innerstaatlichen Recht zu beantworten; der in Artikel 8 des Vertrages enthaltene Katalog hat erst für den Richter des Staates Bedeutung, in dem die Entscheidung zur Anerkennung oder zur Vollstreckung vorgelegt wird.

Von diesem System enthält jedoch Artikel 20 des Vertrages eine Ausnahme. In dieser Bestimmung wird der Gerichtsstand des Vermögens (§ 23 der deutschen, § 32 der norwegischen Zivilprozeßordnung) bereits für das Erkenntnisverfahren ausgeschlossen, wenn der Beklagte in dem anderen Vertragsstaat seinen Wohnsitz, seinen gewöhnlichen Aufenthalt, seinen Sitz oder seine Hauptniederlassung hat. Die Bestimmung des Artikel 20 Abs. 1 ist gerechtfertigt, weil der Gerichtsstand des Vermögens international als unerwünscht gilt (sog. exorbitanter Gerichtsstand). Diese Lösung ist dem System der sogenannten „direkten Zuständigkeit" zuzurechnen."

[25] *Schlosser*-Bericht Nr. 249 zu Art. 59: „Diese Vorschrift bezieht sich lediglich auf gerichtliche Entscheidungen, die gegen Personen ergangen sind, welche ihren Wohnsitz oder gewöhnlichen Aufenthalt außerhalb der Gemeinschaft haben. Solche Personen können auch aufgrund von Zuständigkeitsbestimmungen verklagt werden, die gegenüber Personen mit Wohnsitz in der Gemeinschaft nicht in Anspruch genommen werden könnten, ja die in Artikel 3 Absatz 2 als übergreifend gebrandmarkt sind. Ein etwa ergangenes Urteil ist aber gleichwohl nach den Vorschriften des EuGVÜ anzuerkennen und zu vollstrecken. Wie im *Jenard*-Bericht ausgeführt, sollen die Vertragsstaaten die Freiheit behalten, mit Drittstaaten Verträge abzuschließen, nach denen die Anerkennung und Vollstreckung gerichtlicher Entscheidungen ausgeschlossen ist, die aufgrund übergreifender Zuständigkeitsbestimmungen ergehen – auch wenn das

sich kein Vertragsstaat gegenüber einem dritten Staat verpflichten, eine Entscheidung nicht anzuerkennen, die in einem anderen Vertragsstaat durch ein Gericht gefällt wurde, dessen Zuständigkeit auf das Vorhandensein von Vermögenswerten des Beklagten in diesem Staat oder die Beschlagnahme von dort vorhandenem Vermögen durch den Kläger gegründet ist,

(1) wenn die Klage erhoben wird, um Eigentums- oder Inhaberrechte hinsichtlich dieses Vermögens festzustellen oder anzumelden oder um Verfügungsgewalt darüber zu erhalten, oder wenn die Klage sich aus einer anderen Streitsache im Zusammenhang mit diesem Vermögen ergibt, oder

(2) wenn das Vermögen die Sicherheit für einen Anspruch darstellt, der Gegenstand des Verfahrens ist.

ε) Die Bundesrepublik Deutschland hat sich gegenüber Norwegen verpflichtet, Urteilen, die nur in sog. exorbitanten Gerichtsständen i. S. der Art. 3 II, Art. 59 ergangen sind, die Anerkennung zu verweigern. Die einschlägige Bestimmung des deutsch-norwegischen Vertrages vom 17. Juni 1977[26] lautet:

Art. 23

(1) Jeder Staat verpflichtet sich, Entscheidungen der Gerichte eines dritten Staates, die gegen eine Person mit Wohnsitz oder gewöhnlichem Aufenthalt oder, falls es sich um eine juristische Person oder eine Gesellschaft handelt, mit Sitz oder Hauptniederderlassung in dem anderen Staat ergangen sind, nicht anzuerkennen und zu vollstrecken, wenn die Zuständigkeit der Gerichte des dritten Staates allein deshalb gegeben war, weil

1. im Hoheitsgebiet dieses Staates Vermögen des Beklagten belegen oder beschlagnahmt worden war, es sei denn, daß

a) mit der Klage ein Recht an dem Vermögensstück oder ein Anspruch aus

---

EuGVÜ solches ausnahmsweise erlaubt. Die vorgeschlagene Anpassung von Artikel 59 hat zum Ziel, diese Möglichkeit wieder einzuschränken.

Ihre Funktionsweise sei anhand eines Beispiels erläutert:

Hat ein Gläubiger eine in Frankreich zu erfüllende Forderung gegen einen dort wohnhaften Schuldner, dann sind die dänischen Gerichte zur Entscheidung über den Anspruch in keinem Fall zuständig, auch wenn der Schuldner in Dänemark Vermögen hat und selbst wenn für die Forderung eine dingliche Sicherheit an einem dänischen Grundstück besteht. Wohnt der Schuldner in Norwegen, können dänische Gerichte, wenn es ihr dänisches nationales Recht gestattet, sehr wohl Zuständigkeit in Anspruch nehmen, etwa aufgrund von Vermögen, das der Schuldner in Dänemark besitzt. Normalerweise muß das ergehende Urteil auch im V. K. vollstreckt werden. Dieses kann sich aber gegenüber Norwegen staatsvertraglich verpflichten, die Anerkennung und Vollstreckung eines solchen Urteils abzulehnen. Den Fall, daß die Zuständigkeit der dänischen Gerichte auf die dingliche Sicherheit gegründet ist, die der Gläubiger am dänischen Grundstück hat, darf aber eine solche staatsvertragliche Regelung nicht erfassen. Das Urteil muß unter diesen Voraussetzungen auch im V. K. vollstreckt werden."

[26] BGBl. 1981 II 341.

einem solchen Recht, der Besitz des Vermögensstücks oder ein Anspruch, der sich auf das Vermögensstück bezieht, geltend gemacht worden ist;

b) mit der Klage eine Forderung geltend gemacht worden ist, die durch das im Entscheidungsstaat belegene Vermögensstück gesichert war;

2. der Kläger die Staatsangehörigkeit des Entscheidungsstaates besaß;

3. der Kläger seinen Wohnsitz oder Aufenthalt oder, falls es sich um eine juristische Person oder eine Gesellschaft handelte, seinen Sitz, seine Niederlassung oder seinen Errichtungsort im Entscheidungsstaat hatte, es sei denn, daß diese Zuständigkeit für bestimmte vertragliche Rechtsverhältnisse zugelassen worden ist, um deren Besonderheiten Rechnung zu tragen;

4. der Kläger Geschäfte im Entscheidungsstaat vorgenommen hat, es sei denn, daß sich die Klage auf diese Geschäfte bezogen hat;

5. das der Einleitung des Verfahrens dienende Schriftstück dem Beklagten gelegentlich eines vorübergehenden Aufenthalts im Entscheidungsstaat zugestellt worden ist;

6. das Gericht einseitig vom Kläger, insbesondere in einer Rechnung, bestimmt worden ist.

(2) Die Bestimmungen des Absatzes 1 gelten nur für Entscheidungen, die unter den Anwendungsbereich dieses Vertrages fallen würden, falls sie in einem der beiden Staaten ergangen wären.

(3) Die Absätze 1 und 2 berühren nicht Verpflichtungen aus Übereinkünften, die für einen der beiden Staaten bis zum 31. Dezember 1972 in Kraft getreten sind.[27]

---

[27] Hierzu der *Gemeinsame Bericht der Unterhändler* zum deutsch-norwegischen Vertrag, Bundestagsdrucksache 9/66, 31 f.:

„Wie in der Begründung zu Artikel 20 dargelegt *[vgl. oben Fußn. 24]*, sollen in den Beziehungen der beiden Staaten die störenden Auswirkungen, die von den sogenannten exorbitanten Gerichtsständen ausgehen können, vermieden werden. Um dieses Ziel zu erreichen, genügt es nicht, daß der Gerichtsstand des Vermögens als unmittelbare Zuständigkeit abbedungen wird (vgl. Artikel 20).

Die exorbitanten Gerichtsstände können sich auch mittelbar im Rechtsverkehr zwischen beiden Vertragsstaaten dadurch auswirken, daß die eine Vertragspartei Urteile aus dritten Ländern, die dort in exorbitanten Gerichtsständen gegen Personen mit Wohnsitz oder Sitz im anderen Vertragsstaat ergangen sind, in ihrem Hoheitsgebiet anerkennen und vollstrecken muß. So würde z. B. eine Handelsfirma in Oslo, die von einer Pariser Firma im exorbitanten Gerichtsstand des Klägers (Artikel 14, 15 des französischen Zivilgesetzbuches) verklagt würde, von den Auswirkungen dieses Gerichtsstandes betroffen, wenn die Bundesrepublik Deutschland auf Grund eines Abkommens mit Frankreich vorbehaltlos verpflichtet wäre, das Urteil des französischen Gerichts in Vermögen der Osloer Firma in Deutschland zu vollstrecken.

Um solche mittelbaren Auswirkungen der exorbitanten Gerichtsstände zu vermeiden, verpflichtet sich jeder der beiden Vertragsstaaten, Urteile aus dritten Staaten, die in einem international unerwünschten Gerichtsstand gegen Personen im anderen Vertragsstaat ergangen sind, nicht anzuerkennen und zu vollstrecken.

Bei der näheren Ausgestaltung dieser Verpflichtung, insbesondere bei den in den Nummern 1 bis 6 des Absatzes 1 aufgeführten unerwünschten Gerichtsständen, haben sich die Delegationen an den Entwurf eines Zusatzprotokolls zu dem Haager Überein-

d) Übergangsfälle des Art. 54 II[28]

Eine weitere Ausnahme von dem Verbot der Nachprüfung der internationalen Zuständigkeit des Erststaates bringt die Übergangsvorschrift des Art. 54 II. Nach Art. 54 I gelten die Zuständigkeitsvorschriften des Übereinkommens nicht für solche Erkenntnisverfahren, die vor dem 1. Februar 1973 eingeleitet wurden.[29] Andererseits können Urteile, die nach diesem Termin ergangen sind, anerkannt werden, ohne Rücksicht darauf, ob für das diesen Entscheidungen zugrunde liegende Verfahren bereits die Zuständigkeitsvorschriften des Übereinkommens galten oder nicht.[30] Aus diesem Grunde wurde dem Zweitrichter die Möglichkeit

---

kommen über die Anerkennung und Vollstreckung von ausländischen Entscheidungen in Zivil- und Handelssachen gehalten, den eine Sonderkommission vom 10. bis 15. Oktober 1966 in Den Haag ausgearbeitet hat.

Die Regelung des Artikels 23 Abs. 1 gilt nicht für Entscheidungen auf Sachgebieten, die aus dem Anwendungsbereich dieses Vertrags ausgenommen sind. Absatz 2 hat insbesondere für Entscheidungen in Status- (Artikel 3 Nr. 1) und Unterhaltssachen (Artikel 4) Bedeutung, für die besondere Grundsätze über die internationale Zuständigkeit der Gerichte bestehen.

Auf Grund des Artikels 23 sind die beiden Staaten gehalten, bei künftigen Verhandlungen mit dritten Staaten die sich aus Artikel 23 ergebenden Beschränkungen zu berücksichtigen.

Artikel 23 ändert nichts an bestehenden völkerrechtlichen Verpflichtungen der Vertragsstaaten gegenüber Drittstaaten, nach denen Entscheidungen anzuerkennen und zu vollstrecken sind, die gegenüber Angehörigen des anderen Vertragsstaats in einem exorbitanten Gerichtsstand des Drittstaats ergangen sind. Er soll in den deutsch-norwegischen Beziehungen aber gewissen Verpflichtungen vorgehen, die der Bundesrepublik Deutschland nach den Artikeln 26ff., 31ff. in Verbindung mit Artikel 4 des Übereinkommens vom 27. September 1968 über die gerichtliche Zuständigkeit und die Vollstreckung gerichtlicher Entscheidungen in Zivil- und Handelssachen obliegen. Dieses Übereinkommen ist für die Bundesrepublik Deutschland am 1. Februar 1973 in Kraft getreten. Aus diesem Grunde wird in Artikel 23 Abs. 3 der Vorrang nur solcher Übereinkünfte festgelegt, die vor dem 31. Dezember 1972 für einen Vertragsstaat in Kraft getreten sind. Somit darf z. B. ein französisches Urteil, das lediglich im Gerichtsstand des Klägers (Artikel 14, 15 des französischen Code civil) gegen eine Person mit Wohnsitz oder Sitz in Norwegen ergehen könnte, in der Bundesrepublik Deutschland nicht anerkannt und vollstreckt werden. Die Möglichkeit, einen solchen Vorrang zu vereinbaren, ergibt sich für die Bundesrepublik Deutschland aus Artikel 28 Abs. 1, Artikel 34 Abs. 2, Artikel 59 des Übereinkommens vom 27. September 1968."

[28] Hierzu *Jenard*-Bericht S. 99; *Geimer* NJW 1975, 1086. Vgl. auch BGH, Beschluß vom 28. März 1979, BGH Warneyer 1979 Nr. 83 = MDR 1979, 931 = RIW/AWD 1979, 710 = WM 1979, 704 = KTS 40 (1979) 295 = IPRspr. 1979 Nr. 196 sub 3b.

[29] Vgl. oben § 16.

[30] *Jenard*-Bericht S. 99: „Das Übereinkommen ist unter bestimmten Voraussetzungen auf Entscheidungen anwendbar, die nach dem Inkrafttreten dieses Übereinkommens aufgrund einer bereits vorher erhobenen Klage ergangen sind.

In diesem Fall kann das Gericht des Staates, in dem die Entscheidung geltend gemacht wird, die Zuständigkeit des Richters des Urteilsstaats nachprüfen, weil der Beklagte keine Möglichkeit hatte, in dem Urteilsstaat die Zuständigkeit aufgrund des Übereinkommens zu bestreiten.

vorbehalten, nachzuprüfen, ob für die internationale Zuständigkeit des Erststaates ein ausreichender Anknüpfungspunkt im Sinne der Art. 2ff. oder des vor Inkrafttreten des Übereinkommens geltenden bilateralen Anerkennungs- und Vollstreckungsabkommens gegeben war.[31] Ist dies zu verneinen, so steht noch nicht fest, daß die Anerkennung zu versagen ist. Vielmehr ist dann nach nationalem Recht[32] zu prüfen, ob der Erststaat international zuständig war.

e) Übergangsfälle des Art. 34 III des Beitrittsübereinkommens vom 9. Oktober 1978

Für die sich nach Inkrafttreten des Beitrittsübereinkommens vom 9. Oktober 1978 ergebenden Übergangsfälle gilt Art. 34 dieses Übereinkommens. Diese Vorschrift ist dem Art. 54 nachgebildet. Eine dem Art. 54 II entsprechende Zuständigkeitsprüfung findet jedoch nur in den Fällen des Art. 34 III statt, nicht im Verhältnis der Alt-Vertragsstaaten zueinander.[33]

f) Übergangsfälle des Art. 12 II des Beitrittsübereinkommens vom 25. Oktober 1982

Diese Vorschrift verweist auf Art. 54 II bzw. Art. 34 des Beitrittsübereinkommens vom 9. Oktober 1978. Näher oben § 105 III.

3. Bestreiten der internationalen Zuständigkeit im Erstprozeß grundsätzlich nicht erforderlich

a) Fälle des Art. 16

Es spielt keine Rolle, ob der Beklagte am Erstprozeß teilgenommen hat und ob er die internationale Unzuständigkeit gerügt hat. Es geht hier

---

Die Zwangsvollstreckung wird zugelassen, wenn die Zuständigkeit des Richters des Urteilsstaats

- entweder mit einer durch das Übereinkommen begründeten Zuständigkeit übereinstimmt, z. B. wenn der Beklagte seinen Wohnsitz in dem Urteilsstaat hatte,
- oder aus einem mehrseitigen oder aus einem zweiseitigen Abkommen abgeleitet ist, das zwischen dem Urteilsstaat und dem Vollstreckungsstaat gilt. Ist z. B. eine Streitigkeit aus einem Vertrag vor einem deutschen Gericht anhängig gemacht worden, so kann die in jenem Prozeß ergangene Entscheidung in Belgien anerkannt und vollstreckt werden, sofern die Verpflichtung in der Bundesrepublik Deutschland erfüllt worden ist oder zu erfüllen wäre, weil die Zuständigkeit des deutschen Gerichts nach Artikel 3 Absatz 1 Nr. 5 des deutsch-belgischen Abkommens begründet war.

Beruht die Zuständigkeit des Gerichts des Urteilsstaats auf einer dieser Grundlagen, so ist das ergangene Urteil anzuerkennen und zu vollstrecken, sofern nicht ein Versagungsgrund nach Artikel 27 und 28 vorliegt. Die Anerkennung wird gewährt, ohne daß es hierfür eines besonderen Verfahrens bedarf (Artikel 26); die Vollstreckung wird in dem Verfahren nach den Bestimmungen des Titels III Abschnitt 2, d. h. auf Antrag, zugelassen."

[31] Hierzu *Geimer* NJW 1975, 1086.

[32] In der Bundesrepublik Deutschland: § 328 I Nr. 1 ZPO i.V.m. §§ 12ff. ZPO.

[33] Oben § 105 II.

um unmittelbar staatliche Interessen[33a]; die ausschließlichen internationalen Zuständigkeiten anderer (= dritter) Vertragsstaaten[34] sind zu verteidigen und ohne Rücksicht auf das Verhalten des Beklagten im Erstprozeß durchzusetzen.

b) Versicherungs- und Verbrauchersachen[35]

Dem beklagten Versicherungsnehmer etc. bzw. Verbraucher steht es frei, ob er am Erstprozeß teilnimmt oder nicht.

α) Auch wenn er am Erstprozeß nicht teilgenommen hat, kann er die Rüge der internationalen Unzuständigkeit des Erststaates erheben. Eine Ausnahme gilt nur für den Fall der Derogation. Voraussetzung für die Prüfung des Derogationseinwandes durch den Zweitrichter ist, daß der Beklagte im erststaatlichen Erkenntnisverfahren diesen Einwand (erfolglos) erhoben hatte.[36] Der Beklagte darf sich die Derogation nicht erst bis zum Zweitverfahren „aufheben", also nicht erst vor dem Zweitrichter zum erstenmal vortragen. Denn durch den vertraglichen Ausschluß der an sich gemäß Art. 11 I bzw. Art. 14 II gegebenen internationalen Zuständigkeit des Erststaates (= Staat, in dem der Beklagte wohnt) wird die *Last zur Einlassung* vor den erststaatlichen Gerichten nicht zur Gänze beseitigt, sondern nur die *Einlassungspflicht zur Hauptsache*.[37] Hält sich der Versicherer bzw. der Vertragspartner des Verbrauchers nicht an die Derogationsvereinbarung und klagt in dem Staat, in dem der Beklagte wohnt, so ist es dem Beklagten sehr wohl zumutbar, daß er am Rechtsstreit teilnimmt und vortragen läßt, die Zuständigkeit des Wohnsitzstaates sei derogiert. Tut er dies nicht und läßt er Versäumnisurteil gegen sich ergehen, dann kann er sich im Zweitstaat nicht auf die internationale Unzuständigkeit des Wohnsitzstaates berufen.[38]

Das gleiche gilt, wenn er die Rüge der internationalen Unzuständigkeit aufgrund Derogation im Falle des Unterliegens nicht mit ordentlichen, nach dem Recht des Erststaates statthaften Rechtsmitteln weiterverfolgt hat. Nur wenn der Beklagte im Erststaat alle ihm möglichen Schritte erfolglos unternommen hat, um den (auch nach dem Recht des Erststaates schlüssigen) Einwand der Derogation durchzusetzen, ist es vertretbar, die Anerkennung zu versagen, weil aus der Sicht des Zweitrichters die Gerichte des Erststaates die Derogation nicht beachtet haben. *Nur dann ist das Interesse des Beklagten an der internationalen Durchsetzung der Zuständigkeitsvereinbarung schutzwürdiger* als das vor allem durch die großzügige Konzeption der Art. 25ff. besonders betonte Interesse an der in-

---

[33a] Vgl. unten Fußn. 45.

[34] Nicht jedoch die dritter Staaten (Nichtvertragsstaaten).

[35] Oben § 74 III–V.

[36] *Geimer* RIW/AWD 1980, 308.

[37] *Geimer* ZZP 87 (1974), 344.

[38] Art. 28 I kommt im übrigen nur dann zur Anwendung, wenn die Verletzung der *Zuständigkeitsregeln des Übereinkommens* in Betracht kommt. Der Versagungsgrund des Art. 28 I erfaßt also nicht die Fälle, in denen nach Art. 4 I das *nationale Zuständigkeitsrecht* zum Zuge kommt.

ternationalen Entscheidungsharmonie, d. h. Förderung des internationalen Rechtsverkehrs durch weitestmögliche Anerkennung der gerichtlichen Entscheidungen aus den anderen Vertragsstaaten.

Vorstehendes muß auch für den *Einwand der Schiedsklausel*[39] gelten; allerdings wird vom Standpunkt der hier vertretenen Auffassung[40] diese Frage nicht aktuell, weil der Zweitrichter nicht berechtigt ist, der Frage nachzugehen, ob der Erstrichter zu Unrecht die Vereinbarung der schiedsgerichtlichen Erledigung übergangen hat.[41] Denn auch wenn dies der Fall gewesen wäre, dürfte der Zweitrichter dem Urteil die Anerkennung nicht versagen.

β) Nimmt der Beklagte jedoch am erststaatlichen Verfahren teil, so muß er rechtzeitig die internationale Unzuständigkeit rügen und diese Rüge aufrechterhalten. Sonst wird der Gerichtsstaat nach Art. 18 international zuständig.[42]

c) Übergangsfälle des Art. 54 II

Sieht man von den oben a) behandelten Fällen des Art. 16 ab, die auch im Rahmen der Zuständigkeitsprüfung des Art. 54 II eine Rolle spielen können, so gelten die gleichen Erwägungen wie oben b): Ratio conventionis ist hier – ebenso wie in Versicherungs- und Verbrauchersachen – der Beklagtenschutz.[43]

d) Übergangsfälle des Art. 34 III des Beitrittsübereinkommens vom 9. Oktober 1978

Es gilt das gleiche wie oben c).

e) Übergangsfälle des Art. 12 II des Beitrittsübereinkommens vom 25. Oktober 1982

Es gilt das gleiche wie oben c).

---

[39] Die lex fori des Erststaates entscheidet darüber, ob der Ausschluß der Kompetenz der staatlichen Gerichte durch die Vereinbarung eines Schiedsgerichts nur auf Einrede des Beklagten (so § 1027a der deutschen ZPO) oder von Amts wegen zu beachten ist. Rechtsvergleichend bei *Schlosser,* Das Recht der internationalen privaten Schiedsgerichtsbarkeit, I, 1975, Nr. 387.

[40] Vgl. oben § 5 V.

[41] In Betracht kommen allenfalls die Übergangsfälle des Art. 54 II und Art. 34 III des Beitrittsübereinkommens vom 9. Oktober 1978.

[42] Oben § 97 III und V.

[43] *Jenard*-Bericht S. 99: „Die für die Anerkennung und Vollstreckung in dem vorliegenden Übereinkommen vorgesehenen Erleichterungen [sind] das Gegenstück zu den Schutzvorschriften, die für den Beklagten in Titel II enthalten sind. Gerade im Hinblick auf diese Schutzvorschriften konnte in dem Stadium der Anerkennung oder Vollstreckung auf die Nachprüfung der Zuständigkeit des Richters des Urteilsstaats verzichtet werden (Artikel 28). Diese Schutzvorschriften können aber von einem Beklagten in dem Urteilsstaat erst geltend gemacht werden, nachdem das Übereinkommen in Kraft getreten ist. Erst von diesem Zeitpunkt an kann er eine auf das Übereinkommen gestützte Unzuständigkeitseinrede erheben."

4. Prüfung der Verletzung des Art. 16 von Amts wegen

Der Zweitrichter hat von Amts wegen – also auch ohne Rüge der Parteien – gemäß Art. 28 I zu prüfen, ob der Anerkennung die ausschließliche internationale Zuständigkeit (Art. 16) eines anderen Vertragsstaates[44] oder des Zweitstaates entgegensteht. Art. 19 gilt zwar expressis verbis nur für das Erkenntnisverfahren. Für das Stadium der Anerkennung kann aber nichts anderes gelten, weil hier unmittelbare staatliche Interessen auf dem Spiele stehen, die nicht zur Disposition der Parteien gestellt werden dürfen.[45]

5. Prüfung der internationalen Zuständigkeit des Erststaates in Versicherungs- und Verbrauchersachen nur auf Rüge der zum geschützten Personenkreis gehörenden Beklagten

a) Die Art. 7ff. bzw. Art. 13ff. schützen den schwächeren Vertragspartner, also private Interessen. Unmittelbare staatliche Interessen des Zweitstaates stehen nicht auf dem Spiel. Deshalb findet eine Zuständigkeitsprüfung nicht von Amts wegen statt, auch nicht auf Rüge des Klägers/Antragstellers des erststaatlichen Verfahrens, sondern nur auf Rüge des zum geschützten Personenkreis gehörenden Beklagten. Zweck der Prüfung der internationalen Zuständigkeit des Erststaates aus Anlaß der Anerkennung ausländischer Entscheidungen ist der Beklagtenschutz. Der Beklagte soll davor bewahrt werden, an ihm unzumutbaren Gerichtsständen sein Recht nehmen zu müssen. Verzichtet er auf diesen Schutz, so hat der Zweitrichter keine Veranlassung, den Beklagten gegen seinen Willen zu schützen.[46]

b) Der im Erststaat beklagte Versicherungsnehmer, Versicherte, Begünstigte oder sonstwie aus dem Versicherungsvertragsverhältnis Berechtigte etc. bzw. der Verbraucher[47] kann darüber befinden, ob er im Zweitverfahren die internationale Unzuständigkeit des Erststaates geltend macht oder nicht.

Beispiel:

Wenn die Klage des Versicherers in dem (nach Art. 11 oder Art. 12) international unzuständigen Vertragsstaat als unbegründet abgewiesen worden ist, wird der Beklagte (Versicherungsnehmer etc.) in den meisten Fällen nichts gegen die Anerkennung des klageabweisenden Urteils einzuwenden haben. Hier würde eine Nichtanerkennung der Rechtskraft der erststaatlichen Klageabweisung dem Versicherer die Möglichkeit geben, noch einmal mit vielleicht größerer Aussicht auf Erfolg in einem

---

[44] Nicht dritter Staaten. Vgl. oben § 29 V.

[45] Nach der Wertung der Verfasser des Übereinkommens. Vgl. oben § 4 I 3 und § 85 Fußn. 10.

[46] *Geimer* RIW/AWD 1976, 147 und 1980, 307. A. A. *Kropholler,* Kommentar 183, Rz. 6 vor Art. 26.

[47] Oben § 74 III–V.

anderen Vertragsstaat zu klagen. Dies verträgt sich aber nicht mit dem Zweck der Schutznormen der Art. 11, 12, 28 I. Das Interesse des Klägers, die internationale Unzuständigkeit des Erststaates einzuwenden, um ein neues Verfahren durchführen zu können, ist nicht schutzwürdig. Es würde vielmehr die Dinge auf den Kopf stellen, wollte man hier durch die Versagung der Anerkennung dem Kläger eine zweite Chance geben, eine Verurteilung zu erreichen.

c) Der Beklagte muß die Rüge der internationalen Zuständigkeit gleich zu Beginn des Anerkennungsverfahrens (Art. 26 II) bzw. zu Beginn des Verfahrens, in dem incidenter über die Anerkennung zu entscheiden ist (Art. 26 III) erheben. Sonst ist er damit präkludiert analog Art. 18.

Beispiel:

Der beklagte Verbraucher des erststaatlichen Erkenntnisverfahrens macht im Anerkennungsverfahren gemäß Art. 26 II geltend, der Versagungsgrund des Art. 27 Nr. 2 sei gegeben. Erst später beruft er sich auf die internationale Unzuständigkeit gemäß Art. 28 I in Verbindung mit Art. 14 II. Das Gericht darf dieser Rüge nicht mehr nachgehen, da sie nicht rechtzeitig erhoben worden ist.

6. Maximen für die Prüfung der internationalen Zuständigkeit des Erststaates in den Übergangsfällen des Art. 54 II, des Art. 34 III des Beitrittsübereinkommens vom 9. Oktober 1978 und des Art. 12 II des Beitrittsübereinkommens vom 25. Oktober 1982[48]

a) Ratio conventionis für die Prüfung der internationalen Zuständigkeit des Erststaates ist der *Schutz des Beklagten vor unzumutbaren Foren.*[49] Da für das Erkenntnisverfahren die Zuständigkeitsordnung des Übereinkommens (Art. 2ff.) in den Übergangsfällen noch nicht zur Anwendung kommt, mithin die internationale Zuständigkeit des Erststaates auch gegen Beklagte mit Wohnsitz/Sitz im geographischen Anwendungsbereich des Übereinkommens auf sog. exorbitante Gerichtsstände des nationalen Zuständigkeitsrechts gestützt sein kann, ist es nicht angebracht, auf die Prüfung der internationalen Zuständigkeit zu verzichten. Der Zweitrichter darf aber den Beklagten des Erstprozesses nicht gegen dessen Willen schützen. Dieser kann vielmehr darüber entscheiden, ob er den Versagungsgrund des Art. 54 II bzw. des Art. 34 III des Beitrittsübereinkommens vom 9. Oktober 1978 bzw. des Art. 12 II des Beitrittsübereinkommens vom 25. Oktober 1982 geltend machen will.

Beispiel:

In einem Übergangsfall bejahte ein französisches Gericht die internationale Zuständigkeit Frankreichs nur auf Grund der französischen Staatsangehörigkeit des Klägers (Art. 14 Code civil), weist aber die

[48] *Geimer* NJW 1975, 1086.
[49] Oben Fußn. 43.

Klage als unbegründet ab. Hier wird der Beklagte wohl nichts gegen die Anerkennung unternehmen. Denn die Nichtanerkennung der force de la chose jugée des französischen Urteils würde bedeuten, daß der Kläger den Beklagten (des Erstprozesses) noch einmal im Zweitstaat verklagen könnte, vielleicht diesmal mit größerer Aussicht auf Erfolg.

Fazit: Wollte hier der Zweitrichter den Beklagten von Amts wegen schützen, also ohne dessen Rüge auf Grund Art. 54 II bzw. Art. 34 III des Beitrittsübereinkommens die Anerkennung versagen, so gäbe er ihm Steine statt Brot.

b) Eine Ausnahme gilt nur für die Fälle des Art. 16.

7. Maximen für die Prüfung in den Fällen des Art. 59

Auch die völkerrechtlichen Verträge, die auf Grund des Vorbehalts des Art. 59 jeweils zwischen einem Vertragsstaat und einem dritten Staat geschlossen werden, zielen auf den Schutz des Beklagten vor unzumutbaren Foren. Deshalb hat der Zweitrichter das Verbot, Urteile aus solchen Vertragsstaaten anzuerkennen, die ihre internationale Zuständigkeit nur auf einen sog. exorbitanten Gerichtsstand gestützt haben, nicht etwa gegen den Willen des Beklagten durchzusetzen. Unmittelbare staatliche Interessen stehen nicht auf dem Spiel. Deshalb bleibt es dem Beklagten überlassen, ob er sich auf das Anerkennungsverbot berufen will.

Beispiel:

Ein Franzose klagt in Paris gegen einen in Oslo wohnhaften Beklagten. Einziger Zuständigkeitsanknüpfungspunkt ist die französische Staatsangehörigkeit des Klägers (Art. 14 Code civil). Das Gericht weist die Klage als unbegründet ab.

Der deutsche Zweitrichter hat nicht etwa von Amts wegen auf Grund Art. 23 des deutsch-norwegischen Vertrages vom 17. Juni 1977[50] die Anerkennung zu versagen. Es kommt vielmehr auf die Stellungnahme des Beklagten des erststaatlichen Verfahrens an. Dieser hat im Regelfall kein Interesse an der Verweigerung der Anerkennung in der Bundesrepublik Deutschland, weil dadurch der Weg für eine Wiederholung der Klage vor deutschen Gerichten frei würde.

8. Keine Nachprüfung der örtlichen Zuständigkeit durch den Zweitrichter

In den oben dargelegten Grenzen darf der Zweitrichter nur die *internationale Zuständigkeit* des Erststaates prüfen, nicht jedoch die *örtliche Zuständigkeit* des Erstgerichts. Steht fest, daß der beklagte Versicherungsnehmer, Versicherte etc. zum maßgeblichen Zeitpunkt im Erststaat seinen Wohnsitz hatte und daß die internationale Zuständigkeit des Wohnsitzstaates auch nicht wirksam (Art. 12) derogiert worden ist, so ist die

[50] BGBl. 1981 II 341.

Zuständigkeitsprüfung gemäß Art. 28 I beendet.[51] Welches Gericht innerhalb des Wohnsitzstaates entschieden hat, ist für den Zweitrichter ohne Belang. Dies folgt schon daraus, daß Art. 11 I[52] nur die internationale Zuständigkeit regelt, aber keine Normen über die örtliche Zuständigkeit enthält. Das Übereinkommen verweist insoweit auf das nationale Zuständigkeitsrecht.[53] Aber auch dann, wenn die örtliche Zuständigkeit vom Übereinkommen festgelegt wird, wie im Fall der wirksamen Prorogation der internationalen und örtlichen Zuständigkeit außerhalb des Wohnsitzstaates (Art. 12, 17), kann die Anerkennung nicht daran scheitern, daß innerhalb des prorogierten Vertragsstaates ein anderes Gericht als das konkret vereinbarte entschieden hat. Steht z. B. fest, daß französische Gerichte den Rechtsstreit entscheiden sollten, dann muß der deutsche Zweitrichter den französischen Gerichten die Klärung der Frage überlassen, ob das Tribunal de grande instance in Marseille oder in Paris als örtlich zuständig vereinbart worden war.[54]

Der Ausschluß der Prüfung der örtlichen Zuständigkeit kommt im Text des Übereinkommens nicht klar zum Ausdruck. Er ergibt sich jedoch aus dem Sinn des Übereinkommens, die Freizügigkeit der Titel innerhalb der EG-Staaten zu verbessern. Er sollte keineswegs einen Rückschritt gegenüber dem bisherigen Standpunkt der nationalen Rechtsordnungen bringen. Diese beschränken sich auf die Prüfung der internationalen Zuständigkeit.

9. Bindung an die tatsächlichen Feststellungen des Erstgerichts

a) Soweit der Zweitrichter (ausnahmsweise) berechtigt ist, die internationale Zuständigkeit des Erststaates nachzuprüfen, ist er an die tatsächlichen Feststellungen des Erstgerichts gebunden, Art. 28 II. Auch das Vorbringen neuer Tatsachen ist ausgeschlossen, soweit diese im Erstverfahren bereits hätten geltend gemacht werden können.[55]

b) Die Bindung an die tatsächlichen Feststellungen des ausländischen Gerichts und die Präklusion neuer Tatsachen gilt aber nicht für anerkennungsfreundliche Tatsachen. Diese dürfen jederzeit geltend gemacht werden. So können z. B. im Zweitverfahren Tatsachen nachgeschoben werden, aus denen sich ergibt, daß der Erststaat international zuständig war. Art. 28 II betrifft also nur den Einwand der internationalen Unzuständigkeit des Erststaates.[56]

---

[51] *Geimer,* WM 1976, 839 sub V 4; *Kropholler* Kommentar 211, Art. 28, Rz. 9. Dagegen *Linke* in *Bülow/Böckstiegel* 606/221, Art. 28 Anm. II 1 bei Fußn. 23.

[52] Ebenso Art. 14 II.

[53] Oben § 33 I.

[54] *Geimer* RIW/AWD 1980, 309.

[55] *Geimer* RIW/AWD 1976, 147.

[56] *Geimer,* Zur Prüfung der Gerichtsbarkeit und der internationalen Zuständigkeit bei der Anerkennung ausländischer Urteile, 1966, 137.

10. Keine Bindung an die rechtlichen Feststellungen des Erstgerichts

Der Zweitrichter ist an die rechtlichen Feststellungen des Erstrichters nicht gebunden.

11. Die Sonderregelung des Art. I des Protokolls für Beklagte mit Wohnsitz im Großherzogtum Luxemburg

Die Einhaltung dieser Sondervorschrift hat der Zweitrichter nicht zu prüfen. Auch wenn feststeht, daß Art. I des Protokolls verletzt wurde, darf die Anerkennung nicht verweigert werden.[57]

V. Beschränkte Prüfung der Sachentscheidung

1. Grundsatz: Keine révision au fond

a) Erst, wenn die Prüfung gemäß I bis IV positiv verlaufen ist, wenn also feststeht, daß

eine nach dem Recht des Erststaates wirksame Entscheidung vorliegt,

keine Entscheidung über den gleichen Streitgegenstand vorliegt, die Vorrang hat,

der Erststaat Gerichtsbarkeit hatte und international zuständig war,

rückt die konkrete, zur Anerkennung anstehende Entscheidung in den Vordergrund.

b) Hier gilt als Grundsatz: Die Richtigkeit der ausländischen Entscheidung kann nicht in Frage gestellt werden: Art. 29 stipuliert das Verbot der révision au fond.[58] Weder das Verfahren, auf dem das Urteil beruht, noch die tatsächlichen und rechtlichen Feststellungen im Urteil selbst dürfen nachgeprüft werden.

c) Dies hat zur Folge, daß *Fehler im Verfahren wie in der Urteilsfindung* der Anerkennung grundsätzlich nicht im Wege stehen. Die Anerkennung der materiellen Rechtskraft (Feststellungswirkung) und Gestaltungswirkung eines ausländischen Urteils hat ja gerade zum Inhalt, daß der Richterspruch auch international als verbindlich hingenommen werden muß. Der Streit und die daraus resultierende Rechtsunsicherheit sollen beendet sein. Deshalb muß auch der Einwand, das Verfahren im Erststaat sei nicht ordnungsgemäß gewesen oder die Entscheidung sei falsch, abgeschnitten sein.[59] Wollte man gegen das ausländische Urteil diese Einwände zulassen, so könnte von einer Anerkennung nicht mehr gesprochen werden. Wenn der Zweitrichter berechtigt wäre, den vom ausländischen Gericht entschiedenen Prozeß wieder aufzurollen und die

---

[57] Oben § 57 I bei Fußn. 25.

[58] *Geimer* RIW/AWD 1976, 147.

[59] *Geimer* (Fußn. 56) 41.

Richtigkeit der Entscheidung zu prüfen, so wäre die Anerkennung ohne Sinn. Käme der Zweitrichter nach erneuter Prüfung zum gleichen Ergebnis wie der Erstrichter, dann wäre diese „Anerkennung" ihrem Wesen nach eine zweite selbständige Entscheidung in der Sache selbst. Eine solche soll aber gerade durch die internationale Urteilsanerkennung vermieden werden.

2. Ausnahmen

Von dem Grundsatz der Nichtnachprüfbarkeit der ausländischen Entscheidung muß es aber dann Ausnahmen geben, wenn Interessen auf dem Spiele stehen, die gegenüber dem Interesse an der Förderung des internationalen Rechtsverkehrs höherrangig sind. Dies ist dann der Fall, wenn grundlegende Werte der zweitstaatlichen Rechtsordnung oder elementare staatspolitische Zielsetzungen des Zweitstaates durch die Anerkennung in Frage gestellt werden. Deshalb muß geprüft werden, ob die Anerkennung des ausländischen Urteils mit dem *ordre public des Zweitstaates* vereinbar ist, Art. 27 Nr. 1.[60]

a) Prüfung des erststaatlichen Verfahrens[61]

α) Die ordre public-Prüfung erfaßt zunächst das erststaatliche Verfahren, auf dem die anzuerkennende Entscheidung beruht.[62] Verfahrensfehler hindern zwar grundsätzlich die Anerkennung nicht. Verstößt aber das ausländische Verfahren gegen grundlegende Forderungen prozessualer Gerechtigkeit, von denen man im Zweitstaat nicht abgehen kann, ohne daß das Rechtsgefühl auf das tiefste verletzt würde, so kann einem ausländischen Urteil, das auf diesem Verfahren beruht, die Anerkennung verweigert werden. Zu diesen grundlegenden Verfahrensmaximen, die auch gegenüber ausländischen Urteilen durchzusetzen sind, gehören insbesondere der Grundsatz der Unabhängigkeit und Unparteilichkeit des Gerichts und der Grundsatz des rechtlichen Gehörs. In Art. 27 Nr. 2

---

[60] *Jenard*-Bericht S. 88: „Die Fassung der Ordre-public-Klausel entspricht der, die sich in den Abkommen aus jüngster Zeit findet [deutsch-belgisches Abkommen, italienisch-belgisches Abkommen, Haager Übereinkommen über die Anerkennung und Vollstreckung ausländischer Urteile in Zivil- und Handelssachen] insofern, als zum Ausdruck gebracht ist, daß der Versagungsgrund nicht daraus hergeleitet wird, daß etwa die ausländische Entscheidung gegen den ordre public des Anerkennungsstaats verstoße, sondern daß maßgebend ist, ob die Anerkennung dem ordre public widerspricht. Es kann nicht Aufgabe des Gerichts des Anerkennungsstaats sein, ein Urteil über die Vereinbarkeit der ausländischen Entscheidung mit dem ordre public des eigenen Landes abzugeben; dies käme einer Kritik an dieser Entscheidung gleich; die Aufgabe des Richters des Anerkennungsstaats kann vielmehr nur darin bestehen, festzustellen, ob die Anerkennung dieser Entscheidung gegen den ordre public des Anerkennungsstaates verstößt."

[61] *Geimer* RIW/AWD 1976, 148 bei Fußn. 74.

[62] Näher *Geimer* JZ 1969, 13ff.

ist die Wahrung des rechtlichen Gehörs besonders hervorgehoben. Danach wird die Anerkennung versagt, „wenn dem Beklagten, der sich auf das Verfahren nicht eingelassen hat, das dieses Verfahren einleitende Schriftstück oder ein gleichwertiges Schriftstück nicht ordnungsmäßig und nicht so rechtzeitig zugestellt worden ist, daß er sich verteidigen konnte".[63] Art. 27 Nr. 2 ist jedoch keine lex specialis in dem Sinne, daß die nicht rechtzeitige Ladung des säumigen Beklagten der einzige Verfahrensverstoß wäre, der zur Versagung der Anerkennung führen könnte. Über die allgemeine ordre public-Klausel des Art. 27 Nr. 1 können vielmehr auch sonstige schwerwiegende Verfahrensverstöße zur Versagung der Anerkennung führen, insbesondere auch bei Verletzung des rechtlichen Gehörs des Klägers.[64]

β) Die Unvereinbarkeit des erststaatlichen Verfahrens mit den grundlegenden Verfahrensmaximen des Zweitstaates ist denkbar unter zwei Hypothesen:[65]

(1) Einmal kann bereits das *Gerichtsverfassungs- und Verfahrensrecht* des Erststaates mit dem ordre public des Zweitstaates kollidieren. Da sich die Gesetzgebung in allen Vertragsstaaten auf einem rechtsstaatlichen Niveau bewegt, dürften die Fälle, in denen der ordre public-Verstoß bereits in den Verfahrens- bzw. Gerichtsverfassungsgesetzen begründet ist, nur theoretisch sein.[66] Abweichungen des Gerichtsverfassungs- und Verfahrensrechts des Erststaates von dem des Zweitstaates können also grundsätzlich keine ordre public-Widrigkeit begründen. Das Gericht eines jeden Staates wendet sein Verfahrensrecht an. Die Rechtsvergleichung zeigt, daß die Ausgestaltungen in den einzelnen Vertragsstaaten verschieden sind.[67] Dies ist jedoch für sich allein noch kein Grund, die Anerken-

---

[63] Näher unten § 140.

[64] *Geimer* RIW/AWD 1976, 148.

[65] *Geimer* JZ 1969, 14.

[66] In Betracht käme allenfalls die Errichtung eines Sondergerichts, das den Mindestanforderungen an die Unparteilichkeit der Richter nicht erfüllt.

[67] So ist z. B. das *Versäumnisverfahren* im deutschen Zivilprozeß (§§ 330ff. ZPO) anders geregelt als in den anderen Vertragsstaaten. Hier sind tiefgreifende Unterschiede festzustellen.

Die deutsche Zivilprozeßordnung basiert auf dem Grundsatz der Einheitlichkeit der mündlichen Verhandlung: sämtliche Termine eines Rechtsstreits werden als eine einzige fortgesetzte mündliche Verhandlung betrachtet. Die Säumnis in einem Termin gilt als Totalversäumnis, auch wenn die Partei in einem oder mehreren Terminen vorher bereits verhandelt hatte. Beantragt die erschienene Partei den Erlaß eines Versäumnisurteils, so darf der Richter eine bereits durchgeführte Beweiserhebung nicht berücksichtigen. Näher hierzu die Kommentare zu § 331 ZPO.

Diese radikalen Folgerungen aus der Totalversäumnis einer Partei werden in anderen Prozeßordnungen nicht gezogen. So kennt das italienische Recht keine dem deutschen Recht vergleichbare Regelung. Eine den Richter bindende Fiktion der Wahrheit der Behauptung der erschienenen Partei gibt es nicht. Vielmehr ist selbst bei Ausbleiben einer Partei nach Lage der Akten zu entscheiden, Art. 291 Codice di procedura civile.

nung zu verweigern. Der Zweitrichter darf sein eigenes Verfahrensrecht, auch soweit es zwingender Natur ist, nicht international durchsetzen. Der Versagungsgrund des ordre public greift vielmehr nur dann ein, wenn die hinter dem positiven Recht des Zweitstaates stehenden grundlegenden Forderungen prozessualer Gerechtigkeit völlig außer acht gelassen wurden.[68] Bei der Auswahl der Verfahrensmaximen, auf deren Wahrung der Zweitstaat bestehen muß, ist ein strenger Maßstab anzulegen. Angesichts der Verschiedenheiten der einzelnen nationalen Verfahrensrechtsordnungen kann nicht erwartet werden, daß die ausländischen Gerichte ihr Verfahren nach gleichen oder ähnlichen Normen gestalten wie die inländischen. Es sind deshalb erhebliche und wesentliche Abweichungen des erststaatlichen Rechts von dem Prozeßrecht des Zweitstaates hinzunehmen. Es wäre verfehlt, wollte man das gesamte zwingende Verfahrensrecht des Zweitstaates zum Inhalt der ordre public-Prüfung machen. Der ordre public-Vorbehalt steht vielmehr nur in ganz besonders krassen Ausnahmefällen der Anerkennung entgegen.[69]

Auch im französischen Zivilprozeß löst die Säumnis des Beklagten – anders als im deutschen Recht – keine Geständnisfiktion aus. Das Gericht prüft vielmehr die Begründetheit der Klage auf der Grundlage des bisher beigebrachten Prozeßstoffs. Es hat sogar eine Untersuchungspflicht. Unter Umständen muß das Gericht sogar auch Beweise erheben. So sieht es das Gesetz vor. In der Praxis wird jedoch meist kursorischer verfahren. Die Rechtslage nähert sich also de facto der deutschen an. Vgl. Art. 471 ff. nouveau Code de procédure civile. S. auch *Linke,* Die Versäumnisentscheidungen im deutschen, österreichischen, belgischen und englischen Recht, 1972.

[68] *Geimer* JZ 1969, 14.

[69] Vgl. den Fall des OLG Celle, Beschluß vom 2. Juni 1977, Nachschlagewerk I-27.1 – B 1 = IPRspr. 1977 Nr. 146a. In einem Rechtsstreit wegen einseitiger Beendigung eines Vertragsverhältnisses hatte die Cour d'appel Rennes die beiden beklagten Gesellschaften mit Sitz in der Bundesrepublik Deutschland zur Leistung von Schadensersatz verurteilt. Zur endgültigen Bestimmung des Ersatzbetrages hatte das Gericht einen Sachverständigen beauftragt, die Beklagten aber zugleich zur Zahlung eines vorläufigen Ersatzbetrages („provision“) in Höhe von 200000 FF verurteilt. Gegen dieses Urteil hatten die Beklagten Kassationsbeschwerde eingelegt, über die im Zeitpunkt der Entscheidung des Oberlandesgerichts noch nicht entschieden war.

Das Landgericht Stade hatte auf Antrag des Klägers für das nach französischem Recht vollstreckbare Urteil der Cour d'appel Rennes die Vollstreckungsklausel erteilt. Hiergegen haben die Beklagten Beschwerde eingelegt und geltend gemacht, die Zulassung der Zwangsvollstreckung aus dem „noch nicht rechtskräftigen“ Urteil der Cour d'appel Rennes verstoße ebenso gegen die öffentliche Ordnung der Bundesrepublik Deutschland wie die Verurteilung zu einer „vorläufigen Schadensersatzleistung“.

Das OLG Celle wies die Beschwerde zurück. Die Anerkennung und Vollstreckung des französischen Urteils verstoße nicht gegen die deutsche öffentliche Ordnung im Sinne der Art. 34 II, 27 Nr. 1. Aus den Urteilsgründen ergebe sich, daß die Cour d'appel bei der Verurteilung der Beklagten zu einer „Abschlagszahlung“ („provision“) in Höhe von 200000 FF von einem Mindestschaden in dieser Höhe ausgegangen sei. Selbst wenn aber der endgültige Schadensersatzbetrag aufgrund der Feststellungen des Sachverständigen niedriger sein sollte, liege in der Verurteilung zu einer „vorläufigen“ Schadensersatzleistung kein Verstoß gegen den deutschen ordre public. Auch das

(2) Selbst wenn das Verfahrens- und Gerichtsverfassungsrecht dem ordre public des Zweitstaates nicht widerspricht, kann gleichwohl das erststaatliche Verfahren unter dem Blickwinkel des ordre public zu beanstanden sein, wenn der Erstrichter sein eigenes – unter der Perspektive des Art. 27 Nr. 1 nicht zu kritisierende – Recht nicht oder nicht richtig angewandt hat. So hat z. B. in der Bundesrepublik Deutschland der Anspruch auf rechtliches Gehör sogar Verfassungsrang.[70] Gleichwohl kann es vorkommen, daß ein deutsches Gericht einer Partei das rechtliche Gehör verweigert.

Aber auch in diesem Zusammenhang ist nochmals hervorzuheben, daß nicht jeder Verfahrensverstoß zur Versagung der Anerkennung gemäß Art. 27 Nr. 1 führt. Es müssen vielmehr *elementare Verfahrensmaximen* verletzt sein.[71] Das Fehlen von Urteilsgründen ist an sich noch kein Verstoß gegen den ordre public.[72]

γ) Voraussetzung für die Versagung der Anerkennung wegen Unvereinbarkeit des erststaatlichen Verfahrens mit dem ordre public des Zweitstaates ist jedoch, daß die Partei, die von dem Verfahrensverstoß betroffen ist, alle ihr zur Verfügung stehenden Rechtsmittel und Rechtsbehelfe im erststaatlichen Verfahren ausgeschöpft hat, um den Verfah-

---

deutsche Recht kenne derartige „Vorbehaltsurteile", so z. B. im Urkunden- und Wechselprozeß (§ 599 ZPO) sowie im Zusammenhang mit der Aufrechnung (§ 302 ZPO).

Es verstoße ferner nicht gegen die deutsche öffentliche Ordnung, daß ein Urteil bereits „vor seiner Rechtskraft" vollstreckbar sei. Daß die Beklagten bei einer etwaigen Aufhebung des Urteils der Cour d'appel durch die Cour de cassation möglicherweise keinen Schadensersatz nach einer durchgeführten Zwangsvollstreckung erlangen könnten, sei für sich allein noch kein ordre public-Verstoß. Im übrigen biete Art. 38 II die Möglichkeit, die Zwangsvollstreckung von einer Sicherheitsleistung abhängig zu machen und so die Interessen der Beklagten zu schützen.

Das Gericht ordnete die Leistung einer Sicherheit durch den Kläger an und erklärte, hierdurch seien die Beklagten ausreichend geschützt, so daß es der Aussetzung der Entscheidung gemäß Art. 38 I nicht bedürfe.

[70] Art. 103 GG.

[71] Zu Recht verneinte die Cour d'appel de Lyon in ihrem Urteil vom 18. April 1978, *Theillol ./. Stadtjugendamt Freiburg,* Journal du droit international (Clunet) 106 (1979), 383 = Nachschlagewerk I-27.1 – B 3 einen Verstoß gegen den französischen ordre public. Vgl. oben § 112 Fußn. 7.

[72] Cour de cassation, 1ère chambre civile, Urteil vom 17. Mai 1978, *Vanclef ./. Société TTI Trans Traide,* International Bulletin des arrêts de la cour de cassation, Chambres civiles, 1978, 1re partie, Nr. 191, S. 154, Bull. civ. 1978 I 154 Nr. 191 = Clunet 1979, 380 mit Anm. *D. Holleaux* = Nachschlagewerk I-27.1 – B 4: Ein belgisches Gericht hatte den in Frankreich wohnhaften Beklagten, der sich auf das Verfahren nicht eingelassen hatte, zur Zahlung eines Geldbetrags verurteilt. Das Urteil enthielt als Begründung lediglich die Feststellung, daß der Klageantrag als gerechtfertigt angesehen worden sei. Aus dem Urteil wurde die Zwangsvollstreckung in Frankreich zugelassen. Die hiergegen gerichtete und auf die Verletzung von Artikel 27 Nr. 1 gestützte Beschwerde wurde von der Cour d'appel Reims zurückgewiesen. Die Kassationsbeschwerde hatte Erfolg.

rensverstoß bereits im Erstverfahren zu beseitigen.[73] Die betroffene Partei muß also die nach dem Recht des Erststaates zulässigen Rechtsbehelfe und Rechtsmittel einlegen. Tut sie dies nicht, so ist sie in dem Verfahren vor dem Zweitrichter mit dem Einwand präkludiert, das erststaatliche Verfahren widerspreche dem ordre public.

Wird z. B. dem Beklagten in der ersten Instanz das rechtliche Gehör verweigert, so muß er Berufung zum nächsthöheren Gericht einlegen, um sich auf diese Art und Weise rechtliches Gehör zu verschaffen. Erst wenn die (ordentlichen) Rechtsmittel im Erststaat erfolglos geblieben sind, kann er vor dem Zweitrichter den Verfahrensverstoß rügen. Das gleiche gilt auch für die Geltendmachung von Restitutions- und Wiederaufnahmegründen, insbesondere im Fall des *Prozeßbetruges*.[74]

Der Kassationshof führte aus, die Anerkennung einer nicht begründeten ausländischen Entscheidung widerspreche dem französischen ordre public, soweit keine Unterlagen vorgelegt würden, welche die fehlende Begründung ersetzen könnten und die Feststellung zuließen, daß die Voraussetzungen für die Anerkennung insbesondere im Hinblick auf die Wahrung des ordre public erfüllt seien.

Vgl. auch *Mezger* IPRax 1981, 33 sub. III. Das deutsche Ausführungsgesetz versucht das Problem zu umgehen, indem es eine Begründung auch für solche Entscheidungen vorschreibt, die nach den allgemeinen Vorschriften nicht begründet zu werden brauchen. Auch eine nachträgliche Begründung ist möglich. Vgl. §§ 32 ff. – Ebenso übrigens die deutschen Ausführungsgesetze zu den Anerkennungs- und Vollstreckungsverträgen. Zu § 9 des Ausführungsgesetzes vom 18. Juli 1961 zum Haager Unterhaltsvollstreckungsübereinkommen (BGBl. I 1033) s. z. B. OLG Oldenburg, Beschluß vom 14. März 1979, DAVorm 1979, 304 = IPRspr. 1979 Nr. 186.

[73] Unklar *Kropholler*, Kommentar 196, Art. 27, Rz. 11 sowie 176, Art. 25, Rz. 10 bei Fußn. 12.

[74] Vgl. *Schlosser*-Bericht Nr. 192: „Ob der Umstand, daß eine gerichtliche Entscheidung durch *Betrug* erlangt wurde, ihre Anerkennungsversagung nach Art. 27 Nr. 1 rechtfertigt, sagt das EuGVÜ nicht. Auch die Rechtsordnungen der Gründungsstaaten der EuGVÜ nennen Prozeßbetrug als Anerkennungsversagungsgrund nicht ausdrücklich. Man sieht darin jedoch allgemein einen Unterfall des Verstoßes gegen den ordre public (Italien: Artikel 798 Absatz 1 in Verbindung mit Artikel 395 Nr. 1 Codice di procedura civile; Frankreich: *Batiffol* Droit international privé 5. Auflage 1971 Nr. 727). Im V. K. und in Irland ist die Rechtslage insofern anders, als Betrug ein besonderer Anerkennungsversagungsgrund ist, der dem Verstoß gegen den ordre public zur Seite steht. In den Vollstreckungsübereinkommen, welche das V. K. mit Staaten der Gemeinschaft geschlossen hat, ist man einen Mittelweg gegangen und hat betrügerische Machenschaften ausdrücklich erwähnt, sie aber als einen besonderen Fall des Verstoßes gegen den ordre public bezeichnet (Art. 3 I lit. c Nr. 2 des deutsch-britischen Vertrages vom 14. Juli 1960, Art. 3 I c) ii) des französisch-britischen Vertrages vom 18. Januar 1934).

Nach all dem können daran Zweifel nicht bestehen, daß ein Prozeßbetrug grundsätzlich einen Verstoß gegen den ordre public des Anerkennungsstaats darstellen kann. Alle Rechtsordnungen der Mitgliedstaaten kennen indes besondere Rechtsbehelfe, mit denen auch nach Ablauf der normalen Rechtsmittelfrist noch geltend gemacht werden kann, das Urteil sei die Frucht eines Betruges. Ein Richter im Anerkennungs- und Vollstreckungsstaat muß sich daher immer fragen, ob der Verstoß gegen seinen ordre public auch noch angesichts der Tatsache besteht, daß gegen das angeblich vom Geg-

δ) Da es hier nicht um unmittelbare Staatsinteressen geht, deren Wahrung unabhängig von dem Verhalten der Parteien im Zweitprozeß sichergestellt sein müßte, sondern um den Schutz der Parteien,[75] hat der Zweitrichter nicht von Amts wegen[76] die Anerkennung zu versagen, wenn er zu dem Ergebnis kommt, daß das erststaatliche Verfahren so schwerwiegende Mängel enthält, daß es mit dem zweitstaatlichen ordre public nicht zu vereinbaren ist. Erforderlich ist vielmehr eine Rüge der Partei, deren prozessuale Rechte verletzt wurden; der Gegner kann einen solchen ordre public-Verstoß nicht zum Anlaß nehmen, die Versagung der Anerkennung zu betreiben.

Beispiel:

Das Erstgericht verweigert dem Beklagten das rechtliche Gehör, weist aber die Klage als unbegründet ab.

Hier hat der Beklagte es in der Hand, ob er die ordre public-Widrigkeit geltend machen will. Im Regelfall hat er an der Nichtanerkennung kein Interesse, weil ihn sonst der Kläger im Zweitstaat nochmals verklagen könnte.

ε) Die Partei, die sich auf die ordre public-Widrigkeit des erststaatlichen Verfahrens berufen will, muß dies *in limine litis* tun. Rügt sie den ordre public-Verstoß nicht rechtzeitig, so ist sie damit präkludiert.

ζ) Bei Prüfung der Frage, ob das erststaatliche Erkenntnisverfahren mit dem ordre public des Zweitstaates zu vereinbaren ist, ist der Zweitrichter an die *tatsächlichen Feststellungen* des Erstgerichts nicht gebunden. Insbesondere ist er nicht auf den in den Urteilsgründen des zur Anerkennung anstehenden Urteils festgehaltenen Tatsachenstoff beschränkt.[77]

η) Auch wenn die Rechtsmittelgerichte des Erststaates das Vorliegen eines Verfahrensverstoßes verneint haben, z. B. zu dem Ergebnis gekommen sind, daß das rechtliche Gehör nicht verletzt sei, kann der Zweitrichter die Vereinbarkeit des erststaatlichen Verfahrens mit dem zweitstaatlichen ordre public untersuchen. Er ist an die Entscheidung des erststaatlichen Rechtsmittelgerichts nicht gebunden. Gleichwohl wird der Zweitrichter in der Praxis gut daran tun, nur in extremen Ausnahmefällen von den Erwägungen des erststaatlichen Rechtsmittelgerichts abzuweichen. Wenn z. B. die Cour de cassation zu dem Ergebnis gekommen war, dem Beklagten sei das rechtliche Gehör nicht verkürzt wor-

---

ner betrügerisch erlangte Urteil vor den Gerichten seines Ursprungsstaats ein Rechtsbehelf eingelegt werden kann oder hätte eingelegt werden können."

Ähnlich *Linke* in *Bülow-Böckstiegel* 606/206, Art. 27, Anm. II 2: „Das vor allem im anglo-amerikanischen Recht als eigenständige Variante des ordre public ausgeprägte Anerkennungshindernis für durch betrügerische Machenschaften *erschlichene Urteile* (judgments obtained by fraud), setzt im allgemeinen voraus, daß alle Möglichkeiten der Anfechtung im Urteilsstaat erschöpft sind; ggf. ist das zweitstaatliche Verfahren solange auszusetzen."

[75] Meistens geht es in der Praxis um den Schutz des *Beklagten*.

[76] So aber *Kropholler* Kommentar 183, Rz. 6 vor Art. 26.

[77] *Geimer* JZ 1969, 16.

den, sollte der deutsche Zweitrichter dieses Votum nicht beiseiteschieben.[78]
Ist über den Streitgegenstand von einem Strafgericht im Adhäsionsverfahren entschieden worden, so ist der besondere Versagungsgrund des Art. II Abs. 2 des Protokolls zu prüfen. Hatte das Strafgericht das persönliche Erscheinen des Angeklagten angeordnet, hatte dieser die Anordnung aber nicht befolgt, so braucht die Entscheidung nicht anerkannt zu werden.[79]

b) Prüfung der Urteilsfindung

α) Unter dem Gesichtspunkt des ordre public wird auch die Urteilsfindung selbst geprüft. Die ordre public-Widrigkeit kann sich sowohl aus dem Urteilstenor als auch aus den Gründen der Entscheidung ergeben. Wird z. B. ein Verkäufer verurteilt, unter Verstoß gegen das Kriegswaffengesetz[80] Waffen zu liefern, so ergibt sich aus der Sicht des deutschen Rechts der Verstoß gegen den deutschen ordre public bereits aus dem Urteilstenor. In den meisten Fällen ist jedoch der Tenor neutral. Wird zur Zahlung einer Geldsumme verurteilt, so muß auf das zugrundeliegende Rechtsverhältnis zurückgegriffen werden, um festzustellen, ob die Anerkennung gegen die öffentliche Ordnung des Zweitstaates verstößt. Dabei kann sich ergeben, daß die Anerkennung zu verweigern ist, weil der zugrunde liegende Darlehensvertrag wucherisch ist, oder weil das Rechtsverhältnis, aus dem die Zahlungsverpflichtung hergeleitet wurde, gegen zwingendes Devisenrecht des Zweitstaates verstößt, das internationale Geltung beansprucht und deshalb auch gegenüber dem Erststaat durchgesetzt werden muß.[81]

Die ordre public-Klausel des Art. 27 Nr. 1 ist nicht enger als die des § 328 Abs. 1 Nr. 4 ZPO.[82] Dort wird auf den Verstoß gegen die guten Sitten oder den Zweck eines deutschen Gesetzes abgestellt. Diese beiden Fragenkomplexe fallen unter den Begriff des ordre public, wie er im internationalen Zivilprozeßrecht aller EG-Staaten verwendet wird. Die einzelnen Anwendungsfälle der ordre public-Klausel des Art. 27 Nr. 1 können hier nicht systematisiert werden.[83]

β) Wichtig ist hervorzuheben, daß es sich um eine Ausnahmevorschrift handelt, die nur in ganz krassen Fällen eingreift.[84]

---

[78] *Geimer* JZ 1969, 16. [79] Oben § 94 III 2 bei Fußn. 35.

[80] Gesetz über die Kontrolle von Kriegswaffen vom 20. April 1961, Ausführungsgesetz zu Art. 26 II GG, BGBl. 1961 I 444, zuletzt geändert durch Gesetz vom 21. Mai 1978, BGBl. I 641.

[81] Vgl. *Zöller-Geimer,* ZPO, 13. Aufl., 1981, § 328, Anm. N V 5 und unten Fußn. 92.

[82] Ähnlich *Kropholler,* Kommentar 194, Art. 27, Rz. 6.

[83] Ausführlicher unten Halbband I 2.

[84] *Jenard*-Bericht S. 88 zu Art. 27: „Die Anerkennung kann versagt werden, wenn sie dem ordre public des Staates, in dem sie geltend gemacht wird, widerspricht. Nach Ansicht des Ausschusses kann diese Klausel nur in Ausnahmefällen eine Rolle spielen." Tribunal de grande instance de Troyes, Urteil vom 4. Oktober 1978, *SA Almac-*

γ) Im Verhältnis zur kollisionsrechtlichen Vorbehaltsklausel[85] ist Art. 27 Nr. 1 einerseits enger: Die Anerkennung eines ausländischen Urteils, das auf einem Gesetz beruht, das vom Richter des Zweitstaates nicht angewandt würde, wenn er selbst (als Erstrichter) den Rechtsstreit zu entscheiden hätte, ist nicht von vornherein ausgeschlossen.[86] Art. 27 Nr. 1 gleicht also mehr Spannungen zwischen dem Recht des Erststaates und Zweitstaates aus als die kollisionsrechtliche ordre public-Klausel.[87] Andererseits ist das Anwendungsfeld des Art. 27 Nr. 1 weiter als die kollisionsrechtliche Vorbehaltsklausel, weil der verfahrensrechtliche ordre public auch der Wahrung derjenigen aus der Sicht des Zweitstaates international zwingenden Rechtssätze dient, die der Zweitrichter nicht auf Grund des ordre public, sondern auf Grund ihres Geltungsanspruchs (kraft Sonderanknüpfung) anwenden würde, wäre er anstelle des (ausländischen Erstrichters) mit der Entscheidung des Rechtsstreits befaßt. Zudem wird über Art. 27 Nr. 1 auch die Subsumtionstätigkeit des Erstrichters kontrolliert. Auch insoweit findet sich bei Anwendung des kollisionsrechtlichen ordre public keine Parallele.

---

coa ./. SA Ets. Moteurs Cérès, Journal du droit international (Clunet) 106 (1979), 623 = Gazette du Palais 1979, Jur., 131 = Nachschlagewerk I-27.1 – B 5:

Die Antragstellerin, eine in Belgien ansässige Gesellschaft und frühere Alleinvertriebshändlerin der Antragsgegnerin, erwirkte gegen diese vor belgischen Gerichten ein Urteil auf Zahlung bestimmter Beträge wegen einseitiger Auflösung der Alleinvertriebsvereinbarung (vgl. Cour d'appel Brüssel, Urteil vom 23. Dezember 1976, Cahiers de droit européen 1979, 397). Die Antragsgegnerin widersetzte sich einem in Frankreich gestellten Antrag auf Vollstreckbarerklärung des belgischen Urteils mit der Begründung, dieses habe den Begriff der Alleinberechtigung in einer Weise bestimmt, die mit den im französischen Recht anerkannten Lösungen nicht vereinbar sei. Im weiteren Verlauf des Verfahrens machte sie geltend, die belgische Entscheidung verstoße nicht nur gegen den französischen ordre public, sondern auch gegen Bestimmungen des EWG-Vertrags; ferner seien die belgischen Gerichte nicht zuständig gewesen. Das Gericht ließ die Zwangsvollstreckung zu. Es treffe zwar zu, daß das französische Recht die vom belgischen Recht verwendeten Begriffe „monopole de droit" und „concession exclusive" in der dort zugrundegelegten Bedeutung nicht kenne; die bloße Unterschiedlichkeit der beteiligten Rechte führe indes nicht zu einer Verletzung des französischen ordre public. Dieser stehe der inländischen Wirksamkeit von im Ausland erworbenen privatrechtlichen Rechtspositionen grundsätzlich nicht entgegen. Art. 27 Nr. 1 greife nur in Ausnahmefällen ein. Es sei nicht Aufgabe des Gerichts, die Vereinbarkeit der ausländischen Entscheidung mit dem ordre public intern zu beurteilen, sondern vielmehr zu prüfen, ob die Anerkennung dieser Entscheidung den ordre public international verletze.

[85] Art. 30 EGBGB.

[86] In jedem Einzelfall ist zu prüfen, ob eine Norm des Zweitstaates von einem derartigen Gewicht ist, daß sie auch international gegenüber ausländischen Urteilen durchgesetzt werden muß. Es sind durchaus Fälle denkbar, in denen der deutsche Richter trotz ausländischen Sachstatuts eigenes zwingendes Recht anwenden müßte, in denen er aber die Nichtbeachtung dieser Normen durch den ausländischen Richter hinnimmt und die Anerkennung nicht verweigert.

[87] Näher unten Halbband I 2 sub *ordre public.*

δ) Abweichungen des IPR des Erststaates von dem des Zweitstaates hindern grundsätzlich die Anerkennung nicht.[88] Der Umstand, daß der Erstrichter den Rechtsstreit nach einer anderen Rechtsordnung beurteilt, als dies der Zweitrichter auf Grund seines Kollisionsrechts täte, begründet für sich allein noch keinen ordre public-Verstoß. Eine Ausnahme gilt jedoch in den Grenzen des Art. 27 Nr. 4. Diese Vorschrift ist eng auszulegen.[89]

ε) Bei der ordre public-Prüfung sind zwei Schutzbereiche zu unterscheiden:

(1) Durchsetzung unmittelbarer Staatsinteressen des Zweitstaates,[90]

(2) Wahrung grundlegender Forderungen der Gerechtigkeit.

ζ) Diese Unterscheidung ist wichtig, wenn es darum geht, wie der Zweitrichter die ordre public-Prüfung vorzunehmen hat.[91]

(1) Bei der Prüfung, ob das zur Anerkennung anstehende Urteil mit dem ordre public des Anerkennungsstaates vereinbar ist, ist der Zweitrichter an die tatsächlichen Feststellungen des Erstrichters nicht gebunden, soweit *unmittelbare Staatsinteressen* auf dem Spiele stehen. Hier besteht weder eine Bindung an die Beweisergebnisse oder Geständnisse des Erstverfahrens noch greift eine Präklusion neuer Tatsachen ein. Geht es etwa darum, ob ein zweitstaatliches Kartellgesetz, das internationale Geltung beansprucht (vom Standpunkt des Zweitstaates aus also auch gegenüber ausländischen Urteilen durchgesetzt werden muß), der Anerkennung einer ausländischen Verurteilung zur Zahlung einer Geldsumme entgegensteht, so ist der Zweitrichter nicht auf den Prozeßstoff des Erstverfahrens beschränkt.

(2) Soweit die ordre public-Prüfung dem Schutz der Parteien, meist des Beklagten dient, setzt dagegen die ordre public-Prüfung erst ein, wenn die (betroffene) Partei eine entsprechende Rüge erhoben hat. So hat z. B. der Zweitrichter nicht von Amts wegen zu untersuchen, ob der Verurteilung eine Spielschuld oder ein wucherisches Darlehen[92] zugrun-

---

[88] Ebenso § 328 I Nr. 3 ZPO.

[89] Oben § 116.

[90] Der Zweitstaat kann nicht darauf verzichten, solchen Urteilen die Anerkennung zu versagen, die mit seinen grundlegenden staatspolitischen Vorstellungen nicht übereinstimmen. Über den ordre public setzt der Zweitstaat seine staatspolitischen und wirtschaftspolitischen Ordnungsnormen durch.

[91] *Geimer* RIW/AWD 1976, 148f.

[92] Vgl. Cour d'appel de Lyon, Urteil vom 5. Oktober 1978, *S.a.r.l. Ets. Morris ./. S. A. Oudenaardse Textielfabrieken,* Nachschlagewerk I-27.1 – B6; Leitsätze in: Gazette du Palais 1979, Somm., S. 58: Ein belgisches Gericht hatte die in Frankreich ansässige Beklagte, die sich auf das Verfahren nicht eingelassen hatte, zur Zahlung eines Geldbetrages nebst Zinsen und Kosten verurteilt. Die Zwangsvollstreckung aus diesem Urteil wurde in Frankreich zugelassen. Hiergegen wendet sich die Beschwerdeführerin und rügt die Verletzung von Art. 27 Nr. 1; die Verurteilung verstoße gegen den französischen ordre public, weil die in dem streitigen Kaufvertrag vereinbarte pauschale Entschädigung zuzüglich vereinbarter Zinsen den wucherischen Satz von 34% erreiche. Der Rechtsbehelf blieb ohne Erfolg.

deliegt. Dieser Einwand ist nur beachtlich, wenn ihn der Beklagte rechtzeitig[93] im Zweitverfahren vorgebracht hat. War der Einwand auch nach dem Recht des Erststaates erheblich, so ist der Beklagte im Zweitverfahren damit präkludiert, wenn er es versäumt hat, den Einwand im Erstverfahren vorzutragen. Denn es geht nicht an, daß der Beklagte im Erstverfahren gegen sich ein Versäumnisurteil ergehen läßt und dann erst im Zweitverfahren seine Klageerwiderung formuliert.[94] Schließlich war der Beklagte dort gerichtspflichtig, d. h. er mußte dort alle seine Einwendungen erheben.

η) Das Fehlen einer Begründung für die zur Anerkennung anstehende Entscheidung ist als solches kein Verstoß gegen den ordre public.[95]

κ) *Maßgeblicher Zeitpunkt* für die Beurteilung der ordre public-Widrigkeit ist der Zeitpunkt des Eintritts der zur Anerkennung anstehenden Urteilswirkungen. Dies folgt aus dem Prinzip der automatischen Wirkungserstreckung. Wenn zu diesem Zeitpunkt die ausländische Entscheidung anzuerkennen war, weil mit dem zweitstaatlichen ordre public vereinbar, dann kann diese Wirkungserstreckung nicht später rückgängig gemacht werden. Andererseits genügt es, wenn im Zeitpunkt der Entscheidung über das Vorliegen oder Nichtvorliegen der Anerkennungsvoraussetzungen feststeht, daß die Entscheidung mit dem ordre public des Zweitstaates zu vereinbaren ist.[96]

§ 140 Insbesondere: Der Schutz des Beklagten, der sich auf den Erstprozeß nicht eingelassen hat, Art. 27 Nr. 2

I. Überblick

1. Wenn der Beklagte sich auf das Erstverfahren nicht eingelassen hat, kann nach Art. 27 Nr. 2 die Anerkennung versagt werden, wenn das

---

Die Parteien hatten in dem zwischen ihnen abgeschlossenen Kaufvertrag vereinbart, daß der Käufer bei Nichtzahlung fälliger Rechnungen 14% Zinsen pro Jahr sowie, bei unbegründeter Nichtzahlung, eine Entschädigung in Höhe von 20% des Rechnungsbetrages zu zahlen habe. Das Gericht führte aus, eine Vertragsstrafe zu Lasten des bösgläubigen Schuldners verstoße nicht gegen den französischen ordre public; nach Art. 1152 des Code civil könne der Richter die Strafe lediglich herabsetzen oder erhöhen. Die Zahlung von Zinsen in Höhe von 14% pro Jahr auf die nichtgezahlten Beträge sowie zur Zahlung der Vertragsstrafe sei nicht wucherisch und verstoße daher nicht gegen den französischen ordre public.

[93] § 279 ZPO.

[94] *Zöller-Geimer,* ZPO, 13. Aufl., 1981, § 328, Anm. O III.

[95] Oben Fußn. 72.

[96] *Linke* in *Bülow-Böckstiegel* 606/206 Art. 27, Anm. II 1 bei Fußn. 12: „Aus dem Gebot restriktiver Anwendung der Vorbehaltsklausel ergibt sich, daß für das ordre public-Verständnis der Zeitpunkt maßgebend ist, in dem die Prüfung der Anerkennungsfähigkeit relevant wird und nicht der des Erlasses der ausländischen Entscheidung, obwohl die Anerkennung gemäß Art. 26 Abs. 1 bereits zu diesem Zeitpunkt gegeben ist." Vgl. auch *Kropholler,* Kommentar 194, Art. 27, Rz. 3.

dieses Verfahren einleitende Schriftstück nicht ordnungsgemäß und nicht so rechtzeitig zugestellt worden ist, daß er sich verteidigen konnte. Zum Schutz des Beklagten vor Unregelmäßigkeiten in Verfahren, an denen er nicht teilgenommen hat, schreibt Art. 27 Nr. 2 eine doppelte Prüfung vor:[1]

a) Einmal ist die ordnungsgemäße Zustellung der Ladung bzw. des das Verfahren einleitenden Schriftstücks erforderlich. Maßgebend ist *das im Erststaat geltende Zustellungsrecht:* Es finden also die dort ratifizierten (in Kraft gesetzten) internationalen Abkommen über Zustellung gerichtlicher Schriftstücke Anwendung; subsidiär kommt das nationale Zustellungsrecht zum Zuge.[2]

b) Zum zweiten kann die Anerkennung selbst bei ordnungsgemäßer Ladung versagt werden, wenn die Ladung dem Beklagten nicht so rechtzeitig zugestellt worden ist, daß er sich verteidigen konnte.

2. Der Versagungsgrund des Art. 27 Nr. 2 gilt nicht nur für Versäumnisurteile im technischen Sinne, sondern auch für alle sonstigen Entscheidungen, die auf Grund eines Verfahrens ergangen sind, auf das sich der unterlegene Beklagte nicht eingelassen hat, z. B. Entscheidungen nach Lage der Akten.[3]

3. Art. 13 des Beitrittsübereinkommens vom 9. Oktober 1978 hat den Wortlaut des Art. 27 Nr. 2 ergänzt. Dem das Verfahren einleitenden Schriftstück wurde „ein gleichwertiges Schriftstück" gleichgestellt.[4]

4. Die Rechtsprechung des EuGH[5] und der nationalen Gerichte[6] hat sich bereits sehr intensiv mit Art. 27 Nr. 2 befaßt.[6]

---

[1] *Jenard*-Bericht S. 88.

[2] Vgl. unten XII.

[3] Z. B. § 331 a ZPO.

[4] *Schlosser*-Bericht Nr. 194: „Die Änderung des Textes von Art. 27 Nr. 2 geht auf den gleichen Grund wie desjenigen von Art. 20 zurück. Hat der Zusatz dort die Funktion, den Zeitpunkt des Rechtshängigkeitsbeginns zu präzisieren, wenn es sich um ein Verfahren vor irischen oder britischen Gerichten handelt, so kommt ihm hier die Bedeutung zu, festzuhalten, der Zugang welcher Schriftstücke dem Anspruch auf rechtliches Gehör Genüge tut."

Zum Begriff des verfahrenseinleitenden Schriftstücks bzw. gleichwertigen Schriftstücks näher unten IX.

[5] EuGH, Urteil vom 21. Mai 1980, Rechtssache 125/79 – *Denilauler ./. Couchet,* EuGHE 1980, 1553 = NJW 1980, 2016 L = IPRax 1981, 95 mit Anm. *Hausmann* – RIW/AWD 1980, 510 (hierzu näher unten Fußn. 30) und Urteil vom 16. Juni 1981, Rechtssache 166/80, – *Klomps ./. Michel* – EuGHE 1981, 1593 = RIW/AWD 1981, 781 = IPRax 1982, 14 mit Anm. *Nagel.* Im letzteren Fall ging es um die Klauselerteilung für einen deutschen Zahlungsbefehl (= Mahnbescheid) in den Niederlanden.

Der Zahlungsbefehl war dem Schuldner nicht persönlich zugestellt worden; er war vielmehr in dessen Abwesenheit bei der Post niedergelegt worden. Eine schriftliche Mitteilung über die Niederlegung war an die vom Gläubiger angegebene Adresse in der Bundesrepublik Deutschland gesandt worden; nach deutschem Recht war damit die Zustellung unter dieser Adresse erfolgt. Nach dem damals geltenden Recht konnte der Schuldner innerhalb eines Zeitraums Widerspruch erheben, der nicht weniger als drei Tage betrug, jedoch bis zu dem Zeitpunkt fortdauerte, zu dem das Gericht den Vollstreckungsbefehl erließ. Im vorliegenden Fall belief sich dieser Zeitraum auf sechs Tage. Nach der Zustellung des Vollstreckungsbefehls, die in derselben Weise erfolgte, verfügte der Schuldner über eine weitere Frist von einer Woche, um Einspruch einzulegen. Er ließ jedoch vier Monate verstreichen, ehe er Einspruch einlegte; er trug vor, zur Zeit des Mahnverfahrens habe er seinen Wohnsitz in den Niederlanden gehabt. Nach einem streitigen Verfahren, in dessen Verlauf das deutsche Gericht zur Entscheidung über die Ordnungsmäßigkeit der Zustellung die Frage des Wohnsitzes prüfte, wurde der Einspruch als verspätet verworfen und festgestellt, daß der Betroffene nach deutschem Recht seinen Wohnsitz unter der Adresse hatte, unter der die Zustellungen erfolgt waren.

Die Arrondissementsrechtbank Roermond hatte den Einspruch gegen einen Beschluß vom 27. Juni 1978 zurückgewiesen, mit dem der Präsident dieses Gerichts dem Vollstreckungsbefehl die Klausel erteilt hatte. Der Schuldner (= Kassationsbeschwerdeführer) legte Kassationsbeschwerde ein und machte geltend, die Anerkennung sei gemäß Art. 27 Nr. 2 zu versagen. Der Hoge Raad hat dem EuGH folgende Fragen vorgelegt:

„1. Ist ein nach den 1976 in Deutschland geltenden Vorschriften erlassener ‚Zahlungsbefehl' oder ‚Vollstreckungsbefehl' als ein das ‚Verfahren einleitendes Schriftstück' im Sinne von Art. 27 Nr. 2 anzusehen?

2. Wenn anzunehmen ist, daß in einem Fall wie dem vorliegenden der ‚Zahlungsbefehl' das Schriftstück darstellt, das im Sinne von Art. 27 Nr. 2 das Verfahren einleitet, ist dann für die Frage, ob die Zustellung dieses Schriftstücks an den Beklagten so rechtzeitig erfolgt ist, daß er sich verteidigen konnte, nur die Frist für den ‚Widerspruch' gegen den ‚Zahlungsbefehl' zu berücksichtigen, oder muß dann ebenfalls berücksichtigt werden, daß dem Beklagten nach Ablauf dieser Frist noch eine weitere Frist zur Einlegung des ‚Einspruchs' gegen den ‚Vollstreckungsbefehl' zur Verfügung steht?

3. Greift die Bestimmung des Art. 27 Nr. 2 ein, wenn der Beklagte in dem Staat des Richters, für dessen Entscheidung die Anerkennung und Vollstreckung beantragt wird (des Erstrichters), gegen die im Säumnisverfahren ergangene Entscheidung einen Rechtsbehelf eingelegt hat, der vom Erstrichter wegen Überschreitung der Frist zur Einlegung des Rechtsbehelfs als unzulässig zurückgewiesen worden ist?

4. Verlangt Art. 27 Nr. 2 für den Fall, daß der Erstrichter zu dem Schluß gekommen ist, der Beklagte habe zum Zeitpunkt der Zustellung des Schriftstücks, das das Verfahren einleitet, seinen Wohnsitz im Staat dieses Richters gehabt, so daß die Zustellung insoweit ordnungsmäßig erfolgt sei, eine besondere Prüfung der Frage, ob die Zustellung so rechtzeitig erfolgt ist, daß der Beklagte sich verteidigen konnte? Falls ja, beschränkt sich dann diese Prüfung auf die Frage, ob das Schriftstück den Wohnsitz des Beklagten rechtzeitig erreicht hat, oder ist beispielsweise auch zu prüfen, ob die Zustellung an diesem Wohnsitz eine ausreichende Gewähr dafür bot, daß das Schriftstück den Beklagten persönlich rechtzeitig erreichen konnte?

5. Sind im Hinblick auf Art. 52 die unter Nr. 4 gestellten Fragen anders zu beantworten, wenn der Richter des Staates, in dem die Anerkennung oder Vollstreckung beantragt wird, zu dem Schluß gelangt, daß der Beklagte nach dem Recht des letztgenannten Staates zum Zeitpunkt der Zustellung des Schriftstückes, welches das Verfahren einleitet, seinen Wohnsitz in diesem Staat hatte?"

[6] Vgl. Nachschlagewerk zu Art. 27 Nr. 2.

II. Schutzvorschrift ausschließlich für den Beklagten

1. Art. 27 Nr. 2 schützt nur den Beklagten einschließlich des Beklagten einer Gewährleistungs- oder Interventionsklage[7] und des Empfängers der Streitverkündung.

2. Der Kläger kann sich – selbst wenn er Widerbeklagter ist – nicht auf Art. 27 Nr. 2 berufen, da er das Verfahren in Gang gesetzt hat. Sein Recht auf ein faires Verfahren ist über die ordre public-Klausel des Art. 27 Nr. 1 zu sichern.

3. Der Beklagte kann sich auf Art. 27 Nr. 2 auch berufen, wenn er im Erstprozeß siegreich war. Er wird aber in einem solchen Fall meist Wert auf die Anerkennung legen, um eine Wiederholung des Prozesses im Zweitstaat zu vermeiden.[8]

4. Am Erstverfahren nicht beteiligte *Dritte* können eine Verletzung ihres etwaigen Anspruchs auf rechtliches Gehör über die allgemeine ordre public-Klausel des Art. 27 Nr. 1 geltend machen.

III. Verhältnis zu Art. 27 Nr. 1

Schwerwiegende Verfahrensverstöße, die dem ordre public des Zweitstaates widersprechen, können gemäß Art. 27 Nr. 1 zur Versagung der Anerkennung führen. Art. 27 Nr. 2 ist also keine Spezialnorm in dem Sinne, daß eine Überprüfung des erststaatlichen Verfahrens nur anhand des Art. 27 Nr. 2 zulässig wäre.

IV. Ratio conventionis

1. Art. 27 Nr. 2 will den Anspruch des Beklagten/Antragsgegners auf rechtliches Gehör im internationalen Rechtsverkehr gewährleisten und durchsetzen, soweit dies im Stadium der Anerkennung noch möglich ist. Wenn schon dem Beklagten das rechtliche Gehör im Erstprozeß abgeschnitten worden ist, so soll die darauf beruhende Entscheidung wenigstens in den übrigen Vertragsstaaten keine Wirkungen entfalten.[10]

2. Der *Normzweck* ist – wie immer – oberste Richtschnur bei der Auslegung des Art. 27 Nr. 2. Nur die teleologische Methode – nicht vordergründige Wortklauberei – gewährleistet eine sinnvolle Bewertung der widerstreitenden Interessen: einerseits des legitimen Interesses des Beklagten, nur solche Urteile gegen sich gelten lassen zu müssen, die in

---

[7] Vgl. oben § 74 II 2.

[8] *Geimer* NJW 1973, 2138. Vgl. unten Fußn. 73.

[9] Oben § 133 bei Fußn. 45.

[10] *Geimer* NJW 1973, 2138.

Verfahren ergangen sind, von denen er so rechtzeitig Kenntnis erlangen konnte, daß er sich verteidigen konnte. Dagegen steht andererseits das Interesse des siegreichen Klägers, nicht um die Früchte seines Sieges gebracht zu werden, nur weil das Gericht oder das Zustellungsorgan irgendeinen Formfehler begangen hat. Schließlich widerspräche es dem Grundanliegen des Übereinkommens, die internationale Urteilsanerkennung zu fördern,[11] wollte man die Anerkennung an bloßen Formfragen scheitern lassen. Die Auslegung des Art. 27 Nr. 2 darf daher nicht in Förmelei erstarren.[12]

V. Teleologische Reduktion

Aus dieser Sicht ist eine teleologische Reduktion des Art. 27 Nr. 2 erforderlich:

1. Steht fest, daß der Beklagte von dem verfahrenseinleitenden Schriftstück so rechtzeitig Kenntnis erhalten hat, daß er sich verteidigen konnte, dann darf die Versagung der Anerkennung nicht auf Art. 27 Nr. 2 gestützt werden, auch wenn die Zustellung nach dem maßgeblichen Zustellungsrecht mängelbehaftet war.[13] Dieser Satz gilt als europäisches

---

[11] *Jenard*-Bericht S. 87.

[12] Zu Recht betrachtet es der EuGH, Urteil vom 16. Juni 1981, Rechtssache 166/80 (oben Fußn. 5) als eine Ausnahme, daß dem Beklagten das rechtliche Gehör in einer Weise verweigert wird, daß die Versagung der Anerkennung unausweichlich ist:

„Das Brüsseler Übereinkommen enthält unter Titel II Bestimmungen, die unmittelbar im einzelnen die Zuständigkeit der Gerichte des Urteilsstaats regeln, sowie Bestimmungen über die Prüfung dieser Zuständigkeit und der Zulässigkeit. Diese für das Gericht des Urteilsstaats maßgeblichen Bestimmungen dienen dem Schutz der Interessen des Beklagten. Dadurch konnte in der Anerkennungs- und Vollstreckungsphase, die in Titel III des Übereinkommens geregelt ist, die ‚Freizügigkeit der Urteile' innerhalb der Gemeinschaft durch eine Vereinfachung des Exequaturverfahrens und eine zahlenmäßige Beschränkung der Gründe hergestellt werden, die sich der Anerkennung und der Vollstreckung entgegenstellen können. Zu letzteren zählt der in Artikel 27 Nr. 2 genannte Grund, wonach allein zum Schutze der Rechte des Beklagten die Anerkennung und in Verbindung mit Artikel 34 die Vollstreckung versagt wird, wenn ausnahmsweise die Garantien des Rechts des Urteilsstaats oder sogar des Übereinkommens nicht hinreichen sollten, um zu gewährleisten, daß der Beklagte sich vor dem Gericht des Urteilsstaats verteidigen konnte. Im Lichte dieser Erwägungen ist Art. 27 Nr. 2 auszulegen."

[13] *Geimer* NJW 1973, 2142; *Linke* in *Bülow-Böckstiegel* 606/207, Art. 27, Anm. III 1 bei Fußn. 24: „Die kumulative Aufführung von Ordnungsmäßigkeit und Rechtzeitigkeit der Zustellung würde bei wortlautgetreuer Anwendung zu dem Ergebnis führen, daß auch ein die Verteidigungsmöglichkeit des Beklagten in keiner Weise beeinträchtigender Zustellungsmangel zur Anerkennungsverweigerung führen müßte. Das widerspräche aber dem Schutzzweck der Norm, die letzlich nur einen verfahrensrechtlichen Spezialfall des ordre public-Vorbehalts darstellt. Der Wortlaut des Art. 27 Nr. 2 ist daher insoweit restriktiv auszulegen, daß Zustellungsmängel dann irrelevant sind, wenn der Beklagte im übrigen so rechtzeitig Kenntnis vom Verfahren hatte, daß er

Einheitsrecht für alle Vertragsstaaten. Es kommt also nicht darauf an, ob das maßgebliche Zustellungsrecht eine Norm kennt, wonach Zustellungsmängel geheilt werden, wenn feststeht, daß der Zustellungsempfänger das zuzustellende Schriftstück tatsächlich erhalten hat.[14]

2. Hat der Beklagte von dem gegen ihn laufenden erststaatlichen Erkenntnisverfahren Kenntnis erlangt und ist es ihm nach dem Recht des Erststaates möglich gewesen, sich noch in den Prozeß einzuschalten, etwa durch Einlegung von Rechtsmitteln oder Rechtsbehelfen gegen eine bereits ergangene gerichtliche Entscheidung, so kann sich der Beklagte nicht auf die Schutzvorschrift des Art. 27 Nr. 2 berufen; denn der Beklagte hatte es ja in der Hand, sich rechtliches Gehör vor dem Gericht des Erststaates zu verschaffen. Art. 2 lit. c Nr. 2 des deutsch-niederländischen Vertrages vom 30. August 1962[15] sieht ausdrücklich vor, daß der Einwand der nicht rechtzeitigen Ladung dann nicht zur Versagung der Anerkennung führt, „wenn der Kläger nachweist, daß der Beklagte gegen die Entscheidung keinen Rechtsbehelf eingelegt hat, obwohl er von ihr Kenntnis erhalten hat".[16] Diese Regel wurde zwar nicht in den Text des Übereinkommens aufgenommen; sie kommt aber auch im Anwendungsbereich der Art. 25 ff. zum Zuge.[17] Denn der Beklagte ist nicht

---

sich verteidigen konnte. Dem entspricht auch, daß die Prüfung des erststaatlichen Zustellungsrechts auch dessen Heilungsvorschriften zu berücksichtigen hat." Sowie 606/211, Art. 27, Anm. III 5b: „Andererseits muß die Feststellung fehlerhafter Zustellung nicht notwendig zur Anerkennungsverweigerung führen. Dem Schutzzweck der Norm entsprechend ist Art. 27 Nr. 2 entgegen dem Wortlaut dahin auszulegen, daß Zustellungsmängel, falls sie nicht ohnehin geheilt sind, auch dann irrelevant sind, wenn der Beklagte im übrigen so rechtzeitig Kenntnis vom Verfahren hatte, daß er sich verteidigen konnte."

[14] So z. B. § 187 ZPO.

[15] BGBl. 1965 II 27.

[16] Hierzu Gemeinsamer Bericht der Unterhändler, Bundestags-Drucksache IV Nr. 2351 S. 22.

[17] *Geimer* NJW 1973, 2142 bei Fußn. 53. A. A. OLG Stuttgart, Urteil vom 16. August 1977, RIW/AWD 1979, 130 = IPRspr. 1977 Nr. 149 = Nachschlagewerk I-27.2 – B 4: Eine italienische Firma hatte gegen den in der Bundesrepublik Deutschland wohnhaften Antragsgegner vor dem Zivil- und Strafgericht Monza (Italien) ein Versäumnisurteil erwirkt. Klageschrift und Ladung zu dem Prozeß waren dem Antragsgegner mehrere Monate vor dem Termin erstens durch Anschlag an die Bekanntmachungstafel des Gerichts in Monza, zweitens durch die Post mit Einschreiben und drittens durch Übergabe an den Staatsanwalt bei dem Gericht in Monza zugestellt worden. Eine Übersetzung der Klageschrift wurde ihm ferner ca. 7 Wochen vor dem Termin auf Ersuchen des deutschen Gerichtsvollziehers durch die Post zugestellt. Der Antragsgegner hatte daraufhin nichts unternommen und auch gegen das Versäumnisurteil, von dem er Kenntnis erhalten hatte, kein Rechtsmittel eingelegt.

Das LG Tübingen hatte die Vollstreckungsklausel für das italienische Urteil erteilt. Das OLG Stuttgart wies den Antrag auf Erteilung der Vollstreckungsklausel mit der Begründung zurück, die Zustellung der Klageschrift und Ladung genüge nicht den Erfordernissen des Art. 27 Nr. 2. Maßgebend für die Ordnungsmäßigkeit der Zustellung sei Art. IV des Protokolls. Danach müssen gerichtliche und außergerichtliche

Schriftstücke, die in einem Vertragsstaat ausgefertigt seien und einer in dem Hoheitsgebiet eines anderen Vertragsstaates befindlichen Person zugestellt werden sollten, nach den zwischen den Vertragsstaaten geltenden Übereinkommen oder Vereinbarungen übermittelt werden. Die im vorliegenden Fall gewählte Art der Zustellung habe aber weder dem alten deutsch-italienischen Abkommen über die Anerkennung und Vollstreckung gerichtlicher Entscheidungen in Zivil- und Handelssachen vom 9. März 1936, das inzwischen durch das Brüsseler Übereinkommen ersetzt worden sei, noch dem Haager Übereinkommen über den Zivilprozeß vom 1. März 1954 entsprochen. Zwar ermögliche Art. 6 des Haager Übereinkommens die unmittelbare Übersendung durch die Post; doch habe die Bundesrepublik Deutschland kein dahin gehendes Abkommen geschlossen und der unmittelbaren Postzustellung widersprochen.

Die Unwirksamkeit der Zustellung sei nicht dadurch geheilt worden, daß der Antragsgegner gegen das Versäumnisurteil kein Rechtsmittel eingelegt habe. Zwar finde sich in Artikel 2 Buchstabe c Ziffer 2 des deutsch-niederländischen Anerkennungs- und Vollstreckungsabkommens vom 30. August 1962 eine entsprechende Regelung, doch könne dies nicht als Ausdruck eines allgemeinen Rechtssatzes gelten, sondern müsse als Ausnahme angesehen werden. Eine vergleichbare Bestimmung finde sich sonst in keinem von der Bundesrepublik Deutschland geschlossenen Abkommen über die Anerkennung und Vollstreckung ausländischer Urteile.

Im gleichen Sinne *Linke* in *Bülow-Böckstiegel* 606/210, Art. 27, Anm. III 4a: „Nach Art. 2 (c) Nr. 2 des deutsch-niederländischen Vollstreckungsvertrages vom 30. 8. 1962 kann der Urteilsgläubiger bzw. Antragsteller dem Einwand mangelhafter Zustellung entgegenhalten, daß der Gegner im Erststaat keinen Rechtsbehelf gegen die Entscheidung eingelegt habe, obwohl er von ihr Kenntnis erlangt hatte. Das GVÜ sieht eine solche Möglichkeit bedauerlicherweise nicht vor, obwohl es auf der Grundlage der bilateralen Staatsverträge konzipiert wurde. Diese Lücke kann auch nicht im Wege extensiver Auslegung oder unter Berufung auf einen allgemeinen Rechtsgedanken geschlossen werden, sondern es bedarf dazu einer Korrektur de lege ferenda." Nicht überzeugend ist seine Begründung: Die Situation sei nicht vergleichbar mit der beim erschlichenen Urteil, dessen Korrektur der Beklagte schon im Hinblick auf Art. 29 im Erststaat versuchen müsse. Art. 27 Nr. 2 lasse wegen der „Brisanz von Versäumnisentscheidungen" für die Ordnungsmäßigkeit der Zustellung eine Ausnahme vom Verbot der révision au fond zu. Der Anerkennungsrichter könne daher bei mangelhafter Zustellung im Sinne von Art. 27 Nr. 2 den Antragsgegner und Beklagten des Urteilsverfahrens nicht auf noch mögliche Rechtsbehelfe im Urteilsstaat verweisen und das Verfahren solange aussetzen; Art. 30 beschränke die Möglichkeit der Verfahrensaussetzung auf den Fall, daß ein Rechtsbehelf bereits eingelegt ist. Dagegen ist zu betonen, daß Art. 30 keine Antwort auf unsere Frage gibt. Auch der Hinweis auf die Durchbrechung des Verbots der révision au fond trifft nicht den Punkt. Es geht vielmehr bei der an der ratio conventionis orientierten Auslegung des Art. 27 Nr. 2 darum, den Beklagten dann nicht zu schützen, wenn er nicht schutzbedürftig ist. Wer die ihm im Erststaat zur Verfügung stehenden Möglichkeiten nicht nützt, um sich rechtliches Gehör zu verschaffen, muß sich dies im Zweitstaat entgegenhalten lassen. In solchen Fällen verliert der Gedanke des Schutzes des Beklagten seine innere Berechtigung. Dies übersieht auch *Kropholler* Kommentar 204, Art. 27, Rz. 30.

Das OLG Karlsruhe hatte einen Fall zu entscheiden, in dem der deutschen Beklagten die Klageschrift und Ladung vor das Tribunal de commerce Nantes zum 12. Dezember 1977 erst am 4. Januar 1978 zugestellt worden war. Am 12. Dezember 1977 war aber bereits Versäumnisurteil ergangen. Die Beklagte wandte sich gegen die Zulassung der Zwangsvollstreckung aus diesem Urteil und berief sich auf Art. 27 Nr. 2. Die Klägerin machte geltend, es sei der Beklagten ohne weiteres möglich gewesen, sich in

schutzbedürftig, da er vom Prozeß Kenntnis erhalten hat und sich rechtliches Gehör noch rechtzeitig verschaffen konnte.

Wollte man anders entscheiden, so würden dadurch zudem die Regeln über die internationale Zuständigkeit entwertet.[18] Ist der Erststaat nach Art. 2ff. international zuständig, so bedeutet dies, daß der Beklagte dort sein Recht nehmen muß.[19] Ist es dem Beklagten nach Art. 2ff. zumutbar, sich im Erststaat zu verteidigen, dann erscheint es im Interesse der Förderung des internationalen Rechtsverkehrs, d. h. der Freizügigkeit der Urteile, richtig, *diese abstrakte Gerichtspflichtigkeit auch konkret dahin zu verdichten, daß der Beklagte sich in den laufenden Erstprozeß einschalten muß,* will er nicht die Anerkennung der ausländischen Versäumnisentscheidung in den übrigen Vertragsstaaten riskieren.[20] Die hier vertretene Ansicht erweist sich als ein Unterfall der allgemeinen Regel, wonach nur derjenige die ordre public-Widrigkeit des erststaatlichen Verfahrens vor dem Zweitrichter mit Erfolg rügen kann, der alle ihm nach dem Recht des Erststaates zustehenden Möglichkeiten ausgeschöpft hat, um die Unregelmäßigkeit des Verfahrens bereits durch die Gerichte des Erststaates beseitigen zu lassen.[21]

Man sollte sich hüten, durch bloße Wortinterpretation des Art. 27 Nr. 2 die internationale Prozeßführungslast des Beklagten unangemessen zu erleichtern. Denn dies ginge zu Lasten des Klägers/Antragstellers und des erklärten Ziels des Übereinkommens, in möglichst großem Umfang die Wirkungen gerichtlicher Entscheidungen anzuerkennen.

Wird in einem reinen Inlandsfall einem Beklagten das rechtliche Gehör verweigert – dies kann auch ohne Gesetzesverstoß geschehen, z. B. durch Ersatzzustellung oder öffentliche Zustellung, die den Zustellungsadressaten nicht (rechtzeitig) erreicht, – so bürdet ihm das Prozeßrecht die Last auf, sich rechtliches Gehör durch Einlegung von Rechtsmitteln

---

das französische Verfahren einzuschalten und ihre Rechte mit den ihr zur Verfügung stehenden Rechtsmitteln, Berufung, Einspruch oder dem Antrag auf Verlängerung der Rechtsmittelfrist, geltend zu machen; dies habe sie nicht getan. Das OLG legte dem EuGH mit Beschluß vom 18. Oktober 1978 (6 W 82/78) folgende Frage zur Vorabentscheidung vor:

„Ist einem Beklagten im Anerkennungsverfahren nach Artikel 27 des Übereinkommens die Rüge, das das Verfahren einleitende Schriftstück sei ihm nicht rechtzeitig zugestellt worden, dann verwehrt, wenn er, durch eine spätere Zustellung von dem anhängigen Rechtsstreit in Kenntnis gesetzt, keine verfahrensrechtlichen Maßnahmen zu seiner Rechtsverteidigung ergriffen hatte?"

Aufgrund einer späteren Mitteilung des Oberlandesgerichts über eine außergerichtliche Einigung der Parteien beschloß der Gerichtshof die Streichung der Rechtssache aus dem Register (Rechtssache 254/78).

[18] *Geimer* NJW 1973, 2143.

[19] Oben § 74 I.

[20] Voraussetzung ist, daß ihm dies nach dem Recht des Erststaates und dem Stand des Verfahrens überhaupt möglich ist.

[21] A. A. OLG Hamm, Beschluß vom 10. September 1979, IPRspr. 1979 Nr. 203.

und Rechtsbehelfen zu verschaffen. Macht er von diesen Möglichkeiten innerhalb der vorgeschriebenen Fristen keinen Gebrauch, dann ist die ohne rechtliches Gehör ergangene Entscheidung nicht mehr zu beseitigen. Sie ist und bleibt wirksam. Weshalb etwas anderes gelten soll, wenn der Fall internationale Bezüge aufweist, läßt sich nicht begründen. Es sollte oberster Grundsatz für das Recht der internationalen Urteilsanerkennung sein, daß man an das Recht, insbesondere das Prozeßrecht, anderer Staaten nicht größere Anforderungen (als Voraussetzung der Anerkennung) als an das des Anerkennungsstaates stellt. Wenn ein Gericht in Hamburg einen Beklagten in Berchtesgaden durch Versäumnisurteil auf Grund einer Ladung, die durch Ersatzzustellung erfolgte, verurteilen kann, dann muß dies z. B. auch für ein Gericht in Luxemburg gegenüber einem Beklagten in Aachen möglich sein. Man sollte nicht unmotiviert größere Kautelen vom erststaatlichen Verfahrensrecht verlangen als vom eigenen. Weshalb sollen die durch die Verweigerung der Urteilsanerkennung unvermeidlichen Disharmonien in Kauf genommen werden, bloß weil der Beklagte nachlässig ist? Dann wäre ein Beklagter, der seine Prozeßführungslast ernst nimmt, benachteiligt.

3. Als weiteren europäischen, d. h. in allen Vertragsstaaten als Einheitsrecht geltenden Grundsatz sollte man akzeptieren, daß die Ladung bzw. das verfahrenseinleitende Schriftstück[22] nur in der *Gerichtssprache des Erststaates* übermittelt sein muß. Ob das maßgebliche Zustellungsrecht eine Übersetzung vorschreibt oder nicht, spielt keine Rolle.[23] Auf

---

[22] Vgl. oben Fußn. 4.

[23] Cour de cassation, lère chambre civile, Urteil vom 17. Mai 1978, *Vanclef./.Société TTI Trans Traide,* International Bulletin des arrêts de la cour de cassation, Chambres civiles, 1978, 1re partie, n° 191, S. 154 = Nachschlagewerk I-27.1 – B 4. Ein belgisches Gericht hatte den in Frankreich wohnhaften Beklagten, der sich auf das Verfahren nicht eingelassen hatte, zur Zahlung eines Geldbetrags verurteilt. Die ihm zugestellte Klageschrift und Ladung war in niederländischer Sprache abgefaßt.

Der Kassationshof entschied: Die von der Cour d'appel getroffene Feststellung, wonach dem Beschwerdeführer das verfahrenseinleitende Schriftstück ordnungsgemäß zugestellt worden sei, könne nicht beanstandet werden. Die Ordnungsmäßigkeit der Zustellung im Sinne von Art. 27 Nr. 2 setze nicht voraus, daß das verfahrenseinleitende Schriftstück in der Sprache des Empfängers abgefaßt oder in diese übersetzt worden sei.

Ebenso Corte d'appello di Ancona, Urteil vom 17. Juli 1978, *Calzaturificio LEM di Medori e Gicacomozzi./.Ditta Petra Shoe,* Nachschlagewerk I-27.2 – B 9: Es ging um die Zulassung der Zwangsvollstreckung aus einem in Belgien ergangenen Versäumnisurteil. Die Beklagte machte geltend, die Klageschrift und Ladung sei ihr nicht so rechtzeitig zugestellt worden, daß sie sich habe verteidigen können; im übrigen sei dem in niederländischer Sprache abgefaßten Schriftstück keine italienische Übersetzung beigefügt worden. Die Beschwerde wurde zurückgewiesen.

Weniger dezidiert Cour d'appel de Lyon, Urteil vom 5. Oktober 1978, *S.a.r.l. Ets. Morris ./. S. A. Oudenaardse Textielfabrieken,* Nachschlagewerk I-27.1 – B6. Leitsätze in Gazette du Palais 1979, Somm., S. 58.

Durch Urteil eines belgischen Gerichts war die in Frankreich ansässige Beschwerdeführerin, die sich auf das Verfahren nicht eingelassen hatte, zur Zahlung eines Geldbetrages nebst Zinsen und Kosten verurteilt worden. Die Zwangsvollstreckung aus diesem Urteil wurde in Frankreich zugelassen. Hiergegen wendet sich die Beschwerdeführerin und rügt die Verletzung von Art. 27 Nr. 2, da ihr das verfahrenseinleitende Schriftstück nicht ordnungsgemäß, weil nur in niederländischer Sprache und ohne französische Übersetzung, und darüber hinaus nicht rechtzeitig zugestellt worden sei.

Die Cour d'appel führt aus, die Ordnungsmäßigkeit der Zustellung bestimme sich nach dem Haager Übereinkommen über den Zivilprozeß vom 1. März 1954, dem französisch-belgischen Rechtshilfeabkommen vom 1. März 1956 sowie dem Haager Übereinkommen vom 15. November 1965. Im vorliegenden Fall sei die Zustellung des verfahrenseinleitenden Schriftstücks in den beiden von Art. 1 des französisch-belgischen Abkommens vorgesehenen Formen – Übermittlung von Staatsanwaltschaft zu Staatsanwaltschaft sowie Übersendung durch eingeschriebenen Brief an den Empfänger – erfolgt. Eine Übersetzung der Schriftstücke sei in dem Abkommen nicht vorgesehen. Sie sei gemäß Art. 3 II des Haager Übereinkommens vom 1. März 1954 vielmehr nur dann erforderlich, wenn der Empfänger die Entgegennahme des ihm in nichtförmlicher Weise übermittelten Schriftstücks ablehne oder die ersuchende Behörde die förmliche Zustellung nach den innerstaatlichen Vorschriften des ersuchten Staates wünsche. Da die Empfängerin das formlos übermittelte Schriftstück entgegengenommen habe und eine förmliche Zustellung nicht beantragt worden sei, sei eine Übersetzung nicht erforderlich und die Zustellung somit ordnungsgemäß gewesen. Im übrigen habe die Beschwerdeführerin den eingeschriebenen Brief mit der Klageschrift 27 Tage vor dem Termin erhalten. Dies habe ausgereicht, um eine Übersetzung anfertigen zu lassen und die Verteidigung sicherzustellen. Die Zustellung sei somit rechtzeitig erfolgt.

Anders *Jenard*-Bericht S. 87: „Einmal ist die ordnungsmäßige Zustellung der Ladung erforderlich. Hierbei finden das innerstaatliche Recht des Urteilsstaats und die internationalen Abkommen über Zustellung gerichtlicher Schriftstücke Anwendung. Wird zum Beispiel vor einem deutschen Gericht die Anerkennung eines belgischen Versäumnisurteils gegen eine sich in Deutschland aufhaltende Person geltend gemacht, so kann das Gericht die Anerkennung unter Berufung auf die deutsch-belgische Vereinbarung vom 25. April 1959 zur weiteren Vereinfachung des Rechtsverkehrs nach dem Haager Übereinkommen vom 1. März 1954 über den Zivilprozeß versagen, wenn das das Verfahren einleitende Schriftstück von Belgien nach Deutschland durch eingeschriebenen Brief übersandt wurde, weil die Bundesrepublik Deutschland einer solchen Übermittlung widersprochen hat."

Im gleichen Sinn OLG Düsseldorf, Beschluß vom 4. April 1978, RIW/AWD 1979, 570 = Rechtspfleger 1978, 263 = IPRspr. 1978, Nr. 159 = Nachschlagewerk I-27.2 – B 8: Das OLG Düsseldorf lehnte die Erteilung der Vollstreckungsklausel für ein Versäumnisurteil eines belgischen Gerichts ab. Die Zulassung der Zwangsvollstreckung aus diesem Urteil in der Bundesrepublik sei gemäß Artikel 27 Nr. 2, 34 II ausgeschlossen, da dem Antragsgegner das den Rechtsstreit einleitende Schriftstück nicht ordnungsgemäß zugestellt worden sei. Eine wirksame formlose Zustellung gemäß Art. 2 des Haager Übereinkommens über den Zivilprozeß vom 1. März 1954 sei nicht erfolgt, da dem Empfänger keine Gelegenheit gegeben worden sei, sich das Schriftstück anzusehen und sich über die Annahme zu entscheiden. Für eine an sich zulässige förmliche Zustellung sei, wie sich aus Art. 3 II des Haager Übereinkommens ergebe, eine Übersetzung notwendig gewesen. Dem Zustellungsersuchen der belgischen Staatsanwaltschaft sei keine Übersetzung der in niederländischer Sprache abgefaßten Klageschrift mit Ladung beigefügt gewesen. In dem Ersuchen sei lediglich die formlose Zustellung beantragt worden; hätte die belgische Behörde die förmliche

dessen Einhaltung hat der Erstrichter zu achten, vgl. Art. IV des Protokolls, nicht aber der Zweitrichter. Wird jemandem eine Ladung eines Gerichts aus einem anderen Vertragsstaat zugestellt, dann hat der Beklagte es in der Hand, die notwendigen Schritte beim Erstgericht zu unternehmen, um Art. IV des Protokolls Geltung zu verschaffen. Im Stadium der Anerkennung genügt es, wenn das verfahrenseinleitende Schriftstück in der Gerichtssprache des Erststaates oder in Übersetzung zugestellt worden war.[24]

VI. Prozessuale Geltendmachung[25]

1. Der Versagungsgrund des Art. 27 Nr. 2 dient ausschließlich dem *Schutz des Beklagten*. Es besteht daher kein Anlaß, daß der Zweitrichter von Amts wegen den Versagungsgrund prüft.[26] Auf Art. 27 Nr. 2 kann

---

Zustellung beantragt und eine Übersetzung nicht beigefügt, so hätte das deutsche Gericht nach dem deutsch-belgischen Abkommen vom 25. April 1959 eine Übersetzung beschaffen müssen. Dies sei jedoch nicht erfolgt. Es lasse sich schließlich auch nicht feststellen, daß der Zustellungsmangel geheilt sei; der Antragsgegner habe vor dem Termin keine Übersetzung von Klage und Ladung erhalten und mache geltend, er habe ohne Übersetzung nicht erkennen können, um was es sich im einzelnen gehandelt habe.

Ähnlich OLG Hamm, Beschluß vom 7. März 1979, MDR 1979, 680 = IPRspr. 1979 Nr. 195.

Weniger streng OLG, Frankfurt, Beschluß vom 21. August 1978, Rechtspfleger 1978, 454 = RIW/AWD 1980, 63 = IPRspr. 1978 Nr. 164.

Mehr Aufgeschlossenheit für eine ausgewogenere Bewertung der Interessenlage wenigstens hinsichtlich der Darlegungs- und Beweislast zeigte auch die Cour d'appel de Lyon, Urteil vom 18. April 1978, *Theillol ./. Office de la jeunesse de Fribourg,* Journal du droit international 1979, 383 = Nachschlagewerk I-27.1 – B 3, Sachverhalt oben § 112 Fußn. 7. Die Ordnungsmäßigkeit der Schriftstücke des Verfahrens und ihrer Zustellung war unter Berücksichtigung des Haager Übereinkommens über den Zivilprozeß vom 1. März 1954 sowie der deutsch-französischen Zusatzvereinbarung vom 6. Mai 1961 zu prüfen. Da die Klageschrift im unmittelbaren Verkehr gemäß Art. 1 der Zusatzvereinbarung übersandt worden sei, sei eine Übersetzung, wie sie bei förmlicher Zustellung nach Art. 3 II des Haager Übereinkommens geboten gewesen wäre, nicht erforderlich gewesen. Zudem ergebe sich aus dem Zustellungsersuchen, daß dem zuzustellenden Schriftstück eine Übersetzung beigefügt gewesen sei; der Beschwerdeführer, der den Empfang der Schriftstücke bestätigt habe, habe seine spätere Behauptung, keine Übersetzung empfangen zu haben, nicht beweisen können. Die somit ordnungsgemäße Zustellung des verfahrenseinleitenden Schriftstücks sei auch rechtzeitig, nämlich beinahe sechs Monate vor dem Termin zur mündlichen Verhandlung, erfolgt; diese Zeit habe gegebenenfalls auch zur Übersetzung der in deutscher Sprache abgefaßten Schriftstücke ausgereicht.

[24] *Geimer* FamRZ 1975, 215.

[25] *Geimer* NJW 1973, 2143 sub V.

[26] A. A. *Linke* in *Bülow-Böckstiegel* 606/211 f., Art. 27, Anm. III 5: Der Zweitrichter sei zwar nicht verpflichtet, von sich aus Ermittlungen anzustellen, ob die Anerken-

nur dann die Versagung der Anerkennung gestützt werden, wenn sich der Beklagte bzw. dessen Rechtsnachfolger darauf ausdrücklich beruft. Tut er das nicht, so entfällt eine Prüfung gemäß Art. 27 Nr. 2.[27]

2. Der Kläger/Antragsteller des erststaatlichen Erkenntnisverfahrens kann nicht etwa unter Berufung darauf, daß seinem Gegner das rechtliche Gehör verweigert wurde, die Nichtanerkennung des Urteils betreiben.[28]

3. Will sich der Beklagte des Erstprozesses im Zweitverfahren auf Art. 27 Nr. 2 berufen, so muß er dies in limine litis tun. Sonst ist er präkludiert.

4. Soweit über den Anerkennungsantrag im einseitigen Verfahren (ohne Beteiligung des Antragsgegners) entschieden werden kann, wie nach Art. 26 II, Art. 34, hat der Zweitrichter im ersten Verfahrensabschnitt nicht zu prüfen, ob die Ladung des Beklagten zum erststaatlichen Verfahren ordnungsgemäß war. Es bleibt vielmehr dem Beklagten vorbehalten, durch Einlegung des Rechtsbehelfs nach Art. 37 (in der Bundesrepublik Deutschland: der Beschwerde zum OLG) die Rüge der nicht ordnungsgemäßen Ladung zu erheben.[29]

---

nung wegen formeller oder zeitlicher Zustellungsmängel zu versagen ist. Wenn jedoch entsprechende Anhaltspunkte vorliegen, insbesondere im Hinblick auf den nach Art. 46 Nr. 2 vorzulegenden Zustellungsnachweis, so habe der Zweitrichter von Amts wegen in die Prüfung einzutreten. Ähnlich *Linke* RIW/AWD 1975, 201; *Droz* Nr. 595 und *Kropholler* Kommentar 184, Rz. 7 vor Art. 26.

[27] *Geimer* NJW 1973, 2143. Zu undifferenziert deshalb die Stellungnahme der italienischen Regierung in dem Verfahren *Pendy Plastic Products B. V. ./. Pluspunkt Handelsgesellschaft mbH* (EuGH, Urteil vom 15. Juli 1982, Rechtssache 228/81, unten Fußn. 70): Aus dem Wortlaut von Art. 27 Nr. 2 ergebe sich, daß die Gerichte aller Vertragsstaaten nicht nur die Befugnis, sondern auch die Pflicht hätten, in den in dieser Vorschrift vorgesehenen Fällen die ausländische Entscheidung nicht anzuerkennen. Der Anspruch auf rechtliches Gehör sei ein unverletzliches Grundrecht, das auch dahin gehe, daß in ausreichendem Maße Zeit und Gelegenheit zur Verteidigung gegeben werden müsse (Art. 7 und 8 der am 10. Dezember 1948 von der Generalversammlung der UNO genehmigten Allgemeinen Erklärung der Menschenrechte; Art. 6 der am 4. November 1950 in Rom unterzeichneten Konvention zum Schutze der Menschenrechte und Grundfreiheiten). Die Vollstreckbarerklärung einer ausländischen Entscheidung setze voraus, daß diese im Rahmen eines ordnungsgemäßen Verfahrens ergangen sei. Wenn aber der Anspruch auf rechtliches Gehör nicht erfüllt worden sei, könne man nicht von einem Versäumnisurteil sprechen. Die fehlende Ordnungsmäßigkeit des Verfahrens führe zur Nichtigkeit der Entscheidung, wenn nicht gar zu deren Nichtexistenz. Diese Argumentation erscheint zu holzschnittartig. Allerdings war die hier interessierende Frage nicht entscheidungserheblich, weil die Beklagte (= Antragsgegnerin) die Verletzung des Art. 27 Nr. 2 gerügt hatte.

[28] Vgl. oben II 1.

[29] *Geimer* NJW 1973, 2143; a. A. *Linke* a. a. O. (Fußn. 26).

VII. Anwendungsbereich: Alle gerichtlichen Entscheidungen mit Einschluß der einstweiligen Maßnahmen

1. Der Versagungsgrund des Art. 27 Nr. 2 gilt für alle gerichtlichen Entscheidungen, auch für Arreste, einstweilige Verfügungen und sonstige Maßnahmen des einstweiligen Rechtsschutzes.[30] Werden im Erst-

---

[30] Vgl. EuGH, Urteil vom 21. Mai 1980, Rechtssache 125/79 – *Denilauler ./. Couchet Frères*, EuGHE 1980, 1553 = NJW 1980, 2016 L = IPRax 1981, 95 mit Anm. *Hausmann* 79 = RIW/AWD 1980, 510: „In Art. 27 des Übereinkommens sind die Voraussetzungen für die Anerkennung und Vollstreckung der in einem Vertragsstaat ergangenen Entscheidungen in einem anderen Vertragsstaat aufgeführt. Gemäß Nr. 2 dieses Artikels ist die Anerkennung zu versagen, ‚wenn dem Beklagten, der sich auf das Verfahren nicht eingelassen hat, das dieses Verfahren einleitende Schriftstück nicht ordnungsmäßig und nicht so rechtzeitig zugestellt worden ist, daß er sich verteidigen konnte'. Art. 46 Nr. 2 stellt klar, daß die Partei, welche die Anerkennung einer in einem anderen Vertragsstaat im Versäumnisverfahren ergangenen Entscheidung geltend macht oder die Zwangsvollstreckung daraus betreiben will, neben anderen Urkunden eine Urkunde vorzulegen hat, aus der sich ergibt, daß das den Rechtsstreit einleitende Schriftstück der säumigen Partei zugestellt worden ist.

Diese Bestimmungen sind offensichtlich nicht zur Anwendung auf gerichtliche Entscheidungen gedacht, die nach dem innerstaatlichen Recht eines Vertragsstaates in Abwesenheit der Gegenpartei ergehen und die vollstreckt werden sollen, ohne dieser zuvor zugestellt worden zu sein. Aus einem Vergleich der verschiedenen sprachlichen Fassungen der fraglichen Bestimmungen und insbesondere der Bezeichnungen für die nicht erschienene Partei ergibt sich, daß diese Bestimmungen von der Vorstellung eines im Prinzip kontradiktorischen Verfahrens ausgehen, in dem aber der Richter dennoch zur Entscheidung befugt ist, wenn der Beklagte trotz ordnungsmäßiger Ladung nicht im Termin erscheint.

Entsprechend muß nach Art. 47 Nr. 1 die Partei, welche die Zwangsvollstreckung betreiben will, die Urkunden vorlegen, aus denen sich ergibt, daß die Entscheidung nach dem Recht des Urteilsstaates vollstreckbar ist und daß sie zugestellt worden ist. Diese Vorschrift, die Entscheidungen betrifft, welche im Urteilsstaat im kontradiktorischen oder im Versäumnisverfahren ergangen sind, kann begrifflich nicht auf andersartige Entscheidungen, wie sie hier vorliegen, Anwendung finden. Aus dem Umstand, daß die Art. 27 Nr. 2, 46 Nr. 2 und 47 Nr. 1 auf Entscheidungen der hier fraglichen Art nicht angewandt werden können, ohne daß diese Entscheidungen ihren Sinn und ihre Tragweite verlieren, kann jedoch nicht geschlossen werden, daß diese Entscheidungen gleichwohl im Vollstreckungsstaat anerkannt und vollstreckt werden müssen. Unter Berücksichtigung der Systematik des Übereinkommens und seiner Ziele ist zu prüfen, ob die im Übereinkommen vorgesehene vereinfachte Regelung für die Anerkennung und Vollstreckung auf derartige gerichtliche Entscheidungen angewandt werden kann.

Zugunsten einer bejahenden Antwort machen die Kommission und die italienische Regierung geltend, das Übereinkommen erstrecke sich gemäß seinem Artikel 25 auf alle von den Gerichten der Vertragsstaaten erlassenen Entscheidungen, ohne danach zu unterscheiden, ob sie in einem kontradiktorischen Verfahren oder ohne Ladung der Gegenpartei ergangen seien. Sein Anwendungsbereich umfasse, wie Art. 24 zeige, einstweilige und auf eine Sicherung gerichtete Maßnahmen, die nach dem Recht der verschiedenen Vertragsstaaten ihrem Wesen nach oder wegen ihrer Dringlichkeit oft erlassen werden könnten, ohne daß die Gegenpartei zuvor gehört worden sei. Es könne nicht die Absicht der Vertragsstaaten gewesen sein, in dieser Frage den Anwendungsbereich des Übereinkommens einzuschränken, ohne dies im Vertragstext ausdrücklich zu erwähnen. Art. 34, wonach das Verfahren zur Erteilung der Vollstreckungsklausel abläuft, ‚ohne daß der Schuldner in diesem Abschnitt des Verfahrens Gelegenheit erhält, eine Erklärung abzugeben', lasse schließlich eindeutig erkennen, daß auch nach dem Übereinkommen selbst nichtkontradiktorische Verfahren mit dem fundamentalen Grundsatz des rechtlichen Gehörs vereinbar seien, wenn dies nach den Umständen gerechtfertigt sei.

Dieses Vorbringen vermag gegenüber den Grundsätzen, auf denen das Übereinkommen beruht, und gegenüber dessen Systematik nicht durchzugreifen.

Die Bestimmungen des Übereinkommens, und zwar sowohl die des Titels II (Zuständigkeit) als auch die des Titels III (Anerkennung und Vollstreckung) bringen insgesamt das Bestreben zum Ausdruck sicherzustellen, daß im Rahmen der Ziele des Übereinkommens die Verfahren, die zum Erlaß gerichtlicher Entscheidungen führen, unter Wahrung des rechtlichen Gehörs durchgeführt werden. Im Hinblick auf die dem Beklagten im Urteilsverfahren eingeräumten Garantien handhabt das Übereinkommen in seinem Titel III die Anerkennung und Vollstreckung sehr großzügig. Im Lichte dieser Erwägungen wird deutlich, daß das Übereinkommen maßgeblich auf solche gerichtlichen Entscheidungen abstellt, denen, bevor in einem anderen Staat ihre Anerkennung und Vollstreckung beantragt wurde, im Urteilsstaat nach unterschiedlichen Modalitäten ein kontradiktorisches Verfahren vorangegangen ist oder hätte vorangehen können. Aus der allgemeinen Systematik des Übereinkommens kann daher nicht geschlossen werden, daß die Absicht, Entscheidungen der hier fraglichen Art von der Anerkennung und Vollstreckung auszuschließen, eigens hätte zum Ausdruck gebracht werden müssen.

Der aus Art. 34 gezogene Analogieschluß kann für die Entscheidung ebenfalls nicht ausschlaggebend sein. Daß das Verfahren auf Erteilung der Vollstreckungsklausel – im übrigen nur vorläufig – nicht kontradiktorisch ist, muß gerade im Zusammenhang mit der großzügigen Handhabung der Vollstreckung nach dem Übereinkommen gesehen werden; sie ist durch die Gewißheit gerechtfertigt, daß im Urteilsstaat ein kontradiktorisches Verfahren stattgefunden hat oder hätte stattfinden können. Zwar rechtfertigt sich der nichtkontradiktorische Charakter des Verfahrens auf Erteilung der Vollstreckungsklausel nach Art. 34 auch durch den Überraschungseffekt, der bei diesem Verfahren bezweckt wird, damit verhindert wird, daß der Schuldner Gelegenheit erhält, sein Vermögen jeglicher Vollstreckung zu entziehen; doch handelt es sich dabei um einen abgemilderten Überraschungseffekt, denn er setzt ein kontradiktorisches Verfahren im Urteilsstaat voraus."

Dem Ausgangsverfahren lag folgender Sachverhalt zugrunde: Bei dem Tribunal de grande instance in Montbrison war 1978 ein Rechtsstreit zwischen einer französischen Firma als Gläubigerin und deren in Deutschland ansässigen Schuldner anhängig. Auf Antrag der Gläubigerin erließ das Gericht nach Art. 484 Code de procédure ohne Ladung der Gegenpartei eine für vorläufig vollstreckbar erklärte Entscheidung, durch die die Gläubigerin ermächtigt wurde, wegen und in Höhe einer auf 130000 FF veranschlagten Forderung das Konto des Schuldners bei einer Bank in Frankfurt/Main mit einer Sicherungspfändung belegen zu lassen. Nach französischem Recht kann die Sicherungspfändung, zu der der Gläubiger auf diese Weise ermächtigt wird, vollzogen werden, ohne daß die Entscheidung zuvor dem Vollstreckungsschuldner zugestellt wird. Der Gläubiger wollte in der Bundesrepublik Deutschland die französische Ent-

staat ohne Anhörung des Gegners einstweilige Maßnahmen i. S. des Art. 24 angeordnet, dann können diese im Zweitstaat nicht anerkannt werden, wenn der Gegner sich auf den Versagungsgrund beruft.

2. Art. 27 Nr. 2 gilt nicht für Annexentscheidungen wie z. B. Kostenfestsetzungsbeschlüsse.[31] Die besonderen Kautelen des Art. 27 Nr. 2 sind nicht erforderlich für das Annexverfahren, wenn die Anerkennungsvoraussetzungen des Art. 27 Nr. 2 für das Hauptverfahren gegeben sind.[32]

VIII. Nichteinlassung

1. Art. 27 Nr. 2 kommt nur dann zur Anwendung, wenn sich der Beklagte/Antragsgegner auf das Verfahren nicht eingelassen hat.

2. Der Begriff *Einlassung* ist anhand des oben IV erörterten Normzwecks auszulegen. Art. 27 Nr. 2 will den Anspruch auf rechtliches Gehör sichern, soweit dies im Stadium der Anerkennung noch geht, nicht aber dem böswilligen Schuldner eine Möglichkeit eröffnen, die Anerkennung unter Berufung auf Formalien zu verhindern, die seinen Anspruch auf rechtliches Gehör nicht tangieren.

3. Der Begriff *Einlassung* ist weit zu fassen:[33] Einlassung zur Hauptsache ist nicht erforderlich. Es reicht aus, wenn der Beklagte nur prozessuale Einwendungen erhebt. Einlassung im Sinne des Art. 27 Nr. 2 ist

---

scheidung mit der Vollstreckungsklausel versehen lassen und gleichzeitig einen Pfändungsbeschluß zur Pfändung des Bankguthabens erwirken.

Das LG Wiesbaden ordnete die Erteilung der Vollstreckungsklausel an. Daraufhin wurde der Pfändungsbeschluß erlassen. Der Schuldner hat hiergegen sofort Beschwerde beim OLG Frankfurt am Main eingelegt. Dieses hat dem EuGH u. a. folgende Fragen gestellt:

„1. Erfassen die Artikel 27 Nr. 2 und 46 Nr. 2 des Übereinkommens auch diejenigen Verfahren, in denen ohne Anhörung des Gegners einstweilige, auf eine Sicherung gerichtete Maßnahmen getroffen werden?

2. Ist Artikel 47 Nr. 1 des Übereinkommens dahin zu verstehen, daß die Partei, welche die Zwangsvollstreckung betreiben will, auch dann diejenigen Urkunden vorzulegen hat, aus denen sich die Zustellung der zu vollstreckenden Entscheidung ergibt, wenn die Entscheidung eine einstweilige, auf eine bloße Sicherung gerichtete Maßnahme zum Gegenstand hat?“

A. A. LG Hamburg, Beschluß vom 9. März 1977, IPRspr. 1977 Nr. 143 (nur teilweise abgedruckt) = Nachschlagewerk I-27.2 – B 2: Eine deutsche Gesellschaft erwirkte zur Sicherung einer angeblichen Forderung gegen ein belgisches Unternehmen vor dem zuständigen belgischen Gericht einen Beschluß, in dem sie ermächtigt wurde, eine angebliche Forderung des belgischen Unternehmens gegen eine Hamburger Firma zu pfänden. Um die Pfändung durchführen zu können, beantragte sie bei dem LG Hamburg die Vollstreckbarerklärung des belgischen Beschlusses. Dem Antrag wurde stattgegeben. Art. 27 Nr. 2 komme „wegen der Natur des Arrestverfahrens“ nicht zur Anwendung.

[31] § 103 ZPO.

[32] *Linke* in *Bülow-Böckstiegel* 606/209, Art. 27, Anm. III 2 Fußn. 41.

[33] *Geimer* NJW 1973, 2141.

jede Handlung, durch die der Beklagte sich gegen den Angriff des Klägers verteidigt, aber auch jede über bloße Passivität hinausgehende Reaktion des Beklagten, aus der sich ergibt, daß er von der gegen ihn erhobenen Klage bzw. dem gegen ihn erhobenen Antrag Kenntnis erlangt hat.[34]

4. Ob die Handlungen des Beklagten nach dem Recht des Erststaates relevant sind oder nicht, spielt keine Rolle.

5. Die Einlassung kann nur von dem Beklagten persönlich oder durch einen von ihm bestellten Vertreter oder durch seinen gesetzlichen Vertreter erfolgen, nicht jedoch durch einen vom Erstgericht ohne Wissen des Beklagten aufgestellten Vertreter.[35]

6. Hat sich der Beklagte auf ein dem ordentlichen Klageverfahren vorgeschaltetes Vorverfahren eingelassen, so gilt diese Einlassung auch für das nachfolgende Hauptverfahren.[36] So kennt z. B. das englische Recht bei nicht in England domizilierten Beklagten ein Vorverfahren ad fundandam jurisdictionem. Hat sich etwa der Beklagte auf das attachment-Verfahren eingelassen, so ist eine neue Einlassung für das sich anschließende Klageverfahren nicht mehr notwendig.

7. Die Grenzen des Begriffs Einlassung bestimmt die Konvention einheitlich für alle Vertragsstaaten, nicht die lex fori des Zweitstaates.[37] Der Zweitrichter hat keinen Beurteilungsspielraum.[38]

IX. Verfahrenseinleitendes Schriftstück bzw. gleichwertiges Schriftstück[39]

1. Nach Art. 27 Nr. 2 a. F. kann die Anerkennung versagt werden, wenn dem Beklagten/Antragsgegner, der sich auf das Verfahren nicht eingelassen hat, das dieses Verfahren einleitende Schriftstück nicht ord-

---

[34] Enger *Linke* in *Bülow-Böckstiegel* 606/209, Art. 27, Anm. III 2 bei Fußn. 43: „Für den Ausschluß des Anerkennungshindernisses des Art. 27 Nr. 2 genügt einerseits jedes Verhandeln, aus dem sich ergibt, daß der Beklagte Kenntnis von dem gegen ihn eingeleiteten Verfahren erlangt hat, daß er aber aus dem Mangel der Zustellung nicht die Folgerung zieht, das Verfahren als solches nicht anzuerkennen und sich dementsprechend überhaupt nicht zu verteidigen. Andererseits kann ein Vorbringen, das allein dazu dient, die Anberaumung oder Durchführung eines Verhandlungstermins zu verhindern, z. B. wenn der Beklagte mitteilt, die Ladung sei ihm so spät zugegangen, daß er nicht in der Lage sei, vor Gericht zu erscheinen, jedenfalls aber seine Verteidigung nicht habe vorbereiten können, nicht als Einlassung im Sinne von Art. 27 Nr. 2 gelten." Vgl. auch *Kropholler* Kommentar 199, Art. 27 Rz. 18.

[35] Vgl. *Zöller-Geimer,* ZPO, 13. Aufl. 1981, § 328, Anm. N IV 3a.

[36] *Geimer* NJW 1973, 2141.

[37] *Kropholler* Kommentar 199, Art. 27 Rz. 18.

[38] Zumindest mißverständlich *Linke* in *Bülow-Böckstiegel* 606/209, Art. 27, Anm. III 2: „Ob eine Art. 27 Nr. 2 ausschließende Einlassung vorliegt, unterliegt der freien Nachprüfung durch den Anerkennungsrichter, der sich dabei allein an der Zielsetzung der Schutzbestimmung zu orientieren hat."

[39] Hierzu EuGH, Urteil vom 16. Juni 1981, Rechtssache 166/80, oben Fußn. 5.

nungsgemäß zugestellt worden ist. In Art. 27 Nr. 2 n. F. sind die Worte „oder gleichwertiges Schriftstück" eingefügt.[40]

2. Die Grenzziehung für diese Begriffe überläßt das Übereinkommen nicht dem nationalen Recht; es gilt vielmehr für alle Vertragsstaaten europäisches Einheitsrecht.[41]

3. Ob die Ladung durch den Kläger/Antragsteller oder das Gericht erfolgt, ist gleich, ebenso ob die Zustellung im Parteibetrieb oder von Amts wegen durchgeführt wird.[42]

4. Das verfahrenseinleitende Schriftstück ist die von dem Recht des Erststaates vorgesehene Urkunde, durch die der Beklagte/Antragsgegner erstmals von dem gegen ihn eröffneten (der Entscheidung zugrundeliegenden) Verfahren Kenntnis erlangen soll,[43] wie z. B. eine bloße Ladung mit der Aufforderung zur Einlassung, die Zustellung einer Klageschrift mit oder ohne gleichzeitige Ladung, die Ladung zu einem Vortermin oder die Zustellung eines Mahnbescheides.[44]

X. Zustellungsmangel nach dem Recht des Erststaates

1. Der Zweitrichter hat die Ordnungsmäßigkeit der Zustellung des das Erstverfahren einleitenden Schriftstückes nach dem Recht des Erststaates zu prüfen. Hierzu zählen auch die vom Erststaat ratifizierten und in Kraft gesetzten völkerrechtlichen Verträge. In Betracht kommen vor allem das Haager Übereinkommen über den Zivilprozeß vom 1. März 1954[45] samt dem jeweiligen bilateralen Zusatzabkommen[46] sowie das

---

[40] Oben Fußn. 4.

[41] EuGH (Fußn. 39).

[42] *Linke* in *Bülow/Böckstiegel* 606/209, Art. 27, Anm. III 3.

[43] *Linke* a. a. O. (Fußn. 42).

[44] EuGH, Urteil vom 16. Juni 1981, Rechtssache 166/80, oben Fußn. 5, sub 9: „Art. 27 Nr. 2 soll sicherstellen, daß eine Entscheidung nach den Bestimmungen des Übereinkommens weder anerkannt noch vollstreckt wird, wenn es dem Beklagten nicht möglich war, sich vor dem Gericht des Urteilsstaats zu verteidigen. Daraus folgt, daß ein Schriftstück wie der Zahlungsbefehl nach deutschem Recht, dessen Zustellung an den Schuldner es dem Gläubiger ermöglicht, falls kein Widerspruch erhoben wird, eine nach den Bestimmungen des Übereinkommens vollstreckbare Entscheidung zu erwirken, ordnungsmäßig und so rechtzeitig zugestellt werden muß, daß der Schuldner sich verteidigen kann; daraus folgt ferner, daß ein derartiges Schriftstück als unter den Begriff ‚verfahrenseinleitendes Schriftstück' des Artikels 27 Nr. 2 fallend anzusehen ist. Dagegen fällt eine Entscheidung wie der Vollstreckungsbefehl nach deutschem Recht, der nach der Zustellung des Zahlungsbefehls erlassen wird und für sich allein nach den Bestimmungen des Übereinkommens vollstreckbar ist, nicht unter den genannten Begriff, selbst wenn der Einspruch gegen eine derartige Entscheidung das Verfahren – ebenso wie der Widerspruch gegen den Zahlungsbefehl – in ein streitiges Verfahren überleitet."

[45] BGBl. 1958 II 577.

[46] Nachweise bei *Bülow-Böckstiegel* 100ff. sub A I.

Haager Übereinkommen vom 15. November 1965 über die Zustellung gerichtlicher und außergerichtlicher Schriftstücke im Ausland in Zivil- und Handelssachen.[47] Außerhalb des Geltungsbereiches völkerrechtlicher Verträge kommt das nationale (autonome) Zustellungsrecht zum Zuge.

2. Der einschlägige völkerrechtliche Vertrag bzw. das nationale Zustellungsrecht bestimmt die zulässigen Zustellungsverfahren, dies gilt auch für die *fiktiven Zustellungen wie remise au parquet oder öffentliche Zustellung*.

3. Auch den *Zustellungsadressaten* bestimmt das im Erststaat geltende Zustellungsrecht.[48]

4. Ist das aus der Sicht des Erststaates maßgebliche Zustellungsrecht nicht eingehalten worden, so ist zunächst zu prüfen, ob dieses eine Heilungsvorschrift enthält.[49] Ist danach der Mangel geheilt, dann ist die Zustellung ordnungsgemäß i. S. des Art. 27 Nr. 2.[50]

5. Aber auch wenn nach dem im Erststaat geltenden Zustellungsrecht der Mangel nicht geheilt ist, steht damit noch nicht fest, daß der Zustellungsmangel die Verweigerung der Anerkennung nach sich ziehen muß.

---

[47] BGBl. 1977 II 1452.

[48] Vgl. Corte d'appello di Firenze, Urteil vom 1. September 1977, *Casa di Spedizioni Meoni Mario ./. Nedex Vervoersbedrijf BV,* Nachschlagewerk I-27.2 – B 5: Durch Versäumnisurteil eines niederländischen Gerichts war ein italienischer Kaufmann, Inhaber eines unter der Firma „Casa di Spedizioni Meoni Mario" in Italien betriebenen Handelsgeschäfts, zur Zahlung eines bestimmten Betrages verurteilt worden. Dieser machte geltend, er habe die Klageschrift und die Ladung vor das niederländische Gericht nicht erhalten. Tatsächlich war die Zustellung an die Adresse der Mailänder Zweigniederlassung einer Aktiengesellschaft mit der Firma „Mario Meoni S. p. A. – Organizzazione Trasporti Nazionali e Internazionali", deren Hauptniederlassung sich in Florenz befindet, vorgenommen worden. Das einzelkaufmännische Handelsgeschäft hat dagegen seine Hauptniederlassung in Prato und Zweigniederlassungen in Florenz und Mailand, dort jedoch in einer anderen Straße als die Zweigniederlassung der Aktiengesellschaft.

Die Corte d'appello kam zu dem Ergebnis, die Zustellung an den Inhaber des einzelkaufmännischen Handelsgeschäfts habe nach den Vorschriften der italienischen Zivilprozeßordnung wirksam am Sitz der Zweigniederlassung der Aktiengesellschaft erfolgen können, da von dort aus auch Geschäfte des einzelkaufmännischen Handelsgeschäfts betrieben worden seien. Im übrigen habe die Frage, ob eine – im engen Sinne verstandene – förmliche Zustellung (notificazione) der Klage und der Ladung vor das ausländische Gericht erfolgt sei, keine große Bedeutung. Nach Artikel 27 Nr. 2 sei es ausreichend, daß die Klageschrift dem Beklagten „mitgeteilt" (comunicata) worden sei. Verstehe man die in Art. 27 Nr. 2 verwendeten Begriffe in diesem weiteren Sinne, so ergebe sich, daß der beklagte Inhaber des Handelsgeschäfts die an die Zweigniederlassung der Aktiengesellschaft übersandten Unterlagen habe erhalten müssen; sie seien ihm damit zur Kenntnis gebracht bzw. „mitgeteilt" worden.

[49] So z. B. § 187 ZPO. Gegen Anwendung dieser Vorschrift OLG Hamm, Beschluß vom 7. März 1979, MDR 1979, 680 = IPRspr. 1979 Nr. 195 mit weiteren Nachweisen sowie Beschluß vom 10. September 1979, IPRspr. 1979 Nr. 203.

[50] *Kropholler* Kommentar 201, Art. 27 Rz. 25.

Wenn der Beklagte Kenntnis von dem verfahrenseinleitenden Schriftstück erhalten hat, dann kommt der Versagungsgrund nicht zum Zuge.[51]

6. Beruft sich der Beklagte auf Art. 27 Nr. 2,[52] so trägt der Kläger die *Darlegungs-* und *Beweislast* für die ordnungsgemäße Zustellung.

7. Nach Art. 46 Nr. 2 hat die Partei, welche die Anerkennung einer Entscheidung geltend macht, bei einer im Versäumnisverfahren ergangenen Entscheidung die Urschrift oder eine beglaubigte Abschrift der Urkunde vorzulegen, aus der sich ergibt, daß das den Rechtsstreit einleitende Schriftstück der säumigen Partei zugestellt worden ist. Kann der Kläger die Zustellungsurkunde oder die Abschrift nicht vorlegen, so bleibt es ihm unbenommen, andere Beweismittel für die ordnungsgemäße Zustellung beizubringen, Art. 48.[53]

8. Der Zweitrichter ist an die Feststellungen der Gerichte des Erststaates, die Zustellung sei ordnungsgemäß erfolgt, nicht gebunden.[54]

---

[51] Vgl. oben V 1.

[52] Oben VI.

[53] Unten Bd. II 145. Vgl. auch OLG Frankfurt/M., Beschluß vom 29. Mai 1978, MDR 1978, 942 = RIW/AWD 1978, 620 = IPRspr. 1978 Nr. 160 = Nachschlagewerk I-48-B 1 und *Geimer* EuR 1977, 344 Fußn. 11.

[54] EuGH, Urteil vom 15. Juli 1982, Rechtssache 228/81 – *Pendy plastic Products B. V. ./. Pluspunkt Handelsgesellschaft mbH,* unten Fußn. 72. Im Ergebnis ähnlich EuGH, Urteil vom 16. Juni 1981, Rechtssache 166/80 – *Klomps ./. Michel,* EuGHE 1981, 1593 = RIW 1981, 781 = IPrax 1982, 14 mit Anm. *Nagel* 5, oben Fußn. 5. Allerdings weicht der EuGH in dieser Entscheidung noch der Frage aus, ob der Zweitrichter an die Entscheidung des Erstrichters gebunden ist. Der Hoge Raad (Fußn. 5) hatte gefragt, ob das Zweitgericht dann, wenn ein Gericht des Urteilsstaats die Ordnungsmäßigkeit der Zustellung bereits festgestellt hat, erneut die Frage zu prüfen hat, ob diese Zustellung so rechtzeitig erfolgt ist, daß sich der Beklagte verteidigen konnte. Hierzu stellte der EuGH sub 15 fest: „Zur Beantwortung dieses ersten Teils der Frage ist zunächst darauf hinzuweisen, daß Art. 27 Nr. 2 zwei Voraussetzungen enthält, deren eine die Ordnungsmäßigkeit der Zustellung betrifft und eine Entscheidung aufgrund der Rechtsvorschriften des Urteilsstaats und der Übereinkommen erfordert, an die dieser auf dem Gebiet der Zustellung gebunden ist, während die andere die für die Verteidigung des Beklagten erforderliche Zeit betrifft und Wertungen tatsächlicher Art verlangt. Eine im Urteilsstaat ergangene Entscheidung über die erste dieser Voraussetzungen entbindet somit das Gericht des Vollstreckungsstaats nicht von der Pflicht, die zweite Voraussetzung zu prüfen, selbst wenn die genannte Entscheidung in einem besonderen streitigen Verfahren ergangen ist. Auf den ersten Teil der Frage ist somit zu antworten, daß das Gericht des Vollstreckungsstaats selbst dann, wenn ein Gericht des Urteilsstaats in einem besonderen streitigen Verfahren entschieden hat, daß die Zustellung ordnungsgemäß erfolgt ist, nach Art. 27 Nr. 2 zur Prüfung der Frage verpflichtet ist, ob diese Zustellung so rechtzeitig erfolgt ist, daß sich der Beklagte verteidigen konnte."

XI. Nicht rechtzeitige Ladung

1. Trotz ordnungsgemäßer Zustellung der den Erstprozeß einleitenden Ladung oder des sonstigen Schriftstückes kann es vorkommen, daß der Beklagte von dem Erstprozeß keine Kenntnis erhalten hat. In Betracht kommen vor allem die Fälle, in denen die Zustellung durch öffentliche Zustellung[55] oder durch remise au parquet[56] erfolgt ist. Das Übereinkommen sieht deshalb eine *zusätzliche Sicherung* vor. Die Anerkennung ist zu versagen, wenn das den Erstprozeß einleitende Schriftstück dem Beklagten nicht so *rechtzeitig* zugestellt worden ist, daß er sich verteidigen konnte.

2. Es handelt sich hierbei um eine Ausnahmevorschrift, die eng auszulegen ist.[57] Art. 27 Nr. 2 will nicht säumigen Schuldnern ein bequemes Mittel in die Hand geben, die Anerkennung gerichtlicher Entscheidungen im Zweitstaat zu verhindern oder in die Länge zu ziehen. Es geht vielmehr um die Wahrung des rechtlichen Gehörs.[58] Sobald feststeht, daß dieses gewährt wurde bzw. die Möglichkeit bestand, sich rechtliches Gehör zu verschaffen,[59] ist es im Hinblick auf das Grundanliegen des Übereinkommens, nämlich die Förderung des internationalen Rechtsverkehrs durch möglichst weitgehende gegenseitige Anerkennung und Vollstreckung von gerichtlichen Entscheidungen, nicht vertretbar, unter Berufung auf Art. 27 Nr. 2 die Anerkennung zu verweigern.

3. Die zweite in Art. 27 Nr. 2 genannte Voraussetzung soll gewährleisten, daß dem Beklagten ein ausreichender Zeitraum zur Verfügung steht, um seine Verteidigung vorzubereiten oder die zur Vermeidung einer Versäumnisentscheidung erforderlichen Schritte einzuleiten.[60] Im Regelfall kann der Zweitrichter davon ausgehen, daß ein Beklagter seine Verteidigung bereits vorbereiten kann, wenn das verfahrenseinleitende Schriftstück seinen Wohnsitz erreicht hat. Er kann sich also grundsätz-

---

[55] §§ 203ff. ZPO.

[56] Vgl. z. B. Art. 659ff., Art. 683ff. nouveau Code de procédure civile; Art. 142ff. Codice di procedura civile.

[57] EuGH, Urteil vom 16. Juni 1981, Rechtssache 166/80 (oben Fußn. 54) sub 19: „Art. 27 Nr. 2 verlangt nicht den Nachweis, daß der Beklagte tatsächlich von dem verfahrenseinleitenden Schriftstück Kenntnis genommen hat. Da die Versagungsgründe Ausnahmecharakter haben und die Rechtsvorschriften der Vertragsstaaten über die Zustellung gerichtlicher Schriftstücke ebenso wie die einschlägigen völkerrechtlichen Übereinkommen auch die Interessen des Beklagten wahren sollen, kann das Gericht des Vollstreckungsstaats normalerweise davon ausgehen, daß der Beklagte nach einer ordnungsmäßigen Zustellung Maßnahmen zur Verteidigung seiner Interessen schon von dem Zeitpunkt an einleiten kann, zu dem das Schriftstück zugestellt wird, sei dies nun an seinem Wohnsitz oder an einem anderen Ort."

[58] Oben IV.

[59] Oben V.

[60] EuGH, Urteil vom 16. Juni 1981, Rechtssache 166/80 (Fußn. 5) sub 18ff.

lich auf die Prüfung beschränken, ob der von dem Zeitpunkt der ordnungsmäßigen Zustellung an zu berechnende Zeitraum dem Beklagten ausreichend Zeit für seine Verteidigung gelassen hat. Auf Rüge des Beklagten hat der Zweitrichter jedoch zu untersuchen, ob außergewöhnliche Umstände vorliegen, die die Annahme nahelegen, daß die Zustellung, obgleich ordnungsmäßig erfolgt, dennoch nicht genügte, den Beklagten in die Lage zu versetzen, Schritte zu seiner Verteidigung einzuleiten, und daß sie somit den in Artikel 27 Nr. 2 geforderten Zeitraum nicht beginnen lassen konnte.[61] Dabei sind alle Umstände des Einzelfalls zu berücksichtigen, z. B. die Art und Weise der Zustellung,[62] die Beziehung zwischen dem Gläubiger und dem Schuldner[63] und die Art der

---

[61] Arrondissementsrechtbank Utrecht, Urteil vom 8. Dezember 1976, *De Jong./. Huybrechts,* Nederlandse Jurisprudentie – Uitspraken in burgerlijke en strafzaken 1978, Nr. 28 = Nachschlagewerk I-27.2-B1: Durch Versäumnisurteil des Friedensrichters in Mol (Belgien) war der in den Niederlanden wohnhafte Beklagte zum Ersatz des durch wilde Kaninchen im Jagdbezirk des Klägers angerichteten Schadens verurteilt worden. Das Verfahren war – auf der Grundlage des belgischen Jagdgesetzes – dadurch in Gang gesetzt worden, daß der Friedensrichter auf Antrag des Klägers durch Beschluß vom 7. August 1973 einen Sachverständigen bestellt und eine Ortsbesichtigung angeordnet hatte, die auf den 10. August 1973 anberaumt wurde. Dieser Beschluß wurde dem Beklagten durch den Urkundsbeamten durch eingeschriebenen Brief vom 8. August 1973 sowie durch ein Telegramm vom gleichen Tage bekanntgegeben. Bei der Ortsbesichtigung war der Beklagte nicht anwesend. Die Vollstreckung aus dem am 6. November 1973 erlassenen Versäumnisurteil in den Niederlanden wurde zunächst antragsgemäß zugelassen. Die hiergegen gerichtete Beschwerde des Beklagten hatte Erfolg.

Nach Ansicht der Rechtbank ist dem Beklagten das das Verfahren einleitende Schriftstück nicht so rechtzeitig zugestellt worden, daß er sich verteidigen konnte. Das das Verfahren einleitende Schriftstück sei entweder das an den Beklagten gerichtete Einschreiben des Urkundsbeamten vom 8. August 1973 oder aber das Telegramm vom gleichen Tage. Dies ergebe sich daraus, daß der Schwerpunkt des Verfahrens die Ortsbesichtigung sei. Gemäß Art. 7 bis III des belgischen Jagdgesetzes – auf dem das Verfahren beruht habe – seien die Parteien gehalten, ihr gesamtes Angriffs- und Verteidigungsvorbringen spätestens bei der Ortsbesichtigung vorzutragen. Abgesehen davon, daß der Beklagte den eingeschriebenen Brief erst im September 1973 erhalten habe, sei die Frist zwischen dem 8. August (Absendung des Telegramms) und dem 10. August (Ortsbesichtigung) zu kurz gewesen.

[62] Ähnlich *Kropholler* Kommentar 202, Art. 27, Rz. 26.

[63] Corte d'appello di Ancona, Urteil vom 17. Juli 1978, *Calzaturificio LEM di Medori e Gicacomozzi ./. Ditta Petra Shoe,* Nachschlagewerk I-27.2-B8: Es ging um die Zulassung der Zwangsvollstreckung aus einem belgischen Versäumnisurteil. Die Beklagte macht geltend, die Klageschrift und Ladung sei ihr nicht so rechtzeitig zugestellt worden, daß sie sich habe verteidigen können: im übrigen sei dem in niederländischer Sprache abgefaßten Schriftstück keine italienische Übersetzung beigefügt worden.

Das Gericht führte treffend aus, die Zustellung des verfahrenseinleitenden Schriftstücks – deren Ordnungsmäßigkeit die Beschwerdeführerin selbst nicht in Abrede stelle – sei „rechtzeitig" erfolgt. Zwischen der Zustellung der Klageschrift und Ladung (27. September 1975) und dem Termin zur mündlichen Verhandlung (7. November 1975) liege ein Zeitraum von 41 Tagen, der zur Vorbereitung der Verteidigung als

Maßnahmen, die zur Vermeidung einer Versäumnisentscheidung einzuleiten waren. Wenn es z. B. um Handelsbeziehungen geht und das verfahrenseinleitende Schriftstück an einem Ort zugestellt wurde, an dem der Schuldner seine Geschäfte betreibt, dürfte die schlichte Abwesenheit des Schuldners zum Zeitpunkt der Zustellung dessen Verteidigungsmöglichkeit nicht beeinträchtigen, insbesondere wenn die zur Vermeidung einer Versäumnisentscheidung erforderlichen Schritte formlos und sogar durch einen Vertreter eingeleitet werden können.

4. Unerheblich ist, ob der Erstrichter sein Prozeßrecht beachtet hat.[64]

---

ausreichend angesehen werden müsse. Unbegründet sei auch der Einwand der Beklagten, es sei nicht möglich gewesen, die ihr lediglich in niederländischer Sprache zugestellte Klageschrift und Ladung rechtzeitig übersetzen zu lassen. Dies führe nicht zu einer anderen Beurteilung. Die Beschwerdeführerin habe mit der belgischen Beschwerdegegnerin in Geschäftsbeziehungen gestanden; sie müsse sich daher in Italien oder in Belgien einer sprachkundigen Mittelsperson bedient haben. Mit dieser Mittelsperson hätte sie sich in Verbindung setzen und sich so Klarheit über den Inhalt der zugestellten Schriftstücke verschaffen können. Im übrigen hätte sie sich auch an das örtliche italienische Konsulat oder an die Botschaft wenden können. Dagegen hielt die Corte d'appello Mailand, Urteil vom 29. September 1978, *Officina Costruzioni Meccaniche ./. Ets. Jean Ivens SA,* Nachschlagewerk I-27.2.-B9, Anm., eine Frist von 14 Tagen für nicht ausreichend zur Vorbereitung der Verteidigung eines in Mailand wohnhaften Beklagten gegen eine beim Tribunale de commerce Lüttich (Belgien) anhängige Klage. Hierbei sei zu berücksichtigen, daß die Beklagte die Klageschrift und Ladung habe übersetzen lassen müssen, bevor sie – durch Beauftragung eines inländischen Rechtsanwalts sowie eines im Gerichtsstaat niedergelassenen Rechtsanwalts – ihre Verteidigung habe vorbereiten können.

[64] Corte d'appello di Milano, Urteil vom 27. September 1977, *S. p. A. Terraneo ./. Fernlast Speditionsgesellschaft mbH,* Nachschlagewerk I-27.2-B6: In einem Rechtsstreit vor dem LG Braunschweig war die Beklagte mit Sitz in Italien durch Versäumnisurteil vom 5. März 1975 zur Zahlung verurteilt worden. Die Klageschrift war ihr am 5. November 1974 durch den Gerichtsvollzieher in Italien zugestellt worden. Das Landgericht hatte der Beklagten eine Einlassungsfrist von einem Monat gewährt und Termin zur mündlichen Verhandlung auf den 5. März 1975 anberaumt.

Die Corte d'appello ließ die Klauselerteilung zu. Die Zustellung der Klage sei rechtzeitig erfolgt. Die dem Vollstreckungsrichter obliegende Prüfung der Rechtzeitigkeit habe unabhängig sowohl von den Verfahrensvorschriften des Urteilsstaates als auch von denen des Vollstreckungsstaates zu erfolgen. Es komme damit nicht darauf an, ob die vom LG Braunschweig gewährte Einlassungsfrist dem italienischen oder dem deutschen Prozeßrecht entspreche. Das Gericht stellt alsdann auf die tatsächlichen Umstände des Falles ab und erklärt, bei Berücksichtigung der Entfernung und der Verkehrsverbindungen zwischen Mailand und Braunschweig sei eine Frist von einem Monat zur Einleitung der Verteidigung gegen die Klage durch Beauftragung eines Anwalts und schriftliche Darlegung der Verteidigungsmittel ausreichend. Davon abgesehen habe die Beklagte noch die Möglichkeit gehabt, sich in der mündlichen Verhandlung, die erst vier Monate nach der Zustellung der Klageschrift stattgefunden habe, wirksam zu verteidigen.

In einer Entscheidung vom 28. September 1976, *Soc. Ingg. S. & Agostino Belotti SRL ./. Ditta Veeder Root GmbH* kommt die gleiche Corte d'appello zu dem Ergebnis, eine Frist von 25 Tagen könne als zur Vorbereitung der Verteidigung eines in Mailand wohnhaften Beklagten gegen eine beim Landgericht Stuttgart anhängige Klage als ausreichend angesehen werden, wenn die Rechtspflege ihren normalen Gang gehe. Dies sei jedoch nicht der Fall, wenn sowohl die Zustellung der Klage als auch der Termin zur mündlichen Verhandlung in den Ferienmonat August (!) fielen, in dem es wegen der Gerichtsferien nur erschwert und unter großem Zeitaufwand möglich sei, einen Anwalt zu beauftragen. Auch sei zu berücksichtigen, daß während des Monats August der Betrieb des Beklagten geruht habe. Unter diesen Umständen sei die Zustellung der Klage nicht rechtzeitig erfolgt.

Ähnlich Corte d'appello di Torino, Urteil vom 11. März 1977, *Ditta Pollo Giusy s. n. c. ./. Société Rousseau et Vergnaud,* Nachschlagewerk I-27.2-B3: Eine französische Gesellschaft hatte vor dem Tribunal de commerce Poitiers ein Versäumnisurteil gegen ein Unternehmen mit Sitz in Italien erwirkt, das auf Antrag der Gläubigerin von der Corte d'appello Turin mit der Vollstreckungsklausel versehen wurde. Hiergegen legte das italienische Unternehmen den in Art. 36 vorgesehenen Rechtsbehelf ein und führte zur Begründung aus, das französische Versäumnisurteil könne in Italien deshalb nicht anerkannt und vollstreckt werden, weil ihr das den Rechtsstreit einleitende Schriftstück nicht ordnungsgemäß und so rechtzeitig zugestellt worden sei, daß sie sich habe verteidigen können.

Die Corte d'appello wies den Rechtsbehelf zurück. Die Zustellung der Klageschrift und Ladung – die durch den italienischen Gerichtsvollzieher am Ort der Niederlassung des italienischen Unternehmens auf Antrag des Procureur de la République bei dem Tribunal de grande instance Poitiers bewirkt worden war, nachdem die Beklagte bereits vorab eine Abschrift der Klageschrift und Ladung erhalten hatte – sei ordnungsmäßig erfolgt; die Zustellung sei in Übereinstimmung mit den Vorschriften des französischen Verfahrensrechts durchgeführt worden.

Das italienische Unternehmen hatte weiter geltend gemacht, der Zeitraum zwischen der Zustellung der Klageschrift und Ladung durch den italienischen Gerichtsvollzieher (17. Mai 1975) und dem Verhandlungstermin vor dem Tribunal de commerce Poitiers (23. Juni 1975) sei für die Vorbereitung ihrer Verteidigung nicht ausreichend gewesen, so daß die Zustellung nicht „rechtzeitig" erfolgt sei. Dies wäre vielmehr nur dann der Fall gewesen, wenn das französische Gericht die vom französischen Verfahrensrecht und die im französisch-italienischen Abkommen vom 3. Juni 1930 vorgesehenen Ladungsfristen beachtet hätte. Nach diesen Bestimmungen habe die Ladungsfrist 98 Tage betragen müssen, wohingegen die tatsächlich gewährte Frist wesentlich kürzer gewesen sei. Dem folgte die Corte d'appello nicht: Maßstab für die Frage der Rechtzeitigkeit der Ladung sei hier allein Art. 27 Nr. 2, der insoweit das Abkommen von 1930 ersetzt habe (Art. 55). Zwar gelte das alte Abkommen gemäß Art. 56 noch für solche Rechtsgebiete, auf die das EWG-Übereinkommen nicht anzuwenden sei; alle Fragen, die sich auf die Vollstreckung von Entscheidungen bezögen, und damit auch die Frage der Rechtzeitigkeit der Ladung, würden jedoch abschließend im Übereinkommen geregelt. Bei der Auslegung des Begriffs „rechtzeitig" in Art. 27 Nr. 2 komme es auch nicht entscheidend darauf an, ob die im französischen internen Zivilprozeßrecht vorgesehenen Ladungsfristen eingehalten worden seien. Die Prüfung der Rechtzeitigkeit durch das mit der Anerkennung und Vollstreckung der Entscheidung befaßte Gericht habe vielmehr allein nach den tatsächlichen Umständen des jeweiligen Falles und unabhängig von den Verfahrensvorschriften des Urteilsstaates zu erfolgen; in jedem Fall ausgeschlossen sei die Prüfung, ob der Richter des Urteilsstaates die Verfahrensvorschriften seines Rechts insoweit richtig angewendet habe.

Auf der Grundlage dieser Erwägungen prüft die Corte d'appello sodann die Rechtzeitigkeit der Zustellung von Klageschrift und Ladung unter Berücksichtigung der der Beklagten tatsächlich zur Vorbereitung ihrer Verteidigung zur Verfügung stehenden

Selbst wenn die von dem Recht des Erststaates[65] vorgeschriebenen Ladungs- und Einlassungsfristen eingehalten worden sind, kann Art. 27 Nr. 2 als Versagungsgrund eingreifen. Aber auch umgekehrt bedeutet der Umstand, daß der Erstrichter sein Prozeßrecht verletzt hat, noch nicht, daß dem erststaatlichen Urteil die Anerkennung zu versagen ist.

5. Bei der Prüfung der Frage, ob der Beklagte sich verteidigen konnte, hat das Zweitgericht denjenigen Zeitraum zu berücksichtigen, über den der Schuldner verfügt, um den Erlaß einer nach dem Übereinkommen vollstreckbaren Versäumnisentscheidung zu verhindern.[66] Ist demnach im konkreten Fall die Frist zu kurz für eine ordnungsgemäße Verteidigung, dann greift der Versagungsgrund des Art. 27 Nr. 2 ein, sofern nicht der Kläger/Antragsteller nachweist, daß der Beklagte/Antragsgegner von dem gegen ihn anhängigen Verfahren Kenntnis erlangt hat, und zwar so rechtzeitig, daß er sich noch durch Einlegung von Rechtsmitteln rechtliches Gehör verschaffen konnte.[67]

6. Der Zweitrichter prüft die Einhaltung der Kautelen des Art. 27 Nr. 2 selbständig und ohne Bindung an die Rechtsmeinung des Erstgerichts. Auch wenn das Erstgericht und/oder die erststaatlichen Rechtsmittelgerichte nach ihrer lex fori[68] die Frage der Rechtzeitigkeit bereits geprüft hatten, hat der Zweitrichter unabhängig hiervon die gleiche

---

Zeit (35 Tage), der Entfernung zwischen dem Gerichtsort und dem Ort des Sitzes der Beklagten (600 km) sowie des Umstandes, daß die Beklagte mit den Verhältnissen am französischen Gerichtsort vertraut war. Die Zustellung sei nach alledem rechtzeitig erfolgt. Dem stehe auch nicht entgegen, daß das italienische Zivilprozeßrecht in Fällen wie dem vorliegenden eine Ladungsfrist von 90 Tagen vorschreibe, die allerdings bis um die Hälfte gekürzt werden könne (Art. 163 bis Codice di procedura civile). Die in dieser Bestimmung getroffene Regelung sei – ebenso wie die in den französischen Verfahrensvorschriften getroffene – abstrakt und solle eine Vielzahl ganz unterschiedlicher Fälle erfassen; den geänderten tatsächlichen Umständen innerhalb der EWG könne sie nicht Rechnung tragen. Art. 27 Nr. 2 verlange demgegenüber, daß der Begriff der Rechtzeitigkeit unter Wertung der Umstände des konkreten Einzelfalles ausgefüllt werde; hierbei dürfe im gegebenen Fall auch berücksichtigt werden, daß die Beklagte durch den vorab übersandten eingeschriebenen Brief schon 15 Tage vor der Zustellung durch den Gerichtsvollzieher Kenntnis von der Klageschrift und Ladung gehabt habe.

Enger dagegen OLG Hamm, Beschluß vom 7. März 1979, MDR 1979, 680 = IPRspr. 1979 Nr. 1951: Zustellung eines in flämischer Sprache abgefaßten „dagvaarding“ (ohne Übersetzung) 13 Tage vor dem Termin ist nicht rechtzeitig.

[65] Hierzu gehören auch die vom Erststaat ratifizierten völkerrechtlichen Verträge, die Vorschriften über vom Erstrichter zu beachtende Ladungsfristen enthalten. Vgl. *Kropholler* Kommentar 266, Art. 55 Rz. 3.

[66] EuGH, Urteil vom 16. Juni 1981, Rechtssache 166/80 (oben Fußn. 54) sub 10. Beim deutschen Mahnverfahren stellt der EuGH auf den Zeitraum zwischen Zustellung des Mahnbescheides und Erlaß des Vollstreckungsbescheides ab.

[67] Vgl. oben V 2. Der EuGH brauchte sich mit diesem Aspekt nicht zu beschäftigen, weil der Antragsteller in dieser Richtung nichts vorgetragen hatte.

[68] Art. 27 Nr. 2 gilt nur für den Zweitrichter, nicht für den Erstrichter.

Frage nochmals zu stellen.[69] Er ist an die *Feststellungen des Erstrichters* nicht gebunden. Dies gilt insbesondere, wenn der Erstrichter die Rechtzeitigkeit gemäß Art. 20 II bzw. Art. 15 des Haager Übereinkommens vom 15. November 1965 über die Zustellung gerichtlicher und außergerichtlicher Schriftstücke im Ausland in Zivil- und Handelssachen bejaht hatte.[70]

---

[69] EuGH, Urteil vom 16. Juni 1981, Rechtssache 166/80 (oben Fußn. 54) sub 12. Ebenso *Linke* in *Bülow-Böckstiegel* 606/211, Art. 27, Anm. III 4b: „Auch wenn das Urteilsgericht in Anwendung des Art. 20 Abs. 2 bzw. des Art. 15 Haager Zustellungsübereinkommen bereits positive Ausführungen über die Rechtzeitigkeit gemacht hat, ist der Anerkennungsrichter zu einer erneuten Prüfung befugt, und hier kann es durchaus zu unterschiedlichen Bewertungen kommen."

[70] EuGH, Urteil vom 15. Juli 1982, Rechtssache 228/84 – *Pendy Plastic Products B. V. ./. Pluspunkt Handelsgesellschaft mbH,* EuGHE 1982, 2723: „Das Gericht des Vollstreckungsstaats kann, wenn nach seiner Auffassung die in Art. 27 Nr. 2 genannten Voraussetzungen erfüllt sind, die Anerkennung und die Vollstreckung einer gerichtlichen Entscheidung auch dann ablehnen, wenn das Gericht des Urteilsstaats es gemäß Art. 20 III in Verbindung mit Art. 15 des Haager Übereinkommens vom 15. November 1965 für erwiesen gehalten hat, daß der Beklagte, der sich auf das Verfahren nicht eingelassen hat, die Gelegenheit hatte, von dem verfahrenseinleitenden Schriftstück so rechtzeitig Kenntnis zu erhalten, daß er sich hätte verteidigen können." Der EuGH begründet seine Auffassung überzeugend sub 13: „Das Übereinkommen soll, ohne die unterschiedlichen, in den Mitgliedstaaten für die Zustellung gerichtlicher Schriftstücke im Ausland geltenden Systeme zu harmonisieren, dem Beklagten einen wirksamen Schutz seiner Rechte gewährleisten. Zu diesem Zweck ist die Prüfung, ob das verfahrenseinleitende Schriftstück ordnungsgemäß zugestellt worden ist, sowohl dem Gericht des Urteilsstaats als auch dem Gericht des Vollstreckungsstaats übertragen worden. Die Zielsetzung von Artikel 27 des Übereinkommens verlangt deshalb, daß das Gericht des Vollstreckungsstaats die in Nr. 2 dieser Bestimmung vorgeschriebene Prüfung vornimmt, und zwar ungeachtet der aufgrund von Art. 20 II und III ergangenen Entscheidung des Gerichts des Urteilstaats. Dieser Prüfung ist nur eine einzige Grenze gezogen: Nach Art. 34 III darf die ausländische Entscheidung keinesfalls auf ihre Gesetzmäßigkeit nachgeprüft werden."

Der Entscheidung liegt folgender Fall zugrunde: Durch Versäumnisurteil der Arrondissementsrechtbank Hertogenbosch vom 14. September 1979 wurde die Firma Pluspunkt Handelsgesellschaft mbH mit Sitz in Neuss verurteilt, an die Firma Pendy Plastic Products B. V. mit Sitz in Helmond (Niederlande) 29 979, 25 hfl nebst Zinsen und den Kosten des Verfahrens zu bezahlen.

Die dem niederländischen Versäumnisurteil zugrundeliegende Klageschrift war am 26. März 1979 dem niederländischen Staatsanwalt zur Zustellung übergeben worden. Die Klageschrift sollte samt Ladung zum Verhandlungstermin der Beklagten in Neuss, Kaarster Straße 36, zugestellt werden.

Weil die Beklagte unter der angegebenen Anschrift nicht gefunden werden konnte, erteilte das AG Neuss am 17. Mai 1979 ein Zeugnis über die Undurchführbarkeit der Zustellung gemäß Art. 6 II des Haager Übereinkommens vom 15. November 1965 über die Zustellung gerichtlicher und außergerichtlicher Schriftstücke im Ausland in Zivil- und Handelssachen. Da sich die Beklagte nicht auf das Verfahren eingelassen hatte, gab die Arrondissementsrechtbank Hertogenbosch mit Zwischenurteil vom 8. Juni 1979 der Klägerin gemäß Art. 20 II und III in Verbindung mit Art. 15 des

Haager Übereinkommens auf, zu beweisen, daß die Antragsgegnerin Gelegenheit hatte, die Ladung so rechtzeitig zu erhalten, daß sie sich verteidigen konnte, oder daß das hierzu Erforderliche getan worden war. Aufgrund eines Handelsregisterauszugs sowie der Mitteilung des AG Neuss, daß die aus seinen Akten ersichtliche Anschrift der Antragsgegnerin Kaarster Straße 36 laute, erachtete das Erstgericht die Zustellung an die niederländische Staatsanwaltschaft für genügend und erließ das Versäumnisurteil, dessen Vollstreckbarerklärung nach Art. 31 ff. die Firma Pendy beantragte.

Der BGH (WM 1981, 959 = RIW/AWD 1981, 847) hatte mit Beschluß vom 8. Juli 1981 dem EuGH folgende Frage vorgelegt:

„Kann nach Art. 27 Nr. 2 die Anerkennung einer Entscheidung in einem Falle, in dem sich der Beklagte auf das Verfahren im Urteilsstaat nicht eingelassen hatte und das dieses Verfahren einleitende Schriftstück nicht ordnungsgemäß und nicht so rechtzeitig ihm zugestellt worden ist, daß er sich verteidigen konnte, auch dann abgelehnt werden, wenn das Gericht des Urteilsstaates nach Art. 20 III in Verbindung mit Art. 15 des Haager Übereinkommens vom 15. November 1965 über die Zustellung gerichtlicher und außergerichtlicher Schriftstücke im Ausland für Zivil- und Handelssachen die Feststellung getroffen hatte, daß er sich hätte verteidigen können?"
Der BGH hob hervor, er neige zu der Auffassung, daß in den Art. 34, 27 und 28 festgelegt sei, welche Prüfungszuständigkeit das Gericht des Vollstreckungsstaats habe. Wollte man eine Prüfungszuständigkeit der Gerichte des Vollstreckungsstaats dafür, ob im Falle einer Säumnisverurteilung die das Verfahren eröffnenden Schriftstücke im Sinne von Art. 27 Nr. 2 rechtzeitig zugestellt worden seien, immer dann verneinen, wenn das Gericht des Urteilsstaats seiner Aufklärungspflicht nach Art. 20 II bzw. III nachgekommen sei, dann wäre die Prüfungszuständigkeit der Gerichte des Vollstreckungsstaats weitgehend aufgehoben. Andererseits könnte aber auch die Meinung vertreten werden, daß im Hinblick auf Art. 34 III das Ergebnis, zu dem das Gericht des Urteilsstaats in Anwendung von Art. 20 gelangt sei, vom Gericht des Vollstreckungsstaats ohne weitere Prüfung hingenommen werden müsse.

In ihrer Stellungnahme betonte die Bundesrepublik Deutschland zu Recht, Art. 27 Nr. 2 wende sich an das mit dem Antrag auf Anerkennung und Vollstreckung befaßte Gericht und nicht an das Gericht des Urteilsstaats. Die Regelung solle zum Schutze des nicht erschienenen Beklagten sicherstellen, daß eine Entscheidung gegen ihn nur vollstreckt werde, wenn ihm im Erkenntnisverfahren tatsächlich ausreichend Gelegenheit gegeben worden sei, seine Verteidigungsmittel vorzubringen. Art. 27 Nr. 2 des Übereinkommens werde durch die Artikel 46 Nr. 2 und 48 des Übereinkommens ergänzt; danach müsse eine Partei, welche die Anerkennung einer Versäumnisentscheidung geltend mache oder deren Vollstreckung betreiben wolle, grundsätzlich die Urkunde vorlegen, aus der sich die Zustellung der Klageschrift an den Beklagten ergebe. Das Gericht des Vollstreckungsstaats habe nach Art. 27 Nr. 2 und Art. 34 II 2 anhand dieser Unterlagen zu prüfen, ob die Zustellung ordnungsgemäß und rechtzeitig erfolgt sei. Bei der Prüfung der Rechtzeitigkeit der Zustellung sei das Gericht weder an die Bestimmungen des Urteilsstaats noch an die seines eigenen Rechts gebunden. Es habe zu untersuchen, ob die Zeit, die dem Beklagten zur Verfügung gestanden habe, de facto ausreichend gewesen sei. Dies könne dazu führen, daß trotz ordnungsgemäßer Zustellung die Anerkennung zu versagen sei, wenn dem Beklagten tatsächlich kein ausreichender Zeitraum zur Vorbereitung seiner Verteidigung verblieben sei. Da Art. 27 Nr. 2 keine Beschränkungen des Gerichts des Zweitstaats enthalte, sei dieses weder an die tatsächlichen noch an die rechtlichen Feststellungen des Gerichts des Urteilsstaats gebunden. Diese Auslegung werde durch die Zweckbestimmung der Vorschriften im Brüsseler und im Haager Übereinkommen bestätigt, die auf den Schutz des Beklagten abzielten, indem sie diesen Schutz zwei verschiedenen Instanzen,

7. Die Frage, ob dem Beklagten das das Erstverfahren einleitende Schriftstück so rechtzeitig zugestellt worden ist, daß er sich verteidigen konnte, sollte für die verschiedenen denkbaren (typisierten) Fallkonstellationen nach abstrakten Grundsätzen beurteilt werden, um die einheitliche Anwendung des Übereinkommens innerhalb ein und desselben Vertragsstaates und darüber hinaus in allen Vertragsstaaten sicherzustellen. Dies ist das Ideal. Die Wirklichkeit sieht leider anders aus.[71] De facto hat

---

nämlich dem Gericht des Urteilsstaats und dem Gericht des Vollstreckungsstaats, anvertrauten. Wäre das Gericht des Vollstreckungsstaats an die tatsächlichen Feststellungen und die rechtliche Würdigung des erkennenden Gerichts gebunden, so wäre Art. 27 Nr. 2 weithin ohne Bedeutung, und die Erfüllung des Anspruchs auf rechtliches Gehör, ein Grundsatz des ordre public, wäre nicht mehr gewährleistet. Hinsichtlich dieses Grundsatzes dürfe die Prüfung nicht allein dem erkennenden Gericht überlassen bleiben. Dessen Kontrollinstanz sei folglich das Vollstreckungsgericht.

Die EG-Kommission trug vor, nach dem Wortlaut von Art. 27 Nr. 2 habe das Zweitgericht die ordnungsmäßige und rechtzeitige Zustellung des das Verfahren einleitenden Schriftstücks zu prüfen. In den Vertragsstaaten gebe es unterschiedliche Regelungen für die Zustellung gerichtlicher Urkunden im Ausland. So erfordere das deutsche Zustellungssystem die Mitwirkung der Behörden des Aufenthaltsorts des Adressaten der Urkunde, dem sie eine Ausfertigung der Urkunde auszuhändigen hätten. Ein deutsches Gericht könne ein Versäumnisurteil grundsätzlich nur dann fällen, wenn durch Vorlage einer öffentlichen Urkunde nachgewiesen sei, daß die zuzustellende Urkunde dem Empfänger tatsächlich ausgehändigt worden sei. In anderen Ländern, insbesondere in den Niederlanden, gelte ein Schriftstück, das für eine Person im Ausland bestimmt sei, in dem Zeitpunkt als zugestellt, in dem der Gerichtsvollzieher es dem Staatsanwalt des zuständigen Gerichts übergeben oder es an das Außenministerium abgesandt habe. Die Regelung in den Niederlanden, wonach die Zustellung an einen ausländischen Beklagten im Gerichtsstaat bewirkt werden könne, habe zur Folge, daß ein Versäumnisurteil gegen den Beklagten ergehen könne, ohne daß dieser von der gegen ihn erhobenen Klage Kenntnis erhalten habe. Die Vertragsstaaten seien sich bei der Formulierung der Bestimmungen des Art. 20 II und III sowie des Art. 27 Nr. 2 darüber im Klaren gewesen, daß im Rahmen eines derartigen Zustellungssystems zusätzliche Schutzmaßnahmen für den Beklagten erforderlich seien. Zu diesem Zweck sei die Prüfung der ordnungsmäßigen und rechtzeitigen Zustellung des das Verfahren einleitenden Schriftstücks sowohl dem Gericht des Urteilsstaats als auch dem Gericht des Vollstreckungsstaats übertragen worden.

[71] Man bedenke unter diesem Aspekt folgende Anleitung für den Zweitrichter bei *Linke* in *Bülow-Böckstiegel* 606/211, Art. 27, Anm. III 4b: „Über die Rechtzeitigkeit der Zustellung entscheidet der Anerkennungsrichter nach den Umständen des Einzelfalles und nach seinen eigenen Vorstellungen (!), wobei er weder an die Bestimmungen des Urteilsstaates noch an die seines eigenen Rechts gebunden ist. Er kann dabei auch die Rechtskundigkeit des Adressaten berücksichtigen, z. B. ob es sich um eine juristische Person mit eigener Rechtsabteilung und Erfahrung im internationalen Rechtsverkehr handelt oder um einen Privatmann, der möglicherweise an seinem Wohnsitz keinen anwaltlichen Rat geschweige denn eine qualifizierte Übersetzung erhalten kann. Tatsächliche Kenntnisnahme vom Inhalt des zuzustellenden Schriftstücks ist auch hier nicht erforderlich, es genügt, daß die Zustellung dem Beklagten die Möglichkeit eröffnete, seine Verteidigung insoweit vorzubereiten, daß ihm die Einlassung zuzumuten

der Zweitrichter wenn nicht einen Ermessens-, so doch einen Beurteilungsspielraum.[72]

8. Absehbar sind Divergenzen von Vertragsstaat zu Vertragsstaat bei Anwendung des Art. 27 Nr. 2 auf ein und dieselbe Versäumnisentscheidung. Eine Lösung könnte nur eine Vereinheitlichung der Einlassungs- und Ladungsfristen innerhalb des geographischen Anwendungsbereiches des Übereinkommens bringen, und zwar – um unnötige Nichtanerkennungen zu vermeiden – nicht nur für alle Zweitrichter, sondern auch für das Erkenntnisverfahren.

XII. Anhang: Europäisches Einheitsrecht auch für den Erstprozeß zum Schutz des Beklagten: Das Übereinkommen gebietet auch dem Erstrichter, die Ordnungsmäßigkeit und die Rechtzeitigkeit der Ladung zu prüfen

1. Art. 27 Nr. 2 wendet sich nur an den *Zweitrichter*. Diese Vorschrift kommt nur dann zum Tragen, wenn bereits eine „pathologische" Situation gegeben ist: Dem Beklagten wurde im Erststaat das rechtliche Gehör verweigert, weil er entweder die Ladung überhaupt nicht erhalten hat, oder zumindest nicht so rechtzeitig, daß er sich verteidigen konnte. Art. 27 Nr. 2 will verhindern, daß die Verletzung der prozessualen Rechte des Beklagten perpetuiert wird. Dem Urteil ist deshalb die Anerkennung in den anderen Vertragsstaaten zu verweigern, wenn sich der Beklagte auf diese Schutzvorschrift beruft.[73]

2. Der Schutz des Beklagten ist ein vordringliches Anliegen der Verfasser des Übereinkommens.[74] Art. 27 Nr. 2 bedarf der Ergänzung. Der

---

war. – Die Ordnungsmäßigkeit der Zustellung impliziert nicht deren Rechtzeitigkeit. Der Anerkennungsrichter sollte sich nicht dazu verleiten lassen, aus Scheu vor einer Kritik am ausländischen Fristenrecht sich vorschnell mit der Feststellung zu begnügen, daß die Zustellung in korrekter Anwendung der Vorschriften des Urteilsstaates erfolgt ist."

[72] Oben Fußn. 69.

[73] Etwas anderes gilt, wenn der Beklagte die Anerkennung wünscht. Beispiel: Das Erstgericht hat die Klage als unbegründet abgewiesen. In einem solchen Fall ist der Beklagte in der Regel an der Anerkennung interessiert.

[74] *Jenard*-Bericht S. 84: „Art. 20 II dient weiterhin dem Schutze der Rechte des Beklagten, indem er der Bedeutung der Zustellung gerichtlicher Urkunden im internationalen Rechtsverkehr Rechnung trägt. Die Zustellung gerichtlicher Urkunden im Ausland ist zwar in den Mitgliedstaaten unterschiedlich geregelt, sie läßt sich aber letztlich auf zwei Hauptsysteme zurückführen. Das deutsche System erfordert die Mitwirkung der Behörden des Aufenthaltsortes des Adressaten der Urkunde, dem sie eine Ausfertigung der Urkunde auszuhändigen haben. Ein deutsches Gericht kann ein Versäumnisurteil grundsätzlich nur dann fällen, wenn durch Vorlage einer öffentlichen Urkunde nachgewiesen ist, daß die zuzustellende Urkunde dem Empfänger tatsächlich ausgehändigt worden ist. Diesem System stehen die in Belgien, Frankreich, Italien, Luxemburg und den Niederlanden geltenden Regelungen gegenüber, die sich alle durch den Willen kennzeichnen, „bei Gerichtsurkunden, deren Adressat sich im

Schutz des Beklagten muß auch im *Erstverfahren* gewährleistet sein. Daher verpflichtet Art. 20 II auch den Erstrichter zur Wahrung der Rechte des Beklagten. Es wäre rechtspolitisch verfehlt gewesen, den Erstrichter nur nach seiner lex fori bzw. nach den vom Gerichtsstaat ratifizierten internationalen Übereinkommen prozedieren zu lassen. Zu Recht schafft das Übereinkommen auch in diesem Punkt europäisches Einheitsrecht.

3. Art. 20 stipuliert einen *europäischen Mindeststandard*. Der Erstrichter darf erst dann zur Sache entscheiden, wenn er festgestellt hat, daß es dem Beklagten möglich war, das den Rechtsstreit einleitende Schriftstück so rechtzeitig zu empfangen, daß er sich verteidigen konnte, oder daß alle hierzu erforderlichen Maßnahmen getroffen worden sind.[75]

Ausland aufhält, die mit ihnen zusammenhängenden Formalitäten in dem Hoheitsgebiet des Staates des Gerichtsstandes zu lokalisieren".

Nach dem Recht dieser Staaten ist die im Inland bewirkte Zustellung wirksam geworden; sie setzt die Fristen in Lauf, ohne daß es einer Feststellung bedarf, ob das den Rechtsstreit einleitende Schriftstück dem Adressaten im Ausland auch tatsächlich zugestellt worden ist. Unter diesen Umständen ist es nicht ausgeschlossen, daß in einzelnen Fällen ein Versäumnisurteil gegen einen Beklagten ergeht, ohne daß er von der gegen ihn erhobenen Klage Kenntnis erhalten hat.

Das Haager Übereinkommen über den Zivilprozeß vom 1. März 1954, dem die sechs Mitgliedstaaten beigetreten sind, beseitigt die mit diesen innerstaatlichen Regelungen verbundenen Nachteile nicht.

Der Ausschuß war deshalb bemüht, die sich aus einer verspäteten Zustellung ergebenden Fragen zu lösen, weil das Übereinkommen in erster Linie bezweckt, die Freizügigkeit der Urteile so weit wie möglich zu fördern."

[75] *Jenard*-Bericht S. 84: „Diese Bestimmung stützt sich auf den alten Artikel 8 des niederländischen Gesetzes vom 12. Juni 1909, Stb. Nr. 141. Der Artikel hat folgenden Wortlaut: «Läßt sich der Beklagte auf den Rechtsstreit nicht ein, so kann das Gericht ein Versäumnisurteil nicht erlassen, wenn der Kläger nicht nachweist, daß der Beklagte die Ladung empfangen hat. Der Kläger kann einen neuen Verhandlungstermin beantragen».

Artikel 20 Abs. 2 geht einerseits davon aus, daß die Ladung der säumigen Partei in Person oder an ihrem Wohnsitz zugegangen ist und ferner, daß dies so rechtzeitig geschehen ist, daß der Beklagte sich verteidigen konnte. Dagegen ist nicht erforderlich, daß der Beklagte von der Ladung auch tatsächlich rechtzeitig Kenntnis erhalten hat. Der Beklagte hat eine durch eigene Fahrlässigkeit oder die Nachlässigkeit seiner Verwandten oder Angestellten verursachte Verzögerung zu vertreten. Entscheidend ist mithin der Zeitpunkt, in dem die Ladung dem Beklagten ordnungsmäßig zugegangen ist; auf den Zeitpunkt, in dem er von der Ladung tatsächlich Kenntnis erlangt hat, kommt es nicht an.

Ob der Zugang ‚rechtzeitig' war, ist eine Tatfrage, die der mit der Sache befaßte Richter nach seinem Ermessen zu beurteilen hat.

Das Gericht kann ein Versäumnisurteil gegen den Beklagten erlassen, wenn der Nachweis erbracht ist, daß ‚alle erforderlichen Maßnahmen getroffen worden sind', damit diesem das den Rechtsstreit einleitende Schriftstück rechtzeitig zugehen konnte.

Dies ist dahin auszulegen, daß der Richter ein Versäumnisurteil gegen den Beklagten selbst dann erlassen kann, wenn ein Nachweis über die Aushändigung des den Prozeß einleitenden Schriftstücks an den Beklagten nicht vorgelegt werden kann, sofern festgestellt wird, daß bei den zuständigen Stellen des Wohnsitzstaates des Be-

4. Auf die *Staatsangehörigkeit des Beklagten* kommt es nicht an. Art. 20 schützt aber leider nur den Beklagten, der in einem anderen Vertragsstaat wohnt bzw. dort seinen Sitz (Art. 53) hat.

Die draußen vor der Tür der EG werden durch das Übereinkommen nicht geschützt.[76] Eine engherzige Entscheidung!

5. Art. 20 gilt nicht für *reine Inlandsprozesse;* auch dies ist zu kritisieren.[77]

6. Art. 15 des Haager Übereinkommens vom 15. November 1965 über die Zustellung gerichtlicher und außergerichtlicher Schriftstücke im Ausland in Zivil- und Handelssachen[77a] hat Vorrang, Art. 20 III.[78]

a) Diese Bestimmung lautet:

War zur Einleitung eines gerichtlichen Verfahrens eine Ladung oder ein entsprechendes Schriftstück nach diesem Übereinkommen zum Zweck der Zustellung in das Ausland zu übermitteln und hat sich der Beklagte nicht auf das Verfahren eingelassen, so hat der Richter das Verfahren auszusetzen, bis festgestellt ist,

a) daß das Schriftstück in einer der Formen zugestellt worden ist, die das Recht des ersuchten Staates für die Zustellung der in seinem Hoheitsgebiet ausgestellten Schriftstücke an dort befindliche Personen vorschreibt, oder

b) daß das Schriftstück entweder dem Beklagten selbst oder aber in seiner Wohnung nach einem anderen in diesem Übereinkommen vorgesehenen Verfahren übergeben worden ist

---

klagten alle notwendigen Schritte unternommen worden sind, um den Beklagten rechtzeitig zu erreichen. Gegebenenfalls ist auch nachzuweisen, ‚daß alle Nachforschungen, welche die Sorgfalt sowie Treu und Glauben gebieten, vorgenommen worden sind, um den Beklagten ausfindig zu machen'."

[76] Vgl. oben § 4 I 1.

[77] *Beispiel:* Ein Münchner klagt gegen einen Hamburger. Die Klage wird durch öffentliche Zustellung zugestellt. Nunmehr vollstreckt der siegreiche Kläger in den in Frankreich gelegenen Grundbesitz des Beklagten. Man sieht: Auch dieser Fall hat eine internationale Komponente, wenngleich er diese erst im Vollstreckungsstadium bekommen hat.

[77a] BGBl. 1977 II 1375, hierzu *Zöller-Geimer,* ZPO, 13. Aufl., 1981, § 199, Anm. I 4. Dieses Übereinkommen gilt nicht in allen Vertragsstaaten. So ist es (noch) nicht in Irland in Kraft, auch nicht in Griechenland.

Soweit es ratifiziert ist, ist sein Anwendungsbereich von Vertragsstaat zu Vertragsstaat verschieden, weil von der Möglichkeit, Vorbehaltserklärungen abzugeben in unterschiedlichem Umfang Gebrauch gemacht worden ist.

[78] *Jenard*-Bericht S. 84: „Es ist bereits darauf hingewiesen worden, daß es sich bei Art. 20 II lediglich um eine Übergangsbestimmung handelt. Nach Art. 20 III wird nämlich das angerufene Gericht nicht mehr Art. 20 II des vorliegenden Übereinkommens, sondern ausschließlich Art. 15 des neuen Haager Übereinkommens anwenden, sobald der Staat des angerufenen Gerichts und der Staat, in dessen Hoheitsgebiet die Ladung auszuhändigen war, das genannte Übereinkommen ratifiziert haben. Dadurch wird zugunsten des Haager Übereinkommens jede Möglichkeit einer Kollision zwischen dessen Art. 15 und dem Art. 20 II des vorliegenden Übereinkommens ausgeschaltet."

und daß in jedem dieser Fälle das Schriftstück so rechtzeitig zugestellt oder übergeben worden ist, daß der Beklagte sich hätte verteidigen können.

Jedem Vertragsstaat steht es frei zu erklären, daß seine Richter ungeachtet des Absatzes 1 den Rechtsstreit entscheiden können, auch wenn ein Zeugnis über die Zustellung oder die Übergabe nicht eingegangen ist, vorausgesetzt,

a) daß das Schriftstück nach einem in diesem Übereinkommen vorgesehenen Verfahren übermittelt worden ist,

b) daß seit der Absendung des Schriftstücks eine Frist verstrichen ist, die der Richter nach den Umständen des Falles als angemessen erachtet und die mindestens sechs Monate betragen muß, und

c) daß trotz aller zumutbaren Schritte bei den zuständigen Behörden des ersuchten Staates ein Zeugnis nicht zu erlangen war.

Dieser Artikel hindert nicht, daß der Richter in dringenden Fällen vorläufige Maßnahmen einschließlich solcher, die auf eine Sicherung gerichtet sind, anordnet.

b) Aus deutscher Sicht bringt Art. 15 keine wesentlichen Neuerungen, denn § 199 ZPO verlangt auch bei Zustellungen ins Ausland eine Aushändigung des Schriftstückes an den Zustellungsempfänger. Die Zustellung muß durch eine Urkunde der ersuchten ausländischen Behörde nachgewiesen werden, § 202 II ZPO. Dieses System der effektiven Zustellung bringt für den Beklagten einen größeren Schutz als das System der fiktiven Zustellung des romanischen Rechtsbereiches.[79] Nach dem System der remise au parquet werden Zustellungen auch an im Ausland wohnhafte bzw. sich aufhaltende Zustellungsadressaten im Inland bewirkt. Die Auslandszustellung gilt als erfolgt, sobald das zuzustellende Schriftstück der Staatsanwaltschaft zur Weiterleitung an die ausländische Behörde übergeben worden ist. Auf den tatsächlichen Zugang an den Empfänger kommt es nicht an. Für die Vertragsstaaten, deren autonomes Zustellungsrecht von dem System der fiktiven Zustellung ausgeht, stellt Art. 15 I des Haager Übereinkommens eine wesentliche Verbesserung dar.[80] Hier muß sich der Richter vergewissern, daß die Zustellung erfolgt ist.

---

[79] *Zöller-Geimer,* ZPO, 13. Aufl., 1981, § 199, Anm. I 3.

[80] Vgl. die *deutsche Denkschrift,* Bundestags-Drucksache VII Nr. 4892 sub II A 1: „Den wesentlichen Fortschritt des Übereinkommens vom 15. November 1965 über die Zustellung im Ausland gegenüber dem geltenden Haager Übereinkommen vom 1. März 1954 über den Zivilprozeß stellen die Bestimmungen in den Artikeln 15 und 16 dar. Mit diesen Vorschriften werden die Gefahren eingeschränkt, die vor allem von der „remise au parquet" für eine in einem anderen Staat wohnende Partei eines gerichtlichen Verfahrens und für den internationalen Rechtsverkehr ausgehen.

a) Nach dem Recht der Länder, welche die „remise au parquet" kennen (Frankreich, Griechenland, Luxemburg und die Niederlande sowie mit gewissen Einschränkungen auch Belgien und Italien), gilt ein Schriftstück, das für eine Person im Ausland bestimmt ist, bereits in dem Zeitpunkt als zugestellt, in dem der Gerichtsvollzieher es dem Staatsanwalt des zuständigen inländischen Gerichts übergeben oder es an das Ministerium des Äußeren abgesandt hat. Daneben ist, z. T. neuerdings, nach mehreren dieser Rechtsordnungen eine Übersendung der zugestellten Schriftstücke durch eingeschriebenen Brief und auf dem Wege des internationalen Rechtshilfeverkehrs notwendig (z. B. in Frankreich, ...). Die Übermittlung auf dem Weg, den das Haager Übereinkommen vorsieht, dient jedoch lediglich der Unterrichtung des Zustellungsempfängers. Damit laufen die Einlassungsfristen bei Klagen oder Vorladungen sowie die Fristen, innerhalb derer Rechtsmittel eingelegt werden müssen, von einem fiktiven Zeitpunkt an, und zwar grundsätzlich ohne daß es auf den tatsächlichen Zugang des zuzustellenden Schriftstückes ankommt. Die Folge dieser Fiktion ist, daß häufig gegen den im Ausland ansässigen Beklagten bereits ein Versäumnisurteil ergangen oder die Rechtsmittelfrist verstrichen ist, bevor er überhaupt Kenntnis von dem Verfahren oder von dem gegen ihn ergangenen Urteil erlangen konnte.

b) Das Übereinkommen vom 15. November 1965 über die Zustellung im Ausland enthält zur remise au parquet eine Kompromißlösung, die weitgehend einem alten deutschen Anliegen Rechnung trägt. Schon bei den Verhandlungen über das Haager Zivilprozeßabkommen von 1905 hatte die deutsche Delegation gefordert, international die remise au parquet zu beseitigen und festzulegen, daß Zustellungen an Empfänger in den anderen Vertragsstaaten nur in den Verfahren bewirkt werden dürften, die in dem Zivilprozeßabkommen zugelassen seien (vgl. Akten der IV. Konferenz 1904, S. 90f.). Vom deutschen Standpunkt her wäre eine vollständige Beseitigung der remise au parquet erwünscht gewesen. Jedoch ließ sich diese Lösung auch jetzt nicht erreichen. Die Vertreter der Länder, deren Recht die remise au parquet vorsieht, räumten zwar ein, daß die Auswirkungen dieses Systems im internationalen Rechtsverkehr unerwünscht seien und abgeschwächt werden müßten. Sie hielten jedoch eine Regelung, die wie das deutsche Recht grundsätzlich die Zustellung des Schriftstückes an den Empfänger im Ausland verlangt, ebenfalls für eine «extreme Lösung». So wie das System der remise au parquet einseitig den Kläger begünstige, schütze das System des tatsächlichen Zugangs bei Prozessen mit internationalem Einschlag weitgehend den Beklagten auf Kosten des Klägers. Die Zustellung im Ausland nehme oft recht lange Zeit in Anspruch, wobei der Kläger oder die sonst an der Prozeßführung interessierte Person Rechtsnachteile erlitten, die ihnen nicht zuzumuten seien.

c) Das Übereinkommen sieht deshalb eine vermittelnde Lösung vor. Der Kompromiß ist darin gefunden worden, daß für die besonders wichtige Zustellung der Klage (Vorladung) und des Versäumnisurteils «mittelbare Sanktionen» eingeführt werden, welche die Durchführung des vertraglich festgelegten Übermittlungsverfahrens sicherstellen sollen.

War zur Einleitung eines gerichtlichen Verfahrens eine Ladung oder ein entsprechendes Schriftstück nach diesem Übereinkommen zum Zwecke der Zustellung in das Ausland zu übermitteln und hat sich der Beklagte nicht auf das Verfahren eingelassen, so hat der Richter das Verfahren so lange auszusetzen, bis er festgestellt hat, daß das Schriftstück dem Beklagten so rechtzeitig zugestellt worden ist, daß er sich hätte verteidigen können. Der Richter darf eine Versäumnisentscheidung also nicht schon deswegen erlassen, weil nach seinem Recht die Zustellung bereits als rechtzeitig im Inland erfolgt gilt. Durch diese Regelung soll das Interesse des Beklagten geschützt werden, von einem Verfahren Kenntnis zu erhalten, das gegen ihn in einem anderen Vertragsstaat geführt wird. Um unzumutbare Verfahrensverzögerungen zu vermeiden, kann jeder Staat jedoch gemäß Art. 15 II über die Zustellung erklären, daß seine Richter unter bestimmten Voraussetzungen den Rechtsstreit entscheiden können, obwohl kein Zustellungszeugnis vom ersuchten Staat eingegangen ist, wenn seit der Absendung des Schriftstücks mindestens 6 Monate vergangen sind. Solche Erklärungen haben die meisten bisherigen Vertragsstaaten abgegeben.

Ist eine Entscheidung gegen den nicht erschienenen Beklagten ergangen und hat ein

c) Eine Vorbehaltserklärung nach Art. 15 II wurde von Belgien, Frankreich, Luxemburg und den Niederlanden abgegeben.[81] Gleichwohl gilt auch in diesen Staaten die Mindestfrist von 6 Monaten zwischen Absendung des Schriftstückes und der gerichtlichen Entscheidung, Art. 15 II.

Beklagter, der sich im Ausland befindet, von dem das Verfahren einleitenden Schriftstück und von der Entscheidung nicht rechtzeitig Kenntnis erlangt, so kann er nach Artikel 16 des Übereinkommens in einem Staat, in dem die Zustellung ordnungsgemäß im Inland ausgeführt worden war, innerhalb eines Jahres nach dem Erlaß der Entscheidung die Wiedereinsetzung in den vorigen Stand beantragen.

d) Eine solche Regelung ist für das deutsche Verfahrensrecht nicht notwendig, weil es nach den Vorschriften der §§ 199, 202, 335 I Nr. 2 ZPO ausgeschlossen ist, daß ein Versäumnisurteil ergeht, ohne daß der Nachweis über die Zustellung an den Beklagten im Ausland vorliegt und die Einlassungsfrist gewahrt ist (§ 262 Abs. 2, § 335 I Nr. 2 ZPO). Ist die ordnungsgemäße Zustellung im Ausland nicht nachgewiesen, kann der Richter, wenn die Voraussetzungen des § 203 II ZPO vorliegen, die öffentliche Zustellung bewilligen. An diesen Grundsätzen soll sich für das deutsche Recht durch das Übereinkommen nichts ändern. Deshalb beabsichtigt die Bundesregierung nicht, eine Erklärung nach Art. 15 II des Übereinkommens abzugeben, daß deutsche Richter nach Ablauf einer bestimmten Frist ein Versäumnisurteil auch dann erlassen können, wenn ein Nachweis über die ordnungsgemäße Auslandszustellung nicht vorliegt. ..."

[zu Art. 15:]

„Art. 15 I des Übereinkommens über die Zustellung will die Rechte des Beklagten schützen und durch eine mittelbare Sanktion sicherstellen, daß eine Ladung oder ein entsprechendes, das Verfahren einleitendes Schriftstück dem Adressaten (Beklagten, Antragsgegner, Rechtsmittelbeklagten) ordnungsgemäß und rechtzeitig zugeleitet wird. Die Schutzvorschrift gilt deshalb nicht für andere Schriftstücke, die erst im Laufe des Verfahrens zuzustellen sind. Der Beklagte oder Antragsgegner, der von der Einleitung eines Verfahrens rechtzeitig Kenntnis erhalten hat, bedarf eines besonderen Schutzes nicht mehr.

Ein weitergehender Schutz ist in Art. 15 I des Übereinkommens über die Zustellung nicht vorgesehen. Insbesondere richtet es sich auch künftig nach dem nationalen Zustellungs- und Verfahrensrecht des Gerichtsstaates, von welchem Zeitpunkt ab Einlassungs- oder Rechtsmittelfristen laufen. In den Ländern, welche die remise au parquet kennen, wird die Zustellung weiterhin mit der Übergabe an den Staatsanwalt bewirkt sein und die Mitteilung an den Empfänger im Ausland an sich nur nachrichtliche Bedeutung haben. Gleichwohl soll der Richter auch in einem solchen Lande ein Versäumnisurteil nicht mehr erlassen dürfen, wenn lediglich innerstaatlich die Zustellung bewirkt worden ist, vorausgesetzt, daß sich der säumige Beklagte in einem Mitgliedstaat aufhält. Der Richter muß sich also vergewissern, ob die Vorladung, die Klage oder die prozeßeinleitende Verfügung dem Beklagten im Ausland ordnungsgemäß im Sinne des Art. 15 I Buchstaben a) und b) und rechtzeitig übermittelt worden ist. Als Unterlage für diese Prüfung wird dem Richter in erster Linie das Zustellungszeugnis der ersuchten Stelle dienen.

Die Schutzfunktion des Art. 15 I über die Zustellung wird allerdings insofern beeinträchtigt, als in dem Übereinkommen nicht nach objektiven Merkmalen festgelegt wird, in welchen Fällen das Schriftstück im Ausland „zuzustellen" ist."

[81] BGBl. 1980 II 907. Zur Anwendung des Art. 15 II s. Cour de cassation, Urteil vom 16. Dezember 1980, Bull. civ. 1981 I 263 Nr. 333; hierzu *Mezger* IPRax 1982, 33.

d) Die in Art. 2 des Haager Übereinkommens vom 15. November 1965 vorgesehene Zentrale Behörde hat im Verhältnis der Vertragsstaaten zueinander keine große praktische Bedeutung, weil die Zusatzvereinbarungen über den „unmittelbaren Schriftverkehr" zwischen den Gerichten unberührt bleiben, Art. 24. Solche bestehen z. B. zwischen der Bundesrepublik Deutschland einerseits und Belgien, Frankreich, Luxemburg sowie den Niederlanden andererseits.[82]

7. Für die *Durchführung* der Zustellung gerichtlicher Schriftstücke von einem Vertragsstaat in einen anderen Vertragsstaat bestimmt Art. IV des Protokolls:

Gerichtliche und außergerichtliche Schriftstücke, die in einem Vertragsstaat ausgefertigt sind und einer in dem Hoheitsgebiet eines anderen Vertragsstaats befindlichen Person zugestellt werden sollen, werden nach den zwischen den Vertragsstaaten geltenden Übereinkommen oder Vereinbarungen übermittelt.

Sofern der Staat, in dessen Hoheitsgebiet die Zustellung bewirkt werden soll, nicht durch eine Erklärung, die an den Generalsekretär des Rates der Europäischen Gemeinschaften zu richten ist, widersprochen hat, können diese Schriftstücke auch von den gerichtlichen Amtspersonen des Staates, in dem sie angefertigt worden sind, unmittelbar den gerichtlichen Amtspersonen des Staates übersandt werden, in dessen Hoheitsgebiet sich die Person befindet, für welche das Schriftstück bestimmt ist. In diesem Fall übersendet die gerichtliche Amtsperson des Ursprungsstaats eine Abschrift des Schriftstücks der gerichtlichen Amtsperson des Bestimmungslands, die für die Übermittlung an den Empfänger zuständig ist. Diese Übermittlung wird in den Formen vorgenommen, die das Recht des Bestimmungslands vorsieht. Sie wird durch ein Zeugnis festgestellt, das der gerichtlichen Amtsperson des Ursprungsstaates unmittelbar zugesandt wird.

Art. IV Abs. 2 des Protokolls bringt eine weitere Zustellungsart. Danach kann die Zustellung auch von Gerichtsvollzieher zu Gerichtsvollzieher erfolgen.[83] Die Bundesrepublik Deutschland hat jedoch von ihrem

---

[82] BGBl. 1959 II 1524; 1961 II 1040; RGBl. 1909, 907, 910. Nachweise bei *Bülow-Böckstiegel* 100ff. Vgl. auch OLG Köln, Urteil vom 29. Februar 1980, MDR 1980, 1030 = IPRspr. 1980 Nr. 104 (zur deutsch-belgischen Vereinbarung) und OLG Frankfurt/M., Urteil vom 21. August 1978, RIW/AWD 1980, 63 = Rechtspfleger 1978, 454 = IPRspr. 1978 Nr. 164.

[83] *Jenard*-Bericht S. 85: „Nach Ansicht des Ausschusses war es ferner erforderlich, für die sichere und schnelle Übermittlung der Ladung Sorge zu tragen. Eine zweckdienliche Lösung wurde darin gesehen, daß die gerichtlichen Schriftstücke durch eingeschriebenen Brief übersandt werden. Eine solche Regelung wurde jedoch nicht festgelegt; sie hätte zwar dem Erfordernis der Bescheinigung entsprochen; sie hätte aber nicht alle Garantien für den sicheren Zugang geboten. Der Ausschuß hat sich schließlich für das in Art. IV des Protokolls festgelegte System ausgesprochen.

Jener Artikel fügt lediglich den Übermittlungswegen, die in dem Haager Zivilprozeßübereinkommen vom 1. März 1954 und in den von den Vertragsstaaten zur Durchführung dieses Übereinkommens geschlossenen Vereinbarungen bereits enthalten sind, einen neuen hinzu. Er entspricht außerdem der in Art. 10 Buchstabe b des neuen Haager Übereinkommens eröffneten Möglichkeit.

Widerspruchsrecht Gebrauch gemacht,[84] sodaß für das Gebiet der Bundesrepublik Deutschland diese Zustellungsform nicht in Betracht kommt. Den gleichen Widerspruch hat die Bundesrepublik Deutschland übrigens auch bezüglich Art. 10 des Haager Zustellungsübereinkommens vom 15. November 1965 erklärt.[85]

§ 141 Vereinbarungen der Parteien über die Anerkennung

1. Die Frage, ob eine in einem anderen Vertragsstaat ergangene gerichtliche Entscheidung im Zweitstaat anzuerkennen ist oder nicht, kann *als solche* nicht Gegenstand einer Parteivereinbarung sein.

2. Denkbar sind aber Vereinbarungen, bestimmte Versagungsgründe nicht geltend zu machen. Soweit Versagungsgründe dem *Schutz einer Partei* dienen, kann diese sich durch Vertrag verpflichten, diesen Versagungsgrund nicht geltend zu machen. So kann z. B. der Beklagte darauf verzichten, Art. 27 Nr. 2 zu rügen.

3. Etwas anderes gilt aber, wenn *unmittelbare staatliche Interessen des Zweitstaates* auf dem Spiele stehen. Ist einem Urteil die Anerkennung wegen eines Versagungsgrundes zu verweigern, über dessen Einhaltung die Parteien nicht disponieren können, so hat eine solche Vereinbarung nicht die Kraft, das Anerkennungshindernis beiseite zu schieben.

4. Soweit demnach eine Vereinbarung über die Nichtgeltendmachung von Versagungsgründen unwirksam ist, ist zu prüfen, ob sie in eine Vereinbarung über den dem nicht anerkennungsfähigen Urteil zugrun-

---

Nach dem Protokoll können Urkunden von den Gerichtsvollziehern eines Vertragsstaates unmittelbar den Gerichtsvollziehern eines anderen Vertragsstaates übersandt werden, die sie dem Adressaten in Person oder an seinem Wohnsitz aushändigen.

Wie ein Vertreter des Internationalen Verbandes der Gerichtsvollzieher und Gerichtsbeamten dem Ausschuß versichert hat, ist es für den Gerichtsvollzieher eines Landes leicht, mit dem zuständigen Gerichtsvollzieher des anderen Landes in Verbindung zu treten. Bei Schwierigkeiten kann sich übrigens der Gerichtsvollzieher des Urteilsstaates an die Gerichtsvollziehervereinigungen in den einzelnen Staaten oder an den Internationalen Verband mit dem Sitz in Paris wenden.

Nach Ansicht des Ausschusses wird dieses System den zu stellenden Anforderungen an Schnelligkeit und Sicherheit gerecht. Der unmittelbare Verkehr zwischen Gerichtsvollziehern bringt einen erheblichen Zeitgewinn, weil er die Inanspruchnahme von Vermittlungsinstanzen (Außen- oder Justizministerien, Staatsanwaltschaften) erübrigt.

Dem Gebot der Sicherheit ist besser Genüge getan, weil der Gerichtsvollzieher des Bestimmungslandes bei unvollständiger oder ungenauer Anschrift alle zur Erreichung des Adressaten etwa erforderlichen Ermittlungen anstellen kann.

Etwaige Sprachschwierigkeiten, die im Bereich der sechs Länder auftreten könnten, lassen sich dadurch beheben, daß der Urkunde eine kurze Inhaltsangabe in der Sprache des Adressaten beigefügt wird."

[84] Art. 1 des deutschen Zustimmungsgesetzes BGBl. 1972 II 773.

[85] BGBl. 1979 II 779.

de liegenden materiellrechtlichen Anspruch umgedeutet werden kann. Wenn die Parteien wirksam über den Streitgegenstand verfügen können, so kann eine solche Vereinbarung je nach Sachlage in einen Verzicht oder in eine Novation bzw. Anerkennung des Anspruchs umgedeutet werden. Dies gilt jedoch nur, soweit nicht unmittelbare Staatsinteressen des Zweitstaates auf dem Spiele stehen. Ist z. B. einem italienischen Urteil die Anerkennung zu versagen, weil es zwingendes deutsches Devisenrecht, das auch international durchzusetzen ist, nicht beachtet, so kann eine materiellrechtliche Parteivereinbarung (Novation des Anspruches) sich nicht darüber hinwegsetzen, § 134 BGB.

§ 142 Prüfung der Anerkennungsvoraussetzungen (Versagungsgründe)

1. Man sollte unterscheiden zwischen Anerkennungsvoraussetzungen (Versagungsgründen), die *unmittelbare Staatsinteressen* schützen, und solchen, die der Durchsetzung eines *Mindeststandards an Gerechtigkeitsvorstellungen der Zweitstaaten* dienen und damit dem *Schutz der Parteien, meist des Beklagten*.[1]

2. Nur soweit unmittelbare Staatsinteressen der Zweitstaaten auf dem Spiel stehen, kann eine Prüfung von Amts wegen oder sogar eine Tatsachenermittlung von Amts wegen (Inquisitionsmaxime) in Betracht kommen.[2] So hat z. B. der deutsche Zweitrichter im Rahmen der ordre public-Prüfung (Art. 27 Nr. 1) von Amts wegen und gegebenenfalls durch Beweiserhebung von Amts wegen festzustellen, ob das zur Anerkennung anstehende Urteil gegen zwingendes deutsches (internationale Geltung beanspruchendes) Recht verstößt. Hierbei geht es um unmittelbare Staatsinteressen, die auch im internationalen Rechtsverkehr durchgesetzt werden müssen.

3. Soweit Versagungsgründe eine Partei schützen, ist eine Prüfung von Amts wegen nicht veranlaßt.

Beispiel:

Der Zweitrichter hat ohne Rüge nicht zu untersuchen, ob einem Zahlungsurteil eine Spielschuld oder ein wucherisches Darlehen zugrunde liegt, Art. 27 Nr. 1. Hier geht es um Parteiinteressen. Der Einwand der Spielschuld ist nur zu beachten, wenn ihn der Beklagte des Erstverfahrens im Zweitverfahren rechtzeitig (= in limine litis) vorbringt. War der Einwand auch nach dem Recht des Erststaates relevant, so ist der Beklagte mit der Rüge der ordre public-Widrigkeit im Zweitverfahren präkludiert, wenn er ihn nicht schon im Erstverfahren (vergeblich) geltend gemacht hatte.

---

[1] *Zöller-Geimer,* ZPO, 13. Aufl. 1981, § 328, Anm. O III.

[2] Undifferenziert *Kropholler* Kommentar 184, Art. 26, Rz. 8.

§ 143 Folgen der Versagung der Anerkennung

I. Nichterstreckung der Urteilswirkungen[1]

Ist einem Urteil die Anerkennung zu versagen, so werden die Wirkungen dieses Urteils nicht auf den Zweitstaat erstreckt. Dabei spielt es keine Rolle, ob alle Anerkennungsvoraussetzungen fehlen oder nur eine oder mehrere. Die nach dem Recht des Erststaates eintretenden Urteilswirkungen sind von den Gerichten und Behörden des Zweitstaates nicht zu beachten. Dies gilt selbst dann, wenn auf den vom Erstgericht entschiedenen Streitfall nach dem IPR des Zweitstaates das Recht des Erststaates Anwendung findet, und wenn im Erststaat die materiellrechtliche Rechtskrafttheorie gilt.

II. Beweis für die Existenz des erststaatlichen Urteils

Das im Zweitstaat nicht anerkannte ausländische Urteil entfaltet nach Maßgabe von Art. 46 Beweiskraft für seine Existenz. Eine Legalisierung ist nicht erforderlich, Art. 49. Es wird bewiesen, daß im Erststaat ein Urteil bestimmten Inhalts ergangen ist. Diese Tatsache kann in einem im Zweitstaat anhängigen Verfahren von Bedeutung sein, z. B. für eine Schadensersatzklage wegen Erschleichung des Urteils und anschließender Vollstreckung im Erststaat.

III. Wiederholung der Klage im Zweitstaat

Können die Wirkungen des erststaatlichen Urteils nicht auf das Inland erstreckt werden, so muß dem Kläger die Möglichkeit gegeben werden, seine Klage im Zweitstaat zu wiederholen. Dies ist dann unproblematisch, falls der Beklagte im Zweitstaat wohnt (Art. 2 I) oder wenn ein sonstiger Zuständigkeitsanknüpfungspunkt im Sinne der Art. 5ff. im Zweitstaat liegt. Aber auch ohne einen solchen Zuständigkeitsbezug muß der Zweitstaat dem Kläger für die Wiederholung seiner Klage ein zuständiges Gericht zur Verfügung stellen. Dies folgt daraus, daß das Übereinkommen „rechtsschutzfreie Oasen" innerhalb seines geographischen Anwendungsbereiches vermeiden wollte. Die Verweigerung der Anerkennung sollte nicht zwangsläufig den Verzicht auf Rechtsschutz schlechthin nach sich ziehen.

Beispiel:

A verklagt in Den Haag den dort wohnhaften B wegen einer Kaufpreisschuld und obsiegt. Der niederländische Titel wird in der Bundesre-

[1] *Zöller-Geimer,* ZPO, 13. Aufl., 1981, § 328, Anm. R.

publik Deutschland nicht anerkannt, etwa weil die Rechte des Beklagten auf rechtliches Gehör (Art. 27 Nr. 2) nicht gewahrt wurden oder weil das niederländische Gericht zwingendes deutsches Devisen- oder Kartellrecht nicht beachtet hat, das nach deutscher Auffassung auch international durchgesetzt werden muß. Wenn nun auch der Erfüllungsort (Art. 5 Nr. 1) in den Niederlanden liegt, so besteht nach Art. 5ff. keine Möglichkeit, in der Bundesrepublik Deutschland ein nach dem Übereinkommen international zuständiges Gericht für die Wiederholung der Kaufpreisklage zu finden. Hielte man sich an den Wortlaut des Übereinkommens, so wäre der Kläger nicht in der Lage, deutsche Gerichte anzurufen. Dieses Problem wurde von den Unterhändlern leider übersehen. Die Lösung ergibt sich aus Art. 6 I der Menschenrechtskonvention. Danach ist der Zweitstaat verpflichtet, ein Gericht für die neue Klage zuzulassen, wenn er die Anerkennung verweigert und auch sonst dem Kläger in einem dritten Staat kein zuständiges Gericht zur Verfügung steht, dessen Entscheidungen im Zweitstaat anerkannt werden könnte. Aber auch ohne Art. 6 I 1 der Menschenrechtskonvention ergäbe sich diese hier skizzierte Lösung aus den Intentionen des Übereinkommens, das eine Verbesserung des Rechtsschutzes in den Vertragsstaaten herbeiführen, in jedem Falle aber die Verweigerung des Rechtsschutzes verhindern wollte.

§ 144 Aufhebung oder Abänderung der anzuerkennenden Entscheidung im Erststaat

1. Wird die nach Art. 25ff. anzuerkennende Entscheidung im Erststaat auf Grund eines ordentlichen oder außerordentlichen Rechtsbehelfs aufgehoben oder abgeändert, so ist dies im Zweitstaat zu beachten. Das folgt aus dem Wesen der Anerkennung. Anerkennung bedeutet die Erstreckung der Wirkungen der gerichtlichen Entscheidung, die diese nach dem Recht des Erststaates entfaltet, auf den Zweitstaat.

2. Der Zweitrichter hat die Aufhebung oder Abänderung der ausländischen Entscheidung von Amts wegen zu beachten, sofern er davon erfährt. Er ist auf die Rüge der Verfahrensbeteiligten nicht angewiesen. Zu eigenen Nachforschungen nach den Grundsätzen der Inquisitionsmaxime ist er weder berechtigt noch verpflichtet. Er ist daher meist auf das Vorbringen der Verfahrensbeteiligten angewiesen. Jeder Verfahrensbeteiligte kann die Aufhebung oder Abänderung des Urteils jederzeit geltend machen. War dies im Anerkennungsverfahren nach Art. 26 II (vgl. unten § 146) nicht mehr möglich, weil dieses bereits rechtskräftig abgeschlossen ist, so gibt § 31 i. V. m. § 28 des deutschen Ausführungsgesetzes die Möglichkeit, den deutschen Feststellungsbeschluß in einem besonderen Beschlußverfahren den geänderten Verhältnissen anzupassen.

3. In der Praxis kommen vor allem Aufhebung oder Abänderung auf Grund *außerordentlicher Rechtsbehelfe* in Betracht. Aufhebung oder

Abänderung auf Grund ordentlicher Rechtsbehelfe sind nur dann von Bedeutung, wenn das erst- oder zweitinstanzielle Urteil nach dem Recht des Erststaates bereits Rechtskraftwirkung oder Gestaltungswirkung entfaltet. Dies ist z. B. bei französischen Urteilen der Fall. Diese erwachsen bereits mit ihrem Erlaß in autorité de la chose jugée. Anders dagegen deutsche Urteile. Die Rechtskraftwirkung tritt ebenso wie die Gestaltungswirkung erst mit formeller Rechtskraft ein.

§ 145 Bedürfnis nach rechtskraftfähiger Klärung der Anerkennung bzw. Nichtanerkennung

1. Das Prinzip der automatischen Anerkennung[1] hat zur Folge, daß die Frage, ob ein bestimmtes ausländisches Urteil im Zweitstaat anzuerkennen ist oder nicht, als Präjudizialpunkt jeweils von Fall zu Fall entschieden werden muß. Jedes Gericht und jede Verwaltungsbehörde, für deren Entscheidung die Frage der Anerkennung relevant ist, muß incidenter prüfen, ob die Anerkennungsvoraussetzungen gegeben sind.[2] Dies hebt Art. 26 III ausdrücklich hervor, wenn auch diese Vorschrift zu eng formuliert ist, weil nur an den Fall gedacht wurde, daß „die Anerkennung in einem Rechtsstreit ... verlangt" wird.

2. Die Entscheidung über das Vorliegen oder Nichtvorliegen der Anerkennungsvoraussetzungen hat Bedeutung nur für das anhängige Verfahren. Eine Bindungswirkung für nachfolgende Verfahren besteht nicht. Dadurch ergibt sich die Gefahr widersprechender Entscheidungen. Es kann sich das Gericht A auf den Standpunkt stellen, daß die Anerkennungsvoraussetzungen zu bejahen seien und daß deshalb die Rechtskraft des Urteils aus einem anderen Staat zu beachten sei, während das Gericht B einen gegenteiligen Standpunkt einnimmt und deshalb in eine neue Sachprüfung eintritt und dabei möglicherweise zu einem anderen Ergebnis gelangt. Eine solche Entscheidungsdisharmonie ist weder für die Parteien zumutbar noch der Rechtsidee förderlich. Es ist deshalb zweckmäßig, wenn im Zweitstaat ein Verfahren zur Verfügung steht, in dem ein für allemal rechtskraftfähig festgestellt wird, ob die Wirkungen des erststaatlichen Urteils im Zweitstaat zu beachten sind oder nicht.

§ 146 Das Feststellungsverfahren nach Art. 26 II

I. Überblick

1. Das Übereinkommen hat ein für alle Vertragsstaaten einheitliches Feststellungsverfahren eingeführt, Art. 26 II. Dies ist ein Novum. Die

---

[1] Oben § 130.
[2] *Geimer* JZ 1977, 145.

bisherigen Anerkennungs- und Vollstreckungsverträge haben die Regelung des Verfahrens, in dem das Vorliegen der Anerkennungsvoraussetzungen geprüft wird, dem nationalen Recht überlassen. Dies ist bei einem bilateralen Vertrag noch akzeptabel, jedoch nicht bei einem Übereinkommen, an dem derzeit sechs und in Bälde zehn Staaten beteiligt sind.[1] Wollte man auf das nationale Recht der einzelnen Vertragsstaaten rekurrieren, so wäre die Handhabung von Land zu Land unterschiedlich. Auch müßte die Anerkennungsfähigkeit der Titel im normalen Klageverfahren geprüft werden, das erfahrungsgemäß zu zeitraubend und deshalb in keiner Weise geeignet ist, eine schnelle Klärung der Anerkennungsfrage zu gewährleisten. Die Vereinfachung und Beschleunigung der gegenseitigen Urteilsanerkennung ist aber gerade eines der Hauptanliegen des Übereinkommens.

2. Die Einführung eines einheitlichen Anerkennungsverfahrens ist deshalb zu begrüßen. Leider hat man aber nicht allzuviel Mühe auf dessen Ausgestaltung verwendet.[2] Dies mag damit zusammenhängen, daß das Feststellungsverfahren erst kurz vor Unterzeichnung des Übereinkommens eingefügt wurde. Art. 26 II verweist auf die Vorschriften über die Klauselerteilung (Art. 31ff.). Dadurch wird die Unterscheidung zwischen Anerkennung und Exequaturerteilung (Klauselerteilung) verwischt. Das erste Verfahren hat eine *Feststellung* zum Gegenstand, während das letztere auf eine *Rechtsgestaltung* hinzielt. Durch die Erteilung der Vollstreckungsklausel wird dem aus einem anderen Vertragsstaat stammenden Titel die Vollstreckbarkeit für den Bereich des Zweitstaates originär verliehen.

II. Rechtsvergleichende Hinweise

1. Bundesrepublik Deutschland

a) Es bedurfte keines besonderen Feststellungsverfahrens zur Klärung der Anerkennungsfähigkeit ausländischer Entscheidungen. Die Feststellungsklage (§ 256 ZPO) reicht aus.[3]

b) Gegenstand einer Feststellungsklage kann auch die Frage sein, ob die Wirkungen einer ausländischen Entscheidung anzuerkennen sind oder nicht.[4] Das Feststellungsinteresse (rechtliches Interesse) ist ange-

---

[1] *Jenard*-Bericht S. 87.

[2] *Geimer* JZ 1977, 147.

[3] Wegen Art. 7 FamRÄndG.

[4] *Nußbaum,* Deutsches Internationales Privatrecht, 1932, 427 Fußn. 3; *Riezler* IZPR, 1949, 515; *Schütze* Die Anerkennung und Vollstreckung ausländischer Zivilurteile in der Bundesrepublik Deutschland als verfahrensrechtliches Problem, Diss. Bonn 1960, 35; *Rosenberg-Schwab,* ZPR, 13. Aufl., 1981, § 158 I 5 bei Fußn. 7; *Stein-Jonas-Schumann-Leipold,* ZPO, 19. Aufl., § 328 Anm. I 3c bei Fußn. 29 S. 1403; unten Bd. II, 120 bei Fußn. 3; A. A. *Lehmann-Krauss,* Das internationale Zivilprozeßrecht (Deutsches

sichts der Gefahr einander widersprechender Entscheidungen immer gegeben. Die abstrakte Gefahr reicht aus. Der Kläger muß nicht dartun, daß in concreto ein zweites Verfahren anhängig ist oder in Kürze anhängig sein wird, in dem widersprüchlich entschieden werden könnte.

c) *Beide Parteien* des Erstprozesses können die Anerkennungsfähigkeit eines ausländischen Urteils durch Feststellungsklage klären lassen. Auch für die *unterlegene Partei* kann es wichtig sein, daß verbindlich geklärt wird, ob das im Ausland gegen sie ergangene Urteil Wirkungen entfaltet. Sie braucht nicht zu warten, bis der siegreiche Gegner seinerseits aktiv wird. Die siegreiche Partei erhebt in der Regel eine positive Feststellungsklage, die unterlegene eine negative (auf Feststellung der Nichtanerkennungsfähigkeit gerichtete) Feststellungsklage. Es ist aber auch denkbar, daß die im Erststaat siegreiche Partei auf Feststellung der Nichtanerkennung des ausländischen Urteils klagt und umgekehrt. Ist z. B. klar, daß ein ausländisches Urteil in der Bundesrepublik Deutschland nicht anerkannt werden kann, weil es dem deutschen ordre public widerspricht, etwa weil zwingendes, international durchzusetzendes deutsches Recht nicht beachtet wurde, so ist dafür dem im Erststaat siegreichen Kläger das rechtliche Interesse zuzusprechen, die Unwirksamkeit des ausländischen Titels im Inland feststellen zu lassen. Nach h. M. soll jedoch das Rechtsschutzbedürfnis fehlen, weil der Kläger die Möglichkeit hat, im Inland erneut Leistungsklage zu erheben.[5]

2. Andere Vertragsstaaten

So klar wie in der Bundesrepublik Deutschland ist die Frage der Zulässigkeit einer Feststellungsklage in *Frankreich* nicht zu beantworten.[6] Die

---

Reich), in *Leske-Loewenfeld,* Die Rechtsverfolgung im internationalen Rechtsverkehr, 2. Aufl. 1930/33, 96: „Eine Klage mit dem Antrag, daß das ausländische Urteil in Deutschland anzuerkennen sei, ist nur zulässig, sofern mit ihr in Wirklichkeit gemäß § 256 ZPO Feststellungen zu dem materiellen Rechtsverhältnis verlangt werden." Wieder anders *Förster-Kann,* ZPO, 3. Aufl., II, 1926, § 722, Anm. 3 g.E., S. 461, wonach die Erstreckung der ausländischen Rechtskraft- bzw. Gestaltungswirkung auf das Inland im Verfahren nach §§ 722, 723 ZPO festzustellen ist. Hier wirkt noch das Modell der französischen Exequaturklage!

[5] *Schütze* (Fußn. 44) 35.

[6] Die deutsche ZPO hat als erste Prozeßordnung der Welt die (allgemeine) Feststellungsklage (§ 256 ZPO) normiert. In den Prozeßordnungen Frankreichs, Italiens, Luxemburgs und der Niederlande fehlt auch heute noch eine Parallelvorschrift zu § 256 ZPO.

Die Feststellungsklage als selbständige Rechtsschutzform neben der Leistungs- und Gestaltungsklage hat sich in der französischen Prozeßrechtswissenschaft noch nicht voll durchsetzen können. Zum Stand der Diskussion siehe die Zusammenstellung bei *Solus-Perrot,* Droit judiciaire privé, tome I, 1961, Nr. 233ff. S. 209ff. Der Grund hierfür liegt in dem aktionenrechtlichen Denken der französischen Juristen. Für sie besteht zwischen dem materiellen Recht (droit) und dem Klageanspruch (action) eine Einheit. Vgl. *Schoch,* Klagbarkeit, Prozeßanspruch und Beweis im Licht des internationalen

Rechts, 1934, S. 90 und *Ferid,* Das französische Zivilrecht, I. Bd., 1971, 1 C 33 und 1 C 59. Im römischen Recht ist die Klage regelmäßig auf condemnatio gerichtet, ein gerichtliches Feststellungsverfahren findet nur in Ausnahmefällen statt. Vgl. *Hellwig,* Lehrbuch des Deutschen Civilprozeßrechts, I, 1903, § 58, 379; *derselbe,* System des Deutschen Zivilprozeßrechts, I, 1912, § 107, 280. Auch dem französischen Juristen erscheint die Feststellungsklage als Ausnahme, „da sie einen Prozeßanspruch ohne subjektives Recht im engeren Sinne zuläßt", wie *Schoch* aaO S. 90/91 richtig hervorhebt. – Vgl. auch *Neuner,* Privatrecht und Prozeßrecht, 1925, 88ff.

Die dogmatische Entwicklung führt zu einer Lockerung der Verbindung zwischen *droit* und *action.* Vgl. *Vincent-Guinchard* procédure civile, 20. Aufl., 1981 Nr. 18. Damit wird für die französische Prozeßrechtswissenschaft der Weg frei, die allgemeine Feststellungsklage als selbständige und gleichberechtigte Klageart neben die Leistungs- und Gestaltungsklage zu stellen. Der nouveau Code de procédure civile enthält zwar ebenso wie der alte Code keine dem § 256 ZPO vergleichbare Vorschrift. Doch vielleicht benutzt die Rechtsprechung Art. 31 des nouveau Code als Ansatzpunkt für die Zulässigkeit einer Feststellungsklage. Nach dieser Vorschrift ist „l'action . . . ouverte à tous ceux qui ont un intérêt légitime au succès ou au rejet d'une prétention, sous réserve des cas dans lesquels la loi attribue le droit d'agir aux seules personnes qu'elle qualifie pour élever ou combattre une prétention, ou pour défendre un intérêt déterminé".

Eine ähnliche Norm des Codice di procedura civile haben die italienischen Juristen als „Aufhänger" für die Zulässigkeit der Feststellungsklage (azione di mero accertamento) benutzt. Es ist dies Art. 100 Codice di procedura civile: „Per proporre una domanda o per contraddire alla stessa è necessario avervi interesse." Vgl. hierzu *Liebman,* Manuale di diritto processuale civile, 3. Aufl., I, 1973, Nr. 83 S. 142 mit weiteren Nachw.: „Ma dal fatto che la legge stablisce come requisito dell'azione la sola esistenza dell'interesse ad agire (art. 100 cod. proc. civ.) la dottrina e la giurisprudenza deducono la conseguenza un'azione che, anche indipendentemente da una espressa norma di legge, si possa proporre in via generale un azione di accertamento, tutte le volte che l'attore possa dimonstrare di avervi interesse". Zur sentenza di accertamento s. auch *Satta,* diritto processuale civile, 8. Aufl., Nr. 151 S. 228.

In Belgien erwähnt der am 1. November 1970 in Kraft getretene Code judiciaire die Feststellungsklage in Art. 18 (2) passim: „L'action peut être admise lorsqu'elle a été intenté, même à titre déclaratoire, en vue de prévenir la violation d'un droit gravement menacé." Ob die belgische Rechtsprechung im Hinblick auf diese Norm die vom französischen Recht inspirierte Reserve gegenüber der allgemeinen Feststellungsklage aufgeben wird, bleibt abzuwarten.

Zur Geschichte des § 256 ZPO s. *Kadel,* Zur Geschichte und Dogmengeschichte der Feststellungsklage nach § 256 der Zivilprozeßordnung, 1967. Die Herausbildung der Feststellungsklage ist nur möglich geworden auf dem Hintergrund der *Windscheidschen* Aufspaltung der römischrechtlichen actio in den Anspruch des materiellen Rechts (§ 194 BGB) und die damit verbundene Klagebefugnis. So sehr klar *Bruns,* Zivilprozeßrecht, 1968, 189. Durch die allgemeine Zulassung der Feststellungsklage sind – wie *Hellwig* (System 280) treffend hervorhebt – „die Formen des Rechtsschutzes, die das Prozeßrecht den Privaten zur Verfügung stellt, außerordentlich erweitert worden". Die dogmatische Fundierung der allgemeinen, d. h. nicht auf bestimmte Fälle begrenzten Feststellungsklage ist in der Tat eine Glanzleistung der deutschen Juristen des letzten Jahrhunderts.

Vgl auch *Borchard,* Les jugements déclaratoires (rapport général) in Mémoires de l'Académie internationale de droit comparé, II, 1974, 534 und *Rosenberg* ebenda 616.

Rechtsprechung neigt wohl dazu, eine negative Feststellungsklage (action en inopposabilité) zuzulassen,[7] während für eine positive Feststellungsklage (action en opposabilité) das Rechtsschutzbedürfnis fehlt, weil die Frage der Anerkennung auch durch die action en exequatur zu klären ist. In Belgien ist man dieser Rechtsprechung nicht gefolgt.[8] Man läßt keine negative Feststellungsklage zu. Diese unterschiedliche Handhabung in den verschiedenen Vertragsstaaten war wohl der Anlaß, noch kurz vor Unterzeichnung des Übereinkommens ein einheitsrechtliches Verfahren einzuführen.

III. Statthaftigkeit des Verfahrens nach Art. 26 II

1. Vorliegen einer Entscheidung aus einem anderen Vertragsstaat

Erste Voraussetzung für die Statthaftigkeit des Feststellungsverfahrens nach Art. 26 II ist das Vorliegen einer gerichtlichen Entscheidung aus einem anderen Vertragsstaat. Die Anerkennungsfähigkeit von Entscheidungen aus dritten Staaten ist wie bisher in dem vom autonomen Recht eines jeden Vertragsstaates vorgesehenen Verfahren festzustellen.

2. Entscheidungen, für die das Übereinkommen (Art. 25ff.) nicht zur Anwendung kommt

Art. 26 II gilt nicht für alle gerichtlichen Entscheidungen aus anderen Vertragsstaaten, sondern nur für solche, die in den Anwendungsbereich des Übereinkommens fallen. So ist z. B. die Frage, ob ein französisches Scheidungsurteil in der Bundesrepublik Deutschland anzuerkennen ist, nicht im Verfahren nach Art. 26 II zu prüfen,[9] sondern in dem vom autonomen deutschen Recht vorgesehenen Verfahren vor der Landesjustizverwaltung.[10]

3. Entscheidungen, für die teilweise das Übereinkommen und teilweise ein anderes Anerkennungsrecht (anderer Vertrag oder autonomes Recht) gilt

Schwierigkeiten ergeben sich, wenn ein Urteil nur teilweise in den Anwendungsbereich des Übereinkommens fällt. Wie ist z. B. zu entscheiden, wenn in einem belgischen Urteil nicht nur die Scheidung aus-

---

[7] Diskutiert wird die Frage nur für jugements rendus en matière d'état des personnes; hierzu *Francescakis* RabelsZ 1954, 58; *Francescakis-Lucas* in *Dalloz*, Répertoire de droit international, I, 1968 Nr. 77; weitere Nachw. bei *Droz* 288; Nr. 456 Fußn. 1; *Foyer-Foyer* „Divorce et séparation de corps" in *Dalloz*, Rep. d.i.p., I. 1968, Nr. 155; *Batiffol-Lagarde* Droit international privé, 6. Aufl., 1974/76; II Nr. 749 S. 529; *Mezger* in *Lewald*-Festschrift 1953, 333.

[8] *Droz* Nr. 453 Fußn. 5 S. 285.

[9] Arg. Art. 1 II Nr. 1.

[10] Art. 7 § 1 FamRÄndG.

gesprochen ist, sondern im sogenannten Entscheidungsverbund[11] zugleich über den Unterhalt mitentschieden wurde, den der eine Ehegatte einem anderen zahlen muß. Die Verurteilung zur Unterhaltszahlung fällt in den Anwendungsbereich des Übereinkommens, Art. 1 I, da sie nicht in dem Ausnahmekatalog des Art. 1 II aufgeführt ist.[12] Anders dagegen die Statusentscheidung (Ausspruch der Scheidung), Art. 1 II Nr. 1. In solchen Fällen sind *zwei* Anerkennungsverfahren durchzuführen. In dem Anerkennungsverfahren nach Art. 7 § 1 FamRÄndG ist zu prüfen, ob der Ausspruch der Scheidung als solcher in der Bundesrepublik Deutschland anerkannt werden kann. Ist ein positiver Feststellungsbescheid ergangen, so ist im Verfahren nach Art. 26 II zu klären, ob die Rechtskraftwirkung hinsichtlich des unterhaltsrechtlichen Teils der erststaatlichen Entscheidung gemäß Art. 25ff. in der Bundesrepublik Deutschland anerkannt werden kann bzw. ob der Verurteilung die Klausel gemäß Art. 31ff. erteilt werden kann.[13] Wurde der Scheidung die Anerkennung versagt, so fragt es sich, ob die Verurteilung zur Unterhaltszahlung gleichwohl selbständig nach dem Übereinkommen anerkennungsfähig ist. Es kommt hierbei darauf an, ob die isolierte Anerkennung der Verurteilung zur Unterhaltszahlung für sich allein noch rechtlich sinnvoll ist, wenn im Inland die Ehegatten noch als verheiratet gelten. Rechtslogisch ist es zwar denkbar, daß die Entscheidung über die Scheidungsfolgen im Inland anerkannt wird, obwohl der Ausspruch der Scheidung selbst nicht anerkannt wird.[14] Der durch den Entscheidungsverbund intendierte Sinnzusammenhang würde jedoch total zerrissen. Aus diesem Grunde wird man auch der Verurteilung zur Unterhaltszahlung die Anerkennung versagen müssen.[15] Die Anerkennung der Rechtskraft des Unterhaltsurteils, also der Feststellung der Unterhaltspflicht nach Scheidung der Ehe, setzt wohl in jedem Falle voraus, daß die Auflösung der Ehe durch das Scheidungsurteil im Zweitstaat anerkannt wird. Vgl. oben § 112.

4. Entscheidungen, die vor Inkrafttreten des Übereinkommens erlassen worden sind

Für gerichtliche Entscheidungen, die vor dem 1. Februar 1973 bzw. vor Inkrafttreten des jeweiligen Beitrittsübereinkommens (vgl. oben § 16) ergangen sind, gilt ebenfalls Art. 26 II nicht. Vgl. oben § 105. In der Bundesrepublik Deutschland kommt das normale Klageverfahren nach § 256 ZPO zum Zuge, und zwar auch im Anwendungsbereich der Ab-

---

[11] Hierzu oben § 20 VII.

[12] Oben § 22.

[13] Der Zweitrichter hat das Verfahren nach Art. 26 II auszusetzen, um den Ausgang des Verfahrens nach Art. 7 § 1 FamRÄndG abzuwarten.

[14] *Geimer* NJW 1975, 2141.

[15] *Geimer* NJW 1975, 2141. *A. A. Hausmann* IPRax 1981, 6.

kommen und Verträge mit Italien,[16] Belgien,[17] den Niederlanden,[18] dem Vereinigten Königreich[18a] und Griechenland.[18b] Durch die Ausführungsverordnung zum deutsch-italienischen Abkommen und die Ausführungsgesetze zum deutsch-belgischen Abkommen, zum deutsch-niederländischen Vertrag, zum deutsch-britischen Abkommen und zum deutsch-griechischen Vertrag wurde nämlich nur ein vereinfachtes Exequaturverfahren[19] eingeführt, welches das Klageverfahren gemäß §§ 722, 723 ZPO verdrängt. Ein beschleunigtes Feststellungsverfahren für die Anerkennung der erststaatlichen Rechtskraft- bzw. Gestaltungswirkung gibt es nicht.[20]

IV. Gegenstand des Feststellungsbegehrens

1. Nach Art. 26 II ist Gegenstand des Feststellungsbegehrens *die Frage, „ob eine Entscheidung anzuerkennen ist“*. Dies ist unpräzise: Gegenstand der Anerkennung können nur die Wirkungen der gerichtlichen Entscheidung sein, die diese nach dem Recht des Erststaates hervorbringt. Es ist daher empfehlenswert, in dem Feststellungsantrag die Urteilswirkungen näher zu bezeichnen, deren Erstreckung auf den Zweitstaat behauptet wird. In der Regel dürfte dies die Rechtskraftwirkung und/oder Gestaltungswirkung sein. In Betracht kommen aber auch die Streitverkündungs- und Interventionswirkung.[21]

---

[16] RGBl. 1937 II 143.
[17] Unten Bd. II B1.
[18] BGBl. 1965 I 17.
[18a] Unten Bd. II C1.
[18b] BGBl. 1963 II 109.
[19] *Geimer* NJW 1965, 1413.
[20] *Geimer* JZ 1977, 148.
[21] Gegenstand eines Feststellungsverfahrens nach Art. 26 II können dagegen nicht sein die *innerprozessualen Bindungswirkungen des erststaatlichen Verfahrens*. Diese sind nur innerhalb des schwebenden Rechtsstreits im Erststaat von Bedeutung. Sie kommen daher für eine Anerkennung in den anderen Vertragsstaaten nicht in Betracht. Auszuscheiden ist ferner die Vollstreckbarkeit nach dem Recht des Erststaates. Diese ist zwar Voraussetzung für die Klauselerteilung im Zweitstaat (Art. 31). Sie wird im Klauselerteilungsverfahren vorfrageweise geprüft. Sie wird aber als solche nicht auf das Inland erstreckt. Daher kommt das Anerkennungsverfahren nach Art. 26 II insoweit nicht zur Anwendung. Das gleiche gilt für die Tatbestandswirkungen. Welche Tatbestandswirkungen das erststaatliche Urteil entfaltet, beurteilt sich nicht nach dem Übereinkommen, sondern nach der lex causae.

Diese ist nach dem IPR des Zweitstaates zu bestimmen. Ist z. B. für einen Kaufvertrag nach deutschem IPR schwedisches Recht maßgebend, so hat dieses die Frage zu beantworten, ob das Urteil eines italienischen Gerichts die Verjährung zu unterbrechen geeignet ist. Hier muß also im allgemeinen Klageverfahren nach autonomem Recht auf Feststellung oder Leistung aus dem materiellen Rechtsverhältnis geklagt werden.

2. Art. 26 II ist auch in sofern ungenau, als er das Feststellungsbegehren nicht auf die Anerkennung im *Zweitstaat* beschränkt. Ein Antrag auf Feststellung, daß die Entscheidung des Erststaates in einem *dritten Vertragsstaat* anzuerkennen sei, ist unzulässig.[22] Ein solcher Antrag wäre zwar rechtslogisch denkbar, in aller Regel dürfte jedoch das Rechtsschutzbedürfnis fehlen. Dies schließt jedoch nicht aus, daß z. B. das Zweitgericht vorfragenweise (Art. 26 III) sich mit der Frage befassen kann, ob ein italienisches Urteil in Frankreich nach dem Übereinkommen anerkennungsfähig ist oder nicht.

3. Auszuscheiden sind auch Entscheidungen von Gerichten anderer Vertragsstaaten, durch die festgestellt wird, daß die Voraussetzungen für die Anerkennung oder Vollstreckbarerklärung einer drittstaatlichen gerichtlichen Entscheidung gegeben sind oder nicht. Wird z. B. in Paris dem Urteil eines schweizerischen Gerichts das Exequatur erteilt, so entfaltet diese Entscheidung nur in Frankreich Wirkungen. Die französische Exequaturentscheidung kann nicht gemäß Art. 26ff. in den übrigen Vertragsstaaten anerkannt werden. Die Frage, ob die schweizerische Entscheidung in der Bundesrepublik Deutschland anzuerkennen ist, beurteilt sich ausschließlich nach dem deutsch-schweizerischen Abkommen vom 2. November 1929.[23]

V. Zulässigkeit des negativen Feststellungsantrags[24]

1. Nach dem Wortlaut des Übereinkommens ist in dem vereinfachten Verfahren des Art. 26 II i. V. m. Art. 31ff. nur ein positiver Anerkennungsantrag zulässig. Den Feststellungsantrag kann (nur) jene Partei stellen, „welche die Anerkennung geltend macht". Im Falle des Obsiegens wird dies in der Regel der Kläger des erststaatlichen Verfahrens sein, im Falle der Abweisung der Klage als unbegründet der Beklagte. Ein negativer Feststellungsantrag wäre danach unzulässig.[25]

2. Die Partei, die sich der Anerkennung widersetzt (in der Regel der Beklagte), hat das gleiche Interesse an einer rechtskraftfähigen Entscheidung der Frage, ob die Anerkennungsvoraussetzungen vorliegen oder nicht.[26] Ihr muß deshalb das gleiche vereinfachte Verfahren zur Verfü-

---

[22] *Geimer* JZ 1977, 149 sub III 4.

[23] RGBl. 1930 II 1066.

[24] *Geimer* JZ 1977, 149 sub IV.

[25] *Jenard*-Bericht S. 88: „Nur die Partei, welche die Anerkennung geltend macht, kann das vereinfachte Verfahren betreiben, da es nur dazu dienen soll, die Vollstrekkung und folglich auch die Anerkennung von Entscheidungen zu erleichtern. Das hierzu geschaffene Verfahren wäre im übrigen nur schwer anwendbar, wenn es auch von der Partei betrieben werden könnte, die sich der Anerkennung widersetzt; diese Partei kann ihre Ansprüche gegebenenfalls mit den in dem allgemeinen innerstaatlichen Recht des Anerkennungsstaates vorgesehenen Mitteln geltend machen."

[26] *Geimer* JZ 1977, 149.

gung gestellt werden wie der anderen Partei.[27] Es kann dem im Erstprozeß unterlegenen Beklagten nicht zugemutet werden zu warten, bis der Kläger die Initiative ergreift und einen positiven Feststellungsantrag stellt. Dies gilt vor allem für Feststellungs- oder Gestaltungsurteile. Aber auch bei Leistungsurteilen braucht der Schuldner nicht abzuwarten, bis der Gläubiger die Klauselerteilung gemäß Art. 31 ff. beantragt.

3. Auch ein Verfahren, das durch einen positiven Anerkennungsantrag eingeleitet wird, kann mit einer negativen Feststellung enden. Das Feststellungsverfahren ist nämlich nur dann sinnvoll, wenn es die Frage, ob die Wirkungen einer bestimmten ausländischen Entscheidung auf das Inland erstreckt werden oder nicht, endgültig entscheidet.[29] Wird der positive Feststellungsantrag als unbegründet zurückgewiesen, weil das Gericht die Auffassung vertritt, daß die Anerkennungsvoraussetzungen nicht vorliegen, so erwächst (auch) diese Entscheidung in materielle Rechtskraft. Sie stellt fest, daß die erststaatliche Entscheidung im Inland nicht anerkannt werden kann. Der Antragsteller kann seinen Antrag nicht mehr wiederholen. Da nun das Feststellungsverfahren nach Art. 26 II mit der rechtskräftigen Entscheidung enden kann, daß eine bestimmte Entscheidung im Zweitstaat nicht anzuerkennen ist, ist es systemgerecht, von vornherein auch einen negativen Feststellungsantrag zuzulassen.

VI. Identität des Streitgegenstandes des positiven und des negativen Feststellungsantrags

Der positive Feststellungsantrag (der siegreichen Partei) und der negative Feststellungsantrag (der unterlegenen Partei) betreffen den *gleichen Streitgegenstand*. Es geht um die Frage, ob die Wirkungen eines bestimmten ausländischen Urteils im Zweitstaat anzuerkennen sind oder nicht. Wird ein positiver Feststellungsantrag gestellt, so kann der Antragsgegner nicht im Wege der „Widerklage" einen negativen Antrag stellen und umgekehrt.[30] Hat der (im Erstprozeß unterlegene) Beklagte einen negativen Feststellungsantrag gestellt des Inhalts, daß die Rechtskraftwirkung im Inland nicht anzuerkennen sei, so kann dem der Kläger (des Erstprozesses) nicht einen positiven Feststellungsantrag entgegensetzen. Er kann jedoch Antrag auf Klauselerteilung gemäß Art. 31 ff. stellen. Insoweit ist nämlich der Streitgegenstand nicht identisch. Das Begehren auf Klauselerteilung stellt einen Antrag auf Rechtsgestaltung (Verleihung der Voll-

---

[27] Der Wortlaut des Art. 26 II ist mit dem Gleichheitssatz des europäischen Grundrechtskatalogs nicht vereinbar.

[28] Fußn. 25.

[29] *Geimer* JZ 1977, 149.

[30] *Geimer* JZ 1977, 149 sub IV 4.

streckbarkeit für den Bereich des Zweitstaates) dar. Wird der Klauselerteilungsantrag gestellt, so wird der negative Feststellungsantrag dadurch nicht unzulässig. Vgl. unten VII 6.

VII. Verhältnis des Feststellungsverfahrens zum Klauselerteilungsverfahren

1. Die Vollstreckbarkeit des erststaatlichen Titels wird nicht auf den Zweitstaat erstreckt. Vgl. oben § 132 (1). Die Vollstreckbarkeit im Zweitstaat muß dem erststaatlichen Titel vom Zweitrichter originär verliehen werden. Die Vollstreckbarerklärung im Zweitstaat ist deshalb ein rechtsgestaltender Akt. Sie erfolgt nach Art. 31 ff. in Form der Klauselerteilung. Das Klauselerteilungsverfahren hat ein *anderes Verfahrensziel* als das Anerkennungsverfahren nach Art. 26 II: Das erstere ist auf eine *Rechtsgestaltung* gerichtet, das letztere auf eine *Feststellung*.

2. Daher schließen sich beide Verfahren nicht gegenseitig aus.[31] Hat der Kläger im Erststaat ein Leistungsurteil erstritten, so kann er neben dem Antrag, die Klausel zu erteilen, auch beantragen, es möge festgestellt werden, daß die Rechtskraftwirkung des ausländischen Urteils im Inland anzuerkennen ist. Das Rechtsschutzbedürfnis für den Feststellungsantrag entfällt nicht deswegen, weil der im Verfahren nach Art. 31 ff. ergehende Beschluß der materiellen Rechtskraft fähig ist. Der Klauselerteilungsbeschluß stellt für nachfolgende Verfahren bindend fest, daß die Voraussetzungen für die Vollstreckbarerklärung (Klauselerteilung) im Zweitstaat gegeben sind.

3. Geht es in einem späteren Verfahren um die Frage, ob die Rechtskraftwirkung eines nach Art. 31 ff. für vollstreckbar erklärten Urteils im Inland zu beachten ist, so ist das Gericht an die Rechtskraft des Klauselerteilungsbeschlusses insoweit gebunden, als die Anerkennungsvoraussetzungen mit den Klauselerteilungsvoraussetzungen identisch sind.[32] Dies ist die Regel (Art. 34 II). Es gibt aber Fälle, in denen Anerkennungs- und Vollstreckbarkeitsvoraussetzungen auseinanderfallen.

Beispiel:

Die Klauselerteilung wird abgelehnt, weil der Schuldner erfolgreich einwenden konnte, in der Zwischenzeit sei die Urteilsschuld (= die im Urteil festgestellte Verbindlichkeit) bezahlt worden.[33] Mit dem Erlöschen der Schuld und dem Wegfall der Voraussetzungen für die Zwangsvollstreckung im Zweitstaat entfällt noch nicht jedes Feststellungsinteresse des Klägers. Die Feststellungswirkung des Urteils (Rechtskraft) wirkt fort. Dem Kläger ist daran gelegen, daß außer Zweifel bleibt, daß die im erststaatlichen Urteil festgestellte Verbindlichkeit (vor Tilgung) bestan-

---

[31] *Geimer* JZ 1977, 150.
[32] Unten Bd. II 221 sub III 18b.
[33] § 14 I deutsches Ausführungsgesetz. Vgl. unten § 150 XXI 1.

den hat. Dies kann trotz Erfüllung noch Gegenstand eines Feststellungsverfahrens nach Art. 26 II sein; denn sonst könnte sich der Kläger nicht gegen den Einwand des Beklagten wehren, er habe sine causa bezahlt und der Kläger sei ihm kondiktionspflichtig.

4. Ähnlich verhält es sich, *wenn die Rechtskraftwirkung gegenständlich über den Leistungsanspruch hinausgreift:* z. B. wenn nach einem Verkehrsunfall zur Zahlung einer bestimmten Summe wegen des bereits eingetretenen Schadens verurteilt, daneben aber festgestellt wurde, der Beklagte habe dem Kläger auch allen zukünftigen (aus dem schädigenden Ereignis entstehenden) Schaden zu ersetzen. Hier stellt die Klauselerteilung nicht fest, daß die Rechtskraft bezüglich der künftigen Schadensersatzpflicht im Zweitstaat anzuerkennen ist.

5. Diese Beispiele zeigen, daß die Feststellung der Anerkennungsfähigkeit der Rechtskraft des ausländischen Leistungsurteils neben der Vollstreckbarerklärung eine selbständige Bedeutung hat.

6. *Fazit:* Der Feststellungsantrag gemäß Art. 26 II ist neben dem Antrag auf Klauselerteilung zulässig, und zwar aus Gründen der Prozeßökonomie auch in den Fällen, in denen die Anerkennungs- und Klauselerteilungsvoraussetzungen inhaltlich übereinstimmen.[34] Das Klauselerteilungsverfahren wird nicht komplizierter, wenn der Zweitrichter im Tenor seiner Entscheidung feststellt, daß die Rechtskraftwirkung des ausländischen Urteils im Inland anzuerkennen ist. Zudem wird einem Streit darüber vorgebeugt, wieweit die Rechtskraft des Klauselerteilungsbeschlusses reicht.[35]

VIII. Gerichtsbarkeit des Zweitstaates

Voraussetzung für die Durchführung des Anerkennungsverfahrens ist, daß der Zweitstaat Gerichtsbarkeit (facultas iurisdictionis) über den Antragsgegner besitzt.[36] Hat z. B. ein deutsches Gericht in einem Rechtsstreit zwischen dem deutschen Botschafter in Paris und dessen Vermieter eines Ferienhauses im Schwarzwald festgestellt, daß das Mietverhältnis besteht oder nicht, so wirkt dieses Urteil zwar in Frankreich gemäß Art. 26 I, sofern kein Versagungsgrund nach Art. 27, 28 gegeben ist. Ein Streit über das Vorliegen von Versagungsgründen kann jedoch nicht im Verfahren nach Art. 26 II vor einem französischen Gericht geklärt werden, weil der deutsche Botschafter Immunität gegenüber der französischen Gerichtsbarkeit genießt.[37] Eine Ausnahme gilt nur dann, wenn die

---

[34] Vgl. Art. 34 II.

[35] *Geimer* JZ 1977, 150. Anders wohl zum autonomen deutschen Recht *Stein-Jonas-Schumann-Leipold,* ZPO, 19. Aufl., § 328, Anm. I 3c ß.

[36] Grundsätzlich *Geimer,* Zur Prüfung der Gerichtsbarkeit und der internationalen Zuständigkeit bei der Anerkennung ausländischer Urteile, 1966, 66 Fußn. 7 und NJW 1967, 1402 sub IV 1c.

[37] Art. 31 I 2 des Wiener Übereinkommens vom 18. April 1961 über diplomatische Beziehungen (BGBl. 1964 II 957).

Bundesrepublik Deutschland sich mit der Durchführung des Verfahrens gegen ihren Amtsträger einverstanden erklärt.[38]

IX. Die Parteien des Feststellungsverfahrens

Antragsteller und Antragsgegner des Feststellungsverfahrens müssen nicht notwendigerweise die Parteien des erststaatlichen Erkenntnisverfahrens bzw. deren Rechtsnachfolger sein. Dies können auch Dritte sein.[39]

X. Feststellungsinteresse[40]

1. Ein besonderes Feststellungsinteresse des Antragstellers ist nicht erforderlich. Ein Feststellungsverfahren nach Art. 26 II ist auch dann noch zulässig, wenn der Antragsgegner bereits außergerichtlich zu erkennen gegeben hat, daß er die Anerkennung des erststaatlichen Urteils im Zweitstaat nicht in Zweifel ziehen wolle. Dies ist rechtspolitisch richtig, da ein *„Anerkenntnis des Antragsgegners"* dem Antragsteller nicht immer hilft. Es gibt nämlich Anerkennungsvoraussetzungen, die der Disposition der Parteien entzogen sind.[41]

2. Dies gilt jedoch nur für die Parteien des erststaatlichen Erkenntnisverfahrens und deren Rechtsnachfolger. Stellt ein Dritter einen Feststellungsantrag, so ist dieser nur zulässig, wenn der Dritte ein Feststellungsinteresse hat.[42]

3. Das Feststellungsinteresse ist von Bedeutung für die Verteilung der Kosten. Gemäß § 28 II 2 des deutschen Ausführungsgesetzes sind die Kosten des Feststellungsverfahrens dem Antragsteller aufzuerlegen, „wenn der Antragsgegner nicht durch sein Verhalten zu dem Antrag auf Feststellung Veranlassung gegeben hat".

XI. Einleitung des Anerkennungsverfahrens

1. Das Feststellungsverfahren nach Art. 26 II wird nicht durch Klage, sondern durch *einfachen Antrag* eingeleitet. Über den Inhalt der Antragsschrift enthält das Übereinkommen keine Bestimmungen. Art. 46 Nr. 1 sieht nur vor, daß die Partei, welche die Anerkennung geltend macht, eine Ausfertigung der Entscheidung, welche die für ihre Beweiskraft erforderlichen Voraussetzungen erfüllt, vorzulegen hat. Bei einer im

---

[38] *Geimer* JZ 1977, 149.

[39] *Geimer* JZ 1977, 149.

[40] *Geimer* JZ 1977, 213; *Linke* in *Bülow-Böckstiegel* 60/202, Art. 26, Anm. III 3a bei Fußn. 60.

[41] Oben § 141.

[42] A. A. *Linke* (Fußn. 40).

Versäumnisverfahren ergangenen Entscheidung ist auch die Urschrift oder eine beglaubigte Abschrift der Urkunde vorzulegen, aus der sich ergibt, daß das den Rechtsstreit einleitende Schriftstück der säumigen Partei zugestellt worden ist. Hiervon kann das Gericht jedoch absehen, Art. 48. Im übrigen bringt das Übereinkommen keine Vorschriften, Art. 26 II, Art. 33 I.

2. Aus der Natur der Sache ergibt sich jedoch folgender *notwendiger Inhalt des Antrags* auf Feststellung der Anerkennung der ausländischen Entscheidung: Es müssen der Antragsteller und der Antragsgegner sowie die anzuerkennende ausländische Entscheidung genau bezeichnet werden. Weiterhin muß angegeben werden, inwieweit eine Feststellung beantragt wird. Wird nicht ausdrücklich eine teilweise Anerkennung gewünscht, so ist anzunehmen, daß die Anerkennung des ausländischen Titels in seiner Gesamtheit – ausgenommen seine Vollstreckbarkeit – beantragt wird.

3. Genügt der Antrag diesen Erfordernissen nicht, so hat das Gericht dem Antragsteller die Ergänzung bzw. Klarstellung seines Antrags aufzugeben.

4. Über die Einreichung des Feststellungsantrags enthält das Übereinkommen keine Vorschrift. Insoweit gilt das Recht des Zweitstaates. In der Bundesrepublik Deutschland kann der Feststellungsantrag beim Landgericht schriftlich eingereicht werden. Er kann jedoch auch mündlich zu Protokoll der Geschäftsstelle gestellt werden.[43] Die Antragstellung unterliegt daher nicht dem Anwaltszwang.[44] Ist der Antrag nicht in deutscher Sprache[45] abgefaßt, so kann der Vorsitzende der Zivilkammer dem Antragsteller aufgeben, eine Übersetzung des Antrags beizubringen, die von einer hierzu in einem der Vertragsstaaten befugten Person beglaubigt ist.[46]

5. Zur Einleitung und Durchführung des Feststellungsverfahrens kann der Antragsteller jede nach deutschem Recht prozeßfähige Person bevollmächtigen.[47]

6. Der Antrag auf Feststellung gemäß Art. 26 II kann vom Antragsteller jederzeit zurückgenommen werden. Der Einwilligung des Antragsgegners bedarf es nicht. § 269 ZPO ist nicht entsprechend anwendbar. Der Antragsgegner hat jedoch ein Recht auf Kostenentscheidung. Das freie Rücknahmerecht besteht für den Antragsteller auch dann, wenn das Gericht mündliche Verhandlung angeordnet hat. Es erlischt jedoch, wenn das Gericht eine Entscheidung über den Anerkennungsantrag erlassen hat. Ab diesem Zeitpunkt ist die Einwilligung des Antragsgegners entsprechend § 269 ZPO erforderlich. Nach Erlaß der Entscheidung des

---

[43] §§ 28 I, 3 I des deutschen Ausführungsgesetzes.
[44] § 78 II ZPO.
[45] § 184 GVG.
[46] § 3 II des deutschen Ausführungsgesetzes.
[47] § 79 ZPO.

Gerichts über den Feststellungsantrag besteht die Möglichkeit der Zurücknahme des Antrags (mit Zustimmung des Antragsgegners) nur solange, wie die Entscheidung noch nicht in Rechtskraft erwachsen ist. Die Rücknahme des Antrags erfolgt schriftlich gegenüber dem Gericht. Wurde mündliche Verhandlung angeordnet, so kann die Rücknahme durch Erklärung in der mündlichen Verhandlung erfolgen. Auch die teilweise Antragsrücknahme ist zulässig.

XII. Zustellungsbevollmächtigte

1. Der Antragsteller hat einen Zustellungsbevollmächtigten zu benennen, Art. 35 II 2, Art. 26 II, §§ 4, 28 des deutschen Ausführungsgesetzes. Durch die Bestellung eines Zustellungsbevollmächtigten soll die Zustellung und Mitteilung von Schriftstücken an den Antragsteller im Ausland erleichtert werden. Dies ist vor allem wichtig für die Einlegung der Beschwerde des Antragsgegners gemäß Art. 36, 37 I. Der Wortlaut des Art. 34 II 2 ist jedoch weiter gefaßt . Hat der Antragsteller seinen Wohnsitz im Inland, so ist gleichwohl ein Zustellungsbevollmächtigter zu benennen. Eine Ausnahme gilt nur dann, wenn der Antragsteller einen bei einem deutschen Gericht zugelassenen Rechtsanwalt oder eine andere Person, die ihren Wohnsitz im Inland hat, zu seinem Bevollmächtigten bestellt hat.[48]

2. Auch juristische Personen können zu Zustellungsbevollmächtigten bestellt werden. Der Text des Ausführungsgesetzes ist insofern unpräzise, als nur von Wohnsitz die Rede ist.

3. Der Antragsteller kann in dem Feststellungsantrag den Zustellungsbevollmächtigten bestellen. Geschieht dies nicht, so können alle Zustellungen bis zur nachträglichen Benennung eines Zustellungsbevollmächtigten durch Aufgabe zur Post, §§ 175, 192, 213 ZPO, bewirkt werden.[49] Mit der Übergabe des zuzustellenden Schriftstückes an die Post ist die Zustellung erfolgt. Es handelt sich um eine reine Zustellung im Inland.

4. Kommt der Antragsteller seiner Pflicht zur Benennung eines Zustellungsbevollmächtigten nicht nach, so kann der Vorsitzende der Zivilkammer einen Zustellungsbevollmächtigten von Amts wegen *nicht* ernennen.

XIII. Zuständigkeiten

1. Sachliche Zuständigkeit

a) Sachlich zuständig für die Entscheidung über den Feststellungsantrag ist der Vorsitzende einer Zivilkammer beim Landgericht, Art. 26 II, Art. 32 I.[50]

---

[48] § 4 III, § 28 I des deutschen Ausführungsgesetzes.

[49] § 4 II des deutschen Ausführungsgesetzes.

[50] Wegen der anderen Vertragsstaaten s. unten §§ 164ff.

b) Dies gilt auch dann, wenn es sich um eine *arbeitsgerichtliche Streitigkeit* handelt.

c) Auf die *Höhe des Streitwertes* kommt es nicht an.

d) Der Vorsitzende der Zivilkammer kann seine Zuständigkeit nicht auf ein sonstiges Mitglied seiner Kammer delegieren. Im Falle seiner Verhinderung tritt sein geschäftsordnungsmäßig bestellter Vertreter an seine Stelle.

2. Örtliche Zuständigkeit

a) Primär maßgebend ist der Wohnsitz des Schuldners, Art. 32 II, Art. 26 II. Hat der Antragsgegner keinen Wohnsitz im Hoheitsgebiet des Zweitstaates, so ist nach dem Wortlaut des Art. 32 II 2 das Gericht zuständig, „in dessen Bezirk die Zwangsvollstreckung durchgeführt werden soll". Diese Vorschrift wurde für das Klauselerteilungsverfahren konzipiert. Sie ist für dieses Verfahren sicher sinnvoll. Eine entsprechende Anwendung auf das Anerkennungsverfahren bringt jedoch erhebliche Probleme. Man kann die Auffassung vertreten, daß das Gericht örtlich zuständig ist, in dessen Bezirk das Feststellungsinteresse auftritt. Dieses ist jedoch nur schwer zu bestimmen. Ist ein Feststellungsinteresse nicht lokalisierbar, so ist nach freier Wahl des Antragstellers jedes Gericht im Zweitstaat örtlich zuständig. Man sieht, wie wenig glücklich die pauschale Verweisung in Art. 26 II ist. Dieser Punkt hätte im Übereinkommen näher geregelt werden müssen.

b) Wird das Feststellungsverfahren mit einem Klauselerteilungsverfahren (Art. 31 ff.) verbunden, so dürften sich keine Schwierigkeiten ergeben. Auch für den Feststellungsantrag ist das Landgericht örtlich zuständig, in dessen Bezirk die Zwangsvollstreckung durchgeführt werden soll.[51]

c) Richtet sich der Feststellungsantrag gegen mehrere Antragsgegner und haben diese ihre Wohnsitze nicht im Bezirk ein und desselben Landgerichts, so scheitert deswegen nicht eine subjektive Antragshäufung. Analog Art. 6 Nr. 1 ist jedes Landgericht zuständig, in dessen Bezirk einer der Antragsgegner seinen Wohnsitz hat.[52] Unter den mehreren

---

[51] Im Ergebnis ähnlich *Linke* in *Bülow/Böckstiegel* 606/202, Art. 26, Anm. III 3b: Hat der Antragsgegner keinen Wohnsitz im Inland, so fehlt eine *Hilfszuständigkeit,* da die Anknüpfung an den Ort der Zwangsvollstreckung in Art. 32 Abs. 2 S. 2 allenfalls dann entsprechend anwendbar wäre, wenn es sich um eine Entscheidung handelt, die auch der Zwangsvollstreckung fähig ist. Der hilfsweise Rückgriff auf die „Belegenheit" des Feststellungsinteresses scheitert jedenfalls dann, wenn der Antragsteller ein solches entweder nicht nachweisen kann (was er auch nicht muß) oder wenn es nicht lokalisierbar ist. Bei inländischem Antragsteller sollte man besser auf die der ZPO auch sonst geläufige Hilfszuständigkeit an seinem Wohnsitz oder gewöhnlichen Aufenthalt abstellen. Im übrigen muß man wohl dem Antragsteller die freie Wahl des Gerichts zugestehen, obwohl dies mit der Ausschließlichkeit des Gerichtsstands (§ 1 AusfG) kaum vereinbar ist."

[52] *Geimer* NJW 1975, 1087; *Zöller-Geimer,* ZPO, 13. Aufl., IZPR, Anm. F IV 1.

örtlich zuständigen Landgerichten kann der Antragsteller wählen. Eine Zuständigkeitsbestimmung nach Art. 36 Nr. 3 ZPO findet nicht statt.

3. Ausschließliche Zuständigkeiten

a) Die örtlichen und sachlichen Zuständigkeiten sind durch § 1 des deutschen Ausführungsgesetzes zu ausschließlichen Zuständigkeiten erklärt.

b) Eine Zuständigkeitsvereinbarung ist dadurch ausgeschlossen.

c) Das Übereinkommen sieht nicht vor, die Zuständigkeit für Feststellungsanträge für den Bezirk mehrerer Landgerichte bei einem Landgericht zu konzentrieren. Dies ist rechtspolitisch verfehlt. Durch eine Konzentrierung könnte die auf dem Gebiet des internationalen Verfahrensrechts besonders notwendige Spezialisierung bestimmter Gerichte erreicht werden.

XIV. Grundsätzlich keine kontradiktorische Verhandlung

1. Der Vorsitzende hat unverzüglich über den Feststellungsantrag zu entscheiden, ohne daß der Antragsgegner in diesem Abschnitt des Verfahrens Gelegenheit erhält, eine Erklärung abzugeben, Art. 34 I, Art. 26 II. Vor dem Vorsitzenden findet grundsätzlich keine kontradiktorische Verhandlung statt. An diesem ersten Verfahrensabschnitt ist also nur der Antragsteller beteiligt.[53]

2. Diese Verfahrenskonstruktion soll eine wesentliche Beschleunigung bewirken. Der Grundsatz des rechtlichen Gehörs ist nicht verletzt, weil der Antragsgegner es in der Hand hat, sich jederzeit durch Einlegung der Beschwerde rechtliches Gehör zu verschaffen und dadurch eine kontradiktorische Verhandlung zu erzwingen.

3. Im Regelfall entscheidet der Vorsitzende durch Beschluß im schriftlichen Verfahren. Er kann jedoch auch eine mündliche Erörterung mit dem *Antragsteller* anordnen, wenn diese der Beschleunigung des Verfahrens dient. Voraussetzung ist jedoch nach § 5 I 2, § 28 I des deutschen Ausführungsgesetzes das Einverständnis des Antragstellers.

4. Der Vorsitzende kann jedoch mit Zustimmung des Antragstellers auch den *Antragsgegner* zur mündlichen Verhandlung laden. Dies ist vor allem empfehlenswert in rechtlich komplizierten Fällen, in denen mit Sicherheit eine Beschwerde des Antragsgegners zu erwarten ist.

5. Der Antragsgegner ist zu laden, wenn der Antragsteller es beantragt. Dies ist weder im Übereinkommen noch im Ausführungsgesetz ausdrücklich gesagt, folgt jedoch aus der Überlegung, daß die Einführung des einseitigen, nicht kontradiktorischen Verfahrens der Beschleunigung des Verfahrens dienen soll. Wenn im Einzelfall diese Beschleuni-

[53] Vgl. unten § 150 Fußn. 89 und § 159 I 4.

gung viel besser durch eine mündliche Verhandlung mit dem Antragsgegner erzielt werden kann, ist diese vorzuziehen.

6. Wurde ein negativer Feststellungsantrag gestellt, so ist es in der Regel zweckmäßig, wenn mündliche Verhandlung auch mit dem Antragsgegner angeordnet wird.

XV. Entscheidung über den Feststellungsantrag

1. Ist der Feststellungsantrag begründet, so spricht der Vorsitzende durch Beschluß aus, daß die näher zu bezeichnenden Wirkungen der erststaatlichen gerichtlichen Entscheidung anzuerkennen sind. Die Kosten sind dem Antragsgegner aufzuerlegen.[54]

2. Ist der Antrag unzulässig oder unbegründet, so weist ihn der Vorsitzende durch Beschluß zurück. Der Beschluß ist mit Gründen zu versehen. Die Kosten sind dem Antragsteller aufzuerlegen.[55]

3. Ist im Erststaat gegen die Entscheidung, deren Wirkungen Gegenstand des Feststellungsverfahrens sind, ein ordentlicher Rechtsbehelf eingelegt, dann kann der Zweitrichter das Verfahren nach Art. 26 II aussetzen und die Entscheidung der Gerichte im Erststaat abwarten, Art. 30. Diese Bestimmung hat für deutsche Urteile und Beschlüsse – anders als im Klauselerteilungsverfahren nach Art. 31 ff – keine Bedeutung, weil deutsche Entscheidungen materielle Rechtskraft (res iudicata-Wirkung) und Gestaltungswirkung erst mit Eintritt der formellen Rechtskraft, also der Unanfechtbarkeit mit ordentlichen Rechtsmitteln, entfalten. Anders ist es aber z. B. mit französischen Urteilen. Die autorité de la chose jugée beginnt bereits mit Erlaß der Entscheidung.[55a]

XVI. Rechtsmittel

1. Beschwerde

a) Gegen die Entscheidung des Vorsitzenden der Zivilkammer am Landgericht findet die Beschwerde zum übergeordneten Oberlandesgericht statt, Art. 37 I.

b) Beschwerdeberechtigt ist der Antragsteller, soweit sein Feststellungsantrag zurückgewiesen wurde und der Antragsgegner, soweit dem Feststellungsantrag stattgegeben wurde, Art. 36 I, Art. 40 I.

c) Form der Beschwerde: s. unten § 163 II 2.

d) Fristen:

α) Für den Antragsgegner beträgt die Beschwerdefrist einen Monat

---

[54] § 28 II 1 des deutschen Ausführungsgesetzes. Zu den Kosten s. unten § 150 XXX.

[55] § 28 I, § 10 des deutschen Ausführungsgesetzes.

[55a] Vgl. oben § 133 Fußn. 22.

seit Zustellung der Entscheidung des Vorsitzenden. Sie ist eine Notfrist[56] Hat der Antragsgegner seinen Wohnsitz in einem anderen Vertragsstaat, so beträgt die Frist zwei Monate und beginnt mit dem Tage zu laufen, an dem die Entscheidung dem Antragsgegner entweder in Person oder in seiner Wohnung zugestellt worden ist, Art. 36 II. Das Privileg der Zweimonatsfrist gilt jedoch nicht für solche Antragsgegner, die in einem dritten Staat (= Nichtvertragsstaat) wohnen. Der Vorsitzende kann jedoch gemäß § 9 II des deutschen Ausführungsgesetzes eine andere Beschwerdefrist anordnen. Die Frist ist in dem Beschluß, durch den über den Feststellungsantrag entschieden wird, oder nachträglich in einem besonderen Beschluß, der ohne mündliche Verhandlung erlassen wird, zu bestimmen. Versäumt der Antragsgegner die Beschwerdefrist, so ist die Wiedereinsetzung in den vorigen Stand auch dann zu erteilen, wenn der Antragsgegner von der Zustellung der Entscheidung des Vorsitzenden (über den Feststellungsantrag) ohne sein Verschulden keine Kenntnis erlangt hat, §§ 28 I, 11 II des deutschen Ausführungsgesetzes. Die amtliche Begründung[57] hierzu bemerkt, daß die Erleichterung der Wiedereinsetzung vor allem deswegen geboten sei, „weil der Schuldner an dem Verfahren, daß mit der beschwerdefähigen Entscheidung abschließt, nicht beteiligt ist und die Beschwerde ihm die Möglichkeit gibt, sich rechtliches Gehör zu verschaffen".

β) Für die Beschwerde des Antragstellers gegen die Zurückweisung des Feststellungsantrags sieht weder Art. 40 des Übereinkommens noch das deutsche Ausführungsgesetz eine Frist vor. Der *Jenard*-Bericht[58] stellt lapidar fest: „Der Ausschuß hielt es nicht für erforderlich, in dem Übereinkommen eine bestimmte Frist vorzusehen. Der Antragsteller, dessen Antrag abgelehnt ist, kann einen Rechtsbehelf in der Frist einlegen, die ihm zweckdienlich erscheint, die er beispielsweise zur Beschaffung der erforderlichen Unterlagen benötigt". Ähnlich argumentiert die amtliche Begründung zum deutschen Ausführungsgesetz: „Die Beschwerde des Gläubigers braucht jedoch nicht an eine Frist gebunden zu werden; denn es kann dem Gläubiger überlassen werden, ob und wann er sich an das höhere Gericht wenden will, um die in erster Instanz abgelehnte Zulassung seines Titels zur Zwangsvollstreckung doch noch zu erlangen".[59] Diese Erwägungen mögen vielleicht im Klauselerteilungsverfahren nach Art. 31 ff. noch vertretbar sein, sie sind jedoch fehl am Platze im Feststellungsverfahren; es kann nämlich dem Antragsgegner nicht zugemutet werden, auf Dauer einem Schwebezustand ausgesetzt zu sein. Die Frage, ob eine bestimmte gerichtliche Entscheidung im Inland anerkennungsfähig ist oder nicht, muß innerhalb absehbarer Frist rechtskraftfähig geklärt werden können. Es ist daher ein schwerer Fehler, daß § 28

---

[56] § 11 des deutschen Ausführungsgesetzes.
[57] Bundestags-Drucksache VI Nr. 3426 zu § 11 S. 16.
[58] *Jenard*-Bericht 95.
[59] Bundestags-Drucksache VI Nr. 3426 zu § 16 s. 18.

des deutschen Ausführungsgesetzes keine Frist zur Einlegung der Beschwerde durch den Antragsteller vorsieht, wenn der Feststellungsantrag als unbegründet zurückgewiesen wurde.[60] Auch im Hinblick auf den Gleichheitssatz ist diese Regelung sehr bedenklich. Während die Verteidigungsmöglichkeiten des Antragsgegners zeitlich befristet sind, hat es der Antragsteller in der Hand, durch Nichteinlegung der Beschwerde das Anerkennungsverfahren beliebig in die Länge zu ziehen.

e) Über die Beschwerde entscheidet ein Zivilsenat des OLG. Die Entscheidung kann dem Einzelrichter übertragen werden, § 524 ZPO.

f) Das Verfahren vor dem OLG ist *kontradiktorisch*. Legt der Antragsgegner die Beschwerde ein, so wird er erstmals am Verfahren beteiligt. Er verschafft sich durch diesen Rechtsbehelf rechtliches Gehör. Legt der Antragsteller gegen die Zurückweisung des Feststellungsantrags Beschwerde ein, so muß das OLG den Antragsgegner hören, auch wenn es der Auffassung ist, daß der Vorsitzende der Zivilkammer zu Unrecht den Feststellungsantrag zurückgewiesen hat. Das *einseitige Verfahren* vor dem Vorsitzenden der Zivilkammer des Landgerichts kann die Beschwerdeinstanz nicht nachholen.

g) Für das Verfahren des OLG gelten „die Vorschriften, die für das streitige Verfahren maßgebend sind", also die der ZPO über die Beschwerde, Art. 37. Die Anordnung einer mündlichen Verhandlung steht im Ermessen des Gerichts.[61] Ob mündliche Verhandlung angeordnet wird, bestimmt der Senat, nicht der Vorsitzende. Gegen die Anordnung der mündlichen Verhandlung kann weder der Beschwerdeführer noch der Beschwerdegegner ein Rechtsmittel einlegen.

h) Wird mündliche Verhandlung angeordnet, so beginnt der *Anwaltszwang*. Jede Partei ist verpflichtet, sich durch einen beim OLG zugelassenen Rechtsanwalt als Bevollmächtigten vertreten zu lassen. Die Ladung zur mündlichen Verhandlung muß die Aufforderung gemäß § 215 ZPO enthalten, einen beim OLG zugelassenen Anwalt zu bestellen.[62]

i) Läßt sich der Schuldner auf das Verfahren nicht ein, so muß das OLG seine Entscheidung solange aussetzen, bis festgestellt ist, daß es dem Antragsgegner möglich war, die Beschwerdeschrift so rechtzeitig zu empfangen, daß er sich verteidigen konnte oder daß alle hierzu erforderlichen Maßnahmen getroffen worden sind, Art. 40 II 2, Art. 26 II.[63]

---

[60] *Geimer* JZ 1977, 149.

[61] § 573 I ZPO.

[62] §§ 28 I, 13 II 2, 16 I des deutschen Ausführungsgesetzes.

[63] *Jenard*-Bericht S. 95: „Das Gericht, das mit dem Rechtsbehelf befaßt ist, kann nur entscheiden, wenn dem Schuldner tatsächlich die Möglichkeit gegeben war, seine Gegenvorstellungen zu erheben. Durch diese Bestimmung sollen die Rechte der Verteidigung gewahrt und die Nachteile bestimmter Systeme der Auslandszustellung behoben werden. Diese Nachteile wiegen um so schwerer, als der Schuldner für den Fall, daß er nicht rechtzeitig genug geladen war, um sich verteidigen zu können, über keinen Rechtsbehelf mehr verfügt, der ihm gestatten würde, die Entscheidung des mit dem Rechtsbehelf befaßten Gerichtes anzufechten – sieht man von der Kassations-

2. Rechtsbeschwerde[64]

a) Gegen die Beschwerdeentscheidung des OLG findet die Rechtsbeschwerde zum BGH statt, Art. 26 II, Art. 37 II, Art. 41, § 28 I, § 17 des deutschen Ausführungsgesetzes.

---

bzw. Rechtsbeschwerde ab, soweit sie nach dem Recht des Vollstreckungsstaates zulässig ist (Art. 41)."

[64] Zu den zulässigen Rechtsmitteln s. den Katalog des Art. 37 II.

Hierzu *Jenard*-Bericht S. 94: „Nach Art. 37 II findet gegen die Entscheidung über einen Rechtsbehelf weder die Berufung noch der Einspruch statt. Sie kann nur mit der Kassations- bzw. Rechtsbeschwerde angefochten werden.

Diese Bestimmung stützt sich auf folgende Erwägungen. Zunächst sind die Gründe, aus denen die Zulassung zur Zwangsvollstreckung versagt werden kann, eng begrenzt; sie berühren den ordre public des Vollstreckungsstaates. Es ist keineswegs zweckdienlich, die Auseinandersetzungen über diesen Begriff zu vermehren. Ferner ist die Lage eine andere als bei einem reinen Inlandsprozeß. Zur Sache selbst ist in dem Urteilsstaat bereits das Erkenntnisverfahren vorausgegangen, in dem die Einlegung von Rechtsbehelfen durch das Übereinkommen in keiner Weise behindert wird. Das Übereinkommen ist zwar auf vorläufig vollstreckbare Entscheidungen anwendbar, doch kann in diesem Falle das Gericht, das in dem Zulassungsverfahren mit dem Rechtsbehelf befaßt ist, gemäß Artikel 38 seine Entscheidung aussetzen. Eine Häufung von Rechtsbehelfen, die von der unterlegenen Partei nur in der Absicht benutzt werden könnten, das Verfahren zu verschleppen, würde eine Behinderung der von dem Übereinkommen erstrebten Freizügigkeit der Urteile bedeuten.

Da es in dem Recht der Bundesrepublik Deutschland die Kassationsbeschwerde nicht gibt, wurde zur Wahrung des Gleichgewichts zwischen den Vertragsstaaten vorgesehen, daß die Entscheidung des Oberlandesgerichts im Wege der Rechtsbeschwerde angefochten werden kann."

Zur Neufassung des Art. 37 II s. den *Schlosser*-Bericht Nr. 217: „Schwierigkeiten bereitete auf der Grundlage der zu Art. 32 und 40 vorgeschlagenen Lösung die Anpassung von Art. 37 II und von Art. 41.

In den ursprünglichen Mitgliedstaaten der Gemeinschaft kann gegen Entscheidungen der in Art. 37 und 40 für zuständig erklärten Gerichte ohnehin nur ein auf die Überprüfung von Rechtsfragen beschränktes Rechtsmittel zum höchsten Gericht des Staates eingelegt werden. Man konnte sich daher damit begnügen, dies auch für die nach dem EuGVÜ vorgesehenen Rechtsbehelfe festzuschreiben und für Belgien die Cour d'Appel einfach zu überspringen. Sinn der Regelung ist es, im Interesse einer zügigen Durchführung der Vollstreckung die Zahl der Rechtsbehelfe auf einen einzigen, mit der Möglichkeit voller Tatsachenkontrolle, und einen zweiten, beschränkt auf eine Rechtskontrolle, zu begrenzen. Es genügte daher nicht, für die neuen Mitgliedstaaten festzulegen, gegen die Entscheidung des Gerichts, welches über einen Rechtsbehelf des Schuldners oder Gläubigers befunden habe, sei nur noch ein weiterer Rechtsbehelf statthaft. Der zweite Rechtsbehelf war vielmehr darüber hinaus auf Rechtskontrolle zu beschränken.

Für die Zwecke der Anwendung des EuGVÜ muß das V. K. sein Rechtsbehelfssystem anpassen. Für Irland, das einen lediglich zweistufigen Gerichtsaufbau („superior court system") kennt, kommt nur der Supreme Court in Betracht. Es bleibt der Einführungsgesetzgebung des V. K. überlassen, zu entscheiden, ob der Rechtsbehelf einheitlich zum „House of Lords" oder, nach Gerichtsgebieten getrennt zum „Court

b) Für die Statthaftigkeit der Rechtsbeschwerde gelten die allgemeinen Vorschriften für Endurteile (§§ 545ff. ZPO). Die Rechtsbeschwerde gegen den Beschluß des OLG findet also statt, wenn gegen die Entscheidung, wäre sie durch Endurteil ergangen, die Revision gegeben wäre, § 17 Satz 1 des deutschen Ausführungsgesetzes:

α) Die Rechtsbeschwerde ist immer zulässig, wenn das OLG die Beschwerde des Antragstellers oder Antragsgegners als unzulässig verworfen hat, § 547 ZPO.

β) Ansonsten ist die Rechtsbeschwerde statthaft, wenn der Beschwerdegegenstand den Betrag von 40000.– DM übersteigt[65] oder wenn das OLG die Rechtsbeschwerde zugelassen hat, § 546 I ZPO. Das OLG hat die Rechtsbeschwerde zuzulassen, wenn die Rechtssache grundsätzliche Bedeutung hat oder wenn das OLG in seinem Beschluß von einer Entscheidung des BGH oder des EuGH abweicht, § 546 II ZPO, § 28, § 17 S. 2 des deutschen Ausführungsgesetzes.[66]

c) Die Frist zur Einlegung der Rechtsbeschwerde beträgt einen Monat.

---

of Appeal" in England und Wales, zum gleichnamigen Gericht in Nordirland oder zum „Inner House of the Court of Session" in Schottland einzulegen ist. Die für die Rechtsbeschwerde des deutschen Rechts und die Kassationsbeschwerde der Rechtsordnungen der übrigen Gründungsstaaten der Gemeinschaft typische Begrenzung der Anfechtungsgründe auf Rechtsverletzungen (im Gegensatz zu falschen Tatsachenwürdigungen) läßt sich für das Recht dieses Staates am besten mit dem Begriff „appeal on a point of law" wiedergeben. Die Abgrenzung zwischen Rechts- und Tatfrage ist schon im Verhältnis der Kassationsbeschwerde zur Rechtsbeschwerde nicht genau die gleiche und bleibt auch für Irland und das V. K. eine Aufgabe seiner eigenen Gesetzgebung und Rechtsprechung.

Es entspricht einer festen Tradition, daß der höchste dänische Gerichtshof in dritter Instanz nur mit Genehmigung des Justizministers angerufen werden kann. Die Expertengruppe war zunächst skeptisch, ob sie solches auch im Rahmen des EuGVÜ akzeptieren solle. Es zeigte sich indes, daß dieses nicht für alle Fälle eine dritte Instanz garantiert. Vielmehr sind die Staaten frei, zur Entlastung ihrer höchsten Gerichte für das in Artikel 41 genannte Rechtsbehelfsverfahren besondere Zulässigkeitsschranken zu errichten. Die dänische Lösung ist nur eine besondere Ausformung dieses Rechtsgedankens. Im Falle von Dänemark konnte auch darauf verzichtet werden, eine Begrenzung der dem obersten Gerichtshof aufgetragenen Kontrolle auf Rechtsfragen zu verlangen. Das Justizministerium kann in seiner Genehmigungspraxis auf die Klärungsbedürftigkeit einschlägiger Rechtsfragen abstellen. Dänemark hat zugesichert, die Genehmigung immer erteilen zu wollen, wenn die zweite Instanz von ihrem Ermessen, den Europäischen Gerichtshof anzurufen, keinen Gebrauch gemacht hat oder wenn das Exequatur zu einer ausländischen Entscheidung aus Rechtsgründen versagt wurde."

[65] In diesen Fällen kann der BGH die Annahme der Rechtsbeschwerde ablehnen, § 554 b ZPO.

[66] Dies kommt nur dann in Betracht, wenn das OLG von einer Vorlage an den EuGH gemäß Art. 3 II des Auslegungsprotokolls Abstand genommen hat. Hält der BGH die Abweichung von der Entscheidung des EuGH nicht für begründet, so hebt er die Entscheidung des OLG auf. Hält er die Entscheidung des OLG jedoch für richtig, so muß der BGH die Auslegungsfrage dem EuGH vorlegen.

Sie ist eine Notfrist und beginnt mit der Zustellung des Beschlusses des OLG, § 28 I i. V. m. § 18 des deutschen Ausführungsgesetzes. Diese Frist gilt auch – abweichend von der Beschwerde – für die Rechtsbeschwerde des Antragstellers.

d) Der BGH ist an die tatsächlichen Feststellungen des OLG gebunden. Dies gilt aber nicht, wenn gegen diese Feststellungen zulässige und begründete Rechtsbeschwerdegründe vorgebracht sind. Der BGH darf nur prüfen, ob der Beschluß auf einer Verletzung des Übereinkommens oder eines anderen Gesetzes beruht; §§ 550 und 551 ZPO gelten entsprechend. Analog § 549 ZPO darf der BGH nicht prüfen, ob die Vorinstanzen ihre örtliche Zuständigkeit zu Unrecht angenommen haben, § 28 I, § 20 des deutschen Ausführungsgesetzes.

3. Inkorrekte Entscheidungsform

Hat die Vorinstanz nicht durch *Beschluß,* sondern durch *Urteil* entschieden, dann ist dagegen gleichwohl das vom deutschen Ausführungsgesetz vorgesehene Rechtsmittel (Beschwerde bzw. Rechtsbeschwerde) statthaft. Nach dem Grundsatz der Meistbegünstigung darf die beschwerte Partei auch das für Urteile vorgesehene Rechtsmittel (Berufung bzw. Revision) einlegen.[66a]

XVII. Materielle Rechtskraft

1. Die materielle Rechtskraft wirkt nur inter partes.

2. Die Rechtskraft der Feststellung der Anerkennungsfähigkeit der erststaatlichen Entscheidung wirkt im gesamten, in den geographischen Anwendungsbereich des Übereinkommens fallenden Hoheitsbereich des Zweitstaates. Dies gilt wohl auch für das Vereinigte Königreich. Art. 31 II n. F. betrifft nicht das Verfahren nach Art. 26 II.[67]

XVIII. Feststellungsantrag nur hinsichtlich einzelner Teile der zur Anerkennung anstehenden gerichtlichen Entscheidung

Unabhängig davon, ob alle Teile der zur Anerkennung anstehenden gerichtlichen Entscheidung in concreto anerkennungsfähig sind oder nicht,[68] kann der Antragsteller sich darauf beschränken, die Feststellung der Anerkennungsfähigkeit der Urteilswirkungen nur in Teilbereichen zu beantragen, Art. 26 II, Art. 42.

[66a] *Zöller-Schneider,* ZPO, 13. Aufl., 1981, Anm. IV vor § 511.

[67] Vgl. *Schlosser*-Bericht Nr. 11.

[68] Vgl. unten § 148.

XIX. Hilfsweise Klage aus dem zugrundeliegenden Rechtsverhältnis

Im autonomen deutschen Recht[69] kann mit der Klage gemäß § 256 ZPO (auf Feststellung der Anerkennung der ausländischen Rechtskraftwirkung) hilfsweise eine Klage aus dem zugrunde liegenden Rechtsverhältnis erhoben werden. Stellt sich das Gericht auf den Standpunkt, daß die erststaatliche Rechtskraft im Inland nicht zu beachten sei, weil dem ausländischen Urteil die Anerkennung zu versagen sei, so muß es wegen der hilfsweise aus dem materiellen Rechtsverhältnis erhobenen Klage den vom Erstgericht entschiedenen Prozeß wieder aufrollen. Es fragt sich, ob diese Klagehäufung auch im Verfahren nach Art. 26 II zulässig ist, da für die hilfsweise aus dem zugrundeliegenden Rechtsverhältnis erhobene Klage nicht Art. 26 II gilt, sondern das nationale Recht der Vertragsstaaten. In der Bundesrepublik Deutschland ist über die hilfsweise erhobene Klage nach den Regeln der ZPO (über das Erkenntnisverfahren) zu entscheiden. Dieser Problemkreis ist vom deutschen Ausführungsgesetz nicht behandelt worden. Die Gesetzeslücke ist unter Beachtung der tragenden Grundsätze des *deutschen* Prozeßrechts zu schließen. Dieses betont zu Recht den *Grundsatz der Prozeßökonomie.* Der gebietet, die hilfsweise aus dem materiellen Rechtsverhältnis erhobene Klage zuzulassen mit der Maßgabe, daß das nach Art. 32 für das Anerkennungsverfahren zuständige Gericht die hilfsweise erhobene Klage an das nach GVG und ZPO zuständige Gericht verweist, wenn der Feststellungsantrag rechtskräftig abgewiesen ist.

XX. Vergleich über den Feststellungsantrag

Ein Vergleich über den Feststellungsantrag als solchen ist nicht zulässig; denn die Voraussetzungen für die Anerkennung der Urteilswirkungen unterliegen nur zum Teil der Disposition der Parteien.[70] Sie können sich jedoch über die dem ausländischen Titel zugrunde liegenden Rechtsverhältnisse im Wege des Vergleichs einigen.

XXI. Wiederaufnahme des Verfahrens

Gegen die rechtskräftige Entscheidung, durch die die Wirkungen einer gerichtlichen Entscheidung aus einem anderen Vertragsstaat im Zweitstaat anerkannt wurden, kann unter den allgemeinen Voraussetzungen die Nichtigkeits- oder Restitutionsklage erhoben werden, §§ 578 ff.

---

[69] Zur Feststellungsklage *Zöller-Geimer,* ZPO, 13. Aufl., 1981, § 328, Anm. P III.
[70] Oben § 141.

ZPO. Dabei spielt es keine Rolle, ob die Entscheidung über den Feststellungsantrag durch Beschluß erging.

XXII. Verfassungsbeschwerde

Unter den Voraussetzungen des Art. 93 I Nr. 4a GG und der §§ 90ff. BVerfGG kann nach Ausschöpfung des Rechtsweges Verfassungsbeschwerde zum Bundesverfassungsgericht erhoben werden.

XXIII. Kein Rechtsweg zum EuGH

Die Parteien haben jedoch nicht das Recht, den EuGH anzurufen. Dies gilt auch dann, wenn das OLG oder der BGH zu Unrecht eine Auslegungsfrage dem EuGH nicht zur Entscheidung vorgelegt haben.

XXIV. Aufhebung oder Abänderung der Entscheidung im Erststaat

1. Dieser Fall wurde schon oben § 144 erörtert.

2. Wenn das Feststellungsverfahren gemäß Art. 26 II, § 28 des deutschen Ausführungsgesetzes bereits rechtskräftig abgeschlossen ist, kann die erststaatliche Aufhebung bzw. Abänderung in einem besonderen Verfahren geltend gemacht werden, §§ 31, 29 des deutschen Ausführungsgesetzes.

3. Zuständig ist das Landgericht, das in erster Instanz mit dem Feststellungsverfahren befaßt war. Funktionell zuständig ist jedoch die Kammer und nicht der Vorsitzende. Das Beschlußverfahren unterliegt nicht dem Anwaltszwang. Gegen den Beschluß ist binnen Monatsfrist ab Zustellung die sofortige Beschwerde zum OLG zulässig, §§ 31, 29 IV des deutschen Ausführungsgesetzes. Die Entscheidung des OLG ist endgültig. Sie unterliegt nicht der Rechtsbeschwerde zum BGH.

4. Voraussetzung für die Zulässigkeit des Beschlußverfahrens nach §§ 31, 29 des deutschen Ausführungsgesetzes ist, daß die Aufhebung oder Abänderung des anzuerkennenden Urteils in dem Anerkennungsverfahren gemäß § 26 II nicht mehr geltendgemacht werden konnte. Maßgebend ist nicht der Schluß des Verfahrens vor dem OLG, sondern die Beendigung des Rechtsbeschwerdeverfahrens bzw. der Ablauf der Frist zur Einlegung der Rechtsbeschwerde. Denn noch mit der Rechtsbeschwerde kann die Aufhebung oder Abänderung des erststaatlichen Urteils (im Erststaat) vorgebracht werden. Dem steht § 20 des Ausführungsgesetzes nicht entgegen. Auch für das Revisionsverfahren ist anerkannt, daß mit der Revision Wiederaufnahmegründe geltend gemacht werden können.[70a] Es wäre wenig prozeßökonomisch, die Verfahrens-

[70a] *Zöller-Schneider,* ZPO, 13. Aufl., 1981, § 578, Anm. II 6.

beteiligten auf das besondere Aufhebungsverfahren vor dem Landgericht zu verweisen, wenn feststeht, daß die erststaatliche Entscheidung aufgehoben wurde. Da ist es sinnvoll, die Aufhebung bzw. Abänderung des erststaatlichen Titels im Rechtsbeschwerdeverfahren zu berücksichtigen.

XXV. Europäisches Einheitsrecht verdrängt die nationalen Regelungen

Art. 26 II schafft europäisches Einheitsrecht.[71] Er verdrängt die von den nationalen Rechtsordnungen vorgesehenen Feststellungsverfahren, soweit es um die rechtskraftfähige Klärung der Anerkennungsfähigkeit von Wirkungen von Urteilen aus anderen Vertragsstaaten geht, soweit also die Anerkennungsfähigkeit nicht nur Vorfrage, sondern Hauptsache (= Streitgegenstand = titre principal) ist.[72]

§ 147 Die Prüfung der Anerkennungsvoraussetzungen (Versagungsgründe) als Vorfrage

1. Das Feststellungsverfahren nach Art. 26 II schafft kein Entscheidungsmonopol. Die Gerichte und Verwaltungsbehörden, die mit der Vorfrage befaßt sind, ob bestimmte Wirkungen einer in einem anderen

---

[71] *Jenard*-Bericht S. 87/88: „Durch Art. 26 II wird auf dem Gebiet der Anerkennung eine Rechtsvereinheitlichung erreicht nicht nur hinsichtlich der in mehreren Staaten bestehenden gesetzlichen oder von der Rechtsprechung entwickelten Verfahren, sondern auch für die Länder, die, wie Belgien, eine besondere Feststellungsklage über die Anerkennung (action en inopposabilité) nicht kennen."

[72] Ebenso EuGH, Urteil vom 30. November 1976, Rechtssache 42/76 *De Wolf ./. Cox*, EuGHE 1976, 1759 = NJW 1977, 495 L mit Anm. *Geimer* NJW 1977, 2023 zu der Parallelfrage: Darf der im Erststaat siegreiche Kläger gestützt auf die Rechtskraft des erststaatlichen Urteils im Zweitstaat erneut Leistungsklage erheben mit dem gleichen Streitgegenstand wie dem des Erstprozesses oder hat er nur die Möglichkeit, die Vollstreckbarerklärung durch Klauselerteilung nach Art. 31 ff. zu betreiben?

Der EuGH entschied:

„Die Bestimmungen des Übereinkommens stehen einer Klage entgegen, mit der eine Partei, zu deren Gunsten in einem Vertragsstaat eine gerichtliche Entscheidung ergangen ist, die gemäß Art. 31 in einem anderen Vertragsstaat mit der Vollstreckungsklausel versehen werden könnte, bei einem Gericht dieses Vertragsstaates erneut Verurteilung der anderen Partei zu der ihr bereits in dem ersten Staat zugesprochenen Leistung begehrt."

Der EuGH hat pragmatisch das richtige Ergebnis getroffen. Er sah wohl die Gefahr, daß die Zulassung der zweiten Leistungsklage die Vereinheitlichungstendenzen des Übereinkommens unterlaufen könnte. Zudem würden sich aus der Perspektive eines dritten Vertragsstaates neue Anerkennungsprobleme ergeben, die der EuGH mit der von ihm favorisierten Lösung elegant umgangen hat: Welcher Titel wäre z. B. in der Bundesrepublik Deutschland anzuerkennen, wenn zuerst in Belgien der Schuldner verurteilt wurde und sodann in den Niederlanden die Verurteilung wiederholt wurde?

Vertragsstaat ergangenen Entscheidung anzuerkennen sind, dürfen die Anerkennungsvoraussetzungen bzw. Versagungsgründe selbständig prüfen,[1] allerdings nicht mit Rechtskraftwirkung entscheiden. Soll die Anerkennungsfähigkeit der Wirkungen eines bestimmten Urteils aus einem anderen Vertragsstaat rechtskräftig festgestellt werden, so darf dies nur das in Art. 26 II, Art. 32 genannte Gericht.

2. Ist zwischen den Parteien bereits ein unanfechtbarer Feststellungsbeschluß gemäß Art. 26 II, § 28 des deutschen Ausführungsgesetzes ergangen, dann ist das mit der Vorfrage befaßte Gericht an diese Feststellung gebunden.[2] Eine selbständige Prüfung der Vorfrage ist dann nicht mehr möglich.

§ 148 Teilanerkennung

Bezüglich eines jeden im ausländischen Urteil entschiedenen (selbständigen) Anspruchs (Streitgegenstands) sind die Anerkennungsvoraussetzungen (Versagungsgründe) gesondert zu prüfen, mit der Folge, daß hinsichtlich des einen die Anerkennungsvoraussetzungen vorliegen können und hinsichtlich des anderen nicht. In diesem Fall ist eine Teilanerkennung möglich.[1]

---

[1] *Jenard*-Bericht S. 87.

[2] Vgl. den Fall des Kammergerichts, Urteil vom 16. Februar 1978, Nachschlagewerk I-26-B1. Es ging um die Anerkennung eines italienischen Urteils. Der Kläger hatte ein Anerkennungsverfahren vor dem Landgericht Düsseldorf betrieben. Dieses Gericht stellte durch rechtskräftig gewordenen Beschluß vom 25. Februar 1977 gemäß Art. 26 die Anerkennung des zivilrechtlichen Teils der italienischen Entscheidung fest.

Das Kammergericht führt aus: Das rechtskräftige Urteil des italienischen Gerichts vom 8. April 1975 sei bindend, soweit es den Beklagten zu 1 zum Ersatz der Unfallschäden verurteilt habe. Dem erkennenden Gericht sei eine eigene Prüfung der Frage, ob das italienische Urteil hinsichtlich der Ersatzpflicht anzuerkennen sei, versagt. Zwar hätte es die Frage der Anerkennung in dem vorliegenden Rechtsstreit gemäß Art. 26 II als Vorfrage entscheiden können. Durch den rechtskräftigen Anerkennungsbeschluß des LG Düsseldorf stehe zwischen dem Kläger und dem Beklagten fest, daß dieser verpflichtet sei, dem Kläger alle durch den Unfall verursachten Schäden zu ersetzen. Eine abweichende Entscheidung sowohl über die Anerkennung als auch über den Grund des Anspruchs sei nicht mehr möglich; die Grundsätze der Rechtskraftwirkung müßten entsprechend angewandt werden. Zu kritisieren ist an dieser Entscheidung, daß das KG die Grundsätze über die res iudicata nur „entsprechend" anwenden will.

[1] Näher *Matscher,* Festschrift für *Otto Reimer,* 1976, 33. Zur analogen Anwendung des Art. 42 *Linke* in *Bülow-Böckstiegel* (606/197), Art. 26, Anm. II 2.

Zweiter Teil: Die Vollstreckung aus Leistungsurteilen und sonstigen Vollstreckungstiteln in den anderen Vertragsstaaten

§ 149 Ratio conventionis

I. Freizügigkeit der Vollstreckungstitel

Leistungsurteile und sonstige Vollstreckungstitel sollen nicht nur im Erststaat, sondern im gesamten geographischen Anwendungsbereich des Übereinkommens vollstreckt werden können.[1]

II. Effizienz der zweitstaatlichen Vollstreckung

Dieses Ziel kann aber nur dann verwirklicht werden, wenn die Zulassung zur Zwangsvollstreckung in den anderen Vertragsstaaten schnell und unbürokratisch erfolgt. Dem Vollstreckungsgläubiger wäre mit einer abstrakten Möglichkeit der Vollstreckung in den anderen Vertragsstaaten nicht gedient, wenn das Verfahren schwerfällig, zeitraubend und kostenintensiv wäre. Dann stünde die viel gepriesene Freizügigkeit der Vollstreckungstitel innerhalb der EG nur auf dem Papier.

III. Einheitsrechtliche Lösung

1. Aus diesen Gründen haben die Verfasser des Übereinkommens die Ausgestaltung des Vollstreckbarerklärungsverfahrens – entgegen der bisherigen Vertragspraxis – nicht den nationalen Gesetzgebern überlassen, sondern diese Aufgabe selbst in die Hand genommen: Sie haben sich für eine einheitsrechtliche Lösung entschieden.[2]

2. In Art. 31 ff. wurde ein für alle Vertragsstaaten einheitliches Exequaturverfahren eingeführt, das die Postulate der Schnelligkeit und Effizienz in hohem Maße verwirklicht.[3]

---

[1] *Jenard*-Bericht S. 90.

[2] *Jenard*-Bericht S. 91: „Diese einheitliche Lösung hat den Vorteil, daß sie zwischen den verschiedenen Bestimmungen des Übereinkommens ein echtes Gleichgewicht herstellt: gleiche Zuständigkeitsregeln in den sechs Ländern, gleiches Verfahren bei der Zulassung der Vollstreckung."

[3] *Jenard*-Bericht S. 93 zu Art. 34: „Der Ausschuß hatte zwar zunächst die Möglichkeit erwogen, dem Gericht eine bestimmte Frist für die Entscheidung zu setzen; er hat hiervon aber abgesehen, weil eine solche Frist für die Gerichte nicht üblich ist und überdies Sanktionen für den Fall, daß die Frist nicht eingehalten würde, nicht eingeführt werden können."

Immerhin verpflichtet Art. 34 den Zweitrichter, „unverzüglich" zu entscheiden.

§ 150 Die Vollstreckung außerhalb des Erststaates, insbesondere das europäische Exequaturverfahren im Überblick[1]

I. Ausschluß der kontradiktorischen Verhandlung

Über die Vollstreckbarerklärung muß nicht im schwerfälligen und kostenträchtigen Klageverfahren verhandelt und entschieden werden. Das Übereinkommen stellt vielmehr ein vereinfachtes, auf Beschleunigung ausgerichtetes schriftliches Verfahren zur Verfügung.[2] Dessen Kernpunkt ist der Ausschluß einer kontradiktorischen Verhandlung im ersten Verfahrensabschnitt. Der Zweitrichter entscheidet über die Zulassung zur Zwangsvollstreckung ohne Anhörung des Gegners (Schuldners), Art. 34 I.[3] Damit wird eine erhebliche Verfahrensbeschleunigung erreicht.[4]

II. Überraschungseffekt

Hinzu kommt der für die Effizienz internationaler Zwangsvollstreckung besonders wichtige *Überraschungseffekt*. Dem Schuldner soll nicht

---

[1] Näher unten §§ 157ff.

[2] *Jenard*-Bericht S. 91 sub Vorbemerkungen zu Art. 31: „Der Ausschuß hat lange beraten, ehe er zu der Regelung des Verfahrens, in dem die Zwangsvollstreckung zugelassen wird, gelangte. Mehrere Möglichkeiten standen zur Wahl: die Verweisung auf das innerstaatliche Recht vorbehaltlich einiger zu beachtender Vorschriften des Übereinkommens, das ordentliche streitige Verfahren, ein summarisches Verfahren mit streitiger Verhandlung oder ein besonderes einseitiges Verfahren.

Jede dieser Lösungen hat ihre Vor- und Nachteile. Der Ausschuß hat sich schließlich für ein System entschieden, das auf dem besonderen einseitigen Verfahren beruht und das einheitlich ist. Dieses ebenso rasche wie einfache Verfahren wird künftig in allen sechs Staaten zur Anwendung kommen."

[3] *Jenard*-Bericht S. 93 zu Art. 34: „Nach dem Übereinkommen ist das angerufene Gericht auch in Ausnahmefällen nicht befugt, den Schuldner zur Stellungnahme aufzufordern. Dem Gericht eine solche Befugnis zuzuerkennen, würde das Prinzip der Einseitigkeit des Verfahrens durchbrechen. Manche Gerichte könnten geneigt sein, den Schuldner zu hören; das würde zu einer systematischen Umwandlung des einseitigen Verfahrens in ein kontradiktorisches führen. Auch würde dadurch das Überraschungsmoment abgeschwächt, das dem Verfahren auf Zulassung der Zwangsvollstreckung innewohnen muß, wenn man dem Beklagten die Möglichkeit nehmen will, sein Vermögen der Zwangsvollstreckung zu entziehen."

[4] *Jenard*-Bericht S. 91: „Diese Beschränkung der Befugnisse des Richters des Vollstreckungsstaates konnte zu einer Vereinfachung des Verfahrens selbst führen. Auch muß der Schutz, der dem Beklagten in dem vorausgegangenen Erkenntnisverfahren gewährt wird, für den Kläger die Möglichkeit nach sich ziehen, in dem Vollstrekkungsstaat schnell alle geeigneten Maßnahmen zu ergreifen, hier ohne vorherige Warnung des Schuldners vorzugehen und die Vollstreckung ohne unnötige Erschwerungen zu erreichen."

Zeit bleiben, sein Vermögen im Zweitstaat dem Vollstreckungszugriff zu entziehen.[4a]

III. Wahrung der Rechte des Schuldners

Das Exequaturverfahren der Art. 31 ff. begünstigt aber nicht einseitig den Vollstreckungsgläubiger. Es berücksichtigt und wahrt auch die legitimen Verteidigungsinteressen des Vollstreckungsschuldners. Dieser kann sich durch Einlegung eines Rechtsbehelfs rechtliches Gehör verschaffen, Art. 36 I.[5] Hierfür sieht das Übereinkommen eine Frist von höchstens zwei Monaten vor, Art. 36 II. Solange diese Frist läuft, bzw. solange über den Rechtsbehelf nicht entschieden ist, darf die Zwangsvollstreckung in das im Zweitstaat belegene Vermögen des Schuldners nicht über Maßregeln der Sicherung hinausgehen, Art. 39 I.[6]

[4a] Allerdings wird dieses Ziel nicht immer erreicht, da der in einem Vertragsstaat verurteilte Schuldner mit der Klauselerteilung in allen anderen Vertragsstaaten rechnen muß.

[5] *Jenard*-Bericht S. 93 zu Art. 34: „Der Schutz des Schuldners ist hinreichend gesichert, da ihm die Möglichkeit geboten ist, einen Rechtsbehelf gegen die Entscheidung, durch welche die Zwangsvollstreckung zugelassen wird, einzulegen und so eine kontradiktorische Verhandlung herbeizuführen."

[6] *Jenard*-Bericht S. 95 zu Art. 39: „Einerseits muß der Antragsteller, der sich auf Grund des ausländischen Urteils im Besitze eines vollstreckbaren Titels befindet, in der Lage sein, unverzüglich alle Maßregeln zu betreiben, durch die vermieden wird, daß der Schuldner pfändbare Gegenstände der Zwangsvollstreckung entziehen kann. Diese Möglichkeit wird dem Antragsteller durch das besondere einseitige Verfahren und durch Art. 39 gegeben, indem dort bestimmt wird, daß die Entscheidung, durch welche die Zwangsvollstreckung zugelassen wird, die Befugnis gibt, solche Maßregeln zu betreiben. Diese Befugnis tritt automatisch ein. Der Antragsteller braucht nicht nachzuweisen, daß Dringlichkeit geboten oder Gefahr im Verzug ist, selbst wenn das innerstaatliche Recht eines Vertragsstaates dies vorschreibt. Auch hängt die Befugnis zum Betreiben von Sicherungsmaßregeln nicht von einer Genehmigung des Vollstreckungsrichters ab.

Andererseits läßt es die Ausgestaltung des Verfahrens auf Zulassung der Zwangsvollstreckung als eines einseitigen Verfahrens nicht zu, daß gegen den Schuldner Maßnahmen getroffen werden, die nicht rückgängig gemacht werden können. Dieser kann möglicherweise vortragen, daß ein Grund zur Versagung der Vollstreckung gegeben, daß beispielsweise die Frage des ordre public nicht erschöpfend geprüft worden sei. Es erschien somit zum Schutz dieser Partei geboten, die vollständige Durchführung der Zwangsvollstreckung, die sich gewöhnlich sowohl auf das bewegliche als auch auf das unbewegliche Vermögen des Beklagten auswirkt, bis zum Ablauf der Frist zur Einlegung des Rechtsbehelfs (vgl. Art. 36) oder bis zur Entscheidung über den Rechtsbehelf, falls ein solcher eingelegt worden ist, aufzuschieben. Mit anderen Worten – es handelt sich dabei um ein Gegenstück zur Einseitigkeit des Antragsverfahrens – die Wirkung einer nach Art. 31 ergangenen Entscheidung, durch welche die Zwangsvollstreckung zugelassen wird, ist insoweit beschränkt, als vor Ablauf der Frist zur Einlegung des Rechtsbehelfs oder vor Erlaß der Entscheidung über den Rechtsbehelf eine Versteigerung von Vermögensgegenständen des Schuldners ausgeschlossen ist." Zu Art. 39 s. auch BGH, Beschluß vom 25. Februar 1983, RIW/AWD 1983, 290.

IV. Vollstreckung aus vorläufig vollstreckbaren Titeln

1. In Übereinstimmung mit der modernen Vertragspraxis ist die Zwangsvollstreckung auch aus vorläufig vollstreckbaren Titeln zuzulassen, sofern diese im Erststaat vollstreckbar sind.[7]

2. Der Vollstreckungsschuldner bedarf aber in solchen Fällen eines besonderen Schutzes. Nach Art. 38 kann der Zweitrichter entweder seine Entscheidung aussetzen oder die Zwangsvollstreckung zwar zulassen, aber diese von einer Sicherheitsleistung abhängig machen, oder schließlich dem Schuldner eine Frist zur Einlegung des Rechtsbehelfs setzen.[8]

3. Voraussetzung für die Anwendung der Schutzbestimmung des Art. 38 ist, daß gegen die Entscheidung im Erststaat ein ordentlicher Rechtsbehelf eingelegt oder die Frist für einen solchen noch nicht verstrichen ist. Im letzteren Fall kann das Zweitgericht dem Antragsgegner (Vollstreckungsschuldner) zur Einlegung des Rechtsbehelfs eine Frist setzen, Art. 38 I.

4. Um die einheitliche Anwendung des Übereinkommens in allen Vertragsstaaten sicherzustellen, sind die Grenzen des Begriffs „ordentlicher Rechtsbehelf" konventionsimmanent zu definieren.[9] Diese auto-

---

[7] *Jenard*-Bericht S. 91 sub b) vor Art. 31: „Kann ein Urteil, gegen das in dem Staate, in dem es ergangen ist, ein Rechtsbehelf eingelegt werden kann oder eingelegt worden ist, dort nicht vorläufig vollstreckt werden, so ist auch seine Vollstreckung in dem Vollstreckungsstaat nicht möglich. Dies folgt aus der Wirkung des Titels, der vollstreckt werden soll; die Vollstreckungswirkung muß in jedem Fall nach dem Recht des Urteilsstaates gegeben sein, denn es geht nicht an, wie *Niboyet* ausführt, ein ausländisches Urteil mit Rechtswirkungen auszustatten, die es im eigenen Lande nicht besitzt."

[8] Vorbild war Art. 10 des deutsch-belgischen Abkommens, unten Bd. II 306.

[9] EuGH, Urteil vom 22. November 1977, Rechtssache 43/77, *Industrial Diamond Supplies ./. Riva,* EuGHE 1977, 2175 = RIW/AWD 1978, 186 = Nachschlagewerk I 25.0-A2.

Die Firma Industrial Diamond Supplies mit dem Sitz in Belgien wurde vom Tribunale Turin verurteilt, an den Handelsvertreter Riva eine bestimmte Summe als Provision zu zahlen. Auf dessen Antrag ließ die Rechtbank Antwerpen die Zwangsvollstreckung aus dem – nach italienischem Recht vollstreckbaren – Urteil gemäß Art. 31 ff. in Belgien zu. Gegen die Erteilung der Vollstreckungsklausel legte die Firma Industrial Diamond Supplies gemäß Art. 36 und 37 bei der Rechtbank Antwerpen einen Rechtsbehelf ein. Ferner erhob sie gegen das Berufungsurteil des Tribunale Turin bei der Corte di cassazione Kassationsbeschwerde. Dies hindert die Vollstreckbarkeit der Entscheidung des Tribunale Turin in Italien nicht. Die Firma Industrial Diamond Supplies hat in Italien die Aussetzung der Vollstreckung nicht beantragt.

Die belgische Firma hat bei der Rechtbank Antwerpen in erster Linie beantragt, die Entscheidung über die Vollstreckbarkeit des Urteils des Tribunale Turin auszusetzen, bis zwischen den Parteien in Italien eine endgültige Entscheidung ergangen ist. Die Rechtbank Antwerpen hat dem EuGH den Fall vorgelegt.

Der EuGH prüft zunächst, ob dieser Begriff „ordentlicher Rechtsbehelf" als Verweisung auf das nationale Recht oder als eigenständiger Begriff zu verstehen ist, dessen

Auslegung im Übereinkommen selbst zu suchen ist. Hierzu hatte die belgische Firma die Ansicht vertreten, als „ordentlicher Rechtsbehelf“ sei jeder Behelf anzusehen, der in dem Vertragsstaat, in dem die zu vollstreckende Entscheidung ergangen sei, als solcher angesehen werde. Dieser Auffassung sind die Regierung des Vereinigten Königreichs sowie die Kommission der Europäischen Gemeinschaften beigetreten. Nach Ansicht der Regierung der Bundesrepublik Deutschland dagegen ist der betreffende Begriff ohne Rücksicht auf die vom nationalen Recht des Urteilsstaates gegebene Qualifizierung aus dem Übereinkommen selbst heraus auszulegen. Hierfür hat sich auch der Gerichtshof entschieden. Ein Vergleich der Rechtslage in den einzelnen Mitgliedstaaten der Gemeinschaft zeige, daß in einigen dieser Staaten die Unterscheidung zwischen „ordentlichen“ und „außerordentlichen“ Rechtsbehelfen auf Gesetz beruhe, während eine solche Einteilung in anderen Rechtsordnungen hauptsächlich oder ausschließlich von der Lehre getroffen werde und in einer dritten Gruppe von Staaten schließlich diese Unterscheidung gänzlich unbekannt sei. Weiter stehe fest, daß die Qualifizierung der einzelnen Rechtsbehelfe in den Rechtsordnungen, die nach dem Gesetz oder nach der Lehre zwischen „ordentlichen“ und „außerordentlichen“ Rechtsbehelfen unterschieden, aufgrund dieser Unterscheidung zu unterschiedlichen Einteilungen führe. Somit ergebe sich, daß es bei einer Auslegung des Begriffs „ordentlicher Rechtsbehelf“ durch Bezugnahme auf ein einzelstaatliches Rechtssystem, sei es das des Urteilsstaates oder das des Anerkennungs- oder des Vollstreckungsstaates, in einigen Fällen unmöglich wäre, einen bestimmten Rechtsbehelf im Hinblick auf Art. 30 und Art. 38 mit dem gewünschten Grad an Sicherheit zu qualifizieren. Durch die Verweisung auf das eine oder andere nationale Rechtssystem sähe sich der zur Entscheidung nach Art. 38 berufene Richter darüber hinaus gezwungen, Rechtsbehelfe desselben Typs gegebenenfalls in widersprüchlicher Weise einzustufen, je nachdem, ob der Behelf zur Rechtsordnung des einen oder des anderen Vertragsstaates gehöre. Die Anwendung eines derartigen Auslegungskriteriums hätte somit zur Folge, eine Rechtsunsicherheit zu schaffen, die um so größer wäre, als Art. 38 von dem Zweitgericht verlange, nicht nur bereits eingelegte Rechtsbehelfe, sondern auch solche zu berücksichtigen, die innerhalb bestimmter Fristen eingelegt werden könnten. Die Auslegung des Begriffs „ordentlicher Rechtsbehelf“ könne daher sinnvollerweise nur im Übereinkommen selbst gesucht werden.

Die Bedeutung des Begriffs „ordentlicher Rechtsbehelf“ könne schon dem Aufbau der Art. 30 und Art. 38 sowie deren Funktion im System des Übereinkommens entnommen werden. Während das Übereinkommen insgesamt die rasche Vollstreckung der Entscheidungen mit einem Mindestmaß an Formalitäten sicherstellen wolle, sobald die Entscheidungen im Urteilsstaat vollstreckbar seien, sei es das spezifische Ziel der Art. 30 und 38 zu verhindern, daß die Entscheidungen in anderen Vertragsstaaten zu einem Zeitpunkt anerkannt und vollstreckt werden müßten, zu dem noch die Möglichkeit bestehe, daß sie im Urteilsstaat aufgehoben oder abgeändert würden. Aus diesem Grunde räumten die Art. 30 und 38 dem Gericht, bei dem die Anerkennung begehrt werde oder ein Rechtsbehelf gegen eine dem Vollstreckungsantrag stattgebende Entscheidung eingelegt sei, insbesondere die Möglichkeit ein, seine Entscheidung auszusetzen, wenn die Entscheidung im Urteilsstaat angefochten sei oder innerhalb bestimmter Fristen angefochten werden könne. Nach dem Übereinkommen sei das mit der Anerkennung oder der Erteilung der Vollstreckungsklausel befaßte Gericht zur Aussetzung nicht verpflichtet, sondern lediglich befugt. Dieser Umstand erfordere eine hinlänglich weite Auslegung des Begriffs „ordentlicher Rechtsbehelf“, damit das Gericht seine Entscheidung immer dann aussetzen könne, wenn am endgültigen Schicksal der Entscheidung im Urteilsstaat vernünftige Zweifel bestehen könnten. Die Anwendung dieses Kriteriums erlaube es für sich allein, über einen Antrag auf

nome Qualifikationsmethode ist aus systematischen Gründen vorzuziehen. Aber auch aus pragmatischer Sicht bleibt kein anderer Weg, weil eine rechtsvergleichende Umschau ergibt, daß in den Prozeßordnungen aller Vertragsstaaten eine klare Abgrenzung zwischen ordentlichen und außerordentlichen Rechtsbehelfen fehlt.[10]

Anerkennung oder Vollstreckung einer Entscheidung zu befinden, die im Urteilsstaat bereits mit einem Rechtsbehelf angefochten sei, der zur Aufhebung oder Änderung der fraglichen Entscheidung führen könne.

Schwieriger sei die Entscheidung über einen Aussetzungsantrag nach Art. 38, der in einem Zeitpunkt gestellt werde, in dem im Urteilsstaat die Rechtsbehelfsfristen noch nicht verstrichen seien. In einem solchen Fall seien nicht nur die möglichen Folgen eines Rechtsbehelfs zu bedenken, sondern gleichzeitig auch alle sachdienlichen Gesichtspunkte zu berücksichtigen, die sich aus dem Wesen und den Modalitäten der in Betracht kommenden Rechtsbehelfe ergäben. Aus dieser Sicht sei der Begriff „ordentlicher Rechtsbehelf" dahin zu verstehen, daß er jeden Behelf bezeichne, der Teil des gewöhnlichen Verlaufs eines Rechtsstreits ist und als solcher eine verfahrensrechtliche Entwicklung darstelle, mit deren Eintritt jede Partei vernünftigerweise zu rechnen habe. Eine solche Entwicklung leite jeder Rechtsbehelf ein, der nach dem Gesetz an eine bestimmte Frist gebunden sei, welche durch die Entscheidung selbst, um deren Vollstreckung nachgesucht werde, in Gang gesetzt werde. Nicht als „ordentlicher Rechtsbehelf" im Sinne der Art. 30 und 38 des Übereinkommens könnten daher insbesondere Behelfe angesehen werden, die entweder von Ereignissen abhingen, die im Zeitpunkt des Entscheidungserlasses unvorhersehbar gewesen seien, oder von einem Tätigwerden Dritter, falls diese sich den durch die ursprüngliche Entscheidung ausgelösten Lauf der Rechtsbehelfsfrist nicht entgegenhalten zu lassen brauchten. Sei das Gericht zu einem Zeitpunkt, zu dem im Urteilsstaat die Rechtsbehelfsfrist noch nicht verstrichen sei, mit einem Antrag nach Art. 36 befaßt, so könne es insoweit von dem ihm in Art. 38 gewährten Ermessen Gebrauch machen.

[10] Ausführlich zu diesem Punkt der *Schlosser*-Bericht Nr. 196ff.:

„196. Eine klare Regelung des Unterschieds von ordentlichen und außerordentlichen Rechtsbehelfen fehlt.

In Rechtsprechung und Lehre (aus rechtsvergleichender Sicht: *Walther J. Habscheid,* Introduction à la procédure judiciaire, les systèmes de procédure civile, herausgegeben von der Association Internationale de droit comparé [Barcelone 1968]) spielen zwei Kriterien eine beherrschende Rolle. Einmal sind Berufung und Einspruch *nicht an bestimmte Anfechtungsgründe* gebunden; eine Prozeßpartei kann sich dieser Behelfe bedienen, um jedweden Mangel der Entscheidung geltend zu machen. Zum anderen ist während des Laufs der Berufungs- und Einspruchsfrist sowie infolge der Einlegung dieser Rechtsbehelfe die *Vollstreckung aufgeschoben,* es sei denn, das Gericht gestatte sie eigens oder das Gesetz sehe sie ausnahmsweise vor.

Manche Gesetze enthalten jedoch eine enumerative Aufzählung der ordentlichen Rechtsbehelfe.

197. Der *französische* Code de procédure civile von 1806, der heute noch in *Luxemburg* gilt, sprach im 4. Buch des 1. Teils von den außerordentlichen Behelfen, mit denen ein Urteil angefochten werden kann. Was demgegenüber ordentliche Rechtsbehelfe sein sollten, sagte das Gesetzbuch nicht. Im 3. Buch war lediglich von den ‚Berufungsgerichten' die Rede. Rechtsprechung und Lehre haben aber einhellig Berufung (‚appel') und Einspruch gegen Versäumnisurteile (‚opposition') als ordentliche Rechtsbehelfe qualifiziert. Heute stellt für Frankreich der neue Code de procédure

5. Aus der Sicht der in den Kategorien des angelsächsischen Rechts denkenden Juristen ist die Unterscheidung zwischen ordentlichen und außerordentlichen Rechtsbehelfen schlicht unverständlich.[11] Man ent-

---

civile von 1975 die Dinge ausdrücklich klar: Weiterhin sind allein Einspruch (Artikel 76) und Berufung (Artikel 85) ordentliche Rechtsbehelfe.

198. Der *belgische* Code judiciaire von 1967 hat das dort bereits vorher geltende französische System konserviert. Nur Berufung und Einspruch sind ordentliche Rechtsbehelfe (Artikel 21).

199. Die *niederländischen* Gesetze machen den Unterschied zwischen ordentlichen und außerordentlichen Rechtsbehelfen überhaupt nicht. Die Rechtslehre klassifiziert folgendermaßen: Widerspruch (‚Verzet' – bei Erlaß eines Versäumnisurteils), Berufung (‚Hoger beroep'), Kassationsbeschwerde (‚Beroep in cassatie') und Revision (‚Revisie') gelten als ordentliche Rechtsbehelfe. Die Revision ist ein besonderes Rechtsmittel, das nur gegen bestimmte Entscheidungen des ‚Hoge Raad' zugelassen wird, nämlich gegen solche, die dieses Gericht in erster Instanz erlassen hat.

200. Der *italienische* Text von Artikel 30 und 38 spricht von ‚impugnazione', ohne zwischen ordentlichen und außerordentlichen Rechtsbehelfen zu unterscheiden. Die italienische Doktrin unterscheidet immerhin sehr wohl zwischen ordentlichen und außerordentlichen Rechtsbehelfen. Artikel 324 codice di procedura civile sagt, daß ein Urteil nicht in Rechtskraft erwachse, solange die Fristen für die Einlegung folgender Rechtsbehelfe noch liefen: Zuständigkeitsbeschwerde (‚regolamento di competenza'), Berufung (‚appello'), Kassationsbeschwerde (‚ricorso per cassazione') oder, wenn er auf einen der in Ziffern 4 und 5 von Artikel 395 vorgesehenen Gründe gestützt ist, auch für den Wiederaufnahmeantrag (‚revocazione'). Diese Rechtsbehelfe bezeichnet man als ordentliche.

201. Auch in *Dänemark* kennt nur das Schrifttum die Unterscheidung zwischen ordentlichen und außerordentlichen Rechtsbehelfen. Man knüpft daran an, ob ein Rechtsbehelf binnen einer bestimmten Frist und ohne an besondere Anfechtungsgründe gebunden zu sein, eingelegt werden kann, oder ob seine Zulässigkeit durch Gericht oder Ministerium speziell bewilligt werden muß. Ordentliche Rechtsmittel in diesem Sinne sind die Berufung (‚Anke') und der Widerspruch gegen ein Versäumnisurteil (‚Genoptagelse af sager, i hvilke der er afsagt udeblivelsesdom').

202. Das 3. Buch der *deutschen* Zivilprozeßordnung ist mit ‚Rechtsmittel' überschrieben und regelt die Berufung, die Beschwerde und die Revision. Als ihr gemeinsamer Zug wird häufig herausgestellt, daß die angefochtene Entscheidung noch nicht ‚rechtskräftig' sei, solange die Rechtsmittelfrist laufe. Jedoch ist nach § 705 ZPO ‚Rechtskraft' gerade dadurch definiert, daß ein ‚Rechtsmittel' nicht mehr zulässig ist. Der sachliche Unterschied von ‚Rechtsmitteln' und anderen Rechtsbehelfen liegt im Fehlen besonderer Anfechtungsgründe, der Zuständigkeit eines Gerichts höherer Ordnung und darin, daß – mittelbar – über die Hemmung der Rechtskraft nach Paragraph 704 auch die Zwangsvollstreckung aufgeschoben wird, wenn nicht, wie fast immer, vorläufige Vollstreckbarkeit angeordnet ist. Sofern man überhaupt von ‚ordentlichen' Rechtsbehelfen spricht, meint man damit die ‚Rechtsmittel'.

Den Einspruch gegen ein Versäumnisurteil qualifiziert die deutsche Rechtslehre im Einklang mit der Begriffsbildung des Gesetzes nicht als ‚Rechtsmittel'. Ihm kommt kein Devolutiveffekt zu. Da ihm die aufschiebende Wirkung und die Ungebundenheit an bestimmte Anfechtungsgründe indes ebenso eignet wie dem Einspruch in den Rechten der übrigen Gründungsstaaten der Gemeinschaft, muß man ihn gleichwohl den ordentlichen Rechtsbehelfen im Sinne von Artikel 30 und 38 EuGVÜ zurechnen."

[11] *Schlosser*-Bericht Nr. 195: „In Artikel 30 und 38 macht das EuGVÜ einen Unter-

schloß sich daher, jeden im Vereinigten Königreich bzw. Irland statthaften Rechtsbehelf als ordentlichen Rechtsbehelf i. S. des Art. 38 I zu qualifizieren, Art. 38 II n. F.[12]

---

schied zwischen ordentlichen und außerordentlichen Rechtsbehelfen. In den Rechtsordnungen Irlands und des V. K. hierfür einen äquivalenten Begriff zu finden, war unmöglich."

[12] *Schlosser*-Bericht Nr. 204: „In *Irland* und im *V. K.* läßt sich weder den Gesetzestexten, noch der Rechtsprechung, noch den systematischen Darstellungen des Prozeßrechts ein Anhaltspunkt für eine Unterscheidung zwischen ordentlichen und außerordentlichen Rechtsbehelfen entnehmen. Der Grundtypus des Rechtsbehelfs ist die Berufung (‚appeal'). Der Ausdruck wird jedoch nicht nur dann verwandt, wenn die Überprüfung einer Gerichtsentscheidung binnen einer bestimmten Frist ohne Bindung an besondere Anfechtungsgründe verlangt werden kann. Er dient auch zur Bezeichnung spezialisierter Rechtsbehelfe. Daneben gibt es aber auch Rechtsbehelfe, die eine besondere Bezeichnung tragen, etwa – bei Versäumnisurteilen – ‚reponing' (in Schottland) bzw. ‚application to set judgment aside' (England und Wales, Irland) oder ‚motion' (Schottland) bzw. ‚application for a new trial' (England und Wales, Irland), die in etwa der Wiederaufnahme des kontinentalen Rechts entsprechen. Sie sind die einzigen Rechtsbehelfe gegen den Spruch einer Jury. Die Eigenart des Rechtsbehelfssystems dieser Staaten besteht weiter darin, daß gerichtliche Urteile weder durch den Lauf einer Rechtsbehelfsfrist, noch durch die Einlegung eines Rechtsbehelfs automatisch Vollstreckbarkeit verlieren. Meist stellt jedoch das Rechtsbehelfsgericht die Vollstreckung gegen Sicherheitsleistung einstweilen ein. Schließlich gibt es im V. K. Rechtsmittel, deren Funktion denen der ordentlichen Rechtsmittel der kontinentalen Rechtsordnungen entsprechen, die aber dennoch nicht fristgebunden sind. Über ihre Zulässigkeit entscheidet der Richter im Einzelfall nach seinem Ermessen. Das gilt z. B. für den Fall eines Versäumnisurteils. Es konnte daher die Rechtsprechung des EuGH nicht auch für die neuen Mitgliedstaaten übernommen werden.

Die Expertengruppe hat sich daher lange darum bemüht, für das V. K. und Irland eine Entsprechung zu der kontinentalen Unterscheidung zwischen ordentlichen und außerordentlichen Rechtsbehelfen herauszuarbeiten. Sie ist jedoch hierbei zu keinem befriedigenden Ergebnis gekommen. Ein solches gelang insbesondere deshalb nicht, weil der Begriff ‚appeal' vielschichtig ist und nicht wie der der ‚Berufung' des kontinentalen Rechts als der Prototyp des ordentlichen Rechtsbehelfs schlechthin angesprochen werden kann. Die Expertengruppe hat sich deshalb darauf besonnen, daß die Rechtsfolgen, welche nach Artikel 30 und 38 an die Unterscheidung zwischen ordentlichen und außerordentlichen Rechtsbehelfen anknüpfen, nicht strikt sind, sondern nur in der Eröffnung einer richterlichen Ermessensbefugnis bestehen. Im Interesse von Praktikabilität und Übersichtlichkeit der gesetzlichen Regelung war es daher zu verantworten, für Entscheidungen von Gerichten aus Irland und dem V. K. von einem weiten Rechtsbehelfsbegriff auszugehen. Der kontinentale Richter wird daher sein Ermessen in einer Weise handhaben müssen, die das Gleichgewicht in der Anwendung von Artikel 30 und 38 in allen Vertragsstaaten wahrt. Der kontinentale Richter wird demgemäß von seinem Ermessen zur Verfahrensaussetzung dann nur zurückhaltend Gebrauch zu machen haben, wenn es sich um einen Rechtsbehelf handelt, der in Irland oder im V. K. nur zur Rüge spezieller Mängel der Entscheidung vorgesehen ist oder nach langer Zeit noch eingelegt werden kann. Diese pragmatische Lösung bot sich auch deshalb an, weil ein Urteil dann im Sinne von Artikel 38 ohnehin nicht mehr vollstreckbar ist, wenn es im Heimatstaat angefochten worden ist und das Rechtsbehelfsgericht die Vollstreckung ausgesetzt oder einstweilen eingestellt hat."

V. Nichtanerkennung der Vollstreckbarkeit nach dem Recht des Erststaates

1. Die nach dem Recht des Erststaates bestehende Vollstreckbarkeit wird nicht auf den Zweitstaat erstreckt. Sie ist also nicht Gegenstand der Anerkennung. Die Vollstreckbarkeit für den Bereich des Zweitstaates muß dem erststaatlichen Titel im Zweitstaat originär verliehen werden. Näher oben § 102 I 2b.

2. Allein die im Vollstreckungsstaat erteilte Klausel ist daher Grundlage der Zwangsvollstreckung.[13]

VI. Vollstreckbarkeit nach dem Recht des Erststaates als Voraussetzung der Klauselerteilung

Nur solche Titel können im Zweitstaat vollstreckt werden, die im Erststaat vollstreckbar sind.[13a]

VII. Vollstreckbarerklärung durch Klauselerteilung

Die Vollstreckbarerklärung erfolgt nach Art. 31 ff. in Form der Klauselerteilung, im Vereinigten Königreich mittels Registrierung, Art. 31 II n. F.[14]

---

[13] Unentschieden *Jenard*-Bericht S. 92 zu Art. 31 g. E.: „Artikel 31 nimmt keine Stellung zu den Theorien, ob in dem Vollstreckungsstaat das in dem Urteilsstaat ergangene Urteil oder ob die Entscheidung über die Erteilung der Vollstreckungsklausel den Vollstreckungstitel bildet."

[13a] Vgl. oben § 102 II und unten § 157 IV 2b. Die Vollstreckbarkeit nach dem Recht des Erststaates muß zum Zeitpunkt der Klauselerteilung nach Art. 31 ff. noch gegeben sein. So ist eine Norm, die die Vollstreckbarkeit (force exécutoire) von Versäumnisurteilen zeitlich limitiert, zu beachten. So z. B. Art. 156 ancien Code de procédure civile: *„ils [jugements par défaut] seront exécutés dans les six mois de leur obtention, sinon seront reputés non avenus."*

[14] Hierzu *Schlosser*-Bericht Nr. 208: „Das Recht des V. K. und Irlands kennt nicht das System des ‚Exequaturs' ausländischer Entscheidungen. In diesen Staaten ist eine Klage auf der Grundlage des ausländischen Urteils nötig, sofern nicht – wie im V. K. – für Urteile gewisser Staaten (zu denen die sechs ursprünglichen Mitgliedstaaten außer Luxemburg gehören) das System der *Registrierung* gilt. In diesem Fall sind die ausländischen Entscheidungen, wenn sie vollstreckt werden sollen, bei einem Gericht des V. K. zu registrieren. Sie haben dann die gleichen Wirkungen wie Entscheidungen, die vom registrierenden Gericht selbst stammen. Der Antrag ist vom Gläubiger persönlich oder in seinem Namen von einem Anwalt (‚Solicitor') zu stellen. Persönliches Erscheinen ist notwendig; ein schriftlich zugesandter Antrag reicht nicht aus. Wird der Antrag gutgeheißen, so wird das Urteil in ein beim Gericht geführtes Register eingetragen.

Im V. K., mit Ausnahme von Schottland, gibt es ein selbständiges Vollstreckungsorgan nach Art des französischen ‚huissier' oder des deutschen ‚Gerichtsvollziehers'

VIII. Klauselerteilung als Gestaltungsakt

1. Das Klauselerteilungsverfahren (Art. 31 ff.) zielt nicht auf eine Feststellung, sondern auf eine Rechtsgestaltung.

2. Daher ist auch der Verfahrensgegenstand des Feststellungsverfahrens nach Art. 26 II und der des Verfahrens nach Art. 31 ff. nicht identisch. Näher oben § 146 VII und unten § 157 III.

IX. Die Klauselerteilung als Zwischenverfahren zwischen dem erststaatlichen Erkenntnisverfahren und dem zweitstaatlichen Vollstreckungsverfahren

1. Das Klauselerteilungsverfahren steht zwischen dem Erkenntnisverfahren im Erststaat und dem Vollstreckungsverfahren im Zweitstaat. Es ist noch nicht der Beginn der Zwangsvollstreckung im Zweitstaat. Auch wenn die Klausel erteilt ist, hat es der Gläubiger in der Hand, ob er konkrete Maßnahmen der Zwangsvollstreckung beantragen will.

2. Durch das Verfahren nach Art. 31 ff. wird eine bindende Prüfung der Vollstreckungsvoraussetzungen (Art. 34 II) für alle Vollstreckungsverfahren erreicht. Ist die Klausel erteilt, so kann das einzelne Vollstreckungsorgan die Zwangsvollstreckung nicht mit der Begründung verweigern, es liege doch ein Versagungsgrund vor.

X. Klauselerteilung mit Wirkung für das gesamte Hoheitsgebiet des Zweitstaates

1. Durch die Vollstreckbarerklärung (Klauselerteilung) wird der erststaatliche Vollstreckungstitel im gesamten Hoheitsgebiet des Zweitstaates[15] vollstreckbar.

2. Eine Ausnahme gilt für das Vereinigte Königreich. Dieses ist zwar Bundesstaat, aber kein einheitliches Rechts- und Gerichtsgebiet. Es besteht vielmehr aus drei Teilen mit unterschiedlichen Rechtsordnungen: *England und Wales, Schottland sowie Nordirland.* Die Registrierung (Art. 31 II n. F.) muß für England und Wales beim „High Court of Justice", für Schottland beim „Court of Session" und für Nordirland beim „High Court of Justice of Northern Ireland" beantragt werden. Wird sie erteilt, dann wirkt die Vollstreckbarkeit nur für den Bezirk der genannten Ge-

---

nicht. Nur *das* Gericht kann Maßnahmen zur Zwangsvollstreckung verfügen, welches das Urteil erlassen hat oder bei dem es registriert worden ist. Da eine derartige Registrierung dem aus dem ausländischen Urteil Berechtigten gleichen Rechtsschutz verschafft wie die Erteilung des Exequaturs auf dem Kontinent, konnte das Registrierungssystem des V. K. auch im Geltungsbereich des EuGVÜ anerkannt werden."

[14a] Der Zweitrichter darf nicht den Nachweis einer konkreten Vollstreckungsabsicht und/oder -möglichkeit verlangen. Vgl. unten XIII Fußn. 20.

[15] Soweit das Übereinkommen geographisch zur Anwendung kommt. Vgl. oben § 17.

richte, welcher sich aber jeweils auf ganz England und Wales, Schottland oder Nordirland erstreckt.[16]

XI. Der Kreis der im Zweitstaat zu vollstreckenden Titel im Vergleich zu den der Anerkennung fähigen Entscheidungen

1. Aus dem Umstand, daß der zur Zwangsvollstreckung anstehende Titel im Erststaat vollstreckbar sein muß, ergeben sich Unterschiede des Anwendungsbereiches der Art. 31 ff. im Vergleich zu den Vorschriften über die Anerkennung (Art. 25 ff.).

2. Gerichtliche Entscheidungen, die im Erststaat nicht vollstreckbar sind, können nicht mit der Klausel versehen werden. Feststellungs- und Gestaltungsurteile können also nur im Kostenpunkt für vollstreckbar erklärt werden. Insoweit ist der Anwendungsbereich der Art. 31 ff. enger als der der Art. 25 ff.

3. Andererseits gibt es auch Titel, die einer Anerkennung nicht fähig sind, aber für eine Klauselerteilung in Betracht kommen, wie z. B. Vorbehaltsurteile, Arreste, Prozeßvergleiche und sonstige vollstreckbare Urkunden. Näher oben § 103.

XII. Die Vollstreckungspflicht

1. Die Vertragsstaaten sind nach Maßgabe von Art. 31 ff. zur Vollstreckung aller aus den anderen Vertragsstaaten stammenden Vollstreckungstitel verpflichtet. Es steht nicht in ihrem Belieben, die Zwangsvollstreckung zuzulassen.

2. Die Vollstreckungspflicht beruht – ebenso wie die Pflicht zur Anerkennung (oben § 104) – auf *primärem Gemeinschaftsrecht* oder aber auf einer Verpflichtung aus gewöhnlichem völkerrechtlichem Vertrag, je nachdem, wie man die Rechtsnatur des Übereinkommens qualifiziert.[17]

3. Die *Grenzen der Vollstreckungspflicht* ergeben sich

a) in *zeitlicher Hinsicht* aus den Bestimmungen über das Inkrafttreten: Art. 54 II und Art. 34 II und III des Beitrittsübereinkommens vom 9. Oktober 1978 (oben § 105);

b) in *räumlicher Hinsicht* aus der Begrenzung des geographischen Anwendungsbereichs des Übereinkommens (oben § 17);

c) in *sachlicher Hinsicht* aus der Beschränkung auf *bestimmte*

α) *Vollstreckungstitel* (näher unten § 151)

---

[16] *Schlosser*-Bericht Nr. 11 sowie Nr. 209: „England und Wales, Schottland und Nordirland sind jeweils *eigenständige Gerichtsgebiete*. Dem mußte in einem neuen Absatz von Artikel 31 Rechnung getragen werden. Auch die in Artikel 37 und 40 vorgesehenen Rechtsbehelfsmöglichkeiten gelten für jede Registrierung gesondert. Ist ein Urteil beim „High Court" in London endgültig registriert worden, so kann gegen seine spätere Registrierung beim „Court of Session" in Edinburg abermals ein Rechtsbehelf eingelegt werden."

[17] Oben § 6.

β) in *Zivil- und Handelssachen* mit Ausnahme des
γ) *Ausnahmekatalogs des Art. 1 II* und der
δ) in *Spezialabkommen* behandelten Vollstreckungstitel. Näher hierzu unten § 154.

4. Dies ist der generell-abstrakte Rahmen für die zwischen den Vertragsstaaten vereinbarte Vollstreckungspflicht. In casu entfällt die Pflicht, einen konkreten zur Vollstreckung im Zweitstaat anstehenden Titel zur Zwangsvollstreckung zuzulassen, wenn

a) eine Vollstreckbarerklärungsvoraussetzung fehlt bzw. ein Versagungsgrund vorliegt, Art. 34 II, Art. 27, Art. 28 I; Art. 50 I 2 (hierzu unten XXI und § 157 IV 1);

b) über den gleichen vollstreckbaren Anspruch im Zweitstaat ein Vollstreckungstitel oder eine feststellende Entscheidung ergangen ist oder ein zeitlich früher wirksamer und vollstreckbarerklärungsfähiger Vollstrekkungstitel bzw. eine zeitlich früher wirksame und anerkennungsfähige Entscheidung aus einem anderen Vertragsstaat oder einem dritten Staat vorliegt; näher hierzu unten § 156;

c) ein völkerrechtliches Vollstreckungsverbot eingreift; näher hierzu unten § 157 V.

5. Die Vollstreckungspflicht besteht nicht nur gegenüber dem Erststaat, sondern gegenüber allen Vertragsstaaten.

6. Auch der Vollstreckungsgläubiger hat – ohne Rücksicht auf seine Staatsangehörigkeit oder seinen Wohnsitz/Sitz – einen Anspruch, daß sein Vollstreckungstitel im Zweitstaat zur Zwangsvollstreckung zugelassen wird.

7. Die Staatsangehörigkeit und/oder der Wohnsitz/Sitz des Vollstrekkungsschuldners ist ohne Belang.[18]

8. Bei Verletzung der Vollstreckungspflicht gelten die zur Verletzung der Anerkennungspflicht gemachten Ausführungen (oben § 120) entsprechend.

---

[18] Vgl. den Fall des *LG Hamburg,* Beschluß vom 10. August 1977, IPRspr. 1977 Nr. 23 = Nachschlagewerk I-31–B4. Eine Gesellschaft mit Sitz in Antwerpen hatte vor dem dortigen Handelsgericht gegen eine Gesellschaft liechtensteinischen Rechts mit Sitz in Vaduz ein Versäumnisurteil erwirkt und hierfür die Erteilung der Vollstreckungsklausel für das Gebiet der Bundesrepublik Deutschland beantragt. Das LG Hamburg gab dem Antrag statt. Es führte aus, die Vollstreckbarerklärung des belgischen Urteils werde nicht dadurch ausgeschlossen, daß das Fürstentum Liechtenstein kein Vertragsstaat sei. Daß die Entscheidung gegen Angehörige von Nichtvertragsstaaten oder gegen Parteien ergangen sei, die in einem Nichtvertragsstaat ihren Sitz hätten, schließe ebenfalls die Vollstreckbarerklärung nicht aus. Der Anwendung des Übereinkommens könne allenfalls ein Abkommen nach Art. 59 entgegenstehen. Ein solches Abkommen sei aber zwischen der Bundesrepublik und dem Fürstentum Liechtenstein nicht geschlossen.

XIII. Keine executio non conveniens: Der Gläubiger bestimmt, wo vollstreckt wird

Die Erteilung der Klausel kann im Zweitstaat nicht mit der Begründung abgelehnt werden, der Gläubiger könne im Erststaat oder in einem anderen Vertragsstaat oder in einem dritten Staat viel leichter, vorteilhafter oder sonstwie mit größerer Aussicht auf Erfolg vollstrecken.[19] Es gibt keine executio non conveniens. Liegen die Voraussetzungen für die Vollstreckbarerklärung vor, so hat der Gläubiger einen Anspruch auf Vollstreckung in jedem Vertragsstaat. Er kann wählen, wo er vollstrekken will. Der Zweitrichter darf nicht prüfen, ob die Wahl zweckmäßig ist. Er darf insbesondere nicht den Nachweis verlangen, daß die Vollstreckung im Erststaat erfolglos war.

XIV. Vervielfältigung der Vollstreckungstitel

1. Die Klauselerteilung nach Art. 31ff. führt zu einer *Vervielfältigung der Vollstreckungstitel.*[20] Theoretisch kann der Gläubiger seinen Titel in allen übrigen 5 (später 9) Vertragsstaaten für vollstreckbar erklären lassen.[21]

2. Daraus erwachsen *dem Schuldner zwar Gefahren:* Gegen eine mögliche Doppelvollstreckung ist er aber ausreichend geschützt; denn das Vollstreckungsrecht eines jeden Vertragsstaates sieht einen Rechtsbehelf vor, wenn der Gläubiger seinen Titel mißbraucht.[22]

XV. Gleichzeitige Vollstreckung in mehreren Vertragsstaaten oder in einem oder mehreren Vertragsstaaten und in einem oder mehreren dritten Staaten

Da der Schuldner durch die Vollstreckungsgegenklage[23] bzw. die diesem Institut funktional gleichstehenden Rechtsbehelfe in den jeweiligen Vollstreckungsstaaten ausreichend geschützt ist, verbietet das Übereinkommen nicht die gleichzeitige Vollstreckung in mehreren Vertragsstaaten und in dritten Staaten.[24]

---

[19] *Geimer* NJW 1980, 1234.

[20] *Geimer* NJW 1980, 1234.

[21] Darüberhinaus noch im Nichtvertragsstaat nach Maßgabe des dort geltenden Rechts.

[22] So kennt z. B. das deutsche Recht die Vollstreckungsgegenklage (§ 767 ZPO).

[23] § 767 ZPO.

[24] Maßgebend für die Vollstreckbarerklärung in einem Nichtvertragsstaat ist der zwischen diesem und dem Erststaat geltende bi- oder multilaterale Vertrag und – bei Fehlen eines solchen – das dort geltende autonome Recht.

XVI. Schadensersatz wegen ungerechtfertigter Vollstreckung

1. Das Übereinkommen bringt kein europäisches Einheitsrecht für den Ersatz des Schadens wegen ungerechtfertigter Vollstreckung.

2. Maßgebend ist nicht das Recht des Erststaates, sondern das Recht des Zweitstaates, also des Staates, in dem die ungerechtfertigte Vollstrekkung durchgeführt wurde.[25] Dieses bestimmt insbesondere, ob der Vollstreckungsgläubiger auch ohne Verschulden haftet.[26]

3. Der Schadensersatzanspruch wegen ungerechtfertigter Vollstrekkung kann im Vollstreckungsstaat eingeklagt werden. Dieser ist zwar nicht ausschließlich international zuständig; denn Art. 16 Nr. 5 gilt nur für Verfahren, die die Zwangsvollstreckung als solche betreffen, nicht jedoch für daraus resultierende Folgeverfahren.[27] Für die (konkurrierende) internationale Zuständigkeit des Vollstreckungsstaates findet sich jedoch nach den allgemeinen Regeln des maßgeblichen Kompetenzrechts[28] immer ein Anknüpfungspunkt, auch wenn der Gläubiger (= Beklagter des Schadensersatzprozesses) nicht im Vollstreckungsstaat wohnt: Dessen internationale Zuständigkeit läßt sich auf das forum delicti commissi[29] gründen, auch wenn es um eine verschuldensunabhängige Haftung geht.

XVII. Unzulässigkeit der Leistungsklage, gestützt auf die Rechtskraft des anzuerkennenden erststaatlichen Leistungsurteils

1. Die Klauselerteilung nach Art. 31ff. ist der einzige Weg, um aus einem (in einem Vertragsstaat ergangenen) Leistungsurteil in den anderen Vertragsstaaten vollstrecken zu können. Der im Erststaat siegreiche Kläger/Antragsteller hat nicht etwa die Möglichkeit, in den anderen Vertragsstaaten erneut auf Leistung aus dem erststaatlichen Urteil zu klagen, wobei der Zweitrichter an die Rechtskraft (res iudicata) der anzuerkennenden erststaatlichen Entscheidung gebunden wäre.[30]

---

[25] Unten Bd. II 215.

[26] So z. B. das deutsche Recht § 717 II ZPO i. V. m. § 30 des deutschen Ausführungsgesetzes.

[27] Oben § 91 VI 4. Ebenso *Müller* in *Bülow-Böckstiegel* 606/140, Art. 16, Anm. IV 5 bei Fußn. 48 sowie 606/254, Art. 37, Anm. V bei Fußn. 22.

[28] Oben § 29.

[29] Art. 5 Nr. 3; § 32 ZPO etc. Vgl. oben § 84 II.

[30] EuGH, Urteil vom 30. November 1976, Rechtssache 42/76. *De Wolf ./. Fa. Harry Cox BV,* EuGHE 1976, 1759 = Nachschlagewerk I-25.0–A1 mit Anm. *Geimer,* EuR 1977, 364. Der Kläger hatte vor einem belgischen Gericht eine vollstreckbare Entscheidung gegen eine niederländische Gesellschaft erwirkt und später vor einem niederländischen Gericht erneut Klage mit demselben Antrag erhoben, weil die Zwangsvollstreckung aus dem ersten Urteil wegen des in den Niederlanden hierfür vorgesehenen

2. Dieses Verbot der actio iudicati gilt einheitsrechtlich für alle Vertragsstaaten. Auf den Standpunkt der jeweiligen nationalen Rechtsordnung des Zweitstaates kommt es nicht an.

Anwaltszwangs höhere Kosten verursacht hätte als die erneute Klage. Nachdem das erstinstanzliche Gericht der Klage stattgegeben hatte, erhob der Procureur-Generaal beim Hoge Raad Kassationsbeschwerde wegen Verstoßes gegen das Übereinkommen. Der Hoge Raad legte daraufhin dem EuGH die Frage vor, ob die Bestimmungen des Übereinkommens im gegebenen Fall der erneuten Klage entgegenstünden.

Dieser entschied: Mit dem Sinn der Bestimmungen des Übereinkommens über die Anerkennung von gerichtlichen Entscheidungen aus anderen Vertragsstaaten wäre ein Rechtsstreit unvereinbar, der denselben Gegenstand habe und zwischen denselben Parteien geführt werde wie ein bereits vor einem Gericht in einem anderen Vertragsstaat entschiedener Rechtsstreit. Das erneut mit der Sache befaßte Gericht könnte sich nämlich, wenn es die Klage für zulässig halte, veranlaßt sehen, sich zu einem früheren ausländischen Urteil in Widerspruch zu setzen und so gegen die Verpflichtung zur Anerkennung dieses Urteils zu verstoßen.

Auch aus Art. 21 – durch den vermieden werden solle, daß die Gerichte zweier Vertragsstaaten über dieselbe Rechtsstreitigkeit entscheiden – folge, daß ein erneutes Verfahren mit den Zielen des Übereinkommens unvereinbar sei. Schließlich könnte, wenn man eine zweifache Durchführung des Verfahrens in der Hauptsache zuließe, der Gläubiger wegen derselben Forderung zwei vollstreckbare Titel erhalten. Dem stehe nicht entgegen, daß das Verfahren nach Art. 31ff. gelegentlich nach dem anwendbaren nationalen Recht kostenaufwendiger sei als ein erneutes Verfahren über die Hauptsache. Das die Vereinfachung der Förmlichkeiten bezweckende Übereinkommen mußte die Mitgliedstaaten veranlassen, dafür zu sorgen, daß die Kosten des im Übereinkommen vorgesehenen Verfahrens so bestimmt würden, wie es dem Streben nach Vereinfachung entspreche.

Demgemäß beantwortete der EuGH die Vorlagefrage wie folgt:

„Die Bestimmungen des Übereinkommens ... stehen einer Klage entgegen, mit der die Partei, zu deren Gunsten in einem Vertragsstaat eine gerichtliche Entscheidung ergangen ist, die gemäß Art. 31 des Übereinkommens in einem anderen Vertragsstaat mit der Vollstreckungsklausel versehen werden könnte, bei einem Gericht dieses Vertragsstaates erneute Verurteilung der anderen Partei zu der ihr bereits in dem ersten Staat zugesprochenen Leistung begehrt."

Daraufhin hob der Hoge Raad mit Urteil vom 14. Januar 1977 (Nachschlagewerk I 25.0 – B 1) das Urteil 1. Instanz auf und wies die Klage ab.

Der Anwaltzwang im Rahmen des Vollstreckbarerklärungsverfahrens nach dem Übereinkommen wurde daraufhin durch das niederländische Gesetz vom 14. September 1978 (Stb. 1978, n° 468) gelockert.

Kritik: 1. Der EuGH unterscheidet nicht deutlich genug zwischen Anerkennung und Vollstreckbarerklärung.

2. Die Gefahr divergierender Entscheidungen besteht nicht, wenn das zweite Gericht die (anerkennungsfähige) Rechtskraft des erststaatlichen Urteils beachtet.

Zu diesem Fragenkreis *Droz* Nr. 427; *Müller* in *Bülow-Böckstiegel* 606/234, Art. 31, Anm. IV bei Fußn. 27; *Report of the Scottish Committee on Jurisdiction and Enforcement* S. 161 sub *Exclusion of actions of decree conform:*

„6.184 We have considered the question whether a judgment from another Contracting State may only be rendered enforceable by the procedure provided by Title III or whether it would also be competent to bring an action of decree conform in respect of

XVIII. Die Pflicht zur Singularvollstreckung in den anderen Vertragsstaaten trotz deren Unzulässigkeit im Erststaat wegen Eröffnung des gerichtlichen Konkurs- oder Vergleichsverfahrens

1. Die Vollstreckungspflicht nach Art. 31 ff. setzt zwar voraus, daß der Titel, dessen Zulassung zur Zwangsvollstreckung in dem Zweitstaat begehrt wird, nach dem Recht des Erststaates vollstreckbar ist, Art. 31, Art. 47 Nr. 1, Art. 50.[31] Damit soll klargestellt werden, daß Feststellungs- und Gestaltungsurteile nicht in den Anwendungsbereich der Art. 31 ff. fallen.

2. Dies soll aber nicht heißen, daß zum Zeitpunkt der Klauselerteilung durch den Zweitrichter im Erststaat noch die *Singularzwangsvollstreckung* zulässig sein muß.[32]

Beispiel:

Der Gläubiger hat gegen den Schuldner beim Amtsgericht München einen (unanfechtbaren) Mahnbescheid erwirkt. Bevor er jedoch seinen Titel im Wege der Zwangsvollstreckung durchsetzen kann, wird über das Vermögen des Schuldners vom Amtsgericht als Konkursgericht der Konkurs eröffnet. Damit ist eine Singularvollstreckung in der Bundesrepublik Deutschland – während der Dauer des Konkursverfahrens – unzulässig geworden.[33]

Gleichwohl kann der Gläubiger in den anderen Vertragsstaaten in das dort belegene Vermögen des Schuldners nach Maßgabe von Art. 31 ff. vollstrecken. Die Eröffnung des Konkurses im Erststaat ist kein Versagungsgrund.

XIX. Eröffnung des gerichtlichen Konkurs- oder Vergleichsverfahrens im Zweitstaat

Anders ist es jedoch, wenn im Zweitstaat über das Vermögen des Vollstreckungsschuldners das gerichtliche Konkurs- oder Vergleichsverfahren oder ein ähnliches Verfahren eröffnet worden ist und aus diesem Grund nach dem Recht des Zweitstaates eine Singularvollstreckung unzulässig ist. Die Art. 31 ff. betreffen – ohne dies ausdrücklich zu sagen – die Pflicht zur Singularvollstreckung. Diese entfällt, wenn nach dem Recht des Zweitstaates aus den genannten Gründen die Singularvollstreckung unzulässig geworden ist, arg. Art. 1 II Nr. 2.

---

such a judgment. We think it can be deduced from the imperative terms of Article 31 and the succeeding Articles that this procedure is intended to be exclusive and that actions of decree conform are not to be competent."

[31] Vgl. auch die Thesen von *Schlosser* RIW/AWD 1983, 477 ff.

[32] *Zöller-Geimer,* ZPO, 13. Aufl. 1981, § 722, Anm. II 3.

[33] § 7 KO.

XX. Die Vollstreckbarkeit im engeren Sinne

1. Voraussetzung für die Zulassung zur Zwangsvollstreckung in den anderen Vertragsstaaten nach Maßgabe der Art. 31ff. ist die Vollstreckbarkeit des in Frage stehenden Titels nach dem Recht des Erststaates, Art. 31, Art. 47 Nr. 1, Art. 50.

2. Notwendig ist die Vollstreckbarkeit im engeren Sinne. Es muß sich also um einen auf Leistung oder Unterlassung gerichteten Titel handeln, der – bei Nichterfüllung durch den Schuldner – zu seiner Durchsetzung staatlichen Zwangs bedarf.

3. Nicht hierher gehören die Fälle der sog. *Vollstreckbarkeit im weiteren Sinne:* Wenn ein Feststellungs- oder Gestaltungsurteil nach dem Recht des Erststaates nur dann seine Wirkungen entfaltet, wenn es in einem öffentlichen Register (z. B. Grundbuch) verlautbart wird,[34] so handelt es sich nicht um eine Vollstreckung im Sinne der Art. 31ff. Denn es fehlt an der Anwendung oder zumindest Androhung von staatlichem Zwang gegen den Schuldner.

XXI. Die Voraussetzungen für die Vollstreckbarerklärung bzw. die Gründe für die Versagung der Klauselerteilung

1. Die Unterscheidung zwischen Anerkennungs- und Vollstreckbarerklärungsvoraussetzungen[35]

a) Die grundlegende Unterscheidung zwischen Anerkennung (= Wirkungserstreckung) und Vollstreckbarerklärung (= Wirkungsverleihung) wurde bereits oben § 102 dargelegt. Die Entscheidung über die Anerkennung bzw. Nichtanerkennung im Verfahren gemäß Art. 26II[36] hat feststellenden Charakter, während die Klauselerteilung nach Art. 31ff. eine prozessuale Gestaltung zum Gegenstand hat.[37]

b) Demgemäß ist zwischen den Voraussetzungen für die Anerkennung und den Voraussetzungen für die Vollstreckbarerklärung (Klauselerteilung) zu unterscheiden.[38]

---

[34] Hierzu *Zöller-Geimer,* ZPO, 13. Aufl. 1981, § 722, Anm. III 2.

[35] Vgl. auch *Schlosser*-Bericht Nr. 188.

[36] *Geimer* JZ 1977, 145ff.

[37] Oben § 146 I.

[38] Wenn man die Fragestellung negativ formulieren will, so hat man zwischen den *Versagungsgründen für die Anerkennung* und den *Versagungsgründen für die Klauselerteilung* zu unterscheiden. Diese Methode verwendet das Übereinkommen. Vgl. Art. 34 II, Art. 50 I 2.

2. Die Voraussetzungen für die Vollstreckbarerklärung

a) von gerichtlichen Vollstreckungstiteln

Art. 34 II verweist auf die Voraussetzungen für die Anerkennung. Die Voraussetzungen für die Klauselerteilung stimmen inhaltlich mit den Anerkennungsvoraussetzungen überein. Dieser Satz bedarf jedoch der Ergänzung. Hinzukommen weitere Voraussetzungen, die nur für die Vollstreckbarerklärung, aber nicht für die Anerkennung gelten:

α) Der Zweitstaat muß *Gerichtsbarkeit (Vollstreckungsgewalt)* über den Vollstreckungsschuldner haben.

β) Die gerichtliche Entscheidung, die zur Zwangsvollstreckung im Zweitstaat zugelassen werden soll, muß *im Erststaat vollstreckbar* sein, Art. 31. Hierzu oben § 102 II.

γ) Eine Zulassung zur Zwangsvollstreckung scheidet aus, *wenn der Schuldner die ihm im erststaatlichen Titel befohlene Leistung bereits erbracht hat.* Hierzu oben § 126 V sowie unten XXII und XXIII.

b) von vollstreckbaren Vergleichen und von vollstreckbaren öffentlichen Urkunden

Das Übereinkommen kennt hier nur einen Versagungsgrund: Der Antrag auf Klauselerteilung kann nur abgelehnt werden, wenn die Zwangsvollstreckung aus dem im Erststaat vollstreckbaren Vergleich (unten § 151 III) bzw. aus der im Erststaat vollstreckbaren öffentlichen Urkunde (unten § 151 IV und V) dem ordre public des Zweitstaates widersprechen würde, Art. 51, Art. 50 I 2.[39]

3. Erfolgschancen der Zwangsvollstreckung im Zweitstaat

Die Erfolgschancen der Zwangsvollstreckung im Zweitstaat sind im Klauselerteilungsverfahren nicht zu prüfen.[40] Auch wenn der Schuldner

[39] Vgl. den Fall der Cour d'appel de Paris, Urteil vom 25. November 1977, *Hallais ./. Kunz,* Nachschlagewerk I-51 – B2 (Sachverhalt unten § 151 Fußn. 4): Der Vollstreckungsschuldner machte gegen die Klauselerteilung für einen vor dem LG Frankfurt/M. geschlossenen Vergleich in Frankreich geltend, der Vergleich verstoße gegen den französischen ordre public, da er – der Beschwerdeführer – bei seinem Abschluß nicht ordnungsgemäß vertreten gewesen sei.

Die Cour d'appel führte aus, die Vollstreckung aus dem Vergleich sei nicht wegen Verstoßes gegen den französischen ordre public ausgeschlossen. Die nach deutschem Recht gegebene Möglichkeit, vor dem Richter und unter dessen Kontrolle einen Vergleich abzuschließen, über den ein vom Richter unterzeichnetes Protokoll aufgenommen werde, widerspreche angesichts der in Frankreich geltenden Vorschriften nicht dem französischen ordre public international. Auch der Umstand, daß der Beschwerdeführer seinem Anwalt in der Bundesrepublik eine sachlich unbeschränkte Vollmacht für die gerichtliche und außergerichtliche Wahrnehmung seiner Interessen in dem Verfahren gegen seine Ehefrau erteilt habe, sei unter diesem Gesichtspunkt unbedenklich. Im übrigen habe der Beschwerdeführer nicht von der ihm zu Gebot stehenden Möglichkeit Gebrauch gemacht, die Wirksamkeit des gerichtlichen Vergleichs anzugreifen.

[40] *Müller* in *Bülow-Böckstiegel* 606/232, Art. 31, Anm. III 2 bei Fußn. 19.

nachweisen kann, daß er im Zweitstaat kein Vermögen hat, ist der erststaatliche Titel für vollstreckbar zu erklären. Es ist allein Sache des Gläubigers, welche Maßnahmen er aufgrund der Klauselerteilung im Zweitstaat ergreifen will.[41] Zumindest hat er für die Zukunft vorgesorgt: Erwirbt der Schuldner Vermögen im Zweitstaat, kann er sofort die Zwangsvollstreckung beantragen.

XXII. Einwendungen gegen den dem Vollstreckungstitel zugrundeliegenden Anspruch

1. Keine Verweisung des Schuldners auf die ihm offenstehenden Rechtsbehelfsmöglichkeiten im Erststaat

Einwendungen gegen den materiellrechtlichen Anspruch selbst, die erst nach Erlaß des Vollstreckungstitels entstanden sind, kann der Schuldner geltend machen, ohne die ihm nach dem Recht des Erststaates offenstehenden Rechtsbehelfe auszuschöpfen.[42]

Beispiel[43]:

Das LG München I verurteilt den Beklagten zur Zahlung. Dieser bezahlt. Gleichwohl beantragt der Gläubiger (= Kläger) die Klauselerteilung in Frankreich.

---

[41] *Zöller-Geimer,* ZPO, 13. Aufl. 1981, IZPR, Anm. E XI 2.

[42] *Jenard*-Bericht S. 94: „Das Gericht, bei dem der Rechtsbehelf eingelegt ist, darf die ausländische Entscheidung nicht sachlich nachprüfen; eine solche Befugnis wäre mit dem Grundgedanken des Übereinkommens unvereinbar. Dagegen kann der Schuldner den Rechtsbehelf auf Tatsachen stützen, die nach dem Erlaß des ausländischen Urteils eingetreten sind, indem er z. B. nachweist, daß er nach dem Erlaß des ausländischen Urteils seine Schuld beglichen hat. Wie *Batiffol* bemerkt, ist eine solche Einwendung in dem Exequatur-Verfahren zulässig." Näher unten § 159 II 4. Vgl. auch *Müller* in *Bülow-Böckstiegel* 606/252, Art. 37, Anm. III 2. *Wolfsteiner,* Die vollstreckbare Urkunde, 1978, 205; *Geimer,* DNotZ 1975, 468.

[43] Aus der Rechtsprechung s. vor allem OLG Koblenz NJW 1976, 488 = IPRspr. 1975 Nr. 171; OLG Frankfurt/M. Rechtspfleger 1978, 454 = RIW/AWD 1980, 63 = IPRspr. 1978 Nr. 164; OLG Bremen, IPRspr. 1977 Nr. 152. Bei der Aufrechnung kommt es auf die *objektive Aufrechnungslage* an: Die Ausübung des in der Aufrechnungserklärung liegenden Gestaltungsrechts ist nicht entscheidend. Für die Frage, ob die Einwendung vor oder nach Erlaß der Entscheidung entstanden ist, ist auf den Zeitpunkt abzustellen, in dem sich beide Forderungen aufrechenbar gegenüberstanden; der Zeitpunkt der Kenntnis des Schuldners von der Aufrechnungslage ist irrelevant.

Da der Schuldner (Antragsgegner) im ersten Verfahrensabschnitt vor dem Vorsitzenden der Kammer am Landgericht (Art. 32) nicht beteiligt wird, Art. 34 I, kann dieser Einwendungen erst mit dem Rechtsbehelf nach Art. 37 vorbringen. In der Bundesrepublik Deutschland hat also das OLG als Beschwerdegericht die Einwendungen zu prüfen. Das OLG München, Beschluß vom 30. November 1979, RIW/AWD 1980, 801 = IPRspr. 1979 Nr. 218, will jedoch in solchen Fällen an das LG zurückverweisen, damit dieses die Begründetheit des Einwandes prüft. Dies erscheint bedenklich.

Die französischen Gerichte haben den Antrag als unbegründet zurückzuweisen, sobald sie von der Erfüllung der Urteilsschuld Kenntnis erhalten.[44] Sie sind nicht berechtigt, die Klausel zu erteilen und den Schuldner auf die Vollstreckungsgegenklage[45] in der Bundesrepublik Deutschland zu verweisen.[46] Auch eine Aussetzung nach Art. 38 kommt nicht in Betracht; denn die Vollstreckungsgegenklage ist kein „ordentlicher Rechtsbehelf."[47]

2. Keine Verletzung des Verbots der révision au fond

Die Beachtung der nach Erlaß des Vollstreckungstitels entstandenen Einwendungen ist kein Verstoß gegen das Verbot der révision au fond.[48] Denn die erst nach Abschluß des Erstverfahrens entstandenen Einwendungen werden durch das Erstverfahren auch nach dem Recht des Erststaates nicht präkludiert.[49]

3. Berücksichtigung im Klauselerteilungsverfahren

Die nach Abschluß des Erstverfahrens[50] entstandenen Einwendungen gegen den materiellen Anspruch sind im zweitstaatlichen Klauselerteilungsverfahren auf Grund des Rechtsbehelfs des Schuldners gemäß Art. 36 vom Zweitrichter zu beachten, sofern sich der Schuldner darauf beruft. Ihn trifft die Darlegungs- und Beweislast.

4. Berücksichtigung nach Abschluß des Klauselerteilungsverfahrens

a) Mit Einwendungen, die der Schuldner im Klauselerteilungsverfahren hätte geltend machen können, ist er präkludiert.

b) Danach entstandene Einwendungen kann der Schuldner in der Bundesrepublik Deutschland mit der Vollstreckungsgegenklage gegen die Klauselerteilung geltend machen, § 15 des deutschen Ausführungsgesetzes.

---

[44] Also i. d. R. erst, nachdem der Schuldner den Rechtsbehelf nach Art. 36 eingelegt hat.

[45] § 767 ZPO.

[46] Ebenso das autonome deutsche Recht; hierzu *Zöller-Geimer,* ZPO, 13. Aufl., 1981, § 722, Anm. X.

[47] Hierzu oben Fußn. 9.

[48] Art. 34 III.

[49] So z. B. § 767 II ZPO. Zu den zeitlichen Grenzen der Rechtskraft nach deutschem Recht vgl. statt vieler *Zöller-Vollkommer,* ZPO, 13. Aufl., 1981, Anm. VII vor § 322.

[50] Wegen der Prozeßvergleiche und sonstigen vollstreckbaren Urkunden s. aber § 14 II des deutschen Ausführungsgesetzes. Hierzu *Geimer* DNotZ 1975, 482.

XXIII. Anerkennung ohne Möglichkeit der Klauselerteilung für ein Leistungsurteil

1. Die oben XXI dargelegte Unterscheidung zwischen Anerkennungs- und Vollstreckbarerklärungsvoraussetzungen läßt sich deutlich an den Fällen demonstrieren, in denen die Wirkungen (Rechtskraft- oder Gestaltungswirkung) eines im Erststaat ergangenen Leistungsurteils im Zweitstaat zwar *anerkannt* werden können, dem Urteil aber *nicht die Klausel* erteilt werden darf.

Beispiel A:

Der im Erstprozeß unterlegene Beklagte ist von der Gerichtsbarkeit des Zweitstaates befreit. Die Rechtskraft des erststaatlichen Leistungsurteils wird ipso iure automatisch auf den Zweitstaat (und alle anderen Vertragsstaaten) erstreckt. Dagegen darf der Titel im Zweitstaat nicht zur Zwangsvollstreckung zugelassen werden.

Beispiel B:

Der Schuldner hat aufgrund der Verurteilung im Erststaat bereits bezahlt. Deshalb scheidet eine Klauselerteilung nach Zahlung aus. Gleichwohl ist nach wie vor die Rechtskraft des Leistungsurteils anzuerkennen. Sie bewirkt, daß unter den Parteien nicht mehr über die Frage gestritten werden darf, ob dem Gläubiger das Geleistete zusteht. Ohne Anerkennung könnte der Schuldner (im Zweitstaat) einwenden, er habe sine causa bezahlt.

2. Schließlich ist noch eine Anerkennung ohne Möglichkeit der Klauselerteilung unter folgender Hypothese denkbar: Im Verfahren nach Art. 26 II wurde die Anerkennung der Rechtskraftwirkung des erststaatlichen Leistungsurteils festgestellt. Trotz der Rechtskraft dieser Entscheidung wird im (späteren) Verfahren der Antrag auf Klauselerteilung (zu Unrecht) als unbegründet zurückgewiesen.

XXIV. Klauselerteilung ohne Möglichkeit der Anerkennung

1. Der Satz „Die Klauselerteilung setzt die Anerkennung voraus" stimmt sicher nicht, wenn es um die Vollstreckbarerklärung eines Vergleiches (Art. 51) oder einer vollstreckbaren Urkunde (Art. 50) geht.[51] Denn diese Titel entfalten keine materielle Rechtskraft (Feststellungswirkung) und auch sonst keine anerkennungsfähigen Wirkungen.[52]

2. Aber auch bei den vollstreckbaren gerichtlichen Entscheidungen (Art. 25) stimmt dieser Satz nicht immer. Denn es gibt von Gerichten erlassene Vollstreckungstitel, die nicht in materielle Rechtskraft erwachsen. Aus deutscher Sicht kommen in Betracht Vorbehaltsurteile, Arreste und einstweilige Verfügungen. Vgl. oben § 103 und § 107 V.

---

[51] Weniger dezidiert *Schütze,* unten § 157 IV 1.

[52] *Geimer* DNotZ 1975, 482.

XXV. Verhältnis des Klauselerteilungsverfahrens zum Anerkennungsverfahren nach Art. 26 II

Hierzu oben § 146 VII.

XXVI. Teilexequatur: Nur teilweise Vollstreckbarerklärung des erststaatlichen Vollstreckungstitels

1. Beschränkung des Klauselerteilungsantrags auf Teile des erststaatlichen Vollstreckungstitels, Art. 42 II [53]

a) Der Gläubiger kann von vorneherein die Erteilung der Klausel nur für einen von ihm bestimmten Teil des erststaatlichen Vollstreckungstitels beantragen.[54] Der Antrag muß aber einen (selbständig) vollstrekkungsfähigen Inhalt besitzen.

b) Durch die Beschränkung des Klauselerteilungsantrags auf einen Teil wird nur dieser Teil des erststaatlichen Vollstreckungstitels Verfahrensgegenstand und Gegenstand der Rechtskraft der Entscheidung des Zweitrichters. Der Schuldner kann aber gemäß Art. 26 II einen (negativen) Anerkennungsantrag stellen.[55]

c) Der Gläubiger wird vor allem dann die Klauselerteilung nur für einen Teil des erststaatlichen Titels beantragen, wenn der andere Teil keine Aussicht auf Vollstreckbarerklärung hat. Hat z. B. der Schuldner einen Teil bezahlt und stellt der Gläubiger einen Klauselerteilungsantrag für den gesamten Titel, dann erfolgt Abweisung in Höhe des Betrages, den der Schuldner bereits bezahlt hat.[56]

---

[53] Vgl. auch Art. 11 des deutsch-belgischen Abkommens, unten Bd. II B, und Art. 10 des belgisch-italienischen Abkommens.

[54] *Jenard*-Bericht S. 96: „Nach Art. 42 II kann der Antragsteller beantragen, daß die Zwangsvollstreckung nur für einen Teil des Gegenstandes der Verurteilung zugelassen wird. Das Gericht hat diesem Antrag stattzugeben. Wie in dem Bericht zum Benelux-Vertrag dargelegt wird, „ist es möglich, daß der Vollstreckungsgläubiger selbst nur eine Teilvollstreckung wünscht, z. B. weil die Entscheidung, aus der die Vollstrekkung betrieben wird, zu Zahlungen verurteilt, die nach dem Erlaß des Urteils teilweise geleistet worden sind".

In dem deutsch-belgischen und in dem belgisch-italienischen Abkommen, die eine ähnliche Bestimmung enthalten, wird klargestellt, daß der Antragsteller von diesem Recht unabhängig davon Gebrauch machen kann, ob sich das Urteil auf einen oder mehrere Klageansprüche erstreckt."

[55] Vgl. oben § 146 V.

[56] Oben XXIII 1 und unten § 159 V 2.

2. Teilweise Abweisung des Klauselerteilungsantrags

a) Mehrere Ansprüche, Art. 42 I

Art. 42 I regelt expressis verbis nur den Fall, daß der Vollstreckungstitel mehrere selbständige Ansprüche betrifft, daß aber hinsichtlich eines Anspruchs die Voraussetzungen für die Vollstreckbarerklärung nicht gegeben sind.[57]

b) Teilabweisung hinsichtlich eines einheitlichen Anspruchs

Art. 42 I ist aber in erweiternder Auslegung auch anzuwenden, wenn der Vollstreckungstitel nur einen Anspruch betrifft und die Voraussetzungen für die Vollstreckbarerklärung nur (mehr) hinsichtlich eines Teils vorliegen, wie z. B., wenn der Schuldner einen Teil bezahlt hat.[58]

3. Fassung der Teilvollstreckungsklausel

Vgl. hierzu § 8 II des deutschen Ausführungsgesetzes.

XXVII. Antragsberechtigung

1. Das Übereinkommen verzichtet auf eine präzise Formulierung. In der deutschen Fassung des Art. 31 I ist vom *„Antrag eines Berechtigten"*

---

[57] *Jenard*-Bericht S. 96 zu Art. 42: „Nach Art. 42 I ist das Gericht des Vollstreckungsstaates befugt, die Zwangsvollstreckung für einige Ansprüche, auf die sich das Urteil bezieht, zuzulassen und die Zulassung für andere zu versagen. Vgl. Benelux-Vertrag (Art. 14 IV), französisch-italienisches Abkommen (Art. 3), italienisch-niederländisches Abkommen (Art. 3), deutsch-belgisches Abkommen (Art. 11), belgisch-italienisches Abkommen (Art. 10), deutsch-niederländisches Abkommen (Art. 12). Wie in dem Bericht zum Benelux-Vertrag, der eine ähnliche Bestimmung enthält, ausgeführt wird, „besteht diese Befugnis, eine Beschränkung vorzunehmen, in allen Fällen, in denen eine Entscheidung, die mehrere, von einander unabhängige Klageansprüche betrifft, nur hinsichtlich eines Teils dieser Ansprüche dem ordre public des Vollstreckungsstaates widerspricht, während sie hinsichtlich der übrigen mit ihm vereinbar ist".

[58] A. A. *Schlafen* in *Bülow-Böckstiegel* 606/265, Anm. 1 mit folgender nicht überzeugender Begründung: Zwar habe der Zweitrichter, wenn die ausländische Entscheidung über mehrere selbständige Ansprüche ergangen ist (Klagehäufung), die Voraussetzungen der Vollstreckbarerklärung aber nur für einen oder einige davon voll erfüllt sind, *von Amts wegen* die Vollstreckbarerklärung auf diesen Teil der Entscheidung zu beschränken. Darüberhinaus sei aber ein Teilexequatur nur *auf Antrag* des Gläubigers nach Art. 42 II zulässig. Der Gläubiger könne allerdings auch für den Teil eines einheitlichen, aber teilbaren Anspruchs (z. B. auf Zahlung einer bestimmten Geldsumme) die Teil-Vollstreckungsklausel beantragen. Diese Möglichkeit sei absichtlich in Abs. 1 nicht vorgesehen, weil die teilweise Vollstreckbarerklärung eines einheitlichen Anspruchs von Amts wegen eine – nach Art. 29 unzulässige – Prüfung der materiellen Begründetheit des einzelnen Anspruchs voraussetzen würde. Der Hinweis auf das Verbot der révision au fond geht fehl, weil der Zweitrichter nur Einwendungen nach Abschluß des Erstverfahrens berücksichtigen darf. Vgl. oben XXII.

die Rede, in der französischen von „*requête de toute partie intéressée*", in der englischen von „*application of any interested party*" und in der italienischen von „*istanza della parte interessata*". Hierzu kommentiert der *Jenard*-Bericht:[59] „Die Wendung ‚auf Antrag eines Berechtigten' bedeutet, daß das Antragsrecht jedem zusteht, der sich in dem Urteilsstaat auf die Entscheidung berufen kann."

2. Für eine für alle Vertragsstaaten einheitliche Auslegung bleibt aus folgenden Gründen wenig Raum: Die Vollstreckbarkeit des Titels im Erststaat regelt ausschließlich das dort geltende Recht.[60] Hierzu gehört auch die Frage, wer Vollstreckungsgläubiger ist oder allgemeiner die Frage, wer aus dem Titel die Zwangsvollstreckung betreiben kann. Wollte man diese Frage für das Klauselerteilungsverfahren konventionsimmanent definieren, so wären Spannungen und Divergenzen im Verhältnis zum Recht des Erststaates unvermeidlich. Es machte wenig Sinn, wenn der Kreis der Personen, die die Klauselerteilung im Zweitstaat beantragen könnten, größer oder kleiner wäre, als der Kreis derjenigen, die im Erststaat aus dem Titel vollstrecken können.

3. Aus diesen Gründen bleibt nichts anderes übrig als der Rekurs auf das Recht des Erststaates. Diese Kollisionsregel ist europäisches Einheitsrecht. Die Vertragsstaaten können also nichts Abweichendes bestimmen. Sie können nicht etwa auf ihr eigenes Recht verweisen.[61]

4. Die einheitsrechtliche Verweisung auf das Recht des Zweitstaates umfaßt auch dessen IPR.[62] Dies ist in der Praxis vor allem wichtig für die Frage, wer Rechtsnachfolger des Klägers/Antragstellers des Erstverfahrens geworden ist. So ist z. B. das Erbstatut nicht nach dem Kollisionsrecht des Zweitstaates zu bestimmen, sondern nach dem IPR des Erststaates.

XXVIII. Passivlegitimation

Auch die Frage, wer der richtige Antragsgegner im Klauselerteilungsverfahren ist, ist aus den oben XXVII erörterten Gründen nach dem Recht des Erststaates zu beurteilen.

[59] S. 92 zu Art. 31 a. A.

[60] Die lex causae (Schuldstatut) ist irrelevant.

[61] Anders wohl *Report of the Scottish Committee on Jurisdiction and Enforcement* S. 127 Nr. 6.57: „It appears to be for United Kingdom law to determine who is an interested party ... We think that it can be left to the courts to determine who has an interest, as in any other action."

[62] So auch § 6 des deutschen Ausführungsgesetzes. Nach der hier vertretenen Ansicht hat § 6 keine selbständige Bedeutung. Er wiederholt nur die ungeschriebene Regel des europäischen Einheitsrechts.

XXIX. Gleichstellung des mit der Klausel versehenen erststaatlichen Vollstreckungstitels mit zweitstaatlichen Titeln

1. Das Übereinkommen verbietet, den Vollstreckungsgläubiger, der einen (mit der Klausel nach Art. 31 I versehenen) Vollstreckungstitel aus einem anderen Vertragsstaat besitzt, schlechter zu stellen als einen Gläubiger, der ceteris paribus aus einem inländischen, d. h. aus einem im Zweitstaat erlassenen Titel vollstrecken will.[63]

2. Das Übereinkommen verlangt also die *Gleichstellung der erststaatlichen Titel mit den zweitstaatlichen:* Die nach Art. 31 vom Zweitstaat verliehene Vollstreckbarkeit darf inhaltlich nicht hinter der Vollstreckbarkeit von Titeln zurückstehen, die im Zweitstaat erlassen wurden.[64]

3. Gleichstellung bedeutet aber auch, daß dem Gläubiger, der aus einem von einem anderen Vertragsstaat stammenden Titel vollstreckt, nicht mehr prozessuale Möglichkeiten zur Verfügung stehen als dem Inhaber eines zweitstaatlichen Titels. Der Gläubiger kann sich nicht darauf berufen, daß ihm im Erststaat mehr (= effektivere) Zwangsmittel zur Verfügung stehen als nach dem Recht des Zweitstaates.

4. Gleichstellung in dem hier diskutierten Sinne hat nichts zu tun mit der Frage, aus welchen Titeln im Zweitstaat vollstreckt werden kann.[65] Der Zweitstaat muß auch Titel vollstrecken, die sein eigenes Recht nicht kennt. So kennt z. B. das englische Recht nicht das Rechtsinstitut der vollstreckbaren Urkunde. Gleichwohl müssen solche Titel auch in England zur Zwangsvollstreckung zugelassen werden. Verurteilungen zu Handlungen und Unterlassungen läßt das englische Recht nur in eng begrenztem Umfang zu.[66] Gleichwohl darf z. B. einem deutschen Urteil,

---

[63] Eine Differenzierung nach der *Staatsangehörigkeit des Gläubigers* widerspräche Art. 7 des EWG-Vertrages.

[64] Vgl. Sect. 4 (3) des Jurisdiction and Judgments Act 1982: *„A judgment registered under this section shall, for the purposes of its enforcement, be of the same force and effect, the registering court shall have in relation to its enforcement the same powers, and proceedings for or with respect to its enforcement may be taken, as if the judgment had been originally given by the registering court and had (where relevant) been entered"*
sowie sect. 5 (3) a. a. O: *A maintenance order registered under this section shall, for the purposes of its enforcement, be of the same force and effect, the registering court shall have in relation to its enforcement the same powers, and proceedings for or with respect to its enforcement may be taken, as if the order had been originally made by the registering court.* Vgl. auch den *Report of the Scottish Committee on Jurisdiction and Enforcement* S. 128 sub 6.61 zu den Wirkungen einer Registrierung nach Art. 31 II n. F.: „This registration should have the effect of giving the judgment the full force and effect of a judgment of the Court of Session (See Section 2 (2) of the Foreign Judgments (Reciprocal Enforcement) Act 1933.)"

[65] Vgl. unten § 151.

[66] *Schlosser*-Bericht Nr. 211: „Schließlich ergaben sich noch Probleme im Zusammenhang mit gerichtlichen Entscheidungen, die zu einer anderen Leistung als zur Zahlung einer Geldsumme verurteilen. Vollstreckbare Urteile auf Vornahme indivi-

das zu einer Handlung oder Unterlassung verurteilt, in England nicht die Registrierung nach Art. 31 II[67] mit der Begründung verweigert werden, ein englisches Gericht hätte in einem solchen Fall eine solche Verurteilung nicht aussprechen dürfen.[68] Vielmehr muß der High Court of Justice mit den Mitteln seines Vollstreckungsrechts das deutsche Urteil durchsetzen:[69] Er muß Strafen wegen *contempt of court* verhängen.[70]

---

dueller Handlungen lassen die Rechtsordnungen des V. K. und Irlands nämlich nicht allgemein, sondern nur in gesetzlich geregelten Fällen zu. Diese betreffen Urteile auf Lieferung von beweglichen Sachen, auf Übertragung von Eigentum oder Besitz an Grundstücken, sowie sogenannte ‚injunctions', welche nach Ermessen des Gerichts eine Person zur Vornahme oder Unterlassung einer Handlung anweisen. Eine Vollstreckung ist entweder über den Sheriff durch Anwendung unmittelbaren Zwangs oder mittelbar über Geld- und Haftstrafen für „contempt of court" möglich. In Schottland gibt es neben den auf die Übertragung von Besitz oder Eigentum von Grundstücken und auf Unterlassung zielenden Urteilen noch die sogenannten „decrees ad factum praestandum", mittels deren der Beklagte zur Vornahme von Handlungen, vor allem zur Herausgabe beweglicher Sachen, verurteilt werden kann."

Zu den *judgments ad factum praestandum* s. auch den *Report of the Scottish Committee on Jurisdiction and Enforcement* S. 128 Nr. 6.62 und S. 139 Nr. 6.99. Weitere Nachweise bei *Zöller-Geimer* ZPO, 13. Aufl., 1981, IZPR, Anm. C VI 3c.

[67] Hierzu unten § 171.

[68] Vgl. Art. VII des Übereinkommens vom 1. Juli 1964 zur Einführung eines einheitlichen Gesetzes über den internationalen Kauf beweglicher Sachen (BGBl. 1973 II 886).

[69] Bisher waren nur ausländische money judgments im Vereinigten Königreich vollstreckungsfähig. Vgl. sect. 1 subs. 2 des *Foreign Judgments (Reciprocal Enforcement) Act 1933* (23 Geo. 5., c. 13) und die darauf aufbauenden vom Vereinigten Königreich abgeschlossenen bilateralen Anerkennungs- und Vollstreckungsverträge, z. B. Art. V Abs. 2 Buchst. c des deutsch-britischen Vertrages; hierzu unten Bd. II C 1.

Vgl. auch *Schlosser*-Bericht Nr. 7: „... Im V. K. [können] nur solche Entscheidungen Vollstreckbarkeit erlangen, die zur Leistung einer bestimmten Geldsumme verurteilen. Das hat vor allem zur Folge, daß Unterhaltsurteile ausländischer Gerichte, die auf eine periodische Zahlung gerichtet sind, im V. K. nicht generell für vollstreckbar erklärt werden. Der 1972 in Kraft getretene „Maintenance Orders (Reciprocal Enforcement) Act" erlaubt aber staatsvertragliche Bindungen auch auf diesem Gebiet."

[70] *Schlosser*-Bericht Nr. 212: „Wird in der Bundesrepublik Deutschland die Vollstreckung einer ... gerichtlichen Entscheidung [auf Vornahme individueller Handlungen] aus Irland oder dem V. K. beantragt, so hat das Gericht dieselben Zwangsmittel anzuwenden, die bei einem entsprechenden deutschen Urteil zulässig wären, nämlich Zwangsgeld und Zwangshaft. Im umgekehrten Falle hätte das Gericht des V. K. und Irlands Strafen wegen ‚contempt of court' wie bei Mißachtung seiner eigenen Urteile zu verhängen."

Ebenso aus *schottischer Sicht* der *Report of the Scottish Committee on Jurisdiction and Enforcement* S. 128ff.: „6.62 The provision for registration suggested in the previous paragraph is apt for money judgments. For judgments other than money judgments the provision for registration will have to be somewhat more elaborate. Such judgments would include judgments *ad factum praestandum,* interdicts and judgments ordering provisional or protective measures. Such judgments may well be expressed in terms of concepts and institutions of another legal system which are not meaningful

XXX. Kosten

1. Um Ungleichheiten zwischen den einzelnen Vertragsstaaten zu vermeiden, verbietet Art. III des Protokolls Wertgebühren. Zulässig sind der Höhe nach nur feste Gebühren. Dies gilt aber nur für die Gerichtskosten, nicht für die Anwaltsgebühren.[71]

2. Im übrigen überläßt das Übereinkommen die Regelung der Kostenfrage dem Recht des Zweitstaates. Dieser muß aber die Zielsetzung des Übereinkommens beachten. Er darf nicht durch unangemessen hohe

---

under Scots Law. This is particularly true of judgments ordering provisional or protective measures. We think therefore that where it is sought to enforce a non-money judgment the Court of Session should re-pronounce the foreign judgment, either in its original terms or in terms which as nearly as may be give effect to its original terms under Scots Law. The judgment re-pronouncing the foreign judgment will be registered in the Books of Council and Session and will have the same force and effect as any other similar decree of the Court of Session.

6.63 The Court of Session's decree upon registration will thus be enforceable in the same way as other similar decrees of the Court of Session eg interdicts or decrees *ad factum praestandum.*

6.64 In the case of judgments *ad factum praestandum,* the enforcement procedure is briefly as follows. A person seeking enforcement of such a decree made by a Scottish court must apply under Section 1 of the Law Reform (Miscellaneous Provisions) (Scotland) Act 1940 to the court which made the judgment. The court will then order imprisonment of the defender, or else will recall the decree and substitute another order in its place. Such a substituted order may provide for payment of money or be such other order as seems just. If the original decree was for delivery of moveables, the court may give warrant to officers of court to recover them. When a foreign judgment is re-pronounced by the Court of Session, the judgment re-pronouncing it will be a Court of Session decree and therefore, if it is a decree *ad factum praestandum,* Section 1 of the 1940 Act will apply to it as to any other decree. However, Section 1 (1) (i) of the 1940 Act should be amended to make it clear that as regards such judgments the application should be to the Court of Session, not the foreign court which gave the judgment."

[71] *Jenard*-Bericht S. 104: „Dieser Artikel stützt sich ebenfalls auf den Benelux-Vertrag (Protokoll, Art. III).

Er schließt es aus, daß in dem Vollstreckungsstaat Gebühren, die nach dem Wert gestuft sind, erhoben werden; er will Ungleichheiten vermeiden, die sich daraus ergeben, daß derzeit für die Erteilung des Exequatur in einigen Staaten eine feste Gebühr, in anderen aber eine Gebühr nach dem Wert erhoben wird.

Der Artikel bezieht sich nicht auf die Honorare der Anwälte.

Wenn es auch wünschenswert war, für das Verfahren auf Zulassung der Zwangsvollstreckung die Erhebung von Gebühren nach dem Wert auszuschließen, so kann andererseits nach Ansicht des Ausschusses nicht darauf verzichtet werden, feste Gebühren und Abgaben zu erheben, die auch sonst nach dem innerstaatlichen Recht der Vertragsstaaten für einzelne Prozeßhandlungen entrichtet werden müssen und in denen man gewissermaßen ein Entgelt für die den Parteien geleisteten Dienste sehen kann."

Zu den deutschen Rechtsanwaltsgebühren s. BGH, Beschluß vom 26. Januar 1983, NJW 1983, 1270.

Kosten die Effizienz des Vollstreckbarerklärungsverfahrens beeinträchtigen.[72]

3. Eine *Sicherheitsleistung für Prozeßkosten* darf dem Antragsteller nicht schon deswegen auferlegt werden, weil er Ausländer ist oder weil er im Zweitstaat keinen Wohnsitz/Sitz oder Aufenthalt hat, Art. 45.[73]

4. Ist dem Antragsteller in dem Erstprozeß Prozeßkostenhilfe (Armenrecht) gewährt worden, so gilt dies auch für das Zweitverfahren,[74] selbst

---

[72] So treffend EuGH, Urteil vom 30. November 1976, Rechtssache 42/76 – *De Wolf ./. Cox*, EuGHE 1976, 1759 = NJW 1977, 495 mit Anm. *Geimer* 2033. Vgl. auch *Schlosser*-Bericht Nr. 206.

[73] Hierzu *Jenard*-Bericht S. 97: „Dieser Artikel betrifft die Sicherheitsleistung für Prozeßkosten. Eine entsprechende Regelung ist bereits in dem Haager Übereinkommen vom 1. März 1954 enthalten. Allerdings werden dort von der Sicherheitsleistung nur Angehörige der Vertragsstaaten befreit, die ihren Wohnsitz in einem dieser Vertragsstaaten haben (Artikel 17). Nach Artikel 45 des vorliegenden Übereinkommens ist eine Partei, die in einem Vertragsstaat eine in einem anderen Vertragsstaat ergangene Entscheidung zur Vollstreckung bringen will, ohne Rücksicht auf ihre Staatsangehörigkeit oder ihren Wohnsitz von der Zahlung der Sicherheitsleistung befreit. Die beiden von dem Haager Übereinkommen von 1954 vorgeschriebenen Bedingungen – Staatsangehörigkeit und Wohnsitz – brauchen demnach nicht erfüllt zu sein.

Nach Ansicht des Ausschusses ist eine Sicherheitsleistung in einem auf die Erteilung der Vollstreckungsklausel gerichteten Verfahren nicht angebracht.

[74] *Jenard*-Bericht S. 96 zu Art. 44: „Einschlägige Bestimmungen sind bereits in einigen Vollstreckungsabkommen enthalten: Haager Übereinkommen vom 15. April 1958 über die Anerkennung und Vollstreckung von Entscheidungen auf dem Gebiet der Unterhaltspflicht gegenüber Kindern (Artikel 9), italienisch-niederländisches Abkommen (Artikel 6), deutsch-niederländisches Abkommen (Artikel 15).

Die von dem Ausschuß vorgeschlagene Vorschrift ergänzt das von den sechs Staaten ratifizierte Haager Übereinkommen über den Zivilprozeß vom 1. März 1954 insoweit, als die Partei, der in dem Urteilsstaat das Armenrecht bewilligt worden ist, dieses auch im Vollstreckungsstaat ohne weiteres genießt, allerdings nur in dem Verfahren zur Erteilung der Vollstreckungsklausel. Die in dem Übereinkommen vorgesehene automatische Wirkung erstreckt sich demnach weder auf die Vollstreckungsmaßnahmen noch auf Verfahren, die durch die Einlegung von Rechtsbehelfen in Gang gesetzt werden. Artikel 44 beruht auf verschiedenen Erwägungen. Da die Unterhaltssachen mit in den Anwendungsbereich des Übereinkommens fallen, hat der Ausschuß vor allem die humanitären Gesichtspunkte berücksichtigt, die auch der entsprechenden Bestimmung des Haager Übereinkommens von 1958 zugrunde liegen.

Es darf vor allem nicht übersehen werden, daß ein bedürftiger Antragsteller gegenüber jedem anderen Antragsteller benachteiligt wäre, wenn man ihn gezwungen hätte, seinem Antrag auf Zulassung der Zwangsvollstreckung in dem Vollstreckungsstaat ein Verfahren auf Anerkennung der Entscheidung vorangehen zu lassen, durch die ihm in dem Urteilsstaat das Armenrecht bewilligt worden ist. Er wäre so des Vorteils eines schnellen Vorgehens und des Überraschungsmomentes verlustig gegangen, den der Titel III jeder Partei gewähren will, welche die Vollstreckung eines Urteils im Ausland betreibt.

Aus eben dieser Erwägung wurde andererseits die automatische Erstreckung des Armenrechts auf das Verfahren zur Erteilung der Vollstreckungsklausel beschränkt und nicht auf das Verfahren über einen Rechtsbehelf erstreckt. Nachdem das Antrags-

dann, wenn im Erstprozeß Prozeßkostenhilfe nur zum Teil bewilligt worden war, Art. 44 n. F.[75] Näher unten § 158 III.

XXXI. Verdrängung der Exequaturverfahren des nationalen (autonomen) Rechts

Das europäische Einheitsrecht (Art. 31 ff.) verdrängt in seinem Anwendungsbereich das nationale Recht. Vgl. oben XVII.

---

verfahren in Gang gekommen ist, können der Antragsteller oder der Gegner nämlich auf Grund des Haager Übereinkommens von 1954 in dem Vollstreckungsstaat die zur Bewilligung des Armenrechts erforderlichen Schritte ebenso wie ein Angehöriger dieses Staates unternehmen.

Nach Artikel 47 Nr. 3 hat der Antragsteller gleichzeitig mit dem Antrag auf Zulassung der Zwangsvollstreckung die Urkunden vorzulegen, durch die nachgewiesen wird, daß er bereits in dem Urteilsstaat das Armenrecht genießt."

[75] *Schlosser*-Bericht Nr. 233: „Artikel 44 enthält in seiner bisherigen Fassung keine Regelung für den Fall, daß einer Partei vor den Gerichten des Urteilsstaates *Armenrecht* nur teilweise bewilligt war. Obwohl es sich um kein Anpassungsproblem handelte, das speziell durch den Beitritt der neuen Mitgliedstaaten aufgeworfen wurde, entschied sich die Expertengruppe gleichwohl für einen Anpassungsvorschlag. In ihren Beratungen wurde offenbar, daß eine unveränderte Weitergeltung des bisherigen Textes zu sehr unangenehmen Verwicklungen führen könnte. Nicht zuletzt fühlte sich die Arbeitsgruppe zu ihrem Vorschlag durch den inzwischen entstandenen Artikel 15 des Haager Übereinkommens vom 2. Oktober 1973 über die Anerkennung und Vollstreckung gerichtlicher Entscheidungen in Unterhaltssachen inspiriert. Diese Bestimmung hat sich für die großzügige Lösung entschieden: Auch wenn im Ausgangsstaat Armenrecht nur teilweise bewilligt war, soll es im Vollstreckungsverfahren voll gewährt werden.

Dies hat folgende Vorteile:

Auch der Hauptanwendungsfall von Artikel 44 n. F. ist derjenige der Unterhaltsklage. Die Neufassung dient also der Harmonisierung staatsvertraglicher Regelungen.

Sie führt weiter zu einer generellen Vereinfachung der Anträge.

Da nicht alle Vertragsstaaten gleichartige Regelungen über die teilweise Gewährung von Armenrecht haben, bringt sie zudem eine materiell einheitliche Rechtsanwendung.

Sie garantiert schließlich den Überraschungseffekt von Zwangsvollstreckungsmaßnahmen im Ausland, weil Verfahrensverzögerungen, bedingt durch schwierige Berechnungen über den vom Antragsteller aufzubringenden Kostenanteil, vermieden werden.

Artikel 44 Absatz 1 verpflichtet aber Staaten, die in Zivilsachen bisher ein Armenrecht nicht kennen, nicht etwa, es einzuführen.

Der neue *Absatz 2 von Artikel 44* hat seinen Grund in der Zuständigkeit dänischer Verwaltungsbehörden, deren Tätigkeit kostenfrei ist. Armenrechtsbewilligungen entfallen daher. Die neue Vorschrift soll verhindern, daß dieserhalb die Vollstreckung dänischer Unterhaltsurteile im EWG-Ausland im Vergleich mit Unterhaltsurteilen aus anderen EWG-Staaten benachteiligt wird."

XXXII. Folgen der Versagung der Klauselerteilung

1. Der Gläubiger hat die Rechtsbehelfe nach Art. 40 und Art. 41.[76]

2. Nach h. M. erwächst die Abweisung des Klauselerteilungsantrags als unbegründet nicht in Rechtskraft. Danach könnte der Gläubiger seinen Antrag beliebig oft wiederholen. Dies kann nicht rechtens sein. Zum einen ist es für den Schuldner unzumutbar, im Unklaren darüber gelassen zu werden, ob nun eine Vollstreckung aus dem erststaatlichen Titel im Zweitstaat möglich ist.[77] Zum anderen wäre es ein Mißbrauch der Gerichte des Zweitstaates, wenn der Gläubiger seinen Antrag ständig wiederholen dürfte.[78]

---

[76] *Jenard* – Bericht S. 95 zu Art. 40 und Art. 41:

„Diese Artikel beziehen sich auf den Fall, daß der Antrag abgelehnt wird.

Artikel 40 gibt dem Antragsteller die Möglichkeit, einen Rechtsbehelf bei dem zuständigen Berufungsgericht des Vollstreckungsstaates einzulegen.

Der Ausschuß hielt es nicht für erforderlich, in dem Übereinkommen eine bestimmte Frist vorzusehen. Der Antragsteller, dessen Antrag abgelehnt ist, kann den Rechtsbehelf in der Frist einlegen, die ihm zweckdienlich erscheint, die er beispielsweise zur Beschaffung der erforderlichen Unterlagen benötigt.

Das Verfahren über den Rechtsbehelf ist streitig, weil das mit dem Rechtsbehelf befaßte Gericht den Schuldner zu hören hat. Der kontradiktorische Charakter des Verfahrens war geboten, um eine Häufung von Rechtsbehelfen zu vermeiden. Wäre das Verfahren über den Rechtsbehelf einseitig geblieben, hätte man nicht umhin können, eine zusätzliche Instanz vorzusehen, um dem Schuldner die Möglichkeit zu geben, seine Gegenvorstellungen geltend zu machen, wenn das Gericht, das mit dem Rechtsbehelf befaßt ist, die erstrichterliche Entscheidung aufheben und die Zwangsvollstreckung zulassen würde. Der Ausschuß wollte eine solche Häufung von Rechtsbehelfen vermeiden. Außerdem beseitigt die Ablehnung des Antrags die Vermutung der Wirksamkeit des ausländischen Urteils.

Der Schuldner wird in den Formen geladen, die in dem innerstaatlichen Recht des Vollstreckungsstaates vorgesehen sind."

[77] *Schlafen* in *Bülow-Böckstiegel* 606/261 Art. 40, Anm. 2 stellt auf das Recht des Zweitstaates ab. In der Bundesrepublik Deutschland sei die Beschwerde des Gläubigers zwar an keine Frist gebunden. Zögere der Gläubiger mit der Einlegung des Rechtsbehelfs, so könne der Schuldner, der von dem einseitigen Verfahren erfahren hat, eine Klärung der bestehenden Ungewißheit durch eine negative Feststellungsklage herbeiführen.

[78] *Droz* Nr. 581; S. 370f.: „Cela signifie-t-il que le requérant est absolument libre de recourir contre la décision de rejet plusieurs mois, voire même plusieurs années plus tard? Cela semble un peu excessif. En effet ce n'est que lorsque le débat aure été contradictoirement vidé et que la decision de la Cour d'appel sera devenue définitive que la personne contre laquelle l'exécution est poursuivie sera complètement délivrée de la menace que constitue pour elle le jugement étranger. – Certes, on a vu que la Convention n'interdisait pas à cette personne de prendre les devants et d'intenter une action en inopposabilité de la décision étrangère. Cependant la recevabilité d'une telle action dépendra du droit commun de chacun des Etats. – On ne s'étonnera donc pas que le Rapporteur, au risque de paraître se contredire, précise que: les législations

3. Im übrigen gelten die gleichen Erwägungen wie oben § 143.

4. Der Gläubiger kann mit dem Klauselerteilungsantrag für den Fall der Zurückweisung desselben hilfsweise Klage aus dem dem Titel zugrundeliegenden Rechtsverhältnis erheben. Hierzu oben § 146 XIX.

XXXIII. Vollstreckungsorgane im Zweitstaat

1. Das Recht des Zweitstaates bestimmt, welches Vollstreckungsorgan den erststaatlichen Titel zu vollstrecken hat. Art. 32 ist nicht einschlägig. Dieser regelt nur die Zuständigkeit für die Vollstreckbarerklärung (Klauselerteilung; Registrierung).

2. Der Zweitstaat kann auch nach einzelnen Arten von Titeln differenzieren und die Vollstreckung bestimmter Titel besonderen Vollstrekkungsorganen anvertrauen. Dies ist z. B. im Vereinigten Königreich für Urteile in Unterhaltssachen geschehen.[79] Vgl. sect. 5 des Jurisdiction and Judgments Act 1982.[80]

---

nationales pourront éventuellement fixer le délai dans lequel les recours devront être exercés. – Nous partageons entièrement son opinion: en faisant silence sur la longueur du délai, la Convention n'entend pas obliger les Etats contractants à admettre que le recours soit imprescriptible. – Nous estimons donc que chacun des Etats contractants pourra, dans la loi d'exécution de la Convention ou dans des règlements d'application, préciser le délai de recours."

Vgl. auch *Report of the Scottish Commitee on Jurisdiction and Enforcement* S. 1401 sub 6.104: „Article 40 does not provide a time limit for lodging an appeal, and it appears competent for Scots law to provide for this ... This should be treated as a statutory appeal and the time limit in Rule 290 should apply."

[79] *Schlosser*-Bericht Nr. 210: „Das V. K. räumt im Zusammenhang mit der Vollstreckung ausländischer Gerichtsentscheidungen klassischerweise Unterhaltstiteln eine Sonderstellung ein. Ihre Vollstreckung war bisher nur im Verhältnis zu einigen Ländern des britischen Commonwealth sowie im Verhältnis zu Irland vorgesehen und ist anderen Gerichten anvertraut als die Vollstreckung sonstiger Entscheidungen. Da das EuGVÜ keine Vorschriften enthält, welche einer Differenzierung des Anerkennungsverfahrens nach verschiedenen Arten gerichtlicher Entscheidungen entgegenstünden, ist es ohne weiteres möglich, Unterhaltsurteile auch für den Bereich des EuGVÜ einer Sonderregelung zu unterstellen. So kann ein einheitliches System für die Anerkennung von Unterhaltsurteilen aus der Gemeinschaft und aus dem Commonwealth geschaffen und mit Rücksicht auf die Art der zuständigen Gerichte eine zentrale Sammelstelle für eingehende Vollstreckungsanträge errichtet werden – [Nr. 218]. Zuständig sind für die Registrierung in England und Wales sowie in Nordirland jeweils die ‚Magistrates' Courts', in Schottland die ‚Sheriff Courts'. Ihnen obliegen auch sonst Unterhaltssachen einschließlich der Vollstreckung ausländischer Unterhaltsurteile. Der ausländische Unterhaltsgläubiger kann sich aber nicht direkt an eines dieser Gerichte, sondern nur an den Secretary of State (Genaue Bezeichnung und Adresse: Wenn das Urteil in Schottland vollstreckt werden soll: Secretary of State for Scotland, Scottish Office, New St. Andrew's House, St. James Centre, Edinburgh EH 1 3 SX. Sonst: Secretary of State for the Home Department, Home Office, 50 Queen Anne's Gate, London SW1H9AT.) wenden, welcher die Übermittlung des Urteils an das zuständige Ge-

richt besorgen wird. Diese Regelung wurde im Interesse des ausländischen Unterhaltsgläubigers getroffen, weil die ‚Magistrates' Courts' bzw. die ‚Sheriff Courts' mit Laienrichtern besetzt sind und keinen Verwaltungsunterbau besitzen.

Die im V. K. bestehende Sonderstellung der Unterhaltsentscheidungen bringt dem Unterhaltsgläubiger eine Reihe von Vorteilen. Nachdem er die Entscheidung dem „Secretary of State" geschickt hat, braucht er sich praktisch überhaupt nicht mehr um den Fortgang des Verfahrens und die Vollstreckung zu kümmern. Alles weitere ist auch kostenfrei. Der Secretary of State sendet das Urteil an das zuständige Gericht. Dessen Geschäftsstellenbeamter („clerk") gilt, wenn der Urteilsgläubiger nichts Gegenteiliges wünscht, als Zustellungsbevollmächtigter im Sinne von Art. 33 II 2. Dieser Beamte ist in England und Wales sowie in Nordirland auch für die Durchführung der notwendigen Vollstreckungsmaßnahmen und dafür verantwortlich, daß der Gläubiger den Vollstreckungserlös erhält. Lediglich in Schottland muß der Urteilsgläubiger die Dienste eines Anwalts („solicitor") in Anspruch nehmen, um nach Registrierung der Entscheidung Vollstreckungsmaßnahmen durchführen zu können. Die „Law Society of Scotland" übernimmt die Vermittlung von Anwälten, die gegebenenfalls auch nach Armenrechtsgrundsätzen besoldet werden. Verzieht der Unterhaltsschuldner in ein anderes Rechtsgebiet des V. K., so wird ein Unterhaltstitel, im Gegensatz zu sonstigen Urteilen, auch automatisch beim neu zuständigen Gericht registriert."

[80] Ausführlich hierzu *aus schottischer Sicht der Report of the Scottish Committee on Jurisdiction and Enforcement* S. 148ff.:

„6.136 Most of what has been said about the recognition and enforcement of judgments generally applies equally to maintenance judgments. There are however several special features. These arise not so much from the terms of the Convention as from the special nature of maintenance orders. The United Kingdom proposes, in enforcing maintenance orders under the Convention, to make use of some of the machinery which has proved useful in enforcing maintenance orders from Commonwealth countries under Part I of the Maintenance Orders (Reciprocal Enforcement) Act 1972. This is referred to in Schlosser at paragraph 218.

6.137 We will therefore mention some of the features of Part I of the 1972 Act. This regulates the reciprocal enforcement of maintenance orders between the United Kingdom on the one hand and the majority of Commonwealth countries, as well as South Africa, on the other. Part I has also been applied in a modified form by Order in Council to regulate reciprocal enforcement between the United Kingdom and Ireland. It has also been applied in a modified form to regulate reciprocal enforcement with countries which are party to the Hague Convention of 2 October 1973 on the Recognition and Enforcement of Decisions relating to Maintenance Obligations.

6.138 A peculiarity of the 1972 Act is that it provides that orders of inferior courts shall be made as provisional orders and confirmed in the enforcing country. Judgments of inferior courts, however, are generally treated as final orders. In the application of the 1972 Act to Ireland and Hague Convention countries all orders are treated as final orders. The following summary deals only with final orders.

6.139 The salient point in the 1972 Act system is the role of the Secretary of State. The Secretary of State is responsible for transmitting United Kingdom orders for enforcement abroad. He transmits them to the equivalent central authority in the reciprocating country, which passes them to the appropriate court for enforcement. Likewise, the Secretary of State receives maintenance orders from the central authorities in reciprocating countries and passes them to the appropriate court in the United Kingdom for enforcement. The functions of the Secretary of State are exercised through the Home Office to England and Wales and Northern Ireland; through the Scottish Courts Administration for Scotland."

3. Das die Klausel erteilende Gericht (Art. 32) braucht nicht zugleich Vollstreckungsgericht zu sein.[81] Eine solche Verbindung der Funktionen ist jedoch nicht ausgeschlossen.[82]

4. Im Vereinigten Königreich und in Irland ist die Institution des Gerichtsvollziehers (huissier) unbekannt. Diese Vertragsstaaten sind zur Einführung dieser Institution nicht verpflichtet.[83]

XXXIV. Maßgeblichkeit des Rechtes des Vollstreckungsstaates für die Zwangsvollstreckung

1. Grundsatz

a) Sobald der erststaatliche Titel im Zweitstaat für vollstreckbar erklärt ist, ist er Titeln gleichgestellt, die im Zweitstaat erlassen wurden.[84] Deshalb ist für die Vollstreckung der erststaatlichen Titel das Recht des Zweitstaates maßgebend.[85] Es besteht keine Notwendigkeit, daß das Übereinkommen vorschreibt, wie die nach Art. 31 für vollstreckbar erklärten Titel im Zweitstaat durchzusetzen sind. Wollte hier das Übereinkommen regelnd eingreifen, so würde dies zu neuen Schwierigkeiten führen, weil Spannungen und Abgrenzungsprobleme zum nationalen Vollstreckungsrecht unvermeidlich wären. Ferner würde dann im Ergebnis auch der Grundsatz der Gleichstellung des erststaatlichen Titels mit dem zweitstaatlichen wieder in Frage gestellt, weil die Vollstreckbarkeit nach Art. 31 doch eine andere Qualität hätte. Zudem wäre eine Vereinheitlichung des Vollstreckungsrechts angesichts der tiefgreifenden Unterschiede von Staat zu Staat – vor allem im Verhältnis zwischen den

---

[81] *Schlosser*-Bericht Nr. 221 a. E.: „Ein Gericht als Vollstreckungsbehörde braucht auch nicht mit dem Gericht identisch zu sein, das das Exequatur erteilt bzw. das ausländische Urteil registriert hat. Aus diesem Grunde kann Dänemark für die Vollstreckung nach dem EuGVÜ bei seinem System bleiben, das die Zwangsvollstreckung generell einem speziellen Vollstreckungsrichter zuweist."

[82] So das System im Vereinigten Königreich und Irland. Hinweise im *Schlosser*-Bericht Nr. 221.

[83] *Schlosser*-Bericht Nr. 208: „Im V. K., mit Ausnahme von Schottland, gibt es ein selbständiges Vollstreckungsorgan nach Art des französischen „huissier" oder des deutschen „Gerichtsvollziehers" nicht. Nur das Gericht kann Maßnahmen zur Zwangsvollstreckung verfügen, welches das Urteil erlassen hat oder bei dem es registriert worden ist." Fortsetzung Nr. 221: „Auch in der Monopolisierung des Vollstreckungsbetriebs bei Gericht liegt nichts, was mit dem EuGVÜ unvereinbar wäre. Insbesondere gebietet das EuGVÜ den Vertragsstaaten nicht, eine Institution nach Art des französischen „huissier" zu unterhalten. Auch in seinem ursprünglichen Geltungsbereich muß sich ein Gläubiger wegen bestimmter Vollstreckungsmaßnahmen unmittelbar an das Gericht wenden, in Deutschland etwa dann, wenn Immobilienvollstrekkung ansteht."

[84] Oben XXIX.

[85] Vgl. *Zöller-Geimer,* ZPO, 13. Aufl., 1981, IZPR, Anm. C VI 30.

kontinentalen Systemen einerseits und denen im Vereinigten Königreich und Irland andererseits – nicht realisierbar gewesen.

b) Das Übereinkommen hält den Grundsatz, daß für die Zwangsvollstreckung das Recht des Zweitstaates maßgebend ist, auch in den Bereichen konsequent durch, wo es durchaus diskutabel gewesen wäre, einheitliches europäisches Recht zu schaffen. Das Übereinkommen regelt nicht die *internationalrechtlichen Aspekte der Zwangsvollstreckung*. Auch insoweit gilt das nationale Kollisionsrecht des Zweitstaates, genauer dessen internationales Verfahrensrecht. So ist z. B. die Frage der *Zulässigkeit der Pfändung von Forderungen* des Vollstreckungsschuldners gegen Drittschuldner, die nicht im Zweitstaat wohnen, nach dem Recht des Zweitstaates zu beantworten.[86]

2. Ausnahmen

Nur in einigen wenigen Punkten erschien es – in Abweichung von dem oben 1 dargestellten Grundsatz der Maßgeblichkeit des Rechtes des Zweitstaates – notwendig, daß das Übereinkommen *Rahmenbedingungen für die Vollstreckung im Zweitstaat* aufstellt:

a) Der (ungeschriebene) Grundsatz der Gleichstellung erststaatlicher Titel mit zweitstaatlichen.

Dieser wurde bereits oben XIX. dargestellt.

b) Die Beschränkung der zweitstaatlichen Zwangsvollstreckung auf Maßregeln der Sicherung, solange über den Rechtsbehelf des Schuldners nach Art. 36 noch nicht entschieden ist bzw. solange der Schuldner noch Gelegenheit hat, den Rechtsbehelf nach Art. 36 einzulegen.

Einheitlich in allen Vertragsstaaten gilt gemäß Art. 39[87] für die Zwangsvollstreckung auf Grund der Vollstreckbarerklärung eines erststaatlichen Titels folgende Regel: Die Zwangsvollstreckung im Zweitstaat darf über Maßregeln zur Sicherung nicht hinausgehen, solange die Frist für den Rechtsbehelf gemäß Art. 36 noch läuft bzw. solange – im Falle der Einlegung des Rechtsbehelfs durch den Schuldner – über den

---

[86] *Schlosser*-Bericht Nr. 207: „Die Gruppe hat auch darauf verzichtet, Bestimmungen über die Pfändung internationaler Forderungen in das Übereinkommen aufzunehmen, obwohl ihr klar war, daß es insoweit Probleme gibt, wenn Schuldner und Drittschuldner ihren Wohnsitz in verschiedenen Staaten haben. Ist in einem Staat für die Pfändung solcher Forderungen das Gericht am Wohnsitz des Schuldners zuständig, so kann der Wohnsitzstaat des Drittschuldners die Zustellung des Pfändungsbeschlusses an diesen als einen Eingriff in seine Souveränität betrachten und ihr die Wirkung versagen. In einer solchen Situation kann sich aber der Gläubiger damit behelfen, daß er das Urteil im Wohnsitzstaat des Drittschuldners für vollstreckbar erklären und in diesem Staat die Forderung des Schuldners gegen den Drittschuldner pfänden läßt, sofern sich dieser Staat für eine solche Maßnahme internationale Zuständigkeit beilegt."

[87] Eine ähnliche Regel kennt der deutsch-österreichische Vertrag vom 6. Juni 1959, Art. 10; hierzu unten Bd. II 155.

Rechtsbehelf noch nicht entschieden ist. Es handelt sich um eine Vorschrift zum Schutze des Schuldners.[88] Dieser wird grundsätzlich im ersten Verfahrensabschnitt nicht gehört.[89] Die Klausel wird erteilt, ohne daß er Gelegenheit gehabt hätte, seine Einwendungen vorzubringen.[90] Angesichts dieser Verfahrensgestaltung mußte eine Lösung gefunden werden, die verhindert, daß dem Schuldner irreparable Schäden zugefügt werden auf Grund eines nur vorläufigen Titels, über dessen Berechtigung und Bestand erst in dem durch den Rechtsbehelf gemäß Art. 36 eingeleiteten kontradiktorischen Verfahren entschieden wird.[91]

Solange das Rechtsbehelfsverfahren nach Art. 36 noch nicht abgeschlossen ist bzw. solange der Schuldner die Möglichkeit hat, einen solchen Rechtsbehelf einzulegen, dürfen im Zweitstaat Zwangsvollstreckungsmaßnahmen, die zur Befriedigung des Gläubigers, also zu einem fait accompli führen, nicht durchgeführt werden. Nur die Sicherung des Gläubigers ist zulässig.[92]

3. Anspruch des Gläubigers auf vorläufige Sicherung[93]

a) Solche Maßregeln der Sicherung stehen aber nicht etwa im Ermessen des Zweitstaates. Der Gläubiger hat vielmehr einen Anspruch darauf,

---

[88] Der Schuldner könnte auf den Schutz des Art. 39 verzichten.

[89] Oben § 146 XIV. Vgl. auch *Schlosser*-Bericht Nr. 219: „Das V.K. hat angefragt, ob Artikel 34 ausschließt, den Schuldner von der Stellung eines Antrags auf Registrierung einer ausländischen Entscheidung zu benachrichtigen. Sinn von Artikel 34 ist es unter anderem auch, den für die Effizienz von Vollstreckungsversuchen unentbehrlichen Überraschungseffekt sicherzustellen. Wenn diese Norm eine Benachrichtigung der Vollstreckungsklausel auch nicht kategorisch verbietet, so muß eine solche daher doch auf seltene Ausnahmefälle beschränkt bleiben. Man kann an Registrierungsanträge denken, die erst lange Zeit nach Erlaß des Urteils gestellt werden. Eingaben des Schuldners, ob aufgrund oder ohne seine vorherige Benachrichtigung, darf das Gericht ohnehin nicht berücksichtigen."

[90] Zur Möglichkeit, daß der Schuldner eine Schutzschrift hinterlegt, ausführlich *Schütze* in *Bülow*-Festschrift, 1982, 211 ff.

[91] *Jenard*-Bericht S. 95 zu Art. 39: „Durch diese Bestimmung soll in dem Verfahren auf Zulassung der Zwangsvollstreckung das Gleichgewicht zwischen den Rechten und Belangen der Parteien gewahrt und gleichzeitig vermieden werden, daß der einen oder der anderen Partei durch den Ablauf des Verfahrens ein Schaden entsteht."

[92] Näher hierzu §§ 21 ff. des deutschen Ausführungsgesetzes. Vgl. auch OLG Hamm, Beschluß vom 6. Dezember 1977, MDR 1978, 324 = RIW/AWD 1979, 789 = IPRspr. 1977 Nr. 168.

[93] Daneben hat der Gläubiger auch im Anwendungsbereich des Übereinkommens die Möglichkeit – parallel zum Klauselerteilungsverfahren nach Art. 31 ff. – seinen im Erststaat titulierten Anspruch mit *Maßnahmen des einstweiligen Rechtsschutzes nach zweitstaatlichem Recht* im Zweitstaat sichern zu lassen. Art. 31 ff. verdrängen insoweit nicht das nationale Recht. Zwar schweigt das Übereinkommen zu diesem Punkt. Art. 24 betrifft wohl nur das Verfahren im Erststaat. Hätte das Übereinkommen so stark in das Recht des einstweiligen Rechtschutzes eingreifen wollen, so hätte es zu-

sobald (im einseitigen Verfahren) die Klausel erteilt bzw. die Registrierung erfolgt ist, Art. 39 II.[94]

b) Dieser Aspekt ist besonders von Bedeutung für das Vereinigte Königreich. Dort war die Sicherungsvollstreckung als solche bisher unbekannt.[95]

---

mindest eines Hinweises in den Materialien bedurft. Der EuGH hat zu diesem Komplex noch nicht Stellung genommen.

[94] Unklar der *Jenard*-Bericht S. 95 Art. 39. „Er schreibt vor, daß der Antragsteller vor Ablauf der Frist zur Einlegung des Rechtsbehelfs oder vor Erlaß der Entscheidung über den Rechtsbehelf nur Maßregeln zur Sicherung betreiben darf, und zwar diejenigen, die nach dem Recht des Vollstreckungsstaates zulässig sind. Ferner bestimmt er, daß die Entscheidung, durch welche die Zwangsvollstreckung zugelassen wird, die Befugnis gibt, solche Maßregeln zu betreiben. Art. 39 erlaubt es dem Gläubiger in bestimmten Staaten, zum Beispiel in der Bundesrepublik Deutschland, die Zwangsvollstreckung aus dem ausländischen Titel einzuleiten und bis zu ihrem ersten Abschnitt durchzuführen."

[95] *Schlosser*-Bericht Nr. 221: „Vollstreckungsmaßnahmen . . ., die sich lediglich auf eine Sicherung des vollstreckbaren Anspruchs beschränken, gibt es bisher grundsätzlich nicht. Letzteres muß die Einführungsgesetzgebung dieser Staaten ändern und Sicherungsmaßnahmen vorsehen, sofern diese Folge nicht mit dem Inkrafttreten des Übereinkommens für einen dieser Staaten von selbst eintritt."

Ausführlich zu diesem Punkt der *Report of the Scottish Committee on Jurisdiction and Enforcement* S. 137ff. sub *Suspension for enforcement:*

„6.94 Article 39 provides that:

a. No measures of enforcement shall be competent during the time for appeal under Article 36 and until such appeal is disposed of;

b. however, protective measures are competent against the property of the party against whom enforcement is sought;

c. the decision authorising enforcement shall carry with it power to proceed to any such protective measures.

6.95 We have considered how Article 39 should be implemented when the judgment to be enforced is a money judgment. There appear to be two alternative ways that this could be done, namely: –

(a) Provision could be made that –

(i) The applicant shall be entitled to extract the judgment as soon as it has been registered;

(ii) The applicant shall then be entitled to proceed to arrestment in execution, inhibition and charge and poinding thereon;

(iii) No action of forthcoming in respect of such arrestment, sale in respect of such poinding, or adjudication in respect of such inhibition, shall follow until the time for appealing has elapsed and any appeal has been disposed of.

(b) Provision could be made that –

(i) A registered judgment shall not be extracted till after the time for appealing has expired and any appeal has been disposed of;

(ii) The court when authorising registration shall grant warrant for arrestment and inhibition on the dependence and such arrestment or inhibition shall have effect as if it were on the dependence of a Court of Session action.

(iii) The court should also grant warrant for arresting moveables in the hands of the debtor himself, and a suitable procedure for this should be devised. Section 17 of the Debtors (Scotland) Act 1838 provides a precedent.

XXXV. Durchführung der Zwangsvollstreckung im Zweitstaat

1. Die Zwangsvollstreckung aus dem mit der Klausel[96] versehenen erststaatlichen Titel wird – wie oben XXXIV. dargelegt – nach dem im Zweitstaat geltenden Recht durchgeführt.

(iv) If it is decided to implement our proposal in Chapter 14 that the court should have a discretion, in connection with a pending or contemplated action before it, to make an order securing moveable property in the hands of the debtor or a third party, the court should be given the same power in connection with a registered foreign judgment. Either of these alternatives would be effective. After much discussion the majority of our Committee preferred the first alternative, which it felt would be simpler to operate.

6.96 It is desirable that, when protective measures have been taken, the applicant for enforcement should notify the debtor of the decision authorising enforcement, in accordance with Article 36, as soon as possible. We therefore think that any arrestment, poinding or inhibition should fall unless notification under Article 36 is effected within a certain period from the date of laying on the protective measure. A period of 20 days might be appropriate. Section 17 of the Debtors (Scotland) Act 1838 provides a precedent. It provides that an arrestment on the dependence of an action shall fall unless the summons is served within 20 days of laying it on.

6.97 The protective measures proposed should ensure that most of the debtor's assets – including corporeal moveables in his possession – are secured until a money judgment can be enforced. We think this necessary to comply with the spirit of the Convention.

6.98 We have also considered how Article 39 should be implemented when the judgment to be enforced is not a money judgment.

6.99 Where the foreign judgment is re-pronounced, as a judgment ad factum praestandum, we think that Article 39 would have the effect that the court could not make an order under section 1 of the Law Reform (Miscellaneous Provisions) (Scotland) Act 1940 until the time for appealing under Article 36 had expired or any appeal had been disposed of. No specific statutory provision for this seems necessary. We do not think that the decree of the Court of Session re-pronouncing the foreign judgment should grant warrant for protective measures such as arrestment or inhibition which are granted automatically without prior inquiry: Scottish decrees ad factum praestandum do not normally grant warrant for this. However, it should be possible for the applicant for enforcement to apply to the court for protective measures which the court has discretion to grant: for instance interim interdict. If the procedure whereby the court has a discretion, in connection with a pending or contemplated action before it, to grant an order securing moveable property in the hands of the debtor or third parties, which we recommend in Chapter 14, is introduced, it should likewise be competent for the applicant to seek such an order. Specific provision in the legislation may be needed.

6.100 Where the foreign judgment is re-pronounced as an interdict, the interdict can be regarded both as a protective measure and as a substantive judgment. Since it is a protective measure, we think that it would be consonant with Article 39 to make the enforcement procedure by petition and complaint immediately available. We do not think that any express statutory provision is needed."

[96] Für das Vereinigte Königreich tritt an die Stelle der Klauselerteilung die Registrierung, vgl. Art. 31 II.

2. Dies gilt *nicht nur für die Vollstreckung von Geldforderungen, sondern auch für andere Titel.*[97] Ist der Vollstreckungsschuldner zu einer Handlung oder Unterlassung verurteilt, so bestimmt das Recht des Zweitstaates darüber, wie der Schuldner zur Vornahme der Handlung bzw. zur Unterlassung gezwungen werden kann. Es geht dabei um die Zulässigkeit unmittelbaren Zwangs, von Beugemaßnahmen, sowie der Ersatzvornahme.

3. In diesen Punkten divergieren die einzelnen Rechtsordnungen stark, und zwar nicht nur hinsichtlich der Auswahl der geeigneten Druckmittel, sondern auch bezüglich der Abgrenzung zwischen *Erkenntnis- und Vollstreckungsverfahren.* So wird z. B. in Frankreich bereits im Erkenntnisverfahren die Befugnis des Gläubigers zur Ersatzvornahme[98] angeordnet. Im deutschen Rechtssystem dagegen ist diese Aufgabe dem Vollstreckungsgericht übertragen.[99]

4. Das Recht des Zweitstaates befindet auch darüber, ob der Gläubiger ein Wahlrecht zwischen verschiedenen Vollstreckungsarten hat oder ob über die zu ergreifenden Maßnahmen das Gericht befindet.[100]

---

[97] *Schlosser*-Bericht Nr. 211.

[98] Art. 1143 Code civil.

[99] Hinweise bei *Zöller–Geimer,* ZPO, 13. Aufl., 1981, IZPR, Anm. C VI 30.

[100] *Schlosser*-Bericht Nr. 221: In den Rechtsordnungen, „welche die Einrichtung des „huissier" kennen, ... können Vollstreckungsmaßnahmen, sofern es sich um bewegliche Sachen oder Forderungen des Schuldners handelt, ohne Einschaltung eines Gerichts in der Weise betrieben werden, daß der „huissier" mit ihrer Vornahme beauftragt wird. Die Auswahl unter den möglichen Arten von Vollstreckungsmaßnahmen trifft der Gläubiger. Das Vollstreckungsorgan hat insoweit keinerlei Ermessensspielraum. Die Rechtslage im V. K. (vor allem in England und Wales sowie in Schottland) und in Irland weicht davon ab. Im V. K. ist für Vollstreckungsmaßnahmen das Gericht zuständig, welches das Urteil erlassen oder registriert hat. In Irland ist es das Gericht, welches das Urteil erlassen hat oder vollstreckt. Das Gericht besitzt Ermessensspielraum bei Auswahl der zuzulassenden Vollstreckungsmaßnahmen. ... Das EuGVÜ garantiert ... dem Gläubiger nicht bestimmte Vollstreckungsmaßnahmen." Vgl. auch den *Report of the Scottish Committee on Jurisdiction and Enforcement* S. 129f.:

„6.65 Whatever the nature of the foreign judgment, it appears necessary that when it has become enforceable in the United Kingdom the Court of Session should exercise the same control over enforcement as it could exercise in respect of one of its own judgments. This is likely to be particularly necessary as regards provisional and protective measures and other non-money judgments. We therefore recommend that the statute should make provision on these lines: –

«Where a foreign judgment falls to be enforced in Scotland under the Convention and has effect in relation to assets situated there, the Court of Session shall have such powers to control the execution of that judgment (other than by recalling it) as it would have in relation to a similar decree issued by a Scottish court. In particular, it shall have the powers to restrict an arrestment, with or without caution, that are contained in section 20 of the Debtors (Scotland) Act 1838 or as otherwise may be or may become competent under statute or under the common law and, in relation to other attachments of heritable or moveable property (whether or not in the hands of the defender in the proceedings in the foreign court), the Court of Session shall have,

5. Der Zweitstaat ist auch frei bei der Ausgestaltung der Rechtsbehelfe und Rechtsmittel im Vollstreckungsverfahren.[101]

6. Inwieweit *dritte Personen* von Zwangsvollstreckungsmaßnahmen tangiert werden dürfen bzw. welche Rechtsbehelfe Dritte gegen solche Maßnahmen ergreifen können, ist ebenfalls nach dem Recht des Zweitstaates zu entscheiden.[102]

§ 151 Die in den Anwendungsbereich der Art. 31ff. fallenden Vollstreckungstitel

I. Titel in Zivil- und Handelssachen

1. Es gelten die gleichen Erwägungen wie oben § 108.

2. Die Vollstreckungspflicht gilt nicht für Vollstreckungstitel, die die in Art. 1 II aufgeführten Materien betreffen, vgl. oben § 109.

Beispiel:

Der Auszug aus der Konkurstabelle ist nach Beendigung des Konkurses nach deutschem Recht ein Vollstreckungstitel.[1] Die Vollstreckungspflicht der anderen Vertragsstaaten umfaßt jedoch nicht diese Titel, arg. Art. 1 II Nr. 2.[2]

3. Besonderheiten gelten für Prozeßvergleiche und vollstreckbare Urkunden;[3] bei auf Geld lautenden Zahlungstiteln läßt sich nämlich nicht feststellen, ob ein Ausnahmetatbestand i. S. des Art. 1 II Nr. 1 vorliegt.[4]

---

with such modifications as may to the court seem necessary having regard to the nature of the attachment, those powers which it may from time to time competently exercise in relation to arrestments. These powers may be exercised by the Court of Session in appeals presented under Article 37 of the Convention or in petitions for the suspension of measures of execution or in corresponding proceedings in relation to enforcement of judgments from other law districts of the United Kingdom».“

[101] Vgl. Art. 16 Nr. 5. Oben § 91.

[102] *Schlosser*-Bericht Nr. 221: „Sicher ist aber, daß die Worte des deutschen Textes „in das Vermögen des Schuldners“ nicht die Bedeutung haben, die Zulässigkeit von Vollstreckungsmaßnahmen gegen dritte Personen vorauszusetzen. Die zitierten Worte könnten fehlen, ohne den Sinn der Vorschrift zu ändern. Die Frage, unter welchen Voraussetzungen Zwangsvollstreckungsmaßnahmen gegenüber anderen als den verurteilten Personen möglich sind, beantwortet sich allein nach nationalem Recht. Nur die Einschränkungen nach Art. 39 sind auch dann zu beachten.“

[1] § 146 KO.

[2] Hierzu oben § 20ff.

[3] Oben § 20 VII.

[4] Vgl. den Fall der Cour d'appel de Paris, Urteil vom 25. November 1977, *Hallais ./. Kunz,* Nachschlagewerk I-51 – B 2: In einem vor dem LG Frankfurt/Main anhängigen Scheidungsrechtsstreit hatte der Prozeßbevollmächtigte des Ehemannes am 30. Mai 1973 einem Vergleich zugestimmt, durch den unter anderem die Personensorge über die ehelichen Kinder sowie die Unterhaltsverpflichtungen des Ehemannes gegenüber seiner Frau und den Kindern für die Dauer des Scheidungsverfahrens geregelt wurden.

4. Art. 31 ff. verpflichten nicht zur Vollstreckung von Kostenentscheidungen, wenn der Urteilsgegenstand (Hauptsache) unter einen der Tatbestände des Ausnahmekatalogs des Art. 1 II fällt.[5]

II. Von staatlichen Gerichten erlassene Titel[6]

Art. 31 ff. gelten einmal für die von den Gerichten der Vertragsstaaten erlassenen Vollstreckungstitel. Form und Bezeichnung spielen keine Rolle, Art. 25, auch nicht die Frage, welches Gerichtsorgan den Titel erlassen hat.[7] So werden z. B. in der Bundesrepublik Deutschland die Vollstreckungsbescheide[8] und Kostenfestsetzungsbeschlüsse[9] nicht vom

---

Die Ehe der Parteien wurde durch Urteil vom 15. Februar 1976 geschieden. Das Tribunal de grande instance Paris ließ die Zwangsvollstreckung aus dem gerichtlichen Vergleich auf Antrag der geschiedenen Ehefrau, die rückständige Unterhaltsansprüche geltend machte, zu. Hiergegen legte der geschiedene Ehemann den in Art. 36 vorgesehenen Rechtsbehelf ein; er machte geltend, der Vergleich betreffe eine vom Anwendungsbereich des Übereinkommens ausgeschlossene Frage des Personenstands und verstoße im übrigen gegen den französischen ordre public, da er – der Beschwerdeführer – bei seinem Abschluß nicht ordnungsgemäß vertreten gewesen sei. Der Vergleich sei im übrigen nach dem rechtskräftigen Abschluß des Scheidungsverfahrens nicht mehr vollstreckbar. Der Rechtsbehelf wird zurückgewiesen.

Die Cour d'appel führt aus, der nach deutschem Recht vollstreckbare gerichtliche Vergleich könne gemäß Art. 50 und 51 in Frankreich vollstreckt werden. Aus Art. 5 Nr. 2 ergebe sich, daß das Übereinkommen auch in Unterhaltssachen Anwendung finde, und zwar selbst dann, wenn der Unterhaltsanspruch – wie im vorliegenden Fall – auf einer Vorschrift über den Personenstand beruhe. Im übrigen sei der Vergleich durch den Abschluß des Scheidungsverfahrens insoweit nicht gegenstandslos geworden, als die Unterhaltsgläubigerin rückständige Unterhaltsansprüche geltend mache.

[5] A. A. Corte d'appello di Trieste, Beschluß vom 28. Januar 1976, *Groetschel ./. Smeragliulo,* Rivista di diritto internazionale privato e processuale 1976, 559 = Nachschlagewerk I-31 – B3: Das Gericht erklärte einen deutschen Kostenfestsetzungsbeschluß gemäß Art. 31 ff. in Italien für vollstreckbar. Ein solcher Beschluß gehöre zu den vollstreckungsfähigen Entscheidungen im Sinne von Art. 25 und könne unabhängig von der Hauptsachenentscheidung, auf die er sich beziehe, für vollstreckbar erklärt werden. In casu betraf die Hauptsache die gerichtliche Feststellung der nichtehelichen Vaterschaft (Art. 1 II Nr. 1).

[6] Oben § 107 I.

[7] Oben § 107 III.

[8] §§ 688 ff. ZPO, § 20 Rechtspflegergesetz.

[9] § 21 Rechtspflegergesetz überträgt dem Rechtspfleger folgende Geschäfte im Festsetzungsverfahren:

1. die Festsetzung der Kosten in den Fällen, in denen die §§ 103 ff. ZPO anzuwenden sind;

2. die Festsetzung der Vergütung des Rechtsanwalts nach § 19 der Bundesgebührenordnung für Rechtsanwälte;

3. die Festsetzung der Gerichtskosten nach den Gesetzen und Verordnungen zur Ausführung von Verträgen mit ausländischen Staaten über die Rechtshilfe sowie die

Richter, sondern vom Rechtspfleger erlassen. Das gleiche gilt für die Entscheidungen über die Abänderung von Unterhaltstiteln Minderjähriger im vereinfachten Verfahren nach §§ 641 l–641 p, 641 r–641 s ZPO sowie für Entscheidungen über Anträge auf Festsetzung des für ein nichteheliches Kind zu leistenden Unterhalts in den Fällen der §§ 642 a–642 d ZPO. Für alle diese vom Rechtspfleger erlassenen Titel gilt die Vollstreckungspflicht nach Maßgabe von Art. 31 ff.[10]

III. Prozeßvergleiche[11]

Die Vollstreckungspflicht gilt nicht nur für gerichtliche Entscheidungen im Sinne des Art. 25, sondern auch für Vergleiche, die nach dem Recht des Erststaates vollstreckbar sind, Art. 51. Gemeint sind Prozeßvergleiche.[12] Vor welchem Gericht diese aufgenommen wurden, spielt

---

Anerkennung und Vollstreckung gerichtlicher Entscheidungen und anderer Schuldtitel in Zivil- und Handelssachen.

Anders ist die Rechtslage z. B. in den Niederlanden. Dort setzt der Richter selbst auch die Anwaltskosten fest. Vgl. hierzu LG Hamburg, Beschluß vom 4. September 1978, IPRspr. 1978 Nr. 165. Voraussetzung für die Vollstreckbarerklärung im Kostenpunkt ist, daß die erststaatliche Entscheidung überhaupt eine Verurteilung zur Zahlung eines bestimmten oder zumindest bestimmbaren Kostenbetrages enthält.

Ebenso ist es in Frankreich, Art. 70 nouveau Code de procédure civile. Hierzu IPG 1979 Nr. 41 (Hamburg).

Nach der deutschen ZPO entscheidet der *Richter* im Urteil oder Beschluß nur darüber, wer (welche Partei bzw. welcher Beteiligte) die Kosten zu tragen hat. Der zu erstattende Betrag wird vom *Rechtspfleger* festgesetzt, §§ 103 ff. ZPO. Vollstreckungstitel i. S. der Art. 31 ff. ist der Kostenfestsetzungsbeschluß des Rechtspflegers.

[10] Die Kostenentscheidung (Fußn. 9) bleibt ein Annex zur Entscheidung in der *Hauptsache*. Ist diese nicht anzuerkennen, weil eine von Amts wegen zu beachtende Anerkennungsvoraussetzung fehlt oder weil ein Versagungsgrund mit Erfolg geltend gemacht wurde, so entfällt auch die Vollstreckungspflicht bezüglich der *Kosten*. So nun ausdrücklich Art. 22 des deutsch-israelischen Vertrages.

[11] Unten § 173.

[12] Wenig aufschlußreich *Jenard*-Bericht S. 98: „Ähnlich wie in dem deutsch-belgischen Abkommen gilt für den Prozeßvergleich wegen seiner Rechtsnatur als Vertrag auch in dem vorliegenden Übereinkommen die gleiche Regelung wie für öffentliche Urkunden."

Vgl. auch den *Report of the Scottish Committee on Jurisdiction and Enforcement* S. 166 f. zu Art. 51: „7.8 Article 51 provides that a settlement which has been approved by a court in the course of proceedings and is enforceable in the State in which it was concluded shall be enforceable in other Contracting States on the same conditions as an authentic instrument.

7.9 This relates to the procedure used in several of the original six Contracting States whereby the parties enter into a contract settling the proceedings. The judge then gives his authority to the contract and it becomes enforceable in the same way as a judgment. Under the law of some States the contract can still be challenged if it is invalid in form or substance, and under the law of some it does not make the matter res judicata.

keine Rolle.[13] Wichtig ist nur, daß sie nach dem Recht des Erststaates vollstreckbar sind und daß der Vergleichsgegenstand eine Zivil- oder Handelssache i. S. des Art. 1 betrifft.

IV. Vollstreckbare Notarurkunden[14]

1. Die Vollstreckungspflicht geht noch weiter: Auch im Erststaat vollstreckbare Notarurkunden sind in den anderen Vertragsstaaten zur Vollstreckung zuzulassen.

2. Nach deutschem Recht bedarf es einer ausdrücklichen Unterwerfung des Schuldners „unter die sofortige Zwangsvollstreckung" in der notariellen Urkunde, § 794 I Nr. 4 ZPO. Nur wenn die notarielle Urkunde diese Klausel enthält, ist sie vollstreckbar.

3. Diese Schuldnerschutzvorschrift kennt das französische Recht nicht. Das gleiche gilt für die vom berühmten Ventose-Gesetz beeinflußten Rechtsordnungen Italiens und der Beneluxstaaten. Hier ist die vom Notar aufgenommene Urkunde per se vollstreckbar. Einer besonderen Unterwerfung des Schuldners unter die Zwangsvollstreckung bedarf es nicht. Die ratio legis ist einfach: Wenn sich jemand zur Urkunde eines Notars zu einer Leistung verpflichtet, dann muß er mit der (staatlichen) Zwangsvollstreckung rechnen, wenn er säumig wird. Der Weisheit der romanischen Gesetzgeber ist zu applaudieren.

4. Auch in einem anderen Punkt war der deutsche Gesetzgeber ängstlicher: Nach § 794 I Nr. 4 ZPO sind nur solche (die ausdrückliche Unterwerfung des Schuldners enthaltenden) notariellen Urkunden vollstreck-

---

Nevertheless, so long as it remains in force it can be enforced like judgment (Droz, paragraph 126).

7.10 In Scotland, the procedure is that the parties make a contract to settle the proceedings. This is embodied in a point minute presented to the court. The joint minute may request the court to grant decree in respect of certain matters, but the joint minute may contain other terms which cannot be converted into a decree. The court then grants decree in respect of the appropriate matters though in many cases this decree is formal and does not require enforcement. Nevertheless, this decree is a judgment like any other judgment of the court. The remaining terms of the joint minute remain merely a contract between the parties. Although it is often said that the court „interpones authority" to the joint minute, it is not true that it gives authority to the whole minute. It appears therefore that Article 51 has little relevance to Scottish procedure at present. The judgment following a joint minute can be enforced under the Convention like any other judgment.

7.11 As regards court settlements made in other Contracting States, these can be dealt with in the same manner as authentic instruments. An instrument which bears to be invested with the authority of the court and which contains or is accompanied by a statement that it is enforceable should be presumed *prima facie* to be valid and enforceable."

[13] Vgl. auch oben § 20 VIII.

[14] *Geimer* DNotZ 1975, 464.

bar, die die Leistung von Geld oder sonstigen vertretbaren Sachen betreffen. Viel großzügiger ist man da in manchen anderen Vertragsstaaten.[15]

V. Sonstige vollstreckbare öffentliche Urkunden

1. Auch sonstige im Erststaat vollstreckbare öffentliche Urkunden sind nach Maßgabe von Art. 50 in den anderen Vertragsstaaten zur Vollstreckung zuzulassen, sofern sie eine Zivil- oder Handelssache betreffen, Art. 50.[16]

2. Das gilt ebenso für (zivilrechtliche) Titel, die von Verwaltungsbehörden aufgenommen worden sind.

Beispiel:

Der als Kindsvater in Anspruch genommene Mann hat sich – nach dem Vaterschaftsanerkenntnis – vor dem zuständigen Jugendamt der sofortigen Zwangsvollstreckung unterworfen. Dieser Titel ist in allen Vertragsstaaten vollstreckungsfähig.

3. Ob der Zweitstaat ein vergleichbares Rechtsinstitut kennt, spielt keine Rolle. So sind dem englischen und irischen Recht vollstreckbare Urkunden unbekannt. In Schottland können Urkunden, die eine genau bestimmte Leistungspflicht begründen, in ein öffentliches Register eingetragen werden. Ein Registerauszug berechtigt dann zur Zwangsvollstreckung wie aus einem Gerichtsurteil. Solche Auszüge fallen unter Art. 50.[17]

---

[15] Nachweise bei *Geimer* DNotZ 1975, 463, 472.

[16] *Jenard*-Bericht S. 98 zu Art. 50: „Die Regelung der Vollstreckung öffentlicher Urkunden, die von dem Ausschuß vorgeschlagen wird, ist nicht neuartig. Ähnliche Bestimmungen finden sich in allen zwischen den sechs Staaten bisher geschlossenen Abkommen, mit Ausnahme des deutsch-italienischen Abkommens: Französisch-belgisches (Art. 16), belgisch-niederländisches (Art. 16), deutsch-belgisches (Art. 14), italienisch-belgisches (Art. 13), deutsch-niederländisches (Art. 16), italienisch-niederländisches (Art. 8), französisch-italienisches Abkommen (Art. 6).

Da Art. 1 für das gesamte Übereinkommen maßgebend ist, bezieht sich Art. 50 nur auf solche öffentlichen Urkunden, die Gegenstände betreffen, die in den Anwendungsbereich des Übereinkommens fallen."

[17] *Schlosser*-Bericht Nr. 226. Vgl. auch den Report of the Scottish *Committee on Jurisdiction and Enforcement,* S. 165f.: „7.3 The instrument must be:

(a) properly drawn up according to the law of the State of origin; and

(b) enforceable in that State.

7.4 The machinery for authorising enforcement is that laid down in Article 31 and the Articles following it. We can see no particular difficulty in applying this machinery to these instruments. Instead, however, of the whole grounds of refusal specified in Articles 27 and 28 there is only one ground for refusal to authorise enforcement, namely, public policy. Refusal would presumably also be possible if it were shown that the instrument did not comply with the requirement that it be validly drawn up and enforceable, or if the subject-matter of the instrument fell out with the scope of the Convention.

§ 152 Ergänzungen des erststaatlichen Vollstreckungstitels im Klauselerteilungsverfahren

I. Grundsatz[1]

1. Der Zweitrichter hat im Klauselerteilungsverfahren einzig und allein die Aufgabe, den erststaatlichen Vollstreckungstitel „mit der Vollstreckungsklausel zu versehen." Zu irgendwelchen Ergänzungen, Anpassungen oder Änderungen ist er weder berechtigt noch verpflichtet.[2]

7.5 Article 50 also applies the principles of Articles 46 to 49 as appropriate. We think that Article 46 (2) has no application to such instruments and likewise the requirement in Article 47 (1) of evidence that „the judgement has been served" is not relevant. Otherwise the requirements of these Articles seem appropriate, and most of what we have said about them in Chapter 6 is applicable mutatis mutandis.

7.6 However, we suggested in 6.119 that judgments from the Contracting States should be presumed to be authentic for purposes of Article 46 (1), until the contrary is proved, if they purport to be sealed or signed by the original court or an official of the original court. We do not think that, as regards instruments from other Contracting States which are to be enforced in Scotland, a comparable presumption would be appropriate. We have no means of knowing what sort of instrument is authentic. The court should therefore require separate evidence that the instrument is authentic.

7.7 As regards Scottish instruments registered in the Books of Council and Session or Sheriff Court Books which are to be enforced in other Contracting States, these will bear warrant for all lawful execution. This may be sufficient evidence for foreign courts that the instrument is authentic and enforceable. If further evidence is required it is for the party seeking enforcement to provide it."

[1] Vgl. auch *Zöller-Geimer,* ZPO, 13. Aufl., 1981, § 722, Anm. VIII 2c.

[2] Dies kritisiert der *Report of the Scottish Commitee on Jurisdiction and Enforcement* S. 307 im Zusammenhang mit der Reform des Anerkennungs- und Vollstreckungsrechts im Verhältnis der einzelnen Jurisdiktionsbereiche innerhalb des Vereinigten Königreichs (England und Wales; Schottland und Nordirland; hierzu *Schlosser*-Bericht Nr. 11) zueinander. Der Report befürwortet eine *„power to vary judgment":* „15.93 We think it necessary that statute should give the enforcing court an express power to vary the judgment of the originating court so far as this is reasonably necessary to give it where possible substantial effect under the law and enforcement machinery of the enforcing court. We think that this is necessary as the originating judgment may be expressed in terms which are unknown under the law of the enforcing court. We think that this problem is particularly likely to arise in relation to provisional or protective measures if it is decided to make these enforceable. *We think it regrettable that such a power is not expressed in the Convention.* It might be argued that by giving such a power within the United Kingdom we are treating the other law districts less favourably than other Contracting States. We do not think this is so. With a view to trying to render the Convention procedure workable we have recommended (6.62) that the enforcing Scottish courts should repronounce the judgment of the Courts of the other State in terms „as nearly as may be" the same as those of the original judgment. We think that this is probably so far as the Convention will allow us to go in departing from the precise terms of the foreign judgment. For internal United Kingdom purposes we think that the discretion should be phrased rather more widely. A degree of flexibility

2. Sieht z. B. der erststaatliche Titel die *Zahlung eines Zwangsgeldes*[3] in unbestimmter Höhe[4] zur Erzwingung einer Handlung oder Unterlas-

---

here, we think, would increase the prospects of effective enforcement in substance rather than the reverse."

[3] Nach deutschem Recht (§§ 888, 890 ZPO) ist das Zwangsgeld nicht an den Gläubiger zu zahlen, sondern in die Staatskasse; es wird nach § 1 I Nr. 3 Justizbeitreibungsordnung vollstreckt. Dieses Zwangsgeld ist öffentlich-rechtlicher Natur. Eine Vollstreckung nach Art. 31ff. in den anderen Vertragsstaaten entfällt daher, Art. 1 I. Vgl. oben § 108.

A. A. *Schlafen* in *Bülow-Böckstiegel* 606/266, Art. 43, Anm. 1: Es sei unerheblich, ob die Geldleistung als Zwangsgeld bezeichnet wird, ob sie nach dem Recht des Erststaates als Geldstrafe oder Ordnungsstrafe zu qualifizieren ist, ob sie dem Staate zufließt, wie nach §§ 888, 890 ZPO, oder ob der Geldbetrag wie in Frankreich und den Niederlanden an den Gläubiger zu zahlen ist als eine „Art Kompensationsleistung für die Zuwiderhandlung."

Unentschieden *Schlosser*-Bericht Nr. 213: „Das EuGVÜ läßt jedoch die Frage offen, ob auch solches Zwangsgeld für die Mißachtung eines Gerichtsurteils, das nicht dem Urteilsgläubiger, sondern dem Staat zufließt, auf diese Weise vollstreckt werden kann. Da es sich nicht um ein Problem handelt, das erst durch den Beitritt der neuen Mitgliedstaaten aufgeworfen worden ist, nahm die Expertengruppe Abstand von einer Stellungnahme."

[4] *Schlosser*-Bericht Nr. 213: „. . . Ganz anders ist das System der Vollstreckung von Urteilen, die auf Vornahme einer individuellen Handlung lauten, in anderen Staaten der Gemeinschaft, z. B. in Belgien, Frankreich und Luxemburg. Der Beklagte wird zur Vornahme der Handlung und zugleich zur Zahlung eines Geldbetrags an den Kläger für den Fall verurteilt, daß er die Leistung nicht erbringt. In Frankreich droht man Zwangsgeld („astreinte") zunächst nur an. Die Verurteilung muß im Falle der Zuwiderhandlung gesondert nachfolgen und erreicht die Höhe der angedrohten Summe kaum jemals. In Belgien setzt man die Höhe des Zwangsgeldes bereits in der Entscheidung fest, die zu einer individuellen Leistung verurteilt (Cour de Cassation vom 25. Februar 1937 Pas. 1937 I 73). Um den Schwierigkeiten zu begegnen, die sich im zwischenstaatlichen Verkehr dieserhalb aus der Vollstreckung von Urteilen über individuelle Handlungen ergeben könnten, hat Artikel 43 festgelegt, dann, wenn die vorgesehene Sanktion eine „astreinte" sei, solle das Ausgangsgericht ihre Höhe selbst festsetzen. Im Ausland kann dann eine Zwangsvollstreckung nur noch wegen der „astreinte" stattfinden. Französische, belgische, niederländische und luxemburgische Urteile sind in Deutschland, im V. K. und Italien ohne weiteres vollstreckbar, wenn das Ausgangsgericht so verfahren ist."

Rechtsgrundlage für die astreinte ist in Frankreich die Loi Nr. 72–626 vom 5. Juli 1972, in den Niederlanden Art. 611a und Art. 611a Rv.

Hierzu *Droz* Nr. 587 S. 374f.: „La question de l'astreinte soulevait des problèmes délicats en raison des conceptions différentes qui règnent dans le droit commun de Six sur cette question.

En droit français, l'astreinte présente un caractère comminatoire. Pour que la condamnation devienne définitive, l'astreinte doit être liquidée pour un montant qui peut ne pas être le total arithmétique des sommes primitivement fixées. En droit néerlandais, au contraire, en vertu des articles 611a) et 611b) du Code de procédure civile, si la partie condamnée ne s'exécute pas, la partie adverse peut exécuter le jugement pour le montant de l'astreinte sans avoir obtenu au préalable un nouveau titre en justice. L'astreinte ne constitue pas des dommages et intérêts et son montant est en

sung durch den Schuldner vor, so darf der Zweitrichter die endgültige Höhe des Zwangsgeldes nicht festsetzen. Dies bleibt vielmehr den Gerichten des Erststaates vorbehalten, Art. 43.[5]

II. Ausnahmen

Von dem oben unter I dargelegten Grundsatz sind aus pragmatischen Gründen in engen Grenzen folgende Ausnahmen zuzulassen:

1. Festsetzung der Zinsen und Mehrwertsteuer

Ist der Schuldner verurteilt, *gesetzliche Zinsen* zu zahlen, so hat der Zweitrichter den erststaatlichen Vollstreckungstitel insoweit zu ergänzen und die Höhe der Zinsen im Klauselerteilungsbeschluß festzusetzen; dies

---

principe indépendant du préjudice qui peut être subi. En droit belge, selon le Rapporteur, la Cour de cassation a déclaré le système de l'astreinte contraire à l'ordre public.

En présence de ces divergences, il fallait trouver un compromis. Il l'a été sur la base du système français: le jugement condamnant à une astreinte ne pourra être exécuté à l'étranger que si le montant en a été définitivement liquidé par les tribunaux de l'Etat d'origine.

La présentation à l'exécution d'un jugement néerlandais condamnant à une astreinte non liquidée aurait certainement heurté l'ordre public belge. En France, elle aurait également soulevé un délicat problème de délimitation des pouvoirs entre juge d'origine et juge requis. Supposons que le défendeur ne se soumette pas à l'injonction du tribunal néerlandais reforcée par l'astreinte. Le juge français ne pourrait certainement pas admettre de rendre exécutoire ce jugement non seulement pour la période antérieure mais également pour l'avenir en laissant le soin au demandeur de faire lui-même son calcul.

Finalement les jugements condamnant à une astreinte ne seront „exportés" à l'étranger que sous une forme définitive qui s'apparentera à une condamnation pure et simple en dommages et intérêts; les bénéficiaires d'un jugement néerlandais condamnant à une astreinte pourront utiliser la faculté prévue à l'article 611, alinéa 3 du Code de procédure civile qui leur permet d'obtenir „un nouveau titre", précisant le montant global à payer par le débiteur."

Zum niederländischen System s. auch den *Gemeinsamen Bericht der Unterhändler zum deutsch-niederländischen Vertrag vom 30. August 1962,* Bundestags-Drucksache IV/2351 S. 13ff. zu Art. 7 und *Schlafen* in *Bülow-Böckstiegel* 606/267, Art. 43, Anm. 2.

Zwischen den Beneluxstaaten ist am 1. März 1980 die Haager Konvention vom 26. November 1973 über ein einheitliches Zwangsgeldgesetz in Kraft getreten. Vgl. Moniteur Belge 1980, 2181.

[5] *Jenard*-Bericht S. 96: „Dieser Artikel betrifft Entscheidungen, die auf Zahlung eines Zwangsgeldes lauten. In einigen Vollstreckungsabkommen ist eine einschlägige Vorschrift enthalten (vgl. Benelux-Vertrag, Artikel 14; deutsch-niederländisches Abkommen, Artikel 7).

Aus der Fassung, wie sie vorgeschlagen wird, geht hervor, daß die in einem Vertragsstaat ergangenen Entscheidungen, durch die der Beklagte durch Festsetzung eines bestimmten Betrags je Verzugstag zur Erfüllung gezwungen werden soll, nur dann in dem Hoheitsgebiet eines anderen Vertragsstaates vollstreckbar sind, wenn das Gericht des Urteilsstaates die Gesamthöhe des Zwangsgeldes endgültig festgesetzt hat."

geschieht aber nicht von Amts wegen, sondern auf Antrag des Gläubigers.[6] Das gleiche gilt für die ziffernmäßige Festsetzung der Mehrwertsteuer.[7]

---

[6] *LG Hamburg,* Beschluß vom 10. Oktober 1977, IPRspr. 1977 Nr. 154 = Nachschlagewerk I-31-B5: Die Antragsgegner wurden durch Versäumnisurteil des Tribunal d'Instance Toulouse zur Zahlung eines bestimmten Geldbetrages zuzüglich der „gesetzlichen Zinsen" verurteilt. Über die Höhe des Zinssatzes und den Beginn der Zinspflicht enthielt das Urteil keinen Ausspruch. Die Antragsteller beantragten die Vollstreckbarerklärung dieses Urteils für die Bundesrepublik Deutschland mit der Maßgabe, daß die Urteilssumme mit 9,5% seit dem 11. April 1975 zu verzinsen sei. Dem Antrag wurde nur zum Teil stattgegeben.

Das Gericht prüft zunächst, ob der Zweitrichter befugt sei, das erststaatliche Urteil hinsichtlich der Zinsen im Wege der Auslegung zu ergänzen oder ob wegen Ungenauigkeit des Urteils überhaupt keine Anordnung über die Vollstreckbarkeit des Zinsanspruchs getroffen werden dürfe. Es vertritt die Ansicht, daß es dem Sinn und Zweck des Übereinkommens entspreche, eine ergänzende Auslegung vorzunehmen, soweit dies im Rahmen der von Art. 34 geforderten „unverzüglichen" Entscheidung möglich sei.

Die Antragsteller hatten zur Begründung ihres Antrags auf Verzinsung in Höhe von 9,5% eine Auskunft der Banque de France vom 19. August 1977 über die bankühblichen Zinsen vorgelegt. Der gesetzliche Zinsfuß betrage jedoch, wie das Gericht ausführt, bei Nichtkaufleuten 4% (Art. 1907 Code civil), ab Rechtshängigkeit 5% (Dekret vom 5. 8. 1959). Da sich aus den Urteilsgründen nichts für einen von dieser gesetzlichen Regel abweichenden Zinssatz ergebe, könne sich die Vollstreckbarerklärung nur auf den gesetzlichen Zinsfuß erstrecken.

Über den Beginn der Zinspflicht fehle es in Frankreich an einer gesetzlichen Regelung. Die Rechtsansichten hierüber divergierten; nach einigen solle die Zinspflicht mit der Rechtshängigkeit, nach anderen mit der vorläufigen Vollstreckbarkeit, nach anderen schließlich erst mit der Rechtskraft des Urteils beginnen. Trotz Aufforderung durch das Gericht hätten die Antragsteller einen eindeutigen, durch Rechtsprechung belegten Nachweis nicht geführt. Da die Entscheidungen über die Vollstreckbarerklärung gemäß Art. 34 des Übereinkommens unverzüglich erfolgen sollten, sehe das Gericht von weiteren Nachforschungen über die Rechtslage in Frankreich ab. Es erscheine angemessen, die Verzinsung mit Rechtshängigkeit, d. h. mit Klageerhebung, beginnen zu lassen, wie es auch dem deutschen Recht entspreche. Da auch hier wieder Zweifel bestünden, ab welchem Zeitpunkt in Frankreich eine Klage als erhoben gelte, entspreche es der Billigkeit, diesen Zeitpunkt nicht mit der Zustellung an die Staatsanwaltschaft – die bei Auslandswohnsitz der Antragsgegner vom französischen Prozeßrecht vorgesehen sei – beginnen zu lassen, sondern erst mit dem Tage, an dem die Klage den Antragsgegnern persönlich zugegangen sei.

Die gleiche Rechtsansicht vertrat das *LG Hamburg* in seinem Beschluß vom 18. Dezember 1978 (RIW/AWD 1979, 419 = IPRspr. 1978, Nr. 168). Dort wurde ein italienisches Urteil mit der Maßgabe für die Bundesrepublik Deutschland für vollstreckbar erklärt, daß der Zinssatz für die Zahlung der „gesetzlichen Zinsen" gemäß Artikel 1248 Codice civile auf 5%, und die Mehrwertsteuer, die auf die Kosten des Rechtsstreits zu entrichten war, unter Hinweis auf die italienische Gesetzgebung auf 14% festgesetzt wurden.

Das *LG Wiesbaden* führt in einem Beschluß vom 5. Mai 1978 – Aktenzeichen: 9 O 77/78, Nachschlagewerk I-31-B5 Anm. 2, bezüglich der Vollstreckbarerklärung eines

2. Umrechung des auf ausländische Valuta lautenden Vollstreckungstitels auf die im Zweitstaat geltende Währung

a) Das Übereinkommen wollte sicher nicht die *Devisengesetzgebung der Vertragsstaaten* tangieren. Ist nach dem Recht des Zweitstaates die Zahlung der Urteilsschuld nur in inländischer Währung zulässig, so bestehen

---

Urteils des Handelsgerichts Antwerpen aus, einen Antrag, dieses Urteil auch wegen der zuerkannten „gerichtlichen Zinsen" (im Original: „gerechtelijke intresten") für vollstreckbar zu erklären, habe die Antragstellerin nicht gestellt; insoweit sei der Inhalt des Urteilsausspruchs auch gänzlich unbestimmt. Es sei unklar, was das belgische Gericht unter „gerichtlichen Zinsen" verstehe.

Ablehnend auch *OLG Stuttgart,* Beschluß vom 16. Juni 1978 = Nachschlagewerk I-36-B3:

Eine französische Gesellschaft erstritt vor französischen Gerichten ein Urteil gegen die Beklagten mit Sitz in der Bundesrepublik Deutschland, durch das diese zur Zahlung bestimmter Geldbeträge zuzüglich der „gesetzlichen Zinsen zum Zinsfuß in Handelssachen" gegen Rückgabe von vier Baufahrzeugen durch die Klägerin verurteilt wurden. Das französische Urteil wurde in der Bundesrepublik Deutschland antragsgemäß für vollstreckbar erklärt, wobei in der Vollstreckungsklausel der Zinsausspruch auf der Grundlage von Angaben der französischen Gesellschaft der Höhe nach präzisiert wurde. Mit der Beschwerde nach Art. 36 wandten sich die Schuldner u. a. gegen die Präzisierung des Zinsausspruchs und machten ferner hinsichtlich der im Urteil genannten Geldbeträge ein Zurückbehaltungsrecht geltend, da die vier von der französischen Gesellschaft zurückzugebenden Baufahrzeuge wertlos seien. Die Beschwerde hatte nur teilweise Erfolg.

Das OLG hielt die Beschwerde insoweit für begründet, als der in dem zu vollstrekkenden Urteil enthaltene Zinsausspruch in der Vollstreckungsklausel der Höhe nach präzisiert worden sei. Dies widerspreche der Regelung der §§ 7 und 8 des deutschen Ausführungsgesetzes, wonach die zu vollstreckende Verurteilung oder Verpflichtung in deutscher Sprache lediglich wiederzugeben sei; für eine Klarstellung des Urteilsspruchs sei kein Raum. Es komme hinzu, daß erst bei der Durchführung der Zwangsvollstreckung die Höhe der gesetzlichen Zinsen zum Zinsfuß in Handelssachen nach französischem Recht endgültig feststehe, weil diese sich nach dem wechselnden Diskontsatz der Banque de France richte.

Die Beschwerde sei dagegen unbegründet, soweit die Beschwerdeführer sich auf die eingetretene Wertlosigkeit der nach dem französischen Urteil Zug um Zug herauszugebenden Baufahrzeuge beriefen. Gemäß Artikel 36 des Übereinkommens in Verbindung mit § 14 des deutschen Ausführungsgesetzes könne die Beschwerde nur dann wirksam auf die Unmöglichkeit der Gegenleistung oder auf Gewährleistungs- oder Rücktrittsrecht gestützt werden, wenn diese erst nach Erlaß der zu vollstreckenden Entscheidung entstanden wären. Aus dem französischen Urteil ergebe sich aber, daß die Baufahrzeuge bereits damals mangelhaft gewesen seien. Die Beschwerdeführer hätten deshalb im Rechtsstreit vor dem französischen Gericht den schlechten Zustand der Baufahrzeuge geltend gemacht. Die hieraus gegen die Klageforderung hergeleiteten Einwendungen seien aber von dem französischen Gericht zurückgewiesen worden.

[7] *LG Hamburg,* Beschluß vom 18. Dezember 1978, RIW/AWD 1979, 419, oben Fußn. 6. Vgl. auch *Zöller-Geimer,* ZPO, 13. Aufl., 1981, § 722, Anm. VIII 2d.

aus der Sicht des Übereinkommens keine Bedenken, daß der Zweitrichter im Klauselerteilungsverfahren eine Umrechnung vornimmt.[8]

b) Darüber hinaus kann der Zweitrichter eine Umrechnung vornehmen, wenn der Vollstreckungsschuldner nach dem (internationale Geltung beanspruchenden) Recht des Zweitstaates oder nach der maßgeblichen lex causae das Recht hat, auch in der Währung des Zweitstaates zu zahlen.

c) Dies ist z. B. in der *Bundesrepublik Deutschland* der Fall.[9] Gleichwohl sehen die deutschen Gerichte (bisher) davon ab, im Klauselerteilungsbeschluß eine Umrechnung vorzunehmen.[10] Sie überlassen dies vielmehr den Parteien.

d) Im *Vereinigten Königreich* wurde in das Ausführungsgesetz für Unterhaltsurteile eine ausdrückliche Regelung aufgenommen.[11]

e) Ist zur Erfüllung der Urteilsschuld nach dem Recht des Zweitstaates *eine devisenrechtliche Genehmigung* erforderlich, so ist dies kein Grund, die Erteilung der Klausel zu verweigern. In die Klausel ist vielmehr ein Vorbehalt aufzunehmen, daß die Leistung bzw. Zwangsvollstreckung erst erfolgen darf, wenn die Genehmigung erteilt ist.[12]

---

[8] Vgl. auch den *Report of the Scottish Committee on Jurisdiction and Enforcement* S. 161: „6.182 The Convention makes no provision regarding the conversion of judgments expressed in foreign currency into sterling for purposes of enforcement, and it appears that national legal systems are free to provide for this.

6.183 In the case of *Commerzbank AG v Large* 1977 SLT 219, the Court of Session held that a Scottish court could give judgment in foreign currency and that conversion should occur at the date of payment or the date of extracting the decree for purposes of enforcement whichever is earlier. We think it would be reasonable to apply this principle to foreign judgments registered under the Convention."

[9] § 244 BGB.

[10] Zum autonomen deutschen Recht *Zöller-Geimer,* ZPO, 13. Aufl., 1981, § 722, Anm. VIII 2a. Wegen des Umrechnungszeitpunktes s. LG Hamburg, Urteil vom 24. Mai 1978, MDR 1978, 930 = RIW/AWD 1980, 64 = IPRspr. 1978 Nr. 126 A. Zum italienischen Recht Corte di cassazione, Urteil vom 16. September 1980, Nr. 5275, Giur. ital. 1981, I, 1, 1678 = RIW/AWD 1982, 290.

[11] Civil Jurisdiction and Judgments Act 1982 sec. 8: (1) Sums payable in the United Kingdom under a maintenance order by virtue of its registration under section 5, including any arrears so payable, shall be paid in the currency of the United Kingdom.

(2) Where the order is expressed in any other currency, the amounts shall be converted on the basis of the exchange rate prevailing on the date of registration of the order.

(3) For the purposes of this section, a written certificate purporting to be signed by an officer of any bank in the United Kingdom and stating the exchange rate prevailing on a specified date shall be evidence, and in Scotland sufficient evidence, of the facts stated.

[12] Vgl. § 32 des deutschen Außenwirtschaftsgesetzes vom 24. April 1961 (BGBl. I 481) in Verbindung mit der Außenwirtschaftsverordnung vom 22. August 1961 (BGBl. I 1381); hierzu unten Bd II 218.

§ 153 Vollstreckungstitel, für die die Vollstreckungspflicht des Übereinkommens nicht in Betracht kommt

I. Exequaturentscheidungen

1. Wird in einem Vertragsstaat ein Vollstreckungstitel aus einem anderen Vertragsstaat oder einem dritten Staat für vollstreckbar erklärt, so bildet dieses Exequatur dort die Grundlage der Zwangsvollstreckung. Dieser Vollstreckungstitel kann aus den bereits oben § 107 VIII erörterten Gründen aber nicht in den anderen Vertragsstaaten mit der Klausel nach Art. 31 ff. versehen werden.[1]

Beispiel:

Einem deutschen Leistungsurteil wird in Frankreich die Klausel erteilt. Diese französische Vollstreckbarerklärung ist als Vollstreckungstitel territorial begrenzt auf Frankreich. Dies wird klar, wenn man sich vorstellt, es würde die Klauselerteilung für die französische Entscheidung in der Bundesrepublik Deutschland beantragt. Ein solcher Antrag wäre absurd. Grundlage der Zwangsvollstreckung im Erststaat kann nur der im Erststaat erlassene Titel sein, nicht das zweitstaatliche Exequatur für eben diesen erststaatlichen Titel.

2. Gleiches muß aber auch im Verhältnis des Zweitstaates zu einem anderen (dritten) Vertragsstaat gelten. Soll in unserem Beispiel der deutsche Titel (auch) in Belgien zur Vollstreckung kommen, so kann nicht etwa der Gläubiger wählen, ob er diesen oder die französische Vollstreckbarerklärung mit der belgischen Klausel versehen läßt. Für die belgischen Gerichte ist die französische Vollstreckbarentscheidung ohne Bedeutung. Die belgische Klausel kann einzig und allein nur dem deutschen als dem ursprünglichen, d. h. erststaatlichen Titel verliehen werden.

3. Vorstehende Erwägungen gelten erst recht für Entscheidungen, durch die in einem Vertragsstaat ein Titel aus einem dritten Staat für vollstreckbar erklärt wird. Die Art. 31 ff. gelten nur für die Vollstrekkung von Vollstreckungstiteln aus anderen Vertragsstaaten, nicht jedoch für solche aus dritten Staaten. Wollte man die in einem Vertragsstaat zugunsten eines drittstaatlichen Titels erlassene Vollstreckbarerklärung nach Art. 31 ff. auch in den anderen Vertragsstaaten zur Zwangsvollstreckung zulassen, so wäre dies im Ergebnis eine Erstreckung der Vollstreckungspflicht auch auf Vollstreckungstitel aus dritten Staaten. Dies ist aber mit Sicherheit nicht Ziel des Übereinkommens.

4. Für die Vollstreckung von Titeln aus dritten Staaten ist jeweils der einschlägige Anerkennungs- und Vollstreckungsvertrag maßgebend bzw. – bei Fehlen eines solchen – das autonome Recht des jeweiligen Vollstreckungsstaates.

---

[1] Anders *Schütze* ZZP 77 (1964), 287 ff. zu § 328 ZPO.

Beispiel:

Ein österreichisches Leistungsurteil wird in der Bundesrepublik Deutschland aufgrund des deutsch-österreichischen Vertrages vom 9. Juni 1959 für vollstreckbar erklärt.[2] Nunmehr will der Gläubiger auch in Italien und in Frankreich vollstrecken.

Das Übereinkommen kommt hier nicht zur Anwendung, da es sich um die Vollstreckung eines Titels aus einem Nichtvertragsstaat handelt. Für solche Titel gilt die Vollstreckungspflicht der Art. 31 ff. nicht. Daran ändert auch der Umstand nichts, daß die österreichische Entscheidung bereits in einem Vertragsstaat (hier: Bundesrepublik Deutschland) für vollstreckbar erklärt ist. Für den italienischen Richter ist die deutsche Vollstreckbarerklärung (Klausel) irrelevant. Aus seiner Sicht kommt es allein darauf an, ob nach dem italienisch-österreichischen Vertrag[3] die Voraussetzungen für die Exequaturerteilung in Italien gegeben sind.

Ebenso ist es aus der Sicht Frankreichs. Hier ist einschlägig der französisch-österreichische Vertrag.

II. Leistungsurteile, die auf Grund einer actio iudicati ergangen sind

1. Was oben I zu den Exequaturentscheidungen gesagt worden ist, gilt mutatis mutandis auch für *Leistungsurteile, die ein Gericht eines Vertragsstaates auf Grund einer actio iudicati erlassen hat.* Hier liegt zwar nicht eine bloße Vollstreckbarerklärung eines ausländischen Titels vor. Vielmehr erläßt das Gericht selbst ein Leistungsurteil, allerdings ohne eigene Sachprüfung, sondern nur im Hinblick auf die Bindung an die anzuerkennende Rechtskraft des Urteils eines anderen Staates. Entscheidungsgrundlage ist nicht die eigene Sachverhaltsfeststellung und Subsumtion, sondern einzig und allein die Rechtskraft der Entscheidung eines Gerichts eines anderen Staates.[4]

2. Eine solche Leistungsklage aus einem ausländischen Urteil wird z. B. nach autonomem deutschen Recht für zulässig gehalten.[5]

Beispiel:

Ein deutsches Gericht verurteilt den Beklagten – gestützt auf die anzuerkennende Rechtskraft eines israelischen Leistungs- oder Feststellungsurteils[6] – erneut zur Leistung. Wollte man auf dieses deutsche Leistungsurteil die Art. 31 ff. anwenden, so würde in Wahrheit dem Erkenntnis

---

[2] Unten Bd. II 132 ff.

[3] Abkommen vom 16. November 1971 über die Anerkennung und Vollstreckung von gerichtlichen Entscheidungen in Zivil- und Handelssachen, von gerichtlichen Vergleichen und Notariatsakten, österr. BGBl. 1974/521; hierzu *Matscher* JBl 1977, 113 ff.

[4] Zur actio iudicati des englischen Rechts *Perry and others* v. *Zissis and others*, 1 Lloyd's Rep. 607 Q.B.D. und C.A.

[5] *Zöller-Geimer,* ZPO, 13. Aufl., 1981, § 722, Anm. XIII.

[6] Vgl. hierzu den deutsch-israelischen Vertrag vom 20. Juli 1977, BGBl. 1980 II 925.

des israelischen Gerichts innerhalb der EG Freizügigkeit gewährt. Dies ist aber – wie bereits oben I 3 dargelegt – nicht das Anliegen des Übereinkommens.

3. Die actio iudicati spielt vor allem im Vereinigten Königreich eine Rolle.[7] Wird z. B. einem australischen Urteil auf diese Weise in England Vollstreckbarkeit verschafft, so kann das englische Urteil in den anderen Vertragsstaaten nicht vollstreckt werden.

III. Schiedssprüche

1. Nach den meisten Rechtsordnungen sind Schiedssprüche und sonstige von Schiedsgerichten erlassene endgültige Entscheidungen nicht per se vollstreckbar. Es bedarf vielmehr eines Exequaturs durch das staatliche Gericht.[8] *Aber auch wenn nach dem Recht des Erststaates der Schiedsspruch als solcher Vollstreckungstitel wäre, bestünde keine Vollstrekkungspflicht nach dem Übereinkommen, weil dieses schiedsrichterliche Entscheidungen ausklammert, Art. 1 II Nr. 4.*

2. Das gleiche gilt für die *Entscheidungen staatlicher Gerichte, durch die der Schiedsspruch für vollstreckbar erklärt wird,* selbst dann, wenn der Schiedsspruch in das staatliche Urteil inkorporiert wird, äußerlich also nur mehr ein Leistungsurteil eines staatlichen Gerichts vorliegt.[9]

---

[7] *Schlosser*-Bericht Nr. 6: „Zum einen ist zwischen der Anerkennung und Vollstreckung nach *‚common law'* einerseits und nach dem *„Foreign Judgments (Reciprocal Enforcement) Act"* von 1933 andererseits zu unterscheiden.

Nach ‚common law' kann ein Urteil aus einem fremden Staat als Grundlage für eine Klage vor Gerichten des V. K. dienen, wenn das entscheidende Gericht Anerkennungszuständigkeit besaß. Von der Gewährung der Gegenseitigkeit hängt diese Rechtsfolge nicht ab. Anerkennung und Vollstreckbarkeit bedeuten in diesem Zusammenhang, daß das Urteil nicht nur als Beweismittel verwertbar ist. Das mit der Sache befaßte Gericht des V. K. darf es grundsätzlich nicht mehr überprüfen. Freilich gibt es eine, wenn auch beschränkte Anzahl von Anerkennungsversagungsgründen.

Eine Anerkennung und Vollstreckung auf der Grundlage des ‚Foreign Judgments (Reciprocal Enforcement) Act' von 1933 setzt demgegenüber nicht voraus, daß die siegreiche Partei vor den Gerichten des V. K. unter Berufung auf das ausländische Urteil neu klagt. Sie braucht vielmehr das Judikat nur bei dem zuständigen Gericht registrieren zu lassen. Dieses vereinfachte Anerkennungs- und Vollstreckungsverfahren steht freilich nur zur Verfügung, wenn das anzuerkennende Urteil von einem ‚höheren Gericht' (‚Superior Court') erlassen wurde und, vor allem, wenn zwischen dem Urteilsstaat und dem V. K. ein völkerrechtliches Abkommen über die gegenseitige Anerkennung und Vollstreckung von Urteilen in Kraft ist. Ist das ausländische Urteil einmal registriert, so hat es freilich die gleichen Rechtswirkungen wie eine vom registrierenden Gericht selbst erlassene Entscheidung."

[8] Vgl. z. B. § 1042 ZPO.

[9] *Schlosser*-Bericht Nr. 65: „Das Übereinkommen bezieht sich auch nicht auf Verfahren und Entscheidungen über Anträge auf *Aufhebung, Änderung, Anerkennung und Vollstreckung* von Schiedssprüchen. Das gilt auch für Gerichtsentscheidungen, die

§ 154 Verhältnis der Art. 31ff. zu Übereinkommen für besondere Rechtsgebiete, Art. 57

1. Soweit Abkommen und Übereinkommen für *Vollstreckungstitel auf besonderen Rechtsgebieten* eine Vollstreckungspflicht begründen, bleiben diese in Kraft, Art. 57. Sie haben Vorrang vor Art. 31ff., soweit sie *vollstreckungsfreundlicher* sind als Art. 31ff.[1]

2. Art. 31ff. kommen aber (subsidiär) zum Zuge, wenn das Brüsseler Übereinkommen vom 27. September 1968 vollstreckungsfreundlicher ist als das Spezialabkommen. Näher hierzu oben § 125.

3. Es ist denkbar, daß ein Spezialabkommen i. S. des Art. 57 nur die Vollstreckung regelt, nicht jedoch die Anerkennung. Dann gilt für die Anerkennung das Übereinkommen (Art. 25ff.), für die Vollstreckung dagegen (primär) das Spezialabkommen. Da das Auseinanderfallen der Rechtsgrundlagen für die Anerkennung und Vollstreckung rechtspolitisch unerwünscht ist, ist zunächst im Wege der Auslegung zu klären, ob es – trotz Schweigens des Spezialabkommens zum Thema Anerkennung – nicht doch möglich ist, die Vorschriften über die Vollstreckbarerklärung entsprechend auch auf die Anerkennung der Rechtskraft und der sonstigen anerkennungsfähigen Wirkungen anzuwenden. In diesem Sinne wird z. B. die Revidierte Rheinschiffahrtsakte vom 17. Oktober 1898[2] interpretiert. Dessen Art. 40 behandelt expressis verbis nur die Vollstreckung von „Erkenntnissen und Beschlüssen der Rheinschiffahrtsgerichte eines Uferstaates.“ Gleichwohl wendet man diese Norm auch für die Anerkennung an. Gleiches gilt auch für die Internationalen Eisenbahnverkehrsübereinkommen (Art. 56 CIM, Art. 52 CIV).[3] Art. 18f. des Haager Übereinkommens[4] über den Zivilprozeß vom 1. März 1954 regeln ebenfalls ausschließlich die Vollstreckbarerklärung. Die entsprechende Anwendung des Art. 19 II auf die Anerkennung wird dann aktuell, wenn die Kostenentscheidung nach dem Recht des Erststaates nicht nur vollstreckbar ist, sondern auch Rechtskraftwirkung entfaltet.

Schiedssprüche in sich inkorporieren – eine im Recht des V. K. übliche Technik der Anerkennung. Wird ein Schiedsspruch aufgehoben und entscheidet das aufhebende oder ein anderes staatliches Gericht den Rechtsstreit selbst in der Hauptsache, so ist freilich das EuGVÜ anwendbar.“

[1] Oben § 125 sowie Report of the *Scottish Committee on Jurisdiction and Enforcement*, S. 163 Nr. 6.192.

[2] Oben § 13 V 1.

[3] Oben § 13 V 8.

[4] BGBl. 1958 II 577.

§ 155 Verhältnis der Art. 31 ff. zu den (bilateralen) Vollstreckungsverträgen, die bereits zwischen einzelnen Vertragsstaaten in Kraft sind, Art. 56

Es gelten die gleichen Erwägungen wie oben § 126.

§ 156 Konkurrenz mehrerer Vollstreckungstitel aus verschiedenen Staaten über den gleichen vollstreckbaren Anspruch bzw. Konkurrenz eines Vollstreckungstitels mit einem Feststellungsurteil aus dem Zweit- oder einem anderen Staat über den gleichen Gegenstand

1. Die Ausführungen oben § 117 gelten auch hier.

2. Ergänzend zu erörtern ist die Hypothese, daß ein Vollstreckungstitel aus einem Vertragsstaat mit einem den gleichen Anspruch betreffenden Feststellungsurteil konkurriert.

Beispiel A:

In Frankreich und in der Bundesrepublik Deutschland ist der gleiche Streitgegenstand anhängig. Unter Verletzung des Art. 21 ergehen in beiden Vertragsstaaten Entscheidungen in der Hauptsache. Das deutsche Gericht weist die Klage als unbegründet ab, während das französische Gericht – aus welchen Gründen auch immer – zur Leistung verurteilt. Hier konkurrieren nicht zwei Vollstreckungstitel; vielmehr steht – aus der Perspektive des Klauselerteilungsverfahrens[1] – die Vollstreckbarkeit des französischen Urteils im Gegensatz zur materiellen Rechtskraft des klageabweisenden deutschen Urteils: Durch dieses wird festgestellt, daß der Klageanspruch (= vollstreckbarer Anspruch des französischen Titels) nicht besteht. Es ist klar, daß auch dieses Konkurrenzproblem nach Art. 27 Nr. 3 in Verbindung mit Art. 34 II zu lösen ist. Die Bundesrepublik Deutschland ist nicht verpflichtet, dem französischen Urteil die Klausel zu erteilen. Umgekehrt braucht Frankreich die materielle Rechtskraft (Feststellungswirkung) des deutschen Urteils nicht anzuerkennen, da diese in Gegensatz steht zu der autorité de la chose jugée des französischen Urteils. Aus französischer Sicht geht es aber bezüglich der Entscheidung in der Hauptsache nicht wie in Deutschland um ein Exequatur, sondern um ein Anerkennungsproblem. Nur im *Kostenpunkt* konkurrieren verschiedene Vollstreckungstitel. Soweit das Übereinkommen zur Anwendung kommt, kann Frankreich die Vollstreckung des deutschen Kostenfestsetzungsbeschlusses unter Berufung auf Art. 34 II, Art. 27 Nr. 3 ablehnen. Schwierigkeiten ergeben sich aber daraus, daß

---

[1] Anders ist es, wenn die Feststellung der Anerkennungsfähigkeit der materiellen Rechtskraft (autorité de la chose jugée) des französischen Urteils gemäß Art. 26 II (hierzu oben § 146) beantragt wird. Hier konkurriert Rechtskraft mit Rechtskraft.

gemäß Art. 57 das Haager Übereinkommen vom 1. März 1954 über den Zivilprozeß[2] Vorrang hat. Dessen Art. 19 II kennt aber keinen dem Art. 27 Nr. 3 entsprechenden Versagungsgrund. Gleichwohl wird man einen solchen (im Wege der Ermittlung des Willens der vertragsschließenden Staaten) in Art. 19 hineininterpretieren dürfen.

Beispiel B:

Ein Mann hat zur Niederschrift eines deutschen Notars oder eines Jugendamtes die Vaterschaft bezüglich eines nichtehelich geborenen Kindes anerkannt und sich wegen der Unterhaltszahlungen der sofortigen Zwangsvollstreckung unterworfen. In Frankreich jedoch hat ein Gericht rechtskräftig festgestellt, daß der Schuldner nicht Vater des Kindes (des Gläubigers) sei. Hier liegt keine Konkurrenz von Rechtskraft gegen Rechtskraft vor. Auch umfaßt die Rechtskraft des französischen Urteils nicht die Feststellung, daß der Schuldner zur Zahlung von Unterhalt nicht verpflichtet sei. Gleichwohl kann Frankreich nach Art. 34 II, Art. 27 Nr. 3 die Vollstreckung des deutschen Titels verweigern.

3. Wurde der erststaatliche Vollstreckungstitel in einem dritten Staat aufgrund einer Abänderungsklage aufgehoben oder ermäßigt, wird aber die Gestaltungswirkung dieser Entscheidung im Erststaat nicht anerkannt, dann ergeben sich aus der Sicht des Zweitstaates Konkurrenzprobleme. Hierzu unten § 160.

4. Für Schiedssprüche (die durch das staatliche Gericht für vollstreckbar erklärt sind) gelten vorstehende Erwägungen entsprechend. Vgl. oben § 118.

§ 157 Vollstreckbarerklärung durch Klauselerteilung

Das Übereinkommen verzichtet auf das bisher weithin übliche kontradiktorische Exequaturverfahren, das nach dem autonomen Recht der Vertragsstaaten vorgesehen ist.[1] Es ist ersetzt durch eine einfache Klauselerteilung.[2] Diese Inzidentexequierung ist ein großer Fortschritt gegenüber den meisten älteren Verträgen, obwohl der Weg nicht neu ist. Die Regelung in dem Übereinkommen findet ihr Vorbild in den Be-

---

[2] BGBl 1958 II 577.

[1] Eine Darstellung des Rechtzustandes in den sechs Vertragsstaaten findet sich im *Jenard*-Bericht Kap. II; der *Schlosser*-Bericht Nr. 5ff. gibt einen Überblick über die Regelung in den neuen Mitgliedstaaten.

Für eine zusammenfassende Darstellung vgl. im übrigen *Council of Europe,* The practical guide to the recognition and enforcement of foreign judicial decisions in civil & commercial law, 1975 und *Mercier,* Effets internationaux des jugements dans les Etats du Marché Commun, 1965.

[2] Vgl. dazu *Bülow,* Vereinheitlichtes internationales Zivilprozeßrecht in der Europäischen Wirtschaftsgemeinschaft, RabelsZ 29 (1965), 473ff. (505f.).

stimmungen über die Vollstreckung von Entscheidungen der Organe der Europäischen Gemeinschaften (Art. 92 EGKS Vertrag,[3] Art. 192 EWG Vertrag,[4] Art. 164 EAG Vertrag[5])[6].

Ähnliche Regelungen finden sich auch für die Vollstreckbarerklärung von Entscheidungen nach der revidierten Rheinschiffahrtsakte (Art. 40)[7] und dem Moselschiffahrtsabkommen (Art. 34 III).[8] Von den bilateralen Verträgen ist in diesem Zusammenhang der deutsch-niederländische Anerkennungs- und Vollstreckungsvertrag vom 30. August 1962[9] zu erwähnen, der eine Vollstreckbarerklärung durch einfache Klauselerteilung vorsieht.[10]

Eine Sonderregelung bringt Art. 31 II für das Vereinigte Königreich. Da die Klauselerteilung unbekannt ist, tritt an ihre Stelle die Registrierung.[11] Das Klauselerteilungsverfahren wird durch das Registrierungs-

---

[3] Vgl. dazu *Böhle-Stamschräder,* Zwangsvollstreckung aus Entscheidungen der Montangemeinschaft, die auf eine Geldleistung gerichtet sind, BB 1955, 117; *Osterheld,* Die Vollstreckung von Entscheidungen der Europäischen Gemeinschaft für Kohle und Stahl in der Bundesrepublik Deutschland, 1954.

[4] Vgl. dazu *Ehle,* Klage- und Prozeßrecht des EWG-Vertrags, 1966 ff., Anm. zu Art. 192; *Runge,* Die Zwangsvollstreckung aus Entscheidungen der europäischen Gemeinschaften, AWD 1962, 337 ff.; *Schütze,* Die Nachprüfung von Entscheidungen des Rates, der Kommission und des Gerichtshofes nach Art. 187, 192 EWG-Vertrag, NJW 1963, 2204 f.

[5] Art. 164 lautet:

I. Die Zwangsvollstreckung erfolgt nach den Vorschriften des Zivilprozeßrechts des Staates, in dessen Hoheitsgebiet sie stattfindet. Die Vollstreckungsklausel wird nach einer Prüfung, die sich lediglich auf die Echtheit des Titels erstrecken darf, von der staatlichen Behörde erteilt, welche die Regierung jedes Mitgliedstaates zu diesem Zweck bestimmt und der Kommission, dem Gerichtshof sowie dem gemäß Artikel 18 eingesetzten Schiedsausschuß benennt.

II. Sind diese Formvorschriften auf Antrag der die Vollstreckung betreibenden Partei erfüllt, so kann diese die Zwangsvollstreckung nach innerstaatlichem Recht betreiben, indem sie die zuständige Stelle unmittelbar anruft.

III. Die Zwangsvollstreckung kann nur durch eine Entscheidung des Gerichtshofes ausgesetzt werden. Für die Prüfung der Ordnungsmäßigkeit der Vollstreckungsmaßnahmen sind jedoch die einzelstaatlichen Rechtsprechungsorgane zuständig.

[6] Vgl. *Jenard*-Bericht zu Art. 31.

[7] Pr. GS. 1869, 798, im deutschen Wortlaut neugefaßt bekanntgemacht BGBl. 1969 II, 597; vgl. dazu *Schütze,* Die Klauselerteilung für Entscheidungen ausländischer Rheinschiffahrtsgerichte, Zeitschrift für Binnenschiffahrt 1964, 334 ff.

[8] BGBl. 1956 II, 1838; vgl. dazu *Schütze,* Die Anerkennung und Vollstreckung ausländischer Zivilurteile in der Bundesrepublik Deutschland als verfahrensrechtliches Problem, Diss. Bonn 1960, 88 f.

[9] BGBl. 1965 II, 27.

[10] Vgl. dazu *Funke,* De exequatur-procedure inzake het Nederlands-Duitse executie-verdrag van 30. augustus 1962, NJB 1964, 661 ff.; *Ganske,* Der deutsch-niederländische Vollstreckungsvertrag in Zivil- und Handelssachen vom 30. 8. 1962, AWD 1964, 348 ff.

[11] Vgl. *Schlosser*-Bericht Nr. 208: „Das Recht des V. K. und Irlands kennt nicht das

verfahren ersetzt,[12] ohne daß für den Urteilsgläubiger verfahrensmäßige Nachteile ersichtlich wären. Die Praxis hat gezeigt, daß die Registrierung deutscher Titel in Großbritannien nach dem deutsch-britischen Anerkennungs- und Vollstreckungsabkommen[13] zumindest gleich schnell und unkompliziert abläuft[14] wie die Klauselerteilung für solche Titel nach dem Übereinkommen in den alten Vertragsstaaten.

I. Ausschließlichkeit des Verfahrens nach Art. 31ff.

1. Keine Klage aus dem zugrundeliegenden Rechtsverhältnis

Zuweilen ist die erneute Geltendmachung des ursprünglichen Anspruchs im Zweitstaat schneller und billiger, etwa wenn der Anspruch unstreitig ist, jedoch Zweifel an dem Vorliegen der Erfordernisse der Wirkungserstreckung bestehen. Teilweise bietet auch ein Urkundsprozeß eine schnellere Möglichkeit zur Befriedigung als das Klauselerteilungsverfahren, das zunächst nur eine Vollstreckung zur Sicherung zuläßt.

Zum autonomen deutschen Recht wird deshalb von der Rechtsprechung und einem beachtlichen Teil der Lehre[15] die Ansicht vertreten, der Urteilsgläubiger habe ein Wahlrecht zwischen dem Exequaturverfahren nach §§ 722f. ZPO und der erneuten Erhebung einer Leistungsklage auf Grund des ursprünglichen Anspruchs.[16] Der Bundesgerichtshof[17] hat dazu ausgeführt:

System des „Exequaturs" ausländischer Entscheidungen. In diesen Staaten ist eine Klage auf der Grundlage des ausländischen Urteils nötig, sofern nicht – wie im V. K. – für Urteile gewisser Staaten (...) das System der Registrierung gilt (...). In diesem Fall sind die ausländischen Entscheidungen, wenn sie vollstreckt werden sollen, bei einem Gericht des V. K. zu registrieren. Sie haben dann die gleichen Wirkungen wie Entscheidungen, die vom registrierenden Gericht selbst stammen".

[12] Vgl. für das Registrierungsverfahren den Foreign Judgments (Reciprocal Enforcement) Act, 1933 (23 Geo. 5 c. 13).

[13] Vgl. dazu Bd. II, S. 351ff.

[14] Die Probleme, die sich ergeben haben, liegen nicht in der verfahrensmäßigen Durchführung, sondern in der Auslegung des Abkommens, z. B. im Fall *Black Clawson International v. Papierwerke Waldhof Aschaffenburg AG* (1975) 2 W. L. R. 513 (H. L. (E)). Vgl. dazu *Schütze,* Zur Anwendung des deutsch-britischen Anerkennungs- und Vollstreckungsabkommens, RIW/AWD 1980, 170f.

[15] Vgl. z. B. *Baumbach-Lauterbach-Albers-Hartmann,* ZPO, 41. Aufl., § 722 Anm. 1C; *Luther* FamRZ 1975, 260.

[16] A. A. *Habscheid,* Zur materiellen Rechtskraft des Urteils gegen den siegreichen Kläger im internationalen Prozeßrecht, ZZP 75 (1962), 164ff.; *Kallmann,* Anerkennung und Vollstreckung ausländischer Zivilurteile und gerichtlicher Vergleiche, 1946, S. 314, 320; *Schütze,* Zur Vollstreckung ausländischer Zivilurteile bei Zweifeln an der Verbürgung der Gegenseitigkeit, DB 1977, 2129f.; *Stein-Jonas-Schumann-Leipold,* ZPO, 19. Aufl. § 328 Erl. I 2a; *Wieczorek,* ZPO, 2. Aufl. § 722 Anm. C IIc 1.

[17] Vgl. BGH NJW 1964, 1626.

Das Vorliegen eines rechtskräftigen, im Inland anzuerkennenden ausländischen Urteils führt in einem inländischen Rechtsstreit zwischen denselben Parteien über denselben Streitgegenstand in der Regel nicht zur Klageabweisung als unzulässig, sondern zu einem mit dem ausländischen inhaltlich übereinstimmenden Sachurteil.

Diese Streitfrage des deutschen internationalen Zivilprozeßrechts ist für den Bereich des Übereinkommens durch eine Entscheidung des EuGH abschließend geklärt.

Die Möglichkeit der Klauselerteilung nach dem Übereinkommen schließt eine erneute Geltendmachung des ursprünglichen Anspruchs aus.[18] Der Urteilsgläubiger hat kein Wahlrecht, selbst wenn das Klauselerteilungsverfahren im Einzelfall weniger schnell und kostengünstig ist. So war es in dem Fall, der dem Verfahren vor dem EuGH in der Rechtssache 42/76 zugrunde lag.[19] Der Gläubiger wollte aus Kostengründen das Klauselerteilungsverfahren vermeiden und den Anspruch erneut gerichtlich geltend machen. Das angerufene niederländische Gericht hatte die erneute Klage zugelassen. Auf Vorlage des Hoge Raad hat der EuGH dies als nicht mit dem Übereinkommen vereinbar erklärt.

Bestehen Bedenken gegen die Anerkennungsfähigkeit einer Entscheidung und ist die Möglichkeit der Klauselerteilung zweifelhaft, so kann der Antrag auf Klauselerteilung mit einer hilfsweisen Klageerhebung aus dem zugrunde liegenden Rechtsverhältnis verbunden werden.[20] Dabei ist es unerheblich, daß Prozeßart und Zuständigkeit nicht gleich sind. Die Verbindung ist aus prozeßökonomischen Gründen zuzulassen. Ist die Klauselerteilung nicht möglich, so verweist das Gericht auf den Hilfsantrag an das für die Klage zuständige Gericht.[21]

2. Keine Vollstreckbarerklärung nach autonomem oder anderweitigem Vertragsrecht

Das Klauselerteilungsverfahren nach Art. 31 ff. schließt aber nicht nur die erneute Klage aus dem zugrunde liegenden Rechtsverhältnis aus; der Urteilsgläubiger hat auch kein Wahlrecht hinsichtlich des Wegs der Wir-

---

[18] Vgl. dazu auch LG Münster NJW 1980, 534 mit Anm. *Geimer* NJW 1980, 1234; *Linke* bei *Bülow-Böckstiegel* 606/186; 234; *Huet,* Urteilsanmerkung, Clunet 104 (1977), 253 ff.

[19] EuGH Rechtssache 42/76, EuGHE 1976, 1759 = NJW 1977, 495 mit Anm. *Geimer* NJW 1977, 2023; im gleichen Sinne schon *Droz,* Compétence Judiciaire et Effets des Jugements dans le Marché Commun, 1972, Nr. 427, in erster Linie aber wohl aus praktischen Gründen, um die Beteiligten „zu erziehen", sich mit dem Übereinkommen vertraut zu machen.

[20] Vgl. für das Verfahren nach §§ 722f. ZPO *Schütze* DB 1977, 2129f.; für das Anerkennungsverfahren nach dem Übereinkommen *Geimer,* Das Anerkennungsverfahren gemäß Art. 26 Abs. 2 des EWG Übereinkommens vom 27. September 1968, JZ 1977, 145 ff. (148).

[21] Vgl. *Geimer* JZ 1977, 148; für das Verfahren nach dem AusfG zum deutsch-österreichischen Anerkennungs- und Vollstreckungsvertrag vgl. Bd. II, S. 200.

kungserstreckung. Er kann nicht anstelle des Klauselerteilungsverfahrens die Vollstreckbarerklärung nach §§ 722f. ZPO oder den bilateralen Staatsverträgen betreiben.

Für die Anerkennungs- und Vollstreckungsverträge mit Belgien, Italien und den Niederlanden folgt dies bereits aus Art. 55f.[22] Denn da die bilateralen Verträge außer Kraft getreten sind, soweit sie Rechtsgebiete betreffen, die durch das Übereinkommen geregelt sind, kann eine Vollstreckbarerklärung nach diesen Verträgen nie in Betracht kommen, wenn eine Klauselerteilung möglich ist.

Das Klauselerteilungsverfahren schließt aber auch ein Exequaturverfahren nach autonomem Recht, in der Bundesrepublik nach §§ 722f. ZPO, aus.[23] Das Übereinkommen regelt in seinem Geltungsbereich die Wirkungserstreckung von Entscheidungen abschließend. Nur so ist eine Harmonisierung der Praxis in den Vertragsstaaten zu erreichen. Würde man dem Gläubiger ein Wahlrecht zubilligen, dann könnte es geschehen, daß er ein Urteil nach innerstaatlichem Recht für vollstreckbar erklären lassen könnte, dem ein Versagungsgrund nach dem Übereinkommen entgegensteht. Überdies würde nach deutschem Recht für eine Klage nach §§ 722f. ZPO das Rechtsschutzbedürfnis fehlen, da die Klauselerteilung einfacher, billiger und schneller als der ordentliche Prozeß ist.

Bestehen Zweifel, ob eine Entscheidung dem sachlichen Geltungsbereich des Übereinkommens unterfällt – etwa bei Schwierigkeiten der Abgrenzung, ob es sich um eine Zivilsache handelt – so kann der Antrag auf Klauselerteilung mit einer Klage nach §§ 722f. ZPO oder einem Antrag auf Vollstreckbarerklärung nach einem bilateralen Staatsvertrag verbunden werden.

3. Verhältnis zum Anerkennungsverfahren

Klauselerteilungsverfahren und Anerkennungsverfahren nach Art. 26 II schließen sich nicht aus.[24] Beide Verfahren sind nebeneinander zulässig. In diesen Fällen gleichzeitigen Betreibens von Anerkennungs- und Klauselerteilungsverfahren ist eine Verbindung zulässig und angezeigt.[25]

Der Urteilsgläubiger kann aber auch beide Verfahren nacheinander betreiben. Ist zunächst über die Anerkennung entschieden worden, so ist das Gericht im späteren Klauselerteilungsverfahren hieran gebunden. Die Bindungswirkung tritt auch ein, wenn zunächst über die Klauselerteilung entschieden worden ist. Ist beispielsweise die Klauselerteilung verweigert worden, weil die Entscheidung nicht dem sachlichen Geltungsbereich des Übereinkommens unterfällt, dann ist der Richter im Anerkennungsverfahren hieran gebunden.

---

[22] Dasselbe gilt nach dem Beitrittsübereinkommen für den deutsch-britischen Anerkennungs- und Vollstreckungsvertrag vom 14. Juli 1960.

[23] Vgl. *Droz* Nr. 427; *Linke* bei *Bülow-Böckstiegel* 606/234; *Weser* Nr. 334.

[24] Vgl. *Geimer* JZ 1977, 145ff. (150); *Linke* bei *Bülow-Böckstiegel* 606/234.

[25] Vgl. *Geimer* JZ 1977, 145ff. (150).

4. Annexentscheidungen

Unterfällt eine Annexentscheidung dem sachlichen Geltungsbereich des Übereinkommens, nicht jedoch die Hauptentscheidung, so ist für die Wirkungserstreckung der Annexentscheidung das Klauselerteilungsverfahren gegeben. Dies gilt insbesondere für Nebenentscheidungen zu Statusurteilen.[26]

In diesen Fällen erfolgt die Anerkennung der Hauptentscheidung nach autonomem Recht – bei Scheidungsurteilen in der Bundesrepublik Deutschland nach Art. 7 § 1 FamRÄndG durch die Landesjustizverwaltung – die Wirkungserstreckung der Annexentscheidung nach Art. 31 ff. Hinsichtlich der verfahrensmäßigen Trennung der Anerkennung gilt dasselbe wie auch sonst zum deutschen Recht.[27] Wegen der Ausschließlichkeit der Regelung des Übereinkommens ist für die Annexentscheidung nur der Weg über die Klauselerteilung gegeben. Auch Gründe der Prozeßökonomie vermögen keine Mitentscheidung der über die Wirkungserstreckung der Hauptentscheidung befindenden Stelle zu rechtfertigen. Das wäre im Falle des Art. 7 § 1 FamRÄndG auch wegen mangelnder Zuständigkeit der Landesjustizverwaltung nicht möglich.[28] Die Klauselerteilung für die Annexentscheidung kann erst erfolgen, wenn die Hauptentscheidung anerkannt ist.[29] Bedarf die Anerkennung der Hauptentscheidung einer formellen Feststellung – wie nach Art. 7 § 1 FamRÄndG – so ist diese abzuwarten. Das Klauselerteilungsverfahren ist gegebenenfalls auszusetzen, um den Parteien Gelegenheit zu geben, das Feststellungsverfahren vor der Landesjustizverwaltung zu betreiben.[30] Das hindert nicht die Klauselerteilung für einstweilige Regelungen für die Dauer eines Ehescheidungsrechtsstreits, da ihr Bestand ja unabhängig vom Scheidungsrechtsstreit ist.[31]

---

[26] Der EuGH hat in der Rechtssache 120/79 auf Vorlage des BGH entschieden: „Das Übereinkommen v. 27. 9. 1968 über die gerichtliche Zuständigkeit und die Vollstreckung gerichtlicher Entscheidungen in Zivil- und Handelssachen ist anwendbar sowohl auf die Vollstreckung einer einstweiligen Anordnung eines französischen Richters in einem Ehescheidungsverfahren, durch die einer Partei des Scheidungsstreits ein monatlicher Unterhaltsbetrag zuerkannt wird, als auch auf eine in einem französischen Ehescheidungsurteil einer Partei gem. Art. 270ff. des französischen Code civil zuerkannte, monatlich zu zahlende einstweilige Ausgleichsleistung." Vgl. dazu *Hausmann,* Zur Anerkennung von Annex-Unterhaltsentscheidungen nach dem EG-Gerichtsstands- und Vollstreckungsübereinkommen, IPRax 1981, 5ff.

[27] Vgl. dazu *Geimer,* Das Anerkennungsverfahren für ausländische Entscheidungen in Ehesachen, NJW 1967, 1398ff. (1402).

[28] Vgl. *Geimer* NJW 1967, 1398ff. (1402).

[29] Vgl. *Geimer* JZ 1977, 145ff. (147); a. A. *Hausmann* IPRax 1981, 5ff. (6).

[30] Vgl. *Geimer* JZ 1977, 147.

[31] Vgl. zur Klauselerteilung von Eilentscheidungen des einstweiligen Rechtsschutzes *Hausmann,* Zur Anerkennung und Vollstreckung von Maßnahmen des einstweiligen Rechtsschutzes im Rahmen des EG-Gerichtsstands- und Vollstreckungsübereinkommens, IPRax 1981, 79ff.

II. Die Rechtsnatur der Klauselerteilung

1. Die Klausel als Exequatur

Durch die Klausel wird die Vollstreckbarkeit auf den Zweitstaat erstreckt. Sie stellt das Exequatur dar.[32] Durch den Verzicht auf das kontradiktorische Vollstreckbarerklärungsverfahren sollte das Exequaturerfordernis nicht abgeschafft, sondern vereinfacht werden.[33] Die Entscheidung über die Klauselerteilung ist *rechtsgestaltender Natur.*[34] Sie schafft die Vollstreckbarkeit im Zweitstaat.[35]

2. Vollstreckungstitel

Art. 31 läßt die Frage bewußt offen, welche Entscheidung den Vollstreckungstitel darstellt.[36] Das Problem ist der Lösung durch das jeweilige autonome Recht des Zweitstaates anheimgegeben. *Jenard* stellt als Möglichkeiten heraus:[37]
- das ausländische Urteil oder
- die Entscheidung über die Klauselerteilung.

Nach deutschem Recht stellen beide Entscheidungen zusammen den Vollstreckungstitel dar.[38] Denn dem ausländischen Urteil fehlt die Vollstreckbarkeit im Inland, der Entscheidung über die Klauselerteilung dagegen der vollstreckbare Inhalt.

---

[32] Vgl. *Bülow* RabelsZ 29 (1965), 506; *Droz* Nr. 555; ebenso wohl auch *Müller* bei *Bülow-Böckstiegel* 606/229, der das Klauselerteilungsverfahren als Exequaturverfahren bezeichnet. Mißverständlich *Weser* Nr. 292: „La procédure d'exequatur est remplacée par une procédure sur requête."

[33] Vgl. *Bellet,* L'élaboration d'une convention sur la reconnaissance des jugements dans le cadre du Marché Commun, Clunet 92 (1965), 864f.

[34] Vgl. *Geimer* NJW 1965, 1414.

[35] Für das Vollstreckungsurteil nach §§ 722f. ZPO ist die rechtsgestaltende Natur heute unstreitig. Vgl. für viele *Zöller-Geimer,* ZPO, 13. Aufl., § 722 Anm. II 2; *Schütze,* Die Anerkennung und Vollstreckung aaO. S. 56 m. w. N.

[36] Vgl. *Jenard*-Bericht zu Art. 31.

[37] Vgl. *Jenard*-Bericht zu Art. 31: „Artikel 31 nimmt keine Stellung zu den Theorien, ob in dem Vollstreckungsstaat das in dem Urteilsstaat ergangene Urteil oder ob die Entscheidung über die Erteilung der Vollstreckungsklausel den Vollstreckungstitel bildet."

[38] Vgl. *Müller* bei *Bülow-Böckstiegel* 606/234; allgemein dazu *Schütze,* Die Doppelexequierung ausländischer Zivilurteile, ZZP 77 (1964), 287ff. m. w. N.; vgl. auch zum gleichen Problem im Rahmen des deutsch-britischen Anerkennungs- und Vollstreckungsabkommens Bd. II, S. 410.

III. Die Wirkung der Klauselerteilung

Durch die Klausel wird dem erststaatlichen Titel die Vollstreckbarkeit für das Inland verliehen.

Territorial wirkt die Klausel nur für das Gebiet des Staates, dem das klauselerteilende Gericht angehört. Ist also für eine belgische Entscheidung die Klausel nach Art. 31 durch ein deutsches Gericht erteilt worden, so kann aus dem belgischen Urteil nur in der Bundesrepublik Deutschland vollstreckt werden, nicht etwa auch in Frankreich oder Italien. Will der Urteilsgläubiger die Zwangsvollstreckung in weiteren Vertragsstaaten betreiben, so muß er dort erneut ein Klauselerteilungsverfahren betreiben. Zum Problem, ob das Gericht des Dritt- oder Viertstaates in einem solchen Fall an die Entscheidung im Klauselerteilungsverfahren im Zweitstaat gebunden ist, vgl. oben § 153 I. Eine Ausnahme wird für das Vereinigte Königreich gelten. Dieses ist zwar Bundesstaat, aber kein einheitliches Rechts- und Gerichtsgebiet. Es besteht vielmehr aus drei Teilen mit unterschiedlichen Rechtsordnungen: *England und Wales, Schottland, Nordirland.* Die Registrierung (Art. 31 II n. F.) muß für England und Wales beim „High Court of Justice", für Schottland beim „Court of Session" und für Nordirland beim „High Court of Justice of Northern Ireland" beantragt werden. Wird sie erteilt, dann wirkt die Vollstreckbarkeit nur für den Bezirk der genannten Gerichte, welcher sich aber jeweils auf ganz England und Wales, Schottland oder Nordirland erstreckt.

Die Klauselerteilung nach Art. 31ff. umfaßt zugleich die nach den autonomen Rechten vorgesehene Klauselerteilung. Ist von einem deutschen Gericht die Vollstreckungsklausel nach dem Übereinkommen erteilt, so bedarf es keiner weiteren Klauselerteilung nach § 725 ZPO.

IV. Erfordernisse der Klauselerteilung

1. Anerkennungsfähigkeit

Die Entscheidung muß anerkennungsfähig sein.[39] Denn die Anerkennung ist Voraussetzung für die Erstreckung der Vollstreckbarkeit.[40] Die

---

[39] Vgl. *Bülow,* Vereinheitlichtes internationales Zivilprozeßrecht in der europäischen Wirtschaftsgemeinschaft, RabelsZ 29 (1965), 473ff. (505); *Müller* bei *Bülow-Böckstiegel* 606/230; *Gothot-Holleaux,* La Convention entre les Etats membres de la Communauté économique européenne sur la compétence judiciaire et l'exécution des décisions en matière civile et commerciale, Clunet 98 (1971), 747ff. (783); *Jenard*-Bericht vor Art. 31.

[40] Vgl. *Schütze,* Die Anerkennung und Vollstreckung ausländischer Zivilurteile in der Bundesrepublik Deutschland als verfahrensrechtliches Problem, Diss. 1960, 2 m. w. N.

Vollstreckbarerklärung – im Rahmen des Übereinkommens in der Form der Klauselerteilung – setzt die Anerkennung voraus.[41]

Die Entscheidung muß also dem sachlichen und zeitlichen Geltungsbereich des Übereinkommens unterfallen, und es dürfen keine Versagungsgründe der Anerkennung vorliegen.[42] Da die Anerkennung formlos erfolgt,[43] kann die Klausel nur bereits anerkannten Entscheidungen erteilt werden.

2. Vollstreckbarkeit

Die Entscheidung muß im Erststaat vollstreckbar sein. Das bedeutet im einzelnen:

a) Vollstreckbarer Inhalt

Die Entscheidung muß einen vollstreckbaren Inhalt haben. Dabei ist Vollstreckbarkeit im engeren Sinne erforderlich.[44] Diese Streitfrage des deutschen autonomen Rechts[45] ist im Rahmen des Übereinkommens kein Problem. Wenn der *Jenard*-Bericht[46] ausführt: „Die ausländische Entscheidung muß allerdings in dem Staat, in dem sie ergangen ist, vollstreckbar sein, wenn sie in dem Vollstreckungsstaat vollstreckt wer-

---

[41] Vgl. *Kallmann,* Anerkennung und Vollstreckung ausländischer Zivilurteile und gerichtlicher Vergleiche, 1946, 311; *Reu,* Anwendung fremden Rechts, 1938, 86; *Riezler,* Internationales Zivilprozeßrecht, 1949, 512; *Schütze,* Internationales Zivilprozeßrecht, 1980, S. XLIII; der Grundsatz ist in § 723 II 2 ZPO ausdrücklich manifestiert und in zahlreichen Staatsverträgen enthalten.

[42] Vgl. Art. 34 II, 27, 28, dazu oben §§ 147f. Der *Jenard*-Bericht vor Art. 31 führt aus: „Die Vollstreckung kann nur versagt werden, wenn die Anerkennung versagt werden kann".

[43] Die Anerkennung erfolgt in dem Zeitpunkt, in dem ihre Erfordernisse vorliegen und eine Inlandsbeziehung besteht. Vgl. dazu *Schütze,* Der Zeitpunkt der Anerkennung ausländischer Zivilurteile, NJW 1966, 1598f.; vgl. aber auch *Eberlein,* Zu welchem Zeitpunkt müssen die Voraussetzungen der Anerkennung ausländischer Urteile in Deutschland nach § 328 Abs. 1 Ziff. 1, 4 und 5 ZPO und der entsprechenden Bestimmungen in den Staatsverträgen gegeben sein?, 1952. Anders *Geimer* oben § 131.

[44] So die h. L. im deutschen autonomen Recht. Vgl. u. a. *Kallmann* aaO., 311 N. 1; *Geimer,* Zur Prüfung der Gerichtsbarkeit und der internationalen Zuständigkeit bei der Anerkennung ausländischer Urteile, 1966, 29; *Riezler,* Internationales Zivilprozeßrecht, 1949, 563; *Schütze,* Die Anerkennung und Vollstreckung aaO. 58 m. w. N. in Fußn. 249; a. A. *Stein-Jonas-Münzberg,* ZPO, 20. Aufl., § 722 Rz. 4.

[45] Der Streit scheint allerdings weitgehend terminologischer Art im Hinblick auf die Definition der Vollstreckbarkeit im engeren und weiteren Sinne zu sein. Nach den Materialien zur ZPO ist es klar, daß die Intention des Gesetzgebers dahin ging, die Vollstreckbarerklärung der Erstreckung der Vollstreckbarkeit im engeren Sinne vorzubehalten. Vgl. dazu die Begründung zur Zivilprozeßnovelle vom 17. 5. 1898 bei *Hahn-Mugdan,* Die gesamten Materialien zu den Reichsjustizgesetzen, Bd. 8, 1898, S. 106.

[46] AaO. vor Art. 31.

den soll", dann kann damit nur die Vollstreckbarkeit im engeren Sinne, also die Zwangsvollstreckung,[47] gemeint sein.

b) Vollstreckbarkeit im Erststaat

Die Entscheidung muß darüber hinaus im Erststaat vollstreckbar sein. Rechtskraft oder Endgültigkeit, im Sinne einer Nichtanfechtbarkeit in der Instanz, wird nicht gefordert.[48] Vorläufige Vollstreckbarkeit genügt. Sie muß allerdings im Erststaat zur Vollstreckung berechtigen.[49] Die Vollstreckbarkeit muß im Zeitpunkt der zweitstaatlichen Klauselerteilung im Erststaat gegeben sein. Denn durch die Klauselerteilung können keine weitergehenden Wirkungen auf den Zweitstaat erstreckt werden als im Erststaat bestehen.[50]

Das OLG Stuttgart hat bei Zweifeln über die Vollstreckbarkeit im Erststaat dem Antragsteller die Beweislast aufgebürdet.[51] In dem entschiedenen Fall wurde die (Teil)klausel für ein französisches Scheidungsurteil, das auch eine Regelung des elterlichen Sorge- und Besuchsrechts und die Verurteilung zur Zahlung einer Unterhaltsrente enthielt und vorläufig vollstreckbar war, begehrt. Dabei war zweifelhaft, ob sich der Ausspruch der vorläufigen Vollstreckbarkeit auch auf die Verurteilung zur Zahlung der Unterhaltsrente bezog.

c) Vollstreckbare Titel

Titel sind in erster Linie *Leistungsurteile.*

Kostentitel[52] können mit der Klausel versehen werden unabhängig davon, ob sie in Form eines Kostenfestsetzungsbeschlusses gesondert ergehen[53] oder im Urteilsausspruch enthalten sind.[54] Hat das Urteil in seinem

---

[47] Zur Unterscheidung von Zwangsvollstreckung und Vollstreckung in der ZPO vgl. schon *Kuttner,* Die privatrechtlichen Nebenwirkungen der Zivilurteile, 1908, S. 164.

[48] Vgl. *Müller* bei *Bülow-Böckstiegel* 606/229.

[49] Vgl. *Jenard*-Bericht vor Art. 31: „Kann ein Urteil, gegen das in dem Staate, in dem es ergangen ist, ein Rechtsbehelf eingelegt werden kann oder eingelegt worden ist, dort nicht vorläufig vollstreckt werden, so ist auch seine Vollstreckung in dem Vollstreckungsstaat nicht möglich. Dies folgt aus der Wirkung des Titels, der vollstreckt werden soll; die Vollstreckungswirkung muß in jedem Fall nach dem Recht des Urteilsstaates gegeben sein, denn es geht nicht an, wie Niboyet ausführt, ein ausländisches Urteil mit Rechtswirkung auszustatten, die es im eigenen Lande nicht besitzt." – S. auch oben § 150 IV.

[50] Vgl. Bd. II, S. 295 zur Situation im Rahmen des deutsch-belgischen Abkommens.

[51] Vgl. OLG Stuttgart Rechtsprechungsübersicht II (1978) Nr. 79.

[52] Vgl. Art. 25, dazu oben sub § 151.

[53] Vgl. § 104 ZPO, vgl. aber auch § 105 ZPO.

[54] Das ist die Regel in Frankreich; vgl. Art. 701 ff. nouveau Code de procédure civile:

Art. 701. Les dépens prévus à l'article 695 (1°, 2° et 3°) sont liquidés dans le jugement qui les adjuge ou par mention apposée sur la minute par l'un des juges de la juridiction.

Hauptausspruch einen vollstreckbaren Inhalt, so wird die Klausel insgesamt erteilt, ist der Hauptausspruch nicht vollstreckbar, so kommt eine Teil-Klauselerteilung für den Kostenausspruch in Betracht.[55]

Weiterhin kommen *Vollstreckungsbescheide,*[56] auch in der Form der *Urkunden-, Wechsel-* und *Scheckvollstreckungsbescheide*[57], in Betracht.[58] Diese Titel sind aus dem deutschen Recht in den Geltungsbereich des Übereinkommens aufgenommen worden.[59]

Auch *Versäumnisurteile* können mit der Klausel versehen werden.[60] Zur Klauselerteilung für Versäumnisurteile existiert inzwischen eine reiche Rechtsprechung in den Vertragsstaaten.[61]

Nach Art. 50 können auch *öffentliche Urkunden und Prozeßvergleiche* mit der Klausel versehen werden.[62]

V. Vollstreckungsverbote

1. Vollstreckungsverbote des Völkerrechts

a) Fehlen der Gerichtsbarkeit des Erststaates

Hat das Gericht die von dem Erststaat für die Ausübung seiner Gerichtsbarkeit (facultas iurisdictionis) gesetzten Grenzen überschritten, also ein Leistungsurteil erlassen, obwohl der Beklagte von der Gerichts-

---

Les expéditions du jugement peuvent être délivrées avant que la liquidation ne soit faite.

Art. 702. Lorsque le montant des dépens liquidés ne figure pas dans l'expédition du jugement, le secrétaire délivre un titre exécutoire.

Art. 703. Si la partie conteste la liquidation, elle peut en demander la vérification dans les quinze jours de la notification selon la procédure prévue aux articles 708 à 718.

La notification doit mentionner, à peine de nullité, la teneur de l'alinéa précédent ainsi que celle de l'article 708.

[55] Vgl. unten § 159 V 2.

[56] Vgl. § 699 ZPO.

[57] Vgl. § 703a ZPO.

[58] Vgl. Art. 25; im Übereinkommen ist noch die alte Bezeichnung Vollstreckungsbefehl enthalten, ohne daß dies materiell einen Unterschied machte.

[59] Vgl. *Jenard*-Bericht zu Art. 25; *Droz* Nr. 433.

[60] Vgl. zum Problem der Wirkungserstreckung von Versäumnisurteilen allgemein insbesondere *Linke,* Die Versäumnisentscheidungen im deutschen, österreichischen, belgischen und englischen Recht – Ihre Anerkennung und Vollstreckbarerklärung, 1972, mit Hinweisen auf das Übereinkommen S. 157ff.

[61] Vgl. dazu u. a. Corte d'appello Genua Rechtsprechungsübersicht I (1977) Nr. 41; Corte d'appello Turin Rechtsprechungsübersicht II (1978) Nr. 83; OLG Stuttgart Rechtsprechungsübersicht III (1979) Nr. 123; Cour d'appel Aix-en-Provence Rechtsprechungsübersicht III (1979) Nr. 124; Corte d'appello Florenz Rechtsprechungsübersicht III (1979) Nr. 125; Corte d'appello Mailand Rechtsprechungsübersicht III (1979) Nr. 126; Arrondissementsrechtbank Utrecht Rechtsprechungsübersicht III (1979) Nr. 127.

[62] Vgl. dazu unten § 173 und oben § 151 III–V.

barkeit befreit war, so verbietet das Völkerrecht die Vollstreckung dieses Urteils. Die Vollstreckungspflicht gemäß Art. 31 ff. greift nicht ein.

Aktuell dürften solche Fälle nur bei gerichtlichen Entscheidungen (Art. 25) werden, nicht jedoch bei sonstigen Vollstreckungstiteln. Denn hier kann ohne Mitwirkung des (von der Gerichtsbarkeit des Erststaates befreiten) Schuldners der Vollstreckungstitel gar nicht zur Entstehung gelangen. Hier wird per definitionem Gerichtsgewalt gegen den Amtsträger nicht angewandt. Die Vorschriften über die Befreiung von der Gerichtsbarkeit sind schon deshalb gar nicht einschlägig, so daß es auf die Frage gar nicht ankommt, ob in der Mitwirkung der privilegierten Person eine Unterwerfung unter die Gerichtsbarkeit des Erststaates liegt.

Beispiel:

Ein nach dem Wiener Übereinkommen über diplomatische Beziehungen vom 18. April 1961 privilegierter Botschaftsangehöriger erkennt vor einem Jugendamt die Vaterschaft für ein nichtehelich geborenes Kind an. Er verpflichtet sich zu Unterhaltszahlungen und unterwirft sich deshalb der sofortigen Zwangsvollstreckung in sein gesamtes Vermögen.

Dieser Titel ist auch in den anderen Vertragsstaaten nach Art. 31 ff. zu vollstrecken.

b) Fehlen der Gerichtsbarkeit (Vollstreckungsgewalt) des Zweitstaates

Ist der Vollstreckungsschuldner von der Gerichtsbarkeit des Zweitstaates (= Vollstreckungsstaates) befreit, so darf der im Erststaat vollstreckbare Titel im Zweitstaat nicht vollstreckt werden, sofern keine Unterwerfung erfolgt ist. Es fehlt insoweit an der Vollstreckungsgewalt des Zweitstaates.

2. Das Vollstreckungsverbot des Art. 16

Die Ausführungen oben § 122 gelten entsprechend.

3. Kein Vollstreckungsverbot bei Fehlen einer Voraussetzung für die Klauselerteilung bzw. bei Vorliegen eines Versagungsgrundes

Die oben § 123 zur Anerkennung gemachten Darlegungen gelten auch für die Vollstreckung.

VI. Keine Vermutung zugunsten der Klauselerteilung

Die Ausführungen oben § 138 gelten auch hier.

§ 158 Die Einleitung des Klauselerteilungsverfahrens – Gemeinsame Vorschriften

I. Antrag

Die Klauselerteilung erfolgt auf Antrag (Art. 31).

1. Antragsteller

Das Übereinkommen läßt die Bestimmung des Antragsberechtigten offen. Der deutsche Text ist unklar, wenn er vom „Berechtigten" spricht. Klarer sind der französische, italienische und niederländische Text, die auf die „interessierte Partei" abstellen (toute partie intéressée; parte interessata; iedere belanghebbende partij).

Damit ist die Streitfrage des italienischen Rechts zugunsten der weiteren differenzierenden Auffassung *Ruinis*[1] und *Condorellis*[2] gelöst.[3]

Hinsichtlich der Bestimmung des Berechtigten sind zwei Lösungen denkbar.

Man könnte die Antragsberechtigung zunächst nach zweitstaatlichem Recht beurteilen, bei der Klauselerteilung in der Bundesrepublik Deutschland etwa nach §§ 725, 727, 728, 749 ZPO. Das führt zu Problemen, wenn die Antragsberechtigung in einzelnen Vertragsstaaten unterschiedlich geregelt ist, so daß ein „Berechtigter" in einzelnen Vertragsstaaten die Klauselerteilung betreiben könnte, in anderen nicht.

Vorzuziehen ist deshalb die Bestimmung der Antragsberechtigung nach dem Recht des Erststaates.[4] Dies ergibt sich auch aus den Materialien.[5] Der Rechtsnachfolger des Gläubigers eines deutschen Urteils kann seine Antragsberechtigung für die Klauselerteilung in den Niederlanden also beispielsweise aus § 727 ZPO herleiten. In gleicher Weise bestimmt auch § 6 I dAusfG, daß die Frage, ob ein Titel für oder gegen Rechtsnachfolger vollstreckt werden kann, nach erststaatlichem Recht zu beantworten ist.

Im gleichen Sinne hat auch das OLG Stuttgart[6] entschieden. Gegen-

---

[1] Vgl. *Ruini*, L'oggetto del guidizio di delibazione, l'azione di delibazione e l'interesse ad agire nel processo di delibazione, Temi 1957, S. 29ff. (42)

[2] Vgl. *Condorelli*, La funzione del riconoscimento di sentenze straniere, 1967, S. 254.

[3] Vgl. im übrigen zum Meinungsstreit *Quadri*, Interesse ad agire, „legitimatio ad causam" e guidizio di delibazione: Riv. dir. proc. 1937, 154; *Morelli*, Diritto processuale internazionale, 2. Aufl., 1954, S. 293f. und *Cappelletti-Perillo*, Civil Procedure in Italy, 1965, 381 Anm. 70 halten die Parteien des erststaatlichen Verfahrens für antragsberechtigt.

[4] Vgl. *Müller* bei *Bülow-Böckstiegel* 606/231.

[5] Vgl. *Jenard*-Bericht zu Art. 31. „Die Wendung ‚auf Antrag eines Berechtigten' bedeutet, daß das Antragsrecht jedem zusteht, der sich im Urteilsstaat auf die Entscheidung berufen kann".

[6] Vgl. OLG Stuttgart Rechtsprechungsübersicht I (1977) Nr. 40.

stand des Rechtsstreits war die Klauselerteilung für ein französisches Urteil, das den Vater der Antragsteller verurteilt hatte, seiner Ehefrau (der Mutter der Antragsteller) aufgrund eines dieser formell und materiell zustehenden Anspruchs einen Beitrag zum Unterhalt der Kinder (Antragsteller) zu zahlen. Der Antrag ist als unzulässig zurückgewiesen worden, da nach französischem Recht nur die Mutter der Antragsteller, nicht aber die Antragsteller selbst, Rechte aus der Entscheidung herleiten konnte.

Zum erststaatlichen Recht gehört auch das erststaatliche Kollisionsrecht. Bei Fällen mit Auslandsberührung ist die Frage, nach welchem materiellen Recht die Rechtsnachfolge etc. zu beurteilen ist, nach erststaatlichem IPR zu beurteilen.[7]

2. Antragsgegner

Die Bestimmung des Antragsgegners folgt gleichen Grundsätzen. Auch hier bestimmt das erststaatliche Kollisionsrecht bei internationalem Bezug, welches materielle Recht für die Frage, gegen wen die Klauselerteilung zulässig ist, maßgeblich ist, im übrigen das erststaatliche materielle Recht.[8] Soll also beispielsweise die Klausel für einen deutschen Titel gegen einen Nacherben in Belgien erteilt werden, so ist
- die Frage, ob der Antragsgegner Nacherbe geworden ist, nach deutschem IPR und
- die Frage, ob die Klauselerteilung gegen ihn zulässig ist, nach § 728 ZPO

zu beurteilen.[9]

II. Sicherheitsleistung für die Prozeßkosten

Nach Art. 45 ist der Antragsteller im Klauselerteilungsverfahren unabhängig von Staatsangehörigkeit und Wohnsitz von der Leistung einer Ausländersicherheit befreit.[10]

Das kann zu Härten für den Antragsgegner führen, wenn bei Obsiegen im Klauselerteilungsverfahren der Kostentitel im Wohnsitzstaat des Antragstellers nicht anerkannt wird. Ist der Gläubiger eines belgischen Urteils beispielsweise Nigerianer mit Wohnsitz in Lagos, so kann von ihm im deutschen Klauselerteilungsverfahren keine Sicherheit nach § 110

---

[7] Vgl. *Müller* bei *Bülow-Böckstiegel* 606/231; zur gleichen Rechtslage im Anwendungsbereich des deutsch-belgischen Anerkennungs- und Vollstreckungsabkommens vgl. Bd. II, 299.

[8] Vgl. *Müller* bei *Bülow-Böckstiegel* 606/231; zur gleichen Rechtslage im Anwendungsbereich des deutsch-belgischen Anerkennungs- und Vollstreckungsabkommens vgl. Bd. II, 299.

[9] Vgl. auch § 611 dAusfG.

[10] Vgl. dazu Cour d'Appel de Dijon, Clunet 103 (1976), 147.

ZPO verlangt werden, obwohl der Kostentitel in Nigeria nicht anerkannt werden kann[11] und auch die Gegenseitigkeit nicht verbürgt ist.[12]

Aber auch in sonstigen Fällen muß ein Beklagter es hinnehmen, daß er bei Obsiegen seinen Kostentitel nicht gegen den Kläger vollstrecken kann. So stellt die chauvinistische Regelung des § 110 ZPO im deutschen Recht ja allein auf die Staatsangehörigkeit ab, sodaß auch der deutsche Kläger mit Wohnsitz in Lagos im inländischen Prozeß nicht prozeßkostenvorschußpflichtig wäre.

Die liberale Regelung des Art. 45 wird darüber hinaus aus zwei Gründen erträglich.

- Einmal gilt die Befreiung nur für das Klauselerteilungsverfahren, nicht für den Erstprozeß. Die Kosten des Klauselerteilungsverfahrens sind aber wegen seines summarischen Charakters regelmäßig erheblich geringer als die eines ordentlichen Prozesses.
- Zum anderen ist zu bedenken, daß der Antragsteller im Klauselerteilungsverfahren schon im erststaatlichen Prozeß obsiegt hat und – anders als im Verfahren aus dem ursprünglichen Rechtsverhältnis – schon eine gewisse Wahrscheinlichkeit für sein Obsiegen gegeben ist.

1. Erfordernisse der Befreiung

a) Die Entscheidung muß in einem Vertragsstaat ergangen sein.

b) Das Recht des Zweitstaates muß wegen der *Ausländereigenschaft* oder des *fehlenden zweitstaatlichen Wohnsitzes* die Sicherheitsleistung verlangen. Von einer Sicherheitsleistung aus anderen Gründen entbindet Art. 45 nicht.[13] So sieht § 89 I ZPO vor, daß ein vollmachtloser Vertreter gegen Sicherheitsleistung für Kosten und Schäden einstweilen zur Prozeßführung zugelassen werden kann. Von dieser Sicherheitsleistung entbindet Art. 45 nicht, denn sie wird nicht wegen der Ausländereigenschaft oder des fehlenden inländischen Wohnsitzes angeordnet. Andererseits genügt es jedoch, daß die Sicherheit *auch* wegen einer der beiden vorstehenden Erfordernisse gefordert wird. So muß nach luxemburgischem Recht (Art. 16 Code civil) der ausländische Kläger dem luxemburgischen Beklagten auf Verlangen Sicherheit leisten, soweit er nicht über hinreichenden Grundbesitz in Luxemburg verfügt.[14] Die Sicherheitsleistungsverpflichtung beruht zwar teilweise auf mangelndem inländischen Vermögen, aber *auch* auf der Ausländereigenschaft und wird damit nach Art. 45 im Klauselerteilungsverfahren unzulässig.

---

[11] Vgl. *Schütze*, Die Anerkennung und Vollstreckung ausländischer Zivilurteile in Nigeria, öJBl. 1963, 563ff.

[12] Der an sich anwendbare Art. 14 des deutsch-britischen Abkommens (BGBl. 1960 II 1518; 1967 II 827) befreit nur den Kläger von der Sicherheitsleistung, der seinen Wohnsitz im Inland hat.

[13] Vgl. *Schlafen* bei *Bülow-Böckstiegel* 606/270.

[14] Vgl. *Bernecker*, Internationales Privat- und und Prozeßrecht im Großherzogtum Luxemburg, RabelsZ 27 (1962) 263ff. (320f.)

2. Verhältnis zum Haager Zivilprozeßübereinkommen

Art. 17 HZPÜ,[15] dem die Bundesrepublik Deutschland, Italien, Belgien, Luxemburg, Frankreich, die Niederlande und Dänemark angehören, sieht ebenso wie das erste Abkommen von 1896 und das zweite Abkommen von 1905 eine Befreiung des Klägers oder Intervenienten von der Verpflichtung zur Sicherheitsleistung oder Hinterlegung von Prozeßkosten vor. Art. 17 HZPÜ ist aber in zweifacher Hinsicht in seinem Anwendungsbereich beschränkt:

- Der Kläger muß Angehöriger eines Vertragsstaats sein;
- er muß seinen Wohnsitz in einem Vertragsstaat haben.

Art. 45 stellt dagegen nicht auf die Staatsangehörigkeit oder den Wohnsitz ab, verlangt vielmehr nur, daß die Entscheidung von einem Gericht eines Vertragsstaates erlassen ist.

Nach Art. 57 läßt das Übereinkommen die Regelung im HZPÜ unberührt. Zwar ist in Art. 57 nur von der gerichtlichen Zuständigkeit und der Anerkennung und Vollstreckung von Entscheidungen die Rede. Da aber Art. 18, 19 HZPÜ, die die Wirkungserstreckung von Kostenentscheidungen gegen den Kläger oder Intervenienten, der nach Art. 17 HZPÜ von der Sicherheitsleistung befreit war, betreffen, unter Art. 57 fallen,[16] ist es sachgerecht, diese Bestimmung ebenfalls alternativ anzuwenden.

3. Verhältnis zum autonomen Recht

Art. 45 geht etwaigen Bestimmungen des autonomen Rechts über das cautium iudicatum solvi vor.

III. Armenrecht

Art. 44 bringt die automatische Erstreckung der erststaatlichen Armenrechtsgewährung auf den Zweitstaat für das Klauselerteilungsverfahren. Diese Regelung ist nicht ungewöhnlich, sie findet sich in ähnlicher Form in zahlreichen Anerkennungs- und Vollstreckungsverträgen,[17] insbesondere den von Italien abgeschlossenen.[18]

---

[15] Haager Übereinkommen über den Zivilprozeß vom 1. 3. 1954 (BGBl. 1958 II 577)

[16] Vgl. *Schlafen* bei *Bülow-Böckstiegel* 606/348.

[17] Vgl. z. B. Art. 16 des deutsch-österreichischen Anerkennungs- und Vollstreckungsvertrags (allerdings weitergehend für die Vollstreckung im Zweitstaat), dazu Bd. II, 175; Art. 15 deutsch-niederländischer Anerkennungs- und Vollstreckungsvertrag v. 30. 8. 1962 (BGBl. 1965 II 26); Art. 9 Haager Übereinkommen über die Anerkennung und Vollstreckung von Entscheidungen auf dem Gebiete der Unterhaltspflicht gegenüber Kindern v. 15. 4. 1958 (BGBl. 1961 I 1006).

[18] Vgl. z. B. Art. 9 des französisch-italienischen Vertrages v. 3. 6. 1930 (SdN 153

Gründe für die Aufnahme der Bestimmung in das Übereinkommen sind:[19]

- Eine Benachteiligung des bedürftigen Antragstellers bei der Klauselerteilung gegenüber anderen Antragstellern soll durch die automatische Erstreckung der Armenrechtsbewilligung beseitigt werden.
- Da dem Übereinkommen auch Entscheidungen in Unterhaltssachen unterfallen, waren humanitäre Gesichtspunkte für die Aufnahme einer Art. 9 des Haager Übereinkommens von 1958 entsprechenden Vorschrift mitbestimmend.

Die Regelung kann jedoch zu Ungerechtigkeiten führen, da die Praxis der Armenrechtsgewährung in den Vertragsstaaten unterschiedlich ist. Wenn man sich vor Augen hält, daß in der Bundesrepublik Deutschland beispielsweise in einem viel größeren Umfang als in Italien das Armenrecht (jetzt Prozeßkostenhilfe) gewährt wird,[20] so beseitigt Art. 44 geradezu die beabsichtigte Chancengleichheit. Die automatische Erstreckung des Armenrechts führt zu einer Perpetuierung unterschiedlicher Praxis in den Vertragsstaaten.

Die Problematik der Valutenbeschaffung, die *Jellinek*[21] bei der Erstreckung des Armenrechts als so besonders wichtig ansah, hat ihre Bedeutung heute erfreulicherweise verloren.

1. Erfordernisse der Erstreckung der Armenrechtsgewährung

a) Bewilligung im Erststaat

Das Armenrecht muß im Erststaat nach erststaatlichem Recht bewilligt worden sein.

Belgien: Vgl. Art. 664ff., 86, 105, 130 Code judiciaire. Der Anspruch auf Armenrechtsgewährung wird aus dem Gleichheitssatz hergeleitet.[22]

Bundesrepublik Deutschland: Vgl. §§ 114ff. ZPO. Das Armenrecht ist seit dem 1. 1. 1981 durch die Prozeßkostenhilfe ersetzt,[23] ohne daß durch diese sprachliche Änderung inhaltlich etwas anderes als eine Armenrechtsregelung geschaffen worden wäre.

(1934), 136); Art. 7 des italienisch-tschechoslowakischen Vertrages v. 6. 4. 1922 (Racc. uff. delle leggi 1924 VI, 4397); Art. 6 des italienisch-schweizerischen Vertrages v. 3. 1. 1933 (SdN 142 (1933), 18); Art. 10 des deutsch-italienischen Abkommens v. 9. 3. 1936 (RGBl. 1937 II 145).

[19] Vgl. *Jenard*-Bericht zu Art. 44.

[20] Nach *Cappelletti*, Der italienische Zivilprozeß, RabelsZ 30 (1966), 254ff. (N. 10) und *Luther*, Einführung in das italienische Recht, 1968, 115 wurde das Armenrecht in Italien in nur 1% aller anhängigen Verfahren gegeben, in der Bundesrepublik Deutschland jedoch in 20%. Das Verhältnis mag sich verschoben haben. Das Problem der unterschiedlichen Praxis bleibt.

[21] Vgl. *Jellinek*, Die zweiseitigen Staatsverträge über Anerkennung ausländischer Zivilurteile, 1. Heft, 1953, 210, 214.

[22] Vgl. *Rouard*, Traité élémentaire de droit judiciaire privé, 1973, 15.

[23] Vgl. *Franke*, Zur Reform des Armenrechts, 1980.

Italien: Vgl. Art. 42 der italienischen Verfassung, R. D. 30. Dezember 1923, Nr. 3282.[24] Ein Reformplan ist im Senat nicht angenommen worden.[25]

Frankreich: Vgl. loi Nr. 72-11 du 3 janvier 1972 instituant l'aide judiciaire sowie décret Nr. 72-809 du 1er septembre 1972 portant l'application de la loi du 3 janvier 1972 instituant l'aide judiciaire.[26]

Niederlande: Vgl. Wet van 4 juli 1957 tot regling van de rechtsbijstand aan on- en minvermogenden; Art. 855 ff. B. Rv.[27]

Luxemburg: Vgl. Loi concernant l'assistance judiciaire v. 23. März 1893 (Mémorial v. 18. April 1893 Nr. 18 S. 177).

Vereinigtes Königreich: Vgl. Legal Aid Act, 1974.

Irland: Das Armenrecht in Zivilsachen ist nicht gesetzlich geregelt. Free Legal Aid Centers führen unentgeltliche Rechtsberatung durch.[28]

Dänemark: Vgl. lov Nr. 253 (4. Juni 1969) zur Änderung des lov om rettens pleje; bkg. Nr. 563/1969 om de økonomiske betingelser for meddelse af fri proces.

Griechenland: Vgl. Art. 196 ff. Griech. ZPG.

b) Begünstigte

Die Erstreckung der Armenrechtsbewilligung erfolgt nur zugunsten des Antragstellers, nicht zugunsten des Antragsgegners. Diese Unterscheidung ist jedoch bedeutungslos, da die Erstreckung nur für den Verfahrensabschnitt der Klauselerteilung wirkt, der ohnehin ohne Möglichkeit zum aktiven Eingreifen durch den Antragsgegner – von der Einreichung einer Schutzschrift abgesehen – abläuft.

c) Keine Prüfung der Erfolgsaussichten

Eine Prüfung der Erfolgsaussichten des Klauselerteilungsverfahrens wird nicht durchgeführt. Das Zweitgericht kann dem Antragsteller das Armenrecht nicht verweigern oder entziehen, weil es den Antrag für aussichtslos hält. Auch ist das Zweitgericht nicht befugt nachzuprüfen, ob das Erstgericht das Armenrecht zu Recht bewilligt hat.[29]

---

[24] Vgl. dazu *Cappelletti-Perillo*, Civil Procedure in Italy, 1965, 64; zum Armenrecht im italienischen internationalen Zivilprozeßrecht vgl. *Morelli*, Diritto processuale civile internazionale, 2. Aufl., 1954, Nr. 42 ff. (S. 81 ff.).

[25] Vgl. *Gottwald*, Armenrecht in Westeuropa und die Reform des deutschen Rechts, ZZP 89 (1976), 136 ff. (137).

[26] Vgl. dazu *Bornecque-Winandy*, L'aide judiciaire, 1973.

[27] Vgl. dazu *Stein*, Compendium van het burgerlijk procesrecht, 2. Aufl., 1970, 41 ff.

[28] Vgl. dazu *Böttger*, Grundzüge des Zivilprozeß-, Zwangsvollstreckungs- und Konkursrechts in der Republik Irland, 1980, 48; *Lee*, Development of Legal Aid in Ireland, Dublin University Law Journal 2 (1976), 21 ff.

[29] Vgl. *Schlafen* bei *Bülow-Böckstiegel* 606/269.

2. Umfang der Armenrechtserstreckung

Die Erstreckung der Armenrechtsgewährung erfolgt nur für das Klauselerteilungsverfahren nach Art. 31ff. (32–35). Sie wirkt weder für die Zwangsvollstreckung noch für das Verfahren von der Einlegung eines Rechtsbehelfs an (Art. 36ff.).[30]

Im übrigen bestimmen sich Umfang und Ausgestaltung des Armenrechts nach zweitstaatlichem Recht, z. B. hinsichtlich der Beiordnung eines Rechtsanwaltes, Gebührenfragen etc. Ist dem Gläubiger eines französischen Titels im erststaatlichen Verfahren also das Armenrecht bewilligt worden, so bestimmt sich die Beiordnung eines Rechtsanwalts für das Klauselerteilungsverfahren in der Bundesrepublik Deutschland nach § 121 ZPO.

3. Verhältnis zu anderen Regelungen

a) Autonomes Recht

Art. 44 schließt nicht aus, daß der Antragsteller das Armenrecht nach zweitstaatlichem Recht im Klauselerteilungsverfahren beantragt, wenn es ihm im erststaatlichen Prozeß nicht gewährt war. Das Übereinkommen wollte die Situation des bedürftigen Antragstellers erleichtern, nicht erschweren. Bei der unterschiedlichen Praxis der Armenrechtsgewährung in den Vertragsstaaten wird es oft unumgänglich sein, auf die zweitstaatliche autonome Regelung zurückzugreifen. Überdies kann es Fälle geben, in denen die Bedürftigkeit des Antragstellers im erststaatlichen Prozeß noch nicht bestand, er aber zum Zeitpunkt der Einleitung des Klauselerteilungsverfahrens verarmt ist.

Für die Zwangsvollstreckung und das Verfahren von der Einlegung eines Rechtsbehelfs an ist ohnehin – da hier die automatische Erstreckung nicht wirkt – eine Bewilligung von Armenrecht, Prozeßkostenhilfe etc. nach zweitstaatlichem Recht erforderlich.[31]

Für den Antragsgegner ist eine Erstreckung der Armenrechtsgewährung nach dem Übereinkommen nicht vorgesehen. Auch für ihn kann nur eine Armenrechtsgewährung nach zweitstaatlichem autonomen Recht erfolgen.

---

[30] Vgl. *Jenard*-Bericht zu Art. 44: „Aus eben dieser Erwägung wurde andererseits die automatische Erstreckung des Armenrechts auf das Verfahren zur Erteilung der Vollstreckungsklausel beschränkt und nicht auf das Verfahren über einen Rechtsbehelf erstreckt. Nachdem das Antragsverfahren in Gang gekommen ist, können der Antragsteller oder der Gegner nämlich aufgrund des Haager Übereinkommens von 1954 in dem Vollstreckungsstaat die zur Bewilligung des Armenrechts erforderlichen Schritte ebenso wie ein Angehöriger dieses Staates unternehmen." Vgl. im übrigen *Droz* Nr. 588; *Schlafen* bei *Bülow-Böckstiegel* 606/269.

[31] Vgl. *Schlafen* bei *Bülow-Böckstiegel* aaO. 606/269f.

b) Staatsverträge

In gleichem Umfang wie die Parteien sich auf das zweitstaatliche autonome Recht berufen können, ist eine Anwendung von Staatsverträgen zulässig.

In Betracht kommen zunächst multinationale Übereinkommen, die Art. 57 unberührt läßt, insbesondere das Haager Zivilprozeßübereinkommen von 1954[32] (Art. 20ff.).

Darüber hinaus haben aber auch die Regelungen der Armenrechtserstreckung in den bilateralen Anerkennungs- und Vollstreckungsverträgen ihre Bedeutung nicht verloren. Das Übereinkommen hat diese bilateralen Verträge nach Art. 56 nur insoweit ersetzt, als sie identische Sachgebiete hinsichtlich der Wirkungserstreckung von Entscheidungen regeln, nicht aber hinsichtlich des Armenrechts. Im übrigen hat die Regelung in bilateralen Verträgen – z. B. in Art. 10 des deutsch-italienischen Anerkennungs- und Vollstreckungsabkommens[33] – nur Bedeutung, soweit die automatische Erstreckung des Armenrechts nach Art. 44 nicht wirkt, also etwa für das Verfahren von der Einlegung eines Rechtsbehelfs an. Insoweit ist das Abkommen aber jedenfalls nach Art. 56 anwendbar geblieben.

IV. Partei- und Prozeßfähigkeit

Die Partei- und Prozeßfähigkeit für das Klauselerteilungsverfahren sind im Übereinkommen nicht geregelt. Sie bestimmen sich nach der lex fori des Zweitstaates. Für das deutsche Recht gilt folgendes:

Das deutsche internationale Zivilprozeßrecht verweist hinsichtlich der Parteifähigkeit auf das Personalstatut,[34] bei juristischen Personen auf das Sitzrecht.[35]

Auch die Prozeßfähigkeit von Ausländern bestimmt sich nach dem Verfahrensrecht ihres Heimatstaates.[36] Der Bundesgerichtshof[37] beurteilt

---

[32] Vgl. dazu *Droz* Nr. 588, der den bedürftigen Antragsgegner ausdrücklich auf das HZPÜ verweist.

[33] „Der in dem einen der beiden Staaten zum Armenrecht zugelassenen Partei ist im anderen Staate in dem Verfahren, in dem sie die Anerkennung oder Vollstreckbarerklärung der zu ihren Gunsten ergangenen Entscheidung nachsucht, ebenfalls das Armenrecht zu bewilligen."

[34] Vgl. BGH NJW 1969, 188; *Nagel*, Internationales Zivilprozeßrecht, 1980, 99ff.; *Pagenstecher*, Werden die Partei- und Prozeßfähigkeit eines Ausländers nach seinem Personalstatut oder nach den Sachnormen der lex fori beurteilt? ZZP 64 (1950/51), 249ff.; *Rosenberg-Schwab*, Lehrbuch des deutschen Zivilprozeßrechts 12. Aufl., 206; *Schütze*, Internationales Zivilprozeßrecht, 1980, S. XX.

[35] Vgl. BGH NJW 1969, 180; *Nagel*, Internationales Zivilprozeßrecht aaO. S. 101; *Riezler*, Internationales Zivilprozeßrecht, 1949, 416; *Stein-Jonas-Leipold*, ZPO, 20. Aufl., § 50 Rz. 36.

[36] Vgl. *Schütze*, Internationales Zivilprozeßrecht aaO. S. XX.

[37] Vgl. BGH JZ 1956, 535.

die Prozeßfähigkeit auf dem Weg über die Geschäftsfähigkeit unter Anwendung von § 52 ZPO,[38] ohne daß sich in der Praxis große Unterschiede ergäben.

Zu beachten ist § 55 ZPO. Danach ist ein Ausländer, dem nach seinem Heimatrecht die Prozeßfähigkeit fehlt, für das deutsche Verfahren prozeßfähig, wenn die Prozeßfähigkeit nach deutschem Recht besteht.

Die Betreibung des Klauselerteilungsverfahrens in Prozeßstandschaft ist zulässig. Hierbei ist zu unterscheiden, ob die Prozeßführungsbefugnis im materiellen Recht wurzelt oder aus dem Prozeßrecht folgt.[39] Im ersteren Fall ist auf die lex causae, im übrigen auf die lex fori des Zweitstaates abzustellen.

§ 159 Das Verfahren der Klauselerteilung Gemeinsame Vorschriften

I. Einseitiges Verfahren in erster Instanz

Nach Art. 34 I erfolgt die Klauselerteilung in erster Instanz ohne Anhörung des Urteilsschuldners.[1] Das Verfahren ist einseitig. Eine Anhörung des Urteilsschuldners ist jedoch zulässig, wenn der Gläubiger sie beantragt.[2] Das gilt zwar zunächst nur im Rahmen von § 6 II dAusfG, aber auch darüber hinaus.[3] Denn da Art. 34 I eine reine Schutznorm für den Gläubiger darstellt, ist sie verzichtbar.

1. Normzweck

Die Nichtanhörung des Schuldners in erster Instanz soll der Beschleunigung dienen und durch den „Überraschungseffekt" dem Schuldner die Möglichkeit nehmen, Vermögen dem Zugriff in der Zwangsvollstreckung zu entziehen.[4] Der *Jenard*-Bericht begründet:[5]

---

[38] § 52 ZPO lautet: „Eine Person ist insoweit prozeßfähig, als sie sich durch Verträge verpflichten kann."

[39] Vgl. dazu *Fragistas,* Die Prozeßstandschaft im internationalen Prozeßrecht, Festschrift für *Lewald,* 1953, S. 471 ff.; *Nagel,* Internationales Zivilprozeßrecht aaO. S. 108 f.; *Wunderlich*, Zur Prozeßstandschaft im internationalen Recht, Diss. München 1970; *Zöller-Geimer*, ZPO, 13. Aufl., IZPR, N.

[1] Zur verfassungsrechtlichen Vereinbarkeit der Regelung des Art. 34 I mit Art. 103 GG vgl. OLG Bremen IPRspr. 1977 Nr. 512; *Arnold*, Ist Artikel 34 des EWG-Gerichtsstands- und Vollstreckungsübereinkommens mit Artikel 103 Abs. 1 GG vereinbar?, AWD 1972, 389 ff.; *Geimer,* Das Anerkennungsverfahren gemäß Art. 26 Abs. 2 des EWG-Übereinkommens vom 27. September 1968 II, JZ 1977, 213 ff. (215); *Müller* bei *Bülow-Böckstiegel* 606/243.

[2] Vgl. dazu *Schütze,* Die Geltendmachung von Einwendungen gegen die Klauselerteilung nach dem EG-Zuständigkeits- und Vollstreckungs-Übereinkommen durch eine Schutzschrift, Festschrift für *Bülow,* 1981, S. 211 ff.

[3] Vgl. *Geimer* JZ 1977, 213 ff. (215); a. A. *Müller* bei *Bülow-Böckstiegel* 606/243.

[4] Vgl. OLG Bremen IPRspr. 1977 Nr. 152; *Müller* bei *Bülow-Böckstiegel* 606/243.

„Nach dem Übereinkommen ist das angerufene Gericht auch in Ausnahmefällen nicht befugt, den Schuldner zur Stellungnahme aufzufordern. Dem Gericht eine solche Befugnis zuzuerkennen würde das Prinzip der Einseitigkeit des Verfahrens durchbrechen. Manche Gerichte könnten geneigt sein, den Schuldner zu hören; das würde zu einer systematischen Umwandlung des einseitigen Verfahrens in ein kontradiktorisches führen. Auch würde dadurch das Überraschungsmoment abgeschwächt, das dem Verfahren auf Zulassung der Zwangsvollstreckung innewohnen muß, wenn man dem Beklagten die Möglichkeit nehmen will, sein Vermögen der Zwangsvollstreckung zu entziehen."

Beide Begründungen vermögen nicht zu überzeugen. Der Schuldner, gegen den eine Entscheidung in einem Vertragsstaat ergangen ist, rechnet immer damit, daß der Gläubiger die Vollstreckung dort versuchen wird, wo sich Vermögen des Schuldners befindet. Der Schuldner kann also kaum „überrascht" werden. Auch der beabsichtigte Beschleunigungseffekt ist zweifelhaft. Da die Nachprüfungsbefugnis des Zweitgerichts beschränkt ist, sind die Verzögerungsmöglichkeiten für den Schuldner gering.[6]

2. Berücksichtigung von Einwendungen von Amts wegen

Soweit Einwendungen gegen die Klauselerteilung bereits aus dem Antrag hervorgehen, muß das Gericht sie berücksichtigen. Ergibt sich aus der Begründung des Antrags des Gläubigers etwa, daß bereits ein rechtskräftiges klagabweisendes Urteil eines deutschen Gerichts vorliegt, so muß das Zweitgericht den Versagungsgrund des Art. 27 Nr. 3 beachten. Zwar ist *Holleaux*[7] zuzugeben, daß sich Versagungsgründe der Klauselerteilung nur selten aus der Entscheidung selbst oder dem Antrag des Gläubigers ergeben, so daß die Klauselerteilung fast automatisch erfolgt. Das Gericht muß aber jede Kenntnis verwerten. Das folgt aus dem Amtsermittlungsgrundsatz.

3. Berücksichtigung von Einwendungen des Schuldners

Zwar darf das Gericht den Schuldner nicht zur Stellungnahme auffordern. Das besagt aber nicht, daß Einwendungen, die der Schuldner von sich aus dem Gericht zur Kenntnis bringt, nicht berücksichtigt werden dürften. Legt der Schuldner beispielsweise eine Ausfertigung einer Entscheidung vor, die nach Art. 27 Nr. 3 zu beachten ist, so darf die Klauselerteilung nicht mehr erfolgen. Denn es ist unerheblich, auf welche Weise das Gericht Kenntnis erhält.

Die Verpflichtung des Gerichts zur Berücksichtigung von Einwen-

---

5 BTDrucks. VI Nr. 1973 Anm. zu Art. 34.

6 Vgl. dazu *Schütze,* Festschrift für *Bülow* aaO. 211 ff.

7 Vgl. *Holleaux,* La convention de Bruxelles du 27 septembre 1968 sur la compétence et l'exécution des décisions en matière civile et commerciale: cinq ans d'application en France, Clunet 105 (1978), 520 ff. (530).

dungen, die ihm durch den Schuldner zur Kenntnis gebracht werden, folgt auch aus dem Verhältnis von Anerkennung und Klauselerteilung. Die Klauselerteilung setzt die Anerkennung voraus.[8] Eine Klauselerteilung für ein nicht anerkanntes Urteil ist nicht möglich. Die Anerkennung erfolgt aber regelmäßig formlos.[9] Sie bedarf keines irgendwie gearteten Aktes der Wirkungserstreckung. Deshalb darf das Gericht die Klausel nur erteilen, wenn die Wirkungserstreckung bereits durch die Anerkennung erfolgt ist. Hat das Gericht aber durch den Schuldner Kenntnis von Versagungsgründen erhalten, so hat es auch Kenntnis von der fehlenden Anerkennung.

Der Schuldner kann seine Einwendungen in einer Schutzschrift[10] vorbringen. Deren Inhalt ist bei der Entscheidungsfindung zu berücksichtigen, führt allerdings – anders als in Wettbewerbssachen[11] – nicht zur mündlichen Verhandlung. Das Gericht darf die Schutzschrift nicht ohne Anhörung des Gläubigers verwerten, da dies eine Nichtgewährung rechtlichen Gehörs bedeuten würde. Das Gericht übersendet die Schutzschrift dem Gläubiger zur Stellungnahme. Es wird in vielen Fällen eine mündliche Erörterung gemäß § 5 I 2 dAusfG anregen.

Die Möglichkeit der Einreichung einer Schutzschrift stellt für den Schuldner ein Korrelat für den Verlust einer Instanz dar, der durch die Einseitigkeit des Verfahrens eintritt, ohne daß es zur Verzögerung des Verfahrens führt. Den gewünschten „Überraschungseffekt“ kann der Gläubiger ohnehin nicht mehr erzielen. Denn durch die Einreichung der Schutzschrift beweist der Schuldner gerade, daß er mit dem Antrag auf Klauselerteilung rechnet.

4. Anhörung des Schuldners entgegen Art. 34 I

Hört das Gericht den Schuldner unter Verletzung von Art. 34 I an, so bleibt dieser Verstoß ohne verfahrensrechtliche Sanktionen.[12]

II. Verbot der révision au fond

Das Verbot der sachlichen Nachprüfung ist das Kernstück jeden Staatsvertrages über die Wirkungserstreckung ausländischer Zivilurteile.[13] Dieses Prinzip wird in Art. 34 III statuiert. Art. 34 III entspricht Art. 29.

---

[8] Vgl. oben § 102.

[9] Vgl. oben § 131.

[10] Vgl. *Schütze,* Festschrift für *Bülow* aaO 211ff.

[11] Vgl. dazu *Pastor,* Der Wettbewerbsprozeß, 3. Aufl., 110ff.; *Teplitzky,* Die „Schutzschrift“ als vorbeugendes Verteidigungsmittel gegen einstweilige Verfügungen, NJW 1980, 1667f.

[12] Vgl. *Droz* Nr. 564.

[13] Vgl. für die Staatsverträge allgemein *Jellinek,* Die zweiseitigen Staatsverträge über Anerkennung ausländischer Zivilurteile, 1. Heft, 1953, S. 188f.

1. Umfang des Nachprüfungsverbots

Das Verbot der révision au fond[14] umfaßt sowohl den materiellen Gehalt der ausländischen Entscheidung als auch ihr Zustandekommen. Das Urteil darf nur auf das Vorliegen der Voraussetzungen oder Versagungsgründe[15] der Wirkungserstreckung nachgeprüft werden.

2. Die autonomen Regelungen in den Vertragsstaaten

Das Verbot sachlicher Nachprüfung findet sich auch in den autonomen Rechten der meisten Vertragsstaaten.

a) Bundesrepublik Deutschland

In der Bundesrepublik Deutschland ist die sachliche Nachprüfung nach § 723 ZPO unzulässig. Der systematische Standort beruht auf einem Redaktionsversehen, so daß die Anwendbarkeit auch auf die Anerkennung allgemein angenommen wird.[16]

b) Frankreich

Die französischen Gerichte praktizierten bis in die neuere Zeit die révision au fond.[17] Seit den Entscheidungen Charr[18] und Munzer[19] werden ausländische Urteile einer sachlichen Nachprüfung aber nunmehr nicht mehr unterzogen.[20]

c) Luxemburg

Die luxemburgische Rechtsprechung ist der französischen Praxis gefolgt. Seit 1956[21] ist ein Wandel im Hinblick auf die bis dahin praktizierte

---

[14] Vgl. dazu *Geimer,* Zur Prüfung der Gerichtsbarkeit und der internationalen Zuständigkeit bei der Anerkennung ausländischer Urteile, 1966, 41; *Riezler,* Internationales Zivilprozeßrecht, 1949, 525.

[15] Vgl. zur Unterscheidung der Erfordernisse der Wirkungserstreckung in Voraussetzungen und Versagungsgründe *Schütze,* Die Anerkennung und Vollstreckung ausländischer Zivilurteile in der Bundesrepublik Deutschland als verfahrensrechtliches Problem, Diss. 1960, S. 27ff.

[16] Vgl. *Geimer,* Zur Prüfung der Gerichtsbarkeit aaO. S. 41; *Nussbaum,* Deutsches Internationales Privatrecht, 1932, S. 435f.; *Schütze,* Die Anerkennung und Vollstreckung aaO. S. 27.

[17] Vgl. für Nachweise *Perroud,* Les jugements étrangers, 1929, Nr. 181f. und *Arminjon-Schlaepfer,* Précis de Droit international privé, Bd. III, 2. Aufl., 1952, Nr. 301.

[18] Rev. crit. 44 (1955), 769 mit Anmerkung *Batiffol* = Clunet 83 (1956), 164 mit Anmerkung *Sialelli* = RabelsZ 22 (1957), 533 mit Anmerkung *Mezger,* dazu schon *Schlachter,* Neue Aspekte zur Frage der Vollstreckbarkeitserklärung ausländischer Urteile in Frankreich, AcP 156 (1957), 507ff.

[19] J. C. P. 1964 II. 13590 mit Anmerkung *Ancel* = Clunet 91 (1964), 302 mit Anmerkung *Goldman* = Rev. crit. 53 (1964), 344 mit Anmerkung *Batiffol* = FamRZ 1965, 46 mit Anmerkung *Sonnenberger.*

[20] Vgl. zur Entwicklung allgemein *Einmahl,* Die Vollstreckung ausländischer Zahlungsurteile in Frankreich und die Verbürgung der Gegenseitigkeit, RabelsZ 33 (1969), 114ff.; *Batiffol-Lagarde,* Droit international privé, Bd. II, 6. Aufl., Nr. 729.

[21] Vgl. Bezirksgericht Luxemburg v. 21. 11. 1956, Pas. lux. XVII, 180.

révision au fond eingetreten.[22] Die sachliche Nachprüfung ausländischer Zivilurteile wird nunmehr als unzulässig angesehen.[23]

d) Vereinigtes Königreich

Soweit eine Wirkungserstreckung nach common law durch action upon the foreign judgment erfolgt, dient das ausländische Urteil nicht nur als Beweismittel, eine sachliche Nachprüfung ist unzulässig.[24] Auch im Registrierungsverfahren nach dem Foreign Judgments (Reciprocal Enforcement) Act, 1933[25] ist eine révision au fond unzulässig.[26]

e) Irland

Die Wirkungserstreckung ausländischer Zivilurteile erfolgt nach common law durch action upon the foreign judgment ohne révision au fond.[27]

f) Dänemark

Bei verbürgter Gegenseitigkeit nach § 223a dänZPO findet eine sachliche Nachprüfung der ausländischen Entscheidung nicht statt.[28]

g) Griechenland

Die früher praktizierte Differenzierung nach der Staatsangehörigkeit des Urteilsschuldners ist beseitigt. Anerkennung und Vollstreckbarerklärung erfolgen nach Art. 323, 905 des griechischen Zivilprozeßgesetzbuches in der Fassung des Gesetzesdekrets Nr. 958 vom 15. September 1971 ohne révision au fond.

---

[22] Vgl. *Bülow-Arnold* aaO. E. 957. 7.

[23] Vgl. *Bernecker*, Internationales Privat- und Prozeßrecht im Großherzogtum Luxemburg, RabelsZ 27 (1962), 263ff. (329); *Bonglet*, La reconnaissance et l'exécution des jugements dans les six pays de la C. E. E., Annales de la Faculté de Droit et des Sciences Economiques de Lyon 1969 II, S. 55ff. (62); *Mercier*, Effets internationaux des jugements dans les Etats du Marché Commun, 1965, S. 66f.;

[24] Vgl. *Schlosser*-Bericht Nr. 6; *Council of Europe*, The practical guide to the recognition and enforcement of foreign judicial decisions in civil & commercial law, 1975, S. 178f.; *Borm-Reid*, Recognition and Enforcement of Foreign Judgments, The International and Comparative Law Quarterly 3 (1954), 49ff. (52).

[25] 23 Geo. 5, c. 13; in deutscher Übersetzung auch abgedruckt bei *Bülow-Böckstiegel* 704/9ff.

[26] Vgl. dazu *Arndt*, Englische Gesetzgebung 1933, RabelsZ 9 (1935), 428ff. (442ff.); zu dem Gesetz vgl. auch *Ancel*, La loi anglaise du 13 avril 1933 sur l'exécution des jugements étrangers, Rev. dr. int. priv. 28 (1933), 541ff.; *MacKinnon*, Notes on the Foreign Judgments (Reciprocal Enforcement) Act. 1933, 1933 Scots L. T. S. 197ff.

[27] Vgl. *Council of Europe*, The practical guide to the recognition and enforcement of foreign judicial decisions in civil & commercial law, 1975, S. 87; *Hickey*, Irish Private International Law, RabelsZ 42 (1978), 269ff. (300); *Böttger*, Grundzüge des Zivilprozeß-, Zwangsvollstreckungs- und Konkursrechts in der Republik Irland, 1980, S. 104; *Schütze*, Anerkennung und Vollstreckung deutscher Urteile im Ausland, 1973, S. 60.

[28] Vgl. *Council of Europe*, The practical guide aaO. S. 43; *Schütze*, Anerkennung und Vollstreckung deutscher Urteile im Ausland, 1973, S. 30; *Zimmermann*, Zivilgerichtsbarkeit, Zwangsvollstreckung und Konkurs in Dänemark, 1980, S. 141f.

Bedeutung gewinnt das Verbot der révision au fond in den übrigen Vertragsstaaten, die ausländische Zivilurteile ganz oder teilweise einer sachlichen Nachprüfung unterziehen:

h) Belgien

In Belgien ist eine zweistufige Nachprüfung der ausländischen Entscheidung vorgesehen.[29] Es wird zunächst das Vorliegen der Erfordernisse des Art. 570 Code judiciaire nachgeprüft. In der zweiten Stufe wird dann die ausländische Entscheidung einer sachlichen Nachprüfung unterzogen.[30]

i) Italien

In Italien erfolgt eine teilweise révision au fond im Fall der Wirkungserstreckung von Versäumnisurteilen.[31]

j) Niederlande

In den Niederlanden ist eine Wirkungserstreckung ausländischer Zivilurteile außerhalb von Staatsverträgen grundsätzlich nicht möglich,[32] so daß sich das Problem der sachlichen Nachprüfung nicht stellt.

3. Nachprüfung der Erfordernisse der Wirkungserstreckung

Das Verbot der révision au fond beschränkt die Nachprüfungsbefugnis des Zweitgerichts auf das Vorliegen der Erfordernisse der Wirkungserstreckung.

Nachgeprüft werden kann also die Anerkennungsfähigkeit der Entscheidung, d. h. ob sie dem sachlichen und zeitlichen Geltungsbereich des Übereinkommens unterfällt und keine Versagungsgründe für die Anerkennung vorliegen.[33] Weiterhin muß das Zweitgericht nachprüfen, ob die Entscheidung im Erststaat vollstreckbar ist.[34]

4. Einwendungen gegen den Anspruch

Das Verbot der révision au fond schließt grundsätzlich die Geltendmachung von Einwendungen gegen den Anspruch aus. Dieses Verbot gilt

---

[29] Vgl. dazu Bd. II, S. 291.

[30] Vgl. dazu *Braas*, Précis de procédure civile Bd. I, 3. Aufl., 1944/45, S. 294f.; *Mercier*, Effets internationaux des jugements dans les Etats du Marché Commun, 1965, S. 54f.; *Graulich*, Principes de Droit International Privé, 1961, Nr. 254.

[31] Vgl. *Cappelletti-Perillo*, Civil Procedure in Italy, 1965, S. 382f.; *Council of Europe*, The practical guide aaO. S. 96; *Mercier* aaO. S. 102f.; *Morelli*, Diritto processuale civile internazionale, 2. Aufl., 1954, S. 336ff. Vgl. auch AG Garmisch-Partenkirchen AWD 1972, 137 = NJW 1971, 2135 mit Anmerkung *Geimer* NJW 1972, 1010f.

[32] Vgl. 431 BRv.; dazu *Bülow-Arnold* E. 961/30ff.; *Jacobi*, Die Vollstreckung ausländischer vermögensrechtlicher Urteile in Frankreich, Belgien und den Niederlanden, NiemeyersZ 1931, S. 140ff.; *Mercier* aaO. S. 47ff.

[33] Vgl. *Müller* bei *Bülow-Böckstiegel* 606/244f.

[34] Vgl. dazu oben § 157 IV.

aber zunächst nur für Einwendungen, die vor Erlaß der erststaatlichen Entscheidung entstanden sind.[35] Nur sie konnten im erststaatlichen Verfahren geltend gemacht werden, nur über sie konnte das Erstgericht befinden.

Anders ist die Situation jedoch für diejenigen Einwendungen, die erst nach Erlaß des erststaatlichen Urteils entstanden sind. Ihre Berücksichtigung führt nicht zu einer sachlichen Nachprüfung der erststaatlichen Entscheidung. Selbst bei Bejahung der Einwendungen wird die Richtigkeit des Urteils im Zeitpunkt seines Erlasses nicht angezweifelt.[36]

Im deutschen autonomen Recht ist es deshalb heute unstreitig, daß das Verbot der révision au fond in § 723 I ZPO die Geltendmachung von Einwendungen, die nach Erlaß der erststaatlichen Entscheidung entstanden sind, nicht ausschließt.[37] Dasselbe gilt für die Anerkennungs- und Vollstreckungsverträge, die die Bundesrepublik Deutschland abgeschlossen hat.[38]

Auch das Übereinkommen läßt die Geltendmachung von Einwendungen, die nach Erlaß der erststaatlichen Entscheidung entstanden sind, im Klauselerteilungsverfahren zu.[39] Das deutsche Ausführungsgesetz statuiert in § 14 I deshalb ausdrücklich, daß der Schuldner mit der Beschwerde gegen den die Klauselerteilung anordnenden Beschluß auch Einwendungen gegen den Anspruch selbst insoweit geltend machen

---

[35] Vgl. zum deutschen autonomen Recht schon *Fischer*, Einwendungen, die den Anspruch selbst betreffen und Widerklagen im Verfahren und Gewährung der Vollstreckbarkeit, ZZP 43 (1913), 87ff.; *Hellwig*, Anspruch und Klagerecht, 1924, S. 172f.

[36] Vgl. OLG Hamburg Rspr. 15, 4; *Fischer* aaO. S. 91; *Schütze*, Anerkennung und Vollstreckung aaO. S. 67 m. w. N.

[37] Vgl. RG Gruch. 30, 1165; *Fischer* aaO. S. 92f.; *Reichel*, Widerklage gegen Vollstreckungsklage, AcP 133 (1934), 19ff.; *Schütze*, Anerkennung und Vollstreckung aaO. S. 66ff.; *Baumbach-Lauterbach-Albers-Hartmann*, ZPO, 41. Aufl., § 723 Anm. 1; *Zöller-Geimer*, ZPO, 13. Aufl., § 723 Anm. 1.

[38] Vgl. zum deutsch-schweizerischen Abkommen *Kallmann*, Anerkennung und Vollstreckung ausländischer Zivilurteile und gerichtlicher Vergleiche, 1946, S. 350 sowie Art. 4 dAusfVO; zum deutsch-italienischen Abkommen *Luther*, Zur Anerkennung und Vollstreckung von Urteilen und Schiedssprüchen in Handelssachen im deutsch-italienischen Rechtsverkehr, ZHR 127 (1964), 145ff. (164f.) sowie Art. 4 dAusfVO; zum deutsch-belgischen Abkommen Bd. II, S. 309 sowie § 5 dAusfG; die Rechtslage nach den weiteren Staatsverträgen ist entsprechend.

[39] Vgl. Begründung zu § 14 AusfG: „Die Regelung des § 14 ist auch mit dem Übereinkommen vereinbar. Sie widerspricht nicht den Vorschriften des Artikels 34, nach denen der Richter des Vollstreckungsstaats nur das Vorliegen von Versagungsgründen prüfen und die ausländische Entscheidung keinesfalls auf ihre sachliche Richtigkeit überprüfen darf. Im gemeinsamen Bericht der Sachverständigen (Drucksache VI/1973 S. 94) wird ausdrücklich hervorgehoben, daß der Schuldner seinen Rechtsbehelf nach Artikel 36 des Übereinkommens auf Tatsachen stützen dürfe, die sich gegen die Vollstreckbarkeit des Titels richteten und nach Erlaß des Urteils eingetreten seien. Die Vorschrift des § 14 stellt diese Rechtslage klar."

kann, als die Gründe, auf denen sie beruhen, erst nach dem Erlaß der Entscheidung entstanden sind.[40]

III. Beizubringende Urkunden

Im Verfahren der Klauselerteilung sind folgende Urkunden vorzulegen:

1. Ausfertigung der erststaatlichen Entscheidung

Nach Art. 46 Nr. 1 ist eine beweiskräftige Ausfertigung des Titels vorzulegen. Die Voraussetzungen für die Gültigkeit der Ausfertigung – insbesondere die Anforderungen, die an die Beweiskraft zu stellen sind – bestimmen sich nach erststaatlichem Recht.[41]

a) Deutsche Entscheidungen

Die Urschrift des Urteils verbleibt bei den Gerichtsakten. Zur Ausfertigung reif wird das Urteil mit den Unterschriften aller mitwirkenden Richter.[42] Die Ausfertigung ist eine Abschrift des Urteils, die durch den Urkundsbeamten der Geschäftsstelle zu unterschreiben[43] ist und einen mit dem Gerichtssiegel versehenen Ausfertigungsvermerk tragen muß.

Im Gegensatz zu einigen bilateralen Anerkennungs- und Vollstreckungsverträgen[44] erfordert Art. 46 Nr. 1 keine Ausfertigung der Entscheidung mit Gründen. Deshalb können auch in abgekürzter Form hergestellte deutsche Entscheidungen, z. B. Versäumnis- und Anerkenntnisurteile im Klauselerteilungsverfahren in anderen Vertragsstaaten vorgelegt und dürfen nicht wegen mangelnder Entscheidungsgründe zurückgewiesen werden. Dennoch können Probleme auftreten, da die Nachprüfung der Erfordernisse der Wirkungserstreckung regelmäßig nur anhand der Entscheidungsgründe möglich ist. Wird eine Ausfertigung ohne Entscheidungsgründe vorgelegt, so muß die Nachprüfung aufgrund anderer Nachweise erfolgen, was zu einer Verzögerung des Klauselerteilungsverfahrens führen kann. Deshalb sieht das dAusfG vor, daß allen Entscheidungen, die im Rahmen des Übereinkommens in einem Vertragsstaat geltend gemacht werden sollen, eine Begründung beizufügen ist.[45]

Im Verhältnis zu Belgien ist die Begründung auch deshalb wichtig, weil Art. 97 der belgischen Verfassung einen Begründungszwang enthält.[46]

---

[40] Vgl. dazu § 163.
[41] Vgl. *Jenard*-Bericht zum dritten Abschnitt.
[42] Vgl. BGH NJW 1980, 1960.
[43] Vgl. BGH NJW 1975, 782.
[44] Vgl. z. B. Art. 9 Nr. 1 deutsch-belgisches Abkommen, dazu Bd. II, S. 301.
[45] Vgl. dazu unten § 163.
[46] Vgl. dazu *Rigaux*, Les dernières conventions sur l'efficacité internationale des jugements et des actes publics conclues par la Belgique, JT 1961, 197ff. (202).

b) Ausländische Entscheidungen

Wie die Ausfertigung erteilt wird bestimmt sich nach erststaatlichem Prozeßrecht.[47] Schwierigkeiten ergeben sich in der Praxis nicht. Als Ausfertigung ist regelmäßig die Urkunde anzusehen, die nach autonomem Prozeßrecht Grundlage für die inländische Zwangsvollstreckung ist.

c) Zeitpunkt der Vorlegung

Die Ausfertigung nach Art. 46 Nr. 1 muß im Klauselerteilungsverfahren vorgelegt werden. Es ist jedoch nicht erforderlich, daß die Ausfertigung bei den Akten verbleibt. Sie kann zum Zwecke der Zwangsvollstreckung nach Erteilung der Vollstreckungsklausel an den Antragsteller zurückgegeben werden.[48]

2. Zustellungsnachweis bei Versäumnisentscheidungen

Nach Art. 46 Nr. 2 ist im Klauselerteilungsverfahren für Versäumnisentscheidungen der Nachweis der Zustellung des prozeßeinleitenden Schriftstücks durch Vorlage der Urschrift oder beglaubigten Abschrift einer Urkunde zu führen, aus der sich die Zustellung ergibt.

Art. 46 Nr. 2 soll dem Zweitgericht die Möglichkeit geben nachzuprüfen, ob die Rechte der Verteidigung im erststaatlichen Verfahren gewahrt sind.[49] Es handelt sich um eine reine Schutznorm zugunsten der säumigen Partei, die verzichtbar ist.

a) Anwendungsbereich

Art. 46 Nr. 2 betrifft nicht nur Versäumnisentscheidungen,[50] sondern alle in einem einseitigen Verfahren ergangenen Entscheidungen,[51] beispielsweise Titel, die im gerichtlichen Mahnverfahren ohne mündliche Verhandlung erlassen worden sind.[52] Deutsche Kostenfestsetzungsbeschlüsse ergehen zwar auch ohne mündliche Verhandlung. Sie basieren aber immer auf einem gerichtlichen Ausspruch, der die Kostentragungspflicht betrifft und hängen mit diesem so eng zusammen, daß der Zustellungsnachweis nach Art. 46 Nr. 2 nur dann erforderlich ist, wenn in der Hauptsache ein Versäumnisurteil vorliegt.[53]

---

[47] Vgl. z. B. für Belgien Art. 790–792 Code judiciaire, dazu Bd. II, S. 301; weitere Hinweise bei *Schlafen* bei *Bülow-Böckstiegel* 606/274 Note 4.

[48] Vgl. BGH RIW/AWD 1979, 861.

[49] Vgl. *Jenard*-Bericht zu Art. 46; *Droz* Nr. 595; *Schlafen* bei *Bülow-Böckstiegel* 606/276.

[50] Vgl. aus der Rechtsprechung der Vertragsstaaten u. a. OLG Köln IPRspr. 1976 Nr. 164; OLG Köln IPRspr. 1976 Nr. 166; BGH RIW/AWD 1979, 861; OLG Frankfurt/Main RIW/AWD 1978, 620; LG München Rechtsprechungsübersicht II (1978) Nr. 76; LG Hamburg RIW/AWD 1979, 419; Arrodissementsrechtbank 's-Hertogenbosch Ned. Jur. 1975 Nr. 56; Appellationshof Turin Riv. dir. int priv. proc. 1979, 84.

[51] Vgl. *Mezger*, Drei Jahre EG-Zuständigkeits- und Vollstreckungsübereinkommen in Frankreich, RIW/AWD 1976, 345ff. (349); *Schlafen* bei *Bülow-Böckstiegel* 606/277.

[52] So der Vollstreckungsbescheid im deutschen Recht; vgl. § 699 ZPO.

[53] Vgl. Arrondissementsrechtbank 's-Hertogenbosch Ned. Jur. 1975 Nr. 56; *Schlafen* bei *Bülow-Böckstiegel* 606/277.

b) Zustellungsverfahren

Der Zustellungsnachweis muß sich darauf beziehen, daß die Zustellung nach erststaatlichem Recht einschließlich der Staatsverträge ordnungsgemäß durchgeführt worden ist.[54]

Das LG Hamburg[55] hat für die Klauselerteilung eines italienischen Versäumnisurteils die Zustellung der Ladung nach den italienischen Zustellungsvorschriften durch Anschlag einer Kopie an die Gerichtstafel, durch Übergabe einer Kopie an die Staatsanwaltschaft und durch Übersendung einer Kopie mittels eingeschriebenen Briefes an die Beklagte als ausreichend angesehen. Das OLG Frankfurt/Main[56] hat diese Art der Zustellung dagegen zu Recht im Hinblick auf das im deutsch-italienischen Rechtsverkehr anwendbare Haager Zivilprozeßübereinkommen vom 1. 3. 1954 als ungenügend angesehen, dann aber auf die Urkundenvorlage nach Art. 48 I verzichtet, weil nach dem unzureichenden Zustellungsnachweis eine weitere Klärung nicht erforderlich war.

Die Cour d'appel Aix-en-Provence[57] hat den Nachweis der Zustellung durch eingeschriebenen Brief für ein italienisches Versäumnisurteil genügen lassen, weil sich daraus ergebe, daß der Beklagte sich habe ordnungsgemäß verteidigen können.

c) Zustellungsurkunde

Der Nachweis der Zustellung muß durch besondere Urkunde geführt werden.[58] Nicht genügend ist ein mittelbarer Nachweis. Das Landgericht München[59] hat deshalb die Klauselerteilung für ein französisches Versäumnisurteil versagt, in dem sich zwar aus der Urteilsabschrift ergab, daß der Urteilsschuldner im erststaatlichen Verfahren geladen war, der Antragsteller aber keine besondere Urkunde vorgelegt hatte.

d) Befreiung von der Vorlegungspflicht

Der Zustellungsnachweis bei Versäumnisentscheidungen kann nicht nur durch die Urkunde nach Art. 46 Nr. 2, sondern auf jede Weise geführt werden.[60] Ob und in welcher Weise das Gericht einen anderen Nachweis zuläßt, steht in seinem pflichtgemäßen Ermessen.[61]

Die Rechtsprechung[62] verfährt recht großzügig. Das OLG Frankfurt/Main hat in einem Fall nicht ordnungsgemäßer Zustellung von der Ver-

---

[54] Vgl. OLG Frankfurt/Main RIW/AWD 1978, 620; *Schlafen* bei *Bülow-Böckstiegel* 606/277.

[55] Vgl. LG Hamburg RIW/AWD 1979, 419.

[56] Vgl. OLG Frankfurt/Main RIW/AWD 1978, 620.

[57] Vgl. Cour d'appel Aix-en-Provence Nachlagewerk I-46-B 2.

[58] Vgl. Corte di Appello Torino Riv. dir. int. priv. proc. 1979, 84; Cour supérieure de justice de Luxembourg *Pocar* S. 344.

[59] Vgl. Rechtsprechungsübersicht II (1978) Nr. 76.

[60] Vgl. Art. 48 I; dazu unten § 163 I.

[61] Vgl. OLG Köln IPRspr. 1976 Nr. 166.

[62] Vgl. Cour d'Appel de Paris Gaz. Pal. 1979, 1 Somm. 263; OLG Frankfurt/Main RIW/AWD 1978, 620.

pflichtung zur Vorlage der Urkunde nach Art. 46 Nr. 2 befreit, weil der Antragsgegner schriftlich bestätigt hatte, daß er die Ladung mindestens 20 Tage vor dem Termin erhalten hatte.[63] Die Entscheidung ist bedenklich, da Art. 48 nur von der Vorlegungspflicht der Urkunde nach Art. 46 Nr. 2 befreien kann, nicht jedoch vom Erfordernis des Art. 27 Nr. 2. In dem entschiedenen Fall war aber offenbar ein Versagungsgrund nach Art. 27 Nr. 2 gegeben.

3. Armenrechtsnachweis

Der Antragsteller, der sich auf die automatische Armenrechtserstreckung nach Art. 44 beruft,[64] hat die Armenrechtsgewährung (im deutschen Recht mißverständlich als Prozeßkostenhilfe bezeichnet) im erststaatlichen Verfahren nach Art. 47 Nr. 2 urkundlich zu beweisen.

Art. 47 Nr. 2 läßt für diesen Nachweis jede Urkunde genügen, aus der sich die Armenrechtsgewährung ergibt. Regelmäßig wird der Bewilligungsbeschluß vorzulegen sein, z. B. im Klauselerteilungsverfahren für deutsche Entscheidungen der Beschluß über die Gewährung von Prozeßkostenhilfe nach §§ 119, 127 ZPO.

Das Gericht kann von der Vorlegung einer Urkunde i. S. von Art. 47 Nr. 2 absehen (Art. 48 I) und sich mit einem anderen Nachweis begnügen.

4. Nachweis auf andere Weise

Art. 48 I bringt Beweiserleichterungen gegenüber dem in Art. 46, 47 vorgesehenen Urkundsbeweis.

a) Anwendungsbereich

Art. 48 I bezieht sich seinem Wortlaut nach nur auf die Urkunden nach Art. 46 Nr. 2 und Art. 47 Nr. 2. *Droz*[65] hat daraus den Schluß gezogen, daß die Nichtvorlage der in Art. 46 Nr. 1 und Art. 47 Nr. 1 aufgeführten Urkunden notwendigerweise zur Abweisung des Antrags führen müsse.

Die Beweisregelung ist jedoch nicht abschließend.[66] Zwar ist Art. 48 I angesichts des klaren Wortlauts nicht auslegungsfähig. Vom Urkundsbeweis kann aber abgesehen werden,

- wenn das autonome zweitstaatliche Recht Beweiserleichterungen kennt oder
- der Antragsgegner auf die Vorlage der Urkunden verzichtet.

Denn das Übereinkommen wollte die Wirkungserstreckung erleich-

---

[63] OLG Frankfurt/Main RIW/AWD 1978, 620.

[64] Vgl. dazu oben § 158 III.

[65] Vgl. *Droz* Nr. 604: „A contrario, la disposition a pour effet de rendre irrecevable toute requête qui ne serait pas accompagnée des pièces prévues aux articles 46, no 1 et 47, no 1." Ebenso OLG Frankfurt/Main RIW/AWD 1978, 620 für die Urkunde nach Art. 47 Nr. 1.

[66] Vgl. *Schlafen* bei *Bülow-Böckstiegel* 606/289.

tern, nicht erschweren. Würde man der Ansicht von *Droz* folgen, dann könnte es Fälle geben, in denen nach autonomem Recht ein Exequatur erteilt werden könnte, das nach Konventionsrecht versagt werden müßte. Angesichts der abschließenden Regelung des Übereinkommens wäre aber eine Berufung auf das autonome Recht nicht möglich.

Für die hier vertretene Ansicht spricht auch die ratio conventionis. Die Befreiung von der Vorlegung der Urkunden ist eingeführt worden, weil man an den Fall dachte, daß Urkunden vernichtet sein könnten.[67] Dies kann aber bei allen in Art. 46 und Art. 47 aufgeführten Urkunden eintreten.

b) Verfahren

Legt der Antragsteller die in Art. 46f. vorgesehenen Urkunden nicht mit dem Antrag vor, so hat das Gericht folgende Möglichkeiten:

Antragszurückweisung: Das Gericht kann den Antrag auf Klauselerteilung zurückweisen. Dies sollte nur geschehen, wenn zu erwarten ist, daß die Urkunden nicht vorgelegt werden können und eine andere Klärung nicht möglich erscheint.

Fristbestimmung: Dem Antragsteller kann eine Frist zur Vorlegung der Urkunden gesetzt werden. Diese Möglichkeit besteht nicht nur für die Urkunden nach Art. 46 Nr. 2, 47 Nr. 2, sondern für alle Urkunden nach Art. 46, 47. Denn die Vorlegungspflicht besteht nicht im Zeitpunkt der Antragstellung. Die Urkunden müssen nur vor der Entscheidung vorliegen oder zu irgendeinem Zeitpunkt vorgelegen haben.[68] In der Fristbestimmung ist das Gericht nur durch Art. 34 I gebunden, der eine unverzügliche Entscheidung vorsieht. Zwar wird der Schuldner durch eine zu lange Fristsetzung nicht berührt, der Gläubiger kann aber u. U. ein Interesse daran haben, daß sein Antrag abgewiesen wird, wenn er die Urkunden nicht vorlegen kann und das Gericht erster Instanz von der Vorlegungspflicht nicht absehen will, um schnell eine Entscheidung des Rechtsbehelfsgerichts zu bekommen.

Die Rechtsnatur der Fristsetzung bestimmt sich – wie das übrige Verfahren – nach zweitstaatlichem Prozeßrecht.

Zulassung gleichwertiger Urkunden: Das Gericht kann sich mit der Vorlegung gleichwertiger Urkunden begnügen. Dabei genügt es auch, daß sich der urkundlich zu beweisende Sachverhalt mittelbar aus einer anderen Urkunde ergibt. So ergab sich in dem dem Beschluß des LG München I[69] zugrunde liegenden Sachverhalt aus der beglaubigten Urteilsabschrift eines französischen Versäumnisurteils, daß das den Rechtsstreit einleitende Schriftstück dem Beklagten zugestellt war. Das Landgericht

---

[67] Vgl. *Jenard*-Bericht zu Art. 48.

[68] Vgl. BGH RIW/AWD 1979, 861; der BGH hat entschieden, daß die Ausfertigung nach Art. 46 Nr. 1 nicht bei den Akten verbleiben muß, sondern dem Antragsteller zurückgegeben werden kann.

[69] Vgl. LG München I Rechtsprechungsübersicht II (1978) Nr. 76; abgedruckt auszugsweise auch bei *Pocar* S. 345f.

hat – zu Unrecht – diesen „mittelbaren Urkundsbeweis" nicht als ausreichend angesehen. Wenn das Zweitgericht auf die Vorlage von Urkunden – wie der nach Art. 46 Nr. 2 – überhaupt verzichten kann, dann kann es auch den „mittelbaren Urkundsbeweis" zulassen. Gleichwertige Urkunden i. S. von Art. 48 I sind nicht nur öffentliche, sondern auch Privaturkunden.[70]

Nachweis auf andere Weise: Das Gericht kann schließlich auf die Vorlegung der Urkunden vollends verzichten, wenn es eine weitere Klärung nicht für erforderlich hält, d. h. den Nachweis des durch die Urkunde zu beweisenden Sachverhalts für erbracht ansieht. Das wird in erster Linie dann der Fall sein, wenn der Schuldner den Sachverhalt zugesteht, sei es in einem vorprozessualen Schreiben,[71] sei es im Klauselerteilungsverfahren, hier aber regelmäßig nur in der Rechtsbehelfsinstanz, da er zunächst nicht gehört wird. Der Schuldner kann auch auf die Vorlegung der Urkunden verzichten. Wenn das Gericht auf die Vorlegung der Urkunden verzichten will, wird es zweckmäßigerweise einen Erörterungstermin mit dem Antragsteller durchführen.[72] In dessen Einverständnis kann auch der Antragsgegner gehört werden,[73] der durch seine Äußerung einen weiteren Nachweis häufig überflüssig macht.

5. Übersetzung der Urkunden

Der Antragsteller kann die Urkunden nach Art. 46, 47 in der Sprache vorlegen, in der sie durch den Erststaat erstellt worden sind.[74] Das Zweitgericht kann jedoch vom Antragsteller die Vorlegung einer Übersetzung in die Gerichtssprache des Zweitgerichts fordern. Die Möglichkeit, Übersetzungen zu verlangen, besteht in jeder Lage des Verfahrens.[75] Beherrscht beispielsweise der Klauselerteilungsrichter die Sprache des Erstgerichts und sieht er von der Anforderung von Übersetzungen ab, so bindet das das Rechtsbehelfsgericht nicht. Dieses kann Übersetzungen fordern.

Verlangt das Gericht eine Übersetzung, so ist diese zu beglaubigen. Das Gericht kann von der Beglaubigung nicht absehen. Denn das Verlangen der Übersetzung zeigt, daß das Gericht der fremden Sprache nicht ausreichend mächtig ist. Die Beglaubigung braucht nicht durch eine im Zweitstaat befugte Person vorgenommen werden. Es genügt Beglaubigung von einem in irgendeinem Vertragsstaat zugelassenen Übersetzer.[76]

---

[70] Vgl. *Schlafen* bei *Bülow-Böckstiegel* 606/290f.

[71] Vgl. dazu Cour d'appel Aix-en-Provence Nachschlagewerk I-46-B 2.

[72] Vgl. dazu § 5 I dAusfG.

[73] Vgl. *Geimer* JZ 1977, 213ff. (215); *Schütze* Festschrift für *Bülow* aaO. S. 211ff.

[74] Vgl. *Schlafen* bei *Bülow-Böckstiegel* 606/291; *Wolf*, Das Ausführungsgesetz zu dem EWG-Gerichtsstands- und Vollstreckungsübereinkommen, NJW 1973, 397ff. (398).

[75] Vgl. *Schlafen* bei *Bülow-Böckstiegel* 606/292.

[76] Vgl. dazu den *Jenard*-Bericht zu Art. 48: „Abs. 2 betrifft die Übersetzung der

6. Keine Legalisation

Art. 49 sieht eine Befreiung der im Klauselerteilungsverfahren vorzulegenden Urkunden vom Legalisationszwang vor – soweit dieser nach zweitstaatlichem Verfahrensrecht besteht.[77]

a) Anwendungsbereich

Ausgenommen vom Legalisationszwang sind die in Art. 46 und Art. 47 aufgeführten Urkunden und die Prozeßvollmacht im zweitstaatlichen Verfahren.[78] Diese Befreiung gilt sowohl für den Antragsteller wie für den Antragsgegner.[79] Art. 49 ist analog auch auf den Nachweis der gesetzlichen Vertretung anzuwenden.[80] Das Gericht darf also beispielsweise nicht die Legalisierung eines zum Nachweis der gesetzlichen Vertretung im Klauselerteilungsverfahren vorgelegten Handelsregisterauszuges fordern.

b) Förmlichkeiten

Die Befreiung von Förmlichkeiten in Art. 49 ist umfassend. Das Zweitgericht darf weder eine Legalisation[81] noch die Apostille nach dem Haager Übereinkommen zur Befreiung ausländischer öffentlicher Urkunden von der Legalisation vom 5. 10. 1961[82] noch eine sonstige Förmlichkeit fordern.

c) Wirkung der Befreiung

Für die Echtheit ausländischer öffentlicher Urkunden spricht ohne Legalisation keine gesetzliche Vermutung. Nach § 438 II ZPO genügt aber die Legalisation zum Beweis der Echtheit einer solchen Urkunde. Wo die Legalisation entbehrlich ist, gilt jedoch § 437 ZPO analog,[83] so daß diese Urkunden die Echtheitsvermutung von inländischen öffentlichen Urkunden besitzen.[84]

Die Echtheitsvermutung kann jedoch widerlegt werden. Im deutschen Recht kann das Gericht, wenn es die Echtheit für zweifelhaft hält, die Behörde oder die Person, von der die Urkunde errichtet sein soll, zu

---

vorzulegenden Urkunden. Zur Vereinfachung wird es zugelassen, daß die Übersetzung von einer in einem der Vertragsstaaten hierzu befugten Person beglaubigt wird."

[77] Vgl. dazu Corte di Cassazione Riv. dir. int. priv. proc. 1977, 909.

[78] Vgl. *Jenard*-Bericht zu Art. 49.

[79] Zu eng der *Jenard*-Bericht zu Art. 49, der nur auf die Prozeßvollmacht für den Antragsteller abstellt.

[80] Vgl. *Schlafen* bei *Bülow-Böckstiegel* 606/293.

[81] Zur Legalisation vgl. auch *Bülow*, Die Legalisation öffentlicher Urkunden, DNotZ 1955, 9ff.; *Kierdorf*, Die Legalisation von Urkunden, 1975; *Féaux de la Croix*, Die Legalisation ausländischer öffentlicher Urkunden, DJ 1938, 1346ff.

[82] BGBl. 1965 II 875; 1972 II 391; vgl. dazu *Blumenwitz*, Zum Kollisionsrecht der notariellen Urkunde, DNotZ 1968, 712ff. (728ff.); *Ferid*, Die 9. Haager Konferenz, RabelsZ 27 (1962), 411ff.

[83] Vgl. *Zöller-Stephan*, ZPO, 13. Aufl., § 438 Anm. 1.

[84] Vgl. *Schlafen* bei *Bülow-Böckstiegel* 606/293.

einer Erklärung über die Echtheit veranlassen.[85] *Droz*[86] empfiehlt in solchen Fällen die Rückfrage bei dem Justizministerium des Erststaates. Beide Wege sind aber u. U. langwieriger als die Legalisation oder die Beschaffung der Apostille. Bei Zweifeln an der Echtheit der Urkunde kann der Antragsteller einer Verzögerung durch Rückfrage im Erststaat durch Legalisation begegnen. Denn Art. 49 verbietet nur dem Zweitrichter, die Legalisation zu fordern, nicht jedoch dem Antragsteller, sie beizubringen.

IV. Aussetzung des Verfahrens

Nach Art. 38 kann das Zweitgericht die Entscheidung über die Klauselerteilung aussetzen, wenn ein ordentlicher Rechtsbehelf im Erststaat eingelegt ist oder noch eingelegt werden kann. Die Bestimmung geht auf Art. 10 des deutsch-belgischen Abkommens zurück.[87]

1. Ordentlicher Rechtsbehelf

Zu Art. 10 des deutsch-belgischen Abkommens ist anerkannt, daß ordentliche Rechtsbehelfe nur solche mit Suspensiveffekt sind[88] und der pourvoi en cassation des belgischen Rechts deshalb beispielsweise nicht darunter fällt.[89] In gleicher Weise wurde zunächst auch Art. 38 ausgelegt.[90] So hat das Oberlandesgericht Koblenz[91] die französische Kassationsbeschwerde nicht als ordentlichen Rechtsbehelf i. S. von Art. 38 angesehen.[92] Die Interpretation von Art. 38 ist von *Linke*[93] kritisiert worden, der für eine Aussetzungsmöglichkeit in allen Fällen eintritt, in denen eine Beseitigung der erststaatlichen Entscheidung nach erststaatlichem Recht möglich ist.

Der EuGH hat die Diskussion durch die Entscheidung in der Rechtssache 43/77 nunmehr beendet.[94]

---

[85] Vgl. § 437 II ZPO.

[86] Vgl. *Droz* Nr. 603.

[87] Vgl. *Jenard*-Bericht zu Art. 38; nach *Mezger*, Drei Jahre EG-Zuständigkeits- und Vollstreckungsübereinkommen in Frankreich, RIW/AWD 1976, 345ff. (348) soll die Unterscheidung auf das französische Recht zurückgehen.

[88] Vgl. Bd. II, S. 306; Deutsche Denkschrift zum deutsch-belgischen Abkommen (BTDrucks. III, 919) zu Art. 10; *Harries*, Das deutsch-belgische Anerkennungs- und Vollstreckungsabkommen, RabelsZ 26 (1961), 629ff. (659f.)

[89] Vgl. *Harries* RabelsZ 26 (1961), 660.

[90] Vgl. OLG Koblenz RIW/AWD 1977, 102 mit zustimmender Anmerkung *Schütze; Linke* bei *Bülow-Böckstiegel* 606/226f.

[91] RIW/AWD 1977, 102.

[92] Ebenso *Schütze*, Urteilsanmerkung, RIW/AWD 1977, 103; *Mezger* RIW/AWD 1976, 345f.

[93] Vgl. *Linke* bei *Bülow-Böckstiegel* 606/227.

[94] RIW/AWD 1978, 186 = NJW 1978, 1107 (nur Leitsatz). Der Leitsatz lautet:

Das Problem der Qualifikation[95] löst der EuGH auch in diesem Fall durch eine vertragsautonome Interpretation. Angesichts der Unterschiedlichkeit der Rechtsmittelzüge in den Vertragsstaaten sichert diese Auslegung eine einheitliche Praxis der Aussetzung.

Der EuGH wendet die Unterscheidung in zahlreichen Rechten der Vertragsstaaten in ordentliche und außerordentliche Rechtsbehelfe nicht an.[96] Kriterien für den Begriff des ordentlichen Rechtsbehelfs in Art. 38 sind:

- Der Rechtsbehelf muß nach erststaatlichem Recht zur Aufhebung oder Abänderung der zu vollstreckenden Entscheidung führen können.
- Der Rechtsbehelf muß an eine bestimmte Frist gebunden sein.

Damit fallen auch viele Rechtsbehelfe ohne Suspensiveffekt unter den Begriff des „ordentlichen Rechtsbehelfs", z. B. die Kassationsbeschwerde des französischen Rechts und die Kassationsbeschwerde des italienischen Rechts.[97]

Ausgenommen sind lediglich die Rechtsbehelfe, die entweder von Ereignissen abhängen, die im Zeitpunkt des Urteilserlasses unvorhersehbar waren, oder von einem Tätigwerden Dritter, falls diese sich den durch die ursprüngliche Entscheidung ausgelösten Lauf der Rechtsmittelfrist nicht entgegen zu halten lassen brauchen. In diesem Sinne ist deshalb der Dritteinspruch des französischen Rechts kein „ordentlicher Rechtsbehelf".

---

1. Der Begriff „ordentlicher Rechtsbehelf" i. S. der Art. 30, 38 EuGVÜ ist allein aus dem Übereinkommen heraus und nicht nach dem Recht des Urteilsstaates oder des Staates zu bestimmen, in dem die Anerkennung verlangt oder die Vollstreckung betrieben wird.

2. „Ordentlicher Rechtsbehelf" i. S. der Art. 30, 38 EuGVÜ, der gegen eine Entscheidung im Urteilsstaat eingelegt ist oder eingelegt werden kann, ist jeder Rechtsbehelf, der zur Aufhebung oder Abänderung der dem Anerkennungs- oder Klauselerteilungsverfahren nach dem Übereinkommen zugrunde liegenden Entscheidung führen kann und für dessen Einlegung im Urteilsstaat eine gesetzliche Frist bestimmt ist, die durch die Entscheidung selbst in Lauf gesetzt wird.
Ausführlich oben § 150 Fußn. 9.

[95] Vgl. dazu auch *Geimer*, Zur Auslegung des Brüsseler Zuständigkeits- und Vollstreckungsübereinkommens in Zivil- und Handelssachen vom 27. 9. 1968, EuR 12 (1977), 341 ff.; *Schlosser*, Der EuGH und das Europäische Gerichtsstands- und Vollstreckungsübereinkommen, NJW 1977, 457 ff.

[96] Vgl. zur Unterscheidung im französischen Recht Art. 527 nouveau Code de procédure civile. Danach sind ordentliche Rechtsbehelfe nur Berufung und Einspruch, außerordentliche dagegen die Kassationsbeschwerde, das Wiederaufnahmegesuch und die Drittbeschwerde.

Im deutschen Recht entspricht der Begriff des Rechtsmittels dem des „ordentlichen Rechtsbehelfs". Während unter Rechtsbehelf „jedes prozessuale Mittel zur Verwirklichung eines Rechts" (*Baumbach-Lauterbach-Albers-Hartmann,* ZPO, 41. Aufl., vor § 511) verstanden wird, sind Rechtsmittel nur solche Rechtsbehelfe, die mit Suspensiv- und Devolutiveffekt ausgestattet sind, also Berufung, Revision und Beschwerde.

[97] Die Entscheidung in der Rechtssache 43/77 ist zur italienischen Kassationsbeschwerde ergangen.

2. Anfechtung oder Anfechtbarkeit der Entscheidung

Die Aussetzungsmöglichkeit besteht zunächst, wenn der Urteilsschuldner im erststaatlichen Verfahren einen ordentlichen Rechtsbehelf eingelegt hat. Dabei genügt jedoch nicht die bloße Einlegung, diese muß nach erststaatlichem Recht auch zulässig sein.[98] Legt der Urteilsschuldner einen unzulässigen Rechtsbehelf ein, so darf das Zweitgericht nicht aussetzen. Andernfalls stünde es dem Urteilsschuldner frei, durch unzulässige Rechtsbehelfseinlegung die Klauselerteilung zu verzögern. Diese Frage allein über die Hoffnung auf eine sinnvolle Ausübung des richterlichen Ermessens lösen zu wollen,[99] geht nicht an. Der Justizgewährungsanspruch des Urteilsgläubigers[100] darf nicht auf diese Weise eingeschränkt werden.

Hat der Urteilsschuldner also beispielsweise Revision zum Bundesgerichtshof nach Fristablauf oder nicht in der gehörigen Form eingelegt, so ist keine Aussetzungsmöglichkeit für den belgischen Zweitrichter im Klauselerteilungsverfahren gegeben. Diese Lösung bürdet dem Zweitgericht auch keine unzumutbaren Schwierigkeiten auf. Der Zweitrichter muß sich ohnehin mit dem erststaatlichen Recht der Rechtsbehelfe vertraut machen, um die Frage entscheiden zu können, ob überhaupt ein „ordentlicher Rechtsbehelf" eingelegt worden ist.

Der Einlegung des Rechtsbehelfs steht die Möglichkeit seiner Einlegung gleich. Dabei ist notwendig, daß

- ein „ordentlicher Rechtsbehelf" im konkreten Fall zulässig ist,
- die Frist für seine Einlegung noch nicht verstrichen ist und
- der Urteilsschuldner nicht unmißverständlich erklärt hat, daß er einen Rechtsbehelf nicht einlegen werde.[101]

Die abstrakte Möglichkeit der Einlegung eines Rechtsbehelfs genügt also nicht. Ist also beispielsweise die Berufungssumme (§ 511 a ZPO) nicht erreicht, dann kann eine Aussetzung auch vor Ablauf der Berufungsfrist nicht erfolgen.

3. Verfahren

Die Aussetzung erfolgt nur auf Antrag des Urteilsschuldners. Das Gericht ist nicht befugt, von Amts wegen auszusetzen.[102]

Das Verfahren der Aussetzung bestimmt sich nach zweitstaatlichem Recht. Im deutschen Klauselerteilungsverfahren ist § 148 ZPO deshalb anwendbar.[103]

---

[98] Vgl. *Schütze,* Urteilsanmerkung, RIW/AWD 1977, 103.
[99] So *Müller* bei *Bülow-Böckstiegel* 606/256.
[100] Vgl. dazu oben § 42.
[101] Vgl. Bd. II, S. 307 zu Art. 10 des deutsch-belgischen Abkommens.
[102] Vgl. *Müller* bei *Bülow-Böckstiegel* 606/256.
[103] Vgl. Bd. II, S. 306 zu Art. 10 des deutsch-belgischen Abkommens; *Müller* bei *Bülow-Böckstiegel* 606/256; zum Verfahren im einzelnen vgl. unten § 163.

Die Entscheidung des Gerichts erfolgt nach pflichtgemäßem Ermessen. Die Interessen der Parteien sind gegeneinander abzuwägen. Maßgeblich bei deren Berücksichtigung können sein:[104] die Erfolgsaussichten des Rechtsbehelfsverfahrens im Erststaat und die Erfolgsaussichten des Klauselerteilungsverfahrens. Steht von vornherein fest, daß die Klausel nicht zu erteilen ist, dann wäre es unsinnig, das Verfahren auszusetzen. Das gleiche gilt, wenn die Einlegung des Rechtsbehelfs im Erststaat offensichtlich ohne Erfolgsaussichten ist.[105] Nicht zu berücksichtigen ist die finanzielle Situation der Parteien,[106] da das Gericht Nachteile des Urteilsschuldners in dieser Hinsicht durch die Anordnung einer Sicherheitsleistung (Art. 38 II) verhindern kann.

Das Zweitgericht hat in dem Aussetzungsbeschluß eine Frist zur Einlegung des Rechtsbehelfs für den Antragsgegner zu bestimmen. Legt dieser den Rechtsbehelf nicht innerhalb der Frist ein, so ist über den Antrag auf Klauselerteilung zu entscheiden. Wird allerdings nach Fristablauf, aber vor Entscheidung noch der Rechtsbehelf – zulässigerweise – im Erststaat eingelegt, dann kann das Zweitgericht nunmehr das Verfahren aussetzen.[107]

Die Anwendung von Art. 38 I sollte im Hinblick auf den Justizgewährungsanspruch des Urteilsgläubigers auf Ausnahmefälle beschränkt bleiben. Die Interessen des Urteilsschuldners können regelmäßig durch die Anordnung einer Sicherheitsleistung geschützt werden.

V. Entscheidung

1. Keine Änderung der erststaatlichen Entscheidung

Die Entscheidung kann nur auf Zulassung der Zwangsvollstreckung durch Klauselerteilung (oder Registrierung im Vereinigten Königreich

[104] Vgl. Bd. II, S. 307 zu Art. 10 des deutsch-belgischen Abkommens.

[105] Das OLG München Rechtsprechungsübersicht I (1977) Nr. 3 hat eine Aussetzung des Verfahrens nach Art. 38 I abgelehnt, „da die in Belgien noch anhängige Kassationsbeschwerde kaum Aussicht auf Erfolg habe"; ebenso OLG München/Augsburg NJW 1975, 504.

[106] Das OLG Köln Rechtsprechungsübersicht III (1979) Nr. 129 hat deshalb zu Recht dem Antrag auf Aussetzung des Klauselerteilungsverfahrens für ein italienisches Urteil wegen der ungewissen Vermögenssituation der Urteilsgläubigerin nicht stattgegeben und Sicherheitsleistung angeordnet. Das OLG Köln führt aus: „Dies (Aussetzung) widerspreche dem Sinn und Zweck der vorläufigen Vollstreckbarkeit, die dem obsiegenden Gläubiger ungeachtet etwaiger Rechtsmittel grundsätzlich eine Möglichkeit zur Befriedigung – nicht nur zur Sicherung – verschaffen solle". Vgl. auch OLG Celle Rechtsprechungsübersicht III (1979) Nr. 122, das darauf hinweist, daß die nach Art. 38 II gegebene Möglichkeit, die Zwangsvollstreckung von einer Sicherheitsleistung abhängig zu machen, die Interessen des Beklagten, Schadensersatz aus ungerechtfertigter Vollstreckung zu erhalten, hinreichend schütze.

[107] Vgl. Bd. II, S. 307 zu Art. 10 des deutsch-belgischen Abkommens.

nach Art. 31 II) oder Zurückweisung des Antrags lauten. Eine Abänderung der ausländischen Entscheidung in sachlicher Hinsicht ist unzulässig. Sie würde dem Wesen des Exequaturs widersprechen, das die bestehenden Wirkungen eines ausländischen Urteils auf das Inland erstreckt, nicht aber andere Wirkungen schaffen kann. Überdies würde eine Abänderung der erststaatlichen Entscheidung durch das Zweitgericht gegen das Verbot der révision au fond (Art. 34 III) verstoßen.

Verurteilt die erststaatliche Entscheidung also zur Erfüllung, so kann nicht die Leistung von Schadensersatz im Klauselerteilungsverfahren angeordnet werden.

2. Teilexequatur

Zulässig ist dagegen die Zulassung der Zwangsvollstreckung für einen von mehreren Urteilsansprüchen oder einen Teil des Urteilsanspruchs (Art. 42). Die Zulassung des Teilexequaturs entspricht praktischen Bedürfnissen und findet sich in zahlreichen Staatsverträgen.[108]

a) Teilbarer Anspruch

Ist der Urteilsanspruch teilweise erloschen – etwa durch Teilzahlungen nach Erlaß der Entscheidung –[109] oder steht ihm teilweise eine rechtshemmende Einrede – etwa Stundung, die nach Urteilserlaß gewährt worden ist –[110] entgegen, so kann die Zulassung der Zwangsvollstreckung für den nicht erloschenen oder einredebehafteten Teil erfolgen. Das Teilexequatur wird auf Antrag des Urteilsgläubigers erteilt. Beschränkt der Antragsteller in einem der vorbeschriebenen Fällen seinen Antrag nicht auf eine Teil-Vollstreckungsklausel, so kann der Schuldner im Rechtsbehelfsverfahren das teilweise Erlöschen oder die Einredebehaftung geltend machen.[111]

---

[108] Vgl. Art. 14 IV Benelux-Vertrag; Art. 3 französisch-italienisches Abkommen; Art. 3 italienisch-niederländisches Abkommen; Art. 11 deutsch-belgisches Abkommen; Art. 10 belgisch-italienisches Abkommen; Art. 12 deutsch-niederländischer Vertrag; für das autonome deutsche Recht und das deutsch-schweizerische Abkommen vgl. *Kallmann*, Anerkennung und Vollstreckung ausländischer Zivilurteile und gerichtlicher Vergleiche, 1946, S. 185f.; für das autonome belgische Recht vgl. Bd. II, S. 308 Fußn. 1.

[109] Vgl. *Jenard*-Bericht zu Art. 42: „Nach Artikel 42 Absatz 2 kann der Antragsteller beantragen, daß die Zwangsvollstreckung nur für einen Teil des Gegenstandes der Verurteilung zugelassen wird. Das Gericht hat diesem Antrag stattzugeben. Wie in dem Bericht zum Benelux-Vertrag dargelegt wird, ist es möglich, daß der Vollstreckungsgläubiger selbst nur eine Teilvollstreckung wünscht, z. B. weil die Entscheidung, aus der die Vollstreckung betrieben wird, zu Zahlungen verurteilt, die nach dem Erlaß des Urteils teilweise geleistet worden sind."

Ähnlich der Bericht der Unterhändler zu Art. 11 des deutsch-belgischen Abkommens (BTDrucks. III Nr. 919).

[110] Vgl. zum deutsch-belgischen Abkommen Bd. II, S. 308.

[111] Vgl. dazu auch § 14 I dAusfG, der ausdrücklich vorsieht, daß der Schuldner mit der Beschwerde, die sich gegen die Zulassung der Zwangsvollstreckung richtet, auch

Aber auch in Fällen, in denen der Urteilsanspruch weder teilweise erloschen noch einredebehaftet ist, kann der Gläubiger aus Kostengründen ein Interesse an einer Beschränkung seines Antrags auf einen Teil des Urteilsanspruchs haben.[112] So werden in der Bundesrepublik Deutschland für das Klauselerteilungsverfahren zwar Gerichtskosten unabhängig vom Streitwert erhoben,[113] die Rechtsanwaltsgebühren bemessen sich nach § 47 BRAGebO aber nach dem Streitwert. So kann es durchaus im Interesse der Parteien liegen, wenn zur Verminderung des Kostenrisikos die Zulassung zur Zwangsvollstreckung bei sehr hohen Streitwerten nur für einen Teil beantragt wird.

b) Mehrere Ansprüche

Wenn durch das ausländische Urteil über mehrere Ansprüche entschieden worden ist, kann die Zwangsvollstreckung für einzelne dieser Ansprüche zugelassen werden, wenn nur für diese die Erfordernisse der Klauselerteilung vorliegen, für andere nicht. Das kann der Fall sein, wenn nicht alle Ansprüche dem sachlichen Geltungsbereich des Übereinkommens unterfallen. So war es in dem einer Entscheidung des OLG Stuttgart[114] zugrunde liegenden Fall. Ein französisches Scheidungsurteil enthielt neben dem Scheidungsausspruch eine Regelung des elterlichen Sorge- und Besuchsrechts sowie die Verurteilung des Ehemanns zur Zahlung einer Unterhaltsrente an die Frau. Das Landgericht hatte nach Art. 42 die Klausel für den Unterhaltsanspruch erteilt.[115]

Denkbar ist auch der Fall, daß der Urteilsausspruch hinsichtlich eines Anspruchs gegen den zweitstaatlichen ordre public verstößt, hinsichtlich eines anderen nicht.[116] Allerdings sind derartige Fälle regelmäßig nur für den materiellen ordre public denkbar, nicht für den verfahrensrechtlichen.[117] Sind die Rechte einer Partei im erststaatlichen Verfahren verletzt

---

Einwendungen, die sich gegen den Anspruch selbst richten, geltend machen kann, soweit sie nach Erlaß der Entscheidung entstanden sind.

[112] Vgl. dazu *Droz* Nr. 585.

[113] Vgl. Anlage 1 zu § 11 I GKG Kostenverzeichnis Nr. 1096 (feste Gebühr DM 100.–).

[114] Vgl. OLG Stuttgart Rechtsprechungsübersicht II (1978) Nr. 79.

Eine gleiche Fallgestaltung findet sich bei OLG Karlsruhe Rechtsprechungsübersicht II (1978) Nr. 54. Dort war die Klauselerteilung für eine französische Entscheidung beantragt, die einen Nichtversöhnungsbeschluß, die Übertragung der Personensorge für die Kinder und die Anordnung der Unterhaltszahlung an die Kinder enthielt. Das OLG Karlsruhe hat die Teilklauselerteilung für den Unterhaltsanspruch bestätigt.

[115] Die Entscheidung ist aus anderen Gründen (Unklarheit über die Vollstreckbarkeit) dann aufgehoben worden.

[116] Vgl. *Droz* Nr. 584: „Le cas pourra se présenter de manière pratique lorsque les décisions rendues sur certains chefs de demande paraîtront contraires à l'ordre public, alors que les décisions rendues sur autres chefs ne le heurteront pas."

[117] Vgl. dazu *Baur*, Einige Bemerkungen zum verfahrensrechtlichen ordre public: Festschrift für *Guldener*, 1973, S. 1ff.; *Geimer*, Nichtanerkennung ausländischer Urteile wegen nichtgehöriger Ladung im Erstprozeß, NJW 1973, 2138ff.; *ders.*, Zur Nichtan-

– ist etwa kein rechtliches Gehör gewährt worden – so wirkt dieser Verstoß regelmäßig auf die gesamte Entscheidung.[118] Immerhin ließe sich ein Fall vorstellen, in dem ein weiterer Anspruch im Wege der Klageerweiterung im erststaatlichen Verfahren vom Gläubiger geltend gemacht worden ist, das Gericht bei im übrigen einwandfreien Verfahren dem Schuldner aber diesen Schriftsatz nicht zugeleitet hat.

Die Ansprüche müssen trennbar sein.[119] *Droz* meint zu Recht: „C'est une question de bon sens".[120]

Die Erteilung des Teilexequaturs im Falle, daß einzelne von mehreren Ansprüchen wegen Fehlens der Erfordernisse der Anerkennung nicht zur Zwangsvollstreckung zugelassen werden können, erfolgt von Amts wegen.[121] Dem Gläubiger bleibt es jedoch auch hier unbenommen, seinen Antrag von sich aus zu beschränken, wenn er die Klauselerteilung nur für einen Teil des Urteilsausspruchs begehrt.

c) Widerklage

Eine Teilklauselerteilung ist schließlich auch möglich, wenn die erststaatliche Entscheidung auf Klage und Widerklage ergangen ist, aber nur für den die Klage betreffenden Teil des Urteils die Erfordernisse der Zulassung der Zwangsvollstreckung vorliegen.[122]

d) Form der Entscheidung

Wird die Klausel nur teilweise erteilt, so ist klar zu bezeichnen, inwieweit die Zwangsvollstreckung zulässig ist. Nach § 8 I dAusfG ist die zu vollstreckende Verurteilung/Verpflichtung in die Entscheidung aufzunehmen, so daß hier keine Probleme auftreten können. Die Klausel ist in diesen Fällen als „Teil-Vollstreckungsklausel" ausdrücklich zu bezeichnen (§ 8 II dAusfG).

e) Anordnung einer Sicherheitsleistung

Nach Art. 38 II kann das Zweitgericht die Zulassung der Zwangsvollstreckung von einer Sicherheitsleistung abhängig machen. Für die Anordnung der Sicherheitsleistung müssen dieselben Voraussetzungen wie für die Aussetzung nach Art. 38 I vorliegen,[123] d. h. ein ordentlicher

---

erkennung ausländischer Urteile wegen nicht ordnungsgemäßen erststaatlichen Verfahrens, JZ 1969, 12ff.

[118] Vgl. *Droz* Nr. 584.

[119] Vgl. auch *Batiffol-Lagarde*, Droit international privé, 6. Aufl., Bd. 2, 1976, Nr. 727; *Perroud*, Les jugements étrangers, 1929, Nr. 176, der eine sorgfältige Zusammenstellung der älteren französischen Rechtsprechung bringt.

[120] Vgl. *Droz* Nr. 584.

[121] Vgl. *Schlafen* bei *Bülow-Böckstiegel* 606/264f.

[122] Vgl. *Schlafen* bei *Bülow-Böckstiegel* 606/265; zur gleichen Problematik im Rahmen des deutsch-belgischen Abkommens vgl. Bd. II, S. 309; vgl. im übrigen auch *Kallmann*, Anerkennung und Vollstreckung ausländischer Zivilurteile und gerichtlicher Vergleiche, 1946, S. 185f. Fußn. 95.

[123] Vgl. dazu oben § 159 IV.

Rechtsbehelf muß im Erststaat (zulässigerweise) eingelegt worden oder noch möglich sein.[124]

Die Entscheidung, ob das Verfahren ausgesetzt oder die Klausel unter Anordnung einer Sicherheit erteilt wird, liegt im pflichtgemäßen Ermessen des Zweitgerichts. Die Anordnung der Sicherheitsleistung sollte der Regelfall, die Aussetzung die Ausnahme sein.[125]

Die Sicherheitsleistung kommt nur in Betracht, wenn nicht schon im Erststaat Sicherheitsleistung angeordnet worden ist.[126] Reicht diese Sicherheit aber nach Ansicht des Zweitgerichts nicht aus, um den eventuellen Schadensersatzanspruch des Urteilsschuldners aus ungerechtfertigter Vollstreckung zu sichern, so kann das Zweitgericht nach Art. 38 II eine weitere Sicherheitsleistung anordnen.

Das Verfahren der Sicherheitsleistung und ihre Art bestimmen sich nach zweitstaatlichem Recht.[127] Für das deutsche Klauselerteilungsverfahren sind deshalb beispielsweise §§ 108f. ZPO anwendbar.

VI. Rechtsbehelf

Sowohl gegen die die Klausel bewilligende als auch gegen die die Klausel verweigernde Entscheidung ist ein Rechtsbehelf gegeben. Zuständigkeit und Verfahren sind in einigen Vertragsstaaten unterschiedlich geregelt.

1. Rechtsbehelf gegen die bewilligende Entscheidung

In Belgien, Italien und den Niederlanden hat der Rechtsbehelf keinen Devolutiveffekt. Vielmehr entscheidet dasselbe Gericht über den Rechtsbehelf, das die angefochtene Entscheidung erlassen hat, in *Belgien* der Tribunal de Première Instance; in *Italien* die Corte d'Appello; in den *Niederlanden* die Arrondissementsrechtbank.

In den Niederlanden besteht allerdings die Besonderheit, daß der Präsident des Bezirksgerichts über die Klauselerteilung allein entscheidet, während die Entscheidung über den verzet gegen die Klauselerteilung in die Zuständigkeit der Kammer fällt.[128] Hat der Rechtsbehelf so keinen Devolutiveffekt, so besteht der grundlegende verfahrensmäßige Unterschied darin, daß über die Klauselerteilung ohne Anhörung des Antragsgegners entschieden wird, das Rechtsbehelfsverfahren dagegen kontradiktorisch ist.[129]

[124] Vgl. OLG München/Augsburg NJW 1975, 504; Cour d'Appel Dijon Clunet 103 (1976), 146 mit Anmerkung *Holleaux* ebenda S. 150; *Droz* Nr. 579.
[125] Vgl. dazu oben § 159 IV.
[126] Vgl. *Müller* bei *Bülow-Böckstiegel* 606/257.
[127] Vgl. *Müller* bei *Bülow-Böckstiegel* 606/257.
[128] Vgl. dazu unten § 168 II.
[129] Vgl. dazu insbes. *Droz* Nr. 570ff.; *Weser* Nr. 296.

Auch in Irland und im Vereinigten Königreich wird der Rechtsbehelf keinen Devolutiveffekt haben.[130] Zuständig zur Entscheidung wird dasselbe Gericht sein, das über die Zulassung zur Zwangsvollstreckung bzw. die Registrierung entschieden hat,

in *Irland* der High Court

im *Vereinigten Königreich*

1. in England und Wales der „High Court of Justice" oder im Falle von Entscheidungen in Unterhaltssachen der „Magistrates' Court";
2. in Schottland der „Court of Session" oder im Falle von Entscheidungen in Unterhaltssachen der „Sheriff Court";
3. in Nordirland der „High Court of Justice" oder im Falle von Entscheidungen in Unterhaltssachen der „Magistrates' Court".

In Dänemark, der Bundesrepublik Deutschland, Frankreich, Luxemburg und später Griechenland dagegen hat der Rechtsbehelf Devolutiveffekt. Zuständig ist jeweils das allgemeine Rechtsmittelgericht,

in *Dänemark* der Landsret;

in der *Bundesrepublik Deutschland* das Oberlandesgericht;

in *Frankreich* die Cour d'Appel;

in *Luxemburg* die Cour Supérieure de Justice als Berufungsinstanz für Zivilsachen;

in *Griechenland* das Epheteia (Appelhof).

Antragsberechtigt ist der Schuldner, gegen den die Zwangsvollstreckung zugelassen worden ist. Der Rechtsbehelf ist befristet (Art. 36).[131]

---

[130] Vgl. dazu *Schlosser*-Bericht Nr. 216: „Will der Schuldner gegen die Zulassung der Vollstreckung vorgehen, so muß er seinen Rechtsbehelf („application to set registration aside") nicht wie in Deutschland, Frankreich oder Italien bei dem Gericht höherer Ordnung, sondern wie in Belgien oder den Niederlanden bei dem Gericht einlegen, das das Urteil registriert hat. Das Verfahren wird die Form eines normalen streitigen Zivilprozesses annehmen.

Entsprechendes gilt auch für den Rechtsbehelf, der dem Antragsteller für den Fall zusteht, daß sein Antrag abgelehnt worden ist, obwohl in dieser Situation für alle sieben kontinentalen Mitgliedstaaten der Gemeinschaft die Zuständigkeit eines Gerichts höherer Ordnung vorgesehen ist".

[131] Vgl. dazu *Jenard*-Bericht zu Art. 36: „Wird die Zwangsvollstreckung zugelassen, so ist die Entscheidung dem Schuldner zuzustellen. Dieser kann von dem Zeitpunkt der Zustellung an einen Rechtsbehelf gegen die Entscheidung einlegen. Für die Frist und ihren Beginn ist nach Artikel 36 zwischen zwei Möglichkeiten zu unterscheiden:

a) Hat der Schuldner seinen Wohnsitz in dem Staate, in dem die Entscheidung ergangen ist, so beträgt die Frist einen Monat. Der Fristbeginn richtet sich nach den allgemeinen innerstaatlichen Vorschriften, von denen abzuweichen kein Grund besteht.

b) Hat der Schuldner seinen Wohnsitz in einem anderen Vertragsstaat, so beträgt die Frist zwei Monate. Sie beginnt von dem Tage an zu laufen, an dem die Entscheidung dem Schuldner entweder in Person oder in seiner Wohnung zugestellt worden ist.

Außer Betracht bleiben in Frankreich und in den Niederlanden der Zeitpunkt der Übergabe an die Staatsanwaltschaft, in Belgien der Zeitpunkt der Postaufgabe (Artikel

2. Rechtsbehelf gegen die ablehnende Entscheidung

Für die meisten Vertragsstaaten ergeben sich keine Abweichungen verfahrensrechtlicher Art gegenüber der Anfechtung der bewilligenden Entscheidung. Lediglich in Belgien und in den Niederlanden ist der Rechtsbehelf gegen die die Klausel verweigernde Entscheidung mit Devolutiveffekt ausgestattet. Zuständig ist

in *Belgien* die Cour d'Appel;

in den *Niederlanden* der Gerechtshof.

Antragsberechtigt ist der Antragsteller, dessen Antrag nach Art. 32 abgelehnt worden ist. Das Verfahren ist streitig. Der Rechtsbehelf ist unbefristet.

VII. Weiterer Rechtsbehelf

Als weiteren Rechtsbehelf läßt das Übereinkommen nur einen auf die Rechtsüberprüfung beschränkten Rechtsbehelf zu (Art. 37 II, 41).[132]

Die ursprünglichen sechs Vertragsstaaten kennen sämtlich ein derarti-

---

40 des Entwurfs einer Gerichtsordnung) oder der Übersendung durch den belgischen Konsul an die ausländische Behörde. Diese von dem Recht einzelner Staaten abweichende Regelung dient dem Schutz des Schuldners, der nicht durch Fristablauf mit seinem etwaigen Vorbringen ausgeschlossen sein darf, ohne daß er rechtzeitig von der Entscheidung in Kenntnis gesetzt und ihm die Möglichkeit zur Verteidigung gegeben worden wäre.

Eine Fristverlängerung wegen weiter Entfernung ist nicht zulässig, da die Frist regelmäßig ausreichen wird, um der beteiligten Partei die Möglichkeit zur Verteidigung zu geben.

c) Hat die Partei ihren Wohnsitz außerhalb der Gemeinschaft, so läuft die Frist von dem Tage an, an dem die Zustellung erfolgt ist oder an dem sie nach dem Recht des Staates, in dem die Entscheidung ergangen ist, als erfolgt gelten kann. In diesem Falle kann die Monatsfrist wegen weiter Entfernung nach dem innerstaatlichen Recht dieses Staates verlängert werden.

Die Berechnung der Frist richtet sich ebenfalls nach dem innerstaatlichen Recht des Staates, in dem die Entscheidung ergangen ist".

[132] Vgl. dazu *Jenard*-Bericht zu Art. 37: „Diese Bestimmung stützt sich auf folgende Erwägungen. Zunächst sind die Gründe, aus denen die Zulassung zur Zwangsvollstreckung versagt werden kann, eng begrenzt; sie berühren den ordre public des Vollstreckungsstaates. Es ist keineswegs zweckdienlich, die Auseinandersetzungen über diesen Begriff zu vermehren. Ferner ist die Lage eine andere als bei einem reinen Inlandsprozeß. Über die Sache selbst ist in dem Urteilsstaat bereits das Erkenntnis-Verfahren vorausgegangen, in dem die Einlegung von Rechtsbehelfen durch das Übereinkommen in keiner Weise behindert wird. Das Übereinkommen ist zwar auf vorläufig vollstreckbare Entscheidungen anwendbar, doch kann in diesem Falle das Gericht, das in dem Zulassungsverfahren mit dem Rechtsbehelf befaßt ist, gemäß Artikel 38 seine Entscheidung aussetzen. Eine Häufung von Rechtsbehelfen, die von der unterlegenen Partei nur in der Absicht benutzt werden könnten, das Verfahren zu verschleppen, würde eine Behinderung der von dem Übereinkommen erstrebten Freizügigkeit der Urteile bedeuten."

ges Verfahren vor dem höchsten Gericht,[133] regelmäßig in der Form der Kassationsbeschwerde. Da es ein solches Verfahren in der Bundesrepublik Deutschland nicht gibt, ist hier die Rechtsbeschwerde als weiterer Rechtsbehelf vorgesehen.[134] Auf sie sind die Vorschriften der Revision weitgehend entsprechend anwendbar. Anpassungsprobleme ergeben sich in den neuen Vertragsstaaten, die in ihrem autonomen Prozeßrecht kein der Kassation oder Revision entsprechendes Verfahren kennen.

Während in einzelnen Vertragsstaaten der weitere Rechtsbehelf unbeschränkt zur Verfügung steht, ist er in anderen von einer Zulassung abhängig. In der *Bundesrepublik Deutschland* muß sie vom Oberlandesgericht (bei Beschwer bis DM 40000.--, § 546 ZPO analog) oder vom Bundesgerichtshof (bei Beschwer von mehr als DM 40000.--, § 554b ZPO analog) zugelassen werden.[135] In *Dänemark* ist für das Verfahren vor dem Højesteret die Zustimmung des Justizministers erforderlich.[136] Im *V. K.* ist noch offen, bei welchem Gericht und in welchem Verfahren der Rechtsbehelf einzulegen, u. a. auch ob eine Zulassung erforderlich sein wird.[137]

Zuständig sind:
in der *Bundesrepublik Deutschland:* der Bundesgerichtshof;[138]
in *Frankreich:* die Cour de Cassation;[139]
in den *Niederlanden:* der Hoge Raad;[140]
in *Italien:* die Corte di Cassazione;[141]
in *Belgien:* die Cour de Cassation;[142]
in *Luxembourg:* die Cour Supérieure de Justice;[143]

---

133 Vgl. dazu rechtsvergleichend *Bellet-Tunc-Touffait*, La Cour Judiciaire Suprême – Enquête Comparative, 1978

134 Vgl. *Jenard*-Bericht zu Art. 37: „Da es in dem Recht der Bundesrepublik Deutschland die Kassationsbeschwerde nicht gibt, wurde zur Wahrung des Gleichgewichts zwischen den Vertragsstaaten vorgesehen, daß die Entscheidung des Oberlandesgerichtes im Wege der Rechtsbeschwerde angefochten werden kann.“

135 Vgl. dazu unten § 163 III.

136 Vgl. dazu unten § 169.

137 Vgl. dazu unten § 171.

138 Vgl. §§ 123ff. GVG; dazu *Salger* u. a., Länderbericht Bundesrepublik Deutschland in *Bellet-Tunc-Touffait* aaO. S. 311ff.; im übrigen unten § 163 III.

139 Vgl. dazu *Bellet*, Länderbericht Frankreich in *Bellet-Tunc-Touffait* aaO. S. 193ff.; *Borel*, La cassation en matière civile, 1980; im übrigen unten § 165 III.

140 Vgl. dazu *Wiarda*, Länderbericht Niederlande in *Bellet-Tunc-Touffait* aaO., S. 275ff.; im übrigen unten § 168 III.

141 Vgl. dazu *Sgroi*, Länderbericht Italien in *Bellet-Tunc-Touffait* aaO. S. 293ff.; zum Kassationsverfahren auch *Calamandrei*, La cassazione civile, 1920 und *Fazzalari*, Il giudizio civile di cassazione, 1960; im übrigen unten § 166 III.

142 Vgl. dazu *Rutsaert* und *Meeus*, Länderbericht Belgien in *Bellet-Tunc-Touffait* aaO. S. 247ff.; im übrigen unten § 164 III.

143 Vgl. dazu *Pescatore*, Introduction au droit luxembourgeois, 1958 und *Huss*, Introduction au droit luxembourgeois, 1959; im übrigen unten § 167 III.

im *Vereinigten Königreich:* die Zuständigkeit ist noch offen;[144]
in *Dänemark:* das Højesteret;[145]
in *Irland:* der Supreme Court;[146]
in *Griechenland:* der Areopag.

§ 160 Aufhebung oder Abänderung des Vollstreckungstitels im Erststaat[1]

I. Vor Klauselerteilung

1. Wird der Vollstreckungstitel im Erststaat aufgehoben, bevor die Klausel (unanfechtbar) erteilt worden ist, so kann der Titel im Zweitstaat nicht mehr für vollstreckbar erklärt werden; denn es fehlt nunmehr an

[144] In Betracht kommt das House of Lords oder der Court of Appeal; vgl. dazu *Schlosser*-Bericht Nr. 217; im übrigen unten § 171.

[145] Vgl. dazu *Spaude*, Das dänische Rechtswesen, 1976, S. 15ff.; im übrigen unten § 169.

[146] Vgl. dazu *Bartholomew*, The Supreme Court of Ireland, JÖR 24 (1975), 463ff.; im übrigen unten § 170.

[1] Wie bereits oben § 74 VI 8 ausgeführt, hat der Erststaat keine internationale Annexzuständigkeit für das Aufhebungs- und Abänderungsverfahren im Geltungsbereich der europäischen Zuständigkeitsordnung. Fehlt zum Zeitpunkt der Erhebung der Aufhebungs- bzw. Abänderungsklage (näher oben § 29 IV 10) ein Zuständigkeitsanknüpfungspunkt nach Art. 2, Art. 5ff., so ist der Erststaat international unzuständig. Er darf seine eigene Entscheidung nicht aufheben bzw. abändern, sofern der Beklagte die internationale Unzuständigkeit rügt (Art. 18).

Sehr klar *Schlosser*-Bericht Nr. 106f.:

„Die Rechtsordnungen aller sechs Gründungsstaaten der EWG qualifizieren die Anpassung von Unterhaltsurteilen, jedenfalls was gerichtliche Zuständigkeiten anbelangt, nicht als Rechtsmittel oder Rechtsbehelf (Nr. 100). Die *Gerichte des Urteilsstaats verlieren also im ursprünglichen Anwendungsbereich des EuGVÜ ihre Anpassungskompetenz,* wenn die Voraussetzungen für die gerichtliche Zuständigkeit nicht mehr bestehen. Es würde aber dann Ungleichgewicht in die Anwendung des Übereinkommens tragen, wollten etwa die Gerichte des V. K. Anpassungskompetenzen ohne Rücksicht auf das Fortbestehen der zuständigkeitsbegründenden Tatsachen in Anspruch nehmen.

Eine Anpassung von Unterhaltstiteln kann also *nur bei Gerichten begehrt werden, die nach Artikel 2 oder Artikel 5 Nr. 2 EuGVÜ n. F. zuständig sind.* Begehrt der Unterhaltsberechtigte Anpassung etwa an inzwischen eingetretene Teuerungen, so kann er zwischen dem internationalen Gerichtsstand des Wohnsitzes des Unterhaltsschuldners und dem örtlichen Gerichtsstand seines eigenen Wohnsitzes oder gewöhnlichen Aufenthalts wählen. Erstrebt hingegen der Unterhaltsschuldner eine Anpassung, etwa weil sich seine wirtschaftlichen Verhältnisse verschlechtert haben, dann steht ihm nur der internationale Gerichtsstand von Artikel 2, nämlich derjenige des Wohnsitzes des Unterhaltsberechtigten, offen. Selbst wenn das ursprüngliche Urteil – gegebenenfalls in Anwendung von Artikel 2 – in seinem eigenen Wohnsitzstaat ergangen war und sich an den Aufenthaltsverhältnissen der Parteien nichts geändert hat, ist das nicht anders."

einem nach dem Recht des Erststaates vollstreckbaren Titel i. S. des Art. 31. Wird der Titel während des zweitstaatlichen Klauselerteilungsverfahrens aufgehoben, so kann dies der Schuldner mit dem nach Art. 36 vorgesehenen Rechtsbehelf geltend machen. Aber auch das Rechtsbe-

---

Vgl. hierzu auch *Report of the Scottish Committee on Jurisdiction and Enforcement,* S. 50f.:

„5.52 The greatest problem arising from Article 5 (2) concerns jurisdiction to vary or revoke maintenance orders. At present the Court of Session and Sheriff Court have jurisdiction to vary or revoke any maintenance order made by them, even if the original grounds of jurisdiction no longer apply.

5.53 This will not be possible under the Convention. Schlosser concludes that jurisdiction to adjust a maintenance order belongs solely to a court which has jurisdiction under the Convention – either the court of a defender's domicile under Article 2 or a court which has jurisdiction under Article 5 (2). If the court which made the order no longer has jurisdiction under these Articles, it cannot adjust the order. Schlosser's argument also indicates that a court of competent jurisdiction in one State can adjust a maintenance order made in another State.

5.54 Schlosser does not deal expressly with jurisdiction to revoke maintenance orders. Logically, however, his arguments about adjustment would apply equally to revocation.

5.55 The question arises whether an order made in State A adjusting or revoking a maintenance order made in State B could be refused effect in State B under Article 27 (3) on the ground of conflict with the original order. A similar question arises under Article 27 (5). Jenard, however, suggests at page 25 that if the variation were based on changed facts it could not be held to conflict with the original order.

5.56 We recommend therefore that Scottish courts should before varying their own maintenance orders check that their jurisdiction is not precluded by the Convention, as in any other case. In practice, we do not think there will be many cases where the Scottish courts lose jurisdiction to vary their own maintenance orders. Under the Convention, the court with jurisdiction to vary will usually be the court of the maintenance creditor's domicile or habitual residence. In most cases this will not change and the original court will remain competent.

5.57 We have also considered whether Scottish courts should be given express power to vary or revoke maintenance orders made by the courts of other Contracting States, where the Scottish court has jurisdiction under the Convention and the facts have so changed that variation or revocation is competent. We have come to the conclusion, however, that such power would not accord with the general approach of Scots Law, which regards variation or recall of a judgment as strictly a matter for the court which made it. In these circumstances, we think that the Scottish court should simply make an order of its own which would, in effect, supersede the foreign order, as the court would do under present practice.

5.58 While the view expressed by Jenard suggests that a court of competent jurisdiction will be able to supersede the order of another Contracting State on the basis of a change of circumstances, it seems clear that in theory under the Convention the Scottish courts may find themselves having to enforce arrears of a maintenance order made in another Contracting State even though they now have jurisdiction and, as a result of a change of circumstances, the maintenance debtor is in no position to pay. This is thoroughly satisfactory. It is a problem which the courts will have to deal with under the enforcement procedure."

schwerde(Kassationsbeschwerde)-Gericht hat die Aufhebung des Titels zu beachten.[2]

2. Vorstehendes gilt entsprechend für eine Abänderung des Titels, soweit er im Erststaat teilweise aufgehoben wurde.

II. Nach unanfechtbarer Klauselerteilung

Die Aufhebung bzw. Abänderung des erststaatlichen Titels beseitigt nicht automatisch die Vollstreckbarkeit im Zweitstaat. Denn diese wurde dem erststaatlichen Titel originär für den Bereich des Zweitstaates verliehen.[3] Sie bleibt solange bestehen, bis sie durch die Gerichte des Zweitstaates aufgehoben worden ist. Die Aufhebung im Erststaat ist aber für den Zweitstaat ein Aufhebungsgrund; vgl. unten § 163 V und oben § 147 XXIV.

§ 161 Aufhebung oder Abänderung des Vollstreckungstitels außerhalb des Erststaates[1]

I. Im Zweitstaat

Wurde der erststaatliche Vollstreckungstitel im Zweitstaat auf Grund einer Abänderungsklage[2] aufgehoben oder abgeändert,[3] so ist für den Zweitstaat die zweitstaatliche Entscheidung maßgebend, arg. Art. 27 Nr. 3.[4]

II. In einem anderen Vertragsstaat

1. Wurde der erststaatliche Vollstreckungstitel auf Grund einer Abänderungsklage in einem anderen Vertragsstaat aufgehoben, so ist diese Entscheidung für sich allein nicht vollstreckungsfähig, da sie keinen voll-

---

[2] BGH NJW 1980, 2022.

[3] Wäre die Klauselerteilung eine bloße Anerkennung (= Wirkungserstreckung) der erststaatlichen Vollstreckbarkeit, so wäre der Titel nach der Aufhebung im Erststaat auch im Zweitstaat nicht mehr vollstreckbar; denn es wäre keine anerkennungsfähige Urteilswirkung mehr vorhanden, die Gegenstand der Anerkennung (= Wirkungserstreckung) sein könnte.

[1] Die Aufhebung und Abänderung von gerichtlichen und sonstigen Vollstrekkungstiteln durch andere Staaten mit Wirkung für deren Hoheitsbereich ist völkerrechtlich unbedenklich. *Zöller-Geimer,* ZPO, 13. Aufl., 1981, IZPR, Anm. D II 9.

[2] § 323 ZPO; rechtsvergleichende Hinweise bei *Schlosser* FamRZ 1973, 424 und *Schlosser*-Bericht Nr. 99ff.

[3] Im folgenden wird unter Abänderung eine Reduzierung (Ermäßigung = Teilaufhebung) des erststaatlichen Titels verstanden.

[4] Oben § 117 III 2.

streckungsfähigen Inhalt hat.[5] Das gleiche gilt, insofern sie die im erststaatlichen Titel enthaltene Verurteilung ermäßigt.

2. Wird die im Abänderungsverfahren erlassene Entscheidung im Erststaat anerkannt, dann ergeben sich aus der Sicht des Zweitstaates keine Probleme: Durch die Anerkennung der Gestaltungswirkung wird die Vollstreckbarkeit des erststaatlichen Titels beseitigt oder reduziert.[6] Diese neue im Erststaat geltende Rechtslage ist auch vom Zweitrichter zu beachten.

3. Fraglich ist nur, ob die aufhebende oder abändernde Entscheidung Im Zweitstaat *selbständig* anerkennungsfähig ist, also auch dann, wenn der Erststaat die Anerkennung – aus welchen Gründen auch immer – verweigert.[7] Bei einer solchen Hypothese lägen aus der Sicht des Zweitstaates miteinander in Widerstreit

---

[5] *Schlosser*-Bericht Nr. 108.

[6] Zu den verschiedenen Hypothesen ausführlich der *Report of the Scottish Committee on Jurisdiction and Enforcement* S. 157f.: „6.170 The circumstances in which variation could occur are numerous. For instance:-

(a) A court in a Contracting State varies a judgment from a Contracting State which has been registered in Scotland under the Convention;

(b) A court in a Contracting State varies a judgment from any country which has been registered in Scotland under the Maintenance Orders (Reciprocal Enforcement) Act 1972;

(c) A court in a Contracting State varies a judgment from another law district of the United Kingdom which has been registered in Scotland under the Maintenance Order Act 1950;

(d) A court in a Contracting State varies a judgment of a Scottish court;

(e) A court in a Contracting State varies a judgment from a country which has not been registered in Scotland;

(f) A Scottish court varies a judgment from a Contracting State which has been registered in Scotland under the Convention;

(g) A court in another law district of the United Kingdom varies a judgment from a Contracting State which has been registered in Scotland under the Convention.

6.171 It is clearly impossible for our legislation to provide for all the possible circumstances which may arise. We do not think it should attempt to do so, since there is always a risk that it would conflict with the Convention as interpreted by the European Court. It should be left to the courts, applying the Convention and any relevant law, to deal with any particular problem as it arises.

6.172 For instance, when a maintenance judgment which has been registered in Scotland under the Convention is competently varied by -

(a) a judgment of a Scottish court;

(b) a judgment from another Contracting State registered under the Convention; or

(c) a judgment from any country registered for enforcement in Scotland under statute;

the courts would probably hold that the original registered judgment had ipso jure ceased to be enforceable. Amendment of the entry in the register relating to the original judgment would not be needed."

[7] Unklar *Schlosser*-Bericht Nr. 108.

a) der nach dem Recht des Erststaates nach wie vor (in voller Höhe) vollstreckbare Titel einerseits und

b) die Gestaltungswirkung der aufhebenden oder ermäßigenden Entscheidung aus dem anderen Vertragsstaat andererseits.

Nach dem oben § 117 III dargelegten *Prioritätsgrundsatz* ist dem erststaatlichen Titel der Vorrang zu geben. Dem Schuldner bleibt es aber unbenommen, im Zweitstaat seine Abänderungsklage gegen den erststaatlichen Titel zu wiederholen. Falls nach Art. 2ff. kein Anknüpfungspunkt für die internationale Zuständigkeit des Zweitstaates gegeben sein sollte, ist u. U. nach den oben §§ 60, 98 erörterten Grundsätzen eine internationale Notzuständigkeit zu eröffnen.

III. In einem Nichtvertragsstaat

1. Wird die den erststaatlichen Vollstreckungstitel aufhebende oder ermäßigende Entscheidung eines Nichtvertragsstaates im Erststaat nach dem dort maßgeblichen Anerkennungsrecht[8] anerkannt, dann ist die Situation frei von Spannungen: Auch nach dem (vom Zweitrichter zu beachtenden) Recht des Erststaates ist die Vollstreckbarkeit des ursprünglichen Titels ganz beseitigt oder reduziert.

2. Wird die drittstaatliche Entscheidung im Erststaat nicht anerkannt, so ergeben sich aus der Sicht des Zweitstaates dann keine Probleme, wenn diese drittstaatliche Entscheidung auch im Zweitstaat nach dem dort im Verhältnis zum Nichtvertragsstaat geltenden Anerkennungsrecht nicht anerkannt wird.

3. Wäre die Gestaltungswirkung der drittstaatlichen Entscheidung im Zweitstaat an sich anerkennungsfähig, dann greift wieder der Prioritätsgrundsatz ein. Es gelten die gleichen Erwägungen wie oben II.

§ 162 Keine Aufhebung oder Abänderung des erststaatlichen Vollstreckungstitels im Klauselerteilungsverfahren

1. Für eine Aufhebung oder Abänderung (Ermäßigung oder Erhöhung) des Vollstreckungstitels ist im Klauselerteilungsverfahren nach Art. 31ff. kein Platz.[1]

---

[8] Also nach dem zwischen dem Erststaat und dem dritten Staat geltenden Anerkennungs- und Vollstreckungsvertrag bzw. in Ermangelung eines solchen nach dem autonomen Anerkennungsrecht.

[1] *Jenard*-Bericht S. 93 zu Art. 34: „Das angerufene Gericht kann die Zwangsvollstreckung zulassen oder den Antrag ablehnen, nicht aber das ausländische Urteil abändern." Ebenso *Schlosser*-Bericht Nr. 105: „Auf keinen Fall darf das Gericht im Anerkennungs- und Exequaturstaat ohne Rücksicht auf die Zuständigkeitsvorschriften im EuGVÜ überprüfen, ob der *zuerkannte Betrag noch angebracht* ist. Denn entweder handelt es sich um eine Rechtsbehelfsfrage; dann bleiben die Gerichte des Ursprungsstaats

2. Will der Vollstreckungsschuldner die Abänderung des Titels im Zweitstaat erreichen, dann kann er die vom Recht des Zweitstaates vorgesehenen Verfahren einleiten. Das deutsche Recht sieht hierfür die Abänderungsklage vor. Zur Frage der internationalen Zuständigkeit s. oben § 74 VI 8.

§ 163 Das Verfahren in der Bundesrepublik Deutschland

Die Bundesrepublik Deutschland hat ein Ausführungsgesetz[1] erlassen,[2] das die Regelung im Übereinkommen ergänzt.

I. Klauselerteilungsverfahren

1. Zuständigkeit zur Klauselerteilung

Die Zuständigkeiten des Übereinkommens sind ausschließliche Zuständigkeiten (sowohl sachlich als auch örtlich).[3] Diese Regelung entspricht der zu § 722 ZPO im Hinblick auf § 802 ZPO im deutschen autonomen Recht allgemein vertretenen Ansicht.[4]

a) Sachliche Zuständigkeit

Sachlich zuständig ist der Vorsitzende einer Kammer des Landgerichts.[5] Die Landgerichte sind erst- und zweitinstanzliche Gerichte.[6] Sie entscheiden regelmäßig durch Kammern, die mit einem Vorsitzenden und zwei Beisitzern (Berufsrichtern) besetzt sind. Über die Klauselerteilung entscheidet jedoch der Vorsitzende allein, nicht die Kammer.

Diese Regelung unterscheidet sich von der des autonomen deutschen Rechts nach §§ 722f. ZPO, das eine Zuständigkeit des Amts- oder Landgerichts – je nach dem Wert des Streitgegenstandes – vorsieht. Die Zuständigkeit entspricht jedoch der für die Klauselerteilung nach dem

---

ohnehin zuständig. Oder die neue Klage ist vom alten Verfahren völlig getrennt zu beurteilen; dann müssen die Zuständigkeitsvorschriften des EuGVÜ eingehalten werden."

[1] Ausführungsgesetz vom 29. 7. 1972 (BGBl. 1972 I 1328).

[2] Vgl. dazu Begründung BTDrucks. VI Nr. 3426, auch abgedruckt bei *Schütze*, Internationales Zivilprozeßrecht, 1980, A I 1 k; *Wolf*, Das Ausführungsgesetz nach dem EWG-Gerichtsstands- und Vollstreckungsübereinkommen, NJW 1973, 397ff.

[3] § 1 dAusfG.

[4] Vgl. *Baumbach-Lauterbach-Albers-Hartmann*, ZPO, 41. Aufl. § 722 Anm. 2 B; *Zöller-Geimer*, ZPO, 13. Aufl. § 722 Anm. VII; *Schütze*, Die Anerkennung und Vollstreckung aaO. S. 62ff., *ders.*, Zur Zuständigkeit im Vollstreckbarerklärungsverfahren nach §§ 722f. ZPO, NJW 1983, 154f.; a.A. für die sachliche Zuständigkeit *Francke*, Die Entscheidungen ausländischer Gerichte über bürgerliche Rechtsstreitigkeiten in ihrer Wirksamkeit nach deutschem Reichsrecht, ZZP 8, 1ff. (93f.).

[5] Vgl. Art. 32.

[6] Vgl. §§ 59ff. GVG.

deutsch-niederländischen Vertrag, die sich bewährt hat und dient der Vereinfachung.[7]

b) Örtliche Zuständigkeit

Die örtliche Zuständigkeit bestimmt sich in erster Linie nach dem Wohnsitz des Urteilsschuldners.[8] Der Wohnsitzbegriff ist Art. 52, 53 zu entnehmen.[9] Da Art. 52 auf die jeweilige lex fori zur Bestimmung des Wohnsitzes verweist, gilt im deutschen Verfahren der Klauselerteilung § 13 ZPO. Danach ist der Wohnsitz nach §§ 7–11 BGB zu beurteilen.

Bei Doppelwohnsitz[10] des Schuldners genügt es, wenn ein Wohnsitz im Sprengel des Exequaturgerichts besteht, selbst wenn der weitere im Erst- oder einem Drittstaat begründet ist. Bei mehrfachem Wohnsitz des Schuldners in der Bundesrepublik Deutschland, hat der Gläubiger ein Wahlrecht nach § 35 ZPO. Der Gläubiger trifft seine Wahl durch die Antragseinreichung. Diese Wahl ist für das Klauselerteilungsverfahren endgültig. Nimmt der Gläubiger den Antrag allerdings zurück, so lebt das Wahlrecht wieder auf.[11]

Hilfsweise zuständig bei Fehlen eines Wohnsitzes in der Bundesrepublik Deutschland ist das Gericht, in dessen Sprengel die Zwangsvollstreckung stattfinden soll. Diese Zuständigkeit ist nur hilfsweise eingeführt, da bei Vermögen des Schuldners in verschiedenen Gerichtssprengeln mehrere Gerichte zuständig wären und der Gläubiger bei Abweisung seines Antrags anstelle der Einlegung eines Rechtsbehelfs einen neuen Antrag bei einem anderen Gericht stellen könnte.[12] Diese Überlegungen des *Jenard*-Berichts sind für das deutsche Verfahren nicht zutreffend. Der Gläubiger hat zwar auch im Rahmen dieses Gerichtsstandes ein Wahlrecht nach § 35 ZPO.[13] Übt er es durch die Einleitung des Klausel-

---

[7] Auch in anderen Fällen entscheidet der Vorsitzende anstelle des Kollegiums, z. B. in den Fällen des § 940 ZPO; die Delegierungsmöglichkeit auf ein anderes Kammermitglied wäre wünschenswert; vgl. *Geimer*, Die Vollstreckbarerklärung ausländischer Zivilurteile, NJW 1965, 1413ff. (1417).

[8] Vgl. Art. 32 II.

[9] Vgl. *Müller* bei *Bülow-Böckstiegel* 606/237.

[10] Zur Problematik des Mehrfachwohnsitzes im Rahmen von § 13 ZPO vgl. RGZ 102, 86.

[11] Vgl. zu § 35 ZPO *Baumbach-Lauterbach-Albers-Hartmann*, ZPO, 41. Aufl. § 35 Anm. 1; *Zöller-Vollkommer*, ZPO, 13. Aufl., § 35 Anm. 2.

[12] Vgl. *Jenard*-Bericht zu Art. 32: „Die Vorschrift, daß der Antrag an das Gericht des Wohnsitzes des Schuldners zu richten ist, beruht auf folgenden Erwägungen. Es ist nicht ausgeschlossen, daß der Schuldner im Vollstreckungsstaat Vermögen in verschiedenen Gerichtsbezirken besitzt. Wäre lediglich die Zuständigkeit des Gerichtes des Vollstreckungsortes vorgesehen, so hätte der Antragsteller zwischen verschiedenen Gerichten wählen können. Der Antragsteller, dessen Antrag von einem Gericht abgelehnt worden wäre, hätte dann, statt die in dem Übereinkommen vorgesehenen Rechtsbehelfe einzulegen, ein anderes Gericht anrufen können, das nicht unbedingt im gleichen Sinne wie das erste entschieden hätte, und dies ohne Wissen der Gegenpartei, weil es sich um ein nichtkontradiktorisches Verfahren handelt."

erteilungsverfahrens bei einem deutschen Gericht aber aus, so wird das örtlich zuständige Gericht endgültig bestimmt. Nur bei Antragsrücknahme oder Abweisung des Antrags als unzulässig[14] lebt das Wahlrecht wieder auf. Wird der Antrag dagegen als unbegründet abgewiesen, so bleibt dem Gläubiger nur die Einlegung eines Rechtsbehelfs.

Der Bezirk, in dem die Zwangsvollstreckung durchgeführt werden soll, ist nicht notwendigerweise ein Sprengel, in dem sich Vermögen des Schuldners befindet. Die Ausführungsgesetze zu den bilateralen Staatsverträgen, die die Bundesrepublik Deutschland abgeschlossen hat, unterscheiden deshalb auch zwischen dem Gericht, in dessen Bezirk sich Vermögen des Schuldners befindet und dem, wo die Zwangsvollstreckung durchgeführt werden soll.[15]

Art. 32 II stellt allein auf die Zwangsvollstreckungsintentionen des Antragstellers ab. Für den Gerichtsstand des Ortes der durchzuführenden Zwangsvollstreckung reicht allein die substantiierte Behauptung des Antragstellers aus, daß er die Zwangsvollstreckung in dem Bezirk des angerufenen Gerichts durchführen wolle.[16] Unerheblich sind die Erfolgsaussichten der Vollstreckung.[17] Es fehlt auch nicht ein Rechtsschutzbedürfnis für den Antrag auf Klauselerteilung, wenn keine Vollstreckungsmöglichkeiten bestehen.[18] Denn der Gläubiger ist ohnehin zunächst regelmäßig auf Mutmaßungen hinsichtlich Vermögens des Schuldners angewiesen. Wenn der Gläubiger keine Vermögenswerte des Schuldners kennt, dann bleibt ihm immer noch das Verfahren der eidesstattlichen Versicherung nach §§ 899ff. ZPO. Dieses kann er aber erst nach Klauselerteilung betreiben.

Die Zuständigkeit des Art. 32 II besteht auch für die Klauselerteilung eines Urteils gegen einen Angehörigen eines Nichtvertragsstaats, der keinen Wohnsitz im Zweitstaat hat.[19]

---

[13] Vgl. *Müller* bei *Bülow-Böckstiegel* 606/237.

[14] Vgl. *Zöller-Vollkommer*, ZPO, 13. Aufl., § 35 Anm. 2.

[15] Vgl. Art. 1 AusfVO zum deutsch-schweizerischen Abkommen; Art. 1 AusfVO zum deutsch-italienischen Abkommen; § 1 II AusfG zum deutsch-belgischen Abkommen; § 1 II AusfG zum deutsch-österreichischen Vertrag; § 1 II AusfG zum deutsch-griechischen Vertrag; § 1 II AusfG zum deutsch-niederländischen Vertrag. Während nach den vorstehenden Ausführungsverordnungen und -gesetzen wahlweise die Gerichte des Bezirks, in dem sich Vermögen des Urteilsschuldners befindet und des Bezirks, in dem die Zwangsvollstreckung vorgenommen werden soll, zuständig sind, besteht nach § 1 II des AusfG zum deutsch-britischen Abkommen nur eine örtliche Zuständigkeit des Gerichts, in dessen Sprengel sich Vermögen des Urteilsschuldners befindet.

[16] Vgl. *Müller* bei *Bülow-Böckstiegel* 606/237.

[17] Vgl. Bd. II, S. 193 zu § 1 AusfG zum deutsch-österreichischen Vertrag.

[18] Vgl. Bd. II, S. 193 zu § 1 AusfG zum deutsch-österreichischen Vertrag. A.A. *Droz* Nr. 561, der bei mangelnder Vollstreckungsmöglichkeit im Zweitstaat die Zulässigkeit des Klauselerteilungsverfahrens verneint und auf das Anerkennungsverfahren nach Art. 26 III verweist.

[19] Vgl. LG Hamburg Rechtsprechungsübersicht III (1979) Nr. 130 für die Klausel-

2. Einleitung des Verfahrens

a) Antrag

Das Verfahren wird durch Antrag eingeleitet. Der Antrag kann schriftlich oder mündlich zu Protokoll der Geschäftsstelle gestellt werden (§ 3 I dAusfG). Die Antragstellung unterliegt deshalb nicht dem Anwaltszwang.[20]

Gerichtssprache ist nach § 184 GVG deutsch. Der Antrag ist deshalb grundsätzlich in deutscher Sprache zu fassen.[21] Ein nicht in deutscher Sprache abgefaßter Antrag ist jedoch nicht unbeachtlich. Das Gericht hat die Wahl, den Antrag zu bearbeiten oder dem Antragsteller aufzugeben, eine Übersetzung des Antrags in die deutsche Sprache beizubringen, die beglaubigt sein muß (§ 3 II dAusfG).

b) Inhalt der Antragsschrift

Die Parteien sowie die mit der Klausel zu versehende ausländische Entscheidung müssen bezeichnet werden. Darüber hinaus muß der Antragsteller angeben, daß er die Erteilung der Vollstreckungsklausel begehrt. Will er nur eine Teilklauselerteilung, so ist zu bezeichnen, für welchen von mehreren Ansprüchen oder für welchen Teilanspruch er die Zulassung zur Zwangsvollstreckung wünscht.

Mit dem Antrag ist „eine Ausfertigung der Entscheidung, welche die für ihre Beweiskraft erforderlichen Voraussetzungen erfüllt" vorzulegen (Art. 46 Nr. 1); bei einer im Versäumnisverfahren ergangenen Entscheidung ist auch die Urschrift oder eine beglaubigte Abschrift der Urkunde vorzulegen, aus der sich ergibt, daß das den Rechtsstreit einleitende Schriftstück oder ein gleichwertiges Schriftstück der säumigen Partei zugestellt worden ist (Art. 46 Nr. 2). Weiter ist der Nachweis der Vollstreckbarkeit durch eine Urkunde nach Art. 47 Nr. 1 zu führen.[22]

c) Zustellungsbevollmächtigter

Da das deutsche Recht ein Wahldomizil i. S. von Art. 33 II nicht kennt, hat der Antragsteller nach dieser Vorschrift einen Zustellungsbevollmächtigten zu benennen. Die näheren Einzelheiten regelt § 4 dAusfG. Durch die Bestellung eines Zustellungsbevollmächtigten soll die Zustellung und Mitteilung von Schriftstücken an den Antragsteller im Ausland erleichtert werden.[23] Dies ist vor allem wichtig für die Einlegung der Beschwerde des Antragsgegners gem. Art. 36, 37 I.

---

erteilung eines belgischen Urteils gegen eine Gesellschaft liechtensteinischen Rechts mit Sitz in Vaduz.

[20] Arg. ex § 78 II ZPO; vgl. *Geimer*, Das Anerkennungsverfahren gemäß Art. 26 Abs. 2 des EWG-Übereinkommens vom 27. September 1968 (II), JZ 1977, 213ff. (214); *Wolf* NJW 1973, 398.

[21] Vgl. Begründung zu § 3 AusfG.

[22] Vgl. zu den beizubringenden Urkunden im einzelnen oben § 159 III.

[23] Vgl. *Jenard*-Bericht zu Art. 33: „Die Begründung eines Wahldomizils oder die Benennung eines Zustellungsbevollmächtigten ermöglicht eine rasche Zustellung die-

Über die ratio des Art. 33 II hinaus muß der Antragsteller nach dem Wortlaut der Bestimmung aber auch dann einen Zustellungsbevollmächtigten bestellen, wenn er seinen Wohnsitz im Inland hat.[24] Eine Ausnahme gilt nur für den Fall, daß der Antragsteller durch einen bei einem deutschen Gericht – nicht notwendigerweise dem für die Klauselerteilung zuständigen Gericht – zugelassenen Rechtsanwalt oder eine andere Person, die im Inland ihren Wohnsitz hat, vertreten wird (§ 28 I in Verbindung mit § 4 III dAusfG). Zu Zustellungsbevollmächtigten können sowohl natürliche als auch juristische Personen ernannt werden.[25] So kann eine ausländische Gläubigerin ihre inländische Tochtergesellschaft oder eine Bank zum Zustellungsbevollmächtigten bestellen.

Der Antragsteller hat den Zustellungsbevollmächtigten bereits in der Antragsschrift zu benennen. Versäumt er dies, so darf der Antrag nicht zurückgewiesen werden. Auch darf das Zweitgericht nicht etwa einen Zustellungsbevollmächtigten von Amts wegen bestellen. In diesem Fall kommt vielmehr § 175 I 2 ZPO zur Anwendung. Zustellungen können durch Aufgabe zur Post bewirkt werden (§ 4 II dAusfG). Mit der Übergabe des zuzustellenden Schriftstücks an die Post ist die Zustellung bewirkt.[26] Die Zustellung ist ausschließlich eine Zustellung im Inland.[27] Das Zustellungsrisiko trägt der Antragsteller.[28]

Der Antragsteller kann einen Zustellungsbevollmächtigten auch später noch im Verlauf des Verfahrens – auch 2. und 3. Instanz – benennen und bis zum Abschluß des Verfahrens „austauschen".[29]

d) Objektive Antragshäufung

Eine objektive Antragshäufung ist in der Weise zulässig, daß die Klauselerteilung für mehrere Titel gleichzeitig begehrt wird. Voraussetzung ist dabei, daß in allen Fällen dasselbe Gericht zuständig ist. Eine solche objektive Antragshäufung wird besonders dann vorkommen, wenn über die Kosten in gesonderter Entscheidung erkannt ist und die Klauselerteilung für den Titel in der Hauptsache und den Kostentitel begehrt wird. Es ist aber auch zulässig, die Klauselerteilung für verschiedene Titel gegen denselben Schuldner zu beantragen, selbst wenn die Titel von verschiedenen Gerichten erlassen sind, z. B. einem belgischen, französischen und italienischen Gericht.[30]

---

ser Ladung nach dem Recht des Vollstreckungsstaates und schließt die Gefahr von Fehlleitungen sowie die mit der Zustellung gerichtlicher Schriftstücke im Ausland verbundenen Risiken aus. In den meisten Fällen dürfte nämlich der Antragsteller seinen Wohnsitz außerhalb des Vollstreckungsstaates haben."

[24] Vgl. *Geimer* JZ 1977, 214.

[25] Vgl. Begründung zu § 3 dAusfG; *Geimer* JZ 1977, 214.

[26] Vgl. dazu BGH NJW 1979, 218.

[27] Vgl. *Baumbach-Lauterbach-Albers-Hartmann*, ZPO, 41. Aufl., § 175 Anm. 1 C.

[28] Auf die Folgen weist *Wolf* NJW 1973, 398 hin.

[29] Vgl. *Geimer* JZ 1977, 214.

[30] Vgl. *Geimer* JZ 1977, 214; im übrigen Bd. II, S. 199f. zum deutsch-österreichischen Vertrag.

e) Antragsrücknahme

Der Antrag kann bis zur Entscheidung über die Klauselerteilung ohne Einwilligung des Antragsgegners zurückgenommen werden. Danach ist die Einwilligung des Antragsgegners in entsprechender Anwendung von § 269 ZPO erforderlich.[31] Die Rücknahme des Antrags erfolgt schriftlich gegenüber dem Gericht.

3. Durchführung des Verfahrens

a) Kein kontradiktorisches Verfahren

Das Verfahren ist grundsätzlich einseitig.[32] Eine Anhörung des Antragsgegners ist nur zulässig, wenn der Antragsteller es beantragt. § 6 II dAusfG sieht eine solche Anhörung auf Antrag des Gläubigers zwar nur für den Fall vor, daß ein Urkundennachweis nach § 6 I dAusfG nicht geführt werden kann, mit Zustimmung des Antragstellers ist aber auch darüber hinaus immer eine Anhörung des Schuldners zulässig.[33]

In den Fällen, in denen eine Anhörung des Urteilsschuldners zulässig ist, kann der Vorsitzende auch die mündliche Verhandlung anordnen. Die Zustimmung des Gläubigers muß sich allerdings auf die mündliche Verhandlung beziehen.

In jedem Fall kann eine Erörterung des Antrags mit dem Antragsteller oder seinem Bevollmächtigten erfolgen, wenn der Antragsteller oder sein Bevollmächtigter hiermit einverstanden sind und die Erörterung der Beschleunigung dient (§ 5 I dAusfG). Eine solche Erörterung kann besonders dann nützlich sein, wenn der Vorsitzende mit dem erststaatlichen Verfahren nicht vertraut ist. In keinem Fall kann der Antragsteller aber zu einer Erörterung gezwungen werden, was für ihn unter Umständen eine längere Reise bedeuten würde.[34] Der Urteilsgläubiger hat einen Anspruch auf Entscheidung über seinen Antrag ohne Verzögerung durch mündliche Verhandlung oder Anhörung von ihm oder dem Schuldner.

Die Einseitigkeit des Verfahrens hindert jedoch den Urteilsschuldner nicht, Einwendungen gegen die Klauselerteilung durch eine Schutzschrift geltend zu machen.[35]

b) Kein Anwaltszwang

In dem Verfahren vor dem Vorsitzenden besteht kein Anwaltszwang (§ 5 II dAusfG).

---

[31] Vgl. *Geimer* JZ 1977, 214.

[32] Vgl. oben § 159 I.

[33] Vgl. oben § 159 I 3; a.A. *Müller* bei *Bülow-Böckstiegel* 606/243.

[34] Vgl. hierzu Begründung zu § 5 AusfG.

[35] Vgl. dazu *Schütze*, Die Geltendmachung von Einwendungen gegen die Klauselerteilung nach dem EG-Zuständigkeits- und Vollstreckungs-Übereinkommen durch eine Schutzschrift, Festschrift für *Bülow,* 1981, S. 211 ff.

c) Allgemeine verfahrensrechtliche Vorschriften

Soweit das Übereinkommen das Klauselerteilungsverfahren nicht regelt, ist das Recht des Zweitstaates für die Ausgestaltung des Verfahrens maßgeblich (Art. 33). Neben den Bestimmungen des Ausführungsgesetzes gelten die allgemeinen Normen der ZPO, soweit diese mit dem Sinn und Zweck des Klauselerteilungsverfahrens in Einklang gebracht werden können:

Das Klauselerteilungsverfahren ist nach § 2 dAusfG eine Feriensache.[36] Diese Regelung ist eine notwendige Folge des Gebots nach „unverzüglicher" Entscheidung in Art. 34 I. Die Vorschriften über das Versäumnisverfahren finden keine Anwendung, da es im Klauselerteilungsverfahren nach Art. 31 ff. keine obligatorische mündliche Verhandlung gibt. Überdies sind die Versagungsgründe der Klauselerteilung und das Fallen der Entscheidung in den sachlichen Geltungsbereich des Übereinkommens von Amts wegen zu prüfen und zu berücksichtigen.

Wird die Klausel erteilt, so sind die Kosten des Verfahrens dem Antragsgegner aufzuerlegen (§ 8 IV dAusfG i. V. m. § 788 ZPO). §§ 91 ff. ZPO sind nicht anwendbar. Der Urteilsschuldner kann der Kostentragungspflicht nicht durch sofortiges Anerkenntnis (§ 93 ZPO) entgehen. Wird der Antrag zurückgewiesen, so sind die Kosten dem Antragsteller aufzuerlegen (§ 10 dAusfG i. V. m. § 91 ZPO).

Für die Unterbrechung und Aussetzung des Verfahrens gelten die allgemeinen Vorschriften (§§ 239 ff. ZPO). Der Konkurs unterbricht das Klauselerteilungsverfahren nur dann, wenn es sich um einen inländischen handelt.[37]

Nebenintervention und Streitverkündung sind zulässig.

4. Abschluß des Verfahrens

Der Vorsitzende entscheidet durch Beschluß. Ist der Antrag begründet, so ordnet der Vorsitzende die Klauselerteilung an. In dem Beschluß ist die zu vollstreckende Verurteilung oder Verpflichtung in deutscher Sprache aufzunehmen (§ 7 dAusfG). Die Aufnahme des vollstreckbaren Ausspruchs des ausländischen Titels in deutscher Fassung in den Beschluß ist nicht nur auf die Fälle beschränkt, in denen die Ausfertigung nach Art. 46 Nr. 1 ohne Übersetzung vorliegt, sondern muß auch dann erfolgen, wenn nach Art. 48 II eine beglaubigte Übersetzung vorgelegt worden ist.[38] Denn der Beschluß muß es für den Rechtspfleger unzweideutig werden lassen, in welcher Form er die Klausel nach § 8 I dAusfG zu fassen hat.

Es ist zweckmäßig, wenn der Vorsitzende in den Beschluß bereits den vollen Wortlaut der Vollstreckungsklausel aufnimmt. Auf diese Weise

---

[36] Vgl. §§ 199 ff. GVG.

[37] Vgl. *Geimer* JZ 1977, 215.

[38] Vgl. *Wolf* NJW 1973, 399.

wird einmal Mißverständnissen vorgebeugt, zum anderen das Verfahren erheblich beschleunigt. Es hat sich in der Praxis gezeigt, daß zwischen dem Beschluß über die Anordnung der Klauselerteilung und der Klauselerteilung selbst häufig erhebliche Zeit liegt, weil der Rechtspfleger mit der Materie nicht vertraut ist.

Die Form der Klausel ist in § 8 I dAusfG vorgeschrieben. Abweichungen von dem dort vorgesehenen Text berühren die Wirksamkeit jedoch nicht. Eine Teil-Klauselerteilung ist zulässig (§ 8 II dAusfG).[39]

Ist der Antrag unzulässig oder unbegründet, so weist der Vorsitzende ihn zurück. Der Beschluß ist zu begründen (§ 10 dAusfG).

Das Verfahren kann auch durch Antragsrücknahme beendet werden.

Ein Vergleich über den Antrag auf Klauselerteilung ist nicht möglich. Denn die Anerkennungsfähigkeit eines ausländischen Titels ist nicht zur Disposition der Parteien gestellt.[40] Die Parteien können sich jedoch über das dem Titel zugrunde liegende Rechtsverhältnis im Wege des Vergleichs einigen.

II. Beschwerdeverfahren

Gegen die Entscheidung des Vorsitzenden findet die Beschwerde statt (Art. 36, 40, §§ 11 ff. dAusfG).

1. Zuständigkeit für das Beschwerdeverfahren

Zuständig zur Entscheidung über die Beschwerde des Antragsgegners ist das Oberlandesgericht (Art. 37), in Berlin das Kammergericht. Denn das Kammergericht ist auch ein Oberlandesgericht.

Auch für die Entscheidung über die Beschwerde des Antragstellers gegen einen ablehnenden Beschluß des Vorsitzenden ist das Oberlandesgericht zuständig (Art. 40).

2. Beschwerdefrist

Die Beschwerde des Antragsgegners gegen den die Klauselerteilung anordnenden Beschluß ist binnen einer Notfrist[41] von einem Monat einzulegen (Art. 36 I, § 11 I dAusfG). Die Fristberechnung bestimmt sich

---

[39] Vgl. dazu oben § 159 V 2.

[40] Vgl. *Geimer* JZ 1977, 215; vgl. zu diesem Problem im Rahmen des Verfahrens nach §§ 722 f. dZPO *Baumbach-Lauterbach-Albers-Hartmann*, ZPO, 41. Aufl., § 722 Anm. 2 C; *Zöller-Geimer*, ZPO, 13. Aufl., § 722 Anm. IX 3; *Schütze*, Die Anerkennung und Vollstreckung aaO. S. 65.

[41] Notfristen werden durch die Gerichtsferien nicht gehemmt (§ 223 ZPO); sie können nicht verkürzt oder verlängert werden (§ 224 ZPO); sie laufen trotz Ruhens des Verfahrens nach § 251 ZPO weiter; gegen ihre Versäumung ist die Wiedereinsetzung in den vorigen Stand nach § 233 ZPO möglich.

nach deutschem Recht.[42] Es sind also §§ 222 I ZPO, 186ff. BGB anzuwenden.

Die Frist wird mit der Zustellung in Lauf gesetzt. Gegen die Fristversäumung ist Wiedereinsetzung in den vorigen Stand zu erteilen, wenn der Schuldner von der Zustellung des mit der Vollstreckungsklausel versehenen Titels ohne Verschulden keine Kenntnis erlangt hat (§ 11 II dAusfG).

Die Beschwerdefrist von einem Monat gilt nur bei Wohnsitz des Schuldners im Gebiet der Bundesrepublik Deutschland. Ist ein inländischer Wohnsitz nicht gegeben, so gilt folgendes:

- Bei Wohnsitz in einem anderen Vertragsstaat beträgt die Frist zwei Monate (Art. 36 II). Der Fristlauf beginnt ebenfalls mit der Zustellung. Die Frist ist nicht verlängerbar (Art. 36 II 2).
- Bei Wohnsitz in einem Nichtvertragsstaat hat der Schuldner das Privileg der Zweimonatsfrist nicht. Die Beschwerdefrist beträgt grundsätzlich 1 Monat nach Art. 36 I.[43] Wegen der Schwierigkeiten der Rechtsverteidigung, die sich aus weiter Entfernung ergeben können, kann jedoch eine Verlängerung der Frist nach zweitstaatlichem Recht erfolgen.[44] Nach § 9 II dAusfG kann der Vorsitzende eine abweichende (über 1 Monat hinaus) Frist in dem Beschluß, der die Klauselerteilung anordnet oder in einem gesonderten Beschluß festsetzen. Die Fristbemessung liegt im Ermessen des Vorsitzenden. Eine über zwei Monate hinausgehende Frist ist zwar zulässig, wird aber regelmäßig nicht notwendig sein.[45] Der Beschluß über die Bemessung der Beschwerdefrist ist nicht selbständig anfechtbar.
- Der Zustellung in einem Drittstaat sind die Fälle gleichgestellt, in denen der Wohnsitz des Schuldners unbekannt ist, so daß eine öffentliche Zustellung erfolgen muß. Auch für diesen Fall sieht § 9 II dAusfG vor, daß der Vorsitzende eine über einen Monat hinausgehende Beschwerdefrist festsetzen kann.

Die Bestimmung des Wohnsitzes erfolgt nach Art. 52.

Für die Beschwerde des Antragstellers gegen den zurückweisenden Beschluß des Vorsitzenden sieht weder Art. 40 noch das deutsche Ausführungsgesetz eine Frist vor. Eine solche Fristbestimmung wurde für überflüssig gehalten, da der Gläubiger – wenn er bestimmen kann, ob er überhaupt die Klausel beantragen will – auch bestimmen können soll, ob und wann er gegen eine ablehnende Entscheidung einen Rechtsbehelf einlegt.[46] Diese Regelung ist problematisch, da sie einen unerwünschten

---

[42] Vgl. *Jenard*-Bericht zu Art. 36; *Müller* bei *Bülow-Böckstiegel* 606/249.

[43] Vgl. *Geimer* JZ 1977, 215; *Müller* bei *Bülow-Böckstiegel* 606/249.

[44] Vgl. *Jenard*-Bericht zu Art. 36; *Droz* Nr. 574.

[45] Vgl. hierzu Begründung zu § 9 AusfG.

[46] Vgl. *Jenard*-Bericht zu Art. 40 und 41: „Der Ausschuß hielt es nicht für erforderlich, in dem Übereinkommen eine bestimmte Frist vorzusehen. Der Antragsteller, dessen Antrag abgelehnt ist, kann den Rechtsbehelf in der Frist einlegen, die ihm

Schwebezustand schafft. Auch erscheint der Grundsatz der prozessualen Waffengleichheit verletzt, wenn die Verteidigungsmöglichkeiten des Antragsgegners befristet sind, der Antragsteller das Verfahren aber in die Länge ziehen kann.[47]

3. Beschwerdeschrift

Die Beschwerde wird durch Einreichen einer Beschwerdeschrift oder durch Erklärung zu Protokoll der Geschäftsstelle eingelegt (§ 12 I dAusfG). Sie unterliegt nicht dem Anwaltszwang (§ 78 II ZPO).[48] Die Beschwerde ist beim Oberlandesgericht einzulegen. Wird sie jedoch innerhalb der Frist irrtümlicherweise beim Landgericht angebracht, so wird die Zulässigkeit dadurch nicht berührt. Die Beschwerde ist in diesem Fall unverzüglich an das Oberlandesgericht abzugeben (§ 12 II dAusfG).[49]

Der Vorsitzende kann der Beschwerde nicht abhelfen. Die Beschwerde ist dem Beschwerdegegner von Amts wegen zuzustellen.

---

zweckdienlich erscheint, die er beispielsweise zur Beschaffung der erforderlichen Unterlagen benötigt."

Begründung zu § 16 AusfG: „Die Beschwerde des Gläubigers braucht jedoch nicht an eine Frist gebunden zu werden; denn es kann dem Gläubiger überlassen werden, ob und wann er sich an das höhere Gericht wenden will, um die in erster Instanz abgelehnte Zulassung seines Titels zur Zwangsvollstreckung doch noch zu erlangen."

[47] Vgl. dazu *Geimer* JZ 1977, 216.

[48] § 78 II ZPO befreit vom Anwaltszwang auch dann, wenn die Prozeßhandlung nicht zu Protokoll vorgenommen worden ist, sondern anders erfolgt; vgl. *Baumbach-Lauterbach-Albers-Hartmann,* ZPO, 41. Aufl., § 78 Anm. 2d.

[49] Vgl. Begründung zu § 12 AusfG: „Dem Artikel 37 des Übereinkommens ist zu entnehmen, daß die Beschwerde beim Oberlandesgericht einzulegen ist. Hierin liegt eine Abweichung von der allgemeinen Regelung, daß die Beschwerde bei dem Gericht, das die angefochtene Entscheidung erlassen hat, einzureichen ist oder zumindest eingereicht werden kann (§§ 569, 577 ZPO). Damit der Schuldner sein Rechtsmittel, das verfassungsmäßig garantiert ist, nicht allein dadurch verliert, daß er im Einklang mit der allgemeinen Rechtslage die Beschwerdeschrift beim Landgericht einreicht, sieht Absatz 2 eine besondere Vergünstigung vor. Diese Bestimmung, die unter anderem im § 13 des Gesetzes über das gerichtliche Verfahren in Binnenschiffahrtssachen vom 27. September 1952 (Bundesgesetzbl. I S. 641) eine Parallele hat, besagt, daß die Beschwerde des Schuldners nicht allein deshalb unzulässig ist, weil sie – entgegen der Vorschrift des Artikels 37 des Übereinkommens – nicht beim Oberlandesgericht eingereicht worden ist. Wird die Beschwerde irrtümlicherweise bei dem Landgericht angebracht, so ist die Beschwerdeschrift an das Oberlandesgericht von Amts wegen weiterzuleiten. Es genügt, daß die Beschwerde fristgerecht bei dem Landgericht eingegangen ist, von dem die Vollstreckungsklausel erteilt wurde. Das Landgericht kann der Beschwerde nicht gemäß § 571 ZPO abhelfen."

4. Verfahren vor dem Oberlandesgericht

Über die Beschwerde entscheidet ein Zivilsenat, nicht dessen Vorsitzender. Die Entscheidung kann jedoch nach § 524 ZPO auf den Einzelrichter übertragen werden. Das Verfahren ist kontradiktorisch. Legt der Antragsgegner die Beschwerde ein, so wird er erstmals am Verfahren beteiligt. Er erhält erst im Beschwerdeverfahren das rechtliche Gehör.[50] Legt der Antragsteller Beschwerde gegen den ablehnenden Beschluß ein, so muß das Oberlandesgericht den Antragsgegner hören; es kann nicht das einseitige Verfahren erster Instanz nachholen (Art. 40 II 1).[51]

Nach Art. 37 sind die Vorschriften des Zweitstaates über das streitige Verfahren anwendbar. Es gelten also die Bestimmungen der Zivilprozeßordnung.[52] Die Anordnung der mündlichen Verhandlung steht im Ermessen des Gerichts (§ 573 I ZPO). Gegen die Anordnung der mündlichen Verhandlung kann keine der Parteien ein Rechtsmittel einlegen. Ordnet das Gericht mündliche Verhandlung an, so beginnt der Anwaltszwang. Die Parteien müssen sich durch bei dem Oberlandesgericht zugelassene Anwälte vertreten lassen. Gemäß § 215 ZPO muß die Ladung zum Termin die Aufforderung enthalten, einen beim OLG zugelassenen Anwalt zu bestellen (§ 13 II dAusfG).

Das Oberlandesgericht entscheidet durch Beschluß, der mit Gründen zu versehen ist (§ 13 I dAusfG). Eine vollständige Ausfertigung des Beschlusses ist den Parteien von Amts wegen zuzustellen.

In dem Beschwerdeverfahren kann der Schuldner folgende Einwendungen[53] vorbringen:

- Die Entscheidung unterfalle nicht dem Geltungsbereich des Übereinkommens;
- der Anerkennung stünden Versagungsgründe entgegen;
- die Entscheidung sei nicht vollstreckbar im engeren Sinne;
- der Anspruch sei nach Erlaß der erststaatlichen Entscheidung erloschen oder seine Geltendmachung zeitweise gehemmt (z. B. durch Stundung).

Die Zulässigkeit der Geltendmachung von Einwendungen gegen den

---

[50] Vgl. dazu *Schütze*, Die Geltendmachung von Einwendungen gegen die Klauselerteilung nach dem EG-Zuständigkeits- und Vollstreckungsübereinkommen durch eine Schutzschrift, Festschrift für *Bülow*, 1981, S. 211ff. m.w.N.

[51] Vgl. dazu *Jenard*-Bericht zu Art. 40 und 41: „Das Verfahren über den Rechtsbehelf ist streitig, weil das mit dem Rechtsbehelf befaßte Gericht den Schuldner zu hören hat. Der kontradiktorische Charakter des Verfahrens war geboten, um eine Häufung von Rechtsbehelfen zu vermeiden. Wäre das Verfahren über den Rechtsbehelf einseitig geblieben, hätte man nicht umhin können, eine zusätzliche Instanz vorzusehen, um dem Schuldner die Möglichkeit zu geben, seine Gegenvorstellungen geltend zu machen, wenn das Gericht, das mit dem Rechtsbehelf befaßt ist, die erstrichterliche Entscheidung aufheben und die Zwangsvollstreckung zulassen würde."

[52] Vgl. *Geimer* JZ 1977, 216; *Müller* bei *Bülow-Böckstiegel* 606/250.

[53] Vgl. dazu oben § 159 VI.

Anspruch selbst – soweit diese nach Erlaß der erststaatlichen Entscheidung entstanden sind – entspricht der heute herrschenden Meinung zu §§ 722f. ZPO.[54] § 14 I dAusfG bringt eine Klarstellung. Der Schuldner ist aber nicht nur berechtigt, diese Einwendungen im Beschwerdeverfahren geltend zu machen, er ist auch dazu verpflichtet, um mit ihnen nicht präkludiert zu werden. Nach § 15 I dAusfG kann der Schuldner die Vollstreckungsgegenklage nämlich nur auf Einwendungen stützen, die erst

- nach Ablauf der Frist, innerhalb derer er die Beschwerde nach Art. 36 und § 9 II dAusfG hätte einlegen können, oder,
- falls die Beschwerde nach Art. 36 oder nach Art. 40 eingelegt worden ist, nach Beendigung dieses Verfahrens

entstanden sind (§ 15 I dAusfG).[55]

III. Rechtsbeschwerdeverfahren

1. Zulässigkeit

Gegen die Entscheidung des Oberlandesgerichts findet die Rechtsbeschwerde zum Bundesgerichtshof statt (Art. 37 II, 41, § 17 dAusfG). Die Rechtsbeschwerde findet statt, wenn gegen die Entscheidung des Oberlandesgerichts – wäre sie durch Endurteil ergangen – die Revision gegeben wäre.[56]

Beträgt der Wert der Beschwer mehr als 40000,– DM so bedarf die Rechtsbeschwerde der Annahme durch den BGH (§ 554b ZPO). Übersteigt der Wert der Beschwer die Revisionssumme nicht, so findet die Rechtsbeschwerde nur statt, wenn das OLG sie zugelassen hat (§ 546 ZPO). Das OLG hat die Rechtsbeschwerde zuzulassen, wenn die Rechtssache grundsätzliche Bedeutung hat oder wenn das OLG in seinem Beschluß von einer Entscheidung des BGH oder des EuGH abweicht (§ 546 I ZPO, § 17 dAusfG). Letzteres kommt nur in Betracht, wenn das OLG von der Möglichkeit der Vorlage nach Art. 3 II des Auslegungsprotokolls keinen Gebrauch gemacht hat.

Hält der BGH die Abweichung von der Entscheidung des EuGH nicht für begründet, so hebt er die Entscheidung des OLG auf. Andernfalls muß der BGH die Auslegungsfrage dem EuGH gemäß Art. 3 des Auslegungsprotokolls vorlegen.[57]

---

[54] Vgl. RGZ 13, 348; RG JW 1913, 596; *Baumbach-Lauterbach-Albers-Hartmann*, ZPO, 41. Aufl., § 723 Anm. 1; *Schütze*, Die Anerkennung und Vollstreckung aaO. S. 66ff. mit Nachweisen in Fußn. 301; *Zöller-Geimer*, ZPO, 13. Aufl., § 722 Anm. X 1.

[55] Die Vollstreckungsgegenklage nach § 767 ZPO ist bei dem Landgericht zu erheben, das über die Klauselerteilung entschieden hat (§ 15 II dAusfG).

[56] Für die Vertretung im Rechtsbeschwerdeverfahren erhält der Rechtsanwalt 13/10 der vollen Gebühr (OLG Frankfurt/Main RIW/AWD 1981, 714).

[57] Vgl. *Geimer* JZ 1977, 216.

2. Rechtsbeschwerdefrist

Die Frist zur Einlegung der Rechtsbeschwerde beträgt einen Monat. Sie ist eine Notfrist. Ihr Lauf beginnt mit der Zustellung des Beschlusses (§ 18 dAusfG). Diese Frist gilt sowohl für die Rechtsbeschwerde des Antragstellers als auch die des Antragsgegners.

3. Bindung an die tatsächlichen Feststellungen

Der Bundesgerichtshof ist an die tatsächlichen Feststellungen in dem Beschluß des Oberlandesgerichts gebunden, es sei denn, daß in bezug auf diese Feststellungen zulässige und begründete Rechtsbeschwerdegründe vorgebracht worden sind. Näher oben § 146 XVI 2d.

IV. Wiederaufnahme des Verfahrens und Verfassungsbeschwerde

Gegen die rechtskräftige Entscheidung, durch die über die Klauselerteilung entschieden worden ist, kann unter den allgemeinen Voraussetzungen die Nichtigkeits- oder Restitutionsklage erhoben werden (§§ 579ff. ZPO). Dabei ist es unerheblich, daß die Entscheidung nicht durch Urteil sondern Beschluß ergeht.[58]

Daneben besteht unter den Voraussetzungen des Art. 93 I Nr. 4a GG und §§ 90ff. BVerfGG die Möglichkeit, Verfassungsbeschwerde zum Bundesverfassungsgericht zu erheben. Dagegen können die Parteien den EuGH nicht anrufen, und zwar auch dann nicht, wenn das OLG oder der BGH eine Auslegungsfrage dem EuGH zu Unrecht nicht vorgelegt haben.

Eine Entscheidung des EuGH auf Antrag des Generalbundesanwalts stellt gemäß Art. 4 II des Auslegungsprotokolls keinen Wiederaufnahmegrund dar.

V. Aufhebung oder Abänderung der mit der Klausel versehenen Entscheidung im Erststaat

Die Aufhebung oder Abänderung der ausländischen Entscheidung im Erststaat ist im Klauselerteilungsverfahren von Amts wegen zu berücksichtigen. Erfolgt die Aufhebung oder Abänderung erst nach Abschluß des Klauselerteilungsverfahrens, so kann der Schuldner die Aufhebung oder Abänderung der deutschen Entscheidung über die Klauselerteilung in einem besonderen Verfahren betreiben (§§ 29ff. dAusfG). Zuständig ist das Landgericht, das in erster Instanz über die Klauselerteilung ent-

[58] Vgl. *Geimer* JZ 1977, 216f.; Bd. II, S. 221 zum deutsch-österreichischen Vertrag; vgl. auch *Baumbach-Lauterbach-Albers-Hartmann*, ZPO, 41. Aufl. Anm. 2 vor § 578. S. auch oben § 160.

schieden hat (§ 29 II d AusfG). Anders als für die Klauselerteilung ist in diesem Fall aber nicht der Vorsitzende, sondern die Kammer funktionell zuständig.[59] Es herrscht kein Anwaltszwang. Entschieden wird durch Beschluß, der den Parteien von Amts wegen zuzustellen ist. Gegen den Beschluß ist die sofortige Beschwerde gegeben. Die Frist für die Einlegung ist eine Notfrist. Sie beträgt 1 Monat und beginnt mit der Zustellung des Beschlusses zu laufen. Die Entscheidung des Oberlandesgerichts ist endgültig. Rechtsbeschwerde zum BGH ist nicht gegeben.

Für den Fall der Aufhebung oder Abänderung der Entscheidung über die Klauselerteilung gibt § 30 I dAusfG einen Schadensersatzanspruch wegen ungerechtfertigter Vollstreckung, der auf dem allgemeinen Rechtsgedanken beruht, der auch §§ 717 II, 945, 1042c II ZPO zugrunde liegt. Zuständig für die Entscheidung über den Schadensersatzanspruch ist das Landgericht, das über die Klauselerteilung entschieden hat, und zwar auch in diesem Fall die Kammer, nicht der Vorsitzende.

VI. Sicherungsvollstreckung

Bis zum Ablauf der Beschwerdefrist oder – bei Einlegung der Beschwerde – bis zur Entscheidung in der Beschwerdeinstanz darf die Zwangsvollstreckung in das Vermögen des Schuldners nicht über Maßregeln zur Sicherung hinausgehen (Art. 39 I, §§ 21 ff. dAusfG). Mit der Entscheidung des Oberlandesgerichts wird die Vollstreckbarkeit unbeschränkt. Weist der Schuldner jedoch nach, daß die Vollstreckung ihm einen nicht zu ersetzenden Nachteil bringen würde, so kann das OLG anordnen, daß die Vollstreckung bis zum Ablauf der Frist zur Einlegung der Rechtsbeschwerde oder bis zur Entscheidung über die Rechtsbeschwerde nicht oder nur gegen Sicherheitsleistung über Maßregeln zur Sicherung hinausgehen darf (§ 25 II dAusfG). Der Begriff des nicht zu ersetzenden Nachteils ist derselbe wie in § 712 I ZPO. Die Anforderungen sind sehr streng. Ein nicht zu ersetzender Nachteil liegt nicht schon dann vor, wenn die Vermögenslage des Gläubigers schlecht oder die Durchsetzung eines Ersatzanspruchs gefährdet ist. Auch genügt nicht, daß der Nachteil droht, er muß vielmehr so gut wie sicher sein.[60] Die Sicherungsvollstreckung ist von der Vollstreckung einer vorläufig vollstreckbaren Entscheidung zu unterscheiden. Während letztere zur Befriedigung führt, darf die Sicherungsvollstreckung keine Befriedigung bringen. Die Sicherungsvollstreckung findet sich im deutschen Recht in den Vorschriften über die Arrestvollstreckung nach §§ 916, 928 ff. ZPO.[61]

---

59 Vgl. Begründung zu § 29 AusfG.

60 Vgl. dazu *Baumbach-Lauterbach-Albers-Hartmann*, ZPO, 41. Aufl., § 712 Anm. 2.

61 Vgl. zur Anwendbarkeit der Normen des 8. Buches der ZPO für die Arrestvollziehung u. a. *Wieczorek-Schütze*, ZPO, 2. Aufl., § 928 Anm. B.

Eine entsprechende Regelung bringt auch § 5 dAusfG zum deutsch-österreichischen Vertrag.[62]

In Anlehnung an diese Vorschriften wird man bei Titeln auf Geldforderungen oder Ansprüche, die in Geldforderungen übergehen können, die Arrestvorschriften entsprechend anwenden müssen.[63] Für andere Ansprüche läßt das Ausführungsgesetz das Verfahren ausdrücklich offen, um nicht einer einheitlichen Anwendung des Übereinkommens in den Vertragsstaaten vorzugreifen.[64]

Jede Maßnahme der Sicherung ist auf ihre Vereinbarkeit mit Art. 39 zu überprüfen.[65] Einwendungen gegen die Zulässigkeit einer Maßnahme sind mit der Erinnerung geltend zu machen (§ 766 ZPO i.V.m. § 22 dAusfG), soweit nicht ein anderer Rechtsbehelf gegeben ist, etwa die sofortige Beschwerde nach § 793 ZPO.[66]

Wird die Vollstreckung unbeschränkt zulässig, so ist dem Gläubiger auf seinen Antrag ein Zeugnis über die unbeschränkte Zulässigkeit zu erteilen (§§ 26, 27 dAusfG). Das Zeugnis wird vom Urkundsbeamten der Geschäftsstelle erteilt.

VII. Besondere Vorschriften für Entscheidungen deutscher Gerichte

§§ 32ff. dAusfG betreffen nicht das deutsche Klauselerteilungsverfahren, geben vielmehr nur ergänzende Vorschriften für das deutsche Erstverfahren.

Da die Versagungsgründe der Anerkennung nach Art. 27 Nr. 1, 3 und 4 regelmäßig nur aus der Begründung einer Entscheidung ersichtlich sind, schreiben §§ 32–35 dAusfG vor, daß Entscheidungen, die nach deutschem Prozeßrecht ohne Begründung ausgefertigt werden können, mit einer Begründung zu versehen sind.

Nach § 313b ZPO bedürfen Versäumnis- und Anerkenntnisurteile nicht des Tatbestandes und der Entscheidungsgründe. Ist zu erwarten, daß ein solches Urteil in einem Vertragsstaat geltend gemacht werden soll, so ist die Herstellung in abgekürzter Form unzulässig. Der Kläger sollte auf die spätere Geltendmachung in einem Vertragsstaat im Verfahren hinweisen. Ein Antrag ist jedoch nicht erforderlich. Das Gericht kann von Amts wegen das Urteil mit Tatbestand und Entscheidungsgründen versehen. Eine nachträgliche Hinzufügung des Tatbestandes und der Entscheidungsgründe ist nach § 33 dAusfG möglich. Eine Frist für den Antrag auf Vervollständigung besteht nicht.

---

62 Vgl. dazu Bd. II S. 223.

63 Vgl. Begründung zu § 21 AusfG.

64 Vgl. Begründung zu § 21 AusfG.

65 Vgl. *Müller* bei *Bülow-Böckstiegel* 606/258; *Wolf* NJW 1973, 401.

66 Vgl. Begründung zu § 22 AusfG.

Arrestbefehle, einstweilige Anordnungen oder Verfügungen können ohne mündliche Verhandlung ergehen und bedürfen in diesen Fällen nicht der Begründung. § 34 dAusfG sieht auch in diesen Fällen die Hinzufügung einer Begründung für den Fall vor, daß diese Entscheidungen in einem Vertragsstaat geltend gemacht werden sollen. Diese Regelung ist durch die Entscheidung des EuGH in der Rechtssache 125/79[67] weitgehend bedeutungslos geworden. Da gerichtliche Entscheidungen, durch die einstweilige oder auf eine Sicherung gerichtete Maßnahmen angeordnet werden, nicht mit der Klausel versehen werden können, wenn sie ohne Ladung der Gegenpartei ergangen oder nicht vorher zugestellt worden sind, wird bei zu erwartender Vollstreckung im Ausland nur nach mündlicher Verhandlung durch Endurteil entschieden werden können.

§ 35 dAusfG betrifft die Klauselerteilung für Vollstreckungsbescheide, Arrestbefehle und einstweilige Verfügungen.

VIII. Mahnverfahren

Nach § 688 I ZPO findet das Mahnverfahren nur statt wegen eines Anspruchs, der die Zahlung einer bestimmten Geldsumme in inländischer Währung zum Gegenstand hat. Das Mahnverfahren ist darüber hinaus unzulässig, wenn die Zustellung des Mahnbescheides im Ausland oder durch öffentliche Bekanntmachung erfolgen müßte.

§ 36 dAusfG erstreckt die Zulässigkeit des Mahnverfahrens auf den Geltungsbereich des Übereinkommens. Das Mahnverfahren ist auch zulässig, wenn der Anspruch auf ausländische (nicht notwendigerweise eine der Vertragsstaaten) Währung geht und die Zustellung des Mahnbescheides in einem anderen Vertragsstaat erfolgen müßte. § 688 III ZPO ist inzwischen angepaßt.[68]

§ 164 Das Verfahren in Belgien

Belgien hat kein besonderes Ausführungsgesetz zu dem Übereinkommen erlassen. Die Regelung im Übereinkommen[1] wird durch die allgemeinen Bestimmungen der Prozeßordnung ergänzt.[2]

---

[67] RIW/AWD 1980, 510.

[68] Vgl. dazu LG Frankfurt/Main NJW 1976, 1597; *Bauer*, Mahnverfahren u. Klagen gegen Schuldner in den anderen EWG-Ländern, JB 1976, Sp. 145ff.; *Poser*, Neu: Das Mahnverfahren im EWG-Bereich, Rpfl. 1973, 353f.

[1] Vgl. dazu *Weser*, Convention communautaire sur la compétence judiciaire et l'exécution des décisions, 1975.

[2] Vgl. zum Exequaturverfahren auch Bd. II, S. 251ff. mit weiteren Nachweisen.

I. Klauselerteilungsverfahren

1. Zuständigkeit zur Klauselerteilung

a) Sachliche Zuständigkeit

Sachlich zuständig ist nach Art. 32 I das Gericht erster Instanz (Tribunal de Première Instance, Rechtbank van Eerste Aanleg).[3] Das Gericht entscheidet durch Kammern. In jedem „Arrondissement judiciaire" besteht ein Gericht erster Instanz.

Die Regelung entspricht der nach dem autonomen belgischen Recht des Exequaturverfahrens[4] und der nach den Anerkennungs- und Vollstreckungsverträgen, z. B. dem deutsch-belgischen Vertrag.[5]

b) Örtliche Zuständigkeit

Die örtliche Zuständigkeit bestimmt sich nach Art. 32 II. Zuständig ist das Gericht am Wohnsitz des Schuldners, wobei der Wohnsitzbegriff Art. 52, 53 zu entnehmen ist. Bei Fehlen eines Wohnsitzes in Belgien ist das Gericht zuständig, in dessen Sprengel die Zwangsvollstreckung durchgeführt werden soll.

2. Einleitung des Verfahrens

a) Antrag

Das Verfahren wird durch Antrag eingeleitet. Dabei ist die Loi concernant l'emploi des langues en matière judiciaire[6] zu beachten. Danach ist Gerichtssprache bei allen erstinstanzlichen Zivil- und Handelsgerichten französisch[7] in den Provinzen Hainant, Liège, Luxembourg, Namur und im Arrondissement Novelles, flämisch[8] in den Provinzen Antwerpen, Westflandern, Ostflandern, Limburg und im Arrondissement Löwen. Für Berufung[9] und Kassation[10] gilt der Grundsatz, daß die Sprache, in der die angegriffene Entscheidung abgefaßt ist, als Prozeßsprache dient. In einigen Bezirken ist deutsch Gerichtssprache. Im einzelnen ergibt sich folgende Lage:

---

[3] Vgl. dazu Art. 76ff. Code judiciaire; *Fettweis*, Les institutions judiciaires et de la compétence bei *Krings* u. a., Le code judiciaire, 1969, S. 56.

[4] Vgl. Art. 570 Code judiciaire, dazu Bd. II S. 253ff.

[5] Vgl. Bd. II S. 297f.

[6] Gesetz v. 15. Juni 1935, Moniteur v. 22. Juni 1935.

[7] Art. 1 leg. cit.

[8] Art. 2 leg. cit.

[9] Art. 24ff. leg. cit.

[10] Art. 27 leg. cit.

Arrondissement judiciaire:	französisch	flämisch	deutsch
Anvers	–	toutes les communes	–
Malines	–	toutes les communes	–
Turnhout	–	toutes les communes	–
Bruxelles	Auderghem	les autres communes	–
	Bierghes		
	Bruxelles		
	Etterbeek		
	Forest		
	Ixelles		
	Saintes		
	Saint-Gilles		
	Saint-Josse-ten-Noode		
	Schaerbeck		
	Uccle		
	Watermael-Bottsfort		
	Woluwe-Saint-Lambert		
	Woluwe-Saint-Pierre		
Louvain	L'Ecluse	les autres communes	–
	Neerheylissem		
	Opheylissem		
	Zétrud-Lumay		
Nivelles	toutes les communes		
Charleroi	toutes les communes	–	–
Mans		Enghien	–
		Saint-Pierre-Cappelle	–
Tournai	les autres		
	communes	Everbecq	–
	–	Blévène	–
Bruges	–	toutes les communes	–
Courtrai	Dottignies	les autres communes	–
	Espierres		
	Helchin		
	Herseaux		
	Luigne		
	Mouscron		
Furnes	–	toutes les communes	–
Ypres	Bas-Warneton	les autres communes	–
	Comines		
	Houthem		
	Ploegsteert		
	Warneton		
Audenarde	Amougies	les autres communes	–
	Orroir		
	Russeignies		
Gand	–	toutes les communes	–
Termonde	–	toutes les communes	–

Arrondissement judiciaire	französisch	flämisch	deutsch
Huy	les autres communes	Attenhoven	–
		Elixem	
		Houtain-l'Evêque	
		Laer	
		Landen	
		Neerhespen	
		Neerlanden	
		Neerwinden	
		Overhespen	
		Overwinden	
		Rumsdorp	
		Walsbetz	
		Wamont	
		Wanghe	
		Wezeren	
Liège	les autres communes	Fouron-le-Comte	–
		Mouland	–
Verviers	les autres communes	Fouron-Saint-Martin	Amblève
		Fouron-Saint-Pierre	Bullange
		Remersdael	Butgenbach
		Teuven	Crombach
			Elsenborn
			Eupen
			Eynatten
			Gemmenich
			Hausset
			Heppenbach
			Kettenis
			Hergenrath
			La Calamine
			Lommersweiler
			Lontzen
			Manderfeld
			Membach
			Meyrode
			Moresnet
			Neu-Moresnet
			Raeren
			Recht
			Reuland
			Rocherath
			Saint-Vith
			Schoenberg

Arrondissement judiciaire	französisch	flämisch	deutsch
			Thommen Walhorn
Hasselt	Corswaren	les autres communes	–
Tongres	Bassenge Eben-Emael Lanaye Otrange Roclenge-sur-Geer Wonck	les autres communes	–
Arion	toutes les communes	–	–
Marche	toutes les communes	–	–
Neufchâteau	toutes les communes	–	–
Dinant	toutes les communes	–	–
Namur	toutes les communes	–	–

Die Partei kann in dem Verfahren entweder persönlich erscheinen oder sich durch einen Anwalt[11] vertreten lassen.[12] Nur Anwälte können plädieren.[13] Die Zulassung der Rechtsanwälte ist nicht lokal begrenzt.

b) Wahldomizil

Der Antragsteller muß nach Art. 33 II ein Wahldomizil begründen. Nach Art. 111 Code civil können die Parteien oder eine von ihnen ein Domizil wählen, das u. a. auch den Ort, an dem Zustellungen zu erfolgen haben, bestimmt. Auf diese Weise wird die Zustellung der Entscheidung nach Art. 35 oder die des Rechtsbehelfs des Schuldners nach Art. 37 erleichtert.

Art. 111 Code civil lautet:

„Lorsqu'un acte contiendra, de la part des parties ou de l'une des elles, élection de domicile pour l'exécution de ce même acte dans un autre lieu que celui du domicile réel, les significations, demandes et poursuites relatives à ce acte pourront être faites au domicile convenu, et devant le juge de ce domicile."

Die Verletzung der Verpflichtung zur Begründung eines Wahldomizils ist jedoch sanktionslos.[14] Sie führt nicht zur Unwirksamkeit von Prozeßhandlungen des Antragstellers.

[11] Vgl. dazu *Cambier*, Le barreau et la reforme judiciaire bei *Krings* u. a., Le code judiciaire, 1969, S. 25ff.

[12] Art. 728 Code judiciaire.

[13] Art. 440 Code judiciaire.

[14] Vgl. Tribunal civil de Bruxelles Journal trib. 1978, 283.

3. Durchführung des Verfahrens

Das Verfahren in erster Instanz ist einseitig. Das Gericht hat die Entscheidung unverzüglich zu erlassen, ohne daß der Schuldner gehört wird.

Für das Verfahren gelten ergänzend zu den Bestimmungen in Art. 31ff. die Normen des Code judiciaire.[15]

II. Rechtsbehelfsverfahren

Gegen die Entscheidung des Tribunal de Première Instance ist ein Rechtsbehelf gegeben (Art. 36, 40).[16]

1. Zuständigkeit

Zuständig zur Entscheidung über den Rechtsbehelf gegen die Entscheidung, die die Klauselerteilung anordnet, ist der Tribunal de Première Instance.

Für die Entscheidung über den Rechtsbehelf bei Antragsablehnung ist dagegen der Berufungsgerichtshof (Cour d'Appel oder Hoef van Beroep). Die Cour d'Appel ist ein Kollegialgericht, das durch Kammern entscheidet, die mit drei Berufsrichtern besetzt sind.[17]

2. Frist

Es gelten keine Besonderheiten. Die Frist für die Einlegung des Rechtsbehelfs gegen die Entscheidung, die die Klauselerteilung bewilligt, beträgt 1 Monat nach Zustellung, wenn der Urteilsschuldner seinen Wohnsitz in Belgien hat. Bei Wohnsitz in einem anderen Vertragsstaat beträgt die Frist zwei Monate (Art. 36 II).

III. Kassationsbeschwerde

Gegen die Entscheidung über den Rechtsbehelf – unabhängig davon, ob sie durch den Tribunal de Première Instance oder die Cour d'Appel

---

[15] Vgl. dazu *Cambier*, Droit judiciaire civil, 1974; *Fettweis* u. a., Droit judiciaire civil I und II, 4. Aufl., 1976; *Krings*, Grundzüge des belgischen Zivilgerichtsverfahrens, ZZP 90 (1977), 245ff.; *Rouard*, Traité élémentaire de droit judiciaire privé, Bd. I 1973, Bd. II 1975.

[16] Der Rechtsbehelf nach Art. 36 steht nicht für die Anfechtung von Vollstreckbarerklärungen nach dem deutsch-belgischen Abkommen zur Verfügung, vgl. Cour d'Appel de Bruxelles, Clunet 106 (1979), 199.

[17] Art. 101 Code judiciaire.

ergangen ist – findet nur die Kassationsbeschwerde statt (Art. 37 II, 41). Über die Kassationsbeschwerde entscheidet die Cour de Cassation.[18]

Der Kassationshof ist keine Tatsacheninstanz. Nur Rechtsverletzungen können gerügt werden. Ist die Kassationsbeschwerde begründet, so hebt der Kassationshof die Entscheidung auf und verweist den Fall an einen anderen Richter der Instanz, die die Entscheidung gefällt hat, zurück. Dieser ist an die Rechtsauffassung der Cour de Cassation nicht gebunden,[19] kann also erneut im Sinne der kassierten Entscheidung entscheiden.

§ 165 Das Verfahren in Frankreich

Frankreich hat kein besonderes Ausführungsgesetz zu dem Übereinkommen erlassen.[1] Neben den Vorschriften der Art. 31 ff. finden die Bestimmungen des Nouveau Code de procédure civile (CPC) Anwendung. In der Praxis treten Schwierigkeiten nicht auf. Die Klausel wird fast automatisch erteilt.[2]

I. Klauselerteilungsverfahren

1. Zuständigkeit zur Klauselerteilung

a) Sachliche Zuständigkeit

Sachlich zuständig ist nach Art. 32 I der Präsident des Tribunal de Grande Instance. Die Tribunaux de Grande Instance sind – ebenso wie die Tribunaux d'Instance – erstinstanzliche Gerichte, deren sachliche Zuständigkeit sich teils nach dem Streitgegenstand, teils nach der Streitwerthöhe bestimmt.[3] Im Prinzip besteht in jedem Departement ein Tribunal de Grande Instance, in großen Departements jedoch mehrere. Die Tribunaux de Grande Instance bestehen aus einer oder mehreren Kammern, die als Kollegialgericht entscheiden. Über die Klauselerteilung entscheidet aber – wie im Exequaturverfahren außerhalb des Übereinkommens[4] – der Präsident. Die sonst gegebene Möglichkeit, daß der

---

[18] Vgl. Art. 608 ff. Code judiciaire.

[19] Vgl. dazu *Krings* ZZP 90 (1977), 245 ff. (256 f.).

[1] Vgl. zur Anwendung des Übereinkommens in Frankreich *Holleaux*, La convention de Bruxelles du 27 septembre 1968 sur la compétence judiciaire et l'exécution des décisions en matière civile et commerciale: cinq années d'application en France, Clunet 105 (1978), 520 ff.; *Mezger*, Drei Jahre EG-Zuständigkeits- und Vollstreckungsübereinkommen in Frankreich, RIW/AWD 1976, 345 ff.

[2] Vgl. *Holleaux*, Clunet 105 (1978), 520.

[3] Vgl. zur Reform 1958, im Rahmen derer die Tribunaux de Première Instance durch die Tribunaux de Grande Instance ersetzt wurden, *Martin de la Moutte*, La réforme des juridictions civiles du 22 décembre 1958, Mélanges Maury Bd. I.

[4] Die ordonnance v. 22. 12. 1958 relative à l'organisation judiciaire ist durch das

Präsident die Sache an die Kammer abgeben kann, besteht angesichts der eindeutigen Regelung in Art. 32 I nicht.

b) Örtliche Zuständigkeit

Die örtliche Zuständigkeit bestimmt sich nach Art. 32 II. Zuständig ist das Gericht am Wohnsitz des Schuldners, wobei der Wohnsitzbegriff Art. 52, 53 zu entnehmen ist. Bei Fehlen eines Wohnsitzes in Frankreich ist das Gericht zuständig, in dessen Sprengel die Zwangsvollstreckung stattfinden soll.

2. Einleitung des Verfahrens

a) Antrag

Das Verfahren wird auf Antrag eingeleitet. Es herrscht Anwaltszwang. Nach Art. 751 CPC müssen sich die Parteien im Verfahren vor dem Tribunal de Grande Instance durch einen avocat vertreten lassen. Die frühere Dreiteilung der Anwaltschaft[5] in avocat, avoué und agrée ist durch die Reform von 1971[6] abgeschafft.[7] Unberührt geblieben ist jedoch die Teilung in avocats und avoués im Verfahren vor der Cour d'Appel.

Gerichtssprache ist französisch.

b) Wahldomizil

Der Antragsteller muß ein Wahldomizil im Sprengel des angerufenen Gerichts begründen (Art. 33 II). Das Wahldomizil ist in Art. 111 Code civil geregelt:

Art. 111. Lorsqu'un acte contiendra, de la part des parties ou de l'une d'elles,

---

Gesetz Nr. 72-626 vom 5. 7. 1972 hinsichtlich des Exequaturverfahrens abgeändert. Nach Art. 3.2 bleibt der Tribunal de Grande Instance zuständig, entscheidet aber nicht durch die Kammer, sondern einen vom Präsidenten bestellten Einzelrichter (juge unique), der die Sache an die Kammer abgeben kann. Art. 3.2 lautet:

3–2. (L. n° 72–626 du 5 juill. 1972) Le tribunal de grande instance connait à juge unique de tout ce qui a trait à l'exécution forcée des jugements et autres actes, y compris des demandes en reconnaissance et en exequatur des décisions judiciaires et actes publics étrangers, ainsi que des sentences arbitrales françaises ou étrangères.

Il connaît également des contestations qui s'élèveraient sur le fond de droit au cours de l'exécution, lorsque celle-ci porte sur les biens.

Les ventes de biens de mineurs ainsi que les ventes qui leur sont assimilées sont également poursuivies devant le juge de l'exécution.

Le juge peut toujours renvoyer une affaire en l'état à la formation collegiale.

Les dispositions de l'art. 3–2 ci-dessus ne font pas obstacle au maintien en vigueur dans les départements du Haut-Rhin, du Bas-Rhin et de la Moselle, le régime particulier à ces trois départements.

[5] Vgl. dazu *Tomasi*, Der französische Anwaltsstand im Wandel der Zeiten, AnwBl 1957, 85ff.

[6] Vgl. loi no. 71–1130 v. 31. 12. 1971.

[7] Vgl. dazu auch *Langer*, Die Reform des Anwaltsberufs in Frankreich, AnwBl 1972, 245ff.; *Weil*, Der französische Rechtsanwalt, BRAK-Mitt. 1982, 101ff.

élection de domicile pour l'exécution de ce même acte dans un autre lieu que celui du domicile réel, les significations, demandes et poursuites relatives à cet acte, pourront être faites au domicile convenu, et devant le juge de ce domicile.

Die Begründung eines Wahldomizils wirkt wie eine Zuständigkeitsvereinbarung.[8] Die Bestellung eines Anwalts begründet nach Art. 751 II CPC zugleich ein Wahldomizil.

3. Durchführung des Verfahrens

Das Verfahren ist einseitig. Die Entscheidung über die Klauselerteilung hat unverzüglich[9] zu ergehen, ohne daß dem Schuldner in diesem Verfahrensabschnitt Gelegenheit zur Stellungnahme gegeben wird. Für das Verfahren gelten die Bestimmungen des CPC ergänzend zu der Regelung in Art. 31 ff.

Zum Verbot der révision au fond in dem Verfahren (Art. 34 III) liegen einige französische Entscheidungen vor.[10]

II. Rechtsbehelfsverfahren

Gegen die Entscheidung des Präsidenten des Tribunal de Grande Instance ist als Rechtsbehelf nach Art. 36, 40 der appel gegeben.

1. Zuständigkeit

Zuständig zur Entscheidung über den Rechtsbehelf ist die Cour d'Appel (Art. 37 I, 40 I). Damit ist die Zuständigkeit – ebenso wie in der Bundesrepublik Deutschland, Italien und Luxemburg – der nächsthöheren Instanz übertragen.

Die Cours d'Appel[11] entscheiden durch Kammern, die regelmäßig mit einem Präsidenten und zwei Beisitzern (Berufsrichter) besetzt sind. Zur Zeit bestehen 30 Cours d'Appel, die regelmäßig für mehrere Departe-

---

[8] Vgl. *Ferid*, Das französische Zivilrecht, Bd. I, 1971, 1 D 91.

[9] Zweifel daran, ob dies in der Praxis immer befolgt wird, läßt die Entscheidung des Tribunal de Grande Instance de Troyes, Clunet 106 (1979), 603 mit Anm. *Huet* und *Kovar* ebenda S. 628 ff. aufkommen.

[10] Vgl. Cour d'Appel d'Orléans, Rechtsprechungsübersicht II (1978) Nr. 82; Cour d'Appel de Paris, Rev. crit. 1980, 121 mit Anm. *Mezger;* Cour d'Appel de Paris, Gaz. Palais 1979 n. 208; Tribunal de Grande Instance de Troyes s. Fußn. 9.

[11] Vgl. dazu auch *Gerster*, Die Zivilrechtspflege in Frankreich seit der Justizreform vom 22. Dezember 1958, ZZP 78 (1965), 225 ff.; *Mezger*, Die Reform der Gerichtsverfassung, der Ausbildungsordnung und des Zivilprozesses in Frankreich, RabelsZ 25 (1960), 24 ff.

ments zuständig sind.[12] Im Verfahren vor der Cour d'Appel herrscht Anwaltszwang, wobei die Institution des avoué hier noch beibehalten ist.[13]

2. Frist

Es gelten keine Besonderheiten. Die Frist für die Einlegung des Rechtsbehelfs gegen die Entscheidung, die die Klauselerteilung bewilligt, beträgt einen Monat nach Zustellung[14], wenn der Urteilsschuldner seinen Wohnsitz in Frankreich hat. Bei Wohnsitz in einem anderen Vertragsstaat beträgt die Frist 2 Monate (Art. 36 II).

Der Rechtsbehelf gegen die ablehnende Entscheidung ist unbefristet.

III. Kassationsbeschwerde

Gegen die Entscheidung der Cour d'Appel findet nur die Kassationsbeschwerde (pourvoi en cassation) statt (Art. 37 II, 41). Zuständig ist die Cour de Cassation. Diese entscheidet durch Kammern, die regelmäßig mit sieben Richtern besetzt sind.

Mit der Kassationsbeschwerde können nur Fehler der Rechtsanwendung gerügt werden. Die Cour de Cassation entscheidet nicht in der Sache. Ist die Kassationsbeschwerde begründet, so wird zurückverwiesen.

§ 166 Das Verfahren in Italien

Obwohl die Regelung des Klauselerteilungsverfahrens ursprünglich in einem besonderen Ausführungsgesetz erfolgen sollte,[1] ist ein solches bisher nicht erlassen worden. Die Regelung der Art. 31ff.[2] wird ergänzt

---

[12] Eine Zusammenstellung der Cours d'Appel gibt *Reinecker*, Grundzüge des französischen Verfahrens- und Vollstreckungsrechts in vermögensrechtlichen Streitigkeiten in *Böttger* u. a. Zivilgerichtsbarkeit und Zwangsvollstreckung in Großbritannien und Frankreich – Grundzüge – 1977, S. 49ff. (52f.).

[13] Vgl. Art. 899 CPC.

[14] Nach Cour d'Appel d'Orléans, *Pocar* S. 323 (insoweit nicht mit abgedruckt in Rechtsprechungsübersicht II (1978) Nr. 82) läuft die Frist bei unterbliebener Zustellung von der Zahlungsaufforderung an.

[1] Vgl. *Jenard*-Bericht zu Art. 33.

[2] Vgl. zur Anwendung des Übereinkommens in Italien u. a. *Ballarino*, Diritto Internazionale Privato, 1982, S. 208ff.; *Laterza*, Primi orientamenti giurisprudenziali circa l'applicazione in Italia della Convenzione di Bruxelles del 27 settembre 1968, Riv. dir. int. priv. proc. 1977, 790ff.; *Pocar*, L'applicazione giudiziale in Italia della Convenzione di Bruxelles del 27 settembre 1968 sulla competenza giurisdizionale e l'esecuzione delle sentenze, Riv. dir. proc. 1978, 655ff.; *ders.*, Jurisdiction and the Enforcement of Judgments under the EC-Convention of 1968, A Review of Court Decisions, RabelsZ 42

durch die allgemeinen Bestimmungen der italienischen Zivilprozeßordnung für die Wirkungserstreckung ausländischer Zivilurteile.[3]

I. Klauselerteilungsverfahren

1. Zuständigkeit zur Klauselerteilung

a) Sachliche Zuständigkeit

Sachlich zuständig ist nach Art. 32 I die Corte d'Appello, die in etwa dem deutschen Oberlandesgericht entspricht.[4] Die Corte d'Appello[5] entscheidet durch Senate, die mit einem Vorsitzenden und vier beisitzenden Richtern besetzt sind. Der Grund der Übertragung der Zuständigkeit nicht auf die Preture (entsprechend den Amtsgerichten) oder Tribunali (entsprechend den Landgerichten) liegt in der Ausgestaltung des Delibazionsverfahrens. Delibazionsgericht ist nach autonomem italienischem Recht die Corte d'Appello.[6] Dieselbe Regelung gilt beispielsweise auch für die Wirkungserstreckung deutscher Titel nach dem deutsch-italienischen Anerkennungs- und Vollstreckungsabkommen vom 9. März 1936,[7] so daß es sachdienlich erschien, die sachliche Zuständigkeit für das

---

(1978), 405ff.; *Telchini*, Prime pronunzie interpretative concernenti la Convenzione di Bruxelles 27 settembre 1968 sulla competenza giurisdizionale e l'esecuzione delle decisioni in materia civile e commerciale, Giust. civ. 1977 I, 1635ff.

Zur italienischen Rechtsprechung vgl. die sorgfältige Zusammenstellung bei *Pocar*, Codice delle convenzioni sulla giurisdione e l'esecuzione delle sentenze straniere nella C.E.E., 1980 sowie *Vassalli di Dachenhausen,* The Convention of 27 September 1968 on Jurisdiction and Enforcement of Judgements in Civil and Commercial Matters in Italian Case-Law, Rivista di Diritto Europeo 22 (1982), 313ff.

[3] Vgl. dazu *Carbone*, Il giudizio di riesame del merito, Riv. dir. int. priv. proc. 1968, S. 510ff.; *Condorelli*, La funzione del riconoscimento di sentenze straniere, 1967; *Ghiron*, L'esecuzione delle sentenze straniere in Italia, Riv. dir. int 1926, 297ff.; *Migliazza*, Le sentenze straniere nel diritto italiano, 1968; *Mercier*, Effets internationaux des jugements dans les Etats du Marché Commun, 1965; *Monaco*, L'efficacia delle sentenze straniere secondo il nuovo codice di procedura civile, Riv. dir. int. 1941, 307ff.; *Morelli*, Diritto processuale civile internazionale, 2. Aufl., 1954, S. 275ff.; *ders.*, Studi di diritto processuale civile internazionale, 1961.

[4] Vgl. *Luther*, Einführung in das italienische Recht, 1968, S. 115.

[5] Vgl. dazu *Cappelletti*, Der italienische Zivilprozeß, RabelsZ 30 (1966), 254ff.; *Cappelletti-Perillo*, Civil Procedure in Italy, 1965, S. 72.

[6] Vgl. Art. 796 Codice di procedura civile; dazu die Hinweise Fußnote 3.

[7] Vgl. dazu *Baer*, La Convenzione italogermanica per il riconoscimento e l'esecutorietà delle decisioni giudiziari: Riv. it. scienze comm. 1937, 356ff.; *Jonas*, Das deutsch-italienische Vollstreckungsabkommen vom 9. März 1936, DJ 1937, 888ff.; *Luther*, Zur Anerkennung und Vollstreckung von Urteilen und Schiedssprüchen in Handelssachen im deutsch-italienischen Rechtsverkehr, ZHR 127 (1964), 145ff.; *ders.*, Das deutsch-italienische Vollstreckungsabkommen und seine zukünftige Gestaltung, 1966; *Polacco*, Convenzione italo-germanica per l'esecuzione delle sentenze, Riv. dir. civ. 1937, 72ff.

Klauselerteilungsverfahren, das eine Delibazion zum Gegenstand hat, demselben Gericht zu übertragen.

b) Örtliche Zuständigkeit

Die örtliche Zuständigkeit bestimmt sich nach Art. 32 II. Zuständig ist das Gericht am Wohnsitz des Schuldners,[8] wobei der Wohnsitzbegriff Art. 52, 53 zu entnehmen ist. Bei Fehlen eines Wohnsitzes in Italien ist das Gericht zuständig, in dessen Sprengel die Zwangsvollstreckung stattfinden soll.[9]

2. Einleitung des Verfahrens

a) Antrag

Das Verfahren wird durch Antrag eingeleitet. Art. 796 Codice di procedura civile ist anwendbar.[10] Es herrscht Anwaltszwang.[11] Die Funktionen der Rechtsanwaltschaft[12] sind aufgeteilt zwischen den avvocati und den procuratori. Der procuratore vertritt die Partei und unterzeichnet die Klageschrift und die Schriftsätze; der avvocato bereitet den Rechtsstreit vor und plädiert. Da in praxi regelmäßig alle avvocati gleichzeitig als procuratori zugelassen sind und in doppelter Funktion tätig werden, ist die Unterscheidung bedeutungslos.
Gerichtssprache ist italienisch.

b) Wahldomizil

Zur Erleichterung der Zustellung der Entscheidung nach Art. 35 oder des Rechtsbehelfs nach Art. 37 statuiert Art. 33 II die Verpflichtung zur Begründung eines Wahldomizils.

Das Wahldomizil ist in 47 Codice civile geregelt, der bestimmt:
„*Si può eleggere domicilio speciale per determinati atti o affari (p. c. 30). Questa elezione deve farsi espressamente per iscritto.*“

Die Begründung des Wahldomizils schließt nicht aus, daß die Zustellungen am tatsächlichen Wohnsitz des Antragstellers durchgeführt werden. Die Benennung des Wahldomizils kann nachgeholt werden.

---

[8] Vgl. dazu Corte di Appello di Genova, Riv. dir. int. priv. proc. 1976, 583.

[9] Vgl. dazu Corte di Appello di Trieste, Riv. dir. int. priv. proc. 1976, 559. Nach autonomem italienischen Recht ist diese Hilfszuständigkeit des Übereinkommens die ausschließliche; vgl. *Mercier*, Effets internationaux des jugements dans les Etats du Marché Commun, 1965, S. 95 m. w. N.

[10] Art. 796 I lautet: „*Cli vuol far valere nello Stato una sentenza straniera deve proporre domanda mediante citazione davanti alla corte d'appello del luogo in cui la sentenza deve avere atuazione.*“

[11] Vgl. *Council of Europe*, The practical guide to the recognition and enforcement of foreign judicial decisions in civil & commercial law, 1975, S. 98. Grundsätzlich herrscht – von dem Verfahren vor den Conciliatori abgesehen – Anwaltszwang. Im Prozeß vor den Preture kann das Gericht von der Anwaltsvertretung entbinden. Die Vertretung muß in allen Fällen durch einen procuratore erfolgen, im Verfahren vor der Corte di Cassazione durch einen avvocato.

[12] Vgl. dazu *Cappelletti-Perillo*, Civil Procedure in Italy, 1965, S. 54ff.; *Luther*, Einführung in das italienische Recht, 1968, S. 117.

3. Durchführung des Verfahrens

Das Verfahren in erster Instanz ist einseitig und geht damit über Art. VIII Nr. 3 des italienisch-britischen Vertrages hinaus.[13] Die Entscheidung über die Klauselerteilung ist unverzüglich zu erlassen, ohne daß der Schuldner Gelegenheit zur Stellungnahme erhält. Eine Frist für die Entscheidung ist nicht vorgesehen.[14] Sie muß unverzüglich ergehen. In keinem Falle darf eine révision au fond stattfinden.[15]

II. Rechtsbehelfsverfahren

Gegen die Entscheidung der Corte di Appello ist ein Rechtsbehelf nach Art. 36, 40 gegeben.

1. Zuständigkeit

Zuständig zur Entscheidung über den Rechtsbehelf ist ebenfalls die Corte di Appello (Art. 37 I, 40 I). Auch in diesem Verfahrensabschnitt gilt der Beschleunigungsgrundsatz, aus dem sich Besonderheiten gegenüber dem ordentlichen Prozeß ergeben.[16] Die Zuständigkeit ist ausschließlich.[17]

2. Frist

Es gelten keine Besonderheiten. Die Frist für die Einlegung des Rechtsbehelfs gegen die Entscheidung, die die Klauselerteilung bewilligt, beträgt 1 Monat nach Zustellung, wenn der Schuldner seinen Wohnsitz in Italien hat.[18] Bei Wohnsitz in einem anderen Vertragsstaat beträgt die Frist 2 Monate (Art. 36 II).

Der Rechtsbehelf gegen die ablehnende Entscheidung der Corte di Appello ist unbefristet.

---

[13] Vgl. dazu Corte di Appello di Milano, Riv. dir. int. priv. proc. 1976, 552.

[14] Vgl. *Jenard*-Bericht zu Art. 34.

[15] Vgl. dazu Corte di Appello di Milano, Riv. dir. int. priv. proc. 1979, 739.

[16] Vgl. dazu Corte di Appello di Bari, Riv. dir. int. priv. proc. 1977, 886 im Hinblick auf den rito della camera di consiglio.

[17] Vgl. Corte di Cassazione, Riv. dir. int. priv. proc. 1978, 382 im Hinblick auf die Unzulässigkeit der Kassationsbeschwerde gegen die Entscheidung im einseitigen Klauselerteilungsverfahren.

[18] Vgl. dazu auch Corte di Appello di Milano, Riv. dir. int. priv. proc. 1975, 801; Corte di Appello di Genova, Riv. dir. int. priv. proc. 1976, 583.

III. Kassationsbeschwerde

Gegen die Entscheidung der Corte di Appello im Rechtsbehelfsverfahren findet nur die Kassationsbeschwerde statt (Art. 37 II, 41). Über die Kassationsbeschwerde (ricorso in cassazione) entscheidet die Corte di Cassazione.

Der Kassationshof ist keine Tatsacheninstanz.[19] Nur Rechtsverletzungen können gerügt werden. Der Kassationshof kann nicht in der Sache entscheiden. Ist die Kassationsbeschwerde begründet, so hebt der Kassationshof die Entscheidung auf und verweist den Fall an eine Corte di Appello, jedoch nicht die, die die kassierte Entscheidung gefällt hat.

Die Frist für die Einlegung der Kassationsbeschwerde beträgt 60 Tage nach Zustellung (Art. 325 f. CPC).

§ 167 Das Verfahren in Luxemburg

Luxemburg hat kein besonderes Ausführungsgesetz zu dem Übereinkommen erlassen. Die Regelung der Art. 31 ff.[1] wird durch die allgemeinen Bestimmungen über das Exequaturverfahren ergänzt.[2]

I. Klauselerteilungsverfahren

1. Zuständigkeit zur Klauselerteilung

a) Sachliche Zuständigkeit

Sachlich zuständig ist nach Art. 32 I der Präsident des Bezirksgerichts. Das Bezirksgericht (Tribunal d'Arrondissement) ist ein erstinstanzliches Gericht.[3] Es ist für alle Zivil- und Handelssachen zuständig, soweit nicht eine Zuständigkeit der Friedensgerichte gegeben ist. Das Bezirksgericht ist auch für die Exequaturerteilung für ausländische Zivilurteile außerhalb des Übereinkommens zuständig.[4]

---

[19] Vgl. im einzelnen *Cappelletti*, Der italienische Zivilprozeß: RabelsZ 30 (1966), 254ff. (283ff.). *Sgroi*, Länderbericht Italien in *Bellet – Tunc – Touffait*, La Cour Judiciaire Suprême – Enquête Comparative, 1978, S. 293ff. Der EuGH hat in der Rechtssache 43/77 die Kassationsbeschwerde als ordentlichen Rechtsbehelf i. S. von Art. 30, 38 angesehen (RIW/AWD 1978, 186).

[1] Vgl. dazu *Hubeau*, La convention communautaire du 27 septembre 1968 et le Grand-Duché, Journal trib. 1977, 402f.

[2] Vgl. dazu *Bernecker*, Internationales Privat- und Prozeßrecht im Großherzogtum Luxemburg, RabelsZ 27 (1962), 263ff.; *Council of Europe*, The practical guide to the recognition and enforcement of foreign judicial decisions in civil & commercial law, 1975, S. 103ff.

[3] Vgl. dazu *Bülow-Arnold* E. 957/1ff.

[4] Vgl. *Bernecker* RabelsZ 27 (1962), 325; *Mercier*, Effets internationaux des juge-

Der Tribunal d'Arrondissement ist ein Kollegialgericht, das in der Besetzung mit drei Berufsrichtern entscheidet. Zuständig zur Klauselerteilung ist jedoch der Präsident des Bezirksgerichts, um ein einfaches Verfahren sicherzustellen.

b) Örtliche Zuständigkeit

Die örtliche Zuständigkeit bestimmt sich nach Art. 32 II. Zuständig ist das Gericht am Wohnsitz des Schuldners, wobei der Wohnsitzbegriff Art. 52, 53 zu entnehmen ist. Bei Fehlen eines Wohnsitzes in Luxemburg ist das Gericht zuständig, in dessen Sprengel die Zwangsvollstreckung stattfinden soll.

2. Einleitung des Verfahrens

a) Antrag

Das Verfahren wird durch Antrag eingeleitet. Im Verfahren vor dem Bezirksgericht und den höheren Gerichten herrscht Anwaltszwang.[5] Ebenso wie in Frankreich wird zwischen avocats und avoués unterschieden. Die Rechtsanwälte nehmen jedoch in Luxemburg beide Funktionen als avocat-avoué wahr,[6] sodaß die Unterscheidung ohne praktische Bedeutung ist.

Gerichtssprache ist französisch.

b) Wahldomizil

Um die Zustellung der Entscheidung nach Art. 35 oder die des Rechtsbehelfs des Schuldners nach Art. 37 zu erleichtern, statuiert Art. 33 II die Verpflichtung zur Begründung eines Wahldomizils.

Das Wahldomizil ist in Art. 111 lux Code civil geregelt, der bestimmt:

„Lorsqu'un acte contiendra, de la part des parties ou de l'une d'elles, élection de domicile pour l'exécution de ce même acte dans un autre lieu que celui du domicile réel, les significations, demandes et poursuites relatives à ce acte pourront être faites au domicile convenu, et devant le juge de ce domicile.“

Nach Art. 59 IX lux Code de procédure civile bestimmt sich die gerichtliche Zuständigkeit nach dem Wahldomizil.

Die Verpflichtung zur Begründung des Wahldomizils dient nur der Erleichterung der Zustellung, sie schließt nicht aus, daß die Zustellung am tatsächlichen Wohnsitz des Antragstellers durchgeführt wird.[7] Die Benennung des Wahldomizils kann nachgeholt werden.[8]

---

ments dans les Etats du Marché Commun, 1965, S. 63f.; für die Möglichkeit, die Exequaturklage direkt vor die Cour d'appel zu bringen vgl. Cour 28. 11. 1919, Pas. lux. XI, 219.

[5] Vgl. *Jenard*-Bericht zu Art. 33; *Bülow-Arnold* E. 957/4f.

[6] Vgl. *Bülow-Arnold* E. 957/4f.; *Langendorf,* Prozeßführung im Ausland und Mängelrüge im ausländischen Recht, 1956ff., Luxemburg S. 6.

[7] Vgl. Cour supérieure de justice de Luxembourg Pas. lux. 1974, 425 = Rev. crit. 1975, 662 mit Anm. *Droz.*

[8] Vgl. Cour supérieure de justice de Luxembourg Pas. lux. 1975, 138.

3. Durchführung des Verfahrens

Das Verfahren ist in erster Instanz einseitig. Der Präsident hat die Entscheidung unverzüglich zu erlassen, ohne daß der Schuldner Gelegenheit zur Stellungnahme erhält. Eine Frist für die Entscheidung ist nicht vorgesehen.[9] Für das Verfahren gelten die Bestimmungen der luxemburgischen Zivilprozeßordnung ergänzend zu der Regelung in Art. 31 ff.

II. Rechtsbehelfsverfahren

Gegen die Entscheidung des Präsidenten des Bezirksgerichts ist ein Rechtsbehelf nach Art. 36, 40 gegeben.

1. Zuständigkeit

Zuständig zur Entscheidung über den Rechtsbehelf ist der Obergerichtshof als Berufungsinstanz (Cour Supérieure de Justice siégeant en matière d'appel civil) (Art. 37 I, 40 I). Damit ist die Zuständigkeit – ebenso wie in der Bundesrepublik Deutschland und Frankreich – der nächsthöheren Instanz übertragen. Der Obergerichtshof ist Appellationsgericht.[10] Er entscheidet in der Besetzung mit fünf Richtern.

2. Frist

Es gelten keine Besonderheiten. Die Frist für die Einlegung des Rechtsbehelfs gegen die Entscheidung, die die Klauselerteilung bewilligt, beträgt 1 Monat nach Zustellung, wenn der Urteilsschuldner seinen Wohnsitz in Luxemburg hat. Bei Wohnsitz in einem anderen Vertragsstaat beträgt die Frist 2 Monate (Art. 36 II).

Der Rechtsbehelf gegen die ablehnende Entscheidung des Präsidenten des Bezirksgerichts ist unbefristet.

III. Kassationsbeschwerde

Gegen die Entscheidung des Obergerichtshofs als Berufungsinstanz findet nur die Kassationsbeschwerde statt (Art. 37 II, 41). Über die Kassationsbeschwerde entscheidet ebenfalls der Obergerichtshof. Dieser ist nämlich einmal Appellationsgericht gegenüber den Bezirksgerichten, zum anderen Kassationsgericht.[11] Als Kassationsgericht entscheidet die

---

[9] Vgl. dazu *Jenard*-Bericht zu Art. 34.

[10] Vgl. dazu *Bernecker* RabelsZ 27 (1972), 266; *Pescatore,* Introduction au droit luxembourgeois, 1958; *Huss,* Introduction au droit luxembourgeois, 1959.

[11] Vgl. dazu *Bülow-Arnold* E. 957/3.

Cour Supérieure de Justice in der Besetzung von einem Vorsitzenden und sechs Beisitzern.

Der Cour Supérieure de Justice entscheidet als Kassationsgericht in der Sache, verweist dagegen nicht zurück.

§ 168 Das Verfahren in den Niederlanden

Die Niederlande haben ein Ausführungsgesetz erlassen,[1] das die Regelung in dem Übereinkommen ergänzt.

---

[1] Vgl. Ausführungsgesetz v. 4. Mai 1972 Stb. 1972, N. 240. Der Text lautet (auszugsweise):

Artikel 1. In deze wet wordt onder „het verdrag" verstaan, het op 27 september 1968 te Brussel tussen de Lid-Staten van de Europese Economische Gemeenschap gesloten Verdrag betreffende de rechterlijke bevoegdheid en de tenuitvoerlegging van beslissingen in burgerlijke en handelszaken, met Protocol (Trb. 1969, 101).

Artikel 2. 1. Ten aanzien van het verlof tot tenuitvoerlegging bedoeld in artikel 31 van het verdrag, zijn de artikelen 985–991 van hot Wetboek van Burgerlijke Rechtsvordering niet van toepassing.

2. Het in het eerste lid bedoelde verlof wordt gevraagd bij verzoekschrift, dat in de Nederlandse taal is gesteld. Het wordt ter griffie ingediend door een procureur en houdt tevens in de keuze van een woonplaats binnen het arrondissement van de rechtbank.

3. Onverminderd het bepaalde bij artikel 48, eerste lid, van het verdrag wordt bij ongenoegzaamheid van de bij het verzoekschrift overgelegde documenten de verzoeker de gelegenheid tot aanvulling gegeven.

Artikel 3. 1. Inwilliging van het verzoek geschiedt in de vorm van een eenvoudig verlof, dat op de overgelegde expeditie van de ten uitvoer te leggen beslissing wordt gesteld.

2. De president veroordeelt de schuldenaar in de kosten welke op de afgifte van het verlof zijn gevallen.

3. Weigering van het verlof tot tenuitvoerlegging geschiedt bij een met redenen omklede beslissing.

4. De kennisgeving aan de verzoeker van de op het verzoek gegeven beslissing geschiedt bij brief.

Artikel 4. De arrondissementsrechtbank tot welker president het verzoek om verlof tot tenuitvoerlegging werd gericht neemt kennis van het verzet, bedoeld in de artikelen 36–39 van het verdrag.

Artikel 5. Het beroep in cassatie, bedoeld in artikel 37, laatste lid, van het verdrag, moet worden ingesteld binnen een maand na de dagtekening van het op verzet gewezen vonnis van de rechtbank.

Artikel 6. 1. Het beroep, bedoeld in artikel 40 van het verdrag, moet worden ingesteld binnen een maand na de dagtekening van de beschikking, waarbij het verlof is geweigerd.

2. In geval van beroep is artikel 2 van overeenkomstige toepassing.

3. Het gerechtshof geeft zijn beschikking met bekwame spoed, doch niet dan na verhoor, althans oproeping van de partijen.

4. Het gerechtshof bepaalt dag en uur voor hef verhoor.

5. De oproepingen geschieden door de griffier, en wel:

a. van de partij tegen wie de tenuitvoerlegging is gevraagd, bij aangetekende brief waarvoor een bericht van ontvangst wordt verlangd, tenzij het gerechtshof een andere wijze van oproeping beveelt;

b. van de verzoeker, bij brief.

I. Klauselerteilungsverfahren

1. Zuständigkeit zur Klauselerteilung

a) Sachliche Zuständigkeit

Sachlich zuständig zur Klauselerteilung ist die Arrondissementsrechtbank. Diese ist ein Kollegialgericht, das regelmäßig durch Kammern in der Besetzung mit drei Richtern entscheidet. Nach Art. 32 I ist jedoch zur Klauselerteilung nicht die Kammer, sondern der Präsident des Bezirksgerichts (Voorzitter van de Arrondissementsrechtbank) allein zuständig. Es bestehen zur Zeit 19 Bezirksgerichte in den Niederlanden, die in etwa den deutschen Landgerichten vergleichbar sind.[2]

b) Örtliche Zuständigkeit

Die örtliche Zuständigkeit bestimmt sich nach Art. 32 II. Zuständig ist das Gericht am Wohnsitz des Schuldners, wobei der Wohnsitzbegriff Art. 52, 53 zu entnehmen ist.[3] Bei Fehlen eines Wohnsitzes in den Nie-

---

6. Onverminderd het bepaalde in artikel 40, tweede lid, tweede zin, van het verdrag, kan het gerechtshof, indien een opgeroepene niet verschijnt, zijn nadere oproeping bevelen. Hetzelfde geldt, indien een partij ten onrechte niet is opgeroepen.

7. De partijen verschijnen bij procureur.

8. Na afloop van het verhoor deelt het gerechtshof mede, wanneer de uitspraak zal plaatsvinden.

Artikel 7. 1. De beschikking van het gerechtshof is met redenen omkleed en wordt in het openbaar uitgesproken. De grosse voert aan het hoofd de woorden: „In naam der Koningin".

2. De beschikking is uitvoerbaar bij voorraad zonder zekerheidstelling, voor zover het gerechtshof niet anders beslist.

3. Ten aanzien van de proceskosten is het bepaalde in de artikelen 56, 57 en 58 van het Wetboek van Burgerlijke Rechtsvordering van toepassing.

Artikel 8. 1. Het beroep in cassatie, bedoeld in artikel 41 van het verdrag, moet worden ingesteld binnen een maand na de dagtekening van de beschikking van het gerechtshof.

2. Artikel 7, eerste lid, is van overeenkomstige toepassing.

3. Tegen de beschikking van de Hoge Raad is geen verzet toegelaten.

Artikel 9. Geschillen over de tenuitvoerlegging van beslissingen welke overeenkomstig deze wet uitvoerbaar zijn verklaard, worden gebracht voor de rechter van de plaats van tenuitvoerlegging.

Artikel 10. Het in de voorafgaande artikelen bepaalde is van overeenkomstige toepassing ten aanzien van executoriale titels, genoemd in de artikelen 50 en 51 van het verdrag.

Vgl. zum Verfahren in den Niederlanden *Langendorf*, Prozeßführung im Ausland und Mängelrüge im ausländischen Recht, 1956ff., Niederlande S. 29ff.; zum ähnlichen Verfahren nach dem niederlAusfG zum deutsch-niederländischen Vertrag vgl. auch *Gotzen*, Die Anerkennung und Vollstreckung deutscher Schuldtitel in den Niederlanden, AWD 1967, 136ff.

[2] Vgl. *Langendorf*, Prozeßführung im Ausland und Mängelrüge im ausländischen Recht, 1956ff., Niederlande, S. 38f.

[3] Vgl. zur Auslegung von Art. 52 in der niederländischen Rechtsprechung Arrondissementsrechtbank Arnhem, Neth. Int. Law Rev. 1976, 370.

derlanden ist das Gericht zuständig, in dessen Sprengel die Zwangsvollstreckung stattfinden soll.

2. Einleitung des Verfahrens

a) Antrag

Das Verfahren wird durch schriftlichen Antrag eingeleitet (Art. 2 II niederlAusfG). Der Antrag muß in niederländischer Sprache abgefaßt sein.

Es herrscht Anwaltszwang. Das niederländische Anwaltsrecht[4] sieht die Aufteilung der Funktionen auf den advocaat und den procureur vor. Der advocaat besitzt eine nicht auf einen Bezirk beschränkte Postulationsfähigkeit vor allen niederländischen Gerichten in Zivil- und Strafsachen. Der procureur leitet den Prozeß ein und reicht die Schriftsätze ein. Er ist nur in dem Arrondissement zugelassen, in dem er seine Kanzlei hat. Seit der Beseitigung der Unvereinbarkeit beider Berufe im Jahre 1879 sind die niederländischen Anwälte jedoch – von Ausnahmen abgesehen – sowohl advocaat als auch procureur. Der Antrag auf Klauselerteilung muß von einem procureur eingereicht werden (Art. 2 II niederlAusfG).

b) Wahldomizil

Der Antragsteller muß ein Wahldomizil im Sprengel des angerufenen Gerichts begründen (Art. 33 II). Das Wahldomizil muß bereits im Antrag benannt werden (Art. 2 II niederlAusfG).

Das niederländische Recht folgt mit der Möglichkeit der Begründung eines Wahldomizils dem französischen Recht. Art. 126 Nr. 16 B.Rv. bestimmt:

Indien er woonplaats is gekozen, voor den regter dier gekozene woonplaats, of voor den regter van de werkelijke woonplaats des verweerders, ter keuze van den aanlegger.

Die Begründung des Wahldomizils bedarf der Schriftform.[5] Dieses Erfordernis ist durch die Benennung in dem Antrag nach Art. 2II niederlAusfG gewahrt. Das Wahldomizil wirkt zuständigkeitsbegründend. Es gibt jedoch nur das Recht, nicht die Verpflichtung, diese Zuständigkeit zu nutzen.[6]

3. Durchführung des Verfahrens

Die Vorschriften über das Exequaturverfahren in Art. 985–991 B.Rv. finden auf das Klauselerteilungsverfahren keine Anwendung (Art. 2 I

---

4 Vgl. dazu *Hardenberg,* Gerichte und Anwälte im Zivilprozeß in den Niederlanden, AnwBl. 1961, 246ff.; *Langendorf* aaO. S. 73ff.

5 Vgl. *Stein,* Compendium van het burgerlijk procesrecht, 2. Aufl., 69.

6 Vgl. Hof Amsterdam N.J. 1928, 1046.

niederlAusfG). Das Verfahren bestimmt sich allein nach dem Ausführungsgesetz in Verbindung mit Art. 31 ff.

Das Verfahren ist einseitig. Die Entscheidung über die Klauselerteilung hat unverzüglich zu ergehen, ohne daß dem Schuldner in diesem Verfahrensabschnitt Gelegenheit zur Stellungnahme gegeben wird. Sind die vorzulegenden Urkunden unvollständig, so muß das Gericht dem Antragsteller durch eine gerichtliche Zwischenverfügung Gelegenheit zur Ergänzung geben (Art. 2 III niederlAusfG).

Sind die Erfordernisse der Klauselerteilung nach dem Vortrag des Antragstellers und den vorgelegten Urkunden erfüllt, so wird die vorgelegte Ausfertigung der ausländischen Entscheidung mit der Klausel versehen. Eine besondere Entscheidung über die Klauselbewilligung ist nicht vorgesehen.

Das Verbot der révision au fond gilt uneingeschränkt (Art. 34 III).

Die Kosten des Klauselerteilungsverfahrens werden dem Schuldner auferlegt (Art. 3 II niederlAusfG). Die Kostentragungspflicht umfaßt die Gerichtskosten und die Anwaltskosten des Antragstellers. Die Anwaltskosten werden – der Eigenart des niederländischen Gebührenrechts entsprechend[7] – jedoch nicht voll erstattet.[8]

Wird die Klauselerteilung verweigert, so ist dies durch eine mit Gründen versehene Entscheidung auszusprechen (Art. 3 III niederlAusfG).

Die Mitteilung der Entscheidung – sowohl der Klauselerteilung als auch der Verweigerung – bedarf keiner Förmlichkeiten. Sie erfolgt durch einfachen Brief (Art. 3 IV niederlAusfG).

II. Rechtsbehelfsverfahren

Gegen die Entscheidung des Präsidenten des Bezirksgerichts ist ein Rechtsbehelf nach Art. 36, 40 gegeben.

1. Zuständigkeit

Die Zuständigkeit für den Rechtsbehelf gegen die die Klausel erteilende und die sie verweigernde Entscheidung ist unterschiedlich.

Wird die Klausel erteilt, so ist der Einspruch (verzet) zur Arrondissementsrechtbank gegeben (Art. 37 I). Zuständig ist eine Kammer des Gerichts, dessen Präsident entschieden hat (Art. 4 niederlAusfG).

Wird die Klauselerteilung abgelehnt, so ist die Berufung (beroep) zum Gerichtshof gegeben (Art. 40 I). Der Gerichtshof hat keine erstinstanzliche Zuständigkeit. Er entscheidet jeweils durch drei Richter. Die Ge-

[7] Vgl. dazu *Langendorf* aaO. 46 ff.

[8] Vgl. zur Praxis im Bereich des deutsch-niederländischen Vertrages *Gotzen*, Der deutsch-niederländische Vollstreckungsvertrag in der niederländischen Gerichtspraxis, AWD 1969, 54 ff. (56).

richtshöfe sind in etwa den deutschen Oberlandesgerichten vergleichbar. Es bestehen fünf Gerechtshoven, nämlich in Amsterdam, Arnhem,'s-Hertogenbosch und Leeuwarden.[9]

2. Frist

Die Frist für die Einlegung des verzet beträgt einen Monat nach Zustellung der Entscheidung des Präsidenten, wenn der Urteilsschuldner seinen Wohnsitz in den Niederlanden hat. Bei Wohnsitz in einem anderen Vertragsstaat beträgt die Frist zwei Monate (Art. 36 II).

Die Frist für die Einlegung des beroep gegen die Ablehnung der Klauselerteilung beträgt einen Monat nach Verkündung der Entscheidung (Art. 6 I niederlAusfG).

3. Verfahren

Für das Verfahren des Einspruchs bestehen keine Besonderheiten.

Für das Berufungsverfahren verweist Art. 6 II niederlAusfG auf Art. 2 leg. cit. Es herrscht Anwaltszwang (Art. 6 VII niederlAusfG). Die Entscheidung ist nach Anhörung der Parteien – jedenfalls ihrer Ladung – zu erlassen (Art. 6 III niederlAusfG). Erscheint eine Partei nicht, so kann das Gericht neue Ladung anordnen (Art. 6 VI niederlAusfG) oder in der Sache entscheiden. Die Ladung erfolgt durch den Urkundsbeamten der Geschäftsstelle, und zwar durch eingeschriebenen Brief an diejenige Partei, gegen die die Zwangsvollstreckung begehrt wird und durch einfachen Brief an den Antragsteller. Das Gericht kann auch eine andere Zustellungsart anordnen. Art. 6 III enthält den Beschleunigungsgrundsatz. Das Gericht soll seine Entscheidung baldmöglichst erlassen. Der Verkündungstermin wird den Parteien nach Abschluß der Verhandlung mitgeteilt (Art. 6 VIII niederlAusfG).

Die Entscheidung des Gerichtshofs muß verkündet werden (Art. 7 I niederlAusfG). Sie muß mit Gründen versehen sein (Art. 7 I niederlAusfG). Die Entscheidung ist, soweit das Gericht nichts abweichendes anordnet, ohne Sicherheitsleistung vollstreckbar.

Hinsichtlich der Prozeßkosten verweist Art. 7 III leg. cit. auf Art. 56–58 B.Rv. Ebenso wie im sonstigen niederländischen Verfahrensrecht führt diese Regelung nur zur teilweisen Kostenerstattung. Die obsiegende Partei trägt keine Gerichtskosten, erhält aber nur die außergerichtlichen Kosten des procureurs, nicht die des advocaats erstattet.

III. Kassationsbeschwerde

Gegen die Entscheidung der Arrondissementsrechtbank nach Art. 37 I oder des Gerechtshof nach Art. 40 I ist die Kassationsbeschwerde gegeben (Art. 37 II, 41).

---

[9] Vgl. *Langendorf* aaO. 39f.

Zuständig zur Entscheidung ist der Hoge Raad der Nederlanden,[10] der seinen Sitz in Den Haag hat. Der Hoge Raad entscheidet durch Senate, die mit fünf oder sieben Richtern – je nach der Funktion, in der das Gericht tätig wird – besetzt sind.

Die Frist für die Einlegung der Kassationsbeschwerde beträgt 1 Monat. Sie beginnt bei Anfechtung einer auf Einspruch ergangenen Entscheidung der Arrondissementsrechtbank mit der Verkündung der Entscheidung (Art. 5 niederlAusfG), bei der Anfechtung einer auf beroep ergangenen Entscheidung des Gerechtshof mit der Verkündung dieser Entscheidung (Art. 8 I niederlAusfG).

Die Parteien müssen sich durch einen Advokaten vertreten lassen. Die Kassationsbeschwerde führt nur zu einer Rechtsüberprüfung. Der Hoge Raad entscheidet regelmäßig nicht in der Sache, verweist vielmehr an die Vorinstanz zurück, wenn das Rechtsmittel begründet ist.[11]

Die Entscheidung des Hoge Raad ist endgültig (Art. 8 III niederlAusfG).

IV. Zwangsvollstreckung

Für Streitigkeiten über die Vollstreckung von ausländischen Entscheidungen, die in den Niederlanden mit der Klausel versehen worden sind, ist das Gericht des Vollstreckungsortes zuständig (Art. 9 niederlAusfG). Art. 9 leg. cit. bringt eine ausschließliche Zuständigkeit.

V. Öffentliche Urkunden und gerichtliche Vergleiche

Das Verfahren für die Klauselerteilung von gerichtlichen Entscheidungen gilt entsprechend auch für öffentliche Urkunden und gerichtliche Vergleiche (Art. 10 niederlAusfG).[12]

§ 169 Das Verfahren in Dänemark[1]

Dänemark praktiziert das System der administrativ verbürgten Gegenseitigkeit.[2] Nach Inkrafttreten des Beitrittsübereinkommens vom 9. Oktober 1978 wird eine Ausführungsregelung notwendig werden.

---

[10] Vgl. dazu *Wiarda,* Länderbericht Niederlande in *Bellet-Tunc-Touffait,* La Cour Judiciaire Suprême – Enquête Comparative, 1978, 275ff.

[11] Vgl. dazu *Gölz,* Grundzüge der Zivilgerichtsbarkeit und Zwangsvollstreckung in den Niederlanden in: *Alsentzer* u. a., Zivilgerichtsbarkeit und Zwangsvollstreckung in den Ländern USA, Belgien, Niederlande, Norwegen und Jugoslawien – Grundzüge –, 1979, 200ff. (223ff.).

[12] Vgl. dazu Art. 50, 51 und unten § 177.

[1] Vgl. aus der nordischen Literatur zum Übereinkommen: *Lando,* Syr afgrelser om

Zuständig zur Klauselerteilung wird das Underret sein (Art. 32 I). Die Untergerichte (Byret, Herredsret oder By-og Herredsret)[3] sind erstinstanzliche Gerichte mit abgegrenzter örtlicher Zuständigkeit. Sie entscheiden durch den Einzelrichter.

Das Verfahren wird durch persönlichen Antrag eingeleitet werden können, da in Dänemark vor allen Gerichten kein Anwaltszwang[4] besteht.[5]

Die Zuständigkeit für den Rechtsbehelf gegen die die Klauselerteilung gewährende und die sie ablehnende Entscheidung ist nach Art. 37, 40 gleich. Zuständig wird das Landsret sein. Das Landgericht ist erst- und zweitinstanzliches Gericht. Bei der grundsätzlichen Zweistufigkeit des Verfahrens in Dänemark können alle Entscheidungen des Untergerichts mit einem Rechtsbehelf beim Landgericht angefochten werden.[6] Es bestehen zwei Landgerichte (östre landsret in Kopenhagen und vestre landsret in Viborg). Die Zuständigkeit des westlichen Landgerichts umfaßt Jütland, die des östlichen Landgerichts Seeland, Fünen und die übrigen Inseln einschließlich Bornholm und der Färöer.

Die Zuständigkeit für den weiteren Rechtsbehelf nach Art. 37 II, 41 i. d. F. des Beitrittsübereinkommens vom 9. Oktober 1978 wird beim Højesteret liegen. Dieses oberste Gericht hat seinen Sitz in Kopenhagen. Das Gericht entscheidet durch Senate in der Besetzung von mindestens fünf Richtern.[7] Das oberste Gericht ist als zweitinstanzliches Gericht zur Entscheidung über Berufungen gegen Urteile der Landgerichte zuständig. Eine Anrufung als drittinstanzliches Gericht ist nur mit Zustimmung des Justizministeriums möglich. Hieran wird das Übereinkommen nichts ändern. Auch der weitere Rechtsbehelf nach Art. 37 II, 41 wird nur mit Zustimmung des Justizministers eingelegt werden können.

---

fortolkningen af EF-Konventionen om retternes kompetence og om fuldbyrdelse af domme, Nordisk Tids. 1977, 77ff.; *Philip,* EF-Konvention of 27 september 1968 og de nye medlemslandes titraedelse, Nordisk Tids. 1977, 65ff.; *Siesby,* Praeceptiv lovgivning af Domskonventionens regler om vaernetingsaftaler, Nordisk Tids. 1977, 93ff.

[2] Vgl. dazu *Bülow-Arnold* E. 923/4ff.; *Hambro,* Recognition and Enforcement of Foreign Judgments in the Nordic Countries, Clunet 84 (1957), 908ff.; *Munch-Petersen,* Der Zivilprozeß Dänemarks, 1932, 133ff.; *Schütze,* Anerkennung und Vollstreckung deutscher Urteile im Ausland, 1973, 27ff.

[3] Vgl. zur Gerichtsorganisation *Spaude,* Das dänische Rechtswesen, Gerichtsaufbau und Verfahrensrecht, 1976; *Zimmermann,* Zivilgerichtsbarkeit, Zwangsvollstreckung und Konkurs in Dänemark in: Zivilgerichtsbarkeit, Zwangsvollstreckung und Konkurs in den Ländern Irland, Dänemark, Österreich und Italien – Grundzüge, 1980, 107ff.

[4] Vgl. *Zimmermann* aaO. 123.

[5] Vgl. zur dänischen Advokatur *Asmussen,* Der dänische Rechtsanwalt und seine Honorierung, AnwBl 1972, 173ff., der darauf hinweist, daß selbst beim obersten Gerichtshof nicht selten die Parteien sich selbst vertreten (self-møder).

[6] Vgl. *Zimmermann* aaO. 130ff.; *Spaude* aaO. 11ff.

[7] Vgl. dazu *Spaude* aaO. 15.

Darüber bestand in den Beratungen Einigkeit,[8] wobei die dänische Seite eine angemessene Praxis der Handhabung des Zustimmungserfordernisses zugesagt hat.

§ 170 Das Verfahren in Irland

Die Wirkungserstreckung ausländischer Zivilurteile erfolgt im autonomen irischen Recht durch action upon the foreign judgment.[1] Das Klauselerteilungsverfahren wird Anpassungen im irischen Recht notwendig machen.

Zuständig wird nach Art. 32 I in erster Instanz der High Court sein. Der High Court ist sowohl erst- als auch zweitinstanzliches Gericht. Als erstinstanzliches Gericht hat er unbegrenzte sachliche Zuständigkeit.[2] Da nur ein High Court (in Dublin) besteht, ergeben sich keine Probleme örtlicher Zuständigkeit.

Das Verfahren wird durch einen persönlichen Antrag eingeleitet werden können, da in Irland allgemein kein Anwaltszwang besteht.[3] Im übrigen sind die Funktionen der Anwaltschaft unter barristers und solicitors aufgeteilt. Will sich eine Partei vor dem High Court oder dem Supreme Court vertreten lassen, so muß sie neben dem solicitor noch einen barrister einschalten.[4]

Die Zuständigkeit für den Rechtsbehelf gegen die die Zwangsvoll-

---

[8] Vgl. *Schlosser*-Bericht Nr. 217: „Es entspricht einer festen Tradition, daß der höchste *dänische* Gerichtshof in dritter Instanz nur mit Genehmigung des Justizministers angerufen werden kann. Die Expertengruppe war zunächst skeptisch, ob sie solches auch im Rahmen des EuGVÜ akzeptieren solle. Es zeigte sich indes, daß dieses nicht für alle Fälle eine dritte Instanz garantiert. Vielmehr sind die Staaten frei, zur Entlastung ihrer höchsten Gerichte für das in Artikel 41 genannte Rechtsbehelfsverfahren besondere Zulässigkeitsschranken zu errichten. Die dänische Lösung ist nur eine besondere Ausformung dieses Rechtsgedankens. Im Falle von Dänemark konnte auch darauf verzichtet werden, eine Begrenzung der dem obersten Gerichtshof aufgetragenen Kontrolle auf Rechtsfragen zu verlangen. Das Justizministerium kann in seiner Genehmigungspraxis auf die Klärungsbedürftigkeit einschlägiger Rechtsfragen abstellen. Dänemark hat zugesichert, die Genehmigung immer erteilen zu wollen, wenn die zweite Instanz von ihrem Ermessen, den Europäischen Gerichtshof anzurufen, keinen Gebrauch macht oder wenn das Exequatur zu einer ausländischen Entscheidung aus Rechtsgründen versagt wurde."

[1] Vgl. dazu IPG 1974 Nr. 23 (Hamburg); *Bülow-Arnold* E. 945/3f.; *Schütze,* Anerkennung und Vollstreckung deutscher Urteile im Ausland, 1973, 58ff.

[2] Vgl. *Bartholomew,* The Supreme Court of Ireland, JÖR 24 (1975), 463ff. (467ff.); *Böttger,* Grundzüge des Zivilprozeß-, Zwangsvollstreckungs- und Konkursrechts in der Republik Irland in: *Böttger* u. a. Zivilgerichtsbarkeit, Zwangsvollstreckung und Konkurs in den Ländern Irland, Dänemark, Österreich und Italien – Grundzüge –, 1980, 1ff. (14f.).

[3] Vgl. *Böttger* aaO. 23.

[4] Vgl. *Böttger* aaO. 23f.

streckung bewilligende wie die sie ablehnende Entscheidung ist nach Art. 37, 40 I gleich. Zuständig wird ebenfalls der High Court sein. Das Verfahren wird in zweiter Instanz vor demselben Gericht lediglich in ein kontradiktorisches Verfahren übergeleitet.

Die Zuständigkeit für den weiteren Rechtsbehelf nach Art. 37 II, 41 wird beim Supreme Court liegen. Der Supreme Court[5] hat originäre Zuständigkeit nur in Verfassungsrechtsstreitigkeiten, ist im übrigen Rechtsmittelgericht in Zivilsachen. Der Supreme Court überprüft die angefochtenen Urteile in rechtlicher und tatsächlicher Hinsicht. Art. 37 II, 41 beschränken die Überprüfungsmöglichkeit auf Rechtsfragen.

§ 171 Das Verfahren im Vereinigten Königreich[1]

Im Hinblick auf die Besonderheiten des Verfahrensrechtes im Vereinigten Königreich wird die Wirkungserstreckung von Urteilen anderer Vertragsstaaten nach Inkrafttreten des Beitrittsübereinkommens vom 9. Oktober 1978 nicht durch Klauselerteilung, sondern durch Registrierung erfolgen.[2] Dieses System wird jetzt schon im Rahmen der Anerkennungs- und Vollstreckungsverträge angewandt.[3] Eine besondere innerstaatliche Ausführungsregelung enthält der Civil Jurisdiction and Judgments Act 1982. Dies ist nicht ungewöhnlich. Auch bei sonstigen Staatsverträgen wenden die Gerichte nicht die staatsvertragliche Regelung direkt an, sondern den Foreign Judgments (Reciprocal Enforcement) Act, 1933,[4] der durch order in council jeweils anwendbar wird.[5]

---

[5] Vgl. dazu insbesondere *Bartholomew* aaO. JÖR 24 (1975), 463ff. (470ff.).

[1] Vgl. aus der anglo-amerikanischen Literatur zum Übereinkommen *Bartlett,* Full Faith and Credit comes to the Common Market: Analysis of the Provisions of the Convention on Jurisdiction and Enforcement of Judgments in Civil and Commercial Matters, ICLQ 1975, 44ff.; *Carl,* The Common Market Judgments Convention – Its Threat and Challenge to Americans, Int. Lawyer 1974, 446ff.; *Carnall,* Jurisdiction: The EEC Convention on Jurisdiction of Courts and Enforcement of Judgments: Effects on British Common Law Principles, Vanderbilt Journ. Trans. Law 1973, 663f.; *Hay,* The Common Market Preliminary Draft Convention on the Recognition, and Enforcement of Judgments – Some Considerations of Policy and Interpretation, Am. Journ. Comp. Law 1968, 149ff.; *Kerr,* The EEC Judgments Convention – „A personal view", Law Society's Gazette 1978, 1190f.; *McClellan,* The Convention of Brussels of September 27, 1968 on Jurisdiction and the Recognition and Enforcement of Judgments in Civil and Commercial Matters, Common Market Law Review 1978, 228ff.; *ders.,* Jurisdiction and the recognition and enforcement of judgments in civil and commercial matters in the European Community: a resumé of recent developments, Common Market Law Review 1979, 268ff.; *Zaphiriou,* The EEC Convention on Jurisdiction and Enforcement of Judgments, Journ. Bus. Law 1969, 74ff.

[2] Vgl. Art. 31 II i. d. F. des Beitrittsübereinkommens vom 9. Oktober 1978; dazu *Schlosser*-Bericht Nr. 208ff.

[3] Vgl. zum deutsch-britischen Abkommen unten Bd. II, 355ff.

[4] 23 Geo. 5 c 13.

Die Zuständigkeitsregelung wird wegen des unterschiedlichen Gerichtssystems in den Teilen des Vereinigten Königreichs und der besonderen Behandlung von Unterhaltstiteln[6] sehr differenziert sein. Im einzelnen sieht Art. 32 I folgende Zuständigkeitsregelung für die Registrierung im Vereinigten Königreich vor:

Der Registrierungsantrag ist zu richten

1. in England und Wales an den „High Court of Justice" oder im Falle von Entscheidungen in Unterhaltssachen an den „Magistrates' Court" über den „Secretary of State";

2. in Schottland an den „Court of Session" oder im Falle von Entscheidungen in Unterhaltssachen an den „Sheriff Court" über den „Secretary of State";

3. in Nordirland an den „High Court of Justice" oder im Falle von Entscheidungen in Unterhaltssachen an den „Magistrates' Court" über den „Secretary of State".

Die Zuständigkeit für den Rechtsbehelf gegen die die Registrierung gewährende und die sie ablehnende Entscheidung ist nach Art. 37, 40I gleich.[7] Zuständig wird sein:

---

[5] Vgl. zum deutsch-britischen Abkommen order in council v. 26. Juni 1961 (S. I 1961, No. 1199).

[6] Vgl. *Schlosser*-Bericht Nr. 210:

„Das V. K. räumt im Zusammenhang mit der Vollstreckung ausländischer Gerichtsentscheidungen klassischerweise *Unterhaltstiteln* eine Sonderstellung ein → Nr. 7. Ihre Vollstreckung war bisher nur im Verhältnis zu einigen Ländern des britischen Commonwealth sowie im Verhältnis zu Irland vorgesehen und ist anderen Gerichten anvertraut als die Vollstreckung sonstiger Entscheidungen. Da das EuGVÜ keine Vorschriften enthält, welche einer Differenzierung des Anerkennungsverfahrens nach verschiedenen Arten gerichtlicher Entscheidungen entgegenstünden, ist es ohne weiteres möglich, Unterhaltsurteile auch für den Bereich des EuGVÜ einer Sonderregelung zu unterstellen. So kann ein einheitliches System für die Anerkennung von Unterhaltsurteilen aus der Gemeinschaft und aus dem Commonwealth geschaffen und mit Rücksicht auf die Art der zuständigen Gerichte eine zentrale Sammelstelle für eingehende Vollstreckungsanträge errichtet werden → Nr. 218. Für Unterhaltsvergleiche → Nr. 226."

[7] Vgl. dazu *Schlosser*-Bericht Nr. 215f.: „Für Anträge auf Vollstreckbarkeitserklärung → Nr. 208 von *Urteilen, die keine Unterhaltsurteile sind,* ist in Irland, England und Wales, Schottland und Nordirland jeweils nur ein Gericht für zuständig erklärt worden. Das hängt mit der Eigenart der dortigen Gerichtsverfassung zusammen → Nrn. 11, 208 und 209.

Will der Schuldner gegen die Zulassung der Vollstreckung vorgehen, so muß er seinen *Rechtsbehelf* („application to set registration aside") nicht wie in Deutschland, Frankreich oder Italien bei dem Gericht höherer Ordnung, sondern wie in Belgien oder den Niederlanden bei dem Gericht einlegen, das das Urteil registriert hat. Das Verfahren wird die Form eines normalen streitigen Zivilprozesses annehmen.

Entsprechendes gilt auch für den Rechtsbehelf, der dem Antragsteller für den Fall zusteht, daß sein Antrag abgelehnt worden ist, obwohl in dieser Situation für alle sieben kontinentalen Mitgliedstaaten der Gemeinschaft die Zuständigkeit eines Gerichts höherer Ordnung vorgesehen ist."

1. in England und Wales der „High Court of Justice“ oder im Falle von Entscheidungen in Unterhaltssachen der „Magistrates' Court“;

2. in Schottland der „Court of Session“ oder im Falle von Entscheidungen in Unterhaltssachen der „Sheriff Court“;

3. in Nordirland der „High Court of Justice“ oder im Falle von Entscheidungen in Unterhaltssachen der „Magistrates' Court“.

Problematisch war zunächst, bei welchem Gericht und in welcher Form der weitere Rechtsbehelf nach Art. 37 II, 41 einzulegen sein wird. Das Beitrittsübereinkommen vom 9. Oktober 1978 bestimmt lediglich, daß „ein einziger auf Rechtsfragen bestimmter Rechtsbehelf“ gegeben sein wird.

Der *Schlosser*-Bericht (Nr. 217) bemerkt dazu:

„Für die Zwecke der Anwendung des EuGVÜ muß das V. K. sein Rechtsbehelfssystem anpassen. Für Irland, das einen lediglich zweistufigen Gerichtsaufbau („superior court system“) kennt, kommt nur der Supreme Court in Betracht. Es bleibt der Einführungsgesetzgebung des V. K. überlassen, zu entscheiden, ob der Rechtsbehelf einheitlich zum „House of Lords“ oder, nach Gerichtsgebieten getrennt → Nr. 11, zum „Court of Appeal“ in England und Wales, zum gleichnamigen Gericht in Nordirland oder zum „Inner House of the Court of Session“ in Schottland einzulegen ist. Die für die Rechtsbeschwerde des deutschen Rechts und die Kassationsbeschwerde der Rechtsordnungen der übrigen Gründungsstaaten der Gemeinschaft typische Begrenzung der Anfechtungsgründe auf Rechtsverletzungen (im Gegensatz zu falschen Tatsachenwürdigungen) läßt sich für das Recht dieses Staates am besten mit dem Begriff „appeal on a point of law“ wiedergeben. Die Abgrenzung zwischen Rechts- und Tatfrage ist schon im Verhältnis der Kassationsbeschwerde zur Rechtsbeschwerde nicht genau die gleiche und bleibt auch für Irland und das V. K. eine Aufgabe seiner eigenen Gesetzgebung und Rechtsprechung.“

Der Civil Jurisdiction and Judgments Act 1982 hat nunmehr eine Regelung gebracht. Danach (Sect. 6 III) werden zuständig sein:

1. in England und Wales der High Court by way of case stated in accordance with sect. 111 of the Magistrates' Courts Act 1980,

2. in Schottland das Inner Hause of the Court of Session,

3. in Nordirland der Court of Appeal.

§ 172 Das Verfahren in Griechenland

Es ist nicht zu erwarten, daß Griechenland nach Inkrafttreten des Beitrittsübereinkommens vom 25. Oktober 1982 eine besondere innerstaatliche Ausführungsregelung erläßt, sondern das allgemeine Zivilprozeßrecht ergänzend zu den Bestimmungen des Übereinkommens anwendet.[1]

---

[1] Auch zu dem deutsch-griechischen Anerkennungs- und Vollstreckungsvertrag

Zuständig zur Klauselerteilung wird nach Art. 32 I das μονομελές πρωτοδικείο sein. Es wird Anwaltszwang bestehen.[2] Die Zuständigkeit für den Rechtsbehelf gegen die die Klauselerteilung gewährende und die sie ablehnende Entscheidung wird nach Art. 37, 40 gleich sein. Zuständig wird der έφετείο sein.

Weiterer Rechtsbehelf nach Art. 41 wird die Kassationsbeschwerde sein. Die Zuständigkeit zur Entscheidung liegt beim Areopag (Art. 37 II). Mit der Kassationsbeschwerde können nur Rechtsverletzungen geltend gemacht werden (Art. 577 griechZPG). Der Areopag kann in der Sache selbst entscheiden, wenn der Sachverhalt hinreichend aufgeklärt ist (Art. 598 III griechZPG).

§ 173 Vollstreckbare Urkunden und Prozeßvergleiche

Art. 50, 51 stellen öffentliche Urkunden und Prozeßvergleiche anderen Titeln weitgehend gleich und lassen die Klauselerteilung zu.

I. Ausschließlichkeit des Verfahrens

Der Grundsatz der Ausschließlichkeit der Regelung des Übereinkommens[1] gilt auch für die Klauselerteilung für öffentliche Urkunden und Prozeßvergleiche. Das bedeutet im einzelnen:

Die Möglichkeit der Klauselerteilung nach dem Übereinkommen schließt eine erneute Geltendmachung des ursprünglichen Anspruchs aus. Das Friedensgericht Antwerpen[2] hat unter Anwendung der Grundsätze des Urteils des EuGH in der Rechtssache 42/76 die Klage einer deutschen Firma gegen ein belgisches Unternehmen als unzulässig zurückgewiesen, weil über den streitgegenständlichen Anspruch bereits ein Prozeß zwischen den Parteien vor dem Landgericht Bonn geschwebt hatte, der durch einen Art. 51 unterfallenden Vergleich beendet worden war.

Die Möglichkeit der Klauselerteilung nach Art. 50f. schließt auch eine Wirkungserstreckung nach autonomem Recht[3] oder bilateralen Staatsverträgen aus, die in großem Maße Regelungen der Materie enthalten. Für die bilateralen Verträge folgt dies bereits aus Art. 55f. Denn diese

---

vom 4. November 1961 ist kein griechisches Ausführungsgesetz erlassen worden. Dieser Vertrag wird nach Art. 55 im Rahmen des Geltungsbereichs des Übereinkommens durch dieses ersetzt werden.

[2] Vgl. Art. 95 griechZPG.

[1] Vgl. dazu oben § 157 I.

[2] Rechtsprechungsübersicht III (1979) Nr. 134.

[3] Vgl. dazu *Geimer,* Vollstreckbare Urkunden ausländischer Notare, DNotZ 1975, 464ff. (für vollstreckbare Urkunden ausländischer Notare) und *Riezler,* Internationales Zivilprozeßrecht, 1949, 530 (für Prozeßvergleiche).

sind im Rahmen des Anwendungsbereichs des Übereinkommens außer Kraft getreten.

Konkurrenzprobleme zum Anerkennungsverfahren können nicht auftreten. Ein Anerkennungsverfahren für ausländische Prozeßvergleiche und öffentliche Urkunden kommt nicht in Betracht.[4] Art. 50 I 1 verweist nur auf Art. 31 ff.

II. Öffentliche Urkunden

Das Übereinkommen definiert den Begriff der öffentlichen Urkunde[5] nicht. In erster Linie fallen hierunter die vollstreckbaren Urkunden von Notaren,[6] darüber hinaus aber auch alle vollstreckbaren Urkunden, die nach dem Recht des Erststaates (Errichtungsstaates) mit der Beweiskraft einer öffentlichen Urkunde ausgestattet sind.[7]

1. Zivil- oder Handelssache

Die Urkunde muß eine Zivil- oder Handelssache zum Gegenstand haben.[8] Der Begriff der Zivil- oder Handelssache ist Art. 1 I zu entnehmen und vertragsautonom zu qualifizieren.[9] Deshalb ist es unerheblich, ob die Kostenforderung von Notaren nach deutschem Recht öffentlichrechtlicher, nach niederländischem Recht zivilrechtlicher Natur[10] ist.[11]

---

[4] Vgl. *Holleaux,* Urteilsanmerkung, Clunet 101 (1974), 593 ff. (594); *Schlafen* bei *Bülow-Böckstiegel* 606/294.

[5] Vgl. rechtsvergleichend *Weissler u. a.,* Das öffentliche Urkundswesen der Europäischen Staaten, 1918 (veraltet, aber noch lesenswert).

[6] Vgl. Wirkungserstreckung von notariellen Urkunden *Baugniet,* L'exécution des actes notariés dans les pays de la Communauté Economique Européenne, Revue pratique du Notariat Belge 1964, 309 ff.; *ders.,* L'exécution des actes authentiques dans les pays de la Communauté Economique Européenne, Festschrift *Ganshof van der Meersch,* 1972, II, 711 ff.; *Geimer,* Vollstreckbare Urkunden ausländischer Notare, DNotZ 1975, 461 ff.; *Bärmann,* Die Freizügigkeit der notariellen Urkunde, IPR der notariellen Urkunde, AcP 159 (1960/61) 5 ff.; *Wolfsteiner,* Die vollstreckbare Urkunde, 1978, 199 ff.

[7] Vgl. *Schlafen* bei *Bülow-Böckstiegel* 606/296; *Droz* Nr. 615.

[8] Vgl. *Geimer* DNotZ 1975, 461 ff. (478 f.); *Schlafen* bei *Bülow-Böckstiegel* 606/295; *Jenard*-Bericht zu Art. 50: „Da Artikel 1 für das gesamte Übereinkommen maßgebend ist, bezieht sich Artikel 50 nur auf solche öffentlichen Urkunden, die Gegenstände betreffen, die in den Anwendungsbereich des Übereinkommens fallen."

[9] Vgl. EuGH RIW/AWD 1977, 40.

[10] Vgl. dazu *Luijten,* Das Notariat in den Niederlanden, DNotZ 1965, 12 ff. (24).

[11] So jedoch wohl *Geimer* DNotZ 1975, 461 ff. (478 f.) und *Schlafen* bei *Bülow-Böckstiegel* 606/295.

2. Errichtung nach Inkrafttreten

Nach Art. 54 I unterfallen nur solche öffentlichen Urkunden dem Übereinkommen, die nach seinem Inkrafttreten errichtet worden sind.[12] Vor Inkrafttreten errichtete Urkunden können nur nach autonomem Recht[13] oder bilateralen Staatsverträgen[14] anerkannt und für vollstreckbar erklärt werden.

3. Arten öffentlicher Urkunden

Als Titel i. S. von Art. 50 kommen im einzelnen in Betracht:

a) Bundesrepublik Deutschland

Nach § 794 I Nr. 5 ZPO sind Vollstreckungstitel auch „Urkunden, die von einem deutschen Gericht oder von einem deutschen Notar innerhalb der Grenzen seiner Amtsbefugnisse in der vorgeschriebenen Form aufgenommen sind, sofern die Urkunde über einen Anspruch errichtet ist, der die Zahlung einer bestimmten Geldsumme oder die Leistung einer bestimmten Menge anderer vertretbarer Sachen oder Wertpapiere zum Gegenstand hat, und der Schuldner sich in der Urkunde der sofortigen Zwangsvollstreckung unterworfen hat. Als ein Anspruch, der die Zahlung einer Geldsumme zum Gegenstand hat, gilt auch der Anspruch aus einer Hypothek, einer Grundschuld, einer Rentenschuld oder einer Schiffshypothek." Alle Urkunden nach dieser Bestimmung[15] fallen unter Art. 50, soweit sie eine Zivil- oder Handelssache zum Gegenstand haben.

Die Urkunden können vor einem Notar,[16] Gericht,[17] dem Rechtspfle-

---

[12] Vgl. Cour d'Appel de Paris, Gaz. Palais 1976, 747.

[13] Vgl. dazu insbes. *Geimer* DNotZ 1975, 461 ff.

[14] Zahlreiche Anerkennungs- und Vollstreckungsverträge lassen die Wirkungserstreckung öffentlicher Urkunden zu, z. B. Art. 14 deutsch-belgisches Abkommen (vgl. dazu Bd. II S. 316 ff.); Art. 13 deutsch-österreichischer Vertrag (vgl. dazu Bd. II S. 162 ff.); Art. 15 deutsch-griechischer Vertrag; Art. 16 deutsch-niederländischer Vertrag; Art. 43 deutsch-tunesischer Vertrag.

[15] Vgl. dazu *Lüdicke-Dietrich,* Die vollstreckbare Urkunde und ihre vollstreckbare Ausfertigung, 1953; *Petermann,* Die vollstreckbare Ausfertigung der gerichtlichen und notariellen Urkunde, 1938; *Wolfsteiner,* Die vollstreckbare Urkunde, 1978; sowie die Kommentare zur ZPO, insbes. *Baumbach-Lauterbach-Albers-Hartmann,* ZPO, 41. Aufl., § 794 Anm. 10; *Stein-Jonas-Münzberg,* ZPO, 20. Aufl., Rz. 82 ff.; *Wieczorek,* ZPO, 2. Aufl., § 794 Erl. H ff.; *Zöller-Scherübl,* ZPO, 13. Aufl., § 794 Anm. VI.

[16] Vgl. dazu §§ 1 BeurkundungsG, 20 BNotO.

[17] Vgl. § 62 BeurkundungsG: „*Unbeschadet der Zuständigkeit sonstiger Stellen sind die Amtsgerichte zuständig für die Beurkundung von*

1. Erklärungen über die Anerkennung der Vaterschaft,

2. Verpflichtungen zur Erfüllung von Unterhaltsansprüchen eines nichtehelichen Kindes oder zur Leistung einer anstelle des Unterhalts zu gewährenden Abfindung,

3. Verpflichtungen zur Erfüllung von Ansprüchen einer Frau nach den §§ 1615k und 1615l des Bürgerlichen Gesetzbuchs (Entbindungskosten und Unterhalt)."

ger[18] oder einem deutschen Konsul[19] im Rahmen der jeweiligen Amtsbefugnisse nach deutschem Recht errichtet worden sein.

Neben den Urkunden nach § 794 I Nr. 5 ZPO fallen unter Art. 50 auch die Urkunden nach § 50 JWG.[20] Danach sind vor dem Jugendamt errichtete Urkunden nach § 49 I Nr. 2 und 3 JWG vollstreckbare Titel, wenn die Erklärung die Zahlung einer bestimmten Geldsumme betrifft und sich der Schuldner in der Urkunde der sofortigen Zwangsvollstreckung unterworfen hat.

Die entsprechenden Bestimmungen in § 49 I JWG lauten:

„I. Das Landesjugendamt kann auf Antrag des Jugendamts Beamte und Angestellte des Jugendamts ermächtigen:

1. . . .

2. die Verpflichtung zur Erfüllung von Unterhaltsansprüchen eines Kindes oder zur Leistung einer an Stelle des Unterhalts zu gewährenden Abfindung zu beurkunden, wenn das Kind im Zeitpunkt der Beurkundung minderjährig ist,

3. die Verpflichtung zur Erfüllung von Ansprüchen einer Frau nach den §§ 1615k und 1615l des Bürgerliches Gesetzbuchs (Entbindungskosten und Unterhalt) zu beurkunden,

4.–7. . . .

b) Frankreich

Art. 1317 Code Civil bestimmt den Begriff der öffentlichen Urkunde:

L'acte authentique est celui qûi a été reçu par officiers publics ayant le droit d'instrumenter dans le lieu où l'acte a été rédigé, et avec les solennités requises.

Die Vollstreckbarkeit ergibt sich aus Art. 19 des Gesetzes vom 25 Ventôse XI, der lautet:

Tous actes notariés feront foi en justice et seront exécutoires dans toute l'étendue de la République.

Néanmoins, en cas de plainte en faux principal, l'exécution de l'acte argué de faux sera suspendue par la déclaration du jury d'accusation, prononçant qu'il y a lieu à accusation: en cas d'inscription de faux faite incidemment, les tribunaux pourront, suivant la gravité des circonstances suspendre provisoirement l'exécution de l'acte.

c) Niederlande

Art. 436 B.Rv. bestimmt, daß öffentliche Urkunden (authentieke akten) Vollstreckungstitel sind und im Hinblick auf ihre Vollstreckbarkeit Urteilen gleichstehen. Die Norm lautet:

Aan de grossen van authentieke akten, binnen dit koningrijk verleden, en aan

---

[18] Vgl. dazu § 3 I f RechtspflG; jedoch findet im Hinblick auf die funktionelle Beurkundungszuständigkeit § 8 IV 1 RechtspflG keine Anwendung, vgl. *Wieczorek* aaO. § 794 Erl. H I a 1.

[19] Vgl. §§ 16ff. KonsG. Nach § 16 I KonsG sind die Konsuln befugt, Erklärungen, die vor ihnen abgegeben werden, öffentlich zu beurkunden. Nach Abs. 2 dieser Bestimmung findet das BeurkundungsG Anwendung. Vgl. im übrigen *Hecker,* Handbuch der Konsularischen Praxis, 1982, 67ff.

[20] Vgl. *Schlafen* bei *Bülow-Böckstiegel* 606/298.

het hoofd voerende de woorden: In naam des Konings, wordt dezelfde kracht toegekend als aan de vonnissen der regterlijke magten, ein zijn de bepalingen van artikel 430, het eerste lid van artikel 431 en artikel 434 insgelijks daarop toepasselijk.

Der Anspruch muß auf Geldzahlung gehen. Titel ist die „Grosse" (vollstreckbare Ausfertigung), die vom Notar, vom Gerichtsschreiber und niederländischen Konsuln im Rahmen ihrer Amtsbefugnisse erteilt werden kann.

d) Italien

Die öffentliche Urkunde ist in Art. 2699–2701 Codice civile geregelt:

2699. Atto pubblico. – L'atto pubblico è il documento redatto, con le richieste formalità, da un notaio o da altro pubblico ufficiale autorizzato ad attribuirgli pubblica fede nel luogo dove l'atto è formato.

2700. Efficacia dell'atto pubblico. – L'atto pubblico fa piena prova, fino a querela di falso, della provenienza del documento dal pubblico ufficiale che lo ha formato, nonchè delle dichiarazioni delle parti e degli altri fatti che il pubblico ufficiale attesta avvenuti in sua presenza o da lui compiuti.

2701. Conversione dell'atto pubblico. – Il documento formato da ufficiale pubblico incompetente o incapace ovvero senza l'osservanza delle formalità prescritte, se è stato sottoscritto dalle parti, ha la stessa efficacia probatoria della scrittura privata.

Ähnlich wie § 794 I Nr. 5 ZPO im deutschen Recht normiert Art. 474 I Nr. 3 CPC die Vollstreckbarkeit öffentlicher Urkunden:

474. Titolo esecutive. – La esecuzione forzata non può avere luogo che in virtù di un titolo esecutivo per un diritto certo, liquido ed esigibile.

Sono titoli esecutivi:

1. . . .

2. . . .

3. gli atti ricevuti da notaio o da altro pubblico ufficiale autorizzato dalla legge a riceverli, relativamente alle obbligazioni di somme di danaro in essi contenute.

Vollstreckbare Urkunden müssen auf eine Geldleistung gehen. Titel ist die mit der Klausel versehene Ausfertigung der Urkunde.

e) Belgien

Es fallen dieselben Urkunden unter Art. 50, die auch nach Art. 14 des deutsch-belgischen Abkommens anerkannt und für vollstreckbar erklärt werden können.[21] In erster Linie kommen notarielle Urkunden, die von einem Notar in den Grenzen seiner Amtsbefugnisse errichtet worden sind,[22] in Betracht. Weiter fallen aber auch von öffentlichen Behörden aufgenommene Urkunden (Art. 1317 Code civil) und von belgischen Konsuln (als Notaren) aufgenommene Urkunden unter Art. 50.

Die öffentlichen Urkunden müssen auf Geldzahlung lauten.

---

[21] Vgl. dazu unten Bd. II 317.

[22] Vgl. Art. 1 Loi du 25 Ventôse an XI (16. 3. 1803) contenant organisation du notariat.

f) Luxemburg

Die Rechtslage entspricht der in Belgien. Art. 1317 Code civil bringt die Legaldefinition der öffentlichen Urkunde:

L'acte authentique est celui qui a été recu par officiers publics ayant le droit d'instrumenter dans le lieu où l'acte a été rédigé, et avec les solennités requises.

Die Vollstreckbarkeit ergibt sich aus Art. 545 CPC, der hinsichtlich der Notwendigkeit der Erteilung der Vollstreckungsklausel auf Art. 146 CPC verweist.

g) Vereinigtes Königreich

Das englische Recht kennt den Begriff der vollstreckbaren Urkunde nicht. Jedoch fallen unter Art. 50 gewisse schottische Urkunden, die eine bestimmte Leistungspflicht begründen und in ein öffentliches Register eingetragen werden. Titel ist der Registerauszug.[23]

h) Dänemark

Nach Art. 478 dänRechtspflegegesetz sind neben gerichtlichen Urteilen und Vergleichen zahlreiche Urkunden geeignet, Grundlage für die Zwangsvollstreckung zu sein.

i) Irland

In Irland gibt es kein Gegenstück zur vollstreckbaren Urkunde.[24]

j) Griechenland

Nach Art. 965 II lit. d der griechischen ZPO sind notarielle Urkunden Vollstreckungstitel.

4. Erfordernisse der Wirkungserstreckung

Im Klauselerteilungsverfahren ist die Nachprüfung beschränkt. Der Zweitrichter muß auch hier das Verbot der révision au fond beachten. Nur die Erfordernisse der Wirkungserstreckung können und müssen geprüft werden.

a) Echtheit der öffentlichen Urkunde

Der Nachweis der Echtheit wird durch Vorlage einer vollstreckbaren Ausfertigung nach dem Recht des Erststaates (Errichtungsstaates) erbracht.[25]

b) Urkundsgewalt der errichtenden Stelle

Die öffentliche Urkunde muß in den Grenzen der Amtsbefugnis des Notars, der Behörde oder des Konsuls errichtet worden sein, der im Einzelfall gehandelt hat. Die öffentliche Beurkundung ist ein Akt der Staatsgewalt. Greift die Beurkundung in die Hoheitssphäre eines anderen Staates ein, so ist die Urkunde unwirksam.[26] Dies wäre beispielsweise

---

[23] Vgl. *Schlosser*-Bericht Nr. 226.

[24] Vgl. *Schlosser*-Bericht Nr. 226.

[25] Vgl. *Geimer* DNotZ 1975, 461 ff. (471 f.).

[26] Vgl. *Geimer* DNotZ 1975, 461 ff. (472 ff.).

der Fall, wenn ein belgischer Notar eine Beurkundung in Deutschland vornähme.

c) Zivil- oder Handelssache

Die öffentliche Urkunde muß eine Zivil- oder Handelssache zum Gegenstand haben. Der Begriff ist Art. 1 I zu entnehmen und vertragsautonom zu qualifizieren.[27]

d) ordre public Klausel

Die Vollstreckung der öffentlichen Urkunde darf nicht dem ordre public des Zweitstaates widersprechen (Art. 50 I 2). Der Verstoß gegen den ordre public kann darin liegen,[28] daß durch die Vollstreckung der Urkunde ein gemißbilligtes Rechtsverhältnis zur Durchsetzung gebracht werden soll (materiellrechtlicher ordre public), oder darin, daß das Verfahren der Errichtung der Urkunde im Erststaat mit den grundlegenden Verfahrensprinzipien des zweitstaatlichen Rechts unvereinbar ist (verfahrensrechtlicher ordre public).[29] Ein Verstoß gegen den materiellrechtlichen ordre public liegt beispielsweise vor, wenn die Urkunde die Unterwerfung des Schuldners wegen einer verbotenen Spielschuld, einer Vertragsstrafe im Rahmen einer unzulässigen Kartellabsprache etc. enthält.[30]

Ein Verstoß gegen den verfahrensrechtlichen ordre public ist in den Vertragsstaaten kaum denkbar. Er würde beispielsweise vorliegen, wenn der Schuldner mit Gewalt zur Unterschrift unter die Urkunde gebracht worden wäre.[31]

e) Internationale Zuständigkeit

Das Nachprüfungsverbot des Art. 28 III ist nicht anwendbar. Denn anders als die Gerichte sind die Urkundspersonen nicht an die Zuständigkeitsordnung des Übereinkommens gebunden. Die einheitliche Zuständigkeitsordnung ist aber der Grund für das Nachprüfungsverbot der internationalen Zuständigkeit.[32]

---

[27] Vgl. oben § 19.

[28] Vgl. dazu *Geimer* DNotZ 1975, 461ff. (477f.); zur Unterscheidung der beiden Untergruppen der ordre public Klausel bei der Wirkungserstreckung ausländischer Urteile auch *Schütze,* Die Anerkennung und Vollstreckung ausländischer Zivilurteile in der Bundesrepublik Deutschland als verfahrensrechtliches Problem, Diss. Bonn 1960, 32f.

[29] Zum verfahrensrechtlichen ordre public bei der Wirkungserstreckung ausländischer Zivilurteile vgl. *Baur,* Einige Bemerkungen zum verfahrensrechtlichen ordre public, Festschrift für *Guldener,* 1973, 1ff.; *Geimer,* Nichtanerkennung ausländischer Urteile wegen nichtgehöriger Ladung im Erstprozeß, NJW 1973, 2138ff.; *ders.,* Zur Nichtanerkennung ausländischer Urteile wegen nicht ordnungsgemäßen erststaatlichen Verfahrens, JZ 1969, 12ff.

[30] Vgl. dazu *Geimer* DNotZ 1975, 461ff. (478).

[31] Beispiel von *Geimer* DNotZ 1975, 461ff. (478).

[32] Vgl. dazu *Schütze,* Die Nachprüfung der internationalen Zuständigkeit nach dem EWG-Übereinkommen über die gerichtliche Zuständigkeit und die Vollstreckung gerichtlicher Entscheidungen, AWD 1974, 428ff.

Trotz der Probleme, die auch bei der Wirkungserstreckung von Urkunden im Hinblick auf die internationale Zuständigkeit auftreten können,[33] wird man dem Zweitrichter keine Nachprüfungsbefugnis angesichts des eindeutigen Wortlauts des Art. 50[34] zubilligen dürfen. Diese ist auch überflüssig, da durch das Erfordernis der Urkundsgewalt der errichtenden Stelle ein hinreichender Schutz des Schuldners gegeben ist.

f) Vollstreckbarkeit

Die Urkunde muß nach erststaatlichem Recht vollstreckbar sein.

5. Verfahren der Wirkungserstreckung

Die Wirkungserstreckung erfolgt durch Klauselerteilung. Die Vorschriften über die Klauselerteilung für gerichtliche Entscheidungen (Art. 31 ff.) gelten entsprechend.

Eine Besonderheit gilt jedoch für die Geltendmachung von Einwendungen gegen den Anspruch. Der Schuldner ist nicht auf die Einwendungen beschränkt, die nach Errichtung der öffentlichen Urkunde entstanden sind, er kann vielmehr – ebenso wie im deutschen autonomen Recht[35] – im Klauselerteilungsverfahren jegliche Einwendungen gegen den Bestand des Anspruchs geltend machen.[36]

III. Prozeßvergleiche

Die Aufnahme der Prozeßvergleiche in den Kreis der für die Klauselerteilung in Betracht kommenden Titel ist im Hinblick auf das deutsche und das niederländische Rechtssystem erfolgt,[37] aber auch die meisten anderen Vertragsstaaten kennen den vollstreckbaren Prozeßvergleich.

1. Zivil- oder Handelssache

Der Prozeßvergleich muß eine Zivil- oder Handelssache zum Gegenstand haben. Der Begriff der Zivil- oder Handelssache ist vertragsauto-

---

[33] Vgl. dazu *Geimer* DNotZ 1975, 461 ff. (474 ff.).

[34] Vgl. dazu *Jenard*-Bericht zu Art. 50: „Drei Voraussetzungen müssen erfüllt sein, damit die in einem Vertragsstaat aufgenommenen Urkunden in einem anderen Vertragsstaat mit der Vollstreckungsklausel versehen werden können:

a) die Urkunde muß in dem Staat, in dem sie aufgenommen worden ist, vollstreckbar sein;

b) sie muß alle in diesem Staat für ihre Beweiskraft erforderlichen Voraussetzungen erfüllen;

c) die Zwangsvollstreckung aus der Urkunde darf nicht dem ordre public des Vollstreckungsstaates widersprechen."

[35] Vgl. § 797 IV ZPO.

[36] Vgl. *Droz* Nr. 619; *Schlafen* bei *Bülow-Böckstiegel* 606/302; *Wolfsteiner,* Die vollstreckbare Urkunde, 1978, 203 f.

[37] Vgl. *Jenard*-Bericht zu Art. 51.

nom zu qualifizieren.[38] Auch Prozeßvergleiche, die Unterhaltsansprüche zum Gegenstand haben, fallen in den Geltungsbereich von Art. 51.[39] Denn aus Art. 5 Nr. 2 ergibt sich, daß das Übereinkommen auch in Unterhaltssachen Anwendung findet. Jedoch hat die Arrondissementsrechtbank Zutphen[40] die Anwendbarkeit von Art. 51 dann verneint, wenn der Anspruch dem Haager Übereinkommen über die Anerkennung und Vollstreckung von Entscheidungen auf dem Gebiet der Unterhaltspflicht gegenüber Kindern vom 15. 4. 1958 unterfällt. Diese Entscheidung ist nicht zu billigen. Sie geht von einer unrichtigen Auslegung von Art. 57 aus. Nach richtiger Ansicht kann der Unterhaltsberechtigte wählen, ob er die Wirkungserstreckung einer Entscheidung nach dem Haager Übereinkommen oder dem EWG-Übereinkommen betreiben will.[41]

Zur Problematik von Kostenentscheidungen im Zusammenhang mit gerichtlichen Vergleichen vgl. Corte di Appello di Roma v. 4. 12. 1976.[42]

2. Abschluß nach Inkrafttreten

Der Prozeßvergleich muß nach Art. 54 II nach Inkrafttreten des Übereinkommens abgeschlossen worden sein. Vor Inkrafttreten abgeschlossene Vergleiche oder zwar nach Inkrafttreten aber auf Grund vor Inkrafttreten erhobener Klagen abgeschlossene Vergleiche können, soweit nicht eine Zuständigkeit nach Art. 54 II gegeben war, nur nach autonomem Recht[43] oder bilateralen Staatsverträgen[44] anerkannt und für vollstreckbar erklärt werden.

---

[38] Vgl. dazu oben § 19.

[39] Vgl. Cour d'Appel de Paris Rechtsprechungsübersicht III (1979) Nr. 135 für einen deutschen Prozeßvergleich, in dem u. a. die Unterhaltsverpflichtungen des Ehemannes gegenüber seiner Frau und seinen Kindern für die Dauer des Scheidungsverfahrens geregelt wurden.

[40] Neth. Law Rev. 1976, 371 und *Pocar* 356.

[41] Vgl. *Grunsky,* EWG-Übereinkommen über die gerichtliche Zuständigkeit und die Vollstreckung gerichtlicher Entscheidungen in Zivil- und Handelssachen im deutsch-italienischen Rechtsverkehr, RIW/AWD 1977, 1ff. (3) ausdrücklich für Prozeßvergleiche, die nicht dem Haager Übereinkommen unterfallen; *Schlafen* bei *Bülow-Böckstiegel* 606/350; *Schlosser,* Unterhaltsansprüche vor den Gerichten der Alt-EWG-Staaten, FamRZ 1973, 424ff. (425); *Schütze,* Internationales Zivilprozeßrecht, 1980, 244.

[42] *Pocar* 355f.

[43] Vgl. zum Problem der Anerkennung und Vollstreckbarerklärung gerichtlicher Vergleiche insbesondere *Kallmann,* Anerkennung und Vollstreckung ausländischer Zivilurteile und gerichtlicher Vergleiche, 1946, S. 194ff. Im deutschen autonomen Recht ist die Möglichkeit der Vollstreckbarerklärung ausländischer gerichtlicher Vergleiche umstritten, dafür: *Riezler,* Internationales Zivilprozeßrecht, 1949, 530 und *Zöller-Geimer,* ZPO, 13. Aufl., § 722 Anm. III 1; dagegen die wohl h.L., z. B. *Baumbach-Lauterbach-Albers-Hartmann,* ZPO, 41. Aufl., § 328 Anm. 1 B; *Stein-Jonas-Schu-*

3. Arten gerichtlicher Vergleiche

Als Titel i. S. von Art. 51 kommen in Betracht:

a) Bundesrepublik Deutschland

Nach § 794 I Nr. 1 ZPO sind Vollstreckungstitel auch Vergleiche, „die zwischen den Parteien oder zwischen einer Partei und einem Dritten zur Beilegung des Rechtsstreits seinem ganzen Umfang nach oder in betreff eines Teiles des Streitgegenstandes vor einem deutschen Gericht oder vor einer durch die Landesjustizverwaltung eingerichteten oder anerkannten Gütestelle abgeschlossen sind, sowie aus Vergleichen, die gemäß § 118 Abs. 1 S. 3 zu richterlichem Protokoll genommen worden sind." Der Vergleich wird regelmäßig zwischen den Parteien des Rechtsstreits abgeschlossen. Er kann aber unter Zuziehung eines Dritten und dessen Beitritt zum Verfahren abgeschlossen werden. In beiden Fällen unterfällt er Art. 51.

Vergleiche, die im Verfahren der Prozeßkostenhilfe nach § 118 I 3 ZPO abgeschlossen werden, können zwar – anders als beim Prozeßvergleich – eine umfassende Gesamtregelung enthalten, die über die beabsichtigte Rechtsverfolgung hinausgeht, sie fallen aber dennoch unter Art. 51.[45] Denn auch das Prozeßkostenhilfeverfahren ist ein Verfahren i. S. des Übereinkommens.

Nicht unter Art. 51 fallen Vergleiche, die nicht vor einem Gericht geschlossen werden; so außergerichtliche Vergleiche, selbst wenn sie zur Beilegung eines Rechtsstreits dienen und die Parteien danach das Verfahren nicht mehr weiter betreiben oder die Erledigung der Hauptsache erklären.

Nicht unter Art. 51 fallen deshalb auch Vergleiche vor Einigungsstellen in Wettbewerbsstreitigkeiten nach § 27a UWG.[46]

b) Frankreich

Das französische Recht kennt den gerichtlichen Vergleich als Vollstreckungstitel. Die entsprechenden Bestimmungen des nouveau Code de procédure civile lauten:

---

mann-Leipold, ZPO, 20. Aufl., § 328 Anm. III 1; *Wieczorek,* ZPO, 2. Aufl., § 328 Anm. B II d 3.

[44] Zahlreiche Anerkennungs- und Vollstreckungsverträge lassen die Wirkungserstreckung gerichtlicher Vergleiche zu, z. B. Art. 8 deutsch-schweizerisches Abkommen; Art. 9 deutsch-italienisches Abkommen; Art. 14 I deutsch-belgisches Abkommen (vgl. dazu Bd. II S. 316ff.); Art. 11 deutsch-österreichischer Vertrag (vgl. dazu Bd. II S. 158f.); Art. I III deutsch-britisches Abkommen (vgl. dazu Bd. II S. 363); Art. 13 deutsch-griechischer Vertrag; Art. 16 I lit a deutsch-niederländischer Vertrag; Art. 42 deutsch-tunesischer Vertrag; Art. 2 Abs. 1 deutsch-israelischer Vertrag; Art. 18 deutsch-norwegischer Vertrag.

[45] A. A. *Schlafen* bei *Bülow-Böckstiegel* 606/305, der hierin jedoch öffentliche Urkunden i. S. von Art. 50 sieht.

[46] Vgl. *Schlafen* bei *Bülow-Böckstiegel* 606/305.

Art. 127. Les parties peuvent se concilier, d'elles-mêmes ou à l'initiative du juge, tout au long de l'instance.

Art. 128. La conciliation est tentée, sauf disposition particulière, au lieu et au moment que le juge estime favorables.

Art. 129. Les parties peuvent toujours demander au juge de constater leur conciliation.

Art. 130. La teneur de l'accord, même partiel, est constatée dans un procès-verbal signé par le juge et les parties.

Art. 131. Des extraits du procès-verbal constatant la conciliation peuvent être délivrés; ils valent titre exécutoire.

c) Niederlande

Nach Art. 19 III B.Rv. sind gerichtliche Vergleiche Vollstreckungstitel. Ihnen kommt etwa dieselbe Bedeutung in praxi zu wie dem Prozeßvergleich im deutschen Verfahren.

Die einschlägige Bestimmung lautet:

Art. 19. De regter kan in alle gevallen, en in elken stand der zaak, wanneer dezelve hem voor minnelijke schikking vatbaar schijnt, het zij op verzoek van partijen of van eene derzelve, het zij ambtshalve, partijen gelasten om in persoon of door of met derzelver praktizijns, ten bepaalden dage en ure, voor zich of voor een of meer regters-commissarissen te verschijnen, ten einde eene vereeniging te beproeven.

Indien eene minnelijke schikking tot stand komt, wordt, wanneer partijen zulks verlangen, een proces-verbaal opgemaakt, en geteekend door partijen, of derzelver tot dat einde bijzonderlijk gemagtigden, waarin de verbindtenissen, die partijen ten gevolge dier schikking op zich nemen, worden uitgedrukt.

De uitgifte van dit proces-verbaal geschiedt in executorialen vorm.

Indien geen minnelijke schikking tot stand komt, bepaalt de regter den dag, waarop de zaak weder ter rolle zal worden opgeroepen.

d) Italien

Gerichtliche Vergleiche nach Art. 322 CPC fallen unter Art. 51:

Art. 322. Processo verbale di conciliazione. – Il processo verbale di conciliazione in sede non contenziosa costituisce titolo esecutivo a norma dell'art. 185 ultimo comma, se la controversia rientra nella competenza del conciliatore.

Negli altri casi il processo verbale ha valore di scrittura privata riconoscuita in guidizio.

e) Belgien

Dem belgischen Recht ist der gerichtliche Vergleich im Prinzip fremd. Vergleichen sich die Parteien, so wird ihre Einigung in ein Urteil aufgenommen.[47] Art. 731 ff. Code judiciaire sehen aber auch die Möglichkeit des Abschlusses eines Prozeßvergleichs mit den Wirkungen eines vollstreckbaren Titels vor.

Art. 731 Toute demande principale introductive d'instance entre parties capa-

---

[47] Vgl. *Braas,* Précis de procédure civile II, 3. Aufl., 601 f.; unten Bd. II, 317.

bles de transiger et sur des objets susceptibles d'être réglés par transaction, peut être préalablement soumise, à la requête d'une des parties ou de leur commun accord, à fin de conciliation au juge compétent pour en connaître au premier degré de juridiction.

Sauf dans les cas prévus par la loi, le préliminaire de conciliation ne peut être imposé.

Art. 732 Les parties sont convoquées à la demande, même verbale, de l'une d'elles, par simple lettre du greffier, à comparaître dans le délai ordinaire des citations, aux jour et heure fixés par le juge.

Art. 733 Il est dressé procès-verbal de la comparution en conciliation. Si un accord intervient, le procès-verbal en constate les termes et l'expédition est revêtue de la formule exécutoire.

Art. 734 Devant le tribunal du travail, tout débat relatif à une des demandes prévues aux articles 578 et 579 doit être précédé, à peine de nullité, d'une tentative de conciliation, actée à la feuille d'audience.

Si les parties ne peuvent être conciliées, il en est fait mention dans le jugement.

f) Luxemburg

Das luxemburgische Zivilprozeßrecht kennt den Prozeßvergleich nicht.

g) Vereinigtes Königreich

Gerichtliche Vergleiche sind dem englischen Recht fremd. Ein entsprechendes Rechtsinstitut findet sich im judgment by consent,[48] das jedoch nicht unter Art. 51 fällt, vielmehr als Urteil anerkannt und mit der Klausel versehen werden kann.

h) Dänemark

Nach §§ 268ff. dänRechtspflegegesetz können in erster Instanz Prozeßvergleiche abgeschlossen werden.[49] Aber auch in höheren Instanzen ist eine Prozeßbeendigung durch Vergleich noch möglich. Der gerichtliche Vergleich ist nach § 478 Nr. 2 dänRechtspflegegesetz Vollstreckungstitel.

i) Irland

Die Rechtslage entspricht der in Großbritannien.

j) Griechenland

Nach Art. 306 I griechZPO sind die Parteien in jeder Lage des Prozesses berechtigt, sich zu vergleichen. Der Vergleich kommt durch Erklärung gegenüber dem Gericht oder einem Notar zustande. Der Vergleich ist Vollstreckungstitel (Art. 965 II lit.c griechZPG).

---

[48] Vgl. unten Bd. II, 363.

[49] Vgl. *Zimmermann,* Zivilgerichtsbarkeit, Zwangsvollstreckung und Konkurs in Dänemark in: *Böttger u. a.,* Zivilgerichtsbarkeit, Zwangsvollstreckung und Konkurs in den Ländern Irland, Dänemark, Österreich und Italien – Grundzüge – 1980, 107ff. (149f.).

4. Erfordernisse der Wirkungserstreckung

Die Erfordernisse der Wirkungserstreckung entsprechen denen bei öffentlichen Urkunden. An die Stelle der Urkundsgewalt der errichtenden Stelle tritt jedoch bei der Klauselerteilung gerichtlicher Vergleiche die Gerichtsbarkeit des Erststaates.

5. Verfahren der Wirkungserstreckung

Das Verfahren entspricht dem bei öffentlichen Urkunden.

§ 174 Exkurs: Die modifizierte Anwendung des Übereinkommens innerhalb des Vereinigten Königreichs

1. Nach Inkrafttreten des Beitrittsübereinkommens vom 9. Oktober 1978 gilt das Übereinkommen über die gerichtliche Zuständigkeit und die Vollstreckung gerichtlicher Entscheidungen in Zivil- und Handelssachen im Verhältnis zwischen dem Vereinigten Königreich zu den anderen Vertragsstaaten. Es beansprucht jedoch keine Geltung für das (innerstaatliche) Verhältnis der drei Jurisdiktionsbereiche innerhalb des Vereinigten Königreichs, nämlich des *High Court of Justice* für England und Wales, des *Court of Session* für Schottland und des *High Court of Justice of Northern Ireland* für Nordirland.

2. Der Civil Jurisdiction and Judgments Act 1982 erklärt jedoch die Regeln der Konvention auch im Verhältnis der drei Jurisdiktionsbereiche untereinander für anwendbar; und zwar section 16 die Zuständigkeitsordnung (Art. 2ff.) und section 17, 18 die Regeln über die Anerkennung und Vollstreckung. Die sections 19–22 bringen Sonderregeln (Anpassungen) für die *jurisdiction in Scotland*[1].

---

[1] Ausführlich der Report of the Scottish Committee on Jurisdiction and Enforcement S. 192ff. Chapter 13ff.

ANHANG

ELIZABETH II

Civil Jurisdiction and Judgments Act 1982

1982 CHAPTER 27

An Act to make further provision about the jurisdiction of courts and tribunals in the United Kingdom and certain other territories and about the recognition and enforcement of judgments given in the United Kingdom or elsewhere; to provide for the modification of certain provisions relating to legal aid; and for connected purposes. [13th July 1982]

BE IT ENACTED by the Queen's most Excellent Majesty, by and with the advice and consent of the Lords Spiritual and Temporal, and Commons, in this present Parliament assembled, and by the authority of the same, as follows:—

PART I

IMPLEMENTATION OF THE CONVENTIONS

Main implementing provisions

Interpretation of references to the Conventions and Contracting States.

1.—(1) In this Act—

"the 1968 Convention" means the Convention on jurisdiction and the enforcement of judgments in civil and commercial matters (including the Protocol annexed to that Convention), signed at Brussels on 27th September 1968;

"the 1971 Protocol" means the Protocol on the interpretation of the 1968 Convention by the European Court, signed at Luxembourg on 3rd June 1971;

"the Accession Convention" means the Convention on the accession to the 1968 Convention and the 1971 Protocol of Denmark, the Republic of Ireland and the United Kingdom, signed at Luxembourg on 9th October 1978;

"the Conventions" means the 1968 Convention, the 1971 Protocol and the Accession Convention.

(2) In this Act, unless the context otherwise requires—

(*a*) references to, or to any provision of, the 1968 Convention or the 1971 Protocol are references to that Convention, Protocol or provision as amended by the Accession Convention; and

(*b*) any reference to a numbered Article is a reference to the Article so numbered of the 1968 Convention, and any reference to a sub-division of a numbered Article shall be construed accordingly.

(3) In this Act "Contracting State" means—

(*a*) one of the original parties to the 1968 Convention (Belgium, the Federal Republic of Germany, France, Italy, Luxembourg and the Netherlands); or

(*b*) one of the parties acceding to that Convention under the Accession Convention (Denmark, the Republic of Ireland and the United Kingdom),

being a state in respect of which the Accession Convention has entered into force in accordance with Article 39 of that Convention.

The Conventions to have the force of law.

2.—(1) The Conventions shall have the force of law in the United Kingdom, and judicial notice shall be taken of them.

(2) For convenience of reference there are set out in Schedules 1, 2 and 3 respectively the English texts of—

(*a*) the 1968 Convention as amended by Titles II and III of the Accession Convention;

(*b*) the 1971 Protocol as amended by Title IV of the Accession Convention; and

(*c*) Titles V and VI of the Accession Convention (transitional and final provisions),

being texts prepared from the authentic English texts referred to in Articles 37 and 41 of the Accession Convention.

Interpretation of the Conventions.

3.—(1) Any question as to the meaning or effect of any provision of the Conventions shall, if not referred to the European Court in accordance with the 1971 Protocol, be determined in accordance with the principles laid down by and any relevant decision of the European Court.

(2) Judicial notice shall be taken of any decision of, or expression of opinion by, the European Court on any such question.

(3) Without prejudice to the generality of subsection (1), the following reports (which are reproduced in the Official Journal of the Communities), namely—

(*a*) the reports by Mr. P. Jenard on the 1968 Convention and the 1971 Protocol ; and

(*b*) the report by Professor Peter Schlosser on the Accession Convention,

O.J. 1979 No. C59/1 and 66.
O.J. 1979 No. C59/71.

may be considered in ascertaining the meaning or effect of any provision of the Conventions and shall be given such weight as is appropriate in the circumstances.

Supplementary provisions as to recognition and enforcement of judgments

Enforcement of judgments other than maintenance orders.

4.—(1) A judgment, other than a maintenance order, which is the subject of an application under Article 31 for its enforcement in any part of the United Kingdom shall, to the extent that its enforcement is authorised by the appropriate court, be registered in the prescribed manner in that court.

In this subsection " the appropriate court " means the court to which the application is made in pursuance of Article 32 (that is to say, the High Court or the Court of Session).

(2) Where a judgment is registered under this section, the reasonable costs or expenses of and incidental to its registration shall be recoverable as if they were sums recoverable under the judgment.

(3) A judgment registered under this section shall, for the purposes of its enforcement, be of the same force and effect, the registering court shall have in relation to its enforcement the same powers, and proceedings for or with respect to its enforcement may be taken, as if the judgment had been originally given by the registering court and had (where relevant) been entered.

(4) Subsection (3) is subject to Article 39 (restriction on enforcement where appeal pending or time for appeal unexpired), to section 7 and to any provision made by rules of court as to the manner in which and conditions subject to which a judgment registered under this section may be enforced.

Recognition and enforcement of maintenance orders.

5.—(1) The function of transmitting to the appropriate court an application under Article 31 for the recognition or enforcement in the United Kingdom of a maintenance order shall be discharged—

(*a*) as respects England and Wales and Scotland, by the Secretary of State ;

(*b*) as respects Northern Ireland, by the Lord Chancellor.

PART I

In this subsection "the appropriate court" means the magistrates' court or sheriff court having jurisdiction in the matter in accordance with the second paragraph of Article 32.

(2) Such an application shall be determined in the first instance by the prescribed officer of that court.

(3) Where on such an application the enforcement of the order is authorised to any extent, the order shall to that extent be registered in the prescribed manner in that court.

(4) A maintenance order registered under this section shall, for the purposes of its enforcement, be of the same force and effect, the registering court shall have in relation to its enforcement the same powers, and proceedings for or with respect to its enforcement may be taken, as if the order had been originally made by the registering court.

(5) Subsection (4) is subject to Article 39 (restriction on enforcement where appeal pending or time for appeal unexpired), to section 7 and to any provision made by rules of court as to the manner in which and conditions subject to which an order registered under this section may be enforced.

(6) A maintenance order which by virtue of this section is enforceable by a magistrates' court in England and Wales or Northern Ireland shall be enforceable in the same manner as an affiliation order made by that court.

(7) The payer under a maintenance order registered under this section in a magistrates' court in England and Wales or Northern Ireland shall give notice of any change of address to the clerk of that court.

A person who without reasonable excuse fails to comply with this subsection shall be guilty of an offence and liable on summary conviction to a fine not exceeding £50.

Appeals under Article 37, second paragraph and Article 41.

6.—(1) The single further appeal on a point of law referred to in Article 37, second paragraph and Article 41 in relation to the recognition or enforcement of a judgment other than a maintenance order lies—

(*a*) in England and Wales or Northern Ireland, to the Court of Appeal or to the House of Lords in accordance with Part II of the Administration of Justice Act 1969 (appeals direct from the High Court to the House of Lords);

1969 c. 58.

(*b*) in Scotland, to the Inner House of the Court of Session.

(2) Paragraph (*a*) of subsection (1) has effect notwithstanding section 15(2) of the Administration of Justice Act 1969 (exclusion of direct appeal to the House of Lords in cases where no appeal to that House lies from a decision of the Court of Appeal).

(3) The single further appeal on a point of law referred to in Article 37, second paragraph and Article 41 in relation to the recognition or enforcement of a maintenance order lies—

(a) in England and Wales, to the High Court by way of case stated in accordance with section 111 of the Magistrates' Courts Act 1980; 1980 c. 43.

(b) in Scotland, to the Inner House of the Court of Session;

(c) in Northern Ireland, to the Court of Appeal.

Interest on registered judgments.

7.—(1) Subject to subsection (4), where in connection with an application for registration of a judgment under section 4 or 5 the applicant shows—

(a) that the judgment provides for the payment of a sum of money; and

(b) that in accordance with the law of the Contracting State in which the judgment was given interest on that sum is recoverable under the judgment from a particular date or time,

the rate of interest and the date or time from which it is so recoverable shall be registered with the judgment and, subject to any provision made under subsection (2), the debt resulting, apart from section 4(2), from the registration of the judgment shall carry interest in accordance with the registered particulars.

(2) Provision may be made by rules of court as to the manner in which and the periods by reference to which any interest payable by virtue of subsection (1) is to be calculated and paid, including provision for such interest to cease to accrue as from a prescribed date.

(3) Costs or expenses recoverable by virtue of section 4(2) shall carry interest as if they were the subject of an order for the payment of costs or expenses made by the registering court on the date of registration.

(4) Interest on arrears of sums payable under a maintenance order registered under section 5 in a magistrates' court in England and Wales or Northern Ireland shall not be recoverable in that court, but without prejudice to the operation in relation to any such order of section 2A of the Maintenance Orders Act 1958 or section 11A of the Maintenance and Affiliation Orders Act (Northern Ireland) 1966 (which enable interest to be recovered if the order is re-registered for enforcement in the High Court). 1958 c. 39. 1966 c. 35. (N.I.)

(5) Except as mentioned in subsection (4), debts under judgments registered under section 4 or 5 shall carry interest only as provided by this section.

Currency of payment under registered maintenance orders.

8.—(1) Sums payable in the United Kingdom under a maintenance order by virtue of its registration under section 5, including any arrears so payable, shall be paid in the currency of the United Kingdom.

(2) Where the order is expressed in any other currency, the amounts shall be converted on the basis of the exchange rate prevailing on the date of registration of the order.

(3) For the purposes of this section, a written certificate purporting to be signed by an officer of any bank in the United Kingdom and stating the exchange rate prevailing on a specified date shall be evidence, and in Scotland sufficient evidence, of the facts stated.

Other supplementary provisions

Provisions supplementary to Title VII of 1968 Convention.

9.—(1) The provisions of Title VII of the 1968 Convention (relationship between that convention and other conventions to which Contracting States are or may become parties) shall have effect in relation to—

(*a*) any statutory provision, whenever passed or made, implementing any such other convention in the United Kingdom ; and

(*b*) any rule of law so far as it has the effect of so implementing any such other convention,

as they have effect in relation to that other convention itself.

(2) Her Majesty may by Order in Council declare a provision of a convention entered into by the United Kingdom to be a provision whereby the United Kingdom assumed an obligation of a kind provided for in Article 59 (which allows a Contracting State to agree with a third State to withhold recognition in certain cases from a judgment given by a court in another Contracting State which took jurisdiction on one of the grounds mentioned in the second paragraph of Article 3).

Allocation within U.K. of jurisdiction with respect to trusts and consumer contracts.

10.—(1) The provisions of this section have effect for the purpose of allocating within the United Kingdom jurisdiction in certain proceedings in respect of which the 1968 Convention confers jurisdiction on the courts of the United Kingdom generally and to which section 16 does not apply.

(2) Any proceedings which by virtue of Article 5(6) (trusts) are brought in the United Kingdom shall be brought in the courts of the part of the United Kingdom in which the trust is domiciled.

(3) Any proceedings which by virtue of the first paragraph of Article 14 (consumer contracts) are brought in the United Kingdom by a consumer on the ground that he is himself domiciled there shall be brought in the courts of the part of the United Kingdom in which he is domiciled.

Proof and admissibility of certain judgments and related documents.

11.—(1) For the purposes of the 1968 Convention—

(*a*) a document, duly authenticated, which purports to be a copy of a judgment given by a court of a Contracting State other than the United Kingdom shall without further proof be deemed to be a true copy, unless the contrary is shown; and

(*b*) the original or a copy of any such document as is mentioned in Article 46(2) or 47 (supporting documents to be produced by a party seeking recognition or enforcement of a judgment) shall be evidence, and in Scotland sufficient evidence, of any matter to which it relates.

(2) A document purporting to be a copy of a judgment given by any such court as is mentioned in subsection (1)(*a*) is duly authenticated for the purposes of this section if it purports—

(*a*) to bear the seal of that court; or

(*b*) to be certified by any person in his capacity as a judge or officer of that court to be a true copy of a judgment given by that court.

(3) Nothing in this section shall prejudice the admission in evidence of any document which is admissible apart from this section.

Provision for issue of copies of, and certificates in connection with, U.K. judgments.

12. Rules of court may make provision for enabling any interested party wishing to secure under the 1968 Convention the recognition or enforcement in another Contracting State of a judgment given by a court in the United Kingdom to obtain, subject to any conditions specified in the rules—

(*a*) a copy of the judgment; and

(*b*) a certificate giving particulars relating to the judgment and the proceedings in which it was given.

Modifications to cover authentic instruments and court settlements.

13.—(1) Her Majesty may by Order in Council provide that—

(*a*) any provision of this Act relating to the recognition or enforcement in the United Kingdom or elsewhere of judgments to which the 1968 Convention applies; and

(*b*) any other statutory provision, whenever passed or made, so relating,

PART I

shall apply, with such modifications as may be specified in the Order, in relation to documents and settlements within Title IV of the 1968 Convention (authentic instruments and court settlements enforceable in the same manner as judgments) as if they were judgments to which that Convention applies.

(2) An Order in Council under this section may make different provision in relation to different descriptions of documents and settlements.

(3) Any Order in Council under this section shall be subject to annulment in pursuance of a resolution of either House of Parliament.

Modifications consequential on revision of the Conventions.

14.—(1) If at any time it appears to Her Majesty in Council that Her Majesty's Government in the United Kingdom have agreed to a revision of any of the Conventions, including in particular any revision connected with the accession to the 1968 Convention of one or more further states, Her Majesty may by Order in Council make such modifications of this Act or any other statutory provision, whenever passed or made, as Her Majesty considers appropriate in consequence of the revision.

(2) An Order in Council under this section shall not be made unless a draft of the Order has been laid before Parliament and approved by a resolution of each House of Parliament.

(3) In this section "revision" means an omission from, addition to or alteration of any of the Conventions and includes replacement of any of the Conventions to any extent by another convention, protocol or other description of international agreement.

Interpretation of Part I and consequential amendments.

15.—(1) In this Part, unless the context otherwise requires—

"judgment" has the meaning given by Article 25;

"maintenance order" means a maintenance judgment within the meaning of the 1968 Convention;

"payer", in relation to a maintenance order, means the person liable to make the payments for which the order provides;

"prescribed" means prescribed by rules of court.

(2) References in this Part to a judgment registered under section 4 or 5 include, to the extent of its registration, references to a judgment so registered to a limited extent only.

(3) Anything authorised or required by the 1968 Convention or this Part to be done by, to or before a particular magistrates' court may be done by, to or before any magistrates' court acting for the same petty sessions area (or, in Northern Ireland, petty sessions district) as that court.

(4) The enactments specified in Part I of Schedule 12 shall have effect with the amendments specified there, being amendments consequential on this Part.

PART II

JURISDICTION, AND RECOGNITION AND ENFORCEMENT OF JUDGMENTS, WITHIN UNITED KINGDOM

Allocation within U.K. of jurisdiction in certain civil proceedings.

16.—(1) The provisions set out in Schedule 4 (which contains a modified version of Title II of the 1968 Convention) shall have effect for determining, for each part of the United Kingdom, whether the courts of law of that part, or any particular court of law in that part, have or has jurisdiction in proceedings where—

(*a*) the subject-matter of the proceedings is within the scope of the 1968 Convention as determined by Article 1 (whether or not the Convention has effect in relation to the proceedings) ; and

(*b*) the defendant or defender is domiciled in the United Kingdom or the proceedings are of a kind mentioned in Article 16 (exclusive jurisdiction regardless of domicile).

(2) In Schedule 4 modifications of Title II of the 1968 Convention are indicated as follows—

(*a*) modifications by way of omission are indicated by dots ; and

(*b*) within each Article words resulting from modifications by way of addition or substitution are printed in heavy type.

(3) In determining any question as to the meaning or effect of any provision contained in Schedule 4—

(*a*) regard shall be had to any relevant principles laid down by the European Court in connection with Title II of the 1968 Convention and to any relevant decision of that court as to the meaning or effect of any provision of that Title ; and

(*b*) without prejudice to the generality of paragraph (*a*), the reports mentioned in section 3(3) may be considered and shall, so far as relevant, be given such weight as is appropriate in the circumstances.

(4) The provisions of this section and Schedule 4 shall have effect subject to the 1968 Convention and to the provisions of section 17.

PART II

1950 c. 37.

(5) In section 15(1)(*a*) of the Maintenance Orders Act 1950 (domestic proceedings in which initial process may be served in another part of the United Kingdom), after sub-paragraph (v) there shall be added—

" (vi) Article 5(2) of Schedule 4 to the Civil Jurisdiction and Judgments Act 1982 ; or ".

Exclusion of certain proceedings from Schedule 4.

17.—(1) Schedule 4 shall not apply to proceedings of any description listed in Schedule 5 or to proceedings in Scotland under any enactment which confers jurisdiction on a Scottish court in respect of a specific subject-matter on specific grounds.

(2) Her Majesty may by Order in Council—

(*a*) add to the list in Schedule 5 any description of proceedings in any part of the United Kingdom ; and

(*b*) remove from that list any description of proceedings in any part of the United Kingdom (whether included in the list as originally enacted or added by virtue of this subsection).

(3) An Order in Council under subsection (2)—

(*a*) may make different provisions for different descriptions of proceedings, for the same description of proceedings in different courts or for different parts of the United Kingdom ; and

(*b*) may contain such transitional and other incidental provisions as appear to Her Majesty to be appropriate.

(4) An Order in Council under subsection (2) shall not be made unless a draft of the Order has been laid before Parliament and approved by a resolution of each House of Parliament.

Enforcement of U.K. judgments in other parts of U.K.

18.—(1) In relation to any judgment to which this section applies—

(*a*) Schedule 6 shall have effect for the purpose of enabling any money provisions contained in the judgment to be enforced in a part of the United Kingdom other than the part in which the judgment was given ; and

(*b*) Schedule 7 shall have effect for the purpose of enabling any non-money provisions so contained to be so enforced.

(2) In this section " judgment " means any of the following (references to the giving of a judgment being construed accordingly)—

(*a*) any judgment or order (by whatever name called) given or made by a court of law in the United Kingdom ;

(b) any judgment or order not within paragraph (a) which has been entered in England and Wales or Northern Ireland in the High Court or a county court; PART II

(c) any document which in Scotland has been registered for execution in the Books of Council and Session or in the sheriff court books kept for any sheriffdom;

(d) any award or order made by a tribunal in any part of the United Kingdom which is enforceable in that part without an order of a court of law;

(e) an arbitration award which has become enforceable in the part of the United Kingdom in which it was given in the same manner as a judgment given by a court of law in that part;

and, subject to the following provisions of this section, this section applies to all such judgments.

(3) Subject to subsection (4), this section does not apply to—

(a) a judgment given in proceedings in a magistrates' court in England and Wales or Northern Ireland;

(b) a judgment given in proceedings other than civil proceedings;

(c) a judgment given in proceedings relating to—

(i) bankruptcy; or

(ii) the winding up of a corporation or association; or

(iii) the obtaining of title to administer the estate of a deceased person.

(4) This section applies, whatever the nature of the proceedings in which it is made, to—

(a) a decree issued under section 13 of the Court of Exchequer (Scotland) Act 1856 (recovery of certain rentcharges and penalties by process of the Court of Session); 1856 c. 56.

(b) an order which is enforceable in the same manner as a judgment of the High Court in England and Wales by virtue of section 16 of the Contempt of Court Act 1981 1981 c. 49. or section 140 of the Supreme Court Act 1981 (which 1981 c. 54. relate to fines for contempt of court and forfeiture of recognisances).

(5) This section does not apply to so much of any judgment as—

(a) is an order to which section 16 of the Maintenance 1950 c. 37. Orders Act 1950 applies (and is therefore an order for whose enforcement in another part of the United Kingdom provision is made by Part II of that Act);

PART II (b) concerns the status or legal capacity of an individual;

(c) relates to the management of the affairs of a person not capable of managing his own affairs;

(d) is a provisional (including protective) measure other than an order for the making of an interim payment;

and except where otherwise stated references to a judgment to which this section applies are to such a judgment exclusive of any such provisions.

(6) The following are within subsection (5)(b), but without prejudice to the generality of that provision—

(a) a decree of judicial separation or of separation;

(b) any provision relating to guardianship or custody.

(7) This section does not apply to a judgment of a court outside the United Kingdom which falls to be treated for the purposes of its enforcement as a judgment of a court of law in the United Kingdom by virtue of registration under Part II of the Administration of Justice Act 1920, Part I of the Foreign Judgments (Reciprocal Enforcement) Act 1933, Part I of the Maintenance Orders (Reciprocal Enforcement) Act 1972 or section 4 or 5 of this Act.

1920 c. 81.
1933 c. 13.
1972 c. 18.

(8) A judgment to which this section applies, other than a judgment within paragraph (e) of subsection (2), shall not be enforced in another part of the United Kingdom except by way of registration under Schedule 6 or 7.

Recognition of U.K. judgments in other parts of U.K.

19.—(1) A judgment to which this section applies given in one part of the United Kingdom shall not be refused recognition in another part of the United Kingdom solely on the ground that, in relation to that judgment, the court which gave it was not a court of competent jurisdiction according to the rules of private international law in force in that other part.

(2) Subject to subsection (3), this section applies to any judgment to which section 18 applies.

(3) This section does not apply to—

(a) the documents mentioned in paragraph (c) of the definition of "judgment" in section 18(2);

(b) the awards and orders mentioned in paragraphs (d) and (e) of that definition;

(c) the decrees and orders referred to in section 18(4);

PART III

JURISDICTION IN SCOTLAND

Rules as to jurisdiction in Scotland.

20.—(1) Subject to Parts I and II and to the following provisions of this Part, Schedule 8 has effect to determine in what circumstances a person may be sued in civil proceedings in the Court of Session or in a sheriff court. PART III

(2) Nothing in Schedule 8 affects the competence as respects subject-matter or value of the Court of Session or of the sheriff court.

(3) Section 6 of the Sheriff Courts (Scotland) Act 1907 shall cease to have effect to the extent that it determines jurisdiction in relation to any matter to which Schedule 8 applies. 1907 c. 51.

(4) In Schedule 8—

(*a*) words resulting from modifications of Title II of the 1968 Convention, by way of addition or substitution, and provisions not derived from that Title are printed in heavy type ; and

(*b*) the marginal notes show, where appropriate, of which provision of Title II a provision of Schedule 8 is a modified version.

(5) In determining any question as to the meaning or effect of any provision contained in Schedule 8 and derived to any extent from Title II of the 1968 Convention—

(*a*) regard shall be had to any relevant principles laid down by the European Court in connection with Title II of the 1968 Convention and to any relevant decision of that court as to the meaning or effect of any provision of that Title ; and

(*b*) without prejudice to the generality of paragraph (*a*), the reports mentioned in section 3(3) may be considered and shall, so far as relevant, be given such weight as is appropriate in the circumstances.

Continuance of certain existing jurisdictions.

21.—(1) Schedule 8 does not affect—

(*a*) the operation of any enactment which confers jurisdiction on a Scottish court in respect of a specific subject-matter on specific grounds ;

(*b*) without prejudice to the foregoing generality, the jurisdiction of any court in respect of any matter mentioned in Schedule 9.

(2) Her Majesty may by Order in Council—

(*a*) add to the list in Schedule 9 any description of proceedings ; and

(*b*) remove from that list any description of proceedings (whether included in the list as originally enacted or added by virtue of this subsection).

PART III

(3) An Order in Council under subsection (2) may—

(a) make different provision for different descriptions of proceedings or for the same description of proceedings in different courts ; and

(b) contain such transitional and other incidental provisions as appear to Her Majesty to be appropriate.

(4) An Order in Council under subsection (2) shall not be made unless a draft of the Order has been laid before Parliament and approved by a resolution of each House of Parliament.

Supplementary provisions.

22.—(1) Nothing in Schedule 8 shall prevent a court from declining jurisdiction on the ground of *forum non conveniens.*

(2) Nothing in Schedule 8 affects the operation of any enactment or rule of law under which a court may decline to exercise jurisdiction because of the prorogation by parties of the jurisdiction of another court.

(3) For the avoidance of doubt, it is declared that nothing in Schedule 8 affects the *nobile officium* of the Court of Session.

(4) Where a court has jurisdiction in any proceedings by virtue of Schedule 8, that court shall also have jurisdiction to determine any matter which—

(a) is ancilliary or incidental to the proceedings ; or

(b) requires to be determined for the purposes of a decision in the proceedings.

Savings and consequential amendments.

23.—(1) Nothing in Schedule 8 shall affect—

(a) the power of any court to vary or recall a maintenance order granted by that court ;

(b) the power of a sheriff court under section 22 of the Maintenance Orders Act 1950 (discharge and variation of maintenance orders registered in sheriff courts) to vary or discharge a maintenance order registered in that court under Part II of that Act ; or

1950 c. 37

(c) the power of a sheriff court under section 9 of the Maintenance Orders (Reciprocal Enforcement) Act 1972 (variation and revocation of maintenance orders registered in United Kingdom courts) to vary or revoke a registered order within the meaning of Part I of that Act.

1972 c. 18.

(2) The enactments specified in Part II of Schedule 12 shall have effect with the amendments specified there, being amendments consequential on Schedule 8.

PART IV

MISCELLANEOUS PROVISIONS

Provisions relating to jurisdiction

Interim relief and protective measures in cases of doubtful jurisdiction.

24.—(1) Any power of a court in England and Wales or Northern Ireland to grant interim relief pending trial or pending the determination of an appeal shall extend to a case where—

(*a*) the issue to be tried, or which is the subject of the appeal, relates to the jurisdiction of the court to entertain the proceedings ; or

(*b*) the proceedings involve the reference of any matter to the European Court under the 1971 Protocol.

(2) Any power of a court in Scotland to grant protective measures pending the decision of any hearing shall apply to a case where—

(*a*) the subject of the proceedings includes a question as to the jurisdiction of the court to entertain them ; or

(*b*) the proceedings involve the reference of a matter to the European Court under the 1971 Protocol.

(3) Subsections (1) and (2) shall not be construed as restricting any power to grant interim relief or protective measures which a court may have apart from this section.

Interim relief in England and Wales and Northern Ireland in the absence of substantive proceedings.

25.—(1) The High Court in England and Wales or Northern Ireland shall have power to grant interim relief where—

(*a*) proceedings have been or are to be commenced in a Contracting State other than the United Kingdom or in a part of the United Kingdom other than that in which the High Court in question exercises jurisdiction ; and

(*b*) they are or will be proceedings whose subject-matter is within the scope of the 1968 Convention as determined by Article 1 (whether or not the Convention has effect in relation to the proceedings).

(2) On an application for any interim relief under subsection (1) the court may refuse to grant that relief if, in the opinion of the court, the fact that the court has no jurisdiction apart from this section in relation to the subject-matter of the proceedings in question makes it inexpedient for the court to grant it.

(3) Her Majesty may by Order in Council extend the power to grant interim relief conferred by subsection (1) so as to make it exercisable in relation to proceedings of any of the following descriptions, namely—

(*a*) proceedings commenced or to be commenced otherwise than in a Contracting State ;

PART IV

(b) proceedings whose subject-matter is not within the scope of the 1968 Convention as determined by Article 1;

(c) arbitration proceedings.

(4) An Order in Council under subsection (3)—

(a) may confer power to grant only specified descriptions of interim relief;

(b) may make different provision for different classes of proceedings, for proceedings pending in different countries or courts outside the United Kingdom or in different parts of the United Kingdom, and for other different circumstances; and

(c) may impose conditions or restrictions on the exercise of any power conferred by the Order.

(5) An Order in Council under subsection (3) which confers power to grant interim relief in relation to arbitration proceedings may provide for the repeal of any provision of section 12(6) of the Arbitration Act 1950 or section 21(1) of the Arbitration Act (Northern Ireland) 1937 to the extent that it is superseded by the provisions of the Order.

1950 c. 27.
1937 c. 8. (N.I.).

(6) Any Order in Council under subsection (3) shall be subject to annulment in pursuance of a resolution of either House of Parliament.

(7) In this section " interim relief ", in relation to the High Court in England and Wales or Northern Ireland, means interim relief of any kind which that court has power to grant in proceedings relating to matters within its jurisdiction, other than—

(a) a warrant for the arrest of property; or

(b) provision for obtaining evidence.

Security in Admiralty proceedings in England and Wales or Northern Ireland in case of stay, etc.

26.—(1) Where in England and Wales or Northern Ireland a court stays or dismisses Admiralty proceedings on the ground that the dispute in question should be submitted to arbitration or to the determination of the courts of another part of the United Kingdom or of an overseas country, the court may, if in those proceedings property has been arrested or bail or other security has been given to prevent or obtain release from arrest—

(a) order that the property arrested be retained as security for the satisfaction of any award or judgment which—

(i) is given in respect of the dispute in the arbitration or legal proceedings in favour of which those proceedings are stayed or dismissed; and

(ii) is enforceable in England and Wales or, as the case may be, in Northern Ireland; or (*b*) order that the stay or dismissal of those proceedings be conditional on the provision of equivalent security for the satisfaction of any such award or judgment.

(2) Where a court makes an order under subsection (1), it may attach such conditions to the order as it thinks fit, in particular conditions with respect to the institution or prosecution of the relevant arbitration or legal proceedings.

(3) Subject to any provision made by rules of court and to any necessary modifications, the same law and practice shall apply in relation to property retained in pursuance of an order made by a court under subsection (1) as would apply if it were held for the purposes of proceedings in that court.

Provisional and protective measures in Scotland in the absence of substantive proceedings.

27.—(1) The Court of Session may, in any case to which this subsection applies—

(*a*) subject to subsection (2)(*c*), grant a warrant for the arrestment of any assets situated in Scotland ;

(*b*) subject to subsection (2)(*c*), grant a warrant of inhibition over any property situated in Scotland ; and

(*c*) grant interim interdict.

(2) Subsection (1) applies to any case in which—

(*a*) proceedings have been commenced but not concluded, or, in relation to paragraph (*c*) of that subsection, are to be commenced, in another Contracting State or in England and Wales or Northern Ireland ;

(*b*) the subject-matter of the proceedings is within the scope of the 1968 Convention as determined by Article 1 ; and

(*c*) in relation to paragraphs (*a*) and (*b*) of subsection (1), such a warrant could competently have been granted in equivalent proceedings before a Scottish court ;

but it shall not be necessary, in determining whether proceedings have been commenced for the purpose of paragraph (*a*) of this subsection, to show that any document has been served on or notice given to the defender.

(3) Her Majesty may by Order in Council confer on the Court of Session power to do anything mentioned in subsection (1) or in section 28 in relation to proceedings of any of the following descriptions, namely—

(*a*) proceedings commenced otherwise than in a Contracting State ;

(*b*) proceedings whose subject-matter is not within the scope of the 1968 Convention as determined by Article 1 ;

(*c*) arbitration proceedings ;

PART IV

(*d*) in relation to subsection (1)(*c*) or section 28, proceedings which are to be commenced otherwise than in a Contracting State.

(4) An Order in Council under subsection (3)—

(*a*) may confer power to do only certain of the things mentioned in subsection (1) or in section 28 ;

(*b*) may make different provision for different classes of proceedings, for proceedings pending in different countries or courts outside the United Kingdom or in different parts of the United Kingdom, and for other different circumstances ; and

(*c*) may impose conditions or restrictions on the exercise of any power conferred by the Order.

(5) Any Order in Council under subsection (3) shall be subject to annulment in pursuance of a resolution of either House of Parliament.

Application of s. 1 of Administration of Justice (Scotland) Act 1972.
1972 c. 59.

28. When any proceedings have been brought, or are likely to be brought, in another Contracting State or in England and Wales or Northern Ireland in respect of any matter which is within the scope of the 1968 Convention as determined in Article 1, the Court of Session shall have the like power to make an order under section 1 of the Administration of Justice (Scotland) Act 1972 as if the proceedings in question had been brought, or were likely to be brought, in that court.

Service of county court process outside Northern Ireland.
S.I. 1980/397 (N.I. 3).

29. The County Court Rules Committee established by Article 46 of the County Courts (Northern Ireland) Order 1980 may make county court rules with respect to the service of process outside Northern Ireland and the conditions subject to which process may be so served ; and accordingly in Article 48 of that Order (powers of Rules Committee), after paragraph (*e*) there shall be added—

" (*f*) the service of process outside Northern Ireland, and the conditions subject to which process may be so served.".

Proceedings in England and Wales or Northern Ireland for torts to immovable property.

30.—(1) The jurisdiction of any court in England and Wales or Northern Ireland to entertain proceedings for trespass to, or any other tort affecting, immovable property shall extend to cases in which the property in question is situated outside that part of the United Kingdom unless the proceedings are principally concerned with a question of the title to, or the right to possession of, that property.

(2) Subsection (1) has effect subject to the 1968 Convention and to the provisions set out in Schedule 4.

Provisions relating to recognition and enforcement of judgments

Overseas judgments given against states, etc.

31.—(1) A judgment given by a court of an overseas country against a state other than the United Kingdom or the state to which that court belongs shall be recognised and enforced in the United Kingdom if, and only if—

(*a*) it would be so recognised and enforced if it had not been given against a state; and

(*b*) that court would have had jurisdiction in the matter if it had applied rules corresponding to those applicable to such matters in the United Kingdom in accordance with sections 2 to 11 of the State Immunity Act 1978. 1978 c. 33.

(2) References in subsection (1) to a judgment given against a state include references to judgments of any of the following descriptions given in relation to a state—

(*a*) judgments against the government, or a department of the government, of the state but not (except as mentioned in paragraph (*c*)) judgments against an entity which is distinct from the executive organs of government;

(*b*) judgments against the sovereign or head of state in his public capacity;

(*c*) judgments against any such separate entity as is mentioned in paragraph (*a*) given in proceedings relating to anything done by it in the exercise of the sovereign authority of the state.

(3) Nothing in subsection (1) shall affect the recognition or enforcement in the United Kingdom of a judgment to which Part I of the Foreign Judgments (Reciprocal Enforcement) Act 1933 applies by virtue of section 4 of the Carriage of Goods by Road Act 1965, section 17(4) of the Nuclear Installations Act 1965, section 13(3) of the Merchant Shipping (Oil Pollution) Act 1971, section 5 of the Carriage by Railway Act 1972 or section 5 of the Carriage of Passengers by Road Act 1974.

1933 c. 13. 1965 c. 37. 1965 c. 57. 1971 c. 59. 1972 c. 33. 1974 c. 35.

(4) Sections 12, 13 and 14(3) and (4) of the State Immunity Act 1978 (service of process and procedural privileges) shall apply to proceedings for the recognition or enforcement in the United Kingdom of a judgment given by a court of an overseas country (whether or not that judgment is within subsection (1) of this section) as they apply to other proceedings.

(5) In this section " state ", in the case of a federal state, includes any of its constituent territories.

PART IV

Overseas judgments given in proceedings brought in breach of agreement for settlement of disputes.

32.—(1) Subject to the following provisions of this section, a judgment given by a court of an overseas country in any proceedings shall not be recognised or enforced in the United Kingdom if—

(*a*) the bringing of those proceedings in that court was contrary to an agreement under which the dispute in question was to be settled otherwise than by proceedings in the courts of that country; and

(*b*) those proceedings were not brought in that court by, or with the agreement of, the person against whom the judgment was given; and

(*c*) that person did not counterclaim in the proceedings or otherwise submit to the jurisdiction of that court.

(2) Subsection (1) does not apply where the agreement referred to in paragraph (*a*) of that subsection was illegal, void or unenforceable or was incapable of being performed for reasons not attributable to the fault of the party bringing the proceedings in which the judgment was given.

(3) In determining whether a judgment given by a court of an overseas country should be recognised or enforced in the United Kingdom, a court in the United Kingdom shall not be bound by any decision of the overseas court relating to any of the matters mentioned in subsection (1) or (2).

(4) Nothing in subsection (1) shall affect the recognition or enforcement in the United Kingdom of—

(*a*) a judgment which is required to be recognised or enforced there under the 1968 Convention;

1933 c. 13. 1965 c. 37. 1965 c. 57. 1971 c. 59. 1972 c. 33. 1974 c. 35. 1974 c. 43.

(*b*) a judgment to which Part I of the Foreign Judgments (Reciprocal Enforcement) Act 1933 applies by virtue of section 4 of the Carriage of Goods by Road Act 1965, section 17(4) of the Nuclear Installations Act 1965, section 13(3) of the Merchant Shipping (Oil Pollution) Act 1971, section 5 of the Carriage by Railway Act 1972, section 5 of the Carriage of Passengers by Road Act 1974 or section 6(4) of the Merchant Shipping Act 1974.

Certain steps not to amount to submission to jurisdiction of overseas court.

33.—(1) For the purposes of determining whether a judgment given by a court of an overseas country should be recognised or enforced in England and Wales or Northern Ireland, the person against whom the judgment was given shall not be regarded as having submitted to the jurisdiction of the court by reason only of the fact that he appeared (conditionally or otherwise) in the proceedings for all or any one or more of the following purposes, namely—

(*a*) to contest the jurisdiction of the court;

(b) to ask the court to dismiss or stay the proceedings on the ground that the dispute in question should be submitted to arbitration or to the determination of the courts of another country;

(c) to protect, or obtain the release of, property seized or threatened with seizure in the proceedings.

(2) Nothing in this section shall affect the recognition or enforcement in England and Wales or Northern Ireland of a judgment which is required to be recognised or enforced there under the 1968 Convention.

Certain judgments a bar to further proceedings on the same cause of action.

34. No proceedings may be brought by a person in England and Wales or Northern Ireland on a cause of action in respect of which a judgment has been given in his favour in proceedings between the same parties, or their privies, in a court in another part of the United Kingdom or in a court of an overseas country, unless that judgment is not enforceable or entitled to recognition in England and Wales or, as the case may be, in Northern Ireland.

Minor amendments relating to overseas judgments.

1933 c. 13.

35.—(1) The Foreign Judgments (Reciprocal Enforcement) Act 1933 shall have effect with the amendments specified in Schedule 10, being amendments whose main purpose is to enable Part I of that Act to be applied to judgments of courts other than superior courts, to judgments providing for interim payments and to certain arbitration awards.

1920 c. 81.

(2) For section 10 of the Administration of Justice Act 1920 (issue of certificates of judgments obtained in the United Kingdom) there shall be substituted—

" 10.—(1) Where—

(a) a judgment has been obtained in the High Court in England or Northern Ireland, or in the Court of Session in Scotland, against any person; and

(b) the judgment creditor wishes to secure the enforcement of the judgment in a part of Her Majesty's dominions outside the United Kingdom to which this Part of this Act extends,

the court shall, on an application made by the judgment creditor, issue to him a certified copy of the judgment.

PART IV

(2) The reference in the preceding subsection to Her Majesty's dominions shall be construed as if that subsection had come into force in its present form at the commencement of this Act. ".

1920 c. 81.

(3) In section 14 of the Administration of Justice Act 1920 (extent of Part II of that Act), after subsection (2) there shall be inserted—

"(3) Her Majesty may by Order in Council under this section consolidate any Orders in Council under this section which are in force when the consolidating Order is made.".

Registration of maintenance orders in Northern Ireland.

1950 c. 37.

36.—(1) Where—

(*a*) a High Court order or a Court of Session order has been registered in the High Court of Justice in Northern Ireland (" the Northern Ireland High Court ") under Part II of the Maintenance Orders Act 1950; or

(*b*) a county court order, a magistrates' court order or a sheriff court order has been registered in a court of summary jurisdiction in Northern Ireland under that Part,

an application may be made to the original court for the registration of the order in, respectively, a court of summary jurisdiction in Northern Ireland or the Northern Ireland High Court.

(2) In subsection (1) " the original court ", in relation to an order, means the court by which the order was made.

1958 c. 39.

(3) Section 2 (except subsection (6A)) and section 2A of the Maintenance Orders Act 1958 shall have effect for the purposes of an application under subsection (1), and subsections (2), (3), (4) and (4A) of section 5 of that Act shall have effect for the purposes of the cancellation of a registration made on such an application, as if—

(*a*) " registration " in those provisions included registration in the appropriate Northern Ireland court (" registered " being construed accordingly);

(*b*) any reference in those provisions to a High Court order or a magistrates' court order included, respectively, a Court of Session order or a sheriff court order; and

(*c*) any other reference in those provisions to the High Court or a magistrates' court included the Northern Ireland High Court or a court of summary jurisdiction in Northern Ireland.

1966 c. 35. (N.I.)

(4) Where an order is registered in Northern Ireland under this section, Part II of the Maintenance and Affiliation Orders Act (Northern Ireland) 1966, except sections 11, 11A and 14(2) and (3), shall apply as if the order had been registered in accordance with the provisions of that Part.

(5) A court of summary jurisdiction in Northern Ireland shall have jurisdiction to hear a complaint by or against a person residing outside Northern Ireland for the discharge or variation of an order registered in Northern Ireland under this section; and where such a complaint is made against a person residing outside Northern Ireland, then, if he resides in England and Wales or Scotland, section 15 of the Maintenance Orders Act 1950 (which relates to the service of process on persons residing in those countries) shall have effect in relation to the complaint as it has effect in relation to the proceedings therein mentioned. 1950 c. 37.

(6) The enactments specified in Part III of Schedule 12 shall have effect with the amendments specified there, being amendments consequential on this section.

Minor amendments relating to maintenance orders.

37.—(1) The enactments specified in Schedule 11 shall have effect with the amendments specified there, being amendments whose main purpose is as follows—

Part I—to extend certain enforcement provisions to lump sum maintenance orders;

Part II—to provide for the recovery of interest according to the law of the country of origin in the case of maintenance orders made in other jurisdictions and registered in the High Court;

Part III—to extend the Maintenance Orders (Reciprocal Enforcement) Act 1972 to cases where the payer under a maintenance order is not resident within the jurisdiction but has assets there. 1972 c. 18.

(2) In section 27(1) of the Maintenance Orders (Reciprocal Enforcement) Act 1972 (application by person in convention country for recovery of maintenance in England and Wales or Northern Ireland to be treated as a complaint), after " as if it were a complaint " there shall be inserted " made at the time when the application was received by the Secretary of State or the Lord Chancellor ".

Overseas judgments counteracting an award of multiple damages.

38.—(1) Section 7 of the Protection of Trading Interests Act 1980 (which enables provision to be made by Order in Council for the enforcement in the United Kingdom on a reciprocal basis of overseas judgments directed to counteracting a judgment for multiple damages given in a third country) shall be amended as follows. 1980 c. 11.

(2) In subsection (1) for " judgments given under any provision of the law of that country corresponding to that section " there shall be substituted " judgments of any description specified in the Order which are given under any provision of the law of that

PART IV

country relating to the recovery of sums paid or obtained pursuant to a judgment for multiple damages within the meaning of section 5(3) above, whether or not that provision corresponds to section 6 above ".

(3) After subsection (1) there shall be inserted—

" (1A) Such an Order in Council may, as respects judgments to which it relates—

(*a*) make different provisions for different descriptions of judgment; and

(*b*) impose conditions or restrictions on the enforcement of judgments of any description.".

Jurisdiction, and recognition and enforcement of judgments, as between United Kingdom and certain territories

Application of provisions corresponding to 1968 Convention in relation to certain territories.

39.—(1) Her Majesty may by Order in Council make provision corresponding to the provision made by the 1968 Convention as between the Contracting States to that Convention, with such modifications as appear to Her Majesty to be appropriate, for regulating, as between the United Kingdom and any of the territories mentioned in subsection (2), the jurisdiction of courts and the recognition and enforcement of judgments.

(2) The territories referred to in subsection (1) are—

(*a*) the Isle of Man;

(*b*) any of the Channel Islands;

(*c*) Gibraltar;

(*d*) the Sovereign Base Areas of Akrotiri and Dhekelia (that is to say the areas mentioned in section 2(1) of the Cyprus Act 1960).

1960 c. 52.

(3) An Order in Council under this section may contain such supplementary and incidental provisions as appear to Her Majesty to be necessary or expedient, including in particular provisions corresponding to or applying any of the provisions of Part I with such modifications as may be specified in the Order.

(4) Any Order in Council under this section shall be subject to annulment in pursuance of a resolution of either House of Parliament.

Legal aid

Power to modify enactments relating to legal aid etc.

1974 c. 4.

40.—(1) In section 20 of the Legal Aid Act 1974 (power of Lord Chancellor to make regulations), after subsection (4) there shall be inserted as subsection (4A)—

" (4A) Without prejudice to the preceding provisions of this section or any other provision of this Part of this Act authorising the making of regulations, regulations may also modify the provisions of, or of any instrument having effect under, this Part of this Act (including so much of any of those provisions as specifies a sum of money) for the purposes of the application of those provisions— PART IV

(*a*) in cases where their modification appears to the Lord Chancellor necessary for the purpose of fulfilling any obligation imposed on the United Kingdom or Her Majesty's government therein by any international agreement ; or

(*b*) in relation to proceedings for securing the recognition or enforcement in England and Wales of judgments given outside the United Kingdom for whose recognition or enforcement in the United Kingdom provision is made by any international agreement.".

(2) In section 15 of the Legal Aid (Scotland) Act 1967 (power of Secretary of State to make regulations), after subsection (4) there shall be inserted as subsection (4A)— 1967 c. 43.

" (4A) Without prejudice to the preceding provisions of this section or any other provision of this Act authorising the making of regulations, regulations may also modify the provisions of, or of any instrument having effect under, this Act (including so much of any of those provisions as specifies a sum of money) for the purposes of the application of those provisions—

(*a*) in cases where their modification appears to the Secretary of State necessary for the purpose of fulfilling any obligation imposed on the United Kingdom or Her Majesty's government therein by any international agreement ; or

(*b*) in relation to proceedings for securing the recognition or enforcement in Scotland of judgments given outside the United Kingdom for whose recognition or enforcement in the United Kingdom provision is made by any international agreement.".

(3) In Article 22 of the Legal Aid, Advice and Assistance (Northern Ireland) Order 1981 (power of Lord Chancellor to make regulations), after paragraph (4) there shall be inserted as paragraph (4A)— S.I. 1981/228 (N.I. 8).

" (4A) Without prejudice to the preceding provisions of this Article or any other provision of this Part authorising the making of regulations, regulations may also modify the provisions of, or of any instrument having effect under, this Part (including so much of any of those provisions as specifies a sum of money) for the purposes of the application of those provisions—

(*a*) in cases where their modification appears to the Lord Chancellor necessary for the purpose of fulfilling any obligation imposed on the United Kingdom or Her Majesty's government therein by any international agreement ; or

(*b*) in relation to proceedings for securing the recognition or enforcement in Northern Ireland of judgments given outside the United Kingdom for whose recognition or enforcement in the United Kingdom provision is made by any international agreement.".

PART V

SUPPLEMENTARY AND GENERAL PROVISIONS

Domicile

Domicile of individuals.

41.—(1) Subject to Article 52 (which contains provisions for determining whether a party is domiciled in a Contracting State), the following provisions of this section determine, for the purposes of the 1968 Convention and this Act, whether an individual is domiciled in the United Kingdom or in a particular part of, or place in, the United Kingdom or in a state other than a Contracting State.

(2) An individual is domiciled in the United Kingdom if and only if—

(*a*) he is resident in the United Kingdom ; and

(*b*) the nature and circumstances of his residence indicate that he has a substantial connection with the United Kingdom.

(3) Subject to subsection (5), an individual is domiciled in a particular part of the United Kingdom if and only if—

(*a*) he is resident in that part ; and

(*b*) the nature and circumstances of his residence indicate that he has a substantial connection with that part.

(4) An individual is domiciled in a particular place in the United Kingdom if and only if he—

(*a*) is domiciled in the part of the United Kingdom in which that place is situated ; and

(*b*) is resident in that place.

(5) An individual who is domiciled in the United Kingdom but in whose case the requirements of subsection (3)(*b*) are not satisfied in relation to any particular part of the United Kingdom shall be treated as domiciled in the part of the United Kingdom in which he is resident.

(6) In the case of an individual who—

(*a*) is resident in the United Kingdom, or in a particular part of the United Kingdom ; and (*b*) has been so resident for the last three months or more, **PART V**

the requirements of subsection (2)(*b*) or, as the case may be, subsection (3)(*b*) shall be presumed to be fulfilled unless the contrary is proved.

(7) An individual is domiciled in a state other than a Contracting State if and only if—

(*a*) he is resident in that state ; and

(*b*) the nature and circumstances of his residence indicate that he has a substantial connection with that state.

Domicile and seat of corporation or association.

42.—(1) For the purposes of this Act the seat of a corporation or association (as determined by this section) shall be treated as its domicile.

(2) The following provisions of this section determine where a corporation or association has its seat—

(*a*) for the purpose of Article 53 (which for the purposes of the 1968 Convention equates the domicile of such a body with its seat) ; and

(*b*) for the purposes of this Act other than the provisions mentioned in section 43(1)(*b*) and (*c*).

(3) A corporation or association has its seat in the United Kingdom if and only if—

(*a*) it was incorporated or formed under the law of a part of the United Kingdom and has its registered office or some other official address in the United Kingdom ; or

(*b*) its central management and control is exercised in the United Kingdom.

(4) A corporation or association has its seat in a particular part of the United Kingdom if and only if it has its seat in the United Kingdom and—

(*a*) it has its registered office or some other official address in that part ; or

(*b*) its central management and control is exercised in that part ; or

(*c*) it has a place of business in that part.

(5) A corporation or association has its seat in a particular place in the United Kingdom if and only if it has its seat in the part of the United Kingdom in which that place is situated and—

(*a*) it has its registered office or some other official address in that place ; or

(*b*) its central management and control is exercised in that place ; or (*c*) it has a place of business in that place.

(6) Subject to subsection (7), a corporation or association has its seat in a state other than the United Kingdom if and only if—

(*a*) it was incorporated or formed under the law of that state and has its registered office or some other official address there; or

(*b*) its central management and control is exercised in that state.

(7) A corporation or association shall not be regarded as having its seat in a Contracting State other than the United Kingdom if it is shown that the courts of that state would not regard it as having its seat there.

(8) In this section—

"business" includes any activity carried on by a corporation or association, and "place of business" shall be construed accordingly;

"official address", in relation to a corporation or association, means an address which it is required by law to register, notify or maintain for the purpose of receiving notices or other communications.

Seat of corporation or association for purposes of Article 16(2) and related provisions.

43.—(1) The following provisions of this section determine where a corporation or association has its seat for the purposes of—

(*a*) Article 16(2) (which confers exclusive jurisdiction over proceedings relating to the formation or dissolution of such bodies, or to the decisions of their organs);

(*b*) Articles 5A and 16(2) in Schedule 4; and

(*c*) Rules 2(12) and 4(1)(*b*) in Schedule 8.

(2) A corporation or association has its seat in the United Kingdom if and only if—

(*a*) it was incorporated or formed under the law of a part of the United Kingdom; or

(*b*) its central management and control is exercised in the United Kingdom.

(3) A corporation or association has its seat in a particular part of the United Kingdom if and only if it has its seat in the United Kingdom and—

(*a*) subject to subsection (5), it was incorporated or formed under the law of that part; or

(*b*) being incorporated or formed under the law of a state other than the United Kingdom, its central management and control is exercised in that part.

(4) A corporation or association has its seat in a particular place in Scotland if and only if it has its seat in Scotland and—

(*a*) it has its registered office or some other official address in that place ; or

(*b*) it has no registered office or other official address in Scotland, but its central management and control is exercised in that place.

(5) A corporation or association incorporated or formed under—

(*a*) an enactment forming part of the law of more than one part of the United Kingdom ; or

(*b*) an instrument having effect in the domestic law of more than one part of the United Kingdom,

shall, if it has a registered office, be taken to have its seat in the part of the United Kingdom in which that office is situated, and not in any other part of the United Kingdom.

(6) Subject to subsection (7), a corporation or association has its seat in a Contracting State other than the United Kingdom if and only if—

(*a*) it was incorporated or formed under the law of that state ; or

(*b*) its central management and control is exercised in that state.

(7) A corporation or association shall not be regarded as having its seat in a Contracting State other than the United Kingdom if—

(*a*) it has its seat in the United Kingdom by virtue of subsection (2)(*a*) ; or

(*b*) it is shown that the courts of that other state would not regard it for the purposes of Article 16(2) as having its seat there.

(8) In this section " official address " has the same meaning as in section 42.

Persons deemed to be domiciled in the United Kingdom for certain purposes.

44.—(1) This section applies to—

(*a*) proceedings within Section 3 of Title II of the 1968 Convention (insurance contracts), and

(*b*) proceedings within Section 4 of that Title (consumer contracts).

(2) A person who, for the purposes of proceedings to which this section applies arising out of the operations of a branch, agency or other establishment in the United Kingdom, is deemed for the purposes of the 1968 Convention to be domiciled in the United Kingdom by virtue of—

(*a*) Article 8, second paragraph (insurers) ; or

Part V

(*b*) Article 13, second paragraph (suppliers of goods, services or credit to consumers),

shall, for the purposes of those proceedings, be treated for the purposes of this Act as so domiciled and as domiciled in the part of the United Kingdom in which the branch, agency or establishment in question is situated.

Domicile of trusts.

45.—(1) The following provisions of this section determine, for the purposes of the 1968 Convention and this Act, where a trust is domiciled.

(2) A trust is domiciled in the United Kingdom if and only if it is by virtue of subsection (3) domiciled in a part of the United Kingdom.

(3) A trust is domiciled in a part of the United Kingdom if and only if the system of law of that part is the system of law with which the trust has its closest and most real connection.

Domicile and seat of the Crown.

46.—(1) For the purposes of this Act the seat of the Crown (as determined by this section) shall be treated as its domicile.

(2) The following provisions of this section determine where the Crown has its seat—

(*a*) for the purposes of the 1968 Convention (in which Article 53 equates the domicile of a legal person with its seat); and

(*b*) for the purposes of this Act.

(3) Subject to the provisions of any Order in Council for the time being in force under subsection (4)—

(*a*) the Crown in right of Her Majesty's government in the United Kingdom has its seat in every part of, and every place in, the United Kingdom; and

(*b*) the Crown in right of Her Majesty's government in Northern Ireland has its seat in, and in every place in, Northern Ireland.

(4) Her Majesty may by Order in Council provide that, in the case of proceedings of any specified description against the Crown in right of Her Majesty's government in the United Kingdom, the Crown shall be treated for the purposes of the 1968 Convention and this Act as having its seat in, and in every place in, a specified part of the United Kingdom and not in any other part of the United Kingdom.

(5) An Order in Council under subsection (4) may frame a description of proceedings in any way, and in particular may do so by reference to the government department or officer of the Crown against which or against whom they fall to be instituted.

(6) Any Order in Council made under this section shall be subject to annulment in pursuance of a resolution of either House of Parliament.

(7) Nothing in this section applies to the Crown otherwise than in right of Her Majesty's government in the United Kingdom or Her Majesty's government in Northern Ireland.

Other supplementary provisions

Modifications occasioned by decisions of European Court as to meaning or effect of Conventions.

47.—(1) Her Majesty may by Order in Council—

(*a*) make such provision as Her Majesty considers appropriate for the purpose of bringing the law of any part of the United Kingdom into accord with the Conventions as affected by any principle laid down by the European Court in connection with the Conventions or by any decision of that court as to the meaning or effect of any provision of the Conventions ; or

(*b*) make such modifications of Schedule 4 or Schedule 8, or of any other statutory provision affected by any provision of either of those Schedules, as Her Majesty considers appropriate in view of any principle laid down by the European Court in connection with Title II of the 1968 Convention or of any decision of that court as to the meaning or effect of any provision of that Title.

(2) The provision which may be made by virtue of paragraph (*a*) of subsection (1) includes such modifications of this Act or any other statutory provision, whenever passed or made, as Her Majesty considers appropriate for the purpose mentioned in that paragraph.

(3) The modifications which may be made by virtue of paragraph (*b*) of subsection (1) include modifications designed to produce divergence between any provision of Schedule 4 or Schedule 8 and a corresponding provision of Title II of the 1968 Convention as affected by any such principle or decision as is mentioned in that paragraph.

(4) An Order in Council under this section shall not be made unless a draft of the Order has been laid before Parliament and approved by a resolution of each House of Parliament.

Matters for which rules of court may provide.

48.—(1) Rules of court may make provision for regulating the procedure to be followed in any court in connection with any provision of this Act or the Conventions.

(2) Rules of court may make provision as to the manner in which and the conditions subject to which a certificate or judgment registered in any court under any provision of this Act

PART V may be enforced, including provision for enabling the court or, in Northern Ireland the Enforcement of Judgments Office, subject to any conditions specified in the rules, to give directions about such matters.

(3) Without prejudice to the generality of subsections (1) and (2), the power to make rules of court for magistrates' courts, and in Northern Ireland the power to make Judgment Enforcement Rules, shall include power to make such provision as the rule-making authority considers necessary or expedient for the purposes of the provisions of the Conventions and this Act relating to maintenance proceedings and the recognition and enforcement of maintenance orders, and shall in particular include power to make provision as to any of the following matters—

(*a*) authorising the service in another Contracting State of process issued by or for the purposes of a magistrates' court and the service and execution in England and Wales or Northern Ireland of process issued in another Contracting State;

(*b*) requesting courts in other parts of the United Kingdom or in other Contracting States to take evidence there for the purposes of proceedings in England and Wales or Northern Ireland;

(*c*) the taking of evidence in England and Wales or Northern Ireland in response to similar requests received from such courts;

(*d*) the circumstances in which and the conditions subject to which any powers conferred under paragraphs (*a*) to (*c*) are to be exercised;

(*e*) the admission in evidence, subject to such conditions as may be prescribed in the rules, of statements contained in documents purporting to be made or authenticated by a court in another part of the United Kingdom or in another Contracting State, or by a judge or official of such a court, which purport—

(i) to set out or summarise evidence given in proceedings in that court or to be documents received in evidence in such proceedings or copies of such documents; or

(ii) to set out or summarise evidence taken for the purposes of proceedings in England and Wales or Northern Ireland, whether or not in response to any such request as is mentioned in paragraph (*b*); or

(iii) to record information relating to the payments made under an order of that court;

(*f*) the circumstances and manner in which a magistrates' court may or must vary or revoke a maintenance order registered in that court, cancel the registration of, or refrain from enforcing, such an order or transmit such an order for enforcement in another part of the United Kingdom;

(*g*) the cases and manner in which courts in other parts of the United Kingdom or in other Contracting States are to be informed of orders made, or other things done, by or for the purposes of a magistrates' court;

(*h*) the circumstances and manner in which a magistrates' court may communicate for other purposes with such courts;

(*i*) the giving of notice of such matters as may be prescribed in the rules to such persons as may be so prescribed and the manner in which such notice is to be given.

(4) Nothing in this section shall be taken as derogating from the generality of any power to make rules of court conferred by any other enactment.

Saving for powers to stay, sist, strike out or dismiss proceedings.

49. Nothing in this Act shall prevent any court in the United Kingdom from staying, sisting, striking out or dismissing any proceedings before it, on the ground of *forum non conveniens* or otherwise, where to do so is not inconsistent with the 1968 Convention.

General

Interpretation: general.

50. In this Act, unless the context otherwise requires—

"the Accession Convention" has the meaning given by section 1(1);

"Article" and references to sub-divisions of numbered Articles are to be construed in accordance with section 1(2)(*b*);

"association" means an unincorporated body of persons;

"Contracting State" has the meaning given by section 1(3);

"the 1968 Convention" has the meaning given by section 1(1), and references to that Convention and to provisions of it are to be construed in accordance with section 1(2)(*a*);

"the Conventions" has the meaning given by section 1(1);

"corporation" means a body corporate, and includes a partnership subsisting under the law of Scotland;

"court", without more, includes a tribunal;

PART V

" court of law ", in relation to the United Kingdom, means any of the following courts, namely—

(*a*) the House of Lords,

(*b*) in England and Wales or Northern Ireland, the Court of Appeal, the High Court, the Crown Court, a county court and a magistrates' court,

(*c*) in Scotland, the Court of Session and a sheriff court ;

" the Crown " is to be construed in accordance with section 51(2) ;

" enactment " includes an enactment comprised in Northern Ireland legislation ;

" judgment ", subject to sections 15(1) and 18(2) and to paragraph 1 of Schedules 6 and 7, means any judgment or order (by whatever name called) given or made by a court in any civil proceedings ;

" magistrates' court ", in relation to Northern Ireland, means a court of summary jurisdiction ;

" modifications " includes additions, omissions and alterations ;

" overseas country " means any country or territory outside the United Kingdom ;

" part of the United Kingdom " means England and Wales, Scotland or Northern Ireland ;

" the 1971 Protocol " has the meaning given by section 1(1), and references to that Protocol and to provisions of it are to be construed in accordance with section 1(2)(*a*) ;

" rules of court ", in relation to any court, means rules, orders or regulations made by the authority having power to make rules, orders or regulations regulating the procedure of that court, and includes—

(*a*) in Scotland, Acts of Sederunt ;

(*b*) in Northern Ireland, Judgment Enforcement Rules ;

" statutory provision " means any provision contained in an Act, or in any Northern Ireland legislation, or in—

(*a*) subordinate legislation (as defined in section 21(1) of the Interpretation Act 1978) ; or

1978 c. 30.

(*b*) any instrument of a legislative character made under any Northern Ireland legislation ;

" tribunal "—

(*a*) means a tribunal of any description other than a court of law ;

(b) in relation to an overseas country, includes, as regards matters relating to maintenance within the meaning of the 1968 Convention, any authority having power to give, enforce, vary or revoke a maintenance order.

Application to Crown.

51.—(1) This Act binds the Crown.

(2) In this section and elsewhere in this Act references to the Crown do not include references to Her Majesty in Her private capacity or to Her Majesty in right of Her Duchy of Lancaster or to the Duke of Cornwall.

Extent.

52.—(1) This Act extends to Northern Ireland.

(2) Without prejudice to the power conferred by section 39, Her Majesty may by Order in Council direct that all or any of the provisions of this Act apart from that section shall extend, subject to such modifications as may be specified in the Order, to any of the following territories, that is to say—

(a) the Isle of Man;

(b) any of the Channel Islands;

(c) Gibraltar;

(d) the Sovereign Base Areas of Akrotiri and Dhekelia (that is to say the areas mentioned in section 2(1) of the Cyprus Act 1960). 1960 c. 52.

Commencement, transitional provisions and savings.

53.—(1) This Act shall come into force in accordance with the provisions of Part I of Schedule 13.

(2) The transitional provisions and savings contained in Part II of that Schedule shall have effect in relation to the commencement of the provisions of this Act mentioned in that Part.

Repeals.

54. The enactments mentioned in Schedule 14 are hereby repealed to the extent specified in the third column of that Schedule.

Short title.

55. This Act may be cited as the Civil Jurisdiction and Judgments Act 1982.

SCHEDULE 4

Section 16

TITLE II OF 1968 CONVENTION AS MODIFIED FOR ALLOCATION OF JURISDICTION WITHIN U.K.

TITLE II

JURISDICTION

Section 1

General Provisions

ARTICLE 2

Subject to the provisions of this **Title,** persons domiciled in **a part of the United Kingdom** shall . . . be sued in the courts of **that part.**

. . . .

ARTICLE 3

Persons domiciled in a **part of the United Kingdom** may be sued in the courts of another **part of the United Kingdom** only by virtue of the rules set out in Sections 2, **4, 5 and** 6 of this Title.

. . . .

Section 2

Special jurisdiction

ARTICLE 5

A person domiciled in a **part of the United Kingdom** may, in another **part of the United Kingdom,** be sued:

(1) in matters relating to a contract, in the courts for the place of performance of the obligation in question;

(2) in matters relating to maintenance, in the courts for the place where the maintenance creditor is domiciled or habitually resident or, if the matter is ancillary to proceedings concerning the status of a person, in the court which, according to its own law, has jurisdiction to entertain those proceedings, unless that jurisdiction is based solely on the nationality of one of the parties;

(3) in matters relating to tort, delict or quasi-delict, **in the courts** for the place where the harmful event occurred **or in the case of a threatened wrong is likely to occur**;

SCH. 4

(4) as regards a civil claim for damages or restitution which is based on an act giving rise to criminal proceedings, in the court seised of those proceedings, to the extent that that court has jurisdiction under its own law to entertain civil proceedings ;

(5) as regards a dispute arising out of the operations of a branch, agency or other establishment, in the courts for the place in which the branch, agency or other establishment is situated ;

(6) in his capacity as a settlor, trustee or beneficiary of a trust created by the operation of a statute, or by a written instrument, or created orally and evidenced in writing, in the courts of the **part of the United Kingdom** in which the trust is domiciled ;

(7) as regards a dispute concerning the payment of remuneration claimed in respect of the salvage of a cargo or freight, in the court under the authority of which the cargo or freight in question

(*a*) has been arrested to secure such payment, or

(*b*) could have been so arrested, but bail or other security has been given ;

provided that this provision shall apply only if it is claimed that the defendant has an interest in the cargo or freight or had such an interest at the time of salvage ;

(8) in proceedings—

(a) concerning a debt secured on immovable property ; or

(b) which are brought to assert, declare or determine proprietary or possessory rights, or rights of security, in or over movable property, or to obtain authority to dispose of movable property,

in the courts of the part of the United Kingdom in which the property is situated.

ARTICLE 5A

Proceedings which have as their object a decision of an organ of a company or other legal person or of an association of natural or legal persons may, without prejudice to the other provisions of this Title, be brought in the courts of the part of the United Kingdom in which that company, legal person or association has its seat.

ARTICLE 6

A person domiciled in a **part of the United Kingdom** may, **in another part of the United Kingdom,** also be sued :

(1) where he is one of a number of defendants, in the courts for the place where any one of them is domiciled;

(2) as a third party in an action on a warranty or guarantee or in any other third party proceedings, in the court seised of the original proceedings, unless these were instituted solely with the object of removing him from the jurisdiction of the court which would be competent in his case ;

(3) on a counterclaim arising from the same contract or facts on which the original claim was based, in the court in which the original claim is pending.

ARTICLE 6A

Where by virtue of this **Title** a court of a **part of the United Kingdom** has jurisdiction in actions relating to liability arising from the use or operation of a ship, that court, or any other court substituted for this purpose by the internal law of that **part,** shall also have jurisdiction over claims for limitation of such liability.

. . . .

Section 4

Jurisdiction over consumer contracts

ARTICLE 13

In proceedings concerning a contract concluded by a person for a purpose which can be regarded as being outside his trade or profession, hereinafter called "the consumer", jurisdiction shall be determined by this Section, without prejudice to the provisions of Articles . . . 5(5) **and (8)(b)**, if it is:

(1) a contract for the sale of goods on instalment credit terms, or

(2) a contract for a loan repayable by instalments, or for any other form of credit, made to finance the sale of goods, or

(3) any other contract for the supply of goods or a contract for the supply of services and . . . the consumer took in **the part of the United Kingdom in which he is domiciled** the steps necessary for the conclusion of the contract.

. . . .

This Section shall not apply to contracts of transport **or insurance.**

ARTICLE 14

A consumer may bring proceedings against the other party to a contract either in the courts of the **part of the United Kingdom** in

SCH. 4 which that party is domiciled or in the courts of the **part of the United Kingdom** in which he is himself domiciled.

Proceedings may be brought against a consumer by the other party to the contract only in the courts of the **part of the United Kingdom** in which the consumer is domiciled.

These provisions shall not affect the right to bring a counterclaim in the court in which, in accordance with this Section, the original claim is pending.

ARTICLE 15

The provisions of this Section may be departed from only by an agreement:

(1) which is entered into after the dispute has arisen,
or

(2) which allows the consumer to bring proceedings in courts other than those indicated in this Section,
or

(3) which is entered into by the consumer and the other party to the contract, both of whom are at the time of conclusion of the contract domiciled or habitually resident in the same **part of the United Kingdom,** and which confers jurisdiction on the courts of that **part,** provided that such an agreement is not contrary to the law of that **part.**

Section 5

Exclusive jurisdiction

ARTICLE 16

The following courts shall have exclusive jurisdiction, regardless of domicile:

(1) in proceedings which have as their object rights *in rem* in, or tenancies of, immovable property, the courts of the **part of the United Kingdom** in which the property is situated;

(2) in proceedings which have as their object the validity of the constitution, the nullity or the dissolution of companies or other legal persons or associations of natural or legal persons . . . the courts of the **part of the United Kingdom** in which the company, legal person or association has its seat;

(3) in proceedings which have as their object the validity of entries in public registers, the courts of the **part of the United Kingdom** in which the register is kept;

. . . .

(5) in proceedings concerned with the enforcement of judgments, the courts of the **part of the United Kingdom** in which the judgment has been or is to be enforced.

Section 6

Prorogation of jurisdiction

ARTICLE 17

If the parties . . . have agreed that a court or the courts of a **part of the United Kingdom** are to have jurisdiction to settle any disputes which have arisen or which may arise in connection with a particular legal relationship, **and, apart from this Schedule, the agreement would be effective to confer jurisdiction under the law of that part,** that court or those courts shall have . . . jurisdiction . . .

The court or courts of a **part of the United Kingdom** on which a trust instrument has conferred jurisdiction shall have . . . jurisdiction in any proceedings brought against a settlor, trustee or beneficiary, if relations between these persons or their rights or obligations under the trust are involved.

Agreements or provisions of a trust instrument conferring jurisdiction shall have no legal force if they are contrary to the provisions of Article . . . 15, or if the courts whose jurisdiction they purport to exclude have exclusive jurisdiction by virtue of Article 16.

. . . .

ARTICLE 18

Apart from jurisdiction derived from other provisions of this **Title,** a court of a **part of the United Kingdom** before whom a defendant enters an appearance shall have jurisdiction. This rule shall not apply where appearance was entered solely to contest the jurisdiction, or where another court has exclusive jurisdiction by virtue of Article 16.

Section 7

Examination as to jurisdiction and admissibility

ARTICLE 19

Where a court of a **part of the United Kingdom** is seised of a claim which is principally concerned with a matter over which the courts of another **part of the United Kingdom** have exclusive jurisdiction by virtue of Article 16, it shall declare of its own motion that it has no jurisdiction.

ARTICLE 20

Where a defendant domiciled in one **part of the United Kingdom** is sued in a court of another **part of the United Kingdom** and does not enter an appearance, the court shall declare of its own motion that it has no jurisdiction unless its jurisdiction is derived from the provisions of this **Title.**

The court shall stay the proceedings so long as it is not shown that the defendant has been able to receive the document instituting the proceedings or an equivalent document in sufficient time to enable him to arrange for his defence, or that all necessary steps have been taken to this end.

. . . .

SCH. 4

Section 9

Provisional, including protective, measures

ARTICLE 24

Application may be made to the courts of a **part of the United Kingdom** for such provisional, including protective, measures as may be available under the law of that **part,** even if, under this **Title,** the courts of another **part of the United Kingdom have** jurisdiction as to the substance of the matter.

Section 17.

SCHEDULE 5

PROCEEDINGS EXCLUDED FROM SCHEDULE 4

Proceedings under the Companies Acts

1948 c. 38. 1960 c. 22 (N.I.).

1. Proceedings for the winding up of a company under the Companies Act 1948 or the Companies Act (Northern Ireland) 1960, or proceedings relating to a company as respects which jurisdiction is conferred on the court having winding up jurisdiction under either of those Acts.

Patents, trade marks, designs and similar rights

2. Proceedings concerned with the registration or validity of patents, trade marks, designs or other similar rights required to be deposited or registered.

Protection of Trading Interests Act 1980

1980 c. 11.

3. Proceedings under section 6 of the Protection of Trading Interests Act 1980 (recovery of sums paid or obtained pursuant to a judgment for multiple damages).

Appeals etc. from tribunals

4. Proceedings on appeal from, or for review of, decisions of tribunals.

Maintenance and similar payments to local and other public authorities

5. Proceedings for, or otherwise relating to, an order under any of the following provisions—

1980 c. 5. 1968 c. 49. 1968 c. 34 (N.I.).

(*a*) section 47 or 51 of the Child Care Act 1980, section 80 of the Social Work (Scotland) Act 1968 or section 156 of the Children and Young Persons Act (Northern Ireland) 1968 (contributions in respect of children in care, etc.);

(*b*) section 49 or 50 of the Child Care Act 1980, section 81 of the Social Work (Scotland) Act 1968 or section 159 of the Children and Young Persons Act (Northern Ireland) 1968 (applications for, or for variation of, affiliation orders in respect of children in care, etc.);

(*c*) section 43 of the National Assistance Act 1948, section 18 of the Supplementary Benefits Act 1976, Article 101 of the Health and Personal Social Services (Northern Ireland) Order 1972 or Article 23 of the Supplementary Benefits (Northern Ireland) Order 1977 (recovery of cost of assistance or benefit from person liable to maintain the assisted person);

1948 c. 29.
1976 c. 21.
S.I. 1972/1265 (N.I. 14).
S.I. 1977/2156 (N.I. 27).

(*d*) section 44 of the National Assistance Act 1948, section 19 of the Supplementary Benefits Act 1976, Article 102 of the Health and Personal Social Services (Northern Ireland) Order 1972 or Article 24 of the Supplementary Benefits (Northern Ireland) Order 1977 (applications for, or for variation of, affiliation orders in respect of children for whom assistance or benefit provided).

Proceedings under certain conventions, etc.

6. Proceedings brought in any court in pursuance of—

(*a*) any statutory provision which, in the case of any convention to which Article 57 applies (conventions relating to specific matters which override the general rules in the 1968 Convention), implements the convention or makes provision with respect to jurisdiction in any field to which the convention relates; and

(*b*) any rule of law so far as it has the effect of implementing any such convention.

Certain Admiralty proceedings in Scotland

7. Proceedings in Scotland in an Admiralty cause where the jurisdiction of the Court of Session or, as the case may be, of the sheriff is based on arrestment *in rem* or *ad fundandam jurisdictionem* of a ship, cargo or freight.

Register of aircraft mortgages

8. Proceedings for the rectification of the register of aircraft mortgages kept by the Civil Aviation Authority.

Continental Shelf Act 1964

9. Proceedings brought in any court in pursuance of an order under section 3 of the Continental Shelf Act 1964. 1964 c. 29.

SCHEDULE 6

Section 18.

ENFORCEMENT OF U.K. JUDGMENTS (MONEY PROVISIONS)

Preliminary

1. In this Schedule—

" judgment " means any judgment to which section 18 applies and references to the giving of a judgment shall be construed accordingly;

"money provision" means a provision for the payment of one or more sums of money;

"prescribed" means prescribed by rules of court.

Certificates in respect of judgments

2.—(1) Any interested party who wishes to secure the enforcement in another part of the United Kingdom of any money provisions contained in a judgment may apply for a certificate under this Schedule.

(2) The application shall be made in the prescribed manner to the proper officer of the original court, that is to say—

(*a*) in relation to a judgment within paragraph (*a*) of the definition of "judgment" in section 18(2), the court by which the judgment or order was given or made;

(*b*) in relation to a judgment within paragraph (*b*) of that definition, the court in which the judgment or order is entered;

(*c*) in relation to a judgment within paragraph (*c*) of that definition, the court in whose books the document is registered;

(*d*) in relation to a judgment within paragraph (*d*) of that definition, the tribunal by which the award or order was made;

(*e*) in relation to a judgment within paragraph (*e*) of that definition, the court which gave the judgment or made the order by virtue of which the award has become enforceable as mentioned in that paragraph.

3. A certificate shall not be issued under this Schedule in respect of a judgment unless under the law of the part of the United Kingdom in which the judgment was given—

(*a*) either—

(i) the time for bringing an appeal against the judgment has expired, no such appeal having been brought within that time; or

(ii) such an appeal having been brought within that time, that appeal has been finally disposed of; and

(*b*) enforcement of the judgment is not for the time being stayed or suspended, and the time available for its enforcement has not expired.

4.—(1) Subject to paragraph 3, on an application under paragraph 2 the proper officer shall issue to the applicant a certificate in the prescribed form—

(*a*) stating the sum or aggregate of the sums (including any costs or expenses) payable under the money provisions contained in the judgment, the rate of interest, if any, payable thereon and the date or time from which any such interest began to accrue;

(*b*) stating that the conditions specified in paragraph 3(*a*) and (*b*) are satisfied in relation to the judgment; and

(*c*) containing such other particulars as may be prescribed.

(2) More than one certificate may be issued under this Schedule (simultaneously or at different times) in respect of the same judgment. SCH. 6

Registration of certificates

5.—(1) Where a certificate has been issued under this Schedule in any part of the United Kingdom, any interested party may, within six months from the date of its issue, apply in the prescribed manner to the proper officer of the superior court in any other part of the United Kingdom for the certificate to be registered in that court.

(2) In this paragraph "superior court" means, in relation to England and Wales or Northern Ireland, the High Court and, in relation to Scotland, the Court of Session.

(3) Where an application is duly made under this paragraph to the proper officer of a superior court, he shall register the certificate in that court in the prescribed manner.

General effect of registration

6.—(1) A certificate registered under this Schedule shall, for the purposes of its enforcement, be of the same force and effect, the registering court shall have in relation to its enforcement the same powers, and proceedings for or with respect to its enforcement may be taken, as if the certificate had been a judgment originally given in the registering court and had (where relevant) been entered.

(2) Sub-paragraph (1) is subject to the following provisions of this Schedule and to any provision made by rules of court as to the manner in which and the conditions subject to which a certificate registered under this Schedule may be enforced.

Costs or expenses

7. Where a certificate is registered under this Schedule, the reasonable costs or expenses of and incidental to the obtaining of the certificate and its registration shall be recoverable as if they were costs or expenses stated in the certificate to be payable under a money provision contained in the original judgment.

Interest

8.—(1) Subject to any provision made under sub-paragraph (2), the debt resulting, apart from paragraph 7, from the registration of the certificate shall carry interest at the rate, if any, stated in the certificate from the date or time so stated.

(2) Provision may be made by rules of court as to the manner in which and the periods by reference to which any interest payable by virtue of sub-paragraph (1) is to be calculated and paid, including provision for such interest to cease to accrue as from a prescribed date.

(3) All such sums as are recoverable by virtue of paragraph 7 carry interest as if they were the subject of an order for costs or expenses made by the registering court on the date of registration of the certificate.

SCH. 6

(4) Except as provided by this paragraph sums payable by virtue of the registration of a certificate under this Schedule shall not carry interest.

Stay or sisting of enforcement in certain cases

9. Where a certificate in respect of a judgment has been registered under this Schedule, the registering court may, if it is satisfied that any person against whom it is sought to enforce the certificate is entitled and intends to apply under the law of the part of the United Kingdom in which the judgment was given for any remedy which would result in the setting aside or quashing of the judgment, stay (or, in Scotland, sist) proceedings for the enforcement of the certificate, on such terms as it thinks fit, for such period as appears to the court to be reasonably sufficient to enable the application to be disposed of.

Cases in which registration of a certificate must or may be set aside

10. Where a certificate has been registered under this Schedule, the registering court—

(*a*) shall set aside the registration if, on an application made by any interested party, it is satisfied that the registration was contrary to the provisions of this Schedule ;

(*b*) may set aside the registration if, on an application so made, it is satisfied that the matter in dispute in the proceedings in which the judgment in question was given had previously been the subject of a judgment by another court or tribunal having jurisdiction in the matter.

Section 18.

SCHEDULE 7

ENFORCEMENT OF U.K. JUDGMENTS (NON-MONEY PROVISIONS)

Preliminary

1. In this Schedule—

" judgment " means any judgment to which section 18 applies and references to the giving of a judgment shall be construed accordingly ;

" non-money provision " means a provision for any relief or remedy not requiring payment of a sum of money ;

" prescribed " means prescribed by rules of court.

Certified copies of judgments

2.—(1) Any interested party who wishes to secure the enforcement in another part of the United Kingdom of any non-money provisions contained in a judgment may apply for a certified copy of the judgment.

(2) The application shall be made in the prescribed manner to the proper officer of the original court, that is to say—

(*a*) in relation to a judgment within paragraph (*a*) of the definition of " judgment " in section 18(2), the court by which the judgment or order was given or made ;

(*b*) in relation to a judgment within paragraph (*b*) of that definition, the court in which the judgment or order is entered ; SCH. 7

(*c*) in relation to a judgment within paragraph (*c*) of that definition, the court in whose books the document is registered ;

(*d*) in relation to a judgment within paragraph (*d*) of that definition, the tribunal by which the award or order was made ;

(*e*) in relation to a judgment within paragraph (*e*) of that definition, the court which gave the judgment or made the order by virtue of which the award has become enforceable as mentioned in that paragraph.

3. A certified copy of a judgment shall not be issued under this Schedule unless under the law of the part of the United Kingdom in which the judgment was given—

(*a*) either—

(i) the time for bringing an appeal against the judgment has expired, no such appeal having been brought within that time ; or

(ii) such an appeal having been brought within that time, that appeal has been finally disposed of ; and

(*b*) enforcement of the judgment is not for the time being stayed or suspended, and the time available for its enforcement has not expired.

4.—(1) Subject to paragraph 3, on an application under paragraph 2 the proper officer shall issue to the applicant—

(*a*) a certified copy of the judgment (including any money provisions or excepted provisions which it may contain) ; and

(*b*) a certificate stating that the conditions specified in paragraph 3(*a*) and (*b*) are satisfied in relation to the judgment.

(2) In sub-paragraph (1)(*a*) " excepted provision " means any provision of a judgment which is excepted from the application of section 18 by subsection (5) of that section.

(3) There may be issued under this Schedule (simultaneously or at different times)—

(*a*) more than one certified copy of the same judgment ; and

(*b*) more than one certificate in respect of the same judgment.

Registration of judgments

5.—(1) Where a certified copy of a judgment has been issued under this Schedule in any part of the United Kingdom, any interested party may apply in the prescribed manner to the superior court in any other part of the United Kingdom for the judgment to be registered in that court.

(2) In this paragraph " superior court " means, in relation to England and Wales or Northern Ireland, the High Court and, in relation to Scotland, the Court of Session.

SCH. 7

(3) An application under this paragraph for the registration of a judgment must be accompanied by—

(*a*) a certified copy of the judgment issued under this Schedule ; and

(*b*) a certificate issued under paragraph 4(1)(*b*) in respect of the judgment not more than six months before the date of the application.

(4) Subject to sub-paragraph (5), where an application under this paragraph is duly made to a superior court, the court shall order the whole of the judgment as set out in the certified copy to be registered in that court in the prescribed manner.

(5) A judgment shall not be registered under this Schedule by the superior court in any part of the United Kingdom if compliance with the non-money provisions contained in the judgment would involve a breach of the law of that part of the United Kingdom.

General effect of registration

6.—(1) The non-money provisions contained in a judgment registered under this Schedule shall, for the purposes of their enforcement, be of the same force and effect, the registering court shall have in relation to their enforcement the same powers, and proceedings for or with respect to their enforcement may be taken, as if the judgment containing them had been originally given in the registering court and had (where relevant) been entered.

(2) Sub-paragraph (1) is subject to the following provisions of this Schedule and to any provision made by rules of court as to the manner in which and conditions subject to which the non-money provisions contained in a judgment registered under this Schedule may be enforced.

Costs or expenses

7.—(1) Where a judgment is registered under this Schedule, the reasonable costs or expenses of and incidental to—

(*a*) the obtaining of the certified copy of the judgment and of the necessary certificate under paragraph 4(1)(*b*) in respect of it ; and

(*b*) the registration of the judgment,

shall be recoverable as if on the date of registration there had also been registered in the registering court a certificate under Schedule 6 in respect of the judgment and as if those costs or expenses were costs or expenses stated in that certificate to be payable under a money provision contained in the judgment.

(2) All such sums as are recoverable by virtue of sub-paragraph (1) shall carry interest as if they were the subject of an order for costs or expenses made by the registering court on the date of registration of the judgment.

Stay or sisting of enforcement in certain cases SCH. 7

8. Where a judgment has been registered under this Schedule, the registering court may, if it is satisfied that any person against whom it is sought to enforce the judgment is entitled and intends to apply under the law of the part of the United Kingdom in which the judgment was given for any remedy which would result in the setting aside or quashing of the judgment, stay (or, in Scotland, sist) proceedings for the enforcement of the judgment, on such terms as it thinks fit, for such period as appears to the court to be reasonably sufficient to enable the application to be disposed of.

Cases in which registered judgment must or may be set aside

9. Where a judgment has been registered under this Schedule, the registering court—

(*a*) shall set aside the registration if, on an application made by any interested party, it is satisfied that the registration was contrary to the provisions of this Schedule ;

(*b*) may set aside the registration if, on an application so made, it is satisfied that the matter in dispute in the proceedings in which the judgment was given had previously been the subject of a judgment by another court or tribunal having jurisdiction in the matter.

SCHEDULE 8

Section 20.

RULES AS TO JURISDICTION IN SCOTLAND

General

1. Subject to the **following Rules,** persons shall be sued in the courts **for the place where they are domiciled.** [Article 2]

Special jurisdiction

2. **Subject to Rules 3 (jurisdiction over consumer contracts), 4 (exclusive jurisdiction) and 5 (prorogation)** a person may **also** be sued— [Article 5]

(1) **where he has no fixed residence, in a court within whose jurisdiction he is personally cited ;**

(2) in matters relating to a contract, in the courts for the place of performance of the obligation in question ; [Article 5(1)]

(3) in matters relating to delict or quasi-delict, in the courts for the place where the harmful event occurred ; [Article 5(3)]

(4) as regards a civil claim for damages or restitution which is based on an act giving rise to criminal proceedings, in the court seised of those proceedings to the extent that that court has jurisdiction to entertain civil proceedings ; [Article 5(4)]

(5) in matters relating to maintenance, in the courts for the place where the maintenance creditor is domiciled or habitually resident or, if the matter is ancillary to proceedings concerning the status of a person, in the court which has [Article 5(2)]

SCH. 8 jurisdiction to entertain those proceedings, **provided that an action for adherence and aliment or of affiliation and aliment shall be treated as a matter relating to maintenance which is not ancillary to proceedings concerning the status of a person, and provided also that—**

1948 c. 29. 1968 c. 49. **(a) where a local authority exercises its power to raise an action under section 44(7)(a) of the National Assistance Act 1948 or under section 81(1) of the Social Work (Scotland) Act 1968; and**

1976 c. 71. **(b) where the Secretary of State exercises his power to raise an action under section 19(8)(a) of the Supplementary Benefits Act 1976;**

this Rule shall apply as if the reference to the maintenance creditor were a reference to the mother of the child;

[Article 5(5)] (6) as regards a dispute arising out of the operations of a branch, agency or other establishment, in the courts for the place in which the branch, agency or other establishment is situated;

[Article 5(6)] (7) in his capacity as settlor, trustee or beneficiary of a trust **domiciled in Scotland** created by the operation of a statute, or by a written instrument, or created orally and evidenced in writing, in the **Court of Session, or the appropriate**
1921 c 58. **sheriff court within the meaning of section 24A of the Trusts (Scotland) Act 1921;**

(8) where he is not domiciled in the United Kingdom, in the courts for any place where—

(a) any moveable property belonging to him has been arrested; or

(b) any immoveable property in which he has any beneficial interest is situated;

(9) in proceedings which are brought to assert, declare or determine proprietary or possessory rights, or rights of security, in or over moveable property, or to obtain authority to dispose of moveable property, in the courts for the place where the property is situated;

(10) in proceedings for interdict, in the courts for the place where it is alleged that the wrong is likely to be committed;

(11) in proceedings concerning a debt secured over immoveable property, in the courts for the place where the property is situated;

(12) in proceedings which have as their object a decision of an organ of a company or other legal person or of an association of natural or legal persons, in the courts for the place where that company, legal person or association has its seat;

(13) in proceedings concerning an arbitration which is conducted in Scotland or in which the procedure is governed by Scots law, in the Court of Session;

(14) **in proceedings principally concerned with the registration in the United Kingdom or the validity in the United Kingdom of patents, trade marks, designs or other similar rights required to be deposited or registered, in the Court of Session ;**

(15) (*a*) where he is one of a number of **defenders,** in the courts for the place where any one of them is domiciled ; [Article 6]

(*b*) as a third party in an action on a warranty or guarantee or in any other third party proceedings, in the court seised of the original proceedings, unless these were instituted solely with the object of removing him from the jurisdiction of the court which would be competent in his case ;

(*c*) on a counterclaim arising from the same contract or facts on which the original claim was based, in the court in which the original claim is pending.

Jurisdiction over consumer contracts

3.—(1) In proceedings concerning a contract concluded by a person for a purpose which can be regarded as being outside his trade or profession, hereinafter called the " consumer ", **subject to Rule 4 (exclusive jurisdiction),** jurisdiction shall be determined by this **Rule** if it is— [Article 13]

(*a*) a contract for the sale of goods on instalment credit terms ; **or**

(*b*) a contract for a loan repayable by instalments, or for any other form of credit, made to finance the sale of goods ; **or**

(*c*) any other contract for the supply of goods or a contract for the supply of services, **if**—

(i) the consumer took in **Scotland** the steps necessary for the conclusion of the contract ; **or**

(ii) **proceedings are brought in Scotland by virtue of section 10(3).**

(2) This **Rule** shall not apply to contracts of transport **or contracts of insurance.**

(3) A consumer may bring proceedings against the other party to a contract **only** in— [Article 14]

(*a*) the courts **for the place** in which that party is domiciled ;

(*b*) the courts **for the place** in which he is himself domiciled ; **or**

(*c*) **any court having jurisdiction by virtue of Rule 2(6) or (9).**

(4) Proceedings may be brought against a consumer by the other party to the contract only in the courts **for the place where** the consumer is domiciled **or any court having jurisdiction under Rule 2(9).**

(5) **Nothing in this Rule** shall affect the right to bring a counterclaim in the court in which, **in accordance with this Rule,** the original claim is pending.

SCH. 8

[Article 15(1) and (2)]

(6) The provisions of this **Rule** may be departed from only by an agreement—

(*a*) which is entered into after the dispute has arisen ; or

(*b*) which allows the consumer to bring proceedings in **a court** other than **a court** indicated in this **Rule.**

Exclusive jurisdiction

[Article 16]

4.—(1) **Notwithstanding anything contained in any of Rules 1 to 3 above or 5 to 8 below,** the following courts shall have exclusive jurisdiction—

[Article 16(1)]

(*a*) in proceedings which have as their object rights *in rem* in, or tenancies of, immoveable property, the courts **for the place where** the property is situated ;

[Article 16(2)]

(*b*) in proceedings which have as their object the validity of the constitution, the nullity or the dissolution of companies or other legal persons or associations of natural or legal persons, the courts **for the place where** the company, legal person or association has its seat ;

[Article 16(3)]

(*c*) in proceedings which have as their object the validity of entries in public registers, the courts **for the place where** the register is kept ;

[Article 16(5)]

(*d*) in proceedings concerned with the enforcement of judgements, the courts **for the place where** the judgement has been or is to be enforced.

(2) **Nothing in paragraph (1)(c) above affects jurisdiction in any proceedings concerning the validity of entries in registers of patents, trade marks, designs, or other similar rights required to be deposited or registered.**

(3) **No court shall exercise jurisdiction in a case where immoveable property, the seat of a body mentioned in paragraph (1)(b) above, a public register or the place where a judgement has been or is to be enforced is situated outside Scotland and where paragraph (1) above would apply if the property, seat, register or, as the case may be, place of enforcement were situated in Scotland.**

Prorogation of jurisdiction

[Article 17(1)]

5.—(1) If the parties have agreed that a court is to have jurisdiction to settle any disputes which have arisen or which may arise in connection with a particular legal relationship, that court shall have exclusive jurisdiction.

[Article 17(1)]

(2) Such an agreement conferring jurisdiction shall be either in writing or evidenced in writing or, in trade or commerce, in a form which accords with practices in that trade or commerce of which the parties are or ought to have been aware.

[Article 17(2)]

(3) The court on which a trust instrument has conferred jurisdiction shall have exclusive jurisdiction in any proceedings brought against a settlor, trustee or beneficiary, if relations between these persons or their rights or obligations under the trust are involved.

(4) **Where an agreement or a trust instrument confers jurisdiction on the courts of the United Kingdom or of Scotland, proceedings to which paragraph (1) or, as the case may be, (3) above applies may be brought in any court in Scotland.** SCH. 8

(5) Agreements or provisions of a trust instrument conferring jurisdiction shall have no legal force if the courts whose jurisdiction they purport to exclude have exclusive jurisdiction by virtue of **Rule 4 or where Rule 4(3) applies.** [Article 17(3)]

6.—(1) Apart from jurisdiction derived from other provisions of this **Schedule,** a court before whom a defender enters an appearance shall have jurisdiction. [Article 18]

(2) This Rule shall not apply where appearance was entered solely to contest jurisdiction, or where another court has exclusive jurisdiction by virtue of **Rule 4 or where Rule 4(3) applies.**

Examination as to jurisdiction and admissibility

7. Where a court is seised of a claim which is principally concerned with a matter over which **another court has** exclusive jurisdiction by virtue of **Rule 4, or where it is precluded from exercising jurisdiction by Rule 4(3),** it shall declare of its own motion that it has no jurisdiction. [Article 19]

8. Where **in any case a court has no jurisdiction which is compatible with this Act, and the defender** does not enter an appearance, the court shall declare of its own motion that it has no jurisdiction. [Article 20]

SCHEDULE 9

Section 21.

PROCEEDINGS EXCLUDED FROM SCHEDULE 8

1. Proceedings concerning the status or legal capacity of natural persons (including proceedings for separation) other than proceedings which consist solely of proceedings for adherence and aliment or of affiliation and aliment.

2. Proceedings for regulating the custody of children.

3. Proceedings relating to tutory and curatory and all proceedings relating to the management of the affairs of persons who are incapable of managing their own affairs.

4. Proceedings in respect of sequestration in bankruptcy ; or the winding up of a company or other legal person ; or proceedings in respect of a judicial arrangement or judicial composition with creditors.

5. Proceedings relating to a company where, by any enactment, jurisdiction in respect of those proceedings is conferred on the court having jurisdiction to wind it up.

6. Admiralty causes in so far as the jurisdiction is based on arrestment *in rem* or *ad fundandam jurisdictionem* of a ship, cargo or freight.

SCH. 9 7. Commissary proceedings.

8. Proceedings for the rectification of the register of aircraft mortgages kept by the Civil Aviation Authority.

1962 c. 8. 9. Proceedings under section 7(3) of the Civil Aviation (Eurocontrol) Act 1962 (recovery of charges for air navigation services and proceedings for damages against Eurocontrol).

10. Proceedings brought in pursuance of an order under section
1964 c. 29. 3 of the Continental Shelf Act 1964.

1980 c. 11. 11. Proceedings under section 6 of the Protection of Trading Interests Act 1980 (recovery of sums paid or obtained pursuant to a judgment for multiple damages).

12. Appeals from or review of decisions of tribunals.

13. Proceedings which are not in substance proceedings in which a decree against any person is sought.

14. Proceedings brought in any court in pursuance of—

(*a*) any statutory provision which, in the case of any convention to which Article 57 applies (conventions relating to specific matters which override the general rules in the 1968 Convention), implements the convention ; and

(*b*) any rule of law so far as it has the effect of implementing any such convention.

Section 35(1)

SCHEDULE 10

1933 c. 13.

AMENDMENTS OF FOREIGN JUDGMENTS (RECIPROCAL ENFORCEMENT) ACT 1933

1.—(1) Section 1 (power to extend Part I to foreign countries giving reciprocal treatment) is amended as follows.

(2) For subsections (1) and (2) substitute—

" (1) If, in the case of any foreign country, Her Majesty is satisfied that, in the event of the benefits conferred by this Part of this Act being extended to, or to any particular class of, judgments given in the courts of that country or in any particular class of those courts, substantial reciprocity of treatment will be assured as regards the enforcement in that country of similar judgments given in similar courts of the United Kingdom, She may by Order in Council direct—

(*a*) that this Part of this Act shall extend to that country ;

(*b*) that such courts of that country as are specified in the Order shall be recognised courts of that country for the purposes of this Part of this Act ; and

(*c*) that judgments of any such recognised court, or such judgments of any class so specified, shall, if within subsection (2) of this section, be judgments to which this Part of this Act applies.

(2) Subject to subsection (2A) of this section, a judgment of a recognised court is within this subsection if it satisfies the following conditions, namely—

(*a*) it is either final and conclusive as between the judgment debtor and the judgment creditor or requires the former to make an interim payment to the latter; and

(*b*) there is payable under it a sum of money, not being a sum payable in respect of taxes or other charges of a like nature or in respect of a fine or other penalty; and

(*c*) it is given after the coming into force of the Order in Council which made that court a recognised court.

(2A) The following judgments of a recognised court are not within subsection (2) of this section—

(*a*) a judgment given by that court on appeal from a court which is not a recognised court;

(*b*) a judgment or other instrument which is regarded for the purposes of its enforcement as a judgment of that court but which was given or made in another country;

(*c*) a judgment given by that court in proceedings founded on a judgment of a court in another country and having as their object the enforcement of that judgment.".

(3) After subsection (4) add—

"(5) Any Order in Council made under this section before its amendment by the Civil Jurisdiction and Judgments Act 1982 which deems any court of a foreign country to be a superior court of that country for the purposes of this Part of this Act shall (without prejudice to subsection (4) of this section) have effect from the time of that amendment as if it provided for that court to be a recognised court of that country for those purposes, and for any final and conclusive judgment of that court, if within subsection (2) of this section, to be a judgment to which this Part of this Act applies.".

2. In section 9 (power to make foreign judgments unenforceable in United Kingdom if no reciprocity), in subsection (1) omit "superior" in both places where it occurs.

3. For section 10 (issue of certificates of judgments obtained in the United Kingdom) substitute—

"Provision for issue of copies of, and certificates in connection with, U.K. judgments.

10.—(1) Rules may make provision for enabling any judgment creditor wishing to secure the enforcement in a foreign country to which Part I of this Act extends of a judgment to which this subsection applies, to obtain, subject to any conditions specified in the rules—

(*a*) a copy of the judgment; and

(*b*) a certificate giving particulars relating to the judgment and the proceedings in which it was given.

(2) Subsection (1) applies to any judgment given by a court or tribunal in the United Kingdom under which a

sum of money is payable, not being a sum payable in respect of taxes or other charges of a like nature or in respect of a fine or other penalty.

(3) In this section " rules "—

(*a*) in relation to judgments given by a court, means rules of court ;

(*b*) in relation to judgments given by any other tribunal, means rules or regulations made by the authority having power to make rules or regulations regulating the procedure of that tribunal.".

4. After section 10 insert—

"Arbitration awards.

10A. The provisions of this Act, except sections 1(5) and 6, shall apply, as they apply to a judgment, in relation to an award in proceedings on an arbitration which has, in pursuance of the law in force in the place where it was made, become enforceable in the same manner as a judgment given by a court in that place.".

5.—(1) Section 11(1) (interpretation) is amended as follows.

(2) After the definition of " Country of the original court " insert—

" " Court ", except in section 10 of this Act, includes a tribunal ; ".

(3) Omit the definition of " Judgments given in the superior courts of the United Kingdom ".

Section 37(1).

SCHEDULE 11

MINOR AMENDMENTS RELATING TO MAINTENANCE ORDERS

PART I

ENFORCEMENT OF LUMP SUM ORDERS

Maintenance Orders Act 1950 *(c.* 37*)*

1. In section 18(3A) of the Maintenance Orders Act 1950 (order not to be enforced by registering court under that Act if re-registered for enforcement in another court), for " whilst it is registered " substitute " to the extent that it is for the time being registered ".

Maintenance Orders Act 1958 (*c.* 39)

2.—(1) Section 2 of the Maintenance Orders Act 1958 (registration of orders) is amended as follows.

(2) In subsection (3) (registration of magistrates' court order for enforcement in the High Court), for the words from " shall " onwards (which require the court to be satisfied that not less than a certain number of periodical payments are in arrears) substitute " may, if it thinks fit, grant the application ".

(3) After subsection (3) insert— SCH. 11

" (3A) Without prejudice to subsection (3) of this section, where a magistrates' court order provides both for the payment of a lump sum and for the making of periodical payments, a person entitled to receive a lump sum under the order who considers that, so far as it relates to that sum, the order could be more effectively enforced if it were registered may apply to the original court for the registration of the order so far as it so relates, and the court may, if it thinks fit, grant the application.

(3B) Where an application under subsection (3A) of this section is granted in the case of a magistrates' court order, the provisions of this Part of this Act shall have effect in relation to that order as if so far as it relates to the payment of a lump sum it were a separate order.".

Maintenance and Affiliation Orders Act (Northern Ireland) 1966 (*c.* 35) (*N.I.*)

3.—(1) Section 11 of the Maintenance and Affiliation Orders Act (Northern Ireland) 1966 (registration of orders) is amended as follows.

(2) In subsection (3) (registration of order made by court of summary jurisdiction for enforcement in the High Court), for the words from " shall " onwards (which require the court to be satisfied that not less than a certain number of periodical payments are in arrears) substitute " may, if it thinks fit, grant the application ".

(3) After subsection (3) insert—

" (3A) Without prejudice to subsection (3), where an order made by a court of summary jurisdiction provides both for the payment of a lump sum and for the making of periodical payments, a person entitled to receive a lump sum under the order who considers that, so far as it relates to that sum the order could be more effectively enforced if it were registered may apply to the original court for the registration of the order so far as it so relates, and the court may, if it thinks fit, grant the application.

(3B) Where an application under subsection (3A) is granted in the case of an order made by a court of summary jurisdiction, the provisions of this Part shall have effect in relation to that order as if so far as it relates to the payment of a lump sum it were a separate order.".

Maintenance Orders (Reciprocal Enforcement) Act 1972 (*c.* 18)

4.—(1) In section 9 of the Maintenance Orders (Reciprocal Enforcement) Act 1972 (variation and revocation of orders), after subsection (1) insert—

" (1A) The powers conferred by subsection (1) above are not exercisable in relation to so much of a registered order as provides for the payment of a lump sum.".

SCH. 11

(2) In section 21 of that Act (interpretation of Part I)—

(*a*) in paragraph (*a*) of the definition of " maintenance order " in subsection (1) ; and

(*b*) in subsection (2),

for " periodical payment of sums of money " substitute " payment of a lump sum or the making of periodical payments ".

PART II

RECOVERY OF INTEREST ON ARREARS

Maintenance Orders Act 1950 *(c.* 37*)*

5. In section 18 of the Maintenance Orders Act 1950 (enforcement of registered orders), after subsection (1) (orders to be enforced in the same manner as orders made by the court of registration), insert—

" (1A) A maintenance order registered under this Part of this Act in a court of summary jurisdiction in England or Northern Ireland shall not carry interest ; but where a maintenance order so registered is registered in the High Court under Part I of the Maintenance Orders Act 1958 or section 36 of the Civil Jurisdiction and Judgments Act 1982, this subsection shall not prevent any sum for whose payment the order provides from carrying interest in accordance with section 2A of the said Act of 1958 or section 11A of the Maintenance and Affiliation Orders Act (Northern Ireland) 1966.

(1B) A maintenance order made in Scotland which is registered under this Part of this Act in the Supreme Court in England or Northern Ireland shall, if interest is by the law of Scotland recoverable under the order, carry the like interest in accordance with subsection (1) of this section.".

Maintenance Orders Act 1958 *(c.* 39*)*

6.—(1) The Maintenance Orders Act 1958 is amended as follows.

(2) After section 2 insert—

"Interest on sums recoverable under certain orders registered in the High Court.

2A.—(1) Where, in connection with an application under section 2(3) of this Act for the registration of a magistrates' court order, the applicant shows in accordance with rules of court—

(*a*) that the order, though deemed for the purposes of section 1 of this Act to have been made by a magistrates' court in England, was in fact made in another part of the United Kingdom or in a country or territory outside the United Kingdom ; and

(*b*) that, as regards any sum for whose payment the order provides, interest on that sum at a particular rate is, by the law of that part or of that country or territory, recoverable under the order from a particular date or time, then, if the original court grants the application and causes a certified copy of the order to be sent to the prescribed officer of the High Court under section 2(4)(*c*) of this Act, it shall also cause to be sent to him a certificate in the prescribed form showing, as regards that sum, the rate of interest so recoverable and the date or time from which it is so recoverable.

(2) The officer of the court who receives a certificate sent to him under the preceding subsection shall cause the certificate to be registered in that court together with the order to which it relates.

(3) Where an order is registered together with a certificate under this section, then, subject to any provision made under the next following subsection, sums payable under the order shall carry interest at the rate specified in the certificate from the date or time so specified.

(4) Provision may be made by rules of court as to the manner in which and the periods by reference to which any interest payable by virtue of subsection (3) is to be calculated and paid, including provision for such interest to cease to accrue as from a prescribed date.

(5) Except as provided by this section sums payable under registered orders shall not carry interest.".

(3) In section 3(1) of that Act (enforcement of registered orders), after " Subject to the provisions of " insert " section 2A of this Act and ".

Maintenance and Affiliation Orders Act (Northern Ireland) 1966 *(c.* 35*) (N.I.)*

7.—(1) The Maintenance and Affiliation Orders Act (Northern Ireland) 1966 is amended as follows.

(2) After section 11 insert—

"Interest on sums recoverable under certain orders registered in the High Court.

11A.—(1) Where, in connection with an application under section 11(3) for the registration of an order made by a court of summary jurisdiction, the applicant shows in accordance with rules of court—

(*a*) that the order, though deemed for the purposes of this Part to have been made by a court of summary jurisdiction in Northern Ireland, was in fact made in a country or territory outside the United Kingdom ; and

(*b*) that, as regards any sum for whose payment the order provides, interest on that sum at a particular rate is, by the law of that country or territory, recoverable under the order from a particular date or time,

then, if the original court grants the application and causes a certified copy of the order to be sent to the

SCH. 11

prescribed officer of the High Court under section 11(4)(*c*) it shall also cause to be sent to him a certificate in the prescribed form showing, as regards that sum, the rate of interest so recoverable and the date or time from which it is so recoverable.

(2) The officer of a court who receives a certificate sent to him under subsection (1) shall cause the certificate to be registered in that court together with the order to which it relates.

(3) Where an order is registered together with a certificate under this section, then, subject to any provision made under subsection (4), sums payable under the order shall carry interest at the rate specified in the certificate from the date or time so specified.

(4) Provision may be made by rules of court as to the manner in which and the periods by reference to which any interest payable by virtue of subsection (3) is to be calculated and paid, including provision for such interest to cease to accrue as from a prescribed date.

(5) Except as provided by this section sums payable under registered orders shall not carry interest.".

(3) In section 12(1) (enforcement of registered orders), after " Subject to the provisions of " insert " section 11A and ".

(4) In section 16(2) of that Act (construction of " rules of court ") at the end add " and in section 11A(4) shall be construed as including a reference to Judgment Enforcement Rules made under Article 141 of the Judgments Enforcement (Northern Ireland) Order 1981 ".

PART III

RECIPROCAL ENFORCEMENT FOUNDED ON PRESENCE OF ASSETS

Maintenance Orders (Reciprocal Enforcement) Act 1972 *(c.* 18*)*

8. The Maintenance Orders (Reciprocal Enforcement) Act 1972 is amended as follows.

9. In section 2 (transmission of United Kingdom order for enforcement in reciprocating country)—

(*a*) in subsections (1) and (4), after " residing " insert " or has assets " ; and

(*b*) in subsection (4), after " whereabouts of the payer ", in both places where it occurs, insert " and the nature and location of his assets in that country ".

10. In section 6 (registration in United Kingdom of order made in reciprocating country)—

(*a*) in subsection (2), after " residing " insert " or has assets " ; and (*b*) in subsection (4)— Sch. 11

(i) after " is residing " insert " or has assets " ;

(ii) for " so residing " substitute " residing and has no assets within the jurisdiction of the court " ; and

(iii) at the end insert " and the nature and location of his assets ".

11. In section 8(5) (duty of magistrates' court and its officers to take prescribed steps for enforcing registered orders), after " enforcing " insert " or facilitating the enforcement of ".

12. In section 9 (variation and revocation of orders), after the subsection (1A) inserted by paragraph 4(1) of this Schedule, insert—

"(1B) The registering court shall not vary or revoke a registered order if neither the payer nor the payee under the order is resident in the United Kingdom.".

13.—(1) Section 10 (cancellation of registration and transfer of orders) is amended as follows.

(2) In subsection (2), for " has ceased to reside within the jurisdiction of that court," substitute " is not residing within the jurisdiction of that court and has no assets within that jurisdiction against which the order can be effectively enforced,".

(3) In subsection (3), after " residing " insert " or has assets ".

(4) In subsection (5), for " still residing " substitute " residing or has assets ".

(5) In subsection (6)—

(*a*) after " is residing " insert " or has assets " ; and

(*b*) for " so residing " insert " residing and has no assets within the jurisdiction of the court ".

(6) In subsection (7)(*b*), after " payer " insert " and the nature and location of his assets ".

14. In section 11(1) (steps to be taken where payer is not residing in the United Kingdom)—

(*a*) before " it appears " insert " at any time " ;

(*b*) for the words from " in the United Kingdom " to " therein, " substitute " and has no assets in the United Kingdom," ; and

(*c*) after " payer " in paragraph (*c*) insert " and the nature and location of his assets ".

15. In section 21(1) (interpretation of Part I), in the definition of " the appropriate court "—

(i) after " residing ", in the first and second places where it occurs, insert " or having assets " ;

SCH. 11

(ii) for " the sheriff court " substitute " a sheriff court " ; and

(iii) after " residing ", where it last occurs, insert " or has assets ".

1920 c. 33.

16. In section 24 (application of Part I to certain orders and proceedings under Maintenance Orders (Facilities for Enforcement) Act 1920), in paragraph (*a*)(i) and (ii), after " residing " insert " or having assets ".

17. In section 40 (power to apply Act with modifications by Order in Council)—

(*a*) in paragraph (*a*), omit " against persons in that country or territory " ; and

(*b*) in paragraph (*b*), omit " against persons in the United Kingdom ".

18. In section 47 (interpretation), in subsection (3) (construction of references to a court's jurisdiction), after " the reference is " insert " to assets being located or " and omit the words " or having ceased to reside ".

Sections 15(4), 23(2) and 36(6).

SCHEDULE 12

CONSEQUENTIAL AMENDMENTS

PART I

AMENDMENTS CONSEQUENTIAL ON PART I OF THIS ACT

Army Act 1955 (*c.* 18) *and Air Force Act* 1955 (*c.* 19)

1. In section 150 of the Army Act 1955 and in section 150 of the Air Force Act 1955 (enforcement of maintenance and other orders by deduction from pay), in subsection (5), after " Part I of the Maintenance Orders (Reciprocal Enforcement) Act 1972 " insert " or Part I of the Civil Jurisdiction and Judgments Act 1982 ".

Naval Discipline Act 1957 (*c.* 53)

2. In section 101 of the Naval Discipline Act 1957 (service of process in maintenance and other proceedings), in subsection (5), after " Part I of the Maintenance Orders (Reciprocal Enforcement) Act 1972 " insert " or Part I of the Civil Jurisdiction and Judgments Act 1982 ".

Maintenance Orders Act 1958 (*c.* 39)

3. In section 1 of the Maintenance Orders Act 1958 (scope of application of Part I), in subsection (4), for the words from " within the meaning " to " the said Part I " substitute " which is registered in a magistrates' court under Part I of the Maintenance Orders (Reciprocal Enforcement) Act 1972 or Part I of the Civil Jurisdiction and Judgments Act 1982 ".

Maintenance and Affiliation Orders Act (Northern Ireland) 1966 (*c.* 35) (*N.I.*)

4. In section 10 of the Maintenance and Affiliation Orders Act (Northern Ireland) 1966 (orders to which Part II of that Act applies), in subsections (2) and (5), after " Part I of the Maintenance Orders (Reciprocal Enforcement) Act 1972 " insert " or Part I of the Civil Jurisdiction and Judgments Act 1982 ".

Administration of Justice Act 1970 (*c.* 31)

5. In Schedule 8 to the Administration of Justice Act 1970 (orders which are " maintenance orders " for the purposes of Part II of that Act and Part II of the Maintenance Orders Act 1958), after paragraph 12 insert— 1958 c. 39.

" 13. A maintenance order within the meaning of Part I of the Civil Jurisdiction and Judgments Act 1982 which is registered in a magistrates' court under that Part.".

Attachment of Earnings Act 1971 (*c.* 32)

6. In Schedule 1 to the Attachment of Earnings Act 1971 (orders which are " maintenance orders " for the purposes of that Act), after paragraph 12 insert—

" 13. A maintenance order within the meaning of Part I of the Civil Jurisdiction and Judgments Act 1982 which is registered in a magistrates' court under that Part.".

Magistrates' Courts Act 1980 (*c.* 43)

7. In section 65 of the Magistrates' Courts Act 1980 (definition of " domestic proceedings " for the purposes of that Act)—

(*a*) in subsection (1), after paragraph (*l*) insert—

" (*m*) Part I of the Civil Jurisdiction and Judgments Act 1982, so far as that Part relates to the recognition or enforcement of maintenance orders ; " ;

(*b*) in subsection (2)(*a*), after " (*k*) " insert " and (*m*) ".

Magistrates' Courts (Northern Ireland) Order 1981 (*S.I.* 1981/1675 (*N.I.* 26))

8.—(1) In Article 88 of the Magistrates' Courts (Northern Ireland) Order 1981 (definition of " domestic proceedings " for the purposes of that Order), in paragraph (*a*), after " Part I of the Maintenance Orders (Reciprocal Enforcement) Act 1972 " insert " or under Part I of the Civil Jurisdiction and Judgments Act 1982 so far as that Part relates to the recognition and enforcement of maintenance orders ".

(2) In Article 98 of that Order (enforcement of orders for periodical payment of money), in sub-paragraph (*b*) of paragraph (11), after " Part I of the Maintenance Orders (Reciprocal Enforcement) Act 1972 " insert " or Part I of the Civil Jurisdiction and Judgments Act 1982 ".

SCH. 12

PART II

AMENDMENTS CONSEQUENTIAL ON SCHEDULE 8

Law Reform (Miscellaneous Provisions) (Scotland) Act 1940 (*c.* 42)

1. In the Law Reform (Miscellaneous Provisions) (Scotland) Act 1940 after section 4(2) there shall be inserted the following sub-section—

" (3) This section does not apply—

(*a*) in the case of an agreement entered into after the dispute in respect of which the agreement is intended to have effect has arisen ; or

(*b*) where the contract is one referred to in Rule 3 of Schedule 8 to the Civil Jurisdiction and Judgments Act 1982.".

Maintenance Orders Act 1950 (*c.* 37)

2. In section 15(1)(*b*) of the Maintenance Orders Act 1950 for the words " for separation and aliment " there shall be substituted the words " which contains a conclusion for aliment not falling within the scope of paragraph (*a*)(i) above ".

Maintenance Orders (Reciprocal Enforcement) Act 1972 (*c.* 18)

3.—(1) In section 4 of the Maintenance Orders (Reciprocal Enforcement) Act 1972 (power of the sheriff to make a provisional maintenance order against a person residing in a reciprocating country) the following subsection shall be substituted for subsections (1) and (2)—

" (1) In any action where the sheriff has jurisdiction by virtue of Rule 2(5) of Schedule 8 to the Civil Jurisdiction and Judgments Act 1982 and the defender resides in a reciprocating country, any maintenance order granted by the sheriff shall be a provisional order.".

(2) In subsections (3), (4) and (5) of that section for the words " in which the sheriff has jurisdiction by virtue of " there shall be substituted in each place where they occur the words " referred to in ".

Consumer Credit Act 1974 (*c.* 39)

4. In section 141 of the Consumer Credit Act 1974 the following subsections shall be substituted for subsection (3)—

" (3) In Scotland the sheriff court shall have jurisdiction to hear and determine any action referred to in subsection (1) and such an action shall not be brought in any other court.

(3A) Subject to subsection (3B) an action which is brought in the sheriff court by virtue of subsection (3) shall be brought only in one of the following courts, namely—

(*a*) the court for the place where the debtor or hirer is domiciled (within the meaning of section 41 or 42 of the Civil Jurisdiction and Judgments Act 1982) ;

(*b*) the court for the place where the debtor or hirer carries on business ; and

(*c*) where the purpose of the action is to assert, declare or determine proprietary or possessory rights, or rights of security, in or over moveable property, or to obtain authority to dispose of moveable property, the court for the place where the property is situated.

(3B) Subsection (3A) shall not apply—

(*a*) where Rule 3 of Schedule 8 to the said Act of 1982 applies ; or

(*b*) where the jurisdiction of another court has been prorogated by an agreement entered into after the dispute has arisen.".

PART III

AMENDMENTS CONSEQUENTIAL ON SECTION 36

Maintenance Orders Act 1950 (*c*.37)

1.—(1) The Maintenance Orders Act 1950 is amended as follows.

(2) In section 18 (enforcement of registered orders), after subsection (3A) insert—

"(3B) Notwithstanding subsection (1) above, no court in Northern Ireland in which a maintenance order is registered under this Part of this Act shall enforce that order to the extent that it is for the time being registered in another court in Northern Ireland under section 36 of the Civil Jurisdiction and Judgments Act 1982.".

(3) In section 21(2) (evidence admissible before court where order registered)—

(*a*) in paragraph (*a*) after " 1958 " insert " or under section 36 of the Civil Jurisdiction and Judgments Act 1982 " ;

(*b*) after " that Act " (twice) insert " of 1958 " ;

(*c*) after paragraph (*b*) insert—

" (*c*) registered in a court in Northern Ireland under section 36 of the Civil Jurisdiction and Judgments Act 1982 ".

(4) In section 24(3) (notice of cancellation of order to be given to other courts interested), after " Part I of the Maintenance Orders Act 1958 " insert " or section 36 of the Civil Jurisdiction and Judgments Act 1982 ".

Maintenance Orders Act 1958 (*c*. 39)

2. In section 23(2) of the Maintenance Orders Act 1958 (provisions which extend to Scotland and Northern Ireland) after " section 2 " insert " section 2A ".

SCH. 12

Maintenance and Affiliation Orders Act (Northern Ireland) 1966 (c. 35) (N.I.)

3.—(1) The Maintenance and Affiliation Orders Act (Northern Ireland) 1966 is amended as follows.

(2) At the beginning of section 9 (introductory provisions relating to registration in one court of maintenance order made by another) insert " Without prejudice to section 36 of the Civil Jurisdiction and Judgments Act 1982,".

(3) In section 10 (orders to which Part II applies), after subsection (1) insert—

" (1A) This Part, except sections 11, 11A and 14(2) and (3), also applies in accordance with section 36 of the Civil Jurisdiction and Judgments Act 1982 to maintenance orders made by a court in England and Wales or Scotland and registered in Northern Ireland under Part II of the Maintenance Orders Act 1950.".

(4) In section 13 (variation of orders registered in courts of summary jurisdiction), after subsection (7) insert—

"(7A) No application for any variation in respect of a registered order shall be made to any court in respect of an order made by the High Court of Justice in England or the Court of Session and registered in that court under section 36 of the Civil Jurisdiction and Judgments Act 1982.".

Judgments Enforcement (Northern Ireland) Order 1981 (*S.I.* 1981/266 (*N.I.* 6))

4. In Article 98 of the Judgments Enforcement (Northern Ireland) Order 1981, (powers of courts to make attachment of earnings orders), in sub-paragraph (iv) of paragraph (*a*) at the end add " but not subsequently registered in a court of summary jurisdiction under section 36 of the Civil Jurisdiction and Judgments Act 1982 ".

Magistrates' Courts (Northern Ireland) Order 1981 (*S.I.* 1981/1675 (*N.I.* 26))

5.—(1) In Article 88 of the Magistrates' Courts (Northern Ireland) Order 1981 (definition of " domestic proceedings " for the purposes of that Order)—

(*a*) in paragraph (*a*), delete the words " or the Maintenance Orders Act 1950 " ;

(*b*) after paragraph (*a*) insert—

" (*aa*) in relation to maintenance orders registered in a court of summary jurisdiction under the Maintenance Orders Act 1950 or Part II of the Maintenance and Affiliation Orders Act (Northern Ireland) 1966 or section 36 of the Civil Jurisdiction and Judgments Act 1982, under that Act of 1950 or Part II of that Act of 1966 ".

(2) In Article 98 of that Order (enforcement of orders for periodical payment of money), in sub-paragraph (*d*) of paragraph (11), at the end add—

" or under section 36 of the Civil Jurisdiction and Judgments Act 1982 ".

SCHEDULE 13

Section 53.

Commencement, Transitional Provisions and Savings

Part I

Commencement

Provisions coming into force on Royal Assent

1. The following provisions come into force on Royal Assent:

Provision	*Subject-matter*
section 53(1) and Part I of this Schedule.	Commencement.
section 55	Short title.

Provisions coming into force six weeks after Royal Assent

2. The following provisions come into force at the end of the period of six weeks beginning with the day on which this Act is passed:

Provision	*Subject-matter*
section 24(1)(*a*), (2)(*a*) and (3).	Interim relief and protective measures in cases of doubtful jurisdiction.
section 29	Service of county court process outside Northern Ireland.
section 30	Proceedings in England and Wales or Northern Ireland for torts to immovable property.
section 31	Overseas judgments given against states.
section 32	Overseas judgments given in breach of agreement for settlement of disputes.
section 33	Certain steps not to amount to submission to jurisdiction of overseas court.
section 34	Certain judgments a bar to further proceedings on the same cause of action.
section 35(3)	Consolidation of Orders in Council under section 14 of the Administration of Justice Act 1920.
section 38	Overseas judgments counteracting an award of multiple damages.
section 40	Power to modify enactments relating to legal aid, etc.
section 49	Saving for powers to stay, sist, strike out or dismiss proceedings.
section 50	Interpretation: general.
section 51	Application to Crown.
section 52	Extent.

1920 c. 81.

Sch. 13

Provision	*Subject-matter*
paragraphs 7 to 10 of Part II of this Schedule and section 53(2) so far as relates to those paragraphs.	Transitional provisions and savings.
section 54 and Schedule 14 so far as relating to the repeal of provisions in section 4 of the Foreign Judgments (Reciprocal Enforcement) Act 1933.	Repeals consequential on sections 32 and 33.

1933 c. 13.

Provisions coming into force on a day to be appointed

3.—(1) The other provisions of this Act come into force on such day as the Lord Chancellor and the Lord Advocate may appoint by order made by statutory instrument.

(2) Different days may be appointed under this paragraph for different purposes.

Part II

Transitional Provisions and Savings

Section 16 *and Schedule* 4

1.—(1) Section 16 and Schedule 4 shall not apply to any proceedings begun before the commencement of that section.

(2) Nothing in section 16 or Schedule 4 shall preclude the bringing of proceedings in any part of the United Kingdom in connection with a dispute concerning a contract if the parties to the dispute had agreed before the commencement of that section that the contract was to be governed by the law of that part of the United Kingdom.

Section 18 *and Schedule* 6 *and associated repeals*

2.—(1) In relation to a judgment a certificate whereof has been registered under the 1868 Act or the 1882 Act before the repeal of that Act by this Act, the 1868 Act or, as the case may be, the 1882 Act shall continue to have effect notwithstanding its repeal.

(2) Where by virtue of sub-paragraph (1) the 1882 Act continues to have effect in relation to an order to which section 47 of the Fair Employment (Northern Ireland) Act 1976 (damages etc. for unfair discrimination) applies, that section shall continue to have effect in relation to that order notwithstanding the repeal of that section by this Act.

1976 c. 25.

(3) A certificate issued under Schedule 6 shall not be registered under that Schedule in a part of the United Kingdom if the judgment to which that certificate relates is the subject of a certificate registered in that part under the 1868 Act or the 1882 Act.

(4) In this paragraph— SCH. 13

" the 1868 Act " means the Judgments Extension Act 1868 ; 1868 c. 54.

" the 1882 Act " means the Inferior Courts Judgments Extension Act 1882 ; 1882 c. 31.

" judgment " has the same meaning as in section 18.

Section 18 *and Schedule* 7

3. Schedule 7 and, so far as it relates to that Schedule, section 18 shall not apply to judgments given before the coming into force of that section.

Section 19

4. Section 19 shall not apply to judgments given before the commencement of that section.

Section 20 *and Schedule* 8

5. Section 20 and Schedule 8 shall not apply to any proceedings begun before the commencement of that section.

Section 26

6. The power conferred by section 26 shall not be exercisable in relation to property arrested before the commencement of that section or in relation to bail or other security given—

(*a*) before the commencement of that section to prevent the arrest of property ; or

(*b*) to obtain the release of property arrested before the commencement of that section ; or

(*c*) in substitution (whether directly or indirectly) for security given as mentioned in sub-paragraph (*a*) or (*b*).

Section 31

7. Section 31 shall not apply to any judgment—

(*a*) which has been registered under Part II of the Administration of Justice Act 1920 or Part I of the Foreign Judgments (Reciprocal Enforcement) Act 1933 before the time when that section comes into force ; or 1920 c. 81. 1933 c. 13.

(*b*) in respect of which proceedings at common law for its enforcement have been finally determined before that time.

Section 32 *and associated repeal*

8.—(1) Section 32 shall not apply to any judgment—

(*a*) which has been registered under Part II of the Administration of Justice Act 1920, Part I of the Foreign Judgments (Reciprocal Enforcement) Act 1933 or Part I of the Maintenance Orders (Reciprocal Enforcement) Act 1972 before the time when that section comes into force ; or 1972 c. 18.

(*b*) in respect of which proceedings at common law for its enforcement have been finally determined before that time.

SCH. 13

1933 c. 13.

(2) Section 4(3)(*b*) of the Foreign Judgments (Reciprocal Enforcement) Act 1933 shall continue to have effect, notwithstanding its repeal by this Act, in relation to a judgment registered under Part I of that Act before the commencement of section 32.

Section 33 *and associated repeal*

9.—(1) Section 33 shall not apply to any judgment—

1920 c. 81.

(*a*) which has been registered under Part II of the Administration of Justice Act 1920 or Part I of the Foreign Judgments (Reciprocal Enforcement) Act 1933 before the time when that section comes into force; or

(*b*) in respect of which proceedings at common law for its enforcement have been finally determined before that time.

(2) The repeal by this Act of words in section 4(2)(*a*)(i) of the Foreign Judgments (Reciprocal Enforcement) Act 1933 shall not affect the operation of that provision in relation to a judgment registered under Part I of that Act before the commencement of section 33.

Section 34

10. Section 34 shall not apply to judgments given before the commencement of that section.

Section 54.

SCHEDULE 14

REPEALS

Chapter	Short title	Extent of repeal
41 Geo. 3. c. 90.	Crown Debts Act 1801.	The preamble. Sections 1 to 8.
5 Geo. 4. c. 111.	Crown Debts Act 1824.	The whole Act.
22 & 23 Vict. c. 21.	Queen's Remembrancer Act 1859.	Section 24.
31 & 32 Vict. c. 54.	Judgments Extension Act 1868.	The whole Act.
31 & 32 Vict. c. 96.	Ecclesiastical Buildings and Glebes (Scotland) Act 1868.	In section 4, the words " of the county in which the parish concerned is situated " and the words from " provided " to the end.
45 & 46 Vict. c. 31.	Inferior Courts Judgments Extension Act 1882.	The whole Act.
7 Edw. 7. c. 51.	Sheriff Courts (Scotland) Act 1907.	In section 5, the words from the first " Provided " to " that jurisdiction ".
14 & 15 Geo. 5. c. 27.	Conveyancing (Scotland) Act 1924.	In section 23(6) the words from " of the county " to " is situated ".

Chapter	Short title	Extent of repeal
23 & 24 Geo. 5. c. 13.	Foreign Judgments (Reciprocal Enforcement) Act 1933.	In section 4(2)(*a*)(i), the words from " otherwise " to " that court ". Section 4(3)(*b*). In section 9(1), the word " superior " in both places where it occurs. In section 11(1), the definition of " Judgments given in the superior courts of the United Kingdom ". In section 12, in paragraph (*a*) the words from " (except " to " this Act) ", and paragraph (*d*). In section 13(*b*), the words " and section two hundred and thirteen ", " respectively " and " and 116 ".
14 Geo. 6. c. 37.	Maintenance Orders Act 1950.	Section 6. Section 8. Section 9(1)(*a*). In section 16(2)(*b*)(v), the words from the beginning to " or ".
4 & 5 Eliz. 2. c. 46.	Administration of Justice Act 1956.	Section 51(*a*).
1963 c. 22.	Sheriff Courts (Civil Jurisdiction and Procedure) (Scotland) Act 1963.	Section 3(2).
1965 c. 2.	Administration of Justice Act 1965.	In Schedule 1 the entry relating to the Crown Debts Act 1801.
1971 c. 55.	Law Reform (Jurisdiction in Delict) (Scotland) Act 1971.	The whole Act.
1972 c. 18.	Maintenance Orders (Reciprocal Enforcement) Act 1972.	In section 40— (*a*) in paragraph (*a*), the words " against persons in that country or territory "; and (*b*) in paragraph (*b*), the words " against persons in the United Kingdom ". In section 47(3), the words " or having ceased to reside ". In the Schedule, paragraph 4.
1976 c. 25.	Fair Employment (Northern Ireland) Act 1976.	Section 47.
1978 c. 23.	Judicature (Northern Ireland) Act 1978.	In Part II of Schedule 5— (*a*) the entry relating to the Crown Debts Act 1801; and (*b*) in the entry relating to the Foreign Judgments (Reciprocal Enforcement) Act 1933, the word " respectively ", where last occurring, and the words " and 116 ".

SCH. 14

Chapter	Short title	Extent of repeal
1981 c. 54	Supreme Court Act 1981.	In Schedule 5, paragraph 2 of the entry relating to the Foreign Judgments (Reciprocal Enforcement) Act 1933.